U0504369

南京佛教通史（六朝卷）

赖永海　总主编

董群　杨维中　主编

创于1897
商务印书馆
The Commercial Press

江苏省社会科学基金重大项目(项目号:14Z006)
江苏高校哲学社会科学研究重点项目(项目号:2014ZDIXM023)
南京市民族宗教事务局重点委托项目
江苏宏德文化出版基金会资助项目

赖永海，1949 年生，福建漳州人，哲学博士，南京大学首批人文社会科学资深教授、中华文化研究院院长。1991 年被国务院学位委员会评为“在工作中做出突出贡献的中国博士”，1993 年起享受国务院政府特殊津贴，第 5 届、第 6 届国务院学位委员会哲学学科评议组成员，人力资源和社会保障部第 7 届全国博士后流动站评审专家委员会成员，教育部第 8 届高等学校科学研究优秀成果奖（人文社会科学）奖励委员会委员，2018 年被江苏省委、省政府授予“江苏社科名家”称号。出版有《中国佛性论》《佛学与儒学》《中国佛教文化论》等著作 20 余部，主编中国大陆第一部《中国佛教百科全书》，主编全球首部《中国佛教通史》。其中，《中国佛性论》2017 年获“百部优秀中国图书输出奖”；《中国佛教通史》获第 4 届国家“三个一百”原创图书奖，第 6 届教育部人文社会科学优秀成果一等奖，第 3 届中国出版政府奖、全球华人国学成果奖。

总序

“南朝四百八十寺，多少楼台烟雨中”的诗句，形象描绘了六朝佛教的繁盛景象；而作为“六代帝王都”的建康城，在佛法东传中土的最初几百年里，一直是包括魏晋般若学在内的几大佛学思潮的重镇；加之，梁武帝在中国佛教制度上的诸多首创，以及活跃于建康的“六朝四大家”在中国佛教艺术史上的重要地位和深远影响，都从不同侧面彰显了整个魏晋南北朝时期南京佛教文化的中心地位。

佛教在南京的传播，最早可溯至东吴黄龙元年(229)支谦在建业翻译佛经、传授佛教。东吴赤乌十年(247)，孙权为康僧会建造有“江南第一寺”之称的建初寺。东晋义熙九年(413)，法显西行取经归来，抵达建康，写成《佛国记》一书。宋泰始年间，明僧绍于摄山结庐念佛，取名“栖霞精舍”。刘宋末年，僧绍舍宅为寺，以奉来自北燕黄龙之法度禅师，遂有“栖霞寺”。此外，梁武帝于南朝梁天监十二年(513)撰《断酒肉文》，并先后四次下诏，强令僧尼一律遵守，由此形成僧侣素食的传统。梁大同四年(538)，梁武帝设盂兰盆会，后逐渐形成汉传佛教重要之礼仪风俗。梁武帝与达摩祖师因“功德”之论，话不投机，遂一苇渡江至长芦寺、定山寺，后驻锡定山寺，定山寺遂成“达摩第一道场”。在谈论中国佛教史时绕不过去的这些重大事件，都发生在建业、建康。说六朝时的南京是全国佛教的中心，诚非过言。

中国佛教史上曾有“南义北禅”一说，即南方注重义理，北方强调禅定。而佛学“义理”之重镇或中心，则非南京莫属。作为佛教义理两大流派之“中观学”与“涅槃学”，都曾经以建康为舞台，上演了一场堪称波澜壮阔的论辩与弘阐。齐永明七年(489)，僧朗法师自辽东来，大弘“三论”，世称江南三论之祖；僧诠、法朗诸师继之，其学益盛，遂成“三论宗”之祖庭。涅槃师依据《大般涅槃经》，阐发弘扬涅槃佛性论，至竺道生倡“众生有性”和“顿悟成佛”而达到一个新高潮。其中尤以竺道生的涅槃佛性论对于整个中国佛教往后发展的影响至深至巨。隋唐佛教的几大宗派(尤其是天台、华严与禅宗)之所以均倡一切众生悉有佛性、以顿悟为极致，都与竺道生的佛性理论有密切的关联。另外，六朝的成实学派、毗昙学派也是以建康为中心的。因此，赵朴初先生曾有“在中国成立的大小乘各宗派无不和南京有关”一说。

创建于陈隋之际的天台宗，是中国佛教史上第一个严格意义上的佛教宗派。它的实际创始人是“智者大师”。陈光大元年(567)，智𫖮赴建康讲经说法、弘扬教观，受到了朝野僧俗的欢迎与敬重。太建元年(569)，智者大师被朝廷迎请住进瓦官寺，前后长达八年。在瓦官寺，智顗讲经说法，标立宗义，判释经教，为天台宗的创立打下了坚实基础。

随着南北割据的结束和大一统王朝的建立，南北文化的交融汇合造成中国佛教思想文化亦呈融合发展之大趋势，天台宗始倡统合南北禅观的“定慧双修”。而佛教般若学由于栖霞三论宗的弘扬再次掀起了一个新的高潮。

李唐盛世时期，中国佛教诸宗并起。有“东夏达摩”之称的法融禅师，在金陵牛首山创立了以“虚空为道本”的牛头宗。牛头宗因其浓厚的老庄化、玄学化特色，曾被印顺长老誉为“中华禅的代表”。后期禅宗在金陵清凉山另开一叶，创立了法眼宗。法眼宗创始人文益禅师被中主迎至金陵讲经说法，后被谥为“大法眼禅师”。在禅宗“五家七宗”中，法眼宗是最后成立的一个宗派，也是思想最具融合性的宗派。

唐五代之后，禅宗一改六祖慧能以来不立文字、直指人心的传统，而大兴“公案”“灯录”甚而“颂古”“评唱”，出现了文字禅；之后，随着大慧宗皋焚毁刻板，提倡“看话禅”，禅门又重新走上了“须是悟得”的道路。在禅教关系上，宋元佛教逐渐走上禅教一致、禅净合流的道路。不论是“一枝独秀”的禅宗，还是成为时代潮流的禅教融合，宋元时期的南京佛教，都出现了一批颇具影响力的大德、禅师，他们或于提倡禅教并重方面多有建树，或在延续禅门慧灯方面屡放新光，如圆通法秀、长芦宗赜之于禅净双修，圆悟克勤之于文字禅，云峰妙高、中峰明本之于“看话禅”，宏智正觉之于默照禅，凡此等等，都在中国佛教的发展史上占有一席之地。

大明王朝定都南京，加之开国皇帝朱元璋与佛教的诸多因缘，决定了大明王朝与佛教一直有着非常密切的关系。明代诸帝所制定的一系列佛教政策，对于明代及明之后中国佛教的影响至为深远。明代几部大藏经的编纂与刊刻，在汉藏大藏经史上留下浓重的一笔。从“国初第一高僧”楚石梵琦的“禅净并弘”，到雪浪洪恩对华严的阐发弘扬；从宋濂的三教融通，到阳明学的儒释交融；全室宗泐天台华严融通并弘，古心如馨则中兴南山律宗；复兴晚明佛教的四大高僧，均主禅净融通，又多以净土为归趣。朱明一代的中国佛教从总体上讲虽然已呈衰颓之势，但在南京地区却仍不乏扬名于佛教史的大德高僧。而且修建于永乐年间并成为“全国第一大寺”的大报恩寺，即被誉为“世界七大奇迹之一”的大报恩寺塔，更是当时南京作为全国佛教中心的一个象征。

清代佛教的一大特点，是喇嘛教的兴盛。相形之下，汉传佛教则着实有点

“乏善可陈”。其中的一个“亮点”，是居士佛教的崛起，遂至于在“三宝”之外，有“四宝”之说。杨仁山创设的金陵刻经处，当是近代佛教复兴所露出的一缕曙光。由金陵刻经处进一步发展而成的支那内学院，汇集了诸如欧阳竟无、梁启超、谭嗣同、章太炎等一大批教内外的时代精英，使南京不仅成为当时汉传佛教的中心，甚而成为时代启蒙思想的重要发祥地。民国初期，中国佛教协进会等全国性佛教机构在南京的建立，使得南京成为当时汉传佛教的大本营。20世纪上半叶，太虚大师等一大批佛教思想家在南京等地所倡导的“人生佛教”，揭开了现当代佛教改革的序幕。近几十年内，由“人生佛教”进一步演化而成的“人间佛教”，已发展成为整个汉传佛教的主流。

鉴于佛教思想义理的发展变化与各个时代的政治经济条件和思想文化背景关系十分密切，《南京佛教通史》对佛教与各个时代的王朝政治、佛教政策、社会经济和文化背景等也进行了较全面、深入的揭示和论述。另外，由于佛教寺院和佛教文化艺术在南京佛教史上一直占有十分重要的地位，《通史》按三个发展时期（即六朝、隋唐宋元和明清民国）分别列有专章，力求以较翔实的史料和更宽广的视野，多视角、多层面地再现南京佛教的全貌和发展历程。

佛教讲因缘，《南京佛教通史》的编撰也是“众缘和合”的产物。始倡者是南京市民族宗教事务局，复有江苏宏德文化出版基金会的发心资助，之后又列入江苏省教育厅和江苏省社科基金的重大项目，最终由一批长期致力于南京佛教研究的专家学者，经过近五年的通力合作，遂有此三卷四册，总二百余万字，始自东吴，讫于20世纪40年代之《南京佛教通史》的编撰。值此《通史》付梓之际，由衷感谢上述有关单位的鼎力加持！并向所有参加《通史》编写的学者致以最真挚的谢意！

《通史》是个集体攻关项目，由于各编写者学术专长的差异和写作风格的不尽相同，全书在体例和风格上很难整齐划一，虽经统稿的多次磨合与修润，但其中之印痕仍在所难免。就主编而言，因时间、精力和学识所限，现在提供给读者的这部《通史》，肯定还存在着不少疏漏和错讹，对此，我除竭诚期待着方家大德和广大读者的批评指正外，今后仍会将《通史》的修订作为一项重要的工作，以期《通史》能够不断得到完善。

赖永海

2019年秋于南京大学

总目

六朝卷

隋唐宋元卷

明清民国卷(上下)

各卷撰稿人

《六朝卷》主编：董群　杨维中

撰稿人：

董群

1961年生，哲学博士，东南大学人文学院教授，兼任国家宗教事务局宗教工作专家库特聘专家等，著有《禅师禅》《禅宗伦理》《融合的佛教——圭峰宗密的佛学思想研究》《慧能与中国文化》《禅与创新》《中国三论宗通史》等。

作为《六朝卷》的召集人，对《六朝卷》进行了首轮统稿。

撰写内容：导论、第6章、第9章(1—2节)、第11章。

杨维中

哲学博士，南京大学哲学系教授，著有《经典诠释与中国佛学》《唯识无境：佛教唯识观》《中国佛教心性论研究》《中国唯识宗通史》《中国佛学》《如来藏经典与中国佛教》，是赖永海先生主编的《中国佛教通史》(15卷)的主要撰稿人。

撰写内容：第1、2、4、12—14章。

谭洁

文学博士，山东师范大学文学院教授，著有《兰陵萧氏家族文化研究》《南朝佛学与文学——以竟陵“八友”为中心》等。

撰写内容：第3章。

圣凯

哲学博士，清华大学教授，清华大学宗教与道德研究院副院长，著有《中国汉传佛教礼仪》《中国佛教忏法研究》《摄论学派研究》《晋唐弥陀净土的思想与信仰》《中国佛教信仰与生活史》等，其中《摄论学派研究》获2008年全国优秀博士学位论文。

撰写内容：第5、7、8章，第9章(3—5节)，第16章。

王建光

哲学博士，南京农业大学马克思主义学院(政治学院)教授，长期从事中国佛教思想史研究，著有《中国律宗通史》《中国律宗思想研究》等。

撰写内容:第10章。

刘立夫

哲学博士,中南大学公共管理学院教授、博士生导师,中南大学国学研究中心主任、湖南省佛教协会船山佛教文化研究中心秘书长。著有《佛教与中国伦理文化的冲突与融合》《弘道与明教——弘明集研究》《弘明集译注》《南岳佛教史》等。

撰写内容:第15章。

刘鹿鸣

哲学博士,南京大学副教授,主要研究汉文佛典、中国禅学和佛教制度史,著有《楞严经译注》《金光明经译注》等。

撰写内容:第17章。

尚荣

哲学博士,南京大学哲学系教授,江苏省首批"紫金文化艺术英才"。著译有《坛经》《四十二章经》《了凡四训》《洛阳伽蓝记》《金刚经 心经 坛经》《净土四经》《禅门之路》《影响中国文化十大经典》《中国佛教艺术100讲》等;参编《中国佛教通史》《中国佛教艺术史》等。

撰写内容:第18章。

《隋唐宋元卷》主编:王月清　韩传强

撰稿人:

王月清

哲学博士,江苏省社会科学院副院长、南京大学教授、博士生导师,国家"万人计划"领军人才、"四个一批"人才,国务院特殊津贴专家。著有《中国佛教伦理研究》《无神论与中国佛学》《中国佛教艺术史》等。担任国家社科基金重大项目首席专家,主持国家社科基金、教育部基地重大项目等国家级课题5项。

作为《隋唐宋元卷》的召集人,对《隋唐宋元卷》进行了第二轮统稿。

韩传强

哲学博士，历史学、哲学博士后，滁州学院教授，安徽省第十三批学术和技术带头后备人选，著有《禅宗北宗研究》等。

作为《隋唐宋元卷》的召集人，对《隋唐宋元卷》进行了首轮统稿。

撰写内容：第1、2、5章。

黄诚

哲学博士，贵州大学历史与民族文化学院教授，东方思想与文化遗产研究中心研究员，中华传统文化与贵州地域文化研究中心研究员，著有《法眼宗研究》等。

撰写内容：第3章。

洪燕妮

哲学博士，云南师范大学马克思主义学院副教授，著有《牛头禅研究》等。

撰写内容：第4章。

高永旺

哲学博士，河北工程大学马克思主义学院教授，著有《维摩诘经译注》《大慈恩寺三藏法师传译注》等，译著有《时间、空间与伦理学基础》。

撰写内容：第6—8章。

刘鹿鸣

撰写内容：第9—11章。

尚荣

撰写内容：第12章。

《明清民国卷》(上下)主编:张华

撰稿人:

张华

1967年生,北京大学哲学博士。曾任江苏省民族宗教研究中心负责人兼《江苏民族宗教》主编,现任南京市佛教文化研究院(一带一路文化研究院)研究员。曾参编《中国佛教通史》(负责第13、14、15卷),主持完成国家宗教局《网络宗教管理问题研究》等科研项目。出版专著《杨文会与中国近代佛教思想转型》,译著《佛陀的哲学》《孔子:即凡而圣》《为权力祈祷:晚明佛教与中国士绅社会的形成》,主编《江苏历代名人录·宗教卷》《景德传灯录释译》《祖堂集点校》《杨仁山文集》等。

作为《明清民国卷》的召集人和主要撰稿人,完成了《明清民国卷》的绝大部分文稿。

撰写内容:第1—6、8—14、16章。

刘鹿鸣

撰写内容:第7、15章。

尚荣

撰写内容:第17章。

目录

绪 论 1

第一章 吴地的建业佛教 15

第一节 17 东吴政权下吴地的社会历史条件与佛教概况
第二节 25 支谦在建业的译经
第三节 38 康僧会与江南第一寺

第二章 两晋时期的建康佛教 43

第一节 45 西晋时期的建邺(建康)佛教
第二节 51 东晋时期的建康佛教
第三节 79 东晋时期建康的佛教译经
第四节 94 法显在建康

第三章 南朝帝王与佛教 101

第一节 103 刘宋帝王与佛教
第二节 128 南齐帝王与佛教
第三节 148 南梁帝王与佛教
第四节 182 南陈帝王与佛教

第四章 南朝建康佛教的译经 199

第一节 201 刘宋时期的佛典翻译
第二节 233 萧齐时期的佛典翻译

第三节 236 梁、陈时期的佛典翻译

第五章 建康涅槃学派 247

第一节 249 《涅槃经》的传译与修治
第二节 265 涅槃学派概说
第三节 270 竺道生的建康涅槃学
第四节 285 慧观的建康涅槃学
第五节 292 东阿慧静与建康涅槃学
第六节 297 建康涅槃学派的思想

第六章 摄山三论学派 315

第一节 317 三论学派概述:宗经与三论学第一阶段
第二节 359 摄山三论三师
第三节 377 建康居士的三论学

第七章 建康成实学派 387

第一节 389 成实学派概说
第二节 399 三大师与建康成实学派
第三节 428 建康成实学派的思想

第八章 建康毗昙学派 443

第一节 445 毗昙学派概说
第二节 453 慧集与建康毗昙学派

第三节 456 毗昙学派与六朝思想

第九章 南朝建康禅学 461

第一节 463 《楞伽经》的译出与楞伽师资
第二节 467 菩提达摩及其思想
第三节 474 佛陀跋陀罗与建康禅学
第四节 484 昙摩密多、畺良耶舍与建康禅学
第五节 489 宝志与傅大士的禅法

第十章 南朝建康律学 495

第一节 497 建康译出的小本戒律学文献
第二节 503 两种律藏的翻译
第三节 509 建康的律师及其律学撰述

第十一章 南朝建康佛教中的天台和华严渊源 515

第一节 517 智者大师与建康的因缘
第二节 524 六十《华严》在道场寺的翻译

第十二章 东晋南朝建康僧人的佛教史著 527

第一节 529 僧祐及其撰述
第二节 538 其他建康版经录和僧传

第三节　545　法显的《佛国记》

第十三章　东晋南朝的佛教制度　557

第一节　559　僧官制度
第二节　566　度僧制度
第三节　573　寺职制度

第十四章　东晋南朝建康佛教的寺院经济　581

第一节　583　寺院经济的起因与寺僧的供给模式
第二节　588　寺院的土地经营活动
第三节　591　寺院的经济活动及其效应

第十五章　东晋南朝时期以南京为中心的三教论争　595

第一节　597　儒佛报应观之争
第二节　610　佛道夷夏论之争
第三节　618　儒佛礼仪观之争

第十六章　东晋南朝建康佛教徒的信仰与生活　625

第一节　627　六朝佛教礼忏仪的形成
第二节　636　建康佛教素食传统的形成

第三节 654 南朝的药师佛信仰和观音信仰

第十七章 六朝建康佛教寺院 659

第一节 661 六朝建康佛寺的创建
第二节 724 六朝建康佛寺的分布
第三节 743 六朝建康的重要佛寺
第四节 766 六朝时期建康的佛舍利

第十八章 六朝建康佛教文学艺术 777

第一节 780 两晋南朝建康佛教文学
第二节 803 两晋南朝建康佛教艺术

参考文献 833

绪论

关于佛教自印度传入中国的时间，有多种传说①，但现在学界和教界比较一致的看法，是在两汉之际②，即 1 世纪初叶前后。就传入的路线而言，一般认为是两条：一是陆路，从天竺经西域传入；二是海路，从南方海上传入。就陆路而言，与其说中土佛教最初是从印度传来的，不如说是直接从西域传来的。除了这两条路线之外，有些学者认为还有一条南方陆上通道③。

就南京地区的佛教④而言，佛教传入南京与西域陆路和南方海路传入的佛教有关，似乎与第三条路线的南方陆路关系不大。最初传入南京的佛教，从现存记载的史料看，先后从北方和南方传入，北方的传入以居士支谦为代表，南方的传入以僧人康僧会为代表。

从三国时代的东吴起直到南朝，佛教在南京有比较广泛的传播，特别是东晋、南朝时期，建康佛教达到了南京佛教史上的第一个高峰，在译经、义学、佛教制度、文学和艺术诸方面，都取得了巨大的成就，有些制度至今仍影响着整个汉传佛教。

一 佛教传入南京与江苏佛教

从佛教传入的角度说，早期的南京佛教必须放在整个江苏佛教的大背景下来讨论。佛教最初传入南京，先后有两条路线，首先是从北方线传入，南方线传入稍后，而南方传入的佛教则与南方海上路线有关。

佛教在传入南京之前，首先是传入了今天的区域概念中的江苏地区，特别是苏北地区，包括今天的徐州、连云港一线。

两汉三国时期，洛阳、彭城、交趾等地都是佛教中心。西域僧人到达中土之后，重要的活动之一是译经，当译经僧到达洛阳从事译经工作时，佛教当然已经传入中国有一段时间了。文献记载最早的译经僧，学术界一般认为是安清（字世

---

① 包括三代以前传入说、周代传入说、孔子已知佛教说、战国末年传入说、齐晋时期传入说、秦朝时期传入说、汉武帝时已知佛教说、汉成帝时刘向发现佛经说等等。参见任继愈主编：《中国佛教史》第 1 卷，中国社会科学出版社，1981 年；潘桂明等：《中国佛教百科丛书③历史卷》，佛光文化事业有限公司，1999 年。

② “佛教在西汉末年和东汉初年逐渐传到我国内地。”任继愈主编：《中国佛教史》第 1 卷，中国社会科学出版社，1981 年，第 105 页。

③ 参见《佛教初传南方之路（文物图录）》，文物出版社，1993 年。

④ 根据南京的历史名称，本书也常常称其为建康佛教、金陵佛教等。

高），他于汉桓帝建和初年（147）来到洛阳，译出《安般守意经》《阴持入经》《大十二门经》《小十二门经》等共三十四部四十卷。汉灵帝末年（171），安世高来到江南，“值灵帝之末关、洛扰乱，乃振锡江南”[①]。他到江南的庐山、豫章（今江西，后主要指南昌）、会稽（今浙江绍兴）、广州等地，虽然没有资料显示他中间是否到过建康，从这个线路看，他到了江西之后就从陆路到会稽去了，但这也说明，江南一带包括建康，在这个时期佛教就已经比较流行了。

另一位晚于安世高的洛阳译经僧是安息国人安玄，他在汉灵帝末年到洛阳，这正是安世高离开洛阳的时候。安玄不是出家僧，而是一位居士，他在洛阳译经，与他一起译经的，有一位中土人士临淮（今江苏盱眙）严佛调（或严浮调），“玄口译梵文，佛调笔受”[②]。一般资料记载，严佛调是清信士，也有记为“沙门严佛调”[③]。智昇认为，他应当是沙门，“据《僧祐录》及《高僧传》，合是沙门，长房等《录》云清信士者，非也”[④]。如果他是沙门，那么，他应当是中国汉土第一个出家的，朱士行就不能列为第一了。严佛调对于江苏佛教的意义，主要是表明江苏地区佛教流行的时间和程度。从时间上讲，汉末已经有列入佛教史料的佛教人物在江苏出现；从程度上讲，则已有江苏籍出家僧在洛阳译经。

洛阳东部的彭城（今江苏徐州）也是当时的一个佛教重镇。丹阳郡（今安徽宣城）笮融（？—195）是一位信佛的官员，他受同郡人彭城主官陶谦（132—194）的委派，负责广陵、下邳、彭城三地的粮食运输。于是，他利用这个方便，建造佛塔、佛像、寺院，“谦使督广陵、下邳、彭城运粮。遂断三郡委输，大起浮屠寺，上累金盘，下为重楼，又堂阁周回，可容三千许人，作黄金涂像，衣以锦彩。每浴佛，辄多设饮饭，布席于路，其有就食及观者且万余人”[⑤]。浮屠寺指的是佛塔，而“堂阁”则是相应的配套建筑，也可以理解为寺院建筑。建造的具体地点是下邳（今江苏睢宁）。这也是汉地信徒造佛像、建佛寺、做佛事之始，“汉世人间建佛祠、行佛事者，始见之笮氏”[⑥]。虽然笮融本人在佛教史上曾经受到批评，但从他的这个行为也可以看出当时江苏苏北地区佛教的发达程度。

---

① 慧皎：《高僧传》卷一，《大正藏》第50册，第323页中。

② 慧皎：《高僧传》卷一，《大正藏》第50册，第324页下。

③ 慧皎：《高僧传》卷九，《大正藏》第50册，第388页上。

④ 《开元释教录》卷一，《大正藏》第55册，第483页上。

⑤ 《后汉书》卷七三。

⑥ 志磐：《佛祖统纪》卷三五，《大正藏》第49册，第331页中。

连云港作为一个出海的港口，拥有丰厚的文化沉淀。连云港的孔望山有一组仙佛主题的雕像，其包含了早期道教和佛教的内容。从其中一些与佛教相关的雕像，可以看出对佛教故事的具体的图像化的程度，由此可知当时佛教在今苏北地区流行的程度。此处造像的时间，与早期道教的兴起有关，大致在东汉末年，这时候，佛教的传入已经有较长一段时间了，连云港的佛教应当是沿洛阳、彭城一线而东传的。

二 佛教传入南京的两条路线

佛教最初传入建业，从三国之吴谈起，其中有两条路线，一条是从北往南过长江传入，一条是从由南往北的南路传入。在这个基础上，建业佛教不断发展，有更多的南北僧人来到建业，当然也有从建业走出去的僧人在其他地区发展佛教，这也体现了建业佛教的影响。

在江北地区佛教传播的大背景下，最初从北地来建业的佛教信徒是支谦，他代表佛教从北方传入的一脉。有资料记载，从北线进入建业的信徒之一当是支谦。

支谦最初是在洛阳活动，从支娄迦谶的弟子支亮学习佛法，汉献帝末年避乱于江南吴地。虽然在支谦从北地到吴地建业传教之前，建业地区已有了佛教信仰活动，但也是初传，“时吴地初染大法，风化未全”①。支谦学识渊博，受到孙权的重视，孙权拜他为博士。支谦先是到吴地的武昌[治所在今湖北鄂州，魏黄初二年(221)，孙权立都于此]，后来随吴地迁都而到建业[黄龙元年(229)迁都建业]。支谦在吴地建业的主要活动是译经，“从吴黄武元年至建兴中，所出《维摩》《大般泥洹》《法句》《瑞应本起》等四十九经”②。支谦在武昌译经7年，于黄龙元年(222)到建业，其主要的译事是在建业完成的，由此开启了以建业为中心的江南佛教译经历程。由于支谦译籍的影响，建业佛教也从一开始就奠定了重要地位。

与此同时，南方的交趾作为和彭城一样的另一个佛教中心，其影响已经开始了北上的进程。稍晚于支谦，同样是在东吴的孙权时代，康僧会从交趾来到建

---

① 慧皎:《高僧传》卷一,《大正藏》第50册,第325页中。
② 慧皎:《高僧传》卷一,《大正藏》第50册,第325页上。

业。他本是康居人后裔，父亲为了经商而到交趾（今越南北部和广东等地）。他出生于交趾，当地佛教在东汉、三国的时候就远比吴地建业要发达，在安世高的传记中，就已经提到了广州。康僧会可能是在交趾地区出家为僧，在吴赤乌十年（247）到建业，虽然比支谦晚到建业几乎有二十年，但他是第一个有记载的到建业的僧人。当然，资料里记载他是“杖锡东游”[①]而到建业，似乎是由西而东，但不妨碍今天将其理解为对于建业佛教的传入来说，是从南而“北传”的，因为从根本上讲，他是从交趾而来的。他有着胡人的相貌，自称“沙门”，而当时虽然已有支谦的佛教译经，但是人们对于僧人的了解还非常少，所以，康僧会到建业之后，在僧服、举止、传教形式等方面，还是受到当地人的怀疑和警惕。幸好吴主孙权有一些关于佛教的知识，所以召见了他，确认了康僧会的佛教素养和传教能力。康僧会在建业的佛教活动，对于建业佛教的影响，甚至对于整个汉传佛教的影响，比支谦还要大，一直影响到今天。第一是舍利，开创了建业对于舍利文化的了解。第二是建寺，孙权为之建寺，称建初寺，意为第一寺，“以始有佛寺，故曰建初寺”[②]，对于江南来说，该寺当然是第一寺。第三是译经。第四是义学的创造，他不只译经，还注经，初创了建业佛教中的佛经解释，这可以理解为建业佛教以释经为中心的义学之开端。他对于以建业为中心的江南佛教的发展有着诸多的“第一推动”的作用，“由是，江左大法遂兴”[③]。

自此之后，佛教在建业开始不断发展。当然，从僧人的来源来说，继续有着南北两地的路线作为主线：从北线来说，特别是西晋末年的朝代更替，大量的佛教徒来到建康，极大地促进了建康佛教的发展；而从南线来说，来到建康的著名僧人之中，包括了菩提达摩、真谛等，体现了经由海上丝路的佛教传入对于建康佛教的影响。

三 六朝建康佛教的义学成就

随着佛教在建康地区的发展，建康的译经和义学对于整个汉传佛教都产生

① 慧皎：《高僧传》卷一，《大正藏》第50册，第325页中。
② 僧祐：《出三藏记集》卷一三，《大正藏》第55册，第96页中。
③ 僧祐：《出三藏记集》卷一三，《大正藏》第55册，第96页下。

了重大的影响，赵朴初居士(1907—2000)对此曾经有过精辟的概括：

> 在中国成立的大小乘各宗派无不和南京有关。如三论宗即在南京的摄山成立；天台宗的智者大师是在南京最初宣讲他的学说；华严宗依据的《华严经》是在南京翻译的；涅槃师依据的《大涅槃经》也是在南京经大文学家谢灵运和慧观再治并由鸠摩罗什的高足弟子道生讲授的；禅宗依据的《楞伽经》是在南京翻译的；创立摄论、俱舍两宗的真谛法师最初也是由梁武帝请来南京的。清末杨仁山居士在南京创办金陵刻经处，刻印中国失传的经论并开展佛教的讲学研究，著名的学者章太炎及佛教的太虚大师和欧阳竟无居士等都来求学，广事著述，使法相唯识宗得以复兴。①

在赵朴老的这段论述中，自“清末杨仁山”一段往下，此处可以不论，因为不是在谈六朝佛教，而是涉及清末民初的佛教。朴老最基本的观点，“在中国成立的大小乘各宗派无不和南京有关”，是对南京佛教的义学影响的最好肯定，对此，必须在此稍加发挥。

赵朴初居士在这里用的是“诸宗”，而学术界习惯于区分为“学派”和“宗派”，有的宗派由学派直接发展而来。诸学派之中，涅槃学派是以研习、弘传《大般涅槃经》而形成的学派，这一学派的僧人称“涅槃师”。此学派与建康的联系，一是《大般泥洹经》六卷在建康道场寺的译出，二是昙无谶译《大般涅槃经》(北本)传入建康后，由慧严等人删定成南本《涅槃经》。从这个角度讲，道场寺应当是涅槃学派的祖庭之一。而其中的重要人物，包括了道生系的龙光学派、慧观系，北方的涅槃学在南方也有传播，还有一些法系不明的涅槃师在建康。道生系的活动中心是在建康，这一系的南方涅槃师，刘宋时代有宝林、法宝、道猷、道兹、觉世、僧瑾、法瑗，萧齐时有僧宗，梁代有法朗等。慧观系则是从长安转移到了建康。道生系讨论的核心思想是佛性问题，特别是“一阐提人”是否有佛性，是否能够成佛的问题。竺道生“一阐提人都有佛性”的核心观点，曾经在当时的建康佛教界引起过巨大争议，后来得到了北本《涅槃经》的经证，也成为佛教界的共识。涅槃

① 赵朴初：《中国佛教协会栖霞寺僧伽培训班开学致词》，载《赵朴初文集》上卷，华文出版社，2007年，第525—526页。

学在建康的发展，体现了建康佛教义学从般若学向涅槃学的转向，这也基本上代表了当时整个中国佛教界的义学转向。

成实学派是因对《成实论》的研习而形成和发展起来的学派。《成实论》是由中天竺诃梨跋摩所作，由鸠摩罗什晚年译出的一部经典。鸠摩罗什自己可能并不注重这部经，是因尚书姚显之请而译的，“尚书令姚显请出此论”[①]。“成实”，即成就四谛之实，此经注重对于名相的分析，以四谛理论组织其思想。罗什译出《成实论》之后，长安形成了一个成实学派，出现了一批成实师，长安成为成实学派的第一个中心。其中造诣深者包括了昙影、僧叡、僧导、僧嵩等。僧导因南朝刘宋朝武帝之请，南下寿春东山寺，形成南方成实学派的寿春系。僧导也曾到建康，推动了成实学在建康的发展。寿春系的成实师中，有些也在建康生活过。僧嵩后来也南下，在彭城（今江苏徐州）白塔寺弘传《成实论》，由此形成成实学派的彭城系。

刘宋时代在建康的成实师有道猛、道亮、道慧等。南齐时代，建康成实师最有代表性的是僧柔和慧次。梁代则是建康成实学的鼎盛时代，成实师中除了法宠、慧开、慧勇等，最有名的是法云、僧旻和智藏，他们成为梁代成实论三大师。

俱舍学派是以研习、弘传《俱舍论》而形成的学派，这一学派的僧人称“俱舍师”；摄论学派是以研习、弘传《摄大乘论》而形成的学派，这一学派的僧人称“摄论师”。这两个学派所宗的经典——《俱舍论》和《摄大乘论》，都由真谛译出，真谛曾在建康生活多年，但由于时乱等原因，没有能够在建康译出此两种经，但他在建康的生活，也从一定程度上呈现出其和这两个学派的关系。

毗昙学派是以研习、弘传阿毗昙学而形成的学派，这一学派的僧人称“毗昙师”或“阿毗达摩师”。一般认为，诸学派的弘传，就成实学派和毗昙学派而言，北方重毗昙学，而南方重成实学，但是在南朝时期，南方讲习《阿毗昙》却要比北方早，当宋、齐两朝在研习《阿毗昙》时，北方还很少有精于《阿毗昙》者。南朝毗昙学的重镇之一自然是建康。有两个重要事件，一是僧伽提婆到建康讲《阿毗昙》，二是《杂阿毗昙心论》在建康的译出。从讲习的角度讲，毗昙学的经典翻译主要在北方，但对于毗昙学的讲习先开始于南方，尤其是在建康。建康毗昙学的衰落和成实学的兴盛也有关系。在建康活跃的毗昙师包括慧观、法业、慧定、昙斌、慧

---

① 僧祐：《出三藏记集》卷一一《成实论记》，《大正藏》第55册，第78页上。

通、僧镜、智林、僧韶、僧护、法令、道乘、法护、法宠、智藏、慧开等。

三论学派中的摄山三论，源自摄山的栖霞寺，僧朗、僧诠、法朗接续关河三论的学统，构成了“摄岭相承”的三论学，并由法朗传于吉藏，由吉藏实际创立了三论宗，而吉藏也曾在建康生活过，他的名就是由真谛所起，他思想的形成和建康的摄山三论有直接的关系。如果说三论宗是隋唐佛教宗派中最早成立的宗派之一，那么它是和建康佛教有关的。虽然三论宗也称“嘉祥宗”，但根子在建康摄山，栖霞寺成为三论宗的一个重要祖庭，栖霞寺也是一个现存的寺院。

天台宗虽然以浙江天台山命名，但其实际创始人智者大师重要的弘法活动场所之一是建康，他的一些重要思想的发布也是在建康。他的思想被记录下来，构成天台宗的重要文献，瓦官寺等相关寺院是智者大师弘法的重要场所，特别是瓦官寺，因此它也成为天台宗的一个重要祖庭，瓦官寺也是一个现存的寺院。如果说，天台宗是隋唐佛教的第一个宗派①，那么它也是和建康有关的。

禅宗在南朝时期，因为菩提达摩到过建康，从而确立了和建康的内在联系，虽然达摩与梁武帝因机缘不契，没有留在建康的长江南岸，而是过江到了江北，在长芦寺和定山寺驻锡过（在定山寺的时间更长，有 2 至 3 年），这两个寺院今天都已恢复。从某种程度上讲，定山寺与达摩禅宗的关系更为密切，有诸多与达摩相关的圣迹，至于是否可以称此寺为禅宗的一个“祖庭”，甚至是第一祖庭，有待进一步探讨。而南京佛教与禅宗关系更为密切的部分，是达摩以四卷本《楞伽经》传宗，依此传承，后来形成了楞伽师或楞伽宗一系，这部经由求那跋陀罗在建康道场寺译出，虽然也有说法是译于摄山的草堂寺，但恐怕不能成立。由此可以看出建康佛教和楞伽师或禅宗的重要联系。

还有一些宗派与建康的联系，通过经典的翻译体现出来。

密宗是唐代在长安创立的宗派，依《大日经》等经典而立宗。在这一时期的密宗（纯密）创立之前，密学在中国汉地已有悠久的历史。这一时期的密学，可以称为“杂密”。有些杂密的经典，就是在建康译出的，这些译者包括支谦、帛尸梨蜜多罗等。第一密典《微密持经》，很可能是支谦在东吴之都建业译出的。支谦在此地译出第一部密教经典，显示了建业在中国密教史上“第一”的地位。

东晋时代，西域僧帛尸梨蜜多罗（吉友）来建康译出密典多部，同时他还对咒

---

① 对于天台宗和三论宗究竟哪一个是隋唐佛教中最早成立的宗派，学术界有不同的看法。

密在江南的进一步传播起到了极大的推动作用。他不但译出新的咒经,而且还亲自推行咒术密法。从这个角度讲,他在密教史上是比较重要的一位译僧。

西域沙门昙无兰也在杨都(建康)译出咒经,推动了密教的发展,也强化了建康在中国密教史上的地位。

其他在建康译密典的译僧还有昙摩密多、达摩摩提、僧伽婆罗等。

持明密教的经典,根据吕建福的研究,首译之典《牟梨曼罗咒经》,其实首译是在建康,译于梁代,"该经译于梁都建康,传至长安的必定是传抄本"①。

律宗是因研习、弘传律典而形成的宗派,实际创始人是道宣。道宣居陕西终南山,因而此宗也称南山宗,此宗主要依律典中的《四分律》立宗,又称四分律宗,在其发展的历史上,研习四分律的律师又称四分律师。

从律典的翻译角度讲,南京佛教史上也有一些律典译出,有些包含律学内容的经典也在南京译出。这些译典的流行,推动了南京佛教界律学的盛行,出现了一批明律的高僧。

支谦在吴地的译典,包括了一些律典,比如《戒消灾经》《恒水戒经》《佛说法律三昧经》和《斋经》等。

法显和佛陀跋陀罗在建康道场寺译出律典《摩诃僧衹律》四十卷、《摩诃僧衹比丘尼戒本》一卷,并集出《十诵比丘尼波罗提木叉戒本》一卷,其中的《摩诃僧衹律》属于律宗的经典系统,推动了律学在中国的传播。法显西行求法,不但第一次求取了广本的律典(《十诵律》),也译出了部分广本律典。法显的佛学贡献中,律学是最重要的方面,印度小乘的五部律,传入中国的有四部,法显传回国的有三部(《十诵律》《五分律》和《摩诃僧衹律》),译出的则有一部,即义熙十四年(418)译出大众部的《摩诃僧衹律》。一定程度上,法显在建康,使得建康也是一个律学中心。

佛驮什在龙光寺译出《五分律》,此律是印度弥沙塞部之律本,梵本是由法显在师子国(今斯里兰卡)抄得。宋景平元年(423)冬十一月译出,"沙门法显于师子国得弥沙塞律梵本,未被翻译而法显迁化,京邑诸僧闻什既善此学,于是请令出焉,以其年冬十一月集于龙光寺,译为三十四卷,称为《五分律》,什执梵文,于阗沙门智胜为译。龙光道生、东安慧严共执笔参正,宋侍中琅琊王练为

① 吕建福:《中国密教史》,中国社会科学出版社,1995年,第155页。

檀越，至明年四月方竟”[①]。

求那跋摩（功德铠，367—431）是罽宾国僧人，他于宋元嘉元年（424）到广州，元嘉八年（431）正月到达建康，居祇洹寺，在该寺译出《菩萨善戒经》九卷二十八品，后来由其弟子又补充了二品。又译有其他六种戒律类典籍，他对于这类典籍的译出，贡献较多。

另外，僧伽跋摩、求那跋陀罗、法颖、僧璩等也都在建康有戒律典籍译出。

华严宗是以《华严经》为根本典籍而创立的宗派，实际创始人为法藏，因法藏号贤首，后人也称此宗为贤首宗。此宗所依据的《华严经》首先是晋译六十卷本，此经是在建康道场寺译出的。从这个角度讲，道场寺是华严宗的一个祖庭。

在大本六十卷《华严经》译出之前，华严类的小品经典自中国佛教译经之初就开始译介，其中在建康也有翻译，由此开始形成“华严学”。支谦在建康译出的《佛说菩萨本业经》，就包括后来《华严经》中的三部分内容。

佛陀跋陀罗在道场寺翻译六十卷《华严经》，梵本是支法领在于阗求得，义熙十四年（418）三月十三日始译，至元熙二年（420）六月十日译完。道场寺因此而有“华严堂”，《华严经》的梵本有十万偈，而晋译本只是其前分的部分，所以才有后来的新译。“沙门支法领于于阗得《华严》前分三万六千偈，未有宣译。至义熙十四年，吴郡内史孟颢、右卫将军褚叔度即请贤为译匠，乃手执梵文，共沙门法业、慧严等百有余人，于道场译出，诠定文旨，会通华戎，妙得经意。故道场寺犹有华严堂焉。”[②]“贤”即觉贤，亦即佛陀跋陀罗。

四 建康佛教的第一个高峰

从东吴到南朝段，是南京佛教发展史上的第一个阶段，尤其是东晋、南朝时期，是南京佛教的第一个发展高峰，同时，这个时期的建康也成为著名的佛教重镇。这个高峰对于汉地佛教影响深远。作为高峰的体现，包括了建康佛教在译经、义学、著述、弘法、佛教制度、信仰生活、僧团发展、寺院规模、文学艺术等诸方

① 慧皎：《高僧传》卷三，《大正藏》第50册，第345页中。
② 慧皎：《高僧传》卷二，《大正藏》第50册，第335页下。

面的成就或贡献。

关于建康佛教的义学成就，上文已有略述。建康佛教在成实学、三论学、涅槃学、毗昙学及律学等方面都有突出的建树。作为三学之一的禅学，在建康也有高度的发展，一些重要的禅学僧人，包括菩提达摩、佛陀跋陀罗等都到过建康，而以宝志、傅大士为代表的南方禅学，则是被纳入后来以南宗禅为正宗的禅宗体系之中而受到推崇的，这两位禅师实际上代表了中土禅学或禅学本土化、中国化的先驱。

在谈到建康佛教的义学成就时，更应当从广泛的三教关系的角度来观察，在印度佛教传入中土的本土化或中国化的过程中，佛教与儒道两教的交流、冲突与会通，在建康佛教中有突出的表现。对于如何处理以佛教为中心的三教关系，建康佛教也有诸多的重要观点和实践。

建康佛教在义学、律学、禅学诸方面的成就，基于汉地佛教译经事业，包括建康佛教译经事业的发展。和整个汉地佛教史发展的特点相似，建康佛教起初传入之后的佛教活动，就是从译经开始的，进入建康地区第一个著名的佛教徒支谦就是以译经为主业，稍后来到建康的康僧会的一项重要工作也是译经。自此之后，建康佛教的译经在整个南朝时期一直开展，使得建康成为一个重要的译经中心，有些寺院比如道场寺，也成为著名的译经寺院。建康译经有其特色，诸多译典成为一些学派和宗派的宗经，特别是《涅槃经》、六十卷《华严经》、《楞伽经》，有些译典则是后世系统、完整了解印度佛教某地某一系统的必备经典，比如律学的部分，尤其是佛陀跋陀罗与法显共译的大众部《摩诃僧祇律》、佛驮什译出的化地部《五分律》，帮助人们完整了解印度佛教部派佛教的律制。在“阿含”类经中，《杂阿含经》由宋求那跋陀罗译于建康，《中阿含经》由罽宾沙门僧伽提婆和僧伽罗叉译于建康东亭寺。在唐代密宗成立之前，密学在汉地发展，其依据的经典之中，有诸多经文就是在建康译出的，整个汉传佛教史上的第一部密典，也是在建业译出的。除此之外，其他各类建康译典，对建康佛教，乃至整个汉传佛教的发展，都有着不同程度的作用和意义。

南朝时期建康佛教的成就，体现在著述方面，主要包括教义学类、史类、交通类作品的撰述。义学类的作品数量巨大，不能一一具述，有许多今已不存，有些作品的片断记录在相关作品之中，比如吉藏的《中观论疏》就记载了法朗的诸多言论，也提到了法朗的一些撰述。史类作品是对南朝佛教的一个总结性工作，包括僧祐编撰的《出三藏记集》《弘明集》,《出三藏记集》合经录、经序、僧传为一体。至于经录,南朝当然还有一些其他经录。以佛教史而论,以梁代高僧宝唱所撰写之《名僧传》《比丘尼传》最为著名。交通类最著名的作品,则是法显的《佛国记》,这是产生持久国际影响的佛教交通史著作。

就弘法角度来谈建康佛教的成就、建康地区的义学特色,其除了表现为撰述之外,也体现为大量的持久的讲经说法活动,由此构成了建康佛教义学中心的地位,也是奠定南方佛教重“慧”,以别于北方佛教重“定”的一般性南北佛教修行特色的重要基础。至于建康佛教的讲经说法活动,到了南朝,帝王也亲自开讲,以梁武帝为代表,而讲经中常为人们称道的,则以天台宗的智顗“九旬谈妙”为最。在讲经的过程中,时常还有持其他观点的僧人来听,由此形成义理上的论辩,丰富了建康佛教的义学内容。同泰寺、瓦官寺、光宅寺等众多的寺院都是重要的讲经场所,甚至宫廷中也有佛教的讲经活动。

从制度层面看,建康佛教为汉传佛教的制度建设做出了诸多贡献,影响深远,其中包括了僧官制度、度僧制度、寺职制度等。除此之外,还有一个著名的素食制度,与梁武帝的推进有关。在寺院经济层面,也有一些制度性的规范。

所谓信仰生活,是要说明信众的佛教信仰的具体化的形式和内容,在这一方面,中国佛教有不同于印度佛教之处。而这种不同,有些也和南朝的建康佛教有关。比如说忏仪,特别是《慈悲道场忏法》(《梁皇宝忏》)的创制,这种忏法一直流传至今。还有诸种信仰,像药师信仰、观音信仰、舍利信仰等,都在南朝形成。南朝陈文帝曾设药师斋忏。至于舍利信仰,建康佛教最早提到舍利是在东吴的康僧会传记之中,但进一步推进舍利信仰,则和梁武帝有关。

南朝建康佛教发展高峰之呈现也表现在僧团发展和寺院规模上,当然,与此相应的是居士的规模。关于这一点,著名诗句“南朝四百八十寺”已有充分的说明。“四百八十寺”是一个大致的数字,诗人的表达不是严格的统计,这些寺院也不一定都是在建康,也指南朝其他各地的著名寺院,但主要的还是在建康。著名的寺院,不能一一列举,它们承载着佛教在建康的发展史,许多寺院传承至今,更多的则消失在历史中,保留在文献里。在消失的寺院中,有一些寺名作为地名等留至今天。

从文化层面来看佛教,佛教也是一种文化。广义的文化包括信仰、制度、哲学、道德、习俗、文学、艺术等多方面的内容,其中信仰是核心。将文学、艺术的部分提取出来而论佛教的文化，建康的六朝佛教在这一方面有很多的创造和贡献，这些都是作为高峰体现的一个重要内容。文学的部分，包括了含有佛教意境的文学作品和诗作，更多的是诗：帝王诗、居士文人诗和僧众诗。艺术的部分，除了寺院建筑艺术，还包括了雕塑、书法、绘画等，在这些方面六朝建康佛教都有诸多的成就。其中有些已经消失，比如随着寺院建筑的消失，其中造像、书法、绘画等的原作也大多随之而去；也有少数以其他方式留存下来，比如“画龙点睛”这一成语就和南朝建康佛教寺院中的绘画有关；更多的则保留在了历史资料中。

第一章　吴地的建业佛教

东吴王朝是东汉末年由占据江南的讨虏大将军、会稽太守孙权建立的。208年,孙、刘联军在赤壁之战中打败了曹操,形成曹魏、蜀汉、孙吴三国鼎立之势。赤壁之战后,孙权占有江东,又占有荆州一部分,江南广大疆域都在他控制之下。229年,孙权于武昌(今湖北鄂城)称帝,东吴政权正式建立,九月即迁都建业(今江苏南京)。东吴统治时期,江南佛教继续发展,传播区域不断扩大,社会影响也逐渐增强,为东晋南北朝时期南方佛教的大发展奠定了基础。

第一节
东吴政权下吴地的社会历史条件与佛教概况

一　吴地的社会历史条件

东吴政权由孙权始，经会稽王孙亮、景帝孙休、末帝孙皓四代而亡，历时五十九年。

孙权统治时，江东经济有显著发展。吴国地处长江中下游地区，土地肥沃，便于耕垦。其中江苏常州、镇江、无锡一带，农业生产比较发达。北方人不断南下，山越人出山居于平地，江南劳动力增加很多，这就为东吴在长江两岸地区设立屯田区提供了条件。东吴在长江两岸设立了许多屯田区，其中包含常州、镇江、无锡等地的毗陵屯田区最大。会稽郡比较发达的农业生产，为东吴政权提供了稳定的经济支持。东吴修整了境内的水利设施，使得历代陆续修成的浙东运河和江南运河能够具备便利的通航条件。江南运河云阳至京口（今江苏丹阳至镇江）一段，因为流经山间，时常阻隔，至吴末获得修整。东吴在云阳以西开辟破冈渎，使秦淮河和江南运河联通，为三吴至建业的便捷水道。尽管江南丝织业尚未超过蜀地织锦业，但已经获得长足发展。东吴的手工业也在东汉的基础上有较大的进步，突出的如铜铁冶铸和青瓷业，前者的冶炼规模有显著扩大，后者也在东汉釉陶制造基础上走向成熟。地处江南，河、海交通需求旺盛，东吴造船业自然在三国时期呈现出兴旺景象。东吴所造海船北航辽东，南通南海诸国，技术先进。孙权于黄龙二年（230）派遣卫温率领万人船队到达夷洲（今台湾省），吴国使臣朱应、康泰泛海至林邑（在今越南南部）、扶南（在今柬埔寨境内）诸国，大秦商人和林邑使臣也曾经到达建业。

而经济的发展以及与外界交往的增加，为江南文化的提高和发展提供了保障。根据现代学者研究，“孙吴统治者出身寒门卑族，与崇尚儒术的世家大族不同，缺乏学术文化修养。孙坚、孙策父子对儒学之士皆怀有自卑与怨恨心理。孙权虽受过儒学启蒙，但学识有限；从其文化取向上看，孙权崇尚‘驳杂’和实用，他虽未明确排儒，但更重视可资实用的法术、兵家与史书。孙权教育诸子，可谓重视，选调了不少名儒为师傅、宾友，但其最重视的教学内容还是汉代史，目的在于培养其后继者的政治才干。正因为如此，孙权当政数十年，无心设博士，建太学，使吴国的儒学教育长期处于涣散的状态。孙吴时期江南地区学术文化的传承与发展，主要有赖于儒学名士主持之'私学'、儒学大族之'家学'及地方官员所资助之地方'学官'"[①]。与这一文化趋向相应，孙吴统治者对于佛教也未曾大力扶持，只是略加关注而已。在几位佛教信仰者的不懈努力下，东吴统治集团对于佛教最终采取了"兼容并蓄"的态度。

二 孙吴时期建业佛教概况

从文献记载看，孙权对于佛教的了解，主要受支谦和康僧会的影响。

支谦被孙权召见并且被任命为太子师，充分说明孙权对于佛教已经有一定了解，而且允许其太子接触佛教信徒，可以想见，孙吴政权对于佛教的态度很宽容。而孙权对待外来沙门康僧会的态度也说明了这一点。

康僧会对江南佛教的发展做出卓越贡献，在后世仍然有很大影响。唐道宣《集古今佛道论衡》中收录的《前魏时吴主崇重释门为佛立塔寺因问三教优劣事》一文说：

> 《吴书》云：孙权赤乌四年，有沙门康僧会者，是康居国大丞相之长子，神仪刚正，游化为任。于时三国鼎峙，各擅威衡，佛法北通，未达南国，会欲道被未闻，开教江表，初达建业，营立茅茨，设像行道，吴人初见，谓之妖异。有司奏闻。吴主问曰："佛有何神验也？"会曰："佛晦灵迹，出余千载，遗形舍利，应现无方。"吴主曰："若得舍利，当为立塔。"经三七日，遂获舍利，五色曜天，剖之逾坚，烧之不然，光明出火，作大莲华，照曜宫殿。臣主惊嗟，信情发起，因为造塔，度人立寺，以其所住，为佛陀里，教法创兴，故遂名建初寺焉。[②]

关于此事，慧皎《高僧传》卷一《康僧会传》也有记载，称康僧会于吴赤乌十年

① 王永平：《孙吴学术文化风尚考论》，载《孙吴政治与文化史论》，上海古籍出版社，2005年，第348页。
② 道宣：《集古今佛道论衡》卷甲，《大正藏》第52册，第364页下—365页上。

(247)到达建业:

> 时吴地初染大法,风化未全。僧会欲使道振江左,兴立图寺,乃杖锡东游。以吴赤乌十年初,达建业,营立茅茨,设像行道。时吴国以初见沙门,睹形未及其道,疑为矫异。有司奏曰:“有胡人入境,自称沙门,容服非恒,事应检察。”权曰:“昔汉明帝梦神,号称为佛,彼之所事,岂非其遗风耶?”即召会诘问:“有何灵验?”会曰:“如来迁迹,忽逾千载,遗骨舍利,神曜无方。昔阿育王起塔乃八万四千,夫塔寺之兴,以表遗化也。”权以为夸诞,乃谓会曰:“若能得舍利,当为造塔。如其虚妄,国有常刑。”会请期七日,乃谓其属曰:“法之兴废,在此一举。今不至诚,后将何及。”乃共洁斋静室,以铜瓶加凡,烧香礼请,七日期毕,寂然无应。求申二七,亦复如之。权曰:“此实欺诳,将欲加罪。”会更请三七,权又特听。会谓法属曰:“宣尼有言曰,文王既没,文不在兹乎。法灵应降,而吾等无感,何假王宪?当以誓死为期耳。”三七日暮,犹无所见,莫不震惧。既入五更,忽闻瓶中枪然有声。会自往视,果获舍利。明旦呈权,举朝集观。五色光炎,照耀瓶上。权自手执瓶,泻于铜盘。舍利所冲,盘即破碎。权大肃然,惊起而曰:“希有之瑞也。”会进而言曰:“舍利威神,岂直光相而已。乃劫烧之火不能焚,金刚之杵不能碎。”权命令试之,会更誓曰:“法云方被,苍生仰泽。愿更垂神迹,以广示威灵。”乃置舍利于铁砧碓上,使力者击之,于是砧碓俱陷,舍利无损。权大叹服,即为建塔。以始有佛寺,故号建初寺,因名其地为佛陀里。由是江左大法遂兴。①

对照上述文字记载可知,前者简略,后者繁复,文学性强,尤其是所记时间不同。此中的要点是:康僧会初来建业以比丘的面目出现,设立茅棚,安奉佛像,引起当地人的怀疑,朝廷官员报告孙权,孙权于是召见康僧会。康僧会为孙权打制舍利,引起孙权的崇信,于是孙权下令在建业为其建造一所佛寺。这就是江南第一所佛寺建初寺的由来。

关于建初寺的建造,现在最大的问题是康僧会到建业的时间有二说:一是赤乌四年(241),二是赤乌十年(247)。现代学者大多采信后说,笔者经过考辨,以

---

① 慧皎:《高僧传》卷一,《大正藏》第50册,第325页中—下。

为赤乌四年说更正确。

在前引《前魏时吴主崇重释门为佛立塔寺因问三教优劣事》一文叙述康僧会之事后，有一段孙权向其大臣询问佛法的记载，其文说：

寻下敕问尚书令阚泽曰："汉明已来，凡有几年？佛教入汉既久，何缘始至江东？"泽曰："自永平十年佛法初来，至今赤乌四年，则一百七十年矣。初，永平十四年，五岳道士与摩腾角力之时，道士不如。南岳道士褚善信、费叔才等，在会自憾而死，门徒弟子归葬南岳。不预出家，无人流布。后遭汉政凌迟，兵戎不息。经今多载，始得兴行。"

又问曰："孔丘、老子得与佛比对不？"泽曰："臣闻鲁孔君者，英才诞秀，圣德不群，世号素王，制述经典，训奖周道，教化来叶。师儒之风，泽润今古。亦有逸民如许成子、原阳、庄子、老子等百家子书，皆修身自玩，放畅山谷，纵汰其心，学归淡泊，事乖人伦、长幼之节，亦非安俗化物之风。至汉景帝，以黄子、老子义体尤深，改子为经，始立道学，敕令朝野悉讽诵焉。若将孔、老二教，远方佛法，远则远矣。所以然者，孔、老二教，法天制用，不敢违天。诸佛设教，天法奉行，不敢违佛。以此言之，实非比对。"吴主大悦，以泽为太子太傅。①

此文中，东吴尚书令阚泽回答吴主孙权有关佛教的两个问题。对第一个问题的应对中，涉及汉明帝永平求法之事，对第二个问题的回答则反映了阚泽对三教——儒教、佛教、道教不同的看法。阚泽是当时的大儒，而《三国志》中也记载："赤乌五年，拜太子太傅，领中书如故。六年冬卒，权痛惜感悼，食不进者数日。"②这一记载与《前魏时吴主崇重释门为佛立塔寺因问三教优劣事》所说一致。

关于《前魏时吴主崇重释门为佛立塔寺因问三教优劣事》的真伪，有两个细节证明此文献为真。其一，此文正文的起首表明其来源于《吴书》。经查考确定，此中的《吴书》由三国时期吴国史官韦昭所编定。根据《三国志·吴书》本传的记载，韦昭就是前文所说与支谦一起任太子孙和老师的韦曜。孙亮为孙吴皇帝时，

---

① 道宣：《集古今佛道论衡》卷甲，《大正藏》第52册，第365页上。

② 《三国志》卷五三。

韦曜为太史令，“撰《吴书》”；孙休为吴帝时，他为中书郎、博士祭酒，“命曜依刘向故事，校定众书”。这部《吴书》，不是韦昭一人修撰的，华核、薛莹等也参与了此书的修撰。此书后来成为陈寿编撰《三国志》的主要依据之一。其二，慧皎《高僧传》卷一《康僧会传》的记载并不是现存最早提及此事的。如梁代编定的《弘明集》卷一一载有《高、明二法师答李交州淼难佛不见形事并李书》，此文中释法明说：“吴主孙权初疑佛法无验，当停罢省，遂获舍利，光明照宫，金铁不能碎，炉冶不能融，今见帝京建初寺是。”[①]此文是道高、法明二位僧人回答居士李淼的疑问的书信，《弘明集》的编者未标明时代，而根据《高僧传》卷一二《释超辩传》附传记载，萧齐时代“时有灵根释法明，祇洹释僧志，益州释法定，并诵经十余万言，蔬苦有至德”[②]。可见，此文属于萧齐时代而早于梁代慧皎《高僧传》。有文献说康僧会打制舍利和孙权就佛法询问阚泽之事来源于《吴书》。关于《吴书》的流传，《隋书·经籍志》记载说：“《吴书》二十五卷，韦昭撰。本五十五卷，梁有，今残缺。”[③]可见，此书至梁代时期仍然在流传，而至隋初方成残卷。梁代慧皎在《高僧传》卷一《康僧会传》中说：“有记云孙皓打试舍利，谓非其权时。余案：皓将坏寺，诸臣咸答。康会感瑞，大皇创寺。是知初感舍利必也权时，故数家传记咸言，孙权感舍利于吴宫。其后更试神验，或将皓也。”[④]由此可知，至慧皎时，已经有数种文献记载康僧会感应舍利之事，韦昭的《吴书》即其中之一。从上引文字可见，慧皎所写很详细，文学色彩很强，而《前魏时吴主崇重释门为佛立塔寺因问三教优劣事》简短且文字质朴，符合史书的风格。慧皎是吸收了诸种文献的内容写成《康僧会传》的上述内容的。然而不知是后世的传抄错误，还是慧皎时期关于此事发生的事件已有二说，慧皎将此事系于赤乌十年(247)。而参照《前魏时吴主崇重释门为佛立塔寺因问三教优劣事》可知，赤乌六年(243)阚泽逝世，因此可推知，赤乌四年(241)说是对的。

从上引文献可知，孙权最初不信佛教，后来在康僧会以舍利神迹的吸引下，对佛教产生了好奇，阚泽的回答更加深了孙权对于佛教的好感。孙权于是在首都建业为康僧会修造了建初寺。这一系列事件发生在赤乌四年(241)。而如前

---

① 《大正藏》第52册，第71页下。
② 慧皎：《高僧传》卷一二，《大正藏》第50册，第408页中。
③ 《隋书》卷三三。
④ 慧皎：《高僧传》卷一，《大正藏》第50册，第326页中。

文叙述,支谦也于这一时期到达建业,并且也在晚些时候被孙权任命为太子孙和的老师。这些证据已足以表明,孙权对待佛教是很宽容的,在某种程度上也支持了佛教的发展。

孙权当了二十三年皇帝,七十一岁死后传位给第七子孙亮。孙亮即位时(252)年仅十岁。257年,孙亮亲政,但常常被权臣孙綝牵制,不能行使皇帝的权力。于是,孙亮积极采取措施准备除掉孙綝。然而孙亮的布置被泄,孙綝于是废黜孙亮为会稽王,改立孙亮之兄孙休为帝。时年为太平三年(258)十月。

孙亮年幼,执政仅一年就被废,对东吴宗教政策的影响不太大。他对待佛教的态度,可从他对支谦的赞誉大致看出。《出三藏记集》卷一三《支谦传》中记载,支谦在太子登位之后,"遂隐于穹隘山,不交世务"①。支谦曾经为前太子孙和之师,在孙权死后,孙和被废,尔后被诛杀,在新帝登位的情况下,支谦离开京城,隐居山林。支谦圆寂于山中之后,"吴主孙亮与众僧书曰:'支恭明不救所疾,其业履冲素,始终可高。'为之恻怆不能已已"。从这一记载推知,孙亮一定是在未登位之前,也就是十岁之前,认识支谦,因而在支谦卒后,才会有此赞语。由此可知,孙亮本人对于佛教也是了解的。

孙綝废除孙亮之后,"綝意弥溢,侮慢民神,遂烧大桥头伍子胥庙,又坏浮屠祠,斩道人"②。可见,孙綝不信佛教,毁坏了佛寺,且有杀戮僧人的行为。但《三国志》卷六四《孙綝传》记载的这些事情,是在废除孙亮、立景帝孙休之后发生的,而这一废立事件,发生于太平三年(258)十月,而永安元年(258)十二月,孙休就杀了孙綝。从这一系列事件推测,孙綝毁坏佛寺且杀戮僧人,似乎与政治有关,也许针对的是与孙亮关系密切的僧人及其住寺。

孙休(234—264),字子烈,又称景帝,吴国第三位皇帝,在位六年(258—264)。在其执政时期,东吴佛教继续发展。

东吴最后一位皇帝孙皓对于佛教不大尊敬,《高僧传·康僧会传》记载的数事说明了其转变。

根据《高僧传·康僧会传》记载:"至孙皓即政,法令苛虐,废弃淫祀,乃及佛寺,并欲毁坏。"③康僧会通过融佛融通的观念,减轻了孙皓对佛教的反感,阻止了

---

① 僧祐:《出三藏记集》卷一三,《大正藏》第55册,第97页下。

② 《三国志》卷六四。

③ 慧皎:《高僧传》卷一,《大正藏》第50册,第325页下。

其灭佛教的企图。

孙皓听了康僧会对佛教的阐释,但内心并未真正信服:

> 而昏暴之性不胜其虐。后使宿卫兵入后宫治园,于地得一金像,高数尺,呈皓。皓使着不净处,以秽汁灌之,共诸群臣笑以为乐。俄尔之间,举身大肿,阴处尤痛,叫呼彻天。太史占言:“犯大神所为。”即祈祀诸庙,永不差愈。婇女先有奉法者,因问讯云:“陛下就佛寺中求福不?”皓举头问曰:“佛神大耶?”婇女云:“佛为大神。”皓心遂悟,具语意故。婇女即迎像置殿上,香汤洗数十过,烧香忏悔。皓叩头于枕,自陈罪状。有顷,痛间。遣使至寺,问讯道人,请会说法。会即随入。皓具问罪福之由。会为敷析,辞甚精要。皓先有才解,欣然大悦。因求看沙门戒,会以戒文禁秘,不可轻宣。乃取《本业》百三十五愿,分作二百五十事,行住坐卧,皆愿众生。皓见慈愿广普,益增善意。即就会受五戒,旬日疾瘳。乃于会所住,更加修饰,宣示宗室,莫不必奉。①

孙皓在位十七年。从上述记载可见,经过康僧会的努力引导,孙皓最终改变了态度,转而在一定程度上支持佛教的发展,并且跟从康僧会受了五戒。

综上所述,东吴政权对待佛教的态度较之曹魏稍显宽松,佛教因此而在江南获得了较为显著的发展。

三国时期,佛教在江南具有相当大的社会影响。从考古工作者发现的文物中很容易看出这一点。

1955 年,南京市江宁县赵史岗 M7 吴墓出土的一件堆塑陶罐②,罐身模印铺首、佛像、鳞凤等。罐口上分四面,前面有门,两侧有双阙,阙上有覆檐,檐下排列六人。后面门上有屋顶,四角各置一罐,檐上有鸟雀,最上为盖。

南京市甘家巷高场东吴 M1 出土陶魂瓶一件③,上带三层雕塑,最上层为方形陶屋,屋壁四面有门,门内各置一座佛塑像。围绕方屋四周,又有佛像七尊,均坐于与瓶口相连的盘座上,在瓶颈四周附加一盘形座,上为中层雕塑,在瓶颈正

---

① 慧皎:《高僧传》卷一,《大正藏》第 50 册,第 325 页下—326 页上。

② 参见江苏省文物管理委员会:《南京近郊六朝墓的清理》,《考古学报》1957 年第 1 期。

③ 参见金琦:《南京甘家巷和童家山六朝墓》,《考古》1963 年第 6 期。

面开一门，中有一佛像，门前两旁置双阙，阙旁各有一小罐，四小罐之间共塑佛像八尊。下部瓶腹上，堆塑有佛像、铺首和鱼。所有佛像均作跏趺坐、合掌，头上似有发髻或冠，有背光。

1979 年，南京市江宁县殷巷吴墓出土的人物堆塑陶罐[①]，罐腹附贴三层纹饰：下层为铺首衔环；中层六团龙围绕罐的一周；上层正面附贴二猴，作舞蹈状。器物上部为一宝塔形人物堆塑，分两层。门前有阙，小罐上栖息小鸟，罐口沿分前后二面，前有七个项挂佛珠、背有佛光的莲花坐佛。[②] 江宁县上坊 79M1 东吴“天册元年”(275)墓出土青瓷人物堆塑罐，上有麒麟、仙人骑马、铺首、熊头、莲花坐佛(带圆形项光)、凤凰、飞羊，开门有立阙。四角堆塑四只小罐，上塑飞鸟，另在平台四边中部各有一项挂佛珠、背有佛光的莲花坐佛。此墓的墓砖纹饰大多为莲花。

① 参见南京市博物馆：《南京郊县四座吴墓发掘简报》，载《文物资料丛刊》第 8 辑，文物出版社，1983 年。

② 参见南京市博物馆：《南京郊县四座吴墓发掘简报》，载《文物资料丛刊》第 8 辑，文物出版社，1983 年。

第二节
支谦在建业的译经

一 支谦在建业

关于支谦，现存三种较早的文献简要记载了他的生平事迹。

第一种是西晋时期的支愍度所撰《合首楞严经记》一文，此文收于《出三藏记集》卷七。而关于此文的写作背景，僧祐在《出三藏记集》卷二记载说："《合首楞严经》八卷，合支识、支谦、竺法护、竺叔兰所出《首楞严》四本，合为一部，或为五卷。……晋惠帝时，沙门支愍度所集其《合首楞严》。《传》云，亦愍度所集，既阙。"[①]支愍度集《合首楞严经》是在晋惠帝在位时期，即《合首楞严经记》一文应写于 291 年至 307 年之间。第二种是僧祐《出三藏记集》卷一三的《支谦传》。僧祐卒于梁武帝天监十七年(518)，可见此传记应写于此前。第三种是慧皎《高僧传》卷一《康僧会传》行文中穿插的有关支谦的事迹。由于支谦并非比丘，因而《高僧传》中没有其本传。慧皎的生卒年失载，有文献表明，慧皎卒于梁末。

上述三种文献的记载大同小异，但详略不同，经过对勘，可知支谦生平之梗概。

支谦，名越，字恭明，其祖居于大月氏，于汉灵帝时期来至内地。这是上述三种文献共同的记载，略有分歧的是具体的代际。支愍度《合首楞严经记》说："又有支越，字恭明，亦月支人也。其父亦汉灵帝之世，来献中国。越在汉生。"[②]僧祐《出三藏记集·支谦传》又说："支谦，字恭明，一名越，大月支人也。祖父法度，以汉灵帝世，率国人数百归化，拜率善中郎将。"[③]这两种说法，表面看似乎不相容，而从时间推知，二说可以相互补充。从僧祐所说可知，支谦的祖父法度以汉灵帝世率国人数百来至内地，汉朝政府任命其为率善中郎将。而支愍度说，支谦的父亲于汉灵帝时期从大月氏来到汉地。从后文将要考证的支谦的生卒年可推知，

① 僧祐：《出三藏记集》卷二，《大正藏》第 55 册，第 10 页上。
② 僧祐：《出三藏记集》卷七，《大正藏》第 55 册，第 49 页上。
③ 僧祐：《出三藏记集》卷一三，《大正藏》第 55 册，第 97 页中。

支谦之祖父所带领的数百人自然包括支谦的父亲在内，因而，同样出自《出三藏记集》的上述两种文献各自叙述角度不同，可互相补充。

支慜度明确说支谦出生于汉地，而慧皎《高僧传·康僧会传》则记载："先有优婆塞支谦，字恭明，一名越，本月支人，来游汉境。"①慧皎是在叙述康僧会事迹时，追述吴地佛教发展而述及的，因此，文字简约，语意模糊，使得有些学者误以为慧皎说支谦生于大月氏。而经过对照可知，慧皎此文，特别是这一段叙述，与僧祐的《支谦传》非常相似。僧祐、慧皎同在梁武帝时期活动，僧祐早于慧皎。因此，二文的渊源有两种可能：第一种是二文都抄自当时还存在的有关支谦的更原始的传记材料，第二种则是慧皎沿袭了僧祐的叙述而有节略。而支慜度《合首楞严经记》有文说："从黄武至建兴中，所出诸经凡数十卷，自有别传记录。"②可见，至支慜度时期仍然流通一种记载支谦事迹和译经目录的"传"。

现存文献中没有对支谦生卒年的明确记载，但可从现存文献的叙述中大致推出支谦生年的上下限。首先，现存几种早期文献都说，支谦六十岁卒，而其翻译经典的时间为吴黄武元年(222)至建兴年，共三十余年。建兴为吴主孙亮年号，共两年，为252年至253年，而僧祐《支谦传》说："后太子登位，遂隐于穹隘山，不交世务……后卒于山中，春秋六十。"③此文后面有吴主孙亮在支谦卒后的感喟，因此可以推知，支谦卒于孙亮在位时期，即253年至258年之间。可见，支谦的生年在194年至199年之间，此为东汉献帝兴平元年(194)至建安四年(199)。上述文献都说，支谦祖父、父亲是在汉灵帝时期(168—189)来汉地的，因此，支慜度所说支谦在汉地出生是准确的。

根据《出三藏记集》卷一三《支谦传》记载，支越七岁时，"骑竹马戏于邻家，为狗所啮，胫骨伤碎。邻人欲杀狗取肝傅疮。越曰：'天生此物，为人守吠。若不往君舍，狗终不见啮。此则失在于我，不关于狗。若杀之得差，尚不可为，况于我无益，而空招大罪。且畜生无知，岂可理责？'由是村人数十家感其言，悉不复杀生"。十岁学习《尚书》，"同时学者皆伏其聪敏。十三，学胡书，备通六国语"④。从这一叙述可知，支谦是在汉地接受的教育，十岁时学习儒家经典，十三岁时学

① 慧皎：《高僧传》卷一，《大正藏》第50册，第325页上。
② 僧祐：《出三藏记集》卷七，《大正藏》第55册，第49页上—中。
③ 僧祐：《出三藏记集》卷一三，《大正藏》第55册，第97页下。
④ 僧祐：《出三藏记集》卷一三，《大正藏》第55册，第97页中。

习西域六国语言。至于支谦之师，几种文献都记载是支娄迦谶的弟子支明。又《合首楞严经记》记载："越在汉生，似不及见谶也。又支亮，字纪明，资学于谶，故越得受业于亮焉。越才学深彻，内外备通。"[①]可见，支谦是大月氏来汉地的支娄迦谶的再传弟子，但文献中也说，支谦并非出家人，而是优婆塞。

《高僧传》卷一《康僧会传》说，支谦"受业于亮，博览经籍，莫不究练，世间艺术，多所综习。其为人细长黑瘦，眼多白而精黄。时人为之语曰：'支郎眼中黄，形体虽细是智囊。'其本奉大法，精练经旨"[②]。从这些描述看，支谦在汉献帝时期皈依于支明学习佛法以及西域、天竺语言，并且精通佛教经义。汉献帝建安末年，支谦与同乡数十人一起南奔孙吴。"初发日唯有一被。有一客随之，大寒无被，越呼客共眠。夜将半，客夺其被而去。明旦，同侣问被所在。越曰：'昨夜为客所夺。'同侣咸曰：'何不相告？'答曰：'我若告发，乡等必以劫罪罪之，岂宜以一被而杀一人乎？'远近闻者，莫不叹服。"[③]从这些描述看，支谦的行为完全合佛教的基本精神，颇得时人尊敬。而参照前文关于支谦生年的推断，此时他的年龄在二十一岁至二十六岁之间。

支谦祖居月支，后来汉土。"献帝之末，汉室大乱，与乡人数十共奔于吴。……后吴主孙权闻其博学有才慧，即召见之。因问经中深隐之义，应机释难，无疑不析。权大悦，拜为博士，使辅导东宫，甚加宠秩。"[④]慧皎《高僧传》中也有相同的记载。根据这些记载可知，在汉献帝末年，也即建安末，支谦与乡人一起奔至吴地，后来被吴主孙权召见，并且被聘请为太子的老师。关于此处的太子，有学者推测是孙权的长子孙登[⑤]，而实际上是孙权的三子孙和。慧皎《高僧传·康僧会传》在追述吴国佛教发展时述及支谦：

> 汉献末乱，避地于吴。孙权闻其才慧，召见悦之，拜为博士，使辅导东

---

① 僧祐：《出三藏记集》卷七，《大正藏》第55册，第49页上。

② 慧皎：《高僧传》卷一，《大正藏》第50册，第325页上。

③ 僧祐：《出三藏记集》卷一三，《大正藏》第55册，第97页中—下。

④ 僧祐：《出三藏记集》卷一三，《大正藏》第55册，第97页中—下。

⑤ 参见任继愈主编：《中国佛教史》第一卷，中国社会科学出版社，1981年，第167—168页。这一判定，可能来源于汤用彤先生的猜想："支谦辅导东宫，不知确否，亦不知在何时。但事如确，则其所谓东宫者，或即太子登。《祐录》所谓后太子登位卒，'位'字衍文，后世传抄者不悉登为人名，故改'登卒'为'登位'。"（汤用彤：《汉魏两晋南北朝佛教史》，北京大学出版社，1997年，第89页。）

官。与韦曜诸人共尽匡益，但生自外域，故《吴志》不载。[1]

此文说，支谦与韦曜一起辅导“东宫”，但因为支谦是“外域”人士而没有载入《吴志》。这一记载是《出三藏记集》所漏记的。

《三国志》卷六五《韦曜传》记载：“韦曜，字弘嗣，吴郡云阳人也。少好学，能属文，从丞相掾，除西安令，还为尚书郎，迁太子中庶子。时蔡颖亦在东宫，性好博弈，太子和以为无益，命曜论之。”[2]根据《三国志》卷五九《孙和传》记载：赤乌四年(241)五月，皇太子孙登死。第二年正月，孙权立三子孙和为太子，孙和时年十九岁。孙权以“阚泽为太傅，薛综为少傅，而蔡颖、张纯、封俌、严维等皆从容侍从”。在这一段叙述之后，《孙和传》又说：“人情犹不能无嬉娱，嬉娱之好，亦在于饮宴琴书射御之间，何必博弈，然后为欢？乃命侍坐者八人，各著论以矫之。于是中庶子韦曜退而论奏，和以示宾客。时蔡颖好弈，直事在署者颇敩焉，故以此讽之。”[3]这一记载印证了《韦曜传》所记载的在东宫时，韦曜撰文讽刺蔡颖之事。由此可见，韦曜确实曾经是太子孙和的老师。

综上所述，慧皎记载的支谦“与韦曜诸人共尽匡益”的东宫是孙权所立的第二位太子。对此，唐代僧人神清在《北山录》卷四中有一解释：“东宫即太子和也，遭谗而废。韦曜，字弘嗣，好学，善属文，迁太子中庶，后累迁至侍中，修《吴史》未就，为孙皓所诛。”[4]显然，神清所引文字来源于《三国志·韦曜传》。

根据史书记载，孙权于赤乌五年(242)立孙和为太子，赤乌十三年(250)，孙权又废黜孙和，改立少子孙亮为太子。从上文引述的资料可知，孙权为太子孙和任命的第一批太子师的名单中未见韦曜，可见，韦曜应是在晚些时候被任命为太子中庶子的。慧皎叙述说，支谦与韦曜一起为太子师，也许他们二人属于被任命的第二批太子师。

支谦被孙权召见并且被任命为太子师，充分说明孙权对于佛教已经有一定了解，而且允许其太子接触佛教信徒，可以想见，孙吴政权对于佛教的态度很宽容。而孙权对待外来沙门康僧会的态度也说明了这一点。

---

① 慧皎：《高僧传》卷一，《大正藏》第50册，第325页上。
② 《三国志》卷六五。
③ 《三国志》卷五九。
④ 《大正藏》第52册，第594页下。

孙吴最初的中心在武昌。江南地区有名的重镇、三国时期一度作为吴国政治中心的武昌，此时正开始接受佛教的渗透。曹魏黄初二年(221)，孙权自公安(今湖北公安)迁都于鄂(今湖北鄂州)，取“以武而昌”之意，将鄂改名为武昌，开始了他对东吴的经营。从此，武昌成了吴国的政治中心和军事重镇。当时，来吴地的人中，很多是有名的佛家人物，据史料记载，最早来到吴地的是支谦。《佛祖统纪》记载：“黄初元年，吴主孙权于武昌建昌乐寺。”[①]“黄初”为曹魏的年号，“黄初元年”即220年，也就是支谦来武昌的那一年。光绪十一年(1885)编修的《武昌县志》中也有这方面的记叙：“昌乐院，在县南六里，汉建安二十五年孙权作寺，有二浮图(即佛像)，东有戴渊记，西为谢尚立石……”依据此中所说，支谦到武昌不久，就于此地建寺。因为支谦并非僧人，孙权接见重用支谦，并于武昌为其建寺。然而，支谦南下至武昌并非一举成名，孙权接见支谦的地点，并非今人所推测的在武昌，而是在建业。因此，即便是武昌于孙吴时期建造了昌乐寺，恐怕也不会如此之早，也许此寺是由支谦、维祇难和竺将炎等译经时住过的精舍发展而来的。

在支谦到达武昌后不久，吴黄武三年(224)，印度僧人维祇难和竺将炎一起来到武昌，弘传佛教。维祇难、竺将炎与支谦共同译出了《法句经》等。

吴黄龙元年(229)，孙权将都城迁到建业。随着政治中心的移动，孙吴佛教传播的中心也移向了建业。支谦等也由武昌转移到了建业，尤其是赤乌四年(241)，康僧会又从交趾北上来到建业，孙权在其动员下在建业修造建初寺供康僧会驻锡。历史上记载，这是东吴建造的第一所佛寺。由此，在东吴首都建业形成了以康僧会为首的僧团，江南佛教进入一个新的发展阶段。此外，唐初道世《法苑珠林》卷一二记载，吴地(今苏州)于此时已有通玄精舍。

根据史书记载，孙权于赤乌五年(242)立孙和为太子，赤乌十三年(250)，孙权又废黜孙和，改立少子孙亮为太子。《出三藏记集·支谦传》记载说：“后太子登[②]位，遂隐于穹隘山，不交世务。从竺法兰道人更练五戒，凡所游从，皆沙门而已。”[③]此中所说“太子登位”是指孙亮于神凤元年(252)夏四月即皇帝位。鉴于自己曾经的特殊身份，支谦于此时决计隐居山中，直至卒于穹隘山，享年六十岁。此处的穹隘山就在吴郡(今江苏苏州)。应特别注意的是，支谦习戒的皈依师竺

---

① 志磐：《佛祖统纪》卷三五，《大正藏》第49册，第311页中。

② 南宋藏本、碛砂本、元本、明本诸藏于此多一“卒”字，而高丽藏无此字。依据上文考辨，“卒”字为衍文。

③ 僧祐：《出三藏记集》卷一三，《大正藏》第55册，第97页下。

法兰，也不见于文献记载。由于与传说中的《四十二章经》的初译者法号一致，因而引起当今学者的很多猜测。如前所论，支谦卒年的下限为吴天平三年(258)十月。在支谦卒后，吴主孙亮在《与众僧书》中说："支恭明不救所疾，其业履冲素，始终可高，为之恻怆不能已已。"①

如此则可大致确定，支谦很大可能随孙吴国都的转移而东下至建业。因而可以肯定，支谦的主要弘教业绩是在建业完成的。

二 支谦的佛典翻译

与维祇难、竺将炎同时在吴地翻译佛典的是支谦。支谦是三国时期一位重要的佛教居士，他对于这一时期的中国佛教，特别是孙吴的佛教发展起了重大的推动作用。他的生平事迹已于前文叙述，在此仅将其翻译活动以及成果做一些考辨叙述。

支谦所译的经典及其数量，历来经录说法不一。东晋道安《经录》里著录了三十部，梁僧祐《出三藏记集》卷二又据《别录》补充了六部："右三十六部，四十八卷。魏文帝时，支谦以吴主孙权黄武初至孙亮建兴中所译出。"②慧皎《高僧传》记载，支谦"从吴黄武元年至建兴中，所出《维摩》《大般泥洹》《法句》《瑞应本起》等四十九经，曲得圣义，辞旨文雅"③。在此仅据僧祐的著录先将支谦的译籍罗列于后，然后对其翻译活动的特点和影响做些论述说明。

对于僧祐《出三藏记集》卷二著录的三十六部支谦译籍，吕澂先生经过考订后认为是支谦翻译的只有下列二十九部④：

1.《阿弥陀经》二卷，又称《无量寿经》，现存。

2.《须赖经》一卷，现存。

3.《维摩诘经》二卷，现存。

4.《私诃昧经》一卷，现存。

---

① 僧祐：《出三藏记集》卷一三，《大正藏》第 55 册，第 97 页下。
② 僧祐：《出三藏记集》卷二，《大正藏》第 55 册，第 7 页上。
③ 慧皎：《高僧传》卷一，《大正藏》第 50 册，第 325 页上—中。
④ 参见吕澂：《中国佛学源流略讲》，中华书局，1979 年，第 291—292 页。

5.《差摩羯经》一卷，或称《菩萨生地经》，现存。

6.《月明童子经》一卷，或称《月明菩萨经》，现存。

7.《龙施女经》一卷，现存。

8.《七女经》一卷，现存。

9.《了本生死经》一卷，现存。

10.《大明度无极经》四卷，现存。

11.《慧印三昧经》一卷，现存。

12.《无量门微密持经》一卷，现存。

13.《菩萨本业经》一卷，现存。

14.《释摩男本四子经》一卷，现存。

15.《赖吒和罗经》一卷，散失。

16.《梵摩渝经》一卷，现存。

17.《斋经》一卷，现存。

18.《大般泥洹经》二卷，散失。

19.《义足经》二卷，现存。

20.《法句经》二卷，现存。

21.《佛医经》一卷，现存。

22.《四愿经》一卷，现存。

23.《阿难四事经》一卷，现存。

24.《八师经》一卷，现存。

25.《孛经钞》一卷，现存。

26.《太子瑞应本起经》二卷，现存。

27.《菩萨本缘经》四卷，现存。

28.《老女人经》一卷，现存。

29.《撰集百缘经》七卷，现存。

上述二十九部，属于僧祐著录于支谦名下的有二十六部。而《菩萨本缘经》始见于《历代三宝纪》著录，《撰集百缘经》始见于《大唐内典录》著录。吕澂以为："虽然原始的记录出处不明，但从译文体裁上看无妨视为支谦所译。"[①]至于《佛医

① 吕澂：《中国佛学源流略讲》，中华书局，1979年，第292页。

经》，僧祐著录在竺将炎名下，但注明支谦参与助译。出于此，吕澂将其列入支谦译籍中。上述二十九部，现存二十七部。

吕澂又说，上述二十九部中，根据道安的《经注序》，《了本生死经》原来是汉末译出，支谦加以注解或修改，道安的经录便又将它列在支谦译本之内。

此外，需要特别说明的是《法句经》的翻译。僧祐在《出三藏记集》卷一三《安玄传》叙述维祇难的翻译活动时说："时支谦请出经，乃令其同道竺将炎传译。谦写为汉文。时炎未善汉言，颇有不尽，然志存义本，近于质实。今所传《法句》是也。"[1]可见，《法句经》是合作翻译的产物。而《出三藏记集》卷七收录了"未详作者"的《法句经序》，对翻译过程有如下叙述：

> 始者，维祇难出自天竺，以黄武三年来适武昌。仆从受此五百偈本，请其同道竺将炎为译。……昔传此时，有所不出。会将炎来，更从谘问，受此偈等，重得十三品，并挍往故，有所增定，第其品目合为一部，三十九篇。大凡偈七百五十二章，庶有补益，共广闻焉。[2]

尽管僧祐未标明此文的作者，但依据此文叙述的语气以及蕴含于其中的事实，可以推知此文的作者是支谦。依据此说，维祇难于黄武三年(255)到达武昌，支谦获得五百偈本，其后，支谦请竺将炎译出此《法句经》五百偈本。其后，支谦又获得七百偈本，他又请竺将炎重新译出。从这些记载可知，《法句经》的翻译实际上是维祇难、竺将炎、支谦三人合作两次翻译而成，因此，在经录中于三人名下分别列入。其次，《佛医经》也是竺将炎在支谦的协助下翻译出来的，也分别列入二人的译籍中。

僧祐列入而被吕澂去除的是：

1.《小阿差末经》二卷，散失。

2.《优多罗母经》一卷，散失。

3.《悔过经》一卷，散失。

4.《贤者德经》一卷，散失。

---

① 僧祐：《出三藏记集》卷一三，《大正藏》第55册，第96页上。

② 僧祐：《出三藏记集》卷七，《大正藏》第55册，第50页上。

5.《佛从上所行三十偈》一卷，散失。

6.《惟明二十偈》一卷，散失。

7.《首楞严经》二卷，散失。

8.《法镜经》二卷，散失。

9.《鹿子经》一卷，散失。

10.《十二门大方等经》一卷，散失。

关于支谦的译籍，费长房《历代三宝纪》卷五著录为一百二十九部，合一百五十二卷。对此，费长房解释说：

> 谦以大教虽行，而经多梵语，未尽翻译。自既妙善方言，乃更广收众经旧本，译为吴言。从黄武首岁迄建兴末年，其间首尾三十余载，所出《维摩》《大般泥洹》《法句》《瑞应本起经》等。僧祐《三藏集记》录载唯有三十六部，慧皎《高僧传》述止云四十九经。房广检括众家杂录，自《四十二章》已下，并是别记所显杂经，以附今录。量前传录三十六部，或四十九经，似谦自译。在后所获，或正前翻多梵语者，然纪述闻见，意体少同，录目广狭，出没多异，各存一家，致惑取舍，兼法海渊旷，事方聚滞。既博搜见。故备列之。而谦译经典，得义辞，旨文雅，甚有硕才。①

由此可知，费长房是在僧祐著录之外，又搜集各种杂录的记载，将其译籍扩充到一百二十九部，其中很多是传抄的异本，并非完全意义上的译本。

《历代三宝纪》和《开元释教录》著录于支谦名下，且现在仍然保存于藏经中的译籍如下：

1.《九色鹿经》一卷。

2.《贝多树下思惟十二因缘经》一卷。

3.《八吉祥神咒经》一卷。

4.《华积陀罗尼神咒经》一卷。

5.《持句神咒经》一卷。

6.《三品弟子经》一卷，或称《弟子学有三辈经》。

① 费长房：《历代三宝纪》卷五，《大正藏》第49册，第59页上。

7.《法律三昧经》一卷，或称《法律经》。

8.《梵志阿颰经》一卷，或称《阿颰摩纳经》。

9.《梵网六十二见经》一卷，或称《梵网经》。

10.《七知经》一卷，或称《七智见经》。

11.《诸法本经》一卷。

12.《弊魔试目连经》一卷，或称《魔娆乱经》。

13.《须摩提女经》一卷。

14.《不自守意经》一卷。

15.《五母子经》一卷。

16.《龙王兄弟经》一卷，或称《难龙王经》。

17.《长者音悦经》一卷，或称《长者音悦不兰迦叶经》。

18.《蓱沙王五愿经》一卷，或称《弗沙迦王经》。

19.《须摩提长者经》一卷，或称《如来所说示现众生经》。

20.《未生怨经》一卷。

21.《黑氏梵志经》一卷。

22.《猘狗经》一卷。

23.《孙多耶致经》一卷，或称《梵志孙多耶致经》。

24.《戒销灾经》一卷，或称《戒销伏灾经》。

25.《惟日杂难经》一卷。

在现存的大藏经中，共收有署名支谦翻译的典籍五十三部，除上述费长房《历代三宝纪》和智昇《开元释教录》著录于支谦名下的上述五十二部之外，还有一部《摩登伽经》，智昇著录于竺将炎名下，但指出是他与支谦共出的。

另外，《历代三宝纪》载有支谦所译《四十二章经》一卷，并加注说："第二出，与摩腾译者小异，文义允正，辞句可观，见《别录》。"[①]关于此事，下文专门论述。

依据当代学者的观点，上述五十三部署名支谦的译籍，真正属于支谦参与翻译的大概二十余部，其余则根据不足。特别是《佛说持句神咒经》《佛说华积陀罗尼神咒经》中收录了大段的咒语，为后人误记的可能性很大。

---

① 费长房：《历代三宝纪》卷五，《大正藏》第49册，第57页下。

三 支谦的翻译思想

支谦的翻译，并不仅限于大乘经典，也包括不少小乘典籍。他不但有对翻译的实践，而且有对翻译的理论思考，加上他大月氏移民的身份，既精通西域、天竺语言，又精通汉语，特别是熟悉中国文化，因此，他的翻译或者是“编译”，开创了一种特殊的风格。也许由于他的这一卓越贡献，后世将许多并不是他翻译而是由他略作改定的汉代、三国时期失译的佛典，都系于其名下。支谦对古代佛经翻译以及般若思想传播的巨大贡献，获得佛教史家的一致称颂。

保存于《出三藏记集》中的《法句经序》尽管标注的是“未详作者”，但从《法句经》翻译的相关记载以及文中的叙述语气来看，当代学者几乎一致断定此文的作者是支谦。

支谦开首写道：

> 昙钵偈者，众经之要义。昙之言法，钵者句也。而《法句经》别有数部，有九百偈，或七百偈，及五百偈。偈者，结语，犹诗颂也。是佛见事而作，非一时言，各有本末，布在众经。佛一切智。厥性大仁，愍伤天下，出兴于世，开现道义。所以解人，凡十二部经，总括其要，别有四部《阿含》。至去世后，阿难所传，卷无大小，皆称闻如是处佛所，究畅其说，是后五部沙门各自钞采经中四句、六句之偈，比次其义，条别为品。于十二部经靡不斟酌，无所适名，故曰《法句》。夫诸经为法言，法句者犹法言也。①

这一段文字中，支谦追溯了佛经的形成，特别是《法句经》的集成过程。《法句经》有三个版本，分别是九百偈颂本、七百偈颂本和五百偈颂本。支谦又说：“近世葛氏传七百偈，偈义致深，译人出之，颇使其浑漫。”②此句是说，支谦看到过一种七百偈颂《法句经》译本，译本“浑漫”难解，支谦很不满意。不过，他又解释说：“惟佛难值，其文难闻，又诸佛兴皆在天竺。天竺言语与汉异音，云其书为天

① 僧祐：《出三藏记集》卷七，《大正藏》第55册，第49页下—50页上。
② 僧祐：《出三藏记集》卷七，《大正藏》第55册，第50页上。

书，语为天语，名物不同，传实不易。唯昔蓝调安侯世高、都尉、弗调，译胡为汉，审得其体，斯以难继。后之传者，虽不能密，犹尚贵其实，粗得大趣。”①在此，支谦提及安世高（安侯）、安玄（都尉）、严佛调（弗调），对他们的翻译表达出一定程度的肯定，但也仅仅是“得其体”而已，此后译者力图“得其实”但却只得“大趣”。

支谦《法句经序》中最重要的内容是对发生于《法句经》译场的争论的记载。支谦记载说：“始者，维祇难出自天竺，以黄武三年来适武昌。仆从受此五百偈本，请其同道竺将炎为译。”②维祇难出自天竺，以黄武三年（224）来到武昌。支谦于其座下获得五百偈本《法句经》。支谦请求维祇难和竺将炎等一起翻译此经。“将炎虽善天竺语，未备晓汉，其所传言或得胡语，或以义出音，近于质直。仆初嫌其辞不雅。”③支谦的想法引起了热烈的讨论：

> 维祇难曰：“佛言依其义不用饰，取其法不以严。其传经者，当令易晓，勿失厥义，是则为善。”座中咸曰：“老氏称：‘美言不信，信言不美。’仲尼亦云：‘书不尽言，言不尽意。’明圣人意，深邃无极，今传胡义，实宜经达。”④

竺将炎虽善天竺语，但支谦的语言能力显然比“虽善天竺语，未备晓汉”的主译竺将炎好，他觉得竺将炎的译文不够雅正，于是发言征询众人的意见，希望能将译文改写得“雅”一点。从支谦的经历与译者身份来看，我们很能理解他提出这一论点的用心，即翻译理当为读者服务，译文必须让读者理解。很可惜，支谦的这一番劝说并未使译场里的听众信服。维祇难首先发难，反驳支谦的建议。维祇难听到支谦嫌弃竺将炎的文辞不雅，他马上征引佛祖的话（“依其义不用饰，取其法不以严”）指出，译经文字不必用“饰”，一切当以“义”为主；传经者的任务在于使文辞“易晓”，万勿失去经义才是正当。这番话马上引起座中人的共鸣，维祇难刚说完，就有人引用老子的“美言不信，信言不美”以及孔子的“书不尽言，言不尽意”加以附和。由于支谦的身份以及种种复杂的原因，支谦的主张并未得到支持，作为笔受，他只能听受竺将炎的译文，如实笔录。

---

① 僧祐：《出三藏记集》卷七，《大正藏》第55册，第50页上。
② 僧祐：《出三藏记集》卷七，《大正藏》第55册，第50页上。
③ 僧祐：《出三藏记集》卷七，《大正藏》第55册，第50页上。
④ 僧祐：《出三藏记集》卷七，《大正藏》第55册，第50页上。

依据这一方法翻译出来的《法句经》，以支谦的看法是有许多“脱失”的。关于此，文中说：“是以自竭受译人口，因循本旨，不加文饰。译所不解，则阙不传，故有脱失多不出者。”“然此虽辞朴而旨深，文约而义博，事钩众经，章有本故，句有义说，其在天竺始进业者，不学《法句》，谓之越叙，此乃始进者之鸿渐，深入者之奥藏也。可以启蒙辩惑，诱人自立，学之功微，而所苞者广，实可谓妙要者哉。”①二者对照，支谦的遗憾溢于言表。在这次翻译之后，支谦又获得七百偈本，他又请竺将炎重新译出。文中说：“昔传此时，有所不出。会将炎来，更从谘问，受此偈等，重得十三品，并挍往故，有所增定，第其品目合为一部，三十九篇。大凡偈七百五十二章，庶有补益，共广闻焉。”②这一译本中，支谦尽可能地贯彻了自己的翻译主张。

在中国翻译史上，这是一场很重要的论辩，诚如钱锺书《译事三难》所说的，严复译《天演论》标举的“译事三难”——“信”“达”“雅”三字，都可在这篇经序中见到。③ 而此次辩难的结果，也为后世中国译论的法则定了基调。支谦在《法句经序》中有“传实”“贵其实”“勿失厥义”“因循本旨”的提法，认为翻译的本质和追求就是传达源语本实质性内容，也就是严复所谓的“信”。这一“信”字，成为后来佛典翻译家自觉遵循的标准。竺将炎精通佛典写本的语言，但不懂汉语，或者汉语程度很低，因此，他所转述的语言“质直”。支谦以“不雅”来批评竺将炎的翻译，表明支谦是以“雅”作为衡量佛典翻译优劣的标准。而“雅”是汉语文学性表达的标准，佛典翻译要做到“雅”，困难重重，因此，支谦以“雅”为标准的想法遭到竺维祇的“问难”，尔后在译场达成的共识“今传胡义，实宜径达”。此中的“达”字，逐渐成为后世衡量翻译作品质量的标准之一。

由支谦发起的这一场讨论以及此文的内容所产生的影响，将佛典翻译中实际存在的“直译”和“意译”两种风格凸显于世。这一理论的思考，使得后世翻译家在自觉的理论思考中不断地追求“理想”或“完美”的翻译，对于佛教在中国的弘传以及佛教的本土化起了积极的推动作用。

---

① 僧祐：《出三藏记集》卷七，《大正藏》第55册，第50页上。
② 僧祐：《出三藏记集》卷七，《大正藏》第55册，第50页上。
③ 钱锺书：《译事三难》，载罗新璋编：《翻译论集》，商务印书馆，1984年，第23页。

第三节
康僧会与江南第一寺

康僧会对江南佛教的发展做出了卓越贡献，在后世仍然有很大影响。

一 康僧会在建业

关于康僧会的生平事迹，目前最早的资料就是僧祐《出三藏记集》卷一三《康僧会传》和慧皎《高僧传》卷一《康僧会传》，而思想资料则主要有保存至今的两篇经序。

康僧会的祖先是康居（古西域城国名，范围约在当今巴尔喀什湖和咸海之间）人，世居天竺。僧会的父亲因经商客居于交趾，所以僧会是在中国南方长大的，自小深受中华文化的滋养。《出三藏记集》卷一三《康僧会传》说："会年十余岁，二亲并亡，以至性闻，既而出家。"[①]而《高僧传》卷一《康僧会传》则补充说："会年十余岁，二亲并终，至孝，服毕出家。"[②]康僧会自己在《安般守意经序》中说："余生末踪，始能负薪，考妣殂落，三师凋丧，仰瞻云日，悲无质受，眷言顾之，潸然出涕，宿祚未没。"[③]三者所叙述一致。

然而，文献中没有明确记载康僧会的师承。康僧会在《安般守意经序》中叙述了安世高翻译的《安般守意经》的要点以及自述出家经历之后说："会见南阳韩林、颍川皮业、会稽陈慧，此三贤者，信道笃密，执德弘正，烝烝进进，志道不倦。余之从请问，规同矩合，义无乖异。"[④]此文中，康僧会明确说，自己向南阳韩林、颍川皮业、会稽陈慧请教，并且对此"三贤"大加称赞，可见，康僧会所弘扬的禅观是从这三位承袭而来。然这三位并非僧人而是居士，一般以为康僧会另有所师。

康僧会出家之后，"砺行甚峻。为人弘雅有识量，笃志好学，明练三藏，博览

---

① 僧祐：《出三藏记集》卷一三，《大正藏》第55册，第96页中。
② 慧皎：《高僧传》卷一，《大正藏》第50册，第325页上。
③ 僧祐：《出三藏记集》卷六，《大正藏》第55册，第43页中。
④ 僧祐：《出三藏记集》卷六，《大正藏》第55册，第43页中—下。

六典,天文图纬,多所贯涉,辩于枢机,颇属文翰”①。后来,康僧会到达东吴的首都建业弘扬佛法。如前文所考证,康僧会是在吴赤乌四年(241)到达建业的。《高僧传》卷一《康僧会传》记载说:“时吴地初染大法,风化未全。僧会欲使道振江左,兴立图寺,乃杖锡东游。”②此中的“东游”很耐人寻思。有学者以为,康僧会是在交趾出家学道的,如此则应该说“北上”。但“东游”的表述也可能有问题,也有古代文献直接说康僧会是从康居国来的。而唐道宣《集古今佛道论衡》中收录有《前魏时吴主崇重释门为佛立塔寺因问三教优劣事》一文说:孙权赤乌四年(241),“有沙门康僧会者,是康居国大丞相之长子,神仪刚正,游化为任。于时三国鼎峙,各擅威衡,佛法北通,未达南国,会欲道被未闻,开教江表,初达建业,营立茅茨,设像行道,吴人初见,谓之妖异”③。此文所说康僧会是康居国大丞相长子,未被慧皎《高僧传》所接受,而从康僧会《安般守意经序》所说来看,慧皎的说法是正确的。几种文献都记载说,康僧会以沙门的身份和行仪在建业建立简单的弘法场所宣讲佛教,被当地的人当作“妖异”报告给孙权,于是就有前述康僧会打制舍利获得孙权崇敬,并且为其修造建初寺的事情。古代文献都说“由是江左大法遂兴”④,康僧会对江南佛教的贡献可见一斑。

康僧会对东吴佛教发展的贡献不仅在于说服孙权支持佛教的发展,还在于他以切合东吴最后一代皇帝孙皓思想实际的因果报应理论说服孙皓尊敬佛教,取消毁灭佛寺的决定。

根据《高僧传·康僧会传》记载:

> 至孙皓即政,法令苛虐,废弃淫祀,乃及佛寺,并欲毁坏。皓曰:“此由何而兴?若其教真正,与圣典相应者,当存奉其道。如其无实,皆悉焚之。”诸臣佥曰:“佛之威力,不同余神。康会感瑞,大皇创寺。今若轻毁,恐贻后悔。”皓遣张昱,诣寺诘会。昱雅有才辩,难问纵横。会应机骋词,文理锋出。自旦之夕,昱不能屈。既退,会送于门。时寺侧有淫祀者。昱曰:“玄化既孚,此辈何故近而不革?”会曰:“雷霆破山,聋者不闻,非音之细,苟在理通,

---

① 僧祐:《出三藏记集》卷一三,《大正藏》第55册,第96页中。
② 慧皎:《高僧传》卷一,《大正藏》第50册,第325页中。
③ 道宣:《集古今佛道论衡》卷甲,《大正藏》第52册,第364页下。
④ 慧皎:《高僧传》卷一,《大正藏》第50册,第325页下。

> 则万里悬应。如其阻塞,则肝胆楚越。"昱还,叹会才明非臣所测,愿天鉴察之。皓大集朝贤,以马车迎会。会既坐,皓问曰:"佛教所明,善恶报应。何者是耶?"会对曰:"夫明主以孝慈训世,则赤乌翔而老人见。仁德育物,则醴泉涌而嘉苗出。善既有瑞,恶亦如之。故为恶于隐,鬼得而诛之。为恶于显,人得而诛之。《易》称积善余庆,诗咏求福不回。虽儒典之格言,即佛教之明训。"皓曰:"若然,则周孔已明,何用佛教?"会曰:"周孔所言,略示近迹。至于释教,则备极幽微。故行恶则有地狱长苦,修善则有天宫永乐。举兹以明劝沮,不亦大哉。"皓当时无以折其言。皓虽闻正法,而昏暴之性,不胜其虐。①

这一记载很重要,后世将其看作早期佛儒融合范例之一。尽管僧会耐心诱导,但孙皓的暴虐本性使其收效甚微。

从康僧会与孙皓辩论、宣传佛教的故事中,我们看到康僧会对儒家经典很熟悉,他很善于借儒家的名词、观点来解释、说明佛教的教理和主张。这一特点也体现在他的译经和撰述中。正如《出三藏记集·康僧会传》所说:"会在吴朝,亟说正法。以皓性凶粗,不及妙义,唯叙报应近验,以开讽其心焉。"②其实,不仅对孙皓如此,汉魏时期佛教在中土的传播,首先深入人心的就是因果报应思想。

二 康僧会的佛典翻译

赤乌四年(241)到达建业,至吴亡之年(280)圆寂,康僧会在东吴传播佛教四十年间,翻译经典是其重要的弘法手段,也是他对中国佛教的重大贡献之一。

关于康僧会译经的数量,古代文献中有不同的记载。东晋释道安说僧会译有《六度集经》九卷、《吴品》五卷。僧祐在《出三藏记集》卷二仅仅著录《六度集经》九卷和《吴品》五卷二部凡十四卷,而在同书卷一三《康僧会传》则记载:"会于建初寺译出经法,《阿难念弥经》《镜面王》《察微王》《梵皇王经》《道品》及《六度

① 慧皎:《高僧传》卷一,《大正藏》第50册,第325页下—326页上。
② 僧祐:《出三藏记集》卷一三,《大正藏》第55册,第97页上。

集》，并妙得经体，文义允正。”[①]原因在于，前者依据的是经录的记载，而后者依据的是传记材料。慧皎在《高僧传》卷一《康僧会传》又说：“会于建初寺译出众经，所谓《阿难念弥》《镜面王》《梵皇经》等，又出《小品》及《六度集》《杂譬喻》等，并妙得经体，文义允正。”[②]此中无《察微王经》，而多出《杂譬喻经》。

关于康僧会的译籍及著述，隋代费长房《历代三宝纪》卷五著录十四部，合二十九卷，具体目录如下：

1.《六度集经》九卷，或称《六度无极经》《度无极经》《杂无极经》。

2.《吴品经》五卷，即《小品般若》。

3.《菩萨净行经》二卷，或称《大集宝结品》《净律经》，赤乌年译出。

4.《杂譬喻集经》二卷。

5.《阿难念弥经》二卷，或称《法阿难念经》。

6.《镜面王经》一卷。

7.《察微王经》一卷。

8.《梵皇王经》一卷。

9.《权方便经》一卷。

10.《坐禅经》一卷。

11.《菩萨二百五十法经》一卷或二卷，以此代僧二百五十戒，呈皓者是。

12.《法镜经解子注》二卷，并制序。

13.《道树经注解》一卷，并制序。

14.《安般经注解》一卷，并制序。

智昇在《开元释教录》卷二著录七部二十卷，并且解释说：“会以权太元元年辛未，于所创建初寺译《六度》等经七部，并妙得经体，文义允正。”[③]除《六度》外，其余六部是《杂譬喻经》二卷、《吴品经》五卷、《菩萨净行经》二卷、《权方便经》一卷、《菩萨二百五十法经》一卷、《坐禅经》一卷。对于费长房列入的其他经典，智昇说：“又长房等录更有《阿难念弥经》《镜面王经》《察微王经》《梵皇王经》，上之四经虽云会译，然并出《六度集》中，不合为正译之数。今载别生录中。复有《法镜经注解》二卷、《道树经注解》一卷、《安般经注解》一卷，已上三经会兼制序，三

---

① 僧祐：《出三藏记集》卷一三，《大正藏》第55册，第97页上。

② 慧皎：《高僧传》卷一，《大正藏》第50册，第326页上。

③ 智昇：《开元释教录》卷二，《大正藏》第55册，第491页中。

经会虽注解，本非僧会所翻。故亦不为会译之数，兼前七部今并删之。”[①]智昇指出两点：一是《阿难念弥经》《镜面王经》《察微王经》《梵皇王经》四部经已经收入《六度集经》中，因而无须单列；二是《法镜经注解》二卷、《道树经注解》一卷、《安般经注解》一卷三部是康僧会所撰批注，不能列入译籍中。可见，智昇对于康僧会的译籍的记载与费长房是一致的。

应特别强调《菩萨二百五十法经》的性质。费长房已经指出：“《菩萨二百五十法经》一卷或二卷，以此代僧二百五十戒，呈皓者是。”[②]根据《高僧传・康僧会传》记载：“至孙皓即政，法令苛虐，废弃淫祀，乃及佛寺，并欲毁坏。”[③]在康僧会的努力下，孙皓对佛教的态度有所改变，于是孙皓“遣使至寺，问讯道人，请会说法。会即随入。皓具问罪福之由。会为敷析，辞甚精要。皓先有才解，欣然大悦。因求看沙门戒，会以戒文禁秘，不可轻宣。乃取《本业》百三十五愿，分作二百五十事，行住坐卧，皆愿众生。皓见慈愿广普，益增善意。即就会受五戒，旬日疾瘳。乃于会所住，更加修饰，宣示宗室，莫不必奉”[④]。从这些记载可知，《菩萨二百五十法经》是康僧会从《菩萨本业经》中摘编出来的。而《菩萨本业经》是此前由支谦所译出，属于《华严经・净行品》的单行本。经过对照，此中所述与僧二百五十戒没有直接关系，因此属于康僧会的自由发挥。

康僧会所译经典，现存两种，即《六度集经》八卷和《杂譬喻集经》二卷。

---

① 智昇：《开元释教录》卷二，《大正藏》第55册，第491页中。
② 费长房：《历代三宝纪》卷五，《大正藏》第49册，第59页上。
③ 慧皎：《高僧传》卷一，《大正藏》第50册，第325页下。
④ 慧皎：《高僧传》卷一，《大正藏》第50册，第326页上。

第二章　两晋时期的建康佛教

两晋时期,建康佛教的发展达到了一个新的阶段。西晋时期,玄学的背景下,佛教般若学也在建康流行,同时,建康地区的佛教寺院数量超过了前朝。东晋时期,建康佛教受到帝室的支持,译经则是建康佛教的一项重要内容。一批重要的经典在建康译出,佛教的义学在此基础上也得到更大的发展,使得建康成为当时的佛教中心之一。

第一节
西晋时期的建邺(建康)佛教

一 | 西晋佛教的发展大势

三国鼎立局面的结束,是与司马氏集团在曹魏政权内部崛起相伴而生的。曹魏政权建立伊始,陆续采取了一些有利于恢复生产、发展经济的措施,使黄河流域人民的生计得以维持,军事力量也随即有所增强,力压蜀、吴的态势愈来愈明显。[①] 而曹魏政权内部却逐渐发生权力中心的转移。魏明帝死(239)后,曹氏集团开始衰落,司马氏集团力量显著上升。263 年,司马昭带兵灭蜀,司马氏集团的力量达至顶峰,取魏而代之的趋势愈益明显。265 年,司马炎以禅让方式代魏,改国号为晋。280 年,晋军灭吴,全国重新统一,史称西晋。自汉末以来,经历了将近一个世纪的动乱和分裂,社会至此总算得到了短暂的安定。

西晋朝廷开始于武帝司马炎,终于愍帝司马邺,共四帝。

晋武帝司马炎在位期间(265—290),是西晋历史上最好的时期,西晋的许多重大政治、经济措施,均在此期颁行,也收到了一些效果。这一时期史称"太康之治"。

晋武帝早在致力于统一全国之时,便力革曹魏积弊,下诏郡国守相"务劝农功""务尽地利",大力发展农业生产,收到了初步效果。灭吴之后,改元"太康",以示天下从此太平康乐之意。为了实现这一目标,他采取了三条重大措施:第一,对原吴国地区仍示以宽厚,尽快安定社会秩序,"其牧守以下皆因吴所置,除其苛政,示之简易,吴人大悦"[②];第二,对军队进行整编和复员;第三,颁布和推行占田制。占田制试图以新形式将土地与劳动力相结合,将保护和限制地主利益相结合,政府借此加强了对土地和田租的有效管理,从而可以最大限度地保证政府的财政收入。政府并不是将土地授给农民,仅仅是承认其占有土地的限额,将其占有合法化。以占田制替代屯田制,这是一个进步,对当时农业生产的发展、社会的繁荣,都起了显著的积极作用:首先,结束了军事管制式的强迫劳动;其

---

① 西晋的社会文化背景部分参考史学界相关成果编写而成。

② 《晋书》卷三,中华书局,1974 年,第 71 页。

次，占田数高于课田数，客观上具有激励人民去占田开荒的效果；再次，占田制规定了不同阶层士族地主占田、荫客和荫亲属等特权，一定程度上有限制其占田数量等特权的作用。这一制度的实行，效果明显。280 年，西晋有人口二百四十六万户，两年后即激增到三百七十七万户，增加了一百三十一万户。这固然与占田制实行后，大量流民垦占荒土，重新向国家呈报户口有密切关系，但也不排除人口自然增长的成效。

两晋社会结构的变化体现于门阀士族阶层的形成。西晋朝廷以法律的形式，在政治、经济、文化各方面将世家大族的特权固定下来，初步形成了门阀政治的格局。这一制度，萌生于东汉，发展于三国，初步形成于西晋时期。五等爵制的制定和九品中正制的蜕变是门阀政治形成的基本条件。

司马师委托裴秀制定了五等爵位制。《晋书·裴秀传》记载说："秀议五等之爵，自骑督已上六百余人皆封。"[①]五等爵位制由此便成了西晋九品中正制选人的依据。受封者均是实力雄厚的世家大族，其中，贾、裴、王势力最大。此时，曹丕制定的"九品中正制"已发生了相当大的变化，由于中正官一职逐渐被世家大族出身的官僚所把持，这一制度便成为他们培植门阀家族势力的重要工具。此时，"台阁选举，涂塞耳目，九品访人，唯问中正"[②]，而中正官则"计资定品"，只重门第，不再注重乡议。如此一来，"九品中正制"已不再是选拔人才的途径，而是固化社会阶层的手段，"上品无寒门，下品无势族"[③]以及"公门有公，卿门有卿"[④]局面的出现便不可避免。对此制度的危害性，有些大臣是能够预见到的。如隶校尉刘毅上书论九品中正之"八损"，建议"罢中正，除九品"；司徒卫瓘等也上疏要求废除九品，"复古乡议里选"，但晋武帝借口"法宽有由，积之在素"，拒绝废除这一制度。自西晋起，门阀士族垄断政治的现象愈来愈严重。经济上，士族不仅享有依品占田和荫客、荫亲的特权，而且朝廷对于门阀多占土地、劳动力的现象也熟视无睹。这样，在法定特权之外叠生特权，门阀士族政治优势和权力优势逐渐膨胀。

西晋建国之初，沿用汉魏旧制设置太学，太学生中既有高门大族子弟，也有寒门庶族子弟。晋武帝泰始八年(272)，因高门子弟耻与寒门为伍，不入太学，故

---

① 《晋书》卷三五，中华书局，1974 年，第 1038 页。
② 《晋书》卷四八，中华书局，1974 年，第 1347 页。
③ 《晋书》卷四五，中华书局，1974 年，第 1274 页。
④ 《晋书》卷九二，中华书局，1974 年，第 2382 页。

下诏遣散部分太学生，令“大臣子弟堪受教者”入学。咸宁二年(276)便建立了专门教育贵族子弟的贵族学校“国子学”，在教育上给世家大族提供特殊的有利条件。到惠帝时，以国子学招收太滥，只准“官品第五以上得入国(子)学”。这是西晋在教育上“殊其士庶，异其贵贱”①的重要举措。至此，士族的教育特权也在制度上以法律形式固定下来了。

西晋朝廷大量分封宗室为王，宗室王于是具有足以与朝廷相抗衡的力量。西晋统治阶级认为没有分封是曹魏灭亡的主要原因，于是在建国初期就分封了27个同姓王，并不断扩大他们的权力。诸王掌握了封国中的军政大权，且控制了相当多的军队。朝廷分封宗室的目的，本来是为了藩卫皇室，但后来随着统治阶级内部矛盾的发展，诸王大都卷入了争夺中央统治权力的斗争，反而削弱了中央皇权的统治。造成西晋分崩离析的“八王之乱”与这一政治制度就有密切关系。

晋武帝司马炎早年一度提倡朴素，但自平吴以后，就沉溺于游宴享乐之中，生活荒淫无度，“后宫怠将万人”。为选择民女充后宫，竟然下诏“禁天下嫁娶”。皇帝昏庸腐朽，世族官僚也竞相奢靡。太傅何曾“日食万钱，犹曰无下箸处”。其子司徒何劭“食必尽四方珍异，一日之供，以二万钱为限”②。大族石崇与外戚王恺斗富，大臣傅咸上书说：“奢侈之费，甚于天灾。”③门阀世族奢侈成性，依侍权势，乃至公开抢劫杀人。石崇身为荆州刺史，“劫远使商客，致富不赀”④。他宴请宾客，客饮酒不尽，竟然杀死劝酒的侍女。西晋上层社会很快腐朽了。

太熙元年(290)，司马炎死，惠帝司马衷继位，外戚杨骏辅政，惠帝皇后贾南风矫诏密令都督荆州军事的楚王玮入京，诛杀了杨骏。在杀了辅政的汝南王亮等人以后，又嫁祸于楚王玮，将其处死。至此，导源于大封宗室王的西晋统治集团内部的矛盾激烈爆发，史称“八王之乱”。“八王”是指汝南王亮、楚王玮、赵王伦、齐王冏、河间王颙、成都王颖、长沙王乂和东海王越。他们为争夺中央统治权，先是同外戚杨、贾两家斗争，后来宗室诸王间兵戎相见，而且战争规模越来越大，战场从长安、洛阳延展到黄河南北，破坏性极大。306年，东海王司马越入朝专政，杀死成都王司马颖和河间王司马颙，又毒死晋惠帝，诸王力量消耗殆尽，

---

①《南齐书》卷九，中华书局，1972年，第145页。
②《晋书》卷三三《何曾传》，中华书局，1974年。
③《晋书》卷四七《傅咸传》，中华书局，1974年。
④《晋书》卷三三《石崇传》，中华书局，1974年。

“八王之乱”始告结束。司马越成为最后的胜利者。

“八王之乱”前后历时十六年之久，带来了严重的社会灾难，造成十万人死亡，上百万人流徙，社会生产和人民生活遭到严重破坏，洛阳一带米价飞涨，竟至一石万钱。“八王之乱”还使西晋统治者耗尽了自身力量，失去了对地方的控制，形成了“州郡携贰，上下崩离”之势。西晋社会的阶级矛盾和民族矛盾，也因此而全面爆发。在周边少数民族力量不断壮大的背景下，西晋灭亡了。

308 年，匈奴大单于刘渊称帝，西晋步入其灭亡的历程。刘渊登基后，立即遣其子刘聪与大将王弥领兵进攻洛阳，掠走晋怀帝司马炽。怀帝被掠走后，豫州刺史阎鼎与雍州刺史贾疋等人又拥立晋武帝之孙司马邺为帝，都于长安。至建安四年(316)，长安被围，晋愍帝司马邺出降，西晋王朝终结。

西晋在思想文化上的最大成就是玄学的发展。在汉末儒家正统观念崩溃的大背景下，曹魏正始年间，玄学思潮开始形成。曹操曾起用“不仁不孝”而有真才实学的人做官，在实践上开启了对以纲常名教为核心的官吏选拔制度的挑战。至魏末，嵇康提出“非汤武而薄周孔”，将对传统儒学的批判提升到理论的自觉的高度。何晏、王弼开创“正始之音”，发挥《老子》的宇宙观，突出《周易》《论语》的地位，并对其做出全新的解释。向秀、郭象注《庄子》，裴頠著《崇有论》，都是玄学思潮中的最强音。魏晋玄学在哲学思辨领域内的最大贡献就是将道家宇宙生成论意义上的“道体”发展为“哲学本体论”意义上的“本体”。正如汤用彤先生所说：“简言之，玄学盖为本体论而汉学则为宇宙论或宇宙构成论。玄学主体用一如，用者依真体而起，故体外无用。”[①]此中，最重要的理论命题就是“以无为本”“崇有论”和“独化于玄冥之境”等等。如此，以立意玄远、甚少务实为特质，以聚集“玄谈”为形式，启动于曹魏，贯穿西晋，延续至东晋的社会思潮，史称“玄学”，或称“清谈”。

玄学的兴起，为佛教的全面发展创造了良好的思想条件。佛教般若学正是假借玄学所开创的理路和思想风气，不断在上层知识阶层扩展自己的受众。东汉末年的支娄迦谶译出的般若类经典，早已在汉末一定范围内流传。三国至两晋时期，般若思想逐渐引起中国思想界的关注，研读《般若经》渐成风气，由此形成佛教思想深入中国思想内部的良好态势。

---

① 汤用彤：《王弼大衍义略释》，载《汤用彤学术论文集》，中华书局，1983 年，第 249 页。

在上述几大背景的作用下，佛教在西晋乃至东晋时期的传播和发展都显现出不同于汉魏的特点。特别是士族阶层的崛起和玄学大兴，为佛教在中土的传播提供了新的契机。

佛寺在天竺称为“僧伽蓝摩”，简称“伽蓝”，是僧众供佛和聚居修行的处所。汉魏时期的佛寺，是供外来僧侣和信佛商人礼佛和住宿、休息之用的。外来僧侣遵守戒律，也不蓄资财，生活也靠乞食，故汉人每称他们为“乞胡”。最初汉人出家后，也可能随师乞食，或依靠俗家供养。到西晋时，如果佛寺由帝王贵族所建，则僧侣生活也由他们供养。唐法琳《辩正论》卷三《十代奉佛篇》就说晋武帝“广树伽蓝”，晋惠帝“于洛下造兴圣寺，供养百僧”，晋愍帝“仍于长安造通灵、白马二寺”。不由帝王贵族供养的寺庙，则由信众捐资布施。如竺叔兰、无叉罗在仓垣水南寺译《放光般若经》时，“仓垣诸贤者等，大小皆劝助供养”①。寺院的大量修造，逐渐改变了出家人生活和修行的模式。定居于寺院，以佛寺为核心而生活、修行、弘法，逐渐成为中国佛教区别于印度佛教的标志之一。

唐初法琳《十代奉佛篇》载：“西晋二京，合寺一百八十所，译经一十三人，七十三部，僧尼三千七百余人。”②《魏书》卷一一四《释老志》记载：“晋世，洛中佛图有四十二所矣。”而北魏杨衒之《洛阳伽蓝记》也记载，洛阳“至晋永嘉，唯有寺四十二所”③。对于这些记载，有不同解读。西晋时期，洛阳有佛寺四十二所，而长安则有佛寺一百三十八所，二者相差过大，似乎不合情理。也许，法琳所说的西晋二京合寺一百八十所是泛指全国而言的。如果考虑到私建寺院等因素，则可大致推定，西晋全国佛寺应该在二百所以上。尽管与东晋时期佛寺相比较，此数字不算大，但与三国、曹魏时期相比较，佛寺的增多是明显的。有学者依照唐代之前文献记载考证出，截至西晋，汉地有二十六所较为可信的寺院。④ 而有学者依照地方志的记载，考证出西晋时期新建佛寺五十七所，“方志记载的西晋佛寺，分布于12州，30郡，33县”⑤。依照方志记载，司州五所，兖州一所，冀州二所，幽州二所，并州一所，雍州二所，益州二所，梁州一所，宁州一所，荆州八所，扬州三十一所，广州二所。这一数字，对于唐朝文献所说的佛寺集中的长安、洛阳的佛

① 僧祐：《出三藏记集》卷九，《大正藏》第55册，第66页上—中。
② 《大正藏》第52册，第505页下。
③ 《大正藏》第55册，第999页上。
④ 颜尚文：《后汉三国西晋时代佛教寺院之分布》，《台湾师大历史学报》1985年第13期。
⑤ 参见张弓：《汉唐佛寺文化史》，中国社会科学出版社，1997年，第26—29页。

寺数量统计偏少，但这一统计数字反映了西晋时期佛教寺院遍及大部分地区，西晋平吴之后，全国共划分为十九州，一百五十六郡，一千一百零九县。统计显示，“佛寺最多的扬州，其丹阳、吴郡、豫章等地，也正是东汉三国时期出现早期佛寺的地方”。可见，南方佛教也已经较为发达了。

综合上述材料可知，西晋时期的佛寺分布范围广，寺院数量与前朝相比，明显增多。而佛寺集中的地方，北方是长安、洛阳，南方则是扬州。下文仅仅依据唐代之前的文献，对西晋重要佛寺略作叙述考辨，以见佛教传播中心之一斑。

二 西晋佛教在建邺（建康）的传播与发展

从方志记载看，西晋时期南方佛寺很多，其中，佛寺最多的扬州，包含丹阳郡、吴郡、豫章等地，共三十一所。这些地方正是东汉三国时期出现早期佛寺的地方。可惜，见之于唐初之前文献的不多，仅有吴地东灵寺、通玄寺和荆州白马寺、武当寺等寺院。

《高僧传・释慧达传》中提到东灵寺、通玄寺。通玄寺初建于东吴时期，而东灵寺可能修造于西晋时期。《高僧传・释慧达传》记载说，东晋孝武帝宁康中（373—375），释慧达往丹阳、会稽、吴郡觅阿育王塔像。他东游吴县时所礼拜的石像，系出于西晋建兴元年（313）之时。《释慧达传》叙述如下：

> 像于西晋将末，建兴元年癸酉之岁，浮在吴松江沪渎口。渔人疑为海神，延巫祝以迎之，于是风涛俱盛，骇惧而还。……后有奉佛居士吴县民朱应，闻而叹曰：“将非大觉之垂应乎？”乃洁斋，共东灵寺帛尼及信者数人到沪渎口，稽首尽虔，歌呗至德。……即接还安置通玄寺。吴中士庶，嗟其灵异，归心者众矣。[1]

此文中涉及吴县东灵寺、通玄寺两座寺院。东灵寺的僧徒获得石像后，接还安置于吴县的通玄寺。可见，至迟于西晋末年，东灵寺已经存在了。

---

① 慧皎：《高僧传》卷一三，《大正藏》第 50 册，第 409 页下。

第二节
东晋时期的建康佛教

280 年，继承魏的西晋统一全国，但这个统一局面仅仅维持了二十余年，西晋政权便土崩瓦解了。西晋灭亡后，琅琊王司马睿在江南重建晋朝廷，史称东晋。东晋时期的思想文化基本沿袭了西晋的格局，谈玄蔚然成风的背景促进了佛教般若学的进一步传播，而南迁人民的刻骨铭心的心理伤痛，更加深了人们对佛教的心理需求。尤其是永嘉之后，北方僧人大批南迁，促进了佛教在东晋统治区内的迅速传播。更为有利的是，东晋时期的帝王、士族信佛奉佛供僧更为普遍。如此等等，都是此前佛教传播所不具备的条件。下文先从东晋帝王、士大夫奉佛入手，论述佛教在南方传播的基本情况。

一 东晋帝王与佛教

永嘉元年（307）九月，琅琊王司马睿奉司马越之命出任扬州刺史，镇守建邺。八王之乱后期，继承琅琊王爵位、任左将军的司马睿支持东海王司马越。作为回报，司马越在率兵夺晋惠帝还都洛阳时，任命司马睿为监徐州诸军事，留守下邳（今江苏邳州东南），保卫后方。随即，司马越又任命司马睿为安东将军、都督扬州诸军事。在战乱影响下，北方的大族与流民纷纷南下。317 年，晋愍帝投降的消息传到建业，司马睿在众人拥戴下称晋王，第二年称帝（晋元帝），都建康（即建业，因避晋愍帝司马邺讳改），史称东晋。

在某种程度上说，东晋是西晋政治上的延续。西晋士族制度下形成的世家大族百余家，流亡江南。这些门阀士族与生活于江东的士族，是东晋统治的政治基础。西晋时确立的士族特权在东晋进一步制度化，士族子弟可以凭其“门荫”“世资”“门第”出任高官，享受高官厚禄。西晋时一些人还竭力反对的士族占据几乎所有官位的情况，在东晋则已成为理所当然的事，所谓“凡厥衣冠，莫非二品,自此以还,遂成卑庶"[1],成为东晋一朝的通例和事实。比之西晋时期,门阀士族的政治经济特权进一步扩大。

司马睿得以称帝,王导及其族兄王敦功劳最大,史称:"帝初镇江东,威名未著,敦与从弟导等同心翼戴以隆中兴。"[2]故东晋诸帝,一直待王导以殊礼。在权力上,元帝任王导为元相,掌大权;以王敦任镇东大将军,都督江、杨、荆、湘、交、广六州(几乎包括当时东晋全境)诸军事、江州刺史。所以当时有"王与马,共天下"之说,反映出琅琊王氏在晋初的特殊地位,从此开创了东晋时期"祭则司马,政在士族的政权模式"[3],门阀士族政治在东晋发展到了最高峰。

在政治上,门阀士族几乎把持了全部朝政,故终东晋一代,一直是琅琊王氏(王导等)、颍川氏(庾亮、庾冰等)、谯国桓氏(桓温等)、陈郡谢氏(谢安等)等几个大族轮流执政,皇帝几乎没有什么权力,史称:"晋主虽有南面之尊,无总御之实,宰辅执政,政出多门,权去公家,遂成习俗。"[4]此文言简意赅地说明了当时的实际情况。

东晋门阀士族的经济特权大大超过西晋,而且东晋进一步确立了"举贤不出世族,用法不及权贵"[5]的政治、法律准则。如果有人敢触犯豪强门阀,只有自己倒霉。如山遐为余姚令,依法清查大族户口,八十天便清查大族隐占的民户万余口,还准备惩办首恶会稽大族虞喜。结果大族告到王导处,山遐竟被免官。

士族内部的等级、士族与寒门的界限也进一步森严,平时士族交友、婚宦都不能逾越这些界限。在当时,修"谱牒"之风盛行,私人修谱者比比皆是,其目的就是防"假冒",以保证士族的特权。

门阀势力的迅速扩张,导致了皇权同士族的矛盾。个别大族的专权,也招致了其他大族的不满。因此东晋初年,曾发生过两次较大的内乱。

一次是元帝、明帝时期的"王敦之乱"。东晋之初,由于琅琊王氏的特殊贡献,形成了"王与马,共天下"的格局,但司马睿对此并非心甘情愿。东晋初要与北方胡族政权争正统,有重兴儒学加强皇权的要求。在建康立国不久,鉴于王氏势力太大,晋元帝重用南方大族戴渊、周恺与北方二流大族刘隗、刁协等,并令刘

---

① 《宋书》卷九四,中华书局,1974 年。
② 《晋书》卷九八《王敦传》,中华书局,1974 年。
③ 田余庆:《东晋门阀政治》,北京大学出版社,1996 年,第 7 页。
④ 《晋书》卷一一七《姚兴载记》,中华书局,1974 年。
⑤ 《资治通鉴》卷九。

隗、戴渊征发扬州大户奴隶为兵，以制约拥兵坐镇武昌的王敦。对此，王导、王敦等甚为不平。晋元帝永昌元年(322)，王敦利用大族对政府发奴为兵的不满，联合南方大族吴兴沈氏，以“清君侧”诛刘隗、刁协为名，在武昌起兵叛乱。王敦叛军迅速攻占建康，刁协战死、刘隗逃奔石勒，戴渊、周恺被杀。王敦随之退兵，遥控朝政。不久，元帝死，明帝即位，王敦不臣之心更著。324年，明帝下诏讨伐王敦，王敦再次叛乱，不久病死，叛军遂瓦解。王敦的失败，使王氏权势稍受抑制。

另一次是苏峻之乱。326年，明帝死，成帝立，以外戚庾亮为辅政大臣。庾亮为加强中央力量，派温峤为江州刺史以防范荆州势力，又征调驻在历阳(安徽和县)的“锐卒万人”，并召不太遵守中央命令的将领苏峻入京为大司农，以便加以控制。苏峻不甘受制于人，于327年联合驻扎寿春的豫州刺史祖约，以诛庾亮为名，起兵叛乱，攻下建康。苏峻纵兵大肆抢掠，又“改易官司，置其亲党，朝廷政事，一皆由之”①，欲效法王敦专制朝廷。329年，逃亡外地的庾亮联合荆州刺史陶侃，打败苏峻，收复建康，才又重新稳定了东晋统治。

东晋初年的这两次士族与皇权对抗的内乱，说明士族门阀的势力是强大的，在这两场斗争中，中央虽然获胜，但并非全凭己力，而是依靠其他士族的力量，这种形势使东晋皇室一直难以摆脱门阀的控制，而皇权同门阀的斗争、门阀内部的斗争，也一直没有停止过。东晋一朝在士族的倾轧、妥协中苟存，在北伐、统一的问题上很难有所作为。

东晋以及其后的南朝政权，偏安江左，士人学子颇有沉浮江南之感。一方面，南渡的士人将主要流行于北方的玄学、玄谈带到了江南；另一方面，东晋具有的社会矛盾复杂尖锐、社会情绪悲苦无奈等特质，使得玄学的主题发生一定程度的转向，超生死、得解脱的问题成为玄学的中心内容。张湛注《列子》，综合崇有、贵无学说，提出“群有以至虚为宗，万品以终灭为验”的思想，把世界和人生视为瞬息万变、稍纵即逝、虚伪无常，主张采取“肆情任性”的人生观。这在政治上反映了门阀士族的没落，也与偏安的士人心绪颇为对应。

东晋时期，佛学蓬勃发展起来。玄佛合流，佛教高僧以玄学语言解释佛教经意，玄学家涉猎佛教经论，高僧参与玄谈，士人官员探讨佛教教义，蔚然成风。由此显现的历史事实是，以般若思想为核心的佛学逐渐取代了以“三玄”为诠释对

---

①《晋书》卷一,《苏峻传》,中华书局,1974年。

象的玄学，成为江南思想界的核心议题。中国思想的发展进入了一个“玄佛互释”的新阶段。

与前代相比较，东晋民众的佛教信仰更为兴盛。据唐代法琳《辩正论》卷三所说，东晋共有佛寺一千七百六十八所，僧尼二万四千人。见于《出三藏记集》的东晋佛寺七所，建康有五所，浔阳有南山精舍，寿春有石涧寺。见于《晋书》的东晋佛寺有瓦官寺和白马寺。而见于梁慧皎《高僧传》和唐道宣《续高僧传》的东晋佛寺有五十二所。五十二所佛寺中，建康十三所，会稽十三所，江陵九所，庐山五所。[①] 这一佛寺分布，与文献所记载的佛教兴盛区域恰好互相印证。大致言之，建康、三吴、庐山、荆州是东晋境内佛教最重要的传播中心。

东晋佛教最突出的特点是帝王贵族奉佛成为风尚，以至于现代佛教史家将其称为“贵族佛教”。西晋末年，北方战乱，许多僧人纷纷避乱江南，为江南佛教的发展注入了新的动力。东晋佛教首先得到了皇室的支持，东晋皇帝无不信奉佛法，结交僧尼。据法琳《辩正论》载，东晋元帝、明帝、成帝、孝文帝、哀帝、简文帝、孝武帝、安帝等都奉佛，都扶持佛教的发展，他们造寺、度僧、设斋，并鼓励译经、讲学、造像。这是此前未曾出现过的现象。

晋元帝司马睿(317—322年在位)、晋明帝司马绍(322—325年在位)都以宾友礼敬沙门。晋元帝又“造瓦官、龙宫二寺，度丹阳、建业千僧”[②]。此中所说的龙宫寺未见于其他记载，不知所指。瓦官寺在东晋南北朝时期高僧辈出，在建业佛寺中具有特殊地位。然在唐初流传的若干资料表明，建康的瓦官寺的建造有晋元帝时期和晋哀帝时期两说。大多数文献以为瓦官寺是晋哀帝时期修造。不过，尽管有关晋元帝如何造佛寺以及如何礼拜僧人的记载不多，但他礼敬佛教的态度为东晋时期朝廷优遇佛教开了一个头，此后的东晋诸帝对佛教的兴趣日益浓厚。

东晋诸帝中真正推崇佛法者，当自明帝开始。东晋著名居士习凿齿写给道安的信中说：

> 且夫自大教东流四百余年矣。虽藩王居士时有奉者，而真丹宿训，先行

---

① 参见张弓:《汉唐佛寺文化史》,中国社会科学出版社,1997年,第29—31页。

② 法琳:《辩正论》卷三,《大正藏》第52册,第502页下。

上世，道运时迁，俗未佥悟，藻悦涛波下士而已。唯肃祖明皇帝，实天降德，始钦斯道，手画如来之容，口味三昧之旨，戒行峻于岩隐，玄祖畅乎无生，大块既唱，万窍怒呺，贤哲君子，靡不归宗，日月虽远，光景弥晖，道业之隆，莫盛于今。①

从此文看，习凿齿以为从古以来的帝王中，唯有晋明帝司马绍真正信奉佛教，其亲手画如来像，并且对于佛教的戒、定、慧等内容有一定的了解。

关于晋明帝亲自画的佛像，依据文献记载是安奉于乐贤堂中。此堂位于宫城西南角外，是明帝做太子时所作。《晋书》卷七七《蔡谟传》记载：晋成帝时，

彭城王纮上言："乐贤堂有先帝手画佛像，经历寇难，而此堂犹存，宜敕作颂。"帝下其议。谟曰："佛者，夷狄之俗，非经典之制。先帝量同天地，多才多艺，聊因临时而画此像，至于雅好佛道，所未承闻也。盗贼奔突，王都隳败，而此堂孑然独存，斯诚神灵保祚之征，然未是大晋盛德之形容，歌颂之所先也。人臣睹物兴义，私作赋颂可也。今欲发王命，敕史官，上称先帝好佛之志，下为夷狄作一像之颂，于义有疑焉。"于是遂寝。②

此中叙述的风波，一方面说明明帝画的佛像确实存在，另一方面则反映了奉佛者和反佛者在朝廷的争议。

唐初法琳《辩正论》还记载："晋肃宗明皇帝，聪圣玄览，设斋兴福，造兴皇、道场二寺，集义学名称百僧。"③此中说，明帝亲自设斋，大集一百僧宣讲佛教义学。不过，法琳所说帝下诏新修皇兴寺和道场寺之事，颇有疑问。关于兴皇寺，《高僧传》卷七《释道猛传》记载，宋明帝为湘东王时，崇信道猛，泰始之初，"帝创寺于建阳门外，敕猛为纲领。帝曰：'夫人能弘道，道借人弘。今得法师，非直道益苍生，亦有光于世望，可目寺为兴皇。'由是成号"④。泰始年为465—472年，而《续高僧传》卷五《释智藏传》记载，智藏"以泰初六年敕住兴皇寺，事师上定林寺僧远、僧

① 僧祐：《弘明集》卷一二，《大正藏》第52册，第76页下。
② 《晋书》卷七七，中华书局，1974年。
③ 法琳：《辩正论》卷三，《大正藏》第52册，第502页下。
④ 《大正藏》第50册，第374页上。

祐,天安寺弘宗"[1]。道宣此文的年号"泰初六年"不很准确,历史上并未有泰初年号,考虑到"太""泰"通用的习惯,此年号似乎是太初。而刘宋确实曾经短暂使用过此年号,弑杀其父宋文帝刘义隆的刘劭曾经在即位后改元嘉三十年为太初元年(453),不过刘劭数月即败亡,此处不可能是"太初"。且在六朝范围内可考虑的只能是"泰始"年号,但这是宋明帝的年号。由此可见,《辩正论》将宋明帝刘彧修造兴皇寺之事误植于晋明帝司马绍身上。

道场寺确实是东晋时期修造的。道场寺也称斗场寺,因不合佛教教义被改为道场寺。关于道场寺的修造,《出三藏记集》卷八所载《六卷泥洹记》(或称《出经后记》)记载:"义熙十三年十月一日,于谢司空石所立道场寺,出此《方等大般泥洹经》。"[2]谢石(327—388)是东晋名将,谢安之弟,为太元八年(383)八月淝水之战的主将。一般以为此寺的修造应该是在谢石从战场归来之后至逝世之前。如果相信《出三藏记集》的记载,则无论如何道场寺不会建于晋明帝时期,因为那时谢石方为婴儿。

关于晋元帝、晋明帝礼遇名僧的事例很多,最有影响的是竺法深。《世说新语·方正篇》记载:"后来年少多有道深公者。深公谓曰:'黄吻年少,勿为评论宿士。昔尝与元、明二帝,王、庾二公周旋。'"而《高僧传》卷四记载,竺法深于"晋永嘉初,避乱过江。中宗元皇及萧祖明帝,丞相王茂弘、大尉庾元规,并钦其风德,友而敬焉。建武、太宁中,潜恒着屐至殿内,时人咸谓方外之士,以德重故也"[3]。竺法深在东晋元帝、明帝在位的近十年中,出入宫廷,谈玄论道,影响到了东晋初期朝廷的佛教政策,推动了佛教在南方的快速发展。

东晋成帝,名司马衍(325—342年在位),明帝死后继位,时年四岁。成帝年幼,由其母庾文君以皇太后身份临朝听政,司徒王导录尚书事与中书令庾亮共同辅政。外戚庾亮试图排斥王导势力,振作东晋王室。庾亮疑忌大臣,任意杀逐重要官员,引起统治集团内部冲突。327年,历阳镇将苏峻、寿春镇将祖约以杀庾亮为名,起兵叛乱,攻入建康。陶侃、温峤起兵,平定苏峻叛乱,王导再次出山执政,东晋王朝又一次转危为安。

唐初法琳《辩正论》记载:"晋显宗成皇帝,至意冥通,圣德遐感,造中兴、鹿

---

① 《大正藏》第50册,第465页下。
② 《大正藏》第55册,第60页中。
③ 《大正藏》第50册,第347页上。

野二寺，集翻经义学千僧。”[1]从现存的零星资料分析，年轻的成帝对佛教有所了解，也有好感，因此召集义学高僧宣谈论道，是可信的。但文中所列由成帝主动敕建中兴寺和鹿野寺的说法还是有疑点的。有关建康鹿野寺的资料有限，不知是否如此。但有关建康中兴寺的资料很多，且此寺在南朝各朝很受重视，代有高僧。根据《高僧传》的几则记载可知，此寺并非由晋成帝所修造，而是由东晋孝武帝创建，刘宋孝武帝时扩建并改名为中兴寺。《高僧传》卷四《竺法义传》记载，竺法义于晋太元五年(380)圆寂之后，孝武帝“以钱十万买新亭岗为墓，起塔三级，义弟子昙爽于墓所立寺，因名新亭精舍。后宋孝武南下伐凶，銮旆至止，式宫此寺，及登禅，复幸禅堂，因为开拓，改曰中兴。故元嘉末童谣云‘钱唐出天子’，乃禅堂之谓，故中兴禅房，犹有龙飞殿焉，今之‘天安’是也”[2]。这一段文字，将中兴寺的沿革写得很清楚。此寺最初是东晋孝武帝为竺法义墓塔而设的，最初称之为新亭精舍。宋孝武帝在未登基之前曾经路经此寺而暂住，登基之后改名为中兴寺。慧皎写此传时的梁代称之为天安寺。

晋成帝四岁即位，在位近十八年，其对佛教信仰的程度不明。从现有资料看，成帝时期朝廷对佛教发展的扶持，很大程度上是由丞相王导推动的。成帝咸康五年(339)七月，丞相王导薨，庾冰、何充辅政。在庾冰的推动之下，批评佛教的势头有所上升。

晋成帝咸康六年(340)辅政的庾冰代成帝诏令“沙门应尽敬王者”，引起朝廷争论。对于其过程，《弘明集》记载说：“晋咸康六年，成帝幼冲，庾冰辅政，谓沙门应尽敬王者，尚书令何充等议不应敬。下礼官详议，博士议与充同，门下承冰旨为驳。尚书令何充及仆射褚翜、诸葛恢，尚书凭怀、谢广等，奏沙门不应尽敬。”[3]最终，庾冰的建议被束之高阁。

晋成帝之后，晋康帝(342—344年在位)、晋穆帝(344—361年在位)对佛教兴致不大，东晋佛教一时颇为消沉。在成、康之际，竺法深、支道林相继隐迹东山。而《弘明集》所收的《正诬论》，根据汤用彤研究，此论中所谓诬佛者也在成帝

---

① 法琳：《辩正论》卷三，《大正藏》第52册，第502页下。

② 《大正藏》第50册，第350页下—351页上。

③ 僧祐：《弘明集》卷一二，《大正藏》第52册，第79页中。

世。[1] 此外，唐法琳在《辩正论》逐一记载东晋皇帝奉佛情况，但空缺了晋康帝和晋穆帝两代。

晋哀帝（362—365年在位）不但信奉佛教、礼遇高僧，同时又“雅好黄老、断谷，饵长生药”[2]，因为服食中毒，由褚太后摄政，实际大权则由会稽王司马昱（后为简文帝）掌握。褚太后、简文帝都信奉佛教，崇佛奉佛的风气又趋浓厚。唐初法琳《辩正论》还记载：“晋孝哀皇帝，延问侍臣，回心妙理，嘉宾切对，大启龙光。”[3]哀帝则常请于法开讲经说法，对于法开也很尊重。《高僧传》卷四《竺道潜传》记载，竺法深隐迹山林三十余载，“至哀帝好重佛法，频遣两使殷勤征请，潜以诏旨之重，暂游宫阙，即于御筵开讲《大品》，上及朝士，并称善焉。于时简文作相，朝野以为至德”[4]。

简文帝（371—372年在位）“尤善玄言”，“屡尚清虚，志道无倦”[5]，也很尊崇佛教，曾经亲临瓦官寺听竺法汰讲《放光般若经》。唐初法琳《辩正论》记载：“晋太宗简文皇帝仁恕温含，作圣钦明，造像、建斋、度僧、立寺，于长干故塔起木浮图，壮丽殊伟。”[6]经过查考，法琳所说的晋简文帝所做的这五方面的事情，都有据可查。

关于长干寺佛塔，《高僧传·释慧达传》记载：“简文皇帝于长干寺造三层塔，塔成之后，每夕放光。”[7]而简文帝亲自参加讲经法会，也有明文记载。《高僧传》卷五《竺法汰传》记载，竺法汰至建康，住瓦官寺，“晋太宗简文皇帝深相敬重，请讲《放光经》。开题大会，帝亲临幸。王侯公卿，莫不毕集”[8]。

有关简文帝敬重僧尼的记载很多。除竺法汰之外，道容尼也是重要例子。《比丘尼传》卷一《新林寺道容尼传》记载：“道容，本历阳人。住乌江寺，戒行精峻，善占吉凶，逆知祸福，世传为圣。晋明帝时，甚见敬事。以花布席下，验其凡

---

① 汤用彤：《汉魏两晋南北朝佛教史》，北京大学出版社，1997年，第130页。《正诬论》最早见于宋明帝敕书郎陆澄所撰《法论》第6帙目录中，至梁被僧祐收入《弘明集》。汤用彤先生提出了猜测，未作论证。近来这一结论获得很多学者的认可。如李小荣《变文生成年代新论》（《社会科学研究》1998年第5期），根据论文本身所涉及的历史事实、佛教义理、佛学用语，考证后认为汤先生的猜测是正确的，该文当作于东晋的中前期。

② 《晋书》卷八《哀帝纪》，中华书局，1974年。

③ 法琳：《辩正论》卷三，《大正藏》第52册，第502页下。

④ 慧皎：《高僧传》卷四，《大正藏》第50册，第347页下—348页上。

⑤ 《晋书》卷九《简文帝纪》，中华书局，1974年。

⑥ 法琳：《辩正论》卷三，《大正藏》第52册，第502页下。

⑦ 《大正藏》第50册，第409页中。

⑧ 《大正藏》第50册，第354页下。

圣,果不萎焉。"[①]道尼善于占卜,很得晋明帝敬重。简文帝起先信任"清水道师",而在登基之后,简文帝"遣使往乌江迎道容,以事访之。容曰:'唯有清斋七日,受持八戒,自当消弭。'帝即从之。整肃一心,七日未满,群乌竞集,运巢而去。帝深信重,即为立寺,资给所须。因林为名,名曰新林。即以师礼事之,遂奉正法。后晋显尚佛道,容之力也"[②]。道容尼也受到孝武帝的宠信。

孝武帝司马曜(372—396 年在位),简文帝之子。简文帝死后继位,时年十岁。在位二十四年,因酒后戏言,被张贵人命宫女用被子闷死,终年三十五岁。《晋书·孝武帝纪》记载,孝武帝"初奉佛法",于太元六年(381)春正月"立精舍于殿内,引诸沙门以居"[③]。唐初法琳《辩正论》记载:"晋烈宗孝武皇帝,精心奉法,志念冥符。师子国王钦其怀道,故遣沙门昙摩撮,远送玉像以表丹情。召义解僧,造皇泰寺,仍舍旧第为本起寺。"[④]此引文简要叙述了孝武帝时期朝廷扶持佛教的大事,而孝武帝将自己未曾登基之前的旧宅舍为佛寺,显示其奉佛很是虔诚。

孝武帝在位时期,朝政不完全出于己,朝廷对待佛教的态度也受到当时执权柄者琅琊王司马道子的影响。孝武帝和琅琊王司马道子共同礼遇比丘尼妙音,使得妙音权倾一朝,颇为世人侧目。《比丘尼传》卷一《简静寺支妙音尼传》记载:

> 妙音,未详何许人也。幼而志道,居处京华,博学内外,善为文章。晋孝武皇帝、太傅会稽王道子、孟颉等,并相敬信。每与帝及太傅、中朝学士,谈论属文,雅有才致,借甚有声。太傅以太元十年为立简静寺,以音为寺主,徒众百余人。内外才义者,因之以自达,供倮无穷,富倾都邑,贵贱宗事。门有车马,日百余两。荆州刺史王忱死,烈宗意欲以王恭代之。时桓玄在江陵,为忱所折挫,闻恭应往,素又惮恭,殷仲堪时为恭门生,玄知殷仲堪弱才,亦易制御,意欲得之,乃遣使凭妙音尼为堪图州。既而烈宗问妙音:"荆州缺外,问云谁应作者?"答曰:"贫道道士,岂容及俗中论议?如闻外内谈者,并云无过殷仲堪。以其意虑深远,荆楚所须。"帝然之,遂以代忱。权倾一朝,

① 宝唱:《比丘尼传》卷一,《大正藏》第 50 册,第 936 页中。
② 宝唱:《比丘尼传》卷一,《大正藏》第 50 册,第 936 页中。
③《晋书》卷九《孝武帝纪》,中华书局,1974 年。
④ 法琳:《辩正论》卷三,《大正藏》第 52 册,第 502 页下。

威行内外。[1]

孝武帝、会稽王司马道子对妙音尼的礼遇显得过分，而妙音尼本人也有主动参与政治的嫌疑。这些在当时就引起了朝臣的议论。《晋书·司马道子传》记载："于时孝武帝不亲万机，但与道子酣歌为务，姏姆尼僧，尤为亲昵，并窃弄其权。凡所幸接，皆出自小竖。郡守长吏，多为道子所树立。……又崇信浮屠之学，用度奢侈，下不堪命。太元以后，为长夜之宴，蓬首昏目，政事多阙。"[2]史书中的这些记述，将朝政紊乱、帝王的个人享乐与其崇佛礼敬僧尼并列作为抨击的对象。此传中还记载了左卫领营将军会稽许荣上疏就此乱局的谏阻：

> 僧尼乳母，竞进亲党，又受货赂，辄临官领众。无卫霍之才，而比方古人，为患一也。臣闻佛者清远玄虚之神，以五诫为教，绝酒不淫。而今之奉者，秽慢阿尼，酒色是耽，其违二矣。夫致人于死，未必手刃害之。若政教不均，暴滥无罪，必夭天命，其违三矣。盗者未必躬窃人财，江乙母失布，罪由令尹。今禁令不明，劫盗公行，其违四矣。在上化下，必信为本。昔年下书，敕使尽规，而众议兼集，无所采用，其违五矣。尼僧成群，依傍法服。诫粗法，尚不能遵，况精妙乎！而流惑之徒，竞加敬事，又侵渔百姓，取财为惠，亦未合布施之道也。[3]

许荣疏中所言朝政六大疏失，与佛教相关者竟有三方面。可见，在当时的朝臣看来，孝武帝和司马道子颇有佞佛之迹。

晋安帝司马德宗（396—418 年在位），孝武帝长子。孝武帝死后继位，在位二十二年，最后被刘裕指派的王韶之勒死，终年三十七岁。《晋书·安帝纪》说："帝不惠，自少及长，口不能言，虽寒暑之变，无以辩也。凡所动止，皆非己出。故桓玄之纂，因此获全。"[4]司马德宗昏庸懦弱，继位后先后由司马道子、司马德文揽权，他始终是个傀儡。晋安帝在位期间，曾爆发孙恩、卢循起义。403 年，被封为

---

① 宝唱：《比丘尼传》卷一，《大正藏》第 50 册，第 936 页下—937 页中。

② 《晋书》卷六四《司马道子传》，中华书局，1974 年。

③ 《晋书》卷六四《司马道子传》，中华书局，1974 年。

④ 《晋书》卷一《安帝纪》，中华书局，1974 年。

楚王的大将桓玄自称皇帝，废司马德宗为平固（今江西赣州东）王，将司马德宗移居于浔阳（今江西九江），东晋中绝。不久，另一大将刘裕起兵讨伐桓玄。桓玄被击败，逃到浔阳，裹挟司马德宗辗转于江陵（今湖北江陵）一带。直至 404 年，桓玄兵败被杀，安帝才得以复位。

东晋安帝在政治上无作为，但其自身对佛教很有好感。因此，在其在位期间，东晋佛教发展甚为迅速。

晋安帝元兴二年（403），太尉桓玄再度提出令沙门礼敬王者之事，并征询中书令桓谦、王谧，以及庐山慧远的意见。桓玄说：

> 佛所贵无为，殷勤在于绝欲，而比者凌迟，遂失斯道，京师竞其奢淫，荣观纷于朝市，天府以之倾匮，名器为之秽黩，避役钟于百里，逋逃盈于寺庙，乃至一县数千，猥成屯落，邑聚游食之群，境积不羁之众，其所以伤治害政，尘滓佛教，固已彼此俱弊，实污风轨矣。便可严下在所诸沙门有能申述诰，畅说义理者；或禁行修整，奉戒无亏，恒为阿练者；或山居养志，不营流俗者，皆足以宣寄大化，亦所以示物以道，弘训作范，幸兼内外。其有违于此者，皆悉罢遣，所在领其户籍，严为之制。①

桓谦、王谧明确反对桓玄的做法。慧远更著《沙门不敬王者论》五篇，反对桓玄的主张。慧远之文由“序论”和五大部分组成。在“序论”中，慧远叙述了其撰述理由。正文中，第一“在家”、第二“出家”两篇，论述佛教出家的本质，出家者的生活必然超越世俗生活。第三“求宗不顺化”篇，指出求佛道者不应随顺世俗，而须否定世俗之生活。第四“体极不兼应”篇，指出体得佛法者不应再顺应世俗。第五“形尽神不灭”篇，论说肉体终将一死，而精神永不灭绝。庐山慧远不拜王者的立场甚为鲜明，遂使桓玄于篡位后，下诏准许道人不礼敬帝王。桓玄的想法最终也未能实现。

晋安帝礼遇过的高僧、名僧很多。他对当时影响最大的高僧庐山慧远也表现出明显的敬意。《高僧传》卷六《慧远传》记载：

---

① 僧祐：《弘明集》卷一二，《大正藏》第 52 册，第 85 页上。

> 及桓玄西奔，晋安帝自江陵旋于京师。辅国何无忌劝远候觐，远称疾不行。帝遣使劳问。远修书曰："释慧远顿首：阳月和暖，愿御膳顺宜。贫道先婴重疾，年衰益甚，猥蒙慈诏，曲垂光慰，感惧之深，实百于怀。幸遇庆会，而形不自运。此情此慨，良无以喻。"诏答："阳中感怀，知所患未佳，其情耿耿。去月发江陵，在道多诸恶，情迟兼常，本冀经过相见。法师既养素山林，又所患未痊，邈无复，因增其叹恨。"①

从安帝诏书的内容看，在经受被逼退位而又复位的剧变之后，安帝希望与慧远晤谈的愿望是显著的。由此可见，他似乎将佛教当作心灵的一种安慰剂。

义熙十四年(418)，大将刘裕急于篡夺皇位，密令党羽杀害了安帝，立琅琊王司马德文为帝，是为东晋最后一位皇帝恭帝(418—420年在位)。恭帝为晋孝武帝之子，晋安帝之弟。《晋书·恭帝纪》说，恭帝为王时，就"深信浮屠道，铸货千万，造丈六金像，亲于瓦官寺迎之，步从十许里"②。尤其是恭帝被刘裕废掉后，420年9月，刘裕派亲兵越墙进入司马德文室内，将毒酒放在他面前，逼他饮下。司马德文说："佛教，自杀者不复得人身。"③兵士便将他挟上床去，用被子蒙住他脸面，用力将其扼死。司马德文被杀后，谥号为恭帝。从这些事例看，恭帝信奉佛教很是虔诚。

综上所述，东晋帝王大多不同程度、不同形式地信奉佛教，有些甚至十分虔诚，这是汉、三国、曹魏、西晋从未出现过的。朝廷佛教政策的宽松，大多数皇帝和权臣对佛教的扶持以及对僧尼的尊崇，都显著地促进了佛教在东晋统治区域较为迅速地传播。

二　东晋建康士族的佛教信仰

西晋，特别是东晋时期，玄学名士研习佛教教义，而义学高僧则参与玄谈，玄学与佛学呈现出互相交融状态。士大夫阶层对佛教的普遍信奉，使东晋时期佛

---

① 《大正藏》第50册，第361页上。

② 《晋书》卷一《恭帝纪》，中华书局，1974年。

③ 《资治通鉴》。

教传播日益深入。

东晋时期，士人群体中弥漫着崇佛的风气。正如刘宋文帝朝，侍中何尚之所奏：

> 悠悠之徒，多不信法。以臣庸蔽，独秉愚勤，惧以阙薄，贻点大教。今乃更荷褒拂，非所敢当。至如前代群英，则不负明诏矣。中朝已远，难复尽知。渡江以来，则王导、周颉、庾亮、王濛、谢尚、郗超、王坦、王恭、王谧、郭文、谢敷、戴逵、许询及亡高祖兄弟、王元琳昆季、范汪、孙绰、张玄、殷颢，或宰辅之冠盖，或人伦之羽仪，或置情天人之际，或抗迹烟霞之表，并禀志归依，厝心崇信。其间比对，则兰、护、开、潜、渊、遁、崇、邃，皆亚迹黄中，或不测人也。近世道俗，敷谈便尔。[①]

此文中罗列东晋时期高门大族、高官显贵信奉佛教的名单，朝臣如丞相王导、中书令庾亮、尚书左仆射周颉、御使中丞周嵩、尚书左仆射谢琨、尚书令何亮、五州都督殷浩、宰相谢安等人都与佛教有关涉。书法家王羲之、书画家顾恺之、工书画文章的戴逵等人都好佛，其余如王濛、谢尚、郗超、王坦、王恭、王谧、郭文、谢敷、许询、范汪、孙绰、张玄等人，都禀志归依，悉心崇敬佛教。文中的“亡高祖兄弟”是指何充、何准，“兰、护、开、潜、渊、遁、崇、邃”是指受到朝野崇敬的高僧竺法兰、竺法护、于法开、竺道潜、僧渊、支遁、竺法崇、于道邃等。从上述名单可以见出，东晋上层人士的佛教信仰已经具有明显的家族继承性。这一态势，在宋、齐、梁、陈时期得到进一步发展。

东晋时期，士人奉佛逐渐普遍，其中一个突出的现象就是天师道世家纷纷转而信奉佛教，或佛教、道教兼修。东晋许多世家大族，道教信仰先于佛教存在。“吴会诸郡，实为天师道之传教区”，“三吴及海边之际，信之逾甚”。[②] 据陈寅恪先生《天师道与滨海地域的关系》一文考证，东晋南朝的许多门阀士族，都是信奉天师道的世家。其中代表性的世家大族有：琅琊王氏、高平郗氏、吴郡杜氏、琅琊孙氏、会稽孔氏、义兴周氏、陈郡殷氏、丹阳葛氏、东海鲍氏、丹阳许氏、丹阳陶氏、吴

---

① 慧皎：《高僧传》卷七，《大正藏》第 50 册，第 367 页下。
② 《隋书》卷三三。

兴沈氏等。而当时江左信奉道教的士族远不止这些，据任继愈先生补充，还有：颍川庾氏，阳夏谢氏，泰山羊氏，谯国桓氏，晋王室司马氏，长乐冯氏，晋陵华氏，吴郡顾氏、陆氏、张氏、孙氏（孙吴后裔）等。[①] 根据当代学者研究，至东晋，道教在南方士族中较佛教更盛。然而此时已有不少天师道世家中人开始接触和信奉佛教，如琅琊王氏，义兴周氏，陈郡殷氏，高平郗氏，阳夏谢氏，丹阳许氏，吴郡孙氏、顾氏等。有资料表明，东晋时天师道世家对佛教并不排斥，据《晋书·郗愔传》载，郗愔、郗昙兄弟谄于道，而郗愔子郗超却以奉佛著称。王羲之家族世事天师道，但据《莲社高贤传·道敬法师传》，王羲之子王凝之为江州刺史时，其孙年十七，从慧远出家于庐山，称道敬法师。

从现存文献来看，东晋、宋齐之时信仰转变颇具代表性的世家大族，还有以下几家。

吴郡张氏：晋侍中尚书张敞，子张裕、张袆、张邵。张裕有五子张演、张镜、张永、张辩、张岱；张演子张绪，张永子张稷。张袆子张畅，张畅子张淹、张融。如南齐张融在《门律》中说："吾门世恭佛。"[②]此在南朝士族奉佛部分详细叙述，此从略。

陈郡谢氏：晋谢鲲及从予安、万、石三公并其孙玄，玄之孙灵运，灵运之孙超宗、曾孙茂卿。万之曾孙弘微，弘微子庄，庄子瀹，瀹子览，览弟举，均奉佛。谢灵运的信仰转变颇可说明当时天师道世家子弟信仰变化之轨迹。

庐江何氏奉佛，也堪称典型，何充、何准兄弟成为最崇信佛教的士族人物，他们对于东晋佛教的推动作用尤其显著。[③]

何氏的兴起可以追溯至魏晋之际的何桢。《晋书·何充传》载其家世云："何充，字次道，庐江潜人，魏光禄大夫祯之曾孙也。祖恽，豫州刺史。父睿，安丰太守。充风韵淹雅，文义见称。"[④]关于何桢及其子孙传承的情况，《三国志》卷一一《魏书·管宁传》注引《文士传》中有一段较为完整的记载：

> 桢字符干，庐江人，有文学器干，容貌甚伟。历幽州刺史、廷尉，入晋为

---

① 参见《金明馆丛稿初编》，生活·读书·新知三联书店，2001 年，第 17 页。

② 僧祐：《弘明集》卷六，《大正藏》第 52 册，第 38 页下。

③ 关于何氏家族奉佛部分，参见王永平、单鹏：《庐江何氏与东晋佛教》，《扬州大学学报（人文社会科学版）》2007 年第 2 期。

④ 《晋书》卷七七《何充传》，中华书局，1974 年。

> 尚书光禄大夫。桢子龛,后将军;勖,车骑将军;恽,豫州刺史;其余多至大官。自后累世昌阜,司空文穆公充,恽之孙也,贵达至今。[①]

何桢奠定了两晋南朝庐江何氏之基业。何桢曾孙何充一辈于两晋之际南渡,仕于东晋成帝、康帝和穆帝时期,且在康、穆之际一度掌控朝政,位至司空,将其家族的政治地位推向高峰,从而确立起其家族在东晋、南朝的优越门第。在家族文化方面,两晋之间,何氏也发生了深刻变化。魏晋之际,何桢以"文学器干"显名,表现出汉儒经学和律令兼修的遗风,而东晋前期的何充则以"风韵淹雅,文义见称"[②],表现出鲜明的玄学化特征。这种由儒入玄、儒玄兼修的思想文化风尚,正是魏晋以降诸多"新出门户"改变门风、提升地位的必由之路。

《世说新语·排调篇》载:"二郗奉道,二何奉佛,皆以财贿。谢中郎云:'二郗谄于道,二何佞于佛。'"[③]所谓"二郗",是指郗愔、郗昙,他们崇奉天师道。这条材料中,高平郗氏为天师道世家,而举何充兄弟与之并列,突出其"佞于佛"。此条下刘孝标注引《晋阳秋》曰:"何充性好佛道,崇修佛寺,供给沙门以百数。久在扬州,征役吏民,功赏万计,是以为遐迩所讥。充弟准,亦精勤,唯读佛经,营治寺庙而已矣。"何充"崇修佛寺",利用其职务之便,"征役吏民,功赏万计"。

关于何充奉佛,《晋书·何充传》也记载,何充"性好释典,崇修佛寺,供给沙门以百数,糜费巨亿而不吝也。亲友至于贫乏,无所施遗,以此获讥于世"[④]。何充信佛很虔诚,将个人资财多用于筑寺养僧,"糜费巨亿而不吝"。

关于何准崇佛,《晋书·何准传》也有记载:"何准,字幼道,穆章皇后父也。高尚寡欲,……充居宰辅之重,权倾一时,而准散带衡门,不及人事,唯诵佛经,修营塔庙而已。"[⑤]何准"高尚寡欲",一生不仕,"唯诵佛经,修营塔庙",是一个纯粹的居士。

关于何氏兄弟建造佛寺佛塔,《高僧传》卷一《康僧会传》记载,东晋成帝咸和中,"苏峻作乱,焚会所建寺塔,司空何充复修造"[⑥]。《比丘尼传》卷一《建福寺康

---

① 《三国志》卷一一。
② 《晋书》卷七七《何充传》,中华书局,1974 年。
③ 刘义庆:《世说新语》卷下。
④ 《晋书》卷七七《何充传》,中华书局,1974 年。
⑤ 《晋书》卷九三,《何准传》,中华书局,1974 年。
⑥ 慧皎:《高僧传》卷一,《大正藏》第 50 册,第 326 页上。

明感尼传》载，晋建元元年(343)春，明感比丘尼与慧湛等十人济江，“诣司空公何充。充一见甚敬重。于时京师未有尼寺，充以别宅为之立寺。问感曰：‘当何名之？’答曰：‘大晋四部，今日始备。檀越所建，皆造福业，可名曰建福寺。’公从之矣”①。同书同卷《建福寺慧湛尼传》也记载：“建元二年渡江，司空何充大加崇敬，请居建福寺住云。”②何准也曾舍宅为寺，宋范成大《吴郡志》卷九《古迹》载：“般若台，在吴县西二里，晋穆侯何准所置。”在何充、何准兄弟的影响下，何氏家族其他人物也有类似的举动，比如何准女儿是晋穆帝的皇后，她也笃信佛教。《比丘尼传》卷一《昙备尼传》载，永和十年(354)，何后为昙备尼“立寺于定阴里，名永安。今之何后寺是”③。此寺初名永安寺，后来称之为何后寺。

东晋时期奉佛虔诚且有佛学著作论文者，以孙绰和郗超最为著名。孙绰是东晋有名的文学家之一，精通玄学、儒学和佛学，与名僧支道林交往很深。他著有《喻道论》，主张儒释调和，“周孔即佛，佛即周孔，盖外内名耳。……周孔救极弊，佛教明其本”④。此文对后世影响很大。郗超也为支道林所推重，郗超原信奉天师道，然与支遁、竺法汰等高僧交游，渐对佛教起信。他作《奉法要》，其主题是探讨奉持佛法的要义，其文先就三自归(即三皈戒)、五戒、十善等实践德目加以详述；次明三界、五道、五阴、五盖、六情、四非常、六度、四空等法相；最后说明因果报应之事。《奉法要》简明而又通俗地介绍了佛教的基本内容，其中包含了三皈依、五戒十善之法、修斋法、三界五道论、五阴论、四非常、六度、报应论等内容，也主张儒佛调和。这两篇著述代表了东晋时期名士对于佛教的典型理解，其所主张的儒佛一致的观念，对于佛教的发展意义深远。

三 佛教在建康的传播

东晋时期，北方洛阳的名僧、名士如康僧渊、康法畅、支愍度、帛尸梨蜜多罗、于法开、于道邃、竺法汰、竺法深等皆自中原南下至建康，同时将中原的佛教思想

① 宝唱：《比丘尼传》卷一，《大正藏》第50册，第935页下。
② 宝唱：《比丘尼传》卷一，《大正藏》第50册，第936页上。
③ 宝唱：《比丘尼传》卷一，《大正藏》第50册，第935页下。
④ 僧祐：《弘明集》卷三。

及玄风带到建康。建康佛教逐渐兴盛。梁宝唱《比丘尼传》卷一所记载东晋时期的比丘尼都在京师建康。见于梁慧皎《高僧传》和唐道宣《续高僧传》的建康佛寺十三所，而清代学者刘世珩在《南朝寺考》中依据《高僧传》《建康实录》以及宋元时期编写的方志，考证出东晋修造的佛寺三十七所。鉴于方志以及后代碑记的追记性质，容易将佛寺的初建时间提前，因此，本文叙述仅仅依据唐初之前的文献考辨建康佛寺的修造情况。

张弓先生根据《高僧传》所考出的建于东晋的建康佛寺是：高座寺、白马寺、道场寺、东安寺、瓦官寺、青园寺、灵曜寺、宋熙寺、建元寺、安乐寺、崇明寺、延贤寺、长干寺。[①] 这十三所佛寺中，根据《高僧传》卷三《畺良耶舍传》，宋熙寺建于元嘉十年（433）；建元寺、灵曜寺不能确定是否建于东晋；长干寺则于东吴初建，这四所应该除外。在张弓先生所列之外，从《高僧传》卷三《智严传》中可知，至少在东晋末，建康城中还有始兴寺、枳园寺以及四所尼寺。因此，依据唐初之前的文献，东晋时期建康新建佛寺十五所。在整个东晋时期，在东晋佛教重要且因有高僧住寺而显赫的佛寺是长干寺、瓦官寺、道场寺、东安寺。

东吴最早的佛寺建初寺，在东晋时期自然是建康佛教的中心寺域，代有高僧。《高僧传》卷一《帛尸梨蜜多罗传》记载："帛尸梨蜜多罗，此云吉友，西域人，时人呼为高座。……晋永嘉中，始到中国。值乱，仍过江，止建初寺，丞相王导一见而奇之，以为吾之徒也。由是名显。"[②]

东晋简文皇帝"于长干寺造三层塔。塔成之后，每夕放光"。僧人慧达于晋宁康中至京师，从长干寺塔下丈许掘得三石碑，"中央碑覆中有一铁函，函中又有银函，银函里金函，金函里有三舍利。又有一爪甲及一发，发申长数尺，卷则成螺，光色炫耀，乃周敬王时阿育王起八万四千塔"。魏晋以来，中土人士相信阿育王传播舍利至中土的传闻，遍寻佛舍利，修塔崇拜。至此，长干寺就被认定为阿育王寺。"既道俗叹异，乃于旧塔之西更竖一刹，施安舍利。晋太元十六年，孝武更加为三层。"[③]从这些叙述看，长干寺似乎有两座塔。长干寺在东晋时期的建康很受重视，高僧云集。东晋孝武帝初，朝廷敕命善于转读的支昙钥住此寺，孝武帝从受五戒，敬以师礼。《高僧传》卷一三记载："支昙钥，本月支人，寓居建业。

① 参见张弓：《汉唐佛寺文化史》，中国社会科学出版社，1997年，第30页。
② 《大正藏》第50册，第327页下。
③ 慧皎：《高僧传》卷一三，《大正藏》第50册，第409页中。

少出家,清苦蔬食,憩吴虎丘山。晋孝武初,敕请出都,止建初寺。孝武从受五戒,敬以师礼。"①从这一记载可知,昙钥属于月氏移民后裔,年少出家后本住于今苏州虎丘山。孝武帝登基未久,敕请其到建康驻锡于建初寺。后来,八十一岁时,昙钥圆寂于所住寺。根据《高僧传·法平传》记载,昙钥也曾经在白马寺驻锡过。此外,《高僧传·竺法旷传》记载:"晋孝武帝钦承风闻,要请出京,事以师礼,止于长干寺。元兴元年卒,春秋七十有六。"②

瓦官寺,是东晋时期建康重要的佛寺之一。《高僧传·竺法汰传》和《高僧传·慧力传》记载,此寺之地本是河内山玩公之墓,晋元帝时,丞相王导以其地"为陶处"(即制作陶器之处)。释慧力于晋永和年中"来游京师,常乞食蔬,苦头陀修福。至晋兴宁中,启乞陶处,以为瓦官寺"③。据唐朝许嵩《建康实录》载:"晋哀帝兴宁二年诏移陶官于淮水北,遂以南岸窑处之地,施僧慧力,造瓦官寺。"因民间俗称陶官为瓦官,故称此名。依据上述记载,则瓦官寺并非晋元帝时所建,而是晋哀帝时始建。然而,唐道宣《集神州三宝感通录》卷二的记载,似乎说明《辩正论》的说法并非空穴来风。其文说:"宋元嘉十四年,孙彦曾家世奉佛,妾王惠称少而信向,年大弥笃,诵《法花经》,辄见浦中有杂色光,使人掘深二尺,得金像,连光趺高二尺一寸。趺铭云,建武元年岁在庚子,瓦官寺道人法新、僧行所造。"④这一记载有一错误,庚子年不是晋元帝建武元年(316),而是晋成帝咸康六年(340)。然不管如何,至少说明至唐初流传的若干资料已表明,建康的瓦官寺的建造有晋元帝时期和晋哀帝时期两说。另外,当代学者考证说:"瓦官寺建于兴宁二年,似于史实不合。据《世说新语》,王濛、刘惔、何充、王修均到瓦官寺清谈,而这些人物在兴宁二年之前早已去世。然又据《高僧传》卷五《竺僧敷传》:'西晋末乱,移居江左,止京师瓦官寺。'可见,瓦官寺很可能创建于西晋末或东晋初,远在兴宁之前。"⑤

有资料表明,瓦官寺的初次扩建是在竺法汰的主持下完成的。兴宁三年(365),竺法汰从南阳至建康,驻瓦官寺。瓦官寺在竺法汰主持下扩建了房舍以容纳更多的僧人,修"重门"而扩充了寺域。根据《高僧传》卷一三《释慧力传》记

---

① 慧皎:《高僧传》卷一三,《大正藏》第 50 册,第 413 页下。
② 慧皎:《高僧传》卷五,《大正藏》第 50 册,第 357 页上。
③ 慧皎:《高僧传》卷一三,《大正藏》第 50 册,第 410 页上。
④ 《大正藏》第 52 册,第 418 页中。
⑤ 王晓毅:《支道林生平事迹考》,《中华佛学学报》1995 年第 8 期。

载，瓦官寺佛塔于晋孝武太元二十一年(396)七月夜自然火起，“寺僧数十，都无知者。明旦见塔，已成灰聚。帝曰：‘此国不祥之相也。’即敕杨法尚、李绪等速令修复，至九月帝崩”[①]。瓦官寺佛塔应该于晋安帝在位时期重建了。

南朝的“瓦官寺”，乃是高僧萃集之所在。东晋初期，支道林曾经于其中宣讲《般若经》。刘义庆《世说新语》卷上：“有北来道人，好才理，与林公相遇，于瓦官寺讲《小品》。于时竺法深、孙兴公悉共听。此道人语屡设疑难，林公辩答清析，辞气俱爽，此道人每辄摧屈。孙问深公：‘上人当是逆风家，向来何以都不言？’深公笑而不答。林公曰：‘白旃檀非不馥，焉能逆风？深公得此义，夷然不屑。’”[②]此事应该发生于晋哀帝在位时期的兴宁二年或三年间(364或365)，因为文中提及的竺法深是哀帝时期至京师建康的。

瓦官寺有竺僧敷，在当时很有影响。《高僧传》卷五《竺僧敷传》记载：“竺僧敷，未详氏族。学通众经，尤善《放光》及《道行波若》。西晋末乱，移居江左，止京师瓦官寺，盛开讲席，建邺旧僧，莫不推服。”[③]依据此中的叙述，竺僧敷于东晋初年至建康之后，似乎是立即就住于瓦官寺。在上文之后，《高僧传·竺僧敷传》又叙述说：

> 时同寺沙门道嵩，亦才解相次，与道安书云：“敷公研微秀发，非吾等所及也。”时异学之徒咸谓“心神有形，但妙于万物，随其能言，互相摧压”。敷乃著《神无形论》，以有形便有数，有数则有尽；神既无尽，故知无形矣。时仗辩之徒，纷纭交诤。既理有所归，愜然信服。后又著《放光》《道行》等义疏。后终于寺中，春秋七十余矣。

竺法汰与道安书云：‘每忆敷上人，周旋如昨，逝殁奄复多年。与其清谈之日，未尝不相忆，思得与君共覆疏其美，岂图一旦，永为异世？痛恨之深，何能忘情？其义理所得，披寻之功，信难可图矣。’汰与安书，数述敷义。”[④]竺法汰圆寂于太元十二年(387)，道安圆寂于385年。从竺法汰写给道安书信中所说推知，竺

---

① 慧皎：《高僧传》卷一三，《大正藏》第50册，第410页上。
② 刘义庆：《世说新语》卷上。
③ 慧皎：《高僧传》卷五，《大正藏》第50册，第355页中。
④ 慧皎：《高僧传》卷五，《大正藏》第50册，第355页中—下。

法汰写此信时，竺僧敷已经圆寂多年。

从现有资料可知，竺法汰至建康之前，竺僧敷已经名满京师，至少在竺法汰进瓦官寺之前，已经住于此寺了。竺法汰到瓦官寺后，与僧敷交流佛教义理，乐此不疲。竺法汰并说，与僧敷的交流使其不由得想起昔日与道安在一起的日子。从现有资料看，竺法汰在瓦官寺时期，瓦官寺在京师甚至整个东晋的统治区域内都有很大影响。《高僧传》中记载，道壹、昙一、道生等等，都是法汰的高足。

晋宋之际，瓦官寺又有释慧璩。根据《高僧传》卷一三记载："释慧璩，丹阳人，出家止瓦官寺。读览经论，涉猎书史，众技多闲，而尤善唱导，出语成章，动辞制作。临时采博，罄无不妙。"[①]入宋之后，慧璩颇得帝王宠信，大明末终于瓦官寺，年七十二。

史籍记载，瓦官寺有"三绝"，在佛教艺术史上具有很高的地位。

第一绝是有顾恺之所画维摩诘像。东晋时期僧人昙宗所撰《京师寺记》中记载，瓦官寺有顾恺之所画维摩诘像。唐代张彦远《历代名画记》卷五记载：

> 长康又曾于瓦棺寺北小殿，画维摩诘。画讫，光彩耀目数日。《京师寺记》云："兴宁中，瓦棺寺初置。僧众设会，请朝贤鸣刹注疏。其时，士大夫莫有过十万者。既至，长康直打刹注百万。长康素贫，众以为大言。后寺众请勾疏，长康曰宜备一壁，遂闭户往来一月余日。所画维摩诘一躯工毕，将欲点眸子，乃谓寺僧曰：'第一日观者请施十万，第二日可五万，第三日可任例责施。'及开户，光照一寺，施者填咽，俄而得百万钱。"

顾恺之所画维摩图，历唐至宋，幸然犹存，且有了由杜牧、苏颂请画工临摹的别本。裴孝源《贞观公私画史》："晋瓦官寺，有顾恺之、张僧繇画壁，在江宁。"叶梦得《建康集》卷一记载："地近中原怯早寒，一杯何处复追欢？同寻涧壑闲谁共？强逐风尘老自难。归梦孰知元有约？故情应得旧相看。闭关且示维摩病，图画他年付瓦官。世传顾恺之画维摩像，皆此间瓦官寺本也。"韩元吉《南涧稿》卷一五《崇胜戒坛记》记载说："顾长康曾于寺室手画金粟如来之像，号为神妙，吾得旧本，刊置壁间。"苏颂《苏魏公集》卷七二《题维摩像》说："顾生首创维摩诘像，有清

---

① 慧皎：《高僧传》卷一三，《大正藏》第50册，第416页上。

羸示病之容，隐几忘言之状。陆探微、张僧繇效之，终不及。至唐，寺废，杜紫薇牧之为池州刺史，过金陵，叹其将圮，募工拓写十余本，以遗好事者。其一乃汝阴太守某人也，不敢携去，至今置于州廨。”

第二绝是师子国所献玉像。《高僧传·释慧力传》记载，瓦官寺“又有师子国四尺二寸玉像，并皆在焉。昔师子国王闻晋孝武精于奉法，故遣沙门昙摩抑远献此佛。在道十余年，至义熙中乃达晋”[①]。

第三绝是一尊金佛像。《高僧传·释慧力传》记载：“司徒王谧尝入台，见东掖门口有寺，人掷樗戏，樗所著处，辄有光出。怪令掘之，得一金像，合光趺长七尺二寸。谧即启闻宋高祖，迎入台供养。宋景平末送出瓦官寺，今移龙光寺。”[②]

关于瓦官寺“三绝”，《梁书》卷五四《师子国传》记载：“晋义熙初，始遣献玉像，经十载乃至。像高四尺二寸，玉色洁润，形制殊特，殆非人工。此像历晋、宋世在瓦官寺，寺先有征士戴安道手制佛像五躯，及顾长康维摩画图，世人谓为三绝。至齐东昏，遂毁玉像，前截臂，次取身，为嬖妾潘贵妃作钗钏。”[③]玉像、金像毁于齐东昏君在位时期（498—501），而顾恺之的维摩诘像流传久远，对中国佛教艺术产生过巨大影响。

东晋时期，建康又有东安寺，在当时也有很大影响，但建于何时不能详知。唐初法琳《辩正论》中保存了两种含混的说法。此著卷三说：“晋司徒公王谧。谧见东掖寺门辄有金光烛地，因往掘之，得一金像，合光七尺，别起精舍，终身供养。又感瑞呈真，造东安寺。”[④]这一条前半段说，王谧发掘出一金像，供奉于瓦官寺内；后半段说，他又感得瑞相并“造东安寺”。

王谧（360—407）是王导之孙。生于晋穆帝升平四年（360），卒于安帝义熙三年（407），年四十八岁，属于东晋晚期人。若将此文所说“造”理解为初建佛寺，与《高僧传》等文献所说至少在东晋中期就有高僧在此寺活动等叙述不一致。而《辩正论》卷三又说，陈高祖武皇帝于永定二年（558）于扬州（今江苏南京）造东安寺，“复为家国，爰逮群生，于扬都治下造兴皇、天居等四寺，皆绣棋雕楹，文枭粉壁，三阶肃而宛转，千柱赫以玲珑，长表列于康衢，高门临于驰道，美音精舍，未或

① 慧皎：《高僧传》卷一三，《大正藏》第50册，第410页中。
② 慧皎：《高僧传》卷一三，《大正藏》第50册，第410页中。
③《梁书》卷五四。
④《大正藏》第52册，第505页上。

可俦,善德仁祠,讵能为比”[①]。将东安寺说成是陈武帝始修,肯定并非事实。将两种说法参照,可以大致推定,法琳所说的“造”实际上是指修缮扩建。

根据《高僧传·支道林传》记载:“至晋哀帝即位,频遣两使,征请出都,止东安寺,讲《道行般若》,白墨钦崇,朝野悦服。”[②]晋哀帝于升平五年(361)五月继位,兴宁三年(365)二月驾崩。而《世说新语·文学》记载:“支道林初从东出,住东安寺中。王长史宿构精理,并撰其才藻,往与支语,不大当对。王叙致作数百语,自谓是名理奇藻。支徐徐谓曰:‘身与君别多年,君义言了不长进。’王大惭而退。”[③]在东晋时期,支道林是名声最著的高僧之一,他到建康住于东安寺,一方面说明此寺在当时的建康地位较高;另一方面,寺以僧显,支道林住于此寺,此寺自然一时会成为朝野信众关注的中心。

慧持曾住于东安寺。《高僧传》卷六《慧持传》记载:“持有姑为尼,名道仪,住在江夏。仪闻京师盛于佛法,欲下观化。持乃送姑至都,止于东安寺。晋卫军琅琊王珣深相器重。时有西域沙门僧伽罗叉,善诵四含。珣请出《中阿含经》,持乃校阅文言,搜括详定。后还山。”[④]根据《出三藏记集》卷九记载,僧伽罗叉等以晋隆安元年(397)十一月十日,“于扬州丹阳郡建康县界,在其精舍,更出此《中阿含》。……至来二年戊戌之岁六月二十五日,草本始讫”[⑤]。从这一记载可知,慧持在建康数年,住于东安寺。

晋宋之际,东安寺有道渊,影响很大。《高僧传》卷七记载:“释道渊,姓寇。不知何许人,出家止京师东安寺。少持律捡,长习义宗,众经数论,靡不通达,而潜光隐德,世莫之知。后于东安寺开讲,剖析玄微,洞尽幽赜。使终古积滞,涣然冰解。于是学徒改观,翕然附德。”[⑥]道渊的弟子慧琳在南朝更是一名与政界交际甚广的名僧。

---

① 《大正藏》第52册,第503页中。

② 《大正藏》第50册,第348页下—349页上。

③ 《世说新语》中未写明王长史的名字,而《高僧传》卷四《支道林传》则说:“太原王蒙,宿构精理,撰其才词,往诣遁,作数百语。自谓遁莫能抗,遁乃徐曰:‘贫道与君别来多年,君语了不长进。’蒙惭而退焉。”而王蒙死于永和三年(347),“决不会于晋哀帝时代,去东安寺与支论战。再者,王蒙与支遁为神交,断然不会如此相互轻诋。查与支遁交往中可称为‘王长史’者,还有王胡之和王坦之。王胡之已死于永和五年。可见,去东安寺的‘王长史’,只能是王坦之”。(王晓毅:《支道林生平事迹考》,《中华佛学学报》1995年第8期。)

④ 《大正藏》第50册,第361页中。

⑤ 《大正藏》第55册,第364页上。

⑥ 《大正藏》第55册,第369页上。

鸠摩罗什弟子慧严也住于东安寺。《高僧传》卷七《慧严传》记载："释慧严，姓范，豫州人。年十二为诸生，博晓诗书，十六出家。又精炼佛理，迄甫立年，学洞群籍，风声四远，化洽殊邦。闻什公在关，复从受学，访正音义，多所异闻。后还京师，止东安寺。宋高祖素所知重。高祖后伐长安，要与同行。严曰：'檀越此行，虽伐罪吊民，贫道事外之人，不敢闻命。'帝苦要之，遂行。及文帝在位，情好尤密。"[①]慧严以宋元嘉二十年(443)卒于东安寺，春秋八十一。慧严在刘宋时期对宋武帝刘裕的佛教信仰影响甚大。

位于建康南郊的道场寺(又名斗场寺，大致在今南京雨花门外)，是东晋乃至南朝建康佛经翻译中心，地位显赫。道场寺的历史名声，奠定于法显西行归来曾经驻锡于此。在法显回到建康的前一年(412)，他在长安结识的中印度高僧佛陀跋陀罗及其大弟子慧观，已由东晋大将刘裕请到道场寺。接着，与法显在北天竺会过面的高僧宝云也来到道场寺。宝云曾经在国外钻研并掌握了印度的古文字梵文，这就为他的翻译佛经工作准备了良好的条件。法显在道场寺里大约住了五年，除了写成《佛国记》外，还翻译了佛经六部，共一百多万字。佛陀跋陀罗则和上百名中国僧人，从418年起在道场寺共同翻译出大部头的《华严经》。当时在道场寺，从佛陀跋陀罗和法显研习禅律、参与译事的，还有智严、慧观、宝云等人。

智严，凉州人。二十岁左右出家。为"博事名师，广求经诰"，西行至罽宾，入摩天陀罗精舍，从佛陀先比丘谘受禅法，后遇佛陀跋陀罗，相从求教，又请他来中国弘法，一同东归至后秦都长安，住大寺。后佛陀跋陀罗南下，智严亦离大寺另居别处，致力学修。东晋义熙十三年(417)，刘裕率兵伐长安，智严应邀至建康，先后住始兴寺、枳园寺，亦参与过道场寺译事。刘宋元嘉四年(427)，与宝云同译出《普曜经》《四天王经》《广博严净经》等。晚年又泛海至天竺，归国途中圆寂于罽宾，年七十八岁。

慧观(？—453)曾师事慧远，既而听说鸠摩罗什到了长安，又往问佛学。当时鸠摩罗什称赞他说："通情则生(道生)、融(道融)上首，精难则观(慧观)、肇(僧肇)第一。"[②]慧观跟随佛驼跋陀罗南下，辗转到建康，住道场寺。昙无谶的大本

① 《大正藏》第55册，第368页上。

② 慧皎：《高僧传》卷七《慧观传》，《大正藏》第50册，第367页中。

《涅槃经》传到建康，他参与慧严、谢灵运的修订工作，并著《辨宗论》《论顿悟惭悟义》等。他又立“二教五时”的教判，此是中国判教的嚆矢。

宝云(376—449)传为凉州(今甘肃武威)人，少年出家，精勤于学业。东晋隆安初年(397)，其远游西域诸国，遍学梵书，对“天竺诸国，音字诂训，悉皆备解”[①]；后还长安，依止佛驼跋陀罗治学；又随师南至建康道场寺，襄理译事，晚年住六合山寺。译有《新无量寿经》《佛所行赞》等。刘宋元嘉二十六年(449)圆寂，年七十四岁。

《高僧传·释智严传》记载：

> 晋义熙十三年，宋武帝西伐长安，克捷旋旆，涂出山东。时，始兴公王恢从驾游观山川，至严精舍，见其同止三僧，各坐绳床，禅思湛然。恢至，良久不觉，于是弹指，三人开眼，俄而还闭，问不与言。恢心敬其奇，访诸耆老，皆云：“此三僧隐居求志，高洁法师也。”恢即启宋武帝延请还都，莫肯行者。既屡请恳至，二人推严随行。恢怀道素笃，礼事甚殷。还都，即住始兴寺。严性爱虚靖，志避喧尘，恢乃为于东郊之际更起精舍，即枳园寺也。[②]

此中的始兴公王恢是王导之孙王嘏之子。根据《晋书》记载，晋明帝封王导为始兴郡王，王导长子王悦无子，“以弟恬子琨为嗣，袭导爵丹阳尹，卒，赠太常。子嘏嗣，尚鄱阳公主，历中领军、尚书。卒，子恢嗣，义熙末，为游击将军”[③]。从这一记载看，王恢于东晋末继承了王导的封号为始兴公。可惜，《晋书》《宋书》中都没有其传，而且《晋书》《宋书》中的相关记载并不一致。《晋书》又说王恢是王劭的儿子。王劭为王导的五子。《晋书·王劭传》又记载：王劭有三子——穆、默、恢。“穆，临海太守。默，吴国内史，加二千石。恢，右卫将军。”而《宋书》记载，王嘏，“字伟世，侍中、左户尚书、始兴公。嘏子偃”。王偃有兄为王恢，“偃，字子游，母晋孝武帝女鄱阳公主。宋受禅，封永成君。偃尚宋武帝第二女吴兴长公主，讳荣男。常倮偃缚诸庭树，时天夜雪，噤冻久之。偃兄恢排阁诟主，乃免”。王偃有兄为王恢，似乎在刘宋时期很有地位，能够帮助其弟纾解与公主的婚姻困境。推测

---

① 慧皎：《高僧传》卷三《宝云传》，《大正藏》第50册，第339页中。

② 《大正藏》第50册，第339页中。

③ 《晋书》卷六五，《王劭传》，中华书局，1974年。

言之，王恢即是王导的重孙。关于上述记载，《宋书》的记载可信度大一些，因为始兴公的封号是在王导嫡长子一系继承的，而《宋书》的记载符合这一要义。

智严于东晋义熙十三年(417)受始兴公王恢的邀请，到达建康，住于始兴寺。可见，此寺早已经存在，建立的时间是在东晋中后期。尤其是《出三藏记集》卷一五《道生传》记载说，道生“随法不惮崄远，遂与始兴慧叡、东安慧严、道场慧观，同往长安，从罗什受学。关中僧众，咸称其秀悟。义熙五年，还都因停京师。游学积年，备总经论”[①]。慧叡住始兴寺未见于其他资料，而且《高僧传·竺道生传》在叙述这一事实时，省略了慧叡等僧的住寺。而这四位僧人的出发地点是庐山。《高僧传》卷七《慧叡传》记载，慧叡“后还憩庐山，俄又入关，从什公谘禀，后适京师，止乌衣寺，讲说众经，皆思彻言表，理契环中”[②]。僧传中称其为“宋京师乌衣寺释慧叡”，而《高僧传》卷七《慧严传》记载，慧严“闻什公在关，复从受学。访正音义，多所异闻。后还京师，止东安寺”[③]。从这一记载看，慧严因为长期住于东安寺而被《出三藏记集》称为“东安慧严”。因此，可以推测，慧叡初至建康是住于始兴寺的，而慧叡至建康是在东晋义熙末年。

从始兴寺的寺额等资料推测，此寺应该是王氏家族的“家庙”，而始兴公王恢为智严另外修建枳园寺，则有很大可能是在东晋末年。根据《宋书·武帝纪》记载，宋武帝登基之后，下诏：“可降始兴公封始兴县公，庐陵公封柴桑县公，各千户；始安公封荔浦县侯，长沙公封醴陵县侯，康乐公可即封县侯，各五百户：以奉晋故丞相王导、太傅谢安、大将军温峤、大司马陶侃、车骑将军谢玄之祀。”[④]这是对于前朝遗臣表示尊重，因为不久，刘宋王朝就有了自己的始兴王。大致可断定，枳园寺是在晋宋之际初建的。

尤其须注意的是，《比丘尼传》记载，东晋时期，建康新建尼寺四所——北永安寺、延兴寺、新林寺、简静寺，以此四寺为基地，实际上形成了一个比丘尼僧团。

建康也有一座称之为白马寺的佛寺。根据《法苑珠林》卷三九记载：“白马寺，在建康中黄里。太兴二年，晋中宗元皇帝起造。”[⑤]依据此说，建康白马寺于东晋大兴二年(319)由司马睿下令修建。如此，此寺则是东晋建立后较早建设的

---

① 《大正藏》第55册，第110页下。
② 《大正藏》第50册，第367页中。
③ 《大正藏》第50册，第367页中。
④ 《宋书》卷一，中华书局，1974年。
⑤ 道世：《法苑珠林》卷三九，《大正藏》第53册，第594页下。

寺院。

建康白马寺，史著中常常引用的是有关支道林的文献。《高僧传·支道林传》记载：“遁常在白马寺，与刘系之等谈《庄子·逍遥篇》，云各适性以为逍遥。遁曰：‘不然。夫桀跖以残害为性。若适性为得者，彼亦逍遥矣。’于是退而注《逍遥篇》，群儒旧学莫不叹伏。”①而《世说新语·文学》有记载：“《庄子·逍遥篇》，旧是难处。诸名贤所可钻味，而不能拔理于郭、向之外。支道林在白马寺中，将冯太常共语，因及《逍遥》，支卓然标新理于二家之表，立异义于众贤之外，皆是诸名贤寻味之所不得。后遂用支理。”②学者通过对刘系之、荀纳、冯怀的生平事迹考证得出，支道林在白马寺与冯太常讨论《庄子·逍遥篇》的时间大致在成帝咸康四年(338)冬十月至第二年三月之间。可见，支道林住于建康白马寺的时间就在此前。《法苑珠林》卷一八引用《冥祥记》的记载，东晋时期，白马寺曾发生火灾。其文说：“晋谢敷，字庆绪，会稽山阴人也，镇军将军辅之兄子也。少有高操，隐于东山，笃信大法，精勤不倦。手写《首楞严经》，当在都白马寺中，寺为灾所延，什物余经并成煨烬，而此经止烧纸头界外而已，文字悉存，无所毁失。”③谢敷与支道林、郗超等都有交往，此事发生于谢敷死后，因而白马寺火灾应该在隆安年之后。

《高僧传·释法平传》又记载，法平兄弟曾经在白马寺拜师。其文说：“释法平，姓康，康居人，寓居建业。与弟法等俱出家，止白马寺，为昙钥弟子，共传师业，响韵清雅，运转无方，后兄弟同移祇洹。弟貌小丑而声逾于兄。宋大将军于东府设斋，一往，以貌轻之，及闻披卷三契，便扼腕神服。”此中的宋大将军是指刘裕。释法平、法等都以元嘉末年卒，可见二者是晋末宋初的僧人。二僧之师昙钥，《高僧传》卷一三有传，孝武帝登基未久，昙钥被敕请到建康驻锡于建初寺，八十一岁时圆寂于所住建初寺。可见，他除驻锡于建初寺之外，也曾经驻锡过白马寺。

关于高座寺的修建，《高僧传》卷一《帛尸梨蜜多罗传》记载：“密常在石子冈东，行头陀。既卒，因葬于此。成帝怀其风，为树刹冢所。后有关右沙门来游京师，乃于冢处起寺。陈郡谢混赞成其业。追旌往事，仍曰高座寺也。”④对此，《世说新语》刘孝标注引昙宗《塔寺记》的记载说：“尸梨密冢曰高坐，在石子冈。常行

---

① 《大正藏》第50册，第348页中。

② 刘庆义：《世说新语》卷上。

③ 道世：《法苑珠林》卷一八，《大正藏》第53册，第418页上。

④ 《大正藏》第50册，第328页上。此中，“谢混”，《大正藏》本作谢鲲。谢鲲死于太宁元年(323)，显系帛尸梨蜜多罗圆寂之前。应从宋元诸本藏经。

头陀，卒于梅冈，即葬焉。晋元帝于冢边立寺，因名高坐。”对照可知，刘注所说晋元帝显然错误，而现今著作中认定此寺为晋成帝所修建，恐怕也不一定确切。依照《高僧传》的记载，帛尸梨蜜多罗于咸康年间圆寂，被葬于其生前行头陀行之地——石子冈，晋成帝于其地竖立塔刹。此塔刹相当于灵塔一类。后来，从关右来的沙门于其冢处起寺，谢混襄赞其事，成为高座寺。

谢混（？—412），字叔源，小字益寿。陈郡阳夏（今河南太康）人。谢安之孙，谢灵运之族叔。历任中书令、中领军、尚书左仆射，因与刘毅关系密切，晋安帝义熙八年（412）为刘裕所杀。高座寺的所在——建康石子冈，三国孙吴时期以来是乱葬之所。据《三国志·吴志·妃嫔传》，孙峻杀朱主，埋于石子冈；《三国志·吴志·诸葛恪传》记载，孙峻杀诸葛恪，以苇席裹尸投于此冈。又据《搜神记》卷二“石子冈”条说，其地“冢墓相亚，不可识别”。谢鲲死后就葬于石子冈。谢混是谢安的孙子，而谢鲲是谢安的伯父，因此，谢混助修此寺大概与此有关。如果“关右沙门”起寺的时间与谢混襄助没有时间间隔的话，谢混属于东晋末期之人，此寺的修建时间就不会是成帝时期了。谢混属于东晋末期之人，经过在《高僧传》等早期文献中检索，没有发现早于晋末的高座寺僧人。查阅文献可知，高座寺在南朝时期很受重视，甚至在唐宋时期依然如此，但在东晋时期应该是京城一座普通的佛寺。

现今可知，建康城中东晋寺院还有安乐寺、崇明寺。此寺相传为曾任左卫将军的王坦之舍园所建。据《高僧传》记载，沙门释慧受于东晋兴宁中（363—365）游历京师，行经王坦之园时梦于园中立寺，坦之遂喜而舍园为安乐寺。关于崇明寺，《高僧传》卷一四《释僧慧传》中有明确记载：“释僧慧，未知何人，少来好修福业。晋义熙中，共长安人行长生，立寺于京师破坞村中。始迁域其处，起草屋数间，便集僧设斋。至中夜，堂内两灯忽自然行进，前数十步，油纂如故，无所倾覆。大众惊嗟，访诸耆老，咸言：‘灯所移处，是昔时外国道人起塔之基。’于是就共修立，以灯移表瑞，因号崇明寺焉。”[①]崇明寺初修于义熙年间，僧慧在刘宋时期仍然驻锡此寺。

建康有青园寺，因竺道生曾经住过而著名。《高僧传》卷七《竺道生传》记载，竺道生从长安鸠摩罗什门下归来，“还都，止青园寺。寺是晋恭思皇后褚氏所立，本种青处，因以为名”[②]。此寺在刘宋时期，改寺名为龙光。南朝时期，此寺在建

---

① 《大正藏》第 50 册，第 410 页中—下。

② 《大正藏》第 50 册，第 366 页下。

康地位颇高。

建康钟山于东晋时期也新建有佛寺。从西晋时期，特别是东晋时期，建康佛教发展的形势观之，迟至东晋义熙年间钟山始有佛寺，不大可能是事实。但以现存资料只能追溯至此。关于延贤寺的建造，《高僧传》卷一三记载：

> 释法意，江左人。好营福业，起五十三寺。晋义熙中，钟山祭酒朱应子，先是孙恩建义之党，窜居此山，分其外地少许，与意为寺，号曰延贤寺。后杯度去来此寺，云："此处寻有诸变。"后时当好，地对天堂，易为福业。俄为野火所烧。后齐谐及张寅等，借杯度之旨，语在《度传》，乃与意共行山地，更欲修立，而无水不可住。意惟杯度之言，乃竭诚礼忏，乞西方池水。经于三日，恳恻弥至，忽闻空中有声，扑然着地。意恐是金帛，试令人掘，入二尺许，泫然清流，遂成涧不绝。于是立寺。意后不知所终。①

从上引文字可知，此寺初建于东晋义熙年间，不久被大火所烧。至于重建之日，依据《高僧传》卷一《杯度传》可知，在元嘉五年(428)之后。《高僧传·杯度传》说，杯度于元嘉三年(426)九月"辞谐入京，留一万钱物寄谐，倩为营斋。于是别去，行至赤山湖，患痢而死。谐即为营斋，并接尸还葬建业之覆舟山"。"又有杜僧哀者，住在南冈下。昔经伏事杯度，儿病甚笃，乃思念，恨不得度，练神咒。明日忽见度来，言语如常，即为咒，病者便愈。至五年三月八日，度复来齐谐家，吕道慧闻人怛之。杜天期、水丘熙等并共见，皆大惊，即起礼拜度。语众人言：'年当大凶，可勤修福业。法意道人甚有德，可往就其修立故寺，以禳灾祸也。'须臾，闻上有一僧唤度，度便辞去，云：'贫道当向交广之间，不复来也。'齐谐等拜送殷勤，于是绝迹。"②这一记载，尽管仅仅是传闻，内容显得荒诞，但从中透露的延贤寺重修的时间及发愿参与者等信息是难得的。

作为东晋的政治、文化、经济中心，东晋时期，佛教兴盛的建康具有强烈的辐射性，与长江中游的荆湘、庐山佛教以及三吴佛教构成一个互相激扬、并行发展的大好局面。

---

① 《大正藏》第50册，第411页上—中。

② 《大正藏》第50册，第392页上。

第三节

东晋时期建康的佛教译经

东晋的佛典翻译成就很大，并且也获得了朝廷和士大夫大力支持。尽管与这一时期北方出现的鸠摩罗什大师的翻译成就相比，东晋时期南方的佛典翻译有点黯然失色，但是，这一时期，在建康和庐山还是翻译出了在当时引起轰动且对中国佛教的发展产生重大影响的几部佛典。六十卷《华严经》、《涅槃经》、“毗昙类”经典以及律本的传译，都是中国佛教发展史上划时代的成就。

关于东晋时期译者，《历代三宝纪》卷七总结说：“自元皇建武元年丁丑创都，至恭帝元熙元年己未禅宋，其间一百四载，华戎道俗二十七人，而所出经并旧失译，合二百六十三部五百八十五卷。”[①]《开元释教录》卷三则说：“东晋司马氏都建康（亦云南晋），从元帝建武元年丁丑至恭帝元熙二年庚申，凡一十一帝一百四年，缁素十六人，所译经律论并新旧集失译诸经总一百六十八部四百六十八卷，八十五部三百三十六卷见在，八十三部一百三十二卷阙本。”[②]在译者总数方面有差别，主要原因在于费长房列入了沙门康法邃、释慧远、释僧敷、释昙诜、沙门支遁、沙门竺僧度、释道祖、沙门支愍度、沙门康法畅、沙门竺法济、释昙微等十一位严格地讲应该属于助译者或者注释者于其中。而沙门帛尸梨蜜多罗、沙门支道根、沙门竺昙无兰、沙门瞿昙僧伽提婆、沙门迦留陀伽、沙门康道和、康法邃、沙门佛陀跋陀罗、沙门昙摩、沙门卑摩罗叉、沙门释法显、沙门祇多蜜、居士竺难提、沙门竺法力、沙门释嵩公、沙门释退公、沙门释法勇等十七人才是东晋公认的佛典翻译者。这十七人中，鉴于法显西行求法的特殊影响，其翻译成就一并置于后文专论法显时叙述，居士竺难提属于晋宋之际的译者，也置于刘宋时期再论。在此，仅将其余十五位的翻译成就做些叙述。如前文所交代的，如沙门瞿昙僧伽提婆、沙门佛陀跋陀罗等在北方时期也曾经翻译过佛典，上文叙述十六国时期的佛典翻译时未曾叙述，在此一并叙述之。

---

① 费长房：《历代三宝纪》卷七，《大正藏》第49册，第68页下。

② 智昇：《开元释教录》卷三，《大正藏》第55册，第502页下。

一 帛尸梨蜜、支道根的佛典翻译

帛尸梨蜜，西域人，时人呼之为“高座”。他于东晋初至建康，很得士人的尊敬，成为东晋初期谈玄的重要人物之一。《出三藏记集》和《高僧传》都有传，内容大致相同。

当时有传说，说他是国王之子，“当承继世，而以国让弟，暗轨太伯，既而悟心天启，遂为沙门。蜜天资高朗，风骨迈举，直尔对之，便卓出于物”①。从“帛尸梨密”的称呼推测，他是龟兹人。

帛尸梨蜜于永嘉年(308—313)中来到建康，“止建初寺。丞相王导一见而奇之，以为吾之徒也。由是名显，太尉庾元冰、光禄周伯仁、太常谢幼玙、廷尉桓茂伦，皆一代名士，见之终日累叹，披衿致契”②。从文中的表述看，他到达建康数年之后，司马睿在江南建立政权，此后，因为获得当时最有权势的王导的赏识，很快获得东晋士人的推崇。现存文献中记载了数十位名士重臣对其赞赏有加。传文中说：“周颉为仆射，领选临入，过视蜜，乃抚背而叹：‘若使太平世，尽得选此贤辈，真令人无恨。’俄而颉遇害。蜜往省其孤，对坐作胡呗三契，梵响凌云；诵咒数千言，声高韵畅，颜容不变。既而挥涕拭泪，神气自若。其哀乐废兴，皆此类也。”③此事一方面表明，他精通佛教的梵呗和诵咒；另一方面表明，他的表现合乎中土玄谈人士的作风。然而，他又有高深莫测的一面，“蜜性高简，不学晋语，诸公与之语言，蜜因传译。然而神领意得，顿尽言前，莫不叹其自然天拔，悟得非常。蜜善持咒术，所向皆验”④。

关于帛尸梨蜜的译籍，《出三藏记集》著录了两部，即《大孔雀王神咒》一卷、《孔雀王杂神咒》一卷，并且说是晋元帝时所翻译。⑤ 然现存《灌顶经》九卷，从费长房开始标注为帛尸梨蜜翻译。《历代三宝纪》卷七：“《灌顶经》九卷，见《杂录》。”⑥《开元释教录》卷三著录说：“《大灌顶经》十二卷，或无‘大’字。《录》云九

---

① 僧祐：《出三藏记集》卷一三，《大正藏》第55册，第98页下。
② 僧祐：《出三藏记集》卷一三，《大正藏》第55册，第98页下。
③ 僧祐：《出三藏记集》卷一三，《大正藏》第55册，第99页上。
④ 僧祐：《出三藏记集》卷一三，《大正藏》第55册，第99页上。
⑤ 参见僧祐：《出三藏记集》卷二，《大正藏》第55册，第10页上。
⑥ 费长房：《历代三宝纪》卷七，《大正藏》第49册，第69页上。

卷,未详。房云见《杂录》。”[1]现在藏经中的是十二卷,从智昇所说来看,他所见的已经是十二卷本。

值得注意的是,僧祐在《出三藏记集》卷四《新集续撰失译杂经录》著录了十一部经,其名为:《灌顶七万二千神王护比丘咒经》一卷、《灌顶十二万神王护比丘尼咒经》一卷、《灌顶三归五戒带佩护身咒经》一卷、《灌顶百结神王护身咒经》一卷、《灌顶宫宅神王守镇左右咒经》一卷、《灌顶冢墓因缘四方神咒经》一卷、《灌顶伏魔封印大神咒经》一卷、《灌顶摩尼罗亶大神咒经》一卷、《灌顶召五方龙王摄疫毒神咒经》一卷、《灌顶梵天神策经》一卷、《灌顶普广经》一卷。此后有一说明:

> 本名《普广菩萨经》或名《灌顶随愿往生十方净土经》,凡十一经,从《七万二千神王咒》至《召五方龙王咒》凡九经,是旧集《灌顶》,总名《大灌顶经》,从《梵天神策》及《普广经》《拔除过罪经》凡三卷,是后人所集,足《大灌顶》为十二卷,其《拔除过罪经》一卷,摘入疑经录中,故不两载。[2]

从这一叙述可知,僧祐看到了九部被集成而总名《大灌顶经》的佛典,但仍然将其单独著录。此外,还有三经三卷,僧祐认为是后人所集。两种合起来即成十二卷《大灌顶经》。从僧祐编集此书的过程看,这一著录是他从收集到的经本中得来的,原写本未署译者名,因而僧祐将其归入失译录中。此后隋代法经则将《大灌顶经》九卷和其他几种分别著录。[3]

从以上叙述可知,《大灌顶经》九卷本久已存在,十二卷本则可能晚出。特别是,僧祐曾指出:“《灌顶经》一卷,一名《药师琉璃光经》,或名《灌顶拔除过罪生死得度经》。右一部,宋孝武帝,大明元年,秣陵鹿野寺比丘慧简依经抄撰。此经后有续命法,所以遍行于世。”[4]僧祐说,《拔除过罪经》是由比丘慧简于宋大明元年(457)从某种经中抄出改编的,此经后面部分“续命法”,因而在当时单独流行。

僧传记载,帛尸梨蜜于成帝咸康年(335—343)中卒,八十多岁。

史籍中提及帛尸梨蜜有一位弟子,法号觅历。梁僧祐《出三藏记集》卷一三

---

① 智昇:《开元释教录》卷三,《大正藏》第55册,第503页上。

② 僧祐:《出三藏记集》卷四,《大正藏》第55册,第31页中。

③ 参见法经:《众经目录》卷一、卷二。

④ 僧祐:《出三藏记集》卷五,《大正藏》第55册,第39页上。

《帛尸梨蜜传》说他“又授弟子觅历高声梵呗，传响于今”。[①] 同书卷一二则记载曾经有《觅历高声梵记》的文章，并说：“呗出《须赖经》。”[②]慧皎在《高僧传》卷一三《经师篇》的论赞中说：“爰至晋世，有高座法师，初传觅历，今之行地印文即其法也。”[③]可见，帛尸梨蜜所传的梵呗至梁代还在流行。同书卷五又著录：“觅历所传《大比丘尼戒》一卷，阙。”[④]同书卷一一载文对此批评说：“而戒是觅历所出寻之殊，不似圣人所制法。汰、道林声鼓而正之，可谓匡法之栋梁也。”[⑤]而隋法经《众经目录》卷五则得知：“《比丘尼戒本》一卷，此尸梨蜜弟子觅历所传。诸录皆疑，故附伪。”[⑥]可见，作为帛尸梨蜜的弟子，觅历曾经在律本中摘抄出一部《大比丘尼戒》。

关于支道根的材料很少。费长房依照竺道祖《晋世杂录》而著录，智昇沿袭之。《开元释教录》卷三：

> 《阿閦佛刹诸菩萨学成品经》二卷，太康年出，第二译。与汉支谶译者，大同小异。见竺道祖《晋世杂录》。
>
> 《方等法华经》五卷，咸康元年译。见竺道祖《晋世杂录》，第四出，与法护《正法华》等同本。
>
> 右二部七卷其本并阙。沙门支道根，履味游方，怀道利物，以成帝咸康元年乙未译《阿閦佛刹》等经二部。长房等《录》并云《阿閦佛经》太康年译，其太康年在西晋武帝代，与咸康相去向六十年，同是一人两朝出经者，恐时太悬也。此应传写差误，多是咸康耳。[⑦]

依据这些材料可知，支道根曾经在东晋咸康元年（335）翻译出《阿閦佛刹诸菩萨学成品经》二卷、《方等法华经》五卷两部佛经。

---

① 僧祐：《出三藏记集》卷一三，《大正藏》第55册，第99页上。
② 僧祐：《出三藏记集》卷一二，《大正藏》第55册，第92页中。
③ 慧皎：《高僧传》卷一三，《大正藏》第50册，第415页中—下。
④ 僧祐：《出三藏记集》卷五，《大正藏》第55册，第38页下。
⑤ 僧祐：《出三藏记集》卷一一，《大正藏》第55册，第81页中。
⑥ 法经：《众经目录》卷五，《大正藏》第55册，第141页上。
⑦ 智昇：《开元释教录》卷三，《大正藏》第55册，第503页中。

二 昙无兰、迦留陀伽、康道和的佛典翻译

从隋唐经录著录归于其名下的译籍来看，昙无兰属于整个东晋时期翻译佛典较多的僧人之一。关于昙无兰的生平却所知有限，从经录所记载的竺昙无兰的名号及其所行事推知，他来自天竺，在孝武帝时期在建康翻译了几十种佛典。《出三藏记集》卷一一所收载的竺昙无兰撰《大比丘二百六十戒三部合异序》是有关昙无兰的珍贵文献，从中可以窥知其人其学修之梗概。其文说：

> 兰自染化，务以戒律为意。昔在于庐山中竺僧舒许得戒一部，持之自随。近二十年，每一寻省，恨文质重。会昙摩侍所出戒，规矩与同，然侍戒众多，施有百一十事，尔为戒有二百六十也。释法师问侍。侍言："我从持律，许口受一一记之。莫知其故也。"……余因闲暇，为之三部合异，粗断起尽，以二百六十戒为本，二百五十者为子。以前出常行戒全句系之于事末，而亦有永乖不相似者，有以一为二者，有以三为一者。余复分合，令事相从。然此二戒，或能分句失旨，贤才聪叡，若有揽者，加思为定，恕余不逮。[①]

这篇序文中还涉及几种律本的若干差别，引文从略。归纳上述引文，可得如下要点。

其一，昙无兰出家后特别注意戒律问题，常常收集律本。他曾经在庐山从"竺僧舒"处获得一部戒律律本，依照当时的惯例，持此法号者或者是天竺僧人，或者其师是天竺僧人。无论如何，此律本应该是梵文。可举一例作旁证。竺法汰撰《比丘尼戒本所出本末序》一文说："吾昔得《大露精比丘尼戒》，而错得其药方一柙，持之自随二十余年，无人传译。近欲参出，殊非尼戒，方知不相开通，至于此也。"[②]这是说，他昔日曾经从某处获得一部时人说之为《大露精比丘尼戒》的"外文"律本，一直保存二十年，无从翻译。近日想请人翻译，经人阅读方知是"药方一柙"。而上文的昙无兰所获律本，二十年"每一寻省"云云，如果是汉语且与昙摩特本接近，昙无兰不拿出流通而等待昙摩特的译本出来再来合校，于情理

① 僧祐：《出三藏记集》卷一一，《大正藏》第55册，第80页下—81页上。
② 僧祐：《出三藏记集》卷一一，《大正藏》第55册，第80页上。

不合。

其二，文中说的昙摩侍也称昙摩特，他于前秦建元十五年(379)在长安翻译出《比丘大戒》一卷。文中的“释法师”就是释道安。从此文叙述中推出所谓“三部合异”中的两部，一部是自己从天竺僧人处得到的律本，一种是昙摩侍所翻译出的《比丘大戒》，第三种不明，也许是竺法汰所删改过的昙摩侍译本。文中说：“而此戒来至扬州，汰法师嫌文质重，有所删削。此是其本未措手，向质重者也。”[①]这三本中，第一本一定是梵文，所以，昙无兰编订此本的过程有一定的翻译属性，至少是现代意义上的“校译”。

其三，在合校工作完成后，“比丘僧祥定后，后从长安复持本来，更得重挍。时有损益，最为定”[②]。可见，昙无兰的严谨态度是一贯的。

其四，此文最后一段说：“晋泰元六年岁在辛巳六月二十五日，比丘竺昙无兰，在扬州丹阳郡建康县堺谢镇西寺，合此三戒，到七月十八日讫。故记之。”[③]由此文的写作时间太元六年(381)上推二十年则为东晋升平五年(361)，此时前后，昙无兰在庐山且从同在庐山的竺僧舒处获得梵文律本。这可说明，昙无兰至迟在此年之前已经来到中土。隋唐经录著录于他名下的译籍有百部之多，在东晋朝是罕见的。这也许不是空穴来风。

对于隋唐经录著录的如此众多的昙无兰译籍，现代学者之所以怀疑者众，主要是因为僧祐仅仅著录了昙无兰译籍二种。《出三藏记集》卷二记载：

> 《三十七品经》一卷，晋太元二十年岁在丙申六月出。
>
> 《贤劫千佛名经》一卷。
>
> 右二部，凡二卷。晋孝武帝时，天竺沙门竺昙无兰，在扬州谢镇西寺撰出。[④]

这一记载有一错误。太元二十年(395)不是丙申年。关于《三十七品经》，僧祐自己编的书中就载有昙无兰自己写的序文。序文先介绍了三十七品的内容，文后

---

① 僧祐：《出三藏记集》卷一一，《大正藏》第55册，第81页中。
② 僧祐：《出三藏记集》卷一一，《大正藏》第55册，第81页上。依元明藏本。
③ 僧祐：《出三藏记集》卷一一，《大正藏》第55册，第81页中。
④ 僧祐：《出三藏记集》卷二，《大正藏》第55册，第10页中。

则说:“序二百六十五字,本二千六百八十五字,子二千九百七十字,凡五千九百二字,除后六行八十字不在计中。晋泰元二十一年岁在丙申六月,沙门竺昙无兰在扬州谢镇西寺撰。”①可见,上述年代也许是传抄错误,但隋唐经录都沿袭了错误。另外,《三十七品经》久逸,但2008年从敦煌遗书中发现了抄本,现存于南京博物院。②

隋代费长房在《历代三宝纪》卷七说:“右一百一十部合一百一十二卷,孝武帝世,西域沙门竺昙无兰,晋言法正,于扬都谢镇西寺。兰取世要、略大部出。唯二经是僧祐《录》载,自余杂见《别录》。虽并有正本,既复别行,故悉列之,示有所据。”③费长房在此除列出昙无兰译籍的总数和依据之外,还解释了昙无兰的习惯做法及“取世要、略大部”,也就是从中土的信仰、修行出发,取最急需而篇幅不大的经籍去翻译,因此,其部数大多仅一部是二卷,其余均是一卷本。

智昇在《开元释教录》卷三中对费长房的说法做了修正。他说:

> 沙门竺昙无兰,晋云法正,西域人也。以孝武帝太元六年辛巳至太元二十年乙未,于扬都谢镇西寺译《采莲违王》等经六十一部。见长房《录》。又长房等《录》更有四十八经,亦云法正所译,今以并是别生抄经,或是疑伪,故并删之。④

智昇所说的昙无兰翻译佛典时间有误,应该是从太元六年(381)至太元二十一年(396)。智昇发现了《出三藏记集》的干支与年号纪年不符,但未核对昙无兰的原文,所以也改错了。应该特别指出,如前文所指出的,昙无兰来中土时间相当长,圆寂时间也未见记载,而经录所记载的他翻译活动的起止时间可能是以现存的昙无兰的两篇序文界定的。总之,太元六年(381)不一定是他开始翻译的时间,太元二十一年(396)也不一定是他结束翻译活动的时间,因此,隋唐经录记载的

---

① 僧祐:《出三藏记集》卷一,《大正藏》第55册,第70页下。
② 根据报道,方广锠先生说,《佛说三十七品写经卷》上写有两篇经文,后一篇是《三十七品经》,前一部还在研究当中。卷上写的《三十七品经》是一部小经,143行半,讲了37种佛教徒修行的行为规范,是告诉佛教徒修炼的方法和道路。方先生认为这件文物是东晋写经。(参见《失传1200年佛经重现南博 三十七品经首次曝光》,《扬子晚报》2008年1月23日。)
③ 费长房:《历代三宝纪》卷七,《大正藏》第49册,第70页中。
④ 智昇:《开元释教录》卷三,《大正藏》第55册,第504页中。

昙无兰的译籍数量不见得就是虚构。

昙无兰的译籍中，智昇看到且现存的二十四部二十四卷[①]，名称如下：

《采莲违王上佛授决号妙华经》一卷、《陀邻尼钵经》一卷、《摩尼罗亶经》一卷、《玄师飏陀所说神咒经》一卷、《云幻王飏陀经》一卷、《寂志果经》一卷、《铁城泥梨经》一卷、《阿耨风经》一卷、《梵志频罗延问种尊经》一卷、《泥犁经》一卷、《戒德香经》一卷、《四泥黎经》一卷、《国王不犁先尼十梦经》一卷、《水沫所漂经》一卷、《玉耶经》一卷、《五苦章句经》一卷、《自爱经》一卷、《中心经》一卷、《见正经》一卷、《大鱼事经》一卷、《阿难七梦经》一卷、《呵雕阿那含经》一卷、《新岁经》一卷、《比丘听施经》一卷、《佛般泥洹摩诃迦叶赴佛经》一卷。

此外，还有一种是智昇未见因而未能收入藏经，然保存于敦煌文献中的《三十七品经》一卷。

太元年间，外国沙门迦留陀伽也曾经翻译过佛典。《历代三宝纪》卷七记载："《十二游经》一卷，第二出，与强梁译者小异。右一卷，孝武帝世，外国沙门迦留陀伽，晋言时永，太元十七年译。见竺道祖《晋世杂录》及宝唱《录》。"[②]智昇沿袭了这一著录。此经现存。

太元年间，外国沙门康道和也曾经翻译过佛典。《历代三宝纪》卷七记载："《益意经》三卷，第二出。右一部合三卷，孝武帝世，沙门康道和太元末译，见竺道祖《晋世杂录》。"[③]《开元释教录》卷三沿袭这一著录，并说是太元二十一年(396)译。[④] 此经现已不存。

三 僧伽提婆的佛典翻译

僧伽提婆是中国佛教史上重要的翻译家之一。在东晋时期，他由北到南，先在长安，后至庐山，最后在建康，于三地翻译佛典。他精通毗昙学，对毗昙学在中国的传播做出了重大贡献。

---

① 智昇：《开元释教录》卷三，《大正藏》第 55 册，第 503 页中—504 页中。
② 费长房：《历代三宝纪》卷七，《大正藏》第 49 册，第 70 页中—下。
③ 费长房：《历代三宝纪》卷七，《大正藏》第 49 册，第 70 页中。
④ 参见智昇：《开元释教录》卷三，《大正藏》第 55 册，第 505 页中。

僧伽提婆，意译为“众天”，罽宾（今克什米尔地区）人，俗姓瞿昙。出家后，笃志好学。梁慧皎《高僧传》卷一《晋庐山僧伽提婆传》说他“入道修学，远求明师，学通三藏，尤善《阿毗昙心》，洞其纤旨。常诵《三法度论》，昼夜嗟味，以为入道之府也”①。这说明僧伽提婆不仅精通三藏，而且对“毗昙学”有精深的研究。

关于僧伽提婆到达长安的时间，《出三藏记集・僧伽提婆传》和《高僧传・僧伽提婆传》史籍记载得很模糊，然释道安撰《阿毗昙序》明确说：“建元十九年，罽宾沙门僧迦禘婆，诵此经甚利，来诣长安。”②于建元十九年（383）四月二十日至十月二十三日翻译出《阿毗昙八揵度》。《出三藏记集・婆须蜜集序》记载，秦建元二十年（384）翻译《婆须蜜》之时，“佛念译传，跋澄、难陀、提婆三人执胡本，慧嵩笔受，以三月五日出，至七月十三日乃讫”③。由此可知，僧伽提婆在长安时期已经从事翻译活动。淝水之战后，关中大乱。“后山东清平，提婆乃与冀州沙门法和俱适洛阳，四五年间，研讲前经。居华岁积，转明汉语，方知先所出经，多有乖失。法和叹恨未定，重请译改，乃更出《阿毗昙》及《广说》；先出众经，渐改定焉。顷之，姚兴王秦，法事甚盛，于是法和入关。而提婆渡江。先是庐山慧远法师，翘勤妙典，广集经藏，虚心侧席，延望远宾，闻其至止，即请入庐岳。以太元十六年，请译《阿毗昙心》及《三法度》等经。”④《出三藏记集》的叙述有错误，姚兴称秦王是在东晋太元十八年（393），而如引文所叙述，僧伽提婆于太元十六年（391）就受庐山慧远的邀请到达庐山，翻译《阿毗昙心》及《三法度》等。而此时前秦的统治者是姚苌。从文中语气推测，僧伽提婆可能是早于法和离开洛阳的。而从太元十六年（391）逆推，僧伽提婆和法和离开长安到达洛阳的时间是在太元十一年（386），即道安圆寂的第二年。

从太元十六年（391）开始，僧伽提婆在庐山停留了五六年，“乃于波若台，手执胡本，口宣晋言，去华存实，务尽义本”⑤，完成了《阿毗昙心论》及《三法度论》的翻译。

东晋至隆安元年（397），僧伽提婆“游于京师。晋朝王公及风流名士，莫不造席致敬。时卫军东亭侯王珣，雅有信慧，住持正法，建立精舍，广招学众。提婆至止，

---

① 慧皎：《高僧传》卷一，《大正藏》第50册，第328页下。
② 僧祐：《出三藏记集》卷一，《大正藏》第55册，第72页上。
③ 僧祐：《出三藏记集》卷一，《大正藏》第55册，第71页下—72页上。
④ 僧祐：《出三藏记集》卷一三，《大正藏》第55册，第99页下。
⑤ 僧祐：《出三藏记集》卷一三，《大正藏》第55册，第99页下。

珣即迎请，仍于其舍讲《阿毗昙》，名僧毕集，提婆宗致既精，辞旨明析，振发义奥，众咸悦悟”[①]。当时庐山与建康佛教的联系密切，大概僧伽提婆在庐山的表现已经引起京城僧俗两界的注意，所以他一到建康，即引起了京城僧俗学习毗昙的兴趣。

隆安元年(397)冬天，王珣召集京都义学沙门四十余人，“更请提婆于其寺，译出《中阿含》，罽宾沙门僧伽罗叉执胡本，提婆翻为晋言。至来夏方讫”[②]。僧伽提婆在建康住于东亭寺，《中阿含经》就是在此寺翻译的，历时近一年。

关于僧伽提婆的译籍，《出三藏记集》著录如下：

> 《中阿含经》六十卷，晋隆安元年十一月十日于东亭寺译出，至二年六月二十五日讫。与昙摩提所出大不同。
>
> 《阿毗昙八揵度》二十卷，一名《迦旃延阿毗昙》，建元十九年出。
>
> 《阿毗昙心》十六卷，或十三卷，苻坚建元末于洛阳出。
>
> 《鞞婆沙阿毗昙》十四卷，一名《广说》，同在洛阳译出。
>
> 《阿毗昙心》四卷，晋太元十六年在庐山为远公译出。
>
> 《三法度》二卷，同以太元十六年于庐山出。
>
> 上六部，凡一百一十六卷，晋孝武帝及安帝时。罽宾沙门僧伽提婆所译出。[③]

上述六部译籍，长安时期、建康时期僧祐各列入一部，洛阳时期和庐山时期僧祐分别列入两部。

费长房是将僧伽提婆在北方和南方的译籍分开著录的。《历代三宝纪》卷七著录了僧伽提婆东晋时期的译籍五部。《中阿含经》六十卷、《阿毗昙心论》四卷、《三法度论》二卷，这三部与《出三藏记集》相同，而不同的是：

> 《增一阿含经》五十卷，隆安元年正月出是第二译，与难提本小异，竺道祖笔受。或四十二，或三十三，无定。见道祖及宝唱《录》。

---

① 僧祐：《出三藏记集》卷一三，《大正藏》第55册，第99页下。
② 僧祐：《出三藏记集》卷一三，《大正藏》第55册，第99页下—100页上。
③ 僧祐：《出三藏记集》卷二，《大正藏》第55册，第10页下。

《教授比丘尼法》一卷,见《别录》,亦在庐山出。[①]

《历代三宝纪》卷八著录僧伽提婆在北方的译籍:

《阿毗昙八犍度》三十卷,建元十九年出。亦名《迦旃延阿毗昙》,竺佛念传语,沙门慧力、僧茂等笔受。佛灭后三百余年迦旃延阿罗汉造,或二十卷。

《阿毗昙心》一十六卷,建元末于洛阳出,见僧叡《二秦录》。

《毗婆沙阿毗昙》一十四卷,亦云《广说》,同在洛阳出。见《二秦录》。[②]

费长房共著录僧伽提婆译籍八部。

智昇与费长房一样也是按照北方、南方分开著录的。《开元释教录》卷三著录僧伽提婆在长安时期译籍《阿毗昙八揵度论》三十卷、《阿毗昙心》十六卷两部。而关于"《鞞婆沙》十四卷,准安公《序》是跋澄译,今此除之"[③]。

将上述三家的著录比较可知,僧祐著录六部,费长房著录八部,智昇著录七部,发生争论的是《增一阿含经》五十卷、《教授比丘尼法》一卷和《毗婆沙阿毗昙》十四卷。前两者是僧祐所无而被费长房和智昇列入,后者则仅仅为智昇否认。

总之,现在署名僧伽提婆翻译的佛典,有些是他自己首译的,有些则是改译自当时长安时数位外来僧在道安主持下的译作的,情况看起来较为复杂。但总体上说,他翻译了八部佛典,还是可信的。

四 佛陀跋陀罗的佛典翻译

佛陀跋陀罗(359—429),又作佛驮跋陀罗、师佛大跋陀、佛度跋陀罗、佛陀跋陀,意译作"觉贤""佛贤"。古印度迦毗罗卫国(今尼泊尔境内)人,族姓释迦,是释迦牟尼叔父甘露饭王的后裔。佛陀跋陀罗五岁丧父,十七岁出家。据说其背诵经典,一日能完一月之业。曾与同学僧迦达多游罽宾,与后秦僧人智严同从大

① 费长房:《历代三宝纪》卷七,《大正藏》第49册,第70页下。
② 费长房:《历代三宝纪》卷八,《大正藏》第49册,第76页上。
③ 智昇:《开元释教录》卷三,《大正藏》第55册,第511页上—中。

禅师佛大先（觉军）受禅法。后受智严之请东来，在后秦弘始八年（406，另有九年或十年之说）至长安。因与鸠摩罗什不和，被迫与弟子慧观等四十余人赴庐山，备受慧远欢迎。留居庐山年余，译出《达摩多罗禅经》两卷。佛陀跋陀罗大概于义熙七年（411）离开长安南下庐山，在庐山一年余又至荆州。在此遇见时任太尉的刘裕，“太尉请与相见甚崇敬之，资供备至。俄而太尉还都，便请俱归，安止道场寺”①。根据《宋书・本纪二》记载，义熙“九年二月乙丑，公至自江陵”②。因此可知，佛陀跋陀罗是在此年（413）二月至建康，驻锡道场寺的。而在此时，从天竺归来的法显南下至建康。于是，佛陀跋陀罗与法显一起合作翻译法显从天竺带回来的梵文本经律。据《出三藏记集》卷二记载，法显从天竺、师子国带回建康的十一部经律，法显与天竺僧人佛陀跋陀罗一起合作译出六部，凡六十三卷。

东晋义熙八年（412）赴荆州，义熙九年（413）又到建康常住道场寺译经，元嘉六年（429）卒，春秋七十一岁。

关于他所翻译的佛典，《出三藏记集・佛陀跋陀罗传》记载了十一部，除六十卷《华严经》之外，“其先后所出，六卷《泥洹》、《新无量寿》、《大方等如来藏》、《菩萨十住》、《本业》、《出生无量门持》、《净六波罗蜜》、《新微密持》、《禅经》、《观佛三昧经》，凡十一部”③。慧皎则又特意补充了与法显等译出的《摩诃僧祇律》四十卷以及《修行方便论》等，构成“凡一十五部，一百十有七卷”④。隋代费长房所见与此大体一致，只是少计两卷，“《高僧传》云，贤出《泥洹》及《修行》等一十五部凡一百一十七卷。依宝唱《录》足《无量寿》及《戒本》，部数虽满，尚少二卷，未详何经”⑤。可见，佛陀跋陀罗所译佛典的数量和名目大致不差，应是十五部一百一十七卷。

五 昙摩、卑摩罗叉、竺法力的佛典翻译

关于昙摩三藏，经录本身的记载分歧很大。但从几种文献记载看，也不便否

① 慧皎：《高僧传》卷二，《大正藏》第50册，第335页中。
② 《宋书》卷二，中华书局，1974年。
③ 僧祐：《出三藏记集》卷一四，《大正藏》第55册，第104页上—下。
④ 慧皎：《高僧传》卷二，《大正藏》第50册，第335页下。
⑤ 费长房：《历代三宝纪》卷七，《大正藏》第49册，第71页中。

定此僧及其翻译活动的真实性。在此，姑且将材料罗列并略作分析。

根据经录记载，隆安四年(400)昙摩曾经在建康译出过一部律本。《历代三宝纪》卷七著录说：

> 《众律要用》二卷，人、处不同，文亦大异。见《别录》。
>
> 上一部二卷，安帝世隆安四年三月二日，沙门释僧遵[1]等二十余德，于扬州尚书令王法度精舍，请三藏律师昙摩晋言法善，译出《律事》，《序》具卷首，明佛法僧物互相交涉分齐，差殊甚要，须善防护。[2]

依据此说，在东晋隆安四年(400)三藏律师昙摩在建康翻译出《律事》即《众律要用》二卷。对这一记载，《大唐内典录》等经录都做了沿袭，但对昙摩之名的意译说法不同，道宣注为“法泽”。[3]

《开元释教录》卷三著录为“沙门昙摩，晋翻云法，善于律学[4]，以安帝隆安四年庚子三月二日，于扬都尚书令王法度精舍，沙门释僧遵等二十余德，请译《杂问律事》，《序》具卷首，明佛法僧物互相交涉，分齐差殊甚要，须善防护”[5]。在同书卷十五，智昇对此做了推测：

> 房《录》又云，昙摩译者，明佛法僧物互相交涉，分齐差殊甚要，须善防护。今藏中有《五百问事经》一卷，有三十三纸，亦明佛法僧物不得参涉事，然名目不同。莫知所以。余《录》云出《十诵律》者，即《五百问经》中明三十九夜受日等事。即与《十诵》符同，但以名目有殊，未为克定，后诸博见，详而正之。[6]

智昇的这一分析是想将此典与也是这一时期出现的从《十诵律》摘录出来的《杂

---

① 在现存的史籍中查找到一位法号僧遵的僧人，也是律师，但记载的活动时间要晚于隆安年。《高僧传》卷一二《释法进传》记载，法进弟子僧遵将受菩萨戒的一种仪轨传入南方，但时间已经在高昌的北凉，大致在444年之后了。

② 费长房：《历代三宝纪》卷七，《大正藏》第49册，第71页上。

③ 道宣：《大唐内典录》卷三，《大正藏》第49册，第246页下。此处缺字。

④ 此处缺字，应为“晋翻云法善，善于律学”。

⑤ 智昇：《开元释教录》卷三，《大正藏》第55册，第506页下—507页上。

⑥ 智昇：《开元释教录》卷十五，《大正藏》第55册，第648页下—649页上。

问律事》二卷做些区分。但当时译本已不存在，仅凭费长房摘抄的几句介绍，是不能说清楚的。

卑摩罗叉，意译为“无垢眼”，罽宾人。《高僧传》卷二《卑摩罗叉传》叙述其事，其文说：

> 出家履道，苦节成务。先在龟兹弘阐律藏，四方学者竞往师之，鸠摩罗什时亦预焉。及龟兹陷没，乃避地焉。顷之，闻什在长安大弘经藏，欲使毗尼胜品，复洽东国。于是，杖锡流沙，冒险东入。以伪秦弘始八年达自关中，什以师礼敬待，叉亦以远遇欣然。及罗什弃世，叉乃出游关左，逗于寿春，止石涧寺。律众云聚，盛阐毗尼。罗什所译《十诵本》五十八卷，最后一诵谓明受戒法及诸成善法事，逐其义要名为“善诵”。叉后赍往石涧，开为六十一卷，最后一诵改为“毗尼诵”。故犹二名存焉。[①]

由这些叙述可知，卑摩罗叉是鸠摩罗什在西域时的老师，精通律本。在鸠摩罗什卒后，南下至寿春，住于石涧寺。后来，他又“南适江陵，于辛寺夏坐，开讲《十诵》。既通汉言，善相领纳，无作妙本，大阐当时。析文求理者，其聚如林；明条知禁者，数亦殷矣。律藏大弘，叉之力也。道场慧观深括宗旨，记其所制内禁轻重，撰为二卷，送还京师。僧尼披习，竞相传写。时闻者谚曰：‘卑罗鄙语，慧观才录。都人缮写，纸贵如玉’”[②]。慧观所记“其所制内禁轻重”而成的著述，即经录著录的《杂问律事》二卷。[③]

《历代三宝纪》卷七记载：“《毗尼诵》三卷，是《十诵》后‘善诵’。《杂问律事》二卷(《众律要用》)。并见《二秦录》。”[④]对此，智昇做了较为准确的解释：

> 《十诵律毗尼序》三卷，亦云《十诵律序》。今合入《十诵》，末后三卷是房云《毗尼诵》，注云是《十诵》后“善诵”，非也。其“善诵”有四卷，是《十诵》中第十诵也。见《二秦录》。

---

① 慧皎：《高僧传》卷二，《大正藏》第 50 册，第 333 页中—下。
② 慧皎：《高僧传》卷二，《大正藏》第 50 册，第 333 页下。
③ 参见费长房：《历代三宝纪》卷七，《大正藏》第 49 册，第 70 页中—下。
④ 费长房：《历代三宝纪》卷七，《大正藏》第 49 册，第 70 页下。

《杂问律事》二卷,《众律要用》第二出。见《二秦录》。[1]

关于前者,智昇是从当时流行的全本来做说明的,而费长房依据《二秦录》的记载,恐怕叙述的是卑摩罗叉补译的部分单独传抄的卷数。

很遗憾,僧传叙述卑摩罗叉的晚年时有疏漏,在叙述完他在江陵的活动之后,说:"其年冬,复还寿春石涧,卒于寺焉。春秋七十有七。叉为人眼青,时人亦号为'青眼律师'。"[2]如此模糊的叙述,只能从慧观等人在江陵活动的时间大致推断出,他的卒年在东晋义熙十四年(419)前后。

关于竺法力,现存史籍中记载非常少。《历代三宝纪》卷七著录说:"《无量寿至真等正觉经》一卷,一名《乐佛土经》,名《极乐佛土经》。右一经一卷,恭帝元熙元年二月,外国沙门竺法力译,是第六出。与支谦、康僧铠、白延、竺法护、鸠摩罗什等所出本大同,文名少异。见释正度《录》。"[3]智昇沿袭了这一载录。恭帝元熙元年(419)二月,竺法力翻译出《无量寿至真等正觉经》一卷,从经题推测,内容是有关弥陀净土的。文中说其来自外国,从"竺"可知,法力来自天竺。

---

① 智昇:《开元释教录》卷三,《大正藏》第55册,第507页上。
② 慧皎:《高僧传》卷二,《大正藏》第50册,第333页下。
③ 费长房:《历代三宝纪》卷七,《大正藏》第49册,第72页上。

第四节
法显在建康

在中国佛教史上，法显、玄奘、义净是最有影响的三位西行求法高僧。而作为有文献记载、第一位到达印度的中国人，法显大师对中国佛教的贡献是多方面的。法显不畏艰险、舍生求法的精神，不光鼓舞了历代的佛教信徒，而且成为中华民族奋斗精神的一种象征。

一 法显的求法经历

法显，俗姓龚，兄弟四人，其中三位兄长都是童年丧亡，其父恐此祸殃及法显，在法显三岁时就将其送至寺院度为沙弥。后来，法显曾经被接回家几年，病笃欲死。但只要送还寺院，几天后病便痊愈。法显便不再愿意回家而长住寺院，其母想见之而不能遂愿，只得站立于屋外凝视法显。法显十岁时，其父亲病逝。法显的叔父以其母寡居，逼迫法显还俗，法显不从。法显对其叔父说："本不以有父而出家也。正欲远尘离俗，故入道耳。"①叔父以为其说有理，遂听任其出家为沙弥。不久，法显之母丧亡。法显回家办理完丧事，仍然回到寺院。

法显在做沙弥时就表现出了非同一般的勇敢和凛凛正气。有一次，法显与同学数十人于田中刈稻，当时有饥贼欲夺其谷。其他沙弥都跑开了，唯法显纹丝不动。法显对劫贼说："若欲须谷，随意所取。但君等昔不布施，故致饥贫。今复夺人，恐来世弥甚。贫道预为君忧耳。"②法显说完这一席话，就转身离开了。劫贼被法显的劝告所打动，竟然放弃抢劫，空手离开了。当时在场的几百僧人无不佩服法显的气概。

法显年二十，受具足大戒，成为正式的僧人。

法显的早期经历，留存的文献甚少，难于尽知。从《出三藏记集》等所载的本

---

① 慧皎：《高僧传》卷三，《大正藏》第 50 册，第 337 页上。
② 慧皎：《高僧传》卷三，《大正藏》第 50 册，第 337 页中—下。

传中，仅仅知道法显早期大概驻锡于自己的家乡平阳郡的寺院中，后来又来到了长安。关于法显到达长安的时间，现存史料未能明言。在此只能依据当时北方的历史状况以及佛教的发展情况做些推断。

法显出生在后赵政权统治下的平阳郡，而在其十一二岁时，后赵政权被前燕政权所代替，而后赵时徙居中原的氐族，乘后赵崩溃的时机，由苻坚率领西归关中。351 年，苻坚在长安建立政权，史称“前秦”。此后的近二十年，中原与关中分别由鲜卑族、氐族政权统治，平阳郡与长安的交通并不太通畅。显然，法显在此前不大可能前往关中。在前燕建熙十一年(370)，前秦灭掉前燕政权。此后不久，北方大部分地区被前秦统一。前秦建元十五年(379)二月，前秦攻陷襄阳，道安大师北上到达长安，被苻坚安置在长安五重寺。由于道安的特殊感召力，长安成为当时北方佛教的中心，随侍道安的弟子竟达千人。法显最有可能于此时前往长安，因为这一段时间，恰好也是北方地区比较稳定的时期。而且法显所在的山西也在前秦的统治之下，正好成行。当然，法显也有于后秦时期到达长安的可能。不过，与前一种可能相比较，后一种可能性要小一些。因为在前秦建元十九年(383)，前秦苻坚发兵九十万，企图消灭东晋政权，但在淝水被东晋军队击溃。此后，北方又陷于混乱局面。平阳郡由鲜卑族政权统治，而关中地区则由羌族人姚苌所建立的“大秦”(史称“后秦”)统治。在两大政权的对峙之下，法显贸然起程前往长安的可能是比较小的。何况法显在《佛国记》中明确说过：“法显昔在长安，慨律藏残缺。”[①]也就是说，法显是在长安发心西行求法的，因而不存在法显为了西行求法而先到长安的可能。

综合上述理由，我们可以做出这样的推断：法显大致是在 371 年至 383 年之间的某一年到达长安的。而综合当时道安大师在佛教界的影响以及由于道安大师之北上而造成的长安佛教的兴盛，我们可以再行将法显到达长安的最可能时间限定在 380 年至 383 年之间。

法显在长安十余年，萌生了西行至天竺求取戒律文本的宏愿，并且结交了四位志同道合的同伴。于是，在后秦弘始元年(399)，法显从长安出发西行求法，至东晋义熙八年(412)七月十四日抵达长广郡(即今山东崂山县北)，历时十五个年头。

---

① 《大正藏》第 51 册，第 857 页上。

从天竺、师子国归来的当年七月末，法显应兖、青州刺史刘道怜的邀请，到彭城居住，并且在彭城度过了义熙九年(413)的夏坐。而此年春天，天竺僧人佛陀跋陀罗与宝云一起，随刘裕从江陵到达建康，住于道场寺。七月底或八月初，法显南下至建康，在宝云等人的协助下，开始翻译经律。在建康，法显将其西行经历写了下来，这就是后来所称的《佛国记》。

法显在京师建康数年，共译出经律六部七十三卷。但是，这只是法显从天竺、师子国带回的经律文本的一部分。

如前所说，大概在东晋元熙元年(304)，法显离开京师建康，最后到达江陵，驻锡于新寺。法显为何在高龄之年离开建康？这是考证法显晚年生活的一大谜团。法显之所以将自己所带回的梵本经律文本置于建康而不顾，想必有其不得不如此的理由。推测言之，至少有两大因素。第一，建康佛教当时的风尚是特别重视义理，相对而言，对于法显最为关心的戒律问题并不是特别重视。具体例证至少有二：其一，在《摩诃僧祇律》未曾译成的情况下，佛陀跋陀罗等就已经开始翻译《大般泥洹经》；其二，在京城僧众的要求下，佛陀跋陀罗在义熙十四年(418)三月开始翻译大部头的《华严经》，实际上已经没有可能再翻译法显带回的其他律本了。第二，东晋义熙十四年(418)，以法显从摩羯提国带回的梵文本为底本译出的《大般泥洹经》(六卷本)，在建康产生了很大的影响，同时也引起了争论。实际上，也有人怀疑其传本的真实性。此问题在下文另有论述。可以想见，作为此经译出文本的携入者，法显不可避免地卷入这场争论之中，并且有可能成为一个焦点人物。上述两种因素的叠加，使得法显难于继续驻锡建康，以近八十高龄之躯西上荆州，实在也是无奈之举。

在江陵新寺驻锡未久，法显就圆寂了，终年八十二岁。

二 与佛陀跋陀罗合作译经

尽管在中国佛教史上，法显并非以义学闻名，但并不能因此而忽略其对中国佛教义学所做出的重大贡献。这突出表现在法显回国以后所从事的译经活动及其所译的《大般泥洹经》对中国佛教发展所产生的开创性影响上。

据《出三藏记集》卷二记载，法显从天竺、师子国带回建康的十一部经律，法显与天竺僧人佛陀跋陀罗一起合作译出六部，凡六十三卷。除上述二部律本之外，其余四部译经为：《大般泥洹经》六卷、《方等般泥洹经》二卷、《杂阿毗昙心》十三卷、《杂藏经》一卷。其中，《杂阿毗昙心》属于小乘毗昙学，《大般泥洹经》为大乘《涅槃经》的初译本，而《方等大般泥洹经》则是《长阿含经・游行经》的异译。从对佛教义学的影响而言，《杂阿毗昙心》的传译推动了佛教毗昙学的进一步发展，而《大般泥洹经》的译出简直就像一声惊雷，在佛教界掀起了轩然大波。后来，更有道生以"涅槃圣"的雄姿出现，由此而使中国佛教发生了历史性转向。在此，谨将《大般泥洹经》产生的影响略作申论。

关于《大般泥洹经》翻译的经过，《六卷泥洹经记》这样说：

> 摩揭(竭)提国巴连弗邑阿育王塔天王精舍优婆塞伽罗先，见晋土道人释法显远游此土，为求法故，深感其人，即为写此《大般泥洹经》如来秘藏。愿令此经流布晋土。一切众生悉成如来平等法身。义熙十三年十月一日于谢司空石所立道场寺出此《方等大般泥洹经》，至十四年正月一日校定尽讫。禅师佛大跋陀手执胡本，宝云传译。于时在座有二百五十人。[1]

此文虽未明言法显在翻译《大般泥洹经》之中的贡献，但在《出三藏记集》卷二"法显译经携回经律"项下注曰："右十一部，定出六部，凡六十三卷。"沙门释法显"归京都，住道场寺，就天竺禅师佛陀跋陀共译出"[2]。而在同书同卷《般泥洹经》项下则署为"释法显出《大般泥洹经》六卷"[3]。可见，此经的译出，法显的功劳不小，因此现今流传的版本均署名"东晋平阳沙门法显译"。

三 法显在佛教义学、律学史上的地位

六卷《大般泥洹经》一经翻译完成，就成为社会议论的焦点。据慧叡法师说：

---

① 僧祐：《出三藏记集》卷八，《大正藏》第 55 册，第 60 页中。
② 僧祐：《出三藏记集》卷二，《大正藏》第 55 册，第 12 页上。
③ 僧祐：《出三藏记集》卷二，《大正藏》第 55 册，第 14 页上。

“此《大般泥洹经》既出之后，而有嫌其文不便者，而更改之，人情少惑。”[1]更有彭城僧嵩说：“法师云：‘双林灭度，此为实说。常乐我净，乃为权说。故信《大品》而非《涅槃》。’”[2]据《高僧传》记载，僧嵩“亦兼明数论。末年僻执，谓佛言佛不应常住，临终之日，舌本先烂焉”[3]。而《出三藏记集》又说，僧嵩的弟子僧渊“诽谤《涅槃》，舌根销烂”[4]。汤用彤先生怀疑“此事不见于《高僧传》，恐系僧嵩事误传”[5]。而《高僧传》卷八《僧渊传》明言僧渊为僧嵩弟子，因而二僧师徒相承也是可能的。因此，我们以为不能轻易否定《出三藏记集》的记载。僧祐又说：“昔慧叡法师久叹愚迷，制此《喻疑》，防于今日，故存之录末。虽于录非类，显证同疑。”[6]这段写于上引文末的话语，透露出一条很重要的信息：尽管《涅槃经》流行已久，但时至僧祐编《出三藏记集》之时，仍然有人怀疑《涅槃经》的真实性。正是为了反击这种论调，僧祐才不惜破坏《出三藏记集》的体例而特意将《喻疑论》收入此书中。

显然，僧嵩、僧渊对于《大般泥洹经》的立场是一脉相承的。为了反击这种对《大般泥洹经》的非议，叡法师便专门撰写了《喻疑论》以正视听。

在《喻疑论》中，叡法师讲道：“有慧祐道人私以正本雇人写之。容书之家忽然起火。三十余家，一时荡然。写经人于火之中求铜铁器物，忽见所写经本在火不烧，及其所写一纸陌外亦烧，字亦无损。余诸纸巾，写经竹筒，皆为灰烬。”[7]而同样的事情，《出三藏记集·法显传》则记载为：

> 显既出《大泥洹经》，流布教化，咸使见闻。有一家失其姓名，居近扬都朱雀门，世奉正化，自写一部，读诵供养。无别经室，与杂书共屋。后风火忽起，延及其家，资物皆尽。唯《泥洹经》俨然具存，煨烬不侵，卷色无异。扬州共传，咸称神妙。[8]

上述记载很有可能是同一件事情。这一事件流传甚广，从反面说明了当时争论

---

① 僧祐：《出三藏记集》卷五，《大正藏》第 55 册，第 42 页上。
② 吉藏：《中论疏》卷一，《大正藏》第 42 册，第 17 页下。
③ 慧皎：《高僧传》卷七《释道温传》附，《大正藏》第 50 册，第 373 页上。
④ 僧祐：《出三藏记集》卷五《小乘迷学竺法度造异仪记》，《大正藏》第 55 册，第 41 页上。
⑤ 汤用彤：《汉魏两晋南北朝佛教史》，北京大学出版社，1997 年，第 443 页。
⑥ 僧祐：《出三藏记集》卷五，《大正藏》第 55 册，第 41 页上—中。
⑦ 僧祐：《出三藏记集》卷五，《大正藏》第 55 册，第 42 页上。
⑧ 僧祐：《出三藏记集》卷一五，《大正藏》第 55 册，第 112 页中。

的激烈。在前文考证法显离开建康的原因时，我们已经强调过这一事件对于法显的影响。也就是说，《大般泥洹经》的译出使法显陷入了争论的旋涡无法自拔，实际上已经无法在建康从事译经活动了。不过，法显的离去并未平息这场争论。因为此经的佛学思想对于中国佛教的发展实在是太重大了。其深刻的思想史意义在于，如来藏思想由此代替了大乘般若学而成为中国佛学的主流。

佛陀在涅槃之时，曾经留下“以戒为师”的嘱咐。在佛教僧团之中，戒律是维持僧团“和合”的基本保障，而是否禀受戒法又是佛教徒区别于普通人的关键之一。佛法传入中土在先，戒律传入在后，而在完备中国戒律学方面，法显的贡献是不可或缺的一环。

法显西行，在中天竺摩羯提国巴连弗邑抄回《摩诃僧祇众律》《萨婆多众律抄》各一部，在师子国求得《弥沙塞律》藏本。三部律本，《摩诃僧祇众律》于东晋义熙十四年(418)由法显与佛陀跋陀罗合作译出，共成四十卷；《弥沙塞律》法显未来得及译出，在其圆寂后，由道生、佛陀什等译出。而当法显从天竺归来时，《萨婆多众律抄》已经由鸠摩罗什与佛若多罗等于后秦弘始七年(405)译出，名为《十诵律》，共六十一卷。此外，法显还与佛陀跋陀罗合作译出《僧祇比丘戒本》一卷。《摩诃僧祇众律》译出后，在当时影响甚大。它与《十诵律》一起成为南北朝时期佛教戒律学的主要依据。直至隋唐时期，由于以《四分律》为归旨的律宗的形成，《摩诃僧祇众律》才逐渐退出了律学主流。但是，这一结局并不会抹杀法显不畏艰险为中国佛教续“绝学”所做出的卓越贡献。

第三章　南朝帝王与佛教

420年，刘裕废东晋恭帝，建国号为宋。南方先后经历宋、齐、梁、陈四朝共一百七十二年，史称南朝。南朝奉佛的帝王不少，如宋文帝、宋明帝、梁武帝、简文帝等，都是有名的崇佛者。帝王崇佛既有“坐致太平”的政治目的，又实际推动了佛教发展：支持佛经翻译、礼敬供养僧人、组织编撰佛典类书、举办弘法大会，均起到促进佛典大量传译，以及佛教义理广泛传播的客观效果。皇室诸王中如刘宋彭城王刘义康、萧齐文惠太子萧长懋和竟陵王萧子良、萧梁昭明太子萧统等，也都是虔诚的佛教信奉者。皇室贵胄或著述灵验故事，或抄写经文，或宣讲佛理，一方面扩大了佛教的宣讲影响层面，另一方面促使佛教三世轮回、因果报应学说进入民间，广为流传。

第一节
刘宋帝王与佛教

刘宋从420年至479年，历八帝，共六十年。这一时期的佛教发展得帝王扶持，佛家义学深得文人学士提倡，玄风清谈既盛，佛教亦兴。特别是刘裕在位的元嘉年间，雅重文教，思弘儒术，赞扬佛法，建寺造塔，使南朝佛教发展达到高峰。

一 宋武帝刘裕与佛教

宋武帝刘裕(363—422)，字德舆，小名寄奴。祖籍彭城绥舆里(今安徽萧县东北)。曾祖刘混随晋室南迁，客居京口(今江苏镇江)。其父刘翘仅居郡功曹，家道衰落。刘裕少时家贫，靠种地、砍柴维持生计。东晋孝武帝时，他投身行伍，因讨伐反晋的孙恩有功，受封为建武将军，领下邳太守。元兴元年(402)桓玄篡位，刘裕依附桓氏，暗地图谋起事，终得以掌握朝政，成就霸业。420年刘裕废东晋恭帝司马德文，自立为帝，改元永初元年，建国号为宋，史称宋武帝。

刘裕登基前，与佛教界人士已有往来，且取得了佛教界的好感：404年平定孙恩叛乱之后，刘裕举兵讨伐消灭了颁布"众僧沙汰"、镇压佛教教团的桓玄。从史料记载来看，刘裕结交的僧人，主要是与长安鸠摩罗什僧团以及南方庐山慧远僧团有关的众弟子。其中，有的僧人先入庐山，后至什门，兼有南北问道背景。410年，有人进谗言，说释慧远与反晋领袖卢循有深交，刘裕不以为意，还遣使持书信向释慧远致敬，并赠送钱米。① 这是刘裕主动向慧远僧团示好的一例。412年，刘裕讨伐北府兵将领刘毅，进驻江陵(今湖北荆州)，对遭长安鸠摩罗什教团摈斥、西游至此的古印度僧人佛陀跋陀罗，以及与佛陀跋陀罗同行的鸠摩罗什僧团弟子释慧观，请与相见，予以物质供养；还建康后，又邀请佛陀跋陀罗居建康道场寺。② 416年，刘裕亲率大军北伐，之前他力邀鸠摩罗什僧团弟子释慧严随军。

---

① 慧皎：《高僧传》卷六《慧远传》，《大正藏》第50册，第359页中。

② 慧皎：《高僧传》卷二《佛陀跋陀罗传》，《大正藏》第50册，第334页中。

据《高僧传》卷七记载，释慧严(363—443)，俗姓范，豫州人，十六岁出家，曾从鸠摩罗什受学。后还建康住东安寺。“宋高祖素所知重。高祖后伐长安，要与同行。严曰：‘檀越此行虽伐罪吊民，贫道事外之人，不敢闻命。’帝苦要之，遂行。”[①]时五十四岁的慧严不愿随军，然经不住刘裕苦苦相邀，只得前往。刘裕邀请释慧严从军的目的，想来是利用他的声望，因为史载慧严“迄甫立年，学洞群籍，风声四远，化洽殊邦”[②]。从其不愿随军的态度来看，出家人慧严内心并不想卷入南北战事纷争，他在此次随军中发挥的作用，因史料阙如，不可得知。417年冬天，北伐的刘裕成功平定长安，他久闻释僧导大名，邀请与其相见。释僧导(362—457)，京兆人，十岁出家，十八岁神机秀发，得姚兴器重，参与鸠摩罗什译场活动。后刘裕还建康，留下其第二子刘义真与长史王修，委以关中大任。不久，大夏赫连勃勃发兵攻打长安，刘义真军队溃败。据《高僧传》卷七《释僧导传》记载，危难时刻，刘义真依赖释僧导的大力救助，得以逃脱追捕。[③] 因此事，刘裕对释僧导心怀感激，令子侄悉师事僧导，后又为僧导立寺于寿春(今安徽寿县)，即东山寺。僧导带弟子阻挡兵力一事有传说色彩，但其确实在当时佛教界享有声望，这表明刘裕善于利用佛教。

武将刘裕的崛起，引起了僧人的注意，并制造出刘裕当为天子的传言。此事在《高僧传》卷七有详细记载，云：

> (释慧义)后出京师，乃说云：“冀州有法称道人，临终语弟子普严云，嵩高灵神云：江东有刘将军应受天命，吾以三十二璧镇金一鉼为信。”遂彻宋王。宋王谓义曰：“非常之瑞，亦须非常之人，然后致之。若非法师，自行恐无以获也。”义遂行。以晋义熙十三年七月往嵩高山，寻觅未得，便至心烧香行道，至七日夜梦见一长须老公，拄杖将义往璧处指示云：是此石下。义明，便周行山中，见一处炳然如梦所见，即于庙所石坛下，果得璧大小三十二枚，黄金一鉼，此瑞详之《宋史》。义后还京师，宋武加接尤重，迄乎践祚，礼遇弥深。[④]

---

① 慧皎：《高僧传》卷七《慧严传》，《大正藏》第50册，第367页中。
② 慧皎：《高僧传》卷七《慧严传》，《大正藏》第50册，第367页中。
③ 慧皎：《高僧传》卷七《僧导传》，《大正藏》第50册，第371页中。
④ 慧皎：《高僧传》卷七《慧义传》，《大正藏》第50册，第368页下。

释慧义(372—444),俗姓梁,北地人。少出家,游学于彭宋之间。《僧传》中未言明慧义的受业师,然据《竺道生传》所载:“初(竺道)生与(慧)叡公及(慧)严、(慧)观同学齐名。故时人评曰:生、叡发天真,严、观洼流得,慧义彭亨进,寇渊(指释道渊,俗姓寇)于默塞。”[①]竺道生、慧叡、慧观都有先入庐山、后至什门的经历,且慧严、道渊都住东安寺,可知释慧义与这些人齐名于时。镰田茂雄指出:“武帝与佛教的关系,最值得大书特写的是,武帝即帝位之前,昭告出现圣天子的佛教祥瑞。”[②]释慧义不仅制造了刘裕应受天命的传言,而且对此故事的传播发挥了重要作用。其后他回到建康,得到宋高祖刘裕的特别礼待,朝中大臣范泰于其宅之西立寺,特请慧义驻锡。释慧义在此对范泰“指授仪则”[③],时人见之,将慧义比为舍利弗,将范泰比为须达长者,而称其所居处为“祇洹寺”。刘裕登基当年在内殿设斋,应邀前来的祇洹寺唱导师释道照陈词云“百年迅速,迁灭俄顷,苦乐参差,必由因召,如来慈应六道,陛下抚矜一切”[④],为其称帝歌功颂德,致使刘裕大为欢心,斋宴完毕,赐钱三万。祇洹寺有名于南朝,“后西域名僧多投止此寺,或传译经典,或训授禅法”[⑤]。

刘裕对佛教是利用并扶持的。据(古今图书集成)《释教部汇考》卷一记载,刘裕为宋公时,以京口故宅为“普照寺”。称帝后,尝手写戒经,口诵梵本,造灵根、法王等四寺,又建东山寺。[⑥]

刘裕对待佛教的态度,也影响到他的弟弟以及诸子,兹举例如下。

1. 临川王刘道规(370—412),武帝刘裕的异母弟,曾与刘裕共谋诛杀桓玄。史载刘道规从祇洹寺释道照受五戒,尊崇其为门师。释道照(388—453),俗姓曲,西平(今青海西宁)人。十八岁出家至建康祇洹寺。道照善唱导,《高僧传》云其“披览群典,以宣唱为业。音吐寥亮,洗悟尘心,指事适时,言不孤发,独步于宋代之初”[⑦]。据《宋书·乐志》记载,释道照撰有《琴声律》一卷、《琴图》一卷,今不存。

---

① 慧皎:《高僧传》卷七《竺道生传》,《大正藏》第50册,第366页中。
② 镰田茂雄:《中国佛教通史》第3卷,佛光出版社,1986年,第93页。
③ 慧皎:《高僧传》卷七《慧义传》,《大正藏》第50册,第368页下。
④ 慧皎:《高僧传》卷一三《道照传》,《大正藏》第50册,第415页下。
⑤ 慧皎:《高僧传》卷七《慧义传》,《大正藏》第50册,第368页下。
⑥ (古今图书集成)《释教部汇考》卷一,《卍新纂续藏经》第77册,第4页中。
⑦ 慧皎:《高僧传》卷一三《道照传》,《大正藏》第50册,第415页下。

2. 临川王刘义庆(403—444)[①],刘道规继子。袭封临川王,曾任秘书监、尚书左仆射、荆州刺史、江州刺史、南兖州刺史等职。史载其性格简素,爱好文义,“受任历藩,无浮淫之过,唯晚节奉养沙门,颇致费损”[②]。元嘉九年(432)至元嘉十五年(438),刘义庆担任荆州刺史,过了八年较为安定的生活,这一时期他热衷奉佛,其“在荆州城内筑堂三间,供养经像,堂壁上多画菩萨图相”[③]。元嘉九年(432),刘义庆曾迎请会稽家世奉佛的安千载家所供奉的神秘的紫金色舍利,“王捧水器,咒曰(词多如别辩之)咒讫,辄应声光出”[④],其夜见百余人绕舍利礼拜,翌日则人与舍利俱失。元嘉十六年(439)至元嘉二十年(443),刘义庆担任江州刺史与南兖州刺史,其间他编撰《世说新语》这部笔记小说集,延请僧人至其辖区:元嘉十八年(441)夏,刘义庆邀请天竺人僧伽达多,至广陵(今扬州)结居,僧伽达多后卒于建业;[⑤]元嘉十九年(442),刘义庆延请释昙辉尼至广陵寺;[⑥]元嘉二十年(443),建康南涧寺禅师释道冏又被刘义庆“携往广陵,终于彼矣”[⑦]。刘义庆爱好文义,广招文学之士,聚于门下。据《辩正论》记载,宋世诸王,并怀文藻,大习佛经,每月六斋自持八戒。“笃习文雅,义庆最优。炙輠不穷,霞明日朗,悬河无竭,雨散烟飞。合内夫娘并令修戒,麾下将士咸使诵经。著《宣验记》赞述三宝。”[⑧]刘义庆所著《宣验记》三十卷,宣扬佛教的因果报应思想,以及记录观世音显验故事,具备诸多的佛教故事题材与丰富的文化内涵。所著《幽冥录》二十卷为志怪小说,所记全为神鬼神异故事,继承了传统的仙怪题材,然也有创新。后刘义庆在广陵有疾,请求还京,元嘉二十一年(444)卒,时年四十二。

3. 庐陵孝献王刘义真(407—424),武帝刘裕次子。十二岁随父北伐,后得北方僧团僧导保护,得以脱困。永初元年(420)封庐陵王。爱好文义的刘义真与善文的释慧琳关系密切,然其性格轻率。史载他曾与陈郡谢灵运、琅琊颜延之、慧琳道人交游,许诺说自己若能出人头地,“以灵运、延之为宰相,慧琳为西豫州

---

① 原为长沙景王刘道怜次子,因临川王刘道规无子,过继给其为嗣。

② 《宋书》卷五一《宗室传》,中华书局,1974 年。

③ 道宣:《集神州三宝感通录》卷二,《大正藏》第 52 册,第 418 页中。

④ 道宣:《集神州三宝感通录》卷一,《大正藏》第 52 册,第 411 页上。

⑤ 慧皎:《高僧传》卷三《畺良耶舍传》,《大正藏》第 50 册,第 343 页下。

⑥ 道世:《法苑珠林》卷二二《宋尼释昙辉》,《大正藏》第 53 册,第 453 页上。

⑦ 慧皎:《高僧传》卷一二《道冏传》,《大正藏》第 50 册,第 407 页上。

⑧ 法琳:《辩正论》卷三《十代奉佛篇》,《大正藏》第 52 册,第 504 页中。

都督”[①]。释慧琳(生卒年不详),释道渊的弟子,俗姓刘,秦郡(陕西)人。学通内外,善诸经及《庄》《老》,排谐好语笑,长于著作。[②] 刘义真荐之于文帝,甚得文帝宠信;文帝每召见之,常升独榻。元嘉中参政,“朝廷大事,皆与议焉。宾客辐凑,门车常有数十两。四方赠赂相系,势倾一时”[③],有“黑衣宰相”之称。慧琳著有《白黑论》(《均善论》),批评佛教,引众议排斥,由于有文帝庇护,得免被逐出僧团。后触罪谪配交州。刘义真因与执政徐羡之不和,被其奏请废为庶人,徙新安郡。景平二年(424),刘义真遭徐羡之遣使杀害,年仅十八岁。

4. 彭城王刘义康(409—451),武帝刘裕第四子。刘裕篡晋建宋,刘义康封彭城王。历任南豫州刺史、南徐州刺史等职。文帝即位,又进刘义康为骠骑将军,加散骑常侍,授荆州刺史。时有慧远弟子释僧彻(383—452),在慧远圆寂后,南游荆州,止江陵城内五层寺,晚移琵琶寺。刘义康与萧思话等,“并从受戒法,筵请设斋,躬自下撰”[④]。僧彻圆寂于宋元嘉二十九年(452),南谯王刘义宣(武帝第六子)为造坟圹。元嘉六年(429)入朝,与王弘共辅朝政。元嘉九年(432)王弘去世,刘义康更领扬州刺史一职,权倾朝野。刘义康敬重来自天竺的僧伽跋摩,“崇其戒范,广设斋供,四众殷盛,倾于京邑”[⑤]。元嘉十二年(435),博通三藏的中天竺僧求那跋陀罗(394—468)至广州,宋文帝闻奏遣使迎接,至京城初住祇洹寺,后住东安寺、道场寺,后又至荆州辛寺,主要从事译经工作,也讲经说法,史载彭城王刘义康、南谯王刘义宣“并师事焉”[⑥]。元嘉十六年(439),刘义康进大将军,领司徒,辟召掾属,与文帝嫌隙加深。除了师事求那跋陀罗,刘义康还拜京城乌衣寺僧慧叡为师。释慧叡,生卒年不详,冀州人。出家游历诸国,回国后居庐山,又入关从鸠摩罗什就学,后止京师乌衣寺讲经说法。刘义康曾赠之以貂裘,慧叡不穿,将其铺于座,刘义康又派人以钱三十万求买,作为布施。[⑦] 月支僧人释昙迁巧于转读,有无穷声韵,其梵制新奇,特拔终古,刘义康与范晔、王昙首等,与其游狎。元嘉十八年(431)刘义康为江州刺史,邀请天竺禅师僧伽达多到广陵结

① 《宋书》卷六一《武三王传》,中华书局,1974年。
② 慧皎:《高僧传》卷七《道渊传》,《大正藏》第50册,第369页上。
③ 《宋书》卷九七《夷蛮传》,中华书局,1974年。
④ 慧皎:《高僧传》卷七《僧彻传》,《大正藏》第50册,第370页下。
⑤ 慧皎:《高僧传》卷三《僧伽跋摩传》,《大正藏》第50册,第342页中。
⑥ 慧皎:《高僧传》卷三《求那跋陀罗传》,《大正藏》第50册,第344页上。
⑦ 慧皎:《高僧传》卷七《慧叡传》,《大正藏》第50册,第367页中。

居。元嘉二十二年(445),刘义康遭人告发谋反,被废为庶人,流放至安成郡。元嘉二十八年(451),文帝遣使持药,前来赐毒。史载"义康不肯服药,曰:'佛教自杀不复得人身,便随宜见处分'"①,说明佛理对其有着较为深刻的思想影响。后被人用被子捂死,时年四十三。

5. 江夏王刘义恭(413—465),武帝刘裕第五子。因聪明貌美,深得文帝爱宠。元嘉元年(424)封江夏王,历任徐州刺史、荆州刺史、南兖州刺史等职。元嘉十六年(439),进位司空。元嘉二十一年(444),进太尉,领司徒。元嘉二十七年(450)秋,领兵出镇彭城。因惧敌不作为,降号骠骑将军。元嘉二十九年(452),改授南徐州刺史,还镇东府。孝武帝在位,刘义恭曲意奉承,兼尚书令,又领太尉,录尚书六条事。刘义恭害怕自己不为孝武帝所容,刻意低调行事,曾关注协助释弘充在法言精舍注解《首楞严经》。史载:"太宰江夏王,该综群籍,讨论渊敏,每览兹卷,特深远情。(弘)充以管昧,尝厕玄肆,预遭先匠,启训音轨,参听儒纬,仿佛文意,以皇宋大明二年岁次奄茂,于法言精舍略为注解。"②大明七年(463),竹林寺有僧释慧益,欲效仿药王菩萨,焚身供佛,孝武帝闻此事,深感敬异,派刘义恭到寺阻谏,然慧益决心已定,不为所动。史载其焚身那天,"诸王妃后,道俗士庶,填满山谷,投衣弃宝,不可胜计"③,可知场面之震撼!另有竹园寺慧濬尼(392—464),俗姓陈,山阴人,十八岁出家,史载"宋太宰江夏王义恭雅相推敬,常给衣药,四时无爽"④。慧濬不蓄私财,所得供养悉经营寺舍,"竹园(寺)成立,濬之功也"⑤。慧濬大明八年(464)圆寂,时年七十三。又有僧昙颖,会稽人,止长干寺,擅长宣唱,天然独绝,史载"宋太宰江夏王义恭最所知重"⑥。永光八年(465),前废帝无德,刘义恭欲谋废立,反被废帝率羽林兵杀害,时年五十三。

6. 南郡王刘义宣(415—454),武帝刘裕第六子。元嘉元年(424),年十二,封竟陵王,曾为都督、南兖州刺史,迁中书监,中军将军,后改封南谯王。刘义宣与求那跋陀罗交情深厚。元嘉二十三年(446),刘义宣镇荆州,邀请求那跋陀罗、慧璩同行,安止荆州辛寺。刘义宣不仅为求那跋陀罗新建房殿,请其译出《无忧

---

① 《宋书》卷六八《武二王传》,中华书局,1974年。
② 僧祐:《出三藏记集》卷七《新出首楞严经序》,《大正藏》第55册,第49页下。
③ 慧皎:《高僧传》卷一二《慧益传》,《大正藏》第50册,第405页中。
④ 宝唱:《比丘尼传》卷二《竹园寺慧濬尼传》,《大正藏》第50册,第940页下。
⑤ 宝唱:《比丘尼传》卷二《竹园寺慧濬尼传》,《大正藏》第50册,第940页下。
⑥ 慧皎:《高僧传》卷一三《昙颖传》,《大正藏》第50册,第415页下。

王经》一卷、《八吉祥经》一卷(现存本误题僧伽婆罗译)、《过去现在因果经》四卷、《八吉祥经》[1]等经,而且还邀请求那跋陀罗开讲《华严经》。在荆州时,刘义宣还受戒于慧远弟子释僧彻,僧彻卒于元嘉二十九年(452),刘义宣为其造墓。求那跋陀罗在荆州十年,"每与谯王书疏,无不记录。及军败检简,无片言及军事者"[2]。元嘉三十年(453)太子刘劭杀死其父宋文帝,文帝第三子刘骏起兵讨伐之,刘义宣遣参军率军三千为前锋。刘骏即位后,改封义宣为南郡王。孝建元年(454)刘义宣图谋造反,逼迫求那跋陀罗随其东下。事败,刘义宣被俘,狱中被杀,时年四十。宋孝武帝未追究求那跋陀罗随军之责,且故意问求那跋陀罗是否想念谯王,求那跋陀罗表示,受供十年,何可忘德,他恳请孝武帝允许他为刘义宣烧香三年。求那跋陀罗后敕住中兴寺,直至宋明帝时,仍获供养,于泰始四年(468)圆寂,时年七十五。

7. 衡阳文王刘义季(415—447),武帝刘裕第七子,元嘉元年(424)封衡阳王,元嘉十六年(439)镇守荆州。他起先并不相信佛法的力量,刘义康在荆州城内曾筑堂供养经像,堂壁上多画菩萨图像。他将此处废为卧堂,墙壁也涂上泥,然而奇怪的是,这些泥"干则堕落,画状新净,了无污损,再涂犹然。王不信敬,亦谓偶然。又更浓泥,而彻见炳然。王复更毁,故壁悉更缮改"[3]。后来刘义季遇疾,每闭眼辄见诸像森然满目,于是放弃了在此卧眠。后"求觅意理沙门,共谈佛法"[4],时江陵长沙寺有僧释昙光,会五经诗赋,及算数卜筮,刘义季亲自到禅房相请,给车服、人力,月供一万;又设斋会,请昙光主持导师一职。昙光于是制作忏悔文,自任唱导,唱腔一开,深得道俗倾慕。后还都止灵味寺,宋明帝湘宫设会,昙光亦参与唱导,敕赐三衣瓶钵,后卒于寺中。另有释法恭,初出家止江陵安养寺,后出京师住东安寺,以苦行卓绝、乐善好施而闻名。史载:"宋武文明三帝及衡阳文王义季等,并崇其德素。"[5]刘义季因刘义康之废,不想自建功业,借酒消愁,通宵达旦,少有清醒。元嘉二十四年(447),刘义季病势沉重,文帝派人招其

---

① 《祐录》卷九《八吉祥经后记》记载:元嘉二十九年(452)正月三日,求那跋陀罗于荆州城内译出此经,至其月六日竟。"使持节、侍中、都督荆湘雍益梁宁南北秦八州诸军事、司空、荆州刺史、领南蛮校尉南谯王优婆塞刘义宣为檀越。"参见僧祐:《出三藏记集》卷九《八吉祥经后记》。

② 慧皎:《高僧传》卷三《求那跋陀罗传》,《大正藏》第 50 册,第 344 页上。

③ 湛然:《法华文句记》卷五,《大正藏》第 34 册,第 244 页下。

④ 慧皎:《高僧传》卷一三《昙光传》,《大正藏》第 50 册,第 416 页中。

⑤ 慧皎:《高僧传》卷一二《法恭传》,《大正藏》第 50 册,第 407 页下。

回京，刘义季来不及出发，死于彭城，时年三十三。

二 宋文帝刘义隆与佛教

永初三年(422)年，刘裕病死，长子刘义符即位，改元景平元年(423)，史称少帝。然新皇帝行为乖张，耽于享乐，“于华林园为列肆，亲自酤卖，又开渎聚土，以象破冈埭，与左右引船唱呼，以为欢乐”①。翌年又杀皇弟刘义真于新安，遂被辅政大臣傅亮、徐羡之等废弃，另立刘裕第三子刘义隆为帝，改元元嘉元年(424)，史称宋文帝。

刘义隆在位三十年，继续其父的治国方略。他依靠有声望的贵族辅佐，清理户籍、压制豪强兼并；减免赋税，劝课农桑；立四学为官学，复兴儒学；礼贤下士，招徕人才，使社会经济得到发展，思想文化日趋繁荣。史载“三十年间，氓庶蕃息，奉上供徭，止于岁赋，晨出莫归，自事而已。……凡百户之乡，有市之邑，歌谣舞蹈，触处成群，盖宋世之极盛也”②，民有所系，吏无苟得。这是南朝宋世的极盛时期，号称“元嘉之治”。

刘义隆与佛教的关系，自小就已建立。据记载，宋文帝少时曾从永安寺业首尼受三归。释业首(373—462)俗姓张，彭城人。戒行清白，深解大乘，“宋高祖武皇帝雅相敬异，文帝少时从受三归，住永安寺，供施相续”③。元嘉二年(425)，王景深母范氏施舍王坦之故祠堂地建寺，名青园寺。元嘉十五年(438)业首尼又将之扩建。大明六年(462)业首尼圆寂，时年九十。元嘉五年(428)，宋文帝建禅灵寺，常供千僧。④

此外，还可从京城寺院以及寺内住僧的情况来考察宋文帝与佛教的因缘：

一是释慧义住持的祇洹寺。元嘉年间，释慧义所在的祇洹寺僧众依据《僧祇律》的规定生活，此律有关饮食的规定甚多⑤，其中的偏坐踞食法引发一场朝野争

---

① 《南史》卷一《宋少帝纪》，中华书局，1974年。
② 《宋书》卷九二《良吏传》，中华书局，1974年。
③ 宝唱：《比丘尼传》卷二《东青园寺业首尼传》，《大正藏》第50册，第940页中。
④ 心泰：《佛法金汤编》卷三，《卍新纂续藏经》第87册，第383页上。
⑤ 佛陀跋陀罗：《摩诃僧祇律大比丘戒本》，《大正藏》第22册，第554页上—中。

论，文帝刘义隆也因大臣上奏此事而参介进来。这些议论最早收录在刘宋陆澄的《论法目录》里，分别是《与禅师书论踞食》（郑道子）、《与王司徒诸人书论据（踞）食》（范伯伦）、《释慧义答》、《范重答》、《与道生慧观二法师书》（范伯伦）、《论据食表并诏四首》（范伯伦）。郑道子即郑鲜之（364—427），范伯伦即范泰（355—428）。就著录的篇名来看，首先是郑鲜之致书当时的“禅师”，指出踞食有轻慢之形，与僧人威仪不符，“踞食之教，义无所弘。进非苦形退贻慢易，见形而不及道者，失其恭肃之情，而启骇慢之言”①。没有回应，范泰又写信给释慧义，亦不见回答。其后他又书与以王弘为首的权臣们，并与竺道生、慧观等僧人书信探讨此问题。范泰认为，踞食是印度的特殊习俗，是一国偏法，非天下通制；且道安时代踞食法已传来，但道安却思而未变；外国之律非定法，今之奉法白衣，决不可作外国被服沙门，不必苦守偏法。范泰还拟有《论踞食表》呈上宋文帝，以东晋的帛尸梨蜜多罗、道安、罗什等，以及近世竺道生、慧严等人均不踞食为例，后又上《重表》。作为回应，释慧义写有《答范伯伦书》，他以寺中五十僧众的名义，认为如来立戒，应谨守而行，不能随意改作，“夫沙门之法，正应谨守经律，以信顺为本。若欲违经反律师心自是，此则大法之深患，秽道之首也”②，并指责范泰所言是求不异之和，贪和之为美，然和不以道，是求同不是求和，表示自己甘受宣戒之罪，也不会改变踞食法。慧义之坚持，恐不只是维护僧祇律，主要目的还在于维护其个人威望，并证明祇洹寺教团存在的价值。祇洹寺因为慧义在此坐镇的缘故，士庶归依，利养纷集。

元嘉八年（431），来华的罽宾僧求那跋摩（367—431）也被宋文帝敕住祇洹寺。他于寺开讲《法华经》及《十地经》，听众盈门。释慧义又请求那跋摩翻译《菩萨善戒》，跋摩翻译了前 28 品，后 2 品由弟子代译，共 30 品，还未来得及缮写，就丢失了序品和戒品，现存两个版本，或称《菩萨戒地》。后求那跋摩又翻译出《四分羯磨》《优婆塞五戒略论》《三归》及《优婆塞二十二戒》等，共 26 卷。元嘉八年（431）九月，求那跋摩卒于寺，时年 65。众僧于南林戒坛前荼毗立塔。宋文帝令众僧译出其遗文，文载《高僧传》卷三《求那跋摩传》。

二是释慧观住持的道场寺。自佛陀跋陀罗被摈，刘裕请居道场寺，其弟子如

---

① 僧祐：《弘明集》卷一二《郑道子与禅师书论踞食》，《大正藏》第 52 册，第 77 页中。
② 僧祐：《弘明集》卷一二《释慧义答范伯伦书》，《大正藏》第 52 册，第 78 页上。

释慧观(生卒年不详)、释宝云(375—449)等,皆随住此寺。慧观本姓崔,清河人,有文才。元嘉初年三月三日曲水宴会,这本是文人墨客的风雅聚会,在曲折的流水中,将斟满美酒的杯子放入,让其随流而下,围坐者必须在酒杯尚未流过自己面前时及时赋诗,然后取杯饮酒。宋文帝临驾,命慧观与朝士赋诗,史载慧观"即坐先献,文旨清婉,事适当时"①,琅琊王僧达、庐江何尚之对之赞不绝口。史载释慧观"妙善佛理,探究《老》《庄》,又精通《十诵》,博采诸部,故求法问道者,日不空筵"②。因其深究佛理,精通佛理学疑难,时评以"通情则生(道生)融(道融)上首,精难则观(慧观)肇(僧肇)第一"③。元嘉年间的《大般涅槃经》的整理工作,他和释慧严都参与其中。慧观著有《辩宗论》《论顿悟渐悟义》,以及《十喻序》,赞诸经序等,均流传于世。

刘义隆继位后,不仅与其父扶持的京师明德时有交往,而且有意愿迎请域外高僧。元嘉元年(424),慧观、慧聪上启宋文帝,求迎请罽宾僧求那跋摩。刘义隆"即敕交州刺史令泛舶延致观等,又遣沙门法长、道冲、道俊等往彼祈请。并致书于跋摩及阇婆王婆多加等,必希顾临宋境,流行道教"④。因海路不畅,加之求那跋摩走走停停,直至元嘉八年(431)正月始至建康。文帝殷勤召见,向法师请教道:"弟子常欲持斋不杀,迫以身殉物不获从志。法师既不远万里来化此国,将何以教之?"求那跋摩的回答甚是高明,他说"夫道在心不在事,法由己非由人"⑤。指出帝王与民众所修各异,民众人微言轻,若不克己躬身,无以自立;而帝王乃九五之尊,视万民如子,其嘉言善政能使广大民众丰衣足食,比起每次就餐时思考吃肉是不是杀生的纠结,这功德可是大得多!文帝听后大为感叹,敕其住祇洹寺,供给隆厚。

元嘉十年(433),天竺僧人僧伽跋摩来到建康,受释慧观之请,亦居道场寺。据史载"祇洹慧义执意不同,诤论翻覆。跋摩标宗显法,理证明允。慧义遂回其刚褊,靡然推服,乃率其弟子服膺禀戒"⑥,可知前述踞食之争,当发生在僧伽跋摩受释慧观之请入住道场寺,即元嘉十年(433)之后。释慧义特派弟子慧基从僧伽

---

① 慧皎:《高僧传》卷七《慧观传》,《大正藏》第50册,第368页中。
② 慧皎:《高僧传》卷七《慧观传》,《大正藏》第50册,第368页中。
③ 慧皎:《高僧传》卷七《慧观传》,《大正藏》第50册,第368页中。
④ 慧皎:《高僧传》卷三《求那跋摩传》,《大正藏》第50册,第340页上。
⑤ 慧皎:《高僧传》卷三《求那跋摩传》,《大正藏》第50册,第341页上。
⑥ 僧祐:《出三藏记集》卷一四,《大正藏》第55册,第104页下。

跋摩就学。释慧基(412—496),姓偶,吴国钱唐人,初依释慧义。十五岁时慧义启请宋文帝下敕,度其出家,[1]后受师命就学于僧伽跋摩。僧伽跋摩建议慧基广泛问道,于是慧基四处游历,备访众师。释慧义圆寂后,慧基先后居钱唐显明寺、山阴法华寺,讲宣经教,宋文帝曾遣使迎请,然慧基称疾不行。南齐时释慧基被敕为东土僧正,详见后述。元嘉十年(433)九月,慧观等人在京城长干寺召集学士,请僧伽跋摩译出《杂阿毗昙心论》十四卷,时宝云传译,慧观亲自笔受,考核研校一周,才完成;后僧伽跋摩又陆续译出《萨婆多部毗尼摩得勒伽》十卷、《分别业报略》一卷、《劝发诸王要偈》一卷及《请圣僧浴文》一卷等。僧伽跋摩于元嘉十九年(442)随西域商船出海,不详其终。元嘉二十六年(449)慧观圆寂前,邀请移居六合山寺的释宝云回来总理寺任,释宝云回道场寺一年多,后又重还六合山寺。释宝云于元嘉二十六年(449)终于此寺,时年七十四。

三是释慧严所在的东安寺。释慧严(363—443),俗姓范,豫州(安徽)人。十六岁出家,听闻鸠摩罗什在长安,遂与竺道生、慧叡一起,至长安从鸠摩罗什受业。后还都止东安寺,以佛教义学见长。史载"有慧严、慧议道人,并住东安寺,学行精整,为道俗所推。时斗场寺多禅僧,都下为之语曰:'斗场禅师窟,东安谈义林'"[2]。义熙十四年(418),释慧严参加了吴郡内史孟颉和右卫将军褚叔度组织的、以佛陀跋陀罗为代表的译经活动,他们一百多人在道场寺译出《华严经》六十卷。佛陀跋陀罗(359—429),印度僧人,五岁丧父、十七岁出家,以禅律闻名。后秦弘始八年(406),应游学罽宾之中国僧人智严所邀来华,因与长安鸠摩罗什僧团不和,被迫与弟子慧观等四十余人至庐山。留居庐山期间,应释慧远所请,佛陀跋陀罗译出《达摩多罗禅经》二卷。义熙八年(412),佛陀跋陀罗赴荆州,其后居建康道场寺,译出《摩诃僧祇律》四十卷,以及《大般泥洹经》六卷。佛陀跋陀罗译《华严经》一事,见载于僧传,云"至义熙十四年,吴郡内史孟颉、右卫将军褚叔度即请贤(佛陀跋陀罗,此云觉贤)为译匠。乃手执梵文,共沙门法业、慧严等百有余人,于道场译出,诠定文旨,会通华戎,妙得经意,故道场寺犹有华严堂焉"[3]。这不是慧严第一次参加译经,早在宋少帝景平元年(423)冬,佛驮什受京邑诸僧之请在龙光寺主持《弥沙塞律》梵本翻译时,"什执梵文,于阗沙门智胜为

① 慧皎:《高僧传》卷八《慧基传》,《大正藏》第50册,第379页上。
② 《南史》卷七八《夷貊上·天竺迦毗黎国传》,中华书局,1974年。
③ 慧皎:《高僧传》卷二《佛陀跋陀罗传》,《大正藏》第50册,第334页中。

译，龙光（竺）道生、东安慧严共执笔参正”①。此本即《五分律》三十四卷，于景平二年（424）四月完成。元嘉年间，释慧严还参与另一项重大的译经活动，即改编的《大般涅槃经》三十六卷，又称作《南本涅槃经》。南朝涅槃学说流行，涅槃经典有大乘和小乘之分。其中，大乘经典的汉译本有佛陀跋多罗所译的《方等泥洹经》（六卷本），此乃法显游西域所得；昙无谶于玄始十年（421）在北凉所译的《大般涅槃经》（四十卷本，世称“北本”）；以及智猛在凉州所译的一个二十卷本，《祐录》谓为阙本。元嘉中昙无谶的《大般涅槃经》传入建康，据《高僧传》卷七《释慧严传》记载：“《大涅槃经》初至宋土，文言致善，而品数疏简。初学难以厝怀。严乃共慧观、谢灵运等，依《泥洹》本加之品目，文有过质颇亦治改。”②以其语言不尽人意，且品目划分不理想，于是慧严、慧观和谢灵运等，以昙无谶本为依据，又参照《泥洹经》加以改治，“南北二本之不同，一为品目之增加，此仅及北本之前五品。二为文字上之修治，则南北相差更甚微也”③，重新修订出一个三十六卷本的涅槃经，世谓之“南本”。这是当时翻译界的大事，慧严、慧观，以及谢灵运等对《涅槃经》的流通和研究做出了贡献。

刘义隆称帝后，也与慧严交好。史载宋文帝对慧严“情好尤密，每见弘赞问佛法”④。刘义隆对佛教培植起兴趣，是受当时朝中大臣信奉佛教的影响：元嘉十二年（435）丹阳尹萧摩之上奏，启请对造寺及佛教雕像加以限制。时佛法传入已有年头，其教理教义得以传播，别为一家之学；出家人增多，崇佛的世家贵族子弟亦不少；寺塔的建造呈华丽增长趋势，损耗过多的材竹铜彩等社会财富。萧摩之的奏疏称：“佛化被于中国，已历四代。形像塔寺，所在千数。进可以系心，退足以招劝。而自顷以来，情敬浮末，不以精诚为至，更以奢竞为重。旧宇颓弛，曾莫之修，而各务造新，以相姱尚。甲第显宅，于兹殆尽，材竹铜彩，糜损无极，无关神祇，有累人事。建中越制，宜加裁检，不为之防，流道未息。请自今以后，有欲铸铜像者，悉诣台自闻；兴造塔寺精舍，皆先诣在所二千石通辞，郡依事列言本州岛，须许报，然后就功。其有辄造寺舍者，皆依不承用诏书律，铜宅林苑，悉没入官。”⑤书上，宋文帝未置可否。此前有深得文帝赏识的释慧琳著《白黑论》，设白

① 慧皎：《高僧传》卷三《佛驮什传》，《大正藏》第50册，第339页上。
② 慧皎：《高僧传》卷七《慧严传》，《大正藏》第50册，第368页上。
③ 汤用彤：《汉魏两晋南北朝佛教史》，北京大学出版社，1997年，第430页。
④ 慧皎：《高僧传》卷七《义解篇·慧严传》，《大正藏》第50册，第367页中。
⑤《宋书》卷九七《夷蛮传》，中华书局，1974年，第2386页。

学先生、黑学道士之问答，论孔释之异同，指斥佛教用天堂、地狱之说愚弄百姓，且道本在无欲，而佛教以有欲相邀，致普通民众非利不动，如此教化，只能使朴质之风日益驰荡："乃丹青眩媚彩之目，土木夸好壮之心，兴糜废之道，单九服之财，树无用之事，割群生之急，致营造之计，成私树之权，务权化之业，结师党之势，苦节以要厉精之誉，护法以展陵竞之情，悲矣。夫道其安寄乎。"①衡阳太守何承天激赏释慧琳之说，著《达性论》，也一并批评佛教。永嘉太守颜延之和太子中舍人宗炳，则站在奉佛的立场，各著万余言，对他们所论加以驳斥。其中，何承天与宗炳、颜延之辩难的首要问题是神灵灭否。因为轮回报应之说，是佛教根本大义。这就是当时有名的白黑论之争和形神因果之辩论。

因为萧摩之的上书，宋文帝召集侍中何尚之、吏部郎中羊玄保等进行商议。何尚之列举王导、周颉、庾亮、王濛、谢尚、郗超、王坦之、王恭、王谧、郭文、谢敷、戴逵、许询及何尚之曾祖何充及何准、王元琳昆季、范汪、孙绰、张玄、殷颉等人名，因为这些人都是佛教的信奉者，指出他们"或宰辅之冠盖，或人伦之羽仪，或置情天人之际，或抗迹烟霞之表，并禀志归依，厝心崇信"②。他告诉宋文帝，奉行佛法的君王，其杀戮现象大为减少，如石虎受佛图澄的影响，苻坚和沮渠蒙逊受佛教感化，均改恶从善。但谤佛者抨击僧尼绝子绝孙，塑像造寺浪费金铜土木，对佛教倡导和平、造福于民的好处为啥只字不提呢？他提醒宋文帝，佛教能在国家治理中发挥非常作用："百家之乡，十人持五戒，则十人淳谨矣；千室之邑，百人修十善，则百人和厚矣。传此风训，以遍寓内，编户千万，则仁人百万矣。此举戒善之全具者耳，若持一戒一善，悉计为数者，抑将十有二三矣。夫能行一善，则去一恶，一恶既去，则息一刑，一刑息于家，则万刑息于国，四百之狱何足难措？雅颂之兴理宜位速，即陛下所谓坐致太平者也。"③这一番话，颇让宋文帝动心。

元嘉十六年(439)前后，宋文帝诏立四学，以丹阳尹何尚之主玄学，著作佐郎何承天主史学，司徒参军谢元主文学，雷次宗主儒学。其中，何尚之是释氏崇信者；何承天曾交往释慧严，请教天竺的历法；雷次宗乃东晋名僧释慧远的弟子。且如上所述，当朝贵族士大夫如王弘、何尚之、范泰、谢灵运等均信奉佛教。设立"四学"是南朝学术史上的一件大事，不仅推动了儒学的发展，而且也使文帝刘义

---

① 《宋书》卷九七《夷蛮传》，中华书局，1974 年，第 2390 页。

② 慧皎：《高僧传》卷七《慧严传》，《大正藏》第 50 册，第 367 页中。

③ 僧祐：《弘明集》卷一一《何令尚之答宋文皇帝赞扬佛教事》，《大正藏》第 52 册，第 69 页下。

隆统治的元嘉时期内的佛法颇有可观。时文帝对佛教义理产生兴趣，跟慧严等僧“论道义理”①。有史记载的是宋文帝想知道竺道生的顿悟之学，释慧观向他推荐了竺道生的弟子道猷。道猷在竺道生圆寂后，一直隐居在临川郡山。文帝听说后，命当地将人送至京城，“既至，即延入宫内。大集义僧，令猷申述顿悟。时竞辩之徒，关责互起，猷既积思参玄，又宗源有本，乘机挫锐，往必摧锋。帝乃抚几称快”②。道猷在宋孝武帝世亦受礼待，敕住新安寺为法主。时参加讲述顿悟之学的，还有慧观的弟子释法瑗(409—489)，俗姓辛，陇西人。初出家事梁州沙门竺慧开，后四处游学，元嘉十五年(438)后依道场寺慧观为师，又入庐山，专心修禅。宋文帝请其下山至京城，“使顿悟之旨，重申宋代”③。这是宋文帝热衷佛学的场景之一。另，史载颜延之著《离识观》及《论检》，宋文帝请慧严与之辩论，两人往复探讨，竟达终日，文帝笑说，“公等今日，无愧支(遁)许(珣)”④。这是当时名士与名僧交往的场景之一。而元嘉二十年(443)慧严卒于东安寺，宋文帝下诏赞扬他识见渊远，为学界和道德的巨匠，并给钱五万、布五十匹。慧严著有《无生灭论》及《老子略注》等。

宋文帝既礼接来华僧人如昙无谶、畺良耶舍、求那跋陀罗、求那跋摩等，又与国内高僧如祇洹寺慧义、道场寺慧观、东安寺慧严保持着较为密切的联系，他参与朝臣关于佛教义理的一些争论，并对佛理建立起求学问道的兴趣。此外，竺道生、道渊、僧弼、道猷、法瑗、玄畅、慧基、慧璩、法愿、慧览、法恭、僧亮等僧，宋文帝也都有交接。另据《宋书》卷四十六《张邵传》载，江夏王刘义恭尝就文帝求一义学沙门，会张敷将还江陵，文帝令其以后车载沙门同去，张敷不奉诏，上甚不悦⑤。可知宋文帝不仅自己礼接僧人，还下令朝臣款待有学识的出家人。文帝在位统治时间长达30年，对佛教又持支持态度，故其所在的元嘉年间是南朝中国佛教发展的高峰时期。《佛祖统纪》形容为：“文帝嗣位之初，观《普贤》《无量寿》二经，同时而至，至今持诵者为尤盛。是知元嘉之际，尊敬大乘，五国来贡，咸赞奉法。自渡江以来，未有此时之光大也。”⑥

---

① 慧皎：《高僧传》卷七《慧严传》，《大正藏》第50册，第367页中。

② 慧皎：《高僧传》卷七《道猷传》，《大正藏》第50册，第374页下。

③ 慧皎：《高僧传》卷八《法瑗传》，《大正藏》第50册，第376页下。

④ 慧皎：《高僧传》卷七《慧严传》，《大正藏》第50册，第367页中。

⑤《宋书》卷四六《张邵传》，中华书局，1974年，第1395—1396页。

⑥ 志磐：《佛祖统纪》卷三六《法运通塞志》，《大正藏》第49册，第344页上。

宋文帝除皇后袁氏，另有众多嫔妃，故其子嗣亦不少，十九个儿子中有如他对佛教爱好者，其嫡孙也有与佛教徒交往者。兹列举如下：

1. 南平穆王刘铄(431—453)，文帝刘义隆第四子。字休玄，少好学，有文才。元嘉十六年(439)封南平王。时有慧观弟子释法瑗，至京城为宋文帝述竺道生的顿悟义学，史载“帝敕为南平穆王铄五戒师”[①]。刘铄历冠军将军、湘州刺史、南豫州刺史、豫州刺史等职。元嘉三十年(453)刘劭弑立，任其为中军将军、南兖州刺史，刘骏起兵讨伐刘劭，刘铄归顺较晚。同年五月，刘骏称帝，赠药赐死刘铄，时年二十三。

2. 建平宣简王刘宏(434—458)，文帝刘义隆第七子。字休度，早丧母，元嘉二十一年(444)，封建平王。刘宏笃好文籍，刘义隆宠爱殊常，为立第于尽山水之美的鸡笼山。历任中护军、江州刺史、中书令等职。元凶弑立，又任左将军、丹阳尹、散骑常侍、镇军将军、江州刺史等职。宋孝武帝继位，刘宏继续为官，为尚书左仆射、中书监、尚书令等职。关于这一时期刘宏与佛教的关系，史料仅记载：“时宋熙有昙瑶者，善《净名》《十住》，及《庄》《老》，又工草隶，为宋建平宣简王宏所重也。”[②]刘宏少而多病，大明二年(458)疾动，其年卒，时年二十五。

3. 建平王刘景素(452—476)，刘宏之子。有父风，好文章书籍，召集才学之士，嗣父为建平王。从史料记载来看，刘景素曾想了解佛教戒律，故其对释昙斌“咨其戒范”。[③] 释昙斌，俗姓苏，南阳人。十岁出家，事道祎为师，始住江陵新寺，听经论、学禅道。后四处游学，先后拜释静林、释法瑶、释法业为师，融冶百家，陶贯诸部，遂还止樊邓，开筵讲说。孝建之初，止新安寺讲《小品》《十地》，并申顿悟、渐悟之旨。宋元徽中卒于庄严寺，时年六十七。另，宋明帝在位时，释僧远遁迹山林，然高名在外，名士多前往山门拜见。史载刘景素有意请释僧远居止其先祖所创之栖玄寺，然殷勤再三，僧远终不下山。[④] 后废帝时刘景素深遭忌惮，举兵兵败，于元徽四年(476)被斩，时年二十五。

4. 建安王刘休仁(433—471)，文帝刘义隆第十二子。元嘉二十九年(452)，册立为建安王。宋孝武帝世，历任秘书监、南兖州刺史、侍中、湘州刺史等职；前

---

① 慧皎：《高僧传》卷八《法瑗传》，《大正藏》第50册，第376页下。
② 慧皎：《高僧传》卷七《法瑶传》，第50册，第374页中。
③ 慧皎：《高僧传》卷七《昙斌传》，第50册，第373页上。
④ 慧皎：《高僧传》卷八《僧远传》，第50册，第377页下。

废帝世，升迁为领军将军、散骑常侍。关于刘休仁与佛教的关系，仅《辩正论》卷三中列举其与临川王刘义庆、彭城王刘义康、南谯王刘义宣、临川嗣王刘道规五人："右宋世诸王，并怀文藻，大习佛经，每月六斋，自持八戒。"[①]可知他是个虔诚的佛教信徒，这当与其境遇有关。或许危难之际，求助佛、菩萨的护佑，是唯一可以自我安慰的方法：前废帝刘子业性情狂躁，杀害公卿，且因顾忌肥壮的叔父们，将刘休仁、刘彧、刘休祐囚禁在殿内，分别给予绰号"杀王""猪王""贼王"，肆意殴打凌辱他们；东海王刘祎资质平庸，拙劣不聪，则起绰号"驴王"。如此困境下，连累其生母杨太妃也遭人欺辱，而刘休仁仍不得不阿谀取悦刘子业，与之周旋，以全性命。公元465年，刘彧杀前废帝刘子业于华林园，刘休仁当天就对其尽臣子礼仪。宋明帝世，刘休仁为扬州刺史、太子太傅等职，并帮助刘彧平定天下。虽然他与刘彧曾同遭囚禁，患难与共，然终因功高震主，重陷忧虑之中。后刘彧病重时，派人备办毒药将其赐死，时年三十九。

5. 山阳王刘休祐(445—471)，文帝刘义隆第十三子。孝建三年(456)，封山阳王。大明年间，历任散骑常侍、长水校尉、湘州刺史、秘书监、侍中、豫州刺史等职。前废帝景和元年(465)入朝，进号镇西大将军，迁散骑常侍、镇军大将军、开府仪同三司。宋明帝世，为荆州刺史、江州刺史、南豫州刺史、荆州刺史等职。改封晋平王。刘休祐为荆州刺史时，江陵琵琶寺住有释僧隐，俗姓李，秦州陇西人，8岁出家，曾以凉州玄高为师。玄高圆寂后，他西游巴蜀，然后止江陵，从慧彻就学。史载僧隐"研访少时，备穷经律，禅慧之风被于荆楚，州将山阳王刘休祐及长史张岱，并谘禀戒法"[②]。然休祐性格暴戾，又贪财好色，显然未得佛法真要。泰始七年(471)，明帝欲除掉休祐，借岩山射雉之机，设计杀之，时年二十七。

6. 鄱阳哀王刘休业(445—456)，文帝刘义隆第十五子。孝建二年(455)，封鄱阳王，次年死，时年十二。大明六年(462)，以山阳王刘休祐次子士弘嗣封。被废还本，国除。刘休业在世时间短暂，未见其与佛教有关系之记载，然值得一提的是，其曾孙出家为僧，法号慧昭，唐代居武陵开元寺，《宋高僧传》有传。释慧昭自述身世生于梁普通七年(526)，是"宋孝文帝之玄孙也，曾祖鄱阳王休业，祖士弘"[③]。史载其"性僻而高，恒修禅定，貌颇衰羸。好言人之休戚，而皆必中。与人

① 法琳：《辩正论》卷三《十代奉佛篇》，《大正藏》第52册，第504页中。
② 慧皎：《高僧传》卷一一《僧隐传》，《大正藏》第50册，第401页中。
③ 赞宁：《宋高僧传》卷一八《慧昭传》，《大正藏》第50册，第825页下。

交言，且不驯狎，闭关自处，左右无侍童，每日乞食”[①]。三十岁曾仕陈，后惧官场争斗，为免祸，初隐居于林谷。后又历经诸多人生波折，为僧遁迹会稽山佛寺二十年，据说一直到唐代元和十年(815)，还有人见过他，真乃奇事。

7. 巴陵哀王刘休若(348—471)，文帝刘义隆第十九子。孝建三年(456)，封巴陵王。大明年间，历任南琅琊、临淮、南彭城、下邳太守，徐州刺史、吴兴太守等职。前废帝永光元年(465)，迁左卫将军。宋明帝世，又任会稽太守、雍州刺史等职。后因私杀典签事，被降职。泰始六年(470)，因刘休祐被征召进京，刘休若负责监荆州，进号征南将军、湘州刺史，同时为荆州刺史。史载这期间，刘休若与建平王刘景素，一起到僧隐的禅房，“屈膝恭礼”[②]。随着晋平王刘休祐、建安王刘休仁相继被害，刘休若心怀危虑，后被宋明帝于第赐死，时年二十四。

三 宋孝武帝刘骏与佛教

元嘉三十年(453)正月，宋文帝长子刘劭构逆，其第三子刘骏率众讨伐。二月，宋文帝崩于合殿，时年四十七。四月，刘骏平定刘劭，即皇帝位，史称孝武帝。孝建元年(454)六月，刘骏将造反的刘义宣赐死。

孝武帝即位之前，景平三年(425)四月，有五色云见西方，民谣流传“钱唐当出天子”，宋文帝在钱唐布置守备部队，以防应变。其后刘骏即位，在新亭寺的禅堂，世人才恍悟“钱唐”之音暗合“禅堂”二字。[③] 刘骏居然在禅堂初登大宝，这是临时安排还是早有谋划，不得而知。宋孝武帝南下时曾改治新亭寺，并敕“研精律部，博涉经论”[④]的释法颖为都邑僧正。然刘骏佩服有德性的僧人，早有史载：文士范晔元嘉中谋反被诛，牵连众多，门有十二丧，无人前去营理，释昙迁(384—482)因曾与之游狎，遂悉心为之营葬，刘骏闻后叹赏，对徐爰说：“卿著《宋书》，勿遗此士。”[⑤]刘骏即位当年，做了两件与佛教有关的事情。

---

① 赞宁：《宋高僧传》卷一八《慧昭传》，《大正藏》第50册，第825页下。
② 慧皎：《高僧传》卷一一《僧隐传》，《大正藏》第50册，第401页中。
③ 《宋书》卷二七《符瑞志》，中华书局，1974年，第786页。
④ 慧皎：《高僧传》卷一一《法颖传》，《大正藏》第50册，第402页上。
⑤ 慧皎：《高僧传》卷一三《昙迁传》，《大正藏》第50册，第414页上。

一是延请在东山寺讲经说法的释僧导至京城，居中兴寺。僧导由于前所述保护刘义真有功，被宋武帝敕住寿春东山寺。他在此寺收留从北方战乱中逃亡而来的沙门数百人，悉给衣食；对于死去的僧众，则设会行香，流涕哀悼。长安佛教因此传入江南。僧导入住中兴寺那天，刘骏亲自候迎。后敕其于瓦官寺开讲《维摩经》，史载“帝亲临幸，公卿必集”①，可知场面之热烈！借讲法之机缘，僧导开导刘骏说：“护法弘道，莫先帝王。陛下若能运四等心，矜危劝善，则此沙石瓦砾，便为自在天宫。”②刘骏当时虽然口中称善，实际上却未能把这位高僧的话记在心里。在位期间，他贪图享乐，荒淫腐败，不理朝事，又因担心各兄弟藩王会对自己不利，不惜骨肉相残，杀害宗室南郡王刘义宣、南平王刘铄、竟陵王刘诞、武昌王刘浑、海陵王刘休茂等，致使刘宋王朝从此走向衰落。僧导后辞还寿春，卒于石磵，时年九十六。

二是召集群臣行八关斋。八关斋是指在家信众于一昼夜受持八条戒律，如戒杀生、戒悭贪、戒邪淫、戒妄语、戒饮酒，不着华香脂粉，不为歌舞倡乐；不卧好床，捐除睡卧，思念经道，中不食等的一种佛教仪式，又称“八关戒”。据《宋书》卷八九记载：“孝建元年，世祖率群臣并于中兴寺八关斋。中食竟，愍孙（指袁粲）别与黄门郎张淹更进鱼肉食。尚书令何尚之奉法素谨，密以白世祖。世祖使御史中丞王谦之纠奏，并免官。”③刘骏亲率群臣行八关斋，可知他为信徒之一，而将不守戒律的袁粲和张淹免官，也说明他愿意站在维护佛法的这边。

孝武帝一方面亲近佛教，另一方面又企图对佛教发展进行控制。大明二年（458），羌人高阇与道人昙标者谋反，孝武帝欲沙汰不法沙门，下诏云：“佛法讹替，沙门混杂，未足扶济鸿教，而专成逋薮。加奸心频发，凶状屡闻，败乱风俗，人神交怨。可付所在，精加沙汰，后有违犯，严加诛坐。”④庐陵内史周朗曾上书指出佛教中鱼龙混杂之现象：“然习慧者日替其修，束诫者月繁其过，遂至糜散锦帛，侈饰车从。复假精医术，托杂卜数，延姝满室，置酒浃堂，寄夫托妻者不无，杀子乞儿者继有。而犹倚灵假像，背亲傲君，欺费疾老，震损宫邑，是乃外刑之所不容戮，内教之所不悔罪，而横天地之间，莫不纠察。”⑤周朗启请申严佛律，裨重国令，

---

① 慧皎：《高僧传》卷七《僧导传》，《大正藏》第 50 册，第 371 页上。
② 慧皎：《高僧传》卷七《僧导传》，《大正藏》第 50 册，第 371 页上。
③《宋书》卷八九《袁粲传》，中华书局，1974 年，第 2229 页。
④《宋书》卷九七《夷蛮传》，中华书局，1974 年，第 2386—2387 页。
⑤《宋书》卷八二《周朗传》，中华书局，1974 年，第 2100 页。

将造成恶劣影响的沙门全部罢遣；至于有特殊艺能的和尚，则制定另外的条例，提出禅义、经诵，沙门要能通其一，且要求沙门“食不过蔬，衣不出布”。孝武帝下诏设诸条禁，自非戒行精苦，并使还俗。然他的诏令却因诸寺僧尼出入宫中，与后妃们相交游，未能付诸实施，可见当时佛教势力已然渗透至后宫。另大明三年(459)发生的一事，也可说明宋孝武帝对待僧人有区别。时有释法愿(414—500)者，俗姓钟，“家本事神，身习鼓舞，世间杂技及耆父占相，皆备尽其妙”[①]。宋孝武帝即位，宗悫出镇广州，携其同行，后宗悫迁豫州此事，又携同行。大明三年(459)法愿与宗悫商议，“欲减众僧床脚，令依八指之制”[②]，因释僧导不满此事，上闻宋孝武帝。孝武帝插手此事，敕令法愿还都，又下令沈攸之逼其破戒食肉，法愿抗命不从，被折断两颗门牙，足见当时场面之激烈！宋孝武帝大怒，敕令其还俗，为广武将军，守卫华林佛殿。直到孝武帝辞世，法愿才重新入寺为僧。法愿后得与萧道成(齐武帝，南齐开国皇帝)交好，萧道成称帝，事之以师礼。当然，此乃后话。

大明六年(462)对于孝武帝而言，是很不寻常的一年。这一年四月，他宠幸的殷淑仪(刘义宣之女，论辈分是刘骏堂妹)得病身亡，孝武帝悲痛异常，追封其为贵妃。其第八子始平王刘子鸾为其亡生母殷贵妃造新安寺，“敕选三州，招延英哲”[③]，众造寺释僧远、小山寺释法瑶、南涧寺释显亮，还有竺道生的弟子道猷都被征召。其中，僧远被推举为寺首，[④]道猷敕为镇寺法主，[⑤]释慧重被敕于新安寺出家。[⑥] 这一年天下亢旱，宋孝武帝礼请中天竺僧人求那跋陀罗求雨。求那跋陀罗(394—468)，婆罗门种，幼学五明诸论，天文书算、医方咒术，无不精通。来华后，曾被迫从刘义宣随军；宋孝武帝即位，不追其责，依然礼待。求那跋陀罗遂往北湖钓台烧香祈请，默念诵经，密加秘咒，明天大雨连降，求雨大获成功，而求那跋陀罗亦得到丰厚供养。九月，孝武帝下达了一项要求致敬人主的诏令。沙门不拜王者与中国礼法不合，故自东晋以来，常有令致敬之议：晋成帝时，庾冰提议沙门致敬，因尚书令何充、仆射褚昱、诸葛恢等反对而未能实施；后桓玄与慧远

① 慧皎：《高僧传》卷一三《法愿传》，《大正藏》第50册，第416页下。
② 慧皎：《高僧传》卷一三《法愿传》，《大正藏》第50册，第416页下。
③ 慧皎：《高僧传》卷八《僧远传》，《大正藏》第50册，第377页下。
④ 慧皎：《高僧传》卷八《僧远传》，《大正藏》第50册，第377页下。
⑤ 慧皎：《高僧传》卷七《道猷传》，《大正藏》第50册，第374页下。
⑥ 慧皎：《高僧传》卷一三《慧重传》，《大正藏》第50册，第416页下。

书，要求僧人礼敬，慧远著《沙门不敬王者论》五篇以示反对。此次有司奏议，令僧人拜王者，云"夫佛法以谦俭自牧，忠虔为道，不轻比丘，遭人斯拜，目连桑门，过长则礼，宁有屈膝四辈，而简礼二亲，稽颡耆腊，而直体万乘者哉。故咸康创议，元兴载述，而事屈偏党，道挫余分。今鸿源遥洗，群流仰镜，九仙尽宝，百神从职，而畿辇之内，含弗臣之氓，阶席之间，延抗礼之客，惧非所以澄一风范，详示景则者也。臣等参议，以为沙门接见，比当尽虔礼敬之容，依其本俗，则朝徽有序，乘方兼遂矣"[①]。从《广弘明集》卷六《辨惑篇》中所描述的"世祖以大明六年，使有司奏议令僧致敬，既行刳斮之虐，鞭颜皴面而斩之，人不胜其酷也，且僧拜非经国之典，亦不行之"[②]来看，这项诏令曾被严厉地执行过，却也未能贯彻始终。僧人用实际行动表达了对此诏令的不满，如被征召止新安寺的释僧远即日谢病，退隐上定林寺。直到宋明帝时，释僧远才重新回到新安寺。而这项诏令，到前废帝初，就废止不行。

永明六年(488)后，孝武帝因殷淑妃之死哀伤过度而起病，自此少理政事。他在位十一年，残害手足，加之私生活混乱，颇引非议，然诗文造诣相当高，其为悼念殷淑妃所作的《伤宣贵妃拟汉武帝李夫人赋》文，云"流律有终，心情无歇。徙倚云日，徘徊风月"，缠绵悱恻，牵动人心。孝武帝的乐府诗也写得清新自然，开帝王写民歌之先河。

宋孝武帝生前十分好色，故御女众多，且不顾人伦，连叔父荆州刺史刘义宣的四个女儿都一并召幸，其中的楚江郡主被冒充是殷琰家的女儿，封号殷淑妃。孝武帝有子二十八人。其中，与佛教有关联的，兹举例如下：

1. 豫章王刘子尚(450—465)，孝武帝刘骏次子。孝建三年(456)，封西阳王，任扬州刺史。大明五年(461)改封豫章王，任会稽太守。大明七年(463)加号车骑将军、散骑常侍。前废帝世，任扬州、南徐州都督，领尚书令。刘子尚作为皇后之子，原先也是得宠的，但后来刘骏宠爱殷淑妃以及其子刘子鸾，刘子尚逐渐失宠。他交好释僧璩，崇其为法友。释僧璩，俗姓朱，吴国人，出家为僧业弟子。"总锐众经，尤明《十诵》。兼善史籍，颇致文藻。"[③]始住吴郡虎丘山，宋孝武帝敕出京师为僧正，止于中兴寺。僧璩学兼内外，律行高洁，"少帝准从受五戒，豫章

---

① 《宋书》卷九七《夷蛮传》，中华书局，1974年，第2387页。

② 道宣：《广弘明集》卷六《三宋世祖孝武皇帝》，《大正藏》第52册，第126页上。

③ 慧皎：《高僧传》卷一一《僧璩传》，《大正藏》第50册，第401页上。

王子尚崇为法友”①。后移止庄严寺，圆寂于此，时年五十八。景和元年(465)，刘彧杀害刘子业的第二天，以皇太后路惠男的名义下令赐死刘子尚与其姐刘楚玉(会稽长公主)，刘子尚时年十六。

2. 始平孝敬王刘子鸾(456—465)，孝武帝刘骏第八子。五岁时封襄阳王，后改封新安王，加封北中郎将、南徐州刺史，领南琅琊太守。因为其母殷淑妃得到孝武帝刘骏宠幸的缘故，子鸾也特为刘骏宠爱。大明六年(462)殷淑妃病亡，史载“宋新安孝敬王子鸾，为亡所生母殷贵妃造新安寺。敕选三州，招延英哲”②。殷淑仪死后被追封为贵妃，其子刘子鸾加司徒，都督南徐州诸军事，后又加中书令。然而前废帝刘子业即位后，出于对弟弟子鸾得宠的嫉妒，不仅夺其中书令之官，将其赐死，而且还“毁废新安寺，驱斥僧徒”③。刘子鸾被害时年仅十岁。

四 宋明帝刘彧与佛教

大明八年(464)，孝武帝驾崩，长子刘子业即皇帝位，史称前废帝。他上位伊始，出于自己未曾得宠的怨恨，不仅杀害孝武帝与殷贵妃的宠子新安王刘子鸾，还毁弃了刘子鸾为其母所造的新安寺，将住寺僧众流放，并把中兴寺、天宝寺等也毁掉。翌年即景和元年(465)正月，刘子业“制停沙门致敬”④。刘子业在位期间，还残虐杀害叔父刘义恭，以及柳元景、颜师伯，令内外百官惶恐。故宋文帝第十一子刘彧与心腹密谋，杀掉前废帝，继承大统，史称宋明帝。

明帝即位前出现了“湘州出天子”⑤的谣言。刘彧称帝后，下令重新修建被毁弃的寺院，并召集原来的僧人各还其寺，恢复了对佛教的支持态度。史载宋明帝定乱，下令曰：“先帝建中兴及新安诸寺，所以长世垂范，弘宣盛化。顷遇昏虐，法像残毁，师徒奔迸，甚以矜怀。妙训渊谟，有扶名教。可招集旧僧，普各还本，并使材官，随宜修复。”⑥他即位后，还兴建寺院，招集讲僧，敕僧尼管理诸寺：

---

① 慧皎：《高僧传》卷一一《僧璩传》，《大正藏》第50册，第401页上。
② 慧皎：《高僧传》卷八《僧远传》，《大正藏》第50册，第377页下。
③《宋书》卷九七《夷蛮传》，中华书局，1974年，第2384页。
④ 志磐：《佛祖统纪》卷三六《法运通塞志》，《大正藏》第49册，第346页上。
⑤《宋书》卷二七《符瑞志》，中华书局，1974年，第786页。
⑥《宋书》卷九七《夷蛮传》，中华书局，1974年，第2384页。

一是即位当年兴建兴皇寺。据《高僧传》记载，释道猛（411—475）本西凉州人，少而游历燕赵，备瞩风化，后停止寿春，力精勤学，三藏九部，精通大小数论，而特善《成实论》。明帝为湘东王时，就对释道猛深相崇荐。即位后倍加礼接，赐钱三十万，以供资待。泰始之初，明帝创寺于建阳门外，敕道猛为纲领。明帝说："夫人能弘道，道藉人弘。今得法师，非直道益，苍生亦有光于世望，可目寺为兴皇。"[①]遂该寺名"兴皇寺"。又敕释道猛于寺开讲《成实论》。序题之日，明帝临幸，公卿皆集，释道猛的讲法深得明帝欢心，不仅下诏赞美他，而且给予供养，月给钱三万，令吏四人，白簿吏二十人，车及步舆各一乘。泰始六年（470），明帝又敕释智藏住兴皇寺，代其出家。此据《高僧传》记载，释智藏"年十六[②]，代宋明帝出家，以泰始六年敕住兴皇寺"。释智藏（458—522），俗姓顾，本名净藏，吴郡吴人。十三岁出家，师事上定林寺释僧远、释僧祐，以及天安寺释弘宗，他戒德坚定，学业通明，有名于南朝齐、梁两代，详见后述。

二是敕释僧瑾为天下僧主。释僧瑾（？—元徽中），本姓朱，沛国人，少善《老》《庄》及《诗》《礼》，后又游学内典，博涉三藏。还在孝武帝当位时，释僧瑾就敕为湘东王刘彧之师，史载"王从请五戒，甚加优礼"[③]。刘彧即位后，特别礼遇僧瑾，给法伎一部，亲信二十人，月给钱三万，冬夏四时赐并车舆吏力，有四方献奉皆赐予。僧瑾将所得财物用来修建灵根、灵基二寺。明帝晚年疑心转重，颇多忌讳，若有人言死亡、凶祸、衰白等语，则拘之。僧瑾为人正直，多加匡谏，招致明帝的疏远。时汝南周颙入侍帷幄，僧瑾劝说周颙对皇帝述"三世果报"之说，收到了应有的效果，史载明帝惊叹："报应真当如此，亦宁可不畏！"[④]那些因口过被囚之人因而得到释放。僧瑾元徽中卒，时年七十九。

三是以故宅起湘宫寺，大选英僧，频开讲肆。湘宫寺所费极多，呈现出佛教在发展过程中的奢侈豪华特征。史载宋明帝以孝武庄严刹七层，欲起十层，不可立，分为两刹，各五层。明帝又把宋文帝安置于彭城寺的金薄圆光佛像，移至湘宫寺。[⑤] 明帝曾对新安太守巢尚之说，自己建湘宫寺是大功德，而能直言的虞愿却说："陛下起此寺，皆是百姓卖儿贴妇钱，佛若有知，当悲哭哀愍。罪高佛图，有

① 慧皎：《高僧传》卷七《道猛传》，《大正藏》第 50 册，第 374 页上。
② 此处时间疑误。按照智藏的生卒年，泰始六年是 470 年，这一年，智藏不是十六岁，而是十三岁。
③ 慧皎：《高僧传》卷七《僧瑾传》，《大正藏》第 50 册，第 373 页下。
④ 慧皎：《高僧传》卷七《僧瑾传》，《大正藏》第 50 册，第 374 页上。
⑤ 慧皎：《高僧传》卷一三《僧亮传》，《大正藏》第 50 册，第 411 页上。

何功德!"[1]尚书令袁粲闻之失色，宋明帝亦大怒，令人将其驱逐出殿。此事《高僧传》所载略有差异，记虞愿云:"此寺穿掘伤蝼蚁，砖瓦焚虫豸，劳役之苦百姓筋力，贩妻货子呼嗟满路。佛若有知，念其有罪;佛若无知，作之何益!"[2]从这点看，虞愿倒是个真解佛教慈悲大义的人。

作为皇家寺院，宋明帝请多宝寺的释弘充为湘宫寺纲领。释弘充(? —永明中)，凉州人，通《庄》《老》，解经律，善于问难。大明末过江，初止多宝寺，每开讲《法华》《十地》，听者盈堂。后移居湘宫寺，注有《文殊问菩提经》及《首楞严经》，齐永明中卒，时年七十二。宋明帝又请天宝寺的释法瑗为湘宫寺法主，史载"帝乃降跸法筵，公卿会座，一时之盛，观者荣之"[3]。释法瑗(409—489)，俗姓辛，陇西人，慧观弟子。他善谈顿悟义，宋文帝世曾应邀至京谈论，使顿悟之旨重申宋代，又敕法瑗为南平穆王刘铄五戒师。孝武帝世，曾敕法瑗为西阳王刘子尚友，然遭到婉辞。后法瑗隐于方山，"《注胜鬘》及《微密持经》，论议之隙，时谈《孝经》《丧服》"[4]。后移居天宝寺，又移居湘宫寺。南齐世亦受帝王礼待，于齐永明七年(489)圆寂，时年八十一。此外，宋明帝礼请高僧慧隆在湘宫寺讲经。释慧隆(425—490)，俗姓成，阳平人。二十三出家，十余年中，凝心佛法，贯通众典，宋泰始中出都止何园寺。史载:"宋明帝请于湘宫寺开讲《成实》，负帙问道八百余人，其后王侯贵胜，屡招讲说。"[5]慧隆于永明八年(490)圆寂，时年六十二。明帝还在湘宫寺设会，邀请释昙光唱导，并敕赐三衣瓶钵。释昙光后来卒于寺中，时年六十五。[6]

四是选敕僧尼为诸寺寺主。如释僧覆，昙亮弟子，学通诸经，蔬食持咒，被宋明帝敕为彭城寺主;[7]如普贤寺的宝贤尼，此尼宋文帝曾供以衣食，孝武帝也雅相敬待，明帝即位的泰始元年(465)，敕其为普贤寺主，二年(466)敕为都邑僧正;[8]如普贤寺的法净尼，泰始元年(465)敕住普贤寺，二年(466)敕为京邑都维那;[9]如

---

① 《南史》卷七〇《虞愿传》，中华书局，1974年，第1710页。
② 道宣:《广弘明集》卷六《虞愿》，《大正藏》第52册，第127页下。
③ 慧皎:《高僧传》卷八《法瑗传》，《大正藏》第50册，第376页下。
④ 慧皎:《高僧传》卷八《法瑗传》，《大正藏》第50册，第376页下。
⑤ 慧皎:《高僧传》卷八《慧隆传》，《大正藏》第50册，第379页下。
⑥ 慧皎:《高僧传》卷一三《昙光传》，《大正藏》第50册，第416页中。
⑦ 慧皎:《高僧传》卷一二《僧覆传》，《大正藏》第50册，第407页下。
⑧ 宝唱:《比丘尼传》卷二《普贤寺宝贤尼传》，《大正藏》第50册，第941页上。
⑨ 宝唱:《比丘尼传》卷二《普贤寺法净尼传》，《大正藏》第50册，第941页中。

崇圣寺的僧敬尼，宋明帝遣使从岭南迎至都，敕住崇圣寺；①如禅林寺的净秀尼，泰始三年(467)明帝根据净秀尼召集的众人均以禅定为业，敕其所居寺名为禅林寺。② 而泰始四年(468)，求那跋陀罗圆寂，明帝深感痛惜，参与其葬仪，并给予厚葬。据《佛法金汤编》所载，"帝造丈八金像，旦常蔬食，日诵般若。感得舍利，造弘普寺"③。

晚年的明帝猜忌诸弟，害怕他们在他死后夺取太子刘昱的皇位，不仅大杀立过大功的诸弟，唯留人才凡弱的刘休范，而且大清君侧，杀害朝中文武重臣。甚至好鬼神，多忌讳，任虐好杀，刘宋王朝自此而衰。

宋明帝刘彧因无生育能力，其诸子都是抱养诸弟新生的男婴，而男婴的生母则被杀掉，列于其名下的有十二子。其中，与佛教有关系的王侯为晋熙王刘燮(470—479)，明帝刘彧第六子。泰始六年(470)出生，四月封为晋熙王，出继宋文帝第九子刘昶。元徽元年(473)，加封征虏将军，任郢州刺史。元徽二年(474)，因平定桂阳王刘休范叛乱有功，进号安西将军。元徽四年(476)，进号镇西将军。昇明元年(477)进号抚军将军，改任扬州刺史。昇明二年(478)进号中军将军，加封司徒。史载"时又有道表律师，率真有高行，宋明帝敕晋熙王燮从请戒焉"④，这是发生在宋明帝时的事，然具体时间不详。建元四年(479)四月，萧道成受禅，立齐国。降封刘燮为阴安县公，五月刘燮被杀害，死时年仅十岁。

五 宋顺帝刘准与佛教

明帝于泰豫元年(472)四月驾崩于景福殿，长子刘昱即位，史称后废帝。刘昱残暴成性，不仅将孝武帝的儿子全部杀掉，而且经常带上数十白棓，外出扰民，肆意杀害，见卧尸流血而乐。若左右人有看不惯他的行为者，则令其正立，以矛刺杀之，又与右卫翼辇营女子私通。刘昱还前往青园尼寺寻衅滋事，夜晚到新安

① 宝唱：《比丘尼传》卷三《崇圣寺僧敬尼传》，《大正藏》第50册，第942页上。
② 宝唱：《比丘尼传》卷四《禅林寺净秀尼传》，《大正藏》第50册，第945页上。
③ 心泰：《佛法金汤编》卷三，《卍新纂续藏经》第87册，第383页中。
④ 慧皎：《高僧传》卷一一《僧璩传》，《大正藏》第50册，第401页上。

寺偷狗，与昙度道人饮酒煮食。[1] 他的残暴荒诞也把自己推上了绝路。元徽五年（477），拥有军事实权的武臣萧道成将其杀死，拥立宋明帝第三子刘准为帝，史称宋顺帝。

宋顺帝刘准继位时年仅十岁，名义上是皇帝，但朝中实权都掌握在萧道成手里。史载刘准曾从释僧璩受五戒，但具体时间不详。僧璩为僧业弟子，俗姓朱，吴国人。总锐众经，尤明《十诵》，兼善史籍，颇制文藻。曾为孝武帝敕为僧正，止中兴寺。史载："璩既学兼内外，又律行无疵。道俗归依，车轨相接。少帝准从受五戒，豫章王子尚崇为法友。"[2]僧璩后卒于庄严寺，时年五十八。

479 年，萧道成要求刘准禅让，派部将王敬则率军进宫。只有十三岁的刘准害怕之极，吓得躲到佛盖之下，然无济于事，王敬则带兵硬把他抬走，于是萧道成得以称帝。刘准被降封为汝阴王，迁居丹阳，派兵监管，后仍被杀害。刘准在被胁迫禅让时，曾说"愿生生世世，再不生帝王家"，道尽了身为末代皇帝的悲哀。刘宋佛教的兴盛期是宋文帝元嘉时，此时因政权更迭频仍，其发展已跌入低谷。

---

① 《宋书》卷九《后废帝刘昱纪》，中华书局，1974 年，第 189 页。

② 慧皎：《高僧传》卷一一《僧璩传》，《大正藏》第 50 册，第 401 页上。

第二节
南齐帝王与佛教

南齐从479年至502年，历七帝，共二十四年。其间帝王虽扶奖佛教，但发挥了积极作用的却是王公贵族。如齐武帝的第二子竟陵王萧子良，他笃信释氏，招聚文人与僧侣，从事了大量与佛教有关的活动，致使南齐佛教继宋元嘉后，再次达到极盛。

一 齐高帝萧道成与佛教

昇明三年(479)，萧道成禅让夺位，推翻刘宋政权，建立齐国，改元建元元年(479)，史称齐高帝。萧氏祖籍东海兰陵县都乡中都里(今山东临沂兰陵县)，后渡江侨居晋陵武进县东城里(今江苏丹阳市境内)，改称其为南兰陵。

刘宋时期，萧道成已与佛教结下因缘。他年十三岁从雷次宗受学儒学经典，“治《礼》及《左氏春秋》”[①]。雷次宗(386—448)是南朝儒学大家，东晋名僧慧远的弟子，一位兼通儒佛的学者。及长，萧道成性格深沉，有胆有谋。刘宋末萧道成屡建军功，与当时袁粲、褚渊、刘秉号称“四贵”，朝廷实权也渐集于其手。但因为地位日高，萧道成惧怕功高震主，遭遇不测，遂有意书写佛经，求取内心慰藉:现存于德国的两件由萧道成具衔题记的残页，经唐长孺先生考证，为写于刘宋升明元年(477)的《普门品》之类的供养经[②]，可资证明。

萧道成即位，僧人释玄畅有意宣扬“齐兴”的祥瑞。释玄畅，史载其“洞晓经律，深入禅要，占记吉凶，靡不诚验，坟典子氏，多所该涉，至于世伎杂能，罕不必备”[③]。宋文帝想请其为太子师，但玄畅有先知之明，故坚决推辞此事。昇明三年(479)，玄畅游历四川，看中岷山郡北部广阳县境内的齐后山，在此结草为庵，又

---

① 《南齐书》卷一《齐高帝纪》，中华书局，1972年，第3页。

② 参见唐长孺:《南北朝期间西域与南朝的陆道交通》，载唐长孺:《魏晋南北朝史论拾遗》，中华书局，1983年，第190—192页。

③ 慧皎:《高僧传》卷八《玄畅传》，《大正藏》第50册，第377页上。

于建元元年(479)四月二十三日在此建刹立寺,寺名“齐兴”。时傅琰镇守四川,对玄畅敬以师礼;玄畅致书傅琰,说明此寺之建立暗合萧道成立齐国之美事,并作赞一首;傅琰随即上表,齐高帝萧道成敕蠲百户以充俸,供养玄畅。玄畅后随豫章王萧嶷坐镇荆州。永明二年(484),齐武帝长子即太子萧长懋,以及第二子文宣王萧子良都邀请玄畅至京,玄畅带病前往,歇止灵根寺,不久圆寂,时年六十九。

刘宋末年,处于危机的萧道成不仅书经,而且结交僧人释法愿,希望从和尚那里得到关于自己未来的启示。史载:“齐高亲事幼主,恒有不测之忧,每以谘愿,愿曰:‘后七月当定。’果如其言。及高帝即位,事以师礼,武帝嗣兴,亦尽师敬。”[①]因释法愿通晓世间杂伎及耆父占相,能预测吉凶,故萧道成多次向他请教,从中获取心灵慰藉。萧道成如愿称帝后,对释法愿事以师礼,其子萧赜继位后,亦对释法愿敬以师礼。释法愿性格脱俗,又善唱导,故供养甚多:“其王侯妃主及四远士庶,并从受戒,悉遵师礼。愿往必直前,无有通白,感致随喜,日盈万计。愿随以修福,未尝蓄聚。或雇人礼佛,或借人持斋,或收籴米谷,散饴鱼鸟,或贸易饮食,赈给囚徒,兴功立德,数不可纪。”[②]但释法愿不私蓄财物,全部用于营功德。永元二年(500),释法愿圆寂,时年八十七。

即位后的萧道成,入山造访刘宋时不敬王者的释僧远。僧远以老病为由,不愿起身,萧道成则降尊纡贵,入其房殷勤慰问。后齐武帝太子萧长懋,以及第二子文宣王萧子良都拜释僧远为师,贵族公卿也多来探望。史载“(僧)远蔬食五十余年,涧饮二十余载,游心法苑,缅想人外,高步山门,萧然物表”[③],这位不为名闻利养所动的高僧于永明二年(484)圆寂于定林上寺,时年七十一。

萧道成在位期间,还敕封一些僧人为僧主。如释法颖(416—482),俗姓索,敦煌人,研精律部,博涉经论。刘宋元嘉末年居住在新亭寺,孝武帝曾敕其为都邑僧正,后还住多宝寺,时开律席。萧道成时复敕为僧主,资给事事,有倍常科。又如释道盛(? —永明中),俗姓朱,沛国人。幼年出家,“善《涅槃》《维摩》,兼通《周易》”[④],始住湘州,宋明帝时被敕令止彭城寺,后迁天保寺。昇明二年(478),

---

① 慧皎:《高僧传》卷一三《法愿传》,《大正藏》第 50 册,第 417 页上。
② 慧皎:《高僧传》卷一三《法愿传》,《大正藏》第 50 册,第 417 页上。
③ 慧皎:《高僧传》卷八《僧远传》,《大正藏》第 50 册,第 377 页下。
④ 慧皎:《高僧传》卷八《道盛传》,《大正藏》第 50 册,第 375 页下。

道盛反对丹阳尹沈文季沙汰僧尼之提议，事遂得以不行。萧道成敕其代昙度为僧主。再如释僧慧（407—485），俗姓皇甫，本安定朝那人，先人避难寓居襄阳。释僧慧少出家，师从荆州竹林寺释昙顺。史载其“年二十五能讲《涅槃》《法华》《十住》《净名》《杂心》等，性强记，不烦都讲，而文句辩折，宣畅如流，又善《庄》《老》，为西学所师”[①]，齐初敕为荆州僧主。因年老常乘舆赴讲，号称“秃头官家”[②]。释僧慧于永明四年（486）圆寂，时年七十九。

萧道成对佛教是有感情的。史载其“手写《法华》，口诵《般若》。四月八日常传金像，七月半白普寺送盆供僧三百，造陟屺、正观二寺”[③]。萧道成所立之寺，除前所述陟屺、正观二寺，还有蕲州福田寺[④]、熙州环公山山谷寺[⑤]等。在清人所撰《盂兰盆经疏折中疏》中，也有“东土南齐高帝常于七月十五日，送盂兰盆往诸寺中，供自恣僧”[⑥]的记录。盂兰盆会是佛教徒于每年农历七月十五日举行的，用以供奉佛祖和僧人，济度六道苦难，以及报谢父母长养慈爱之恩的盛大仪式。但学界普遍认为，此仪式始于南朝梁武帝时。萧道成还曾乘车至安乐寺，但前往的原因，史料不载。又云“齐高帝幸庄严寺，听达法师讲《维摩经》”[⑦]，然此达法师，未详何人。此外，齐高帝萧道成曾派释昙超往辽东弘赞禅道。释昙超（419—492），俗姓张，清河人。元嘉末南游始兴，大明中至建康。史载“至齐太祖即位，被敕往辽东弘赞禅道，停彼二年，大行法化”[⑧]。萧道成此举意在利用佛教安抚人心。建元末释昙超回到建康，于永明十年（492）圆寂，时年七十四。

齐高帝萧道成一共有十九个儿子，除第九、十三、十七子早亡外，跟佛教有关系的（包括嫡孙），以及其次兄萧道生之嫡孙与佛教有关系的，均列举如下：

1. 豫章文献王萧嶷（444—492），高帝萧道成第二子。起家为太学博士、长城令，入朝为尚书左民郎、钱唐令，历任中书郎、安远护军、武陵内史、镇西将军、荆州刺史等职，与其父萧道成一起为刘宋政权效力。萧嶷与佛教的关系，早在刘宋末年任荆州刺史时就已建立：萧嶷迎请释玄畅至荆州，并供养荆州三重寺慧绪

① 慧皎：《高僧传》卷八《僧慧传》，《大正藏》第50册，第378页中。
② 慧皎：《高僧传》卷八《僧慧传》，《大正藏》第50册，第378页中。
③ 《释迦方志》卷二《教相篇》，《大正藏》第51册，第974页上。
④ 道宣：《续高僧传》卷一一《明舜传》，《大正藏》第50册，第510页下。
⑤ 道宣：《续高僧传》卷二六《昙瑎传》，《大正藏》第50册，第670页上
⑥ 灵耀：《盂兰盆经疏折中疏》卷一，《卍新纂续藏经》第21册，第590页下。
⑦ 志磐：《佛祖统纪》卷五一《历代会要志》，《大正藏》第49册，第450页下。
⑧ 慧皎：《高僧传》卷一一《昙超传》，《大正藏》第50册，第400页上。

尼。释玄畅师从北方名僧玄高，元嘉年间至扬州，宋文帝闻其大名，请为太子师，被玄畅婉拒。玄畅后至荆州止长沙寺，又西至成都。史载“齐骠骑豫章王嶷作镇荆峡，遣使征请。河南吐谷浑主遥心敬慕，乃驰骑数百迎于齐山，值已东赴，遂不相及”[①]，萧嶷捷足先登，把玄畅邀请到了荆州。另有荆州三层寺慧绪尼，俗姓周，闾丘高平人，十八岁出家住荆州三层寺，戒行具足，四方行道。宋升明末沈攸之提议沙汰僧尼，受此事影响，她回到荆州，“齐太尉大司马豫章王萧嶷，以宋升明末出镇荆陕，知其有道行，迎请入内，备尽四事”[②]，萧嶷将其迎入府第供养。因玄畅也在荆州，故慧绪尼从玄畅受学禅法。因慧绪尼善解禅行，加之蔬食励节，“豫章王妃及内眷属，敬信甚深，从受禅法”[③]，说明了慧绪尼对萧嶷阖府的影响力：萧嶷阖府跟从慧绪尼，信奉佛教。

萧道成登基后，萧嶷迁侍中、尚书令，都督扬、南徐二州诸军事，骠骑大将军，扬州刺史，受封为豫章郡王，又迁荆、湘二州刺史等职。萧嶷回到建康，又“为（慧绪尼）起精舍在第东田之东，名曰福田寺。（慧绪尼）常入第行道”[④]。他把慧绪尼又邀请到京城，建寺供养。萧嶷离世后，齐武帝萧赜聚集财货为之修建了集善寺，敕慧绪尼为住持。此外，萧嶷礼敬释法通。法通（442—512），俗姓褚，河南阳翟人。他出身衣冠世家，十一岁出家，游学三藏，专精方等，尤擅开讲《大品》《法华》。后至京城，初止庄严寺，又至定林上寺。史载：“齐竟陵文宣王、丞相文献王，皆纡贵慕德，亲承顶礼。……白黑弟子七千余人。”[⑤]法通于天监十一年（512）圆寂，时年七十。萧嶷第九子萧子显为之制碑文。[⑥]

萧赜继位，萧嶷进位太尉，永明元年（483），领太子太傅。萧嶷担心自己位高招祸，有心辞让官职，然未获得萧赜许可，他只好心怀忧惧，如履薄冰地谨慎行事。永明十年（493），萧嶷病重，“表解职，不许，赐钱五百万营功德”[⑦]。萧嶷卒于永明十年（493），然《南史》本传记载：“嶷薨后，忽见形于沈文季曰：‘我未应便死，皇太子加膏中十一种药，使我痈不差，汤中复加药一种，使痢不断。吾已诉先帝，

① 慧皎：《高僧传》卷八《玄畅传》，《大正藏》第 50 册，第 377 页中。
② 宝唱：《比丘尼传》卷三《集善寺慧绪尼传》，《大正藏》第 50 册，第 943 页下。
③ 宝唱：《比丘尼传》卷三《集善寺慧绪尼传》，《大正藏》第 50 册，第 943 页下。
④ 宝唱：《比丘尼传》卷三《集善寺慧绪尼传》，《大正藏》第 50 册，第 943 页下。
⑤ 慧皎：《高僧传》卷八《法通传》，《大正藏》第 50 册，第 382 页上。
⑥ 慧皎：《高僧传》卷八《法通传》，《大正藏》第 50 册，第 382 页上。
⑦《南史》卷四二《齐高帝诸子传》，中华书局，1975 年，第 1065 页。

先帝许还东邸，当判此事。'因胸中出青纸文书示文季曰：'与卿少旧，因卿呈上。'俄失所在。文季秘而不传，甚惧此事，少时太子薨。"[①]暗示他是被文惠太子萧长懋阴谋杀害。萧嶷临终前留下遗言："后堂楼可安佛，供养外国二僧，余皆如旧。与汝游戏后堂船乘，吾所乘牛马，送二宫及司徒，服饰衣裘，悉为功德。"[②]一个常伴君王左右的重臣，却过着担惊受怕的生活，在这样的岁月里，萧嶷对佛教实在有着非同一般的祈愿寄托。

2. 萧子范（487—549或550），萧嶷第六子。永明十年（492），封祁阳县侯，除太子洗马。仕梁，历司徒主簿、丹阳尹丞等职，后为秘书监。萧子范善属文，与其弟萧子显、萧子云一样有文才，但因为风采容止较他们逊色，因此仕途不顺。简文帝萧纲即位，召为光禄大夫，不拜。但他参与了萧纲组织的卷帙浩繁的佛教类书《法宝联璧》的编撰工作。此书至梁代中大通六年（534）纂成，今已佚，唯存萧绎所撰《法宝联璧序》文。序文记录了38位参与编撰者名单，其中有"轻车长史[③]南兰陵萧子范年四十九，字景则"[④]。简皇后卒，萧子范受敕制哀策文。寻遇疾。据《南史》卷四十三记载，"子范无居宅，寻卒于招提寺僧房"[⑤]，时年六十四。

3. 萧子显（？—537），萧嶷第九子。七岁封宁都县侯。仕梁，初为太尉录事参军，累迁邵陵王（指萧纶）友，历黄门郎、侍中、国子祭酒等职。普通二年（521），昭明太子萧统游钟山开善寺，谒见高僧智藏法师，行弟子礼，并请开讲《大涅槃经》，后游寺外山曲，作《钟山解讲诗》，当时文士刘孝绰、刘孝仪、陆倕都写有和诗。萧子显也作了一首《奉和昭明太子钟山讲解诗》。中大通五年（533）二月二十六日，梁武帝萧衍在同泰寺宣讲《摩诃般若波罗蜜经》，时任国子祭酒的萧子显为之作序，题为《御讲金字摩诃般若波罗蜜经序》。萧子显采用大量华丽夸张的辞藻，盛赞萧衍高超的佛学修为，以及法会场面的热烈壮观。序文中还提到了他对这部佛经的认识："《金字摩诃般若波罗蜜经》者，盖法部之为尊，乃圆圣之极教。开宗以无相明本，发轸与究竟同流。奥义云霏，深文净富，前世学人，鲜能堪

---

① 《南史》卷四二《齐高帝诸子传》，中华书局，1974年，第1067页。
② 《南齐书》卷二二《豫章文献王嶷传》，中华书局，1972年，第417页。
③ 刘林魁考证，萧子范此时官职当为临贺王萧正德护军长史，而不是轻车长史。参见刘林魁：《〈法宝联璧〉编者笺证》，《宝鸡文理学院学报》2009年第4期，第44页。
④ 道宣：《广弘明集》卷二《法宝联璧序》，《大正藏》第52册，第243页下。
⑤ 《南史》卷四二《齐高帝诸子传》，中华书局，1974年，第1071页。

受。"[①]文中佛教术语丰富，也表明萧子显对佛理知识之熟稔。梁简文帝萧纲编撰《法宝联璧》，史载"侍中国子祭酒南兰陵萧子显年四十八，字景畅"[②]，表明萧子显也参与其中。萧子显好学，善属文，著有《后汉书》一百卷、《齐书》六十卷、《普通北伐记》五卷、《贵俭传》三卷、文集二十卷等。大同三年(537)，萧子显出为仁威将军、吴兴太守，至郡未几，卒。

4. 萧子云(487—549)，萧嶷之子，萧子显之弟。十二岁封新浦县侯。从小勤学有文采，26岁写成《晋书》。仕梁，历任梁代秘书郎、太子舍人等职，又撰《东宫新记》。累迁丹阳郡丞，与湘东王萧绎交好。释法通是萧嶷顶礼的和尚，法通于天监十一年(512)圆寂，葬于定林上寺南，"弟子静深等立碑墓侧，陈郡谢举、兰陵萧子云并为制文，刻于两面"[③]。萧子云为释法通制作碑文。萧子云还出于佛教慈悲之心，谏言梁武帝萧衍，修改原来郊庙歌辞里供奉牺牲的唱辞。天监十七年(518)萧子云撰述《玄圃园讲赋》，此文见载于《广弘明集》卷二九。萧子云善草隶书法，声名远播，曾引百济国使者重金求字；又因梁武帝萧衍造寺，以姓为匾，萧子云受敕飞白大书"萧"字，故有佛寺称"萧寺"之典故。[④] 中大通三年(531)，为临川内史，还，迁散骑常侍，历侍中、国子祭酒。出为东阳太守，太清元年(547)复为侍中、国子祭酒。太清三年(549)台城失守，萧子云东奔晋陵，饿死在显云寺的僧寮中，时年六十三。

5. 萧子晖(生卒年不详)，萧嶷之子，萧子云之弟。萧子晖有文才，性格恬静，曾入重云殿听梁武帝萧衍讲《三慧经》，回去后写作《讲赋》一文呈上，甚为武帝称赏。[⑤] 卒于骠骑长史。

6. 临川献王萧映(459—489)，高帝萧道成第三子。宋元徽四年(476)，他先后任著作佐郎、抚军行参军、南阳王文学等职。升明元年(477)，沈攸之起兵反抗萧道成，萧道成时领南徐州，以萧映为宁朔将军，镇京口。次年事平，萧映行南兖州刺史，为监军，督五州。萧道成登基，萧映被封临川王，历荆州刺史、湘州刺史、扬州刺史等职。齐武帝即位，萧映入为侍中、骠骑将军。萧映解声律，善骑射，且能左右书，风韵韶美。萧映与湘宫寺昙准交好。昙准(439—515)，俗姓弘，魏郡

---

① 道宣:《广弘明集》卷一九《御讲金字摩诃般若波罗蜜经序》,《大正藏》第52册,第236页中。
② 道宣:《广弘明集》卷二《法宝联璧序》,《大正藏》第52册,第243页下。
③ 慧皎:《高僧传》卷八《法通传》,《大正藏》第50册,第382页上。
④ 道诚:《释氏要览》卷一,《大正藏》第54册,第263页下。
⑤《南史》卷四二《齐高帝诸子传》,中华书局,1974年,第1076页。

汤阴人，先住昌乐王寺，出家从智诞法师受业，“善《涅槃》《法华》，闻诸伊洛”①。后受竟陵文宣王萧子良之请，移居湘宫寺，深为王侯公卿礼敬。史载：“齐临川王萧暎，长沙王萧晃，厚相钦礼（昙准）；庐江何点、彭城刘绘，并到房接足，伸其戒诰，讲扬相继，成其业者二百余人。”②萧暎卒于永明七年（489），时年三十二。

7. 长沙威王萧晃（460—490），高帝萧道成第四子。少有武力，为萧道成所爱。昇明二年（478），代兄萧暎为宁朔将军，淮南、宣城二郡太守。沈攸之事起，萧晃为西中郎将、豫州刺史等职。萧道成践祚，萧晃为后将军、南徐州刺史，入为侍中、护军将军。萧道成临崩，将萧晃托付给长子萧赜；萧赜继位，是为齐武帝。萧晃先后为使持节，都督南徐、兖二州诸军事，镇军将军、南徐州刺史、散骑常侍，中书监等职。因萧晃爱武饰，违规装备其仪仗队伍，被有司所纠，幸得萧嶷为之求情，免于责罚。萧晃又为镇军将军，转丹阳尹，为侍中、护军将军等职。他与其兄萧暎一起，礼事湘宫寺释昙准。萧晃卒于永明八年（490），时年三十一。

8. 宜都王萧铿（477—494），高帝萧道成第十六子。萧铿三岁丧母，有孝性。初为游击将军，永明十年（492）迁左民尚书。次年都督南豫、司二州军事，为冠军将军、南豫州刺史，镇姑熟（今安徽当涂）。郁林王即位，进号征虏将军。延兴元年（494），齐明帝萧鸾诛杀齐高、武帝诸子孙，派使者吕文显前往萧铿处送所赐毒药，时萧铿正依佛教礼仪，行八关斋。他升高座，对吕文显说：“往日高帝在世，对你恩宠有加，何故做出这种事来？”吕文显说自己也是迫不得已。听到此话，萧铿取药一饮而尽，卒，时年十八。萧铿与道士陶弘景交好，情谊非同一般。传说他死前托梦陶弘景，陶还为此写有《梦记》。

9. 始安王萧遥光（？—499），高帝之次兄始安贞王萧道生之孙。生有躄疾，袭爵。初为员外郎，转给事郎，太孙洗马。萧遥光与佛教的因缘，据《高僧传》记载，齐世有释法度与释法绍，号称“北山二圣”，两僧“并为齐竟陵王子良、始安王瑶光，恭以师礼，资给四事”③。隆昌元年（494），在位一年的郁林王萧昭业被萧鸾废除、杀害。其间萧遥光除南东海太守、南彭城太守、吴兴太守、南郡太守等职，均不拜。萧鸾称帝之前，萧瑶光依附之；萧鸾登基，改元建武元年（494），萧遥光得势为持节，都督扬、南徐二州军事，前将军，扬州刺史。建武二年（495），进号抚

① 道宣：《续高僧传》卷六《昙准传》，《大正藏》第50册，第472页上。
② 道宣：《续高僧传》卷六《昙准传》，《大正藏》第50册，第472页上。
③ 慧皎：《高僧传》卷八《法度传》，《大正藏》第50册，第380页中。

军将军,加散骑常侍,给通幰车鼓吹。萧鸾的每次诛杀行动,都有萧遥光的参与。史载其“每与上久清闲,言毕,上索香火,明日必有所诛杀。上以亲近单少,憎忌高、武子孙,欲并诛之,遥光计画参议,当以次施行”[①]。永泰元年(498)萧鸾病笃,萧遥光入内侍疾,又为萧鸾密谋划策,在萧遥光的授意下,萧道成第十九子河东王萧铉、萧赜第十子西阳王萧子明、第十一子南海王萧子罕、第十四子邵陵王萧子贞、第十六子临贺王萧子岳、第十七子西阳王萧子文、第十八子衡阳王萧子峻、第十九子南康王萧子琳、第二十一子湘东王萧子建、第二十三子南郡王萧子夏一并遇害。萧鸾驾崩后,其长子萧宝卷即位,萧遥光辅政,暗谋自立,与其弟萧遥欣合计,然遥欣病死,萧遥光心怀不安,起兵围台城,兵败被杀。

10. 萧几(? —?),萧遥光之弟曲江公萧遥欣之子。年十岁,能属文。早孤,有弟九人。性格温和,与世无争,清贫自立。好学,善草隶书。曾历著作佐郎、庐陵王文学、尚书殿中郎、太子舍人、中书侍郎、尚书左丞等职。晚年专心皈依佛教。为新安太守,郡多山水,特为其所好,经常适性游览,并为之记。卒于官。

二 齐武帝萧赜与佛教

建元四年(482),萧道成病逝,长子萧赜继位,史称齐武帝。刘宋时期萧赜已与佛教结缘:宋末萧赜举兵起义失败,曾避难揭阳山,在山上累石为佛图,实有求佛庇佑之意。

萧赜即位后,也与佛教徒常有联系,并参与法事活动。如永明二年(484)释僧远病卒,武帝致书释法献,信中自称“弟子”,云“承远上无常,弟子夜中已自知之。远上此去,甚得好处,诸佳非一,不复增悲也。一二迟见法师,方可叙瑞梦耳。今正为作功德,所须可具疏来也”[②],表明齐武帝师从释法献。释法献(? —498),本姓徐,西海延水人。出家律行精纯,于元嘉十六年(439),止京师定林上寺。听说释道猛西行求经,法献也于元徽三年(475)从金陵(今南京)出发,西游巴蜀,到于阗而返。他带回佛牙一枚、舍利十五粒、经书《观世音灭罪咒》与《调达

① 《南齐书》卷四五《宗室》,中华书局,1972年,第789页。
② 慧皎:《高僧传》卷八《僧远传》,《大正藏》第50册,第377页下。

品》，以及龟兹国金锤鍱像。法献本是秘密供养舍利，然齐武帝第二子竟陵文宣王萧子良感梦得知此事，遂流传开来。永明年间，法献与宣扬佛教祥瑞的长干寺玄畅同被齐武帝萧赜敕为僧主，分任南北两岸。他们在齐武帝时期，开创了沙门同皇帝对话，可以称己名叙事的先例。齐武帝曾在乾和殿召见中兴寺僧钟，僧钟自称“贫道”。齐武帝就此与尚书王俭进行了探讨，想了解僧人该如何自称，以及是否可在正殿落座等事宜。王俭的回答是：汉魏时代佛法未兴，不见这方面的记录。但自后赵佛法隆兴，出家人皆自称贫道，且准许预坐。东晋初期原本沿用，然中叶时期因庾冰、桓玄等提议沙门致敬王者，引发朝廷议论，事遂暂停。刘宋中叶也有沙门致礼之说，但也未见施行。此后僧人多预坐，且自称贫道。镰田茂雄认为，“对待僧人，在天子面前准许自称名号，是武帝对于僧众人格的承认”[①]，肯定了齐武帝对待出家人的尊重态度。法献于建武末年圆寂，葬于钟山之阳。其所得佛牙及佛像，都在定林上寺，后为人所盗走。又如释法匮（？—489）者，俗姓阮，吴兴於潜人，京师枳园寺法楷弟子。释法匮性恭默，少语言，他将斋会所得的供养聚集起来，造旃檀像，像成，又自设大会。法匮有奇异的分身能力，其家侨居京师大市，分别有人看到他在家里、定林寺和枳园寺三处出现，且时间一致。法匮于永明七年（489）圆寂，齐武帝因闻其灵异事迹，遂亲自为法匮会僧设供。

齐武帝能够对佛教生起信心，源于释宝志，但他对佛教的戒心，也源于释宝志。释宝志（418—514），俗姓朱，金城人。他长相怪异，居止无定，饮食无时，发长数寸，常跣行街巷，执一锡杖，杖头挂剪刀及镜，或挂一两匹帛。可以数日不食，与人言语或赋诗，则如谶记，听者往往不知所云，而待事情发生，则恍然大悟。齐武帝曾召见宝志，他让齐武帝见其父高帝在地狱受锥刀之苦，以此劝诫武帝勿杀生。因宝志有超强的预测能力，江东士庶皆共事之，齐武帝认为他妖言惑众，将其收监，但宝志显示他的分身术，人本来是关在监狱，但有人说看到他在市场现身。而武帝长子文惠太子萧长懋和第二子竟陵文宣王萧子良到狱中探望，并给宝志送吃食一事，也为宝志提前预测得知。建康令吕文显把这些奇事禀报武帝，武帝令人迎请宝志居宫殿后堂。当齐武帝在景阳山举行宴会时，宝志再一次在帝王和众臣面前展示了他非凡的分身术。就连齐武帝的死期，也为宝志预测先知。

---

① 镰田茂雄：《中国佛教通史》第3卷，佛光出版社，1986年，第130页。

齐武帝的临终遗言表明，他对佛教的态度始终是矛盾的。史载齐武帝“造招玄、游贤二寺。三百名僧三教格量，四年考定”[①]，说明他不仅建佛寺，而且注重考量佛教信徒的文化知识。时有丹阳尹沈文季奉道排佛，建义符僧局，责僧属籍，欲沙简僧尼。天宝寺释道盛时为僧主，上书武帝，以孔子有徒三千为例，旨在说明僧众中确实存在鱼龙混杂现象，恳请武帝将不法沙门就其所在寺进行惩戒。齐武帝使僧正法献、玄畅东往三吴，沙简僧尼。这个“四年考定”，就是筛选真正有学识的出家人。齐武帝在位期间，还兴造释迦佛像，为萧嶷建集善寺，并立规“御膳不宰牲”，表明他对佛教“戒杀”理念的支持。齐武帝病重之时，这位在华林园受过八关斋戒的君王，曾“诏诸沙门祈佛七日，天香满殿”[②]。齐武帝在遗言中说：“显阳殿供养玉像诸佛及供养，具如别牒，可尽心礼拜供养之。应有功德事，可专在中。自今公私皆不得出家为道，及起立塔寺，以宅为精舍，并严断之。”[③]他既支持供佛礼拜这类功德事，但又下令不准出家、不准建造塔寺，以及不准舍宅为寺。永明十一年(493)，齐武帝驾崩，时年五十四。

齐武帝萧赜一共有二十三男，除第六、十二、十五、二十二皇子早亡，其子以及嫡孙与佛教关系紧密者如下。

1. 文惠太子萧长懋(458—493)，武帝萧赜长子，从小为齐高帝萧道成所爱。宋元徽末，萧长懋跟随其父出镇地方。沈攸之事起，授辅国将军，迁晋熙王抚军主簿。事宁，回京。昇明三年(479)，权臣萧道成有心接受宋顺帝的禅位，其子萧赜已还京师，考虑到襄阳是军事重镇，故派萧长懋出为持节，都督雍梁二州，郢州之竟陵、司州之随郡军事，为左中郎将、宁蛮校尉、雍州刺史等职。建元元年(479)，萧长懋封南郡王，进号征虏将军。建元二年(480)，萧长懋为侍中、中军将军，置府，镇守石头城。其生母穆妃薨，因葬仪引争议，萧长懋除侍中，移镇西州。建元四年(482)，萧长懋使持节，都督南徐、兖二州诸军事，为征北将军、南徐州刺史。萧赜继位，改元永明元年(483)，萧长懋封皇太子。晚年的萧赜好游宴，朝廷事多交太子处理。

萧长懋太子信佛。初封皇太子的萧长懋，礼敬释僧钟。释僧钟(430—489)，俗姓孙，鲁郡人。十六岁出家。僧钟擅长讲论《成实》《三论》《涅槃》《十地》等。

---

① 《释迦方志》卷二《教相篇》，《大正藏》第51册，第974页上。

② 志磐：《佛祖统纪》卷五一《历代会要志》，《大正藏》第49册，第450页下。

③ 《南齐书》卷三《武帝纪》，中华书局，1972年，第62页。

永明初魏使李道固来聘，齐武帝敕其酬答，僧钟言对适宜。史载"齐文惠太子竟陵文宣王数请南面"，说明萧长懋和萧子良对僧钟甚是尊崇、礼敬。僧钟于永明七年(489)圆寂，时年六十。萧长懋不仅奉长干寺释玄畅为戒师，[①]而且是释僧柔的入室弟子。释玄畅(420—494)，本为秦州人，律禁清白。永明年间，玄畅与释法献同被齐武帝敕为僧主，分任南北两岸。玄畅建武初圆寂，时年七十五。释僧柔(431—494)，俗姓陶，丹阳人。出家为弘称之弟子。僧柔严守戒律，熟知佛教大小部经典，为许多王公贵族敬重。他应竟陵文宣王萧子良等诸王之请，居定林寺。史载其"躬为元匠，四远钦服，人神赞美。文慧(惠)、文宣，并伏膺入室"[②]。僧柔圆寂于延兴元年(494)，时年六十四。

文惠太子对佛教的虔诚既表现在他对严格持戒僧人的推崇敬重，又表现在他对不守律规的僧人不满，甚至想依靠王法来惩戒。如释僧宗(438—496)，俗姓严，本雍州凭翊人，先祖移居秦郡。本师从释法瑗，后又受教于斌、济两法师。僧宗善《大涅槃》《胜鬘》《维摩》等经。史载其"任性放荡，亟越仪法，得意便行，不以为碍。守检专节者，咸有是非之论。文惠太子将欲以罪摈徒遂，通梦有感，于是改意归焉"[③]，说明文惠太子曾想用罪名摈之，但因感梦，遂改变了主意。释僧宗用信众所施造太昌寺而居之，他圆寂于建武三年(496)，时年五十九。此外，文惠太子还能够把佛教的慈悲理念贯彻于实践。史载"太子与竟陵王子良俱好释氏，立六疾馆以养穷民"[④]，这是文惠太子以皇家子弟身份所做的公益慈善。

然文惠太子萧长懋日常生活奢华富丽。其宫内殿堂，皆雕饰精绮，过于上宫；其所用羽仪，亦超乎规制，多有僭越。齐武帝曾幸豫章王宅，还过太子东田时，发现其用度奢靡而大怒，太子因此见责。至于威胁到他地位的族亲和兄弟，文惠太子下手可是毫不留情：使人暗中下药，毒杀其叔父萧嶷；又在萧子响(齐武帝第四子，过继给萧嶷)事件上使阴招，密令负责讨捕的萧顺之趁机杀掉萧子响，不给萧子响在父王面前申诉活命的机会。[⑤] 永明十一年(493)，太子有疾，武帝萧

---

① 慧皎:《高僧传》卷八《僧柔传》,《大正藏》第 50 册,第 378 页下。

② 慧皎:《高僧传》卷一三《法献传》,《大正藏》第 50 册,第 411 页中。

③ 慧皎:《高僧传》卷八《僧宗传》,《大正藏》第 50 册,第 379 页下。

④《南齐书》卷二一《文惠太子传》,中华书局,1972 年,第 401 页。

⑤ 萧子响出镇荆州,私作锦袍绛袄,与蛮人交易器仗。此事为长史刘寅等告发,武帝追查之,萧子响杀刘寅等僚佐五人及典签吴修之等三人。武帝得知后大怒,派萧顺之(萧衍之父)前去讨捕。齐武帝本意并不想杀萧子响,但萧长懋忌惮萧子响,秘密授意萧顺之找机会就地杀害之。

赜亲自探望。不久文惠太子病死，时年三十六。

2. 竟陵文宣王萧子良(460—494)，武帝萧赜第二子。刘宋时出仕，为邵陵殇王刘友(宋明帝第七子)左军参军，宁朔将军；转主簿，安南记室参军；迁邵陵王友，安南长史；再迁辅国将军，会稽太守。萧道成立国，萧子良封闻喜县公，为征虏将军、丹阳尹。萧赜继位，萧子良封竟陵郡王。迁镇北将军，南徐州刺史；徙侍中、征北将军、南兖州刺史，入为护军将军，兼司徒；进号车骑将军，正位司徒；领尚书令；徙扬州刺史；加中书监。萧昭业继位，萧子良除侍中，进太傅；督南徐州。萧子良历仕宋、齐两代，对佛教怀抱热烈、虔诚的信仰，致力于弘扬佛法，是南朝崇佛的王公贵族的代表。

萧子良与齐梁两代出家人均有密切往来。汤用彤先生曾指出："计其所敬礼之僧尼见于《高僧传》《比丘尼传》者极多。其最有名者有玄畅、僧柔、慧次、慧基、法安、法度、宝志、法献、僧祐、智称、道禅、法护、法宠、僧旻、智藏等。齐、梁二代之名师，罕有与其无关系者。"[①]刘宋升明三年(479)，萧子良为会稽太守，与僧人释慧约、释智秀、释昙纤、释慧次都有交接。建元四年(482)其祖父齐高帝驾崩，萧子良曾以一尊释迦像作为供养，沈约写有《齐竟陵王题佛光文》记述之，此文见载于《广弘明集》卷一六。

萧子良接受的是传统经学教育，为人以"仁义为本"，与人以"五教是劝"，故对儒、释两教均予以扶持。他组织佛教讲肆，召集义学沙门，累讲经论，弘扬大乘佛法。史料记载时间明确的法会有：(1)永明元年(483)萧子良聚集名僧，"置讲席于上邸，集名僧于帝畿，同集于邸内之法云精庐。……演玄音于六宵，启法门于千载，济济乎实旷代之盛事"[②]。(2)永明五年(487)萧子良移居鸡笼山西邸，集学士抄《五经》、百家，依《皇览》例为《四部要略》千卷。史载其"招致名僧，讲语佛法，造经呗新声，道俗之盛，江左未有"[③]。萧子良既组织学士抄撰儒家学说，又招致名僧讲说佛法，这是时代趋势和社会潮流的反映，也与萧子良会通儒释，"弘洙泗之风，阐迦维之化"[④]的思想旨趣紧密相关。兰陵萧氏门第不高，自萧道成登基

---

① 汤用彤：《汉魏两晋南北朝佛教史》，北京大学出版社，1997年，第324页。

② 道宣：《广弘明集》卷一九《齐竟陵王发讲疏并颂》，《大正藏》第52册，第232页中。

③ 《南齐书》卷四《竟陵文宣王子良传》，中华书局，1972年，第698页。

④ 《全梁文》卷四四《齐竟陵文选王行状》，载严可均辑：《全上古秦汉三国六朝文》，中华书局，1958年，第3205页。

后，倡导儒家礼教以佐王道政治，形成“家寻孔教，人诵儒书，执卷欣欣，此焉弥盛”[①]的局面。(3)永明七年(489)十月，萧子良召集京师博学的高僧五百余人，请定林寺释僧柔、谢寺释慧次等诸论师在普弘寺宣讲；又请定林寺释僧祐、安乐寺释智称，召集比丘尼、男女僧七百余人，续讲《十诵律》；并令僧柔、慧次等师，把《成实论》的主要内容摘录成九卷，“使辞约理举，易以研寻”[②]，由名士周颙作序，以百部《成实论》流通于世。《成实》本小乘经典，然因宣扬诸法性空，旨近大乘，且言精理赡，颇具玄趣。萧子良下令写经流通，意在弘扬般若之学，为学人构架通达大乘的津梁。(4)永明十年(492)萧子良请释僧祐在三吴(吴兴、吴郡、会稽)讲律，时建初寺释明澈闻听此讯，赶来参会，后跟随僧祐学习《十诵律》，居住扬都。此次法会目的是试简五众，宣讲《十诵》，更申受戒之法。释僧祐(445—518)，本姓俞，彭城下邳人，他先后师事僧范、法达、法颖，精通律部。南齐时为萧子良所请，宣讲律学；梁代时又为武帝萧衍器重，请教其与僧事有关的疑问。僧祐年老有脚疾，萧衍特许其可以乘輦入内殿，为六宫受戒。时崇其戒范者极多，这些人中不乏梁代皇宫贵族。史载“梁临川王宏、南平王伟、仪同陈郡袁昂、永康定公主、贵嫔丁氏，并崇其戒范，尽师资之敬。凡白黑门徒，一万一千余人”[③]。此外，开善寺的释智藏和法音寺的释慧廓，也对释僧祐敬以师礼。天监十七年(518)五月二十六日释僧祐卒于建初寺，时年七十四。其所著《三藏记》《法苑记》《世界记》《释迦谱》及《弘明集》等，皆行于世。另还有一些年代不详的法会，也是萧子良组织的，如永明年间，竟陵王萧子良请二十法师，弘宣讲授，事载《续高僧传》卷五《释法申传》；[④]又如萧子良为弘传佛教，召集二十余名精解《净名经》的僧人，选讲此经，事载《续高僧传》卷五《释智藏传》；[⑤]又如释道禅听闻竟陵王大开禅律，盛张讲肆，各地名僧大德同集金陵，事载《续高僧传》卷二二《释道禅传》。[⑥] 今《出三藏记集》卷一二有萧子良的《西州法云小庄严普弘寺讲并述羊常弘广斋》、《抄成实论述并上定林讲》、《会稽荆雍江郢讲记》一卷、《布萨并天保讲》一卷，均为其组织宣讲的记录。

---

① 《南齐书》卷三九《刘瓛陆澄传论》，中华书局，1972 年，第 687 页。
② 僧祐：《出三藏记集》卷一一《成实论记》，中华书局，1995 年，第 405 页。
③ 慧皎：《高僧传》卷一一《僧祐传》，《大正藏》第 50 册，第 402 页下。
④ 道宣：《续高僧传》卷五《法申传》，《大正藏》第 50 册，第 460 页上。
⑤ 道宣：《续高僧传》卷五《智藏传》，《大正藏》第 50 册，第 465 页下。
⑥ 道宣：《续高僧传》卷二二《道禅传》，《大正藏》第 50 册，第 607 页中。

萧子良笃信释氏，受菩萨戒，自号“净住子”。所谓“净住”，就是“布萨”之意。佛教布萨，指出家僧众每月两次聚集告白罪行忏悔，或在家信众守持八戒，邀集僧众供养饮食，开说佛法。“子”是佛子之意。合起来指的是守持戒律、清净三业的佛子，可见萧子良以佛法传人自况。萧子良自开讲席，注释经论，抄写佛经。其所著梁时集录十六帙，共一百十六卷。萧子良于永明八年(490)著《净住子净行法门》二十卷，这是其佛学思想的代表作，收录于《广弘明集》卷二七。此书会通儒释，议论佛理，多征引儒书，弘扬佛法。萧子良提出“内外之教，其本均同”，即儒学与佛教虽有内、外名称之别，但在重视心性修养，具有教化民众之功用方面，全无二致。永明年间萧子良组织朝臣众僧对范缜的《神灭论》进行驳斥，因无法令范缜屈服，又使王融传话，“神灭既自非理，而卿坚持之，恐伤名教”，这亦表明萧子良看重佛教的教化功能。萧子良的《净住子净行法门》作为在家布萨仪的著作，提出学佛首先要立信，在心中树立佛道是最上胜者，要将立信与自觉持戒、成就智慧相联系。因为立信守戒是“入圣之初门，出俗之正路”。只有发心立信，才能自觉持戒，否则心志浮虚，无法守戒。又提出修行之要，在自克责、自校检，主张“克责心口，是入正之路；检察身行，是解脱之踪”，具体落实到日常修行，则要求树立恭敬心，保持外形的端正清洁，谨慎言语，小心行为，且时刻自我反省。再者表达了对出家的认识，提出“在家者罪重，出家者罪轻”。认为出家人辞亲割爱，舍弃荣华富贵，断绝六情，守戒无为，潜心修炼自我，忍常人所不能忍，是大功德，因此，佛、法、僧三宝都值得世人敬重。相比之下，未出家者易为女色及其他所束缚，故提倡积极修行，以获得解脱。

萧子良重视佛教戒律，力主戒“杀”。他召集律师讲律，除了前所述释僧祐，萧子良延请在东山讲《摩诃僧祇律》的释慧佑来京城，住闲心寺。当时有名的律师释智称，也在萧子良邀请之列。释智称(429—500)，俗姓裴，河东闻喜人，专精律部，大明《十诵》，诵《小品》一部。至京城，随释法献居定林寺；曾返乡开讲《十诵》，后还都。萧子良尝请其在普弘寺讲律，“僧众数百，皆执卷承旨”[①]。道场的僧众数百，皆执卷承旨。释智称于永元二年(500)卒，时年七十二。其所著《十诵义记》八卷，盛行于世。多宝寺的法颖律师，萧子良也与其多有往来。释僧祐对其师释法颖评价极高，称其“教流于京寓之中，声高于宋齐之世。可谓七众之宗

---

① 慧皎：《高僧传》卷一一《智称传》，《大正藏》第50册，第402页中。

师，两代之元匠”[①]。持戒精严的禅林寺净秀尼和僧念尼，均得萧子良礼接。今《出三藏记集》卷一二所载《僧制》一卷、《清信士女法制》三卷、《与僚佐书并教诫左右》一卷、《教宜约受戒人》一卷、《示诸朝贵法制启》二卷、《守戒并弘法式》一卷等，是萧子良热衷僧制的记录。鉴于佛教“五戒”之中，首重“杀”戒，萧子良对此颇为上心。如齐武帝好射雉，萧子良曾屡次上谏，指出“夫卫生保命，人兽不殊；重躯爱体，彼我无异。故《礼》云‘闻其声不食其肉，见其生不忍其死’。且万乘之尊，降同匹夫之乐，夭杀无辜，伤人害福之本。菩萨不杀，寿命得长。施物安乐，自无恐怖。不恼众生，身无患苦”[②]。提出乱杀无辜，有伤仁德；不杀则万物安乐，无有恐怖烦恼。虽然齐武帝不尽采纳，但也因此稍为收敛。孔稚珪负责修律，萧子良亦下意多使从轻。与之相应的是，萧子良反对杀生来满足私欲。他认为养生虽离不开衣食，然所须缯纩皮革，无不损生残命，且贪婪者徒害万物性命，与畜兽无异。时精信佛法的何胤讲究食材之鲜美，烹饪中不乏活物，门生钟岏附和，认为车螯蚶蛎这类无知觉者可为食材，萧子良闻后大怒。经周颙劝说，何胤晚年也精信佛法。今《出三藏记集》卷一二有《与何祭酒书赞去滋味》一卷的记录，即与此事有关。

与晋宋名士不同的是，萧子良注重修道实践。他心怀悲悯，这与其受佛教义理之熏陶有深刻关系。为官期间，萧子良怜悯民间疾苦，多行救济之事：如建元二年(480)，开私仓赈属县贫民；永明九年(491)京邑大水，又开仓赈救贫病不能立者，于第北立廨收养，发放衣服及药品。萧子良组织斋会，史载其“敬信尤笃，数于邸园营斋戒，大集朝臣众僧，至于赋食行水，或躬亲其事，世颇以为失宰相体”[③]。今《出三藏记集》卷一二《齐太宰竟陵文宣王法集录》中的《述羊常弘广斋》《华严斋记》《述放生东宫斋》《八日禅林寺斋并颂》《华龙会并道林斋》，均是其营斋之记录。萧子良还热衷于供养佛牙、造像、斋僧、礼佛、舍身等佛事活动，今其法集录中有《佛牙记》一卷、《佛牙并齐文宣王造七宝台金藏记》、《宝塔颂并石像记》一卷、《僧得施三业施食法》、《竟陵文宣王福德舍记》、《竟陵文宣王造铁磬布施记》、《竟陵文宣王僧得施文》、《竟陵文宣王三业施文》、《竟陵文宣王施食供养书》、《礼佛文》二卷、《舍身记》一卷等，都是其参与修道实践的记录。

---

① 僧祐:《出三藏记集》卷一二《十诵义记目录序》,《大正藏》第55册,第94页上。
② 《南齐书》卷四《竟陵文宣王子良传》,中华书局,1972年,第699页。
③ 《南齐书》卷四《竟陵文宣王子良传》,中华书局,1972年,第700页。

萧子良热衷于佛教赞呗，演佛音声。伴随佛教在中土传播与发展，用以赞叹佛德的赞呗引起了士人的极大兴趣。因“梵音重复，汉语单奇。若用梵音以咏汉语，则声繁而偈迫，若用汉曲以咏梵文，则韵短而辞长”[①]，故有转读。这些语音转换后的唱诵在经师的发挥下，颇具艺术感染力：飞鸟听了，忘记展翅；马儿听了，驻足不奔；更不用说人听了，其内心之鼓舞与感动了。永明五年(487)萧子良移居鸡笼山西邸，组织名僧造经呗新声；永明七年(489)二月二十日，又召集京师善声沙门龙光寺普知、新安寺道典、多宝寺慧忍、天保寺超胜及僧辩等，在其府邸作声，斟酌旧声，诠品新异，制瑞应四十二契，事载《高僧传》卷一三。为了不使美妙的赞呗失传，萧子良还令释慧微、释僧业、释僧向、释超明、释僧期、释道猷、释慧旭、释法昙、释慧满、释僧胤、释慧象、释法慈等四十余人，师从多宝寺释慧忍受学。今《出三藏记集》卷一二有萧子良《赞梵呗偈文》一卷、《赞呗序》一卷、《转读法并释滞》一卷的记录。宋、齐年间已存声三百多，然其后多散落湮没。

萧子良积极劝说道教信徒信佛。史载其让道士孟景翼礼佛，送其佛经《十地经》；又与书“积世门业，依奉李老”[②]的孔稚珪，劝其学习佛理，在得其“今辄兼敬以心，一不空弃黄老，一则归师正觉”[③]的答书后甚感欣慰。这一时期儒、佛、道三种思想文化时有交锋，但贵族士大夫普遍接受三者“理本归一”，各有妙用之说，从而为唐宋时期中国传统文化最终形成“统合三教”奠定了思想基础。

萧子良晚年卷入朝廷权力斗争，兵变失败，也失去了新君王的信任。即位的萧昭业是文惠太子萧长懋的长子，少时养于萧子良妃袁氏，既惧前不得立，对萧子良深怀忌恨，两者关系十分紧张。萧子良所著内外文笔数十卷，虽无文才，多是劝诫，其重生戒杀观念，是对残酷现实的反省与批判，在当时具有积极的伦理意义。今《出三藏记集》卷一二有《齐太宰竟陵文宣王法集录序》，序文中称美齐太宰竟陵文宣王萧子良：

> 净刹萌因，忍土现果，慧自天成，道为期出。孝忠淳和之深，仁智博爱之厚，率由而极，因心则至。若乃栖神二谛，宅业三宝，瞻前卓尔，望后不群。用能降帝子之尊，灼净土之操，屏朱观之贵，下白屋之礼，磨踵以拯俗，刻髓

---

① 慧皎：《高僧传》卷一三《兴福篇·论》，《大正藏》第50册，第415页上。
② 僧祐：《弘明集》卷一一《孔稚圭书并答》，《大正藏》第52册，第73页上。
③ 僧祐：《弘明集》卷一一《孔稚圭书并答》，《大正藏》第52册，第73页上。

以徇道，望亿劫以长駈，凌千载而独上。若乃阐经律、弘福施，济苍黎、敏翾动，未常不虑积昏明，慈洽巨细，感灵瑞于显微，通觉应于霄梦。固已葳蕤民誉，昭晢神听矣。至于苞括儒训，洞镜释典，空有双该，内外咸照。常欲广彼洲渚，炽此法灯，驻四生之风波，烛九居之霾雾，指来际以为期，总大千以为任。故恻隐垂教，殷勤敷道。于是锐临云之思，壮谈天之文，网罗宇轮，仪形法印。是以净住命氏，启入道之门；华严璎珞，标出世之术；决定要行，进趣乎金刚；戒果庄严，克成乎甘露。尔其众经注义，法塔赞颂，僧制药记之流，导文愿疏之属，莫不诚在言前，理出辞表。大者钩深测幽，小者驰辩感俗。森成条章，郁为卷帙。可谓开士住心，道场初迹。冠一代之妙化，垂千祀之胜范者也。①

萧子良对佛教的态度，也影响了当时进入府邸任职的萧衍即后来的梁武帝，此乃后话。隆昌元年(494)萧子良进督南徐州，疾笃而卒，时年三十五，谥号文宣王。

3. 萧昭胄(生卒年不详)，萧子良之子。永明八年(490)，自竟陵王世子为宁朔将军、会稽太守。郁林初，为右卫将军，未三年(496)，复为侍中，领骁骑将军，转散骑常侍、太常。以封境边虏，永元元年(499)改封巴陵王。萧昭胄对佛教也相当虔诚。史载其出守会稽，欲在征虏亭践行，派人邀请释僧旻参加。但释僧旻说："吾止讲席相识，未尝修诣。承其得郡，便狼狈远别，意所不欲。"②遂不行。萧昭胄供养招明寺释法宣尼。今《出三藏记集》卷一二见载有僧祐所作《齐竟陵王世子抚军巴陵王法集序》，序文中盛赞萧昭胄与佛教之因缘："郡富名山，岩多灵寺。故胜业愈高，清心弥往，每游践必训，思若渊泉。信足以揄扬至道，炳发玄极。观其摛赋经声，述颂绣像，千佛愿文，舍身弘誓，四城九相之诗，释迦十圣之赞，并英华自凝，新声间出。故仆射范云笃赏文会，雅相嗟重，以为后进之佳才也。"③此法集记录了萧昭业所作的与佛教有关的诗文、赞文、赋、颂等，从目录可知，萧昭胄注过罗什的《百论》，抄写过《法华经》《维摩经》《无量寿经》《金刚般若经》《请观世音经》《八吉祥经》《般若神咒》等佛经。齐东昏侯即位，杀大臣徐孝嗣

① 僧祐：《出三藏记集》卷一二《齐太宰竟陵文宣王法集录序》，《大正藏》第55册，第85页中。
② 道宣：《续高僧传》卷五《僧旻传》，《大正藏》第50册，第461页下。
③ 僧祐：《出三藏记集》卷一二，《大正藏》第55册，第86页中。

等，江州刺史陈显达反，萧昭业感到后怕，与其弟永新侯萧昭颖逃奔江西，“变形为道人”①。崔慧景举兵，萧昭胄兄弟出投之；崔慧景事败，萧昭胄兄弟首出投台军主胡松，不自安，谋为身计，因兵变失败，萧昭胄兄弟与同党皆伏诛。

4. 晋安王萧子懋(472—494)，武帝萧赜第七子。初封江陵公。有关晋安王萧子懋与佛教的因缘，史载其七岁时，生母阮淑媛病危，请僧行道。时有献莲花供佛者，众僧以铜罂盛水润花茎，欲令其不萎。子懋流涕礼佛说：“若使阿姨因此和胜，愿诸佛令华竟斋不萎。”②七日斋毕，花朵更加鲜红，检视罂中，竟然还长出些许根须。阮氏的病不久即痊愈，世人称道这是萧子懋的孝心感动了上天。自永明三年(485)，萧子懋为持节，都督南豫、豫、司三州，为南中郎将、南豫州刺史。此后历征虏将军，宣城太守，监南兖、兖、徐、青、冀五州军事，为后将军、南兖州刺史、平南将军、湘州刺史、镇南将军、侍中、右卫将军、征北将军、雍州刺史等职。郁林王即位，萧子懋密怀自全之计，暗中造器仗。延兴元年(494)萧子懋兵变失败，被杀害，时年二十三。

三 东昏侯萧宝卷与佛教

永明十一年(493)七月，齐武帝萧赜处于弥留之际，而为争夺皇位，其第二子竟陵王萧子良与长孙萧昭业两派势力展开殊死较量，最终萧昭业得竟陵王府昔日僚佐萧衍之助，顺利登基，史称郁林王。萧昭业是一位荒淫昏君，他自幼长相俊美，好隶书，深得萧赜钟爱。然昭业善于伪装，行事人前一套，背后一套。永明元年(483)为南郡王时，其父文惠太子萧长懋禁其起居，节其用度，萧昭业对豫章王妃庾氏说：“阿婆，佛法言，有福德生帝王家。今日见作天王，便是大罪，左右主帅，动见拘执，不如作市边屠酤富儿百倍矣。”③他称帝后，与其父宠姬霍氏淫通，为达到将霍氏长留宫中的目的，对外宣称霍氏已削发为尼，暗地里却找人替代。

萧昭业与女尼们时有联系，且听信她们说权臣萧鸾(即齐明帝)有异志的进言，对萧鸾起了疑心。萧鸾害怕自己遭殃，于隆昌元年(494)提前发动兵变，废掉

① 《南齐书》卷四《武十七王》，中华书局，1972年，第702页。
② 《南史》卷四四《齐武帝诸子·晋安王子懋传》，中华书局，1972年，第1110页。
③ 《南齐书》卷四《郁林王纪》，中华书局，1972年，第73页。

萧昭业,立其弟萧昭文为帝,史称海陵王。同年七月,改元延兴元年(494)。然而萧昭文终究只是个傀儡皇帝,真正掌握实权的是宣城郡公萧鸾。时海陵王的起居皆需咨询萧鸾而后行,他想食蒸鱼菜,太官令说没有萧鸾的命令,竟然不予!同年十月,萧鸾废掉萧昭文,取而代之,改元建武元年(494),史称齐明帝。十一月萧昭文莫名其妙病死。同一年,因改朝换代竟然换了三次年号!

齐明帝与佛教未有关联,而与巫觋往来密切。其性格猜忌多虑,“潜信道术,用计数,出行幸,先占利害,南出则唱云西行,东游则唱云北幸”[①]。因为自己的子嗣年纪都还小,故齐明帝对高帝、武帝诸子多行杀戮,每行事,辄先烧香火,呜咽涕泣,众人便知他今晚又要大开杀戒。晚年明帝病重之时,依然听信巫觋之言,除了“身衣绛衣,服饰皆赤,以为压胜”[②],又欲堵塞流经宫内的后湖水,终因其驾崩,引流之事遂不行。

永泰元年(498)七月,齐明帝崩于正福殿。其子萧宝卷即位,史称东昏侯。这也是历史上有名的昏君。他性格涩重,不善言论,然任性怪诞,喜怒无常。如出宫从来不说地方,以至东西南北,到处驱赶行人;常常晚出昼返,火光照天,沿途扰民;朝堂之上,众臣苦苦等待,他只管自睡大觉,即便上得朝来,也是草草了事,打发众臣散去;选黄门为骑客,又选无赖小人逐马,奔走往来,不暂停息;且视人命如草芥,禁断樵采,百姓衣食无着,吉凶失时,乳妇婚姻之家,移产寄室,或舆病弃尸,不得殡葬。他的恶行,可谓罄竹难书。

东昏侯在位期时,对佛教发展并未发挥作用,相反,他大肆破坏佛寺建筑的华美装饰。东昏侯宠幸潘妃,于永元三年(501)为潘妃建造神仙、永寿、玉寿三殿,极尽绮丽。史载“庄严寺有玉九子铃,外国寺佛面有光相,禅灵寺塔诸宝珥,皆剥取以施潘妃殿饰”[③],为了赶工期,“乃剔取诸寺佛刹殿藻井、仙人、骑兽以充足之”[④]。东昏侯还下令凿金为莲花,贴于地面,让潘氏在上面行走,得意地说:“此步步生莲华也。”[⑤]东昏侯好游猎,尝巡行至蒋山定林寺,一位僧人因病未能及时回避,情急之下隐匿于草丛,被东昏侯的侍卫搜出。东昏侯手下韩晖光为僧人求情,说:“此出家人年老体衰,值得怜悯!”东昏侯却说:“当你见到麋鹿,能不发

---

① 《南齐书》卷六《齐明帝纪》,中华书局,1972年,第92页。
② 《南齐书》卷六《齐明帝纪》,中华书局,1972年,第92页。
③ 《南史》卷五《齐本纪下》,中华书局,1974年,第153—154页。
④ 《南史》卷五《齐本纪下》,中华书局,1974年,第154页。
⑤ 《南史》卷五《齐本纪下》,中华书局,1974年,第154页。

箭射杀吗?”下令百箭齐发,可怜这位僧人当场丧命。[①]

南齐佛教发展至此,出现了停滞状态。毫无疑问,心性残暴的帝王是需负一定责任的。因东昏侯萧宝卷昏庸无能,永元二年(501),族亲梁王萧衍起兵反之,率义军攻破建康,接应的宫中内应将萧宝卷斩首,把其头献给梁王。萧宝卷死时年十九岁。

四 齐和帝萧宝融与佛教

公元501年,萧宝融被立为帝。萧宝融(488—502),字智昭,齐明帝萧鸾第八子,东昏侯萧宝卷同母弟,南齐最后一位皇帝。萧宝融于建武元年(494),封隋郡王;永元元年(499),改封南康王,为持节、督荆雍益宁梁南北秦七州军事、西中郎将、荆州刺史。萧宝卷被杀,萧宝融被推上皇位,史称齐和帝,改元中兴元年。

由于在位时间短暂,对于萧宝融与佛教的关系,史料记载不多。据《南齐书》卷八记载,萧宝融即位的当年,“五月乙卯,车驾幸竹林寺禅房宴群臣”[②]。另据《僧传》记载,萧宝融曾敕释慧球为荆土僧主。释慧球(431—504),俗姓马,扶风郡人。年十六出家,师从荆州竹林寺释道磬,后入湘州麓山寺,专修禅道。又与同学释慧度至京师,谘访经典,后又从彭城释僧渊受《成实论》,年三十二方返荆土,致力于讲学,史载其“讲集相继,学侣成群,荆楚之间,终古称最”[③]。中兴元年(501)曾敕为荆土僧主。天监三年(504)释慧球圆寂,时年七十四。

年幼的齐和帝作为权臣萧衍的傀儡,在位仅二年。中兴二年(502)四月,他被迫禅位,南齐灭亡。权臣萧衍降封萧宝融为巴陵王,宫于姑熟,行齐正朔,一如故事。但因旧臣沈约从中进言,怂恿萧衍不要为好名声而留下后患,萧衍遂派人杀之。萧宝融死时年十五岁。

---

① 《南史》卷五《齐本纪下》,中华书局,1974年,第153页。

② 《南齐书》卷八《齐和帝纪》,中华书局,1972年,第113页。

③ 慧皎:《高僧传》卷八《慧球传》,《大正藏》第50册,第381页上。

第三节
南梁帝王与佛教

南梁自502年至557年，历六帝，共五十六年。这是南朝佛教发展兴盛的历史时期。开国皇帝梁武帝萧衍佞佛，他以帝王身份积极参与和扶持佛教活动，极大地推动了佛教在中土的弘扬和发展。受其崇佛之熏陶，其子孙后代包括梁代继承其位的儿孙如简文帝萧纲、梁元帝萧绎亦崇佛，佛教发展至此兴极一时，几成国教，京城南京也成为佛都。

一 梁武帝萧衍与佛教

502年，萧衍建国号为梁，成为梁代开国皇帝，史称梁武帝，改元天监元年。萧衍(464—549)，字叔达，是齐高帝萧道成族弟萧顺之的第三子。其祖籍东海兰陵(今山东省临沂兰陵县)，西晋末年家族避乱过江，移居晋陵武进县[①]，称南兰陵。萧衍自幼习武，身手不凡，且好学，从小熟读儒家经典，史载其“文思钦明，能事毕究，少而笃学，洞达儒玄”[②]。他起家巴陵王南中郎法曹行参军，迁卫将军王俭东阁祭酒，入竟陵王萧子良府为西阁祭酒，迁随郡王萧子隆镇西谘议参军；帮助萧鸾辅政，封建阳县男，邑三百户，领兵与魏军作战，军功显著，先后迁右军晋安王司马、淮陵太守、太子中庶子，为雍州刺史。萧鸾驾崩，继位的萧宝卷不得人心，死于非命，权臣萧衍另立萧宝融为帝，后取而代之，登上帝位。

萧衍于天监三年(504)宣布“舍道入佛”，[③]亲率僧俗二万人，在重云殿重阁手书《舍事李老道法诏》，发愿信奉佛教，并要求王公贵族、平民百姓都信仰佛教，声称“习因善发，弃迷知返，今舍旧医归凭正觉，愿使未来世中，童男出家，广弘经

① 关于其所在，或云丹阳市东北张巷村以北至胡桥、建山一线以南，即沿六朝金牛山(又称彭山，今水经山)东西分布的萧齐帝陵与沿六朝东城里山(今无名)南北分布的萧梁帝陵区之间，或云今常州市新北区孟河镇万绥村。参见张学锋：《“齐梁故里”研究中的史料学问题——兼论“晋陵武进县之东城里”的地望》，《南京晓庄学院学报》2011年第1期。

② 《梁书》卷三《梁武帝纪》，中华书局，1973年，第96页。

③ 参见谭洁：《梁武帝天监三年发菩提心“舍道”真伪考辨》，《世界宗教研究》2010年第3期。

教，化度含识，同共成佛。宁在正法之中，长沦恶道，不乐依老子教，暂得生天”[①]。萧衍本家世信道，曾云“弟子经迟迷荒，耽事老子，历叶相承，染此邪法”[②]。建国伊始，萧衍仍奉道教。史载其“及即位，犹自上章。朝士受道者众，三吴及海边之际，信之逾甚”[③]，萧衍与隐居在江苏省句容县句曲山（又名“茅山”）的道士陶弘景也一直保持着密切往来。虽然后世学者对萧衍于天监三年（504）下诏“舍道入佛”的真实性有质疑，[④]但萧衍执政时期，对佛教发展投入大量的时间与精力，参与组织众多的奉佛活动，均有史料记载为证，说明他的信仰确实发生了变化。[⑤]

萧衍在建康称帝五十二年（天监元年至太清三年［502—549］），建立起虔诚的佛教信仰，时人誉其为“皇帝菩萨”。他以帝王身份大力扶持佛教，对南朝社会文化发展产生了深刻影响。据《辩正论》卷三所载，齐代佛教寺院二千十五所，译经十六人七十二部，僧尼三万二千五百人；梁代佛教寺院二千八百四十六所，译经四十二人二百三十八部，僧尼八万两千七百余人。[⑥] 两相比较，佛教寺院增加八百余所，译经增加一百六十六部，僧尼增加五万余人，反映出南朝佛教发展至梁时的兴盛状况。

萧衍的佛教信仰与其奉佛行为紧密相连。唐代李延寿撰《南史》分析萧衍其人其事，曾予以“留心俎豆，忘情干戚，溺于释教，驰于刑典”[⑦]的评价。萧衍“溺于释教”表现为：一、理论层面。萧衍注重佛教义理，组织僧人讲经说法，编撰佛典，并且亲自参与讲经、翻经，注疏佛经，旨在通过对大乘佛教义理的弘扬，让更多受众接受佛理，悦纳佛教。二、实践层面。萧衍礼接僧人，把理论与修行结合起来，严格戒律，制断酒肉，大建佛寺，修造佛像，举办斋会，舍身奉佛，以实际行为表示对佛教的虔诚与支持。具体说来如下：

（一）组织翻经，整理佛典。梁时翻译佛经的数量较刘宋时期少，然据《开元释教录》卷五至卷七所载，仍有四十六部二百零一卷。天监初年萧衍组织扶南国

---

① 道宣：《广弘明集》卷四《舍事李老道法诏》，《大正藏》第52册，第112页上。

② 道宣：《广弘明集》卷四《舍事李老道法诏》，《大正藏》第52册，第112页上。

③ 《隋书》卷三五《经籍志》，中华书局，1973年，第1093页。

④ 熊清元：《梁武帝天监三年“舍事李老道法”事证伪》，《黄冈师专学报》1998年第2期；赵以武：《关于梁武帝“舍道事佛”的时间及其原因》，《嘉应大学学报》1995年第5期。

⑤ 萧衍转而信仰佛教的原因，可参见谭洁：《梁武帝萧衍信佛之动机探析》，载《齐鲁文化研究》第七辑，山东文艺出版社，2008年。

⑥ 法琳：《辩正论》卷三，《大正藏》第52册，第503页上—中。

⑦ 《南史》卷七《梁本纪》，中华书局，1974年，第227页。

沙门僧伽婆罗、曼陀罗，以及本国僧人释法云、释慧超翻译佛经，于扬都寿光殿、华林园、正观寺、占云馆、扶南馆等五处传译。其中僧伽婆罗十七年译经十一部四十八卷，有《大育王经》《解脱道论》等。曼陀罗与婆罗共译《宝云法界》《体性文殊》《般若经》三部合十一卷。释慧超则参与《阿育王经》的翻译工作，据《续高僧传》卷六《慧超传》记载："梁武帝敕还为寿光学士，又敕与正观寺僧伽婆罗传译《阿育王经》，使(慧)超笔受，以为十卷。"[①]梁代僧人知识学养堪为上乘，史载"天监将末，扶南国献经散步，敕(法)云译之，详决梁梵，皆理明义显，状若亲承"[②]，这是释法云参与翻经的记录。梁武帝萧衍不仅组织翻经，他自己也参与其中，"初翻经日于寿光殿，武帝躬临法座，笔受其文，然后乃付译人尽其经本，敕沙门宝唱、惠超、僧智、法云及袁昙允等相对疏出，华质有序，不坠译宗"[③]。据今存文献记载，梁武帝天监年间组织翻译的佛典有：《阿育王经》十卷(梁武帝敕释宝唱、释慧超、释僧智、释法云、袁昙允等助僧伽婆罗等译出，今《大正藏》二一《史传部》有存)；《解脱道论》十二卷(梁武帝敕僧伽婆罗译出，今《大正藏》十六《论集部》有存)；《孔雀王咒经》二卷(梁武帝敕僧伽婆罗译出，今《大正藏》十《密教部》有存)；《文殊师利所说般若波罗蜜经》一卷(梁武帝敕僧伽婆罗译出，今《大正藏》三《般若部》有存)；《度一切诸境界智严经》一卷(梁武帝敕僧伽婆罗译出，今《大正藏》六《宝积部》有存)；《文殊师利问经》二卷(梁武帝敕僧伽婆罗译出，今《大正藏》九《经集部》有存)；《舍利弗陀罗尼经》一卷(梁武帝敕僧伽婆罗译出，今《大正藏》十《密教部》有存)；《八吉祥经》一卷(梁武帝敕僧伽婆罗译出，今《大正藏》九《经集部》有存)；《佛说大乘十法经》一卷(梁武帝敕僧伽婆罗普通年间译出，今《大正藏》六《宝积部》有存)；《菩萨藏经》一卷(梁武帝敕僧伽婆罗译出，今《大正藏》十一《律部》有存)；《文殊师利所说摩诃般若波罗蜜经》二卷(梁武帝敕曼陀罗译出，今《大正藏》三《般若部》有存)；《解脱道论》十三卷(梁武帝敕僧伽婆罗天监十四年[515]译出，今《大正藏》第32册有存)；《阿育王传》五卷(梁武帝敕僧伽婆罗天监年间译出，今佚)；《大乘宝云经》七卷(梁武帝敕曼陀罗、僧伽婆罗译出，今《大正藏》九《经集部》有存)；《大乘顶王经》一卷(梁武帝敕优禅尼国王子月婆首那译出，今《大正藏》九《经集部》有存)等。

---

① 道宣：《续高僧传》卷六《慧超传》，《大正藏》第50册，第475页中。
② 道宣：《续高僧传》卷五《法云传》，《大正藏》第50册，第464页下。
③ 道宣：《续高僧传》卷一《僧伽婆罗传》，《大正藏》第50册，第426页上。

萧衍多次敕令僧人抄经，以类相从进行编辑整理。今《出三藏记集》有《皇帝敕诸僧抄经撰义翻胡音造录立藏等记》的记录[①]。史载梁武帝重视律学，欲撮聚简要，以类相从，天监末年敕释明彻“入华林园，于宝云僧省专攻抄撰”[②]，当时众多学士、僧人参与抄撰佛经。据《隋书》卷三十五记载，“梁武大崇佛法，于华林园中，总集释氏经典，凡五千四百卷”[③]。现已知名目的有：《众经要抄》八十八卷（天监七年[508]梁武帝敕庄严寺释僧旻、释僧智、释僧晃、刘勰等三十人于上定林寺编撰，皆令取衷于释僧旻。事载《续高僧传》卷一《宝唱传》，卷五《僧旻传》）；《义林》八十卷（天监七年[508]梁武帝敕开善寺释智藏编撰，事载《续高僧传》卷一《宝唱传》）；《华林佛殿众经目录》四卷（天监十四年[515]梁武帝敕安乐寺释僧绍编撰，帝不满意，又敕释宝唱重撰，事载《续高僧传》卷一《宝唱传》）；《续法轮论》七十余卷、《法集》一百三十卷、《经律异相》五十五卷、《饭圣僧法》五卷、《众经护国鬼神名录》三卷、《众经诸佛名》三卷、《众经拥护国土诸龙王名录》三卷、《众经忏悔灭罪法》三卷、《出要律仪》二十卷等（天监年间梁武帝敕释宝唱编撰，事载《续高僧传》卷一《宝唱传》、《大唐内典录》卷四）；《般若抄》十二卷（天监十六年[517]梁武帝敕灵根寺沙门释慧令编撰，事载《大唐内典录》卷四）；《出要律仪》十四卷（天监年间梁武帝组织并敕令天竺寺法超等编撰，事载《续高僧传》卷二十二《法超传》）；《在家出家受菩萨戒法》（天监十一年[512]至天监十八年间[519]梁武帝组织僧人编撰而成，参见诹访义纯《梁天监十八年敕写〈出家人受菩萨戒法卷第一〉试论》，载《敦煌古写经》续）；《佛记》三十篇（虞阐、到溉、周舍、沈约等受敕编撰，引自颜尚文《梁武帝》第四章第五节）等。伴随翻译水平的提高和佛典编撰的丰富，佛教义理逐渐融入社会主流文化，为讲经说法、辩论义理创造了良好的思想基础。

（二）讲经说法，辩论义理。南朝佛教义学发达，梁武帝萧衍经常组织僧人讲经。如释慧集擅长《毗昙》，“今上深相赏接，每请开讲”；释法藏受“敕于彭城寺讲《成实》，听侣百余，皆一时翘秀，学观荣之。又敕于慧轮殿讲《般若经》，别敕大德三十人预座，藏开释发畅，各有清拔，皆著私记，拟后传习”；释慧超被“请于慧轮殿讲《净名经》，上临听览”；释僧旻天监六年受“敕于惠（慧）轮殿讲《胜鬘经》，

---

① 僧祐：《出三藏记集》卷一二《法苑杂缘原始集目录序》，中华书局，1995年，第491页。
② 道宣：《续高僧传》卷六《明彻传》，《大正藏》第50册，第473页中。
③《隋书》卷三五《经籍志》，中华书局，1973年，第1098页。

帝自临听”；天竺寺法超普通六年(525)受敕“讲律，帝亲临座听受成规”等[①]，不一一列举。这一时期关于“神灭与否”的争论极有影响。此争论于永明年间因范缜所著《神灭论》而兴起，范缜以刀利(刃利)关系比喻形神，提出“神之与质，犹利之于刀，形之于用，犹刀之于利，……未闻刀没而利存，岂容形亡而神在”[②]，主张形神相即，两者名殊而体一，“形者神之质，神者形之用，……形之与神，不得相异”[③]。竟陵王萧子良集众僧辩难而不能令范缜理屈；萧衍立国后又再次组织众多士大夫、僧人对此展开辩论，并亲自上阵，参与驳斥。他写有《敕答臣下神灭论》，针对南齐时期的辩论未能从佛教理论的角度来探讨神灭与否问题的缺陷，萧衍提出“位现致论，要当有体。欲谈无佛，应设宾主，标其宗旨，辨其短长，来就佛理，以屈佛理”[④]，即要求采用宾主问答的形式，逐条展开辩论，用佛理来解决佛教疑难。萧衍引用儒家经典《祭义》中“为孝子为能养亲”，以及《礼运》中“三日斋，必见所祭”，说明“三圣设教，皆云不灭”，认为主张神灭论的人是“违经背亲”[⑤]。这场辩论影响深远，此后有关神灭与否的问题再未掀起波澜。相较魏晋时期士人的“但共嗟咏二家之美，不辩其理之所在”[⑥]的理论水平，这一时期的士人对佛教知识的掌握全面而丰富，故能在讲经说法、辩论义理时独标新意。

梁武帝萧衍亲自讲经，有年代可考的讲经法会如：天监三年(504)六月八日，萧衍讲于重云殿，沙门志公(指宝志)忽然起舞歌乐，须臾悲泣，因赋五言诗；中大通元年(529)九月甲午，萧衍升讲堂法坐，为四部大众开《涅槃经》题；中大通三年(531)十月己酉，萧衍幸同泰寺，升法座，为四部大众说《大般涅槃经》义，讫于乙卯；十一月乙未，萧衍幸同泰寺，升法座，为四部众说《摩诃般若波罗蜜经》义，讫于十二月辛丑；中大通五年(533)二月癸未，萧衍幸同泰寺，设四部大会，升法座，发《金字摩诃般若经》题，讫于己丑。此事《南史》卷十八《臧盾传》中也有记，云

---

① 慧皎：《高僧传》卷八《慧集传》，《大正藏》第50册，第382页下；道宣：《续高僧传》卷五《智藏传》，《大正藏》第50册，第466页下；道宣：《续高僧传》卷五《慧超传》，《大正藏》第50册，第468页中；道宣：《续高僧传》卷五《僧旻传》，《大正藏》第50册，第462页下；道宣：《续高僧传》卷二一《法超传》，《大正藏》第50册，第607页上。

② 《梁书》卷四八《范缜传》，中华书局，1973年，第666页。

③ 《梁书》卷四八《范缜传》，中华书局，1973年，第665—666页。

④ 《全梁文》卷五《敕答臣下神灭论》，载严可均辑：《全上古秦汉三国六朝文》，中华书局，1958年，第2973页。

⑤ 《全梁文》卷五《敕答臣下神灭论》，载严可均辑：《全上古秦汉三国六朝文》，中华书局，1958年，第2973页。

⑥ 余嘉锡：《世说新语笺疏》上卷《文学》，中华书局，1983年，第227页。

"中大通五年(533),帝幸同泰寺开讲,设四部大会,众数万人"①;中大同元年(546)三月庚戌,萧衍幸同泰寺讲《金字三慧经》;四月丙戌,仍于同泰寺解讲,设法会,大赦,改元;太清元年(547)三月乙巳,萧衍升光严殿讲堂,坐师子座,讲《金字三慧经》②。另据《广弘明集》卷一九所载,梁武帝还有两次规模空前的讲经活动:一是中大通七年(535)二月二十四日,萧衍在同泰寺发讲《金字摩诃般若波罗蜜经》,并解答众疑。史载"自皇太子、王侯以下,侍中、司空袁昂等六百九十八人,其僧正慧令等义学僧镇座一千人,……其余僧尼及优婆塞、众优婆夷、众男官道士、女官道士、白衣居士、波斯国使、于阗国使、北馆归化人。讲肆所班、供帐所设,三十一万九千六百四十二人,又二宫武卫宿直之身,植葆戈、驻金甲,并蒙讲馔。别锡泉府,复数万人,不在听众之例"③。二是大同七年(541)三月十二日,萧衍在华林园重云殿讲《金字波若波罗蜜三慧经》,"凡听众自皇太子王侯、宗室外戚,及尚书令何敬容、百辟卿士、虏使主崔长谦、使副阳休之,及外域杂使一千三百六十人,……又别请义学僧一千人于同泰寺,……又有外国僧众,不可胜数,并众所不识,同集法座"④。今《出三藏记集》卷一二有《皇帝后堂建讲记》《皇帝宫内建讲记》《皇帝后堂志上启建讲记并序》《皇帝与志上往复注并序》《皇帝后堂讲〈法华〉志上论难》等,亦是梁武讲经的部分记录。梁武末年专务讲论,频幸同泰寺,群臣亦竞相效仿,大冠高履,乘车扈从,终日谈论苦空,未尝以军国典章为意,直接招致梁末侯景之乱。史载:"及侯景率兵向阙,尚书郎以下,多不解乘马,狼狈步走,死者相继于道路。武帝及简文卒被侯景幽逼而死。孝元帝在江陵为万纽、于谨所围,帝犹讲《老子》不辍,百僚皆戎衣以听,俄而城陷,君臣俱被囚絷。"(《贞观政要》卷六)庾信的《哀江南赋》所云"宰衡以干戈为儿戏,缙绅以清谈为庙略"⑤,也是对此进行的深刻批判与反思。

(三)注疏佛经,撰述论章。佛教自传入中国,就面临如何与本土文化融合的问题,对佛经进行注疏,不仅表明时人对佛经予以与儒家经典等同的重视,而

---

① 《南史》卷一八《臧盾传》,中华书局,1974年,第512页。

② 《隋书》卷二二《五行志》,中华书局,1973年,第636页;《南史》卷七《梁武帝纪》,中华书局,1974年,第206页;《南史》卷七《梁武帝纪》,中华书局,1974年,第208页;《梁书》卷三《武帝纪》,中华书局,1974年,第75页;《南史》卷七《梁武帝纪》,中华书局,1974年,第210页;《南史》卷七《梁武帝纪》,中华书局,1974年,第218页;《南史》卷七《梁武帝纪》,中华书局,1974年,第219页。

③ 道宣:《广弘明集》卷一九《御讲金字摩诃般若波罗蜜经序》,《大正藏》第52册,第237页上。

④ 道宣:《广弘明集》卷一九《御讲金字摩诃般若波罗蜜经序》,《大正藏》第52册,第236页上。

⑤ 《全后周文》卷八《哀江南赋》,载严可均辑:《全上古三代秦汉三国六朝文》,中华书局,1958年,第3922页。

且推动了佛教"中国化"进程。梁武帝多次敕令僧人注疏佛经，如天监初年，敕高僧大德各撰《成实义疏》，其中释法云撰有四十科，为四十二卷，事载《续高僧传》卷五《法云传》；天监六年(507)释僧旻制注《波若经》，事载《续高僧传》卷五《僧旻传》；天监七年(508)建元寺释僧朗受敕注《大般涅槃经》七十二卷，事载《续高僧传》卷一《宝唱传》(今《大正藏》十七《经疏部》有《大般涅槃经集解》七十一卷，撰者云宝亮等)；同年释法云受敕制注《大品》，事载《续高僧传》卷五《法云传》；天监八年(509)释宝亮受敕撰《涅槃义疏》十余万言，梁武帝萧衍为之作序，云"举要论经，不出两途。佛性开其本有之源，涅槃明其归极之宗。……空空不能测其真际，玄玄不能穷其妙门"①，事载《高僧传》卷八《宝亮传》。

萧衍勤奋好学，熟读内外典籍，故也参与注疏佛典。如萧衍天监十一年(512)注《大品经》五十卷。此书乃梁武帝召集天保寺释法宠、灵根寺释慧令等名僧二十人，"探采释论，以注经本，略其多解，取其要释"②而成，内容分五段，"劝说以不住标其始，命说以无教通其道，愿说以无得显其行，信说以甚深叹其法，广说以不尽要其终"③，非时人所说的五时般若。萧衍提出："《涅槃》是显其果德，《般若》是明其因行。显果则以常住佛性为本，明因则以无生中道为宗。以四谛言说，是涅槃，是般若，以第一谛言说，岂可复得谈其优劣？"④他以两者并举，认为般若与涅槃在成佛问题上是因果关系，不存在优劣问题，表明梁武帝对这两种当时看来存在矛盾的理论有着深刻理解。萧衍还在其《净业赋》中引儒家学说云"《礼》云：'人生而静，天之性也。感物而动，性之欲也。'有动则心垢，有静则心静。外动既止，内心亦明。始自觉悟，患累无所由生也"⑤，强调内心觉悟之道。萧衍以帝王身份参与佛性问题的讨论，撰述《立神明成佛义记》，提出了独树一帜的佛性"神明"观：以东晋慧远的"神不灭"论为基础，建构其佛性学说；在理论来源上，糅合了般若学与涅槃学中有关"心识""佛性"的相关理论来阐释立"神明"成佛义，将佛性问题归于"心性"问题；在论证方式上，则受到范缜《神灭论》，以及

---

① 《全梁文》卷六《宝亮法师涅槃义疏序》，载严可均辑：《全上古秦汉三国六朝文》，中华书局，1958年，第2984页。
② 《全梁文》卷六《注解大品经序》，载严可均辑：《全上古秦汉三国六朝文》，中华书局，1958年，第2983—2984页。
③ 《全梁文》卷六《注解大品经序》，载严可均辑：《全上古秦汉三国六朝文》，中华书局，1958年，第2984页。
④ 《全梁文》卷六《注解大品经序》，载严可均辑：《全上古秦汉三国六朝文》，中华书局，1958年，第2983页。
⑤ 《全梁文》卷一《净业赋》，载严可均辑：《全上古秦汉三国六朝文》，中华书局，1958年，第2950页。

释宝亮"以心为正因佛性"中具辩证色彩的论证方式的影响。① 因其思想把心性引入佛性学说,成为宋明理学与心学理论源头。另据《梁书》卷三著录,萧衍制"《涅槃》《大品》《净名》《三慧》诸经义记,复数百卷"②。具体为《制旨大涅槃经讲疏》一百零一卷、《三慧经讲疏》、《净名经义》、《制旨大集经讲疏》十六卷、《发般若经题论义并问答》十二卷。③ 又据《广弘明集》卷第十九《御讲波若经序》记载,萧衍注释《大品般若经》,并自行讲说,"重以所明《三慧》,最为奥远,乃区出一品,别立经卷;亦由观音力重特显普门之章,登住行深,乃出《华严》之品。故以撮举机要,昭悟新学者"④,则萧衍除了《般若经》中《三慧品》讲疏,当还有《华严经》中的《普门品》讲疏。此外,《南史》卷七《梁武帝纪》载大同六年(551)五月河南王遣使来献,求释迦像并经论十四条,梁武帝"敕付像并《制旨涅槃》《般若》《金光明讲疏》一百三卷"⑤,可知萧衍还有《金光明经》讲疏。这些佛经讲疏今均佚。萧衍还有弘法宣教的诗歌与文章,如《游钟山大爱敬寺诗》、《会三教诗》、《和太子忏悔诗》、《十喻诗》(今存五首)、《唱断肉经竟制》、《立神明成佛义记》、《菩提达摩大师碑》、《宝亮法师涅槃义疏序》、《注解大品经序》、《舍道事佛疏文》、《金刚般若忏文》、《摩诃般若忏文》、《断酒肉文》、《静业赋》等。虽然萧衍所注疏的佛经今已难觅踪迹,但通过流传下来的有关文字,还是可以看出他关于《般若》《涅槃》的理论,以及"真神"佛性的思想在当时具有相当影响。

(四)舍身供佛,营办斋会。历史上的梁武帝萧衍曾多次舍身。据统计,今存文献中有年代记录的至少四次⑥:大通元年(527)三月辛未,萧衍幸同泰寺舍身;中大通元年(529)九月癸巳,帝幸同泰寺,释御服,披法衣,行清净大舍,以便省为房,素床瓦器,乘小车,私人执役。……癸卯,群臣以钱一亿万奉赎皇帝菩萨大舍,僧众默许。乙巳,百辟诣寺东门奉表,请还临宸极,三请乃许。帝三答书,前后并称顿首。中大同元年(546)三月庚戌,萧衍幸同泰寺讲《金字三慧经》,仍施身,夏四月丙戌,皇太子以下奉赎。太清元年(547)庚子,萧衍幸同泰寺,释御服,服法衣,行清净大舍,名曰"羯磨"。以五明殿为房,设素木床、葛帐、土瓦器,乘小舆,私人执役。乘舆法服,一皆摒除;乙巳,萧衍升光严殿讲堂,坐师子座,讲

① 参见谭洁:《论梁武帝的"神明"观及其佛性思想》,《江汉论坛》2007年第5期。
② 《梁书》卷三《武帝下》,中华书局,1973年,第96页。
③ 参见方立天:《梁武帝萧衍与佛教》,载《魏晋南北朝佛教论丛》,中华书局,1982年,第194页。
④ 道宣:《广弘明集》卷一九《御讲般若经序》,《大正藏》第52册,第235页中。
⑤ 《南史》卷七《梁武帝纪》,中华书局,1974年,第215页。
⑥ 《南史》卷七《梁武帝纪》,中华书局,1974年,第205、206、218、219页。

《金字三慧经》，舍身，四月庚午，群臣以钱一亿万奉赎皇帝菩萨，僧众默许。戊寅，百辟诣凤庄门奉表，三请三答，顿首，并如中大通元年故事。唐人对萧衍佞于佛道，舍身为寺奴，横多糜费一事，颇多讥议。如姚崇《遗令戒子孙文》云，“梁武帝以万乘为奴，……岂特名戳身辱，皆以亡国破家”；韩愈《谏迎佛骨表》特举梁武之事，云其“事佛求佛，乃更得祸”。魏徵等撰《隋书》，亦将其与天灾人祸联系起来：如云梁中大通元年(527)四月的大雨雹，与“帝数舍身为奴，拘信佛法，为沙门所制”[①]有关，又云侯景之乱，江陵之败，“阖城为贼隶焉，即舍身为奴之应”[②]。可知后世以其为佞佛伤政之例。

萧衍还组织营办众多的斋会。有史记载的如：普通六年(525)，萧衍于同泰寺设千僧会，广集诸寺知事及学行名僧。羯磨拜授，置位羽仪，众皆见所未闻，得未曾有。中大通元年(529)六月，都下疫甚，萧衍于重云殿为百姓设救苦斋，以身为祷；九月癸巳，萧衍幸同泰寺，设四部无遮大会；十月乙酉，又设四部无遮大会，道俗五万余人。中大通二年(530)四月癸丑，萧衍幸同泰寺，设平等会。中大通七年(535)二月，萧衍出大通门，幸同泰寺发讲，设道俗无遮大会。据《广弘明集》卷一九萧子显的《御讲金字摩诃般若波罗蜜经序》中所载，此会规模宏大，萧衍不仅讲经，还“舍财遍施钱、绢、银、锡杖等物二百一种，值一千九十六万”。大同元年(535)三月丙寅，萧衍幸同泰寺，设无遮大会；四月壬戌，又幸同泰寺，铸十方银像，并设无碍会。大同二年(536)三月戊寅，萧衍幸同泰寺，设平等法会；九月辛亥，又幸同泰寺，设四部无碍法会；十月壬午，又幸同泰寺，设无碍大会。大同三年(537)五月癸未，萧衍幸同泰寺，铸十方金铜像，设无碍法会；八月辛卯，又幸阿育王寺，设无碍法喜食，大赦。大同四年(538)八月，萧衍幸长干寺，设无碍法喜食。大同十年(544)三月壬寅，萧衍于皇基寺设法会，诏赐兰陵老少位一阶，并加颁赉。中大同元年(546)四月丙戌，萧衍于同泰寺设法会，大赦，改元。太清元年(547)三月庚子，萧衍幸同泰寺，设无遮大会[③]。萧衍在斋会上大行放生与布施：

---

① 《隋书》卷二二《五行志》，中华书局，1973年，第629页。

② 《隋书》卷二二《五行志》，中华书局，1973年，第620页。

③ 道宣：《续高僧传》卷五《法云传》，《大正藏》第50册，第464页下；《南史》卷七《梁武帝纪》，中华书局，1974年，第206—207页；《南史》卷七《梁武帝纪》，中华书局，1974年，第207页；道宣：《广弘明集》卷一九《御讲金字摩诃般若波罗蜜经序》，《大正藏》第52册，第236页下；《南史》卷七《梁武帝纪》，中华书局，1974年，第211页；《南史》卷七《梁武帝纪》，中华书局，1974年，第212页；《南史》卷七《梁武帝纪》，中华书局，1974年，第212页；道宣：《广弘明集》卷一五《出古育王塔下佛舍利诏》，《大正藏》第52册，第203页下；《南史》卷七《梁武帝纪》，中华书局，1974年，第217页；《南史》卷七《梁武帝纪》，中华书局，1974年，第218页；《南史》卷七《梁武帝纪》，中华书局，1974年，第218页。

据萧子显在《御讲金字摩诃般若波罗蜜经序》中所记，每月斋会，除了给诸寺施财施食外，还别敕张文休为运吏，散运米与贫民。犯有死罪应入大辟者，也蒙武帝怜悯而原宥。张文休还受敕奔赴屠肆，“家禽野兽殚四生之品，无不放舍”[①]。晚年的萧衍表现出对天地万物强烈的怜悯之心，史载其“厌于万机，又专精佛戒，每断重罪，则终日弗怿”[②]。他不仅宽宥有罪之人，而且还热衷放生。据《景定建康志》记载，萧衍在石头城前的长命洲置户十家，每年买鹅、鸭、鸡、豚之类千数，令专人以粟谷喂养，以便放生之用。因为这些家畜不是被狐狸之类叼走，就是被看管的人偷偷吃掉，所以后人讥讽他：“如何长命作洲名，梁武当时此放生。鹅鸭成群如市肆，鸡豚无数似屯营。岂知半被狐奴食，宁免私为鹤户烹。不杀自然能不放，欲将实祸博虚声。”[③]但此事却说明，佛教的戒杀理论深深作用且影响于萧衍的思想与行为。

（五）制定律文，戒杀蔬食。萧衍严格戒律，制断酒肉，在历史上起过相当重要的影响，余音犹响。中国出家人虽持戒，仍有食“三净肉”[④]的习惯。萧衍以大护法自居，重视律学，认为“律教乃是像运攸凭，学惠阶渐，治身灭罪之要，三圣由之而归，必不得阙”，“既为万善之本，实亦众行所先，譬巨海百川之长，若须弥群山之最，三果四向缘此以成，十力三明因兹而立”[⑤]。故不仅博采经教，编撰《出要律仪》十四卷，在梁境通行；而且敕律师释僧祐“乘舆入内殿为六宫受戒”[⑥]。针对僧界资产丰沃，道尼畜养奴婢，贪图享乐生活，不守戒律的社会现象，萧衍亲制佛教律文，题为《断酒肉文》。萧衍强调戒断酒肉，因为饮酒虽不至于杀生，但酒为“乱性”之物，不利清净本心；而肉乃浓肥腥臭之物，食肉必定涉及杀生。且两者不过是为了满足口腹之欲，然杀生带来的罪过却是难以消除的，故萧衍力主戒断酒肉。在此文中，他以“食肉者断大慈种，……一切众生皆为怨对，同不安乐”[⑦]，主张出家人戒断酒肉。萧衍表态说，他将从自己做起，遵守佛戒。其发愿辞云：“弟子萧衍从今已去，至于道场，若饮酒放逸，起诸淫欲，欺诳妄语，啖食众生，乃

---

① 道宣：《广弘明集》卷一九《御讲金字摩诃般若波罗蜜经序》，《大正藏》第 52 册，第 237 页下。

② 《隋书》卷二五《刑法志》，中华书局，1973 年，第 701 页。

③ 周应谷：《景定建康志》卷一九《山川志》“长命洲”条，清嘉庆六年刊本，台北成文出版社，1984 年，第 977 页。

④ “三净肉”是指没有看见、没有听闻和没有怀疑是杀生的三种肉。

⑤ 道宣：《续高僧传》卷一二《法超传》，《大正藏》第 50 册，第 607 页上；道宣：《续高僧传》卷六《慧约传》，《大正藏》第 50 册，第 469 页中。

⑥ 慧皎：《高僧传》卷一一《僧祐传》，《大正藏》第 50 册，第 402 页下。

⑦ 萧衍：《断酒肉文》，《广弘明集》卷二六《慈济篇》，《大正藏》第 52 册，第 306 页。

至饮于乳蜜，及以酥酪，愿一切有大力鬼神，先当苦治萧衍身，然后将付地狱阎罗王，与种种苦，乃至众生皆成佛尽，弟子萧衍犹在阿鼻地狱中。”[①]而且严格规定僧人必须戒断酒肉，提出若僧众不能行清净之道，“弟子萧衍当如法治问。驱令还俗，与居家衣，随时役使”[②]。他的“若复有饮酒啖肉，不如法者，弟子当依王法治问”[③]，是以王法统摄僧制，将佛教纳入国家管理的宣告。萧衍本人也不止一次受佛戒：天监三年(504)他宣布“舍道入佛”，皈依佛门，于重云殿自称“弟子”；天监十八年(519)四月八日，又幸等觉殿，“发弘誓心，受菩萨戒，……曲万乘之尊，申在三之敬，暂屏衮服，恭受田衣，宣度净仪，曲尽诚肃”[④]，以至释法云云，“戒终是一，先已同禀，今重受者，诚非所异，有若趣时”[⑤]。当时与之同时受戒的还有皇储王姬、道俗士庶等四万八千人。萧衍不仅自己受戒，还劝说属下一起受戒，如济阳的江革精信因果，而帝不知，“谓革不奉佛教，乃赐革《觉意诗》五百字，云‘惟当勤精进，自强行胜修；岂可作底突，如彼必死囚。以此告江革，并及诸贵游’。又手敕云：‘世间果报，不可不信，岂得底突如对元延明邪?’革因启乞受菩萨戒”[⑥]。

佛教精神的核心是“慈悲”，首重“戒杀”。萧衍受此影响，不仅在《断酒肉文》中引用《涅槃经・四相品》中所云“食肉断大慈种”之语，而且还在《与周舍论断肉敕》中，从佛教慈悲为怀的理念说明断禁肉食的重要性，“众生所以不可杀生，凡一众生，具八万户虫，经亦说有八十亿万户虫，若断一众生命，即是断八万户虫命”[⑦]。萧衍于天监十二年(511)下诏，“请丹阳、琅琊二境水陆并不得搜捕”[⑧]；又齐时的郊庙、宗庙荐羞，沿用传统，使用牲畜，其宗庙祭祀的文字还有“式备牲牷”“牲玉孔备”“我牲以洁”“朱尾碧鳞”等辞[⑨]，故萧衍的《断杀绝宗庙牺牲诏并表请》于天监十六年(517)三月“敕太医不得以生类为药；公家织官纹锦饰，并断仙人鸟兽之形，以为亵衣，裁剪有乖仁恕。……郊庙牲牷，皆代以面，其山川诸祀则

---

① 《全梁文》卷七《断酒肉文》，载严可均辑：《全上古秦汉三国六朝文》，中华书局，1958年，第2992页。
② 《全梁文》卷七《断酒肉文》，载严可均辑：《全上古秦汉三国六朝文》，中华书局，1958年，第2992页。
③ 萧衍：《断酒肉文》，《广弘明集》卷二六《慈济篇》，《大正藏》第52册，第308页。
④ 道宣：《续高僧传》卷六《慧约传》，《大正藏》第50册，第469页中。
⑤ 道宣：《续高僧传》卷五《法云传》，《大正藏》第50册，第464页下。
⑥ 《梁书》卷三六《江革传》，中华书局，1973年，第524页。
⑦ 道宣：《广弘明集》卷二六《与周舍论断肉敕》，《大正藏》第52册，第303页上。
⑧ 萧衍：《断杀绝宗庙牺牲诏并表请》，《广弘明集》卷二六《慈济篇》，《大正藏》第52册，第304页。
⑨ 《南史》卷六《梁武帝纪》，中华书局，1974年，第196页。

否。……冬十月，宗庙荐羞，始用蔬果”[①]，并下诏萧子云连歌辞一并修改。当时关于宗庙祭祀去牲畜事，朝廷争议激烈，然萧衍坚持己见，不为妥协，从中可知他对佛教信仰之虔诚。与“戒杀”相关联的是萧衍的蔬食主张。萧衍在《静业赋》中自称，“朕布衣之时，唯知礼义，不知信向。烹宰众生，以接宾客，随物肉食，不识菜味”，后因父母故去，无心独享美味，“因而蔬食，不啖鱼肉，虽自内行，不使外知”[②]，表明其蔬食主张还蕴含儒家孝道思想。随着对佛教的日益痴迷，萧衍除了戒杀，还自觉“戒色”。萧衍在《静业赋》中曾自称：“断房室，不与嫔侍同屋而处四十余年矣。”[③]因其大同年间的《敕责贺琛》中是另外一种说法：“朕绝房室三十余年，无有淫佚。朕颇自计，不与女人同屋而寝，亦三十余年。”[④]故在萧衍断房事的时间问题上，钱锺书先生认为：“此等鄙琐，本不足校，顾既以为君道攸关，则十年之一出一入，岂曰小德乎哉！”[⑤]史载萧衍“晚乃溺信佛道，日止一食，膳无鲜腴，惟豆羹粝饭而已。或遇事拥，日傥移中，便漱口以过。……身衣布衣，木绵皂帐，一冠三载，一被二年。自五十外便断房室，……不饮酒，不听音声，非宗庙祭祀、大会飨宴及诸法事，未尝作乐”[⑥]，这与萧子显对梁武帝的记录，如“服粗浣衣器同土簋，日一蔬膳过中不餐，寒暑被袭莫非大布，所居便殿不能方丈，昔之幄座今为下床，傍无侍卫顾无玩物，左右唯经书卷轴，所对但见香炉锡杖”[⑦]，几近相同，应是较为真实的写照，表明晚年的萧衍因受佛理影响而自觉过着简素生活。

（六）优待僧人，敕命僧官。佛教以佛法僧为三宝，萧衍崇信释氏，他礼遇僧人，与众多僧人皆有往来，故僧众常出入皇宫。如梁武帝优待释智藏（458—522），“宫阙恣其游践”[⑧]，且时有人提出御座唯天子所升，沙门不得沾预，释智藏踞座以示抗议，然萧衍并不追究。神僧释宝志言行怪诞，善为谶语，南齐时齐武帝谓其惑众，曾将其拘禁；萧衍立国后则有《下释宝志诏》，把宝志视为“水火不能燋濡，蛇虎不能侵惧”的神人，认为不得以俗士常情，空相拘制，他下令“自今行

① 《梁书》卷二《武帝纪》，中华书局，1973年，第57页。
② 《全梁文》卷一《静业赋》，载严可均辑：《全上古秦汉三国六朝文》，中华书局，1958年，第2950页。
③ 《全梁文》卷一《静业赋》，载严可均辑：《全上古秦汉三国六朝文》，中华书局，1958年，第2950页。
④ 《全梁文》卷四《敕责贺琛》，载严可均辑：《全上古秦汉三国六朝文》，中华书局，1958年，第2971页。
⑤ 钱锺书：《管锥编》第4册，“191”条，中华书局，1979年，第1370页。
⑥ 《南史》卷七《梁武帝纪》，中华书局，1974年，第223页。
⑦ 道宣：《广弘明集》卷一九《御讲金字摩诃般若波罗蜜经序》，《大正藏》第52册，第237页下。
⑧ 道宣：《续高僧传》卷五《智藏传》，《大正藏》第50册，第466页上。

来，随意出入，勿得复禁”[①]。此外，萧衍的《诏答大士傅弘》，亦下诏“大士欲度众生，去来随意”[②]，特许释傅弘自由出入。对梁武“家僧”如释僧伽婆罗（460—524）、释法宠（451—524）、释僧迁（465—523）、释僧旻（467—527）、释法云（467—529）、释慧超（？—526）、释明彻（？—522）等，萧衍均资给丰厚。史载释法宠受“敕常居坐首，不呼其名，号为上座法师，请为家僧。敕施车牛人力，衣服饮食，四时不绝”[③]；释僧旻天监五年游于都辇，“天子礼接……请为家僧，四事供给”[④]。当时地方官吏延请僧人，梁武帝也资给用度。如释僧旻出京，萧衍“有敕给船仗资粮，发遣二郡，迎候舟楫满川，京师学士云随，雾合中途，守宰莫不郊迎”[⑤]，声势浩大，以至晋陵太守蔡撙深有感触地说：“昔仲尼素王于周，今旻公又素王于梁矣。”[⑥]有名望的僧人生前得到萧衍礼遇，死后其丧事也由皇家营办。如释宝志天监十三年（512）卒，萧衍“厚加殡送，葬于钟山独龙之阜，仍于墓所立开善精舍，敕陆倕制铭辞于冢内，王筠勒碑文于寺门，传其遗像，处处存焉”；释僧旻大通八年二月一日卒，萧衍“敕以其月六日窆于钟山之开善墓所，丧事大小，随由备办”。又如释法云大通三年三月二十七日卒，萧衍“敕给东园秘器凡百，丧事皆从王府，下敕令葬宝林寺侧”等[⑦]。

梁武帝萧衍还敕命僧官。如敕释宝唱为新安寺主，敕释法宠为齐隆寺主，敕释法云为光宅寺主，后又敕其为大僧正，敕慧超为僧正，敕天竺寺释法超为都邑僧正等。僧正作为僧官名，由中央朝廷敕命，领命者负责管理地方大小僧尼事务。大同年间，梁武帝萧衍曾意欲自为“白衣僧正”，“维任法侣敕主书，遍令许者署名，于时盛哲无敢抗者，皆匿然投笔”[⑧]，且其中有释智藏者，抗言力争，事终不行。萧衍以帝王之尊介入僧界事务，既成为南朝佛教发展的助推力量，又体现出南朝皇权对教权的强力干预。

（七）建寺造像，佛化外交。据清代刘世珩的《南朝寺考》卷五所载梁代九十

---

① 《全梁文》卷二《下释宝志诏》，载严可均辑：《全上古秦汉三国六朝文》，中华书局，1958 年，第 2955 页。
② 《全梁文》卷四《诏答大士傅弘》，载严可均辑：《全上古秦汉三国六朝文》，中华书局，1958 年，第 2969 页。
③ 道宣：《续高僧传》卷五《法宠传》，《大正藏》第 50 册，第 461 页中。
④ 道宣：《续高僧传》卷五《僧旻传》，《大正藏》第 50 册，第 462 页下。
⑤ 道宣：《续高僧传》卷五《僧旻传》，《大正藏》第 50 册，第 462 页下。
⑥ 道宣：《续高僧传》卷五《僧旻传》，《大正藏》第 50 册，第 462 页下。
⑦ 慧皎：《高僧传》卷一《宝志传》，《大正藏》第 50 册，第 394 页下；道宣：《续高僧传》卷五《僧旻传》，《大正藏》第 50 册，第 463 页上；道宣：《续高僧传》卷五《法云传》，《大正藏》第 50 册，第 464 页下。
⑧ 道宣：《续高僧传》卷五《智藏传》，《大正藏》第 50 册，第 466 页中。

二寺资料中，梁武帝敕建的有十一所，分别是智度寺、新林法王寺、仙窟寺、光宅寺、萧帝寺（又名法光寺）、解脱寺、同行寺、全善寺、开善寺（又名兴国禅寺）、大爱敬寺、同泰寺（又名法宝寺）。另阙名的《梁京寺记》中提到宝林寺，云“梁天监中，武帝与宝公同游此山，见林峦殊胜，命建精蓝”①，可知也是梁武帝敕建。此外，萧衍还为慧初禅师，“立禅房于净名寺以处之，四时资给”②，又“下敕工人缮改张饰以待（法）宠焉，因改名为宣武寺”③。这些佛寺中最具代表性的，是萧衍为其父母修建的大爱敬寺和智度寺，以及他经常讲经说法的同泰寺。大爱敬寺是萧衍于普通三年为纪念亡父而建④，在蒋山（今南京钟山）北高峰上。此寺建寺初，萧衍曾授意手下之人，向王骞强买寺边良田八十余顷。《续高僧传》卷一《宝唱传》中有对此寺的描述，云：“纠纷协日，临睨百丈，翠微峻极，流泉灌注，钟龙遍岭，饫凤乘空，创塔包岩壑之奇，宴坐尽林泉之邃，结构伽蓝，同尊园寝，经营雕丽，奄若天宫。中院之去大门，延袤七里，廊庑相架，檐溜临属，旁置三十六院，皆设池台，周宇环绕，千有余僧，四事供给。”⑤可知此寺建筑之宏大壮丽，草木之繁茂葱郁，林泉之幽邃深远，以及寺内僧侣之云集众多。智度寺则是萧衍为纪念亡母所建，亦是“殿堂宏壮，宝塔七层，房廊周接，华果间发，正殿亦造丈八金像，以申追福。五百诸尼四时讲诵”⑥，可知其规制不输于大爱敬寺。据萧衍在《孝思赋》中自述，“竭工匠之巧，尽世俗之奇”的两寺，均是为“表罔极之情，达追远之心”⑦，以表达自己对父母的孝敬之情。同泰寺是萧衍大通元年（527）所建，时在宫后别开一门，名大通门，对寺之南门，取反语以协“同泰”为名，原为吴之后苑。唐代许嵩《建康实录》卷一七引《舆地志》中所载，云其有“浮图九层，大殿六所，小殿及堂十余所，宫各像日月之形，禅窟、禅房、山林之内，东西般若台各三层，筑山构陇，亘在西北。栢殿在其中，东南有璇玑殿，殿外积石种树为山，有盖天仪，激水随滴而转”，可知亦是穷竭帑藏，巧夺天工。此寺是梁武帝极为重要的宗教活动场所，据

① 《五朝小说大观·魏晋小说卷之七》，上海扫叶山房发行。
② 道宣：《续高僧传》卷一六《慧初传》，《大正藏》第50册，第550页下。
③ 道宣：《续高僧传》卷五《义解篇·法宠传》，《大正藏》第50册，第461页中。
④ 关于大爱敬寺修建的时间，参见《全梁文》卷一三《大爱敬寺刹下铭》（萧纲），载严可均辑：《全上古三代秦汉三国六朝文》，中华书局，1958年，第3026页。
⑤ 道宣：《续高僧传》卷一《宝唱传》，《大正藏》第50册，第427页上。
⑥ 道宣：《续高僧传》卷一《宝唱传》，《大正藏》第50册，第427页上。
⑦ 道宣：《广弘明集》卷二九《孝思赋》，《大正藏》第52册，第337页中。

《梁京寺记》载，萧衍在此“舍身施财，以祈佛福。自大通以后，无年不幸”[①]。萧衍还积极支持造像，如大同元年(535)四月，萧衍幸同泰寺，“铸十方银像”[②]，大同三年(537)五月，萧衍幸同泰寺，又“铸十方金铜像”[③]。光宅寺亦有丈九无量寿佛铜像。梁代最壮观的佛像是由释僧祐监制的、天监十五年(516)春完工的剡溪弥勒石像，此石像“坐躯高五丈，立形十丈，龛前架三层台，又造门阁殿堂，并立众基业以充供养”[④]。此外，正觉寺释法悦在小庄严寺营铸丈八无量寿像，在耗铜四万斤犹不够的情况下，启闻梁武帝萧衍，“敕给功德铜三千斤”[⑤]；其子梁简文帝萧纲也在《谢敕赍柏刹柱并铜万斤启》中谢梁武帝给其“柏刹柱一口，铜一万斤，供起天中天寺”[⑥]；又在《谢敕赍铜供造善觉寺塔露盘启》谢梁武帝“垂赍铜一万三千斤，供造觉善寺塔露盘”[⑦]。大量的金钱耗费使南朝寺庙林立，唐代杜牧的《江南春》诗云“南朝四百八十寺，多少楼台烟雨中”，就是以艺术手法对此进行的描摹。

梁代萧衍在位期间，国家强盛，文化繁荣，四海来朝，进贡臣服，梁国与周边国家多有交流，其中不乏佛教文化交流。如天监二年(503)，扶南国王阇邪跋摩“遣使送珊瑚佛像，并献方物”[⑧]，萧衍下诏授其为安南将军、扶南王；天监十年(511)、十三年(514)、十六年(517)，扶南国累遣使贡献；天监十八年(519)，新王留陀跋摩“复遣使宋天竺旃檀瑞像、婆罗树叶，并献火齐珠、郁金、苏合等香”[⑨]；普通元年(519)，中大通二年(530)，大同元年(535)，扶南国仍累遣使贡献；大同五年(539)，扶南国王遣使献生犀，因“其国有佛发，长一丈二尺，诏遣沙门释云宝随使往迎之”[⑩]。又如盘盘国，大通元年(527)，其王遣使奉表并贡献，后又于中大通元年(529)，“累遣使贡牙像及塔，并献沉檀等香数十种。六年八月，复使送菩提国真舍利及画塔，并献菩提树叶、詹糖等香”[⑪]。再如有河南王者，天监十三年

---

① 《梁京寺记》，载《五朝小说大观·魏晋小说卷之七》，上海扫叶山房发行。
② 《南史》卷七《梁武帝纪》，中华书局，1974年，第211页。
③ 《南史》卷七《梁武帝纪》，中华书局，1974年，第212页。
④ 慧皎：《高僧传》卷一三《僧护传》，《大正藏》第50册，第412页中。
⑤ 慧皎：《高僧传》卷一三《法悦传》，《大正藏》第50册，第412页中。
⑥ 《全梁文》卷一《谢敕赍柏刹柱并铜万斤启》，载严可均辑：《全上古秦汉三国六朝文》，中华书局，1958年，第3007页。
⑦ 《全梁文》卷一《谢敕赍铜供造善觉寺塔露盘启》，载严可均辑：《全上古秦汉三国六朝文》，中华书局，1958年，第3007页。
⑧ 《梁书》卷五四《诸夷传》，中华书局，1973年，第789页。
⑨ 《梁书》卷五四《诸夷传》，中华书局，1973年，第790页。
⑩ 《梁书》卷五四《诸夷传》，中华书局，1973年，第790页。
⑪ 《梁书》卷五四《诸夷传》，中华书局，1973年，第793页。

(514)，遣使献金装马脑钟二口，“又表于益州立九层佛寺，诏许焉”[①]。大同六年(540)，河南王“遣使朝，献马及方物，求释迦像并经论十四条。敕付像并《制旨涅槃》《般若》《金光明讲疏》一百三卷”[②]。《释氏稽古略》卷二和《集神州三宝感通录》卷中均记录萧衍遣决胜将军郝骞、谢文华等八十人，往天竺国迎佛旃檀像事。《出三藏记集》卷十二有《皇帝遣诸僧诣外国寻禅经记》，也记梁武帝萧衍遣使求法事。这些对外交流活动，推动了佛教向外传播与发展。

除以上所述，萧衍还长于音律，能为佛音。他尝制《善哉》《大乐》《大欢》《天道》《仙道》《神王》《龙王》《灭过恶》《除爱水》《断苦轮》等十篇，名为正乐，皆述佛法。又有法乐童子伎，童子倚歌，梵呗，设无遮大会则为之，事载《隋书》卷一三《音乐志》。

萧衍以佛教为中心形成了他的三教观。他的《述三教诗》，云：“少时学周孔，弱冠勤六经。……中复观道书，有名与无名。……晚年开释卷，犹月映众星。”[③]萧衍以“犹月映众星”，比喻佛教吸引自己注目所具有的闪耀光辉。他以佛教为“月”，以儒家学说、道教为“星”，以此说明儒、释、道三种思想文化各有所用，虽有主有次，但宛若众星拱月，光辉同耀！

太清二年(548)，侯景叛乱，攻陷要地，进逼围困台城，形势危急。分封在各地的诸子得知此消息，聚集兵力，赶至建康台城外围。因各存私心，觊觎皇位，错失良好战机。太清三年(549)，侯景破城，台城陷落，武帝萧衍遭幽禁。史载被困的萧衍仍不废斋戒，口苦索蜜不得，忧愤崩于净居殿，时年八十六，可谓以身殉教。萧衍著述甚多，遍及经、史、子、集四部。如《文集》一百二十卷、《周易大义》二十一卷、《周易大义疑问》二十卷、《毛诗发题序义》一卷、《毛诗大义》十一卷、《礼记大义》十卷、《制旨革牲大义》三卷、《乐社大义》十卷、《乐论》三卷、《钟律纬》六卷、《孝子传》三十卷、《金策》三十卷、《棋评》一卷、《棋法》一卷、《梁武帝所服杂药方》一卷、《梁武帝坐右方》一卷、《梁武帝兵书钞》一卷、《梁武帝兵书要钞》一卷等，其中相当一部分著述融合佛理，是儒释道三种思想文化交融的代表作。

梁武帝萧衍诸子，以及其兄弟及兄弟之子，崇信佛教者大有其人。如萧衍长子萧统、第三子萧纲(另有下述)、第七子萧绎(另有下述)、武陵王萧纪，以及临川

---

① 《梁书》卷五四《诸夷传》，中华书局，1973年，第810页。

② 《南史》卷七《梁武帝纪》，中华书局，1974年，第215页。

③ 道宣：《广弘明集》卷三《述三教诗》，《大正藏》第52册，第352页下。

王萧宏、南平王萧伟、鄱阳王萧恢、始兴王萧憺,及长沙嗣王萧业及其弟之子萧韶、桂阳嗣王萧象、衡阳嗣王萧元简等,都与佛教有联系。

1. 昭明太子萧统(501—531),武帝萧衍长子。字德施,小字维摩,齐中兴元年(501)九月生于襄阳,天监元年(502)十一月,立为皇太子。萧统生而聪睿,三岁学习《孝经》《论语》,五岁遍读《五经》,能讽诵。其生母丁令光(后封为贵嫔),湖北襄阳人氏,也是奉佛之人。史载其屏绝滋腴,长进蔬膳;受戒日,甘露降于殿前,方一丈五尺。又云她尤精《净名经》,所受供赐,悉以充法事;而梁武帝所立经义,皆得其指归。

受家庭崇佛氛围影响,萧统亦崇信三宝,遍览众经。他在宫内建慧义殿,专门招引名僧,在此谈论不绝。今《广弘明集》卷二一有昭明太子《解二谛义令旨并问答》《解法身义令旨并问答》文,萧统就二谛义与南涧寺释慧超、晋安王萧纲、招提寺释慧琰、栖玄寺释昙宗、司徒从事中郎王规、灵根寺释僧迁、罗平侯萧正立、衡山侯萧恭、中兴寺僧怀、始兴王第四男萧暎、吴平世子萧励、宋熙寺慧令、始兴王第五男萧晔、兴皇寺法宣、程乡侯萧祇、光宅寺法云、灵根寺(宋熙寺)慧令、湘宫寺慧兴、华严寺[1]僧旻、宣武寺法宠、建业寺僧愍、光宅寺敬脱等二十三人互相问答;又就法身义与招提寺释慧琰、光宅寺释法云、庄严寺释僧旻、宣武寺释法宠、灵根寺释慧令、灵味寺释静安往复问答。在二谛义问题上,萧统主要围绕义、体、理、德四点,阐释了他的理解:首先辨义,二谛立名真俗。萧统认为真谛俗谛,是依体来立名;第一义谛和世谛,则有褒贬之意。如果是从次第来分,可说第一真谛、第二俗谛。其中,真谛是实义,平等无二;俗谛是集义,浮伪起作。此处的"集义",应可理解为因心而生,依心住故。因而世间一切法,于生灭变幻之中,无有住相;只有第一义谛,是毕竟空的境界,最为殊胜。其次论体,真谛俗谛体一。萧统认为,真俗一体。因为真谛寂然,圣人所见,以其不生为体;而凡夫所见,横见起动,以生法为体,故有真俗二谛名目之别。依人,即圣人、凡夫来说,有不生为体和生法为体而起的区分;若就世间万物本性为空,真俗相即,真中见俗,俗中知真,则真俗二谛就没有分别,是一体的。再次会理,实相理非真非俗。萧统认为,从事上讲,"真谛"也是名相,是为方便接引众生。无名而说名,自是不当理。所以无论是辨相还是辨体,都是有累乖理。所谓真谛的实真,其实也只是个假

---

① 疑为庄严寺,参见《续高僧传》卷五《僧旻传》,《大正藏》第50册,第461页下。

名。只有忘俗忘真，忘真忘俗，达到两忘之境界，才是实理。最后证德，第一义谛德义双美。萧统认为，真谛之所以又称第一义谛，在此中独加个“义”字，是因为第一就是在表德了，因此无须再加“德”字，而加了个“义”字，是用来把真谛的“德义”俱呈现在世人面前。当然，“德义”双美因为含最高义，说此仍为美名，是语言上的赞叹。但是究其体理为真，这就不是所说的赞叹。说第一义谛的体理为真，这还是落于名相，但是以此法无能出者的殊胜，才令人赞叹不已。萧统对法身义，也有自己的见解：他认为法身虚寂，远离有无之境，独脱因果之外，不可以智知，不可以识识，当然也不是论辩所能把握的。但是为了显理，还得言说，因此有“法身”之谓。法者轨则为旨，身者有体之义，轨则之体故曰“法身”。就其体而言，法身是常住身，是金刚身；但从性而言，所谓常住，本是寄名，名称金刚，本是譬说。虽谈实体，性同无生。因此《涅槃经》说，如来之身非身。是身无量无边，无有足迹，无知无形，毕竟清净。因此，所谓“法身”是妙有而非真有，离无离有。唐代姚思廉撰《梁书》，称美萧统“自立二谛、法身义，并有新意”①。

普通元年(520)四月，慧义殿有甘露降下，大家认为这是萧统至善的德性所感。光宅寺释法云曾上表请萧统开讲，他赞叹萧统“以生知上识，精义入神，自然胜辩，妙谈出俗。每一往复，阖筵心醉，真令诸天赞善，实使释梵雨华”②。萧统则谦虚表示：“弟子之于内义，诚自好之乐之。然钩深致远，多所未悉，为利之理，盖何足论。”③大通五年(533)傅大士(法号善慧)使弟子致书梁武帝萧衍。既至，萧衍问他：“师事何人？”他说：“从无所从，来无所来，师事亦尔。”时萧统问他：“大士何不论义？”于是傅大士与萧衍等就佛理进行了辩难。作为对佛教义理很有见解的居士，傅大士在给梁武帝的书信中，提出善有三种：上善以虚怀为本，不著为宗，无相为因，涅槃为果；中善以治身为本，治国为宗，天上人间，果报安乐；下善指护养众生，胜残去杀，普令百姓，皆禀六斋。④ 傅大士是佛教史上的传奇人物。

在崇佛的家庭环境中成长起来的萧统，性格仁孝宽和，谨守礼法，孝敬父母。他小小年纪参与狱官审案，有加刑罚者，多下令宽纵原宥，故时人赞其仁德。佛教重戒杀，萧统接受并运用之：见宫禁护卫用有刺的荆棘来清道驱人，萧统怕伤

---

① 《梁书》卷八《昭明太子传》，中华书局，1973年，第166页。
② 道宣：《广弘明集》卷二一《释法云启》，《大正藏》第52册，第247页中。
③ 道宣：《广弘明集》卷二一《答云法师请开讲书》，《大正藏》第52册，第247页上。
④ 楼颖：《善慧大士语录》卷一，《卍新纂续藏经》第69册，第105页中。

人，下令捉手板代替；饭食中若见蝇虫之类，担心厨子因此获罪，常秘而不宣；法令不准士人赌钱，违者流徙，萧统则认为这种惩罚太重，因为若赌钱不涉及挪用公款，用自己的私钱，则免官即可；那些被判处死刑的，也改为长期流放，以全其性命。萧统对虫类的爱护，以及对士人刑罚的减轻，与佛教重视生命、强调戒杀的理念一脉相承，是佛教给予中土人士积极影响的结果。其生母丁贵嫔于普通七年(526)十一月有疾，萧统还永福省，朝夕侍疾，衣不解带；及母亡至殡，他不吃不喝，每哭则恸绝，武帝萧衍数次使人传旨，勿灭性自毁，乃强进食，日止麦粥一升，不尝菜果之味，以至形体消瘦。萧统也颇能体恤民情：普通中，大军北侵，都下米贵，太子自减衣膳；遇到霖雨积雪，则遣左右周行闾巷，以米赈济贫者，每人十石；又制作衣裤，冬天施于寒者；遇到死亡无人收敛者，则为他们准备棺槥。中大通二年(530)春，武帝诏发吴郡、吴兴、义兴三郡人丁就役，开漕沟渠以泄浙江。萧统以吴兴被水，请权停此役，武帝优诏报之。

萧统善为文，每游宴赋诗，皆属思便成，无所点易；性爱山水，于玄圃园穿筑，更立亭馆，与朝士名素者游其中。他在东宫引纳才学之士，与他们商榷古今，讨论坟籍，或者组织编撰，著述文章。于时东宫有书几三万卷，名才并集，文学之盛，晋、宋以来未之有。后出宫二十余年，亦不蓄音声，梁武帝曾敕赐太乐女伎一部，略非所好。萧统与佛教有关的诗有《梁昭明太子开善寺法会》，以“兹地信闲寂，清旷唯道场。玉树琉璃水，羽帐郁金床。紫柱珊瑚地，神幢明月珰。牵萝下石蹬，攀桂陟松梁。涧斜日欲隐，烟生楼半藏”[①]，描述了开善寺作为道场的开阔和清净。在《昭明太子讲席将讫赋三十韵依次用》中，萧统用一系列的佛教术语，表达了自己体悟佛理、真诚皈依的信念。他还有《钟山解讲诗》，今存陆倕、萧子显、刘孝绰、刘孝仪的奉和之作。

这位信佛、有文采的昭明太子最终未能继承大统。他卒于普通三年(522)四月，时年三十一。他的死与“蜡鹅事件”有关，[②]其间牵涉道士曾教其压祷道术，他因此为梁武帝所疑，又无从表白，加之落水受惊吓，遂惭慨而卒。所撰有《文集》二十卷、《古今典诰文言》、《正序》十卷、《文章英华》二十卷、《文选》三十卷。

2. 武陵王萧纪(508—553)，武帝萧衍第八子，萧绎之弟。少勤学，有文才。

---

① 道宣：《广弘明集》卷三《梁昭明太子开善寺法会》，《大正藏》第52册，第353页上。

② 参见林大志、卢盛江：《“蜡鹅事件”真伪与昭明太子后期处境》，《文学遗产》2004年第6期。

天监十三年(514)封武陵郡王,食邑二千户。历任宁远将军、琅琊彭城二郡太守、丹阳尹、会稽太守、东扬州刺史、东中郎将、侍中、江州刺史、扬州刺史、益州刺史等职。在蜀地,萧纪与僧人释宝海有过愉快的交往。释宝海(生卒年不详),俗姓龚,巴西阆中人。少出家,至金陵,依止法云法师学习《成实论》;又受梁武帝之命谈论佛性义。后回到蜀地,居谢镇寺,大弘讲肆。武陵王萧纪坐镇蜀地,"每就(宝)海宿,清谈玄理,乃忘昼夜。至旦,王将灌手,日影初出。王曰:'日晖粉壁状似城中,风动刹铃方知寺里。'其晨,车盖迎王,马复嘶鸣。海曰:'遥看盖动喜遇陈思,忽听马鸣庆逢龙树。'相与欣笑而出。王升车谓御从曰:'听海法师言词,令我盘桓而不能去'"①。两者心照神交,可谓融洽无间。释宝海具体圆寂时间不详。大同十一年(545),萧纪为散骑常侍、征西大将军、开府仪同三司。先有传言"绍宗梁位唯武王"②,大家揣测"武王"指的是"武陵王"。及太清年间,侯景作乱,萧纪存有私心,不去赴援。武帝萧衍驾崩后,萧纪在蜀地称帝,改年号"天正"。史载其因属僭号,故宫中现鬼魅,或歌或哭,闹得人心惶惶。为此,萧纪把善持咒的释尚圆请入宫中,尚圆施法成功,宫中始得安静。释尚圆(生卒年不详),俗姓陈,广汉洛人。史载尚圆和尚"出家以咒术救物,……(梁武陵王萧纪)闻(尚)圆持咒,请入宫中。……值梁覆忧,(尚)圆行至蜀,所有痛恼,因之护卫"③。说明他在蜀地曾护持萧纪。释尚圆后终于住所,时年八十一。太清五年(551),萧纪率军至巴郡,以讨侯景之名,意图攻占荆陕之地。最后为萧绎所败,萧纪与其第三子萧圆满等均被杀,萧纪死时年四十六。

3. 临川王萧宏(473—526),武帝萧衍第三弟。南齐年间,永明十年(492)为卫军庐陵王法曹行参军,历太子舍人、骠骑晋安王主簿、北中郎桂阳王功曹史等职。齐宣武之难,兄弟皆被杀,萧宏被道人释惠思藏匿,得存。萧衍建梁,封临川郡王,邑二千户。寻为使持节、都督扬南徐州诸军事、后将军、扬州刺史。天监三年(504),加侍中,进号中军将军。天监四年(505),萧衍派萧宏领兵北伐,时"(萧)宏以帝之介弟,所领皆器械精新,军容甚盛"④,然因不善带兵,损失惨重,其所领之军亦被魏军嘲笑为"水军"。虽打了败仗回来,但因为关系亲近,萧宏不降

---

① 道宣:《续高僧传》卷九《宝海传》,《大正藏》第50册,第492页中。

② 《梁书》卷五五《武陵王纪传》,中华书局,1973年,第826页。

③ 道宣:《续高僧传》卷二五《尚圆传》,《大正藏》第50册,第658页上。

④ 《梁书》卷二二《太祖五王传》,中华书局,1973年,第340页。

反升：天监六年(507)迁司徒，领太子太傅；天监八年(509)为司空、扬州刺史，侍中如故；天监十二年(513)，迁司空，使持节、侍中、都督、刺史、将军并如故，后又为侍中、中书监、司徒。天监年间，萧宏礼待正观寺扶南沙门僧伽婆罗。僧伽婆罗(459—524，扶南国人)是求那跋陀的弟子，梁天监年间被召，专事翻译。其不畜私财，所施皆用以成立住寺。萧宏曾问他菜食，还是鲑食。婆罗说菜食，病时则索鲑食。萧宏又问今天身体怎样呢？婆罗说："四大之身，何时不病？"萧宏听了很高兴，立即为其设食。从中可知当时出家人尚未遵从严格的戒法戒规，无怪乎梁武帝萧衍其后制定《断酒肉文》，不惜以王法保证佛法。天监年间梁武帝下敕众臣议论神灭与否问题，萧宏与建安王萧伟、长沙王萧业俱有答书，见载《弘明集》卷一。时有僧人释僧祐(445—518)，本姓俞，为释法颖弟子，精通律部，且性有巧思，光宅摄山大像剡县石像，均经其规划。僧祐深得梁武帝赏识，凡僧事硕疑皆敕就审决，年衰脚疾，敕听乘舆入内殿，为六宫受戒，见重如此。史载"梁临川王宏、南平王伟、仪同陈郡袁昂、永康定公主、贵嫔丁氏，并崇其戒范，尽师资之敬。凡白黑门徒，一万一千余人"①，表明萧宏与南平王萧伟、陈郡袁昂、永康定公主、丁贵嫔等，皆是释僧祐的入室弟子。普通元年(519)，萧宏为太尉、扬州刺史，侍中如故。普通七年(526)，萧宏病卒，时年五十四。

4. 南平王萧伟(476—533)，武帝萧衍第四弟。字文达，初仕于齐，任晋安王萧子懋镇北法曹行参军，迁骠骑，转外兵参军。梁天监元年(502)萧伟封建安王，食邑两千户。从天监四年(505)至天监七年(508)，萧伟历任南徐州刺史、丹阳尹、侍中、司徒等职。天监九年(510)，萧伟迁侍中、将军，领护军，镇守京畿要塞石头城。天监十一年(512)，他因病乞休。天监十三年(514)，改为左光禄大夫。释僧护镌造十丈石佛事受阻，梦中三道人告其可向时在病中的建安王萧伟求助。萧伟不负所愿，启禀梁武帝，萧衍敕遣释僧祐律师专任像事。天监十五年(516)像成，坐躯高五丈，立形十丈，龛前架三层台，又造门阁殿堂，并立众基业以充供养。香火旺盛。且自像成之后，建安王的身体也逐渐康复。同年，生母陈太妃病笃，萧伟与其兄萧宏侍疾。史载萧伟"性多恩惠，尤愍穷乏。常遣腹心左右，历访闾里人士，其有贫困吉凶不举者，即遣赡恤之"②。太

① 慧皎：《高僧传》卷一一《僧祐传》，《大正藏》第50册，第402页下。
② 《梁书》卷二二《太祖五王传》，中华书局，1973年，第348页。

原王曼颖卒[①]，家贫无以殡殓，萧伟得知消息，立即派人为其安排后事。“每祁寒积雪，则遣人载樵米，随乏绝者即赋给之。”天监十七年（518），萧伟改封南平郡王，迁侍中、左光禄大夫。普通五年（524），萧伟进号镇卫大将军。中大通元年（529），他以本官领太子太傅。中大通四年（532），任中书令、大司马。萧伟少好学，天监年间以释僧祐为师，并有“神不灭”的答书，晚年则崇信佛理，尤精玄学，著《二旨义》，阐发新意；又制《性情》《几神》等论，释僧宠、周舍、殷钧、陆倕等博学多思之人都对其著表示赞叹。中大通五年（533），萧伟病卒，时年五十八。

5. 鄱阳王萧恢（476—526），武帝萧衍第六弟。字弘达，幼聪颖，年七岁，通《孝经》《论语》义；及长，博涉史籍。齐隆昌年间，为宁远将军，引为骠骑法曹行参军；齐明帝即位，萧恢为太子舍人，迁北中郎外兵参军、前军主簿。齐末宣武之乱，他在京逃亡。梁天监元年（502）萧恢为侍中、前将军，镇守石头城，封鄱阳郡王，食邑二千户。次年（503），出为南徐州刺史。天监四年（505），萧恢改授郢州刺史。时郢城经过战争，城内死者甚多，萧恢令人掩埋，妥善安置。天监十年（511），萧恢为侍中、护军将军，镇守石头城，领宗正卿。次年（512），出为荆州刺史。天监十三年（514），迁散骑常侍，为益州刺史。他在州善政，解决了百姓马患之忧，深得民心。萧恢有孝性，初镇蜀，生母费太妃在京城生了病，萧恢梦见自己侍疾，他为此寝食难安，后京城果有来信，告知其母生病，现已痊愈。后来费太妃又患上眼疾，萧恢请会疗眼术的道人慧龙为之诊治，史载“既至，空中忽见圣僧，及慧龙下针，豁然开朗，咸谓精诚所致”[②]。在成都，萧恢还礼敬释道仙。释道仙（生卒年不详），康居国人。初以游贾为业，后听僧达禅师为其说法，沉宝船于江，投灌口竹林寺出家。四方游学，于天监十六年（517）至四川青溪山，有道士李学祖等，舍田造像，“寺塔欻成，远近归信十室而九。州刺史鄱阳王恢，躬礼受法”[③]。说明鄱阳王萧恢也是释道仙的信众。释道仙在此居山二十八年，后四方游化，卒于成都静众寺。天监十七年（518），萧恢为侍中、安前将军、领军将军。天监十八年（519），为荆州刺史。普通七年（526）卒，时年五十一。

6. 始兴王萧憺（478—522），武帝萧衍第八弟，字僧达。数岁，生母吴太妃

---

① 凌文超考其卒于天监十七年之前，参见凌文超：《麓山寺建寺年代再考》，《中南大学学报（社会科学版）》2006年第1期。

② 《梁书》卷二二《鄱阳王恢传》，中华书局，1973年，第351页。

③ 道宣：《续高僧传》卷二五《道仙传》，《大正藏》第50册，第651页上。

卒。齐世，萧憺为西中郎法曹行参军，外兵参军；齐和帝即位，萧憺为给事黄门侍郎。梁天监元年(502)为安西将军、都督、刺史，封始兴郡王，食邑二千户。战乱之后，公私空乏，史载萧憺“历精为治，广辟屯田，减省力役，存问兵死之家，供其穷困，民甚安之”[①]。天监六年(507)，州大水，江溢堤坏，萧憺率府中将吏，冒雨筑治。当时雨下得大，众人很恐慌，萧憺果断杀白马、祭江神，鼓舞士气，最终水退堤立。对于登屋缘树、被困在大水之中等待救援的人，萧憺悬赏募士，救出一人赏金一万。洪水退后，萧憺又组织手下四处巡视，“遭水死者给棺槥，失田者与粮种”[②]。因为萧憺体恤民情，关心百姓，天监七年(508)他因母丧还京，“民为之歌曰：‘始兴王，民之爹。赴人急，如水火。何时复来哺乳我？’”[③]表达对他的不舍之情。天监八年(509)，萧憺为平北将军、护军将军，镇守石头城。寻迁中军将军、中书令，领卫尉卿。同年秋，出为南兖州刺史。天监九年(510)迁益州刺史。在四川为官期间，萧憺也礼敬释道仙。史载：“梁始兴王憺褰帷三蜀，礼以师敬。”[④]天监十四年(515)萧憺为荆州刺史。同母兄萧秀卒，萧憺闻此悲讯，痛哭不已，不饮不食数日，且倾其财产赙送。天监十五年(516)，应萧憺之请，康居国僧明达至荆州弘法。释明达(462—516)，俗姓康，其先康居(今哈萨克斯坦咸海与巴尔喀什湖之间)人。童稚出家，长大受具足戒，严持戒律，志向远大。梁初入四川境内，在此拓荒传教长达十五年，深得民心。[⑤] 天监十五(516)年，应邀至荆州传扬佛法；同年冬，释明达在江陵圆寂，时年五十五岁。天监十八年(519)，萧憺为侍中、中抚将军、领军将军。这年，据记载，“天监末，始兴王冥感，于梁泰寺造四天王，每六斋辰，常设净供。(道)仙后赴会，四王顶上放五色光，(道)仙所执炉自然烟发”[⑥]。释道仙的圆寂时间，僧传不载，但从此条记录可知，他至少活到了天监十八年(519)。普通三年(522)，萧憺卒，时年四十五。另，萧憺第四男萧暎、第五男萧晔，均参与二谛义的讨论活动，见载于《广弘明集》卷二一。

7. 长沙嗣王萧业(479—526)，武帝长兄萧懿之子。幼而明敏，识度过人。仕齐为著作郎、太子舍人。宣武之难，与二弟萧藻、萧象均逃匿。其父萧懿为齐

① 《梁书》卷二二《始兴王憺传》，中华书局，1973年，第354页。
② 《梁书》卷二二《始兴王憺传》，中华书局，1973年，第354页。
③ 《梁书》卷二二《始兴王憺传》，中华书局，1973年，第354页。
④ 道宣：《续高僧传》卷二五《道仙传》，《大正藏》第50册，第651页上。
⑤ 参见向世山：《梁初入蜀的康居国僧释明达》，《文史杂志》2006年第1期。
⑥ 道宣：《续高僧传》卷二五《道仙传》，《大正藏》第50册，第651页上。

东昏侯所杀；萧衍建梁，追封其为长沙郡王。天监二年(503)，萧业袭封长沙王，为冠军将军，迁秘书监。天监四年(505)，为侍中。天监六年(507)，为散骑常侍、太子右位率，迁左骁骑将军，寻为中护军，镇守石头城。从天监七年(508)到天监十年(511)，萧业历任南兖州刺史、护军、南琅琊太守、散骑常侍等职。天监十四年(515)，萧业再为护军，领南琅琊彭城，镇守琅琊。后又为中书令，出为轻车将军、湘州刺史。史载萧业"性敦笃，所在留惠。深信因果，笃诚佛法，高祖(指萧衍)每嘉叹之"[①]。普通三年(522)，位散骑常侍、护军将军。普通四年(523)，为侍中，金紫光禄大夫。普通七年(526)卒，时年四十八。另，萧业之弟萧猷的儿子萧韶，史载其镇郢州，为刺史，听闻释洪偃名声，曾造访之。释洪偃(504—564)，俗姓谢，会稽山阴人。自幼聪敏，师从京师龙光寺绰法师受业。他的貌、义、诗、书，号为"四绝"，为时人所推。萧纲为太子时，曾有意向令其还俗，成为东宫学士，但洪偃不改其志；梁武帝在重云殿发讲，洪偃列席其中，其言论得武帝赏叹。洪偃后四方游历，在郢州为萧韶所召请。其后他策杖若耶山云门精舍，有终焉之志。陈朝代梁，洪偃又为陈文帝赏识，至都讲法于宣武寺，讲法之暇则游于钟山开善寺、定林寺。释洪偃天嘉五年(428)卒于宣武寺，时年六十一。其所述篇章由后人编辑为文集二十余卷。

8. 桂阳嗣王萧象(？—536)，武帝长兄萧懿第九子。他字世翼，因其叔父萧融无子，乃过继给萧融为嗣，袭封爵，为桂阳王。萧象举止闲雅，事其所生母以孝闻名。起家宁远将军、丹阳尹。到官未久，以母丧去职。丧期满后，官复原职。出为持节、都督司霍郢三州诸军事、征远将军、郢州刺史，迁湘衡二州诸军事、轻车将军、湘州刺史。萧象在京期间，皈依释慧澄；出使湖南，又邀其同行。史载"桂阳王萧象，闻风钦悦，延请入第，顶礼归依，求屈讲说，亲自餐服，遂使远近投集，闻者斐然。后桂阳出镇南岳，请与同行"[②]。释慧澄(476—527)，俗姓兰，番禺高要人。十四岁出家，从随喜寺释道达。天监初至京城庄严寺，从释僧旻受教，通经论律学，名声远播。萧象闻而拜师，后又请其同行。大通元年(527)，慧澄遇疾而卒，时年五十二。萧象在郡除虎患，百姓称道。转而镇守石头城，为给事黄门侍郎、兼领军、宗正卿。出为使持节、都督江州诸军事、信武将军、江州刺史。

---

① 《梁书》卷二二《长沙嗣王业传》，中华书局，1973年，第361页。

② 道宣：《续高僧传》卷五《慧澄传》，《大正藏》第50册，第465页上。

因病求解职，获准。又为侍中、迁秘书监、领步兵校尉。大同二年（536）卒。

9. 衡阳嗣王萧元简（？—519），武帝四弟萧畅之子。萧畅仕齐，官至太常，封江陵县侯，卒。梁建，追封其为衡阳郡王。天监三年（504），萧元简袭封，除中书郎，迁会稽太守。到郡对法宣尼深表敬慕，“请为母师”[①]。法宣尼（434—516），俗姓王，剡人。幼有离俗之志，二十四岁时从剡齐明寺德乐尼出家，博览经书，其后又从僧柔法师、惠熙法师请教经论律学，移居山阴招明寺，以高风亮节深得名士吴郡张援、颍川庾咏、汝南周颙、巴陵王萧昭胄、衡阳王萧元简等敬重。法宣卒于天监十五年（516），时年八十三。在会稽任职期间，萧元简还召请释昙斐讲说。释昙斐（443—518），俗姓王，会稽剡人。少出家受业于慧基法师，后东西访学，居乡邑华壹台。史载：“（昙）斐神情爽发，志用清玄，故于《小品》《净名》，尤成独步。加又谈吐蕴藉，辞辩高华，席上之风，见重当代。梁衡阳孝王元简及隐士庐江何胤，皆远挹徽猷，招延讲说；吴国张融、汝南周颙、（周）颙子（周）舍等，并结知音之狎焉。”[②]释昙斐于天监十七年（518）卒于寺，时年七十六。天监十三年（514），萧元简为给事黄门侍郎，出为持节、都督广交越三州诸军事、平越中郎将、广州刺史。还，为太子中庶子，迁都督郢司霍三州诸军事、信武将军、郢州刺史。天监十八年（518）卒。

二 简文帝萧纲与佛教

梁武帝萧衍驾崩，其第三子萧纲由侯景拥立，承继大统，改元大宝元年（550）。

萧纲（503—551），字世缵，小字六通，昭明太子萧统同母弟。天监二年（503）十月生于显阳殿，五年（506）封晋安王。他幼聪睿，六岁能属文。萧衍面试之，萧纲揽笔立成，萧衍称其为“吾家之东阿”[③]。及长，读书十行俱下，辞藻艳发，博综群书，善言玄理。天监八年（509），为云麾将军，守卫石头城。天监九年（510），为南兖州刺史。天监十二年（513），为丹阳尹。天监十三年（514），出为荆州刺史，

① 宝唱：《比丘尼传》卷四《山阴招明寺释法宣尼传》，《大正藏》第50册，第948页上。
② 慧皎：《高僧传》卷八《昙斐传》，《大正藏》第50册，第382页下。
③ 《梁书》卷四《简文帝纪》，中华书局，1973年，第109页。

将军如故。天监十四年(515),为江州刺史。天监十七年(518),为西中郎将,复为宣惠将军、丹阳尹,加侍中。

在京城期间,晋安王萧纲不仅参加开善寺、芳林苑、玄圃园的法会,有时也担任发起者与组织者,这可从萧纲与始兴忠武王萧憺之子萧暎的书信往来记载得知。萧暎于普通二年(521),被封广信县侯,故萧纲与之的信件往来,皆为过往回忆。一封题为《答广信侯书》,是萧纲向萧暎追忆在开善寺听讲《涅槃经》,讲竟,游历山水、流连忘返的内心欢愉。另一封题为《与广信侯书》,是萧纲追忆昔日参加华林讲席,终朝竟夜,沐浴妙言,席罢携手登临,切磋经文,谈笑风生的愉悦之情。从萧暎的答复中,可知天监年间芳林苑、玄圃园内讲席甚盛,晋安王萧纲则是其中主角:"殿下曳舄宝云,或从容而问道,施裾博望,乍折角而解赜。于时谬齿末筵,预闻清论,亲奉话言,数陪颜色。至于今者讲席,殿下限同分陕,谬颁天奖,犹及下官。谁不钦仁,宁无恋德,倾心东注,恒以系仰为先。"[①]萧纲善谈玄理,其讲论不脱玄学旨趣,"仰承观瞩于章华之上,或听讼于甘棠之下,未尝不文翰纷纶,终朝不息,清论玄谈,夜分乃寐。春华之容,登座右而升堂,秋实之宾,应虚左而入室。文宗义府,于焉总萃,唯此最乐,实验兹辰"[②]。可知两人都很欢喜谈玄说经的法会。

晋安王萧纲也参与了昭明太子萧统组织的二谛义法会。据《广弘明集》卷二十一记载,时南涧寺释慧超论谘二谛义(往反六次),晋安王萧纲谘二谛义旨(往反五次),招提寺释慧琰谘二谛义(往反四次),栖玄寺释昙宗谘二谛义(往反四次),中郎王规谘二谛义旨(往反四次),灵根寺释僧迁谘二谛义(往反四次),罗平侯萧正立谘二谛义旨(往反四次),衡山侯萧恭谘二谛义旨(往反四次),中兴寺释僧怀谘二谛义(往反四次),始兴王第四男萧暎谘二谛义旨(往反四次),吴平王世子萧励谘二谛义旨(往反五次),宋熙寺释慧令谘二谛义(往反四次),始兴王第五男萧晔谘二谛义旨(往反五次),兴皇寺释法宣谘二谛义(往反三次),程乡侯萧祇谘二谛义旨(往反四次),光宅寺释法云谘二谛义(往反四次),灵根寺释慧令谘二谛义(往反五次),湘宫寺释慧兴谘二谛义(往反三次),庄严寺释僧旻谘二谛义(往反四次),宣武寺释法宠谘二谛义(往反四次),建业寺释僧愍谘二谛义(往反

① 道宣:《广弘明集》卷二一《与广信侯书》,《大正藏》第52册,第252页中。
② 道宣:《广弘明集》卷二一《与广信侯书》,《大正藏》第52册,第252页中。

二次)，光宅寺释敬脱谘二谛义(往反五次)。在诸王、高僧参与的法会上，萧纲提出五个疑问[①]:其一，解旨依人为辨，有生不生，未审浮虚之与不生，只是一体，为当有异?其二，若真不异俗，俗不异真。岂得俗人所见生法为体，圣人所见不生为体?其三，未审俗谛之体既云浮幻，何得于真实之中见此浮幻?其四，圣人所见，见不流动。凡夫所见，自见流动。既流不流有异，则两者不得为一。其五，真寂之体，本自不流。凡夫见流，不离真体。然则但有一真，不成二谛。萧纲指出：圣人与凡夫既然在认识上存在差异，那么如何用真谛俗谛之说给予统一?真寂之体，既为唯一，那么如何用二谛来说明?这反映出萧纲对二谛义的认知与理解程度。

普通元年(519)，萧纲出为益州刺史，未拜，改授南徐州刺史。普通四年(523)，为雍州刺史。时释法聪在襄阳伞盖山白马泉旁筑室为宅，萧纲闻风前来拜问。法聪(?—太清年间)，俗姓梅，南阳新野人。八岁出家，二十五岁东游嵩岳，西涉武当，遂至襄阳。相传萧纲拜访法聪时，其马后退不得近前，待其回去斋洁沐浴后，始得与法聪相见。法聪室内所坐绳床，两边各有一虎，萧纲不敢靠近，法聪用手按住虎头使其着地，又闭其两目，招呼萧纲向前。萧纲礼拜法聪，述说境内虎患成灾，请求救助。法聪遂入定作法，施展神奇能力，驯服猛虎，消除虎患。因释法聪会法术，能令白马泉内的白龟以及五色鲤就其手取食，萧纲和群臣惊叹不已，大量施舍供养法聪。萧纲还上表启奏，梁武帝为法聪敕造禅居寺，又敕徐摛就法聪所住处造灵泉寺，事载《续高僧传》卷一六。后来萧绎坐镇荆州时，于江陵造天宫寺，迎请释法聪居之。法聪于太清年间终于此寺。

普通五年(524)，萧纲进号安北将军。普通七年(526)，丁生母穆贵嫔忧，诏还摄本任。据《弘赞法华传》卷六记载，萧纲与释智登关系友好。此僧住匡山大林道场，诵《法华经》，晓夜不息三年，而后有灵验之事，远近闻名，求受其戒者无数。萧纲普通七年(526)从雍州下还都时，累信启请，冠盖相望于道。萧纲说:“法师若不绛尊屈驾，弟子我终日盼望，寝食不安。”[②]被萧纲的诚恳打动，智登遂下山与其相见，萧纲对其申弟子之礼。当时地方信徒们希望师从智登受戒，场面人多，过于喧嚣，未能如愿，智登后归山圆寂。

---

① 道宣:《广弘明集》卷二一《令旨解二谛义并问答》,《大正藏》第52册,第248页上。
② 惠详:《弘赞法华传》卷六,《大正藏》第51册,第30页上。

中大通三年(531)四月，昭明太子萧统薨，二十九岁的萧纲被册立为皇太子。翌年，移居东宫。萧纲雅好赋诗，自序云："七岁有诗癖，长而不倦。"[①]他弘纳文学之士，赏接无倦，组建起以东宫为中心的文学集团。集团成员所创诗作，因内容上围绕娱乐生活，且多涉男女感情，形式上追求辞藻靡丽，时称"宫体"。萧纲还自阅佛经，指定科域，命诸学士编撰《法宝集》，此书又名《法宝联璧》，成书于中大通六年(534)，是一部大型的佛教类书。《序》文介绍了包括湘东王萧绎在内的三十八位编撰者的姓名，他们是湘东王萧绎、南兰陵萧子显、彭城刘溉、南琅琊王循、南琅琊王规、彭城刘孺、河南褚球、陈郡谢侨、彭城刘遵、南琅琊王稚、东海徐喈、河南褚沄、陈郡袁君正、吴郡陆襄、琅琊王籍、东海徐摛、沛国刘显、南兰陵萧几、京兆韦棱、范阳张绾、南兰陵萧子范、吴郡陆罩、南兰陵萧瑱、南琅琊王许、南琅琊王训、彭城刘孝仪、陈郡谢禧、彭城刘蕴、吴郡张孝总、南兰陵萧子开、南郡庾肩吾、颍川庾仲容、南兰陵萧滂、南兰陵萧清、陈郡谢嘏、陈郡殷劝、彭城刘孝威、南兰陵萧恺[②]。《广弘明集》卷二收录梁元帝萧绎撰《梁简文帝法宝联璧序》中云："无不酌其菁华，撮其指要，采彼玳鳞，拾兹翠羽……皆仰禀神规，躬承睿旨，爰锡嘉名，谓之联璧，联含珠而可拟，璧与日而方升。以今岁次摄提星在监德，百法明门于兹总备，千金不利，独高斯典，合二百二十卷，号曰《法宝联璧》。"[③]可知此著述原为二百二十卷，取名有从佛典中撷取精华，以辉煌佛光之意。

太清三年(549)，梁武帝萧衍驾崩；同年，萧纲即皇帝位。初即位，萧纲欲制年号曰"文明"，以外制强臣，取《周易》"内文明而外柔顺"之意。恐侯景察觉，乃改为"大宝"。即便时局困窘，萧纲仍然引诸儒论道说义，披寻典籍，未曾停止。大宝元年(550)，萧纲下诏度人出家，亲制愿文，题为《四月八日度人出家愿文》，载《广弘明集》卷二八。愿文云：

> 弟子以此因缘，今日度人出家。愿一切六道四生，常离爱欲，永拔无明根，削遣暗惑，心修习波若慧，足践轻轮之光，口说悬殊之辩。被忍辱铠，秉智慧刀，乘菩萨车，坐如来座。结缠披解，顶相光明，戒因清白，后报尊重，所有果业皆悉胜出，受持法藏为佛真子。……今日誓愿使弟子萧纲得如所愿

① 《梁书》卷四《简文帝纪》，中华书局，1973年，第109页。
② 道宣：《广弘明集》卷二《梁简文帝法宝联璧序》，《大正藏》第52册，第243页中—244页上。
③ 道宣：《广弘明集》卷二《梁简文帝法宝联璧序》，《大正藏》第52册，第243页中。

满菩提愿,一切众生皆悉随从,得如所愿,愿皆礼一拜。[①]

经历了父丧以及失国之痛的萧纲,在这篇愿文中表现出的恭敬虔诚,显而易晓。出于对文学的爱好,萧纲写下大量与佛教相关的诗、文、表、颂类作品,《广弘明集》卷一五、卷二一、卷二八、卷三〇均有收录,如《上菩提树颂启》、《菩提树颂并序》、《梁简文唱导佛德文》(十首)、《梁简文谢佛事启》(十首)、《上大法颂表》、《大法颂并序》、《上皇太子玄圃讲颂启》、《玄圃园讲颂并序》、《庄严旻法师成实论义疏序成实论序》、《八关斋制序》、《为人做造寺疏》、《谢敕赉纳袈裟启》(三首)、《请为诸寺檀越疏》、《答湘东王书》、《与琰法师书》(二首)、《谢敕为建涅槃忏启》、《六根忏文》、《悔高慢文》、《望同泰寺浮图诗》、《咏五阴识支》、《蒙华林园戒诗》、《预忏直疏诗》、《出兴业寺讲诗》、《正月八日然灯诗》、《游光宅寺诗》、《被幽述志诗》。在这些作品中,他赞美了梁代佛法大兴的盛况,阐述了自己学佛的心得体会,表达了对佛、法、僧三宝的真诚皈依。如其《六根忏文》,萧纲从眼根、耳根、鼻根、舌根、身根、意根入手,忏悔六根业障,冀望成就清净的六根。又如其《悔高慢文》,萧纲愿发宏誓,从今日始乃至菩提,于诸出家悉表虔敬,方欲削除七慢,折制六根。萧纲从佛教教理的角度,表述忏悔心得,沉浸其中,虔诚祷告之心可鉴。另《佛法金汤编》记载,萧纲曾造资敬、报恩二寺。

萧纲作为傀儡皇帝,在位一年多即被侯景废为晋安王,幽禁于永福省。其皇太子萧大器及诸子二十人,并为侯景所害。幽禁之初,萧纲曾题壁自序云:"有梁正士兰陵萧纲,立身行己,终始若一。风雨如晦,鸡鸣不已。非欺暗室,岂况三光?数至于此,命也如何!"[②]自叹天运不济,有此悲惨结局。受家族崇佛影响,萧纲与佛教早有因缘。相传他出生日,梁武帝曾遣使问神僧宝志,宝志合掌说:"皇子诞育幸甚,然冤家亦生。"后人推寻历数,与侯景同年同月同日生,事载《神僧传》,旨在宣扬佛教因果报应学说。萧纲著述涉猎广泛,有《昭明太子传》五卷、《诸王传》三十卷、《春秋发题》一卷、《春秋左氏传例苑》十八卷、《礼大义》二十卷、《老子私记》十卷、《庄子讲疏》二十卷、《长春义记》一百卷、《法宝连璧》三百卷、《谢客文泾渭》三卷、《玉简》五十卷、《光明符》十二卷、《易林》十七卷、《灶经》二

① 道宣:《广弘明集》卷二八《四月八日出家度人愿文》,《大正藏》第52册,第324页中—下。
② 《南史》卷八《梁本纪下》,中华书局,1974年,第234页。

卷、《龟经》十四卷、《沐浴经》三卷、《马槊谱》一卷、《棋品》五卷、《弹棋谱》一卷、新增《白泽图》五卷、《如意方》十卷、文集一百卷,并行于世。

太清五年(551)八月,萧纲在永福省尝作《被幽述志诗》,云:"恍惚烟霞散,飕飂松柏阴。幽山白杨古,野路黄尘深。终无千月命,安用九丹金。阙里常芜没,苍天空照心。"言语之无奈,心情之茫然,跃然纸上!他还有《连珠》三首、诗四篇、绝句五篇,文并凄怆。不久,萧纲这位奉佛皇帝被侯景派人害死,时年四十九。

萧纲诸子中,建平王萧大球与佛教的关系值得一说。建平王萧大球(541—551),生母储修华。萧大球字仁珽,大宝元年(550),封建平郡王,食邑二千户。侯景围城时,大球年方七岁,见其祖父梁武帝萧衍归心释教,每发誓愿,常说"若有众生,应受诸苦,悉(萧)衍身代当",遂对其母说:"官家尚尔,儿安敢辞。"于是也依样六时礼佛,云:"凡有众生应获苦报,悉大球代受。"[①]这是萧大球幼时即接受宫廷佛教与家庭佛教双重影响的例子。大宝二年(551),萧大球出为轻车将军,镇守石头城;同年秋遇害,时年十一。

三 | 梁元帝萧绎与佛教

台城危难之际,梁武帝萧衍诸子孙领兵待命,怀有私心:萧纲之弟萧绎拒绝承认萧纲这位皇帝哥哥,他在江陵向湘州刺史河东王萧誉(?—550,萧衍之孙,昭明太子萧统次子)征兵,萧誉拒命,萧绎进而调兵遣将讨伐,攻克湘州,斩杀萧誉;雍州刺史岳阳王萧詧(519—562,萧衍之孙,昭明太子萧统第三子)趁混乱,举兵进攻江陵,因其军中出了叛将,军败遁走,他遂自称"梁王",蕃于西魏。萧绎在江陵苦撑局面,传檄四方,悬赏能捉拿侯景者,封万户开国公,绢布五万匹;并以其子为人质,欲与西魏结盟,魏人还其子,与之结成兄弟。太清六年(552)三月,王僧辩带兵平侯景,传首江陵。四月,与萧绎争夺皇位的益州刺史太尉武陵王萧纪(508—553,萧衍第八子,萧绎之弟)在蜀称帝,年号"天正",并借讨伐侯景的名义挥师东下,欲抢占建康;西魏将领尉迟迥则抓住时机,乘势攻下成都。十月,简文帝萧纲被害;萧绎在江陵被众人奉表劝进,于翌年十一月即皇帝位,改元承圣

① 《梁书》卷四四《建平王大球传》,中华书局,1973年,第619页。

元年(552)。

萧绎(508—555),字世诚,小字七符,武帝第七子,史称梁元帝。萧绎与佛教的因缘早在出世前就注定了。初,萧衍梦眇目僧执香炉,称托生王宫。萧绎生母时为采女,伺候萧衍寝居,一次收拾床幔,忽然来了一阵风,吹起她的衣裙,梁武帝感而幸之,遂孕,于天监七年(508)八月生下萧绎。萧绎五岁时,梁武帝问其所读书,萧绎说能诵《曲礼》,他把上篇背诵给武帝听,左右皆为惊叹。萧绎初生有眼疾,武帝自己下药治疗,导致其盲一目;萧衍想起先前所做的梦,认定他是眇目僧投胎转世,对萧绎越发疼爱有加。不过,《冥报记》中说法不同,云萧绎六岁时误食其母匣中宝珠,而失珠者怀疑是被盗,将左右人加以讯问,没有结果,待萧绎明日随屎屙出,却因诬陷他人而遭盲一目的报应。

天监十三年(514),萧绎封湘东郡王,邑二千户。初为会稽太守,入为侍中、丹阳尹。普通七年(526),出为荆州刺史。在州起州学宣尼庙,尝置儒林参军一人,劝学从事二人,生三十人,加廪饩。因其工书善画,故自图宣尼像,为之赞而书之,时人谓之“三绝”。萧绎有首《和刘尚书侍五明集》诗,云:

> 帝德洽区宇,垂衣彰太平。黄唐惭懋实,子姒恧嘉声。治定陈五礼,功成奏六英。汲引留宸鉴,舟航动睿情。诸王惟一法,无生信不生。因因从此见,果果自斯明。元良仰副后,含一震鸿名。归藏踰启筮,鲁史冠春卿。日宫佳气满,月殿善风清。绮钱敞西观,缇幔卷南荣。金门练朝鼓,玉壶休夜更。宫槐留晓合,城乌侵曙鸣。露光枝上动,霞影水中轻。虚薄今何事,徒知恋法城①。

他借佛教因果学说,赞誉父皇的仁政成就。刘尚书指的是彭城刘绘之子刘孝绰(481—539)。刘孝绰曾为西中郎湘东王萧绎咨议参军,大同年间再为安西湘东王萧绎咨议参军,后历黄门侍郎、尚书吏部郎、信威临贺王长史、秘书监等职。他本人亦奉佛,以释法云为师,有《与云法师书》,文载《广弘明集》卷二八。刘孝绰能文,辞藻为后进所宗,世重其文,每作一篇,朝成暮遍,好事者咸讽诵传写,流闻绝域,大同五年(539)卒于官。普通年间,萧绎还为多名高僧制作碑铭:如释智藏

① 道宣:《广弘明集》卷三《统归篇》,《大正藏》第52册,第354页中。

普通三年(522)九月十日卒,萧绎为之制碑铭;释僧副普通五年(524)卒于开善寺,萧绎受令撰制碑文;释慧超普通七年(526)五月十六日卒,湘东王萧绎与陈郡谢几卿并制碑铭;释僧旻普通八年(527)二月一日卒,湘东王萧绎与皇太子萧纲并制碑铭。

中大通四年(532),萧绎进号平西将军。中大通六年(534),二十七岁的萧绎参与萧纲《法宝联璧》的编撰工作,并写下序文,以"本有凝邈,了正相因。虽谈假续,不摄单影。即此后心,还踪初焰。俱宗出倒,莲华起乎淤泥。并会集藏,明珠曜于贫女。性相常空,般若无五时之说。不生烦恼,涅槃为万德之宗。无不酌其菁华,撮其指要。……皆仰禀神规,躬承睿旨。爰锡嘉名,谓之联璧。联含珠而可拟,璧与日而方升。以今岁次摄提星在监德,百法明门于兹总备。千金不刊,独高斯典,合二百二十卷,号曰法宝联璧"[①]。既表述了自己对佛教的心得体会,又解释了此书名为《法宝联璧》的含义所在。

大同元年(535),萧绎进号安西将军。大同五年(539),入为安右将军、护军将军,领石头戍军事。大同六年(540),出为江州刺史。据《续高僧传》卷一《释慧最传》记载,大同十年(544),一具有瑞相的佛像出汗,湘东王萧绎迎至江陵,祈福放光,十二年还返佛像至寺,放光三日乃止。

太清元年(547),萧绎为荆州刺史。他为襄阳景空寺释法聪造天宫寺,迎请其居之,法聪圆寂于此寺。[②] 时有释道穆(生卒年不详),居荆州神山三十余载,声名远播,湘东王萧绎钦其德行,于挂锡之所建台一区,立碑叙胤,碑立于山顶,上面有萧纲颂文。[③] 又有释惠成,湘东王萧绎闻其声名,迎请之,为之建禅众寺。惠成后在禅众寺坐亡,时年七十三,萧绎在宫内为之立碑。[④] 另《续高僧传》卷七记载,有一阙名法师俗姓宗氏,南郡人,望族子弟,事梁,萧绎深为礼待。

太清三年(549),侯景攻破京城。萧绎不满意萧纲被侯景挟持为帝,他借名征讨,并与魏国结盟。大宝二年(551)得知萧纲驾崩;翌年,萧绎在江陵称帝,改年号承圣元年(552)。这一时期,与萧绎来往密切的还有隐士陆法和,此人会道术,处非常时期,陆法和带领部曲数千人,参与作战。萧绎即位后,封其为都督、

① 道宣:《广弘明集》卷二《法义篇》,《大正藏》第52册,第242页下。
② 道宣:《续高僧传》卷一六《法聪传》,《大正藏》第50册,第555页中。
③ 道宣:《续高僧传》卷二五《道穆传》,《大正藏》第50册,第658页中。
④ 道宣:《续高僧传》卷一六《惠成传》,《大正藏》第50册,第557页上。

郢州刺史，以及江乘县公。陆法和衣食居处与戒行沙门同，但身边却总有一美少姬跟随；他对萧绎不称臣，其启文朱印名上自称“居士”，后称“司徒”。因带兵作战被疑，陆法和与萧绎渐生罅隙。萧绎败灭后，陆法和入北齐。由于陆法和信仰佛教，又有军事才能，故世人多神化其故事。

萧绎与佛教有关的著述不少。他自称“我韬于文士，愧于武夫”，论者以为得言。这种对学术、文艺的爱好，是承袭南朝贵族文人之风而来的。萧绎从小好学，因眼疾，多不自执卷，而是下令手下读书给他听。即便他看似睡着了，读书的人也不能停，如果读书者读失次第，或偷卷度纸，萧绎必然惊觉，加以捶打，令其追读。萧绎因而博总群书，下笔成章，出言为论，才辩敏速，颇有高名。他自比诸葛亮、桓温，与裴子野、刘显、萧子云、张缵及当时才秀为布衣之交。然其性好矫饰，多猜忌，微有胜己者，必加毁害。如妒忌刘之遴的学问，使人鸩之，故虽其骨肉，其后亦遍被其祸。即便时局不太平，萧绎仍于承圣三年(554)秋九月在龙光殿述《老子》义，尚书左仆射王褒执经；[①]并于同年十一月西魏兵至栅下时，犹赋诗不休。在《内典碑铭集序》中，他自云：“余幼好雕虫，长而弥笃，游心释典，寓目词林。顷尝搜聚，有怀著述，譬诸法海，无让波澜，亦等须弥，归同一色，故不择高卑，惟能是与，傥未详悉，随而足之，名为《内典碑铭集林》，合三十卷。”[②]表白了自己出于对文学的爱好，热衷阅读佛教典籍，以及希望将有代表性的碑铭撰集成册流芳百世的愿望。序文中，萧绎还批评了现世文章存在的弊病，认为“夫世代亟改，论文之理非一；时事推移，属词之体或异。但繁则伤弱，率则恨省，存华则失体，从实则无味。或引事虽博，其意犹同，或新意虽奇，无所倚约，或首尾伦帖，事似牵课，或前后博涉，体制不工”[③]，提出文章要成为“菁华”，须“能使艳而不华，质而不野，博而不繁，省而不率，文而有质，约而能润，事随意转，理逐言深”[④]，故研究梁代文坛，不可忽视萧绎的文学才能。在《与刘智藏书》里，萧绎表达了对山居禅悦生活的向往之情。他说：“仆久厌尘邦，本怀人外，加以服膺常住，讽味了因，弥用思齐，每增求友。常欲登却月之岭，荫偃盖之松，挹璇玉之源，解莲华之剑。藩维有限，脱屣无由，每坐向诩之床，恒思管宁之榻，梦匡山而太息，想桓亭而延

① 《梁书》卷五《元帝纪》，中华书局，1973年，第134页。
② 道宣：《广弘明集》卷二《内典碑铭集序》，《大正藏》第52册，第245页上。
③ 道宣：《广弘明集》卷二《内典碑铭集序》，《大正藏》第52册，第245页上。
④ 道宣：《广弘明集》卷二《内典碑铭集序》，《大正藏》第52册，第245页上。

伫。”[①]颇有“人在江湖，身不由己”的感叹。在《与萧谘议等书》中，萧绎则表达了对蔬食持戒的赞同。他提出：“稍觉十字之蒸，嗤何曾之馔；五鼎之味，笑主偃之辞。鼋羹鳞脯，空闻其说；羊酪猩唇，曷足云也。困于酒食，未若过中不餐；螺蚳登俎，岂及春蔬为净。欲吾子三日洁斋，自寅至戌一中而已。自有米如玉锐，盐类虎形，云梦之芹，辽东之藻，十斤之梨，千树之橘，青笋紫姜，固栗霜枣，适口充肠，无索不获。”[②]至于署名萧绎的《内典博要》，实际上是湘东王记室虞孝敬于大清年间所撰。关于此书卷数，《出三藏记集》《大唐内典录》记为三十卷，《法苑珠林》记为四十卷。据《续高僧传》卷一记载，此书“该罗经论，条贯释门，诸有要事备皆收录，颇同皇览类苑之流”[③]，可知也是大型佛教类书。

承圣三年(554)冬十月，归顺西魏的萧詧(萧衍之孙，昭明太子萧统第三子)与西魏军会合，攻打江陵。幽逼时期，萧绎曾求酒饮之，制诗四绝，其一曰：“南风且绝唱，西陵最可悲，今日还蒿里，终非封禅时。”其二曰：“人世逢百六，天道异贞恒，何言异蝼蚁，一旦损鹍鹏。”其三曰：“松风侵晓哀，霜雰当使来，寂寥千载后，谁畏轩辕台。”其四曰：“夜长无岁月，安知秋与春？原陵五树杏，空得动耕人。”[④]江陵失陷，萧绎被杀；愍怀太子萧元良及始安王萧方略等，皆见害。萧绎著有《孝德传》《忠臣传》各三十卷，《丹阳尹传》十卷，注《汉书》一百十五卷，《周易讲疏》十卷，《内典博要》百卷，《连山》三十卷，《词林》三卷，《玉韬》《金楼子》《补阙子》各十卷，《老子讲疏》四卷，《怀旧传》二卷，《古今全德志》、《荆南地记》、《贡职图》、《古今同姓名录》一卷，《筮经》十二卷，《式赞》三卷，文集五十卷。

梁元帝萧绎驾崩后，继位的是其第九子萧方智(543—558)，字慧相，小字法真，史称梁敬帝。承圣三年(554)江陵陷落，时为江州刺史的萧方智被太尉扬州刺史王僧辩、司空南徐州刺史陈霸先等迎还回京，主持大事，改元绍泰元年(555)。梁朝已是名存实亡，掌握实权的大将陈霸先趁机以禅让形式，夺取了梁代江山。

---

① 道宣：《广弘明集》卷二八《与刘智藏书》，《大正藏》第52册，第326页中。
② 道宣：《广弘明集》卷二七《与萧谘议等书》，《大正藏》第52册，第304页中—下。
③ 道宣：《续高僧传》卷一《僧伽婆罗传》，《大正藏》第50册，第426页中。
④ 《南史》卷八《梁本纪下》，中华书局，1974年，第245页。

第四节
南陈帝王与佛教

陈代自557年至589年，历五帝，共三十三年。据《辩正论》所载，陈代寺院一千二百三十二所，其中，国家新寺一十七所，百官造者六十八所，郭内大寺三百余所；僧尼三万二千人；译经十一部。如此数量，虽比不上梁代，然侯景之乱，佛教遭受重创，能恢复至此，也是帝王支持的结果。

一 武帝陈霸先与佛教

梁元帝萧绎被杀后，萧方智即位。萧方智是一位傀儡皇帝，不久即让位真正掌握实权的陈霸先。陈霸先家世低微，以武力预勋，功高震主，遂废旧主、立新朝，史称陈武帝，改元永定元年(557)。陈霸先少有大志，不治生产；既长，读兵书，有武艺，为人处事明达果断。

陈霸先即位当年，举行盛大法会，礼拜佛牙。历代帝王都热衷神化自己的登基，陈霸先也用与佛教有关的形式，庆祝登上皇位的荣耀。他同年行幸钟山，参拜蒋帝庙；驾临华林园，亲览词讼，赦免囚徒；颁布诏书于天下，竖起建立新王朝是替天行道的旗帜。史载："诏出佛牙于杜姥宅，集四部设无遮大会，高祖(指陈霸先)亲出阙前礼拜。"[①]陈霸先的这颗佛牙，来历颇为蹊跷。据《高僧传》卷一三以及《法苑珠林》卷一二所载，释法献元徽三年(475)西行求法，至于阗而返，获佛牙一枚，舍利十五身，并《观世音灭罪咒》及《调达品》，又得龟兹国金锤鍱像。释法献珍视佛牙，一直默默供奉，而竟陵文宣王萧子良感梦，去定林寺拜望释法献，才知有如此宝贝，释法献不得已说出实情，并把佛牙送给萧子良。如前所述，萧子良也是崇佛之人，他召集道俗数十人，对佛牙的真伪进行鉴别，并用宝台、宝藏供养起来。这颗佛牙后仍然归还定林寺保管。普通三年(522)正月的一个夜晚，突然有将帅带兵前来，叩响定林寺山门，说是临川王之奴叛逃了，有人告发说在

① 《陈书》卷二《高祖纪》，中华书局，1972年，第34页。

佛牙阁上，请开阁检视。因临川王萧宏是定林上寺的檀越，与定林寺有深切因缘[1]，故寺司命打开阁门。史载混乱中，“主帅至佛牙座前开函取牙，作礼三拜，以锦手巾盛牙，绕山东而去，至今竟不测所在”[2]。从描述可知，为首的主帅开函取出佛牙，礼拜三下，用锦巾裹住佛牙，竟然迅速跑了！这颗佛牙现在神秘现身于杜姥宅，故知之前假托临川王之奴叛乱抢走佛牙的应是陈霸先，而《陈书》所载梁天监末，佛牙为摄山庆云寺沙门释慧兴保藏，慧兴临卒前，将其托付给弟弟释慧志，承圣末年，慧志密送给陈霸先云云，《高僧传》全无记载，恐不足信。

陈霸先效仿梁武帝，频临寺院，并舍身。永定元年(557)十一月，钟山松林降下甘露，开善寺僧众采集后献给武帝，武帝将其犒赏群臣。永定二年(558)，武帝幸大庄严寺，其夜又降下甘露，琅琊颜晃为之献《甘露颂》。据《陈书》卷二记载，永定二年(558)五月辛酉，武帝舆驾幸大庄严寺舍身，壬戌，群臣表请还宫；八月辛未，诏临川王蒨西讨，以舟师五万发自京师，舆驾幸冶城寺亲送；冬十月乙亥，舆驾幸庄严寺，发《金光明经》题；十二月甲子，舆驾幸大庄严寺，设无碍大会，舍乘舆法物，群臣备法驾奉迎，即日舆驾还宫。[3] 因而陈霸先即位后，频频光临寺院，举行法会，并舍身，以上实是模仿梁武帝萧衍所为。

陈武帝组织僧人讲经说法，致使一度中断的佛门活动重新开展。永定元年(557)春，陈霸先把释安廪请入内殿，手传香火，接足尽虔，长承戒范，并敕其居住钟山耆阇寺，请其宣讲。释安廪(507—583)，俗姓秦。他性好老庄，通达经史，善阴阳五行，会军事兵术，可谓文武兼资。二十五岁出家，四方游学，先至北魏，在魏十二年，深味名相，悉究玄门；后入梁地，梁武帝萧衍敕住天安寺，在此讲经说法；梁灭入陈，“永定元年春，乃请入内殿，手传香火，接足尽虔，长承戒范。有敕住耆阇寺，给讲连续。既会夙心，遂欣久处。世祖文皇又请入昭德殿，开讲大集，乐说不穷，重筵莫拟。孝宣御历，又于华林园内北面受道”[4]，说明释安廪受陈代三朝帝王推崇。释安廪于至德元年(583)圆寂，时年七十七。永定二年(558)十一月，陈霸先又敕请释法朗入京居住兴皇寺，宣讲《华严》《大品》《四论文言》等。释法朗(507—581)，俗姓周，徐州沛郡沛人，师事释宝志、象律师、南涧寺仙师、竹

---

① 参见镰田茂雄：《中国佛教通史》第3卷，佛光出版社，1986年，第249页。

② 慧皎：《高僧传》卷一三《法献传》，《大正藏》第50册，第411页中。

③《陈书》卷二《高祖纪》，中华书局，1972年，第37、38页。

④ 道宣：《续高僧传》卷七《安廪传》，《大正藏》第50册，第480页中。

涧寺靖公、止观寺释僧诠等。释法朗是三论宗师，陈代三论兴起，与帝王的支持分不开。永定二年(558)，释法朗奉诏入京住兴皇寺，讲经不断。释法朗于太建十三年(581)圆寂，时年七十五。武帝还敕请释警韶入都，请为戒师，礼遇非常。释警韶(508—583)，俗姓颜，会稽上虞人。出家后四方游学，讲经说法，三十九岁为建元寺讲主。入陈，为陈武帝、陈文帝礼待，史载“陈武定天，文皇嗣业，并弘尚正道，敕请还都，戒范承仰，优礼弥隆”[①]。天嘉四年(563)，释警韶受僧众所请，长讲于白马寺，十有余年。至德元年(583)，释警韶在开善寺圆寂，时年七十六。永定三年(559)夏，陈霸先又于重云殿请释宝琼讲《大品》。释宝琼(504—584)，俗姓徐，法通弟子。释宝琼研精数论，善名解，梁代深得武帝萧衍赏识，后还乡住建安寺，与周弘正为莫逆之交。应其邀还都发《成实》题，又深得贵族士大夫钦重。他讲《成实》九十一遍。撰《玄义》二十卷，讲文二十遍，文疏十六卷，讲《涅槃》三十遍，制疏十七卷，讲《大品》五遍，制疏十三卷，还有《大乘义》十卷，《法华》《维摩》等经，并著文疏，是个博学之僧。陈文帝即位，敕其为京邑大僧正。宝琼整饬僧纪，朝野传其嘉名。至德二年(584)圆寂，时年八十一。

据《续高僧传》卷二四记载，陈武帝还举办过仁王斋席。释慧乘参加其中，四月八日，陈武帝在庄严寺召集众僧，与慧乘辩论，竖“佛果出二谛外义”，慧乘辩才无碍，武帝赏以袈裟，时陈桂阳王尚书毛喜、仆射江总等，并对其表示敬意。释慧乘(550—630)，俗姓刘，徐州彭城人。十二岁出家，事叔祖智强为师，后离师四方游学。史载其“预陈武帝仁王斋席，对御论义，词辩绝伦，数千人中，独回天眷。至四月八日，陈主于庄严寺总令义集，乘当时竖佛果出二谛外义”[②]。入隋为晋王杨广家僧；频频跟随晋王，进殿召见。杨广为帝，更加崇重。又入唐，被敕住京室；参与武德八年(625)三教之辩论。贞观三年(629)，释慧乘奉诏在胜光寺起舍利塔，建道场。贞观四年(630)，释慧乘圆寂，时年七十六。陈代境内还有一位奇特的尼姑，她能诵《法华经》，右手上生一花，诵经即能手掌生花，州境因呼之为“花手尼”[③]，陈霸先未能免除好奇心，曾召见此尼。

武帝陈霸先对佛教持支持态度，他做过一些有益佛教的事情。除了上述的组织讲经，据《续高僧传》卷九《慧弼传》记载，常州安国寺亦为陈武帝所建。此寺

---

① 道宣:《续高僧传》卷七《警韶传》,《大正藏》第 50 册,第 479 页下。
② 道宣:《续高僧传》卷二四《慧乘传》,《大正藏》第 50 册,第 633 页中。
③ 慧详:《弘赞法华传》卷七,《大正藏》第 51 册,第 32 页中。

隋灭陈时遭到毁坏，释慧弼修缮后，真观法师曾制寺碑云："花砖锦石，更累平阶。夏藻秋莲，还庄竦塔。月临月殿，粉壁照于金波，云映云台，画梁承于玉叶。"①武帝还将梁代遭侯景之乱被焚荡殆尽的七百余所寺院悉皆修复，并在扬州造东安寺，于其治下又兴建兴圣、天居等四寺，并写一切经一十二藏，造金铜像一百万躯，度僧七千人，治故寺三十二所。②

二 文帝陈蒨与佛教

武帝陈霸先在位三年病逝，继承大统的是长子始兴昭烈王陈蒨。陈蒨少沈敏有识量，留意经史，举动方雅，造次必尊礼法，故深得武帝喜爱，武帝常称其"此儿吾宗之英秀也"③。且武帝讨伐王僧辩时，亦召集陈蒨为谋，寄以重托，可知他能文能武。陈蒨即位后，改元天嘉元年(560)，史称陈文帝。

有关陈蒨的佛教活动，《陈书》卷三记载有：天嘉四年(563)夏四月辛丑，设无碍大会于太极前殿。《南史》卷九则记为：有设无碍大会于太极前殿舍身。这显然也是效仿前辈们的活动。为统一僧事管理，释宝琼(504—584)被陈蒨任命为京邑大僧正。时"金陵都会，朝宗所依，刹寺如林，义筵如市"④，且"自梁僧之于此任，熏灼威仪，翼卫亚于王公，服玩陈于郑楚，故使流水照于衢路，吏卒喧于堂庑"⑤。故宝琼上任后，"顿袪前政，自营灵寿，惟从息慈，坏色蔽身，尼坛容膝，萧然率尔，有位若无。朝野嘉其真素，同侣美其如法，海东诸国图像还蕃，顶礼遥敬"⑥，说明释宝琼不负皇命，对僧界进行整饬，且收到了良好成效。陈蒨还与释洪偃交接。释洪偃(504—564)天嘉之初出都，讲于宣武寺。讲隙则游钟山开善寺和定林寺，并引笔赋诗："杖策步前岭，褰裳出外扉。轻萝转蒙密，幽径复纡威。树高枝影细，山昼鸟声希。石苔时滑屣，虫网乍粘衣。涧旁紫芝晔，岩上白云霏。

① 道宣：《续高僧传》卷九《慧弼传》，《大正藏》第50册，第495页上。
② 法琳：《辩正论》卷三《陈高祖武皇帝》，《大正藏》第52册，第503页中。
③《陈书》卷三《世祖纪》，中华书局，1972年，第45页。
④ 道宣：《续高僧传》卷七《宝琼传》，《大正藏》第50册，第478页下。
⑤ 道宣：《续高僧传》卷七《宝琼传》，《大正藏》第50册，第478页下。
⑥ 道宣：《续高僧传》卷七《宝琼传》，《大正藏》第50册，第478页下。

松子排烟去，常生寂不归。穷谷无还往，攀桂独依依。”①文帝陈蒨赏识他的文采，敕令统接宾礼。洪偃称赞帝德，才词宏逸，越发使文帝嗟赏不已，赏赐众多，但洪偃一无所纳。释洪偃于天嘉五年(564)终于宣武寺，时年六十一。所著《成实论疏》数十卷，被认为是剖发精理、构思深剧之作。

文帝陈蒨于天嘉五年(564)邀请大禅众寺释慧勇在太极殿大开讲肆，讲席上聚集了百官和佛教信众。释慧勇(515—583)，俗姓桓，其先谯国龙亢人。幼年出家，先后师从灵曜寺则法师、静众寺峰律师、龙光寺僧绰、建元寺法宠，三十岁开始讲经说法。梁末，与摄山僧诠亦师亦友。天嘉五年(564)，陈文帝请讲于太极殿。释慧勇住大禅众寺十八年。其中，讲《法华》《涅槃》《方等》《大集》《大品》各二十遍，《大智度论》《中论》《百论》《十二门论》各三十五遍。释慧勇于至德元年(583)圆寂，时年六十九。文帝陈蒨还邀请释安廪(507—583)入昭德殿，开讲《大集》。释安廪曾在北魏求学十二年，后入梁地讲经说法。梁灭入陈，武帝陈霸先将释安廪请入内殿，受其戒范；“世祖文皇又请入昭德殿，开讲大集，乐说不穷，重筵莫拟”②；宣帝陈顼即位，又于华林园内北面受道，说明陈代三朝帝王都对释安廪礼待。至德元年(583)释安廪圆寂，时年七十七。

今存多篇题名陈文帝撰写的忏文。据《广弘明集》卷二八记载，有《妙法莲华经忏文》《金光明忏文》《大通方广忏文》《虚空藏菩萨忏文》《方等陀罗尼斋忏文》《药师斋忏文》《娑罗斋忏文》《无碍会舍身忏文》等。这些忏文中，文帝陈蒨一方面自称为“菩萨戒弟子”，另一方面又表达了皈依佛门、弘扬释氏的心愿。如其《妙法莲华经忏文》中声称：“弟子以因地凡夫，属符负荷，方欲宪章古昔，用拯黎元，窃以羲皇结网，深失大慈，成汤解罗，犹非妙善，扬旌丹水，异道树而降魔，执玉涂山，非宝坊之大集。所以凭心七觉，系念四勤，住菩萨乘，显无三之教，学如来行，开不二之门，汲引群迷，导示众惑。”③又如其《金光明忏文》中称：“弟子以兹寡昧，纂承洪业，常恐王领之宜，不符正论，御世之道，有乖天律，庶绩未康，黎民弗又(佑)，方愿皈依三宝，凭借冥空，护念众生，扶助国土。”④再如其《大通方广忏文》中称：“弟子用慈悲之心，修平等之业，常以万邦有罪，责自一人，四生未安，理

① 道宣：《续高僧传》卷七《洪偃传》，《大正藏》第50册，第476页中。
② 道宣：《续高僧传》卷七《安廪传》，《大正藏》第50册，第480页中。
③ 道宣：《广弘明集》卷二八《妙法莲华经忏文》，《大正藏》第52册，第333页中。
④ 道宣：《广弘明集》卷二八《金光明忏文》，《大正藏》第52册，第333页中。

为重任。所以熏修在己，日夜忘劳，精进为心，夜分未息，菩萨行处，皆愿受持，诸佛法门，悉令如说。欲使普天率土，无复怖畏之尘，蠕动蜎飞，永得归依之地。”①

文帝修习忏法，是对佛教有着虔诚信仰的人。他的《无碍会舍身忏文》是为七庙的圣灵和皇太后而作，文中他声称将自身的乘舆、法服、玉几、玄裘、绀马、璎珞等平生玩好宝饰均施舍出去。文帝在祠堂灵庙进行大舍，具有很重要的意义。诚如日本学者镰田茂雄所言：“这意味着一向用儒教方式祭祀，改用佛教的祭祀礼仪来取代，同时也是表示佛教礼仪已经进入到帝室的祭祀领域之内，这也是佛教渗透到中国帝室内部的一项证据。”②

此外，文帝陈蒨还有如下与佛教有关的活动：修治故寺六十所，写一切经五十藏，度僧尼三千人。见载于《辩正论》卷三。

陈文帝十三子中，鄱阳王陈伯山、晋安王陈伯恭、新安王陈伯固、衡阳王陈伯信、永阳王陈伯智、桂阳王陈伯谋均与佛教有关系：

1. 鄱阳王陈伯山(550—589)，文帝陈蒨第三子。字静之，举止闲雅，深得陈文帝看重。天嘉元年(560)，封鄱阳郡王。授东中郎将、吴郡太守。天嘉六年(566)，为缘江都督、平北将军、南徐州刺史。天嘉年间，陈伯山邀请释智聚讲经。释智聚(538—609)，俗姓朱，住苏州虎丘东山寺，是武丘胤法师弟子。汝南周弘正学识渊博，称赞智聚是“释门之瑚琏(宗庙礼器)”③。史载“陈鄱阳王伯山、新安王伯固(文帝陈蒨第五子)、新蔡王叔齐(宣帝陈顼第十一子)，并降贵慕道，延请敷说”④。释智聚于至德二年(584)奉诏在太极殿讲《金光明经》；至德三年(585)丁外母忧，归故里止于东山精舍。入隋，亦得帝王及朝廷贵胄青睐，或请为菩萨戒师，或敕为僧官。释智聚于大业五年(609)终于山寺，时年七十二。天康元年(566)，陈伯山进号镇北将军。光大元年(567)，徙为镇东将军、东扬州刺史。太建元年(569)，为中卫将军、中领军。太建六年(574)，为征北将军、南徐州刺史；寻为征南将军、江州刺史。太建十一年(579)，入为护军将军。陈后主即位，陈伯山进号中权大将军。至德四年(586)，出为使持节、都督东杨丰二州诸军事、东扬州刺史，加侍中。至德年间，释智脱为陈后主请进宫讲经说法，陈伯山对释智脱

① 道宣：《广弘明集》卷二八《大通方广忏文》，《大正藏》第52册，第333页下。
② 镰田茂雄：《中国佛教通史》第3卷，佛光出版社，1986年，第256—257页。
③ 道宣：《续高僧传》卷一〇《智聚传》，《大正藏》第50册，第502页下。
④ 道宣：《续高僧传》卷一〇《智聚传》，《大正藏》第50册，第502页下。

特别钦重，与仆射王克、中书王固等，礼以师敬。释智脱(541—607)，俗姓蔡，其先济阳考城人。七岁出家，为释法颖弟子。四处访师求学，精研敷扬佛理。史载“陈至德中，帝请入内，讲说开悟，亟动神机。自鄱阳王伯山兄弟、仆射王克、中书王固等，敬仰惟深，并伸北面”[①]。为隋帝所请，在岐阳宫建斋发讲；又随隋炀帝入京，住日严寺。大业元年(605)，智脱随驾洛阳，次年染疾在身，于大业三年(607)圆寂，时年六十七。祯明元年(587)，陈伯山因其生母故去，服丧期，去职。祯明二年(588)，起为镇卫大将军。祯明三年(589)，陈伯山卒，时年四十。

2. 晋安王陈伯恭(？—？)，文帝陈蒨第四子。字肃之，天嘉六年(566)，立为晋安王。寻为平东将军、吴郡太守。陈伯恭年十余岁，便知留心政事。释慧觉(554—606)，俗姓孙，其先太原晋阳人，晋末迁居丹阳秣陵。八岁出家，是兴皇寺法朗法师弟子，止于栖霞寺。史载：“陈晋安王伯恭为湘州刺史，深加礼异，并请讲众，南行弘演。”[②]除了晋安王陈伯恭请弘法，吏部尚书毛喜、护军将军孙玚，并对慧觉鞠躬顶礼；左卫将军傅縡学通内外，亦拜访慧觉，与之高谈阔论。入隋，慧觉又得隋炀帝赐书，邀请入住慧日道场。大业二年(606)，慧觉从驾入京在路途遇疾圆寂于泗州宿预县，时年五十三。太建元年(569)，陈伯恭为安前将军、中护军，迁中领军；出为中卫将军、扬州刺史，因公事罢免其职。太建四年(572)，陈伯恭被重新启用。太建六年(574)，出为南豫州刺史。太建九年(577)，陈伯恭入为祠部尚书，此后历任尚书右仆射、仆射、左仆射等职。至德元年(583)，为侍中、中卫将军、光禄大夫，丁生母忧，去职。祯明元年(587)，起为中卫将军、右光禄大夫。祯明三年(589)，入关，仕隋为成州刺史、太常卿。

3. 新安王陈伯固(555—582)，文帝陈蒨第五子。字牢之，天嘉六年(565)，封新安郡王，食邑二千户。如前所述，陈伯固曾与鄱阳王陈伯山、新蔡王陈叔齐一起，延请释智聚讲经说法。[③] 废帝嗣立，陈伯固为彭城、琅琊二郡太守。不久迁丹阳尹，将军如故。太建元年(569)，为吴兴太守。太建四年(572)，为侍中，迁中领军。太建七年(575)，出为南徐州刺史。其在州不理政务，或出猎游玩，或眠于林草。太建十年(578)，入朝为侍中，迁国子祭酒。陈伯固知晓玄理，国学生有懒惰学业者，则严加责罚，学生害怕他，都颇为用功。太建十二年(580)，领宗正卿。

---

① 道宣：《续高僧传》卷九《智脱传》，《大正藏》第 50 册，第 498 页下。
② 道宣：《续高僧传》卷一二《慧觉传》，《大正藏》第 50 册，第 516 页上。
③ 道宣：《续高僧传》卷一〇《智聚传》，《大正藏》第 50 册，第 502 页下。

太建十三年（581），为扬州刺史、侍中，将军职如故。陈后主为东宫太子时，陈伯固与之情好意投。始兴王陈叔陵心里妒忌伯固，暗中想害他。陈伯固惧怕获罪，只能谄媚献好，顺其心意。久而久之，两人勾搭在一起，图谋叛乱。公元582年，陈顼驾崩，陈叔陵谋袭后继者陈叔宝，陈伯固闻而响应。事败，陈伯固为乱兵所杀，时年二十八。

4. 衡阳王陈伯信（？—589），文帝陈蒨第七子。字孚之，天嘉元年（560），封为衡阳王。寻为宣惠将军、丹阳尹，置佐史。太建四年（572），为中护军。太建六年（574），为宣毅将军、扬州刺史，寻加侍中、散骑常侍。太建十一年（579），进号镇前将军、太子詹事。祯明元年（587），出为镇南将军、西衡州刺史。祯明三年（589），隋军过江，陈伯信被东衡州刺史王勇所害。衡阳王陈伯信与佛教的关系，今《辩正论》卷三有载，云"陈鄱阳王、陈豫章王、陈衡阳王、陈桂阳王、陈义阳王、陈新蔡王，右六王并渔猎坟典，游戏篇章，崇奉释门，研精妙理，书经造像，受戒持斋，每事悲田，相仍檀舍"①，可知衡阳王也是佛教信徒。

5. 永阳王陈伯智（生卒年不详），文帝陈蒨第十二子。字策之，少时博涉经史。太建中，立为永阳王。寻为侍中，不久又加散骑常侍，累迁尚书左仆射，出为会稽内史。陈伯智是陈氏诸王中十分虔诚的佛教徒，自称"少奉正真，长而弥笃"②。据《国清百录》卷二的有关收录，如《陈永阳王手自书》《永阳王解讲疏》《永阳王手书属真观惠裴二法师》等，可知他与释智𫖮、释真观、释惠裴等法师均有联系。特别是与天台寺释智𫖮的关系，颇为密切。太建十三年（581），永阳王陈伯智邀请释智𫖮讲经，事载《国清百录》卷四《智者大禅师年谱事迹》。另据《续高僧传》卷一七所载，永阳王还与其眷属就天台山请戒，释智𫖮建七夜方等忏法，陈伯智昼则理治，夜便习观。释智𫖮认为这个忏法不足以替他修福禳祸，就对门人释智越说，想劝他修习别的忏法，不知可否能行。后来永阳王狩猎，从马上堕下来，受了很重的伤，释智越醒悟过来，躬自率众作观音忏法。永阳王陈伯智苏醒后，很感激释智𫖮他们为他所做的一切，自述愿文，称菩萨戒弟子，尊释智𫖮为"阇梨"③，对释智𫖮表示了由衷的敬服。至德二年（584），伯智出镇东阳，致书三请释智𫖮，法师遂至郡为之讲经。陈后主继位后，曾问群臣谁在现在佛教界最有名。

① 法琳：《辩正论》卷三，《大正藏》第52册，第504页下。
② 灌顶：《国清百录》卷二《陈永阳王手自书》，《大正藏》第46册，第800页中。
③ 灌顶：《国清百录》卷二《永阳王解讲疏》，《大正藏》第46册，第800页中。

徐陵推荐时在瓦官寺的智𫖮禅师，说他禅德高迈，连永阳王陈伯智都是他的弟子，希望陛下能召他还京，弘扬大法。时释智𫖮已归天台山。后主遂于至德三年(585)数下诏书，邀请其出山，均为释智𫖮婉拒。东阳刺史永阳王陈伯智受王命，充当说客，最终成功说服智𫖮，前往京城。据《国清百录》卷二《至德三年陈少主敕迎》记载，后主陈叔宝对永阳王陈伯智延请释智𫖮讲经，以及说服释智𫖮随使者下山这两件事，都是首肯的。从中可知永阳王陈伯智与释智𫖮交情深厚。祯明三年(589)，陈伯智入关，仕隋，为岐州司马，迁国子司业。

6. 桂阳王陈伯谋(？—583)，文帝陈蒨第十三子。字深之，太建中，立为桂阳王。陈伯谋钦重释吉藏的风采，礼接之。释吉藏(549—623)，俗姓安，祖籍安息，其祖避世仇移居南海(今广州)，后迁至金陵(今南京)，故又称胡吉藏。其法名为释真谛所取。吉藏七岁从释法朗出家，十九岁替释法朗讲经论。史载："陈桂阳王钦其风采，吐纳义旨，钦味奉之。"[①]隋平定江南后，释吉藏到会稽嘉祥寺，宣讲三论。隋炀帝闻其名，将其召入慧日寺，给予赏赐，又赐其入住日严寺。入唐，释吉藏又受到唐皇室敬重。晚年住延兴寺，于武德六年(623)圆寂，时年七十五。陈伯谋又与尚书毛喜、仆射江总等，对前述释慧乘表示由衷的敬慕。桂阳王与释智𫖮也有来往，今《国清百录》卷二收录徐孝克所撰《天台山修禅寺智𫖮禅师放生碑文》中，有对桂阳王的评价，云其"皇枝之贵，思懋间平，情崇孔释，吐悬河之旨，击节证明，示半月之形，深心随喜"[②]，可知桂阳王陈伯谋在释智𫖮放生活动中曾随喜以示慈悲。太建七年(575)，陈伯谋为明威将军；寻为信威将军、丹阳尹。太建十年(578)，加侍中。出为使持节、都督吴兴诸军事、东中郎将、吴兴太守。太建十一年(579)，加散骑常侍。至德元年(583)卒。

三 宣帝陈顼与佛教

文帝陈蒨于天康元年(566)四月驾崩，嫡长子陈伯宗继承皇位，史称陈废帝。伯宗字奉业，小字药王。这位皇帝仁弱，无人君之器，因此始兴昭烈王的第二子

① 道宣：《续高僧传》卷一一《吉藏传》，《大正藏》第50册，第513页下。
② 灌顶：《国清百录》卷二《天台山修禅寺智𫖮禅师放生碑文》，《大正藏》第46册，第802页上。

陈顼取而代之，继承皇位，改元太建元年(569)，史称陈宣帝。

宣帝也是位亲近佛教的皇帝。他敕令释昙瑗弘扬律学。昙瑗为金陵人，有纵横才术，博通史籍，以文华自处。其讲习《十诵》，专精律部，经常听其讲说的有二百余人。时宣帝下诏国内：命初受戒者，夏安居未满五夏者，皆需聚集到讲律的道场。因而在都邑大寺广置道场，敕令昙瑗监察僧尼，明示科举，并给以衣食。昙瑗接受诏令后立刻行动起来，不仅将诏令下达各地，而且还选拔深达教义的僧众二十余人，请他们开示教法，以至聚集在京城的三百僧众诵经的声音此起彼落，响遍全城。因为国家供给丰富，因此前来学习的僧众也没有懈怠，不出数年，有道行的僧人大增。昙瑗是个十分负责的僧人，其间有学成将还本邑者，他都要召集徒众，进行问题解答，回答教义、教理没有滞疑者，才允许他们回归各自本寺。宣帝听说后下敕慰劳昙瑗，以其为国之僧正，令住光宅寺。《广弘明集》卷二七中收录了有关昙瑗的书或答文，题名《与梁朝士书》《与瑗律师书》《瑗律师答》。

太建四年(572)，宣帝陈顼敕请释慧晅徙讲东安。释慧晅(515—589)，俗姓周，汝南人，曾从龙光僧绰法师受学《成实》，于永定三年(559)受侯公邀请出都，于白马寺讲《涅槃经》及《成实论》，学徒云结，不远千里；天嘉二年(561)又受学士宝持等二百七十人之请，讲于湘宫寺。至德元年(583)后主陈叔宝下诏为京邑大僧都，四年(586)转为大僧正。释慧晅于开皇九年(589)卒于寺中，时年七十五。

太建五年(573)北伐前，宣帝陈顼请用百僧斋，进行祈福。时宣帝已任命镇前将军、开府仪同三司吴明彻都督讨伐诸军事。据《续高僧传》卷三记载，时宣帝已派大都督程文季陈兵淮河与齐军对阵，但对能否打胜仗颇感忧虑。于是在太极殿以龟来占卜，发现龟的腹纹断裂，君臣失色，都认为这是不祥的预兆。随即召请百僧，举办斋会。这些僧众一时不知因何事被召集，待行香过后，宣帝说出了占卜之意。光宅寺的释慧明听完后大声说："龟的腹纹破裂，表示千里道路通达。表明程文季的前锋将获初步胜利！"在场的人都认为慧明的话不过是虚饰。四月中旬，巴州刺史鲁广达攻克齐大岘城，陈军俘虏齐军援兵二十余万，五月又攻克谯郡城、秦州城，六月程文季又占领泾州城。吕梁、彭城一路推进，于是宣帝下诏说："今年出师边境之地，收获了江淮二百余城，东西五千余里，这就是龟纹所占的千里之意。看来释慧明所说，宛如符契。"显然宣帝对释慧明的预言持肯定态度。

这场战争旷日持久，由于北周的援军助阵，太建十年(578)陈军大败，司空吴明彻及其将卒以下均被俘。为了补充兵力，朝廷准备雇佣众僧上阵。时扬都奉诚寺大律都的释智文冒着杀头的危险，维护正法，向宣帝说："陛下现在所做的与北周武帝宇文泰的灭绝三宝的情况确实不同，君子治国必依礼仪，怎么可以劳苦僧众担当行役之任务呢？不但使敌军轻视汉人，而且这样做犯罪会更深！"于是宣帝下敕停止。于此可知宣帝重视僧人的建议。

宣帝陈顼特别器重天台寺释智顗。释智顗（538—597），俗姓陈，祖籍颍川，后移居荆州华容。他是天台宗创始人。十八岁礼湘州果愿寺释法绪出家，其后从慧旷律师受学。二十岁受具足戒。他对戒学有相当研究，又喜爱禅观法门，遂又亲近慧思禅师。慧思对其传承佛法寄予厚望，智顗于是辞师，前往金陵，住瓦官寺讲经说法。应沈君理之邀在瓦官寺开《法华经》题，宣帝敕停朝一日，令群臣往听。时白马寺敬韶、定林寺法岁、禅众寺智令、奉诚寺法安等，都是当时有名的高僧，他们并对智顗表示尊敬。释智顗居瓦官寺八年，讲《大智度论》《次第禅门》《法华玄义》。时仆射徐陵、光禄王固、侍中孔焕、尚书毛喜、仆射周弘正等，俱禀其戒法，听其讲经。太建七年（575）智顗决心进入天台山，徐陵流涕不舍，宣帝有诏《陈宣帝敕留不许入天台》，此诏收录在《国清百录》卷一。然宣帝的恳请未能打动智顗，他仍然前往天台山。太建九年（577），宣帝又下诏供给物品，将始丰县的供租税以及两户民众的使役都提供给天台僧众。太建十年（578），宣帝又敕智顗在天台山的道场为"修禅寺"，此寺隋代赐号"国清寺"，亦即现在的天台山国清寺。释智顗在天台山怜悯海里的鱼类被大量捕杀，特立放生池，此事惊动宣帝，下诏严禁采捕，周围河海永为放生之池。并敕国子祭酒徐孝克为之立碑，题为《天台山修禅寺智顗禅师放生碑文》，载《国清百录》卷二。

宣帝时期还支持佛教的讲经活动。太建四年（572），释慧晅被敕主讲东安寺；太建十年（578），释慧弼受敕于长城报德寺讲《涅槃》《法华》，禀戒从归者如云；太建十二年（580），释僧猛受敕住大兴善寺，讲扬《十地》；太建十三年（581），智顗受敕讲《金光明经》。

对于持戒的士大夫徐孝克，宣帝也给予了赞叹。徐孝克是徐陵的儿子，徐陵是南朝崇佛的士大夫的典型，他与释宝志、释慧因、释智顗、释真观均有往来。他对佛教的态度不可能不影响到其子。梁代侯景之乱后，许多贵族家庭陷入困顿，徐孝克为了奉养母亲，不得不遣妻，并剃发为沙门，改名法整，乞食以养母。后虽还俗，但仍然持素，受菩萨戒，过着简单素朴的生活。

据《辩正论》卷三记载，宣帝还做了如下对佛教有益的事情：于扬州禁中为始兴昭烈王孝太妃造太皇寺，寺内造七级木浮图。太建二年(570)，又造崇皇寺，并重为始兴昭烈王孝太妃竖立灵刹，庄严辉煌。又造金铜像等二万躯，修治故像一百三十万躯，写一切经十二藏，修补故寺五十所，度僧尼万人。

陈宣帝诸子四十二人中，与佛教有关系的有陈后主(详见下述)、始兴王陈叔陵、新蔡王陈叔齐、义阳王陈叔达：

1. 始兴王陈叔陵(？—582)，宣帝陈顼第二子。字子嵩，生于江陵，曾为梁国人质；天嘉三年(562)回朝，封康乐侯，食邑五百户。光大元年(567)，为中书侍郎。二年(568)，出为江州刺史。太建元年(569)封始兴王，进授使持节、都督江郢晋三州诸军事、军师将军，刺史如故。十六岁的始兴王陈叔陵为政苛严，令部下忌惮。太建三年(571)，加侍中。太建四年(572)迁湘州刺史，出守洞庭。陈叔陵与释智𫖮有交情，《续高僧传》卷一七云其出镇洞庭，公卿饯送时，他却回车至瓦官寺与释智𫖮谈论，为其谈论所倾倒。他还对释真观表示好感，东临禹井，请以同行。释真观(538—611)，俗姓范，吴郡钱唐人。从小聪明过人，善研佛经，是一位对佛理有深刻领悟的义解僧，其学识、为人深受赞叹，时人评论"钱唐有真观，当天下一半"[①]。不久，陈叔陵进号镇南将军，迁中卫将军。太建九年(577)，除使持节、都督扬徐东扬南豫四州诸军事、扬州刺史，侍中、将军如故。太建十年(578)，陈叔陵回都。太建十一年(579)所生母彭氏卒，葬于梅岭，陈叔陵自称刺血写《涅槃经》。这些行为尚不能说明始兴王陈叔陵真心接受佛教，据《南史》所载，陈叔陵性格散漫，严以律人，宽以待己。他虽与僧人交往，但显然尚未领略佛法真谛，其骄纵贪淫的生活做派与作为信众需守持佛教戒律的要求也相去甚远。服丧完毕，陈叔陵又为侍中、中军大将军。宣帝病重之际，太子诸王都进宫侍疾。其驾崩的第二天清晨，陈叔宝(即陈后主)还在伏地痛哭，陈叔陵以药刀伤之；太后闻讯赶来，也被砍伤；陈叔宝仓促逃离；陈叔陵随之也奔出云龙门，回府邸组织府兵，发动叛乱。事败，陈叔陵被杀，其诸子一并赐死。

2. 新蔡王陈叔齐(？—?)，宣帝陈顼第十一子。字子肃。博涉经史，善属文。太建七年(575)，封新蔡王。如前所述，新蔡王叔齐与鄱阳王伯山、新安王伯周，并对释智聚表示尊重，延请讲经。事载《续高僧传》卷一。寻为智武将军，置

① 道宣：《续高僧传》卷三《释真观传》，《大正藏》第50册，第702页上。

佐史；出为东中郎将、东扬州刺史。至德二年(584)，入为侍中，将军、佐史如故。祯明元年(587)，除国子祭酒，侍中、将军、佐史如故。祯明三年(589)，入关。仕隋，大业中为尚书主客郎。

3. 义阳王陈叔达(? —?)，宣帝陈顼第十七子。字子聪，太建十四年(582)，封义阳王。寻为仁武将军、置佐史。祯明元年(587)，除丹阳尹。祯明三年(589)，入关。仕隋，大业中为内史，至绛郡通守。义阳王陈叔达与佛教的关系，今《辩正论》卷三有载，云“陈鄱阳王、陈豫章王、陈衡阳王、陈桂阳王、陈义阳王、陈新蔡王，右六王并渔猎坟典，游戏篇章，崇奉释门，研精妙理，书经造像，受戒持斋，每事悲田，相仍檀舍”[①]，可知义阳王也是佛教信徒。

四 后主陈叔宝与佛教

太建十四年(582)正月，宣帝驾崩，其子陈叔宝继位。受前代皇帝的影响，叔宝也与僧人有密切往来。太建十三年(581)，释法朗卒，陈叔宝为之作铭颂。其即位后的四月下诏：“僧尼道士，挟邪左道，不依经律，民间淫祀袄书诸珍怪事，详为条制，并皆禁绝。”[②]要求僧尼守持戒律，并表示禁断民间淫祀与邪教活动。后主的诏令有“一刀切”的嫌疑，故光显寺释真观听说此事后，感叹不已，决定舍身护法，遂致书徐陵。此书《广弘明集》卷二四有收录，题为《与徐仆射述役僧书》，真观借此书请求徐陵帮助。他认为佛教在中国流转数百年，已有辉煌历史，如果按照皇帝所令，对僧籍中没有名字的僧人就着令还俗，这是不对的，因为这些人一心修道，他们从事了大量功德事。对他们，应该“许其方外之礼，不拘域中之节”[③]。至于那些俗化的僧人，倒是不该入住寺院。他恳请徐陵站在护法的立场，去与陈后主交涉。后主看了很有感触，管制僧众的事就此停顿下来。受此影响的有仁山深法师，他准备罢僧还俗，徐陵致书劝谏，得止。此书题为《谏仁山深法师罢道书》，亦载《广弘明集》卷二四中。

陈叔宝即位后，大力扶持与佛教有关的活动。如太建十四年(582)九月，设

---

① 法琳：《辩正论》卷三，《大正藏》第52册，第504页下。
② 《陈书》卷六《陈后主纪》，中华书局，1972年，第108页。
③ 道宣：《广弘明集》卷二四《与徐仆射领军述役僧书》，《大正藏》第52册，第277页中。

无碍大会于太极殿，舍身及乘舆御服，大赦天下[①]；第二年改元至德元年(583)，敕释慧晅为京邑大僧都，至德二年(484)又转其为京邑大僧正，并将释智琳补为南徐州僧都讲，敕释智聚于太极殿讲《金光明经》；至德三年(585)十一月，舆驾幸长干寺，大赦天下。

陈后主叔宝支持佛教活动，但却未能因此升起虔诚信守之心。陈叔宝在位期间，北方边境受隋军威胁，而他个人沉湎享乐，荒于酒色，不恤政事。南朝从庶族起家的帝王已全然没有了武功军事才能，"重文轻武"的社会风尚已把这些武人的后代改造成了贵族文人。以陈叔宝为代表的君主整日纵情于声色犬马，过着饮酒赋诗、优哉乐哉的生活。至德二年(584)，陈叔宝于光照殿前起临春、结绮、望仙三阁，"阁高数丈，并数十间，其窗牖、壁带、悬楣、栏槛之类，并以沉檀香木为之，又饰以金玉，间以珠翠，外施珠帘，内有宝床、宝帐，其服玩之属，瑰奇珍丽，近古所未有"[②]。这里假山水池、奇花异树，香闻数里，景致怡人。陈叔宝自居临春阁，张贵妃居结绮阁，龚、孔二贵嫔居望仙阁，三阁之间互有复道连接，可通往来。王、李二美人，张、薛二淑媛，袁昭仪，何婕妤，江修容等七人，也会轮流上阁来。"以宫人有文学者袁大舍等为女学士。后主每引宾客对贵妃等游宴，则使诸贵人及女学士与狎客共赋新诗，互相赠答，采其尤艳丽者以为曲词，被以新声，选宫女有容色者以千百数，令习而歌之，分部迭进，持以相乐。"[③]这里的"狎客"，据《南史》卷一所载，指的是江总、孔范等十人[④]。时君臣酣饮，从夕达旦，以此为常，而又盛修宫室，无时休止，税江税市，征取百端，刑罚酷滥，牢狱常满。

后主最为宠爱兵家女张丽华，即张贵妃。此女容貌端丽，明眸善睐，顾盼生辉。常于阁上梳妆，临轩独坐，宫人遥望，叹为仙女下凡。张贵妃聪慧无比，既善察言观色，记忆力又强。她好厌魅之术，常邀请妖巫之类，在宫中敲鼓喧嚣、手舞足蹈地做法事。又借助这些人通晓宫外的事情，人间有一言一事，张贵妃必告诉后主，故愈得恩爱，宠冠后宫。联系陈叔宝前面即位之初就禁断淫祀，而此时因宠幸贵妃，却听任宫内妖巫鼓舞，可知他对这个女人着迷之深！据《陈书》卷七所载："后主怠于政事，百司启奏，并因宦者蔡脱儿、李善度进请，后主置张贵妃于膝

---

① 《陈书》卷六《陈后主纪》，中华书局，1972年，第108页。

② 《陈书》卷七《后主张贵妃传》，中华书局，1972年，第131—132页。

③ 《陈书》卷七《后主张贵妃传》，中华书局，1972年，第132页。

④ 《南史》卷一《陈本纪下》，中华书局，1974年，第306页。

上共决之。”[1]既有如此国君，亡国就是迟早的事了。

当时出了很多怪异的事情。后主梦见黄衣人围城，将橘树悉数除去；大蛇分为两半，首尾各自游去；而晚上索饮，水竟然变成了血；血迹延之床上，却突发大火；又梦见有狐进入床下，想抓它却不见。如此种种，怪诞异常。后主认为是有妖作怪，于是自卖于佛寺为奴以禳之。又于郭内大皇佛寺起七层塔。不过，此塔尚未修建完毕，中间突然起火，火星甚至飞到了石头城，这场大火烧死了很多人。可知后主所做与佛教有关的事，实出于消灾祈福的功利心理。

陈后主叔宝对释智顗颇为仰慕。至德二年（584）、至德三年（585）曾多次敕迎释智顗。据《国清百录》卷一所载，有《至德三年陈少主敕迎》与《智开阳门舍人陈建宗等宣少主口敕》二书。前者凡有五敕；后者收录有十二道敕命[2]。后主派遣使臣赵君卿去天台山，招请释智顗下山，但释智顗却以习惯住在山野，且身体不好经常患病为由，拒绝出山。后主又派了两次使者，均被婉拒。陈叔宝又派龙宫寺释道升去促请，又敕东阳刺史永阳王来敦请，实在抵不过后主的盛情，于是释智顗跟随使者至京城。陈建宗在开阳门出迎，敕住至敬寺，又为之修灵曜寺。陈叔宝敕给金像、释论、机、麈尾、香炉等物，以及夏服、绢布、米、钱三千文等生活用品，释智顗一再婉辞，但终未获许。陈叔宝请求其在太极殿开仁王会，于光宅寺讲《仁王经》，并敕令修复光宅寺。至德四年（586）正月十五，陈叔宝又于崇正殿设千僧斋，请释智顗为皇太子陈深授菩萨戒。《国清百录》卷二《少主皇太子请戒疏》文中皇太子自名“渊”，而《南史》《陈书》中皆名“深”，恐因请戒改此名。祯明元年（587），释智顗又受敕于光宅寺讲《法华经》。陈亡后，智顗居庐山。开皇十一年（591），晋王杨广都扬州，遣使至庐山请释智顗赴扬州，为他授菩萨戒。开皇十二年（592），智顗回荆州，在当阳建玉泉寺。开皇十五年（595）又应杨广之请到扬州，同年九月回天台山。开皇十七年（597），释智顗因病圆寂，时年六十。释智顗东西弘化近四十年，建寺度人，盛极一时。

陈叔宝对智顗表示尊敬，与皇后之父沈君理以及皇后也有关系。沈君理字仲伦，吴兴人。父巡素与梁高祖相善。他本人美风仪，博涉经史，有识鉴，娶陈武帝女会稽长公主为妻，位仪同，皈依智顗受菩萨戒。宣帝时，沈君理邀请智顗住

---

① 《陈书》卷七《后主张贵妃传》，中华书局，1972年，第132页。

② 参见镰田茂雄：《中国佛教通史》第3卷，佛光出版社，1986年，第262页。

瓦官寺，开《法华经》题。《国清百录》卷二有《陈仪同公沈君理请疏》文，云："菩萨戒弟子吴兴沈君理和南。窃闻大乘者，大士之所乘也。高广普运，直至道场，复作四依，周旋六道。仰惟德厚，深会经文，于五誓之初，请开法华题。一夏内，仍就剖释，道俗咸瞻，延伫嘉唱，慈悲利益，不违本誓耳。谨和南。"①

沈君理之女为皇后，亦皈依释智顗。皇后性端静，寡嗜欲，聪敏强记，涉猎经史，工书翰。失宠于后主陈叔宝，使她反倒一心向佛。《国清百录》卷二有《少主后沈手令书》，沈皇后自称"妙觉"，乞请智顗赐其菩萨名。智顗赐给她"海慧菩萨"的名号。此后，沈皇后月供给光宅寺，"熏陆、沈檀各十斤，黄屑一斗，细纸五百张，烛十挺，赤松涧米五石，钱一千文"②。对于她的日常生活，《陈书》卷七形容为"居处俭约，衣服无锦绣之饰，左右近侍才百许人，唯寻阅图史、诵佛经为事"③。可知她虽贵为皇后，却只有靠念诵佛经打发时光，这倒使她成为比后主陈叔宝虔诚得多的佛教信徒。

祯明三年(589)，隋军攻入建康。情急之下，陈叔宝与张贵妃、孔贵嫔一起藏身枯井，结果还是被隋兵发现，放绳下去将三人拉了上来。张贵妃被晋王杨广诛杀。当了俘虏的陈叔宝病死于洛阳，终年五十二岁。三十多年的陈朝结束了，历史进入新篇章。

① 灌顶:《国清百录》卷二《陈仪同公沈君理请疏》,《大正藏》第46册,第801页上。
② 灌顶:《国清百录》卷二《少主后沈手令书》,《大正藏》第46册,第800页上。
③《陈书》卷七《后主沈皇后传》,中华书局,1972年,第130页。

第四章　南朝建康佛教的译经

南北朝是中国佛教史上产生译人与译典最多的时期。据《开元录》记载，从南朝宋永初元年(420)到陈后主祯明三年(589)，经南北八个朝代一百六十九年，共有译者六十七人，译籍七百五十部，一千七百五十卷。这一时期，不仅译者多，翻译的数量也多，设立译场的地点也向多方向发展：北方有敦煌、姑臧、长安、洛阳、邺城等；南方在建康之外，还有广州、豫章及沿江地区江陵、襄阳、庐山等。本章依据《高僧传》《出三藏记集》和《历代三宝纪》的记载，依照现代学术标准，对这一阶段的佛典翻译活动和成就做一论述。因此，文中对这些经录所列入的译者以及译籍数量会做进一步的考证。

此外，北齐和北周的佛典翻译家入隋后也继续进行佛典翻译。鉴于此书的写作原则，这一时期的佛典的翻译成就将置于隋代佛教部分论述。在此，先将北齐、北周佛典翻译的基本情况做一概述。

关于北齐时期(550—577)的佛典翻译，《开元释教录》卷七记述："齐高氏都邺(亦云北齐)从文宣帝天保元年庚午至高恒承光元年丁酉，凡经六主二十八年，缁素二人，所出经论八部五十二卷。"[①]二位译家是沙门那连提黎耶舍和居士万天懿。关于北周时期(557—581)的佛典翻译，《开元释教录》卷七记述："周宇文氏都长安，从闵帝元年丁丑(依古无号直称元年)至靖帝大定元年辛丑，凡经五帝二十五年，沙门四人，所出经论一十四部二十九卷，于中，六部一十一卷见在，八部一十八卷阙本。"[②]四位都是外来僧人：沙门攘那跋陀罗、沙门阇那耶舍、沙门耶舍崛多、沙门阇那崛多。

① 智昇：《开元释教录》卷六，《大正藏》第55册，第543页下。
② 智昇：《开元释教录》卷七，《大正藏》第55册，第544页下。

第一节
刘宋时期的佛典翻译

刘宋时期(420—479),皇室成员大多信奉佛教,佛教发展迅速,佛典翻译事业也很发达。关于刘宋佛典翻译者的数量,费长房说是“华戎道俗二十有三”[①],智昇说是“缁素共有二十二人”[②]。《历代三宝纪》卷一列入的是:沙门佛陀什、释智严、释宝云、释慧严、沙门伊叶波罗、沙门求那跋摩、沙门僧伽跋摩、沙门求那跋陀罗、沙门昙摩密多、沙门畺良耶舍、沙门昙无竭、安阳侯沮渠京声、沙门功德直、释惠简、释僧璩、释法颖、沙门竺法眷、沙门释翔公、释道严、释勇公、释法海、释先公、释道俨。《开元释教录》卷五列入的是:沙门佛陀什、沙门畺良耶舍、沙门昙摩密多、释智严、释宝云、沙门伊叶波罗、沙门求那跋摩、沙门僧伽跋摩、沙门求那跋陀罗、释昙无竭、居士沮渠京声、释慧简、沙门功德直、释僧璩、释法颖、沙门竺法眷、释翔公、释道严、释勇公、释法海、释先公、沙门僧伽跋弥。

至于翻译的数量,《历代三宝纪》卷一记载为凡二百一十部四百九十卷一百六十七部,而《开元释教录》考订为四百六十五部七百一十七卷。

此外,费长房将竺难提列入东晋时期,而经录记载的翻译时间是在刘宋时期。在此一并叙述。其中,费长房列入慧严名下的是由昙无谶所译四十卷本《大涅槃经》改订而成的三十六卷的《大般涅槃经》。而释道俨、释僧璩、释法颖实际上分别从律本中编集律本,不应算入译者。

对于释道俨的著述,《历代三宝纪》卷一:“《决正四部比丘论》二卷,右一部二卷,升明元年,沙门释道俨依诸律撰出。”[③]对于释僧璩的著述,《出三藏记集》卷二记载:“《十诵羯磨》一卷,或云《略要羯磨法》,《十诵律》出。右一部,凡一卷。宋景和

① 《历代三宝纪》卷一:“其诸译人,华戎道俗二十有三,合出修多罗、毗尼戒本、羯磨优波提舍、阿毗昙论传录等,凡二百一十部四百九十卷。”(《大正藏》第49册,第89页上。)此卷的这一说明不明显,但卷一一则很明确说:“起宋武帝永初元年庚申受东晋禅,至周大定元年辛丑奉玺皇隋,其间一百六十二载,凡诸译经并及注述论传录目,华戎道俗五十有一人,合出修多罗、比尼戒本、羯磨优波提舍、阿毗昙论传录等,一百六十二部,一千三百二十六卷。”(《大正藏》第49册,第94页中—下。)可见,费长房直接表明自己所列入的不单单是翻译者,也包括经抄和改编者在内。

② 智昇:《开元释教录》卷五,《大正藏》第55册,第523页中。

③ 《历代三宝纪》卷一,《大正藏》第49册,第94页上。

中，律师释僧璩于京都撰出。”[①]《高僧传》卷一一有《释僧璩传》叙述了其生平，不赘述。对于释法颖（417—483）的著述，《出三藏记集》卷二记载：“《十诵比丘尼戒本》一卷，或云《十诵比丘尼大戒》。《十诵律羯磨杂事》一卷。右二部，凡二卷，宋明帝时，律师释法颖，于京都撰出。”[②]《历代三宝纪》卷一并且列出时间：“《十诵律比丘戒本》一卷，大明年出。《十诵律比丘尼戒本》一卷，太始年出。《十诵律羯磨杂事并要用》一卷，太始年出。右三部合三卷，明皇帝世律师释法颖于扬都长干寺依律撰出，盛行江左。”[③]《高僧传》卷一一有《释法颖传》叙述了其生平，不赘述。

至于释慧简的著述，僧祐以为他属于“依经抄撰”：“《灌顶经》一卷，一名《药师琉璃光经》，或名《灌顶拔除过罪生死得度经》。右一部，宋孝武帝大明元年秣陵鹿野寺比丘慧简，依经抄撰。此经后有续命法，所以遍行于世。”[④]而费长房和智昇则将其看作译家，但鉴于其生平不详，无从考订，此文暂不叙述。

智昇将僧伽跋弥列入译者的理由是他有一部《弥沙塞律抄》一卷，是翻译还是抄出不易确定，也许鉴于外国人的身份，智昇将其列入译者名单中。[⑤] 沙门昙无竭、释宝云、释智严既是这一时期佛典翻译活动中重要的助译僧，也单独翻译过佛典，鉴于他们在西行求法史上的重要地位，他们在佛典翻译方面的贡献，姑且留待本卷第十章论述西行求法僧人时再行论述。

下文依照时间顺序对上述竺难提、沮渠京声两位居士以及佛陀什、伊叶波罗、求那跋摩、僧伽跋摩、求那跋陀罗、昙摩密多、畺良耶舍、功德直并释道严、释翔公、释勇公、释法海、释先公等十五位译家的佛典翻译活动做些叙述。

一 竺难提、沮渠京声的佛典翻译

竺难提和沮渠京声都是居士身份的佛典翻译家，因而一并叙述。

---

① 僧祐：《出三藏记集》卷二，《大正藏》第55册，第13页上。

② 僧祐：《出三藏记集》卷二，《大正藏》第55册，第13页上。

③《历代三宝纪》卷一，《大正藏》第49册，第93页下。

④ 僧祐：《出三藏记集》卷五，《大正藏》第55册，第39页上。

⑤《开元释教录》卷五：“《弥沙塞律抄》一卷，见宝唱《录》。右一部一卷，阙本。沙门僧伽跋弥，师子国人也。译《弥沙塞律抄》一部。《大周录》中指宝唱《录》，不言帝代。其宝唱《录》寻本未获，且寄于宋录，以彰有据耳。”（《大正藏》第55册，第532页下。）从智昇所说来看，他是从《大周录》中录出的，不很可靠。

关于竺难提，费长房记为晋宋时来华的外国居士。而《高僧传》卷三《求那跋摩传》中提及一位商人竺难提。求那跋摩“以圣化宜广，不惮游方。先已随商人竺难提舶欲向一小国，会值便风，遂至广州”[1]。此事发生于元嘉元年(424)九月后不久。

关于竺难提翻译出的佛典，《历代三宝纪》卷一著录如下：

> 《大乘方便经》二卷，元熙二年译，是第三出。与法护、僧伽陀译小异，与《慧上菩萨所问经》同本别译，见《始兴录》。
>
> 《请观世音消伏毒害陀罗尼经》一卷，第二出，见法上《录》。
>
> 《威革长者六向拜经》一卷，晋宋间于广州译，是第三出。与法护《多蜜六向拜》同，见始兴及宝唱等录。
>
> 右三部合四卷，外国居士竺难提，晋言喜法，上《录》云“晋世译”。未详何帝年。[2]

对于上述著录，现代学者从怀疑费长房所注依据子虚乌有出发，往往不大置信。然而略早于费长房而被当代许多学者认为比费长房《录》忠实可靠的《众经目录》，也著录了竺难提的两种译籍：

> 《请观世音消伏毒害陀罗尼经》一卷，宋世外国舶主竺难提译。[3]
>
> 《慧上菩萨问大善权经》二卷，晋太康年竺法护译。《大乘方便经》二卷，晋世竺难提译。右二经同本异译。[4]

将法经的著录与费长房的著录比较即可知，二人所著录有同有异。费长房注出了依据，而法经未曾说出依据。然这两部经，在僧祐《出三藏记集》中都著录于“新集续撰失译杂经录”下，特别是“《请观世音经》一卷，一名《请观世音菩萨消伏毒害陀罗尼咒经》”[5]，经名与费长房所说一致。将三种经录对照，即可得出如此

---

① 慧皎:《高僧传》卷三,《大正藏》第 50 册,第 340 页下。

② 费长房:《历代三宝纪》卷一,《大正藏》第 49 册,第 71 页下—72 页上。

③ 法经:《众经目录》卷一,《大正藏》第 55 册,第 116 页下。

④ 法经:《众经目录》卷一,《大正藏》第 55 册,第 117 页中。

⑤ 僧祐:《出三藏记集》卷四,《大正藏》第 55 册,第 22 页中。

结论：僧祐、法经、费长房编写经录时都是忠实于自己所见的史料的。僧祐未搜集到的资料，法经未必看不到，而法经未看到的，费长房未必就看不到。特别是依据慧皎《高僧传·求那跋摩传》的一句话，可知晓竺难提是一位外国船主，即法经说的“外国舶主”。而费长房并无此句，这说明费长房所见的资料中未有此句。法经如此说是从《高僧传》中来的，还是从他所见到的经录中来的，已无法考知。但根据法经的这一句话，至少可以确认其以为竺难提就是一位外国船主。

总之，依据经录可知，竺难提以恭帝元熙元年(419)“爰暨宋世，译《大乘方便经》等三部”①。而如果参照《高僧传·求那跋摩传》的叙述，竺难提在翻译出上述经典后，又重回天竺，而求那跋摩正是搭乘他的商船来到广州的。

从《比丘尼传·广陵僧果尼传》记载可知，竺难提确实是一位往返于中国和天竺之间的商船船主。此文说：

> 及元嘉六年，有外国舶主难提从师子国载比丘尼来至宋都，住景福寺。后少时问果曰：“此国先来已曾有外国尼未?”答曰：“未有。”又问：“先诸尼受戒那得二僧?”答：“但从大僧受。得本事者，乃是发起受戒人心，令生殷重，是方便耳。故如大爱道八敬得戒，五百释女以爱道为和上，此其高例。”……到十年，舶主难提复将师子国铁萨罗等十一尼至，先达诸尼已通宋语。请僧伽跋摩于南林寺坛界，次第重受三百余人。②

从此记载可知，竺难提于元嘉六年(429)从师子国载比丘尼到达建康，这几位外国比丘尼住于景福寺。当他从僧果比丘尼处得知中土比丘尼由于能够授戒的数量不够，从来未曾授受过“二部戒”，遂于回国之后，于元嘉十年(433)，又从师子国请来十一位比丘尼，促成中土比丘尼第一次二部受戒。

这位外国船主不仅是勤勉的商人，也对中国佛教的发展做出了很大贡献，很了不起。

沮渠京声是北凉政权的建立者沮渠蒙逊的从弟，北魏灭北凉后，南奔刘宋，在建康翻译佛典。沮渠京声以居士身份求法弘法，因而慧皎作为《昙无谶传》之

---

① 智昇：《开元释教录》卷三，《大正藏》第55册，第509页上。

② 宝唱：《比丘尼传》卷二，《大正藏》第50册，第939页下。

附传的形式记述其事迹，僧祐在《出三藏记集》中有《沮渠安阳侯传》记其译事。

《高僧传》卷二记载："蒙逊有从弟沮渠安阳侯者，为人强志疏通，涉猎书记。因谶入河西，弘阐佛法，安阳乃阅意内典，奉持五禁。所读众经即能讽诵，常以为务学多闻大士之盛业。"由此记述可知，沮渠京声是跟从昙无谶而学习佛法的。后来他"渡流沙，至于阗，于瞿摩帝大寺遇天竺法师佛驮斯那，谘问道义。斯那本学大乘，天才秀发，诵半亿偈，明了禅法，故西方诸国号为人中师子。安阳从受《禅秘要治病经》，因其梵本，口诵通利。既而东归向邑于高昌，得观世音、弥勒二《观经》各一卷。及还河西，即译出《禅要》，转为晋文"①。他回到姑臧"居数年，魏虏托跋焘伐凉州，安阳宗国殄灭，遂南奔于宋，晦志卑身，不交世务，常游止塔寺，以居士自毕"②。北魏灭北凉时在 439 年。而沮渠京声从高昌回到河西不会早于 430 年。回到姑臧之后，沮渠京声将自己从于阗、高昌带回的三部经典做了初译③。

沮渠京声以元嘉十六年(439)九月后不久，到达宋境，以居士身份隐迹建康塔寺。"初出弥勒、观世音二《观经》，丹阳尹孟颢见而善之，请与相见。一面之后，雅相崇爱，亟设供馔，厚相优赡。至孝建二年，竹园寺比丘尼慧浚，闻其讽诵《禅经》，请令传写。安阳通习积久，临笔无滞，旬有七日，出为五卷。其年仍于钟山定林上寺，续出《佛母泥洹经》一卷。"④依据《高僧传》和《出三藏记集》的记述，《观经》和《禅经》实际上是在北凉曾译本基础上作的修订本，如僧祐指出的"前二《观》，先在高昌郡久已译出，于彼赍来京都"。

沮渠京声在建康，"居绝妻孥，无欲荣利，从容法侣，宣通经典。是以京邑白黑咸敬而嘉焉。以大明之末，遘疾卒"⑤。大明末年即 464 年，沮渠京声大概于此年或稍前一些病卒。

关于沮渠京声所翻译的经典，《出三藏记集》卷二著录如下：

---

① 慧皎：《高僧传》卷二，《大正藏》第 50 册，第 337 页上。

② 僧祐：《出三藏记集》卷一四，《大正藏》第 55 册，第 106 页下。

③《开元释教录》卷四载，安阳侯沮渠京声"以茂虔承和年中，译《禅法要解》一部"。(《大正藏》第 55 册，第 521 页中。)依照现代学者经河西和吐鲁番文书核查，北凉承和年只有一年，即 437 年。然而，智昇此说不见于前代经录，而此卷中多次出现承和年号，甚至有承和七年之说。北凉地处边远，且多有依附北魏等政权的情况，种种原因使得其年号复杂。古代传世文献所记的沮渠牧健的年号是永和(433—439)，因此，智昇此处所说的"茂虔承和年"应该是永和年之误。

④ 僧祐：《出三藏记集》卷一四，《大正藏》第 55 册，第 106 页下。

⑤ 僧祐：《出三藏记集》卷一四，《大正藏》第 55 册，第 106 页下。

《观弥勒菩萨生兜率天经》一卷，或云《观弥勒菩萨经》，或云《观弥勒经》。

《观世音观经》一卷。

《禅要秘密治病经》二卷，宋孝建二年于竹园寺译出。

《佛母般泥洹经》一卷，孝建二年，于钟山定林上寺译出，一名《大爱道般泥洹经》。[①]

梁僧祐仅仅著录四部五卷。关于《禅要秘密治病经》，此处著录为二卷，然上引《出三藏记集·沮渠安阳侯传》又说为五卷。《出三藏记集》卷九载有《禅要秘密治病经记》说：

河西王从弟大沮渠安阳侯，于于阗国衢摩帝大寺，从天竺比丘大乘沙门佛陀斯那。其人天才特拔，诸国独步，诵半亿偈，兼明禅法，内外综博，无籍不练。故世人咸曰人中师子。沮渠亲面禀受，忆诵无滞。以宋孝建二年九月八日，于竹园精舍书出此经。至其月二十五日讫，尼慧浚为檀越。[②]

此文没有标卷数，翻译时间叙述更详，即以宋孝建二年(455)九月八日至九月二十五日。

隋费长房《历代三宝纪》卷一根据《别录》将沮渠京声的译籍增至三十五部合三十六卷。唐智昇在《开元释教录》卷五中记载沮渠京声译经为二十八部二十八卷[③]：《观弥勒上生兜半天经》、《谏王经》、《治禅病秘要经》[④]、《净饭王涅槃经》、《进学经》、《八关斋经》、《五无返复经》、《佛大僧大经》、《耶祇经》、《末罗王经》、《摩达国王经》、《旃陀越国王经》、《五恐怖世经》一卷、《弟子死复生经》一卷、《迦叶禁戒经》一卷、《菩萨誓经》、《中阴经》、《观世音观经》、《波斯匿王丧母经》、《佛母般泥洹经》、《弟子慢为耆域述经》、《长老寺悦经》、《五苦章句经》、《分和檀王

---

① 僧祐：《出三藏记集》卷二，《大正藏》第55册，第13页上。

② 僧祐：《出三藏记集》卷九，《大正藏》第55册，第66页上—中。

③ 参见智昇：《开元释教录》卷五，《大正藏》第55册，第530页下—531页上。

④ 《开元释教录》卷四载北凉译经下著录：《禅法要解》二卷，且说是安阳侯沮渠京声，“以茂虔承和年中，译《禅法要解》一部”。(《大正藏》第55册，第521页中。)

经》、《弟子事佛吉凶经》、《生无变识经》、《优婆塞五戒经》、《贤者律仪经》。

二 佛驮什、伊叶波罗的佛典翻译

佛驮什，又作佛陀什、佛大什，意译“觉寿”，罽宾人。《高僧传·佛驮什传》记载，他“少受业于弥沙塞部僧，专精律品，兼达禅要。以宋景平元年七月届于扬州。先沙门法显于师子国得《弥沙塞律》梵本，未被翻译而法显迁化。京邑诸僧闻什既善此学，于是请令出焉。以其年冬十一月集于龙光寺，译为三十四卷，称为《五分律》。什执梵文，于阗沙门智胜为译，龙光道生、东安慧严共执笔参正，宋侍中琅琊王练为檀越。至明年四月方竟。仍于大部抄出《戒心》及《羯磨文》等，并行于世。什后不知所终”①。由此可知，佛驮什于刘宋景平元年(423)七月到达建康，在京城众僧的邀请下于十一月开始翻译法显从师子国获得的《弥沙塞律》梵本，至第二年四月完成《弥沙塞律》三十四卷。同时译出的还有《弥沙塞比丘戒本》一卷、《弥沙塞羯磨》一卷②。

关于伊叶波罗，所知有限，译籍仅一部。《出三藏记集》卷二著录说：《杂阿毗昙心》十三卷，“宋文帝时，西域沙门伊叶波罗，以元嘉三年为北徐州刺史王仲德，于彭城译出，至《择品》未竟”③。根据《杂阿毗昙心序》的叙述，此论文原本为“新旧偈本凡有六百篇，第之数则有十一品，篇号仍旧为称，唯有《择品》一品，全异于先”。而伊叶波罗译本“《择品》之半及《论品》一品，有缘事起，不得出竟”④。至于翻译中辍的原因，从《宋书》所记载的有关徐州刺史王仲德⑤的经历看，似乎与王仲德调离北徐州刺史有关，详情待考。

---

① 慧皎：《高僧传》卷三，《大正藏》第50册，第340页下。

② 参见僧祐：《出三藏记集》卷二，《大正藏》第55册，第12页中。

③ 僧祐：《出三藏记集》卷二，《大正藏》第55册，第12页中。

④ 僧祐：《出三藏记集》卷一，《大正藏》第55册，第74页中。

⑤《宋书》卷四六《王懿传》记载：“王懿，字仲德，太原祁人。”元嘉九年(432)，“又为镇北将军、徐州刺史。明年，加领兖州刺史。仲德三临徐州，威德著于彭城，立佛寺作白狼、童子像于塔中，以河北所遇也。十三年，进号镇北大将军。十五年，卒，谥曰桓侯”。

三 求那跋摩、僧伽跋摩的佛典翻译

求那跋摩、僧伽跋摩来到建康的时间前后相继，且都与比丘尼二部受戒相关，因而一并叙述。

求那跋摩（367—431），罽宾人，出身于刹帝利种姓，家世为王。根据梁慧皎《高僧传》卷三本传说，求那跋摩年仅十岁，“便机见俊达，深有远度。仁爱泛博，崇德务善”。其母喜食野肉，命跋摩筹办，他于心不忍，于是对其母说：“有命之类，莫不贪生，夭彼之命，非仁人矣。”其母闻之，怒斥曰：“设令得罪，吾当代汝。”一日，跋摩熬油，误烫手指，痛甚，因求其母代为忍痛。其母说：“痛在汝身，吾何能代？”跋摩于是提起前述之事，反问说：“眼前之苦尚不能代，况三途耶？”①其母无言以对，于是悔悟，终生不杀。

跋摩年二十岁出家，受具足戒，研习经教，洞明九部，博通四部《阿含》，深达律品，精勤修习，妙入禅要，时人称其为“三藏法师”。至其三十岁时，“罽宾王薨，绝无绍嗣，众咸议曰：‘跋摩帝室之胤，又才明德重，可请令还俗，以绍国位。’群臣数百，再三固请，跋摩不纳，乃辞师违众，林栖谷饮，孤行山野，遁迹人世，后到师子国观风弘教”②。后至阇婆国，国王之母皈依跋摩受五戒，其后国王随其母也皈依于跋摩。

求那跋摩的声名传至中土，建康城中名僧慧观、慧聪等，于元嘉元年（424）九月，请求宋文帝邀请求那跋摩。“帝即敕交州刺史，令泛舶延致观等，又遣沙门法长、道冲、道俊等往彼祈请，并致书于跋摩及阇婆王婆多加等，必希顾临宋境，流行道教。”在此之前，求那跋摩“已随商人竺难提舶欲向一小国，会值便风，遂至广州”③。宋文帝知晓跋摩已至，敕州郡迎请其至京师，经过始兴（今广东韶关），停留了几年。

后来，宋文帝又派慧观等前去敦请，求那跋摩于元嘉八年（431）正月到达建康。宋文帝接见慰问，对求那跋摩说：“弟子常欲持斋不杀，迫以身殉物，不获从志。法师既不远万里，来化此国，将何以教之？”求那跋摩说：“夫道在心不在事，法由己非由人。且帝王与匹夫所修各异。匹夫身贱名劣，言令不威，若不克己苦

① 慧皎：《高僧传》卷三，《大正藏》第50册，第340页上。
② 慧皎：《高僧传》卷三，《大正藏》第50册，第340页上—中。
③ 慧皎：《高僧传》卷三，《大正藏》第50册，第340页下。

躬，将何为用？帝王以四海为家，万民为子，出一嘉言则士女咸悦，布一善政则人神以和，刑不夭命，役无劳力，则使风雨适时，寒暖应节，百谷滋繁，桑麻郁茂。如此持斋，斋亦大矣。如此不杀，德亦众矣。宁在阙半日之餐，全一禽之命，然后方为弘济耶？”[①]文帝大为赞叹，敕其住于祇洹寺，供给丰厚。

求那跋摩定居祇洹寺后，应大众请求，开讲《法华经》和《十地经》。他所讲的《十地经》大概用的是现成的汉译本，因为早在西晋、东晋时期，与《华严经·十地品》相关的单品经的译本先后出现了十几种。这表明，求那跋摩是非常熟悉《法华经》和《华严经》的。

关于求那跋摩的卒年，慧皎《高僧传·求那跋摩传》和僧祐《出三藏记集》都记载为元嘉八年(431)九月二十八日。不过，由于对其圆寂之前不久于定林寺设立比丘尼戒坛之事的记述有异，后来的史籍遂起异说。《高僧传·求那跋摩传》则记述说：

> 时影福寺尼慧果、净音等，共请跋摩云：“去六年有师子国八尼至京云，宋地先未经有尼，那得二众受戒？恐戒品不全。”跋摩云：“戒法本在大僧众发，设不本事，无妨得戒，如爱道之缘。”诸尼又恐年月不满，苦欲更受。跋摩称云：“善哉！苟欲增明，甚助随喜。但西国尼年腊未登，又十人不满，且令学宋语，别因西域居士，更请外国尼来，足满十数。”其年夏在定林下寺安居。时有信者采华布席，唯跋摩所坐华彩更鲜，众咸崇以圣礼。夏竟，还祇洹，其年九月二十八日中食未毕，先起还阁，其弟子后至，奄然已终，春秋六十有五。[②]

对于文中记述的事情，唐道宣《四分律删繁补阙行事钞》有所补充，求那跋摩“且令西尼学语，更往中国请尼，令足十数。至元嘉十年，有僧伽跋摩者，此云众铠，解《律》《杂心》，自涉流沙，至扬州。初，求那许尼重受，未备而终。俄而师子国尼铁索罗等三人至京，定前十数，便请众铁为师，于坛上为尼重受”[③]。参照这两项记载可知，求那跋摩答应为中土比丘尼重受戒，但未竟而卒，尔后僧伽跋摩来华

---

① 慧皎：《高僧传》卷三，《大正藏》第50册，第340页下—341页上。
② 慧皎：《高僧传》卷三，《大正藏》第50册，第341页上—中。
③ 道宣：《四分律删繁补阙行事钞》卷中，《大正藏》第40册，第51页下。

之后，此事才最后完成。由这些记载互参即可知，求那跋摩的卒年应该是元嘉八年(431)九月二十八日，也就是说，他来京师九个月就圆寂了。几种史籍中都记载，求那跋摩"未终之前，预造遗文偈颂三十六行，自说因缘云已证二果"①。此文现存，古代文献中引用者很多。

关于求那跋摩翻译的佛典，梁僧祐在《出三藏记集》卷二著录说：

《菩萨善戒》十卷，或云《菩萨地》十卷。

《优婆塞五戒略论》一卷，一名《优婆塞五戒相》。

《三归及优婆塞二十二戒》一卷，或云《优婆塞戒》。

《昙无德羯磨》一卷，或云《杂羯磨》。

上四部，凡十三卷，宋文帝时，罽宾三藏法师求那跋摩，于京都译出。②

而在《出三藏记集·求那跋摩传》中，僧祐说，求那跋摩以元嘉八年(431)正月至京都，即住祇洹寺。"顷之，于祇洹寺译出众经。《菩萨地》《昙无德羯磨》《优婆塞五戒略论》《三归及优婆塞二十二戒》。初元嘉三年，徐州刺史王仲德，于彭城请外国沙门伊叶波罗译出《杂心》，至《择品》未竟，而缘碍遂辍，至是乃更请跋摩于寺重更校定，正其文旨，弘道宣法，远近归之。贵贱礼觐，车两相继。"③可见，依照僧祐的记载，求那跋摩翻译出四部律典，续译出一部论典。

《历代三宝纪》卷一在僧祐著录之外，多出两部《沙弥威仪》一卷、《经律分异记》一卷，成七部。《开元释教录》卷五则著录十一部，在费长房著录之外多出《菩萨内戒经》一卷、《优婆塞五戒威仪经》一卷、《龙树菩萨为禅陀迦王说法要偈》一卷，此外，智昇又以为《菩萨善戒经》应为分九卷本和一卷本。以下略作考察。

关于求那跋摩翻译的《菩萨善戒经》，《出三藏记集》卷九《菩萨善戒、菩萨地持二经记》中说：

祐寻旧录，此经十卷，是宋文帝世，三藏法师求那跋摩于京都译出。经文云，此经名《善戒》，名《菩萨地》，名《菩萨毗尼摩夷》，名《如来藏》，名《一切

---

① 慧皎：《高僧传》卷三，《大正藏》第50册，第341页中—下。

② 僧祐：《出三藏记集》卷二，《大正藏》第55册，第12页中。

③ 僧祐：《出三藏记集》卷一四，《大正藏》第55册，第104页中。

> 善法根本》，名《安乐国》，名《诸波罗蜜聚》，凡有七名。第一卷先出优波离，问受戒法。第二卷始方有"如是我闻"。次第列品乃至三十。而复有别本，题为《菩萨地经》。检此两本，文句悉同。唯一两品分品、品名小小有异，义亦不殊。既更不见有异人重出，推之应是一经。①

这是说，当时有两种本子流通，一本名为《菩萨善戒经》，另一本名为《菩萨地经》，僧祐说二本文句都相同，只是有两品小有差别，因而推断有一本为"三藏所出正本"，另一本则是抄本。僧祐推断，求那跋摩所译的《菩萨善戒经》与前述昙无谶所翻译的《菩萨地持经》应该是同本异译。

对僧祐的上述说法，智昇提出异议。《开元释教录》卷五记载：

> 《菩萨善戒经》九卷，一名《菩萨地》，或十卷，于祇洹寺出，见竺道祖、僧祐二录及《高僧传》。长房等录并云"《善戒经》二十卷，又云弟子更出二品，成三十卷"，并非也。《菩萨善戒经》一卷，《优波离问菩萨受戒法》，见宝唱《录》。若准祐《记》，将此为初卷，兼前九卷，共成十卷。然北地经本，离之已久，不可合之。且依旧定。

智昇在此首先否定了费长房的下述说法："《菩萨善戒经》二十卷，于祇洹寺译，第二出，与谶所翻八卷者小异。见竺道祖《录》及《高僧传》。后弟子于定林寺更出二品，成三十卷。"②在同书卷一二，智昇叙述了理由：

> 《菩萨善戒经》九卷，一云《菩萨地》，或十卷，宋罽宾三藏求那跋摩等译。
>
> 右一经，群录皆云与《地持经》同本异译。今详文理，非不差殊，其《善戒经》前有《序品》，后有奉行。《地持经》并无，其《地持戒品》中有受菩萨戒文及菩萨戒本。《善戒经》即无。自余之外，文意大同。《地持》复出《瑜伽》，诸录成编。入论既有差殊，未敢为定。又按梁沙门僧祐《菩萨善戒经记》云："此名《善戒》，名《菩萨地》，名《菩萨毗尼摩戒》，名《如来藏》，名《一切善法根

---

① 僧祐：《出三藏记集》卷九，《大正藏》第 55 册，第 62 页下—63 页上。

② 费长房：《历代三宝纪》卷一，《大正藏》第 49 册，第 90 页上。

本》，名《安乐国》，名《诸波罗蜜聚》，凡有七名。第一卷先出优波离问受戒法，第二卷始方有'如是我闻'，次第别品乃有三十。而复有别本题为《菩萨地经》。"今按寻经本，与祐《记》不同。经初即有"如是我闻"，而无优波离问受戒法，但有九卷。其优波离问受戒法即后单卷《菩萨善戒经》。是若将此为初卷，即与祐《记》符同。然此《地经》本离之已久，乍合成十或恐生疑。此《善戒经》亦同《地持》，作其三段。第一段名菩萨地，有三十品。第二段，名如法住，有四品。第三段名毕竟地，有六品。祐云"次第列品"者，或恐寻之未审也。[①]

从上述叙述可知，智昇提出两个观点：一是求那跋摩所译的《菩萨善戒经》与昙无谶所译的《菩萨地持经》并非同本异译。二是求那跋摩所译的《菩萨善戒经》本来就是分为九卷本和一卷本流通的，合为十卷不合适。

关于费长房所著录的《沙弥威仪》一卷，僧祐将其列入"新集续撰失译杂经录"中[②]，而法经《众经目录》卷五著录为："《沙弥威仪》一卷，宋世求那跋摩译。"[③]关于费长房所著录的《经律分异记》一卷，法经在《众经目录》卷六也同样著录为"《经律分异记》一卷，宋世求那跋摩译"[④]。

最后，对于智昇列入而费长房未列入的《优婆塞五戒威仪经》一卷、《龙树菩萨为禅陀迦王说法要偈》一卷做一考察。

僧祐将《优婆塞五戒威仪经》列入"新集续撰失译杂经录"[⑤]，法经、费长房等都是如此，至唐代《大周刊定众经目录》卷一开始标明："《优婆塞五戒威仪经》一卷，二十三纸。右宋元嘉八年，求那跋摩于祇洹寺译。出《宝唱录》。"[⑥]而智昇则沿袭了《大周录》的记载。

关于《龙树菩萨为禅陀迦王说法要偈》，智昇说自己之所以标明为"宋罽宾三藏求那跋摩译"是出于"唐《旧录》"[⑦]。而经查考，最早如此著录的是隋彦琮《众经

① 智昇：《开元释教录》卷一二，《大正藏》第55册，第606页上。
② 僧祐：《出三藏记集》卷四，《大正藏》第55册，第24页中。
③ 法经：《众经目录》卷五，《大正藏》第55册，第140页上。
④ 法经：《众经目录》卷六，《大正藏》第55册，第144页下。
⑤ 僧祐：《出三藏记集》卷四，《大正藏》第55册，第21页中。
⑥ 明佺等：《大周刊定众经目录》卷一，《大正藏》第55册，第433页下。
⑦ 智昇：《开元释教录》卷一三，《大正藏》第55册，第623页下。

目录》:"《龙树劝发诸王要偈》一卷,一名为《禅陀迦王说要偈》,宋世求那跋摩译。"①

上述译典,多为戒学,说明求那跋摩在华期间以弘律为主。他一生灵异甚多,故被收入《神僧传》。而求那跋摩元嘉二年(425)前后到达广州,后来在始兴(今广东韶关)停留了几年。元嘉八年(431)正月到达建康,当年九月二十八日就圆寂了。很是可惜!

僧伽跋摩,意译为"众铠"或"僧铠",天竺人也。《高僧传·僧伽跋摩传》记载,僧伽跋摩"少而弃俗,清峻有戒德,善解三藏,尤精《杂心》。以宋元嘉十年,出自流沙,至于京邑。器宇宏肃,道俗敬异,咸宗事之,号曰三藏法师"②。僧伽跋摩持戒谨严,精通《杂心论》,以刘宋元嘉十年(433)来到建康。

景平元年(423),平陆令许桑舍宅建刹,称为平陆寺。③ 道场寺慧观"以跋摩道行纯备,请住此寺。崇其供养,以表厥德"。跋摩与慧观一起加塔三层,此寺后来改称奉诚寺。"跋摩行道讽诵,日夜不辍。僧众归集,道化流布。"在京师影响很大。

僧伽跋摩至建康不久,就受邀为中土比丘尼受具足戒。关于此事,《高僧传·僧伽跋摩传》记载:

> 初,三藏法师明于戒品,将为景福寺尼慧果等重受具戒。是时二众未备,而三藏迁化。俄而师子国比丘尼铁萨罗等至都,众乃共请跋摩为师,继轨三藏。祇洹慧义擅步京邑,谓为矫异,执志不同,亲与跋摩拒论翻覆。跋摩标宗显法,理证明允。既德有所归,义遂回刚,靡然推服,令弟子慧基等服膺供事,僧尼受者数百许人。④

此文中"三藏法师明于戒品"是指求那跋摩。此事的肇始,见于前文叙述。而当

---

① 彦琮:《众经目录》卷二,《大正藏》第 55 册,第 161 页中。

② 慧皎:《高僧传》卷三,《大正藏》第 50 册,第 342 页中。

③ 笔者颇以为此寺应称为"平乐寺",因为经录中都记载僧伽跋摩翻译佛典的地点在长干寺和平乐寺。而此次改名为奉诚寺的时间可能要晚一些,至少不会在刘宋时期。然而《高僧传·僧伽跋摩传》和《出三藏记集·僧伽跋摩传》则所记一致,都称"平陆令许桑舍宅建刹,因名平陆寺"。(分别见《大正藏》第 50 册,第 342 页中;《大正藏》第 55 册,第 104 页下。)文字表述都一致,二撰者看到的原始材料都是如此。但僧祐在经录部分都作"平乐寺"。

④ 慧皎:《高僧传》卷三,《大正藏》第 50 册,第 342 页中。

僧伽跋摩到达建康，有僧尼重提此事，遭到当时在京都名望颇高的僧人慧义的反对。面对慧义对比丘尼重受具足戒的坚决反对，僧伽跋摩与其辩论，最后说服慧义，取得他的支持，此事于是得以成功。慧义的弟子释慧基（412—496）也受师命跟随僧伽跋摩学习。

关于此事的经过，文献记载相差不大，然在时间方面则有不同记载。

首先是《比丘尼传·景福寺慧果尼传》记载：

> 元嘉六年，西域沙门求那跋摩至。果问曰："此土诸尼先受戒者，未有本事。推之爱道，诚有高例。未测厥后，得无异耶？"答："无异。"又问："就如律文，戒师得罪，何无异耶？"答曰："有尼众处不二岁学，故言得罪耳。"又问："乃可此国先未有尼，非阎浮无也。"答曰："律制十僧，得授具戒。边地五人亦得授之。正为有处不可不如法耳。"又问："几许里为边地？"答曰："千里之外，山海艰隔者是也。"九年，率弟子慧意、慧铠等五人，从僧伽跋摩重受具戒，敬慎奉持，如爱顶脑。春秋七十余，元嘉十年而卒。[①]

应该指出，关于求那跋摩到达建康的时间，其他文献都记载为元嘉八年（431），此中的元嘉六年（429）不确切，而改为八年即可与同书同卷《广陵僧果尼传》的记载相贯通。

《比丘尼传·广陵僧果尼传》记载：

> 及元嘉六年，有外国舶主难提从师子国载比丘尼来至宋都，住景福寺。后少时问果曰："此国先来已曾有外国尼未？"答曰："未有。"又问："先诸尼受戒那得二僧？"答："但从大僧受。得本事者，乃是发起受戒人心，令生殷重，是方便耳。故如大爱道八敬得戒，五百释女以爱道为和上，此其高例。"果虽答，然心有疑。具谘三藏，三藏同其解也。又谘曰："重受得不？"答曰："戒定慧品，从微至著，更受益佳。"到十年舶主难提复将师子国铁萨罗等十一尼至，先达诸尼已通宋语。请僧伽跋摩于南林寺坛界，次第重受三百余人。[②]

---

① 宝唱：《比丘尼传》卷二，《大正藏》第50册，第937页中—下。

② 宝唱：《比丘尼传》卷二，《大正藏》第50册，第939页下。

此文将此事的演变和人、事叙述得最为详细，应以此传所记为准。

在为中土比丘尼授二部戒的同时，僧伽跋摩也开始了佛典翻译。“宋彭城王义康崇其戒范，广设斋供。四众殷盛，倾于京邑。慧观等以跋摩妙解《杂心》，讽诵通利，先三藏虽译，未及缮写，即以其年九月，于长干寺招集学士，更请出焉，宝云译语，观自笔受。考核研校，一周乃讫。”这部《杂阿毗昙心》是求那跋摩三藏始译而未完成的，九月开始，大概“一周”完成。《出三藏记集》卷一中收录了两篇有关文献叙述此论的翻译过程。

未详作者的《杂阿毗昙心序》中说：“元嘉八年，复有天竺法师名求那跋摩，得斯陀含道，善练兹经，来游扬都。更从校定，谘详大义。余不以暗短，厕在二集之末，辄记所闻，以训章句，庶于揽者，有过半之益耳。”[①]求那跋摩接续的是伊叶波罗未竟的事业，但也未能完成定稿。焦镜法师《后出杂心序》记载说：

> 于宋元嘉十一年甲戌之岁，有外国沙门，名曰三藏，观化游此。其人先于大国综习斯经，于是众僧请令出之。即以其年九月，于宋都长干寺集诸学士，法师云公译语，法师观公笔受，考挍治定。周年，乃讫。镜以不才，谬豫听末。虽思不及玄，而时有浅解。今谨率所闻以示后生，至于析中以俟明哲。于会稽始宁山徐支江精舍撰讫。[②]

这篇论序也是当事人所写，且干支纪年和年号一致，不存在传抄错误问题。但是，以文字表面含义理解则会有许多与其他记载不合的“发现”。其一是僧伽跋摩来建康的时间，似乎成为元嘉十一年(434)。其二，翻译完成的时间会由此记载推迟至元嘉十二年(435)九月。

上述文献的差别，以现代学者的要求来看，应有一个是错误的。而这些记述看起来根据都很充足。导致如此混乱的原因有二：一是关于佛典翻译的时间点很多，至少有两个，即翻译开始的时间和完成的时间，而在官方译场中，常常还有抄写完成奏报的时间，如此等等，不一而足。二是古文叙述中的追叙太多，而为了突出某部分，往往将其置于句群之首，而没有标点的叙述方式，使得后人包括

---

① 僧祐：《出三藏记集》卷一，《大正藏》第 55 册，第 74 页中。
② 僧祐：《出三藏记集》卷一，《大正藏》第 55 册，第 74 页下。

当代人无法搞清楚,某一句的内容到底能够“笼罩”多少事情。具体反映在这部论典的翻译记述中,焦镜法师的“宋元嘉十一年甲戌之岁”到底说的是僧伽跋摩来中土的时间,还是翻译此论的开始时间,或者结束时间?从文字本身的表述看,三者皆有可能。请看智昇的理解:

> 《杂阿毗昙心论》十一卷,或无“论”字,亦云《杂阿毗昙经》,房云《杂阿毗昙毗婆沙》,或十四卷,第四译。元嘉十一年甲戌九月于长干寺出,周年乃讫。见僧祐《录》及《经序》。[①]

而僧祐在自己编写的书中已收入了焦镜法师《后出杂心序》的情况下,在同书卷二中仍然说:“《杂阿毗昙心》十四卷,宋元嘉十年于长干寺出,宝云传译,其年九月讫。”[②]

从上述文献引证和分析中,笔者以为《杂阿毗昙心》十四卷的翻译开始于宋元嘉十年(433)某月,而至第二年九月最后完成。这一推断应该最为接近历史事实。

对于僧伽跋摩翻译成佛典的总数,经录在部数(五部)上的记载是一致的,卷数有差别。除上述《杂阿毗昙心》十四卷之外,其他四种是:

> 《摩得勒伽经》十卷,宋元嘉十二年乙亥岁正月,于秣陵平乐寺译出。至九月二十二日讫。
>
> 《分别业报略》一卷,大勇菩萨撰。
>
> 《劝发诸王要偈》一卷,龙树菩萨撰。
>
> 《请圣僧浴文》一卷,阙。[③]

关于《摩得勒伽经》的翻译,《出三藏记集》载有《摩得勒伽记》一文:

> 宋元嘉十二年岁在乙亥,扬州聚落丹阳郡秣陵县平乐寺三藏,与弟子共

---

① 智昇:《开元释教录》卷五,《大正藏》第55册,第527页下。
② 僧祐:《出三藏记集》卷二,《大正藏》第55册,第12页中。
③ 僧祐:《出三藏记集》卷二,《大正藏》第55册,第12页中。

> 出此律,从正月起,至九月二十二日草成,二十五日写毕。白衣优婆塞张道孙敬信执写。①

此文性质为“出经后记”,但漏了开始时间,而上引目录部分,僧祐记录的开始时间是在元嘉十二年(435)正月。

《高僧传》记载:“跋摩游化为志,不滞一方。既传经事讫,辞还本国,众咸祈止,莫之能留。元嘉十九年,随西域贾人舶还外国,不详其终。”②最后,他还是回国了。

四 沙门畺良耶舍、沙门昙摩密多的佛典翻译

畺良耶舍、昙摩密多两位西域高僧共同的特点是以传播禅法为要务,而以翻译佛典为辅助,因而在中土时间不算太短,但所出译籍不多。

畺良耶舍,意译应为“时称”,西域人。“性刚直,寡嗜欲。善诵《阿毗昙》,博涉律部,其余诸经,多所该综。虽三藏兼明,而以禅门专业,每一游观,或七日不起,常以三昧正受,传化诸国。”③从《高僧传》的这一叙述可知,他精通阿毗昙学,特别是精通禅观,而他来中土的志向也是传播禅观,因此翻译不多,但对后世有深刻影响的《无量寿观经》却是现存的唯一汉译本。

《高僧传》记载,畺良耶舍“以元嘉之初,远冒沙河,萃于京邑,太祖文皇,深加叹异”。此文没有具体交代年代,但应该是在元嘉元年(424)至元嘉三、四年之间④,后文将会说明理由。

根据《高僧传》和《比丘尼传》的记载,畺良耶舍在建康接受了几位僧尼学习禅法。对后世影响巨大的是保志禅师。

保志(418—514),也作宝志,本姓朱,金城人。《高僧传·畺良耶舍传》记载

---

① 僧祐:《出三藏记集》卷一一,《大正藏》第55册,第82页上。

② 慧皎:《高僧传》卷三,《大正藏》第50册,第342页下。

③ 慧皎:《高僧传》卷三,《大正藏》第50册,第343页下。

④ 智昇在《开元释教录》中直接说,畺良耶舍“元嘉元年甲子,远冒沙河,萃于建业”。虽然时间很明确,但隋费长房《历代三宝纪》说的是“元嘉之初”,而智昇此部分几乎全是照抄费长房。因此,年代标示是他从费长房的记述中推理出来的。鉴于此,本著不依智昇此说。

说：畺良耶舍"初止钟山道林精舍，沙门宝志崇其禅法"，而《高僧传》卷一《释保志传》则记载，保志"少出家，止京师道林寺，师事沙门僧俭为和上，修习禅业"①。此文没有提及保志师从畺良耶舍的事情。

《比丘尼传》卷二《景福寺法辩尼传》记载，法辩，丹阳人。"少出家，为景福寺慧果弟子，忠谨清慎，雅有素检，弊衣蔬饭，不食熏辛。高简之誉早盛京邑。扬州刺史琅琊王郁甚相敬礼。后从道林寺外国沙门畺良耶舍谘禀禅观，如法修行，通极精解。每预众席，恒如睡寐。尝在斋堂众散不起，维那惊触如木石焉，驰以相告，皆来就视。须臾出定，言语寻常，众咸钦服，倍加崇重。"②此尼于宋大明七年（463）卒，年六十余岁。

可惜的是，僧祐在《出三藏记集》中只字未提畺良耶舍，且将后世归于畺良耶舍译籍的两部经典当作失译经。这对于特别重视祐《录》的当代学者是一个很大的困惑。然而，稍晚于僧祐的慧皎不但在其所撰写的《高僧传·畺良耶舍传》叙述了畺良耶舍从事佛典翻译的情况，而且在目录中将其列入"译经"部分。可见，畺良耶舍翻译过佛典是没有任何问题的。

《高僧传·畺良耶舍传》记载：

> 沙门僧含请译《药王药上观》及《无量寿观》，含即笔受。以此二经是转障之秘术，净土之洪因，故沉吟嗟味，流通宋国。平昌孟颢承风钦敬，资给丰厚。颢出守会稽，固请不去。③

此段文字所叙述的内容为直接点出翻译时间，而从文中所提及的僧含以及孟颢的若干行历也可以大略确定翻译的时间。

首先看孟颢的行历。孟颢，字彦重，平昌安丘人。《宋书》和《南史》都没有专门为其立传，《宋书·何尚之传》有一附传："兄昶贵盛，颢不就征辟。昶死后，起家为东阳太守，遂历吴郡、会稽、丹阳三郡，侍中，仆射，太子詹事，复为会稽太守，卒官，赠左光禄大夫。"④从这些记载可知，孟颢因其兄在刘裕发迹过程中的贡献

---

① 慧皎：《高僧传》卷一，《大正藏》第50册，第394页上。
② 宝唱：《比丘尼传》卷二，《大正藏》第50册，第940页中—下。
③ 慧皎：《高僧传》卷三，《大正藏》第50册，第343页下。
④《宋书》卷六六。

而被起用，并受到宋武帝、宋文帝的重视，在文帝时期甚至官居宰辅。孟顗是一位虔诚的佛教徒，《高僧传》等早期文献中多有记述。在历史上，他被提起却常常是缘于与谢灵运的冲突。《宋书·谢灵运传》记载："孟事佛精恳，而为灵运所轻。尝谓顗曰：'得道应须慧业，丈人升天当在灵运前，成佛必在灵运后。'顗深恨此言。"[①]而"会稽东郭有回踵湖，灵运求决以为田，太祖令州郡履行，此湖去郭近，水物所出百姓惜之，顗坚守不与。灵运既不得回踵，又求始宁岯崲湖为田，顗又固执。灵运谓顗非存利民，正虑决湖多害生命，言论毁伤之，与顗遂构仇隙"[②]。因此，元嘉七年(430)，会稽太守孟顗上表告发谢灵运有"异志"。后来，谢灵运被召回，暂住京中，元嘉八年(431)冬被派往临川任内史。

孟顗行历中有助于廓清畺良耶舍翻译时间的是孟顗出京任会稽太守的时间。如前所叙述，孟顗先后两次任会稽太守，第一次与谢灵运发生冲突，第二次终老于任上。关于孟顗第一次任会稽太守的时间，史书无载，然而根据上文所引证的他与谢灵运发生冲突的事件可知，在谢灵运回会稽之前，他已经在太守任上。《宋书·谢灵运传》记载，知晓被人告发，灵运奔驰京都，诣阙上表，文中说："臣自抱疾归山，于今三载，居非郊郭，事乖人间，幽栖穷岩，外缘两绝，守分养命，庶毕余年。忽以去月二十八日得会稽太守臣顗二十七日疏云……"依照这些记载可知，至迟在元嘉五年(428)初，孟顗已经离开建康奔赴会稽任太守。而《高僧传·畺良耶舍传》说孟顗"出守会稽，固请不去"[③]，可见，畺良耶舍翻译出《药王药上观经》及《无量寿观经》的时间在元嘉二年(425)至元嘉四年(427)之间。

关于释僧含，《高僧传》卷七有传，但未提及其参与翻译佛典，《高僧传·释僧含传》记载：

> 释僧含，不知何许人。幼而好学，笃志经史及天文算术；长通佛义，数论兼明，尤善《大涅槃》，常讲说不辍。元嘉七年，新兴太守陶仲祖立灵味寺，钦含风轨，请以居之。含勖众清谨，三业无亏。后西游历阳，弘赞正法，江左道俗，响附如林。[④]

---

① 《宋书》卷六七。

② 《宋书》卷六七。

③ 慧皎：《高僧传》卷三，《大正藏》第50册，第343页下。

④ 慧皎：《高僧传》卷七，《大正藏》第50册，第370页中

从文中记述可知，元嘉七年(430)之前僧含确实在建康，而在元嘉七年(430)他由某寺转移至新建的灵味寺。而《高僧传》将畺良耶舍署为“宋京师道林寺畺良耶舍”，由此可大致推知，畺良耶舍住于京城道林寺，翻译也可能在此寺。

根据《高僧传·畺良耶舍传》记载：畺良耶舍“后移憩江陵。元嘉十九年(442)，西游岷蜀，处处弘道，禅学成群。后还，卒于江陵，春秋六十矣”①。如果单独依据此说，即可得出畺良耶舍于元嘉十九年(442)西游蜀川的结论。而参照其他文献可考知，元嘉十九年(442)应为元嘉九年(432)之误。具体事证是《比丘尼传》卷四《成都长乐寺昙晖尼传》所记述的昙晖受学于畺良耶舍的过程。

昙晖尼(422—504)，本姓青阳，名白玉，成都人。《比丘尼传》卷四记载：

> 幼乐修道，父母不许。元嘉九年，有外国禅师畺良耶舍入蜀，大弘禅观。晖年十一，启母求请禅师，欲谘禅法，母从之。耶舍一见，叹此人有分，令其修习，嘱法育尼使相左右。母已许嫁于晖之姑子，出门有日，不展余计。育尼密迎还寺，晖深立誓愿：“若我道心不遂，遂致逼迫者，当以火自焚耳。”刺史甄法崇闻之，遣使迎晖，集诸纲佐及有望之民，请诸僧尼，穷相难尽。法崇问曰：“汝审能出家不?”答曰：“微愿久发，特乞救济。”法崇曰：“善!”遣使语姑，姑即奉教，从法育尼出家。年始十三矣。②

依据此说，畺良耶舍于元嘉九年(432)已经到达成都。畺良耶舍后来又西行至江陵，卒于此地，春秋六十。具体时间不详。

昙摩密多(356—442)，意译应为法秀，罽宾人。“年至七岁，神明澄正，每见法事，辄自然欣跃，其亲爱而异之，遂令出家。罽宾多出圣达，屡值明师，博贯群经，特深禅法，所得门户极甚微奥，为人沈邃有慧解，仪轨详正，生而连眉，故世号连眉禅师。少好游方，誓志宣化，周历诸国，遂适龟兹。王自出郊迎，延请入宫，遂从禀戒，尽四事之礼。蜜多安而能迁，不拘利养，居数载，密有去心。”因此，“遂度流沙，进到敦煌，于闲旷之地，建立精舍，植奈千株，开园百亩，房阁池沼，极为严净”③。从这些叙述看，昙摩密多从罽宾出发，到达龟兹，停留几年，然后到敦

① 慧皎：《高僧传》卷三，《大正藏》第50册，第343页下。
② 宝唱：《比丘尼传》卷四，《大正藏》第50册，第945页下—946页上。
③ 慧皎：《高僧传》卷三，《大正藏》第50册，第342页下。

煌,修造精舍。其后又至凉州,“仍于公府旧寺,更营堂房,学徒济济,禅业甚盛”[①]。他于所到之处,修寺,传播禅法,影响很大。从这一系列叙述可知,如以从罽宾出发算起,至少需五六年甚至十年。

《高僧传·昙摩密多传》记载,昙摩密多“常以江左王畿,志欲传法”,于是以宋元嘉元年(424),“辗转至蜀。俄而出峡,止荆州,于长沙寺造立禅阁,翘诚恳恻,祈请舍利,旬有余日,遂感一枚。冲器出声,放光满室。门徒道俗,莫不更增勇猛,人百其心。顷之,沿流东下,至于京师”[②]。这一段叙述只有一个时间,而其实做完文中所说的这些事情,少说也有年余,因此,他到达建康的时间不应该早于元嘉二年(425)。

昙摩密多到建康,《高僧传·昙摩密多传》说“初止中兴寺,晚憩祇洹”[③],而实际上当时的中兴寺尚未建起。《高僧传》卷四《竺法义传》记载,竺法义以东晋太元五年(380)卒于建康,晋孝武帝“以钱十万买新亭岗为墓,起塔三级。义弟子昙爽,于墓所立寺,因名新亭精舍。后宋孝武南下伐凶,銮旆至止式宫此寺。及登禅,复幸禅堂,因为开拓,改曰中兴。故元嘉末童谣云‘钱唐出天子’,乃禅堂之谓。故中兴禅房,犹有龙飞殿焉”[④]。从此文可知,昙摩密多到建康住于新亭精舍(寺)中的“钱唐禅堂”,至孝武帝登基的孝建年间此寺改为中兴寺[⑤]。

昙摩密多先住于中兴寺,后来住于祇洹寺。“密多道声素著,化洽连邦,至京甫尔,倾都礼讯。自宋文哀皇后及皇太子公主,莫不设斋桂宫,请戒椒掖,参候之使,旬日相望。”[⑥]可见,他在京城很快获得了朝野信众的尊奉。

《高僧传·昙摩密多传》又记载:“会稽太守平昌孟觊,深信正法,以三宝为己任,素好禅味,敬心殷重。及临浙右,请与同游,乃于鄮县之山,建立塔寺。东境旧俗多趣巫祝,及妙化所移,比屋归正。自西徂东,无思不服。元嘉十年还都。”如前文所叙述,孟觊元嘉初期出任会稽太守,时间至少在元嘉六年之前。由此可知,昙摩密多在会稽五年左右。

---

① 僧祐:《出三藏记集》卷一四,《大正藏》第55册,第105页上。
② 慧皎:《高僧传》卷三,《大正藏》第50册,第342页下。
③ 慧皎:《高僧传》卷三,《大正藏》第50册,第342页下—343页上。
④ 慧皎:《高僧传》卷四,《大正藏》第50册,第350页下—351页上。
⑤ 慧皎:《高僧传》卷一一《慧览传》记载:“孝武起中兴寺,复敕令移住。京邑禅僧皆随踵受业,吴兴沈演、平昌孟觊,并钦慕道德,为造禅室于寺。宋大明中卒。”(《大正藏》第50册,第399页上。)
⑥ 慧皎:《高僧传》卷三,《大正藏》第50册,第343页上。

昙摩密多回到京城之后，“止钟山定林下寺，密多天性凝靖，雅爱山水，以为钟山镇岳，埒美嵩华。常叹下寺基构，临涧低侧，于是乘高相地，揆卜山势。以元嘉十二年，斩石刊木，营建上寺。士庶钦风，献奉稠迭，禅房殿宇，郁尔层构。于是息心之众，万里来集，讽诵肃邕，望风成化”。元嘉十九年(442)七月六日，昙摩密多卒于定林上寺，春秋八十七，“道俗四众，行哭相趋，仍葬于钟山宋熙寺前”。

关于昙摩密多的贡献，如《高僧传》所说“爰自西域至于南土，凡所游履，靡不兴造檀会，敷陈教法”。在建康定林寺的“达禅师即神足弟子，弘其风教，声震道俗，故能净化久而莫渝，胜业崇而弗替，盖密多之遗烈也”①。此中的达禅师即僧祐之师法达。此外，释僧审也是昙摩密多的弟子。僧审(416—490)，姓王，太原祁人。“晋骑骠沈之后也，祖世寓居谯郡。审少出家，止寿春石涧寺，诵《法华》《首楞严》，常谓非禅不智，于是专志禅那。闻昙摩密多道王京邑，乃拂衣过江，止于灵曜寺，精勤谘受，曲尽深奥。”②僧审于南齐永明八年(490)卒，春秋七十五。

关于昙摩密多的翻译活动，《高僧传·昙摩密多传》记载：“即于祇洹寺，译出《禅经禅法要》《普贤观》《虚空藏观》等，常以禅道教授，或千里谘受，四辈远近，皆号大禅师焉。”③而《出三藏记集·昙摩密多传》的记载是：“于祇洹寺译出《诸经禅法要》《普贤观》《虚空藏观》，凡三部经。”值得注意的是，僧祐此文多了“凡三部经”四个字。而他在同书卷三的著录如下：

> 《观普贤菩萨行法经》一卷，或云《普贤观经》，下注云出《深功德经》中。
>
> 《虚空藏观经》一卷，或云《观虚空藏菩萨经》。
>
> 《禅秘要》三卷，元嘉十八年译出。或云《禅法要》。或五卷。
>
> 《五门禅经要用法》一卷。
>
> 上四部，凡六卷。宋文帝时，罽宾禅师昙摩蜜多，以元嘉中于祇洹寺译出。④

应该特别指出，《高僧传·昙摩密多传》和《出三藏记集·昙摩密多传》对于

① 慧皎：《高僧传》卷三，《大正藏》第50册，第343页上。
② 慧皎：《高僧传》卷一一，《大正藏》第50册，第399页下。
③ 慧皎：《高僧传》卷三，《大正藏》第50册，第343页上。
④ 僧祐：《出三藏记集》卷二，《大正藏》第55册，第12页中—下。

上述三部典籍的翻译时间都是置于离开京城至会稽之前的。从这一叙述位置和翻译地点祇洹寺可以推知，这三部经典是他早期翻译的。而上述引文记载，《禅秘要》三卷是元嘉十八年(441)译出，即可证明，在晚年他又曾翻译过佛典。

隋代《历代三宝纪》卷一在上述四部之外，又多著录了六部：

《诸法勇王经》一卷，见李廓《录》。

《佛升忉利天为母说法经》一卷。

《转女身经》一卷，《象腋经》一卷。

《郁伽长者所问经》一卷。

《虚空藏菩萨神咒经》一卷。已上六经，并见李廓《魏世录》。[①]

如此则成十部十二卷。智昇又加入了两部：

《新无量寿经》二卷，第十出。与世高《无量寿经》及《宝积无量寿会》等同本，见《真寂寺录》。[②]

《观无量寿佛经》一卷，第二出。与姜良耶舍出者同本，见宝唱《录》。[③]

依据智昇的著录，昙摩密多的译籍共十二部十七卷，《虚空藏菩萨神咒经》一卷、《观虚空藏菩萨经》一卷、《象腋经》一卷、《诸法勇王经》一卷、《转女身经》一卷、《观普贤菩萨行法经》一卷、《五门禅经要用法》一卷等七部现存。而关于《禅秘要经》五卷，智昇有一说明：

《禅秘要经》五卷，或无"经"字，一名《禅法要》，元嘉十八年于祇洹寺出。或三卷。见僧祐《录》。第三出。今有《禅秘要经》五卷，文极交错，不可流行，如删繁录中述。[④]

---

① 费长房:《历代三宝纪》卷一,《大正藏》第 49 册,第 92 页中。
② 智昇:《开元释教录》卷五,《大正藏》第 55 册,第 524 页上。
③ 智昇:《开元释教录》卷五,《大正藏》第 55 册,第 524 页中。
④ 智昇:《开元释教录》卷五,《大正藏》第 55 册,第 524 页中。

智昇看到《禅秘要经》五卷不可卒读，删略了，因此今日不存。

五 | 求那跋陀罗的佛典翻译

刘宋时期主导南方译场的是求那跋陀罗。

求那跋陀罗(394—468)，意译“功德贤”，中天竺人，本是婆罗门，因读《阿毗昙杂心论》有了体会，改信佛法。出家学小乘，后又深通大乘，当时的人都尊称他为“摩诃衍”。刘宋元嘉十二年(435)，他经过师子国等地泛海到达广州，住在云峰山的云峰寺。广州刺史车朗报告于宋文帝，宋文帝就派人接他到南京，安顿在祇洹寺。当时的博学名士颜延之对他很敬仰，宋室的彭城王义康和谯王义宣也尊他为师。在这种背景下，求那跋陀罗开始了其译经生涯。

求那跋陀罗的译经活动，从时间、地域上都可分为三个阶段：第一阶段在建康，第二阶段在荆州，第三阶段重回建康。

关于求那跋陀罗第一阶段在建康的活动，慧皎《高僧传》卷三本传记载：

> 顷之，众僧共请出经于祇洹寺，集义学诸僧译出《杂阿含经》，东安寺出《法鼓经》，后于丹阳郡译出《胜鬘》《楞伽经》，徒众七百余人，宝云传译，慧观执笔。往复谘析，妙得本旨。①

这十年是求那跋陀罗翻译活动最成功的阶段，后来对中国佛教产生重大影响的经典几乎都是这一时期完成的。

大致在求那跋陀罗刚至建康的时候，他就受到彭城王刘义康、谯王刘义宣的皈依、供养。尽管从求那跋陀罗的角度来说，这是无可选择的，但从结果来说，这对他译经、弘法都是有负面影响的。这两位王尽管权倾一时，但在后来宫廷的政治斗争中先后惨败。

彭城王刘义康是宋文帝刘义隆的同母弟，在大将军、录尚书事、扬州刺史任上，遭到文帝的猜疑，于元嘉十七年(440)被贬为江州刺史，文帝一并杀了其党羽

---

① 慧皎：《高僧传》卷三，《大正藏》第50册，第344页中。

前领军将军、丹阳尹刘湛等人。元嘉二十二年(445),左卫将军、太子詹事范晔等因密谋拥立刘义康被杀,刘义康亦遭囚禁。元嘉二十八年(451)正月,文帝"遣中书舍人严龙赍药赐死。义康不肯服药,曰:'佛教自杀不复得人身,便随宜见处分。'乃以被掩杀之,时年四十三"[1]。

谯王刘义宣是武帝刘裕之子,文帝刘义隆之弟。元嘉二十一年(444)八月,文帝令谯王义宣为车骑将军、荆州刺史。《高僧传·求那跋陀罗传》记载:"谯王镇荆州,请与俱行,安止辛寺,更创房殿。"至此,求那跋陀罗在荆州十余年。《高僧传》又说:"元嘉将末,谯王屡有怪梦。跋陀答云:'京都将有祸乱。'未及一年,元凶构逆。"[2]这是指刘劭弑文帝而自立的事变。元嘉二十八年(451),文帝长子皇太子刘劭利用巫蛊诅咒文帝早死之事暴露,文帝谋改立皇太子。元嘉三十年(453)二月,刘劭利用东宫所统万余精兵,与其同母弟始兴王刘浚合谋,拥兵杀文帝及尚书仆射徐湛之、吏部尚书江湛、侍中王僧绰等人,自即帝位,宠任东宫心腹将帅。刘劭之弟江州刺史武陵王刘骏与会稽太守随王刘诞、文帝弟荆州刺史南谯王刘义宣等联合起兵,反对刘劭。四月,刘骏军队攻到建康附近,刘骏称帝,即宋孝武帝。

刘骏即位后,作为孝武帝叔父的谯王刘义宣因坐镇荆州,兵强财富,拒绝入朝,其部下蔡超、竺超民等贪图富贵,也积极鼓动他起兵夺取帝位,加之江州刺史臧质的多次怂恿,以及传说中的孝武帝奸淫谯王数女等事,谯王最终决定起兵。在这一事变中,关于求那跋陀罗的作为,《高僧传》写道:

> 及孝建之初,谯王阴谋逆节。跋陀颜容忧惨,未及发言,谯王问其故,跋陀谏争恳切,乃流涕而出,曰:"必无所冀,贫道不容扈从。"谯王以其物情所信,乃逼与俱下。[3]

可见,求那跋陀罗是坚决反对谯王起兵的,恳切谏净,但不被采纳,而谯王鉴于求那跋陀罗在民众中的威信,反而逼迫他随军顺流俱下。时为孝建元年(454)。刘义宣于二月十一日率众十万发自江津,舳舻数百里,求那跋陀罗就在战船之内。

---

① 《宋书》卷六八。
② 慧皎:《高僧传》卷三,《大正藏》第50册,第344页中。
③ 慧皎:《高僧传》卷三,《大正藏》第50册,第344页中。

双方的舟师在进至梁山洲(芜湖)时对峙,谯王被沈庆之、王玄谟击败,逃回江陵。六月,刘义宣与其十六个儿子被攻杀。《高僧传》描述说:

> 梁山之败,大舰转迫,去岸悬远,判无全济。唯一心称观世音,手捉卬竹杖,投身江中,水齐至膝,以杖刺水,水流深驶,见一童子寻后而至,以手牵之。顾谓童子:"汝小儿何能度我?"恍忽之间,觉行十余步,仍得上岸。即脱纳衣,欲偿童子,顾觅不见。举身毛竖,方知神力焉。①

求那跋陀罗只身爬上江岸。"时王玄谟督军梁山,世祖敕军中得摩诃衍,善加料理,驿信送台。俄而寻得,令舸送都。"②王玄谟奉孝武帝之命把跋陀罗舟送至建康。由此,他开始了第三个阶段的译经、弘法活动。

重归建康,首要的是获得皇帝的谅解,并且最终获得朝廷的支持。这一点,求那跋陀罗做得很成功。《高僧传》叙述说,求那跋陀罗一至建康,孝武帝实时引见,用好言慰抚:

> 世祖实时引见,顾问委曲,曰:"企望日久,今始相遇。"跋陀曰:"既染衅戾,分当灰粉。今得接见,重荷生造。"敕问:"并谁为贼。"答曰:"出家之人不预戎事。然张畅、宋灵秀等并见驱逼,贫道所明,但不图宿缘,乃逢此事。"帝曰:"无所惧也。"是日,敕住后堂,供施衣物,给以人乘。③

当初,求那跋陀罗在建康译经之时,与当时的武陵王刘骏未曾见面。尽管求那跋陀罗身居荆州,仍具有巨大影响,孝武帝因此而下令找寻求那跋陀罗,并嘱将其送回京师。孝武帝的想法大概很多,因此才有如上的问答。求那跋陀罗对孝武帝不卑不亢,并在严峻考验面前镇定自若,竭力保全故人,显示出他的气节和风骨,因此而初获孝武帝的尊重。从上述对话看,孝武帝仍然猜测求那跋陀罗曾经为谯王谋反出谋划策。好在"跋陀在荆十载,每与谯王书疏,无不记录。及军败,检简无片言及军事者"。由此,孝武帝才明白了求那跋陀罗与谯王交往全部是为

---

① 慧皎:《高僧传》卷三,《大正藏》第50册,第344页中。
② 慧皎:《高僧传》卷三,《大正藏》第50册,第344页中—下。
③ 慧皎:《高僧传》卷三,《大正藏》第50册,第344页下。

了佛法。求那跋陀罗出于谨慎，特别是不主动参与世俗政治的品格，终于获得了皇帝的完全信任。在这种背景下，才会有下述对话：

后因闲谈，聊戏问曰："念承相不？"答曰："受供十年，何可忘德？今从陛下乞愿，愿为丞相三年烧香。"帝凄然惨容，义而许焉。[①]

这一段对话，完全符合佛教教义。求那跋陀罗并不因为谯王是皇家罪人，害怕受牵连而说违心的话。他不忘故旧之情，而不忘的原因是受到作为清信士的谯王供养。求那跋陀罗的回答，一方面，表明他与谯王完全因佛法而结缘；另一方面，佛教的慈悲平等精神，也要求他应该为谯王烧香超度亡灵。求那跋陀罗耿直重义的品德，尽管使皇帝一瞬间变了脸色，但仍然被他的真诚心愿所感动，最后答应了他的要求。

纵观求那跋陀罗在刘宋王朝的弘法活动，成果最为卓著的是第一阶段。第二阶段在荆州，他仍然译经不辍。如前所叙，谯王刘义宣于孝武帝孝建元年(454)二月十一日仓促率众东下，求那跋陀罗被迫随行。而史籍也记载，即便是在谯王紧锣密鼓地准备反叛的这两个月，他仍然翻译出了两部佛经。《历代三宝纪》记载："《无量寿经》一卷，孝建年出。""《般泥洹经》一卷，孝建元年于辛寺译。"[②]由此也佐证了求那跋陀罗在荆州确实是以翻译佛典为要务的。与此相对照，尽管《出三藏记集》等史籍在记述求那跋陀罗所译佛典时说"天竺摩诃乘法师，求那跋陀罗，以元嘉中及孝武时，宣出诸经"[③]，但现存的经录中未曾明确地说明哪一部经是在孝武帝孝建元年(454)之后翻译的。相反，有一些记载使我们怀疑求那跋陀罗重归建康之后其实未能再有译场助其翻译，而孝武帝及其后的皇帝，大有将其当作"神异"僧对待的做派。

从现存资料看，孝武帝给予了求那跋陀罗较高的礼遇，如将其敕入刚刚扩建的中兴寺。由于特殊的机缘，孝武帝朝中兴寺非常受重视，孝武帝及其后妃、权臣常常去此寺活动。《高僧传》有若干资料表明，孝武帝曾经亲自挑选高僧入住此寺。如《高僧传·道温传》记载：释道温是庐山慧远的弟子，后又至长安师事鸠

---

① 慧皎：《高僧传》卷三，《大正藏》第50册，第344页下。
② 费长房：《历代三宝纪》卷九，《大正藏》第49册，第91页中。
③ 僧祐：《出三藏记集》卷二，《大正藏》第55册，第13页上。

摩罗什，元嘉中止襄阳檀溪寺，又至江陵，“孝建初，被敕下都，止中兴寺。大明中，敕为都邑僧主”。同传中又记载说“路昭皇太后大明四年十月八日造普贤像成，于中兴禅房设斋，所请凡二百僧”[1]，斋僧过程中有奇僧出现因而改寺中禅房为“天安寺”之事。《高僧传·慧览传》记载：“孝武起中兴寺，复敕令移住。京邑禅僧皆随踵受业，吴兴沈演、平昌孟顗，并钦慕道德，为造禅室于寺。宋大明中卒。”[2]这样的事例还能找到一些。《高僧传》说：“及中兴寺成，敕令移住，为开三间房。”可见，孝武帝在中兴寺建成之后，在此寺中专门为求那跋陀罗建造三间房以安置之，也算作一种礼遇。但这并不表示，孝武帝完全地从心底里尊重他，这一记载兹可证明：

后于东府燕会，王公毕集，敕见跋陀。时未及净发，白首皓然。世祖遥望，顾谓尚书谢庄曰：“摩诃衍聪明机解，但老期已至。朕试问之，其必悟人意也。”跋陀上阶，因迎谓之曰：“摩诃衍不负远来之意，但唯有一在。”即应声答曰：“贫道远归帝京，垂三十载。天子恩遇，衔愧罔极，但七十老病，唯一死在。”帝嘉其机辩，敕近御而坐，举朝属目。[3]

《高僧传》《出三藏记集》都记载了这一故事，当然都是从求那跋陀罗善解人意、辩才无碍的角度立意的，但透过文字，我们可以悬测出孝武帝的“恶作剧”般的戏谑意味，而求那跋陀罗的回答则于佛教智慧中渗透了些许壮志未酬的悲凉。

当然，求那跋陀罗后期未能重续旧业，也与孝武帝重视祈福而对译经不大感兴趣有关。也许感于中兴寺的喧嚣，求那跋陀罗继又在秣陵（古县名，治所在今南京市大报恩寺附近）县界凤凰楼西起寺住持，留下了许多神奇传说。《高僧传》记载说：

后于秣陵界凤皇楼西起寺。每至夜半，辄有推户而唤，视之无人，众屡厌梦。跋陀烧香，咒愿曰：“汝宿缘在此，我今起寺。行道礼忏，常为汝等。若住者，为护寺善神。若不能住，各随所安。”既而道俗十余人，同夕梦见鬼

---

① 慧皎：《高僧传》卷七，《大正藏》第50册，第372页下。
② 慧皎：《高僧传》卷一一，《大正藏》第50册，第399页上。
③ 慧皎：《高僧传》卷三，《大正藏》第50册，第344页下。

神千数皆荷担移去，寺众遂安。今陶后渚白塔寺即其处也。[①]

这里所显示的不是译经僧的形象，而是精通神咒的“感通”类的僧人。而孝武帝感兴趣的也正是求那跋陀罗的这一侧面：

大明六年，天下亢旱，祷祈山川，累月无验。世祖请令祈雨：“必使有感，如其无获，不须相见。”跋陀曰：“仰凭三宝，陛下天威，冀必隆泽。如其不获，不复重见。”即往北湖钓台，烧香祈请，不复饮食，默而诵经，密加秘咒。明日晡时，西北云起如盖。日在桑榆，风震云合，连日降雨。明旦，公卿入贺，敕见慰劳，傺施相续。[②]

文中记录的孝武帝的“必使有感”的命令，透着几分杀气。好在求那跋陀罗运气不错，渡过了难关。否则，只能在建康消失。

求那跋陀罗继续在建康驻锡，由于皇帝及忠臣不再大力供养其译经，其影响也就不再如元嘉年间般成为佛教界之核心。“泰始四年正月，觉体不悆。便与太宗及公卿等告别，临终之日延伫而望之，见天华圣像。禺中遂卒。春秋七十有五。太宗深加痛惜，慰赙甚厚。公卿会葬，荣哀备焉。”[③]文中的“太宗”就是一般所称的宋明帝刘彧，泰始四年即468年。至此，求那跋陀罗来华三十三年。

关于求那跋陀罗译经的总数，僧祐只记载了十三部七十三卷，费长房确认了七十八部一百六十一卷，智昇最后确认了五十二部一百三十四卷。

僧祐著录的十三部是：

《新阿含经》五十卷。

《大法鼓经》二卷，东安寺译出。

《胜鬘经》一卷，丹阳郡译出。

《八吉祥经》一卷，元嘉二十九年正月十三日于荆州译出。

《楞伽阿跋多罗宝经》四卷，道场寺译出。

---

① 慧皎：《高僧传》卷三，《大正藏》第50册，第344页下。

② 慧皎：《高僧传》卷三，《大正藏》第50册，第344页下—345页上。

③ 慧皎：《高僧传》卷三，《大正藏》第50册，第345页上。

《央掘魔罗经》四卷，道场寺译出。

《过去现在因果经》四卷。

《相续解脱经》二卷，东安寺译出。

《第一义五相略》一卷，东安寺译出。

《释六十二见经》一卷，阙。

《泥洹经》一卷，似即一卷《泥曰经》，阙。

《无量寿经》一卷，阙。

《无忧王经》一卷，阙。①

关于僧祐之后各种经录所记载的求那跋陀罗的译籍，吕澂先生确认了十五部。其中，《杂阿含经》五十卷、《大法鼓经》二卷、《相续解脱经》二卷、《胜鬘经》一卷、《央掘魔罗经》四卷、《楞伽经》四卷、《无忧王经》一卷、《八吉祥经》一卷、《过去现在因果经》四卷、《大方广宝箧经》二卷、《菩萨行方便境界神通变化经》三卷和《拔一切业障根本得生净土神咒》一卷（从《小无量寿经》中抄出）等十二种现存。另外三种即《高僧传》记载而早已散失的《泥洹经》一卷、《现在佛名经》、《第一义五相略经》。

求那跋陀罗所译出的经典中，数《新阿含经》五十卷、《大法鼓经》二卷、《胜鬘经》一卷、《楞伽阿跋多罗宝经》四卷最受重视，其中《楞伽阿跋多罗宝经》四卷更是影响巨大。

求那跋陀罗在建康的译经地点先后有祇洹寺、瓦官寺、丹阳郡某寺、东安寺、道场寺等。依据《出三藏记集》《高僧传》的本传，求那跋陀罗翻译的第一部经典是《杂阿含经》，而关于此经的翻译地点则有二说，如《开元释教录》卷五所归纳："《杂阿含经》五十卷，于瓦官寺译，梵本法显赍来。《高僧传》云'祇洹寺出'。见道慧宋齐录及僧祐录。"究竟应该以哪一个说法为是呢？

《高僧传·求那跋陀罗传》记载，求那跋陀罗于元嘉十二年（435）先至广州，后至建康，"初住祇洹寺。俄而太祖延请，深加崇敬。琅琊颜延之通才硕学，束带造门。于是京师远近，冠盖相望，大将军彭城王义康、丞相南谯王义宣并师事焉。

① 僧祐：《出三藏记集》卷二，《大正藏》第55册，第12页下—13页上。

顷之，众僧共请出经，于祇洹寺集义学诸僧，译出《杂阿含经》”[①]。求那跋陀罗又在元嘉十三年（436）八月至丹阳郡某地翻译出了《胜鬘经》一卷。求那跋陀罗翻译的《杂阿含经》达五十卷，加之求那跋陀罗初至中土，不大谙熟中土语言，翻译不会太快，因此，也许在祇洹寺未能完成翻译，后来又移至瓦官寺才最后完成翻译。至于转移的原因已经难得其详。或者，二者的记载有一个是错误的。

与有关《杂阿含经》翻译的记载类似，对于《相续解脱地波罗蜜了义经》的翻译地点也有两种不同的记载。《出三藏记集》卷二记载：“《相续解脱经》二卷，东安寺译出。”但同书卷一四则有不同记载：“后谯王镇荆州，请与俱行，安止新寺，更创殿房。即于新寺出《无忧王过去现在因果》及一卷《无量寿》、一卷《泥洹》、《央掘魔》、《相续解脱波罗蜜了义》、《第一义五相略》、《八吉祥》等诸经，凡一百余卷。”隋《历代三宝纪》卷一〇记载：“《相续解脱了义经》二卷，于东安寺译。见道慧、僧祐、李廓、法上等四录。”唐《开元释教录》则将二说并列。从上述记载对比推测，僧祐记载二说，大概是因为他采自不同的资料。一般而言，写传记主要依据“行状”之类文字，而经录则主要依据前人所作的译经目录。面对不同资料的不同记载，僧祐仅仅照搬照抄，未作取舍，因而造成后世的分歧。

求那跋陀罗翻译的《第一义五相略》已经失传，难得其全貌。今人依据两条线索确定此经为《解深密经》的部分节译，一是从经题中的“第一义五相”来推测，二是隋代吉藏的引用。

佛教中所说的“第一义”即“真谛”“胜义谛”。现存玄奘《解深密经》第二品《胜义谛相品》，此品则从五个方面来阐述胜义谛的特征，即“无二相”“离言相”“超过寻思相”“超过一异相”“遍一切一味相”。这一内容在《瑜伽师地论》卷七五中全文引用。

隋吉藏《法华玄论》卷三说：“又《五相略经》明教有三种：第一，鹿野为声闻说四谛。第二，为大根说诸法离自性，不生不灭。此亦有上有余不了义说，起诤论处。第三，为求一切乘者说诸法离自性，不生不灭。无上无余非诤论处。此经一卷，与《摄大乘论》相应。”这是说，《五相略经》将释迦一代教分作三个时期，即第一是《阿含》小乘教，明法有我无，说诸法缘生实有；第二是佛说诸部《般若》，明诸法缘生即是性空；第三是说《解深密经》等，明三性三无性，空有具陈，为中道教。

① 慧皎：《高僧传》卷三，《大正藏》第50册，第344页上。

这一判教思想确实被现存的《摄大乘论》所引用。而这一内容在玄奘翻译的《解深密经》第五品《无自性相品》。此品辨五性各别，无性不能成佛；说三乘真实，一乘方便；三时判教。吉藏引用的恰好是三时判教的内容。

如果将上述两条证据联系起来，可以得出这样的结论：求那跋陀罗翻译的《第一义五相略经》是《解深密经》第二品和第五品的摘译本。而印顺法师则直接说，《第一义五相略》是《解深密经》的《胜义谛相品》到《无自性相品》的略译。①

关于求那跋陀罗所翻译的《相续解脱地波罗蜜了义经》，《历代三宝纪》和《开元释教录》都记载说，经有不同题目，有一卷本和二卷本之别。《开元释教录》卷一一记载说："《相续解脱地波罗蜜了义经》一卷，亦名《解脱了义》，亦云《相续解脱经》，宋天竺三藏求那跋陀罗译。右一经是《解深密经》后二品异译，出四、五二卷。"现今流行的藏经中分别收有《相续解脱地波罗蜜了义经》一卷和《相续解脱如来所作随顺处了义经》一卷，前者相当于玄奘翻译《解深密经》第七品《地波罗蜜多品》，后者则相当于第八品《如来成所作事品》。

从上述分析可知，求那跋陀罗翻译的《第一义五相略经》和《相续解脱地波罗蜜了义经》都是现存《解深密经》的早期单行译本。玄奘翻译的《解深密经》共八品五卷，而求那跋陀罗至少翻译了四品两卷，如果认定《第一义五相略经》包含第二品至第五品的话，除《分别瑜伽品》和《序品》之外的内容都已经译出。

关于四卷本《楞伽经》翻译，本卷下文会专门论述。

综合考察求那跋陀罗所翻译的佛教典籍，涉及范围广泛，随机性较强，但从佛教思想上看，仍然可以总结出一个明显的特点，即如来藏经典与瑜伽行派经典并重。考虑到求那跋陀罗来自中天竺，而且此时正是无著、世亲在印度传播瑜伽行派思想的时期，此时于中土译出瑜伽行派的核心经典《解深密经》的一部以及《楞伽经》，一方面说明佛典流入中土的时间与于印度流出的时间相当接近，另一方面也充分说明早期瑜伽行派与如来藏思想是有紧密联系的，唯识古学是将如来藏思想融汇于其说之中的。

---

① 参见印顺：《印度佛教思想史》，中华书局，2010 年，第 241—242 页。

第二节

萧齐时期的佛典翻译

关于萧齐时期的佛典翻译,《开元释教录》卷六记述:"齐萧氏都建业(亦云南齐),自高帝建元元年己未至和帝中兴二年壬午,凡经七主二十四年,沙门七人,所译经、律总一十二部三十三卷,于中七部二十八卷见在,五部五卷阙本。"①七位僧人是:昙摩伽陀耶舍、摩诃乘、僧伽跋陀罗、达摩摩提、求那毗地、释昙景、释法化等。南朝的佛典翻译,刘宋是一个高潮,而萧齐时期,翻译事业显得萧条,特别在京城更是寂寥。如僧传所说"自大明已后,译经殆绝"②,正可作旁证。而这一时期,抄经摘律大兴,特别是萧子良倡导的抄经活动所形成的许多经本,造成撰写经录的难度和歧义。现存文献明确记载在建康翻译佛典的仅有达摩摩提、求那毗地。

沙门达摩摩提,意译为"法意"。《出三藏记集》卷二著录说:

> 《观世音忏悔除罪咒经》一卷,永明八年十二月十五日译出。
>
> 《妙法莲华经提婆达多品》第十二,一卷。
>
> 上二部,凡二卷。齐武皇帝时,先师献正游西域,于于阗国得《观世音忏悔咒》胡本,还京都,请瓦官禅房三藏法师法意共译出。自流沙以西,《妙法莲华经》并《提婆达多品》,而中夏所传阙此一品。先师至高昌郡,于彼获本,仍写还京都。今别为一卷。③

此文中所说的"先师献正"即僧祐的师傅之一法献僧正。上述两部经本是法献西行所得,由当时住于建康瓦官寺的达摩摩提译出。《提婆达多品》现存,《观世音咒经》散失。

求那毗地(?—502),又作求那毗陀,中天竺人。

---

① 智昇:《开元释教录》卷六,《大正藏》第55册,第535页中。

② 僧祐:《出三藏记集》卷一四,《大正藏》第55册,第107页上。

③ 僧祐:《出三藏记集》卷二,《大正藏》第55册,第13页中—下。

弱龄从道，师事天竺大乘法师僧伽斯。聪慧强记，勤于讽习。所诵大小乘经，十余万言。兼学外典，明解阴阳。其候时逢占，多有征验。故道术之称，有闻西域。建元初来至京师，止毗耶离寺。执锡从徒，威仪端肃。王公贵胜，迭相供请焉。初，僧伽斯于天竺国抄集修多罗藏十二部经中要切譬喻，撰为一部，凡有百事，以教授新学，毗地悉皆通诵，兼明义旨。[①]

依据此中所说，求那毗地在天竺师承的僧伽斯从佛经中抄集譬喻，成为一部。求那毗地在建元初年来到建康，很长时间并未从事佛典翻译。迨至永明十年(492)秋，才将其师抄集的这部经集“译出为齐文，凡十卷，即《百句譬喻经》也。复出《须达长者》《十二因缘经》各一卷”[②]。这几部译籍，在南齐时期的建康“译经殆绝”的背景下，显得弥足珍贵，“及其宣流法宝，世咸美之”[③]，声誉颇高。

求那毗地“为人弘厚，有识度，善于接诱，勤躬行道，夙夜匪懈。是以外国僧众，万里归集；南海商人，悉共宗事，供赠往来，岁时不绝。性颇蓄积，富于财宝，然营建法事，已无私焉。于建业淮侧造正观寺，重阁层门，殿房整饰，养徒施化，德业甚著”。这位外国高僧很受中外各类信众崇信，捐施资财很多，他以之在建康城秦淮河边上修造一所佛寺，称为正观寺。

求那毗地以中兴二年(502)冬卒于正观寺，不知年寿。

关于求那毗地的译籍，必须指出，僧祐在《出三藏记集·求那毗地传》中叙述说，求那毗地译出三部佛典，但在同书卷二中却著录一部：“《百句譬喻经》十卷，齐永明十年九月十日译出。或五卷。”[④]对此，同书卷九载有《百句譬喻经记》一文：

永明十年九月十日，中天竺法师求那毗地出修多罗藏十二部经中抄出譬喻，聚为一部，凡一百事。天竺僧伽斯法师集行大乘，为学者撰说此经。[⑤]

此外，在《出三藏记集》卷二，僧祐又如此著录：

---

① 僧祐：《出三藏记集》卷一四，《大正藏》第55册，第106页下。
② 僧祐：《出三藏记集》卷一四，《大正藏》第55册，第106页下—107页上。
③ 僧祐：《出三藏记集》卷一四，《大正藏》第55册，第107页上。
④ 僧祐：《出三藏记集》卷二，《大正藏》第55册，第13页下。
⑤ 僧祐：《出三藏记集》卷二，《大正藏》第55册，第68页下。

《十二因缘经》一卷，建武二年出。

《须达长者经》一卷，建武二年出。

此文字之前是“《空藏经》八卷。右一部，凡八卷，宋武帝世河南国乞佛时沙门圣坚出”，此后则是“新集撰出经律论录”的总数统计“都合四百五十部，凡一千八百六十七卷”。[①] 现存此书的这种编排方式很令人疑惑。如此著录《十二因缘经》一卷、《须达长者经》一卷，且不标译者而仅有翻译时间，不符此卷体例。

此外，《出三藏记集》卷二又著录：

《长者须达经》，安公《杂录》又有此经。

求那毗陀出。

上一经，二人异出。[②]

此中的“求那毗陀”，高丽藏本作“求那毗地”。

① 僧祐：《出三藏记集》卷二，《大正藏》第55册，第13页下。

② 僧祐：《出三藏记集》卷二，《大正藏》第55册，第15页上。

第三节
梁、陈时期的佛典翻译

关于萧梁时期的佛典翻译,《开元释教录》卷六记述:"自武帝天监元年壬午至敬帝太平二年丁丑,凡经四主五十六年,缁素八人,所出经律论及诸传记等并新集失译诸经,总四十六部二百一卷,于中四十部一百九十一卷见在,六部十卷阙本。"[①]此中的八人包括传记和经录的作者僧祐、慧皎、宝唱,明徽以为《弥沙塞律》"但出比丘戒本而无尼戒,遂以武帝普通三年壬寅,于大律内抄出《尼戒》一卷,即今见行者是"[②],显然这并不是翻译,而是编集,因此,不能入译者数内。如此,则知真正从事翻译活动的仅有四位:沙门曼陀罗、沙门僧伽婆罗、王子月婆首那、沙门波罗末陀(真谛)。梁初,梁武帝敕命曼陀罗和僧伽婆罗合作从事佛典翻译,这也是梁武帝虔诚奉佛的表现之一。

关于陈代的佛典翻译,《开元释教录》卷七记述:"自武帝永定元年丁丑至炀帝祯明三年己酉,凡经五主三十三年,缁素三人所出经律论及集传等,总四十部一百三十三卷,于中,二十六部八十九卷见在,一十四部四十四卷阙本。"[③]三人是真谛、王子月婆首那和须菩提。其中,前两人在梁代已经开始翻译活动,而单独属于陈代的译家仅有一位,即须菩提。

如上所述,梁陈两代严格意义上的译家仅五位。

一 曼陀罗

见于史籍的梁代立国后第一位来到建康的外国僧人是曼陀罗,他也是首先于梁代在建康翻译佛典的高僧。

关于曼陀罗,《续高僧传·僧伽婆罗传》有一段简单记载:

---

① 智昇:《开元释教录》卷六,《大正藏》第55册,第536页下。

② 智昇:《开元释教录》卷六,《大正藏》第55册,第538页上。

③ 智昇:《开元释教录》卷七,《大正藏》第55册,第545页中。

> 梁初又有扶南沙门曼陀罗者，梁言弘弱，大赍梵本，远来贡献，敕与婆罗共译《宝云》《法界体性》《文殊般若经》三部，合一十一卷。虽事传译，未善梁言，故所出经，文多隐质。①

道宣此文未交代曼陀罗到建康的时间。但费长房记载说："天监年初，扶南国沙门曼陀罗，梁言弱声，大赍梵本经来贡献，虽事翻译，未善梁言，其所出经，文多隐质，共僧加婆罗于扬都译。"②而在叙述僧伽婆罗的翻译活动时说："大梁御宇，搜访术能，以天监五年被敕征召，于扬都寿光殿及正观寺、占云馆三处译上件经，其本并是曼陀罗从扶南国赍来献上。陀终没后，罗专事翻译。"③而智昇则补充一个细节："沙门曼陀罗仙，梁言弱声，亦云弘弱，扶南国人，……以武帝天监二年癸未届于梁都，敕僧伽婆罗令共翻译，遂出《文殊般若》等经三部。"④

将上述引证资料概括分析则可推知，曼陀罗于梁初或直接认定为天监二年(503)带着许多经本到达建康，在梁武帝的支持下进行翻译。鉴于其汉语不熟练，梁武帝征召了中外僧人协助其翻译。当时住于正观寺的僧伽婆罗也在被征召之列。于是，于天监五年(506)，曼陀罗、僧伽婆罗等共同翻译出三部佛典。不久，曼陀罗圆寂，僧伽婆罗随之专心从事翻译佛典工作。

关于曼陀罗的译籍，《历代三宝纪》卷一一著录如下：

> 《宝云经》七卷，见《东录》。
>
> 《法界体性无分别经》二卷，见李廓及宝唱《录》。
>
> 《文殊师利般若波罗蜜经》二卷，一云《文殊师利说般若波罗蜜经》，见李廓《录》，初出。⑤

费长房认定为三部十一卷。智昇大致认可了费长房的说法，但在隋唐经录中也有不同记载，突出的是《度一切诸佛境界智严经》的翻译问题。如隋法经《众经目

---

① 道宣：《续高僧传》卷一，《大正藏》第50册，第426页上。
② 费长房：《历代三宝纪》卷一一，《大正藏》第49册，第98页中。
③ 费长房：《历代三宝纪》卷一一，《大正藏》第49册，第98页下。
④ 智昇：《开元释教录》卷六，《大正藏》第55册，第537页中。
⑤ 费长房：《历代三宝纪》卷一一，《大正藏》第49册，第98页中。

录》卷一:"《度一切诸佛境界智严经》一卷,梁天监年曼陀罗仙共僧伽婆罗于扬州译。"[①]如此可见,也许曼陀罗和僧伽婆罗合作译出的经典不止上述三部。

二 僧伽婆罗

僧伽婆罗(459—523),梁言"僧养",亦云"僧铠",扶南国人。关于僧伽婆罗的生平,《高僧传·僧伽毗地传》以附传的形式叙述,其文说:

> 梁初有僧伽婆罗者,亦外国学僧,仪貌谨洁,善于谈对,至京师亦止正观寺,今上甚加礼遇,敕于正观寺及寿光殿、占云馆中译出《大育王经》《解脱道论》等,释宝唱、袁昙允等笔受。[②]

慧皎的这篇传记写于梁武帝时期,所以以"今上"称呼梁武帝。因此,这几句话是最原始的记录。

唐初道宣《续高僧传》卷一有《僧伽婆罗传》记叙其事迹。道宣记述说:

> 幼而颖悟,早附法津,学年出家[③],偏业《阿毗昙论》,声荣之盛,有誉海南。具足已后,广习律藏,勇意观方,乐崇开化,闻齐国弘法,随舶至都,住正观寺,为天竺沙门求那跋陀之弟子也。复从跋陀研精方等,未盈炎燠,博涉多通,乃解数国书语,值齐历亡坠,道教凌夷,婆罗静洁身心,外绝交故,拥室栖闲,养素资业。[④]

这一段记述的核心问题是僧伽婆罗的师承。文中所说的求那跋陀很可能是前述南齐时期在京城创立正观寺的求那毗地,因为在南北朝佛教史籍中,没有称之为

① 法经:《众经目录》卷一,《大正藏》第55册,第122页上。
② 慧皎:《高僧传》卷三,《大正藏》第50册,第345页中。
③ 费长房《历代三宝纪》卷一一说其"十五出家"(《大正藏》第49册,第98页中),意思一致。
④ 道宣:《续高僧传》卷一,《大正藏》第50册,第426页上。

求那跋陀且于南齐时驻锡建康的天竺僧人[①]，而合于上文几个要素的唯有求那毗地。《出三藏记集》卷二有两处将求那毗地写作“求那毗陀”，如有文说：“求那毗陀出《百句譬喻》十卷。”[②]可见，求那毗地的译法在当时也不完全统一，被一些文献写作“求那跋陀”也是可能的[③]。求那毗地于中兴二年(502)冬圆寂于正观寺，此时南齐已经被梁武帝禅代了。此外，《续高僧传》也记载，中天竺优禅尼国王子月婆首那于太清二年(548)，“忽遇于阗僧求那跋陀，陈言德贤，赍《胜天王般若梵本》，那因期请乞愿弘通，嘉其雅操，豁然授与”[④]。此中的求那跋陀与僧伽婆罗的活动年代不合，故绝对不是僧伽婆罗之师。

僧伽婆罗住于求那毗地主持修建的正观寺，跟随其师学习大乘经典，并且精通数国语言，为在梁代翻译佛典打下良好的基础。“大梁御宇，搜访术能，以天监五年被敕征召于扬都寿光殿、华林园、正观寺、占云馆、扶南馆等五处传译，讫十七年，都合一十一部，四十八卷，即《大育王经》《解脱道论》等是也。”从天监五年至天监十七年，僧伽婆罗翻译出佛典十一部四十八卷。“初翻经日，于寿光殿，武帝躬临法座，笔受其文，然后乃付译人，尽其经本。敕沙门宝唱、慧超、僧智、法云及袁昙允等，相对疏出。华质有序，不坠译宗。天子礼接甚厚，引为家僧，所司资给，道俗改观。婆罗不畜私财，以为傑施，成立住寺。太尉临川王宏，接遇隆重。”[⑤]这段关于梁武帝亲自参加翻译活动的记载，是南齐皇帝时未曾做过的。

上述叙述以道宣《续高僧传·僧伽婆罗传》为据。费长房《历代三宝纪》的小传的下述记载大概是道宣省略掉的：

> 太尉临川王问曰：“法师菜食，为当鲑食？”答云：“菜食。病时则索。”又问：“今日何如？”答曰：“四大之身何时不病？”王大悦，即为设食。[⑥]

这段对话是在中土正在探讨佛教是否将素食列入律法的过程中正发生的。所

---

① 《高僧传》和《名僧传》所叙述的求那跋陀罗(求那跋陀)在刘宋泰始四年(468)就圆寂了，而僧伽婆罗来中土的时间是在南齐初。

② 僧祐：《出三藏记集》卷二，《大正藏》第55册，第14页下。

③ 费长房《历代三宝纪》卷一一先作“沙门求那毗陀，三部十二卷经”(《大正藏》第49册，第94页下)，后作求那毗地。

④ 道宣：《续高僧传》卷一，《大正藏》第50册，第430页下。

⑤ 道宣：《续高僧传》卷一，《大正藏》第50册，第426页上。

⑥ 费长房：《历代三宝纪》卷一一，《大正藏》第49册，第98页下。

以，现今读起来更有一番意味。

僧伽婆罗于梁普通五年(524)因疾卒于正观寺，春秋六十五。

关于僧伽婆罗的译籍，《历代三宝纪》卷一一著录称：

《阿育王经》十卷，天监十一年六月二十六日，于扬都寿殿译。初翻日，帝躬自笔受。后委僧正慧超令继并译正讫。见宝唱《录》。

《孔雀王陀罗尼经》二卷，第二出。与晋世帛尸利蜜译本同文小异。见宝唱《录》。

《文殊师利问经》二卷，天监十七年敕僧伽婆罗于占云馆译，袁昙允笔受，光宅寺沙门法云详定。

《度一切诸佛境界智严经》一卷。

《菩萨藏经》一卷。

《文殊师利所说般若波罗蜜经》一卷，第二译，小胜前曼陀罗所出二卷者。

《舍利弗陀罗尼经》一卷，此咒大有神力，若能持者，雪山八夜叉王常来拥护，所欲随心。

《八吉祥经》一卷，若人闻此八佛名号，不为一切诸鬼神众难所侵。

《十法经》一卷，普通元年译。

《解脱道论》十三卷，天监十四年于馆译。

《阿育王传》五卷，天监年，第二译，与魏世出者小异。①

对于费长房的上述著录，智昇认定了十部，除去的是《阿育王传》。智昇说："复云婆罗更出《育王传》五卷者，非也，前《育王经》即是其《传》，不合重载。"此外，费长房、智昇又指出："《文殊师利所说般若波罗蜜经》一卷，第二出。与前曼陀罗出者，及《大般若曼殊室利分》同本。房云'少胜前曼陀罗所出二卷'者。"②而如前所引用隋法经《众经目录》所指出的，《度一切诸佛境界智严经》一卷为曼陀罗和僧伽婆罗共同译出。

---

① 费长房：《历代三宝纪》卷一一，《大正藏》第55册，第98页中。

② 智昇：《开元释教录》卷六，《大正藏》第55册，第537页中。

三 ｜ 王子月婆首那、沙门须菩提

月婆首那是中印度的一位王子，身份是居士，他是这一时期唯一的跨东魏、南梁、南陈三个朝代的佛典翻译家。关于月婆王子的生平，道宣以《真谛传》附传的形式做了叙述。

对于月婆首那在东魏的行历，道宣记载：

> 时有中天竺优禅尼国王子月婆首那，陈言高空，游化东魏，生知俊朗，体悟幽微，专学佛经，尤精义理，洞晓音韵，兼善方言，译《僧伽咤经》等三部七卷。以魏元象年中，于邺城司徒公孙腾第出，沙门僧昉笔受。[①]

对此，《历代三宝纪》卷九记载得更详细些[②]：《僧伽咤经》四卷，元象元年（538），于司徒公孙腾第出。《大迦叶经》二卷、《频婆娑罗王问佛供养经》一卷，都是兴和三年（541）翻译。依据上述记载可知，月婆首那到达东魏首都邺城，后于元象元年始，翻译出三部七卷佛经。“属齐受魏禅，蕃客任情，那请还乡，事流博观。”由此可知，北齐受东魏禅让，允许外来人口离开，月婆首那于是离开邺城，“承金陵弘法，道声远肃，以梁武大同年，辞齐南度”[③]。东魏武定八年（550）五月，东魏被北齐替代。而梁武帝大同年为535—545年，如此则可知，道宣的这一段记述中，时间的表述有不周之处。从时段优先于时间点的原则看，月婆首那南下的时间应该在武定八年（550）五月之后。

月婆首那到达建康，“仍被留住，因译《大乘顶王经》一部，有敕令那总监外国，往还使命”。这是说，月婆首那在翻译佛典之外，还受命梁朝廷管理来梁的外国人。“至太清二年，忽遇于阗僧求那跋陀，陈言德贤。赍《胜天王般若梵本》，那因期请乞愿弘通，嘉其雅操，豁然授与，那得保持，用为希遇。属侯景作乱，未暇翻传，携负东西，讽持供养。至陈天嘉乙酉之岁，始于江州兴业寺译之，沙门智昕，笔受陈文，凡六十日。覆疏陶练，勘阅俱了，江州刺史黄法氍为檀越，僧正释

① 道宣：《续高僧传》卷一，《大正藏》第50册，第430页下。
② 费长房：《历代三宝纪》卷九，《大正藏》第50册，第87页上。
③ 道宣：《续高僧传》卷一，《大正藏》第50册，第430页下。

惠恭等监掌,具经后序。"①

现存的《胜天王般若波罗蜜经经序》对此经的翻译过程做了详细记载:

有梁太清二年六月,于阗沙门求那跋陁(陈言德贤),赍一部梵文,凡十六品,始滇京师。时中天竺优禅尼国王子月首那,生知后朗,世传释学,无精义味,兼善方言,避难本邦,登仕梁室,被敕摠知外国使命。忽见德贤有此经典,敬恋宜怀,如对真佛,因从祈请,毕命弘宣。德贤嘉雅操灵心,授与首那。即又弒敕,求使顾表,奉迎《杂华经》。辞阙甫尔,便值侯量称丘寇乱,顶戴逃亡,未暇翻译。民之所欲,天必从焉。属我大陈,膺期弒运,重光累业,再清四海,车书混同,华夷辑睦。首那贫笈怀经自达而至,江洲(州)刺史仪同黄法氍,駈传本洲,锡珪分陕,护持正法,渴仰大乘。以天嘉六年岁次乙酉七月辛巳朔二十三日癸卯,劝请首那于洲听事,略开题序,说无遮大会,四众云集五千余人。匡山释僧果法师及远迩名德,并学冠百家,博通五部,各有硕难纷纶,靡不涣然水释。到其月二十九日,还兴业伽蓝。揵捶既响,僧徒咸萃,首那躬执梵文译为陈语,杨洲阿育王寺释智昕,暂游鼓汇,伏应至教,耳听笔疏,一言敢失,再三修环,撰为七卷,讫其年九月十八日,文句乃尽。江洲(州)僧正释慧恭法师,戒香芬郁,定水澄明,揩则具瞻,陈梁是寄。别驾豫章万驷,洲之股胡,材之杞梓,信慧并修,文武兼用。教委二人,经始功德,辄附卷余,略述时事。庶将来君子或精焉。②

依据此说,翻译活动的发起者是江州刺史黄法氍,以天嘉六年(565)七月二十三日由刺史设无遮大会开始翻译,参加者有五千人,七月二十九日,回到兴业寺,至九月十八日最终完成。这一盛大的翻译活动,在刘宋之后,绝无仅有。

月婆首那后不知所终。

关于须菩提的生平,现存史料很少。道宣在《续高僧传·真谛传》中做了简略记载:"时又有扶南国僧须菩提,陈言善吉,于扬都城内至敬寺,为陈主译《大乘宝云经》八卷,与梁世曼陀罗所出七卷者同,少有差耳。"③这些内容都出自《历代

① 道宣:《续高僧传》卷一,《大正藏》第50册,第430页下—431页上。
② 《大正藏》第8册,第725页下—726页上。
③ 道宣:《续高僧传》卷一,《大正藏》第50册,第431页上。

三宝纪》,可见道宣当时也没有收集到新材料。

对于须菩提的翻译成果,《历代三宝纪》和《开元释教录》叙述一致,然智昇的叙述更清晰些:

> 《大乘宝雨藏》八卷,第二出。与梁世曼陀罗七卷《宝云》及唐译十卷《宝雨》并同本,见《一乘寺藏录》。
>
> 右一部八卷本,阙。沙门须菩提,陈言善现,或云善吉,亦云善业,扶南国人。解悟超群,词彩逸俗,化物无倦,游方届兹,于扬都城内至敬寺,为陈主译《大乘宝雨经》一部。①

这一叙述仅言陈帝,无从知晓时代。

四 在建康的真谛及其佛典翻译

从中国佛教史整体上讲,真谛三藏是足以与鸠摩罗什并肩而立的来自异域的佛教大师。在佛典翻译史上,他也被列为四大翻译家之一。真谛所传之学虽然广泛,但其核心是大乘瑜伽行派的学说。综观真谛所传译的瑜伽行派典籍,其鲜明的特色就是如来藏思想被融入瑜伽行派体系之中。他所传播的学说和教法被后世称为"唯识古学"。

现存最早的有关真谛的传记材料是隋代费长房《历代三宝纪》中的记载,其次是唐代道宣《续高僧传》中的传记。前者由于体例限制,篇幅很短,后者则较长一些。二者都注明依据的是真谛的弟子曹毗所作的《真谛三藏传》。经过核对二书所记,凡是费长房所记大都在道宣所作真谛传记中有较为一致的记载,而道宣所记详尽得多。由此可以肯定,道宣确实是看到了曹毗所作的真谛传记以及真谛翻经目录。

费长房《历代三宝纪》卷一一所附《真谛传》很是简短,其文如下:

---

① 智昇:《开元释教录》卷七,《大正藏》第55册,第547页上—中。

西天竺优禅尼国三藏法师波罗末陀，梁言真谛，远闻萧主菩萨行化，搜选名匠，轨范圣贤，怀宝本邦，来适斯土。所赍经论树叶梵文凡二百四十夹。若具足翻，应得二万余卷，多是震旦先所未传。属梁季崩离，不果宣吐，遇缘所出，略记如前。后之所翻，复显陈录载序。其事多在曹毗《三藏传》文。[①]

费长房的这段文字，着眼点还是翻译，所以详细地记载了其来华所带来的梵文经典的数量。而道宣所写的真谛传记，则较为全面，因此，是现存的有关真谛传记的最权威的材料。下文主要依据道宣的记载，参照其他相关文献，对于真谛来华的简略过程以及在中土的活动情况，特别是翻译佛典的活动做些考证叙述。

真谛(499—569)，西印度优禅尼婆罗门族，原名拘那罗陀，汉语为"亲依"的意思。少时博访众师，学通内外，尤精于大乘之说。如《大乘起信论序》中说，真谛师"其人少小博采，备览诸经，然于大乘，偏洞深远"[②]。《摄大乘论序》中也说："学穷三藏，贯练五部，研究大乘，备尽深极。"[③]从真谛来华之后翻译的经典看，也是大小乘兼有的，如《十二因缘经》《广义法门经》《律二十二明了论》《俱舍论》《部异执论》《四谛论》等属于小乘。印度瑜伽行派的祖师世亲也是早年学习小乘，后期才皈依弘扬的大乘瑜伽行派，真谛也是精通小乘的，因而对于世亲早期的著作《俱舍论》相当重视，不遗余力地翻译、弘扬，最终形成了俱舍学派。

真谛以弘道为怀，"历游诸国，随机利见"[④]，泛海南游，暂居于扶南国。梁武帝于大同年间(535—545)，派直后(官名)张汜送扶南国的使者返国，访求名德和大乘诸论、《杂华》等经。扶南国便推荐真谛前往中国，真谛欣然同意，便带着经论梵本二百四十夹，于中大同元年(546)八月十五日到达南海郡(今广东省南部)，当时他已四十八岁了。

究竟是梁武帝派使者到天竺迎请的真谛，还是在扶南国迎请的真谛，由于古代有些文献叙述得很模糊，因而造成一些误解。南朝梁时，扶南遣使来华共有四次，其中最后一次在大同五年(539)秋，所献方物为生犀，"又言其国有佛发，长一丈二尺。诏遣沙门释云宝随使往迎之"[⑤]。《续高僧传·真谛传》记载与此基本相

---

① 《大正藏》第 49 册，第 99 页上。
② 《大正藏》第 32 册，第 575 页。
③ 《大正藏》第 31 册，第 112 页。
④ 道宣：《续高僧传》卷一，《大正藏》第 50 册，第 429 页下。
⑤ 《南史》卷七八，中华书局，1975 年。

同:“梁武皇帝德加四域,盛唱三宝。大同中,敕直后张汜等送扶南献使返国,仍请名德三藏、大乘诸论、杂华经等。真谛远闻行化,仪轨圣贤,搜选名匠,惠益民品。彼国乃屈真谛并赍经论,恭膺帝旨。既素蓄在心,涣然闻命。”然《大乘起信论序》则说真谛是从天竺国请来的:“故前梁武皇帝,遣聘中天竺摩伽陀国取经并诸法师,遇值三藏拘兰难陀,译名真谛。……时彼国王应即移遣,法师苦辞不免,便就泛舟,与瞿昙及多侍从并送苏合佛像来朝。”唐代智昇《开元释教录》将《续高僧传》的说法做了杂糅。本著后文将分析说明,梁译《大乘起信论序》并非僧恺所写,如陈寅恪所说,“伪文”中包含了真史料,而上引关于真谛来华的一段文字则属于假史料,是作者采择传闻而写成。道宣作《真谛传》依据的是当时仍然可以看到的真谛弟子曹毗作的《真谛传》,因而应该以道宣所说为准。

真谛在中土南境未久,随即北上,沿途停留,至太清二年(548)闰八月才到达建业。梁武帝深加敬礼,敕其住于宝云殿。在真谛正要从事翻译的时候,侯景叛乱爆发,十月侯景进入建业,第二年五月梁武帝被困台城。在这种背景下,真谛无奈东行东土[①],时间应该是太清二年(548)十月前后。太清三年(549),富春县令陆元哲迎接真谛住于自己的宅第,并且为其招集沙门宝琼等二十余人,布置译场,请其翻译佛典。由此,真谛开始了其颠沛流离的翻译佛典生涯。

梁大宝三年(552)三月侯景兵败,服从于萧绎的王僧辩、陈霸先军进入建康,王僧辩军士剽掠居民,遗火焚毁了太极殿及东西堂。四月,侯景被杀于海上,曝尸建康城中。五月,南平王萧恪任司空兼扬州刺史,王僧辩任司徒。九月,萧恪卒,王僧辩兼扬州刺史。此年冬十一月,世祖萧绎即皇帝位于江陵,改元为承圣。此后,梁元帝萧绎并未进入建业城。在建业地方秩序逐渐恢复的背景下,真谛迁住于正观寺。此寺原为梁武帝天监年间的译经场所,真谛利用旧有译经条件,抓紧时机,与愿禅师等二十余人,翻译《金光明经》等。承圣二年(553)二月二十五日,真谛一行又转至建康县(今江苏江宁南)长凡里杨雄宅第中,继续译《金光明经》,至三月二十日完成,共得七卷。其后,他大概完成了《金光明经疏》六卷。

侯景攻占建康三年,称帝一百二十天。建康和三吴富庶之区无事日久,遭战乱后人口凋敝,城邑残破。公侯富人在会稽者多南渡岭南,世家大族遭受沉重打击,建康人口百遗一二。特别是梁元帝不入建业而居江陵,建业的地位大不如

① “东土”在南朝文献中多指会稽郡,也泛指浙东。

前。也许出于不为人知的原因,也许是真谛在别人怂恿下想移住元帝统治的核心地带,真谛在重归建业仅仅两年余,又无奈地离开此地,力图寻找一个略微安定的环境从事翻译活动,此后再也未能回到建康。

第五章　建康涅槃学派

涅槃学派是围绕着研习、弘扬和传播《涅槃经》而形成的学派，也称涅槃宗。其成员称为涅槃师，南北方均有分布，而南方的涅槃学派的中心就在建康，建康涅槃学派的主要代表分为道生系和慧观系，以及从北方南移而来的东阿慧静系。此学派讨论的佛学议题，包括了判教观、二谛思想、佛性论和涅槃思想，对后世的中国佛学产生了重要影响。

第一节

《涅槃经》的传译与修治[①]

在佛教典籍中，以释尊涅槃及涅槃前行事为背景的经典非常多，形成庞大的经典类集，即是后来所谓的“涅槃部”，可以分为小乘与大乘两个系统。后汉以来，涅槃部经典相继传入汉地，尤其是大乘系统的《大般涅槃经》最受注目，讲习、注疏者无数，形成涅槃学派，成为南北朝佛教非常重要的思想流派。

一 小本《涅槃经》的翻译

小本《涅槃经》即是法显译《大般泥洹经》六卷（以下简称《法显本》），《出三藏记集》卷八《六卷泥洹经记》云：

> 摩竭（羯）提国巴连弗邑阿育王塔天王精舍优婆塞伽罗先，见晋土道人释法显远游此土，为求法故，深感其人，即为写此《大般泥洹经》如来秘藏。愿令此经流布晋土，一切众生，悉成平等如来法身。义熙十三年十月一日于谢司空石所立道场寺出此《方等大般泥洹经》，至十四年正月一日校定尽讫。禅师佛大跋陀乎执胡本，宝云传译。于时座有二百五十人。[②]

六卷本的《大般泥洹经》乃中印度摩羯提国巴连弗邑（亦译作波吒厘子城，即华氏城）阿育王塔天王精舍的优婆塞伽罗先，为法显舍身求法的精神所感动，即为写此如来秘藏。法显携此经归中土，于晋都建康（今江苏南京）道场寺，就禅师佛陀跋陀罗，于东晋安帝义熙十三年（417）十月一日至义熙十四年（418）正月一日，用三个月的时间，译出该经并校定尽讫。于是，有学者依此认为法显并没有直接参

---

① 此节内容曾发表于《佛学研究》2011年总第20期。

② 僧祐：《出三藏记集》卷八，《大正藏》第55册，第60页中。

与该经的翻译，真正的译者应为佛驮陀跋罗和宝云。[①]

但是，《出三藏记集》卷二题为法显与天竺禅师佛陀跋陀罗“共译出”[②]；《高僧传·法显传》《出三藏记集·法显传》记载法显生平，有“显既出《大泥洹经》，流布教化，咸使见闻”[③]；而且，慧叡《喻疑论》说：

今《大般泥洹经》，法显道人远寻真本，於天竺得之，持至扬都，大集京师义学之僧百有余人，禅师执本，参而译之，详而出之。[④]

据此，则法显携归的六卷本《大般泥洹经》，主要的翻译者无疑是佛陀跋陀罗（即文中所说的“禅师”），法显正是译事的召集、策划者。法显不仅把六卷本《大般泥洹经》从印度带来，而且对该经的翻译与流布教化具有很大的贡献。综上，将《大般泥洹经》视为佛陀跋陀罗与法显共译，不仅有历史依据，亦有文献依据；或者又因法显求法、取经的贡献极大，很多佛教文献视法显为译者。

另外，诸经录亦记载二卷本《方等泥洹经》为佛陀跋陀罗共法显译。[⑤] 但是，《出三藏记集》已经将此本列为缺本[⑥]；法显自记《高僧法显传》中记载，法显于巴连弗邑取得“一卷《方等泥洹经》，可五千偈”[⑦]；《六卷泥洹经后记》称《大般泥洹经》为《方等大般泥洹经》。所以，六卷本《大般泥洹经》当即是法显在天竺取得的五千偈《方等泥洹经》。

后来，智昇《开元释教录》将当时失译《大般涅槃经》三卷列为失佚二卷本《方等泥洹经》：

《大般涅槃经》三卷，或二卷，是《长阿含》初分《游行经》异译，群录并云：显出《方等泥洹》者非即前《大泥洹经》，加方等字，此小乘涅槃。文似显译，

---

① 镰田茂雄：《中国佛教通史》，佛光出版社，1988年，第68—69页。
② 僧祐：《出三藏记集》卷二，《大正藏》第55册，第12页上。
③ 慧皎：《高僧传》卷三《法显传》，《大正藏》第50册，第338页中；僧祐：《出三藏记集》卷一五，《大正藏》第55册，第112页中。
④ 僧祐：《出三藏记集》卷五，《大正藏》第55册，第41页下。
⑤《众经目录》卷三，《大正藏》第55册，第130页中；《众经目录》卷二，《大正藏》第55册，第157页下。
⑥ 僧祐：《出三藏记集》卷二，《大正藏》第55册，第11页下。
⑦《高僧法显传》，《大正藏》第51册，第864页中。

故以此替之。[1]

但是，梵语 Nirvana，法显多译为“泥洹”。《大般涅槃经》应该不是法显所译，应为失译。若法显真的曾译出《方等泥洹经》，亦已失佚。

二 北本《涅槃经》的翻译

《大般涅槃经》四十卷，昙无谶（385—433）译，后人称为“北本”。北本《涅槃经》译者昙无谶的生平及传译经过的资料，主要有道朗《大涅槃经序》[2]、未详作者《大涅槃经记》[3]、僧祐《出三藏记集》卷一四《昙无谶传》[4]、慧皎《高僧传》卷二《昙无谶传》[5]等。

昙无谶，或称昙摩谶、昙摩忏，生于中印度，六岁父亲去世，随母亲编织毛毯维持生活。十岁左右，随达摩耶舍出家，学习小乘及五明等。讲论精妙，无人可及。遇白头禅师，授予树皮《涅槃经》，于是改学大乘。昙无谶擅长咒术，西域人尊称为“大咒师”，受到国王的尊崇。后来，国王逐渐疏远昙无谶，于是昙无谶携带《大涅槃经》“前分”十二卷、《菩萨戒经》、《菩萨戒本》逃到龟兹。龟兹流行小乘，不信《大涅槃经》，于是他前往敦煌，停留数年，这是依《大涅槃经序》《大涅槃经记》所说。《出三藏记集》《高僧传》记载昙无谶离开龟兹，然后到姑藏。《魏书·沮渠蒙逊传》说：

罽宾沙门曰昙无谶，东入鄯善，自云：能使鬼治病，令妇人多子。与鄯善王妹曼头陀林私通，发觉，亡奔凉州。[6]

---

① 僧祐：《开元释教录》卷三，《大正藏》第 55 册，第 507 页中。
② 僧祐：《出三藏记集》卷八，《大正藏》第 55 册，第 59 页中—60 页上。
③ 僧祐：《出三藏记集》卷八，《大正藏》第 55 册，第 60 页上。
④ 僧祐：《出三藏记集》卷一四，《大正藏》第 55 册，第 102 页下—103 页中。
⑤ 慧皎：《高僧传》卷二《昙无谶传》，《大正藏》第 50 册，第 335 页下—337 页中。
⑥《魏书》卷九九《沮渠蒙逊传》。

据此，昙无谶东行至鄯善（今新疆一带），而后逃至凉州。[①]

综上所述，昙无谶来华的路线：天竺→罽宾→龟兹→鄯善→敦煌→凉州姑藏。罽宾和龟兹是小乘流行之地，所以昙无谶无法住下来。昙无谶至鄯善与女人私通，事发逃至敦煌，并翻译经典，译出《菩萨戒本》。

昙无谶来华后，投靠北凉沮渠蒙逊（368—433，401—433 年在位）。依《魏书・沮渠蒙逊传》记载，沮渠蒙逊是临松卢水（今甘肃省张掖市）胡人，世代为部落首领。于北魏天兴四年（401）割据张掖，自称"凉州牧""张掖公"。永兴（409—413）中，他击败了南凉，攻入姑藏（今甘肃武威），并定都于此，自称河西王，改号玄始；后灭西凉，取酒泉、敦煌，控制了整个凉州地区。[②]《宋书・氐胡传》称沮渠蒙逊平酒泉、敦煌的时间为宋永初元年至三年（420—422）[③]，《资治通鉴》则将沮渠蒙逊平定敦煌的时间记作永初二年（421）[④]。道朗《大般涅槃经序》说：

> 先至敦煌，停止数载，大沮渠河西王者，至德潜著，建隆王业。虽形处万机，每思弘大道，为法城堑，会开定西夏，斯经与谶自远而至。[⑤]

沮渠蒙逊平定敦煌时，遇昙无谶，于是邀请昙无谶到凉州，从而真正开始了昙无谶在华的翻译事业。但是，《古今译经图记》《佛祖统纪》《佛祖历代通载》将昙无谶到姑藏的年代定为玄始元年（412）。[⑥] 于是，昙无谶至凉州的时间便有两种说法，学者各有采用[⑦]，我们依公元 421 年的说法。

昙无谶至凉州后，开始翻译《大涅槃经》（以下简称《北本》）。《出三藏记集・昙无谶传》记载，昙无谶带《涅槃经》"前分"十二卷到龟兹，至凉州译出"前分"后，以品数未足，于是还国寻求，在于阗获得，续成《涅槃经》三十六卷；后来，听到外国沙门昙无发说"此经品未尽"，再次西行寻取，惜未遂先亡。但是，《高僧传》的

① 汤用彤认为这种说法不是事实，见《汉魏两晋南北朝佛教史》，北京大学出版社，1997 年，第 280 页。
② 《魏书》卷九九《沮渠蒙逊传》。
③ 《宋书》卷九八《氐胡传》，中华书局，1974 年，第 2414 页。
④ 《资治通鉴》第 8 册，中华书局，2011 年，第 3739 页。
⑤ 僧祐：《出三藏记集》卷八，《大正藏》第 55 册，第 59 页下。
⑥ 《古今译经图纪》卷三，《大正藏》第 55 册，第 360 页中；《佛祖统纪》卷三六，《大正藏》第 49 册，第 342 页下；《佛祖历代通载》卷七，《大正藏》第 49 册，第 533 页中。
⑦ 汤用彤采用 421 年的说法，见《汉魏两晋南北朝佛教史》，北京大学出版社，1997 年，第 280 页；镰田茂雄采取 412 年的说法，见《中国佛教通史》第 3 卷，佛光出版社，1986 年，第 31—33 页。

记载，有不少相异于《出三藏记集》：

1. 昙无谶带《大涅槃经》“前分”十卷到罽宾，玄始三年（414）于凉州译出。

2. 昙无谶以品数未足，西行访寻，在于阗获得“中分”，归至凉州译出。

3. 后来，昙无谶又派使者至于阗，寻得《大涅槃经》“后分”。

4. 至玄始十年（421），《大涅槃经》初、中、后三部分全部翻译完成，共三十三卷[①]。

5. 昙无谶指出，《大涅槃经》梵本有三万五千偈，现只译出万余偈。

6. 北凉义和三年（433）三月，昙无谶西行寻《涅槃经》其余部分，未遂先亡。

僧祐与慧皎记载的差异之处在于前分卷数、传译次数，这种差异值得关注。《大涅槃经》“前分”十二卷或十卷，这是依现存《北本》而言[②]。昙无谶与法显同一时代，而且皆从中印度带回《涅槃经》，所以二者为同本异译；法显译六卷本《大般泥洹经》，相当于四十卷《北本》的“前分”五品十卷，即至《一切大众所问品》为止。这样，“前分”十卷的说法，较符合现存《北本》的情况，最初五品十卷为一大段落，至第九品《婴儿行品》加前五品共二十卷，为完整的部类，最后四品二十卷为另一部类。但是，慧皎所谓“前分”十二卷，则是至《北本·圣行品》的一半；从内容上说，第六《现病品》以下至《圣行品》的前半部分，为“五行”的完整内容。所以，“十二卷”并非误记，而是由现存四十卷《北本》异本分卷不同而导致。关于传译次数的差异，昙无谶亲自前往于阗寻得《大般涅槃经》是肯定的，而差异在于是否派遣使者。

昙无谶的翻译事业受到当时凉州僧团的帮助，沙门慧嵩和道朗都是河西的杰出人物，对他很推重，帮助翻译而由慧嵩笔受。当时，智猛法师曾去印度取得《涅槃经》梵本，回国在凉州译出二十卷。后人常常将他的梵本、译本和昙无谶的混为一谈；实际上智猛回中国远在昙无谶译经几年之后，他们之间实际上无甚关系。这种混淆的始作俑者是未详作者《大涅槃经记》，僧祐时代已经对此序表示怀疑：“此序与朗法师序及谶法师传，小小不同，未详孰正，故复两出。”[③]《大涅槃经记》的内容如下：

---

① 慧皎《高僧传》记载，昙无谶译出《涅槃经》三十三卷。但是，“三”可能是“六”的误写，三十六卷是南朝涅槃学者的通行认识。

② 布施浩岳：《涅槃宗之研究·前篇》，东京国书刊行会，1973年复刻本，第103—104页。

③ 僧祐：《出三藏记集》卷八，《大正藏》第55册，第60页中。

1.《大涅槃经》“初分”十卷五品的梵本，由智猛从天竺携至高昌。

2. 昙无谶游方于敦煌，沮渠蒙逊迎接昙无谶至凉州，遣使至高昌取胡本，命谶译出。

3.《大涅槃经》其余部分早已经在敦煌。

4. 昙无谶译出“初分”五品后，知经本不完备，于是寻访余部。有胡僧将梵本送来，共二万五千偈，但逢国家战乱，未能全部译出。

5. 现有汉译《涅槃经》十三品四十卷，已经囊括了整部经的要义。

灌顶《大般涅槃经玄义》则在“经缘起”的部分中，在《大涅槃经记》的基础上，明确指出：

> 昔道猛亡身天竺，唯赍五品还，谓《寿命》《金刚身》《名字功德》《如来性》《大众问》等品，到西凉州。值沮渠蒙逊割据陇，后自号玄始，其号三年请昙无罗谶共猛译五品，得二十卷。逊恨文义不圆，再遣使外国，更得八品，谓《病行》《圣行》《梵行》《婴儿行》《德王》《师子吼》《迦叶》《陈如》等品，又翻二十卷合成四十轴，传于北方。玄始五年，乃得究讫。①

灌顶的记载对《大涅槃经记》进行了具体的解释，如翻译时间为玄始三年（414）至五年（416），明确品名与品数。但是，依现存四十卷《北本》，初五品只有十卷，而灌顶则记载为二十卷，令人费解。

《大涅槃经记》将昙无谶与智猛联系起来，但是《出三藏记集·智猛传》《高僧传·智猛传》都称智猛于后秦弘始六年（404）发心西行至天竺，于宋元嘉元年（424）启程回国，于凉州译出《泥洹经》二十卷。此时，昙无谶已经至凉州开始译经。所以，这两种记载在时间上有矛盾之处。

所以，《北本》译出的基本过程是：（1）昙无谶从中印度携《大涅槃经》“初分”十卷至凉州，并且译出；（2）昙无谶亲自或遣使至于阗寻得《涅槃经》的其他部分，并且在421年左右完成翻译；（3）433年，昙无谶寻《涅槃经》“后分”未果而去世。

---

① 《大般涅槃经玄义》卷下，《大正藏》第38册，第14页上、中。

三 智猛本《泥洹经》的翻译

智猛翻译《涅槃经》(以下简称《智猛本》)的事实,最早的相关记载有智猛《二十卷泥洹经记》[①],未详作者《大涅槃经记》《出三藏记集·智猛传》《高僧传·智猛传》等。

智猛于后秦弘始六年(404),与同志沙门十五人从长安出发,西行出阳关,经历鄯善、龟兹、于阗诸国,备察各地风俗民情。又越葱岭,达罽宾国,历访迦维罗卫国、摩羯提国、华氏城的佛迹。后来,智猛于华氏城参访大智婆罗门罗阅宗,得《泥洹经》,又寻访获《摩诃僧祇律》及余经之梵本。宋元嘉元年(424),自天竺返回,回到凉州,于凉州译出《大般泥洹经》二十卷。依《大涅槃经记》、灌顶《大般涅槃经玄义》等记载,智猛将梵本带至高昌,昙无谶译出,此不足取信。元嘉十四年(437)入蜀,十六年(439)七月于钟山定林寺作《外国传》四卷,记述游历事迹。元嘉末年寂于成都。所译《泥洹经》及所作《外国传》等,今皆不传。

智猛的译经,唯有《大般泥洹经》一部。《出三藏记集》记载:

> 《般泥洹经》二十卷,缺。
>
> 《摩诃僧祇律》一部,胡本未译出。
>
> 上二部,定出一部,凡二十卷。宋文帝时,沙门释智猛游西域还,以元嘉中于西凉州译出《泥洹经》一部,至十四年,赍还京都。[②]

智猛于元嘉(424—458)中在西凉州译出《泥洹经》二十卷,而且在元嘉十四年(437)将其传至建康。但是,在僧祐(445—518)的时代,智猛所译二十卷《泥洹经》已经是缺本,而且僧祐并没有记述它的内容。

从传译时间上看,法显、昙无谶、智猛皆从中印度获得《涅槃经》梵本,但是卷数各有不同,分别为六卷、十卷、二十卷,说明彼此之间仍然有所差别。对此,后来的历代经录有所推断,如法经撰《众经目录》说:

---

① 僧祐:《出三藏记集》卷八,《大正藏》第55册,第60页中。
② 僧祐:《出三藏记集》卷二,《大正藏》第55册,第12页下。

《大般泥洹经》六卷，是《大般涅盘经》前分十卷，尽《大众问品》，晋义熙年沙门法显译。

《般涅槃经》二十卷，宋元嘉年沙门智猛于凉州译。

上二经，是《大般涅槃经》别品殊译。[1]

《法显本》与《智猛本》都是四十卷《大般涅槃经》某些品的别译。费长房《历代三宝纪》引用竺道慧《宋齐录》说"与法显同"[2]，这说明《法显本》与《智猛本》是同本异译。

昙无谶从中印度携带《涅槃经》梵本为十卷，但是后来又亲自或遣使寻得其余三十卷，可见《涅槃经》是逐渐增广而成。而智猛至中印度的时间，比法显、昙无谶都晚几年，这时《涅槃经》已经有所增广，故为二十卷。所以，《智猛本》在内容上肯定比《法显本》长。依现存《大正藏》的页数，《法显本》为 47 页，《北本》前分十卷为 53 页，二者相差不多；而且，《北本》前分十卷的各卷页数，平均大约有 6 页，多则 8 页，少则 5 页。同时，当时北凉的译经，法众译《大方等陀罗尼经》每卷约 5 页，道泰译《入大乘论》和《大丈夫论》每卷约 6 页，浮陀跋摩译《阿毗昙婆沙论》每卷约 7 页。所以，每卷 5—8 页是当时译经的通行情况，可见《智猛本》并不是《北本》前分十卷的简单异译。

依慧皎《高僧传・昙无谶传》的记载，昙无谶从中印度携带"初分"十卷，后来亲自到于阗访寻"中分"，后来又遣使寻得"后分"，共四十卷。所以，从卷数上看，《智猛本》或即是《北本》的首二十卷；若从经典内容上看，《北本》首十卷是《法显本》的异译，自成体系，其次十卷包括《现病品》《圣行品》《梵行品》和《婴儿行品》等四品，主要是对"五行"的讨论，品末说："佛言：善男子！不独汝得如是五行，今此会中九十三万人亦同于汝，得是五行。"[3]所以，《智猛本》比《法显本》多出的部分内容，即是《北本》次十卷四品。[4] 正是《智猛本》与《北本》首二十卷内容相同，而且在《智猛本》译出之前，《北本》已经流行于南北，这些原因可能造成了《智猛本》的散佚。

---

① 法经：《众经目录》卷一，《大正藏》第 55 册，第 120 页上。

② 费长房：《历代三宝纪》卷九，《大正藏》第 49 册，第 85 页上。

③ 《大涅槃经》卷二，《大正藏》第 12 册，第 486 页上。

④ 布施浩岳：《涅槃宗之研究・前篇》，东京国书刊行会，1973 年复刻本，第 71—72 页；屈大成：《大乘〈大般涅槃经〉研究》，台北文津出版社，1994 年，第 37—38 页。

四 南本《涅槃经》的修治

昙无谶译出四十卷《大般涅槃经》后，于宋元嘉年间传至南朝，慧严（363—443）、慧观、谢灵运（395—433）等人加以修治，成为三十六卷，后世通称为《南本》。

但是，《北本》传至宋土的时间，僧传中未提及，《出三藏记集·道生传》提供了线索。道生因研究《法显本》，卓然提出“阐提有佛性”，于是被逐出建康僧团。元嘉七年（430），道生再度入庐山隐居，《出三藏记集·道生传》说：

> 俄而《大涅槃经》至于京都，果称阐提皆有佛性，与前所说若合符契。生既获斯经，寻即建讲。①

可见，元嘉七年（430）即是《北本》传至宋土的时间，隋硕法师《三论游意义》说“晋末初宋元嘉七年，《涅槃》至扬州”②，可以作为佐证。

元嘉七年（430）前后的建康佛教界，热心专研法显译《大般泥洹经》，于是涌现出一批精通涅槃学的学者。《北本》的传入，无疑掀起一股研究的热潮。而且，道生亦研究此经，著义疏五十余纸。虽然道生《大般涅槃经义疏》收入以《南本》为所依原典的《大般涅槃经集解》，但是不能断定道生即是依《南本》而讲注。《高僧传·慧严传》说：

> 《大涅槃经》初至宋土，文言致善，而品数疏简，初学难以措怀。严乃共慧观、谢灵运等，依《泥洹本》加之品目，文有过质，颇亦治改，始有数本流行。③

《南本》的修治，是以东安寺慧严为主，受到道场寺慧观、大文豪谢灵运的帮助。他们修治的理由是品数过于疏简，初学者难以贯通领悟。所以，慧严等

---

① 僧祐：《出三藏记集》卷一五，《大正藏》第 55 册，第 111 页上。

② 《三论游意义》，《大正藏》第 45 册，第 122 页中。

③ 慧皎：《高僧传》卷七《慧严传》，《大正藏》第 50 册，第 368 页上。

人的修治包括两方面：一、对于质朴难懂的文字进行润色改写；二、依《法显本》，对《北本》的品目进行增补、调整，于是成为二十五品、三十六卷。

至于《南本》修治的时间，僧传中无明确记载，仅《佛祖历代通载》卷八"丙子条"说："观与惠严谢灵运等，详定《大涅槃经》，颇增损其辞。"①"丙子"即是元嘉十三年(436)，《高僧传·慧严传》载：

> 严乃梦见一人形状极伟，厉声谓严曰：涅槃尊经何以轻加斟酌。严觉已惕然，乃更集僧，欲收前本。时识者咸云：此盖欲诫厉后人耳。若必不应者，何容即时方梦。严以为然。②

经典字句的改动，必然会涉及亵渎经典的神圣性，神人责备其实为心理的反映。这个故事亦表明慧严等人精通字句，品目的增补比较容易，但是字句的修改则非易事，所以《南本》的修治不是短时间就能完成。

《北本》于元嘉七年(430)传至建康，而元嘉八年(431)春，谢灵运因为会稽太守孟顗的诬告而上京辩护。③ 而谢灵运被宋文帝留在建康，冬天才出任临川内史。在这一年中，谢灵运撰修《四部目录》和参与修治《南本》。《隋书·经籍志》说：

> 宋元嘉八年，秘书监谢灵运造《四部目录》，大凡六万四千八十二卷。④

据《旧唐书·经籍志》，实应为四千五百八十二卷。⑤ 这种大规模的书目并非短期内可以一蹴而就，所以用了近一年的时间才完成。谢灵运在元嘉八年(431)冬天，才开始赴临川上任，最后于元嘉十年(433)因谋叛被弃市于广州。元康《肇论疏》卷一，对谢灵运修治《大般涅槃经》的文笔赞誉有加：

---

① 《佛祖历代通载》卷八，《大正藏》第49册，第536页下。

② 慧皎：《高僧传》卷七《慧严传》，《大正藏》第50册，第368页上。

③ 谢灵运与孟顗的关系，见《宋书》卷六七《谢灵运传》，第1775—1776页。另参见李雁：《谢灵运研究》，人民文学出版社，2005年，第64—66页。

④ 《隋书》卷三二《经籍志》，中华书局，1973年，第906页。

⑤ 《旧唐书》卷四七《经籍志下》。

> 谢灵运文章秀发，超迈古今，如《涅槃》元来质朴本言：手把脚蹈，得到彼岸；谢公改云：运手动足，截流而度。①

所以，《南本》的修治是从元嘉八年(431)开始。但是，《南本》的完成与公开发表，则应在谢灵运死后，这是出于慎重与减少当时的纠纷之考虑，《佛祖历代通载》说元嘉十三年(436)，是妥当的。《南本》的修治是经过近六年的时间，对文字加以润饰美化，对品目加以细致化，增加其可读性。

最后，《大般涅槃经》的藏译本有二种：一名《大乘大涅槃经》，由胜友、智藏、天月从梵本译出，相当于此经从初至《大众所问》的前分五品，或即是法显所译的六卷《泥洹经》。另一名《大般涅槃经》，由王宝顺、善慧、海军从汉译本重译出，相当于此经全部四十卷和《大涅槃经》后分二卷。

五 《大般涅槃经后分》的传译

昙无谶在译出《北本》时，知道《北本》并不完整，而且有《大般涅槃经后分》(以下简称《后分》)的存在，于是西行寻求，但未遂先亡。慧观在修治《南本》时，亦欲重新寻访《后分》，于是奏请宋太祖资助高昌沙门道普带领书吏十余人西行，道普一行至长广郡(今山东崂山)时，船只破损，道普的双脚亦受到伤害，于是因病而逝，临终前感叹："《涅槃》后分与宋地无缘矣。"②

从内容上说，《北本》未述及佛陀入灭的事件，《北本》最后《憍陈如品》叙述须跋陀罗往见佛陀，得阿罗汉果；《后分》第一品是《憍陈如品余》，继续叙述须陀跋罗请佛住世不果，先佛而入灭。可知，《后分》是《北本》的延续。

智昇《开元释教录》卷一一记载：

> 《大般涅槃经》后译茶毗分二卷，亦云阇维分，亦云后分。
>
> 大唐南海波凌国沙门若那跋陀罗共唐国沙门会宁于彼国共译，出《大周

---

① 《肇论疏》卷上，《大正藏》第45册，第162页下。

② 慧皎：《高僧传》卷二，《大正藏》第50册，第337页上。

> 录》单本。右一经，是前《大般涅槃经》之余，《憍陈如品》之末，兼说灭度已后焚烧等事。义净三藏《求法传》云：益府成都沙门会宁，麟德年中，往游天竺，到南海诃凌国，遂与彼国三藏沙门若那跋陀罗，唐云智贤，于《阿笈摩经》抄出如来涅槃焚烧之事，非《大乘涅槃经》也，遣使寄来，方之天竺今。寻此经与《长阿含》初分《游行经》少分相似，而不全同。经中复言法身常存，常乐我净佛菩萨境界，非二乘所知，与《大涅槃》义理相涉。经初复题《憍陈如品末》，文势相接，且编于此，后诸博识详而定之。①

依此可知，《后分》是唐代律师会宁与南海波凌国（或诃凌，今爪哇）沙门若那跋陀罗一起译出。但是，义净在《大唐西域求法高僧传》中指出，会宁二人是从《阿含经》中将佛陀涅槃的部分译出，而不是《大乘涅槃经》；而且，义净指出《大乘涅槃经》在印度共二万五千颂，若译出，将达六十余卷。② 但是，智昇强调《后分》在思想上与《大般涅槃经》相通，而且在品目、文势上相接，所以应该可以确认为“后分”。

关于《大般涅槃经》的梵本总数，未详作者《大涅槃经记》叙述“胡本都二万五千偈”，义净亦强调是“二万五千颂”，而慧皎《高僧传·昙无谶传》作“三万五千偈”。从现存藏译及梵文断片来看，“二万五千偈”是一致的数目，梵本译出的藏译本经后也说：“经文二万五千颂，其中至一切大众所问品竟，有三千九百偈颂。”③由此可知，“三万五千”是误写，此经原本为二万五千偈，又其中前分《大众所问品》（相当于译本前五品）约四千偈，一直到后世印度尚存有其本。无论如何，《大涅槃经》若全部译出，将不止四十卷，这是历史的事实。现存《后分》只有二卷，确实与梵本总数有差距。

从内容来说，《北本》经文最后说：

> 无量恒河沙等众生发缘觉心，无量恒河沙等众生发声闻心，人女、天女二万亿人现转女身得男子身，须跋陀罗得阿罗汉果。④

---

① 《开元释教录》卷一一，《大正藏》第 55 册，第 591 页上。

② 《大唐西域求法高僧传》，《大正藏》第 51 册，第 4 页上。

③ 下田正弘：《涅槃经之研究——大乘经典之研究方法试论》，东京春秋社，2000 年，第 156—157 页。

④ 《大般涅槃经》卷四，《大正藏》第 12 册，第 603 页下。

须跋陀罗已经得阿罗汉果,但是《后分》开头却说:

> 尔时,须跋陀罗从佛闻说大般涅槃甚深妙法,而得法眼,见法清净,爱护正法,已舍邪见,于佛法中深信坚固,即从如来欲求出家。佛言:善哉!善哉!须跋陀罗,善来比丘!悦可圣心,善入佛道。于是,须跋陀罗欢喜踊跃,忻庆无量,即时须发自落而作沙门,法性智水,灌注心原,无复缚着,漏尽意解,得罗汉果。①

《后分》说须跋陀罗愿求出家,佛陀许可出家后,欢喜踊跃,须发自然脱落,然后证得阿罗汉果。这样,《北本》与《后分》的连接,总是略嫌矛盾重复。

从思想上说,智昇指出《后分》具有涅槃四德、法身常存的思想。如《后分·遗教品》说"此大涅槃乃是十方三世一切诸佛金刚宝藏,常乐我净周圆无缺""虽佛灭后,法身常存,是以深心供养,其福正等"②,随处可见大乘佛教的思想。但是,义净的观点亦不无道理。所以,或许存在一种可能:在义净当时,即7世纪后期,在南海地区流行的一种《阿笈摩》,其中关于佛涅槃诸事一部分,已经掺进了相当多的大乘的思想内容,以至于与大乘相接近或一样,因此会宁等会把它看作大乘《大般涅槃经》的一部分,而义净却认为它仍属于《阿笈摩》。由此看来,《大般涅槃经》本身就是分别流行,流行的时间、地区,甚至前后的内容上也不同,上述现象亦是正常的。③

义净《大唐西域求法高僧传》记载,会宁与若那跋陀罗约在麟德年间译出《后分》,由运期送经典到长安,再返回诃陵国,与会宁相见,最后会宁方适印度。

《大周刊定众经目录》卷二说:

> 大唐麟德年中,南天竺僧若那跋陀共唐国僧会宁,于日南波陵国译。仪凤年初,交州都督梁难敌附经入京。至三年,大慈恩寺主僧灵会于东宫三司受启所陈闻,请乞施行。三司牒报,逐利益行用。长安西太原寺僧慧立作

---

① 《大般涅槃经后分》卷上,《大正藏》第12册,第900页上。
② 《大般涅槃经后分》卷上,《大正藏》第12册,第900页下、901页下。
③ 王邦维:《略论大乘〈大般涅槃经〉的传译》,《中华佛学学报》1993年第6期。

序，至天册万岁元年十月二十四日奉敕编行。[1]

《开元释教录》卷九的记载，与此相同[2]；《宋高僧传》卷二增加了运期送经入京[3]。仪凤初年(676)，交州都督梁难敌带《后分》赴京；仪凤三年(678)，大慈恩寺僧灵会上奏请求流通经典，长安西太原寺慧立作序；天册万岁元年(695)，皇帝下旨流通。所以，《大周刊定众经目录》的时间记载，比义净的记载晚将近十年。

所以，《大唐西域求法高僧传》和《大周刊定众经目录》有关《后分》的记载各有不同，但是孰是孰非，难以定夺。

六 《涅槃经》诸本异同

《涅槃经》虽现存四本，但是《后分》的内容与其他三本缺乏相应的联系，所以举《法显本》《北本》《南本》三本进行比较，从文献学的角度揭示《涅槃经》在中国的演变。

《北本》共十三品四十卷；《法显本》共十八品六卷；慧严等根据《法显本》，对《北本》进行修治、整理，于是成《南本》二十五品三十六卷。先依品名的关系，将三本进行对照[4]，列表如下：

表 5.1 《涅槃经》诸本异同比较

《北本》	《法显本》	《南本》
(1)寿命品	(1)序品	(1)序品
	(2)大身菩萨品	
	(3)长者纯陀品	(2)纯陀品
	(4)哀叹品	(3)哀叹品
	(5)长寿品	(4)长寿品
(2)金刚身品	(6)金刚身品	(5)金刚身品

① 《大周刊定众经目录》卷二，《大正藏》第 55 册，第 385 页中。

② 《开元释教录》卷九，《大正藏》第 55 册，第 563 页下；

③ 赞宁：《宋高僧传》卷二，《大正藏》第 50 册，第 717 页中。

④ 参见布施浩岳：《涅槃宗之研究・前篇》，东京国书刊行会，1973 年复刻本，第 83—84 页；屈大成：《大乘〈大般涅槃经〉研究》，台北文津出版社，1994 年，第 51 页。

续表

《北本》	《法显本》	《南本》
(3)名字功德品	(7)受持品	(6)名字功德品
(4)如来性品	(8)四法品	(7)四相品
	(9)四依品	(8)四依品
	(10)分别邪正品	(9)邪正品
	(11)四谛品	(10)四谛品
	(12)四倒品	(11)四倒品
	(13)如来性品	(12)如来性品
	(14)文字品	(13)文字品
	(15)鸟喻品	(14)鸟喻品
	(16)月喻品	(15)月喻品
	(17)问菩萨品	(16)菩萨品
(5)一切大众所问品	(18)随喜品	(17)一切大众所问品
(6)现病品		(18)现病品
(7)圣行品		(19)圣行品
(8)梵行品		(20)梵行品
(9)婴儿行品		(21)婴儿行品
(10)光明遍照高贵德王菩萨品		(22)光明遍照高贵德王菩萨品
(11)师子吼菩萨品		(23)师子吼菩萨品
(12)迦叶菩萨品		(24)迦叶菩萨品
(13)憍陈如品		(25)憍陈如品

依慧皎的传说,《北本》经过“前分”“中分”“后分”三次传译,但是从整体结构上看,《北本》确实可以分为这三部分,与《法显本》《南本》之间存在着联系。

(1)《寿命品》至《一切大众所问品》共五品十卷(卷一至卷一〇),这是《北本》的“前分”。在《大正藏》中,《北本》“前分”共 62 页,《法显本》则有 47 页,虽然数量、品数上有差别,但是内容上比较一致相当。译自梵文的藏译本《大乘大涅槃经》,亦相当于“前分”;《南本》则至《现病品》,才是完整的一部分。所以,《北本》“前分”的内容有所增添,但是在思想上并没有多大变化。对于《法显本》与《北本》的关系,有学者提出相反的观点,认为六卷本的内容,相当于后三十卷,而且是依四十卷本缩略而成。[1]

(2)《现病品》至《婴儿行品》共十卷(卷一一至二一),这主要是有关“五行”的

① 河村孝照:《大乘涅槃经における大般泥洹经と大般涅槃经との比较研究》,《东洋学研究》1970 年第 4 号。

内容。

(3)《光明遍照高贵德王菩萨品》(六卷)、《师子吼菩萨品》(六卷)、《迦叶菩萨品》(六卷)、《憍陈如品》(二卷),共二十卷,分别以对话者为品目,其内容分别以十德、佛性、佛灭后争论、降伏外道为主旨,这些都是独立的章节。

对于《北本》与《南本》的差异,灌顶《大般涅槃经玄义》指出:"但去质存华。如啼泣面目肿,改为恋慕增悲恸;如呜唼我口,改为如爱子法。故其文璀璨,皆此例焉。"[①]慧严等人不依梵文而修治,直接依汉语的表达方式,从而使《南本》文字浅白通畅,分品细致,因此《南本》在中国比《北本》更流行。

① 《大般涅槃经玄义》卷下,《大正藏》第38册,第14页中。

第二节
涅槃学派概说

涅槃学派是传承、研习《大般涅槃经》而形成的一个学派，研习、弘传《大般涅槃经》的学者称为“涅槃师”，从北凉至隋末唐初，一直兴盛不衰。涅槃学派的传承，自从道生研究六卷《泥洹经》而首倡“阐提有佛性”，此后顿悟、渐悟等思想此起彼伏，成为南北朝、隋唐时期非常盛行的学派。而且，南北朝的佛教学者学无常师，通常精通各种经论，虽然有些涅槃师专以《涅槃经》为研习的中心，但是亦兼通《成实论》《十地经论》《摄大乘论》等。因此，涅槃学派是一种以《涅槃经》为中心的交叉传承，时间跨度为公元5世纪中期至8世纪中期，共三百年的历史。涅槃师的丰富思想，成为南北朝佛教思想史的重要内容，是隋唐佛教宗派成立的前奏。随着隋唐宗派的成立，八大宗派各以自宗经论为中心，但皆未将《涅槃经》作为所依经论，从而使《涅槃经》的讲习趋于衰落。

涅槃学派的传承以道生为第一人，这是从“阐提有佛性”的核心思想来说。但是，涅槃学派的传承必须从法显译出六卷《大般泥洹经》(以下简称《泥洹经》，涉及通称则用《涅槃经》)开始，在以建康为中心的南方佛学界，道生、慧叡、慧严、慧观等人，迅速从鸠摩罗什所传的般若学转向涅槃学。所以，涅槃学派的形成，与鸠摩罗什教团具有密切的联系。昙无谶于玄始十年(421)译出四十卷《大般涅槃经》后，研习者转向此经，促进涅槃学派在北魏与刘宋时期的兴盛，一直至隋末唐初，绵延不绝。

一 鸠摩罗什、慧远与《泥洹经》

义熙十三年(417)，法显与佛陀跋陀罗译出《大般泥洹经》时，鸠摩罗什已经去世。[①]

① 有关鸠摩罗什的歿年，历来有弘始七年(405)、弘始八年(406)、弘始十一年(409)、弘始十五年(413)等种种说法，最新的考证结果是日本学者斋藤达也提出的弘始十三年(411)。见《鸠摩罗什の没年问题の再检讨》，《国际佛教学大学院大学研究纪要》2000年第3号。

鸠摩罗什出生于龟兹，龟兹是否流传《涅槃经》，则不能得知。有一点是确定无疑的，鸠摩罗什知道《涅槃经》的存在，因为在《大智度论》等论书中，已经广泛引用《涅槃经》。而且，鸠摩罗什对《涅槃经》的思想或许大致了解，因为僧叡在《释疑》[①]中论述《般若经》《法华经》《泥洹经》三经的思想，然后说：

> 此三经者，如什公所言：是大化三门，无极真体，皆有神验，无所疑也。什公时，虽未有《大般泥洹》文，已有《法身经》明佛法身，即是泥洹。与今所出，若合符契。此公若得闻此佛有真我，一切众生皆有佛性，便当应如白日朗其胸衿，甘露润其四体，无所疑也。[②]

“如什公所言”表明鸠摩罗什曾经概括了《泥洹经》的思想。鸠摩罗什未有机缘见到《泥洹经》，所以引起僧叡的感慨。

鸠摩罗什门下，僧叡、慧叡、道生、慧严、慧观等则无不受到《泥洹经》的影响，故而鸠摩罗什教团从般若性空的“空宗”转向常住佛性的“有宗”，而这种转向的契机即是《泥洹经》的译出。

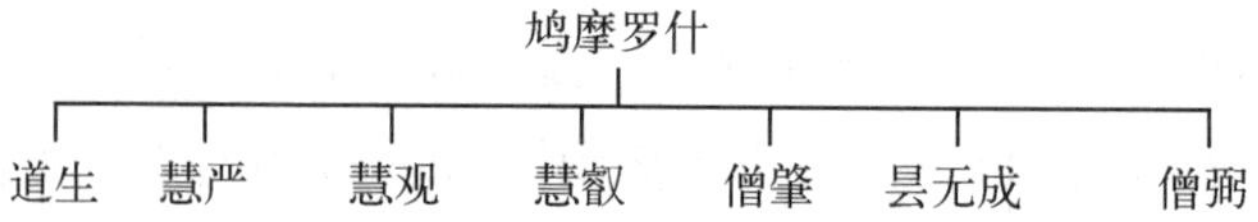

图 5.1　鸠摩罗什门下涅槃学派的传承

另外一方面，涅槃学在中国的兴起，与慧远的庐山教团亦有密切的关系。虽然慧远亦无缘见到《泥洹经》，但是慧叡、慧观、慧严等在师事鸠摩罗什之前，本来亦是慧远的弟子，而后来的涅槃师昙顺、道汪、（余杭）慧静等皆出自他的门下。慧远以般若、空的立场理解“泥洹”，从而影响了弟子辈的涅槃思想。而且，佛陀跋陀罗离开长安后，受慧远邀请住在庐山，后来译出《泥洹经》。

所以，涅槃学的兴起，与鸠摩罗什、庐山慧远两大教团皆有密切的联系。正是两大教团精英学者的学术转向，才真正促进了涅槃学派的发展。

---

① 有关《释疑》的作者，涉及“僧叡”与“慧叡”的问题。最新的研究成果表明，此二人非同一人，《释疑》应为僧叡的作品。见涂艳秋：《鸠摩罗什门下由“空”到“有”的转变——以僧叡为代表》，《汉学研究》2000 年第 18 卷第 2 期；徐文明：《僧叡慧叡非一人辩》，《正观杂志》2003 年第 25 期。

② 僧祐：《出三藏记集》卷五，《大正藏》第 55 册，第 42 页上。

二 河西僧团与北本《涅槃经》

玄始十年(421),昙无谶译出四十卷北本《大般涅槃经》。在昙无谶的门下,有一批义学沙门,如道朗、慧嵩、道进等,随昙无谶学习《涅槃经》以及禅法、戒律等。而且,昙无谶僧团因受到北凉沮渠蒙逊家族的支持,在北凉盛极一时。

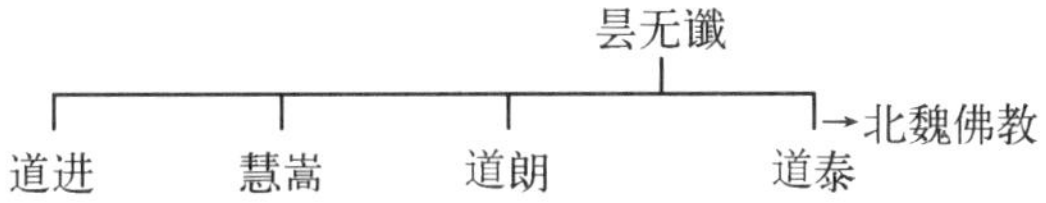

图 5.2 昙无谶门下涅槃学派的传承

道朗、慧嵩、道进三人都没有专门的传记,依《高僧传·昙无谶传》《大涅槃经序》的记载,可简单了解他们的生平。道朗、慧嵩在接触昙无谶之前,在当时的河西已经有很大的影响。《高僧传·昙无谶传》说:

> 时沙门慧嵩、道朗,独步河西,值其宣出经藏,深相推重,转易梵文,嵩公笔受。道俗数百人,疑难纵横,谶临机释滞,清辩若流,兼富于文藻,辞制华密。嵩朗等更请广出诸经。[①]

《出三藏记集·昙无谶传》有相同的记载。道朗、慧嵩可能是受到沮渠蒙逊的邀请,加入昙无谶的译经事业。在翻译《涅槃经》时,"手执梵文,口宣秦言"[②],主要由慧嵩笔受。道朗可能在义理上比较有造诣,所以作《涅槃经序》;而且,撰《涅槃经义疏》,吉藏说道朗"亲承三藏,作《涅槃义疏》"[③],可见道朗是依昙无谶讲《涅槃经》的讲义而撰疏。

在吉藏、灌顶的著作中,还提及道朗对《涅槃经》的"五门"科判。《大般涅槃经疏》卷一:

---

① 慧皎:《高僧传》卷二《昙无谶传》,《大正藏》第 50 册,第 336 页上。
② 道朗:《出三藏记集》卷八《大涅槃经序》,《大正藏》第 55 册,第 59 页下。
③ 《大乘玄论》卷三,《大正藏》第 45 册,第 35 页下。

梁武但制中前中后，开善唯序正，光宅足流通，灵味问有缘起答有余势，河西五门，婆薮七分，兴皇八门。[①]

《涅槃经游意》说："此经之意复何穷？如河西五门，波薮七分，兴皇八章，迦叶三十解问，如来次第解释则三十解意。"[②]可见，道朗的"五门"科判在隋末唐初非常流行，依道朗撰《涅槃经序》，大约可以看出，"五门"是释名、明宗、辩体、论用、教判。[③]

另外，《魏书·释老志》记载，智嵩为译时笔受，然后以新出的经论传授于凉州，著《涅槃义记》。[④] 此"智嵩"即是慧嵩，道挺《毗婆沙序》亦称"智嵩"。可见，《涅槃经》之学，盛行于凉州。

在隋代，道朗《涅槃义疏》仍然盛行于世，吉藏、智顗、灌顶等人都引用其说。吉藏《法华玄论》说："道朗著《涅槃疏》，世盛行之。其所解《法华》，理非谬说，明常之旨，还符睿公。"[⑤]道朗著《法华经疏》，判《法华经》为五门：一、从"如是我闻"竟《序品》，序《法华》必转之相；二、从《方便品》至《法师品》，明《法华》体无二之法；三、从《宝塔品》竟《寿量品》，明《法华》常住法身之果；四、从《分别功德品》至《嘱累品》，明修行《法华》所生功德；五、从《药王本事品》讫经，明流通《法华》之方轨。[⑥] 而且，道朗《法华疏》在思想上，解释《宝塔品》是阐明法身常住之理永存不没，《寿量品》是说明如来的寿量等同虚空。[⑦] 吉藏还记载，道朗撰《中论序》，"破四缘为略，破六因为广"。[⑧] 但是，道朗的著作皆散佚不存，只见于吉藏、智顗等著作中多处援引。

另外，道朗、慧嵩在昙无谶被沮渠蒙逊杀后，还曾帮助浮陀跋摩翻译《阿毗昙毗婆沙论》。

依《出三藏记集》卷九中所存《贤愚经记》的记载，凉州沙门昙学、威德等八人在于阗大寺参加"般遮于瑟"大会，然后依各自所听而集为一部，带回到凉州。当

---

① 《大般涅槃经疏》卷一，《大正藏》第 38 册，第 42 页中。
② 《涅槃经游意》，《大正藏》第 38 册，第 230 页中。
③ 布施浩岳：《涅槃宗之研究·后篇》，东京国书刊行会，1973 年复刻本，第 8 页。
④ 《魏书》卷一一四《释老志》。
⑤ 《法华玄论》卷二，《大正藏》第 34 册，第 377 页上。
⑥ 《法华义疏》卷一，《大正藏》第 34 册，第 452 页下。
⑦ 《法华游意》，《大正藏》第 34 册，第 640 页下。
⑧ 《中论疏》卷一本，《大正藏》第 42 册，第 1 页上；同疏卷三末，《大正藏》第 42 册，第 52 页上。

时，“沙门释慧朗，河西宗匠，道业渊博，总持方等”，认为此经多明譬喻以及善恶因果，所以命名为《贤愚经》。元嘉二十二年(445)，金陵天安寺僧人弘宗译出。① 依汤用彤的研究，慧朗即是道朗。②

同时，河西僧团重视禅法与戒律，道进在昙无谶门下求受菩萨戒。然后，道朗又感瑞梦，从道进受戒。

河西是佛教自西域来华的重要通道，《魏书·释老志》说：

> 凉州自张轨后，世信佛教。敦煌地接西域，道俗交得。其旧式村坞相属，多有塔寺。太延中，凉州平，徙其国人于京邑。沙门佛事，皆俱乐，象教弥增矣。③

北凉兵乱以后，北魏太武帝在太延五年(439)灭凉，徙沮渠宗族及吏民三万户于平城，同时亦有大量的沙门随同进入平城。因此，北凉佛教移至平城，促进了北魏佛教的兴盛，北凉涅槃学亦开始在北方传播，于是出现了北方的涅槃学派。而且，随着北凉的战乱，涅槃学转传至南方，南朝重视佛教义学的风气，无疑为南方涅槃学的发展提供了很好的环境。

河西僧团的涅槃学研究，自北凉之后，在汉地的南北各有发展，直至吉藏、灌顶时代，一直绵延不绝。所以，涅槃学派的发展史，应该以河西僧团为滥觞。虽然道生在江南依六卷《泥洹经》孤明先发，提倡“阐提有佛性”，但他在当时受到摈斥，《涅槃经》传至宋土后，南方的涅槃学派才真正获得发展。

---

① 僧祐：《出三藏记集》卷九，《大正藏》第55册，第67页下—68页上。
② 汤用彤：《汉魏两晋南北朝佛教史》，北京大学出版社，1997年，第282页。
③ 《魏书》卷一一四《释老志》。

第三节
竺道生的建康涅槃学

5 世纪，随着鸠摩罗什、佛陀跋陀罗、昙无谶等译经大师译出《法华经》《般若经》《华严经》《涅槃经》等大乘经典，吸收大乘经典的思想，建立了独具特色的思想体系，这是当时佛教界的一大趋势。道生开创了南方的涅槃学派，无疑为中国佛教思想的发展做出重大的贡献。

一 竺道生的生平

道生的传记资料，有《高僧传》卷七《道生传》、《广弘明集》卷二三《龙光寺竺道生法师诔》、《出三藏记集》卷一五《道生法师传》、《宋书》卷九七等。道生(355—434)，俗姓魏，原籍钜鹿(今河北巨鹿)，祖上寓居彭城(今江苏徐州)，父亲为广戚令。道生幼小时，便表现出非凡的气度。后来，遇到沙门竺法汰[①]，于是皈依竺法汰，出家接受佛学教育。

竺法汰(320—387)是道安的同学，兴宁三年(365)，随道安避难至襄阳，最后到达建康。简文帝(371—372 年在位)时，竺法汰住瓦官寺，讲《放光般若经》，简文帝亲自临幸，于是王公大臣悉来听讲。瓦官寺原来仅有堂塔，竺法汰于是拓宽房宇，依地势而修建重门。竺法汰殁于太元十二年(387)，在南京居住长达二十三年。所以，道生在竺法汰门下出家，应该在这二十三年间。汤用彤、镰田茂雄都认为，竺法汰讲《放光般若经》时，“三吴负帙至者千数”。当时为 371—372 年，或许是道生出家的时间。[②]

道生在竺法汰门下时，表现出非凡的能力，研习经论，能与当时的名僧、学士

---

① “竺法汰”，《宋书》卷九七《夷蛮传》为“法大”，《龙光寺竺道生法师诔》为“法汰”，高丽本《出三藏记集》为“法太”。

② 慧皎：《高僧传》卷五《竺法汰传》，《大正藏》第 50 册，第 354 页下—355 页上。汤用彤：《汉魏两晋南北朝佛教史》，北京大学出版社，1997 年，第 438 页；镰田茂雄：《中国佛教通史》第 4 卷，佛光出版社，1993 年，第 278 页。

辩论。受具足戒，应该是二十岁左右。《出三藏记集·道生传》说："年至具戒，器鉴日跻，讲演之声，遍于区夏。王公贵胜，并闻风造席；庶几之士，皆千里命驾。生风雅从容，善于接诱。其性烈而温，其气清而穆。故豫在言对，莫不披心焉。"①在"清谈"盛行的时代，道生的辩才与风度，无疑赢得众多玄学名士的拥护。不久，住龙光寺，专注于学业。

《龙光寺竺道生法师诔》说："中年游学，广搜异闻，自扬徂秦，登庐蹑霍。罗什大乘之趣，提婆小道之要，咸畅斯旨，究举其奥。"②这是道生的游学历程：扬州→庐山→霍山→长安。其学问传承自僧伽提婆的阿毗昙学、鸠摩罗什的大乘般若学。道生游扬州，后来入庐山隐居七年。《出三藏记集》谓，隆安年间（397—401），道生入庐山；《高僧传》删除了"隆安中"，未明记年月。《名僧传抄》记载《名僧传》卷一的目录中，有"宋寻阳庐山西寺道生"；在《说处》，出现"庐山西寺竺道生事""慧远庐山习有宗事"。③

僧伽提婆是东晋时代翻译有部论典的名家，擅长《阿毗昙心论》。僧伽提婆于前秦建元年间（365—384）来到长安，后来应慧远的邀请至庐山。于东晋太元十六年（391）在庐山译出《阿毗昙心论》。隆安元年（397）游建业，受到晋室王公及风流名士的崇信。

依僧伽提婆离开庐山的时间，道生应该在太元末数年至庐山，得见僧伽提婆，与慧远一起学习有部。僧伽提婆于隆安元年（397）至建业，道生则住至"隆安中"，前后共七年。同时，道生也接触了慧远的般若与净土思想。道生离开庐山后，曾隐居于霍山。此"霍山"在当时的庐江潜县，即今安徽省霍山县。

在玄学盛行的时代，南方佛教界重视义理思辨。《高僧传·道生传》说："常以入道之要，慧解为本。故钻仰群经，斟酌杂论，万里随法，不惮疲苦。"④后秦弘始三年（401），鸠摩罗什应姚兴之请，至长安弘扬龙树学说。道生与始兴寺慧叡、东安寺慧严、道场寺慧观等人联袂前往长安，投入鸠摩罗什的门下，学习般若学。

当时的长安，群英荟萃，道生颖悟拔俗，蔚为美谈。尚书王俭述说道生在长安的状况："昔竺道生入长安，姚兴于逍遥园见之，使难道融义，往复百翻，言无不

① 僧祐：《出三藏记集》卷一五，《大正藏》第55册，第110页下。
② 道宣：《广弘明集》卷二三，《大正藏》第52册，第265页下。
③ 宝唱：《名僧传抄》，《卍新续藏》第77册，第347页中、360页中。
④ 慧皎：《高僧传》卷七《竺道生传》，《大正藏》第50册，第366页下。

切。众皆睹其风神,服其英秀。"[1]道生与道融反复辩论,道生的博学才识得到众人的佩服。鸠摩罗什门下有"四圣""十哲"等称,道生皆位列其中。

道生在长安求学多年,弘始九年(407)夏末离开长安。途经庐山,拜访慧远,将僧肇《般若无知论》示刘遗民,这是义熙四年(408)。义熙五年(409),道生回到建康,住在青园寺。

青园寺位于江苏南京市郊覆舟山麓,为东晋恭思皇后褚氏所创,竺道生尝住此讲顿悟成佛之义。刘宋景平元年(423),佛殿震动,传有龙升天,遂改名龙光寺。宝林、法宝、慧生等相继来住,成为弘扬顿悟学说的重镇;梁陈之际,僧绰在此讲说《成实论》,为成实学派的活动中心。同时,在南京的另一青园寺,是刘宋元嘉三年(426)王景深母亲范氏将王坦之的故祠堂地布施给比丘尼业首创立的寺舍;[2]但是,泰始三年(467),宝婴尼于东面建造禅房、灵塔,于是成为东青园寺,原来的青园寺后来反而被称为西青园寺。[3]

刘宋兴起后,宋文帝对道生极其敬重,王弘、范泰、颜延之等人皆来问道。景平元年(423)十一月,道生、慧严在龙光寺,请罽宾律师佛陀(大)什法师手执胡文,于阗沙门智胜为译,于景平二年(424)十二月译出《五分律》,"此律照明,盖生之功也"[4]。与《五分律》同时译出的,还有《弥沙塞比丘戒本》《弥沙塞羯磨》。

道生深通佛法精髓,感叹当时学者多滞碍于文字,而疏忽于义理。《高僧传·竺道生传》说:"夫象以尽意,得意则象忘;言以诠理,入理则言息。自经典东流,译人重阻,多守滞文,鲜见圆义。若忘筌取鱼始,可与言道矣。"[5]道生会通龙树的中观思想与僧伽提婆的有部思想,贯通玄学与佛学,所以在中国佛教思想史上,成为具有原创性的佛教思想家。在注释《维摩诘经》时,道生便说"无我本无生死中我,非不有佛性我也"[6],这说明道生在鸠摩罗什门下时,就已经把大乘般若学与大乘涅槃学在理论上结合起来,以实相理体为成佛之因,在般若学的实相论基础之上来构建其涅槃佛性学说,为后来整个中国佛教思想的发展构建了基本的理论框架。所以,他后来接触《泥洹经》时,才能孤明独发,提出"阐提

---

① 道宣:《续高僧传》卷五,《大正藏》第50册,第462页上。
② 宝唱:《比丘尼传》卷二《业首尼传》,《大正藏》第50册,第940页中。
③ 宝唱:《比丘尼传》卷三《法全尼传》,《大正藏》第50册,第943页中。
④ 僧祐:《出三藏记集》卷一五,《大正藏》第55册,第111页中。
⑤ 慧皎:《高僧传》卷七《竺道生传》,《大正藏》第50册,第366页下。
⑥《注维摩诘经》卷三,《大正藏》第38册,第354页中。

有性”。

法显等于义熙十三年(417)十月译出《泥洹经》,这时道生归建业已经八年。《大般泥洹经》说:“一切众生皆有佛性在于身中,无量烦恼悉除灭已,佛便明显,除一阐提。”[①]但是,道生“剖析经理,洞入幽微,乃说阿阐提人皆得成佛。于时《大本》未传,孤明先发,独见忤众”[②]。道生提倡“阐提有佛性”,成为当时的“新说”,从而与当时的“守文之徒”等产生矛盾。

《大般泥洹经》翻译时,在建业佛教界引起很大的反响。依《出经后记》记载,当时“坐有二百五十人”。[③] 依慧叡《喻疑论》,当时有义学沙门百有余人,而且该经的宗旨即是:“泥洹不灭,佛有真我。一切众生,皆有佛性。皆有佛性,学得成佛。佛有真我,故圣镜特宗,而为众圣中王。”[④]可见,佛教界认识到,佛性是该经的主要思想。然而,参与人数众多,势必会有不同的意见。《大般泥洹经》译出后,由于理解的不同,便出现篡改经文、怀疑此经为伪经的现象[⑤],可见当时确实纷争众多。

依唐代道暹《涅槃经玄义文句》的记载,当时纷争的中心人物是道生与智胜。智胜在僧传中没有传记,只知他来自于阗,帮助佛陀什翻译《五分律》。《涅槃经玄义文句》说:

> 后有传学之人,东晋大德沙门道生法师,即什公学徒上首。时属晋末宋初,传化江左,讲诸经论,未见《涅槃》大部,悬说众生悉有佛性。时有智胜法师,讲显公所译六卷《泥洹经》,说一阐提定不成佛。宋朝大德盛宗此义,闻生所说咸有佛性,众共瞋嫌。智与生公数论此义,智屡被屈,进状奏闻,彻于宋主,表云:后生小僧,全无学识,辄事胸臆,乖越经宗;若流传,误后学者,今以表奏请摈入山。宋主依奏。谪居苏州唐丘寺时,有五十硕学名僧,从生入山谘受。[⑥]

---

① 《佛说大般泥洹经》卷四,《大正藏》第 12 册,第 881 页中。
② 慧皎:《高僧传》卷七《竺道生传》,《大正藏》第 50 册,第 366 页下。
③ 僧祐:《出三藏记集》卷八,《大正藏》第 55 册,第 60 页中。
④ 僧祐:《出三藏记集》卷五,《大正藏》第 55 册,第 41 页下。
⑤ 僧祐《出三藏记集》卷六:“此《大般泥洹经》既出之后,而有嫌其文不便者,而更便改。”见《大正藏》第 55 册,第 42 页上。
⑥ 《涅槃经玄义文句》卷下,《卍新续藏》第 36 册,第 40 页上。

可见，当时以智胜为首的佛教界，主张“一阐提定不成佛”，并且得到宋文帝的支持，将道生摈至苏州虎丘。而道生主张“阐提有佛性”，从而导致东晋、刘宋时代佛教界的纷争。

所以，这是“旧义”与“新说”的矛盾。慧叡《喻疑论》说：

泥洹永存，为应照之本；大化不泯，真本存焉。而复致疑，安于渐照而排跋真诲，任其偏执而自幽不救。其可如乎！此正是《法华》开佛知见，开佛知见，今始可悟。金以莹明，显发可知。而复非之，大化之由，而有此心，经言阐提，真不虚也。[①]

慧叡以《法华经》作为依据，提倡《泥洹经》的思想即是“开佛知见”。而且，强调那些“旧义”者反对“阐提有佛性”，才是真正的“阐提”。

道生为当时佛教界所摈，除因“阐提有佛性”的异见外，还因他立《二谛论》《佛性当有论》《法身无色论》《佛无净土论》《应有缘论》等著述，这些独创的思想都会遭到大众的反对。而且，道生性格刚烈，锋芒毕露，为时所忌。[②] 思想与现实上的矛盾，导致道生离开建业。《高僧传·道生传》记载，当时道生在大众前发誓：“若我所说，反于经义者，请于现身即表厉疾；若与实相不相违背者，愿舍寿之时，据师子座。”[③]可见，当时的纷争非常激烈。

至于道生“被摈”的时间，范泰《致生、观二法师书》是在元嘉三年至五年(426—428)左右，这时道生仍然住在青园寺。而且，《出三藏记集·道生传》说“生以元嘉七年投迹庐岳……俄尔，《大涅槃经》至于京都”[④]，隋硕法师《三论游意义》说“宋元嘉七年，《涅槃》至扬州”[⑤]，这时道生已经隐居庐山，所以道生的“被摈”事件，是在元嘉五年至六年间(428—429)。后来传说，道生离开建业后，青园寺发生雷震，龙升于天，于是改称为“龙光寺”。依《宋书·五行志》记载，元嘉五年(428)，建业雷震特别厉害，曾经破坏太庙。[⑥]

---

① 僧祐：《出三藏记集》卷五，《大正藏》第55册，第41页下。
② 道宣《广弘明集》卷二三说：“物忌光颖，人疵贞越，怨结同服，好折群游。”(《大正藏》第52册，第266页上。)
③ 慧皎：《高僧传》卷七《竺道生传》，《大正藏》第50册，第366页下。
④ 僧祐：《出三藏记集》卷一五，《大正藏》第55册，第111页上。
⑤《三论游意义》，《大正藏》第45册，第122页中。
⑥《宋书》卷三三《五行志四》，中华书局，1974年，第968页。

道生至虎丘寺后，讲说《泥洹经》，学徒数百人云集，于是便有“生公说法，顽石点头”的佳话。道生之所以选择虎丘寺，或许与法纲有一定的关系。在《广弘明集》卷一八《慧璘演僧维问》中，法纲说：“学不渐宗，曾无仿佛”[①]，可见他是主张“渐悟”的。而且，竺法纲与慧林（即慧琳）往来密切，二人有《竺法纲释慧林问往反十一首》[②]。慧琳为法纲、道生皆撰诔文，法纲殁于元嘉十一年(434)十一月，道生殁于同年十月，二人都隐居于虎丘，殁于庐山。

元嘉七年(430)，道生再度入庐山隐居。不久，《大涅槃经》传至扬州，谢灵运、慧严、慧观修治之，成为南本《大涅槃经》。《高僧传·竺道生传》说“果称阐提悉有佛性，与前所说，合若符契”，于是建业佛教敬佩道生的卓识，崇拜有加。依隋硕法师《三论游意义》的记载，“尔时，里山慧观师，令唤生法师讲此经也”[③]，这是慧观将《大涅槃经》送至庐山，令道生讲此经。道暹《涅槃经玄义文句》记载，建业佛教界赞叹道生的学识，奏请迎回建业讲《涅槃经》，于是著义疏五十余纸，称为《关中疏》；而且，道生卒于讲座，故号为“忍死菩萨”。[④] 但是，《高僧传·竺道生传》《出三藏记集·道生传》皆未提及道生回建业之事。

元嘉九年(432)三月，道生于庐山东林寺撰《法华经疏》。[⑤] 当时，道生的常住寺院是庐山西林寺，因为《名僧传抄》称为“宋寻阳庐山西寺道生”。

元嘉十一年(434)十月庚子(《高僧传》作十一月，误)，道生升法座讲经，神采奕奕，辩才无碍，数番论议，穷尽诸法的玄理，听讲者法喜充满。讲经将完毕时，手中的麈尾掉落在地，但是姿势端正，在法座上安然而逝，从而实现临终“据师子座”的誓言。建业佛教界深感惭愧，从而更加信服道生的学说。

道生的直传弟子有竺道攸(即道猷)、僧瑾、慧琳等，祖述其说者，不计其数，从而形成南北朝佛教思想界的一大潮流。

道生先后师事竺法汰、僧伽提婆、鸠摩罗什，接触慧远、僧肇等人，奠定了性空般若学、有部毗昙、龙树中观、法华、净土、十住等思想的基础，所以，他的思想融贯了般若、法华、涅槃三系，成为中国佛教重要的思想来源。

---

① 道宣:《广弘明集》卷一八,《大正藏》第 52 册,第 226 页中。

② 僧祐:《出三藏记集》卷一三,《大正藏》第 55 册,第 84 页中。

③《三论游意义》,《大正藏》第 45 册,第 122 页中。

④《涅槃经玄义文句》卷下,《卍新续藏》第 36 册,第 40 页上—中。

⑤《妙法莲华经疏》卷上:“以元嘉九年春之三月,于卢山东林精舍,又治定之,加采访众本,具成一卷。”(《卍新续藏》第 27 册,第 1 页中。)

二 竺道生的著作

道生的著作非常丰富，僧祐《出三藏记集·道生传》、慧皎《高僧传·竺道生传》、陆澄《法论目录序》皆有记载。但是，现存仅《法华经疏》二卷、《维摩经义疏》(《注维摩经》引用)、《泥洹经疏》(《涅槃经集解》引用)，其余皆散佚不存，隋唐佛教著述中引用其言者，皆以"生公""生法师"为称。

(一)《法华经义疏》或《妙法莲华经疏》二卷，僧祐载。

(二)《维摩经义疏》，撰于义熙六年(410)之后，《注维摩经》《维摩经关中疏》皆引用。

(三)《泥洹经义疏》，此为六卷《泥洹经》的注疏，僧祐有载。但是，道暹称道生著《大般涅槃经关中疏》，共五十余纸。《大般涅槃经集解》卷一引用道生的"序"，卷四至卷五五引用他的注疏，他注解的《大般涅槃经》主要是《纯陀品》《哀叹品》《长寿品》《金刚身品》《四相品》《四依品》《四谛品》《如来性品》《文字品》《月喻品》《圣行品》《德王品》《师子吼品》。而且，《圣行品》《德王品》《师子吼品》为《大般涅槃经》所特有，所以道生著《大般涅槃经疏》之事，是确实存在的。

(四)《小品经义疏》，僧祐载。

(五)《顿悟义》，僧祐载;《顿悟成佛义》，慧皎载。

(六)《沙门竺道生执顿悟》，陆澄载。不知此三文，是否为同一文?

(七)《善不受报义》，僧祐、慧皎均载。陆澄《法论目录》另有《述竺道生善不受报义》，释僧璩答释镜难。

(八)《二谛论》，慧皎载。《涅槃经集解》卷三二有引用[①]。

(九)《佛性当有论》，慧皎载。

(十)《法身无色论》，慧皎载。

(十一)《应有缘论》，慧皎载。

(十二)《佛无净土论》，慧皎载。吉藏《胜鬘宝窟》卷上末说:"竺道生著

① 《大般涅槃经集解》卷三二，《大正藏》第 37 册，第 487 页上—489 页下。

《法身无净土论》，明法身无净土，此皆用无色义也。”[1]另外，吉藏《法华玄论》又说：“生公著《七珍论》，此是《法身无净土论》。”[2]《七珍论》是否指《顿悟成佛义》《善不受报义》《二谛论》《佛性当有论》《法身无色论》《佛无净土论》《应有缘论》七篇文章？因为依吉藏论述的语气，《七珍论》应该是指七篇文章，即是上述七篇。

（十三）《涅槃三十六问》，陆澄载。后世引用，皆称《涅槃三十六问答》。

（十四）《释八住初心欲取泥洹义》，陆澄载。

（十五）《辩佛性义》，记载王稚远（即王谧）与竺道生有关佛性的问答。

（十六）《范重问道生往反三首》，范重即是范伯伦，收在陆澄《法论目录序》第九帙《慧藏集》中，另外，还有范伯伦《问竺道生诸道人佛义》《众僧述范问》《傅季友答范伯伦书》。这是范伯伦向众僧问佛法大义，以及与道生之间的往返问答等。傅季友（傅亮）在元嘉三年（426）被诛杀，可见此四篇作于此前。

（十七）《竺道生答王问一首》，陆澄载。这是道生答王弘（字休元）有关顿悟义的文章，现存于《广弘明集》卷一八《竺道生答王卫军书》[3]。

（十八）刘遗民《与竺道生书》。此书已失存，内容不明。道生曾携僧肇《般若无知论》，自长安送给庐山刘遗民，可知二人甚为友好。

（十九）《十四科义》，这是后人集道生的著作。《智证大师请来目录》说“《十四科义》一本，生公”[4]，《东域传灯目录》说“《十四科义》一卷，竺道生”[5]，《圆珍入唐求法目录》亦有“《十四科义》一本”[6]，或许即此书。唐道液《净名经关中释抄》卷上，提说道生“制《十四科》《法华》《涅槃》疏及注此经”。[7] 宋代智圆《涅槃玄义发源机要》卷一则说：“以六卷《泥洹》先至京都，生剖析经理，洞入幽微，乃说阐提皆得成佛，遂撰《十四科》，其第十众生有佛性义云。”[8]依智圆的说法，道生在阅读六卷《泥洹经》后，便撰《十四科》。

吉藏曾提到《七珍论》，亦是道生的著作集成。可见，至少在唐代便集成了《十四科义》。

---

① 《胜鬘宝窟》卷上末，《大正藏》第 37 册，第 15 页下。

② 《法华玄论》卷九，《大正藏》第 34 册，第 442 页上。

③ 道宣：《广弘明集》卷一八，《大正藏》第 52 册，第 228 页上。

④ 《智证大师请来目录》，《大正藏》第 55 册，第 1106 页中。

⑤ 《东域传灯目录》，《大正藏》第 55 册，第 1162 页上。

⑥ 《圆珍入唐求法目录》，《大正藏》第 55 册，第 1100 页下。

⑦ 《净名经关中释抄》卷上，《大正藏》第 85 册，第 510 页下。

⑧ 《涅槃玄义发源机要》卷一，《大正藏》第 38 册，第 19 页上。

如澄观《大方广佛华严经随疏演义钞》引用了《十四科》的“净土义”“善不受报义”“实相义”,[①]延寿《宗镜录》引用《十四科》的“法身义”“净土义”。[②] 可见,《十四科义》应该是指除《法华经义疏》《维摩经义疏》《泥洹经义疏》《大般涅槃经疏》《小品经义疏》以外的其他十四篇文章。

三 道生系建康涅槃学

南朝佛教在宋、齐、梁三代兴盛一时。刘宋元嘉之世,承继东晋末期佛教的法绪,随着姚秦的灭亡、庐山慧远的示寂,佛教中心逐渐向建康移动,如佛陀跋陀罗转住道场寺。六卷《大般泥洹经》的译出,引起南朝佛教对《涅槃经》的研究兴趣;慧严、慧观对《南本》的修治,判教理论的提出与完善,顿悟、渐悟、佛性等理论的争辩,从而使涅槃学派在南朝传承不绝。建康佛教是在长安佛教与庐山佛教的基础上,融合了般若与涅槃的思想传统,以及在玄学的影响下,从而蓬勃发展。在南齐竟陵王时期,成实学派逐渐呈上升趋势,《广弘明集·智称行状》说:“《法华》《维摩》之家,往往间出;《涅槃》《成实》之唱,处处聚徒。”[③]于是,兼习《涅槃经》《成实论》成为当时的风尚。

刘宋时代的涅槃学派,以道生为渊源,《续高僧传》记载僧旻之言说“宋世贵道生,顿悟以通经”[④],所以涅槃师多出于道生系统;由于顿悟、渐悟的争论,慧观门下亦俊杰辈出;同时,亦来有自北方的涅槃师,以东阿慧静为源流;最后,便是系统不明的涅槃师。

道生的学说,在当时虽然轰动一时,能够真正理解者却甚少。但是,他的弟子和祖述其说者绵延不绝,成为涅槃学派的重要一系。

1. 道猷、法慈、觉世、慧整

关于道猷,《高僧传·道猷传》[⑤]的叙述与《出三藏记集》卷九《胜鬘经序》[⑥]中

---

① 《大方广佛华严经随疏演义钞》卷二六、四一、五一,《大正藏》第 36 册,第 197 页上、318 页下、400 页上。
② 《宗镜录》卷一六、二一,《大正藏》第 48 册,第 502 页下、533 页中。
③ 道宣:《广弘明集》卷二三,《大正藏》第 52 册,第 269 页。
④ 道宣:《续高僧传》卷五,《大正藏》第 50 册,第 462 页中。
⑤ 慧皎:《高僧传》卷七《道猷传》,《大正藏》第 50 册,第 374 页下。
⑥ 僧祐:《出三藏记集》卷九,《大正藏》第 55 册,第 67 页中—下。

道攸的生平基本相同，所以道猷即是道攸。道猷为吴地人，在道生座下出家后，随道生入庐山。元嘉十一年(434)，道生殁后，道猷悲伤至极，于是隐居于临川郡。元嘉十三年(436)八月十四日，求那跋陀罗与宝云合译出《胜鬘经》，道猷阅经后，对于道生的学说与《胜鬘经》的一致性，感叹说："先师昔义暗与经同，但岁不待人，经集义后，良可悲哉。"于是，注解《胜鬘经》五卷，宣扬道生的遗训，这是《胜鬘经》最早的注释。但是，道猷《胜鬘经注》文字繁杂，所以未流行于世。宋文帝问慧观："谁能继承道生的顿悟义？"慧观回答说："生公弟子道猷。"于是下诏命道猷进京，在宫内齐集义学僧侣，讲述顿悟学说。当时有责难其说者，道猷因为深思熟虑，对道生的思想领悟颇深，于是反驳渐悟者，受到宋文帝的赞叹。孝武帝登位后，大明四年(460)，敕为新安寺法主，并为都邑。孝武帝赞叹说"生公孤情绝照，猷公直辔独上"，可见道猷在当时的影响力。元徽年间(473—476)卒，世寿七十一岁。

《高僧传·道猷传》记载道猷有弟子"豫州沙门道慈"，擅长《维摩经》《法华经》，祖述道猷的义学，删其《胜鬘经注》为两卷。《胜鬘经序》的作者，高丽本记为"慈法师"，宋、元、明三本为"法慈法师"。此"法慈"与"豫州沙门道慈"是否为同一人[①]？道猷隐居在临川，即今江西抚州，豫州即今河南寿县。但是，在东晋时代另有"豫州沙门道慈"，《出三藏记集》卷九收录道慈法师作《中阿含经序》记载：

> 晋隆安元年丁酉之岁十一月十日，于扬州丹阳郡建康县界，在其精舍更出此《中阿含》，请罽宾沙门僧伽罗叉令讲胡本，请僧伽提和转胡为晋，豫州沙门道慈笔受，吴国李宝唐化共书。至来二年戊戌之岁六月二十五日，草本始讫。[②]

道慈于隆安元年(397)至二年(398)任《中阿含经》翻译的笔受。而且，太元十六年(391)，僧伽提婆与慧远翻译《阿毗昙心论》时，道慈亦任笔受。可见，道猷的弟子"豫州沙门道慈"不是东晋时代的道慈。而《胜鬘经序》的作者法慈即是《高僧传·道猷传》中的道慈。或许法慈为豫州人，于是与"豫州沙门道慈"相混淆。

《高僧传·道猷传》末尾附有长乐寺觉世、多宝寺慧整，二人是当时著名的顿

---

① 镰田茂雄以为是同一人，见《中国佛教通史》第4卷，佛光出版社，1993年，第306页；布施浩岳认为法慈与道慈为二人，见《涅槃宗之研究·后篇》，东京国书刊行会，1973年复刻本，第31页。

② 僧祐：《出三藏记集》卷九，《大正藏》第55册，第64页上。

悟论者。《名僧传抄》中收录了觉世的传记。觉世是京兆人，十二岁出家，擅长《泥洹经》《大品经》，建立二谛义，以不空假名为宗，与慧整齐名。泰始年间(465—471)住在长乐寺，世寿五十九。[①] 慧整精通《中论》《百论》《十二门论》，可见觉世、慧整都属于鸠摩罗什、僧肇、道生的学系。

2. 宝林、法宝

依《高僧传》卷七，宝林及其弟子法宝与慧生等三人皆住在龙光寺，弘扬道生的思想。宝林刚开始在长安受学于道生，后来祖述道生的各种理论，当时人号为"游玄生"。宝林著《涅槃记》，注释《异宗论》《檄魔文》等，但是《弘明集》卷十四收录了宝林所作《破魔露文》，而同卷收录《檄魔文》是智静所作。法宝是宝林的弟子，住在龙光寺，精通内学、外学，著《金刚后心论》。[②] 从《金刚后心论》的题目可知，这是论述金刚后心豁然大悟的顿悟思想，这与吉藏《二谛义》引用道生的"大顿悟义""果报是变谢之场，生死是大梦之境，从生死至金刚心皆是梦，金刚后心豁然大悟，无复所见也"[③]一致。龙光寺自从道生之后，一直是弘扬顿悟学说的中心，至梁代更为兴盛。

3. 僧璩、僧瑾

僧璩，吴郡人，俗姓来(或谓姓朱)，在僧业门下出家，博通众经，尤擅《十诵律》。孝武帝(453—464年在位)时，奉敕入京师任僧正维那，住中兴寺；持律严谨，道俗钦服，皇室成员从他受五戒，袁粲、张敷等十分尊崇他。后来，移住庄严寺，大明末年示寂，世寿五十八岁，著有《僧尼要事》两卷。[④]《出三藏记集》卷二记载：

> 《十诵羯磨》一卷，或云《略要羯磨法》，《十诵律》出。
>
> 上一部，凡一卷，宋景和(465)中，律师释僧璩于京都撰出。[⑤]

但是，道宣《大唐内典录》记载：

---

① 宝唱：《名僧传抄》，《卍新续藏》第77册，第354页中。
② 慧皎：《高僧传》卷七，《大正藏》第50册，第367页上。
③《二谛义》卷下，《大正藏》第45册，第111页中。
④ 慧皎：《高僧传》卷一一《僧璩传》，《大正藏》第50册，第401页上—中。
⑤ 僧祐：《出三藏记集》卷二，《大正藏》第55册，第13页上。

《十诵僧尼要事羯磨》二卷，右废帝世大明七年(463)，律师释僧璩，于扬都中兴寺依律撰出。亦云《略要羯磨法》，见僧祐《三藏记》。[①]

僧祐与道宣的记载有矛盾之处，时间、卷数各有不同；但是，道宣又强调《十诵僧尼要事羯磨》即是《略要羯磨法》，难以定夺。陆澄《法论目录》第十一帙有"《述竺道生善不受报义》，释僧璩释镜难璩答"[②]，面对僧镜的论难，僧璩以道生的"善不受报义"给予答辩。僧镜是慧观系的涅槃学者，则应僧璩是道生一系的顿悟论者。

僧瑾，少年擅长《老》《庄》《诗》《礼》等，后来在昙因座下出家，学习三藏经论。至龙光寺，依道生受业。初住治城寺，孝武帝敕为湘东王师，为王授五戒，代昙岳为僧正。湘东王即位后即是宋明帝，泰始元年(465)，敕僧瑾为天下僧主。僧瑾建造灵根寺、灵基寺，弘扬禅慧。宋明帝晚年，颇多忌讳，僧瑾屡回劝导。元徽年间卒，世寿七十九岁。[③] 僧传中虽未明记僧瑾弘扬道生的学说，但是他为道生的弟子，所以可能为顿悟论者。

4. 谢灵运、刘虬、法京→智远

道生的学说在东晋末年至刘宋初年，由于理解的困难和渐悟一系的压迫，所以在佛教界真正提倡者不多。但是，谢灵运、刘虬高举顿悟的旗帜，在文人中非常有影响力。谢灵运与道生的交往，缺乏明确的文献记载。但是，道生住在青园寺近二十年，而谢灵运在这二十年中或仕或隐，经常来往于建康，元嘉三年(426)至元嘉五年(428)在京任秘书监、侍中，或许与道生有往来。谢灵运著《辩宗论》《答纲琳二法师》与《答王卫军问》，申述并捍卫道生的顿悟说，可知他受到法勖、僧维、慧驎、竺法纲、慧琳与王弘等人多番质疑，亦可见他对"顿悟"的信受与坚持。谢灵运《辩宗论》中述及"新论道士"[④]，即是指道生。王弘与谢灵运多次辩论后，将问答送示道生，道生《答王卫军书》说"究寻谢永嘉论，都无间然，有同似若妙善，不能不以为欣"[⑤]，肯定了谢灵运对顿悟的理解。关于这场争论的主要内

① 道宣:《大唐内典录》卷四,《大正藏》第 55 册,第 261 页上。
② 僧祐:《出三藏记集》卷一三,《大正藏》第 55 册,第 84 页下。
③ 慧皎:《高僧传》卷七《僧瑾传》,《大正藏》第 50 册,第 373 页下—374 页上。
④ 道宣:《广弘明集》卷一八,《大正藏》第 52 册,第 225 页上。
⑤ 道宣:《广弘明集》卷一八,《大正藏》第 52 册,第 228 页上。

容，陆澄《法论目录》保存了下列的目录[①]：

《辩宗论》，谢灵运
《法勖问》，往反六首
《僧维问》，往反六首
《慧驎述僧维问》，往反六首
《驎杂（亦作"新"）问》，往反六首
《竺法纲释慧林（亦作"琳"）问》，往反十一首
《王休元问》，往反十四首
《竺道生答王问》，一首
《渐悟论》，释慧观
《明渐论》，释昙无成

并且小注"沙门竺道生执顿悟，谢康乐灵运辩宗述顿悟，沙门释慧观执渐悟"，可见谢灵运对道生顿悟说的弘扬。这场辩论的时间是在永初三年（422）七月至景平元年（423），远在《北本》传至建康以前。[②] 当时，谢灵运任永嘉太守，王弘为江州刺史，道生在建康，法纲、慧琳在虎丘，所以这场争辩广及永嘉、虎丘、扬都、江州等地，以书信与游玩山水的方式，完成了中国佛教思想史上有名的论争。

谢灵运在文学上的成就举足轻重，但是在佛学上的影响远不及刘虬。刘虬（437—495），《南齐书》卷五四、《南史》卷五〇有其传记。刘虬在泰始年间任晋平王骠骑记室当阳令，后来罢官还家，披鹿皮，居茅室，长斋礼诵，精研佛理。萧子良《与荆州隐士刘虬书》说："述善不受报、顿悟成佛义，当时莫能屈。注《法华》等经，讲《涅槃》、大小品等。"[③]南齐时代，他屡征不就，是佛教著名的隐士。刘虬提倡顿渐五时判教，在南北朝产生了重要的影响。

刘虬的儿子刘之遴，《梁书》卷四〇有传。《广弘明集》卷二四收录了他所作的《吊震法师亡书》《与震兄李敬朏书》《吊僧正京法师亡书》，卷二八收录《与印阇梨书》，可见他亦是虔诚的佛教徒。刘之遴师事法京达五十余年，可见刘虬与法

---

① 僧祐：《出三藏记集》卷一三，《大正藏》第55册，第84页中。
② 汤用彤：《汉魏两晋南北朝佛教史》，北京大学出版社，1997年，第439页。
③ 道宣：《广弘明集》卷一九，《大正藏》第52册，第233页上。

京应该是故交。刘之遴对法京十分赞叹：

> 若乃五时九部流通解说，匹之前辈，联类往贤，虽什、肇、融、恒、林、安、生、远，岂能相尚。顿悟虽出自生公，弘宣后代微言不绝，实赖夫子。[1]

刘之遴认为法京才是道生的真正继承者，宣扬顿悟义。但是，法京的传记被道宣归入《习禅篇》。法京是太原人，后寓居江陵。七岁出家，十三岁与同学智渊升高座，说法无碍。扩建荆州长沙寺，当时誉称天下第一。后来任后梁僧正，统领教团。[2] 传中未提法京弘扬顿悟义，或许是偏重他弘扬禅法而言。

道生的顿悟说受到南朝禅者的重视，法京的弟子有智远、慧暠，皆是精通经教与禅法的学者。智远(495—571)住荆州长沙寺，至建业，在龙光寺僧绰门下学习经教。梁建安侯萧正立造普明寺，邀请智远住持。后来在慧湛禅师座下学习禅法，住开善寺，陈太建三年(571)卒，世寿七十七岁。[3]《续高僧传·智远传》中记载，新安寺沙门慧暠与智远同学，对智远的去世非常悲痛。学者皆将新安寺慧暠与安州方等寺慧暠混淆，又因为安州慧暠是楞伽师法冲之师，从而建立了道生顿悟说与南宗禅的关系。[4] 但是，安州慧暠(547—633)比新安寺慧暠小五十二岁，根本不是同时代的人。

5. 法瑗→僧宗

法瑗(409—489)，俗姓辛，陇西人。长兄为北魏大尚书，次兄出家为芮国(今山西省芮城县)的国师。在梁州沙门竺慧开座下出家，受到慧开的教导，游学于燕、赵、邺、洛等地。当时正逢五胡十六国之乱，社会动荡不安。元嘉十五年(438)归梁州，再赴成都，顺道东行建业，师事道场寺慧观，专心学习大乘及《毗昙》《成实论》。后来，入庐山修习禅定。刺史瘐登邀请出山说法，这时“文帝访觅述生公顿悟义者，乃敕下都，使顿悟之旨重申宋代”，何尚之听法瑗说法后，感叹说“常谓生公殁后，微言永绝，今日复闻象外之谈，可谓天未丧斯文也”，可见法瑗对道生顿悟义的领悟。宋文帝任命他为南平穆王铄五戒师。晚年隐居方山，注

---

① 道宣：《广弘明集》卷二四，《大正藏》第52册，第276页上。
② 道宣：《续高僧传》卷一六《法京传》，《大正藏》第50册，第556页中。
③ 道宣：《续高僧传》卷一六《智远传》，《大正藏》第50册，第556页上。
④ 汤用彤：《汉魏两晋南北朝佛教史》，北京大学出版社，1997年，第484页；镰田茂雄：《中国佛教通史》第4卷，佛光出版社，1993年，第310页。

释《胜鬘经》《微密持经》，后世流传有《胜鬘经注》三卷。[①] 法瑗对《孝经》《丧服》非常有造诣，受到当时皇室及王公大臣的推崇。后来出山，住天保寺，任湘宫寺法主。晚年应南齐文惠太子的召请，住扬州灵根寺。《名僧传抄》中有"法瑗夏于灵根讲《华严经》事"[②]，齐永明七年(489)卒，世寿八十一。[③]

从法瑗的生平可以看出，法瑗早年游学于北方，后来至建康而师事慧观。法瑗入道场寺的时间在元嘉二十年(443)前后，慧观是渐悟论的代表人物，法瑗可能是在建康或庐山学习道生的顿悟义。因为道生曾两次入庐山隐居，而且圆寂于庐山，庐山是涅槃学派的重镇之一。但是，宋文帝邀请道猷、法瑗弘扬道生的学说，都与慧观有直接的联系。可见，慧观虽然在思想上与道生有所不同，但是对道生的学说仍然十分推崇；或许，晚年他的思想发生了一些变化。

另一方面，渐悟、顿悟论争，始于道生、慧观时代；但是，道生去世后，唯有宝林、法宝留在龙光寺弘扬其说；道猷应宋文帝之诏，开演顿悟义，受到时人的论难。在孝武帝时代，顿悟义得到复兴。可见，道生的顿悟义是独特异出的天才思想，纯粹的顿悟思想在当时是比较难以接受的，反而顿渐兼容成为南朝佛教思想的主流，顿渐思想是南朝判教的根本特点。顿渐兼容综合了道生的顿悟与慧观的渐悟，从而成为南朝佛教的教理组织。

---

① 《大唐内典录》卷四，《大正藏》第55册，第263页下。
② 宝唱：《名僧传抄》，《卍新续藏》第77册，第361页上。
③ 慧皎：《高僧传》卷八《法瑗传》，《大正藏》第50册，第376页下—377页上。

第四节
慧观的建康涅槃学

在道生的时代，著名的涅槃学者便是慧严、慧观，他们是渐悟论的代表人物，在宋文帝的支持下修治《南本》，弘扬《涅槃经》的思想，尤其是慧观的五时判教，在中国佛教判教史上具有非常重大的影响。

一 慧观与渐悟系涅槃学

慧观[①]，俗姓崔，清河人。十岁即以博学驰名，弱年出家，游学各地。后来师事庐山慧远，听说鸠摩罗什入关，于是前往长安，当时人赞叹说："通情则生融上首，精难则观肇第一。"撰《法华宗要序》[②]，受到鸠摩罗什的表扬与鼓励。

佛陀跋陀罗到达长安后，慧观又前往学习禅法。佛陀跋陀罗被摈，慧观随他南下庐山。后来，佛陀跋陀罗、慧观一起住道场寺，参与翻译了法显携归的梵本经律《大般泥洹经》六卷、《摩诃僧祇律》四十卷、《僧祇比丘戒本》一卷、《僧祇比丘尼戒本》一卷、《杂藏经》一卷、《华严经》六十卷。所以，慧观在思想与禅法方面，深受佛陀跋陀罗的影响。

慧观在荆州受到刺史司马休之的敬重，为他建立高悝寺。义熙十一年(415)三月，宋武帝讨伐司马休之而平定江陵，于是慧观与宋武帝相会，二人结下深缘。永初二年(421)，刘义隆(即后来的宋文帝)为荆州刺史，在江陵与慧观知交，慧观后来受到宋文帝的重视，始于此时。后来，慧观前往建康，住锡道场寺，从而开始了长达二十多年的弘法生涯。

慧观在宋文帝的支持下，推动与开展了刘宋时代的译经活动。求那跋摩(367—431)在慧观的邀请下，于元嘉八年(431)正月抵达建康，住祇洹寺，译出《菩萨善戒经》十卷等，翻译、校订了《杂阿毗昙心论》十三卷。僧伽跋摩于元嘉十

① 慧皎：《高僧传》卷七《慧观传》，《大正藏》第50册，第333页下。
② 僧祐：《出三藏记集》卷八，《大正藏》第55册，第57页上—中。

年(433)到达建康,慧观专程迎僧伽跋摩到道场寺接受供养,二人共建三层塔;而且,依焦镜《后出杂心序》,元嘉十一年(434)九月,于建康长干寺,僧加跋摩出论,宝云译语、慧观笔受,经过一年重新译出《杂阿毗昙心论》。[①] 昙摩密多(356—442)于元嘉年间在道场寺译出《观普贤菩萨行法经》一卷,与慧观或许有关联。[②] 求那跋陀罗(394—468)泛海至广州,宋文帝派慧观、慧严在新亭郊接待。求那跋陀罗在道场寺译出《央掘魔罗经》四卷、《楞伽经》四卷,慧观任笔受,“往复咨析,妙得本旨”[③]。慧观《胜鬘经序》说:

> 外国沙门求那跋陀罗手执正本,口宣梵音,山居苦节,通悟息心。释宝云译为宋语,德行诸僧慧严等一百余人,考音详义,以定厥文。大宋元嘉十三年,岁次玄枵八月十四日,初转梵轮,讫于月终。[④]

慧观、慧严于元嘉十三年(436)八月与求那跋陀罗一起译出《胜鬘经》。求那跋陀罗译出《楞伽经》《胜鬘经》,对中国佛教界具有举足轻重的影响力,慧观思想的转变,或许与求那跋陀罗的影响有很大的关系。

而且,慧观通晓老庄,尤其精通《十诵律》,根据律中的轻重遮遣,著《杂问律事》,流行于世,当时人称“卑罗鄙语,慧观才录”[⑤]。同时,慧观在文学上亦很有造诣,与琅琊的王僧达[⑥]、庐江的何尚之时有交往。

《高僧传》对慧观的殁年记载不清,但是《历代三宝纪》卷一记载:“《楞伽阿跋多罗宝经》四卷,元嘉二十年,于道场寺译,慧观笔受,见道慧、僧祐、法上等录。”[⑦] 可见,元嘉二十年(443)译出《楞伽经》时,慧观仍然担任笔受。《高僧传·宝云传》说:

> 顷之道场慧观临亡,请云还都,总理寺任。云不得已而还,居道场岁许,

---

① 僧祐:《出三藏记集》卷十,《大正藏》第55册,第74页中—下。

② 《大周刊定众经目录》卷三,《大正藏》第55册,第386页中。

③ 慧皎:《高僧传》卷七《求那跋摩传》,《大正藏》第50册,第344页中。

④ 僧祐:《出三藏记集》卷九,《大正藏》第55册,第67页中。

⑤ 慧皎:《高僧传》卷二《卑摩罗叉传》,《大正藏》第50册,第333页下。

⑥ 《宋书》卷七五《王僧达传》:“义庆闻如此,令周旋沙门慧观造而观之。僧达陈书满席,与论文义,慧观酬答不暇,深相称美。”

⑦ 费长房:《历代三宝纪》卷一,《大正藏》第49册,第91页上。

复更还六合。以元嘉二十六年终于山寺。[①]

慧观于元嘉年间入寂，世寿七十一。现存著作有《法华宗要序》《修行地不净观序》《胜鬘经序》，其余如《辩宗论》《论顿悟渐悟义》《十喻序赞》等则未传于世。但是，陆澄《法论目录》收有慧观著《渐悟论》，“沙门释慧观执渐悟”[②]，或许《渐悟论》即是《辩宗论》。

渐悟论的思想是当时建康佛教界的一般通行观念，这是当时毗昙学盛行的结果。在渐悟、顿悟对峙的年代，渐悟论者继承了长安佛教的思想潮流。东晋末期至刘宋初期（元嘉年间），二派皆盛极一时。

僧弼[③]（365—442），吴（江苏苏州）人，年少时与龙光寺昙干一起游学于长安，随鸠摩罗什学习经论，受到鸠摩罗什的赞赏而获允参与译经。后来，南下居楚州、郢州地区十余年，盛弘教化于江南地方。河西王沮渠蒙逊闻其德望而礼重之。僧弼曾经写信给宝林，赞叹佛陀跋陀罗：“斗场禅师甚有大心，便是天竺王何风流人也。”[④]晚年东出扬都，住于彭城寺。深受刘宋文帝器重，多次延请他讲说义学。元嘉十九年（442）示寂，世寿七十八。吉藏《中观论疏》曾引用僧弼的著作《丈六即真论》[⑤]：“如月在高天影现百水，水清则像现，水浊即像隐，缘见有生灭，佛实无去来。”[⑥]陆澄《法论目录》收有僧弼《问释慧严法身二义》[⑦]，可见僧弼关注佛身问题。宋文帝引述道生的顿悟义，僧弼则问难反驳[⑧]，可见僧弼属于渐悟论系统。

僧镜[⑨]，本为陇西（甘肃省陇西县）人，后来移住江南。崇尚孝道，侍候母亲。其母去世后，出家为僧，住在吴县华山。后来，入关中、陇西一带，求师游学，数年后，回到建康。徐湛之请为门师，极为尊崇。僧镜弘法于三吴地区，先后住苏州

① 慧皎：《高僧传》卷三《宝云传》，《大正藏》第 50 册，第 340 页上。
② 僧祐：《出三藏记集》卷一三，《大正藏》第 55 册，第 84 页中。
③ 慧皎：《高僧传》卷七《僧弼传》，《大正藏》第 50 册，第 369 页上—中。
④ 慧皎：《高僧传》卷二《佛驮跋陀罗》，《大正藏》第 50 册，第 335 页下。
⑤ 僧祐《出三藏记集》卷一三所收陆澄《法论目录》记载，僧肇著《丈六即真论》。（《大正藏》第 55 册，第 83 页下。）
⑥ 《中观论疏》卷一末，《大正藏》第 42 册，第 17 页下。
⑦ 僧祐：《出三藏记集》卷一三，《大正藏》第 55 册，第 83 页下。
⑧ 慧皎：《高僧传》卷七《竺道生传》，《大正藏》第 50 册，第 367 页上。
⑨ 慧皎：《高僧传》卷七《僧镜传》，《大正藏》第 50 册，第 373 页中—下。

台寺、上虞徐山等地。谢灵运与他交往，谢灵运所敬重的昙隆亦住在徐山。奉宋孝武帝的敕命，住在下定林寺。曾经与僧璩就顿悟、渐悟进行辩论，可见他为渐悟论者。宋元徽中卒，世寿六十七。僧镜著有《法华经》《维摩诘经》《泥洹经》等义疏及《毗昙玄论》等。《出三藏记集》卷一〇收有"焦镜法师"著《后出杂心序》，《释文纪》卷一六记为僧镜，并且解释僧镜俗姓焦，故称焦镜。《后出杂心序》说："镜以不才，谬豫听末，虽思不及玄，而时有浅解。"[①]这表明焦镜曾参与《杂阿毗昙心论》的翻译，而且曾有注解，即是《毗昙玄论》。可见，僧镜是慧观的学生辈人物。另外，元康《肇论疏》曾引用僧镜《实相六家论》，概括当时佛教界对空有的六种观点。[②]

慧观的传承，在南朝一直延续到梁代，智秀、慧超皆传其法脉。

智秀（440—502）[③]，京兆人，俗姓裘，寓居建康。投蒋山灵曜寺出家，受具戒后，遍访诸师。《高僧传·道营传》说："释道营，未详何人，始住灵曜寺习禅，晚依观、询二律师谘受毗尼，偏善《僧祇》一部，诵《法华》《金光明》，蔬素守节，庄严道慧、治城智秀皆师其戒范。"[④]可见，道营即是智秀的师父。而"观、询二律师"即是慧观、慧询。《高僧传·慧询传》记载[⑤]，慧询（375—458），赵郡（河北赵县）人，俗姓赵。幼年出家，游学长安，从鸠摩罗什受学。精研经论，尤精通《十诵律》《摩诃僧祇律》，并述作章疏。永初年中，至广陵大开律席。元嘉年中，住京师道场寺，后来受慧观的邀请，移住长乐寺。大明二年（458）示寂，世寿八十四。

智秀通达大小乘经论，兼明《毗昙》《成实论》，最擅长《涅槃经》《净名经》《般若经》。南齐竟陵王招请他讲经，后来回建康，住灵根寺。天监初年，卒于冶城寺，世寿六十三。智秀著有《涅槃经义疏》，收入《大般涅槃经集解》，传中赞叹说："为人神彩细密，思入玄微，其文句幽隐，并见披释。"智秀有弟子慧超。

慧超（475—526）[⑥]，太原（山西）人，俗姓王。永嘉之乱，寓居襄阳。七岁依檀溪寺慧景出家，次年，从僧崇禅师学习禅定。十二岁时，又随同寺的僧人学习《老子》《庄子》《易经》。竟陵王请智秀讲经时，慧超前往受学。后来，随智秀入京，住

---

① 僧祐：《出三藏记集》卷一，《大正藏》第 55 册，第 74 页下。
② 《肇论疏》卷上，《大正藏》第 45 册，第 163 页上。
③ 慧皎：《高僧传》卷八《智秀传》，《大正藏》第 50 册，第 380 页下—381 页上。
④ 慧皎：《高僧传》卷一一《道营传》，《大正藏》第 50 册，第 401 页下。
⑤ 慧皎：《高僧传》卷一一《慧询传》，《大正藏》第 50 册，第 401 页上。
⑥ 道宣：《续高僧传》卷六《慧超传》，《大正藏》第 50 册，第 475 页上—中。

灵根寺，在智秀座下乞受具足戒，通达戒律的思想要义。天监初年，智秀去世后，依智藏问学，于是通达大小乘经、律、论，名震建康。后来又依慧集学习戒律，在戒律上深有造诣。梁武帝敕任为“寿光殿学士”，又敕令与僧伽婆罗共译《阿育王经》，慧超任笔受。后屡应请出京弘化，学者称咏不绝。普通七年（526）入寂，世寿五十二。

二 慧琳与渐悟系涅槃学

谢灵运《辩宗论》《答纲琳二法师》《答王卫军问》记载了当时顿渐之争的问答，申述并捍卫了“顿悟”主张，法勖、僧维、慧驎、法纲、慧琳、王弘等人则呈现了渐悟论的特色。

在这六人中，法勖、僧维、慧驎的生平未知。依慧琳《武丘法纲法师诔》[1]，法纲为河南武丘人，俗姓殷，年少时出家于建康，游学于河南、湖北各地，曾隐居虎丘，殁于庐山，于元嘉十一年（434）十一月示寂。对于僧伽提婆讲《阿毗昙》，法纲评价说：“大略全是，小未精核耳。”[2]可见，法纲对毗昙学非常有造诣。

慧琳，秦郡秦县（江苏省六合县）人，俗姓刘，是道渊的弟子，与谢灵运、颜延之（384—456）是同时代的人。《续高僧传·道渊传》记载，道渊在建康东安寺出家，少年持律，学习经教，后来于东安寺开讲，学徒众多。宋文帝尊崇道渊，敕住彭城寺。[3] 慧琳少年出家，住建业冶城寺，博通佛教各家经典，兼及儒家和《庄子》《老子》等，性格诙谐乐观，而且傲慢自矜。有一次，慧琳在傅亮家闲坐，适值道渊前来拜访傅亮，慧琳见道渊前来，竟不为致礼，惹得道渊大怒，形于颜色。傅亮见状，也责备慧琳，罚打他二十棍杖。这件事反映了慧琳傲诞矜夸的性格。《宋书》卷九七说：

慧琳者，秦郡秦县人，姓刘氏。少出家，住冶城寺，有才章，兼外内之学，

---

① 道宣：《广弘明集》卷二三，《大正藏》第52册，第265页中—下。

② 慧皎：《高僧传》卷一《僧伽提婆传》，《大正藏》第50册，第329页上。

③ 慧皎：《高僧传》卷七《道渊传》，《大正藏》第50册，第369页上。

为庐陵王义真所知。[①]

冶城寺在建康的西北，当时高僧汇聚，慧琳、慧静、僧瑾、慧通、智顺、智秀、僧若、道乘等人皆住此寺。

慧琳的才学受到朝廷权贵的赏识。他曾与名士谢弘微交游，又受到宋武帝刘裕的次子庐陵王刘义真的知重。刘义真有夺取帝位的野心，曾说：得志之日，将以谢灵运、颜延之为宰相，慧琳为西豫州都督。宋少帝景平二年（424），庐陵王刘义真得罪被废，颜延之、谢灵运都被贬黜，慧琳也受牵连，在京容身不得，一度离开了建业。但不久又回到京城，于宋文帝元嘉十年（433）前后著《白黑论》（又名《均善论》），以白学先生与黑衣道士问答的形式论述佛教与儒学的异同。慧琳的论文在士大夫中引起了强烈的反响。衡阳太守何承天赞成慧琳的观点，著《达性论》，阐述儒家义旨，批驳佛教的"众生"说和生死轮回理论；宗炳和颜延之则分别著《难白黑论》和《折达性论》，与慧琳、何承天展开激烈的辩难。这场论战之后，慧琳受到宋文帝的信用；文帝之后，又为宋孝武帝"雅重"，逐渐参与权要，朝廷大事都与他商议，当时号为"黑衣宰相"。

慧琳的著作、书信等现存有：

(1)《均善论》（或名《白黑论》），收于《宋书》卷九七《夷蛮传》；

(2)《武丘法纲法师诔》，收于《广弘明集》卷二三；

(3)《龙光寺竺道生法师诔》，同上；

(4)《释慧琳问》（谢灵运《辩宗论》附），收于《广弘明集》卷一八；

(5)《论语琳公说》（存题名），收于《玉函山房辑佚书》"经编论语类"[②]。

散佚的著作，见于《高僧传·慧琳传》的有《孝经注》《庄子·逍遥篇注》，见于陆澄《法论目录》有《（何彦德〈断家养论〉附）释慧琳难》《婚农无伤论》《（顾长康〈证极明化论〉附）问论》。[③]

王弘（379—432），字休元，琅琊临沂（今山东临沂）人，是王珣的儿子。元嘉九年（432）进位太保，卒年五十四，谥文昭。在书法艺术上非常有成就，后人多模仿。王弘曾与范泰、颜延之一起问道于道生，在谢灵运《辩宗论》中，亦留下了解

① 《宋书》卷九七《夷蛮传》，中华书局，1974年，第2388页。

② 转引自鹈饲光昌：《刘宋の慧琳について》，《佛教大学文学部论集》1998年第82号。

③ 僧祐：《出三藏记集》卷一二，《大正藏》第55册，第85页上。

答的书信。

三 慧严与渐悟系涅槃学

慧严、慧观二人的生平有相似之处，而且二人共同弘扬《涅槃经》，对刘宋时代的佛教贡献甚大。慧严（363—443）[①]，俗姓范，豫州（安徽寿县）人。十二岁为诸生，博晓诗书。十六岁出家，深究佛理。闻鸠摩罗什至关中，于是前往随罗什受学。鸠摩罗什示寂后，回到建康东安寺，甚得宋高祖器重。宋文帝即位后，经常向他请示佛法。当时，颜延之著《离识观》及《论检》，宋文帝让慧严辨其异同，慧严后来著《无生灭论》及《老子略注》。同时，慧严参与当时的建康译场，与慧观、谢灵运一起修治了《南本涅槃经》。元嘉二十年（443）卒，世寿八十一。宋文帝下诏："严法师器识渊远，学道之匠，奄尔迁神，痛悼于怀，可给钱五万布五十匹。"可见慧严在当时建康佛教界的影响力。

慧严的弟子法智，擅长《成实论》和《大小品经》。《大般涅槃经集解》中引用了法智《涅槃经疏》，或许法智继承了慧严的涅槃学，著有《涅槃经疏》。

渐悟一系亦是出自鸠摩罗什所传的龙树思想，而且受到当时的《毗昙》《成实论》的影响，这是当时建康佛教界的通行看法。如与道生辩论的智胜，来自于阗，可见当时阿毗达摩佛教的影响力。

---

① 慧皎：《高僧传》卷七《慧严传》，《大正藏》第50册，第367页中—368页中。

第五节
东阿慧静与建康涅槃学

在道生、慧观两系盛传于南方的同一时代，北方的涅槃师主要有东阿慧静，慧静一系后来流传至南方，法瑶、昙斌承其法，在齐梁时代蔚成一系。

慧静[①]，东阿(山东)人，俗姓王。生卒年不详。少时游学伊、洛之间，晚年则游历徐州、兖州。慧静容貌甚黑而识悟清远，与洛下沙门道经齐名当世。道经的耳朵甚长，时人每称："洛下大长耳，东阿黑如墨。"每有问题请示于慧静，他必定酬答圆满。资性虚通，澄审而有思力，每登讲席，必学徒云集。慧静喜诵《法华》《小品般若》等经。著有《涅槃略记》、《大品旨归》、《达命论》、诸法师诔等书及《维摩经注》、《思益经注》。陆澄《法论目录》收录有"释慧静"的著作有《命源论》《佛性集》[②]，《命源论》肯定是东阿慧静的著作，《佛性集》或许是天柱山慧静的文集。东阿慧静的著作然多流传北土，不见于江南。刘宋元嘉年间示寂，世寿六十余。吉藏《中观论疏》引："昔山中学士名慧静法师，云惑去论主去，此去无所去，而遂舍偏著中。"[③]

慧亮是东阿慧静的弟子，少年便享有清誉，时人称慧静为"大师"，慧亮为"小师"。在临淄讲《法华经》《大小品》《十地经》等，学徒云集。后来，过江后，住何园寺。泰始初年，诸高僧大集于庄严寺，慧亮、昙斌为法主。宋元徽年间卒，世寿六十三。著《玄通论》，流行于世。[④]

法瑶，高丽本作"珍"误，[⑤]河东人，俗姓杨。生于东晋安帝之世。少而好学，寻问万里。刘宋景平年间，南游兖州、豫州。贯通群经，傍及异部。后听东阿慧静讲经，受众邀请复述，慧静感叹说："吾不及也。"智𫖮《法华文句》说："昔河西凭、江东瑶，取此意，节目经文。"[⑥]智𫖮在另一处提到"小山瑶"[⑦]，湛然修治。灌顶

---

① 慧皎:《高僧传》卷七《慧静传》,《大正藏》第 50 册,第 369 页中。
② 僧祐:《出三藏记集》卷一三,《大正藏》第 50 册,第 84 页下、83 页上。
③《中观论疏》卷二本,《大正藏》第 42 册,第 27 页中。
④ 慧皎:《高僧传》卷七《慧亮传》,《大正藏》第 50 册,第 373 页中。
⑤ 慧皎:《高僧传》卷七《法瑶传》,《大正藏》第 50 册,第 374 页中—下。
⑥《妙法莲华经文句》卷一下,《大正藏》第 34 册,第 1 页下。
⑦《妙法莲华经文句》卷一下,《大正藏》第 34 册,第 1 页下。

著《大般涅槃经疏》说："上代直唱消文释意，分章段起小山瑶、关内凭等，因兹成则。"[①]吉藏《百论疏》说："宋代道凭法师，释此论之元首也，瑶公等并探用为疏。"[②]《高僧传·超进传》附"释道凭者，亦是当世法匠，而执性刚忤，论者少之"[③]，《高僧传·僧远传》说"时有沙门道凭，高才秀德，声盖海岱"[④]，僧远在北地受学于道凭，而且僧远与法瑶后又共住于新安寺。所以，法瑶或许受业于道凭，故常祖述其说。法瑶于元嘉年间过江，应沈演之请，住吴兴武康小山寺，共十九年。若非祈请法事，未尝出门。每年开讲一次，四方学者负笈盈衢，刘宋著名涅槃师昙斌即于此期间从师研习《泥洹》《胜鬘》等经。《宋书·王僧达传》说："吴郭西台寺多富沙门，僧达求须不称意，乃遣顾旷率门义劫寺内沙门竺法瑶，得数百万。"[⑤]王僧达于元嘉三十年(453)至孝建三年(456)为吴郡太守，法瑶曾于此期间居于吴地。大明六年(462)入京，居止于新安寺。同时，住在新安寺有僧远、慧亮等。当时，宋文帝招道猷申述顿悟义，同时又请法瑶弘阐渐悟，使顿渐各有所扬。临讲席之时，銮舆降跸，百官陪筵。元徽年间示寂，世寿七十六。著有《涅槃》《法华》《大品般若》《胜鬘》等义疏，现存《大般涅槃经集解》录有法瑶《涅槃经疏》。

昙斌[⑥]，姓苏，南阳人，十岁师事道祎出家。元嘉二年(425)[⑦]，住江陵新寺，学习经论、禅法。前往吴地闲居寺，在僧业(367—441)座下学习《十诵律》。后来，回到建康，随多宝寺静林受学《大涅槃经》，《高僧传·道亮传》提及静林擅长《大涅槃经》[⑧]；又受业于吴兴小山法瑶，学习《泥洹经》《胜鬘经》；随南林寺法业学习《华严经》《杂阿毗昙心论》。《高僧传·慧观传》附说："又有法业，本长安人，善《大小品》及《杂心》，蔬食节己，故晋陵公主为起南林寺，后遂居焉。"[⑨]法业帮助佛陀跋陀罗翻译《华严经》，任笔受。孝建初，在新安寺讲《小品经》《十地经》，并且论述顿悟、渐悟的思想。当时，对顿渐的争论仍然非常激烈，"时心竞之徒苦相雠校，斌既辞惬理诣，终莫能屈"。陈郡袁粲、建平王景素对他都非常敬重。元徽年

---

① 《大般涅槃经疏》卷一，《大正藏》第38册，第42页上。
② 《百论疏》卷上之中，《大正藏》第42册，第242页下。
③ 慧皎：《高僧传》卷七，《大正藏》第50册，第374页中。
④ 慧皎：《高僧传》卷八，《大正藏》第50册，第377页下。
⑤ 《宋书》卷七五《王僧达传》，中华书局，1974年，第1954页。
⑥ 慧皎：《高僧传》卷七《昙斌传》，《大正藏》第50册，第373页上—中。
⑦ 宝唱：《名僧传抄》，《卍新续藏》第77册，第354页中。
⑧ 慧皎：《高僧传》卷七《道亮传》，《大正藏》第50册，第372页中。
⑨ 慧皎：《高僧传》卷七，《大正藏》第50册，第368页中—下。

间示寂，世寿六十七。另外，成实师法宠亦曾在昙斌座下学习众经。

僧宗(438—496)[①]，雍州冯翊(陕西大荔)人，俗姓严。九岁从灵根寺法瑗出家，复从昙斌、昙济受学《涅槃经》《胜鬘经》《维摩诘经》等。善于讲说，辩才无碍，名声遍及北魏。北魏孝文帝遥闻其名，于是写信请其开讲，但是齐太祖不许外出。僧宗讲《涅槃经》等达一百遍，后造太昌寺自居。建武三年(496)卒，年五十九。陆澄《法论目录》录其著作题名《始元论》《佛性论上下》[②]，《大般涅槃经集解》收有其《涅槃经疏》，慧朗、敬遗、法莲常述僧宗的说法，僧宗有弟子慧超等。

法安[③](454—498)，俗姓毕，东平(今山东东平)人。七岁师事白马寺慧光出家，聪明出群。当时，张永(410—475)问昙斌："京下复有卓越年少不?"昙斌推荐道慧、法安、僧拔、慧熙，张永于是让道慧覆讲《涅槃经》，法安论述佛性义，张永赞叹为"义少"，于是名声传遍四方。随王僧虔(426—485)赴湘州，往南海番禺(今广东广州)，与攸公辩论《涅槃经》。永明年间返回建康，住在中寺，讲《涅槃经》《维摩诘经》《十地经》《成实论》，相继不绝。文宣王、张融、何胤、刘绘、刘瓛等人，皆对法安十分敬重，共为法友。永泰元年(498)，卒于中寺，世寿四十五。著有《净名疏》、《十地义疏》、《僧传》五卷等。《大般涅槃经集解》收有法安的注解，可见他曾著《涅槃经义疏》。

慧超(？—526)[④]，俗姓廉，赵郡阳平人。八岁出家，师事临淄建安寺慧通。后游方于诸讲席，博通内外群经，研习经论深义。未久，游化江南，住在南涧寺，僧宗对他十分器重，传授《涅槃经》给他。慧超参访众师，尤其以《无量寿经》闻名于天下。慧超善于草隶、占相方术，为齐世朝贵所重。梁武帝于即位前一年，在建康南新林决战，大败齐兵之际，慧超的声名即为梁武帝所知。天监元年(502)，慧超被任命为大僧正，其后他一直担任此职掌管全国佛教徒，一直到普通六年(525)自行解职让与光宅法云为止，总共二十四年之久。梁武帝又聘请慧超为"家僧"，使政权与教权进一步结合，慧超也享有王侯一般的待遇。慧超参与梁武帝受菩萨戒的事宜，帮助梁武帝实现以菩萨戒为中心的政教改革。梁武帝邀请慧超于惠轮殿讲《净名经》，亲临听讲。同时，慧超作为僧正，承担审查伪经、摈治

---

① 慧皎：《高僧传》卷八《僧宗传》，《大正藏》第50册，第379页下—380页上。

② 僧祐：《出三藏记集》卷一三，《大正藏》第50册，第83页上。

③ 慧皎：《高僧传》卷八《法安传》，《大正藏》第50册，第380页上。

④ 道宣：《续高僧传》卷六《慧超传》，《大正藏》第50册，第468页上—中。

异端沙门等工作。《出三藏记集》卷五记载，天监九年（510），梁武帝敕僧正慧超召集能讲大法师、宿德如法云等二十人，共同审查妙光所著伪经《萨婆若陀眷属庄严经》，结果判为异端。普通七年（526），卒于南涧寺，世寿不详。

东阿慧静虽然唯于北土传学，但是他的后辈慧亮、法瑶、僧宗皆在建康等地弘扬《涅槃经》，《大般涅槃经集解》收录了法瑶、僧宗、法安等人的注释，可见这一系的影响力。

另外，还有一些传承不明的涅槃师。

超进[①]，本姓颛顼氏，长安人，幼小志向佛学，学习大小乘诸经论。因为在刘宋元徽年间，九十四岁圆寂，所以，超进"年在未立而振誉关中"，可能是受到鸠摩罗什的影响。凤翔六年（418），赫连勃勃乘东晋退兵，攻取长安作为南都，在灞上（今陕西蓝田）称帝。这时，超进东下，避难于建康，于姑苏弘扬佛法。平昌孟顗迎接至会稽，驻锡于山阴灵嘉寺，受到当地僧尼及信徒的尊重。宋明帝于泰始年间征召超进到京城讲《大法鼓经》，不久又回到会稽。《高僧传·超进传》说：

> 以大涅槃是穷理之教，每留思踟蹰，累加讲说。凡结斋会者，无不必请；若值他许，则为移日。后年衰脚疾，不堪外赴，并送食于房，以希冥益。进为性笃好经典，看寻苦至，及年老失明，犹使弟子唱《涅槃经》，旬中一遍，其耽好若此。

可以看出，超进不仅钻研穷究《涅槃经》的思想，宣讲经义；而且，将诵《涅槃经》作为日常的行持。所以，他是以《涅槃经》作为思想与实践核心的涅槃师。

慧定，《高僧传·道温传》附传，慧定"善《涅槃》及《毗昙》，亦数当元匠"，住于中兴寺，应该与道温（397—465）同时。[②]

慧豫（433—489）[③]，黄龙人。住在建康灵根寺，遍访众师，精进苦行。诵《大涅槃经》《法华经》《十地经》，修习禅法，精通五门禅。齐永明七年（489）圆寂，世寿五十七。

---

① 慧皎：《高僧传》卷七《超进传》，《大正藏》第50册，第374页中。
② 慧皎：《高僧传》卷七，《大正藏》第50册，第373页上。
③ 慧皎：《高僧传》卷一二《慧豫传》，《大正藏》第50册，第408页上—中。

法令[1](438—506)，俗姓董，少年出家，住在定林上寺。通达诸经论，善《涅槃经》《大小品》，尤其精通《法华经》《阿毗昙心论》，辩才无碍，言约旨远，驰名于京都。法令爱好修禅，足不下山三十三年。天监五年(506)卒，世寿六十九。

僧迁[2](435—513)，吴郡人，俗姓严。师事钟山灵曜道则法师。参访诸讲肆，辩才无辩。招提寺慧琰讲《成实论·禅品》时，僧迁曾经问难于他，慧琰即改变自己的旧义，更新文辞章句。梁武帝奉为家僧，演述梁武帝自制的《胜鬘经义疏》，皇储尚书令何敬容邀请道俗四众议论。后任荆州大僧正。讲《涅槃经》《大品经》等各数十遍，而且著述义疏，流传于后世。天监十二年(513)，卒于大宝精舍，世寿七十九。

刘宋初期的涅槃学派，是以建康道场寺、龙光寺作为中心的。刘宋后期以新安寺最为著名，法瑶、昙斌、道猷大约同时住此寺；其次，是中兴寺、庄严寺、灵味寺、冶城寺等，中兴寺有僧璩、慧定，僧璩亦住庄严寺，僧含止灵味寺，慧静住冶城寺，静林住多宝讲寺。北方由于北魏太武帝灭佛，以及姚秦和北凉的灭亡，佛教外护王朝的失灭，导致北地佛教徒纷纷避难南方；而且，慧皎《高僧传》在北朝早期的僧传方面亦有不足，故难见《涅槃经》的弘扬。

齐梁时代的涅槃学派，在玄学的思想环境下，受到竟陵王、梁武帝的外护，蓬勃发展。尤其是宝亮与法云、智藏、僧旻三大法师对《涅槃经》的弘扬，对后世影响巨大。《大般涅槃经集解》的编撰，是南朝涅槃学的集中体现。而且，宋、齐、梁三代的涅槃学派，夹杂着成实学派一起发展，其思想已经远远超越了顿渐的论争，而囊括了二谛、佛性、心识等重要的佛教思想主题。

---

① 道宣：《续高僧传》卷五《法令传》，《大正藏》第50册，第465页中—下。

② 道宣：《续高僧传》卷七《僧迁传》，《大正藏》第50册，第475页下—476页上。

第六节
建康涅槃学派的思想

建康涅槃学派在昙无谶、鸠摩罗什之后，经过慧观、道生的提倡，后继者在《大般涅槃经》思想的基础上，兼习《成实论》《毗昙》《般若经》《法华经》等，对南北朝佛教的重要问题，如判教、二谛、佛性、涅槃、佛身等皆做出自己的诠释。

一 涅槃学派的判教思想

在天台智𫖮的“南三北七”的概括中，南方三家以及北方的一家，皆属于涅槃学派的判教。其中，最有代表性的是慧观的“二教五时”判教、道生的“四法轮”判教，以及刘虬的“五时七阶”判教。

1. 道生的“四法轮”判教

道生对佛陀一代时教进行判摄，在《妙法莲华经疏》中阐述了四种法轮：一、善净法轮，“始说一善，乃至四空，令去三途之秽”，即指《阿含经》，其教法是修五戒十善法，断四恶趣业，证人天果报；二、方便法轮，“以无漏道品，得二涅槃”，即指《般若经》，其教法是修四谛、十二因缘法，证二乘果；三、真实法轮，“破三之伪，成一之美”，即指《法华经》，其教法是修中道实相法，证一乘果；四、无余法轮，“会归之谈，乃说常住妙旨”，即指《涅槃经》，其教法是修常住妙法，证涅槃果。①

道生的“四法轮”判教未涉及“人天教”问题与《华严经》，或许道生后来在庐山，尚未将《华严经》纳入视野。从时间上看，道生“四法轮”判教的提出比慧观早，更具有开创性的意义。

2. 慧观的“顿渐五时”判教

在慧观与道生的辩论中，道生的“四法轮”判教对慧观刺激很大。吉藏《三论玄义》记载了慧观《大般涅槃经序》中的判教：

---

① 《妙法莲华经疏》卷上，《卍新续藏》第27册，第1页中。

> 言五时者，昔《涅槃》初渡江左，宋道场寺沙门慧观仍制经序。略判佛教，凡有二科：一者顿教，即《华严》之流，但为菩萨具足显理；二者始从鹿苑，终竟鹄林，自浅至深，谓之渐教。于渐教内开为五时：一者三乘别教，为声闻人说于四谛，为辟支佛演说十二因缘，为大乘人明于六度，行因各别，得果不同，谓三乘别教；二者《般若》，通化三机，谓三乘通教；三者《净名》《思益》，赞扬菩萨，抑挫声闻，谓抑扬教；四者《法华》，会彼三乘，同归一极，谓同归教；五者《涅槃》，名常住教。自五时已后，虽复改易，属在其间。①

慧观受到《涅槃经》中五味喻、半满等说的启发，将佛陀一代时教分为顿渐二教，渐教中依根器不同而演说深浅不同的教理，即是五时：一、三乘别教，为声闻、辟支佛、菩萨分别演说不同的教理；二、三乘通教，《般若经》演说荡滞明空，通贯于三乘；三、抑扬教，即是《维摩经》《思益经》中赞叹菩萨道而贬斥声闻之学；四、同归教，即是《法华经》会彼三乘同归一佛乘，但是《法华经》尚未说到法身常住、众生皆可成佛的道理；五、常住教，即《涅槃经》演说佛性常住之理。

鸠摩罗什来华之前，传译中土的经典是以《阿含经》与《般若经》为主，《阿含经》明四谛人天果报，《般若经》论述人法二空。但是，鸠摩罗什来华之后译出《法华经》《维摩经》《思益经》等，高扬菩萨道与佛乘，贬斥声闻乘，于是增加了南北朝佛教的歧异。而且，慧观师事佛陀跋陀罗，后者译出《华严经》，所以慧观判《华严经》为顿教，不但是对《华严经》的重视，更含有他对其师功业的继承。而且，慧观后期的思想有一转向，推荐道猷、法瑗入宫申述顿法。

慧观在完成《大般涅槃经序》后，一些经典陆续译出，如《方等大集经》《金光明经》《优婆塞戒经》《菩萨地持经》等，于是促使慧观修订自己的“五时教”。吉藏《大品经游意》说：

> 十二部配当《阿含》，修多罗配《禅经》，何者？定能发智，以修多罗配当《禅经》也。方等配《波若》《思益》等，波若配《法华》，醍醐配《涅槃》也。慧观师所以十二配《阿含》者，《阿含》约事分别，四谛理配为十二，分别法性也。第二无相教，名修多罗者，所说二谛体生行人，空理万法之本，故受法本名

① 《三论玄义》，《大正藏》第45册，第5页中。

> 也。第三名方等者，就教得名，此改小乘，无狭劣之通，故名方等也。第四名波若者，能令众生，同佛寿量，平等大慧，如《多宝佛品》中论也。第五名《大涅槃》者，永除生死，如醍醐体性清凉，故名涅槃。[①]

《大品经游意》所引慧观的五时教，与《大般涅槃经序》有明显的出入，主要是《般若经》与《禅经》。在《大般涅槃经序》中，《般若经》为第二时三乘通教；在《大品经游意》中，则为第三时抑扬教。因为，《般若经》虽然没有贬斥声闻、赞扬菩萨，但也是方等大乘经，所以将其列为第三时，亦是有所依。但慧观对《法华经》和《涅槃经》的顺序，则没有清楚的说明，对后来成实学派的判教影响很大，如吉藏《大乘玄论》说："成论师五味相生配五时教……一乘之中，般若最胜，故《法华经》名般若波罗蜜；《涅槃经》时明常住佛果，故言出大涅槃。"[②]依此可知，慧观不是把《涅槃经·圣行品》中的十二部、修多罗、方等、波若波罗蜜、大涅槃看作经典的次序，而是看作教义的次序，所以有诠释的空间。[③] 另外，慧观对《禅经》的重视，与其师承亦密切相关。佛陀跋陀罗在长安受到长安僧团的默摈之后，慧远迎请其至庐山，于庐山译出《修行方便禅经》；慧观又请佛陀跋陀罗在道场寺大弘禅业，当时道场寺被称为"道场窟"。所以，慧观自然推重《禅经》，而将其列入其判教系统之中。所以，慧观的五时判教出现另一体系：十二部配《阿含经》、修多罗配《禅经》、方等配《般若经》、般若波罗蜜配《法华经》、大涅槃配《涅槃经》，教义由浅入深，故为五时。

慧观的判教思想发生第三次转变，在于求那跋陀罗于元嘉十三年（436）译出《胜鬘经》，于元嘉二十年（443）译出《楞伽阿跋多罗宝经》四卷，昙无谶所译《金光明经》传至南方，原有的顿渐五时判教组织无法收摄这类经典，于是慧观提出"不定教"。智𫖮《法华玄义》卷一〇中记载了慧观含"不定教"的判教：一、顿教是《华严经》；二、渐教五时，有相教为《阿含经》，无相教为《般若经》，抑扬教为《维摩经》《思益经》，同归教为《法华经》，常住教为《涅槃经》；三、不定教，即是《胜鬘经》《金光明经》。[④] 这次已经将《禅经》剥离判教系统，可能意识到这是禅定实践法门，不

① 《大品经游意》，《大正藏》第33册，第61页下。
② 《大乘玄论》卷五，《大正藏》第45册，第63页中。
③ 余日昌：《六朝判教论的发展与演变》，台北文津出版社，2003年，第100页。
④ 《妙法莲华经玄义》卷一上，《大正藏》第33册，第801页上—中。

属于教义深浅问题。

慧观的顿渐五时判教对后世中国佛教的判教思想具有决定性的影响，主要表现在：(一)判《华严经》为顿教，促进华严学研究在汉地的兴起；(二)在中国判教史上，唯一将《禅经》收摄进来；(三)南北朝的判教理论无非依“言音”“时机”或“别宗”，北方地论学派多重视“别宗”，慧观开创了以“时机”判教的滥觞，一直影响到南北朝、隋唐的判教理论；(四)“五时判教”对教义的深浅判摄，对后来佛典目录的编制具有启迪的意义。

3. 刘虬的“七阶”判教论

自从慧观建立五时判教论后，随着佛教的发展，出现了各种判教理论，在南朝影响最大的是刘虬的“七阶”判教论。刘虬在《无量义经序》中说：

> 根异教殊，其阶成七。先为波利等说五戒，所谓人天善根，一也；次为拘邻等转四谛，所谓授声闻乘，二也；次为中根演十二因缘，所谓授缘觉乘，三也；次为上根举六波罗蜜，所谓授以大乘，四也；众教宜融，群疑须导，次说《无量义经》，既称得道差品，复云未显真实，使发求实之冥机，用开一极之由序，五也；故《法华》接唱，显一除三，顺彼求实之心，去此施权之名，六也；虽权开而实现，犹掩常住之正义，在双树而临崖，乃畅我净之玄音，七也。[①]

刘虬的七阶判教是在五时判教基础上，增加《提谓波利经》和《无量义经》。《提谓波利经》是佛陀在成道后至鹿野苑之前，为商人提谓、波利等五百人宣说五戒、十善等人天因果报应之说；为五比丘宣说四谛之理，即是第二阶声闻乘；第三阶是为中等根机者宣说缘觉乘；第四阶以后是大乘经典，即是《般若经》《无量义经》《法华经》《涅槃经》。

刘虬不收摄《华严经》，而以《提谓波利经》作为第一阶；而且，在诸大乘经与《法华经》之间补进《无量义经》，这是其判教系统的独特之处。所以，他是以《无量义经》为中心来分判经典的从属关系。但是，依《法华经论》，《无量义经》为《法华经》的十七种异名之一，如何成为两部内容不同的经典？《无量义经》是以佛陀涅槃前为背景，而解释当时僧侣对经义诠释的纷争，但是《涅槃经》中乃至其他翻经大德皆

---

① 僧祐：《出三藏记集》卷九，《大正藏》第55册，第68页上。

未曾提及，为何由一位行踪不明的天竺僧侣传出？于是，对经典真伪的怀疑，导致后世在传述刘虬的判教理论时剔除了《无量义经》，如《三论游意义》说：

白衣刘虬云，用七时：一树王成道为瞽聋说三归等，为世俗教也；二为说三乘别教，则是三教并四时也；五《大品》《维摩》《思益》《楞伽》《法鼓》等是也；六者《法华》也；七者《涅槃》也。①

可见在上引七阶判教中，未发现《无量义经》。

在慧观的五时判教与刘虬的七阶判教之后，各类五时判教在南朝佛教接踵而来，构成了丰富的判教思想。

二 涅槃学派的二谛思想

中国佛教对二谛的讨论，首推鸠摩罗什，尔后僧肇、道生皆做出重要的贡献。道生曾撰《二谛论》，今不传。其后梁昭明太子曾撰《解二谛义》，当时僧俗咨问，提出异议有二十三家，昭明太子一一做了答复。《大般涅槃经集解》中保存了道生、僧亮、宝亮等人对二谛的解释。

道生对二谛的解释，是与他的“理佛说”一致的。道生吸收中国固有的“理”的观念，用以阐释成佛的根据、途径、理想等佛教的根本问题，他认为“理”是宇宙和人生的根本，也是众生成佛的根本。“理”是一种真理，又是万物的本性、本体，也是众生的佛性（本性）。“理”具有普遍性的性格，而这性格又取决于“理”的唯一性特征。正因为“理”是“妙一”“常一”，是无二的，才是遍在的。② 依此唯一性的“理”，道生说：“理无二实，而有二名。如其相有，不应设二；如其相无，二斯妄矣。”③“二名”即是真俗二谛，“理”是唯一无二的实相，依之建构有真俗二谛之名；如果说理是有相，其相应是唯一的实相；如果说理是无相，则真俗二谛之名是虚妄的。于是，道生强调唯有一实谛：

① 《三论游意义》，《大正藏》第45册，第121页下。
② 方立天：《中国佛教哲学要义》下卷，中国人民大学出版社，2002年，第785—787页。
③ 《大般涅槃经集解》卷三二，《大正藏》第37册，第487页上。

惑者皆以所惑为实，名世谛也。虽云世谛，实不遂异，故是第一义耳。第一义谛，终不变为世谛也。世谛即第一义者，唯有第一义，无世谛也。理如所谈，唯一无二，方便随俗，说为二耳。[①]

道生是以众生妄情烦恼所安立的事相为世谛，第一义谛即是智慧所显发的实相理。所以，他说“热炎以不实为实，是则世谛；解其不实，是第一义谛”“世之所著为世谛，知其实故为第一义”“有多惑，故为世谛；无多解，故为第一义也”[②]。从第一谛理的普遍性、唯一性来说，真理是“唯一无二”，但是依解惑不同，方便随顺世俗而说有二谛。

僧亮在道生的二谛思想基础上，明确提出“约教二谛”，阐发二谛相即义。《大乘四论玄义》说：“宗国北多宝寺广州大亮法师云：二谛者，盖是言教之通诠，相待之假称，非穷宗之实因也。”[③]而且，吉藏《大乘玄论·二谛义》直接引用了“言教之通诠，相待之假称”[④]，可见吉藏的约教二谛是对僧亮的继承。《大般涅槃经集解》中僧亮说：

若名义俱异，有无一时者，则二不双合，恒是一谛也。若是一谛说有二义者，则应一是虚妄，故云将非虚妄说耶。欲明二皆是妄也，何者？两实则不可相即，既相即，以明两无也。法无明相，言语道断，岂可以二谛之名，示众生耶。善乃方便者，假真俗二称，诱道愚近耳，非谓理有二也。[⑤]

僧亮指出，世谛、第一义谛皆是诱导众生的言说方便，二者皆为虚妄，因此二者才能相即。二谛是能诠的言教上的差别，不外乎说法化导的方法形式，故为“约教二谛”。

僧宗则对道生“第一义谛，终不变为世谛”提出反驳，阐明真俗二谛相即：

若真中有俗，则俗来同真；若俗中有真，则真来同俗。若以真同俗，则唯一世谛；以俗同真，则唯一真谛，不应有二谛之说也。若俗不容真，真不容俗

① 《大般涅槃经集解》卷三二，《大正藏》第 37 册，第 487 页上—中。
② 《大般涅槃经集解》卷三二，《大正藏》第 37 册，第 487 页下—488 页上。
③ 《大乘四论玄义》卷五，《卍新续藏》第 46 册，第 573 页下。
④ 《大乘玄论》卷一，《大正藏》第 45 册，第 15 页上。
⑤ 《大般涅槃经集解》卷三二，《大正藏》第 37 册，第 487 页上—中。

> 者，是则天然楚越也。若真中必无俗者，而如来说色即空，此则虚妄说也。既言即也，岂有楚越之过。即理是同，岂有妄说之失耶。所以言即者，非以空作色，以色作空也，以第一义谛从本来不可得。今明世谛不可得，不可得者，岂可分别，故言即也。①

因为道生担心：如果真谛中有俗谛，则俗谛等同于真谛，这样只有真谛；如果俗谛中有真谛，则真谛等同于俗谛，这样亦只有俗谛了，二谛便无法建立。僧宗强调真俗相即是立足于第一义谛不可得空性的基础上，二谛皆不可得、无分别，故为相即。

同时，宝亮在僧亮、僧宗的基础上，依有、无明确论述了"约教二谛""二谛相即"：

> 世谛以虚妄故有，即体不异空也。若无有而可异于空者，岂有空之可异于有耶。故有无而即一体，便二谛之名立也。若有有可无，便是世谛之中有第一义也。无既无所，无亦无无可异有也。若有无可异有，便是第一义中有世谛也。两既不相有，故知有无可有，无无可无。若有有可有，有无可无，此便相有。得知诸法从本已来，空无毫末之相，但于病者为有，于解者常无，文殊致问，为彰此理也。②

世谛是以虚妄的假有，其体不异空。有无皆不可得，而为一体，建立二谛之名。诸法本性空寂，凡夫执著为有，而智者则悟入空性。

所以，涅槃学派自从道生以来，以"理"为唯一、恒常的真理，逐渐形成了约教二谛的二谛相即义，对后世三论学派的二谛有很大的影响。

三 | 涅槃学派的佛性思想

佛性论是中国佛学思想的主流，道生孤明独发地提出"阐提有性"，在晋宋之际引发了佛性有无的争论。随着"众生悉有佛性"成为主流，佛性的本有、始有则

① 《大般涅槃经集解》卷三二，《大正藏》第37册，第487页上—中。
② 《大般涅槃经集解》卷三二，《大正藏》第37册，第487页上。

成为争议的主题，构成了丰富的南北朝佛性思想。

道生的著述如《顿悟成佛义》《辩佛性义》《佛性当有论》等，皆涉及佛性的深义。总览南北朝时代的佛性论诸说，吉藏《大乘玄论》卷三举出正因佛性十一家，其《涅槃游意》说佛性“本有”“始有”共三家，元晓的《涅槃宗要》记载六种对佛性体性不同的解说，均正《大乘四论玄义》卷七则说正因佛性有本三家、末十家之别，列表如下[①]：

表 5.2 南北朝时代佛性论诸说表

《大乘玄论》十一家	《大乘四论玄义》本三、末十	《涅槃宗要》六师
众生为正因佛性：道朗、僧旻、招提寺白琰	末 7	第二师
六法为正因佛性（通）：僧柔	末 8	
心为正因佛性（别）：智藏		
冥传不朽：法安	末 5	
避苦求乐：法云	末 6	
真神：梁武帝、宝亮	末 4	第四师
阿梨耶自性清净心：地论师	末 9	
当果：道生	本 1（道生）、末 1（爱法师）	第一师
得佛之理：法瑶、灵根寺慧令	本 3（末 2）	
真谛（真如）：宝亮	末 3	
第一义空（第九无垢识）：摄论师	末 10	第六师
	本 2：昙无谶、道朗以本有中道真如为佛性	

总结南北朝的正因佛性说，首先，涅槃学派主要是以理为正因佛性，如道生、法瑶、慧令、宝亮等；其次，受到中国本有思想“神明”及毗昙学的影响，出现以“心识”为正因佛性的看法，即智藏、法安、法云等；最后，则是以“假实”为正因，即道朗、僧旻、招提寺白琰、僧柔等。所以，以“心识”“假实”为正因佛性，确实是毗昙学派、成实学派与涅槃学派融合后的思想。道生一系的涅槃学派则以“理”为正因佛性，这是在超越众生身心之外，从众生所体悟的理体上去寻求成佛的依据。因此，有以“当”成佛“果”或“得佛之理”为成佛正因者，有主张众生所悟的“真谛”为正因佛性者。

① 汤用彤：《汉魏两晋南北朝佛教史》，北京大学出版社，1997 年，第 486—488 页。

1. 体法穷理的佛性论

道生在中国佛教史上率先阐扬佛性论，他的佛性内涵主要有三方面[①]：

(1) 法为佛性，体法为佛。在《法华经疏》中，道生说："如来者，万法虽异，一如是同，圣体之来，来化群生，故曰如来。"[②]一如即是真如，真如在宇宙本体则曰实相，在万事万物曰万法，万法虽然各各殊异不同，但是一如的实相则是相同。所以，道生在《大般涅槃经集解》中说：

> 体法为佛，法即佛矣，佛者即是佛性，何以故？一切诸佛以此为性。夫体法者，冥合自然，一切诸佛，莫不皆然，所以法为佛性也。[③]

佛是体悟一切事物真实本相，冥合无生无灭的自然状态。所以，法是佛性，道生在《注维摩诘经》中说"以体法为佛，不可离法有佛也。若不离法有佛是法也，然则佛亦法矣"[④]，佛在诸法之中，不离诸法而有；成佛是要达到自我与万物等同忘却、万有与空无齐一无别的境界。《大般涅槃经集解》所记载道生学说中与"体法为佛"相同的说法，有"得本自然"[⑤]"得本称性"[⑥]"返迷归极，归极得本"[⑦]等，道生以"得本""称性""归极""体法"等同，指不生不灭的自然之性，非有非无之理体，超相绝言的实相，所以接近于般若的实相，同时又用"本""极"等玄学化语言加以诠释。

(2) 理为佛性，穷理为佛。道生说"理者是佛，乖则凡夫"[⑧]"从理故成佛果，理为佛因也"[⑨]，理是佛教的真理，是一种非有非无、即有即无的中道理体。众生与佛本来是不一不异的，但是凡夫迷理，佛则穷理，所以他强调"佛以穷理为主"[⑩]"穷理尽性"[⑪]。佛从理成，"理"自然是成佛之因，即是佛性。"体法为佛"主要是

---

① 参见赖永海：《中国佛性论》，中国青年出版社，1999年，第70—75页。

② 《妙法莲华经疏》卷上，《卍新续藏》第27册，第3页中。

③ 《大般涅槃经集解》卷五四，《大正藏》第37册，第549页上—中。

④ 《注维摩诘经》卷八，《大正藏》第38册，第398页中。

⑤ 《大般涅槃经集解》卷五四，《大正藏》第37册，第548页中。

⑥ 《大般涅槃经集解》卷五一，《大正藏》第37册，第532页中。

⑦ 《大般涅槃经集解》卷一，《大正藏》第37册，第377页中。

⑧ 《大般涅槃经集解》卷二一，《大正藏》第37册，第464页上。

⑨ 《大般涅槃经集解》卷五四，《大正藏》第37册，第547页下。

⑩ 《注维摩诘经》卷三，《大正藏》第38册，第353页下。

⑪ 《注维摩诘经》卷五，《大正藏》第38册，第375页上。

从法、法性、实相等角度去谈佛性,“穷理为佛”则是从觉性、悟性方面去解释佛性。

道生的佛性论是以“主”“客”相结合的角度而界定,佛性既是宇宙万物的实相本体,又是众生证悟实相本体的内在动力。所以,道生融通了法、法性、理、佛性等概念,说“法者,理实之名也”[①]“法与法性理一而名异,故言同”[②],法性是法的本体,诸法是法性之外化,二者名异实同,真如法性在宇宙本体曰实相,在如来法身曰佛。

所以,道生的佛性说是以般若实相义为基础,以真理自然解释佛性,依此阐明“众生有佛性”。道生在中国传统的天人合一思维方式和魏晋玄学的体用观念影响下,把佛教般若实相本体论和涅槃佛性心性论结合起来,强调实相本体就是佛身,众生体证返归实相就是佛;而实相本体也存在于众生的心性(本性)之中,此即佛性,是众生冥符实相、成就佛果的内在根据。[③]

(3) 当果本有。道生曾撰《佛性当有论》,但此“当有”是指一切众生悉有佛性,终必成佛之意。道生说“不从因有,又非更造也”“得本自然,无起灭矣”[④]“即生死为中道者,明本有也”“十二因缘为中道,明众生是本有也”[⑤],因为理性恒常遍在,故一切众生悉有佛性,众生既然有此正因佛性,最终必定成佛得涅槃。所以,一切有性论者应该都是佛性本有论者。[⑥] 道生在《法华经疏》中,亦明确提出佛性本有:“良由众生本有佛知见分,但垢障不现耳。佛为开除,则得成之。”[⑦]所以,道生的佛性为当果本有,这是有明确依据的。

但是,吉藏《大乘玄论》中记载第八家以当果为正因佛性,而且加以破斥:

> 当果为正因佛性,此是古旧诸师多用此义,此是始有义。若是始有,即是作法,作法无常,非佛性也。[⑧]

---

① 《大般涅槃经集解》卷五四,《大正藏》第37册,第549页上。
② 《注维摩诘经》卷二,《大正藏》第38册,第346页下。
③ 方立天:《中国佛教哲学要义》下卷,第288页。
④ 《大般涅槃经集解》卷五四,《大正藏》第37册,第548页中。
⑤ 《大般涅槃经集解》卷五四,《大正藏》第37册,第546页中。
⑥ 赖永海:《中国佛性论》,中国青年出版社,1999年,第102页。
⑦ 《妙法莲华经疏》卷上,《卍新续藏》第27册,第5页上。
⑧ 《大乘玄论》卷三,《大正藏》第45册,第36页下。

吉藏强调:一、当果为始有义,二、当果是作法非佛性。同时,吉藏指出,光宅法云是以避苦求乐为正因佛性,而且说彼师“指当果为如来藏,以有当果如来藏故”①。另外,《法华义记》记载“光宅法师解言:知见只是一众生当来佛果。众生从本有此当果,但从昔日以来,五浊既强,障碍又重,不堪闻大乘,不为其说有当果”②,依此可知法云确实具有当果佛性的观点。均正《大乘四论玄义》记载,正因佛性说末十家的第一家是白马寺爱法师执生公义,当果为正因③;元晓《涅槃宗要》列出佛性本六师,第一师以当果为佛性体,即白马寺爱法师述生公义④。所以,道生提倡当果为正因佛性,而后世理解当果为始有,于是强调道生为佛性始有者。

实际上,始有说的本意正是约果立言,望果说始有。佛是从妙因生,众生本杂染不净,自非妙因,因此众生之于佛性,自为始有;其次,众生本有佛性,既有佛性,必得佛果,但在凡位时,原未得果,望得果,说为始有。所以,以因释佛性,众生悉具佛性,因此说佛性本有;约果说佛性,众生本在凡位,未至果位,约至果说,立佛性始有也顺理成章。

2. 神明为正因的佛性论

佛教传入中国后,因果轮回与报应问题带来人死后“灵魂”有无的辩论,从而在两晋南朝时期引发“形神关系”的全面讨论。于是,“神明”与心、气关系的讨论,在慧远、宗炳等人的阐述中获得有力的推进。随着梁朝“神灭不灭”的辩论,神明与佛性的结合,成为当时佛学思潮的重要特征。

神明为正因的佛性论,融合了“理”与“心”为正因佛性,然后运用玄学的神明、体用等观念加以阐释。如宝亮说:

> 真俗共成众生真如性理正因体。何者?不有心而已,有心则有真如性上生故,平正真如正因为体。苦无常为俗谛,即空为真谛。此之真俗,于平正真如上用故,真如出二谛外。若外物者,虽即真如,而非心识,故生已断灭也。⑤

---

① 《大乘玄论》卷三,《大正藏》第 45 册,第 36 页中。
② 《法华义记》卷三,《大正藏》第 33 册,第 603 页中—下。
③ 《大乘四论玄义》卷七,《卍新续藏》第 46 册,第 601 页中。
④ 《涅槃经宗要》,《大正藏》第 38 册,第 249 页上。
⑤ 《大乘四论玄义》卷七,《卍新续藏》第 46 册,第 601 页中。

宝亮以真如为正因佛性，从众生悉有佛性来说，众生自然有心，心与佛性的关系如何，这是南朝佛教必须思考的重要问题。

于是，宝亮等涅槃师则吸收玄学的才性论观念“神明”，僧宗、宝亮、僧旻、梁武帝都提到以神明为正因佛性。“神明”是众生相续不断的缘虑之心，它相续为一，终将自体转变成佛。“神明”概念被引入佛性讨论的领域，对其后涅槃学派影响至巨。虽然“神明”不是一般所说恒常不变的灵魂或神我，但主张众生“神明”相续不断，承认它在生死轮回中假名为我的观点，却为神不灭之说开启了新的思考方向。然则“神明佛性说”并不能被简单地说成是佛性思想与神不灭说的混杂，毋庸说它是结合才性论思潮与佛性学说的新产物；正是透过这一新的佛性思维，神不灭论的方向于焉转变。

最著名的“神明佛性说”出自梁武帝，他的《立神明成佛义记》说：

> 夫涉行本乎立信，信立由乎正解。解正则外邪莫扰，信立则内识无疑。然信解所依，其宗有在。何者源神明以不断为精，精神必归妙果。①

因为“神明”永恒常存，故以“精”形容之。一方面，不断灭的“精神”是人得以成佛的根据，依此“精神”有朝一日终将证得妙果的境地；另一方面，“精神”之所以“必归妙果”，是因为它是人得以认识、信仰佛理的根据，故梁武帝说“神明”是“信解所依”。沈绩注解说：“以其不断，故终归妙极；凭心此地，则触理皆明。明于众理，何行不成？信解之宗，此之谓也。”“神明”不但是人得以成佛的根据，也是能够把握真理的认识心；并且由于心具有“触理皆明”的认识功能，能够建立佛法信解，故能作为成佛根据，使其自身达到涅槃妙果的境界。

所以，梁武帝论此“神明”，主要着眼于它为明识之“心”的特色。均正《大乘四论玄义》说：

> 第四梁武萧天子义，心有不失之性，真神为正因体，已在身内，则异于木石等非心性物。此意因中已有真神性故，能得真佛果。②

---

① 僧祐：《弘明集》卷九，《大正藏》第52册，第54页中。

② 《大乘四论玄义》卷七，《卍新续藏》第46册，第601页中。

因为拥有“神明”者便是有心性、有情的存在，而非如木石一般为“非心性物”“非情物”。这样，成佛的关键在于是否有心性情。所以，“神明”的灵魂意味非常稀薄，虽然“不断为精”的说法勉强具有一般所谓“灵魂”的意思，但是总体上说，“神明”与“灵魂”并无必然关系。

另一方面，梁武帝强调“心”具有“无明”与“明”的染净两种面向，合称为“无明神体”。而且说“而无明体上有生有灭，生灭是其异用，无明心义不改”[①]，“心”即是“无明神明”，它是一切生灭变化的根本。“心”与一切生灭变化现象之间乃是体用的关系，生灭现象自有兴废的殊别异用，但是“无明神明”作为这些现象的“体”则是恒常不变的。

所以，梁武帝将“无明”与“神明”视为同一个“心”的不同面，并且以体用关系将“心”与现实世界的生灭变化结合起来。利用这种方法，梁武帝不只建立了自己的佛性论，而且解释了现实世界的存在与生死轮回的根源，从而使“神明佛性”具有一套形神理论所应有的功能，成为一套特殊的思想系统。

四 涅槃学派的涅槃思想

《涅槃经》在南北朝的传播过程中，在中国传统思想的影响下，对涅槃思想的诠释往往是以中国本有的概念为中介，如无为、理、体用等，众说纷纭，形成了涅槃说空前繁荣的局面。

1. 理、常的涅槃论

道生融合般若学与涅槃学，以“理”为核心，阐发了涅槃学派的涅槃思想。

(1)涅槃为“理”“常”。道生说：

> 夫真理自然，悟亦冥符；真则无差，悟岂容易。不易之体，为湛然常照……既云大矣，所以为常，常必灭累，复曰般泥洹也。般泥洹者，正名云灭，取其义训，自复多方。今此经明常，使伏其迷，其迷永伏，然后得悟。悟

① 僧祐：《弘明集》卷九，《大正藏》第52册，第54页中。

则众迷斯灭，以之归名，其唯常说乎。[1]

真理恒常不变，只要能彻见真理，就能明了差别万象的无差别性，其境界自然不会任意转变。涅槃即是智慧与真理的冥合，能消除对现象的固执和迷惑，从而获得开悟。

《涅槃经》中以“常”“乐”“我”“净”四德阐明涅槃，道生亦以“常”等阐释涅槃：

既闻涅槃如世伊字，始悟昔说无常之旨，止于三界，而远表于常也。

如说修行，譬之安徐入水也，要在修习我常四法，而实不废方便之义也。修常然后乃解无常，其理始是得来在我。[2]

“常”指涅槃之体断除我执、生死，恒常不变，没有生灭。道生提出，只有悟入涅槃之体，才能真正理解“无常”的意义，修“常”才能显发“无常”。所以，修行主要是在修习“常”“乐”“我”“净”四德，但却不抛弃方便法门或者现象界的事物。所以诸佛出世，仍旧宣扬“真常”之理。

佛性是众生的本性，众生若返本得性，也就是涅槃。所以，道生以“理”解释“涅槃”：

常无常乃至净不净者，实相言理，故与法不同也。人自乖之，倒于四耳；四中无倒，理之本矣。善不善者，乖理故不善，反之则成善也。若有若无，若见若不见者，理隐似无，又若无可见也。若涅槃解脱及断者，乖理成缚，得理则涅槃解脱及断也。若知不知者，理中无有不知也；若证不证者，理隐似若难明，而昼然可证知也；若修不修者，修必得用也，是名实相。非是涅槃等者，此七义理同。而义趣不一，不一皆异前后，会之为足也。[3]

道生提出，理、实相、涅槃等皆是意义相同的观念，但是他以“理”诠释了实相、涅槃、佛性等，这是一种佛教中国化的努力。所以，众生违背“理”而有生死束缚，返

---

① 《大般涅槃经集解》卷一，《大正藏》第 37 册，第 377 页中。

② 《大般涅槃经集解》卷六、七，《大正藏》第 37 册，第 402 页上、407 页上。

③ 《大般涅槃经集解》卷五一，《大正藏》第 37 册，第 532 页下—533 页上。

归体悟“理”，则证入涅槃。

(2)观理得性即是涅槃。“理”“常”是证入涅槃后的绝对真理、境界，而“悟”则是证入涅槃的智慧。道生对开悟的解释是“观理得性”，“其迷永伏，然后得悟，悟则众迷斯灭”，去迷得悟，返本归真，即是“涅槃”。道生说：

> 既观理得性，便应缚尽泥洹。若必以泥洹为贵而欲取之，即复为泥洹所缚。若不断烦恼，即是入泥洹者，是则不见泥洹异于烦恼，则无缚矣。①

“理”是真实无二的真理，“性”是常存不变的法性，众生穷究和体证“理”，即返归法性，这也就意味着断除了一切烦恼和痛苦，进入了涅槃解脱的境界。所以，道生强调“当理”“穷理”“悟理”，即对真理的深切悟证，主张依顿悟而证入涅槃。

(3)生死涅槃不二。既然“不见泥洹异于烦恼，则无缚”，视涅槃与烦恼互不相异，不断烦恼而入涅槃，才是真正入于涅槃境界，这样即是生死涅槃不二。道生说“夫大乘之悟，本不近舍生死，远更求之也”“以本欲舍生死求悟，悟则在生死外矣。无复不舍，即悟之义”②，众生不能舍离生死另求解脱，生死即涅槃也。

2. 体用的涅槃论

涅槃学派在阐释涅槃思想时，亦受到体用思想的影响。《大般涅槃经集解》的按语，总结了涅槃学派对涅槃体的阐述：

> 旧所详习，有二种解释：一谓圆极果体，真实妙有，非如假名，但以有用而无体也；一谓涅槃无体，假众德以成，岂得不空耶。③

对于涅槃的体，涅槃师的观点分为有体说、无体说两种。涅槃有体说强调，涅槃是圆满的境界果体，真实妙有，不是像假名法那样有用而无体；涅槃无体说指，涅槃本身是没有体的，只是依法身、般若、解脱等功德而假立，若有涅槃体则成为不空法。

在《大般涅槃经集解》中，僧亮叙曰：“无学地法，皆是其体，佛略说三，以标神

---

① 《注维摩诘经》卷二，《大正藏》第38册，第345页中。

② 《注维摩诘经》卷七，《大正藏》第38册，第392页上、中。

③ 《大般涅槃经集解》卷一，《大正藏》第37册，第380页下。

道，一曰般若，二曰法身，三曰解脱也。”涅槃的体大虚空，无学地的所有功德皆是其体，略为般若、法身、解脱三德。法瑶则详细解释了涅槃三德与涅槃体的关系：

法瑶叙曰：涅槃至号，其义赡博，岂唯般若等三。以极其致，但略举其要，然则此三，名殊而实同，非体异者也。如其体别，则同因成假名之法，虚而不实，岂得称常。①

般若等涅槃三德名字不同，而其体是相同的，皆是常恒不变的。

智秀明确提出涅槃有体：

体者，圆极妙有之本也；德者，般若法身解脱之流也。谈德虽众，论体唯一。何者？即圆极有可轨之义，曰法身；有静照之功，曰般若；有无累之德，曰解脱。是则即解脱之体可轨，亦可轨之体能照，更无别体，而有德也。②

涅槃的体是圆极妙有，德用则是般若等三德，构成一体三用。从此可见体用思想在阐释涅槃体时的运用。

涅槃无体说，则是从断烦恼显清净而言，道生、僧宗、宝亮等人皆是此说的提倡者。道生说：

涅槃之体者，涅槃自表无涅槃，同于虚空也。断烦恼处者，以断处名灭，乃所以无灭也。即是常者，无灭之灭，则是常乐，不令同虚空矣。寂灭之乐者，既云是乐，恐滥故须明也。③

涅槃之体是“无”涅槃实体的存在，是通过断除烦恼而显现；但是，烦恼本性空寂，灭即是无灭，所以是恒常、大乐，又不同于虚空一无所有。

僧宗、宝亮继承道生的观点：

---

①《大般涅槃经集解》卷一，《大正藏》第37册，第380页下。

②《大般涅槃经集解》卷一，《大正藏》第37册，第380页下。

③《大般涅槃经集解》卷五一，《大正藏》第37册，第533页上、中。

僧宗曰:涅槃之体,直是断烦恼者。政言解脱众累以众累之无,以为涅槃也。

宝亮曰:明涅槃之体也,亦如虚空,无有住处。佛果妙体,真如无相,岂得有处所可寻。然法性无性相,如虚空之无异,而所以异者,异在于至虚。①

僧宗强调断烦恼即是涅槃,而宝亮则指出涅槃是成就佛果的境界,如诸法实相,无有诸相。涅槃虽然如虚空无相,但是却有"至大"的意义,因此又有不同之处。

涅槃的有体、无体,只是表现方式的差异,因为皆具足般若等三德。诸德是涅槃的相与用,德用是指一时一体的作用,其中有玄学体用思想的影子。

① 《大般涅槃经集解》卷五一,《大正藏》第37册,第533页中。

第六章　摄山三论学派

摄山三论学派是指以辽东僧朗为创始人，以建康的摄山（今栖霞山）为中心，以中观学之三论（《中论》《百论》《十二门论》）为核心的中国佛教义学流派。此学派远承关河三论学派，经过僧朗、僧诠、法朗三代的发展，由出生于建康的隋代吉藏集大成而形成三论宗，成为中国佛教史上最早创立的宗派之一，其中观思想对后世中国佛学产生了重要影响。摄山三论学除了摄岭相承三师之外，还有一些居士的三论学。

第一节
三论学派概述:宗经与三论学第一阶段

三论学派的宗派依据,有其宗论和宗经,从整个发展源流来说,在关河罗什僧团,随着中观类经论的译出,形成了一个研习、弘传相关经论的流派,称为“关河学派”,到了南朝时代,在江南的建康,则逐渐形成了以摄山为发源地的三论学派,由摄山系的法朗传吉藏,光大成三论宗。

一 三论学派所宗的经典

三论学派以及后来的三论宗依“三论”而立其学派或宗派名,三论为其所宗之论,除此之外,还有其所宗之经,以《中论》《百论》《十二门论》立宗,因而称为三论学派、三论宗,加上《大智度论》,则称四论学派(与建康关系不大)。除了所宗之诸论外,三论学派也有所宗之经。日僧安澄在释吉藏自设之问“此论遍申众经,何故偏引《般若》”[①]一句时,引述并赞同的资料中,有“四部大经”和“四部小经”[②]之说,此可以理解为三论宗所依的宗经宗论中,有三论(或四论)、四大经、四小经。大经实际上也指依据的主要经典,不仅仅指经文的品目之多、部帙之大。安澄并解释“四部大经”指《华严经》《大品般若经》《涅槃经》和《大集经》,包含了经录家所称的大乘五大部经之四部(另一部是《宝积经》)。“四部小经”指《维摩诘经》《思益梵天所问经》《佛藏经》和《诸法无行经》。吉藏曾说,理解中观三论或四论必须结合《无行》《佛藏》等经,“直唱《无行》《佛藏》等经,然后入论,欲明经论相成,共显一道”[③]。就四部大经而言,三论宗所依宗经,从吉藏的著述及讲学中可以看出,实际上还有一部很重要的经典,即《法华经》。三论宗非常重视此经,其也具有宗经的地位,如果沿用“四部大经”的传

---

① 《中观论疏》卷一末,《大正藏》第 42 册,第 17 页上。
② 《中论疏记》卷二末,《大正藏》第 65 册,第 45 页下。
③ 《大乘玄论》卷五,《大正藏》第 45 册,第 68 页上。

统说法,《大集经》似乎应该以《法华经》来代替[①]。虽然吉藏也经常引用《大集经》的资料[②],然而未见有对此经的注疏。三论宗人慧眺一生曾抄写《华严经》《大品般若经》《法华经》《维摩诘经》《思益梵天所问经》《佛藏论》和《三论》等经论各一百部[③],这些经典都在"四大""四小"之内。

1. 三论学派所宗之论

(1)《中论》

《中论》是《中观论》的简称,又称《正观论》[④],四卷,龙树撰。龙树是印度佛教中观学派的创始人,《中论》则是中观学派最有代表性的作品。此论在印度据说有七十多种译本,汉译本有四种:无著释本《顺中论》二卷,元魏般若流支译;青目释本《中论》四卷,罗什译;青辨(分别明菩萨)释本《般若灯论释》十五卷,唐代译僧波罗颇蜜多罗译;安慧本《大乘中观释论》九卷,北宋译僧惟净、法护译。三论宗所依为青目释本。

此论二十七品论毕竟空,显示中道实相,核心的理念是八不、二谛、中道和涅槃论。

关于八不义,八不本身就是中道原理的具体阐述,八不四句中的每一句都显示中道精神,依此中道才能理解毕竟空原理。包括了三重证明,前七品是第一重,次十品是第二重,经次一品的总结之后,次为第三重。

此论开篇《观因缘品》通过破邪因缘而观正因缘,明八不原理所显之中道。八不即"不生亦不灭,不常亦不断,不一亦不异,不来亦不出",以此八事来代表破一切邪见,由破邪而显毕竟空之理。比如说对于事物的生成就有各种不同的看法,"有人言万物从大自在天生,有言从韦纽天生,有言从和合生,有言从时生,有言从世性生,有言从变生,有言从自然生,有言从微尘生"[⑤]。这些有关生成的观

---

① 韩廷杰的《三论宗通论》所述"四大经"中无《大集经》,代之以《法华经》,详其意,其"四大经四小经"之说也是引自安澄,但未指明具体出处。见《三论宗通论》,台北文津出版社,1987年,第65、126页。

② 比如吉藏曾引此经说:"《大集经》明六种坚固。"(《中观论疏》卷一末,《大正藏》第42册,第18页上)安澄解释道:"北凉时昙无谶译《大方等大集经》,有三十卷,亦有六十卷,今所引经,后本是也。"(《中论疏记》卷二末,《大正藏》第65册,第51页上)六种坚固,见于此经第55卷《月藏分第十二分布阎浮提品第十七》。

③ 道宣:《续高僧传》本传。

④ "《中论》是《正观论》也。"(《大乘玄论》卷二,《大正藏》第45册,第30页下)另,《中论》又称《中颂》《般若根》《般若灯论》(韩廷杰:《三论宗通论》,台北文津出版社,1997年,第139—140页)。

⑤《中论》卷一《观因缘品》,《大正藏》第30册,第1页中。

念，此论认为都是邪，破此生成论上的邪见而显无生的正见。证明了无生，灭的意义也不能成立。阿毗昙讲四缘生法，即因缘、次第缘、缘缘和增上缘，《中论》特别破此四缘以论证无生无灭。第二《观去来品》重点证明不来亦不去的原理。不生不灭是八不之始，不来不去是八不之终。一始一终，中间的内容可以由此两重证明的方法中类推。

《中论》又从破我法二执的角度讨论如何悟入八不毕竟空之理、中道之理。

其一，观身非有非无为毕竟空，实际的意义是破法执。先观蕴、处、界三科为空，明色身的非有之理，又观六种（六大）非无，明色身非无之理。有无都尽，此身为毕竟空。第三《观六情品》观十二处和十八界空。眼耳鼻舌身意六情或六根，六根所对的外境是色声香味触法六尘，两者合为十二处（或十二入），两者结合产生眼耳鼻舌身意六识。六根、六境和六识构成十八界。此十二处和十八界本来空寂，以观眼根、境、识为例而证明。第四《观五阴品》则观五蕴皆空，以观色空为例而说明。第五《观六种品》通过观由地、水、火、风、空、识六种要素的本质而体悟毕竟空，以观其中的空为例，破邪空而显正空之理。

其二，观烦恼毕竟空，实际的意义是破人我执。第六《观染者品》说明染法（烦恼法）和染者（执着于烦恼法的人）都是空。由此角度说明心空之理。

其三，观身心皆空，破非色非心的邪空，显毕竟空理，通过证明诸法的生、住、灭三相本性空，三相不可得而说明，实际的意义是破我法二执。此是第七《观三相品》的基本精神，此品也阐述了无生的原理，是对"八不"中不生观点的再次论证。

以上的第一重破邪显正以破法执为主，破我执为辅。又有第二重破显，但破执的侧重有所不同，十品中，前四品[1]以破我执为主，破法执为辅，后六品[2]以破法执为主，破我执为辅。

由此两重论证，《中论》作总结说："诸法实相中，无我无非我。诸法实相者，心行言语断。一切实非实，寂灭如涅槃。"[3]由此可知八不中所明为中道实相之理，实相之理，不能执之有，执有是常见，也不能执之为无，执无是断见，不能执为亦有亦无。这种执着是常断二见，不能执为非有非无，这种执着是愚痴之见，离

---

① 《观作作者品》《观本住品》《观然可然品》《观本际品》。

② 《观苦品》《观行品》《观合品》《观有无品》《观缚解品》《观业品》。

③ 《中论》卷三《观法品》，《大正藏》第30册，第24页上。

此四句，言语道断，心行处灭，这必须由开悟这种特殊的体认才能明了。《观法品》后的三品是第三重破邪显正。

关于二谛论，此论是在破出世法中体现的。经过二十一品对于世法的观察，说明一切皆空之理后，《中论》又有一重破显，证明出世间之人法皆空，如来是空，涅槃也是空。在此提出了重要的原理：二谛论和中道论。

何谓二谛？“诸佛依二谛，为众生说法。一以世俗谛，二第一义谛。若人不能知，分别于二谛，则于深佛法，不知真实义。”[①]“谛”是真实，二谛是二种真实。青目对此二谛解释说：“世俗谛者，一切法性空，而世间颠倒，故生虚妄法，于世间是实。诸圣贤真知颠倒性故，知一切法皆空无生，于圣人是第一义谛名为实。”[②]对于一切事法认识，世俗人认为是实有，以这种理解为真实，而解脱者了知其性空，以此种理解为真实。

何谓中道？“众因缘生法，我说即是无，亦为是假名，亦是中道义。未曾有一法，不从因缘生，是故一切法，无不是空者。”[③]诸法由众因缘和合而成，本无自性，从无自性的角度讲空，此是性空。但世人执诸法为有，从教化的角度承认此有是性空之假名，而假名体现了离有离空的特征，因而是中。非有非空就是中道的最基本的表述。

关于涅槃论。一切法无生无灭，如何理解涅槃？涅槃不是一般意义上的寂灭，如果能体会中道实相，就能理解涅槃，这种理解基础上的得涅槃，就是无得之得，“无得亦无至，不断亦不常，不生亦不灭，是说名涅槃”[④]。以此种涅槃来观察和世间的关系，两者不二，“涅槃与世间，无有少分别，世间与涅槃，亦无少分别”[⑤]。由此可知世间和出世间之不二。

三论学或三论宗人以此《中论》为三论中最重要的经典，对此论的讲说自不必说，就著述而言，昙影、僧叡作《中论序》，法朗撰有《中论玄》，吉藏撰有《中观论疏》十卷(分本末)。吉藏此《疏》不只是释龙树之论，也疏青目之释，是中国汉传佛教中最重要的《中论》疏释之书。日本三论宗人安澄撰有对此疏做进一步解释的《中论疏记》八卷(分本末)。吉藏又有《中论玄》一卷、《中论游意》一卷、《中论

① 《中论》卷四《观四谛品》，《大正藏》第 30 册，第 32 页下。
② 《中论》卷四《观四谛品》，《大正藏》第 30 册，第 32 页下。
③ 《中论》卷四《观四谛品》，《大正藏》第 30 册，第 33 页中。
④ 《中论》卷四《观涅槃品》，《大正藏》第 30 册，第 34 页下。
⑤ 《中论》卷四《观涅槃品》，《大正藏》第 30 册，第 36 页上。

略疏》一卷。

僧叡曾说:“以中为名者,昭其实也。以论为称者,尽其言也。”[1]其“中”之实是“涉中途,泯二际”[2]。但他对于这个青目的释本不是很满意,“今所出者,是天竺梵志,名宾伽罗,秦言青目之所释也,其人虽信解深法,而辞不雅中,其中乖阙烦重者,法师皆裁而裨之”。[3] 昙影则认为,此论的核心思想在于二谛论,“统其要归,则会通二谛”[4]。由真谛而知无有,由俗谛而知无无。无有则虽无而有,无无则虽有而无。虽有而无,则不执着于有,虽有而无,则不执着于无。二边都寂,是称为中。并以“观”辩于心,以“论”宣于口,而称中观论。

吉藏对此论更有大量的分析。

首先关于此论的内容结构,吉藏提供了这样的研究结论:“上来七品[5]一周略破人法,明大乘观行,此下十品,重破人法,明大乘观行。”[6]“初十七品破洗人法,明诸法实相。今此一品[7]明得益。从《破时品》已后更复破执,重明实相。”[8]“二十一品开为三章……从此[9]已后第三重破迷情,重明实相。”[10]“大乘观行凡有二门:二十一品求世间人法不可得,明大乘观行,此下四品[11]求出世人法不可得,辨大乘观行。”[12]“初二十五品破大乘人法,辨大乘观行,次第二两品[13]破小乘人法,明小乘观行。此二竟前。今第三重明大乘观行,生起来意,具如初品。两偈[14]为二,初偈重广明大乘观行,次偈推功归佛。”[15]据此可以列出《中论》的结构层次:

一、破大乘人法,明大乘观行(初二十五品)

---

① 《祐录》卷一一《中论序》。
② 《祐录》卷一一《中论序》。
③ 《祐录》卷一一《中论序》。
④ 《祐录》卷一一《中论序》。
⑤ 指《中论》前七品。
⑥ 《中观论疏》卷六本,《大正藏》第42册,第89页上。
⑦ 指第十八《观法品》。
⑧ 《中观论疏》卷八末,《大正藏》第42册,第123页下。
⑨ 指第十九《观时品》。
⑩ 《中观论疏》卷八末,《大正藏》第42册,第130页中。
⑪ 《观如来品》《观颠倒品》《观四谛品》《观涅槃品》。
⑫ 《中观论疏》卷九末,《大正藏》第42册,第139页中。
⑬ 《观十二因缘品》《观邪见品》。
⑭ 指《观邪见品》最后二偈。
⑮ 《中观论疏》卷十末,《大正藏》第42册,第168页下。

(一) 破世间人法,明大乘观行(前二十一品)

1. 破洗人法,明诸法实相(前十七品)

①略破人法,明大乘观行(前七品)

②重破人法,明大乘观行(第八到十七品)

2. 明得益(第十八品)

3. 重破迷情,重明实相(第十九到二十一品)

(二)破出世间人法,辨大乘观行(第二十二到二十五品)

二、破小乘人法,明小乘观行(最后二品)

三、重明大乘观行(第二十七品最后两偈)

关于此论的宗旨,上已述明吉藏的观点,是以二谛为宗。但为何以二谛为宗,而不以中道为宗?吉藏解释说,原因在于"二谛是佛法根本,如来自行、化他皆由二谛"[①]。以二谛为宗,其实也就是以中道为宗,因为《中论》"就二谛以明中道"。[②]

(2)《百论》

《百论》二卷十品,提婆著,世亲释。此论梵文原文有百首偈,汉译本只译出了五十偈的内容。此论与提婆的《百字论》和《四百论》为同一系列。《百字论》之藏译本标为龙树作,《四百论》有藏译本,汉译本《广百论》只是藏译本的第九到十六品[③]。

此论以破邪为主,十品之名,一舍九破,就体现了这种特征。批评的对象是佛教之外的外道,其观点以"外曰"表示,"内曰"则是提婆和世亲的观点,其中提婆的观点以双行小字"修妒路"[④]来提示,"修妒路"后面的文字就是提婆的看法。此论所斥外道,包括数论派(特别是其始祖迦毗罗以及阿罗逻迦蓝等)、卫世师(特别是优楼迦)、尼乾子外道(特别是其始祖勒沙婆),也提到郁罗伽仙人(或译优陀罗罗摩子、郁头蓝子、郁头蓝弗、郁陀罗伽等,释迦出家后曾向此人问道)。

此论破邪所显之理乃是性空实相。空义的表达之一是无相,以无相为相,"无相智慧最第一,无相名一切相"[⑤]。外道主张不应说一切法无相,因为神我等

① 《三论玄义》,《大正藏》第 45 册,第 11 页上。
② 《三论玄义》,《大正藏》第 45 册,第 11 页下。
③ 观点来源见《中华佛教百科全书》(电子版)"百字论"和"四百论"条。
④ 契经之意,梵文 sutra 的音译,又音译为修多罗、素怛缆。一般来说,佛的说法记录称为经、契经。
⑤ 《百论》卷上,《大正藏》第 30 册,第 170 页下。

法是实存的，世亲认为神我也是空，“谛观察之，实无有神”①。我法皆空，对于虚空本身也不能执着，虚空也无，因为虚空没有普遍性和永恒性，“虚空非遍亦非常”②。从无相的角度也证明了虚空之无，“无相故无虚空”③。空何以能够成立？因缘故空，提婆说：“我先说因缘生诸法，是即无相。”④也就是《中论》之“众因缘生法，我说即是空”之意，此无相之空是自性空。但从言说、教化的角度，此论又讲世谛，“内曰：随俗语故无过。修妒路：诸佛说法，常依俗谛、第一义谛。是二皆实，非妄语也”⑤。世谛是世俗所持之真实，真谛或第一义谛是从本性角度论诸法真实性，两者都是真实，诸法依此二谛说法。对于二谛关系的处理原则，此论坚持中道，“我实相中，种种法门，说有无皆空。何以故？若无有，亦无无”⑥。有无皆空即是中，无有无无即是中。

对于涅槃，此论也以中道原则理解，“涅槃名离一切著，灭一切忆想，非有非无，非物非非物”⑦。此种涅槃之境，不可得，也无得涅槃者。因此不能以无烦恼来理解涅槃，“若涅槃与无烦恼不异者则无涅槃”⑧。此种境界才是真解脱。

提婆将此论的内容分为三段，“如是三种破诸法：初舍罪福中破神；后破一切法，是名无我无我所；又于诸法不受不著，闻有不喜，闻无不忧，是名解脱”⑨。据此可知，三段内容分别以前二品为第一，次七品为二，后一品为三。

此论作为三论宗的宗论之一，三论学或三论宗人都非常重视，就撰述而言，著名者有僧肇、僧叡的《百论序》，吉藏撰的《百论疏》三卷（或九卷），并以吉藏此疏最有代表性。

僧肇谈到《百论》的重要性时说：“《百论》者，盖是通圣心之津途，开真谛之要论也。”⑩之所以称其为《百论》，“论有百偈，故以百为名”⑪。“论凡二十品，品各

---

① 《百论》卷上，《大正藏》第30册，第170页下。
② 《百论》卷下，《大正藏》第30册，第179页下。
③ 《百论》卷下，《大正藏》第30册，第179页下。
④ 《百论》卷下，《大正藏》第30册，第181页中。
⑤ 《百论》卷下，《大正藏》第30册，第181页下。
⑥ 《百论》卷下，《大正藏》第30册，第181页下。
⑦ 《百论》卷下，《大正藏》第30册，第180页下。
⑧ 《百论》卷下，《大正藏》第30册，第180页下。
⑨ 《百论》卷下，《大正藏》第30册，第182页上。
⑩ 《百论序》，《大正藏》第30册，第167页下。
⑪ 《百论序》，《大正藏》第30册，第167页下。

五偈，后十品，其人(指罗什)以为无益此土，故阙而不传。”[①]而此论的翻译实际上有两次，罗什先曾译此论，但译文质量不佳，“方言未融，至令思寻者踌躇于谬文”。后来在弘始六年(404)重新译校，使译文达到了“质而不野，简而必旨”的水平。

吉藏认为，此论表面上看来，“但有长行，无有偈颂”[②]。但偈颂的形式有两类，一是别偈，另一是通偈。别偈或四言、五言、六言、七言，均以四句而成，通偈则满三十二字就成一偈。此论用的是通偈。据其研究，此论的梵文原本都采用四字一句之偈。

此论十品的内在逻辑顺序，吉藏认为，外道九十六术都只知道造罪不知兴福，所以第一品要为其指示出要之津，为《舍罪福品》。舍罪福后，外道又不知我空、法空和我法俱空之三空，执着于神我，破其神我执而有第二《破神品》。破神我之后，外道还有法执，诸法有或一或异之别，破其此执，而为第三《破一品》、第四《破异品》。破一异后，外道还执情、尘是有，破此二执，为第五《破情品》、第六《破尘品》。破情尘后，外道仍以因果为情尘之根据，因果不坏，情尘不无，破此对因果的执着，而有第七《破因中有果品》、第八《破因中无果品》。上八品都破无常，还有常法未破，所以第九《破常品》。破除对有的执着后，外道又执于空，所以第十有《破空品》[③]。

此论的宗旨是二智，上文已明，但为何以二智为宗？吉藏认为主要是为了和《中论》宗旨的表述有个区别，“今欲与《中论》互相开避。《中论》以二谛为宗，《百论》用二智为宗，即欲明谛、智互相成也”[④]。

(3)《十二门论》

《十二门论》一卷，由二十六偈和释文构成，龙树撰。此论从十二个方面(门)对龙树《中论》加以概要性阐释，实际上是《中论》的纲要。

此论的核心是证明诸法无生、毕竟空寂之理。首先从观因缘角度论自性空，以自性空否定一切法，“众缘所生法，是即无自性。若无自性者，云何有是法?”[⑤]。又从缘起之法性空而得出“无生”的观点，并证明无生论。诸法不生，从因中有果

---

① 《百论序》，《大正藏》第30册，第168页上。
② 《百论疏》卷上之上，《大正藏》第30册，第238页中。
③ 《百论疏》卷上之上，《大正藏》第30册，第238页下—239页上。
④ 《三论玄义》，《大正藏》第45册，第11页下。
⑤ 《十二门论》，《大正藏》第30册，第159页下。

和无果角度证明无生，“先有则不生，先亦不生。有无亦不生，谁当有生者?”[①]因中先有果，法不应有生，因中先无果，法也不应有生。又从四缘的角度论无生，因缘、次第缘、缘缘、增上缘，“四缘皆因中无果”[②]。因中无果，正证明了无生。又以观诸法之有为、无为相而明无生，因为有为相和无为相都是空，不论生是有为相还是无为相，都证明了无生(《观相品》)。进一步观一切法，有相无相法，都是空(《观有相无相门》)，从一和异的角度论诸法皆空(《观一异门》)，从有无角度论空，有无一时不可得，亦非一时不可得(《观有无门》)，从诸法无性角度论空(《观性门》)，从因果角度论空，诸法之果不从众缘生(《观因果门》)，从诸法无作的角度论空(《观作者门》)，从时间角度论空(《观三时门》)，从对生的考察角度论空，生、不生、生时三种生都不生(《观生门》)。

三论宗史上对此论的研究作品主要有僧叡的《十二门论序》、吉藏的《十二门论疏》六卷和《十二门论略疏》一卷，其中以吉藏的六卷之疏最有代表性。

僧叡释“十二门”说:“十二者，总众枝之大数也。门者，开通无滞之称也。论者，欲以穷其源尽其理也。”[③]他称此论是“实相之折中，道场之要轨”[④]。

吉藏对此论中长行的作者提到有两种看法，一是认为青目所作，“偈是龙树所造，长行还是青目所注”[⑤]。二是认为“偈及长行皆龙树自作”[⑥]，并引三条证据证明这一点。吉藏的看法，在没有充分的证据证明此论非龙树作之前，还是主张传统的说法，“此事难知。若必有明证云长行是后人所作者，不敢违之”[⑦]。

此论为龙树三论之一，另二论即十万偈的《无畏论》和五百偈的《中论》。吉藏谈到此三论的联系，《中论》是《无畏论》的要义，至于《十二门论》，吉藏提到有两种看法，“一云同《中论》，从《无畏》出。二云就《中论》内择其精玄为《十二门》”[⑧]。他没有直接表达自己的看法来说明《十二门论》究竟是直接从《无畏论》出还是从《中论》出，但从他对此论二十六偈和《中论》关系的研究结论中，可知此论基本上是从《中论》出，是对《中论》的扼要解释。

---

① 《十二门论》,《大正藏》第 30 册,第 160 页中。
② 《十二门论》,《大正藏》第 30 册,第 162 页中。
③ 《十二门论序》,《祐录》卷一一。
④ 《十二门论序》,《祐录》卷一一。
⑤ 《十二门论疏》卷上本,《大正藏》第 42 册,第 178 页上。
⑥ 《十二门论疏》卷上本,《大正藏》第 42 册,第 178 页上。
⑦ 《十二门论疏》卷上本,《大正藏》第 42 册,第 178 页上。
⑧ 《十二门论疏》卷上本,《大正藏》第 42 册,第 177 页中。

吉藏认为,《十二门论》之第一《观因缘门》的两偈,前一偈出自《中论》,与《中论·观因缘品》释八不二偈中的第二偈相似,后一偈出自龙树的《七十空性论》①。第二《观有果无果门》中一偈、第三《观缘门》中三偈出自《中论·观因缘品》。第四《观相门》中十一偈,除第一偈外,其余十偈都与《中论·观三相品》诸偈相同。第五《观有相无相门》中一偈与《中论·观六种品》第三偈相同。第六、七两门共二偈,《中论》中没有,但其大意与《中论·观三相品》第二偈相似。第八门一偈同《中论·观行品》第二偈。第九门一偈,《中论》无,大意同《中论·观因缘品》释八不的第一偈。第十门中二偈,前一偈与《中论·观苦品》中第一偈相同,后一偈与《中论·观因缘品》释八不的第二偈同。第十一门中一偈,《中论》中无,但其大意与《中论·观因果品》中相关之偈相仿。第十二门一偈与《中论·观三相品》第十五偈同。他总结出三类情形,"一者全用《中论》,二者引《七十论》,三者二论所无,或同《无畏论》"②。据吉藏以上的研究结论统计,《十二门论》二十六偈中出自《七十空性论》的只有一偈,出自《中论》的有二十偈,不是直接出自此二论,意义和《中论》相同,也可能出自《无畏论》的有五偈③。

至于此论的宗旨,吉藏认为以境智为宗,其目的也为了表示和《中论》《百论》的区分,"此论亦破内迷,申明二谛,亦以二谛为宗,但今欲示三论不同,宜以境智为宗"④。所谓境,指实相之境,由实相境发生般若智,而称境智。

(4)《大智度论》

《大智度论》,一百卷,作者为龙树⑤,是对《摩诃般若波罗蜜经》九十品的阐释,体现了般若性空思想,也涉及截至当时的大小乘各种思想,内容十分丰富。

此论什译本的前三十四卷,详释《摩诃般若波罗蜜经》的《序品》,除第一"缘起义"外,分析为五十一个主题。依如此的方式释经,译文卷帙相当庞大,所以后面的六十六卷译文,采取了简略的方式解释其余的八十九品,有时一卷释一品,有时一卷释多品。除去原经二十七卷或三十卷的篇幅,其解释部分实际只占全部内容的三分之二。

---

① 此论无汉译,仅有藏译本。

② 《十二门论疏》卷上本,《大正藏》第 42 册,第 177 页下。

③ 《佛光大辞典》《中华佛教百科全书》"十二门论"条中均说有二偈出自《七十空性论》,十七偈出自《中论》。

④ 《三论玄义》,《大正藏》第 45 册,第 12 页上。

⑤ 对此论作者曾有争论,起于比利时和日本学者,见印顺:《大智度论之作者及其翻译》,载《昭慧法师全集》(电子版)。

论中对于空的讨论，分析了十八空，突出毕竟空、自性空，并以因缘说明性空原理，由因缘而进一步阐述二谛论、中道论。

关于十八空，除了具体解释其内容之外，龙树分析了般若波罗蜜空和十八空的异同。从异的角度看，前者是诸法实相，后者是学诸法实相所产生的空，“般若波罗蜜名诸法实相，灭一切观法，十八空即十八种观，令诸法空。菩萨学是诸法实相，能生十八种空”①。从同的角度看，两者都是空无所有相，都有舍离的含义、不染著诸相的含义。

关于毕竟空，龙树指空而没有所遗，是彻底的空，“毕竟空者，以有为空无为空破诸法，令无有遗余，是名毕竟空”②。

关于自性空，龙树强调的是本来空，“性名自有，不待因缘。若待因缘，则是作法，不名为性”③。诸法性空的含义是指诸法都从因缘而生，没有这种自有之性，“因缘和合故无有自性。是名性空”④。

关于二谛，龙树说：“佛法中有二谛，一者世谛，二者第一义谛。为世谛故说有众生，为第一义谛故说众生无所有。”⑤从世谛角度说有，从第一义谛角度说无。由此可知二谛是言教。

关于中道，龙树强调其基本意义是离二边，此种中道就是诸法实相。比如说，有相是一边，无相是一边。“离是二边行中道，是诸佛实相。”⑥

离二边思想的一般表述是“双非”，“非有亦非无，亦复非有无，此语亦不受，如是名中道”⑦。非有非无是中道意义的基本表述，但中道的本意是要断除一切执着，因此在进一步的表述上就是重重否定。第一重非有非无否定的是亦有亦无，第二重“非有无”否定的是非有非无，第三重“此语不受”否定的是第二重。

龙树重申八不中道，“不生不灭，不断不常，不一不异，不去不来。因缘生法，灭诸戏论，佛能说是，我今当礼”⑧。这首体现八不原理的偈颂，和《中论》初品的二首归敬偈一致。

① 《大智度论》卷三一，《大正藏》第25册，第285页下。
② 《大智度论》卷三一，《大正藏》第25册，第289页中。
③ 《大智度论》卷三一，《大正藏》第25册，第292页中。
④ 《大智度论》卷三五，《大正藏》第25册，第321页上。
⑤ 《大智度论》卷三八，《大正藏》第25册，第336页中、下。
⑥ 《大智度论》卷六一，《大正藏》第25册，第492页下。
⑦ 《大智度论》卷六，《大正藏》第25册，第105页上。
⑧ 《大智度论》卷五，《大正藏》第25册，第97页中。

空、假、中三谛的原理都依因缘而得以说明，“因缘生法，是名空相，亦名假名，亦名中道。若法实有，不应还无，今无先有，是名为断。不常不断，亦不有无，心识处灭，言说亦尽”①。此偈反映的“三是义”和《中论·观四谛品》中的同类型偈完全一致。

龙树在此论中还发挥了《大品般若》中重菩萨行的特点。

虽然三论宗标榜以三论立宗，表面上排除了此论的宗经地位，实际上三论宗史上不乏重视此论者。作为旁系的四论学派自不必说，关河学派的僧叡撰有《大智释论序》，摄山三论系慧勇讲《大智度论》三十五遍，与吉藏同门的法澄、慧觉善讲此论。唐代的一些三论传人比如义褒等也善此论。

僧叡认为此论开夷路，辩实相，“其开夷路也，则令大乘之驾方轨而直入，其辩实相也，则使妄见之惑不远而自复”②。据其了解，此论是在《大般若经》之后译出的，“经本既定，乃出此释论”③。梵本有十万偈，每偈三十二字，共三百二十万言。如果照本全部译出，将近千卷，罗什译出此百卷，其内容构成特点“有烦简之异”，即前三十四卷“烦”，后六十六卷“简”。他认为译文仍然存在梵汉语言之间“隔而未通”的情形。

从现存吉藏的著述中看，他似乎没有撰写疏释此论的专文，但在其著作中不断提到此论，引用其中的观点，以为论据。略举几例以说明之：

吉藏二藏判教的论据之一就是此论的观点，“教唯二门，无五时也。《智度论》云：佛法有二，一者三藏，二者大乘藏④”⑤。

吉藏对《中论》的结构分析，重要依据就是《大智度论》。他认为《中论》前二十五品分为三层意义，前十七品破人我执和法执，明诸法实相，第十八品讲所得利益，后诸品再破执，明实相在，“问：何故作此分耶？依《智度论》解《习应品》”⑥。他认为，《大智度论》解《大品般若经·习应品》，先说菩萨习应般若，次说所得重罪消灭、诸天守护的利益，再说具体讲如何习应般若。

---

① 《大智度论》卷六，《大正藏》第25册，第107页上。

② 《大智度论序》，《大正藏》第25册，第57页上。

③ 《大智度论序》，《大正藏》第25册，第57页中。

④ 《大智度论》原文为：“佛法有二道：一者声闻道，二者佛道。”（《大智度论》卷二六，《大正藏》第25册，第253页上。）

⑤ 《三论玄义》，《大正藏》第45册，第5页下。

⑥ 《中观论疏》卷八本，《大正藏》第42册，第123页下。

吉藏也引此论证明八不是第一义悉檀的观点，“问：何以知八不即是第一义悉檀？答：《智度论》引《中论》八不释第一义悉檀，故知”[①]。

2. 三论学派所宗之经

（1）新译《大品般若经》

三论宗的宗经虽号称有四，实际上却以什译《大品般若经》（即《摩诃般若波罗蜜经》）为宗经之首。所谓“偏引《般若》”，就指对此经的重视程度。正因如此，三论宗又有般若宗之别称。

和《放光般若》一样，此经内容分为五个部分：从《序品》到第五《叹度品》为舍利弗般若；第六品至第二十六品为须菩提般若；第二十七《问住品》到第四十四《遍叹品》为信解般若，佛与帝释谈般若福德，令初发心者都生信解，又为弥勒说菩萨行，令已成熟者入甚深般若；第四十五《闻持品》到第六十六《累教品》为实相般若；第六十七《无尽品》到经末是方便般若。

此新译是针对《放光般若》和《光赞般若》而言的。与旧译相比，新译不只是品目有变化，许多思想的表述也更清晰和完备。

就品目而言，什译《大品般若》二十七卷共九十品，竺法护译《光赞般若》二十七品只相当于此经的前二十九品，《放光般若》与此经品数相同，但具体的品目名称译法有异，此经重在“以义正之”[②]，即根据经文的意义而制品名。除了五品的品名译法完全相同（《照明品》《问相品》《譬喻品》《无尽品》及最后的《嘱累品》）外，其余品名译法全异。品目中的具体内容组合也与《放光》有些差异。比如《放光》第四到六品（《学五眼品》《度神通品》《授决品》），什译合为一品（《往生品》）。

对于般若思想的表述，什译有其新的特色。首先是对一些概念同样根据“以义正之”的原则加以重译，“胡音失者，正之以天竺；秦言谬者，定之以字义”[③]。比如，三十七道品中的一些概念，《放光》译为四意止、四意断、四神足、七觉意（《光赞》译为七觉）、八品道（《光赞》译为八由行），什译为四念处、四正勤、四如意足、七觉分、八圣道分。《放光》《光赞》八解脱，什译为八背舍。旧译沤和拘舍罗，什译为方便。

其次是对般若思想的阐述更为清晰。略举几例。

---

① 《中观论疏》卷一本，《大正藏》第42册，第10页上。

② 僧叡语，《祐录》卷八《大品经序》。

③ 僧叡语，《祐录》卷八《大品经序》。

关于空的分类，同《放光经》一样，什译也分为十八空，但有些表述就不同，《放光》所译最空、至竟空、不可得原空、无作空、无空、有空、有无空，什译分别为第一义空、毕竟空、无始空、散空、无法空、有法空、无法有法空。

色空关系，《放光经》说："色与空等无异。所以者何？色则是空，空则是色。痛想行识则亦是空。"[①]而什译则是："色不异空，空不异色。色即是空，空即是色。受想行识亦如是。"[②]显然什译更为流畅。

菩萨行般若波罗蜜时，不见一切空，具体地是从十八空来说明的。《放光》说："不以外空观内空，不以内空观外空。"[③]而什译则是："内空中不见外空，外空中不见内空。"[④]意义显然有微妙的差异。

被尊为三论初祖的龙树撰有对此经的释，即著名的《大智度论》。关河三论学派之中，僧肇在此经译出后写成《般若无知论》的体会文章，受到长安和庐山义学界的好评，特别是罗什和慧远的好评。道融撰有《大品义疏》，僧叡撰有《大品经序》。摄山三论，僧朗专讲此经以及三论，慧觉讲此经二十遍，小明法师精于此经，吉藏撰有《大品经义疏》十卷、《大品经游意》一卷、《大品经略疏》四卷等，是对此经诠释的较重要的作品。

僧叡认为，此经是"出八地之由路，登十阶之龙津"[⑤]。吉藏则认为，此经以无住为住，无得为得，"开经宗之始，以不住法住。辨其义之终，以无得为得"[⑥]。此经与三论和《大智度论》的关系，"一者三论通此经之心髓，二者《大论》释此经之本义"，并且评价此经"方言精要，义可依信"。[⑦] 由此可知，吉藏是以三论、《大智度论》和《大般若经》为三论宗的主要宗论和宗经。

(2)《法华经》

《法华经》先后有过六个译本，现存三个译本，即竺法护译本《正法华经》、什译本《妙法莲华经》，以及阇那崛多与达摩笈多的合译本《添品妙法莲华经》，其中以什译本影响最大，流传最广。

---

① 《放光经》卷一《假号品》，《大正藏》第8册，第6页上。
② 《摩诃般若经》卷一《习应品》，《大正藏》第8册，第223页上。
③ 《放光经》卷二《学品》，《大正藏》第8册，第13页中。
④ 《摩诃般若经》卷三《劝学品》，《大正藏》第8册，第233页中。
⑤ 《祐录》卷八《大品经序》。
⑥ 《大品游意》，《大正藏》第33册，第63页中。
⑦ 《大品经义疏》卷一，《卍新续藏》第24册，第196页上。

此经的基本宗旨是明诸法实相之理，开、示、悟、入佛知见，开权显实，会三归一。

诸法实相是指诸法的本质，宇宙、社会、人生的终极的真实相状。这种本质应该以中观来理解，"观一切法，皆无所有，犹如虚空，无有坚固，不生不出，不动不退，常住一相"①。此实相如同大白牛车，具足一切美德、一切庄严；如同贫子无尽财宝，是众生本有而不知；如同大王顶珠，不可思议。从诸法实相的角度看，世界可以从相、性、体、力、作、因、缘、果、报、本末究竟十个方面理解。

如何证明得诸法实相？最根本的是要有佛知见，即佛智，具体指无上正等正觉，指一切种智。因此，此经的目的就是向众生指出佛知见的地位和作用（开），指示佛知见的内涵（示），使众生体悟佛知见（悟），证入佛知见（入）。

从教化的角度看，诸法实相之理是由一佛乘实教所显示的。此经认为，由于人们不能了悟一佛乘不可思议之理，则以三乘权教方便施说，是谓开权显实。三乘之理都以方便法门宣说一佛乘理，是会三归一。

三论宗史上，人们对此经的研究体现在各个阶段。般若学阶段，竺法深二十四岁就开讲《正法华经》，于法开善《法华经》。关河三论学派中，僧肇对此经非常重视，在著作中常引此经观点，道融受罗什之命讲此经，创造了解经的九辙之法，罗什亲自听讲，大为称赞，"佛法之兴，融其人也"②。道融并撰有《法华义疏》。昙影对什译之前的《正法华经》就有讲说，又曾撰《法华义疏》四卷，僧叡撰有《法华经序》，道生著有《法华经义疏》。摄山三论中，法朗撰《法华经疏》，三论宗自他开始大弘此经，慧勇也善《法华》。据《三论宗章疏》载，吉藏撰有《法华义疏》十二卷、《法华新撰疏》六卷（分为本末）、《法华统略》三卷（分为本末）、《法华游意》一卷、《法华论疏》三卷、《法华玄论》十卷③。《法华经》又是吉藏讲说的重要经典，据《吉藏传》，他共讲"《法华》三百余遍"④。

僧叡高度评价此经，"《法华经》者，诸佛之秘藏，众经之实体也"⑤。吉藏在《法华游意》中说，此经的含义有二，"一开方便门。二显真实义"⑥。两种方便是

---

① 《法华经》卷五《安乐行品》，《大正藏》第 9 册，第 37 页下。

② 《梁传》卷六《道融传》。

③ 《大正藏》第 55 册，第 1137—1138 页。

④ 道宣：《续高僧传》卷一一，《大正藏》第 50 册，第 514 页下。

⑤ 《祐录》卷八《法华经后序》。

⑥ 《法华游意》，《大正藏》第 34 册，第 633 页中。

三车方便和化城方便。两种真实为大白牛车真实和宝所真实。此经以一乘而破三乘，三乘既破，一乘亦舍。此经的宣说缘由有十门，一是为回小入大说菩萨行，二是受梵王请，三是为阐明权实二智互相资成，四是为阐明三净[①]原理，五是为阐明三摄法门[②]，六是为说三种法轮[③]，七是为消除声闻和菩萨二乘之疑，八是为阐明中道法，中道就是“妙法”，九是为阐明念佛三昧，十是为分别众生果报。

(3)《维摩诘经》

《维摩诘经》是佛经中以居士所说的形式而称为经的一类，先后有七译，即东汉严佛调译《古维摩经》二卷，三国吴支谦译《维摩诘说不思议法门经》二卷，西晋竺叔兰译《毗摩罗诘经》三卷，西晋竺法护译《维摩诘所说法门经》二卷，东晋祇多密译《维摩诘经》四卷，罗什译《维摩诘所说经》三卷，唐玄奘译《说无垢称经》六卷。其中支谦、罗什、玄奘三译今存，什译为通行本。

此经的思想核心是般若空观。对空观的一般原理，此经中用缘起性空来分析，“说法不有亦不无，以因缘故诸法生。无我无造无受者，善恶之业亦不亡”[④]。这是讲诸法从缘而起。“色即是空，非色灭空，色之性空。”[⑤]这是讲诸法性空。

性空中道思想贯穿全经。《方便品》通过对身空的阐述，表达了身、空不二之理，身如聚沫，如泡，如焰，如芭蕉，如幻，如梦，如影，如响，如浮云，如电，无主，无我，无寿，无人。《弟子品》中，维摩诘对舍利弗讲坐禅之法，以无坐为坐，坐与无坐不二，并以大目犍连之口，说明法无去来、好丑、增损、生灭、高下等。他对摩诃迦旃延用空义或不二义解释无常的含义，是诸法毕竟不生不灭，他对优婆离以空义解释尊奉戒律的方法，是要了知诸法性空，“一切法生灭不住，如幻如电……如水中月，如镜中像，以妄想生。其知此者，是名奉律”[⑥]。《文殊问疾品》中讲到以无分别为空。《观众生品》中谈到观众生的方法就是观空，经中用种种譬喻说明空，空中鸟迹，石女儿，无烟之火，等等。

此经集中地体现性空思想的是《不二法门品》中对于不二法门的论述。不二法门表示在超越一切的相对、差别基础之上实现的无差别的、平等而圆通的境

---

① 三途净、三界净和二乘净。

② 摄邪归正门、摄异归同门和摄因归果门。

③ 根本法轮、枝末法轮和摄末归本法轮。

④《维摩诘经》卷上《佛国品》,《大正藏》第14册，第537页下。

⑤《维摩诘经》卷中《入不二法门品》,《大正藏》第14册，第551上。

⑥《维摩诘经》卷上,《大正藏》第14册，第541页中。

界，是中道的另一种表述。经中讨论了三十三种不二，说明空的超越性，其中，对诸菩萨所说的生灭不二等三十二种不二，维摩默然不言，而这种无有文字语言境界被认为是最高的不二法门，真入不二法门。

除此之外，此经还提出了极有特色的唯心净土、居士佛教、教学方法上的方便施设等思想，在中国佛教史上产生了广泛的影响。

在三论宗的历史上，此经同样受到强烈的关注。般若学者中，支愍度合支谦、法护、竺叔兰三人译本为一，称《合维摩诘经》①。他与南迁江左的贵族交游，专以玄学谈佛理，尤好引《般若》和《维摩》二经。支遁晚年在山阴与许询共同探讨《维摩经》，"遁通一义，众人咸谓询无以厝难；询设一难，亦谓遁不复能通"②。如此反复不绝。

关河三论宗师也多推崇此经。罗什既译此经，又诠解此经。僧肇则因为读了旧译《维摩经》而出家，后为什译本作注，竺道生也对此经加以诠疏。此三人的注本，后来合为以肇注为主的《注维摩诘经》十卷流通。道融则撰有《维摩经义疏》，僧叡撰有《毗摩罗诘提经义疏序》及注，注现存《净名经集解关中疏》（道液集）中。

吉藏撰则有《净名玄论》八卷、《维摩经义疏》六卷和《维摩经略疏》五卷。

支愍度认为此经是"先哲之格言，弘道之宏标"③。罗什认为此经所明为诸法实相，他曾这样区分诸般若类经和此经实相论的差别："《放光》等所明实相，广散难寻，此经略叙众经要义，明简易了。"④也就是说，此经对实相观的论述更为简明。僧肇认为此经的根本宗旨在不二法门，"统万行则以权智为主，树德本则以六度为根，济蒙惑则以慈悲为首，语宗极则以不二为门"⑤。吉藏也认为此经之本在不二法门，"维摩诘不思议解脱本者，谓不二法门"⑥。体不二之道，而有不二之智，有不二之智，才能适化无方。不二法门是"总众教之旨归，统群圣之灵府，净名现病之本意，文殊问疾之所由"⑦。不二之境在经中有三种表现：一般之境，指

① 《祐录》卷二。
② 《梁传》卷四《支遁传》。
③ 《祐录》卷八《合维摩诘经序》。
④ 《注维摩诘经》卷一，《大正藏》第 38 册，第 413 页下—414 页上。
⑤ 《祐录》卷八《维摩诘经序》。
⑥ 《净名玄论》卷一，《大正藏》第 38 册，第 853 页中。
⑦ 《净名玄论》卷一，《大正藏》第 38 册，第 853 页中。

众人都能讨论不二，但不明了不二本是无言无说的；文殊之境，他虽然明了不二无言，但仍然用语言来表达无言；维摩之境，维摩诘默鉴不二无言，而能无言于无言，这是最高境界。吉藏讨论不二与三般若、三观、中道、佛性五性的联系。不二有三重含义，“一不二教。次不二理。三不二观”①。不二之理是实相般若，不二之智是观照般若，不二之教是文字般若。不二之理是义相观，不二之观是心行观，不二之教是名字观。不二理就是中道，不二理是因佛性，不二观是因因佛性。观智圆满就是菩提，由菩提因成涅槃果。由此菩提涅槃因果显非因非果之理，就是正因佛性，或正性。

(4)《思益梵天所问经》

此经现有西晋竺法护译《持心梵天所问经》四卷本、罗什译四卷本和北魏菩提流支译《胜思惟梵天所问经》六卷本，以什译本为通行本。

此经的基本思想也是诸法性空。佛与网明菩萨、东方清洁国菩萨梵天思益等谈空理。思益被誉为正问菩萨中第一，那么菩萨所问“何谓正问而非邪问”就涉及对空观的理解，“若不见二不见不二问，名为正问”②。比如问垢净、生死涅槃之理，正问的思路应该是：“法位中无垢无净，无生无死，无涅槃。”③这就叫诸法正性，也是不二法门，体现出般若理论的平等观，被称为圣谛，“于一切法平等，以不二法得道，是名道圣谛”④。诸法性空，如何看待俗谛所见？所存在的只是一种假号或名字。比如涅槃，“涅槃者但有名字，犹如虚空”⑤。诸法如幻、如梦、如响、如影、如镜、如野马等等，因此就有不可得的思想，涅槃不可得，一切法不可得，而以无得为得，无知为知。“以无所得故得，以无所知故知。”⑥体现在修行上就是无心无求无分别，由此而得入解脱门，这种解脱门也就是“空门，无相门，无作门，无生门，无灭门，无所从来门，无所从去门，无退门，无起门，性常清净门，离自体门”⑦等。

三论宗历史上，般若学者道安曾对竺法护译本加以研究，撰有《持心梵天经

① 《净名玄论》卷一，《大正藏》第38册，第862页上。
② 《思益经》卷一《分别品》，《大正藏》第15册，第36页中。
③ 《思益经》卷一《分别品》，《大正藏》第15册，第36页中。
④ 《思益经》卷一《解诸法品》，《大正藏》第15册，第39页上。
⑤ 《思益经》卷一《分别品》，《大正藏》第15册，第37页上。
⑥ 《思益经》卷一《解诸法品》，《大正藏》第15册，第39页中。
⑦ 《思益经》卷一《解诸法品第四之余》，《大正藏》第15册，第41页中。

甄解》一卷[①]。僧叡在罗什译场与道恒同任此经翻译时的传写，并撰有《思益经序》[②]记译事，认为经名若译成“持意”经更佳，旧译“持心”最得其实。僧肇在其著作中也引此经的观点，吉藏更是如此，如在谈到方便法门时，曾以此经为证，“若有方便，休(体)道非道，无有二相，非但行道为道，行于非道，亦即是道。故道与非道悉皆是道。如《思益经》云：一切法正，一切法邪。即其事也”[③]。又以此义证明无所得，“一师辨无一豪可得一切皆是义，如《思益》云：一切法正，一切法邪”[④]。但总体而言，他对此经的引用远比《维摩》《法华》等要少。

(5)《诸法无行经》

此经以什译二卷本为首译，后世的异译本有隋阇那崛多译《诸法本无经》三卷和北宋绍德等译《大乘随转宣说诸法经》三卷。

此经的基本思想也是般若空观，阐发诸法实相原理。实相是性空之理，“是法皆如空，知是则成佛”[⑤]。实相是无分别，“实相无贪恚，痴亦不可得。分别如幻法，自性烦恼热”[⑥]。如何才是对诸法实相的认识？如下的认识，“空见，无相见，无作见，无生见，无所有见，无取相见”[⑦]都是见实相，得此见自然都得诸法实相，得解脱。解脱成就是顿成。众生成佛的内在原因是众生心性本是菩提，心性即是菩提，进而可以说一切众生皆得菩提，“一切众生皆入菩提性中，是故说一切众生皆得菩提”[⑧]。这一观点的更明确的含义就是，一切众生都有佛性，都能成佛。

吉藏对此经的观点多有引用，比如讨论烦恼和涅槃不二说，“此二章观颠倒不生不灭即是中道，发正观也，又观不生不灭即是法身涅槃。故《无行经》云三毒是无量诸佛道也”[⑨]。但三论宗人对此经的引用相对地更少。

(6)《佛藏经》

此经什译本三卷，或名《选择诸法经》，或说二卷(《祐录》卷二)、四卷(《内典

---

① 《祐录》卷五。
② 《祐录》卷一。
③ 《维摩经义疏》卷五，《大正藏》第38册，第971页上。
④ 《金刚般若疏》卷三，《大正藏》第33册，第107页下。
⑤ 《诸法无行经》卷上，《大正藏》第15册，第751页上。
⑥ 《诸法无行经》卷上，《大正藏》第15册，第751页中。
⑦ 《诸法无行经》卷上，《大正藏》第15册，第750页下。
⑧ 《诸法无行经》卷下，《大正藏》第15册，第756页中。
⑨ 《中观论疏》卷九末，《大正藏》第42册，第145页下。

录》卷三），历来被列为律典，但其基本的思想仍然是讲述"诸法无生无灭、无相无为"[1]的毕竟空之理，以此为基础的修行就是见此空理。比如念三宝、念佛就是见诸法实相，"见诸法实相，名为见佛。何等名为诸法实相？所谓诸法毕竟空无所有。以是毕竟空无所有法念佛"[2]。所谓念法，则是不执着于一切法，不见有一法可以执着、度量。所谓念僧，是信解性空之理，心无颠倒，了知诸法"但从虚妄缘起，是人则更不住是身，以是因缘，说名圣众"[3]。对于持戒，此经认为更重要的是信受第一义空的原理，如果有人虽然能够"出家护持净戒，而于第一义空、无所得法心不信解，惊怖疑悔，当知此人但贵持戒、多闻、禅定"[4]。这样的人只是一个持戒僧、多闻僧、禅定僧，而佛法并不以持戒、多闻、禅定为上。依诸法本性，无持戒者，无破戒者。

吉藏常引此经的观点，比如阐明无分别的无相法时说，"《佛藏经》云：为人说有相法，是众生恶知识。为众生说无相法，是众生善知识"[5]。元康对此经也有所关注，他引此经批评不知空的观点，"《佛藏经》云：舍利弗，于未来世，当有比丘不修身戒心慧，是人轻笑如来所说、如来所行。如来常于第一义空恭敬供养，常乐是行，是诸比丘轻笑如来所说所行真际毕竟空法"[6]。

(7)《华严经》

《华严经》，全称《大方广佛华严经》，此经的汉译本先后有三种：一是东晋时天竺沙门佛陀跋陀罗所译的六十卷本，东晋义熙十四年(418)至宋永初二年(421)译于扬州道场寺[7]，俗称《六十华严》。三论宗所宗即是此本。二是唐武周时于阗沙门实叉难陀所译的八十卷本，唐证圣元年(695)始译于洛阳大遍空寺，圣历二年(699)译毕于佛授记寺[8]，俗称《八十华严》，相对于晋译，此译称新译，晋译为旧译。三是唐贞元时罽宾沙门般若所译的四十卷本，唐贞元十二年(796)至贞元十四年(798)译于长安崇福寺，题名《大方广佛华严经卷第一入不思议解脱

① 《佛藏经》卷上，《大正藏》第15册，第782页下。
② 《佛藏经》卷上，《大正藏》第15册，第785页上、中。
③ 《佛藏经》卷上，《大正藏》第15册，第786页中。
④ 《佛藏经》卷中，《大正藏》第15册，第796页下。
⑤ 《大乘玄论》卷二，《大正藏》第45册，第29页下。
⑥ 《肇论疏》卷上，《大正藏》第45册，第170页下。
⑦ 《祐录》卷九《华严经记》。
⑧ 《开元释教录》卷九，《大正藏》第55册，第565页下。

境界普贤行愿品》[1]，简称《普贤行愿品》，或称《四十华严》《贞元经》。

此译七处八会[2]三十四品，经中体现的核心思想是法界缘起，华严宗人重点阐发的也是这一思想。

从其理论基础来看，首先涉及的是空的思想。经中说："如来觉诸法，如幻如虚空。"[3]"此身空寂，无我我所，无真实性，空无有二。若苦若乐，皆无所有，诸法空故。"[4]"诸法空寂无生灭，解达非有亦非无。譬如野马水月形，亦如幻梦镜中像。"[5]诸法如空如幻，这是大乘般若体系中的基本观念，也是《华严经》的思想基础。诸种《般若经》把空分析为不同的种类，此经也曾从三昧的角度谈及胜空、性空、第一义空、究竟空、大空、合空、生空、如实离虚妄空等，号称有万空三昧[6]。世人所见如幻如空诸法，都是因缘所成，"因缘所起业，无我犹如梦……一切生灭法，皆悉从缘起"[7]。"所有起法，犹如幻化、电光、水月、镜中之像，因缘和合，假持诸法，悉分别知，从业因起。"[8]华严宗人将《华严经》中的缘起思想概括为法界缘起。法界也就是心，"法界即是一切众生心界"。能够缘起世界的是心，"一切世间法，唯以心为主"[9]。此心清静如同虚空，而能分别一切。

由虚空决定的方法论是中道论，"譬如虚空性，不生亦不灭"[10]。不生不死、非向非成、非方非非方、非行非住、非色非无色、非世间色非离世间色、非久住非须臾住、非净非秽等等，都是中道或虚空性的体现。诸法性空，没有自性，这使诸法平等成为可能。"了达一切无有自性，随顺诸法平等之相。"[11]不二、相即之类都是

---

① 《贞元释教录》卷一七，《大正藏》第55册，第895页上、中。

② 指佛陀说此经的处所，在人间三处、天界四处说法八次。七处指摩羯提国寂灭道场、摩羯提国普光法堂、须弥山顶忉利天帝释宫妙胜殿、夜摩天宝庄严殿、兜率天一切宝庄严殿、他化自在天摩尼宝藏殿、舍卫国祇园重阁。八会指：寂灭道场会，说世间净眼和卢舍那二品；普光法堂会，说如来名号、四谛、如来光明觉、菩萨明难、净行和贤首菩萨六品；忉利天宫会，说佛升须弥顶、菩萨云集妙胜殿上说偈、菩萨十住、梵行、初发心菩萨功德和明法六品；夜摩天宫会，说佛升夜摩天宫、夜摩天宫菩萨说偈、功德华聚菩萨十行和菩萨十无尽藏四品；兜率天宫会，说如来升兜率天宫一切宝殿、兜率天宫菩萨云集赞佛和金刚幢菩萨十回向三品；他化天宫会，说十地、十明、十忍、心王菩萨问阿僧祇、寿命、菩萨住处、佛不思议法、如来相海、佛小相光明功德、普贤菩萨行和宝王如来性起十一品；普光重说会，说离世间品；祇园重阁会，说入法界品。

③ 《华严经》卷五，《大正藏》第9册，第423页中。

④ 《华严经》卷一一，《大正藏》第9册，第467页下。

⑤ 《华严经》卷七，《大正藏》第9册，第436页下。

⑥ 《华严经》卷二五，《大正藏》第9册，第559页中。

⑦ 《华严经》卷五，《大正藏》第9册，第427页中。

⑧ 《华严经》卷一五，《大正藏》第9册，第494页中。

⑨ 《华严经》卷五，《大正藏》第9册，第427页中。

⑩ 《华严经》卷一四，《大正藏》第9册，第486页中。

⑪ 《华严经》卷一，《大正藏》第9册，第395页中。

对于平等的描述。作为修心法门，也是要观性空基础上的诸法平等。

相入相即无碍的思想也依此而起。整个世界不论微细、大小、多少、广狭、一和一切、净和秽，都能相入。比如，一毛孔能和一切世界相入，“于一毛孔中，悉分别知一切世界，于一切世界中，悉分别知一毛孔性”①。

此经又阐明不可得思想，佛不可得，菩提不可得，菩萨不可得，众生不可得，心不可得，有为无为不可得，过去不可得，未来现在不可得，总之，一切法不可得。

关于三论宗人对于《华严经》的重视，吉藏这样描述：“讲此经者起自摄山……尔时实为隆盛，后兴皇继其遗踪，大弘斯典。”②僧朗依之名世的经典就是《华严经》，法朗开始对此经提升关注程度，智闰曾习此经，慧觉讲此经二十多遍，小明法师也精于此经，吉藏讲《华严经》数十遍，撰有《华严游意》一卷，他的其他作品，更是大量引用《华严经》中的观点，唐代三论宗余音中人也常有研习此经者。

元康认为，僧肇没有见到《华严经》，但其思想和此经冥符，“《华严经》云：譬如长风起，鼓拂生动势，二俱不相知，诸法亦如是。譬如駃水流，水流无定止，二俱不相知，诸法亦如是。肇法师不见《华严》，而作论冥合”③。

吉藏认为，此经的核心在于“正法”，“《华严经》虽有七处八会，大宗为明正法。故云：正法性远离一切言语道，一切趣非趣悉皆寂灭性。正法为《华严》之本”④。什么是正法？正法之本性，非语言可说，趣和非趣无二，因为都以空为本性。所以吉藏又说，“此之正法即是中道。离偏曰中，对邪名正”⑤。吉藏经常以此经的这一宗旨证明其观点，比如真俗二谛，吉藏强调二谛以中道为体，“中道二谛体也。又《华严》云：一切有无法，了达非有无，达有不有，达无不无，达有无不有无。故不有无为有无体也”⑥。“说真俗二令悟不二，故不二以为二义。《华严》云：一切有无法，了达非有四。即其事也。”⑦在对一些具体问题以中道方法加以理解时，吉藏也常引此经的观点，比如生死和涅槃不二，“生死本是涅槃……《华

① 《华严经》卷九，《大正藏》第9册，第450页下。
② 《华严游意》，《大正藏》第35册，第1页上。
③ 《肇论疏》卷中，《大正藏》第45册，第168页下。
④ 《中观论疏》卷二末，《大正藏》第42册，第31页上。
⑤ 《三论玄义》，《大正藏》第45册，第14页上。
⑥ 《二谛义》卷下，《大正藏》第45册，第109页上。
⑦ 《中观论疏》卷一本，《大正藏》第42册，第12页上。

严》云：生死非杂乱，涅槃非寂静”[①]。依中道无得的精神，生死和涅槃都不可得，“诸法未曾生死，亦非涅槃，但为众生虚妄故成生死，为止生死故强说涅槃。生死若除，则涅槃亦息。故《华严》云：生死与涅槃，二俱不可得”[②]。

三论宗人对此经如此重视，充分体现了此经的宗经地位。

(8)《大般涅槃经》

涅槃类经有小乘和大乘类两种，三论宗所依是大乘类《涅槃经》。小乘类《涅槃经》有支谶译《胡般泥洹经》一卷、三国吴支谦译《大般泥洹经》二卷[③]、安法贤译《大般涅槃经》二卷[④]、西晋白(帛)法祖译《佛般泥洹经》二卷、西晋竺法护译《方等般泥洹经》二卷、失译《般泥洹经》二卷、东晋法显译《大般涅槃经》三卷[⑤]，异译本有后秦佛陀耶舍与竺佛念合译《长阿含经》二十二卷之《流行经》、隋阇那崛多译《四童子三昧经》三卷(《方等泥洹经》前六品的异译)和唐义净所译《根本说一切有部毗奈耶杂事》四十卷中第三十五至三十九卷。大乘类《涅槃经》有东晋法显译《大般泥洹经》六卷、北凉昙无谶译《大般涅槃经》四十卷、南朝宋慧严等会编《大般涅槃经》三十六卷和唐若那跋陀罗译《大般涅槃经后分》二卷。另外还有南朝刘宋僧智猛译《般泥洹经》二十卷[⑥]。

法显的六卷本《泥洹经》则在义熙十三年(417)十月一日在建康道场寺始译，次年正月一日译定[⑦]，此经相当于后来昙无谶译本的前五品十卷。据《祐录》卷一四本传，昙无谶(385—433)，中天竺人，初学小乘，兼习五明，善咒术，遇白头禅师，得《涅槃经》。后携经逃亡到龟兹，因此地重小乘，不信大乘涅槃之学，又到姑臧，受到北凉王沮渠蒙逊的厚待，请其译经。昙无谶先学汉语三年，方开始译经，当时独步河西的慧嵩、道朗都参与译事，后被沮渠蒙逊所害。另据道朗《大涅槃经序》，《大般涅槃经》在玄始十年(421)十月二十三日始译，此经原本有三万五千偈。南朝宋慧观、慧严、谢灵运等依法显等译《大般泥洹经》的品目，对昙无谶译

① 《中观论疏》卷十本，《大正藏》第42册，第155页中。
② 《中观论疏》卷十本，《大正藏》第42册，第155页中。
③ 均见《祐录》卷二，佚。
④ 已佚。《历代三宝纪》卷五云：“略大本前数品为此二卷，见竺道祖《魏录》。”(《大正藏》第49册，第56页下)并引资料说魏世不知何年。
⑤ 《祐录》卷二称或云《大般泥洹经》，二卷。
⑥ 已佚，《祐录》卷八有此经之《记》。
⑦ 《祐录》卷八《六卷泥洹经记》。

本的品目加以调整[①]，将谶译之第一《寿命品》分出《序品》《纯陀品》《哀叹品》和《长寿品》，将第四《如来性品》分为《四相品》《四依品》《邪正品》《四谛品》《四倒品》《如来性品》《文字品》《鸟喻品》《月喻品》和《菩萨品》，共成二十五品。昙无谶译本被称为北本，慧严等改编本被称为南本。吉藏所依实际上可能是南本，因为吉藏经常提到《哀叹品》等南本品目。

硕法师对此经的译本研究，特别提到三个译本，“一者双卷《泥洹》，即支谦法师翻，云胡音《般泥洹》。二者释道安法师抄作双卷，云胡本《般泥洹》。三者佛陀拔提作双卷，云《方等泥洹》”。又说“智炎法师作十卷《泥洹》”[②]。还谈到了支谦本、法显六卷本、昙无谶本和三十六卷本。

此经讨论的核心问题有二：一是佛性，二是涅槃。佛性是因，涅槃是果，“佛性决定涅槃”[③]。见佛性才能得大涅槃。

关于佛性的含义，经中这样描述：佛性是如来之性，“佛性即是如来，如来即是法，法即是常”[④]。因此称其为如来性。佛就是佛性，“佛者即是佛性，何以故？一切诸佛以此为性”[⑤]。佛性就是觉、觉性，“一切觉者名为佛性”[⑥]。还有诸多的描述，如佛性是无上正等正觉、佛性是如来藏义、佛性是菩提种子等等，由此可知，佛性是众生的内在本性、生命提升的内在条件、成佛的基础和原因。

关于佛性的特性，经中描述佛性具有常乐我净的特性，“有常有乐有我有净，是则名为实谛之义”[⑦]。因为佛性是无为法，有为法无常，常就是虚空。

佛性类别，经中说四种佛性，“佛性者，有因，有因因，有果，有果果”[⑧]。即因佛性、因因佛性、果佛性、果果佛性。因佛性指十二因缘，因因佛性指智慧，果佛性指阿耨多罗三藐三菩提，果果佛性指无上大涅槃。又说中道佛性，“十二因缘所生之法非因非果，名为佛性”[⑨]。非因非果是中道表述的一种体现，经中以中道

---

① 《梁传》卷七《慧严传》。
② 《三论游意义》，《大正藏》第 45 册，第 122 页上。
③ 《大般涅槃经》卷五《四相品》，《大正藏》第 12 册，第 636 页上。
④ 《大般涅槃经》卷一三《圣行品》，《大正藏》第 12 册，第 687 页中。
⑤ 《大般涅槃经》卷二五《师子吼菩萨品》，《大正藏》第 12 册，第 768 页下。
⑥ 《大般涅槃经》卷二五《师子吼菩萨品》，《大正藏》第 12 册，第 772 页中。
⑦ 《大般涅槃经》卷一二《圣行品》，《大正藏》第 12 册，第 685 页中。
⑧ 《大般涅槃经》卷二五《师子吼菩萨品》，《大正藏》第 12 册，第 768 页中。
⑨ 《大般涅槃经》卷二五《师子吼菩萨品》，《大正藏》第 12 册，第 768 页中。

为佛性,“无中道故,不见佛性”[①]。

佛性是众生成佛的原因,对于原因,经中加以多种区分。一是正因,正因就是佛性,“何等正因? 所谓佛性”[②]。这可以理解为正因佛性,是成佛的最根本的原因。同时,经中也讲生因、了因,生因也就是正因,就是佛性种子,了因则是促使成佛的辅助条件。又说正因、缘因,“我说二因,正因、缘因。正因者,名为佛性。缘因者,发菩提心”[③]。

关于众生佛性,对于这一问题,经中持一切众生都有佛性、定能成佛之论。依据如来藏之说,众生有佛性而不能见,如贫者有宝藏而不知,需要有觉悟者指示其佛性。“一切众生所有佛性为诸烦恼之所覆蔽,如彼贫人,有真金藏,不能得见。如来今日普示众生诸觉宝藏,所谓佛性。”[④]这种佛性不是具体的个性化的,而是众生中的一般体性,以此性和佛等同,“一切众生同一佛性,无有差别”[⑤]。

关于阐提佛性,一阐提人有无佛性,经中前后说法有异,这也可以看出此经西域文原本的复杂性,但基本观点是阐提有佛性,能够成佛。经中曾说一阐提人没有佛性,“一切众生皆有佛性,以是性故断无量亿诸烦恼结,即得成于阿耨多罗三藐三菩提,除一阐提”[⑥]。这是说一阐提人既无佛性,更不能成佛。只要不是一阐提,必能成佛无疑。经中又说一阐提人虽有佛性,但不能成佛,“彼一阐提虽有佛性,而为无量罪垢所缠,不能得出,如蚕处茧”[⑦]。这一问题上的代表性观点是,一阐提有佛性,定能成佛,“知诸众生皆有佛性,以佛性故,一阐提等舍离本心,悉当得成阿耨多罗三藐三菩提”[⑧]。

与佛性相关的一个重要问题就是涅槃问题,佛性是涅槃之因,“我所宣说涅槃因者所谓佛性”[⑨]。涅槃是解脱之境,其特性,经中也强调常乐我净,以对治有为法的无常、苦、无我、不净,是为涅槃四德,具此四德,为大涅槃。“二乘人所得,

---

① 《大般涅槃经》卷二五《师子吼菩萨品》,《大正藏》第12册,第767页下。
② 《大般涅槃经》卷二六《师子吼菩萨品》,《大正藏》第12册,第777页上。
③ 《大般涅槃经》卷二六《师子吼菩萨品》,《大正藏》第12册,第778页上。
④ 《大般涅槃经》卷八《如来性品》,《大正藏》第12册,第648页中。
⑤ 《大般涅槃经》卷八《菩萨品》,《大正藏》第12册,第664页上。
⑥ 《大般涅槃经》卷七《邪正品》,《大正藏》第12册,第645页中。
⑦ 《大般涅槃经》卷九《月喻品》,《大正藏》第12册,第660页中。
⑧ 《大般涅槃经》卷二二《高贵德王菩萨品》,《大正藏》第12册,第749页下。
⑨ 《大般涅槃经》卷二七《师子吼菩萨品》,《大正藏》第12册,第784上页。

非大涅槃,何以故?无常乐我净故。常乐我净乃得名为大涅槃也。"[①]不见佛性而断烦恼,称为涅槃,而不是大涅槃,只有乐和净,没有常和我。见佛性而断烦恼,才是大涅槃。

关于三论宗人和此经的关系,吉藏在《涅槃经游意》中说,摄山大师僧朗只讲三论和《大品般若经》,不讲《涅槃经》,在僧众的一再请求下,才讲了此经中的一首"本有今无"偈,而不讲其经文,从法朗开始重视《涅槃经》。[②] 吉藏撰有《涅槃经游意》一卷、《涅槃经疏》十四卷和二十卷。其余如慧哲、法安、慧觉、智锴等都重此经。

与《大品般若经》相比,《大品》明空,《涅槃经》明有,《大品》除虚妄,《涅槃》明妙有。对于《涅槃经》,吉藏以中道思想来解释涅槃之妙有,所以在讨论此经的大意时,吉藏说:"如来之身非凡非圣,凡圣悉是如来善巧。涅槃非常、无常,常、无常皆涅槃方便。"[③]涅槃之法有所有,无所有但又无所不有,无所不有而无所有。常和无常也是如此,涅槃非常非无常。

吉藏认为此经的核心内容是经中处处体现的佛性问题,"然此一教处处皆明佛性"[④]。他举经中诸品说明这一点,《哀叹品》中的琉璃珠喻明佛性义,《如来性品》都是明佛性义,到《师子吼品》,则广明佛性。佛性义在此品中得到清晰显然的阐述,表现在如来答师子吼菩萨五问上[⑤]。

吉藏认为此经的宗旨是无所得,"无得者名大涅槃,故无所得,此经宗也"[⑥]。

在许多具体观点的证明上,吉藏大量引用此经的观点,不能一一详列,这充分体现出此经的宗经地位。

二 三论学第一阶段之关河三论学派

关河三论学派是指以罗什僧团为组织,以逍遥园为活动中心,以三论和其他

① 《大般涅槃经》卷二一《高贵德王菩萨品》,《大正藏》第12册,第746页上。
② 《涅槃经游意》,《大正藏》第38册,第230页中。
③ 《涅槃经游意》,《大正藏》第38册,第230页下。
④ 《大乘玄论》卷三,《大正藏》第45册,第37页中。
⑤ 一、云何为佛性?以何义故名为佛性?二、何故复名常乐我净?三、若一切众生有佛性者,何故不见一切众生所有佛性?四、十住菩萨住何等法不了了见?佛住何等法而了了见?五、十住菩萨以何等眼不了了见?佛以何眼而了了见?对这些问题的回答,构成此经佛性论重要的内容。
⑥ 《涅槃经游意》,《大正藏》第38册,第232页中。

般若类经典为研习对象而形成的义学流派。

罗什入关，带来了长安佛教的繁荣，僧祐称“自童寿入关，远僧复集”①。罗什的从业弟子也非常多，《梁传》称有八百余人，《祐录》号称有三千余僧。其中参加般若、中观类经典翻译的僧人，在义学上都属于关河三论学派。突出代表人物主要有僧肇、僧叡、道融、昙影、道生、僧导和昙无成等。

以罗什为宗教领袖的长安佛教所形成的佛学思想，在中国佛教史上被称为关河学派，其成员即以罗什僧团为主体。对于这个学派名称的理解，如果从字面意义看，或许是关中和河西，实际上就是指关中。《史记・苏秦传》中有“秦四塞之国，东有关河，西有汉中”之说，河指黄河，关指函谷关以西，大散关以东，萧关以南和武关以北，四关之中。

关河学派以般若学和中观经典为主要研习对象，但诸师之学并不完全相同，各有所重。罗什之实相学代表了对于中观思想的印度佛学立场的理解，而僧肇的中观之学更突出地体现了基于中国文化背景的佛学立场，僧叡的思想则体现出从般若学之空向涅槃学之有过渡的倾向，道生之学则完全成为涅槃学。

1. 僧叡

僧叡，生卒年不详②，什门四圣之一，魏郡长乐（河南安阳一带）人。他少年时期出家，十八岁时投师僧贤法师，又曾听僧朗法师讲《放光般若经》。由于他“谦虚内敏，学与时竞”③，到二十二岁时，对佛教经论已经有了比较广泛而深入的了解，并形成自己的观点，所以对于僧朗讲《放光经》，他常提出不同意见，以至于僧朗“累思不能通”④，向僧贤法师称赞僧叡，称其是僧贤的贤弟子。二十四岁之后，僧叡外出游历，期间曾师事道安，受道安之命，任《四阿含暮抄经》的笔受，“余……于鄴寺，令鸠摩罗弗提执胡本，佛念、佛护为译，僧导、昙究、僧叡笔受”⑤。僧叡常称道安为“亡师”（《喻疑》，《祐录》卷五；《大品经序》，《祐录》卷八）或“先

---

① 《梁传》卷六《僧丰刀石传》。

② 任继愈等推算其生于351—355年之间。参见任继愈主编：《中国佛教史》第2卷，中国社会科学出版社，1985年，第451页。

③ 《梁传》卷六《僧叡传》。

④ 《梁传》卷六《僧叡传》。

⑤ 《祐录》卷九《四阿含暮抄序》。《祐录》将此序中标为“未详作者”。据苏晋仁等研究，此序当为道安所作（见《祐录》卷九，注51、注52，中华书局，1995年，第359页）。今依此说。

匠”(《毗摩罗诘提经义疏序》,《祐录》卷八)。罗什入关后,僧叡入罗什译场。先是因为僧叡自身对于禅的重视,常叹禅法未传,至罗什译出《禅法要》(即《坐禅三昧经》)三卷后,依之修习,深得司徒姚嵩赞许,后者在姚兴面前称赞其“实邺、卫之松柏”[①],姚兴召见后,评价更高,赞其为“四海标领”。在罗什译场,僧叡参正译事,他对经论的理解,深得罗什赞许,“吾传译经论,得与子相值,真无所恨矣”[②]。后卒于长安,世寿六十七。

僧叡的著述,多为经序,也有一些经疏及其他作品,记录如下:

《喻疑》[③](《祐录》卷五);

《大品经序》;

《小品经序》;

《法华经后序》;

《思益经序》(《法论目录》作《思益经义疏序》);

《毗摩罗诘提经义疏序》;

《自在王经后序》(上六均见《祐录》卷八);

《关中出禅经序》(《祐录》卷九);

《大智释论序》(《祐录》卷一);

《中论序》;

《十二门论序》(上二均见《祐录》卷一一);

《净名经疏》(收入道液所集的《净名经集解关中疏》,道液此疏中的叡法师即指僧叡,道液在《净名经关中释抄》卷上已经明确说明,见《大正藏》第85册,第511页上;另,敦煌残本《维摩经疏》也有叡注,恐指僧叡之注,见敦煌卷子P2049或《大正藏》第85册);

《百论序》;

《禅经序》(上二《法论目录》存目,见《祐录》卷一二)

《二秦众经录》(《内典录》卷三存目)。

僧叡的思想体现出从般若学向涅槃学过渡的特点,思想体现比较全面,涉及

---

① 《梁传》卷六《僧叡传》。

② 《梁传》卷六《僧叡传》。

③ 任继愈主编《中国佛教史》第2卷中,述慧叡时引《喻疑》(第289页),述僧叡时引《喻疑》(第454页),但又明确认为两人不是同一人,并分别阐述他们的生平思想。

对佛教史的总结，特别是对于般若学的评论、中观思想、涅槃佛性论、禅观、净土归趣、经论的判摄等诸方面，同时也未脱玄学的背景。

对佛教史，僧叡强调三法的归纳，以“得道者多，不得者少”[①]为正法期，“得道者少，不得者多”[②]为像法期。从汉代孝明帝开始的中国的佛教，他认为是像法期的初期。

他总结这一期佛教从魏初开始发展起来的义学方法的基本特征是“格义”，是所谓“恢之以格义，迂之以配说”[③]。格义既是方法论，实际上也是一个佛学思想流派，至于到道安为止的义学思想的分派，则区分为格义、六家和性空三类：

> 自慧风东扇，法言流咏已来，虽曰讲肆，格义迂而乖本，六家偏而不即。性空之宗，以今验之，最得其实。然炉冶之功，微恨不尽。[④]

第二章已经讲到过，依安澄所引《别记》的观点，僧叡所谈此六家另有所指，“六家者，空假名、不空假名等也”[⑤]。但一般的理解仍是六家七宗中的六家。据僧叡此处的评价，“格义”一派未达《中》《百》《十二门》诸论正义，六家的思想同样未依此正义。道安的一派，被称为“性空宗”，最接近正解中观，但也有不尽之处。

原因何在？他认为在于没有可依的经论，并不是中土佛学水平低，什译之前的经论，很少明确地直接地大量讨论性空原理：“当是无法可寻，非寻之不得也。何以知之？此土先出诸经，于神识性空，明言处少，存神之文，其处甚多，《中》《百》二论，文未及此，又无通鉴，谁与正之？”[⑥]这种解释是比较公允的，同时也突出了什译对于般若学的意义。

依据什译中观诸论，如何理解般若的意义？僧叡认为：“摩诃般若波罗蜜者，出八地之由路，登十阶之龙津。”[⑦]第八地是辟支佛地，出辟支佛地而入第九菩萨地，第十阶是佛地。“《般若波罗蜜经》者，穷理尽性之格言，菩萨成佛之弘轨

---

① 《祐录》卷五《喻疑》。
② 《祐录》卷五《喻疑》。
③ 《祐录》卷五《喻疑》。
④ 《祐录》卷八《毗摩罗诘提经义疏序》。
⑤ 《中论疏记》卷三末，《大正藏》第65册，第93页上。
⑥ 《祐录》卷八《毗摩罗诘提经义疏序》。
⑦ 《祐录》卷八《大品经序》。

也。”[1]强调般若波罗蜜对于成佛的决定性意义。《大品经》体现了无住、无得的精神，“启章玄门，以不住为始；妙归三慧，以无得为终”[2]。以无住之心观照物理、人性，最后的解脱是无得之得。具体的认识方法，由始而终，由终而始。由终而始依大智，由始而终以方便，“大明要终以验始，沤和即始以悟终”[3]。

无得是泯绝无寄的境界，消弭了一切差别对待，“夷有无，一道俗”。“涉中途，泯二际。”[4]“虚实两冥，得失无际。”[5]这强调了不二法门，强调中观。依据这种方法，智慧与无明不二，本性皆空，“实智为好，无明为丑。真法性空，何好何丑也？”[6]生与灭不二，增与损不二，诸法无生无灭，无增无损，“若生即增，若灭即损，法无生灭，故离增损”[7]。

以此中观来理解中观诸论，《中论》之所以使用“中”字，僧叡认为，就是要突出这个中道，“以中为名者，昭其实也”[8]。实就是本质。世界的本质体现为这种中道，也称实相。僧叡的中道实相思想已十分明确，所以在谈及《十二门论》时，他就提出看法：“《十二门论》者，盖是实相之折中。”[9]

实相具体又指什么呢？依他的看法，是世界的本质，生生者，始始者，本身是无生无始的永恒，“夫万有本于无生，而生生者无生。变化兆于物始，而始始者无始。然则无生无始，物之性也”[10]。

中道实相也就是法身，是无身之身、无为之身，僧叡认为这在《维摩诘经》中已经有所体现，“法身无身，无身故感而后应，感而后应则无应而不会。故使其见闻者无不蒙益”[11]。“法身无为，为不由己。为不由己则动无非时。动无非时，故能诸有所作亦不唐捐。”[12]法身能给人们带来利益，进入任运自由的境界。

实相也就是《法华经》中的佛知见，僧叡高度评价此经，“《法华经》者，诸佛之

---

① 《祐录》卷八《小品经序》。
② 《祐录》卷八《大品经序》。
③ 《祐录》卷八《大品经序》。
④ 《祐录》卷一一《中论序》。
⑤ 《祐录》卷一一《十二门论序》。
⑥ 《维摩经疏》卷三，《大正藏》第 85 册，第 381 页上。
⑦ 《维摩经疏》卷三，《大正藏》第 85 册，第 381 页上。
⑧ 《祐录》卷一一《中论序》。
⑨ 《祐录》卷一一《十二门论序》。
⑩ 《祐录》卷一《大智释论序》。
⑪ 《净名经集解关中疏》卷上，《大正藏》第 85 册，第 443 页下。
⑫ 《净名经集解关中疏》卷上，《大正藏》第 85 册，第 443 页下。

秘藏，众经之实体也”[①]。此经宗旨在于开佛知见，佛知见，也就是佛性。因此，僧叡认为，《法华经》已经具有一切众生皆有佛性、皆能成佛的思想。“《法华》开佛知见，亦可皆有为佛性。若有佛性，复何为不得皆作佛耶？”[②]结合《大般涅槃经》的思想，中道实相和涅槃佛性就合为一体了。

僧叡用《法华》的“实体”思想反省般若诸经，强调其优缺点并存。般若经有其优点，深无不极，大无不该，以“适化为本”，“善权为用”[③]。但缺点是对“实体”的阐释有所不足，“悟物虽弘，于实体不足”[④]。这实际上也是对整个般若学的批评，甚至包含了对于其师罗什的婉转批评——罗什很少谈及作为真实本体的佛性。

原因何在？僧叡认为，在于罗什当时还没有看到《大般涅槃经》的文本，其他类似经典也没有看到，如果了解这一点，他一定会赞同这种思想，“什公时虽未有《大般泥洹》文，已有《法身经》，明佛法身即是泥洹。与今所出，若合符契。此公若得闻此，佛有真我，一切众生皆有佛性，便……无所疑也”[⑤]。这种批评多么有技巧。同时也说明他是把涅槃和法身问题结合在一起讨论的。

强调涅槃佛性论，是僧叡和罗什思想的重要区别，他应该是中国佛学从般若学向涅槃学转向的推动者和代表人物之一，也从一个侧面反映了关河三论思想的发展特色。

僧叡非常重视禅修。他强调“禅法者，向道之初门，泥洹之津径”[⑥]。具体而言，如果任由你驰心纵想，结果必然是情滞惑深。如果系意念明，则能照见心鉴之澄明。他把心比作水火，必须拥聚它，“拥之聚之，则其用弥全；决之散之，则其势弥薄”[⑦]。

僧叡有净土的归趣，他卒时“向西方合掌而卒”[⑧]。他的净土信仰在净土宗史上也有一定影响，“昔长安叡法师……数百人，并生西方”[⑨]。

---

① 《祐录》卷八《法华经后序》。
② 《祐录》卷五《喻疑》。
③ 《祐录》卷八《法华经后序》。
④ 《祐录》卷八《法华经后序》。
⑤ 《祐录》卷八《法华经后序》。
⑥ 《祐录》卷九《关中出禅经序》。
⑦ 《祐录》卷九《关中出禅经序》。
⑧ 《梁传》卷六《僧叡传》。
⑨ 《净土五会念佛诵经观行仪》卷中，《大正藏》第85册，第1244页中。

僧叡有初步的判教思想。他把《法华经》判为诸经之首，为“诸佛之秘藏，众经之实体”[①]，实际上视其为根本之经。又以《般若》和《法华》相配合，《法华》“镜本”，《般若》“冥末”。论穷理尽性之深，是《般若》之长，论诸法实相，是《法华》之长。两者“相待以期终，方便实化，冥一以俟尽”[②]。僧叡主张《法华》之开佛知见正是《涅槃经》中的众生佛性，因此又主张以此三经开照，而能照尽。三经的特点是：“《般若》除其虚妄，《法华》开一究竟，《泥洹》阐其实化。”[③]僧叡又结合禅经而综合判释诸经，“《般若》指其虚标，《勇伏》明其必制，《法华》泯一众流，《大哀》旌其拯济”[④]。《勇伏定经》即《首楞严三昧经》，《大哀经》是《自在王经》的别称。这四种经典各有其美。这种判教观在中国佛教发展史上具有一定的意义。

2. 昙影

昙影(344—413?[⑤])，什门八俊之一，生卒年没有明确的记载，出生地不详，《梁传》卷六本传记载“或云北人”，有人说是北方人。他不喜交游，善讲《正法华经》和《光赞般若》。在长安时，他曾帮助竺佛念译《鼻奈耶》十卷，任此经的笔受[⑥]。姚兴以礼待之，罗什入关后，昙影入罗什僧团。罗什在姚兴面前称赞昙影是“此国风流标望之僧也”[⑦]。姚兴敕住逍遥园，协助罗什译经。特别是在翻译《成实论》时，“昙晷笔受，昙影正写”[⑧]。昙影感到此论原文的表达太支离，而欲使译文符合中国的方式，和罗什往来争论，其意见深得罗什赞赏。什译《法华经》译出后，昙影深思，撰出《法华义疏》四卷，又对《中论》作注。后来在山中隐居。

昙影现存的作品有《中论序》，载《祐录》卷一一。此序提出无相、无心的观点，以无相概括世界的本质，以无心体认无相的世界，“万化非无宗，而宗之者无相；虚宗非无契，而契之者无心”。《中论》的基本精神，昙影认为在于会通真俗二谛，寂灭边见。从真谛的角度看，不存在俗谛之有(真故无有)。但从俗谛的角度看，又不存在真谛的无(俗故无无)。真而无有，那么，虽然讲真谛之无而要考虑

① 《祐录》卷八《法华经后序》。
② 《祐录》卷八《小品经序》。
③ 《祐录》卷五《喻疑》。
④ 《祐录》卷八《自在王经后序》。
⑤ 此处依《梁传》卷六本传记载“晋义熙中卒，春秋七十”而大致估算，至少卒于他《成实论》译毕之后(弘始十四年，即412年)。
⑥ 道安：《鼻奈耶序》，《大正藏》第24册，第851页上。
⑦ 《梁传》卷六《昙影传》。
⑧ 《祐录》卷一一《略成实论记》。

到俗谛之有，虽无而有；俗故无无，因此，虽然讲俗谛之有而要看到真谛之无，虽有而无。从有的方面能够看到无的意义，就不会被有所累；从无的方面又能考虑到假有，就不会执着于无。这样，“寂此诸边，故名曰中”。对有无关系的处理，昙影强调了即有即无的中道原则，和僧肇的不真空相近。

吉藏对于昙影非常推崇，在其《中观论疏》中，经常引用其观点，特别是《中论序》中的观点，尊称其为“影公”“影师”，这也体现出嘉祥三论和关河的内在关系。

3. 僧肇

关河三论学，除僧团领袖罗什之外，僧肇代表着对于空观理解的最高水平，“尤为其最”①。罗什称其“秦人解空第一”②，其《肇论》当为三论宗的第一部高水准的论集，对此论的解释可以说在历史上形成一股“肇学”，一直延至明末，可以说是三论学的一个特殊的分支。此论也可理解为中国佛教之“中论”，僧肇因而被推为三论宗中土二祖，吉藏则称其为“玄宗之始”③，实际上将其看作三论宗中国祖师之初祖，这个观点是可以成立的。僧肇又是罗什弟子中贡献最大、影响最大的一个。他的三论思想处处体现出与老庄玄思想的融通，本土化的解释特色非常明显，实际上是中国佛教建构的重要尝试。

僧肇（384—414④），京兆（今陕西西安）人，宋僧汾潭晓月禅师称其俗姓张⑤，其他记载似无此说。据《梁传》卷六之本传，僧肇家贫，“以佣书为业”，以帮助别人抄书为生。正是这个原因，僧肇得以遍览典籍。他比较喜好玄微之学，所以特别欣赏《老》《庄》，据说读《老子》时，甚至感到在“栖神冥累”方面还未能“尽善”，待到读了旧译《维摩诘经》之后，反复玩味，才知道自己心之归趣，发心出家。出家后，对方等类大乘经和佛教经律论三藏都能够研习以至于有比较深入的了解。年及“冠年”（一般指二十岁左右），在长安及其周围地区已很有名气了，甚至有人远道而来，入关与其论辩。

罗什至姑臧后，“肇自远从之，什嗟赏无极。及什适长安，肇亦随返”。罗什于东晋太元十年（385）被吕光掳至姑臧，后秦弘始三年（401）被迎至长安。依此，僧肇从师罗什，当在这十六年间。僧肇曾说，弘始三年（401），秦王姚兴集义学沙

---

①《魏书·释老志》。

②《百论序疏》，《大正藏》第42册，第232页上。

③《百论序疏》，《大正藏》第42册，第232页上。

④《梁传》卷六《僧肇传》。

⑤《肇论序注》，《卍新续藏》第54册，第136页中。

门五百余人于逍遥园参与罗什译事，“余以短乏，会厕嘉会，以为上闻异要，始于时也”[①]。这段话，如果只看后面的“始于时也”，可以理解为僧肇从此时开始闻罗什法要，未去姑臧[②]，但实际上要和“上闻异要”联系起来看，“上”字也可以理解为“圣上”，圣上从此时开始了解从罗什所传之法要。但对于《梁传》的上述记载，吉藏并不完全认同，他说：“什至京师，肇从请业。”[③]他在此处对僧肇的叙述几乎全部照述《梁传》，唯独在这一点上有异。汤用彤先生否认吉藏之说，批了一个“误”字[④]。对于中国思想家的早慧现象，应该有一个肯定性的认识。王弼的早慧不亚于僧肇，而其人生比僧肇更短暂，只有二十四岁。

僧肇受秦王之命，入罗什译场助译。当什译《大品般若》译毕后，僧肇写出体会文章《般若无知论》，这是他的第一篇论文。罗什看后“称善”。庐山慧远门下的刘遗民居士得到此文后，赞叹道：“不意方袍，复有平叔。”[⑤]意即没想到出家人里也有像何晏（平叔）这样的高手。慧远看了之后，扶几而叹，“未尝有也”。他们和僧肇书信往复，探讨义理。

僧肇其后所著，《梁传》本传记有《不真空论》《物不迁论》《注维摩诘经》及诸经论之序。什师亡故后，僧肇又作《涅槃无名论》，并上表于秦王。僧肇所撰之序文，有《维摩经序》《长阿含序》《百论序》[⑥]等。《广弘明集》还收有僧肇所作的《鸠摩罗什法师诔》。

僧肇著作中重要的几篇后被编成《肇论》，而慧达和元康《肇论疏》显示出《肇论》的结构似乎有所不同，其实慧达是依其认为的重点先后而释，并非两人所据的本子结构有所不同，元康的疏本体现出的《肇论》已经是流行于今的通行本模式。其中《宗本义》一段，现代学术界多有认为非僧肇所作的观点。至于其中的《涅槃无名论》是否为伪作，也有激烈的争论，以汤用彤和吕秋逸居士为持否定与肯定两种意见的重要代表，前者认为是伪作。但此论是《梁传》中认可为真的，难以完全否定。

---

① 《肇论·般若无知论》。

② 韩国孙炳哲的博士论文《肇论通解及研究》就持此种理解，许抗生教授赞同此说。许抗生：《僧肇评传》，南京大学出版社，2011 年，第 4 页。

③ 《百论疏》，《大正藏》第 42 册，第 232 页上。

④ 汤用彤：《汉魏两晋南北朝佛教史》，北京大学出版社，1997 年，第 246 页。

⑤ 《梁传》卷六《僧肇传》。

⑥ 《祐录》卷八、九、一一。

在《景德传灯录》卷二七，有关于僧肇被秦王害，临刑前有四句偈之说[①]，这为禅界假托。僧肇少年时代家贫，后又一直多病，“劳疾每不佳”[②]。可能是因劳疾而死。在清乾隆时，僧肇被皇封为“破邪罗汉”，塑成罗汉像在罗汉堂供奉。

僧肇的思想，可以说突出了一个“中道”。他以对般若和中观类经的精深了解，评判般若学派诸家思想的得失，同时以此处理有无关系，有《不真空论》，处理动静关系，有《物不迁论》，处理真智与俗知的关系，有《般若无知论》，处理涅槃问题，而有《涅槃无名论》。僧肇的中观思想表达和一般的表达其实还有些差异，一般表达为“非真非俗，非有非无”，僧肇表达为“即俗即真，即有即无”，更偏重于从俗谛的立场论中道。

(1) 僧肇对般若学派的批评总结

般若学六家七宗，最基本的是心无宗、即色宗和本无宗，僧肇通过对这三家的批判，总结般若学派的理论成就和不足，提出中观的系统思想。

僧肇批判心无宗。他概括心无宗的基本思想为，“心无者，无心于万物，而万物未尝无”[③]。心不执着于万物，虚寂其心，但对于万物本身的状态，则不予讨论，客观上变相承认其存在，心空法不空。此理论的得失是，“得在于神静，失在于物虚”。强调了我空(神静)，但不懂得法也是空，更不了解要从“即物之自虚”角度看待事法之空。

僧肇批判即色宗，概括此宗的思想特点为：“即色者，明色不自色，故虽色而非色也。”即色宗强调的是即色空之理，不离开色自身而言空。色空的原因在于缘起，色不自色，是因为众缘和合成色，从这一角度看，色法是空。僧肇认为，这一理解和中观思想是有距离的，“夫言色者，但当色即色，岂待色色而后为色哉?”论色时，应该直接就色的本性直观其空，而不是在等到众缘和合成色，再从缘起的角度论其空，就色自身要看到色未生时，众缘和会之前时，这才能体会到色从本以来就是空。即色宗的得失是，“此直语色不自色，未领色之非色也”。虽然懂得了色没有自性，没有内在主宰，但并没有真正理解为什么色非色，色即是空。

僧肇批判本无宗，概括此宗的理论特点为：“本无者，情尚于无多，触言以宾无。故非有，有即无，非无，无亦无。”此宗滞情于无，开言就谈无，成为无之“宾”。

---

① 《大正藏》第 51 册，第 435 页上。

② 《梁传》卷六《僧肇传》。

③ 《肇论 · 不真空论》。

中道的非有非无论，在本无宗的理解，非有是在讲无，非无还是在谈无。僧肇依中道的观点看非有非无论，“寻夫立文之本旨，直以非有非真有，非无非真无耳”。非有所要否定的对真实之有的执着，同样，非无所要否定的是对真实之无的执着。而本无宗对此关系的处理，“非有无此有，非无无彼无”。都在讲无，所以僧肇称其是“好无之谈”。

这一批判所依据的理论是僧肇的不真空论，既是对般若学的总结，又是般若学达到顶峰的标志，也体现出三论义学从般若学向中观学的转向。在批评此三家的《不真空论》中，僧肇明确引用了《中论》的观点，这是在此之前的般若学家无法做到的，因为此译当时未出。

(2) 中道的基本原理：不真空论

中观思想的基本表述是不有不无，僧肇用“不真空”来表达这一观点。“不真空”这一命题，根据僧肇的表述，可以这样理解：不真是一边，指的是世俗视为实有之诸法，是有，是俗谛，从般若学的原理看，诸法因缘和会而有，没有自性，所以称其为不真，不真就是伪，一般称为假。空是另一边，表示诸法之本来状态，诸法性空，是真谛。两者的关系实际上可以理解为即不真(有)即空[①]，僧肇用了三个表达命题——“即物自虚”“即伪即真”“即物顺通”，其中即物自虚是最根本的观点，即伪即真是最明确的表达。

即物自虚，另一种说法就是即色空，直接就诸法本身了达其从本以来的虚空本性。僧肇把“虚”看成最根本的概念，万有的终极本质，“夫至虚无生者，盖是般若玄鉴之妙趣，有物之宗极者也”[②]。所以他把般若学和三论学实际上都归结为“虚宗”。但这个虚不是一个孤悬的本体，必须从有无的关系来体会它，基本方法就是即物之自虚，至人“岂不以其即万物之自虚？故物不能累其神明者也”。中观方法的基本精神之一就是辩证处理真谛和俗谛的关系，不是简单将两者对立起来。这一即物自虚的方法，既能即事而理，不被事滞累，也就是能够看到诸法的空性，因而不执着于诸法，就俗谛而体现真谛；又能即理而事，以理顺事，而至事事顺通，就真谛而随顺俗谛。所以僧肇说：“圣人乘真心而理顺，则无滞而不

---

① 这一理解元康就否定过，元康曾说：“有人云：真者是有，空者是无，言不真空，即明不有不无中道义也。此是为蛇画足，非得意也。”(《肇论疏》卷上，《大正藏》第45册，第170页下。)他的解释是，诸法虚假不真，所以是空。但他之所是或所非，其实仍有可以重新检讨的空间。

②《肇论·不真空论》。

通；审一气以观化，故所遇而顺适。”这种即物自虚论着重要解决的是对现象或俗谛的解释，通过其本性之虚，可以明了万象虽殊，而本性为一。而万象之殊，不是自身能主宰的。僧肇继续证明说：“万象虽殊，而不能自异。不能自异故，知象非真象。象非真象故，则虽象而非象。”这个“象而非象”，就体现了“不真空”的含义。

僧肇又以即伪即真和即物顺通两命题解释即物自虚论。

僧肇指出，作为真谛的空，不是既把万物消除干净，又闭目塞听而形成的，“岂为涤除万物，杜塞视听[①]，寂寥虚豁，然后为真谛者乎？”[②]真谛不是孤立的，必须要满足两个条件，一是顺俗，二是向真。顺俗之路是即物顺通，向真之路是即伪即真。“即物顺通，故物莫之逆；即伪即真，故性莫之易。”物莫之逆，指不被物累，而能事事无碍。性莫之易，指了达法性的不变。进一步推论下去，“性莫之易，故虽无而有；物莫之逆，故虽有而无”。虽无而有，就是非无，虽有而无，就是非有。这里，不真空论不是要强调物之无，而是强调物之不真，不真的原因在于物之性空。

僧肇又重申，对于真谛和俗谛的关系，中道的看法应该了解到“万物果有其所以不有，有其所以不无”。有其所以不有，也就是物虽有而非有，有其所以不无，就是虽无而非无。真谛之无，不是一个绝对之虚无，“无者不绝虚”。俗谛之有，也不是一个真实之实存，“有者非真有”。这样，有无虽然名称不同，但其取向是一致的。僧肇重申这一点，也是强化对于本无宗的批判。

僧肇最后的结论是：“欲言其有，有非真生；欲言其无，事象既形。象形不即无，非真非实有。然则不真空义显于兹矣！”已经形成的事象不能直接宣称其为无，但要看到其本性之无，所以它不是真有，不是实有。可见，僧肇更强调从即伪即真的角度理解即物之自虚，由此体现不真空义。

僧肇指出不真空之即物自虚论的宗教意义，“圣人乘千化而不变，履万惑而常通者，以其即万物之自虚也”。在顺俗应变的前提下，化俗为真。作为修行者，要从现象中体现真性，而不是离现象而别求真性，因为真俗一如，所以僧肇说：“道远乎哉？触事而真。圣远乎哉？体之即神。”

---

① 这个“杜塞视听”以空心，实际上也是对心无宗的批评。

② 《肇论·不真空论》。

（3）中道论的动静关系观：物不迁论

僧肇的《物不迁论》，着重以中道的方法探讨事物之运动和静止的关系，动静关系也是真俗关系的具体体现。僧肇的基本观点是：即动求静，“即动而求静，以知物不迁明矣”[1]。他举了几个例子说明即动求静、虽动而静，“旋岚偃岳而常静，江河竞注而不流，野马飘鼓而不动，日月历天而不周”。能吹倒须弥山的狂风，其本性其实是寂静的；奔腾的江河水，其本性其实是不流的；野马般飘荡的云气，其本性其实是不动的；日月升降于天宇，其本性其实不在周而复始。

“物不迁”这个命题，根据僧肇的表述，可以这样理解：物是一边，代表俗谛，俗谛认为物迁，万物都在运动。不迁是另一边，代表真谛，认为诸法无来无去，具有不动的本质。中道精神要求既不能偏于真，也不能流于俗，“谈真则逆俗，顺俗则违真”。所以应该从两者关系的辩证处理着手，“寄心于动静之际”。并以中观的原则得出即动而静的结论。

僧肇认为，对于不动之寂静本性的探究，不能离开运动物本身，应从动中求其静性。这有两个角度的结论，从静的角度，静而不离动，从动的角度，动而常静，“必求静于诸动，故虽动而常静。不释动以求静，故虽静而不离动”，是动静一如。

僧肇从时间的角度说明事物不会在过去和现在之间运动，物不相往来，“昔物自在昔，不从今以至昔。今物自在今，不从昔以至今”。这段话曾引起不同的解释甚至批评，至明末专门由此《物不迁论》而有一场争论。

这一物不迁思想的教化意义，也是要说明如来功德、如来之道的永恒性，“如来功流万世而常存，道通百劫而弥固”。常存、固，都是指静、不迁。作为修行，就是要从世俗事法中体会这种不变的佛法真理，“苟能契神于即物，斯不远而可知矣”。

（4）中道论的般若观：般若无知论

《般若无知论》是僧肇的第一篇论文，“般若无知”这一命题，根据僧肇的叙述，至少可以理解为两层含义。一层含义实际上显示出僧肇以中道方法处理真智与俗知关系的观点。般若是一边，般若智是无知而知，无知是另一边，指世俗之知，此知从真谛的角度看，是虽知而无知，所以称其为无知。另一层含义，般若

---

[1] 《肇论·物不迁论》。

之知，无所知而无所不知。

僧肇对于般若无知的基本证明，来自非有非无的中道。“非有，故知而无知。非无，故无知而知。”[①]“无有知也，谓之非有。无无知也，谓之非无。”[②]般若智慧的无知而知，以此非无证明，俗知的知而无知，以此非有证明。两者关系的辩证理解，从俗知的角度看，应该了解此知即无知；从般若真知的角度看，应该了解无知即知。

依照后来的不真空之即物之自虚论和物不迁之即动求静论，此处的处理方法也许可以理解为即俗知而入真智，僧肇有一个总体性表达，“般若可虚而照，真谛可亡而知，万动可即而静，圣应可无而为”[③]。对般若之虚寂本体，可以观照，但照不失虚。对真谛的了知，以无知而知。动静关系，即万动而求静。圣人之为，以无为而为。僧肇又明确说，圣人“终日知而未尝知”[④]，可以理解为从俗知中体会无知。

僧肇强调只有圣人才达到了知与无知关系的不二之境：“夫有所知，则有所不知。以圣心无知，故无所不知。不知之知，乃曰一切知。”[⑤]有所知，指俗知，似乎有知，其实不知。无知指圣人之知，虽说无知，其实无所不知。圣人之无知，体现了虚的境界；圣人之知，体现了照的功能。虚不失照，照不失虚。

(5) 中道论的涅槃观：涅槃无名论

僧肇对涅槃问题的讨论，实际上也涉及中道方法论，这就是涅槃的有名与无名关系处理。涅槃无名的讨论动机，起因之一是受后秦姚兴《答安成侯姚嵩书》的启发。此书中有几个重要的观点，体现出中国人对于佛教的理解角度，一是“若无圣人，知无者谁也”[⑥]，二是“众生之所以流转生死者，皆著故也。若欲止于心，即不复生。既不生死，潜神玄漠，与空合其体，是名涅槃耳。既曰涅槃，复何容有名于其间哉”[⑦]。前一点证得涅槃的圣人的存在，是讨论涅槃问题的基础，后一点直接启发僧肇将此论文定名为“涅槃无名”。

---

① 《肇论·般若无知论》。
② 《肇论·答刘遗民书》。
③ 《肇论·般若无知论》。
④ 《肇论·般若无知论》。
⑤ 《肇论·般若无知论》。
⑥ 道宣：《广弘明集》卷一八。
⑦ 道宣：《广弘明集》卷一八。

对涅槃问题的讨论,也说明僧肇的三论义学从般若之空向涅槃之有的转化倾向,这在当时已是一种趋势。僧肇在罗什门下,对于涅槃问题“虽屡蒙诲喻,犹怀疑漠漠,为竭愚不已”[①],实际上不满足于罗什对涅槃问题的解释。事实上,罗什在回答庐山慧远的法身问题时,并没有完全令慧远接受,两人各以自身的思路来问答。僧肇将他对涅槃问题的思考用自设问答的形式,而有“九折十演”,以“有名”折,提出问题设难,“无名”回答,是为演。在九问(折)九答(演)之前,“无名”先演有一个“开宗”,而成十演。

至于中道观在涅槃之有名和无名关系上的体现,基本的观点是不出有无,不在有无,但一再强调的观点是涅槃的绝称性质,无法用名相来完全概括其特性,“夫涅槃之为道也,寂寥虚旷,不可以形名得;微妙无相,不可以有心知”[②]。他模仿老子对道体的描述,“随之弗得其踪,迎之罔眺其首”。对经论中的无余涅槃和有余涅槃之区别,僧肇强调只是“应物之假名”。

僧肇通过其余的九折九演,体现他在这一问题上对于罗什的超越,其中包括了涅槃之有无的问题、一乘三乘问题、顿渐问题等。

首先是涅槃之有无问题,涉及三折三演。

僧肇假设难者问:经论中的有余涅槃和无余涅槃概念,并不是无端而起的,“盖是返本之真名,神道之妙称也”。

僧肇答,两种涅槃的概念都是假名,有名不能表达无名,有形不可描述无形。有余和无余,都本乎无名。无名为本,有名为末,从此角度而言,“无名之道,于何不名?”因此,圣人在方而方,在圆而圆,在天而天,在人而人。也就是说,诸如方圆天人之名都可以是无名之涅槃的有名表达,但涅槃并不完全等同于此类有名,而是要超越此类有名而至无名之境。这是一种有与无的关系处理。

对于理解涅槃的另一种有无观,僧肇是指俗谛的涅槃有无观,“惑者睹变,因谓之有,见灭度,便谓之无”。这种有无都是妄想所致。站在真谛的立场,涅槃之道不可以有无而得,出有无之域,非有非无,“亡不为无,虽无而有;存不为有,虽有而无。虽有而无,故所谓非有;虽无而有,故所谓非无”。

进一步而言,对涅槃有无之中道的理解,实际上应该是不出有无,不在有无。

---

①《肇论·涅槃无名论·奏秦王表》。
②《肇论·涅槃无名论》。

不在有无，所以不可以从有无得涅槃。不出有无，所以又不可以离开有无而求涅槃。有和无是相互关联的，有是指无之有，存在（有）一个无。无是有之无，对有的否定。离有不存在无，离无也不存在有。

僧肇认为，这是一种妙悟才能契合的真境，此境中圣人处有不有，居无不无，所以能够不出有无，不在有无，“于外无数，于内无心，彼此寂灭，物我冥一，怕（泊）尔无朕，乃曰涅槃”。

其次是一乘和三乘问题，有两折两演。

难者曰：这种不出不在的玄妙究竟之道和三乘有何差别？涅槃既是一，教乘不应有三。教有三乘，就不是究竟。

僧肇引《法华经》关于一乘和三乘的观点，三乘则是方便之说，三乘统归于一乘。这一问题又演化为我与无为之彼岸的关系，这两者究竟是一是异？僧肇认为，三乘众生同入无为之境，我即无为，无为即我。这实际上是后来十分流行的“众生即佛，佛即众生”的观点的一种表达。

第三是顿渐问题，有两折两演。

难者主张顿悟，“不体则已，体应穷微”。僧肇认为，众生的重惑之结不可能顿尽，三乘中人，智力不同，不可能顿悟，无为之境，路途遥远，不可能顿尽。觉悟是损之又损，以至于无损的渐悟过程。

僧肇曾提到渐悟在七住达到觉悟阶段，“七住已上心智寂灭，以心无为，故无德不为”①。这一境界，“心不可以智求，形不可以像取”②。

既然至这一境界，为什么还要进修（进一步修习）后三个阶位，广为积德呢？进修之心已是好尚取舍，积德之心已是涉求损益，怎么能说是心智寂灭呢？

僧肇从动寂相即关系说明有为和无为的相即，基本观点是，圣人无为而无所不为，是即有为之无为。而圣人之为，也是为而不为。“无为，故虽动而常寂；无所不为，故虽寂而常动。”③

第四是众生和涅槃的有无先后问题。

难者曰：众生和涅槃之间，是先有众生，后有涅槃，这样就有一个开始，有始必有终。但经中又讲涅槃无始无终，显然是矛盾的。

---

① 《注维摩诘经》卷一，《大正藏》第 38 册，第 329 页中。
② 《注维摩诘经》卷一，《大正藏》第 38 册，第 330 页上。
③ 《肇论·涅槃无名论》。

僧肇认为,涅槃之道,通古今,同始终,存乎妙契,本乎冥一,进之不先,退之不后,因而不能用始终关系来理解。

第五是涅槃之有得和无得问题。

难者认为可以得涅槃,而依般若学和中观学的一般原理,涅槃是无所得的,为无得之得,僧肇称之为"玄得"。不过他对于无得的理解,不是明确从众生本有涅槃角度而言的,而是"众生非众生,谁为得之者?涅槃非涅槃,谁为可得者"[1]。

在《注维摩诘经》中,僧肇依据此经的思想和内在结构,也提出了一些重要的思想,除了发挥非有非无的中道原理之外,其净土观和禅修观也是应该引起重视的。特别是净土观方面,他是主张佛无净土、唯心净土的。

① 《肇论·涅槃无名论》。

第二节
摄山三论三师

摄山三论师资，以法度为奠基，法度传僧朗，自僧朗始，僧朗传僧诠，僧诠传法朗，为摄山三代传承，形成摄山三师，法朗再传吉藏，进入隋朝的三论宗创宗时期。三大师的思想资料和生平事迹，除僧传的记录之外，大多集中在吉藏和安澄的作品中，特别是《中观论疏》和《中论疏记》，《中观论疏》的主要资料就是参考了从僧朗到法朗的相关观点，“疏主欲开演解释正观一论之旨归，撰集摄岭、兴皇之善言，制作此《疏》，即是《中论》之疏”①。这些资料中对三大师的历史性称号都有记录，有些是专指，有些则通指几人。辽东僧朗、止观僧诠、兴皇法朗这些自然都是专指。山中，三师都有此号，山门，也用来称指三师，山中法师既是僧朗，亦指僧诠，何时特指某一师，须仔细分辨。摄山三论的一些基本观点，即“摄岭相承”，至少有三种二谛观、于教二谛观，分《中论》二十七品为三段等等。

一 摄山三论祖庭的建立

摄山位于金陵摄山中峰西麓，又称栖霞山，过去此山中多产药材，食之有利摄身，故名。三论师在摄山居止之所有三处：“一处名栖霞精舍也，馆成寺；一处名山茨精舍；一处云，有四弟子僧都继踵先师，复纲山寺。”②栖霞精舍是法度所居，山茨精舍是周颙所修。这另一处指僧朗曾居之处。后来有三论祖庭之称的是初名栖霞精舍的栖霞寺，此寺最初是明僧绍舍宅给高僧法度而成的。

明僧绍，字承烈，平原鬲（今山东省平原县）人，举为秀才，多次拒绝出仕，随罢官的弟弟到金陵，隐居摄山，与定林寺僧远关系非常密切③。

关于明僧绍舍宅为寺之事，《梁传》记载说：

---

① 《中论疏记》卷一本，《大正藏》第65册，第2页中。
② 《中论疏记》卷一本，《大正藏》第65册，第22页中。
③ 《南齐书》卷五四《明僧绍传》，中华书局，1972年。

高士齐郡明僧绍，抗迹人外，隐居琅琊之摄山，挹度清徽，待以师友之敬。及亡，舍所居山为栖霞精舍，请度居之。①

明僧绍隐居于摄山，与法度成为挚友，以至于临终时将其所居之宅“栖霞精舍”供养给法度。

据陈朝江总持所撰《摄山栖霞寺碑铭》所记，明僧绍于“宋泰始中尝游此山，仍有终焉之志”。在此“刊木驾峰，薙草开径，披拂榛梗，结构茅茨，廿许年不事人世”。在此结识法度，“法度法师，家本黄龙，来游白社，梵行殚苦，法性纯备，与僧绍冥契甚善”。后明僧绍舍其隐居二十多年所居住的一所茅舍给法度，“居士遂舍本宅，欲成本寺，即齐永明七年(489)正月三日，度上人之所构也”②。稍后，明僧绍之子元琳与法度先后造佛像，以无量寿佛坐像最为庄严著名。

依《唐传》所记，栖霞精舍改建成栖霞寺是在陈至德年中，“陈至德中，邀(邈)引恭禅师建立摄山栖霞寺，结净练众，江表所推”③。邈和恭都是禅师。法度传弟子僧朗，师徒所居均在此寺，僧诠在此寺向僧朗习三论。僧朗、僧诠二代传承，摄山三论之风，蔚然成派，其义学中心即在此寺。僧诠未久居此寺，以止观寺为常住之寺。僧诠的四位入室弟子只有一个慧布仍居此寺。慧布经历了此寺从栖霞精舍向栖霞寺发展的阶段，他后来居住的栖霞寺，已以习禅为主了。因为摄山环境正适合于习禅，“摄山泉石致美，息心胜地”④。

二 法度与摄山三论的开端

作为摄山三论第一师，僧朗曾在摄山从法度受学，因而，法度对摄山三论学的开端是有重大影响的。

法度(437—500)，据《高僧传》本传记载，为黄龙(吉林农安)人，少年时代出家，先是在北方游学，综览诸经，志以苦行为修，刘宋末年到南方，游历于京师建

---

①《梁传》卷八《法度传》。

②《摄山志》卷四，《中国佛寺史志汇刊》第1辑第34册，明文书局，1980年。

③《唐传》卷七《慧布传》，《大正藏》第50册，第481页上。

④《唐传》卷一二《慧觉传》，《大正藏》第50册，第516页上。

康，高士明僧绍隐迹于摄山，结识了法度，对其非常敬佩，待之以师友之敬，并且在临终前舍其所居宅为寺，请法度居之。传说此宅本来另有道士看中，但是住在里面就死。而法度居住之后，就没有这样的事发生。当时山上还有一位修行者，与法度齐名，被时人称为“北山二圣”。法度曾讲《无量寿经》多遍，齐竟陵王萧子良等以师礼待此二圣，并长期供养。法度有弟子僧朗，僧朗对于摄山三论义学有开拓性的创造。

三 摄山三论第一代辽东僧朗

三师之第一师为辽东僧朗。僧朗传记的直接资料极少，正式的僧传中仅有一段，在吉藏和日僧安澄的著作中也有一些记载。综其所述可知，僧朗，生卒年不详，又称道朗、大朗、摄岭、摄岭大朗、摄岭大师、摄山大师、高丽朗、朗公、山门等，是古高丽国人，原活动于辽东郡，精研三论之学，齐梁之际南下建康，居摄岭止观寺，又居草堂寺，向居士周颙传三论要义，最后才移居栖霞寺。其学广涉众经，善于讲法，尤善《华严经》和三论，以此成一家之言而名于世。由于其学与当地成实学主导下的般若、中观思想有所不同，梁武帝派城中十位僧人入山向其习三论之学，梁武帝由成实学转向三论学，与其极有关系。僧朗也开创了摄山三论之风。

1. 僧朗其人

僧朗在《梁传》中的传记附于《法度传》中：

> 度有弟子僧朗，继踵先师，复纲山寺。朗本辽东人，为性广学，思力该普，凡厥经律，皆能讲说。《华严》、三论最所命家。今上深见器重，敕诸义士受业于山。①

“继踵先师”是说继续先师法度的弘法事业，“复纲山寺”则是说使法度故寺栖霞寺成为义学重镇，自己成为义学领袖，担纲复兴南方三论义学之重任。

---

①《梁传》卷八。

吉藏也记载说："摄山大师唯讲三论及《摩诃般若》，不开《涅槃》《法华》。"[①]说明僧朗之学是纯粹的三论学。

《法朗传》中也简单评价了僧朗，"摄山朗公解玄测微，世所嘉尚"[②]。

安澄记载说："高丽国道朗法师从北地来，住摄山止观寺，善解三论，妙达大乘道……后摄山麓造栖霞寺，坐禅行道，故云摄山大师也。"[③]可知僧朗在南方时，先到止观寺，在止观寺时已以善三论著称，后到栖霞寺。此亦明确僧朗又称"摄山大师"，"言摄山大师者，指道朗师，是根本故也"[④]。陈朝江总持入栖霞寺，仍见有僧朗、僧诠等师的画像[⑤]，此亦说明栖霞寺的祖庭地位。

安澄又引《述义》一书中的资料说，僧朗"本辽东城人……来入南吴，住钟山草堂寺"[⑥]。此是说僧朗南下后，先居草堂寺，即周颙的山茨精舍之前身。正因为如此，他和周颙的关系非常密切，安澄所引《淡海记》说："道朗师之檀越，名周颙也。"[⑦]周颙是僧朗的护法。

安澄又引均正《大乘四论玄义》第十的资料："道朗师德（隐）会稽山阴悬（县?）少时说法处，诸法师请，法师后来摄山。"[⑧]这明确说僧朗到过少年时代生活的地方山阴县（今浙江绍兴）。

还有一说，称其先住冈山寺，再入止观寺，"《述义》云：昔高丽国大朗法师……游化诸方，乃至渡江，住冈山寺，弘大案（乘）义。乃入摄岭，停止观寺，行道坐禅"[⑨]。此"冈山寺"恐是僧传中"复纲山寺"之误。

此处一说辽东朗，一说高丽朗，两者关系，"《述义》云，高丽国辽东城大朗法师"[⑩]。此高丽为古代的高丽国[⑪]，辽东郡在汉代就已设置，当时属幽州，同属幽州的还有玄菟郡、乐浪郡[⑫]。辽东郡的范围大致指今辽河东南，在十六国和北朝

---

① 《涅槃经游意》，《大正藏》第38册，第230页上。
② 《唐传》卷七，《大正藏》第50册，第477页中。
③ 《中论疏记》卷三本，《大正藏》第65册，第71页中。
④ 《中论疏记》卷三末，《大正藏》第65册，第91页下。
⑤ 见其《入摄山栖霞寺一首》中"丹青独不渝"一句之注（道宣：《广弘明集》卷三）。
⑥ 《中论疏记》卷二末，《大正藏》第65册，第46页中。
⑦ 《中论疏记》卷三末，《大正藏》第65册，第85页下。
⑧ 《中论疏记》卷三本，《大正藏》第65册，第71页中。
⑨ 《中论疏记》卷一本，《大正藏》第65册，第22页上。
⑩ 《中论疏记》卷一本，《大正藏》第65册，第22页上。
⑪ 《文献通考》卷三二五《高句丽》有较详细的叙述。
⑫ 《汉书》卷二八下《地理志》第八下。

时期，辽东一带经常有战争，比如晋孝武太元十年(385)，高句丽攻辽东、玄菟郡。后燕慕容垂(326—396)遣其弟伐高句丽，复二郡[①]。

僧朗到建康的时间，一说是齐建武年间，“于时高丽朗公齐建武来至江南，难成实师，结舌无对，因兹朗公自弘三论”[②]。

僧朗原先在何处习三论之学？是在辽东还是在关河？僧传中只说其“为性广学”，这可以作一般的理解，即他在辽东时就已经“广学”了。吉藏的记录则说僧朗“从北地学三论，远习什师之义”[③]。北地，不是一般所指的北方，在三论学中，北方特指长安的关河三论。这指出了僧朗之学是直承罗什之义的，另一层意思是，他直接到北方去习三论义。吉藏又说：“大朗法师关内得此义[④]，授周氏。”[⑤]这说得更明确了。《述义》则说：“昔高丽国大朗法师宋末齐始往敦煌郡昙庆法师所学三论，而游化诸方。”[⑥]昙庆法师现缺乏相关资料，不知何人。敦煌郡，史载：“旧置敦煌郡，后周并效谷、寿皇二郡入焉。”[⑦]这也是说辽东僧朗到过河西。上述所引资料之“会稽山阴”，解释为今天的绍兴会不会有误？另有一个会稽，是河西地区的一个县，“元康五年，惠帝分敦煌郡之宜禾、伊吾、冥安、深泉、广至等五县，分酒泉之沙头县，又别立会稽、新乡，凡八县为晋昌郡”[⑧]。晋元康五年(295)[⑨]，由会稽等八县组成晋昌郡，而晋昌原属敦煌郡，“晋昌，汉冥安县，属燉(敦)煌郡”[⑩]。也就是说，此地的会稽郡原属敦煌郡。但均正明确说会稽山阴，则与此会稽远隔几千里。不过因为山阴(今浙江绍兴)很有名，一般提会稽，就会想到山阴。如果均正是笔误的话，那么所说也无非是指其到西北习三论。

在中国佛教史上有两个道朗很有名，除了摄山的辽东道朗(僧朗)，还有河西

---

① 参见《列传》第八二，《北史》卷九四。对于高句丽归属问题的研究，东北亚史研究专家孙进己研究员的观点较有代表性。他认为：“高句丽归属于中国，是中国历史上的地方民族政权。”“高句丽长期间主要在我国的传统疆界内，因此他主要是我国的地方民族政权，服时是我国的地方民族自治政权，叛时也仍是中国传统疆域的地方割据政权。”(《当前研究高句丽归属的几个问题》打印稿，2002年5月15日在苏州参加“海峡两岸中华传统文化与现代化研讨会”时赠予笔者。)

② 湛然：《法华玄义释签》卷一九，《大正藏》第33册，第951页中。

③《二谛义》卷下，《大正藏》第45册，第108页中。

④ 即僧肇《不真空》义。

⑤《中观论疏》卷二末，《大正藏》第42册，第29页下。

⑥《中论疏记》卷二末，《大正藏》第65册，第46页中。

⑦《隋书》卷二九《地理志》上，中华书局，1973年。

⑧《晋书》卷一四《地理志》上，中华书局，1973年。

⑨ 西汉也有元康年号(前65—前62)。

⑩《旧唐书》卷四《地理志》第三。

道朗。河西道朗的生活年代和此辽东僧朗相距几十年,在关西很有名,"沙门道朗,振誉关西","独步河西"①。他参与昙无谶的译事,除《大涅槃经外》,还请其译出更多的经典,"更请广出诸经"②。浮陀跋摩于凉城传译《阿毗昙婆沙论》时,他也与智嵩等三百余人考证文义③。吉藏说:"河西道朗亦制《论》序。"④据此他写有《中论序》。又说:"河西道朗法师与昙无谶法师共翻《涅槃经》,亲承三藏,作《涅槃义疏》。"⑤据此他撰有《涅槃义疏》。智𫖮说:"其人亦著《法华统略》,明说《法华经》凡有五意。"⑥据此他撰有《法华统略》。吉藏明确此朗和辽东朗的区别,所以特别指明是河西道朗,他和智𫖮等人常引其用著作。

吉藏强调了辽东僧朗和关河义学的直接关系,从某个方面讲,也是为了说明僧朗至吉藏一系为罗什正脉。而这些资料的存在以及河西道朗的名声,使得人们易将两人相混。辽东僧朗受学于法度,而法度曾"游学北土",仅此因缘,也可以接上和北方三论的关系,为何非要证明其亲自去关中?⑦

实际上,对于辽东文化之发达应该有一个正确的认识,辽东僧朗南下前的义学修养也说明辽东义学的发达程度。

2. 思想片断

关于辽东僧朗的佛学思想,现存资料只有极少数的几处记载。

吉藏曾从其师法朗处听闻,"山中兴皇和上述摄岭大朗师言:二谛是教。又言:五眼不见理外众生及一切法"⑧。坚持"教二谛"的观点。

又载:"摄岭大师对缘斥病,欲拔二见之根,令舍有无两执故,说有无能通不二理,有无非是毕竟,不应住有无中,有无为教。"⑨立教二谛是为了除执。

除了教二谛,又立于二谛,"而今有二谛者,有二义,一者随顺众生故说有二谛,即教谛,二者于众生有二谛,即于谛也。然于、教二谛,他家所无,唯山门相承

---

① 《梁传》卷二《昙无谶传》。

② 《梁传》卷二《昙无谶传》。

③ 《祐录》卷一《毗婆娑经序》。

④ 《中观论疏》卷一本,《大正藏》第 42 册,第 1 页上。

⑤ 《大乘玄论》卷三,《大正藏》第 45 册,第 35 页下。

⑥ 《法华玄论》卷三,《大正藏》第 34 册,第 376 页下。

⑦ 汤用彤教授曾说:"僧朗得三论之学于关中,则有可疑。"(汤用彤:《隋唐佛教史稿》,《全集》第 1 卷,第 118 页。)

⑧ 《大乘玄论》卷一,《大正藏》第 45 册,第 22 页下。

⑨ 《大乘玄论》卷一,《大正藏》第 45 册,第 22 页下。

有此义也”[1]。这种于、教二谛是三论宗传承下来的独特观点，溯其源，当自辽东僧朗，但此处的资料太过简单。

又讲三种二谛观，“摄岭相承有三种二谛：一以有为世谛，空为真谛；二以空有皆俗，非空有为真；三者不二不二为俗，非二不二为真”[2]。这其实是递进的三重二谛，后一重都是对于前一重的否定。

吉藏又载：“问：若尔，摄山大师云何非有非无名为中道，而有而无称为假名？即体称为中，用即是假，云何无别？答：此是一往开于体用，故体称为中，用名为假。”[3]据此问可知僧朗对于中道和假名的观点，非有非无是中道，亦有亦无是假名。

这一观点又说明，以体、用来讨论中道和假名，强调从用的角度立中、假都是教化的方便，无假无中才是本质之理，“又摄岭师云：假前明中，是体中，假后明中，是用中；中前明假，是用假，中后明假，是体假；故非有非无、而有而无，是体中，假有不名有，假无不名无，故非有非无，是用中；非有非无、而有而无是体假，假有不名有，假无不名无，是用假。故用中假，皆属能表之教，无假无中，乃是所表之理也”[4]。

他主张，中观也只是一种概念名相，对其不能执着，“强名为中，强称为观”[5]。

以上虽是一些片断，但也大致可以了解僧朗的一些基本观点。吉藏的有些三论思想其实也可以追溯到僧朗。

四 摄山三论第二代止观僧诠

三师之第二师为止观僧诠。僧诠作为僧朗的传法弟子，也继承了其山林派僧人的特点。由于成实师的声势之强，他宣讲宗门之法非常谨慎。其思想继承僧朗之学非常明显，其弟子中，有四人入室，其中一人延续山门慧命。

---

①《二谛义》卷中，《大正藏》第45册，第103页中。
②《中论疏记》卷三末，《大正藏》第65册，第90页上。
③《中观论疏》卷二本，《大正藏》第42册，第22页下。
④《大乘论玄》卷二，《大正藏》第45册，第28页下—29页上。
⑤《中观论疏》卷三末，《大正藏》第42册，第51页上。

1. 僧诠其人

僧诠的生卒年不详,《唐传》没有为其立正传或附传,其传记内容夹入《法朗传》中,基本内容是:

先表明僧诠对僧朗的承传关系,并说明从僧朗所习的内容为中观法门,"初,摄山僧诠受业朗公,玄旨所明惟存中观"。又言其山林僧风格,与僧朗无异,"顿(遁?)迹幽林,禅味相得"。又言其有四位传法弟子,慧勇、智辩、法朗和慧布,但久不开示,最后虽有所说法,又告诫不得外传,"及后四公往赴,三业资承。爰初誓不涉言,及久乃为敷演。故诠公命:此法精妙,识者能行,无使出房,辄有开示"[①]。四弟子一直遵守此训,直到僧诠离世后才打破禁戒。这恐怕还是因为成实师势力大盛,理解中观精义者少,动辄开示,对于不解者而言,良药也是毒药,反而会不利于学派的发展。这一点吉藏也有所记载,"昔山中大师云:出讲堂不许人语。意正在此,恐闻之而起疑谤故也"[②]。

在其他的资料中,对僧诠的事迹也有些记述,可以补僧传之不足。

湛然认为,僧诠是梁武帝派至山中向辽东僧朗习三论的十人之一,而且是唯一学成的一个,"梁武帝敕十人,止观诠等,令学三论,九人但为儿戏,唯止观诠习学成就"[③]。这恐怕也是为了突出僧诠,此事如果属实,那么僧诠原来是成实师,这也是可能的。此也可说明僧诠是僧朗的嗣法弟子,这一点,安澄引《述义》说:"大朗法师得业弟子,陈摄山止观寺僧诠师。"[④]

僧诠有各种雅号,比如山中法师,"山中法师之师本辽东域人"[⑤]。辽东人僧朗的继承人为山中法师。或称山中大师,"言山中大师者……今谓可是止观寺僧诠师。故《大品疏》第一卷云:摄山止观寺师六年内常住山中也"[⑥]。或简称山中,"山中者,诠法师"[⑦]。或称山门,"山门者,僧诠师初住山门,只后住山中"[⑧]。

2. 思想片断

僧诠的思想也只能主要从吉藏的著述中略知一斑,和僧朗的思想有明显的

① 《唐传》卷七,《大正藏》第 50 册,第 477 页下。
② 《百论疏》卷下之下,《大正藏》第 42 册,第 302 页下。
③ 《百论疏》卷下之下,《大正藏》第 42 册,第 302 页下。
④ 《中论疏记》卷一本,《大正藏》第 65 册,第 22 页上。
⑤ 《二谛义》卷下,《大正藏》第 45 册,第 108 页中。
⑥ 《中论疏记》卷二末,《大正藏》第 65 册,第 46 页中—下。
⑦ 《中论疏记》卷一本,《大正藏》第 65 册,第 22 页上。
⑧ 《中论疏记》卷三末,《大正藏》第 65 册,第 96 页上。

相承之处。

僧诠也讲教二谛,“二谛是教义。摄岭、兴皇已来,并明二谛是教”[①]。

僧诠提出了三种中道说,即世谛中道、真谛中道和二谛合明中道,相对于后来法朗和吉藏的相关论题,此为旧义。吉藏叙述说:

> 今大乘无所得义,约八不明三种中道,言方新旧不同,而意无异趣也。山中师对寂正作之。语待不语,不语待语,语、不语并是相待假名,故假语不名语,假不语不名不语。不名不语不为无,不名语不为有,即是不有不无世谛中道。但相待假故,可有说生,可无说灭,故以生灭合为世谛也。真谛亦然,假不语不名不语,假非不语不名非不语。不名非不语,不为非不无。不名不语,不为非不有。则是非不有非不无真谛中道也。相待假故,可有说不灭,可无说不生,即是不生不灭故合为真谛也。二谛合明中道者,假语不名语,假不语不名不语,非语非不语,即是非有非不有、非无非不无二谛合明中道也,生灭、不生灭合明。[②]

由此可知,僧诠对于三种中道的理解是,以生灭合为世谛中道,不生不灭合为真谛中道,生灭、不生灭合为二谛合明中道,而讨论的基础是“相待假名”,从语和不语角度谈相待,语和不语、有言和无言,都是相互依赖的,两者都是假名。

僧诠强调《中论》在般若思想体系中的核心地位,“山中大师云,《智度论》虽广释般若,而《中论》正解般若之中心”[③]。

对于《中论》二十七品的思想逻辑,僧诠承师意,也判为三层意思,“自摄岭相承,分二十七品以为三段:初二十五品,破大乘迷失,明大乘观行,次有两品,破小乘迷执,辨小乘观行,第三重明大乘观行,推功归佛”[④],强调其破邪显正的特色。

僧诠重《大品般若》和“三论”,但不重视《涅槃经》。“然山中法师不讲《涅槃经》,诸学士请讲,师云:侬若知得五年活者,侬讲此经,今知不得五年活,故不讲此经,恐不得究意。诸师不能奈何,但熟读《大品》及‘三论’也。”[⑤]“《大品疏》第一

---

① 《中论疏记》卷三末,《大正藏》第 65 册,第 96 页上。
② 《大乘玄论》卷二,《大正藏》第 45 册,第 27 页中、下。
③ 《中观论疏》卷一末,《大正藏》第 42 册,第 17 页中。
④ 《中观论疏》卷一本,《大正藏》第 42 册,第 7 页下。
⑤ 《中论疏记》卷三末,《大正藏》第 65 册,第 98 页上、中。

卷云:止观师六年在山中不讲余经,唯讲《大品》。"[①]他认为只要读三论与《般若经》就足够了,同其师僧朗一样不讲《涅槃经》。

时人对僧诠有较高评价,其弘扬的三论佛法,有横空出世之势,"摄山诠[和]尚,直辔一乘,横行山(出)世"[②]。其为学,有大海之深广、高山之雄伟,其名声,远近都知,"摄山止观寺僧诠法师大乘海岳,声誉远闻"[③]。

3. 山门传承

僧诠门下入室弟子有四人,法朗、慧勇、慧布和智辩,其中法朗、慧勇和慧布三人在《唐传》中有本传,智辩的资料散见各处。

四位弟子各居一处,"勇居禅众,辩住长干,朗在兴皇,布仍摄领(岭)"[④]。慧勇居大禅众寺,智辩居长干寺,法朗居兴皇寺,慧布仍居摄岭栖霞寺。对于此四人,人们有一个总括性的简要评价,"时人为之语曰诠公四友,所谓四句朗,领语辩,文章勇,得意布"[⑤]。另一说法,唯法朗有不同,"兴皇伏虎朗,栖霞得意布,长干领语辩,禅众文章勇"[⑥]。

慧勇(515—583),一称法勇,本传见《唐传》卷七。他俗姓桓,祖籍谯国龙亢(属今安徽亳州)人,后移居吴地的吴县(今划归江苏苏州)。他在扬都(今南京市)灵曜寺出家,后从静众寺峰律师受大戒,并从龙光寺僧绰、建元寺法宠习成实学,到三十岁时能讲法,讲《成实论》十多遍。梁朝亡国后,闻僧诠之名,他到止观寺从僧诠受业,由此其学转向三论学。僧诠于他,亦师亦友。天嘉五年(564)因陈文帝之请,他至太极殿讲法,由此声名大振,"景仰之辈观风继踵,游息之伍附影成群。自此声名藉甚矣"[⑦]。这和其祖其师的风格有所不同,后者是不出山的。此后就居大禅众寺十八年,造讲堂,称"般若之堂",世称"禅众勇"。他讲《华严》《涅槃》《方等》《大集》《大品般若》诸经各二十遍,《大智度论》《中论》《百论》《十二门论》各三十五遍,还有《法华》《思益》等经。这打破了其祖不开《涅槃》《法华》、其师不讲《涅槃》的传统,以三论经典为主而遍涉众经,已有佛教"宗派"师的

① 《中论疏记》卷一本,《大正藏》第 65 册,第 22 页上。
② 《唐传》卷七《慧勇传》,《大正藏》第 50 册,第 478 页中。
③ 《唐传》卷七《慧布传》,《大正藏》第 50 册,第 480 页下。
④ 《唐传》卷七《法朗传》,《大正藏》第 50 册,第 477 页下。
⑤ 《唐传》卷七《慧布传》,《大正藏》第 50 册,第 480 页下。
⑥ 《法华玄义释签》卷一九,《大正藏》第 33 册,第 951 页上。
⑦ 《大正藏》第 50 册,第 478 页中。

风格。

从其习法的学人中，较著名者有婺州永安寺旷法师（见《义褒传》）等。

慧布（518—587），本传见《唐传》卷七。他俗姓郝，广陵（今江苏扬州）人，少有武略，十六岁时因兄长亡故，而产生人生无常之感，二十一岁出家，从扬都建初寺琼法师学《成实论》，但感觉成实师述理未尽，听说摄山止观寺僧诠的声名，就投其习"三论"，在僧诠数百个学僧中，慧布水平最高，"洞达清玄，妙知旨者，皆无与尚，时号之为'得意布'，或云'思玄布'也"①，也有人称其为"空解第一"②。

慧布的修行和思想特色，除了对于中观之学的精深了悟之外，还体现在三个方面：一是习禅，二是持律，三是反对西方净土之愿。

慧布后来的风格转向了禅，虽然对于《大品》"善达章中，悟解大乘"，但他"常乐坐禅，远离嚣扰，誓不讲说"，"专修念慧，独止松林"③。这一点倒有其师的风格。他和一些著名禅僧都有交往。梁末，他北游邺（今河南一带）地，结识了禅宗二祖慧可。三论宗和禅宗的关涉，在此有一段因缘。他还和禅僧慧思有交往，慧思虽然是天台宗僧，但他同时又是个禅僧，可以从此了解三论宗和天台宗关系的一段事实。他又和邈禅师交换看法，邈叹其慧悟。陈至德年中，栖霞精舍由邈、恭二禅师改成栖霞寺后，慧布一直在此以习禅为务。栖霞寺成为禅寺，慧布有其功，"陈至德初，摄山慧布，北邺初还，欲开禅府，苦相邀请，建立清徒。恭揖布慧（慧布）声，便之此任，树立纲位，引接禅宗。故得栖霞一寺道风不坠，至今称之，咏歌不绝"④。曾有慧觉禅师前来此寺习禅，并习中观思想。

他律行严格，"摄心奉律，威仪无玷"⑤。侯景之乱时，他饿了三天，第四天有人给他送了带有少许猪肉的食物，他坚决不食。因为患脚气病，遵医嘱而食韭菜，至死都为此自责。他从来不让手下的僧人为自己做杂务，亲自缝洗。

他反对西方净土，以化度众生为愿，非以西方净土为愿。

慧布在邺地时，热心讲说和抄写，抄出章疏"六驮"回江南。他回来后请法朗讲评这些章疏，发现有所遗漏，又再往北方抄齐所缺部分。

---

① 《大正藏》第 50 册，第 480 页下。
② 《唐传》卷一二《慧觉传》，《大正藏》第 50 册，第 516 页上。
③ 《唐传》卷七《慧布传》，《大正藏》第 50 册，第 480 页下。
④ 《唐传》卷一一《保恭传》，《大正藏》第 50 册，第 512 页下。
⑤ 《唐传》卷一一《保恭传》，《大正藏》第 50 册，第 512 页下。

慧布的弟子中著名者有保恭[1]（《唐传》卷一一本传）、慧觉（《唐传》卷一二本传）、慧璿（《唐传》卷一五本传）等。

智辩法师的事迹散落于《唐传》各卷之中，只构成零星的碎片。

在《唐传》的《智𫖮传》和《天台智者大师别传》中，有长干智辩和长干慧辩两称，都指智辩。他和天台宗智𫖮有交往，这是三论宗和天台宗的又一段关系因缘，"𫖮便诣金陵，与法喜等三十余人在瓦官寺创弘禅法……长干寺大德智辩延入宋熙"[2]。宋熙寺在钟山。智𫖮和他曾同到天台山，"与慧辩等二十余人，挟道南征，隐沦斯岳"[3]。智𫖮讲《仁王般若经》时，智辩等人奉敕与其辩论[4]。

智辩的弟子有智闰（润）（《唐传》卷一本传）、慧因（《唐传》卷一三本传）等。

五　摄山三论第三代兴皇法朗

三师之第三师为兴皇法朗。摄山三论到法朗时代已开始走向盛势，其门下僧众千余人，改变了摄岭以来的一些传统，其对于三论学盛行于江南之功，正如法藏所评，"三论玄旨……虽复译在关河，然盛传于江表，则兴皇朗之功也"[5]。

1. 法朗其人

法朗（507—581），《唐传》卷七有本传，俗姓周，徐州沛郡（今江苏省沛县）人，二十一岁出家，后游学于扬都，从明寺宝志禅师习禅法，并从该寺象律师习律，又从南涧寺仙法师习成实论学，从竹涧寺靖法师习毗昙学，名声逐渐在京城响起。不久到续嗣僧朗的止观寺僧诠门下，受学《大智度论》《中论》《百论》《十二门论》《华严经》《大品般若经》等经论，"弥纶藏部，探赜幽微，义吐精新，词含华冠，专门强学，课笃形心"[6]。陈永定二年（558）奉敕入住兴皇寺，后人称其兴皇法朗。自

① 保恭曾邀请天台智𫖮到栖霞寺居住，"八月，蒋山栖霞寺沙门保恭……请师来居，不赴"（《佛祖统纪》卷六，《大正藏》第49册，第184页上）。

②《唐传》卷一七《智𫖮传》，《大正藏》第50册，第564页下。

③《唐传》卷一七《智𫖮传》，《大正藏》第50册，第564页下。

④ 参见《天台智者大师别传》，《大正藏》第50册，第194页中。

⑤ 法藏：《十二门论宗致记》卷上，《大正藏》第42册，第219页上。

⑥《大正藏》第50册，第477页中。

后二十五年，讲法不绝，其门经常有常住众僧有千余人[①]，其讲《华严》《大品般若》及中观四论，都能发前哲之未发，对于已有的看法，也能辩其高下。对于上述所及经论，各讲了二十多遍。

法朗的著述，据载至少有三种，一是《中论玄》一卷(见《三论宗章疏》《东域传灯录》)，二是《法华疏》(吉藏在叙述其师的观点后说，“具如《法华玄义》，以备斯意”[②]。此《玄义》是指法朗的作品。《佛祖统纪》卷七谈到“兴皇朗师……撰《法华疏》”[③])，三是《二谛疏》(吉藏《二谛义》卷上谈道：“山中师手本《二谛疏》云：二谛者，乃是表中道之妙教，穷文言之极说。”[④])。法朗也被称为山中师，此处当指法朗，因为此段文字稍后就有“诵得师语，复知其意”一句，其中的“师”即此山中师——吉藏的老师法朗。

据吉藏之叙，法朗对僧叡的《中论序》和僧肇的《百论序》都非常推崇，僧叡的《中论序》“文义备举，理事精玄，兴皇和上开讲常读”[⑤]。“《百论》有二序，一叡师所制，二肇公所作。兴皇和上每讲，常读肇师序。”[⑥]

法朗对于《涅槃经》的重视，是和僧朗、僧诠的三论义学传统所不同的，“摄山大师唯讲《三论》及《摩诃般若》，不开《涅槃》《法华》……至兴皇以来始大弘斯典”[⑦]。这标志着中观三论之学合涅槃之学于一体。

在当时的佛教界，兴皇法朗也有“山门”之称，其学可称“山门玄义”，“一山门者，僧诠师初住山门，只后住山中。今兴皇法朗师以僧诠师上足弟子，故云山门，从师立名。二从山门僧诠师而受玄义，故云山门玄义[⑧]”[⑨]。也被称为山中(法)师，“亦可兴皇寺法朗师名山中师，故《涅槃疏》第十二云：山中法师请止观师讲《涅槃》，不听，师立以无所得为经宗也”[⑩]。

---

① 据《真观传》，法朗门下有来自全国的僧人，其中北方僧也很多，“燕赵齐秦，引领翘足”(《唐传》卷三，《大正藏》第 50 册，第 702 页上)。

②《中观论疏》卷一末，《大正藏》第 42 册，第 7 页下。

③《大正藏》第 49 册，第 187 页上。

④《大正藏》第 45 册，第 86 页中。

⑤《中观论疏》卷一本，《大正藏》第 42 册，第 1 页上。

⑥《百论疏》卷上之上，《大正藏》第 42 册，第 232 页上。

⑦《涅槃经游意》，《大正藏》第 38 册，第 230 页上。

⑧《山门玄义》也是一种著述，汤用彤教授认为“似即陈三论师兴皇法朗作之《中论玄》”(汤用彤：《汉魏两晋南北朝佛教史》，北京大学出版社，1997 年，第 176 页)。

⑨《中论疏记》卷三末，《大正藏》第 65 册，第 96 页上。

⑩《中论疏记》卷二末，《大正藏》第 65 册，第 46 页中—下。

智𫖮在瓦官寺讲《法华经》时，皇帝敕一天停朝，法朗派高足和其论辩，“兴皇法朗盛弘龙树，更遣高足构难累旬”①。这也是三论学派和天台宗的又一段因缘。

可见法朗是谓好辩，《慧哲传》中称其“神辩若剑，罕有当锋”②。这和其教学方法是一致的，吉藏称其“随经傍论，破病显道”③。但这种风格受到时人的批评。大心暠法师著《无诤论》，表面上是批评法朗的白衣弟子傅𬘩，实际上是批评一批好辩的三论学派僧人，包括法朗。此《无诤论》说：

> 比有弘三论者，雷同诃诋，恣言罪状，历毁诸师，非斥众学，论中道而执偏心，语忘怀而竞独胜，方学数论，更为雠敌，雠敌既构，诤斗大生，以此之心，而成罪业，罪业不止，岂不重增生死，大苦聚集？

并明确指出摄山大师僧诠没有这样的习气，“摄山大师诱进化导，则不如此，即习行于无诤者也”。又强调成实学派和三论学派应该是没有争论的，因为心有所偏执，才有争，“若以中道之心行于《成实》，亦能不诤；若以偏著之心说于《中论》，亦得有诤。固知诤与不诤，偏在一法”。由此可知他是不满意当时三论学派的护法之争。

傅𬘩作《明道论》回应，首先简要阐述了三论学派的发展历史，接着指出三论诸师只是和其他学派进行思想交流而已，依交流的规则，总要明一个道理，并不是针对哪一个人的，“凡相酬对，随理详核。有何嫉诈，干犯诸师？”从另一个角度而言，他们的看法可不可以加以批评？“若可毁者，毁故为衰；若不可毁，毁自不及。”如果确实应该批评，批评之后必然会衰落；如果很有道理，即使批评之，也不会衰落。根据这一规则，你为何要特别反对这种学术批评呢？况且佛教之法有大小乘之分，“大乘之文，则指斥小道”。大乘本来就是批判小乘的，成实之学为小乘，三论之学为大乘，三论师如何会不依教理批评成实师呢？“今弘大法，宁得不言大乘之意耶？”至于谈到摄山大师的无诤，暠师并不知道其中原因，“摄山大师实无诤矣，但法师所赏，未衷其节”。那是他所处的环境不同，周围都是志在三论学的同道，能以约言而体深道，“彼静守幽谷，寂尔无为，凡有训勉，莫匪同志，

---

① 《天台智者大师别传》，《大正藏》第50册，第192页下。
② 《唐传》卷九，《大正藏》第50册，第494页上。
③ 《中观论疏》卷一本，《大正藏》第42册，第10页下。

从容语嘿，物无间然，故其意虽深，其言甚约”。但僧诠之后，僧朗身居城中，“今之敷畅，地势不然。处王城之隅，居聚落之内”。各种人等都有，有些人特别好辩，“呼吸顾望之客，唇吻纵横之士，奋锋颖，励羽翼，明目张胆，被坚执锐，聘异家，衒别解，窥伺间隙，邀冀长短”。与这些人交往，还能无争辩吗？“岂得默默无言，唯唯应命？必须掎摭同异，发擿玼瑕，忘身而弘道，忤俗而通教。”如果摄山大师处于这样的境地，亦会争辩的，“若令大师当此之地，亦何必默己，而为法师所贵耶？”①

此可见三论师与成实师争论之一斑，也可知三论之学宗门发展之艰难。

2. 法朗的中道思想

法朗的思想在吉藏的《中观论疏》中有更多的记载，因为其直承法朗之故。大凡在表达法朗的观点时，吉藏都用“师”字，表明是其师说，“或言一师，或言大师，或直言师者，兴皇寺法朗师”②。此可以作为从此疏中了解法朗思想的基本方法。

法朗提出三论学派的教学宗旨：

> 师云：夫适化无方，陶诱非一。考圣心以息病为主，缘教意以开道为宗。若因开以受悟，即圣教为之开。由合而受道，则圣教为之合。如其两晓，并为甘露，必也双迷，俱成毒药，岂可偏守一途以壅多门者哉？③

这强调了中观思想的教的意义。中观教学方法有广泛的适用性，并无定则，目的在于息众生迷执之病，开显佛法真道。如果开的方法可以使人觉悟，就用此开法。如果合的方法可以使人觉悟，则可用此合法。如果两法都能使你觉悟，则两法都是甘露；如果通过两法都不能悟，则两者都是毒药。不能偏执于一种方法而否认其他的解脱方便。

关于二谛观，法朗也强调于、教二谛，吉藏在具体讨论了于、教二谛的内容之后，有僧问：“此是师语不？”吉藏说：“然此实是师语也。”④

---

① 以上均见《列传》卷二四《傅縡传》，《陈书》卷三。

② 《中论疏记》卷一本，《大正藏》第 65 册，第 22 页上、中。

③ 《中观论疏》卷一末，《大正藏》第 42 册，第 7 页下。

④ 《二谛义》卷上，《大正藏》第 45 册，第 87 页上。

法朗也持以二谛为教、破二谛为理的观点，此据这段问答可知："问摄岭兴皇何以言教为谛耶？答：其有深意，为对由来以理为谛故，对缘假说。"①

法朗讲三种二谛，吉藏认为这也是摄山三论的传统理论，"山门相承，兴皇祖述明三种二谛"②。第一种，"有为世谛，空为真谛"。第二种，是对第一种的否定，亦空亦有是俗谛，非空非有是真谛，"空有皆俗，非空非有为真"。第三种，又是对第二种二谛论的否定，以前二种谛为二，亦二、亦不二是俗谛，非二、非不二是真谛，"二、不二为俗，非二、非不二为真"。③

又讲四重二谛，"师约四重二谛释之"④。前三重和上述的描述相同，第四重以知三重二谛为世谛，绝言绝虑才是真谛，"第四重，二、不二，非二、非不二，并是因缘，悉名世谛。因缘无自性，则无二、不二，亦无非二、不二，言断虑穷，乃名真谛"⑤。

法朗以此四重二谛论批评成实师、地论师和摄论师。"师作此意为对二病。一对成实师有是世谛，空是真谛，故明空有皆是世谛，非有非空方是第一义，汝之真俗皆是乘(我)之俗耳，既不得真亦不成俗。"⑥成实师讲的二谛，法朗认为只相当于其第一重，在第二重二谛中，只是俗谛。所以成实师的真谛也不是真正的真谛，俗谛又不是真正的俗谛。"为对十地及摄论师有法界体用，以中道为体，空有为用，空有为二谛，非空有为非安立谛故，今明此皆是我之第三重世谛耳。既未得真，何由有俗？"⑦地论师和摄论师都以亦空亦有为世谛，非空非有为真谛，法朗认为这只是其第三重二谛中的世谛。

法朗认为，二谛之体是中道，"今略论中道为二谛体义，何者？摄岭、兴皇皆以中道为二谛体"⑧。开善智藏也讲此义，但摄岭与此有所不同，对此吉藏专门有所区分。

关于八不，法朗强调其破执的方面，认为其目的在于破"生灭常断一异来去"

① 《大乘论玄》卷一，《大正藏》第45册，第15页上。

② 《二谛义》卷上，《大正藏》第45册，第90页下。

③ 见《法华玄论》卷四，《大正藏》第34册，第396页上。

④ 《十二门论疏》卷上本，《大正藏》第42册，第183页下。"释之"指释《十二门论·观因缘门》中"众缘所生法，是即无自性。若无自性者，云何有是法"一偈。

⑤ 《十二门论疏》卷上本，《大正藏》第42册，第184页上。

⑥ 《十二门论疏》卷上本，《大正藏》第42册，第184页上。

⑦ 《十二门论疏》卷上本，《大正藏》第42册，第184页上。

⑧ 《二谛义》卷下，《大正藏》第45册，第108页上。

八事，并体现无所得之理，“师云：标此八不，摄一切大小内外有所得人”。因为这些人的“心之所行，口之所说，皆堕在八事中”①。他们生心动念，这是生；想灭除烦恼，这是灭；认为身无常，这是断；认为有常住可求，这是常；认为真谛无相，这是一；认为世谛万象不同，这是异；认为一切从无明中来出来，这是来；又可以返本还原去，这是出(去)。只有八事被破，一切有所得之人对所得有执着，皆可以破。

法朗又进一步说明八不的含义，而成“三种方言”独特见解。

第一，破有所得义，“为欲洗净一切有所得心”②。此是上文所言之义。

第二，说明从八不明三种中道的意义，他认为佛一生弘教在于明三种中道，《中论》所明也是三种中道，但众生不懂三种中道。

> 师又一时方言云：所以就八不明三种中道者凡有三义：一者，为显如来从得道夜至涅槃夜常说中道。中道虽复无穷，略明三种，则该罗一切，故就此偈辨于三中，总申佛一切教。二者，此论既称《中论》，故就八不明于中道。中道虽多，不出三种，故就此偈辨于三中。三者，为学佛教人作三中不成，故堕在偏病。③

三种中道就是世谛中道、真谛中道和非真非俗中道。

第三，具体阐释八不所明三种中道的基本原理。“师又一时方言云：世谛即假生假灭，假生不生，假灭不灭，不生不灭为世谛中道；非不生非不灭为真谛中道；二谛合明中道者，非生灭非不生灭，则是合明中道也。”④此三种中道义和僧诠的看法在表述上就有所不同，但在吉藏看来，两种表述“新旧不同，而意无异趣”⑤，教化宗旨是一致的。

法朗又讲“四重阶级”即四重中道。

第一重，求性有和性无都不可得，因此非有非无是中道。

第二重，对于执着于非有非无，认为没有真俗二谛者，强调而有而无是中道，

---

①《中观论疏》卷二末，《大正藏》第42册，第31页中。

②《中观论疏》卷一本，《大正藏》第42册，第10页下。

③《中观论疏》卷一末，《大正藏》第42册，第11页上。

④《中观论疏》卷一末，《大正藏》第42册，第11页下。

⑤《大乘玄论》卷二，《大正藏》第45册，第27页中。

以而有而无为二谛，破除这种执着心。

第三重，强调而有而无之中道所体现的有和无只是因缘有无，即依因缘而有而无，不是性有性无，而是假有假无，或者说是中道有无。此种中，是用中，对前两重都加以否定。

第四重，说明第三重之假有和假无两者不二，从体的角度谈中道，是体中①。

第一是从性的角度谈中道，性空中道；第二是从假的角度谈中道，假中道；第三是从用的角度谈中道，用中道；第四是从体的角度谈中道，体中道。吉藏认为，这"四重阶级"也是摄岭以来的传统，僧诠也持此论，"此是摄岭、兴皇始末，对由来义，有此四重阶级。得此意者，解一师立中、假、体、用四种意也"②。

僧朗总结三论之学的根本是无住、无得，"家师朗和上每登高座诲彼门人，常云：言以不住为端，心以无得为主。故深经高匠启悟群生，令心无所著"③。无所住、无所得都是要求人们心不生执着，显示的是性空原理。

僧朗又强调以中道的方法观如来，不执如来有、无、常、无常等边见，"兴皇大师云：执如来决定是有、无，常、无常，破法身而过五逆也"④。

3. 法朗的受业弟子

法朗门下弟子众多，"学门拥盛，咸畅玄风，入室之徒，莫非人杰"⑤。一说有二十五哲，"法朗大师训生二十五哲，藏公其之一"⑥。除嗣法弟子吉藏外，其余较为著名者有荆州龙泉寺罗云、荆州等界寺法安、襄州龙泉寺慧哲、都内慧日道场法澄和道庄（均《唐传》卷九本传中提及）、西京日严道场智炬（《唐传》卷一一本传）、慧觉（《唐传》卷一二本传）、茅山明法师（《唐传》卷一三《慧暠传》、卷一五《法敏传》中提及）、苏州永定寺小明法师、婺州永安寺旷法师（均《唐传》卷一五《义褒传》中提及）、智锴（《唐传》卷一七本传）、杭州天竺寺真观（《唐传》卷三〇本传）等。撰有《大乘四论玄义》的慧均也是法朗的重要弟子。

---

① 《大乘玄论》卷一，《大正藏》第45册，第20页上；《中观论疏》卷一本，《大正藏》第42册，第11页中。

② 《大乘玄论》卷一，《大正藏》第45册，第20页上。

③ 《胜鬘宝窟》卷上本，《大正藏》第37册，第5页下。

④ 《中观论疏》卷九末，《大正藏》第42册，第144页上。

⑤ 《唐传》卷一二《慧觉传》，《大正藏》第50册，第516页上。

⑥ 《内典尘露章》，《补编》第32册，第532页上。

第三节
建康居士的三论学

南朝的三论学，除了摄山三论，在建康城内也有研习中观三论者。摄山三论学派在南朝齐梁朝间创立，在此之前，南方因义学的涅槃学转向和成实学的盛行，三论之学处于低潮，只有弱脉微存，这段三论学历史，正如天台宗湛然所描述："自宋朝已来三论相承，其师非一，并禀罗什，但年代淹久，文疏零落，至齐朝已来玄纲殆绝。"①一丝弱脉存在的原因之一是僧众们精通多类经典，许多成实师也善大小品《般若》和中观三论，因而同时又是三论学者，另外还通《涅槃》。涅槃师也善大小品《般若》和中观"三论"，同时也是三论学者，所以有兼弘和专弘三论的三论学者。这一时期的专弘三论学者有很大一部分是什门弟子的传人，在义学传承上有关河旧义的痕迹。昙济的般若思想，体现为对于般若学六家七宗的学术研究，既保存了学术资料，也是三论学的一种研究传统。一些居士对三论学的复兴和发展也起了重要作用，周颙的《三宗论》、萧统的二谛义均是杰出代表。

一 周颙的《三宗论》

居士周颙在南朝三论学中有较大的影响，原因之一在于其《三宗论》②一文。宋齐梁三代虽然有般若三论之学传播，但相比于东晋十六国，已属低潮，周颙《三宗论》在一定程度上对于当时的三论学有促进之功，如智林所说，"始是真实行道，第一功德"③。也有评论称其"天下无双"："震旦国钟隐士姓周名颙，所谓天下无双者也。"④

周颙，生卒年不详，字彦伦，汝南安城人，在宋齐两朝历任多种高层官职，是

① 《法华玄义释签》卷一九，《大正藏》第33册，第951页上。
② 汤用彤先生对周颙作此论曾表示存疑，见其《汉魏两晋南北朝佛教史》第十八章，《全集》第二卷，第549页。然其后来校注《梁高僧传》在涉及此问题时，没有重申此意见，见其校注本《梁高僧传》，第310页。
③ 《梁传》卷八《智林传》。
④ 《中论疏记》卷三末引，《大正藏》第65册，第85页下。

信根坚固的佛教居士，在钟山西侧立有隐修之舍，供“休沐”（休息沐浴，喻官员例行假期）时修行用，他的日常修行，“清贫寡欲，终日长蔬食，虽有妻子，独处山舍”①。他的精舍称“山茨精舍”，“汝南周颙……止于山茨精舍”②。辽东僧朗、止观僧诠都曾居于此，此精舍也称草堂寺，“周颙为剡令，……于钟山雷次宗旧馆造草堂寺，亦号山茨”③。

作为著名的居士，周颙和僧界有着广泛的交往。僧瑾曾告诉周颙，宋明帝的许多做法不是人君所为，请他利用“入侍帷幄”的机会以三世因果报应论劝阻。颙照办④。他的名作《三宗论》是应智林的要求而公开发表的，他曾为玄畅撰写碑文，拜访严格持戒的僧远，还亲自到越地向三论学名师慧基请教义理，“颙既素有学功，特深佛理，及见基访核，日有新异”⑤。他对提出“实法断结”等义的慧隆非常欣赏，与昙斐为知音⑥。他去成都，曾将“北山二圣”之一的法绍请到京师⑦。所交往的这些高僧中，多是精通般若和中观三论者，特别是和慧基的交往使他有更大的义学方面的收获。他和法云则是“莫逆之交”⑧。对周颙更有影响的当是辽东僧朗，“大朗法师教周颙二谛，此人著《三宗论》”⑨。

周颙著《三宗论》，史料多有明确记载。“时汝南周颙又作《三宗论》。”⑩“著《三宗论》，立空假名，立不空假名。设不空假名难空假名，设空假名难不空假名。假名空难二宗，又立假名空。”⑪吉藏也多次提及，比如，“齐隐士周颙著《三宗论》，一不空假名，二空假名，三假名空”⑫。三宗指空假名、不空假名和假名空。前两者相互否定，后一宗兼否定前两宗。

据《智林传》，周颙此论的公开和智林的多次要求有关。智林得知此论宗旨后，致书周颙，称颂曰：“天下之理，唯此为得焉。”周颙自己觉得此论观点过于标

---

①《南齐书》卷四一《周颙传》，中华书局，1972年。
②《梁传》卷八《法度传》。
③《唐传》卷六《慧约传》，《大正藏》第50册，第468页下。
④《梁传》卷七《僧瑾传》。
⑤《梁传》卷八《慧基传》。
⑥ 均见《梁传》卷八慧隆、昙斐诸僧本传。
⑦《梁传》卷八《法度传》附。
⑧《唐传》卷一《法云传》，《大正藏》第50册，第464页上。
⑨《中观论疏》卷二本，《大正藏》第42册，第26页中。
⑩《梁传》卷八《智林传》。
⑪《南齐书》卷四一《周颙传》，中华书局，1972年。
⑫《中观论疏》卷二末，《大正藏》第42册，第29页中。

新立异，担心冒犯当时的义学界，所以思想虽然形成，但文章不一定要公开流传。智林告知他二点：一是这种观点并非完全的创新，关河就有，只是长期不传；二是立即公开发表。“此义旨趣，似非初开，妙音中绝六七十载。”智林认为，虽然关中已有此义，但能深得其趣者并不多，自什门之时至南朝齐梁间，此义已经断绝几十年，江南僧俗两界更少了达此义者，“白黑无一人得者”。请其尽快写出来公开，并抄一复本寄给他，“颙因出《论》焉，故三宗之旨，传述至今”[①]。智林另有一信，当比此信更早，存于南宋时代编集的《隆兴佛教编年通论》卷五。

三宗论的核心内容是辨真俗二谛义。智林概括为“叙二谛之新意，陈三宗之取舍”[②]。吉藏也说：“周颙明三宗二谛，一不空假，二空假，三假空。”[③]空是真谛，假名或不空是俗谛，二者的关系，周颙概括为空假名、不空假名和假名空三宗。三宗之前二宗为当时流行的观点，第三为周颙的看法，实际上有批评时学之意。《三宗论》已佚，吉藏的作品和均正的《大乘四论玄义》中有部分记录。

1. 不空假名

吉藏的记载大致如下：

不空假义，谓性实法是空，故不生耳。因缘假不空，故有生。[④]

不空假人谓世谛空无性实，生而假生，不可空。[⑤]

不空假名者，经云色空者，此是空无性实，故言空耳，不空于假色也。以空无性实，故名为空，即真谛。不空于假，故名世谛。晚人名此为鼠楼（喽）栗义。[⑥]

不空假名者，但无性实，有假世谛不可全无，如鼠喽栗。[⑦]

娄（喽）栗二谛，即空性不空假，假为世谛，性空为真谛也。[⑧]

鼠喽栗二谛者，经中明色，色性空。彼云色性空者，明色无定性，非色都无。如鼠喽栗中肉尽，栗犹有皮壳，形容宛然。栗中无肉，故言栗空，非都无

① 《梁传》卷八《智林传》。
② 《梁传》卷八《智林传》。
③ 《大乘玄论》卷一，《大正藏》第45册，第25页上。
④ 《中观论疏》卷三本，《大正藏》第42册，第38页下。
⑤ 《中观论疏》卷二本，《大正藏》第42册，第25页上。
⑥ 《中观论疏》卷二本，《大正藏》第42册，第29页中。
⑦ 《大乘玄论》卷一，《大正藏》第45册，第24页下。
⑧ 《二谛义》卷下，《大正藏》第45册，第115页上。

栗故言栗空也，即空有并成有也。[1]

据此，不空假宗在处理二谛关系时，认为空性不空假。对于事法，洞达其性空之理，强调性空，而不是性实，诸法是性空之法，而不是性实之法。但又不空其假相，诸法性空，但其假有还是存在的。性空是真谛，假有不空是俗谛。从性空的角度看，诸法不生，但从缘起的角度看，诸法又是有生的。但这种生是假生。这一理论是在强调诸法性空的基础上承认假生之假有的存在，重点在假，不空假色，不坏假名而说诸法实相，这种假有是空有相即之有。

僧诠将此义比喻为鼠喽栗二谛，简称鼠栗二谛[2]，喽即嗹喽，本指话多，此处指不断地动嘴吃。经过老鼠啃吃过的栗子，里面的栗肉没有了，但栗壳还在，还有个栗子的外形，这就是栗空，指栗肉空，不是将栗子全面去除才称其空。栗肉喻性，壳喻假相。

此类观点和般若学派支道林即色宗有相似之处，也是成实师显亮[3]的主张，"《山门玄义》第五云：释显亮立不空假名义"[4]。显亮观点的具体内容是：

言不空假名者……《山门玄义》第五卷云：第三释显亮《不空二谛论》云，经曰，因缘诸法，有佛无佛，性相常住，岂可言无哉？而经云诸法空者，所谓内空无主，以无主诸法名世谛，诸法无主是真谛。[5]

安澄认为这是数部或毗昙部经论的观点，旨在明事理二谛，以三聚无为为俗谛，十六真理是第一义谛。

2. 空假名

吉藏的记载是：

空假名义，谓二谛异体，世谛自是生为体，真谛以无生为体，但不相离，

---

① 《二谛义》卷上，《大正藏》第 45 册，第 84 页上。
② "晚人名此为鼠楼栗义"的晚人，即后人，安澄收集的资料显示是指僧诠，"有人传云，山门等名为晚人者，僧诠师也"（《中论疏记》卷三末，《大正藏》第 65 册，第 95 页下）。
③ 据《中论疏记》卷三本，"青园显亮法师，慧静师弟子也"（《大正藏》第 65 册，第 81 页上—中）。
④ 《中论疏记》卷三本，《大正藏》第 65 册，第 81 页上。
⑤ 《中论疏记》卷三末，《大正藏》第 65 册，第 95 页下。

故言即耳。[1]

空假名人谓空于假生方是无生。盖是坏生而辨无生。为对此缘，故明假生即是无生，名为真谛。[2]

空假名者，一切诸法众缘所成，是故有体，名为世谛。折(析)缘求之都不可得，名为真谛。晚人名之为安苽(按瓜)二谛。苽(瓜)沉为真，苽(瓜)浮为俗。[3]

第二空假名，谓此世谛举体不可得。若作假有观，举体世谛。作无观之，举体是真谛。如水中案爪(按瓜)，手举爪(瓜)令体出，是世谛。手案爪(按瓜)令体没，是真谛。[4]

案苽(按瓜)二谛，假为世谛，假体即空为真谛。[5]

据此可知，空假名宗在处理二谛关系时，虽然从一般意义上说明了二谛的特点，俗谛主张有生，真谛主张无生，而且二谛相即，但更侧重于强调以空的观点看待假有。否定假有的原理有二，一是性空，所谓“假体即空”，二是通过析缘致空来达到“坏生而辨无生”的目的。引文中的“折缘”即“析缘”之误，诸法从缘起，每种事法都可以分析成具体的条件。这实际上是析色明空，和不空假名的思考重点相反。

这种观点又被比喻为案瓜二谛，案通按，手抚之意[6]。用手将瓜按沉入水，瓜就没了，喻空，真谛；将瓜举出水面，瓜是有，是世谛。从入水的角度看，是空；从出水的角度看，是有。

这种观点和般若学的缘会宗相似，也是成实师的看法。吉藏说，“空假者，开善等用”[7]。成实师开善寺智藏持此类观点。

3. 假名空

吉藏对此的记录是：

---

① 《中观论疏》卷三本，《大正藏》第 42 册，第 38 页下。
② 《中观论疏》卷三本，《大正藏》第 42 册，第 25 页中。
③ 《中观论疏》卷三本，《大正藏》第 42 册，第 29 页中。
④ 《大乘玄论》卷一，《大正藏》第 45 册，第 24 页下。
⑤ 《二谛义》卷下，《大正藏》第 45 册，第 115 页上。
⑥ 引文中“苽、爪”恐都是“瓜”之误，因为苽即菰，俗称茭白。“按菰”，在此难以解释。安澄用的是“瓜”字，见《中论疏记》卷三末，《大正藏》第 65 册，第 96 页上。
⑦ 《大乘玄论》卷一，《大正藏》第 45 册，第 25 页上。

假空者，四重二谛中初重二谛，虽空而宛然假，虽假而宛然空，空有无碍。①

是假空义，假故空，虽空而假宛然，空故假，虽假而空宛然，空有无碍。②

第三假名空者即周氏所用，大意云，假名宛然即是空也。③

此宗是周颙自己的观点，也是对前二宗的批评。吉藏说："《三宗论》明二谛以中道为体。"④也就是说，二谛不是体，中道才是体，要以中道方法理解二谛。不空假名实际上偏于假有，空假名则偏于空，一个偏于俗谛，另一个偏于真谛，都不是严格符合中道的原则，不是相即。周颙此论，谈真谛时空而不离假有，论俗谛时虽有而体是空，由此说明真俗无碍。而从假名空的立名来看，是要强调不离假名而论空。

从周颙比较道家和佛教的区别也可以理解此宗。他认为，佛学的根本在般若，"言佛教者亦应以般若为宗"。般若学的根本在于观照、穷究法性，"般若所观照穷法性"。依法性原理，在处理真谛和俗谛关系时，是即色而空，"即色图空"⑤。

据此观点，周颙区别了佛教般若学和道家，认为两家一言法性一言虚无，"虚无法性其寂虽同，位(住)寂之方，其旨则别论"⑥。基本区别从"法性虽以即色图空，虚无诚乃有外张义"⑦一句可知，周颙认为，般若法性之学强调即色图空，即有而无，而道家则主张虚无有"外张"之功，以无论有。前者是宗教性的，从有中体会其无，后者是哲学性的，以无说明有的原因。

由此可见，周颙的思想视野已不局限于佛教之内，而涉及内外之教，假名空既是对不空假名和空假名的批评，也是对道家的批评。从这种意义上看，也有某种判教的意义。

所以此论同僧肇《不真空论》之即伪即真、即物之自虚、不假虚而虚物之义有

① 《大乘玄论》卷一，《大正藏》第 45 册，第 25 页上。
② 《二谛义》卷下，《大正藏》第 45 册，第 115 页上。
③ 《中观论疏》卷二本，《大正藏》第 42 册，第 29 页中。
④ 《二谛义》卷下，《大正藏》第 45 册，第 108 页中。
⑤ 均参见僧祐：《弘明集》卷六，《答张融书并问张》。
⑥ 均参见僧祐：《弘明集》卷六，《答张融书并问张》。
⑦ 僧祐：《弘明集》卷六，《重于周书并答所问》。

相似之处，吉藏认为“周氏假名空，原出僧肇《不真空论》”[①]。僧肇的论文在关河时期就流传到南方，周颙可能从中受到启发，但更多的是经自己的研习体会而达到了接近于已中断了六七十年的关河三论的理论高度，以至于他自己认为是独创，有违时论而不敢公开。吉藏甚至说，假名空论直接出自《不真空论》“以物非真物，故是假物，假物故即是空”一句[②]，但《不真空论》虽然有“物非真物”四字，没有吉藏所讲的这么一句，这是吉藏对“不真空”的理解和概括之语，而“不真空”义的核心不是“假物故空”，而是即物之自虚。吉藏又认为此论和道安的本无宗义、支道林的即色宗义一样：“释道安本无，支公即色，周氏假名空，肇公不真空，其原犹一。”[③]却又将周颙和本无、即色论的区别忽略了。吉藏将此论视同其四重二谛论中的第一重二谛，是亦有亦空、空有相即二谛。

当时持假名空义的，吉藏说还有开善寺智藏等，他认为智藏用得不像，如同东施效颦，“野城寺光大法师用假空义，开善亦用……开善用三宗不得意，犹是学嚬之类也”[④]。

二 | 萧统的二谛观

齐梁间三论学对于二谛的讨论，除了周颙之外，萧统的观点也很有代表性，在当时产生的较大影响。

萧统（501—531），字德施，梁武帝萧衍之长子，天监元年（502）被立为皇太子，死后谥“昭明太子”。萧统因其父崇信佛教的缘故，“亦崇信三宝，遍览众经，乃于宫内别立慧义殿，专为法集之所，招引名僧，谈论不绝。太子自立二谛、法身义，并有新意”[⑤]。

在文学史上，萧统以《昭明文选》名世，在佛教史上，其二谛义、法身义亦有一席之地，特别是二谛义。萧统撰有《令旨解二谛义》（简称《令旨》《解二谛义》等），

① 《中观论疏》卷二末，《大正藏》第42册，第29页中、下。
② 《中观论疏》卷二末，《大正藏》第42册，第29页中、下。
③ 《中观论疏》卷二末，《大正藏》第42册，第29页下。
④ 《二谛义》卷下，《大正藏》第45册，第115页上。
⑤ 《梁书》卷八《昭明太子传》，中华书局，1973年。

此义一出，引起广泛注意，僧俗两界高僧名士纷纷咨其意，包括南涧寺慧超、晋安王萧纲、招提寺慧琰、栖玄寺昙宗、司徒王规、灵根寺僧迁、罗平侯萧正立、衡山侯萧恭、中兴寺僧怀、始兴王第四子萧暎、吴平王之子萧励、宋熙寺慧令、始兴王第五子萧晔、兴皇寺法宣、程乡侯萧祇、光宅寺法云、灵根寺慧令、湘宫寺慧兴、庄严寺僧旻、宣武寺法宠、建邺寺僧愍、光宅寺敬脱等至少二十二人[①]，其中不乏成实学名师。

佛教中有境智说，前者是所观的对象，后者是能观的主体，“能知是智，所知是境”。萧统认为，佛学可以从两个方面把握，一是明义理，二是实修行，明理以境，实行以智，“明道之方，其由非一，举要论之，不出境智。或时以境明义，或时以智显行”。般若学的二谛之学，属于以境明义理一路，“至于二谛，即是就境明义”[②]。

二谛有两种表达，一是真谛和俗谛，二是第一义谛和世谛。两者角度不同，前者“以定体立名”，体指根本特性，二谛特性不同，真谛“以不生为体”，俗谛“以有法为体”。这和周颙所述“空假名宗”的观点是相似的。后者从价值视角“以褒贬立名”。什么是真？真实平等，“真者是实义，即是平等，更无异法，能为杂间”。什么是俗？虚假事法之生成，“俗者即是集义，此法得生，浮伪起作”。什么是第一义？“无生境中别立名，言此法最胜、最妙，无能及者。”什么是世？“以隔别为义。生灭流动，无有住相。”什么是谛？确实、真实义，“谛者以审实为义”。这样，真谛确实是真，俗谛的确是俗。

二谛有重要性的排序，并非一真谛，二俗谛，一与二合数则是三。萧统强调这并不是简单地从一数到二，“非直数过于二，亦名有前后”。

在此他似乎主张二谛的相对独立性，“真既不因俗而有，俗亦不由真而生”。“以境明义”有从对象本身明达性空之义，即事而理之义，但又好像承认有两种不依对方为自身存在条件的二体之理。综其相关议论，这是从教化上说的。

萧统对二谛的理解实际上还有第二重，“真谛离有离无，俗谛即有即无”。俗谛所明的对象，虽有实无，又可称为假名，“即有即无，斯是假名”。真谛就是中道，“离有离无，此为中道”。离有离无，也就是般若类经中常说的非有非无。

---

① 参见道宣:《广弘明集》卷二一。

② 参见道宣:《广弘明集》卷二一《令旨解二谛义》。

在与道俗二十二人的讨论中，萧统此论更为深入。

萧统强调二谛实际上是人们对事法从依真依俗角度的两种不同理解，“世人所知，生法为体，出世人所知，不生为体”①。真谛认有为空，俗谛认空为有。对于真俗关系的处理应是“即俗知真，即真见俗”②。从这个角度看，真俗不异。因此，他实际上主张真俗理一，“体恒相即，理不得异”③。理一而见二，“理乃不两，随物所见，故得有两”④。理既不一，所以有无不异，“有不异无，无不异有”⑤。证明理一的“相即”，是即其体，“体中相即，义不相即”⑥。

他认为，对于圣人来说，从教化的角度，虽不见世谛，但要知道有世谛，“圣人无惑，自不见世谛，无妨圣人知凡夫所见，故曲随物情，说有二谛”⑦。

吉藏曾对萧统的观点提出批评：

> 他解云：真俗当体得名，世与第一，褒贬为称。言真俗当体得名者，明俗是浮虚为义，当体浮虚。真是真实为义，当体真实，故真俗当体得名也。世与第一为褒贬者，明世是代谢隔别为义，第一则莫过为义。既隔别为世，莫过为第一。故世与第一，是褒贬之名也。⑧

这里不指名道姓的“他解”，明显是萧统之解，所概括的都是萧统的观点。但吉藏认为“此释不可解”⑨，并提出繁杂的驳难。另一处则有比较简明的看法，“此是随名释义，非是以义释名。若尔，可谓世间诸法者有字无义。今明俗以不俗为义，真以不真为义”⑩。批评其只依字面意思解释概念，不了解其真正含义，如果这样，一切事物都只有概念、名字了。他主张俗的意义就是不俗，真的意义则是不真。这层意义，其实萧统的“即俗知真，即真见俗”也包含了。

---

① 道宣：《广弘明集》卷二一《令旨答慧超》。
② 道宣：《广弘明集》卷二一《令旨答萧纲》。
③ 道宣：《广弘明集》卷二一《令旨答萧纲》。
④ 道宣：《广弘明集》卷二一《令旨答僧怀》。
⑤ 道宣：《广弘明集》卷二一《令旨答慧琰》。
⑥ 道宣：《广弘明集》卷二一《令旨答慧令》。
⑦ 道宣：《广弘明集》卷二一《令旨答昙宗》。
⑧ 《二谛义》卷中，《大正藏》第 45 册，第 96 页中。
⑨ 《二谛义》卷中，《大正藏》第 45 册，第 96 页中。
⑩ 《大乘玄论》卷一，《大正藏》第 45 册，第 16 页上。

第七章　建康成实学派

成实学派是以弘扬《成实论》为中心而形成的，在隋唐佛教著作中，经常被称作“成宗”“成论宗”“假名宗”“成论师”“成实论师”“成论大乘师”等。自鸠摩罗什译出《成实论》至唐初的二百七十年间，《成实论》的研究非常盛行，而且僧导、僧嵩在南北两地分别弘扬，形成寿春系、彭城系两大派系。在北朝末年以及南朝的齐梁时代，成实学派非常兴盛，更成为当时建康佛学的主流之一。

第一节 成实学派概说

一 《成实论》的翻译

《成实论》是印度论师诃梨跋摩所撰，是成实学派最根本的典籍。《出三藏记集》卷一一《成实论记》云：

> 大秦弘始十三年，岁次豕韦，九月八日，尚书令姚显请出此论，至来年九月十五日讫。外国法师拘摩罗耆婆，手执胡本，口自传译，昙晷笔受。

另外，《略成实论记》云："《成实论》十六卷，罗什法师于长安出之，昙晷笔受，昙影正写。"[①]但是，《成实论记》疑点颇多。[②] 鸠摩罗什的卒年，依僧肇《鸠摩罗什法师诔》，为弘始十五年(413)四月十三日[③]；慧皎《高僧传》则记载为弘始十一年(409)八月二十日[④]。这样，慧皎的记载则与《成实论记》存在着矛盾；同时，《鸠摩罗什法师诔》的真实性亦存在可疑之处，梁代的僧传编纂者——慧皎、僧祐、宝唱以及隋代费长房、吉藏，都未提及此诔文。费长房《历代三宝纪》卷八，则作弘始八年(406)译，笔受者为昙略，并注记："见《二秦录》。"[⑤]可见对于《成实论》的翻译时间，历来记载不一。

依《高僧传·昙影传》的记载：

> 及什至长安，影往从之……兴敕住逍遥园，助什译经，初出《成实论》。

---

① 《出三藏记集》卷一一，《大正藏》第 55 册，第 78 页上。

② 镰田茂雄引清代万斯同《伪后秦将相大臣年代》，弘始十三年(411)的姚显是卫大将军，不是尚书令；弘始十三年及十四年(412)的尚书令是姚弼。见《中国佛教通史》第 2 卷，关世谦译，高雄佛光出版社，1986 年，第 229 页。

③ 道宣：《广弘明集》卷一三，《大正藏》第 52 册，第 264 页中。

④ 《高僧传》卷二《鸠摩罗什传》，《大正藏》第 50 册，第 333 页上。慧皎在传记中，举出罗什的殁年，或有弘始七年(405)、弘始八年(406)、弘始十一年(409)，认为七与十一或是书写的字误。近代研究者对罗什的生卒年，汤用彤、许抗生主张为 344—413 年，塚本善隆、吕澂则持 350—409 年的说法。

⑤ 费长房：《历代三宝纪》卷八，《大正藏》第 49 册，第 78 页下。

> 凡诤论问答，皆次第往反。影恨其支离，乃结为五番。竟以呈什，什曰：大善，深得吾意。什后出《妙法华经》，影既旧所命宗。[①]

鸠摩罗什在逍遥园译出《成实论》，这是翻译地点；从时间上说，在译出《妙法莲华经》之前，即是弘始八年(406)以前。

开元寺智藏(458—522)《成实论大义记》卷一记载：

> 《中观疏记》云：案《大义记》初卷，序论缘起云：昙无德部此土不传，《成实》一论，制作之士名诃梨跋摩，梁语师子铠。又云：秦主姚兴弘始十三年，尚书令姚显请者波法师于长安始译此论，听众三百，亦影笔受。其初译国语，未暇治正，而沙门道嵩便赍宣流。及改定，前传已广。是故此论遂两本俱行，其身受心法名念处者，前本也；名为忆处者，后本也。今检论本，或有二十卷，或有十六卷。[②]

《成实论》的翻译过程：一、鸠摩罗什在逍遥园初译，语言支离不精确；二、昙影以论中问答争论回环往复，且结构支离，于是综括论文，区分为《发》《苦谛》《集谛》《灭谛》《道谛》五聚，甚得译主罗什的赞许，这就成了现行论本的结构，《略成实论记》说"影欲使文玄，后自转为五幡，余悉依旧本"[③]，即是指改编的过程；三、改定修治《成实论》，所以《成实论》历来的流传本有二十卷或十六卷的差别。现存藏经中的《成实论·四谛品》中使用"念处"一语，可见为前本，即"未治本"。

这样，《成实论》是在弘始八年(406)以前译出的，大约与《百论》同时，即弘始六年(404)左右译出，因为《成实论》中对"灭谛聚"的解释，继承了《百论》的组织结构[④]。《成实论》的思想包含小乘有部的学说与大乘"空"的思想，具有从小乘向大乘过渡的特点。从罗什的教学来说，基于龙树的般若学，必须对《成实论》有所修订。《高僧传·僧叡传》说：

---

① 慧皎：《高僧传》卷六《昙影传》，《大正藏》第50册，第364页上。
② 《三论玄义检幽集》卷三，《大正藏》第70册，第418页上。
③ 僧祐：《出三藏记集》卷一一，《大正藏》第55册，第78页上。
④ 伊藤隆寿：《成实论の翻译とその背景》，《驹泽大学大学院佛教学研究会年报》1970年第4号，第46页。

后出《成实论》,令睿讲之。什谓睿曰:此争论中,有七变处文破毗昙,而在言小隐,若能不问而解,可谓英才。至睿启发幽微,果不咨什,而契然悬会。什叹曰:吾传译经论,得与子相值,真无所恨矣![1]

僧叡能够发现《成实论》批破毗昙的论点,受到罗什的赞扬。依《三论玄义》的记载,罗什殁后,僧睿记载其遗言而成《成实论序》,僧叡为讲论之始。[2]《成实论记》所说的弘始十三年或十四年,或许是修治改定的时间,即完成"改定本"的时间。

开善寺智藏文中所提及"道嵩"即是僧嵩,《魏书·释老志》记载,僧嵩住徐州白塔寺,受《成实论》于鸠摩罗什。[3] 僧嵩以彭城为中心,在北方宣扬未修治的《成实论》。而"改定本"的特殊性,在于消除有部的思想,强调《成实论》的大乘意趣,僧导以寿春为中心传播"改定本",成为"寿春系"的渊源。

下面,将鸠摩罗什以下成实学派的传承,图示如下:

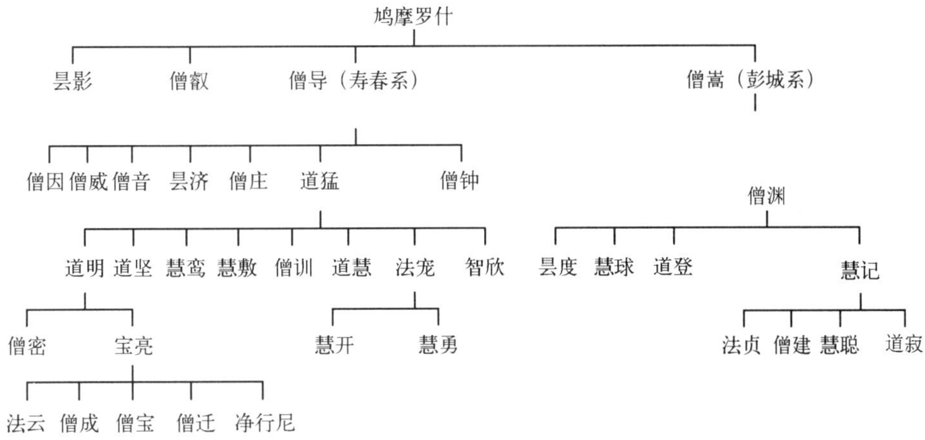

| 图 7.1 鸠摩罗什门下成实学派的传承 |

二 | 彭城系成实学派

《成实论》在北方的传播,以彭城为中心,以僧嵩为先导者。彭城居黄淮间南北交通要冲。东晋末年,刘裕北征长安,姚秦溃败,鸠摩罗什弟子道融、僧嵩等于

① 慧皎:《高僧传》卷六《僧叡传》,《大正藏》第 50 册,第 364 页中。
② 《三论玄义》,《大正藏》第 45 册,第 3 页下。
③ 《魏书》卷一一四《释老志》。

彭城弘法，于是徐州佛学兴盛。献文帝天安元年(466)，军锋南指，刘宋徐州刺史薛安都举城归附，彭城入魏。同时，由于凉州僧人因法秀谋反而被疑、疏远，所以徐州高僧的声名闻于代京，引起朝野的关注。因此，成实学派在北魏时代的兴盛，与当时的政治形势具有密切关系。

僧嵩受学于鸠摩罗什，后住徐州白塔寺。僧嵩虽然是《成实论》大师，但是出自鸠摩罗什门下，原信《大品》，而且破斥《涅槃经》之说。然至晚年，又放弃以前的思想，信奉《涅槃经》之说。[①] 僧嵩传僧渊，于是枝繁叶茂，成为“彭城系”。

僧渊(414—481)，颍川人，俗姓赵。在徐州白塔寺，从僧嵩学习《成实论》《毗昙》。未及三年，便已学成，超越其他人十年之功。北魏太和五年(481)卒，世寿六十八。其弟子知名者，有昙度、慧记(或为纪)、道登、慧球。[②]

昙度(？—489)，江陵人，俗姓蔡。出家后，持戒精严，悟性过人。游学京师建康，精通《涅槃经》《法华经》《维摩经》《大品经》。《高僧传》卷七记载：

> 复有沙门昙度，续为僧主，度本琅琊人，善三藏及《春秋》《庄》《老》《易》。宋世祖太宗并加钦赏。及少帝乖礼，度亦行藏得所，举动无忤，止于新安寺。[③]

昙度不但精通佛学，而且对老庄思想亦深有研究，受到孝武帝刘骏的赞赏，受命为僧主，住在新安寺。

昙度受到宋明帝刘彧的器重。《宋书·始安王休仁传》提及当时的宰相、皇弟刘休仁委托昙度，请求宋明帝开恩免其死罪[④]，这说明昙度的道行、才智非同寻常，而且参与政治，以至于后废帝刘昱之死，与昙度皆有关联。据《宋书·后废帝纪》说元徽五年(477)“七月七日，昱乘露车，从二百许人，无复卤簿羽仪，往青园尼寺，晚至新安寺就昙度道人饮酒。醉，夕扶还于仁寿殿东阿毡幄中卧”。当晚，刘昱被执政大臣萧道成指使的侍卫杀死。其后，齐高帝萧道成敕道盛代替昙度为僧主。可见，昙度被黜，是由于他与刘氏皇室关系过于密切。

---

① 《中观论疏》卷一末，《大正藏》第42册，第17页下。
② 慧皎：《高僧传》卷八《僧渊传》，《大正藏》第50册，第375页上—中。
③ 慧皎：《高僧传》卷七，《大正藏》第50册，第374页上。
④ 《宋书》卷七二《始安王刘休仁传》，中华书局，1974年，第1877页。

北魏太和二年(478),昙度至徐州,从僧渊法师受《成实论》。北魏孝文帝遣使迎请,与道登、慧球等一起北上平城。孝文帝礼敬有加,于是在平城弘法,学徒千余人。太和十三年(489)卒于魏国,撰《成实论大义疏》八卷,在北方广为流传。[①]

另外,在《高僧传·慧球传》中,曾提到"与同学慧度俱适京师,谘访经典。后又之彭城,从僧渊受《成实论》"。《魏书·释老志》列举的名僧,慧度为其中之一。《南齐书·祥瑞志》记载:

> (永明二年)十一月,虏国民齐祥归入灵丘关,闻殷然有声,仰视之,见山侧有紫气如云,众鸟回翔其间。祥往气所,获玺方寸四方,兽钮,文曰"坤维圣帝永昌"。送与虏太后师道人惠度,欲献虏王。惠度睹其文,窃谓"当今衣冠正朔,在于齐国"。遂附道人惠藏送京师,因羽林监崔士亮献之。[②]

依此可知,慧度为文明冯太后之师,而且具有深厚的南朝情结,以南朝为正统。《续高僧传·道登传》提到道登的同学"法度",曾在僧渊门下学习《成实论》,后亦到洛阳。慧度、法度、昙度,都曾在僧渊门下学习《成实论》,都受到孝文帝敬重,三人或许为同一人[③],值得推究。

慧球(431—504),扶风郡人,俗姓马。十六岁出家,为荆州竹林寺道馨的弟子,后入湘州麓山寺修禅。后到彭城从僧渊受《成实论》。三十二岁时回到荆州,开讲经论,学侣成群,"荆楚之间,终古称最。使西夏义僧,得与京邑抗衡者,球之力也"。中兴元年(501),敕为"荆土僧主"。天监三年(504)卒,世寿七十四。[④]

道登(412—496),东莞人,俗姓芮。先从徐州僧药研习《涅槃》《法华》和《胜鬘》,后从僧渊学究《成实论》。五十岁时和同学法度到洛阳,得到孝文帝及魏国信徒的礼敬。[⑤] 道登与孝文帝关系十分密切,《魏书·灵征志》和《释老志》都记载

---

① 慧皎:《高僧传》卷八《昙度传》,《大正藏》第50册,第375页中。

② 《南齐书》卷十八《祥瑞志》,中华书局,1972年,第363—364页。

③ 伊藤隆寿推断"昙度""慧度"为同一人,见《北魏及び梁代における佛教研究と成实》,《驹泽大学大学院佛教学研究会年报》1972年第6号,第12页。汤用彤以"昙度"即是"法度",见《汉魏两晋南北朝佛教史》,北京大学出版社,1997年,第598页。

④ 慧皎:《高僧传》卷八《慧球传》,《大正藏》第50册,第381页上。

⑤ 道宣:《续高僧传》卷六《道登传》,《大正藏》第50册,第471页下—472页上。

二人同见一鬼。[①] 建武二年(495),孝文帝向南征伐,攻击寿春时,派遣道登进入城内,施与众僧绢五百匹。[②] 太和二年(496),终于报德寺,世寿八十五。孝文帝为表示哀悼,施帛一千匹,设一切僧斋,行法事七天,并且下诏须穿着白色服丧。

慧纪(亦作"慧记"),兼通《成实论》《毗昙》,尝讲经于平城郊外之鹿苑,鹿苑即在云冈石窟。依《帝为慧纪法师亡施帛设斋诏》,慧纪殁时,孝文帝"敕徐州施帛三百匹,并设五百人斋,以崇追益"[③]。同时,《续高僧传·法贞传》中提到法贞的师父道记,汤用彤指出"道记"即是慧纪[④]。道记的弟子,有法贞、僧建、慧聪、道寂。

法贞(461—521),渤海东光人,为道记的弟子,住洛阳广德寺,十一岁诵《法华经》。长大后,精通《成实论》。法贞、僧建皆名扬洛阳,僧建"文句无前",法贞"入微独步"。法贞以所得供养,造佛像千躯,分布各地供养。北魏清河王元怿、汝南王元悦,对法贞敬重有加,顶礼归依。《续高僧传·法贞传》说:

> 会魏德衰陵,女人居上;毁论日兴,猜忌逾积;嫉德过常,难免今世。贞谓建曰:大梁正朝礼义之国,又有菩萨应行风教,宣流道法,相与去乎。今年过六十,朝闻夕死吾无恨矣。建曰:时不可失,亦先有此怀。[⑤]

延昌四年(515),灵太后亲临朝政。由于佛教匪徒的叛乱,朝廷对佛教加以限制。南朝正是梁武帝当政,素有"菩萨皇帝"之称的梁武帝,对推行佛教不遗余力。所以,法贞、僧建对梁朝佛教心生仰慕,法贞于普通二年(521)在往南方的路上被追兵杀死。

僧建是清河人,在道记的门下穷研数论,深入理解《成实论》的"五聚"。僧建后来到达南朝,住在江阴何园寺。当时,梁武帝集合学僧,于乐受殿论议法义。可见,僧建将北方的成实学传往南方。慧聪"立心闲豫,解行远闻",道寂"博习多通,雅传师业",二人皆终于北魏。

《成实论》在北魏的传播,与北魏孝文帝的推崇有关系。孝文帝博览经史,尤

---

① 《魏书》卷一一二上《灵征志上》。

② 《南齐书》卷四五《列传》第二十六,中华书局,1972年,第794页。

③ 道宣:《广弘明集》卷二四,《大正藏》第52册,第273页上。

④ 汤用彤:《汉魏两晋南北朝佛教史》,北京大学出版社,1997年,第610页。

⑤ 道宣:《续高僧传》卷六《法贞传》,《大正藏》第50册,第474页中。

善《老子》《庄子》，平素尤喜玩味《成实论》，他自己说“朕每玩《成实论》，可以释人梁情”[1]。太和十九年（495）四月，行幸徐州白塔寺，看望僧嵩。慧纪、道登亦为孝文帝所敬重，道登为孝文帝讲《成实论》，孝文帝在诏中以“朕师道登法师”相称呼。僧嵩一系以徐州彭城为中心，在北方宣扬未修治的《成实论》，成为成实学派的“彭城系”。而且，随着徐州僧团的北上，北朝原有凉州佛教的思想与信仰亦得到改变。

三 | 寿春系成实学派

《成实论》在南朝的传习者主要是僧导及其弟子，即是“寿春系”。僧导[2]是京兆（今陕西西安）人，十岁出家，学习《观世音经》《法华经》，十八岁时精通多部经论。僧睿对他十分欣赏。受具戒后，见识更加高深，通达禅、律、经论。后秦姚兴敬重僧导，入寺邀请，同乘车马回宫。鸠摩罗什来长安译经，僧导在译场担任参议与评审的工作。僧导尤其精通《成实论》与《中论》等典籍，著有《成实义疏》《空有二谛论》以及《中论》《百论》《十二门论》的注疏。

义熙十二年（416），姚兴殁，刘裕趁机征讨长安。义熙十三年（417）八月，刘裕平定长安，刘裕归还建康，将儿子刘义真留在长安担当镇守关中的任务，同时将刘义真托付给僧导。后来，大夏的赫连勃勃发兵攻击长安，刘义真军大败而逃，僧导率弟子数百人阻击追兵，让刘义真得以逃脱。刘裕感念僧导救子之恩，在寿春（今安徽寿县）建立东山寺，恭请僧导讲说经论，受业者千余人。北魏太武帝灭佛时，北方的大批僧侣逃难至东山寺，僧导供以衣食，而且为战乱中死去的僧众设立法会悼念。

孝武帝于孝建元年（454）即位后，迎请僧导至建康中兴寺。孝武帝敕召僧导于瓦官寺讲《维摩诘经》，僧导感念北方佛法的衰颓，劝诫孝武帝护持佛法。后来，回到寿春，卒于石涧寺，世寿九十六岁。僧导的弟子有僧因、僧威、僧音、昙济、道猛、僧钟等。僧因原与僧导同学于鸠摩罗什，后来随僧导学习。僧威、僧音

---

① 《魏书》卷一一四《释老志》。

② 慧皎：《高僧传》卷七《僧导传》，《大正藏》第50册，第371页上—下。

都擅长《成实论》。

长安佛教在姚兴时代，由于鸠摩罗什僧团的活跃，非常兴盛。但是，赫连勃勃侵入长安，压迫佛教，许多高僧逃向寿春，转往建康。这无疑促进了南朝佛教的发展。当时，僧导凭借与刘宋王朝的特殊关系，为逃难的僧侣提供食住，对北方佛教的南传起着重要作用。

昙济，河东人，十三岁出家，为僧导的弟子。他住在寿春八公山东山寺，常读《成实论》和《涅槃经》。刘宋大明二年(458)渡江，住中兴寺，著有《七宗论》，概括东晋时代佛教学者对般若性空的理解。①

道猛(411—475)，西凉州人，少年时游学于燕赵各地，后来在寿春随僧导学习《成实论》，"《成实》一部，最为独步"。元嘉二十六年(449)东游京师，住于东安寺，大开讲席。泰始之初(465)宋明帝创立兴皇寺，敕道猛于寺开讲《成实论》。开讲之日，宋明帝亲自行幸，公卿、学者列席听讲，盛况空前。元徽三年(475)，卒于东安寺，世寿六十五。他的弟子有道坚、慧鸾、慧敷、僧训、道明、道慧、法宠、智欣等。②

道慧(451—481)，浙江余姚人，寓居建康。十一岁出家，为僧远的弟子，住在灵曜寺。十四岁时，读《庐山慧远集》，心生敬慕，前往庐山西寺，游历三年。后回京城，受业于道猛、昙斌。道猛讲《成实论》时，道士张融问难，道慧奉道猛之命予以答复。当时道慧十七岁，张融轻视道慧年少，道慧却应对如流，挫败张融。后移住庄严寺，齐建元三年(481)卒，世寿三十一，陈郡谢超宗为造碑文。③

法宠(451—524)，南阳冠军(位于河南)人，俗姓冯。十八岁出家，初住光兴寺，后住兴皇寺。分别从道猛、昙济学《成实论》，得二人赞赏。从长乐寺僧周学《杂心论》《阿毗昙心论》等，从庄严寺昙斌学众经，深得齐文宣王之礼遇。三十八岁，听从正胜寺法愿的预言，归光兴寺礼忏。四十岁时，跟从东夏慧基，往复论辩。从西归，历住道林寺、建康天保寺。天监七年(508)，敕住宣武寺，梁武帝礼敬之，称其为"上座法师"，而不直呼其名。普通五年(524)示寂，世寿七十四，有弟子慧开、慧勇。④

---

① 宝唱：《名僧传抄》，《卍新续藏》第77册，第354页下。
② 慧皎：《高僧传》卷七《道猛传》，《大正藏》第50册，第374页上、中。
③ 慧皎：《高僧传》卷八《道慧传》，《大正藏》第50册，第375页中、下。
④ 道宣：《续高僧传》卷五《法宠传》，《大正藏》第50册，第461页上—下。

慧开(469—507),吴郡海盐人,俗姓袁。在宣武寺出家,为法宠的弟子,学习《阿毗昙》《成实论》。南齐建武年间(494—498),住道林寺,游学智藏、僧旻讲席。后移住彭城,大开讲席,为学徒所推重,陈郡谢惠、彭城刘业皆甚器重之。天监六年(507)卒,世寿三十九。①

智欣(446—506),丹阳建康人,俗姓潘。七八岁时,入栖静寺,闻十二因缘,便有离俗之志,于是从静栖寺僧审禅师出家。受具足戒后,从东安寺道猛学习《成实论》。后开讲经论,四众推服,听众有八百余人。天监五年(506),六十一岁,殁于钟山宋熙寺。②

僧钟(430—489),鲁郡人,俗姓孙。十六岁出家,在寿春得到僧导的赏识。他善讲《成实》《三论》《涅槃》《十地》等。后南游京邑,止于中兴寺。永明初年(483),齐武帝敕令僧钟与北魏使者李道固酬对。齐文宣帝对他甚为尊重。永明七年(489)卒,世寿六十。

僧庄,《高僧传》中只提及"时荆州上明有释僧庄者,亦善《涅槃》及数论。宋孝武初被敕下都,称疾不赴"③。但是,日僧安澄《中论疏记》卷一本说:

> 述义引《高僧传》第五(按:应为"七")卷云:释僧道,京兆人,十岁出家,博学转多,气干雄勇,神机秀发。乃著《三论》《成实论》义疏及《空有二谛》等也。出有人说云:此庄法师义故,《高僧传》第五(按:即"七")云,荆州上明有释僧庄者,亦善《涅槃》及数论等宗,是也。但此师述僧道义耳。④

僧庄继承僧导的思想,著《中论文句》,擅长《涅槃经》《毗昙》《成实论》等,可见是僧导的门下弟子⑤。

僧导出自鸠摩罗什门下,但是其主要影响在于江南,而且以寿春为中心,所以称为"寿春系"。此外,道亮与弟子智林,是《成实论》的名家,其说与"寿春系"相近,可能是属于这一系的。⑥ 道亮(400—468),原住京师北多宝寺,元嘉末年

---

① 道宣:《续高僧传》卷六《慧开传》,《大正藏》第50册,第473页上。
② 道宣:《续高僧传》卷五《智欣传》,《大正藏》第50册,第460页下。
③ 慧皎:《高僧传》卷七,《大正藏》第50册,第370页下。
④《中论疏记》卷一本,《大正藏》第65册,第20页上。
⑤ 平井俊荣:《中国般若思想史研究——吉藏と三论学派》,东京春秋社,1976年,第168页。
⑥ 吕澂:《中国佛学源流略讲》,中华书局,1979年,第124页。

(453)被贬谪南越，前往广州，故后世称“广州大亮”，随行的有弟子智林等十二人。他在南方六年，教化被于岭外。至大明回到京师，依旧盛开讲席。著有《成实论义疏》八卷。① 智林(409—487)，高昌人，是道亮的弟子。他主张“二谛义”有三宗不同。这时汝南周颙作《三宗论》和他的主张相符，他高兴地写信给周颙，叙述自己理解“三宗”的缘由，并且对周颙深感佩服。后来，回高昌弘法。他著有《二谛论》《毗昙杂心记》，并注解《十二门论》《中论》等。②

另外，慧隆(419—490)，少年时贫穷，学无常师，豁然自悟，二十三岁时出家。此后的十多年里一直专心于佛法的研究，精通经论。刘宋泰始年间，住在何园寺。慧隆擅长清谈，折服无数的问难者。宋明帝请他在湘宫寺讲《成实论》，听法问道者八百余人。凡是《成实论》的“旧义”有不通之处，慧隆都加以阐发，补充前人解释不及之处，立“实法断结义”。周颙对他极其赞赏。永明八年(490)卒，世寿七十二。③

东晋至刘宋时代，印度经论持续传入，鸠摩罗什门下活跃于南北，中国佛教的大乘意识逐渐建立。罗什当初译传《成实论》，因为其论义明人、法二空，接近《般若》，有导向大乘的作用；而且，辨明法相，具有佛教概论的特点，对一般佛教徒具有入门书的作用。这两种作用促使《成实论》在南北朝兴起。同时，刘宋皇室与寿春系的关系密切，刘裕为僧导建立东山寺，宋明帝为道猛创立兴皇寺，寿春系受到刘宋皇室的大力支持，无疑促进寿春系在江南的兴盛。

① 慧皎：《高僧传》卷七《道亮传》，《大正藏》第50册，第372页中。
② 慧皎：《高僧传》卷八《智林传》，《大正藏》第50册，第376页上—中。
③ 慧皎：《高僧传》卷八《慧隆传》，《大正藏》第50册，第379页下。

第二节
三大师与建康成实学派

一 僧柔、慧次与南齐成实学派

南齐继承刘宋的佛教保护政策，建立齐兴寺，以象征新王朝的诞生。《高僧传·玄畅传》说："以齐建元元年四月二十三日，建刹立寺，名曰齐兴。正是齐太祖受锡命之辰，天时人事万里悬合。"[①]南齐的佛教研究，因竟陵文宣王萧子良为中心的外护而繁荣昌盛，南齐的成实学派以僧柔、慧次为代表人物。永明七年（489）十月，文宣王邀集京都名僧硕学五百余人，在普弘寺请定林寺的僧柔、慧次讲《成实论》。[②] 然后，又请僧祐、智称讲《十诵律》。开讲《十诵律》后，特意又请僧柔、慧次抄出《成实论》，"繁简存要""辞约理举，易以研寻"，在永明八年（490）正月二十三日抄写完成，成为《成实论抄》（即《略成实论》）九卷。而且，下令书写《成实论抄》百部流通，并由周颙撰写序文。周颙说："至如《成实论》者，总三乘之秘数，穷心色之微阐，标因位果，解惑相驰，凡圣心枢，罔不毕见乎其中。"[③]可见，《成实论》在南朝的流行，与《成实论》被视为大乘论及《般若》系统的论述有关系。僧祐《文宣王法集录序》中说：

> 弘誓之士随时斟酌，马鸣抽其幽宗，龙树振其绝绪，提婆析其名数，诃梨总其条理，并翼赞妙典，俘剪外学。[④]

僧祐强调，论典的作用在于解释经典，破斥邪说外道。无论是"三论"还是《成实论》，并没有高低、大小等区别，地位是平等的。《成实论》的特点是"总其条理"，即依四谛汇总各种思想。

僧柔（431—494），九岁出家，为弘称的弟子。弘称是洛阳临渭人，精通各种

---

① 慧皎：《高僧传》卷八，《大正藏》第50册，第377页中。
② 僧祐：《出三藏记集》卷一一，《大正藏》第55册，第78页上。
③ 僧祐：《出三藏记集》卷一一，《大正藏》第55册，第78页中。
④ 僧祐：《出三藏记集》卷一二，《大正藏》第55册，第85页中。

经论，声誉广播。弘称的师传不详，但是依其生地，是北方人，可能是“彭城系”。僧柔在弘称的门下，勤修戒、定、慧三学，研习大小乘经论，明了义理。二十岁后，便登讲席。后东游会稽，住灵鹫寺讲学。自齐太祖萧道成创业至世祖萧颐继位之间，僧柔曾受请至京师，在定林上寺主讲经论，文慧王、文宣王皆皈依他。僧柔愿生西方净土。延兴元年(494)卒，僧祐为他立碑，刘勰撰写碑铭[①]。僧柔有弟子僧绪、僧祐、僧绍、僧拔、慧熙、法开等。僧拔、慧熙是当时建业有名的青年俊杰，可惜早逝。僧拔撰有《七玄论》，一直流行至道宣时期。[②] 法开(459—523)，余杭人，少年时，出家于北仓寺，为昙贞的弟子。法开出身贫寒，但是勤奋学习，后有所成就。后来，游方至禅冈寺，从僧柔、慧次学习《成实论》，通达论义，辩才无碍，名声显赫，受到吏部尚书王峻等人的礼敬。后回到余杭西寺，大开讲筵。智藏到禹穴讲《成实论》，法开前往问难。普通四年(523)卒，世寿六十五。[③]

慧次(434—490)，出家后为志钦的弟子。后来，遇徐州法迁，志钦将慧次托付给法迁。于是，随法迁到京口，住在竹林寺。十五岁时，随法迁回到彭城；十八岁时，已经通达经论，名贯徐州，经常讲解《成论》以及《中论》《百论》《十二门论》等。宋武帝大明年间，住在谢寺[④]，智藏、僧旻、法云等前来请教。齐初时，文慧王、文宣王以师礼敬重他，并且四事供养，“齐竟陵王作镇禹穴……时有释智秀、昙纤、慧次等，并名重当锋，同集王坐”[⑤]，可见慧次是文宣王的座上宾。永明八年(490)，慧次讲《百论》，至“破尘品”时，忽然坐化。慧次有弟子智藏、僧旻、法云、僧宝、僧智、法珍、僧向、僧猛、法宝、慧调等。[⑥]

南朝的成实学派还有来自山东青州的渊源，青州的成实学派与“寿春系”或许有一定的联系。如道猛的弟子道明，曾在青州弘扬《成实论》，有弟子僧密(433—505)、宝亮(444—509)等。如法申[⑦](430—503)，寓居青州，自幼出家，广

---

① 刘勰的碑文，在《出三藏记集·法集杂记铭》中有目录——《僧柔法师碑铭》，见僧祐：《出三藏记集》卷一三，《大正藏》第55册，第94页下。

② 慧皎：《高僧传》卷八《僧柔传》，《大正藏》第50册，第378页下—379页上。

③ 道宣：《续高僧传》卷六《法开传》，《大正藏》第50册，第474页上。

④ “谢寺”位于江苏省南京(建康)，东晋永和四年(348)，谢尚捐宅(城中竹格渡)建寺，名为庄严寺，或称塔寺。刘宋元嘉九年(432)，文帝临幸该寺设斋供养。大明三年(459)改名为谢镇西寺，又号谢寺。有慧次、僧宝、僧智、智宗等人来住，陈太建元年(569)遭火焚毁，五年敕改为兴严寺。至南宋绍兴年间(1131—1162)，移建于真武庙的北面。明永乐二十一年(1423)真常重兴之，并恢复庄严寺旧名。

⑤ 道宣：《续高僧传》卷六，《大正藏》第50册，第468页下。

⑥ 慧皎：《高僧传》卷八《慧次传》，《大正藏》第50册，第379页中—下。

⑦ 道宣：《续高僧传》卷五《法申传》，《大正藏》第50册，第460页上。

学各种经论，爱好思考，精通《成实论》。刘宋泰始初年(465)，渡江南下住安乐寺，讲学多年。建元年间，本欲回乡奔丧，但是因为南北战争无法回去。永明年间，竟陵王萧子良邀请他讲授，但是法申坚辞不就。同时，又有道达、慧命，都以努力勤学闻名于世。慧命，扬州人，住在安乐寺，尤其精通《成实论》。僧密[①](433—505)，乐安人。十六岁时，离开其剃度师，跟随道明学习《成实论》。泰始初年(465)，住庄严寺，大众推崇，徒众无数，无经不讲，专以《成实论》为宗。后因谗言，构罪于竟陵王，被摈于淮南。天监四年(505)，卒于江北，世寿七十三。

宝亮[②](444—509)，本姓徐，祖上避战乱，住东莱弦县。宝亮十二岁出家，随道明学习《成实论》。受具足戒后，受到道明的鼓励，二十一岁，至建康，居住在中兴寺。中兴寺是刘宋的皇家寺院，昙济曾住此寺。当时的右卫将军袁粲曾写信给道明，赞叹宝亮天资聪明，可见袁粲与道明素有交往。宝亮与法申一样，因战乱无法回到北方，接受文宣王的邀请，移住灵味寺，讲经弘法，一生讲《大般涅槃经》八十四遍、《成实论》十四遍、《胜鬘经》四十二遍、《维摩诘经》二十遍、《大小品般若》十遍，还有《法华经》《十地经论》《优婆塞戒经》《无量寿经》《首楞严经》《遗教经》《弥勒下生经》等近十遍，门下僧俗弟子三千余人。天监八年(509)初，宝亮撰《涅槃经义疏》，梁武帝为其作序，现存《涅槃经集解》收录了他的注疏。十月四日卒于灵味寺，世寿六十六。隋唐佛教著作中称宝亮为“小亮”，以方便与广州道亮(即“大亮”)区别开来。宝亮有弟子法云、僧成、僧宝、僧迁、净行尼等。

净行尼(444—509)，住竹园寺，学习《成实论》《毗昙》《涅槃经》《华严经》等。她很有辩才，极受僧宗、宝亮的赞赏。后登座讲说，听众数百人，为齐宣文、梁武帝所器重。[③] 慧晖尼(442—514)，住东安寺，从昙斌、昙济、僧柔、慧次听《成实论》及《涅槃》诸经。京邑的尼众都从她受业，受到王公大臣的尊重。[④]

智顺(447—507)，十五岁出家，礼钟山延贤寺智度为师，聪明过人。受具足戒后，精通各种经论，特别擅长《涅槃经》《成实论》。讲法时，徒众常有数百人。南齐文宣王特别敬重他，住在冶城寺；后来游方至禹穴，住在云门精舍。著有《法事赞》以及《受戒》《弘法》等记，流行于世。天监六年(507)卒，世寿六

---

① 道宣：《续高僧传》卷六《僧密传》，《大正藏》第 50 册，第 472 页上。

② 慧皎：《高僧传》卷八《宝亮传》，《大正藏》第 50 册，第 381 页中—382 页上。

③ 《比丘尼传》卷四《净行尼传》，《大正藏》第 50 册，第 947 页上。

④ 《比丘尼传》卷四《慧晖尼传》，《大正藏》第 50 册，第 947 页下。

十一岁。

可见，僧柔、慧次系的成实学派可能都传自彭城，是“彭城系”的支流。但是，自从僧导在刘宋时代弘扬《成实论》，“寿春系”一直在南朝流传不绝。因此，齐梁时代的成实学派，或为“寿春系”的支派，或为“彭城系”的遗风，互相激荡，《成实论》的新本、旧本之差异，引起成实师之间的争论。

僧柔、慧次以下的成实学派传承，图示如下：

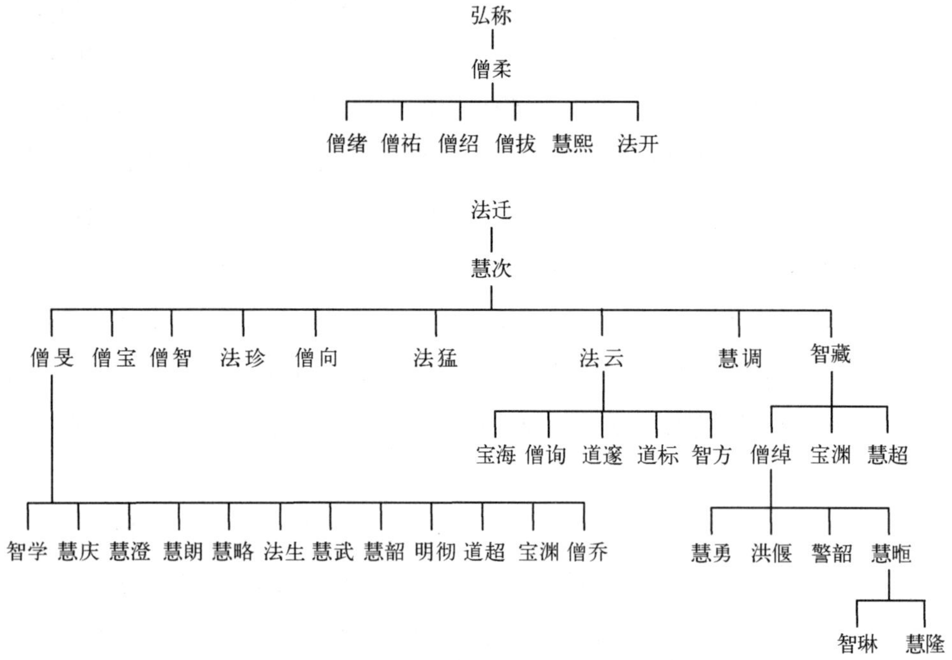

图 7.2 僧柔、慧次门下成实学派的传承

二 法云与梁代成实学派

《成实论》经过南齐文宣王的提倡，加之僧柔、慧次不遗余力地弘扬，成为齐、梁时代的“显学”，盛行于世。《广弘明集·南齐安乐寺律师智称法师行状》说：“自方等来仪，变胡为汉，鸿才钜学，连轴比肩。《法华》《维摩》之家，往往间出；《涅槃》《成实》之唱，处处聚徒。”①南朝的学风素来偏重义理学解，轻视戒律学禅。由于梁武帝的崇佛倾向，智藏、僧旻、法云三大法师的弘扬，梁朝成为成实学派最

① 道宣:《广弘明集》卷二三《南齐安乐寺律师智称法师行状》,《大正藏》第52册,第269页中。

兴盛的时代。

梁武帝对《成实论》十分重视。《续高僧传·法泰传》中说:“先是梁武帝崇《大论》,兼玩《成实》,学人声望,从风归靡。”①《续高僧传·慧荣传》说:“梁高祖大通年,辞亲出听,时建初、彭城盛弘《成实》。”②而且,天监三年(504)四月十一日,梁武帝在《舍事李老道法诏》中引用了《成实论》。③ 至简文帝时代,《成实论》的研究亦得到大力支持。《广弘明集》卷二收录梁皇太子纲(即简文帝)《庄严旻法师成实论义疏序》:

> 思媚我皇起予正法,宣弘此论,大盛乎京师。负笈争趋,怀铅来远,无劳冠军之势,自倾卫容。固有华阴之德,人归成市。④

梁简文帝为僧旻所撰《成实论义疏》作序,说明当时《成实论》盛行的状况。《辩正论》卷三记载,梁元帝造天居寺、天宫寺,集高僧千人,讲《法华经》《成实论》。⑤ 可见,梁朝皇室十分热衷于弘扬《成实论》,这无疑大大地促进了《成实论》在梁朝的兴盛。

光宅寺法云(467—529),七岁出家,住在庄严寺,为僧成、玄趣、宝亮的弟子,十三岁更受业于僧宗及僧达。《高僧传·道慧传》提到“时庄严复有玄趣、僧达,并以学解见称。趣博通众经,并精内外,而尤善席上,风轨可欣。达少而头白,时人号曰白头达,亦博解众典尤精往复,而性刚忤物,被摈长沙”⑥。可见,法云的老师都是当时有名的义僧,而法云在少年时代便崭露头角。南齐永明年间(483—493),法云在道林寺听僧柔讲法,与僧柔不断进行思想的讨论,大众都赞叹不已。这时,僧旻亦在僧柔门下学习,法云与僧旻齐名。同时,法云随僧印(435—499)

---

① 道宣:《续高僧传》卷一,《大正藏》第50册,第431页上。

② 道宣:《续高僧传》卷八,《大正藏》第50册,第487页下。

③ 道宣《广弘明集》卷四:“老子周公孔子等,虽是如来弟子,而化迹既邪,止是世间之善。不能革凡成圣。其公卿百官侯王宗族,宜反伪就真,舍邪入正。故经教《成实论》云:若事外道心重,佛法心轻,即是邪见。若心一等,是无记性。”《大正藏》第52册,第112页上—中。同文见《集古今佛道论衡》卷甲《梁高祖先事黄老后归信佛下敕舍奉老子事》,《大正藏》第52册,第370页中。

④ 道宣:《广弘明集》卷二,《大正藏》第52册,第244页下。

⑤ 《辩正论》卷三,《大正藏》第52册,第503页中。《续高僧传》卷一:“中宗孝元,体悟幽键,更崇深信,《法华》《成实》,常自敷扬。”《大正藏》第50册,第548页下。

⑥ 慧皎:《高僧传》卷八,《大正藏》第50册,第375页下。

学习《法华经》,吉藏《法华玄论》说:

> 光宅《法华》当时独步,但光宅受经于中兴寺印法师。印本寿春人,俗姓朱氏,少游彭城,从昙度受论。次从匡山惠龙,受学《法华》。而印讲斯经,自少至老,凡得二百五十遍。春秋六十六,永明元年卒。光宅云法师息慈之岁,随印在钟山下定林寺,听《法华经》。①

吉藏的叙述补充僧传的不足,有关僧印的记载与《高僧传·僧印传》相合②。可见,法云对《法华经》的造诣,来自僧印的教授。法云游诸讲席,吸收各家思想的精华,而且不断地覆述经典的义理。

法云三十岁时,建武四年(497)夏,于妙音寺开讲《法华经》《净名经》,学徒云集,听法的四众弟子盈堂,讲经之妙,独步当时,时人称为"作幻法师"。周颙、王融、刘绘、徐孝嗣等王公大臣,都前来与法云结交。永元元年(499),因战乱而隐栖在毗陵郡(江苏省武进县)。梁武帝对他极其敬重,天监二年(503),招请入朝,令他出入诸殿。当时的名僧撰述《成实论义疏》,法云亦合撰经论,总共四十科、四十二卷。梁武帝命法云讲授自己所撰《成实论义疏》三遍,广请当时的义学名僧前来听讲。天监七年(508),讲述梁武帝的《注解大品经》。梁武帝下诏礼使法云为家僧,资给丰富的供养,并敕为光宅寺主。法云创立僧制,成为当时教团的典范。

依沈约《光宅寺刹下铭并序》的记载③,光宅寺是梁武帝即位前居住的"龙光故宅",于天监元年至六年(502—507)改造为寺院④。梁武帝于天监元年四月八日即位时,告于天下曰:"咸以君德驭四海,元功子万姓,故能大庇氓黎,光宅区宇。"⑤梁武帝为了使"创业故宅"永垂不朽,于是改建为"光宅寺",一方面彰显政治上"光宅区宇",另一方面则可以广泛汇聚四众弟子,"弘此广因,被之无外",发扬无尽的宗教作用。⑥

---

① 《法华玄论》卷一,《大正藏》第 34 册,第 363 页下。
② 慧皎:《高僧传》卷八《僧印传》,《大正藏》第 50 册,第 380 页中。
③ 道宣:《广弘明集》卷一六,《大正藏》第 52 册,第 212 页下。
④ 诹访义纯:《中国南朝佛教史之研究》,京都法藏馆,1997 年,第 28 页。
⑤ 《梁书》卷二《武帝纪》,中华书局,1973 年,第 33 页。
⑥ 颜尚文:《梁武帝》,台北东大图书股份有限公司,1999 年,第 104 页。

法云又成为昭明太子所选十僧的上首，并广交王侯子弟，因此有“游侠”之称。法云最大的贡献是代梁武帝邀集六十四位王侯、大臣、学者，著论围剿范缜的《神灭论》。[①] 天监十一年（512），法云协助僧伽婆罗译《阿育王经》十卷。天监末年，扶南国遣使朝贡，献佛经三部，梁武帝令法云翻译。同时，梁武帝为了亲率僧俗受菩萨戒，于是“抄诸方等经，撰受菩萨戒法”，从广博的佛教经藏里编出一部《在家出家受菩萨戒法》。草堂寺慧约法师被选为“智者国师”，在天监十八年（519）四月八日的授菩萨戒法会上为梁武帝授戒，成为帝王师，接受皇帝遵以师礼的礼遇。法云坚持不愿从慧约受菩萨戒[②]，最后在梁武帝累次“劝奖说喻”下，不得已有条件地答应重受菩萨戒。法云的条件是：先发愿得到佛菩萨的感应瑞相。换句话说，法云要直接从佛菩萨得戒，而慧约也仅是“证人”或“教师”而已。梁武帝不但答应这项条件，而且公开支持法云的“菩提愿”大会。终于，在华林园光华殿千僧大会中，在倾城围观以及各种祥瑞感应之下，法云重受菩萨戒。普通六年（525），法云继慧超之后为“大僧正”，正式主管全国佛教教团。大通三年（529）三月二十七日卒，世寿六十一。梁武帝隆重举行丧事，葬于定林寺侧。

法云对梁武帝的重大贡献，是帮助梁武帝举办“断酒肉”法会，从佛教与政治的角度共同严禁僧尼饮食一切酒肉。另外，法云精研《法华经》，尝讲此经感“天花飞降”以及灯明佛时已讲此经等神异事情，尤其《法华经义记》成为中国法华思想史上非常重要的注疏。[③] 吉藏对法云的《法华经》造诣极其赞赏，说：“由来释相即义者有三大法师，光宅无别释，此师《法华》盛行，《成论》永绝也。”[④]但是，法云对《成实论》的弘扬缺乏热情。法云的弟子有宝海、僧询、道邃、道标、智方等。僧询（483—517），为僧辩律师弟子，从法云咨禀经论。道邃、道标并从法云受业。智方，四川资中人，早年与宝海交游，后同往扬都法云座下听讲。宝海（492—571），四川阆中人，依法云听习《成实论》于金陵。[⑤] 法云的弟子辈大多弘扬《法华经》，虽然智方、宝海都学习《成实论》，但是从僧传来看，并没有继承法云的《成实

① 颜尚文：《梁武帝》，台北东大图书股份有限公司，1999年，第117页。

② 梁武帝选慧约为“智者国师”的原因，见颜尚文：《梁武帝》，台北东大图书股份有限公司，1999年，第191—199页。

③ 道宣：《续高僧传》卷五《法云传》，《大正藏》第50册，第463页下—465页上。

④ 《二谛章》卷下，《大正藏》第45册，第105页上。

⑤ 道宣：《续高僧传》卷九《宝海传》，《大正藏》第50册，第492页中—下。

论》思想。

三 僧旻与梁代成实学派

僧旻(467—527),吴郡富春(浙江富阳)人,俗姓孙。七岁出家,初住虎丘山西寺,从僧回受五经,后随僧回住建业白马寺。十六岁时,僧回圆寂,乃移居庄严寺,师事昙景。僧旻与法云同年,少年时代即为同学,后来成为同事,是关系密切的法侣。僧旻安贫好学,与法云、法开禀学于僧柔、慧次、僧达、宝亮座前,于是精通《毗昙》《成实论》以及各种大小乘经律,受到文宣王的敬重。尚书令王俭邀请僧宗讲《涅槃经》,僧旻问难,环环相扣,王俭比喻为“竺道生入长安”难道融,而且所用语言都能引经据典,可见僧旻对佛教典籍非常熟悉。文宣王请僧柔、慧次在普弘寺讲《成实论》,僧旻丁末席论议,词旨清新,听者倾属。慧次在彭城法迁门下学习《成实论》,精研论文,其中有十五番是难点,通过与僧旻的讨论,疑难冰消。所以,慧次赞叹僧旻是“后生可畏”。

僧旻二十六岁时,永明十年(492),开始在兴福寺讲《成实论》,当时法会盛况空前,《续高僧传·僧旻传》记载:“其会如市,山栖邑寺莫不掩扉毕。衣冠士子四衢辐凑,坐皆重膝,不谓为迮。言虽竟日,无起疲倦,皆仰之如日月矣。希风慕德者不远,万里相造。”[①]南朝的讲经由于受到玄学清谈的影响,大多是高谈阔论,缺乏佛教的弘法精神。僧旻强调必须依经文的原意推演,“文玄则玄,文儒则儒”,所以他认为自己与道生、僧柔不同,道生是“开顿悟以通经”,僧柔是“影《毗昙》以讲论”。僧旻虽然受到诸多王公大臣的敬礼,但是不事攀缘,能够清净独处。永元元年(499),被推荐为华林园夏讲的法主,坚辞不就,轰动京师。南齐末年,为了躲避战乱,于是隐居在徐部。

梁天监五年(506),僧旻回到京师,受到隆重的欢迎,梁武帝派僧正慧超亲自前往僧旻的住处,邀请他与法宠、法云、汝南周舍[②]等,一起至华林园,讲论道义。天监六年(507),梁武帝与名僧二十人注解《大品般若经》,梁武帝撰写《注解大品

---

① 道宣:《续高僧传》卷五《僧旻传》,《大正藏》第50册,第462页中。

② 周舍是三论学者周颙的儿子,见《梁书》卷二十五《周舍传》,中华书局,1973年,第375—377页。

经序》。[1] 梁武帝请京师五大法师于五寺讲解此注，僧旻为其中之一。于是，梁武帝请僧旻为“家僧”，供给日常生活的四事。又敕于慧轮殿讲《胜鬘经》，梁武帝亲自前往临听。天监七年（508），梁武帝敕命僧旻率领有才学的僧俗之士——僧智、僧晃、《文心雕龙》的作者刘勰等三十人，在宝唱的辅助下，从十一月开始至八年（509）四月为止，在上定林寺抄一切经论，以类相丛，编纂成《众经要抄》八十卷，目录八卷。[2]《众经要抄》是第一部就现行的一切经论加以分类、整理、编纂的类书。[3]

僧旻声名远播，吴郡太守张充、吴兴太守谢览等各地官臣都前来延请，“中途守宰，莫不郊迎”，被赞为“素王”。天监末年（519），受敕住于庄严寺，建八座法轮，讲经弘法，听众充盈，大堂未能容纳。后来，于简静寺讲《十地经》。普通初年，因身体欠佳，移住虎丘，不见来客。普通五年（524），奉敕移住开善寺，中途痼疾加剧，遂止住庄严寺。大通元年（527）二月一日示寂，世寿六十一。帝深哀惜，勅葬钟山开善寺之墓所。阮孝绪撰墓志，梁简文帝撰《庄严寺僧旻法师碑》[4]，何胤撰写另一碑文。

僧旻在梁武帝时代，与法云等同为“家僧”，对梁朝的佛教事业做出巨大贡献。僧旻重兴道安以后久废之“讲前诵经”制度，并修缮庄严寺及虎丘山西寺，且常行布施与放生。僧旻所著的论疏杂集，有《四声指归》《诗谱决疑》等百余卷。其中，《成实论义疏》十卷，由湘宫寺智蒨记录，简文帝作序[5]。另外，有《二谛义》《法身义》二篇，收于《广弘明集》卷二一。僧旻的弟子有智学、慧庆、慧澄、慧朗、慧略、法生、慧武、慧韶、明彻、道超、宝渊、僧乔、僧整、慧济、慧琰等。

慧澄（476—527），番禺高要人，十四岁出家，随师父道达住随喜寺。严持斋戒，勤学礼诵。天监年间，至庄严寺，在僧旻门下勤奋学习，对于《毗昙》《成实论》

---

① 对于注解《大品般若经》的时间，史书记载不一。内藤龙雄认为撰年是天监六年，见《梁の武帝と般若经》，《印度学佛教学研究》第22卷第1号，1973年，第314页；汤用彤认为作于天监十一年（512），见《汉魏两晋南北朝佛教史》，北京大学出版社，1997年，第530页；诹访义纯则分别注录于天监六年（507）、七年（508）、十一年（512），见诹访义纯：《中国南朝佛教史之研究》，第28—29页。

② 相关记载见费长房：《历代三宝纪》卷一一，《大正藏》第49册，第99页上；道宣：《续高僧传》卷一《宝唱传》，《大正藏》第50册，第426页下。

③ 圣凯：《敦煌文献中的西魏、北周佛教思想——一百二十法门与〈菩萨藏众经要〉》，《世界宗教研究》2009年第2期，第41页。

④ 见《释文纪》卷一四、《汉魏六朝百三家集》卷八。

⑤ 道宣：《广弘明集》卷二《庄严旻法师成实论义疏序》，《大正藏》第52册，第244页上—下。

以及各种经律，都深入探讨义理。受到桂阳王萧象的礼敬，邀请他一起到南岳，弘法于潇湘大地。普通四年(523)，回到家乡番禺，住随喜寺，学法者如林。大通元年(527)卒，世寿五十二岁。当时，慧朗、慧略、法生、慧武都随僧旻学习，通达大小乘经律，但尤其以擅长《成实论》闻名。慧朗的学问非常广博，善于传述；慧略为人聪明，讲经有条不紊；法生到处寻访奇闻怪事；慧武讲法时喜欢简约。可见，僧旻以下的成实师各有自己的特长。

慧韶(488—541[①])，十二岁出家，受具足戒后游学京师，在庄严寺僧旻门下听《成实论》，才听完两遍，便能记住注解。后又听智藏讲学，大为服膺。不久智藏迁化，龙光寺的僧绰继踵传业，慧韶又从他受教。慧韶对《成实论》有很深的理解，主张"灭谛为本有""粗细而折心"。大同三年(537)九月，武陵王萧纪出任益州刺史。萧纪受到梁武帝的影响，崇信佛教，归依神咒沙门尚圆[②]，同时重视佛教义理。萧纪欲振兴蜀地佛教，于是邀请慧韶一起奔赴蜀地。慧韶在各大寺院开讲，闻法者众多。后来，住在龙渊寺[③]大开法席，将建康佛教的风气传播于蜀地。龙渊寺的讲坛具有竞讲性质，当时成都常设三四个讲席，请有造诣者主讲，由听众评判，结果是慧韶的"听徒济济"，博得听众的好评。慧韶还培养出许多后进学者，使龙渊寺成为当时的佛教中心。蜀地佛教在慧韶的带动下，不但讲经、讲论，而且盛行读诵《涅槃经》《大品般若经》，这两部经正是当时梁武帝大力提倡的经典。在武陵王的支持下，由慧韶主持，宝彖、保该、智空等协助，在龙渊寺进行经典的撰集工作。大同七年(541)七月三日，卒于龙渊寺摩诃堂。[④]

宝彖(512—561)，安汉人，十六岁接触佛教，二十四岁出家，即受具足戒。先学习律典，精通戒律的持犯；然后，听讲《成实论》，"研心所指，科科别致"。可见，在慧韶讲《成实论》之前，已经有人在成都弘扬此论。后来，又在慧韶门下学习。武陵王的门师在摩诃堂讲《请观世音菩萨消伏毒害陀罗尼咒经》，宝彖记录讲经

---

① 慧韶的生卒时代，依《续高僧传·慧韶传》，天监七年(508)七月三日卒，世寿五十四，即455—508年。但是，整个传记的叙述与455—508年相矛盾：第一，慧韶曾在智藏门下学习，智藏迁化后，又随僧绰学习，而智藏于普通三年(522)迁化；第二，慧韶随武陵王萧纪入蜀弘法，萧纪入蜀的时间为大同三年(537)。所以，慧韶不可能在天监七年卒，最有可能是"大同七年"，即541年。见诹访义纯：《中国南朝佛教史之研究》，第226页。

② 道宣：《续高僧传》卷二五《尚圆传》，《大正藏》第50册，第658页上。

③ 龙渊寺是庐山慧远的弟弟慧持(337—412)所住寺院(慧皎：《高僧传》卷六《慧持传》，《大正藏》第50册，第362页上)，是当时成都名刹。《蜀中广记》卷一记载，后来改名为圣寿寺。

④ 道宣：《续高僧传》卷六《慧韶传》，《大正藏》第50册，第470页下—471页中。

的笔记成为疏本，流行于世。学有所成后，归回涪川（今贵州省德江县）弘扬佛法，“改邪归正，十室而九”。宝彖撰《大集经疏》《涅槃经疏》《法华经疏》等。北周保定元年(561)，卒于潼州龙兴寺，世寿五十。[①]

梁朝的成实学派不仅兴盛于建康，随着梁朝皇室一族任益州刺史[②]，建康佛教逐渐传播于蜀地，于是益州等蜀地亦盛行成实学派。法云的弟子都曾在蜀地弘法，智方住在龙渊寺，宝海住在谢镇寺。僧旻的弟子如慧韶、宝渊都是从建康到成都弘法。宝渊(466—526)，于成都出家，居罗天宫寺，欲学《成实论》而不得良师。南齐建武元年(494)住龙光寺，从僧旻听讲《成实论》数年，对“五聚”颇能体会。宝渊喜欢赌博、唱酒，僧旻经常劝导，不听反而生起怨恨之心。于是，到智藏的门下重新听讲《成实论》。后来，自建讲筵，广写义疏，回到成都罗天宫寺，屡开讲席。后因恃名傲慢而犯官，普通七年(526)以刀自杀，世寿六十一岁。[③]

僧乔(467—502)，出家住龙光寺，闻僧旻说“前修立义，有诸异同”，这可能是《成实论》改定本与原本的差别，为梁代有关《成实论》的重要问题。永明十年(492)，僧旻在兴福寺讲《成实论》。于是，僧乔随僧旻学习，受熏陶之后，深为赞叹。隆昌年间与同寺僧整、宝渊、慧济、慧韶等请僧旻移住龙光寺。此后一心咨求，三四年间，通达一切经论。学有所成，不攀缘世俗，闭门独处，深入体悟《成实论》。天监初年(502)卒，世寿三十六岁。

道超(467—502)，吴县人，是当时世家大族陆氏的后代，吴丞相陆凯六世孙，属于陆氏的显支。陆氏在刘宋时代成为奉佛家族，如陆澄于泰始年间奉宋明帝

① 道宣:《续高僧传》卷八《宝彖传》,《大正藏》第50册，第486页下—487页上。

② 梁代益州刺史任免表如下：

姓名	在任年代(公元)	在任时间(年)
元起	502—504	2
西昌侯萧渊藻	504—510	6
始兴王萧憺	510—514	4
鄱阳王萧恢	514—518	4
西昌侯萧渊藻	518—520	2
晋安王萧纲	520—521	1
(第二代简文帝)		
临汝侯萧渊猷	521—526?	5?
鄱阳王萧范	526—537	11
武陵王萧纪	537—553	16

③《续高僧传》卷六《宝渊传》,《大正藏》第50册，第474页下。

之命编撰《法论》;天监六年,梁武帝令臣下答范缜《神灭论》,参与其事者计六十四人,陆氏一门有太子中庶陆杲、太子中舍陆煦、散骑侍郎陆任、太子中舍陆倕、五经博士陆琏等五人在列,可见陆氏家族中佛学人才之盛。① 道超生活在这样的家族中,从小受到佛教的熏陶。道超与同县的慧安是莫逆之交,一起至建康游学。曾经听法珍讲《成实论》,至灭谛时,法珍主张“三心灭无先后”。道超不能认同法珍的观点,于是离开法珍,转向僧旻求学。当时僧旻住在灵基寺,道超在僧旻门下废寝忘食地努力学习,深入《成实论》的要义。于是,讲说剖析论义,表述清楚,破斥问难者。天监初年(502)卒,世寿三十六岁;慧安住在湘宫寺,三十二岁卒;两人都英年早逝。②

四 智藏与梁代成实学派

智藏(458—522),吴郡(江苏吴县)人,是世家大族顾氏的后代。吴郡顾氏作为江东儒学大族的杰出代表,同时受到玄学的强烈影响,一向以玄儒双修作为家风。十六岁时,代宋明帝出家。泰始六年(470),奉敕住兴皇寺,师事上定林寺僧远、僧祐,以及天安寺弘宗。又从僧柔、慧次二师受学,博涉经论,通晓理义,僧柔、慧次赞叹不已,认为智藏的成就在他二人之上。南齐竟陵王讲《维摩诘经》时,招集二十余位名僧,智藏为其中最小者。于是,前往会稽一带游学,前来学法者渐多。后来,智藏认为自己缺乏对戒律的研究,重新回到建康,学习《十诵律》以及其他诸部戒律。僧祐(445—518)是当时有名的《十诵律》大师,文宣王请僧祐讲律时,听众常七八百人。当时,还有智称(430—501)亦精通《十诵律》,曾撰《十诵义记》八卷。可见,《十诵律》在齐梁时代十分盛行。永元二年(500),其重游禹穴,居住在法华山,领众修行。

智藏二十九岁时,因受占相者的劝导,受持读诵《金刚经》,从而带动“江左道俗,竞诵此经,多有征应”。这是将《金刚经》视为解厄延寿、去凶化吉之法门。

---

① 吴正岚:《六朝江东士族的家学门风》,南京大学出版社,2003年,第154页。
② 《续高僧传》卷六《道超传》,《大正藏》第50册,第472页中—下。

天监十四年(515),梁武帝为纪念宝志,建造"开善寺"①。梁武帝礼请智藏为开善寺的寺主。同时,智藏是昭明太子的受戒师父,且在开善寺受太子邀请讲《大涅槃经》,使该寺成为朝贤的讲经处所。②《广弘明集》所收《梁昭明开善寺法会诗》记载法会的盛况,《晋安王与广信侯书述听讲事》记载当时王公大臣前往听讲《涅槃经》的感受,可见智藏的影响。天监十八年(519),举行"舍身大忏"的法会,招集僧俗大众,讲《金刚般若经》,布施所有财物。梁武帝敕于彭城寺讲《成实论》,听众有千余人,皆是当时佛教与社会的精英分子。又敕于慧轮殿讲《般若经》,三十位大德僧侣受梁武帝别敕前往听讲,这些大德还私下记录笔记,供往后讲授之用。

智藏虽然在佛学上素有造诣,但是生性耿直,对梁武帝的一些做法不断提出修正或否定。智藏出身吴郡顾氏,属于上层士族门第中人,其本身的社会地位并不逊于出身侨姓素族的萧姓帝室。所以,智藏秉持士族的地位与东晋以来"沙门不敬王者"的精神,故意坐上皇帝宝座,抗议"御座之法,唯天子所升"的规定。同时,梁朝有些规避税役或趋炎附势之徒遁入寺院为僧侣,引起僧团秽恶芜乱等问题。于是,普通元年(520)③,梁武帝想自兼"白衣僧正"来管理僧团,先征求高僧大德的意见,当时无人敢抗旨,都署名表示同意。但是,智藏不但拒绝签名,而且抗议道:"佛法大海,非俗人所知。"梁武帝不顾智藏的反对,颁布诏敕。④ 梁武帝又于华光殿举行一次辩论会议,众僧集会。梁武帝引经据典,以佛陀曾将"正法"付嘱给国王为依据,主张国王可以治理破戒、毁正法的僧人。智藏则以"佛理深远,教有出没,意谓亦治不治"回应。调达(即提婆达多)谋害佛陀,佛陀不治其罪,因为调达是"示迹""显教",所以有甚深的思想义理。同时,僧众五方混杂,未能轻易辩明,僧团的复杂性不是帝王身兼"僧正"可以依法领导、管理的,所以佛教的戒律、义理有其独立性,不容帝王的政治性干预。梁武帝为智藏所屈服,于是下诏停止实行帝王兼"僧王"的政策。

① 张敦颐编《六朝事迹编类》卷下《蒋山太平兴国禅寺》:"梁武帝天监十三年,以钱二十万易定林寺前冈独龙阜以葬志公。永定公主以汤沐之资,造浮图五级于其上。十四年,即塔前建开善寺。"(《四库全书》本。)

② 颜尚文:《梁武帝》,台北东大图书股份有限公司,1999年,第107页。

③ 道宣《续高僧传·智藏传》记载是"梁大同中"(535—546),但是此时智藏已殁,不可能参加"白衣僧正事件"的辩论。而且,智藏说:"此实可畏,但吾年老,纵复荷旨附会,终不长生,然死本所不惜。"可见,离普通三年(522)不远。《佛祖历代通载》卷九记载是普通元年(520),应该比较可信。(《佛祖历代通载》卷九,《大正藏》第49卷,第546页下。)

④ 颜尚文:《梁武帝》,台北东大图书股份有限公司,1999年,第127—128页。

正是因为智藏对梁武帝政教结合的做法不能认同，所以梁武帝受菩萨戒时，虽然僧正慧超推荐法深、慧约、智藏三人，但是梁武帝单以慧约为“智者国师”。在梁武帝敕命之下，智藏率领二十位大德编撰《义林》八十卷。《历代三宝纪》卷一一说：

《义林》八十卷。上一部八十卷，普通年，敕开善寺沙门释智藏等二十大德撰。但诸经论有义例处，悉录相从，以类聚之，譬同世林，无事不植。每大法会，帝必亲览，以观讲论。宾主往还，理致途趣，如指掌也。[①]

《续高僧传·智藏传》未记载此事，《续高僧传·宝唱传》则说：“又敕开善智藏，缵众经理义，号曰义林，八十卷。”[②]所以，《义林》撰于普通元年至三年（520—522）。《义林》已佚失，其主要内容可能是将佛教经论中各种主要的义理分门别类，再按照义理出现的时代先后，一条一条归纳编纂而成，类似于北朝的“义章”。梁武帝每次在大法会上，必定带在身旁随时查阅，便于佛法义理讲述、论辩之进行。[③]

智藏不但在义理上具有很高的造诣，而且在宗教实践上常行忏悔。普通三年（522）卒于开善寺，新安太守萧机制文，湘东王绎制铭，太子中庶子陈郡殷钧为立墓志。[④] 可见智藏在梁朝皇室的影响。智藏所曾开讲之经论为数甚多，如大小品《般若》《涅槃》《法华》《十地》《金光明》《成实》《百论》《阿毗昙心》等，并各著义疏行世。《大乘玄论》记载：

梁武帝敕开善寺藏法师令作义疏，法师讲务无闲，诸学士共议。出安城寺开公、安乐寺远子，令代法师作疏。此二人善能领语，精解外典，听二遍，成就十四卷，为一部。上简法师，法师自手执疏读一遍，印可言之。[⑤]

依吉藏的说法，智藏《成实论义疏》十四卷，是安城寺开公、安乐寺远子，听智

---

① 费长房：《历代三宝纪》卷一一，《大正藏》第49册，第100页上。

② 道宣：《续高僧传》卷一《宝唱传》，《大正藏》第50册，第426页下。

③ 颜尚文：《梁武帝》，台北东大图书股份有限公司，1999年，第139页。

④ 依《宝刻丛编》卷一五的记载：“《梁开善寺知藏法师碑》，世号《三萧碑》，在蒋山。按此碑，绍兴初为金人所焚，梁新安太守萧机撰序，湘东王绎撰铭，尚书殿中郎萧挹书法。”

⑤ 《大乘玄论》卷二，《大正藏》第45册，第26页上。

藏讲《成实论》的笔记整理而成，得到智藏的印可。日僧安澄《中论疏记》曾引用智藏《成实论大义记》，从引用情况来看，只有十三卷。或许，二者即为同一书。

综合《成实论大义记》的组织结构，列表如下[①]：

表 7.1 《成实论大义记》组织结构表

卷	各科名义	主题及内容梗概
初卷	序论缘起	总序
	三三藏义	大乘三藏及三种三藏
	四四谛义	苦、集、灭、道
第五卷	二圣行义	空行与无我行
	四果义	声闻乘四果——初果、二果、三果、阿罗汉果
第七卷	假名实法义	二种存在——三假与七种实法
		三假——因成假、相续假、相待假
		七法（真实存在）——五尘、心、无作
第八卷	二谛义	谛与俗谛 三假——因成假、相续假、相待假
第九卷	十八界义	六根
第十卷	五阴义	五蕴
第十一卷	三相义	刹那灭论 = 无常论——生、住、灭
	三世义	过去、现在、未来
	四缘义	因缘、次第缘、缘缘、增上缘
	十二因缘义	十二支缘起义
第十二卷	三业义	行为论——身体的行为、语言的行为、心理的行为
	十四种色义	物质论——四大、五根、五尘
	转业义	行为与时间的关系——行为及烦恼的持续生成
第十三卷	十烦恼义（或十使义）	烦恼的种类与断灭法
	见思义	声闻乘圣者的修行论——见道与修道

"安城寺开公"可能是彭城寺慧开，因为慧开曾经随智藏学习《成实论》，而且又是"寿春系"法宠的弟子[②]。另有余杭西寺法开，是僧柔、慧次的弟子，与智藏是

① 船山徹：《梁の开善寺智藏〈成实论大义记〉と南朝教理学》，载麦谷邦夫编：《江南道教の研究》研究成果报告书（Ⅰ），京都大学人文科学研究所，2007 年，第 131 页。

② 道宣：《续高僧传》卷六《慧开传》，《大正藏》第 50 册，第 473 页上。

同学关系，智藏在禹穴讲《成实论》，法开曾经问难于他。[1]安乐寺是“寿春系”的重要寺院，僧宗（438—496）受学于昙济、昙斌，同时安乐寺有慧令、法仙、法最等“并善数论”[2]；法申（430—503）精通《成实论》，刘宋泰始初年（465），渡江南下住安乐寺，讲学多年；慧命，扬州人，住在安乐寺，尤其精通《成实论》。[3] 所以，“安乐寺远法师”可能传自“寿春系”。

智藏的弟子有慧超、宝渊、僧绰等，而以龙光寺僧绰最负盛名。僧绰没有本传，《续高僧传·慧韶传》说“寻尔藏公迁化，有龙光寺绰公继踵传业”[4]，吉藏的著作中亦经常出现“龙光传开善”“龙光述开善”，说明僧绰继承并且传播智藏之说。

另外，梁天监年间，袁昙允撰《成实论类抄》二十卷，与齐文宣王《成实论抄》非常相似。[5]

成实学派的“寿春系”与“彭城系”，从南齐文宣王开始，一起在南方传播，因此二系的不同论义，逐渐被人们所认识。文宣王命僧柔、慧次将二十卷论文删略为九卷，成为《成实论》略本，在齐代非常兴盛。梁武帝时，由于三大法师的努力弘扬，成实学派盛极一时，出现所谓“新旧本”的差别，智藏《成实论大义记》提到有二十卷与十六卷的不同论本。在陈代，则出现“新成实”“旧成实”的争论。

五 陈代建康成实学派

陈代的成实学派是以梁代三大法师的弟子为中心，其中尤其以智藏的弟子僧绰与慧嚼影响最大。僧绰的弟子有慧韶、慧勇、洪偃、慧暅等。

慧韶（488—541），先后在僧旻、智藏、僧绰门下受学，后来前往蜀地弘扬《成实论》。

慧勇（515—583），又称法勇。谯国龙亢（安徽怀远龙亢集）人，俗姓桓。其兄

---

① 道宣：《续高僧传》卷六《法开传》，《大正藏》第50册，第474页上。
② 慧皎：《高僧传》卷八，《大正藏》第50册，第380页上。
③ 道宣：《续高僧传》卷五《法申传》，《大正藏》第50册，第460页上。
④ 道宣：《续高僧传》卷六，《大正藏》第50册，第470页下。
⑤ 费长房：《历代三宝纪》卷一一，《大正藏》第49册，第100页上。

亦出家，法号慧聪。师幼从扬都灵曜寺道则[1]出家，复从静众寺峰律师受具足戒，学习《十诵律》。后来，就龙光寺僧绰、建元寺法宠，研习《成实论》。法宠是道猛的弟子，是“寿春系”的嫡传。三十岁时，慧勇开始讲《成实论》，共十几遍。太平二年(557)梁朝灭后，慧勇前往摄山止观寺，从僧诠学习三论。陈代天嘉五年(564)，受文帝之请，于太极殿讲说，称誉一时，住大禅众寺达十八年，所造之讲堂称为“般若堂”。宣讲《华严经》《涅槃经》《方等经》《大集经》《大品般若经》各二十遍，讲《大智度论》《中论》《百论》《十二门论》等各三十五遍。于至德元年(583)示寂，世寿六十九。[2] 慧勇是从成实学派转向三论，这也是陈隋时代成实学派的重要特点。

警韶(508—583)，童年入道出家，奉事其叔僧广为师，僧广持戒精严，是当时的佛教领袖。受具足戒后，就学于庄严寺僧旻，继从龙光寺僧绰受业。二十三岁时，开讲《大品般若经》。还在建元、晋陵等寺，讲说经论，听法者无数。后往豫章，遇见外国三藏真谛法师，为真谛所赏识，帮助真谛翻译《新金光明经》《唯识论》《涅槃中百句长解脱十四音》等。入陈以后，他被请回建康。天嘉四年(563)，慧藻、道伦等二百余人，请警韶于白马寺长讲，于是在白马寺弘化十余年。六十以后便令慧藻代讲，自往瓦官寺坐禅静修。后又受请于王府略说《维摩诘经》，于龙光寺中广敷《成实论》。至德元年(583)，示寂于开善寺，世寿七十六岁。讲《成实论》五十余遍，《涅槃经》三十遍，《大品般若经》四十遍，《新金光明经》三十余遍，《维摩诘经》《仁王般若经》等数遍。[3]

洪偃(504—564)，会稽谢氏的后代。洪偃小时候受过良好的诗书教育。游学建康，学习《成实论》《毗昙》。后来，师事龙光寺僧绰，在二三年间学问精进深奥，并且开讲宣扬《成实论》。《续高僧传·洪偃传》提到：“宿望弘量，因循旧章，偃属思云霄，曾无接对。见忤前达，不能降情，自是来学有隔，听者疏焉。遂闭志闲房，高尚其道。”[4]这说明在僧绰时代，《成实论》存在“新成实”“旧成实”的区别，二者的差别可能较大，以至于洪偃无法再讲《成实论》。梁武帝在重云殿开讲时，洪偃因为年轻坐在下位，但其高论受到梁武帝的赞赏。为了躲避战乱，隐居在若

---

① 道宣《续高僧传·慧勇传》为“灵曜寺则法师”，《续高僧传》卷六《僧迁传》提到僧迁“师事钟山灵曜道则法师”(《大正藏》第50册，第475页下)，则法师即是道则。

② 道宣：《续高僧传》卷七《慧勇传》，《大正藏》第50册，第478页上一下。

③ 道宣：《续高僧传》卷七《警韶传》，《大正藏》第50册，第479页下—480页中。

④ 道宣：《续高僧传》卷七《洪偃传》，《大正藏》第50册，第476页中。

耶(今浙江山阴)云门精舍。陈天嘉元年(560),至建康,于宣武寺开讲。洪偃平时爱好诗文,曾经作《登吴昇平亭》《游钟山之开善定林息心宴坐引笔赋诗》《游故苑》等诗。天嘉三年(562)[1],北齐使者崔子武来朝,陈宣帝派洪偃应对。洪偃著《成实论疏》十卷,"剖发精理,构思深剧"。天嘉四年(564)九月圆寂,世寿六十一岁。后人搜集其诗文,有二十余卷,《隋书·经籍志》收录"陈沙门《释洪偃集》八卷"[2]。

慧晅[3](515—589)是汝南周氏的后代。受到家学门风的影响,学习儒家六经,然后又归心黄老之学。游学建康,依竹林寺诩法师出家。受具足戒后,从静众寺峰律师学习《十诵律》,又听龙光寺僧绰讲《成实论》,但是慧晅对毗昙学更感兴趣。后来,又回龙光寺,随慧舒[4]研习《成实论》。梁陈之际,避乱于徐州。永定三年(559),在建康白马寺讲《成实论》《涅槃经》,学徒不远千里前来听法。天嘉二年(561),应宝持等二百七十人的邀请,在湘宫寺开讲;太建四年(572),陈宣帝敕命于东安寺开讲;至德元年(583),被任命为京邑大僧都,四年后升为大僧正。开皇九年(589)七月十日,圆寂于中寺,世寿七十五岁。慧晅讲《成实论玄义》六十三遍,《成实论》十五遍,《涅槃经》《大品般若经》二十余遍。慧晅的弟子有慧隆、智琳,皆是有名的成实师。

慧隆(?—601),丹阳何氏人。十一岁出家,师从宣武寺僧都沙门慧舒。十三岁,至法云寺,听礭法师讲《成实论》。法云寺是天监末年(519)法云在秣陵县同下里所造的寺,法云为梁代三大法师之一,他的寺院势必以弘扬《成实论》与《法华经》为中心。慧隆听过一遍后,便能熟悉论义。梁末战乱时期,至彭城寺学习。陈代时期,慧隆在慧晅的门下学习,慧晅命他覆讲。仁寿元年(601)十一月迁化。慧隆讲《成实论》三十遍,《涅槃经》《大品般若经》各十余遍。[5]

智琳(544—613),高平防舆人,俗姓闾丘,居于南徐。幼年时,随名士卞诠学

---

① 《北齐书·武成帝纪》记载:太宁二年(562)六月,诏兼散骑常侍崔子武使于陈。见《北齐书》卷七《武成帝纪》,第92页。《佛祖统纪》则记载为太建四年(572),误也。(志磐:《佛祖统纪》卷三七,《大正藏》第39册,第353页上。)

② 《隋书》卷三十五《经籍志四》,中华书局,1973年,第1080页。

③ 道宣:《续高僧传》卷九《慧晅传》,《大正藏》第50册,第494页上—下。

④ 道宣《续高僧传·慧晅传》只提到"舒法师",但是汤用彤认为《续高僧传·慧隆传》所提及"慧舒"即是"舒法师"。见《汉魏两晋南北朝佛教史》,北京大学出版社,1997年,第521页。因为,慧晅曾随慧舒学习《成实论》,后来慧舒示寂后,慧隆即前来问好。

⑤ 道宣:《续高僧传》卷一二《慧隆传》,《大正藏》第50册,第515页中—下。

习《礼》《易》《老》《庄》。后随仁孝寺法敦出家,受持读诵《维摩诘经》《法华经》。法敦圆寂后,依止东安寺大僧正慧峘法师学《成实论》及律法。陈代太建十年(578),返旧里南徐,大转法轮。次年,敕任曲阿僧正。至德二年(584),敕任徐州僧都。师开坛传戒,度僧达千余人。大业九年(613),示寂于仁孝寺,世寿七十。①

陈代的成实学派,第二个系统是南涧仙师系。南涧仙师不知何许人,但宝琼(白琼)、法朗曾随他学习《成实论》。

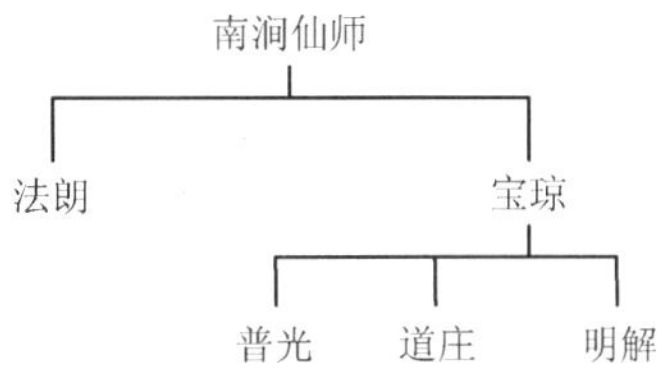

图 7.3 南涧仙师门下成实学派的传承

法朗(507—581)是南朝有名的三论学派僧,从南涧仙师学习《成实论》,又从僧诠学习三论,与慧勇、慧布、慧辩并称诠公四哲。

宝琼(504—584),东莞(今山东沂水)人,俗姓徐,后避难居于毗陵曲阿(江苏丹阳),其家族的门风崇尚儒学。少年出家,师事沙门法通,被视为道器。十五岁后,禀受光宅寺法云的成实宗义,其后转往南涧仙师处,精研《成实论》《毗昙》之学。仙师见其笔记,大为赞赏,嘱咐其他弟子传写。受具足戒后,便能覆述;五年后,便为法主,与仙师弘化于杭州、衡州等地,曾蒙梁武帝诏入寿光殿论谈。后来,请辞归乡,在建安寺讲说,白龙曾临其讲席,有识之士惊异于此,称他为"白琼"。宝琼与周弘正相投,周弘正邀请他再度至建康,讲说《成实论》《维摩经》《涅槃经》等。陈永定三年(559),于重云殿讲《大品般若经》;陈文帝时,被举为京邑大僧正,大力改革旧弊,令僧尼自行检肃;名声遂传于四方,海东诸国亦遣使求他的图像,以致遥敬。陈至德二年(584)入寂,世寿八十一。宝琼擅于讲说,讲《成实论》九十一遍、《涅槃经》三十遍、《大品般若经》五遍;撰《成实玄义》二十卷、《成实文疏》十六卷、《涅槃经疏》十七卷、《大品般若经疏》十三卷、《大乘义》十卷、《法华经》《维摩诘经》等文疏各若干卷。弟子有兄孙普光、道庄、明解等。②

道庄(525—605),建业(南京)人。少年时代学习经、史、玄学等。在彭城寺

① 道宣:《续高僧传》卷一《智琳传》,《大正藏》第 50 册,第 503 页下—504 页上。

② 道宣:《续高僧传》卷七《宝琼传》,《大正藏》第 50 册,第 478 页下—479 页下。

宝琼座下，禀受《成实论》。但是，陈代佛教界对《成实论》是小乘已经形成共识，不少人学习《成实论》后，都归入三论宗。后来，道庄从兴皇寺法朗研习《中论》《百论》《十二门论》《大智度论》等四论。入住东都慧日道场，后入长安日严寺，讲说《法华经》，著《法华经疏》三卷，“直叙纲致，不存文句”。隋炀帝亲临其讲座，并赐以施物。著有《集数》十卷，示寂于大业元年(605)，世寿八十一岁。①

同时，陈朝另外一位僧正建初寺宝琼，亦是有名的《成实论》学者，号为“乌琼”，受陈朝皇室的尊崇，祯明元年(587)入寂。②

陈代成实学派的第三个系统是智嚼，《续高僧传・智脱传》说“时丹阳庄严寺嚼法师，《成论》之美，名实腾涌，远近朝宗，独步江表”③，可见他住丹阳阳庄严寺，“新实一家，鹰扬万代”④，为“新成实”的创始者，在江南造成很大的影响。智嚼的弟子有智脱、智琰、慧乘、智聚、法琰、智周等。

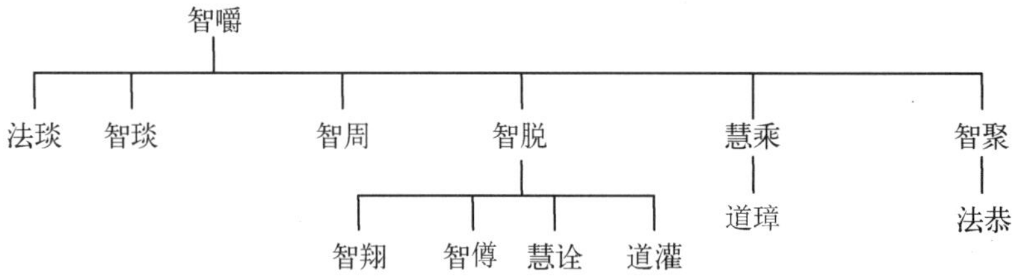

图 7.4 智嚼门下成实学派的传承

智脱(541—607)，江都(江苏扬州)人，俗姓蔡，祖籍济阳(河南)考城。七岁出家，为邺下颖法师的弟子，专研《华严经》《十地经论》。从江都“强师”学习《成实论》《毗昙》。“强师”即是智强，《续高僧传・慧乘传》记载，慧乘的叔祖智强，少年出家，陈朝时任广陵大僧正，善《成实论》及《大涅槃经》⑤。智脱获得智强的赞赏，登座覆讲。然后，智脱又从庄严寺智嚼研习《成实论》，智嚼将门徒弟子托付给智脱，于是智脱在庄严寺弘扬“新成实”。智脱在庄严寺教育弟子，有弟子一百多人，成器者有九十多人。陈至德年间(583—586)，陈后主迎请入宫内讲经。鄱阳王伯山、仆射王克、中书王固等礼敬智脱，《陈书・王固传》记载“固清虚寡欲，

① 道宣:《续高僧传》卷九《道庄传》,《大正藏》第 50 册,第 500 页上。
② 道宣:《续高僧传》卷九,《大正藏》第 50 册,第 493 页下。
③ 道宣:《续高僧传》卷九,《大正藏》第 50 册,第 498 页下。
④ 道宣:《续高僧传》卷一,《大正藏》第 50 册,第 502 页下。
⑤ 道宣:《续高僧传》卷二四,《大正藏》第 50 册,第 633 页中。

居丧以孝闻。又崇信佛法,及丁所生母忧,遂终身蔬食,夜则坐禅,昼诵佛经,兼习《成实论》义,而于玄言非所长"[①],可见王固是从智脱学习《成实论》。隋文帝在岐阳宫建斋讲法,延请智脱登座说法。隋炀帝建慧日道场时,智脱入慧日道场,"标勇无前,出言《成论》",为当时论士所推崇。后来,随隋炀帝入长安,住日严寺。智脱感慨江南有关《成实论》的注解都是"义章"类,缺乏对论文的详细注释,于是在日严寺内,著《成实论疏》四十卷。隋炀帝下诏,令智脱讲《维摩诘经》,与吉藏往复辩论,举座钦然。后又撰《二乘名教》四卷、《净名疏》十卷。大业元年(605),随隋炀帝移驾洛阳。大业三年(607)卒,世寿六十七。智脱讲《大品般若经》《涅槃经》《净名经》《思益经》各三十多遍,《成实论》《成实论玄义》各五十遍。弟子有智翔、智儁、慧诠、道灌等。[②]

智脱不仅自己撰注《成实论》,而且删正梁代招提寺慧琰《成实论玄义》十七卷,盛行于世。依灌顶《大般涅槃经疏》卷三二记载:"如庄严云:佛果无有续,待因成三假。后招提琰是彼学士,即改云:佛果无因成,不妨有续待。"[③]安澄《中论疏记》卷二末说:

言招提琰公等者。述义云:招提寺琰法师,双用二义,善于《成实论》义也。有人解云:即是招提寺慧琰法师也。琰呼余冉反。别记云:此师本是优婆塞,为学问僧等干食。又来至汉地,书二边见,度人在也。[④]

可见,"招提琰"即是招提寺慧琰,是庄严寺僧旻的弟子。《陈书·周弘正传》记载,梁元帝著《金楼子》中说:"余于僧中重招提琰法师,隐士重华阳陶贞白,士大夫重汝南周弘正,其于义理,清转无穷,亦一时之名士也。"[⑤]《佛祖统纪》记载,招提慧琰因诵《般若经》而得长寿。[⑥] 通过智脱等人的弘扬,江南成实学派的思想在隋唐时代得到传播。

---

① 《陈书》卷二一《王固传》,中华书局,1972年,第282页。
② 道宣:《续高僧传》卷九《智脱传》,《大正藏》第50册,第498页下—499页下。
③ 《大般涅槃经疏》卷三二,《大正藏》第38册,第220页中。
④ 《中论疏记》卷二末,《大正藏》第65册,第49页中。
⑤ 《陈书》卷二四《周弘正传》,中华书局,1972年,第308页。但是,查《四库全书》本《金楼子》的原著,并无此文。《金楼子》卷二《聚书篇六》说:"又得招提琰法师众义疏及众经序。"
⑥ 志磐:《佛祖统纪》卷三七,《大正藏》第49册,第352页上。

智琰(564—734),吴郡朱氏的后代,字明璨。八岁出家,师事玄璩法师。十二岁时,通诵《法华经》,被誉为"神童"。十六岁,听报恩寺持法师讲《成实论》。二十岁时,在建业泰皇寺延法师座下受具足戒,又随大庄严寺智嚼"重研新实"。陈至德三年(585),陈后主建仁王法会,高僧云集,智琰请教耆宿大德,深得陈后主赞赏。陈灭后,隐居于武丘,受到隋代尚书令楚国公杨素、左仆射邳国公苏威的崇敬。后受隋文帝邀请,在长安行化十载。武德七年(624),受苏州总管武阳公李世嘉迎请,回到苏州。智琰在讲经之余,常行法华、金光明、普贤等忏法,又诵《法华经三千余遍》。智琰信仰西方净土,造阿弥陀佛像,行三种净业,修习十六观,在般若台内与僧俗弟子共同发愿求生净土。贞观八年(634),卒于虎丘山的东寺,世寿七十一。①

智聚(538—609),姓朱,住在苏州虎丘东山寺,投虎丘胤法师出家。同时,随吴郡顾希凭、会稽谢峻岳学习儒家、墨家等思想,于是通达世间出世间法。弱冠之年,便能讲法。后来,至庄严寺智嚼处,学习"新实",受到汝南周弘正的赞赏。至德二年(584),奉敕于太极殿讲《金光明经》,陈后主与众大臣亲临法席。至德三年(585),回到苏州东山精舍。开皇十一年(591),隋文帝下《劳问智聚法师敕》②,表达钦嘉之情。从此,智聚深受隋代皇室朝臣的尊崇。大业五年(609)示寂于东山寺,世寿七十二。讲说《大品般若经》《涅槃经》《法华经》等各二十遍。③智聚有弟子法恭(即道恭),亦是有名的《成实》学者。

法琰(?—636),俗姓严,江表金陵人。住在愿力寺,听庄严寺智嚼讲《成实论》,深得论义要旨,众人赞赏。隋代时,被召入日严寺;武德年间,住在玄法寺。贞观十年(636)卒,世寿九十多。④

智周(556—622),姓赵,祖籍徐州下邳,移居娄县曲阜。少年时,师事法流水寺僧滔法师。僧滔是"吴国冠冕,释门梁栋",陆瑜亦曾向他学习《成实论》⑤。受具足戒后,在大庄严寺智嚼门下,学习"新实"。梁朝灭亡时,回到法流水寺弘扬"新实"。武德五年(622)示寂,世寿六十七。智周讲《成论小招提玄章》《涅槃经》

① 道宣:《续高僧传》卷一四《智琰传》,《大正藏》第50册,第531页下—532页中。
② 《续高僧传·智聚传》收录了敕文,《释文纪》卷三八亦收录。
③ 道宣:《续高僧传》卷一〇《智聚传》,《大正藏》第50册,第502页下—503页上。
④ 道宣:《续高僧传》卷三〇《法琰传》,《大正藏》第50册,第704页下。
⑤ 《陈书》卷三四《陆瑜传》,中华书局,1972年,第463页。

《大品般若经》等，弟子有法度、慧满等。[1]

慧乘[2](555—630)，徐州彭城人，俗姓刘。十二岁，从叔祖智强出家，智强曾任广陵大僧正，智脱亦在智强门下学习。十六岁，于扬都庄严寺听智嚼讲《成实论》。受具足戒后，出席陈武帝举办的仁王斋，慧乘竖"佛果出二谛外"义，辩才无碍，陈武帝赐予天柱纳袈裟。后受隋晋王杨广的邀请，入住江都慧日道场，弘扬《成实论》。大业六年(610)，入东都四方馆，任大讲主，于东都盛弘讲学。唐代武德初年，住胜光寺。武德八年(625)，高祖行释奠之礼，规定道、儒、佛之顺位，遂与道士李仲卿、潘诞奏等展开佛、道论战。于贞观四年(630)示寂，世寿七十六。慧乘讲《涅槃经》《般若经》《金光明经》《地持论》《成实论》等各数十遍。

慧弼[3](537—599)，俗姓蒋，常州义兴人。永定二年(558)出家，师事惠殿寺领法师，学习《成实论》。当时，"宝梁明上盛弘新实，天宫晃公又敷《心论》"，可知他也是"新成实"的学者。天嘉元年(560)，游学于诸讲席，听慧哲讲《中论》《百论》《十二门论》《大智度论》，于是舍《成实》《毗昙》，专弘大乘中观思想。太建十年(578)，敕住于长城报德寺，讲《涅槃经》《法华经》，听众如云，皈依者众多。慧哲去世前，将经书、义疏等付嘱于慧弼，于是慧弼讲说经论各满十遍。后来，归还常州故里，住安国寺。开皇十九年(599)卒，世寿六十三。

梁陈时代的成实学派，在建业以龙光寺、庄严寺、建初寺、彭城寺为中心弘法，如《续高僧传·慧荣传》说："梁高祖大通年，辞亲出听。时建初、彭城，盛弘《成实》。"[4]另外，在梁末陈初时代的会稽、吴郡，一些学者由于躲避战乱，在此弘扬《成实论》。

六 | 成实学派与三论学派的论争

隋朝建立后，晋王杨广设立慧日道场，招集天下名僧，"时慧日创立，搜杨一化，并号龙象，咸问义门"，于是慧日道场成为当时南方的佛教中心。在慧日道场

① 道宣:《续高僧传》卷一九《智周传》,《大正藏》第50册,第580页上—下。
② 道宣:《续高僧传》卷二四《慧乘传》,《大正藏》第50册,第633页中—634页下。
③ 道宣:《续高僧传》卷九《慧弼传》,《大正藏》第50册,第494页下—495页中。
④ 道宣:《续高僧传》卷八《慧荣传》,《大正藏》第50册,第487页下。

中，智脱、慧乘、道庄、敬脱、法论等都是有名的成实学者。开皇九年(589)，晋王杨广攻灭南陈后，在长安建造日严寺，大量遴选召请江南高僧北上，从而对隋代佛教“融会南北”起了重要的作用。而且，日严寺绝大部分是江南的高僧，少量来自北方，所以以保持江南佛教义学传统为特色。在日严寺的成实师有智脱、法论、慧颀、昙瑎、善权等。

敬脱(555—617)，少年出家，以孝行清直著名，曾经肩挑扁担，一头担母，一头担经书与笔。遍研大小乘教义，而独明《成实》，他所制的章疏为后学所宗仰。擅长音韵，兼通字体，被誉为“僧杰”。入住慧日道场，受到隋炀帝杨广的赞赏。后来，“常弘《成实》，无替时序”。大业十三年(617)卒于东都洛阳鸿胪寺，世寿六十三。[①]

法论(528—605)，南郡孟氏，最初住荆州天皇寺，博通内外诸学，外涉玄儒，而内弘佛教。法论深研《成实论》，其师承不明。杨广邀请住慧日道场，后又住日严寺。著有《别集》八卷。大业元年(605)示寂，世寿七十八。[②]

慧颀(564—637)，清河张氏，其先祖晋永嘉时南渡至建业。幼习儒道，后归释氏，善诵《法华经》。陈太建中(569—582)，敕度入同泰寺。后住在江都华林寺，在明解法师座下听讲《成实论》。开皇末年，晋王召入长安，住日严寺，归宗龙树，弘扬大乘，研习《中论》《百论》《般若》《唯识》等，与智首、道岳等名德相友善。唐武德年间，日严寺被废后，率门人道宣等移住崇义寺。贞观十一年(637)，卒于崇义寺，世寿七十四。[③]

保恭(542—621)，青州崔氏的后代。十一岁时，投炅法师出家。后来，往开善寺彻法师(或许是僧旻的弟子明彻)听讲《成实论》。受具足戒后，在慧晓禅师门下学习禅定，禅观有成。但是，在学习修禅过程中，对于《成实论》与禅观逐渐产生疑惑。当时，高昌慧嵩在弘扬《十地经论》《地持论》，前往受学，疑团顿消，于是依《地持论》而修行，而偏讲《法华》。陈至德初年(583)，慧布从北方邺城回到建业的摄山，邀请保恭前往弘扬禅法。同时，保恭又在慧布门下学习《三论》，大振栖霞寺的道风僧纪。开皇十五年(595)，写信给天台智顗，延请前往栖霞寺讲

① 道宣:《续高僧传》卷一二《敬脱传》,《大正藏》第 50 册,第 518 页下—519 页上。
② 道宣:《续高僧传》卷九《法论传》,《大正藏》第 50 册,第 500 页上。
③ 道宣:《续高僧传》卷一四《慧颀传》,《大正藏》第 50 册,第 533 页下—534 页中。

《法华经》。[1] 隋仁寿末年(604),被敕为禅定寺道场主。隋齐王杨暕奉礼为师。唐朝初年,与慧因、慧超等隐居于蓝田悟真寺[2]。武德二年(619),唐王改称大禅定寺为大庄严寺,选保恭为十大德,检校僧尼。武德四年(621),卒于大庄严寺,世寿八十。[3]

慧因(539—627),吴郡海盐于氏人,十二岁出家,事开善寺慧熙为师。后来,随建初寺宝琼(即"乌琼")学习《成实论》,登堂入室。至钟山慧晓、智璀二位禅师处,学习禅定调心法门。又随长干寺智辩学习《三论》,后来智辩归隐山林,便令慧因带领徒众,受业弟子有五百余人。陈仆射徐陵、尚书毛喜等人都皈依敬礼。隋仁寿三年(603),任禅定寺的知事上座,教授禅学,维护僧纲,而且常常弘讲《三论》,撰述注疏。唐代初年,被举为十大德之一,成为菩萨戒师。贞观元年(627),于京师大庄严寺示寂,世寿八十九。著有《性有名门学》。有弟子法仁。[4]

道庆(566—626),十一岁出家,事吴郡建善寺藏阇梨为师。十七岁时出都,在彭城寺听讲《成实论》,辩才无碍。此时,在彭城寺弘扬《成实论》的,有慧晅、慧隆等,道庆或许依他们而学。陈末隋初,住无锡凤光寺,后来住弘业寺讲《毗昙》。武德九年(626),卒于弘业寺,世寿六十一。[5]

圆光(532—630),俗姓朴,二十五岁乘船至金陵,初闻庄严寺僧旻之弟子讲经,大有感悟,因得陈主之敕许,剃发受具足戒。游历讲肆,通晓《涅槃》《成实》之理,遍览经律论等三藏诸典。后投江苏虎丘山,专修禅观,深副夙心。未久,从信士之请,出山讲《般若经》及《成实论》。开皇九年(589)游长安,穷究《摄大乘论》,声誉甚高。后来,回到新罗。[6]

《成实论》的学说看似与大乘教义相近,实不相同。成实师的二谛说与三论学派的二谛说,看似有某些近似之处,实是相互抵触,由此引发了三论学者对成实师学说的批判。宋、齐时长于佛理的周颙《三论宗》(已佚),批判成实师之说。约在梁、陈时代,三论学派与成论学派又大起争执,彼此论辩,互相攻击。[7] 在慧

---

① 《国清百录》卷四《蒋山栖霞寺保恭请疏》,《大正藏》第 46 册,第 821 页中—下。

② 道宣:《续高僧传》卷二八,《大正藏》第 50 册,第 687 页中。

③ 道宣:《续高僧传》卷十一《保恭传》,《大正藏》第 50 册,第 512 页下—513 页上。

④ 道宣:《续高僧传》卷十三《慧因传》,《大正藏》第 50 册,第 522 页上—中。

⑤ 道宣:《续高僧传》卷十二《道庆传》,《大正藏》第 50 册,第 521 页中。有一种说法,道庆随彭城寺宝琼,讲《成实论》大义。但是,宝琼此时已经去世,所以这种推测无法成立。

⑥ 道宣:《续高僧传》卷十三《圆光传》,《大正藏》第 50 册,第 523 页下—524 页上。

⑦ 方立天:《中国佛教哲学要义》,中国人民大学出版社,2002 年,第 1158—1159 页。

日道场和日严寺，三论师与成实师直接相遇，加大了论争的激烈程度，如吉藏《三论玄义》便有直接驳斥成实学派的观点。同时，一些成实师转学三论，如道庄虽然亦在日严寺，但已经归入三论学派。

吉藏对成实学派进行严厉的批判，建立起三论宗的宗派意识。同时，对《成实论》大小乘的争议，亦为中国佛教树立大乘佛教意识提供了思想的资源。吉藏在《三论玄义》中，破斥外道、毗昙、成实、大执等四宗。对于《成实论》，吉藏说：

> 《毗昙》明有，成实辨空，空有俱摄，斯二为小……毗昙已得无我，而执法有性；跋摩具辨二空，而照犹未尽。[①]

《成实论》阐明人空、法空等二空，但是观照仍然未能究竟，所以仍是小乘。

《三论玄义》以十项目论证《成实论》是小乘：

> 今以十义证，则明是小乘，非大乘矣。一、旧序证，二、依论征，三、无大文，四、有条例，五、迷本宗，六、分大小，七、格优降，八、无相即，九、伤解行，十、检世人。[②]

一、旧序证，这是依据僧睿《成实论序》的记载而证明，即序中提及"小乘学者"等。二、依论征，论中说"欲正论三藏内实义"，即是小乘的意思。三、无大文，《成实论》中未引用大乘的经论；但是，"无大文"的批判则明显有误，如《成实论》说"又《四百观》中说，小人身苦，君子心忧"[③]，这就是引用了提婆（170—270）《四百论》[④]。四、有条例，大乘经论言及小乘，而小乘的经论则未言及大乘。五、迷本宗，《成实论》说人法二空，将此理解为《大品般若经》所说的空义，而未说明《阿含经》中所说二空。六、分大小，大小乘的空义差别，有析空与体空、界内与界内外、但空与不但空、住空与不可得空等四方面。七、格优降，由空义的不同可知优劣的差别。八、无相即，《成实论》未说空有相即，从而与大乘的空思想有异。九、伤

---

① 《三论玄义》，《大正藏》第45册，第1页上。
② 《三论玄义》，《大正藏》第45册，第3页下。
③ 《成实论》卷八，《大正藏》第32册，第298页中。
④ 荒井裕明：《三论宗と〈成实论〉に关する一考察》，平井俊荣博士古稀纪念论集《三论教学と佛教诸思想》，东京春秋社，2000年，第70页。

解行,《成实论》执着但空观,而缺乏布施行,有伤大乘的理论与实践。十、检世人,检证世间人的意见。

吉藏对《成实论》的批判,涉及南北朝成实师的思想。如三论宗与成实学派对二谛思想的不同阐明,吉藏说成实师的二谛是"鼠娄栗二谛",谓犹如老鼠食栗,食尽栗肉而残余空壳,以喻空为真谛,假有为俗谛。吉藏对此进行批判,成实师所讲的真谛实际上是俗谛:"诸法有拆法空,并是世谛。何者?今就性空非性空以判二谛。性空为第一义谛,非性空为世谛,汝拆法空,非性空故,是世谛。汝谓是第一义故,堕在失处。"①在吉藏看来,成实师的二谛说内容只有世谛,并无真谛。其次,三论宗与成实学派二谛思想的重点差别在于,前者为约教二谛,后者为约理二谛。而吉藏对约理二谛的批判,主要原因在于空有不相即。如《大乘玄论》的"四重二谛"中,吉藏说:"对成论师空有二谛,汝空有二谛是我俗谛,非空非有方是真谛,故有第二重二谛也。"②这是将成实师的二谛思想纳入四重二谛,加以继承与批判。三论学者对成实师的二谛相即说持否定的立场,他们抓住成实师学说的义理架构,尤其是以理境的实然层面确立二谛的基础理论,从存有论、生成论、真理论的角度,批判了成实师的主张,并提出了三论系的二谛相即观。③

而且,成实师对二谛思想的讨论,尤其是二谛摄法尽不尽问题,引出"三谛"的思想,为后来天台宗智𫖮提出三谛圆融奠定了很好的基础。智藏主张二谛摄法尽,《大乘玄论》说"开善解二谛摄尽,故云法无不总,义无不该者;真俗之理,舒之即无法不是,卷之即二谛尔已"④,智𫖮《摩诃止观》说"开善所执佛果不出二谛外,即此义也"⑤,所以佛果亦在二谛的范围之内。而僧旻认为,二谛摄法不尽,《大乘玄论》说:

> 庄严云:二谛摄法不尽。所以然者?若是惑因感虚果,此即是世谛;虚果故可空,即是真谛。而常住佛果,体非虚假,故非世谛;不复可空,故非真谛。引《仁王般若》云:超出二谛外。⑥

---

① 《二谛义》卷上,《大正藏》第45册,第85页上。
② 《大乘玄论》卷一,《大正藏》第45册,第15页下。
③ 方立天:《中国佛教哲学要义》,中国人民大学出版社,2002年,第1165—1166页。
④ 《大乘玄论》卷一,《大正藏》第45册,第22页上。
⑤ 《摩诃止观》卷六下,《大正藏》第46册,第80页下。
⑥ 《大乘玄论》卷一,《大正藏》第45册,第22页上。

因为佛果非真非俗，所以超出二谛之外，应该设立“第三谛”。根据现有的文献，僧旻是最早提出“三谛”的中国僧人。

虽然智颢、吉藏对僧旻的第三谛提出批评，但是经过南北朝长期的讨论，三谛学说的提出，呼之即出。《法华玄义》说：

> 庄严旻据佛果出二谛外，为中论师所覆。如此佛智照何理，破何惑？若无别理可照，不应出外；若出外而无别照者，借何得出？进不成三，退不成二。[①]

僧旻依能照的观智而提出“第三谛”，如果佛果不在二谛范围内，那么依二谛说法的佛以其智慧还能说明什么道理，破除什么烦恼？如果没有其他的道理可以作为“所照之境”，那么不应该在二谛之外还有别的东西；如果在二谛之外还有“所照之境”，而无相应的“能照之智”，则不存在这些“所照之境”。所以，智颢批判僧旻的第三谛，既不能归在“二谛”，也不能归在“三谛”。

三论师与成实师对二谛、佛性等思想的论争，无疑刺激了南北朝佛教界对这些问题的探讨，而智颢、吉藏等隋唐佛教大师们则在吸收与批判成实学派思想的基础上进行理论的创新，从而创建了佛教宗派。

玄奘在去印度之前曾随道深学习《成实论》，“体悟《成实》，学称包富”[②]。玄奘在留学印度期间，又于钵伐多国从正量部学此论。但是，从此以后，僧传中就很少提及成实师，可见此学派已经逐渐衰亡了！

从晋末、刘宋时代开始，直至隋末唐初，成实学派一直盛行于汉地。而且，成实师不仅精通《成实论》，还兼习《涅槃经》、三论等其他经论，或者修习禅定。汤用彤曾将刘宋至唐初的《成实论》注疏汇集[③]如下：

（1）宋・僧导《成实论义疏》

（2）宋・道亮《成实论义疏》八卷

（3）北魏・昙度《成实论大义疏》八卷

（4）梁・智藏《成实论大义记》

---

① 《妙法莲华经玄义》卷二下，《大正藏》第33册，第702页中。

② 道宣：《续高僧传》卷四，《大正藏》第50册，第447页上。

③ 汤用彤：《汉魏两晋南北朝佛教史》下册，中华书局，1982年，第522—523页。

(5) 梁·智藏《成实论义疏》十四卷

(6) 梁·法云《成实论义疏》四十二卷

(7) 梁·慧琰《成实论玄义》十七卷

(8) 梁·僧旻《成实论义疏》十卷

(9) 梁·袁昙允《成实论类抄》二十卷

(10) 陈·宝琼《成实论玄义》二十卷

(11) 陈·宝琼《成实论疏》十六卷

(12) 陈·洪偃《成实论疏》数十卷

(13) 北齐·灵询《成实纲要》二卷

(14) 隋·灵裕《成实论抄》五卷

(15) 隋·智脱《成实论疏》四十卷

(16) 隋·慧影《成实义章》二十卷

(17) 隋·明彦《成实论疏》十卷

(18) 作者不详《成实论义林》

(19) 宗法师《成实论玄记》

(20) 元晓《成实论疏》十六卷

(21) 聪法师《成实论章》

(22) 宗法师《成实论义章》

(23) 宗法师《成实论疏》

(24) 嵩法师《成实论疏》

以上注疏皆散佚不存,于是诸多成实师的思想难窥一斑。但是,从僧传的记载可以看出,成实学派由于僧导、僧嵩秉承不同的《成实论》译本,出现“寿春系”与“彭城系”的南北不同传承。在南齐文宣王、梁武帝的推动下,成实学派在齐梁时代达到鼎盛时期,于是出现《成实论抄》略本的流传。随着智嚼“新成实”的流行,与三论的对抗日益激烈;至吉藏著《三论玄义》,对成实学派进行批判。唐初唯识学兴起,于是成实学派逐渐消亡,将近二百四十年的传承就此中断。

第三节
建康成实学派的思想

成实学派在南朝齐、梁时代的建康盛极一时，成实师对当时的佛教思潮如判教、佛性、二谛等，各有见解。

一 成实学派的判教思想

南朝的判教思想是以“五时教”为中心而不断繁衍，成实学派兼依《涅槃经》与《成实论》，所以成实师的判教亦是依“顿渐五时教”来判释诸大小乘经典。成实师的著作经隋唐之际的战乱而散佚，依吉藏或智顗的引述可知梗概。

成实师依《涅槃经》的五味喻来判释，或分四时，或分五时，但是体系架构差别不大。吉藏《大乘玄论》卷五说：

> 成论师或言四时，或言五时。引《涅槃经》云：从牛出乳，从乳出酪，从酪出生酥，从生酥出熟酥，从熟酥出醍醐；又从佛出十二部经，从十二部经出修多罗，从修多罗出方等经，从方等经出波若波罗蜜，从般若波罗蜜出大涅槃。成论师五味相生，配五时教。四谛教有相差别故出十二部经，修多罗名法本，波若是诸法根本故，《波若》名修多罗；《维摩经》广明菩萨不思议法门故，《维摩经》名方等经；一乘之中，般若最胜，故《法华经》名般若波罗蜜；《涅槃经》时明常住佛果。故言出大涅槃。[①]

《涅槃经》的原意并不清楚[②]，但是成实师进行创造性的诠释：从苦、集、灭、道等四谛教义中演出十二部经的法教；修多罗是诸法根本的意思，而《般若经》正是诸法最根本的教法，故以《般若经》配修多罗，为第二时教；《维摩诘经》阐明菩萨的不

---

① 《大乘玄论》卷五，《大正藏》第45册，第63页中。
② 《大般涅槃经》卷一四，《大正藏》第12册，第449页上。

可思议的法门，故以方等教相配；《法华经》明一佛乘之理，为诸般若教义中最殊胜的，故以《法华经》配般若波罗蜜；最后，《涅槃经》阐述佛性常住之理，所以说出大涅槃。这种判教方法未知是哪位论师所言，大概为成实师的共同看法。

另外，吉藏《大品经游意》明确提出：

> 成论师云：佛教不出三，一者顿教，如《华严》大乘等也；二者偏方不定教，如《胜鬘》《金光明》《遗教》《佛藏经》等也；三者渐教，如《四阿含》及《涅槃》是也。就渐教中，有二教：一者诸法师作四教，《阿含》为初，《波若》《维摩》《思益》《法鼓》《楞伽》等为第二，《法华》为第三，《涅槃》为第四也。所以《波若》《思益》合为第二者。《大品经》诸天子云：见第二法轮。《思益》云：见第二法轮也。作五教师不同，两义本是慧观师所说也。一家云：《阿含》为初，《禅经》为第二，《波若》《维摩》《法鼓》等为第三，《法华》为第四，《涅槃》为第五也；一家云：《阿含》为初经，《维摩》《思益》《法鼓》为第二，《法华》为第三，《波若》为第四，涅槃为第五。所以波若为第四者，《释论》云：须菩提闻法华，举手低头，皆成佛道，是故今问退不退，故知《法华》故后也。广州大亮法师云五时：《阿含》为初，离三藏为第二，如《优婆塞经》也；《波若》《维摩》《思益》《法鼓》为第三，《法华》为第四，《涅槃》为第五也。慧观法师云：《阿含》为初，《波若》为第二，《维摩》《思益》等为第三，《法华》为第四，《涅槃》为第五也。二经同云：见第二法轮者，一是为小中，第二是大中，第二也，开善寺所述也。①

成实师判教的基本思想是顿教、渐教、不定教三种，在渐教中则有五时、四时等不同，判教的基本结构是相同的。其二，五时的名目有所不同，除了有一家列《法华经》为第三时、《般若经》为第四时、《涅槃经》为第五时外，其余皆以《法华经》《涅槃经》为第四、第五时，这是以《法华经》为未了义、《涅槃经》为了义。其三，皆认同佛陀成道后十二年内说小乘教义，后始说大乘教义。所以，成实师之间的判教思想的不同，主要在于渐教中的第二时、第三时的经典不同。

智顗《法华玄义》卷一上在叙述“南三北七”的判教理论时，“南三”涉及成实

① 《大品经游意》，《大正藏》第33册，第66页中、下。

师的各种观点：

> 南北地通用三种教相：一顿，二渐，三不定。《华严》为化菩萨，如日照高山，名为顿教；三藏为化小乘，先教半字，故名有相教；十二年后为大乘人，说五时《般若》乃至常住，名无相教；此等俱为渐教也。别有一经非顿渐摄，而明佛性常住，《胜鬘》《光明》等是也，此名偏方不定教。此之三意，通途共用也。一者虎丘山岌师，述顿与不定不殊前旧，渐更为十二年前，明三藏见有得道，名有相教；十二年后齐至《法华》，明见空得道，名无相教；最后双林明一切众生佛性、阐提作佛，明常住教也。二者宗爱法师，顿与不定同前，就渐更判四时教，即庄严旻师所用三时不异前，更于无相后、常住之前，指《法华》会三归一，万善悉向菩提，名同归教也。三者定林柔、次二师，及道场观法师，明顿与不定同前，更判渐为五时教，即开善、光宅所用也，四时不异前，更约无相之后、同归之前，指《净名》《思益》诸方等经，为褒贬抑扬教。①

诸师以《华严经》为顿教，以《胜鬘经》《金光明经》为不定教，这是较为一致的看法；但是，对渐教的经典则看法不一。虎丘山岌法师将渐教分为三时，宗爱法师、庄严寺僧旻判为四时，定林寺僧柔、谢寺慧次、道场寺慧观、开善寺智藏、光宅寺法云皆主张五时，但五时教的内容、次序不同。

吉藏、智𫖮概括了当时成实师的判教理论，俄藏《佛经论释》中则保存了庄严寺僧旻对判教的详细观点：

> 三庄严寺法师，明经教大小，同凡有四句：一初小后大，即初说小乘，后说涅槃也；二初大后小，初说《华严》，后说双卷《泥洹》等也；三初后大，即初说《华严》，后说《涅槃》也；四初小后小，即初说相教，后说双卷也。所以有此句者，正逐物根性不同，此意如前释也。虽有四句，即不依后三，经教止就前一句。是次第教。中凡有四时：一者有相教，即是十二年中说法也；二者无相教，即十二年后说五时《般若》《净名》《思益》之流；三是一乘教，即法华教也。四常住教，即《涅槃经》也。所以知四时者，凡引两义：一、逐三宝，二、逐

① 《妙法莲华经玄义》卷一上，《大正藏》第33册，第801页上—中。

> 三理[①]。逐三宝者，第一时，佛寿八十，法是有相，僧是出家声闻；第二时，佛寿七百僧祇，法是五时般若，僧通菩萨，即备取三乘；第三时，佛寿复复倍上数，经唯一乘，僧唯菩萨；第四时，教明一体三宝，佛僧悉是常住。推此而言，唯应有四时三宝。佛宝既止四种，法不合独有五时。二依三理者，但经所明理，凡有三种：一者明境，二者辩因，三者论果。若三种极处，境是无相，因是一乘，果是常住也。若有相教明，境是有相，因是小乘，果是无常。所以明三理，皆未极也。第二《般若》明，境是无相，此是境极，因即三乘不同，果犹劫数。此第二时，三理之中，一极而两未极也。第三是一乘教明，境是无相，因即同归，果未常住。此即两极而一未极也。第四常住教明，境是无相，因即一乘，果是常住。此即所明三理悉是究竟。推理为言，只应有四时经教也。[②]

僧旻的"四时教判"，是在初小后大的"次第教"中，建立有相教、无相教、一乘教、常住教；并从三宝、三理（境、因、果）两方面表现四教的浅深。"四时教判"是在"五时教判"之后成立，并且对后者进行批判。

智藏、法云、僧旻为梁代三大法师，但是三人的判教思想各有不同。智顗《维摩经玄疏》卷六说：

> 若开善、光宅判教有三种：一、顿，二、渐，三、偏方不定。渐教分为五时，此经是第三时，折挫声闻、褒扬菩萨之教，犹未会三归一、辨佛性常住。若是庄严四时明义，此经犹属般若无相得道，亦未明会三归一、佛性常住。[③]

智藏、法云依五时判教，而僧旻则为"四时教判"，各有差别。

法藏（643—712）在《华严经探玄记》中叙述了法云的另一判教思想：

> 梁朝光宅寺云法师立四乘教，谓如《法华》中，临门三车即为三乘，四衢道中所授大白牛车即为第四乘，以临门牛车亦同羊鹿俱不得故。若不尔者，长者宅内引诸子时，云此三车只在门外，诸子出宅即应得车，如何出已至本

---

① 原为"里"，改为"理"，下同。

② 《俄藏敦煌文献》第4册，上海古籍出版社，1993年，第197页下—198页上。

③ 《维摩经玄疏》卷六，《大正藏》第38册，第561页下。

所指车所住处而不得，故后更索耶。故知是权，同羊鹿也。以是大乘中权教方便说故，具释如彼《法华疏》中。[①]

梁代以后至唐初，皆未见法云建立四乘教的说法，因而这可能是法藏研究法云《法华义疏》的心得。

总结以上资料，成实师的判教理论如下表所示[②]：

表7.2 成实师判教理论表

成实师	判教
宋慧观、定林寺僧柔、谢寺慧次、开善寺智藏、光宅寺法云	顿教—华严经 渐教—(1) 有相教 (2) 无相教 (3) 抑扬教—净名经、思益经 (4) 同归教—法华经 (5) 常住教—涅槃经 不定教—胜鬘经、金光明经
光宅寺法云	四乘教—(1) 权教三乘— 声闻乘教、缘觉乘教、菩萨乘教 (2) 实教一乘为一乘教
虎丘山岌法师	顿教— 华严经 渐教— (1) 有相教—十二年前说法 (2) 无相教—十二年后至法华经 (3) 常住教—涅槃经 不定教— 胜鬘经、金光明经
宗爱法师、庄严寺僧旻、招提寺慧琰	顿教—华严经 渐教— (1) 有相教—十二年前说法 (2) 无相教—十二年后说《般若》《净名》《思益》 (3) 同归教—法华经 (4) 常住教—涅槃经 不定教— 胜鬘经、金光明经
广州大亮法师	五时判教—(1) 初时—阿含经等 (2) 二时—优婆塞经 (3) 三时—波若、维摩、思益、法鼓经等 (4) 四时—法华经 (5) 五时—涅槃经

总之，成实学派的判教是以南朝的五时判教为中心，以顿教、渐教、不定教为基本结构；对顿教、不定教的观点基本相同，渐教中则有四时、五时等不同；而且，

① 《华严经探玄记》卷一，《大正藏》第35册，第111页中。

② 蓝日昌：《六朝判教论的发展与演变》，台北文津出版社，2003年，第128—129页。

每一时中所属经典，成实师之间亦有差别。在齐、梁时代，判教成为当时佛教的争论中心之一，梁武帝曾著文指出：

> 般若波罗蜜是诸佛母，三世如来皆由是生，无相大法非可戏论，岂得限以次第局以五时。根性不同，宜闻非一，亦复不但止有五时。往年令庄严僧旻法师与诸学士共相研核，检其根性应所宜闻，凡有三百八十人，是则时教甚为众多。一人出世，多人得利益，岂容止为一根性人次第五时转大法轮。①

梁武帝曾令僧旻等人从经论中收集出根性不同者，至少三百八十人。佛陀应机说法，不可能为同一根性依次五时转法轮。所以，五时判教虽然提供了基本框架，但是当时赞成与反对者皆不乏其人。

至于《成实论》在五时判教中的地位，成实师都将《成实论》视为通教一类，而与《般若经》相成，为综合五部的通论之作②，即是由小乘通往大乘的代表著作。

另一方面，成实学派的判教亦体现出成实师的学问倾向，集中在《法华经》《涅槃经》《般若经》《华严经》等。但是，真谛来华后，带来新体系的经论，冲击着旧的经学体系，从而在六朝末年造成新的判教争论。于是，净影慧远、嘉祥吉藏、天台智𫖮三大师批判五时判教的缺点，同时提出各自的判教观。

二　成实学派的二谛思想

成实学派在宋、齐、梁三代盛极一时，而且与三论等其他学者往返争辩，其中的主题之一即是二谛。宋齐时代，周颙作《三宗论》(已佚)批判成实师之说；依梁昭明太子萧统《解二谛义令旨并答问》，萧统就二谛问题与佛门大德二十二家往返论议，可见盛况空前。

成实师对二谛的解释，由于文献散佚，历来不明之处甚多。日本平安后期僧人珍海《名教抄》说：

---

① 道宣：《广弘明集》卷一九，《大正藏》第52册，第238页下—239页上。

② 吕澂：《中国佛学源流略讲》，中华书局，1979年，第131页。

《义集》又云：开善《大义》第八卷二谛义云：释二谛有十重：一、序意，二、释名，三、出体性有无，四、相即，五、摄法，六、真理无阶级，七、会众离，八、夷神绝果，九、寂照昨世俗，十、遍融通。[①]

智藏《成实论大义记》第八卷《二谛义》，详细地解释了二谛的各种思想。但是，现存只有这十重目录以及一些零散的说法。吉藏《二谛义》亦提到智藏的十重二谛义："所以为十重者，正为对开善法师二谛义，彼明二谛义有十重，对彼十重，故明十重。"[②]可见智藏十重二谛义的影响力。

《成实论》依灭假名、法、空等三心，建立因成假、相续假和相待假，从而阐明了二谛思想。吉藏《三论玄义》总结成实学派的思想，归纳为："教虽五时，不出二谛。三假为俗，四忘为真。会彼四忘，故有三乘贤圣。"[③]俗谛（世谛）的内容是"三假"，即因成假、相续假、相待假；而"四忘"则是真谛（第一义谛）的内容。成实师强调，五阴以及由之组成的"我"，甚至内心对于涅槃的执着等一切事物的存在，都是就俗谛而说的。在"三假"中，因成假是最根本的，吉藏《大乘玄论》说：

声闻用因成，缘觉用相续，菩萨用相待。而《成论》三藏为宗，多明因成以入道。所以然者？凡有二义：一者，因成是世谛体，续待为用；若体已空，用即自遣。二者，因成多重数，观行自浅至深。初捉五根，以空众生；次捉四大、四微以折法，所以多捉因成。若是续、待二假，即无此重，故不用。[④]

成实师多用"因成假"，有两种原因：(1)因成假是最根本的体，而相续假、相待假只是因成假衍生出来的用；(2)因成假多用"数"，"数"是指修行的方法、步骤等，如观察众生（我）乃由五根组成，没有独立的真实存在体，因而体悟"众生空"（我空）；然后又进一步观察五根乃由地、水、火、风等四大或色、香、味、触等四微组成，并非独立的真实存在，因而体证五蕴皆空。所以，吉藏批判这种"空"是"折法

---

① 《名教抄》卷一，《大正藏》第70册，第693页中。
② 《二谛义》卷上，《大正藏》第45册，第78页中。
③ 《三论玄义》，《大正藏》第45册，第5页中。
④ 《大乘玄论》卷一，《大正藏》第45册，第18页中。

明空”。

“四忘”是指空掉四句，四句即：(1)一切实有，这是肯定语句；(2)一切并非实有，这是否定语句；(3)一切既是实有又是非实有，这是肯定语句与否定语句的结合；(4)一切既非实有又非非实有，这是(1)之否定与(2)之否定的结合。这四句代表了语句的所有可能的形式，任何事物都只能用这四句当中的某一句来描述。所以，“四忘为真”是指一切皆空，不能用四句的任何一句来描述，以致无法用任何语言文字来表达的境界。

智藏《成实论大义记》明确阐述了俗谛的内容即是三假，而且涉及三假的体用关系：

> 《大义记》第八卷《二谛义》中，因成假、相续假、相待假，此谓三假。解云：于三假中，相待一假即是体假，余二种假即是用假。又五阴之内，分析推求而知无人。故声闻人观因成假；缘觉之人鄙于声闻从师修学，惮于菩萨久劫修行，以独入山见于水流，观于木凋，悟解无常，故观相续；待于生死而有涅槃，生死涅槃无有自性，自性无故，其体是空，所以菩萨观相待假。[①]

智藏主张相待假是“体假”，而因成假、相续假是“用假”，这与吉藏的记载有所不同。但是，声闻观因成假，缘觉观相续假，菩萨观相待假，则与吉藏的记载相同。

智藏亦强调真谛是“绝名”，《成实论大义记》说：

> 《大义记》第八卷《二谛义》云：俗是假名，无定名，而非绝名；真谛是假名，而绝名者。俗法依名而缘，犹得俗用；真谛若依名而缘，乖真弥远，故须一切妄，岂非绝名乎。

俗谛随假名而立，所以不能断绝名言，名言仍然具有作用；而真谛本身则离言绝相，依名言而立真谛，但是不能依名言而缘真谛。

另外，法云《法华义记》亦提及二谛思想，依“三假”分析《法华经》的概念：

---

① 《中论疏记》卷一末，《大正藏》第 65 册，第 16 页下。

然三界众生皆为生、老、病、死无常所逼迁，故言朽故也。三界众生，四大为墙壁，但此四大之身，皆念念生灭，故言颓落也。命如柱根，但此命为善根所招，是故念念无常，故言腐败也。识如梁栋，有心识者，呼为众生，是故众生以心识为主。然此心识取缘，亦刹那生灭，故言倾危也。①

三界众生由四大构成，即是"因成假"；由四大、五蕴组合而成的身体念念生灭，即是"相续假"。同时，有情生命的主体是心识，心识亦是刹那生灭，这样"相续假"便与心识联系起来。

《法华义记》又说：

问者又言：今取善习因所成众生以为能禀，为当止取善习因有增长义耶？所成众生亦有增长义。解释又言：众生是假名，假名无别体，以法为体。今习因善是实法，此法成众生，但习因善有增长，众生是假名不当增长，不增长但有名用而已也。②

所以，《法华义记》对世俗谛的分析是以心识为基础，其内容即是"因成假"和"相续假"。

但是，《法华义记》对第一义谛的解释则基于法空，如《法华义记》说"故一者，第一是照假实二空之解""此行然解假名实法空为体，今假实二空为解"③，法空即是四绝的第一义谛。《法华义记》说：

所亲近处者，即是二谛境也；能亲近者，是能观之智也。明所亲近中有二：第一明真谛，第二但以因缘故有下明俗谛也。就此明真谛之中，自有三：第一观一切法空如实相一句，正明真谛理；第二从不颠倒以下六句，明心行处灭；第三一切言语道断下十一句，明言语道断也。但以因缘故有下二句，是第二明俗谛也。④

---

① 《法华经义记》卷四，《大正藏》第33册，第615页中、下。
② 《法华经义记》卷六，《大正藏》第33册，第647页中、下。
③ 《法华经义记》卷七，《大正藏》第33册，第663页上、662页下。
④ 《法华经义记》卷七，《大正藏》第33册，第663页下。

《法华义记》是把"人空""法空"视为二谛的内容,但是在俗谛中缺乏相待假的内容,即因成假、相续假为"人空",而"法空""四绝"为真谛。但是,二谛之间具有不可逆性,缺乏相即圆融的关系。

智藏、法云等成实师都主张从境(境界)和理(道理)两方面来确立二谛的意义。吉藏《二谛义》说:

> 他明二谛是天然之境,有此二理。而二谛名境,复名理者,会二谛生二智,名之为境;而道理有二谛故,名之为理。道理有此二理,道理有此二境。①

成实师认为,二谛都是在同一境界上所见到的道理,只是所见不同而已。所以,二谛是境界或道理上的分别。在二理、二境中,二境是最重要的,因为有了二境才可能有二谛之理。

对于成实师的二境说,吉藏《二谛义》详细地介绍说:

> 他明二谛是境,彼有四种法宝:言教法宝、境界法宝、无为果法宝、善业法宝,二谛即境界法宝。有佛无佛常有此境,迷之即有六道纷然,悟之即有三乘十地,故二谛是迷悟之境。②

四种法宝,就是佛所说的四种教义。二谛是境界法宝,因为不管有佛或无佛,迷与悟,亦即凡与圣的两种境界都客观地存在着。有了这种理解,成实师才进一步建立起二谛一体或异体的理论,以及建立起"折法明空"等理论。

二谛是一体还是异体,是否相即?吉藏说:"二谛体亦为难解,爰古至今,凡有十四家解释。"③二谛的体性问题是南北朝隋唐佛教的争论中心之一。吉藏又说:"然此三师释,摄一切人,何者?开善与庄严明一体,龙光明异体,释虽众多,不出一异,故此三人摄一切人也。"④二谛的体性主要在于一体、异体,开善寺智藏和庄严寺僧旻主张二谛一体说,龙光寺僧绰则主张二谛异体说。

---

① 《二谛义》卷中,《大正藏》第45册,第93页下。
② 《二谛义》卷上,《大正藏》第45册,第86页中。
③ 《二谛义》卷下,《大正藏》第45册,第107页下。
④ 《二谛义》卷下,《大正藏》第45册,第105页中。

对于智藏的二谛一体说,《二谛义》卷下谓:“开善解云:假无自体,生而非有,故俗即真。真无体可假,故真即俗。俗即真,离无无有。真即俗,离有无无。故不二而二,中道即二谛。二而不二,二谛即中道。”①智藏认为万物是假名无自体,虽然存在而非真实有,所以俗谛即是真谛;真谛无体,是空而仍然有假名的存在,所以真谛即是俗谛。这样,真谛、俗谛彼此不能相离,同以不二中道为体,将二谛归于中道而建立三种中道。《大乘玄论》卷二引智藏《成实论疏》云:

> 二谛中道,云何谈物耶?以诸法起者,未契法性也。既未契故有,有则此有是妄有,以其空故是俗也。虚体即无相,无相即真也。真谛非有非无而无也,以其非妄有故,俗虽非有非无而有,以其假有故也。与物举体,即真,故非有。举体即俗,故非无。则非有非无,真俗一中道也。真谛无相,故非有非无,真谛中道也。俗谛是因假,即因非即果,故非有。非不作果,故非无。此非有非无,俗谛中道也。②

三种中道是:(1)俗谛中道,即是有,是非有非无的有;(2)真谛中道,即是无,是非有非无的无;(3)真俗一中道,这是真俗毕竟一体而合明的中道。但是,后来吉藏强调,智藏的“中道”仍然归属于二谛的真谛——“无”或“无相”当中,并没有真正的第三谛。

僧旻与智藏皆主张二谛一体,但是智藏强调“即是”的相即;而僧旻强调“不异”的相即,二谛互为其体,体一而用二。③《二谛义》卷下载:

> 庄严云:缘假无可以异空,故俗即真。四忘无可以异有,故真即俗。虽俗即真,终不可以名相为无名相。虽真即俗,终不可以无名相为名相。故二谛不异,为相即也。④

僧旻主张,就假名不异空来说,俗谛即真谛;就假名空(四忘)不异有来说,真谛即

---

①《二谛义》卷下,《大正藏》第45册,第105页上。
②《大乘玄论》卷二,《大正藏》第45册,第26页上。
③ 方立天:《中国佛教哲学要义》,中国人民大学出版社,2002年,第1164页。
④《二谛义》卷下,《大正藏》第45册,第105页上。

俗谛。真俗二谛，前者无相，后者有相，二谛体一而显现的用是有区别的。

僧绰是智藏的弟子，但他不赞成智藏的说法，主张二谛异体说。《二谛义》卷下云：

> 次龙光解二谛相即义，此师是开善大学士，彼云：空色不相离，为空即色，色即空。如《净名经》云：我此土常净。此明净土即在秽土处，故言此土净。非是净秽混成一土。何者？净土是净根，秽土是秽根。净土净业感，秽土秽业感。即有净根秽根，净业秽业；故不得一，但不相离为即也。①

僧绰从解释《维摩诘经》"我此土常净"入手，强调同一净土，所见不同，佛所见为净土，众生所见为秽土。这是由于业感不同，能感的业有染有净，只是所感的果同在一处不相离而已，并非净土秽土混成一土，所以这是"不离"的相即。所以，《二谛义》说："龙光亦尔，本开善学士，广难开善二谛一体义。二谛若一体，烧俗即烧真。俗生灭真即灭生。既有可烧不可烧异，生灭无生灭、常无常异，故二谛不可一体，故彼明异义也。"②真俗二谛并不同体，在相上，世谛就有生灭、无常等相，真谛则是无生灭、常，因此不能说二者一体，只能说二者互不相离。

隋唐佛教界总结成实学派的二谛思想，称智藏的二谛一体说为"按瓜二谛"，称僧绰的二谛异体说为"鼠喽栗二谛"。"按瓜"是把瓜果喻为俗谛，瓜果按入水(喻智慧)中时，即消失而成空无。但是，无论有或无，都是依瓜果是否按入水而说，二者实为一体。"鼠喽栗"是指老鼠吃掉了栗子当中的核仁，只剩下外壳；如智慧断除了实有的执着。而有实仁的栗子和没有实仁的栗子壳完全不相同，前者是有，后者为空，二者不可同体。吉藏《中观论疏》引用周颙的《三宗论》说：

> 不空假名者……不空于假色也。以空无性实，故名为空，即真谛；不空于假，故名世谛。晚人名此为鼠喽栗义……空假名者，一切诸法众缘所成，是故有体，名为世谛；折缘求之都不可得，名为真谛。晚人名之为安(按)苽二谛。③

---

① 《二谛义》卷下，《大正藏》第 45 册，第 105 页上、中。
② 《二谛义》卷下，《大正藏》第 45 册，第 106 页下。
③ 《中观论疏》卷二末，《大正藏》第 42 册，第 29 页中。

吉藏以“不空假名”解释僧绰的二谛异体说，指假名之空只是没有真实的本性而已，并非要把它们的存在完全地否定掉；智藏的二谛一体，即是“空假名”，指把俗谛中的一切假名都空掉而成真谛之空无。

成实师的二谛思想，诠释了真谛、俗谛的有无关系，尤其是智藏提出“中道为二谛体”，已经对中国佛教的真理观进行了较高层次的探讨。后来，经过吉藏的继承与批判，成实师的二谛思想最终融摄入吉藏的四重二谛思想中。

三 | 成实学派的佛性思想

佛性思想是南北朝佛教思潮的中心之一，成实师兼习《成实论》《涅槃经》，积极参与佛性的本有、始有、当常等讨论。《成实论》说：

> 心性非是本净，客尘故不净，但佛为众生谓心常在，故说客尘所染则心不净。又佛为懈怠众生，若闻心本不净，便谓性不可改，则不发净心，故说本净。①

《成实论》本身属于经量部，不主张心性本净说，而认为佛典中之本净说，是佛为鼓励懈怠众生的方便说。

但是，成实师僧柔、僧旻、智藏、法云等人的佛性思想，在当时皆非常具有影响力，后来吉藏《大乘玄论》卷三举出正因佛性十一家，其《涅槃游意》说佛性“本有”“始有”共三家，均正《大乘四论玄义》卷七则说正因佛性有本三家、末十家，都提到成实师的佛性思想。

均正记载南北朝的佛性思想，提出河西道朗法师、壹法师以及庄严寺僧旻皆立四种佛性：一、正因；二、缘因；三、果性；四、果果性。而智藏手书《佛性义》，广论因果，共有四个方面：一、因；二、因因；三、果；四、果果。而且，又各有四名，因有正因、缘因、了因、境界因等，即是指观智；因因是指观智心，这是了因之体，具有双重因，故为因因；果有三菩提果、涅槃果、第一义空果、智慧果等；果果，即是

① 《成实论》卷三，《大正藏》第32册，第258页中。

大涅槃等。同时，智藏又概括四名，即是正因、缘因、智果、断果等。[①]《大乘三论略章》记载，智藏、僧旻各有五种佛性之说：一、正因；二、缘因；三、了因；四、果；五、果果。[②] 或许，这是他们随时立说不同而已。

庄严寺僧旻主张"众生为正因体"，即是以五蕴和合的众生为正因、六波罗蜜为缘，因为众生是"御心之主，能成大觉"，虽然现在生生流转，终必会"心获湛然"。僧柔、智藏皆以"假实"为正因佛性，《大乘四论玄义》说：

> 第八定林柔法师义，开善知藏师所用。通而为语，假实皆是正因。故《大经·迦叶品》云：不即六法，不离六法。别则心识为正因体。故《大经·师子吼品》云：凡有心者，皆得三菩提。故法师云：穷恶阐提，亦有反本之理。如草木无情，一化便罪，无有终得之理。众生心识相续不断，终成大圣。今形彼无识，故言众生有佛性也。故《迦叶品》亦云：非佛性者，墙壁瓦石无情，则简草木等。此意有心识灵知，能感得三菩提果，果则具二谛也。[③]

《大乘玄论》将上述看法分为二家，第三家以六法为正因佛性，第四家以心为正因佛性。所以，智藏是通别并举，因为佛性"不即六法，不离六法"，六法是指色、受、想、行、识、我。而众生佛性非色不离色，非心不离心，色心识相续不断，终可成佛。以心为正因佛性，这是指众生只要有心识终必成佛。光宅寺法云是以"心有避苦求乐性"为正因佛性，因为心识有本能的避苦求乐的驱策功用，"此心皆有生死之性，为众生之善本"，众生终能成佛，离苦得乐。[④]

同时，成实师对佛性的本有、始有说亦有论说，见于《大乘四论玄义》：

> 但解本有（原脱一"有"）两家。一云：本有于当。谓众生本来必有当成佛之理，非今始有成佛之义，《成实论》师宗也。[⑤]

智藏、僧旻主张"本有于当"，这是指本无佛性，但就众生当来能成佛之理言，则可

---

① 《大乘四论玄义》卷七，《卍新续藏》第46册，第606页上、中。
② 《大乘三论略章》，《卍新续藏》第54册，第843页上。
③ 《大乘四论玄义》卷七，《卍新续藏》第46册，第601页下。
④ 《大乘四论玄义》卷七，《卍新续藏》第46册，第601页下。
⑤ 《大乘四论玄义》卷八，《卍新续藏》第46册，第611页中。

言本有;成佛在当来,所以兼具本始二说。

灌顶《大般涅槃经玄义》记载二人的佛性思想:“开善庄严云:正因佛性,一法无二理,但约本有、始有两时。”种谢觉起,名为始有,“始有之理,本已有之”①。佛性既本有又始有,约体为一,约用为二,就觉起称始有,就理具言本有。吉藏《涅槃经游意》说:

> 开善具有二义:一者、本有,二者、始有。更无二体,但将两义成定之耳……若定木石之流无成之理,此众生必应作佛,则本有义。若于佛则今利是因中,因中未有果,则始有义也。②

智藏之所以认为佛性本有,是因为众生和草木石头不同,必定作佛;说佛性始有,是因为因中的众生毕竟不同于果中的佛陀,佛陀的各种德性——“利”,都无法在众生身上找到,所以佛性为始有。

---

① 《大般涅槃经玄义》卷下,《大正藏》第38册,第10页中。
② 《涅槃经游意》,《大正藏》第38册,第237页下。

第八章　建康毗昙学派

毗昙学派是以研习、弘扬和传播毗昙类经典为宗的学派，也称毗昙宗，其成员称为“毗昙师”，特别兴盛于刘宋朝。建康毗昙学派大都以研习《杂心论》为中心，专习者有僧伽跋摩、慧基、慧集等，僧伽提婆也曾到建康讲阿毗昙义。建康毗昙学在六朝建康佛学中有重要的地位。

第一节
毗昙学派概说

毗昙学派，在佛教史上曾被称为“毗昙师”“萨婆多宗”“数论”“数家”，这是在南北朝时代研习《阿毗昙心论》《杂阿毗昙心论》等说一切有部诸论所形成的学派。因为“阿毗昙”（梵 abhidharma）意译为“对法”，主要是佛教对现象界的分析观察与对超经验界的证悟，以慧数或法数作为核心，所以在南北朝、隋代被称为“数论”或“数家”；而至唐代，则被称为“萨婆多宗”。而且，在《高僧传》《续高僧传》中，有时“数论”是兼指《毗昙》与《成实论》，“数”就是指《毗昙》。“毗昙师”是研习《阿毗昙》的学者，在吉藏、智𫖮、灌顶的著作中经常提及，如吉藏《大乘玄论》卷二“又地、摄、成、数等师，恐落求相善比丘宗彼闻之惊怖，而听大乘无所得宗”①，智𫖮《摩诃止观》“数人云欲界为贪，上界名爱。成论人难此语，上界有味禅贪，下界有欲爱，爱贪俱通，何意偏判”②。陈代真谛译出《俱舍论》后，一些毗昙师转学此论，对唐玄奘译《俱舍论》的弘扬起到很大的促进作用。③

一 僧伽提婆与《八犍度论》的传译

印度佛教在佛陀灭后，至部派时期，逐渐分化为大众部和上座部。在上座部中，再分化为二部：一、分别说部，自称为上座部，再分出化地、法藏、饮光、铜鍱；二、分别说部脱出以后的上座部，再分出说一切有部、犊子部等。有部的古典毗昙原有六种，即《识身》《界身》《品类》《集异门》《法蕴》《施设》六论。后来，迦多衍尼子造《发智论》，将有部各种学说做了总结性的组织，由此树立了这一部派的规模，形成“一身六足”。但是，随着学说的传播，论师对法义的解释逐渐出现分歧，于是产生了以迦湿弥罗一地为中心的迦湿弥罗师，以及迦湿弥罗以外地区的外

① 《大乘玄论》卷二，《大正藏》第 45 册，第 30 页上。

② 《摩诃止观》卷六上，《大正藏》第 46 册，第 70 页上。

③ 此节部分内容，参见圣凯：《毗昙学派与南北朝佛学大乘意识的建立》，《佛学研究》2008 年总第 17 期。

国师、犍陀罗师、西方师等派系。迦湿弥罗系因为得到迦腻色迦王的有力支持，为了树立自己的学说，排斥异己，发起了《大毗婆沙论》的结集，对于《发智论》的各种不同解释逐一加以刊定，从而有“毗婆沙师”的称号。但是，迦湿弥罗以外的有部师，则兼采譬喻师的思想，出现法胜的《阿毗昙心论》；后来法救兼采《婆沙》之说，加以补订，撰成《杂阿毗昙心论》，含有调和两方之说的用意。

说一切有部论书传入汉地，后汉安世高时期便已经开始。《出三藏记集》卷二记载，安世高译有《阿毗昙五法行经》《阿毗昙七法行经》《阿毗昙九十八结经》[①]，后二经在僧祐时代便已缺，《阿毗昙五法行经》为唐玄奘译《阿毗达摩品类论》第一“辩五事品”的异译。

至前秦末年(4 世纪末)，僧伽提婆、僧伽跋澄等相继自说一切有部的重镇罽宾东来，传入阿毗昙诸论，于是讲学研习者日增，蔚然成为一学派。

僧伽提婆“尤善《阿毗昙心》，洞其纤旨；常诵《三法度》，昼夜嗟味，以为道之府也”[②]，于前秦建元年间来长安，建元十九年(383)，僧伽提婆应法和的邀请，在长安诵出原典，由竺佛念译为华文，名为《阿毗昙八犍度论》三十卷。道安《阿毗昙八犍度论序》说：

> 其身毒来诸沙门，莫不祖述此经，宪章鞞婆沙，咏歌有八味者也。然乃在大荒之外，葱岭之表，虽欲从之，未由见也。以建元十九年，罽宾沙门僧迦禘婆，诵此经甚利，来诣长安，比丘释法和请令出之，佛念译传，慧力、僧茂笔受，和理其指归。自四月二十日出，至十月二十三日乃讫。[③]

《八犍度论》的翻译，是罽宾有部毗昙学传入中国的开始。因为苻秦被灭，僧伽提婆与法和前往洛阳，研讲经论。随着汉语水平的提高，僧伽提婆意识到前译多有违失本旨，于是同法和一起重新校勘了《八犍度论》的译本。

不久，僧伽提婆渡江南游。依未详作者《八犍度阿毗昙根犍度后别记》：

> 斯经序曰：其人忘因缘一品，故缺文焉。近有罽宾沙门昙摩卑，谙之来

---

① 僧祐:《出三藏记集》卷二,《大正藏》第 55 册,第 6 页上—中。
② 僧祐:《出三藏记集》卷一三,《大正藏》第 55 册,第 93 页下。
③ 僧祐:《出三藏记集》卷一〇,《大正藏》第 55 册,第 72 页上—中。

> 经，密川僧伽谛婆译出此品，八犍度文具也。而卑云：八犍度是体耳，别有六足可百万言。卑诵二足，今无译可出，慨恨良深。泰元十五年正月十九日于扬州正官佛图记。

宋、元、明三本以"泰元"为"秦建元"，但是僧伽提婆于太元十六年(391)入庐山，应为"泰元"(即太元)。依此可知，僧伽提婆与法和的译本缺《因缘品》，后来昙摩卑诵出，由僧伽提婆补译完成。另外，当时的长安佛教界已经知晓阿毗昙的"一身六足"论书组织。

慧远听说僧伽提婆南来，就迎请至山中，译出《阿毗昙心论》四卷。依未详作者《阿毗昙心序》的记载，鸠摩罗跋提于建元十八年(382)来到长安，道安于是请他初译。但是，他不懂汉语，译文拙劣，早已佚失。晋太元十六年(391)，慧远请僧伽提婆，在浔阳南山精舍再译，道慈为笔受。第二年(392)秋，慧远重新与僧伽提婆校正，以为定本。[①] 隆安元年(397)，僧伽提婆到达建康，王珣建立精舍，大力弘扬毗昙学，遂开南朝毗昙学的端绪，慧远亦深受其启发。

二 僧伽跋澄与《鞞婆沙论》的传译

同时，在长安亦译出《发智论》的释论——《鞞婆沙论》，这是《大毗婆沙论》的异译，是遵循《发智论》的思想路数，分别解说《发智论》，会通、抉择、深究，而达到完备与严密的。现存《大正藏》中的《鞞婆沙论》，作"尸陀盘尼撰，苻秦僧伽跋澄译"。但是，这部论的译者，历代经录的记载一直有争议。《出三藏记集·僧伽跋澄传》说"外国宗习阿毗昙毗婆沙，而跋澄讽诵，乃四事礼供，请译梵文。……以伪建元十九年译出，自孟夏至仲秋方出"[②]，道安《鞞婆沙序》说：

> 会建元十九年，罽宾沙门僧伽跋澄，讽诵此经四十二处，是尸陀盘尼所撰者也。来至长安，赵郎饥虚在往，求令出焉。其国沙门昙无难提笔受为梵

---

① 僧祐：《出三藏记集》卷十，《大正藏》第55册，第72页中。

② 僧祐：《出三藏记集》卷一三，《大正藏》第55册，第99页上、中。

> 文，弗图罗刹译传，敏智笔受为此秦言，赵郎正义。起尽自四月出，至八月二十九日乃讫。①

《僧伽跋澄传》与道安的序是一致的，《鞞婆沙论》为建元十九年(383)，僧伽跋澄所译。

后来，僧伽提婆去洛阳后重新改译了《鞞婆沙论》。《出三藏记集·僧伽提婆传》说：

> 安公先所出《阿毗昙》《广说》《三法度》等诸经，凡百余万言。译人造次，未善详审；义旨趣味，往往愆谬。……提婆乃与冀州沙门法和，俱适洛阳。四五年间，研讲前经，居华岁积，转明汉语。方知先所出经，多所乖失。法和叹恨未定，重请译改，乃更出《阿毗昙》及《广说》。先说众经，渐改定焉。②

传中所说“阿毗昙”即是《八犍度论》，“广说”即是《鞞婆沙论》，《鞞婆沙论》是僧伽跋澄在长安所译，经僧伽提婆在洛阳译改，成为定本，改定时间约为 389 或 390 年③。

但是，僧祐在《出三藏记集·新集经论录》中的记载则显得混乱，僧伽跋澄所译，有“《杂阿毗昙毗婆沙》十四卷，伪秦十九年四月出，至八月二十九日出讫，或云《杂阿毗昙心》”；僧伽提婆所译，有“《鞞婆沙阿毗昙》十四卷，一名广说，同在洛阳译出”。④ 僧祐又在《出三藏记集·新集异出经录》中提到“僧伽提婆出《阿毗昙鞞婆沙》十四卷、《阿毗昙心》四卷，僧伽跋摩出《阿毗昙毗婆沙》十四卷、《阿毗昙心》十六卷，……僧伽跋摩出《杂阿毗昙心》十四卷”⑤，可知僧祐混淆了僧伽跋澄与僧伽跋摩，后者曾译《杂阿毗昙心》十四卷，于是《阿毗昙鞞婆沙》则记录于僧伽提婆的名下。

僧祐记载的混乱，带来后世经录的异说纷纭。隋法经《众经目录》说“《毗婆

---

① 僧祐：《出三藏记集》卷十，《大正藏》第 55 册，第 73 页下。
② 僧祐：《出三藏记集》卷一三，《大正藏》第 55 册，第 99 页下。
③ 印顺：《说一切有部为主的论书与论师之研究》，台北正闻出版社，1992 年，第 206 页。
④ 僧祐：《出三藏记集》卷二，《大正藏》第 55 册，第 10 页中、下。
⑤ 僧祐：《出三藏记集》卷三，《大正藏》第 55 册，第 15 页上。

沙阿毗昙论》十四卷，一名广说，前秦建元年僧伽提婆于洛阳译”[①]；智昇《开元释教录》卷三“僧伽跋澄译经”条下：

《鞞婆沙论》十四卷，或无论字，亦云《鞞婆沙阿毗昙》，亦云广说；或十五卷，或十九卷。建元十九年四月出，至八月末讫，难提录为梵文，佛图罗刹译传，敏智笔受，见《僧祐录》。[②]

智昇明确以现存《鞞婆沙论》为僧伽跋澄所译，而且在“僧伽提婆译经”条内亦没有此论的记录[③]。道宣《大唐内典录・前后二秦传译佛经录》中，并录僧伽跋澄的“阿毗昙毗婆沙十四卷，建元十九年出，或十一卷”，僧伽提婆的“《毗婆沙阿毗昙》一十四卷，建元末于洛阳出，见僧叡《二秦录》”，道宣明确提出僧伽跋澄初译，僧伽提婆重译[④]，但在《历代翻本单重人代存亡录》中，仅录僧伽提婆译本[⑤]。

《鞞婆沙论》十四卷，是《大毗婆沙论》的部分异译。道安《鞞婆沙序》说“经本甚多，其人忘失，唯四十事。……其后二处，是忘失之遗者，令第而次之”[⑥]，由于译者的忘失而不全。另外，现存《鞞婆沙论》在归敬颂后标出“鞞婆沙说阿毗昙八揵度”[⑦]，可见《鞞婆沙论》是广说解释《阿毗昙八犍度论》。

弘始十六年(414)，昙摩耶舍、昙摩掘多在长安译出《舍利弗阿毗昙论》，共二十二(或作三十)卷，分为四分，三十三品，传说为舍利弗所造。

另外，僧伽跋澄在建元二十年(384)译出《尊婆须蜜菩萨所集论》十卷。作者世友，古人称为“经部异师”，是《大毗婆沙论》以前的，譬喻尊者法救的后学，近于后起的经量部而已。

《大毗婆沙论》的第二次翻译，是在北凉浮陀跋摩、道泰翻译《阿毗昙毗婆沙论》，现存六十卷。现存的六十卷本，其内容仅存《杂犍度》《使犍度》《智犍度》三篇，相当于唐译本论第一至一百零一卷的杂、结、智三蕴部分。译文较简明畅达，

① 法经：《众经目录》卷五，《大正藏》第55册，第142页中。
② 智昇：《开元释教录》卷三，《大正藏》第55册，第510页下。
③ 智昇：《开元释教录》卷三，《大正藏》第55册，第505页上。
④ 道宣：《大唐内典录》卷三，《大正藏》第55册，第250页中—下。
⑤ 道宣：《大唐内典录》卷七，《大正藏》第55册，第301页上。
⑥ 僧祐：《出三藏记集》卷一，《大正藏》第55册，第73页下。
⑦ 《鞞婆沙论》卷一，《大正藏》第28册，第416页上。

而正确性不如唐译，文义次序也有前后出入之处，但大体是一致的。

依道挻《毗婆沙经序》①，梵文原本十万颂，系由沙门道泰从西域赍来凉地。这时天竺沙门浮陀跋摩也来到凉城，凉主便请他二人于乙丑年(425)四月中旬在凉城闲豫宫寺开始传译，并请沙门智嵩、道朗等三百余人考文详义，参与其事，至丁卯年(427)七月上旬译毕，成一百卷。嗣因凉城兵乱散佚，又经写出六十卷，传到宋地流布。但是，《出三藏记集》卷二记载：

> 《阿毗昙毗婆沙》六十卷，丁丑岁四月出，至己卯岁七月讫。右一部，凡六十卷。晋安帝时，凉州沙门释道泰共西域沙门浮陀跋摩，于凉州城内苑闲豫宫寺译出。初出一百卷，寻值凉王大沮渠国乱亡，散失经文四十卷，所余六十卷传至京师。

《阿毗昙毗婆沙论》的译出时间，依此则为丁丑岁(437)四月开始传译，至己卯岁(439)七月译讫。前后的记载，刚好相差十二年。但是，二者皆提到北魏灭北凉，时间为439年九月。所以，437—439年为该论的译出时间可能是有道理的。

三 僧伽跋摩与《杂心论》的传译

《阿毗昙心论》的问世，在说一切有部阿毗达摩论师中，引发了巨大而深远的影响，于是以《心论》为本论，而给予解说、修正、补充——注释书纷纷出现。《杂阿毗昙心论》的夹注说：

> 广说，梵云毗婆沙。以毗婆沙中义，庄严处中之说。诸师释法胜阿毗昙心义，广略不同，法胜所释，最为略也。优婆扇多有八千偈释，又有一师万二千偈释，此二论名为广也。和修槃头以六千偈释法，宏远玄旷，无所执着于三藏者，为无依虚空论也。②

① 僧祐：《出三藏记集》卷一，《大正藏》第55册，第74页上。
② 《杂阿毗昙心论》卷一，《大正藏》第28册，第869页下。

《阿毗昙心论》的注解，至少有：一、法胜释，就是《阿毗昙心论》四卷本；二、优波扇多释；三、某师释，这二部是广本；四、和修槃头释；五、达摩多罗——法救释，就是《杂阿毗昙心论》。这些注释在南北朝时期陆续传入汉地，刺激了毗昙学的发展。

法救《杂阿毗昙心论》的传译，经录记载各有出入。一、《出三藏记集》卷二记载，僧伽跋澄所译有《杂阿毗昙毗婆沙》十四卷，“或云《杂阿毗昙心》”；僧伽提婆译有《阿毗昙心论》十六卷。如前所述，僧伽跋澄的《杂阿毗昙毗婆沙》其实是《鞞婆沙阿毗昙论》，与《杂心论》无关。僧伽提婆曾译出《八犍度论》、改译《鞞婆沙论》，到了建康才译出《阿毗昙心论》，若译出《杂心论》，确实可疑。或许是混淆了僧伽跋澄与僧伽跋摩，导致出现僧伽跋澄亦译有《杂心论》的记录。二、法显从印度回来，义熙七年（411）到建康，曾译出《杂阿毗昙心》十三卷（或十二卷），僧祐记为缺本。[①] 三、依未详作者《杂阿毗昙心序》记载，宋元嘉三年（426），徐州刺史太原王仲德请伊叶波罗在彭城翻译；只译到“择品”，就停译了；到元嘉八年（431），由求那跋摩补译完成，名《杂阿毗昙心》十三卷，此译本亦已佚失。[②] 四、据焦镜法师有《后出杂心序》（“焦镜”即是慧观的弟子僧镜[③]，他曾参与《杂阿毗昙心论》的翻译，而且曾有注解，即是《毗昙玄论》），宋元嘉十一年（434），僧伽跋摩在建康长干寺译《杂阿毗昙心（论）》十四卷，由宝云译语、慧观笔受，经过一年才译完。现为十一卷，十一品，也就是现存的唯一译本。

《阿毗昙心论》的优婆扇多释，那连提黎耶舍于北齐河清二年（563）在邺城天平寺共法智译，题为《法胜阿毗昙心论》或作《阿毗昙心论经》，七卷或为六卷。[④]

陈天嘉五年（564）正月，真谛在广州译出《俱舍论》，同时作详细讲解，弟子记录成为《义疏》，到闰十月译成讲毕，共论文二十二卷、论偈一卷，《义疏》五十三卷。天嘉七年（566）二月，又应请重译并再讲；光大元年（567）十二月完毕，前后皆慧恺笔受，这就是现行的《阿毗达摩俱舍释论》二十二卷。

从毗昙论典的翻译来看，380—434 年的五十余年间，中国佛教界对于毗昙学的传译可说盛极一时。僧伽提婆、僧伽跋摩先后译出《阿毗昙心论》《杂心论》，

---

① 僧祐：《出三藏记集》卷二，《大正藏》第 55 册，第 12 页上。
② 僧祐：《出三藏记集》卷一，《大正藏》第 55 册，第 74 页中。
③ 慧皎：《高僧传》卷七《僧镜传》，《大正藏》第 50 册，第 373 页中、下。
④ 费长房：《历代三宝纪》卷九，《大正藏》第 49 册，第 87 页下。

尤其是《杂心论》会通了《毗婆沙论》中不同的说法，对有部内部的各种异说有所调和，并且还是《俱舍论》的前身。所以，有部毗昙学大兴，兼习或专习的学者相继出现，有“毗昙师”的称号。

第二节
慧集与建康毗昙学派

毗昙学派在僧伽提婆、慧远之后，在刘宋时代盛极一时。齐梁时代，随着《成实论》的流行，毗昙学派以慧集为中心，由盛而衰，专习者渐少。南朝的毗昙师大都以研习《杂心论》为中心，专习者有僧伽跋摩、慧基、慧集等一脉相承。

一 慧基与慧集

慧基[①](412—496)，钱唐(今浙江杭州)人，俗姓吕。初随侍扬都祇洹寺慧义，十五岁出家，精苦励行，钻研群经。后来，师事西域僧伽跋摩。二十岁受具足戒后，游历诸方，参访众师，深究精通《小品》《法华》《思益》《维摩》《胜鬘》诸经。慧义亡后，回钱唐显明寺，后又住会稽法华寺，又遍游三吴，宣讲经教，学徒云集。刘宋元徽元年(473)，于会邑龟山建宝林精舍，名驰海内，深受周颙、南齐文宣王等人的推崇。奉敕任僧正，此为东土僧正之始。齐建武三年(496)示寂，世寿八十五。著有《法华义疏》三卷、《问训义序三十三科》、《遗教经注》等书，今俱不存。慧基的传记中未见有弘扬《毗昙》的记载，其弟子德行、慧旭、道恢、慧谅、慧永、慧深、昙斐等人，亦未弘《毗昙》。

慧集[②](455—515)，吴兴於潜人，俗姓钱。十八岁时，于会稽乐林山出家，跟随慧基学习，勤奋努力。后来，住建康招提寺，遍历众师。当时，南地讲习毗昙都以《杂心》为主，他特搜寻《八犍度论》及《大毗婆沙》来与《杂心》互相参校，解释疑难，所以"《毗昙》一部，擅步当时"，可见慧集对毗昙学的造诣非常高。开讲《毗昙》时，学者云集，僧旻、法云等皆来受学。天监十四年(515)卒，世寿六十一。著《毗昙大义疏》十余万言，盛行于世。慧集是南方毗昙学成就最大的学者。

---

① 慧皎:《高僧传》卷八《慧基传》,《大正藏》第50册,第379页上—中。

② 慧皎:《高僧传》卷八《慧集传》,《大正藏》第50册,第382页中—下。

《高僧传·僧盛传》附说"建元寺僧护、僧韶……韶、护以《毗昙》著名"[1]，建元寺亦是成实师云集的地方。僧韶[2]（447—504），《续高僧传》卷五有传，俗姓王，幼年出家，勤奋好学，闻名于地方，而且"专以《毗昙》擅业"。元徽初年，来建康住建元寺，清净自守。齐朝建立后，文惠王、竟陵王以及清河崔慧，皆前来承受教诲。僧韶大力讲说，听众常有数百，"《毗昙》一部，化流海内"。天监三年（504）卒于建元寺，世寿五十八。但是，僧护的传记生平不明，《高僧传》卷一三收有剡中石城山隐岳寺开凿大佛（即今新昌大佛寺）的僧护，但是二者并无必然联系。

《续高僧传·昙迁传》记载，陈代有高丽沙门智晃，住建康道场寺，"善萨婆多部"，闻名于当时。[3] 但是，此智晃是否与天宫寺僧晃为同一人，则未能确定。慧弼[4]（537—599）曾在僧晃座下学习《毗昙》，传中说"宝梁明上盛弘新实，天宫晃公又敷《心论》"，弘扬《阿毗昙心论》。

二 《涅槃》《成实》并弘

涅槃学派的学者，尤其是慧观、慧远一系，参与了求那跋摩、僧伽跋摩的译场，应该对毗昙学非常熟悉。僧镜[5]是慧观的弟子，他曾参与《杂阿毗昙心论》的翻译，而且曾有注解，即是《毗昙玄论》《后出杂心序》。

法令[6]（438—506），住在定林上寺，尤其精通《阿毗昙心论》，爱好修禅。

另外，陆澄《法论目录》收有谢敷（即谢庆绪）所著《阿毗昙五法行义》，另有未知作者《阿毗昙心略解数》《阿毗昙心杂数林》。[7]

僧柔[8]（431—494），曾在慧基门下学习，僧旻曾经评价说"齐时重僧柔，影《毗昙》以讲论"[9]，这是说僧柔引用毗昙来诠释《成实论》。

---

① 慧皎：《高僧传》卷八《僧盛传》，《大正藏》第50册，第381页上。
② 道宣：《续高僧传》卷五《僧韶传》，《大正藏》第50册，第460页上—中。
③ 道宣：《续高僧传》卷一五《昙迁传》，《大正藏》第50册，第572页上。
④ 道宣：《续高僧传》卷九《慧弼传》，《大正藏》第50册，第494页下—495页中。
⑤ 慧皎：《高僧传》卷七《僧镜传》，《大正藏》第50册，第373页中—下。
⑥ 道宣：《续高僧传》卷五《法令传》，《大正藏》第50册，第465页中—下。
⑦ 僧祐：《出三藏记集》卷一二，《大正藏》第55册，第84页中。
⑧ 慧皎：《高僧传》卷八《僧柔传》，《大正藏》第50册，第378页下—379页上。
⑨ 道宣：《续高僧传》卷五《僧旻传》，《大正藏》第50册，第462页中。

智林[①](409—487)，是道亮的弟子，“博采群典，特善《杂心》”，著有《毗昙杂心记》。

智藏(458—522)，讲《阿毗昙心论》，而且著义疏，流行于世。

慧暅[②](515—589)，曾在龙光寺从僧绰学《成实论》，但是“属意《毗昙》并《八揵度》”。

智脱(541—607)，曾随智强学习《成实论》《毗昙》。

在刘宋时代的建康，南林寺法业、治城寺慧通、下定林寺僧镜、庄严寺昙斌等人，在《杂心论》翻译之后，通达大乘经典而又兼习《杂心论》。法业，《高僧传·慧观传》有附传，《华严经传记》亦有传记[③]，长安人，精通《大品般若经》《小品般若经》与《杂阿毗昙心论》。法业在佛陀跋陀罗的《华严经》译场任笔受，就佛陀跋陀罗学梵本《华严经》，日夜精研，穷其蕴奥，撰《华严旨归》二卷。晋陵公主为建南林寺，昙斌等人自执弟子礼，极为推崇他。

慧通[④]，沛国(江苏)人，俗姓刘。住治城寺，与豪贵名士徐湛之、袁粲等交游，而且深受孝武帝的礼遇。著有《大品般若经》《胜鬘经》《杂阿毗昙心论》等的注疏，及《驳夷夏论》《显证论》《法性论》《爻象记》等。于升明年中(477—479)示寂，世寿六十三。

毗昙学派在南北朝盛行一时，但是随着《十地经论》《摄大乘论》的流行，陈译《俱舍论》由慧恺、道岳开始弘传，研习《毗昙》的学者即已逐渐减少。但是，俱舍学与毗昙学属同一个思想体系，可以看作是毗昙学的继续和发展。到了唐代，玄奘大量传译有部论书，并重译《俱舍论》，掀起学人研究的高潮，自后旧译《毗昙》之学遂趋于衰歇；有关旧时毗昙学的著述，在唐中期《俱舍论》注释中仍然时有引用。

但是，毗昙学派阐释一切诸法实有、补特伽罗胜我的存在，以及重视因缘说的弘扬，对南北朝的玄学、神灭不灭的争论具有很大的影响。

---

① 慧皎：《高僧传》卷八《智林传》，《大正藏》第50册，第376页上—中。
② 道宣：《续高僧传》卷九《慧暅传》，《大正藏》第50册，第494页上—下。
③ 慧皎：《高僧传》卷七，《大正藏》第50册，第368页中；《华严经传记》卷二，《大正藏》第51册，第158页上—中。
④ 《高僧传》卷七，《大正藏》第50册，第374页下—375页上。

第三节
毗昙学派与六朝思想

毗昙学注重对法相的剖析，道安说“《阿含》者，数之藏府也；阿毗昙者，数之苑薮也”[①]，这是将毗昙学归入“数”，即是三学中的“慧学”。在南北朝时期，影响最大的是说一切有部的毗昙，吉藏说“阿毗昙是十八部内萨婆多部”，“《毗昙》虽部类不同，大宗明见有得道也”[②]，僧祐说“萨婆多部者，梁言一切有也，所说诸法一切有相，学内外典，好破异道，所集经书说无有我所”[③]，所以毗昙学的思想核心在于“见有”“一切有相”。

一 法体恒有与玄学崇有

“有”是指“三世实有，法体恒有”。“法体恒有”是指每一事物恒常存在着自己的法体、本性或本质。事物虽然在变化，但事物背后存在着自己的法体。毗昙学注重存在世界和种种事物的客观性，因为其着眼点在客观世界的结构方面。“三世实有”是指事物本身的法体在时间上无论是过去的、现在的或未来的都横亘存在，在三世中的事物本身并没有显著差别，但却存在着一种是否已起作用的差异。过去的东西已经起作用，但其法体仍然继续存在而没有消失；现在的东西正在发生作用；未来的东西将来会发生作用。

《阿毗昙心论》和《杂阿毗昙心论》的《界品》都有一首相同的偈颂：

> 诸法离他性，各自住己性；
> 故说一切法，自性定所摄。[④]

---

① 僧祐：《出三藏记集》卷一，《大正藏》第55册，第70页上。
② 《三论玄义》，《大正藏》第45册，第2页中、3页上。
③ 僧祐：《出三藏记集》卷三，《大正藏》第55册，第20页上。
④ 《阿毗昙心论》卷一，《大正藏》第28册，第810页中；《杂阿毗昙心论》卷一，《大正藏》第28册，第880页中。

牛具牛性，马具马性，这叫“各自住己性”；马不具牛性，牛不具马性，这叫“诸法离他性”。此中“牛”“马”是个体，牛性、马性是牛、马个体的本质规定，“一切法”如所有牛、马个体之物，全在于它们各住于“己性”之中。这里，“己性”即是“自性”，就是先于个体事物存在的“法体”。这就是说，“一般”不是存在于个别之中，而是可以脱离个别并先于个别的存在。因此，是先有牛性、马性的存在，才有牛、马的存在；牛性、马性是牛、马得以存在之“因”；同样，牛、马之作为概念，是黑牛、白马等生动个体的原因。《阿毗昙心论·界品》说“法相者常定”①，意指现象与本质的统一，永远不会变异，有此本质，必有此现象，反之亦然。

同时，毗昙学亦强调诸法“空”，但如吉藏所说“小乘观行，先有法体，析法入空”②，“先有法体”即是指法的实体可以脱离并独立于“法”，“本质”可以脱离并先于现象而存在，或者说，“本质”是一种先于存在的存在。在阿毗昙那里，这样的法体即本质，就是“自性”。③ “析法入空”即是“分析空”，如道标《舍利弗阿毗昙序》说“原其大体，有无兼用”④，“有”就是有法相、相用，亦是指法体先有；“无”指因缘性空，性空是在因缘条件下才有意义。所以，毗昙学的“有”，并不排斥“无”，甚至与般若学非常相似。

毗昙学强调法体恒有，而“相用”的生起则是依于因缘，于是“因缘”在生起现实事物中起决定性作用。真谛在介绍说一切有部思想时，举例说，“如地水等能生谷芽，若无人功，以谷子安置地中，芽终不得生”⑤，以谷子作为“种类”“自性”的譬喻，用地、水、人功等作为“作用”的譬喻，接近于中国的思想，所以在中国非常流行。姚兴《通三世论》说：

> 如火之在木，木中欲言有火耶，视之不可见，欲言无耶，缘合火出。⑥

姚兴认为，“木”之能够燃烧，在于木有“火性”；此“火性”恒贯三世，只要条件充足，一定能够显示出来，这与毗昙学法体、自性不灭的思想是一致的。

---

① 《阿毗昙心论》卷一，《大正藏》第 28 册，第 809 页上。
② 《大乘玄论》卷一，《大正藏》第 45 册，第 18 页下。
③ 杜继文：《泛说佛教毗昙学与玄学崇有派》，《中华佛学学报》1999 年第 12 期。
④ 僧祐：《出三藏记集》卷一，《大正藏》第 55 册，第 71 页上。
⑤ 《随相论》，《大正藏》第 32 册，第 158 页下。
⑥ 道宣：《广弘明集》卷一八，《大正藏》第 52 册，第 228 页中。

万物各住己性，法体不灭，这与玄学崇有派的观点类似，二者的类似亦是毗昙学能在刘宋时代流行的重要思想背景。慧远《阿毗昙心序》归纳此论的中心思想时，提出“定己性于自然”，而且说“己性定于自然，则达至当之有极”[①]，“自然”就是“己性”所隶属的种类；从人生修养来说，一旦掌握“己性”所属的种类，其行为自然能恰如其性。罗含《更生论》说“人物变化，各有其性，性有本分，故复有常物”[②]，世间人事和万物的变化，都不能逾越它们各自禀赋的性分；性分是绝对不变的，故称为“常物”。佛教思想家借用了玄学的“性”“分”“自然”等概念来理解毗昙学，一方面是因为二者具有相似共通之处，另一方面亦为毗昙学在六朝的发展提供了思想的参照。

玄学的崇有派，主要有向秀、裴頠、郭象等人，裴頠“崇有”、郭象“独化”的思想皆表现了玄学中的对“有”的阐释。《晋书》卷三五《裴頠传》收录了《崇有论》，论文说：

> 夫总混群本，宗极之道也。方以族异，庶类之品也。形象著分，有生之体也。化感错综，理迹之原也。夫品而为族，则所禀者偏；偏无自足，故凭乎外资。是以生而可寻，所谓理也；理之所体，所谓有也；有之所须，所谓资也，资有攸合，所谓宜也；择乎厥宜，所谓情也。[③]

裴頠明确指出：第一，现实世界中的群有、众有就是最后、最高的本原、本体，此外别无本体了。这个“群本”或“群有”，当然是指具体的有或实有，即具体、个体的存在者。第二，群有间是相互作用的，而这种作用是有“理”可寻的。裴頠认为，“形象著分，有生之体也”，即每一个个体之有就是其存在、生存之体。而在这些个体之有的群有之间并不是绝对隔绝的，它们有联系，所以构成了一些种和类，此即谓“方以族异，庶类之品也”。群有在联系中必然相互作用和影响，即“化感错综”；有作用和影响，自然就有迹可寻，有理可找。裴頠具体指出：“夫品而为族，则所禀者偏；偏无自足，故凭乎外资。是以生而可寻，所谓理也。”每一个存在都不是绝对完全自足的，它的生存同样要“凭乎外资”；每类存在同样也不是绝对完全自足的，它的生存同样要“凭乎外资”。这样，群有中的一个个的由自然构成

---

① 僧祐：《出三藏记集》卷一，《大正藏》第55册，第72页下。
② 僧祐：《弘明集》卷五，《大正藏》第52册，第27页中—下。
③《晋书》卷三五，中华书局，1974年，第1044页。

一个相互作用的存在总体，这就是“总混群本”的真实含义。群有间的联系当然不是杂乱无章的，必有一定的法则或规律，此即“理”。

所以，裴頠“有”论强调生命由两大因素构成，其一是来自族类，其二是凭借“外资”。族类与毗昙学的“类”“自性”概念类似，“外资”即是因缘的概念，当然毗昙学对“缘”的分析比裴頠的“外资”更为丰富、详细。

二 | 毗昙学与神不灭的论证

“形灭神不灭”，是体现中国佛教特色的重要命题。毗昙学说“三世实有”的第一个用途，就是给这一命题以佛教义学的依据，而且很快得到名士们的响应，引起“神不灭”与“神灭”的论辩，成为东晋南北朝玄谈的重要内容。东晋郗超撰《奉法要》，孙绰著《喻道论》，都以心神不灭、三世因果为佛教根本宗旨；到了庐山慧远，不顾鸠摩罗什之批评，作《沙门不敬王者论》和《明报论》等广为阐扬。在中国佛教范围内，神不灭论成为定论。南朝何承天推举慧琳的《白黑论》，自撰《达性论》《报应问》，立“形毙神散”之说，向神不灭论提出挑战，立即引发颜延之、宗炳等人的驳难。后者所著《明佛论》，《老》《庄》《易》三玄并用，可算是玄学中维护佛教神不灭论的代表性作品。

众所周知，南朝梁范缜撰《神灭论》，是驳斥佛教神不灭论的最有力的文章，梁武帝敕高僧大德、王公朝贵六十二人进行围剿，固然已经超出玄学论辩的界限，但沈约之《神不灭论》《难范缜〈神灭论〉》等，依然是玄辩性质，而不是以势压人。当时受诏奉答的学僧中，领袖人物如法云流，虽为成实师，同时又是毗昙学者，本来就是神不灭论者。由此作为结论性的成果，可以梁武帝的《神明成佛义记》为代表。

慧远在《沙门不敬王者论》第五中，论证了“形尽神不灭”，指出人在五蕴集合之外，还有一个统合这些思想、感受的主体存在着，那就是“神”：

> 夫神者何耶？精极而为灵者也。……神也者，圆应无主，妙尽无名。感物而动，假数而行。感物而非物，故物化而不灭；假数而非数，故数尽而不穷。[1]

---

① 僧祐：《弘明集》卷五，《大正藏》第52册，第31页下。

慧远由世俗谛施设"精极而为灵"的"神",这是用中国思想的话语,作为统合人觉知思想的主体,从而成立受报主体。毗昙学中对受报主体的论述,如《三法度论·恶品》谈到犊子部依于灭、受、过去三种施设成立"不可说我"[①],慧远在展读犊子部《三法度论》后,产生探究受报主体思想的兴趣,于是提倡"神不灭",甚至深入分析受报主体——"识"的相续性、刹那灭性等问题。

宗炳《明佛论》提到"业"的思想:

> 六度之诚,发自宿业。感见独朗,亦当屡有其人,然虽道俗比肩,复何由相知乎?然则粗妙在我,故见否殊应,岂可以己之曜于光,而疑佛不见存哉?夫天地有灵,精神不灭明矣。……神不可灭,则所灭者身也。[②]

此生种种行业,皆因前生宿业之熏习所染故。此处所说的"宿业",也包含了前生曾经所言所行而成的表业,以及用以推动行为之意念的无表业两类,而人所以有言语行为,最终之判断仍在"思"(推动行为之意志)。所以,宗炳以"思"为根本,说"精神不灭""神不可灭""所灭者身矣"。

宗炳在《明佛论》中,以"法身"为神,阐释了"识"的问题:

> 然群生之神,其极虽齐,而随缘迁流,成粗妙之识,而与本不灭矣。……生育之前,素有粗妙矣,即本立于来生之先,则知不灭于既死之后。[③]

宗炳认为群生推其极,皆得法身之齐,但因随缘迁流,在生育之前,就已各成粗妙之识,而与法身一样得而不灭。所以由此论证,神既能成于生育之前,自然也可以不灭于既死之后,由此说神不灭。"识"是指意识及其了别作用,还"能澄不灭之本",就识的性质来看是清净的,可以使心灵之染污不净"损之又损",因此达致"法身"清净之境。宗炳所言之"识",亦"思"之主体。

---

① 《三法度论》卷中,《大正藏》第25册,第24页中。
② 僧祐:《弘明集》卷二,《大正藏》第52册,第13页中。
③ 僧祐:《弘明集》卷二,《大正藏》第52册,第10页上。

第九章　南朝建康禅学

南朝时期的建康禅学,包括了楞伽禅法、传统的禅法以及本土禅法等多样的类型。楞伽禅的起点在建康,一是因为四卷《楞伽经》译于建康,二是因为以《楞伽经》传宗的菩提达摩在建康江北曾经留住数年。传统的禅法类型,是由佛陀跋陀罗、昙摩密多等弘传的禅法。本土禅法则以傅大士和宝志为代表,体现了中国禅的特色。

第一节
《楞伽经》的译出与楞伽师资

一 四卷《楞伽经》的翻译

《楞伽经》在汉语佛教史上有四译，一是昙无谶译《楞伽经》四卷，早已佚失，二是刘宋求那跋陀罗译四卷本，三是元魏天竺三藏菩提留支译《入楞伽经》十卷，四是唐实叉难陀译七卷本《大乘入楞伽经》，后三种存。此经的存缺和译出先后，在经录中早已注明："《楞伽阿跋多罗宝经》四卷，宋天竺三藏求那跋陀罗译（第二译），……《入楞伽经》十卷（一帙），元魏天竺三藏菩提留支译（或三译），《大乘入楞伽经》七卷，大唐天后代于阗三藏实叉难陀译（新编入录，第四译）。右三经同本异译（新旧四译，一译阙本）。"[①]缺本的是第一次译出的昙无谶译本，"《楞伽经》四卷，北凉天竺三藏昙无谶译（第一译）。右一经，前后四译，三存一阙"[②]。

与禅宗相关的是求那跋陀罗译出的四卷本。虽然此经存有三译，而且从译本的角度看，"唐之七卷文易义显，始末具备"[③]。但影响最大的还是求那跋陀罗译本，原因就在于此经是达摩指定的宗经。此版本译于刘宋元嘉二十年（443），于道场寺，慧观等笔受。《出三藏记集》录出此经时，未标明译时。《历代三宝纪》则开始标出译时"《楞伽阿跋多罗宝经》四卷（元嘉二十年于道场寺译，慧观笔受）"[④]。

至于译出的地点，《出三藏记集》经录，明确地说是在道场寺，"《楞伽阿跋多罗宝经》四卷（道场寺译出）"，包括此经在内的一批经典，"宋文帝时，天竺摩诃乘法师求那跋陀罗，以元嘉中及孝武时，宣出诸经，沙门释宝云及弟子菩提法勇传译"[⑤]。但此书的《求那跋陀罗传》则说是在丹阳郡，"于丹阳郡译出《胜鬘》《楞伽经》，徒众七百余人，宝云传译，慧观执笔。往复咨析，妙得本旨"[⑥]。后来慧皎《高僧传》在《求那跋陀罗传》也如此说。南朝时期，丹阳郡治所就在建康，但是这则

---

① 智昇:《开元释教录》卷一一。
② 智昇:《开元释教录》卷一四。
③ 如玘:《楞伽经注解》,《大正藏》第 39 册,第 343 页下。
④ 费长房:《历代三宝纪》卷一,《大正藏》第 49 册。
⑤ 僧祐:《出三藏记集》卷二,《大正藏》第 55 册,第 13 页上。
⑥ 僧祐:《出三藏记集》卷一四,《大正藏》第 55 册,第 105 页中。

资料没有具体说明在建康的译经寺院，而在同一处资料中，对求那跋陀罗其他的译经寺院则有明确说明，比如，“出经于祇洹寺，集义学诸僧译出《杂阿含经》，东安寺出《法鼓经》”。道宣也曾经记为此经译于扬都，“《楞伽阿跋多罗宝经》(四卷九十二纸)，宋元嘉年求那跋陀罗于扬都译”①。扬都也是指建康。但在此著的另一处，则明确说明是在道场寺译出的，“《楞伽阿跋多罗宝经》四卷(元嘉二十年道场寺译，慧观笔受)”②。

也有人把在道场寺译出和丹阳郡译出并列起来，似乎是有两处不同的说法，“《楞伽阿跋多罗宝经》四卷(第二出，元嘉二十年于道场寺译，慧观笔受，……《高僧传》云丹阳郡出)”③。道场寺就在丹阳郡的建康。

求那跋陀罗《楞伽经》的译场在道场寺，后世基本上没有异议，但是也有个别的说法与此不同，认为是在草堂寺，“刘宋元嘉十二年(应当是二十年，引者注)中，天竺三藏求那跋陀罗于金陵草堂寺译成四卷，唯一品，来文未足，题曰《楞伽阿跋多罗宝经》”④。这是天册金轮圣神皇帝(武则天)提到的，她的这篇序言，收入宋僧宝臣的《注大乘入楞伽经》，草堂寺在钟山，也称山茨精舍。据《慧约传》载，“齐中书郎汝南周颙为剡令，钦服道素，侧席加礼，于钟山雷次宗旧馆造草堂寺，亦号山茨，屈知寺任。此寺结宇山椒，疏壤幽岫，虽邑居非远，而萧条物外”⑤。《北山录》的记载则更为简洁，“齐周颙于钟山雷次宗旧馆立草堂寺，或谓之山茨，求慧约为寺任”⑥。武则天以为此经译于草堂寺，与历史上的说法不同，不知何据，这个说法也许不能成立。

二 | 楞伽师二代

菩提达摩确定了他所传的宗门与《楞伽经》的关系，奠定了此经的宗经地位。从达摩到神秀，代代依《楞伽经》传宗，虽然说从四祖道信开始兼重般若类经典，

① 道宣:《大唐内典录》卷六。
② 道宣:《大唐内典录》卷四。
③ 智昇:《开元释教录》卷五。
④ 天册金轮圣神皇帝(武则天):《新译大乘入楞伽经序》,《大正藏》第39册,第434页中。
⑤ 道宣:《续高僧传》卷六《慧约传》,《大正藏》第50册,第468页下。
⑥ 神清:《北山录》卷八,《大正藏》第52册,第623页下。

但对于《楞伽经》的重视是一致的。这一系的传承,唐代禅门北宗僧人净觉专门写有《楞伽师资记》(又称《楞伽师资血脉记》),对修习《楞伽经》的楞伽师的传承做了系统的记述,从译者求那跋陀罗开始,一直记到神秀门下的两位弟子普寂和义福。《楞伽师资记》写在道宣的《续高僧传》之后,其中明确提到《续高僧传》,比如讲僧粲禅师一段,则说:"按《续高僧传》曰:可后,粲禅师,隐思空山,萧然净坐,不出文记。"据《续高僧传》,则称"可禅师后,粲禅师、惠禅师、盛禅师、那老师、端禅师、长藏师、真法师、玉法师(已上并口说玄理,不出文记)"[①]。净觉禅师综合了《续高僧传》中的相关记载,但是,可能是出于神秀一系的缘故,净觉叙述的内容更为丰富。为了说明这一系的师资,此处主要依《楞伽师资记》,讨论最初二位代表人物,以此来突出与建康佛教有关联的《楞伽经》的译出地、译者、传播者,突出达摩选择和传承此经对于禅宗的意义。

1. 求那跋陀罗

对于求那跋陀罗,《师资记》列为第一,但对《楞伽经》的译出情形,记载则非常粗糙简单:"元嘉年,随船至广州,宋太祖迎于丹阳郡,译出《楞伽经》"[②]。也谈到了他除了译经,还宣讲禅法安心法门:

> 今言安心者,略有四种:一者背理心,谓一向凡夫心也。二者向理心,谓厌恶生死,以求涅槃,趣向寂静,名声闻心也。三者入理心,谓虽复断障显理,能所未亡,是菩萨心也。四者理心,谓非理外理,非心外心,理即是心,心能平等,名之为理,理照能明,名之为心,心理平等,名之为佛心。会实性者,不见生死涅槃有别,凡圣为异,境智无二,理事俱融,真俗齐观,染净一如,佛与众生,本来平等一际。

但对于他的第一的地位,以及禅的讲说所体现的禅师地位,禅门保唐系表示不认可:

> 僧迦罗叉付嘱菩提达摩多罗,西国二十九代除达摩多罗,即二十八代

---

① 道宣:《续高僧传》卷二五,《大正藏》第50册,第666页中。

② 《楞伽师资记》,《大正藏》第85册。

> 也。有东都沙门净觉师，是玉泉神秀禅师弟子，造《楞伽师资血脉记》一卷，接引宋朝求那跋陀三藏为第一祖，不知根由，或乱后学，云是达摩祖师之师。求那跋陀自是译经三藏，小乘学人，不是禅师，译出四卷《楞伽经》，非开受《楞伽经》与达摩祖师。达摩祖师自二十八代首尾相传，承僧迦罗叉。[①]

《历代法宝记》明确强调求那跋陀罗不是禅师，因而也否认了他的这些关于禅的见解，认为他只是小乘师。其实，在慧皎的《高僧传》之《求那跋陀罗传》中，曾经说明求那跋陀罗"辞小乘师，进学大乘"，他也努力学习"宋言"，用汉语讲经说法。实际上，净觉关于求那跋陀罗禅学思想的描述，也是应该值得重视的。

《历代法宝记》是保唐宗的作品，这里记载的西天祖师传承，还不是后世定型的二十八代说法，把菩提达摩和达摩多罗合为一个人[②]，在此讨论的求那跋陀罗只是译出了《楞伽经》，并没有将此经传给菩提达摩。

2. 菩提达摩

依《楞伽师资记》，菩提达摩为第二位，"魏朝三藏法师菩提达摩，承求那跋陀罗三藏后"。从宋代开始的禅宗史文献，并不认为菩提达摩与求那跋陀罗的这种关系，净觉此说，强调达摩与《楞伽经》的关系，他对二祖慧可说："有《楞伽经》四卷，仁者依行，自然度脱。"[③]道宣在《慧可传》中已经说过这样的话："我观汉地惟有此经，仁者依行，自得度世。"[④]这明确了达摩对于此经的重视和传承，当然，达摩的思想所涉，也不限于《楞伽经》。达摩曾经在南朝梁代到过建康，渡江后到过长芦寺，又在定山寺停留两年以上。在《楞伽经》的译出地，达摩能够了解此经，他到中原，将此经又传给了慧可。达摩讲四个"如是"，如是"安心""发行""顺物""方便"，其中安心的观念和《楞伽师资记》中提到的求那跋陀罗安心有一致之处。《楞伽师资记》还提到，达摩专门讲授过《楞伽经》，"菩提师又为坐禅众释《楞伽要义》一卷，有十二三纸，亦名《达摩论》也"。为什么叫"亦名"？因为达摩的《二入四行论》也称《达摩论》。净觉也提醒，在他的这个时代，对《达摩论》，就已经有伪造的了，"自外更有人伪造《达摩论》三卷，文繁理散，不堪行用"。

---

① 《历代法宝记》。

② 这一点胡适早就指出过。

③ 《楞伽师资记》。

④ 道宣：《续高僧传》卷一六《慧可传》，《大正藏》第50册，第552页中。

第二节
菩提达摩及其思想

一 菩提达摩在建康

菩提达摩是禅宗所认为的西天第二十八祖和东土第一祖，在楞伽宗系列，他是楞伽二祖。一般认为他是在嵩山少林寺创立禅宗，其实他和南京有着重要的关系，但对于这种关系，人们一般只关注他和梁武帝的谈话，说明达摩的佛教理念和梁武帝之不同，而很少关注达摩渡过长江后停留在建康两年左右之事。达摩在建康，是禅宗史上的重要事件，也从一个方面体现了建康在禅宗史上的重要地位。

菩提达摩的事迹和思想被后人加入了许多传说的成分，这正显现了其重要性，因为正史资料的不足，才有传说的加入，有些传说，即使不是历史上确有其事的"历史真实"，但在长久的发展中，被佛教界接受，已成为"宗教真实"。

菩提达摩的生卒年不详，中国佛教史上最早对其的记载，当是北魏杨衒之《洛阳伽蓝记》，其中的"永宁寺"条说，"时有西域沙门菩提达摩者，波斯国胡人也，起自荒裔，来游中土，……自云年一百五十岁，历涉诸国"①。僧传中第一次明确为达摩作传的应该是道宣的《续高僧传》，此传卷一六有《菩提达摩传》，依此传，达摩，南印度人，婆罗门种姓，"初达宋境南越，末又北度至魏"②。此传记还没有谈到达摩到建康一事。

但《传法记》已经提及此事，日僧最澄（767—822）《内证佛法相承血脉谱》中引《传法记》云：

> [达摩]渡来此土，初至梁国，武帝迎就殿内，问云：朕广造寺度人，写经铸像，有何功德？达摩大师答云：无功德。武帝问曰：以何无功德？达摩大师云：此是有为之事，不是实功德。不称帝情，遂发遣劳过。大师杖锡行至

① 杨衒之：《洛阳伽蓝记》卷一，《大正藏》第51册，第999页下。
② 道宣：《续高僧传》卷一六，《大正藏》第50册，第551页中。

嵩山……①

在敦煌本《坛经》里，也提到了这段事迹：

使君问：弟子见说，达摩大师化武帝，帝问达摩：朕一生已来，造寺布施供养，有功德否？达摩答言：并无功德。武帝惆怅，遂遣达摩出境。

这样，达摩到金陵与梁武帝相见一事，已为禅宗界接受，后来的一些禅宗典籍对此事又做了更详细的描述，特别是谈话的内容方面，《碧岩录》等公案类作品将其列入，在禅宗界产生了巨大的影响，"达摩廓然"成为著名的公案。

依《景德传灯录》之《达摩传》，达摩在梁普通八年(527)丁未岁九月二十一日到达南海，但梁代"普通"的年号只到七年，下一年的年号则是"大通"，岁在丁未，即公元527年。此传又明确说，广州方面上表梁武帝之后，武帝遣使携其诏书到广州迎接，"十月一日至金陵"②。从上下文看，到金陵的年代也是普通八年，这么远的路，真谛走了两年，而达摩走了十来天，这中间自然有记载的错误。所以，《景德录》以注文的形式表达了作者的疑问，并引梁代宝唱的《续法记》所记，达摩是普通元年庚子(520)到南海。此传又讲，此月九日，达摩"潜回江北"，在江南金陵城停留八天。十一月二十三日到了洛阳。

关于这些有关年代的记录，不能太相信，但要做出精确的时间定位，又是较难的。其实在禅宗界抬高达摩之前，达摩更多是在民间产生影响，没有更多的文字记载留传下来。如果从对南京的文化人类学的田野调查来看，达摩在南京留下了许多故事和资料，这确切地说明了达摩确实在南京停留过。

达摩离开长江南岸，渡江到北岸的地点，在今江边幕府山，此山存有"达摩洞"。明代焦竑有《达摩洞》诗一首："神龛沿绿屿，石洞俯沧波。风雨江声壮，鱼龙夜气多。停杯今日望，飞锡向时过。欲问西来意，疏钟度薜萝。"③据传说，梁武帝与达摩相谈，机缘不契，就和宝志禅师谈及此事，宝志认为，达摩做的开示非常有水准，是观音菩萨乘愿再来。梁武帝派人去追赶达摩，达摩看到有人追来，折

① 《传教大师全集》卷二，第518页，转引自胡适：《菩提达摩考》。
② 道原：《景德传灯录》卷三，《大正藏》第51册，第219页上。
③ 葛寅亮：《金陵梵刹志》，何孝荣点校，天津人民出版社，2007年，第444页。

根芦苇过了江，这就是传统禅宗人物画经常画的一个主题，即一苇渡江。其实，所谓的苇，更应该看成是象征渡船之小，一叶扁舟。

达摩渡江到达对岸的地点，被认为是长芦寺，从幕府山到古长芦寺不是隔江直线的距离，而是向下游漂流了一段路。原来的长芦寺是和栖霞寺隔江相对，到南宋时，就因江岸的不断坍塌而移建。据光绪本《六合县志》卷三《建置志・寺观》，“长芦崇福禅寺在县南长芦镇”①。在注释性文字中，谈到达摩渡江后，“过长芦”，长芦寺因长讲习的镇而得名，寺院建筑有达摩殿、苇江亭等与达摩相关的部分。明洪武元年(1368)重修此寺，发现一些遗物，包括履一只、贝叶经一幅等，相传为达摩所遗。长芦寺现已移址，在进一步恢复建设中。

离开长芦寺，达摩又到过定山寺，上述《六合县志》“长芦寺”条又讲到达摩“过长芦，来定山，有宴坐石”。此志“定山寺”条，解释卓锡泉时说，“俗传达摩渡江至定山，思西土水，以杖卓石，遂得泉，因名”。这当然是传说。现定山寺遗址，还留有明代弘治四年(1491)的达摩像碑。此碑的拓片版，金陵刻经处有木版。

明代冯浩有诗赞定山寺卓锡泉：“天竺东西意未知，世传卓锡此山陲。九年面壁缘空幻，一苇横江也自奇。梵宇至今留法像，清泉自古说波斯。乘闲有约来登眺，莫遣钟声一皱眉。”②

由于达摩和定山寺的关系，在定山寺的原寺发掘和新寺建设过程中，也有人提出了定山寺是“中国佛教禅宗发祥地”和“禅宗祖庭”等说法③，据说历史上就有“定山寺为达摩第一道场”之说④，但学术界还没有做出多少回应。笔者认为，从学术上肯定这种说法，需要有一定的限定条件。无疑，这对提升南京佛教在禅宗史上的地位是很有价值的。

二 菩提达摩的禅学思想

菩提达摩自己并没有留下撰写的文献，有关他的思想的记载，是后人撰写

---

① 《中国地方志集成・江苏府县志辑⑥》，江苏古籍出版社，1991 年。

② 《百度百科・定山寺》，http://baike.baidu.com/view/1881613.htm，访问日期 2013 年 7 月 14 日。

③ 2008 年 10 月 11 日，由中国社会科学院佛教研究中心和南京市浦口区政府在南京浦口区珍珠泉风景区联合举办的“达摩文化暨定山寺恢复重建学术研讨会”上，提及类似的观点。

④ 于峰、吴聪灵：《南京定山寺：疑是梁武帝为达摩祖师建》，《金陵晚报》2012 年 7 月 23 日 B04 版。

的，随着菩提达摩地位的提高，出现了诸多托名达摩的作品，在敦煌文献中，也有一些与达摩相关的文献。菩提达摩的思想，与建康当然有一定的关系，尽管不能完全归结为建康时期的思想。一般认为，达摩一系的禅宗禅师之中，到四祖道信才重般若类经，但是，在达摩的思想中，也可以看出般若思想的影响。

菩提达摩的禅法，其弟子昙林归纳为“如是安心，如是发行，如是顺物，如是方便”四条，这是达摩安心法门的主要内容，其中最根本的是“如是安心，如是发行”两条，前者指的是“壁观”，后者为发四种行，达摩自己则称为“理入”和“行入”，行入又有四种，故称“二入四行”。

什么是理入？

> 理入者，谓借教悟宗，深信含生同一真性，但为客尘妄想所覆，不能显了，若也舍妄归真，凝住壁观，无自无他，凡圣等一，坚住不移，更不随于文教，此即与理冥符，无有分别，寂然无为，名之理入。①

由此可知，所谓的理入，是指对禅理的把握或悟入，从定慧两种标准看，这是达摩禅法中“慧”的部分这种悟入，达摩认为也需要借助经教，借教悟宗。这个“教”，即指佛教经典，并不是后来宗派意义上的“教门”之教；这个“宗”，乃宗通之宗，能通过自己的修习而达到对终极真理的通达或了悟，为宗通，与此相对的是说通，即通过语言文字来领会、解说最高真理。因此，“宗”是不立文字、超越语言的，《楞伽经》说：

> 宗通者，谓缘自得胜进相，远离言说、文字妄想，趣无漏界自觉地相；远离一切虚妄觉相，降伏一切外道众魔，缘自觉，趣光明辉发。②

禅宗人一般所强调的不立文字，与这一思想有关。悟宗所依赖的经教，最初是指《楞伽经》，早期禅宗资料中经常提到，达摩是以四卷《楞伽经》传法的，达摩依据《楞伽经》中的如来藏思想来悟宗，强调心性本净，客尘所染，只有去掉尘垢，自性

---

① 道原：《景德传灯录》卷三《菩提达摩略辨大乘入道四行》。
② 《楞伽经》卷三。

清净心就能自然显发。

借助如来藏理论来体悟真性，还需要通过禅修的内证来加行，这就是“壁观”。壁观是除去污染、舍妄归真的过程。对于这个壁观，后人多有不同的解释。作为一种安心法门，壁观在形式上是与坐禅相联系的，其最初的意义，是面壁而观，通过此法，而使心止于一处，舍除妄想杂念。圭峰宗密把壁观理解为“外止诸缘，内心无喘，心如墙壁”①。《景德传灯录》等作品也都是这样来理解的。另一种理解，则是把壁观看成是定心、凝心、看心，这是从禅定的角度看壁观。

由壁观而达到的内证，证得了般若中道观，无自我，也无他法，无凡夫，也无圣贤，无有妄执，并能得意而忘言。证得这种境界后，又能离却经教，是所谓借教而不依于教，最终抛弃经教语言。

因此，理入有三个步骤：借教悟宗、壁观、入真性而舍教。

什么是行入？行入是从禅修的角度具体地讨论趣入真性的方式，从定慧关系来看，当属定的部分。但达摩在这里所修习的禅法，并不是指心止于一处、凝心入定的禅定，而是更广泛意义上的修习，其实是依般若性空等原理而修头陀行，具体地讲，行入分为四：报冤行、随缘行、无所求行、称法行。

什么是报冤行？

> 谓修道行人，若受苦时，当自念言：我从往昔无数劫中弃本从末，流浪诸有，多起冤憎，违害无限，今虽无犯，是我宿殃恶业果熟，非天非人所能见与，甘心忍受，都无冤诉。②

这是依据佛教因果报应论、人生痛苦论、忍辱论等价值观和伦理观倡导对痛苦的忍受和无冤精神，因为众生当下所受的痛苦从本质上讲都源于其自身久远之际所造之业的自然果报，所以没有理由对自心以外的任何一方产生冤恨之情，自作应自受。达摩以为，只要有这样的忍辱忍苦之心，就会和第一义相符，所谓“此心生时，与理相应”③。

什么是随缘行？

---

①《禅源诸诠集都序》卷三。

② 道原：《景德传灯录》卷三《大乘入道四行》。

③ 道原：《景德传灯录》卷三《大乘入道四行》。

> 众生无我，并缘业所转，苦乐齐受，皆从缘生，若得胜报、荣誉等事，是我过去宿因所感，今方得之，缘尽还无，何喜之有？得失从缘，心无增减。[①]

报冤行指遇苦无冤，这里的随缘行则指得乐不喜，其所依据的理论也是因果报应论和业感缘起论。达摩认为，一切事法，包括人自身，都是由因缘和合而成，随着因缘的变化而变化，没有自性，对于人生所谓的喜事，不必为之心动，这不过是自心善业所感，从本质上讲，是空幻的，于苦于乐，于得于失，其实都应看到其性空的本质，以不动心视之。对于人生来讲，如何正确地对待顺境，要比正确对待逆境更困难。达摩说，如果能做到见喜不动，就合乎真性了，"喜风不动，冥顺于道"[②]。这也是达摩对习禅者提出的道德要求。

什么是无所求行？

> 世人长迷，处处贪著，名之为求。智者悟真，理将俗反，安心无为，形随运转。万有斯空，无所愿乐，功德黑暗，常相随逐，三界久居，犹如火宅，有身皆苦，谁得而安？了达此处，故舍诸有，息想无求。[③]

这里的"无求"，指没有与利欲相关的欲求、欲望，这也是基于空的思考，一切皆空，三界是空，痛苦不堪，众生其实都在火宅中受苦，不可更增其欲望，加其痛苦，而应该随顺因缘的流转（即所谓"形随运转"，这个"运"就是指的因缘），熄灭妄想杂念。无求才是真正的修行，所谓"无求真为道行"[④]。

这三种行，也可以说是佛教伦理的一般原则，佛教所提倡的基本人生准则。达摩的突出之处在于，他把这种准则和趣入真性联系起来了。在此基础上，达摩又有称法行。

什么是称法行？

> 称法行，性净之理，目之为法，此理众相斯空，无染无著，无彼无此。经

---

① 道原：《景德传灯录》卷三《大乘入道四行》。
② 道原：《景德传灯录》卷三《大乘入道四行》。
③ 道原：《景德传灯录》卷三《大乘入道四行》。
④ 道原：《景德传灯录》卷三《大乘入道四行》。

> 云：法无众生，离众生垢故；法无有我，离我垢故。智者若能信解此理，应当称法而行。……为除妄想，修行六度，而无所行，是为称法行。①

这个称法行，是按照经教中的性净之理而修行，不过根据达摩对“性净之理”的分析，实际所指的是般若性空之理，称法行之“法”，即指此理。理入时，要依如来藏自性清净心之理，而行入时，实际上是要依性空之理。

关于达摩的禅法，道宣《续高僧传·僧稠传》曾有过这样的评论：

> 稠怀念处，清范可崇；摩法虚宗，玄旨幽赜。可崇则情事易显，幽赜则理性难通。②

他指出了达摩禅法和少林寺佛陀禅师的弟子僧稠的四念处禅法的区别在于崇“虚”，达摩虚宗的特点是“遣荡”，破斥一切妄执，这就是道宣所理解的壁观。达摩又讲“罪福之宗两舍”③。这是指“行入”的内容了。在《法冲传》中，道宣又将达摩的禅法归纳为“南天竺一乘宗”，而南天竺又是龙树空宗的发祥之地。这都是强调达摩的性空思想。

---

① 道原：《景德传灯录》卷三《大乘入道四行》。

② 道宣：《续高僧传》卷一六《僧稠传》。

③ 道宣：《续高僧传》卷一六《僧稠传》。

第三节
佛陀跋陀罗与建康禅学

一 佛陀跋陀罗的生平与禅法

佛陀跋陀罗(359—429),意译为"觉贤",在《出三藏记集》卷一四、《高僧传》卷二中有传[①]。佛陀跋陀罗在北印度时,便是"以禅律驰名",常与僧加达多共游罽宾,僧加达多知道他得"不还果"。智严前往西域,遇见佛陀跋陀罗,于是邀请他前来中土。《高僧传》介绍佛陀跋陀罗的情况:

> 出生天竺那呵利城,族姓相承,世遵道学。其童龀出家,已通解经论。少受业于大禅师佛大先,先时亦在罽宾。乃谓严曰:可以振维僧徒,宣授禅法者,佛驮跋陀其人也。[②]

佛大先即是《高僧传·智严传》中的"佛驮先",所以佛陀跋陀罗与智严是同门。依此可知,佛陀跋陀罗的师父是佛大先。慧观《修行地不净观经序》详细描述了佛陀跋陀罗的师承[③]:富若蜜罗(弗若蜜多、不如蜜多)→富若罗(不若多罗、般若多罗、婆陀罗)→佛陀斯那(佛大先)、昙摩多罗(达摩多罗、昙摩罗)。[④] 富若罗编撰《修行方便禅经》后,又将此经传给自己的弟子,其弟子知名者有十五六人,其中最杰出的有二人,一为达摩多罗,一为佛大先。《萨婆多部师资记目录序》中,记载有"长安城内齐公寺萨婆多部佛大跋陀罗师宗相承略传","弗若蜜多罗汉第四十九、婆罗多罗第五十、不若多罗第五十一、佛驮先第五十二、达摩多罗菩萨第五十三"[⑤],可能是佛大先年长,所以列在达摩多罗之前。对于佛大先,《治禅病秘

---

① 僧祐:《出三藏记集》卷一四,《大正藏》第55册,第103页中—104页上。慧皎:《高僧传》卷二,《大正藏》第50册,第334页中—335页下。

② 慧皎:《高僧传》卷二,《大正藏》第50册,第334页下。

③ 僧祐:《出三藏记集》卷九,《大正藏》第55册,第66页中。

④ 对佛陀跋陀罗师承的详细考察,参见徐文明:《中土前期禅学思想史》,北京师范大学出版社,2004年,第42—44页。

⑤ 僧祐:《出三藏记集》卷一三,《大正藏》第55册,第89页中—下。

要经后序》记载：

> 天竺比丘，大乘沙门佛陀斯那，其人天才特拔，国中独步，口诵半亿偈，兼明禅法。内外综博，无籍不练，故世人咸曰：人中师子。[①]

佛大先的记忆力超人，精通禅法，是非常出色的大禅师。

到长安后，或言住大寺（《智严传》），或说宫寺（《答刘遗民书》），或说齐公寺（《出三藏记集》），或说石羊寺（《玄高传》），其实诸说并不矛盾，因为他乐于游化，未曾定居一寺。佛陀跋陀罗果然不负众望，"大弘禅业，四方乐靖者并闻风而至"，后来有些门人是"浇伪之徒，因而诡滑……大被谤读"，再加上长安的经界权威鸠摩罗什，传授大乘禅法；而觉贤所信仰的，却是小乘一切有部。法旨既然不同，觉贤只好带领弟子慧观等四十余人，离开长安，受慧远之请，南入庐山，译出禅经，传播禅法。

佛陀跋陀罗在庐山停留了将近一年，便西至江陵，受到司马休之的欢迎。不久，随刘裕东归建康，住道场寺。于是，道场寺成为南朝的"禅师窟"——禅学中心，僧弼曾在给宝林的信中说："道场禅师甚有大心，便是天竺王何风流人也。"

慧皎《高僧传·佛驮跋陀罗传》记载，佛陀跋陀罗译经十五部，《出三藏记集》记为十一部。《出三藏记集》卷二列出佛陀跋陀罗的译经，其中禅经类：

> 《观佛三昧经》八卷。
>
> 《禅经修行方便》二卷，一名《庾伽遮罗浮迷》，译言《修行道地》，一名《不净观经》，凡有十七品。[②]

现存《大正藏》中收录佛陀跋陀罗所译《达摩多罗禅经》二卷，但是未列入上述的译经中。但是，《出三藏记集·新集续撰失译杂经录》中发现，"《庾伽三摩斯经》一卷，译言《修行略》，一名《达摩多罗禅法》，或云《达摩多罗菩萨撰禅经要

---

① 《治禅病秘要法》卷下，《大正藏》第15册，第342页中

② 僧祐：《出三藏记集》卷二，《大正藏》第55册，第11页下。

集》"[1],可见在梁朝僧祐时代,《达摩多罗禅经》已经被认为是失译经,而且只有一卷。另外,隋法经《众经目录》卷三载"《达摩多罗禅经》二卷",未注明译者,但是宋、元、明三本加"东晋沙门佛陀跋陀罗译"[2],可见宋以后的藏经才加入译者名。费长房《历代三宝纪》却明确列入佛陀跋陀罗的译经,"《达摩多罗禅经》二卷,一名《不净观经》,一名《修行道地经》",而且指出是依《宝唱录》。[3]

所以,问题的焦点在于:现存二卷《达摩多罗禅经》是否就是《禅经修行方便》?《出三藏记集》卷九收录了慧远撰《庐山出修行方便禅经统序》,此序编入现存《达摩多罗禅经》卷首;另外,慧观作《修行地不净观经序》,未有相应的现存经典。慧远的《统序》提及禅知是三业之宗,与禅法在印度的渊源——如来、阿难、末田地、舍那婆斯等等传出五部;又提道:

> 今之所译出,自达摩多罗与佛大先。其人西域之俊,禅训之宗,搜集经要,劝发大乘。弘教不同,故有详略之异。达摩多罗阖众篇于同道,开一色为恒沙。其为观也,明起不以生,灭不以尽,虽往复无际,而未始出于如。故曰:色不离如,如不离色,色则是如,如则是色。佛大先以为澄源引流,固宜有渐,是以始自二道开甘露门。释四义,以反迷启归,涂以领会;分别阴界,导以正观;畅散缘起,使优劣自辨。然后令原始反终,妙寻其极,其极非尽,亦非所尽。乃曰:无尽入于如来无尽法门。[4]

这说明该禅法源于达摩多罗与佛大先,他们二人为西域禅法宗师,搜集各禅法精要,劝发大乘,但是二人的禅法各有不同。达摩多罗视所有法门为同一解脱之道,他的观行是以不生不灭、无有始终的"如"为中心,色法在当下含有"如"的本性,而本性"如"在当下也是色法,这与《般若经》所说"色即是空,空即是色"是相似的,所以达摩多罗的禅法是"顿教"法门。而佛大先的禅法则是"渐教"法门,强调应该次第修行,以数息观、不净观二甘露门为始,再解释四种义理,以阴、界、入

---

① 僧祐:《出三藏记集》卷四,《大正藏》第55册,第30页下。
② 法经:《众经目录》卷三,《大正藏》第55册,第128页上。
③ 费长房:《历代三宝纪》卷七,《大正藏》第49册,第71页上—中。
④ 僧祐:《出三藏记集》卷九,《大正藏》第55册,第66页上。

为观行的对象，于是观照缘起而破除我执。

慧观是佛陀跋陀罗的弟子，随佛陀跋陀罗一起离开长安、入庐山，参与翻译，笔受经文。所以，他所撰《修行地不净观经序》应该即是《禅经修行方便》的序。《出三藏记集》记载，该经名为《禅经修行方便》《修行道地》《不净观经》，慧远采取《修行方便禅经》，慧观采取《修行地不净观》，这可能是因为当时经名尚未确定，所以出现不同的名字。至隋代，费长房则冠以《达摩多罗禅经》。慧观的序文仍然赞叹"禅智"为佛道的宗旨，述及五部的传法，以及在罽宾的传承与弘化过程。而且，由于昙摩多罗（即达摩多罗）与佛大先的"炽盛教化"，此法渐传至汉地。

慧远《庐山出修行方便禅经统序》介绍了禅经的主要禅法：

> 其为要也，图大成于末象，开微言而崇体。悟惑色之悖德，杜六门以寝患；达忿竞之伤性，齐彼我以宅心；于是异族同气，幻形告疏；入深缘起，见生死际。尔乃辟九关于龙津，超三忍以登位，垢习凝于无生，形累毕于神化。故曰：无所从生，靡所不生，于诸所生，而无不生。①

在慧远看来，《达摩多罗禅经》的五种法门都是就禅定对象上讲对治，完成根本的转变。慧远主要阐述了四门的内容：一、了解迷惑于女色是违背道德的，应该杜塞六根以平息祸患，即是"不净观"；二、明白忿怒竞争等情绪有伤于本性，应该忘怀人我，一视同仁，即"慈悲观"；三、人身原是由水、火、风、土、空、识六界同一气化而成，加以分析，只是幻形而已，因而不必执于我见，即是"界分别观"；四、深知十二因缘的道理，即可理解生死际的本质，即是"因缘观"。这样，便能逐步进入九次第定，超越耐怨害忍、安受苦忍、无生法忍等三种忍，而达到阿罗汉的果位。

所以，佛陀跋陀罗译出《禅经修行方便》后，慧远、慧观分别作序；而且，序中皆提及"达摩多罗"。于是，后来者冠上《达摩多罗禅经》之名，而且将慧远序编入。现存《达摩多罗禅经》的主要内容，是从二甘露门（数息和不净观）方便、胜进两道各别的退、住、升、进、决定四分开始，进而观界，修四无量，观蕴、处，以至畅明缘起，达到禅定的成就。所以，现存《禅经》仅介绍了佛大先的渐修一法，而达

---

① 僧祐：《出三藏记集》卷九，《大正藏》第55册，第66页上。

摩多罗禅法则无可考。

二 佛陀跋陀罗的禅系传承

觉贤门下人才济济，知名弟子有玄高、慧观、宝云、道汪等，师资相承近一百年。

玄高[①]（402—444），俗姓魏，冯翊万年人。十二岁出家，闻关中有浮驮跋陀（即佛陀跋陀罗）禅师在石羊寺弘法[②]，便前往受学，“旬日之中，妙通禅法”，跋陀对他大加赞叹，甚至不敢受其师礼。玄高得法后，便归西秦，在麦积山隐居习禅，徒众百余人，当时有昙弘、僧隐为友。后来，玄高又从外国禅师昙无毗受法，当时有僧人谗言他谋反，于是被摈至河北林阳堂山，“徒众三百，往居山舍，神情自若，禅慧弥新，忠诚冥感，多有灵异”。而且，他的徒众皆亦有灵异，如玄绍“学究诸禅，神力自在”等。长安昙弘听说玄高被摈，便为他辩白，于是玄高返回北方，被尊为国师。玄高又游凉土，为沮渠蒙逊所敬。当时有西海樊僧印受学于玄高，稍有所获，便说得阿罗汉果；玄高现神通，去除其骄慢。439 年，北魏拓跋焘进军凉土，玄高受请随至平城，为太子拓跋晃之师。拓跋晃受人毁谤，为他的父亲怀疑，玄高便为他作金光明斋七日，拓跋焘在梦中见其祖父、父亲责问怀疑太子之事，便解除了对拓跋晃的怀疑，并下令委以军国政事。但是，当时佛、道之争激烈，寇谦之与崔浩唯恐太子继位后夺其权柄，于是向拓跋焘进谗言，诬告玄高以神勇力令先帝致梦。于是拓跋焘大怒，下令逮捕玄高，并于太平真君五年（444）九月十五日杀害了他。

玄高的弟子众多，知名者有玄绍、僧隐、玄畅。玄绍具有神通，如前述。

玄畅[③]（416—484），河西金城（今陕西南郑）人，俗姓赵。年幼时，全家被胡虏所灭，遂往凉州出家。初名慧智，后至平城（大同）师事玄高，所以改名。北魏太平真君五年（444），玄高被杀后，脱困逃离平城。在元嘉二十二年（445）八月，抵

---

① 慧皎：《高僧传》卷一一《玄高传》，《大正藏》第 50 册，第 397 页上—398 页中。

② 玄高见佛陀跋陀罗的时间问题，见徐文明：《中土前期禅学思想史》，北京师范大学出版社，2004 年，第 50—67 页。

③ 慧皎：《高僧传》卷八《玄畅传》，《大正藏》第 50 册，第 377 页上—下。

达扬州。宋文帝对他颇为尊崇，请任为太子之师。不久，移居荆州长沙寺。当时，西域沙门功德直译出《菩萨念佛三昧经》六卷、《无量门破魔陀罗尼经》一卷。玄畅为新译经典刊正文义，辞旨婉密。刘宋末年(421—479)，移住成都大石寺，自画金刚密迹等十六神像。升明三年(479)西游，见岷山郡北广阳县界有齐后山，欲终老于此，乃入山结庵，于是建立齐兴寺。齐高帝、吐谷浑主皆曾遣使迎请之，然均未如愿。及萧齐武帝即位，司徒文宣王启请迎师至京师，文惠太子亦遣使迎请他，遂泛舟东下。中途罹疾，止于灵根寺。永明二年(484)示寂，世寿六十九。玄畅“洞晓经律，深入禅要”，而且与玄高一样，占记吉凶无不灵验，于诸子之学亦多有涉猎。玄畅感叹《华严经》部帙浩瀚、旨义深远而未有义释，于是殚精竭思为此经作疏释，首开为《华严经》撰疏之风气。师又精通三论，为学者所宗，著书有《诃梨跋摩传》一篇。

法期[①]，俗姓向，蜀都陴人。十四岁出家，跟随智猛学习禅修，与灵期寺法林共同修观，尽证智猛所传授的禅法。后来，又受学于玄畅。玄畅东下江陵时，法期随从。法期对禅定造诣很深，“十住观门所得已九，有师子奋迅三昧，唯此未尽”。后来，卒于荆州长沙寺，世寿六十二。

慧绪尼[②](431—499)，俗姓周，闾丘高平人。十八出家，住荆州三层寺。持戒精严，道俗赞叹，曾修习般舟三昧。玄畅从成都回荆州，慧绪前往受学禅法，“究极精妙”。慧绪“既善解禅行，兼菜蔬励节”，于是受到豫章王萧嶷以及王妃的敬信，从受禅法。萧嶷回建康，慧绪同行，萧嶷为起精舍名福田寺。后住集善寺，临终前写偈：“世人或不知，呼我作老周，忽请作七日，禅斋不得休。”永元元年(499)卒，世寿六十九。慧绪尼有弟子德盛尼，行道习观，亲承音旨。

僧隐[③]，俗姓李，秦州陇西人。八岁出家长斋，受具足戒后，研习《十诵律》，诵《法华经》《维摩诘经》。“闻西凉州有玄高法师，禅慧兼举”，于前往受学。《玄高传》曾提及玄高在麦积山与僧隐同住。僧隐“学尽禅门，深解律要”，后来可能随玄高至平城。玄高去世后，他便到巴蜀弘扬禅法。不久，又东下江陵琵琶寺，受学慧彻，学习经律。于是，在荆楚弘扬禅法、经律，受到王公州官的尊崇。最后，八十岁时卒，有弟子智称、法琳。

---

① 慧皎：《高僧传》卷一一《法期传》，《大正藏》第 50 册，第 399 页上—中。

② 宝唱：《比丘尼传》卷三《慧绪传》，《大正藏》第 50 册，第 943 页下—944 页中。

③ 慧皎：《高僧传》卷一一《僧隐传》，《大正藏》第 50 册，第 401 页中—下。

法琳[1]，俗姓乐，晋原临邛人。少年出家，住在蜀郡裴寺，专研《十诵律》。僧隐至蜀地后，便前往受学，在律学方面具有很深的造诣。后住灵建寺，一心愿往生西方净土，常诵《无量寿经》和《观无量寿经》。

智称[2]（430—501），山西闻熹人，俗姓裴。出生于江苏京口，十七岁随军出征，痛恶杀生。偶读《瑞应经》而感悟，于是从南涧之禅房宗受五戒，皈依益州的仰禅师。仰师返回四川汶江后，智称随他前往裴寺出家，时年三十六岁。尤其精通《十诵律》，不久，下江陵，从"隐、具二师更受禅律"。此处"隐具二师"，即是《僧稳传》后附"时江陵上明寺复有成具律师，亦善《十诵》及《杂心毗昙》等"，因此智称是随僧稳习禅，从成具学《十诵律》。后因遇嘉义之乱而移住建康，在兴皇寺法颖的讲律及定林寺法献的讲座中，而加深了对戒律的理解。后受余杭宝安寺僧志的邀请，开讲《十诵律》，任云栖寺寺主。后来，返回建康，住安乐寺、法轮寺，讲《十诵律》达三十余遍，著《十诵义记》八卷。南齐永元三年（501）示寂，世寿七十二。弟子有僧辩、法超、法聪等。

僧印，在《高僧传》卷八有以《法华经》著称的僧印，二者非同一人。玄高的弟子僧印，《名僧传》有传。[3] 俗姓樊，金城榆中人，与玄高为同乡。出家后，为玄高的弟子，心性单纯敦厚，对修行则"心道聪利"。传中说"修大乘观，所得境界，为禅学之宗"，说明僧印通达大乘观门，此"大乘"可能是指观佛三昧的禅观。僧印曾教导一僧习禅，后此僧随愿往生。僧印诵经礼忏不断，后住长安大寺，世寿六十余。

玄高一系既为定学之宗，而且重视戒律与智慧，三学并重，止观双开，使佛陀跋陀罗的禅学大弘于南北。后来，由于玄畅对《华严经》特有体悟，可能融合华严观门与五门禅法，融大小乘禅法为一体，所以法期才会修习"十住观门"。

佛陀跋陀罗禅系的传播区域，一是以成都为中心，一是以荆州为中心，这主要是玄高一系的弘化区域；另外便是以建康为中心，因为慧观、宝云等一批人皆是跟随他从长安到建康。道汪[4]（？—465），在庐山慧远座下出家，"研综经律，雅善《涅槃》"。闻玄高禅慧高深，于是前往访求。因为战乱，转住成都，教化盛行于

---

① 慧皎：《高僧传》卷一一《法琳传》，《大正藏》第 50 册，第 402 页上—中。
② 慧皎：《高僧传》卷一一《智称传》，《大正藏》第 50 册，第 402 页中—下。
③ 宝唱：《名僧传抄》，《卍新续藏》第 77 册，第 355 页下—356 页上。
④ 慧皎：《高僧传》卷七《道汪传》，《大正藏》第 50 册，第 371 页下—372 页上。

巴蜀。慧观[①]原学于鸠摩罗什，后又从佛陀跋陀罗学习禅法，一起翻译经典，在思想与禅法方面深受佛陀跋陀罗的影响。宝云[②]（376—449），亦是凉州人，于晋隆安（397—401）初远游西域、于阗等地，并遍学梵文，后还长安，随佛陀跋陀罗学禅法，禅师被摈后，住于六合山寺译经并弘法，结交慧观等友，对当时的译经颇有贡献，所以被慧皎列入"译经篇"。

总结佛陀跋陀罗的禅系，如下图所示：

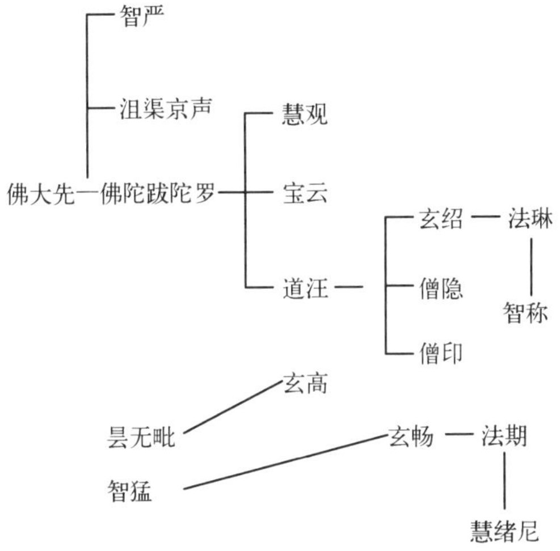

图 9.1 佛陀跋陀罗的禅系传承

与此禅系有关联的三位禅僧为沮渠京声、智严、智猛，皆与宝云一样，同为甘肃、陕西的高僧，皆赴西域，瞻仰圣迹，禅观修学；归国后，南下宋境，翻译经典，偏好山林静修。

沮渠京声[③]，北凉武宣王沮渠蒙逊（402—433年在位）之从弟，封为安阳侯。其人博学多闻，尤善谈论。昙无谶于北凉翻译佛典，沮渠京声受学于昙无谶，奉持五戒，讽诵佛经。不久，至于阗国，于衢摩帝大寺遇佛陀斯那，受《禅要秘密治病经》（即《治禅病秘要法》）。又于高昌郡得《观弥勒菩萨上生兜率天经》及《观世音观经》。后来，返回河西，于北凉永和年中，译出《禅要》二卷。宋元嘉十六年（439），北凉亡国，沮渠京声于是逃入南朝宋国。之后，不交世务，常游止于诸方

① 慧皎：《高僧传》卷七《慧观传》，《大正藏》第50册，第333页下。
② 慧皎：《高僧传》卷三《宝云传》，《大正藏》第50册，第339页下—340页上。
③ 慧皎：《高僧传》卷三，《大正藏》第50册，第337页上。

寺塔。并曾译出《观弥勒菩萨上生兜率天经》及《观世音观经》各一卷。宋孝建二年(455),应慧濬尼的邀请,于钟山定林上寺译出《佛母般泥洹经》一卷。平素独居,不蓄妻奴,不欲营利,从容过活,犹如僧徒。宋大明(457—464)末年,感疾而寂,享年不详。其所译经之现存于藏经中者,有《八关斋经》、《观弥勒菩萨上生兜率天经》、《净饭王般涅槃经》、《谏王经》、《末罗王经》、《旃陀越国王经》、《摩达国王经》、《佛大僧大经》、《耶只经》、《五无反复经》(与此同名之经有二部)、《进学经》、《弟子死复生经》、《迦叶禁戒经》、《五恐怖世经》等各一卷,《治禅病秘要法》二卷,共十六部十七卷。

智严[①](350—427),西凉人,弱冠出家,以精勤著称。后为博访名师,广求经法,于是周游西域,至罽宾,就摩天陀罗精舍的佛驮先(佛大先)学禅法。居三年,颇受器重,"渐染三年,功踰十年",而且当地人赞叹说:"秦地乃有求道沙门矣。"后来,邀请佛陀跋陀罗至长安,住大寺。佛陀跋陀罗被摈后,智严亦离开住山东精舍,"坐禅诵经"。晋义熙十三年(417),宋孝武帝西伐长安,克捷之后,出游山川遇智严,于是邀请至建康始兴寺,后又迁住枳园寺。后因怀疑不得戒,于是又前往天竺,遇罗汉入定问弥勒。回到罽宾后,无疾而化,世寿七十八。

智猛[②],雍州京兆新丰(陕西临潼)人。幼年出家,专志修业。听闻天竺国有释迦佛的遗迹与方等经,于是立志远游。后秦弘始六年(404),与同志沙门十五人从长安出发,西行出阳关,经历鄯善、龟兹、于阗诸国,备察其风俗。又越葱岭,达罽宾国,历访迦维罗卫国、摩羯提国、华氏城之佛迹。后来,于华氏城访大智婆罗门罗阅宗,得《泥洹经》,又访得《摩诃僧祇律》及余经之梵本。宋元嘉元年(424),自天竺返回,遂归凉州。同行之僧或退或死,归途时唯昙纂一人为伴。于凉州译出《大般泥洹经》二十卷。元嘉十四年(437)入蜀,十六年(439)七月于钟山定林寺作《外国传》四卷,记述游历事迹。元嘉末年,寂于成都。所译《泥洹经》及《外国传》等,今皆不传。智猛曾在罽宾遇大阿罗汉,应该有机会学习罽宾的禅法,否则法期不会随他学习禅法。

慧通[③]是关中人,住在长安太后寺,蔬食持咒,诵《增一阿含经》。最初,从凉州禅师慧诏谘受禅业,"法门观行,多所游刃",修禅观而祈心往生西方安养国。

---

① 慧皎:《高僧传》卷三《智严传》,《大正藏》第 50 册,第 339 页上—下。
② 慧皎:《高僧传》卷三《智猛传》,《大正藏》第 50 册,第 339 页上—下。
③ 慧皎:《高僧传》卷一一《慧通传》,《大正藏》第 50 册,第 398 页下。

慧诏是否即是"玄绍",这是值得注意之处;此外,当时佛陀跋陀罗在长安阐扬禅法,所以,慧通有可能是这一系的传人。

从佛陀跋陀罗至智称,这一系统的禅法流传东土近九十年之多,这在中国佛教史上,当时可以说是空前未有。[①]《高僧传·习禅篇》说:

> 沙门智严躬履西域,请罽宾禅师佛驮跋陀,更传业东土。玄高、玄绍等,亦并亲受仪则。出入尽于数随,往返穷乎还净。其后僧周、净度、法期、慧明等,亦雁行其次。然禅用为显,属在神通。[②]

慧皎介绍了佛陀跋陀罗一系的传承,而且提出初期的禅法常涉及神通,所以慧皎说:"禅用为显,属在神通。"

① 冉云华:《中国禅学研究论集》,台北东初出版社,1990年,第18页。
② 慧皎:《高僧传》卷一一,《大正藏》第50册,第400页中—下。

第四节
昙摩密多、畺良耶舍与建康禅学

刘宋期间的中国禅师大都学习佛陀跋陀罗的禅法，也都是以罽宾的禅法为主。宋末齐初的僧审转向昙摩密多的禅法。这两位西域禅僧所传门的五门禅法，亦有一些差别。而僧审通过对比丘尼的传授，让昙摩密多的禅法流传于南朝。

一 昙摩密多的生平与禅法

昙摩密多[①](356—442)，意译法秀，罽宾人。七岁出家，受学于多位明师，又能“博览群经，特深禅法”。昙摩密多性好游方，誓志弘化。初至龟兹，为国王授戒。后至敦煌，于旷野建立精舍。又入凉州，兴建堂宇，大弘禅业，学徒济济。宋元嘉元年(424)入蜀，很快又转至荆州，居长沙寺，营建禅阁。最后抵建业，住中兴寺，名声远播，宋文哀皇后、皇太子、公主莫不设斋、请戒，于祇洹寺译出《五门禅经要用法》《观普贤菩萨行法经》《观虚空藏菩萨经》各一卷，并以禅法指导后进，世称大禅师或连眉禅师。其后，赴鄮县(今浙江宁波一带)建立塔寺，致力于教化。元嘉十年(433)返回建业，住钟山定林下寺。后建定林上寺，并译出《禅秘要经》三卷。元嘉十九(442)年，示寂于定林上寺，世寿八十七。

依《出三藏记集》卷二，昙摩密多的译经如下[②]：

> 《观普贤菩萨行法经》一卷，或云《普贤观经》，下注云：出《深功德经》中；
> 《虚空藏观经》一卷，或云《观虚空藏菩萨经》；
> 《禅秘要》三卷，元嘉十八年译出，或云《禅法要》，或五卷；
> 《五门禅经要用法》一卷。

---

① 慧皎：《高僧传》卷三《昙摩密多传》，《大正藏》第50册，第342页下—343页上。
② 僧祐：《出三藏记集》卷二，《大正藏》第50册，第12页中—下。

僧祐、慧皎皆提到，昙摩密多所译经为四部，但是现存《大正藏》却收录了七部，其中《虚空藏菩萨神咒经》《转女身经》《象腋经》《诸法勇王经》是后世补入的。而且，《禅秘要》三卷似乎已经遗失了。

昙摩密多的禅法，依其译经，可以看出皆具小乘、大乘的禅法。《五门禅经要用法》是传承小乘禅法而分五门：安般、不净、慈心、观缘、念佛。五门是依众生的烦恼而有五种的差别：1. 乱心多者——安般，2. 贪爱多者——不净，3. 嗔恚多者——慈心，4. 著我多者——因缘，5. 心没者——念佛。[①] 而《观普贤菩萨行法经》是一部大乘的禅经，完全脱离小乘不净、数息等传统的法门，而趣向大乘佛教的观行，主要有普贤观门、忏悔六根罪法，及忏悔后之功德。该经是以"心念大乘"为轴心，并强调忏悔的重要性，整个禅修结构包括忆念、遍礼十方佛、作愿、忏悔等四个修行过程。经中说"昼夜六时，礼十方佛，诵大乘经，思第一义甚深空法，一弹指顷，除去百万亿亿阿僧祇劫生死之罪，行此行者……是名具足菩萨戒者"[②]，修大乘的主因是要悟入诸法实相，读大乘经与思惟大乘义亦是要证第一义空性，证入甚深的空法，才是普贤法门中的忏悔、礼佛的最终目标。

二 僧审及其弟子

僧审[③]（416—490），俗姓王，太原祁（山西省祁县）人，少年出家，住在寿春石涧寺，诵《法华经》《首楞严经》，专修禅定，常说"非禅不智"。听说昙摩密多在建康传授禅法，于是过江住灵曜寺，"精勤咨受，曲尽深奥"，可见他深入习得昙摩密多的禅法。后住灵鹫寺、栖玄寺，深得齐文惠王、文宣王的敬重；又刺史王敬则入房见其入定，弹指而出，赞叹他为"圣道人"。永明八年（490）卒，世寿七十五。僧审有弟子慧高、智欣等。慧高住灵鹫寺，昙摩密多遇劫贼后，邀请还寺。智欣[④]（446—506），有名的成实师，曾在僧审座下出家。

---

① 《五门禅经要用法》，《大正藏》第 15 册，第 325 页下。

② 《佛说观普贤菩萨行法经》，《大正藏》第 9 册，第 393 页下。

③ 慧皎：《高僧传》卷一一《僧审传》，《大正藏》第 50 册，第 399 页下—400 页上。

④ 道宣：《续高僧传》卷五《智欣传》，《大正藏》第 50 册，第 460 页下。

僧盖尼[①](430—493)，俗姓田，赵国均仁人。幼年出家，为僧志尼的弟子，住在彭城华林寺。元徽[②]元年(473)，与同学法进南游京室，住在妙相尼寺，“博听经律，深究旨归，专修禅定，惟日不足”。僧盖尼受业于“隐审二禅师”，即是僧隐、僧审二人。齐永明年间移居于禅基寺，“欲广弘观道，道俗谘访，更成纷动”，受到文宣王萧子良的供养。永明十一年(493)卒，世寿六十四。当时，禅基寺有法延尼，亦以禅定著称。

法全尼[③](412—494)，俗姓戴，丹阳人。个性端庄好静，修勤定慧。初随僧宗、僧瑗通达诸经，“后师审、隐，遍游禅观”，白天则披读经典，晚上则历观禅境，不仅能宣讲大乘经典，而且“三昧秘门并为师匠”。又为东青园寺主，隆昌元年(494)卒，世寿八十三。

僧述尼(432—515)，俗姓怀，彭城人。宋元嘉二十四年(447)，十六[④]岁，在禅林寺，依净秀尼出家。遍览经律，尤甚研习《十诵律》。后来，从僧隐、僧审二法师，“谘受秘观，遍三昧门”，移居禅林，为禅学之宗。后住汝南王母所捐盖的闲居寺，当时宋齐之季“世道纷喧”，僧述还能“且禅且寂”，受到齐文帝、竟陵文宣王的礼遇。梁天监十四年(515)卒，世寿八十四。

这三位比丘尼传中所说“隐审二禅师”，应该即是僧隐与僧审，他们的弘化时代为宋、齐期间，地点皆曾在建康。僧审与僧隐的禅法大致相似，二人皆重视“观佛三昧”的修习，但是昙摩密多禅法的观境更细致。同时，南朝禅法重视“禅智”，提倡修禅与礼诵，这是道安、庐山慧远以来的修学重点，成为中国佛教的禅观传统。

三 畺良耶舍的禅系与禅法

南朝禅法的修习，经常夹杂着弥陀净土信仰与弥勒信仰，常以发愿往生为归宿，这当然是因为“观佛三昧”中强调随愿往生。《观无量寿经》的译出，促进了禅

① 宝唱：《比丘尼传》卷三《僧盖尼传》，《大正藏》第50册，第943页上—中。
② 《大正藏》本传作“永徽元年”，南朝宋、齐时代无此年号，应为“元徽”。
③ 宝唱：《比丘尼传》卷三《法全尼传》，《大正藏》第50册，第943页中。
④ “十六”，《比丘尼传》作“十九”，依元嘉二十四年(447)算，应为十六岁。

观与净土信仰的结合，从而使观想念佛成为净土修行的主要法门之一。

畺良耶舍①(383—442)，意译为“时称”，西域人。善诵《阿毗昙》，精通戒律与经典。传中记载“三藏兼明，而以禅门专业，每一游观或七日不起，常以三昧正受传化诸国”，畺良耶舍对禅观有修证，而且弘化诸国。元嘉初年至京都建业，宋太祖深加叹异，住钟山道林精舍。译出《药王药上观经》和《观无量寿经》，僧含任笔受，“此二经是转障之秘术，净土之洪因”，于是广泛流通于宋土。元嘉十九年(442)，西游岷江巴蜀地区，处处弘道，禅学成群。后还卒于江陵，世寿六十。《高僧传·畺良耶舍传》后附记二位禅师僧伽达多、僧伽罗多，均是来自印度的禅僧；深明禅学，均在山中坐禅，乞食人间，宴坐林下。正是由于南朝时代大批的西域禅师进入南朝，引进了不同的禅观法门，译出禅经，传播禅法，南朝禅法才得以兴盛。

现存《观无量寿经》和《药王药上观经》虽然题为畺良耶舍的译本，但是《出三藏记集》卷四“失译经”中收录了《观无量寿经》一卷、《药王药上观经》一卷②，因此现存二经是否为畺良耶舍的译本，很难确定。《观无量寿经》主要是阐述十六观，借由假相的观想，心意集中不散乱，从而得入三昧。

当时的建业，随畺良耶舍修习禅观的，有比丘尼法辩、昙晖等。法辩尼③(？—463)，丹阳人，少年出家，为景福寺慧果的弟子。弊衣蔬饭，扬州刺史王郁非常尊崇，后来“从道林寺沙门畺良耶舍谘禀禅观”，法辩得到畺良耶舍的指导，如法修行，甚得禅法精要。大明七年(463)卒，世寿六十余。

昙晖尼④(422—504)，俗姓青阳，成都人。元嘉九年(432)，畺良耶舍入蜀大弘禅观，昙晖十一岁，从他习禅。十三岁出家，后又能于禅中自解佛性，“常住大乘等义，并非师受”。当时，诸名师极力问难，但无能屈者，远近闻名，有弟子千二百人。天监三年(504)卒，世寿八十三。

姚秦至宋末齐初时代，鸠摩罗什、佛陀跋陀罗、昙摩密多、畺良耶舍、沮渠京声等，兼具译经僧与禅僧的身份，翻译禅经，教授禅法，促进了长安以及南朝禅法的兴盛。除此之外，亦有不少自罽宾、西域来华的禅师，如弗若多罗、昙摩流支、

---

① 慧皎:《高僧传》卷三《畺良耶舍传》,《大正藏》第50册,第343页下—344页上。
② 僧祐:《出三藏记集》卷四,《大正藏》第55册,第22页上、中。
③ 宝唱:《比丘尼传》卷二,《大正藏》第50册,第940页中—下。
④ 宝唱:《比丘尼传》卷四,《大正藏》第50册,第945页下—946页中。

卑摩罗叉、佛陀耶舍、昙无谶、佛陀什、浮陀跋摩、求那跋摩、僧伽跋摩、求那跋陀罗等，这些大都是以“禅律”为主的西域僧，不仅修习禅法，而且重视戒律，以《十诵律》为基础，鸠摩罗什也从卑摩罗叉学过《十诵律》。另外，陀罗尼的经典亦渐渐传入，如畺良耶舍《药王药上观经》与昙摩密多《观虚空藏菩萨经》等，这是由观佛、礼佛消业障，进而持密咒来消重罪。

当然，从禅法上说，主要是“五门”修法与“观佛三昧”，同时由于观境中有兜率、极乐世界，禅观逐渐与净土信仰结合，对隋唐时代的净土信仰、禅宗的产生，都具有重要的影响。

第五节
宝志与傅大士的禅法

梁陈时代的南方禅学,在梁武帝的推动下有所发展。《续高僧传·习禅篇》说:

> 逮于梁祖,广辟定门。搜扬宇内有心学者,总集扬都。校量深浅,自为部类。又于钟阳上下,双建定林。使夫息心之侣,栖闲综业。于时佛化虽隆,多游辩慧,词锋所指,波涌相凌。至于征引,盖无所算。可谓徒有扬举之名,终亏直心之实。①

南方佛教自从梁代以后,很少出现禅法大师,《高僧传·习禅编》中没有梁代的禅僧,《续高僧传·习禅篇》中则不过六人,即僧副、慧胜、慧初、道珍、法归、慧景。②

关于梁武帝对禅法的提倡,道宣概括了两件大事:一、"自为部类",指天监十四年(515),命僧绍撰《华林殿众经目录》,其中有禅法的典籍;二、上、下定林寺的建造。但是,定林寺的建造远在梁代之前,《高僧传·昙摩密多传》记载,昙摩密多于"元嘉十年还都,止钟山定林下寺。密多天性凝靖,雅爱山水,以为钟山镇岳,埒善嵩、华。常叹下寺基构,临涧低侧。于是乘高相地,揆卜山势,以元嘉十二年(435)斩石刊木,营建上寺"③。所以,定林下寺早就存在,定林上寺建于435年,比梁武帝上台早六十七年。但是,梁武帝可能扩建或修缮了定林上、下寺,供养禅僧,如僧副、慧初、僧达等,皆与梁武帝有来往。

东晋、刘宋时代,随着禅经的翻译,南朝禅法大盛,尤其是在成都、建康以及荆襄地区。但是,梁代以后,南方的禅法仍然是受北朝禅法的影响,尤其是蜀郡纳入北周版图,僧实等北方禅系在蜀郡传播。所以,梁陈时代的南方禅法,主要是受北朝禅法的影响。另外,禅法实践与南方重义理学习风气的融合,如三论师僧朗对于三论深有研究,又重禅法;又如慧思、智𫖮在建业弘扬天台教理与禅观,

---

① 道宣:《续高僧传》卷二,《大正藏》第50册,第596页上。
② 汤用彤:《汉魏两晋南北朝佛教史》,北京大学出版社,1997年,第572页。
③ 慧皎:《高僧传》卷三《昙摩密多传》,《大正藏》第50册,第343页上。

逐渐呈现了教观双运的倾向。这里主要涉及两系统以外的禅法传承,著名者如宝志、傅翕等。

一 梁陈南方禅法的传承

僧副[①](464—524),山西太原祁县人,俗姓王。性好定静,遇菩提达摩,于是剃度出家。僧副修禅习定,研习经论。南齐建武年间南游,住在钟山定林下寺,喜欢清净自修,不好与官俗攀缘。梁武帝敬仰师之清风,请住金陵开善寺。天监三年(504),西昌侯萧渊藻出任蜀部刺史,僧副随行,于是"庸蜀禅法,自此大行"。不久,又回到金陵,住开善寺。普通五年(524)示寂,世寿六十一。依永兴公主之命,王绎撰写碑文。

慧胜[②],交趾人,住仙洲山寺,每日诵《法华经》一遍,随达摩提婆学习观行。彭城刘缋出使南海,回建康时,邀请慧胜一起返归,住在幽栖寺,性静修禅,受到"禅学者敬美"。永明五年(487),移住钟山延贤精舍。天监年间卒,世寿七十。《续高僧传·慧胜传》后附有慧初传。慧初(457—524),天水人,喜好修禅。后来,至建康,住兴皇寺,道俗咨访。梁武帝特别为他于净名寺建造禅房,四时供养。普通五年(524)卒,世寿六十八。有弟子智颙。

梁朝时代的庐山,亦是禅学的集中地。道珍、法归、慧景三人,皆住庐山[③]。道珍,"恒作弥陀业观",可见受慧远般舟念佛的遗风影响。法归,本住襄阳汉阴,出家后修习禅法,来庐山后,结舍而居。慧景,"禅慧在宗",显示了禅者的清净形象。

另外,湖南、湖北的荆襄地区,禅法亦非常流行。法聪[④],南阳新野人,俗姓梅。八岁出家,造经藏三千余卷,穷通经论。二十五岁时游访嵩岳、武当。后来,至襄阳伞盖山,筑造禅室。梁晋安王萧纲对法聪崇敬有加,造禅居寺、灵泉寺。

---

① 道宣:《续高僧传》卷一六《僧副传》,《大正藏》第50册,第550页上—下。
② 道宣:《续高僧传》卷一六《慧胜传》,《大正藏》第50册,第550页下。
③ 道宣:《续高僧传》卷一六《道珍传》,《大正藏》第50册,第550页下—551页上。
④ 道宣:《续高僧传》卷一六《法聪传》,《大正藏》第50册,第555页中—556页上。

湘东王萧绎任刺史时，于江陵造天宫寺，迎法聪住。太清年间卒于天宫寺。法常[1]，在北齐的漳邺地区非常有名，讲《涅槃经》，传授禅法，北齐国王尊为国师。后来，至湖南衡山，又至荆州，隐居山林，修习禅定。

总之，梁陈时代的南方禅法，主要是受到北朝禅法的影响，这与南方尊崇义理有关。

二 宝志的禅法传承

禅僧的最大特点是经常与神通联系在一起，南方禅法亦有神通现象。宝志与傅翕集禅、神异为一体，成为中国佛教信仰的重要现象。

宝志（418—514）的传记资料，主要是陆倕（470—526）的《志法师墓志铭》和《高僧传》卷一一《梁京师释保（宝）志传》。《艺文类聚》卷七七收录了《志法师墓志铭》，全文如下：

> 法师自说姓朱，名保志。其生缘桑梓，莫能知之。齐故特进吴人张绪、兴皇寺僧释法义，并见法师于宋太始初出入钟山，往来都邑，年可五六十岁，未知其异也。齐宋之交，稍显灵迹，被发徒跣，负杖挟镜，或征索酒肴，或数日不食，预言未兆，悬识他心，一时之中，分身数处。天监十三年，即化于华林门之佛堂，先是忽移寺之金刚像出置户外，语僧众云：菩萨当去。尔后旬日，无疾而殒。沉舟之痛，有切皇心。殡葬资须，事丰供厚，望方坟而陨涕，瞻白帐而拊心。爰诏有司，式刊景行。辞曰：
>
> 欲化毗城，金粟降灵，犄欤大士，权迹帝京。绪胄莫详，邑居罕见，譬彼涌出，犹如空现。哀兹景象，愍此风电，将导舟梁，假我方便。形烦心寂，外荒内辩，观往测来，睹微知显。动足墟立，发言风偃，业穷难诏，因谢弗援。慧云昼歇，慈灯夜昏。

陆倕出入齐竟陵王门下，仕梁后，任国子博士、太常卿。陆倕与宝志为同时

① 道宣：《续高僧传》卷一六《法常传》，《大正藏》第50册，第556页中。

代人物，他的记载比较真实可靠。

《高僧传·宝志传》记载[①]，宝志俗姓朱，金城（江苏句容）人。少年出家，师事道林寺僧俭，修习禅业。刘宋泰始年间往来于都邑，居无定所，食无定时，发长数寸，手持锡杖，跣行街巷。齐武帝建元年间，数日不食，亦无饥饿的容貌，时而赋诗，与人言语皆有灵验，民众于是争就问福祸。齐武帝谓其惑众，于是收容入监狱。但是，日日见他游行于市里，若往狱中检视，却见他犹在狱中。齐武帝听说此事，便迎入华林园供养，禁其出入。但是，宝志不为所拘，仍常游访龙光、罽宾、兴皇、净名等诸寺。至梁武帝建国，开始解除其禁，对他倍加崇敬。宝志于天监十三年(514)十二月示寂，世寿九十七。敕葬钟山独龙阜，于墓侧立开善寺，谥号广济大师。后代续有追赠，如妙觉大师、道林真觉菩萨、道林真觉大师、慈应惠感大师、普济圣师菩萨、一际真密禅师等号。《景德传灯录》卷二十九，收录了《十四科颂》十四首、《十二时颂》十二首、《大乘赞》十首等，后世学者多认为是假托之作。

宝志的禅法传承，当然是源于道林寺僧俭。《高僧传·畺良耶舍传》记载，畺良耶舍于元嘉元年(424)至建康，"沙门宝志崇其禅法"，此宝志恐非神僧宝志，因为此时神僧宝志才六岁。但是，佛教界受到宝志的教化者不少，如兴皇寺法义、法朗以及法云、智藏等人。

法朗(507—581)，出家后，游学扬州，"就大明寺宝志禅师受诸禅法"[②]。《续高僧传·法云传》说："有宝志神僧，道超方外，罕有得其情者，与云互相敬爱，呼为大林法师。每来云所，辄停住信宿。尝言：欲解师子吼，请法师为说。即为剖析，便弹指赞曰：善哉！微妙，微妙矣！"[③]另外，《续高僧传·智藏传》记载，智藏未受具足戒时，在定林上寺遇宝志，推智藏站到前面。法云、智藏为梁代三大法师之二，皆与宝志有所交往，可见他的影响力。

宝志由于灵验、神异的形象，后世逐渐成为神异僧，事迹在民众中广泛流传，而且在日本佛教界亦有相当的影响力。

---

① 慧皎：《高僧传》卷一《宝志传》，《大正藏》第50册，第394页上—395页中。
② 道宣：《续高僧传》卷七《宝志传》，《大正藏》第50册，第477页中。
③ 道宣：《续高僧传》卷五《法云传》，《大正藏》第50册，第465页上。

三 傅大士的禅法传承

傅翕的传记资料，主要是《续藏经》中的《善慧大士录》。傅翕[①]（497—569），字玄风，东阳郡乌伤县稽停里人（即浙江省义乌市），其父傅宣慈，字广爱；母王氏。少年时少留恋书本，而更愿任性亲近自然。天监十一年（512），十六岁，娶留氏女妙光，育有二子普建、普成。普通元年（520），二十四岁时，往沂水捕鱼，于稽停塘下遇胡僧嵩头陀，于是舍弃渔具，入该县松山，于双梼树下结庵修行。傅翕在松山种植菽麦蔬果，日常与人佣作，夜则行道敦崇佛法。苦行七年后，渐得四众来集，问讯作礼。太守王烋认为傅翕妖妄惑人，于是加以拘囚。获释后，逃迹山林，更加精进修道，为僧朔、智勰、钱满愿等所信服，前来共同修道。普通七年（526），三十岁，回乡教化乡亲，于松山根创建伽蓝，因昔修禅处的梼树而名曰双林寺。中大通元年（529），傅翕去叔及从祖家，自称弥勒，自言系从兜率天来相化，让作礼。沙门慧集远来双林寺愿为弟子，闻法悟解，于是处处宣扬傅翕是弥勒化身。中大通三年（531），傅翕与弟子于云黄山所居前十许里开凿精舍，种植粮菜，至秋天，赐漱里贾昙颖来争其地，即与之。

傅翕虽然在东阳名声很大，但是一直受到地方官的打压，无法被举荐到朝廷。于是，傅翕趁梁武帝绍隆三宝之风而遣弟子上书，《善慧大士语录》卷四《慧集法师》记载[②]：慧集禀大士令，尝不吝躯命，求诣国自陈说其行愿度众生之意；至建康后，自陈大士德业，却被呵责，自理得免。复诣宫门击鼓，得罪，遭罚钱，且判服役一年。后因造立砖塔数层，主者伏其勇敢，于是释放还山，可见傅翕欲求上闻颇费周折。中大通六年（534）正月，傅翕遣弟子傅暀致书梁武帝，自称“双林树下当来解脱善慧大士”，称梁武帝为“国主救世菩萨”，献上修身治国的上、中、下三善策。但是，遭到当时建康佛教界的反对。后来，傅暀投太乐令何昌，何昌受僧皓法师的鼓励，于是呈奏梁武帝。梁武帝大悦，遣使招迎。闰十二月奉召入禁宫，现神异使帝感悟，帝诏令居钟山定林寺，从此天下名僧云集其门。大同元年（535），武帝行幸华林园重云殿，请四部众，自讲《三慧般若经》，并设一榻为傅翕之座席。当时大众集毕，帝升殿而傅翕独坐不拜。刘中亟诘问之，傅翕答以“法

---

① 《善慧大士语录》卷一，《卍新续藏》第 69 册，第 104 页中—109 页下。详细考察参见张勇：《傅大士研究》，巴蜀书社，2000 年，第 18—51 页。

② 《善慧大士语录》卷四，《卍新纂续藏经》第 69 册，第 128 页上。

地若动则一切法不安”云云。同年四月返回松山，九月又令傅暀上书武帝。不久，重赴钟山，于寿光殿与帝论真谛，并作偈颂呈进。后于松山双梼树间营建双林寺佛殿、九重砖塔等，并写经律千余卷。大同十年(544)，傅翕以佛像经文委诸善众，营立精舍，设大法会，愿此世界一切众生速得解脱。太清二年(548)，又舍田园产业设会，请佛住世，普度群生，并向徒众宣称将于四月八日焚身以代一切众生供养三宝。当时，弟子留坚意、范难陀等十九人各欲代其烧身，又朱坚固、陈超、留和睦等数十百人，或烧臂燃指割耳，或卖身，或做佣工，或持上斋(禁食)，以请傅翕留世，傅翕于是暂时停止。绍泰元年(556)四月，晓谕弟子应不惜身命，所以烧身以求灭度者颇不乏人，如范难陀焚身于双林山顶，法旷焚身于天台山下，优婆夷子严则于双林山顶烧身。晚年仍经常布施平民，并举行法会以禳灾。太建元年(569)四月示疾，二十四日入灭，享年七十三，弟子将其葬于双林山顶。

傅翕传世著作有《心王铭》、《梁朝傅大士颂金刚经》(此或系后人托其名之伪作)、《语录》四卷(即《傅大士集》或《善慧大士语录》)、《还源诗》、《行路难》等，其禅系传承者主要有慧集、慧和等。

第十章　南朝建康律学

就翻译史而言，中国佛教戒律文献翻译可以大致分为三个阶段：第一个阶段是律藏翻译之前的阶段，这主要是对小本戒律文献的翻译，或是对律藏所进行的实用性摘译；第二个阶段即是对四部广律和五论的翻译；第三阶段即是唐代义净对说一切有部律的翻译。其中前两个阶段的律学活动，都与建康有关。

律藏的完整翻译是中国佛教得以发展的重要基础之一，对律典的重视也反映了中国僧众对如法修行的强调。作为东晋至南朝时期重要的律学中心，建康地区的律学十分繁荣。同时，在本地一些重要寺院的支持及僧人的积极参与下，本地的律学翻译也成绩斐然。在此阶段，建康的律学翻译主要有两种类型：一是翻译了几种重要的小本戒律学文献，二是完成了两种律藏的翻译。主要的翻译者有支谦、法显和佛陀跋陀罗、佛驮什、求那跋摩等。

第一节
建康译出的小本戒律学文献

从佛教传入中国之初，即有一些充满着戒律精神的经典被陆续译出，其形式或为摘译，或为编译，或为全译。如《增一阿含经》即因其充满着戒律精神，而被评价为“其为法也，多录禁律，绳墨切厉，乃度世检括也”①。尽管在律藏没有正式翻译之前，这一类经典对促进中国佛教的发展、规范僧团的修行起到了重要作用，但是因为它们不是出于律藏，所以并不是严格意义上的戒律。尽管如此，于建康译出的几种大乘戒律学文献，如支谦翻译的《佛说斋经》、求那跋摩翻译的《菩萨善戒经》等，对早期中国佛教及其律学的发展也有着重要的意义。

一 支谦翻译《佛说斋经》

支谦是中国佛教早期重要的经典翻译者。

支谦，本月支人，原生活于中原地区，汉献帝末年因避战乱而南奔于吴地。孙权闻其才慧，特加以召见并拜为博士，辅导东宫。支谦妙善中国语言，译出佛教经论多种。② 支愍度《合首楞严经记》言其从吴黄武至建兴中，所出诸经凡数十卷。③ 虽然支谦翻译的诸多重要经典都不是出于严格意义上的律藏，但其中有的经典却反映了佛教的戒律思想，有着律禁和规范的特色，《佛说斋经》即为其重要代表。

《佛说斋经》一卷，简称为《斋经》，又名《八关斋经》或《优婆夷堕舍迦经》（出第五十五卷），由支谦译于吴黄武年间。④ 本经主要是通过佛在舍卫城与丞相之母维耶之间的问答对话，以对戒律思想加以说明。其内容可以分为三个部分：一是说三种持斋及其功德区别，二是说八戒的戒相，三是说持八戒的功德。

---

① 道安：《增一阿含经序》，《大正藏》第 2 册，第 549 页上。

② 慧皎：《高僧传》卷一《康僧会传》，《大正藏》第 50 册，第 325 页上。

③ 僧祐：《出三藏记集》卷七，《大正藏》第 55 册，第 49 页中。

④ 静泰：《众经目录》卷二，《大正藏》第 55 册，第 160 页下。

在本经中，佛陀首先将持斋分为牧牛斋、尼犍斋和佛法斋三种。牧牛斋者，即是如牧牛者一样，持斋仅是为了求善水草饮，求野有丰饶。受此斋者，只是为了其家利欲业和美食养身。尼犍斋者，是指当月十五日斋之时，伏地所受之斋戒，持斋者向十由延内的诸神拜言：我今日持斋，不敢为恶，不名有家，彼我无亲，妻子奴婢，非是我有。不过，持尼犍斋也是贵文贱质，无有正心。佛陀告知，上述两种斋者，都不能得大福。而佛法斋者，即是学道之弟子于月六斋之日受八戒。只有严持此斋，才能得生天上，快乐无量。①

由于本经内容浅显，篇幅短小，所以在历史上一直受到僧俗的广泛欢迎，并与《增一阿含经(卷一六)·高幢品》和《佛说八关斋经》一起，成为中国早期八关斋戒的重要经典。

这三种经典关于八种斋的表述区别，如下表所示。

表 10.1 三种经典关于八种戒的表述区别表

经典 八戒	佛说斋经②	增一阿含经(卷一六)·高幢品③	佛说八关斋经④
第一戒	无杀	不杀	不杀生，亦不教人杀生
第二戒	无贪	不盗	不盗好施，亦不教人盗
第三戒	无淫	不淫	不习不净行，常修梵行，清净无秽而自娱乐
第四戒	无妄语	不妄语	不妄语，亦不教人妄语
第五戒	不饮酒	不饮酒	不饮酒，亦不教人使饮酒
第六戒	不着华香，不敷脂粉，不为歌舞倡乐	恒以时食，少食知足。不着于味	随时食
第七戒	不卧好床	不在高广之床上坐	不于高好床坐
第八戒	奉法时食	不着香华，脂粉之饰	不习歌舞戏乐，亦不着纹饰，香薰涂身

八关斋的精神与实践不仅为中国佛教的发展和大众化传播提供了重要的支撑，也培育了佛教戒律的生活化和民俗化。如《宋书》中即记有“世祖率群臣并于

① 《佛说斋经》，《大正藏》第1册，第911页下。

② 《佛说斋经》，《大正藏》第1册，第911页上。

③ 《增一阿含经》卷一六《高幢品》，《大正藏》第2册，第625页下。另，经中另有偈：“不杀亦不盗，不淫不妄语，避酒远香花，着味犯斋者，歌舞作倡伎，学舍如罗汉。今持八关斋，昼夜不忘失。”与之略有不同。

④ 《佛说八关斋经》，《大正藏》第1册，第913页上—中。

中兴寺八关斋"[①]之事，梁简文帝曾作有《八关斋制序》，宋齐梁时期文人沈约也曾写过《八月侍华林曜灵殿八关斋诗》《八关斋诗》等。

东晋时僧人支道林作有《八关斋诗》三首，他在《八关斋会诗序》中对当时的斋会做了生动记述：

> 间与何骠骑期，当为合八关斋。以十月二十二日集同意者，在吴县土山墓下，三日清晨为斋始，道士白衣凡二十四人。清和肃穆，莫不静畅。至四日朝，众贤各去。[②]

显然，在某种程度上，八关斋经不仅在士人与僧团交游唱和中起到精神桥梁的作用，其核心价值也反映在当时的僧众和文人的精神生活中。

考虑到《增一阿含经》为前秦建元二十年(384)由竺佛念等译出，《佛说八关斋经》是由沮渠京声译于南朝刘宋时代，所以支谦翻译的《佛说斋经》不仅为中国八关斋经最早的重要经典之一，同时也是中国八关斋文化的主要源流之一。所以，汤用彤先生说，南朝所行的八关斋"大概系根据支谦所译之《斋经》"[③]。

二 求那跋摩的律学翻译

求那跋摩(367—431)，意为"功德铠"，北印度罽宾国人，二十岁出家，洞明九部，博晓四含，深达律品，妙入禅要。因其精通经律论三藏，诵经百余万言，故被时人称为三藏法师。求那跋摩声名远播，时京师建康沙门慧观、慧聪等人也得闻其名，随于元嘉元年(424)九月面启宋文帝，以求请时在师子国、阇婆国游历的求那跋摩来华。文帝即敕交州刺史，令其泛舟延致，慧观等也遣沙门法长、道冲、道俊等远渡迎请，并致书求那跋摩及阇婆王婆多加等。元嘉元年(424)，求那跋摩

---

① 《宋书》卷八九《袁粲传》，中华书局，1974年，第2229页。

② 道宣：《广弘明集》卷三，《大正藏》第52册，第350页上。

③ 汤用彤：《汉魏两晋南北朝佛教史》(增订本)上，昆仑出版社，2006年，第388页。

由海路至广州，元嘉八年(431)正月至建康[①](或泛说为元嘉年间至[②])。求那跋摩入京师后，受到宋文帝的礼遇和僧俗的敬重，敕住衹洹寺。求那跋摩并于该寺开讲《法华经》和《十地经》。

求那跋摩在中国律学史上有两个重要贡献：一是坚持并促进如法比丘尼传戒的建立，二是对菩萨戒经典的翻译。求那跋摩译出经论共二十六卷，“文义详允，梵汉弗差”[③]；或说为七部三十八卷[④]。其中，与戒律学有关的翻译主要有《菩萨善戒经》，以及《四分比丘尼羯磨法》《优婆塞五戒略论》《三归及优婆塞二十二戒》《昙无德羯磨》等共十三卷。[⑤]

1.《菩萨善戒经》

《菩萨善戒经》或称为《善戒》《菩萨地》《菩萨毗尼摩夷》《如来藏》《一切善法根本》《安乐国》《诸波罗蜜聚》等。[⑥] 本经是求那跋摩应衹洹寺慧义之请而译出的，初得二十八品，后又由其弟子代出二品，成三十品。但未及缮写，并失序品及戒品，故今犹有两本。[⑦]《大唐内典录》卷四说是由其弟子于定林寺加以补出。[⑧]

求那跋摩译的《菩萨善戒经》现有两种，一种是一卷，一种是九卷。《出三藏记集》说：“第一卷先出优波离问受戒法，第二卷始方有‘如是我闻’，次第列品乃至三十。”[⑨]依僧祐之说，此实为十卷本的拆分本或分译本。

从内容上说，一卷的《菩萨善戒经》说的是受菩萨戒之作法等事，并将菩萨戒比喻成登四层楼阁一般，若不依层级由初层而至第三层，就不可能顿登第四层，故而主张只有具足优婆塞戒、沙弥戒、比丘戒之后，方可得菩萨戒。九卷的《菩萨善戒经》详说菩萨之种姓、发心、修行、得果，亦载及有关菩萨本有种子、新熏种子等。

从时间上说，求那跋摩的译本实为本经的第二出，因为在此之前即有晋安帝时(397—401)北凉昙无谶的译本《菩萨地持经》(或称为《菩萨地经》《地持经》)十

---

① 僧祐：《出三藏记集》卷一四，《大正藏》第55册，第104页中。
② 道宣：《大唐内典录》卷四，《大正藏》第55册，第258页中。
③ 慧皎：《高僧传》卷三《求那跋摩》，《大正藏》第50册，第341页上。
④ 道宣：《大唐内典录》卷四，《大正藏》第55册，第257页中。
⑤ 僧祐：《出三藏记集》卷二，《大正藏》第55册，第12页中。
⑥ 僧祐：《出三藏记集》卷九《菩萨善戒、菩萨地持二经记第四》，《大正藏》第55册，第62页下。
⑦ 慧皎：《高僧传》卷三《求那跋摩》，《大正藏》第50册，第340页上—342页中。
⑧ 一说三十品为三十卷。(道宣：《大唐内典录》卷四，《大正藏》第55册，第258页中。)
⑨ 僧祐：《出三藏记集序》卷九《菩萨善戒菩萨地持二经记第四》，《大正藏》第55册，第62页下。

卷[①]。僧祐曾对此两种译本进行对比，认为它们文句悉同，仅有两品分品及品名间小小有异，义亦不殊，故而僧祐认为它们“推之应是一经”，但只是“未详两本孰是三藏所出正本也”。[②] 在结构上，《菩萨善戒经》第一段有18品、第二段有4品、第三段有8品，《菩萨地持经》第一段有18品、第二段有4品、第三段5品。[③]

2.《四分尼羯磨》，或称为《四分比丘尼羯磨法》，一卷，元嘉八年（431）求那跋摩译于祇洹寺。本羯磨法在此之前已经有魏时昙帝（“帝”或为“谛”）在正元元年（254）于洛阳译出，所以求那跋摩所译的羯磨法实为第二译。[④]

3.《优婆塞五戒略论》，或名《优婆塞五戒相》，[⑤]今名为《佛说优婆塞五戒相经》，一卷，元嘉八年（431）由求那跋摩译于祇洹寺。[⑥]

4.《三归及优婆塞二十二戒》，又云《优婆塞戒》[⑦]，或云《善信二十二戒》《离欲优婆塞优婆夷具行二十二戒》《三归优婆塞戒》[⑧]，一卷。

5.《昙无德羯磨》，或云《杂羯磨》。[⑨]

6.《沙弥威仪》。今《沙弥威仪》一卷，标为宋求那跋摩译。《出三藏记集》将其入《新集续撰失译杂经录第一》中，未记为求那跋摩译。[⑩]《大唐内典录》卷三言其“是僧祐《三藏集记》新录失译见有经本者”[⑪]，亦未言为求那跋摩所译。但《大唐内典录》卷四等其他处，又将译者记为求那跋摩。[⑫]

三　求那跋陀罗的律学翻译

三藏法师求那跋陀罗（394—468），其名意为“功德贤”，中天竺国人，于南朝

① 一说为八卷。见僧祐：《出三藏记集》卷二，《大正藏》第55册，第14页下。
② 僧祐：《出三藏记集》卷九《菩萨善戒、菩萨地持二经记第四》，《大正藏》第55册，第63页上。
③ 僧祐：《出三藏记集》卷九《菩萨善戒、菩萨地持二经记第四》，《大正藏》第55册，第63页上。
④ 道宣：《大唐内典录》卷四，《大正藏》第55册，第258页中；《大唐内典录》卷九，《大正藏》第55册，第324页中。
⑤ 僧祐：《出三藏记集》卷二，《大正藏》第55册，第12页中。
⑥ 道宣：《大唐内典录》卷四，《大正藏》第55册，第258页中。
⑦ 僧祐：《出三藏记集》卷二，《大正藏》第55册，第12页中。
⑧ 道宣：《大唐内典录》卷四，《大正藏》第55册，第258页中。
⑨ 僧祐：《出三藏记集》卷二，《大正藏》第55册，第12页中。
⑩ 僧祐：《出三藏记集》卷四，《大正藏》第55册，第24页中。
⑪ 道宣：《大唐内典录》卷三，《大正藏》第55册，第249页上。
⑫ 道宣：《大唐内典录》卷四，《大正藏》第55册，第258页中。

宋元嘉十二年(435)经师子国到广州[①];或说,宋文帝派人于元嘉十二年(435)迎其至建康,敕住祇洹等寺。求那跋陀罗受到文帝的重视,彭城王刘义康、南谯王刘义宣等也事之以师。求那跋陀罗后受请于建康译出《杂阿含经》《法鼓经》等,共七十七部,合一百六十一卷;[②]《出三藏记集》说是共一百余卷。[③] 求那跋陀罗的律学翻译有《六斋八戒经》一卷。

宋孝武帝时(454—464),北凉河西王沮渠蒙逊从弟安阳侯沮渠京声,因其国被元魏所灭,随南奔建康。沮渠京声译有经典三十五部合三十六卷,其中与律禁有关的有:《八关斋经》(异出本)、《贤者律仪经》一卷(又称《威仪经》)、《优婆塞五戒经》一卷(又称《五相经》)、《迦叶禁戒经》一卷。[④]

---

① 慧皎:《高僧传》卷三《求那跋陀罗传》,《大正藏》第 50 册,第 344 页上。
② 道宣:《大唐内典录》卷四,《大正藏》第 55 册,第 259 页上—下。
③ 僧祐:《出三藏记集》卷一四《求那跋陀罗传》,《大正藏》第 55 册,第 105 页下。
④ 道宣:《大唐内典录》卷四,《大正藏》第 55 册,第 260 页中。

第二节
两种律藏的翻译

在中国佛教戒律文献翻译过程中，共有四部律藏被完整译出，按其译出时间先后，它们分别是《十诵律》《摩诃僧祇律》《四分律》和《五分律》。《十诵律》是弗若多罗、昙摩流支与鸠摩罗什在姚秦弘始六年（404）开始翻译，后由卑摩罗叉于寿春石涧寺续译完成；《四分律》是佛陀耶舍与竺佛念在姚秦弘始年间译于长安。而《摩诃僧祇律》和《五分律》则是译于建康，它们也是南方佛教戒律学翻译与建设的重要成果。

一 法显和佛陀跋陀罗翻译《摩诃僧祇律》

“摩诃僧祇”为梵语的音译，其意为“大众”。《摩诃僧祇律》意即为大众部的广律。

从时间上说，大众部律戒本传入中国最早，影响也更为深远。早在曹魏嘉平二年（250），昙柯迦罗于洛阳白马寺译出的《僧祇戒本》（或名《僧祇戒心》）即为出自大众部律。晋咸康年间，沙门僧建在月支国取得的《僧祇尼羯磨》及《戒本》也是出自大众部律。另外，曹魏时立的戒坛，以及在晋升平元年（357）外国沙门昙磨羯多在洛阳立坛授戒，也均以大众部律而立。

在不同的时期，《摩诃僧祇律》也有不少节译本，如《摩诃僧祇部比丘随用要集法》（又名《摩诃僧祇律比丘要集》）一卷，[①]以及《受施粥咒愿缘》《七种施福胜》《为亡人设福咒愿文》《生子设福咒愿文》《作新舍咒愿文》《远行设福咒愿文》《取妇设福咒愿文》和《断掘地伤草木缘》等。[②]

本律完整的梵本是法显取得的。据《法显传》，法显去天竺原本即是为了求得戒律。但在北天竺诸国，律藏皆为师师口传，无本可写，故而法显又南至中天

---

① 僧祐：《出三藏记集》卷四，《大正藏》第 55 册，第 24 页中。
② 僧祐：《出三藏记集》卷一二，《大正藏》第 55 册，第 91 页中—下。

竺，从此处摩诃衍僧伽蓝抄得《摩诃僧祇律》七千偈。[①]《摩诃僧祇律私记》说，法显是于摩羯提国巴连弗邑阿育王塔南天王精舍，写得本律梵本。[②] 至于本律的最初来源，《摩诃僧祇律私记》和《法显传》都说，本律是巴连弗邑地的五百僧从祇洹精舍抄写而得。[③]

晋义熙十二年(416)十一月，法显和佛陀跋陀罗于建康道场寺开始翻译《摩诃僧祇律》，至义熙十四年(418)二月末译毕。[④] 道场寺是建康的重要寺院，此处不仅名僧辈出，也于此译出许多重要经典。[⑤]

《摩诃僧祇律》共四十卷。本律第一卷之首有长行及九行颂，明五事利益。卷一至卷二十二为比丘戒，内容包含四波罗夷、十三僧伽婆尸沙、二不定法、三十尼萨耆波夜提、九十二波夜提、四波罗提提舍尼、六十六众学法、七灭净法，共二百一十八条戒。在每戒之下，又列有制戒因缘，结戒条文及解释。卷二十三至卷三十三上为杂诵，共分十四“跋渠”(梵文音译，意为品、节)。每一跋渠各含十法，其主要内容为：(1)受具足戒法，(2)举、别住等羯磨法，(3)举他、治罪、田宅、僧伽蓝法，(4)布萨法、安居法，(5)病比丘法、阿阇黎法，(6)比尼断事法，(7)重物、无常物法，(8)蒜法、共床卧法，以及众生法、树法、七灭四诤事等。卷三十三下至卷三十五为威仪法，主要有教弟子法、依止法、收床褥法、衣席法、房舍法、行住坐卧法等共五十条。卷三十六至卷四十上为比丘尼戒，包含八波罗夷、十九僧伽婆尸沙、三十尼萨耆波夜提、一百四十一波夜提、八波罗提提舍尼、六十六众学法、七灭诤法，共二百七十九条戒。卷四十下为尼杂诵，有五跋渠。全文最后附有《摩诃僧祇律私记》，记本律传译经过等事。

《摩诃僧祇律》译出之后，在中国即得到广泛的流传和研究，尤其是在中国北方地区，出现了众多以研究本律而驰名的律师。正是这些律师推动了中国北方佛教律学的发展，开创了律学研习传统，并为其后四分律学的兴起培育了律师

---

① 法显：《法显传》，《大正藏》第51册，第864页中。

② 《摩诃僧祇律私记》，《大正藏》第22册，第548页中。

③ 《摩诃僧祇律私记》，《大正藏》第22册，第548页中；法显：《法显传》，《大正藏》第51册，第864页中。

④ 《摩诃僧祇律私记》，《大正藏》第22册，第548页中。

⑤ 慧皎：《高僧传》卷二《佛驮跋陀罗传》，《大正藏》第50册，第335页下；僧祐：《出三藏记集》卷二，《大正藏》第55册，第12页上。《摩诃僧祇律私记》说是译于斗场寺。(《大正藏》第22册，第548页中。)根据《南朝佛寺志》，斗场寺在秣陵县三桥篱门外斗场里，以里名寺。慧皎以其寺名为“斗”而非佛旨，故在《高僧传》中改之为道场寺。至宋元时，此地还被称为斗场村，而寺已久废。见孙文川撰，陈作霖编：《南朝佛寺志》卷上，载杜洁祥主编：《中国佛寺史志汇刊》第1辑第2册，明文书局，1980年，第104—105页。

队伍。

在翻译《摩诃僧祇律》的同时，佛陀跋陀罗还译出《摩诃僧祇律大比丘戒本》一卷，法显和佛陀跋陀罗译出《摩诃僧祇比丘尼戒本》一卷。另外，法显还出《僧祇比丘戒本》一卷。[①] 除此之外，法显于印度又得梵本《萨婆多律抄》，但没有译出。[②]

二 | 佛驮什翻译《五分律》

南朝时另一最重要的律学成果是《五分律》的完整翻译，它是由刘宋时佛驮什译出的。

佛驮什，又译作佛陀什、佛大什，其意为"觉寿"，生平事迹不详，《高僧传》中寥寥数语，仅记其为北印度罽宾国人，幼时曾受业于弥沙塞部僧人，因而得以专究弥沙塞部律藏。佛驮什专精律品，兼达禅要，宋景平元年(423)七月到建康。其经典翻译有"三部三十六卷律、戒、羯磨"[③]。其最重要的律学翻译即为《五分律》。

《五分律》或称为《弥沙塞律》，全称名为《弥沙塞部和醯五分律》。弥沙塞，意为"化地部"。本律系佛入灭后三百年顷，自上座部系统分出的化地部所传广律。在佛驮什之前，中国也存在从《五分律》中摘译出的篇章，如《初度优婆塞优婆夷》《行舍罗缘》和《比丘断酒缘》等。[④]《五分律》的梵本由法显取于师子国，但未及翻译而法显即迁化。佛驮什到达京师后，即受众僧之请而着手翻译。

至于《五分律》的译出时间，说法有异。据《出三藏记集》言，宋景平元年(423)七月，佛驮什来至京师，其年冬十一月，应竺道生、慧严等众僧之请，而于龙光寺始译，至翌年十二月完成；[⑤]《高僧传·佛驮什传》说是从景平元年十一月，至

---

① 僧祐：《出三藏记集》卷二，《大正藏》第 55 册，第 14 页下。
② 僧祐：《出三藏记集》卷二，《大正藏》第 55 册，第 12 页上。
③ 道宣：《大唐内典录》卷四，《大正藏》第 55 册，第 257 页中。
④ 僧祐：《出三藏记集》卷一二，《大正藏》第 55 册，第 91 页中—下。
⑤ 僧祐：《出三藏记集》卷三，《大正藏》第 55 册，第 21 页上。

第二年四月方竟，三十四卷；[1]《大唐内典录》说是景平元年十一月于龙光寺开始翻译，至景平三年（即文帝元嘉二年，425）十二月方讫。佛驮什执梵文，于阗沙门智胜传语，龙光寺沙门竺道生、东安寺沙门慧严等更互笔受，参正文理，仪同侍中琅琊王练为檀越。[2] 另外，佛陀什又出该律抄本《戒本》及《羯磨文》各一卷，并行于世。[3]

《五分律》初译为三十四卷；《大唐内典录》有说为三十卷，有说为三十四卷，现行本为三十卷。《五分律》由五部分组成，故称《五分律》，其中所言比丘戒二百五十一条、比丘尼戒三百七十条，这与他本律藏有所不同。近代学者将之与巴利律藏进行对比研究，认为本律与巴利文律藏在内容上最为接近。

《五分律》的主要结构共有五部分：

（1）初分，卷一至卷十，为比丘戒法，包括四波罗夷法、十三僧残法、二不定法、三十舍堕法、九十一堕法、四悔过法、百众学法、七灭诤法等，共二五一戒。（2）第二分，卷十一至卷十四，为比丘尼戒法，包括八波罗夷法、十七僧残法、三十舍堕法、二〇七堕法、八悔过法、百众学法等，共三七〇戒。（3）第三分，卷十五至卷二十二，包括受戒法、布萨法、安居法、自恣法、衣法、皮革法、药法、食法、迦绨那衣法。（4）第四分，卷二十三至卷二十四，包括灭诤法、羯磨法。（5）第五分，卷二十五至卷三十，包括破僧法、卧具法、杂法、威仪法、遮布萨法、别住法、调伏法、比丘尼法、五百集法、七百集法等。

不过，尽管《五分律》已经翻译完成，但由于此时中国北方先后流行《摩诃僧祇律》和《四分律》，南方正在流行《十诵律》，并已经分别形成了相当规模和影响的“四分律学”和“十诵律学”，有着广泛的僧众研习基础，所以其后专门研习《五分律》的僧人并不太多。但是，《五分律》的翻译，其意义不仅是进一步丰富了中国律学研究的文本基础，同时也标志着中国律藏翻译一个时代的结束。直到唐代，义净三藏对说一切有部律的集中翻译，才揭橥中国戒律文献翻译一个新时代的到来。

---

① 慧皎：《高僧传》卷三《佛驮什传》，《大正藏》第50册，第339页上。
② 道宣：《大唐内典录》卷四，《大正藏》第55册，第257页下。
③ 慧皎：《高僧传》卷三《佛驮传》，《大正藏》第50册，第339页上。

三 僧伽跋摩翻译《萨婆多部毗尼摩得勒伽》

僧伽跋摩，意为“众铠”(《出三藏记集·僧伽跋摩传》说“齐言僧铠”[①])，天竺人，生平不详，只说其善解三藏，明于戒品，尤精《杂心》。南朝宋元嘉十年(433)出流沙至于京师建康，初住平陆寺。僧伽跋摩器宇宏肃，道俗敬异，咸宗事之，被称为“三藏法师”。僧伽跋摩以游化为志，不滞一方，译经事讫，即于元嘉十九年(442)随西域贾人舶还外国，不详其终。[②]《出三藏记集·僧伽跋摩传》仅说是“元嘉中”随西域商人返回。[③]

据《出三藏记集》和《高僧传》，僧伽跋摩的译经有《摩得勒伽》《分别业报》《略劝发诸王要偈》及《请圣僧浴文》，凡四部。[④]《大唐内典录》说是出《杂阿毗昙婆沙》十四卷、《摩德勒伽毗尼》十卷、《大勇菩萨分别业报集》、《龙树菩萨劝发诸王要偈》(一说为求那跋摩所出)、《请圣僧浴文》共五部，合二十七卷。[⑤]

《萨婆多部毗尼摩得勒伽》，或云《摩德勒伽毗尼》《萨婆多毗尼》，略说七千偈，一偈有三十二字，共二十二万四千言，十卷，为僧伽跋摩重要的律学翻译。[⑥]

至于本论的译出时间，《出三藏记集》卷一一《摩得勒伽记第十四·出经后记》说是在宋元嘉十二年(435)，“三藏与弟子共出此律。从正月起，至九月二十二日草成，二十五日写毕，白衣优婆塞张道孙敬信执写”[⑦]。《萨婆多部毗尼摩得勒伽》的翻译地点，依《出三藏记集》和《高僧传》之《僧伽跋摩传》所言，似在长干寺[⑧]；《出三藏记集》卷二和卷一一之《摩得勒伽记第十四·出经后记》说是在秣陵平乐寺。[⑨]

---

① 僧祐：《出三藏记集》卷一四《僧伽跋摩传》，《大正藏》第55册，第104页下。

② 慧皎：《高僧传》卷三《僧伽跋摩传》，《大正藏》第50册，第342页下。

③ 僧祐：《出三藏记集》卷一四《僧伽跋摩传》，《大正藏》第55册，第104页下。

④ 僧祐：《出三藏记集》卷一四《僧伽跋摩传》，《大正藏》第55册，第104页下；慧皎：《高僧传》卷三《僧伽跋摩传》，《大正藏》第50册，第342页下。

⑤ 道宣：《大唐内典录》卷四，《大正藏》第55册，第258页下。

⑥《萨婆多部毗尼摩得勒伽》卷一，《大正藏》第23册，第626页中。

⑦ 僧祐：《出三藏记集》卷一一《摩得勒伽记第十四·出经后记》，《大正藏》第55册，第82页上。《全宋文》卷六四《释氏(三)·摩得勒伽记》记为僧伽跋摩于丹阳郡秣陵平乐寺与弟子共出此律，“从正月起，至九月二十三日草成，二十五日写毕”。严可均校辑：《全上古三代秦汉三国六朝文》，中华书局，1985年，第2790页上。

⑧ 僧祐《出三藏记集》卷一四《僧伽跋摩传》：“慧观等以跋摩妙解《杂心》，讽诵通达，即以其年九月乃于长干寺招集学士宝云译语，观公笔受，研技精悉，周年方讫。续出《摩得勒伽》……凡四部。”见《大正藏》第55册，第104页下。慧皎《高僧传》卷三《僧伽跋摩传》，也是类似说法，见《大正藏》第50册，第342页下。

⑨ 僧祐：《出三藏记集》卷一一《摩得勒伽记第十四·出经后记》，《大正藏》第55册，第82页上。

“萨婆多”,为梵语的音译,意为“说一切有”,“萨婆多部”即是“说一切有部”,为小乘二十部之一。“摩得勒伽”,梵语音译,又译为摩怛里迦,意思是“智母”,即由之而能生智,意为菩萨入此三昧,方能作论申经,以明戒定慧三学。《萨婆多部毗尼摩得勒伽》又称为《摩得勒伽论》《摩得勒伽经》。本论对萨婆多部毗尼的内容进行进一步解释和说明,不仅详解了诸种戒相的因缘开遮,更为重要的是对“戒”的本体属性加以说明。

《萨婆多部毗尼摩得勒伽》第一卷阐述其对戒律的基本立场和形而上的基础,说明了戒律的善恶属性,确立了本部对戒律的理解。文中对犯“毗尼罪”分别从“作”与“无作”、“色”与“非色”、“可见”与“不可见”、“有对”与“无对”、“有漏”与“无漏”、“有为”与“无为”、“世间法”与“出世间法”、“阴摄”与“非阴摄”、“界摄”与“非界摄”、“受”与“不受”、“心”与“非心”、“四大造”与“非四大造”、“从结生”与“非结生”、“记”与“无记”、“隐没”与“不隐没” 、“有缘”与“无缘”、“有报”与“无报”、“业”与“非业”、“内入”与“外入”、“或过去”“或未来”“或现在”、“善无记”或“不善无记”等诸多理论方面给予说明。第二卷以下即结合佛陀制戒的因缘而阐述戒律持守的基本内容。

《萨婆多部毗尼摩得勒伽》是中国律学史上的重要文献。它与《毗尼母论》《善见律毗婆沙》《萨婆多毗尼毗婆沙》和《律二十二明了论》一起,被称为律学“五论”,是中国律学和律宗的主要思想的基本文献。

第三节
建康的律师及其律学撰述

随着戒律学经典翻译的日渐丰富，中国南北两地的僧人对戒律文本的研习与对律学精神的理解也得以深化，并出现了以专门研习律禁、弘传律典为务的僧人——律师。此时的僧人对律学文本的理解与研究，已经不再像魏晋之世那样所作所述只是一些翻译的“出经后记”或译事说明，而是已经能够撰写出对戒律学文献进行深刻阐释、剖理析义的著作，或能够根据现实修行和僧团生活的需要做进一步的律本解读和应用研究。尤其是在齐梁之后，这类著作更是不断出现。

除此之外，僧人或律师们还有一类抄律或依律撰出的著作，这主要是从应用的角度对戒律文本所做的选编。虽然南朝律师的律学研究著作今天所存无几，且其内容和深度也不能与其后隋唐律师的同类著作相比，但从其题名来看，它们仍然能够反映出这一时期的僧人不仅已经对律学精神和内容有了更好的把握，而且也能够对律学文本进行创造性和应用性的解读。这些著作不仅反映了南方僧团戒律建设的内容，同时也是佛教律学精神中国化的重要表现。

活跃于京师建康的一些律师是南朝律师的重要代表，在某种程度上他们也反映了南朝时期的律学研修水平。

一 建康的十诵律师

十诵律师主要是以研究弘宣《十诵律》为务而形成的律师群体。

《十诵律》又称为《萨婆多部十诵律》，是部派佛教时“说一切有部”所遵守的律本。《十诵律》是汉译四部广律中最先译就的，其首译者为鸠摩罗什，其重要参与者有弗若多罗、佛驮耶舍、昙摩流支和卑摩罗叉等四位西域沙门。起初，鸠摩罗什在关中广译经典，但《十诵律》却未得全出。姚秦弘始六年（404），罽宾国沙门弗若多罗在长安诵出《十诵律》梵文，鸠摩罗什将之译为汉文，时有义学沙门六百余人助译。但刚完成三分之二时，因弗若多罗逝去，无人能译出本律梵本，所以译事遂告停止。弘始七年（405），又有西域沙门昙摩流支携《十诵律》梵本到达长安，鸠摩罗什遂又与他续译此律，而得五十八卷。此后，与鸠摩罗什有师生关系的罽宾国沙门卑摩罗叉闻鸠摩罗什在长安，遂而东到长安。在鸠摩罗什逝世后，卑摩罗叉南迁至寿春石涧寺，他一边讲《十诵律》，一边补译，而最终完成本律的翻译。在中国，与《十诵律》有关的律学翻译还有秦代失译者的《萨婆多毗尼毗婆沙》九卷、刘宋时僧伽跋摩译《萨婆多部毗尼摩得勒伽》（或称《摩得勒伽经》）十卷等。

南朝的律师众多，梁慧皎的《高僧传》中传主有十二人，他们是慧猷、僧业、慧询、僧璩、僧隐、道房、道营、志道、法颖、法琳、智称和僧祐，另有附传八人。在道宣的《续高僧传》中，正传有四人，即法超、道禅、昙瑗和智文。这些律师中，有很多都是以研习《十诵律》而闻名的，他们也都成为十诵律学的主要力量。其中，活动或住锡于建康的十诵律师如下所列。

释慧观，俗姓崔，清河人，曾驻建康道场寺，“精通《十诵》，博采诸部”，求法问道者日不空筵。[①] 释慧观于宋元嘉年中卒，年七十一。

释慧询（375—458），俗姓赵，赵郡人，曾于长安受学于鸠摩罗什，研精经论，尤善《十诵律》《摩诃僧祇律》。宋永初中，止于广陵，大开律席。元嘉年中，慧询至建康驻于道场寺，受到名僧慧观的敬重。慧询后又住长乐寺。[②]

释僧璩，俗姓来（或说姓朱），吴人，尤明《十诵律》。始住吴虎丘山，宋孝武帝闻其高名，敕驻建康中兴寺，并为僧正。[③] 宋孝武帝大明七年（464），释僧璩依律撰出《十诵僧尼要事羯磨》二卷；[④]《高僧传・僧璩传》说是撰《僧尼要事》两卷；[⑤]《出三藏记集》说为《十诵羯磨》一卷，或云《略要羯磨法》，出于《十诵律》。[⑥] 释僧璩于宋大明末卒，年五十八。

释法颖（417—483），姓索，敦煌人。十三岁出家，为法香弟子，住凉州公府寺。法颖“研精律部，博涉经论。元嘉末下都，止新亭寺。孝武南下改治此寺，以颖学业兼明，敕为都邑僧正”[⑦]。法颖于元嘉末年至建康，住于新亭寺。此寺也是

---

① 慧皎：《高僧传》卷七《慧观传》，《大正藏》第 50 册，第 368 页中。
② 慧皎：《高僧传》卷一一《慧询传》，《大正藏》第 50 册，第 401 页上。
③ 慧皎：《高僧传》卷一一《僧璩传》，《大正藏》第 50 册，第 401 页上。
④ 道宣：《大唐内典录》卷四，《大正藏》第 55 册，第 261 页上。
⑤ 慧皎：《高僧传》卷一一《僧璩传》，《大正藏》第 50 册，第 401 页上—中。
⑥ 僧祐：《出三藏记集》卷二，《大正藏》第 55 册，第 13 页上。
⑦ 慧皎：《高僧传》卷一一，《大正藏》第 50 册，第 402 页上。

昙摩密多最初的住寺。孝武帝登基的孝建年间，此寺改为中兴寺，敕命法颖住锡中兴寺，且敕命其为都邑僧正。后来，法颖辞去僧正，又去驻锡多宝寺。"及齐高即位，复敕为僧主，资给事事有倍常科。颖以从来信施造经像及药藏，镇于长干。"[①]萧齐立国，齐高帝萧道成又敕命法颖为僧正，四年后，法颖圆寂。从几种材料推测，法颖曾经驻锡于长干寺。慧皎说，法颖曾以所得供养在长干寺造经像及药藏，而经录记载，法颖曾经在长干寺撰集律学著述。关于法颖的著述，《出三藏记集》卷二记载："《十诵比丘尼戒本》一卷，或云《十诵比丘尼大戒》。《十诵律羯磨杂事》一卷。右二部，凡二卷，宋明帝时，律师释法颖，于京都撰出。"[②]《历代三宝纪》卷一并且列出时间："《十诵律比丘戒本》一卷，大明年(457—465)出。《十诵律比丘尼戒本》一卷，太始年(465—471)出。《十诵律羯磨杂事并要用》一卷，太始年出。右三部合三卷，明皇帝世，律师释法颖于扬都长干寺依律撰出，盛行江左。"[③]现存经录将法颖这几部著述的撰出都标为宋孝武帝和宋明帝在位时期。法颖乃一时名匠，"为律学所宗"。[④]

瓦官寺释超度，不详生平，善《十诵律》及《四分律》，曾著《律例》七卷。[⑤]

释智称(430—501)，姓裴，祖籍河东闻喜，祖上避难而寓居京口。智称初从南涧禅房宗公受五戒，三十六岁时从益州仰禅师出家，专精律部，大明《十诵律》。后因世乱，从江陵移于建康。智称曾从法颖于兴皇寺讲律，受余杭宝安寺释僧志之请而开讲《十诵律》，并任云栖寺寺主。智称著《十诵义记》八卷，盛行于世。其弟子聪、超二人，也最善毗尼。[⑥]

释僧祐(445—518)，本姓俞，祖籍彭城下邳，父世居于建康，出家后初受业于法颖，大精律部。每请讲律，听众常七八百人。永明中，敕入吴地，试简五众，并宣讲《十诵律》，更申受戒之法。[⑦] 僧祐的主要著作有《出三藏记集》《释迦谱》和《弘明集》等，它们都是中国佛教史上的重要文献。

释智文(509—599)，俗姓陶，丹阳人，传业之盛独步江表，"《十诵》诸部，罔弗

① 慧皎:《高僧传》卷一一,《大正藏》第 50 册,第 402 页上。
② 僧祐:《出三藏记集》卷二,《大正藏》第 55 册,第 13 页上。
③ 费长房:《历代三宝纪》卷一,《大正藏》第 49 册,第 93 页下。
④ 慧皎:《高僧传》卷一一《僧祐传》,《大正藏》第 50 册,第 402 页下。
⑤ 慧皎:《高僧传》卷一一《志道传》,《大正藏》第 50 册,第 401 页下—402 页上。
⑥ 慧皎:《高僧传》卷一一《智称传》,《大正藏》第 50 册,第 402 页中—下。
⑦ 慧皎:《高僧传》卷一一《僧祐传》,《大正藏》第 50 册,第 402 页下—403 页上。

通练”。智文曾讲《十诵律》八十五遍，大小乘戒心、羯磨等二十余遍，著《律义疏》十二卷、《羯磨疏》四卷、《菩萨戒疏》两卷，僧尼从受戒者三千余人。[①]

释道成(532—599)，俗姓陶，字明范，丹阳人，出家后住永嘉崇玄寺，大同之初，于建康受业于释智文。道成讲《十诵律》《菩萨戒》《大品》《法华经》等经律一百四十遍，著《律大本羯磨诸经疏》三十六卷。[②]

释法超(456—526)，俗姓孟，无锡人，十一岁出家，后从安乐寺智称专攻《十诵律》，智称之后，独步京邑。以其律学之秀，被敕为都邑僧正。[③]

释道禅(458—527)，交趾人，因闻齐竟陵王大开禅律而至建康，住钟山云居下寺。道禅学通诸部，以《十诵律》知名，都邑受其戒范者数越千人。[④]

释昙瑗，建康人，从诸讲席，专事《十诵律》，以其影响，“使夫五众挹其风猷，七贵从其津济”。常徒讲众二百余人。昙瑗后为僧正，住光宅寺。陈时，宣帝下诏国内要求初受戒未满五年者皆需参律肆，敕昙瑗总知监此事，有司准给衣食。昙瑗即搜擢明解词义者二十余人，一时敷训，其有学成将还本邑者，昙瑗会聚徒对问理事，无疑者方允离开。这事实上是起到了戒律培训班的作用。宣帝也曾下敕荣慰，以昙瑗为僧正，住光宅寺。昙瑗著《十诵疏》十卷、《戒本疏》和《羯磨疏》各两卷、《僧家书仪》四卷、《别集》八卷。[⑤] 释昙瑗于陈太建年中卒于住寺，年八十二。

另外，栖玄寺的释慧曜(不详生平)，善《十诵律》。[⑥] 栖霞寺有释慧峰(不详生平)，也“偏弘《十诵》”[⑦]。

二 研习其他律本的律师

南朝律学之盛，不仅得益于诸多十诵律师的努力，也与研究他本律藏的律师是分不开的。事实上，许多律师都是诸律齐弘、互相参学的。这一阶段，建康研

① 道宣：《续高僧传》卷二一《智文传》，《大正藏》第50册，第609页中—下。
② 道宣：《续高僧传》卷二一《道成传》，《大正藏》第50册，第611页上。
③ 道宣：《续高僧传》卷二一《法超传》，《大正藏》第50册，第607页上。
④ 道宣：《续高僧传》卷二一《道禅传》，《大正藏》第50册，第607页中。
⑤ 道宣：《续高僧传》卷二一《昙瑗传》，《大正藏》第50册，第609页上—中。
⑥ 慧皎：《高僧传》卷一一《道俨传》，《大正藏》第50册，第401页中。
⑦ 道宣：《续高僧传》卷二五《慧峰传》，《大正藏》第50册，第651页下。

究《四分律》《摩诃僧祇律》等律藏的律师主要有：

宋时，建康延贤寺有智敞、法冏，兼精律部。① 天宝寺慧文律师，善诸部毗尼，为琅琊王所敬。② 以上三人均为僧传附出，不详生平。

释道营(396—478)，或作道荣，未详籍贯，始住灵曜寺习禅，晚依观、询二律师咨受毗尼，偏善《摩诃僧祇律》一部。③

齐时，有释慧祐，不详生平，厉身苦节，精寻律教，齐初于东山讲《摩诃僧祇律》，受到齐竟陵王重视。④

梁时的释僧盛，本姓何，建康人，大明数论，兼善众经。梁天监三年(504)，僧盛依《四分律》撰《教戒比丘尼法》一卷。⑤ 释僧盛于梁天监年中卒于灵曜寺，春秋五十余。

释法云(467—529)，俗姓周，宜兴人，七岁出家，后敕为光宅寺主，创立《僧制》，雅为后则。⑥

志道(412—484)，姓任，河内人，十七出家止灵曜寺，学通三藏，尤长律品，何尚之钦德致礼，请居所造法轮寺。志道曾携同契十余人至虎牢，集洛秦雍淮豫五州道士，会于引水寺，讲律明戒，更申受法，为当地僧禁之重建贡献良多。⑦

对于中国早期律学在南方的弘传，慧皎在其《高僧传》的《律论》中曾做过简洁的评价：

> 虽复诸部皆传，而《十诵》一本最盛东国。以昔卑摩罗叉律师本西土元匠，来入关中，及往荆、陕，皆宣通《十诵》，盛见《宋录》。昙、猷亲承音旨，僧业继踵。弘化其间，璩、俨、隐、荣等，并祖述猷业，列奇宋代，而皆依文作解，未甚钻研。其后智称律师竭有深思，凡所披释，并开拓门户，更立科目。⑧

此处提到的僧业、僧璩、智称等，都是活动在建康的律师，由此也可见当时建

---

① 慧皎:《高僧传》卷八《僧盛传》,《大正藏》第 50 册,第 381 页上。
② 慧皎:《高僧传》卷第一一《法颖传》,《大正藏》第 50 册,第 402 页上。
③ 慧皎:《高僧传》卷一一《道营传》,《大正藏》第 50 册,第 401 页下。
④ 慧皎:《高僧传》卷一一《道营传》,《大正藏》第 50 册,第 401 页下。
⑤ 僧祐:《出三藏记集》卷二,《大正藏》第 55 册,第 13 页下。
⑥ 道宣:《续高僧传》卷五《法云传》,《大正藏》第 50 册,第 464 页下。
⑦ 慧皎:《高僧传》卷一一《志道传》,《大正藏》第 50 册,第 401 页下—402 页上。
⑧ 慧皎:《高僧传》卷一一《论律》,《大正藏》第 50 册,第 403 页中。

康律师和律学在中国律学史上的地位与作用之一斑。

简言之,东晋以降,众多律师和律学研究者的汇集,使建康慢慢成为南方戒律学的研究中心。同时,从南海或从西域经中原地区到来的外国僧人也成为建康律学翻译的重要力量,推动着本地佛教戒律学文献的翻译。正是这种对戒律的译研弘持,进一步培育了本地的律师队伍,推动了本地律学的发展,这一切都为其后唐宋时期江南律学的繁荣奠定了坚实的基础。

第十一章　南朝建康佛教中的天台和华严渊源

天台宗以本山天台山之名而立宗，其所依宗经主要是《法华经》，所以也称法华宗。其实际创始人为智顗(538—597)，天台宗中土第三祖，从龙树算起，则是第四祖，世称“天台大师”，天台宗虽然是以创立地天台山命名，但智顗在金陵的活动是构成天台宗历史的重要组成部分，他与建康的渊源非常深厚，建康的一些寺院，特别是瓦官寺，是天台宗的一个祖庭。华严宗则因宗经六十《华严》在建康道场寺的译出，使得道场寺也具有华严宗祖庭的地位。

第一节
智者大师与建康的因缘

一 智𫖮第一次到建康

智𫖮原籍在颍川(今河南省许昌市),后来寓居华容(今湖北省监利县西北),十五岁要求出家,父母不允,至十八岁方才如愿。受具后,陈天嘉元年(560),他到光州(今河南省光山县)大苏山,拜访慧思大师,慧思为其开示"四安乐行"等法门。

陈光大元年(567),在慧思门下经历七年的学习,慧思要往南岳,智𫖮就往金陵。"汝于陈国有缘,往必利益。思既游南岳,𫖮便诣金陵。"①同行的有法喜等同修三十多人,到金陵后,先是住在瓦官寺。在此,智𫖮既创立后来天台宗的禅法重要内容,奠定了天台宗的禅的部分实践,又讲诸经,奠定了天台宗的一些基本理论。智𫖮在金陵产生了巨大的影响和感召力,不但身居高位的官员纷纷向智𫖮问道习禅,一些高僧也请智𫖮到其他寺院传禅,比如,长干寺的慧辩法师,请智𫖮到定熙寺,天宫寺僧晃请其到佛窟寺,在智𫖮禅法的影响下,他们甚至都想舍讲习禅,这包括从南朝梁代就声誉极高的大忍法师。其实智𫖮是禅讲兼修,止观并重的,但智𫖮的禅和禅宗之禅,特别是南宗之禅还有着区别。

太建元年(569),仪同(官职名)沈君理请智𫖮回瓦官寺讲授《法华经》,邀请信写道:

> 菩萨戒弟子吴兴沈君理和南:
>
> 窃闻大乘者,大士之所乘也,高广普运,直至道场,复作四依,周旋六道,仰惟德厚,深会经文。于五誓之初,请开《法华》题,一夏内仍就剖释,道俗咸瞻,延伫嘉唱,慈悲利益,不违本誓耳。

① 道宣:《续高僧传》卷一七,《大正藏》第50册,第564页中。

谨和南！[①]

为了让大家听讲，当时的皇帝下令停朝一天，一些重量级的官员都到场捧场，群公毕集。来听讲的人中，有一些是准备来和智𫖮辩论的，其中包括三论学派的兴皇法朗，依天台宗的记载，他专门派人来论难，“兴皇法朗盛弘龙树，更遣高足构难累旬”[②]。当然，依天台宗的说法，自然是被智𫖮的观点所折服。

此次讲经，据说留下“九旬谈妙”的佳话，即讲《妙法莲华经》的“妙”字，就讲了九十天，“九旬谈妙，即此时也”[③]。但明代姚广孝认为应当是在湖北江陵九旬谈妙[④]。这种概括可能是明朝以后形成的。

这是智𫖮第一次在金陵的生活时期。历时八年，“停瓦官八载，讲《大智度论》《说次第禅门》”[⑤]。此时智𫖮所讲的禅法，包括《释禅波罗蜜次第法门》，他又撰写《六妙法门》，讲说的经论，除了《法华经》，还有龙树的《大智度论》。

但是，他对于当时金陵佛教界的状况不很满意，同时，周围没有一个可以避开喧闹的山林，蒋山离闹市区太近，他想寻找一处清静之地，“初瓦官寺四十人坐，半入法门。今者二百坐禅，十人得法”[⑥]。这是讲佛门的今不如昔。“吾欲从吾志。蒋山过近，非避喧之处。”[⑦]这是要离开金陵了，因为蒋山也不是理想的修行之地。他只说天台山不错，但是陈宣帝不希望他离开金陵，他说：“京师三藏虽弘，皆一途偏显，兼之者寡。朕闻瓦官济济，深用慰怀，宜停训物，岂遑独善？一二曹义达口，具得朕意也。”[⑧]他称赞智𫖮的学问，不像其他僧众那样偏于一个方面，而是比较全面，希望他留在瓦官寺教化大众，不要只追求独善其身。

但智𫖮还是执意要离开。陈宣帝四月下有敕书，智𫖮九月份离开，陈太建七年(575)九月初入天台。前后在天台山九年，皇室仍然给予其物质层面的极大支持，并为其新建寺院赐名“修禅寺”。同时，智𫖮在此对于佛教也有了更深入的思

---

① 灌顶：《国清百录》卷二《陈义同公沈君理请疏》，《大正藏》第46册，第801页上。《金陵梵刹志》中，此信的名称为《请智𫖮讲法华疏》。
② 灌顶：《天台智者大师别传》，《大正藏》第49册，第200页中。
③ 志磐：《佛祖统纪》卷九，《大正藏》第50册，第192页下。
④ 姚广孝：《新注法华经序》，《卍新续藏》第31册，第172页中。
⑤ 灌顶：《天台智者大师别传》，《大正藏》第50册，第192页下。
⑥ 道宣：《续高僧传》卷一七，《大正藏》第50册，第565页上。
⑦ 灌顶：《天台智者大师别传》，《大正藏》第50册，第193页上。
⑧ 灌顶：《国清百录》卷一《陈宣帝敕留不许入天台》，《大正藏》第46册，第799页上。

考，对于其完善天台宗的理论有着决定性意义。但是，陈朝皇帝并没有忘记请他再回到金陵，先后有七次的邀请。当时陈少主问谁可以担当佛门宗匠，大臣认为，只有智𫖮，应当请其回金陵。“陈少主顾问群臣。释门谁为名胜？徐陵对曰：瓦官禅师德迈风霜，禅鉴渊海。昔远游京邑，群贤所宗，今高步天台，法云东霭，永阳王北面亲承。愿陛下诏之，还都弘法，使道俗咸荷。”[①]于是，在至德三年(585)，先后派七人去请他回都，“陈主初遣传宣左右赵君卿，再遣主书朱宙，三传遣诏，四遣道人法升，皆帝自书，悉称疾不当。陈主遂仗三使，更敕州敦请”。先是请了四次，带去皇帝亲自写的诏书，甚至是前帝的遗诏，智𫖮只是称病不赴，于是再请三次。

第一次的邀请敕书写道：“春寒犹厉，道体何如？宴坐经行，无乃为弊。都下法事恒兴，希相助弘阐。今遣宣传左右赵君卿迎接，……便望相见在促。”问候了身体情况，谈到金陵的弘法之事，需要智𫖮来相助。此信写于此年的正月十一日，派赵君卿去请。

第二次的邀请敕书写道：“得使人赵君卿启，并省来答表。志存林野，兼有疾病，愿停山寺，不欲出都，不具一二。岩壑高深，乃幽人之节，佛法示现，未必如此。且京师甚有医药，在疾弥是所宜，故遣前主书朱宙迎接，想便相随出都。”赵君卿回来后，告知智𫖮称病，陈主请其到金陵来治病，且佛法的弘传并不只是在深山。此次派朱宙去请，此信写于二月八日。

第三次请了一个高僧道升请，邀请敕书写道：“前虽遣两使，殊未委悉意存三宝，故有相迎。今复遣龙宫寺道升，并令面陈一二也。”[②]此敕写于二月二十八日。

二 智𫖮第二次到建康

至德三年(585)，智𫖮终于返回金陵，回金陵的过程中，陈主又派使臣携敕书迎接，其中一封使臣陈建宗带去的敕书写道：“近得永阳王启，知禅师遂能屈德随朕使出都，甚有欣迟，当稍次近，路涉险道，殊足为劳。今遣敕左右黄吉宝迎候，

① 灌顶：《天台智者大师别传》，《大正藏》第50册，第194页上。

② 均见于灌顶：《国清百录》卷一，《大正藏》第46册，第799页中。

但未知欲安止何寺？想示使人仍令前还，即勒所由料理房舍也。迟近会言，此未委悉。"[1]此敕写于三月二十四日。

智顗先是由陈建宗迎住在至敬寺，陈建宗任"主书"一职，"禅师舟渚日久，固劳道德，今遣主书陈建宗赍舆往，必希上至敬寺"。过了一两天，可能觉得至敬寺太喧闹，不合智顗之意，又紧急修缮灵曜寺，请智顗暂时居住，派使臣罗阐到至敬寺宣皇帝的口谕，并送至灵曜寺，"三月二十六日，在至敬宣口敕：仰延略成劳动，但禅静必依空闲，今葺灵曜寺，权充宴坐。敕主书罗阐相送"[2]。从二十四日到二十六日，朝廷忙着为其安排住处。

返回金陵后的第一次讲经，是此年四月份在太极殿讲《大智度论》，此经智顗上次在瓦官寺曾经讲过。此次讲经，由陈少主亲自下口谕，"四月，在灵曜寺宣口敕：护国之力，莫过数演，仰屈于太极殿，开《大智度论》题"[3]。这个口谕很重要，陈少主认为佛教的社会功能之一是"护国"，这是陈朝重视佛教、重视智顗的根本原因。从智顗这一方面来讲，他也需要依靠帝室的支持来推动佛教的发展。

讲经的经过，"延上东堂，四事供养，礼遇殷勤"[4]。东堂是指太极殿中的东堂，"迎入太极殿之东，请讲《智论》"[5]。讲经的效果自然是非常好，陈帝一方面赠送大量礼物[6]，同时要求将灵曜寺设为禅学道场，"因即下敕，立禅众于灵曜寺。学徒又结，望众森然"[7]。

同年，又应敕在太极殿讲《仁王经》，此经倡导的思想核心之一就是"护国"，所以称《仁王护国般若波罗蜜经》，这也体现了皇室重视佛教的用心。这次讲经，众官尽至，陈主到场听讲，座位的安排，"百座居左，五等在右。陈主亲筵听法"[8]。当然，智顗的讲经，也引起了激烈的争论，甚至僧官也参与了和智顗的辩论，"僧正慧晅、僧都慧旷、长干慧辩，皆奉敕激扬难"[9]。"京师大德，皆设巨

---

① 灌顶：《国清百录》卷一，《大正藏》第46册，第799页中。
② 灌顶：《国清百录》卷一，《大正藏》第46册，第799页下。
③ 灌顶：《国清百录》卷一，《大正藏》第46册，第799页下。
④ 灌顶：《天台智者大师别传》，《大正藏》第50册，第194页中。
⑤ 道宣：《续高僧传》卷一七，《大正藏》第50册，第565页下。
⑥ 清单见《国清百录》卷一，"在灵曜寺，主书罗阐宣口敕，送真金像一躯"等等。
⑦ 道宣：《续高僧传》卷一七，《大正藏》第50册，第565页下。
⑧ 灌顶：《天台智者大师别传》，《大正藏》第50册，第194页中。
⑨ 灌顶：《天台智者大师别传》，《大正藏》第50册，第194页中。

难。”[①]这种辩论也是皇上安排的，但也可以从另一个方面显现智𫖮和金陵佛教界传统观点的差异。

智𫖮一方面宣传佛教的“护国”思想，另一方面也利用其影响保护佛教不受世俗政权的过度伤害，当时有一批没有正式出家手续的僧人，政府欲加整顿，智𫖮上书保护了下来：

于时检括僧尼无贯者万计。朝议云：策经落第者，并合休道。

𫖮表谏曰：调达诵六万象经，不免地狱，槃特诵一行偈，获罗汉果，笃论道也，岂关多诵？

陈主大悦，即停搜简。是则万人出家，由𫖮一谏矣。[②]

这是智𫖮第二次在金陵的灵曜寺时期。

至德四年(586)，智𫖮因为灵曜寺过于褊隘兼喧闹，想更求闲静之处，因而移至光宅寺，开始第二次在金陵的光宅寺时期。

智𫖮在光宅寺再次开讲《仁王经》，其时陈朝已进入末期，特别需要佛教的护国，同时，陈帝也舍身光宅寺，效法梁武帝之舍身同泰寺，以寺院募集经费。“口敕于光宅寺讲《仁王经》。今欲于寺舍身，僧得大施，敬屈讲《仁王经》日，自欲听闻。”[③]

祯明元年(587)，智𫖮在光宅寺讲《法华经》，由弟子灌顶记录，整理后即著名的天台宗三大部之《法华文句》。[④]

智𫖮又为皇太子授菩萨戒，太子的《请戒疏》说：

仰惟化道无方，随机济物，卫护国土，汲引天人，昭触光辉，托迹朋友，比丘入梦，符契之像久彰，和尚来仪，高座之德斯炳。是以翘心七净，渴仰四依，庶三自之归可弘，五戒之法永固。窃寻内外两教，大小二乘，重道尊师，由来尚矣，伏希俯从所请，世世结缘，遂其本愿，日日增长。今月十五日于崇

① 道宣：《续高僧传》卷一七，《大正藏》第50册，第565页下。
② 道宣：《续高僧传》卷一七，《大正藏》第50册，第565页下。
③ 灌顶：《国清百录》卷一，《大正藏》第46册，第799页下。
④ 见《续高僧传·灌顶传》：“祯明元年，随智者止金陵光宅听讲《法华》。”

正殿设千僧法会,奉请为菩萨戒师。谨遣主书刘璇略申诚欵,殊未宣悉。弟子渊和南,正月十三日。[①]

智顗又为皇后沈氏取法名为“海慧”,沈后答谢书说:

妙觉和南。今遣内师许大梵往稽首乞传香火,愿赐菩萨名,庶借熏修菩提眷属。谨和南答令名“海慧菩萨”。

沈后扶月供,……

右件月月供光宅寺。三月十二日。[②]

三 智顗第三次到建康

智顗与建康的第三次因缘,基本上已进入了隋朝,严格上属于建康隋唐佛教的范围,但为了一贯起见,在此一并叙述。在讨论第三次因缘之前,先要简叙智顗离开金陵的情形。

智顗第二次在金陵,因隋军在祯明三年(589)的入侵而结束,金陵沦陷后,智顗流转各地,“及金陵败覆,策杖荆湘”[③]。他先在庐山停留,由于智顗的巨大影响,隋朝帝室非常希望得到智顗的支持,隋高祖在开皇十年(590)正月十六日亲自下诏给智顗,要求合作,诏书中还是称智顗为“光宅法师”,可见其在光宅寺期间产生的影响,此诏也见于《国清百录》卷二。开皇十一年(591),智顗应晋王杨广再三之邀请,到扬州为其授菩萨戒,晋王则回赠智顗“智者”之号,自此,此号渐渐流行。授戒后,智顗就回到庐山,晋王为了留住智顗,先后写过《请留书》《重留书》,然后才是《许行书》。智顗后来又到过湖南、湖北,在荆州玉泉山建寺,为玉泉寺。这是天台宗除天台山之外的又一个重要圣地。开皇十六年(598),智顗又回到了天台山。这一时期,智顗和隋室保持了良好的关系。

开皇十七年(599)冬,杨广派人携书请智顗到金陵来,智顗走到石城寺(在今

---

① 灌顶:《国清百录》卷二,《大正藏》第46册,第800页上。
② 灌顶:《国清百录》卷二,《大正藏》第46册,第800页上。
③ 道宣:《续高僧传》卷一七,《大正藏》第50册,第566页上。

浙江省新昌县），就生病难行，杨广知悉后，又写信说慰问，并派医生去治病。智顗自知不久于人世，写下给晋王的遗书，就去世了。晋王得书后，写下《答遗旨文》。这是智顗和金陵的第三次因缘，未成的因缘。

第二节
六十《华严》在道场寺的翻译

一 华严类小品经在建康的译出

在大本六十《华严》译出之前，华严类的小品经典自中国佛教译经之初就开始译介，其中在建康也有翻译，由此开始建康佛教中的“华严学”。支谦在建业译出的《佛说菩萨本业经》，就包括后来《华严经》中的三部分内容。

二 六十卷《华严经》的译出

佛陀跋陀罗在道场寺翻译六十卷《华严经》，梵本是支法领在于阗求得，义熙十四年(418)三月十三始译，至元熙二年(420)六月十日译完。道场寺因此而有“华严堂”，《华严经》的梵本有十万偈，而晋译本只是其前分的部分，所以才有后来的新译。“沙门支法领于于阗得《华严》前分三万六千偈，未有宣译。至义熙十四年，吴郡内史孟颛、右卫将军褚叔度即请贤为译匠，乃手执梵文，共沙门法业、慧严等百有余人，于道场译出，诠定文旨，会通华戎，妙得经意。故道场寺犹有华严堂焉。”[①]“贤”即觉贤，佛陀跋陀罗。此经译后记中则更有详细的记录：“《华严经》梵本凡十万偈。昔道人支法领从于阗国得此三万六千偈，以晋义熙十四年岁次鹑火三月十日，于扬州司空谢石所立道场寺，请天竺禅师佛度跋陀罗，手执梵文，译梵为晋，沙门释法业亲从笔受。时吴郡内史孟颛、右卫将军褚叔度为檀越，至元熙二年六月十日出讫。”[②]其中的“扬州”即建康。《出三藏记集》卷二则称此经译出时为五十卷，“宋永初二年十二月二十八日都讫”。而据《出三藏记集》卷九完整《华严经记》，这个时间是译完后再校胡本完成的时间，也就是说，译了后又花了六个月的时间

---

① 慧皎:《高僧传》卷二,《大正藏》第 50 册,第 335 页下。

② 《大正藏》第 9 册,第 788 页中。

再校。

“华严学”在金陵的进一步开展,是在隋唐时期。这部分的内容在本书“隋唐宋元卷”的相关章节另有阐述。

第十二章　东晋南朝建康僧人的佛教史著

从东晋开始，建康佛教出现了一系列的著述，包括经录、文集、僧传、游记等等，成为极其重要的佛教文献。僧祐是著名的文史学家，他的《出三藏记集》既是经录，也是文集和僧传。僧祐所撰《弘明集》更是重要的佛教文献集成。宝唱的《名僧传》为专门性的僧传，而慧皎的《高僧传》则开始了僧传之收录“高僧”而非“名僧”之例，并创制了高僧的十科分类之例。而法显的《佛国记》则作为交通志，记录了取经路上沿线的诸多资料，成为不朽的名著。

第一节
僧祐及其撰述

释僧祐是齐梁时代的律学大师,也是古代杰出的佛教史学家。作为佛教史学家,他撰集了《出三藏记集》,编集了《弘明集》。这两部现存的著作,成为当今叙述两晋南北朝时期佛教发展的最重要资料。

一 僧祐的生平事迹

释僧祐(445—518),本姓俞。其祖居住于彭城下邳,其父世居于建业。关于僧祐出家的因缘,慧皎记述说:"祐年数岁,入建初寺礼拜。因踊跃乐道,不肯还家。父母怜其志,且许入道,师事僧范道人。"[①]文中所说的"数岁"应该是指十岁前。八九岁时,僧祐随家人进入建康建初寺礼拜,踊跃乐道而不肯回家,父母允许其信仰佛教,住于佛寺,且跟随僧范为师。这位僧范,仅见于此文。应该指出,此时僧祐的身份是行童而非沙弥。"年十四,家人密为访婚,祐知而避至定林,投法达法师。"[②]僧祐十四岁时,家人为其秘密求亲,准备强制其结婚。[③] 僧祐知晓后,为躲避家人,进入定林寺,投法达为师。慧皎的这一记述表明,僧祐是在定林寺法达门下剃度为沙弥的。此为大明二年(458),定林寺也成为僧祐驻锡最久的佛寺。而此寺就是僧祐之师法达的老师昙摩密多所创建。

昙摩密多(356—442),意译应为"法秀",罽宾人。他"爰自西域,至于南土,凡所游履,靡不兴造檀会,敷陈教法"[④]。昙摩密多于元嘉元年(424)到达蜀地。元嘉三年(426)前后,昙摩密多到达建康。昙摩密多先住于"中兴

---

① 慧皎:《高僧传》卷一一,《大正藏》第50册,第402页下。

② 慧皎:《高僧传》卷一一,《大正藏》第50册,第402页下。

③ 作为对佛教有信仰的家庭,一般而言,儿子既然已经剃度为沙弥,意味着早已放弃强制其还俗成亲的想法。儿子已经在佛寺成为沙弥,又强制其娶妻,在南朝京城浓厚的佛教信仰氛围中,应该不会发生。

④ 慧皎:《高僧传》卷三,《大正藏》第50册,第343页上。

寺”[1]，后来住于祇洹寺。“密多道声素著，化洽连邦，至京甫尔，倾都礼讯。自宋文哀皇后及皇太子公主，莫不设斋桂宫，请戒椒掖，参候之使，旬日相望。”[2]可见，他在京城很快获得了朝野信众的尊奉。《高僧传・昙摩密多传》又记载，昙摩密多受会稽太守孟顗邀请至会稽郡，在鄮县之山，建立塔寺。元嘉十年(433)，回到建康。昙摩密多大致在会稽驻锡五年。昙摩密多回到京城之后，“止钟山定林下寺。密多天性凝靖，雅爱山水，以为钟山镇岳，埒美嵩华。常叹下寺基构，临涧低侧，于是乘高相地，揆卜山势，以元嘉十二年，斩石刊木，营建上寺。士庶钦风，献奉稠迭，禅房殿宇，欝尔层构。于是息心之众，万里来集，讽诵肃邕，望风成化”[3]。昙摩密多所住的定林寺位于钟山的南麓，狭小而临近山涧，于是在钟山山巅另寻佳地，以元嘉十二年(435)营建新寺。这两座寺院同用定林寺寺额，山巅的叫“上定林寺”或“定林上寺”。元嘉十九年(442)七月六日，昙摩密多卒于定林上寺，春秋八十七，“道俗四众，行哭相趋，仍葬于钟山宋熙寺前”[4]。

关于法达，慧皎在《高僧传》中未曾为其立传。《高僧传》卷三《昙摩密多传》中提及，“达禅师即神足弟子，弘其风教，声震道俗，故能净化久而莫渝，胜业崇而弗替，盖密多之遗烈也”[5]。此中的达禅师即僧祐之师法达。法达为昙摩密多弟子，风格与昙摩密多相似。慧皎在《僧祐传》中说，法达“戒德精严，为法门梁栋”[6]；在《僧审传》中说，“有僧谦、超志、法达、慧胜并业禅，亦各有异迹”[7]。可见，法达戒律谨严，也精于禅坐，并且有异迹显现。慧皎说：“祐师奉竭诚，及年满具戒，执操坚明。”[8]这是说，僧祐跟从法达，严守戒律，也许同时跟从法达习禅。受具足戒后，“初受业于沙门法颖。颖既一时名匠，为律学所宗。祐乃竭思钻求，

---

① 实际上当时的中兴寺尚未建起。《高僧传》卷四《竺法义传》记载，竺法义(307—380)以东晋太元五年(380)卒于建康，晋孝武帝“以钱十万买新亭岗为墓，起塔三级。义弟子昙爽，于墓所立寺，因名新亭精舍。后宋孝武南下伐凶，銮旆至止式宫此寺。及登禅，复幸禅堂，因为开拓，改曰中兴。故元嘉末童谣云：‘钱唐出天子’，乃禅堂之谓。故中兴禅房，犹有龙飞殿焉”。(慧皎：《高僧传》卷四，《大正藏》第50册，第350页下—351页上。)从此文可知，昙摩密多到建康住于新亭精舍(寺)中的“钱唐禅堂”，至孝武帝登基的孝建年间(454—456)此寺改为中兴寺。

② 慧皎：《高僧传》卷三，《大正藏》第50册，第343页上。

③ 慧皎：《高僧传》卷三，《大正藏》第50册，第343页上。

④ 慧皎：《高僧传》卷三，《大正藏》第50册，第343页上。

⑤ 慧皎：《高僧传》卷三，《大正藏》第50册，第343页上。

⑥ 慧皎：《高僧传》卷一一，《大正藏》第50册，第402页下。

⑦ 慧皎：《高僧传》卷一一，《大正藏》第50册，第400页上。

⑧ 慧皎：《高僧传》卷一一，《大正藏》第50册，第402页下。

无懈昏晓，遂大精律部，有励先哲”[①]。僧祐受大戒后，跟随法颖专研戒律。依照慧皎的记述，僧祐跟随法颖学习律学应该是在受大戒不久，也就是大明八年(465)前后。此时，法颖应该是在建康长干寺。僧祐自然应该是去长干寺跟随其学习律学的。

慧皎在《高僧传》卷一三《法献传》中说，法献圆寂后，“献弟子僧祐为造碑墓侧”[②]，可见，僧祐也曾经跟随法献学习过，当时佛教界也以二人为师徒关系。

法献(423？—498)，俗姓徐，西海延水(今内蒙古额济纳旗一带)人。先随舅至梁州(州治在今陕西南郑)，法献在梁州出家。元嘉十六年(439)，法献“方下京师，止定林上寺，博通经律，志业强捍，善能匡拯众许，修葺寺宇”[③]。法献驻锡于上定林寺，并且以自己之力修葺此寺。

法献“宋元徽三年，发踵金陵，西游巴蜀，路出河南，道经芮芮。既到于阗，欲度葱岭，值栈道断绝，遂于于阗而反，获佛牙一枚、舍利十五身，并《观世音灭罪咒》及《调达品》，又得龟兹国金锤鍱像。于是而还。其经途危阻，见其别记”[④]。法献于元徽三年(475)从南京出发，经过四川，进入青海，经过芮芮到于阗(今新疆和田)。法献到于阗后知晓度葱岭的栈道断了，无法过去，只得返回于阗。他在于阗等地获得了佛牙一枚、舍利十五身以及《观世音灭罪咒》及《调达品》、龟兹国金锤鍱像，无奈返回。法献回建康，带回的佛牙在历史上很有影响。[⑤]“佛牙本在乌缠国，自乌缠来芮芮，自芮芮来梁土，献赍牙还京，师十有五载，密自礼事，余无知者。至文宣感梦，方传道俗。”[⑥]法献自己礼敬佛牙十五年，后来奉献出来成为当时社会崇奉的对象。法献在南齐时期地位很高。《高僧传》称赞说，法献“律行精纯，德为物范”，获得朝臣和名士琅琊王肃、王融以及吴国张融、张绻等人的尊崇，“沙门慧令、智藏等，并投身接足，崇其诫训”。特别是在永明年中，被“敕与长干玄畅同为僧主，分任南北两岸。畅本秦州人，亦律禁清白，文惠太子奉为戒师。献后被敕三吴使，妙简二众。畅亦东行，重申受戒之法。时畅与献二僧，皆少习律检，不竞当世，与武帝共语，每称名而不坐”，成为后世僧人与皇帝对谈的

① 慧皎：《高僧传》卷一一，《大正藏》第50册，第402页下。
② 慧皎：《高僧传》卷十三，《大正藏》第50册，第411页下。
③ 慧皎：《高僧传》卷一三，《大正藏》第50册，第411页中。
④ 慧皎：《高僧传》卷一三，《大正藏》第50册，第411页中—下。
⑤ 此枚佛牙现存北京广济寺舍利阁。今人陈垣撰有《法献佛牙隐现记》专叙其事，可参看。
⑥ 慧皎：《高僧传》卷一三，《大正藏》第50册，第411页下。

礼仪程式。慧皎未曾明确记述僧祐与法献之间的具体事实,而从法献与僧祐各自的行历来推测,大明二年(458)僧祐十四岁至上定林寺逃避家人而出家成为沙弥时,法献也在此寺,直至元徽二年(475)法献离开建康准备西行求法为止。僧祐以法献为其师,应该是在这一段时间。

慧皎说,僧祐在法颖门下,精通了律部。“齐竟陵文宣王每请讲律,听众常七八百人。”[①]齐竟陵文宣王即萧子良(460—494)经常邀请僧祐宣讲佛教律本,听众常常有七八百人之多。慧皎特别记述说:“永明中,敕入吴,试简五众,并宣讲《十诵》,更申受戒之法。”[②]永明年号有十年(483—493),僧祐被朝廷委派入“吴”大约是在永明三、四年间。当代一些学者想当然地将文中“吴”字解释为“三吴”,“三吴”是指吴郡、吴兴、会稽三郡,而《十诵律》长达六十一卷,弘传费时而辛苦,“三吴”都涉及的可能性不大。笔者以为,此文中的“吴”应该是吴郡的简略。也就是,僧祐是受朝廷指派至吴郡弘扬《十诵律》,时间至少两年。如此,则可与文学界研究《文心雕龙》的学者所说的刘勰于永明六、七年至上定林寺跟随僧祐的时间相衔接。

慧皎记载,僧祐“凡获信施,悉以治定林、建初及修缮诸寺,并建无遮大集舍身齐等。及造立经藏,搜校卷轴,使夫寺庙开广,法言无坠,咸其力也。祐为性巧思能,目准心计,及匠人依标,尺寸无爽。故光宅、摄山大像、剡县石佛等,并请祐经始,准画仪则”[③]。僧祐在江南佛教界威望极高,也获得朝廷的尊崇和重用。慧皎说,至梁武帝也“深相礼遇,凡僧事硕疑,皆敕就审决。年衰脚疾,敕听乘舆入内殿,为六宫受戒。其见重如此。开善智藏、法音慧廓,皆崇其德,素请事师礼。梁临川王宏、南平王伟仪同、陈郡袁昂、永康定公主、贵嫔丁氏,并崇其戒范,尽师资之敬。凡白黑门徒一万一千余人”[④]。僧祐有僧俗信徒一万一千余人,其影响力可见一斑。僧祐于天监十七年(518)五月二十六日圆寂于建初寺,春秋七十有四。“因窆于开善路西定林之旧墓也。弟子正度立碑颂德,东莞刘勰制文。”[⑤]

---

① 慧皎:《高僧传》卷一一,《大正藏》第50册,第402页下。
② 慧皎:《高僧传》卷一一,《大正藏》第50册,第402页下。
③ 慧皎:《高僧传》卷一一,《大正藏》第50册,第402页下。
④ 慧皎:《高僧传》卷一一,《大正藏》第50册,第402页下。
⑤ 慧皎:《高僧传》卷一一,《大正藏》第50册,第402页下。

二 《出三藏记集》

释僧祐(445—518)撰集的《出三藏记集》、编集的《弘明集》是当今叙述两晋南北朝时期佛教发展的最重要资料。

关于撰集《出三藏记集》的目的,僧祐《出三藏记集序》说:

> 祐缀其所闻,名曰《出三藏记集》。一、撰缘记。二、铨名录。三、总经序。四、述列传。缘记撰则原始之本克昭,名录铨则年代之目不坠,经序总则胜集之时足征,列传述则伊人之风可见。①

由此可见,合拢上述四方面,翻译的原委才说得清楚和完全。因此,此书即分为四个部分。

第一部分《撰缘记》,凡一卷,叙述说明佛教经典结集和源语文本的来源。首先,引用《大智度论》《十诵律》以及《菩萨处胎经》等文叙述三藏结集的缘起、经过和八藏的名称。其次,说明胡、汉译经音义的同异。最后,列举"新译""旧译"重要名相的不同,一共五篇。其一,《集三藏缘记》,引录《大智度论》之文来叙述释尊入灭以至结集三藏的经过。其二,《十诵律五百罗汉出三藏记》,引录《十诵律》之文五百比丘结集三藏的经过。其三,《菩萨处胎经出八藏记》,引录《菩萨处胎经》之文说明在结集时形成"八藏",即"阿难最初出经,胎化藏为第一,中阴藏第二,摩诃衍方等藏第三,戒律藏第四,十住菩萨藏第五,杂藏第六,金刚藏第七,佛藏第八"②。其四,《胡汉译经音义同异记》,讨论中国文字跟天竺的两种拼音文字的不同以及汉译时古今所用词汇有何差异。其五,《前后出经异记》,这小节举例说明今译经对同一名相的不同。

第二部分《铨名录》,凡四卷,这是全书的主体部分。此著将汉代至梁六代四百多年间所译出和撰集的一切典籍,一一搜罗,归纳为十四录。因相对于道安旧录有所增订,所以称之为"新集"。内容包括:其一,《经论录》,先列经目,再述上列诸经由何人译。此部分共收自东汉至刘宋译经四百五十部一千八百六十七卷

① 僧祐:《出三藏记集》卷一,《大正藏》第55册,第1页中。

② 僧祐:《出三藏记集》卷一,《大正藏》第55册,第4页上。

的经目。其二,《异出经录》,“异出经”指“胡本同而汉文异”[①],即同一梵文而有不同的华文译本之谓。本录共收这类经目四十三种,并在每种异出经之下注明异译本。其三,《安公古异经录》,僧祐根据道安《综理众经目录》所收的古代异出经目而编辑出目录,共收九十二部九十二卷。其四,《安公失译经录》。所谓“失译”,指不知何人所译的佛经。僧祐据前面所述道安目录而寻得的经典,共有一百四十二部一百四十七卷。其五,《安公凉土异经录》。所谓“凉土异经”指东晋十六国时译于河西五郡(今河西走廊)地区的异出经,道安有收录而由祐公寻得经本的,共有五十九部七十九卷。其六,《安公关中异经录》。僧祐据道安的经录而寻得的关中地区的异出经,共有二十四部二十四卷。其七,《律分五部记录》。这不是记录经目的部分,而是据《毗婆沙论》以简述佛入灭后,佛家戒律分为五部的故事。其八,《律分十八部记录》。这是据不同释典内容而撮要写成的由五部律再因部派分裂而有十八部律的故事。其九,《律来汉地四部叙录》。此部分简述传来华夏的四种律典——萨婆多部的《十诵律》、昙无德部的《四分律》、大众部的《摩诃僧祇律》、弥沙塞部的《五分律》等在天竺的产生、传入中国和译出并流传的历史。最后略述未能传入中国《迦叶维律》的性质和它无缘来华之故。其十,《续撰失译杂经录》。此部分著录僧祐据前世经录所载经目而找出的不知译人的经,共有八百四十六部八百九十五卷。僧祐对所见经本都加以校勘,并指出其中经典的异名,标示某些经典是从大部经典中抄出而另订新名等。此外,这小节又附《条新撰目录阙经》,这部分搜集了前世经录所载而僧祐当时已经有目无书的经目四百六十种,其书若存,则卷数共为六百七十五卷。其十一,《抄经录》。所谓“抄经”,指从大部头的佛经中抄出其中要义,另编成一书单行之谓。本录共收抄经四十八部一百五十卷有目有书。此外,尚有八部二百零一卷有目无书。其十二,《安公疑经录》。此部分是据道安《综理众经目录》中所载的“疑经”而搜得其经本的目录,共有二十六部三十卷。其十三,《疑经伪撰杂录》。此部分共收四十六部五十六卷。其十四,《安公注经及杂经志录》。所谓“注经”,是道安经录有书目而僧祐搜得的佛经注解。所谓“志录”,指道安经录中非属佛经的佛教文献而找到其书的,共有二十七卷。所谓“杂经”,则指东晋以后的来历有问题的“佛经”,共有二十四种二百三十一卷。此部分末尾附录小乘迷学竺法度造《异仪记》

---

① 僧祐:《出三藏记集》卷二,《大正藏》第55册,第13页下。

及慧叡造《喻疑》。

在上述十四录中,标题安公的,基本上保存了道安旧录的原样撰述,而加以补订。其余也都是按照《安录》的规模加以扩大。

第三部分《总经序》,共七卷。可分两类:前六卷是抄录一些经律论的前序与后记,自《四十二章经序》起至《千佛名号序》止,共一百一十篇,为《序集录》。后一卷录陆澄《法论目录》、竟陵王《法集录》序及僧祐自撰各书目录序,共十篇为《杂录》。

第四部分《述列传》,叙述历代译家和义解僧人的生平事略,共三卷。

三 《弘明集》

《弘明集》是梁代僧人僧祐所编撰的一部重要的文献汇编性质的书籍。《出三藏记集》卷一二所载僧祐自撰《弘明集》目录作十卷三十三篇,而现行本作十四卷五十八篇(包括书末附僧祐后序)。十卷所载都是梁以前的文章,后来增入的多半是梁代的文章(亦有少数梁以前的文章),而两唐书《经籍志》均载《弘明集》十四卷。因此,现行十四卷本由来已久,也许是僧祐自行增补。

本书收载的范围,从东汉末迄梁代止,时间三百多年,作者百人左右,僧侣仅有十九人。

本书各卷主要内容如下:

第一卷,论著两篇:第一篇《牟子理惑论》;第二篇是《正诬论》,未详作者,此文针对一般人所注意的吉凶寿夭灾祥等具体问题为佛教辩诬。

第二卷,论著一篇,即宋宗炳的《明佛论》,一名《神不灭论》。此文对晋宋之际争辩神灭不灭问题提出自己的看法。

第三卷,书启五篇、论著一篇:前者是何承天与宗炳两人就慧琳《白黑论》而开展的讨论。后者是晋孙绰的《喻道论》,讨论佛教对于本末问题的解释。

第四卷,论著一篇、书启五篇:何承天自撰《达性论》批评佛教,颜延之写信反驳。此中五篇书启都是二人来往争论的文字。

第五卷,论著七篇、书启四篇,共十一篇:自罗含《更生论》起,至慧远《沙门不敬王者论》止,前后六篇,都在争辩神灭与神不灭的问题。慧远《沙门袒服论》以下三篇，辩论礼制问题。慧远《明报应论》与《三报论》，乃为阐明佛教根本教义之一因果报应。

第六卷，论著、书启共八篇：晋义熙年间有人以出家人为“五蠹”之一，道恒撰《释驳论》给以驳斥。宋末道士顾欢撰《夷夏论》，虽以孔、老、释同为圣人，但严持夷夏界限，排斥佛教。明僧绍的《正二教论》以及《谢缜之书与两封顾与道士书》都是反驳顾欢之说的，张融的《门律》以及周颙的《难张长史门律》并问答三首，所辩论的都是当时儒道释三家的本末问题。

第七卷，论著四篇：从朱昭之的《难顾道士夷夏论》，到僧敏的《戎华论折顾道士夷夏论》，也都是驳斥顾欢《夷夏论》的。

第八卷，论著三篇：玄光的《辩惑论并序》条举五逆六极痛斥道教。齐世有道士假张融的名义作《三破论》（入国破国、入家破家、入身破身）诋毁佛教，于是梁刘勰作《灭惑论》，僧顺作《析三破论》，痛加驳斥。

第九卷，梁武帝《立神明成佛义记并沈绩序注》一篇，论述成佛以心为正因的道理。范缜著《神灭论》，想从佛法根本教义上推翻佛教，萧琛与曹思文均著《难神灭论》来驳斥他。范缜《神灭论》全文，载《梁书》本传中，本卷仅载他《答曹舍人书》一篇。

第十卷，梁武帝《敕答臣下神灭论》、释法云《与王公朝贵书》并六十二人答书，均站在神不灭的立场破斥《神灭论》。

第十一卷，书启二十七篇，内容有：一、赞扬佛事。二、辩难佛不现形。三、论心源一本。四、辞世从道不受爵禄。而最重要的是萧子良与孔稚珪往来三封书信，二人均主张一本之书。

第十二卷，书启表诏四十篇，所涉及的都是当时现实问题，如沙门踞食问题、沙门应不应敬王问题、恒玄料简沙门与求沙门名籍等问题。

第十三卷，载录晋郗超的《奉法要》、颜延之《庭诰》二章、王该的《日烛》三篇。

第十四卷，载录竺道爽《檄太山文》、智静《檄魔文》、宝林《破魔露布文》、《弘明集后序》。《出三藏记集》僧祐自撰目录末后有《弘明论》一卷，而本文前面亦作“论云”字样，因而近人认为此篇绝非后序，而实是《弘明论》。

作为一本以维护佛教、弘扬佛法为宗旨的佛教文献汇编，《弘明集》是今人研究两晋南北朝佛教史及其思想史的最可靠的资料。而且，这一书的体裁，也对后世产生了深远的影响，不光是唐代道宣《广弘明集》的扩充续接问题，而且后世出现的一些宗旨与此相近的书籍，也与《弘明集》有关。

僧祐的著作除了《出三藏记集》和《弘明集》，另有《萨婆多部相承传》五卷、《十诵义记》十卷、《释迦谱》五卷、《世界论》五卷、《法苑集》十卷、《法集杂记传铭》十卷，共八种，题名为《释僧祐法集》。现仅存《释迦谱》《弘明集》和《出三藏记集》三种。

第二节
其他建康版经录和僧传

南北朝时期，是佛教经录逐渐完备的阶段。当时虽南北分裂，然而译事不辍，所编撰的经录也逐渐增多，体制更是日趋定型。从完备程度和历史影响等方面来说，梁代僧祐所编集的《出三藏记集》是这一时期经录的集大成者。

除此之外，在历史上还有过一些经录。本节将撰集于建康的若干经录叙述于后。

一 经录

根据各种史籍记载，南朝的刘宋、南齐和梁代都有几种经录问世。

南朝刘宋有不详作者的《众经别录》二卷，以佛典分类为序编集。上卷内容如下：其一，大乘经录。其二，三乘通教录。其三，三乘中大乘录。下卷内容如下：其一，小乘经录。其二，这一部分的篇目已缺失。其三，大小乘不判录。其四，疑经录。其五，律录。其六，数录。其七，论录。根据史籍记载，刘宋建康宋道场寺释慧观所立"五时教"中有"三乘通教"。此录以"三乘通教"为佛经种类名称，也许说明此录受慧观影响。此外，从此录的分类看，以经律论为类，经中又以大小乘划分，疑经则另作专篇。这比它以前的分类法，要更为通宜。此录又有一特点，即在每经之下，用简明的辞句标明一经的宗旨，并标出文、质等字样，作为对译本的评价，这正是当时人重视译文的反映。此录现有敦煌卷子写本，仅残存上卷一部分。

南齐释王宗撰《众经目录》二卷，通纪各代，分大小乘。又释道慧撰《宋齐录》一卷，专纪宋、齐译经，尤偏重宋代。南朝又有不详作者的《始兴录》一卷。始兴即今广东省韶州，故此录多记南方所译经论，也名《南录》。南齐释弘充也撰集《经录》一卷，早已散失，内容不详。

梁代除《出三藏记集》之外，还有数部经录。

天监十四年(515)，梁武帝敕释僧绍撰《华林佛殿目录》四卷，纪录宫廷所藏的佛经。僧绍即据《出三藏记集》目录部分，分为四科，加以增减。因不合梁武帝的意旨，所以天监十七年(518)又敕释宝唱重撰，成书四卷，名《梁代众经目录》。如《续高僧传·宝唱传》记载，天监十四年(515)，“敕安乐寺僧绍撰《华林佛殿经目》，虽复勒成，未惬帝旨。又敕唱重撰，乃因绍前录，注述合离，甚有科据，一帙四卷，雅惬时望”[①]。对此，《历代三宝纪》记载：“至十七年，又敕沙门宝唱，更撰《经目》四卷，显有无译，证真伪经，凡十七科，颇为覼缕。”[②]

宝唱《众经目录》的分类为：其一，大乘有译人多卷经。其二，大乘无译人多卷经。其三，大乘有译人一卷经。其四，大乘无译人一卷经。其五，小乘有译人多卷经。其六，小乘无译人多卷经。其七，小乘有译人一卷经。其八，小乘无译人一卷经。其九，先异译经。其十，禅经。其十一，戒律。其十二，疑经。其十三，注经。其十四，数论。其十五，义记。其十六，随事别名。其十七，随事共名。其十八，譬喻。其十九，佛名。其二十，神咒。可见，此书所分很详细，把“譬喻”“佛名”“神咒”等各自为类，并注意到注经和义记，这更扩大了所录的范围。以“有译”“无译”“一译”“异译”“多卷”“一卷”分类，在藏经的整理上，也有便利之处。

梁代释正度也撰集《经录》一卷，早已散失，内容不详。

陈代编集有《大乘寺藏目录》四卷、《王车骑录》一卷、《庐山录》一卷、《岭号录》一卷、《南来新录》、《一乘寺藏众经目录》、《东录》等等数部经录，早已散失，内容不详。

关于活动于梁、陈的真谛大师翻译成果，其弟子撰有三种其师传记和译经目录：其一，曹毗撰有《别历》(或称《真谛翻经目录》)。其二，智敫撰集有《真谛三藏翻译历》。其三，僧宗撰有《真谛三藏行状》。

二 僧传

现今可知最早的史传类佛教史书是东晋康弘所撰《道人善道开传》一卷。康

① 道宣：《续高僧传》卷一，《大正藏》第50册，第426页下。
② 费长房：《历代三宝纪》卷一一，《大正藏》第50册，第94页中。

弘应该是在家人，由此可推知，这本书是在家弟子替自己皈依的师父所撰的个人传记。此中的“善道开”即“单道开”，梁释慧皎的《高僧传》卷九有《单道开传》。此后，僧传的撰写不绝如缕，数量很多，现存不多。在此，仅仅将《名僧传》《比丘尼传》《高僧传》三种叙述于后。

《名僧传》《比丘尼传》都是梁代高僧宝唱所撰写。

宝唱约生于刘宋泰始元年(465)前后，吴郡人，十八岁从建初寺僧祐出家，住建康庄严寺，遍学经律。天监四年(505)住建康新安寺，先后帮助僧旻编撰《众经要抄》，助智藏编撰《义林》，助僧朗编撰《大般涅槃经注》，又助萧纲编撰《法宝联璧》等，并自撰《续法轮论》七十余卷，《法集》一百三十卷。宝唱参与僧伽婆罗译场。僧伽婆罗“以天监五年被敕征召于扬都寿光殿、华林园、正观寺、占云馆、扶南馆等五处传译，讫十七年，都合一十一部，四十八卷，即《大育王经》《解脱道论》等是也”[①]。从天监五年(506)至天监十七年(518)，僧伽婆罗翻译出佛典十一部四十八卷。“初翻经日，于寿光殿，武帝躬临法座，笔受其文，然后乃付译人，尽其经本。敕沙门宝唱、慧超、僧智、法云及袁昙允等，相对疏出，华质有序，不坠译宗。”[②]天监九年，宝唱开始撰写《名僧传》，天监十三年(514)成书后达三十一卷。宝唱博闻多识，获得梁武帝的青睐，下敕令他掌华林园宝云经藏。宝唱广搜遗逸经籍，充实佛典目录。天监十五年(516)，以僧绍所撰经录为基础重新编集《华林佛殿众经目录》四卷。同年，宝唱又撰《经律异相》五十五卷。此外，宝唱还撰《众经饭供圣僧法》等五种十七卷及《出要律仪》二十卷。

《名僧传》三十卷，《序目》一卷，今佚。本书创始于天监九年(510)，搜集前代僧录、碑志以及口述等，区别部类，天监十三年(514)编纂完成。作者在编纂中因将谪配越州，加紧缵集芟改，而成定本。其第十八卷有《僧祐传》，祐卒在书成之后，当是出于增补的。

本书分法师、律师、禅师、神力、苦节、导师、经师七科。又分子目：外国法师四卷，包括一般法师和神通弘教二类；中国法师十三卷，包括高行、隐道和一般法师三类；律师一卷，禅师二卷，神力一卷，不分类；苦节七卷，分兼学、感通、遗身、宗索(素)、寻法出经、造经象、造塔寺七类；导师一卷，经师一卷，不分类。正传共

---

① 道宣：《续高僧传》卷一，《大正藏》第50册，第426页上。

② 道宣：《续高僧传》卷一，《大正藏》第50册，第426页上。

四百二十五篇，著录后汉、吴、晋、姚秦、北魏、宋、齐七个王朝名僧四百二十五人；附见的僧人甚多，不得其详。正传中佛图澄、慧远传的篇幅都很长，各自一卷。又晋、宋、齐等南朝的僧人，在全书中所占比重最大，这与作者身处南方收集材料便利有关。

《名僧传》现今不存，其抄本是日本僧人宗性在日本文历二年（1235）所摘录。卷首保存全部目录，卷中也有原文的片段，末附“说处”即要点的条目。抄本重点虽放在有关弥勒感应的记载上，只摘抄原文一小部分。当今学者可以以此窥知此书的梗概。

宝唱所撰《比丘尼传》四卷，现存。本书未曾分科，大致以时代为序，叙述了晋、宋、齐、梁四朝著名比丘尼六十五人的事迹。卷一收东晋比丘尼一十三人，卷二收刘宋比丘尼二十三人，卷三收南齐比丘尼一十五人，卷四收梁代比丘尼一十四人。除以上本传六十五人外，还附见五十一人。

释慧皎（497？—554?），会稽上虞（今浙江省上虞市）人，居于会稽郡嘉祥寺。可惜，关于他的生平史料记载非常少。《高僧传》卷一四收载其所撰《序》文，其文说：

> 自前代所撰，多曰《名僧》。然名者，本实之宾也。若实行潜光，则高而不名；寡德适时，则名而不高。名而不高，本非所纪，高而不名，则备今录。故省“名”音，代以“高”字。[1]

慧皎所以命名自己所撰僧传为《高僧传》，自有其独特而博得后世称赞的道理，他着力强调“名实相符”，杜绝“名而不高”的人进入自己的著作。他在《高僧传·序》中又说：“谓出家之士，处国宾王，不应励然自远，高蹈独绝。辞荣弃爱，本以异俗为贤，若此而不论，竟何所纪。”[2]尽管从佛教发展而言，他在写作中也叙述帝王、贵族、官员对于一些僧人的礼遇，对于为政教关系协调做出贡献的僧人也不吝赞扬，但其以“潜光”“高蹈”沙门的行事作为僧人的楷模的用心，成为此后佛教史家的共识。

---

① 慧皎：《高僧传》卷一，《大正藏》第50册，第418页下。
② 慧皎：《高僧传》卷一，《大正藏》第50册，第419页上。

《高僧传》有十三卷，另《序》及《目录》合在另一卷，在全书之末，加起来共有十四卷。书中为东汉至梁初僧徒立正传者二百五十七人，附见二百余人。

《高僧传》依立传僧众的行事分作“十科”。“十科”的划分，可能受司马迁《史记》的影响，《史记》司马迁书中的类传恰好也是“十类”。慧皎对于“十科”先后的安排，有自己的解释：

第一，《译经篇》。慧皎称：“佛法东流，盖由传译之勋。或逾越沙险，或泛漾洪波，皆忘形殉道，委命弘法。震旦开明，一焉是赖。兹德可崇，故列之篇首。”[①]慧皎说，佛法传入中土，翻译起了很大的作用。佛典原本是天竺文字写成，若不通过翻译，佛法无法被中国人理解和接受。鉴于翻译在佛教传播中的特殊地位，慧皎把此篇放在全书之首。篇中替主译的胡汉沙门及具有出家人身份的重要译经助手立传。

第二，《义解篇》。慧皎称：“若慧解神开，则道兼万亿。”[②]佛教思想博大精深，佛教经典古奥难懂，须得“善知识”的引导，大众才能略知一二，因此，“义解”置于第二位。

第三，《神异篇》。慧皎称：“通感适化，则强暴以绥。”[③]东晋十六国时期，天竺、西域来的高僧乃至中土高僧往往运用其神通能力感化残暴的君主，使其节杀兴慈，不仅使民众获得一些安稳，也增加了统治者对佛教的好感，佛教由此也获得发展。佛图澄就是如此。慧皎认识到神通和神僧在佛教史中的地位，因此将此门列为第三位。

第四，《习禅篇》。慧皎称：“靖念安禅，则功德森茂。”[④]原来沙门的神通能力，莫不始于修禅习定，慧皎因此将“习禅”置于“神异”之后。

第五，《明律篇》。慧皎称：“弘赞毗尼，则禁行清洁。”[⑤]慧皎说过：“定资于戒，当知入道即以戒律为先。”[⑥]“定”必先获得戒律的资养，方才可能成就。如果不守戒律，以约束身心，则无由修习禅定。

第六，《亡身篇》。此篇叙述以牺牲自己的身体而成就他人的高僧，或割肉以

---

① 慧皎：《高僧传》卷一四，《大正藏》第 50 册，第 418 页下—419 页上。

② 慧皎：《高僧传》卷一四，《大正藏》第 50 册，第 419 页上。

③ 慧皎：《高僧传》卷一四，《大正藏》第 50 册，第 419 页上。

④ 慧皎：《高僧传》卷一四，《大正藏》第 50 册，第 419 页上。

⑤ 慧皎：《高僧传》卷一四，《大正藏》第 50 册，第 419 页上。

⑥ 慧皎：《高僧传》卷一一，《大正藏》第 50 册，第 403 页下。

啖饥民，或奉献一躯一肢、燃臂烧身，供养佛陀。这些僧人，是佛教所说的“忘形遗体”[①]的楷模，慧皎特置专类以表彰。

第七，《诵经篇》。慧皎称：“歌诵法言，则幽显含庆。”[②]慧皎说，诚心专注地诵经，可以跟神灵（即“幽显”）相感，“讽诵之利大矣，而成其功者希焉。良由总持难得，惛忘易生。如经所说，止复一句一偈，亦是圣所称美”[③]。大凡诵经致感者，“斯皆实德内充，故使征应外启。经云‘六牙降室，四王卫座’，岂虚哉！若乃凝寒靖夜，朗月长宵，独处闲房，吟讽经典，音吐遒亮，文字分明，足使幽灵忻踊，精神畅悦。所谓歌咏诵法言，以此为音乐者也”[④]。

第八，《兴福篇》。慧皎称：“树兴福善，则遗像可传。”[⑤]所谓“兴福”是指以造像、雇人抄写藏经、修建塔寺等等行为，兴办福田，引导信众之信仰、振兴佛教之实体。慧皎说：“道借人弘，神由物感，岂曰虚哉！是以祭神如神在，则神道交矣。敬佛像如佛身，则法身应矣。故入道必以智慧为本，智慧必以福德为基，譬犹鸟备二翼，倏举千寻。车足两轮，一驰千里。岂不勤哉！岂不勖哉！”[⑥]

第九，《经师篇》；第十，《唱导篇》。慧皎称“其转读、宣唱，原出非远，然而应机悟俗，实有偏功”，是以“编之传末”。[⑦] 这番话中的“转读”指“经师”，而“宣唱”则指“唱导”。所谓“转读”，是将经文以歌咏形式唱诵，慧皎简要概括为“咏经则称为转读，歌赞则号为梵呗”[⑧]，“转读之为懿，贵在声、文两得。若唯声而不文，则道心无以得生。若唯文而不声，则俗情无以得入”[⑨]。也就是说，“转读”须以佛典之“文”为本而以“唱咏”为表现手段，难度还是很大的。关于“唱导”，慧皎解释说：

唱导者，盖以宣唱法理开导众心也。昔佛法初传，于时齐集，止宣唱佛名，依文致礼。至中宵疲极，事资启悟，乃别请宿德升座说法，或杂序因缘，

---

① 慧皎：《高僧传》卷一四，《大正藏》第 50 册，第 419 页上。
② 慧皎：《高僧传》卷一四，《大正藏》第 50 册，第 419 页上。
③ 慧皎：《高僧传》卷一二，《大正藏》第 50 册，第 409 页上。
④ 慧皎：《高僧传》卷一二，《大正藏》第 50 册，第 409 页上。
⑤ 慧皎：《高僧传》卷一四，《大正藏》第 50 册，第 419 页上。
⑥ 慧皎：《高僧传》卷一三，《大正藏》第 50 册，第 413 页上。
⑦ 慧皎：《高僧传》卷一四，《大正藏》第 50 册，第 419 页上。
⑧ 慧皎：《高僧传》卷一三，《大正藏》第 50 册，第 415 页中。
⑨ 慧皎：《高僧传》卷一三，《大正藏》第 50 册，第 415 页中。

或傍引譬喻。其后庐山释慧远，道业贞华，风才秀发。每至斋集，辄自升高座，躬为导首。先明三世因果，却辩一斋大意。后代传受，遂成永则。故道照、昙颖等十有余人，并骈次相师，各擅名当世。夫唱导所贵，其事四焉，谓声、辩、才、博。非声则无以警众，非辩则无以适时，非才则言无可采，非博则语无依据。[1]

此文清晰地界定了“唱导”的内涵，其要点是以宣唱形式讲解佛教教理，启发听众信仰，其内容是依托于佛教经典而注重自由发挥，所以，慧皎说“声”“辩”“才”“博”四者缺一不可。

慧皎明确说，前“八科”所表彰者，在佛教中具有重要的地位。“凡此八科，并以轨迹不同，化洽殊异，而皆德效四依，功在三业，故为群经之所称美，众圣之所褒述。”[2]而慧皎说：“昔草创高僧，本以八科成传。却寻经、导二科，虽于道为末，而悟俗可崇，故加此二条，足成十数。其有一分可称，故编高僧之末。”[3]慧皎以前八科为“本”，后二科为“末”，本末结合成此“十科”。

慧皎据以成书的史料，《高僧传》卷一四《序》有一说明：

尝以暇日，遇览群作，辄搜检杂录数十家，及晋、宋、齐、梁春秋诸史，秦、赵、燕、凉荒朝伪历，地理杂篇，孤文片记，并博谘故老，广访先达，校其有无，取其异同，始于汉明帝永平十年，终于梁天监十八年，凡四百五十三载。[4]

由此可知，慧皎所收集、依据的文献颇为丰富。尽管如此，慧皎生于偏安之朝，居住南方，北方史料不易收集，反映在《高僧传》中即详于江南诸僧，而略于北方僧人。

慧皎还撰有《涅槃义疏》十卷和《梵网经疏》，早已亡佚，难知其详。

---

① 慧皎：《高僧传》卷一四，《大正藏》第50册，第417页下。
② 慧皎：《高僧传》卷一四，《大正藏》第50册，第419页上。
③ 慧皎：《高僧传》卷一三，《大正藏》第50册，第417页下—418页上。
④ 慧皎：《高僧传》卷一四，《大正藏》第50册，第418页下。

第三节
法显的《佛国记》

一 《佛国记》的书名及版本

法显所撰写的西行游记，在古代著录、引文以及各种版本中，竟然有近十种异名。这些异名的大量出现，可能是由于法显未替自己所写的这部书命名，后来者往往以己意为其加写书名。这样做，却使后来者难于确定众多名称之所指是否为同一部书。这样的以讹传讹，便无端地生出了许多误解，显得尤其杂乱。

第一种，《佛游天竺记》一卷。梁代僧祐《出三藏记集》卷二载录于法显所译出及其带回而未得译出的经律之后。[①] 隋代法经《众经目录》卷六置于“西域圣贤传记”之中，并说其为“西域圣贤所撰”；同时却在“此方诸德传记”中著录《法显传》一卷，并说其为“此方佛法传记”。唐道宣《集神州三宝感通录》卷中“梁荆州优填王旃檀像缘”引用此书名。唐智昇《开元释教录》卷三、唐圆照《贞元新定释教目录》卷五皆录此目，并注“见《僧祐录》”，同时却又著录《历游天竺记传》一卷。

第二种，《佛游天竺本记》。唐代徐坚《初学记》卷二三“寺第八”引书名曰《佛游天竺本记》。

第三种，《历游天竺记传》。此书名最早见于隋代费长房《历代三宝纪》卷七，唐代道宣《大唐内典录》卷三、道世《法苑珠林》卷一均沿用此名。《开元释教录》和《贞元新定释教目录》在引此名之后，都加有批注：“亦云《法显传》，法显自撰，述往来天竺事。见《长房录》。”

第四种，《释法显游天竺纪》。唐代杜祐《通典》卷一七四引用此书时写作《释法明游天竺纪》，并在“明”字下注曰“国讳改焉”，在同书卷一九一又作《法明游天竺记》。《四库全书总目提要》曰：“《通典》引此书又作法明，盖中宗讳显，唐人以‘明’字代之，故原注有‘国讳改焉’四字也。”

第五种，《法显传》一卷（或作二卷）或《释法显行传》。最早见于北魏郦道元《水经注》卷一、二所引，卷一六作《释法显行传》。隋法经等《众经目录》卷六也以

---

① 僧祐：《出三藏记集》卷一，《大正藏》第55册，第12页上。

此名著录。《隋书·经籍志·史部·杂传类》载《法显传》二卷、《法显行传》一卷;《开元释教录》卷二〇(入藏录下)以及以《千字文》编号的《开元释教录略出》卷四皆著录,并注:"亦云《历游天竺记传》,东晋沙门法显自记游天竺事。"宋以后所刻《大藏经》多依《开元释教录·入藏录》,故仍用此称,唯金代《赵城藏》本为《昔道人法显从长安行西至天竺传》一卷,《高丽藏》本为《高僧法显传》一卷。

第六种,《佛国记》一卷。此名最早见于《隋书·经籍志·地理类》,注曰"沙门释法显撰",明代以后所辑诸丛书刊本,如明沈士龙、胡震亨辑《秘册汇函》,明毛晋辑《津逮秘书》,明钟人杰、张遂辰辑《唐宋丛书》,清王谟辑《增订汉魏丛书》,清张海鹏辑《学津讨原》等,皆用此称。

第七种,《三十国记》。此名为明代著作《稗乘》用之。

前述七种书名,从命名方法来区分,有四类情况:由第三种至第七种,或者以叙述者法显为主体来命名,如《法显传》《法显行传》;或者以所写内容为核心命名,如《佛国记》《历游天竺记传》《三十国记》;或者将上述两种角度合起来命名,如《释法显游天竺纪》等。《法显传》之名,首次见于《水经注》。《隋书·经籍志·地理类》列有此《法显传》之名,而同书(《隋书·经籍志·史部》)"杂传类"中又有《佛国记》之名,但文后有原注"沙门释法显传",说明《法显传》与《佛国记》为同一种书,传世今日的《佛国记》各种版本都同于《法显传》。《历游天竺记传》即是《法显传》,自《开元释教录》以下都有明文注记。因此,上述三类书名,所指为同一本书,并不存在问题。屡有疑问的是以"佛"为主体来命名的一类书名之所指。具体而言,《佛游天竺记》或《佛游天竺本记》与《法显传》或《佛国记》到底是一本书还是两本书,这是历来争论的焦点。

对于《佛游天竺记》与《佛国记》的混淆,源于对《出三藏记集》卷二之著录方法的不同理解。其实,《出三藏记集》卷二尽管将《佛游天竺记》著录在法显所译的经律之后,但僧祐在注文中明确说:"右十一部,定出六部,凡六十三卷。……其《长》《杂》二阿、《綖经》、《弥沙塞律》、《萨婆多律抄》,犹是梵文,未得译出。"[①]这里所说的"十一部"并不包含《佛游天竺记》在内,同样,"六部"译出的经律之中也不包含《佛游天竺记》。可见,僧祐是将《佛游天竺记》当作法显的著述附录在此的,因而其与后来所称的《法显传》为同一本书并不存在问题。真正搞错的是隋

① 僧祐:《出三藏记集》卷一,《大正藏》第55册,第12页上。

代法经等人编的《众经目录》。《众经目录》卷六在“西域圣贤传记”中录有《佛游天竺记》一卷[1]，在同卷“此方诸德传记”中又录有《法显传》一卷，并附自注曰“法显自述行记”[2]。这里，法经等人因疏于核查而将同一本书列为两种，不能引以为据。后来的《开元释教录》卷三、《贞元录》卷五，虽然兼载《历游天竺记传》与《佛游天竺记》两名，但均在《佛游天竺记》下加注“见《僧祐录》”，又注曰“阙本”。可见，智昇、圆照并未见到《佛游天竺记》这本书，而只是凭误解了的僧祐之意将两名并列为两本书。另外，唐徐坚《初学记》卷二三所引的《佛游天竺本记》之文，即达傢国迦叶佛伽蓝一段，与今本《佛国记》之文完全符合。唐道宣《集神州三宝感通录》卷中以及《太平御览》卷六五七所引之文，即佛上忉利天为其母说法一段，也与今本《佛国记》“僧伽施国”所记相似。这些证据完全可以证明，《佛游天竺记》与《佛国记》《法显传》为同一本书。至于之所以以佛为主体，大概是因为此书多载天竺各国所传的佛陀本生故事以及佛陀周游各地传教事迹。

此外，关于《佛国记》广、略二本的问题，也需略作说明。《水经注》载《法显传》与《法显行传》二名。《隋书》也是如此，并明确记曰《法显传》二卷、《法显行传》一卷。现今传本《佛国记》所附跋文曰：“因讲集之际，重问游历。其人恭顺，言辄依实，由是先所略者劝令详载。”[3]由此判断，今本所传《佛国记》可能为后出的广本，是法显应道场寺的这位僧人所请补充而成的。而在隋代时，略本尚在流传，后来则逐渐隐没不传。

二 《佛国记》之历史文化价值

法显以自叙传的形式写成的记述自己西行经历的著作，比较全面地记录了5世纪初中亚、南亚以及东南亚地区的政治、宗教、风俗习惯、经济状况以及地理情况，对佛教的发展情形以及佛教圣迹的记叙尤其详细。千百年来，《佛国记》这部书不仅仅作为佛教史籍起到鼓舞后世人们生起佛教信仰的作用，更为可贵的是，它对历史事件和自己所见所闻的忠实记录，早已经成为人们研究这一段历史

① 法经：《众经目录》卷六，《大正藏》第55册，第146页上。
② 法经：《众经目录》卷六，《大正藏》第55册，第146页中。
③《大正藏》第51册，第866页中。

的宝贵资料。可以说,《佛国记》的价值早已经超越了佛教史本身,而具有多方面的文化价值,这是一方面。另一方面,由于众所周知的原因,印度本身的历史资料的阙如,使得法显的记述实际上成为研究5世纪之前印度历史的最为可信的材料。可以说,《佛国记》的价值早已经超越了国界,而具有世界性的价值和意义。以下我们分《佛国记》与中外交通史研究、《佛国记》与古代中南亚史研究、《佛国记》与佛教史研究、《佛国记》的文学价值等四方面对《佛国记》的文化价值做些综合论述。

第一,《佛国记》与中外交通史研究。

佛教传入中土这一重大历史事件的确切初始,尽管已经无法确定,但有一点却是明确的,即其传播的途径的双向性。第一个向度是“东来”,其传法主体或者为天竺僧人,或者为很早就信奉佛教的西域国家之僧侣。作为外来文化的佛教之所以能够在中国立足,并走向“中国化”的道路,这两类人是立了首功的。可以说,佛教在中土的流传是经历了一个由外国侨民群体再到中土人士的发展过程。伴随着这一过程的是由民间到上层贵族的提升与拓展。而随着佛教在中土的逐渐深入人心,被动地由外国僧人灌输的方式已经不能满足中土佛教信仰者的迫切需要了。在此情形下,中土人士西行求法运动便应运而生。这便是佛教东渐之中的“西取”向度。法显就是这一西行求法运动中最杰出的一员,而《佛国记》便是西行求法活动中所遗留给人类的为数不多的奇葩。正因为如此,《佛国记》是中外文化交流史上具有里程碑意义的著作,对于中外文化交流史之研究具有非同寻常的意义和价值。正如近代学者方豪所言:“法显之功绩不仅在译经及弘宣教旨,其所记历程虽仅九千五百余言①,然精确简明,包括往返西域历程及航海经验,尤为今日研究中西交通史及中亚中古史地者必需之参考资料。”②

古代文化的传播与当时的交通情形密切相关。中国古代与印度之间的交通

---

① 关于《佛国记》的字数,异说很多。如日本足立喜六曾说,《佛国记》“寥寥九千五百余言”(《〈法显传〉考证》,第4页)。此后,贺昌群(《古代西域交通与法显印度巡礼》,第1页)、长泽和俊(《丝绸之路史研究》,第466页)都说《佛国记》九千五百余字。方豪在此也持此说。其实,这一说法是不确切的。吴玉贵则据宋代思溪藏本测算出“全书应为一万四千余字”(《〈佛国记〉释译》,第320页)。这一测算因字、行的误差,未见精确。若依据支那内学院1932年的刻本,《佛国记》的字数应为:正文一万三千八百零六字(不计标题),文后之跋文为一百七十四字。

② 方豪:《中西交通史》,岳麓书社,1982年重排本,第213页。

究竟始于何时，现在已经很难确定了。但可以肯定，古代印度与西域即我国新疆地区交通极早。公元前5世纪波斯阿赫曼尼德朝占领粟特、巴克特里亚和旁遮普，曾经多次向葱岭以东地区派出商队，商队之中就有印度商人。到公元前3世纪，在阿育王统治下的孔雀王朝，双方的往来已经完全确立。随着张骞出使西域的成功，西汉政府建立了直接与西域沟通的管道。张骞开通西域之后，经由中亚的道路成了中国与外界交往的主要通途，中亚也就成了联结中国与南亚、西亚以及欧洲的最重要的纽带。中土从陆路西行求法的僧人大都取道此途，法显也是如此。此外，从陆路通往印度的道路还有第二条，即由今日之四川经由云南，进入缅甸，然后抵达印度。这一条线路的开通要早于张骞出使西域，因为张骞在大夏（今日阿富汗）时曾经见到过邛地（四川西昌附近）出产的竹杖以及蜀布。大夏人告诉张骞，这些是从印度得来的。公元3世纪初，有一批蜀地僧人曾经通过这一条道路到达印度。[①] 古代中国与印度之间第三条交通路线是海路，即从海道西行，从斯里兰卡登陆，然后北上印度。法显就是选取这条海路回归中土的。

在晋宋之际，从长安经河西走廊的武威、张掖、酒泉到敦煌，再经过玉门、阳关，就可到达西域。《汉书》云："自玉门、阳关出西域有两道。从鄯善傍南山北，波河西行至莎车，为南道；南道西逾葱岭则出大月氏、安息。自车师前王廷随北山，波河西行至疏勒，为北道；北道西逾葱岭则出大宛、康居、奄蔡焉（耆）。"[②]法显从长安出发，经过张掖镇、敦煌到鄯善，然后从鄯善北上至焉耆，再经过龟兹至于阗。从这一行程看，法显选择的是"北道"。至焉耆后，法显一行又转向西南，取道塔克拉玛干大沙漠，直达"南道"重镇——于阗。从于阗前行，经过子合国，法显等人进入葱岭山中的于麾国、竭叉国，最后才到达北天竺境内。法显回国取的是海道，即从巴连弗邑沿恒河东下，到达多摩梨帝海口，然后从此乘船西南行，到达师子国。在师子国停留二年，法显乘船东下，后经马六甲海峡到达今日所称的

---

① 义净《大唐西域求法高僧传·慧轮传》记载："那烂陀寺东四十驿许，寻弶伽河而下，至蜜栗伽悉他钵那寺（唐云鹿园寺也）。去此寺不远，有一故寺，但有砖基，厥号支那寺。古老相传云，是昔室利笈多大王为支那国僧所造。于时有唐僧二十许人从蜀川牂牁道而出（蜀川去此寺有五百余驿），向摩诃菩提礼拜。王见敬重，遂施此地，以充停息，给大村封二十四所。于后唐僧亡没，村乃割属余人。现有三村入属鹿园寺矣。准量支那寺，至今可五百余年矣。"据考证，此处的"室利笈多大王"是指笈多王朝最早的一位国王，在位时间大约为公元三世纪晚期。义净这里所说"至今可五百余年"，只是一个概数。实际上，只能有四百多年。

② 《汉书》卷九六《西域传》，第3872页。

加里曼丹岛。在加里曼丹岛停留五个多月后，法显又乘船沿着东北方向直趋广州。在西沙群岛附近遭遇风暴，法显所搭乘的船队在海上漂流七十余日方才到达今山东崂山南岸。

法显《佛国记》对其亲身经历的往程与归程的基本情况，做了较为详细的记载，这对于当时和以后有志西行的人们，不啻是一种文字的向导。同时，《佛国记》的记载又成为人们研究中国古代与西方之交通管道的最为可信的资料。这一意义，在其问世未久，就显露出来了。北魏郦道元撰写的《水经注》中，有二十余处引用《佛国记》的记载，其涉及的地域范围甚为广泛，北起我国新疆境内，南及印度河、恒河流域。后来，我国正史的"地理志"都不同程度地吸收了法显此书之中的材料。

《佛国记》尽管不是严格意义上的地理学著作，但法显在记述中依照游记体的规范，以言必依实的原则，详细、准确地记载了自己所到之处的地理状况。特别是对西域、印度行程的记载，为研究古代西域、印度城市及国家的地理沿革提供了第一手资料。由于文化传统的关系，古代印度没有留下来专门的地理学著作，甚至连这方面的记载也很缺乏。而《佛国记》的相关记述，起了填补印度古代地理学著作之空白的作用。特别是《佛国记》所涉及的公元5世纪及其以前印度的历史地理状况，已经成为考订古代印度历史地理的权威材料。事实上，《佛国记》的相关记载，与玄奘的《大唐西域记》、义净的《南海寄归内法传》一起，已经成为近代以来西域、印度考古发掘的最重要的线索。

第二，《佛国记》与西域史、印度史研究。

法显对于5世纪之前的西域、中亚以及印度的政治、经济、民族、文化、风俗习惯等等方面的真实叙述，是研究这一地区古代历史的最宝贵的历史文献。《佛国记》的这方面的价值，早已经成为世界历史学界的共识。

西域地区由于距离内地遥远、政权变更频仍等等原因，关于其古代社会历史的状况，留存至今的资料较为缺乏。而印度民族，作为一个伟大的智慧非凡的民族，在古代曾经创造出灿烂的文明，对世界文化做出了巨大贡献。但是，印度民族在文化性格上却有一个重大的缺点，就是不大重视历史的记述，对于时间、空间两个方面，夸张、想象的成分过多，因此，在印度文化史上，缺乏如同中国一样记载翔实的历史著作。因此，要搞清楚印度的古代历史，只有依靠外国人的记载。从古代一直到中世纪，到过印度并且留下历史记载的人也不少。

如古代希腊人、罗马人、波斯人等，都留下过相关著作。但西方人的记载大多比较分散，所以，相对而言，东方，主要是中国方面的著述显得更为重要，价值也更大些。

汉代以前，我国史籍中就已经出现过有关西域、印度的记载，但神话传说很多，除了知道内地与这两个地区有过来往之外，具体的事情所知不多。从汉代以来，随着长安与西域之间交通管道的开通以及西域各国对于内地政权的归附与尊重，西域与印度的历史及社会情况成为《史记》《汉书》《后汉书》等官修史书必不可少的内容。同时，民间的许多著述也对此有所涉及。然而，不管是官修史书还是民间著述，都是依据来往史臣的报告以及民间的传闻撰写出来的。所以，这两类著作与古代求法僧人归国后所写的著作相比，前者因为缺乏切身体验而时有误解，后者则因为大多出于僧人自己亲身经历及亲眼所见，所以准确性更高，价值自然也更大些。

中土僧人之西行求法活动，见之于记载并且被学术界公认的是曹魏时期的朱士行，此后的西晋及南北朝时期西行者为数非少，但撰写“行记”者在目前的资料看来，法显是最早的。法显在《佛国记》中对于西域诸国的历史以及自己亲眼所见的诸国社会生活的各个方面都做了尽可能的叙述。对于印度公元五世纪之前的历史，特别是佛陀时代、孔雀王朝、贵霜王朝以及笈多王朝早期历史，法显都做了追述。法显到达印度之时，正当笈多王朝后期。法显在《佛国记》中，对其当时所见所闻做的翔实记录，对于研究考察公元5世纪印度社会历史的状况，弥足珍贵。在法显《佛国记》之后，有玄奘的《大唐西域记》、义净的《南海寄归内法传》及《大唐西域求法高僧传》与之遥相辉映。这四部著作所涉及的时代相互衔接，内容相互补充映证，共同构成了建构印度公元7世纪之前的历史状况的可信坐标和基本材料。现今凡是涉及这一段时期西域、印度历史的著作和相关研究，欲越过或忽略中国僧人的这些著述，几乎是难以进行的。如有些学者所评论的：“像《大唐西域记》内容这样丰富，记载的国家这样多，记载得又这样翔实，在玄奘以后很长的时间内，也没有一本书能够比得上的。因此，从中国方面来说，《大唐西域记》确实算是一个高峰。”[①]即便确实如季羡林先生所说，《大唐西域记》以其篇幅的巨大以及“地理志”风格的题材优势，在某些方面有后来居上之势，但《佛

① 季羡林：《玄奘与〈大唐西域记〉》，载《〈大唐西域记〉校注》，季羡林等校注，中华书局，1985年，第123页。

国记》的首创之功，是无论如何也不能抹杀的。况且，尽管《佛国记》在前，其叙述也有些偏于简略，但在有些方面并不比《大唐西域记》逊色。正如对《佛国记》与《大唐西域记》都有深入研究的日本学者足立喜六所说："《佛国记》为一千五百年前之实地考察的记录，凡关于中亚、西亚、印度、南海诸地之地理、风俗及宗教等，实以本书为根本资料。故其价值，早为世界所共认。至其年代与事实之正确及记述之简洁与明快，亦远出于《大唐西域记》之上。"①

第三，《佛国记》与佛教史研究。

作为一位前往印度求取佛法的求法僧，法显所注目的焦点自然在佛教方面。因此，《佛国记》对于沿途诸国的佛教兴衰情况及其印度的佛教圣迹记载尤其详备。在西域方面，首先说到诸国原来语言虽不尽同，而僧人一致学习印度语文，鄯善国、焉夷国各有僧四千余，竭叉国有僧千余，都奉小乘教，于阗国和子合国都盛行大乘佛教。在印度方面，陀历、乌苌、罽饶夷、跋那等国都奉行小乘教，罗夷、毗荼、摩羯提等国都大小兼学，毗荼国僧众多至万数，摩羯提国为印度佛教的中心，佛法大为普及。东印度多摩梨帝国有二十四伽蓝，佛教也很兴盛。当时印度，除拘萨罗、迦维罗卫、蓝莫、拘夷那竭诸国教势已趋衰落外，其他诸国大都保持盛况。至于印度以外的师子国佛教尤盛，僧众多至六万。关于佛教史迹，本书详细记载了佛陀降生、成道、初转法轮、论议降伏外道、为母说法、为弟子说法、预告涅槃、入灭等八大名迹之盛况；记载了佛石室留影、最初的佛旃檀像、佛发爪塔以及佛顶骨、佛齿和佛钵、佛锡杖、佛僧伽梨等的保存处所和守护供养的仪式；记载了佛陀的大弟子阿难分身塔、舍利弗本生村以及阿阇世王、阿育王、迦腻色迦王所造之佛塔；过去三佛遗迹诸塔以及菩萨割肉、施眼、截头、饲虎等四大塔，祇洹、竹林、鹿野苑、瞿尸罗诸精舍遗址，五百结集石室，七百僧检校律藏纪念塔以及各地的著名伽蓝、胜迹。由于印度的许多佛教遗迹现今已经湮没无闻，因而法显的记载适可弥补这一缺憾，成为印度佛教考古发掘的指南。

法显在《佛国记》中真实地记载了公元5世纪初年印度、西域佛教的基本情况。这种记述，不仅可以与后来玄奘、义净的相关记载互相衔接、对照，而且也可

---

① 足立喜六：《〈法显传〉考证》，何键民、张小柳译，商务印书馆，1937年，第1页。

以从中发现印度佛教从5世纪到7世纪之间演变发展的情形。[①] 特别是，法显对于此前佛教史上的重大问题所做的程度不同的追溯，成为现今人们解决这些问题的重要线索。这可以从佛教仪轨制度、提婆达多问题以及佛教与外道的斗争几方面去说明。

尽管《佛国记》并非如义净《南海寄归内法传》那样以专门记录印度的佛教仪轨制度为旨归，但法显在相关部分的记述却仍然弥足珍贵。《佛国记》对于公元5世纪时期印度佛教流行的佛教仪轨制度的记载，正可与此后玄奘、义净的记述相互连接对照，依此可以对印度佛教仪轨制度有大致的了解。

法显之所以西行，是有感于中土戒律的残缺和僧众威仪的欠缺。因此，法显对于沿途西域、印度诸国戒律的实行情况格外留心，并且对于其整肃严谨之风貌大为欣羡。对于于阗国的情况，法显这样记述："瞿摩帝是大乘寺，三千僧共揵槌食。入食堂时，威仪齐肃，次第而坐，一切寂然，器钵无声。净人益食，不得相唤，但以手指麾。"[②]在天竺部分，类似于这样的叙述比比皆是。而道整"见沙门法则，众僧威仪触事可观"，竟然发愿曰："自今已去至得佛，愿不生边地。"[③]法显的最后一位同伴就这样留居天竺，未曾言归。

除戒律方面之外，值得注意的还有天竺自古以来流行的佛教制度。法显在叙述了摩头罗国之概况后，用近千字的篇幅较为细致地叙述了天竺实行的仪轨制度。法显说，天竺诸国国王"供养众僧时，则脱天冠，共诸宗亲群臣，手自行食。行食已，铺毡于地，对上座前坐，于众僧前，不敢坐床。佛在世时，诸王供养法式相传至今"[④]。这里所讲的是国王供养僧众饮食的法式。关于天竺国王、长者、居士奉养僧众的总体情形，法显这样说："自佛般泥洹后，诸国王、长者、居士，为众僧起精舍供养，供给田宅、园圃、民户、牛犊。铁券书录后，王王相传，无敢废者，至今不绝。众僧住止房舍、床褥、饮食、衣服都无缺乏。处处皆尔。"[⑤]至于僧众

---

① 季羡林先生在《玄奘与〈大唐西域记〉》一文中，专门将玄奘所记资料与法显在《佛国记》中的叙述做了比较研究，以之说明印度佛教日渐衰微的趋势。参见《〈大唐西域记〉校注·前言》，中华书局，1985年，第85—87页。

② 《大正藏》第51册，第857页中。

③ 《大正藏》第51册，第864页中—下。

④ 《大正藏》第51册，第859页上—中。这一供养僧众饮食的法式本是印度文化习俗的产物，但在刘宋元嘉三年却曾经引起过轩然大波。当时，朝廷重臣范泰因为看不惯僧人踞食的做法，联络一些人士力图改变这一习俗。由于反对者太多而未能实现。关于此事可参见僧祐：《弘明集》卷一二范泰《与王司徒诸人书论道人踞食》、《范伯伦与生、观二法师书》、范泰《论踞食表》等。

⑤ 《大正藏》第51册，第859页中。

则“常以作功德为业，及诵经坐禅。客僧往到，旧僧迎逆，代担衣钵，给洗足水、涂足油，与非时浆。须臾息已，复问其腊数，次第得房舍、卧具，种种如法。众僧住处作舍利弗塔，目连、阿难塔，并阿毗昙、律、经塔”①。法显对于佛教夏安居的仪礼与经过的叙述尤其重要，其文有云：

安居后一月，诸希福之家劝化供养僧，作非时浆。众僧大会说法。说法已，供养舍利弗塔，种种香华，通夜然灯，使伎人作乐。

诸比丘尼多供养阿难塔，以阿难请世尊听女人出家故。诸沙弥多供养罗云。阿毗昙师者供养阿毗昙。律师者供养律。年年一供养，各自有日。摩诃衍人则供养般若波罗蜜、文殊师利、观世音等。

众僧受岁竟，长者、居士、婆罗门等，各持种种衣物沙门所须以布施僧，众僧亦自各各布施。②

这里主要记述了夏安居最后一个月的仪式：一是希求福报之家可为众僧奉献“非时浆”；二是解夏前的最后一日的夜晚举行“大会说法”，说法完毕，比丘供养舍利弗塔，比丘尼供养阿难塔，沙弥供养罗云；三是解夏之日，信众即俗弟子可向僧尼布施物品。另外，在“师子国”章，法显追叙了国王为僧众建新精舍的常规，其文曰：“王笃信佛法，欲为众僧作新精舍。先设大会，饭食僧。供养已，乃选好上牛一双，金银宝物庄校角上，作好金犁。王自耕顷四边，然后割给民户、田宅，书以铁券。自是已后，代代相承，无敢废易。”③这与法显所述印度国王的通常做法可以互相补充。

在《佛国记》中，法显对于西域、印度诸国的规模较大的法会叙述得尤其详细。如于阗国、摩羯提国的“行像”仪式、竭叉国的五年大会（般遮越师）、弗楼沙国的佛钵崇拜仪式、那竭国的佛顶骨崇拜仪式、师子国佛齿供养法会以及师子国国王为入灭罗汉举行的阇维葬仪等等。此外，法显还对其在天竺所瞻礼过的佛塔一一做了描述。所有这些材料都是研究西域、印度佛教，特别是5世纪印度佛教史的珍贵文献，应该引起高度重视。

① 《大正藏》第51册，第859页中。
② 《大正藏》第51册，第859页中—下。
③ 《大正藏》第51册，第858页中。

法显叙述祇洹精舍情况的段落之中，对于“提婆达多”即“调达”之信徒的记载，弥足珍贵。提婆达多本来是释迦牟尼佛的堂弟，很早就追随佛陀出家。后来却与释迦牟尼佛发生矛盾，分道扬镳，另立山头。据佛教经典所记，提婆达多本人由于诽谤佛法，并且多次谋害佛陀，已经堕入地狱，当然也就不会有多少信徒了。但法显在中天竺却见到了调达的信徒。这说明，所谓“提婆达多派”至5世纪时仍然存在。法显原文为：“调达亦有众在，供养过去三佛，唯不供养释迦文佛。”[①]这三句话，很受学术界重视。有学者[②]将法显的这一记载与玄奘、义净的相关说法联系起来考察，得出了与佛经所记不同的结论：“从释迦牟尼时代到法显以至到玄奘、义净的时代，其间一千多年，提婆达多派仍然不绝如缕地延续了下来，仍然活动于印度社会之中。而且他们仍然坚持着他们的‘祖训’，可能还发展出了自己的‘三藏’。他们的存在，既说明了他们这一派顽强的生命力，也说明在古代印度社会中有他们存在的条件。”[③]不过，能否将“提婆达多派”算作佛教的一个派别，却是另外一个问题。因为法显、玄奘、义净都是将其当作“外道”看待的。

释迦牟尼是在与“外道”的斗争之中逐步扩大其影响的。而在印度这一宗教多元化的国度，与“外道”的斗争贯穿于佛教发展的始终。法显在《佛国记》中，不但对于佛陀时代佛教与“外道”的斗争做了追述，而且对于公元5世纪时期佛教与“外道”的斗争做了叙述。如在记述沙祇城南门道东的佛齿木时说：“诸外道婆罗门嫉妒，或斫或拔，远弃之，其处续生如故。”[④]据法显记载，在拘萨罗国舍卫城，“诸外道婆罗门生嫉妒心”，多次想毁坏在大爱道故精舍处、须达长者井壁及鸯掘魔得道、般泥洹、烧身处所起的大塔，“天即雷电霹雳，终不能得坏”[⑤]。舍卫城祇洹精舍东门外道东有一座婆罗门教寺院被称为“影覆寺”，之“所以名‘影覆’者，日在西时，世尊精舍则映外道天寺；日在东时，外道天寺影则北映，终不得映佛精舍也。外道常遣人守其天寺，洒扫、烧香、然灯供养。至明旦，其灯辄移在佛精舍中。婆罗门恚言：‘诸沙门取我灯自供养佛。’为尔不止。婆罗门于是夜自伺候，

① 《大正藏》第51册，第861页上。

② 参见季羡林《玄奘与〈大唐西域记〉》一文以及王邦维《义净与〈南海寄归内法传〉》一文。前者收于《〈大唐西域记〉校注》，后者收于《〈南海寄归内法传〉校注》。

③ 王邦维：《〈南海寄归内法传〉校注·代校注前言》，中华书局，1995年，第113页。

④ 《大正藏》第51册，第860页中。

⑤ 《大正藏》第51册，第860页中。

见其所事天神持灯绕佛精舍三匝，供养佛已，忽然不见。婆罗门乃知佛神大，即舍家入道”[①]。法显听当地人讲“近有此事”，可知此事重复发生于法显抵达印度之前不久，说明那时佛教与“外道”的斗争仍然很是激烈。

① 《大正藏》第51册，第860页下—861页上。

第十三章　东晋南朝的佛教制度

两晋之际，汉人僧伽尚不多见。至南北朝时期，随着佛教快速发展，僧伽人数不断增加，因而有专设机构管理的必要，僧官制度便应运而生。所谓僧官，即受命管理全国佛教事务的僧人，又称“僧纲”，其主要职责是掌管僧籍，以僧律统辖僧尼，并充当朝廷与教团间的协调者，在官方有关机构统领之下，处理有关佛教事务。而作为佛教制度本土化的重要体现，作为政府有机组成部分的僧官系统与作为僧尼自身管理机构的寺院寺职系统，二者交叉纠合，构成具有浓厚本土色彩的在政权统治之下的佛教管理体系和制度。

第一节
僧官制度

一 僧官制度的初创

如前文所述，西晋时期，朝廷限制汉地人士出家。而这一政策和社会导向的直接结果就是，西晋的僧人和寺院数量很少。迨至东晋十六国时期，佛教的传播速度逐渐加快，寺院和僧尼数量大增。在此背景下，朝廷逐渐地关注到佛教教寺院和僧人的组织形态。起初，以礼遇佛教领袖和高僧的方式，协调出家人与朝廷之间的关系。其后，僧人和寺院数量增加到一定程度，使得朝廷进一步认识到，放任佛教组织自足发展，对朝廷的统治很不利。僧官制度就是在此背景下逐渐形成和定型的。

僧官制度在中土一经产生就模仿世俗官制的形式，有鲜明的自上而下的分层结构，如此朝廷就牢牢地掌握了任命权、罢免权，而僧官的出家人身份，一方面在形式上保留了僧人自治的外表，另一方面朝廷也可通过这一渠道将自己的意志渗透到佛教组织之中。如前文所叙述，汉魏佛教本来没有大规模的教团组织，出家人个体之间是以师徒关系为纽带形成一定的组织，再辅以寺院内部寺职的管理模式。僧官制度的产生和逐渐定型，使得朝廷逐渐掌握了佛教组织的主导权。

中国的僧官制度始建于东晋十六国时期，北宋赞宁在《大宋僧史略·僧寺纲斜》中说其始于姚秦鸠摩罗什在长安译经之时。其实，稍早一些，北魏朝廷就已经设立了“道人统”的官职以管理其境内的僧众。①

唐代道宣在《续高僧传·僧迁传》中说：“昔晋氏始置僧司，迄兹四代。”②僧迁为梁代的僧正，追溯四代即为东晋。然而，东晋朝设立“僧司”的具体情况至宋代就不很清楚，北宋赞宁说：“东晋迁都，蔑闻此職。至宋世乃立沙门都，又

① 参见谢重光、白文固：《中国僧官制度史》，青海人民出版社，1990年，第13—14页。此著是目前出版的研究中国僧官最系统、完备的著作，本节此一部分参考此著之处较多。

② 道宣：《续高僧传》卷六，《大正藏》第50册，第476页上。

以尼宝贤为僧正。”[①]赞宁认为江南僧官是从刘宋开其端的。不过，又有史料记载，在慧持于东晋隆安三年(399)去蜀地之前，“时有沙门慧岩、僧恭，先在岷蜀，人情倾盖。及持至止，皆望风推服。有升持堂者，皆号登龙门。恭公幼有才思，为蜀郡僧正；岩公内外多解，素为毛璩所重”[②]。桓玄篡晋之时，益州刺史毛璩与其对峙。益州作为东晋的一级地方政府设有僧正，东晋中央也应有最高僧官之职，才合乎情理。[③] 对东晋僧官，也有相反的看法：“江南似乎是先出现地方性的僧官，尔后才有国之僧正或僧主的职名，与北方的相对照，好像江南僧官在地方上的作用更大些。”[④]事实究竟如何，相关资料早已散佚，现在难得其详。

总体言之，以现有各种史料进行对比研究，可以知晓，东晋、姚秦以及北魏大致在400年前后，分别设立僧官，具体名称不同，职责也略有差别。三者之中，以后秦的僧官制度最为完备，内容更丰富，效果也更好。因为姚秦僧官制度不但有正、副之分，彼此执掌分明，分工合作；而且这三位僧官还有从属之吏且既有僧人也有非出家人，僧传中也提到姚秦对僧官的职俸的规定：“给车舆吏力，资侍中秩，传诏羊车各二人。迁等并有厚给。”“至弘始七年，敕加亲信、伏身、白从各三十人。”[⑤]《高僧传》还说到这三位僧官到任之后，“共事纯俭，允惬时望，五众肃清，六时无怠”。而僧官虽有厚给，但却“躬自步行，车舆以给老疾，所获供恤，常充众用。虽年在秋方，而讲说经律，勖众无倦”[⑥]。看来这三位僧官操行优良，声望很高，政绩颇佳。东晋、姚秦以及北魏政权，都在400年前后设置僧官。这说明三朝几乎同时感受到了僧尼人数增加所产生的压力。北魏以“沙门统”(“道人统”)为首的“昭玄官系”与后秦以“僧正”为首的“僧主官系”，成为以后各朝仿效的两大基本模式。南北朝时期，北朝通行北魏的僧官系统，南朝所设僧官则与后秦相仿。以下分别说明其演变。

---

① 赞宁：《大宋僧史略》卷中，《大正藏》第54册，第242页下。
② 慧皎：《高僧传》卷六，《大正藏》第50册，第361页下。
③ 参见谢重光、白文固：《中国僧官制度史》，青海人民出版社，1990年，第11—13页。
④ 严耀中：《江南佛教史》，上海人民出版社，2000年，第123页。
⑤ 慧皎：《高僧传》卷六，《大正藏》第50册，第363页中。
⑥ 慧皎：《高僧传》卷六，《大正藏》第50册，第363页中。

二 南朝的僧官制度

南朝沿袭晋代的僧官制度，在中央政府设衙署。其衙署可泛称为“僧司”，但又有“僧局”或“僧省”的专称。如《续高僧传·僧旻传》记载，南齐永元元年(499)，“敕僧局请三十僧入华林园夏讲，僧正拟旻为法主”[①]。《续高僧传·明彻传》说：“天监末年，敕入华林园，于宝云僧省专功抄撰。”[②]可见，南齐称僧署为“僧局”，梁代则称之为“僧省”。梁代的“僧省”文中明言其设在华林园。南齐僧局在华林园主持夏讲，署衙也有可能设在华林园。华林园很有可能是南朝僧署较为固定的驻在地。中央僧署的主官为“僧正”或“僧主”，但经常冠以“天下”“国”的字样作为美称，也可与地方僧正做出区分。

检之于现有资料，南朝中央僧官的人选是清楚而连贯的。《高僧传·僧瑾传》记载说：

> 先是智斌沙门，初代昙岳为僧正。斌亦德为物宗，善《三论》及《维摩》《思益》《毛诗》《庄》《老》等。后义嘉构衅。时人谗斌云：“为义嘉行道。”遂被摈交州。时湘东践祚，是为明帝。仍敕瑾使为天下僧主。[③]

这一段文字中，涉及三位“僧正”，即昙岳、智斌、僧瑾。昙岳、智斌的具体时间不详，也不见于其他材料。宋孝武帝时，僧璩为“僧正悦众”，因此，智斌应该是孝武帝时的僧正。《高僧传·僧瑾传》记载，僧瑾在宋元徽年间圆寂，而《高僧传》又说：“复有沙门昙度，续为僧主。”[④]《高僧传》中关于昙度的叙述极为简略，并且仅仅涉及宋武帝、宋文帝时代的事情，但昙度任僧正确实在刘宋末年。《高僧传·道盛传》记载，释道盛，“宋明承风，敕令下京，止彭城寺。……后憩天保寺。齐高帝敕代昙度为僧主”[⑤]。道盛以齐永明年中卒。梁初释慧超任僧正，梁普通六年(525)敕法云为大僧正。释昙瑗是陈朝的高僧，陈宣帝“又下敕荣慰，以瑗为国之

① 道宣：《续高僧传》卷五，《大正藏》第50册，第462页中。
② 道宣：《续高僧传》卷六，《大正藏》第50册，第473页中。
③ 慧皎：《高僧传》卷七，《大正藏》第50册，第473页下。
④ 慧皎：《高僧传》卷七，《大正藏》第50册，第374页上。
⑤ 慧皎：《高僧传》卷八，《大正藏》第50册，第376页上。

僧正”[①]。

僧正的副手为“都维那”或称之为“大僧都”“悦众”等。“悦众”是“都维那”的异译，二者其实是同一职务，都是僧正的佐贰，如刘宋时期的释僧璩就被宋孝武帝委任为“僧正悦众”。[②] 南朝中央僧署不设僧录一职，显示出与后秦僧官制度的不同特点。梁代又曾出现“大律都”[③]的僧官，可能也是“都维那”的另外一种称呼。

僧正的职责是总领僧尼，主持经业的传授、法事的举行，组织经籍的翻译、抄撰，参与选拟下属僧职、训勖、简汰徒众等。悦众或都维那协助僧正统领僧尼，通常侧重于维持僧团纲纪、监督戒律寺规的执行，纠察违失、惩治过犯等。如在宋孝武帝时担任“僧正悦众”的僧璩就是一位精通《十诵律》的名僧，在其任内，有位沙门僧定自称得不还果，僧璩集僧详断，揭露了其虚诳违律的真相。僧璩于是行使职权，“即日明擯。璩仍著《诫众论》，以示来业”[④]。僧署中又配置有一定数量的杂吏，如宋明帝时的僧瑾为天下僧正，明帝下诏“给法伎一部，亲信二十人，月给钱三万；冬夏四时赐并车舆吏力”[⑤]。梁初释慧超任僧正，“天子给传诏羊车、局足、健步、衣服等供”[⑥]。梁普通六年（525）敕法云为大僧正，然早在天监七年（508）之前就已经“敕给传诏车牛、吏力皆备足焉”[⑦]。这些法伎、吏力、局足、健步等主要是供僧官行政时驱遣使用的，完全效法俗官衙门的气派。这种“气派”发展至梁代已经引起非议，《续高僧传·宝琼传》说：“自梁僧之于此任，熏灼威仪，翼卫亚于王公，服玩陈于郑楚，故使流水照于衢路，吏卒喧于堂庑。”[⑧]而陈文帝时任“京邑大僧正”的宝琼则对此有所修正，“琼临已来，顿祛前政。自营灵寿，惟从息慈；坏色蔽身，尼坛容膝；萧然率尔，有位若无。朝野嘉其真素，同侣美其如法”[⑨]。这一方面说明了僧官的排场气势愈来愈大，另一方面也说明了南朝僧官

---

① 道宣：《续高僧传》卷二一，《大正藏》第 50 册，第 609 页上。

② 慧皎：《高僧传》卷一一，《大正藏》第 50 册，第 401 页上。

③ 道宣：《续高僧传·道成传》记载，道成于“大同之初，栖游京辇，受业奉诚寺大律都沙门智文”。（道宣：《续高僧传》卷二一，《大正藏》第 50 册，第 611 页上。）而此卷的目录中列有“陈杨都奉诚寺大律都释智文传”，但传文中却未提及此事。

④ 慧皎：《高僧传》卷一一，《大正藏》第 50 册，第 401 页中。

⑤ 慧皎：《高僧传》卷七，《大正藏》第 50 册，第 373 页下。

⑥ 道宣：《续高僧传》卷六，《大正藏》第 50 册，第 468 页上。

⑦ 道宣：《续高僧传》卷五，《大正藏》第 50 册，第 464 页中。

⑧ 道宣：《续高僧传》卷七，《大正藏》第 50 册，第 479 页中。

⑨ 道宣：《续高僧传》卷七，《大正藏》第 50 册，第 479 页中。

机构渐趋加强的趋势。

南朝僧官制度的特色是，地方僧正比中央僧正更有实权，层次也较多。有的按照世俗的行政区域分别设立州、郡僧官，例如梁武帝天监年间，以僧若任“吴郡僧正”；有的根据僧团的教化区域，设立跨州郡的区域性僧官。州级僧官设僧正一人，副职维那则或设或阙，随宜而定。郡一级的僧正称某郡僧正，副员为某郡维那或僧都，抑或设或阙。郡僧正之设在东晋时已经出现，如僧恭在东晋末就担任了蜀郡的僧正。南朝的郡僧正在史籍中可以考见的很多，如梁天监八年(509)释僧若为吴郡僧正①等。跨州、郡的区域性僧正出现在僧尼特别集中的京城一带、东部三吴一带、西部荆州一带以及岭表广州一带。南朝都城建康佛法特别兴盛，因此，京城地区设有两位僧正，分掌长江南北两岸僧务。如南齐永明中释法献与释玄畅同为京邑僧正②，陈代京城建初寺宝琼与彭城寺宝琼也同为京邑僧正③。由于京邑地区特别重要，僧务繁杂，因此僧官的职权也相应较大，地位也高些，常常冠以“大”“京邑”字样，成为“京邑大僧正”“京邑僧正”等，“都维那”则称为“京邑都维那”④“大僧都”⑤等。三吴地区的僧官称“吴国僧正”，职权很大，掌任十城，因此又号称“十城僧主”。僧传中所见最早的“吴国僧正”为南齐释慧基，“德被三吴，声驰海内，乃敕为僧主掌任十城”⑥。慧基圆寂之后，“后有沙门慧谅接掌僧任。谅亡，次沙门慧永”。慧永圆寂之后，依次为沙门慧深、昙与接任此职。此外，僧传中所见荆土僧正、南海僧正管辖的范围很大，不仅只管荆州或广州一州，如南齐末担任荆土僧正的慧球及南海僧主慧敬等权力均超出一州范

① 道宣:《续高僧传》卷五，《大正藏》第50册，第461页上。

② 慧皎《高僧传·法献传》说:“献以永明之中，被敕与长干玄畅同为僧主，分任南、北两岸。”(《大正藏》第50册，第411页下。)

③ 陈朝京城中有两位宝琼，且均为僧正。《续高僧传·慧哲传》说:“时，彭城寺宝琼者，善讲说，有风采，形相奇白，世号‘白琼’。”(道宣:《续高僧传》卷九，《大正藏》第50册，第493页下。)这位宝琼，陈文帝对其“礼异弥深，爵下丝纶，为京邑大僧正”。(道宣:《续高僧传》卷七，《大正藏》第50册，第479页上。)“白琼”在至德二年(584)圆寂。建初寺的宝琼，《续高僧传·慧哲传》说:“僧正琼公精理入神，净行纯备，徽衔紫相，世号乌琼。帝尚重焉，奉为大僧正也。监护法城，为物依止。陈氏王族，归戒所投。自余槐棘，无敢造者。住建初寺，祯明元年，忽然坐逝，葬楼湖之山。”(道宣:《续高僧传》卷九，《大正藏》第50册，第493页下。)

④ 释慧璩，于刘宋孝武帝时，“敕为京邑都维那，大明末终于寺，年七十二”。(慧皎:《高僧传》卷一三，《大正藏》第50册，第416页上。)“大明”为孝武帝年号。

⑤ 释慧暅，“至德元年，下诏为京邑大僧都。四年，转大僧正”。(道宣:《续高僧传》卷九，《大正藏》第50册，第494页中。)“至德”为陈后主年号，至德元年为583年。

⑥ 慧皎:《高僧传》卷八，《大正藏》第50册，第379页中。

围[①]。南朝前期未见有县级僧官,但在陈代,却出现了释智琳出任曲阿县僧正的事例。[②] 曲阿位于建康的丹阳,于此设立县一级僧正,是出于陈末佛事集中于京城富庶地区的特殊需要,恐怕并非南朝的通例。

在中央僧官、地方僧官之外,南朝又创立了独立的尼僧僧官和白衣僧正制度,使南朝的僧官制度更加丰富完备。刘宋泰始二年(466)在京师设立尼僧僧局,敕任尼宝贤为都邑僧正,尼法净为京邑都维那,全权监管都城一带的尼僧事务。他们在任上遇到了比丘尼二次受戒的问题,经其处理获得了妥善解决。《比丘尼传·宝贤尼传》记其经过如下:

> 元徽二年,法颖律师于晋兴寺开《十诵律》。颖其日有十余尼因下讲欲重受戒。贤乃遣僧局赍命到讲座,鸣木宣令诸尼:"不得辄复重受戒。若年岁审未满者,其师先应集众忏悔竟,然后到僧局。僧局许可,请人监检,方得受耳。若有违拒,即加摈斥。"因兹已后,矫竞暂息。[③]

刘宋朝设立独立于比丘的尼僧僧局,有效地实施比丘尼自治,这一制度不光是北朝所无,即使在中国佛教史上也是罕见的。

"白衣僧正"是梁代出现的。"白衣"是相对于缁衣而言的,指未出家的世俗人士。在梁代之前,未见白衣僧正的存在。《续高僧传·释智藏传》记载:"帝欲自御僧官,维任法侣。"梁武帝对僧人说:"比见僧尼,多未诵习。白衣僧正不解科条,俗法治之,伤于过重。弟子暇日,欲自为白衣僧正,亦依律立法。"[④]在大同年间,梁武帝提出自任白衣僧正,遭到僧人的抵制,梁武帝只得放弃这一想法。由此可见,在此之前,梁朝已经设立了"白衣僧正"之职。从上文看,"白衣僧正"虽然是由未出家人担任,职责却是专管佛教事务。作为僧官,僧人僧正按照佛教戒律寺规来处理僧团事务,而白衣僧正却按照世俗法律来处理僧尼违规犯戒问题,

---

① 参见慧皎:《高僧传》卷八《慧球传》,《大正藏》第 50 册,第 381 页上;《高僧传》卷一三,《大正藏》第 50 册,第 411 页中。

② 释智琳"以陈太建十年旋于旧里。南徐州刺史萧摩诃深加礼异,爰请敷说。于是爵居宗匠,盛转法轮,受业求闻,寔繁有众。至十一年,下敕为曲阿僧正。至德二年,敕补徐州僧都"。(道宣:《续高僧传》卷一〇,《大正藏》第 50 册,第 504 页上。)

③ 宝唱:《比丘尼传》卷二,《大正藏》第 50 册,第 941 页上。

④ 道宣:《续高僧传》卷五,《大正藏》第 50 册,第 466 页中。

这样一来,便在教团的统治制度上产生了重叠的两套不同属的僧官系统,造成了混乱。在这样的局面下,梁武帝便想亲自出马担任白衣僧正,实际上有充当佛教领袖、建立政教合一统治模式的企图。梁武帝未做成白衣僧正,原有的白衣僧正系统也不再见于史籍,大概因为与僧团矛盾太大,不能运转,不久也就取消了。

南朝僧官的任命,视官职的高低而有不同的渠道。中央僧官概由皇帝任命。地方僧官一般由藩王或州、郡长吏推举,最后由皇帝敕任。僧官的任期并无严格的规定。不少高僧到晚年才担任僧正或僧主,往往终身任职。[①] 但因故罢任或主动辞职的也时有所见。[②] 低级僧官一般可逐渐升任高级僧职,如陈代释慧暅,"至德元年,下诏为京邑大僧都。四年,转大僧正"[③]。也有由寺主直接升任大僧正的,如梁武帝天监七年(508),法云被"敕为光宅寺主"[④],至"普通六年,敕为大僧正"[⑤]。僧官一般都由国家给予俸禄。宋明帝时,敕僧瑾"为天下僧主,给法伎一部,亲信二十人,月给钱三万,冬夏四时赐并车舆、吏力"[⑥]。这些待遇与一般的官吏的俸秩略同,但供给的数量稍高。姚秦的僧正"秩比侍中",刘宋给予僧正的待遇也不会低于侍中。僧正以下各级僧官的俸禄已经有了基本固定的数额,并为齐、梁、陈各代所沿用。齐高帝时,法颖为僧主,"资给事事,有倍常科"[⑦]。"常科"便是通常的俸禄标准,"倍给"便是齐高帝对于法颖的破例厚赐。可见当时已经有了惯行的标准,不过执行得不太严格罢了。

---

① 参见慧皎:《高僧传》卷八《僧慧传》《慧基传》。
② 参见慧皎:《高僧传》卷一一《法颖传》;道宣:《续高僧传》卷五《道达传》,《续高僧传》卷六《慧超传》,《续高僧传》卷二一《昙瑗传》。
③ 道宣:《续高僧传》卷九,《大正藏》第50册,第494页中。
④ 道宣:《续高僧传》卷五,《大正藏》第50册,第464页中。
⑤ 道宣:《续高僧传》卷五,《大正藏》第50册,第464页下。
⑥ 慧皎:《高僧传》卷七,《大正藏》第50册,第373页下。
⑦ 慧皎:《高僧传》卷一一,《大正藏》第50册,第402页上。

第二节
度僧制度

南北朝时期的僧官制度是完善的,而南朝、北朝两套各有特色的僧官体系成为以后各朝设立僧官之时可资借鉴的资源。最初,信众出家为僧尼不须经官府许可。然而随着僧尼数量的增加,加之庶民常假借出家以避课输,东晋南北朝以来,朝廷设置僧官,制定僧尼名籍,以悠久而完备的户籍制来约束僧团的规模。具体言之,中古以来朝廷限制僧尼数量的措施包括:起先,试图以“僧籍”约束僧尼数量的增长,在这段时期,出家以“私度”和“敕度”两种形式并存。其后,在僧尼数量急剧增长并且超过朝廷可容忍的额度之后,朝廷随即下令禁止“私度”。为了限制“私度”,于是就有了“度牒”制度的实行。这样的一整套制度,起源于南北朝时期,完备于隋唐时期,并被后世所沿用。

一 僧籍

我们经过对于南北朝时期遗存资料的检索发现,南方至迟自东晋时期起,已经有“僧籍”,并且至迟在刘宋元嘉年间出现了“敕度”的事例,但僧团自主度僧仍然是一贯做法,因此,在南朝并无“敕度”与“私度”的对峙。

关于“僧籍”的出现,宋代的赞宁说过:

> 夫得果之人且无限剂,出家之士岂有司存?既来文物之朝,须设纠绳之任。其有见优闲而竞入,惧徭役以奔来,辄尔冒名实非高士,僧之内律,岂能御其风牛佚马邪?故设僧局以绾之,立名借以纪之。周隋之世,无得而知。唐来主张,方闻附丽。[①]

这是说,关于唐代之前僧人的名籍,由于资料散失,已不得而知。现代学者囿于

---

① 赞宁:《大宋僧史略》卷中,《大正藏》第50册,第247页下。

赞宁的这一看法，于是有了“官府僧籍”和“释门僧籍”的区分。[①] 我们通过检索资料，并参照事件本身蕴涵的逻辑来分析，可知东晋、南北朝文献中所说的“僧籍”其实就是官府僧籍。现今可考得有关南朝的几项资料中，有四件事与沙汰僧尼有关，一件与僧尼住寺有关。

先看有关沙汰僧尼的四项资料：

第一件：东晋末年，桓玄专权之时，下令搜检佛寺。桓玄在文中说：“避役钟于百里，逋逃盈于寺庙，乃至一县数千，猥成屯落。”这是说，大批逃避赋役的人员进入寺院，造成严重危害，因此，凡是不合格的人员“皆悉罢遣，所在领其户籍，严为之制，速申下之，并列上也”[②]。僧众抗议桓玄政令的文章的标题是《道林法师与桓玄论州符求沙门名籍书》，其文有这样的文句：僧众“将振宏纲于季世，展诚心于百代，而顷频被州符求抄名籍，煎切甚急”[③]。这件事发生在隆安三年(399)四月。

第二件：南齐时期，有释道盛，“齐高帝敕代昙度为僧主，丹阳尹沈文季素奉黄老，排嫉能仁，乃建义符僧局，责僧属籍，欲沙简僧尼。由盛纲领有功，事得宁寝”[④]。

第三件：南齐武帝遗诏曰：“自今公、私皆不得出家为道及起立塔寺、以宅为精舍，并严断之。唯年六十，必有道心，听朝贤选序。”[⑤]

第四件：陈代时，“伏见今者，皇华奉宣严宪，凡是僧尼之类，不书名籍之者，并令捐兹法戒，就此黎民，去彼伽蓝，归其里闬”[⑥]。这是说，朝廷宣布沙汰僧尼，凡是未在僧尼“名籍”之中的，都在沙汰之列。而泉亭光显寺释真观致书徐仆射领军抗议。其文有曰：

> 若以不继名籍为其深罪，延兹咎累，亦可哀矜。夫出俗之人务应修道，许其方外之礼，不拘域中之节。或有不贯名籍，无关簿领，并皆游方采听，随

---

① 参见张弓：《汉唐佛寺文化史》，中国社会科学出版社，1997年，第378页。
② 僧祐：《弘明集》卷一二《桓玄辅政欲沙汰众僧与僚属教》，《大正藏》第52册，第85页上。
③ 僧祐：《弘明集》卷一二，《大正藏》第52册，第85页下。
④ 慧皎：《高僧传》卷八，《大正藏》第50册，第376页上。
⑤ 《南齐书》卷三《武帝纪》。
⑥ 道宣：《广弘明集》卷二四，《大正藏》第52册，第277页上。

处利安，望刹为居，临中告饭；或头陀林下，或兰若岩阿。如此之流，宁容继属？[1]

对于那些游方之士，根本没有必要系属于固定的寺院。因此，他建议，对于没有在僧籍的出家人，“并许停寺，仍上僧籍”[2]。

从上述四例来看，如果僧人名籍仅仅是由佛寺自己掌管，那么，凡是住寺的出家人都应该是在籍的，桓玄命令中的“所在领其户籍，严为之制”就落空了。而桓玄这句话的意思其实是命令官府拿着僧尼的名籍去核对，不在册之人全部令其还俗。将“求沙门名籍”解释为“所谓‘求籍’，就是要佛寺将僧人名籍抄付官府，以备核查”[3]，恐怕是难以自圆其说的。其实，赞宁也明白僧籍与私度、公度的关系，并且他也说“僧局”的职责之一就是“立名借以纪之”。试想，“僧籍”仅仅存于寺院而不需上报，只是在寺僧尼登记表，不大可能起到戒除私度的作用。第二例则大致说明，僧籍确实可能是由“僧局”主管的。第三例则表明了齐武帝管束佛教的理想方式，从其“公、私皆不得出家为道”的表述逆推，当时的“公”即“敕度”以及“私”即僧团自主决定，两种方式都应该是存在且合法的。从第四例中可见出，当时一些喜好游方的僧人，不在“名籍”之中。综合这些证据，我们认为“名籍”的登录权并不在寺院，而在官府。另一方面，第四条材料已经表明，僧人有固定地“系属”某寺院的做法。

僧尼“属籍”的观念，最迟于东晋已经存在了，竺道壹的事例就是如此。《高僧传·道壹传》记载：“晋太和中出都止瓦官寺，从汰公受学。数年之中，思彻渊深，讲倾都邑。……晋简文皇帝深所知重。及帝崩汰死，壹乃还东止虎丘山，学徒苦留不止。乃令丹阳尹移壹还都。”[4]竺法汰以晋太元十二年(387)卒。在法汰圆寂之后不久，道壹坚决离开京都，朝廷则派遣丹阳尹以“属籍”的理由“移”道壹重归瓦官寺。道壹在答文中说：

今若责其属籍同役编户，恐游方之士望崖于圣世，轻举之徒长往而不

① 道宣：《广弘明集》卷二四《与徐仆射领军述役僧书》，《大正藏》第52册，第277页中。
② 道宣：《广弘明集》卷二四《与徐仆射领军述役僧书》，《大正藏》第52册，第277页下。
③ 张弓：《汉唐佛寺文化史》，中国社会科学出版社，1997年，第378页。
④ 慧皎：《高僧传》卷五，《大正藏》第50册，第357页上。

反，亏盛明之风，谬主相之旨。且荒服之宾，无关天台。幽薮之人，不书王府。幸以时审翔而后集也。[①]

从这些事例看，东晋南北朝时期，朝廷是以“属籍”的概念来管束僧尼的，僧尼出家之后系属于固定的寺院之中，未经申报官府同意不能游方于别寺。

二 南朝的敕度

出家登记制度是“僧籍”形成的起因，这一制度的实行并不一定意味着出家为僧都必须经官府或者朝廷批准。搜检隋代之前的史料便可发现，在“敕度”已经出现之后，“私度”的形式仍然很普遍。我们先考察“敕度”出现的情形。

现存资料中最早的“敕度”事例出现在刘宋元嘉时期[②]。《高僧传·慧基传》记载：

(释慧基)依随祇洹慧义法师，至年十五，义嘉其神彩，为启宋文帝求度出家。文帝引见顾问允惬，即敕于祇洹寺为设会出家，与驾亲幸，公卿必集。……后有西域法师僧伽跋摩弘赞禅律，来游宋境，义乃令基入室供事。年满二十，度蔡州受戒。[③]

这一事件可能有其特殊的背景。释慧义“擅步京邑”[④]，为宋武帝、宋文帝所尊崇，曾为刘裕登位寻找瑞应，“后还京师，宋武加接尤重，迄乎践祚，礼遇弥深”[⑤]。因此，慧义将慧基引见给宋文帝恐怕有特殊的考虑。尔后，僧伽跋摩于宋元嘉十年(433)到达京邑。根据《高僧传》所说，僧伽跋摩“将为影福寺尼慧果等重受具戒”，慧义持有异议，于是“亲与跋摩拒论翻覆，跋摩标宗显法，理证明允。既德有

① 慧皎：《高僧传》卷五，《大正藏》第50册，第357页上—中。
② 此处所说的“敕度”不包括帝王之大臣出家请求朝廷批准的事例，这里所说的“敕度”是指普通民众出家而报经朝廷批准的事例。
③ 慧皎：《高僧传》卷八，《大正藏》第50册，第379页上。
④ 慧皎：《高僧传》卷三《僧伽跋摩传》，《大正藏》第50册，第342页中。
⑤ 慧皎：《高僧传》卷七，《大正藏》第50册，第368页下。

所归,义遂回刚,靡然推服,令弟子慧基等服膺供事,僧尼受者数百许人”①。关于“蔡州”受戒,《佛祖统纪》有一说明:“西天僧伽跋摩至建康,敕住平陆寺,为京师沙门慧照三百七十人渡蔡洲岸,于船中再受具戒。”②《高僧传》的这一段叙述,并未提及僧伽跋摩度僧尼须报告文帝批准,可见慧基受沙弥戒奏报皇帝的特殊性。元嘉时期还有类似例子。《高僧传·道儒传》记载,释道儒,“寓居广陵。少怀清信,慕乐出家。遇宋临川王义庆镇南兖,儒以事闻之。王赞成厥志,为启度出家”③。此例启禀文帝批准的缘由不详。

元嘉之后的刘宋,也有若干“敕度”的例子。刘宋孝武帝时期也有一些特殊例子。《高僧传·慧益传》记载:

> (释慧益)宋孝建中,出都,憩竹林寺。精勤苦行,誓欲烧身。众人闻者或毁或赞。……孝武深加敬异,致问殷勤,遣太宰江夏王义恭诣寺谏益。益誓志无改,至大明七年四月八日将就焚烧。……帝令太宰至镬所请喻曰:“道行多方,何必殒命?幸愿三思,更就异途。”益雅志确然,曾无悔念,乃答曰:“微躯贱命,何足上留天心!圣慈罔已者,愿度二十人出家。”降敕即许。④

宋孝武帝于第二日应诺度僧二十人,法镜即为其中之一。《高僧传·法镜传》说:“值慧益烧身启帝度二十人,镜即预其一也。”⑤《续高僧传·僧绍附传》记载,又有僧人法朗,“家遭世祸,因住建业。大明七年,与兄法亮,被敕绍继慧益出家”⑥。释慧重,“每率众斋会,常自为唱导。如此累时,乃上闻于宋孝武。大明六年,敕为新安寺出家”⑦。宋明帝时也有一例。《续高僧传·智藏传》记载:“年十六,代宋明帝出家,以泰初六年敕住兴皇寺。”⑧不过,此则资料可能有两处错误:“代宋明帝出家”不可解,“代”似应为“奏”字;“泰初”年号有误,经查无此年号,似应为“泰始”。

---

① 慧皎:《高僧传》卷三《僧伽跋摩传》,《大正藏》第50册,第342页中。
② 志磐:《佛祖统纪》卷三六,《大正藏》第49册,第344页下。
③ 慧皎:《高僧传》卷一三,《大正藏》第50册,第416页下。
④ 慧皎:《高僧传》卷一二,《大正藏》第50册,第405页中。
⑤ 慧皎:《高僧传》卷一三,《大正藏》第50册,第417页中。
⑥ 道宣:《续高僧传》卷五,《大正藏》第50册,第460页中。
⑦ 慧皎:《高僧传》卷一三,《大正藏》第50册,第416页下。
⑧ 道宣:《续高僧传》卷五,《大正藏》第50册,第465页下。

宋代之后，也有一些“敕度”的事例。如《续高僧传·法凝传》记载：

初，齐武帝梦游齐山，不知在何州县，敕颁天下觅之。时，会州父老奏称：“去州城北七里臣人山是旧号齐山。”武帝遣于上立精舍，度僧、给田业。凝以童子在先得度。[①]

南齐皇太子“于崇正殿奉还法会千僧，仍留百僧八关行道，又度二士同日出家。惟愿借此功德，奉资皇帝陛下寿与南山共久”。[②] 释僧询，为南齐太子中庶山宾之兄子，其父笃信佛法，“年十二敕令出家，为奉诚寺僧辩律师弟子”[③]。僧询以天监十六年(527)卒，春秋三十有五。梁、陈时期也有“敕度”的事例。梁简文帝于某年四月八日度人出家，其《四月八日度人出家愿文》说：“弟子以此因缘，今日度人出家，愿一切六道四生常离爱欲，永拔无明根……”[④]《续高僧传·安廪传》记载：释安廪，“年二十五，启敕出家。乃游方寻道，北诣魏国。……在魏十有二年，讲《四分律》近二十遍，大乘经论并得相仍。梁泰清元年始发彭沛，门人拥从还届扬都，武帝敬供相接，敕住天安”[⑤]。释安廪圆寂于陈至德元年(583)，春秋七十七，因而其出家时日在梁武帝中大通三年(531)。《续高僧传·慧颙传》记载，释慧颙，“会陈帝度僧，便预比挍。太建年中，便蒙敕度，令住同泰”[⑥]。太建(569—582)为陈宣帝的年号。

《高僧传》《续高僧传》及其他资料记录的南朝的“敕度”事例即便有所遗漏，也不过数例而已。与两部僧传的叙述中涉及“出家”的过程而未提及须“奏准”的大量事例相比，“敕度”事例有如沧海之一粟。如《天台智者大师别传》中记载：

大师所造有为功德，造寺三十六所，大藏经十五藏，亲手度僧一万四千余人，造旃檀金铜素画像八十万躯，传弟子三十二人，得法自行不可称数。[⑦]

---

① 道宣：《续高僧传》卷二七，《大正藏》第50册，第678页上—中。
② 道宣：《广弘明集》卷二八《齐皇太子礼佛愿疏》，《大正藏》第52册，第323页上—中。
③ 道宣：《续高僧传》卷六，《大正藏》第50册，第475页上。
④ 道宣：《广弘明集》卷二八，《大正藏》第52册，第324页中。
⑤ 道宣：《续高僧传》卷七，《大正藏》第50册，第480页中。
⑥ 道宣：《续高僧传》卷一四，《大正藏》第50册，第533页下。
⑦ 灌顶：《天台智者大师别传》，《大正藏》第50册，第197页下。

智𫖮春秋六十，僧腊四十，度僧竟达一万四千，如均须奏报朝廷，恐非如此结果。然而，尽管我们说南朝时期度僧仍然是由僧团自主决定的，“敕度”是偶然的事例，但在僧尼管理方面，如前所说“僧籍”起源甚早，而且已经有了“有贯”与“无贯”的说法。如隋灌顶《天台智者大师别传》中说：

> 陈世所检僧尼无贯者万人，朝议“策经不合者，休道”。先师谏曰：“调达日诵万言，不免地狱。盘特诵一行偈，获罗汉果。笃论唯道，岂关多诵？”陈主大悦，即停搜拣。①

从文中叙述看，“无贯”即指未列于官方“僧籍”之上的僧尼。如果将南朝的“僧籍”与“度僧”制度结合起来分析，可以看出，度僧是僧团自主决定的，官方则以僧尼入“籍”的方式管理、约束度僧活动。二者结合，则可以说，“入籍”应该是在“剃度”之后，具体是在受沙弥戒还是受具足戒之后，现存资料并不明确。

① 灌顶：《天台智者大师别传》，《大正藏》第50册，第194页中。

第三节
寺职制度

南北朝时期，在僧官系统不断加强的背景下，佛教寺院的管理也经历了一个制度化的过程。这一实际进程也意味着政府逐渐地渗透到寺院本身的管理架构之中，寺职的任命权也逐渐地被收归朝廷和地方政府。

一 寺主

中土佛寺最早出现的寺职是“寺主”。慧皎《高僧传·揵陀勒传》说“揵陀勒者，本西域人，来至洛阳积年”，因组织修建古寺有功，“众咸惊叹”，“以勒为寺主”[①]。道世《法苑珠林》中记载：“西晋蜀郡沙门静僧，生小出家，以苦行致目，为蜀三贤寺主。”[②]揵陀勒和静僧都是西晋僧人，此二人是现存文献中所载“寺主”最早史证。从以上二书的叙述语气看，此二僧之位号并非首创，而是在佛寺中已经有此职位的情况下被推举担任的。由此可知，寺主的创设还要早一些。赞宁在《大宋僧史略》中说：“详其寺主，起乎东汉白马也。寺既爰处，人必主之。于时虽无寺主之名，而有知事之者。”[③]从道理上推断，赞宁的说法自有其合理之处。不过，寺院最高首领者的名称以及职权可能不大固定。赞宁所说“至东晋以来，此职方盛”，固然是事实，然此后并非就固定在这一名称上。如东晋孝武帝时，会稽郡守琅琊王司马荟在城西兴建嘉祥寺，礼请竺道壹“居僧首。壹乃抽六物遗于寺，造金牒千像。壹既博通内外，又律行清严，故四远僧尼咸依附谘禀，时人号曰九州都维那”[④]。从道壹的作为及“九州都维那”的赞誉来看，“僧首”可能是一寺

---

① 慧皎：《高僧传》卷一，《大正藏》第 50 册，第 388 页下。
② 道世：《法苑珠林》卷二四，《大正藏》第 53 册，第 418 页中。
③ 赞宁：《大宋僧史略》卷中，《大正藏》第 54 册，第 244 页下。
④ 慧皎：《高僧传》卷五，《大正藏》第 50 册，第 357 页中。也有人将“九州都维那”当作僧官看待（参见谢重光、白文固：《中国僧官制度史》第一章），此恐不妥。文中说“壹乃抽六物遗于寺”，“四远僧尼咸依附谘禀”，显然是以其居住的佛寺为中心叙说的。“九州都维那”既然是“时人”所号，说明非官方任命；号为“九州都维那”，可见其属于无冕之王一类。

之主的称呼之一。

然许多学者所认可的另外一个称呼——“法主”，是否为一寺之主，倒不一定。很多论著都将“法主”当作寺院的“寺主”[①]。这一说法，可能来源于赞宁的“含混”叙述。赞宁在“立僧正”条下说：

> 次有号“法主”者。如释道猷，生公之弟子也。文帝问慧观曰：“顿悟义，谁习之？”答曰：“道猷。”遂召入。至孝武即位，敕住新安寺，为镇寺法主。又敕法瑗为湘宫寺法主。详其各寺同名，疑非“统”“正”之任。[②]

其后，赞宁在“杂任职员”即佛寺寺职条目下说：“又宋齐之世，曾立法主一员，故道敕为新安寺镇寺法主，法瑗为湘宫寺法主。”[③]可见，赞宁对于“法主”究竟属于僧官系列中的“统”“正”还是别的什么，举棋不定，因此，在两处都做了叙说。

从常常举到的几个例子分析，“法主”很大可能是“说法讲经之主”的意思。如刘宋时竺道生的弟子道猷，宋文帝“大集义僧，令猷申述顿悟”，一举成名。宋孝武帝敕道猷住新安寺，“为镇寺法主”。[④] 宋明帝造湘宫寺，“大开讲肆，妙选英僧，敕请瑗充当法主”[⑤]。从这两条资料看，“法主”解释为“说法讲经之主”和“寺主”似乎都可通。然而，其他一些资料则不可遽解为“寺主”。如《高僧传》记载，释慧亮，“太始之初，庄严寺大集，简阅义士，上首千人，敕亮与斌递为法主”[⑥]。此住所说的“斌”即指昙斌，《高僧传·昙斌传》未记载此事，然从其传中可见，昙斌是一位精通多种经论的能讲之僧。二位都在“宋元徽中，卒于庄严寺”[⑦]。从这些资料推断，此处所言的“法主”其实是“讲经说法之主”，所以才可能在同一时段中“递为法主”。《续高僧传·僧旻传》记载，南齐永元元年(499)，东昏侯“敕僧局请三十僧入华林园夏讲，僧正拟旻为法主，旻止之”[⑧]。此处的“法主”只能作“讲经

---

① 参见任继愈主编：《中国佛教史》第2卷，中国社会科学出版社，1985年，第83页；张弓：《汉唐佛寺文化史》，中国社会科学出版社，1997年，第364页；《佛光大辞典》词条等。

② 《大正藏》第50册，第242页下。

③ 《大正藏》第50册，第245页上。

④ 慧皎：《高僧传》卷七，《大正藏》第50册，第374页下。

⑤ 慧皎：《高僧传》卷八，《大正藏》第50册，第376页下。

⑥ 慧皎：《高僧传》卷七，《大正藏》第50册，第373页中。

⑦ 慧皎：《高僧传》卷七，《大正藏》第50册，第373页中。

⑧ 道宣：《续高僧传》卷五，《大正藏》第50册，第462页中。

说法之主”解释。《续高僧传·慧赜传》记载,隋代开皇中,江陵寺“大兴法席,群师云赴。道俗以赜嘉绩夙成,咸欲观其器略,共请为法主”[①]。而此年慧赜才十二岁,不可能为寺主。尽管我们认为“法主”不能简单解释为“寺主”,但是,如前面所举存在“镇寺法主”这类说法,也可能意味着在寺院的最高管理者的名目未曾确定的情形下,“法主”也许同时可肩负管理寺院的责任和职责。

东晋以后,佛寺必有最高的管理者,而其名称以“寺主”最为常见。起初,寺主只是寺院的领导者和僧众组织者,因此,由寺众推举或德高望尊者举荐即可。如道安在襄阳时,东晋长沙太守腾含在江陵舍宅为寺,请求道安派遣“一僧为纲领”。道安即命昙翼前往,“翼遂杖锡南征,缔构寺宇,即长沙寺是也”[②]。东晋后期,寺院经济建立起来了,至南北朝时期更获得迅速发展。而这又导致朝廷对佛寺的重视与控制的加强,寺主产生的办法也随之逐渐发生变化。寺主不再都由僧众推举或檀越指定,重要的或大型寺院的寺主改由官府委派,甚至皇帝直接敕命。如南朝刘宋时期的僧人道汪,宋孝武帝“敕令迎接为中兴寺主”[③],后固辞获免。不过,刘宋时期,推举制度仍然流行。如释道法,“后游成都,至王休之、费铿之请,为兴乐、香积二寺主,训众有法”[④],颇得好评。释僧生,“成都宋丰等请为三贤寺主”[⑤]。梁代之后,由朝廷敕命寺主的记载较为常见。如释宝唱,于天监四年(505)被梁武帝“敕为新安寺主”[⑥]。释法云,天监七年(508),梁武帝“又下诏礼为家僧,资给优厚,敕为光宅寺主,创立僧制,雅为后则”[⑦]。释住力,“陈中宗宣帝于京城之左造泰皇寺,宏壮之极,罄竭泉府,乃敕专监百工,故得揆测指㧑,面势严净。至德二年,又敕为寺主”。[⑧] 北朝的情况与南朝相似,至北周由皇帝下敕任命寺主的材料渐多。如释僧稠,北周武帝于天保三年(563)“下敕于邺城西南八十里龙山之阳为构精舍,名云门寺,请以居之。兼为石窟大寺主,两任纲位,练众将千,供事繁委”[⑨]。释昙崇,周武皇帝特所钦承,乃下敕云:“可为周国三藏,年任陟

① 道宣:《续高僧传》卷三,《大正藏》第50册,第440页下。
② 慧皎:《高僧传》卷五,《大正藏》第50册,第355页下。
③ 慧皎:《高僧传》卷七,《大正藏》第50册,第371页下。
④ 慧皎:《高僧传》卷一一,《大正藏》第50册,第399页中。
⑤ 慧皎:《高僧传》卷一二,《大正藏》第50册,第407页上。
⑥ 道宣:《续高僧传》卷一,《大正藏》第50册,第426页中。
⑦ 道宣:《续高僧传》卷五,《大正藏》第50册,第464页中。
⑧ 道宣:《续高僧传》卷二九,《大正藏》第50册,第695页上。
⑨ 道宣:《续高僧传》卷一六,《大正藏》第50册,第554页中。

岵寺主。”[1]周宣帝曾经下诏，敕命法藏“为陟岵寺主”[2]。其后，隋唐朝廷沿袭了这一做法，将寺主的任命权完全归于朝廷，推举制彻底告废。

二 上座和维那

随着寺院经济的发展，寺院的事务也日益繁杂起来，单由一名寺主领导一寺僧众的制度已经不能适应形势的需要，于是不少寺院在寺主之外另立一两种僧职，与寺主共同担负寺院的管理和弘法事务，分别监领寺院中的宗教活动和生产生活事务。这样的寺职名号，最初可能不太统一，后来逐渐确定为“上座”和“维那”。

“上座”是印度引进的名目。唐义净在《大唐西域求法高僧传》中说：

> 寺内但以最老上座而为尊主，不论其德。诸有门钥每宵封印，将付上座。更无别置寺主、维那，但造寺之人名为寺主。[3]

受印度影响，中土佛寺早期也以“上座”作为年高望重者的尊称，荣膺其号者，或“生年为耆年”，或“世俗财名与贵族”，或“先受戒及先证果”[4]。最初，“上座”虽然只是一种荣誉称号，不必负责具体的事务，但仍有地位尊贵的含义。一旦寺院产生扩大僧职人数的需要，上座便很自然地成为纲领寺众的重要僧职。从记载看，东晋竺法深所任上座，已初具寺院僧职的性质。支遁写给高丽道人书信中说：“上座竺法深，中州刘公之弟子。体德贞峙，道俗纶综。往在京邑，维持法网，内外具瞻，弘道之匠也。”[5]既然担负维持法纲的职责，应非仅仅为荣誉性称号，而是一种实在的职务。

关于“维那”，义净说它是梵语“羯磨陀那”的译语。“‘陀那’是‘授’，‘羯磨’

① 道宣：《续高僧传》卷一七，《大正藏》第50册，第568页中。
② 道宣：《续高僧传》卷一九，《大正藏》第50册，第581页上。
③ 义净：《大唐西域求法高僧传》卷上，《大正藏》第51册，第5页下。
④ 赞宁：《大宋僧史略》卷中，《大正藏》第54册，第244页下。
⑤ 慧皎：《高僧传》卷四，《大正藏》第50册，第348页上。

是‘事’，意道以众杂事指授于人。旧云‘维那’者，非也。”[①]但在中国早期佛寺中，“维那”似乎是寺院中一种低级执事人员的称呼，在东晋十六国僧务活动的记载中，已经常提及。如荆州长沙寺法遇，“命维那鸣槌集众”，“命维那行杖”[②]。《高僧传·道安传》中有“时，维那直殿”[③]，即“值班”“值守”的意思。这些记载中看不到维那也是寺院高级僧职的迹象，相反，倒是有一些记载明白显示维那并非高级僧职。如《比丘尼传·广陵僧果尼传》中有维那“惊告寺官，寺官共视”[④]之语。此事发生在刘宋元嘉年间。“维那”与“寺官”对举，显而易见，“维那”不在“寺官”之列。此例中的“维那”在寺中的地位也不算太高。但也有个别例子说明寺中的“维那”地位较高，但时间大都在南北朝后期。在南北朝后期，仍然有“维那”地位较低的例子。如《续高僧传·释植相传》记载，梁武帝时期的僧人释植相圆寂之日，“维那此日打钟，初不发声，大小疑怪，不测所以”[⑤]。从总体上说，南北朝后期，“维那”在寺院中的地位呈现出提升的态势，并且逐渐可与“寺主”“上座”并列而设。

三 三纲

南北朝时期，在寺职方面最大的发展是“三纲”制度的逐渐形成。关于“三纲”，赞宁说：“寺之设也，三纲立焉。若网罟之巨纲，提之则正，故云也。”[⑥]赞宁以为，“三纲”的称谓是由“纲”的比喻义演变而来的。但也可能是借鉴儒家所说的“三纲五常”之“三纲”而来。不过，僧史中这种比喻意义上的修饰语很多，如“纲任”“纲维”“纲管”“寺纲”“纲纪”等。如南齐僧人法度“有弟子僧朗，继踵先师，复纲山寺”[⑦]。南朝陈代宝琼出家时，僧正慧超“即命寺纲，忻然处置”[⑧]。北朝也有这些记载，北齐僧人僧稠既为云门寺寺主，又“兼为石窟大寺主。两任纲位，练众

① 义净：《南海寄归内法传》卷四，《大正藏》第54册，第226页中。
② 慧皎：《高僧传》卷五，《大正藏》第50册，第356页上。
③ 慧皎：《高僧传》卷五，《大正藏》第50册，第353页下。
④ 宝唱：《比丘尼传》卷二，《大正藏》第50册，第939页下。
⑤ 道宣：《续高僧传》卷二五，《大正藏》第50册，第646页中。
⑥ 赞宁：《大宋僧史略》卷中，《大正藏》第54册，第244页下。
⑦ 慧皎：《高僧传》卷八，《大正藏》第50册，第380页下。
⑧ 道宣：《续高僧传》卷七，《大正藏》第50册，第479页中。

将千,供事繁委"[1]。北齐隋初僧人法愿,"频登纲管,善御大众"[2]。从这些记载中可以看出寺职的管理寺院、管束僧众的功能逐渐由形象性而"实体"化为一种职权。大概起先只喻"寺主""上座"为"纲",在"维那"地位上升到监领一寺僧务的高度之后,"维那"一职也有了"若网罟之巨纲"的性质,于是在北朝和南朝分别出现了"三纲"和"三官"的说法。这就是"三纲"这一语词逐渐专门化的大致轨迹。

检之于佛教僧传,"三纲"一语的最早用例在《高僧传·僧导传》中:

至孝武帝升位,遣使征请。导翻然应诏,止于京师中兴寺。銮舆降跸,躬出候迎。导以孝建之初三纲更始,感事怀惜,悲不自胜。帝亦哽咽良久。[3]

考之史实,此处所说的"三纲"是指刘宋元嘉之后的政治变乱,并非佛寺之"三纲"。从现存文献考察,佛教中用来指称寺职的"三纲",最早出现在北魏的文献中。北魏永平元年(509),沙门统慧深宣称:"诸州、镇、郡维那、上座、寺主,各令戒律自修,咸依内禁。若不解者,退其本次。"[4]北周武帝时,卫元嵩在请求造平延大寺的上书中说:"推令德作三纲,遵耆老为上座,选仁智充执事,求勇略作法师。"[5]对于这两段文字的理解,也有疑义。前者所列"三纲"的顺序将维那排在前,而将"寺主"排在后;后者在"三纲"之后,又单独提出"上座"。这是否意味着北方三纲的位序排列较为特别,以及北周的"上座"不在"三纲"之列呢?[6] 不大可能如此。同出于《魏书·释老志》的太和十年(486)有司的奏文中说:"所检僧尼,寺主、维那当寺隐审。"这里,寺主在前,维那在后。加之前文已论及,"维那"在寺职中的地位之提升较晚,可知北魏"三纲"中以"寺主"为首。而上引卫元嵩所说的话可能不太严密,也可能是其新设想。南朝的"三官"之说,最重要的文证有两处。一是《弘明集》所收南齐天保寺释道盛《启齐武皇帝论检试僧事》中所说:"若

---

① 道宣:《续高僧传》卷一,《大正藏》第50册,第554页中。
② 道宣:《续高僧传》卷二一,《大正藏》第50册,第610页上。
③ 慧皎:《高僧传》卷七,《大正藏》第50册,第371页中。
④《魏书》卷一一四《释老志》。
⑤ 道宣:《广弘明集》卷七,《大正藏》第52册,第132页上。
⑥ 参见张弓:《汉唐佛寺文化史》,第365页。

不收失，必起恶心。寺之三官，何以堪命?”①二是梁武帝的《断酒肉文》中所说：“弟子萧衍敬白诸大德僧尼、诸义学僧尼、诸寺三官。”②此文中，“诸寺三官”凡六见，文尾又简称为“寺官”。例证虽不算多，但已经可推断出，作为“寺官”的“三官”之说已经通行于齐梁朝野。这说明，在南朝中后期，寺院的高级僧职已经固定为三名。

综上所述，可以断言，在南北朝中后期，南朝大体同时确立了由三种最高僧职治理佛寺、管理寺院僧务的寺职制度，只是在名称上尚存在“三官”和“三纲”的异说而已。隋统一南北后，采纳了“三纲”的说法。二者的分歧也消失了。

① 僧祐:《弘明集》卷一二,《大正藏》第 52 册,第 86 页上。
② 道宣:《广弘明集》卷二六,《大正藏》第 52 册,第 294 页中。

第十四章　东晋南朝建康佛教的寺院经济

中国佛教的显著特色之一就是寺院在自身的宗教角色之外，逐渐成为经济活动的参与者，甚至至隋唐时期成为整个社会重要的经济实体之一。从中国佛教发展史的角度来说，东晋时期属于寺院经济逐渐萌芽的时期，至南北朝时期，随着佛教的不断发展，寺院和僧尼数量的不断增加，寺院经济也逐渐壮大起来，各地也出现富庶的佛寺。本章先对寺院经济兴起的内在原因做些论述，然后重点叙述归纳东晋南北朝时期寺院经济形成发展情况。

第一节
寺院经济的起因与寺僧的供给模式

依照早期印度佛教的做法，佛教僧尼以乞食为生，居无定所。而作为定居下来修道传法的场所——寺院（伽蓝）建立之后，起先，僧众生存、修道以及弘法所需是通过“国家供给”和“官民供养”多重渠道筹备的。但是，这样的供给和供养并不是特别稳定，因此，寺院的经济活动便不可避免。

一 由“乞食”向“定居”的转化

中土与印度国情的不同，以及由此导致的僧人生存方式的转化，是寺院经济产生的根本原因。如学者指出的：

> 根据戒律，佛教沙门要行乞为生；不许手捉金银及从事经济活动，然而中国的寺院却一向从事种种生财经营，个别沙门也拥有私人财产，究其原因，则均与华人传统贱视乞食生涯有关。缘于瞧不起乞丐，中国的施主们也不愿自己所崇敬的法师一似叫花子般每日登门求饭菜，于是改以金钱或耕地施诸个别僧尼或整家寺院，俾僧团生活有所保障。为了不愿得罪俗世信徒，寺院或个别沙门只好接受此违背印度佛门传统的布施方式，从此寺院便建立供膳制度，不再遣僧外出乞饭。由于供膳米粮主要来自寺院生产的收获，常住当局不得不以布施所得金钱购入良田来保障斋供得继，由是渐次发展“无尽藏”来处理布施以及寺田谷米盈余，用其财力从事种种宗教与社会福利事业以为弘法之助。缘于活动既多，寺院不得不进一步扩大商业经营的范围，赚取足够金钱来一方面维持供膳；另一方面维持上述种种弘法活动。[①]

---

① 曹仕邦：《从宗教与文化背景论寺院经济与僧尼私有财产在华发展的原因》，《华冈佛学学报》1985年第8期。

印度出家人以乞食为生，在佛陀时代就是如此。印度俗世之人对僧侣到自己家门行乞非常欢迎。而中土向来以为乞食乃下贱之事，因此，佛教的乞食传统，尽管在南北朝时期仍然有很多僧人坚持这一做法，但放弃者越来越多，不知何时，乞食逐渐变成修“头陀行”者的专业。《广弘明集》卷二四载有梁代沈约《述僧设会论》一文，说及这一变化：

> 夫修营法事，必有其理。今世召请众僧，止设一会。当由佛在世时，常受人请，以此拟像故也。而佛昔在世，佛与众僧，僧伽蓝内本不自营其餐具也。至时持钵，往福众生。今之僧众，非惟持中者少，乃有腴恣甘腴，厨膳丰豪者。今有加请召，并不得已而后来。以滋腴之口，进蔬蔌之具，延颈蹙頞，固不能甘。既非乐受，不容设福，非若在昔，不得自营，非资四辈身口无托者也。此以求福不其反乎？笃而论之，其义不尔。何者？出家之人，本资行乞，诫律昺然，无许自立厨帐，并畜净人者也。今既取足寺内，行乞事断，或有持钵到门，便呼为僧徒鄙事下劣。既是众所鄙耻，莫复行乞，悠悠后进，求理者寡，便谓乞食之业不可复行。白净王子转轮之贵，持钵行诣以福施者，岂不及千载之外凡庸沙门躬命仆竖自营口腹者乎？今之请僧一会，既可仿像行之，乞丐受请二事不殊。若以今不复行乞，又复不请召，则行乞之法于此永寘。此法既寘，则僧非佛种。佛种既离，则三宝坠于地矣。①

此文说及僧人三种饮食方式：第一是乞食，第二种是设会即施主在自己宅第请出家人用餐，第三种则是寺院自设庖厨。沈约是反对佛寺自设庖厨的，建议恢复印度佛教的传统。然而，由此文可见，至梁代，佛寺自设庖厨已经成为主流。

中国佛寺何时设立僧厨，史无明载。但从有关道安僧团在襄阳的资料中发现，彼时似乎已经有此迹象。

---

① 道宣：《广弘明集》卷二四，《大正藏》第52册，第273页中—下。

二 国家供给

所谓的国家供给，就是指朝廷直接供养一部分僧人和寺院，一般针对的是佛教领袖或者与朝廷有特殊关系的僧人。

东晋孝武帝(373—396年在位)时，高僧道安居襄阳，孝武帝下诏，“俸给一同王公，物出所在”[①]，令地方官府支付道安的费用，标准等同于王公。南燕主慕容德(398—404年在位)为高僧朗公建神通寺，并且“使者送绢百匹，并假东齐王，奉高、山茌二县封给”。南燕主欲封朗公为“东齐王”，并且将奉高(今山东泰安)、山茌(今山东肥城)两县的赋税赏赐给朗公。朗公则说：“贫道习定，味静深山，岂临此位？且领民户，兴造灵刹。所崇像福，冥报有归。”[②]朗公辞谢王号而“领民户”“取租税”[③]，以之修葺塔寺等。这两位高僧是现今有据可考的中土最初获得国家供给的僧人。此后，这些事例逐渐增多。

南朝与北朝一样，也实行国家供僧的做法。

《高僧传》卷七《释道猛传》记载：道猛(416—475)至刘宋元嘉二十六年(449)，“东游京师，止于东安寺，复续开讲席。宋太宗为湘东王时，深相崇荐，及登祚，倍加礼接，赐钱三十万，以供资待。太始之初，帝创寺于建阳门外，敕猛为纲领”[④]。此寺即兴皇寺。“因有诏曰：‘猛法师风道多济，朕素宾友，可月给钱三万，令吏四人，白簿吏二十人，车及步舆各一乘，乘舆至客省。’猛随有所获，皆赈施贫乏，营造寺庙。”[⑤]显然，道猛及所住寺院先是由时为湘东王后为宋明帝的刘彧供给所需。

萧齐建元元年(479)，玄畅在高帝受命之时辰立齐兴寺，齐高帝萧道成“敕蠲百户，以充俸给”[⑥]。梁朝对于佛寺的供给是非常优渥的。梁武帝于天监三年(504)下诏宣布佛教为国教。此后，他曾经四次舍身佛寺，并常设无遮大会、盂兰盆会等大型法会，又立“十无尽藏”。此前文已详细叙述，从略。

陈朝在实行国家供给佛寺方面也仿效前代的做法。譬如陈朝诸帝对于智𫖮

① 慧皎：《高僧传》卷五，《大正藏》第50册，第352页下。
② 道宣：《广弘明集》卷二八《燕天子慕容垂书》，《大正藏》第52册，第322页下。
③ 慧皎：《高僧传》卷五，《大正藏》第50册，第354页中。
④ 慧皎：《高僧传》卷七，《大正藏》第50册，第374页上。
⑤ 慧皎：《高僧传》卷七，《大正藏》第50册，第374页上。
⑥ 慧皎：《高僧传》卷八，《大正藏》第50册，第377页中。

以及天台山的优待供给，为天台宗的形成创造了最重要的条件。对于京城的重要佛寺，南朝各代都是以国家供给为主的。

而陈宣帝还以朝廷名义下诏集合初受戒僧人研习戒律。《续高僧传·释昙瑗传》记载了陈宣帝的诏书说：

> 初受戒者，夏未满五，皆参律肆。可于都邑大寺广置德场，仍敕瑗总知监检，明示科举，有司准给衣食，勿使经营形累，致亏功绩。瑗既蒙恩诏，通诲国僧，四远被征，万里相属。时即搜擢明解词义者二十余人，一时敷训，众齐三百。于斯时也，京邑屯闹，行诵相喧，国供丰华，学人无弊，不逾数载，道器大增。其有学成，将还本邑。瑗皆聚徒对问，理事无疑者，方乃遣之。由是律学更新，上闻天听。①

此中所述是由朝廷提供供养，对僧人进行戒律方面的培训。

总而言之，4 世纪末叶至 7 世纪中叶，“南北诸朝给寺僧的常年定额供应，有岁俸，有割给调赋，有供给财费，形式不同，性质一样，都是支出国库或分割国赋。国家的常年供给，为自营经济未备的大寺，提供了稳定的经济保障”②。

三 募化供给

除国家供给制之外，还有士族大户以及民间募化等形式来满足佛寺的物质需求。

东晋、南朝士族官宦等富裕信众，也有给予佛寺以常年供养的。

东晋成帝时的尚书令何充“性好释典，崇修佛寺，供给沙门以百数，糜费巨亿而不吝也”③。而东晋及刘宋权臣孟颛也屡屡出资供给僧众和佛寺。如《高僧传》卷三记载，畺良耶舍“以元嘉之初，远冒沙河，萃于京邑，太祖文皇深加叹异。初

---

① 道宣：《续高僧传》卷二一，《大正藏》第 50 册，第 609 页上。
② 张弓：《汉唐佛寺文化史》，第 277 页。
③《晋书》卷七七。

止钟山道林精舍，沙门宝志崇其禅法。……平昌孟颛承风钦敬，资给丰厚”①。孟颛供养过的僧人很多。他先是在京城供养僧人和佛寺，后来任会稽太守时依然如此。《高僧传·释僧翼》记载，僧翼“以晋义熙十三年与同志昙学沙门俱游会稽，履访山水。至秦望西北，见五岫骈峰，有耆阇之状，乃结草成庵，称曰法华精舍。太守孟颛、富春人陈载，并倾心挹德，赞助成功”②。

齐代著名将领王敬则也曾经为寺院奉献。《高僧传·释僧审传》记载：释僧审住栖玄寺时，“王敬则入房觅审，正见入禅。因弹指而出，曰圣道人，即奉米千斛，请受三归”③。《出三藏记集·求那毗地传》记载，求那毗地于建元年初来至建康，住于毗耶离寺，“外国僧众万里归集，南海商人悉共宗事，供赠往来，岁时不绝。性颇蓄积，富于财宝，然营建法事，已无私焉。于建业淮侧造正观寺。重阁层门，殿房整饰，养徒施化，德业甚著”④。这位来自中天竺的高僧，也很自然地接受了信众的大量的物资捐助，将其用于建寺。

梁武帝的散骑常侍、侍中到溉，“蒋山有延贤寺者，溉家世创立，故生平公俸，咸以供焉，略无所取”⑤。

---

① 慧皎：《高僧传》卷三，《大正藏》第50册，第343页下。
② 慧皎：《高僧传》卷一三，《大正藏》第50册，第410页下。
③ 慧皎：《高僧传》卷一一，《大正藏》第50册，第399页下—400页上。
④ 僧祐：《出三藏记集》卷一四，《大正藏》第55册，第107页上。
⑤ 《梁书》卷四，中华书局，1973年。

第二节
寺院的土地经营活动

从现存史籍看，中土早期寺院是拥有一定数量土地的，但寺院土地大多是由僧人自行耕种的。寺院经济的兴起确实也有不得不如此的理由，特别是在社会大变动时期而僧尼人数又迅速飙升的背景下，佛教只能走向自主经营以弥补国家供给的不足或缺失，并减轻民间募化的压力。

一 寺院地产的形成

寺院经济的基础是地产，早期寺院的地产可能主要来源于开垦荒地。随着佛教的进一步普及以及皇室贵族中信仰者的增加，佛寺地产的来源愈来愈依赖于皇帝的赏赐以及贵族官僚的布施。“国家赐田给寺院，南方时见于刘宋，北方始见于北魏。”[①]而民间捐献土地给予寺院的情形出现得更早。

刘宋元嘉二年(425)，文帝赐田给鄮县阿育王寺，田在寺东十五里处，至萧梁时正式称之为“塔墅常住田”。[②] 萧齐时期，齐武帝在西蜀齐山立会州寺，同时“度僧给田业”[③]。此处所言“田业”即指可耕种之田地。梁武帝为寺院恩赐土地的记载更多些，有趣的是，他在钟山为其亡父建造大爱敬寺时竟然向王骞强行购买寺边的良田八十余顷。[④] 这些都是南北朝诸帝为佛寺赐予土地的若干记载。

与皇帝赐田的少量遗存载录相比，王宫贵族等捐施佛寺土地的记载不胜枚举。在此不多论列，仅举二例以说明之。《高僧传·慧义传》记录了一个有趣的例子。刘宋永初元年(420)，车骑范泰营建祇洹寺，礼请慧义住持。后来，范泰陷入政治纠葛，担心有不测，遭遇灾祸，向慧义问计。慧义说：“忠顺不失以事其上，故上下能相亲也。何虑之足忧。”然后，慧义“因劝泰以果竹园六十亩施寺，以为

---

① 张弓：《汉唐佛寺文化史》，中国社会科学出版社，1997年，第281页。

② 《金石萃编》卷一八《阿育王寺常住田碑》。

③ 道宣：《续高僧传》卷二七，《大正藏》第50册，第678页上。

④ 参见《梁书》卷七《太宗王皇后传》；《南史》卷二二《王昙首附王骞传》。

幽冥之祐。泰从之，终享其福。及泰薨，第三子晏谓义：'昔承厥父之险，说求园地。追以为憾。'遂夺而不与。义秉泰遗疏，纷紜纭纭，彰于视听。义乃移止乌衣"[1]。这则故事，一是说明南北朝时期上行下效、上下相济向佛寺布施田地甚为风行，并认为可以借此获得很大的功德；二是僧尼已经有了较为自觉的经营土地的意识，并且有时也会与世俗社会发生争议。这一点在正史中得到了颇多的反映。

二 白徒、养女

当今研究佛教史的学者，均将"白徒""养女"之名的起源归结于《南史》卷七《郭祖深传》，其文如下：

> 都下佛寺五百余所，穷极宏丽。僧尼十余万，资产丰沃。所在郡县，不可胜言。道人又有白徒，尼则皆畜养女，皆不贯人籍，天下户口几亡其半。而僧尼多非法，养女皆服罗纨，其蠹俗伤法，抑由于此。请精加检括，若无道行，四十已下，皆使还俗附农。罢白徒、养女，听畜奴婢。婢唯着青布衣，僧尼皆令蔬食。如此，则法兴俗盛，国富人殷。不然，恐方来处处成寺，家家剃落，尺土一人，非复国有。

此文是梁武帝时期的官员郭祖深上武帝的奏疏。郭祖深在上此奏章时地位不高。对于他的建议，武帝"虽不能悉用，然嘉其正直，擢为豫章钟陵令，员外散骑常侍"，此后郭祖深逐渐成为梁代的名臣。

如果从上述奏章整体看待，即可明了，郭文实际上反对的是僧尼人数过多，寺院经济过于发达，尤其是出家僧尼"多非法"，而且寺院还存在大量的并非出家人身份但却不纳入国家户籍的"白徒"和"养女"。由于梁武帝崇信佛教，而且将佛教几乎定为"国教"，因此而形成了郭祖深所说的"天下户口几亡其半"的局面。其实，"白徒"之"徒"应指未出家的佛教信徒。佛教史籍中一贯以"白衣"和"黑

[1] 慧皎：《高僧传》卷七，《大正藏》第 50 册，第 386 页下。

衣”(缁衣)来称呼未正式出家的奉佛者。如梁武帝自己就自称“白衣弟子”“白衣僧正”。换言之,“白衣”“养女”原本并非寺院经济活动的承担者或劳动者的专门称呼,而实际上是住于寺院或者名籍挂于寺院的出家的“预备人员”。佛教中有“七众”的说法,即比丘、比丘尼、沙弥、沙弥尼、式察摩尼和优婆塞、优婆夷。而优婆塞、优婆夷即为出家前的预备阶段。然而,这七种身份分别与相应的戒律对应,受戒之后才算获得,而长住或者依附于佛寺的非出家众是否正式受五戒,无法凭借外在形式如服装和外形辨知,因而才会有世俗社会笼统地以“白衣”“养女”来称呼的习惯。一言以蔽之,不能笼统地将“白衣”和“养女”都看作不一定随师受业而主要是供师主役使的劳动人口。有些确实如此,有些不一定就是单纯的劳动者。

总之,南朝寺院的依附人口一般称为“白徒”“养女”。“白徒”与“养女”不列入国家的户籍,显然是寺院的私属人口。对于朝臣来说,这些“白徒”“养女”显然有逃避租役而皈依佛门的嫌疑。《桓玄辅政欲沙汰众僧与僚属教》中说:“京师竞其奢淫,荣观纷于朝市,……避役踵于百里,逋逃盈于寺庙,乃至一县数千,猥成屯落。”①但是,这些避罪、逃租役而归附佛教的人,有的还出家了,取得了僧尼的资格。无论出家与否,在寺院普遍采用经济活动的方式维持的情况下,劳作便成为寺院中的各色人等的必需活动,因而他们被当今历史学家称为“劳动力”。如果是身份不自由的,便被称为寺院的“奴婢”和依附民、“农奴”等。

① 僧祐:《弘明集》卷一二,《大正藏》第52册,第85页上。

第三节
寺院的经济活动及其效应

从东晋开始，屡有僧人和寺院参与商贸甚至借贷活动的记载。起先似乎是僧人在建寺或者弘法活动中偶尔为之，后来则有以寺院本身为依托的商业、借贷的开展。随着这些活动的普遍化，寺院经济便逐渐进入繁荣阶段。与唐宋时期相比，这一时期，寺院的这类活动仍然处于起步阶段。

一　商业活动

关于僧人进行估贩活动的最早例证，可见于《高僧传》卷四《竺法乘传》的记载：

> 竺法乘，未详何人，幼而神悟超绝，悬鉴过人。依竺法护为沙弥，清真有志气，护甚嘉焉。护既道被关中，且资财殷富。时长安有甲族，欲奉大法，试护道德，伪往告急，求钱二十万。护未答。乘年十三，侍在师侧。即语曰："和上意已相许矣。"客退后，乘曰："观此人神色，非实求钱，将以观和上道德何如耳。"护曰："吾亦以为然。"明日此客率其一宗百余口，诣护请受戒具，谢求钱之意。[①]

从寺院经济研究的角度来看，最重要自然是竺法护"资财殷富"以及长安某甲族向竺法护请求借钱二十万两个环节。然而从整个叙述中去考察则可知，这是一个充满机锋的虚拟故事，至于竺法护是否有二十万钱，文中并未明确说明。最后的结局是这位"甲族"率一宗百余口请求竺法护受戒，然并非出家，充其量是受在家戒而已，也不就存在有学者所说的这位甲族的田产自然转归寺院的问题。竺法护是一位致力于翻译佛典的高僧，在长安也修造了数座佛寺，因此，募化而来

① 慧皎：《高僧传》卷四，《大正藏》第50册，第347页中—下。

或者由民众等供养的资财自然不少。但这不是从事经济活动的本钱。不过，从这位“甲族”向竺法护求借推知，似乎在当时也有信徒向寺院借贷一说。

东晋时期，也有僧人以商贸的方式积累资财修建佛寺。然个案居多，是个人偶尔为之还是寺院的集体行为无法断定。总之，这一时期寺院或者僧人的商业活动，仍然处于酝酿阶段，谈不上发达和普遍。

二 借贷

南北朝寺院除耕作土地之外，还可以向周围的民众出租各种农具和生活用具以及金钱。“质库”的开设，使得佛寺也参与到世俗社会放贷生利的经济活动中。“质库”类似于典当行。南朝时期的建康、吴县、江陵、襄阳等大城多有佛寺因“质”而致富。

《南齐书》又记载：齐武帝时侍中褚渊死，其弟褚澄“以钱万一千就招提寺赎太祖所赐白貂坐褥，坏作裘及缨。又赎渊介帻犀导及渊常所乘黄牛。永明元年，为御史中丞袁彖所奏，免官禁锢，见原”[①]。褚澄将皇帝御赐之物质押，是亵渎帝王，是犯罪行为，后来在政治斗争中被人奏劾而欲治罪，后被宽恕。

三 寺院的富庶及其效应

南北朝时期富裕的佛寺不在少数，特别是当时经济更发达的南朝更是如此。梁代的郭祖深上书梁武帝批评佛教，文中说：“都下佛寺五百余所，穷极宏丽。僧尼十余万，资产丰沃。所在郡县，不可胜言。”[②]南朝佛寺的富庶由此可见一斑。

正因为佛寺以及一部分僧人所获得的供养十分丰厚，因此，宋文帝于元嘉二十七年(450)准备北伐时，曾经向僧尼筹借军用经费。史载：“有司又奏军用不充，扬、南徐、兖、江四州富民家赀满五十万，僧尼满二十万，并四分借一，事息即

---

① 《南齐书》卷二三《褚渊附褚澄传》，中华书局，1972年。

② 《南史》卷七，中华书局，1974年。

还。”[1]萧齐时的高僧法愿，“王侯妃主及四远士庶并从受戒，悉遵师礼。愿往必直前，无有通白，感致随喜，日盈万计。愿随以修福，未尝蓄聚。或雇人礼佛，或借人持斋。或收籴米谷，散饴鱼鸟。或贸易饮食，账给囚徒。兴功立德，数不可纪”[2]。后为梁武帝的萧衍当初自雍州起兵东下时，用度不足，其侄儿南平王萧伟“取襄阳寺铜佛，毁以为钱”，而“富僧藏镪，多加毒害”[3]。梁武帝后来四次舍身佛寺，多次到寺院讲经设无遮大会等，都有大量施舍。特别是中大通元年(529)的第二次舍身和太清元年(547)第四次舍身，群臣都以一亿万钱赎回。这样的上行下效，梁陈时期的江南佛寺之富裕可以想见。

对于起步于东晋的寺院经济，一开始就有激烈反对的声音。东晋僧人道恒在《释驳论》中说：

> 于营求孜汲，无暂宁息。或垦殖田圃，与农夫齐流。或商旅博易，与众人竞利。或矜恃医道，轻作寒暑。或机巧异端，以济生业。或占相孤虚，妄论吉凶。或诡道假权，要射时意。或聚畜委积，颐养有余。或抵掌空谈，坐食百姓。斯皆德不称服，行多违法。[4]

道恒罗列的八种不合道的行为中，有四种与寺院经济的兴起有关。从东晋开始，更多的人是从戒律的角度反对僧人从事经济活动的。然而，后来的历史事实是，寺院经济在不时响起的反对声中不断发展着。

---

① 司马光：《资治通鉴》卷一二五。
② 慧皎：《高僧传》卷一三，《大正藏》第50册，第417页中。
③《南史》卷五二《梁宗室·萧伟传》。
④ 僧祐：《弘明集》卷六，《大正藏》第50册，第35页中。

第十五章　东晋南朝时期以南京为中心的三教论争

东晋至南朝时期(317—589),围绕佛教的某些教义和制度礼仪,儒佛道三教之间发生了多次思想交锋和辩论。由于南京是当时汉民族政权的首都,处于政治和文化的中心,因此,儒佛道三教之间发生的论争也主要集中在南京及周边区域。

三教之间主要围绕佛教的业报轮回说、形神关系、夷夏之辨、沙门拜俗等问题各执己见。其中,业报轮回之争、形神之争、沙门不敬王者之争在儒佛之间展开,夷夏之争在佛道之间展开,而形神之争在理论上属于因果报应之争的深入。总的看来,此一时期的三教论争虽有一定政治上的压力,但基本上属于较开放、自由的思想辩论。

第一节
儒佛报应观之争

中国很早就有“积善余庆，积恶余殃”之说，本意是一个人做了好事所积下的“阴德”会影响到自身以及后代子孙，有利于家族的兴旺，反之亦然。这是中国人最先理解的善恶报应说。

但是，佛教的因果报应说主要讲“业力”的轮回，是指身、口、意“三业”所累积的能量不会在宇宙中消失。有“业力”就有“报应”，一切众生会根据所作的“善业”或“恶业”轮回于三种“善道”——人道、天道、阿修罗道，或三种“恶道”——地狱道、饿鬼道、畜生道。佛教所说的“善道”或“恶道”可以理解为一种广义的生命形态说。根据佛教的教义，“善有善报，恶有恶报”，不会张冠李戴，而且只能“自作自受”：一个人的善业或恶业可以让人“当世受”，也可以“来世受”，不是不报，时候未到，如影随形，循环不失。

佛教的业报轮回说不仅涉及生命的“三世”问题，而且打破了中国本土以天地人为“三才”、而人为万物之灵的观念，让人感到宏阔胜大，高深莫测。

在东晋以前，就有人对佛教的业报轮回说提出过质疑，这在袁宏《后汉纪》卷一、范晔《后汉书·西域传》以及相传为东汉牟融所作的《牟子理惑论》中就有相关的记载，但多语焉不详。东晋以来，中国的思想家们对此开始了认真的讨论，并被记录下来。

讨论首先在罗含与孙盛之间进行。罗含，《晋书》有传，生卒年不详，东晋桂阳郡耒阳县人，先在豫州刺史庾亮属下为官，后被桓温任用，相继为征西参军、宜都太守、散骑常侍、长沙相。在其著作《更生论》中，罗含致力于为佛教的业报轮回说做辩护。他基于中国原有的儒道思想，认为天地无穷，万物都在更替，但本质上都不过是“气”的循环罢了，气化流行也就是佛教所谓的业报轮回。[①]

罗含的同事和朋友、著名的历史学家孙盛不同意这个看法。孙盛，《晋书》有传，生卒年不详，东晋太原郡中都县人，先后任职于陶侃、庾亮、庾翼、桓温的门下，晚年官至秘书监、给事中。孙盛留下一篇《与罗章君书》，认为“气”不仅包括

---

① 僧祐：《弘明集》卷五《更生论》，《大正藏》第52册，第27页中。

有形的物质,也包括无形的精神;气聚则生,气散则死,但具体的生命都是一次性的,形和神分散以后,就会变成别的"气",即使再"合"起来也不可能复原为同一个生命。①

罗含和孙盛的讨论还比较粗浅,不够深入。东晋时期对这一问题最有代表性的讨论发生在桓玄、慧远、戴逵三人之间。

大约在晋安帝隆安四年(400),时任荆州兼江州刺史的桓玄向隐居庐山的佛教领袖慧远写信,讨论佛教业报轮回说的真实性问题。双方的讨论保存在慧远的《明报应论》一文中。桓玄(369—404),大司马桓温之子,东晋杰出将领,历任侍中、都督中外诸军事、丞相、录尚书事、扬州牧、徐州刺史、相国、大将军等职,后篡位自立,在建康建立短暂的桓楚政权。因曾袭其父"南郡公"之职,故世称"桓南郡"。桓玄给慧远写了一封求教信,提出了三条怀疑。其中最重要的两条是:

> 佛经以杀生罪重,地狱斯罚,冥科幽司,应若影响,余有疑焉。何者?夫四大之体,即地水火风耳。结而成身,以为神宅。寄生栖照,津畅明识。虽托之以存,而其理天绝。岂唯精粗之间,固亦无受伤之地,灭之既无害于神,亦由灭天地间水火耳。
>
> 万物之心,爱欲森繁,但私我有己,情虑之深者耳。若因情致报,乘感生应,自然之道,何所寄哉。②

大意是说,佛教以杀生为第一重罪,必将遭受地狱之罚,这从佛教本身的教义上也讲不通。因为佛教以人的生命由地水风火四大物质元素构成,人的精神只是暂时寄托其中;精神虽然寄托于肉身里,但与肉身完全是两种不同的东西。一个人要是杀了生,也只是杀了一个生命的肉体,坏了四大而已,根本没有伤害到精神,有什么理由遭到惩罚呢?桓玄军功显赫,在战争中杀过人,自然对杀生会下地狱的说法感到不安。加上他出身豪门,生活奢靡,对于佛教节制欲望之类的清规戒律自然难以做到,所以,桓玄在第二条中提到"爱欲森繁"是人类的自然本性,如果连人的欲望情感也会招致不好的报应,这是违背"自然之道"的。

---

① 僧祐:《弘明集》卷五《与罗章君书》,《大正藏》第52册,第27页下。
② 僧祐:《弘明集》卷五《明报应论》,《大正藏》第52册,第33页中。

对于桓玄的质疑，慧远认为应该从生命产生的源头去理解，不能将精神与肉体完全分开：

夫因缘之所感，变化之所生，岂不由其道哉。无明为惑网之渊，贪爱为众累之府，二理俱游，冥为神用，吉凶悔恪，唯此之动。无用掩其照，故情想凝滞于外物。贪爱流其性，故四大结而成形。结则彼我有封，情滞则善恶有主。有封于彼我，则私其身而身不忘。有主于善恶，则恋其生而生不绝。于是甘寝大梦，昏于所迷，抱疑长夜，所存唯着。是故失得相推，祸福相袭。恶积而天殃自至，罪成则地狱斯罚。此乃必然之数，无所容疑矣。[1]

在慧远看来，人的生命不是简单的肉体和精神的相加，而是一个有机的统一体。所以，杀害生命不仅仅是对肉体的伤害，也是对精神的摧残。而且，就单个的生命而言，都是父母的"情欲"感应四大而成形，一切众生皆称"有情"，因为有情便有贪爱，有贪爱便有私心，有私心便有你我的界限，进而产生善恶的思想和行为，埋下报应的种子。桓玄说人的情欲是"自然之道"，看不到什么冥冥之中的报应，慧远认为这是一种误解。按照佛教的教义，所谓的"自然之道"，实际上就是善恶报应的总原则，而这个总原则就是"心以善恶为形声，报以罪福为影响"[2]。"心"是一切报应的种子。人是为了利己，还是为了利他，这个"心"就是决定一切善恶的根据。所以，善恶的报应，取决于人心的境界，并不存在一个外在的主宰力量，而是"自作自受"，这才是"必然之数"。慧远的这个分析，巧妙地回答了桓玄所谓"杀生无罪""纵欲无过"的质疑。

如果说慧远与桓玄讨论的是佛教业报轮回说的"主体"问题，那么，慧远与戴逵的讨论则是佛教业报轮回说的"时空"问题。

戴逵(326—396)，东晋著名美术家、雕塑家，谯郡铚县(今安徽亳县)人。博学多才而终生不仕，晚年隐居于会稽。擅长绘画、雕刻、造像，是中国式佛像艺术的开创者。戴逵在南京瓦官寺造的五躯佛像，与顾恺之的维摩诘像及师子国的玉像齐名，共称"瓦官寺三绝"。戴逵本人是一个佛教信徒，但他对现实生活中的

---

① 僧祐：《弘明集》卷五《明报应论》，《大正藏》第52册，第33页下。
② 僧祐：《弘明集》卷五《明报应论》，《大正藏》第52册，第33页下。

种种不公感到不解，便向慧远大师写了两封信《与远法师书》《释疑论》，慧远就其困惑作《三报论》，回答了"俗人疑善恶无现验"这一问题的普遍意义。

戴逵的提问很诡异。他发现古圣先贤所提倡的"积善余庆、积恶余殃""天道无亲，常与善人"有着难以克服的内在矛盾：前人栽树，后人乘凉，既然有了祖先的荫庇，后代子孙便可以不再修行，胡作非为，因为一个人的善行只对后人有用，对本人似乎没有影响。现实的情况也常如此：伯夷、叔齐之类束脩履道、言行一致的正人君子常遭天灾人祸，反而是盗跖、张汤之类的任性暴虐、恣意妄为的卑鄙小人却"生保富贵，子孙繁炽热"！所以，在戴逵看来，一个人的富贵穷达、寿夭祸福都只能是命中注定，根本不是什么"积行所致"；人们不应该对虚幻的善恶报应有所期望，而是应该理解圣人制礼作乐的用心。①

客观而言，戴逵质疑的"好人不得好报"，是古往今来的一大伦理学难题。从现实生活的是非颠倒、善恶乖离中，戴逵宁可信命也不信有什么因果报应。所以，表面上戴逵没有直接批评佛教，但他向慧远大师提出这样的问题，实际上也是在向佛教提出要求。

慧远借佛教的"三世报应"说回答了戴逵的问难。在《三报论》一信中，慧远指出，报应不能简单地理解为一生一世的事情，而是分现报、生报和后报三种类别。现报是现世作业，今生受报；生报是今生作业，来生受报；后报是前生作业，要等到二生、三生乃至无穷的后生转世才能受报。人的"心"是报应的主体，报应的先后取决于心物感应速度的快慢，报应的轻重迟缓与个人所作善恶诸业的大小程度一一对应。慧远指出，人在现实社会中地位有三六九等，这种地位的差别有今生的作善的感应，也有前世作善的回报，而今生的许多不幸者，不能单独从当下的品德高低来评判。从佛法的角度看，现实生活中的诸多善恶乖谬其实并不难解：

> 或有欲匡主救时，道济生民，拟步高迹，志在立功，而大业中倾，天殃顿集。或有栖迟衡门，无闷于世，以安步为舆，优游卒岁，而时来无妄，运非所遇，道世交沦于其闲习。或有名冠四科，道在入室，全爱体仁，慕上善以进德。若斯人也，含冲和而纳疾，履信顺而夭年，此皆立功立德之行，变疑嫌之

---

① 僧祐：《弘明集》卷一八《释疑论》，《大正藏》第52册，第221页下—222页上。

所以生也。大义既明，宜寻其对。对各有本，待感而发。逆顺虽殊，其揆一耳。何者？倚伏之势定于在昔，冥符告命，潜相回换，故令祸福之气交谢于六道，善恶之报殊错而两行。……原其所由，由世异典以一生为限，不明其外。其外未明，故寻理者自毕于视听之内。此先王即民心而通其分，以耳目为关键者也。如令合内外之道，以求弘教之情，则知理会之必同，不惑众涂而骇其异。①

大意是说，立功立德的仁人志士常常多灾多难，命途多舛，或因世道沦丧，或因运气不佳，但除了考虑这些因素以外，还必须考虑业报的因素。每一人前世和当下所造的善恶诸业皆为因，因果到头终有报，只待时机成熟，由因产生的果都会一一表现出来，"好人无好报"这种现象的发生也是自然现象，用不着大惊小怪。一般的人只了解世俗经典上的说法，仅仅局限于眼下所见的一生，依据主观感觉判断，当然无法真正体会到佛教因果报应的真谛。若是能够结合佛教的"内典"和儒家的"外教"，使二者相互补充，殊途同归，疑虑也就自然冰释。

到刘宋时代，何承天与颜延之、宗炳、刘少府、沙门慧琳等人围绕佛教的因果报应说展开了更为激烈的辩论。当时，何承天写了一篇《达性论》，反对佛教的"众生说"，遭到佛教徒颜延之的反驳，双方以书信的形式往返辩难多次。

何承天（370—447），《宋书》有传，东海郯（今山东郯城）人，南朝宋著名的天文学家、历史学家，幼年习儒，通览百家，精通天文历算、历代礼制，官至廷尉、御史中丞、国子学博士，曾任衡阳内史，故称"何衡阳"。何承天的《达性论》没有直接就佛教业报轮回说进行批评，而是根据儒家的"三才论"否定佛教的"众生说"。《达性论》开篇即提出：

夫两仪既立，帝王参之，宇中莫尊焉。天以阴阳分，地以刚柔用，人以仁义立。人非天地不生，天地非人不灵，三才同体，相须而成者也。②

儒家认为人虽然源于天地，但却以"仁义"立于天地之间，参天地之造化，因而能

---

① 僧祐：《弘明集》卷五《三报论》，《大正藏》第52册，第34页中。

② 僧祐：《弘明集》卷四，《大正藏》第52册，第21页下。

够成为与天地并列的“三才”和“万物之灵”。而佛教将人与其他各种飞禽走兽一同划入“众生”之列，这就大大降低了人的崇高地位。何承天还认为，人跟其他生命的关系只能从人的需要出发，按照“仁义”的原则来处理：

> 若夫众生者，取之有时，用之有道。行火俟风暴，畋渔候豺獭，所以顺天时也。大夫不麛卵，庶人不数罟，行苇作歌，宵鱼垂化，所以爱人用也。庖厨不迩，五犯是翼，殷后改祝，孔钓不网，所以明仁道也。[1]

何承天从儒家的道义论出发，提倡不滥杀生命，对众生“取之有时，用之有道”，但也绝对不能按照佛教“不杀生”的戒条行事。最后，何承天突然笔锋一转，得出这样的结论：

> 至于生必有死，形弊神散，犹春荣秋落，四时代换，奚有于更受形哉？[2]

“更受形”也就是罗含说的“更生”，在佛教中指的是“转世”。何承天的意思是说，人的生死就好比一年四季的春荣秋落，“逝者如斯”，过去了就过去了；人跟其他动物不是一个级别的生命，不存在佛教所谓的轮回转世。

颜延之对何承天的看法非常不满。颜延之（384—456），《宋书》有传，他是何承天的同事，琅琊临沂（今山东临沂）人，刘宋时期的文学家，与谢灵运并称“颜谢”，官至太子舍人、始安太守、金紫光禄大夫，故后世又称“颜光禄”。颜延之与何承天的辩论，记录在《弘明集》卷四所载的《达性论》《释达性论》《答颜光禄》《重释何衡阳》《又释何衡阳》《重答颜光禄》六篇通信中。双方围绕的主题有三个：一是人与其他生命能够同称“众生”，二是儒家经典关于鬼神的看法，三是关于业报轮回说的事实“验证”问题。

关于人与其他生命能够同称“众生”，颜延之的意见是：“众生”也就是“含识”的总名，亦称“有情”，他们都有受、想、行、识，与其品德高低并无关系。儒家尽管有“圣人”与“氓隶”、“上智”与“下智”的区别，但他们作为“人”的共性是一样的，

---

① 僧祐：《弘明集》卷四，《大正藏》第52册，第21页下。
② 僧祐：《弘明集》卷四，《大正藏》第52册，第21页下。

也都源于天地的生生之德，为何不能同称“众生”呢？[①] 何承天回答说，圣人虽然与普通人一样同受五常之气，但不能与普通人一样同称“众人”，二者差别就像人跟动物一样。[②] 何承天反驳说，圣人的精神境界、智慧高人一等，但人之为人的前提就是其道德性，在这一点上圣人与众人无别。同理，人与动物相比，智慧最高，但都是生命，在这一点上人与动物无别。[③]

关于儒家经典对于鬼神的看法，何承天认为人死好比树木凋零，是自然规律，经典上说的“三后在天”“精灵升遐”是圣人设教的需要，并非真的相信有鬼。颜延之反驳说：如果人死如草木，圣人还用得着说“三后在天”“精灵升遐”的话吗？儒家的经典既然肯定了精神不灭，有什么理由不相信佛教的业报轮回是存在的？何承天认为，鬼神最多算是一种“幽魂”，无形无状，不能当成一种正常的生命，并指责颜延之被佛经所迷惑，将鬼神也当成了有“形质”的众生。[④]

在争论中，何承天还提出了对业报轮回说的事实验证问题。颜延之根据佛教的理论，提出“物无妄然，必以类感”，即同类相感，善有善报，恶有恶报。何承天则以科学的理性反驳，既然是同类相感，就应该“类感之物，轻重必侔，影表之势，修短有度”，即善恶的报应必然是立竿见影，分毫不差；可生活中许多心肠慈悲的人过得很凄惨，倒是违法乱纪者逍遥法外，拿他没办法。可见，佛教主张的因果报应毫无标准可言，不值得相信。[⑤]

在思想界热烈讨论佛教的因果报应说之时，僧人慧琳也发表了意见，著《白黑论》，事在宋文帝元嘉十年(433)前后。慧琳，生卒年不详，秦郡(今陕西)秦县人，高僧道渊的弟子。少年出家，住建业冶城寺。学通内外，曾注《孝经》及《庄子·逍遥游》篇。善属文，辞章华丽，而性情傲诞。因受宋文帝的赏识而位侔三公，人称“黑衣宰相”。《白黑论》虚拟白、黑双方的问答，其中的“白学先生”代表本土的儒、道二家，“黑学先生”代表外来的佛家，故称《白黑论》。慧琳表面上以儒、释、道三家都是圣人之教，各有所长，所以该文又称《均善论》《均圣论》；但通观全文，作为名僧的慧琳，并没有站在佛教的一方，反而借“白学先生”之口否认佛教的“缘起性空”和“来生”说。如：“贝锦以繁采发辉，和羹以盐梅致旨。析毫

① 颜延之：《弘明集》卷四《释达性论》，《大正藏》第52册，第22页上。
② 何承天：《弘明集》卷四《答颜光禄》，《大正藏》第52册，第22页下。
③ 颜延之：《弘明集》卷四《重释何衡阳》，《大正藏》第52册，第23页中。
④ 何承天：《弘明集》卷四《重答颜光禄》，《大正藏》第52册，第24页上。
⑤ 颜延之：《弘明集》卷四《重释何衡阳》，《大正藏》第52册，第23页下。

空树，无伤垂荫之茂；离材虚室，不损轮奂之美。”[①]意谓佛教在理论上可以把参天大树“空”掉，但丝毫无损其茂密挺拔；把富丽辉煌的大厦“空”掉，但根本无法改变其美轮美奂。又借“白学先生”之口说佛教的“天堂”“地狱”皆不过是对大众的利诱和恫吓，它们本身并不存在；等等。这在佛教方面看来，无疑是离经叛道。

慧琳的《白黑论》引起了教内外的强烈反响。当时，宗炳作《明佛论》，并写《难白黑论》《答何衡阳书》回应何承天，何承天则作《答宗居士书》，这几篇文论主要是围绕慧琳的《白黑论》而发，而讨论的核心就是佛教业报轮回说的“现报”问题。

《白黑论》中的“白学先生”曾批评佛教的业报轮回说是“所空在于性理，所难据于用事”，“幽冥之理，固不极于人事。周孔疑而不辩，释氏辩而不实”，认为没有办法证实。何承天接过这个观点，向宗炳发问：佛教讲善巧方便，救苦救难，为什么见不到它用“灵变”以晓邪见之徒呢？世界上有太多的人需要帮助，而佛教却吝啬得很，整天追求什么“真智”，实在是徒劳无功！

> 若诸佛见在，一切洞彻，而威神之力诸法自在，何为不曜光仪于当今，使精粗同其信悟，洒神功于穷迫，以拔冤枉之命，而令君子之流于佛无睹，故同其不信，俱陷阐提之苦？秦赵之众，一日中白起、项籍坑六十万。夫古今彝伦及诸受坑者，诚不悉有宿缘大善，尽不睹无一缘而悉积大恶，而不睹佛之悲，一日俱坑之痛，憖然毕同，坐视穷酷而不应，何以为慈乎？缘不倾天，德不邈世则不能济，何以为神力自在不可思议乎？[②]

何承天注重实际的经验，他以长平之战白起、项籍一日坑杀六十万俘虏的战例，反问佛的神通到哪里去了，据此驳斥佛教慈悲为怀的虚伪。宗炳回答说：

> 夫干道变化，各正性命。至于鸡鼀犬羊之命，皆乾坤六子之所一也。民之咀命充身，暴同蛛蝥为网矣。鹰虎非搏噬不生，人可饭蔬而存，则虚己甚矣。天道至公，所希者命，宁当许其虐命而抑其冥应哉。今六十万人虽当美恶殊品，至于忍咀群生，恐不异也。美恶殊矣，故其生之所享固可实殊。害

---

① 慧琳：《白黑论》，载石峻、楼宇烈等编：《中国佛教思想资料选编》第1卷，中华书局，1981年，第257页。

② 宗炳：《弘明集》卷二《明佛论》，《大正藏》第52册，第12页下。

生同矣，故受害之日固亦可同。[1]

大意是说，珍惜生命是“天道至公”的体现。老虎和雄鹰天生就是肉食动物，至于人类，完全可以不杀生、不吃动物就能活下去。六十万人同一天被坑杀，根本原因是他们都杀了生、吃了各种动物的肉，一旦因缘成熟，同时遭受恶报完全可能。

何承天还与刘少府讨论过上述问题，保留在何承天的《报应问》和刘少府的《答何衡阳书》中。《报应问》的主题仍然是佛教业报轮回说的“验证”问题。何承天认为，佛教的业报说“枝叶虽明而根本常昧，其言奢而寡要，其譬迂而无征”，由此他提出了两条验证的标准：一是直接验证，如用“璇玑”观测日月星辰的变化规则；一是间接验证，由近及远，由显至幽。他认为佛教所谓的报应是经不起这样的验证的。他举例说：

夫鹅之为禽，浮清池，咀春草，众生蠢动，弗之犯也，而庖人执焉，尠有得免刀俎者。燕翻翔求食，唯飞虫是甘，而人皆爱之。虽巢幕而不惧，非直鹅燕也，群生万有往往如之。是知杀生者无恶报，为福者无善应。所以为训者如彼，所以示世者如此。余甚惑之。若谓燕非虫不甘，故罪所不及，民食刍豢，奚独婴辜?[2]

鹅吃青草，游清池，长大了却被人杀了吃；而燕子专吃害虫，人们反而喜欢它，岂非杀生无恶报，为善无福应吗？由此推知，人食了动物的肉又有什么理由一定要遭到报应呢？所以，在何承天看来，佛教讲报应，只是劝人为善的方便说教，而事实未必如此。

刘少府回答说：

足下据见在之教，以诘三世之辩。……若鹅之就毙，味登俎鼎，燕之获免，无取盐梅。故鹅杀于人，犹虫死于燕。鹅虫见世受，人燕未来报。报由三业，业有迟疾。若人入孝出悌，扬于王庭，君亲无将，将而必诛。此见报之

---

① 宗炳：《弘明集》卷二《明佛论》，《大正藏》第52册，第13页上。
② 何承天：《广弘明集》卷一八《报应问》，《大正藏》第52册，第224页上。

> 疾，著乎视听者也。若忠为令德，剖心沉渊，劫掠肆杀，有幸而免，此后报之迟疏而不失者也。善恶之业，业无不报，但过去未来，非耳目所得，故信之者寡，而非之者众耳。科法清净，涤尘开慧，中国弗思，谓为陷阱，非我无谋，秦弗用也。劝人为善，诚哉斯言。然权者谓实，非假设也。①

这个解释跟慧远答戴逵的《三报论》如出一辙。刘少府认为，何承天用世俗的耳目见闻去责难佛教三世报应说的“幽明之理”，是很不明智的。人之吃鹅与燕之食虫，对鹅、虫而言是现世报，对人和燕子来说则是来世受报。你怎么能够断定人吃了鹅或燕吃了虫，将来就没有杀生的报应呢？佛法本是开启智慧的，如果非要纠缠所谓的眼见为实、耳听为虚，只能是境界太低，看不到事情的真相。

整体地看，晋宋时期关于佛教业报轮回说的论争，表面上看是针对佛教的教义，而实际上却涉及儒佛两教的伦理学说。最核心的问题就是人在道德上的努力与命运上的祸福不对称，也就是善恶行为未必得到公正的回报。对于这个问题，儒家本身并没有让人信服的解释，而佛教的三世报应说虽然被人批评为虚幻迂阔，但相比而言，佛教方面的解释更有说服力，更能合理说明现实社会的道德悖论。以慧远、颜延之、宗炳、刘少府为代表的一方支持佛教的业报轮回说，以桓玄、戴逵、何承天为代表的一方则质疑或反对之。当时的宋文帝刘义隆也很关注这件事，后来明确站到了佛教的一边，批评何承天、慧琳，而支持颜延之、宗炳等人，说“颜延之之折《达性》，宗少文之难《白黑》，论明佛法汪汪，尤为名理，并足开奖人意”；大臣何尚之也指责何承天、慧琳为“愚暗之徒”，赞扬佛教有济世助教之功。②

不过，争论并没有结束。齐梁时期范缜因作《神灭论》，从新的角度论证人死神灭，结果掀起了一场更大规模的论战，梁武帝亲自出面，让大臣们与范缜公开辩论。

范缜（约450—515），《梁书》有传，南乡舞阴（今河南泌阳县）人，出身寒微，弱冠求学，萧齐时官至宁蛮主簿、尚书殿中郎、领军长史，宜都太守。萧衍建立梁朝后，任晋安太守、尚书左丞、中书郎、国子博士。范缜曾参加齐竟陵王萧子良的西

---

① 刘少府：《广弘明集》卷一八《答何承天》，《大正藏》第52册，第224页中。

② 何尚之：《广弘明集》卷一《答宋文帝赞扬佛教事》，《大正藏》第52册，第100页上。

邸，作为“文学之士”与号曰“八友”的萧衍（后为梁武帝）、沈约、谢朓、王融、萧琛、范云、任昉等人游学。但范缜性格质直，好危言高论，竟陵王萧子良笃信佛教，而范缜却“盛称无佛”，并作《神灭论》，自称“辩摧众口，日服千人”①，影响很大。梁武帝即位后，不满范缜的“异端”之见，组织大队人马反驳他，比较有代表性的是萧琛的《难神灭论》和曹思文的《重难神灭论》。《弘明集》卷十记载的梁武帝《敕答臣下神灭论》和六十二个大臣的答诏，多属于政治上的表态。

《神灭论》可见于《梁书》范缜本传。该论自设宾主，共三十个问答，主要观点有：

1. 形神相即，形质神用。相即就是不离。范缜说：“神即形也，形即神也，是以形存则神存，形谢则神灭也。”形神不离是以神依赖形体为前提，形是物质实体，神属于实体的作用，肉体一旦死亡，精神也会消失。“未闻刃（一作刀）没而利存，岂容形亡而神在？”二者好比刀刃与锋利的关系，没有刀子哪里有锋利。

2. 心为虑本。范缜把神分为两部分：一是痛痒之知，一是是非之虑。二者有程度上的差别，“浅则为知，深则为虑”，手管痛痒之知，心主是非之虑。“心”就是“五脏之心”。

3. 凡圣不同体，人死不变鬼。范缜认为，圣人的形象不同常人，如尧眉八彩，舜有重瞳；至于“阳货类仲尼，项籍似虞帝”这样的现象，只能说明凡圣“形同而智革”，形体类似而本质有别。但不管是圣人还是凡人，死了都不会变成鬼。经典上讲鬼神，是圣人“神道设教”的需要，目的是满足孝子之心，而“厉偷薄之意”。

最先反驳范缜的是沈约。沈约（441—513），吴兴武康（今浙江省德清县）人，“竟陵八友”之一，南朝著名的史学家、文学家。历仕宋、齐、梁三朝，是帮助梁武帝萧衍建立梁朝的主要功臣之一，受封建昌县侯，官至尚书左仆射，后迁尚书令，领太子少傅。沈约是一个士大夫佛教徒，曾作《佛知不异众生知》《论形神》《神不灭论》《六道相续作佛义》《因缘义》，可见于《广弘明集》卷二二。

沈约的《难范缜神灭论》直接针对范缜的《神灭论》而作。他认为，如果“神即是形，形即是神”，应该相应地有四肢百体之神，为何“神唯一名，而用分百体”？又，若形神相资，则神亡之日，形亦应消，可有人得了半身不遂，能够说半神犹存，

① 萧琛：《弘明集》卷九《难神灭论序》，《大正藏》第52册，第54页下。

半神犹灭吗？又认为，刀利不能喻形神，因为利不可分，犹如刀背和刀的两面无利一样；而体则有耳目手足之别，手不能代足，耳不能代目，可分。如果神亦随体而分，岂不分为眼神、耳神、手足之神了吗？这样，便"胛下亦可安眼，背上亦可施鼻"了。① 后来，范缜将"刀利"改成了"刃利"。

萧琛是范缜的另一个批判者。萧琛(478—529)，兰陵(今山东省临沂市)人，"竟陵八友"之一，雅爱音乐、诗书及醇酒，富辩才。为梁武帝重用，晚年任金紫光禄大夫。萧琛称范缜为"内弟"，写了《难神灭论》，也采用问答体的形式，逐条驳斥范缜。主要有：

1. 形神相即，辨而无征。萧琛举例说，人做梦时，形是"无知之物"，神可飘游万里，形神相即显然不能解释这一事实。另外，梦中出现的如赵简子梦童子裸体而歌，胡人梦舟，越人梦骑，殷高宗梦得傅说，汉文帝梦得邓通等，这些事情平时身体不接触，也没有想过，若不是"神游"，又是什么呢？

2. 刃利不俱灭，形神不共亡。刃是靠磨砺出来的，一旦锋刃失利，化为钝刃，则利灭而刃存。所以，刃利之喻非但不证明形神一体，反而证明形亡而神在。

3. 人之质犹如木之质，人木皆有知(神)。人有知，就是识冷热，知痛痒；木也一样，"当春则荣，在秋则悴"，怎么说无知呢？人和木的差别仅在于，草木昆虫只知"荣悴生死"，生民则通"安危利害"，"木禀阴阳之偏气，人含一灵之精照"。

4. 神以形为器，非以形为体。这是反驳范缜的"心为虑本"。萧琛说，如果手足皆属"神分"，就会得出"体全则神全，体伤则神缺"的结论，但是，神为识虑，一旦断手足，残肌肤，却智思不乱。又如，一目病而二目不盲矣，一耳疾而两耳不聋，可知神以形为器，非以形为体。

5. 形无凡圣之别。阳货类仲尼，项籍似帝舜，就是凡人之形，托圣人之体，"女娲蛇躯，皋陶马口"，圣人之神简直可以托于虫兽之躯，难道不是凡圣均体吗？还有，若形神一致，则圣人生圣人，贤人生贤人，而尧生嚣丹，顽瞍诞舜，不是前后矛盾吗？②

范缜的另一个辩论对手是曹思文。曹思文，生卒年不详，梁武帝时东宫舍人、尚书论功郎。曾作《难范缜神灭论》《重难范缜神灭论》批判范缜，范缜则回以

① 沈约：《广弘明集》卷二二《难范缜神灭论》，《大正藏》第52册，第254页上—中。

② 萧琛：《弘明集》卷九《难神灭论》，《大正藏》第52册，第54—56页。

《答曹舍人书》。

曹思文的主要论点是《难神灭论》中的“形神相合，合而为用”。他首先从经典中找了两条事例：昔者赵简子疾，五日不知人；秦穆公七日乃悟，并神游于帝所，帝赐之钧天广乐。这是“形留而神逝”的证明。又说，庄子梦游蝴蝶，延陵季子讲“归复于土，而魂气无不至”，就是经史中形神相合“灼灼”之“明证”。[①]

范缜在《答曹舍人》中用蛩駏不分离的比喻，来说明形神不分。但曹思文立即做了反驳，说蛩駏虽然相资不分，但终究是二兽，杀死一个，另一个并不会死，这就是相合为用，而非相即为一。范缜接着对梦的现象进行解释，说秦穆公梦游天宫时，耳听钧天之乐，口尝美味，身披文绣，可知做梦和醒来一样，精神亦必赖形体，离开了形体，梦中的见闻、享受也是不可能的。他反驳“神游蝴蝶”说，人做梦时见了牛马，如果做梦也是真的，醒来应该有死牛死马才对，可见“梦幻虚假”，不能为证[②]。

曹思文再一次坚持圣人经典上的有鬼论是神圣不可动摇的。他说，如果经典上的设宗庙、飨鬼神是神道设教，而没有神明存在，那《孝经》讲“周公郊祀后稷以配天，宗祀文王于明堂以配上帝”岂不是周公旦在欺天吗？孔子曰天不可欺，周公欺天说得过去吗？孔子说“乐以迎来，哀以送往”，没有神，迎何所迎，送何所送？[③]

范缜做了详细回答，大意是说，圣人也没有明确说有鬼神，子路问鬼神，孔子答之以“未能事人，焉能事鬼”，圣人之所以用鬼神设教，是考虑到黔首的愚昧，“黔首之情，常贵生而贱死，死而有灵，则长畏敬之心，死而无知，则生慢易之意”。[④]

梁武帝在《敕答臣下神灭论》中表明了他的态度：“观三圣设教，皆云不灭。其文浩博，难可具载。止举二事，试以为言。《祭义》云：惟孝子为能飨亲。《礼运》云：三日斋，必见所祭。若谓飨非所飨，见非所见，违经背亲，言诚可息。神灭之论，朕所未详。”梁武帝用儒家经典的权威否定了范缜的言论。

---

① 曹思文：《弘明集》卷九《难神灭论》，《大正藏》第52册，第58页中。
② 范缜：《弘明集》卷九《答曹舍人》，《大正藏》第52册，第58页下。
③ 曹思文：《弘明集》卷九《难神灭论》，《大正藏》第52册，第58页中。
④ 范缜：《弘明集》卷九《答曹舍人》，《大正藏》第52册，第59页上。

第二节
佛道夷夏论之争

佛教和道教在教理、教制、教规等方面都存在着巨大的差异，随着佛教的不断发展壮大，佛道的矛盾也日益显露出来。道教借助于本土文化的优势，攻击佛教是外来的“夷狄之教”，佛教方面亦不示弱，以牙还牙，终于导致了南北朝时期几次规模较大的“夷夏之争”。

约在南朝宋明帝泰始三年(467)，顾欢以佛、道立教既异，信徒互相诽毁，乃著《夷夏论》以定是非。此论一出，立即激起轩然大波，拉开了佛道之间旷日持久的夷夏之争的帷幕。[①]

顾欢，生卒年不详，吴郡盐官(今浙江海宁)人，自幼习儒，齐高帝萧道成辅政时，征为扬州主簿，不受；永明间又征为太学博士，仍不就。晚年隐居剡山，事黄老，解阴阳，通术数，为道教上清派传人。[②] 作为一位儒道兼综的学者，顾欢虽然不是受箓道士，但他客观上是在为中国本土的道教争取正统地位，所以，辩论对手常称其为“顾道士”。《夷夏论》的主要观点是：

1. 佛道同源，道在佛先。顾欢认为佛道二家的是非，应该以“圣典”为依据。如道教《玄妙内篇》云：“老子出关之天竺维卫国，国王夫人名曰净妙，老子因其昼寝，乘日精入净妙口中，后年四月八日夜半时，剖左腋而生，坠地即行七步，于是佛道兴焉。”又引佛教经句说：“释迦成佛，有尘劫之数，出《法华》《无量寿》；或为国师道士、儒林之宗，出《瑞应本起》。”顾欢据此认为，既然佛道二家都有相似的说法，应该佛道同源，道在佛的前面。[③]

2. 佛道皆圣教，但教义相反。道教是“和光以明近”，而佛教则是“曜灵以示远”，佛教与道教名称不同，宗旨、功能、形式、性质各异。佛教可称为“正真”教，道教可称为“正一”教。佛教追求“无生”(死亡)，道教追求“无死”(永生)。佛教是“破恶之方”，而道教则是“兴善之术”。[④]

---

① 刘立夫：《弘道与明教》，中国社会科学出版社，2004年，第159页。
② 顾欢生平可见《南齐书》卷五四《高逸传》、《南史》卷七五《隐逸传》。
③ 《南齐书》卷五四《顾欢传》，《正史佛教资料类编》，CBETA版，ZS01，第241页上。
④ 《南齐书》卷五四《顾欢传》，《正史佛教资料类编》，CBETA版，ZS01，第242页上。

3. 华夷不同，立教各异。中国与西戎水土不同，人种不同，风俗习惯也不一样。

> 端委缙绅，诸华之容；剪发旷衣，群夷之服；擎跽磬折，侯甸之恭；狐蹲狗踞，荒流之俗；棺殡椁葬，中夏之制；火焚水沉，西戎之俗；全形守礼，继善之教；毁貌易性，绝恶之学。岂伊同人，援及异物。[①]

承认佛道两教同是圣教没错，好比船和车都能致远，但问题在于，船和车的用处不同，一个在水中，一个在陆上，不能错乱。因此，道教只适用于中国，正如佛教只适用于西戎一样，中国只能用孔、老之教治理，佛教不适用于中国。[②]

《夷夏论》用“狐蹲狗踞”这样的字眼说话，确有侮辱佛教的地方，故该论一出，如一石激浪，立即遭到了佛教方面的强烈反对。宋司徒袁粲率先反驳，接着多篇的“折顾”“难顾”“谘顾”文章出现。包括明僧绍的《正二教论》，谢镇之的《与顾道士书》（又称《折夷夏论》）、《重与顾道士书》，朱昭之的《难顾道士夷夏论》，朱广之的《咨顾道士夷夏论》，慧通的《驳顾道士夷夏论》，僧愍的《戎华论折顾道士夷夏论》，等等。[③] 以下做简要介绍。

谢镇之，宋明帝时为散骑常侍，两次致书顾欢[④]。在《与顾道士书》中，谢镇之直呼顾欢为“顾道士”，语气明显带刺。谢镇之在第一封信中表达了这样的看法：

1. 人鸟殊类，华夷同贵。“人参二仪，是谓三才，三才所统，岂分夷夏？则知人必人类，兽必兽群。”将人作为“三才”之一是儒家经典的明训，只要是人，都属于“三才”的范围，所以，华夏之民是人，夷狄之民当然也是人，没有理由视他们为“鸟兽”。[⑤]

2. 道教迂腐，佛优道劣。佛法“以有形为空幻，故忘身以济众”，道教则“以吾我为真实，故服食以养生”。谢镇之批评道教长生说为虚幻：“且生而可养，则及日可与千松比霜，朝菌可与万椿齐雪耶？必不可也。”因缘合和的身体是不可能长生久视的，自古以来没有哪位圣人能够百年不死，企图通过茹灵芝、服金丹，

---

① 《南齐书》卷五四《顾欢传》，《正史佛教资料类编》，CBETA 版，ZS01，第 241 页上。

② 刘立夫：《弘道与明教》，中国社会科学出版社，2004 年，第 162 页。

③ 刘立夫：《弘道与明教》，中国社会科学出版社，2004 年，第 163 页。

④ 谢镇之以下的几位与顾欢辩论的人物，除了刘勰以外，生平历史记录不详，本文不另作考证和介绍。

⑤ 谢镇之：《弘明集》卷六《与顾道士书》，《大正藏》第 52 册，第 41 页上。

羽化成仙,不仅反映道教徒的刻板迂腐,而且体现出他们的自私自利。相比之下,佛教提倡澄练神明,摧魔除惑,智慧度人,两教的优劣是明显可以比较出来的。①

《重与顾道士书》是谢镇之收到顾欢的回复后作的。文中引用了顾欢“存乎《周易》,非胡人所拟”之句,大约是认为佛教无法跟中国的圣教抗衡。谢镇之反驳说,《老子》和道教是不同的:“道家经籍简陋,多生穿凿。至于《灵宝》妙真,采撮《法华》制用尤拙。及如《上清》《黄庭》,所尚服食,咀石餐霞,非徒法不可效,道亦难同。其中可长,唯在五千之道。”②将老子之道与道教之道区分开来,谢镇之算是历史上的第一人。

朱昭之也是刘宋明帝时期的散骑常侍,吴郡钱唐人。他在《难顾道士夷夏论》中提出了“十恨”,逐条驳斥顾欢所谓“孔老是佛”,即三教皆圣的观点。其中的“一恨”是,既然肯定佛为“正真”之教,为何有“狐蹲狗踞”之贬?“六恨”是,说佛教破恶,未尝不可,但不知道教的“兴善之术”用在何处?“若善者已善,奚用兴善?善者不善,又非兴善。则兴善之名,义无所托。”“九恨”是,若以“夷虐夏温”,请问中国的“炮烙之苦”“流血之悲”“剞劓之害”是怎么回事?可见中外人性没有根本的不同。③

朱广之的《谘顾道士夷夏论》以调和二教的姿态,针对顾欢的有关论点做了反驳,共十一“疑”,与朱昭之的“十恨”形式相似,内容也有重复之处。④ 朱广之主要观点是,“刚柔并驰,戎华必同”,一国之内,水可行舟,陆可行车,舟车两用,并行不悖。特别是针对顾欢“佛是破恶之方,道是兴善之术”“中夏之性,不可效西戎之法”的论点,朱广之反驳说:

> 请问中夏之性与西戎之人,为夏性纯善,戎人根恶?如令根恶,则于理何破?使其纯善,则于义何兴?故知有恶可破,未离于善,有善可兴,未免于恶。然则善恶参流,深浅互列,故罗云慈惠,非假东光,桀跖凶虐,岂钟西气?何独高华之风,鄙戎之法耶?若以此善异乎彼善,彼恶殊乎此恶,则善恶本乖,宁得同致?⑤

---

① 谢镇之:《弘明集》卷六《与顾道士书》,《大正藏》第52册,第41页下。
② 谢镇之:《弘明集》卷六《重与顾道士书》,《大正藏》第52册,第42页下。
③ 朱昭之:《弘明集》卷六《难顾道士夷夏论》,《大正藏》第52册,第43页下。
④ 刘立夫:《弘道与明教》,中国社会科学出版社,2004年,第167页。
⑤ 朱广之:《弘明集》卷六《谘顾道士夷夏论》,《大正藏》第52册,第45页中。

大意是，顾欢说中夏民性不同，华人性善，戎人素恶，那么，西戎之人本性是恶，破恶的佛法怎么能够破得了天生的性恶呢？东华之人本性是善，兴善的道教还用得着去改变那天生已善的善性吗？可见，善恶从来就不是绝对的，而是相互依存的。释迦的慈悲善良，无须借助中土的善性，夏桀、盗跖的凶残，也非沾了西戎的所谓恶性。难道认为中土之善不同于西戎之善，西戎之恶异于中土之恶吗？[①]

慧通的《驳顾道士夷夏论》第一次明确地将《老子》五千文即《道德经》与道教严格地区别，并且这一思想通贯全篇。[②] 针对顾欢引用伪道经证明老子为佛教的远祖，慧通亦引佛教伪经对抗，证明老子和孔子都是释迦牟尼的徒弟："经云：摩诃迦叶，彼称老子；光净童子，彼名仲尼，将知老氏非佛，其亦明矣。""然则老氏仲尼，佛之所遣，且宣德示物祸福，而后佛教流焉。"以其人之道还治其人之身。关于道经，慧通认为，除《老子》外，其余并皆"淫谬之说""穿凿之谈"，道教仙化入道之说，毫无根据。慧通还批评顾欢不懂"泥洹"即是"灭度"的意思，他反戈一击，攻击道教"无死"之说："蝉蛾不食，君子谁重，蛙蟒穴藏，圣人何贵。且自古圣贤，莫不归终，吾子独云不死，何斯滥乎？"用老子之"道"批评道教之"道"。[③]

僧愍在《戎华论折顾道士夷夏论》提出，"夷夏"不同于"戎华"，中国不能无佛教。僧愍说，顾欢说的夷夏论是以华夏为中心，以"四裔"为周边，"东有骊济之丑，西有羌戎之流，北有乱头披发，南有剪发文身，姬孔施教于中，故有夷夏之别"，但是，"华戎"的概念就不一样，这是两个不同的世界，"东则尽于虚境，西则穷于幽乡，北则逾于冥表，南则极乎牢阎。如来扇化中土故，有戎华之异也"。僧愍认为顾欢是坐井观天，只知道用老一套的观念看待夷夏。他还认为，按照佛经的说法，"佛居天地之中而清导十方"，所以，"天竺之土是中国也"，而非华夏位于世界之中心。僧愍说，周孔有"雅正"之制度，故周边的"四夷"推服，并且这些制度也是可以入乡随俗地改变，就像泰伯入吴越而换服一样。[④]

明僧绍的《正二教论》集中围绕佛教和道教的优劣进行对比，但语气较为平和。《正二教论》指出了顾欢引用道教伪经和曲解佛典的错误。明僧绍说，顾欢引的所谓《玄妙内篇》其实不是什么"真典"，而是汉魏妖妄之书，其中说的"乘日

① 刘立夫：《弘道与明教》，中国社会科学出版社，2004 年，第 168 页。
② 刘立夫：《弘道与明教》，中国社会科学出版社，2004 年，第 169 页。
③ 慧通：《弘明集》卷六《驳顾道士夷夏论》，《大正藏》第 52 册，第 46 页中。
④ 僧愍：《弘明集》卷六《戎华论折顾道士夷夏论》，《大正藏》第 52 册，第 47 页中。

之精，入口剖腋”，不仅“年事不符”，而且“托异合说”，荒诞之极。道家的要旨仅限于“老氏二经”，而《庄子》内篇七章才是《老子》学说的发挥；老庄学说要在恬淡天和，安时处顺，从来没有听说什么“形变之奇”“无死之唱”。又，“儒林之宗”“国师道士”之文，确实源出佛典《成实论》，但讲的是佛教的三世因果、累劫成佛的道理，而非与道经“若合符契”。《正二教论》特别批评了托《老子》之名的道教：

> 今之道家所教，唯以长生为宗，不死为主。其练映金丹，餐霞饵玉，灵升羽蜕，尸解形化，是其托术验而竟无睹其然也。又称其不登仙，死则鬼，或召补天曹，随其本福，虽大乖老庄立言本理，然犹可无违世教，……至若张葛之徒，又皆立以神变化俗，怪诞惑世，符咒章劾。咸托老君所传，而随稍增广，遂复远引佛教，证成其伪，立言舛杂，师学无依，考之典义，不然可知。将令真妄浑流，希悟者永惑，莫之能辨，诬乱已甚矣。[①]

明僧绍将批判的矛头从长生不死的教旨转向了三张一系的“神变”“符咒”之术，间接地揭露道教农民起义和民间愚昧信仰对政治和社会的危害。[②]

继顾欢《夷夏论》之后，南齐时期出现了一篇题为《三破论》的文章，再一次掀起了佛道夷夏之争的高潮。《三破论》的作者到底是谁，已很难考证。据《弘明集》卷八释僧顺《释三破论》题下标注有“本论道士假张融作”，认为它是某道士借张融之名而作。但同卷刘勰《灭惑论》开篇云，“或造《三破论》者，义证庸近，辞体鄙拙”，仅用一“或”字，不像前面诸家与顾欢的争论那样，称呼顾欢为“顾道士”或直呼其名，这里通篇都没有提到作者的名字。《三破论》的本文今已不存，只能从《弘明集》卷八刘勰《灭惑论》和僧顺《释三破论》的引文中知其大概。从引文可以看出，《三破论》一方面重复了顾欢的某些观点，同时着重从“三破”方面攻击佛教，在逻辑上显然是接着明僧绍的《正二教论》而做的回应。《三破论》的主要观点如下：

1. 强调道教的宗旨高于佛教，并从译文上的变化证明“胡人凶恶”，佛教是“无生之教”。文中说：

---

① 明僧绍：《弘明集》卷六《正二教论》，《大正藏》第52册，第38页中。

② 刘立夫：《弘道与明教》，中国社会科学出版社，2004年，第175页。

> 佛旧经本云浮屠，罗什改为佛徒，知其源恶故也，所以名为浮屠。胡人凶恶，故老子云：化其始，不欲伤其形，故髡其头，名为浮屠。况屠，割也。至僧祎后改为佛图。本旧经云丧门。丧门，由死灭之门，云其法无生之教，名曰丧门，至罗什又改为桑门，僧祎又改为沙门，沙门由沙汰之法，不足可称。[①]

通过这样的"考证"，《三破论》得出了"寻中原人士，莫不奉道，今中国有奉佛者，必是羌胡之种"的结论。

2. 主张佛教对中国有三大危害，即所谓的"三破"。一是佛教入国而破国。佛教花费大量的金钱兴造寺院，刻经雕像，是经济上的极大浪费；僧人不娶妻生子，减少了国家的劳动力；而且他们不劳而获，不耕而食，对国家有害无益。二是入家而破家。僧人出家，舍弃父子兄弟，就是不讲孝悌；穿袈裟，脱衣去冠，抛弃社会责任，不敬天法祖，这是最大的不孝。三是入身而破身。僧人剃头出家，不仅违背《孝经》"身体发肤，受之父母，不敢毁伤"的教导，也违背了"不孝有三，无后为大"的古训。《三破论》还对佛经上记载的"佛母跪儿"的做法大加挞伐，认为无礼之极，中国怎么也不要学习这种无礼不孝的"胡人之教"。

《三破论》主要从佛教与国家经济与社会伦理的冲突来揭露佛教的弱点。除了辱骂佛教是"夷狄之教"、攻击信佛者是"羌胡之种"，甚至从字源上"考证"佛教是"西戎之法"外，将主要矛头指向了"三破"，即破国、破家、破身。这是佛教必须回应的。佛教反驳《三破论》的文章，主要有释玄光的《辩惑论》、刘勰《灭惑论》、释僧顺《释三破论》三篇。[②]

释玄光将道教之罪归纳成"五逆""六极"，以反击道教的"三破"之说。"五逆""六极"是指张陵、张鲁、张角、孙恩、卢循等道教领袖人物利用道教方术率众造反闹事、危害社会的罪行。包括"禁经上价""妄称真道""合气释罪""侠道作乱""章书代德"五种违法行为，以及"畏鬼带符妖法""制民科输欺巧""解厨纂门不仁""度厄苦生虚妄""梦中作罪顽痴""轻作寒暑凶佞"六种欺诈行为。该文基本上没有攻击神仙道教的长生不死的教旨，而是围绕道教以符箓灾醮等方术迷惑愚民、煽动造反的事实，揭露了道教组织的阴暗及其方术的荒诞。[③]

---

① 刘勰：《弘明集》卷八《灭惑论》，《大正藏》第52册，第50页下。

② 刘立夫：《弘道与明教》，中国社会科学出版社，2004年，第180页。

③ 玄光：《弘明集》卷八《辨惑论》，《大正藏》第52册，第48—49页。

释僧顺的《释三破论》是从《三破论》中挑出十九条论点，然后逐条反驳。较为重要的看法有：

1. 关于“浮屠”“丧门”“沙门”“桑门”的名称来历，僧顺认为，《三破论》有意混淆图像之“图”与刑屠之“屠”的区别。僧顺引经文曰：“浮图者圣瑞灵图，浮海而至，故云浮图也。吴中石佛，汎海倏来，即其事矣。”他反问说，如果在文字上搞似是而非的游戏，那么，能否将孔子仲尼称作女子呢？因为经上不是说“尼者，女也”吗？①

2. 关于“丧门”等文的字义，僧顺认为不是字面上“死灭之门”的意思。他说：“丧者灭也，灭尘之劳，通神之解，即丧门也，桑当为乘字之误耳。乘门者，即大乘门也，烦想既灭，遇物斯乘，故先云灭门，末云乘门。且八万四千，皆称法门，奚独丧、桑二门哉？”②其实，上述佛经译名皆系音译，僧顺由于不懂翻译，闹了同样的笑话。

佛教反驳《三破论》的文章，以刘勰的《灭惑论》最有代表性。刘勰（约465—520），字彦和，原籍东莞（今山东莒县境内），生于京口（今镇江）。幼孤家贫，发愤自励。梁武帝天监初年，刘勰担任奉朝请，后升车骑仓曹参军、太末县县令、步兵校尉、宫中通事舍人。晚年奉皇命在南京定林寺撰订经文，且在此出家，改名慧地。作为《文心雕龙》的作者，刘勰以文字优美、说理透彻见长，故《灭惑论》的理论水平也远在诸人之上。《灭惑论》将《三破论》的基本观点摘录下来，同时进行辨析批判。比较重要的论点如下：

1. 针对“入国而破国”，刘勰认为，佛教造像建塔，意在阐扬灵教，化导众生。古代中国无佛法的时候，也发生过战乱和争斗；佛教传来后，“民户殷盛”“积粟红腐”的时代比比皆是，不能得出佛教损政的结论。③

2. 针对“入家而破家”，刘勰认为应该从“大孝”的角度来看待出家，不能只顾形式，舍本求末。至于出家人不穿俗服的问题，刘勰的回答是，服饰是礼节的外在要求，重要的是内心的诚意，而且服饰也非一成不变，三皇与五帝就不同服，服饰从来就没有固定之规，可以灵活变通。④

---

① 僧顺：《弘明集》卷八《释三破论》，《大正藏》第52册，第52页上。
② 僧顺：《弘明集》卷八《释三破论》，《大正藏》第52册，第52页中。
③ 刘勰：《弘明集》卷八《灭惑论》，《大正藏》第52册，第50页上。
④ 刘勰：《弘明集》卷八《灭惑论》，《大正藏》第52册，第50页上。

3. 针对"入身而破身"，刘勰指出，并非人人皆能出家，一旦绝尘离俗，则必修戒、定、慧之学，离妻弃饰，是为了修道的需要。虽然父慈子孝、君尊臣卑为天经地义，但出世之教，"教必翻俗"，即使子不拜父，臣不跪君，屈尊礼卑，仍不失为周孔之教的变通。①

4. 针对"浮屠""丧门"等译文的误解，刘勰对有关概念的来历做了严格的考证："汉明之世，佛经始过，故汉译言，音字未正，浮音似佛，桑音似沙，声之误也，以图为屠，字之误也。罗什语通华戎，识兼音义，改正三豕，固其宜矣。"同时指出，即使儒家的经文也存在"音字互改"的情况，庄子讲"得意忘言"，孟子讥"以文害意"，《三破论》的做法是"不原大理，唯字是求"。②

5. 最后，刘勰用"三品说"对道家和道教做了严格的学术区分，认为最高的"道"只有一个，道家、道教都以"道"为名，却有邪正之分。"道教"虽以"太上之道"为宗极，而层次上可分上、中、下三品。上品是以老子为代表的道家学派，中品是指神仙道教，下品则是以张陵为代表的民间道教，包括"醮事章服""合气""厌胜"等方术。刘勰认为，老子乃隐士，可算"大贤"；老子之道贵在无为，追求虚静、柔弱。至于中品的神仙道教，则是"小术"，它追求"五通""生天"，难免被"愚狡方士"所利用。而民间道教抓住人性中"贪寿忌夭""好色触情""肌革盈虚""避灾苦病"的弱点，以"大道"为幌子，称号"太上"，借助灾醮符水、合气厌胜等方术危害社会。③ 刘勰承认老子，否认道教，认为佛教高明，道教低俗，佛教为正，道教为邪。

---

① 刘勰：《弘明集》卷八《灭惑论》，《大正藏》第52册，第50页中。

② 刘勰：《弘明集》卷八《灭惑论》，《大正藏》第52册，第50页下。

③ 刘勰：《弘明集》卷八《灭惑论》，《大正藏》第52册，第51页上。

第三节
儒佛礼仪观之争

印度佛教戒律规定，出家人不敬在家人，不朝天子，不拜父母，六亲不敬，鬼神不礼。中国佛教徒也曾长期以“高尚其迹”相标榜，坚持出家不拜俗的印度传统，对在家的任何人只合掌作揖，口念“南无”，或称“贫僧”，可以不受世俗礼法道德的约束。这在佛教影响不大的时候还不会引起多少关注。东晋以前，政府不允许中国人出家，只给外来的僧人以特权，且外来的僧人不多。但东晋以后，本国的出家僧侣和在家信徒迅速增加，众多的出家人已经变成一个游离于现实政治的“方外之国”。[①] 这样，沙门不拜俗的戒条难免受到指责，佛教的“无父无君”构成一个绕不开的政治、伦理难题。

东晋咸康六年（340），成帝幼冲，太后临朝听制，司徒王导录尚书事，与帝舅中书令庾亮参辅朝政。王导薨，庾冰辅政，以为沙门应尽敬王者，尚书令何充等议不应敬。乃下礼官详议，礼官博士同何充之议，尚书令何充及仆射褚翌、诸葛恢，尚书冯怀、谢广等三度上奏沙门不应尽敬，庾冰等代成帝诏令反驳，但无果而终。

事隔六十二年，东晋元兴年间（402—403），太尉桓玄以震主之威，欲令“道人”（当时对佛教僧人的称呼）设拜于己。侍中卞嗣之、黄门侍郎袁恪之、门下通事令马范等屈服于桓玄，答诏谓沙门应敬王者。桓玄致书八位大臣，重提何、庾旧事，大臣们答以道人不应致敬。桓玄再致书中书令王谧，王谧也不同意致拜。桓玄又致书高僧慧远，慧远也持异议，桓玄不得已而罢。事后，慧远总结咸康、元兴之事，作《沙门不敬王者论》，系统地表述了佛教的态度，论证了僧人不拜王者的理由，留下一代名作。[②]

又过六十年，至南朝宋孝武帝大明六年（462），有司奏沙门“凌越典度，偃倨尊威”，重提咸康、元兴之事，要求沙门在受到君主接见时一律按当朝规矩礼拜，帝从之。然武帝命促，诏下凡四载而废。

---

① 刘立夫：《儒佛政治伦理的冲突与融合——以沙门拜俗问题为中心》，《伦理学研究》2008年第1期。
② 刘立夫：《儒佛政治伦理的冲突与融合——以沙门拜俗问题为中心》，《伦理学研究》2008年第1期。

除了南朝宋武帝直接下诏要求沙门礼拜君主外，东晋咸康、元兴两朝都留下了较详细的辩论记录。

咸康之辩主要在庾冰与何充两大阵营之间进行。尚书令何充根据历史惯例主张出家人不拜君王。他说："世祖武皇帝以盛明革命，肃祖明皇帝聪圣玄览，岂于时沙门不易屈膝，顾以不变其修善之法，所以通天下之志也。愚谓宜遵承先帝故事，于义为长。"[①]意谓本朝开国以来的两代皇帝都尊重了佛教的习惯，所以没有必要改变。庾冰通过代成帝下诏反驳说，天下的习俗各有不同，是否改变只是细枝末节，关键是要搞清楚"先王所以尚之意"。他从国家的名教礼制出发，指出"父子之敬""君臣之序"的根本原则是不可以改变的，既然国家的根本原则不能变，沙门拜君就是理所当然的。庾冰还列了以下几条具体理由：

1. 世界上到底有没有佛还不好说。如果无佛，那就无从谈起；如果真的有佛，也只是"方外之事"，不能限制"方内"的规矩。出家人想要拜佛，用心即可，至于"矫形骸，违常务，易礼典，弃名教"就有些匪夷所思了[②]。

2. "名教有由来，百代所不废"，如果"弃礼于一朝，废教于当世"，则使凡夫俗子傲视宪章，为所欲为，逃避法度的制约，就会导致天下大乱。[③]

3. 信佛修道的人都是国家的臣民，不能因他们说出一套玄之又玄的道理，就可以让他们"直形骸于万乘"，凌驾于君王之上[④]。

何充等人不服，再次上奏，表明他们的意见，也提出了几条具体的理由：

1. 世界上有没有佛，不是我等能说了算。关键问题不在这里，而在于佛教起到了协助"王化"的作用，出家人"贱昭昭之名行，贵冥冥之潜操"，为了纯洁心灵，超凡脱俗，对世俗的规范置之度外。[⑤]

2. 汉、魏、晋三代以来，佛教都无损于国家，今天不去改变，于"王法"无亏，遵循旧例更为合理。

庾冰看后，代成帝下诏，提出外来的风俗不能扰乱国家制度，不应保留。时代变了，前朝帝王没有考虑到的事情，难道今天或者以后非要照搬吗？而且，佛教的五戒十善诚然无损于国家，但用得着换取对帝王的不恭吗？他强调说：

---

① 何充：《弘明集》卷一二《奏沙门不应尽敬》，《大正藏》第 52 册，第 79 页中。
② 何充：《弘明集》卷一二《奏沙门不应尽敬》，《大正藏》第 52 册，第 79 页中。
③ 何充：《弘明集》卷一二《奏沙门不应尽敬》，《大正藏》第 52 册，第 79 页中。
④ 何充：《弘明集》卷一二《奏沙门不应尽敬》，《大正藏》第 52 册，第 80 页上。
⑤ 何充：《集沙门不应拜俗等事》卷一《二奏沙门不应尽敬》，《大正藏》第 52 册，第 444 页上。

礼重矣，敬大矣，为治之纲尽于此矣。万乘之君非好尊也，区域之民非好卑也，而卑尊不陈，王教不得不一，二之则乱，斯曩圣所以宪章体国，所宜不惑也。通才博采往备其事，修之家可矣，修之国及朝则不可。[①]

庾冰主张沙门应当礼敬王者，以维护国家的伦理秩序和君主的最高权威，在国家制度的大事上，政教应该统一，君臣之序不可改变。

何充等人不满，重新上表，坚持沙门不敬王者，强调“先盛御世，因而弗革”，“直以汉魏逮晋，不闻异议，尊卑宪章，无或暂亏”，这是费力不讨好的废先王成法。更为重要的是，出家人笃守戒律，牺牲身体性命也在所不惜，君王为什么不可以大方一点，而坚持那区区一点礼节呢？[②] 结果，庾冰之议不了了之。

在这场争论中，何充强调的是佛教礼制的历史连续性和佛教对国家政治稳定的实际效果；而庾冰强调的是王权的至上和君臣大义，双方各有千秋，但都驳不倒对方。

元兴之辩是在桓玄与桓谦、王谧、慧远等人之间展开。桓玄在东晋末年重提咸康旧事，已经过了六十多年。当时桓玄作为太尉，功高盖主，他首先向朝中有身份的八位大臣写信，希望得到他们的支持。信中提到，当年庾冰、何充等人讨论的问题仍有意义，只是他们议论不够到位。但无论如何，还是要“以敬为本”。理由是：

老子同王侯于三大，原其所重，皆在于资生通运，岂独以圣人在位而比称二仪哉。将以天地之大德曰生，通生理物，存乎王者。故尊其神器，而礼实惟隆，岂是虚相崇重，义存君御而已哉。沙门之所以生生资存，亦日用于理命，岂有受其德而遗其礼，沾其惠而废其敬哉。既理所不容，亦情所不安。一代之大事，宜共求其衷想，复相与研尽之，比八日令得详定也。[③]

桓玄从道家的《老子》和儒家的《易经》中找了新的经典依据，认为王侯与天地齐德，沙门受君恩而不敬，既不合理也不合情。对于这样的“一代大事”，需要众多

---

① 庾冰：《弘明集》卷一二《成帝重诏》，《大正藏》第52册，第80页上。
② 何充：《弘明集》卷一二《三奏沙门不应尽敬》，《大正藏》第52册，第80页上。
③ 桓玄：《弘明集》卷一二《与八座书》，《大正藏》第52册，第80页中。

大臣的思想统一,希望他们在八日内做出答复。

对于桓玄的倡议,作为"八座"之一的尚书令桓谦首先提出个人的反对意见。他说:

> 佛法与尧孔殊趣,礼教正乖。人以发肤为重,而髡削不疑,出家弃亲,不以色养为孝,土木形骸,绝欲止竞,不期一生,要福万劫。世之所贵,已皆落之,礼教所重,意悉绝之。资父事君,天属之至,犹离其亲爱,岂得致礼万乘?①

大意谓佛教是出世之法,跟儒家的尧舜孔孟之道不同,出家意味着放弃俗念、摆脱礼教,没有理由要求他们礼拜万乘之君。

桓玄看信后,感到不合己意,便将《与八座书》交给吏部尚书、中书令王谧,看看他的意见。二人先后四次书信往返,王谧写了四封《答桓太尉》,桓玄也回了四封《难王中令》。王谧在第一封信中说了三条反对的理由:

1. 佛教是为政治服务的。佛教虽然出自天竺,风俗不同而"君御之理"相同,沙门拜君的形式并不重要,关键是他们有发自内心的"意深于敬"。

2. 帝王的恩德可比天地,沙门也是受惠者。但是,沙门也有功于国家,其功劳岂能用普通的奖赏来衡量;王者有深恩于沙门,其恩惠也不能靠简单的跪拜来报答。所谓"功高者不赏,惠深者忘谢"。

3. 古今中外的帝王都有尊敬佛教的传统。在外国,不是僧人礼拜国王,而是国王礼拜僧人。佛教在中国的历史已逾四百年,历代帝王都有尊佛的传统,而佛门的清净也有助于世风的纯洁。②

桓玄本想得到王谧的支持,却事与愿违,便继续做他的工作,提出了自己的理由:

1. 佛教僧团内部也注重礼拜,他们对教主和师父特别虔诚,跟世俗的"揖跪"大同小异,为什么内外有别?

2. 时代变了,以前的出家人多是胡人,政府可以任其风俗,现在本土的信徒

---

① 桓谦:《弘明集》卷一二《八座答书一》,《大正藏》第52册,第80页中。

② 王谧:《弘明集》卷一二《答桓太尉》,《大正藏》第52册,第80页下。

多了，当然要用中国本土的礼制来约束。

3. 若以“功高惠深”作为不拜的理由，那么，佛教徒就可以不礼拜释迦牟尼佛，因为佛祖对于信徒来说是太重要了，难道越重要越不要礼节吗？[①]

王谧又写了一封《答桓太尉》，陈述了自己的理由。大意说，佛教的礼拜忏悔是为了修道成佛，与俗礼不一。圣人虽然有恩于人民，但按照老子“以万物为刍狗”的说法，无须人民刻意礼拜感恩。[②]

在桓玄与王谧持续辩论中，王谧感到问题的关键是佛教能否与王教并行，而桓玄则强调佛教的礼仪不能超越王权。尽管双方都能讲出较多的理由，但王谧感到很难继续辩论下去，加上迫于桓玄的权威，最后做了让步。

但桓玄心中还是有些顾忌，便向庐山的慧远大师写了一封求教信，希望慧远表态。桓玄说：

> 沙门不敬王者，既是情所未了，于理又是所未谕。一代大事，不可令其体不允。近八座书今示君，君可述所以不敬意也。此便当行之事，一二令详遣，想君必有以释其所疑耳。王领军大有任此意，近亦同游谢中，面共咨之，所据理殊未释所疑也。[③]

桓玄之表面上请慧远提出沙门不敬王者的理由，实际上还是要慧远支持他。慧远是当时的佛教领袖，他回了一封《答桓太尉》，这封信也就成了后来《沙门不敬王者论》的底本。桓玄作《重答远法师书》，表示仍不理解。桓玄篡位后，在沙门是否敬王的问题上一直心存顾忌，为了争取僧人的支持，下诏允许沙门不拜王者。后来，桓玄被刘裕打败，慧远根据《答桓太尉书》而作《沙门不敬王者论》，系统地表达了他对此一问题的看法。

慧远认为，佛教信徒分在家和出家两种。在家者因前世造业未尽，故必遵从忠孝礼仪，不宜“受其德而遗其礼，沾其惠而废其敬”；出家则是“方外之宾”，只有忘身废敬，才有可能通达涅槃之路，不能用俗礼来勉强他们。但是，出家修道同样“协契皇极”，泽流万世。而且，佛教礼制和儒家礼教并非水火难容。按照佛教

---

① 王谧：《弘明集》卷一二《答桓太尉》，《大正藏》第52册，第81页下。
② 王谧：《弘明集》卷一二《答桓太尉》，《大正藏》第52册，第81页下。
③ 桓玄：《弘明集》卷一二《与远法师书》，《大正藏》第52册，第83页下。

业报感应的原理，佛或者“化身”为现世诸王君子，或者诸王君子终将迂回成佛，内外之道相合[①]。慧远的论证，为佛教赢得了理论上的优势，在承认王权至上的前提下缓和了佛教礼仪与儒家王权的冲突。

① 慧远：《弘明集》卷一二《沙门不敬王者论》，《大正藏》第52册，第29—30页。

第十六章　东晋南朝建康佛教徒的信仰与生活

东晋南朝建康佛教的信仰与生活，是在吸收印度、西域等地的佛教信仰方式基础上，逐渐采取了适应中国人的信仰心理与信仰方式，从而进行吸收与改造，最终成为中国佛教徒自己的信仰方式。

第一节
六朝佛教礼忏仪的形成

随着忏悔法门的流行、忏悔灭罪经典的译出，礼忏仪的制作逐渐成熟与完善。佛教自1世纪传入中国，忏罪的经典在译经初期就陆续译出，如《阿阇世王经》（译于147—186年间）、《舍利弗悔过经》（译于148—170年间）；《出三藏记集》记载魏文帝时，支谦于黄武初年至建兴年间（221—237）曾译出《悔过经》一卷，并有注："或云序十方礼悔过文。"[①]所以，忏罪经典的传入，应当算是相当早。东汉至六朝以来的忏悔经典从大藏经中检出，总有六十一部[②]，如此丰富的忏悔思想的经典的译出，必然会带动礼忏仪的兴起。

一 六朝建康王室与忏仪实践[③]

中国佛教礼忏仪的制作，最早开始于北魏的玄高（402—444）于太延五年（439）为太子晃而作的"金光明斋"，刘宋的僧苞（452？—453）作"三七普贤斋忏"。《历代三宝纪》卷一〇记载梁朝宝唱于天监十六年（517）作《众经忏悔灭罪方法》三卷，并在宝唱所著的八部作品后，加上说明：

> 帝以国土调适住持，无诸灾障，上资三宝，中赖四天……故天监中频年降敕，令庄严寺沙门释宝唱等总撰集录以备要须。或建福禳灾，或礼忏除障，或飨鬼神，或祭龙王，诸所祈求，帝必亲览。指事祠祷，讫多感灵，所以五十年间兆民荷赖，缘斯力也。[④]

梁武帝对中国佛教忏法的成立与发展，具有重大的贡献，其中影响最大的是《慈

---

① 《出三藏记集》卷二，《大正藏》第55册，第7页上。
② 释大睿：《中国佛教早期忏罪思想之形成与发展》，《中华佛学研究》1998年第2期。
③ 此节内容参见圣凯：《中国佛教忏法研究》，宗教文化出版社，2004年，第83—86页。
④ 费长房：《历代三宝纪》卷一〇，《大正藏》第49册，第99页中。

悲道场忏法》的制作，这是中国佛教最早成立的忏法。

《出三藏记集·法苑杂缘原始集目录》中，列出一些忏仪的名称①：

《咒用杨枝净水缘记》，出《请观世音经》（难提译[419—？]）

《弥勒六时忏悔法缘起》，出《弥勒问本愿经》（竺法护译[266—308]）

《普贤六根悔法》，出《普贤观经》（昙摩密多译[356—442]）

《虚空藏忏悔记》，出《虚空藏经》（昙摩密多译[356—442]）

《方广陀罗尼七悔法缘记》，出彼经（法众译[402—413]）

《金光明忏悔法》，出《金光明经》（昙无谶译[412]）

由此可见，依据弥勒、观音、普贤、虚空藏、大方等、金光明等经所制定的忏仪，在南朝时期相当盛行，而且是僧众日用的仪轨。

南北朝以后，王室制作忏仪非常多，《广弘明集》卷二八《忏悔篇》中收集了南朝帝王、沈约及江总文等所作的忏文：梁简文帝撰《谢敕为建涅槃忏启》《六根忏文》《悔高慢文》，沈约撰《忏悔文》，江总文撰《群臣陈武帝忏文》，梁高祖撰《摩诃般若忏文》，梁武帝撰《金刚般若忏文》，陈宣帝撰《胜天王般若忏文》，陈文帝撰《妙法莲华经忏文》《金光明忏文》《大通方广忏文》《虚空藏菩萨忏文》《方等陀罗尼斋忏文》《药师斋忏文》《娑罗斋忏文》《无碍会舍身忏文》等。这些礼忏文可以看作是讲经等的开场白，因为这些礼忏文并没有具体地写出仪轨形式，而且从每一忏文皆有"今谨于某处建如（若）干僧、如（若）干日大品忏、金刚般若忏……"等文看来，应是通用于各处所行法会的文疏。从忏文看，修忏的目的在于除障、去病、祈求护念国土、广增福田等现世利益，这是从符合中国人的要求出发，从而将现世安稳、远离诸难与忏悔灭罪结合起来。

《法苑珠林》卷八六《忏悔篇》收录了昙迁法师（384—482）所撰《十恶忏文》，以及灵裕法师（518—605）所撰《总忏十恶偈文》。南朝末年隋初的三阶教普行《七阶名礼忏仪》，其创教者信行（540—594）曾撰《昼夜六时发愿法》。其中有《礼佛忏悔文》一卷，以称念五十三佛及三十五佛为礼忏仪式。

隋代天台智者大师以忏悔系经典为依据，将大乘佛教的理观与忏悔相结合，制作了许多忏法，成为中国佛教忏法的集大成者。智顗依《观普贤菩萨行法经》制定了《法华忏法》，依《大方等陀罗尼经》制作了《方等忏法》，依《金光明经》而作

① 僧祐：《出三藏记集》卷一二，《大正藏》第55册，第91页上—中。

《金光明忏法》,依《请观世音经》而作《请观世音忏法》。在这些忏法中,结构最完备的要数《法华三昧忏仪》。

礼忏仪的成立与发展,受到中国儒家文化重视“礼”的影响。在三教论衡中,佛教受到中国固有思想的批判,因为佛教是“胡教”,适合于未开化的外国人的需要。而对于礼仪之邦的中国,佛教为了适应中国文化“礼”的要求,因而制定了忏法。如刘宋时代慧通反驳道士顾欢的《夷夏论》中说:“若乃烟香夕台,韵法晨宫,礼拜忏悔,祈请无辍,上逮历劫亲属,下至一切苍生。若斯孝慈之弘大,非愚瞽之测也。”[①]佛教在中国文化的影响下,在无意识对抗中国“礼”的过程中,逐渐地被同化,于是产生如忏法等佛教礼仪。

二 陈真观与《梁皇忏》的形成[②]

《慈悲道场忏法》又名《梁皇宝忏》,或称《梁皇忏》(后皆称《梁皇忏》),相传是梁武帝所制。这是中国佛教史上诸多忏法中最为重要的一种。其忏法仪规一直流传至今,也是现行佛教忏法中较为普遍的一种。据《梁皇忏》前面的《慈悲道场忏法传》,该忏是梁武帝为超度已故皇后郗氏,延请当时的高僧制作而成。由于该传文提出的说法与正史的有关记载不同,故引起对该忏的真实性的质疑。

对于《梁皇忏》的作者,现代研究成果只有三种看法:(1)周叔迦先生在《法苑谈丛》中肯定《梁皇忏》为梁武帝亲自纂集[③];(2)周叔迦先生在《释典丛录》中却认为《梁皇忏》为宝唱所撰[④];(3)印顺法师认为《梁皇忏》为元代所编,是假借梁武帝的名字来推行的[⑤]。在这三种看法中,周叔迦先生的第二种看法及印顺法师的观点对我们有重大的启发。

周叔迦先生认为梁武帝所制忏法有二本:一者《六根大忏》,二者《六道慈忏》,同时认为后者即是现存的《梁皇忏》。周先生认为《大唐内典录》中记载的

① 僧祐:《弘明集》卷七,《大正藏》第52册,第46页上。
② 此节内容参见圣凯:《中国佛教忏法研究》,宗教文化出版社,2004年,第29—78页。
③ 周叔迦:《周叔迦佛学论著集》,中华书局,1991年,第636页。
④ 周叔迦:《周叔迦佛学论著集》,中华书局,1991年,第1060页。
⑤ 印顺:《中国佛教琐谈》,《华雨集》第4册,台北正闻出版社,1993年,第136—137页。

"梁宝唱撰有《众经忏悔灭罪法》三卷"，此书便为《梁皇忏》，而三卷与现存十卷只不过是分卷不同而已。《历代三宝纪》卷一一说：

> 《众经忏悔灭罪方法》三卷，或四卷，十六年，并见《宝唱录》。……帝以国土调适，住持无诸灾障，上资三宝，中赖四天，天下藉龙王众神祐助，如是种种，世间苍生始获安乐。虽具有文，散在经论，急要究寻，难得备睹。故天监中，频年降敕，令庄严寺沙门释宝唱等总撰集录，以备要须。或建福攘灾，或礼忏除障，或飨神鬼，或祭龙王，诸所祈求，帝必亲览。指事祠祷，讫多灵感，所以五十年间，兆民荷赖，缘斯力也。①

后来，道宣的《大唐内典录》都沿袭了《历代三宝纪》的说法，《大唐内典录》卷四中说"《众经忏悔灭罪方法》三卷"，并且宋、元、明本有"或四卷，十六年，并见《宝唱录》"这十一个字。② 在道宣的《续高僧传》"宝唱传"中也记载了这件事：

> 天监四年，便还都下，乃敕为新安寺主。帝以时会云雷，远近清晏，风雨调畅，百谷年登，岂非上资三宝，中赖四天，下借神龙。幽灵叶赞，方乃福被黔黎，歆兹厚德，但文散群部，难可备寻。下敕令唱总撰集录，以拟时要。或建福禳灾，或礼忏除障，或飨接神鬼，或祭祀龙王，部类区分近将百卷，八部神名以为三卷，包括幽奥祥略，详备古今。故诸所祈求，帝必亲览，指事祠祷，多感、威灵。所以五十许年，江表无事，兆民荷赖，缘斯力也。③

所以，梁宝唱肯定撰有《众经忏悔灭罪方法》三卷，但是为什么现存大藏经中没有？智昇在《开元释教录》卷六中说："沙门释宝唱，梁都庄严寺僧也。……十五年景申又敕撰《经律异相》一卷，唱又别撰《尼传》四卷，《房录》之中复有《名僧传》等七部，非入藏故缺不论，余并备在《续高僧传》。"④智昇没有把《众经忏悔灭罪方法》三卷入藏，所以后来才没有保存下来。

---

① 费长房：《历代三宝纪》卷一一，《大正藏》第49册，第99页中。
② 道宣：《大唐内典录》卷四，《大正藏》第55册，第266页下。
③ 道宣：《续高僧传》卷一，《大正藏》第50册，第426页中—下。
④ 智昇：《开元释教录》卷六，《大正藏》第55册，第538页上。

周叔迦先生认为《众经忏悔灭罪方法》三卷就是《梁皇忏》十卷，而卷数不同只是因为分卷不同而已，并且将三卷本与十卷本互相对照，表格如下：[①]

表 16.1 《众经忏悔灭罪法》与《梁皇忏》对照表

《众经忏悔灭罪法》	《梁皇忏》卷数	内容
第一卷	第一卷	一皈依三宝，二断疑，三忏悔
	第二卷	四发菩提心，五发愿，六发回向心
第二卷	第三卷	显果报
	第四卷	显果报、出地狱
	第五卷	解怨结
	第六卷	解怨结、发愿
第三卷	第七卷	自庆、为六道礼佛（为天道、诸仙、梵王）
	第八卷	为六道礼佛（为阿修罗等善神、龙王、魔王、人）
	第九卷	为六道礼佛（为各种地狱、饿鬼、畜生）、回向
	第十卷	回向、发愿、嘱累

从上面的讨论可以知道，宝唱曾经撰《众经忏悔灭罪方法》三卷，而且梁武帝也亲自依此忏法而礼忏除障。

上面是从目录及《宝唱传》中了解到的梁武帝礼忏情况，同时我们在《续高僧传》卷二九《兴福篇第九》发现道宣对忏法进行评论时，曾经谈道：

梁初方广，源在荆襄。本以厉疾所投祈诚悔过，哀兹往业悲恸酸凉，能使像手摩头，所苦郑然平复，同疾相重遂广其尘。乃依约诸经，抄撮指部。击声以和，动发恒流，谈述罪缘，足使汗垂泪泻；统括福庆，能令藏府俱倾。百司以治一朝，万化惟通一道，被时济世，谅可嘉之。而恨经出非本，事须品藻，六根大忏，其本惟梁武帝亲行，情矜默识。故文云：万方有罪，在予一人。当由根识未调，故使情尘滥染。年别广行，舍大宝而充僮仆。心力所被感，地震而天降祥。是称风靡，郁成恒则。有陈真观，因而广之，但为文涉菁华，心行颇淡。[②]

① 周叔迦：《周叔迦佛学论著集》，中华书局，1991 年，第 1061 页。

② 道宣：《续高僧传》卷二九，《大正藏》第 50 册，第 699 页下。

道宣在这段话中说明了南朝忏法的形式及其作用，忏法是抄集诸经而成，然后再随着经义，叙述自己的犯罪因缘，由于内心的忏悔而使外现汗垂泪泻。道宣并且对梁武帝所行的《六根大忏》进行评论，《六根大忏》本来只是梁武帝本人亲行，后来由于得到感应，广泛地传播到社会，成为一般礼忏通行的忏法。道宣在这段话中还告诉我们一个最重要的信息，那就是陈代真观增广《六根大忏》，但是由于文采华丽，忏悔的本意反而淡薄了许多。

赞宁的《宋高僧传》也说到这件事：

昔者齐太宰作《净住法》，梁武帝忏《六根门》，澄照（道宣）略成《住法图》，真观广作《慈悲忏》。……自淮以南，民间唯礼《梁武忏》以为佛事，或数僧呗匿歌赞相高，谓之禳忏法也。①

赞宁（919—1001）不但讲到真观增广梁武帝《六根大忏》成《慈悲忏》，而且还说到《梁皇忏》在宋代淮南地区的流行情况。

所以，通过道宣及赞宁的说法，可以确定《梁皇忏》是由陈代真观增广《六根大忏》而成的。但是，《六根大忏》到底指的是什么？我们在清代俞樾所著的《茶香室丛钞》第十三卷中找到《梁皇忏》形成过程的详细说明：

宋钱易《南部新书》云：忏之始，本自南齐竟陵王，因夜梦往东方普光王如来所，听彼如来说法后，因述忏悔之言。觉后，即宾席梁武，王融、谢朓、沈约共言其事，王因兹乃述成《竟陵集》二十篇，忏悔一篇。后梁武得位，思忏六根罪业，即将忏悔，召真观法师慧式，广演其文，非是为郗后所作。

按今《竟陵王集》，有《净住子》三十一篇，内第三篇为涤除三业门。其文云：灭苦之发，莫过忏悔。忏悔之法，先当洁其心，净其意，端其形，整其貌，恭其身，肃其容，云云。岂即所谓忏悔篇乎。②

《茶香室丛钞》是根据宋代钱易的《南部新书》的说法，提到梁武帝曾令真观增广

---

① 赞宁：《宋高僧传》卷二八，《大正藏》第 50 册，第 888 页中。

② 俞樾：《茶香室丛钞》卷一三。

《净住子》中的"忏悔篇"。真观于大业六年(611)圆寂,是年七十四岁,所以真观出生于梁武帝大同三年(537)。十六岁(553 年)出家,那时梁武帝(464—549)已经过世。所以,梁武帝不可能令真观增广《六根大忏》。道宣、赞宁的记载中明确提到是陈代真观增广梁武帝《六根大忏》,所以称为《梁皇忏》。《大宋僧史略》卷中记载齐竟陵王以及真观都善于"唱导",而且真观还有"道(即'导')文集"。所以,《梁皇忏》的制作年代应该在"陈代",而并非"梁代"。

虽然道宣、赞宁都讲到真观增广《慈悲忏》之事,但是考察《续高僧传》中的《真观传》[①],却没有记载此事,这也是令人感到费解的。真观在出家时,梁武帝曾敕以衣钵,而且真观具"义、导、书、诗、辩、貌、声、基"八能,著有导文二十余卷,诗、赋、碑集三十余卷,现存在《广弘明集》中有《梦赋》《因缘无性论序》《与徐仆射领军述役僧书》,在《真观传》中还录有他所作的《愁赋》。真观与智者大师关系极深,《真观传》中说:

> 天台智者名行绝伦,先世因缘敦猷莫逆。年腊既齐,为法兄弟,共游秦岭凌云旧房。朝阳澄景,则高谈慧照;夕阴匿采,则深安禅寂。……又梦与智者同舆,夹侍尊像,翼佛还山。……尔日天台送书并致香苏石蜜,观览书叹曰:宿世因缘,最后信矣。命两如意,一东向天台,一留西法。[②]

从以上我们可以看出,真观与智者是莫逆之交。而智者为中国佛教忏法的真正创始者,所以真观不可能没有受到智者的影响,而增广当时比较流行的《六根大忏》。在陈代时,朝廷准备勒令僧人还俗充军,真观便致书仆射徐陵,上奏皇帝,从而使这件事得到平息。真观在《与徐仆射领军述役僧书》中说:

> 禅诵知解,蔬素清虚;或宣唱有功,梵声可录;或缮修塔庙,建造经书;救济在心,听习为务;乃至羸老之属,贫病之流。幸于编户,无所堪用,并许停寺,仍上僧籍。[③]

---

① 道宣:《续高僧传》卷三,《大正藏》第 50 册,第 701 页下—703 页下。

② 道宣:《续高僧传》卷三,《大正藏》第 50 册,第 702 页中—下。

③ 道宣:《广弘明集》卷二四,《大正藏》第 52 册,第 277 页下。

真观在向朝廷据理力争的同时，肯定也会在僧团采取一些措施，所以增广具有“蔬食、孝道、神不灭”思想的《六根大忏》，作为僧人修学的内容，也是非常有可能的。由于真观本人文才出众，所以其所增广的《梁皇忏》被道宣评论为“文涉菁华，心行颇淡”。

道宣不仅指出《梁皇忏》的来历，而且对忏法在唐代的流行情况进行分析，尤其从道宣的叙述中，我们还可以了解到《梁皇忏》在唐代的实行状况。他说：

原夫忏悔之设，务在专贞，欲使肝胆露于众前，惭愧成于即日，固得罪终福始，言行可依。如文宣之制《净住》，言词可属，引经教如对佛，述欣厌如写面。卷虽二十，览者不觉其繁；文乃重生，读人不嫌其妨。世称笔海，固匪浮言。又有妄读忏文，行于悔法，罪事杂丛不解，位以十条。因构烦拿，未知本于三恼，浪诵尽纸，昏愦通于自他，为师难哉，堕负归于彼此。如斯遣累，未曰清澄。固约前论，薄为准的。《六道慈忏》源亦同前，事在岁终，方行此祀。道别开奠，海陆之味毕陈，随趣请祝，慈悲之意弘矣。[1]

道宣指出忏法的要点在“专贞”，这样才能使礼忏者得到真正的发露忏悔。他特别赞叹《净住子》，卷数虽多，但是不会令人感到繁杂。同时，道宣对唐代礼忏的情况做了批评，礼忏者不懂忏悔的真正含义，不了解罪业因缘，只是读诵忏文。唐代礼拜《梁皇忏》的时间是在一年的岁终，并且随六道的不同而分别上供祭祀，从“道别开奠，海陆之味毕陈，随趣请祝”可以看出，这是《梁皇忏》中为六道礼佛时的情形。

同时，道宣对当时这种为六道礼佛的方法，发表了自己的看法：

六道至果，趣别重轻，人含十等之差，余则举例可悉。阿含所述入处鬼道，有亲供祭，心生随喜，心喜身饱，故曰充饥，非由供福业令自受。以正法义，理有所从，无有自作，他人受果，斯则目连饭母事也。自外五趣，报局所收，随报位隔，无由通给。今则道别陈奠，恐非临飨。然又报得诸通，事含生

① 道宣：《续高僧传》卷二九，《大正藏》第50册，第699页下—700页上。

趣,不妨他心,彻视待会,而从祭酹。[1]

道宣引用《阿含经》的说法,鬼道众生由于亲属供祭而心生欢喜,所以得到充饥,并不是由于亲属供养所得的功德,而由鬼道众生来接受,因为佛法的因果报应是自作自受,并非自作他受。由于六道众生,所得的果报不同,互有隔阂,心意难以相通,所以便很难得到"心喜身饱",虽然为六道众生做各种供养,但是他们却难以享受。但是,六道中的众生中,如饿鬼、天人、诸仙等由于果报而有报通,所以有可能有他心通,从而得到祭奠的利益。

通过道宣的叙述,我们可以了解到当时礼忏法会的隆重与庄严。唐代子瑀的传文中说"常礼一万五千佛名,兼礼慈悲忏。日夜一匝,或二日三日一匝"[2]。我们可以看出《梁皇忏》在唐代有两种流行分式:第一,礼拜《梁皇忏》是个人的礼忏修持行为,那么便显得简单,而且时间可能较短;第二,举行隆重的《梁皇忏》法会,有种种供养祭奠,时间较长。现代佛教也是如此,有些僧人以修持礼拜《梁皇忏》作为自己的修行功课,而寺院在一些特殊的日子如佛菩萨圣诞日、春节,或应施主的要求,举行法会。

所以,《梁皇忏》的最初形态是竟陵王萧子良所撰《净住子净行法》的《忏悔篇》,又称为《六根大忏》;陈代真观增广《六根大忏》成为现在的《梁皇忏》十卷本,在唐宋时期称为《六道慈忏》《慈悲忏》《梁武忏》。所以,《梁皇忏》的真正作者是真观,而不是宝唱。

---

① 道宣:《续高僧传》卷二九,《大正藏》第50册,第700页上。
② 赞宁:《宋高僧传》卷二六《子瑀传》,《大正藏》第50册,第876页下。

第二节
建康佛教素食传统的形成[①]

素食是中国汉传佛教的传统，汉地僧人的生活皆提倡素食。素食传统的形成，不仅有大乘佛教的经典依据，同时亦有南北朝佛教的思潮影响。

一 素食传统的经典依据

原始佛教时代的戒律，有三种净肉、三种不净肉、十种不净肉等种种说法。而原始佛教、部派佛教的僧团不禁肉食，这是有明确规定的，如《四分律》说："得鱼，佛言：听食种种鱼；得肉，佛言：听食种种肉。"[②]但是，基于对生命的重视，佛陀于是提倡三净肉，反对三不净肉。《四分律》又说：

> 是中故为杀者，若故见、故闻、故疑，有如此三事因缘不净肉，我说不应食。若见为我故杀，若从可信人边闻为我故杀，若见家中有头有皮有毛，若见有脚血，又复此人能作十恶业常是杀者，能为我故杀。如是三种因缘不清净肉，不应食。有三种净肉应食，若不故见、不故闻、不故疑，应食。[③]

这主要是通过见、闻、疑三个条件，确定为净肉或不净肉。若亲眼见此肉是为自己所杀，或者听到是为自己所杀，或者见到为自己有动物被杀的痕迹，这种肉不能食用。所以，至市场所买到的肉，应该是净肉。

另外，基于对特定生命的尊重，《四分律》卷五九禁止食象肉、马肉、人肉、狗肉、毒虫兽肉、狮子肉、虎肉、豹肉、熊肉、龙肉[④]；《摩诃僧祇律》卷三二禁止的肉食

---

① 此节内容参考赖永海主编：《中国佛教通史》第4卷，江苏人民出版社，2010年，第391—411页。
② 《四分律》卷四二，《大正藏》第22册，第866页下。
③ 《四分律》卷四二，《大正藏》第22册，第872页中。
④ 《四分律》卷五九，《大正藏》第22册，第1006页上。

有：人肉、龙肉、象肉、马肉、狗肉、鸟肉、鹫肉、猪肉、猕猴肉、狮子肉。[①] 可见，印度佛教对饮食的规定，各地区或不同的部派各有不同。

但是，随着大乘佛教的发展，在菩萨慈悲思想的背景下，禁止肉食的经典逐渐产生。如《梵网经》说："若佛子！故食肉，一切肉不得食，断大慈悲性种子，一切众生见而舍去。是故一切菩萨不得食一切众生肉，食肉得无量罪。若故食者，犯轻垢罪。"[②]禁止食肉成为菩萨戒的戒条，食肉具有断慈悲种的罪过。菩提流支译《入楞伽经·遮食肉品》说：

> 尔时，圣者大慧菩萨摩诃萨白佛言：世尊！我观世间生死流转，怨结相连，堕诸恶道，皆由食肉更相杀害，增长贪嗔，不得出离，甚为大苦。世尊！食肉之人断大慈种，修圣道者不应得食。[③]

《楞伽经》明确提出，修道者为成就道业，不应食肉。北凉昙无谶译《大般涅槃经》中，清楚规定"善男子，从今日始，不听声闻弟子食肉。若受檀越信施之时，应观是食，如子肉想"，而且对戒律中的三净肉进行解释"是三种净肉，随事渐制"，强调是方便渐次断肉食的过程。[④]

二 梁武帝以前僧尼素食的传统

中国汉传佛教的素食传统，一般认为是在梁武帝时确立的。但是，在梁武帝以前，《高僧传》中出现大量的"蔬食"高僧，为素食传统的建立提供了历史的依据。

《高僧传》中高僧的蔬食，如智严出家后，"纳衣宴坐，蔬食永岁"[⑤]，求那跋陀罗（394—466）"自幼以来，蔬食终身"[⑥]，其背景、原因以及情形各有不同。

---

① 《摩诃僧祇律》卷三二，《大正藏》第 22 册，第 487 页上。
② 《梵网经》卷下，《大正藏》第 24 册，第 1005 页中。
③ 《入楞伽经》卷八，《大正藏》第 16 册，第 561 页上。
④ 《大般涅槃经》卷四，《大正藏》第 12 册，第 386 页上。
⑤ 慧皎：《高僧传》卷三《智严传》，《大正藏》第 50 册，第 339 页中。
⑥ 慧皎：《高僧传》卷三《求那跋陀罗传》，《大正藏》第 50 册，第 345 页上。

第一，一方面，隐居于山林，唯有蔬食，这是现实生活所迫；另一方面，道家求仙者的形象对中国高僧的影响非常大。求仙者大多有蔬食的要求，甚至不服五谷。如道安(314—385)受具足戒后，“栖山木食”①。支遁自称“野逸东山，与世异荣，菜蔬长阜”，②因见鸡蛋中的小鸡而蔬食终身。帛道猷在与道壹的信中说“优游山林之下，纵心孔释之书，触兴为诗，陵峰采药，服饵蠲疴，乐有余也”③；单道开在出家前，“绝谷饵柏实，柏实难得，复服松脂。后服细石子，一吞数枚，数日一服，或时多少啖姜椒。如此七年，后不畏寒暑，冬温夏凉，昼夜不卧，与同学十人共契服食”④。道教重视服气、辟谷、服饵诸术，道教认为元气为生气之源，气在则神随生，得元气则生，失元气则死。“服气”，亦名吐纳、食气，即吸收天地间之生气。“辟谷”亦称断谷、绝谷、休粮、却粒，即是不食五谷的意思；道教认为人体中有彭倨、彭质、彭矫等三尸，分别喜欢宝物、五味、色欲，是欲望产生的根源，是毒害人体的邪魔，而三尸是靠谷气生存；所以，人若不食五谷，断其谷气，那么三尸在人体中就不能生存；要益寿长生，必须辟谷。但是，不食五谷仍然要维持身体，所以食茯苓、巨胜、黄精、大枣等药物。“服饵”就是服食丹药。

这些道术传入初期中国佛教，引起高僧的实践。如法成“不饵五谷，唯食松脂，隐居岩穴，习禅为务”⑤；僧从“不服五谷，唯饵枣栗”，但是“年垂百岁，而气力体强，礼诵无辍”⑥；法光(447—487)出家后，实行头陀苦行，“绝五谷，唯饵松叶”，后来誓志烧身，“乃服松膏及饮油”⑦；法恭出家后，“苦行殊伦，服布衣，饵菽麦”，同传记载乌衣寺僧恭“亦不食粳粮，唯饵豆麦”。⑧

第二，儒家强调服丧期间，必须断绝肉粮。《仪礼・丧服》说：“斩者何？……居倚庐，寝苫枕块，哭昼夜无时。歠粥，朝一溢米，夕一溢米，寝不说绖带。既虞，翦屏柱楣，寝有席。食疏食水饮，朝一哭，夕一哭而已。既练舍外寝，始食菜果，饭素食哭无时。”同时，儒家亦以不杀生为仁的体现之一，如《孟子・梁惠王上》说：“见其生，不忍见其死！闻其声，不忍食其肉。”服丧必须蔬食，成为孝道的表

① 慧皎：《高僧传》卷五《道安传》，《大正藏》第50册，第352页上。
② 慧皎：《高僧传》卷四《支道林传》，《大正藏》第50册，第349页中。
③ 慧皎：《高僧传》卷五《帛道猷传》，《大正藏》第50册，第357页中。
④ 慧皎：《高僧传》卷九《单道开传》，《大正藏》第50册，第387页中。
⑤ 慧皎：《高僧传》卷一一《法成传》，《大正藏》第50册，第399页上。
⑥ 慧皎：《高僧传》卷一一《僧从传》，《大正藏》第50册，第398页下。
⑦ 慧皎：《高僧传》卷一二《法光传》，《大正藏》第50册，第405页下。
⑧ 慧皎：《高僧传》卷一二《法恭传》，《大正藏》第50册，第407页下。

现方式，而且得到中国佛教徒的实践与支持。如竺法旷“及母亡，行丧尽礼，服阕出家”[1]，道恒亦是“后母又亡，行丧尽礼，服毕出家”[2]，僧镜“家贫母亡……乃身自负土，种植松柏，庐于墓所，泣血三年，服毕出家”[3]，这都是严格按照儒家的礼仪服丧。儒家礼仪深入中国古代社会的生活层面，不但是佛教徒，即是方外隐士亦皆如此。如《晋书·隐逸传》记载郭文“父母终，服毕，不娶，辞家游名山……恒著鹿裘葛巾，不饮酒食肉，区种菽麦，采竹叶木实”[4]，孟陋“丧母，毁瘠殆于灭性，不饮酒食肉十有余年”[5]。而且，梁武帝断肉食的奉佛生活实际上就是在父母亡后，如《净业赋》说“恨不得以及温清朝夕供养，何心独甘此膳，因尔蔬食，不啖鱼肉”[6]，可见儒家孝道思想对中国佛教素食传统的建立，具有很大的影响。

第三，蔬食有助于持戒，树立了苦行的修道形象，而且是德行的象征。如慧远的弟子昙顺，“蔬食有德行”[7]；如《慧观传》附传有法业，“蔬食节己”[8]，所以晋陵公主为他建造南林寺；慧猷“蔬食履操”[9]，法珍“蔬苦弗改，戒节清白”[10]，慧温“疏苦并有高节”[11]。蔬食者控制了自己的欲望，断绝了俗世生活的习惯，无疑是道德操行高尚的表现。

第四，蔬食有助于坐禅、诵经、持咒，是修道生活的助缘。如道恒（346—417），“蔬食味禅，缅迹人外”[12]；慧安，“蔬食精苦，学通经义，兼能善说，又以专戒见称”[13]；普明，“蔬食诵经，苦节通感”[14]；竺僧显，“贞苦善戒节，蔬食诵经，业禅为务”[15]；支昙兰“蔬食乐禅，诵经三十万言”；法绪“德行清谨，蔬食修禅”[16]；慧通“蔬

---

① 慧皎：《高僧传》卷五《竺法旷传》，《大正藏》第50册，第356页下。
② 慧皎：《高僧传》卷六《道恒传》，《大正藏》第50册，第364页中。
③ 慧皎：《高僧传》卷七《僧镜传》，《大正藏》第50册，第373页中。
④《晋书》卷九四《隐逸传》，中华书局，1974年，第2440页。
⑤《晋书》卷九四《隐逸传》，中华书局，1974年，第2443页。
⑥ 道宣：《广弘明集》卷二，《大正藏》第52册，第336页上。
⑦ 慧皎：《高僧传》卷六《昙顺传》，《大正藏》第50册，第363页上。
⑧ 慧皎：《高僧传》卷七《慧观传》附传，《大正藏》第50册，第368页中。
⑨ 慧皎：《高僧传》卷一一《慧猷传》，《大正藏》第50册，第400页下。
⑩ 慧皎：《高僧传》卷七《法珍传》，《大正藏》第50册，第374页下。
⑪ 慧皎：《高僧传》卷一二，《大正藏》第50册，第408页下。
⑫ 慧皎：《高僧传》卷六《道恒传》，《大正藏》第50册，第365页上。
⑬ 慧皎：《高僧传》卷七《慧安传》，《大正藏》第50册，第370页上。
⑭ 慧皎：《高僧传》卷七《道汪传》附传，《大正藏》第50册，第372页上。
⑮ 慧皎：《高僧传》卷一一《竺僧显传》，《大正藏》第50册，第395页中。
⑯ 慧皎：《高僧传》卷一一《支昙兰传》《法绪传》，《大正藏》第50册，第396页下。

食持咒”[①]；僧覆“学通诸经，蔬食持咒”[②]。

第五，蔬食与忏悔亦紧密相连。如僧远(413—484)在出家前“蔬食忏诵”，出家后蔬食五十余年[③]；僧侯(396—485)十八岁时，便“蔬食礼忏”，出家后直至临终，“鱼肉荤辛，未尝近齿”[④]。

《高僧传》的各篇，蔬食者的人数及比例，如下表所示[⑤]：

表16.2 《高僧传》各篇蔬食人数及比例表

篇目	译经	义解	神异	习禅	明律	亡身	诵经	兴福	经师	唱导	合计
蔬食僧数	2	16	3	9	5	6	16	5	2	3	67
全体僧数	63	271	30	32	21	14	33	16	11	10	497
比例	3.2%	5.9%	10.3%	28.1%	23.8%	42.9%	48.5%	31.3%	18.2%	30.0%	13.4%

依上表可以看出，《诵经篇》《亡身篇》《兴福篇》《唱导篇》的僧人蔬食者比例最高，因为这些僧人与民众接触频繁，必须获得信赖与尊敬，而蔬食的行为无疑是路径之一。

另外，《比丘尼传》中，蔬食者亦时有出现，列表如下[⑥]：

表16.3 《比丘尼传》中蔬食人数及比例表

时代	本传尼数	附传尼数	总尼数	蔬食尼数	比例
晋	13	1	14	4	28
宋	23	11	34	11	39
齐	15	10	25	5	20
梁	14	8	22	10	45
合计	65	30	95	30	32

可见，初期中国佛教，无论是比丘或比丘尼，皆存在大量的蔬食者。僧尼蔬食的出现，当然受传译经律的影响。418年开始，《涅槃经》《楞伽经》《央掘魔罗

① 慧皎：《高僧传》卷一一《慧通传》，《大正藏》第50册，第398页下。
② 慧皎：《高僧传》卷一二《僧覆传》，《大正藏》第50册，第407页下。
③ 慧皎：《高僧传》卷八《僧远传》，《大正藏》第50册，第377页下—378页上。
④《高僧传》卷一二《僧侯传》，《大正藏》第50册，第408页下。
⑤ 諏访义纯：《中国中世佛教史研究》，东京大东出版社，1985年，第53页。
⑥ 諏访义纯：《中国中世佛教史研究》，东京大东出版社，1985年，第57页。

经》《梵网经》等，极力影响着禁绝肉食运动的开展。尤其是《十诵律》的译出，在《十诵律》卷二六中，佛陀制戒“听啖生肉饮血，应屏处啖，莫令人见”[1]，因为得病而食肉，但是不应令人看见，无疑从另一方面说明佛陀不准许非病的比丘食肉饮血。

从《高僧传》《比丘尼传》中，可以发现当时的南朝僧尼确实多肉食。中国儒家孝道思想、服丧的规定以及道家求仙的修道方式，经义与戒律的规定，现实蔬食者的大量存在，为梁武帝提倡素食奠定了基础。

三 周颙、沈约的素食思想

梁武帝对僧尼断酒肉的推动，不仅有经典、历史的背景，亦有士大夫社会的支持。尤其是周颙、沈约等士大夫相继对素食的提倡，对梁武帝影响很大。道宣《广弘明集・慈济篇》收录了沈约(441—513)《究竟慈悲论》、周颙(473？—?)《与何胤书论止杀》、梁武帝(464—549)《断酒肉文》《断杀绝宗庙牺牲诏》、颜之推(531—602)《诫杀家训》等。其中，前三篇最重要，对佛教素食思想，影响深远。

周颙是宋齐时代的文人，著《三宗论》，亦精通《老子》《易经》。《南齐书・周颙传》说：

> 清贫寡欲，终日长蔬食，虽有妻子，独处山舍。卫将军王俭谓颙曰：“卿山中何所食?”颙曰：“赤米白盐，绿葵紫蓼。”文惠太子问颙：“菜食何味最胜?”颙曰：“春初早韭，秋末晚菘。”时何胤亦精信佛法，无妻妾。太子问颙：“卿精进何如何胤?”颙曰：“三途八难，共所未免。然各有其累。”太子曰：“所累伊何?”对曰：“周妻何肉。”[2]

周颙晚年热心于素食，而且力倡素食。周颙的素食思想，主要是受到僧侣的影响。464年，周颙受到益州刺史萧惠开的提拔，前往蜀地，当时一起前往的有僧

---

① 《十诵律》卷二六，《大正藏》第23册，第185页上。

② 《南齐书》卷四一《周颙传》，中华书局，1972年。

侯(396—484),僧侯“自息慈以来至于舍命,鱼肉荤辛未尝近齿”①;473 年,任剡县县令,曾就学于慧基(413—496);479 年,任山阴县县令,曾入法慧门下,而法慧“蔬食布衣,志耽人外”②。这些蔬食的僧侣风格,势必影响了周颙的饮食习惯。沈约(441—513)在给慧约(452—535)的信中,赞叹周颙说:“此生笃信精深,甘此藿食。至于岁时,苞篚每见请求,凡厥菜品,必令以荐。弟子辄靳而后与,用为欢谑。”③可见周颙对实践素食的热情与信心。

何胤(446—531)、何求、何点三兄弟,先后皆隐居于山林寺庙中,高蹈远行,时人称为“三高”。何胤好学,从刘献受《易》及《礼记》《毛诗》,又入钟山定林寺听内典,其业皆通。起家齐秘书郎,出为建安太守。后入为太子中庶子,撰《新礼》。阴帝时,入山隐居以终。胤注《百法论》一卷、《十二门论》一卷、《周易》一卷,又作《毛诗隐义》十卷、《毛诗总集》六卷、《礼记隐义》二十卷、《礼答问》五十五卷,流行于世。《南史》卷三〇记载:

> 初,胤侈于味,食必方丈,后稍欲去其甚者,犹食白鱼、䱇脯、糖蟹,以为非见生物。疑食蚶蛎,使门人议之。……汝南周颙与胤书,劝令食菜。④

何胤信仰佛教,但是讲究食味,于是为吃肉自我辩护,竟陵王萧子良亦责其歪曲佛道。所以,周颙才给何胤写信,劝其改食吃素。到了晚年,何胤“遂绝血味”。

周颙《与何胤书》,现存《广弘明集》卷五二、《南史》卷三〇、《南齐书》卷四一,以《南齐书》所存最为完整。《南史》只择最重要的部分,而《广弘明集》则删除尾部。依《与何胤书》,可见周颙的佛教素食思想。

第一,儒家的仁恕思想强调不杀生、不肉食,《与何胤书》说:

> 观圣人之设膳修,仍复为之品节。盖以茹毛饮血,与生民共始,纵而勿裁,将无崖畔。善为士者,岂不以恕己为怀?是以各静封疆,罔相陵轶。况乃变之大者,莫过死生;生之所重,无逾性命。性命之于彼极切,滋味之在我

---

① 慧皎:《高僧传》卷一二《僧侯传》,《大正藏》第 50 册,第 408 页下。
② 慧皎:《高僧传》卷一二《法慧传》,《大正藏》第 50 册,第 408 页中—下。
③ 道宣:《广弘明集》卷二八,《大正藏》第 52 册,第 326 页中。
④《南史》卷三,中华书局,1974 年,第 793 页。

> 可赊，而终身朝脯，资之以永岁，彼就怨残，莫能自列，我业长久，吁哉可畏。且区区微卵，脆薄易矜，歂彼弱貌，顾步宜愍。[①]

儒家的仁恕重视生命，而且节欲自敛，对其他生命具有怜悯之心。

第二，佛教的因果业报、三世轮回思想，强调杀生的业力报应，“则一往一来，一生一死，轮回是常事。杂报如家，人天如客”。由儒家的仁恕，至佛教的因果报应，可谓层层推进。周颙说：“丈人于血气之类，虽无身践，至于晨凫夜鲤，不能不取备屠门。财贝之一经盗手，犹为廉士所弃；生性之一启鸾刀，宁复慈心所忍。驺虞虽饥，非自死之草不食，闻其风岂不使人多愧。”食素意味着不但本人不能杀生，而且必须拒绝接受他人杀生的结果，因而周颙此说强调的是去杀、食素行为背后的仁爱、慈悲。这样一来，周颙之食蔬，就不仅仅是个人追求成佛的行为，而且是遵奉佛教慈悲及儒家仁爱的道德实践。所以，周颙的佛教素食思想是基于儒家、佛教并存的立场而展开的。

沈约对素食的推动，在他的《忏悔文》《舍身愿疏》《究竟慈悲论》中得到体现。沈约怀念周颙蔬食的情形，而且在《究竟慈悲论》中提出不仅要禁止肉食，而且必须禁绝蚕衣。沈约在创作于 485 年[②]的《忏悔文》中，顺次忏悔了自己的杀生、偷盗、邪淫、妄语等罪过，其中有关杀生、食肉的忏悔文字最多，他说：“爰始成童，有心嗜欲，不识慈悲，莫辨罪报。以为毛群鲂品，事允庖厨，无对之缘，非恻隐所及。……为杀之道，事无不足，迄至于今，犹未顿免。”[③]可见，戒杀和蔬食在沈约心目中的分量。

入梁以后，沈约对戒杀的态度发生了一个飞跃。《究竟慈悲论》一文以为不仅要停止肉食，而且必须禁绝蚕衣，所谓“夫肉食蚕衣，为方未异，害命夭生，事均理一”[④]。沈约将禁欲的范围从断肉发展到禁蚕衣，并指出世人因佛经中并无禁蚕的文字而妄加怀疑，其实质是拘泥于文字：“此盖虑穷于文字，思迷于弘旨。”可见，萧梁时期沈约对蔬食的态度远比南齐激进。他对去杀的要求甚至比梁武帝还要苛刻。

---

① 《南齐书》卷四一《何胤传》，中华书局，1972 年。

② Richard B. Mather, The Bonze's Begging Bowl: Eating Practices in Buddhist Monasteries of Medieval India and China, *Journal of American Oriental Society*, V. 101:4 (1981), p. 422.

③ 道宣：《广弘明集》卷二八，《大正藏》第 52 册，第 331 页中。

④ 道宣：《广弘明集》卷二六，《大正藏》第 52 册，第 292 页下。

沈约对素食的提倡，并不涉及因果报应说，而是以佛教的慈悲为根据。他说"释氏之教，义本慈悲；慈悲之要，全生为重"①，佛教的主要思想是慈悲，而慈悲的核心是保护动物的生命，这正如《大智度论》所说"慈悲是佛道之根本"②。同时，沈约亦以儒家仁义来提倡戒杀，以孟子六十九岁菜食、五十九岁以前布衣为例，以内圣与外圣为共同的榜样，以《涅槃经》和儒家经典为共同的依据，彻底地倡导断肉食和禁绝绢衣。

四 梁武帝《断酒肉文》的思想

中国佛教素食传统的形成，梁武帝是最核心的人物。从梁武帝的生平与经历来说，梁武帝通晓玄、儒、文、史，又精于佛、道二家义理，为典型的儒、释、道三教调和论者。梁武帝一方面在世俗政体中突破贵族体制，提倡士大夫才学本位的理念，提高帝王地位；另一方面在政教关系方面，提出"真佛子、菩萨行"的理念，以"皇帝菩萨"的理念，创造出"国家佛教体制"的新形势。梁武帝在天监十八年(519)四月八日受菩萨戒，针对当时僧团的芜乱情形，进行以禁断酒肉为中心的佛教教团改革，从而对中国佛教素食传统的形成起了决定性的作用。

1. 齐梁时代佛教的弊病与梁武帝自身的生活态度

梁武帝对禁断酒肉的提倡，不仅有经典的依据、历史的传统，而且还有自身的生活实践、齐梁佛教的现实需要。

齐梁时代的佛教，在南齐竟陵王、梁武帝的相继支持下，迅速发展，南齐(479—502)有寺院 2015 所、僧尼 32500 余人，梁代(502—557)有寺院 2846 所、僧尼 82700 余人。寺院僧团随着势力的发展，难免与君权产生冲突。北朝先后发生北魏、北周的灭佛，南朝重视义理的辩论，没有毁灭性的灾祸。一方面，梁武帝积极提倡佛教，导致寺院、僧尼人数急剧增加；另一方面，僧尼的弊病亦不断出现，于是郭祖深等为了佛教等事，不断上书梁武帝。如郭祖深在所上封事中，提到当时佛教的状况与弊病：

---

① 道宣:《广弘明集》卷二六,《大正藏》第 52 册,第 292 页下。
② 《大智度论》卷二七,《大正藏》第 25 册,第 256 页下。

时帝大弘释典，将以易俗，故祖深犹言其事，条以为：都下佛寺五百余所，穷极宏丽。僧尼十余万，资产丰沃。所在郡县，不可胜言。道人又有白徒，尼则皆畜养女，皆不贯人籍，天下户口几亡其半。而僧尼多非法，养女皆服罗纨，其蠹俗伤法，抑由于此。请精加检括，若无道行，四十已下，皆使还俗附农。罢白徒养女，听畜奴婢，婢唯着青布衣，僧尼皆令蔬食。如此，则法兴俗盛，国富人殷。不然，恐未来处处成寺，家家剃落，尺土一人，非复国有。[①]

郭祖深指出，梁武帝信仰佛教后，连带使王公大臣、平民百姓也普遍信仰，达到“家家斋戒，人人礼忏”的结果。在建康附近，便有佛寺五百余所，都十分宏伟壮丽。僧尼十余万，拥有丰厚的资产，而且道人又庇护一般平民，尼师收养平民的女子，都未编入政府的户籍内，使天下纳赋税、服劳役的户口几乎损失一半。这样，寺院经济其实已经威胁到国家的安全，而且僧尼不遵行戒律，生活奢侈放逸，反而败坏世俗、伤害正法。郭祖深对佛教提出改革的意见，其中便有“僧尼皆令蔬食”，这是以蔬食作为持戒和道行的标准之一，成为改革佛教的关键性办法。

郭祖深上封事的时间，大约在普通三年（522），这与《断酒肉文》的时代相近。[②] 梁武帝对于郭氏的上书“嘉其正直”，擢升官职。所以，面对僧团流弊、僧团势力高涨的情势，梁武帝必须采取积极手段，来处理佛教的问题。

另一方面，从梁武帝自身来说，虽然他出身于贵族，但是信仰佛教后，他的日常生活发生了很大的变化。《南史》卷七《梁本纪中第七》说：

晚乃溺信佛道，日止一食，膳无鲜臾，惟豆羹粝饭而已。或遇事拥，日傥移中，便漱口以过，制《涅槃》《大品》《净名》《三慧》诸经义记载百卷。听览余闲，即于重云殿及同泰寺讲说，名僧硕学，四部听众，常万余人。身衣布衣，未绵皂帐，一冠三载，一被二年。自五十外便断房室。后宫职司贵妃以下，六宫袆褕三翟之外，皆衣不曳地，傍无锦绮，不饮酒，不听音声，非宗庙祭祀，

① 《南史》卷七《郭祖深传》，中华书局，1974 年，第 1721—1722 页。
② 颜尚文：《梁武帝的君权思想与菩萨性格初探——以〈断酒肉文〉形成的背景为例》，《台湾师范大学历史学报》1988 年第 16 期。

大会餐宴及诸法事，未尝作乐。①

梁武帝持守严格真挚的生活态度，自己能够誓行不杀生、不饮酒、不肉食的菩萨戒，所以提倡禁断酒肉，无疑具有巨大的号召力。

梁武帝对蔬食的实践，应该始于他皈依佛教之后。《净业赋》说：

朕布衣之时，唯知礼义，不知信向。烹宰众生，以接宾客，随物肉食，不识菜味。及至南面富有天下，远方珍馐，贡献相继；海内异食，莫不必至；方丈满前，百味盈俎。乃方食辍箸，对案流泣，恨不得以及温凊朝夕供养，何心独甘此膳。因尔蔬食，不啖鱼肉，虽自内行不使外知。至于礼宴群臣，肴膳按常，菜食未习，体过黄羸，朝中斑斑始有知者。谢朏孔彦颖等，屡劝解素，乃是忠至，未达朕心。朕又自念……谁知我不贪天下，唯当行人所不能行者，令天下有以知我心。②

梁武帝是在即位以后便开始素食。谢朏是在天监五年(506)逝世，所以梁武帝是在天监元年(502)至五年(506)之间，便在日常生活中实践素食。随后，在天监十六年(517)四月，梁武帝下诏宗庙祭祀不得血食。于是，素食从梁武帝自身的信仰生活，逐渐成为国家意志，在当时的梁朝开始推行。

但是，梁武帝提倡《断酒肉文》的年代为何时？《佛祖统纪》卷三七记载，天监十年(511)，“上集诸沙门制文，立誓永断酒食”③。志磐或许是根据道宣《集神州三宝感通录》卷中的记载：

天监十年四月五日，骞等达于扬都，帝与百僚徒行四十里，迎还太极殿。建斋度人，大赦断杀，绛是弓刀槊等，并作莲花塔头。帝由此菜蔬断欲。④

郝骞于四月五日到达建康，梁武帝迎接他至太极殿，大赦断杀，梁武帝于是菜蔬

① 《南史》卷七，第223页，中华书局，1974年。
② 道宣：《广弘明集》卷二九，《大正藏》第52册，第336页上。
③ 志磐：《佛祖统纪》卷三七，《大正藏》第52册，第349页中。
④ 《集神州三宝感通录》卷中，《大正藏》第52册，第419页下。

断欲，梁武帝开始素食的时间为天监十年（511）四月五日。这样，道宣的记载与《净业赋》存在一定的矛盾。

在断酒肉法会中，法宠（451—524）为应答的僧侣之一。法宠住宣武寺，卒于普通五年（524）三月十六日[①]。而《断酒肉文》的时间为五月二十三日，所以梁武帝提倡《断酒肉文》的下限时间为普通四年（523）五月二十三日。至于上限时间为何时，根据有二：一、天监十六年（517）四月，梁武帝下诏宗庙不血食；二、天监十八年（519）四月八日，梁武帝受菩萨戒。所以，日本学者諏访义纯推断，《断酒肉文》的时间为天监十六年（517）至普通四年（523）之间的五月二十三日、二十九日[②]。因为《断酒肉文》中提到梁武帝誓守菩萨戒断酒肉的愿行等事，所以台湾学者颜尚文认为，《断酒肉文》应该成立于天监十八年（519）四月八日至普通四年（523）之间[③]。

此外，法国巴黎图书馆所藏敦煌卷子（P. 2196）《出家人受菩萨戒法卷第一》，末尾题记“大梁天监十八年岁次己亥夏五月……瓦官寺释慧明慧持”，这是梁武帝从慧约受菩萨戒后，为了普及菩萨戒而亲自撰述。而《断酒肉文》亦撰于五月，所以应该是撰于天监十八年五月二十三日。

2. 断酒肉法会的经过

《广弘明集》卷二六《慈济篇》收有梁武帝《断酒肉文》，详细记载了断酒肉法会的过程。梁武帝为了推行自己的佛教政策，以法云法师等为代表，针对传统佛教僧伽的流弊，提倡菩萨慈悲严守戒行的新精神，以“断酒肉”为实践之始来匡正佛教。所以，梁武帝利用了一批明经、解义、持律的比丘，以戒律、法义的辩论来导正僧伽流弊，使“断酒肉”运动转化成为佛教内部的自觉，从而避开王权与僧伽的武力冲突。

断酒肉法会于五月二十三日、二十九日举行。在五月二十二日五更，就按牒点唱僧尼代表 1448 人在凤庄门集合。这 1448 人是各类僧尼的领袖，其中僧寺寺官 368 人、尼寺寺官 369 人，“三官”是上座、寺主、维那三种僧职，是寺院的领导者；义学僧 574 人、义学尼 68 人，这是精通佛教各种经论的学者；宿德 25 人、导师 39 人、尼导师 5 人，这是全国佛教界德高望重的僧尼。《断酒肉文》中出现

① 道宣：《续高僧传》卷五《法宠传》，《大正藏》第 50 册，第 461 页中—下。
② 諏访义纯：《中国中世佛教史研究》，东京大东出版社，1985 年，第 80 页。书中以普通四年为公元 525 年，误。
③ 颜尚文：《梁武帝》，台北东大图书股份有限公司，1999 年，第 230—231 页。

的称呼，如“弟子萧衍敬白诸大德僧尼、诸义学僧尼、诸寺三官”等，显示了梁武帝是希望自己断酒肉的理念得到这些佛教界领袖人物认同与支持，以此来导正僧伽的流弊。

五月二十三日，1448 位僧尼在华林园华林殿前广场正式举行“断酒肉”法会。光宅寺法云为法师，瓦官寺慧明为都讲，梁武帝亲临，一千余僧尼依次而坐。首先，由都讲慧明唱《大般涅槃经·四相品》的四分之一，并标问“食肉者断大慈种”主旨，在《断酒肉文》中有完整的记录①；其次，由法云解释经文的内涵，但是法云的解释没有记录下来，只能从道澄所宣唱“断肉之文”，推断法云对“食肉者断大慈种义”的解释：

> 经言：食肉者断大慈种。何谓断大慈种？凡大慈者，皆令一切众生同得安乐。若食肉者，一切众生皆为怨对，同不安乐。……若食肉者障菩提心，无有菩萨法。……以无菩萨法故，无四无量心。无四无量心故，无有大慈大悲。以是因缘，佛子不续。所以经言：食肉者断大慈种。②

饮酒食啖众生，不但自己断灭大慈大悲菩提心的成佛种子，而且杀害其他众生借以成佛的生命，使其他众生受到更大的痛苦，结下更多的怨恨，丧失了成佛的可能性。以饮酒食肉的因缘使“佛子不续”，佛法将面临灭绝的命运。

法云解释后，由耆阇寺道澄登西向高座宣唱《断酒肉文》③，并且宣读梁武帝“所传之语”④。梁武帝为了匡正佛法，以“佛法寄嘱人王”的护法国王身份，本着大慈大悲菩萨的愿行，向僧尼下达禁断酒肉的号召：

> 弟子萧衍，敬白诸大德僧尼、诸义学僧尼、诸寺三官：夫匡正佛法是黑衣人事。乃非弟子白衣所急。但经教亦云：佛法寄嘱人王，是以弟子不得无言。今日诸僧尼开意听受，勿生疑闭，内怀忿异。⑤

---

① 道宣：《广弘明集》卷二六，《大正藏》第 52 册，第 301 页上—下。
② 道宣：《广弘明集》卷二六，《大正藏》第 52 册，第 295 页下—296 页上。
③ 道宣：《广弘明集》卷二六，《大正藏》第 52 册，第 294 页中—298 页上。
④ 道宣：《广弘明集》卷二六，《大正藏》第 52 册，第 298 页上—298 页下。
⑤ 道宣：《广弘明集》卷二六，《大正藏》第 52 册，第 294 页中。

梁武帝以"皇帝菩萨"的地位，以菩萨戒的慈悲情怀，以王权与教权结合的形式，极力推进断酒肉的施行。道澄宣唱完毕后，僧尼大众向华林殿佛像礼拜，忏悔罪业。在用过朝廷准备的中餐之后，礼成解散。

法云在讲解《涅槃经》中断肉的思想时，当场便有僧正慧超、法宠等僧尼的问难，法云进行即席答辩。梁武帝"恐诸小僧，执以为疑，方成巨蔽"[①]，而且，二十三日会后"诸僧尼或犹云：律中无断肉事，及忏悔食肉法"。所以，在五月二十九日，举行第二次断酒肉法会。

第二次法会是以戒律中"三不净肉"为议题中心，敕请义僧 141 人，义学尼 57 人，于华林园华光殿内举行。这场法会的僧尼代表，是庄严寺法超（452—526）、奉诚寺僧辩、光宅寺宝度三位律师。法超随智称（429—500）学习《十诵律》，深得梁武帝信任，任都邑僧正；僧辩"性廉直，戒品冰严，好仁履信，精进勇励，常讲《十诵》"[②]；宝度则不知。可见，这三位律师来自《十诵律》系统，是当时的律学权威，主要是就律典中"三不净肉"与《涅槃经》中断肉进行辩论。经过梁武帝与三位律师以及道恩、法宠等精密而激烈的论辩之后，大众无复异议，三律师始下高座。武帝又敕始兴寺景猷法师升高座，诵读《楞伽阿跋多罗宝经》卷四，《央掘魔罗经》卷一、卷二有关断肉的经文。[③] 诵经后，梁武帝再三强调：从今日起，不得再饮酒食肉，而且希望在场的僧尼广为宣扬。最后，僧尼行道、礼拜、忏悔、设会事毕，退出华光殿。

二十九日晚上，梁武帝对白天法会时的论辩心犹未平，意犹未足，故连下五首敕文给留值宫内典掌机要的周舍，强调所有僧尼应绝对奉行"断酒肉"的敕令，乃至一念食肉之心亦不许存在。可见，梁武帝以"皇帝菩萨"的雄心，集王权与教权，对提倡断酒肉不遗余力。

3.《断酒肉文》的内容与思想

梁武帝对"断酒肉"的推动，不仅是个人信仰与意志的表现，同时亦获得当时一些僧尼的支持，尤其是光宅寺法云的襄助，《续高僧传·法云传》记载法云的谶记：

---

① 道宣：《广弘明集》卷二六，《大正藏》第 52 册，第 302 页下—303 页上。

② 道宣：《续高僧传》卷六，《大正藏》第 50 册，第 475 页上。

③ 道宣：《广弘明集》卷二六，《大正藏》第 52 册，第 301 页下—302 页下。

> 夷陵县渔人于网中得经一卷，是《泥洹·四法品》，末题云：宋元徽二年，王宝胜敬造，奉光宅寺法云法师。以事勘校，时云年始十岁。名未远布，寺无光宅。而此品正则，初云弘法，次断鱼肉，验今意行，颇用相符。①

法云是梁武帝的“家僧”，被敕为光宅寺主，他针对僧伽问题而创立的僧团制度，为后代所取法。梁武帝在位期间，佛教政策方面则以法云、僧旻为主。所以，梁武帝为了彻底破除传统佛教允许进食“三种净肉”，肯定会与法云认真策划，包括时间、地点、程序以及人选。所以，谶记所引述的渔人网到《大般涅槃经·四相品》预记奉送法云以弘法、断鱼肉的故事，呼应《涅槃经》“食肉者断大慈种义”与《断酒肉文》。由此可知，“断酒肉”法会的成功以及《断酒肉文》的撰写等，一定是在法云的襄助下进行的。

《断酒肉文》全文以“弟子萧衍，敬白诸大德僧尼”发语辞为标准，全文可分为三段，再加上“所传之语”，共分为四部分。

第一部分的大意，分为五方面：

(1)肉食出家人，不及外道与在家人。僧尼若不能持戒律，乃至犯了不杀生戒而“啖食鱼肉”，犯不饮酒戒而“犹嗜饮酒”，则其行为不但与外道邪教没有两样，而且比他们更糟糕，梁武帝指出九种不及外道与在家人之处。

(2)肉食障累诸因果。梁武帝以《涅槃经》为依据，说明食肉远离菩萨法、佛果、大涅槃，并列举食肉招致诸苦因与堕三途恶果。

(3)肉食者互相怨对，报相啖食。

(4)肉食者永与宿亲长为怨对。

(5)肉食者具有理、事二障难，理障难是以业因缘而生障难，事障难即是六道等障难。

第二部分的大意：

(1)北山蒋神菜食，行菩萨道。蒋神，原名蒋子文，广陵人，东汉末年曾任秣陵县尉，在战斗中受伤，死于钟山之下。蒋子文死后，逐渐被传为神。三国以来，蒋神地位一直提升，南朝齐时，东昏侯加蒋子文位为假黄钺、使持节等，甚至尊为

---

① 道宣：《续高僧传》卷五《法云传》，《大正藏》第52册，第465页上。

皇帝;梁武帝亲自率朝臣到蒋帝庙“修谒”。[①] 梁武帝以蒋神作为号召,希望通过神灵等信仰,为“断酒肉”寻找群众基础。

(2)勒诸庙祀,若有祈报,皆不得荐生类。

第三部分的大意:

(1)梁武帝于三宝前与诸僧尼共申约誓,若僧尼饮酒啖肉,当依王法治问;而且,依佛法的“集僧众、鸣犍槌、舍戒、还俗”等办法处理。所以,这是王法与佛法相互结合的政策。

(2)梁武帝于护法龙天鉴观之下,发誓不饮酒啖食众生,愿行大乘菩萨道。如违誓言,当入阿鼻地狱受苦。

(3)禁断僧尼寺院饮酒啖肉行为,否则“如法治问”。

第四部分,是通过善恶因果报应劝勉僧尼禁断肉食;同时,以素食的营养,对身体和心理的益处,共为菩提种子。

在二十九日晚上给周舍的五首敕文中,内容分别为:驳正法宠;反驳僧辩;食肉灭慈悲心,增长恶毒,非沙门释子所应行;学问僧人食肉,其罪过最大,因为解义而不能如说修行,言行相违又误导他人,必下地狱;菩萨人持心戒,无有食众生之理,乃至一念饮酒食肉之心,亦应绝对禁断。

所以,梁武帝依《大般涅槃经》“食肉者断大慈种”的经教,以及《楞伽阿跋多罗宝经》《央掘魔罗经》等断肉戒杀的思想,在《断酒肉文》中充分表达了大慈大悲的菩萨精神。在思想上,《断酒肉文》具有几方面的特质:

第一,以“断酒肉”作为新的戒律标准,来匡正“三种净肉”的传统戒律。戒律是佛教徒修行的根本,也是佛教教团维系发展的前提。在戒律中,五戒是基础,包括不杀生、不偷盗、不邪淫、不妄语、不饮酒等。从五戒出发,断酒肉成为僧尼最基础的戒律标准。所以,《断酒肉文》强调僧尼饮酒啖食鱼肉,则同于外道。《断酒肉文》引用经言“行十恶者受于恶报,行十善者受于善报”[②],这种戒律与善恶因果报应的结合,无疑具有号召力。同时,十善亦是菩萨戒,如《优婆塞戒经》所阐扬,菩萨行者必须修持十善的根本戒律。十善的第一戒不杀生,五戒的最后一戒不饮酒,都是僧尼最根本的戒律。所以,梁武帝是以断酒肉作为菩萨戒来推

---

① 梁满仓:《汉唐间政治与文化探索》,贵州人民出版社,2000年,第98—100页。

② 道宣:《广弘明集》卷二六,《大正藏》第52册,第294页中。

行，以身作则，加上“王法”与“佛法”的结合，以此来匡正“三种净肉”的传统戒律。

第二，“三种净肉”作为广律中的戒律，与《大般涅槃经》等经典“断肉”有所不同，梁武帝通过五时判教来解决二者的矛盾。在南朝的判教思想中，以顿渐五时判教最为流行，如下：

(一)顿教……………………………《华严经》

(二)渐教 (1)三乘别教……………《阿含经》

(2)三乘通教……………《般若经》

(3)抑扬教………………《维摩诘经》

(4)同归教………………《法华经》

(5)常住教………………《涅槃经》

所以，律典在判教中的位置，成为“三种净肉”与“断酒肉”其中之一成为究竟的依据。如法超的回答：

> 律教是一，而人取文下之旨不同。法超所解：律虽许啖三种净肉，而意实欲永断。何以知之？先明断十种不净肉，次令食三种净肉，未令食九种净肉，如此渐制，便是意欲永断。①

法超、僧辩、宝度三位律师皆强调，三种净肉是“渐教”，佛陀的本意是永断酒肉。如宝度的解释：“愚短所解只是渐教，所以律文许啖三种净肉。若《涅槃》究竟明于正理，不许食肉。若利根者，于三种净肉教，即得悉不食解。若钝根之人，方待后教。”②宝度将三种净肉纳入渐教，归为钝根之人；而不许食肉为顿教，为利根之人的教法。这种解释虽然表明了“断酒肉”为究竟而食肉为方便，却为食肉找到了理由与根据，仍然无法满足梁武帝的要求。

律藏是属于五时渐教，是属于何时？《断酒肉文》提到：

> 制又问：律教起何时？僧辩奉答：起八年已后，至《涅槃》。
>
> 问：若如此，《涅槃经》有断肉，《楞伽经》有断肉，《央掘摩罗经》亦断肉，

---

① 道宣：《广弘明集》卷二六，《大正藏》第52册，第299页上。

② 道宣：《广弘明集》卷二六，《大正藏》第52册，第299页中。

《大云经》《缚象经》并断肉。律若至《涅槃》,云何无断肉事?答:律接续初教,所以如此。

问:律既云接续初教,至于《涅槃》,既至《涅槃》,则应言断肉。答:若制教边,此是接续初教,通于五时,不言一切皆同。[①]

僧辩亦提倡五时判教,《涅槃经》为第五时,但是律藏之时是佛陀成道八年后一直至《涅槃经》。梁武帝明显主张戒律与《阿含经》同为第一时,但是僧辩的解释是"接续初教,通于五时,不言一切皆同",所以僧辩仍然为不断肉寻找暧昧的答案。梁武帝依五时判教,以《涅槃经》断肉为究竟,依此提倡"断酒肉",从而解决了律藏"三种净肉"与《涅槃经》"断肉"记载的矛盾。

梁武帝推行政教结合的政策,加上大乘菩萨戒的提倡,以"王法"和"佛法"的双重应用,推动"断酒肉"运动的开展。从"断酒肉"的整个运作来说,法会经过策划,《断酒肉文》经过梁武帝与法云等高僧的讨论,而且具有深厚的历史传统与"食肉者断大慈种"等证据确凿的理论依据。经过两次法会的举行,通过法义与戒律两方面的讨论,在思想上进行统一,而且通过国家行政机构发布诏令,并且由当时佛教领袖负责传布,从而在实践上保证了"断酒肉"政策的推行。

① 道宣:《广弘明集》卷二六,《大正藏》第52册,第300页上。

第三节
南朝的药师佛信仰和观音信仰

随着各种以佛菩萨为信仰对象的经典相继传入汉地，如阿弥陀佛、药师佛、弥勒、观音等，于是西方净土、弥勒净土等净土信仰，药师、观音等具有现实救济特点的佛菩萨信仰，都逐渐流行于汉地。

一 南朝的药师佛信仰

药师信仰是以药师佛为信仰对象，以消灾、延寿、治病为信仰目标，通过礼拜、造像、忏悔、写经、法会等信仰形态，表现药师信仰重视“现生安乐”的信仰特征。药师信仰是中国佛教信仰的重要组成部分，随着《药师经》的传译，中国佛教界通过对《药师经》进行注疏而阐发思想，完善药师信仰的仪轨，将信仰直接推向民众的生活。从南北朝至现代，药师信仰一直绵延不绝，成为中国佛教徒的重要信仰之一。

药师信仰传到中国后，在发展过程中为了适应中华文化，信仰形态发生了巨大的变化。药师信仰因其种种奇妙功效、重视现世安乐的特点，自南北朝以降历朝历代都有大量的信徒。如达摩笈多《药师如来本愿功德经序》：

> 致福消灾之要法也，曼殊以慈悲之力，请说尊号；如来以利物之心，盛陈功业。十二大愿，彰因行之弘远；七宝庄严，显果德之纯净。忆念称名，则众苦咸脱；祈请供养，则诸愿皆满。至于病士求救，应死更生；王者攘灾，转祸为福。信是消百怪之神符，除九横之妙术矣！[①]

药师佛的造像、图绘，《药师经》的刻造与传抄、讲解及注疏等，为药师信仰的弘传奠定了基础；同时，药师佛灵验故事的产生，亦起到了推动的作用。

---

① 《药师如来本愿功德经序》，《大正藏》第 14 册，第 401 页上。

在南朝，僧祐《出三藏记集》卷一三所收《法苑杂缘原始集目录》，其中有《七层灯五色幡放生记》，并且说"出《灌顶经》"[1]，可惜内容不详。陈文帝设立规模宏大的药师斋忏，大力宣扬药师佛致福消灾的功德，形成了很大的社会影响。陈文帝《药师斋忏文》曰：

> 窃以，诸行无常，悉为累法，万有颠倒，皆成苦本。热炎镜像，知变易之不停；漂草爨矛，见生灭之奔迅。随业风而入苦海，报障而趣幽途。去来三界，未见可安之所；轮回五道，终无暂息之期。药师如来，有大誓愿，接引万物，救护众生。导诸有之百川，归法流之一味，亦能施与花林，随从世俗，使得安乐，令无怖畏。至如八难九横，五浊三灾，水火盗贼，疾疫饥馑，怨家债主，王法县官，凭陵之势万端，虔杀之法千变，悉能转祸为福，改危成安。复有求富贵，须禄位，延寿命，多子息，生民之大欲，世间之切要，莫不随心应念，自然满足。故知诸佛方便，事绝思量。弟子司牧寡方，庶绩未又，方凭药师本愿，成就众生。今谨依经教，于某处建如干僧如干日药师斋忏，现前大众，至心敬礼本师释迦如来，礼药师如来！慈悲广覆，不乖本愿，不弃世间，兴四等云，降六度雨，灭生死火，除烦恼箭。十方世界，若轮灯而明朗；七百鬼神，寻结缕而应赴。障逐香然，灾无复有；命随幡续，渐登常住。游甚深之法性，入无等之正觉，行愿圆满，如药师如来。[2]

南北朝时期流行各种斋会，斋会的内容主要是礼拜、忏悔、经典读诵等各种礼仪行为。《药师斋忏文》并没有具体的仪轨形式，只知有礼敬诸佛及幡灯。当然，修忏的目的在于祈求消灾免难，治愈疾病，延长寿命，得富贵禄位，都是对现世利益的祈求。可见，《药师斋忏文》是举行"药师斋"时的法会文疏，或许是通行文疏，因为提到"今谨依经教，于某处建如干僧如干日药师斋忏"。

通过礼拜药师佛、诵《药师经》，或者结合"续命法"的坛场布置，举行放生、布施等活动，从而形成隆重的药师信仰法会。这些药师法会的实践，推动了药师忏仪的制定。

---

① 僧祐：《出三藏记集》卷一三，《大正藏》第55册，第90页下。
② 道宣：《广弘明集》卷二八，《大正藏》第52册，第334页中—下。

二 南朝的观音信仰

中国汉传佛教的观音信仰，主要是源于《普门品》的功德救难，所以是随着《法华经》的流传而逐渐盛行，各种宣扬观世音灵验的故事集亦应运而生。

就目前所知，最早将观世音灵验故事编纂成书的是东晋谢敷《光世音灵验记》，后来，他把自己所录的十多则应验故事赠给好友傅瑗。由于东晋末年的“孙恩之乱”，藏在会稽傅家的此书散失殆尽。刘宋时期，傅瑗之好友傅亮根据记忆追写其中七则，即是流传至今的《光世音应验记》；后来，张演又撰集自己所闻十则，续于傅书之后，是为《续光世音应验记》。萧齐时代，张演的堂外孙陆杲又根据当时的书籍、传闻，辑录观世音应验故事六十九则，系于傅、张二书之后，即是《系观世音应验记》。这三种书，共计辑录观世音应验故事八十六则，总称为《观世音应验记三种》。这三种应验记的古抄本，20 世纪在日本发现，引起学界的注意。①

这些灵验故事的产生与传播，无疑说明了六朝时期观世音信仰的广泛流传。在北朝，《普门品》亦是人人皆诵，如功迥六岁想出家，父母“亲口授《观音经》”②；慧琳“常念《观音经》三年”，法通“诵《观音经》昼夜不舍”③。读诵《普门品》是观音信仰的重要表现；另外，抄写《观音经》，在北朝亦十分盛行。如北魏孝昌三年(530)四月八日，敦煌在家佛弟子尹波写《观音经》四十卷，“施诸寺读诵”，题记中发愿文如下：

> 愿使二圣慈明，永延福祚；九域早清，兵车息甲。戎马散于茂苑，干戈辍为农用。文德盈朝，哲士溢阙。锵锵济济，隆于上日，君道钦明，忠臣累叶。八表宇宙，终齐一轨。愿东阳王殿下，体质康休，洞略云表；年寿无穷，永齐竹柏。保境安蕃，更无虞处；皇途寻开，早还京国。④

---

① 参见牧田谛亮：《六朝古逸观世音应验记之研究》，京都平乐寺书店，1970 年；孙昌武点校：《观世音应验记三种》，中华书局，1994 年；董志翘：《观世音应验记三种译注》，江苏古籍出版社，2002 年。

② 道宣：《续高僧传》卷一三《功迥传》，《大正藏》第 50 册，第 528 页下。

③ 道宣：《续高僧传》卷二五《慧琳传》《法通传》，《大正藏》第 50 册，第 663 页上—中。

④ 黄征、吴伟校注：《敦煌愿文集》，岳麓书社，1995 年，第 812 页。

在题记中，尹波表达了国家兴盛、和平的愿望，而且提到东阳王元荣。元荣为王朝宗室，任瓜州刺史长达二十年（525—545），他信仰佛教，于是将中原的佛教信仰带到敦煌。尹波祝愿元荣能够“早还京国”，充分体现了观音信仰的现实性、功利性。

同时，观世音菩萨的造像以及《普门品》的刻经时有出现，如龙门石窟有《尹伯成妻题记》：

> 永平四年十二月十二日，清信女尹伯成妻囗，为亡夫伯成，造观音像一躯，愿使侍佛闻法，永离三途，一切众生，普同斯愿。[①]

另外，武定六年（548）九月九日志朗造像（位于今山西平定）提到刻有《观音经》，天保十年（559）二月十日李荣贵兄弟等造像碑亦云刻有《妙法莲华经观世音普门品第廿四》。[②] 这些造像、刻经，都反映了观音信仰在南北朝的流行。

在北朝的造像中，释迦、弥勒、观世音是当时影响最广的尊像。观音信仰较为稳定，而北朝后期随着阿弥陀佛信仰的流行，对释迦、弥勒的崇拜渐衰。观音信仰在南北朝流行，隋唐以后更是风靡各地，妇孺皆知。

---

① 陆增祥：《八琼室金石补正》卷一三，文物出版社，1985 年，第 73 页。

② 侯旭东：《五、六世纪北方民众佛教信仰》，中国社会科学出版社，1998 年，第 138 页。

第十七章　六朝建康佛教寺院

佛教自东汉初传入中国,先兴于北方。三国时期,僧众逐渐南下,江南地区佛教开始兴起,经东吴、两晋至六朝时期而达于极盛。建康作为江南政治文化中心,六朝时期无论是佛教寺院的兴建,还是出家僧尼的增长,都得到了大规模的发展,从而奠定了此后南京作为江南佛教文化中心的地位。

建康佛寺的兴建,启端于三国孙吴时期的建初寺及佛舍利塔,发展于东晋南渡诸帝的佛寺兴建,兴盛于南朝时期朝野的大规模佛寺兴建。

南北朝时期是佛教在中国传播的大发展时期,自晋武帝司马炎(265—290年在位)改变了汉魏只有西域僧可以立寺的政策,大弘佛事,广树伽蓝,佛寺建置逐渐增多,而长安和洛阳"二京合寺一百八十所,……僧尼三千七百余人"[①],可见西晋都城佛寺发展之隆盛。在西晋北方佛教大发展的形势下,至东晋时期,佛寺兴建在中华大地得到普遍性发展。东晋南渡带来了北方皇族崇佛立寺以祈福之风气,每位皇帝及王室都兴建佛寺,奠定了建康佛寺的稳固基础。到了宋齐梁陈时期,建康佛寺发展更是进入了突破性大规模发展时期。由于帝王和王室、大族等多崇信佛教,兴建佛寺之风在朝野普遍流行,建康佛寺数量规模大大发展,到梁武帝时期达到高峰,形成了"南朝四百八十寺"的鼎盛局面,也使得建康成为江南地区无可争议的佛教文化中心,并形成了深厚的佛教文化历史积淀。

建康佛寺的分布,东晋时期尚主要在都城内的通衢大道、内河沿岸等繁华之地,其中不少皆为士族舍宅所建;而到了南朝时期则逐渐向城外山林扩展,使得建康城内外的山林形胜之地,诸如城中紫金山、鸡笼山及玄武湖一带,城东栖霞山,城南方山、牛首山,城西沿秦淮河一带,城北燕子矶一带及江浦等,大多成为稳定的佛寺基址,并形成了各自的佛教文化区域,奠定了此后南京佛寺的总体格局。

① 法琳:《辩正论》卷三,《大正藏》第52册,第502页下。

第一节
六朝建康佛寺的创建

总体来看，六朝时期建康佛寺兴建，经历了以下几个时期：

第一，孙吴、西晋的启端、初建时期。借由康僧会感应佛舍利的因缘，孙权建造了江南第一座寺院——建初寺及佛舍利塔，开江南佛寺建造之始。孙权之后及西晋时期，新建佛寺较少，发展缓慢，然长干里一带依然形成了一个佛寺塔群落，建业周边地区也开始新建少量寺院及精舍。值得一提的是，作为鸡鸣寺前身之鸡笼山道场，据传即肇兴于西晋时期。

第二，东晋时期建康佛寺的稳步发展时期。随着晋王室永嘉南渡，定都建康，建立东晋，以及一批北方高僧避乱南来，建康佛教及佛寺兴建步入了稳步发展时期。东晋初期兴建的佛寺主要是以皇帝的敕建为主，中期则后宫、王室、世家大夫及僧团也兴起建寺之风，建康佛寺稳步发展，并涌现出许多著名大寺，诸如长干寺、高座寺、白马寺、瓦官寺等等，不少寺院供养翻经及义学沙门上千僧，涌现出众多大德高僧，并促进了江南其他地区佛寺的普遍发展，使得建康逐渐成为整个江南地区的佛教发展与传播中心。据法琳《辩正论·十代奉佛》记载，东晋一百零四年间，合寺一千七百六十八所，僧尼二万四千人。其佛寺分布范围西北起于于阗、龟兹，西南至蜀，东部、南部均达于海，遍于当时全境，尤以今苏杭地域、长江流域分布为多。

第三，宋、齐、梁武帝时期佛寺兴建大发展时期。南朝之后，南北朝诸帝及王宫贵室在兴建寺塔、雕造佛像、度僧出家以求功德方面更为盛行，僧团和寺院规模大大扩展。建康佛寺兴建步入了突破性发展时期，寺院及僧团数量和规模在整个南朝时期得到了巨大发展，最终形成了"南朝四百八十寺"的极度兴盛景况。据唐释法琳撰《辩正论》卷三记载：南朝刘宋时期（420—479）有佛寺共一千九百一十三座，出家僧尼三万六千人；萧齐时期（479—502）有佛寺共二千零一十五座，出家僧尼三万二千五百人；萧梁时期（502—557）有佛寺共二千八百四十六座，出家僧尼八万二千七百人；陈朝时期（557—589）有佛寺共一千二百三十二座，出家僧尼三万二千人。[1] 此可见南朝佛教寺院和出家僧尼发展之盛，尤以梁武帝时期佛寺兴建最为繁盛，而侯景之乱后则因战乱而废毁较多。

刘宋朝五十九年，建康新建佛寺凡百数十座，占全境新建佛寺的三分之二左右，使得建康佛寺规模大为发展，真正成为整个江南佛教中心。其中，尤以宋文帝、宋孝武期间所建佛寺数量最多，兴建规模也最大。刘宋时期佛寺兴建数量的扩大，主要得益于民间和僧众兴建佛寺的兴起，而敕建佛寺的比例明显减少。同时，在佛寺分布的空间布局上，佛寺兴建不再主要集中在都城附近，而是逐渐地在整体上向郊外扩展，出现了许多山林佛寺。其中既包括覆舟山、鸡笼山等近郊之山，也包括如钟山、祖堂山、六合山等远郊之山。尤其是钟山一带，出现了大量佛寺，如灵曜寺、宋熙寺、道林寺、药王寺、灵根寺、善居寺等。可以说，建康真正意义上的山林佛寺是在这一时期开始形成的。

萧齐朝二十余年间，可考的建康新建寺院达四十三座，多兴建于齐高帝、齐武帝、齐明帝在位期间，其中所建寺院多数由皇室宗亲积极兴建。

萧梁朝五十五年，著名的崇佛皇帝梁武帝即占四十五年，梁武帝极度崇佛，大力推动建寺度僧，使得南朝建康及全境的佛寺兴建极度繁荣，达到了南朝的高峰。据《法苑珠林》记载，萧梁共造寺八百三十一座，其中建康造寺推测应有四百余座。较宋、齐两代，梁代的佛寺创建，不仅都城建康十分兴盛，其他地方上的佛寺创建也很兴盛。可以说，梁代不仅建康佛教的发展达到极盛，整个江南地区佛教也达到了全局性繁盛。梁代佛寺的兴建主要集中在梁武帝在位时期，简文帝、元帝等在位时期虽然也有佛寺兴建，但数量很少。

第四，侯景之乱建康佛寺第一次大规模毁废时期。根据《法苑珠林》记载，当时都城内外七百余寺在侯景作乱之时被焚烧荡尽，使得南朝建康佛寺从孙吴初建以来始终上升发展的势头第一次遭受重大打击。经过这次战乱的重创，其后历陈、隋、唐、宋、元之八百年，直至明代建都南京，佛寺的规模才再次达到堪与梁武帝时期相比的水平。

第五，侯景之乱后建康佛寺的恢复发展时期。侯景之乱后，梁简文帝、元帝虽然新建了一些佛寺，但由于梁室国力的大大衰退，大规模重修佛寺的活动不再成为可能。陈兴之后，由于政权稳定以及国力逐渐恢复，建康佛寺才真正进入恢

---

[1] 法琳：《辩正论》卷三，《大正藏》第 52 册，第 503 页上。

复发展时期。《法苑珠林》记载,陈代五帝四十四年之间,建康佛寺的规模最终达到三百余所,尚不及梁武帝时期的一半。而且,由于国力下降,陈代建康佛寺除了在数量上不及梁武帝时期,在佛寺建置规模上也难以与之相比。虽然如此,处在侯景之乱与杨隋荡平金陵这两个对于金陵佛寺有着致命打击的事件之间,陈代建康佛寺的短暂复兴对于六朝佛寺的文化延续依然有着十分重要的意义。

除了短暂的侯景之乱时期,自孙吴乃至南陈的六朝建康佛寺出现了一个稳步的大发展时期。这其中自然有着政治经济、思想文化等诸多方面的原因。

就政治经济背景而言,自汉末魏晋乃至南北朝以来,战乱频仍,朝代更迭频繁,政权常不稳定,这使得朝廷当权者希望借助佛教来安定人心,巩固统治。加之自孙吴称帝以来,建康开始成为江南地区的政治中心,经济也随之发展增长;而随着东晋南渡,北朝崇佛立寺的风气传入建康,促使建康佛寺的兴建活动快速发展起来。经东晋和宋齐梁陈历代朝野的不断推动,建康佛教持续发展,最终使得建康逐步成为与北朝长安并列的佛教文化中心。

就思想文化背景而言,魏晋以来玄学盛行,在当时士族思想界试图冲破汉代儒家烦琐经学的大氛围之下,迥然不同于中国文化的佛学义理成为玄学清谈的一种思想清风和高妙谈资,出入佛老也成为士人们的一种特别的思想追求和流行风尚。这种思想上的时尚追求客观上激发了士族和大众兴建佛寺的普遍热情,促进了朝野的众多士人和大众积极投入佛寺兴建活动,最终形成了建康佛寺繁荣兴盛的局面。

总之,在经历了数百年的战乱之后,为了巩固国家统治、满足精神需要,历代帝王、士族纷纷直接或间接地参与到佛寺兴建活动中去,这是六朝建康佛寺得以兴盛发展的主要动力。同时,随着佛教文化的广泛深入传播,越来越多中土民众的宗教热情被激发出来,使得佛教的民众基础越来越广泛,这是建康佛寺得以兴盛发展的深层社会文化基础。

一 孙吴时期建康佛寺的创建

孙吴时期,孙权割据江南,先治京口(今江苏镇江),后迁秣陵,并改秣陵为建业,自此,建业开始成为江南地区的行政中心。公元 221 年,孙权迁都武昌(今湖北鄂州），并于第二年（222）改元黄武。黄武三年（224），天竺僧维祇难、竺律炎（一作竺将焰）等来到武昌弘扬佛教，并译出《法句经》[①]。高僧支谦也在武昌积极弘法，译诸佛经。这是有文献记载孙吴时期最早的佛教传播。黄武八年（229），孙权在武昌称帝，改元黄龙，数月后还都建业。维祇难、支谦等人亦跟随前往，继续弘传佛教。借着建业城由地方行政中心升为都城的机遇，佛教顺乎时宜地传入建业，并由此揭开了六朝南京佛教兴盛的序幕。

（一）江南第一寺——建初寺

孙权对佛教采取了尊重礼遇的态度，这在很大程度上促进了佛教的传播。佛教初传建业，支谦颇有开创之功；而建业佛寺之兴建，则始于康僧会与佛舍利的因缘。

支谦随吴主到建业后，孙权礼遇甚厚，曾请他入宫中询问经义，并拜为博士，使辅导东宫太子。支谦广译佛经，积极弘布，从黄武至建兴年间，共译出佛经一百二十九部（一百五十二卷经）[②]，开一时佛法传布之风气。

赤乌十年（247），高僧康僧会由交趾至建业，史载由于他与僧众祈祷出佛舍利，而成为建业佛教寺院兴建之发端。康僧会祖先是康居人，世居天竺，后因父经商，便移居交趾。康僧会十岁时父母双亡，服丧完毕后便出家为僧。他为人笃志好学，学识渊博，既明解三藏，又博览儒家经典及天文图纬诸书，深受中国本土文化的熏陶。康僧会刚到建业时，无佛寺安住，便搭建茅棚，在内供养佛像，欲使道振江左，兴立塔寺。康僧会供养佛像的行为及装扮颇异时俗，引起吴人注意，孙权便召他入宫中，问供养佛像有何灵验。康僧会回答说，如来寂灭，已有一千多年，然其遗骨舍利，无论何时何地都能显现灵验。阿育王曾经建造了八万四千塔，这塔寺之兴，就是用来表示佛教的遗风教化。孙权听后，认为是夸诞之说，便对康僧会说："若能得舍利，当为造塔，如其虚妄，国有常刑。"[③]于是，康僧会约期七日，以求取舍利。他对随从说："佛法在吴地的兴废在此一举，若不以至诚求取舍利，更待何时？"于是沐浴斋戒，进入静室，并置铜瓶于案上，焚香祈祷以求舍

---

① 《法句经序》云："始者维祇难，出自天竺，以黄武三年来适武昌，仆从受此五百偈本，请其同道竺将焰为译。"（《法句经》卷一，《大正藏》第 4 册，第 566 页下。）

② 费长房：《历代三宝纪》卷五："优婆塞支谦，一百二十九部（一百五十二卷经）"（《大正藏》第 49 册，第 56 页中。）《历代三宝纪》卷三："支谦从黄武年至此（建兴二年），凡出《明度经》等一百二十部一百四十九卷，如吴录所载。"（《大正藏》第 49 册，第 37 页上。）

③ 慧皎：《高僧传》卷一，《大正藏》第 50 册，第 325 页上。

利。然而七日之期到，舍利却未出现，康僧会便又请七日之期，然二七之后，亦无舍利出现。孙权认为康僧会之举乃是欺诳，将欲加罪。康僧会以死立誓，恳请再宽七日。到了三七日的傍晚，仍不见舍利出现，众人莫不震惧。直至五更时分，突然听到铜瓶中有铿锵之声，康僧会亲往查看，终于见到了舍利。随后便呈于孙权，孙权见后肃然起敬，称赞其为“希有之瑞”。康僧会进而对孙权说：“舍利威神，岂直光相而已？乃劫烧之火不能焚，金刚之杵不能碎。”[①]孙权命人试验，令力者用铁锤击之，然而铁锤破裂，舍利依旧完好无损。孙权大为叹服，乃决定建造佛塔，以供养舍利。因为这是首次在建业建造佛塔寺，故号“建初寺”，并把建寺的地方称为“佛陀里”。

建初寺的创建，推动了建业佛教的传播，并掀起了江南兴立塔寺的风气。自此以后，不仅建康地区开始了佛寺兴建活动，其影响范围已经逐渐扩展到整个江南地区。比如，在孙权创建建初寺之后的第二年（赤乌五年），孙吴尚书令阚泽在今四明地区舍宅为德润寺。[②]

建初寺塔建成之后，佛陀里一带便逐渐成为建业僧尼聚集之地。又佛陀里附近（后世的长干里）一带也开始有其他塔寺出现。《南史》载：“吴时有尼居其地，为小精舍。孙綝寻毁除之，塔亦同泯。”[③]“其地”指长干里一带，这是关于长干里一带出现佛寺的最早记载，且为比丘尼精舍，可谓建业第一座尼寺。这座尼寺很快被孙綝所毁，连它旁边的一座佛塔也一并被毁。此塔不知其始，民间信传此塔为阿育王所造八万四千塔之一。《南朝寺考》云“或是汉末笮融所造遗留在此”，皆无考。

（二）孙皓时期佛寺的兴建

孙亮时期，权臣孙綝向不礼佛，有毁寺之举。孙皓即位之后，由于他性情暴虐，且不信佛教，便下令废弃淫祀，一度想把建初寺烧掉。他说：“此由何而兴？若其教真正与圣典相应者，当存奉其道，如其无实，皆悉焚之。”[④]然而诸臣劝谏说：“佛之威力，不同余神，康会感瑞，大皇创寺，今若轻毁，恐贻后悔。”[⑤]孙皓这才暂时未敢焚寺，却派张昱到建初寺诘难康僧会。张昱虽素有才辩，然康僧会应机

---

① 慧皎：《高僧传》卷一，《大正藏》第50册，第325页上。

② 志磐《佛祖统纪》卷三五：“（正始）三年（即赤乌五年），吴尚书令阚泽，舍宅为德润寺。（在四明慈溪县，今名普济。）”（《大正藏》第49册，第331页下。）

③《南史》卷七十八，中华书局，1975年，第1954页。

④ 慧皎：《高僧传》卷一，《大正藏》第50册，第325页下。

⑤ 慧皎：《高僧传》卷一，《大正藏》第50册，第325页下。

骋词，文理锋出，从一早辩论到傍晚，张昱也未将康僧会辩服。之后，孙皓请康僧会进宫，当面诘问“善恶报应”之说。康僧会辩说教义，使得孙皓“无以折其言”。康僧会辩论的成功，终使建初寺免于被毁。而其后孙皓又经历了一次“善恶报应”之验。相传，孙皓宫内卫兵在后宫治园时挖得一尊高数尺的金像，呈于孙皓。孙皓对金像大为不敬，将其置于厕内。到了四月八日浴佛节，竟以尿玷污佛像，并与诸臣以此为乐。结果招来恶报，浑身大肿，阴处尤为疼痛。病痛之际，孙皓想起了被他玷污的佛像，即叫人把佛像抬入宫内，用香水灌浴，并深刻忏悔，又广修功德于建安寺。而建安寺极有可能就是因孙皓之意修建的。经历过这次玷污佛像的教训，孙皓开始虔敬礼佛，使得建业佛寺的兴立在孙权去世之后又一次获得了发展契机。又据《（嘉庆）溧阳县志》记载，孙皓的丞相万彧曾舍宅为寺，然最初的寺名已不可考，仅知梁代名安静寺，后寺废而徙至他处（今溧阳县内），至清代名法慧寺。

二 西晋时期建康佛寺的创建

280 年，西晋司马氏平吴后，对建业的管理采取了一系列抑制性的改制措施。一方面将建业的国都身份降级为地方行政中心，并复名为秣陵。另一方面，又分割其行政区域，以削弱其势力，先分丹阳南郡为宣城郡，后又分秦淮水北为建业（后改建邺），水南为秣陵。总体来讲，建邺城在吴晋的朝代更替之中，并没有遭受重大打击，经历了一个相对稳定的过渡期。西晋皇帝重视佛教，北方佛教再度兴盛，洛阳和长安再次成为全国佛教中心。与此相比，江南佛教的发展相对缓慢。西晋年间，建邺城两度遭受战乱：一是晋惠帝太安二年（303）叛军石冰攻占建邺，二是永兴二年（305）叛臣陈敏攻占建邺，但对建邺佛教发展和佛寺兴建的影响有限。西晋时期建邺佛寺兴建活动主要体现于三方面。

第一，建初寺得以保存。至永嘉之乱时，寺仍尚存，高僧帛尸梨蜜就曾驻锡寺中。《高僧传》卷一《帛尸梨蜜传》载：“晋永嘉中，始到中国。值乱，仍过江，止建初寺。”①

第二，长干里佛塔得以复立。长干里佛塔在孙吴时已存在，其形制史籍不

① 慧皎：《高僧传》卷一，《大正藏》第 50 册，第 327 页下。

详，推测其规模应较小。时有比丘尼居于此地，并构建小精舍。晋平吴后，有出家众在旧处复立此塔。东晋时期，此塔又几度得到修缮。此塔的复立，虽然推测其形制较小，但为长干里一带塔寺的兴立埋下了伏笔。其后东晋刘萨诃发掘出舍利，便在此塔附近另立一塔，成为后来长干寺塔的源头。

第三，鸡鸣寺的前身鸡笼山道场肇兴。据《金陵梵刹志》卷一七载："鸡笼山与覆舟山台城连接，晋永康间，倚山为室，始创道场。旧有寺五所，迄无遗址，题识间存。国朝洪武二十年，命崇山侯督工重创，改鸡鸣寺。"[①]然《金陵梵刹志》卷一七《鸡鸣寺施食台记》却言："粤稽鸡鸣山在六朝时为北郊之冈，冈下有坑堑，凡诛戮者皆置之，俗呼为万人坑。国朝筑城禁则冈堑皆在城内矣。"[②]可见，西晋惠帝永康年间鸡笼山是否开始有道场兴建，证据不足，尚存疑。即使已有，也应是规模较小的精舍之类。《重修鸡鸣寺记略》云"历隋唐宋元，虽钟鼓香灯不乏声焰，而规模卑隘，未入丛林之列"[③]，鸡笼山道场虽历代延续，但规模狭小，故而未入丛林寺院之列。因此，鸡笼山道场作为明代大寺鸡鸣寺的前身，明代之前一直规模较小，并可能在晋代就有小规模的佛教建筑。

此外，西晋时期建邺佛寺兴建也向周边扩展。《（光绪）续纂句容县志》卷二下"崇明寺"条云："在县治东北，晋咸宁间名义和，其额梁昭明太子书。宋太平兴国五年改今额。"[④]这条文献说明，义和寺是西晋武帝咸宁年间所造，至北宋太平兴国年间改名为崇明寺。义和寺在今句容县境内，根据西晋时期的地方建置，句容与秣陵、建邺为同一级别的行政区域，同属丹阳郡，故可视为西晋佛教影响向周边的扩展。

三 东晋时期建康佛寺的创建

317年，晋元帝司马睿过江，以建康为都建立政权，史称东晋。东晋政权的

① 葛寅亮：《金陵梵刹志》卷一七。

② 葛寅亮：《金陵梵刹志》卷一七。

③ 葛寅亮：《金陵梵刹志》卷一七。

④ 又刘世珩《南朝寺考》卷六"陈义和寺"条云："义和寺，不详其所在，有梁昭明太子书寺额。"（《金陵全书》乙编·史料类·3，南京出版社，2011年，第898页。）这里《南朝寺考》以义和寺为陈代寺院，应当有误，既然有梁昭明太子所书寺额，则此寺应非陈代所建。

建立，使得建康再次成为国都。司马宗室向来重视佛教的发展，加之西晋永嘉之乱时，很多僧人纷纷南下以避祸乱，于是建康佛教开始迅速发展，佛寺兴建也开始进入较大规模发展时期。

（一）晋元帝时期

东晋建立之初，晋元帝即非常重视佛寺的创建。元帝初即位，就对长干塔进行修葺。[①] 长干塔是南京佛寺史上一座十分重要的佛塔，为著名大寺长干寺的源头。晋元帝修葺此塔之后，咸安年间简文帝又造为三层，至孝武帝太元九年(384)上金相轮及承露。其后，高僧刘萨诃于塔下发掘出佛舍利及爪发，便在塔西另造一塔，以安放舍利。太元十六年(391)，孝武帝又请沙门僧尚将此塔加建为三层，此即长干寺的前身。除修葺长干塔外，晋元帝还专门敕建了数座佛寺，有白马寺、瓦官寺、龙宫寺等，都是规模宏大的寺院，这些佛寺的创建为建康佛寺的快速发展奠定了基础。

白马寺，为东晋时建康创建的第一座佛寺，地位非同一般，而瓦官寺则为东晋建康第一大寺。瓦官寺建于元帝时，史载“晋中宗元帝，江左造瓦官、龙宫二寺，度丹阳千僧”[②]。可见瓦官寺和龙宫寺在当时都是规模相当大的寺院，所住僧众达到上千人。而《高僧传》则记载瓦官寺是晋哀帝时高僧释慧力所造。《高僧传・安世高》引昙宗《塔寺记》云：“丹阳瓦官寺，晋哀帝时沙门慧力所立。”[③]未知孰是。然若以寺为元帝始建，后经乱毁，至哀帝时，僧慧力移址新建，亦不无可能。

元帝时又有禅众寺，应该也是元帝所敕建寺院。唐许嵩《建康实录》卷五云“禅众寺直南出小街”，这里的小街即指御街，故禅众寺当在御街之北。御街是出都城门的南北主干道，禅众寺既然在御街之北，应当在紧邻都城门之处，故而很有可能也是一座敕建的皇家寺院。据载，禅众寺门前有察战巷，曾是庾亮七战苏峻之处，故又称七战巷。想必禅众寺在苏峻之乱时被毁，以至于它在晋梁之间都无有所闻。直到南陈一代，才渐有声闻，并成为当世大寺，故而又称大禅众寺。陈代高僧释慧勇，曾住锡大禅众寺十八年，大兴此寺。隋开皇年间，晋王杨广曾

---

① 刘世珩《南朝寺考》卷第一“长干寺”条云：“元帝渡江，更修饰之。”(《中国佛寺史志汇刊》第1辑第2册，第10页。)

② 道世：《法苑珠林》卷一二，《大正藏》第53册，第1025页中。

③ 慧皎：《高僧传》卷一，《大正藏》第50册，第324页上。

居禅众寺，并于十五年二月派遣使者迎请天台智者大师入扬州（当时的南京城）。七月，智者大师到达扬州禅众寺，以所著《净名义疏》奉于晋王杨广，至九月辞归天台。唐太和三年(829)正月，有人在禅众寺旧塔基下获得舍利石函，并于二月十五日重新瘗藏于当时润州丹徒县境内的甘露寺东塔之下。

（二）晋明帝时期

晋元帝驾崩之后，长子司马绍即位，改元太宁，是为晋明帝，在位三年。明帝和元帝一样，都对佛教表现出很大的兴趣，与高僧竺法深交往深厚。竺法深本是元帝丞相王敦的弟弟，为东晋著名的般若学者。他在建康盛讲般若空义，与元、明二帝及丞相王导、太尉虞亮等公卿交往很深。明帝不仅礼遇竺法深等大德高僧，其本人更喜谈佛学义理，曾邀集义学沙门百人在皇兴寺内一起讲论佛道。此外，明帝还是位极善画佛像的皇帝。唐张彦远所著《历代名画记》卷五说他“善书画，有识鉴，最善画佛像”，即位之初，就亲自在大内的乐贤堂上绘制了释迦佛像。明帝之时，都城内的佛寺数量较少，明帝敕建了皇兴寺、道场寺等寺院。

皇兴寺，是明帝敕建的第一座寺院，曾供养义学僧百人，明帝经常前往寺内，与僧众讲论佛理。

道场寺，为当时著名的译经之所，多部重要佛经在这里翻译完成。义熙十四年，孟颛、褚叔度等礼请西域高僧佛陀跋陀罗在道场寺内翻译《华严经》六十卷。因为翻译此经的缘故，寺中便有了华严堂。刘宋时期，又有释法显、释宝云、释僧馥、释慧观、释法瑗、释慧询、释法庄、释法畅等先后在道场寺内翻译佛经。道场寺本在斗场里，里内又有明安寺，盖为两座寺院，只是相距甚近，后合为一寺，以明安为名。宋元时，尚呼其地为斗场村，而寺已久废。

（三）晋成帝时期

明帝之后，其长子司马衍即位，改元咸和，是为成帝。晋成帝期间，曾发生了一场关于沙门是否应跪拜君王的大辩论。《弘明集》记载，成帝咸康六年(340)，中书监庾冰辅政，主张沙门应向王者行礼致敬，但尚书令何充认为沙门不应如此。由于双方相持不下，成帝便诏令礼官详议此事。后来经过反复辩论，成帝未采纳庾冰的主张，认为沙门可以不向王者跪拜行礼。通过这场辩论可以看出，成帝本人对佛教甚为尊崇。

成帝也十分重视兴建佛寺。咸和五年(330)，成帝诏请会稽宝山法义法师入皇宫中传授五戒，并敕建中兴、鹿野二寺，供养翻经义学沙门上千人。可见，中兴、鹿野二寺的兴盛之景，已超过元、明二帝之时所敕建的寺院。

此外，东晋时期的著名寺院高座寺也与成帝有密切关系。史载，高僧帛尸梨蜜常在石子冈东行头陀，圆寂之后葬于此地。成帝因感怀其遗风，便在其坟冢之所建舍利塔。塔成之后，有关右沙门帛尸梨蜜来游京师，在此立寺。相传帛尸梨蜜曾据高座说法，其号又为高座道人，因以高座为寺名。因寺内有甘露井，故又名甘露寺。萧齐时期，高座寺颇盛，高僧往来甚众。如释慧近曾住寺内，蔬食素衣，誓诵《法华》。又有僧成，为齐代法匠。高座寺后为雨花台，相传是梁武帝时云光法师讲经天雨宝花处。梁武帝以后，高座寺逐渐衰落。明洪武年间，僧瑄重修，然不久毁于战火。弘治年间，僧照堂又加以修复。后来，高座寺被一分为二，西曰高座，东曰永宁。入清以后，两寺并立，而高座寺较为宏敞。高座寺是东晋建康第一座僧人自建寺院，这在南京佛寺发展史上具有特殊意义。

东晋初三帝尊崇佛教，陆续敕建了一批寺院，这对南京佛寺的兴建具有相当重要的意义。东晋以前，建康有影响的佛寺只有建初寺和长干塔寺两处而已。而作为东晋都城的建康，要使源源不断来至京师的僧众能够安住，仅靠这两座规模不大的寺院是远远不够的。因此，东晋初三帝所敕建的佛寺，成为不断增多的僧众的会聚之所，为建康成为全国的佛教中心创造了条件。

东晋初三帝时期的佛寺兴建还只处于初创期，所建的寺院九座，除高座寺外，其余八座均为皇帝敕建。既是敕建，则多为皇家所用，且所住高僧，多为义学僧，当时对民间的影响力则有限。

成帝咸和二年(327)爆发了苏峻之乱，致使宗庙宫室，尽为灰烬。宫城被毁，则元、明二帝所敕建的寺院当在战乱中有所损毁。理由有三：其一，当时敕建寺院基本上距宫城不太远，宫城被毁，附近佛寺难免不受牵连。如禅众寺就直接为庾亮七战苏峻之处。其二，元帝所敕建的龙宫寺、明帝所敕建的皇兴寺，后世皆无所闻，以二寺为常住义学僧上百人的大寺，其后反而无闻，当是早已被毁。其三，关于瓦官寺和道场寺的建造者和建造时间，史书记载不一。《法苑珠林》载瓦官寺为晋元帝敕建，而《高僧传》则记载为晋哀帝时高僧释慧力所造。又《法苑珠林》载道场寺为明帝敕建，而《出三藏记集》则记载为晋安帝时高僧释法显所造。之所以有这种差异，比较合理的解释是这两座寺院曾经被毁，后世又重新复建，推测当毁于苏峻之乱时。苏峻之乱虽是建康城发展史的一次灾难，但并未对建康佛寺发展的势头产生实质性的影响。东晋初期，由于政权根基尚未稳固，佛寺兴建的数量较少。苏峻之乱后，东晋政权进入了一个较长的稳定期，这使得佛寺的大规模兴建成为可能。如晋成帝在苏峻乱后即敕建了中兴寺和鹿野寺两座大寺，规模远超元、明二帝时所敕建的寺院。

（四）晋康帝时期

成帝之后，其弟司马岳即位，改元建元，是为康帝。晋康帝在位仅两年，建于其在位期间的寺院有两座，分别是中书令何充兴建的建福寺与褚皇后兴建的延兴寺。

建福寺是何充舍别宅为慧湛比丘尼所立。当时京师尚未有尼寺，因此建福寺可谓东晋建康第一座尼寺。建福寺兴立之后，多为皇室世族妇女交游之所。历代住于寺者有道琼、法盛、净度、智胜等比丘尼。建福寺在晋宋两代十分兴盛，其后渐衰，废于隋初。

延兴寺也是尼寺，是褚皇后为僧基比丘尼所建，并且是在她的亲自主持下修建完成的。僧基比丘尼本受康帝礼遇，史载她“枢机最密，善言政事，康皇帝雅相崇礼”①，后来又被褚皇后赏识，便为她修建此寺，并请她为住持。因为延兴寺是褚皇后亲自主持修建，所以当时慕名前来的徒众达百余人，盛极一时。这座尼寺建成之后，成为皇室后宫常去的交游之所，颇为兴盛。

（五）晋穆帝时期

康帝驾崩之后，其长子司马聃即位，改元永和，是为穆帝，其生母即康帝褚皇后。穆帝即位之时只有两岁，故而朝政大权基本上由其母褚皇后掌握。穆帝在位期间，可考共有三座寺院兴建，分别是庄严寺（谢寺）、何皇后寺及彭城寺。

庄严寺为谢尚于永和四年（348）舍宅造立。刘宋大明年间，由于路太后于宣阳门外太社西药园造了一座寺院也叫庄严寺，便将此寺改名为谢镇西寺，以区别二寺。历代高僧有慧次、僧宝、僧智、僧宗等曾住此寺。陈宣帝太建元年（569），寺被火所焚。五年（573），豫州刺史程文秀重修，宣帝敕令改名为兴严寺。寺在宋代绍兴年间犹存，但其址已迁于真武庙北。

何皇后寺本名永安寺，是晋穆帝的皇后何氏为昙备比丘尼所造，建于永和十年（354）。何皇后是何充之弟何准的女儿，与穆帝皆信奉佛教，常一起与僧尼交

---

① 宝唱：《比丘尼传》卷一，《大正藏》第50册，第935页下。

游往来。当时，建康城有位比丘尼名昙备，才貌出众。晋穆帝对她“礼接敬厚”，常对人说“京邑比丘尼，鲜有昙备之俦也”①。何皇后亦对她称赞有加，亲自主持为她建造了永安寺，并请她住持。昙备比丘尼为人极其谦恭有礼，接引大众毫无傲慢的态度，故而慕名归依者有三百余人。这座永安尼寺实际上是专门为深宫女眷们建造的佛寺。而住在寺里的女尼，因为经常接近帝王权贵，难免有一些“戒行不尽”等有违佛门清规的传闻。如寺中的智妃尼，因姿貌甚美，被蔡兴宗看中并纳为侍妾。另据唐代裴孝源所著之《贞观公私画史》记载，寺中藏有陆整画。

彭城寺为彭城王司马纯之于升平五年(361)造立。刘宋元嘉八年(431)，建福寺道琼比丘尼大造形像之时，于彭城寺内置金像二躯，帐座完具。彭城寺在宋齐两代颇为兴盛，历代高僧有释道渊、僧弼、僧覆、道远、道盛、慧开、宝兴、僧令等，止住此寺。释道渊，出家止住京城东安寺，后移住彭城寺，宋文帝敕居住任寺主。僧覆，宋明帝深加器重，敕为彭城寺主。释道远，宋大明中渡江止住彭城寺。释道盛，宋明帝敕令下都止住彭城寺，谢超宗一遇即敬以师礼。

（六）晋哀帝时期

穆帝年仅十九岁即病死，由成帝长子、穆帝堂兄司马丕即位，改元隆和，是为晋哀帝。晋哀帝在位时间也很短，仅四年，然他好重佛法，即位之后，便派遣使者请支遁入京，安置在东安寺。

东安寺建于何时，史籍中并无确切记载，推测可能是哀帝为了迎请支遁入京而专门为他所建的寺院。支遁在东安寺住了三年，使东安寺大为兴盛，成为京城内一座香火鼎盛的寺院。之后历代高僧如慧持、慧严、道渊、道猛、求那跋摩、法恭、昙智等都止住此寺，或译佛经，或居讲席。慧持，慧远之弟，至都城止住东安寺。慧严，回京止住东安寺，高帝素所知重。释道渊，幼年出家东安寺。释道猛，元嘉二十六年(449)止住东安寺开讲席。求那跋摩，于东安寺译出《法鼓经》。释法恭，初住东安寺。释昙智，建康人，止住东安寺，能谈庄老。他们学术精整，僧俗皆极为推崇。宋齐之际，东安寺成为义学高僧的云集之地。而当时的道场寺则聚集了许多禅师，故时人有赞曰“斗场禅师窟，东安谈义林”②，展现了当时二寺的兴盛景象。

---

① 宝唱：《比丘尼传》卷一，《大正藏》第50册，第935页下。
② 《宋书》卷九七，中华书局，1974年，第2392页。

此外，瓦官寺的创建也得益于哀帝的支持。史载，兴宁元年(363)，高僧释慧力想在秦淮河南岸的陶官处建寺，便上奏请求允准。于是，哀帝专门下诏将陶官移到秦淮河北岸，将南岸陶官处施与慧力建寺。瓦官寺后来发展成为举国闻名的大寺，号称“江左首刹”。

（七）晋废帝时期

哀帝在位四年，因吃金丹药而死。后由其同母弟司马奕即位，改元太和，是为废帝。废帝在位六年，一直由褚太后听政，后被桓温所废。他在位期间，在政治上和佛教事业上都没什么作为。

晋废帝在位期间建康共有两座佛寺兴建，分别是临秦寺和安乐寺，皆为侍中中书令王坦之所造。王坦之向来信奉佛教，便在秦淮河的北岸建造了这两座寺院。其中，“临秦”之名取意于“门临秦淮”。

安乐寺是王坦之为高僧释慧受所建。慧受本是安乐人，于兴宁年间来游京师。他蔬食苦行，常修福业。相传，他曾经过王坦之的庄园，当晚便梦见自己在那园子里建造寺院。经过几次思量之后，慧受便请求王坦之允许自己在园子里建一间小屋子，而未直言造寺的意图。小屋建成以后，王坦之常常夜里感梦，于是便将自己的园子施舍出来，为慧受建了这座寺院，并以慧受的家乡作为寺名。安乐寺建成后，规模不断扩大。其东有丹阳尹王雅之宅，西有东燕太守刘鬬之宅，南有豫章太守范宁之宅，三家皆舍己宅以充寺用。后来，沙门道靖、道敬等人，又对安乐寺加以修饰。安乐寺在南朝至隋唐时期都颇为兴盛，历代高僧云集。如刘宋时期的慧令、法仙、法最、释普恒、释道慧，宋齐之际的释智称、释僧辩，萧梁时期的释僧绍，隋唐时期的释法侃、释明舜、释智聪、释法超等皆住于此寺。他们或精于解义，或善于唱导，或翻译佛经，使安乐寺成为建康的一座名寺。相传，安乐寺也是僧繇“画龙点睛”之处。

以上四位皇帝，在位时间共计三十年，期间政权相对稳固，建康佛寺兴立也稳步发展，并呈现出了新特点。这一时期兴建的寺院，多为后宫、王室及世族所造，而没有皇帝亲自敕建的寺院。可见佛寺创建的主导权已经下移，受到皇帝敕建佛寺的影响，逐渐形成了王公大臣世族兴建佛寺的风尚，而皇帝通常对此也给予支持。

（八）晋简文帝时期

桓温将司马奕废掉之后，立元帝少子司马昱为帝，乃是废帝叔祖，是为简文帝。简文帝在位时间虽仅两年，但在佛寺兴建上颇有成就。他崇佛立寺，诏令兴建了一批佛寺，其中包括对长干塔寺的修建。

自晋元帝修饰长干塔寺之后，其后诸帝再没有对其修缮。简文帝即位之初，便开始修缮长干塔。史载，咸安年间，简文帝命沙门安法程在其旁建小塔，然未及建成，安法程便去世了，后由其弟子僧显继续修造，直到孝武帝太元九年(384)才完成金像轮和承露盘。

简文帝还为比丘尼道容修建了新林寺，又名波提寺。①《法苑珠林》卷四二引《晋南京寺记》云："波提寺，在秣陵县新林青陵，昔晋咸安二年，简文皇帝起造，本名新林寺。"②

（九）晋孝武帝时期

简文帝驾崩之后，其子司马曜即位，是为孝武帝。在东晋诸帝中，孝武帝十分崇奉佛法。据《晋书》卷九孝武帝太元六年(381)春正月条记载："帝初奉佛法，立精舍于殿内，引诸沙门以居之。"晋孝武帝初奉佛法之时，便在宫殿内建造精舍，并请沙门居住，这是其他诸帝未曾做过的事。尚书左丞相王雅曾上书谏阻孝武帝在皇宫内建造精舍，但孝武帝并未听从。

孝武帝亲自主持修建了皇泰寺、本起寺、冶城寺等寺院。

皇泰寺，又作皇太寺。孝武帝精心奉法，志念冥符。师子国王钦服其对佛道崇信之诚，便遣沙门昙摩撮远送玉像，以表丹情。孝武帝于是召义解僧造皇泰寺，又舍旧宅建本起寺。③

冶城寺，建于太元十五年(390)，是孝武帝为江陵沙门法新所造。因寺在冶城，故名冶城寺。至桓玄窃国，废寺为苑，尽移僧众，使出居太后寺。后广起楼榭飞阁，复道延属宫城。桓玄败后，复立为寺。其后，冶城寺历南朝而兴盛一时。

---

① 简文帝十分礼重比丘尼道容。据说，简文帝还是会稽王的时候本来信奉道教，一度师事清水道师王濮阳，并在宫廷内建造道教的道舍。当时比丘尼道容曾屡加忠告，但终不被采纳。后来，简文帝走入道舍，觉得常有神人出现，但这神人却呈现出沙门的形象，并且几乎满屋子都是这样的神人。简文帝怀疑这是道容所做的把戏，但又无法证实。简文帝继位之后，有乌鸦在太极殿上筑巢，找来占卜大师曲安远进行占卜。曲安远解释说，在西南方有女法师，如得其人，则一切怪诞当可逢凶化吉。这位女法师便是道容。于是，简文帝便派遣使者前往西南方迎请道容。道容对简文帝说，皇帝若能斋戒七天，受持八关斋戒，则一切怪异均可化险为夷。简文帝按照道容所说的去做，乌鸦果然把巢穴移走了。自此，简文帝便皈依道容，信奉佛教，并为她建造了这座寺院，取名新林。（宝唱：《比丘尼传》卷一，《大正藏》第 50 册，第 936 页中。）

② 道世：《法苑珠林》卷四二，《大正藏》第 53 册，第 526 页中。

③ 法琳：《辩正论》卷三，《大正藏》第 52 册，第 502 页下。

刘宋兴以后，高僧慧琳、慧静、僧瑾、慧通、智顺、智秀、僧若、道乘等皆住于寺中，或与文人周旋，或为君相加礼，盖禅林之星聚者也。[①] 冶城寺地处要冲，梁代徐嗣徽叛乱，众人曾在寺侧筑垒。后来，陈高祖送临川王蒨西讨之时，尝幸寺饯饮。

孝武帝还对长干塔进行了大修缮。最初简文帝造三层塔，孝武帝在塔刹上安了金像轮和承露盘。《高僧传·慧达传》记载，此塔每天傍晚都放光。高僧慧达登上城楼眺望，见佛塔顶端光色不同寻常，便到佛塔旁礼拜。到了夜晚，佛塔下面发出光来，慧达便命人在塔下挖掘。挖了一丈多深后，发现有三块石碑，中间石碑里放有铁函，其中又有银函，银函中又有金函，金函里面有三颗舍利和指甲、头发，头发长数尺并放光。慧达认为，这长干塔就是阿育王所造的八万四千塔之一，于是便在旧塔之西另造一塔，以供奉舍利。太元十六年（391），孝武帝又将此塔加建为三层。此塔就成为后来长干寺的前身。

此外，新亭寺的兴建也与孝武帝有关。孝武帝非常礼重高僧竺法义。太元五年（380），竺法义示寂后，孝武帝便以十万钱买下新亭冈，为他建造坟墓，并造了三层舍利塔。其后，竺法义的弟子昙爽便在舍利塔的基础上建造了一座寺院。因其坐落于新亭，便命名为新亭寺。新亭寺也是刘宋孝武帝登基的地方，在他即位之后又对新亭寺加以扩建，并敕名为中兴寺。后又改名天安寺。中兴寺后被前废帝刘子业所毁，至刘宋明帝即位之后又加以重建。中兴寺内历代高僧云集，如求那跋陀罗、昙摩密多、僧导、僧璩、慧览、道温、僧印、宝亮等，皆止住于此。梁武帝与庾肩吾有天安寺疏圃堂诗，记述寺中胜景，可谓兴盛一时。至侯景作乱，柳仲礼进次新亭，侯景曾率众住于中兴寺后。中兴寺位于入京要道，固不能免于战祸，而其后无闻，当是毁于战乱之中。

孝武帝时期还有一座寺院名郯寺。据《出三藏记集》记载，孝武帝时有西域沙门鸠摩罗佛提在寺内译经。[②] 想必郯寺很有可能也是孝武帝所建的寺院，专门供西域僧人翻译佛经。

今可考的兴建于孝武帝在位期间的寺院还有中寺、简静寺、护身寺等。

中寺，建于晋孝武帝太元五年（380），为会稽王司马道子之所立，在旗亭、璧水之间，历代皆有高僧住锡往来。如刘宋高僧昙光、萧齐高僧法安，皆圆寂于此。

---

① 刘世珩：《南朝寺考》卷二晋“冶城寺”条，《中国佛寺史志汇刊》第2辑第2册，明文书局，1980年，第30页。

② 僧祐：《出三藏记集》卷二，《大正藏》第55册，第64页中。

梁天监十五年(516),上座僧慈对中寺重加修饰,王僧孺制碑以纪其事。又有中寺僧怀,曾奉敕诣栖霞寺朗法师,谘受三论大义。

简静寺,又作简靖寺,司马道子为妙音比丘尼所造,建于孝武帝太元十年(385)。妙音是孝武帝时期著名的比丘尼,受到孝武帝本人及权臣司马道子的宠信。妙音在当时常出入宫廷,参与朝中政务活动,可谓"权倾一朝,威行内外"[①]。后来司马道子为她建造了简静寺,请她住持。由于她极负盛名,信徒有一百余人。

护身寺,其事不详。《建康实录》卷九"孝武帝太元十七年"条记载:"地在今县东五里,护身寺西,在御街东也。"据此可知,护身寺建造时间当不晚于孝武帝太元十七年(392)。而且护身寺在御街以东,其地当处都城内的人口密集地带。

孝武帝在位二十四年,是东晋诸帝中在位时间最久的皇帝。他在位期间,尽心国事,重用贤臣,取得了军事史上著名的"淝水之战"之胜利,使东晋王朝出现了中兴之象。与之相应,他在位期间建康佛寺兴建的成就也称得上是东晋一代之最。

(十)晋安帝时期

太元二十一年(396),孝武帝驾崩,其长子司马德宗即位,是为安帝。史载安帝昏庸懦弱,继位后先后由司马道子(简文帝幼子)、司马德文(安帝之弟)揽权,而他始终是个傀儡。虽在位长达二十二年之久,但国力日衰,使得东晋王朝渐近暮日,本人最后被刘裕(即后来的宋武帝)所杀。

安帝在政治上昏庸无能,但继承了东晋诸帝的崇佛传统。除敕建寺院外,安帝在位期间还有多座寺院兴立,包括东亭寺、白塔寺、西寺、崇明寺、延贤寺、建安寺、始兴寺等。

东亭寺,建于安帝隆安元年(397),乃是琅琊王珣所造。因其为东亭侯,故名东亭寺。又因王珣人称王卫军,故寺又称王卫军寺。史载王珣深信佛法,创建东亭寺之后便广招学众。当时,有高僧僧伽提婆来游京师,王珣便延请他入寺内讲经。后来又请提婆于寺内重新翻译《中阿含经》。[②]

白塔寺,在法王寺之西。有说,安帝曾施地为迎请鸠摩罗什而建法王寺。罗

---

① 宝唱:《比丘尼传》卷二,《大正藏》第50册,第937页上。
② 僧祐:《出三藏记集》卷二,《大正藏》第55册,第10页下。

什于长安示寂以后，后人便在法王寺之西建造白塔，以供奉罗什舍利。白塔寺就是从这座舍利塔的基础上发展而来。①

西寺，安帝时寺院。《比丘尼传》记载："僧敬在孕，家人设会，请瓦官寺僧超、西寺昙芝尼，使二人指腹，呼胎中儿为弟子……年八十四，永明四年二月三日卒，葬于钟山之阳。"②根据僧敬尼的卒年及年龄，可推算其生年为晋安帝元兴二年(403)。因之，安帝时已有西寺，且其创建时间不晚于元兴二年。

崇明寺，建于晋安帝义熙年间，为沙门释僧慧与长安人行长生在京师破坞村中所立。据《高僧传》载，僧慧先于此处起草屋数间，于是集僧设斋。至中夜，堂内两灯突然自燃，然后自己向前移动了数十步，而油篹如故，无所倾覆。于是大众惊嗟，访诸耆老，咸言灯所移处是昔时外国道人起塔之基。于是就共修立，以灯移表瑞，因号崇明寺。③

延贤寺，建于晋安帝义熙年间，为释法意所造，在钟山。寺成以后，神僧杯度往来其间，并说此处不久之后会有异变，然后会成为一块福地。不久，寺院果为野火所烧。后来，齐谐及张寅等人与法意重修此寺。④

建安寺，安帝义熙年间已存。《比丘尼传》载："十九出家住建安寺……宋文皇帝深加礼遇……以泰始元年，敕为普贤寺主。二年，又敕为都邑僧正……年七十七，升明元年(477)卒也。"⑤根据宝贤尼的卒年及年龄，可推算其生年为东晋安帝隆安四年(401)，十九岁时便是义熙十四年(419)。故知建安寺的创建时间不晚于晋安帝义熙十四年。

始兴寺，本是文献公王导庙，安帝时已为寺。据载，义熙十三年(418)，刘裕西伐长安，克捷旋旆，涂出山东。当时王恢从驾，游观山川，至智严精舍，见其同

---

① 按，有史籍说安帝曾派使者迎请鸠摩罗什，并为之建法王寺。然其他史籍未见罗什赴江南的记载，孤证不足以说明。又说罗什圆寂后，安帝曾建白塔供养罗什舍利。白塔史籍有记载，然是否迎请供养罗什舍利也未能确证。如《南朝佛寺志》卷一白塔寺条云："白塔寺，在法王寺西，即葬三藏国师鸠摩罗什舍利顶骨之所。至正新志以为大唐三藏大遍觉法师玄奘者，误也。按，金陵白塔寺有四，祇洹寺改名之白塔已见上，天禧寺东之白塔即此葬三藏国师舍利顶骨之所，永庆寺亦有白塔是为梁所建，若乌衣巷之白塔则明回光寺塔，今犹名白塔巷，与六朝之三白塔寺皆无涉也。考证《至正金陵新志》天禧寺注，白塔在寺东，即葬玄奘顶骨之所，按，此因三藏二字而误。"(《中国佛寺史志汇刊》第1辑第2册，明文书局，1980年，第96页。)

② 宝唱：《比丘尼传》卷三，《大正藏》第50册，第942页中。

③ 慧皎：《高僧传》卷一三，《大正藏》第50册，第410页下。

④ 关于该寺的建造者是谁，史料中又有其他说法。如《梁书》卷四《到溉传》载："蒋山有延贤寺者，溉家世创立，故生平公俸，咸以供焉，略无所取。"依此，则延贤寺本到溉家世所立，而非法意所立。未知孰是。(姚思廉：《梁书》卷四，中华书局，1973年，第569页。)

⑤ 宝唱：《比丘尼传》卷二，《大正藏》第50册，第941页上。

止三僧,各坐绳床,禅思湛然。王恢即建议刘裕将他们延请至建康。诸僧莫肯行,既屡请恳,二人便推智严随行。王恢向来崇佛素笃,对智严礼事甚殷。到了建康以后,便请他住在始兴寺。

(十一)晋恭帝时期

419年,晋安帝被刘裕所杀,其弟司马德文即位,是为恭帝,为东晋末代皇帝。恭帝实际是刘裕所立的一个傀儡皇帝,在位一年多便被迫禅位于刘裕。恭帝本人好重佛法,皇后褚氏亲自主持修建了青园寺。

青园寺,其地本是种青处,褚皇后于此建寺,因以青园为名。刘宋元嘉中,高僧竺道生来止住此寺,为宋文帝礼重。道生在青园寺阐其佛性说,人以为偏邪,便把他驱逐。其年夏,雷震寺佛殿,龙升于天,光照四壁,遂改寺名为龙光。当时有人叹曰"龙既已去,生必行矣"[①]。或曰元嘉五年(428)有黑龙见覆舟山之阳,帝舍果园东建青园寺,西置龙光殿。宋少帝景平元年(423),佛陀什在龙光寺内译经。其后,宝林寺惠生、普知、僧果诸僧,先后住于寺内,龙光寺遂愈来愈有名气。相传,晋司徒王谧曾掘地得金像,宋高祖迎入台供养,复送瓦官寺,梁时移入龙光寺。唐会昌中寺废,咸通初复建,名月灯禅院,南唐升元中又加以重修,其后便无所闻。

自简文帝即位,至恭帝禅位,凡四十八年,为东晋建康佛寺的大规模创建期。建于这一时期内的寺院共计二十座,其中皇帝敕建八座(含长干寺),后宫王族所建四座,僧建四座,其他不详。之所以说这一时期是佛寺的大规模创建期,很大程度上在于,不同阶层的人已经能够兴建寺院,尤其是出现了一批僧建寺院,这意味着,佛寺的创建已经不再局限于皇家贵族之内,而开始成为僧众自己的事业。而且,僧众独立创建寺院,对扩大佛教在民间的影响有着极为重要的意义。佛寺已经不再只是皇家贵族和高僧名士的交游之所,而是逐渐走向民间大众。

(十二)东晋建康的其他佛寺

还有一些有文献可考的东晋寺院,具体建于何时不详,计十三座。兹列如下:

耆阇寺,东晋时建,在鸡笼山西。齐梁以来,有高僧道登、安廪,迭居此寺。

---

① 慧皎:《高僧传》卷七,《大正藏》第50册,第367页上。

至隋师渡江后，樊毅屯兵寺前。陈亡寺废。明代重修。

天宝寺，建于东晋，其址在古潮沟前，玄武湖之南。宋废帝曾毁之，明帝定乱后下令复兴。梁太清二年(548)，邵陵王纶与侯景战于玄武湖侧，败入此寺，景纵火焚之而寺再毁。唐开元中，改为天保寺。宋开宝八年，寺终毁无存。

长寿寺，与天宝寺隔运渎相望，也应建于东晋时期。

归善寺，东晋寺院。《建康实录》卷二“太祖下赤乌四年秋八月”条许注：“潮沟，亦帝所开，以引江潮。其旧迹在天宝寺后、长寿寺前。东发青溪，西行经都古承明、广莫、大夏等三门外，西极都城墙，对今归善寺西南角……其北又开一渎，在归善寺东，经栖玄等门，北至后湖，以引湖水，至今俗为运渎。其实古城西南行者，是运渎。自归善寺门前，东出至青溪者，名曰潮沟。”可知，归善寺在西城墙边，其西南角为潮沟之西端。归善寺在隋代为蒋州著名大寺，故又称大归善寺，高僧释慧侃等曾住寺内。

铁索罗寺，本东晋尼寺，“铁索罗”为刘宋时名。宋元嘉七年(430)，师子国比丘尼八人至建业，十一年(434)，铁索罗比丘尼等三人又至，传授二部僧具足戒，因号寺为铁索罗寺，宋、齐以来或为翠灵寺，或为妙果寺。唐贞观中，敕褚遂良重建，改名翠灵寺。北宋开宝八年(975)寺毁。太平兴国二年(977)，有僧在其地重兴瑞相禅师塔，因改名瑞相院。淳化年间又改妙果寺。元至元中，再改铁索寺。明朝洪武中敕重建，居异僧金碧峰，因又名碧峰寺。

普光寺，东晋寺院，久废，明正统间重建，赐名德恩寺。[①]

枳园寺，一说为晋车骑将军琅琊王劭所造，在太祖文献公清庙之北，一说为王恢为高僧释智严所造。[②]《金陵梵刹志》中将枳园寺列入废刹，可见寺在明初时已经废弃。

越城寺，东晋寺院，在越城，高僧释法相曾止于此寺。[③]

开福寺，东晋寺院，在冶城东南。刘宋元嘉八年(431)时，有尼慧果、净音，共

---

① 葛寅亮：《金陵梵刹志》卷三十七，《中国佛寺史志丛刊》第1辑第5册，明文书局，第1295页。

② 道宣《广弘明集》卷一六《枳园寺刹下石记》：“晋故车骑将军琅琊王劭，玄悟独晓，信解渊微，于太祖文献公清庙之北，造枳园精舍。”(《大正藏》第52册，第211页上。)慧皎《高僧传》卷三：“严性爱虚靖，志避喧尘。恢乃为于东郊之际，更起精舍，即枳园寺也。”(《大正藏》第50册，第339页中。)

③ 慧皎《高僧传》卷一二载：“(法相)后度(渡)江南，止越城寺。”知东晋有越城寺。(《大正藏》第50册，第406页下。)刘世珩《南朝寺考》卷二“越城寺”条载：“越城寺，不知其所始。昔范蠡筑城江上。在小长干之东，谓之越城，今以地名其寺也。”

请求那跋摩受戒，遂改为景福尼寺。南唐又改永福寺，宋元时寺仍存。[①]

小招提寺，建于晋末，本名招提寺。晋宋之交，谢康乐有招提精舍诗即此。梁代因建大招提寺，故以此寺为小招提。陈代有慧达法师居于此。其址在石头城北，王僧辨与侯景曾在此地发生战争。[②]

建元寺，晋代寺院。《法苑珠林》卷五二《感应缘》："晋建元寺，并建康太清寺。"[③]"晋建元寺，建康太清里寺基，本宋北第。元徽二年，宫人陈太妃造。"[④]据上可知，建元寺乃为陈太妃于宋元徽二年(474)在太清寺(又称太清里寺)的旧基上所建。

晋兴寺，根据其名疑为晋寺，如刘宋时有宋兴寺。元徽二年，法颖律师于寺内开讲《十诵律》。[⑤]

建兴寺，在何后寺南，可能与它同时，具体不详。

四 刘宋时期建康佛寺的创建

入宋以后，建康城进入了又一稳定的发展期。与此同时，建康佛寺的创建也在继续。一方面，前代所造的大部分佛寺得以保存下来，如建初寺、瓦官寺、道场寺、高座寺、建福寺、长干寺等前代大寺，在刘宋时均获得了进一步的发展。另一方面，自武帝开始，刘宋历代君主大都重视佛教，并广建佛寺，使建康佛寺的创建进入了一个更加繁盛的时期。

据《法苑珠林》卷一二记载，有宋一代佛寺总数达至一千九百一十三所，这一数字较东晋的一千七百六十八所多了一百四十五所。刘宋享祚凡五十九年，创

① 《(至大)金陵新志》卷一一下《寺院》所引《乾道志》云："(永福尼寺)在广济仓东，旧在冶城东南，本晋开福寺。后徙此，改景福寺，南唐避讳改额。"(张铉：《至正金陵新志》卷十一下，《金陵全书》甲编·方志类·府志·6，南京出版社，2011年，第725页。)《南朝寺考》卷第二云："开福寺，在冶城东南，晋时之所建也。宋元嘉八年，有尼慧果、净音，共请求那跋摩受戒，遂改为景福尼寺。南唐避讳，又改景福为永福。"(《金陵全书》乙编·史料类·3，南京出版社，2011年，第667页。)

② 《读史方舆纪要》卷二载："招提寺，在石头城北，王僧辨与侯景战处也。"(顾祖禹：《读史方舆纪要》卷二，中华书局，2005年，第933页。)

③ 道世：《法苑珠林》卷五二，《大正藏》第53册，第594页上。

④ 道世：《法苑珠林》卷五二，《大正藏》第53册，第594页上。

⑤ 宝唱《比丘尼传》卷二："元徽二年，法颖律师于晋兴寺开《十诵律》。"(《大正藏》第50册，第941页上。)

寺凡百数十座，这一增长速度比较可观。今可考刘宋都城建康新建佛寺有九十座。建康新建佛寺所占全国新建佛寺的比例高达三分之二左右，而江南其他各地所造佛寺总数只占三分之一。可以看出，刘宋一代佛寺的创建主要集中在都城建康，其他地方则相对滞后。换言之，刘宋诸帝是将一国佛教之发展都集中在了都城建康之内，可谓举一国之力在建康兴建佛寺，可以认为，建康佛教至此真正成为整个江南佛教中心。

在可考的刘宋时期建康兴建佛寺数目中，文帝、孝武期间所建佛寺数量最多，兴建规模也最大，并在明帝时期达到鼎盛。三帝在位期间，可考的新建佛寺总数为五十九座，占刘宋一代建康佛寺总数的三分之二。其中又以文帝时期为最多，可考数目为三十一座。

总体言之，刘宋一代，建康佛寺创建的成就十分巨大。表现有三：首先，在建康佛寺创建的数量及其占全国佛寺创建数量的比重上，都表现出巨大成就。其次，敕建佛寺比例较东晋时期明显减少，大量僧建佛寺兴起。又有不少民间兴建佛寺的兴起，如罽宾寺、众造寺、天保寺等。大众创建佛寺，意味着佛寺的影响已经真正深入民间。最后，佛寺的空间分布较之前代发生了重要变化。晋代新建佛寺多分布在都城附近的近郊地区，很少有山林佛寺，即便有，也多分布在离宫城较近的覆舟山及鸡笼山附近；而刘宋新建佛寺的位置整体上向郊外扩展，出现了许多山林佛寺，其中既包括覆舟山、鸡笼山等近郊之山，也包括如钟山、祖堂山、六合山等远郊之山，尤其是钟山一带，兴建了多座佛寺，如灵曜寺、宋熙寺、道林寺、药王寺、灵根寺、善居寺等。可以说，建康真正意义上的山林佛寺在这一时期形成。

需要指出的是，在刘宋八位皇帝中，前废帝是唯一一位没有兴建佛寺的皇帝。他不仅没有兴建佛寺，反而毁坏过不少佛寺，如新安、中兴、天宝诸寺皆为其所毁。前废帝毁寺并非因为排斥佛教，而是由于皇族内部矛盾纠葛所致，所以，毁寺事件并未对刘宋建康佛寺的兴建造成太大的消极影响。

（一）宋武帝时期

刘宋政权是南朝第一个王朝。其开国君主武帝刘裕本是东晋末年的一员武将，在镇压由孙恩领导的利用天师道兴起的农民起义中崛起，后又举兵讨伐桓玄，逐渐掌握了东晋的军政大权。刘裕在建立新政权之前，就与佛教高僧交往密切，并接纳他们参与政事。东晋义熙十三年(417)，刘裕北伐长安之际，曾极力邀请高僧释慧严同往。慧严本在关中从鸠摩罗什受学，后至建康，住东安寺，为刘裕所重，故北伐长安也邀其同往。此时，又有僧人慧义出现，向刘裕提到“金璧之瑞”的谶言。这一谶言迎合了刘裕称帝的愿望，故而刘裕对慧义尤为礼重，并请慧义去验证此谶言。《高僧传》卷第七《慧义传》中记载：

(慧义)初游学于彭宋之间，备通经义。后出京师，乃说云：“冀州有法称道人，临终语弟子普严云：‘嵩高灵神云：江东有刘将军，应受天命，吾以三十二璧镇金一鉼为信。’”遂彻宋王。宋王谓义曰：“非常之瑞，亦须非常之人，然后致之。若非法师自行，恐无以获也。”义遂行。以晋义熙十三年七月，往嵩高山，寻觅未得。便至心烧香行道，至七日夜，梦见一长须老公，拄杖将义往璧处，指示云：“是此石下。”义明，便周行山中，见一处炳然如梦所见。即于庙所石坛下，果得璧大小三十二枚，黄金一鉼。此瑞详之《宋史》。义后还京师，宋武加接尤重。迄乎践祚，礼遇弥深。[①]

这一谶言实则是刘裕称帝活动的一场舆论宣传。慧义验谶是在晋义熙十三年(417)七月，其年八月，刘裕便攻破长安，其称帝步伐俨然更进一步。而慧义在刘裕的称帝过程中无疑发挥了重要作用。

420年，刘裕夺位，建立刘宋政权，即位之后，更加礼遇慧义。宋武帝即位永初元年(420)，车骑将军范泰于其宅之西立祇洹精舍，因慧义之德堪为物宗，便请住寺内。祇洹寺建立之后，武帝及文武百官常常云集此寺，使得祇洹寺大为兴盛，堪称“刘宋立国第一寺”。且自王室至庶民，皆布施大量财物，使得寺内“资生杂物，近盈百万”[②]。

武帝不光礼重佛教高僧，也注重佛寺的创建。他在位的三年时间里，共主持兴建了四座佛寺，其中有名可考者有灵根、法王二寺。[③] 宋武帝兴建佛寺之举，促进了当时民间的佛寺兴建，如沙门法意在永初三年(422)修建了灵味寺，为其后建业佛寺的大规模兴建创造了一个良好的开端。

---

① 慧皎：《高僧传》卷七，《大正藏》第50册，第368页下。

② 慧皎：《高僧传》卷八，《大正藏》第50册，第379页上。

③ 道世《法苑珠林》卷一云：“宋高祖武帝，口诵梵本手写戒经，造灵根、法王等四寺，常供千僧。”(《大正藏》第53册，第1025页中。)

（二）宋少帝时期

武帝之后，其长子刘义符即位，是为少帝，改元景平。今考有四座寺院皆建于其在位期间，分别是祈泽寺、平陆寺、高台寺及罽宾寺。

祈泽寺，宋少帝景平元年（423）建，在祈泽山，距府城二十里。唐会昌中废，南唐祈雨有验复修。宋治平中改名祈泽治平寺，历元迄明常为祈祷雨泽之所。

平陆寺，不详其所在，宋少帝景平元年（423），平陆令许桑舍宅建刹，因以官名其寺。文帝元嘉十年（433），天竺僧伽跋摩至京道场寺，僧慧观以其道行纯备，请住是寺。跋摩共观加塔三层，后改名奉诚寺。

高台寺，有台在秣陵城南八十里，宋景平元年（423）置高公台院，后改为高台寺。

罽宾寺，宋景平元年（423），佛陀什至京师，诸檀越筑寺以处之，名寺以其国曰罽宾。后梁释宝志来住于此。

这些寺院皆在景平元年（423），也即少帝即位初年，由僧俗所建。少帝未亲自敕令或主持修建佛寺。史载其本人性好游狎，不堪大任，在位时间仅两年，便被权臣所杀。故少帝之时，虽有佛寺兴立，只是武帝影响之余波所致。

（三）宋文帝时期

少帝之后，其弟即武帝第三子刘义隆即位，改元元嘉，是为文帝。文帝在位时期，是建康佛教发展的兴盛期，也是建康寺院大规模创建期。据载，文帝早年即深受佛教影响，与高僧释慧观等交往密切。晋义熙十一年（415），刘裕进军江陵，征讨司马休之时，与慧观相会，一见如故。刘裕即位初年，使刘义隆为荆州刺史，刘义隆在江陵停留之时，与慧观结为深交。其后，慧观来到京师建康，住锡于当时的名寺道场寺。元嘉元年（424）三月初三日上巳节，文帝刘义隆即位不久，与慧观等僧人墨客在道场寺举行曲水宴，其间命慧观与群臣赋诗。慧观刚落座即赋诗以献文帝，众人皆大为赞叹。此外，宋文帝与高僧释慧琳交往密切，尤为礼重。宋文帝召见慧琳时，“常升独榻”[1]，单独为他赐座。朝臣颜延之认为有违礼法，以为唯有朝廷重臣“三公”才能享有这种礼遇。然而，宋文帝并不理会。后来，凡朝廷大事，文帝都要与慧琳商议，其权势愈来愈大，以至于被人称为“黑衣宰相”。宋文帝不仅礼重高僧，也喜爱研究佛学义理，尤为欣赏竺道生的顿悟成

① 慧皎：《高僧传》卷七，《大正藏》第50册，第369页上。

佛说，可惜道生去世后，此说便渐衰于京师。于是文帝便寻访能够重申顿悟义的高僧，将释法瑗从庐山请到建康讲说顿悟义，使“顿悟之旨重申宋代”①。

宋文帝十分重视佛寺的兴建。今考创于文帝在位时的佛寺共计三十一座。其中，文帝敕建两座，分别为报恩寺和禅寂寺，其余为僧俗二众所创寺院，凡二十九座。文帝时所创佛寺名目如下。

报恩寺，在天竺山东南，距秦淮数百步。宋元嘉二年(425)，文帝为高祖所创建。唐会昌中寺废，杨吴时期，毗陵郡公徐景运为感念其亲，于旧址重修此寺，并改名报先寺。南唐升元年间，又改名兴慈寺。北宋咸平年间，敕令移址重建，崇宁间敕改承天寺，政和中再改能仁寺。至明代，能仁寺再次成为南京城内的一座重要寺院，为当时的次大刹之一。

禅寂寺，据《法苑珠林》记载，亦是文帝敕造，乃当世大寺，常供千僧。然其后无闻。

道林寺，在钟阜之阳，亦号蒋山寺。宋元嘉初，西域僧畺良耶舍来建业，筑精舍以栖禅，即是寺。梁代释宝志，少出家止京师道林寺，师事沙门僧俭。

竹林寺，在华林园侧，鸡笼山旁。宋元嘉元年(424)，外国僧毗舍阇所造。宋孝建初，有高僧慧益出都憩竹林寺，精勤苦行。寺中有竹林堂，相传，宋废帝曾射鬼于此。

迦毗罗寺，外国僧所建，南唐改真际寺，宋名宝戒寺，在元龙翔寺之后。陈云当今之北门桥一带。

下定林寺，在钟山下，其地名蒋陵里。宋元嘉元年(424)，为僧慧览造。越十二年，昙摩密多别建上定林寺于山西，其后僧远、僧柔、道嵩、超辨、法献居之，遂名此为下定林寺。元嘉八年(431)夏，求那跋摩在定林下寺安居，时有信者采花布席，唯跋摩所坐华彩更鲜。宋孝武帝时，有高僧僧镜，帝藉甚风采，敕出京师止定林下寺。梁武帝天监五年(506)，以定林寺前独龙阜葬宝志，永定公主以汤沐之资，造浮图五级于其上。天监十七年(518)，建初寺高僧释僧祐卒，因窆于开善路西定林之旧址。下定林寺自齐后已久废，至北宋复就旧址创定林庵，为王安石读书处。

清园寺，东北去县二里。元嘉二年(425)，驸马王景琛为母范氏造，以王坦之

① 慧皎:《高僧传》卷八,《大正藏》第50册,第376页下。

祠堂地，与比丘尼业首为精舍。元嘉十五年(438)，潘淑仪施西营地以足之起殿，又有七佛殿二间，泥素精绝，后代希有及者。[①]

严林寺，元嘉二年(425)，僧招、贤二法师所造，在秣陵县东南四十五里。

南林寺，元嘉四年(427)置。一说为司马梁王妃舍宅为宋晋陵公主造[②]，一说晋陵公主为僧法业造[③]。寺在中兴里，与祇洹寺相近。高僧求那跋摩终于寺之戒坛前，后就其处起立白塔。陈亡之后寺废。

长乐寺，元嘉四年(427)，谢方明造，在台城之南。长乐寺在六朝时为盛，历代高僧往来住锡者众，如释慧询、觉世等。释慧询，姓赵，赵郡人。少而蔬食苦行，经游长安，受学什公，研精经论，尤善《十诵》《僧祇》，乃更制条章，义贯终古。宋永初中，还止广陵，大开律席。元嘉中，至京止道场寺。寺僧慧观亦精于《十诵》，以询德为物范，乃令更振他寺。于是移止长乐寺，大明二年(458)卒于所住，春秋八十有四。觉世，住长乐寺，善于《大品》及《涅槃经》，立不空假名义。又有法珍、僧向、僧猛、法宝、慧调等，并一代英哲，为时论所宗。长乐寺之地当冲要，梁末，齐兵内犯，陈霸先统率羽林禁兵出顿寺前。隋时寺废。

灵曜寺，建于何时不详，但至迟不晚于元嘉五年(428)。[④] 寺在蒋山之西，宋大明六年(462)甘露降于寺庭。历代高僧如道营、僧审、道慧、智道、志秀、僧盛，皆止于是。释道营，始住灵曜寺习禅，晚依观、询二律师咨受毗尼。释僧审，初闻昙摩密多道王京邑，乃拂衣过江，止于灵曜寺。释道慧，出家为僧慧弟子，止灵曜寺。释志道，出家止灵曜寺，蔬素少欲。僧智秀，京兆人，幼有出家之心，将冠娶日，走投灵曜寺出家。僧盛，本姓何，建业人，大明数论，并善众经，梁天监中卒于灵曜寺。居士陈江总，年二十余入钟山灵曜寺，从则法师受菩萨戒。

多宝寺，元嘉五年(428)，彭城人刘佛爱造。[⑤] 未详其所在。宋释法颖、慧隆、静林、宏充诸名僧居之。释法颖，宋元嘉末止新亭寺，孝武南下改治此寺，以颖学业精明，为都邑僧正。后辞任，还多宝寺。时多宝寺复有僧静林、慧隆。释宏充，大明末过江，初止多宝寺，每讲《法华》《十地》，听者盈堂。梁任孝恭集有《多宝寺

---

① 许嵩：《建康实录》卷十二，《金陵全书》乙编·史料类·2，南京出版社，2011年，第10页。

② 刘世珩：《南朝寺考》卷三宋"南林寺"条，《金陵全书》乙编·史料类·3，南京出版社，2011年，第706页。

③ 慧皎：《高僧传》卷七，《大正藏》第50册，第368页下。

④ 慧皎《高僧传》卷一一云："释志道，姓任，河内人，性温谨，十七出家止灵曜寺。……以永明二年卒于湘土，春秋七十有三。"(《大正藏》第50册，第401页下—402页上。)依其卒年推断，释志道年十七时为元嘉五年。

⑤ 惠详《弘赞法华传》卷一："宋元嘉五年，彭城人刘佛爱，于建康造多宝寺。"(《大正藏》第51册，第13页中。)

碑铭》。

北多宝寺，建于何时不详。宋释慧亮、慧整，齐慧忍等并居之。释慧亮，住京师北多宝寺，神情超绝，容止可观。慧整，住北多宝寺，特精《三论》。释慧忍，传俗姓箦，建康人，少出家住北多宝寺。

南永安寺，建于何时不详，但至迟不晚于元嘉七年(430)。[①]

王园寺，元嘉七年(430)，宋大将军立王园寺，请外国沙门求那跋摩移住。

南建兴寺，建于何时不详，但至迟不晚于元嘉八年(431)。[②] 元嘉八年(431)，道琼尼大造形像，于建兴寺置金像二躯。

崇福寺，在南门外，宋元嘉十年(433)，因高僧楚云所居，赐名崇福寺。

宋熙寺，元嘉十年(433)，天竺僧僧伽罗多哆造。伽罗多哆以宋景平末至京师，元嘉十年(433)卜居钟山之阳，翦棘开榛，造立此寺。元嘉十九年(442)，同域僧昙摩密多卒葬于寺前。后释昙瑶、法愿、慧念，均止是寺。宋熙寺有昙瑶者，善《净名》《十住》及庄老，又工草隶。梁代，有宋熙寺法愿，与建元寺僧护、僧韶皆比德齐誉。《昭明太子集》有二谛义，并宋熙寺释慧念问答，又有宋熙寺慧念法师墓志铭。寺东有水名东涧，处士刘吁与族兄歊听讲寺中，因共卜居涧上。散骑常侍王规，辞疾隐退亦来寺，筑室以居。左侧有泉，曰宋熙泉。入陈以后，胜迹无考，唯泉独存。至宋建太平兴国寺(即蒋山寺)于寺基之东，寺中犹日用此泉。

竹园寺，在蒋陵里檀桥，宋元嘉十一年(434)，临川公主所造。时有尼慧濬，请高僧昙无谶译禅经于寺中。

上定林寺，宋元嘉十二年(435)，高僧昙摩密多所移建也，在下寺之西山上。或曰元嘉十六年(439)，竺法秀所造。殆共为修饰，与蜜多旋卒于此寺。后有僧祐，凡获信施，悉以营缮，傅弘并建经轮藏，而寺乃大盛。自宋暨梁，高僧如僧远、僧柔、法通、智称、道嵩、超辩、慧弥、法愿等数十人，皆居于此。释僧祐，年十四，家人密为访婚，祐知而避至定林寺，投法达法师，师奉竭诚。永明中，奉敕入吴，试简五众，并宣讲《十诵》，更申受戒之法，凡获信施，悉以治定林、建初诸寺。释僧远，宋大明六年(462)谢病隐上定林寺，明帝践位，请远为师，竟不能致，以齐永

---

① 宝唱《比丘尼传》卷三载："住南永安寺……元嘉七年，外国沙门求那跋摩，宋大将军立王园寺，请移住焉。"(《大正藏》第50册，第944页下。)

② 宝唱《比丘尼传》卷二载："以元嘉八年大造形像，处处安置。……南建兴寺金像二躯，杂事幡盖。"(《大正藏》第50册，第938页上。)

明二年(484)卒于上寺。竟陵文宣王为营坟于山南，立碑颂德，太尉王俭制文。时定林上寺又有法令、慧泰，并善经论，继迹于远。释僧柔，姓陶，丹阳人，入剡白山灵鹫寺，征书岁及，乃更出京师，止于定林寺，躬为玄匠，四远欣服，卒于延兴元年，即葬于山南，沙门僧祐为立碑墓所，东莞刘勰制文。释法通，践迹京师，憩定林上寺。天监十一年(512)卒葬于寺南，弟子静深等立碑墓侧，陈郡谢举、兰陵萧子云，并为制文，刻于两面。又有沙弥智进，清信苦节，修头陀行。释道嵩，宋元徽中来京师止钟山定林寺。释超辩，还都止定林上寺，闲居养志，毕命山门，永明十年(492)卒葬于寺南，刘勰为制墓文。释慧弥，止京师定林寺，以天监十七年(518)卒葬于寺南，时定林又有沙门法仙，诵经有素行。释法愿，少时启求出家，三启方遂，为定林寺远公弟子。

法华寺，元嘉十五年(438)，谢婕好造。①

平乐寺，建于何时不详，但至迟不晚于元嘉十二年(435)。②

南涧寺，建于何时不详，但至迟不晚于元嘉二十年(443)。③ 在何尚之宅畔。尚之宅临南涧，又谓之落马涧。寺居其间，即以南涧为名。居是寺者，有高僧道冏、显亮、智称。释道冏，止南涧寺，世以般舟为业。宋新安孝敬王子鸾为亡所生母殷贵妃造新安寺，敕选三州，招延英哲，僧远与小山法瑶、南涧显亮俱被征召。释智称，投南涧禅房宗公，请受五戒。

乌衣寺，建于何时不详，但至迟不晚于元嘉二十一年(444)。④ 在乌衣巷，宋元嘉时，释慧叡与慧义同居之，讲说诸经。僧慧叡，适京师止于乌衣寺，讲说诸经，皆思彻言表。释慧义，劝范泰以果竹园六十亩施祇洹寺，泰从之。及泰薨，泰第三子晏遂夺而不与。义乃移止乌衣寺，与慧叡同住，元嘉二十一年(444)终于乌衣寺。释昙迁，初止祇洹寺，后移乌衣寺。释昙凭，少游京师，学转读，止乌衣寺。

王国寺，建于何时不详，但至迟不晚于元嘉二十二年(445)。《南朝寺考》卷三云："王国寺，盖比丘尼所居也。宋元嘉二十二年(445)，孔熙先等谋逆，有王国

---

① 惠详《弘赞法华传》卷一云："宋元嘉十五年，谢婕好在秣陵县造法花(华)寺。"(《大正藏》第51册，第13页中。)

② 僧祐《出三藏记集》录上卷二《新集经论录第一》载："《摩得勒伽经》十卷，宋元嘉十二年乙亥岁正月，于秣陵平乐寺译出。"(《大正藏》第55册，第12页中。)

③ 慧皎《高僧传》卷一二载："达都止南涧寺，常以般舟为业……宋元嘉二十年，临川康王义庆，携往广陵，终于彼矣。"(《大正藏》第50册，第407页中。)

④ 慧皎《高僧传》卷七《释慧义传》载："宋元嘉二十一年，终于乌衣寺。"(《大正藏》第50册，第369页上。)

寺尼法静出入。”

延寿寺，元嘉二十二年(445)，义阳王昶母谢太妃所造，唐改名延熙寺。

禅林寺，建于何时不详，但至迟不晚于元嘉二十四年(447)。[①]

六合山寺，建于何时不详，但至迟不晚于元嘉二十六年(449)。[②]

龙华寺，建于何时不详，但至迟不晚于元嘉三十年(453)。[③] 宋元嘉中，释昙超居之，后有僧念避世于此。

齐福寺，建于元嘉三十年(453)。[④]

天竺寺，建于元嘉年间，具体时间不详。《名僧传抄》卷一四目录有《宋天竺寺释弘称》。[⑤] 知宋时有天竺寺。《南朝寺考》："求那跋陀罗，中天竺人，宋元嘉中文帝遣使迎至都，初住祇洹寺，后于丹阳郡译经，立天竺寺以居之。"[⑥]齐时，有僧贤居此寺，善于敷论，名振上国。

善居寺，建于元嘉年间，具体时间不详。《(至大)金陵新志》卷一一下《佛寺》"上云居下云居二院"条载："下云居，在上云居右，宋元嘉中置，初为善居寺，后改今额。"又《续高僧传》卷二一《释道禅传》载："永明之初……住钟山云居下寺。"[⑦] 知至迟在齐永明初，善居寺已更名为下云居寺。

永建寺，建于元嘉年间，具体时间不详。永建寺为梁代名。《(至大)金陵新志》卷一一下《佛寺》"隐静院"条引《实录》云："梁天监二年，李师利造永建寺，北去县六十里。寺有《乾德四年石刻》云：'唐上都左街雁门隐静院，始建于宋元嘉，废于唐会昌。乾德二载，耆艾诣南唐主，请重建焉。'"

文帝在位的三十年间，政治稳定，社会清明。《宋书·沈昙庆传》云："自义熙

---

① 宝唱《比丘尼传》卷四《闲居寺僧述尼传》云："以宋元嘉二十四年，从禅林寺净秀尼出家。"(《大正藏》第50册，第947页中。)

② 慧皎《高僧传》卷三《释宝云传》载："遂适六合山寺……以元嘉二十六年终于山寺。"(《大正藏》第50册，第340页上。)

③ 慧皎《高僧传》卷一一《释昙超传》载："初止上都龙华寺，元嘉末南游，始兴。"(《大正藏》第50册，第400页上。)

④ 慧皎《高僧传》卷一三《释道儒传》："元嘉末，出都止建初寺……共买张敬儿故庙，为儒立寺，今齐福寺是也。"(《大正藏》第50册，第416页下。)又《南朝寺考》卷三"齐福寺"条云："宋元嘉三十年，置齐福寺。"(《金陵全书》乙编·史料类·3，南京出版社，2011年，第724页。)

⑤ 宝唱：《名僧传抄》，《卍新续藏》第77卷，第347页下。按《名僧传抄》编写体例，标目中佛寺前面没有地点的均指京师建康的佛寺，如卷二三《宋南涧寺释道固》、卷二五《宋灵曜寺智玄》中的南涧寺、灵曜寺，皆在建康，因此北法轮寺也应在建康。

⑥ 刘世珩：《南朝寺考》卷三，《金陵全书》乙编·史料类·3，南京出版社，2011年，第725页。

⑦ 道宣：《续高僧传》卷二一，《大正藏》第50册，第607页中。

十一年司马休之外奔,至于元嘉末,三十有九载,兵车勿用,民不劳外,役宽务简,氓庶繁息,至余粮栖亩,户不夜扃,盖东西之极盛也。”繁盛的社会景象,成为佛寺大规模兴建最为直接的有利因素。且社会的稳定与繁盛,使僧众大规模独立创建佛寺成为可能。

(四)宋孝武帝时期

文帝之后,其第三子刘骏即位,改元孝建,是为孝武帝。孝武帝其人向来崇佛,而且据载,他是在寺院禅堂之内继承帝位的。《宋书》卷二七载:

> 少帝即位,景平三年[①]四月,有五色云见西方。时文帝为荆州刺史,镇江陵,寻即大位。文帝元嘉中,谣言钱唐当出天子,乃于钱唐置戍军以防之。其后,孝武帝即大位于新亭寺之禅堂,“禅”之与“钱”音相近也。

少帝景平元年(423)四月,有五色云出现在西方,实则寓意为佛光。当时刘义隆还是荆州刺史,镇守江陵,不久即登帝位,即是文帝。文帝元嘉间,有传言说钱唐当出天子。文帝便在钱唐布置守备军队以防有变。后来,孝武帝在新亭寺的禅堂登上帝位。这时人们才知,传言的“钱唐”实际上应是“禅堂”,因二者音近,所以有混。

孝武帝亦崇佛,刚即位,就派人去寿春石涧寺请高僧释僧导南下建康。《高僧传·僧导传》云:“至孝武帝升位,遣使征请,导翻然应诏。止于京师中兴寺。銮舆降跸,躬出候迎。导以孝建之初,三纲更始,感事怀惜,悲不自胜。帝亦哽咽良久。即敕于瓦官寺开讲《维摩》,帝亲临幸,公卿必集。”[②]孝武帝亲自迎接僧导入京,使住中兴寺,对其礼重有加。中兴寺本名新亭寺,建于晋孝武帝时,是宋孝武帝刘骏即位的地方。即位之后,又对新亭寺禅堂加以扩建,敕改寺名为中兴寺。僧导安住中兴寺以后,与孝武帝谈起佛教在中国的发展历程。当谈起佛教遭受劫难的往事的时候,僧导悲不自胜,孝武帝亦哽咽良久。这场帝王与佛教领袖之间的交谈诚恳至极,反映出武帝与高僧内心怀有振兴佛教的使命感。之后,孝武帝便命僧导在瓦官寺开讲《维摩经》,自己亲率公卿前去听讲。

孝武帝礼遇高僧,重视佛教,自然也关心佛寺的兴建事业,即位之初,就对新

---

① 查无景平三年,疑为景平元年。

② 慧皎:《高僧传》卷七,《大正藏》第50册,第371页中。

亭寺加以扩建，并改名为中兴寺。当时外国僧人常至京师建康，如外国沙门摩诃等，孝武帝便专门为他们建了外国寺，供他们居住。孝武帝在位凡十一年，其间僧俗广建寺院，今可考者计有十四座。也就是说，平均每年就有一所以上的寺院得以修建。这一数字相当可观，佛寺兴建的速度已然超过了文帝在位之世。关于所考寺院名目，兹列于下：

外国寺，宋孝武帝时，有外国沙门摩诃至都下，建外国寺以居之。及齐东昏无道，剥外国寺佛面光相，以施潘妃殿饰。

禅冈寺，孝建二年(455)，萧惠开为父思话所造。惠开家世奉佛，凡为父造四寺，在京师南冈下者名禅冈，是为其一。齐有高僧法开、僧绍等居之。法开，清爽隽发，善为德论，出京止禅冈寺，与同寺僧绍有闻于时。

栖玄寺，又作栖元寺。[1] 建于何时不详，但至迟不晚于孝武帝大明二年(458)。《高僧传》卷八《释僧远传》载："宋建平王景素谓栖玄寺是先王经始。"[2]先王指刘景之父刘宏。《宋史》卷七二《刘宏传》载："大明二年疾动……其年薨。"可知刘宏卒于大明二年(458)，故栖玄寺建造时间至迟不晚于是年。

法言精舍，建寺时间不晚于大明二年(458)。[3]

众造寺，建寺时间不晚于大明二年(458)。[4] 以寺之名，义疑为募资所造。王僧达请僧远居于寺内。

乐安寺，建寺时间不晚于大明三年(459)。[5]

大庄严寺，大明三年(459)，路太后于宣阳门外太社西药园造，建塔七层。后因梁有小庄严寺，故称此为大庄严寺以别之。历朝高僧如昙斌、昙济、昙宗、慧亮、道慧、元趣、法道、僧璩等十余人皆止此寺。宋元徽二年(474)，张敬儿败

---

① 慧皎《高僧传》作栖玄寺，孙文川《南朝寺考》作栖元寺。《南朝寺考》卷三载："栖元寺，在鸡笼山东北，宋建平王弘尝置第于此，后舍为寺。"(《金陵全书》乙编·史料类·3，南京出版社，2011年，第745页。)刘宏薨逝于大明二年(458)，故建寺时间不晚于是年。

② 慧皎：《高僧传》卷八，《大正藏》第50册，第378页上。

③ 僧祐《出三藏记集》卷七载："以皇宋大明二年岁，次奄茂于法言精舍。"(《大正藏》第55册，第49页下。)

④ 慧皎《高僧传》卷八《释僧远传》载："宋大明中渡江，住彭城寺……琅琊王僧达，才贵当世，借甚远风素，延止众造寺。"(《大正藏》第50册，第377页下。)考《宋书》卷七五《王僧达传》，琅琊王僧达卒于宋大明二年(458)，众造寺建寺时间当早于是年。刘世珩《南朝寺考》将众造寺列为齐代寺院，当误。另有梁众造寺，可参见其条。

⑤ 宝唱《比丘尼传》卷四《乐安寺释惠晖尼传》载："十八出家住乐安寺……年七十三，天监十三年而卒。"(《大正藏》第50册，第947页下。)据上推算，惠晖尼出家之年当在刘宋孝武帝大明三年(459)。可知，乐安寺建寺时间必早于是年。

贼于寺前。齐东昏侯取寺中九子玉铃，为潘妃殿饰。侯景乱，梁宿庄严寺，即南郊祭天。陈永定二年(558)，高祖屡幸寺舍身，发《金光明经》题并设无碍大会。宣帝太建十年(578)，雷震庄严寺露盘。隋时，寺渐圮，唐天宝中重修。释昙斌，宋元徽中，卒于庄严寺。时庄严寺复有昙济、昙宗等，并以学业才力，见重一时。释慧亮，泰始(465)之初，庄严大集简阅，义士上首千人，敕慧亮与昙斌递为法主。释道慧，以母老，欲存资奉，乃移憩庄严。时庄严寺复有元趣、僧达，并以学解见称。释法通，践迹京师，初止庄严，后憩定林。释僧璩，后移止庄严寺，卒于所任。

幽栖寺，建于大明三年(459)，在牛头山。唐初，牛头初祖法融大师说法住此，乃改为祖堂寺，山亦改名祖堂山。唐贞观中，四祖道信禅师传心印于此。唐光启四年(888)，寺废。五代十国时杨吴太和二年(929)重置，改名延寿院。宋治平中复为幽栖寺，明清以来，仍称幽栖寺。

新安寺，大明六年(462)宋新安孝敬王子鸾为所亡生母殷贵妃造。宋大明六年，孝武帝宠姬殷贵妃薨，为之立寺于青溪鸡鸣桥北，因贵妃子子鸾封新安王，故以新安为寺名。延名僧道猷、昙斌、法瑶、僧远、慧重等以主之。落成之日，百官多施钱帛。及废帝子业杀子鸾，毁新安寺，驱斥僧徒。明帝践祚，敕令修复，而昙度继为寺主。为竟陵文宣王所礼。陈代，韩子高移官出居新安寺，可知于时其寺犹为寄寓之所。释道猷，宋文帝敕临川郡发遣出京，既至，即延入宫内，大集义僧，命猷申述顿悟义。及孝武时，敕住新安，为镇寺法主。释法瑶，大明六年，敕吴兴郡礼致上京，与道猷同止新安寺，使顿渐二悟义各有宗。释昙斌，初止新安寺，讲《小品》《十地》。释僧远，新安寺建成，敕选三州，招延英哲，皆推远为允举之首。

药王寺，大明七年(463)孝武帝于释慧益烧身处所立。①

天王寺，建于大明年间，梁为昭明太子果园。南唐改奉先禅院，内起宝光塔。赵宋为普光寺，明为宝光寺。②

---

① 慧皎《高僧传》卷一二《释慧益传》载："大明七年四月八日，将就焚烧，乃于钟山之南，置镬办油……明日，帝为设会度人，令斋主唱白具序征祥，烧身之处，谓药王寺，以拟本事也。"(《大正藏》第50册，第405页中。)据上可知，药王寺立于大明七年(463)四月九日，在钟山之南。

② 《(万历)应天府志》卷二三"宝光寺"条载："在梅冈东南。旧名天王寺，刘宋大明中建……国初赐今额。"(程嗣功：《万历应天府志》卷二十三，《金陵全书》甲编·方志类·府志·10，南京出版社，2011年，第174页。)

法轮寺，孝武时期，司空何尚之所造。[①] 寺成，请释志道居之。钟山灵曜寺释志道，何尚之钦德致礼，请居所造法轮寺。至齐时，何点以其为家寺，常居于此，竟陵文宣王就见之。后崔慧景反，围宫城，屯兵寺前。

文帝、孝武之世，凡四十余年，是刘宋政权最为稳定的一段时期，这为佛寺的兴立创造了良好的社会环境。孝武驾崩之后，长子刘子业即位，是为前废帝。他为人荒淫无度，不仅没有继承诸位先帝崇佛立寺的传统，反而毁佛坏寺，对佛教采取恶意的态度，成为刘宋八帝中唯一一位在位期间无佛寺兴建的皇帝。史载，前废帝即位之后，即将亲弟新安王刘子鸾杀害，顺便也把新安王为怀念其母而建的新安寺毁掉，并驱逐寺内僧众。之后又毁掉了中兴、天宝等大寺。前废帝在位不足两年，便被其叔湘东王刘彧所杀。之后，刘彧即位，改元泰始，是为明帝。

（五）宋明帝时期

据《南史》记载，明帝即位之后，即下令重修被前废帝毁弃的寺院，包括新安寺、中兴寺、天宝寺等。另外，对其他一些保存下来的前朝寺院也进行了一定的修复，如禅林寺等。禅林寺本是宋文帝时期所建的寺院，泰始三年(468)，明帝加以助修，并敕比丘尼敬秀住持，因敬秀召集的僧众均以禅定为业，故命名为“禅林寺”。[②]

明帝本人又新建了多座寺院，包括湘宫寺、兴皇寺、弘普中寺等。宋明帝践祚之初，即以故宅起湘宫寺。兴皇寺也是明帝即位初年所敕建，在建阳门外，敕释道猛等住持。弘普中寺亦是明帝敕建，供养诸名僧止住。

明帝在位时间不过五年，然今可考建于其间的寺院达十六座，其兴建佛寺之多为刘宋朝代之最。列目如下：

湘宫寺，泰始元年，明帝敕建。

兴皇寺，泰始元年，明帝敕建。

---

① 慧皎《高僧传》卷一一《释志道传》载：“(释志道)十七出家止灵曜寺……何尚之钦德致礼，请居所造法轮寺……以永明二年(484)，卒于湘土，春秋七十有三。”(《大正藏》第50册，第401页下。)据上可知，法轮寺为何尚之(382—460)所造。因何尚之于宋孝武帝时任司空一职，疑寺当建于宋孝武帝时。

② 宝唱《比丘尼传》卷四《闲居寺僧述尼传》：“以宋元嘉二十四年，从禅林寺净秀尼出家。”(《大正藏》第50册，第947页中。)《建康实录》卷一七《高祖武皇帝》“天监十八年”条云：“置惠日寺。”许注云：“西南去县二里，阮翻舍宅造之，在建西尉定阴里。”又引《旧说》云：“大同八年丹阳尹王龄造，今在县东二里，考其二迹不同。此惠日寺是宋之禅林寺，王修仪为尼净秀立精舍，新蔡公主为佛殿。泰始三年明帝助修，号曰禅林。”(许嵩：《建康实录》卷十七，《金陵全书》乙编·史料类·2，南京出版社，2011年，第351页。)

弘普中寺，明帝敕建。[1]

永福寺，创建时间不晚于泰始元年(465)。[2]

永安寺，在城南七里，泰始二年(466)建，初名永安寺。唐保大二年(944)起塔，号归寂，因名归寂塔院。

东青园寺，泰始三年(468)，宝婴尼立。[3]

正胜寺，建康人校长生舍宅为寺，请上定林寺法愿居之。

正喜寺，《法苑珠林》有"宋泰始之末，正胜寺释法愿，正喜寺释法镜"[4]语，可知，刘宋时有正喜寺，建寺时间约与正胜寺同时。

何园寺，《高僧传》卷八《齐京师何园寺释慧隆传》载："宋太(泰)始中，出都止何园寺。"[5]知泰始中有何园寺。宋齐以来，高僧慧亮、慧隆、僧辩、僧贤、道慧、法度等并居之。释慧亮，渡江止何园寺，颜延之、张绪眷德流连，每叹曰："安汰吐珠玉于前，斌亮振金声于后。"[6]释慧隆，宋泰始中出都止何园寺，思彻铨表，善于清论，时何园寺复有僧辩、僧贤、道慧、法度，并研精经论，功业可称。

天保寺，宋泰始中，京师民为孝武帝立。齐时，居是寺者为僧盛、法瑗、慧文、超胜等。释僧盛，下京憩天保寺，齐高帝敕代昙度为僧主。后沈文季于天保寺设会，令陆敬修与僧盛论议。释法瑗，天保寺改造之后，请瑗居之。又有慧文律师，善诸部毗尼，为琅琊王奂所重。僧超胜善声，司徒文宣王令善声沙门龙光普知与多宝慧忍、天保超胜及僧辩等集第作声。

灵根寺，在钟山侧，宋泰始中，释僧瑾所造。[7] 高僧法瑗、法常、智兴、元畅、慧豫、法明等居之。又有僧迁、慧令，受梁昭明太子咨义。释僧瑾，初止冶城寺，孝武敕为湘东王师。湘东践祚，是为明帝，仍敕瑾为天下僧正。瑾性不蓄金，四方奉献皆充福业，起灵根、灵基二寺，以为禅慧栖止。释法瑗，齐文惠请居灵根，因移彼寺。时灵根寺又有法常、智兴，并博通经论。释元畅，至京止住灵根，少时而

① 道世：《法苑珠林》卷一《传记篇》，《大正藏》第53册，第1025页中。

② 宝唱《比丘尼传》卷二《普贤寺法净尼传》载："少出家住永福寺……宋明皇帝异之，泰始元年，敕住普贤寺。"(《大正藏》第50册，第941页中。)

③ 宝唱《比丘尼传》卷三云："泰始三年，众议欲分为二寺。时宝婴尼求于东面起立禅房，更构灵塔，于是始分，为东青园寺。"(《大正藏》第50册，第943页中。)

④ 道世：《法苑珠林》卷五四，《大正藏》第53册，第608页下。

⑤ 慧皎：《高僧传》卷八，《大正藏》第50册，第379页下。

⑥ 慧皎：《高僧传》卷七，《大正藏》第50册，第373页中。

⑦ 另宋武帝亦造灵根寺，可参见前文其条。可知刘宋时应建有两座灵根寺。

卒，即窆于钟阜独龙山前，临川献王立碑，汝南周颙制文。释慧豫，来游京师，止灵根寺。灵根寺法明，蔬食苦行。诵经十余万言。

灵基寺，亦释僧瑾所造，高僧智林、敬遗、光赞、慧韬等居之。释智林，宋明之初，敕在所资给发遣至京，止灵基寺，讲说相续。灵基寺敬遗、光赞、慧韬，皆当时名流，为学者所重。

延祚寺在冶城后冈上，宋泰始中，邦人舍地建精舍，以延祚为寺名。寺有高阁，梁何逊尝登之以赋诗。侯景之乱，王僧辩入讨景，使其党宋长贵守延祚寺。盖其地实据山川之形胜。南唐改正觉寺，又名铁塔寺。至清代始为雷震所坏。

崇圣寺，宋明帝时寺院，有僧敬尼居之。《比丘尼传》卷三《崇圣寺僧敬尼传》载："宋明帝闻之，远遣征迎，番禺道俗，大相悲恋，还都敕住崇圣寺。"[①]齐代又有慧首尼居之。

（六）后废帝时期

明帝驾崩之后，长子刘昱即位，改元永辉，是为后废帝。后废帝是个残暴之君，天性好杀，又常有荒诞之行。后废帝在位五年期间，不许未经申请建造佛寺。期间僧俗二众所建佛寺，今考得五座，兹列于下：

妙相寺，建寺时间不晚于元徽元年(473)。[②]

闲居寺，建于元徽二年(474)，僧述尼居之。《比丘尼传》云："元徽二年九月一日，汝南王母吴充华启敕，即就缔构堂殿房宇五十余间，率其同志二十人以禅寂为乐，名曰闲居。"[③]僧述尼，本姓怀，彭城人，父僧珍侨居建康。述幼而志道，八岁蔬食。年十九，以宋元嘉二十四年(447)，从禅林寺净秀尼出家。节行清苦，法检不亏，游心经律，靡不遍览。后有隐居之志。宋临川王母张贵嫔闻之，舍所居宅欲为立寺。时制不许辄造。到元徽二年(474)九月一日，汝南王母亲吴充华启敕，获得皇帝批准，即建造殿堂房屋五十余间。

闲心寺，建寺时间不晚于元徽三年(475)。[④] 在娄湖苑，宋张永所造。寺成，

---

① 《大正藏》第50册，第942页中。

② 宝唱《比丘尼传》卷三《禅基寺僧盖尼传》载："永徽元年，索虏侵州，与同学法进南游京室，住妙相尼寺。"(《大正藏》第50册，第943页上。)

③ 宝唱《比丘尼传》卷四，《大正藏》第50册，第947页中。

④ 慧皎《高僧传》卷一一《释道营传》载："张永请还吴郡，蔡兴宗复要住上虞，永后于京师娄胡苑立闲心寺，复请还居。"(《大正藏》第50册，第401页下。)考《宋书》卷五三《张永传》，张永卒于宋后废帝元徽三年(475)，故闲心寺建寺时间至迟不晚于是年。

请释道营居之。释道营，始住灵曜寺习禅，晚依观、询二律师咨受毗尼，及张永于娄湖苑立禅心寺，请营还居开设讲席，门徒甚盛。齐代有释慧佑，厉身苦节，竟陵王子良迎至寺中，以为法主。

南晋陵寺，刘宋元徽年间寺院，释令玉尼居之。①

司徒寺，后废帝时，司徒袁粲造。②

（七）宋顺帝时期

元徽五年（477），后废帝刘昱被拥有军事实权的武臣萧道成所杀，之后，萧道成拥立明帝第三子刘准即位，是为顺帝，也是刘宋最后一位皇帝，在位三年即被迫禅位于萧道成。顺帝曾从僧璩受五戒。顺帝时期，萧道成主持修建了几座寺院，包括正觉寺和白塔寺。升明元年（477），萧道成屯兵新亭，攻打荆州刺史沈攸之，及沈攸之败后，便以军幕之地兴立正觉寺。升明二年（478），萧道成又在凤凰台立白塔寺。③ 此外，民间建寺也有数座。如大泉寺，为颜继祖于升明二年（478）舍宅所立，寺址在今属句容境内。又龙渊寺，在小丹阳牛落山立精舍，为释僧远于升明年间所立。

（八）刘宋建康的其他佛寺

还有十三座刘宋时期建康佛寺，因建造时间无考，故单列如下：

南园寺，《广弘明集》卷二三《僧行篇·南齐禅林寺尼净秀行状》有“南园就颖律师”④语，《南朝寺考》据此认为有南园寺，并列入宋寺名录。寺未详所在，有颖法师，持律精严，净秀尼尝于是受戒，于是青园诸尼及余寺尼无不受戒。

---

① 宝唱《比丘尼传》卷四《南晋陵寺释令玉尼传》载：“宋邵陵王大相钦敬，请为南晋陵寺主，固让不当，王不能屈，以启元徽。元徽再敕，事不获免。在任积年，不矜而庄，不厉而威。年七十六，梁天监八年卒寺。”（《大正藏》第50册，第947页上。）据上可知，刘宋元徽年间有南晋陵寺。

② 刘世珩《南朝寺考》卷三载：“司徒寺，宋司徒何尚之所造，故以官名其寺焉。”此说有误。考《魏书·何敬容传》所载的是“宋司空何尚之”，而非“司徒”。（《金陵全书》乙编·史料类·3，南京出版社，2011年，第727页。）又按《宋书》卷六《何尚之传》载“元凶弑立，进位司空，领尚书令”可知，刘劭弑其父宋文帝之后，何尚之进位司空，而未担任司徒一职。因之，司徒寺当非何尚之所造。又《南史》卷七五《隐逸上·顾欢传》有“宋司徒袁粲”语，未知司徒寺是否为其所造。考何尚之为宋孝武帝时期（453—464）司空，而袁粲为后废帝时（472—477）司徒，若寺果为司徒袁粲造，则寺立时间当在后废帝时期。

③ 升明二年，萧道成又在凤凰台立白塔寺。凤凰台，东晋时立，因有凤凰集此而得名。据《高僧传》《法苑珠林》载，宋文帝时，佛陀跋陀罗曾在凤凰楼西立寺，然寺名失考，后寺废。至顺帝时，权臣萧道成又于旧处立寺，是为白塔寺。（张铉：《至正金陵新志》卷十一下，《金陵全书》甲编·方志类·府志·6，南京出版社，2011年，第724页。）

④ 道宣：《广弘明集》卷二三，《大正藏》第52册，第271页上。

宋兴寺，一名兴教寺，在长干里之南，就宋武帝故居而造，故名宋兴寺。①

旷野寺，刘宋佛寺。《蒲室集》卷一《集庆路江宁崇因寺记》引《图志》云："刘宋人呼旷野寺，齐废，梁大同中克复。唐开元中以懒融尝居之，始名禅居寺。伪吴太和改崇果，宋又锡名崇因。"寺在新亭，有释僧宝居之，为齐代宗匠。

北法轮寺，刘宋佛寺。《名僧传抄》卷一八有"宋北法轮寺道远"条，知有北法轮寺，僧道远居之。②

北竹林寺，《名僧传抄》卷二四有"宋北竹林寺惠盖"条，知刘宋有北竹林寺，僧惠盖居之。③

齐昌寺，《名僧传抄》卷二六"宋齐昌寺法盛"条，知刘宋有齐昌寺，僧法盛居之。④

开圣寺，唐代许嵩《建康实录》卷二"太祖下赤乌四年"条载："今新安寺南，东度开圣寺路度此桥。"⑤新安寺为刘宋佛寺，据此推断开圣寺抑或为刘宋佛寺。

尘外精舍，《法苑珠林》载："尘外精舍，释道俨具所谙闻也。"⑥释道俨为刘宋时僧，知刘宋时有尘外精舍。

宣业寺，《高僧传》卷一《昙摩耶舍传》附《法度传》载："今都下宣业、弘光诸尼……"⑦知刘宋有宣业寺、弘光寺，且二寺皆为尼寺。

光福寺，《（至大）金陵新志》卷一四："《西京记》：光福坊、大兴寺……历宋齐梁陈数有奇异。"光福坊即光福寺。依此知光福寺、大兴寺至迟在刘宋时已出现。

---

① 关于宋兴寺的相关问题，史料中有两种不同的说法。一种说法认为，宋兴寺在钟山宝公塔西北。见《王荆公诗注》卷四《律诗·霹雳沟》注引《建康续志》："蒋山宝公塔西北，有宋兴寺基。"又《（至大）金陵新志》卷一一下宋兴寺条引《庆元志》云："兴教院，即宋兴寺故基，在蒋山宝公塔西二里。"（张铉：《至正金陵新志》卷十一下，《金陵全书》甲编·方志类·府志·6，南京出版社，2011年，第752页。）另一种说法认为，宋兴寺本宋武帝故居，在长干里之南。《景定建康志》卷四六《祠祀志三·佛寺》载："宋兴寺，一名兴教院，今在南门外，寺基即刘裕故居。"（周应合：《景定建康志》卷四十六，《金陵全书》甲编·方志类·府志·4，南京出版社，2011年，第458页。）然而《南朝寺考》卷三"宋兴寺"条云："宋兴寺，一名兴教寺，在长干里之南，就宋武帝故居而造也，故以宋兴为号。或曰寺在蒋山，塔西二里有志公洗钵池，此盖因宋熙而误云。"（《金陵全书》乙编·史料类·3，南京出版社，2011年，第701页。）《高僧传》《南史》等籍中多处有"钟山宋熙寺"语，故《南朝寺考》中认为宋兴寺在蒋山宝公塔西的说法是与宋熙寺相混淆的结果，其言不无道理。至于建寺时间则不详，《南朝寺考》因"宋兴"之名将其列为宋寺，可从。

② 宝唱：《名僧传抄》，《卍新续藏》第77册，第348页中。

③ 宝唱：《名僧传抄》，《卍新续藏》第77册，第349页下。

④ 宝唱：《名僧传抄》，《卍新续藏》第77册，第350页上。

⑤ 许嵩《建康实录》卷二《太祖下》"赤乌四年"条载。（《金陵全书》乙编·史料类·1，南京出版社，2011年，第74页。）

⑥ 道世：《法苑珠林》卷一八，《大正藏》第53册，第418页下。

⑦ 慧皎：《高僧传》卷一，《大正藏》第50册，第329页下。

福兴寺，《（景定）建康志》卷四六《祠祀志三》载："本宋福兴寺。"知刘宋时有福兴寺。

总之，刘宋朝代在佛寺兴建上成果巨大，数量和规模都远超前朝。《法苑珠林》载"宋时合寺一千九百一十三所"，这一数字指整个南朝区域，而京师建康所占比例约三分之二。今可考的刘宋建康新建寺院达九十一座，实际数字应超过此，再加上前代所建寺院，建康佛寺的数量超过百座，可谓梵刹林立，香云弥漫，完全具备了成为江南佛教中心的物质基础。

五　萧齐时期建康佛寺的创建

升明三年（479），宋顺帝刘准被迫禅位于萧道成。萧道成以齐为国号，改元建元，是为齐高帝。高帝之后，先后又有六位皇帝登位，共二十四年。短短二十余年，却历七帝，这显示了萧齐王朝统治集团内部的不稳定。萧齐王朝二十余年间，可考的建康新建寺院达四十三座，多兴建于高帝、武帝、明帝三帝在位期间。其中，又以武帝在位期间兴建最多，有二十座，接近总数一半，为萧齐一代建康佛寺兴建的最盛期。

萧齐一代，建康佛寺的兴建出现了一个新的特点，由于萧氏皇权十分不稳定，因此皇室宗亲对佛寺兴建反而更加积极，发挥了更大作用。其中，尤以武帝第二子竟陵王萧子良为最。武帝在位期间，佛寺大兴，很大程度上归功于萧子良对佛教的崇奉。

（一）齐高帝时期

齐高帝萧道成早在刘宋时期就已与佛教结缘。《南齐书·高帝上》云："儒士雷次宗立学于鸡笼山，太祖年十三受业治礼。"萧道成十三岁时，即受业于大儒雷次宗。雷次宗其人，本东晋高僧慧远弟子，明达佛道，这种师承关系为萧道成接触佛教创造了契机。[①] 又《高僧传·法愿传》云："齐高亲事幼主，恒有不测之忧，每以谘愿。愿曰：后七月当定。果如其言。及高帝即位，事以师礼。武帝嗣兴，亦尽师敬。"幼主即宋顺帝。萧道成拥立顺帝之后，因地位日高，而常有不测之

① 赖永海主编：《中国佛教通史》第二卷，江苏人民出版社，2010年，第26页。

忧。实际上,萧道成是因取代顺帝之事有所顾忌,故谘问法愿。法愿告诉他,七月之后大事可定。后来果如其言。萧道成即位之后,尊以师礼,到了武帝承位之后,也对法愿尊礼有加。

萧道成在即位之前,不仅礼遇法愿等高僧,扶持佛教,还曾亲自主持修建了正觉寺、白塔寺。这些崇佛立寺之举,得到了佛教高僧的赞誉,并对他的即位寄予了大兴佛教的厚望。《高僧传·玄畅传》载,玄畅曾在四川建刹立寺,名曰齐兴。萧道成即位之时,恰好也是四川玄畅兴建"齐兴寺"之日,"齐兴",又与齐代兴起之意相合。玄畅在知道了这种"巧合"之后,便认为这是"天时人事万里悬合"之祥瑞,是"齐帝之灵应"。[①] 于是便致书镇守四川的傅琰,认为这是"嘉瑞自显","神应必彰",并作《赞》一首。傅琰随即上表,萧道成即敕蠲百户以供给玄畅。

萧道成在位四年期间,新建寺院七座,其中有三座寺院为高帝敕建,分别是建元寺、陟屺寺和止观寺。建元寺,齐高帝践祚时之所置,故以建元为名。寺在青溪上,东南角有募士桥,据传是吴大帝募勇士处。另关于陟屺、止观二寺,可查史料甚少,其事不详。

其他可考的建于高帝时期的寺院有五座,分别是法音寺、毗耶离寺、远精舍、法音精舍、齐明寺。

法音寺,建元元年(479),豫州刺史胡谐之于钟山造,舍人徐俨助造石多宝塔一所。[②] 齐时,僧慧廓尝居于是。梁时,有甘露降寺。

毗耶离寺,未详所在,建元初,西域僧求那毗地来京师,止于此寺。[③]

远精舍,《高僧传》卷第八《释道慧传》载:"慧以母年老,欲存资奉,乃移憩庄严寺。母怜其志,复出家为道,舍宅为福,建远精舍。慧以齐建元三年卒。"

法音精舍,建元四年(482),昙简尼立法音精舍。[④]

齐明寺,建元四年(482),僧猛尼舍东宅所建。《比丘尼传》卷第三:"齐建元四年母病,乃舍东宅为寺名曰齐明。缔构殿宇,列植竹树,内外清靖,状若仙居。饥者撤膳以施之,寒者解衣而与之。尝有猎者近于寺南,飞禽走兽,竞来投猛,而

---

① 慧皎:《高僧传》卷八,《大正藏》第50册,第377页中。

② 惠详《弘赞法华传》卷一《图像第一》载:"齐建元元年,豫州刺史胡谐之,于钟山造法音寺,舍人徐俨助造石多宝塔一所。"(《大正藏》第51册,第13页中。)

③《高僧传》卷三《齐建康正观寺求那毗地传》载:"齐建元初,来至京师,止毗耶离寺。"(《大正藏》第50册,第345页上。)《南朝寺考》据《高僧传》将该寺列入齐寺目录,今从。

④ 宝唱:《比丘尼传》卷三,《大正藏》第50册,第943页中。

鹰犬驰逐，相去咫尺，猛以身手遮遏，虽体被啄啮，而投者获免。同止数十人三十余载，未尝见其愠怒之色。年七十二，永明七年卒。”[①]

高帝即位之时，建康佛教已兴盛百余年，建康城内也早已是佛寺林立，香云弥漫。其本人立寺之举，一方面与其个人的佛教因缘相关，另一方面也是对晋宋以来建康佛寺兴盛景象的一种延续。

（二）齐武帝时期

建元四年(482)，萧道成病逝，长子萧赜继位，于次年改元永明，是为齐武帝。齐武帝在位凡十年，是萧齐建康佛寺兴建的最盛期。

武帝与其父高帝一样，也是在刘宋时就已经与佛教结缘。据《南史》卷四《齐本纪上·世祖武皇帝》记载，他在宋末举兵失败后，避难揭阳山，在山上累石为佛图，以求庇佑。继位之后，礼重长干寺玄畅、定山上寺法献，敕二人为天下僧主，分任南、北两岸。又对神异僧释法匮、宝志等十分崇敬。

武帝在位之时，还开创了沙门同皇帝对话，不必自称贫道，而可自称法号的先例。据载，中兴寺的僧钟在乾和殿与武帝相见，武帝听他自称“贫道”，于是就此询问尚书王俭。王俭指出，汉魏之世，佛法未兴，不见有这方面的记载。但自后赵时期，佛法隆兴时，都自称贫道，也准许预坐。东晋初期也是如此。但到了中叶，由于庾冰、桓玄等，欲使沙门尽敬，朝议纷纭，因而事寝。刘宋中叶，也有沙门致礼之说，但亦未见施行。此后，沙门多预坐，且自称贫道。武帝于是允许僧人自称法号。此后，中国沙门皆可在帝王面前自称名号。日本学者镰田茂雄认为，“对待僧人，在天子面前准许自称名号，是武帝对于僧众人格的承认”[②]。

武帝对佛教发展的最大贡献还在于他对佛寺的兴建上。武帝对佛寺兴建颇为热衷，其本人敕建的寺院有五座，包括齐安寺、禅灵寺、集善寺、招玄寺、游贤寺等。

武帝践祚之初，即舍旧宅为齐安寺。齐安寺，在城东门外，前临官路。唐升元中，徙置高垅，面秦淮南。至北宋，改曰妙净寺。[③]

永明七年(489)，武帝又造禅灵寺，敕谢瀹撰碑文。禅灵寺建成之时，武帝即

---

① 宝唱：《比丘尼传》卷三，《大正藏》第 50 册，第 942 页中。

② 镰田茂雄：《中国佛教通史》第 3 卷，第 130 页。

③《南朝寺考》卷第四载：“齐安寺，齐世祖旧宅也，践祚后遂舍为寺，在秦淮之南，前临官路，后接高陇。与宋兴寺相望，至赵宋遂改为妙净寺。”(《金陵全书》乙编·史料类·3，南京出版社，2011 年，第 786 页。)

车马驾临，十分欢喜。禅灵寺十分壮观，都城百姓前来观瞻者甚多。而且，武帝妃嫔亦有出家住禅灵寺者。[1]

永明十年（492），又造集善寺。集善寺，是武帝为其弟豫章文献王萧嶷（444—492）所造。萧嶷为高帝萧道成第二子，以宋升明末，出镇荆陕时，礼遇比丘尼慧绪。王妃及内眷属亦敬信甚深，从受禅法。后高帝登祚，王便邀慧绪共还都下，并在其宅第东田之东起造福田精舍，供其居住。慧绪便常入第，为王行道。至永明九年（491），萧嶷自称忽然苦病，然亦无正恶，唯不复肯食，颜貌憔悴，苦求还寺，还寺即平。至永明十年（492）薨。其后，武帝即以东田郊迥，另起集善寺，悉移诸尼住集善，而以福田寺别安外国道人。集善寺建成之后，历南朝至唐初因辅公佑之乱毁废，后复置为章义院，又改为法云院。南宋建炎兵火后，寺废，后徙置城内上元县北。[2]

武帝又造招玄、游贤二寺。《释迦方志》卷二云："齐世祖武帝造招玄、游贤二寺，三百名僧，三教格量，四年考定。"

武帝敕建多座寺院，推动了当时佛寺兴建的风气。仅武帝永明元年（483）就有多座寺院得以兴建，包括洞玄寺、国安寺、法云寺、石室寺等。

洞玄寺，在城东南三十里，永明元年赐额，僧法可立石。

国安寺，在城东南六十里，永明元年赐额，僧法珍立石。

法云寺，《广弘明集》卷一九《南齐竟陵王发讲疏并颂》记载："以永明元年二月八日，置讲席于上邸，集名僧于帝畿……同集于邸内之法云精庐。"[3]又《续高僧传》卷五《释法护传》载："齐竟陵王，总校玄释，定其虚实，仍于法云寺……"[4]又《南朝寺考》法云寺条载："法云寺在鸡笼山旁，齐竟陵王子良之邸内也。"可知，齐有法云寺，在鸡笼山旁，齐竟陵王子良之邸内也，建寺时间约在齐武帝永明元年（483）。萧子良在府邸内造法云精庐，并集名僧，可谓当世盛举。

石室寺，《高僧传》卷一二《齐京师后冈释僧侯》载："乃还都于后冈，创立石室，以为安禅之所。……永明二年，微觉不愈，至中不能食，乃索水漱口，合掌而

---

① 刘世珩：《南朝寺考》卷三，《金陵全书》乙编·史料类·3，南京出版社，2011年，第751页。

② 《比丘尼传》卷三《集善寺慧绪尼传》："永明九年……俄而王薨，祸故相续。武皇帝以东田郊迥更起集善寺，悉移诸尼。"（《大正藏》第50册，第944页上。）

③ 《大正藏》第52册，第232页中。

④ 《大正藏》第50册，第460页中。

卒。"[1]《南朝寺考》其条云:"石室寺,在钟山之后冈。"可知,石室寺乃为释僧侯所立,建寺时间必早于齐武帝永明二年(484),在钟山之后冈。

其后,又有多座寺院先后兴建,包括兴福寺、栖霞寺、福田寺、安时寺、安国寺、正观寺、莲华寺、隐灵寺、禅基寺、普弘寺、顶山寺等,计十一座。

兴福寺,建寺时间不晚于永明三年(485)。有僧释慧芬居之。《高僧传》卷第十三《齐兴福寺释慧芬》:"(释慧芬)以齐永明三年,卒于兴福寺。"[2]另有梁代兴福寺。

栖霞寺(摄山寺),齐永明七年正月三日,法度上人造,居士明僧绍舍宅。关于栖霞寺的相关内容,后文有详细介绍,此处不再赘述。

福田寺,建寺时间不晚于永明九年(491),比丘尼慧续曾居之。慧绪,本姓周,闾丘高平人。十八出家,住荆州三层寺,戒业具足,道俗所美。司马豫章王萧嶷以宋升明末出镇荆陕,知其有道行,迎请入内,备尽四事。时有玄畅禅师从蜀下荆,绪就受禅法,究极精妙,畅每称其宿习不浅。绪既善解禅行,兼菜蔬励节,豫章王妃及内眷属敬信甚深,从受禅法。后萧王邀共还都,为起精舍,在第东田之东,名曰福田寺,常入第行道。[3]

安时寺,据宋代李昉《太平广记》卷第四百六"草木一"条记载,永明九年(491),秣陵安时,寺有古树,伐以为薪,木理自然,有"法天德"三字。可知,安时寺创建时间不晚于永明九年(491)。

安国寺,据《法苑珠林》卷第七十九"祈雨篇"记载,寺在秣陵县都乡同下里,永明九年(491)起造。

正观寺,在秦淮水侧。永明十年(492),中天竺僧求那毗地,以所得供献营造此寺,重阁层门,殿堂整饬。后以中兴二年(502)卒于寺。梁初,有外国僧僧伽婆罗止于是,武帝甚加礼接,敕于正观寺及寿光殿古云馆中译出《大阿育王经》《解脱道论》等凡十部三十三卷。

莲华寺,《南齐书》卷二七《王玄载传》附传《王玄邈》载:"(永明)十一年,建康莲华寺道人释法智,与州民周盘龙等作乱。"知有莲华寺,创建时间不晚于永明十一年(493)。

---

① 《大正藏》第 50 册,第 408 页下。
② 《大正藏》第 50 册,第 416 页下。
③ 宝唱:《比丘尼传》卷三,《大正藏》第 50 册,第 944 页上。

隐灵寺，为齐武帝时大寺。《金楼子》卷第一《箴戒篇二》载："齐武帝时，隐灵寺雕饰炫丽。"《南朝寺考》卷第四载："隐灵寺，未详其所在。齐永明以来，佛会极盛。"

禅基寺，为永明中寺院，有僧盖尼居之，以禅定为业。僧盖，本姓田，赵国均仁人。幼出家为僧志尼弟子，住彭城华林寺。宋元徽元年(473)，索虏侵州，与同学法进南游京室，住妙相尼寺。齐永明中移止禅基寺，欲广弘观道，道俗咨访，更成纷动。乃别立禅房于寺之左，宴默其中，出则善诱，谆谆不倦。齐竟陵文宣王萧子良四时资给，虽已耆艾，而志向不衰，终日清虚，通夜不寐，年六十四永明十一年(493)卒。时寺又有法延者，本姓许，高阳人也，精进有行业，亦以禅定显闻也。①

普弘寺，《高僧传》卷八《释宝亮传》载："文宣图其形像于普弘寺焉。时高座寺僧成、旷野寺僧宝，亦并齐代法匠。"②《高僧传》卷第一一《释智称传》："顷之反都，文宣请于普弘讲律。"③

顶山寺，《比丘尼传》卷四《邸山寺释道贵尼传》载："齐竟陵文宣王萧子良，善相推敬，为造顶山寺，以聚禅众。请贵为知事，固执不从。"④

武帝时期，佛寺大兴，除武帝本人的推尊支持影响之外，其第二子竟陵文宣王萧子良更是不遗余力地宣扬佛教，而且是少有的全方位地推动佛教事业的发展，对萧齐朝代建康佛教之鼎盛起到了重要作用。早在刘宋升明三年(479)，萧子良为会稽太守时，就已经与慧约、昙纤、慧次等高僧往来。建元四年(482)，齐高帝去世，萧子良铸造释迦像一尊，以示供养，沈约为之写有《齐竟陵王题佛光文一首》。⑤ 当时，萧子良不过二十三岁。至武帝即位，萧子良又在府邸造法云精庐，集诸名僧，大开讲肆，为当时佛教盛事。汤用彤先生指出："计其所敬礼之僧尼见于《高僧传》《比丘尼传》者极多。其最有名者有玄畅、僧柔、慧次、慧基、法安、法度、宝志、法献、僧祐、智称、道禅、法护、法宠、僧旻、智藏等。齐梁二代之名师，罕有与其无关系者。"⑥萧子良还潜心研究佛学义理，著述颇丰。又多次举办

① 宝唱:《比丘尼传》卷三,《大正藏》第 50 册,第 943 页上。
② 慧皎:《高僧传》卷八,《大正藏》第 50 册,第 382 页上。
③ 慧皎:《高僧传》卷一一,《大正藏》第 50 册,第 402 页中。
④ 宝唱:《比丘尼传》卷四,《大正藏》第 50 册,第 947 页下。
⑤ 道宣:《广弘明集》卷一六,《大正藏》第 52 册,第 211 页中。
⑥ 汤用彤:《汉魏两晋南北朝佛教史》,昆仑出版社,2006 年,第 403 页。

斋会,供养佛牙,进行造像、礼佛、舍身等实践活动。他还十分重视佛教慈善事业,赈民、戒杀、素食等,皆一一践行。他又对建寺造塔等做出很多贡献,如曾在普弘寺造像,又主持建造顶山寺等。总之,武帝时期佛寺所以大兴,在很大程度上归功于文宣王萧子良。

武帝晚年对佛教的态度发生了一些变化。天宝寺释道盛为僧主时,上书武帝,以孔子有徒三千为例,说明僧众中确实存在鱼龙混杂现象,恳请武帝将不法沙门就其所在寺院进行惩戒。武帝于是使僧正法献、玄畅东往三吴,简汰僧尼。至临终时,又留下遗言:"显阳殿玉像诸佛及供养,具如别牒,可尽心礼拜供养之。应有功德事,可在专中。自今公私皆不得出家为道,及起立塔寺,以宅为精舍,并严断之。"[①]武帝晚年虽然遗言限制公私二众出家及严禁随意造塔建寺等,应当是看到了过分崇佛对国家经济及社会的负面影响,但总体上对佛教崇奉的态度并未改变,只是给予后继者一个政策上的特别告诫而已。

(三)齐代后期

永明十一年(493)七月,齐武帝病重,宫廷之内发生政变。其后,武帝长孙萧昭业继位,次年(494)改元隆昌,史称"郁林王"。后权臣萧鸾发动政变将其废掉,另立其弟萧昭文为帝,并于同年(494)七月改元延兴,史称"海陵王"。海陵王在位时间更短,其年(494)十月,萧鸾废掉萧昭文而自立,并改元建武,是为齐明帝。

据《南齐书·齐明帝纪》记载,齐明帝其人"性猜忌多虑,故亟行诛戮,潜信道术,用计数出,行幸先占利害",对佛教并未表现出太大的兴趣。明帝在位时间凡四年,今明确可考建于明帝时期的建康寺院有三座,分别是归依寺、齐隆寺和胜善寺。其中,明帝亲自敕建的寺院只有一座,即归依寺,其他两座寺院则分别是齐竟陵文宣王萧子良与南海王萧子罕所造。如果说高、武二帝时,建康佛教的主要扶持者为皇帝本人,那么到了明帝时,则主要是萧氏其他的王室宗亲,其中以萧子良为最。

又有华严、太昌、妙音三寺,虽建寺时间皆不详,但建武年间皆有事迹可循,故列入明帝时期寺院。

归依寺,据《法苑珠林》卷第一百《传记篇·兴福部》记载,寺为齐明帝造,召集禅僧,常持六斋。

---

① 《(古今图书集成)释教部汇考》卷第一,《卍新续藏》第77册,第5页中。

齐隆寺(宣武寺)，建武初，释法镜造。释法镜，姓张，吴兴乌程人。幼而乐道，事未获从。值慧益烧身，启帝度二十人，镜即预其一，事法愿为师。齐竟陵文宣王厚相礼待，镜誓心弘道，不拘贵贱，有请必行，无避寒暑，财不蓄私，常兴福业。建武初，以其信施立齐隆寺以居之。

胜善寺(上云居寺)，建武二年(495)，南海王萧子罕造，梁时尼所居，后复为僧院。在钟山之右，去城十二里，后改上云居寺。

华严寺，建寺时间不晚于建武二年(495)，有比丘尼妙智居于此。妙智，本姓曹，河内人。齐武帝敕请妙智讲《胜鬘》《净名》，开题及讲，帝数亲临。建武二年卒于寺中，后葬于定林寺南。①

太昌寺，建寺时间不晚于建武三年(496)，释僧宗造。《高僧传》卷八《齐京师太昌寺释僧宗》载："(释僧宗)以从来信施造太昌寺以居之。"②释僧宗，姓严，本雍州凭翊人。晋氏丧乱，其先四世祖移居秦郡。年九岁为瑗公弟子，咨承慧业。晚又受道于斌、济二法师，善《大涅槃》及《胜鬘》《维摩》等。每至讲说，听者将近千余。后以从来信施造太昌寺以居之，建武三年卒于所住，春秋五十有九。

妙音寺，建寺时间不晚于建武四年(497)，释法云曾于寺内讲经。释法云，姓周，宜兴阳羡人。年登三十，建武四年(497)夏初，于妙音寺开讲《法华》《净名》二经。③

永泰元年(498)七月，齐明帝驾崩，其子萧宝卷继位，史称"东昏侯"，又是一位有名的昏君。东昏侯在位凡三年，其间曾大肆破坏佛寺的建筑装饰。史载，他曾为宠妃潘氏造神仙、永寿、玉寿三殿，据《南史》卷五记载，当时，"庄严寺有玉九子铃，外国寺佛面有光相，禅灵寺塔诸宝珥，皆剥取，以施潘妃殿饰"。此外，瓦官寺有所谓"三绝"，为东晋时师子国所献玉像、戴安道手制佛五躯及顾恺之所画《维摩诘》像。东昏侯将其中的玉像取走，为宠妃做成钗钏。据《历代名画记》记载，东昏侯将玉像取走后不久即暴卒。④ 东昏侯卒后，其弟萧宝融继位，是为齐和帝，为萧齐最后一位皇帝。和帝少年继位，在位不过两年，后被迫禅位于萧衍，而

---

① 宝唱：《比丘尼传》卷四，《大正藏》第 50 册，第 942 页下。

② 慧皎：《高僧传》卷八，《大正藏》第 50 册，第 380 页上。

③ 道宣：《续高僧传》卷五，《大正藏》第 50 册，第 464 页上。

④ 张彦远《历代名画记》卷五："梁书外域传师子国，晋义熙初，献一玉像，高四尺二寸，玉色特异，制作非人工力。历晋宋朝在瓦棺寺，寺内有戴安道手制佛五躯，及长康所画维摩诘，时称三绝。齐东昏侯取玉像为宠妃钗钏，俄尔，而东昏侯暴卒。"(《明津逮秘书本》影印本，第 184 页。)

后被杀。总的来说，萧齐末期，建康佛寺的兴建处于停滞状态，主因在于皇帝的荒淫昏聩，以及统治集团内部的不稳定。

（四）萧齐建康的其他佛寺

又考萧齐朝代建康其他佛寺凡十一座，因建造时间无考，故单列其目如下：

孔子寺，在淮水南，《建康实录》卷第九“烈宗孝武皇帝太元十一年”条云：“立宣尼庙，在故丹阳郡城前隔路东南。”许注引《地志》云：“齐移庙过淮水北，将山置之，以其旧处立孔子寺，亦呼其巷为孔子巷，在今县东南五里二百步长乐桥东一里。”

大仁寺，《（景定）建康志》卷第十六《街巷·孔子巷》载：“孔子巷，在青溪侧，大仁寺前西南，古长乐桥东一里。”

草堂寺（山茨寺），《六臣注文选》卷第四十三《北山移文》注梁简文帝《草堂传》曰：“汝南周颙，昔经在蜀，以蜀草堂寺林壑可怀，乃于钟岭雷次宗学馆立寺，因名草堂，亦号山茨。”《续高僧传》卷六《梁国师草堂寺智者释慧约》载：“齐中书郎汝南周颙为剡令，钦服道素，侧席加礼，于钟山雷次宗旧馆造草堂寺，亦号山茨。”

齐熙寺，《法苑珠林》卷第五十五《受请篇·感应缘》载：“至梁初，琳出居齐熙寺。”可见梁初有齐熙寺，时有释道琳居之。释道琳，本会稽山阴人。少出家，有戒行，善《涅槃》《法华》，诵《净名经》。梁初，琳出居齐熙寺，至天监十八年（519）卒，春秋七十有三。《南朝寺考》：“齐熙寺，有颂本朝之义，必齐时之所建也。”可从。

齐古寺（乐林院），《（至大）金陵新志》卷第十一下《寺院》“乐林院”条引《乾道志》云：“在城东南六十里，因齐古寺基。”所谓“齐古寺基”，其意当为“齐代之古寺基”，而非寺名为“齐古寺”。《南朝寺》考其条云：“齐古寺，亦齐朝所置也，至赵宋改为乐林院。”

慧眼寺，《南朝寺考》其条云：“慧眼寺，在同夏里，南齐时江蒨之所造也。”“同夏里”，陈作霖云“当今之赤石矶”。知萧齐时有慧眼寺，江蒨所造，在赤石矶。

弥陀寺，《名僧传抄》卷第十七目录有“齐弥陀寺僧显”条，知萧齐时建康有弥陀寺，有僧显居之。

栖静寺，《名僧传抄》卷第二十二目录有“齐栖静寺僧审”条，知萧齐时建康有栖静寺，有僧审居之。

西安寺,《名僧传抄》卷第二十二目录有"齐西安寺僧侯"条,知萧齐时建康有西安寺,有僧侯居之。

金刚寺,《名僧传抄》卷第二十四目录有"齐金刚寺法纻"条,知萧齐时建康有金刚寺,有僧法纻居之。

齐宁寺,《弘赞法华传》卷第六《诵持第六·梁齐宁寺释通子》载:"释通子,不知何许人少。出家住齐宁寺,素与建初寺忍法师友善。"根据寺名,推断该寺为齐代建康寺院,梁代释通子曾住锡于此。

六 | 萧梁时期建康佛寺的创建

《法苑珠林》载,梁代佛寺总数为二千八百四十六所。这一数字是指梁代全国佛寺的总数,其中,梁都建康应占较大比例。关于梁代建康佛寺的数目,史料中有两种记载。其一,《南史·郭祖深传》载:"陛下皇基兆运二十余载……以为都下佛寺五百余所,穷极宏丽。"其二,《法苑珠林》引《舆地图》云:"梁武都下旧有七百余寺属,侯景作乱,焚烧荡尽。"五百之数乃指梁武中期建康佛寺总数,七百之数则指梁武晚期、侯景乱前建康佛寺总数。梁武帝自即位之初,扶持佛教,积二十年之功,大兴土木,使建康佛寺增至五百余座。然佛寺既多,僧徒既众,社会流弊亦颇加重,故而郭祖深进言梁武,以陈时弊。然武帝并未采纳其建议,而是继续兴福,再积二十年之功,兴寺二百,使得其晚年时期建康佛寺总数达到七百座之多。

无论是五百余座,还是七百余座,皆指武帝时建康佛寺的总数。也就是说,除了武帝时期新建的佛寺,还包括保存下来的前代佛寺。今可考梁代以前所造佛寺总数为一百五十余座。又《法苑珠林》记载,刘宋共造寺一百四十五所,萧齐共造寺一百零二所,其中的大部分都集中在建康一地,再加东晋建康所造佛寺,则梁以前建康所造佛寺总数为三百左右的推断是较为可靠的。梁武帝在位凡四十余年,后期二十余年造寺约两百余座较为明确,如此推断梁武帝时期前二十年的造寺总数也当为两百余座。

《法苑珠林》记载,萧梁共造寺八百三十一座,其中建康造寺推测有四百余座,约占总数一半。所以,较宋、齐两代,梁代的佛寺创建,不仅都城建康十分兴盛，其他地方上的佛寺创建也很兴盛。可以说，宋、齐两代佛教的繁盛主要是指建康佛教，这是局部性的繁盛；而有梁一代，则不仅将建康佛教的发展推向极盛，也实现了整个江南地区佛教的繁盛，这是全局性的繁盛。

据上推断，梁代建康新建佛寺达四百余座，今尚可考的有一百一十八座。其中，明确可考为梁武帝在位时期所建的有九十三座，建造时间失考的有十四座，这十四座推测大多也是建于梁武帝时期。梁代佛寺的兴建主要集中在梁武帝在位时期，简文帝、元帝等在位时期虽然也有佛寺兴建，但数量很少。

(一) 梁武帝与建康佛寺的鼎盛时期

梁武帝虽较早与佛教结缘，但起初并不信奉佛教，而是信奉道教。《隋书》卷三五有载："武帝弱年好事，先受道法。及即位，犹自上章，朝士受道者众，三吴及边海之际，信之逾甚。"可见，武帝早年先受道法，直至即位之初，仍信奉道教。然而，至即位第三年，也即天监三年(504)的四月初八佛陀圣诞日，梁武帝亲率道俗两万余，在重云殿重阁，亲作《舍道归佛文》，宣布舍道归佛。梁武帝将自己舍道归佛视作"弃迷知返"，并要求王公贵戚，乃至于平民百姓，都要信仰佛教。这无疑对建康佛教的发展起到了极大的推动作用，使得建康佛教的发展达到一个前所未有的兴盛顶峰。

梁武帝敕建佛寺可考者凡十五座，分别是大爱敬寺、大智度寺、阿育王寺、同行寺、法王寺、光宅寺、解脱寺、萧帝寺、劝善寺、开善寺、同泰寺、定山寺、仙窟寺、资圣寺、净名寺，以下分述其创建时间及因缘等事。

大爱敬寺，天监元年(502)，梁武帝造。梁武帝虽在即位后第三年才舍道归佛，但在即位之初就已经开始兴建佛寺，包括大爱敬寺与大智度寺。二寺乃是梁武帝分别为追谥其父母所造。关于二寺的建造时间，须做一番讨论。《梁书》卷三载："及居帝位，即于钟山造大爱敬寺、青溪边造智度寺。"按《梁书》，二寺皆建于梁武帝即位初年，也就是天监元年(502)，且大爱敬寺建造时间当略早于大智度寺。然《梁京寺记》"大爱敬寺"条云："梁武帝普通元年造。"今从天监元年(502)造。首先，若从文献出处上讲，《梁书》的记载当更为可靠。其次，梁武帝追谥先父母，在即位初年乃为合理，而不可能延迟至即位十八年后。

大智度寺，参见上文"大爱敬寺"条。

阿育王寺，即东晋长干寺，虽非武帝始造，然武帝即位之初对该寺大加兴建，寺始极盛。

同行寺，天监初，武帝与宝志公登幕府山，见林峦殊胜，寺因名同行，亦名圣游。唐会昌中废，吴太和中复建名秀峰院，宋嘉祐中改宝林寺。

法王寺，天监二年(503)，武帝造。在城北二十里，其地本名新林。梁武帝义军东下，先至新林，一战成功，遂开帝业。天监二年(503)，乃即齐之灵邱苑置法王寺以旌伐。大同九年(543)，又于寺侧起王游苑，尚书令沈约为撰法王寺碑。①

光宅寺，梁武帝故宅，在同夏里三桥篱门侧，天监六年(507)，武帝舍宅造。

解脱寺，在太清里。天监十年(511)，武帝为德皇后造。欲其解脱恶业，故寺以为名。其地去郗氏窟不远。南唐起塔为寂乐院，后改百福院，宋为王纶功德寺。

萧帝寺，天监十三年(514)，梁武帝造，在光宅寺旁。《六朝事迹编类》卷下佛寺门之"法光寺"条云："法光寺，今名鹿苑寺，即梁之萧帝寺。旧传天监十三年造。"寺额为萧子云书。寺中有周子隐读书台。佛殿前为郗氏窟，梁德皇后化蟒处。时云法师主是寺，任孝恭从之游，讲席甚盛。至南唐改名法光寺，宋曰鹿苑寺，清之石观音庵实其故址。

劝善寺，天监十三年(514)，武帝为释宝志造。是年冬，宝志于台后堂谓人曰：菩萨将去。未及旬日，无疾而终，卒于此寺。

开善寺，天监十三年冬，葬释宝志于钟山独龙阜，即于墓所立开善精舍。

同泰寺，普通八年(527)，武帝造。在宫城北掖门外路西。其地本吴之后苑，晋廷尉故署。梁武帝以其地为同泰寺，又于宫后别开一门，名大通门，对寺之南门。大同元年(535)，寺为天火所焚，惟余瑞仪柏殿，乃更造十二层浮图，未就而侯景乱作。景围台城，其党范桃棒据同泰寺，寺因毁。南唐即其址为净居寺，又改圜寂寺，宋分其半为法宝寺。

定山寺，武帝为僧法定造，在六合山，城东北二十里处。寺山门之右有卓锡泉。相传，达摩祖师晏坐石岩，思西域水，以锡杖卓石，遂得泉。

仙窟寺，在天阙山西峰，中有石洞，梁武帝于其下置寺。与佛窟寺一在山上一在山下。寺藏一石钵盂，形状甚古。唐神龙中，郑克俊并开善寺志公屐皆取入

① 《建康实录》许注引《塔寺记》云："武帝造，其地本号新林，前代苑也。梁武义军至，首祚王业，故以法王为名。"(许嵩：《建康实录》卷十七，《金陵全书》乙编·史料类·2，南京出版社，2011年，第344页。)沈约曾作《法王寺碑》，《艺文类聚》卷第七十六存其文。又《金陵梵刹志》卷第四十八(《中国佛寺史志丛刊》第1辑第5册，明文书局，1980年，第1398页。)列废刹法王寺，此寺乃是东晋安帝为鸠摩罗什所造，与梁武帝所造法王寺实为二寺。然《梵刹志》却将沈约所作《法王寺碑》附于其后，实则是将二寺混为一寺了。

长安。

资圣寺，在城西南六十里白都山侧，梁武帝所置，至元犹存，谓之白都院。

净名寺，武帝造，建寺时间不详。《高僧传》卷一〇《释保志传》载："志多去来兴皇、净名两寺。"[①]知武帝时有净名寺。另《金陵梵刹志》卷第九"东山翼善寺"条云："在郭城东南……梁资福院，武帝建净名院，神僧宝公说法其间，宋元改净名寺，国朝正统十年重建赐今额。"知净名寺乃武帝所造，本名资福寺(院)，宋元改净名寺，明正统十年(1445)重建并改翼善寺。因寺在东山，故又名东山翼善寺。

梁武帝时期，除其本人大兴佛寺之外，建康僧俗二众亦广建佛寺。今可考者有七十八座，分别是无垢寺、佛窟寺、敬业寺、净居寺、小庄严寺、明庆寺、涅槃寺、皇宅寺、本业寺、华林寺、大招提寺、惠日寺、法清寺、吉山寺、永庆寺、杜桂寺、观音寺、禅证寺、永定禅寺、三光寺、北广福寺、报恩寺、庆云寺、法云寺、永明寺、果愿尼寺、须陀寺、猛信尼寺、福静寺、众造寺、善觉寺、南冥真寺、普明寺、静福寺、清玄寺、园居寺、到公寺、大明寺、竹涧寺、崇庆寺、大通寺、禅岩寺、虎窟寺、法苑寺、静众寺、头陁寺、万福尼寺、本愿尼寺、慈恩寺、普光寺、化成寺、福兴寺、善业尼寺、寒林寺、金口寺、一乘寺、栖隐寺、光业寺、惠日寺、履道寺、渴寒寺、大心寺、华严寺、幽岩寺、仪香尼寺、山斋寺、建陵寺、宣明寺、灵隐寺、天光寺、慈觉寺、神山寺、建业寺、天中寺、甘露鼓寺、永乏寺、东林寺、西贤寺。以下按照佛寺兴建时间的先后顺序对其创建因缘等事进行叙述。

无垢寺，建于天监二年(503)。《金陵梵刹志》卷第十二其条云："原先朝天喜寺，梁天监二年改无垢寺。《乾道志》又名无垢院，国朝重修，如今额。"按《梵刹志》知，无垢寺建于天监二年(503)，宋名无垢院，元改天喜寺，明代重修又名无垢寺。按《梵刹志》，寺在郭城凤台门外道德乡东城，北去所领三禅寺五里，北去聚宝门一百二十五里。

佛窟寺，在牛首山。旧传牛头山下有辟支佛窟，宋大明中移郊坛于山之东峰。执事者导从百余人游西峰石窟，见一僧趺坐。执事者问之，忽无所有，但遗锡杖香炉瓶盂而已。天监二年(503)，司空徐度造寺，因名佛窟寺。唐大历九年(774)，代宗修峰顶七级浮图，宋太平兴国二年(977)赐崇教寺，明洪武中名弘觉寺。咸丰兵火而毁，后仅稍稍修葺。

---

① 《大正藏》第 50 册，第 394 页中。

敬业寺，未详其所在，天监四年(505)，礼部侍郎卢法震所造，盖从武帝所好。

净居寺，在南郭外，梁天监五年(506)，颍川刺史刘威所造。有僧法昂居之，及卒，晋安王纲为制墓铭。

小庄严寺，天监六年(507)，度禅师造。① 小庄严寺，在建业定阴里，本晋零陵王庙地。梁天监六年(507)，屠者邵文立回买此地，舍与度禅师为寺。邵文立，世以烹屠为业，尝欲杀一鹿，鹿跪而流泪，以为不祥，鹿怀一麑，寻当产育，就庖哀切，同被刳割，因兹患疾，眉须皆落，身创并坏，乃深起悔责，求道度法师，发大誓愿罄舍家资，买此地为立庄严寺。以京师有庄严寺，故名小庄严寺以别之。天监八年(509)，释法悦与沙门智靖于小庄严寺造无量寿佛像，长一丈八尺。像成，悦、靖相继迁化，武帝敕以像事委僧祐，其年九月二十六日移置光宅寺。

明庆寺，在蒋山上。梁天监六年(507)，后合舍人王昙朗所造。寺内有泉水澈澄，俗呼八功德水。昔有高僧昙隐，于此闻丝竹声，俄而泉出。梁陈以来，尝取以供御愈疾。寺后别有小岭，碧石青林，幽邃如画，名为屏风岭，诸名流来游者甚众。

涅槃寺，天监七年(508)，沙门僧宠造。《建康实录》卷第十七"天监七年"条载："置涅槃寺，在县北二十里，沙门僧宠造。峰顶又有翠微寺。"另外，此处有翠微寺，仅按《实录》，无法断定其是否为梁武帝时所建佛寺。

皇宅寺，在蒋陵，天监八年(509)造。《沈约集》有《舍身愿疏》云：大梁天监之八年，在新所创蒋陵皇宅寺设会，请佛及僧，上士凡一百零八人。

本业寺，天监九年(510)，比丘净洁造，在蒋山里。《建康实录》卷第十七"天监九年"条："是岁，置本业寺，西去县五十里，比丘净洁造，在蒋山里。"

华林寺，建于何时不详，但至迟不晚于天监十三年(514)。有僧法云于华林寺讲《法华经》，宝志禅师往来咨问。宝志卒于天监十三年(514)，故知华林寺至迟不晚于是年得建。②

大招提寺，建于何时不详，但至迟不晚于天监十四年(515)。元康《肇论疏》卷上《序》云："大招提是梁时造。"③知梁代有大招提寺。又《高僧传》卷八《释慧集传》云："止招提寺……以天监十四年……"此处招提寺应即梁代所建大招提寺。

---

① 《梁京寺记》梁"小庄严寺"条，《大正藏》第51册，第1024页。

② 慧皎：《高僧传》卷一〇，《大正藏》第50册，第394页下。

③ 元康：《肇论疏》卷上，《大正藏》第45册，第161页下。

据此，则其建造时间至迟当不晚于天监十四年(515)。释慧集，本姓钱，吴兴於潜人。年十八于会稽乐林山出家，追随慧基法师受业。后出京止招提寺，复遍历众师。其后成就巨大，每一开讲，负帙千人，沙门僧旻、法云，并名高一代，亦执卷请教。又受梁武帝深相赏接。以天监十四年(515)还至乌程，遘疾而卒，春秋六十。

惠日寺，天监十八年(519)，阮翻舍宅造。《南朝寺考》卷五“惠日寺”条云：“梁时有阮翻居之，天监十八年舍宅造寺，以惠日为名。”惠日寺，在建康西尉定阴里。本吴宣明太子所创之西苑地。梁时有阮翻居之，天监十八年(519)，舍宅造寺，以惠日为名。陈太建九年(577)，雷震惠日寺刹，为象教将衰之兆。

法清寺，在湖熟，梁天监中建，昭明太子读书其中，故有东湖读书台。宋淳熙中，方拱辰扁昭文精舍。元至正中，改昭文书院。后废。

吉山寺，在京郭凤凰台门外，南城，泰北乡，北去所领祖堂寺五里，去聚宝门三十五里，梁天监年创。

永庆寺(白塔寺)，在冶城北，梁天监中，永庆公主所造。寺有砖塔，又名白塔寺。寺左为谢公墩，王安石登眺处。咸丰兵火后，塔毁，寺尚存。

杜桂寺，梁天监中，杜、桂二卿平章朝政，舍所居以为寺，故从其姓以旌名。寺在上元县丹阳乡，在城东南六十里。

观音寺，在城东六十里黄干村，梁天监中置，宋开宝八年(975)废。

禅证寺，建于天监年间，在六合县。《(光绪)六合县志》卷第三载：“梁武帝天监中建。”

永定禅寺，天监年间，僧知能造，在六合县。《(光绪)六合县志》卷第三载：“梁武帝天监中，僧知能开建。原《志》云：‘寺环冶水，长杨障之，深绿平铺，楚楚相望，邑伽蓝中之殊胜者。’”知寺环冶水而建，又有长杨围绕，在当时之世堪称伽蓝中之殊胜者。

三光寺，天监年间，僧永洪造，在六合县。《(光绪)六合县志》卷第三载：“武帝天监中，僧永洪建。”

北广福寺，建于天监年间，在六合县。《(光绪)六合县志》卷第三载：“在北四五都，梁武帝天监中开建。”

报恩寺，建于天监年间，在溧阳县。《(嘉庆)溧阳县志》卷第四载：“旧在溧阳县西北五十里，梁天监中置。”

庆云寺，武帝时佛寺，在摄山。建于何时不详，应建于天监年间。《陈书》卷二:“梁天监末,为摄山庆云寺沙门。”

法云寺,天监末年,释法云造。释法云,姓周氏,宜兴阳羡人,晋平西将军处之七世孙。母吴氏初产,在草见云气满室,因以名之。七岁出家,更名法云,从师住庄严寺,为僧成、玄趣、宝亮弟子,而俊朗英秀,卓绝时世。年十三,始就受业大(太)昌寺僧宗、庄严寺僧达,甚相称赞。齐永明中,僧柔东归于道林寺发讲,云咨决累日,词旨激扬,众所叹异。年登三十,建武四年(497)夏初,于妙音寺开《法华》《净名》二经,序正条源,群分名类,学徒海凑,四众盈堂。永元元年(499),曾受毗陵郡请,道俗倾家,异端必集,弘振岚猷,道被京城。天监二年(503),敕使长召,出入诸殿,影响弘通之端,囋扬利益之渐。梁武帝亟延义集,未曾不敕令法云先入。又下诏礼为家僧,资给优厚,敕为光宅寺主。天监末年,法云欲报施主之恩,于秣陵县同下里中造寺一所。梁武帝敕以法师建造可,仍以法师为名。[①]

永明寺,普通元年(520)置,西北去县五十里,南平襄王造。唐武德六年,寺废。上元二年,奉敕重造。

果愿尼寺,普通元年(520),东阳太守王均造,西南去县五十里。

须陀寺,普通元年(520)造,西南去县十七里。

猛信尼寺,一作极信尼寺,普通三年(522),后合主书高僧猛造。西北去县五十里,在钟山西北。绍泰二年废,唐上元二年敕令重建。

福静寺,普通三年(522),尼修义造。《建康实录》卷第十七“普通三年”条:“(置)福静寺,西北去县六里,尼修义造。”南唐保大九年改了缘塔院。

众造寺,在建康县东北五十里,梁普通五年(524),后合舍人吴庆之所造。与齐众造寺同名而实非一寺。

善觉寺,在建康县东七里太清里,比丘尼所居。梁普通五年(524),昭明太子为母丁贵嫔造。未成而薨。晋安王纲为太子,卒构之。其殿宇房廊,创置奇绝。后梁武帝敕赍铜造寺塔。

南冥真寺,普通五年(524),沙门惠钊起造,在秣陵县中兴里。

普明寺,普通年间,梁建安侯萧正立为释智远造。释智远,姓王,族本太原,寓居陕服,幼而聪颖,早悟非常。居荆州长沙寺禅坊,为法京沙门之弟子。卓然独立,蜻记玄心。至于戒年,清洁逾厉,而慧业未深,遥想扬辇,遂负衮沿波达于

① 道宣:《续高僧传》卷五,《大正藏》第50册,第464页中。

建业。龙光僧绰，一代英雄，乃肆心仰旨，专门受教。学逾一纪，解通三藏。梁建安侯萧正立，务兼内外，兼弘孔释，造普明寺请远居之，以伸供养之志。①

静福寺，建于普通年间，具体不详。南唐改为延福禅院。

清玄寺，在城北二十五里，梁大通元年（527）置。后废，南唐保大中复置。建炎兵火，寺被焚。

园居寺，在秣陵县南四十五里，比丘尼所居也。梁大通元年（527），舍人袁颋造。②

到公寺，大通元年（527），到溉舍宅造。《南史·到溉传》载："洽卒后便舍为寺。"按《到溉传》，知到公寺建于到洽卒年。考《梁书·到洽传》，知其卒于大通元年，云"大通元年，卒于郡，时年五十一"，故知到公寺建于是年。

大明寺，建于何时不详，但至迟不晚于大通二年（528），有僧释法朗居之。释法朗，俗姓周氏，徐州沛郡沛人。朗少习军旅，早经行阵，俭约治身，宠辱无能移。年二十一，以梁大通二年（528）二月二日于青州入道，游学扬都，就大明寺宝志禅师受诸禅法，兼听此寺象律师讲律本文。③

竹涧寺，建于何时不详，但至迟不晚于大通二年（528）。参见"大明寺"条。

崇庆寺，建于大通年间，但具体时间不详。鸿鹤禅师造，在钟山西。《（乾隆）江南通志》卷第四三《舆地志·寺观》"崇庆寺"条载："梁大通间，鸿鹤禅师在东庐山建道场后，至中山西建寺，宋改今额。"中山当指钟山。又崇庆寺为宋名，而非梁名。

大通寺，建于大通年间。关于建寺时间，《（乾隆）江南通志》卷第四十三载："梁大通九年建。"然考梁大通仅历时三年，故九年之说当误。今依"大通"之名，推断寺建于大通年间，而非大通九年。

禅岩寺，中大通元年（529）置，北去县三十五里，严祛之造。贞观六年（632）废，上元二年（675）敕重建。

虎窟寺，建于何时不详，但至迟不晚于中大通三年（531）。寺在牛头山。《南朝寺考》卷第五其条云："虎窟寺，亦在牛头山，伏虎洞实当其侧。……盖简文为

---

① 道宣：《续高僧传》卷一六，《大正藏》第50册，第556页上。

② 《建康实录》卷第十七"大通元年"条："置园居尼寺，北去县四十三里，大通四年，舍人袁颋造。"（《金陵全书》乙编·史料类·2，南京出版社，2011年，第355—356页。）按：元年条下作"四年"，当误，且大通只历时三年，故无四年之说。

③ 道宣：《续高僧传》卷七，《大正藏》第50册，第477页中。

太子时，与焘及鲍至陆罩王台卿王冏，时往游览，迭相唱和。”知梁简文帝萧纲还是太子时，曾游虎窟寺。考萧纲于武帝中大通三年(531)被立为太子，因之，虎窟寺至迟当建于是年。

法苑寺，一名广化寺。在秣陵县南五十里。梁中大通五年(533)，张文达造。贞观六年(632)废，上元二年(675)敕重建。

静众寺，建于何时不详，但至迟不晚于中大通六年(534)。《续高僧传・释慧勇传》载："年登具戒，从静众寺峰律师……至德元年(迁化)……春秋六十有九。"[①]据上推算，慧勇具戒之年(二十岁)为梁武帝中大通六年(534)，知静众寺创建时间当不晚于是年。

头陁寺，大同元年(535)，舍人石与造。据《建康实录》卷第十七载，寺在东北，去县二十二里。寺在蒋山顶第一峰，殿后有泉井，与江淮水通，随潮水增减，非常灵异，累世仍旧。

万福尼寺，大同元年(535)，吴僧畅造。《建康实录》卷第十七"大同元年"条："万福尼寺，北去县十八里，吴僧畅造。"

本愿尼寺，大同元年(535)造。《建康实录》卷第十七"大同元年"条："本愿尼寺，湘州刺史萧环造。"

慈恩寺，大同二年(536)，邵陵王纶造。《建康实录》卷第十七"大同二年"条："置慈恩寺，东南去县二十五里，邵陵王纶造。"

普光寺，大同二年(536)造。《建康实录》卷第十七"大同二年"条："普光寺，东南去县八十里，安丰县令张延造。"

化成寺，大同二年(536)，江宁县令陶道宗造。《建康实录》卷第十七"大同二年"条："化成寺，东北去县七十里，江宁县令陶道宗造。"

福兴寺(天竺山寺)，大同二年(536)，袁平造。在郭外南城天竺山下，北去聚宝门及所统报恩寺各八十里。唐上元二年(675)，僧道融移旧额，改创天竺山。明朝重修。

善业尼寺，大同二年(536)，萧恪造。《建康实录》卷第十七"大同二年"条："善业尼寺，东北去县五十里，萧恪造。"

寒林寺，大同二年(536)造。《建康实录》卷第十七"大同二年"条："寒林寺，

---

① 道宣:《续高僧传》卷七,《大正藏》第50册,第478页中。

西北去县三十五里，常侍陈景造。”

金口寺，大同二年(536)造。在秣陵县东南八十五里金口里。杨吴改灵鹫院，宋改隆教院。

一乘寺(凹凸寺)，在丹阳县东南六里。梁大同三年(537)，邵陵王纶所造。有沙门法才居之。俄经侯景乱而寺毁，至陈复建，尚书令江总舍书堂于寺，寺门有凹凸花，乃张僧繇以天竺法染画，人因呼为凹凸寺。

栖隐寺，建于何时不详，但至迟不晚于大同五年(539)。《艺文类聚》卷第七十七《内典下·寺碑》有《梁刘孝绰栖隐寺》，知梁有栖隐寺，且刘孝绰为碑文。考《刘孝绰传》，知其卒于大同五年(539)，故寺建造时间至迟不晚于是年。

光业寺，建于何时不详，但至迟不晚于大同七年(541)，有释智文居之。释智文，姓陶，丹阳人。梁大同七年(541)，灵味、凡(瓦)官诸寺，启敕请文于光业寺首开律藏。[①]

惠日寺，大同八年(542)，丹阳尹王龄造。《南朝寺考》卷第五“惠日寺”条云：“天监十八年，舍宅造寺，以惠日为名。……或曰大同八年，丹阳尹王龄造惠日寺，在县东二里。或别是一寺，不必强以为同。”按《南朝寺考》，梁有两座惠日寺，一座是天监十八年(519)阮翻舍宅造，一座是大同八年丹阳尹王龄造。

履道寺，在秣陵县东南二十五里。梁大同十一年(545)，贞威将军给事后合舍人章法护造。

渴寒寺，亦在秣陵县东南二十五里，与大同十一年(545)履道寺同造。

大心寺，武帝时佛寺，建于何时不详。《梁书》卷五〇《伏挺传》载：“后遇赦，乃出大心寺。”

华严寺，建于何时不详，但至迟不晚于中大同元年(546)。《陈书》卷三二《谢贞传》载：“十四丁父艰……乃共往华严寺请长爪禅师为贞说法。”又载：“十四倾外荫，十六钟太清之祸……”据上可知，谢贞十四岁时，已有华严寺。太清二年(548)侯景乱时，谢贞十六岁，则其十四岁时为中大同元年(546)，故华严寺建造时间当不晚于是年。

幽岩寺，据《建康实录》卷第十七“太清元年”条载，太清元年(547)，永康公主造，北去县四十里。

---

① 道宣：《续高僧传》卷二一，《大正藏》第50册，第609页中。

仪香尼寺，据《建康实录》卷第十七“太清元年”条载，太清元年(547)，宫获造，西北去县五十里。

山斋寺，尚书令谢举舍宅内山斋造。建于何时不详，但至迟不晚于太清二年(548)。《南史·谢举传》载：“举宅内山斋舍以为寺。”考《谢举传》，谢举卒于太清二年(548)侯景乱时，故知山斋寺建造时间当不晚于是年。

建陵寺，建于何时不详，但至迟不晚于太清二年(548)。《南史》卷七二《任孝恭传》载：“高祖闻其有才学，……敕遣制《建陵寺刹下铭》。”依此知梁武帝时有建陵寺，任孝恭为铭文。另考《任孝恭传》，其卒于太清二年(548)侯景乱时，故知建寺时间当不晚于是年。

宣明寺，建于何时不详。据《南史》卷第七十四《列传》第六十四孝义下记载，梁太清之乱，谢贞母出家于是。知宣明寺至迟不晚于太清二年(548)侯景之乱爆发之时。

灵隐寺，据《建康实录》卷第十七“太清二年”条记载，太清二年(548)，炅待公造，西北去县五十里。

天光寺，建于武帝时期，具体时间不详。《南朝寺考》卷第五其条云：“天光寺，在同夏里，梁武帝故时所居也。”

慈觉寺，建于梁武帝时，昭明太子造。《艺文类聚》卷第七十六《内典上·寺碑》有《梁简文帝慈觉寺碑》，又卷第七十七《内典下·寺碑》有“又东宫上掘得慈觉寺钟启”之语。知梁代有慈觉寺。又《南朝寺考》云慈觉寺乃为“梁昭明太子为母丁贵嫔造”，依此则慈觉寺当建于梁武帝时期。

神山寺，建于梁武帝时，昭明太子造。《南朝寺考》卷第五其条云：“神山寺，梁昭明太子所造也，晋安王纲制碑以纪之。”晋安王纲即简文帝萧纲，《艺文类聚》卷第七十六《内典上·寺碑》录有《梁简文帝神山寺碑》。

建业寺，建于梁武帝时。《昭明太子集》卷第五《令旨解二谛义》有“建业寺僧愍谘曰”之语，知昭明太子时有建业寺。

天中天寺，梁武帝时，太子萧纲(即后来的简文帝)造。《广弘明集》卷第十六《简文帝谢敕赉栢刹柱并铜万斤启》有“供起天中天寺”①语，又同书卷第三十下录有陈沈炯《从游天中天寺应令》文。

---

① 道宣:《广弘明集》卷第十六,《大正藏》第52册,第209页下。

甘露鼓寺，建于梁武帝时期。《南朝寺考》卷第五其条云：“甘露鼓寺，未详所在，有敬脱法师开讲于寺。及卒，梁太子纲为作墓铭焉。”《释文纪》卷第二十一《梁》录有萧纲所作《甘露鼓山寺敬脱法师墓志铭》。

永乇寺，建于梁武帝时期。明宋濂《宋学士文集》卷第十五《銮坡集》卷第五有《句容奉圣禅寺兴造碑铭》：“按《金陵塔寺记》，初名永乇，梁武帝时，有大桑门宝亮主之……寺因籍之增重，与诸大刹争雄。”据上可知，梁武帝时期有永乇寺，今属句容境内。僧宝亮主之。寺在当时与诸大刹争雄，盛极一时。（按：“乇”即“定”的异体字。）另又有六合永定寺，可参见其条。

东林寺，梁武帝时佛寺，建于何时不详。《南朝寺考》卷第五其条云：“东林寺未详所在，有智表法师多藏书，梁湘东王绎（即梁元帝）尝就写得之。”知梁元帝为湘东王时已有东林寺。

西贤寺，梁武帝时佛寺，建于何时不详。萧纶《设无碍福会教》云：“帝之恩普也……于西贤寺……”[①]文中所谓“帝之恩普也”，乃指梁武帝，知西贤寺为武帝时佛寺。

（二）侯景之乱与建康佛寺的毁灭

梁武帝太清二年（548），侯景引玄武湖水灌台城，又纵火焚烧建康城，造成“城都下户口，百遗一二，大航南岸，极目无烟”（《南史·侯景传》）的惨烈景象，建康城二百余年的繁华毁于一旦。建康城毁，佛寺亦无幸免。《法苑珠林》云：“梁武都下旧有七百余寺，属侯景作乱，焚烧荡尽。”[②]自晋宋以来，到侯景之乱爆发前夕，历时凡二百余年间，都城建康累寺达七百余，转瞬之间尽毁，可谓建康佛教史上一次空前绝后的大灾难，使得建康佛寺建设受到了极为沉重的打击。

史籍中关于侯景之乱使得建康七百寺毁的直接记述甚少，仅有数条，分别是东晋所造的天宝寺、招提寺、刘宋时所造延祚寺及梁代所造的一乘寺，简略记述了遭战毁情况。

天宝寺，《南朝寺考》卷二“天宝寺”条载：“梁太清二年，邵陵王纶与侯景战于玄武湖侧，败入此寺，景纵火焚之而寺再毁。”天宝寺先是被宋废帝毁，至侯景乱时，因被火焚而再毁。

---

① 道宣：《广弘明集》卷第二十八，《大正藏》第52册，第325页中。

② 道世：《法苑珠林》卷第一百，《大正藏》第53册，第1025页下。

一乘寺,《建康实录》卷第十七:“梁末贼起,遂延烧。”

招提寺,《读史方舆纪要》卷第二十载:“招提寺,在石头城北,王僧辨与侯景战处也。”

延祚寺,《南朝寺考》卷三“延祚寺”条载:“侯景之乱,王僧辩入讨景,使其党宋长贵守延祚寺。”

关于侯景之乱对建康佛寺毁废的详情,史籍中记述极少,这使得考察建康佛寺在侯景之乱时的毁废情况成为一个难题。能够直接说明建康七百寺毁于侯景乱时的证据,是《法苑珠林》中记载的梁陈之时建康佛寺数目的变化。《法苑珠林》载,梁代佛寺总数为二千八百四十六所,萧梁共造寺八百三十一座,其中建康造寺推测有四百余座。而陈代“寺有一千二百三十二,国家新寺一千七,百官造者六十八所,郭内大寺三百余所”。梁代佛寺二千八百四十六所,至陈代只有一千二百三十二,这足以说明梁陈更替之间发生了重大的佛寺毁废变故,使得近一半的佛寺皆已不存。而梁都七百寺至陈时变成三百余,这“三百余”的盛况,还是入陈后经四十余年的恢复兴建的最后成果,充分说明侯景之乱对建康佛寺毁废的严重程度。

(三)梁简文帝与元帝时期的佛寺

太清三年(549),萧纲继位,改元太宝,是为简文帝,在位两年。简文帝未继位之时,建康佛寺几毁废殆尽。简文帝继承了萧氏皇族的崇佛传统,史载他曾“刺血自写《般若》十部”[①],继位之后,即创建天皇寺[②]、慈敬寺、报恩寺[③]等佛寺,颇有中兴建康佛教之志。此外,简文帝时期有平等寺,尝有法会。《广弘明集》卷第二十七上《戒功篇·梁简文帝答湘东王书》有“昨旦平等寺法会中”[④]之语,知简文帝时有平等寺,但具体建于何时不详。

元帝时期,建康佛寺亦有所复兴,其中元帝之母阮修容曾对建康佛寺的兴建起到较大作用。如京师梁安寺,即阮修容造。她不只在京师造寺,亦在其他地方广建佛寺,如在上虞起等福寺,在荆州起禅林、祇洹等寺,又在浔阳治灵邱、严庆

---

① 道世《法苑珠林》卷第一百《传记篇》,《大正藏》第53册,第1025页中。

② 《(景定)建康志》卷第五十《拾遗》载:“天皇寺,明帝所置也。”(《金陵全书》甲编·方志类·府志·4,南京出版社,2011年,第835页。)明帝即简文帝。

③ 道世《法苑珠林》卷第一百《传记篇》:“梁太宗简文帝,造慈敬、报恩二寺。”(《大正藏》第53册,第1025页中。)

④ 道宣:《广弘明集》卷第二十七,《大正藏》第52册,第304页下。

等寺。[1] 此外，元帝时期，京师又有宣业、福成、定果、灵光、正觉等寺，阮修容曾在这些寺院内广修功德，以至于她去世之后，诸寺僧众“同皆号哭，如丧亲戚焉”[2]。此外，又有幽岩寺，梁元帝承圣二年(553)，大毗昙法师造。

(四) 萧梁建康的其他佛寺

又考梁代其他佛寺凡十四座，分别是大寺、佛坛寺、永泰寺、方乐寺、景公寺、飞流寺、龙楼寺、归来寺、孝敬寺、重云寺、皇基寺、崇熙寺、长芦寺、兴业寺。因其创建的具体时间不详，故下文只叙述相应考据信息。

大寺，《续高僧传》卷第一《释法泰传》载法泰曾“住扬都大寺，与慧恺、僧宗、法忍等知名梁代”。知梁都建康有寺名大寺。当然，“大寺”也有可能是泛指，而不一定是寺名。

佛坛寺，《(至大)金陵新志》卷第十一下寺院之“佛龛院”条云：“亦名慈相。《乾道志》：‘在城西南六十里上公山，梁佛坛寺基。’”注云：“南唐保大十二年重置，治平二年改慈相院。”据此知梁代有佛坛寺，后废，至南唐保大十二年于旧址重建，并改名佛龛院，宋治平二年又改慈相院。

永泰寺，《(至大)金陵新志》卷第十一下寺院之“净果院”条引《乾道志》云：“在城南五十里吉山南，本梁永泰寺基。南唐葬净果大师，起塔，因名净果塔院。”据此知梁代有永泰寺，后废，至南唐时，因葬净果大师起塔而寺获重建，并改名净果塔院。朱偰《金陵古迹图考》云：“吉山永泰寺，在祖唐(按：应为“堂”)山之南。”[3]据此知永泰寺在祖堂山之南的吉山上，至民国初尚有遗迹可寻。

方乐寺，《(至大)金陵新志》卷第十一下“方乐院”条引《乾道志》云：“在城东北六十里神泉乡，本梁方乐寺基。南唐升元元年重建，今亦名常乐院。”据此知梁代有方乐寺，后废。南唐升元元年，于旧址重建，改名方乐院，后又名常乐院。

景公寺，《贞观公私画史》有云：“梁景公寺，江僧宝画，在江宁。”据此知梁代有景公寺。

飞流寺，《释文纪》卷第二十二梁录有《钟山飞流寺碑》，据此知梁代有飞流寺，在钟山。又据《金陵梵刹志》卷第三《附灵谷并括旧寺》所载，飞流寺因明太祖营建陵园而被并入灵谷寺。

---

① 《南朝寺考》卷五，《金陵全书》乙编·史料类·3，南京出版社，2011年，第882页。
② 《南朝寺考》卷五，《金陵全书》乙编·史料类·3，南京出版社，2011年，第885页。
③ 朱偰：《金陵古迹图考》，中华书局，2006年，第252页。

龙楼寺,《艺文类聚》卷第七十六内典上寺碑有《梁张绾龙楼寺碑》,依此知梁代有龙楼寺。

归来寺,《艺文类聚》卷第七十六内典上寺碑有《归来寺碑》,依此知梁代有归来寺。

孝敬寺,《舆地碑记目》卷第二有《梁孝敬寺刹下铭并发愿文》,据此知梁代有孝敬寺。

重云寺,《全上古三代秦汉三国六朝文》之《全梁文》卷第十有《请幸重云寺开讲启》文,据此知梁代有重云寺。

皇基寺,《南朝梁会要·方域·寺》有"皇基寺"条,据此知梁代有皇基寺。

崇熙寺,梁代寺院,建于何时不详。《南朝梁会要·方域·寺》有"钟山崇熙寺"条,知梁代有崇熙寺,在钟山。

长芦寺,《明一统志》卷第六载:"长芦寺,在六合县治。南梁建,本朝洪武中重修。"知长芦寺为梁代寺院,在六合县,明洪武中重修。又《舆地纪胜》卷第三十八载:"长芦寺,旧在长芦镇。章献明肃太后少随父至王泉寺,长老勉之入京。及垂帘听政,长老已往长芦。后问所需,曰长芦无三门。太后乃以本阁服用器物成之。淳熙十二年徙于滁口山之东。"知北宋章献太后曾修长芦寺门。

兴业寺,《宝刻丛编》卷第三有《梁兴业寺碑》,据此知梁有兴业寺。《建康实录》卷第二"太祖下赤乌四年"许注云:"于兴业寺门前东度溪立桥,名金华桥。次南有青溪中桥,今湘宫寺门前。"又《南朝寺考》卷第三"兴业寺"条载:"近青溪菰首桥,与宋湘宫寺相望也"。据此知兴业寺与湘宫寺隔青溪相望。

七 南陈时期建康佛寺的短暂复兴

《法苑珠林》载:"陈时五主四十四年,寺有一千二百三十二,国家新寺一千七,百官造者六十八所,郭内大寺三百余所。"[①]其中,"国家新寺一千七"或当为误写。"郭内大寺三百余所"是指都城建康的佛寺总数,既包括陈代新建佛寺,也包括经历过侯景之乱被毁而重新恢复的佛寺,其中重新恢复的佛寺当占大多数。

① 道世:《法苑珠林》卷第一百,《大正藏》第53册,第1025页上。

至于新建的佛寺，今可考者只有二十二座，分别是怀安寺、惠殿寺、开泰寺、国胜寺、慧福寺、绍隆寺、杨都寺、泰皇寺、崇皇寺、帝释寺、福缘寺、宝田寺、至敬寺、栖禅寺、光曜寺、愿力寺、孝义寺、四无畏寺、报德寺、太平寺、宝城寺、栖灵寺。通过这一数字来看，陈代新建佛寺的数量并不占多数，这在一定程度上可以反衬出，南陈一代的佛寺兴建的重点主要是在对侯景乱后建康佛寺的复兴上。以下对南陈新建佛寺的情况做一分述。

怀安寺，陈初所建，在台城之侧。江总为制《刹下铭》。

惠殿寺，陈武帝时佛寺。有僧释慧弼居之。释慧弼，姓蒋氏，常州义兴人。武帝永定二年(558)，伏业于惠殿寺领法师为弟子。[①]

开泰寺，陈武帝时佛寺。[②]

国胜寺，文帝天嘉元年(560)，章后舍宅造。

慧福寺，陈文帝时佛寺。《南朝寺考》卷第六载："慧福寺比丘尼所居也。陈文帝天嘉元年，有尼慧仙卒于寺。"据此知陈文帝时有慧福寺。

绍隆寺，陈文帝时佛寺。天嘉元年(560)，释慧弼听绍隆寺哲公弘持四论。[③]

扬都寺，建造时间不晚于废帝光大二年(568)。[④]

泰皇寺，陈宣帝造，建寺时间不晚于太建十年(578)。《续高僧传》卷二九《释住力传》载："陈中宗宣帝于京城之左造泰皇寺。"《南史》卷一〇《宣帝本纪》"太建十年"条云："六月丁卯，大雨，震大皇寺刹。"又《资治通鉴》卷第一百七十六《陈纪十》"祯明元年"条载："又于建康造大皇寺，起七级浮图。未毕，火从中起而焚之。"按《资治通鉴》，则大(泰)皇寺乃为陈后主于贞明元年(587)所造。有可能是，泰皇寺为宣帝始造，后陈后主重修。

崇皇寺，陈宣帝造。《法苑珠林》载："又造崇皇寺刹。"[⑤]太皇寺(或作泰皇寺、大皇寺)建造时间不晚于太建十年(578)，崇皇寺又建于太皇寺之后，故其建造时间也当在太建十年(578)前后。

帝释寺，建造时间不晚于太建二年(570)。《续高僧传》卷一六《僧玮传》载：

---

① 道宣：《续高僧传》卷九，《大正藏》第50册，第495页上。

② 道宣：《续高僧传》卷二四《释慧乘传》："有一法师，英侠自居，擅名江左，旧住开泰，后入祇洹。"(《大正藏》第50册，第633页中。)

③ 道宣：《续高僧传》卷九，《大正藏》第50册，第495页上。

④ 道宣：《续高僧传》卷一《释法泰传》附《智恺传》，《大正藏》第50册，第431页中。

⑤ 道世：《法苑珠林》卷九〇，《大正藏》第53册，第1025页下。

"进受具后，下扬都于帝释寺……天和五年，以葬母东归。"[①]太和乃为北周武帝年号，太和五年(570)相当于南陈宣帝太建二年。依此推断，帝释寺的建造时间至迟不晚于是年。

福缘寺，建造时间不晚于太建十三年(581)。《续高僧传》卷九《释罗云传》载："自朗迁后，广讯所闻。又从福缘寺亘法师……有栖禅寺陟禅师，定慧兼修。"[②]朗指兴皇法朗，考其本传，知其迁化于陈宣帝太建十三年。故知福缘寺、栖禅寺皆陈代佛寺，且创建时间至迟不晚于太建十三年。

宝田寺，陈后主时佛寺，建造时间至迟不晚于祯明三年(589)。《建康实录》卷第二十《后主》"祯明三年"条载："忠武将军孔范屯宝田寺……"

至敬寺，陈代佛寺。《历代三宝纪》卷第九载："善吉于扬都城内至敬寺，为陈主译……"[③]知陈代有至敬寺。

栖禅寺，陈代佛寺。参见"福缘寺"条。

光曜寺，陈代佛寺。天台智者大师曾居寺内。[④]

愿力寺，陈代佛寺。有释法琰居于寺内。法琰俗姓严，江表金陵人，本名法藏，住愿力寺。[⑤]

孝义寺，陈代佛寺。《艺文类聚》卷第七十七《内典下·寺碑》录有《陈徐陵孝义寺碑》，知陈代有孝义寺。

四无畏寺，陈代佛寺。《释文纪》卷第三十《陈》录有《四无畏寺刹下铭》，知陈代有四无畏寺。

报德寺，陈代佛寺。《释文纪》卷第三十《陈》录有《报德寺刹下铭》，知陈代有报德寺。

太平寺，陈代佛寺。《(景定)建康志》卷第四十六《祠祀志三》云："证圣寺，在行宫后。南唐保大中，木平和尚居此寺，故里俗至今呼为木平寺。"注引王荆公诗云："证圣，南朝寺。"《南朝寺考》卷第六据此认为南朝时有证圣寺，并列为陈代佛寺。又《舆地纪胜》卷第十七《建康府·景物下》证圣寺引《建康志》载："寺在今行

---

① 道宣：《续高僧传》卷一六，《大正藏》第50册，第558页中。
② 道宣：《续高僧传》卷九，《大正藏》第50册，第493页上。
③ 费长房：《历代三宝纪》卷九，《大正藏》第49册，第88页中。
④ 道宣《续高僧传》卷一七《释智顗传》："晚出住光曜，禅慧双弘，动郭奔随，倾意清耳。陈主于广德殿下敕谢。"(《大正藏》第50册，第565页下。)
⑤ 道宣：《续高僧传》卷三〇，《大正藏》第50册，第704页下。

宫北，即旧太平寺。”知该寺在六朝时名太平寺，后方名证圣寺，南唐又改木平寺。

宝城寺，陈代佛寺。《（至大）金陵新志》卷第十一下《佛寺》“衡阳寺”条引《乾道志》云：“即古宝城寺基，唐天佑三年徐温重建，赐今额。”《南朝寺考》卷第六“陈宝城寺”条据此认为宝城寺乃“南朝古刹”，可从。

栖灵寺，陈代佛寺。《南朝寺考》卷第六“陈栖灵寺”条云：“未详其所在。陈时有张善果画壁焉。”“考证”引《贞观公私画史》：“陈栖灵寺，在江宁，有张善果画。”然考《贞观公私画史》并未有“栖灵寺”条，或为“栖霞寺”之讹写。

陈代对于建康佛寺的重兴可以说是六朝建康佛寺兴建的最后余晖，但这余晖尚未持续多久即被随之而兴的杨隋王朝给抹杀掉了。侯景之乱对于建康佛寺的破坏虽然是巨大的，但并不是毁灭性的，这是因为侯景之乱对建康佛寺的破坏仅仅是对佛教建筑的破坏，而不是对佛教文化的破坏，它破坏起来极其容易，恢复起来也绝非难事。这一点我们从南陈一代四十余年对建康佛寺复兴所取得的显著成就上就可以看出。尽管陈代的复兴水平与梁武时代尚有很大差距，但是，倘若南朝地区能仍然继续保持稳固的政权以及稳定的经济增长，那么，建康佛寺的兴建水平再次达到梁武最盛时期亦不无可能。但历史的命运却是，随着隋朝的统一南北，建康的政治、文化地位一落千丈，加之以隋文帝为代表的北方贵族集团对于南方文化的极为敌视，建康的佛教文化发展遭受到了巨大打击。而更为直接地，隋文帝为了扫荡金陵王气而进行的毁城运动，终于使得建康佛寺的兴建事业进入了谷底，以致后来近八百年间直至明初，金陵佛寺的元气也没有恢复至六朝时期。因此可以说，陈代对于建康佛寺的短暂复兴，对于整个六朝时代的建康佛寺而言，有着十分特殊的意义。它处在侯景之乱与杨隋荡平建康这两次对金陵佛寺有着致命打击的活动之间，很难想象，如果没有陈之短暂复兴，那么六朝时代所创建的金陵佛寺，究竟能有几座能够延续后世乃至绵延至今。

第二节
六朝建康佛寺的分布

自孙权从武昌迁都建业之后,建业开始成为东吴的政治、经济和文化中心,随着佛教的传入与发展,建康逐渐成为江南地区的佛教发展中心。而随着六朝建康佛教的迅速发展,建康佛寺的地理分布格局也渐趋成熟。在六朝建康诸寺中,除了晋孝武帝所造的“殿内精舍”等特殊的佛教精舍建在宫城内,其余佛寺皆分布在宫城之外。大致来说,六朝建康佛寺的地理分布可划分为三种分布格局:一是宫城南门宣阳门外、御街两侧以及秦淮水两岸的都城内区域,二是都城外的诸水系、水渠沿岸,三是城外诸山及其周边区域。从佛寺地理分布的历史发展来看,孙吴、东晋时期的建康佛寺主要分布在都城内的通衢大道附近以及内河沿岸等繁华之地,其中有很多佛寺为帝王所敕建,也有不少佛寺是士族舍宅所建。到了南朝时期,建康佛寺的兴建开始向城外山林扩展,使得建康城外的山林形胜之地,诸如鸡笼山、紫金山、栖霞山、牛首山、燕子矶等等,大都成为稳定的佛寺基址,并形成了各自的佛教文化区域,奠定了此后南京佛寺的总体格局。

一 六朝宫城及都城

黄龙元年(229),孙权自武昌迁都建业,因长沙桓王故府为太初宫居之。太初宫即南京最早宫城。《建康实录》卷第二载:“黄龙元年秋九月,帝迁都于建业。……冬十月至自武昌,城建业太初宫居之,宫即长沙桓王故府也,因以不改。”赤乌十年(247),改造太初宫,十一年(248)三月建成。《建康实录》卷第二:“十一年三月,太初宫成,周围五百丈。正殿曰神龙。南面开五门:正中曰公事门,东曰升贤门、左掖门,西曰明阳门、右掖门。正东曰苍龙门;正西曰白虎门;正北曰武门。”

孙皓于宝鼎二年(267)起昭明宫于太初宫之东。《建康实录》卷第四:“(宝鼎)二年夏六月,起新宫于太初之东,制度尤广。二千石已下,皆自入山督摄伐木。又攘诸营地,大开苑囿,起土山作楼观,加饰珠玉,制以奇石。左弯埼,右临硎。又开城北渠,引后湖水激流入宫内,巡绕堂殿。穷极伎巧,功费万倍。”

太初宫及昭明宫确切位置，今不可考。《建康实录》载，太初宫在县（按：即升州，近石头）东北三里，而昭明宫又在太初之东，则“太初当在今焦状元巷一代，而昭明则在严家桥一枝园间矣”[①]。宫后有苑城，仓城所在，名曰苑仓。赤乌三年（240），凿运渎自秦淮经城西南，北抵仓城，以利漕运。

宫城正门曰宣阳门，南五里至秦淮水有大航门，即朱雀门。自宫门而南，夹苑路七八里，府寺相属。《建康实录》卷第四注引《宫城记》云：“吴时自宫门南出，夹苑路至朱雀门七八里，府寺相属。”

西晋孝武太康元年（280）平吴，废建邺为秣陵。泰康三年（282），分秦淮水北为建邺，水南为秣陵县，仍在秦邑地；而建邺县在故都城宣阳门内。及五胡乱华，中原云扰，琅琊王司马睿用王导计，渡江镇建邺，因吴旧都修而居之，于太初宫故基，置为府舍。《建康实录》卷第五云：“因吴旧都修而居之，太初宫为府舍。”晋愍帝建兴元年（313），诏改建邺为建康。建武二年（318），司马睿即皇帝位于建康，是为东晋。东晋以宰相领扬州牧，筑城于青溪东南，临秦淮水上，名东府城。别旧治为西州城，以丹阳守为尹。于江乘南置琅琊郡，领临沂、即丘、阳都、怀德四县，以处从帝之渡江者。

东晋宫城即吴之太初宫。后苏峻之乱爆发，宫阙荡尽。成帝咸和五年（330）作新宫，修都城六门。《建康实录》卷第七引《舆地志》云，所谓六门，“南面三门：最西曰陵阳门，后改名为广阳门，门内有古尚方，世谓之尚方门；次正中宣阳门，本吴所开，对苑城门，世谓之白门，晋为宣阳门……南对朱雀门，相去五里余，名为御道，开御沟，植槐柳次；最东开阳门。东面：最南清明门，门三道，对今湘宫寺巷门，东出青溪港桥；正东面建春门，后改为建阳门，门三道，尚书官舍在此门内，直东今兴业寺后，东度青溪菰首桥……正西面：西明门，门三道，东对建春门，即宫城大司马门前横街也。正北面，用宫城，无别门”。由此观之，都城初为六门，建春门、西明门东西相对，其间为横街，宫城即在横街之北。建春门、清明门东临青溪，即建康都城东临青溪。

咸和七年（332），新宫落成，署曰建康宫，亦名显阳宫。《建康实录》卷第七引《图经》云：“即今之所谓台城。”因之，所谓台城，即东晋宫城。宫城开五门：南面二门，正中为大司马门，东边为阊阖门；东面为东掖门；西面为西掖门；北面为平

---

① 朱偰：《金陵古迹图考》，中华书局，2006年，第84页。

昌门。孝武帝太元三年(378),谢安大修宫室。据《晋书·桓玄传》记载,桓玄篡位,拟修殿宇,开东掖、平昌、广莫及宫殿诸门,皆为三道。

宋初都建康,一仍晋旧。文帝元嘉二十年(443)始于台城东西开万春、千秋二门。《宋史·文帝纪》:"二十年春正月,于台城东西开万春、千秋二门。"元嘉二十五年(448),新作都城阊阖、广莫等门,改晋广莫门曰承明门、开阳门曰津阳门。《建康实录》卷第十二:"二十五年四月,新作阊阖、广莫等门,改先广莫门曰承明、开阳曰津阳。"又都城正东建春门,宋已改为建阳门。《建康实录》卷第十四:"顺帝升平三年(479)二月,地震建阳门。"宫城西掖门亦改西华门。《建康实录》卷第二十注引《宫殿薄》:"西出西华门,晋本西掖门。"

齐台城承宋旧制。其祚仅二十四年,于城阙宫殿,少有改制。

梁武帝天监七年(508),作神龙仁虎阙于端门、大司马门外。十年(511),初作宫城门三重及开二道。宫城三重自梁始。大通元年(527),梁武帝造同泰寺,在宫后开大通门,与寺南门相对。梁都城有九门。南面三门:玄阳门(正中)、津阳门(东)、广阳门(西)。东面二门:建阳门(正东)、清明门(南)。西面二门:西明门(正西)、阊阖门(南)。北面一门,即广莫门。梁台城即宫城有三重。第一重,即最外重,有六门。南面二门:大司马门(正中)、南掖门(东)。东面一门,即东华门。西面一门,即西华门。北面二门:大通门(正中,北对同泰寺南门)、北掖门(东,亦称承明门)。第二重,东为云龙门,西为神虎门。第三重,南为端门,东为万春门,西为千秋门。

陈都城九门承梁制,另于北面广莫门西增开宣武门。台城诸门承梁旧制。

二 六朝建康佛寺地理分布

六朝建康诸寺,除孝武帝所造之殿内精舍在宫城之内,其他诸寺皆分布在宫门之外。宫城门内也即宣阳门内,无佛寺分布。如梁武帝所造之同泰寺,距宫城最近,但亦在城外,而不在城内。总体来说,六朝建康诸寺之分布,大致可分三种情况。其一,宫城南门(宣阳门)外、御街两侧以及秦淮水两岸的较大范围之内的区域;其二,城外诸水系、水渠沿岸;其三,城外诸山及其周边。

分布在宣阳门外、御街两侧的寺院,今可考的有东晋禅众寺、彭城寺、护身寺、铁索罗寺、普光寺、刘宋大庄严寺、崇福寺、福兴寺等。其中,禅众寺在御街之北。

御街是自北向南的主干道。既云在御街北，那么禅众寺很有可能就在宣阳门附近。彭城寺在御街之东，紧临御街，出寺西门即是御街。护身寺也在御街东侧，不过二者中间有东宫相隔。铁索罗寺在城南门外，应距宣阳门不远。普光寺，也在都城南门外，东南方向一里处。而刘宋大庄严寺等，亦皆在都城南门之外。

此外，东晋时期有很多敕建寺院，如元帝敕建的白马寺（建康中黄里）、龙宫寺，明帝敕建的皇兴寺、道场寺（斗场里），成帝敕建的中兴寺、鹿野寺，孝武帝敕建的皇泰寺、本起寺（孝武帝旧宅），安帝敕建的法王寺、大石寺等。这些寺院所在位置大都无考，但可推测也当在都城以南、御街两侧的较大范围之内。在这些敕建寺院中，如白马寺在建康中黄里，道场寺在斗场里，而本起寺为武帝旧宅，多在居民聚集处。而建康城内最大的居民区就在都城城门以南、御街两侧以及秦淮水两岸的广大范围之内。入南朝之后，亦有大量寺院分布在居民区内（详见后考）。虽不能详考其具体位置，但可以肯定的是，这些寺院的绝大部分当分布在御道两侧、秦淮两岸的较大范围之内。

考察六朝建康佛寺的分布状况，当以建康诸水系、诸山脉为切入点。就建康城本身而言，唯城外诸水道及诸山脉的位置变化相对较小，尤以诸山脉位置几无变化。而城内建置布局皆随历史变迁不复存在。故有大量佛寺，虽有史料可查其所在位置，但往往是该位置已难以被准确查证其所在，而仅能知其大致方位及远近而已。因之，今先考察建康诸水沿岸及诸山上下所分布之寺院，再考察建康城周边诸多寺院分布之情况。

（一）诸水沿岸佛寺

建康水系，除长江天堑外，又有秦淮水、青溪、运渎、潮沟等围绕城外，成环抱之势。诸水沿岸大都人烟鼎盛。如秦淮两岸，往来频繁。再如青溪两岸、潮沟之北，南朝鼎族，多住其间。而诸水沿岸也成为金陵佛寺的重要分布地之一。

六朝时期，秦淮南北两岸，人烟鼎盛，佛寺广布。其中，金陵首座佛寺建初寺即坐落于朱雀航之西邻（古御街之西侧）、秦淮水之北岸。晋宋以来，有很多佛寺先后在秦淮两岸兴起。其中，秦淮水南岸诸寺有长干寺[①]、瓦官

---

① 东晋寺院，在秦淮水南岸。寺西为张子布宅，对瓦官寺门。《建康实录》卷第二许案引《丹阳记》云："大长干寺道西，有张子布宅，在淮水南，对瓦官寺门，张侯桥所也。桥近宅因以为名。其长干，是里巷名。江东谓山陇之间曰干。建康南五里有山陇，其闲平地，民庶杂居，有大长干、小长干、东长干，并是地里名。小长干，在瓦官南巷，西头出江也。"（《金陵全书》乙编·史料类·1，南京出版社，2011 年，第 65 页。）《景定建康志》卷三十一："长干之北，淮水之东，遗音琅琅，张侯之宫。"（《金陵全书》甲编·方志类·府志·4，南京出版社，2011 年，第 835 页。）

寺[①]、乌衣寺[②]、齐安寺[③]等。秦淮水北岸诸寺有庄严寺（谢寺）[④]、临秦寺[⑤]、安乐寺[⑥]、中寺[⑦]、越城寺[⑧]、宋兴寺[⑨]等。秦淮与其他水系如青溪、运渎等交汇处诸寺有报恩寺[⑩]、湘宫寺[⑪]、孔子寺[⑫]、大仁寺[⑬]、禅灵寺[⑭]等。另外，秦淮沿岸其他可考佛寺还有正观寺[⑮]、到公寺[⑯]等。秦淮水即今南京城内之秦淮河，在六朝旧宫之南，乃宫城防御之天然屏障，向被称为“建业之门户也”。旧传，秦始皇时，望气者言五百年后，金陵有天子气。于是东游以厌当之。乃凿方山，断长垄为渎入于江，以泄王气。故曰秦淮。秦淮有二源。南源出溧水之东庐山北，东源出句容西北之华山，二源合于方山埭。淮水沿方山埭西北流，折西至青溪大桥与青溪合。又西南流，经朱雀、万岁诸桥，至禅灵渚与运渎合。再折西北，沿石头城，以达于长江。朱雀航，晋名，本孙吴之南津桥。北对都城南门朱雀门，跨秦淮水，以渡行人。因在台城南，亦谓之南航。又以秦淮诸航，此为之最，故又谓之大航。《建康

---

① 东晋寺院，在秦淮水南岸，与长干寺相近。明葛寅亮《金陵梵刹志》卷第二十一《瓦官寺碑（下寺）》：“晋都金陵，则秦淮水南，故有瓦官地。兴宁中诏徙瓦官水北。就故地建寺，为慧力居。寺集千僧，褒然江左首刹。”

② 东晋寺院，在乌衣巷，巷在秦淮南，去朱雀桥不远。

③ 齐代寺院，在秦淮水南岸，前临官路，后接高陇（即长干里），与宋兴寺（在秦淮之北）相望。

④ 东晋寺院，在秦淮水北岸。晋穆帝永和四年，镇西将军谢尚舍宅所造，亦号塔寺。其地南直竹格港，即今之竹竿巷。

⑤ 东晋寺院，在秦淮水北岸，寺南门临秦淮。《建康实录》卷第八《废皇帝》许案：“帝之时，侍中中书令王坦之造临秦、安乐二寺，在今县南二里半，南门临秦淮水也。”（《金陵全书》乙编・史料类・1，南京出版社，2011年，第347页。）

⑥ 东晋寺院，在秦淮水北岸，寺南门临秦淮。《建康实录》卷第八《废皇帝》许案：“帝之时，侍中中书令王坦之造临秦、安乐二寺，在今县南二里半，南门临秦淮水也。”（《金陵全书》乙编・史料类・1，南京出版社，2011年，第347页。）

⑦ 东晋寺院，在秦淮水北岸，近朱雀航。秦淮沿岸中寺。《南朝寺考》：“中寺，在旗亭、壁水之间。旗亭在大道侧，当今南门镇淮桥，即朱雀航左近。”（《金陵全书》乙编・史料类・3，南京出版社，2011年，第655页。）

⑧ 东晋寺院，在秦淮水南岸一里半越城内。昔范蠡筑城江上，在小长干之东，谓之越城，后筑寺城内，因其地名为越城寺。

⑨ 刘宋寺院，在秦淮水北岸，与齐安寺（在秦淮水南岸）相望。

⑩ 刘宋寺院，在秦淮水北岸。又其地为古青溪之渍，当秦淮水与青溪交汇处。

⑪ 刘宋寺院，在青溪中桥之北，寺门北对都城清明门，西南即古草市。又南临淮水，齐高帝故宅在其旁。当青溪与秦淮水交汇处附近。

⑫ 齐代寺院。在秦淮水南，其地本为东晋时所建之宣尼庙。齐代，移庙至秦淮水北岸，而以南岸为孔子寺。寺所在之巷名孔子巷。又《景定建康志》卷十六云：“孔子巷，在青溪侧，大仁寺前西南。”故而可推知，孔子寺当在秦淮水与青溪交合处附近，且寺东北向与大仁寺相邻。（《金陵全书》甲编・方志类・府志・4，南京出版社，2011年，第835页。）

⑬ 齐代寺院，在秦淮水与青溪交汇处附近，西南与孔子寺相邻。

⑭ 齐代寺院，在秦淮水北岸，其地当秦淮、运渎之交。寺旁有渚曰范家塘，有桥曰斗门桥。

⑮ 齐代寺院，在秦淮水侧，具体不详。齐时，中天竺僧求那毗地，以所得供献营造此寺。

⑯ 梁代寺院，在秦淮水沿岸附近，具体不详，本到氏之宅。到氏为南朝世族，居近淮水。梁时，到溉为散骑常侍侍中，恒与弟洽共居一斋，友爱甚笃，洽卒后，便舍为寺。

实录》许案《宫城记》载:“吴时,自宫门南出,夹苑路至朱雀门,七八里府寺相属。”所谓苑路,乃古御街,两侧府寺相属,南北长七八里许。朱雀门在御街南端,前临秦淮,朱雀航即在朱雀门前秦淮水之上。

运渎沿岸诸寺可考者有延兴寺①、建兴寺②、何后寺③、禅灵寺④、证圣寺⑤等。运渎作为建康都城外的一条人工河,据载是赤乌三年吴大帝孙权使左台侍御史郗俭于城西南所凿,运渎始自秦淮,北抵仓城,通运于苑仓。其水东行过小新桥而南,经斗门桥而流入秦淮。又东北过西虹桥,循宋行宫城西,迤向北,乃其故道。自闪驾桥,经天津桥而东,合于青溪。运渎旧有六桥:最北面为孝义桥,本名甓子桥;次南有扬烈桥;次南有西州桥,路东出何皇后寺门;次南有高畔桥,建兴寺北路东渡此桥;次南运渎临淮有一新桥,对禅灵渚。

青溪诸桥附近可考佛寺有报恩寺⑥、新安寺⑦、开圣寺⑧、湘宫寺⑨、兴业寺⑩、建元寺⑪、大智度寺⑫、开善寺⑬等。吴大帝赤乌四年凿东渠,名青溪。青溪通城北,堑潮沟,以泄玄武湖水。其发源于钟山,南流接于秦淮。青溪旧七桥,最北乐游苑东门桥,次南尹桥,次南鸡鸣桥,次南募士桥,次南菰首桥,次南青溪中桥,次南青溪大桥。

潮沟沿岸,晋宋之世多有佛寺兴建,其可考者有归善寺⑭、天宝寺⑮、长寿寺⑯等。潮沟为吴大帝孙权所开,以引江潮。潮沟之北,在东晋之末多住京师鼎族。潮沟东发青溪,西行经古承明、广莫、大夏等三门外。西极都城墙,对今归善寺西南角。经阊阖、西明二门接运渎,又经西州之东,流入秦淮。

---

① 东晋寺院,康帝褚皇后所建,在运渎西岸。
② 东晋寺院,在何后寺南,运渎高畔桥西渚,即运渎西岸。其地名建兴里,有南苑处其中。
③ 东晋寺院,在运渎西岸,近运渎西州桥,在建兴寺北。
④ 齐代寺院,在秦淮、运渎之交。
⑤ 陈代寺院,在运渎东南。寺东有沟,迤逦西北,接运渎。其址早已堙塞,仅存遗迹。
⑥ 刘宋寺院,其地为古青溪之渍,又在秦淮水北,当秦淮水与青溪交汇处。
⑦ 刘宋寺院,在青溪鸡鸣桥北。
⑧ 刘宋寺院,与新安寺皆在青溪鸡鸣桥附近。
⑨ 刘宋寺院,在青溪中桥之北。其地南临淮水,当青溪与秦淮水交汇处附近。
⑩ 刘宋寺院,近青溪菰首桥,与湘宫寺隔青溪相望。
⑪ 齐代寺院,在青溪上,东南角有募士桥,吴大帝募勇士处。
⑫ 梁代寺院,在青溪边。
⑬ 梁代寺院,近青溪鸡鸣桥。
⑭ 东晋寺院,在潮沟西端。潮沟西极都城墙,对归善寺西南角。
⑮ 东晋寺院,在潮沟前,与天宝寺隔水相望。
⑯ 东晋寺院,在潮沟后,与天宝寺隔水相望。

（二）诸山分布佛寺

金陵全区，冈峦重叠，东北为山地区，西南为丘陵区，中部为秦淮平原区，西部为沿江冲积区。其山脉系统，来自天目山，迤逦东北，入句容境，为茅山，北折为青龙山，东为汤山，近江者为宝华山、栖霞山、乌龙山、直渎山、幕府山、狮子山。临后湖（即玄武湖）者为钟山，入城为幕府山、鸡笼山，西为小苍山、清凉山、冶山，此北支也。南支则起自江宁、当涂交界处之娘娘山，北为吉山、祖堂山，再北为牛首山、大山、马鞍山，而至雨花台，入城为凤台山，与冶山隔秦淮水相望。金陵诸山，六朝时大都有佛寺分布。然随历史之变迁，虽苍山依旧，而佛寺大都已不存。今但考诸山所分布之佛寺，以窥探六朝山林佛寺之盛。

1. 城西北诸山佛寺

建康城西北方向有鸡笼山、覆舟山、祇阇山、幕府山等，于中皆有佛寺兴建。

鸡笼山一带是建康最早出现山林寺院之地。此山在城西北六七里外，俗称北极阁。《景定建康志》云："在城西北六七里，高三十丈，周回一十里。"又引《舆地志》云："在覆舟山之西二百余步。其状如鸡笼，因以为名。"宋元嘉年间，黑龙屡现玄武湖，此山正临湖上，因改名龙山。明代置观象台于山巅，因又名钦天山。山上旧有北极阁，其后有旷观亭，群山环抱，江湖映带，为登临胜地。《金陵梵刹志》卷第十七"鸡鸣寺"条载："鸡笼山与覆舟山台城连接。晋永康间，倚山为室，始创道场。"可见，西晋惠帝永康年间（300—301），鸡笼山即开始有道场兴建。鸡笼山在都城外附近，其方位大致在都城西北，而佛寺则基本上分布在鸡笼山东麓，当都城之西北，或近北之地。晋宋以来，鸡笼山东麓，先后建有多座，如东晋归善寺①、刘宋竹林寺②、萧齐法云寺③、萧梁同泰寺等。其中最为著名者当属梁武帝所创之同泰寺，乃是

---

① 东晋寺院，《南朝寺考》卷第二"归善寺"条云："在鸡笼山东，上林苑前。"（《金陵全书》乙编·史料类·3，南京出版社，2011年，第668页。）又《建康实录》卷第二许注："潮沟，亦帝所开，以引江潮。其旧迹在天宝寺后、长寿寺前。东发青溪，西行经都古承明、广莫、大夏等三门外，西极都城墙，对今归善寺西南角……其北又开一渎，在归善寺东，经栖玄等门，北至后湖，以引湖水，至今俗为运渎。其实古城西南行者，是运渎。自归善寺门前，东出至青溪者，名曰潮沟。"可知，归善寺在都城西城墙边，寺西南角乃潮沟之西端。

② 宋文帝时寺院。《建康实录》卷第十二《太祖文皇帝》"元嘉元年"条载："是岁，大旱，置竹林寺。"许注引《寺记》云："元嘉元年，外国僧毗舍阇造。"（《金陵全书》乙编·史料类·2，南京出版社，2011年，第6页。）可知，竹林寺为外国僧毗舍阇于宋文帝元嘉元年（424）所造。又《南朝寺考》卷第三"竹林寺"条载："竹林寺，在华林园侧。"华林园，即孙吴宫苑。

③ 齐代寺院。《广弘明集》卷一九《南齐竟陵王发讲疏并颂》载："以永明元年二月八日，置讲席于上邸，集名僧于帝畿……同集于邸内之法云精庐。"《续高僧传》卷五《释法护传》载："齐竟陵王，总校玄释，定其虚实，仍于法云寺……"又《南朝寺考》"法云寺"条载："法云寺在鸡笼山旁，齐竟陵王子良之邸内也。"（《金陵全书》乙编·史料类·3，南京出版社，2011年，第790页。）可知，齐代有法云寺，在鸡笼山旁，齐竟陵王子良之邸内也。

今天南京著名寺院鸡鸣寺之源头。据载，大通元年（527），梁武帝在都城北门外创同泰寺，其址亦当在鸡笼山之东麓。六朝以降，同泰寺久废。明洪武二十年（1387），重创鸡鸣寺。虽溯源其历史至于梁同泰寺，二寺却实非一址。然而，鸡鸣寺之址亦当鸡笼山之东麓，换言之，二寺之址仍大致相近。故而，明鸡鸣寺之创建，上追溯至梁同泰寺，并以之为源头。

覆舟山，一名龙山，又名龙舟山。在都城外东北近郊地，距城约七里。周回三里，高三十一丈。东际青溪，北临玄武湖。其状如覆舟，因名覆舟山。民国时期蒋介石更名为九华山，俗称小九华山。覆舟山之西即鸡笼山之东麓，其南则钟山之右。覆舟山与钟山，虽形断，而脉相连。覆舟山与鸡笼山一样，由于距都城较近，亦较早有佛寺兴建。如东晋青园寺、刘宋法轮寺[1]、栖玄寺[2]等，皆在覆舟山一带，且一般都分布在山之南麓。这之中较为著名者为青园寺，晋恭帝褚皇后造。《高僧传》卷七《竺道生传》云："（竺道生）后还都止青园寺，寺是晋恭思皇后褚氏所立，本种青处，因以为名。"关于青园寺的具体位置，据考应在覆舟山之阳。《竺道生传》云："其年夏，雷震青园佛殿，龙升于天，光影西壁，因改寺名号曰龙光。" 又《景定建康志》卷第四三引《佛殿记》云："宋元嘉五年，有黑龙见覆舟山之阳。"此处所说的"有黑龙见覆舟山之阳"与《高僧传》所说的"雷震青园佛殿，龙升于天"，应当指同一件事。故知青园寺在覆舟山之阳，也即覆舟山南麓。

祇阇山，在鸡笼西，当城西北。山上有祇阇寺，又作耆阇寺，东晋时建。寺前有纱市，市中有蚕室，为六朝皇后躬桑之所。齐梁以来，有高僧道登、安廪，迭居此寺。陈张正见陪衡阳王登览于此赋诗。至隋师渡江，后主命樊毅屯兵寺前，国亡寺废。明重建，名普缘寺。

幕府山，在城西北二十里，周回三十里，高七十丈。按《舆地志》，在临沂县东八里。晋元帝自广陵渡江，丞相王导建幕府于此山，因名山为幕府山。山上有虎跑泉，其西巅有仙人台，其北里俗相传即古之宣武场。幕府山有同行寺，梁武帝造。天监初，武帝与宝公来游此山，始建为寺，名同行寺，又名圣游寺，后改秀岩院。宋嘉祐年间，又改宝林寺。明代，又建幕府寺，而并入。万历间重修，林岫瞥然，幽洒深静。寺有达摩洞，前可瞰大江。寺旁有芦数千枝，相传乃梁武帝达摩

① 宋孝武时期，司空何尚之造。在覆舟山下，亦当在山之南麓，北城外附近。
② 又作栖元寺，在覆舟山西南，鸡笼山东北。亦当在都城之北。

祖师折以渡江之余。

2. 城东北诸山佛寺

建康城东北方向有六合山、白山、摄山、钟山等，有大量佛寺分布。

其中，六合山在城东北二十里处，有六合山寺、定山寺等。六合山寺为刘宋时寺院。《高僧传》卷三《释宝云传》："遂适六合山寺，译出《佛本行赞经》……岁许，复更还六合，以元嘉二十六年终于山寺。"可知，刘宋元嘉年间有六合山寺。定山寺为梁武帝为僧法定造，寺山门之右有卓锡泉。相传，达摩祖师晏坐石岩，思西域水，以锡杖卓石，遂得泉。

白山在城东北三十里。周回八里，高八十丈。东接竹堂山，南接蒋山，北连摄山。白山之北有宝田寺，为时所创建。祯明三年(589)，隋师临江。后主遣诸军拒之，而忠武将军孔范屯于寺前。未几，师溃而陈亡。

摄山在城东北四十五里，周回四十里，高一百三十二丈。东连画石山，南接落星山，西北有水注江乘浦入摄湖。山中有栖霞寺、止观寺[①]、庆云寺[②]等。栖霞寺是金陵著名寺院，直至今天仍然是南京一大名胜。据载，栖霞寺为南齐明僧绍住摄山时舍宅而建。山中有千佛岭，按江總《栖霞寺记》，明僧绍居士之子明仲璋为临沂令时，与度禅师于西峰石壁镌造无量寿佛。大同六年，龛顶放光。齐文惠太子、豫章文献王、竟陵文宣王、始安王及宋江夏王霍姬、齐田奂等，琢造石像。梁临川靖惠王复加莹饰。

钟山是建康山林佛寺分布规模最大的山脉。钟山一名蒋山，又名紫金山，东连青龙山，西接青溪，南有钟浦下入秦淮，北接雉亭山。由于钟山面积最大，所以其间分布的佛寺数量也最多，号为"钟山七十寺"。如《寰宇记》所引《丹阳记》云："梁以前，立佛寺七十所，历代亦降，递有废兴。"然钟山七十寺，今已不能全考，可考者唯有延贤寺、开善寺(灵谷寺)、道林寺、集善寺(法云寺)、定林寺(下定林寺、定林庵)、上定林寺、灵根寺、药王寺、明庆寺、善居寺(下云居寺)、胜善寺(上云居寺、白云寺)、法音寺、灵曜寺、大爱敬寺、头陀寺、崇庆寺、猛信尼寺、本业寺、石室寺、福静寺(了缘塔院)、灵味寺、草堂寺(山茨寺)、飞流寺、崇熙寺等。

延贤寺，是今可考的最早建于钟山之上的佛寺，乃晋安帝义熙年间，释法意

---

① 齐代寺院，在摄山，有诠法师居之。

② 梁武帝时佛寺，在摄山。《陈书》卷二："梁天监末，为摄山庆云寺沙门。"

所造。《金陵梵刹志》云:“法意起五十三寺,钟山延贤寺其一也。”然延贤寺在钟山具体什么位置已无考。

开善寺(灵谷寺),梁武帝时寺院,明代大刹灵谷寺源头。在钟山之南,其地为独龙阜。天监十三年(514),梁武帝为宝志禅师立塔于此,后为精舍。唐乾符中,改宝公院,开宝中,改开善道场。宋太平兴国五年(980),改太平兴国寺,庆历二年(1042),府尹叶清奏改十方禅院,寻复寺额。明初名蒋山寺,后重建为灵谷寺。开善寺西南有松林,后主幸开善寺时,常召从臣坐于松林下敕讥竖义。

道林寺,宋文帝时寺院,在钟山之南,近宝公塔。《高僧传》卷三《宋京师道林寺畺良耶舍传》有“初止钟山道林精舍”语,又《南朝寺考》卷第三“道林寺”条云:“道林寺,在钟阜之阳。宋元嘉初,有西域僧畺良耶舍来建业,筑精舍以栖禅,即是寺也。”据上可知,道林寺在钟山南麓。另《读史方舆纪要》卷第二十“灵谷寺”条引《金陵记》云:“蒋山寺,旧在山南,本名道林寺,梁曰开善寺,宋曰太平兴国寺,后为蒋山寺,明因孝陵奠焉,乃移于东麓,赐名灵谷寺。”在其看来,刘宋道林寺与梁代开善寺乃为同一座寺院,当误。大概因二寺都在钟山之南,且相距不远,以致后人误认为它们是同一座寺院。

集善寺(法云寺),齐武帝时寺院,在钟山之南,道林寺(蒋山寺)之西。《(至大)金陵新志》:“法云寺,旧在城外东北十里。《图经》云:本斋集善寺,齐世祖时,为豫章文献王造。唐初,辅公祏乱毁废。后复置为义章院,改法云。建炎兵火废,后徙置上元县治西北。”又引《庆元志》云:“旧在蒋山寺西,门前有章义桥。”清顾炎武《肇域志》:“一人泉,在钟山绝顶,古法云寺侧,仅容一勺,挹之不竭。洗钵池,塔西二里,法云寺基。”此处所云法云寺即齐集善寺。

定林寺(下定林寺、定林庵),宋文帝时寺院,在钟山之南,近宝公塔,其地为蒋陵里。《南朝寺考》卷第三“定林寺”条:“定林寺,在钟山下,其地名蒋陵里,宋元嘉元年为僧慧览造。越十二年,昙摩密多别建上定林寺于山西……呼此为下寺……梁天监中,以寺前独龙阜为宝志造塔,又窆释僧祐于寺之旧基。”宋代为定林庵,王安石读书处。

上定林寺,宋文帝时寺院。在钟山南,其址在定林下寺之上。《高僧传》卷三《昙摩密多传》载:“元嘉十年,还都止钟山定林下寺……以元嘉十二年,斩石刊木,营建上寺。”宋熙寺,刘宋文帝时寺院。在钟山之南,近宝公塔,在塔之西。

《高僧传》卷三："（僧伽罗多哆）以元嘉十年卜居钟阜之阳，剪棘开榛，造立精舍，即宋熙寺是也。"又《景定建康志》："东涧，在钟山宝公塔之西，宋熙寺基之东。"知宋熙寺与宝公塔中间为东涧。

灵根寺，宋明帝时寺院，在钟山之南，近宝公塔。《高僧传》卷八："……止住灵根，少时而卒。……即窆于钟阜独龙山前，临川献王立碑，汝南周颙制文。"据此可知灵根寺当在宝公塔附近。另有宋武帝敕建之灵根寺，与此非为一寺。

药王寺，宋孝武帝时寺院，在钟山之南。《高僧传》卷一二《释慧益传》载："大明七年四月八日，将就焚烧，乃于钟山之南，置镬办油……明日，帝为设会度人，令斋主唱白具序征祥，烧身之处，谓药王寺，以拟本事也。"据上可知，药王寺立于大明七年（463）四月九日，在钟山之南。

明庆寺，梁武帝时寺院，在钟山之南。《陈书》卷二七《姚察传》载："察幼年尝就钟山明庆寺尚禅师受菩萨戒。"知钟山有明庆寺。寺后有桂岭，《（至大）金陵新志》卷第一："桂岭，《六朝事类》云在山南，明庆寺后。"

善居寺（下云居寺），刘宋文帝时寺院，在钟山之北。寺初名善居寺，齐明帝时建胜善寺，其址近善居寺。梁代，胜善寺改名上云居寺，善居寺或同时改称下云居寺。大概上云居寺（胜善寺）位置较高，而下云居寺（善居寺）位置较低故名。又《（至大）金陵新志》卷第十一下《寺院》"上云居下云居二院"条载："下云居，在上云居右。"知下云居寺当在上云居寺之近北。

胜善寺（上云居寺，白云寺），齐明帝时寺院，在钟山之北。齐建武二年（495），南海王子罕所造。梁时为尼所居，后为僧院，谓之上云居。又按《南朝寺考》清代，钟山北山有白云寺，当是其遗构，咸丰中为太平天国所毁，有僧结茅于此。

法音寺，齐高帝时寺院，在钟山。《弘赞法华传》卷第一《图像第一》载："齐建元元年，豫州刺史胡谐之，于钟山造法音寺，舍人徐俨助造石多宝塔一所。"

灵曜寺，刘宋时寺院，在钟山之西。《陈书》："年二十余，入钟山就灵曜寺则法师受菩萨戒。"知钟山有灵曜寺。又《南朝寺考》："灵曜寺，在蒋山之西。"知灵曜寺在钟山之西。另据《金陵梵刹志》卷第三《灵谷并括旧寺》所记，明初，明太祖扩建陵园，因并灵曜寺入灵谷寺。

大爱敬寺，在钟山西，北高峰上。梁武帝登位之初，即于钟山之上造大爱敬寺，以追思其父。《南史》："武帝于钟山西，造大爱敬寺。"梁简文帝《大爱敬寺刹下铭序》云:“乃于钟山竹涧,奉为皇考太祖文皇帝造大爱敬寺。”《六朝事迹编类》:“在蒋山之北高峰上。”

头陀寺,在蒋山北高峰头陀岩前,梁大同元年,舍人石兴造。寺后有应潮井。宋徙置山下,改名普济寺。

崇庆寺,梁武帝时寺院,在钟山之西。《(乾隆)江南通志》卷第四三《舆地志·寺观》“崇庆寺”条载:“梁大通间,鸿鹤禅师在东庐山建道场后,至中(钟)山西建寺,宋改今额。”按《志》可知,崇庆寺乃宋代寺名,而其初名无考。

猛信尼寺,又作极信尼寺,梁武帝时寺院,在钟山西北。《建康实录》卷第十七《高祖武皇帝》“普通三年”条云:“造猛信尼寺,西北去县五十里,后合主书高僧猛造,在钟山西北。梁绍泰二年废,上元二年敕令重造。”

本业寺,天监九年(510),比丘净洁造,在蒋山里。《建康实录》卷第十七“天监九年”条:“是岁,置本业寺,西去县五十里,比丘净洁造,在蒋山里。”

石室寺,齐武帝时寺院,在钟山之后冈,当钟山之东面。《高僧传》卷第十二《齐京师后冈释僧侯》载:“乃还都于后岗,创立石室,以为安禅之所。”又《南朝寺考》其条云:“石室寺,在钟山之后冈。”

福静寺(了缘塔院),梁武帝时寺院,在钟山之后,当钟山之东面。《建康实录》卷第十七《高祖武皇帝》“普通三年”条云:“(置)福静寺,西北去县六里,尼修义造。”《(至大)金陵新志》卷第十一下寺院之“了缘塔院”条引《乾道志》云:“在钟山后,梁普通中置,初为福静寺,南唐保大九年改今额。”

灵味寺,刘宋武帝时寺院,在钟山之侧,其地蒋林里。《异苑》卷第五载:“灵味寺,在建康钟山蒋林里。永初三年,沙门法意起造。晋末有高逸沙门,莫显名迹,岩栖谷隐,常在钟山之阿。一夜忽闻怪石崩坠,声振林薄,明旦履行,惟见清泉湛然,聚徒结宇,号曰灵味。”《南朝寺考》:“灵味寺,在钟山侧。”

草堂寺(山茨寺),齐代寺院,在钟山之侧,本雷次宗旧馆。《续高僧传》卷六《梁国师草堂寺智者释慧约》载:“齐中书郎汝南周颙为剡令,钦服道素,侧席加礼,于钟山雷次宗旧馆造草堂寺,亦号山茨。”

飞流寺,梁代佛寺,在钟山。梁元帝作《钟山飞流寺碑铭》,云:“铭曰:云聚峰高,风清钟彻,月如秋扇,花疑春雪,极目千里,平原迢递。”据此,知飞流寺在钟山。

崇熙寺,梁代佛寺,在钟山。《南朝梁会要·方域·寺》有“钟山崇熙寺”条,知钟山有崇熙寺。

3. 城南诸山佛寺

建康城南高台、丛山林立，如雨花台、石头山、冶城山、东山、牛头山、青山、祖堂山、吉山、凤凰山、六合山等，其间佛寺广布。

雨花台在城南三里，明代聚宝门(今中华门)外。雨花台据冈阜最高处，俯瞰城阗。旧传梁武帝时有云光法师讲经于此，感天雨赐花，故名雨花。雨花台中诸寺可考者有高座寺、新亭寺[①]、天王寺[②]等。其中高座寺为最著名者。相传，东晋高僧帛尸梨密常在石子冈(即雨花山冈)东行头陀，卒葬于此。东晋成帝怀其风素，于冢树刹。后有关右沙门来游建康，就刹起寺。陈郡谢混追旌往事，遂名寺曰高座寺。

石头山，在城南，距台城九里。按《舆地志》，山周七里一百步，缘大江，南抵秦淮口，去台城九里。自六朝以来，皆守石头以为固，以王公大臣领戍军为镇，其形胜盖必争之地。其地有石头城。按《丹阳记》，吴时悉土坞。义熙初，始加砖累甓，因山以为城，因江以为池，地形险固，尤有奇势，亦谓之石首城。石头城北有招提寺，建于晋末。区别于梁代大招提寺。

冶城山，接壤钟山，古西州城地。后有铸剑池，西近石头城。明代改为朝天宫。冶城附近历代皆有寺分布，今可考者有冶城寺[③]、开福寺[④]、延祚寺[⑤]、永庆寺[⑥]等。

东山，一名土山，周四里高二十丈，无岩石故曰土山。东山在朱雀航南，有寺名净名寺，唐温庭筠"朱雀航南绕香陌"即指此。梁武帝建，神僧宝公说法其间。按《金陵梵刹志》，寺在郭城东南，北去所统灵谷寺三十里，正阳门十七里，东城地。

牛头山，在城南三十里。山有双峰，正对都城正门宣阳门，其状如牛头，故名牛头山。王导尝指之为天阙山。牛头山是六朝时期建康为数不多的佛寺分布较

---

① 东晋寺院，在新亭。新亭，在石子冈上，古送行处。刘宋时，有正觉寺、旷野寺，亦在新亭。
② 刘宋寺院，在梅岭冈(即雨花山冈)。
③ 东晋寺院，在冶城西北。
④ 东晋寺院，在冶城东南。
⑤ 刘宋寺院，在冶城后冈上。
⑥ 一名白塔寺，梁代寺院，在冶城北。

为集中的山脉之一，所谓“牛首、献花之间，都无俗处所”[①]，即云其佛寺分布之众。其中可考者有仙窟寺[②]、佛窟寺[③]、虎窟寺[④]、常乐寺[⑤]等。

青山，在城南四十里，有幽岩寺。梁承圣二年(553)，牛头佛窟寺大毗昙师入秣陵青山始创舍，名曰幽岩，与佛窟寺相去十里。

祖堂山，在城南四十五里，与牛头山相连，明陈沂《献花岩序》云：“金陵称丛林必曰牛首、献花岩、祖堂，而地实相连。”山上有幽栖寺，宋大明三年(459)建，其后山因寺而名幽栖山。唐初，牛头初祖法融大师说法住此，乃改为祖堂寺，山亦改名祖堂山。另祖堂寺南五里有吉山寺，梁武帝时寺院。

吉山，在城南四十五里，周回三里，高一十丈，西临大江。吉山南有永泰寺，建于梁武帝时，至南唐名为净果院。

凤凰山，在凤台门外，聚宝门(今中华门)南一百二十五里。山之南有无垢寺，原名天喜寺，梁天监二年(503)改无垢寺，明代重修亦额无垢寺。

4. 城东南诸山佛寺

建康城东南有祈泽山、方山、雁门山、横山等山，有少量佛寺分布。

祈泽山有祈泽寺。山在城东南三十五里，周回一十里，高五十丈。东连彭城山，北连青龙山。《事迹旧经》云初法师尝结茅于此，有龙女来听讲，既而神泉涌于讲座下，后遂为祈祷水旱之所，因此得名。祈泽山有祈泽寺，宋少帝景平元年(423)建，梁置龙堂。唐会昌中废，南唐祈雨有验复修，宋治平中改名祈泽治平寺，历元迄明常为祈祷雨泽之所。

方山有定林寺。方山一名天印山，在城东南四十五里，高一百一十六丈，周回二十七里，四面方如城。东南有水，下注长塘，流溉平陆。《舆地志》云：“湖熟西北有方山，山顶正方上有池水。”《丹阳记》云：“形如方印，故曰方山，亦名天印山。”定林寺虽始建于南宋乾道年间，但实际上是刘宋时期上定林寺移址新建寺院。上定林寺本在钟山，宋元嘉十二年(435)，高僧昙摩密多所建，在定

---

① 葛寅亮：《金陵梵刹志》卷四十四，《中国佛寺史志丛刊》第1辑第5册，明文书局，1980年，第1359页。

② 在牛头山。山下旧有辟支洞，稍上又有文殊洞，皆深入窈窕，上耸石壁。梁天监二年，司空徐度造寺，因以佛窟为名。宋太平兴国中名崇教寺，明洪武中名弘觉寺，清朝仍而不改。咸丰兵火毁，其后已稍稍修葺。

③ 在牛头山西峰，中有石窟，不测浅深，梁武帝于下建寺，名曰仙窟寺。寺藏一石钵盂，形状甚古。唐神龙中，郑克俊并开善寺志公屐，皆取入长安。

④ 在牛头山，伏虎洞实当其侧。与佛窟寺、仙窟寺鼎立，为牛头三窟。

⑤ 在牛头山，与幽栖寺相邻。唐天佑中置为资善院，南唐后主改福昌院。

林下寺之西山上。南宋乾道末年，秦僧善鉴因寺久废，请其额移建于方山。元至正间重修。明弘治五年(1492)又重建，时有僧道泰者，尝住持是寺，遍叩诸檀越，建大佛殿、四天王殿等。

雁门山在城东南六十里，旁边有永建寺，梁天监二年(503)，李师利所造，南唐改为隐静院。

横山在城东南一百二十里，山之北有国胜寺，陈文帝初立，章皇太后舍宅为之。后徙于南门外落马涧。落马涧，去城二里余。国胜寺本在城外百二十里横山之北，却迁徙至城外二里处。迁移距离如此之大，颇为令人费解。然考国胜寺乃陈文帝初登位时章皇太后舍宅造，本皇家寺院，地位非同一般寺院。其被迁徙至都城外附近，想必是为方便皇室宗亲做佛事用。

5. 城西南诸山佛寺

建康城西南方向有白都山、上公山、天竺山等，其间亦有少量佛寺分布。

白都山，在城西南六十里。山中有资圣寺，梁武帝置。此寺至元代犹存，谓之白都院。

上公山，在城西南六十里，有佛坛寺，建于梁代。寺一名佛龛院，亦谓之慈相院。

天竺山，在江宁县西南一百二十里，周回一十七里，高一十九丈。本名多墅山，唐上元二年(761)，有天竺兴福寺僧道融移寺于此山，因以为名。山中有福兴寺，梁大同二年(536)袁平造。该寺初建时并不在天竺山，而是唐初由释道融移建于此，去故寺七里。南唐后主葬照禅师于此，因名塔院。宋名殊胜寺。清太平天国运动时，寺始毁。

(三) 城外周边佛寺

关于六朝建康诸寺之地理分布，前文虽已列数诸水沿岸之佛寺、诸山分布之佛寺，但终归为少数。对于大部分佛寺而言，一般皆可知其大致方位之远近，而不能尽知其具体之位置。以下所列佛寺，乃是根据唐许嵩《建康实录》中相关内容，按照佛寺所在位置之方位及远近所列。事实上，诸水沿岸及诸山所分布之佛寺，亦基本分布在城外不同方位。然毕竟具体位置较为详细，且前文已列数，所以这里就不再赘列。

1. 城南诸寺

表 17.1 六朝建康城南诸寺表

寺名	朝代	位　置
大庄严寺	刘宋	都城南门宣阳门外
崇福寺	刘宋	在城南门外
福兴寺	刘宋	在城南门外①
南涧寺	刘宋	县南五里
永安寺	刘宋	城南七里
万福寺	萧梁	县南十八里
禅岩寺	萧梁	县南三十五里
幽岩寺	萧梁	县南四十里
园居寺	萧梁	秣陵县南四十五里
法苑寺	萧梁	秣陵县南五十里
净居寺	萧梁	秣陵县南六十二里
长乐寺	刘宋	在台城之南,去县七十里
禅冈寺	刘宋	在南冈下,南冈在城南往娄湖桥路上
高台寺	刘宋	秣陵城南八十里

2. 东南诸寺

表 17.2 六朝建康东南诸寺表

寺名	朝代	位　置
闲心寺	刘宋	在娄湖苑,娄湖在城东南一十五里,湖上有娄湖苑
严林寺	刘宋	秣陵县东南四十五里
洞玄寺	萧齐	城东南三十里
国安寺	萧齐	城东南六十里
齐古寺	萧齐	城东南六十里
一乘寺	萧梁	丹阳县东南六里
劝善寺	萧梁	秣陵县东南十八里
履道寺	萧梁	秣陵县东南二十五里
渴寒寺	萧梁	秣陵县东南二十五里
寒林寺	萧梁	县东南三十五里
永明寺	萧梁	县东南五十里

① 另有梁天竺山福兴寺,非一寺。

续表

寺名	朝代	位　置
仪香寺	萧梁	县东南五十里
灵隐寺	萧梁	县东南五十里
杜桂寺	萧梁	城东南六十里
金口寺	萧梁	秣陵县东南八十五里金口里

3. 西南诸寺

表 17.3　六朝建康西南诸寺表

寺名	朝代	位　置
青园寺	刘宋	县西南二里
善业寺	萧梁	县西南五十里
化成寺	萧梁	县西南七十里

4. 城北诸寺

表 17.4　六朝建康城北诸寺表

寺名	朝代	位　置
法王寺	萧梁	城北二十里,其地本名新林
涅槃寺	萧梁	秣陵县北二十里
清玄寺	萧梁	城北二十五里

5. 西北诸寺

表 17.5　六朝建康西北诸寺表

寺名	朝代	位　置
崇明寺	东晋	县西北十五里
慈恩寺	萧梁	县西北二十五里
普光寺	萧梁	县西北八十里

6. 东北诸寺

表 17.6　六朝建康东北诸寺表

寺名	朝代	位　置
须陀寺	萧梁	县东北十七里
果愿寺	萧梁	县东北五十里
众造寺	萧梁	县东北五十里
宝城寺	南陈	城东北四十里

7. 城东诸寺

| 表 17.7 六朝建康城东诸寺表 |

寺名	朝代	位置
泰皇寺	南陈	在京城之左即城东
兴皇寺	刘宋	都城东门建阳门外
竹园寺	刘宋	在蒋陵里檀桥，县城东一里
皇宅寺	萧梁	在蒋陵里
禅林寺	刘宋	在县东三里
惠日寺	萧梁	丹阳县东二里
善觉寺	萧梁	建康县东七里太清里
解脱寺	萧梁	在太清里
观音寺	萧梁	城东六十里黄干村

8. 城外附近其他诸寺①

| 表 17.8 六朝建康城外附近其他诸寺表 |

寺名	朝代	位置
白马寺	东晋	在建康中黄里
道场寺	东晋	在秣陵县三桥篱门外斗场里
新林寺	东晋	在秣陵县新林青陵
始兴寺	东晋	即文献公庙
枳园寺	东晋	在文献公清庙北
祇洹寺	刘宋	在凤凰楼之西，与建初寺相近
南林寺	刘宋	在中兴里，与祇洹寺相近
白塔寺	刘宋	在凤凰台
安国寺	萧齐	在秣陵县都乡同下(夏)里
慧眼寺	萧齐	在同夏里
齐隆寺	萧齐	在广明门侧
光宅寺	萧齐	在同夏里三桥篱门侧
萧帝寺	萧梁	在同夏里光宅寺旁
法云寺	萧梁	秣陵县同夏里
天光寺	萧梁	在同夏里
南冥真寺	萧梁	在秣陵县中兴里

① 这类佛寺大都分布在建康都城外的各居民区内，当在城外周边附近处。然因无考具体方位及远近，故单列一表。

续表

寺名	朝代	位置
小庄严寺	萧梁	在建业定阴里
惠日寺	萧梁	在建康西尉定阴里
怀安寺	南陈	在台城之侧

9. 其他地方上诸寺

表 17.9 六朝建康其他地方上诸寺表

寺名	朝代	位置
大泉寺	刘宋	今句容境内
法清寺	萧梁	在湖熟县
禅证寺	萧梁	在六合县
永定寺	萧梁	在六合县
三光寺	萧梁	在六合县
报恩寺	萧梁	在溧阳县
永乏寺	萧梁	今句容境内

（四）未详所在佛寺

六朝建康诸寺，其位置无考者甚众，今列其目如下。

表 17.10 六朝建康未详所在佛寺表

朝代	寺名
东晋	龙宫寺、皇兴寺、中兴寺、鹿野寺、建福寺、东安寺、皇泰寺、本起寺、郧寺、简静寺、法王寺、白塔寺、大石寺、东亭寺、西寺、建安寺、晋兴寺
刘宋	灵根寺、法王寺、平陆寺、罽宾寺、禅寂寺、多宝寺、北多宝寺、南永安寺、王园寺、法华寺、平乐寺、王国寺、延寿寺、龙华寺、齐福寺、天竺寺、外国寺、法言精舍、众造寺、乐安寺、弘普中寺、永福寺、普贤寺、东青园寺、正胜寺、正喜寺、何园寺、天保寺、灵基寺、崇圣寺、妙相寺、闲居寺、南晋陵寺、司徒寺、南园寺、北法轮寺、北竹林寺、齐昌寺、尘外精舍、宣业寺、弘光寺、光福寺、大兴寺
萧齐	陟屺寺、毗耶离寺、远精舍、法音精舍、招玄寺、游贤寺、兴福寺、福田寺、安时寺、莲华寺、隐灵寺、禅基寺、普弘寺、顶山寺、归依寺、华严寺、太昌寺、妙音寺、齐熙寺、弥陀寺、栖静寺、西安寺、金刚寺、齐宁寺
萧梁	敬业寺、华林寺、普明寺、静福寺、到公寺、大明寺、竹涧寺、大通寺、静众寺、本愿寺、栖隐寺、光业寺、大心寺、华严寺、山斋寺、建陵寺、宣明寺、慈觉寺、神山寺、建业寺、天中天寺、甘露鼓寺、东林寺、西贤寺
南陈	惠殿寺、开泰寺、国胜寺、慧福寺、绍隆寺、杨都寺 、崇皇寺、帝释寺、福缘寺、宝田寺、至敬寺、栖禅寺、光曜寺、愿力寺、孝义寺、四无畏寺、报德寺、栖灵寺

第三节
六朝建康的重要佛寺

古诗有云:南朝四百八十寺,多少楼台烟雨中。随着岁月的洗礼,以及历代的战乱,六朝建康的大部分佛寺都湮没在了历史的长河之中。不过,虽然很多佛寺不存于后世,但它们却在当世有着重要的影响。也有一些佛寺,虽然几经毁废,但是历代皆有重修或者重建,甚至延续今日。

一　孙吴时期的重要佛寺建初寺

建初寺是南京佛教史上的第一座佛寺,因此有着重要的历史地位。有关建初寺的兴建缘起、创建过程等问题,已在本章第一节中有详细叙述,这里主要考察一下建初寺的兴废、沿革以及地理位置等问题。

(一) 建初寺之兴废

建初寺,在古宫城南七里。吴大帝赤乌十年(247),天竺康僧会初达建业,营立茅茨,设像行道。东吴大帝为康僧会建塔于此,为金陵最初之佛寺,故号建初寺,并名其地为佛陀里。寺前立大市,又称大市寺。

有吴一代,建初寺一直存续,初孙皓欲焚之,然不果愿。至永嘉之乱,司马氏过江,以有东晋,寺犹存。《高僧传》卷一《帛尸梨密传》载:“晋永嘉中,(密)始到中国。值乱,仍过江,止住建初寺。丞相王导一见而奇之,以为吾之徒也。由是名显。”晋成帝咸和间,苏峻作乱,建康城毁,塔遭火焚。《康僧会传》云“苏峻作乱,焚会所建塔”是其证。后司空何充,复为修造,平西将军赵诱,又以佛法灵验之故,于寺东更立小塔。晋孝武初年,支昙钥奉敕出都止住建初寺,为孝武所重,敬以师礼,并从受五戒。其后又有昙爽、昙药等住锡于建初寺。

入宋以来,京师建康大兴佛寺。建初寺仍有重要地位,历代皆有高僧住锡弘法。如刘宋之释僧祐、释道儒,萧梁之大忍法师、释明徽、释明义,南陈之释宝琼、释慧布、释慧哲等。元嘉中,有凤翔集,因建凤凰台于寺侧,唐代大诗人李白有《登金陵凤凰台》诗即在此。诗云:“吴宫花草埋幽径,晋代衣冠成古丘。”可见,吴之苑城、晋之台城，也即建康宫城，在李白之时已经草木丛生、土丘成岭。此为隋文帝荡平六朝旧宫之祸。

在隋初毁城之先，建康曾经历梁末侯景之乱。侯景作乱，建康城毁，都下佛寺，多数尽毁。按《法苑珠林》载："梁武都下旧有七百余寺，属侯景作乱，焚烧荡尽。"想必建初寺亦毁损于其时。至陈代梁，大修佛寺，现"郭内大寺三百余所"之兴盛景象，建初寺亦当获得重修。今考得陈代有僧释宝琼、释慧布、释慧哲等住于寺内，可佐证。

建初寺于六朝间之存续兴废，其大致可知。且建初寺一身之兴废，实则整个建康佛寺兴废发展之缩影。故考察建初寺之兴废，对厘清六朝建康佛寺兴废发展之线索亦颇为重要。

（二）建初寺之沿革

关于建初寺之历代沿革，说法不一。最早对建初寺沿革做系统论述的，见于宋人周应合所纂之《景定建康志》，其载：

> 吴大帝赤乌四年，为西竺康僧会建，寺名建初。刘宋有凤翔集此山，因建凤凰台于寺侧，宋更寺名曰祇园，齐更名曰白塔，唐初复名曰建初，开元更名曰长庆，南唐更名曰奉先，国朝太平兴国中赐额曰保宁。祥符六年，增建经钟楼、观音殿、罗汉堂、水陆堂、东西方丈，庄严盛丽，安众五百。又建灵光、凤凰、凌虚三亭，照映山谷，围甃砖墙五百丈，茂林修竹，松桧蘩蔚，诏岁度五僧。政和七年改神霄宫，建炎元年复旧额，三年四月大驾幸江宁，权以祠为行宫。闰七月如浙西。其后命即府治修为行宫，而御座犹在本寺，岁久屋弊，留守马光祖重建。

如上所述，则建初寺自刘宋开始便数易其名，至南宋建炎间已名保宁寺。元代《至正金陵新志》延续《景定建康志》的说法，列"保宁寺"条。清人陈作霖在其《凤麓小志》中亦延续上述说法，另又指明其最后归宿："逮元末寺废，琳宫绀宇，遂并入瓦官寺中矣。"陈云保宁寺废于元末，亦有根据，明代葛寅亮《金陵梵刹志》中将保宁寺列入废刹，知该寺的确在元末或明初时已废。

然对《景定志》之说法，清人孙文川以为有疑，其云："《高僧传》历载晋、宋、齐、梁诸僧止建初寺者，是此寺在六朝从未改名。而《景定建康志》《至正金陵新志》皆谓晋、宋改名为祇园,大误。"又云:"祇园别自为寺,与建初无涉也。"认为刘宋祇园寺,也即宋元保宁寺之源头,与建初寺并非一寺。按《景定志》卷第二十二《城阙志三·台观》凤凰台条云:"凤凰台,在保宁寺后。宝祐元年,倪总领垕重建。"建初寺侧有凤凰台,建于宋元嘉中,《景定志》所云之凤凰台,应指一处。故而可知,建初寺、凤凰台与祇园寺(保宁寺)相去甚近。而祇园寺实际上乃是刘宋时于凤凰台侧所立之另一新寺,而非建初寺之异称。孙文川对建初寺之沿革又有详细论述,其云:"晋改为建宁寺,至唐改为尼寺。宋改名法性寺,建炎火,寺废,法性旧额仅存。及寺复建,析为三,在东曰石佛院,在西曰前法性寺、后法性寺,元末犹存,至明遂无传。"原注:"建初寺再改法性,变为尼寺,即无建炎之火,亦非赤乌旧制,况又析而为三,则已沦为小刹,宜其入明之后,遂泯灭无存也。"孙氏之说,乃依《金陵新志》:"法性尼寺,在报恩光孝观东南,本吴建初寺也。"注谓:"晋改为建宁寺,至唐以来为尼寺,今改法性寺。"建初寺在唐以后之沿革或为可信,然谓建初寺晋改为建宁寺,不知其根据。

(三)建初寺之位置

关于建初寺所在位置,《景定建康志》卷第十六《疆域志》二镇市"古市"条引《宫苑记》云:"吴大帝立大市,在建初寺前,其寺亦名大市寺。"可知,建初寺当在大市之北,因与大市紧邻,故又名大市寺。关于建初寺与大市的位置关系,梁代文献亦可佐证。按梁慧皎《高僧传》卷第一《晋建康建初寺帛尸梨密》载:"晋永嘉中,始到中国,值乱,仍过江,止建初寺。"又《世说新语》言语第二"高坐道人"条梁刘孝标注引《高坐别传》云:"和尚胡名尸梨密,西域人。……永嘉中始到此土,止于太市中。和尚天姿高朗,风韵遒迈,丞相王公一见奇之,以为吾之徒也。"两处所记乃为同一件事,《高僧传》之帛尸梨密与《高坐别传》之尸梨密自是同一人,唯其过江所住之所,两处记载有所不同。据此可推断,建初寺与大市相距甚近。故而,确定了大市的位置,则建初寺的位置亦可确定。而关于大市的位置,《隋书》卷二四《食货志》载:"淮水北有大市,自余小市十余所。"[①]淮水即建康城南之秦淮水,故大市在秦淮水之北岸,而建初寺又在大市之北。

唐许嵩《建康实录》卷第五"中宗太兴三年秋七月"条许按云:"中宗初,琅琊

---

① 原作"淮水北有大市百余,小市十余所",大市有一百多处,而小市尽十余所,不甚合理。今人对此已进行考订,认为"百"乃"自"之误写,应作"淮水北有大市,自余小市十余所"。此说较为合理。(详见张学锋:《六朝建康城研究中的史料学问题——以建初寺的地点考证为例》,《南京晓庄学院学报》2012年1月第1期。)

国人置怀德县，在宫城南七里，今建初寺前路东。”依据怀德城的位置，可确定建初寺位置的东部上限。出宫城正门大司马门乃为御街，御街向南通至秦淮水北岸之朱雀航，其距离恰为七里。换言之，怀德城应该就在朱雀航（今中华门内镇淮桥北）附近。然只云在宫城南七里处，尚不能确定怀德城是在御街以东还是以西。按元张铉《（至正）金陵新志》卷第四上《历代废县名》注引《寰宇记》云：“咸和六年，徙出宣阳门外，御街西，建初寺门路东，即费县旧基，在台城南七里。”又按明顾起元《客座赘语》卷第五《金陵古城》云：“怀德县城，晋置，后改曰费县。”可知，费县即怀德县，在御街以西。故怀德城当在秦淮水北岸朱雀航附近的古御街以西。又怀德城在建初寺前路东，故而可知，建初寺应在怀德城西北向，且二者沿路斜对。

概言之，建初寺、大市及怀德城皆在淮水以北、御街以西的位置，且三者距离甚近。其中大市沿淮水北岸分布，建初寺在大市之北，怀德城又与建初寺东西向沿路斜对。因此，确定古御街及秦淮水北岸交叉的位置就可确定三者的大致所在。今人考证古秦淮水的北岸应该在今马道街、璇子巷、颜料坊一线，并以此认为建初寺的位置当在今中华路与长乐路交界处的中华中学与第一医院附近。①其说或为可信。②

二 东晋时期的重要佛寺

东晋时期出现了许多著名佛寺，例如东晋第一座佛寺白马寺，堪为东晋第一寺的瓦官寺，与“雨花”一名来源有关的高座寺，东晋建康第一座尼寺建福寺，江南重要的译经场所道场寺，以及与佛舍利有直接关系的长干寺，等等。另外还有

① 以上论述，参见张学锋：《六朝建康城研究中的史料学问题——以建初寺的地点考证为例》，《南京晓庄学院学报》2012 年第 1 期。

② 又清人孙文川认为建初寺在大市桥对面，云“至今聚宝门外西街，有大市桥，其地正与城内建初寺址相对”（清刘世珩《南朝寺考》卷第一“建初寺”条原注）。陈作霖从之，云“其与鸽子桥错综而立者为羊市桥，一名大市桥，吴时贸易之区也，古有建初寺在其地”（陈作霖《运渎桥道小志》）。若其说法成立，则可推溯：至建康大市通运渎，筑桥因名大市桥。此亦合乎情理。然认为大市桥衍至于清代而为羊市桥，则不知其说何由，或为猜测。按明顾起元《客座赘语》卷第六《诸桥》注云：“笪桥东，今名羊市桥”，则 1990 年 5 月间建邺路扩建工程中在笪桥与鸽子桥一线的北侧、清代羊市桥（大市桥）的南侧所发现的一处六朝佛寺遗址很可能就是建初寺遗址。（以上论述，参见蒋赞初《南京六处六朝佛寺遗址考》，《中国历史地理论丛》1992 年第 2 期。）

许多当世大寺，只是由于后代不存而鲜为人知，如度丹阳千僧的龙宫寺①，尝供义学百僧的皇兴寺②，以及曾集义学千僧的中兴、鹿野二寺③，等等。

（一）白马寺

白马寺，是东晋立国之后于建康所造的第一座佛寺，为晋元帝于太兴二年(319)所敕建。其地在建康中黄里。

晋元帝在建康创建白马寺，颇有深意。众所周知，西晋都城洛阳就有一座白马寺，乃是佛教传入中国之后建成的第一所寺院，在中国佛寺史上的地位非同一般。元帝在建康建白马寺，想必既有怀念旧都之情，也有延续司马宗室崇佛传统之志。

作为东晋建康第一寺，白马寺自是盛极当时。往来其间者，多有世家大族，也不乏高僧名士，一时间成为清谈交游之所。相传，高僧支道林就曾在白马寺内与清谈名流刘系之等人谈论《庄子》之《逍遥游》篇。于时众人皆云"各适性以为逍遥"，支道林则曰不然，云"夫桀跖以残害为性，若适性为得者，从亦逍遥矣"，于是退而注《逍遥游》篇，群儒旧学莫不叹服。其后，关于建康白马寺之事便无所闻，想是苏峻之乱时被毁，亦未可知。

（二）瓦官寺

瓦官寺为东晋初期建康一座相当重要的寺院，古人有云"江左之寺，莫先于瓦官"，堪为东晋建康第一寺。内有晋义熙中师子国所献玉佛，有征士戴安道手制佛像五躯及顾恺之维摩图，世号"三绝"。

瓦官寺本是河内山玩公墓为陶处，晋兴宁中，沙门慧力启乞为寺。关于瓦官寺的创建时间及创建者，历来皆依《高僧传·慧力传》中所载，为晋哀帝兴宁二年(364)释慧力造。然此有待辩说。《法苑珠林》载："晋中宗元帝，江左造瓦官、龙宫二寺，度丹阳千僧。"依此，瓦官寺当建于东晋立国之初，而非建于四十余年后

---

① 龙宫寺，与瓦官寺一样，同为晋元帝敕建，为当世大寺。《法苑珠林》卷一百载："晋中宗元帝，江左造瓦官、龙宫二寺，度丹阳千僧。"（《大正藏》第53册，第1025页中。）然其事已无闻。

② 皇兴寺，乃明帝敕建的第一座寺院，尝供义学百僧，可见其规模之大。明帝亦常常前往寺内与僧众讲论佛理，盛于当时。然其后无闻。

③ 据《法苑珠林》卷一百记载，晋成帝造中兴、鹿野二寺，集义学千僧。（《大正藏》第53册，第1025页中。）从其规模可以看出，二寺之盛远胜于其他诸寺。然关于中兴寺之事，唯见于《法苑珠林》，而不见于其他史料，且亦所记甚少。至于鹿野寺，据《出三藏记集》记载，宋孝武帝时，有沙门慧简于此翻译佛经。其卷五云："《灌顶经》一卷（一名《药师琉璃光经》），宋孝武帝大明元年，秣陵鹿野寺比丘慧简依经抄撰。"（《大正藏》第55册，第39页上。）

之哀帝时。此说并非无据。《高僧传》卷五《竺僧敷》载:“西晋末乱,移居江左,止京师瓦官寺,盛开讲席,建邺旧僧,莫不推服。”依此,则两晋交替之际已有瓦官寺,这与元帝渡江即造瓦官、龙宫二寺在时间上是相吻合的。然而,若瓦官寺果建于元帝时,则自东晋之初至于哀帝时,其间凡四十余年,史书中却鲜有记述其事者,此又颇为奇怪。而至于兴宁二年(364)慧力造瓦官之说,史书所记较为详细,且有施地为寺之诏,故不足为疑。另史书所记历代住锡瓦官寺者,皆在兴宁二年之后(除竺僧敷外),更佐此说。不过,瓦官寺究竟何时为何人所造,今并不做定论,但罗列此两种说法。或元帝始造瓦官寺,释慧力重建,亦未可知。

初慧力始成瓦官寺时,其规模尚小,止有堂塔而已,后又造石多宝塔一所。简文帝时,竺法汰下都止瓦官寺,更拓房宇,修立众业,又起重门,寺始成规模,并由此大兴。

竺法汰住瓦官寺时,声名甚著,往来学者,多有从其游者。如竺道壹,废帝太和中出都止瓦官寺,从汰公受学。孝武帝太元二十一年(396),瓦官寺塔被火焚毁,帝敕令修复。安帝之时,瓦官寺再度大兴,有异闻禅师于寺教习禅道,门徒数百。寺容僧数百,其规模之盛可见一斑。

安帝义熙十二年(416),僧洪住京师瓦官寺,于时官禁镕铸,而洪发心,铸丈六金像。至宋文帝元嘉八年(431),道琼尼大造形像,处处安置,于瓦官寺置弥勒行像一躯,为当世盛事。刘宋之时,又有高僧释慧果、释僧导、释道琰、释慧璩等来游京师,止瓦官寺。萧齐之时,有高僧道宗、超度、法献等住瓦官寺。

梁武帝时,于瓦官寺造瓦官阁,高二百四十尺,后踞崇冈,前瞰江西城,为瓦官寺盛迹。侯景乱后,瓦官寺渐衰,而瓦官阁得以保留,至李唐时犹存,李白有诗云“日月隐檐楹”者即是。

陈太建三年(571),天台智者大师诣金陵,与法喜等三十余人在瓦官寺创弘禅法,时所荣仰。瓦官寺得以复兴。太建元年(569)七月,大雨震瓦官寺重合,或有所损。

据《唐语林》卷第二记载,唐初,瓦官寺尚存,有僧守亮通《周易》。时李卫公(李靖)镇浙西,以南朝旧守多名僧,求知《易》者,因帖下诸寺,令择送至府。瓦官寺众白守亮曰:“夫夫取解《易》僧,汝常时好说《易》,可往否?”守亮请行。另据《隋唐嘉话》记载,唐开元初年,瓦官寺曾修讲堂,其云:“开元初年,润州江宁县瓦官寺修讲堂。”开元末年,有高僧释元崇,从瓦官寺璇禅师,咨受心要,盛名当世。

唐以后，瓦官寺及瓦官阁数度易名。吴顺义中改寺为吴兴寺，阁为吴兴阁。南唐升元中又改寺为升元寺，阁为升元阁。北宋开宝年间，王师下江南，士大夫暨豪民富商之家美女少妇避难于其上，殆数千人，越兵举火焚之，哭声动天，一旦而烬。北宋太平兴国五年重修，并改崇胜戒坛寺。

明初寺废，荡然无存，半为徐魏公族园，半入骁骑卫仓。徐园旁有积庆庵，嘉靖间，将其改建，名瓦官寺。然其非瓦官寺旧址。按葛寅亮《凤凰台上瓦官寺记》，凤凰台右有一小庵，乃瓦官寺旧址。万历十九年(1591)，僧圆梓尽赎台地，大建刹宇，因正额上瓦官寺，而改积庆庵为下瓦官寺。瓦官寺再获复兴。后焦竑更寺名曰凤游寺。因寺在中山王西园中，后为徐氏家庵。清初，时人有诗云"城南有荒寺，云是古瓦官"，足见瓦官寺在当时已经比较衰颓。后又有人作文记述瓦官寺荒凉之景。《改亭诗文集》文集卷第三《钱湘灵文集序》："予因诘之曰：近尔寓有可登眺者乎？应曰：有，独古瓦官寺、凤凰台最近耳。遂与偕至寺。寺甚卑且隘，门扃不肯开。门外一汪伯玉碑，碑字不甚可识。登台，台一土堆耳，亦甚隘，高不过三十尺。傍有杂树，寒鸦噪其上。远望城西北，诸山隐隐拥残雪，此外惟城堞人家烟火参差耳。予愀然长啸。"寺荒凉至此！然寺虽荒芜，亦有香火延续，且有所供养，直至咸丰兵火(太平天国运动)之后，瓦官寺才完全被毁，仅留下几间破屋而已。

(三) 道场寺

道场寺，晋明帝敕建，为晋都建康十分重要的译经之所，很多佛经就是在这里翻译完成，如佛陀跋陀罗所译之《华严经》即完成于此。后因翻译此经的缘故，寺中便有了华严堂。刘宋时期，又有释法显、释宝云、释僧馥、释慧观、释法瑗、释慧询、释法庄、释法畅等先后住于寺内。

释法显，姓龚，平阳武阳人，三岁便度为沙弥。南造京师后，就外国禅师佛驮跋陀于道场寺译出《摩诃僧祇律》《方等泥洹经》《杂阿毗昙心》，垂百余万言。法显既出《大泥洹经》，流布教化，皆使大众见闻。有一户人家不知其姓名，居住处近朱雀门，世奉正化，自写一部《大泥洹经》读诵供养，并没有别置经室，与其他杂书共一屋内。后风火忽起，延及其家，资物皆烧尽，唯《泥洹经》俨然具存，煨烬不侵，卷色无改。京师人们听后都传议此事，咸叹神妙。

释宝云，未详氏族，传云凉州人。少出家，精勤有学行，志韵刚洁，不偶于世故。归京师，安止道场寺。众僧以云志力坚猛，弘道绝域，莫不披衿咨问，敬而爱焉。译出《新无量寿》,晚出诸经,多云所治。

时道场寺又有僧馥者,本澧泉人,专精义学,注《胜鬘经》。

释慧观,还京止道场寺。观既妙善佛理,探究老庄,又精通"十诵",博采诸部。故求法问道者,日不空筵。

释法瑗,姓辛陇西人。元嘉十五年(438),还梁州因进成都。后东适建邺,依道场慧观为师,笃志大乘,傍寻数论,外典坟素,颇亦披览。

释慧询,姓赵,赵郡人。少而蔬食苦行。经游长安,受学什公,研精经论,尤善《十诵律》。元嘉中,至京止住道场寺。当时寺僧慧观,也精于《十诵律》,以询德为物范,乃令更振他寺。于是移止长乐寺,大明二年(458)卒于所住,春秋八十有四。

释法庄,姓申,淮南人。十岁出家为庐山慧远弟子,少以苦节标名,晚游关中从叡公禀学。元嘉初,出都止道场寺。

释法畅,史载道场寺释法畅、瓦官寺释道琰,并富声哀婉。

(四)高座寺

高座寺,又名甘露寺,始创建于东晋成帝咸康年间。其创寺因缘可追溯至西晋永嘉年间来华的西域高僧帛尸梨密。史载,永嘉之末,西域沙门帛尸梨密渡江而南,初止建初寺,为丞相王导等所敬。时人呼为"高座"。帛尸梨密常在石子冈东行头陀,卒葬于此。东晋成帝怀其风素,于冢树刹。后有关右沙门来游建康,就刹起寺。陈郡谢混追旌往事,遂名寺曰高座寺。

刘宋元嘉二十年(443),慧琼尼随孟颉前往会稽,到达破纲时圆寂卒。临终前敕弟子云:"吾死后不须埋藏,可借人剥裂身体,以饲众生。"圆寂后,其弟子不忍屠割,乃前往句容县,将其肉体放于山中,欲使鸟兽自就啖之。经十余日,俨然如故,颜色不异。后令使村人以米散尸边,然而鸟只食较远处米,近尸之米皆存。弟子慧朗在都闻之,奔驰奉迎,还葬高座寺前岗坟上,并起塔。慧琼尼常住南安寺,其弟子将其葬于高座寺前冈,想必多有高僧葬于此地。

宋齐之际,高座寺颇盛,高僧如释慧进等常住寺内。释慧进是宋齐之际的一代高僧。俗姓姚,吴兴人。少而雄勇,任性游侠。年四十岁忽悟,遂出家止京师高座寺。蔬食素衣,誓诵《法华》,用心劳苦,发愿造《法华》百部,以悔先障。齐永明三年(485),无病而卒,春秋八十有五。

据《南北朝杂记》记载,萧齐时期,仆射徐孝嗣曾修辑高座寺,多在寺内宴息。

时法云法师则在萧寺，日夕各游。二寺邻接，而不相往来。孝嗣尝谓法云法师曰："法师常在高座，而不游高座寺。"法云法师答曰："檀越既事萧门，何不至萧寺？"此可谓当世一段佳话。梁武帝时，神僧宝志禅师，曾于天监二年（503）住持高座寺。

齐梁之际，僧成、宝志等先后住持寺内。僧成为齐梁之际法匠，与灵味寺释宝亮、旷野寺僧宝等齐名当世。神僧宝志为梁武帝时高僧，与五百大士共住寺内。

高座寺后为雨花台，相传是梁武帝时，云光法师讲经天雨宝花处，于时大盛。雨花台亦由此得名。云光法师讲台旧基至南宋时犹存。

侯景之乱以后，高座寺逐趋衰落，不见有南陈僧住于寺内。隋唐之际，高座寺渐兴。史载，高僧释慧隆在临终之前，率领弟子于高座寺南山顶聚土筑坛。语曰："我若舍形，不烦棺椁，可于此处以施禽虫。"坛竟便迁，慧隆弟子依师遗命树高碑，高座寺沙门法宣为文。时年乃为隋文帝仁寿元年（601）。唐代，高座寺有僧中孚，曾于寺内造塔，名中孚塔。僧中孚乃李白族弟，李白曾作《登梅冈望金陵赠族侄高座寺僧中孚》诗以赠。

入宋以后，高座寺及其所在之地已成游览胜地。时人有文曰："高座寺，在长干之南。迤逦登陟冈，贵兰若甚幽。大松修竹，夹道而起，超然出群岗之上。俯瞰都城人物，可数西望江渚，云水杳然，乃金陵绝胜之景。"可见，于时高座寺仍香火延续。宋时，高座寺改名曰永宁寺，寺内有泉亦改名为永宁泉。其后，高座寺渐衰。明洪武年间，僧瑄重修，然不久毁于战火。弘治年间，僧照堂又加以修复。其后，高座寺被一分为二，西曰高座寺，东曰永宁寺。入清以后，两寺并立，而高座寺更为宏敞，列五百铁罗汉像。咸丰兵火，荡为邱墟。清末民初，虽稍稍修葺，而雨花一泓，土人仅构屋置铛，以为茶寮。

（五）建福寺

建福寺乃是东晋建康第一座尼寺。晋穆帝时，中书令何充舍别宅为慧湛尼所立。建福寺在建成之后，多为皇室世族妇女交游之所。历代住于寺者有道琼、法盛、僧猛、净度、智胜诸尼，并在道琼尼主持之时达到极盛。

道琼比丘尼，本姓江，丹阳人。年十余岁，即博涉经史。受戒以后，明达三藏，精勤苦行。晋太元中，皇后美其高行，凡有所修福，多凭斯寺。富贵妇女，争与之游。元嘉八年（431），大造形像时，于建福寺造卧像并堂，又制普贤行像。供养之具，靡不精丽。元嘉十五年(438)，又造金无量寿像。其年四月十日，像放眉间，相光明照寺内，皆如金色。道俗相传，咸来修敬，瞻睹神辉，莫不欢悦。后以元皇后遗物开拓寺南，更造禅房。

法盛比丘尼，本姓聂，清河人，遭赵氏乱避地金陵。元嘉十四年(437)，于建福寺出家。才识慧解，率由敏悟。

僧猛比丘尼，本姓岑，本南阳人，世居迁居盐官县。猛幼而慨然有拔俗之志。年十二父亡，号哭吐血，绝而复苏。三年告终，示不灭性，辞母出家。行已清洁，奉师恭肃，蔬粝之食，止存支命，行道礼忏，未尝疲怠，说悔先罪，精恳流泪，能行人所不能行。益州刺史吴郡张岱闻风贵敬，请为门师。宋元徽元年(473)，净度尼入吴，携出京城，仍住建福寺。历观众经，以日系夜，随逐讲说，心无厌倦，多闻强记，经耳必忆。由是经律皆悉，研明澄情，宴坐泊然。齐建元四年(482)母病，乃舍东宅为寺名曰齐明。缔构殿宇，列植竹树，内外清靖，状若仙居。饥者撤膳以施之，寒者解衣而与之。尝有猎者近于寺南，飞禽走兽，竞来投猛，而鹰犬驰逐，相去咫尺，猛以身手遮遏，虽体被啄啮，而投者获免，同止数十人三十余载，未尝见其愠怒之色。年七十二，永明七年(489)卒。

智胜比丘尼，本姓徐，长安人，世寓居会稽。六岁，随王母出都游瓦官寺。见招提整峻，宝饰严华，潸然泣涕，仍祈剪落。王母问之，具述此意。谓其幼稚，而未许之。宋季多难，四民失业，时事纷纭，奄冉积载，年将二十，方得出家，住建福寺。

建福寺在晋宋梁代十分兴盛，然其后渐衰，废于隋初。

(六) 长干寺

建康城南五里有地曰长干里，乃山冈间之平地。地有长短，因有大长干与小长干之分。其间吏民杂居。又有城曰越城，乃昔日越王勾践尽有吴地时所筑。越城旧基，明代尚存，其地在秦淮水南一里半处。

长干里一带是南京历史上最早出现佛寺的地带之一，按《南朝寺考》乃是大长干地。《南史》载："吴时有尼居其地，为小精舍，孙綝寻毁除之，塔亦同灭。吴平后，诸道人复于旧处建立焉。"大长干一带先有塔，不知所始，相传是阿育王所造四万八千塔之一，其历史可能比建初寺仍早。其后有比丘尼居此地，为小精舍，可谓南京历史上第一座比丘尼精舍。孙亮继位，曾侮慢佛，并欲焚建初寺。而权臣孙綝则为之更甚，将此尼精舍除之，长干塔亦并毁。晋平吴后，建康诸僧于旧处重新建塔，使得长干塔再兴。至东晋之初，晋元帝渡江之后，对长干塔进行修缮，其后简文帝、孝武帝等又数度修饰之。如简文帝曾使沙门安法程在长干寺造小塔，未及成而亡，弟子僧显继而修立。孝武太元九年(384)，上金相轮及承露。经过几代帝王的重视，长干塔寺终大兴于建康。

孝武帝时期，长干塔的历史发生了重要的转折。时有高僧刘萨诃(慧达)于长干塔下发掘出舍利及爪发，随后便在简文帝所造旧塔之西另起一层塔，以安放舍利。太元十六年(391)，孝武帝又使沙门僧尚加为三层。此塔因内有舍利而大兴，而它也就是后来盛极一时的长干寺的真正源头。咸和中，丹阳尹高悝于张侯桥掘得阿育王金像，供此寺中。后有人复得莲趺圆光，以施是像，孔穴悉合。

晋以来居是寺者，高僧众多。如晋竺法旷，宋昙赖、慧观，齐法颖、玄畅及外国道人法咤等，皆当世高僧。又有慧邃、模像跋摩译经于此。

入梁以后，武帝初登位，即对长干寺大加兴建，并改名曰阿育王寺。大同三年(537)，梁武帝又改造阿育王佛塔，于旧塔下发掘出舍利及佛爪发，即晋孝武帝时刘萨诃所安放之舍利爪发。发掘舍利之后，梁武帝曾多次前往寺中，设法会。其月二十七日，帝到寺礼拜，设无碍大会。九月五日，梁武帝又于寺设无碍大会，遣皇太子、王侯朝贵等奉迎。是日，风景明净，倾都观属，所设金银供具等物，并留寺供养，并施钱一千万，为寺基业。大同四年(538)九月十五日，梁武帝又至寺，设无碍大会。并竖二刹，各以金罂次玉罂，重盛舍利及爪发内七宝塔内。又以石函盛宝塔，分入两刹。刹下王侯妃主百姓富室，所舍金银环钏等珍宝充积。寺有二刹，渐发展成两座寺院，后人所谓"长干二寺"即是。此"二寺"并非指大长干、小长干各有一寺，而由一寺发展而来。大同十一年(545)十一月二日，寺僧又请帝于寺发《般若经题》。尔夕，二塔俱放光明，敕镇东邵陵王纶制寺《大功德碑文》。

武帝晚期，侯景之乱爆发，长干寺渐废。另史书有载陈至德三年(758)，后主曾幸长干寺。可见，长干寺在南陈时有复兴之像，然已难复旧日之盛。故古人有云，长干寺"自梁陈以来久废"，盖言侯景之祸。隋灭陈后，文帝曾荡平建康城，以扫金陵王气。未知长干寺是否毁于其时。入唐以后，长干寺尚存。《法苑珠林》载有唐永徽年间取长干寺塔舍利入长安日严寺之事，云"京寺有塔，未安舍利，乃发长干寺塔下取之入京，埋于日严寺塔下"。不过，当时江南大德皆言，长安日严寺塔下舍利，并非阿育王塔舍利，阿育王塔舍利仍在长干本寺。此事可见长干寺在唐高宗时尚存，且在江南一带有很重要的地位。不过，随着唐代佛教中心的转移，江南佛教渐衰，建康佛教旧日盛况不再，加之唐中期历会昌法难，恐长干寺在唐代的命运并不乐观。宋人曾记，长干寺“李氏为散从官营”，大概说的是长干寺在唐代晚期的情况。于时，长干寺已为官家用地而废置。

然而，入宋以后，长干寺又得以复兴。宋人记载，长干寺在入宋以后虽早已废置不用，但其地数有光怪。盖因其地下藏有舍利之故。于是，有僧惟政乞于旧址重建佛寺。因其时当真宗天禧年间，故名寺为天禧寺。北宋天禧寺址即长干旧址，也即大长干地。天禧寺的创建，是梁武帝大兴阿育王寺之后，长干塔寺的再度复兴。长干寺虽已名天禧寺，然时人亦多称其旧名，且多有文人雅士游其地，慨叹六朝长干之盛。如仁宗时有人诗云：“历世名空在，重兴德乃堪。先朝赐新额，此地建精蓝。亿载扶皇统，生民息战函。刹仍存故里，龙复止深潭。”此即感慨长干寺久经衰颓之历史，又赞叹本朝重修长干寺之功德。然天禧寺兴修以后，亦不免遭遇历久而衰的命运。南宋后期有人重游长干旧地，并作诗云：“金陵王气已销沉，几度凭阑愁满襟。往事仅存南北史，伤情空费短长吟。龙蟠故国山河壮，凤去荒台草木深。旧物尚余吴塔在，夕阳移影照江心。”可见，长干旧寺虽未曾废弃，但在当时已经是年久衰颓，唯旧塔尚存。入元以后，因其重视佛教发展，金陵佛教有恢复之象，天禧寺获重修，并改名慈恩旌忠寺。元末之世兵火起，寺毁于战火。直至明朝建立，长干寺又再度复兴起来。

明朝建立之后，朱元璋开始大规模兴修佛寺，金陵佛教又重现六朝盛景之象。至明成祖继位，长干寺得获重建。并造九级琉璃塔，即古长干舍利塔旧址。嘉靖年间，遭雷火，殿宇俱烬，唯此塔存。据载，明成祖夺位之前，发念成功后，当建一塔寺，以展报诚。渡江后，忽见江中涌出一宝塔，成祖记起前念。即位后，一日天禧寺塔遭火灾，有司入奏，成祖令督兵马动卫于外，令勿救火。寺既烬，命尽取其灰投于江。即其地鼎建大刹，立塔十三重，赐名大报恩寺。

关于大报恩寺之源流，《万历应天府志》载：“大报恩寺。在聚宝门外，吴赤乌建，名曰建初。梁天监初改名长干。宋天禧中改名天禧。元末兵毁。国朝永乐中敕大建之，准宫阙规制，名大报恩。”此记载当误，建初寺与长干寺本为二寺。大报恩寺之源头乃长干寺，而非建初寺。大报恩寺被时人称为“法门第一禅林”，其建成以后，长干旧地一带又现梵宇兴盛之景象，时人有云“梵宇香林，红楼白社，交错市衢，岗阜丘樊，互相映带”，此可寻见六朝佛寺香火鼎盛之景。

三 | 刘宋时期的重要佛寺

刘宋时期的重要佛寺有祇洹寺、禅寂寺、定林寺、大庄严寺、湘宫寺等。其中禅寂寺，据《法苑珠林》记载，常供养千僧，可见其规模之大，但其他信息皆不详。其他诸寺则历代高僧往来其间，享誉其时。

(一) 祇洹寺

祇洹寺创建于宋武帝永初元年(420)，为车骑将军范泰舍宅造。[①] 寺成之后，延请高僧释慧义为住持。释慧义，作为祇洹寺第一位住持，本是宋武帝刘裕未登位时的一位重要幕僚，对于刘宋政权的建立发挥过重要作用。公元420年，刘裕夺位。即位初年，范泰立祇洹精舍，因慧义之德堪为物宗，便请住寺内。祇洹寺创建之后，宋武帝及众文武百官常常云集寺内，使得祇洹寺大为兴盛。且自王室至庶民，皆布施大量财物，使得寺内“资生杂物，近盈百万”。祇洹寺的兴盛景象如此可见。

祇洹寺在刘宋一代极为兴盛，高僧云集，如西域异僧求那跋摩等，或传译经典或训授禅法。而其后代之沿革，亦大致可知。求那跋摩圆寂后，于南林戒坛前立白塔，遂改名白塔寺。陈末，鲁广达屯兵于寺前，以抵御隋兵。唐开元中，更额曰长庆寺。南唐保大中，更名曰奉先寺。北宋太平兴国间，又更名曰保宁寺。明代寺废，而为骁骑仓库。祇洹寺盛极于刘宋之世，宋亡后，虽历代皆有延续，然已不复见其兴。

历代住于祇洹寺者有外国僧求那跋摩、求那跋陀罗、昙摩密多等，又有僧苞、道照、法平、昙迁、僧志、慧基、僧浚等。

求那跋摩，元嘉八年(431)正月达于建邺，文帝引见，劳问殷勤。敕住祇洹寺，供给隆厚，公王英彦，莫不宗奉。后于祇洹寺开讲《法华》及《十地》。法席之日，轩盖盈衢，观瞩往还，肩随踵接。后祇洹寺释慧义请其译出《菩萨善戒》，刚开始得二十八品，后弟子代译出二品，成三十品。后终于祇洹寺内。

昙摩密多，元嘉间至于京师，初止中兴寺，晚憩祇洹寺。昙摩密多道声素著，

---

① 《南朝寺考》云:“祇洹寺在凤凰楼之西(陈云当今新桥之南)，建初寺之分刹也。晋支遁尝升寺中高座讲义，与刘惔王蒙相酬答，其名始着。宋武帝永初元年，车骑将军范泰于其宅西建立精舍，因与寺近，遂袭其名，延高僧慧义为之经始，并而合之。”(《金陵全书》乙编·史料类·3，南京出版社，2011年，第627页。)以祇洹寺为建初寺之分刹，此说不知源自何处。今以祇洹寺为刘宋初年所造之寺，不沿用此说。

化洽连邦，至京甫尔，倾都礼讯。自宋文哀皇后及皇太子公主，莫不设斋桂宫，请戒椒掖参候之，使旬日相望。即于祇洹寺译出禅经、禅法要、普贤观、虚空藏观等。常以禅道教授，或千里咨受，四辈远近皆称他为大禅师。

求那跋陀罗，元嘉十二年(435)至广州，刺史车朗表闻，宋太祖遣信迎接。既至京都，敕命僧慧严、慧观于新亭郊劳，见其神情朗彻，莫不虔仰。初住祇洹寺，俄而太祖延请，深加崇敬。琅琊颜延之，通才硕学，束带造门，于是京师远近，冠盖相望。大将军彭城王义康、丞相南谯王义宣，并以师事。顷之，众僧共请译经于祇洹寺，集义学诸僧，译出《杂阿含经》。

释僧苞，京兆人，少在关中受学罗什公。宋永初中，游北徐，入黄山精舍，复造静定二师进业。后东下京师，正值祇洹寺发讲，法徒云聚，士庶骈席。苞既初至，人未有识者，乃乘驴往看。衣服垢弊，貌有风尘，堂内既窄，坐驴鞯于户外。高座出题适竟，苞始欲厝言。法师便问客僧何名，答云名苞。又问尽何所，苞答曰高座之人，亦可苞耳。乃致问数番皆是先达思力所不逮，高座无以抗其辞，遂逊退而止。时王弘范泰，闻苞论议，叹其才思，请与交言，仍屈住祇洹寺，开讲众经，法化相续。陈郡谢灵运闻风而造焉。及见苞神气，弥深叹伏。或问曰：谢公何如？苞曰：灵运才有余而识不足，抑不免其身矣，宋元嘉中卒。时瓦官寺又有释法和，亦精通数论，致誉当时，为宋高祖所重，敕为僧主。

释慧基，初依随祇洹寺慧义法师，至年十五，义嘉其神彩，为启宋文帝求度出家。文帝引见，顾问允怙，即敕于祇洹寺，为设会出家。舆驾亲幸，公卿必集。基既栖志法门，厉行精苦，学兼昏晓，解洞群经。后有西域法师僧伽跋摩，弘赞禅律，来游宋境，义乃令基入室供事。

释法平，姓康，康居人，寓居建业。与弟法等俱出家止白马寺，为昙钥弟子，共传师业，响韵清雅，运转无方。后兄弟同移祇洹。

释昙迁，姓支，本月支人，寓居建康。笃好玄儒，游心佛义，善谈庄老，并注十地，又工正书。初止祇洹寺，后移乌依寺。齐建元四年(482)卒，年九十九。时有道场寺释法畅，瓦官寺释道琰，并富声哀婉，虽不竞迁等，抑亦次之。

释道照，姓曲，平西人。少善尺牍，兼博经史。十八出家，止京师祇洹寺。

(二) 定林寺

定林寺有两座，一曰下定林，一曰上定林。

下定林寺在钟山之下，其地名蒋陵里。宋元嘉元年(424)，僧慧览造。元嘉十二年(435),昙摩密多别建上定林寺于山西,遂名此为下定林寺。有求那跋摩、僧镜、昙无谶等居之。

求那跋摩,宋文帝元嘉八年(431)夏,在定林下寺安居。时有信者采华布席,唯跋摩所坐,华彩更鲜,众咸崇以圣礼。夏竟,还祇洹寺。

昙摩密多,元嘉十年(433)还都止钟山定林下寺。昙摩密多天性凝靖,雅爱山水,以为钟山镇岳埒美嵩华。常叹下寺基构临涧低侧,于是乘高相地,揆卜山势,以元嘉十二年(435),斩石刊木,营建上寺。

释僧镜,宋世祖借其风素,敕出京师,止定林下寺,频建法聚,德众云集。著《法华》《维摩》《泥洹》义疏,并《毗昙》玄论,区别义类,有条贯焉。宋元徽中卒,春秋六十有七。

昙无谶,天竺僧,元嘉间至于建康,常游塔寺,于钟山下定林寺译出《佛父般泥洹经》一卷。

释僧副,齐建武年,南游杨辇,止于钟山定林下寺。僧副美其林薮,得栖心之胜壤也。梁武帝普通五年(524),僧副卒于开善寺,春秋六十有一,后窆于下定林之都门外,天子哀焉,下敕流赠。

释慧云,梁武帝请住建业,乃居钟山下定林寺,坐荫高松,卧依盘石,四澈六旬,天花甘露,恒流于地。

下定林寺前有独龙阜,梁武帝天监十三年(514)冬,释宝志葬于此,又于墓所立开善精舍,至明代为灵谷寺。又窆释僧祐于寺之旧基。

据《南朝寺考》载,下定林寺自齐代以后久废,北宋时,复于旧址创定林庵,为王安石读书处。南宋陆游作《游钟山寺记略》,记有定林庵事。其云:“又有定林庵,旧闻先君言李伯时画文公像于庵之昭文斋壁,着帽束带,神彩如生。文公没,斋常扃闭。遇重客至,寺僧开户,客忽见像,皆惊耸,觉生气逼人,写照之妙如此。今庵经火矣。归途过半山,少留半山者,王文公旧宅。所谓报宁禅院也。自城中上钟山,此为中途,故曰半山寺。西有土山,今谓培塿,亦取文公诗,所谓‘讲西顾丁壮,担土为培塿’名之也。”

上定林寺,在定林下寺之西山上。宋元嘉十二年(435),高僧昙摩密多所移建。一说定林上寺为元嘉十六年(439)竺法秀所造,或可能是二人共同修造。后竺法秀与昙摩密多皆卒于此寺。其后,有僧祐住于寺内,凡所获信施,悉以营缮傅弘,并建经轮藏,寺乃大盛。自宋暨梁,历代高僧云集,如僧远、僧柔、法通、智称、道嵩、超辩、慧弥、法愿等,皆居于寺内。

释僧祐,年十四,家人密为访婚,佑知而避至定林,投法达法师。永明中,奉敕入吴,试简五众,并宣讲《十诵》,更申受戒之法,凡获信施,悉以治定林、建初诸寺。

齐上定林寺释僧远,宋大明六年(462)谢病隐上定林寺,明帝践位,请远为师,竟不能致。以齐永明二年(484)卒于上寺。竟陵文宣王为营坟于山南,立碑颂德,太尉王俭制文。时定林上寺又有法令、慧泰,并善经论,继迹于远焉。

齐上定林寺释僧柔,俗姓陶,丹阳人,入剡白山灵鹫寺。征书岁及,乃更出京师,止于定林寺,躬为玄匠,四远欣服。卒于延兴元年(471),即葬于山南,沙门僧祐为立碑墓所,东莞刘勰制文。

梁定林寺释法通,践迹京师,憩定林上寺。天监十一年(512)卒,葬于寺南。弟子静深等,立碑墓侧。陈郡谢举、兰陵萧子云,并为制文,刻于两面。时定林上寺复有沙弥智进,清信苦节,修头陀行。

齐京师安乐寺释智称,定林寺法献于讲席相值,闻其往复清玄,仍携止山寺。

齐上定林寺释道嵩,宋元徽中来京师,止钟山定林寺。

齐上定林寺释超辩,还都止定林上寺,闲居养志,毕命山门。永明十年(492)卒,葬于寺南,刘勰为制墓文。

梁上定林寺释慧弥,止于京师定林寺,以天监十七年(518)卒,葬于寺南。时定林又有沙门法仙,诵经有素行。

齐正胜寺释法愿,少时启求出家,三启方遂为定林寺远公弟子。

上定林寺内有佛牙,乃元徽年间,法献于阗国赍来。然法献密自礼事,越十五载,始为人知。法献卒后,为豪家所劫。齐永明元年(483)八月,甘露降寺佛堂庭中,时以为瑞。寺有应潮井,后为北高峰,峰上有梁昭明太子读书台。寺壁又有梁解旧画。六朝高僧墓,多在寺之左右。

南宋乾道末年,僧善鉴因寺久废,请其额移建于方山,即方山定林寺。元至正间重修。明弘治五年(1492)又重建,时有僧道泰者,尝住持是寺,遍叩诸檀越,建大佛殿、四天王殿等。

(三)大庄严寺

宋大明三年(459),路太后于宣阳门外太社西药园造,建塔七层。初有谢镇西舍宅所造之庄严寺,因此寺成,而名谢寺以别之。至梁因有小庄严寺,故又称此为大庄严寺以别之。宋元徽二年(474),张敬儿败贼于寺前。齐东昏侯取寺中九子玉铃,为潘妃殿饰。侯景乱,梁宿庄严寺,即南郊祭天。陈永定二年(558),高祖屡幸寺舍身,发《金光明经》题并设无碍大会。宣帝永建十年,雷震庄严寺露盘。隋代,寺渐圮,唐天宝中重修。

历朝高僧如昙斌、昙济、昙宗、慧亮、道慧、元趣、僧达、法通、僧璩等十余人皆止此寺。

释昙斌,姓苏,南阳人。十岁出家,事道祎为师。始住江陵新寺,听经论,学禅道。初下京师,仍往吴郡,值僧业讲《十诵》,昙斌听少时,悟解深入。后还都,从静林法师咨受《涅槃》,又就吴兴小山法珍研访《泥洹》《胜鬘》,晚从南林法业受《华严》《杂心》。孝建初,出京初止新安寺,讲《小品》《十地》,并申顿悟、渐悟之旨。宋元徽中,卒于庄严寺,春秋六十有七。时庄严复有昙济、昙宗,并以学业才力见重一时。昙济述七宗论,昙宗著《经目》及《数林》。

释慧亮,姓姜,先名显。亮为东阿靖公弟子,少有清誉,时人呼靖为大师,亮为小师。虽年望未逮,而风轨继之。后立寺于临淄,讲《法华》、大小品《般若经》、《十地》等,学徒云聚。后过江,止何园寺。太始之初,庄严寺大集,简阅义士,上首千人敕慧亮与昙斌递为法主,当时宗匠无与竞。宋元徽中卒,春秋六十三。

释道慧,姓王,余姚人,寓居建邺。十一出家为僧远弟子,止灵曜寺。至年十四,读庐山慧远集,乃慨然叹息,恨有生之晚。遂与友人智顺,沂流千里,观远遗迹,于是憩庐山西寺。涉历三年,更还京邑。时王或辩三相义,大聚学僧。慧时年十七,便发问数番,言语玄微,诠牒有次,众咸奇之。后受业于猛、斌二法师。后以母年老,欲存资奉,乃移憩庄严寺,母怜其志,复出家为道,舍宅为福建远精舍。慧以齐建元三年(481)卒,春秋三十有一。时庄严寺复有元趣、僧达,并以学解见称。

释法通,本姓褚氏,河南阳翟人。晋安东将军扬州都督裒之八世孙。家世衣冠,礼义相袭。通幼而岐颖,聪悟绝伦。年十一出家,游学三藏,专精《方等》《大品》《法华》,尤所研审。年未登立,便为讲匠。学徒云聚,千里必萃。后践迹京师,初止庄严,后憩定林上寺。

释僧璩,姓来,吴国人。出家为僧业弟子,总锐众经,尤明十诵,兼善史籍,颇制文藻。始住吴虎丘山,宋孝武钦其风闻,敕出京师为僧正悦众,止于中兴寺。后移止庄严寺,卒于所住,春秋五十有八。时又有道表律师,率真有高行,宋明帝敕晋熙王爽从请戒。

(四) 湘宫寺

湘宫寺,泰始元年(465),明帝践祚之初舍故宅起造。在青溪中桥之北,寺门北对都城清明门,西南即古草市,实宋明帝为湘东王时故宅。初明帝以庄严寺刹七层,欲起十层以胜之而不能,乃各立五层。又将彭城寺铜像,及文帝所造金薄圆光移入此寺。湘宫寺作为明帝敕建的第一座寺院,其用度十分奢靡。以致引来一些朝臣的不满与斥责,言道"陛下起此寺,皆是百姓卖儿贴妇钱。佛若有知,常悲哭哀愍,罪高佛图,有何功德?"其用度之巨,如此可见一斑。

寺成之后,明帝请释宏充为纲领,大开讲肆,选法瑗、慧隆主其事,又以三衣瓶钵赐昙光。后有高僧昙准、法身、法真、法鲜、慧兴、智倩、法愿等,皆居于是。释宏充,明帝践祚起湘宫寺,请充为纲领,于是移居,时湘宫寺又有法鲜比丘,与充齐名。释慧隆,宋明帝请于湘宫寺开讲《成实论》。释僧宗,昙准后居湘宫寺,与同寺法真、法身,并为当时匠。释昙光,明帝于湘宫设会,闻光唱导,帝称善即敕赐三衣瓶钵。释法瑗,明帝造湘宫新成,大开讲肆,敕请瑗当法主。

湘宫寺南临淮水,地当冲要。初安王遥欣构逆时,萧坦之屯军寺前,寺侧遭焚,梵宇独安然无恙。梁文帝有《重修湘宫寺碑》及《智倩法师墓碑》。赵宋徙寺清化市,厥后遂无闻。

四 萧齐时期的重要佛寺

萧齐时期新建且影响比较大的佛寺主要有禅灵寺和集善寺等,皆为皇家寺院,专供皇帝、后宫及王室等参与佛事。另外,萧齐时期所创建的栖霞寺在有齐一代虽称不上最具影响力的佛寺,但是自梁代义学高僧僧朗、僧诠二师住锡以来,栖霞寺逐渐兴盛起来,成为江南地区的佛教义学中心之一,被后世追为三论宗祖庭。而且,栖霞寺仍绵延至今、享誉内外,成为少数几座能够延续至今且又知名度极高的六朝建康佛寺。

(一) 禅灵寺

永明七年(489),齐武帝造。敕谢瀹撰碑文。禅灵寺建成之时,武帝即车马驾临,十分欢喜。据说,禅灵寺十分壮观,都城百姓前来观瞻者甚多。而且,武帝妃嫔亦有出家住禅灵寺者。又《南齐书》载:“或曰:‘禅者授也,灵非美名,所授必不得其人。’后太孙立,见废也。”这是说,禅灵寺的建成,预示着萧齐皇权的后继者所传非人。果如其言,齐末代帝东昏侯继位之后,大肆破坏佛寺的建筑装饰,其中就剥取了禅灵寺塔的宝珥,以施宠姬潘妃殿饰。

(二)集善寺

永明十年(492),齐武帝为其弟豫章文献王萧嶷(444—492)所造。萧嶷为高帝萧道成第二子,以宋升明末,出镇荆陕时,礼遇慧绪尼。王妃及内眷属亦敬信甚深,从受禅法。后齐高帝登祚,王便邀慧绪尼共还都下,并在其宅第东田之东,起造福田精舍,供其居住。慧绪尼便常入第,为王行道。至永明九年(491),萧嶷自称忽然苦病,然亦无正恶,唯不复肯食,颜貌憔悴,苦求还寺,还寺即平。至永明十年(492)薨。其后,武帝即以东田郊迥,另起集善寺,悉移诸尼住集善,而以福田寺别安外国道人。集善寺建成之后,历南朝至唐初因辅公佑之乱毁废,后复置为章义院,又改为法云院。南宋建炎兵火后,寺废,后徙置城内上元县北。[①]

(三)栖霞寺

栖霞寺,在江乘之摄山。其状似伞,亦名伞山。山多草药,可以摄养,故又名摄山。处士明僧绍,抗迹人外,于宋泰始中游此山,刊木翦茅,二十许年,不交俗士,唯与释法度往来。释法度,黄龙人,少出家,游学北土,备综众经,而专以苦节成务。宋末,游于京师。

永明七年(489),明僧绍舍所居山宅为栖霞精舍,请法度居之。此前,有道士欲以寺地为馆,住者辄死。自法度驻息之后,群患皆息。僧绍之子仲璋,任临沂令,于西峰石壁,与法度禅师镌造无量寿佛,并二菩萨,皆高三丈余。后齐文惠太子、豫章文献王、竟陵文宣王等雕琢营饰,遂成亿万化身,是为千佛岩。岩下有白乳泉,其侧有齐巴东献武公墓。后有天开岩,尤据一山之胜。

梁武帝时,栖霞寺有僧朗、僧诠二师,开三论宗风。

僧朗,法度禅师弟子。法度圆寂之后,僧朗继踵先师,复纲山寺,为梁武帝所重。僧朗本辽东人,为性广学,思力该普。凡厥经律,皆能讲说。《华严》《三论》,

---

① 宝唱《比丘尼传》卷三《集善寺慧绪尼传》:“永明九年……俄而王薨,祸故相续。武皇帝以东田郊迥更起集善寺,悉移诸尼。”(《大正藏》第50册,第944页上。)

最所命家。梁武深见器重,敕僧诠等受业于朗。僧朗因善《三论》,被后世尊为新三论学派之鼻祖,而栖霞寺亦被称为三论宗之祖庭。

僧朗有弟子僧诠,亦梁武帝时著名三论宗僧。天监十一年(512),武帝敕令僧诠等十人往摄山,随僧朗研习三论义理。十人中,唯僧诠得其法要。其后大阐三论宗风,栖霞寺亦声明甚著。僧诠门下有数百人,而法朗、慧布、智辩、慧勇四僧,世称僧诠之四友,又称僧诠门下四哲。此四哲有"兴皇伏虎朗、栖霞得意布、长干领悟辩、禅众文章勇"之美誉。又有释慧峰,不知何人,亦住栖霞寺,听诠公《三论》。

相传,梁末栖霞寺有僧名僧永,曾得秦传国玉玺。昔侯景乱时,景败,其将侯子鉴欲携玺逃走江北。因被追兵所迫,乃投玉玺于栖霞寺井中。僧永得此玉玺,并匿藏之。陈永定三年(559),僧永圆寂,弟子普智将玉玺献于陈文帝。隋平陈后,玉玺随陈后主入长安,隋始得此一秦真传国宝。

陈代,栖霞寺大盛。陈后主常与陈江总同游栖霞,赋诗十数首。又有高僧如释慧布、释保恭等,云集寺内。慧布乃僧诠门下高足,继阐三论宗风。而保恭则引接禅宗,使栖霞一寺,道风不坠。

释慧布,俗姓郝氏,广陵人。少怀远操,性度虚梗。年十五,处于江阳,家门军将。时有戎役,因愿领五千人为将,清平寇塞,众伟其言。十六遭兄亡,悟世非常,思解俗网。亲眷知有武略,咸不许之。二十有一,方从本愿,剃度出家。既蒙剃落,便入扬都,从建初寺琼法师学《成实论》,通假实之旨,物议所归。而慧布恨斯至理,未尽怀抱,承摄山止观寺僧诠法师。大乘海岳,声誉远闻,乃往从之,听闻《三论》。学徒数百,翘楚一期。有释慧觉、释慧璇等,从学慧布。

释保恭,姓崔,青州人也。晋永嘉南迁,止于建业。十一投炅法师。陈至德初,摄山慧布,北邺初还,欲开禅府,苦相邀请,建立清从。保恭揖布慧声,便之此任,树立纲位,引接禅宗,故得栖霞一寺,道风不坠,至今称之,咏歌不绝。隋开皇十五年(593),栖霞寺保恭致信天台智者大师,请入金陵讲《法华经》。唐初,释保恭终于长安大庄严寺。

陈末,隋军起兵渡江。栖霞寺因地僻处深山,兵火不及,而免于战乱。隋文帝荡平建康城,六朝旧僧多徙至长安。其后,隋文帝于栖霞寺造石塔,以葬舍利,寺再兴。相传栖霞寺初起塔时,邻人先梦佛从西北来,宝盖幡花映满,寺众悉执花香出迎，及舍利至，正如所梦。舍利塔成之后，诸僧如释明璨、释法韵、释慧偘、释慧旷、释元崇等先后云集寺内，栖霞寺终续前陈之兴。

释明璨，敕召入京住大兴善。仁寿初岁，召送舍利于蒋州之栖霞寺。

释法韵，承栖霞清众，江表所推，寻声即造，从受禅道……还返栖霞，不久便卒，春秋三十五，是年仁寿四年(604)。

释慧偘，姓阳，晋陵曲阿人。灵通幽显，世莫识之，而翘敬尊像，事同真佛。每见立像，不敢辄坐，劝人造像，唯作坐者，道行遇厄，没命救之。后往岭南，归心真谛，专释禅法，大有深悟。末住栖霞，安志虚静，往还自任，不拘山世。时往扬都偲法师所，偲素知道行，异礼接足，将还山寺，请见神力。偘云：许复何难？即从窗中出，臂长数十丈，解斋熙寺佛殿上额，将还房中，语偲云：世人无远识，见多惊异，故吾所不为耳。以大业元年，终于蒋州大归善寺，春秋八十有二。

释慧旷，蒙敕丹阳栖霞山寺，以事治养。于栖霞法堂，更敷大论。新闻旧学，各谈胜解。

释元崇，金陵诸德，请移所配栖霞寺。

五 萧梁时期的重要佛寺

萧梁时期建康的新建佛寺不仅在数量上是六朝各代之首，且在规模建置上也超过了其他朝代。在新建佛寺之中，在当世影响较大者也不乏其数。这里只列举出部分佛寺以做介绍，如梁武帝为追奉其父而建之大爱敬寺，梁武帝舍宅而建之光宅寺，梁代著名高僧宝志禅师的藏塔之处开善寺，以及梁武帝数次出家于中的同泰寺。其中，开善寺乃是明太祖朱元璋亲赐的号为“天下第一禅林”的灵谷禅寺的前身，而同泰寺则是今日南京鸡鸣寺的前身。

(一) 大爱敬寺

梁武帝践祚之初，于钟山第一峰立大爱敬寺，以追奉其父。为营建此寺，可谓穷工极巧，殚竭财力，俨然当世大寺。越三年，建七层灵塔。大通四年，又造旃檀像，长一丈六尺。寺既成，敕萧洽为制碑，晋安王纲作刹下铭。武帝尝游览赋诗，昭明太子和之。太子复建读书台于山上。太清二年(548)，侯景作乱围台城，邵陵王纶率众入援，与战于爱敬寺，其地遂成战场。唐改为禅院，宋开宝中移入城，因名寿宁寺。

(二) 光宅寺

光宅寺，梁武帝故宅，在同夏里三桥篱门侧。天监六年(507)，武帝舍宅造。相传其地有天子气，齐代作娄湖苑以厌之。梁武帝即位后，舍为光宅寺，使僧祐造无量寿佛，又以佛灵感送铜车到炉，诏镌金像花趺以为灵志。并敕周兴嗣、陆倕各制寺碑。寺东有舰澳，西有裴邃庙，而骠骑航跨淮水上，为往来必由之路。有云光法师于寺讲经，有花飞如雪满空，与慧云、智者、敬脱同著盛名。陈太建八年(576)，天台僧智者至都居瓦官寺，徐陵重之，诏住光宅寺。《梁元帝集》有《光宅寺大僧正法师碑》，《沈约集》有《光宅寺刹下铭》。

(三) 开善寺

开善寺，天监十三年(514)冬，葬释宝志于钟山独龙阜，即于墓所立开善精舍。敕陆倕制铭辞于冢内，王筠勒碑文于寺门。永定公主造浮图五级于其上，又赐玻璃珠以为塔表。张僧繇为画遗像。其地实临青溪鸡鸣桥。寺主有释智藏，设席开讲，门徒数百。陈武帝永定元年(557)，甘露降于松林，寺僧采之以献。及后主幸钟山，召群臣坐于寺西南，敕张讥竖议。唐为宝公院，宋为太平兴国寺，又为蒋山寺。明因卜建孝陵，乃移寺于钟山东麓灵谷寺。

(四) 同泰寺

同泰寺，普通八年(527)，武帝造。在宫城北掖门外路西。其地本吴之后苑，晋廷尉故署。梁武帝以其地为同泰寺，又于宫后别开一门，名大通门，对寺之南门。梁武帝晨夕讲议，多由此门出入。寺中有浮图九层，大殿六所，小殿及堂十余所，东西般若台各三层，大佛阁七层。璇玑殿外积石为山，盖天仪激水，随滴而转。所铸十方金像，十方银像，皆极壮丽。此后，梁武帝频繁往来寺内讲经设会，又数度舍身寺中。①

---

① 普通八年(527)三月，梁武帝幸同泰寺，舍身。后还宫，大赦改元大通。中大通元年(529)九月，幸同泰寺设四部无遮大会。二年(530)十月，幸同泰寺，升法座，为四部众说《涅槃经》。十一月，幸同泰寺，升法座，为四部说《般若经》。五年(533)二月，幸同泰寺，设四座大会，升法座，发金字般若经题。大同元年(535)三月，幸同泰寺，设无遮大会。四月，幸同泰寺，铸十方银像，并设无碍会。三年(537)三月，幸同泰寺，设平等法会。九月，幸同泰寺，设无碍法会。十月，幸同泰寺，设无碍法会。四年(538)五月，幸同泰寺，铸十方金像，设无碍法会。中大同元年(546)三月，幸同泰寺，讲金字三慧经，仍施身。四月，皇太子以下奉赎，仍于同泰寺解经设法会，大赦改元。是夜，同泰寺灾。太清元年(547)三月，幸同泰寺，设无遮大会，后舍身。四月，群臣以钱一亿万赎帝，三请乃许。(《南史》卷七，中华书局，1975年，第206页。)

大同元年(535),寺为天火所焚,唯余瑞仪柏殿,乃更造十二层浮图,未就而侯景乱作。景围台城,其党范桃棒据同泰寺,寺因毁。南唐即其址为净居寺,又改圆寂寺,宋分其半为法宝寺。[①]

① 另外,关于《南朝寺考》卷五梁录所列之“北寺”,须加以考辨。(《金陵全书》乙编·史料类·3,南京出版社,2011年,第867页。)《南朝寺考》卷五依《金陵梵刹志》所录《同泰寺旧序》文,认为梁武帝时建有北寺,并认为北寺乃“同泰寺之前院也”。(葛寅亮:《金陵梵刹志》卷四十四。)此说当误。“北寺”实际上就是同泰寺,因其在宫城之北而以“北寺”代称。《同泰寺旧序》引《实录》曰:“梁大通元年创北寺,寺在宫后,开一门名大通,对寺南门。”依此,则所谓北寺实则为同泰寺,而非别有一寺。

第四节
六朝时期建康的佛舍利

南京与佛舍利因缘之深厚，就佛舍利出现时间之早、佛舍利种类之全、历代出现次数之多、历代兴建舍利塔之频、历代供奉时间之长来说，在中国当排首位，无出其上；在全世界范围来看，也极为罕见，无有其二。自三国东吴时期出现康僧会感应佛舍利开始，阿育王舍利、佛爪发舍利、佛牙舍利、佛顶骨舍利等被视为佛教圣物的各种佛舍利，以及玄奘大师顶骨舍利和高僧舍利等一次次的出现，一次次的大规模兴寺建塔供养，充分显示了南京与佛舍利的特殊因缘，由此形成了南京极为深厚的佛教历史文化，并成为南京城深厚历史文化的一个不可或缺的重要组成部分。

一 佛舍利起源与历史

"舍利"一词，是古印度梵语 sarira 的音译，为"遗骨、遗体、遗身、身骨、灵骨"之义。从印度宗教历史来看，"舍利"并非佛教专有，通常指人去世后所留的遗骨或身骨。释迦牟尼佛创立佛教之后，后世所说的"舍利"，多指释迦牟尼佛入灭涅槃后火化所留的身骨及各种坚固子，或者阿罗汉及高僧火化后所留的身骨及坚固子。《金光明经》卷四云："舍利者，乃是无量六波罗蜜功德所熏，……是戒、定、慧之所熏修，甚难可得，最上福田！"[①]因此，舍利在佛教中被视为圣物，尤其是释迦牟尼佛的真身舍利，更是至高无上的圣物，在佛教中极为尊贵，历来倍受尊崇和供奉。

公元前 486 年，释迦牟尼佛在拘尸城婆罗双树间涅槃，众弟子在火化其遗体后得到一块头顶骨、两块肩胛骨、四颗牙齿、一节中指指骨舍利和众多颗珠状真身舍利。

据《长阿含经》《泥洹经》《菩萨处胎经》《善见论》《十诵律》等佛教文献记载，

---

① 《金光明经》卷四，《大正藏》第 16 册，第 354 页上。

当时除了被诸天和龙王带走一部分舍利外，其余舍利皆被拘尸城力士族人收集起来，存放在舍利金瓶中供养。而波婆国末罗民众、遮颇国诸跋离民众，及罗摩伽国拘利民众、毗留提国婆罗门众、迦维卫国释种民众、毗舍离国离车民众及摩羯提国阿阇世王等，也在释迦牟尼涅槃荼毗后纷纷赶来，要求分得舍利，起塔供养，但遭到拒绝。于是，各国便欲兴兵强夺分取。经载此时有一个香姓婆罗门出来晓谕众人："诸贤长夜受佛教戒，口诵法言，一切众生常念欲安，宁可诤佛舍利，共相残害？如来遗形，欲以广益，舍利现在，但当分耳！"[①]最终在香姓婆罗门劝说下，纷争平息，各部族同意由香姓婆罗门主持，八王均分舍利，各自迎回，建塔供奉。香姓婆罗门因调解有功，力士族人将舍利金瓶赠予他。随后，毕波延那人也赶来求取舍利，因此时佛舍利已被八王分完，于是他们就将佛陀荼毗后的灰烬带回建塔纪念。由此，佛典上就有佛陀八舍利塔、第九瓶塔、第十灰塔等说法。

关于舍利种类，佛教文献记载有多种。《法苑珠林》卷四："舍利有其三种：一是骨舍利，其色白也；二是发舍利，其色黑也；三是肉舍利，其色赤也。"[②]《浴佛功德经》分舍利为两类：一是生身舍利，又称身骨舍利，即指释迦牟尼佛或证道高僧的遗骨；二是法身舍利，即指释迦牟尼佛所传的教法与戒律，永住于世，可作众生依止修行依据，称为法身舍利[③]。另据《菩萨处胎经》记载，舍利有全身舍利与碎身舍利之分。将遗骨全部收入一塔者，称为全身舍利，如《法华经》卷四载"时天王佛般涅槃后，正法住世二十中劫，全身舍利起七宝塔"[④]；将遗骨分置多处者，称为碎身舍利，如《长阿含经》卷三载"积众名香，厚衣其上而阇维之。讫收舍利，于四衢道起立塔庙，表刹悬缯，使国行人皆见法王塔，思慕正化，多所饶益"[⑤]。

约公元前270年，印度历史上著名的阿育王征服了南亚次大陆的多数地区，建立了孔雀王朝。阿育王在位期间，大兴佛教，不仅举行了佛教历史上第三次佛典集结，还下令发掘八王修建的佛舍利塔，取出佛舍利，建造八万四千塔分送各地供养，史称阿育王舍利塔。

阿育王早先通过战争征服其他国家和民众，在征服羯陵伽国的时候，战况异

---

① 《长阿含经》卷四，《大正藏》第1册，第29页下。

② 道世：《法苑珠林》卷四，《大正藏》第53册，第598页下。

③ 《浴佛功德经》卷一载："我涅槃后，若欲供养此三身者，当供养舍利。然有二种：一者，身骨舍利；二者，法颂舍利。"（《浴佛功德经》卷一，《大正藏》第16册，第799页下。）

④ 《法华经》卷四，《大正藏》第9册，第35页上。

⑤ 《长阿含经》卷三，《大正藏》第1册，第20页中。

常惨烈，受到极大震动。他目睹战争带给人民的巨大灾难和痛苦，深切懊悔，此后皈依佛教，停止武力扩张，并大力推行佛法，教化民众，成为一名热衷向外弘传佛教的伟大国王。[①] 据《阿育王传》《阿育王经》《杂阿含经》等文献记载，阿育王皈依佛教后，有一天其师耶舍度婆奢告诉他，在定中观知佛陀在世时曾给阿育王做过授记，当年八分的佛舍利，现在已到广布天下、利乐无量众生的时候了。耶舍度婆奢的这个说法与阿育王所想不谋而合。不久，阿育王下令发掘各国的佛舍利塔，取出藏在宝瓶中的佛舍利。据传，最后一座舍利塔为龙王所护，在开启时有一婆罗门出现，希望阿育王不要拆毁此塔，阿育王答应了他的请求，所以最后只取出了七座舍利塔中的佛舍利。随后，阿育王重新分佛陀舍利为八万四千份，建八万四千塔供奉，史载遣药叉分送各地，供各地人民瞻仰供奉，以作福田，其所建之塔皆称阿育王塔。

阿育王建八万四千塔的说法，在法显《佛国记》和玄奘《大唐西域记》中都有记载。《高僧法显传》载："阿育王坏七塔，作八万四千塔。最初所作大塔，在城南三里余。此塔前有佛脚印。起精舍，户北向塔。塔南有一石柱，围丈四五，高三丈余，上有铭题云：阿育王以阎浮提布施四方僧，还以钱赎，如是三返。"[②]《大唐西域记》记载，阿育王所建佛舍利塔在当时印度留存至少有十四处，包括北部的摩羯提国、阿耶穆佉国、婆罗尼斯国、萨他泥湿伐罗国、战主国，中部的憍萨罗国，西部的摩诃剌侘国，南部的羯陵伽国、珠利耶国，以及分布在今巴基斯坦的臂多势罗国、今克什米尔地区的迦湿弥罗国和今阿富汗的那揭罗曷国、漕矩吒国，等等。

在阿育王所建的众多佛舍利塔中，影响最大、留存最多的在中国。《魏书·释老志》载：

> 佛既谢世，香木焚尸。灵骨分碎，大小如粒，击之不坏，焚亦不焦，或有光明神验，胡言谓之"舍利"。弟子收奉，置之宝瓶，竭香花，致敬慕，建宫宇，谓为"塔"。塔亦胡言，犹宗庙也，故世称塔庙。于后百年，有王阿育，以神力分佛舍利，役诸鬼神，造八万四千塔，布于世界，皆同日而就。今洛阳、彭城、姑臧、临淄皆有阿育王寺，盖承其遗迹焉。释迦虽般涅槃，而留影迹爪齿于

---

① 见宇井伯寿：《阿育王时代的佛教——附录：阿育王法敕刻文》，载张曼涛主编：《现代佛教学术丛刊》第93册《印度佛教史论》，国家图书馆出版社，2005年，第191页。

②《高僧法显传》卷一，《大正藏》第51册，第858页上。

天竺，于今犹在。中土来往，并称见之。[1]

《魏书》为北齐魏收撰于天保二年至五年(551—554)，由此可见在6世纪中叶时，在中国存世的阿育王塔尚有多处。唐初道世所著《法苑珠林》卷三八中记载了早期中土约二十处阿育王塔[2]，其中比较著名的有西晋会稽鄮县塔(即今浙江鄞县鄮山阿育王寺的阿育王舍利塔)、东晋金陵长干寺塔。这些舍利塔，在道世编著《法苑珠林》时，大都已毁，唯少数尚存。

二 | 六朝时期建康的佛舍利

佛教在东汉末年传入后，随着佛教发展和佛寺兴建，佛舍利信仰和舍利塔兴建也开始兴起。早期佛塔兴建与感应舍利和阿育王舍利的关系甚大。三国东吴时期，佛教尚未兴盛，此时江南第一座寺庙——建初寺的兴建，即与佛舍利有直接的关系。建初寺是江南最早的寺庙，也是江南佛教之始，对于江南及南京的佛教发展史具有重要的历史文化意义。建初寺塔建成不久就遭战乱而毁，随后其址又建长干寺及塔。随着不久长干寺又出现阿育王佛舍利，南京自此与佛舍利结下了不解之缘。此后六朝及历代均在此兴建佛舍利塔，屡毁屡建，因缘殊胜。又因为建初寺兴建是在南京建城的早期，因此建初寺、长干寺一带也成为南京城历史文化的源头之一，成为南京历史文化最为深厚的地区，这对于南京城市历史文化的发展具有极为重要的意义。

建初寺因战乱被毁后，瘗藏于寺塔中的佛舍利亦湮没。东晋孝武宁康年间，高僧慧达于长干寺中又发现佛舍利，并建塔供奉。萧梁时期，梁武帝下令改造长干寺的阿育王塔，在地宫中发现佛舍利及爪发等，做了多次盛大供养法会及无遮大会，兴起了舍利崇拜之风。南朝宋时高僧法献从西域于阗带回了佛牙舍利，首先在建康供奉，后来屡经辗转，即今著名的供奉于北京灵光寺的

① 《魏书》，中华书局，1974年，第3028页。

② 道世《法苑珠林》卷三八："今惟此神州，即是东境，故此汉地，按，诸典籍寻访有二十塔，并是育王所造。若更具引，佛法东流已来，道俗所造感通者则有百千。且述育王二十一塔内逐要感征，同见闻者略述二十一条。"(《大正藏》第53册，第585页上。)

佛牙舍利。

(一) 康僧会感应佛舍利

本章第一节中“孙吴时期建康佛寺的创建”有关“建初寺”之创立，已据《出三藏记集》《高僧传》《金陵梵刹志》等文献记载详述了康僧会来到建业后，感应得到舍利，折服孙权，而为之建立江南最早的佛寺——建初寺和阿育王塔，供奉感应舍利。此处不再赘述。

(二) 长干寺佛舍利

东晋成帝咸和二年(327年)，苏峻作乱，攻陷建康，焚毁了建初寺塔，康僧会所感应之舍利从此堙没。四十多年之后，建初寺旧址又建有一座寺院，因在长干里，故称之为长干寺。东晋咸安二年(372)，简文帝敕长干寺造一座三级塔[①]，至于塔下是否瘗藏佛舍利，史籍不详。

东晋孝武帝宁康年间，僧人慧达(俗名刘萨诃)来到建康，听闻简文帝建于长干寺三层宝塔，塔成之后，每夕放光。慧达登上城头望城内，发现长干寺塔“独有异色”，于是“便往拜敬，晨夕恳到”[②]。一天夜里，慧达忽见塔下有光泄出，当即请人挖掘。果然，从一丈深的地下挖出三块石碑，皆长六尺，正中石碑下埋有一个铁函，铁函里又有一银函，银函里又有一金函。金函里盛有三颗舍利及爪舍利和发舍利各一枚。头发长数尺，卷则成螺，光色炫耀。当时盛传，此即是阿育王所建八万四千塔之其一，故受到尊崇。《南朝佛寺志》记载，长干寺佛舍利发现以后，道俗叹异，慧达等即在简文帝所建旧塔西侧建一新塔，安放佛舍利。东晋太元十六年(391)，孝武帝觉得舍利塔太低，敕命加建为三层，使得东西两塔相称。[③]

(三) 梁武帝与佛舍利

中国佛教舍利信仰的兴盛，始于梁武帝。与印度阿育王类似，梁武帝也以帝王的行政力量发展佛教。天监十一年(512)，梁武帝敕令扶南国三藏法师僧伽婆

---

① 志磐：《佛祖统纪》卷三六，《大正藏》第49册，第340页下。

② 慧皎：《高僧传》卷一三，《大正藏》第50册，第409页中。

③ “释慧达，姓刘，本名萨河，并州西河离石人。……先是简文皇帝于长干寺造三层塔，塔成之后，每夕放光。达上越城顾望，见此刹杪，独有异色，便往拜敬，晨夕恳到。夜见刹下时有光出，乃告人共掘。掘入丈许得三石碑。中央碑覆中有一铁函，函中又有银函，银函里金函。金函里有三舍利，又有一爪甲及一发，发申长数尺，卷则成螺，光色炫燿，乃周敬王时阿育王起八万四千塔。此其一也。既道俗叹异，乃于旧塔之西更竖一刹，施安舍利。晋太元十六年，孝武更加为三层。”(《高僧传》卷一三，《大正藏》第50册，第409页中。)

罗译《阿育王经》[1]，晚年梁武帝颇为崇拜阿育王舍利塔。

《梁书·扶南国传》记载："（大同）二年，改造会稽鄮县塔，开旧塔出舍利，遣光宅寺释敬脱等四僧及舍人孙照暂迎还台，高祖礼拜竟，即送还县，入新塔下，此县塔亦是刘萨诃所得也。"[2]这个开塔的事例说明，梁武帝所谓改造旧塔的主要目的可能并不在于维修，而正是为了取出舍利重新供奉，可见他对于阿育王佛舍利的崇奉。

大同三年（537）八月，梁武帝又下令改造建康长干寺阿育王塔。于是发掘长干寺阿育王佛舍利塔，得佛舍利及爪发等。《梁书》记载：

> 初穿土四尺，得龙窟及昔人所舍金银镮钏钗镊等诸杂宝物。可深九尺许，方至石磉。磉下有石函，函内有铁壶，以盛银坩，坩内有金镂罂，盛三舍利，如粟粒大，圆正光洁。函内又有琉璃碗，内得四舍利及发、爪。爪有四枚，并为沉香色。至其月二十七日，高祖又到寺礼拜，设无碍大会，大赦天下。是日，以金钵盛水泛舍利，其最小者隐钵不出，高祖礼数十拜，舍利乃于钵内放光，旋回久之，乃当钵中而止。……至九月五日又于寺设无碍大会，遣皇太子王侯朝贵等奉迎。[3]

梁武帝从塔下发掘出佛舍利七颗，"金镂罂盛三舍利"当是慧达法师造塔时所瘗藏的三颗佛舍利，又多出了琉璃碗中的四颗；而琉璃碗中的爪舍利也由原来的一枚增至四枚。多出来的四颗舍利和三枚爪舍利源自何处，史籍未载。推测，梁武帝可能下令把长干寺东西双塔都发掘，多出的舍利子和爪舍利或许是简文帝塔中所藏。出于对于佛舍利的崇奉之情，梁武帝在寺院举办了多次规模盛大的无碍大会（即无遮大会），公开隆重供奉佛舍利，并赦免天下所有罪犯。《广弘明集》卷一五梁武帝《出古育王塔下佛舍利诏》记载：

> 大同四年八月，月犯五车，老人星见。改造长干寺阿育王塔，出舍利、佛

---

① 《高僧传》卷三："梁初有僧伽婆罗者，亦外国学僧，仪貌谨洁，善于谈对。至京师亦止正观寺。今上甚加礼遇，敕于正观寺及寿光殿占云馆中，译出《大育王经》《解脱道论》等。释宝唱、袁昙允等笔受。"（《大正藏》第50册，第345页中。）

② 姚思廉：《梁书》卷五十四，中华书局，1973年，第792页。

③ 姚思廉：《梁书》卷五十四，中华书局，1973年，第792页。

发、爪。阿育铁轮王也，王阎浮一天下，一日夜役鬼神造八万四千塔，此其一焉。乘舆幸长干寺，设无碍法喜食。诏曰：天地盈虚，与时消息。万物不得齐其蠢生，二仪不得恒其覆载。故劳逸异年，欢惨殊日。去岁失稔，斗粟贵腾，民有困穷，遂臻斯滥。原情察咎，或有可矜，下车问罪，闻诸往诰。责归元首，寔在朕躬。若皆以法绳，则自新无路。书不云乎，与杀不辜，宁失不经。易曰：随时之义大矣哉！今真形舍利复现于世，逢希有之事，起难遭之想。今出阿育王寺说无碍会，耆年童齿，莫不欣悦，如积饥得食，如久别见亲。幽显归心，远近驰仰，士女霞布，冠盖云集。因时布德，允协人灵，凡天下罪无轻重，皆赦除之。①

此处“大同四年”应为三年，是大同三年(537)八月二十一日至二十八日。梁武帝还将一粒舍利请入皇宫中供养，于九月五日，命令太子王侯百官一起恭迎舍利，共有数十万人参观了迎舍利的活动。

大同四年(538)九月十五日，梁武帝设无碍大会，建造两座新的佛塔，用金瓶和玉瓶装入佛舍利和发、爪。梁武帝新建长干寺舍利塔，尚有塔砖建造铭文存世。《金陵大报恩寺塔志》卷前记载塔砖文：“大同三年，岁在丁巳，十月十五日，敕造长干寺如来舍利塔砖。陈庆之造。”②

舍利供养的法会非常盛大，王侯百姓所施舍的财富堆积如山。③ 皇太子萧纲捐钱一百万，共襄胜举，并呈上《奉阿育王寺钱启》：

臣闻八国同祈，事高于法本；七区皆蕴，理备于涌泉。故牙床白伞，无因不睹；金瓶宝函，有缘斯出。伏惟陛下，悬天镜于域中，运大权于宇内。三有均梦，则临之以慧日；百药同枯，则润之以慈雨。动寂非己，行住因物，无能名矣，臣何得而称焉。故以昭光赤书，贱前史之为瑞；珥芝景玉，嗤往代之为珍。难遇者乃如来真形舍利，昭景宝瓶，浮光德水，如观钩锁，似见龙珠。自非圣德威神，无以值斯希有。天人顶戴，遐迩归心。伏闻阿育王寺方须庄严，施巨万金，檀丰十藏。宝陈河府，泉出水衡。比丘持土，大厦方构；罗汉

① 道宣：《广弘明集》卷一五，《大正藏》第52册，第203页下。
② 《中国佛寺史志汇刊》第2辑第13册，明文书局，1980年，第19页。
③ 《梁书》卷五四《扶南国传》，中华书局，1973年，第790—792页。

> 引绳，高塔将表。不胜喜抃，谨上钱一百万。虽诚等散花，心符不尽，而微均渧沥，陋甚邻空，轻以尘闻，伏启悚汗。[①]

皇太子萧纲作启文的主旨，当是在以佛舍利的稀有出世彰显梁武帝“圣德威神”之瑞应。大同五年(539)，梁武帝又遣云宝至扶南国迎请佛发。[②] 大同十一年(545)十一月二日，寺僧又请梁武帝于寺发《般若经》题，当晚二塔俱放光明，敕镇东将军邵陵王纶制寺大功德碑文。

梁武帝在大同二年(536)、三年(537)、四年(538)乃至十一年(545)，耗费大量金钱改造长干寺，发出阿育王塔佛舍利以供奉，并举行无碍大法会，大赦天下，极尽佛舍利供奉之盛事，其供养之殷勤，场面之丰盛，参与人数之多，为后世所罕见。

(四) 法献与佛牙舍利

佛典记载，佛陀入灭荼毗后，遗留在人间共有四颗牙齿。现供奉于北京西山灵光寺的佛牙舍利，最早是由南朝宋时法献从西域于阗获得带回，首先在金陵供奉。《高僧传·法献传》记载：

> 献先闻猛公西游，借瞩灵异，乃誓欲忘身往观圣迹。以宋元徽三年发踵金陵，西游巴蜀。路出河南，道经芮芮，即到于阗。欲度葱岭，值栈道断绝，遂于于阗而返。获佛牙一枚，舍利十五粒。佛牙在乌缠国，自乌缠来芮芮，自芮芮来梁土。献赍牙还京，十有五载。密自礼事，作无知者。

南朝宋时，法献法师受东晋高僧法显、智猛西游印度礼佛求法的影响，于元徽三年(475)从金陵出发西行求法。他越过荒原，横穿沙漠，途经芮芮(古国名，即柔然，在今鄂尔浑河和土拉河流域一带)走到了于阗(今新疆于田县)，由于道路受阻，不得不停止西行返回，却意外获得佛牙舍利一枚、舍利十五粒。这颗佛牙原在乌缠国(古国名，今印度奥里萨邦北部一带)，后传到芮芮。法献便携佛牙、舍利及梵文经本带回建康，秘事供养达十五年之久，无人了知。

① 道宣:《广弘明集》卷一六,《大正藏》第52册,第209页上。
② 《梁书》卷五四《扶南国传》,中华书局,1973年,第790页。

直到南朝齐永明年间，竟陵文宣王萧子良有一次梦到他从法献处得到佛牙舍利。他便派人恳请法献有无宝物可赐。法献圆寂前，便把这颗佛牙舍利亲自送到文宣王萧子良处。萧子良将其供奉于刘宋元嘉十六年(439)由竺法秀始建的上定林寺中，并撰写了《佛牙赞》和《佛牙记》。南齐明帝萧鸾建武末年，法献圆寂，佛牙仍供奉在上定林寺舍利阁。《贞元新定释教目录》卷八记载："佛牙可长三寸，围亦如之，色带黄白。其牙瑞拶凸若今印文，而温润光洁颇类珠玉。……谨案内经，佛有四牙：一在忉利天，一在龙王宫，一在师子国，一在乌苌国。此即乌苌国牙也。"①

到梁时，佛牙舍利一度遭窃。《高僧传·法献传》记载："献于西域所得佛牙及像，皆在上定林寺。牙以普通三年正月，忽有数人并执仗，初夜扣门，称临川殿下奴叛。有人告云，在佛牙阁上，请开阁检视。寺司即随语开阁。主师至佛牙座前，开函取牙，作礼三拜。以锦手巾盛牙，绕山东而去。至今竟不测所在。"②梁武帝普通三年(522)正月的一个夜晚，忽有数人明火执杖，以搜寻家奴为借口，强行敲开上定林寺门，闯入舍利阁，以锦手巾盛佛牙舍利，强掠而去。此中所说临川殿下是梁武帝的弟弟萧宏，佛牙恐为萧宏派人所盗。然《南朝佛寺志》却认为是陈武帝派人强取了佛牙舍利。"今读《陈书·高祖本纪》，乃知取佛牙者即陈武帝。其日，庆云寺慧兴者托辞也。"③佛牙被劫后三十五年不知下落，直至陈高祖陈霸先下令诏出佛牙，始知为高祖所藏。《陈书·高祖纪》："永定元年十月乙亥，高祖即皇帝位于南郊，庚辰，诏出佛牙于杜姥宅。集四部设无遮大会，高祖亲出关前礼拜。初，齐故僧统法献于乌缠国得之，当在上定林寺。梁天监十九年，为摄山庆云寺沙门慧兴保藏，慧兴将终，以属弟慧志。承圣末，慧志密送于高祖，至是乃出。"④永定元年(557)十月，陈武帝下诏取出舍利供奉。陈霸先继承着崇事佛教最盛的梁朝，借着佛牙舍利的瑞兆，以此收服民心，昭示他的天命。

隋灭陈后，隋文帝杨坚得到这颗佛牙舍利，将其供奉在长安禅定寺内，并礼请高僧法喜看护道场。《续高僧传·法喜传》："喜姓李，襄阳人。隋仁寿元年内，文帝敕召入京师，住禅定寺。爰有佛牙舍利，帝里所珍，紥以宝台，宝溢目。众以

① 圆照：《贞元新定释教目录》卷八，《大正藏》第55册，第834页上。
② 慧皎：《高僧传》卷一三《法献传》，《大正藏》第52册，第411页中—412页上。
③ 陈作霖：《南朝佛寺志》卷上，台北明文书局，1980年，第158页。
④ 《陈书》卷二《本纪第二》，中华书局，1972年，第34页。

喜行解潜通,幽微屡降,便以道场相委。”

唐末战乱四起,这颗佛牙几度易主。唐武德元年(618),禅定寺改名庄严寺,佛牙在此一直供奉到广明元年(880)。同年,黄巢攻入潼关,唐僖宗携佛牙西避入蜀。此后四十七年,佛牙不知所在。《册府元龟·崇释氏门》载:“后唐明宗天成二年九月,益洲孟之祥令僧五人持佛牙一寸六分,云僖宗幸蜀时留之。今属应圣嘉节,愿资寿命,宣示近臣。”[①]“后晋天福三年十一月庚午,西京左右街僧禄可肇等赍佛牙至阙,宣付汴京收掌。”[②]佛牙在后晋天福三年(938)又从洛阳迁往汴京。出帝开运三年(946),契丹入侵汴京,此后佛牙何去,史籍无考。陈垣先生推测,契丹入汴京后,曾携法物至真定,契丹主死,法物星散。刘高起太原,牙当于此时入汉。郭威篡汉,牙又转隶北汉,曾为僧人善慧所藏。天会末年,宋伐北汉,佛牙遂避入燕京。1900 年北京西山灵光寺招仙塔残基出土的佛牙舍利沉香木匣上,有五代时北汉僧人善慧于天会七年(963)亲笔所书的题记。《辽史·道宗本纪》记载,咸雍七年(1071),辽代丞相耶律仁先的母亲燕国夫人郑氏将之供奉于辽国首都燕京西山灵光寺招仙塔内。此后,佛牙舍利才相对安定下来。

清末,八国联军入侵北京,西山一度成为义和团的活动据点。1900 年 8 月,灵光寺被八国联军炮火摧毁。次年,承恩寺住持圣安和尚率僧重修灵光寺,忽在塔基瓦砾中发现一石函,打开石函,又有一沉香木匣,匣盖上刻有铭文:“释迦牟尼佛灵牙舍利,天会七年四月廿三日记,善慧书。”圣安开启木匣,果然见佛牙一颗。于是,就将这颗佛牙舍利供奉于灵光寺禅堂。

新中国成立后,1955 年,在中国佛教界倡议与中国政府支持下,佛牙舍利被迎至北京广济寺供奉,并曾送至我国云南及缅甸、斯里兰卡两国,供百万民众瞻礼朝拜。1957 年,中国佛教界依照佛教传统,倡议在灵光寺修建新塔,作为佛牙的永久供奉场所。这一倡议得到周恩来总理的大力支持。五年之后,崭新的十三层佛牙舍利塔巍然屹立于灵光寺院内。此后,这颗佛牙舍利几经辗转流传,得以长久地供奉于灵光寺内,供海内外佛教人士礼拜瞻仰。

---

① 《册府元龟选辑》卷二,《大正藏补编》第 17 册,第 791 页中。

② 《册府元龟选辑》卷二,《大正藏补编》第 17 册,第 792 页中。

第十八章　六朝建康佛教文学艺术

早在原始佛教时期，就有用诗歌来复述经文的传统，即十二分教[①]之“祇夜”，其以韵文的形式来重复散文，以方便弟子记诵。另一种类诗歌的文体是“伽陀”，其与散文无干，是单纯的偈颂。以歌代文，口耳相传，本为婆罗门教之古老传统，且以为音声中必有神力，故一字一音，不容差错。佛教之诗歌，实承其余绪。及至佛教传入中土，在中国这个有着悠久发达诗歌传统的国度，佛教诗歌文化得到了极大的发展和繁荣，产生了大量的佛教诗歌作品，留下了丰厚的文化遗存。同时，佛教文化也对中国古代诗歌造成了非常广泛而深远的影响。

佛教最初传入时，在翻译佛典时需要大量借用中国诗歌的形式，以迎合中国人之审美。试选安世高所译《尸迦罗越六方礼经》一段：

> 鸡鸣当早起，被衣来下床，澡漱令心净，两手奉花香。佛尊过诸天，鬼神不能当，低头绕塔寺，叉手礼十方。贤者不精进，譬如树无根，根断枝叶落，何时当复连？采华着日中，能有几时鲜？放心自纵意，命过复何言。[②]

其遣词造句，个中韵味，显然与汉乐府一脉相承，反倒看不出太多佛教的特色。但到后期，佛教思想逐渐融入中国人心中，中国诗歌也变得常有禅味佛意。

东晋以来，大批擅诗的僧侣涌现，并创作出大量受到佛典影响的诗歌作品。中唐之后更是出现专门的诗僧，大批士大夫也是在诗歌创作中糅合佛理，表现佛境，这一结合在唐代达到鼎盛，此时之最具代表性人物当推李白、杜甫、白居易、王维。通常认为：李道，杜儒，王、白崇佛。李太白仙风道骨，杜工部现实入世，但李杜也有许多关于佛教的诗句，如李白的“宴坐寂不动，大千入毫发”（《李太白全集》卷二三）之句；杜甫的“身许双峰寺，门求七祖禅”（《杜少陵集详注》卷一九）之咏。白居易说自己“早年以身代，直赴《逍遥篇》。近岁将心地，回向南宗禅”（《白氏长庆集》卷七），将其一生与佛教的渊源通过诗句勾勒了出来。

王维，字摩诘。因其母早年信奉佛教，遂从《维摩诘经》取其字。在唐代诗人中当属崇佛最甚者。因此，王维与禅宗南北二宗多位禅师、高僧来往甚密，互通书信，交往酬唱中留下了颇多禅意韵味浓厚的佳作。王维其诗多富禅意，空山流

---

① 十二分教为契经、祇夜、记别、讽颂、自说、因缘、譬喻、本事、本生、方广、未曾有法、论议。

②《尸迦罗越六方礼经》卷一，《大正藏》第1册，第251页下。

水、苍松翠竹、日色光影、归鸟密林，在他笔下都表现出一种空灵、高洁、圆融和谐的真如境界。苏东坡曾在他的作品《书摩诘蓝田烟雨图》中用“味摩诘之诗，诗中有画，观摩诘之画，画中有诗”来评价王维的诗画。

宋词大家苏东坡与佛教的关系也是十分密切，受佛教影响很深。清代学者钱谦益考证：“北宋以后，文之通释教者，以子瞻为极则。”（《读苏长公文》，《牧斋初学集》卷八三）苏东坡一生游遍天下的名山大寺，据载，他“三百六十寺，处处题清诗”。而这些诗多是与佛教有关的。现收在《东坡集》中，有相当大一部分属禅诗，或以禅入诗，或以禅喻诗。苏东坡还留下了许多名句，如“溪声尽是广长舌，山色无非清净身”，把佛理禅趣与山色溪水熔为一炉，读来别具韵味。苏东坡之后，诗人文士中崇信佛教者代有其人，宋有宋濂，明有李贽，清有龚自珍等。

南京曾是六朝古都、十朝都城，历来物华天宝，人杰地灵，具有独特优美的自然环境和丰富的文化底蕴。南京这座古都历史上所涌现的文化名人与文化精品，更是层出不穷、交相辉映。无数文人墨客曾于此过，在这里留下他们的诗篇和足迹。南京又是著名的“佛都”，从六朝时期的“南朝六百八十寺，多少楼台烟雨中”，到明代的大报恩寺盛景，再到近代中国佛教的振兴，南京佛教一直是中国佛教重要的部分，并做出过巨大的贡献。就诗歌文化而言，南京的佛教诗歌成就也是十分辉煌和丰富的。

第一节
两晋南朝建康佛教文学

金陵佛教诗歌，肇始于六朝（东吴、东晋、宋、齐、梁、陈）。东晋衣冠南渡，士人来江南后，由于佛偈广泛传播及大量贵族、士子修习佛学，遂有一批文人将佛理引入文学，用诗歌的形式来表现佛理，从而将魏晋的玄言诗发展为佛理诗。然此时期的金陵佛教诗歌，总体而言，尚处于以中土文化，特别是老庄学说，来格义佛教义理，玄佛合流、以佛为主的阶段，呈现出浓厚的过渡色彩。诚如汤用彤先生所云："夫《般若》理趣，同符《老》《庄》；而名僧风格，酷尚清流。宜佛教玄风，大振于华夏也。"[1]依诗歌创作主体，可以将之分为帝王、文人及僧侣三部分，下面详细来谈。

一 帝王诗

佛理诗就创作主体来说，首先是六朝之皇族。大体而言，六朝帝王之佛理诗，其特点有三：重视用典、讲究声律、追求辞藻。我们以彼时三者来发此义。

其一，刘骏，宋世祖孝武皇帝（430—464），南朝宋朝的第五位皇帝。字休龙，小字道民，宋文帝刘义隆第三子。在位时比较支持佛教发展。其有《覆舟山即龙光寺前》诗云：

> 束发好怡衍，弱冠颇流薄。素想终勿倾，聿求果丘壑。层峰亘天维，旷渚绵地络。逢皋列神苑，遭坛树仙阁。松坛含清晖，荷源煜彤烁。川界泳游鳞，岩庭响鸣鹤。[2]

覆舟山即南京玄武湖南岸之九华山。龙光寺乃东晋恭思皇后所创建，初名青园

① 汤用彤：《汉魏两晋南北朝佛教史》，中华书局，1983 年，第 108 页。
② 逯钦立辑校：《先秦汉魏晋南北朝诗》，中华书局，1983 年，第 1220 页。

寺。首句中“束发”指古代男孩成童时束发为髻，因用为指代成童。次句“弱冠”乃古代男子二十岁行冠礼，表示成人。第三句的“聿”无义，古汉语助词，用在句首或句中。第三、四句表明自己心在丘壑，一直持此不逾，后来终于成真。此诗一则遣词考究，有帝王家风，如“层峰亘天维，旷渚绵地络。松坛含清晖，荷源煜彤烁”，此四句写景，色彩华丽，视野辽阔，甚为壮美。二则从思想上来看，佛教意味并不纯正，如“逢皋列神苑，遭坛树仙阁”透露出浓浓的神仙色彩，显示了南朝以道解佛、以中土文化格义天竺文化之时代特色。

其二，萧衍，梁高祖武皇帝（464—549），字叔达，小字练儿。南兰陵（今江苏武进）人。大梁政权的建立者，庙号高祖。武帝是著名的佛教皇帝，曾多次舍身出家，由群臣赎回。梁武帝在文学上有相当高的造诣，“天情睿敏，下笔成章，千赋百诗，直疏便就，皆文质彬彬，超迈今古”（《梁书・武帝纪下》）。萧衍的诗歌，也包含相当多的佛教元素。如《欢闻歌二首》其一：“艳艳金楼女，心如玉池莲。持底报郎恩，俱期游梵天。”[①]所谓梵天显然并非中土意象，而是佛经所指的色界初三重天。又如《赠逸民诗》中有：“仁者博爱，大士兼抚。慈均春阳，泽若时雨。心忘分别，情无去取。等皆长养，同加妪煦。譬流趋海，如子归父。”[②]在佛经翻译中，“大士”是对佛菩萨的敬称，且诗中所体现的慈悲、平等、无分别等概念显然是受到佛教的影响。情不去不取，正是修行的至高境界。

“佛教发展到齐梁，宗教的味道逐渐浓厚，法式、忏悔、受戒等宗教仪轨渐趋完备。”[③]在佛教活动中，梁武帝也留下了一些诗篇，如《和太子忏悔诗》：

> 玉泉漏向尽，金门光未成。缭绕闻天乐，周流扬梵声。兰汤浴身垢，忏悔净心灵。萎草获再鲜，落花蒙重荣。[④]

太子即简文帝萧纲。此诗描绘的正是佛教忏悔的场面。忏悔本是佛教僧团中僧众犯戒后的悔罪方法，但自大乘佛教兴起以来，忏悔的主体就不只限于僧众。诗中“玉泉”“金门”“天乐”“梵声”是夸张，也是对其时庄严佛教道场的再现。从“兰

---

① 逯钦立辑校：《先秦汉魏晋南北朝诗》，中华书局，1983年，第1518页。
② 逯钦立辑校：《先秦汉魏晋南北朝诗》，中华书局，1983年，第1526页。
③ 林大志：《四萧研究——以文学为中心》，中华书局，2007年，第19页。
④ 逯钦立辑校：《先秦汉魏晋南北朝诗》，中华书局，1983年，第1532页。

汤浴身垢”来看，忏悔前要沐浴净身。忏悔之后，心灵得到净化，就如同草木逢春。从这样生动的描写中，可以看出梁武帝本身有深刻的宗教经验。其又有一首《游钟山大爱敬寺》诗云：

日予受尘缚，未得留盖缠。三有同永夜，六道等长眠。才性乏方便，智力非善权。生住无停相，刹那即徂迁。叹逝比悠稔，交臂乃奢年。从流既难反，弱丧谓不然。二苦常追随，三毒自烧然。贪痴养忧畏，热恼生焦煎。道心理归终，信首故宜先。驾言追善友，回舆寻胜缘。面势周大地，萦带极长川。棱层迭嶂远，迤逦磴道悬。朝日照花林，光风起香山。飞鸟发差池，出云去连绵。落英分绮色，坠露散珠圆。当道兰藿靡，临阶竹便娟。幽谷响嘤嘤，石濑鸣溅溅。萝短未中揽，葛嫩不任牵。攀缘傍玉涧，褰陟度金泉。长途弘翠微，香楼间紫烟。慧居超七净，梵住逾八禅。始得展身敬，方乃遂心虔。菩提圣种子，十万良福田。正趣果上果，归依天中天。一道长死生，有无离二边。何待空同右，岂羡汾阳前？以我初觉意，贻尔后来贤。[①]

梁武帝在钟山主峰建大爱敬寺，昭明太子曾在此读书，后废逸。第三句“三有”乃佛教术语，指欲有、色有、无色有，与“三界”同义。第四句中“六道”亦佛教术语，指有情生活、轮回于其中的六个界别，即：一天道，二阿修罗道，三人道，四畜生道，五饿鬼道，六地狱道。此中上三道，为三善道，因其业力（善恶二业，即因果）较善良故；下三道为三恶道，因其业力较惨恶故。一切处于分段生死的众生，皆在此六道中轮回。第十三句“二苦”亦佛学术语，内苦和外苦。内苦有二种，即一切疾病为身苦、忧愁嫉恨为心苦；外苦也有二种，即盗贼虎狼之害和风雨寒暑之灾。第十四句“三毒”亦佛学术语，指一切痛苦的根源贪、嗔、痴。贪为饿鬼之源，嗔为地狱之源，痴为畜生之源。“一道长死生，有无离二边”此二句述若能证成正果，则必无生死之轮回，并去有无之两端。此诗自“日予受尘缚”至“回舆寻胜缘”剖析了自己从昔日沉沦俗界无比痛苦到后来转信佛教而得到心灵解脱的喜悦。自“面势周大地”至“香楼间紫烟”则描写了登上钟山游大爱敬寺所见之丽景。自“慧居超七净”至“贻尔后来贤”则寄托了自己对修成正果之虔诚。纵观此诗，结

① 逯钦立辑校：《先秦汉魏晋南北朝诗》，中华书局，1983年，第1531页。

构清晰，遣词用句，大量使用较为纯正的佛教教义，使该诗拥有浓厚的佛学韵味，不愧是著名的“皇帝菩萨”。在《十喻诗五首》中，这种对佛学义理的理解就显得更加深刻了，在此一一分析。首先看《幻诗》：

挥霍变三有，恍惚随六尘。兰园种五果，雕案出八珍。对见不可信，熟视事非真。空生四岳想，从劳七识神。著幻是幻者，知幻非幻人。[①]

此诗名为《幻诗》，抒发的正是一种对人生如幻的理解。此处之“三有”与上文又有不同，指的是有情众生生命的三个阶段：生有、本有、死有。生即生有，死即死有，生死之间即本有。众生不明佛理，空自挥霍一生，轮转不休，故言“挥霍变三有”。“六尘”即色、声、香、味、触、法，是六根感受到的一切外在事物。凡人不知自性，恍惚中被六尘所感所染，故称“恍惚随六尘”。五果既指栗、桃、杏、李、枣这些食用的果子，也指佛教的五种果位。兰园之中可以种出果子，也可以静心修行证得果位。就如同使用雕案作为食具，就可能以为席面上是“八珍”。见到的东西也并不可信，熟知的事情也未必是真的。“七识”即眼识、耳识、鼻识、舌识、身识、意识、末那识，众生种种妄想都是虚幻的，只会劳累自身的感知。所以最后总结说：执着于这一切外在虚幻就是陷在幻境中的人，相反，通晓这一切都是虚幻，就能认知到真实，不再是幻境中的人了。全诗以佛教视角，感叹了人生与世界的虚幻。再看《如炎诗》：

乱念瞩长原，例见望遥向。逶迤似江汉，泛滥若沧溟。金波扬素沫，银浪翻绿萍。远思如可取，近至了无形。热缘热恼逼，渴爱渴心生。[②]

此诗并没有佛教词汇，但其所传递的思想内容则毫无疑问是佛教的。“如炎”便是作者对世间的认知，也就是“三界火宅”。作者看到有“江汉”“沧溟”这样的佛法之水可以解除自身的干热之苦，但还是“远思如可取，近至了无形”。所以作者对自身的存在感到非常痛苦，解脱之心油然而生。再看《灵空诗》：

---

① 逯钦立辑校：《先秦汉魏晋南北朝诗》，中华书局，1983 年，第 1532 页。
② 逯钦立辑校：《先秦汉魏晋南北朝诗》，中华书局，1983 年，第 1532 页。

物情异所异，世心同所同。状如薪遇火，亦似草行风。迷惑三界里，颠倒六趣中。五爱性洞远，十相法灵冲。皆从妄所妄，无非空对空。①

万物之情虽然各异，但究其本性则有完全一样的地方。一旦领悟到本性，就如同木材遇到火苗，草丛遇到大风，一扫而空。在这一切的迷惑颠倒之中，都是妄念的作用，而归其本质则都是空。此诗亦是表达对世界的认识。再看《乾闼婆诗》：

灵海自己极，沧流去无边。蜃蛤生异气，闼婆郁中天。青城接丹霄，金楼带紫烟。皆从望见起，非是物理然。因彼凡俗喻，此中玄又玄。②

乾闼婆在印度教中是音乐之神，也指海市蜃楼。在佛教中，常用乾闼婆城指佛法的如幻如化，梁武帝便依此意而作此诗。无论是“青城”还是“金楼”，都是我们眼睛看到的东西，而不是“物理”。就如同佛法中很多都是世俗谛，是针对凡俗而做的比喻，是非常玄妙的。再看《梦诗》：

甘寝随四坐，盖睡依五众。违从竞分诤，美恶相戏弄。出家为上首，入仕作梁栋。色已非真实，闻见皆灵洞。长眼出长夜，大觉和大梦。③

这首诗是梁武帝抒发自身对佛理的认识，兼有自述之意。“出家为上首，入仕作梁栋”可以看成其对自身状况的描绘。梁武帝认为自己已经认识到了外物的非真实，所以能看穿自身处在长夜大梦之中。必须承认，在佛教层面，这样的理解是深刻的。

事实上，梁武帝作为帝王，他不仅热心于佛教，对儒道二家也都颇有涉猎。其有一首《会三教诗》，阐述了对三教的理解：

少时学周孔，弱冠穷六经。孝义连方册，仁恕满丹青。践言贵去伐，为善存好生。中复观道书，有名与无名。妙术镂金版，真言隐上清。密行贵阴

① 逯钦立辑校：《先秦汉魏晋南北朝诗》，中华书局，1983年，第1533页。
② 逯钦立辑校：《先秦汉魏晋南北朝诗》，中华书局，1983年，第1533页。
③ 逯钦立辑校：《先秦汉魏晋南北朝诗》，中华书局，1983年，第1533页。

德，显证表长龄。晚年开释卷，犹日映众星。苦集始觉知，因果乃方明。示教惟平等，至理归无生。分别根难一，执着性易惊。穷源无二圣，测善非三英。大椿径亿尺，小草裁云萌。大云降大雨，随分各受荣。心想起异解，报应有殊形。差别岂作意，深浅固物情。[1]

在诗中，梁武帝描绘了自己接触三教的过程，也对三教都加以赞颂。但显然，他把佛教放在最高的地位上，"犹日映众星"。对于儒家和道家，事实上他也是站在佛教的角度进行理解的。他看重儒家的"去伐""好生"，看重道家的"阴德"，但这些特质显然在佛教中反映得更为突出，因此在他看来，佛教是最高等级的。接下来，梁武帝又对三教加以会通，认为其学说有深浅，如小草和大树，是为了适应不同根机的众生。这显然也是佛教的说法。方立天认为此诗"既是贬低儒家、道教，又是包容儒家、道教"[2]，正是如此。

其三，萧纲，梁简文帝（503—551），字世缵，梁武帝第三子。由于长兄萧统早死，他在中大通三年（531）被立为太子。太清三年（549），侯景之乱，梁武帝被囚饿死，萧纲即位，大宝二年（551）为侯景所害。因梁武帝喜好佛教，为人子者投其所好，所以萧纲的佛教诗歌也为数不少。如游览寺庙的诗作，其《游光宅寺应令》诗云：

陪游人旧丰，云气部青葱。紫陌垂青柳，轻槐拂慧风。八泉光绮树，四柱暖临空。翠网随烟碧，丹花共日红。方欣大云溥，慈悲流净宫。[3]

光宅寺位于南京城南老虎头44号，始建于南朝梁天监七年（508），原为梁武帝萧衍的故宅；1982年被列为南京市文物保护单位。"应令"，魏晋以来应皇太子之命而和的诗文，此当指其兄萧统。作为一首应制诗，此诗还是很见功力的。首句即极为精简，曰"旧"，曰"丰"，此二字点出陪游人的基本情况，可谓一笔千金。"云气部青葱"转而总写时景，青葱为山色，云气山色颉颃同飞，显示出诗人驾驭文字的超凡能力。"紫陌"至"日红"则皆描绘游时实景，详细地描写了金陵城此

① 逯钦立辑校：《先秦汉魏晋南北朝诗》，中华书局，1983年，第1531页。
② 方立天：《方立天文集·魏晋南北朝佛教》，中国人民大学出版社，2012年，第317页。
③ 逯钦立辑校：《先秦汉魏晋南北朝诗》，中华书局，1983年，第1936页。

时此日之景，给人留下色彩异常丰富的深刻印象。“方欣大云溥”一句则视野远博，“方欣”二字用得亦极省力及时，为下面转折埋下伏笔。末句“净官”即寺院，总阐佛教本旨以结句。萧纲又有《往虎窟山寺诗》：

尘中喧虑积，物外众情捐。兹地信爽垲，墟垄暧阡绵。蔼蔼车徒迈，飘飘旌毛悬。细松斜绕迳，峻领半藏天。古树无枝叶，荒郊多野烟。分花出黄鸟，挂石下清泉。蓊郁均双树，清虚类八禅。栖神紫台上，纵意白云边。徒然嗟小药，何由齐大年。①

诗人称赞去往虎窟山寺的路上风景清幽，在此可以忘记一切尘俗杂虑。前六句从各种角度描绘一路景色。在安详的心境之中，诗人乘坐的马车缓缓向前，有时野树俊逸，有时生机勃勃，有时如歌如画，如同一幅山野风景图在眼前缓缓展开。在这样的环境之下，诗人看到郁郁葱葱的树木，都觉得是佛陀涅槃之娑罗双树；而自身的心境，也仿佛证入了八禅的境界。萧纲又有《望同泰寺浮图诗》：

遥看官佛图，带璧复垂珠。烛银逾汉汝，宝铎迈昆吾。日起光芒散，风吟宫徵殊。露落盘恒满，桐生凤不雏。飞幡杂晚虹，画鸟狎晨凫。梵世陵空下，应真蔽景趋。帝马咸千辔，天衣尽六铢。意乐开长表，多宝现金躯。能令苦海渡，复使慢山逾。愿能同四忍，长当出九居。②

同泰寺旧址在今天珠江路北侧（非今鸡鸣寺），始建于梁武帝普通二年（521）九月。武帝曾多次舍身此寺并让大臣赎回。据史料记载，其中有十方金像、十方银像，都非常宏伟。梁亡陈兴，本寺遂成废墟。宋时再建，改称法宝寺。后成军旅营地，再度荒废。所谓“浮图”是音译，指的是佛塔，从诗人的描绘中可以看出，同泰寺塔非常精美壮观。其上有“垂珠”装饰，有“烛银”灯火通明，有“宝铎”铃声阵阵。太阳升起时灯火消散，晨风吹动梵铃，又是一篇美妙的乐章。金盘中盛满了仙人赐下的玉露，梧桐引来盛年的凤凰。舞动的飞幡与晚霞交相辉映，鸟儿以

① 逯钦立辑校：《先秦汉魏晋南北朝诗》，中华书局，1983年，第1934页。
② 逯钦立辑校：《先秦汉魏晋南北朝诗》，中华书局，1983年，第1935页。

为壁画上的禽鸟是自己的同类而来亲近。在这样的盛景之下,又有庄严的佛像与长表,构建起一个完善的宗教空间。在这样的空间中,诗人希望能得菩萨之四忍法,离开这轮回的世间。全诗写景华美,用典精当,不失为一篇杰作。类似的作品还有《旦出兴业寺讲诗》:

> 沐芳肃朝带,驾言抵净宫。羽旗承去影,铙吹杂还风。吴戈夏服箭,骥马绿沈弓。水照柳初碧,烟含桃半红。由来六尘缚,宿昔五缠朦。见鹤徒知谬,察象理难同。方积恧四辩,奚用语三空。[①]

此诗同样是两层结构,先写景,后说理。借皇家庄严之景,自然秀美之色抒发诗人感悟的佛理。诗人在侍卫的护卫下气势恢宏地前进,兵马雄壮,春天的景色也正是好时候。诗人在这自然的情趣下感受到从前被尘劳所束缚,不能正确地认知世间真相。而这世间的真谛也是一时悟透的,不必落在言语上。这样的总结,使整篇诗歌的哲理得到了升华。

萧纲在佛教活动中也留有诗篇,如《蒙预忏直疏诗》:

> 皇情矜幻俗,圣德愍重昏。制书开摄受,丝纶广慧门。时英满君囿,法侣盛天园。俱销五道缚,共荡四生怨。三修祛爱马,六念静心猿。庭深林彩艳,地寂鸟声喧。上风吹法鼓,垂铃鸣昼轩。新梅含未发,落桂聚还翻。早烟藏石磴,寒潮浸水门。一朝蒙善诱,方愿遣笼樊。[②]

这是一首应制诗,所以开篇先赞颂梁武帝对佛教的贡献,及描绘其时佛教之盛况,"时英""法侣"数不胜数。而且这些佛教大德的修行都非常高深,不受世俗的困扰,能安顿自己的心灵。在这样的状况下,诗人准备好要进行忏悔,四周花木艳丽,群鸟争鸣,佛教乐器也一一响起。在这些环境的引导下,诗人感受到了佛陀的指引,希望自己能够弃绝凡俗的尘网樊笼。萧纲在受戒时,也留下了一首《蒙华林园戒诗》:

---

① 逯钦立辑校:《先秦汉魏晋南北朝诗》,中华书局,1983年,第1936页。
② 逯钦立辑校:《先秦汉魏晋南北朝诗》,中华书局,1983年,第1935页。

庸夫耽世光，俗士重虚名。三空既难了，八风恒易倾。伊余久齐物，本自一枯荣。弱龄爱箕颍，由来重伯成。非为乐肥遁，特是厌逢迎。执圭守藩国，主器作元贞。昔日书银字，久自忝宗英。斯焉佩金玺，何由广德声。居高常虑缺，持满每忧盈。兹言信非矫，丹心良可明。舟航奉睿训，接引降皇情。心灯朗暗室，牢舟出爱瀛。是节高秋晚，泬寥天气清。郊门光景丽，祈年云雾生。红蕖间青琐，紫露湿丹楹。叶疏行径出，泉溜远山鸣。绿衿依浦戍，绛鞠拂林征。庶蒙八解益，方使六尘轻。脱闻时可去，非吝舍重城。①

诗人首先感慨世人庸庸碌碌，为名利所扰，所以认识不到法我两空，会被利、衰、毁、誉、称、讥、苦、乐这八件事牵着鼻子走。诗人认为自己已经能做到“一枯荣”，不会被外在影响心境。但诗人也依然喜好归隐，不耐烦世俗逢迎之事。但作为皇家子弟，诗人又不得不担起守护藩国的重任，常常忧心忡忡。如今跟随武帝的脚步信奉佛法，如同在眼前展开了一个新的世界，如灯破暗室，如舟入大海。接下来诗人描绘了华林四周美丽的景色，秋光动人，云雾弥散，清泉下泻，红叶纷生。在这里诗人领会了八解脱的益处，六尘也不再染污自己的情识，这时，诗人的状态已经是脱离尘俗的，不再执着于权势地位了。

如梁武帝一样，简文帝也有佛教感悟诗《十空诗六首》，集中反映了他的佛学理解。全文如下：

如幻

汉安设大响，周穆置高台。三里生云雾，瞬息起冰雷。空持生识缚，徒用长心灾。慧人恒弃舍，庸识屡邅回。六尘俱不实，三界信悠哉。

水月

圆轮既照水，初生亦映流。溶溶如渍璧，的的似沉钩。非关顾兔没，岂是桂枝浮。空令谁雅识，还用喜腾猴。万累若消荡，一相更何求。

① 逯钦立辑校：《先秦汉魏晋南北朝诗》，中华书局，1983年，第1936页。

如响

叠嶂迥参差，连峰郁相拒。远闻如句咏，遥应成言语。竟无五声实，谁谓八音所。空成颠倒群，徒迷尘缚侣。愍哉火宅中，兹心良可去。

如梦

秘驾良难辩，司梦并成虚。未验周为蝶，安知人作鱼。空闻延寿赋，徒劳岐伯书。潜令六识扰，安能二惑除。当须耳应满，然后会真如。

如影

朝光照皎皎，夕漏转骎骎。昼花斜色去，夜树有轻阴。并能兴眼入，俱持动惑心。息形影方止，逐物虑恒侵。若悟假名浅，方知实相深。

镜象

精金宛成器，悬镜在高堂。后挂七龙网，前发四珠光。迴望疑垂月，傍瞻譬璧珰。仁寿含万类，淮南辩四乡。终归一亡有，何关至道场。[①]

这六首诗歌都围绕着“空”而作，“空”是佛教的核心概念之一。“空”并非一无所有，而是指万物体性不实，依附而存，不能长久，终将变化而言。第一首《如幻》说明世事皆不真实，如果执着只会增长灾祸。所以智慧的人会抛弃这世间的一切，而悠然地存在。第二首《水月》看似写景，实则亦是阐释佛理。水中之月看似真实，但本质是空。通晓了这个道理，那么一切就都可以“消荡”了。第三首《如响》是描写声音的不真实。山谷中的回响，不同人听到不同的声音，同一个人在不同的位置听到的也有所不同。究其根本，这声音并不实在，只会让人产生颠倒心。这世间亦是如此，如同火宅，应当及早抽身而去。第四首《如梦》探讨梦境与现实。梦中的事物未必是假的，现实的事物也未必是真的，而且如同庄周梦蝶，怎么能得知哪一个是真实，哪一个是梦境呢？所以应当追求“真如”，也就是对世界本真的认识。第五首《如影》从物体的影子入手，以影子比拟世俗万物，以实物比拟诸法实相。影子是依靠实物而存在、不断变化的，如果把目光集中在影子上，

① 逯钦立辑校：《先秦汉魏晋南北朝诗》，中华书局，1983 年，第 1937—1938 页。

是不可能知道实物的真实相状的。同样,只有领悟万物都是假名,才知道实相的深刻。第六首《镜象》描绘明镜高悬,镜中景物无所不包,但究其实质,终归是什么也没有,我们所处的世界亦是如此。从这六首诗歌来看,作者显然是解空之意的。

二 文人诗

东晋孙绰《道贤论》曾以竹林七贤比天竺七僧。自东晋至南朝,传统文士与释子之间自义理至形象逐步融合。故六朝崇佛文人常与僧人一起浪迹丛林、寄情山水。由于其时佛寺多建筑于风光旖旎、清净秀丽的山林之中,即使坐落于城市附近也多依山傍水,湖光山色,松掩竹映,暮鼓晨钟,佛音梵唱,带给人的是一种无限超然出尘的感觉和幽情。因而,佛寺也就成为自然山水的一部分。文人游山玩水,自然少不了到佛寺观光。特别是崇佛文人,更是遇寺则进,遇佛常拜。这样,佛寺中的建筑、周围的环境和僧人的生活,就成了崇佛文人的歌咏对象。①此外,上有所好,下必从焉。唱和帝王所作的佛教诗篇,也占了文人佛教诗歌的一大部分。

其一,庾肩吾(487—551),南朝梁文学家、书法理论家。字子慎,一作慎之。南阳新野(今属河南省)人。其有一首《望同泰寺浮图》诗云:

> 望园临奈苑,王城对郢宫。还从飞阁内,遥见崛山中。天衣疑拂石,凤翅欲凌空。云甍犹带雨,莲井不生桐。盘承云表露,铃摇天上风。月出琛含水,天晴幡带虹。周星疑更落,汉梦似今通。我后怀初照,不与伊川同。方应捧马出,永得离尘蒙。②

首句"奈苑"原指佛经中的奈园,后称寺院为奈苑。第四句"崛山"即耆阇崛山。耆阇崛山位于中印度摩羯提国首都王舍城之东北侧,是著名的佛陀说法之地,又

---

① 普慧:《齐梁崇佛文人游写佛寺之诗歌》,《人文杂志》2000年第5期。
② 葛寅亮:《金陵梵刹志》卷四八。

作只阇崛山、耆阇多山、崛山。意译又作灵鹫山、鹫头、灵山。第十四句“汉梦”即东汉明帝梦金人白马驮经西来，此是中土佛教东传之始。第十五句“我后”指梁武帝。第十六句“伊川”在河南，此代指中土文化，以与天竺文化相对比。此诗亦是应制诗，当时君臣数人同游同泰寺，以同名赋诗。庾氏此诗，则略高一筹。一则他对佛教义理的理解已较为熟悉，在使用时亦能随手拈来，基本没有生硬之处。二则紧扣“望”字，通篇皆写远景，无一近描。三则明暗描写结合，如写寺庙建筑中的“云甍”“莲井”“盘”“铃”等皆是实写，而“月出”“天晴”“周星”等则是暗写，如此则虚实相生。

其二，江总（519—594），南朝大臣、文学家。字总持，祖籍济阳考城（今河南兰考）。陈后主时，官至尚书令，故世称“江令”。隋文帝开皇九年（589）灭陈，江总入隋为上开府，后放回江南，去世于江都（今江苏扬州）。纵观江总的诗歌作品，以栖霞寺为题者不在少数。其有一首《摄山栖霞寺山房夜坐简徐祭酒周尚书并同》：

> 澡身事珠戒，非是学金丹。月磴时横枕，云崖宿解鞍。梵宇调心易，禅庭数息难。石涧水流静，山窗叶去寒。君思北阙驾，我惜东都冠。翻愁夜钟尽，同志不盘桓。①

栖霞寺又名栖霞精舍、功德寺、妙因寺、崇报寺、虎穴寺等，位于南京市东北二十余公里处的栖霞山上，为江南三论宗的发祥地。山在六朝以前，知道的人很少。南朝刘宋泰始中，处士明僧绍始游，与僧人法度交流。齐永明七年（489），遂舍宅为栖霞精舍，请法度居之，是为创寺之始。诗人在此诗开头表示自己修养身心不是为了修炼金丹，即排道归佛之意。时时枕在月光照耀下的石阶上，在悬崖边解下马鞍入睡，更增添了清冷出世之意。诗人在寺庙之中“调心”“数息”，修行的时候有难有易。山中的泉水流动，更添静谧；窗外树叶飘落，已有寒意。诗人与朋友在栖霞寺山房对坐，不免思绪万千。

另一首《静卧栖霞寺房望徐祭酒》诗云：

---

① 葛寅亮：《金陵梵刹志》卷四。

> 绝俗俗无侣，修心心自斋。连崖夕气合，虚宇宿云霾。卧藤新接户，欹石久成阶。树声非有意，禽戏似忘怀。故人市朝狎，心期林壑乖。惟怜对芳杜，可以为吾侪。[①]

这首诗歌虽然以寺为题，但作品中引用了很多道家元素，可谓道佛并用。首联“心斋”出自《庄子》，以心守斋，即排除杂念，令心念抱元守一。这样的修心理念，与佛教也是相通的。作者在寺内用功，静观山间早晚云霞，日升日落；门前藤石有心，禽鸟无意。凡此种种，皆与诗人之心境暗合。文末，诗人以“芳杜”自诩，也是怀人，意味深远。

江总的另一首《入摄山栖霞寺诗》则表达了诗人的出世之情，诗云：

> 净心抱冰雪，暮齿逼桑榆。太息波川迅，悲哉人世拘。岁华皆采获，冬晚共严枯。濯流济八水，开襟入四衢。兹山灵妙合，当与天地俱。石濑乍深浅，崖烟递有无。缺碑横古隧，盘木卧荒涂。行行备履历，步步轹威纡。高僧迹共远，胜地心相符。樵隐各有得，丹青独不渝。遗风伫芳桂，比德喻生刍。寄言长往客，凄然伤鄙夫。[②]

时间不可停留是人类永远的感怀主题。诗人感到自己年事已老，时光一去不复返，不由得慨然长叹。在栖霞山中，诗人看到植物在时光中被采集，寒冬时枯萎；看到流水分合，散入河流。在这样灵妙幽远的环境之下，诗人感觉与天地相合。接着，诗人“步步”走向栖霞寺，有“高僧”“胜地”，故易得宗教之味。诗人羡慕常在此地居住的樵夫隐士，能于山中各有所得，相比之下，感觉自身非常鄙陋。江总的另一首《游摄山栖霞寺诗》也表达了相似的意境：

> 霢霂时雨霁，清和孟夏肇。栖宿绿野中，登顿丹霞杪。敬仰高人德，抗志尘物表。三空豁已悟，万有一何小。始从情所寄，冥期谅不少。荷衣步林泉，麦气凉昏晓。乘风面泠泠，候月临皎皎。烟崖憩古石，云路排征鸟。披

---

① 葛寅亮：《金陵梵刹志》卷四。

② 葛寅亮：《金陵梵刹志》卷四。

迳怜森沈，攀条惜杳袅。平生忘是非，朽谢岂矜矫。五净自此涉，六尘庶无扰。[①]

在初夏小雨初晴之后，诗人在田野中小憩。伴随着对贤者的敬仰，诗人似乎也证悟了法我皆空，万物皆不挂在心上。既然生命应该还有很久，那一定要跟随自己的感情所钟而行。“林泉”与“麦气”，都使诗人的心灵愈发清净。晚风拂面，明月照临，远望烟霞，群鸟出云。在栖霞山里，诗人忘却了是非，如同处于佛教所讲的“五净天”，无风无日，花常开不谢，六尘也不能扰乱诗人的心境了。

江总对栖霞山和栖霞寺颇多题咏，与寺内法师也常有交往。当栖霞寺慧布法师临终之时，举行涅槃忏仪式，江总也去参加，并在归途写下了《营涅盘忏还涂作诗》：

可否同一贵，生死亦一条。况期灭尽者，岂是俗中要。人道离九恼，冥期出世遥。留连入涧曲，宿昔陟岩椒。石溜冰便断，松霜日自销。向崖云叆叇，出谷雾飘飖。勿言无大隐，归来即市朝。[②]

诗人在归来的路上，感叹生死本大事，但对来去自在，能预知自己涅槃期限的法师而言，就不是能用世俗的眼光来评判的了。诗人看到山泉岩石，似乎与昔日相似，又似乎有了新的意义。一旦修证成功，悟透生死，就如同石头砸断冰块，太阳融化冰霜一样豁然贯通。在诗人的心中，慧布法师便是真正的隐士。江总的另一首《至德二年十一月十二日升德施山斋三宿决定罪福忏悔诗》也同样表达了强烈的宗教感情：

四知无矫志，二施启幽心。简通避人物，偃息还山林。曲涧停驺响，交枝落幔阴。池台聚冻雪，栏牖噪归禽。石彩无新故，峰形讵古今。大车何杳杳，奔马遂骎骎。何以修六念，虔诚在一音。未泛慈舟远，徒令愿海深。[③]

---

① 王夫之评选：《古诗评选》，张国星点校，河北大学出版社，2008年，第328页。
② 葛寅亮：《金陵梵刹志》卷四。
③ 道宣：《广弘明集》卷三，《大正藏》第52册，第356页中—下。

所谓四知，传统上即“天知神知，你知我知”，在佛教中也有类似的典故。二施即财布施与法布施。诗人行忏悔时，知自身所念所行，无不现于佛前，故无阴微之事，可忏悔自身不净之行。布施也同样能激发向道之心。接下来，诗人描绘山中之景色，借景抒情，表达自身归隐之意。同时也感叹“新故”“古今”对短暂的生命并无二致。从诗中可以看出，诗人修行“六念”法念佛，具足在一音之上，可见其时已有净土法门。

其三，王筠，字元礼。南梁著名诗人。王筠幼年聪慧，早有文名，早年追随昭明太子，仕途平顺。后昭明太子薨，王筠与萧纲关联不深，政治地位也随之一落千丈。后于大同元年(535)复起，大宝元年(550)因家中进贼，惊慌中坠井而亡。王筠之作品风婉秀丽，精于炼句，别具一格。作为南朝的著名大臣，王筠的文学创作也不可避免地打上了政治烙印，从他和萧纲的两首应制诗可以看出这一点。其《奉和皇太子忏悔应诏诗》言：

一圣智比明，帝德光四海。荷负诚悠属，度脱实斯在。忏说济蒙愚，推心屏欺殆。名僧引定慧，朝缨列元凯。还学依善导，反心由真宰。和铃混吹音，胜幡荣雪彩。早蒲欲抽叶，新篁向舒箢。翘勤谅恳到，归诚信兼倍。睿艳似烟霞，栏杆若珠琲。善诱虽欲继，含毫愧文彩。[①]

如果说萧纲的忏悔诗有自谦自警之意的话，王筠的和诗显然颂圣之味更浓。王筠先称赞皇帝的德行光耀四海，又赞同超度脱凡真实存在，忏悔仪式可以度化民众。在诗人的笔下，高僧与朝臣相对而列，一边导人向善，一边诚心向佛。在仪式进行的过程中，佛幡飘舞，梵铃阵阵，自然也是一片早春的景色，好像欢呼着获得了新生。在诗歌的最末，诗人谦虚地表示自己写的诗歌水平不足，这也是应制诗的常用之笔。王筠还有一首《和皇太子忏悔诗》：

习恶归礼忏，有过称能改。圣德及群生，唱说信兼采。翘心荡十恶，邈诚销五罪。三缚解智门，六尘清法海。超然故无着，逍遥新有待。[②]

---

① 逯钦立辑校：《先秦汉魏晋南北朝诗》，中华书局，1983年，第2014页。
② 逯钦立辑校：《先秦汉魏晋南北朝诗》，中华书局，1983年，第2014页。

对于宿习所做恶事，都可以通过忏悔来消业。皇室的德行惠及众生，所有人都期盼消除五罪十恶。全诗的中心理念与太子诗歌完全一致，并无太多值得称道之处。从这一类的应制诗歌可以看出，王筠自己未必有佛教信仰，但在当时的政治大环境下，不得不写作一些佛教诗篇。

其四，费昶。梁代官员，江夏人，擅长乐府诗。其亦有两首关于佛教的应制诗传世。其《奉和望同泰寺浮图诗》云：

> 朝光正晃朗，涌塔标千丈。仪凤异灵乌，金盘代仙掌。积夕成雕桷，高檐挂珠网。宝地若地沙，风铃如树响。刻削生千变，丹青图万象。烟霞时出没，神仙乍来往。晨雾半层生，飞幡接云上。游霓不敢息，翔鹍讵能仰。赞善资哲人，流咏归明两。愿假舟航末，彼岸谁云广。①

此和诗繁美华丽，为应制诗中之佳作。诗人首先描绘阳光明丽，接下来用宝塔从地里涌出之佛教典故，以突出眼前景色之神妙气息。“仪凤”“灵乌”“金盘”“珠网”等意象联合起来，构造出了一个现实中的佛国净土。但很明显能看出，世人眼中的佛教净土概念是有道教味道的，所以在下文又能看到“烟霞”“神仙”“飞幡”“游霓”等意象。费昶的另一首《奉和往虎窟山寺诗》云：

> 我王宗胜道，驾言从所之。辎轩转朱毂，骊马跃青丝。清渠影高盖，游树拂行旗。宾徒纷杂沓，景物共依迟。飞梁通涧道，架宇接山基。丛花临迴砌，分流绕曲墀。谁言非胜境，云山独在兹。尘情良易著，道性故难缁。承恩奉教义，方当弘受持。②

此诗为典型的应制诗之风格，颂圣感怀，辞藻华丽。诗人将佛教称为“胜道”，其实重点在于“我王”所崇尚。接下来，诗人描绘了皇家仪仗出迎之盛景，“朱毂”“骊马”一派富贵景色，“高盖”“行旗”更是气派非凡。当然，诗中也点明佛教主题，认为世俗之情容易执着，而求道非常困难。只有追随皇帝的脚步，才能广弘

---

① 葛寅亮：《金陵梵刹志》卷四八。

② 萧纲：《梁简文帝集校注(一)》，肖占鹏、董志广校注，南开大学出版社，2015年，第234页。

佛法，天下受持。

其五，徐伯阳，字隐忍，是东海人士。其父亲僧权也是梁朝官吏，善书法。徐伯阳聪敏好学，少年时便以文笔出众闻名。他有一首《游钟山开善寺诗》：

> 聊追郢城友，躧步出兰宫。法侣殊人世，天花异俗中。鸟声不测处，松吟未觉风。此时超爱网，还复洗尘蒙。①

开善寺是梁武帝为纪念宝志禅师而建立的，明代的时候，朱元璋赐名“灵谷禅寺”。所以现在开善寺被称为灵谷寺，在南京紫金山下。诗人跟随朋友的脚步踏入开善寺，觉得此处与世隔绝，超然物外，别有情思。小鸟的啼鸣不知从何而来，听到松树的声音但没有感觉到风。这时，诗人感觉自身已经脱离了纷扰的红尘，达到了安然的境界。

其六，何处士，陈朝从事。其他不详。但从他留下的诗篇可以看出，他对佛教非常了解。此处选其一首《春日从将军游山寺诗》：

> 兰庭厌俗赏，柰苑瞩年华。始入香山路，仍逢火宅车。慈门数片叶，道树一林花。虽悟危藤鼠，终悲在箧蛇。②

在山寺之中，诗人感受到了脱离世俗的快乐。但诗人也不能摆脱自身本在世俗的困扰，所以希望能有车将自身带出这世俗的“火宅”。“藤鼠”“箧蛇”之比喻出自《佛说譬喻经》，危藤鼠比喻时间，象征生命之有限。箧蛇比喻四大，终有散去之一天。诗人活用此则典故，表达了对生命无常的悲叹。

三 僧侣诗

六朝文人士子纷纷向佛教靠拢的同时，僧人也频频向中土文化示好，主动地

---

① 葛寅亮：《金陵梵刹志》卷三。

② 道宣：《广弘明集》卷三，《大正藏》第52册，第358页上。

吸收汉地诗歌的题材、表达形式等，形成了明显的调和色彩。比如东晋诗僧康僧渊云：“夫诗者，志之所之，意迹之所寄也。忘妙玄解，神无不畅。夫未能冥达玄通者，恶得不有仰钻之咏哉！吾想茂得之形容，虽栖守殊途，标寄玄同，仰代答之，未足尽美，亦各言其志也。”[①]下面一一述之。

其一，惠休，南朝宋诗人，本姓汤，字茂远。生卒年不详，大约410年前后在世。早年为僧，人称“惠休上人”。因善于写诗被徐湛之赏识。孝武帝刘骏命其还俗，官至扬州从事史。钟嵘《诗品》作“齐惠休上人”，可能卒于南齐初。其《江南思》云：

> 幽客海阴路，留戍淮阳津。垂情向青草，知是故乡人。[②]

幽客指隐居或遭贬遣者。海阴则泛指现今两广以及越南等沿海地区。淮阳则泛指今苏皖北部淮河以南地区，东晋时曾置淮阳郡，治所在今江苏省靖江市西。此诗朴素自然、清新别致。作者以诗中主人公的角度来描写一位戍守淮阳的幽客，写他喜爱青草，由青草联想到春天，联想到南方明媚的春光，从而猜知这位幽客是南方人，是作者的故乡人。全诗明白如话、毫无雕饰，联想丰富，感情细腻、委婉含蓄。

惠休与著名诗人鲍照的交往也很密切，鲍照有两首写给他的诗，其一为《秋日示休上人诗》：

> 枯桑叶易零，疲客心易惊。今兹亦何早，已闻络纬鸣。回风灭且起，卷蓬息复征。怆怆簟上寒，凄凄帐里清。物色延暮思，霜露逼朝荣。临堂观秋草，东西望楚城。白杨方萧瑟，坐叹从此生。[③]

这是一首典型的悲秋诗。其二为《答休上人菊诗》：

> 酒出野田稻，菊生高冈草。味貌复何奇，能令君倾倒。玉碗徒自羞，为

---

① 康僧渊：《代答张君祖诗序》，载逯钦立辑校：《先秦汉魏晋南北朝诗》，中华书局，1998年，第1075页。

② 逯钦立辑校：《先秦汉魏晋南北朝诗》，中华书局，1998年，第1244页。

③ 任继愈主编：《中华传世文选·汉魏六朝百三家集选》，吉林人民出版社，1998年，第335页。

君慨此秋。金盖覆牙半，何为心独愁。[1]

这两首诗的文学价值自然都极高，在此不多作分析。但值得注意的是，这两首诗本身并没有佛教元素，可见惠休在与士人交往中，身份定位可能并没有太多佛教色彩。

其二，宝月，南北朝萧齐时江南诗僧。生卒年及姓氏籍贯均不详，大约455年前后在世。其资质颖悟，能诗善文，且又精通音律，擅长演奏，倍受齐武帝萧赜的赏识和保护。其《估客乐二章》云：

郎作十里行，侬作九里送。拔侬头上钗，与郎资路用。有信数寄书，无信心相忆。莫作瓶落井，一去无消息。

大艑珂峨头，何处发扬州，借问艑上郎，见侬所欢不？初发扬州时，船出平净舶。五两如竹林，何处寻相博。[2]

南朝齐武帝萧赜布衣时，曾在今鄂豫两省的樊、邓诸地行商谋利。即位后，他便作了《估客乐》歌词，记叙自己这段商贾生涯，并令宝月为之配乐演奏。后来，宝月自己亦作两曲四章《估客乐》上呈齐武帝，很受称赏。从此《估客乐》便成为乐府《西曲歌》中一种专门描述商贾生涯和商妇离情的文学作品形式。《估客乐》曲名至梁时改为《商旅行》，北周庾信、唐刘禹锡等所作《贾客词》及张籍《贾客乐》，皆出于此。此诗第一首写临别相关之反复交代，第二首以问答形式出现，女子问心上人而答颇不耐烦。全诗通俗浅显，明白如话，且用方言比喻，颇具民间歌谣的风味。

其三，智藏（458—522），亦名净藏，南北朝时南朝齐梁之际南京开善寺僧。俗姓顾，吴郡吴县（今江苏苏州）人。年十六，代宋明帝刘彧出家，先后师事僧远、僧祐、弘宗等著名高僧。梁武帝萧衍时，敕住兴皇寺，时备咨询，极享礼遇，皇太子萧统（昭明太子）尤加敬接，待以师礼。其《奉和武帝三教诗》诗云：

---

① 任继愈主编：《中华传世文选·汉魏六朝百三家集选》，吉林人民出版社，1998年，第336页。

② 逯钦立辑校：《先秦汉魏晋南北朝诗》，中华书局，1998年，第1479—1480页。

心源本无二，学理共归真。四执迷丛药，六味增苦辛。资缘良杂品，习性不同循。至觉随物化，一道开异津。大士流权济，训义乃星陈。周孔尚忠孝，立行肇君亲。老氏贵裁欲，存生由外身。出言千里善，芬为穷世珍。理空非即有，三明似未臻。近识封岐路，分镳疑异尘。安知悟云渐，究极本同伦。我皇体斯会，妙鉴出机神。眷言总归辔，回照引生民。顾唯惭宿植，邂逅逢嘉辰。愿陪入明解，岁岁有攸因。①

武帝指梁武帝萧衍。三教指儒、道、佛三宗教或学说。萧衍平时提倡尊儒崇佛，又曾多次召集文人、僧侣辩论儒佛之义蕴，并亲笔写作了论说儒、道、佛三教的诗文。本诗即奉命酬和梁武帝《三教诗》之作。第三句“四执”亦作四大，佛教认为构成所有物质现象的基本要素为地、火、水、风四者。第四句“六味”在佛教中指人的眼、鼻、耳、舌、身、意等六种感觉器官所摄取的种种印象，其意义大致相当于六根、六识、六情。第五、六句是说每个人的先天之资是相同的，但是后天的习性所染却造成不同。第七、八句是说，如果能彻底觉悟，达到物我同化的境界，则诸多迷津皆同归大道。第九、十句是说，有德之人因时因势因利而制导，其关于道义的教诲如同星星一般密集地而又明显地陈列。第十一、十二句是说，周公和孔子开创的儒家推崇忠孝，每个人体的行为肇始于君主与双亲。第十三、十四句是说由老聃开创的道家则强调节制种种生理欲望。第十八句中的“三明”是佛教名词，指佛祖和阿罗汉所拥有的以智能力量破除愚昧的三种神通，即宿命明、天眼明、漏尽明。自“近识”至“同伦”四句是说，三教疑似异途分道，然而若能彻底研究，则殊途同归。第二十五句“眷言”亦作“睠言”，回顾貌；言，词尾。《诗经·小雅·大东》：“睠言顾之，潸焉出涕。”第二十六句是说梁武帝能总结三教异同，反照子民。第二十七、二十八句是诗人自谦，认为自己一直自惭于宿植，即过去的作为，然而很幸运地逢到武帝之盛世。末二句是表示愿随武帝，深入了解体证大道，时时种植善因。此是一首哲理诗。因欲调和三教，故整首诗写得哲理味较浓，大量化裁儒释道范畴与原理，裁剪用心，诗心独运。并且此诗乃为和梁武帝而作，武帝之诗本为调和儒释道三教，智藏既要表达自己对三教的观点，又要照顾到武帝对三教的见解，故此诗写来既要留力又要出拳，对梁武帝的观点既有所

① 逯钦立辑校：《先秦汉魏晋南北朝诗》，中华书局，1998年，第42页。

褒赞又有所保留，甚是不易。

另外，需要补充的有：支遁（314—366），字道林，世称支公，也称林公，别称支硎，本姓关。东晋高僧、佛学家、文学家。精通佛理，有诗文传世。如《咏怀诗》五首，其三云：

晞阳熙春圃，悠缅叹时往。感物思所托，萧条逸韵上。尚想天台峻，仿佛岩阶仰。冷风洒兰林，管濑奏清响。霄崖育灵蔼，神疏含润长。丹沙映翠濑，芳芝曜五爽。苕苕重岫深，寥寥石室朗。中有寻化士，外身解世网。抱朴镇有心，挥玄拂无想。隗隗形崖颓，冏冏神宇敞。宛转元造化，缥瞥邻人象。愿投若人踪，高步振策杖。[①]

此诗以歌山咏水为主。诗人以清玄雅丽之辞描摹天台山。所涉景物有石阶、冷风、树林、悬崖、芳枝等，皆声色相依，动静结合。山山水水花花草草，禅意浓浓，生机勃勃。因为"尚想"，所以仙风道骨，境界也亦实亦虚，亦真亦幻。支遁诗善于表现山水幽微的意境，使诗歌生动明快，画面感强，佛理也生动起来。支遁精通老庄，长于清谈，将老庄的玄虚意境融入般若空观，开启玄释交流之风。

菩提达摩，达摩祖师是中国禅宗的始祖，生于南印度，出家后倾心大乘佛法。南朝梁时，达摩受梁武帝邀请至金陵宣扬佛法。520—526 年，达摩自印度航海来到广州，梁武帝派人迎请达摩到金陵，仪式非常隆重。其有诗偈云：

吾本来兹土，传法救迷情。一花开五叶，结果自然成。[②]

这是达摩祖师给二祖慧可说法时的一首示法偈。一花是为佛教传入我国后，禅宗以达摩为祖，称"一花"；五叶是指佛教禅宗发展演变的五个流派，即沩仰、临济、曹洞、法眼、云门。智者为解心惑而学佛参禅，为普度众生而修道弘法。千古禅灯，闪闪不灭，犹如千万年来人类苦苦追寻真相与平静的心。这首诗很美，通俗质朴，接近口语。唐人李中语有言"多少学徒求妙法，要于言下悟无生"，一代

---

① 刘向阳编：《禅诗三百首》，大众文艺出版社，2004 年，第 22 页。

②《宗镜录》卷九七，《大正藏》第 48 册，第 939 页下。

禅宗的热浪，千年延亘，经久未衰，而历代高僧大德对空灵心境孜孜不倦的追求与期盼比之亦然。

释亡名，俗姓宋，才华出众，曾为梁末的元帝所重而受礼遇。在梁朝王室衰亡之后，即投兑禅师出家。亡名《爱离》诗云：

谁忍心中爱，分为别后思。几时相握手，呜噎不能辞。虽言万里隔，犹有望还期。如何九泉下，更无相见时。①

此诗缠绵悱恻，忧郁沉痛。非深入其中者不能道。诗文字里行间回荡着对人生苦难的叹喟和哀伤，诗中虽看不到作为释子常有的超脱与闲静，但却包含着对空观、无常深刻的理解。在时代的大背景下，人生的种种遭遇、情感都有可能在佛门弟子的内心激起层层涟漪，并进而诉之于诗文。如果可以磊落，无人情愿逃避。但轮回的漩涡仍旧不留情地将世人卷入其中。心归正法，不断精进，才能在更深刻的层面上理解缘起性空和禅法妙有。

其四，佛陀跋陀罗，后秦时来华印度僧人。亦称佛大跋陀、觉贤。古印度迦毗罗卫国(今尼泊尔境内)人。族姓释迦，系释迦牟尼叔父甘露饭王的后裔。其有诗偈云：

不结良缘与善缘，苦贪名利日忧煎。岂知住世金银宝，借汝闲看几十年。②

这首佛偈的道理很明了，世间一切有形有相之物，都无法永恒存在，而无形的"业"却无时无刻不围绕着我们。跋陀罗以朴实无华的语言告诫世人"诸行无常"的道理，一切都是倏忽消失的因缘，很快便归于空寂。我们要寻求真实不变的因缘，不要被空虚的世相迷惑，找到清明自在的本性才是人间之正道。诗歌寥寥四句，无一言半语提及佛法，但却字字句句教人参悟。正如《道德经》第一章第一句："道可道，非常道。名可名，非常名。"佛陀教授八万四千法门，然而涅槃是无

① 道宣：《广弘明集》卷三，《大正藏》第52册，第358页下。
② 《莲邦诗选》卷一，《卍新续藏》第62册，第795页中。

法言说的，唯有通过体证、亲悟，才能通晓各中妙处。跋陀罗于逻辑上与古老的中国哲学保持着微妙的一致性，也从侧面说明了彼时佛学与老庄之道不断合流的内在原因。学诗浑如学参禅，智者高人以诗歌文学来言佛说法，亦可称为人类文明史上伟大的发明。

文人僧侣唱和诗也是一大类别，唱和诗是文人以寺庙、僧侣为中心而产生的相互交流之诗作，六朝时期文人与僧侣唱和诗，我们取昙瑗与洪偃观之。

昙瑗约生于齐武帝建武中，约卒于陈宣帝太建中，年八十二岁。有才术，能诗文，以持律名于时。宣帝时，授僧正，持光宅寺，辞不就。与洪偃唱和。此二人同游六朝旧苑时有感而作诗，题目均为《游故苑诗》，昙瑗诗云：

丹阳松叶少，白水黍苗多。浸淫下客泪，哀怨动民歌。春溪度短葛，秋浦没长莎。麋鹿自腾倚，车骑绝经过。萧条四野望，惆怅将如何。①

昙瑗久居金陵，遂与其好友高僧洪偃相约遍游南京钟山诸寺及城内外园林，一为拜贤交友，求学问道，二为寄情山水，抒发心志。诗中历叙了昙瑗与洪偃在金陵故苑中见到的荒凉萧条的景象，由此联想到古今六朝的兴衰盛废，抒发了对今昔截然不同的景象的无限感慨和惆怅心情。这首诗语词精炼、意境柔美、感情充沛、对仗工整，堪称五言精品。

再看洪偃的同名诗，诗云：

龙田留故苑，汾水结余波。怅望伤游目，辛酸思绪多。凉䃤惨高树，浓露变轻萝。泽葵犹带井，池竹尚侵荷。秋风徒自急，无复白云歌。②

“龙田”当为金陵城外地名。汾水，即山西黄河支流汾河。前两句举长江之南龙田与黄河之北汾水相对，隐喻南北朝时山河破碎，南北方对峙的紧张局面。后写放眼望去满目疮痍，心中惆怅不已，遂知世事无常，再执着不安也是徒然。

---

① 葛寅亮：《金陵梵刹志》卷四八。

② 葛寅亮：《金陵梵刹志》卷四八。

第二节

两晋南朝建康佛教艺术

自传入中国后，佛教便与本土的文化艺术产生了紧密联系，并相互影响。首先，出于传播的需要，佛教必须大量抄经译经。这便与中国独特的艺术形式——书法发生了密切的关联。伴随佛教传播的深入，佛教书法逐渐发展演变，于魏晋南北朝、隋唐、宋元等时代中勃兴、隆盛及衰变。据此，中国佛教书法艺术形成丰厚的历史遗存：名僧书家辈出，异彩纷呈，蔚为大观！其主要类型大致可以分为写经抄经、佛教刻石、僧人书法、士人佛书等。另外，为了将佛教的教理教义形象化、通俗化，绘画成为宣扬佛法最有力的艺术形式之一。自佛教传入中国起，佛教美术便蓬勃发展并承担着重要的媒介作用。其间，天竺僧人还带来了具有西方绘画特征的佛像绘画样式与技法，对中国绘画艺术产生了重要影响。

一 佛教书法

六朝时期的书法艺术，其成就之代表者当推东晋的王羲之(303—361)[①]。他兼善隶、草、楷、行各体，为古今之冠，时人称颂他的笔势“飘若浮云，矫若惊龙”。王羲之少时居住于建康，成年后在临川、武昌做官，常往返于建康和各地之间，四十五岁后就职于浙江，从此长住并于五十九岁之时逝于此地。可见，王羲之一生中多数时间生活于建康。

王羲之学书自有师承，相传其七岁学书，求学于当时著名的女书家卫铄。传为王羲之撰写的《题卫夫人〈笔阵图〉后》中有一段自叙学书经历的文字：“予少学卫夫人，将谓大能。及渡江北游名山，见李斯、曹喜等书，又之许下，见钟繇、梁鹄书，又之洛下，见蔡邕《石经》三体书，又于从兄洽处，见张昶《华岳碑》，始知学卫

---

① 王羲之，字逸少，琅琊临沂(今属山东)人，官至右军将军、会稽内史，世称“王右军”。幼年讷于言辞，稍长却善于才辩，以骨鲠著称。

夫人书，徒费年日耳。羲之遂改本师，仍于众碑学习焉。”[1]王羲之于十六岁时从叔父王廙学习书画。唐张彦远《历代名画记》中载：“廙画《孔子十弟子》赞云：‘余兄子羲之幼而歧嶷，必将隆余堂构。’”可见其乃王氏家族之良材。王羲之的书法师承，大致的线索是“少学卫夫人，得正书的技法。十余岁至二十岁，改学叔父王廙，得众体之法。二十岁以后，师师之所师，正书、行书宗尚钟繇，草书效法张芝”[2]。刘涛的《中国书法史·魏晋南北朝卷》中论其书法的成就在于由今追古，不断学习而日臻佳境。观王羲之的书法，笔画间不求平正，而求书势的平衡感。点画间俯仰顾盼，欲去还来，首尾相连。字里行间，凛凛有风仪，“右军书如谢家子弟，纵复不端正者，爽爽有一种风气”（《古今书评》）。正是书如其人！书法之美有多种，或壮美，或柔美，或端庄之美等，若臻尽善尽美之境，则应是一种中和之态。正如刘熙载《艺概·书概》中所言：“右军书不言而四时之气具备，所谓中和，诚可经也。”其书既能经营位置、应就平衡，又能做到羚羊挂角、了无痕迹；融雄健与飘逸、法度与恣意于一体；通篇又芬郁修美，似“清风出袖、明月入怀”。王羲之真正是古今无二！

王羲之书法与佛教的关系颇有渊源，并对后世佛教书法的创作影响深远。王羲之居会稽山阴（今浙江绍兴）之时，曾与高僧支遁为友，常常听支遁以玄学解佛学。书论曾记载王羲之书写过《遗教经》。宋黄庭坚《论书》中曾说：“往尝有丘敬和者摹仿右军书，笔意亦润泽，便为绳墨所缚，不得左右。予尝赠之诗，中有句云：‘字身藏颖秀劲清，问准学之果《兰亭》。大字无过《瘗鹤铭》，晚有石崖《颂中兴》，小字莫作痴冻蝇。《乐毅论》胜《遗教经》，随人作计终后人，自成一家始逼真。’”[3]诗中提及的《兰亭》及《乐毅论》皆为王羲之名作，由这首诗可知黄庭坚认为丘敬和的书法体貌完全来自《兰亭》，就小字的书写和研习上，黄庭坚建议丘敬和多学《乐毅论》，而不要取法《遗教经》。由此，似可推论王羲之曾抄写过《遗教经》这本佛经。

此外，王羲之“意在笔先”的书学观带有浓厚的佛学色彩。王羲之在《书论》（传）中写道：“夫书者，玄妙之伎也，若非通人志士，学无及之。大抵书须存思，余览李斯等笔势，及钟繇书，骨甚是不轻，恐子孙不记，故叙而论之。……凡书贵乎

---

① 曹利华、乔何编著：《书法美学资料选注》，陕西人民出版社，2009年，第25页。

② 卢辅圣主编：《书法研究》（总第136期），上海书画出版社，2007年，第97页。

③ 黄庭坚：《黄庭坚全集·辑校编年·上》，郑永晓整理，江西人民出版社，2008年，第222页。

沉静，令意在笔前，字居心后，未作之始，结思成矣。仍下笔不用急，故须迟，何也？心是箭锋，箭不欲迟，迟则中物不入。夫字有缓急，一字之中，何者有缓急？……每书欲十迟五急，十曲五直，十藏五出，十起五伏，方可谓书。”[①]赖永海先生即对此有很好的注解：“佛法虽广，其要者无出于戒、定、慧三学。夫戒者，主要是收束身心，定者，则在专志凝神，而般若智慧，则使人穷妙极巧。此三者均与书法之道相通。”[②]此外，传为王羲之所作的《题卫夫人〈笔阵图〉后》中说：“夫欲书者，先乾研墨，凝神静思，预想字形大小、偃仰、平直、振动，令筋脉相连，意在笔前，然后作字。”[③]因此，王羲之所倡的专志凝神、静观默想都与佛教的禅观之旨十分相契，也与佛教之戒、定、慧三学有着内在的联系。王羲之的书法美学，也与佛教之“中道”思想如合符节。正如王岳川所言：“将魏晋崇尚的‘不激不励，风规自远’的‘中和’之人格美、书法美，发挥到尽善尽美之境，形成传承古代精髓、独标新意的雅致飘逸、刚柔相济的书法美学理念，与中国文化精神中的多样统一的‘中和之美’相合拍。”[④]

唐太宗李世民为《晋书·王羲之传》写有一篇赞辞，历数各家书法之短，独赞王羲之。一代帝王为书家亲撰传论，这是十分罕见的。其文言：

> 书契之兴，肇乎中古，绳文鸟迹，不足可观。末代去朴归华，舒笺点翰，争相夸尚，竞其工拙。伯英临池之妙，无复余踪；师宜悬帐之奇，罕有遗迹。逮乎钟、王以降，略可言焉。钟虽擅美一时，亦为迥绝，论其尽善，或有所疑。至于布纤浓，分疏密，霞舒云卷，无所间然。但其体则古而不今，字则长而逾制，语其大量以此为瑕。献之虽有父风，殊非新巧。观其字势疏瘦，如隆冬之枯树，览其笔踪拘束，若严家之饿隶。其枯树也，虽槎枿而无屈伸；其饿隶也，则羁羸而不放纵。兼斯二者，固翰墨之病欤！子云近世擅名江表，然仅得成书，无丈夫之气。行行若萦春蚓，字字如绾秋蛇，卧王濛于纸中，坐徐偃于笔下。虽秃千兔之翰，聚无一毫之筋；穷万谷之皮，敛无半分之骨。以兹播美，非其滥名邪？此数子者，皆誉过其实。所以详察古今，研精篆、素，尽

① 《历代书法论文选》，上海书画出版社，1979年，第30—31页。
② 赖永海：《中国佛教文化论》，东方出版社，2014年，第263页。
③ 曹利华、乔何编著：《书法美学资料选注》，陕西人民出版社，2009年，第25页。
④ 王岳川：《王羲之的魏晋风骨与书法境界》，《北京大学学报（哲学社会科学版）》2011年第6期。

> 善尽美，其维王逸少乎！观其点曳之工，裁成之妙，烟霏露结，状若断而还连；凤翥龙蟠，势如斜而反直。玩之不觉为倦，览之莫识其端。心慕手追，此人而已；其余区区之类，何足论哉！①

经过李世民的大力提倡，造成了有唐一代尊崇王体的书风，对后世书法影响很大。例如，由唐初洪福寺沙门怀仁从王体书法中集字而成的《唐集右军圣教序并记》，以及流传至今的由唐玄度篆额、唐玄序模集的《金刚经》，都可以看作王体风格在佛教书法中的广泛运用及影响。

王氏家族后人也书家辈出。最有名的莫过于其子王献之（父子两人被后世并称为“二王”），但留存的书法作品没有王羲之多。王氏一门还有王敦、王导、王廙、王邃、王恬、王洽、王荟、王凝之、王涣之、王徽之、王操之、王珣、王珉、王昙、王僧虔、王慈、王志、王筠、智永。此外，隋唐之际的智永据传是王羲之七世孙。其能传家法，以王体书法抄经八百余本并分散于浙东诸寺，规范了当时的抄经书体，影响颇大。

二 佛教绘画

中国佛教绘画可追溯到佛教初传之时。原始佛教反对婆罗门教之偶像崇拜，并不主张绘出佛陀之形象，而以佛足迹、莲座、菩提树等来代替佛陀。直至犍陀罗时期，深受希腊雕刻风格影响的佛陀造像方才兴起。而佛像传入中国后，佛陀之容貌也逐渐向东方审美靠拢。佛像入中土最初之记载，早至汉明帝时期。汉明帝派使者求取佛法，“得佛经《四十二章》及释迦立像。明帝令画工图佛像，置清凉台及显节陵上”②。这是有关中国佛像的最早记载。可想而知，此佛像应是西域风格，画工也是模仿，不会另加创作。因为佛教传入中国之初，从宗教信仰的角度来看，其义理内容还不会有根本的改变。但为了使佛教这一外来宗教能够获得更多的信众，舶来的佛教绘画便承担了重要作用，加之其显然吸引了更

① 《历代书法论文选》，上海书画出版社，1979年，第121—122页。
② 《正史佛教资料类编》卷一，CBETA版，ZS01，第2页上。

多中国画家的参与，其艺术样式与中国传统审美相结合，终使佛教绘画不断本土化，逐渐显现更多的中国艺术特质，并成为其必然的发展方向。

虽汉时即肇其端，但直至魏晋，佛教才逐渐在中国占据一席之地。佛教艺术也于其时发展开来。南京作为都城，其地理条件优越，人文思想荟萃，为佛教之传播打下了良好基础。又逢东汉末年，中原动乱不休，其时佛教便有向江南一带传布之势。及至三国两晋南北朝时期，佛教已在诸帝王的支持下站稳脚跟。

东晋时期，建康作为东晋王朝的首都，也成为南方佛教之中心。当时的士人学者多有信奉佛教者。很多名僧的处事风度与士人也并无二致，在相互交往中留下很多佳话。其时最为鼎盛之寺庙当为道场寺，位于现南京市秦淮区中华门外。及至南朝，佛教之盛况更是空前，"南朝四百八十寺"大概没有多少夸张成分。《续高僧传》也记载："金陵诸寺数过七百，年月逾迈朽坏略尽，达课劝修补三百余所，皆崟饰华敞，有移恒度。"[①]这些寺庙因帝王的信仰而兴，其装饰也必然华美。据经文记载，释尊在世时便已有佛教绘画。当给孤独长者建立祇树给孤独园后，想要在园中用壁画装饰，便去请教释尊，释尊便告知了怎样安排壁画：

> 给孤长者，施园之后作如是念："若不彩画便不端严，佛若许者我欲庄饰。"即往白佛。佛言："随意当画。"闻佛听已，集诸彩色并唤画工，报言："此是彩色可画寺中。"答曰："从何处作，欲画何物?"报言："我亦未知，当往问佛。"佛言："长者，于门两颊应作执杖药叉。次傍一面作大神通变。又于一面画作五趣生死之轮。檐下画作本生事。佛殿门傍画持鬘药叉。于讲堂处画老宿苾刍宣扬法要。于食堂处画持饼药叉。于库门傍画执宝药叉。安水堂处画龙持水瓶着妙璎珞。浴室火堂依天使经法式画之，并画少多地狱变。于瞻病堂画如来像躬自看病。大小行处画作死尸形容可畏。若于房内应画白骨髑髅。"是时长者从佛闻已，礼足而去。[②]

从这一记载可见，至少在经文形成时，就已经有了相当多种类的佛教壁画。这些佛画的风格和题材，也随着佛教东传逐渐进入中国，并对中国本土绘画造成了很

① 道宣：《续高僧传》卷二九，《大正藏》第 50 册，第 694 页上。

② 《根本说一切有部毗奈耶杂事》卷一七，《大正藏》第 24 册，第 283 页上—中。

大影响。关于这一点，张育英先生有比较精准的概括：

> 印度佛画传入中国后，对中国绘画的影响，主要表现在三个方面：其一，在中国画坛上，出现了描摹“历代帝王像”“孔子像”“老子像”等新的绘画品种。中国的人物画，早在战国时代就有了相当的发展，长沙楚墓发现的帛面半面美女，足以证明两千多年前，中国人物画已达到了颇高的水平。但在汉代以前，中国人对皇帝或儒、道祖师的崇拜，还没有以画像的形式出现过。佛像在中国的大量出现，刺激并扩大了中国人物画的表现题材。其二，发展了绘画技法。印度佛画制作时，先用粉调少许赭红(或肉红)平涂，然后再在肉色底子上，以赭红色由外向内晕染，越向内越接近肉色，最后再以原肉色接染，形成凹凸效果，称之为“晕染法”。这种绘画技法，具有很强的立体感，中国画家很快将这种技法用于创作，给中国绘画带来了新的面貌。其三，促进了壁画的发展。佛教传入中国之前，中国壁画比较少见，仅有的几处壁画，都是墓葬壁画。如辽宁营城子汉墓壁画、河北望都汉墓壁画等。自佛教壁画传入中国后，中国的壁画得到很大的发展，特别是佛道寺观的壁画，发展迅速，成为中国绘画的重要组成部分。①

就书画而言，中国书画史上的第一个高峰就崛起于六朝时期的金陵。金陵书画有着悠久的历史，千载而下，名家辈出，自三国吴至今，见于著录者竟达一千余人。

其中著名画家有六朝的顾恺之、陆探微、张僧繇、萧绎，南唐的顾闳中、曹仲元、董源、周文矩、徐熙、王齐翰、卫贤、赵幹、董羽、巨然，北宋的徐崇嗣、艾宣、刘常，元明时期的赵原、马琬，明代蒋子成、谢晋、史忠、吴伟、蒋嵩、陈沂、徐霖、陈芹、蒋幹、马守贞、朱之蕃、薛素素、吴彬、魏之璜、曾鲸、盛丹、魏之克、邹典、杨文骢、陈丹衷、施霖、七处，清代的张风、萧云从、胡玉昆、程正揆、髡残、樊圻、龚贤、邹喆、吴宏、叶欣、胡慥、高岑、谢荪、陈卓、王概、王著、武丹、汤贻汾、周琤、虞蟾、陈崇光，近现代的吴石仙、李瑞清、吕凤子、徐悲鸿、俞剑华、陈之佛、高希舜、刘海粟、张大千、钱松喦、张书旂、李剑晨、许士骐、傅抱石、杨建侯、谢海燕、陈大羽、魏

① 张育英：《中国佛道艺术》，宗教文化出版社，2000年，第6页。

紫熙、沈涛、李长白、罗赤子、张文俊、高马得、田原、黄纯尧、喻继高等。著名书法家则有六朝的王羲之、王献之、王僧虔，唐代的颜真卿，南唐的李煜，明代的宋濂、刘基、宋璲、解缙、文彭、徐霖、王世贞、宋珏，清代的郑簠、程京萼、秦大士、包世臣，近现代的于右任、胡小石、谈月色、林散之、沈子善、萧娴、高二适、武中奇等。

古老而美丽的金陵有着深沉的文化底蕴，无数文化名人在这块土地上留下自己的智慧与创造。他们或自幼成长于金陵，或长期寄居于金陵，但都有着勇于探索创造的精神，留下了浩瀚的书画珍品，形成了各种书画风格流派。就画派而言，就有密体、疏体、南方山水画派、徐熙画派、江夏派、波臣派、金陵画派等等。他们的卓越成就在中国美术史上占有极其重要的篇幅。[①]

从 3 世纪初到 6 世纪末(229—589)，中国南方先后有孙吴、东晋以及宋、齐、梁、陈六个汉族政权在金陵(孙吴时称建业，东晋和南朝时称建康)建都，史称“六朝”。在六朝近三个世纪间，江南地区思想活跃，文学与史学流行，宗教则方兴未艾。作为体现文人士子个人才情和修养的绘画艺术取得了长足进步，涌现出一大批卓有成就的艺术家，为江南文化的发展做出了贡献。金陵涌现出一批举国无双的大书画家。其中，东吴的曹不兴、东晋的顾恺之、南朝刘宋时的陆探微和萧梁时的张僧繇被合称为“六朝四大家”。

根据现有史料记载，曹不兴可能是第一个涉足佛像的画家，后人称其为“佛画之祖”。其家喻户晓的典故便是在画屏风时将落墨巧妙为蝇，而让孙权误以为真。而有“三绝”之称的顾恺之，其“高古游丝描”如行云流水、春蚕吐丝，所构成的美学意蕴成为后世所效仿的艺术规范，尽现中国古典人物画的不朽魅力。而陆探微在其人物画中所表达的特有风格“秀骨清相”则代表了魏晋士人的审美风尚。与其相反，张僧繇仕女画的人物造型则是“面短而艳”，被后世称为“张家样”。唐人张彦远《历代名画记》中更是记载了张僧繇“画龙点睛”的典故，可见其在画史中的地位。六朝也是中国书法审美自觉的时期，这一时期的书法艺术彻底完成了汉字书写字体演变的发展阶段，楷书、草书、行书、隶书等诸体得到同时发展，风格多样、各尽其妙，并成为后世典范。此外，这一时期的画学得到了充分的发展。顾恺之的“传神论”、谢赫的“六法论”等绘画理论奠定了中国画学的根本架构，对后世绘画的发展方向产生了重大影响。

---

① 杨英:《金陵书画札记·序》，中国文史出版社，2006 年，第 1 页。

1. 曹不兴

随着佛教东传，佛像画自魏晋之后逐渐盛行，至唐时为巅峰时代。佛像画泛指佛教故事中的人物画，因此，但凡人物画家大多不同程度地进行过佛像画的创作。在有关中国绘画的史料记载中，最早接触佛像画的画家是曹不兴。其所作佛像画并非如许多美术史著述中所说完全为西域风格。“印度佛像画在中国被广为接受，大约就是从东吴开始的，而这种佛像画的样式，基本上应归于曹不兴对它的初步改进。”[①]根据佛教初传时期的史料和有关六朝绘画风格的描述，可以证明从曹不兴开始直至后来的诸多佛像画画家都对西来的人物造型、风格样式进行了调整，并且都形成了具有本土化和时代特征的佛画样式，这些具有中国绘画特征的佛像画才是佛教在像教过程中得以流行的根本因素。

曹不兴，亦名弗兴，三国时东吴著名宫廷画家。生卒年不详。“可能是一个从画工中脱颖而出、具有很高天分和技巧并有一定社会地位的画家。”[②]在黄武年间享有很大的声誉，与郑妪的善相、刘敦的善星象、吴范的善候风气、赵达的善算、严子卿的善弈、宋寿的善占梦、皇象的善书等并称为吴中“八绝”。曹不兴善画龙、虎、马及人物，名冠当时，旋即被孙权(222—257)召入宫中成为宫廷画家。曹不兴佛画成就对后世影响很大(惜画迹今已不存)，如著名画家卫协[③]直接师承其法并发扬光大。东晋顾恺之自以为不及，在《论画》中说：卫协“七佛”，“伟而有情势”。南齐谢赫《古画品录》中评价道：“古画皆略，至协始精。六法之中，迨为兼善。”从卫协在佛教绘画上取得的成就，我们不难推断出曹不兴在这一领域所到达的高度及其作品的神韵。

据史料记载，曹不兴可能为中国最早进行佛像画创作的人物画家。蜀僧仁显《广画新集》记载：“昔竺乾有康僧会者初入吴，设象行道，时曹不兴见西国仪范写之，故天下盛传曹也。”[④]康僧会即为天竺僧人，祖籍西域康居国，其父因商贾移于交趾(今越南河内)。现存史料记载，佛教曾由多条线路传入中国。在由东南亚传入中国的线路中，沙门康僧会是最为典型的一例。萧梁时期的释慧皎在《高僧传》中记载：“僧会欲使道江左，兴立图寺，乃杖锡东游，以赤乌十年初达建邺，

---

① 高金龙：《佛像画初传与六朝画家的佛画创新——论曹不兴的佛像画样式转化》，《徐州师范大学学报(哲学社会科学版)》2012 年第 3 期。

② 王朝闻主编：《中国美术史：魏晋南北朝卷》，齐鲁书社，2000 年，第 26 页。

③ 卫协，西晋画家，时与张墨并称“画圣”，曾有《楞严七佛像》传世，享有很高声誉。

④ 郭若虚《图画见闻录》卷一《论曹吴体法》中引蜀僧仁显《广画新集》语(人民美术出版社，1963 年，第 17 页)。

营立茅茨,设象行道。"[1]赤乌十年为公元248年,已成为宫廷画家的曹不兴应在此时间节点之后见到康僧会所携带的佛像画并开始涉足佛像画。

然而如前所述,在黄武年间曹不兴已是极负盛名的宫廷画家,此距赤乌十年(248)康僧会至建康相差已有二十多年。这说明在康僧会入吴之后,应是曹不兴绘画活动的晚期。因此,将曹氏所作佛像画的数量与其一生所创作的绘画作品的整体相较,很可能为数不多。这也很可能导致曹不兴的佛像画至南齐时已几乎不传。而谢赫在《古画品录》中将曹不兴列入第一品,主要依据是见到他所画的"一龙而已"。不过,曹不兴应吸收了西域的绘画技巧,在绘画风格上由简古朴拙向细密柔巧转变,从而使人物画有了新的面貌。因此,曹不兴所作的佛像画或可以称之为融合东西样式的人物画样式,因而获得"佛画之祖"的美称。

曹不兴的人物画因其所绘衣饰线条褶皱细密,犹如从水中出来,被世人称为"曹衣出水"。《益州名画录》称他的佛画特点为"曹画衣纹稠密",后人称之为"曹家样"。也有学者认为这个称谓指北朝画家曹仲达,目前尚无定论。但无论如何,他是中国画家中从事佛画并传下姓名的第一人。所谓"衣纹稠密"的特点迥异于当时的通常画法。《历代名画记》说曹不兴"连五十尺绢画一像,心敏手运,须臾立成,头、面、手、足、胸、臆、肩、背亡遗尺度,此其难也,曹不兴能之"[2]。这种绘画能力的表现,充分反映了曹不兴在绘画上的高深造诣,也可以推测他常作壁画的可能。

据《建康实录》所言,曹不兴很擅长绘画巨大的画像,瞬间便能画好,而且尺寸上没有丝毫差错。他不仅擅长大画,细微之处也极有神韵,故有"落笔成蝇"的典故。黄休复《益州名画录》载:"赤乌元年冬十月,武帝游青溪,见一赤龙自天而下,凌波而行,遂命弗兴图之。武帝赞曰:'赤乌孟冬,不时见龙。青溪深涧,奋鬣来空。有道则吉,无德则凶。匪兼云雨,靡带雷风。弗兴画毕,未赞奇工。我因披阅,蕴隆忡忡。'"[3]弗兴即曹不兴。这幅画作辗转相传至南朝宋文帝之时,恰逢天旱无雨,众人无计可施,百般祈祷都不灵验。于是将此《青溪赤龙图》放在水上,顿时大雨从天而降,数日不停。由此传说可见曹不兴之生花妙笔。据说南齐时曾藏有他所绘的一个龙头,谢赫《古画品录》即有著录,评云:"观其风骨,名岂

---

① 慧皎:《高僧传》卷一,《大正藏》第50册,第325页中。
② 潘运告编注:《中国历代画论选》上册,湖南美术出版社,2007年,第130页。
③ 潘运告编注:《中国历代画论选》上册,湖南美术出版社,2007年,第184页。

虚成!”

2. 顾恺之

顾恺之(345—406),东晋画家,诗人,字长康,小字虎头。顾恺之出身士族,从小受到良好的家庭教育,其人多才多艺。顾恺之曾经做过桓温和殷仲堪的参军,义熙(405—418)时任通直散骑常侍。顾恺之的博学才气举世闻名,也使他颇为自傲。顾恺之最擅长丹青绘画,极其精妙,谢安非常看重他,认为他的作品从古到今没有人比得过。顾恺之每次画完人物画,有时候几年都不画眼睛。别人问他是什么原因,他回道:“四体妍蚩,本无关于妙处;传神写照,正在阿堵中。”顾恺之每次画人物像,都被当时人称赞绝妙。他曾经画裴楷像,在脸颊上加了三根毛发,观者即觉得极其传神。

顾恺之其时,正是魏晋玄风鼎盛时期。又有佛教东传,高僧名士,清谈终日,思想的碰撞与文化的融合时时都在发生。值得注意的是,在本体的思辨上,佛家的“空”要比玄学的“无”更上一个台阶。因此,玄佛合流是思想交流的必然趋势,而这样的合流,其终极指向便落在“佛”上。在文化融汇的环境中,顾恺之不可避免地受到影响。因此,其绘画作品更加直观反映了其思想的多样性。其中既有反映儒家说教内容的《女史箴图》《烈女图卷》等,也有描绘沉湎于玄学的嵇康等人的画像,还有众多佛教题材的绘画。

顾恺之在人物绘画上师承卫协,继承并发扬了“虽不该备形妙,颇得壮气。淩跨群雄,旷代绝笔”[①]的新画风。其作品中,人物造型多为修长,体现了魏晋时期的审美追求,即“秀骨清相”,所表现的不再是汉代绘画的厚重和稚拙,而是体现玄学之幽远和佛学之空灵的风格。但是,由于佛教绘画多绘于寺院墙壁上,在历史的长河中,这些壁画因各种原因随建筑湮没,作品难以留存至今;加之早期画史著录的疏漏,顾恺之及其他人物画家的佛教绘画作品便至此泯没无闻了。不过,1960 年在南京西善桥东晋末南朝初的墓室考古中发现了《竹林七贤与荣启期》壁画砖。专家对其中出土的两幅竹林七贤砖印壁画进行考察,通过其用笔风格,推测可能为顾恺之的手笔。

顾恺之在绘画中的实践及理论上所取得的成就,是中国绘画史中的一个转折点,对后世文人画的发展产生了深远的影响。顾恺之的绘画对中国绘画艺术

---

① 潘运告编注:《中国历代画论选·古画品录》,湖南美术出版社,2009 年,第 20 页。

有巨大的推动作用,他主张"意在笔先,画尽意在",也就是说把绘画的重点放在人物的神韵上,让人一见便有活泼泼的生动感,而不是拘泥于处处与人的原貌一致。例如,顾恺之画谢鲲像的时候,在人像的周围画满岩石,因为他认为谢鲲的气质在丘壑之中才能淋漓尽致地表现出来;顾恺之画殷仲堪的时候,殷仲堪双眼患病,于是不愿被画。顾恺之说:"明府正为眼耳,若明点瞳子,飞白拂上,使如轻云之蔽月,岂不美乎!"殷仲堪一听,便同意了。可见顾恺之非常擅长捕捉人物的特色。

据记载,顾恺之的佛教人物画有《维摩诘像》《列仙像》《三天女像》《八国分舍利图》等,其中以《维摩诘像》最为出色。《金陵梵刹志》中记载了顾恺之的一则故事:

> 兴宁中,瓦官寺初置,僧众设会,请朝贤鸣刹注疏。顾恺之(字长康)直打刹注一百万,长康素贫,时以为大言。后寺成,僧请勾疏。长康曰"宜备一壁",遂闭户往来一百余日,画维摩一躯,工毕,将欲点眸子,谓寺僧曰:"第一日开,见者责施十万;第二日开,可五万;第三日,可任例责施。"及开户,光明照寺,施者填塞,俄而果百万钱也。苏魏公《题维摩像》云:顾生首创维摩诘像,有清羸示病之容,隐几忘言之状。陆探微、张僧繇效之,终不能及。[1]

元代黄之久将这幅《维摩诘像》的形象特征概括为"目若将视,眉如忽嚬,口无言而似言,鬓不动而疑动"。中国画自进入魏晋南北朝时期,人物画艺术得到了很大发展。顾恺之作为本时期具有代表性的艺术家,对后世的写真型绘画艺术做出了巨大的贡献。

顾恺之所绘的《维摩诘像》内容来源于《维摩诘经》,维摩诘是一位大乘居士,他游戏神通,变幻无方,虽在市井之中游走,其心与净土无异。他拥有无数财宝,但并不执着;他娶了娇妻美妾,但并不贪恋;他游走于青楼赌场之中,度脱沉沦其中之人。维摩诘是一位大乘菩萨的典型形象,当他示病之时,佛陀要派人去探病,但诸位菩萨都一一敬谢不敏,因为他们都曾经被维摩诘居士问倒过。最后,代表着佛教智慧的文殊菩萨前去探病,维摩诘与文殊菩萨问答往来,阐述了佛教

① 葛寅亮:《金陵梵刹志》卷二一。

的不二法门。《维摩诘像》便表现了文殊菩萨与维摩诘相互论说佛法时的状况。

顾恺之在建康瓦官寺所画的《维摩诘像》是一幅壁画，造像清瘦智慧，其貌凝神静气，已迥异于原始佛教中的形象。《历代名画记》的品评则进一步阐释了顾氏在对佛教造像的人物设计中，已经开创带有显著汉地区域文化特征的艺术样式。维摩诘居士能言善辩，多智多才，既过着富庶安逸的生活，又能脱俗超凡。维摩诘虽为在家菩萨，其像当呈佛性，但在顾恺之的绘本造像中，佛像却依据世俗生活人物形态描绘。由于维摩诘的身份、生活方式及才情风度与中原有着优厚生活条件、较高文化修养、喜好清淡的魏晋名士比较接近，信奉维摩诘的风气在文人士大夫之间逐渐盛行。顾恺之敏锐地捕捉到了维摩诘与当时文人间的这种暗合之处，把维摩诘画成当时社会士大夫的模样，一方面体现了他的佛教观与士大夫的人生观和价值观的一致性，另一方面生动地反映了魏晋南北朝时代的审美风尚。佛教造像样式的变革契合了时代意识和创新精神，即石涛所谓的"笔墨当随时代"。顾恺之是一位顺应时代潮流且有革新精神的画家，他把佛像绘画与现实生活相结合，以高度的文化自觉推动造像表现的佛教中国化。顾氏《维摩诘像》也是颇具时代气象的人物绘画。几百年后，当唐代大诗人杜甫看到顾恺之的《维摩诘像》壁画时，他极为惊喜，称赞道："虎头金粟影，神妙独难忘。"宋人苏子容《题顾恺之画维摩诘像》也称赞道："气象超越，仿佛如见当时之人物。"

3．陆探微

陆探微，东晋义熙八年壬子年（412）生，六朝著名画家。陆探微是江苏苏州人，生活创作于建康，其人物肖像画备受后世推崇。宋明帝时陆探微为文学侍从之臣，精擅丹青绘画，为皇帝所赏识。

陆探微生于东晋末，活跃于南朝宋齐，是顾恺之"形神论"、谢赫"六法论"艺术思想的实践者，其"秀骨清相"的主流风格，是魏晋风度与士族文化的代表，也是当时的最高美学境界。据考，在中国绘画史上，陆探微是正式以书法入画的第一人，有"画圣"之美誉。他的绘画融东汉时期张芝的"一笔书"草书技法于一体，创造性地构建出字画交融的画面空间。据唐代张彦远的《历代名画记》载，陆探微的画作达七十余件，内容丰富，涉猎极广，无论神佛造像、圣人先贤抑或走兽飞禽，包罗万象，惜其作品均已不传。陆探微与东晋顾恺之并称"顾陆"，再加上萧梁张僧繇则被并称为"六朝三杰"，曹不兴、顾恺之、陆探微、张僧繇则合称"六朝四大家"。谢赫的《古画品录》中也对他推崇备至：

陆探微，事五代宋明帝，吴人。穷理尽性，事绝言象，包前孕后，古今独立。非复激扬所能称赞，但价之极乎上上品之外，无他寄言，故屈标第一等。①

在谢赫看来，陆探微的绘画是合于玄学之道的，可以称之为“穷理尽性，事绝言象”，也就是说反映了事物的内在本质，而不是单单外形相似而已。陆画可以给人以“包前孕后，古今独立”的感觉，因为画中之精神是鲜活的。所以谢赫认为语言已经不足以称赞他的绘画了，这样的画作也超越了所谓“上上”的等级，哪怕标为第一等也已经是委屈了。

张怀灌评陆探微之画风为：

陆公参灵酌妙，动与神会，笔迹劲利，如锥刀焉。秀骨清相，似觉生动，令人懔懔若对神明，虽妙极象中，而思不融乎墨外。②

张怀瓘认为陆探微的笔迹如刀，“令人懔懔若对神明”，可见陆画之神韵天成，摄人心眼一至于斯。这样清瘦而有神的画像，与顾恺之的风格一脉相承，可见陆探微受其影响颇深。陆探微不仅有很多佛像画，其他人物画也不在少数。其人物画历来受到鉴赏家的一致好评，《唐朝名画录》说：

夫画者以人物居先，禽兽次之，山水次之，楼殿屋木次之。何者？前朝陆探微屋木居第一，皆以人物禽兽，移生动质，变态不穷，凝神定照，固为难也。故陆探微画人物极其妙绝，至于山水、草木，粗成而已。且萧史、木雁、风俗、洛神等图画尚在人间，可见之矣。③

陆探微的人物画，包含帝王大臣，风流名士。魏晋之审美，以“玉山将倾”“玉树临风”为美，以男子瘦高不胜衣为美。观当时的美男子，都是瘦削病弱，以至于有“看杀卫玠”的故事。卫玠非常英俊高大，当他出门时姑娘们非常热情地都来看

① 傅慧敏：《中国古代绘画理论解读》，上海人民美术出版社，2012 年，第 38 页。
② 北京大学哲学系美学教研室编：《中国美学史资料选编》上，中华书局，1980 年，第 267 页。
③ 傅慧敏编著：《中国古代绘画理论解读》，上海人民美术出版社，2012 年，第 50 页。

他，还向他投掷手帕、香包、瓜果等。后来卫玠搬到建康居住，建康的姑娘们早就听说卫玠的英俊名声，于是万人空巷去看他，把他的车围得水泄不通。大概是由于当天应付慕名而来的姑娘过于劳累，卫玠当晚便一病不起，最后去世，年仅二十七岁。这个故事或许有艺术成分在内，但卫玠的瘦弱和他的受欢迎程度都是确有其事的。由此可见魏晋时期人们的审美倾向。陆探微之佛像画也吸收了这样的审美观点，所以"秀骨清相"也体现在他的佛像画中。

所谓"秀骨清相"，其特色大致有三。一是瘦削，即人物的审美是偏向瘦的。高瘦的人物与魏晋之宽袍大袖结合起来，迎风而立，自有洒脱豁达之气度。这样一种文弱的形象正是魏晋名士所普遍欣赏的。《世说新语》中记载庾亮去拜访周伯仁，庾亮问周伯仁遇到什么悲伤的事，怎么忽然瘦了。周伯仁回答并没有什么悲伤的事情，只不过"清虚日来，滓秽日去"[①]而已。所谓"清虚日来，滓秽日去"，一方面指的是身体的状况，周伯仁并不认为瘦是病态的，而是一种养生有术、养气有成的感觉，这与其时崇道之风是密切相关的。时至今日，道人仍以清瘦为仙风道骨之审美标识。另一方面，"清虚"和"滓秽"指的是思想的清净与污浊，将身体的消瘦与思想的清净联系起来，这事实上也是人类常有的心态。因消瘦往往代表苦行，而苦行者亦必追求思想之清净。这种精神矍铄之消瘦，便构成了陆探微人物画的审美特色。

二是练达，即不臃肿，不突兀，构架明朗，线条精细。瘦而不可散架，其关键点便在"骨"上。从古至今，儒家最为推崇的便是骨鲠之士，即孟子之"不食嗟来之食"。凡名臣忠臣，必不惜犯颜直谏。因此"骨"反映的是一种传统道德观，是一种精神层面的审美。魏晋之隐士，坚不出仕，不逢迎达官贵人，体现的也正是这样一种风骨。反映在绘画上，就是孤高挺立之貌，虽然消瘦，但其精神力量是强大的。

三是清韵，即人物有飘然出尘气，超越世俗，清新动人。而这种审美，又归结于一种对女相的偏爱上。简而言之，便是以白皙为美，以柔媚为美，或者说，以中性为美。《世说新语》记载何晏非常俊美，皮肤很白，魏明帝怀疑他擦了粉。于是就在大夏天找他过来吃热汤面，吃完后何晏大汗淋漓，拿袖子擦脸，结果皮肤显得更加光洁白皙。从这个故事可以看出两点：一、被视为美男子的何晏皮肤是白

---

① 刘义庆：《世说新语》，三秦出版社，2008年，第13页。

皙的。二、当时的男人有一些是擦白粉想让自己变白的。至于柔媚，魏晋名士中有顾影自怜的，有熏香带花的，仿女子仪容举止的也不在少数。陆探微在绘画中，也带出了人物这一方面的特色。张彦远言：

昔张芝学崔瑗、杜度，草书之法因而变之，以成今草书之体。一笔运气，隔行不断，王子敬深得其旨，世谓之一笔书。其后陆探微亦作一笔画，于是知书画之体势有相同也。陆探微精利润媚，新奇妙绝，时无等伦。①

从“精利润媚”的评价中，可以看出陆探微对细节刻画得精细，也能看出其对人物神韵的准确刻画。张芝之前，草书字字分别。张芝改革草书，将草书改为上下相贯、气脉不断的新写法。因此，这种写法称之为“一笔书”。所谓“一笔”，不是真的一笔而下，而是其中血脉、体势并不分割，为一整体。陆探微作画，也深得此意，画风连绵不断，号为“密体”，笔锋锐然，如凿碑刻石。如此一笔带下，人物自然跃然纸上，生动活泼，无有斧凿之意，亦不见堆积之憾。“衣褶纹当以画石钩勒笔意参之，多笔不觉其繁，少笔不觉其简。皴石贵乎似乱非乱，衣纹亦以此意为妙。曾见海昌陈氏陆探微天王褶如草篆，一袖六七折，却是一笔出之，气势不断，后世无此手笔。”②这样一来，整篇画作也就不可能出现败笔。虽然时至今日，陆探微之画作早已不传，但因其画作备受时人推崇，所以其时佛教壁画造像，都有吸收陆探微画作的风格。元代时，尚有《降灵文殊图》传世，汤垕见之，称赞不已：

陆探微与恺之齐名，余平生只见其《文殊降灵》真迹，部从人物，共八十人，飞仙四，皆各有妙处。内亦有番僧，手持髑髅盂者，盖西域俗然。此卷行笔紧细，无纤毫遗恨，望之神彩动人，真稀世之宝也。张彦远谓风神遒举，笔力顿挫，一点一拂，动觉新奇。非虚言也。③

此《降灵文殊图》，一共八十人，四飞仙，能各有妙处，可见陆探微之精细。如果没有丰富的绘画经验，是不可能做到一一不同的，更不必说“无纤毫遗恨”。

---

① 徐建融、刘毅强主编：《海派书画文献汇编》，上海辞书出版社，2013 年，第 63 页。
② 俞剑华编著：《中国古代画论类编》，人民美术出版社，1998 年，第 234 页。
③ 俞剑华编著：《中国古代画论类编》，人民美术出版社，2004 年，第 476—477 页。

对于陆探微的绘画成就，时人和后世均给予高度评价。陆探微尤擅人物肖像的绘制，兼工草木山水和骏马禅雀等，虽《维摩诘像》不及顾恺之的原创风韵特质，但其绘画精神承袭和弘扬了顾氏的时代精神。“生于东晋末活跃于南朝宋齐的陆探微是顾恺之的直接继承者。”①可见，在顾恺之绘就的“清羸示病之容”之后，陆探微又创新变革出更符合文人士大夫精神追求的佛教造像。南朝齐谢赫的绘画品评著作《古画品录》将他入其中，并高居第一品第一人，其声誉卓著可见一斑。但就绘画史学来看，陆探微较顾恺之，在人物画的风格境界经营上尚存诸多差异。唐朝李嗣真云：“顾长康之迹，可使陆君失步。”如果把顾恺之的风格归结为“高古”，那陆探微的个人风格则可称作“新奇”；如果把顾恺之的风格归结为“质朴”品格，那陆探微的个人风格则透着一丝“魑媚”的情感。唐代《历代名画记》的作者张彦远对此也提出自己的看法：“陆探微精利润媚，新奇妙绝，名高宋代，时无等伦。”从中表明了上文作者提的几点。如此看来，陆探微的人物画风格特质不是单一的存在，而是多元的，虽有清秀明丽之美，但掺杂着“媚”的味道，在“凡俗”里向欣赏主体展示着“新鲜”的相貌。因而，从西域古印度东传而来的佛像画经曹不兴初涉改造后，再到陆探微的以书入画，佛教初传汉地的佛像造像已经逐渐褪去异域风情的面貌特征。并且，它对绘画的这种转化，与中国早期人物画并行发展，两者相辅相成、相得益彰。单单从这一方面来讲，陆探微的人物画已经逐渐摒弃了外来民族的风格特征，而呈现出具有强烈民族符号的中国精神。后人把他和顾恺之合在一起，作为“密体”的画派代表。《宣和画谱》著录他十件作品，以佛画居多，可惜一件也没有流传下来。

4. 张僧繇

张僧繇，吴人，南朝画家，梁武帝天监年间任武陵王国侍郎，后又任直秘书阁知画事、右军将军、吴兴太守等职。张僧繇于绘画之道，无一不精，人物花鸟、山水楼阁，皆有妙处。梁武帝因为儿子们都分封在外，有时想念他们，便派遣张僧繇前去给儿子们画像，拿回来看与见到真人没什么区别。因其画作太过精妙，有很多富有神话色彩的故事。传说江陵天皇寺有柏堂，张僧繇在其中画了卢舍那佛像，又画了孔子像，梁武帝看了，责怪他把孔子像和佛像混在了一起，问他为什么要这样做。张僧繇答道：“以后就靠这样才不会有问题。”后来周武帝灭佛，拆

① 林树中：《陆探微生平与艺术风格》，《南通大学学报（哲学社会科学版）》2005年第1期。

毁了天下寺塔，只有这里因为有孔子像而没有拆毁。另一个故事说张僧繇曾经在建康安乐寺画了四条龙，没有点上眼睛，说一旦点了眼睛，龙就会飞腾而去。众人听了都不相信，以为他开玩笑，坚持要求他点上眼睛。张僧繇于是提笔落墨，才点好两条龙，果然有雷电击破墙壁，再看点上眼睛的龙已经不见了，只有没有点眼睛的两条龙留在墙壁上。从这个故事可以看出张僧繇画像栩栩如生。明代徐沁评价说："龙之为物，灵奇变化，张僧繇画成点睛，会当飞去，固不可杂于凡类。"①

张僧繇下笔凌厉。"张僧繇点曳斫拂，依卫夫人笔阵图，一点一画别是一巧，钩戟利剑，森森然，又知书画用笔同矣。"②他最为擅长的，当属佛教绘画。梁武帝凡造寺建塔，常令张僧繇画像以装饰供养。宋宣和御府所藏张僧繇十六幅作品均属佛教类：

> 佛像一，文殊菩萨像三，大力菩萨像一，维摩菩萨像一，佛十弟子图一，十六罗汉像一，十高僧图一，九曜像一，镇星像一，天王像一，神主像一，扫象图一，摩利支天菩萨像一，五星二十八宿真形图一。③

张僧繇的佛像绘本，盛名远扬，风格显著，后世多有临摹与借鉴，所以被人称为"张家样"。佛教人物绘画风格"张家样"的出现，是艺术表现技法上的一大进步，为后世艺术的传承革新奠定了良好的基础，提供了可供借鉴和参考的范本。"它们体态丰腴、艳丽多姿，或有母亲的慈祥温柔，或有孩童的天真顽皮，或有淑女的妩媚微笑，或有学者的安详儒雅。"④他描绘的范本呈现浓郁的世俗氛围，让佛像走下神坛步入民间，消减了信众与佛的距离感。

自魏晋南北朝晚期到隋唐初期的佛教造像体系中，"秀骨清相"形态特质的造像渐渐隐退，取而代之的是"张家样"。创始人张僧繇在绘画创作时，独辟蹊径地把佛教相关的题材和绘画、书法的表现技法相融合，最终形成了自己别具一格的"面短而艳"佛像表现一派。"张家样"佛教造像风格强调人物形态的丰满圆

---

① 潘运告主编：《明代画论》，湖南美术出版社，2002 年，第 367 页。
② 徐建融、刘毅强主编：《海派书画文献汇编》，上海辞书出版社，2013 年，第 63 页。
③ 俞剑华注译：《宣和画谱》，凤凰出版传媒集团，2007 年，第 37 页。
④ 林伟：《南北朝佛教思想变化与佛像风格演变的内在关联》，《哲学研究》2008 年第 1 期。

润，佛教造像中开始出现了明显的世俗化的倾向，进一步完善中国化的进程。米芾《画史》中曾记载“张笔天女宫女，面短而艳”，以及张怀瓘的“张得其肉”等评价中可知，张僧繇创设的人物形象以丰满富态为显著特征，也正是因为脸部丰润有肉感，才会显短，从医学角度来看，这是体魄健康、精神饱满的客观再现。

唐代的张彦远也曾在个人著作中描述“张家样”的特色为“象人之美，张得其肉”①，进一步诠释了张僧繇绘制的人物形象最大特征是富有肉感。而“张家样”风格另一个显著特征是写真效果，张僧繇在绘画中引入外来佛画技法——“凹凸花”，于平滑纸面绘出立体纵深效果。据《建康实录》记载，此绘画技法可使“远望眼晕如凹凸，近视即平”②，并且色泽鲜艳，层次丰富，延展了绘画的表现空间，使绘画的逼真性上升到了新的台阶。

对张僧繇、陆探微、顾恺之的高下，历代多有品评。姚最言：

> 张僧繇善图塔庙，超越群工。朝衣野服，今古不失。奇形异貌，殊方夷夏，实参其妙。俾昼作夜，未尝厌怠；惟公及私，手不停笔。但数纪之内，无须臾之闲。然圣贤瞻瞩，小乏神气，岂可求备于一人？虽云晚出，殆亚前品。③

姚最认为张僧繇擅长佛教绘画，作品非常之多，常常从早画到晚，没有闲暇时间。这样数年下来，作品难免流于匠气，所以就导致了画中的神气比不上前人。故此他觉得“殆亚前品”，也就是比不上陆探微和顾恺之。但李嗣真不同意他的见解，为张僧繇辩护道：

> 顾陆已往，郁为冠冕，盛称后叶，独有僧繇。今之学者，望其尘躅，如周孔焉，何寺塔之云乎？且顾陆人物衣冠，信称绝作，未睹其余。至张公骨气奇伟，师模宏远，岂唯六法精备，实亦万类皆妙。千变万化，诡状殊形，经诸目，运诸掌，得之心，应之手。意者天降圣人，为后生则。何以制作之妙，拟

① 张彦远：《历代名画记》，人民美术出版社，1963 年，第 7 页 。

② 许嵩：《建康实录》，《四库全书》史部四之六，第 24 页。

③ 潘运告主编：《汉魏六朝书画论》，湖南美术出版社，1997 年，第 329 页。

于阴阳者乎？请与顾陆同居上品。[①]

在李嗣真看来，陆探微和顾恺之以后，唯有张僧繇可称为画中圣手。当代的画家与他们相比都不在一个层级上。陆探微和顾恺之的人物画固然精妙，但没有见过他们其他的作品。而张僧繇可以说是所有题材都非常擅长。所以李嗣真认为张僧繇是“与顾陆同居上品”的。张怀瓘的见解也类似，他说：

姚最称：“虽云后生，殆亚前品。”未为知音之言。且张公思若涌泉，取资天造。笔才一二，而像已应焉。周材取之，今古独立。像人之妙，张得其肉，陆得其骨，顾得其神。[②]

“张得其肉，陆得其骨，顾得其神”，这样的评价一向被历代评家所认可。张僧繇之“得其肉”改变了陆探微和顾恺之一代“瘦骨清相”的画风，使人物更加真实饱满。佛像自此也改变了消瘦的模样，而向丰腴的形态转变，直至今日依然如此。张僧繇对唐代绘画也有很大影响，传说唐代著名画家阎立本看到了张僧繇的一幅壁画，认为他画得一般，名不副实。第二次再去看，觉得是当代名家的水准。第三次再去的时候，看出了其中妙处，于是在壁画下面住了很多天。评家感叹道：“夫阎以画名一代，其于张高下间尔而不足以知之，世之人强其不能而论能者之得失，不亦疏乎。”[③]

张僧繇的作品主要有《定光如来像》《维摩诘像》《菩萨》《天帝释象》《醉僧图》《十六罗汉像》《摩衲仙人像》《行道天王图》《横泉斗龙图》《梁武帝像》《咏梅图》《吴主格虎图》《青溪宫水怪图》等十八幅。今传作品有《五星二十八宿神形图》《雪山红树图》。其子张善果、张仔童亦皆擅画。张善果记载有《悉达太子纳妃图》《灵嘉寺塔样》，张仔童记载有《释迦会图》《宝积经变图》。

5. 戴逵及其子戴勃、戴颙

戴逵，字安道，谯郡铚（今安徽宿州）人。生活在东晋时代，较画家顾恺之年龄略长，约诞于成帝咸康三年（336），约卒于孝武帝太元二十一年（396）。年

① 卢辅圣主编：《中国书画全书》第1册，上海书画出版社，1993年，第147页。
② 卢辅圣主编：《中国书画全书》第1册，上海书画出版社，1993年，第147页。
③ 贵阳市杨龙友纪念文集编写组：《隋唐画家史料》，贵州人民出版社，1988年，第52页。

幼之时，戴逵便已经颇有名声，擅长多种技艺，尤其是绘画雕塑。《世说新语》记载：

戴安道，年十余岁，在瓦官寺画。王长史见之，曰："此童非徒能画，亦终当致名。恨吾老，不见其盛时耳！"①

戴逵十多岁时候的画作已经可以看出天才的萌芽。王长史即王濛，也是当时著名的画家，那时候年纪已经不小了，所以感叹自己恐怕看不到戴逵画道大成之日。有这样名画家的背书，戴逵自然声名更盛。后来戴逵追随学者范宣学习：

戴安道就范宣学，视范所为，范读书亦读书，范抄书亦抄书。唯独好画，范以为无用，不宜劳思于此。戴乃画《南都赋图》，范看毕咨嗟，甚以为有益，始重画。②

范宣一开始认为绘画无用，不应该在上面浪费精力，但看了戴安道的《南都赋图》，非常感慨。想来此画一定将张衡的《南都赋》完美地再现了出来。自此以后，范宣改变了对绘画的看法。

据张彦远《历代名画记》、裴孝源《贞观公私画史》以及米芾《画史》记载来看，戴逵的画作主要分为山水画以及人物画。米芾画史记载他收藏有一幅戴逵《观音像》，"天男像，无，皆贴金"。张彦远《历代名画记》卷五中对戴逵画作有较高评价，"其画古人、山水极妙"。引以为憾的是，目前尚未发现戴逵的画作存世，对其作品的研究只能根据有限的文献典籍，以及一些考古发现。仅从资料对戴逵的画作记载来看，很难确定其画作的风格手法。在人物画上，"戴安道中年画行像甚精妙。庾道季看之，语戴云：'神明太俗，由卿世情未尽。'戴云：'唯务光当免卿此语耳'"③。可见戴逵的绘画是有世俗化倾向的。

戴逵为中国古代山水画的先驱之一，他的《吴中溪山邑居图》打破了一直以来的自然景物写真或人物画装饰背景的固定模式，转而强调山水风景独立的精

① 刘义庆：《世说新语》，北方文艺出版社，2013 年，第 129 页。
② 刘义庆：《世说新语》，万卷出版公司，2014 年，第 218 页。
③ 刘义庆：《世说新语》，万卷出版公司，2014 年，第 218 页。

神内涵，一举奠定了山水画的人文属性。此作虽未能传世，但从张彦远的“山水极妙”中仍可体悟他的隐逸情怀和艺术追求。

戴逵的人物画，在张彦远的《历代名画记》卷五中有诸多描述：

> 《七贤》有云：“唯嵇生一像欲佳，其余虽不妙合，以比前竹林之画，莫有及者。”①

在《嵇轻车诗》中有如下记载：

> 作啸人似人啸，然容悴不似中散，处置意事既佳，又林木雍容调畅，亦有天趣。②

在目前尚无确凿图绘实证的情况下，仅从文献资料的描述来考察戴逵的画作技法显然是不科学的。伴随考古学的发展，史料的发掘为艺术史的完善和发展提供了更为广阔的平台。20世纪中叶，于南京西善桥宫山考古发现的“竹林七贤”墓刻材料就为考证戴逵绘画艺术风格提供了有力的参考。

关于戴逵绘画享有“百工所范”的荣誉，谢赫《古画品录》载：

> 情韵连绵，风趣巧拔，善图圣贤，百工所范，荀（勖）、卫（协）之后，实为领袖。③

由此可见，戴逵为其时代画坛的领军人物和集大成者。他首创脱胎漆器佛教造像的做法，将传统大漆工艺与雕塑技法相结合，创造出佛像的中国营造方案，在雕塑领域享有盛誉。

戴逵长子戴勃（生卒年不详）、次子戴颙（377—441），均子承父业，推陈出新，有所建树。张彦远的《历代名画记》卷二《叙南北朝时代师资传授》中有载：“逵子勃、勃弟颙师于父。”戴勃画作有其父之风，有“山水胜顾”之誉；戴颙擅奏精铸，在

---

① 俞剑华编著：《中国古代画论类编》上，人民美术出版社，2004年，第349页。
② 俞剑华编著：《中国古代画论类编》上，人民美术出版社，2004年，第349页。
③ 于安澜编：《画品丛书》，上海人民美术出版社，1982年，第8页。

音律和雕塑方面卓有成就。

三 佛教雕塑

佛教在西汉末年传入中国，佛教雕塑艺术便随之传来。最早期的佛教造像多见于石雕石刻，随着佛教的兴盛，鎏金佛像应运而生。鎏金佛像的特点是便于携带，形体小而精致，被供奉于佛寺和佛龛，抑或藏于佛塔地宫中。中国正史中上早的佛像记载起始于三国时期，见《三国志》，“窄融大起浮屠祠内有一尊金桐佛像”。而中国最早的有明确记年的鎏金佛像载于后赵建武四年(338)。六朝时期，我国佛教开始全面发展，佛教雕塑在新的时代影响下空前发展并迅速流行起来。

自印度佛教及佛教雕塑传入中国，中国艺术家按照自己的审美习惯对印度佛像进行了本土化的改造。东晋戴逵是当时佛教雕塑家的典型代表，戴逵所塑佛像不仅形似，而且还达到一定神似，在让人感到亲切的基础上，进一步令人产生敬畏之情，叹为观止。戴逵次子戴颙如其父亦精于塑绘，继承父业成为著名的雕塑家，其所铸丈六金佛像艺术造诣极高。①

除了戴逵、戴颙父子的佛教雕塑以外，支慧护在吴地所造的释迦丈六金像、晋恭帝在建康所造丈六金像、齐梁时明仲璋等在建康摄山所凿无量寿佛像、观音及大势至菩萨像等，也同样享有盛名。仅在摄山一地，当时所塑造的佛像就高达五百一十五尊，号称千佛，其衣褶风格与大同云冈石窟相似，所以被誉为“江南云冈”。

六朝民间造像风气盛行，早已形成热潮，而皇室贵族塑像更值得一提。宋武帝造无量寿金像，宋明帝造丈四金像等。当时丈六、丈八铜像的制造甚多，小金像也有铸造，塑像、旃檀像(檀香木刻的佛像)更为普通。齐武帝时，石匠雷卑造瑞石释迦像，镌琢极巧。萧嶷、萧子良也造了很多佛像。萧齐明帝造有千躯金像。梁武帝造有光宅、爱敬、同泰诸寺的丈六弥陀铜像等。梁简文帝仿造印度祇园精舍的旃檀像，还造有高约一二丈的千佛像。陈文帝造等身檀像十二躯，金铜

① 《宋书》卷九三《隐逸·戴颙传》，中华书局，1974年，第2277页。

像百万躯。陈宣帝造金铜像等两万躯。

与此同时,外国造像也输入不少,如齐代有扶南国送的金缕龙王像、白檀像等,梁代有从天竺请来的优填王所造的旃檀佛像,扶南国送来的珊瑚佛像、旃檀瑞像,盘盘、丹丹两国送来的牙像,于阗送来的玉佛等。

六朝佛像雕铸的风潮,不论在民间还是皇室都愈演愈烈,与此同时佛画也空前流行,民间、帝王、士大夫、僧人各类群体相互作用,彼此影响,共同推动着佛教艺术的发展。从此,佛教艺术便开始摆脱印度模式,走上了独立发展的道路。

孙吴以来,佛教开始在中国广泛传播,佛教徒也日益增多,古印度犍陀罗建筑风格的佛教造像雕塑逐渐在江南地区流行开来。江南地区在孙吴时期就有建寺造像的记载,《高僧传·康僧会》载"时吴地初染大法,风化未全,僧会欲使道振江左……赤乌十年初达建业,营立茅茨,设像行道。……以始有佛寺,故号建初寺",这说明建初寺实为江苏境内佛寺之始。在此之后,东晋南朝帝王中崇奉佛教者颇多,如东晋的明帝、哀帝、简文帝、孝武帝,南朝的宋文帝、孝武帝、明帝、齐高帝、武帝、梁武帝、简文帝、陈后主等。他们在当政期间,建造了大量的佛寺,塑造了佛教人物的雕像,用以表示对佛教的尊崇。据唐法琳《辩正论》卷三、唐道世《法苑珠林》卷一二记载,南朝各代所拥有的佛寺为:宋一千九百一十三所、齐二千零一十五所、梁二千八百四十六所、陈一千二百三十二所。其中,梁代佛教最盛,佛寺最多,仅都城建康地区就有寺庙七百余所。① 这一时期江南地区的佛寺大都高大雄伟,建筑考究,里面供奉着各种佛像,有铜铸的、木雕的、泥塑的、石刻的,应有尽有,代表了当时雕塑艺术的最高水平。

"南朝四百八十寺,多少楼台烟雨中。"魏晋南北朝时期的佛寺造像数量庞大,但随着岁月的流逝,很多都已消失在历史长河之中,南京地区留存至今的佛教造像仅剩南京郊区的栖霞寺石窟。

栖霞寺石窟又称千佛岩。目前千佛岩石窟共发现大小佛龛二百九十四个,造像五百一十五余尊。因历史变迁,兵火绵延,多有损毁。料想鼎盛时期,佛像应在千尊以上。栖霞寺石窟中,最大也是兴建最早的石窟是"三圣殿",凿于南齐永明七年(489),石窟中立有西方三圣阿弥陀佛、观世音菩萨、大势至菩萨各一尊。阿弥陀佛高 9.31 米,两尊菩萨高 6.81 米,虽表面斑驳剥落,仍不减庄严之

---

① 林树中:《六朝艺术》,南京出版社,2004 年,第 253 页。

美。梁大同元年(504),有传言说三圣殿上现有佛光,故达官贵人争相造像,踊跃捐献。其中包括齐文惠太子萧长懋、豫章文献王萧嶷等皇室人员。在皇家崇佛的大背景下,臣民们也纷纷凿窟刻石,以求福报。以此,千佛岩之盛景逐渐形成。千佛岩石窟造像,佛像仪态万方,雕工细致,坐立不一,实是雕刻艺术之杰作。与龙门、云冈等北方石窟不同,栖霞寺石窟造像更加精致细巧,在细微之处见功夫,体现了南朝佛教造像的艺术特色。

六朝时期也开始出现文人、士大夫以及高僧参与佛教雕塑创作的情况,其中部分事迹被载入正史,从相关文献记载情况来看,这一时期雕塑家活动更频繁,佛教雕塑作品也更为丰富。下面一一介绍南朝著名雕塑家。

1. 戴逵

戴逵字安道,原籍谯郡铚人(今安徽宿县),后移居会稽剡县(今浙江新昌)。戴逵自幼博学,喜好清谈,擅长写文章,又善于弹琴、书画。当时文人所推崇的各种艺术,他没有不精通的。幼年的时候,他就用鸡蛋的蛋清混合白瓦的粉末,制作出"郑玄碑",还写了一篇文章篆刻在上面。文章华美,雕刻精妙,当时见过的人们都赞叹不已。戴逵喜好隐逸,不愿为官。武陵王司马晞听说他善于弹琴,就派使者召他来弹琴。戴逵在使者面前摔毁琴说:"我戴安道不做王府中的戏子!"司马晞大怒,戴逵亦不以为意。司马晞又召唤他的兄长戴述来弹琴,戴述很开心地就去了。《世说新语》中记载了一次谢安与戴述的对话:

> 戴安道既厉操东山,而其兄欲建式遏之功。谢太傅曰:卿兄弟志业何其太殊?戴曰:下官不堪其忧,家弟不改其乐。①

戴逵这种"不改其乐"的精神品格,是他能在艺术上做出非凡成就的关键所在。戴逵还结合中国人的审美将佛教雕塑重新设计。据《历代名画记》记载:

> 善铸佛像及雕刻,曾造无量寿木像,高丈六,并菩萨。逵以古制朴拙,至于开敬,不足动心,乃潜坐帷中,密听众论,所听褒贬,辄加详研,积思三年,

① 刘义庆:《世说新语》,万卷出版公司,2014年,第201页。

刻像乃成，迎至山阴灵宝寺。[1]

戴逵认为自己雕刻的无量寿佛木像太过“古制朴拙”，不足以引发观者的宗教感情。为了改良雕像，戴逵让大家前来观看雕像，自己躲到帘布后面偷听人们的议论，以得到观者最真实的意见。他记载下人们对雕像的赞美与批评，然后详细地加以研究辨析，思考了三年终于改造成功。这样的改造，显然是符合当时中国人的审美的。因此说戴逵是佛教雕刻中国化的先驱并不为过。道世在《法苑珠林》中对他的雕塑也极力称赞：

晋世有谯国戴逵字安道者，风清概远，肥遁旧吴，宅性居理，游心释教，且机思通赡，巧拟造化。思所以影响法相，咫尺应身乃作无量寿挟侍菩萨，研思致妙，精锐定制。潜于帷中密听众论，所闻褒贬辄加详改。核准度于毫芒，审光色于浓淡。其和墨点彩刻形镂法，虽周人尽策之微、宋客象楮之妙，不能逾也。委心积虑三年方成，振代迄今所未曾有。凡在瞻仰有若至真。俄而迎像入山阴之灵宝寺，道俗观者皆发菩提心。[2]

雕像能令前来观看的人都发菩提心，其精美可以想见。所谓的“和墨点彩刻形镂法”，更是对中国佛教雕刻艺术杰出的贡献。相传，戴逵在建康瓦官寺还曾作五世佛佛像，与东晋顾恺之的维摩诘像、师子国的玉佛并称“瓦官寺三绝”。但如今均已不传，实为憾事。

2. 戴颙

戴颙(377—441)，字仲若，谯郡铚县(今安徽宿县)人。他的父亲戴逵与兄长戴勃，都是很有名望的隐士。戴颙十六岁的时候，父亲去世了，他非常痛苦，生了一场大病，几乎到垂危的地步，自此落下病根，终身不愈。因为父亲戴逵没有做官，戴颙也不愿做官，而是追随父亲隐居的志向。戴逵擅长弹琴和书法，戴颙都得其真传，一切的音律曲调，戴颙挥手间都能弹出。会稽剡县有很多名山大川，所以他们一家一直住在那里。戴颙和哥哥戴勃都是从父亲那里学习弹琴。父亲

① 谢赫：《四库家藏・古画品录》，山东画报出版社，2004年，第82页。
② 《法苑珠林》卷一六，《大正藏》第53册，第406页上—中。

去世后，两兄弟对于父亲传下来的曲调不忍心再弹，于是各自谱写新曲，戴勃有五首，戴颙有十五首。中书令王绥一次带着宾客造访，戴家兄弟献上豆粥，王绥说："听说你们很善于弹琴，希望能听一下。"二人默然拒绝。王绥很不高兴地离开了。其孤高耿介一至于此。

桐庐县也有很多名山，戴家兄弟二人到那边去游玩，就留下来居住。戴勃后来生病，没有钱请医买药。戴颙便决定出去做县令，求得俸禄来为兄长买药，刚要成行，戴勃病重不治，就没有去做县令。因为戴颙身体一直不好，住的地方偏僻不利于养病，就搬到吴地居住。吴地的士人一起为他建造了屋子，在屋外堆积假山，引来流水，又种植树木。没过多久便茂盛起来，如同处在自然之中。戴颙便在其中写作《逍遥论》和注解《礼记·中庸》。吴地官员和城内士绅们邀请他一同去野外游玩的时候，他只要身体无恙就同去，并不矫情拒绝，因此舆论对他多有好评。

戴逵善于雕塑佛像，戴颙在这一方面也颇具家学渊源。《宋书·列传·隐逸》中记载了戴颙在瓦官寺对佛像的一次设计：

> 宋世子铸丈六铜像于瓦官寺，既成，面恨瘦，工人不能治，乃迎颙看之。颙曰："非面瘦，乃臂胛肥耳。"既错减臂胛，瘦患即除，无不叹服焉。[①]

当铸成铜像后，人们都认为佛像的脸部瘦了，这也是无法修补的，因为铜像是一体塑成。所以戴颙另辟蹊径，指出是臂胛过肥，于是磋磨一部分臂胛，面部果然不显瘦了，从此事可以看出戴颙对塑像比例的把握非常精准，因此能给出可行的意见。《法苑珠林》中记载了戴颙另一次修改塑像的故事：

> 东晋太元二年沙门支慧，护于吴郡绍灵寺建释迦文丈六金像。于寺南傍高凿穴以启镕铸。既成将移。夜中云内清明有华六出，白色鲜发四面翻洒，未及于地敛而上归。及晓白云若烟出所铸穴，云中白龙现，长数十丈，光彩烟焕徐引绕穴。每至前瞻仰迟徊似归敬者，斯风霁景清细雨而加香气。像既入坐，龙乃升天。元嘉初征士谯国戴颙嫌制古朴，治像手面威相若真。

---

① 沈约：《二十五史（全本）·宋书、南齐书、梁书、陈书、魏书、北齐书》，新疆青少年出版社，1999年，第340页。

自肩以上短旧六寸，足趺之下削除一寸云。①

戴颙认为绍灵寺的丈六释迦牟尼像太过古朴，也就是太符合西域所传佛像的风格，所以他修改了塑像的面容和手，使其更符合中国人的审美，“威相若真”。整个塑像肩上短小了六寸，足下削除了一寸，做了这样大的改动，塑像比例依然很优美，没有丰富的经验与精湛的技术是做不到的。

戴颙在雕刻上的成就，与其对技术的精益求精是分不开的。济阳人江夷是戴颙的朋友，江夷曾经托付戴颙给自己做一个观世音像。戴颙尽力地设计制作了很久，想要达到尽善尽美的境界，但总是感觉不够满意，数年也没有完成。后来戴颙做梦梦到有人对他说，江夷和观世音没有缘分，应该改成弥勒菩萨像。戴颙便停止制作，写信准备告诉江夷。信还没有发出去，江夷的信就到了，原来他也做了同样的梦。戴颙很开心，觉得这是神明显灵，于是马上改成弥勒佛像。这一次不假思索，每一次落手都很精妙，成像也非常圆满美丽。抛除这个故事中的神话色彩，可以看出戴颙对自己雕刻作品的高要求以及痴迷程度。戴颙也在父亲雕塑技法的基础上有发展，“首创佛像雕塑藻绘法，一改汉时形制古朴为‘范金赋采、动有楷模’的佛像雕塑艺术”②。元嘉十八年（441），戴颙去世，终年六十四岁，没有子嗣。

3. 僧祐

僧祐，齐梁时代高僧，不仅学问高深，还很擅长雕塑设计。他选好石料，眼看心算，让匠人在上面标明尺寸，丝毫没有差错。所以建造光宅寺铜像、栖霞山石窟佛像，还有剡县石佛时，都是由僧祐在一开始制定制作的规范。剡山最初为僧护苦修之地，因其观山中现佛像之形，故发愿建造弥勒佛像。但因资金不足，数年也只雕出弥勒的面容。之后僧淑接手此事，但也因资金不足进展缓慢。直到梁天监十二年（513），因建安王的资助，这一工程才能继续进行，僧祐便是此事的负责人。在数百石匠的努力下，终于在剡山之上凿出弥勒石像，时至今日仍立于浙江新昌的石崖之上。刘勰在《梁建安王造剡山石城寺石像碑》中写道：

① 《法苑珠林》卷一三，《大正藏》第53册，第386页中。
② 江苏省地方志编纂委员会：《江苏省志·人物志》，凤凰出版社，2008年，第95页。

君王智境邈群，法忍超绝。迈优昙之至心，逾波斯之建善；餮瑞言于群圣，膺福履于大觉。倍增恳到，会益喜舍。乃开藏写贝，倾邸散金，装严法身，誓取妙极。以定林上寺佑（祐）律师，德炽释门，名盖净众，虚心宏道，忘己济物，加以贞鉴特达，研虑精深。乃延请东行，凭委经始，爰至启敕，专任像事。律师应法若流，宣化如渴。扬船浙水，驰锡禹山。于是扪虚梯汉，构立栈道。状奇肱之飞车，类仙腹之悬阁。高张图范，冠彩虹霓。椎凿响于霞上，剖石洒乎云表。命世之壮观，旷代之鸿作也。①

僧祐受命"专任像事"，可见其不仅得皇帝的信重，也颇有这方面的才能。僧祐年老时腿脚不便，梁武帝便赐他"乘舆入内殿"的权利，请他来为六宫授戒。僧祐一生为僧众开律席，讲说律学七十余遍，晚年僧俗门徒共有一万一千余人，可谓桃李满天下。僧祐于梁天监十七年（518）圆寂于建康，终年七十三岁。

4. 雷卑石

雷卑石，具体资料不详，只知道他应该是很著名的石匠，擅于雕塑。在记载中，雷卑石雕刻了汉地第一尊石刻佛像。

传说中汉地最早的石像是从海中漂来的，是维卫佛和迦叶佛的石像。在西晋愍帝建兴元年（313），有石像从海中漂来进入吴松江沪渎口。岸上的人见到了，以为是海中有两个人浮在水上。打鱼的人不知道是什么，请巫师来看说是海神，请祭酒来看怀疑是神仙。但一旦想要把石像请上岸来，海上就波涛汹涌，浓雾漫漫，石像也逆流而去。奉行黄老之道的人说这是天师像，去迎请，一样遭遇了风浪，没能成功。吴县朱应素一向信佛虔诚，他觉得海中的石像应该是佛像，于是便请了东灵寺的僧尼和信奉佛法的几个人，一起去迎取佛像。于是当天风和日丽，无风无浪，随着海流一直平稳航行到佛像前，佛像自动转身，露出背后的铭文。一名维卫佛，一名迦叶佛。打捞上船的时候佛像非常轻巧，几乎没有重量。到了岸上，佛像被放入车中，则变得非常沉重。最后将石像立在通玄精舍中。

到了南齐永明七年（489），又有瑞石从海上飘到江南。石头质地坚固、光彩夺目，在海中沉浮不定如同小船。齐武帝得知此事，便派遣朱应素的曾孙朱法让

① 程国政：《中国古代建筑文献集要·先秦五代》，同济大学出版社，2013年，第200页。

为使者，去迎取瑞石。那个时候齐武帝正好在建佛塔，佛塔有七层，非常壮丽庄严。这时正好有瑞石从远处而来，时机很妙，大臣们都认为这是祥瑞，应该用这瑞石彰显佛之法身。于是齐武帝就命令石匠雷卑石等人用瑞石雕刻释迦牟尼坐像。像高三尺五寸，连背光与底座总高六尺五寸。佛像之雕刻"尽镌琢之奇，极金雘之巧。克孚显相，允副幽祯"[①]，可谓尽善尽美。沈约作《瑞石像铭》赞颂道：

维永明七年某月，爰有祥石，眇发天津。浮海因潮，翻流回至。表异浙河，献奇禁圃。琼瑜等润，精金比色。帝上眷幽关之易启，咨玄应之无方。虽拊事寂寥，而因心咫尺。爱其贞恒之性，嘉其可久之姿。莫若图妙像于檀香，写遗影于祇树。乃诏名工，是镌是琢。灵相瑞华，焕同神造。至于雕削之余，遗刊委斫，方圆小大，触水斯沉。驻罕停跸，亲加临试。良由法身是托，不溺沉弱之渊；剖析既离，方须浮金之水。至矣哉！祯符若斯之妙也。敢铭宝览，永福天人。[②]

沈约称赞雕成之佛像"灵相瑞华，焕同神造"，虽然有文学夸张成分在内，但也体现了佛像确实精美。雷卑石之雕刻水准由此可见一斑。

5. 司马达

司马达，又称"司马达止""司马达等"，南朝梁代雕塑家，日本佛教造像鼻祖。其人事迹，并不见于中国文献，而传于日本史料中。日本学者在研究中，往往将其与佛教初传入日本联系起来。村上专精在《日本佛教史纲》中言："在继体天皇的十六年(522)，梁朝的司马达等来到大和，建筑草堂安置佛像礼拜。"[③]我国学者高观如也指出：

佛教传入日本的明确时期虽不可考，但据诸佛教史籍所载，梁武帝普通三年(522)，由中国江南渡日以制鞍为业的汉人司马达等，在日本大和坂田原设立草堂崇奉佛教。达等的女儿司马岛并首先出家为尼，称为善信尼；达

① 道世：《法苑珠林》卷一二，《大正藏》第53册，第379页下。
② 张溥编，吴汝纶选：《中华传世文选·汉魏六朝百三家集选》，吉林人民出版社，1998年，第554页。
③ 村上专精：《日本佛教史纲》，杨曾文译，汪向荣校，商务印书馆，1981年，第10页。

等的儿子也出家为僧，称为德齐；是为日本僧尼的开始。[①]

可以看出，司马达本身的主业并非雕塑，而是制鞍的手工匠人。其被日本天皇赐姓“鞍部”，也是此意。但司马达擅长雕刻佛像毋庸置疑。事实上，制鞍这一行业本身包含一切马具的制作，司马达自然了解木雕与金属铸造技术，并能将其用于佛像雕刻上。

关于司马达雕刻的记载并不多，但他的子孙都是赫赫有名的佛雕名家。他的儿子鞍部多须奈，深受日本天皇喜爱，甚至担当了替天皇出家的使命。多须奈的儿子止利又名“鸟法师”，是日本飞鸟时代最著名的雕塑家，其代表作为日本奈良法隆寺金堂释迦三尊铜像，其风格与北魏造像比较接近，但表情更为庄严肃穆。鞍部止利的雕塑风格，对日本的雕塑发展有很大的影响。

① 中国佛教协会：《中国佛教》第1辑，知识出版社，1980年，第185页。

参考文献

一 佛教典籍

[晋]法显:《高僧法显传》,《大正藏》第51册。

[晋]法显译:《大般泥洹经》,《大正藏》第12册。

[晋]佛陀跋陀罗、法显译:《摩诃僧祇律》,《大正藏》第22册。

[晋]佛陀跋陀罗译:《华严经》,《大正藏》第9册。

[晋]佛陀跋陀罗:《摩诃僧祇律大比丘戒本》,《大正藏》第22册。

[晋]鸠摩罗什译:《成实论》,《大正藏》第32册。

[晋]鸠摩罗什译:《法华经》,《大正藏》第9册。

[晋]鸠摩罗什译:《佛藏经》,《大正藏》第15册。

[晋]鸠摩罗什译:《摩诃般若波罗蜜经》,《大正藏》第8册。

[晋]鸠摩罗什译:《思益经》,《大正藏》第15册。

[晋]鸠摩罗什译:《维摩诘经》,《大正藏》第14册。

[晋]鸠摩罗什译:《诸法无行经》,《大正藏》第15册。

[晋]鸠摩罗什译:《大智度论》,《大正藏》第25册。

[晋]鸠摩罗什译:《十二门论》,《大正藏》第30册。

[晋]鸠摩罗什译:《中论》,《大正藏》第30册。

[晋]鸠摩罗什译:《百论》,《大正藏》第30册。

[晋]僧伽提婆译:《阿毗昙心论》,《大正藏》第28册。

[晋]僧肇:《肇论》,《大正藏》第45册。

[晋]僧肇:《注维摩诘经疏》,《大正藏》第22册。

[晋]无罗叉译:《放光般若经》,《大正藏》第8册。

[晋]竺道生:《法华经疏》,《卍新续藏》第27册。

[晋]竺佛念等译:《四分律》,《大正藏》第22册。

[南朝]宝唱:《比丘尼传》,《大正藏》第50册。

[南朝]宝唱:《名僧传抄》,《卍新续藏》第77册。

[南朝]宝亮等:《大涅槃经集解》,《大正藏》第37册。

[南朝]法云:《法华义记》,《大正藏》第33册。

[南朝]慧皎:《高僧传》,《大正藏》第50册。

[南朝]慧均:《大乘四论玄义》,《卍新续藏》第46册。

[南朝]僧伽跋摩等译:《杂阿毗昙心论》,《大正藏》第28册。

[南朝]僧祐:《出三藏记集》,《大正藏》第55册。

[南朝]僧祐:《弘明集》,《大正藏》第52册。

[南朝]真谛译:《随相论》,《大正藏》第32册。

[北朝]菩提留支译:《入楞伽经》,《大正藏》第16册。

[北朝]昙无谶译:《大般涅槃经》,《大正藏》第38册。

[北朝]昙无谶译:《大涅槃经》,《大正藏》第12册。

[北朝]杨衒之:《洛阳伽蓝记》,《大正藏》第51册。

[隋]法经:《众经目录》,《大正藏》第55册。

[隋]费长房:《历代三宝纪》,《大正藏》第59册。

[隋]灌顶:《大般涅槃经疏》,《大正藏》第38册。

[隋]灌顶:《大般涅槃经玄义》,《大正藏》第38册。

[隋]灌顶:《国清百录》,《大正藏》第46册。

[隋]灌顶:《智者大师别传》,《大正藏》第50册。

[隋]吉藏:《法华玄论》,《大正藏》第34册。

[隋]吉藏:《法华游意》,《大正藏》第34册。

[隋]吉藏:《华严游意》,《大正藏》第35册。

[隋]吉藏:《净名玄论》,《大正藏》第38册。

[隋]吉藏:《涅槃经游意》,《大正藏》第38册。

[隋]吉藏:《三论玄义》,《大正藏》第45册。

[隋]吉藏:《胜鬘宝窟》,《大正藏》第 37 册。

[隋]吉藏:《中观论疏》,《大正藏》第 42 册。

[隋]吉藏:《百论疏》,《大正藏》第 42 册。

[隋]吉藏:《大乘玄论》,《大正藏》第 45 册。

[隋]吉藏:《大品经游意》,《大正藏》第 33 册。

[隋]吉藏:《二谛义》,《大正藏》第 45 册。

[隋]硕法师:《三论游意义》,《大正藏》第 45 册。

[隋]彦琮:《众经目录》,《大正藏》第 55 册。

[隋]智颉:《法华经文句》,《大正藏》第 34 册。

[隋]智颉:《妙法莲华经玄义》,《大正藏》第 33 册。

[隋]智颉:《摩诃止观》,《大正藏》第 46 册。

[唐]澄观:《华严经疏钞》,《大正藏》第 36 册。

[唐]道世:《法苑珠林》,《大正藏》第 53 册。

[唐]道暹:《涅槃经玄义文句》,《卍新续藏》第 36 册。

[唐]道宣:《大唐内典录》,《大正藏》第 49 册。

[唐]道宣:《广弘明集》,《大正藏》第 52 册。

[唐]道宣:《集古今佛道论衡》,《大正藏》第 52 册。

[唐]道宣:《集神州三宝感通录》,《大正藏》第 52 册。

[唐]道宣:《四分律删繁补阙行事钞》,《大正藏》第 40 册。

[唐]道宣:《续高僧传》,《大正藏》第 50 册。

[唐]道掖:《净名经关中释抄》,《大正藏》第 38 册。

[唐]法藏:《华严经探玄记》,《大正藏》第 35 册。

[唐]法藏:《十二门论宗致记》,《大正藏》第 42 册。

[唐]法琳:《辩正论》,《大正藏》第 52 册。

[唐]惠详:《弘赞法华传》,《大正藏》第 51 册。

[唐]净觉:《楞伽师资记》,《大正藏》第 85 册。

[唐]楼颖:《善慧大士语录》,《卍新续藏》第

69册。

[唐]明佺:《大周刊定众经目录》,《大正藏》第55册。

[唐]若那跋陀罗译:《大般涅槃经后分》,《大正藏》第38册。

[唐]神清:《北山录》,《大正藏》第52册。

[唐]延寿:《宗镜录》,《大正藏》第48册。

[唐]义净:《大唐西域求法高僧传》,《大正藏》第51册。

[唐]义净:《南海寄归内法传》,《大正藏》第54册。

[唐]元康:《肇论疏》,《大正藏》第45册。

[唐]元晓:《涅槃经宗要》,《大正藏》第38册。

[唐]圆照:《贞元释教录》,《大正藏》第55册。

[唐]智昇:《开元释教录》,《大正藏》第55册。

[唐]宗密:《禅源诸诠集都序》,《大正藏》第48册。

[宋]道诚:《释氏要览》,《大正藏》第54册。

[宋]道原:《景德传灯录》,《大正藏》第51册。

[宋]赞宁:《大宋僧史略》,《大正藏》第54册。

[宋]赞宁:《宋高僧传》,《大正藏》第50册。

[宋]志磐:《佛祖统纪》,《大正藏》第49册。

[元]念常:《佛祖历代通载》,《大正藏》第49册。

[明]如玘:《楞伽经注解》,《大正藏》第39册。

[明]心泰:《佛法金汤编》,《卍新续藏》第87册。

〔日〕安澄:《中论疏记》,《大正藏》第65册。

〔日〕珍海:《名教抄》,《大正藏》第70册。

《历代法宝记》,《大正藏》第51册。

《善慧大士语录》,《卍新续藏》第69册。

二 中国传统典籍

[东汉]班固:《汉书》,中华书局,2007 年。

[晋]陈寿:《三国志》,中华书局,1959 年。

[南朝]沈约:《宋书》,中华书局,1974 年。

[南朝]刘义庆:《世说新语》,中华书局,2015。

[南朝]萧子显:《南齐书》,中华书局,1972 年。

[北朝]魏收:《魏书》,中华书局,1997 年。

[唐]姚思廉:《梁书》,中华书局,1973 年。

[唐]姚思廉:《陈书》,中华书局,1973 年。

[唐]魏徵:《隋书》,中华书局,1973 年。

[唐]李延寿:《南史》,中华书局,1975 年。

[唐]房玄龄:《晋书》,中华书局,1974 年。

[宋]司马光:《资治通鉴》,中华书局,2011 年。

[明]葛寅亮:《金陵梵刹志》,何孝荣点校,天津人民出版社,2007 年。

[清]严可均:《全上古秦汉三国六朝文》,中华书局,1958 年。

三 近现代论著

张彦远:《历代名画记》,人民美术出版社,1963 年。

〔日〕牧田谛亮:《六朝古逸观世音应验记之研究》,京都平乐寺书店,1970 年。

〔日〕布施浩岳:《涅槃宗的研究》,东京图书刊行会,1973 年。

〔日〕平井俊荣:《中国般若思想史研究——吉藏と三论学派》,东京春秋社,1976 年。

吕澂:《中国佛学源流略讲》,中华书局,1979 年。

北京大学哲学系美学教研室:《中国美学史资料选编》,中华书局,1980 年。

杜洁祥:《中国佛寺志汇刊》,台北:明文书局,1980 年。

中国佛教协会:《中国佛教》第 1 辑,知识出版社,1980 年。

任继愈:《中国佛教史》第 1 卷,中国社会科学出版社,1981 年。

方豪:《中西交通史》,岳麓书社,1982 年。

方立天:《魏晋南北朝佛教论丛》,中华书局,1982 年。

汤用彤:《汉魏两晋南北朝佛教史》,中华书局,1982年。

于安澜:《画品丛书》,上海人民美术出版社,1982年。

逯钦立辑校:《先秦汉魏晋南北朝诗》,中华书局,1983年。

唐长孺:《魏晋南北朝史论拾遗》,中华书局,1983年。

余嘉锡:《世说新语笺疏》,中华书局,1983年。

任继愈:《中国佛教史》第2卷,中国社会科学出版社,1985年。

〔日〕諏访义纯:《中国中世佛教史研究》,东京大东出版社,1985年。

〔日〕镰田茂雄:《中国佛教通史》,高雄佛光出版社,1986年。

周叔迦:《周叔迦佛学论著集》,中华书局,1991年。

谢重光、白文固:《中国僧官制度史》,青海人民出版社,1992年。

《俄藏敦煌文献》第4册,上海古籍出版社,1993年。

贺云翱等:《佛教初传南方之路(文物图录)》,文物出版社,1993年。

卢辅圣:《中国书画全书》,上海书画出版社,1993年。

印顺:《华雨集》第4册,台北正闻出版社,1993年。

孙昌武:《观世音应验记三种》,中华书局,1994年。

黄征、吴伟:《敦煌愿文集》,岳麓书社,1995年。

潘运告:《汉魏六朝书画论》,湖南美术出版社,1997年。

张弓:《汉唐佛寺文化史》,中国社会科学出版社,1997年。

〔日〕下田正弘:《涅槃经之研究——大乘经典之研究方法试论》,东京春秋社,1997年。

〔日〕諏访义纯:《中国南朝仏教史の研究》,京都法藏馆,1997年。

侯旭东:《五、六世纪北方民众佛教信仰》,中国社会科学出版社,1998年。

俞剑华:《中国古代画论类编》,人民美术出版社,1998年。

赖永海:《中国佛性论》,中国青年出版社,

1999年。

颜尚文:《梁武帝》,台北东大图书股份有限公司,1999年。

梁满仓:《汉唐间政治与文化探索》,贵州人民出版社,2000年。

严耀中:《江南佛教史》,上海人民出版社,2000年。

陈寅恪:《金明馆丛稿初编》,生活·读书·新知三联书店,2001年。

董志翘:《观世音应验记三种译注》,江苏古籍出版社,2002年。

方立天:《中国佛教哲学要义》,中国人民大学出版社,2002年。

潘运告:《明代画论》,湖南美术出版社,2002年。

蓝日昌:《六朝判教论的发展与演变》,台北文津出版社,2003年。

刘立夫:《弘道与明教》,中国社会科学出版社,2004年。

圣凯:《中国佛教忏法研究》,宗教文化出版社,2004年。

林树中:《六朝艺术》,南京出版社,2004年。

朱偰:《金陵古迹图考》,中华书局,2005年。

林大志:《四萧研究——以文学为中心》,中华书局,2007年。

潘运告:《中国历代画论选》,湖南美术出版社,2007年。

俞剑华注译:《宣和画谱》,凤凰出版传媒集团,2007年。

曹利华、乔何:《书法美学资料选注》,陕西人民出版社,2009年。

印顺:《印度佛教思想史》,中华书局,2010年。

傅慧敏:《中国古代绘画理论解读》,上海人民美术出版社,2012年。

程国政:《中国古代建筑文献集要·先秦五代》,同济大学出版社,2013年。

赖永海:《中国佛教文化论》,东方出版社,2014年。

南京佛教通史（隋唐宋元卷）

赖永海 总主编

王月清 韩传强 主编

创于1897
商务印书馆
The Commercial Press

目录

第一章　隋唐五代社会与金陵佛教　1

第一节　3　金陵地区的社会历史条件与思想文化图景
第二节　7　政治中心北移与北学南下
第三节　10　南北交融与江南佛教
第四节　13　讲经义学与金陵学风

第二章　隋唐五代时期的金陵佛教　15

第一节　17　三论宗在金陵的弘传
第二节　28　隋唐五代金陵地区的华严学
第三节　32　禅宗的南北交融与金陵禅风

第三章　牛头宗的创立及牛头禅的思想　37

第一节　39　南朝佛教的发展及其对牛头宗创立的影响
第二节　47　牛头宗的创立、传承及发展
第三节　63　牛头禅思想的内涵要义
第四节　81　牛头禅思想的圆融特征
第五节　107　牛头禅的流向及其影响

第四章　金陵清凉院文益禅师与法眼宗　111

第一节　113　禅传江南与“一花开五叶”
第二节　130　文益禅师的悟道与弘法金陵
第三节　146　文益禅师“禅门革新”与法眼宗创立

第四节 175 法眼宗的地域性传播与宗派系谱

第五章 南唐帝王与佛教 207

第一节 209 烈祖李昪与佛教
第二节 212 元宗李璟与佛教
第三节 214 后主李煜与佛教

第六章 宋元社会与南京佛教 219

第一节 221 宋元社会与佛教新格局
第二节 243 宋元时期的南京城暨南京佛教

第七章 宋元南京禅宗 263

第一节 265 北宋南京云门宗的兴起
第二节 279 宋元南京临济宗
第三节 318 宋元南京曹洞宗

第八章 宋元文士与南京佛教 327

第一节 329 宋元南京文士佛教的兴盛
第二节 342 王安石与南京佛教
第三节 365 苏轼与南京佛教

第九章　隋唐五代时期南京佛教寺院 375

第一节 380 隋唐五代南京佛寺之兴废
第二节 397 隋唐五代金陵佛寺分布及数量
第三节 414 隋唐五代金陵重要佛寺及人物
第四节 421 寺院制度

第十章　两宋时期的金陵佛寺 425

第一节 428 两宋金陵佛寺的兴废
第二节 445 两宋金陵佛寺的分布
第三节 451 两宋金陵重要佛寺

第十一章　元代的南京佛寺 457

第一节 460 元代南京佛寺的兴废
第二节 466 元代南京佛寺的分布
第三节 479 元代南京重要佛寺
第四节 485 隋唐五代宋元时期金陵佛寺的舍利

第十二章　隋唐宋元南京佛教文学与艺术 493

第一节 495 隋唐宋元南京佛教文学
第二节 527 隋唐宋元南京佛教艺术

参考文献 535

第一章　隋唐五代社会与金陵佛教

南北朝的结束，隋唐的继起，标志着中国社会从分裂割据逐渐走向统一。从全国来看，隋唐的大一统，在政治、经济、文化、民族心理等各方面都产生了深远影响。就金陵地区来说，隋唐的统一，给这一地区佛教发展带来的影响，主要表现在以下几个方面：政治地位的变迁、社会经济的起伏、多元文化的融摄。以下我们就从上述几个方面展开讨论。

第一节
金陵地区的社会历史条件与思想文化图景

金陵，这个曾经的六朝古都，到了隋唐至五代时期，不论是在社会历史条件方面，还是在思想文化图景方面，都有了明显的变化。

一 金陵地区的社会历史条件

隋唐五代时期，金陵地区佛教发展的相关社会历史条件，与六朝相比已经有了明显的不同，具体而言，主要体现在以下几个方面。

（一）时代背景

隋唐的大一统，结束了南北朝各自为政的混乱格局。公元 581 年，随着北周周静帝宇文阐（573—581）禅让帝位于隋文帝杨坚，中国从此开始了新的大一统局面。随后继起的唐朝，更是世界公认的中国历史上最为强盛的王朝之一。尽管中经安史之乱、藩镇割据等事件，国力频遭削弱，但这并未扭转隋唐社会蓬勃发展的整体趋势。因而，隋唐的强盛给佛教的发展提供了一个很好的契机。虽然在唐朝末年，中国社会又陷入五代十国的分裂局面，但随之而来的宋朝则很快结束了这一分裂的态势。总体来说，在中国历史上，从隋至五代十国是一个相对安定繁荣的社会历史时期，这为佛教乃至各种宗教文化的发展及繁盛提供了相对适宜的环境。就金陵而言，尽管这一时期金陵地区基本上失去了政治中心的地位，但在宗教文化发展方面，依然有着丰富的资源和广阔的前景。

第一，相对安定的社会环境。从隋至五代，虽中经安史之乱、藩镇割据以及五代十国的割据而治，但这一时期社会相对安定繁荣，贞观之治、开元盛世便是典型代表。正如杜甫诗中所述：

> 忆昔开元全盛日，小邑犹藏万家室。稻米流脂粟米白，公私仓廪俱丰实。

九州道路无豺虎，远行不劳吉日出。齐纨鲁缟车班班，男耕女桑不相失。宫中圣人奏云门，天下朋友皆胶漆。百余年间未灾变，叔孙礼乐萧何律。[①]

可见，唐朝的这种繁荣是空前的，金陵虽偏于南方一隅，但也备受社会发展的不少恩惠。南唐后主重新回归金陵，使该地区再获更大发展空间成为可能。

第二，相对宽松的宗教政策。从隋唐至五代时期，虽遭遇“会昌法难”、后周世宗发起的“灭佛”事件，但这些相较于整个隋唐五代时期而言，则是非常短暂的。尤其需要说明的是，从隋唐至五代，这一时期的宗教政策是相对比较宽松的。就金陵地区而言，这一时期，由于其远离政治中心，所以就连“会昌法难”对这一地区信众造成的心理冲击也是相对比较弱的。与此同时，由于社会相对安定，宗教政策相对开明，这为佛教的发展提供了契机，金陵地区亦备受惠泽。南唐后主李煜在位时，就力崇佛教，广修佛寺。即便在隋朝，金陵地区佛教的发展亦非常兴盛，王侯贵族对佛教的崇信越发强烈。如隋开皇十五年（595）之时，智者大师就曾受晋王之邀，再次来到金陵弘法，并于此地撰写了《净名经疏》28卷，[②]这为佛教在金陵乃至全国的繁荣提供了重要的资源。

（二）行政建置

隋唐至五代时期，金陵地区的行政建置相较于魏晋南北朝时期大有改变。这种改变对佛教在金陵地区的传播亦有着重要影响。

第一，隋唐时期的行政建置。从隋开皇九年（589）隋平陈，至唐末天复二年（902），前后300余载，金陵的行政建置都较低，高则设为州、郡，低则仅置为一县。[③] 金陵地区的行政建置实际上反映出定都于两京的隋唐执政者对金陵地区政治地位的刻意压制与贬抑。[④] 所以，就整个隋唐而言，虽然社会发展相对稳定，但唐末的藩镇割据、农民起义使金陵地区不断易主，民众多生活在颠沛、恐惧中，这也为佛教的发展提供了隐性的契机。所以，政治上的压抑实际上并没有对金陵地区宗教尤其是佛教的进一步发展造成太大影响。相反，政治上被边缘化带

---

① 杜甫：《杜甫诗选》，黄肃秋选，虞竹辑注，人民文学出版社，1962年，第79—80页。

② 叶皓：《佛都金陵》，南京出版社，2010年，第145页。

③ 关于金陵在隋唐至五代时期行政建置的详细讨论，参见南京市地方志编纂委员会编：《南京建置志》，海天出版社，1994年，第80—107页。

④ 南京市地方志编纂委员会编：《南京建置志》，第81页。

来的诸种境遇，为佛教的传播提供了更多的可能。

第二，五代时期的行政建置。五代时期，江南重镇昇州成了杨吴西都金陵府，随后又成为南唐国都江宁府，辖区也由原来昇州所统摄的上元、溧水、溧阳、句容等四地，扩展到包括安徽的青阳、芜湖及以东的十一地，甚至连江北的六合亦一度隶属于江宁府，从而形成了跨江而治的宏伟局面。[①] 从唐末至五代，历经诸侯争霸、藩镇割据，北方战乱不息，而金陵乃至江淮地区半个多世纪以来未发生过大规模战争，并不断进行休养生息、兴助农商，促进了这一地区经济、文化的发展，从而推动了佛教的进一步发展。

二　金陵地区的思想文化背景

就隋唐五代时期而言，金陵地区除了在社会历史条件方面与六朝有着明显的不同外，其在思想文化背景方面，也与六朝泾渭分明。

其一，隋至五代金陵地区文化发展概览。

作为六朝古都的金陵具有非常显著的区域文化特征，这种区域文化在隋以前便已渐趋成型。

第一，隋以前金陵地区文化的一般样态。金陵在南北朝时期，人口已达百万，成为中国乃至世界上最重要的城市之一。在思想文化方面，作为都城的金陵（时称建康），更是绚丽多姿、繁荣昌盛。诚如胡阿祥教授在《南京通史·六朝卷》中所言：

> 六朝时期，两汉以来儒学独尊的垄断地位被打破，形成了儒学、经学、玄学多种学术思潮并存的局面。它们既相互排斥，又相互吸收；既互相抵制，又互相渗透，堪称是我国历史上自春秋战国以后的第二个“百家争鸣”的时代。这些多元化的思想，不仅对当时的政治、经济、文化等等方面产生了重大的影响，而且也深深地影响到后来中国的政治、经济和文化的发展方向。[②]

---

① 南京市地方志编纂委员会编:《南京建置志》，第93页。

② 南京市地方志编纂委员会办公室编:《南京通史·六朝卷》，南京出版社，2009年，第425页。

可见，隋以前，经过两汉、魏晋南北朝以来的积累，金陵地区的思想文化已有非常深厚的积淀，这为隋唐金陵地区文化的发展奠定了坚实的基础。

第二，隋至五代金陵地区文化的基本特征。隋朝统一中原以后，由于政治中心北移，金陵作为思想文化中心的地位逐步让渡出去。同时，儒释道三家鼎立的局面渐趋成型。就金陵地区而言，在一定程度上，我们甚至可以说，佛教文化相较于其他诸家，显得更为兴盛。尽管学界常以“两汉经学”“魏晋玄学”“隋唐佛学”这些术语来划分两汉至隋唐时期的主要学术样态，但实际上，在魏晋时期，佛教乃至佛学已蔚然成风，这一特征对于作为都城的金陵来说尤为明显。这一时期，儒释道三家相互对立而又相互融摄。一方面，儒学一统天下的局面渐趋式微，儒学不断通过援入道学以助本学；另一方面，佛学的发展日趋完善，逐渐走出格义形式的阈限。简而言之，至隋时，儒释道三家在鼎立的同时，又不断融摄，逐渐趋向融合。

其二，隋至五代金陵地区佛教发展态势。

第一，隋以前金陵地区佛教发展概览。如前所述，两汉以降，佛教开始在华夏传播，至魏晋南北朝时期，已蔚然成风。一方面，格义佛教逐渐兴盛。所谓格义佛教，就是“以经中事数拟配外书，为生解之例”[①]，也即是言，“用中国传统的思想和概念，通过比拟来解释佛教教义的一种方法”[②]，而“六家七宗”则是格义佛教的典型代表。佛教通过这种格义，获致更大的传播空间。另一方面，帝王对佛教多为推崇。南北朝以降，帝王对佛教更加热衷，梁武帝则是典型代表。在各代帝王的推崇和倡导下，佛教逐渐走进王室，成为王公大臣的主要精神食粮，这为佛教的发展注入了不少动力。

第二，隋至五代金陵地区佛教的一般样态。隋至五代，佛教宗派化逐渐形成。天台、华严、禅宗等宗派不断创立，并已蔚然成风。这时金陵地区孕育并活跃的佛教宗派主要有三论宗、天台宗、牛头宗、法眼宗。尤其是牛头宗，它是金陵地区土生土长的一个佛教宗派，在中国禅宗史上乃至中国佛教史上都有着重要的地位。佛教宗派化是佛教中国化的隐性呈现，它标志着佛教中国化的最终完成。

---

① 慧皎：《高僧传》卷第四，《大正藏》第50册，第347页上。

② 徐小跃：《禅与老庄》，江苏人民出版社，2012年，第58页。

第二节
政治中心北移与北学南下

因隋唐两朝都定都于长安，并将洛阳作为东都，所以政治中心自然从金陵转移至两京，也即从南方转移至北方。政治中心的北移，使得文化之发展转向以两京为中心；政治中心的北移，也使得两京地区文化的发展达到了空前的繁荣。这种繁荣虽然以两京为中心，但却并不局限于两京。随着隋唐社会的相对稳定和文化的进一步繁荣，又出现了北学南下这种“倒流”现象。

一 政治中心的北移

公元581年，北周周静帝通过禅让，将帝位让于杨坚，隋朝建立，并改长安为都城。南朝时期，宋、齐、梁、陈都将都城定为金陵（建康）。至隋唐，这一政治中心便转移到以长安为中心的两京地区。

隋唐时期，政治中心的北移，对金陵地区佛教发展的影响是双重的。一方面，政治中心的北移，使得金陵的政治地位明显下降，而这种政治地位下降的结果则是大批上层佛教信众流失。也即是说，随着政治中心的北移，诸如王室、朝廷要员等都在两京地区安营扎寨。同时，由于政治中心的北移，在金陵地区以政府名义举行的佛教活动，诸如大规模的译经等，相较南北朝时期也逐渐减少，而两京地区则成为佛教至少是官方佛教活动的重要场所。

另一方面，政治中心的北移，使得金陵地区佛教的发展受官方影响越来越小，同时，金陵地区佛教发展的这种特色也不断向周边延伸，使得金陵逐渐成为江南佛教发展的重要中心之一。

二 | 北学南下及其成因

从学术发展视域而言，北学南下，似乎是一种学术的“倒流”现象。所谓“倒流”，也就是说，政治中心的北移，理应带来北学的繁荣，但北学的繁荣却没有仅仅停留于北方，而是回传到南方。这种回传，既有北方原初佛教思想的气息，同时也有南学北上融合后的因子。因此，北学南下实际上是南北思想交融的进一步延伸。

那么，为什么会出现北学南下这种现象呢？按照严耀中教授在《江南佛教史》中所述，北学南下的主要原因有以下几个方面。

第一，北方战争频发，而南方相对安定。尽管隋朝的大一统暂时结束了南北朝时期长期的分裂割据，但隋朝的短命以及隋末农民起义使得北方战争频发，民不聊生。隋末农民起义虽然以失败告终，但动摇并最终瓦解了隋朝的统治。隋末农民起义扎根于北方，其对地主阶级，尤其是对贵族、官僚、门阀世族的打击更为沉重。[①] 这种情况在唐朝再次上演。

唐朝虽经历了贞观之治、开元盛世的福泽，但好景不长。安史之乱、藩镇割据又使与唐王室关系甚密的佛教失去了外在的庇护，而唐武宗“灭佛”则更是加速了佛教尤其是王室佛教、贵族佛教的瓦解。史载：

> 其天下所拆寺四千六百余所，还俗僧尼二十六万五十人，收充二税户。拆招提、兰若四万余所，收膏腴上田数千万顷，收奴婢为二税户十五万人。隶僧尼属主客，显明外国之教。勒大秦、穆护祆二千余人，并令还俗，不杂中华之风。[②]

虽然唐武宗“灭佛”是全国性事件，但作为政治中心的两京及其周边所受之影响比全国其他地区更为明显。相较于此，金陵等南方地区则相对缓和些，佛教生存与发展的空间则显得更大，这也是北方佛教南下的直接动力。

第二，南方的天台宗日趋衰落，北方的华严宗“趁虚”南下。从佛教本身发展

① 张先昌：《隋史稿》，高等教育出版社，2002 年，第 370 页。
② 宋敏求编：《唐大诏令集》，洪丕谟等点校，学林出版社，1992 年，第 543 页。

的情况来看，天台宗最早发轫于浙江台州国清寺，后来逐渐散布于金陵等地，是中国佛教史上最早立宗的佛教宗派。从隋至唐，天台宗在江南一带的影响是不可忽视的。但自天台九祖湛然以后，天台宗日趋平淡，而到了知礼，则又出现了"山家"与"山外"的分裂。[①] 相较于天台宗的式微，曾经活跃于北方的华严宗则在华严五祖宗密的力倡下不断壮大，逐渐向江南一带挺进，澄观、法敏在金陵的讲经布道则早已佐证了华严诸师在金陵的驻锡。

第三，隋唐没落，政治中心、文化中心逐渐南下。隋唐的没落，使得自五代十国以后，经济政治中心开始南移，江南又成为士大夫文人聚集之地。此时，佛教也随着政治、经济、文化的南移而南迁。至南宋之时，江南士大夫信佛热情日益高涨，并不断积极筹建华严寺院，佛教在江南一带又见蓬勃之势。[②]

---

① 严耀中:《江南佛教史》，上海人民出版社，2000 年，第 223 页。
② 严耀中:《江南佛教史》，第 223 页。

第三节
南北交融与江南佛教

如前所述，自隋以降，由于政治中心的北移，南方文化尤其是佛教文化亦开始了“北漂”之旅。与此同时，由于受隋末农民起义和唐中后期安史之乱、藩镇割据的影响，北方佛教也开始了南下之行。这样，南北交融既有文化的自发之因，也有自觉之力，而在南北交融这一过程中，金陵则是一个不可忽视的重要驿站乃至枢纽。

一 南北交融及其形式

隋唐五代之时，南北文化交融是一种主流，而佛教的南北交融则是这一主流的典型代表。就佛教文化交流本身而言，既有自发之因，亦有自觉之力。

首先，自发之因。隋唐的大一统，不仅结束了政治上的分据、地理上的分割，也逐渐淡化了文化上的分化。隋唐之时，以两京为中心开启了文化的融合之势。从自发角度来说，这种交融源于被迫。如前所述，由于隋末农民起义所带来的动荡以及唐中期所遭遇的安史之乱、藩镇割据，北方陷入战乱之中，民不聊生，而南方相对安定，这使得南方成为难民逃亡之地、民众向往之所。北方民众的南迁，也给南方带来了北方的文化、习俗以及宗教。而北方民众南迁之处，主要是江浙两地。尽管这种交融是出于一种隐性的被迫，但事实上却加速了南北文化的融合，丰富了南方的宗教文化。据李映辉教授的统计，唐代最大的寺院密集分布带便集中在江苏、浙江境内的润、扬、常、苏、杭、湖、越、明、婺、台等十州，这些地区在唐前期总共有寺院140余所，占全国寺院总数的17%，而在唐后期更是增至169所，占全国寺院总数的25.5%。[①]

其次，自觉之力。所谓自觉，指的是南北文化的交融还有一种主动展开的形式。所谓主动展开，是指不是源于战争等外在强制力，而是与政治上大一统隐性

① 李映辉：《唐代佛教地理研究》，湖南大学出版社，2004年，第92—93页。

形成的文化上相“匹配”。无论是“鉴真东渡”还是“玄奘西游”，都是中外文化史上尤其是佛教史上不可忽视的事件。当然，隋唐文化的这种自觉融合，不仅仅限于中国对外的交往，更体现在多种文化之间的融摄。在《坛经》中有一段五祖弘忍大师与慧能禅师的对话，可以彰显南北文化融合的自觉。

> 祖问曰：“汝何方人，欲求何物？”慧能对曰：“弟子是岭南新州百姓，远来礼师，惟求作佛，不求余物。”祖言：“汝是岭南人，又是獦獠，若为堪作佛？”慧能曰：“人虽有南北，佛性本无南北。獦獠身与和尚不同，佛性有何差别？”①

正如慧能大师所言：“人虽有南北，佛性本无南北。”实际上不仅人有南北的区分，文化乃至文明也有南北的差异，但“佛性本无南北”则隐性彰显出文化尤其是宗教文化对文化融摄的内在渴慕。换言之，隋唐时期虽然政治中心北移，但却未能割裂南北文化上的相互交融。

二　金陵与江南佛教之中心

南北文化尤其是佛教文化融合的一个显性结果即是江南佛教的形成。对于江南佛教，严耀中教授曾对之有专题论述。

首先，江南地区之界定。江南，无论是地理概念还是行政区域，其在历史上都是非严格固定的。就行政区域划分而言，秦时为吴越地区，汉代则属于扬州，六朝时期则又被称为江左、江东、江表。同时，正如严耀中教授所言：“从政治着眼，在魏晋南北朝时北方人的眼里，江南就是江左政权的代名词，因为后者首都是定在属于江南的建业（后称建康）。”②至于唐代的江南道，其范围几乎包括了整个长江中下游地区。尽管隋唐至五代，无论从地理概念还是从行政区域划分来看，江南地区的范围一直都在不断改变着，但总的来说，历史上所说的江南，其所涵盖范围主要有“长江中下游”以及“长江下游”这两种说法。③

---

① 宗宝编：《六祖大师法宝坛经》，《大正藏》第48册，第348页上。
② 严耀中：《江南佛教史》，第1页。
③ 严耀中：《江南佛教史》，第2页。

其次，江南地区之特征。江南作为一个约定俗成的概念，无论在政治上还是在经济上，都有着自身相对的独立性。这种相对独立性，为宗教的发展提供了相对安定的环境。正如加藤繁就《洛阳伽蓝记》所载的“赐宅城南归正里，民间号为吴人坊；南来投化者，多居其内”这一内容所言，“在后魏时代，坊似乎是里的俗称”，而至“隋代开始用坊名”，至“（隋）炀帝时改为里”，“到唐代又称为坊”，也即是说，“坊”，“俗间也称里”。[①] 其实，称“里”还是称“坊”并不重要，重要的是其代表着江南地区的经济之繁荣以及贸易之兴盛。而这些都为宗教的发展奠定了良好的物质基础。

最后，作为江南佛教之中心的金陵。无论是从地理位置还是政治地位来看，在中国历史上，金陵都有着举足轻重的地位。从文化发展史的角度来检视，金陵作为江南佛教之中心的地位是无可非议的。早在东汉献帝末年，佛教文化就开始传入金陵（时称建业）地区，而孙权建立东吴政权之时，佛教已经在江南地区广泛传播开来，这开启了金陵作为江南佛教之中心的先河。[②] 与此同时，作为佛教中国化的成果，宗派佛教开始形成，而宗派佛教——无论是密宗、禅宗、三论宗，还是天台宗、律宗、法眼宗，大都滥觞于金陵。就佛教核心要素“佛、法、僧”三宝而言，金陵在江南佛教的发展中都起着重要的引领作用。无论是译经、讲法，还是修建寺院、培养僧才，金陵在江南地区乃至全国，都是走在前列的。

---

① 加藤繁：《中国经济史考证》上，吴杰译，中华书局，2012年，第260页。

② 叶皓：《佛都金陵》，第1页。

第四节
讲经义学与金陵学风

作为江南佛教之中心，金陵地区在佛教发展中有着重要的资源和独特的风格，其既是讲经、译经的重镇，又是僧才辈出的地方，还是佛教寺院聚集之所。

一 隋唐时期金陵地区的讲经、译经

尽管隋唐时期金陵不再是全国的政治中心，讲经、译经活动也没有东吴至南北朝时期那样兴盛，但这些弘法活动却依旧继续开展着。尽管我们无法直接获取金陵地区这一时期讲经、译经的全部情况，但是我们通过对一些文献的检视，依然可以略窥一二。据《唐代州五台山清凉寺澄观传》所载：

> 释澄观，姓夏侯氏，越州山阴人也。年甫十一，依宝林寺霈禅师出家，诵《法华经》。十四遇恩得度，便隶此寺。观俊朗高逸，弗可以细务拘，遂遍寻名山，旁求秘藏。梯航既具，壶奥必臻。乾元中，依润州栖霞寺醴律师学相部律，本州依昙一隶南山律。诣金陵玄璧法师，传关河三论。三论之盛于江表观之力也。大历中，就瓦棺（官）寺传《起信》《涅槃》。[①]

> 又谒牛头山忠师、径山钦师、洛阳无名师，咨决南宗禅法。复见慧云禅师，了北宗玄理。观自谓己曰："五地圣人，身证真如，栖心佛境。"[②]

由上述引文可见，澄观至金陵，无论是研习，还是传授，都彰显了金陵地区讲经、译经的浓厚氛围。此外，《续高僧传》之《法敏传》中关于法敏禅师的传记内容亦呈现出当时金陵地区讲经、译经的兴盛景象。

---

① 赞宁：《宋高僧传》卷第五，《大正藏》第50册，第737页上。
② 赞宁：《宋高僧传》卷第五，《大正藏》第50册，第737页上。

> 敏采摘精理,出听东安,言同意异,更张部别。年二十三,又听高丽实公讲大乘经论。躬为南坐,结轸三周。及实亡后,高丽印师上蜀讲论。法席雕散,陈氏亡国。敏乃反俗,三年潜隐。还袭染衣,避难入越,住余姚梁安寺,领十沙弥讲《法华》《三论》,相续不绝。贞观元年,出还丹阳,讲《华严》《涅槃》二年。越州田都督,追还一音寺,相续法轮。于时,众集义学,沙门七十余州八百余人,当境僧千二百人,尼众三百。士俗之集,不可复纪,时为法庆之嘉会也。①

由此可见,尽管隋唐五代时期金陵已非全国的政治中心,但讲经、译经依旧风靡于金陵,这既是基于昔日佛教文化的底蕴,亦为佛教的进一步发展提供了重要资源和基础。

二 隋唐时期金陵地区的佛教文化风格

隋唐至五代,中国佛教的基本走向是佛教中国化以及宗派佛教的渐趋形成。对于金陵地区佛教而言,其也具有当时佛教发展的一般特征。

首先,佛教宗派渐趋成型。佛教发展至隋唐五代之际,宗派化已是其主流。在金陵地区,衍生或发展起来的宗派主要有三论宗、天台宗、律宗、禅宗等宗派。隋唐至五代,栖霞寺、兴皇寺便是南方三论宗弘传的中心,而唐代大历年间(766—779),玄璧法师在金陵尤为活跃,其将三论宗再次复兴。至于禅宗,金陵则是其枝繁叶茂之所。在法融的努力下,牛头宗从禅宗主流一系旁出,不断发展壮大,进而被学界部分学者视为中国禅宗的正统。法眼宗在文益禅师的带领下,成为宋初最活跃的宗派。由此可见,隋唐至五代时期,佛教宗派化在金陵地区被演绎得淋漓尽致。

其次,帝王对佛教十分推崇。在中国历史上,推崇佛教的帝王不胜枚举,然而,像梁武帝、南唐后主李煜这样崇信佛教的帝王却不多见。据载,李煜生于佛教世家,自幼信奉佛教,其对佛教的痴迷,几近达到狂热的地步。王室崇佛、士大夫信佛成为此时金陵佛教的又一特征。尽管南唐在中国历史上存在的时间很短,但南唐后主对佛教的推崇却在一定程度上推动了金陵地区乃至江南地区佛教的进一步发展。

---

① 道宣:《续高僧传》卷第十五,《大正藏》第50册,第538页中—下。

第二章　隋唐五代时期的金陵佛教

隋唐五代时期，是佛教宗派渐趋成型的时期。金陵地区有着两汉以降积累起来的佛教资源。因此，中国佛教宗派化的形成与金陵这一地区无法分割，无论是三论宗、华严宗，还是禅宗。

第一节
三论宗在金陵的弘传

三论学派以及三论宗与金陵地区的关系甚为特殊。无论是嘉祥吉藏大师还是玄璧法师，其主要活动多以金陵为中心，其传法活动对三论宗在金陵的弘传亦极富意义。

一 嘉祥吉藏与三论弘传

三论宗是在中国较早立宗的佛教宗派之一。就三论宗的宗派渊源而论，吉藏大师曾坦言，三论宗始自关河三论，经由摄山三论而来，并认为其以摄山三论之学为大乘佛法的正统，也即"禀关河，传于摄领(岭)。摄领(岭)，大乘之正意者"[①]。从吉藏大师对三论宗的渊源阐述来看，这一宗派与摄山(今栖霞山)以及关河三论皆有着密切的关系。换言之，论及三论宗，就必然与摄山以及关河思想的传播密不可分。那么，这种关系也必然会关涉到金陵这一特殊的区域。

吉藏(549—623)，俗姓安，本是安息国人，祖上因避仇而辗转至南海(今广州)，后移居至金陵。吉藏出生于金陵，坐化于长安，一生经历陈、隋、唐三朝，先后驻锡于金陵、会稽(今绍兴)、扬州、长安四地，是三论宗的实际创始人。[②] 关于吉藏，道宣在《续高僧传》中有详细记载：

> 释吉藏，俗姓安，本安息人也。祖世避仇移居南海，因遂家于交广之间，后迁金陵而生藏焉。年在孩童，父引之见于真谛，仍乞名之。谛问其所怀，可为吉藏，因遂名也，历世奉佛门无两事。父后出家名为道谅，精勤自拔，苦节少伦。乞食听法，以为常业。每日持钵，将还跣足，入塔遍献佛像，然后分

---

① 董群：《中国三论宗通史》，凤凰出版社，2008年，第211页。

② 道宣：《续高僧传》卷第十一，《大正藏》第50册，第513页下—514页下。

施。方始进之，乃至涕唾便利，皆先以手承取，施应食众生，然后远弃。其笃谨之行，初无中失。谅恒将藏听兴皇寺道朗法师讲，随闻领解，悟若天真。年至七岁，投朗出家。采涉玄猷，日新幽致。凡所谘禀，妙达指归。论难所标，独高伦次。词吐赡逸，弘裕多奇。至年十九，处众覆述。精辩锋游，酬接时彦，绰有余美。进誉扬邑，有光学众。具戒之后，声问转高。陈桂阳王，钦其风采。吐纳义旨，钦味奉之。隋定百越，遂东游秦望，止泊嘉祥，如常敷引。禹穴成市，问道千余。志存传灯，法轮继转。开皇末岁，炀帝晋蕃，置四道场。国司供给，释李两部，各尽搜扬，以藏名解著功。召入慧日，礼事丰华，优赏伦异。王又于京师置日严寺，别教延藏，往彼居之。欲使道振中原，行高帝壤。既初登京，辇道俗云奔。见其状则傲岸出群，听其言则钟鼓雷动。藏乃游诸名肆，薄示言踪。皆掩口杜辞，鲜能具对。然京师欣尚，妙重法华。乃因其利，即而开剖。时有昙献禅师，禅门钲鼓，树业光明，道俗陈迹。创首屈请，敷演会宗，七众闻风，造者万计。隘溢堂宇，外流四面，乃露缦广筵，犹自繁拥。豪族贵游，皆倾其金贝。清信道侣，俱慕其芳风。藏法化不穷，财施填积，随散建诸福田。用既有余，乃充十无尽。藏委付昙献，资于悲敬。逮仁寿年中，曲池大像，举高百尺。缮修乃久，身犹未成。仍就而居之，誓当构立。抽舍六物，并托四缘。旬日之间，施物连续。即用庄严，峙然高映。故藏之福力，能动物心。凡有所营，无非成就。隋齐王暕，夙奉音猷。一见欣至，而未知其神府也。乃屈临第，并延论士。京辇英彦，相从前后六十余人。并已陷折，前锋令名自著者，皆来总集。藏为论主，命章陈曰。以有怯之心，登无畏之座，用木讷之口，释解颐之谈。如此数百句，王顾学士傅德充曰："曾未延锋御寇，止如向述，恐罕追斯踪。"充曰："动言成论，验之今日。"王及僚友，同叹称美。时沙门僧粲，自号三国论师，雄辩河倾，吐言折角。最先征问，往还四十余番。藏对引飞激，注赡滔然。兼之间施，体貌词彩铺发。合席变情，赧然而退。于是芳誉更举，顿爽由来。王谓未得尽言，更延两日。探取义科，重令竖对，皆莫之抗也。王稽首礼谢，永归师傅，并傺吉祥麈尾，及诸衣物。晚以大业初岁，写二千部《法华》。隋历告终，造二十五尊像。舍房安置，自处卑室。昏晓相仍，竭诚礼忏。又别置普贤菩萨像，帐设如前。躬对坐禅，观实相理。镇累年纪，不替于终。及大唐义举，初届京师。武皇亲召释宗，谒于虔化门下。

> 众以藏机悟有闻，乃推而叙对曰："惟四民涂炭，乘时拯溺，道俗庆赖，仰泽穹旻。武皇欣然，劳问勤勤，不觉影移。"语久，别敕优矜，更殊恒礼。武德之初，僧过繁结，置十大德。纲维法务，宛从物议。居其一焉，实际定水，钦仰道宗。两寺连请，延而住止，遂通受双愿，两以居之。齐王元吉，久揖风猷，亲承师范。又屈住延兴，异供交献。藏任物而赴，不滞行，藏年气渐衰屡增疾苦。敕赐良药，中使相寻。自揣势极难瘳，悬露非久。乃遗表于帝曰："藏年高病积，德薄人微。曲蒙神散，寻得除愈。但风气暴增，命在旦夕。悲恋之至，遗表奉辞。伏愿久住世间，缉宁家国。慈济四生，兴隆三宝。"储后诸王，并具遗启，累以大法。至于清旦索汤，沐浴着新净衣，侍者烧香，令称佛号。藏跏坐，俨思如有喜色。斋时将及，奄然而化，春秋七十有五，即武德六年五月也。①

从上述引文可以看出，吉藏一生经历三朝，辗转多地，开三论宗之先河，弘佛法之精勤。就吉藏大师在金陵这一地区的活动来看，主要有以下几个方面：

其一，吉藏出生于金陵，并于此地拜见了译僧真谛大师(499—569)。如上引文所述，吉藏"年在孩童，父引之见于真谛，仍乞名之。谛问其所怀，可为吉藏，因遂名也"②。也即是言，"吉藏"一名便为译僧真谛所赐，而吉藏则在其父影响下，自幼便已深入佛海。

其二，吉藏出入兴皇寺，并从兴皇法朗出家。如上引文所述，吉藏在其父亲的引导下，经常前往兴皇寺法朗处，"听兴皇寺道朗法师讲，随闻领解，悟若天真"，并且"年至七岁，投朗出家"。③ 吉藏在兴皇寺驻足十几载，研磨经文，深究佛法，"采涉玄猷，日新幽致。凡所谘禀，妙达指归。论难所标，独高伦次。词吐赡逸，弘裕多奇"④。

其三，吉藏驻足金陵，开启人生习佛第一阶段。如果说吉藏从真谛而得名，那么，吉藏再从法朗而开启其人生研习佛法的第一阶段。这一阶段的时间大约是从吉藏 7 岁至吉藏 41 岁，前后长达 34 年之久。吉藏因才华出众，备受

---

① 道宣：《续高僧传》卷第十一，《大正藏》第 50 册，第 513 页下—514 页下。
② 道宣：《续高僧传》卷第十一，《大正藏》第 50 册，第 513 页下。
③ 道宣：《续高僧传》卷第十一，《大正藏》第 50 册，第 513 页下。
④ 道宣：《续高僧传》卷第十一，《大正藏》第 50 册，第 513 页下。

法朗喜爱，其“至年十九，处众覆述。精辩锋游，酬接时彦，绰有余美。进誉扬邑，有光学众。具戒之后，声问转高。陈桂阳王，钦其风采。吐纳义旨，钦味奉之”①。另据相关史料所载，在吉藏驻锡金陵期间，天台智者大师曾在金陵瓦官寺讲《法华经》，兴皇法朗曾派门徒于太建元年（569）前去论道，是年吉藏 21 岁，已受具足戒，很可能作为辩论者之一来到瓦官寺与智者大师论道。②

然而在隋平定百越以后，吉藏“遂东游秦望，止泊嘉祥，如常敷引”③。随后吉藏又辗转于扬州、长安等地，并最终坐化于长安，世寿 74 岁。从吉藏一生对佛法的研习及传播来看，金陵是其出生之处，亦是其佛学研习之始。金陵作为六朝古都，其浓厚的文化气息孕育了一代又一代有识之士。尽管吉藏在金陵时远不如其在长安时那么位高权重、声名显赫，但在金陵之时却是其慧命的开始。如果说吉藏开启创立三论宗派之先河，那么，吉藏在金陵这一时段则为三论的开启做了充分的准备。正是吉藏于此期间的努力，为三论立宗以及三论宗的进一步发展提供了思想之源。

二 玄璧法师与关河三论

学界对玄璧法师的研究主要借助于澄观大师的相关传记文献，在一定程度上忽视了从玄璧法师自身相关文献资源来研究玄璧法师。本书尝试以玄璧法师自身相关文献为研究基础，从三论宗发展的历史脉络来把握玄璧法师与关河三论的多维关系。

（一）玄璧法师其人其事

关于玄璧法师，现存资料对其生平事迹论及者甚少，对其进行专题研究者更是寥若晨星。在《大正藏》和《卍新续藏》中，直接论及玄璧法师的一共只有 6 种文献，详见表 2.1。

---

① 道宣：《续高僧传》卷第十一，《大正藏》第 50 册，第 513 页下。

② 董群教授在《中国三论宗通史》中曾对吉藏在金陵地区佛法研习以及随后前往浙江绍兴、长安等地的传法活动做过详细的探究。关于此问题的进一步探讨，可参见董群：《中国三论宗通史》，第 212—213 页。

③ 道宣：《续高僧传》卷第十一，《大正藏》第 50 册，第 513 页下。

表 2.1 《大正藏》与《卍新续藏》中玄璧法师相关信息

序号	文献名称	所述内容	次数	出处
1	《佛祖统纪》	澄观传关河三论于玄璧法师	1	《大正藏》第 49 册①
2	《释氏稽古略》	澄观诣玄璧法师传关河三论	1	《大正藏》第 49 册②
3	《宋高僧传》	澄观诣玄璧法师传关河三论	1	《大正藏》第 50 册③
4	《弘赞法华传》	唐苏州流水寺释玄璧传	3	《大正藏》第 51 册④
5	《法华灵验传》	玄璧传(仙鹤来意)	1	《卍新续藏》第 78 册⑤
6	《高僧摘要》	澄观诣玄璧法师传关河三论	1	《卍新续藏》第 87 册⑥

从上表可以看出,文献史料中关于玄璧法师的材料主要是其与澄观大师的关系以及其本人之传记。除了《佛祖统纪》所述内容有误外,其余材料均论及澄观大师与玄璧法师传关河三论这一事件。

现存关于玄璧法师的材料,最详细者莫过于《弘赞法华传》,此文献记载了玄璧法师的生平主要事迹。就此传记而言,我们可以对玄璧法师相关信息做如下分析⑦:

首先,玄璧法师生平与事迹。据《大正藏》等史料记载,玄璧法师生卒年、姓氏皆不详。仅知其出生于苏州吴县,自小出家,住流水寺。玄璧法师自幼聪颖,好学不倦,多方游历。法师"不以世务婴心",其虽经常遭遇"猛兽怪虫,妖精恶贼",却"未始忤其情守"。⑧

其次,玄璧法师讲道与灵验。现存有关玄璧法师的资料,多记载其与澄观大师的师徒关系,并论及澄观受学于玄璧,后传关河三论思想。那么,玄璧主要感兴趣的领域是什么呢?据《弘赞法华传》等文献所载,玄璧法师常坐在一个方四尺的床上,旁无尘杂。每当其讲诵《中论》《百论》《十二门论》《摄大乘论》以及《华严经》《涅槃经》《法华经》,多的时候会有 20 余州信众咸来听受。甚至有一次在其讲《法华经》时,发生了一件有趣的事:

① 志磐:《佛祖统纪》卷第二十九,《大正藏》第 49 册,第 293 页中。这一文献所述内容显然失当,不是澄观传三论于玄璧法师,而是澄观诣玄璧法师而学三论。
② 觉岸:《释氏稽古略》卷三,《大正藏》第 49 册,第 821 页中。
③ 赞宁:《宋高僧传》卷第五,《大正藏》第 50 册,第 737 页上。
④ 惠详:《弘赞法华传》卷第三,《大正藏》第 51 册,第 17 页下、20 页中、20 页下。
⑤ 了圆:《法华灵验传》卷上,《卍新续藏》第 78 册,第 10 页中。
⑥ 徐昌治:《高僧摘要》卷二,《卍新续藏》第 87 册,第 312 页下。
⑦ 本讨论所依文本为刘峰:《刘峰著作全集》下册,社会科学文献出版社,2013 年,第 747 页。
⑧ 刘峰:《刘峰著作全集》下册,第 747 页。

忽有一鹤，从外飞来。于殿下池中，三度含水，喷洒于地。径诣佛边圣僧座上，一立不动，直至讲了，然始飞去。如此经年，后乃恒住。上堂即鼓翼引前，下讲即倾身随从。法师或令其舞，即搦翮顿足，顾影回头，乍起乍仰，或来或去，变态殊绝，难以具名。凡历二年，周旋不去。数州文翰之士，莫不伟而同咏。①

尽管这仅是一个灵验故事，但却隐性彰显出玄璧法师讲道诵经所受欢迎之程度。虽然学界目前对玄璧法师的了解更多出自澄观大师的传记，但这种方式恰恰彰显出玄璧法师的重要影响。

最后，玄璧与刺史江王。关于玄璧法师的灵验故事还有很多，其中其与刺史江王的故事就是一个典型。

后刺史江王来向寺，长史司马遣人来报法师。法师云："好，准常安坐。"王至寺门，长史自报。师云："已知。"如常安坐。王怪不来迎，遂即却去。至其夜一更。王总唤合郭众僧，为国行道，诸僧并驰集王所，王忿形于色。遣长史千行自唤法师。法师报云："王为国转经，心须殷重。未洁净辄即迎僧，大夫轻慢，不敬三宝。如此转经，亦非得力。王令宅内所有酒肉五辛，并皆除却，香汤洒扫。贫道又须洗浴洁净，然可转经。公且去，后日来。"王大嗔，更遣人唤法师。依常安坐，一无惧色。至后日，乃去至彼。王问诸僧曰："玄璧何如人？"皆曰："禅行高僧也。"王意少解，令人唤入，安一高座，遣三五美姬，侧近看侍。璧聊叙暄寒，即礼佛上座。结跏趺坐，凝神寂定，乃经七日，身衣尘积，初无摇动。王大发善心，问众僧曰："若为得令其出定？"僧云："以音乐供养。"王命侍伎奏之，经半日，璧乃从禅定起。王及大夫人，请法师忏悔、受戒。所有猎狗鹰鹞，并皆解放。璧劝王诵《般若心经》，王依言敬受，每旦恒诵。于是倾舍名玲，奉酬师德，一无所受，皆令散施。王自尔之后，每斋日常来就寺。参问幽玄，道化之声，于斯更远。即贞观中年之事也，后不知所终。②

① 刘峰：《刘峰著作全集》下册，第 747 页。
② 刘峰：《刘峰著作全集》下册，第 747 页。

由玄璧法师与刺史的故事可见，作为一名僧人，玄璧有着严谨的操守——既不屈服权贵，亦不慢待戒律，这是佛教精神的凸显。

（二）关河三论相关要素

所谓关河三论，按照董群教授在《中国三论宗通史》中所界定的，是指“以罗什为领袖，以僧肇等十哲为研究主干，以三论为主要研习对象，以关河为活动地区的义学流派，称之为关河三论学派”①。这是三论宗的起源，故也被称为“古三论”。换言之，关河三论学派也即“指以罗什僧团为组织，以逍遥园为活动中心，以三论和其他般若类经典为研习对象，由此形成的义学流派”②。从董群教授对关河三论的界定来看，构成关河三论的基本要素主要有以下几个方面：

首先，从研究内容来看，关河三论所依据的经典主要是鸠摩罗什新译介的以三论为核心的般若中观经典。我们知道，三论宗所依经典主要是以《中论》《百论》《十二门论》为主的般若类经典。但需要说明的是，三论宗尤其是关河三论，其所依据的般若类经典多是采用鸠摩罗什所译介的版本。具体来说，主要有以下几类（见表 2.2）。

表 2.2 关河三论所宗鸠摩罗什所译经典

序号	译经名称	具体卷数	翻译时间
1	《思议梵天所问经》	4	公元 402 年
2	《大智度论》	100	公元 402—405 年
3	《摩诃般若波罗蜜经》	24	公元 403—404 年
4	《百论》	2	公元 404 年
5	《佛藏经》	4	公元 405 年
6	《妙法莲华经》	7	公元 406 年
7	《维摩诘经》	3	公元 406 年
8	《小品般若波罗蜜经》	7	公元 408 年
9	《中论》	4	公元 409 年
10	《十二门论》	1	公元 409 年
11	《诸法无行经》	1	具体翻译时间不详③
12	《金刚般若经》	1	

① 董群：《中国三论宗通史》，第 101 页。

② 董群：《中国三论宗通史》，第 116 页。

③ 以上所论可参见董群：《中国三论宗通史》，第 101—161 页。

三论宗尤其是古三论所依经典多是鸠摩罗什所译经典，而这些经典对三论宗的发展起到了理论奠基作用。因此，学界一般将鸠摩罗什作为三论宗的初祖。

其次，从研究主体来看，主要是罗什僧团。就三论宗的发展而言，自鸠摩罗什以降，三论宗开始兴盛起来。基于此，我们说罗什僧团是三论宗尤其是关河三论的主体，实不为过。

按照董群教授以及其他学者的研究，关河三论主要有南北两大流派。作为南方之流的道生和作为北方之流的僧肇则是关河三论的两大主要"悍将"。表2.3介绍了关河三论的主要高僧相关信息。

丨 表2.3 关河三论主要高僧相关信息 丨

序号	高僧姓名	所在流派	主要学术观点或贡献
1	僧叡	北方流派	中道实相亦是法身；强调涅槃佛性论；重禅修
2	僧肇	北方流派	对六家七宗的批判；不真即空；物不迁论；般若无知论；涅槃无名论
3	昙影	北方流派	在有无关系方面，强调即有即无精神
4	道融	南方流派	在讲习《法华经》时，创立"九辙"之法
5	僧导	南方流派	《三论义疏》可能是最早提出"三论"概念的作品
6	竺道生	南方流派	实相论（唯一性与不变性）；二谛论；佛性论（佛性实有）；一阐成佛论；涅槃佛性论（佛性是因，涅槃是果）；顿悟成佛论①

从上表所列关河三论南北流派诸位高僧相关信息来看，他们对般若经典的援引和诠释，与传统解读有着明显的不一致，这种不一致分别在北方流派的僧肇和南方流派的竺道生那里彰显得淋漓尽致。

最后，从研究地域来看，以逍遥园为主要活动场所。就三论宗尤其是关河三论而言，其最初活动场所主要是以逍遥园为中心的译经场所。换言之，三论宗的形成以及关河三论的发源地在逍遥园。尽管这一界说未必完全妥当，但却道出了逍遥园这一场所在关河三论发展史上的重要性。但实际上，从上文叙述来看，尽管以逍遥园为中心的译经场所构成了三论宗的发源地，但三论宗，即便是关河三论，也不限于逍遥园乃至长安。就关河三论的南方流派而言，其多是从长安出发，散布于庐山、长江流域的诸个分支。其中，金陵地区也是关河三论发展的重镇之一，玄璧法师便是其中的一位重要成员。正如董群先生在《中国三论宗通史》中所言："关河三论的南方之流只是一个大致的说法，泛指关河三论从长安向

① 以上所论可参照董群：《中国三论宗通史》，第101—161页。

南方、东方、东南诸地的流传,包括流向庐山(道生、慧观、慧安、昙顺等)、彭城(道融、僧嵩等)以及长江两岸的京师(道生、慧叡、慧严、慧观、僧弼、僧苞、道温、慧询等)、江陵(昌鉴等)、淮南(昙无成等)、寿春(僧导等)、吴(僧业等)、山阴(僧翼等)诸地。”①

(三)玄璧法师对关河三论的贡献

如前所述,我们知道,关河三论的南方流派在庐山、金陵地区都有行迹,而作为金陵地区代表人物的玄璧法师,可以被视为关河三论南方流派这一法脉的延续。那么,现在需要讨论的是,玄璧法师对关河三论到底有何贡献。

首先,玄璧法师讲经说法对关河三论的贡献。如前所述,玄璧法师因其讲法,引诸州慕道者咸来聆听。那么玄璧法师主要讲授的是何种佛法?换言之,其所讲经文出自何种佛经呢?《弘赞法华传》曾记载:

> 释玄璧,未详其氏,苏州吴县人也。幼小出家,住流水寺,好学不倦。多游岩壑,栖神妙观,不以世务婴心。猛兽毒虫,妖精恶贼,频繁遭遇,未始忤其情守。常坐一床方四尺,傍无尘杂,未曾倚卧。每讲《中(论)》《百(论)》《十二门(论)》《摄大乘(论)》等论,《花(华)严》《涅槃(经)》《法花(华)》等经,二十余州咸来听受。②

《法华灵验传》亦有类似记载:

> 释玄璧,苏州吴县人也,住流水寺,常讲《法华》。猛兽毒虫妖精恶贼频繁进遇,未尝忤其情守。常坐一床,方四尺,未尝倚卧。每讲《法华》二十余遍,州咸来听受。③

从上述传记中我们可以看出,玄璧法师所弘之法乃是以《法华经》为主要内容的佛典。这里,我们会不禁想起三论宗所宗之经。按照董群先生在《中国三论宗通史》中所述,三论宗所依宗经主要有:“三论”——《中论》《百论》《十二门论》,

① 董群:《中国三论宗通史》,第139—140页。
② 惠详:《弘赞法华传》卷第三,《大正藏》第51册,第20页中。
③ 了圆:《法华灵验传》卷上,《卍新续藏》第78册,第10页中。

或“四论”——《中论》《百论》《十二门论》《大智度论》;“四部大经”——《华严经》《大品般若经》《涅槃经》《大集经》;“四小部经”——《维摩诘经》《思益梵天所问经》《佛藏经》《诸法无行经》。在该书中,董群先生还指出:“就四部大经而言,三论宗所依宗经,从吉藏的著述及讲学中可以看出,实际上还有一部很重要的经典,即《法华经》。三论宗非常重视此经,也具有宗经的地位,如果沿用‘四部大经’的传统说法,《大集经》似乎应该以《法华经》来代替。”[①]如果说澄观法师前往金陵去拜见玄璧法师,习得三论之精髓,那么《法华经》想必是这一精髓的主要部分。可见,玄璧法师对诸论以及诸经的弘传,都是三论宗所依的重要宗经。

其次,玄璧法师法脉传承对关河三论的贡献。如前所述,澄观大师前往金陵,诣玄璧法师,习得关河三论,“后江表三论之盛于此”[②]。如此说来,澄观对三论的弘传离不开玄璧法师的“提携”和开示。从现存文献史料来看,我们之所以知晓玄璧法师,在很大程度上是从澄观的传记中获悉的。

> 释澄观,姓夏侯氏,越州山阴人也。年甫十一,依宝林寺霈禅师出家,诵《法华经》。十四遇恩得度,便隶此寺。观俊朗高逸,弗可以细务拘,遂遍寻名山,旁求秘藏。梯航既具,壶奥必臻。乾元中,依润州栖霞寺醴律师学相部律,本州依昙一隶南山律。诣金陵玄璧法师,传关河三论。三论之盛于江表观之力也。大历中,就瓦棺(官)寺传《起信》《涅槃》。又于淮南法藏受《海东起信疏义》。[③]

从上述引文可以看出,江表三论的兴盛得力于澄观的弘传,而澄观从玄璧法师处习得关河三论,则使江表三论的弘传成为可能。由此,我们可以看出,尽管史料中对玄璧法师与关河三论的记载仅是只言片语,但从澄观的传记中我们足以窥见玄璧法师对关河三论贡献之大,虽然这种贡献或许不是直接源于玄璧法师本人传道之力。

简言之,从上文论述中我们可以看出,玄璧法师与关河三论的关系是如此殊要。从三论宗所宗之经来看,玄璧法师对诸论,如《中论》《百论》《十二门论》,以

---

① 董群:《中国三论宗通史》,第66—67页。
② 志磐:《佛祖统纪》卷第二十九,《大正藏》第49册,第293页中。
③ 赞宁:《宋高僧传》卷第五,《大正藏》第50册,第737页上。

及诸经,如《华严经》《法华经》《涅槃经》等经典的弘传,使得关河三论有了重要的经典依凭,玄璧法师对澄观大师的传道,为关河三论在金陵乃至江表发展兴盛培养了重要的僧才。在某种程度上我们甚至可以说,玄璧法师对关河三论,尤其是以金陵为中心的关河三论南方流派的繁荣与发展,起到了不可忽视的作用。

第二节
隋唐五代金陵地区的华严学

中国华严学经过了从华严经学到华严宗学的发展演变过程。华严经学是指围绕《华严经》及其单行经、眷属经的研究而形成的学问,华严宗学则是指华严宗所代表的学术思潮。隋唐五代时期,中国华严学大体上是以陕西终南山和山西五台山为中心,向四周扩散。总体来看,自六朝以降,华严学在北方的影响盛于南方。华严学在金陵地区的传播情况,似以三论宗为主。唐贞观年间(627—649)三论宗人法敏在丹阳讲《华严经》,华严宗祖师澄观也曾在金陵活动过。

一 三论宗人法敏在金陵传华严学

法敏,俗姓孙,丹阳人,8岁出家,事英禅师为弟子。后入茅山听明法师讲"三论"。明法师则为三论宗祖师兴皇法朗的著名弟子,生平事迹不详。据说法朗将化,通招门人,言在后事,令自举处,皆不中意,唯明法师中其意。故命明法师就法座,对众叙之,既叙之后,大众愜伏。即日,明法师辞别法朗,领门人入茅山,终身不出,常弘三论。因此明法师被称为"兴皇之宗"或"举山门之致"。跟随明法师学习"三论",法敏遂与三论宗结下深厚的渊源。其后,法敏又"出听东安"。23岁时,法敏听高丽僧人实公讲大乘经论,"躬为南坐,结轸三周"。及实公圆寂后,"高丽印师上蜀讲论,法席雕散"。后法敏乃返俗3年,还袭染衣,避乱入越(今浙江地区),住余姚梁安寺,领十沙弥讲《法华》《三论》不绝。法敏本贯丹阳,其修学、弘法活动也与丹阳关系密切。例如,他听法的寺是指丹阳的东安寺,高丽僧人实公很可能就住在该寺。道宣在《续高僧传》卷第十四提及有位法名为"释慧持"在丹阳"东安"听庄法师、高丽实法师讲《三论》。据此推知法敏与慧持必在同一所寺院受学于实法师。唐贞观元年(627),法敏还丹阳,讲《华严经》《涅槃经》。贞观二年(628),应越州田都督之请,住一音寺相续法轮,"于时众集义学沙门七十余州,八百余人,当境僧千二百人，尼众三百，士俗之集不可复纪，时为法庆之嘉会也”[①]。贞观十九年(645)，会稽士俗请法师往静林寺讲《华严经》。法敏在静林寺讲经说法，颇有灵异色彩。据道宣记载：“至六月末，正讲有蛇，悬半身在敏顶上，长七尺许，作黄金色，吐五色光，终讲方隐。至夏讫，还一音寺，夜有赤衣二人，礼敏曰：法师讲四部大经，功德难量，须往他方教化，故从东方来迎法师，弟子数十人同见此相。”[②]是年八月，法敏迁化于此地，将化之前，忽放大光，夜明如日，地为震动，因尔迁化，春秋 67 岁，身长 7 尺 6 寸，停丧 7 日，异香不灭，莫不怪叹，道俗庄严，送于隆安之山。[③]

汤用彤先生谓：“隋唐华严大盛，且演为一宗者，则北方不得不归地论诸师，南方亦颇得力于三论学者。”[④]由法敏的参学、弘法经历可知，其乃继三论宗之法统。他受学的明法师、实公、印师都是弘扬“三论”的高僧。而三论宗人虽然以“三论”标宗，但是他们往往同时推重《华严经》等大乘经典。例如，法敏的师祖法朗早年随大明宝志禅师受诸禅法，听象律师讲律，又受南涧寺寿仙师《成实》、竹涧寺靖公《毗昙》，后来又在摄山止观寺僧诠门下受“四论”、《华严》、《大品》等。摄山即今南京栖霞山，可见僧诠就在金陵地区弘传华严学。三论宗的实际创始人吉藏更是如此。吉藏弘法一生，讲《三论》100 余遍，讲《法华》30 余遍，讲《大品》《智论》《华严》《维摩》等各数十遍，并撰写了 38 部、100 余卷的玄疏，其中涉及《华严经》《法华经》《大品经》《金刚经》《仁王经》《维摩经》《涅槃经》《胜鬘经》《金光明经》《无量寿经》《弥勒经》《盂兰盆经》等。[⑤] 受三论宗学风之影响，法敏也兼弘大乘经论，尤重《华严经》《法华经》《涅槃经》《大品经》。在《华严经》方面，著有《华严经疏》7 卷，是《华严经》注疏史上的代表作，正因为如此，华严宗祖师法藏在《华严经传记》中将法敏列入其中。值得一提的是，历史上尚有法敏撰《释摩诃衍论》。《释摩诃衍论》是中国华严宗和日本真言宗共同推重的大乘论典。由于《释摩诃衍论》的真伪及成书时间尚有争议，此法敏与三论宗人法敏是否是同一个人，目前尚难断定。如果是同一个人，则是法敏与中国华严学的另一重要渊源。

---

① 道宣：《续高僧传》卷第十五，《大正藏》第 50 册，第 538 页下。
② 道宣：《续高僧传》卷第十五，《大正藏》第 50 册，第 538 页下。
③ 以上均据道宣：《续高僧传》卷第十五，《大正藏》第 50 册，第 583 页上—下。
④ 汤用彤：《隋唐佛教史稿》，江苏教育出版社，2007 年，第 92 页。
⑤ 汤用彤：《隋唐佛教史稿》，第 99—100 页。

二 | 华严四祖澄观与金陵佛教

澄观被后世尊为华严四祖，字大休，唐越州会稽夏侯氏，生于唐玄宗开元二十五年(737)。11岁时依本州宝林寺霈禅师出家，诵《法华经》。14岁遇恩得度，便隶宝林寺。后遂遍寻名山，旁求秘藏。唐肃宗至德二年(757)，从妙善寺常照受具足戒。乾元(758—760)中，依润州栖霞寺醴律师学相部律，又依昙一受南山律，旋诣金陵玄璧法师，传关河三论。大历(766—779)中，就瓦官寺传《起信》《涅槃》。又于淮南法藏受海东元晓的《起信论疏》，却复天竺寺法诜法师门下温习《华严大经》。大历七年(772)往剡溪从成都慧量法师重习三论。大历十年(775)就苏州从天台九祖湛然大师学习《天台止观》以及《法华》《维摩》等经疏。又谒牛头山忠师、径山钦、洛阳无名师，咨决南宗禅法，复见慧云禅师，了北宗玄理。大历十一年(776)澄观游历五台山，又往峨眉山求拜普贤。后还山西五台山，居大华严寺，专行方等忏法。当时寺主贤林请讲《华严经》，并演诸论。因慨《华严》旧疏文繁义约，乃撰《华严经疏》，起始于兴元元年(784)，贞元三年(787)疏成，此即现存《华严经疏》60卷。贞元四年(788)春，华严寺主贤林请讲新疏。贞元七年(791)，河东节度使李自良请澄观于崇福寺讲《华严经疏》。随后，唐德宗遣李辅光宣澄观入都，与罽宾三藏般若译乌荼国王所进《华严》，即40卷本《华严经》。次年，澄观应诏。后德宗又令他为40卷本《华严经》造疏，便在终南山的草堂寺撰成《贞元新译华严经疏》(又称《华严经行愿品疏》或《普贤行愿品疏》)10卷。除此以外，澄观还曾参与《守护国界主经》的翻译工作，由他负责缀文润色。澄观曾为德宗讲《华严经》，被授予“清凉国师”号，此后又得到顺宗、宪宗、穆宗、敬宗的礼遇，并与齐抗、韦渠牟、武元衡、郑䌹、李吉甫、权德舆、李逢吉、钱徽、归登、严绶、孟简、韦丹等公卿大臣有很深的交往。元和年间(806—820)卒，春秋70余岁，弟子传法者100余人，余堪讲者千数。澄观著述颇丰，有《华严经疏》60卷、《华严经疏演义钞》90卷、《华严经纲要》1卷、《法界观玄镜》1卷、《三圣圆融观》1卷等。

澄观与金陵佛教的渊源主要发生在其参学期间。他依润州栖霞寺醴律师学相部律，从金陵玄璧法师学习三论，传《起信论》《涅槃经》于瓦官寺，这些事都发生在金陵。润州即润州府，隋朝开皇十五年(595)置，治所在延陵县(唐改丹徒县，即今江苏镇江市)。大业(605—618)初废，唐武德三年(620)重置，辖境相当于今天的镇江、南京、丹阳、句容、金坛等地。天宝元年(742)改为丹阳郡,乾元元年(758)复名润州。而栖霞寺当指今南京市栖霞山的栖霞寺。至于醴律师的行实,无从查考。瓦官寺为古代南京地区的著名寺院,其遗址在今南京市区秦淮河以北,本为晋武帝司马炎所建,著名画家顾恺之曾在寺院画维摩变相。黄元之《润州江宁县瓦官寺维摩诘画像碑》云:"在江宁县瓦官寺变相者,晋虎头将军顾恺之所画也尔。其上缠珠斗,下控金陵,六代为天子之都,二分入王孙之国,礼让流行之地,英灵诞秀之乡。鹫岩分虎踞之山,雁塔枕龙盘之水。总幽闲与形胜,则瓦棺之寺焉。"[①]另外,澄观还撰写了《摄山栖霞寺律大师碑》。明代文学家宋濂在《未刻集》中说:"清凉国师得二王笔法。大历三年,受诏入内译经。《摄山栖霞寺律大师碑》,国师所书。"[②]《摄山栖霞寺律大师碑》的写作时间、具体内容尚无法得知,宋濂在此仅言及澄观在书法上的造诣。

① 周绍良主编:《全唐文新编》第2部第1册卷二百六十六,吉林文史出版社,2000年,第2998页。此外,此文也收入《金陵梵刹志》卷二十一,题名《润州瓦官寺维摩诘画像碑》(《金陵梵刹志》,天津人民出版社,2007年,第381页)。

② 参见李国钧主编:《中华书法篆刻大辞典》,湖南教育出版社,1990年,第150页。

第三节
禅宗的南北交融与金陵禅风

如前所述,隋唐五代时期是中国历史上文化交融、学派争鸣的又一典型时期,也是佛教文化从外来文化最终根植于中国文化的重要时期。随着隋唐大一统的到来,南北文化的交融已是不可阻挡之势。作为中国化程度最高的佛教宗派,其发展变化便是对这一历史趋势的彰显。

一 瓦官寺璿禅师与北宗禅界说

所谓北宗禅,这是一个相对松散而又富有争议的概念,在某种程度上它与早期禅有着诸多的关涉。在中国禅宗史上,北宗禅最早源于地域之名,而非禅法之义。因此,按照地域来说,北宗禅的南下,从一个侧面彰显了禅宗南北两派的交融。

关于北宗禅的概念,到目前为止,学界对此依然有着很大的争议。这种争议与禅宗北宗这个概念密切相关。纵览学界以往研究成果,对北宗禅以及禅宗北宗的界定主要有三种代表性的观点,即"北宗非宗说"①"神秀一

① 早在20世纪50年代任继愈先生就曾明确指出,"禅宗的正式建立,应从慧能算起"。在任先生看来,"从达摩到弘忍",这五代法裔相传实际上可以看成是禅宗发展的预备阶段。鉴于这一时期禅的发展尚未形成强大的宗派力量,甚至可以说尚未以"禅宗"来作为自身这一宗派的名称。关于此问题的讨论,可参见任继愈:《禅宗哲学思想略论》,《哲学研究》1957年第4期,第35—47页。已故学者方立天教授曾指出,《法宝坛经》实际上是中国僧人作品中唯一称"经"的典籍,而此则可标志着中国禅宗的真正诞生。关于此问题的讨论,参见方立天:《慧能创立禅宗与佛教中国化》,《哲学研究》2007年第4期,第74—80页。以方先生之言,承认慧能是中国禅宗的实际创立者,也就意味着他否定了神秀为"北宗"建立者的这一基本可能性。因为从禅宗传法的基本历程来检视,神秀禅师传法时间要早于慧能禅师。就此而言,神秀一系最多也只能算作是禅宗的"北派",而非"禅宗北宗"。关于此问题,郭朋先生所言则更为明确。郭朋先生指出,在慧能之前,只有禅学,而没有禅宗;所谓禅宗,实际上则是由慧能禅师创立的。关于此问题的详细探讨,参见郭朋:《中国佛教思想史》中卷《隋唐佛教思想》,福建人民出版社,1994年,第386页。

系说”①“神秀主干说”②。

① 关于“北宗”这一概念，中外学界对此也有关注。日本学者宇井伯寿就曾指出，“北宗”这一术语的产生实际上始于公元734年，这一概念是由神会在滑台无遮大会上提出的，其含义是针对“师承是傍，禅法是渐”的神秀禅师以及其弟子普寂一系的特称。基于此，在宇井伯寿那里，其所谓“北宗”，实际上则仅指神秀一系。参见宇井伯寿：《北宗禅の人々と教说》，载《禅宗史研究》，东京岩波书店，1966年，第270页。这里需要说明的是，据日本学者宇井伯寿所述，滑台无遮大会发生在734年，这一时间是有待商榷的。实际上，按照史料记载以及南开大学孙昌武教授的考证，滑台无遮大会发生在公元730—732年之间，参见孙昌武：《文坛佛影》，中华书局，2001年，第182页。以笔者之愚见，宇井伯寿实际上是以禅宗“北宗”这一概念出现的特定时间以及其特定的历史背景来对“北宗”进行立论的，事实上则忽略了禅宗“北宗”作为一个宗派而进行一系列活动的事实。冉云华教授则认为，“北宗”这一概念最先是由荷泽神会提出，其旨在针对“北宗”的师承与禅法。所以，当我们论及“北宗”时，就隐性关涉着“法统”与“禅法”这两个方面。同时，冉云华教授还进一步指出，就禅法而言，只有当禅法文献中涉及“看心、看净、离念”这些语词时，才能被视作真正意义上的禅宗北宗之遗文。基于此，冉云华教授指出：“‘北宗禅’一语只限于神秀和他的徒弟。”参见冉云华：《中国禅学研究论集》，台北东初出版社，1990年，第97—99页。杜继文教授曾指出，在武则天执政时期，禅宗就已作为一个宗派而得到官方实际上的认可，不仅如此，这时禅宗得以立宗的最后基石也被安置妥当。同时，杜继文教授还将弘忍门徒一分为四，将神秀一系称之为“京师禅系”，就此而言，可以说杜继文教授主张“神秀一系说”。参见杜继文、魏道儒：《中国禅宗通史》，江苏古籍出版社，1993年，第103—104页。洪修平教授则认为，“中国禅宗，其自东山法门而始成，至慧能门下而大盛”。参见洪修平：《禅宗思想的形成与发展》，江苏古籍出版社，2000年，第163页。洪修平教授的这一论述表明禅宗非始于慧能，而是兴盛于慧能，以此则肯定了北宗作为“宗”的可能性与合法性。

② 日本学者筱原寿雄教授在梳理《北宗禅と南宗禅》相关资料时，主要以神秀及其后继者为讨论的重点，但在阐释北宗相关文献时，又将《稠禅师意》(其原文题为《大乘安心入道法》)、《大乘心行论》等与《观心论》《导凡趣圣心决》等文本同视为“北宗”之文献。就此而论，筱原寿雄此论就隐性突破了“北宗”这一概念仅为神秀一系的专属，由此筱原寿雄之论亦可以被视作“神秀主干说”的先声。参见筱原寿雄：《北宗禅と南宗禅》，载《讲座敦煌8：敦煌佛典と禅》，东京大东出版社，1980年，第165—179页。杨曾文教授在《唐五代禅宗史》一书中，尽管他是以神秀一系为重点来讨论“盛极一时的北宗禅”，但他在论及神秀、慧安、玄赜这三位高僧被尊为“三主国师”时，却又言这也是“北宗盛极一时”的基本写照。就此而言，杨曾文教授此论亦可视作他是持“神秀主干说”的。参见杨曾文：《唐五代禅宗史》，中国社会科学出版社，1999年，第140页。印顺法师在《中国禅宗史》中曾指出，“《祖堂集》以神秀、慧安、道明等为北宗，是广义的说法”，而从狭义角度，北宗禅实际上专指神秀及其后继者。参见印顺法师：《中国禅宗史》，江西人民出版社，2007年，第103页。温玉成教授曾明确指出，“所谓‘北宗’，狭义地讲就是神秀一系的禅法和传承”，而从广义上来说，诸如法如、道安、玄赜诸位禅师等也可“包括进去”。参见温玉成：《中国佛教与考古》，宗教文化出版社，2009年，第215页。同样，潘桂明教授则指出，神会其人，无疑是分判南北禅宗之别，而又造成南北禅宗对抗，进而奠定南北禅宗这一学说的关键人物。同时潘桂明教授还明确指出，尽管南北宗之争中的北宗，在一定程度上仅限于神秀禅师及其弟子普寂、义福这一系，而实际上，由于地域和学说上的一致性，因此从广义上说，北宗可以是一种泛指，亦即当时流行于北方嵩洛一带而由神秀、法如、道安、玄赜等人所传授的禅。参见潘桂明：《中国禅宗思想历程》，今日中国出版社，1992年，第75页。葛兆光教授则指出，法如、神秀、老安、玄赜等都继承了道信、弘忍的禅法，所以他们都应该是东山禅门的主流。参见葛兆光：《中国禅思想史——从6世纪到9世纪》，北京大学出版社，1995年，第118—119页。袁德领教授认为，法如禅师实际上是北宗禅的开山鼻祖，而法如禅亦是北宗禅的肇始，因为法如禅“恪守了弘忍的守心、纯朴归真的禅风”，同时“又发展了观心从外观的更积极的渐修方法”，而后则为神秀、普寂等为代表的北宗所发扬光大。参见袁德领：《法如神秀与北宗禅的肇始》，《敦煌研究》2001年第1期，第67—76页。显然，在袁德领教授这里，北宗虽由神秀禅师及其后继者发扬光大，但北宗实际上肇始于法如，此说可以说是对“神秀主干说”的一种较好的诠释。蓝日昌教授认为，争道统乃宋人的想法，正因有道统之争，所以宗派的区别才会愈发重要，但这些都是宋人的观念，而宗派的观念实际上则是由后人向前追溯的，它初始于中唐，而大成于宋代。因此，就宗派及宗祖代传一人的这一观念而言，它是道统观念的架构，而非历史性的构成。参见蓝日昌：《宗派与灯统——论隋唐佛教宗派观念的发展》，《成大宗教与文化学报》2004年第4期。此外，关于此部分之讨论，也参见韩传强：《走近北宗——以北宗的概念、传承及禅法为考察中心》，《佛学研究》2011年第1期，总第20期。

如前所述，北宗禅按照其活动区域来看，主要集中在两京地区。而瓦官寺璿禅师作为北宗禅师的代表之一，其从两京来到金陵，标志着北宗禅势力的南下，禅宗北宗的南下，实际上正是南北文化融合的表征。

瓦官寺璿禅师为北宗神秀弟子普寂一系的门徒。按照这种师承关系，璿禅师应该算北宗第三代弟子。璿禅师主要活动地点在金陵的瓦官寺，其曾授法于钟山元崇。于此，我们可以看到，北宗在传播过程中，已由北方的两京地区逐渐向江南一带传播开来，而完成这一传播路径的时间，则是在禅宗北宗的第三代。如果我们稍微回顾一下禅宗北宗传播的路径，或许就会明白禅宗北宗由北方传至江南，实际上亦是一种文化的"倒流"现象。

按照韩传强博士在《禅宗北宗研究》一书中所述，北宗成立的时间最早可以上溯到弘忍的弟子法如。弘忍圆寂后，其十大弟子分头并弘，使得禅学(宗)法脉绵延不绝。实际上，弘忍圆寂后，最早出来传法的不是神秀、慧能，而是法如。

法如(638—689)，俗姓王，祖籍为上党(今山西长治市)。法如幼曾师青布明(惠明)于澧阳(今湖南省澧县)，并在他 19 岁时出家。据《法如行状》等文献所载，"至咸亨五年(674)，祖师灭度，始终奉侍，经十六载"[①]。由此可以推知，法如禅师当在公元 658 年这一年去参见五祖弘忍，此时法如 20 岁。公元 674 年，五祖弘忍坐化，此时法如禅师 36 岁，侍奉其师前后已长达 16 年之久。也许正是因为法如与弘忍禅师的这层关系，所以在弘忍圆寂后，最先由法如禅师出来弘法。弘忍圆寂后不久，法如禅师便离开北宗禅的发源地黄梅，先至安徽淮南，后又前往中岳嵩山，最后驻锡于嵩山少林寺。据《法如行状》所述，法如禅师"后居少林寺，处众三年"，并于"垂拱二年，四海标领僧众，集少林精舍，请开法要"。[②] 也即是说，法如禅师是在 683 年到达少林寺，并于 686 年开始传五祖法要。碑铭最后还记载，法如禅师于"永昌元年岁次己丑七月二十七日午时寂然卒世，春秋五十有二"[③]。由此可见，法如禅师在少林寺前后共驻锡长达 6 年，最终示寂于此。少林寺随着法如的到来而逐渐成为北宗禅的主要活动中心。到了普寂弟子一代，北宗禅又开始从北方回到江南地区，这正是北宗禅逐渐强盛的表现，亦是南北文化融合的一种彰显。

---

① 《唐中岳沙门释法如禅师行状》，《唐文拾遗》卷六十七，第 334 页。

② 《唐中岳沙门释法如禅师行状》，《唐文拾遗》卷六十七，第 334 页。

③ 《唐中岳沙门释法如禅师行状》，《唐文拾遗》卷六十七，第 334 页。

二 | 钟山元崇与北宗禅弘传

金陵地区虽然不是北宗禅传播的主要区域，但却是禅宗比较活跃之地。隋唐至五代，禅宗在金陵地区的发展可谓蒸蒸日上。就整个禅宗而言，既有对传统禅法的承继，亦有诸如牛头禅、法眼宗等禅系的诞生和绵延。

隋唐至五代，北宗禅在金陵地区的传播依旧如火如荼，从两京传来的北宗禅法开始在金陵地区生根发芽，金陵地区传播北宗禅法的禅师也不断增多，钟山元崇就是其中一位重要的北宗禅师。

> 释元崇，俗姓王氏，琅琊(琊)临沂人也。晋丕(丞)相始兴文献公子荟之后。自南朝沦废，世居句容。祖祢已来，非贤即哲。崇幼而孤秀嶷若断山。心喻芙蕖，形同玉洁。风尘不杂，立志夷简。时年十五，奉道辞家。负笈洞天，餐霞卧云。师范陶许，精研妙句，独证微隐。乃恐至理未融，解脱方阻。因归心释典，大畅佛乘。三教齐驱，遘心世表。于是声振吴越，缁素异焉。采访使润州刺史齐平阳公，闻其行业虚伫久之。适会恩制度人，裒充举首。以开元末年，因从瓦官寺璿禅师，谘受心要。日夜匪懈，无忘请益。璿公乃揣骨千里，骏足可知。因授深法，崇灵台虚彻，可舍百神。心鉴高悬，尘无私隐。既而声价光远，物望所知。金陵诸德请移所配栖霞寺，春秋逾纪，服勤道务。彝伦有叙，时众是瞻。至德初并谢绝人事，杖锡去郡历于上京。①

由上述引文可知，钟山元崇，俗姓王，祖籍琅琊临沂。再从其祖“非贤即哲”来看，元崇承继的很有可能是琅琊王氏这一望族的法脉。元崇15岁即皈依释教，奉道辞家，研读佛典，大畅佛乘，声震吴越。开元末年(741)，元崇师从瓦官寺璿禅师咨受心要，开启了对北宗禅法弘传之风。禅宗北宗一系在金陵地区的弘传虽然并未形成太大的规模，但却将禅宗北宗一系的禅法、思想以及教义引入金陵乃至江南地区。从某种意义上来说，禅宗北宗一系在金陵开坛讲法，既是北宗禅系的回归(其发源于湖北黄梅)，亦是北宗禅系的扩张(其成长壮大于两京)。

如上所述，钟山元崇虽不是金陵土生土长的禅僧，但却在金陵受学，并在金

① 赞宁:《宋高僧传》卷第十七,《大正藏》第50册,第814页中—下。

陵广开禅道。从北宗禅的发展来说,元崇应该是北宗禅神秀系第四代禅师。从北宗禅的发展史略来观,作为璿禅师的门徒,其代表了神秀系乃至北宗禅在金陵乃至江南地区传播的基本样态。

第三章　牛头宗的创立及牛头禅的思想

牛头宗是创生于金陵的禅宗宗派。因此，牛头禅天然带有以金陵佛教为核心的江左佛教之特质和风貌。牛头禅的金陵佛教特质，表现为其较为彻底地坚持般若精神，也体现于其与老庄玄学的密切联系，从而促成其老庄玄学化的禅学思想特征上。本章拟从牛头禅的传承著述、思想观念以及牛头禅与玄学思想文化的关系等方面入手，展现牛头禅的发展历史、精神特质及历史定位，从而以牛头禅为切面展现金陵佛教的义学内涵与理论贡献。

第一节
南朝佛教的发展及其对牛头宗创立的影响

牛头宗是在金陵佛教的浸润下产生的。可以说，没有以金陵为中心的江左佛教的发展，便没有牛头宗的创立。正是在金陵佛教的肥沃土壤中，才开出了牛头宗这一妍丽的花朵。东晋及南朝时期，金陵作为当时的政治、经济以及文化的中心，其佛教的发展尤为兴盛。当时的金陵，无论是在译经事业还是佛教义理学的发展上，皆堪称全国的中心。这个时期金陵佛教的发展，几乎奠定了整个江左地区佛教在未来发展过程中的基本理论色彩以及思想发展趋向，当然，也影响着牛头宗的思想理路及理论风貌。因此，厘清金陵地区佛教的整体发展状态及主要理论特征，是考察和探究牛头宗的发展及其禅学基本思想内涵的基础。

一 玄风南渡与南朝“玄佛合流”之风

永嘉之乱后，玄学名士南渡，玄学之风遂于金陵江左地区隆兴。东晋支道林即南下避乱。支道林崇尚老庄之学，与当时名士交游。据《高僧传》载：“遁尝在白马寺，与刘系之等，谈《庄子·逍遥篇》云：‘各适性以为逍遥。’遁曰：‘不然。夫桀跖以残害为性。若适性为得者，从亦逍遥矣。’于是退而注《逍遥篇》，群儒旧学莫不叹服。”[①]支道林与当时名士畅谈《庄子·逍遥游》，反对以郭象为代表的“适性而逍遥”之说，其对《逍遥游》的诠释，既与庄学理趣相契，又能抉发新义，颇受东晋名士的推重。

两晋以来，玄学与佛学融合的思想趋向一直延续至南朝。至有唐一代，“玄佛合流”依旧是金陵佛教发展的重要面向。因长期受玄风的浸润，南朝佛教义学深受玄学影响，僧人喜好老庄，崇尚清谈，剖幽探玄。如南朝宋时，庐山慧远门下释慧观至建业，止于道场寺。释慧观既通佛教义学，又善言老庄。《高僧传》载：

---

① 慧皎：《高僧传》卷第四，《大正藏》第50册，第348页中。

"观既妙善佛理，探究老庄。"[1]又如南朝梁时的释安廪，少时"性好老庄，早达经史"[2]，而后出家。玄风的盛行，在很大程度上促进了南朝般若学的发展，而般若学的兴起，也进一步使南朝佛学呈现出玄佛合流之势。南朝时期，佛学与玄学一体同气，佛教进一步与中国思想文化对话、融合。可以说，在整个中国佛教发展的漫长过程中，佛教思想的每一次飞跃，都与中国传统儒、道文化密切相关。

从牛头宗禅僧传记及相关著述来看，牛头宗与老庄玄学存在密切关联。牛头宗禅僧尤其是牛头法融的著述，多以玄学化的语言阐释佛理，足见老庄玄学对牛头宗的深刻影响。牛头禅之所以呈现出浓厚的老庄玄学化色彩，与金陵地区玄风颇盛有关。

二 南朝般若学的发展及三论宗的创立

牛头禅以对般若实相的诠释为其主要思想内容。因此，牛头宗的创立、发展与南朝时期佛教般若学的发展密切相关。在很大程度上，牛头宗的创立可以说是南朝禅定之学与般若实相之学进一步结合并深化的结果。

（一）般若义学南渡与南朝般若学的发展

东晋、南朝时期，以金陵为中心的江左一带，因当时玄风的兴起，佛教般若学的发展令人瞩目。而江左地区般若学的发展与鸠摩罗什及门下关河般若学的南渡，也存在密切的关联。关河般若学南渡至江左，汇入江左般若义学之中，并进一步发展，对金陵地区三论宗及牛头宗的创立产生深远影响。

南下金陵地区弘传般若学的僧人众多，有道生、慧观、慧叡、慧严、僧弼、僧苞等。这些僧人南下，一方面在金陵传播罗什、僧肇等般若义学，另一方面通过讲经等方式弘扬般若义学，从而极大地促进了江左地区般若学的发展。

释僧肇，俗姓张，京兆人，罗什门下弟子。僧肇虽非出生于南方，然而其般若学也随着义学南渡，对江左佛教产生深远影响。僧肇著《物不迁论》《不真空论》《般若无知论》《涅槃无名论》四论，合称《肇论》。僧肇在其著述中盛引老庄，融合

① 慧皎：《高僧传》卷第七，《大正藏》第50册，第368页中。
② 道宣：《续高僧传》卷第七，《大正藏》第50册，第480页中。

《维摩诘经》《般若经》以及《中论》《百论》《十二门论》等诸经论，对两晋时期盛行的“六家七宗”般若学进行批判和总结，以“物不迁”宣明“迁”与“不迁”致一之要旨，以“不真空”昭显“空”与“有”均“不真”，从而超越“空”“有”分别，达“空有一如”之理趣，以“般若无知”呈示周遍含容、无知而知的平等性智，以“涅槃无名”将般若中道贯持于对涅槃、佛性的诠释上。僧肇般若学随着竺道生等僧人的南下而进入江左地区。僧肇般若学一传入江左，即受到极大关注，从而促进江左般若学的发展。从牛头禅的著述、语录等文献看来，僧肇佛学“空有不二”理论内容及玄学化的思想特色，被牛头禅所吸收，并在牛头禅中得到进一步发展。

可以说，正是以般若为主要精神风貌的江左佛教，塑造了牛头禅学思想的基本特质。牛头禅的思想虽呈现出多层面、多向度的精神倾向，但始终以般若精神为其思想的核心，这不能不说与江左地区般若学的兴盛存在直接的关系。

（二）摄山三论学及三论宗的创立

三论宗依据三论即《中论》《百论》《十二门论》而立宗。三论宗在金陵创立，与金陵在整个东晋、南朝时期发展起来的般若学传统直接相关。可以说，正是三论宗继承并进一步拓展、深化了东晋、南朝时期的般若学。

三论宗以摄山三论学为基础而创立。摄山三论学，历经僧朗、僧诠，至兴皇法朗而大兴。兴皇法朗（507—581），俗姓周，徐州沛郡人。法朗兴三论之学，阐释般若“二谛”“中道”义，为时人所推重。此外，法朗还重禅业。《续高僧传》载：“以梁大通二年二月二日，于青州入道。游学杨都，就大明寺宝志禅师，受诸禅法。”[①]法朗不但精于般若三论之学，亦从宝志禅师处习禅法。法朗还受学于僧诠法师，僧诠不但谙熟中观之理，更隐迹幽林，而勤习禅定。《续高僧传》载：“初摄山僧诠受业朗公，玄旨所明惟存中观。自非心会析理，何能契此清言？而顿迹幽林，禅味相得。”[②]牛头禅僧颇重禅定，可以说与三论宗僧人习禅法、精定学有着密切的联系。兴皇法朗门下弟子众多，有茅山明法师、吉藏等，极大地促进了般若学在金陵一带的传播。

吉藏（549—623），俗姓陈，冀州信都人，从兴皇法朗出家。学界一般认为，吉藏远绍龙树，近承兴皇法朗，故为三论宗的实际创立者。三论学也经由吉藏的弘

---

① 道宣：《续高僧传》卷第七，《大正藏》第50册，第477页中。
② 道宣：《续高僧传》卷第七，《大正藏》第50册，第477页下。

传，得以进一步发展。吉藏继承兴皇法朗之学，究竟“中道”“二谛”等义，进一步融合涅槃佛性等学说，采涉颇多。牛头宗与摄山三论学及三论宗的关系极为紧密，牛头法融曾受学于兴皇法朗门下茅山明法师，同时牛头法融生活的年代也正是吉藏创立三论宗、大兴三论之时，牛头禅思想在很大程度上受到三论宗的影响。

值得一提的是，三论僧人除推重三论外，还弘扬《华严经》。《华严经》在南朝的传播，应归功于三论僧人。据《高僧传》《续高僧传》所载，僧朗、僧诠、法朗无不精通并弘传《华严经》。《续高僧传》道：“摄山朗公，解玄测微世所嘉尚，人代长往嗣续犹存，乃于此山止观寺僧诠法师，飡受《智度》《中》《百》《十二门论》并《华严》《大品》等经。”[①]兴皇法朗于僧诠处受学《大智度论》《三论》《大品般若经》及《华严经》等经典。不得不说，牛头宗僧人之所以注重华严精神，与摄山三论学注重华严的传统紧密相关。

摄山三论学及三论宗的佛学精神源于金陵佛教，同时也对金陵佛教产生了深远影响，成为金陵佛教极为辉煌的一页。其中较为重要的影响便是促进了牛头禅思想的产生以及牛头宗的创立。牛头宗初祖法融禅师最早便是服膺于三论宗门下，后在其禅学理论及实践中彻底贯穿三论精神。同样创立于金陵的牛头宗，从三论宗手中接过般若学传统，并进一步将其延伸至禅宗，进而影响了禅宗的发展。三论宗佛学与牛头禅思想存在诸多相似性。这不能不说，与其共同浸润于以金陵地区为核心的江左佛教精神之中密不可分。至于牛头禅与三论宗思想的深层次关联，将于下文展开论述。

究而言之，南朝时期般若学的发展，为佛教在玄学隆盛时期争取到了一定的发展空间，进而促使佛教逐步摆脱格义佛教的限制而走向独立的发展，并为随后中国化佛教宗派的创立奠定了一定的基础。由南朝江右的般若学孕育而成的摄山三论宗在很大程度上推动了牛头宗的创立、牛头禅思想的形成。

（三）南朝涅槃佛性说及其与般若学的融合

除摄山三论的流行外，对牛头宗的创立及其思想走向产生一定影响的，还有涅槃佛性说在金陵地区的流行与发展。南朝的佛教义学在很大程度上呈现出般若精神与涅槃思想的融合。

竺道生是中国佛教史上的著名人物，俗姓魏，巨鹿人。竺道生著述甚丰，有

---

① 道宣：《续高僧传》卷第七，《大正藏》第50册，第477页中。

《二谛论》《顿悟成佛义》《泥洹经义疏》《维摩经义疏》《小品经义疏》《法身无色论》等。从竺道生的著述来看，竺道生不仅精于涅槃学，也通熟般若学，《二谛论》《小品经义疏》便是与般若学相关的论著。竺道生的佛学理论，以涅槃佛性“有”、“顿悟成佛”为其思想特色，其以般若实相诠释涅槃佛性，试图沟通佛性说与般若学，以实现佛性“有”与般若“空”的融合。竺道生道：“若以见佛为见者，此理本无。佛又不见也，不见有佛乃为见佛耳。”[①]又道：“无我本无生死中我，非不有佛性我也。”[②]竺道生肯定“佛性我”的存在，但又强调“不见有佛乃为见佛”，从而反对对“佛”产生执见，主张生佛一际平等。

竺道生将涅槃佛性“有”与般若实相“空”相结合的思想理路深深影响着南朝佛教的发展。对牛头宗的创立产生重要影响的三论宗僧人亦注重《涅槃经》，并对《涅槃经》进行诠释。兴皇法朗弘兴《涅槃经》；吉藏撰有《涅槃经游意》，对《涅槃经》进行诠释。三论宗僧人重视《涅槃经》，也从一个侧面反映金陵佛教般若“空”与佛性“有”融合的思想特色。当然，这种“空有融合”的精神也潜入牛头禅，成为牛头禅思想的重要面向。牛头禅虽以般若精神为其思想核心，但也在一定程度上呈现出由般若精神进趋佛性“有”的思想趋向，这不得不说与江左地区涅槃学的隆兴与发展、般若实相“空”与涅槃佛性“有”融合的理论综合特征有一定关系。

三　南朝江左禅学的发展与天台佛学在金陵的传播

对于定学的关注与实践是牛头禅法内容中非常重要的一端。据《续高僧传》《景德传灯录》等所载，牛头宗一系禅僧之所以能够吸引僧俗两界、产生深远影响，除义学外，还有其摄心、禅定之功。牛头宗禅僧之所以关注禅定，与南朝金陵江左地区禅学的兴起与发展有关。正是从南朝时期开始江左地区佛教对定学的关注，尤其是定学在金陵的传播与发展，促使牛头法融一系禅僧将禅定作为基本的实践法门并加以弘扬。

---

① 僧肇：《注维摩诘经》卷第九，《大正藏》第38册，第410页上。

② 僧肇：《注维摩诘经》卷第三，《大正藏》第38册，第354页中。

（一）南朝江左禅学的兴起

江左地区佛教素重义学，永嘉之乱后，随着大量北方僧人的南渡，金陵地区始弘定学。南朝宋时，佛陀跋陀罗（又称觉贤）与释慧观于建业兴禅。此后，求那跋摩、畺良耶舍、昙摩蜜多等亦先后至宋境，翻译禅经，弘扬禅法。南朝梁时，虽无有名禅师见载，然而梁武帝曾搜扬禅师，有大兴定学之决心。据《续高僧传》载："逮于梁祖，广辟定门。搜扬宇内有心学者，总集杨都。校量深浅，自为部类。又于钟阳上下双建定林，使夫息心之侣，栖闲综业。"①南朝禅定之学虽取得一定发展，但因长期以来对义学的过多关注，终未见兴盛。《续高僧传》载梁武时期的南朝定学"可谓徒有扬举之名，终亏直心之实"②。即便如此，北方僧人南下所带来的江左定学一定程度的发展，拉开了之后隋唐金陵一带乃至整个江左地区禅定之学隆兴的序幕。

金陵一带禅定之学的真正兴起应在南朝末期。而定学之所以于南朝末期出现一定程度的兴盛，有赖于天台宗南岳慧思、智者大师在金陵弘扬禅学及受到天台宗影响的摄山三论师对禅定之学的重视与实践。

（二）天台佛学在金陵的传播及其影响

就南朝时期金陵地区佛教的发展而言，与牛头宗创立直接相关的，除三论宗的创立外，还有天台宗的传播。天台佛学也为牛头禅提供了理论与实践资源，从而进一步促进了牛头禅的创立与发展。

天台宗以《妙法莲华经》为基本经典依据。天台宗僧人孤明先发，发扬《妙法莲华经》"会三归一"以及"十如是"等思想，提出"止观双运""一心三观""性具善恶"等理念，建立其独特的思想体系，振聋发聩。天台宗注重《法华经》，以中道实相作为其理论与实践的根本关切，无不与牛头禅法相关联。

天台宗南岳慧思曾于金陵授法。《续高僧传》载："自江东佛法弘重义门，至于禅法，盖蔑如也。而思慨斯南服，定慧双开。昼谈理义，夜便思择。故所发言无非致远，便验因定发慧，此旨不虚。南北禅宗，罕不承绪。"③南北朝时期，南方仍偏于义学，北方则重于观行。天台宗倡"止观双运"，其目的在于融合南北佛学。南方定学由衰而盛，"因定发慧""定慧双运"之旨于金陵地区流行，这与天台

---

① 道宣：《续高僧传》卷第二十，《大正藏》第 50 册，第 596 页上。
② 道宣：《续高僧传》卷第二十，《大正藏》第 50 册，第 596 页上。
③ 道宣：《续高僧传》卷第十七，《大正藏》第 50 册，第 564 页上。

慧思及其门下弟子的努力不无关系。除南岳慧思外，天台智𫖮亦授定慧之学于金陵。《续高僧传》载天台智者大师：

> 思既游南岳，𫖮便诣金陵，与法喜等三十余人在瓦官寺，创弘禅法。仆射徐陵尚书毛喜等，明时贵望学统释儒，并禀禅慧俱传香法，欣重顶戴时所荣仰。[①]

智者大师及其弟子在金陵瓦官寺弘传禅法，进一步促进了金陵地区禅法的流布。智者大师授法金陵期间，金陵诸多名僧前往礼谒，咨决佛法，其中便包括研习三论的僧人。据《续高僧传》载，兴皇法朗门下弟子释智锴在习三论后，又从智者大师习禅。[②] 因此，三论宗僧人不但精研般若，也多修定学，这与天台宗佛学在金陵的传播存在一定关系。汤用彤先生说："此则在智𫖮之时，摄山一脉，与天台尤有关系。夫天台观行，本尊《大品》。摄山一系，亦主定慧兼运。宜其理味相契，多有关涉。"[③]汤用彤先生指出，天台宗本宗般若，三论宗也提倡"定慧兼运"，二者理味相契。正因为天台宗与三论宗的关涉，所以牛头法融在习修三论时，关注天台佛学，并与天台佛学的理论与实践发生了联系。

南岳慧思与智者大师在金陵的授法活动，一方面促进天台宗佛学思想在金陵地区的传播，促使天台佛学与在金陵盛行的三论宗等佛学思想产生了一定融合；另一方面，非常关键的是，进一步促进了禅定之学在金陵地区的传播和流行。据《续高僧传》《景德传灯录》等文献所载，牛头宗一系禅僧牛头法融、牛头智岩、佛窟遗则禅师等诸多禅师均重禅定，这与天台慧思、智者大师播定法于金陵，定慧之学代兴，有着密切的关联。牛头禅的创立除受到三论宗的影响外，天台佛学也起到了非常关键的作用。牛头禅与天台宗在义理层面上的会通与融合，将于下文具体论述。

质言之，牛头宗的创立受到南朝义学与实践法门多方面综合的影响。无论是牛头禅与老庄玄学的密切关系，还是牛头禅注重禅定的传统以及牛头禅以般若精神为核心的思想倾向，皆可溯至南朝江左佛教。此外，牛头宗的理论与实践

---

① 道宣：《续高僧传》卷第十七，《大正藏》第 50 册，第 564 页中。

② 道宣：《续高僧传》卷第十七，《大正藏》第 50 册，第 570 页中。

③ 汤用彤：《汉魏两晋南北朝佛教史》，武汉大学出版社，2008 年，第 548 页。

呈现出“融合”的品格，这与诸多佛学思想和流派在金陵地区传播及发展，金陵成为佛教诸思想和流派的互动空间有关。正是以金陵为核心的江左佛教思想之综合特征，造就了牛头禅学的“融合”特质。可以说，南朝江左佛教的义学和实践特征促成了牛头宗的创立与发展，而牛头禅又反过来进一步加强并深化了金陵一带江左佛教的弘兴。

第二节
牛头宗的创立、传承及发展

牛头宗创立于金陵牛首山(也称牛头山,今南京江宁牛首山)。牛首山位于金陵城南部,论佳秀为金陵诸山之最。因山之双峰峙立,犹如牛角状,故名为牛首山。晋代丞相王导曾指此山对人言"此天阙也",故牛首山又名为"天阙山"。至唐贞观十九年(645),牛头禅法仍未绍隆之时,牛首山上已然佛寺众多,一度辉煌,成为名震金陵的佛教名山。牛首山是牛头宗发展与传播的基地,牛头禅风的隆盛更使牛首山闻名于江表。《牛首山志》载:"盖自王丞相指以示人,融禅师坐而进道,遂绍法双峰,标雄江表矣。"①

牛头宗从牛头法融至鸟窠道林招贤会通历经200余年的传承。200余年间,牛头宗从初创到极盛并最终走向衰落。200余年间,除金陵牛首山外,牛头禅还在镇江的鹤林寺、杭州的径山以及天台山等地广泛传播,影响日渐深远。

一 牛头宗牛头山系的六代传承及其发展

学界对牛头禅的研究,多集中于对牛头宗六代传承及其著述真伪的考证上,然而关于牛头宗传承的诸多问题至今仍存有争议。牛头宗的六代传承,确实存在诸多不确定因素,从而为牛头宗蒙上了神秘的面纱。不过,从某种意义上说,也正是这些不确定的因素,成为打开牛头宗神秘大门的钥匙。

(一)牛头宗初祖牛头法融及牛头宗的创立

据《宋高僧传》《祖堂集》等载,牛头宗由牛头法融禅师开创,牛头法融为牛头宗初祖。对于法融禅师牛头初祖的身份以及牛头宗的创立因缘,学界质疑颇多,值得深入考察和探究。

1. 牛头法融的生平行迹

牛头宗初祖法融禅师(594—657),润州延陵人。《续高僧传》载,法融禅师出

---

①《献花岩志·牛首山志·栖霞小志·覆舟山志》,南京出版社,2010年,第49页。

身门第显赫的韦氏家族，生于隋开皇十四年（594），于显庆二年（657）圆寂，春秋63岁。《祖堂集》载，法融俗姓"文"，而《续高僧传》《景德传灯录》等皆载俗姓"韦"，疑《祖堂集》将"韦"字混为"文"所致。法融禅师19岁出家，往茅山炅法师处学法。茅山炅法师，学界一般认为是茅山明法师。如上所述，明法师为三论宗兴皇法朗门下影响较著的弟子，弘扬三论，传兴皇法朗之学。据《续高僧传》所载，茅山明法师善讲三论，为兴皇法朗门下得意弟子。这是牛头禅与三论宗佛学存在关联的重要史据，直接说明了牛头禅与三论宗的渊源。牛头法融的禅学重般若、禅定，正是经由茅山明法师，上承兴皇法朗而来。

法融禅师博通内典、外学，曾于牛首山佛窟寺中览阅七藏经书，8年间将其经藏抄略粗毕。佛窟寺惜于贞观十九年（645）毁于大火。除般若类经典外，法融禅师尤重《法华经》与《楞伽经》。《续高僧传》载法融禅师"趣言三一，悬河不尽"。"趣言三一"，"三一"为《法华经》"会三归一"之意，即声闻乘、缘觉乘、菩萨乘尽归一佛乘。法融禅师"趣言三一"，说明其对《法华经》的精熟。僧人诵持《法华经》，将其作为重要的修持方式，在魏晋南北朝时期早已有之，法融禅师显然也以诵持《法华经》为其重要的实践进路。《祖堂集》载："融曰：'我依《法华经》开示悟入，某甲为修道。'"由《法华经》而悟入，足以说明法融禅师对《法华经》的重视及《法华经》对法融禅学理论与实践所产生的重要影响。贞观二十一年（647）十一月，法融禅师于牛首山幽栖寺北岩下讲《法华经》，素雪皑皑，法流不绝，忽花开二茎，破冰凌霜而出。法融禅师之所以关注《法华经》，如上所述，与天台宗在金陵的传播有关。此外，法融禅师还诵持、精修《楞伽经》。《续高僧传》载法融禅师"遂大入妙门。百八总持，乐说无尽"。"百八总持"即为《楞伽经》的百八句。

因受摄山三论学及天台宗颇重定学之影响，牛头法融勤修定业，主张以定发慧，"定慧双修"。《续高僧传》载："融纵神挹酌，情有所缘。以为慧发乱纵，定开心府。如不凝想，妄虑难摧，乃凝心宴默于空静林二十年中，专精匪懈。"①唐贞观十七年（643），法融禅师在牛首山幽栖寺北岩下另立茅茨禅室，精勤砥砺，不废寸阴。因法融博通群籍，精于义学，又禅定功深，圆观无碍，遂吸引诸多徒众，数年之间随法融息心习禅的有100余人。牛首山也因法融禅师的声名远播，成为金陵一带僧俗两界翘望法霖的圣所。《续高僧传》载，唐武德七年（624），房玄龄上

① 道宣：《续高僧传》卷第二十，《大正藏》第50册，第603页下。

奏，欲淘汰僧尼，州置一寺，一寺仅留僧尼 30 人。法融禅师挺身而出，入京陈理。御史韦挺见法融所撰疏表理确不拔、文采斐然，颇为仰重，房玄龄亦伏其高致。后唐代陈硕真之乱殃及江左佛门，诸多僧人被问责牵连。其时，众多僧人奔赴牛首山，数量超过 300 人。为满足山中僧众粮食口给，法融禅师不辞辛劳，每日亲赴丹阳负粮。由是观之，法融禅师不但在义学及定学上造诣极高，又有慈悲济世之举。这是法融禅师成为当时牛首山乃至整个润州僧团核心人物的根本原因。《景德传灯录》称法融禅师为“懒融”，“懒”字或并非指不问世事，只顾个人修行，而与牛头禅主张“无心用功”“放旷纵横”的宗风有关。

江左诸多士大夫闻牛头法融德高行深，纷纷延请其说法。永徽年间(650—655)，江宁令李修本曾与诸士俗一道请法融禅师讲《大集经》。法融禅师讲《大集经》时，吸引僧俗 3000 余人前往听法，盛名荣观若此。又，邑宰萧元善曾请法融禅师于金陵建初寺讲《大般若经》；永明延寿《宗镜录》载有法融禅师与彭城王问答。法融禅师于显庆二年(657)示寂。法融禅师圆寂后，“幢盖笳箫云浮震野，会送者万有余人。传者重又闻之，故又重缉”[①]。道俗“会送者万有余人”，足见法融禅师在当时道俗两界的威望、声名何其煊赫。

2. 牛头法融的著述、语录等文献

学界普遍认为《绝观论》与《心铭》是牛头法融的著述。圭峰宗密在《圆觉经大疏钞》中称，牛头法融著有《绝观论》。目前《绝观论》存有 6 种不同的敦煌写本，分别为 P2045 本、北京本、P2074 本、P2885 本、P2732 本以及日本石井积翠轩本。《绝观论》为现存牛头禅著述中保存相对完整、篇幅最长的牛头禅著述。值得一提的是，永明延寿《宗镜录》引《绝观论》道：“问：‘何者为体?’答：‘心为体。’问：‘何者为宗?’答：‘心为宗。’问：‘何者为本?’答：‘心为本。’”敦煌出土的 6 种《绝观论》写本中并未出现“心为体”“心为宗”“心为本”文句，永明延寿所引《绝观论》应为敦煌出土的 6 种《绝观论》写本的异本。这从一个侧面说明，《绝观论》的文本内容在流传过程中不断地被改动、被充实。《绝观论》的文本内容具有一定的流动性，在一定程度上反映了牛头禅乃至佛教思想的发展动态。

《景德传灯录》和《全唐文》载有法融禅师《心铭》全文。因《心铭》与僧璨《信心铭》在体例、思想内容上的高度相似，加上永明延寿在《宗镜录》中将《心铭》“欲

① 道宣:《续高僧传》卷第二十,《大正藏》第 50 册,第 604 页上—中。

得心净,无心用功”“前际如空,知处迷宗”等文句标注为《信心铭》,印顺法师认为,《信心铭》也是法融禅师的著作。此外,吕澂先生也对僧璨著《信心铭》提出质疑,他说:“《景德传灯录》卷三十中,载有僧璨所著《信心铭》,当然是不足信的。”[①]

此外,永明延寿在其著述中所引《法华名相》《华严私记》《净名私记》也被认为是法融禅师的著述。《法华名相》《华严私记》《净名私记》分别为诠释《法华经》《华严经》《维摩诘经》的著作,这也再次说明法融不但谙熟般若经典,对《维摩诘经》《法华经》《华严经》《大集经》等经典亦勤于修习,并深明其理。《景德传灯录》还记载牛头法融与博陵王的问答及与其他人的问答。如《景德传灯录》载法融禅师示释昙璀道:“色声为无生之鸩毒,受想是至人之坑穽。子知之乎?”因牛头禅著述多已散佚,现存牛头法融相关著述、偈颂、问答等均为探讨和研究牛头禅的重要文献。

3. 道信传法牛头法融的真伪问题

从现存相关史料来看,道信印可法融的记载,至少在中晚唐时期已成为佛门的共识。然而,学界对道信付法牛头法融的说法,存有诸多争议。学界多认为,牛头法融为道信旁出弟子,只是牛头宗单方面的说法。如印顺法师说:“在禅法重传承、重印证的要求下,达摩禅盛行,几乎非达摩禅就不足以弘通的情况下,牛头山产生了道信印证法融的传说。”[②]胡适先生指出,法融禅师承自三论宗而非楞伽宗,故道信传法于法融的说法实属强拉硬派。[③] 可见,包括印顺法师、胡适先生在内的诸多僧人、学者认为法融禅学承自三论,与达摩禅并无直接关联,从而质疑道信付法法融的真实性。此外,吕澂先生也认为道信付法法融的说法只是牛头禅僧的附会而已,只不过他指出,两种禅法之所以被拉上关系,原因正在于两者在思想上存在可沟通之处。吕澂先生说:“由于道信的禅法逐渐在《楞伽》之外吸收了《般若》的思想,所以还发生了一些附会……”[④]

圭峰宗密(780—841)在《中华传心地禅门师资承袭图》中论及法融禅法中兼具三论学与楞伽禅。宗密说:

① 吕澂:《中国佛学源流略讲》,中华书局,1979年,第206页。
② 印顺:《中国禅宗史》,第83页。
③ 姜义华主编:《胡适学术文集·中国佛学史》,中华书局,1997年,第116页。
④ 吕澂:《中国佛学源流略讲》,第213页。

牛头宗者，从四祖下傍出。根本有慧融禅师者，道性高简，神慧聪利。先因多年穷究诸部般若之教，已悟诸法本空，迷情妄执。后遇四祖，印其所解空理，然于空处显示不空妙性故，不俟久学，而悟解洞明。①

宗密指出，法融禅师早期承三论宗宗旨，后遇四祖道信，受到道信禅学的影响，从而能“于空处显示不空妙性”。因此，宗密肯定牛头禅法中具有楞伽禅的思想因素，从而认为道信印可法融之说并不是为了与达摩禅扯上关系而做出的牵强附会的编扯，而是具有实际的思想理据的。日本学者宇井伯寿先生承圭峰宗密的说法，将法融的思想分为两个时期：一为早期拜于三论宗门下，勤习三论时期；二为得道信印可之后，在东南建立正法时期。② 周叔迦先生也说道：“牛头法融先习般若空观，而未能究竟，得四祖指示而悟玄宗。于此可见达摩宗旨独特之处。”③这可从一个侧面说明，道信与法融之间问答的产生或许并非完全杜撰。当然，存在这样的可能性，道信与法融确实有过对话与交流，只不过并非以传法的形式，而是黄梅与牛首山两个僧团的核心人物之间平等的交流。而其交流与对话，在当时只是禅门平常的事件，以至于道宣在《续高僧传》中并未记载。然而，这样的对话和交流随着楞伽禅以及南、北宗禅的兴盛，重新被关注，甚至被加工，演变成道信向法融传法，对话的内容或许也被重新进行了整理和叙述。《景德传灯录》《五灯会元》等禅宗灯录中载有四祖道信与牛头法融问答。无论道信印可法融是否真实，道信与法融问答无疑跟牛头宗关联密切，甚至即出自牛头宗僧人，集中展现了牛头宗的禅学思想内涵。

此外，圭峰宗密并未质疑道信印可法融的说法，也并未对牛头宗的六代传承提出质疑。宗密生活的时代与牛头宗鹤林系、径山系的隆盛时期相去不远，若四祖道信与牛头法融完全没有关联，道信传法法融只是牛头宗一系禅僧为了宗派的发展而单方面杜撰出来的，那么何以如此的编撰在宗密时代没有受到质疑与批判，而是较为广泛地被接受了呢？其原因或在于道信印可法融以及法融开创牛头宗、牛头宗六代传承的说法，在当时受到官方的认可，从而得到丛林内外普遍的肯定。大和三年(829)，时任润州州牧、浙江西道观察使的李德裕，为牛头法

---

① 宗密：《中华传心地禅门师资承袭图》，《卍新续藏》第63册，第31页上。
② 宇井伯寿：《牛头法融及其传统》，《日华佛教研究会年报》1937年第2号，第25页。
③ 周叔迦：《周叔迦佛学论著集》上册，中华书局，1991年，第382页。

融禅师建造新塔，刘禹锡撰写《牛头山第一祖融大师新塔记》，这便是官方对牛头法融及牛头宗地位的确认。

4. 法融禅师门下弟子

牛头法融门下弟子除二祖智岩禅师外，还有道綦、道凭、释昙璀、释僧瑗等见录。其中，道綦、道凭二人，并无独立传记见载。《续高僧传》载："初构禅室四壁未周，弟子道綦、道凭，于中摄念。夜有一兽如羊而入，腾倚扬声，脚蹴二人。心见其无扰，出庭宛转而游。"[①]从《续高僧传》对道綦、道凭的简短记载来看，道綦、道凭二人精于禅定，如羊之兽脚蹴二人，依然不受其扰，安然不动，足见二人"摄心"之功深。

释昙璀(630—692)，据《宋高僧传》，俗姓顾，吴郡人。晚年始事牛头法融，曾誉法融为"东夏之达摩"。《宋高僧传》载释昙璀"乃晦迹钟山断其漏习。养金刚定趣大能位，纳衣空林多历年所"[②]。这说明释昙璀修定多年，能深入"金刚定趣"，定业斐然。

释僧瑗(638—689)，据《宋高僧传》，俗姓郁，高平昌邑人，13 岁依虎丘寺慧严法师出家，后从常乐寺聪法师学三论。《宋高僧传》载释僧瑗"听常乐寺聪法师三论，甚深无相，疑滞豁除，方便解脱。怡然独悟，因智从心证，遂诣江宁融禅师，求学心法。摄念坐禅，众魔斯伏。勤行精进，猛兽恒驯"[③]。释僧瑗于"摄念坐禅"上勤修精进，从而能摧伏心魔，驯调猛兽。

《续高僧传》《宋高僧传》突出对法融禅师门下弟子禅定实践功夫的记载。尤其是《宋高僧传》载释僧瑗先从聪法师学三论，明无相实相之理，后了悟"智从心证"，遂拜谒法融禅师，学"摄念坐禅"之心法。由此观之，牛头法融禅师不同于三论师的地方，大抵在于法融禅师更突出"摄心"的实践功夫，以禅定功夫见长，从而更凸显"禅定"与"般若"的结合。

5. 牛头宗的创立

据禅宗灯录等佛教相关史料的记载，牛头宗历经"法融→智岩→慧方→法持→智威→慧忠"的六代传承。牛头宗六代传承的说法，最早出现于中晚唐时期，唐代圭峰宗密的著述中即提及牛头宗从牛头法融到牛头慧忠的六代传承。

---

① 道宣：《续高僧传》卷第二十，《大正藏》第 50 册，第 603 页下—604 页上。
② 赞宁：《宋高僧传》卷第八，《大正藏》第 50 册，第 757 页中。
③ 赞宁：《宋高僧传》卷第四，《大正藏》第 50 册，第 731 页上。

五代、宋后，随着《景德传灯录》等灯录的广泛流行，牛头宗的六代传承更成为佛教丛林的普遍说法。

牛头法融创立牛头宗，在道宣《续高僧传》中并未见载。正因此，学界对牛头法融创立牛头宗的记载也提出质疑。吕澂先生指出："实际上，追溯到慧方还可信，智岩以上就无材料可以确定了。因此，这一传承的本身就可疑，硬把法融拉了进去，是没有什么根据的。"[①]印顺法师亦持吕澂先生之说，认为牛头宗前两代的传承是可疑的，牛头宗从慧方禅师始，方真正有师承关系。[②] 牛头法融创立牛头宗以及牛头宗的六代传承说，或与禅宗内部南、北宗之争有关系。正是因应南、北法统之争，牛头宗产生了六代传承说，这是出于牛头宗宗派发展的需要。正如洪修平先生所说："如果联系牛头宗至牛头慧忠、玄素之时才勃兴以及各种传说也都于此时才出现等事实来看，与其说道信印可法融及牛头宗六代传承为确有其事，不如说这些都是后世禅者的编造或'追认'。"[③]

牛头宗的创立又与牛头法融不无关系。牛头法融、牛头智岩、牛头慧方等均出自润州僧群，彼此之间有往来，甚至极有可能存在师承关系。再加上法融禅师终其一生，为求法投身于浩瀚无穷的经海；为修禅定，20 年间宴坐山林；为弘法事业，尝尽艰辛；为利他悲愿，劳顿奔走。这是牛头法融成为主导一方的禅门领袖，备受后世丛林推崇，从而在禅佛教史上产生重要影响的根本原因。法融禅师的禅学理论、禅修方式浸润于润州乃至整个江左僧群中，成为润州佛教的精神朝向。因此，法融禅师作为牛头宗初祖的说法并不是完全没有根据的"伪造"。不得不说，牛头宗的创立离不开牛头法融。没有牛头法融在牛首山所建立的僧团基础，没有牛头法融佛学思想与实践所形成的广泛影响，牛头宗的创立便成了无源之水。从这个意义上说，正是牛头法融促成了牛头宗的创立，牛头法融是牛头宗的创始者。鉴于此以及目前史料仍无法对法融创立牛头宗进行充分否定，本书仍持法融为牛头宗初祖之说。

（二）牛头宗从牛头智岩至牛头慧忠的传承及发展

牛头法融后，牛头宗又经智岩、慧方、法持、智威、慧忠的传承。下文将叙述和分析这五位禅师的生平行迹及著述、法语等情况，以呈现牛头宗从牛头智岩至

---

① 吕澂：《中国佛学源流略讲》，第 213 页。
② 印顺：《中国禅宗史》，第 77 页。
③ 洪修平：《中国禅学思想史》，中国人民大学出版社，2007 年，第 104 页。

牛头慧忠的传承与发展情况。

1. 牛头宗二祖智岩禅师

牛头宗二祖智岩禅师，俗姓华，丹阳曲阿人。隋大业年间(605—618)被封为虎贲中郎将，身为军帅，却慈心昭朗，常在弓首挂漉囊，所往之处，以漉水养虫。40岁时，从镇州南定淮海。因感荣华名位皆浮云而出家。据《景德传灯录》所载，智岩禅师曾于山谷中入定，山水暴涨，智岩自岿然不动。由是观之，智岩禅师亦重禅定。

法融与智岩的传承关系，历来亦备受质疑。《景德传灯录》载，智岩禅师于贞观十七年(643)入牛首山，拜谒法融禅师，得法融禅师印可，秉命为牛头宗二祖。牛头法融示智岩禅师："吾受信大师真诀所得都亡，设有一法胜过涅槃，吾说亦如梦幻。夫一尘飞而翳天，一芥堕而覆地。汝今已过此见，吾复何云？"①然而，《续高僧传》却载，释智岩从皖公山宝月禅师入道，并未提及智岩受法于法融禅师。而贞观十七年智岩禅师归建业，依山结草，从修僧众亦百有余人。如上所述，据《续高僧传》所载，贞观十七年，法融禅师于牛首山幽栖寺北岩下另立茅茨禅室。印顺法师据此认为，法融与智岩是同时于两地施化，并不具有传承关系。

《景德传灯录》与《续高僧传》在对智岩禅师卒年的记载上存在出入，《续高僧传》载智岩禅师寂于永徽五年(654)，而《景德传灯录》则载其终于仪凤二年(677)。《续高僧传》为道宣所编撰，而道宣圆寂于667年，若智岩禅师卒于677年，则其不应被载入《续高僧传》。显然，《景德传灯录》的记载有误。这有可能是牛头宗僧人为建立宗派六代传承说而特意进行的篡改，但就目前的史料文献而言，仍难以有定论。

从目前史料文献看来，智岩禅师为牛头宗二祖的说法，虽疑点颇多，但亦无法完全否定。而牛头宗禅僧确立智岩禅师为二祖，或亦出于智岩禅师超凡的义学功底与禅定实践功夫，尤其是其在润州僧群中的显赫地位。

智岩门下有释善伏、释惠明以及释慧方。"还到润州岩禅师所，示以无生观"②，从《续高僧传》智岩禅师授释善伏"无生观"的记载来看，智岩禅师的禅法也以般若"空无""无住"精神为核心，从而与法融禅师的禅法相契。智岩禅师的禅法

---

① 道原：《景德传灯录》卷第四，《大正藏》第51册，第228页中。
② 道宣：《续高僧传》卷第二十，《大正藏》第50册，第603页上。

呈现出般若精神旨趣，与智岩禅师身处的润州僧团重三论、重般若的风气有关。

智岩禅师并无著述存世。今仅存《续高僧传》所载智岩禅师与山中猎者及“昔同军戎”衢州刺史张绰等的问答，如下：

> 猎者问曰：“身命可重，何不避耶？”答曰：“吾本无生，安能避死？”猎者悟之，所获并放。……既瞩山崖竦峻鸟兽鸣叫，谓岩曰：“郎将癫邪，何为住此？”答曰：“我癫欲醒君癫正发，何由可救？汝若不癫，何为追逐声已，规度荣位？至于清爽都不商量，一旦死至荒忙何计。此而不悟，非癫如何？唯佛不痴，自除阶渐。”①

如上所述，智岩禅师示释善伏以“无生观”，在与猎者的问答中，智岩亦授猎者以“无生”之旨。由是观之，智岩禅师常以“无生观”示众，这与法融禅师一致。法融禅师示释昙璀“色声为无生之鸩毒”，亦强调直取“无生”。虚云法师曾作《智岩禅师传赞》道：“八十世生，深谷危坐。尘沙劫来，不是这个。融师拨转，顺风帆柁。万古千秋，高风不堕。”②

2. 牛头宗三祖慧方禅师

据《景德传灯录》载，慧方禅师（628—695），俗姓濮，润州延陵人。慧方禅师先于开善寺出家，28岁时受具足戒。后入牛首山，礼智岩禅师。慧方因智岩示心要而大悟，于牛首山深居逾10年，四方学者云集。后归茅山，于唐天册万岁元年（695）寂灭，世寿67岁，僧腊40年。慧方禅师并无著述及相关法语见载。虚云法师作《慧方禅师传赞》道：“一相无相，谁能思量。一身多身，万物皆真。动也行云出岫，静也声湛谷神。赴机千江月，拟议隔河津。”③

3. 牛头宗四祖法持禅师

牛头宗四祖法持禅师，俗姓张，润州江宁人。《宋高僧传》载法持禅师“年十三闻黄梅忍大师，特往礼谒，蒙示法要，领解幽玄。后归青山重事方禅师，更明宗极，命其入室传灯继明，绍迹山门大宣道化”④。法持禅师幼年出家，先于弘忍门

① 道宣：《续高僧传》卷第二十，《大正藏》第50册，第602页中。
② 净慧主编：《虚云和尚全集》第2册，中州古籍出版社，2009年，第140页。
③ 净慧主编：《虚云和尚全集》第2册，第141页。
④ 赞宁：《宋高僧传》卷第八，《大正藏》第50册，第757页下。

下求法，后事牛头宗三祖慧方禅师。据宗密《中华传心地禅门师资承袭图》所载，弘忍门下有弟子“江州宁持”，学界一般认为，“江州宁持”为“江宁持”的误写，从而在很大程度上肯定了法持禅师曾师从五祖弘忍的说法。法持禅师于长安二年(702)示寂于金陵延祚寺，遗嘱露骸于松下以饲禽兽，令饮食其血肉者均能发菩提心，而成正觉，其慈心宏深若此。北宗戒珠所编《净土往生传》，突出法持禅师勤修净土观想念佛法门的事迹。据目前佛教史料观之，法持禅师并无著述、语录存世。虚云法师曾作《法持禅师传赞》道：“黄梅闻法，牛头受记。传法威师，绵远相继。露骸松下，含灵等利。慧日长明，辉天耀地。”①

4. 牛头宗五祖智威禅师

牛头宗五祖智威禅师(652—729)，俗姓陈，润州江宁人。智威禅师从牛头法持，咨决禅法而顿悟妙理。《宋高僧传》记载智威禅师勤修定学，重头陀行。牛头智威门下弟子除牛头慧忠外，还有鹤林玄素、安国玄挺禅师以及天柱山崇惠禅师见载。禅宗灯录中载有牛头智威两首偈语，此外并无其他著述、语录存世。这两首偈语如下：

> 莫系念，念成生死河。轮回六趣海，无见出长波。②

> 余本性虚无，缘妄生人我。如何息妄情，还归空处坐。③

《景德传灯录》载，唐开元十七年(729)，智威禅师于延祚寺圆寂，世寿77岁。智威禅师亦嘱门下弟子，将其尸骸遗于树林之中，施于鸟兽。虚云法师作《智威禅师传赞》道：“中持师毒，着佛头粪。唤钟作瓮，欺贤罔圣。越空劫外，三更日正。实体虚无，凝霄藤盛。”④

安国玄挺禅师，具体生平事迹未见载于禅宗灯录等佛教史料文献中。永明延寿《宗镜录》及《景德传灯录》载有安国和尚数则问答。安国玄挺禅师有“心宗非南北”之说，影响深远。

---

① 净慧主编：《虚云和尚全集》第2册，第141页。
② 道原：《景德传灯录》卷第四，《大正藏》第51册，第229页上。
③ 道原：《景德传灯录》卷第四，《大正藏》第51册，第229页上。
④ 净慧主编：《虚云和尚全集》第2册，第142页。

天柱山崇惠禅师，据《景德传灯录》，俗姓陈，彭城人。于唐乾元（758—760）初，往舒州（今属安徽）天柱山创寺，永泰元年（765）敕赐号为“天柱寺”。《景德传灯录》载有崇惠禅师问答。崇惠禅师有“万古长空，一朝风月”之言，广为流传。

5. 牛头宗六祖牛头慧忠禅师

据《景德传灯录》所载，牛头宗六祖慧忠禅师（682—769），俗姓王，润州上元人。23岁时受业于庄严寺。后往而拜谒牛头智威。智威禅师道“山主来也”，忠当下截断情识，顿悟玄旨。大历四年（769），慧忠坐化，世寿87岁。牛头慧忠一生素朴至极，“平生一衲不易，器用唯一铛”。

牛头慧忠声名颇盛，一时四方学者云集，弟子中得法者有34人，各据一方传法兴教。牛头慧忠门下除佛窟遗则禅师外，见录的还有释道坚、释太毓、释慧涉等。

释道坚（734—807），据《宋高僧传》，俗姓王，丹阳人。归牛头慧忠门下，后于大历元年（766）归隐池州南泉山。池州南泉山，亦为马祖门下怀让法嗣南原普愿禅师（747—834）兴化之地。元和初年（806），相国燕公对其颇为仰重，特为其造寺，请居于凤林关外。

释太毓（746—826），据《景德传灯录》，俗姓范，金陵人，12岁时礼牛头慧忠禅师出家，后归马祖道一，于马祖道一处顿悟密旨。宝历二年（826）于齐云山入灭，世寿80岁，僧腊58年。

释慧涉（740—822），据《宋高僧传》，俗姓谢，会稽人，东晋谢安之后人，大历初，礼谒牛头慧忠，忠寂后，“踵武兹岭，无游人境”[①]。

值得一提的是，华严宗澄观及其门下弟子僧无著也曾求法于牛头慧忠禅师。由是观之，牛头慧忠在当时丛林具有广泛的影响力。此外，《全唐文》卷四百四十一《润州上元县福兴寺碑》载，福兴道隆亦参牛头慧忠，并归于其门下。从牛头慧忠门下弟子的传记来看，牛头禅在牛头慧忠之后大抵出现两种归向：一为汇入南宗禅，从释道坚、释太毓的传记来看，释道坚与马祖门下交汇，而释太毓则先投慧忠禅师，后归马祖道一；二为归隐，牛头宗门下僧人因注重禅定，倡导宴坐山林，因此表现出较为明显的“趣寂”倾向，如释慧涉在牛头慧忠圆寂后，便隐于“无游人境”。

---

① 赞宁：《宋高僧传》卷第二十九，《大正藏》第50册，第893页下。

《景德传灯录》载有牛头慧忠答牛头智威所作偈颂两首：

念想由来幻，性自无终始。若得此中意，长波当自止。①

虚无是实体，人我何所存？妄情不须息，即泛般若船。②

牛头慧忠还著有《安心偈》传世："人法双净，善恶两忘。直心真实，菩提道场。"永明延寿《宗镜录》中亦征引牛头慧忠的法语。此外，并无其他著述见载。

二 牛头宗鹤林系、径山系、佛窟系的传承及发展

牛头宗的发展主要围绕牛首山一系展开，然而并不局限于此。牛头宗除牛头山系外，还有鹤林系、径山系以及佛窟系等旁出支系。牛头宗的旁出支系，也极大地扩大了牛头禅的影响，促进了牛头宗的发展。正是这些旁出支系，让牛头宗在发展过程中逐渐跳出金陵牛首山的范围，使得镇江鹤林寺、杭州的径山以及天台山云居安国寺等也成为弘扬牛头禅的重镇。可以说，牛头禅虽创生于金陵，但其影响波及金陵之外的整个江南地区甚至更远。

（一）牛头宗鹤林系、径山系的传承与发展

除牛头慧忠外，鹤林玄素、径山道钦也声名大振，吸引了诸多有名的僧俗弟子争相归附，并与当时有名的士大夫往来甚密，极大地拓宽了牛头禅的发展空间。由是，牛头宗发展至慧忠、玄素、道钦时代而大兴。

1. 牛头宗鹤林系的传承与发展

牛头宗鹤林一系禅法在整个牛头宗发展过程中占据举足轻重的地位。鹤林一系之所以影响深远，有赖于鹤林玄素禅师。鹤林玄素（667—752），俗姓马，字道清，润州延陵人。则天武后如意年（692），受业于江宁长寿寺。晚年入牛头山礼谒智威禅师，遂悟真宗。唐玄宗开元年间（713—741），居京口鹤林寺。唐玄宗

① 道原：《景德传灯录》卷第四，《大正藏》第51册，第229页上。
② 道原：《景德传灯录》卷第四，《大正藏》第51册，第229页上。

天宝十一年(752),鹤林玄素禅师圆寂,世寿85岁,后被追谥为“大律禅师”,并建塔于黄鹤山。

李华曾为鹤林玄素撰《润州鹤林寺故径山大师碑铭》,碑铭提及鹤林玄素禅师声名隆盛,吸引江左僧俗两界诸多名僧、名士前往礼谒。据李华所撰,故刑部尚书张均、故江东采访使润州刺史刘日正、故采访使润州刺史徐峤、故润州刺史韦昭理、故给事中韩延赏、故御史中丞李丹、故泾阳县令万齐融、礼部员外郎崔令钦等尽归鹤林玄素门下。[①] 韦应物有诗《夜偶诗客操公作》云:“尘襟一潇洒,清夜得禅公。远自鹤林寺,了知人世空。”“远自鹤林寺”,说明韦应物与鹤林寺禅僧存在交往。此外,《全唐诗》中还辑录多首关于鹤林寺的诗歌,如李涉的《题鹤林寺僧舍》、李嘉祐的《奉陪韦润州游鹤林寺》、綦毋潜的《题鹤林寺》等,这些诗歌的创作与当时鹤林禅的隆兴不无关联。鹤林玄素与当时诸多有名的士大夫往来密切,从而在一定程度上促进了鹤林禅的传播,扩大了鹤林禅的影响。

目前并未发现鹤林玄素著述存世,仅《景德传灯录》等禅宗灯录中载有鹤林玄素数则法语、问答。其中,“佛来亦不著”问答具有广泛影响,后世僧德拈提不断。据李华所撰碑铭及《宋高僧传》《景德传灯录》所载,鹤林玄素门下除径山道钦外,还有法镜、法励、法海、昙益、释超岸等。据《景德传灯录》及《六祖大师法宝坛经略序》所载,鹤林玄素门下法海禅师,即是《坛经》编辑者、六祖慧能门下弟子法海。虚云法师曾作《鹤林玄素传赞》道:“佛性平等,海水一味。屠儿刀放,三途顿息。西来何意,会即不疑。不疑不会,佛亦奚为?”[②]

2. 牛头宗径山系的传承与发展

径山道钦(713—792),俗姓朱,吴都昆山人,为鹤林玄素法嗣。道钦28岁时,闻鹤林玄素之盛名,前往拜谒,并大悟玄旨。鹤林玄素曾示道钦:“汝乘流而行,遇径而止。”后至径山驻锡,始于径山开创禅宗道场。唐大历三年(768),径山道钦禅师奉诏入京,住章敬寺。代宗咨问法要,供施勤至,颇为仰重,赐号“国一禅师”。道钦禅师寂于贞元八年(792),世寿79岁,赐谥“大觉”。径山作为“禅院五山”之一,在中国禅佛教发展史上举足轻重。因径山道钦开创径山之奇功伟业,径山道钦圆寂后,其生平行迹与禅学理念仍受到后世僧俗两界的崇念和仰

① 李华:《润州鹤林寺故径山大师碑铭》,载董诰等编:《全唐文》卷三百二十,上海古籍出版社,1990年,第1435页。

② 净慧主编:《虚云和尚全集》第2册,第143页。

重。径山道钦的禅法理念也渗透于径山这座禅宗名山之中，成为径山重要的精神符号。

牛头宗甚至因为径山道钦受到唐代宗的礼遇、皇权的垂青，而在都城长安兴盛一时。鸟窠道林禅师正是在都城长安听闻径山道钦禅师道业坚固而前往求法。据《景德传灯录》，鸟窠道林禅师，俗姓潘，富阳人，9岁出家，21岁于荆州果愿寺受戒。后至长安西明寺从复礼法师，习《华严经》《大乘起信论》《真妄颂》等。闻径山道钦在京师备受唐代宗礼遇，遂往参并归于道钦禅师，遂得正法，于唐穆宗长庆四年(824)示寂。道林禅师因常栖止于秦望山长松松枝之上，时人谓之为"鸟窠禅师"。白居易曾拜谒道林禅师。《祖堂集》载，白居易为鸟窠道林禅师赋诗赞曰："形羸骨瘦久修行，一纳麻衣称道情。曾结草庵倚碧树，天涯知有鸟窠名。"《五灯会元》载道林禅师与白居易问答：

> 元和中，白居易侍郎出守兹郡，因入山谒师。问曰："禅师住处甚危险。"师曰："太守危险尤甚。"白曰："弟子位镇江山，何险之有？"师曰："薪火相交，识性不停，得非险乎？"又问："如何是佛法大意？"师曰："诸恶莫作，众善奉行。"白曰："三岁孩儿也解恁么道。"师曰："三岁小孩虽道得，八十老人行不得。"白作礼而退。①

道林禅师答白居易："薪火相交，识性不停，得非险乎？"如上所引，牛头智岩答"昔同军戎"衢州刺史张绰等曰："汝若不颠，何为追逐声已，规度荣位？至于清爽都不商量，一旦死至荒忙何计？"两者在内容、旨趣上颇为一致，皆指出追逐声名荣位，是为颠邪，是为危极。道林禅师与白居易"识性不停，得非险乎"及"诸恶莫作，众善奉行"问答，说明牛头宗一系禅风除空虚幽玄的特征外，亦具有平实质朴的一面。除与白居易问答外，鸟窠道林并无其他著述、法语存世。《景德传灯录》载，鸟窠和尚有弟子招贤会通。会通问鸟窠禅师："如何是和尚佛法？"鸟窠禅师于身上拈起布毛吹之，会通顿悟玄旨。"会昌法难"后，招贤会通禅师不知所踪，牛头宗鸟窠一系遂隐没而无闻。

除鸟窠道林禅师外，径山道钦门下还有巾子山崇惠禅师、青阳广敷禅师、大

---

① 普济：《五灯会元》卷第二，《卍新续藏》第80册，第51页下。

禄山颜禅师等。巾子山崇惠禅师，俗姓章，杭州人，礼谒径山道钦禅师，为道钦门下弟子，既习禅业，又修密法。大历三年(768)，巾子山崇惠在与道士史华的角力中大胜，代宗赐号为“护国三藏”，一时声名鼎盛。此外，青阳广敷等弟子无生平行迹及著述、问答见载。

径山道钦声名远播，诸多有名士大夫纷纷礼谒径山道钦。其中，裴度、平章崔涣、陈少游等皆地位显赫。出身望族的张祜（约792—853）为径山道钦作《题径山大觉禅师影堂》一诗道：“超然彼岸人，一径谢微尘。见相即非相，观身岂是身。空门性未灭，旧里化犹新。漫指空中影，谁言影似真。”李吉甫(758—814)为径山道钦撰《杭州径山寺大觉禅师碑铭并序》。

质言之，牛头宗鹤林一系与径山一系在当时甚为隆兴，影响极大。鹤林系、径山系的发展之所以备受瞩目，既与鹤林系、径山系的禅法精神及鹤林玄素、径山道钦等禅僧义远行深、众所推重有关，也和鹤林系、径山系禅僧受到皇权垂睐，与名家权贵交游甚密存在紧密关联。

（二）牛头宗天台佛窟系的传承与发展

佛窟遗则，俗姓长孙，京兆长安人。佛窟遗则曾宴坐于天台山佛窟岩，吸引诸多学僧前往求法，遂成“佛窟学”，兴盛一时。《宋高僧传》与《景德传灯录》在对佛窟遗则禅师世寿、僧腊的记载上存在出入。《景德传灯录》载佛窟遗则世寿80岁，僧腊58年；而《宋高僧传》则载其世寿58岁，僧腊20年。此外，《宋高僧传》载佛窟遗则于天台山佛窟岩，兀然如枯，一坐就是40年。《宋高僧传》佛窟遗则“一坐四十年”与其僧腊“二十”的记载，显然前后矛盾。

佛窟遗则禅师著述颇丰，惜多散佚。《宋高僧传》载，佛窟遗则禅师“善属文，始授道于钟山。序集《融祖师文》三卷，为宝志释题二十四章，《南游傅大士遗风序》，又《无生》等义”[①]。因《宋高僧传》载佛窟遗则撰有《无生》等义，故学界一般认为，永明延寿《宗镜录》所征引《无生义》即为佛窟遗则所作。又据《日本比丘圆珍入唐求法目录》所载，日僧圆珍从中土携归日本的经论中有“《还源集》三卷”。永明延寿在其著述中数次引述《还原集》，学界多认为，《还源集》3卷亦为佛窟遗则所著，并且永明延寿所引《还原集》正是《求法目录》中所载佛窟遗则的遗著《还源集》。《宗镜录》中所引佛窟遗则《无生义》《还原集》以及佛窟遗则禅师法语，成

---

① 赞宁：《宋高僧传》卷第十，《大正藏》第50册，第768页下。

为目前研究佛窟遗则禅法的重要文献。《宋高僧传》《五灯会元》等载佛窟遗则曾示众道:“天地无物也,物我无物也。虽无物也,而未尝无物也。如此,则圣人如影,百姓如梦,孰为死生哉?至人以是能独照,能为万物主。吾知之矣。”①

佛窟遗则门下弟子仅有天台云居智禅师见载。《景德传灯录》等禅宗灯录中载有云居智禅师问答。此外,永明延寿《宗镜录》中征引云居智法语以及云居智所著《心境不二篇》。

质言之,从禅宗史料来看,牛头宗由牛头法融所创,历经六代传承,至牛头慧忠、径山道钦时代大兴。唐代“会昌法难”使整个中国佛教的发展遭受重创,其中也包括牛头宗。牛头宗的寺院、大量的典籍在法难中严重毁损,这是牛头宗从隆盛迅速走向陨落的重要原因。牛头宗作为禅宗宗派消失了,然而牛头禅的禅法特质仍然存在,牛头禅以其他形式存在于中国禅佛教中,继续对中国禅佛教乃至中国思想文化产生影响。

① 普济:《五灯会元》卷第二,《卍新续藏》第80册,第50页下。

第三节
牛头禅思想的内涵要义

如上所述,目前所存牛头宗禅僧的著述、语录、问答等文献极为有限,法融后学如牛头智威、牛头慧忠、鹤林玄素、径山道钦、佛窟遗则等禅师的著述多已佚失,仅永明延寿著述中征引的部分著述文句、禅僧语录以及禅宗灯录中所载数则偈颂、问答存世。然而,我们仍可通过现存的法融禅师《绝观论》《心铭》等著述,对牛头禅思想进行考察和分析,明晰牛头禅思想的基本思想精神;同时借助牛头慧忠、鹤林玄素、径山道钦等禅师所存的偈颂、问答等文献,勾勒出牛头禅思想在发展过程中大致的演变轨迹,从而在一定程度上呈现出牛头禅法的动态发展历程。

一 虚空为道本,参罗为法用

牛头法融《绝观论》中说道:"虚空为道本,参罗为法用。"[①]可以说,"虚空为道本,参罗为法用"是牛头法融《绝观论》的理论核心,并且这一理论精神始终贯穿于牛头宗禅学思想发展的始末,成为牛头禅诸多思想理念的基础。因此,探究牛头禅思想的内涵要义,根本在于抉发牛头禅"虚空为道本,参罗为法用"的思想旨趣。

(一)究竟无物,虚空为道本

牛头法融《绝观论》道:"虚空为道本。""道"本是老庄用语,但并非老庄的专属范畴。儒家、佛教均使用"道"这一概念。《绝观论》运用"道"一词,表示万法的究竟本质与终极之道。"虚空为道本",表明牛头禅以"虚空"作为万法的根本。所谓"虚空",乃是不断的、永无止境的遣荡,不存轨则,无有边界;乃是无有一切限量、分别的究竟平等、一体圆融;乃是无有一切执着的自由,灵活无滞,空无障碍;乃是趋向含容万象、无所不包的究竟圆满与无碍。在牛头法融看来,天地万

① 本文有关《绝观论》的引文,参照日本禅文化研究所于1976年出版的6种《绝观论》写本的照片及其对《绝观论》的校勘。

物的本质为“虚空”，诸有万法无不回向“虚空”。由是观之，牛头法融以“虚空”为本，在很大程度上肯定了“无”对“有”的先行，“一”对“多”的先行，本质对现象的先行。“虚空”在牛头禅的思想中具有先导性的地位，成为牛头禅的基源性概念。

此外，法融禅师《心铭》道：“心性不生，何须知见？本无一法，谁论熏炼？”①《心铭》指出，一切万法究竟本空，既然本无一法，则心性、知见亦无。法融禅师将“虚空为道本”的基本理念精神贯穿在其对心性的诠释上，指出“心性”的本质是“虚空”，因是“心性不生”，“不须知见”。《绝观论》载：“一切众生若解空理，实亦不假修道。只为于空不空，生于有惑。”《绝观论》反复强调，若能实解“空理”，不假修道而自成佛；若谈空而执有，不能明证“空理”，则迷惑丛生，修道枉然。因此，从修证的角度而言，证悟“空理”，明了万法的“虚空”本质，既是修道的根本，也是修道的最终目的。由此可见，牛头禅对“虚空为道本”呈现出极大的关注，不但从理则上诠释“虚空为道本”，还将其延伸到修道实践的过程中，以“虚空为道本”精神贯通理论与实践，实现解行相应。

“虚空为道本”精神既是法融禅师禅法的精神内核，也体现于除法融禅师外其他诸多牛头禅僧的禅学思想中。如上所引，《景德传灯录》载，智威禅师曾作二偈：

> 莫系念，念成生死河。轮回六趣海，无见出长波。
>
> 余本性虚无，缘妄生人我。如何息妄情，还归空处坐。

牛头禅“万法本无”“无心合道”的精神在这两首偈语中体现得相当充分。牛头智威所说“莫系念”“本性虚无”“还归空处坐”，皆是牛头禅“空无”宗旨的体现。值得一提的是，牛头智威“如何息妄情，还归空处坐”一语颇为微妙，与其说是究明“息妄情”的路径，不如说是将“如何息妄情”这一问题销归于“还归空处坐”，若能明证万法究竟本空，妄情亦当体即空，自然分别情尽。“坐”之一字，点化出在超越分别对立的“虚无”世界中妄念顿消、无有缠缚、自在自得的状态。牛头智威门下的牛头慧忠禅师也强调“虚无”。如上所引，牛头慧忠作偈道：“虚无是实体，

---

① 道原：《景德传灯录》卷第三十，《大正藏》第51册，第457页中。

人我何所存？妄情不须息，即泛般若船。”牛头慧忠指出，“虚无”是万法的根本。在“虚无”的统摄之下，无人我之别，无真妄之分，一切本空，究竟无物，故言“人我何所存”“妄情不须息”。

从现存鹤林玄素的语录、问答来看，鹤林玄素禅学思想的主旨仍在“虚空”之道。如《景德传灯录》载鹤林玄素禅师问答道：“又有僧扣门，师问：‘是什么人？’曰：‘是僧。’师曰：‘非但是僧，佛来亦不著。’曰：‘佛来为什么不著？’师：‘无汝止泊处。’”[①]“无汝止泊处”，即不住于一切法，一切法究竟无所得，对“佛”亦不应有所执着。鹤林玄素试图通过“佛来亦不著”，启发学僧体证万法究竟“无所住”“无所得”。《景德传灯录》又载：“或有僧问：‘如何是西来意？’师曰：‘会即不会，疑即不疑。’”此问答也说明，鹤林玄素禅法坚持般若“中道”“不住”的理念，主张通过体思“会”与“不会”、“疑”与“不疑”的“之间”状态，把握整体、无限的实相世界。鹤林玄素“会即不会，疑即不疑”旨在冲破二元对立的思维，从而契入二而不二、平等无分别之般若智慧。由是观之，牛头宗门下鹤林玄素禅师依然坚持牛头法融以万法究竟本空为禅法核心的精神进路。此外，由目前所存径山道钦禅师的相关问答观之，径山道钦的禅法也呈现出“诸法本空”“一切皆无”的思想特色。《景德传灯录》载：“师曰：‘径山向汝作么生道？’曰：‘他道一切总无。’”[②]此段问答说明径山禅师持守“虚空为道本”精神，以“一切总无”理念示人。般若不执两边、一切不住、究竟无所得的精神，不但是牛头禅学义理的要义，更是牛头宗禅僧接引僧众的“善巧方便”。

佛窟遗则的禅法也表现出对般若“空观”“不住”“无得”智慧的极大关切。如永明延寿《宗镜录》引佛窟遗则《无生义》道：“性自尔者，即是法性空，空即菩提。”[③]《万善同归集》引《无生义》道：“离相无住行人，不住涅槃，能普现色身……”[④]佛窟遗则禅师强调一切法本性为空，“空”即是菩提。此外，从实践层面而言，佛窟遗则主张“离相无住”，于一切万法不执、不住，甚至连涅槃亦“不住”。如上所引，佛窟遗则法语道：“天地无物也，物我无物也。虽无物也，而未尝无物也。如此，则圣人如影，百姓如梦，孰为死生哉？至人以是能独照，能为万物主。

---

① 道原：《景德传灯录》卷第四，《大正藏》第51册，第229页下。
② 道原：《景德传灯录》卷第七，《大正藏》第51册，第252页中。
③ 延寿：《宗镜录》卷第八十九，《大正藏》第48册，第902页下。
④ 延寿：《万善同归集》卷中，《大正藏》第48册，第972页中。

吾知之矣。”[①]佛窟遗则强调天地究竟“无物”，我亦“无物”，“我”与“天地”究竟平等；圣人如影，百姓如梦，圣人与百姓无有分别。圣人能以是心观照万法，便可契证万法的究竟本质，此称“能为万物主”。佛窟遗则禅师将般若“无住”“无得”智慧置于至高地位的理路，与《绝观论》“虚空为道本”精神颇为相契。此外，佛窟遗则门下云居智禅师禅法也不失对“虚空为道本”理念的关切。《景德传灯录》载云居智禅师问答道：“曰：‘若如是说，即有能了、不了人。’师曰：‘了尚不可得，岂有能了之人乎？’”云居智禅师指出，既无“了”与“不了”，则亦无“能了”与“不了”之人，从而凸显万法“究竟空”“一法本无”的真如实相。

质言之，牛头法融《绝观论》指出“虚空为道本”，强调“虚空”是万法的究竟本质。“虚空为道本”是牛头宗一系禅僧的核心思想，也是牛头禅思想的基源性理念。牛头禅的其他诸多思想内容均围绕“虚空为道本”这一基源性的理念精神而展开。

（二）道遍万物，草木成佛

牛头禅以“虚空为道本”为核心精神，但其在主张遣荡一切之时，又强调建立一切，包容万有，一切圆真。因此，牛头禅思想虽主张“虚空为道本”，然而又避免在理论与实践上陷入“空执”，从而强调“虚空”包含、融摄万法，万法无不呈现“虚空”之理。

1. 道遍万物，参罗为法用

圭峰宗密在《中华传心地禅门师资承袭图》中说道：“今洪州、牛头以拂迹为至极，但得遣教之意、真空之义，唯成其体，失于显教之意，妙有之义，阙其用也。”[②]宗密指出牛头禅以“拂迹为至极”，“成其体”而“阙其用”。宗密认为，牛头禅思想的基点与核心在于“虚空”，牛头禅因重于揭示万法的“虚空”本质，重于抉发“虚空”之理，从而对“虚空”有所偏倚，缺少对本源真性的呈示，疏于对随缘之行用的显发，易产生执于顽空、断灭的流弊。因此，圭峰宗密在一定程度上否定了牛头禅法，认为牛头禅法在体与用、真与妄之间并未达到平衡，而是局限于一端，有所偏失。唐代裴休也以“无有一法”评价牛头禅，同样指出牛头禅为“明空”而“失有”的理论局限。裴休说道：“荷泽直指知见，江西一切皆真。天台专依三

---

① 普济：《五灯会元》卷第二，《卍新续藏》第80册，第50页下。

② 宗密：《中华传心地禅门师资承袭图》，《卍新续藏》第63册，第35页上。

观，牛头无有一法。其他空有相破，真妄相收。反夺顺取，密指显说。”①此外，石关禅师也说道：“达磨九年面壁，万事无能；二祖断臂觅心，一无所晓；三祖达罪性空，不是宗门牙爪；四祖横按牛头，多虚少实。”②石关禅师指出牛头禅法多虚少实，多虚即多言虚空之道，少实即少于显发真性及随缘显真。然而，通过牛头禅僧的著述、语录等文献，抉发与抽绎牛头禅内在深层的理论结构发现，牛头禅之所以强调“虚空为道本”，乃是出于试图以“空”沟通“有”，以“空”融“有”，从而达到“空有一体”的理论与实践需要。因此，与其说牛头禅“虚空为道本”流于理论偏失，不如说强调“虚空为道本”恰是牛头禅运用“虚空”以涵摄、统一诸法，进而呈现诸法的“善巧方便”。

《绝观论》道：“虚空为道本，参罗为法用。”牛头禅并非走向一无所有的“遣荡”与“否定”，而是在“遣荡”之中促成万法的建立；正是在层层“否定”之时，万物灵动跃起。“建立”正缘于“遣荡”，空无一物之处正是大、小法门朗然洞发之时。“空”并非阻滞的凝寂，而是开放的通达。“虚空为道本”，“虚空”是周遍天下、涵摄万有的“虚空”，是即出即入、超越二边的“虚空”，是冲破重重阻塞、清净与圆明的“虚空”。因此，牛头禅所言“空无”或“虚空”，并非毫无内容的无物与空洞，或是没有秩序的混沌与模糊，而是清晰、完整、极致、圆融以及拥有无尽的生命力量。《绝观论》又道：“道者独在于形灵之中耶？亦在于草木之中耶？”入理曰：“道无所不遍也。”《绝观论》强调，道无所不遍，遍及万物。所谓“道遍万物”，从《绝观论》的思想内容来看，即为“虚空”之性遍及万物，“虚空”之理遍及万法之义。由“道遍万物”观之，《绝观论》强调，“虚空”涵盖万法，“虚空”与万法相即不离。

此外，《绝观论》载：“缘门问曰：‘如是毕竟空理，当于何证？’入理曰：‘当于一切色中求，当于自语中证。’”空理在“一切色中求”，空理在“自语中证”。空理，既超越于一切色，超越于一切语，但又不离于一切色，不离于一切语。因此，在法融禅师看来，所谓“虚空”，不是取消现实的生命世界，更不是取消天地万物；所谓“静默”，不是趋向生命的断灭，而是在静默间凝聚最丰富、最生动的生命力量。正如吴汝钧先生所言：“空不再局限于消极的静态的涵义，而亦可以开出积极的能动的内容。”③

① 裴休：《禅源诸诠集都序》卷上，《大正藏》第48册，第398页中。
② 石关禅师：《石关禅师语录》第一卷，《嘉兴大藏经》第38册，第589页中。
③ 吴汝钧：《佛教的概念与方法（修订版）》，世界图书出版公司，2015年，第299页。

永明延寿《宗镜录》引牛头法融《华严私记》道："所以一切法即一法，一法即一切法。若一切法皆无性，即是分身佛集，宝塔出现，须弥入芥子耳。"[①]此段《华严私记》引文也强调"虚空"为一切万法的本质，"一切法皆无性"；正是因为万法的本质皆为"虚空"，是故万法究竟平等，须弥能入芥子。

思想史的发展绝不遵循单纯的线性模式，而是曲折甚至是循环发展的网络状形态。僧肇以般若中道精神弥合"空"与"有"、"知"与"无知"之间的罅隙，到了牛头宗这里，隙缝似乎又重新裂开了。但这只是表面的开裂而已，牛头宗的内里精神并非死寂的断灭，其"虚空为道本"，是在契合与体证万法空性时，经由"虚空"本性的开显，以呈现万法的无碍与自在。也就是说，《绝观论》在认识到世界的究竟本质"虚空"之后，又以自由无碍、涵容广博之精神回顾世间，回归到宇宙一草一木，同时将人的生命灌注其中，形成包含宇宙万物的全体的生命力量。牛头宗表面上多言"虚空"，但谈"空"乃是为了"明体"，"明体"则是进一步为了"显用"。从性而言，如同虚空，一无所有；就相而说，万象森然，无所不有。由是观之，在法融那里，体用仍然不分，性相依旧一体，"虚空"与"森罗"之间圆融无碍。

除牛头法融外，牛头宗其他禅僧也在其著述、偈颂、语录中抉发以"虚空"涵摄"万法"，进而达到"虚空"与"万法"一体的理论与实践旨趣。《景德传灯录》载牛头宗门下天柱山崇惠禅师问答道："曰：'某甲不会，乞师指示。'师曰：'万古长空，一朝风月。'"[②]"万古长空，一朝风月"，"虚空"超越时空的局限，盖天盖地，统摄一切万法，因此万古之长空系于一朝之风月。

又，永明延寿《宗镜录》引佛窟遗则《还原集》道："从一性空法，而假出三宝之名。"[③]此句《还原集》引文同样说明，"性空"是万法的本质，而"三宝"是假名，由"性空"而出万法。《宗镜录》还引《无生义》道："既是法性空，当知今生身命，亦即是从法性空中出。法性既空，所生身命，亦还从法性空去。"[④]佛窟遗则指出，"所生身命"，从"法性空"来，又还向"法性空"去。进一步地说，诸有万法从"法性空"来，还归"法性空"去。

质言之，以"虚空"作为森罗万法的本质，万法因"虚空"而成，又回向"虚空"，

---

① 延寿：《宗镜录》卷第三十七，《大正藏》第48册，第634页上。
② 道原：《景德传灯录》卷第四，《大正藏》第51册，第229页下。
③ 延寿：《宗镜录》卷第十一，《大正藏》第48册，第477页上。
④ 延寿：《宗镜录》卷第八十九，《大正藏》第48册，第902页下。

“虚空”与“万法”一体不分。“虚空为道本，参罗为法用”作为牛头禅的重要精神理念，贯穿于牛头禅思想发展的始终。

2. 有情、无情皆佛子，草木成佛

在“参罗为法用”“道遍万物”的基础上，《绝观论》指出“草木亦可授记”“草木成佛”。“草木成佛”也是牛头禅法的重要理论特征。《绝观论》道：

> 问曰：“若草木久来合道，经中何故不记草木成佛，偏记人也?”答曰：“非独记人，亦记草木。经云：‘于一微尘中，具含一切法。’又云：‘一切法亦如也，一切众生亦如也。’如，无二无差别。”

《绝观论》指出，不但人可授记成佛，草木亦可授记成佛。《绝观论》之所以强调草木亦可授记成佛，其根本目的在于打破人与万物的界限、有情与无情的区隔，呈现万法究竟平等。既然万法究竟平等，无内无外，无凡无圣，境智一体，凡圣一如，那么人可授记成佛，草木自然也可授记成佛。

又《宗镜录》引《净名私记》道：“体遍虚空，同于法界。畜生蚁子、有情无情，皆是佛子。此即是解脱法，即是须弥入芥子。”[①]此段《净名私记》引文，亦旨在宣明万法究竟平等，圆融无碍，有情、无情均是佛子，皆具佛性，均可成佛。

《景德传灯录》载牛头宗门下天柱山崇惠禅师问答道：“问：‘如何是西来意?’师曰：‘白猿抱子来青嶂，蜂蝶衔华绿蕊间。’”[②]天柱山崇惠禅师以眼前自然之景诠释“西来意”，正是虚空弥泛万有、禅意流透天地、佛性遍满宇宙的诗意表达。

此外，《续高僧传》《景德传灯录》等僧传及禅宗灯录中还载有诸多牛头宗禅僧与鸟兽和谐共处、浑然而为一体的事迹。如《续高僧传》载法融禅师：

> 因居百日，山素多虎，樵苏绝人。自融入后，往还无阻。又感群鹿依室听，伏曾无惧容。有二大鹿，直入通僧，听法三年而去。故慈善根力，禽兽来驯。[③]

---

① 延寿：《宗镜录》卷第二十四，《大正藏》第48册，第552页中。
② 道原：《景德传灯录》卷第四，《大正藏》第51册，第230页上。
③ 道宣：《续高僧传》卷第二十，《大正藏》第50册，第604页上。

法融未入牛首山前，山中多虎，人迹罕至，法融入山之后，往来无阻，因此法融有“伏虎”之称；法融禅师还感召群鹿入室听法，有两只大鹿听法三年方去。又，如上所述，牛头法持及牛头智威寂前嘱咐门人，在其圆寂之后，将其遗骸施于鸟兽，希令食其骸肉之鸟兽、虫蚁之类咸能发菩提心，足见其蠢动含灵俱可成佛、人兽和谐一体、万物究竟平等之理趣。

《宋高僧传》也载佛窟遗则禅师“遂南游天台至佛窟岩，盖薜荔荐落叶而尸居。饮山流，饭木实，而充虚。虎豹以为宾，麋鹿以为徒，兀然如枯”[①]。佛窟遗则禅师在天台山佛窟岩修习禅定，以虎豹为宾，以麋鹿为友。杜继文、魏道儒先生所著《中国禅宗通史》在提及牛头宗禅僧驯顺恶兽及以身骸施鸟兽等事迹时说道：“佛教的多神主义和泛神论思想，以及由此表现出的各种自然灵异，在其他僧侣的记载中也时有所见，但都不像润州僧群中那样集中而普遍。”[②]之所以牛头禅僧的相关传记中出现诸多此类事迹的记载，除了受泛神论思想影响外，更与牛头禅的理论与实践相关。牛头禅僧多重禅定，常宴坐于山林、洞窟之中，因此尤为注重与鸟兽、自然万物的和谐一体。此外，牛头宗禅僧以般若“不住”“无得”精神为其思想核心，在般若直观智慧的观照下，万法当体即空，究竟平等，圆通无碍，由是众生与佛、人与鸟兽、人与自然万物无有隔阂，平等一际。牛头宗禅僧传记中诸多人与鸟兽一体的记载，与其说是由牛头禅僧继承泛神论的思想而来，不如说是牛头禅僧运用般若智慧，坚持“道遍万物”“草木成佛”理论与实践的反映。

牛头禅之所以主张“草木成佛”，与其“虚空为道本，参罗为法用”的理念精神紧密相关。正是“虚空为道本，参罗为法用”精神，造就了牛头禅法对“无情有情均是佛子”“草木成佛”理论的关切。如上所引，《绝观论》引《华严经》“于一微尘中，具含一切法”以及《维摩诘经》“一切法亦如也，一切众生亦如也”，以诠释“草木成佛”之理。“于一微尘中，具含一切法”，道遍万物，微尘亦不例外，微尘之相与草木不同，然而微尘之性与草木不二，与一切法无异，是故一微尘能“具含一切法”；微尘既具含一切法，草木亦如此。又，“一切法亦如也，一切众生亦如也”，“如”即“平等不二”之义，万法与众生平等不二，统一于“空”性。万法本来空寂，统摄于“虚空”，从而“超越一切限量、分别”，万法究竟平等不二。正是在这一理

---

① 赞宁：《宋高僧传》卷第十，《大正藏》第50册，第768页中。

② 杜继文、魏道儒：《中国禅宗通史》，江苏人民出版社，2007年，第98页。

论基础上，牛头禅提出“无情有情均是佛子”“草木成佛”。因此，牛头禅“无情有情均是佛子”“草木成佛”是牛头禅“虚空为道本，参罗为法用”理论的进一步展开，也是牛头禅持守般若“空观”“不住”“无得”智慧的体现。

二 无心合道，真心任遍知

牛头禅心性论的基本内容及其实践途径与方法基本围绕着“无心”与“真心”的关系展开。可以说，离开对牛头禅法中“无心”与“真心”关系的讨论，尤其是对“无心合道”精神的认知，便无法理解和诠释牛头禅法的基本精神。

（一）心性不生，无心合道

牛头禅《绝观论》《心铭》等著述中屡屡提及“无心”“无念”等说法。在对万法“虚空”本质的证知基础上，牛头禅进一步提出“无心合道”。牛头法融的禅法以“无心”为主，少言“真心”，从而以“无心”为真正的解脱途径。“无心合道”是法融禅师禅学理论的基本内涵，也是整个牛头禅法的理论核心。如印顺法师在提及法融禅学时说：“‘空为道本’‘无心合道’，可作为牛头禅的标帜，代表法融的禅学。”①

牛头禅的“无心合道”包含着丰富的精神蕴意。大致说来，牛头禅“无心合道”存在四层相互关联的内涵。

第一，所谓“无心”，即明了妄念、情执当下即空，不须刻意去除烦恼、妄想。《绝观论》载：“问曰：‘一切众生实有心不？’答曰：‘若众生实有心，即颠倒。只为于无心中而立心，乃生妄想。’”众生实无妄想，若实有心，即是颠倒。因此，妄想本无，空无一物，是为无心。《心铭》道：“菩提本有，不须用守。烦恼本无，不须用除。”②烦恼本来无有，因此不须用除，若言除烦恼，亦只是妄念；菩提本来有，故不须用守，若言守菩提，究竟成空想。

第二，所谓“无心合道”，即不执于“无心”与“有心”的分别。《宗镜录》引佛窟遗则《无生义》道：“故知有心，无心俱空。”③因此，所谓“无心”不只是“无心”而已，

---

① 印顺：《中国禅宗史》，第 89 页。

② 道原：《景德传灯录》卷第三十，《大正藏》第 51 册，第 457 页下。

③ 延寿：《宗镜录》卷第四十五，《大正藏》第 48 册，第 681 页中。

而是“有心”“无心”俱空，不执于“有心”，不住于“无心”。“无心”即超越一切限量、分别，超越一切对立、二元的思维，体证无空无有、无真无妄、无凡无圣，一切万法究竟无所住、无所得。

第三，牛头禅“无心”之旨也趋向般若中道精神，主张兼照“无心”与“有心”，“无心”与“有心”一体，从而在“无心”与“有心”之间任运随缘、自由无滞。如法融禅师与博陵王问答道：“恰恰用心时，恰恰无心用。曲谭名相劳，直说无繁重。无心恰恰用，常用恰恰无。今说无心处，不与有心殊。”[①]用心时恰是无心用，无心时又是有心用，无心与有心一体，不可分割。牛头禅“无心”并非纯粹“无心”，而是涵摄“有心”的“无心”，谈“无”并非否定“有”，而是试图超越界限和边际，最大限度地包含“有”。又如《宗镜录》引佛窟遗则《还原集》道：“无心究竟道，法法自然平。平处亦无平，无平作平说。”[②]《还原集》指出，若能无心合道，法法皆平，平处又不平，不平又是平。从“无心”的角度而言，“无心”即是“有心”，“有心”又是“无心”。因此，《还原集》“无心究竟道，法法自然平”也说明所谓“无心合道”，实是“无心”中“有心”，“有心”中“无心”，“无心”与“有心”相合不离。

第四，“无心”之心包容万有，涵摄一切。牛头宗门下安国和尚道：“若无所住，十方世界唯是一心。”[③]安国和尚指出，若能心“无所住”，便体“十方世界唯是一心”。“无所住”是“无心”的重要内涵。在安国和尚看来，若能“无心合道”，十方世界尽在眼前。由是观之，牛头禅不但强调“空性”，也关注“空性”的随缘应用。从应物的角度而言，“无心”并非空洞无一物，而是随缘成万物，摄天摄地，无所不有。

质言之，牛头禅的“无心合道”理念包含丰富的思想内容，同时又具有重要的实践意义。牛头禅的“无心合道”理念仍以“虚空为道本”为其理论基础，其四重思想内涵相互关联、层层递进，较为全面地反映了牛头禅“中道”“不住”“无得”的般若精神内核。

（二）顿了心原，明心见性

以法融禅师禅法为代表的牛头禅，以般若空观、“不住”、“无得”精神为其思想核心，主张“虚空为道本”“无心合道”，然而其禅学理念并不局限于此。从

① 道原：《景德传灯录》卷第四，《大正藏》第51册，第227页下。
② 延寿：《宗镜录》卷第五十四，《大正藏》第48册，第730页下。
③ 延寿：《宗镜录》卷第九十八，《大正藏》第48册，第944页中。

现存牛头宗的相关著述文献来看，早期以牛头法融为代表的牛头禅多言“虚空”，少谈“真心”。但牛头宗发展至后期，其思想理论与实践走向发生了一定的转变，从不论或者少言“真心”，慢慢走向“性空”与“真心”理论精神并重，甚至“真心”精神逐渐压倒了早期法融禅师所主张的“虚空为道本”“无心合道”。牛头禅法中“无心”与“真心”之间的关系转变，可在一定程度上反映出牛头禅思想的变化轨迹。

永明延寿《宗镜录》引牛头宗六祖牛头慧忠禅师问答道：“又问：‘今欲修道，作何方便而得解脱？’答曰：‘求佛之人，不作方便。顿了心原，明见佛性。即心是佛，非妄非真故。’经云：‘正直舍方便，但说无上道。’”[①]牛头慧忠的语录、问答已出现“即心是佛”“顿了心原”的说法，主张若“顿了心原”，明见众生内在本具佛性，便达真妄融通，凡圣不二，“即心是佛”。由是观之，牛头慧忠的禅学思想已具有从牛头禅早期“道本”思维向后期“心本”理路过渡的倾向。如上所引，《景德传灯录》载牛头慧忠禅师偈颂道：“念想由来幻，性自无始终。若得此中意，长波自当止。”此偈表面上看旨在宣明所有念想本来空幻、一切诸法本来空寂之意，表明若能明了此意，如长波般翻涌不息的妄想、烦恼当下止息。然“性自无始终”一语，也在一定程度上体现了牛头慧忠对众生内在“真性”的肯定。

永明延寿《宗镜录》引用牛头门下佛窟遗则禅师《无生义》道：“若根性是有，作用岂无？如种子本甘，结果非苦。只恐不知有，自认作凡夫。真性常了然，未曾暂隐覆……”[②]佛窟遗则指出，凡夫之所以为凡夫，只是不知内在常了然的“真性”而已。由此可见，佛窟遗则肯定众生本自具有“真性”。与牛头法融《绝观论》存在一致的是，《绝观论》力主所有妄想情执本来是空，众生本来清净，佛窟遗则指出众生“真性”未曾被隐覆，本来无有瑕翳，常了然无染，不增不减，尽是“本来”。《宗镜录》还引佛窟遗则禅师《无生义》道：“若无有妙神，一向空寂者，则不应有佛出世，说法度人。”[③]佛窟遗则禅师尤为强调“妙神”“妙识”，甚至认为之所以有“佛”出世，乃是因为“妙神”“妙识”的存在。所谓“妙神”“妙识”，即自家真性宝藏开显，如来智慧之光耀透三千，彻照本来面目，明见万法究竟。从现存佛窟遗则禅师著述文献观之，佛窟遗则禅法已然从早期牛头宗以“虚空”为本、“森罗”

① 延寿：《宗镜录》卷第九十八，《大正藏》第48册，第945页中。
② 延寿：《宗镜录》卷第十九，《大正藏》第48册，第520页上。
③ 延寿：《宗镜录》卷第三十九，《大正藏》第48册，第650页上。

为用，过渡到以“真性”为体、“般若之智”为用，过渡的背后表明后期牛头宗在理论基点及内在结构上发生了一定的变化。

《宗镜录》引用牛头法融《绝观论》道：“问：‘何者为体？’答：‘心为体。’问：‘何者为宗？’答：‘心为宗。’问：‘何者为本？’答：‘心为本。’”以心为体，以心为宗，以心为本，显然与现存六种敦煌写本《绝观论》中所揭示的“无心为真道”精神存在一定出入。“心为体”“心为宗”“心为本”明显将理论重点置于“真心”上。延寿《宗镜录》虽标明此段引文源自牛头法融大师《绝观论》，然而在现存《绝观论》六种敦煌写本中未见此段文字，此段文字疑为佛窟遗则禅师在编集法融大师文集时补入的，代表的是佛窟遗则时代牛头宗的思想。因此，《宗镜录》中所引《绝观论》“心为体”“心为宗”“心为本”的说法，充分说明牛头禅在发展过程中由“道本”向“心本”过渡的理论趋向。

《景德传灯录》等灯录中引天台佛窟门下天台云居智禅师问答道：“见有清净性可栖止，亦大病。作不栖止解，亦大病。然清净性中虽无动摇，具不坏方便应用，及兴慈运悲。如是兴运之处，即全清净之性，可谓见性成佛矣。”[①]云居智禅师强调所谓“清净之性”超越空与有、能与所，如如不动，无可动摇，这是就“性”而言之；就“用”而言，清净之性，能“兴慈运悲”，具无边“方便应用”。天台云居智此语亦说明，牛头禅法已从早期多主“虚空”的遣荡，逐渐走向对“清净之性”的建立与肯定。永明延寿《宗镜录》引天台云居智的著作《心境不二篇》道：“若谛了一念之体，即恒沙世界常现自心。由迷一念，即境智胡越。”云居智禅师“谛了一念之体”的说法，说明其佛学理论的基点已然不是法融禅师所主张的“虚空为道本”，而是众生当下“一念”，是众生自心的迷悟。

此外，《宗镜录》征引牛头宗门下安国玄挺和尚问答道：“又问：‘和尚曾看教不？’答云：‘我不曾看教，若识心。一切教看竟。’”安国玄挺禅师强调“识心”的重要性，一切经教的主旨皆在于“识心”，一切修持的目的亦在于“识心”。这与牛头法融《绝观论》《心铭》主张的“虚空为道本”“无心合道”相比，显然在理论基点上也发生了转变。

由是观之，随着牛头宗的发展，牛头禅的思想前后发生了转变：从早期多言“道本”，到后期究明“真性”；从早期多言“无心”，到后期力倡“真心”。牛头

---

① 道原：《景德传灯录》卷第四，《大正藏》第51册，第231页中。

禅思想的转变，既受到禅佛教各个宗派尤其是禅宗南北宗思想发展的影响，当然也与牛头禅以般若精神为思想核心而呈现的极大包容和涵摄能力有关。

（三）“无心”与“真心”恒不相离

“虚空为道本”“无心合道”的精神理念始终贯穿于牛头宗的发展过程中，未曾于牛头禅法中退场。即便到了牛头宗后期，牛头禅呈现出明显注重“明心见性”“妙神”“妙识”的思维倾向，“虚空为道本”“无心合道”精神理念依然作为牛头禅法重要的思想要素贯穿其中。因此，牛头禅始终坚持“无心”与“真心”一体不分，恒不相离。

法融的禅学，就目前的文献史料而言，在“无心”与“真心”之间，以“无心”为主导，然而也在一定程度上蕴含趋向“真心”的思维倾向。《绝观论》道：“若也咬人，其块自息。修道之人若了心量，亦复如是。”“心量”有众生“心量”与诸佛“心量”之分。《楞伽经》道：“心量无所有，此住及佛地，去来及现在，三世诸佛说。”[①]《楞伽经》此语所言“心量”即指诸佛之“心量”。《绝观论》所言修道之人所了“心量”，亦指诸佛“心量”。“若了心量”，“心量”一语对“心”进行肯定性的诠释，而非否定性的遮诠；《绝观论》强调明了诸佛“心量”的关键作用，指出一旦了知“心量”，妄想自息。因此，《绝观论》虽主“无心即大道”，但也在一定程度上蕴含着从“无心”趋向“真心”的思维倾向。法融禅学实以“无心”摄“真心”，“无心”即是“真心”。

《景德传灯录》《五灯会元》等所载四祖道信与法融禅师问答道：“妄想既不起，真心任遍知。汝但随心自在，无复对治，即名常住法身，无有变异。”[②]如上所述，虽然道信印可法融的真实性受到质疑，但道信与法融问答作为牛头禅的著述，无疑表达了牛头禅的思想。道信与法融问答指出，但信一切妄想、烦恼本来空寂，不须对治，自然不起妄情而真心遍知。道信与法融问答也叙述了牛头禅以“无心”趋向“真心”的思维进路。

如上所述，佛窟遗则强调众生“清净之性”，力倡“妙神”“妙识”。然而，佛窟遗则也反复强调对万法“性空”本质的证知与观照。佛窟遗则所言“妙神”“妙识”，也是在般若精神摄持下的智慧妙用。现存永明延寿著述中所引佛窟遗则

---

① 《楞伽阿跋多罗宝经》卷第四，《大正藏》第16册，第509页下。

② 道原：《景德传灯录》卷第四，《大正藏》第51册，第227页中。

《无生义》《还原集》多次提及般若“性空”“不住”思想。由是观之，佛窟遗则禅法的变化看似另开一端，然而并未完全脱离牛头宗的“虚空”之道而歧出。佛窟遗则虽言“真性”“妙神”“妙识”，然又不废“离相”“无住”“空即菩提”的般若智慧与精神，“真性”与“般若”、“真心”与“无心”在佛窟遗则禅法中乃不可分离的一体两面。

此外，如上所述，佛窟遗则门下云居智禅师注重众生内在“清净之性”，从而反映出其禅法亦以众生本具“清净本性”为理论基点。但云居智禅师提及“真性”有，并未抹杀“空性”无。“见有清净性可栖止，亦大病。作不栖止解，亦大病”，“可栖止”与“不栖止”之间所展现的正是般若“不落两边”“不住”“无得”的理论精神与实践趣向。云居智禅师试图在肯定“真性”与般若“不住”“无得”精神之间寻求理论和实践的平衡。

究而言之，牛头禅除主张“无心合道”外，还进趋“真心遍在”的思维精神，这与其一贯所主张的“不住”“无得”般若精神并非相悖，而是在理论与实践上均呈现出一脉相承的连续性发展。“无心合道”与“真心任遍知”是牛头宗禅学思想精神的两个重要维度，这两个维度的精神始终存在于牛头禅思想中。只不过，早期牛头禅更加注重“虚空”之道，主张“无心合道”，“无心”而用心，“无心”而“真心”；而牛头禅发展至安国玄挺、天台遗则时代，对“真心”理论与实践的关注则更加明显。值得一提的是，早期牛头宗“虚空为道本”的思想旨趣始终没有被摒弃，而是被融摄于“明心”的宗旨中。“空”与“有”、“无心”与“真心”共同构成牛头禅理论和实践内在结构中不可分割的“一体之两翼”。

三　绝观忘守，丧己忘情

在“无心合道”基础上，牛头法融进一步提出“绝观”之说。“绝观”是牛头法融在观行实践上的基本主张，也代表了整个牛头宗在解脱实践上的基本进路。牛头禅“绝观”观法蕴含丰富的理论内涵与实践精神，呈现了牛头禅的基本思想特质。

（一）不起观行，绝观忘守

何为“绝观”？《绝观论》道：“夫至理幽微，无有文字。汝向来所问，皆是量起心生。梦谓多端，觉已无物。汝欲流通于世，寄问假名，请若收踪，故名《绝观论》

也。”《绝观论》又道:“问:‘何名无分别智?’答曰:‘现识不生,觉观不起是。’”《绝观论》指出,万法本空,究竟无物,因是不生心,不起观,是名“绝观”。法融禅师《心铭》明确提出“绝观忘守”。《心铭》道:“菩提本有,不须用守。烦恼本无,不须用除。灵知自照,万法归如。无归无受,绝观忘守。”①“绝观”,即诸法本空,究竟无物,无真无妄,无内无外,无语无默,故而不用观行;“忘守”,即菩提本有,在圣不增,在凡不减,不须用守,故而言“忘”。

除法融禅师著述外,牛头宗其他禅僧的语录、问答中也呈现出对“绝观”观法的关切。《宗镜录》引佛窟遗则法语道:“汝须深信诸佛所行所说处,与我今日所行所说处无别,乃至成佛尚不得涅槃相,何况中间罪福妄业可得? 此是真实正知正见,真实修行,真实忏悔。但于行住坐卧不失此观,临终自然不失正念。”②

佛窟遗则禅师指出,须于日常行住坐卧之间常持此观,即观“我”与“佛”无有分别,成佛无有“涅槃相”,众生亦无有“罪福妄业”,诸法究竟平等,如如不二。因此,佛窟遗则所言常修“此观”,即《绝观论》《心铭》中所明“绝观”观法。

又,《景德传灯录》载佛窟门下天台云居智禅师问答道:

> 曰:“性既清净,不属有无,因何有见?”师曰:“见无所见。”曰:“既无所见,何更有见?”师曰:“见处亦无。”曰:“如是见时,是谁之见?”师曰:“无有能见者。”③

天台云居智禅师指出,“见无所见”,无有“见处”亦“无有能见者”,超越“能见”“所见”的分别,心境本空,我法两忘。云居智禅师强调,无有“能见”与“所见”,则亦无有“能观”与“所观”,“绝观忘守”。牛头禅的“绝观忘守”理念主要出自牛头法融《绝观论》《心铭》等著述,然而随着牛头禅的发展,“绝观忘守”仍然作为牛头禅的基本实践方式与目标,继续在牛头禅的发展过程中发挥重要的实践导向作用,并且产生重要的影响。

质言之,“绝观忘守”实践路向的理论基础是诸法“本来空寂”,既“本来空寂”则无有烦恼可观,无有菩提可守,烦恼与菩提平等无二。“本来空寂”而不起“观

① 道原:《景德传灯录》卷第三十,《大正藏》第51册,第457页下。

② 延寿:《宗镜录》卷第九十八,《大正藏》第48册,第946页中。

③ 道原:《景德传灯录》卷第三十,《大正藏》第51册,第231页上。

行”是牛头禅“绝观”的主要内涵。

（二）本来无事，丧己忘情

除“不起观行”外，牛头禅“绝观忘守”仍存有另一层面的内涵。永明延寿《心赋注》引法融禅师法语道：“诸法如梦，本来无事。心境本寂，非今始空。宜丧己忘情，情忘即绝。”[①]《心赋注》所引此段法融法语亦涉及对“忘”与“绝”二字的理解。此段法融法语强调，应无有我见，不起妄情；诸法本空，故而无我，无我则丧己；心境本寂，情执无有，故而忘情，情忘即绝。牛头法融《绝观论》《心铭》文本中多言“无生”“不起”“不动”，如《绝观论》道：“本无心境，汝莫起生灭之见。”“但行住坐卧，何须立身见。”然而，《绝观论》并非绝然不提“息妄”“灭见”“丧己”，《绝观论》道：“欲亡一切分别心，欲灭一切诸有见。虽似腾腾任运，而内行无间。”牛头禅一方面主张“本来无事”，反对过多强调“丧己忘情”，主张体证“己”与“情”当下本空，无有己可丧，无有情可忘。一旦有己可丧、有情可忘，仍是有所执、有所住，而未能契证“万法当体即空，超越一切限量分别”之旨。如《绝观论》道：“若见妄想，及见灭者，不离妄想。”另一方面，为了避免因过多强调“无事”“本寂”而在持修上走向“放任”，牛头禅又在一定程度上强调“丧己忘情”“亡一切分别心”“灭一切诸有见”，从而避免在理论与实践上走向空疏。因此，永明延寿《心赋注》所引“宜丧己忘情，情忘即绝”法语即展现了《绝观论》强调“灭见”“去妄”“忘情”的一面。“灭见”“去妄”“忘情”是牛头禅“绝观”另一层面内涵的表达，即在观行过程中，灭除我见，绝断妄情。

牛头禅“绝观”两个层面的内涵看似抵牾，实则相互补充，避免陷入“执于一端”之偏弊。然而，对于“绝观”两方面的内涵，牛头禅仍有所鉴别。在“绝观”两个层面的内涵中，牛头禅始终以“觉观不起”为主导，以“灭见去妄”的观行“现起”为补充。这与牛头禅“虚空为道本，参罗为法用”的理论基础存在密切关联，正是基于“虚空为道本，参罗为法用”的理念精神，牛头禅在实践导向上仍然以“本无”为主而力倡“不起观行”。然而，“参罗为法用”，天地万物、森罗万法，无不是实相，是故牛头禅又不因提倡“不起观行”而摒弃“观行”。牛头禅既主“觉观不起”，又主“现起观行”，这是《绝观论》“虚空为道本，参罗为法用”思想精神在实践层面的进一步展开，也是牛头禅持守中道精神的反映。因此，唯有在“以体明用”“空

① 延寿：《心赋注》卷第一，《卍新续藏》第63册，第83页上。

有中道”的理论纲领之下，方能对牛头宗“绝观”的内涵进行完整的诠释。

《心赋注》所引此段法语与牛头法融《绝观论》等著述的思想内容并非相悖，因此《心赋注》所引此段法语出自牛头法融禅师，就目前所存牛头禅相关文献史料而言，仍无从辩驳。此外，《心赋注》所引此段法融法语，与圭峰宗密在《中华传心地禅门师资承袭图》中对牛头禅意的评价，在文本内容上高度相契。关于牛头宗的禅学思想特征，圭峰宗密诠释道：

> 牛头宗意者，体诸法如梦，本来无事，心境本寂，非今始空。迷之为有，即见荣枯贵贱等事。事迹既有，相违相顺，故生爱恶等情，情生则诸苦所系。梦作梦受，何损何益？有此能了之智，亦如梦心，乃至设有一法过于涅槃，亦如梦如幻。既达本来无事，理宜丧己忘情。情忘即绝苦因，方度一切苦厄。此以忘情为修也。①

《心赋注》所引“宜丧己忘情，情忘即绝”法语既出自牛头法融禅师，则宗密此段对牛头宗“宗意”的叙述，是基于牛头法融著述及其法语的文本内容而对其牛头禅的思想内涵所进行的诠释。然而，如上所述，《心赋注》所引牛头法融“丧己忘情”法语只是展现牛头禅思想与实践的一个方面而已。宗密以之诠释牛头禅的整体思想内涵，并未契入牛头禅法的核心。由此可见，圭峰宗密并未揭示牛头禅法全面、完整的精神内容，其对牛头禅法的解读存在一定偏颇。宗密认为，牛头禅的实践要旨是“忘情”，以“丧己忘情”诠释牛头禅的“忘”“绝”精神，忽略了牛头禅所言“绝观”，并非刻意舍离妄情，刻意主张“无观”，而是所有妄想、情执当体即空，从而自然“觉观不起”。由是观之，宗密曲解了牛头禅意，后世对于牛头禅法的理解基本因循宗密的思路，从而在很大程度上遮蔽了牛头禅法的完整内涵。

究而言之，牛头法融以力主“虚空为道本”为其显著的禅学理论特征。“无心合道”“绝观忘守”是“虚空为道本”在心性论、实践观上的进一步展开。法融禅师虽倡“虚空为道本”，并非意味着否定“虚空”与“万法”的关联，“虚空”与“万法”之间，性相不离；虽主“无心合道”，并非意味着否定修持过程中对“心”的省察和觉

① 宗密：《中华传心地禅门师资承袭图》，《卍新续藏》第63册，第33页下。

照；虽言“绝观忘守”，并非意味着否定具体的“观心”实践和行修法门。就诸有万法的究竟本质而言，“虚空为道本”；就主体的心性与实践角度而言，“无心合道”，“绝观忘守”。由是观之，牛头禅在“性空”“不住”“无得”的般若精神基础上，建立了包括本体论、心性论以及实践观在内的较为完整的禅学思想理论体系。

第四节
牛头禅思想的圆融特征

《续高僧传》载:“融尝二十许载,备览群经。”①除般若类经典外,《华严经》《法华经》《大集经》《楞伽经》等其他佛教经典,法融禅师无不谙熟精修;除三论教理之外,牛头法融还兼习其他佛教宗派的义学。因此,若说法融专精般若之学,未免失于全面。法融之学是丰富、综合、圆融的。“圆融”不但是牛头法融禅学思想的重要特质,也是牛头宗思想的整体特征。道宣在《续高僧传》中提及牛头法融时说道:“聊一观之都融,融实斯融。”“融”之一字,是道宣对法融禅学理论的准确概括,也是整个牛头宗思想的重要精神特质。

牛头禅的“圆融”精神特质体现于多个方面。在探究牛头禅思想的“圆融”特征时,至少可从牛头禅与老庄玄学思想的融合,牛头禅与楞伽禅、南宗禅的交流,牛头禅与三论宗、天台宗、华严宗、净土宗等佛教诸宗思想的会通等多个角度,展现牛头禅思想的“圆融”特质与“综合”品格。考察牛头禅法的“圆融”精神,可对牛头禅学思想有更全面的认识,进一步突出牛头禅的思想特征,以呈现牛头禅学思想的发展脉络及走向,厘清牛头禅思想发展与变迁的轨迹,进而明确牛头禅与后世禅佛教思想发展之间的关联,为正确认识牛头禅的历史地位及价值意义奠定基础。

一 牛头禅思想与老庄玄学的融合

老庄玄学化是中国南方文化的重要特质,尤其是以金陵为中心的南朝江左文化更是富于玄学色彩。创生于金陵的牛头禅自然与老庄玄学渊源颇深。牛头禅思想与老庄玄学之间存在极为紧密的思想融合,几乎是学界的共识。印顺法师在《中国禅宗史》一书中说:“达摩禅一直保持其印度禅的特性,而终于中国化,

① 道宣:《续高僧传》卷第二十,《大正藏》第50册,第605页中。

主要是通过和融摄了牛头禅。”[①]印顺法师指出了牛头禅的玄学化特征，并高度肯定牛头禅在禅宗中国化过程中的重要地位。印顺法师甚至说：“中华禅的根源，中华禅的建立者，是牛头，应该说，是‘东夏之达摩’——法融。”[②]印顺法师肯定了牛头禅对“中华禅”的建立及发展的影响。牛头禅之所以被称为“中华禅的建立者”，原因正在于牛头禅极大地融合了老庄玄学，将老庄玄学思想融摄于其禅法理论中，从而将“印度禅”中国化。

牛头宗僧人运用玄学化话语表达牛头禅义理。法融禅师《绝观论》道：“夫大道冲虚，幽微寂寞，不可以心会，不可以言诠。”如上所述，禅宗灯录载天台佛窟遗则禅师问答道：“天地无物也，物我无物也。虽无物也，而未尝无物也。如此，则圣人如影，百姓如梦，孰为死生哉？至人以是能独照，能为万物主。吾知之矣。”[③]其中，“大道冲虚”“天地无物”“至人”“独照”等说法皆出自老庄。此外，牛头法融《心铭》道：“无归无受，绝观忘守。”[④]又道：“乐道恬然，优游真实。无为无得，依无自出。”[⑤]又如上所述，《心赋注》引法融禅师法语道：“宜丧己忘情，情忘即绝。”[⑥]老子谈“无为”，庄子言“丧己”“坐忘”，《心铭》中“无为”“丧”“忘”也使用了老庄式的语言。牛头宗著述、语录在言说表达上与老庄玄学存在高度的相似性，是牛头禅思想与老庄玄学在思想上存在融合的例证。经由考察牛头禅僧的相关传记、语录、著述等文献，可见牛头禅至少在以下四个层面上与老庄玄学思想存在融合，从而在其禅学精神中呈现出浓厚的玄学色彩。

第一，牛头禅“虚空为道本，参罗为法用”的理念与老庄玄学思想存在一定关联。

首先，牛头禅以“虚空”为诸有万法的本质，主张诸有万法无不体现空性，进而“以空摄有”“以空明有”的思维理路，和老子哲学、王弼玄学颇为相通。老子强调“道”无形、无象、无声、无味，以“无”作为“道”的根本属性。王弼进一步发扬老子对“无”的论说，主张“贵无”论，指出“无”是天地万物的根源和基础，“无”为母，“有”为子，“无”为本，“有”为末，强调返本于无，“崇本息末”。老子强调“无”是道

---

① 印顺：《中国禅宗史》，第7页。
② 印顺：《中国禅宗史》，第97页。
③ 普济：《五灯会元》卷第二，《卍新续藏》第80册，第50页下。
④ 道原：《景德传灯录》卷第三十，《大正藏》第51册，第457页下。
⑤ 道原：《景德传灯录》卷第三十，《大正藏》第51册，第458页上。
⑥ 延寿：《心赋注》卷第一，《卍新续藏》第63册，第83页上。

的根本属性，主张“无为”“寡欲”；王弼以“无”为万法之根本，以“无”统摄“有”，主张圣人应“体无”，“将欲全有，必返于无”。老子对道“无”之特性的关切，王弼对“有”“无”关系的论说，与牛头禅“虚空为道本，参罗为法用”，以“虚空”作为万法之究竟本质，“虚空”涵容万法的思维进路颇为符契。

其次，牛头禅之所以强调“参罗为法用”“草木成佛”，既是对佛教般若精神的发扬，也与老庄玄学尤其是庄子的思想、郭象的“独化”理论密切相关。《庄子·知北游》载：

> 东郭子问于庄子曰：“所谓道，恶乎在？”庄子曰：“无所不在。”东郭子曰：“期而后可。”庄子曰：“在蝼蚁。”曰：“何其下邪？”曰：“在稊稗。”曰：“何其愈下邪？”曰：“在瓦甓。”“何其愈甚邪？”曰：“在屎溺。”

如上所述，牛头法融《绝观论》提出“道遍万物”说。《绝观论》“道遍万物”与庄子“道”在蝼蚁、在稊稗、在瓦甓、在屎溺、在一切事物之中的说法高度符契。庄子通过万物皆具道性，指出万物齐通平等，“天地一指也，万物一马也”（《庄子·齐物论》）。牛头禅同样强调，诸有万法均具“虚空”之性，故万法究竟空寂，平等无二。牛头禅与庄子之学的理路精神颇为一致，均通过主张“道遍万物”，强调万物平等一体。此外，在“道遍万物”理念的基础上，《绝观论》进一步提出草木皆可“授记”成佛。而《庄子》文本中不但关注人的“达道”问题，也在一定程度上对“万物达道”进行了叙述。庄子道：“且予求无所可用久矣，几死，乃今得之，为予大用。使予也而有用，且得有此大也邪？且也若与予也皆物也，奈何哉其相物也？”（《庄子·人间世》）《庄子·人间世》载，工匠梦见栎树对他说，其为树也，若有用，必遭斫伐；无所可用乃能适性、全生，反而成大用。“有所用”与“无所可用”乃就人而说；从栎树的角度而言，并无“有所用”与“无所可用”的分别。因此，栎树通过超越常人“有所用”与“无所可用”的分别，自适其性，任其自然发展而达于道，从而成其“大用”。庄子强调万物与道相合的方式，是保持其天然的本性而不加以扭曲和戕害，从而在一定程度上肯定万物能够实现其道性。因此，庄子在“道遍万物”的基础上，进一步强调“万物达道”。这也是牛头禅与庄子之学的相通之处。

郭象在注释《庄子》时，进一步发扬庄子哲学中在道的统一观照下关注万物具体性与特殊性的理论关切，从而强调万物"独化"而"至理"，"适性"而"逍遥"。郭象提出"独化"说，强调万物"块然而生"，自生自化，无有外在的主宰，即是其理论中关注万物特殊性的反映。郭象在"独化"理论的基础上，更加强调"适性""足性"。郭象在注《逍遥游》时道："苟足于其性，则虽大鹏无以自贵于小鸟，小鸟无羡于天池，而荣愿有余矣。"[①]郭象指出，万物从自足其性的角度而言，无高低、贵贱之分，大鹏与小鸟平等而无高下。万物苟能自适其性，自足其性，各当其分，则天地万物通而为一，入幽玄、平等的"玄冥"之境。郭象的"独化"论与"适性"说，指出万物可通过"自足其性"的方式，达到与天地万物为一体，从而充分肯定万物自身的价值与意义。因此，郭象的玄学思想蕴含着牛头禅中"无情、有情均是佛子"、草木皆可"授记"成佛的思想理路。傅伟勋先生也认为郭象的"独化"论与佛教"无情有性"说之间存在关联，他指出，无论是天台宗的"无情有性"说，还是南阳禅师的"墙壁瓦砾即是佛心佛性"说，都可以看成是郭象玄学理论的进一步推敲与完成。[②]

第二，牛头禅与老庄玄学尤其是郭象玄学思想在"无心合道"理念上存在会通之处。老庄少言"无心"一词，但也在一定程度上暗蕴"无心"的理念与精神。老子道："为天下溪，常德不离，复归于婴儿。"（《道德经》第二十八章）牛头法融《心铭》道："不须功巧，守婴儿行。"[③]老子"复归于婴儿"，强调抛却机伪诈巧，减少妄情私欲，回归无知无欲、本然天真的"婴儿"状态。法融禅师《心铭》"守婴儿行"的说法来自老子，法融禅师借鉴老子"复归于婴儿"的说法，以表达不生妄想、绝断情执之功行。由此可见，老子"少私寡欲""复归于婴儿"具含牛头禅"无心"所蕴思想旨趣。庄子道："故曰：'至人无己，神人无功，圣人无名。'"（《庄子·逍遥游》）又道："形固可使如槁木，而心固可使如死灰乎？"（《庄子·齐物论》）庄子强调圣人应离形去智，无功无名，无己无物，而与道通。庄子所言"无己""心固可使如死灰"，与牛头禅"无心"之旨亦相契合。

此外，郭象对"无心"的论说与牛头禅"无心合道"观颇为符契。郭象在注疏《庄子》时，屡屡提及"无心"。"无心"是郭象玄学的重要范畴。如郭象注《齐物论》"彼是莫得其偶，谓之道枢"一语时道："彼是相对，而圣人两顺之，故无心者与

---

① 郭象注，成玄英疏：《庄子注疏》，中华书局，2011年，第2页。
② 傅伟勋：《从西方哲学到禅佛教》，生活·读书·新知三联书店，1989年，第407页。
③ 道原：《景德传灯录》卷第三十，《大正藏》第51册，第457页下。

物冥,而未尝有对于天下也。"[①]郭象指出,圣人能"无心"而与"物冥"。所谓"无心"即"顺物"之义,而"顺物"即"与物无对"。郭象又道:"夫自任者,对物而顺物者,与物无对。"[②]"然后统以无待之人,遗彼忘我,冥此群异,异方同得而我无功名。"[③]"顺物"即"与物无对",从而能与物冥合,以达"玄冥之境";而"与物无对",须是遗忘人我,冥合诸异,使诸异适性而同得,以成"无待"。因此,郭象"无心",强调忘是非,而任于自然;身心俱遣、物我咸忘,而逍遥自得。郭象"无心"以达"玄冥之境",牛头禅"无心合道",两处"无心"颇相符契。如上所述,牛头禅"无心合道",强调超越"空""有"对待,超越一切二元对立的思维,超越一切分别、限量,从而契证万法的究竟本质。因此,两处"无心"皆有超越分别、实现"无待"之意。

质言之,牛头禅"无心合道"与老庄玄学思想存在诸多相契之处。不同的是,牛头禅"无心合道"强调诸法本来无有,烦恼妄念当下本无。此外,其所言超越一切限量、分别,更多指向超越"空"与"有"、"真"与"妄"、"圣"与"凡"的对立与分别,主张一切万法"不住"而究竟"无所得",这与牛头禅坚持佛教般若学的理论和实践有关。

第三,牛头禅的"寂寞无说"观与老庄玄学在"言意"关系的论说上也存在一致之处。《绝观论》道:"如先生无说而说,我实无闻而闻。闻说一合,即寂寞无说。"《心铭》道:"知生无生,现前常住。智者方知,非言诠悟。"[④]牛头禅主张般若实相超越一切分别、限量,因此有限、分别的语言无法完整地契入实相并对其进行透彻的表达;此外,一旦对语言产生执着,便陷入二元对立的分别思维之中,从而割裂整体、无限的真如实相。因此,牛头禅在强调"说"的同时,又强调"无说",即"无说而说""寂寞无说"。牛头禅的"寂寞无说"并非纯粹主张"无说",而是"说"与"无说"不一不二,言说即"无说","无说"即言说。牛头禅在"寂寞无说"的论说上也坚持般若"中道""不住""无得"的精神理念。

庄子提出"得意忘言"说:"言者所以在意,得意而忘言。"(《庄子·外物》)王弼在《周易略例·明象》中道:"忘象者,乃得意者也;忘言者,乃得象者也。得意

① 郭象注,成玄英疏:《庄子注疏》,第 36 页。
② 郭象注,成玄英疏:《庄子注疏》,第 13 页。
③ 郭象注,成玄英疏:《庄子注疏》,第 7 页。
④ 道原:《景德传灯录》卷第三十,《大正藏》第 51 册,第 458 页上。

在忘象，得象在忘言。故立象以尽意，而象可忘也；重画以尽情，而画可忘也。”①王弼既肯定言对表达象、象对呈现意的作用，又进一步发扬庄子“得意”不存言而“忘言”的精神，强调“无”之本体，无法完全通过言、象表现，一旦存象、存言便非“真象”“真言”。因此，王弼指出“得意在忘象”“得象在忘言”，从而在言、象之外开辟一条“无言”的进道之路。此外，郭象在注释《齐物论》“一与言为二，二与一为三”一语时说：“夫以言言一，而一非言也，则一与言为二矣。一既一矣，言又二之，有一有二，得不谓之三乎？……故一之者，与彼未殊；而忘一者，无言而自一。”②郭象同样指出，语言无法完整体现和表达天地万物通而为一之境，而唯一能够体证“一”的方式，是通过“忘一而无言”，“无言”而“一”自得。因此，郭象也在很大程度上强调“无言”，主张唯“无言”方能契证“道一”。郭象“无言而自一”和牛头禅“寂寞无说”皆强调通过无言、无说的方式与“道”相契。

质言之，创生于金陵的牛头禅尤其重视“静默无言”，这既是佛教自身理论的延伸，也与江左地区长时期受到老庄玄学精神的浸染存在密切关联。正是在老庄玄学“得意忘言”以及“无言”理念的影响下，牛头禅强调“寂寞无说”，并以佛教“中道”“不二”理念释之，在老庄玄学“得意忘言”以及“无言”的基础上，展现“言”与“无言”、“说”与“无说”之间相即不离的一体关系。

第四，庄子的“达道”方法对牛头禅“绝观”观法的提出也产生了一定影响。牛头禅力倡“绝观”。如上所述，牛头禅的“绝观”包含两重内涵，一为绝观忘守，不起观行；二为本来无事，丧己忘情。牛头禅“忘”与“丧”的说法均出自庄子。具体说来，庄子的“达道”方法与牛头禅“绝观”的观行实践至少在如下四个层面存在联系。

首先，庄子注重“静坐”与牛头禅注重“禅定”，强调“定慧双运”遥相暗合。庄子道：“南郭子綦隐机而坐，仰天而嘘，嗒焉似丧其耦。”（《庄子·齐物论》）庄子《齐物论》开篇通过南郭子綦“隐机而坐”，引出“吾丧我”以及“天籁”之说。此外，庄子以“静坐”作为“达道”的重要实践方式，有“坐忘”之说。如上所述，牛头宗一系僧人颇重禅定，僧传中存在诸多牛头宗一系禅僧宴坐于林间、禅定于岩窟的记载。可以说，禅定是牛头禅根本的实践法门。牛头禅注重禅定，也从一个侧面说

---

① 楼宇烈校释：《王弼集校释》下册，中华书局，1980年，第609页。

② 郭象注，成玄英疏：《庄子注疏》，第45页。

明牛头禅主张“绝观”，然而并非因“绝观”而放任，“绝观”而不废观行。牛头禅与庄子在经由“静坐”进而“体道”的实践进路上存在相通之处。

其次，庄子所言“吾丧我”与牛头禅“丧己忘情”颇相符契。庄子道：“子綦曰：‘偃，不亦善乎而问之也？今者吾丧我，汝知之乎？’”（《庄子·齐物论》）郭象注“吾丧我”道：“吾丧我，我自忘矣。我自忘矣，天下有何物足识哉！故都忘外内，然后超然俱得。”[①]郭象认为，庄子“吾丧我”是指超越我与外物的分别，从而将自我融进天地万物的整体之中，不见有我，亦不见有物，内外都忘，然后能“超然自得”。无论是庄子的“丧我”还是牛头禅的“丧己”，均旨在强调绝妄去欲，超越“我”与“物”之分别，进而契证天地万物平等一体。

再次，庄子的“坐忘”与牛头禅“忘守”之间亦存在关涉。关于“坐忘”，庄子道：“堕肢体，黜聪明，离形去智，同于大通，此谓坐忘。”（《庄子·大宗师》）“坐忘”指“离形去智”，形神一体，而与天地万物通而为一，与道通而为一。如上所述，所谓“忘守”，乃明天地万物本来空寂，凡圣本来平等，故菩提本有来，不须劳守。“坐忘”和“忘守”皆强调“我”与天地万物平等一体，与“道”为一。不同的是，牛头禅更加凸显真与妄本来平等、菩提之道当下即是之旨。

最后，牛头禅所言“独照”与庄子“见独”也存在相合之处。如上所引，佛窟遗则道：“至人以是能独照，能为万物主。”所谓“独照”，如上所述，即明了诸有万法本来空寂，一法本无，无天地，无物我，平等一际，以此明心观照万物，能照万物之究竟根本，故“能为万物主”。佛窟遗则“独照”与牛头法融“绝观忘守”一脉相承、相符相契。如上所述，所谓“绝观”，指以超越一切限量、平等无分别之心以“观”，观而无观，无观之观。关于“见独”，《庄子》道：“已外生矣，而后能朝彻；朝彻而后能见独；见独而后能无古今，无古今而后能入于不死不生。杀生者不死，生生者不生。”（《庄子·大宗师》）所谓“见独”，即在外天下、外物、外生后，明无古无今，前后一际，无生无死，故能随遇而无不安，随任而无不适，放旷自然。因此，庄子“见独”之“独”与佛窟遗则“独照”之“独”，在内涵要义上颇为相通，均指向无生无死、无古无今、无万物无物我之境。不同点仍是，佛窟遗则也强调明悟本无天地，本无物我，一法本无而自然独照，不须参日外天下，七日外物，九日外生而自外矣。

---

① 郭象注，成玄英疏：《庄子注疏》，第24页。

质言之，从达道的方法看来，庄子更加强调“丧己忘情”，即注重牛头禅“绝观”观法的第二重内涵。这说明牛头禅的观行方式与庄子的“达道”方法，既具有关联，也存在差异。其差异的根源在于牛头禅虽在一定程度上借鉴了老庄玄学，然始终以般若思想精神为其理论核心，主张万法本来空寂，而以“绝观忘守”“不起观行”为其实践的基本进路。

究而言之，在金陵思想文化环境下诞生的牛头禅，天然与南朝文化的重要精神要素老庄玄学思想存在密切关联。牛头禅虽与老庄玄学存在异质化的思想内容，但不得不说，牛头禅法具有浓厚的老庄玄学化色彩，牛头宗是老庄玄学化的禅宗宗派。可以说，牛头禅僧将老庄玄学的某些思想观念与实践方法引入牛头禅，与佛教般若学结合，从而推动其理论与实践的进一步发展。

二　牛头禅与楞伽禅、南宗禅的融合

从牛头宗禅僧的著述、法语等文献看来，牛头禅具有明显的南宗禅思想倾向，然而其禅学思想中又存在楞伽禅的思想因素。可以说，牛头宗试图融合禅宗诸宗派的思想，其吸收南宗禅、楞伽禅思想的综合理论特征，既是牛头禅坚持“超越一切分别限量”思想精神的反映，也是牛头禅在禅宗南、北宗竞相发展，其生存空间遭到严重挤压的形势下，为赓续宗门法脉所做的理论选择。

（一）牛头禅与楞伽禅的融合

牛头禅与楞伽禅之间存在会通。楞伽禅，又称如来禅，指从达摩至神秀，以《楞伽经》印心为特色的禅派。如上所述，四祖道信传法于牛头法融一事虽受到学界普遍的质疑，但道信印可法融的说法蕴含着不能不予以关注的重要信息，即牛头禅与楞伽禅存在一定的关涉。又如上所述，牛头宗智岩禅师曾师从宝月禅师，而据《景德传灯录》等禅宗灯录的记载[①]，宝月禅师为二祖慧可门下弟子、僧璨的同门，这也从一个侧面说明了牛头禅与楞伽禅的互动和交汇。此外，牛头宗四祖法持禅师曾为五祖弘忍门下弟子，这也体现了牛头禅与楞伽禅的交涉。具体说来，牛头禅至少在如下几个层面与楞伽禅存在融合：

① 道原：《景德传灯录》卷第三，《大正藏》第51册，第216页下。

第一，牛头宗禅僧关注《楞伽经》，并在《绝观论》中引用《楞伽经》，借《楞伽经》诠释牛头禅理。如《绝观论》引《楞伽经》“无乘及乘者，无有乘建立，我说为一乘也”，以说明一切差别法乃是自心所现、万法终归自性空之理，从而高扬牛头禅“虚空为道本”“无心合道”的精神旨趣。值得一提的是，《绝观论》虽引用《楞伽经》，然仍主要通过抉发《楞伽经》中与“般若实相”相应的理趣，以弘扬牛头禅“以空为本”的理路精神。

第二，牛头禅以般若“不住”“无得”精神为其基本思想旨趣，而楞伽禅也出现关注般若精神的思想倾向，这是两种禅法存在融会可能性的重要理论依据。《楞伽师资记》载道信禅师道：“我此法要，依《楞伽经》诸佛心第一；又依《文殊说般若经》一行三昧，即念佛心是佛，妄念是凡夫。”[①]《楞伽师资记》指出，道信禅法以《楞伽经》《文殊般若经》为基本经典依据。般若精神与念佛法门的统一是《文殊般若经》重要的理论与实践特色。由是观之，道信禅师尤为重视般若经典。又《楞伽师资记》载：“信曰：‘亦不念佛，亦不捉心，亦不看心，亦不计心，亦不思惟，亦不观行。亦不散乱，直任运。亦不令去，亦不令住……’”[②]《楞伽师资记》所载道信禅师不念佛、不看心、不观行、直任运随缘、去住不拘的思想理念与实践方法，体现了般若“不住”“无得”“平等无碍”的精神。汤用彤先生在《汉魏两晋南北朝佛教史》中叙述了楞伽禅与摄山三论的关联，认为楞伽禅与三论宗实相符契，并且在传播过程中相与为用，相互促进。汤用彤先生说：“达摩禅法得广播南方，未始非已有三论之流行为之先容也。”[③]

第三，从现存牛头禅相关史料文献来看，牛头禅也在一定程度上蕴含“如来藏”清净心的思想倾向。如上所述，法融禅师重视《楞伽经》，而《楞伽经》主要的精神特色在于沟通“空”与“有”，融合“性”与“相”，联结“阿赖耶识”与“如来藏”。牛头法融推重《楞伽经》，从一个侧面说明其思想与实践中也蕴含着对“真心”旨趣的关注。《景德传灯录》载四祖道信与牛头法融问答道：“夫百千法门同归方寸，河沙妙德总在心源。一切戒门、定门、慧门、神通变化，悉自具足，不离汝心。”[④]百千法门不离一心，河沙妙德总在心源，“心源”即指众生本自具足的自性

---

① 净觉：《楞伽师资记》，《大正藏》第85册，第1286页下。

② 净觉：《楞伽师资记》，《大正藏》第85册，第1287页中。

③ 汤用彤：《汉魏两晋南北朝佛教史》，第544页。

④ 道原：《景德传灯录》卷第四，《大正藏》第51册，第227页上。

清净心。又如上所述，牛头宗发展至安国玄挺、佛窟遗则时代，其思想倾向逐渐从“道本”过渡到“心本”，呈现出对发明内在清净本性的极大关切。据禅宗灯录所载，牛头法融、牛头智岩及牛头法持皆师从楞伽宗禅僧，不管其师承关系是真实存在还是附会而成，师承说法确立的背后实际上已反映了思想的融会，牛头禅法具有“如来藏”清净心的思想旨趣，在一定程度上正是会通楞伽禅的结果。

胡适先生、吕澂先生等否定牛头禅与楞伽禅的关联，其依据在于牛头禅承三论宗宗旨，主般若精神，牛头禅的思想理路与楞伽宗一系禅法相抵牾，所谓道信印可法融只是牛头宗单方面的附会而已。然而从楞伽禅与三论宗思想的殊异否定禅宗灯录中道信印可法融的记载，缺乏充分的理据，楞伽禅在很大程度上表现出对般若精神的重视，从而与牛头禅旨趣相通；不但楞伽禅具有般若精神的倾向，牛头禅法也在一定程度上强调“如来藏”清净心，这也成为牛头禅与楞伽禅在思想层面上发生沟通和融会的依据。

质言之，牛头禅与楞伽禅存在一定关涉。牛头禅与楞伽禅的关联，不仅体现于禅宗灯录中受到质疑的牛头禅为道信禅师旁出法系等记载，更表现于确实存在的、牛头禅与楞伽禅在思想和实践层面上的会通及融合。

（二）牛头禅思想与南宗禅的融合

相较于牛头禅与楞伽禅的相契，牛头禅与南宗禅之间存在更多的对话及融合。牛头禅与南宗禅之间的融合并非牛头禅单向的主动接近，而是两种禅法之间的双向互动、相互渗透。这种双向渗透的结果，既充实了南宗禅，也丰富了牛头禅，从而拉近了两种禅法的距离，使两种禅法之间难解难分。据《宋高僧传》所载，华严澄观“谒牛头山忠师、径山钦师、洛阳无名师，咨决南宗禅法”①。华严澄观拜谒牛头宗径山道钦、牛头慧忠，并于其处“咨决南宗禅法”，这足以说明牛头禅与南宗禅之间的密切关系。下文将介绍牛头禅与慧能禅、洪州禅、石头禅之间的关涉，以期较为全面地论述牛头禅与南宗禅之间的关联。

1. 牛头禅与慧能禅的关涉

牛头禅与慧能禅之间存在会通。如上所述，据《景德传灯录》《全唐文》等文献所载，六祖慧能门下记录、编集《坛经》的法海禅师曾从牛头宗门下鹤林玄素出家。由此可见，牛头禅与慧能禅之间存在交融关系。就禅学思想精神层面而言，

---

① 赞宁：《宋高僧传》卷第五，《大正藏》第50册，第737页上。

牛头禅与慧能禅之间的关联大抵体现在如下几个方面。

首先，慧能禅以般若精神为其基本的禅法内涵，这与牛头禅对南宗禅的影响相关。慧能《坛经》强调“无念、无相、无住”的“三无”观念。《坛经》道：“我此法门，从上以来，先立无相为宗，无念为体，无住为本。”所谓“无相”，即“于相而离相”，“虚空”既为万法之本质，则不应执于外相，诸相非相；所谓“无念”，即“于念而无念”，一切情执、妄念当体即空，本来无有，不起分别，念而无念；所谓“无住”，即“于一切法上，念念不住”，无所住，不住于“空”，不住于“有”，不执于“真”，不落于“妄”，不住于一切对待、分别。《坛经》“无念、无相、无住”的“三无”精神与实践充分体现了南宗禅对般若“不住”“无得”智慧的关注与崇扬。慧能禅并不主张“舍妄归真”“拂心看净”，而是强调超越凡圣分别、真妄对待，超越一切分别对立，在在处处，一切时中不执、不住，无忆无念。虽然般若法门是佛教的共法，但以般若精神作为其思想的重点与核心乃是牛头禅法的特色。南宗禅相较于楞伽禅、北宗禅而言，更加注重般若精神，这固然是禅宗思想自身发展的需要，但也与南宗一系禅僧与牛头宗禅僧的密切往来以及南宗禅与牛头禅之间的思想对话和融合存在一定关联。诚如汤用彤先生所言：“禅宗在弘忍之后，转崇《金刚般若》，亦因其受南方风气之影响也。”[①]汤用彤先生也在一定程度上肯定了慧能禅法注重般若精神与南方佛教义学重视般若精神的风气有关这一说法。

其次，《坛经》注重“无相戒”，这与牛头禅对戒律的基本态度亦颇为符契。所谓“无相戒”，即明了一切万法皆从自性生，从而摄戒归本源真心，摄戒归清净自性。契嵩在《六祖大师法宝坛经赞》中道：“夫妙心者，戒定慧之大资也。以一妙心而统乎三法，故曰大也。无相戒者，戒其必正觉也。”[②]此外，“无相戒”之所以名为“无相”，还指持戒之人，须契证万法本来空寂，明了一切之戒犹如“虚空”，不起分别而无所住。牛头法融《绝观论》文本中存在与《坛经》“无相戒”相通的叙述，《绝观论》道：

问曰：叵有因缘得杀生不？答曰：野火烧山，猛风折树，崩崖压兽，泛水

① 汤用彤：《汉魏南北朝佛教史》，第544页。

② 宗宝编：《六祖大师法宝坛经》，《大正藏》第48册，第346页下。

漂虫，心同如此，合人亦杀。若有犹预之心，见生见杀，中有心不尽，乃至蚁子亦系你命也。

《绝观论》指出，若是无心，正如野火烧山、猛风折树、崩崖压兽、泛水漂虫一般，自然顺势，无业无报。此外，《绝观论》还从“盗”“淫”“妄语”等角度说明，若无心顺物，则无“盗”“淫”与“妄语”。“杀”“盗”“淫”“妄语”等恶业产生的关键在于“情生分别”“于无心中起心”。《绝观论》认为，若了“无心”即是持戒，从而以“无心”摄戒，最终将戒律摄归于心。由是观之，牛头禅与南宗禅在“无相戒”上也存在会通。日本学者柳田圣山甚至认为，《坛经》“无相戒”的说法受到了牛头禅的影响。柳田圣山说：“今此‘受菩萨戒仪’，毋宁看作牛头宗的说法。”[①]

最后，牛头禅法的“真心”理论倾向，除自身思想理论进一步推进以及吸收楞伽禅外，也与以慧能禅为代表的南宗禅密切相关。如上所述，牛头禅以般若精神为其理论核心，主张“虚空为道本”，然而牛头禅“道本”思想也存在“心本”的倾向，并且这种倾向随着牛头宗的发展逐渐明朗，在牛头禅法中占据重要地位。永明延寿《宗镜录》中引法融禅师偈颂道：“法忍先将三毒共，佛性常与六情俱。但信研心出妙宝，何烦衣外觅明珠。”[②]除《宗镜录》外，此偈在其他佛教文献中均未见载。此偈突出众生内在本具“真性”犹如“妙宝”“明珠”，佛性在心内，不劳心外驰求，流露出明显的“心本”意味。因此，此偈所传达的禅学理念与《心铭》《绝观论》“无心合道”“绝观忘守”的旨趣大不相同，而与慧能南宗禅的宗旨一致，因此可能是牛头宗后学假托法融禅师而作。这也说明牛头禅在发展过程中逐渐与慧能南宗禅发生思想上的融合，两种禅法深度地交汇与渗透。牛头禅注重众生本具“清净之性”，从现存相关史料文献来看，大抵出现于佛窟遗则时代即牛头宗发展的后期，正是因为南宗禅的逐渐兴盛，南宗禅僧与牛头宗僧人的交往密切，在与南宗禅僧往来的过程中，牛头禅吸收了南宗禅的思想特色，方使牛头禅的理论基点在一定程度上从“虚空”转向“真性”，从“道本”转向“心本”。因此，后期牛头宗禅学思想的基点逐渐从“道本”过渡到“心本”，除与牛头禅自身禅学思想发展自然呈现的理论归向有关外，还有赖于慧能南宗禅思想精神的推进。

---

① 柳田圣山：《初期禅宗史书的研究》，京都禅文化研究所，1976年，第144页。

② 延寿：《宗镜录》卷第十九，《大正藏》第48册，第522页下。

2. 牛头禅与洪州禅的关涉

慧能门下马祖道一所建立的洪州禅也与牛头禅存在诸多融合。禅宗史料上载有诸多两宗禅僧之间的往来事迹。如上所述，据《景德传灯录》等灯录所载，马祖道一及其门下与牛头宗僧人往来密切。马祖道一曾遣门人送书与径山道钦，书中画一圆相。又据僧传、灯录所载，曾拜谒牛头宗禅师、后又归于马祖道一门下的禅僧有伏牛山自在禅师（741—821）、湖南东寺如会禅师（744—823）、西堂智藏禅师（735—826）、芙蓉山太毓禅师（735—814）等。由此可见，牛头禅与洪州禅之间关联颇深。

又如上所引，圭峰宗密道："今洪州、牛头以拂迹为至极，但得遣教之意、真空之义，唯成其体，失于显教之意，妙有之义，阙其用也。"圭峰宗密认为牛头禅与洪州禅存在一致之处，牛头禅重于"明空体"而失于"显真性"，洪州禅重于"随缘用"而失于"自性用"，即同样疏于呈显自性本心。因此，在圭峰宗密看来，洪州禅与牛头禅表征虽异，内里则相通，二者存在联结。洪州禅与牛头禅的会通，主要体现在如下几个层面。

第一，洪州禅继承慧能禅，同样以"不住""无得"为主要理论精神，从而与牛头禅法精神颇为符契。马祖道一门下百丈怀海禅师道：

> 但约如今照用，一声一色，一香一味，于一切有无诸法，一一境上，都无纤尘取染，亦不依住无取染，亦无不依住知解，者个人日食万两黄金亦能消得。只如今照一切有无等法，于六根门头刮削并当，贪爱有纤毫治不去，乃至乞施主一粒米、一缕线，个个披毛戴角，牵犁负重，一一须偿他始得。①

一人若在一切境上无取染，则"日食万两黄金"亦得；若人有所见、有所求、有多住，则"乃至乞施主一粒米、一缕线，个个披毛戴角，牵犁负重，一一须偿他始得"。百丈怀海禅师强调，真修行者，洞明人法二空，万法本来空寂，而于一切境相上不住，亦不执于"不住"，此为真正大富贵人；若贪爱执着，即便是一粒米、一缕线，亦消受不得，如此则是彻底大贫之人。百丈怀海所言于一切"有""无"诸法上不取不舍的理论与实践，与牛头禅"一法本无""无心合道"之意趣颇为契合。

---

①《古尊宿语录》卷第二，《卍新续藏》第68册，第10页上。

第二,洪州禅"随缘自适"的禅风与牛头禅法也存在相似性的关联。洪州禅法强调举动施为、语默动静无不是佛道。关于洪州禅,宗密评价道:"起心动念,弹指謦咳扬扇,因所作所为,皆是佛性全体之用,更无第二主宰。如面作多般饮食,一一皆面,佛性亦尔。全体贪瞋痴造善恶受苦乐故,一一皆性。"[①]宗密指出,洪州禅的最大特色在于指出人的起心动念、所作所为无非佛性。马祖道一云:"于心所生,即名为色。知色空故,生即不生。若了此意,乃可随时着衣吃饭,长养圣胎。任运过时,更有何事?"[②]马祖道一指出,若能明了一切万法乃一心之所生,则随时随处,乃至着衣吃饭皆可"长养圣胎"。牛头禅风亦呈现出"随缘自适"的风貌,如法融禅师《心铭》道:"一切莫顾,安心无处。无处安心,虚明自露。寂静不生,放旷纵横。所作无滞,去住皆平。"由《心铭》观之,牛头禅主张一切所作,均无滞碍,放旷纵横,随处安乐,这与洪州禅即事即理、随事自在、吃饭着衣、随时契证真性、长养圣胎的禅风相似。

值得一提的是,马祖道一禅师之所以强调随事明理、随时见性,其理据在于"万法皆由心生",色由心生,凡所见色即是见心,凡所行事尽由心而回转,故随事即可明心,随时尽可见性;而牛头法融之所以强调放旷纵横,其理据则在于"虚空为道本",万法尽以"虚空"为根本,本来空寂,一切无滞,来去自如。如上所述,牛头宗发展至后期,其禅学思想内涵发生了一定的转变。到了牛头宗后期,牛头宗僧人主张"随缘自适"的理据便与马祖道一禅师趋于一致。如永明延寿《宗镜录》征引牛头宗门下安国玄挺禅师法语道:"豁然睡觉,寂然无事。信知三界本空,唯是一心。"安国玄挺禅师指出,三界本空,唯是一心所现,是故不但吃饭着衣可长养圣胎,豁然睡觉时尽可明了真心。一切万法尽归一心,故而"寂然无事"。这也从一个侧面说明,牛头宗发展至安国玄挺时代,因牛头宗禅僧与马祖道一及其门下僧人的频繁往来,牛头禅日渐受到洪州禅的影响,并在一定程度上有意识地对其思想内容与理论结构进行转变。

第三,洪州禅注重机锋的接引方式也对牛头禅产生了一定的影响。相较于慧能禅,洪州禅进一步关注有限的经教在表现以及传达无限的道体、禅意时所遇到的困境,从而逐渐抛却经教平实、绵稳的方式,转入峻烈、凌厉的"机锋"形式,

---

① 宗密:《圆觉经大疏释义钞》卷第三,《卍新续藏》第9册,第534页中。

② 《江西马祖道一禅师语录》,《卍新续藏》第69册,第2页下。

由洪州禅开出的临济宗一脉即以机锋、棒喝为其禅法的主要特征。由相关史料文献观之，牛头宗发展至后期，也运用“机锋”，采取“绕路说禅”的方式，这无疑与洪州禅相通。如上所述，马祖道一遣人送书于径山道钦，书中画一圆相，径山道钦在圆相上点一点，即遣人送书回。马祖道一与径山道钦以“圆相”论道，透露出牛头宗禅僧在与马祖道一及其门下禅僧的往来过程中，逐渐受到洪州禅法的影响，以直截了当、凌厉明快的机锋接引学僧。此外，禅宗灯录载牛头门下道林禅师以“吹布毛”示招贤会通。“师曰：‘若是佛法，吾此间亦有少许。’曰：‘如何是和尚佛法？’师于身上拈起布毛吹之，通遂领悟玄旨。”[①]道林禅师示道于招贤会通，不运用经教，而是通过“吹布毛”这种扬眉瞬目般“以势说禅”的方式，直接截断人的识心与情执，从而超越经教、语言文字的局限。鸟窠道林禅师“吹布毛”，从一个侧面说明，牛头宗发展至后期，虽仍坚持牛头禅“无心”“绝观”的理论与实践，然而其禅法已经具有明显的“机锋禅”特征。而这一特征，不得不说，与牛头禅僧和马祖道一及其门下僧人的密切往来存在关联。

由是观之，牛头禅“一法不得”“无心合道”的禅法精神在一定程度上影响了洪州禅，而洪州禅以“万法皆由心生”为理据的“自在适意”禅风以及注重“机锋”的传道接引方式也被牛头禅所吸收、融会，从而在一定程度上拓展以及充实了牛头禅法。

3. 牛头禅与石头禅的关涉

慧能门下石头禅与牛头禅的关联更为紧密。石头禅与牛头禅在思想旨趣上确实存在诸多会通之处。

首先，牛头禅“虚空为道本，参罗为法用”的基本理念精神亦是石头禅法的核心内容。如上所述，尽管到了后期，牛头禅的思想内涵发生了一定的转变，然而从目前所存牛头禅的著述文献来看，牛头禅因与老庄玄学的交融而表现出明显的“道本”思维倾向始终是牛头禅法的重要思想特征，这种思维倾向也在石头禅那里得到了反映。《景德传灯录》载石头希迁与大颠和尚问答道：“师曰：‘本无物。’石头曰：‘汝亦无物。’师曰：‘既无物即真物。’石头曰：‘真物不可得，汝心见量意旨如此也，大须护持。’”[②]牛头禅主张契证“空”理，明了“虚空”万法的本质，

① 普寂：《五灯会元》卷第二，《卍新续藏》第80册，第51页下。
② 道原：《景德传灯录》卷第十四，《大正藏》第51册，第313页上。

一法本无，究竟无物。大颠和尚与石头希迁的此段问答体现石头禅亦强调本无一物，究竟了无所得，从而与牛头禅的基本思想精神一致。

在“虚空为道本”基础上，牛头禅进一步指出“参罗为法用”，“道遍万物”。石头禅也运用了牛头禅这一思维精神进路。《景德传灯录》载石头希迁问答道：“问：‘如何是禅？’师曰：‘碌砖。’又问：‘如何是道？’师曰：‘木头。’”石头希迁禅师以“碌砖”“木头”分别作为“如何是禅”以及“如何是道”的回答，这与庄子“道在蝼蚁”“道在屎溺”的说法高度一致，也与牛头禅“道遍万物”的禅学理念如出一辙。

其次，“无心合道”既是牛头禅的重要精神，也是石头禅的根本理论与实践关切。“无心合道”是牛头禅与石头禅共同的禅法特色。《景德传灯录》载石头希迁门下药山惟严禅师问答道：“师坐次有僧问：‘兀兀地思量什么？’师曰：‘思量个不思量底。’曰：‘不思量底如何思量？’师曰：‘非思量。’”[①]终日思量而未曾思量，不思量而又思量，以此不一不二的中道之思，直入心境不二、空有一如的实相之境。牛头禅“无心合道”，亦试图防止陷入“无心”与“有心”之执，强调“无心”时“有心”，“有心”时“无心”，“有心”与“无心”一体不二。“思量”即“有心”，“非思量”即“无心”。由是观之，“思量个不思量底”以及“非思量”以思量，与牛头禅“无心合道”的思想理趣相契。石头希迁与大颠和尚曾有如下问答：

> 石头问师曰：“哪个是汝心？”师曰：“言语者是。”便被喝出。经旬日师却问曰：“前者既不是，除此外何者是心？”石头曰：“除却扬眉动目将心来。”师曰：“无心可将来。”石头曰：“元来有心何言无心？无心尽同谤。”[②]

大颠和尚与石头希迁此段问答，借由“寻心”，明了修行之三境，展现“无心”之内涵。第一，“哪个是汝心”，寻心在何处，然一旦有所寻，便陷入对象性的二元对立之中，在分别的世界中迷失而不得出离，从而不明“哪个是汝心”。第二，觅心了不可得，故而“无心可将来”。第三，“无心”亦不可得，“有心”“无心”尽同谤。由大颠与石头此段问答观之，在石头禅那里，所谓“无心”，并非刻意地去除妄想或者刻意寻求真心、守认菩提，从而陷入二元分别与对立之中，而是不执、不住于

---

① 道原：《景德传灯录》卷第十四，《大正藏》第51册，第311页下。

② 道原：《景德传灯录》卷第十四，《大正藏》第51册，第313页上。

一法，真正超越“无心”与“有心”之分别，达到“无心”与“有心”一体。由是观之，石头禅与牛头禅在“无心合道”旨趣上亦高度符契，石头禅正是受到牛头禅的影响，借鉴并发扬了牛头禅“无心合道”的精神。

最后，石头禅“本来无事”“不待修治”的禅风施设也与牛头禅相关。石头希迁门下丹霞天然禅师道：“今时学者纷纷扰扰，皆是参禅问道。吾此间无道可修，无法可证。一饮一啄，各自有分，不用疑虑。”[①]丹霞天然禅师强调，直下无事，无道可修，无法可证。“无修”与“修”，“无证”与“证”，二而不二，不即不离。宗密在评价牛头禅与石头禅时说道：“如此了达，本来无事，心无所寄，方免颠倒，始名解脱。石头、牛头下至径山，皆示此理。”[②]宗密认为，石头禅与牛头禅皆主张“本来无事，心无所寄”，由是将两者皆归入禅门中的“泯绝无寄宗”。所谓“泯绝无寄”，即“本来无事，心无所寄”。因烦恼、妄想本来空寂，故“本来无事”；因一法本无，究竟了无所得，一切法不住，故“心无所寄”。宗密对石头禅、牛头禅“本来无事，心无所寄”的解读与诠释，切中肯綮。石头禅确与牛头禅一致，因“一法本无”“本来无事”，而主张“无归无受”、无修无证。

质言之，牛头禅法与石头禅法高度融合。牛头禅“虚空为道本，参罗为法用”“道遍万物”“无心合道”“不假修证”等核心精神均体现于石头禅法中，成为石头禅的重要思想旨趣。石头禅法与牛头禅法的高度相契，也从一个侧面再次说明，在牛头禅与南宗禅对话、交流过程中，不但牛头禅受到南宗禅的影响，南宗禅也在很大程度上融摄牛头禅的思想精神，从而在其禅法中呈现出牛头禅的精神特质。

4. 安国玄挺禅师“心宗非南北”

牛头宗门下安国玄挺和尚曾说：“心宗非南北。”安国玄挺禅师强调，无论是南宗禅还是北宗禅，其目的皆在“识心”。一旦“识心”，“明心见性”，则超越了南宗、北宗的界限，南宗、北宗融而为一体。安国玄挺和尚试图跳出南宗与北宗之争，以“心”融合南宗、北宗。安国玄挺的“心宗非南北”之说，通过同时肯定南宗、北宗，以应对当时禅宗内部纷扰不休的南北之争，警示学僧“识心”方为悟道之要务，防止陷入宗派争斗的迷雾之中。同时，“心宗非南北”的说法，不但肯定了南

① 道原：《景德传灯录》卷第十四，《大正藏》第51册，第311页上。
② 宗密：《禅源诸诠集都序》卷上，《大正藏》第48册，第402页。

宗禅、北宗禅，也肯定了南北宗之外的其他禅宗宗派，包括牛头禅，试图在南宗与北宗之外，为牛头禅开辟发展的空间，为牛头禅在激烈的宗派竞争中争取一席之地。此外，安国和尚的“心宗非南北”说也在一定程度上说明，牛头禅试图建立超越南、北二宗之外的禅学新体系，并为此进行了一定的理论与实践探索。以安国和尚玄挺为代表的牛头禅僧试图通过融会南宗禅和北宗禅，从而统一南宗禅和北宗禅，进而实现超越南、北宗的目的。

由是观之，牛头禅与南宗禅在理论及实践层面均存在诸多对话与融合。牛头禅与慧能禅、洪州禅、石头禅均存在融合，尤其石头禅与牛头禅在禅法特质上高度融契。牛头禅与南宗禅会通的结果是，牛头禅与南宗禅相互渗透，最终牛头禅汇入南宗禅。

三 牛头禅与教家诸宗思想的融合

牛头禅法中除具有楞伽禅、南宗禅的思想内容，试图综合南宗、北宗禅法外，还蕴含三论宗、天台宗、华严宗、净土宗甚至密宗等佛教各宗派的思想。牛头禅思想的“融合”倾向随着牛头宗的发展愈加明显。正是融合诸多禅佛教宗派的思想，使牛头宗的禅学精神愈趋圆融与丰富。

（一）牛头禅与三论宗的关涉

正是三论宗在江左地区的广泛流行，使牛头法融在学习佛教义学时，自然地选择了三论宗。如上所述，牛头宗初祖法融禅师曾从三论宗门下茅山明法师修习三论。此外，法融禅师还曾于永嘉永安寺旷法师和会稽一音寺敏法师处听法，旷法师与敏法师亦俱出自三论宗门下。因此，牛头禅与三论宗渊源颇深。此外，三论宗为牛头禅学思想提供了教理支撑，就思想义理层面而言，牛头禅与三论宗存在诸多融合。吉藏是三论宗佛学的集大成者，吉藏与牛头宗的创立者法融禅师为同时代人，且比法融年长。尽管相关史料文献中并未明确记载牛头法融的思想受到了吉藏的影响，然而鉴于法融热衷三论，曾从三论宗门下学道的经历，加之吉藏作为三论宗实际创始者在三论宗中的显著地位，牛头法融的禅学理论与吉藏三论宗佛学存在融合性的关联水到渠成。下文在讨论牛头禅与三论宗的思想关联时，主要围绕吉藏佛学与牛头禅思想存在的相似性理念而展开。牛头禅与吉藏三论宗佛学的思想融合主要体现在如下几个方面。

首先,吉藏的"四重二谛"理念在牛头宗的相关著述文献中有所反映。吉藏的"四重二谛"观试图超越所有二元的分别与对立,以彻底否定的方式创造性地开显"第一义谛",这与牛头禅以"虚空"为道本、以"无心"合道的精神旨趣颇为符契。关于"四重二谛",吉藏说道:

> 对毗昙事理二谛,明第一重空有二谛。二者,对成论师空有二谛,汝空有二谛是我俗谛,非空非有方是真谛,故有第二重二谛也。三者,……今明,若二若不二,皆是我家俗谛。非二非不二,方是真谛,故有第三重二谛。四者,……非二非不二,三无性非安立谛皆是我俗谛。言忘虑绝,方是真谛。[①]

吉藏"第一重二谛",即"空有"二谛。《绝观论》道:"虚空为道本,参罗为法用。""虚空"为本,"参罗"为用,正与吉藏"空"与"有"第一重二谛相应。"第二重二谛",即"空有二谛"为俗谛,"非空非有"方为真谛。牛头禅所言"虚空"超越"空"与"有",具有非空非有之义。如《心铭》道:"正觉无觉,真空不空。"因此,牛头禅思想中也蕴含着吉藏"第二重二谛"所蕴"绝待空有"精神。吉藏"第三重二谛",以"若二若不二"为俗谛,以"非二非不二"为真谛。"若二若不二"仍陷于二元的对立分别,"非二非不二"则旨在打破二元对立思维。牛头禅不但超越"空"与"有"的分别,还主张超越一切二元对立,超越一切限量分别,通过无限的否定,如实证知"第一谛义",这正是吉藏"非二非不二"的要旨。"第四重二谛",以"非二非不二,三无性非安立谛"为俗谛,而以"言忘虑绝"为真谛。"非空非有""非二非不二"皆只是言说方便,而非真如实相本身。吉藏指出"言忘虑绝"方为"真谛",突出真如实相在言说之中,却又超乎言说之外。如上所述,牛头禅僧也意识到名相言说在表达真如实相时所遭遇的困境,有限的语言无法穷尽无限的、无分别对待的实相世界,故主张"寂寞无说"。因此,牛头禅"寂寞无说"也与吉藏"第四重二谛"的旨趣相合。由是观之,牛头禅精神亦体现了吉藏"四重二谛"理念所传达的理论与实践精神。

其次,在对"如来藏"内涵的诠释上,牛头禅与三论宗也存在相似性的关联。

---

① 吉藏:《大乘玄论》卷第一,《大正藏》第 45 册,第 15 页。

三论宗多以“空”诠释“如来藏”。如吉藏在《胜鬘宝窟》中说道：“如来藏中，恒沙佛法，同一体义分。……如是一切，是故诸德，皆无自性，无此性相，故说为空。”①吉藏指出，一切诸德包括法身般若、如来藏等，均无自性，故而说空。关于“如来藏”，《绝观论》道：“佛就众生见实，即说如来藏。众生根本皆如来藏造业，但造业即受报。说如来藏者，是不了教说。又知如来藏是无我之异名，亦是尽义也。”与三论宗吉藏一致，牛头法融也以“性空”“无我”诠释“如来藏”。《绝观论》指出，佛为众生多执于实，故说如来藏以方便教化，如来藏只是方便之说，并非究竟至论。因此，“如来藏”的本质是“无我”，是“空”。《绝观论》强调“空如来藏”，试图通过诠释“如来藏”，进一步说明“虚空”是万法的内里精神与究竟本质。由是观之，在以“空”诠释“如来藏”思想上，牛头禅思想与三论宗佛学颇为相契。三论宗与牛头禅均强调“空如来藏”，说明两者均以“不住”“无得”的般若精神为其根本思想立场。

继而，牛头法融在三论宗基础上进一步发扬“草木成佛”观念。关于“草木成佛”，吉藏说：

> 此明理内一切诸法依正不二。以依证不二故，众生有佛性，则草木有佛性。……若论别门者，则不得然。何以故明众生有心迷故得有觉悟之理？草木无心故不迷，宁得有觉悟之义？喻如梦觉，不梦则不觉。以是义故，云众生有佛性故成佛，草木无佛性故不成佛也。成与不成，皆是佛语，有何惊怪也？②

据吉藏所言，有“草木成佛”义与“草木无佛性”义。就“依正不二”之理而言，万法究竟平等，人有佛性，草木亦有佛性，人可成佛，草木亦可成佛。就“迷”与“不迷”角度而言，草木“无心”故不迷，不迷则无“觉”之说，从而亦无“佛性”及“成佛”之论；“佛性”“成佛”乃针对“众生”而言，众生“有心”，故有妄想，有迷妄，有觉悟，有佛性，进而有“成佛”之说。吉藏进一步指出，无论是“草木成佛”，还是“草木无佛性”，均是佛说。从现存牛头禅相关史料文献来看，牛头禅力倡“草木成

---

① 吉藏：《胜鬘宝窟》卷下，《大正藏》第 37 册，第 73 页下。

② 吉藏：《大乘玄论》卷第三，《大正藏》第 45 册，第 40 页下。

佛”，而未有“草木无佛性”之说。可以说，牛头禅对三论宗的理论进行了拣别，略去了其理论中“草木无佛性”义，而发扬了其因“依正不二”而“草木成佛”的精神旨趣。

最后，在观行实践层面上，吉藏提出“绝观”“正观”说。不得不说，牛头禅之所以强调“绝观忘守”，正是因为受到了三论宗的影响。吉藏说：“是以经云：‘不着不二法。’以无一二故，斯即非语非默，不俗不真，绝观绝缘，何二不二？”[①]在吉藏看来，一切万法究竟平等，无语无默，无真无俗，无二无不二，因此应不即不离，诸有万法不执不着，“绝观绝缘”。吉藏又道：“以内外并冥，大小俱寂，始名正理。悟斯正理，则发生正观。正观若生，则戏论斯灭。戏论斯灭，则苦轮便坏。三论大意，其意若此。”[②]吉藏指出，“正观”是在明悟“正理”之后所发生的，而所谓“正理”即心境一体，大小并冥，一切诸法究竟无有分别之理。因此，吉藏所说的“正观”实际上是“绝观”的另一种表达。如上所述，牛头禅以“绝观忘守”为基本实践方式。牛头禅的“绝观”，也以万法本来空寂，凡圣、真妄究竟平等为其根本的理论基础。由是观之，牛头禅“绝观忘守”的“观心”实践的宗旨与方法正是由三论宗发展而来，在三论宗的基础上，进一步将其确定为牛头禅的基本实践路向并加以弘扬。

质言之，从现存牛头禅相关著述来看，牛头禅学思想与三论宗颇为符契。牛头禅具有很强的三论倾向，其对“绝观”“无心”“无事”的提倡，是三论宗般若空观精神的实践展开。牛头禅从各个角度全面地呈现“空”义，将三论宗的教理进行了进一步的发挥，同时主张在实践中彻底坚持空观。三论宗深刻地影响了牛头禅，为牛头禅学思想的形成提供了极为重要的理论资源。可以说，牛头宗在很大程度上继承、借重以及发扬了三论宗宗风。

（二）牛头禅与天台宗的关涉

如上所述，南岳慧思与天台智者大师于金陵传法，从而使天台佛学与金陵佛教结下不解之缘。牛头禅也因此受到了天台宗思想的影响。牛头禅与天台宗均强调般若、中道、实相，二者在诸多思想层面上也存在融合。

首先，天台宗以《法华经》为基本经典依据，而牛头法融亦重视《法华经》，深

---

① 吉藏：《维摩经义疏》卷第一，《大正藏》第38册，第911页中。

② 吉藏：《三论玄义》卷第一，《大正藏》第45册，第6页下。

诣《法华经》义理，尤其吸收《法华经》“会三归一”之旨。永明延寿还撰有《法华名相》，诠释《法华经》要义，借《法华经》揭示“虚空为道本”等牛头禅精神。

其次，天台宗提出“三谛圆融”思想，主张诸法同时具足“空”“假”“中”三谛。在牛头禅的相关著述中虽未明确提及天台宗“三谛圆融”理念，然而本着对般若空观、中道精神的贯彻，在牛头禅著述中也隐含着对天台宗“三谛圆融”理论的关切。如上所述，牛头法融在《绝观论》中指出“虚空”为诸有万法的究竟本质，又强调“参罗为法用”，肯定“假有”的意义。牛头禅法既以“虚空为道本”为其理论基点，又主张盖天盖地、一切万法无不是“虚空”之妙用，从而肯定“中道”实相精神。因此，“空”“假”“中”三谛圆融的理念在牛头禅思想中也得到一定体现。

继而，从观行实践而言，天台宗主张“止观双运”“一心三观”，牛头禅在观行实践上也与天台宗的理念和方法存在契通之处。如上所述，牛头宗僧人重视禅定。此外，《续高僧传》载法融禅师语：“般若止观，实可舟航。”[①]由是观之，与天台宗一致，牛头禅亦强调“止观双运”。牛头禅著述中虽未出现天台宗“一心三观”之说，牛头宗对“绝观”的观法实践亦未进行过系统的论述，然而从牛头禅著述所呈现的理念旨趣看来，天台宗“一心三观”亦是牛头禅在观行实践上的重要方法。与“虚空”涵摄万法一致，牛头禅的“绝观”试图在“无所观”中实现“无所不观”。如上所述，牛头禅的“绝观”并非摒弃观行，而恰须通过具体的观行实践，方能“绝观”；“绝观”与观行，一而二，二而一。《景德传灯录》载法融禅师与博陵王问答道：“不住空边尽，当照有中无。不出空有内，未将空有俱。号之名折中，折中非言说。”法融禅师“不住空边尽，当照有中无”一语，正体现观“空”、观“有”、观“中”之“一心三观”的实践方法。由是观之，牛头禅的“绝观”实践是涵摄天台宗“一心三观”的，在牛头禅相关文献著述中蕴含牛头禅经由天台宗“一心三观”的观行过程以达“绝观”的实践进路。

最后，天台宗主张“性具善恶”，强调佛虽断修恶，然仍具“性恶”；一阐提人，虽断修善，然仍具“性善”。《维摩诘所说经》道：“若菩萨行于非道，是为通达佛道。”[②]天台智者大师在《摩诃止观》诠释此语道：“若达诸恶非恶皆是实相，即行于非道，通达佛道。”[③]智者大师指出，菩萨之所以能“行于非道”而“通达佛道”，原

---

① 道宣：《续高僧传》卷第二十，《大正藏》第50册，第603页下。

② 《维摩诘所说经》卷中，《大正藏》第14册，第549页上。

③ 智顗：《摩诃止观》卷第二，《大正藏》第46册，第17页中。

因在于能明无论善性、恶性皆是实相,从而能达"诸恶非恶"。牛头法融P2885本、P2074本、P2732本和石井本《绝观论》均载有关于"若菩萨行于非道,是为通达佛道"的问答:"问:'云何菩萨行于非道,通达佛道?'答:'善恶无分别。'""善恶无分别",P2045本及北京本则载为"平等无分别"。《绝观论》也从"善恶无分别"进而一切万法"平等无分别"的角度诠释《维摩诘经》"若菩萨行于非道,是为通达佛道"。通过契证善法、恶法均是道,均是实相,进而打破善法、恶法的分别,这正是天台宗"性具善恶"理论内涵及意义的表达。《宋高僧传》又载牛头智威禅师"至于戏弄曾不染俗,性恶浮饰人皆异焉"①。牛头智威禅师以"性恶"浮饰,而能通达恶法的本质,从而不染于"恶",这是善法与恶法究竟无分别、"诸恶非恶皆是实相"思想理论的功夫落实。由是观之,牛头禅思想中也蕴含着天台宗"性具善恶"的理论要义。

质言之,牛头禅与天台宗在思想义理层面上存在诸多融合。可以说,《法华经》及天台佛学的理趣也是牛头禅法重要的理论支撑。牛头禅学思想中的天台思想因素,既是牛头禅主动吸收天台佛学精神所促成,又是牛头禅与天台宗共同重视"中道实相""万法一际平等"理则的结果。

(三)牛头禅与华严宗的关涉

牛头禅思想与华严宗之间也存在一定关涉。如上所引,《宋高僧传》载澄观"谒牛头山忠师、径山钦师、洛阳无名师,咨决南宗禅法"②。华严宗澄观及澄观门下弟子僧无著均拜谒过牛头宗禅僧,从牛头慧忠、径山道钦处习牛头禅法,这是牛头禅与华严宗之间存在关涉的直接历史依据。具而言之,牛头禅与华严精神至少存在如下两个层面的联结:

首先,牛头禅吸收"理事相融""一即一切,一切即一"的华严义学。《华严经》作为华严宗的根本经典依据,对华严宗的产生与发展具有深远影响。牛头宗僧人也尤为关注《华严经》。牛头宗僧人对《华严经》的推崇,说明牛头禅与华严精神存在关联。牛头法融《绝观论》引用《华严经》"于一微尘中,具含一切法"一语,以此说明诸有万法包括一微尘皆是实相,同具一味,从而论证牛头禅"道遍万物""草木皆可授记成佛"之旨。又,永明延寿《宗镜录》引佛窟遗则禅师之语道:"是

---

① 赞宁:《宋高僧传》卷第八,《大正藏》第50册,第758页中。

② 赞宁:《宋高僧传》卷第五,《大正藏》第50册,第737页上。

以若了一色根本，即举十方色同。名为一说一切说，一涅槃一切涅槃。当知色体无性，性无不包。”[1]佛窟遗则指出，若能了“一色”之根本，即能了“十方色”之根本。“色体无性，性无不包”，佛窟遗则突出万法的本质是其空性，“空”盖天盖地，涵摄万有，无所不包。《宗镜录》所引佛窟遗则法语充分体现牛头禅对华严宗“一多相即”思想的运用。佛窟遗则通过借用华严“一多相即”理念诠释牛头禅“虚空”与“万法”之间的关系。又如上所述，《宗镜录》所引《华严私记》正是牛头法融禅师对《华严经》的诠释，法融禅师通过《华严经》诠证牛头禅精神。《宗镜录》引牛头法融《华严私记》道：“所以一切法即一法，一法即一切法。若一切法皆无性，即是分身佛集，宝塔出现，须弥入芥耳。”[2]很明显，《华严私记》通过华严“一多相即”“理事无碍”的理路及精神，揭示一法无性、一切法皆无性、法法相融无碍、究竟平等的思想意趣，从而凸显牛头禅“虚空为道本，参罗为法用”的理念精神。

其次，在观心实践上，牛头禅也与华严宗存在一定关涉。如上所述，牛头禅主张“绝观忘守”，然而并非摒弃具体的观行。正如其“虚空”指向“空”“有”不二，“无心”蕴示“无心”与“用心”相合，其“绝观”也试图呈现“绝观”与“观行”并进。因此，不能简单将牛头禅的“绝观”理解为纯粹执于“绝观”一端，而忽略其对具体持修与观行的关注。在观行实践上，华严法藏提出“真空观”：“第一真空观法，于中略作四句十门：一、会色归空观，二、明空即色观，三、空色无碍观，四、泯绝无寄观。”[3]法藏于“真空观”下又立“四观”，“四观”层层递进，最终归于“泯绝无寄观”。法藏所述“真空观”与牛头禅“绝观”也存在一定关联。“会色归空观”与牛头禅“还归空里坐”，以“空”为修的实践路向相通；“明空即色观”，在“以空达用”的基础上，进一步“以用明体”，这与牛头禅所言“体合真空”“万象常真”的理路也颇为相似；“空色无碍观”，即明“理事圆融”，达“空色不二”，正如《绝观论》所言，“空色一合，语证不二”；“泯绝无寄”，指本来无事，一切圆成，事事圆融，自在无碍，此亦与牛头禅的理论和实践进路相通，如上所引，圭峰宗密正是将牛头禅归入“泯绝无寄宗”。牛头禅在观心实践上与华严宗存在一定的融通，这再次说明，“绝观”并非摒弃观行而导向“放任”，而是随时随处地“保任”；“绝观”是“无观之观”，是中道之观，通过二而不二的般若直观，直下契证真如实相。对于牛头禅“绝观”观

---

① 延寿：《宗镜录》卷第九十八，《大正藏》第48册，第946页上。
② 延寿：《宗镜录》卷第三十七，《大正藏》第48册，第634页上。
③ 法藏：《华严发菩提心章》，《大正藏》第45册，第652页中。

法中与华严宗观法相通的思想和实践要素的发掘，无疑可进一步扩展与充实对牛头禅“绝观”观法的认知。

究而言之，牛头禅正是借鉴了华严宗“理事无碍”“事事无碍”等思想精神，以充实、丰富对“虚空”与“万法”之间关系的理论阐释。同时，在“观心”实践层面，牛头禅“绝观”观法在一定程度上也蕴含着华严宗的观行实践进路。牛头禅的理论和实践均与华严宗思想存在相似性，这也从一个侧面展现了牛头禅法的“圆融”特质。

（四）牛头禅与净土宗、密宗的融合

从牛头宗禅僧的著述及其他相关文献史料看来，牛头宗也与净土宗存在融合。法融禅师《绝观论》道：“问曰：‘若空是者，何不遣人念空而念佛也？’答曰：‘为愚痴众生，教令念佛。若有道心之士，即令观身实相，观佛亦然。夫言实相者，即是空无相也。’”《绝观论》在一定程度上肯定了“念佛”的意义。《绝观论》认为，“持名念佛”法门是适宜凡人愚夫的实践方法；而对于上根的“有道心之士”，则须通过“实相念佛”，方能与诸法“实相”究竟相应。此外，牛头宗四祖法持禅师一心持修净土法门，北宋戒珠所编《净土往生传》中明确记载法持禅师“持于净土，以系于念，凡九年，俯仰进止，必资观想”。法持禅师推崇“观想念佛”，凡九年，精勤不懈，这是牛头禅与净土宗较为直接的关联。四祖法持禅师勤修净土“观想念佛”法门的事迹，一直到北宋的佛教文献中方见载，容易让人对该记载的真实性产生怀疑。然而，法持与净土实践的关联并非空穴来风，而是渊源有自。如上所述，法持禅师投归牛头门下前，曾是弘忍座下弟子。据《传法宝纪》所载，弘忍禅师“及忍、如、大通之世，而法门大启，根机不择，齐速念佛名，令净心”。弘忍禅师主张念佛法门，从而以禅摄净土。如上所述，道信尤为重视《文殊般若经》，而此经将般若精神与念佛法门进行了统一。弘忍禅师主张念佛法门或承继道信禅师。牛头法持既曾师从五祖弘忍，则其继承与发扬弘忍禅法中融通净土法门和禅法实践的特色，便在情理之中。由是观之，牛头禅也在一定程度上会通了净土念佛法门。值得一提的是，从牛头禅相关史料文献的记载来看，牛头宗诸多禅僧中，提倡净土念佛方法的仅有法持禅师一人，这说明牛头禅僧并未将净土念佛法门作为重要的实践法门加以贯彻和坚持。牛头宗禅僧将“绝观忘守”作为根本的观行实践方式，即便戒珠《净土往生传》言法持禅师心系净土，然法持禅师仍不倡“持名”念佛，而是履践“观想”念佛，主以观修实践。这从一个侧面说明，

牛头禅始终以观修、禅定为其实践进路，虽在一定程度上会通净土法门，但其旨在以禅统合净土，将净土念佛实践摄归于禅。

唐代除天台宗、禅宗、华严宗外，密宗也取得发展。玄宗时期，密宗更因受到皇权的青睐而大兴。密宗在发展过程中，也逐渐与其他佛教宗派思想发生融合和渗透。牛头禅也在一定程度上与密宗存在关涉。如上所述，《宋高僧传》载，径山道钦门下释崇惠"往礼径山国一禅师为弟子，虽勤禅观多以三密教为恒务"①。牛头宗门下巾子山崇惠禅师既修禅观，也习密法，禅密兼修融合，这是牛头禅与密宗存在关涉的直接例证。牛头禅与密宗的关涉，也再次说明牛头禅思想的"圆融"特质。

质言之，牛头禅思想呈现出明显的"圆融"特征。牛头禅广泛地涵摄了楞伽禅、南宗禅以及三论宗、天台宗、华严宗、净土宗、密宗等禅佛教诸宗派的思想。这种"圆融"的思想特色，一方面体现了牛头禅思想精神的博大与丰富；另一方面也使牛头禅逐渐失去本身的思想特色，导致其禅学思想被其他禅佛教宗派所吸收，从而汇入佛教整体发展过程中。以往学界在涉及牛头禅思想这一论题时，大多集中于对牛头禅"虚空为道本""无心合道"等思想维度的考察，而忽略对其另一重要维度即其"圆融"精神的揭示，从而使牛头禅思想的"圆融"特质始终未能充分彰显。值得一提的是，牛头禅对禅门教家各宗的融合，并非毫无章法的杂糅和堆砌，而是由始至终呈现出其义理的统一性。从牛头禅的整体思想发展来看，早期牛头禅主要以"虚空"融合诸宗理论，从而将诸宗思想涵摄于"虚空为道本，参罗为法用"的理念精神之中；而后期牛头禅僧人如安国和尚、佛窟遗则等的禅法则主要将诸宗的思想及精神涵摄于众生本具的清净"真心"，以"真心"作为禅门教家诸宗思想的归趣。此外，值得关注的是，牛头禅两个维度的思想精神并非分离的，而是紧密关联的。正是牛头禅坚持超越一切分别限量、"二而不二"的般若中道精神，方成就诸法究竟平等无分别，从而融摄、统一诸宗思想的"圆融"特质。值得肯定的是，牛头禅思想的"圆融"特质无论在教理还是实践上均具重要意义。可以说，后世禅佛教在"诸宗融合"问题上继续沿着牛头禅法吸收诸宗要义的理路纵深地展开。

① 赞宁：《宋高僧传》卷第十七，《大正藏》第50册，第816页下。

第五节
牛头禅的流向及其影响

“会昌法难”之后，牛头宗作为一个禅宗宗派瞬间衰落，并逐渐湮没于中国佛教历史长河中。然而，牛头禅思想并未随着牛头宗的消失而在唐末及以后禅佛教发展过程中沉寂无闻。相反，牛头禅思想以其他存在形式继续在中国禅佛教史上发挥其作用和影响。如上所述，牛头禅与南宗禅之间存在诸多关联。牛头禅的思想，对禅宗尤其南宗禅的发展，产生了重要影响。牛头禅与南宗禅多方面的相似性关联，尤其是牛头禅与石头禅的高度契合，说明牛头禅思想除了依附于牛头宗这一禅宗宗派的形式而发展外，还跳出牛头宗宗派的局限，渗透于南宗禅之中，继续影响着唐末以降禅佛教的发展。正如印顺法师所说：“在禅宗的发展中，牛头宗消失了，而它的特质还是存在的，存在于曹溪门下，以新的姿态——石头系的禅法而出现。”[①]印顺法师指出，牛头宗消失了，然牛头禅法以“石头禅”这一新的形式续存于曹溪门下。印顺法师极大地肯定了牛头禅与石头禅的关联，甚至认为石头禅的禅法特质与牛头禅是一致的。诚如印顺法师所言，牛头禅在牛头宗消失后，借由石头禅这一新形式，继续在中国禅佛教思想的长河里汩汩流动。然而，牛头禅不但与石头禅高度相似，还与慧能禅、洪州禅在义学与实践层面上存在诸多融合，牛头禅不只是汇入石头禅，而且汇入南宗禅整体之中，继续影响着马祖道一、石头希迁以降南宗禅的整体发展，从而为南宗禅打上了深深的牛头禅思想烙印。牛头禅“虚空为道本”“无心合道”的理论内容及思想精神，注重禅定的实践方法，随着牛头禅汇入南宗禅，而在南宗禅乃至中国禅佛教整体中继续发挥其作用。可以说，牛头禅法中般若“不住”“无得”的精神及其注重“以体明用”以达“体用相合”“空色一如”的思想，都成为南宗禅的重要思想资源。例如，石头门下开出的曹洞宗持“五位君臣”等说法，试图从多个角度全面地诠释“空”与“色”、“体”与“用”之间的关系；又如，洪州门下开出的临济宗在马祖道一禅法基础上更加主张棒

---

① 印顺：《中国禅宗史》，第 321—323 页。

喝、机锋，以机锋峻烈著称，然之所以形成如此的禅法特色，在很大程度上可以说，同样旨在证入般若“无得”、“不住”、无分别的实相世界，这正是从另一个侧面对牛头禅思想的赓续与弘扬。

又，如上所述，“圆融”是牛头禅思想的重要特征。牛头禅思想的“圆融”品格对唐末以降禅佛教的整体发展也产生了影响。法眼宗，禅宗五家七宗之一，是清凉文益创立于金陵的重要禅宗宗派。因同出于金陵佛教，法眼宗与牛头宗之间也存在诸多融合。法眼宗门下永明延寿禅师在其《宗镜录》《万善同归集》等著述中多次引用牛头宗《绝观论》《心铭》《法华名相》《华严私记》《无生义》等牛头禅著述及牛头禅僧的语录、问答。在牛头禅文献大量佚失的情况下，延寿所征引的牛头禅著述，成为现存可供考察和研究的牛头禅重要文献。而延寿之所以在其著述中屡次引用牛头禅文献，与牛头禅思想的“圆融”特征有关。如上所述，牛头禅思想中融合了楞伽禅、南宗禅以及三论宗、天台宗、华严宗、密宗、净土宗等诸宗思想，并且牛头禅对禅门教家各宗思想的融合并非简单的杂糅，而是以其自身的理论基源进行统摄与整合。永明延寿之所以在其著述中引用牛头禅文献，除了因为法眼禅与牛头禅同出自金陵，存在共同的思想渊源外，很大程度上旨在借鉴牛头禅思想理论“圆融”与“统一”的特色。延寿主张将禅宗、天台宗、唯识宗、华严宗、密宗等禅佛教诸宗派甚至儒、释、道三家思想皆摄归于“一心”，从而建立以“一心”为基础的、具有统一性的佛教。如上所引，永明延寿在《宗镜录》中引述牛头宗门下安国和尚问答道：“有檀越问：‘和尚是南宗北宗？’答云：‘我非南宗北宗，心为宗。’又问：‘和尚曾看教不？’答云：‘我不曾看教，若识心，一切教看竟。’”安国玄挺禅师指出“识心”是佛教的根本宗旨，无论是南宗还是北宗，皆围绕“识心”这一基本目的展开，从而主张跳脱禅佛教诸宗的差异与限制，将禅佛教诸宗的思想理论摄归到“识心”“明心”的旨趣上来。牛头禅思想与永明延寿佛学在“一心”与“圆融”旨趣上遥相符契。永明延寿正是在牛头禅的基础上，进一步发扬“一心涵摄万法”“万法尽归一心”的思想理则。永明延寿佛学的融合特征，成为五代、宋以后整个禅佛教的基本发展趋向。可以说，牛头禅思想对后世禅佛教“圆融”的思想趋向具有一定的理论先导意义，这也从一个侧面说明牛头禅思想在唐末尤其是宋代以后仍然呈现出重要的理论意义。牛头禅思想反映了唐末以降禅佛教思想的总体发展趋向，这说明牛头禅并非仅为地方性的禅宗宗派思想，而是禅佛教史上非常重要的篇章，具有极为重要的意义。牛头宗与法眼宗禅法对唐末、五代以后中国佛教的深刻影响，无疑是南京佛教对中国佛教发展的重要贡献。

此外，牛头禅不仅在中土传播，还东渡到日本，对日本佛教也产生了一定影响。日本天台宗的创立者最澄，于公元804年入唐，抵达中国天台山，接受了天台山一带以天台教法为主的佛教教理，并于次年回日本。因牛头宗门下佛窟遗则禅师及云居智禅师曾留居于天台山，元和年间（806—820），在天台山一带形成隆兴一时的"佛窟学"。最澄在天台山学习期间，也接受了当时在天台山一带流行的牛头禅，并将牛头宗的相关经典带回日本。最澄门下日僧圆仁、圆珍在唐期间，搜集了诸多佛教文献，其中也包括牛头宗禅僧的著作，从而在一定程度上促进了牛头禅文献及精神在日本的传播。在日僧所编《福州温州台州求得经律论疏记外书等》《日本比丘圆珍入唐求法目录》《智证大师请来目录》中辑录与牛头宗相关的著述如下：《肇论钞》3卷（牛头山幽栖寺慧证撰），《肇论文句图》1卷（牛头山幽栖寺慧证撰），《融心论》1卷，《金刚般若经意》1卷，《牛头山融大师维摩经记》1卷，《维摩诘经要略疏》1卷，《佛窟禅院和尚行状》1本，《佛窟大师写真赞》1卷，《还源集》1卷，《佛窟集》1卷，《无生义》1卷，《华严经私记》2卷，《法华经名相》1卷等。可惜的是，由最澄等遣唐僧带回的牛头禅文献，在日本亦多散佚。

日本建长七年（1255），日僧证定撰《禅宗纲目》，在此书中证定载禅宗"教外别传，不立文字"的经典依据，其中即有《绝观论》。禅宗宗派中，南宗禅主倡"教外别传，不立文字"，马祖道一及其门下禅法尤为突出这一点。日本僧人将《绝观论》归入南宗禅，从而也将牛头禅与南宗禅联结在一起。此外，与牛头禅在唐代佛教的发展中逐渐融合唐代禅佛教诸宗派的思想要素，并和诸禅宗派形成会通、渗透一致，牛头禅东渡日本后，同样并非作为独立的宗派思想对日本佛教产生影响，而是与南宗、北宗、天台宗、密宗、净土宗等佛教宗派融合，以融合体的形式存在于日本佛教中，并对日本佛教产生作用。

质言之，牛头禅在以金陵为中心的江左佛教的孕育中产生，是金陵佛教的重要组成部分。牛头禅产生之后又不断反哺金陵佛教，成为金陵佛教发展过程中一颗璀璨、耀眼的明星。可以说，千百年来，牛头禅已嵌入牛首山，嵌入南京，成为牛首山乃至南京重要的佛教文化符号。牛头禅折射出金陵佛教的诸多特质,如金陵佛教与老庄玄学的天然联系、金陵佛教的般若学特色等等。牛头禅作为禅宗的重要分支,在禅佛教史上具有重要意义,这也从一个侧面呈现出金陵佛教在中国佛教史上的突出地位。

第四章　金陵清凉院文益禅师与法眼宗

清凉文益禅师(885—958)一生主要活跃于五代时期的江南地区,是中国禅宗史上最具有影响力和思想性的代表人物之一。他长期在金陵传播和弘扬佛法,对佛教禅宗的思想理论建设有巨大贡献,示寂之后被南唐国主李璟谥号为"大法眼禅师",由其所开创的禅宗派别亦随之被称为"法眼宗"。作为禅宗"五家七宗"之一的禅门派别,法眼宗在五代十国时期获得了迅猛发展,其宗派思想影响深远并广泛渗透到江南区域思想文化土壤之中,极大地推动了禅宗的整体发展和在江南区域的思想传播,因而在中国佛教史上具有重要的思想影响和历史地位。故有学者称:"法眼宗理论成为承前启后、熔铸后世佛教乃至中国文化的宝贵材质。"①

① 刘元春:《法眼宗精神简论》,载杭州佛学院编:《吴越佛教学术研讨会论文集》,宗教文化出版社,2004年,第157页。

第一节
禅传江南与“一花开五叶”

禅宗是实践的宗教。禅宗教化的目的在于使人们开悟且洞了世界、人生和宇宙的真相与真实,“它所追求的是个体内在的悟解,不落名相,不可言传”[①]。慧能是禅宗的实际创立者。禅宗创立后出现了分化,禅宗各支派在自身努力以及各种势力的支持下,与中国本土文化相融合,从而获得了前所未有的历史性发展机遇并取得了空前发展,显示了其强大的生命力。禅宗在不断发展和壮大的过程中,由一个区域性佛教宗派推展到了大江南北,一跃成为唐代最具有时代气象的佛教宗派,继而出现了禅宗“五家七宗”的繁荣景象。五代时期,面对新的历史契机和时代要求,法眼宗作为禅宗“五家”派别之一脱颖而出,并获得了新的发展。

一 达摩禅的发展与禅宗创立

禅宗的创立与中土佛教禅学的传播和发展密切关联。禅学初传中土并得以广布,实赖于佛教僧人对佛教禅学经典的翻译,难怪梁代释慧皎撰《高僧传》时要将《译经篇》置于首卷,从中不难看出其以经为重要、首要或先决条件的真实用意。汉魏两晋时期,翻译佛经的有传僧人就多达56人[②],其中有著名僧人安世高、支楼迦谶、康僧会、鸠摩罗什、佛陀跋陀罗等人,这也表明佛教开始在中土流行起来。东晋以来,在佛教经典的翻译基础之上,又出现了义解佛经的著名僧人,有如道安、慧远、僧叡、僧肇、支遁、竺道生等一批名僧、高僧和学僧,他们又进一步推动了中国佛教禅学的向前发展。《高僧传》之《习禅篇》中所列的禅僧虽也有修习禅法的实践活动,但多限于禅师自身的修持实践,显然未成主流,并没有

① 顾伟康:《禅净合一流略》,台北东大图书股份有限公司,1997年,第75页。
② 据《高僧传》卷第一、卷第二所列“正传”和“附见”僧人数而统计。

形成有影响力的教团组织或宗派，诚如冯学成先生言：

> 禅法的兴衰，全系在修行者一人身上，印度禅法传入中国至隋末几百年间，几乎全是个人的修持行为，没有形成教团或宗派这一稳定的组织形式，也没有能考虑如何将禅法固化下来融入世间教化。这就是南北朝时中国禅法虽盛，而终于无传的根本原因。所以，不论是鸠摩罗什、佛陀跋陀罗，还是佛陀禅师，一大批印度、西域的禅法传授者，他们的禅法，到唐代已无传承可言。[①]

考察“禅宗”一词之出现，早见于道宣的《续高僧传》之《习禅篇》云：“相命禅宗，未闲禅字。如斯般辈其量甚多，致使讲徒例轻此类。故世谚曰：‘无知之叟，义指禅师。乱识之夫，共归明德。’”[②]可见，道宣在《习禅篇》中言“相命禅宗，未闲禅字”，而直接以“禅宗”冠名，所要强调的无非是以禅为宗之旨趣，即以禅修、禅定为宗之意旨。换言之，道宣所强调的是“禅”之修学方法。且从引文也不难看出，在当时存在着埋头苦修之禅师为注重讲经说法的经师所轻视和贬低的宗教文化现象，以至于禅师被贬称为“无知之叟”。道宣律师这一秉笔直书的史家风范，也透露出中国禅宗早期发展的真实状况。[③] 道宣《续高僧传》之《习禅篇》所载这一情形则表明了在达摩之后中土就存在以禅定为宗而自居、自称的禅门派别。不过，道宣所言“相命禅宗”之“禅宗”与慧能所创立的“禅宗”在意义上则有所不同，前者强调以禅定为宗，其本意在于强调禅法，即指戒、定、慧三学之一的定学；而后者则着重指宗派，即指统合了禅法实践与佛教义学等诸多理论而形成的禅宗宗派，尤其凸显了禅宗之禅与禅定之禅的不同意涵。禅宗的创建历程，可分为三个阶段：一是达摩、慧可、僧璨三代对印度佛教禅学思想和禅法的传承与发展；二是道信与弘忍二位宗匠对中土禅修方法的创建及僧团组织的建立；三是慧能及其同时代人创立禅宗，使禅宗“独树一帜”成为中国佛教的象征性符号之一，汇聚并表现了中国佛教的特质或精神，故太虚大师说：“中国佛学的特质在禅。”[④]法

---

① 冯学成：《云门宗史话》，南方日报出版社，2008 年，第 3 页。

② 道宣：《续高僧传》卷第二十，《大正藏》第 50 册，第 597 页中。

③ 顾伟康：《禅净合一流略》，第 83 页。

④ 太虚：《太虚学术论著》，浙江人民出版社，1998 年，第 10 页。

眼宗的创立与禅宗的形成发展有紧密的联系。法眼宗的禅学内容与达摩禅法思想在中土的展开也有密不可分的关系。达摩被誉为中土禅宗的初祖，他对中土禅学的发展和禅宗的形成起到了重要作用，尤其是达摩禅提倡理入的悟道方法，主张安心的修学思想，对法眼宗禅学思想的形成和发展均有重要影响。

（一）达摩禅的传播与“东山法门”创建

达摩是推动中土禅学实践和禅修活动进入宗派创立新阶段的关键性人物。达摩来华之后，中土禅学传播与发展出现了新变化，即进入了达摩禅法时代和禅宗的形成与创立时期。

达摩之前的中土禅学，侧重点是对印度佛教禅学理论的认识、消化与吸收[①]，重在义学的诠释与创建，理论探讨是当时的话语主流，而达摩之后的中土禅学出现新变化，即禅学的实践方面成为发展的主流和趋向，特别是重修持实践的禅宗，有将“禅定”与“智慧”、“义理”与“实修”、“方法”与“境界”、“本体”与“工夫”相统合、打成一片的思想诉求。因此，他所创立和推广的达摩禅法在中土的传播具有象征性意义，标志着中土禅学发展的转型，这即是说禅学在实践层面上由过去个别僧人的习禅活动逐步转向了禅宗教团组织化之建设和禅修本土化教育方法之创建的新时期。达摩在推动禅学发展以及禅宗创立的历史运动中起到了非常重要的作用，且达摩禅在后世影响深远，因此达摩被视为禅宗的初祖。

慧可作为达摩禅法的继承者，则被奉为禅宗二祖。达摩传心印于二祖云：“昔如来以正法眼付迦叶大士，展转嘱累而至于我。我今付汝，汝当护持。”[②]又云：“吾有《楞伽经》四卷，亦用付汝，即是如来心地要门，令诸众生开示悟入。”[③]可见慧可得到了达摩之心印，而具有了传播“心地要门”的合法性身份。慧可的高足僧璨（？—606），为其得法弟子，所作《信心铭》特别强调了佛教“信”“解”方面的重要性，乃是对达摩、慧可思想的继承和发展，对于达摩禅法的传播起到了十分重要的作用，故在禅宗史上被奉为禅宗三祖。道信（580—651），俗姓司马，系僧璨得法弟子，后被奉为禅宗四祖。道信的禅学思想及其修行方法主要体现在

---

① 顾伟康先生也认为，达摩西来，比佛法入华晚了整整400年。而这400年，恰好是中国文化对外来佛法的消化期。参见顾伟康：《禅净合一流略》，第78页。

② 道原：《景德传灯录》卷第三，妙音、文雄点校，成都古籍书店，2000年，第35页。本章所引《景德传灯录》均出于该点校本，后只注卷次和页码。

③ 道原：《景德传灯录》卷第三，第36页。

其所作之《入道安心要方便法门》上，并遵循《楞伽经》与《文殊说般若经》二经之佛法要义，有融合会通楞伽心法与般若慧学的禅学思想旨趣。至道信、弘忍时期，达摩禅不断中国化，建立起了“东山法门”[①]，开创了达摩禅发展的新局面。

关于“东山法门”，净觉《楞伽师资记》云：“忍传法，妙法人尊，时号为东山净门。又缘京洛道俗称叹，蕲州东山多有得果人，故□东山法门也。”[②]唐人李知非在《注般若波罗蜜多心经》之“略序”中亦云：“蕲州东山道信禅师，远近咸称东山法门也。次传忍大师。”[③]可见，“东山法门”不仅形象地体现了道信、弘忍时期的禅法特点，也充分说明了弘忍禅法是对道信禅法的继承和发展。“东山法门”的出现标志着中国化的禅修方法论之创建，并预示了禅学兴盛时代之到来。道信与弘忍不仅在禅修方法论上有独特建树，而且在僧团组织建立和推动禅宗的形成上也贡献巨大。道信、弘忍所锡居的湖北黄梅一带因之出现了修学“东山法门”的禅学群体，并形成了以黄梅为中心的佛教势力范围，继而成为禅宗创生的重要策源地，为禅宗在南方兴盛和发展奠定了基础、创造了条件。正如洪修平先生所言：“达摩以来禅法的展开，则确实为禅宗的创立提供了基础。”[④]

道信、弘忍不仅延续了达摩以来的禅学思想和禅修方法，而且将达摩禅与中土自魏晋以来的佛学思想实践结合起来，并兼顾中土禅学的思想与方法以及中土的传统思想文化特点，在禅修的实践中将禅学理论、禅的修行与僧人的日常生活结合起来，创建了适合于中土思维和习惯的禅学理论以及禅修方法——“东山法门”，从而开启了禅学发展的新阶段、新境界。“东山法门”蕴涵了道信和弘忍所提倡的禅学思想、修行风格和生活方式，为禅宗的创立奠定了基础、创造了条件，对中国禅宗的创立与分化产生了至关重要的影响，[⑤]后世禅派都能够从“东山法门”中找到本门禅法的思想资源。“东山法门”为慧能顺应历史客观环境而创立禅宗奠定了方法论基础，慧能在继承和弘扬这一法门的实践中逐渐开创了禅宗一派，并形成了禅宗以“东山法门”为核心的禅法思想，同时也展现了中国气派的禅法特点。因此，“东山法门”的出现标志着中国禅宗开始创立；它既是禅宗思

---

① 道信与弘忍不仅继承了达摩禅之禅法思想，而且在继承的同时又突破成规地开启了达摩禅中国化的历史进程，创建了中国化的禅修方法，这一禅修方法因“忍与信俱住东山”而得名。

② 《楞伽师资记》，载蓝吉富主编：《禅宗全书》，北京图书馆出版社，2004 年，第 16—17 页。

③ 许明：《中国佛教经论序跋记集》一，上海辞书出版社，2002 年，第 374 页。

④ 洪修平：《国学举要・佛卷》，湖北教育出版社，2002 年，第 61 页。

⑤ 洪修平、孙亦平：《如来禅》，浙江人民出版社，1997 年，第 172 页。

想的理论来源,也是“五家七宗”禅法思想的源头活水。

(二)“六祖革命”与禅宗创立

如果说“东山法门”具有表明中国禅宗开始创立之象征性意义的话,那么慧能禅派的出现,尤其是《坛经》的出现和流行则标志着中国禅宗的真正形成和创立。禅宗的创立,不是某一人物活动的结果,而是禅学中国化发展总体趋势的产物,同时也是历史文化认同的必然性选择。从达摩到弘忍,达摩禅系的禅学思想和方法不断得到发展与创新,对于禅宗的形成则起到了重要的推动作用。到了慧能时代,由于慧能的思想创建和教学革新,进一步弘扬了达摩一系的禅学思想和方法,加之其门徒四处的弘法利生活动极有宗教、社会影响,慧能一系的法脉得以延续和传承,并获得了佛教界的认同而成为具有划时代意义的宗派——禅宗。诚如太虚大师所言:“所谓宗门,实到慧能南宗始巍然卓立。”①

慧能(638—713),又称惠能,被奉为禅宗六祖,被认为是禅宗实际上的创立者。俗姓卢,其父籍贯范阳,“左降流于岭南,作新州百姓”②。慧能自幼以卖柴为生,早年“于市卖柴”,一日见一客诵《金刚经》,一闻即有所感悟,于是受客人指引而前往黄梅参学弘忍大师。他在初见弘忍大师时,对“心性”就有与众不同之见解。当弘忍问他:“汝是岭南人,又是獦獠;若为甚作佛?”③他却表现不俗,并充满信心地回答道:“人虽有南北,佛性本无南北,獦獠身与和尚不同,佛性有何差别?!”④慧能的言语应答,一语惊人,令人瞠目结舌,五祖为之一惊,便收之为徒。之后,弘忍大师令其徒众作悟法偈语以测佛法见地与境界,并以其作为传衣钵教法的标准,慧能在神秀“身是菩提树,心如明镜台,时时勤拂拭,莫使有尘埃”⑤之偈未能真正洞见和通达本性时,勇敢地挺身而出,并以自身对佛法的体悟而作与神秀不同思想意境之偈语云:“菩提本无树,明镜亦非台,本来无一物,何处染尘埃?”⑥以与神秀截然不同的思想姿态与佛学立场来表达对本性的理解,显示了他心性世界无与伦比的自信。当弘忍大师见到慧能之偈语后,已尽知其见地高远、

① 太虚:《太虚学术论著》,第28页。
②《坛经·行由品第一》。
③《坛经·行由品第一》。
④《坛经·行由品第一》。
⑤《坛经·行由品第一》。
⑥《坛经·行由品第一》。

体悟甚深，远胜于神秀，而颇为赏识，但是仍就认为慧能“亦未见性”①。之后，弘忍大师为慧能解说《金刚经》要义，至“应无所住而生其心”时，慧能对佛法体悟之新旧感觉顿时涌现、翻江倒海，犹如决堤之江河潮水，冲情云上，他便即刻顿悟“一切万法，不离自性”②，于是不假思索地生发出内在心性的真实感言：“何期自性本来清净；何期自性本无生灭；何期自性本自具足；何期自性本无动摇；何期自性能生万法。”③五个“何期”之思想感叹，是慧能对“心性”认识和理解的进一步理论升华与思想突破，也是他真正开悟的标示性旗帜和历史见证。由此，五祖弘忍大师便传禅门顿教之法和衣钵袈裟，故在禅宗传法系谱上就有了慧能为六祖之说。慧能离开弘忍大师之后，为避开北宗追杀而在曹溪隐归 15 年并深入系统地研学佛法。与此同时，他为弘扬佛法而“随宜说法”，且普教于世间有缘群生。一日，慧能为传播佛法和印证佛学，而前往广州法性寺寻求传法机缘，适逢该寺僧众就风动与幡动争议不已，对此慧能则评曰：“不是风动，不是幡动，仁者心动。”④慧能的独特见识，令众僧骇然惊奇；法性寺主持印宗法师与慧能交流之后，也是佩服有加、赞叹不已。故慧能受印宗之请而在法性寺广说佛法，遂开传“东山法门”，进而他由隐居修身转为公开说法。慧能圆寂前曾付嘱法海、志诚、法达、神会、智常、智通、志彻、志道、法珍、法如等弟子在教授学人时应起用的“三科法门”和“三十六对法”，这是禅宗最为重要的教学原则和教育方法。

慧能聚众说法而为门徒所汇集成的《坛经》，则比较全面、系统地反映了其禅学思想旨趣和禅修方法论特质。《六祖大师坛经序》云：“言简义丰，理明事备，具足诸佛无量法门，一一法门具足无量妙义，一一妙义发挥诸佛无量妙理。”⑤一时代有一时代的历史性文化特征，一时代有一时代的历史性话语，⑥《坛经》也是一时代话语主流的具体诉说与表白。《坛经》中蕴含丰富的佛性论和般若学思想，所谓“要了解惠能禅学新论的特色，就有必要了解般若与佛性的会通”⑦。魏晋以降，般若学盛行于中土，而成为一时代之话语主流。僧肇、道安、僧叡等佛学大师

① 《坛经·行由品第一》。
② 《坛经·行由品第一》。
③ 《坛经·行由品第一》。
④ 《坛经·行由品第一》。
⑤ 宗宝编：《六祖大师法宝坛经序》，《大正藏》第 48 册，第 345 页下。
⑥ 张新民主编：《阳明学刊》第四辑，巴蜀书社，2009 年，第 356 页。
⑦ 洪修平、孙亦平：《惠能评传》，南京大学出版社，2004 年，第 226 页。

对般若思想均有自己的理解和认识[①],他们所阐扬的佛教般若思想对整个中土佛教思想和理论的发展产生了深远的影响,尤其是罗什与僧肇的大乘佛教的思维方式,不仅影响了当时的佛教发展,而且对于后来中土各宗派的开创也有着不容忽视的作用,诚如洪修平、孙亦平二位先生指出,“般若学本身虽然并没有讨论佛性问题,但它通过对现实世界和世俗认识的否定来显示佛教的真谛和真实之境的思维方法,却为涅槃佛性论在中土的发展开辟了道路”[②]。而众生有无佛性,是成佛的关键性问题。对此,中国佛教内部也展开了激烈的争论,东晋的竺道生在当时的历史条件下提出了“一阐提皆有佛性”的观点并得到佛教经典的印证,于是成功地回答了一切众生悉有佛性、一阐提亦可成佛的理论性问题。佛性决定了成佛的可能性,是成佛的前提条件,因此,是否具有佛性,对于解脱成佛具有重要意义。南北朝以来,佛性思想又在教内教外受到重视,思想不断蔓延,形成了具有中国特色的佛性论思想。佛教教义宣扬“众生平等”“皆有佛性”“皆能成佛”的观点,不仅意在说明具有佛性是成佛的根本条件,而且也表明佛性是平等思想的内在根源。因此,禅宗在佛性与成佛的问题上,不仅坚持“自性平等”“众生是佛”的教理教义,而且将“明心见性,顿悟成佛”的思想言说转化为自身的宗教修炼实践,鲜明地体现了佛性平等无差与自我觉醒成佛的禅宗机趣。故从慧能禅宗的思想渊源来看,“禅宗同时继承了以《楞伽经》为主要代表的如来藏佛性学说和以《金刚经》为主要代表的般若性空学说”[③]。禅宗正是在成功吸取佛性论思想以及般若学的过程中构建了自己独特的禅学“心性论”[④]理论体系,并开创了中国化的禅学教育新方法,形成了具有中国特色的教学新风格。

《坛经》不仅凸显了大乘佛教主张“众生平等”的教理教义,而且使“佛性”和“心性”达到了高度的融合与统一,而对禅宗思想的形成与发展产生了重要的影响。慧能以“人虽有南北,佛性本无南北,獦獠身与和尚不同,佛性有何差别”“欲学无上菩提,不得轻于初学。下下人有上上智,上上人有没意智”[⑤]的思想观点,

---

① 僧肇将其意译为“圣智”或“真智”。道安认为:“般若波罗蜜者,成无上正真道之根也。”僧叡说:“般若波罗蜜经者,穷理尽性之格言,菩萨成佛之弘轨也。”转引自洪修平、孙亦平:《惠能评传》,第 226 页。

② 洪修平、孙亦平:《惠能评传》,第 227 页。

③ 邢东风:《禅悟之道——南宗禅学研究》,中国人民大学出版社,1992 年,第 164 页。

④ 关于慧能的“心性论”思想,可参见黄诚:《试论慧能的“心性论”思想》,《贵州大学学报(社会科学版)》1999 年第 4 期,第 56—60 页。

⑤《坛经·行由品第一》。

明确阐述了佛法主张“众生平等”的理念，具有深远的历史影响和现实意义。既说明了在成佛的道路上一切众生都是平等且无高低贵贱之分的，又推动了佛教大众化进程而有利于佛教渗透和融入社会各阶层，为世人所普遍接受；既体现了“佛法在世间，不离世间觉”[①]的佛教思想和禅宗机理要旨，又切实地反映出佛性论向心性学转向的义学趋向。从禅宗的实践来看，慧能从“佛性本无南北”的义理出发，以自己身为南方的“獦獠”和目不识丁的山野樵夫的实际身份现身说法，通过佛学的实践而验证和提供了“獦獠作佛”这一历史性经验事实，并树立了慧能“成佛作祖”的宗教人物形象，不仅破除了边缘与中心区域文化差异对成佛作祖起决定性影响的误识，同时也践行了佛性本无南北之分的佛法义理；不仅创立了真正意义上的禅宗宗派，而且亦为人人皆能“成佛作祖”提供了鲜活的范例。

因此，赖永海先生指出，“慧能禅法的创立在中国佛教史上具有划时代的意义，因他对传统禅学进行了一系列带根本性的变革，因此在佛教史有‘六祖革命’一说”[②]，且认为，“至于东土五祖，从严格意义上说，也不能称为禅宗的祖师，因为作为一个佛教宗派，禅宗的创立当始自六祖慧能，慧能是禅宗的真正创始人”[③]，“只有在慧能之后，禅宗才具有较严格的组织形式和自宗之理论纲骨”[④]。可见，慧能是将禅学发展为禅宗这一整体性思想链条中的关键性人物。他不仅延续了释迦牟尼佛法的真实教义，而且又将达摩禅以来的禅法与中华传统文化相结合，开创了具有中国气派的禅宗一派。事实上，所谓的“六祖革命”也仅仅是对佛教教法或教育方法的革新，并非对佛教义理进行的理论革命。[⑤] 总之，六祖慧能禅的出现，“使中国禅宗的发展进入了一个全新的时期，开启了中华禅在中国思想文化舞台上潇洒风光上千年之久的新阶段”[⑥]。

---

① 《坛经·般若品第二》。

② 赖永海：《论六祖革命》，载赖永海：《中国佛教与哲学》，宗教文化出版社，2004 年，第 61 页。

③ 赖永海：《论六祖革命》，载赖永海：《中国佛教与哲学》，第 61 页。

④ 赖永海：《中国佛性论》，中国青年出版社，1999 年，第 246 页。

⑤ 邢东风也认为，禅宗进行的运动不是反对佛教的思想“革命”，而是佛教内部的思想革新。参见邢东风：《禅悟之道——南宗禅学研究》，第 159 页。

⑥ 洪修平：《从惠能禅宗的创立及发展看中外文化交流》，《江海学刊》2008 年第 5 期，第 43 页。

二 禅传江南与“一花开五叶”

诚然，禅宗创立固然是禅思想自然演化的必然性产物，但也与外缘性文化环境密切相关。唐代文化既有开放性时代特征，也有包容性文化气象，在多元化与多态性的思想文化交融环境影响下的民众可以自己选择文化生活与信仰世界，故佛教信众能够大胆地站出来学禅、习禅、谈禅和说禅，从而推动了禅宗的形成与发展。禅宗创立后，禅宗各派的分化与传衍而将一区域性佛教宗派推展到了大江南北，且禅宗各支派在自身努力以及各种势力的支持下，在传播发展上获得了前所未有的历史性机遇而不断发展壮大，继而助推禅宗发展并出现了“五家七宗”①的繁荣景象。

（一）慧能禅在江南的传衍

不仅唐代开放的历史大环境为思想文化的发展创造了机缘，而且其较为宽松的佛教政策也为禅宗登上历史舞台创造了条件。禅宗正是在这一整体环境的影响下而取得了发展的有利时机。在唐代，虽然出现韩愈的反佛道运动和唐武宗的“会昌灭佛”事件，但是都未能从根本上摧毁和灭除佛教。从整体上来观察，唐代的佛教发展仍然获得了有利时机，与儒、道并行而成三足鼎立之势；佛教禅宗则处于思想文化发展的主流趋势，并成为中国思想文化的重要组成内容。在佛教其他宗派衰微之际，禅宗却一枝独秀，繁荣发展，其因素较多。然“写经事业不发达和乱世经藏的焚毁，可能是以经为中心思想的宗派不弘盛之一因，也可能是促成禅宗独盛于五代的原因”②。就禅宗发展而言，禅宗在唐五代时期，禅门“一花开五叶”而成“五家七宗”之发展态势。诚然，禅宗的兴衰与其内在的思想生命力因素密切关联，然其所在的外缘性条件（自然环境、历史条件、社会政治、经济文化等）也是不可忽视的要素。唐代的政治环境和文化政策较为宽松、自由，为禅宗的持续性发展创造了条件，有利于佛教僧才脱颖而出，此乃禅宗兴盛的一大重要原因。禅宗流布区域主要集中在江南，这有其自身的思想根基和文化传统，且流布南方的禅宗在政治上也取得了江南区域性政权的大力支持，因而它在南方的发展出现了繁荣景象。由此，禅宗各派也开始催生和形成，并逐渐登

---

① 五家七宗最初的五宗中，沩仰、曹洞、云门、法眼四家都创立于南方，仅有临济在北方创立，后流出二支。

② 石万寿：《五代的佛教》，载张曼涛主编：《现代佛教学术丛刊⑥：隋唐五代篇》，台北大乘文化出版社，1977年，第195页。

上宗教历史舞台，拉开了其在中国禅宗史上登台表演的序幕。故有学者认为，“禅宗‘五家’的相继出现，标志着禅宗发展到了它的‘繁盛’时期”[①]。

其一，荷泽神会禅派在北方的活动。

荷泽神会(684—758)，系慧能座下弟子，主张“南顿北渐”，“因南阳答(王赵)公三车义，名渐闻于名贤”[②]。开元二十年(732)，神会在滑州的滑台设无遮大会，与北宗弟子崇远法师进行论战，其目的在于“为天下学道者定其宗旨”[③]。双方论战的焦点集中在师资传承与禅宗修行方法上。神会认为北宗神秀、普济无祖传袈裟，因而非禅门正统，而且指出北宗禅法主张渐修，南宗主张顿悟，并认为顿门优于渐门。宗密《圆觉经大疏释义钞》云：

因洛阳诘北宗传衣之由，及滑台演两宗真伪，与崇远等诗论一会，具在《南宗定是非论》中也，便有难起，开法不得。[④]

神会与北宗子弟论战之后遭受到嫉恨，“便有难起，开法不得”。由于普寂一派的北宗受皇室尊重和保护而具有政治优势，加之北宗在关洛两京地区颇有实力，故神会一派受到北宗的排挤与责难。诚如《圆觉经大疏释义钞》所云：

荷泽亲承付属，(讵)敢因循？直入东都，面抗北祖，诘普寂也。龙鳞虎尾，殉命忘躯。侠客沙滩、五台之事，县官白马。卫南卢、郑二令文事，三度几死。商旅缞服，曾易服执秤负归。百种艰难，具如祖传。达磨悬丝之记，验于此矣。[⑤]

《宋高僧传》也载有其事：

天宝中，御史卢奕阿比于寂，诬奏会聚徒，疑萌不利。玄宗召赴京，时驾

---

① 郭朋：《中国佛教思想史》中卷，福建人民出版社，1994年，第438页。
② 《圆觉经大疏释义钞》卷第三，《卍新续藏》第9册，第532页下。
③ 《历代法宝记》，《大正藏》第51册，第185页中。
④ 《圆觉经大疏释义钞》卷第三，《卍新续藏》第9册，第532页下。
⑤ 《圆觉经大疏释义钞》卷第三，《卍新续藏》第9册，第532页下。

幸昭应，汤池得对，言理允惬。敕移往均部，二年敕徙荆州开元寺般若院住焉。①

可见，神会论战之后受到打击与陷害，“三度几死”，命悬一丝。而且神会为玄宗勒徙荆州，这也表明神会当时未受皇权的尊重。只有到了安史之乱后，神会的处境和地位才有根本性的改变。神会因受请主持坛度，即“纳钱度僧”，为朝廷筹措“香水钱”充当军费而立下汗马功劳，遂受朝廷的重视。《宋高僧传》记述了这一历史情境：

大府各置戒坛度僧。僧税缗谓之香水钱，聚是以助军须。初洛都先陷，会越在草莽，时卢弈为贼所戮，群议乃请会主其坛度。于时寺宇宫观鞠为灰烬，乃权创一院，悉资苫盖，而中筑方坛。所获财帛，顿支军费，代宗、郭子仪收复两京，会之济用颇有力焉。肃宗皇帝诏入内供养，敕将作大匠并功齐力，为造禅宇于荷泽寺中是也。会之敷演显发能祖之宗风，使秀之门寂寞矣。②

此后，神会获得了皇权的尊重，身份与地位得以提升，开创了“荷泽一宗”，在弘扬慧能禅派方面功不可没，尤其是为确立禅宗南宗的正统地位做出了重要贡献。但是，神会在北方弘扬南宗宗旨并非一孤立性事件，与此同时，在各地传播南宗禅法的还有慧能的其他弟子，如青原行思与南岳怀让等，他们使南宗禅学不断发展壮大，禅宗门徒遍及大江南北。神会在北方的活动几经曲折，但他最终获得了政治上层的认同，而且门下也有一些弟子。有学者指出，“神会的弟子，据日本宇井伯寿、镰田茂雄的统计，在宗密《中华心地禅门师资承袭图》中载有 19 人，在其《圆觉经略疏钞》卷四谓有 22 人，在宋赞宁《宋高僧传》中载有 14 人（与有关碑文合计为 16 人），在道原《景德传灯录》当中载有 18 人”③。但是，总的来说，“在中国禅宗史上，神会的弟子不很有名，对后世的影响不大”④。这当与神会是

① 赞宁：《宋高僧传》上册，中华书局，1997 年，第 180 页。本章中省略出版信息的《宋高僧传》皆为此版本。
② 赞宁：《宋高僧传》上册，第 180 页。
③ 杨曾文：《唐五代禅宗史》，中国社会科学出版社，2006 年，第 177 页。
④ 杨曾文：《唐五代禅宗史》，第 177 页。

弘法护教者而非真悟道者有关。因慧能在世之时,曾称神会为知解僧。据载:

> 一日,师告众曰:"吾有一物,无头无尾,无名无字,无背无面。诸人还识否?"神会出曰:"是诸佛之本源,神会之佛性。"师曰:"向汝道'无名无字',汝便唤作本源佛性。汝向去有把茆盖头,也只成个知解宗徒。"①

对此则公案,文益禅师有评云:"古人受记人终不错,如今立知解为宗,即荷泽是也。"②可见,文益认为荷泽一宗并未契入禅宗之真实悟境,仅是强调对义理的理解,而无真正的修行与证悟功夫,知与行完全是隔离开的。故道之不存,焉能传之。

慧能禅派的发展,当不限于荷泽之一家,在荷泽宗活跃于北方且大弘慧能禅思想与禅法的同时,活跃在南方的慧能禅派门徒也在南方大力弘扬禅宗宗旨,与北方的荷泽一宗形成南北呼应之势,共同推进了慧能禅宗在大江南北的广泛性传播与发展。慧能禅派遂由于以南方为中心的山林佛教多军突起而备受重视,其地位得以飞速跃升。慧能禅派也一改边缘佛教形象的面孔,一跃而成为中原佛教的代表,加之禅宗宣扬"不立文字""教外别传""直指人心""见性成佛"之宗旨和提倡简单易行之方法,而使其获得了广泛的社会基础和大量的禅宗信徒,因而它能迅猛流播大江南北,成为唐代社会宗教思潮之时代主流,同时也为"五家七宗"的出现奠定了思想基础。

其二,南岳与青原禅系在江南的传衍。

自然环境对禅宗的发展亦有一定的影响。江南的区域文化环境,为禅宗思想文化的生根抽枝、发芽开花和结果创造了极为有利的条件。六朝之时,江南佛教兴盛。唐时,蕲州、衡岳是佛教禅宗的中心,黄梅是禅宗的策源地,名僧学人颇为众多,弘忍门下不仅有"会下七百余僧"③,还有"十大弟子"④,可谓极为繁荣,当与弘忍所处的地理区位所具有的地缘性优势有不可分割之联系。蕲州是南北

① 《坛经·顿渐品第八》。
② 《指月录》卷之四,《卍新续藏》第 83 册,第 446 页下。
③ 普济:《五灯会元》卷第一,《卍新续藏》第 80 册,第 45 页下。
④ 弘忍云:"如吾一生,教人无数,好者并亡,后传吾道者,只可十耳。"参见《楞伽师资记》,载蓝吉富主编:《禅宗全书》,第 17 页。

交汇的要塞，水陆交通比较发达，且黄梅双峰山既处于山林之中，又离交通枢纽不远，故其地天然为人才汇集之所。既有修行的幽静环境，又有放眼看天下的视野，故此处能出现开宗立派的禅宗人物绝非偶然。至于衡岳之地，“山势雄伟，风景秀丽，是佛教修禅的理想场所，高僧活动比较频繁”[①]，“为江南西道最大的佛教中心”[②]。可见，独特的江南文化生境为禅宗的形成和发展提供了条件，促进了禅宗在南方的广泛传播与迅猛发展。

在禅宗的发展历程中，六祖慧能之禅法愈加兴盛与流行，一传而分为青原行思与南岳怀让两家，随后禅宗门下又流出了江西马祖与湖南石头两系，并演化出“五家七宗”，以至于“凡言禅，皆本曹溪”[③]。文益禅师《宗门十规论》云：“能既往矣，故有思、让二师绍化。思出迁师，让出马祖，复有江西石头之号。从二枝下，各分派列，皆镇一方，源流滥觞，不可弹纪。”[④]此段话形象地描绘出了慧能禅宗发展的大致脉络与走势。

其一，南岳禅的代表是洪州禅派，其代表人物是马祖及其门下弟子。该派以江西为中心辐射全国佛教区域，对江南的禅宗发展产生了较大的影响。马祖的后继者有大智禅师百丈怀海，他主张禅院独立，著《百丈清规》而开禅林规式，所以又被誉为“开创丛林之祖”[⑤]。百丈之后又有黄檗希运、沩山灵祐，沩山灵祐创立沩仰一宗，临济玄义承接黄檗之禅而开创临济一宗，并显示了该派强劲的生命力。江西、湖南两地仍然是禅宗的基地，有较好的禅宗发展思想基础，但从南岳禅派的法脉及其传承来看，有向江浙闽越一带传播和推进的趋势。[⑥]

其二，青原禅派在江南的传衍。禅宗由江湖区域逐步推进到江浙一带，乃至北方京洛，形成了全国性乃至世界性的禅文化和禅世界。[⑦] 丹霞天然禅师的行历轨迹变化亦反映了这一文化流动和传播的趋势和方向。天然禅师先在江西参马祖，又至南岳参石头希迁，后又回江西又参马祖，之后又游历天台、余杭径山和洛京龙门香山，他的行历也从一个侧面反映出禅文化不断流向江浙的形势。诚然，

---

① 李映辉：《唐代佛教地理研究》，湖南大学出版社，2004 年，第 219 页。
② 李映辉：《唐代佛教地理研究》，第 219 页。
③《赐谥大鉴禅师碑》，《大正藏》第 48 册，第 363 页中。
④《宗门十规论》，《卍新续藏》第 63 册，第 37 页上—中。
⑤ 村上专精：《日本佛教史纲》，商务印书馆，1992 年，第 188 页。
⑥ 黄诚：《法眼宗研究》，巴蜀书社，2012 年，第 40 页。
⑦ 黄诚：《法眼宗研究》，第 40 页。

这类四处游历和参学修禅的禅僧不在少数，而天然禅师是其中具有代表性的一位。如此互访互学的文化现象确有深刻的意味，即表明：无论禅师多高明，如何施展禅法，也只有在当机之时才有可能使学人开悟，并非所有的学人遇到高明的禅师都能得到开悟，也并非高明的禅师都能解决学人心中的所有困惑问题。故玄沙云："夫为人师匠大不易，须是善知识始得知。"①可见，禅不可说而需悟，悟与不悟，不在禅师，而在于学人；教学当机不当机，不在学人而在禅师；以人施教，还是以法施教，取决于机缘巧合。不过，对于禅者而言，真正重要的是向内求心而非向外求证。诚如慧能言："若起邪迷妄念颠倒，外善知识虽有教授，救不可得。若起正真般若观照，一刹那间妄念俱灭。若识自性，一悟即至佛地。"②而所有的禅悟之道需要禅者的内修、内证，当然机缘也是不可或缺的重要条件。

其三，南岳与青原禅宗主要集中在江湖一带，并形成了以江湖为中心的禅宗势力范围。两派都选择自然环境幽静的山林作为栖身之所，但栖身之所又不远离交通要塞。这既可使禅师安心修行，而又利于招揽和吸纳徒众，对扩大禅宗的势力、获得更多的信徒以及占领佛教文化的市场也极有裨益。这也为禅宗"五家七宗"的出现创造了条件。

总之，禅师的活动与互访，反映了学术思想的自由与活泼生机，不仅是禅宗平等思想的彰显，也是文化思想交往的必然要求。以江湖为中心的禅宗，建立了南征北战的根据地，为把以山林佛教为特色的禅宗推向中原奠定了基础。从禅师的活动情况来看，禅宗有流向江浙吴越的态势，这也从一个侧面反映了经济文化南移亦影响到了禅宗的发展和流向。从禅宗向各个区域的传播情况亦可明显看到这一大趋势。因此，禅宗在江南各地的流布为法眼宗的出现营造了良好的宗教文化氛围。可见，法眼宗的出现当与禅宗在江南的兴盛局面分不开。

（二）一花开五叶："五家七宗"的出现

由于慧能当时的影响，禅宗普传甚广。禅宗在广泛的流传中改变了师徒单传继承法脉的做法，往往是一师传多个弟子，由此而各为一家。各家祖师由于悟道因缘以及所处的社会、文化和生活环境不同而有各自不同的思想个性，故易在教示学人的过程中形成具有多样性或多元性的教学方式和教育风格。由此，各

---

① 道原：《景德传灯录》卷第十八，第348—349页。

② 《坛经·般若品第二》。

家禅法禅风通过各种传播途径而遍及全国，门徒各务其师之教，逐渐形成宗派之说。所谓“正宗至大鉴，传既广而学者遂各务其师之说，……故有沩仰云者，有曹洞云者，有临济云者，有云门云者，有法眼云者，若此不可悉数”①。实际上，有的宗派当时并没有明显的创派意向，但是由于被视为宗派开创者的禅法思想和教学方法极有特色以及所产生的社会影响较大，故而宗派创始人及宗派之创立实乃为后人认同所导致，即宗派乃世人对特定历史中的特定宗教群体之称谓。可见，宗派的形成不仅是历史的结果，而且也与被认同为宗派创始人之个人影响力有极大的关联。当然，“五家七宗”的形成也是各派禅门子弟各务其师之说而成，正如契嵩大师所云：“正宗之大鉴，传纪广而学者各务其师之说，天下如是异焉。”②不过，需要指出的是：虽然宗派为后人认同所导致，但是也不能因为当时有无宗派之名而轻易否认各家禅派在事实上业已形成宗派的客观事实。换言之，宗派开创者在世之时或许并没有表明自己创立了何宗何派，但是在客观历史上他却成为一个宗派的实际开创者。由于被视为宗派开创者的祖师在客观上对宗派的形成贡献巨大，即他们在客观事实上推动了宗派的形成，乃是一宗派之象征性符号，故在一定意义上可说他们就是宗派的真正开创者。“五家七宗”即是以各派开创祖师的谥号或居所而命名的，表明了各派祖师在宗派创立过程中的历史地位和受世人认同、尊重的程度。而“五家七宗”出现的历史事实，又进一步反映了慧能禅宗的发展与兴盛。

在中国禅宗“五家七宗”里最早创立的宗派是沩仰宗。该宗由沩山灵祐禅师(771—853)与弟子仰山慧寂禅师(815—891)共同创立，为南岳马祖一脉。由于此宗的开创者灵祐和他的弟子慧寂先后在潭州的沩山(今湖南宁乡)、袁州的仰山(今江西宜春)阐扬禅法，故后世称其为沩仰宗。沩仰宗兴盛于唐末五代，自慧寂嗣下四世即法脉不明，其开宗最早，衰落最先。其后是临济宗的创立。临济宗亦系南岳一脉，为义玄(？—867)所创，时因义玄常住镇州(今河北正定)临济院而得名。入宋后临济宗自石霜楚圆下又分为两支，即黄龙、杨岐两派，盛行于宋代，大慧宗杲提倡“看话禅”而风行一代。该宗流传至今，时间最长，影响深远。此后是曹洞宗的创立。曹洞系青原行思一脉，创立者为良价(807—869)及其弟

---

① 太虚：《中国佛学特质在禅》，载张曼涛主编：《现代佛教学术丛刊②：禅学论文集》，台北大乘文化出版社，1976年，第71页。

② 刘元春：《法眼宗精神简论》，载杭州佛学院编：《吴越佛教学术研讨会论文集》，第153页。

子本寂(840—901)。由于良价禅师在洞山(今属江西宜丰)弘法,本寂又在曹山(今属江西吉水)传禅,故后世称为曹洞宗。① 曹洞自云居道膺后即衰落,至大阳警玄时托付临济宗投子义青代传法脉,而至芙蓉道楷后重振宗门,门下出了宏智正觉,提倡"默照禅"而流行一时。该宗成为仅次于临济宗的一个广为流传的禅宗宗派。这之后是云门宗的创立。创立者是文偃(864—949),属于青原法派,雪峰义存直系,因文偃常住韶州云门山(今属广东),故称云门宗。云门兴起于五代,为南汉政权所扶持,繁盛于宋初,门下有雪窦重显、佛日契嵩等一代名僧,与政治上层和儒家精英有密切交往,推动了云门宗在北宋进入繁盛时期,该宗在南宋之后逐渐衰落。最后是文益(885—958)亦系青原一脉,乃罗汉桂琛门下得法弟子,为玄沙师备再传,而在金陵清凉院(今南京清凉山)创立法眼宗。② 该宗为南唐、吴越国主所扶植而取得较快发展,一度出现繁荣之景象。入宋后法眼宗法脉下传三四系后,法脉不详而断灭。上述沩仰、临济、云门、曹洞和法眼五家与临济一宗流出的黄龙、杨岐两派合称"五家七宗"。不过,郭朋先生认为:"虽然杨岐与黄龙两支,同禅宗'五家'并称为禅家两宗——'五家七宗',但是,他们不像'五家'那样,有各自的思想特点和风格,他们只是在思想上承继前人的余绪,陈陈相因,'述而不作'。"③

法眼宗的创立,使禅宗分宗后"五家"中的最后一个派别得以确立,它不仅标明了五家宗派的最终形成,而且也验证了达摩"一花开五叶"④的宗教预言。太虚大师也说:"六祖南宗下始波澜壮阔,正应验了'一花开五叶,结果自然成'的预言。"⑤不过对"一花开五叶"之说,雍正则持有不同的意见,他说:

> 如达摩传衣偈云:"一花开五叶,结果自然成。"后世附会其说,以为五叶者五宗也。夫传衣止于曹溪,则是从慧可而下五世矣。因震旦信心已熟,法周沙界,衣乃争端,不复用以表信。达摩、黄梅之言具在,由可至能,岂非五

---

① 曹洞一宗,宗之命名说法不一。有说曹为曹溪慧能之曹,洞为东山良价之洞;有说曹为曹山本寂之曹。之所以称"曹洞"而不称"洞曹"又有二说,一说是为了读法上顺当,一说是因曹洞问答遂成一家宗风,且曹山下无传,传宗者为洞山下的道膺之故。参见洪修平:《禅宗思想的形成与发展》,第 349 页。

② 黄诚:《法眼宗研究》,第 49 页。

③ 郭朋:《中国佛教思想史》下卷,第 63—64 页。

④ 达摩传法慧可时有偈语云:"吾本来兹土,传法救迷情。一花开五叶,结果自然成。"(《坛经·付嘱品第十》)

⑤ 太虚:《太虚学术论著》,第 28 页。

叶？后来万派同源，岂非结果自然成耶？何以五宗当之？……况五宗前后参差，亦非一时。即五宗所明，同是大圆觉性，宗若有五，性亦当有五矣。①

可见，雍正否定了“五叶”即“五宗”之说，在他看来，五叶并非上述所言的禅宗“五家七宗”之五家，由慧可至慧能禅宗的创立所经历的五代才是“一花开五叶”宗教预言的真实意涵。不过，雍正也指出了禅宗五家宗旨归根到底皆是在于大圆觉性上，禅宗五家并不存在思想理论上的根本之不同。然而，不管人们对“一花开五叶”有什么样的理解，也不管人们认为“一花开五叶”究竟代表了什么样的宗教意义，有一点则是不容怀疑的，即它们的出现都毫无疑问地象征了禅宗的繁荣与发展。

从禅宗五宗的法系来看，皆为慧能的南宗法派。从禅宗五家创宗的区域分布来看，除临济一宗是在北方创立之外，其余四宗皆出现在江南文化区域之内。禅宗五家的出现，反映了唐五代以来禅宗面对新的历史契机和时代要求不断发展与兴盛的历史局面。顾伟康先生指出，“在共通的‘如来拈花，迦叶微笑’——‘西天二十八祖’——‘东土六祖’的祖统说之下，‘南禅五家’，各自独立，各有门风。禅宗的黄金时代，终于形成”②。禅门五家禅皆承慧能系下弟子南岳怀让和青原行思二法系而形成，对禅宗“不立文字”“教外别传”“明心见性，顿悟成佛”的宗旨都有承袭，因而五家禅之宗旨并无根本性之差异，五家禅派仅是在接引学人之方法上各有思想侧重和门庭设施而已。所谓“五家禅学皆承慧能而来，但因传禅之人和时地不同，形成了不同的传法接机之宗风”③，“它们本是同根生，服从于统一的门风，又各各具有不同的家风”④。

① 《御选语录御制后序》，《卍新续藏》第68册，第696页下—697页上。
② 顾伟康：《禅净合一流略》，第124页。
③ 洪修平：《禅宗思想的形成与发展》，第342页。
④ 顾伟康：《禅净合一流略》，第130页。

第二节
文益禅师的悟道与弘法金陵

清凉文益禅师，乃是法眼宗的实际创立者，他虽未曾明说是自己创立了法眼宗，但却有一种强烈的宗派意识和立场。他聚众弘法、广收徒众，不断强化佛教禅学的理论思想建设，积极探索独特性教育和教学方法，从而形成了自身具有宗派意义的“清凉家风”①，并在江南创立了法眼宗，使其成为五代时期最具有特色的禅宗宗派之一。② 禅学思想之产生和法眼宗宗派之创立，当与创立者人生际遇和所处环境密不可分，即所谓“思想之阐述无法完全隔开个人所处之环境、遭遇与种种经历等”③。文益禅师禅学思想的形成与法眼宗的开创亦不例外，与他的生命成长和弘法实践是密切相关、不可分离的。故探寻文益禅师的生命成长过程，有利于丰富我们对于其人物形象和思想特征的认知与体认，以便于更好地理解与把握其革新禅宗和创立法眼宗的真实意义。

一 文益禅师的人物形象与悟道因缘

（一）文益人物形象

《宋高僧传》载：

释文益，姓鲁氏，余杭人也。年甫七龄，挺然出俗，削染于新定智通院。依全伟禅伯，弱年得形俱无作法于越州开元寺。于时谢俗累以拂衣，出樊笼而矫翼，属律匠希觉师盛化其徒于鄮山育王寺，甚得持犯之趣，又游文雅之场，觉师许命为我门之游夏也。寻则玄机一发杂务俱捐，振锡南游止长庆禅

① 文益驻金陵清凉院开坛说法，形成了一套自己的教学风格，故可称其为“清凉家风”。关于“清凉家风”，见后文之叙述。

② 黄诚：《法眼宗研究》，第53页。

③ 胡顺萍：《永明延寿“一心”思想之内涵要义与理论建构》，台北万卷楼图书股份有限公司，2004年，“序言”。

师法会。已决疑滞，更约伴西出湖湘，尔日暴雨不进，暂望西院寄度信宿，避溪涨之患耳。遂参宣法大师，曾住漳浦罗汉，闽人止呼罗汉，罗汉素知益在长庆颖脱，锐意接之，唱导之由玄沙与雪峰血脉殊异。益疑山顿摧正路斯得，欣欣然挂囊栖止，变涂回轨确乎不拔，寻游方却抵临川。邦伯命居崇寿，四远之僧求益者不减千计，江南国主李氏始祖知重迎住报恩禅院，署号净慧，厥后微言欲绝大梦谁醒。既传法而有归，亦同凡而示灭。以周显德五年戊午岁秋七月十七日有恙，国主纡于方丈问疾，闰月五日剃发澡身与众言别，加趺而尽颜貌如生，俗年七十四，腊五十五。私谥曰大法眼，塔号无相，俾城下僧寺具威仪礼迎，引奉全身于江宁县丹阳乡起塔焉。益好为文笔，特慕支汤之体，时作偈颂真赞、别形纂录。法嗣弟子天台德韶、慧明，漳州智依，钟山道钦，润州光逸，吉州文遂。江南后主为碑颂德，韩熙载撰塔铭云。[①]

又，《景德传灯录》载：

升州清凉院文益禅师余杭人也，姓鲁氏，七岁依新定智通院全伟禅师落发，弱龄禀具于越州开元寺，属律匠希觉师盛化于明州鄮山育王寺。师往预听习究其微旨，复傍探儒典，游文雅之场，觉师目为我门之游夏也。师以玄机一发杂务俱捐，振锡南迈抵福州长庆法会，虽缘心未息而海众推之，寻更结侣拟之湖外。既行值天雨忽作溪流暴涨，暂寓城西地藏院因参琛和尚。……以周显德五年戊午七月十七日示疾，国主亲加礼问，闰月五日剃发沐身告众讫跏趺而逝，颜貌如生，寿七十有四，腊五十四。城下诸寺院具威仪迎引，公卿李建勋已下素服奉全身于江宁县丹阳乡起塔，谥大法眼禅师，塔曰无相。嗣子天台山德韶（吴越国师）、文遂（江南国导师）、慧炬（高丽国师）等一十四人，先出世并为王侯礼重。次龙光、泰钦等四十九人，后开法各化一方，如本章叙之。后因门人行言署玄觉导师，请重谥大智藏大导师，三处法集及着偈颂真赞铭记诠注等凡数万言，学者缮写传布天下。[②]

① 《宋高僧传》卷第十三，《大正藏》第 50 册，第 788 页上—中。
② 道原：《景德传灯录》卷第二十四，第 488—492 页。

宋代普济《五灯会元》卷第十亦云：

金陵清凉院文益禅师，余杭鲁氏子。七岁，依新定智通院全伟禅师落发。……江南国主重师之道，迎住报恩禅院，署净慧禅师。……三坐道场，朝夕演旨，时诸方丛林，咸遵风化。异域有慕其法者，涉远而至。玄沙正宗，中兴于江表。[①]

清代吴任臣《十国春秋》又说：

僧文益，余杭鲁氏子也。七岁，依睦州僧全伟落发，已而旁通儒典，又诣明州希觉听讲释书。希觉曰："我门之游、夏也。"元宗重其人，延住报恩院，赐号净慧禅师。常有献书障子者，文益曰："汝是手巧心巧?"曰："心巧。"文益曰："谁是汝心?"其人默然无对。随机善诱，皆此类业。保大末，政乱国危，上下不以为意，文益因观牡丹，献偈以讽曰："发从今日白，花是去年红。何须待零落，然后始知空。"元宗颇悟其意。交泰元年得疾，元宗亲加礼问。未几，发澡身，跏趺而逝，颜貌如生，年七十四。公卿以下素服奉全身于江宁县丹阳起塔，谥大法眼禅师，塔曰无相。后主命文益子弟行言为导师开法，再谥文益曰大智藏大导师。[②]

从上述文献记载可以看出文益禅师曲折的人生经历和充满传奇色彩的生命历程，且可获得其人物基本信息如下：

其一，姓鲁，余杭人；7岁时师从新定僧全伟禅师出家[③]，被誉为释门之子游、子夏。

其二，后从希觉律师治律学，并在长庆慧稜禅师处学禅，但未能开悟。

---

① 普济：《五灯会元》卷第十，《卍新续藏》第80册，第197页上—199页上。

② 傅璇琮等编：《五代史书汇编》七，杭州出版社，2004年，第3846—3847页。

③ 《旧唐书》云："睦州，隋遂安郡。武德四年，平汪华，改为睦州，领雉山、遂安二县。……天宝元年，改为新定郡。乾元元年，复为睦州。旧领县三：雉山、遂安、桐庐。"（《旧唐书》卷四十《志第二十·地理三》）《宋史》又说："建德府，本严州，新定郡，遂安军节度。本睦州，军事，宣和元年，升建德军节度。"（《宋史》卷八十八《志第四十一·地理四》）可见，新定即是睦州，史书均有详细记载。且新定与睦州经过多次改名。睦州于隋大业三年(607)改为遂安郡，唐武德四年(621)又改为睦州，天宝元年(742)又改睦州为新定郡，乾元元年(758)又改新定郡为睦州，宋又改为新定郡。

其三，在四处参禅访学途中，有一次因天气受阻而偶遇罗汉桂琛禅师，由此获得悟道因缘，豁然开悟且成为玄沙禅宗法派弟子。

其四，接续禅宗法脉后在南方弘扬禅法，后为南唐国主迎请至金陵清凉禅院开坛说法，所传之禅法为“玄沙正宗”。

其五，卒于后周显德五年(958)，僧腊 55 年(一说 54 年)；生卒年份分别为 885 年和 958 年。

其六，被南唐国主谥号为大法眼、大智藏、大导师，故由其开创的禅宗宗派被后世称为“法眼宗”。①

(二) 文益出家与悟道因缘

无论是僧传还是灯录，对于文益禅师的生卒年代都有明确的记载或可推测的依据，但是对其身世和 7 岁出家之原因则少有探究，而这一细节恰恰隐含着一条重要的社会历史文化信息。从文献记载来看，对文益禅师未有家世之介绍，至少已表明其出身可能并不显赫，而且 7 岁就出家更说明其家境可能很贫寒。唐及五代时期，由于贫寒而出家的事例并非少数，《湘山野录》云：“吴越旧式，民间尽算丁壮钱以增赋舆(役)。贫匮之家，父母不能保守，或弃于襁褓，或卖为童妾，至有提携寄于释老者。”②《玉壶清话》亦说：“(李先主)以光启四年生于彭城，会天下丧乱，因转徙濠梁，家贫，二姊为尼。”③可见，乱世之中出家为僧、为尼的世人不在少数，就连南唐李主在成就帝王之业前，其二姊也难以避免出家为尼的命运。所以，文益禅师少年出家这一历史信息，足以表明当时僧人出家亦有其深层的社会原因。正因如此，他在年少之时就投身佛门，长期受到了佛学的浸淫和熏染。故这一境遇不仅为文益禅师奠定了坚实的佛学基础，而且也为他在今后能够弘扬佛法创造了条件。

文益禅师出家较早，并十分好学。他为了寻找真正的觉悟之路、成为真正的觉悟者而四处参访和求学。文益禅师的访学活动是其宗教生涯不可或缺的组成部分，既为其日后悟道创造了条件，也为其之后能够成为一代法门宗匠奠定了基础。

时有律匠希觉法师在明州说法，文益禅师也前往听习，而能究其微旨。文益

---

① 黄诚：《法眼宗研究》，第 57 页。

② 文莹：《湘山野录》卷上，中华书局，1984 年，第 11 页。

③ 文莹：《玉壶清话》卷第九，中华书局，1984 年，第 86 页。

禅师虽然年少，在学习佛法、深研佛理之余还兼顾儒学，所谓“傍探儒典，游文雅之场”，因而受到希觉法师的高度赞誉，称他为“我门之游、夏也”。希觉法师的溢美之词，与其说是对文益禅师学习佛法教律的莫大肯定与精神鼓励，毋宁说是对其今后要担当起振兴佛教重任所寄予的殷切希望，也成为文益禅师之后在佛法学习上能够自觉地勤于修炼、精进不息的精神动力。因为希觉法师是律门宗匠，故文益禅师在其处学研佛法自然要受其律学的熏染和影响而自觉地接受律学方面的理论和知识，而长期浸淫在戒律严密的佛教环境之中，对于文益禅师后来对佛教律制和规式的重视则不无影响。其所作《宗门十规论》明确提出了宗门应该遵守的要求或规矩，乃具有建立禅门规式的意义，成为法眼禅派行动实践的指导性要求。当然，《宗门十规论》不单是禅门的科仪程序，更是禅门一系列的理论原则和实践方法。

文益禅师为了在佛学上有所精进，早日实现其悟道的宏愿，于是他“玄机一发，杂务俱捐”①之后，告别希觉，“振锡南迈，抵福州参长庆”②，开始了四处游学的求道生涯。福州长庆慧稜禅师，系雪峰义存一脉，为闽地禅门法匠。然文益禅师到福州参访长庆慧稜禅师却“不大发明”③，更说不上有什么开悟，这也许就是佛教所说的因缘时节未到吧！文益禅师虽然在长庆慧稜禅师处学禅、参禅，未能开悟，但是他也受到慧稜禅师的禅法熏染，所谓“久参长庆稜”④，“某甲同在会下，数十余载”⑤，故不受慧稜禅师的影响是难以想象的。事实上，慧稜禅师对文益禅师的思想影响是潜移默化的，以至于文益禅师后来在举唱宗乘中时常运用长庆慧稜禅师的悟法偈语，对宗门子弟进行开示：

> 师举长庆偈问曰：“做么生是万象之中独露身？”子方举拂子，师曰：“恁么会又争得？”曰：“和尚尊意如何？”师曰：“唤甚么作万象？”曰：“古人不拨万象。”师曰：“万象之中独露身，说甚么拨不拨。”子方豁然悟解，述偈投诚。⑥

---

① 道原：《景德传灯录》卷第二十四，第489页。

② 《五家语录》，载弘学选编：《中国佛教高僧名著精选》中册，巴蜀书社，2006年，第1175页。

③ 《五家语录》，载弘学选编：《中国佛教高僧名著精选》中册，第1175页。

④ 《五家语录》，载弘学选编：《中国佛教高僧名著精选》中册，第1190页。

⑤ 《金陵清凉院文益禅师语录》，《大正藏》第47册，第592页上。

⑥ 普济：《五灯会元》卷第十，《卍新续藏》第80册，第197页中。

显然,“万象之中独露身”[1]一语来自慧稜禅师,是慧稜禅师在雪峰义存禅师处悟法时的偈语。慧稜禅师曾在雪峰义存禅师处学法多年,“来往雪峰二十九载”[2],“疑情冰释”[3]而顿明本性,其有一悟解玄旨的悟法颂偈曰:

万象之中独露身,唯人自肯乃方亲。昔时谬向途中觅,今日看如火里冰。[4]

以“万象之中独露身”为话头来倡扬佛法之义理,不仅说明文益禅师深受长庆慧稜禅师的“万象之中独露身”之语影响颇深,而且也表明了文益禅师经过多年的学习和体悟,已领会到了慧稜禅师偈语之真义,故能灵活运用,而成为其“活人”与“杀人”的双刃剑。

长庆会下,有子昭首座,平昔与师商榷古今言句,昭才闻,心中愤愤。一日特领众诣抚州,责问于师。师得知,遂举众出迎,特加礼待。宾主位上,各挂拂子一枝。茶次,昭忽变色抗声问云:“长老开堂,的嗣何人?”师云:“地藏。”昭云:“何太孤长庆师。某家同在会下,数十余载。商量古今,会无间隔,因何却嗣地藏?”师云:“某甲不会长庆一转因缘。”昭云:“何不问来?”师云:“长庆道万象之中独露身,意作么生?”昭竖起拂子,师便叱云:“首座,此是当年学得底,别作么生。”昭无语,师云:“只如万象之中独露身,是拨万象,不拨万象?”昭云:“不拨。”师云:“两个也。”于时参随一众连声道:“拨万象。”[5]

长庆会下的子昭首座未契入万象拨与不拨之要领,而仅仅是模仿其师慧稜禅师的言说方式,所以未能真正领会“万象之中独露身”之本意,败下阵来就在所

① 邓克铭先生认为,万象指一切事物、现象,这些现象之所以如是存在,都是基于一种原理或理则的,悟道之人当下就能体会出来,而不是另有所求。“万象之中独露身”,就是“万象之中独露身”,这是自然如是,无需再去分析、归纳的。参见邓克铭:《法眼文益禅师之研究》,台北东初出版社,1990年,第13页。

② 道原:《景德传灯录》卷第十八,第355页。

③ 道原:《景德传灯录》卷第十八,第354页。

④ 道原:《景德传灯录》卷第十八,第354页。

⑤《金陵清凉院文益禅师语录》,《大正藏》第47册,第594页上。

难免。子方也是因为在万象拨与不拨之间心有体会而“豁然悟解”佛法真义的。如果说文益禅师运用“万象之中独露身”之用意对子昭而言是“杀”的话，那么这对于子方来说则是“活”，而使子方当下即悟。可见，文益禅师将“万象之中独露身”法语加以灵活运用，作为开示学人的方法或公案也是非常有意义的。所以，对“万象之中独露身”之参悟也往往成为僧徒开悟的契机。

由于文益禅师参学长庆慧稜禅师不大发明，且“虽缘心未息，而海众推之”[①]，于是欲出岭南，“结侣拟之湖外”，遇到大雪而受阻碍，落脚于地藏院，因而获得了悟道之因缘。据《五灯会元》卷第十记载：

> 过地藏院，阻雪少憩。附炉次，藏问：“此行何之?”师曰：“行脚去。”藏曰：“座么生是行脚事?”师曰：“不知。”藏曰：“不知最亲切。”又同三人举《肇论》至“天地与我同根”处，藏曰：“山河大地，与上座自己是同是别?”师曰：“别。”藏竖起两指，师曰：“同。”藏又竖起两指，便起去。雪霁辞去，藏送之，问曰：“上座寻常说三界唯心，万法唯识。”乃指庭下片石曰：“且道此石在心内？在心外?”师曰：“在心内。”藏曰：“行脚人著甚么来由，安片石在心头?”师窘无以对，即放包依席下求决择。近一月，日呈见解，说道理。藏语之曰：“佛法不恁么。”师曰：“某家词穷理绝也。”藏曰：“若论佛法，一切现成。”师于言下大悟，因议留止。[②]

从悟道因缘来看，文益禅师在地藏院桂琛禅师处也经历了两个阶段：一是论“三界唯心”时，桂琛禅师指责他安一块石头在心上，而使文益心灵上受到一种震撼，这迫使文益禅师不得不思考这一执着于心的问题；二是当文益禅师面对桂琛禅师的诘难而词穷理绝时，桂琛禅师则以一句“若论佛法，一切现成”对文益进行开示，而这一直指心源的言说之语，犹如一道智慧之光照明了文益禅师迷雾中的心智，使之醍醐灌顶，思想豁然开朗。故有学者称，“文益言下大悟，深达一念缘

① 道原：《景德传灯录》卷第二十四，第 489 页。

② 普济：《五灯会元》卷第十，《卍新续藏》第 80 册，第 197 页上—中。

起无生，性相不二之旨”[①]。由此，文益禅师在罗汉桂琛禅师处“豁然开悟”[②]，所谓“疑山顿摧，正路斯得”[③]，从而领悟到了佛法之奥义。于是文益禅师与同行者决定拜桂琛禅师为师，而成为桂琛禅师的弟子，所谓“因投诚咨决，悉皆契会，次第受记，各镇一方”[④]。对于文益禅师悟道的这一精彩一幕，有学者特别指出：“法眼文益在桂琛下悟得‘若论佛法，一切现成’，其生命获得大解脱，焕然一新，似乎这世界都充满了契机。”[⑤]文益禅师之所以能够在桂琛处当即悟道，这是与他先有律匠希觉法师的言传身教和精神鼓励，后又深受慧稜禅师的思想熏陶密不可分，再加上本人的勤于学习、不断探究，于是其悟道因缘逐渐趋于成熟，故唯有他能够在桂琛处通过多日参访和学习而终究实现禅悟之道。

总之，文益禅师出家、求学和悟道等一系列的皈依向道活动以及佛学修持环节贯穿了其早期佛教生涯的全过程，是其人生经历中最为精彩的片段之一，也成为他佛教人生的重要组成部分。

二 文益禅师弘法金陵

（一）初传道法

文益禅师在罗汉桂琛处悟道，是其生命成长过程中一次伟大的转折，开启了其弘扬禅宗禅法的新道路。文益禅师在桂琛处悟道后，初传禅道是从同修绍修禅师开始的。《景德传灯录》载：

> （绍修禅师）初与大法眼禅师同参地藏，所得谓已臻极。暨同辞至建阳，途中谭次，法眼忽问：“古人道万象之中独露身，是拨万象不拨万象？”师曰：“不拨万象。”法眼曰：“说什么拨与不拨。”师懵然却回地藏。……师方省悟，

① 黄益毅：《禅宗五枝派别述略》，载张曼涛主编：《现代佛教学术丛刊③：禅学论文集》，台北大乘文化出版社，1976年，第59页。

② 道原：《景德传灯录》卷第二十四，第489页。

③ 赞宁：《宋高僧传》上册，第314页。

④ 道原：《景德传灯录》卷第二十四，第489页。

⑤ 邓克铭：《法眼文益禅师之研究》，第95页。

再辞地藏，觐于法眼。法语意与地藏开示前后如一。①

文益禅师虽在地藏院罗汉桂琛处悟道，但并未能创立宗派。文益禅师悟道之后，又游历江南丛林，他受临川州牧之请，而住崇寿院开坛说法，在江南大力阐扬南宗禅法，②所谓“住抚州崇寿寺，大振宗风”③。有资料显示，在临川承天寺也曾留下了文益禅师传法的足迹。《清凉大法眼禅师画像赞并序》云：

至临川承天寺，寺基宏壮，可集万指，而食堂翛然，残僧三四辈而已。读旧碑知为大法眼禅师开法之故基也。影堂壁间画像存焉，神宇靖深眉目渊然，而英特之气不没，岂荷负大法提挈四生者，其表故如是耶。④

从上述描述，“寺基宏壮，可集万指”，既不难看出文益禅师在临川传播佛法的盛况，也不难想象当时学人对文益禅师的仰慕和敬仰。而“影堂壁间画像存焉，神宇靖深眉目渊然，而英特之气不没”之诗文对文益禅师所作的精彩描写即是极度赞誉的明证。⑤ 然“为大法眼禅师开法之故基”一句似已点明承天寺原也是文益禅师曾经开坛说法之所。亦有资料显示，文益禅师或曾游历过南方的景德寺，因在景德寺（今湖北武汉？）有欧阳修《题净慧大师禅斋》诗云：“巾屦诸方遍，莓苔一室前。萎花吟次落，孤月定中圆。斋钵都人施，谈机海外传。时应暮钟响，来度禁城烟。”⑥从诗中内容所涉及的“莓苔花吟”之好与“谈机海外传”的功绩来看，似符合文益禅师之人物形象。故此诗不失为文益禅师生平研究的一条资料线索。

---

① 道原：《景德传灯录》卷第二十四，第 494 页。

② 黄诚：《法眼宗研究》，第 65 页。

③ 道原：《景德传灯录》卷第二十四，第 494 页。此处“宗风”，并非法眼宗宗风，而是指禅宗宗门之宗风，此时文益禅师还未具备开宗立派之条件。

④《新编林间录后集》，《卍新续藏》第 87 册，第 279 页上。

⑤ 黄诚：《法眼宗研究》，第 65 页。

⑥ 欧阳修：《文忠集》卷五十六。关于诗文所涉及的净慧大师禅斋所在地点问题，欧阳修《题净慧大师禅斋》题下原注有“景德寺普光院”，意在表明诗文所涉及的人物及地点，这或许为欧阳修已经意识到了后人可能会生起误会的一种前见。而明代李濂的《汴京遗迹志》卷十曰：“景德寺，即东相国寺，景德二年更名。”将景德寺列为汴京之遗迹，这就意味着景德寺位于汴京开封。刘德清《欧阳修纪年录》也从李濂之说，参见刘德清：《欧阳修纪年录》，上海古籍出版社，2006 年，第 77 页。

（二）弘法金陵

因江南国主十分重视佛教，故文益禅师被迎请至金陵报恩禅院弘扬佛法，且被赐号净慧禅师，受到极度尊崇。后因文益禅师又驻锡金陵清凉院，故又称其为清凉文益禅师。文益禅师在金陵普传禅法，广受信众拥护，其传法情景十分壮观，"有存知解者翕然而至"，"海参之众，常不减千计"①，他"三坐大道场，朝夕演旨，时诸方丛林，咸尊风化。……玄沙正宗，中兴于江表"②。由此，文益禅师不仅推动了禅宗在江南区域的广泛传播与发展，而且使玄沙一脉之禅法在江南繁荣和壮大。

文益禅师在传道中十分重视禅宗的心地法门。他教化学人的时候，时常以"心"为接引和开示学人的方便之法。据载，"有俗士献画障子，师看了，问云：'汝是手巧心巧？'云：'心巧。'师云：'那个是你心？'士无对"③。又载，"无心云死，且不能死，止于一切，只为不仍旧"④。可见，文益在接引学人时，十分重视这一"心地"法门。但是，文益在宗教的实践中就学人对"心性"简单化和粗浅化的理解方式则持否定态度。

举昔有一老宿住庵，于门上书心字，于窗上书心字，于壁上书心字。师云："门上但书门字，窗上但书窗字，壁上但书壁字。"⑤

在文益禅师看来，老宿在庵中四处写"心"字的行为，显然违背了禅宗不重形式和不执着的精神，不但不能从根本上解决"心"的问题，而且容易造成对"心"的极端理解，这将对参悟佛法产生不利之影响。禅宗之"明心见性"是从本性中流出的，是从本心里悟得的，从外求则不可得。诚如五祖所言："思量即不中用，见性之人，言下须见。"⑥老宿"于门上书心字，于窗上书心字，于壁上书心字"之行为，实乃外在求心，且执着于心字书写的表象上，如是求心求佛，何以能得？故文益禅师为了打掉老宿执着于心字的障碍和其心中所生之妄想，则以"门上但书门

---

① 普济：《五灯会元》中册，中华书局，2002 年，第 561 页。
② 普济：《五灯会元》中册，第 565—567 页。
③《金陵清凉院文益禅师语录》，《大正藏》第 47 册，第 590 页上。
④《金陵清凉院文益禅师语录》，《大正藏》第 47 册，第 590 页下。
⑤《金陵清凉院文益禅师语录》，《大正藏》第 47 册，第 591 页下—592 页上。
⑥《坛经·行由品第一》。

字，窗上但书窗字，壁上但书壁字”的言说方式来破其执着，指出了学人在参学悟道时不应注重形式，而应单刀直入、直了见性。《景德传灯录》又载：

问：“如何是古佛心？”师曰：“流出慈、悲、喜、舍。”①

这即是说，慈、悲、喜、舍是从古佛慈悲心或大悲心中流出的菩萨行，是本心之作用的自然流露或真实呈现，即心识所生起的大慈与大悲。文益禅师以流出慈、悲、喜、舍来回答学人所问之古佛心，“不仅显示了他对古佛心有本体境域形上义的体悟性认识，而且也表达了其追求生命同体之悲和究竟圆成的超越性精神”②。

总之，文益禅师的弘法传道实践为禅宗内部培育了一大批僧才。据统计，文益禅师门下有法嗣63人③，各为一方师，且有固定的活动场所和空间，具备了学派成立的基础，这是宗派形成的重要因素；由于文益禅师与其门徒一道广传佛法和四处流动，故在传播禅法的实际活动中容易形成较为集中的禅僧群体，并影响到社会生活的各个层面，乃至于形成宗派而对禅宗或佛教的发展产生更大的影响。④ 从文益禅师的法派历史源流来看，文益为青原一脉，其所承接的禅门传法系谱如下：青原行思、石头希迁、天皇道悟、龙潭崇信、德山宣鉴、雪峰义存、玄沙师备、罗汉桂琛、清凉文益、天台德韶、永明延寿。从青原行思到清凉文益，历经九世，最后由文益创立法眼宗，而使“玄沙正宗，中兴于江表”⑤，这也从侧面反映了禅宗在江南世代耕耘及兴盛之实况。文益禅师系下有法嗣天台德韶及再传永明延寿，而将法眼宗的发展推向了高峰。

（三）金陵交游

交游活动是文益禅师佛学生涯的重要组成部分之一。文益的交游活动与其思想以及禅派的发展有关联，且交游活动对于发展和传播文益的禅学思想也极有裨益。从相关资料所指引的线索出发，就其交游活动进行四处搜寻和爬梳，可

① 道原：《景德传灯录》卷第二十四，第490页。
② 黄诚：《法眼宗研究》，第68页。
③ 根据《景德传灯录》所列禅徒名单统计。
④ 黄诚：《法眼宗研究》，第68页。
⑤ 《金陵清凉院文益禅师语录》，《大正藏》第47册，第594页上。

粗略地窥探到其交游的生活片段与历史情景。

其一，与上层政治人物的交往。南唐先主李昪，“尝请文益禅师住报恩禅院，署号净慧禅师，迁住清凉寺”①，足以说明文益与政治上层有紧密的关系。文益不仅受到南唐李主的尊重，而且常与李主谈诗论道。南唐元宗李璟时，上层社会就盛行宴游之活动。进士李建勋诗云：“宁意传来中使出，御题先赐老僧家。”中书舍人徐铉诗云：“一宿东林正气和，便随仙仗放春华。”②可见上层精英的精神生活十分丰富。而在这一影响下，僧人也时常参与上层人物的宴游活动，故有人指出“法眼不但以诗偈谈禅，而且又以之论政”③。据载：“清凉文益禅师，一日与李王论道罢，同观牡丹花，王命作偈。清凉即赋曰：‘拥毳对芳丛，由来趣不同。发从今日白，花是去年红。艳冶随朝露，馨香逐晚风。何须待零落，然后始知空。’王顿悟其意。”④可见文益禅师不仅与南唐中主李璟有交，而且也与后主李煜有往。也许文益禅师深明“不依国主，则法事难立”⑤之要旨，而与上层交往，不仅延续了禅门一派，而且获得了大法眼禅师的美誉。此外，在其圆寂后也受到了南唐后主的礼遇，故《宋高僧传》云：“江南后主为碑颂德，韩熙载撰塔铭云。”⑥足见文益禅师与南唐国主等上层人物有交好的一面，同时也反映了法眼文益禅师的社会地位及历史影响。南唐国主给予文益禅师的这种尊崇地位，对于文益法眼禅派的发展也极其有利。由于文益禅师深得政界上层人物及帝王的宠信，故其禅学思想易对政治上层人物以及帝王的自我修养乃至执政理念产生较大影响，这也是文益禅师对社会历史的独特贡献。

其二，僧人群体内的诗文之交。文益禅师与木平和尚也有交游活动。木平和尚即宜春木平山善道禅师，南唐国主迎请入内，待以师礼，帝问善道禅师云：“如何是木平？”答：“不劳斤斧。”帝又问：“为什么不劳斤斧？”答：“木平。”法眼文益禅师赐偈曰：“木平山里人，貌古言复少。相看陌路同，论心秋月皎。怀衲线非蚕，助歌声有鸟。城阙今日来，一沤曾已晓。”⑦可见文益禅师对木平和尚的描写

---

① 《佛法金汤编》卷第十，《卍新续藏》第 87 册，第 413 页下。
② 傅璇琮等编：《五代史书汇编》九，杭州出版社，2004 年，第 5085 页。
③ 巨赞：《试论唐末以后的禅风》，载吴平编著：《名家说禅》，上海社会科学院出版社，2002 年，第 139 页。
④ 普济：《五灯会元》卷第十，《卍新续藏》第 80 册，第 198 页下—199 页上。
⑤ 《出三藏记集》下卷第十五，《大正藏》第 55 册，第 108 页上。
⑥ 赞宁：《宋高僧传》上册，第 314 页。
⑦ 文益：《睹木平和尚》，《全唐诗》卷八百二十五。

是极为仔细和深刻的，也反映出了他与木平和尚必然交情匪浅。此外，文益禅师作《寄钟陵光僧正颂》云：“西山巍巍兮耸碧，漳水澄澄兮练色，对现分明有何极。”[①]足见他与钟陵光僧正也有书信往来。

法眼文益禅师与觉铁嘴也有交往，见于《御制拣魔辨异录》卷二：

昔者雪窦显公典客太阳。客与论赵州宗旨，曰：“法眼禅师昔邂逅觉铁嘴于金陵，问曰：‘赵州柏子因缘还记得否？’觉曰：‘先师无此语，莫谤先师好。’法眼拊手曰：‘真自狮子窟来。’觉公言无此语而法眼肯之，其旨安在？”显对曰：“宗门抑扬，哪有规辙乎？”有苦行名韩大伯者，貌寒寝，侍其旁，辄匿笑而去。显怒曰：“我对客语，尔敢慢笑，何耶？”对曰：“笑知客智眼未正，择法不明。”曰：“岂有说乎？”对以偈曰：“一兔横身当古路，苍鹰才见便生擒，后来猎犬无灵性，犹向枯桩旧处寻。”显阴异之，结以为友。[②]

从中可以看出法眼文益禅师与觉铁嘴在进行一种禅宗机锋的勘验。从勘验的结果来看，法眼禅师对觉铁嘴的回答是满意的，觉铁嘴对文益之问不正面回答，体现的正是禅宗“三十六对法”精神。若视文益禅师之问“赵州柏子因缘还记得否”为“有”的话，觉铁嘴“先师无此语，莫谤先师好”之答显示的则是“无”。可见，问有则答无，的确符合慧能所传的“三十六对法”精神。故文益禅师认为觉铁嘴的此回答深得赵州禅法之要领而予以认可。

其三，论战之交。《金陵奉先深禅师》云：

师同明和尚在众时，闻僧问法眼：“如何是色？”眼竖起拂子。或曰：“鸡冠花。”或曰：“贴肉汗衫。”二人特往请益，问曰：“承和尚有三种色语，是否？”眼曰：“是。”师曰：“鹞子过新罗。”便归众。时李主在座下，不肯，乃白法眼曰：“寡人来日致茶筵，请二人重新问话。”明日茶罢，备彩一箱，剑一口，谓二师曰：“上座若问话得是，奉赏杂彩一箱；若问不是，只赐一剑。”法眼升座，师复出问：“今日奉束问话，师还许也无？”眼曰：“许。”曰：“鹞子过新罗。”捧彩

① 道原：《景德传灯录》卷第二十九，第633页。

② 史原朋主编：《雍正御制佛教大典》，中国社会科学出版社，2004年，第368页。

便行。大众一时散去,时法灯作维那,乃鸣钟集众僧堂前堪师,众集,灯问:"承闻二上座久在云门,有甚奇特因缘?举一两则来商量看。"师曰:"古人道:'白鹭下田千点雪,黄鹂上树一枝花。'维那作么生商量?"灯拟议,师打一座具,便归众。[1]

《十国春秋》又载:

僧深,居金陵说法。元宗常置彩一箧,剑一具,谓深及文益曰:"高座若问得当,赐杂彩,否则赐剑。"文益升座,深曰:"今日奉敕参问,师还许不?"文益曰:"许。"深曰:"鹞子过新罗。"捧彩便行。[2]

上述记载表明文益与深禅师确有思想交锋,而且是在南唐国主茶宴上的一场比试。从深禅师捧彩而行的行为来看,表面上仿佛是文益禅师负于深禅师,其实不然,禅师之间的机锋对答并非如想象的那般简单。事实上,在深禅师问文益是否有三种色语以及许不许的问题时,就已经开始了禅之机锋。文益一个"许"字的正问正答方式,在深禅师看来好像是落入俗套,仍有执着于话语名相之嫌,故深禅师以一句"鹞子过新罗"之语后便捧彩而行,以示胜出。试想文益作为一个在罗汉桂琛处已洞了本心、开悟的禅师,而又身为法眼宗创始人,哪能轻易在一个回合中败给深禅师?其一,从学缘来看,深禅师身为云门一派,自然云门宗风与法眼宗风不一。若深禅师要以云门宗风来勘验文益,不交锋几个来回实难辨别谁高谁低。而深禅师仅以一回合之交锋就断然认为文益不及自己的见识或意欲,这或许才是佛法所言的真正地执着了。其二,身为一代宗师的文益,能够以《宗门十规论》痛陈各种禅病、评价禅门各派宗风,自然深知深禅师之问题所在,显然不会轻易就落入深禅师的圈套,之所以用"正问正答"的肯定样式回答,其用意是要破除深禅师的执着,而且他的一个"许"字,也颇有仿效云门一字答禅风的意味,只是深禅师不明个中,而自以为是罢了!而且深禅师"捧彩便行"的行为本身,也"引得李璟与文益哈哈大笑"[3],这足以说明深禅师低估了别人,高看了

① 史原朋主编:《雍正御制佛教大典》,第1094页。
② 傅璇琮等编:《五代史书汇编》七,第3847页。
③ 张力、黄修明主编:《中国历代高僧》,吉林教育出版社,1997年,第510页。

自己。

可见，传道与交游是文益禅师佛学生涯的重要组成部分，而且这对于发展和传播他的禅学思想也有极大的好处。文益禅师与政治上层交好，这样就容易获得上层权力人物的支持，有利于扩展本派势力。而且他在传道的实践中兼顾各类学人群体，以不同方式进行教育与传道，不仅有利于扩大本门影响、推动本派发展，而且也有利于在教学中形成自身的教学方法和教育特色。同时，在传道与交游中，他自然离不开要对禅学有关问题进行思考和回答，这对其著书立说和阐述佛教有关理论问题也有一定的促进作用。

（四）文益著述

依据所掌握的资料来看，文益禅师的著述主要有《宗门十规论》《金陵清凉院文益禅师语录》《参同契注》《大法眼禅师文益颂十四首》等等，其中最为重要且最具有影响力的是《宗门十规论》。

其一，《宗门十规论》一卷，乃为文益禅师所作。该论有续藏经录本和天津刻经处刻本流传。《宗门十规论》虽仅有十条，但是思想深刻，文字凝练，条条直指禅门弊端。文益禅师在评判禅门问题时，阐发了其个人思想，提出了具体解决禅门弊端的革新措施，为法眼宗的创立奠定了理论思想基础，这也是研究法眼宗思想和禅法不可或缺的重要依据和资料。①

其二，《金陵清凉院文益禅师语录》一卷，该语录记载了文益开示学人的各种言行，由明代释圆信、郭凝之编集。周叔迦先生言："该录初叙文益始末，次载上堂机句拈古，凡百二十一则，末叙示寂行实。盖亦明崇祯中释圆信、郭凝之集五家语录本也。"②该语录现收于《大正藏》第47册中，是研究文益禅学思想和禅法风格的又一重要材料。③

其三，《参同契注》，是文益禅师就石头希迁所作《参同契》之注解，现已阙佚，但石头希迁的《参同契》原文却保留在了《景德传灯录》卷第三十中，从中仍可以窥探文益禅师的禅学思想内容和理论旨趣。石头希迁的《参同契》主要是以明、暗关系来阐述理事关系，展示了理事不二、理事圆融的佛教思想，因文益禅师对理事关系的认知颇有心得体会，故其专门作注而进行诠释，由此也可窥见文益禅

---

① 黄诚：《法眼宗研究》，第73页。
② 周叔迦：《释家艺文提要》，北京古籍出版社，2004年，第601页。
③ 黄诚：《法眼宗研究》，第74页。

师与石头希迁在思想上的因缘关系，故石头希迁的《参同契》是研究文益禅师禅学思想的重要线索。①

其四，《大法眼禅师文益颂十四首》，保留在《景德传灯录》卷第二十九，部分诗颂也散见于《金陵清凉院文益禅师语录》。他的14篇禅诗颂偈，乃是其生活与思想的真实写照，既保留了其宗教实践的生活场景，也客观反映了其真实的思想状态。尤其是《三界唯心》《华严六相义》《因僧看经》等诗颂，内容涉及佛教唯识宗的"三界唯心，万法唯识"、华严宗的"华严六相"思想以及佛教内部的"禅教一致"等重要问题，也是研究和探寻文益禅师佛学思想的重要载体。②

① 黄诚：《法眼宗研究》，第73页。
② 黄诚：《法眼宗研究》，第73页。

第三节
文益禅师“禅门革新”与法眼宗创立

由于唐宋处于社会文化转型期，故禅宗也步入调整、嬗变与发展的新阶段。禅宗因获得南方区域性政治势力的有效支持而不断繁荣，为禅师的涌现、传法与创宗营造了和谐的社会文化氛围，更有利于禅师脱颖而出成为禅门宗匠或龙象，乃至成为引领江南禅学世界的代表性宗教人物。值得指出的是，文益禅师的出家、求道与传道经历对于他形成自身独到的禅学思想观点和教学方法有重要的影响，而他的经历成为他撰写《宗门十规论》、提出革新禅门措施和建立“清凉家风”的重要经验与前提。正是在这样的环境和条件下，法眼宗形成并发展为禅宗的一个宗派。虽然法眼宗在自身努力以及各种势力的支持下而获得了较大发展，但也遭遇了各种危机。

“人能弘道，非道弘人”[①]，法眼宗的形成与发展也不例外，它的兴盛与繁荣自然亦离不开文益禅师及其弟子同心同德之弘法利生的佛教实践活动。法眼宗形成与发展及其在江南地区繁荣与兴盛，既是当时社会历史条件和时代思想潮流交互影响下禅宗自身发展的必然性产物，也是文益禅师及其门徒共同努力开展宗教实践的客观结果。尤其是文益禅师在总结禅宗发展得失基础上所作的《宗门十规论》，切实提出了一系列行之有效的禅门革新措施，从而建立了具有地域性特色的“清凉家风”；通过采取广收门徒、普传教法的方式而大力发展禅宗，既为法眼宗的形成和发展创造了基本条件，亦为文益禅师能够成为法眼宗的实际创立者奠定基础。[②] 虽然法眼宗仅在五代十国至宋代时期获得了历史发展的重要机遇，入宋之后法脉不详且难见之于史载，但是它恰恰是处在唐宋思想文化转型的大时代背景中所创立的禅宗宗派，亦从一个侧面体现了文化转型与思想变动的复杂性，以及当时的时代思潮与历史趋势，它的兴起与繁荣对入宋后的禅宗

---

① 道宣：《广弘明集》卷第二十二，《大正藏》第 52 册，第 257 页下。此论点为儒家最先提出，孔子云：“人能弘道，非道弘人。”（《论语·卫灵公第十五》）此言对中国古代知识精英有较广泛的影响，佛教知识精英也不例外。

② 黄诚：《法眼宗研究》，第 53 页。

发展仍具有重要而深远的思想影响和时代性意义。可见,法眼宗在中国禅宗发展史上占有重要的历史地位,其具有系统性的禅学思想对中国佛教的思想理论创建与发展做出了重要的理论贡献。

一 文益禅师的《宗门十规论》与“禅门革新”

《宗门十规论》是文益禅师一部重要的思想理论著作。该著作言简意赅、文约事丰,既阐发了文益的禅学思想,又提出了禅门革新的具体措施。具体而言,《宗门十规论》以禅宗心地法门为理论要旨,综合评论禅宗发展之困境与流弊,继而提出切实可行之改革良策;既显示了禅门一代宗匠具有的远见卓识与思想智慧,也为法眼宗的创立奠定了重要的思想理论基础。文益禅师在教育教学实践过程中所形成的教风、教法与宗风等一系列弘道传教模式——“清凉家风”,是其传道弘法利身的重要门庭设施。这一具有显著特色的教学方法或教育模式,乃是文益禅师教示学人的标志性话语系统,又具有宗派开创的象征性符号意义,且“清凉家风”亦展示了宗派所在的地域性特征和宗门之教法宗风特点,故可视“清凉家风”之出现为法眼宗创立之重要标志。

在禅宗发展巅峰时期的唐及五代,禅宗各派别在江南区域发展势头迅猛,其最为显著性标志是在禅宗“五家七宗”中“五家”就有“四家”在江南开宗创派,所谓“祖派瀚漫,南方最盛”①,尤见禅宗与江南区域文化土壤的适应性。因此,也开创了禅宗在南方发展的繁荣景象与迅猛势头,然而“达于极点,流弊亦从之而生”②,故在发展中良莠不齐、鱼龙混杂,容易滋生和衍生众多流弊。禅宗在初传时,还能坚守其“以心传心”“直指人心,见性成佛”之禅门宗旨,然随历史洪流与文化巨变则出现了呵佛骂祖、狂妄自大、荒诞不经、佯装善巧等有违禅宗宗旨之极端教法和行为,以致禅门流弊滋生、乱象四出,即所谓“甚者往往相互攻伐,汩没正法”③,这势必会影响禅宗的正道、正向发展而使禅宗偏离正确轨道,乃至造

① 《宗门十规论》自序,《卍新续藏》第63册,第36页下。
② 《宗义部》二,载蓝吉富主编:《禅宗全书》,第1页。
③ 《宗义部》二,载蓝吉富主编:《禅宗全书》,第1页。

成“禅林文化的堕落”[①]。不乏清醒的有识之士对于禅宗发展之乱象忧心忡忡，如云门文偃禅师曾言：“吾灭后，弗可效俗教衣孝哭泣，备丧车之礼，致紊禅宗。”[②]而文益禅师则针对禅门弊病开出良方云：“宗门指病，简辩十条，用诠诸妄之言，以救一时之弊。”[③]既点明了其撰写《宗门十规论》之缘由，又就禅宗弊端逐条予以有见地之批评，提出了救治日趋异化的禅宗之措施，显示了一代宗匠之深邃思想智慧，且在批评与立论中建立了自己的禅学思想体系。

“自己心地未明，妄为人师”[④]为第一条。这是说倘若禅师自己未开悟，未明白自己的心地，而就去教导学人，则是妄为人师。换言之，禅师要教示学人，则必须以“明心见性”为先决条件。他说：“心地法门者，参学之根本也。心地者何耶?如来大觉性也。”[⑤]可见，文益十分强调对“心性”的体认与洞察，以“心法”为禅门基本法和本体之所在，而将心、佛视为一体，参学之本即是要立足于心地法门，才可获得解脱与自由。在他看来，未明心地精深要义，断然不可为人师，若“滥称知识”[⑥]，犹如“谤大乘愆，非小罪报”[⑦]。他说“心印单传，俾不历阶级。顿超凡圣，只令自悟，永断疑根”[⑧]，并将“自性自悟”作为断除疑根的重要手段，由此亦具见禅宗的“以心传心”之法在他的思想世界中占据极其重要之地位。论“自己心地未明，妄为人师”条，不仅指明了修学传道之要在于自明心地，而且在思想上亦体现了禅宗一贯之思想立场和以心为要旨的佛教心学逻辑。

“党护门风，不通议论”[⑨]为第二条。此条反映了文益禅师反对禅宗内部的门户之见和派别之争，他说：“祖师西来，非为有法可传，以至于此。但直指人心，见性成佛，岂有门风可尚者哉?”[⑩]又言：“能、秀二师，元同一祖。见解差别，故世谓之南宗、北宗。能既往矣，故有思、让二师绍化。思出迁师，让出马祖。复有江西石头之号，从二枝下。各分派列，皆镇一方。源流滥觞，不可弹纪。”[⑪]可见，文益

---

① 潘桂明：《中国佛教思想史稿》第二卷下册，江苏人民出版社，2009年，第919页。
② 傅璇琮等编：《五代史书汇编》十，杭州出版社，2004年，第6546页。
③ 《宗门十规论》自序，《卍新续藏》第63册，第36页下。
④ 《宗门十规论》，《卍新续藏》第63册，第37页上。
⑤ 《宗门十规论》，《卍新续藏》第63册，第37页上。
⑥ 《宗门十规论》，《卍新续藏》第63册，第37页上。
⑦ 《宗门十规论》，《卍新续藏》第63册，第37页上。
⑧ 《宗门十规论》，《卍新续藏》第63册，第37页上。
⑨ 《宗门十规论》，《卍新续藏》第63册，第37页上。
⑩ 《宗门十规论》，《卍新续藏》第63册，第37页上。
⑪ 《宗门十规论》，《卍新续藏》第63册，第37页上—中。

主张禅宗“佛佛惟传本体，师师密付本心”[①]的见明心性之法，而对当时重视外在的门风做法则持否定态度。因为在他看来，禅宗的“直指人心，见性成佛”乃是根本，而门风问题仅是枝叶，参禅悟道者不在于外在的形式而在于内在的心性体悟，外在的形式容易滋生门户之见，而不能透彻佛法本真，且易产生“护宗党祖，不原真际。竟出多岐，矛盾相攻”“是非锋起，人我山高”“缁白不辨”[②]的斗争乱象，无益于佛法的真正传播与弘扬。禅宗内部的各门派教法和门风，是后代宗师建化有差别而造成的各自不同的门庭设施，然佛禅无二、心禅一体，乃殊途同归，即所谓“大道无方，法流同味”[③]，“虽差别于规仪，且无碍于融会”[④]，故禅师不能因有派别之殊异而彼此进行党同伐异，全然忽视各禅门、各宗派内在的同一性和相互间的融会贯通之处，所谓“参禅是为成佛，佛就是佛，解脱的境界并无不同，不因禅风不同，而所成就之佛有异”[⑤]。因此，作为真正修行的禅师，一定不能忘记“明心见性”的悟道根本和禅宗要旨，而痴迷地执着于门户派别之见和误入“角争斗为神通”[⑥]之邪门歪道歧途。

“举令提纲，不知血脉”[⑦]为第三条。文益云：“夫欲举唱宗乘，提纲法要，若不知于血脉，皆是妄称异端。”[⑧]意即举唱宗乘和提纲法要，一定要懂得禅法的内在思想要旨，即心法。否则，未掌握禅宗门宗旨之要领而言说，就是妄论佛理和禅法，因不符合禅宗本意，也只能是异端之说。此处，文益禅师乃是以血脉来喻指佛法的心地法门，强调了领悟佛法真义的重要性，即是说要能够担当起法匠责任的必须要知禅宗“血脉”，然亦并非易事。如云门文偃禅师说“尽大唐国内，觅一个举话人也难得”[⑨]，实际上指出了通“血脉”者在大唐国内也是寥寥无几。禅师传授佛法要旨之时，既要契理当机，也要因人而异，即所谓“从苗辨地，因话识人”[⑩]，而不能顽固不化和墨守成规。然而传法这一过程亦须十分重视，文益禅师

---

① 《坛经·行由品第一》。
② 《宗门十规论》，《卍新续藏》第 63 册，第 37 页中。
③ 《宗门十规论》，《卍新续藏》第 63 册，第 37 页中。
④ 《宗门十规论》，《卍新续藏》第 63 册，第 37 页下。
⑤ 邓克铭：《法眼文益禅师之研究》，第 3 页。
⑥ 《宗门十规论》，《卍新续藏》第 63 册，第 37 页中。
⑦ 《宗门十规论》，《卍新续藏》第 63 册，第 37 页中。
⑧ 《宗门十规论》，《卍新续藏》第 63 册，第 37 页中。
⑨ 《宗门十规论》，《卍新续藏》第 63 册，第 37 页中。
⑩ 《宗门十规论》，《卍新续藏》第 63 册，第 37 页中。

说,“代佛宣扬,岂同容易”,“况为模范,得不慎欤!”[①]在他看来,传法与勘验不仅需要慎重的态度,而且对禅师也有更高的要求,不然会出现“妄言妄语”,甚至会有诋毁和曲解佛法真义的现象发生,[②]所谓“奴郎不辨,真伪不分。玷渎古人,埋没宗旨”[③]。文益禅师认为:“若会举令提纲,便是十成宗匠。”[④]文益禅师将禅师能否具有“举令提纲”之能力作为判断其是否具有法匠身份的标准,亦可谓他的独到见识,同时也反映了其禅学之教学重点和禅法特点。

“对答不观时节,兼无宗眼”[⑤]为第四条。此论为具体的操作方法,即指出了在禅宗教学与勘验中要注重对象,立足于因缘、时节,要随缘当机、因缘说法,且始终要贯穿禅宗宗门之宗眼。文益禅师说:“凡为宗师,先辨邪正。邪正既辨,更要时节分明,又须语带宗眼,机锋酬对,各不相辜。然虽句里无私,亦假言中辨的。”[⑥]意思是说,作为禅门宗师,弘法传教的前提是首先要分清是非、弄清真假、区分邪正;其次要注意因缘时节,要契理契机,把握对象的理解和认知程度,因材施教、因人施法,语含宗眼而使学人能够在机锋中达到开悟的目的;最后要辨明真伪,避免口头禅和依葫芦画瓢之现象发生,所谓禅机头头是道却无自家见地。关于各家宗眼,则可以通过审视禅门各派的教学风格来获取宗眼之完整形象与真实意涵。文益禅师对曹洞、临济、云门、沩仰禅门四家之宗风意趣如是评云:“曹洞则敲唱为用,临济则互换为机,韶阳则函盖截流,沩仰则方圆默契。”[⑦]可见,禅门各派之教学方法和勘验手段确有不同,然而并非有损于禅宗心法要旨,所谓“虽复千途异唱,会归同致矣”[⑧],“万汇虽分,还归一总”[⑨]。故就举唱宗乘者而言,须深明本宗纲要,要契入禅宗之真实悟道境,否则“对答既不辨纲宗,作用又焉知要眼。诳谑群小,欺昧圣贤,诚取笑于傍观”[⑩],如鹦鹉学舌,难免贻笑大方。

“理事相违,不分触净”[⑪]为第五条。此论既阐释了理事关系,又提出了法界

① 《宗门十规论》,《卍新续藏》第 63 册,第 37 页中。
② 黄诚:《法眼宗研究》,第 77 页。
③ 《宗门十规论》,《卍新续藏》第 63 册,第 37 页中。
④ 《宗门十规论》,《卍新续藏》第 63 册,第 37 页中。
⑤ 《宗门十规论》,《卍新续藏》第 63 册,第 37 页下。
⑥ 《宗门十规论》,《卍新续藏》第 63 册,第 37 页下。
⑦ 《宗门十规论》,《卍新续藏》第 63 册,第 37 页下。
⑧ 《肇论》,《大正藏》第 45 册,第 151 页下。
⑨ 《心赋注》卷第二,《卍新续藏》第 63 册,第 106 页下。
⑩ 《宗门十规论》,《卍新续藏》第 63 册,第 37 页下。
⑪ 《宗门十规论》,《卍新续藏》第 63 册,第 37 页下。

平等的思想。文益禅师在理事关系上则强调理与事不可分割且圆融无二，他说："大凡祖佛之宗，具理具事。事依理立，理假事明。理事相资，还同目足。若有事而无理，则滞泥不通。若有理而无事，则汗漫无归。欲其不二，贵在圆融。"①可见，在他看来，理与事乃相即关系，相互依存、对待而生，缺一不可。故有学者指出他"特别强调'理'不能离'事'和从'事'入'理'的道理"②。按照佛教的义理而论，文益对理、事关系的认识，显然受到了佛教华严宗的"理事圆融无碍观"③之影响。《大方广佛华严经疏》卷第二云："理即生空所显，二空所显无性真如等理。事即色心身，方等事。"④即是说，理是具有本体性意义的真如，而事则表现为具体之事相。显而易见，文益禅师则以不二、圆融之思维系统建构起其形上涵摄形下、形下彰显形上的相互圆融之"理事观"，形象地阐释了佛法理事关系，具有积极的宗教性意义。故这一圆融不二的"理事观"不仅构成了其禅派的宗眼，而且也成为阐扬和概括其他禅门派别的一大依据。⑤ 吕澂先生认为："文益对于禅学还有自己的看法，……他讲的禅完全建立在理事圆融的基础上，这就构成他的宗眼。……以理事圆融及其表现形式成为他概括四派说法的依据。"⑥可见"理事圆融"是禅门各派皆有的思想内核，"各派宗眼都不能出乎这一共同宗旨"⑦。因此，文益禅师自然"以理事圆融为中心"⑧来理解和评介禅宗各派，故从其所言"临济有主有宾，有体有用。然建化之不类，且血脉而相通"⑨，亦能明显地洞见其思想的包容性与禅法的圆融性，这当与其深受华严宗之"理事圆融"思想影响密切关联。文益禅师关于法界平等的观点亦深受《华严经》之影响，《华严经》云："说法界际，法界平等而无有尽，一切众生，莫能知者。永离一切有为、无为，舍离一切言语道境界，究竟无碍无尽法界。"⑩显而易见，法界平等无碍，不执着于有为与无为，即能证得无碍无尽之法界境，所谓理事法界圆融无碍，"此一切境广大如法

① 《宗门十规论》，《卍新续藏》第 63 册，第 37 页下。
② 杜继文、魏道儒：《中国禅宗通史》，第 383 页。
③ 《大方广佛华严经疏》卷第二，《大正藏》第 35 册，第 515 页上。
④ 《大方广佛华严经疏》卷第二，《大正藏》第 35 册，第 515 页上。
⑤ 黄诚：《法眼宗研究》，第 79 页。
⑥ 吕澂：《中国佛学源流略讲》，第 244 页。
⑦ 吕澂：《中国佛学源流略讲》，第 244 页。
⑧ 吕澂：《中国佛学源流略讲》，第 244 页。
⑨ 《宗门十规论》，《卍新续藏》第 63 册，第 37 页下。
⑩ 《大方广佛华严经》卷第三十一，《大正藏》第 9 册，第 599 页上。

界，理事事事皆无障碍”[①]。故文益禅师在谈论理事关系时，也将法界平等之思想引入其中云：“又如法界观具谈理事，断自色空，海性无边，摄在一毫之上。须弥至大，藏归一芥之中。故非圣量使然，真猷合尔。又非神通变现，诞生推称，不着它求，尽由心造，佛及众生，具平等故。”[②]总之，理事之间的相互涵摄，即所谓“形上涵摄形下，形下内蕴形上”[③]，乃是文益禅师对理事圆融的独特体认和理解。

“不经淘汰，臆断古今言句”[④]为第六条。文益禅师言：“征引先代是非，鞭挞未了公案，如不经淘汰，臆断古今，则何异未学剑而强舞太阿，不习坎而妄凭深涉，得无伤手陷足之患耶？”[⑤]即是说举扬宗乘需要对公案之义理了然于心，知其然并知其所以然，若不加选择地简单模仿、运用公案，想当然地诠释经典，自然不得佛法之要领，终究难以领悟禅宗之要义而误入迷途。文益禅师之论说，对学禅者而言，既是一种警示，又是一项修学要求。文益禅师还指出，禅者要善于择友和求师：“夫为参学之人，既入丛林，须择善知识，次亲朋友，知识要其指路，朋友贵其切磋。只欲自了其身，则何以启进后学，振扬宗教，接物利生。”[⑥]即是说学人要择良师、交善友，要有弘法利生的历史使命感。文益禅师还就学禅者的学风问题指出了病根并提出了化解之道，特别强调学人在研习佛理、操习佛法过程中出现的任何疑问都不可忽视，要认真对待，若“有纤瑕之疑事，须凭决择，贵要分明，作亲伪之箴规”[⑦]，如是才能“为人天之眼目，然后高提宗印，大播真风”[⑧]。

“记持露布，临时不解妙用”[⑨]为第七条。文益禅师云：“学般若人，不无师法，既得师法，要在大用现前，方有少分亲切。若但专守师门，记持露布，皆非颖悟。”[⑩]即指出了禅师参学佛法不能离开师承之教法，但也不能因循守旧、墨守成规、拘泥于师法，而是要加以灵活运用。由于禅本身是活泼、自然与自由的，因此对禅法的理解和运用亦要随机应变、因缘施用。故他说：“见与师齐，减师半德。

---

① 《大方广佛华严经疏》卷第三十，《大正藏》第35册，第723页下。
② 《宗门十规论》，《卍新续藏》第63册，第37页下。
③ 张新民主编：《阳明学刊》第四辑，第398页。
④ 《宗门十规论》，《卍新续藏》第63册，第38页上。
⑤ 《宗门十规论》，《卍新续藏》第63册，第38页上。
⑥ 《宗门十规论》，《卍新续藏》第63册，第38页上。
⑦ 《宗门十规论》，《卍新续藏》第63册，第38页上。
⑧ 《宗门十规论》，《卍新续藏》第63册，第38页上。
⑨ 《宗门十规论》，《卍新续藏》第63册，第38页上。
⑩ 《宗门十规论》，《卍新续藏》第63册，第38页上。

见超于师,方扬师教。”[①]可见,在文益禅师的视界中,学禅者不应专守师门一成不变之旧法,而应当推陈出新,与时俱进地进行革新创造。在禅悟之道的实践中,文益禅师认为悟法的禅师或传法的禅者,一切境界与言说需“一一从自已胸中流出”[②],才能契合禅之内在精神。故其又将“理事观”思想运用于其中,积极倡导“理事俱修,当用即用”[③],而具有知行合一的思想意境。他还针对禅者固守“宗风”和曲解“妙解”的现象给出救治之方,他说:“切忌承言滞句,便当宗风。鼓吻摇唇,以为妙解。”[④]在他看来,“智出于广莫之乡,神会于不测之境。龙象蹴踏,非驴所堪”[⑤],即强调了学人应以禅之智慧作为领悟佛法真实义理之必由路径,亦显示了其禅法兼有智慧与觉悟的思想特征。

“不通教典,乱有引证”[⑥]为第八条。此论既指出了禅门教学勘验中因随意性而出现“不通教典乱有引证”之现象,又强调了禅者对于教内经典之学习、参究和使用亦应该有谨慎的立场和正确的思想态度。文益禅师认为,理上不通而援引经教,这不但不能解决学人之困惑,而且会有损于佛法之形象,他说“傥或不识义理,只当专守门风,如辄妄有引证,自取讥诮”[⑦],而且容易“遭他哂笑,有辱宗风”[⑧],故文益禅师十分反对禅者“不通教典乱有引证”之行为。他还指出,“假使解得百千三昧沙数法门,只益自劳……与我祖宗,全无交涉”[⑨],可见文益禅师对此种现象之深恶痛绝。依据文益禅师的观点,禅宗之要枢和根本乃在“明佛意”“契祖心”,故他说:“凡欲举扬宗乘,援引教法,须是先明佛意,次契祖心,然后可举而行。”[⑩]即是说弘扬佛法首先要在理上通,然后才能在事上行。文益禅师的观点不仅反映了其重视知行合一的禅宗修学过程,而且体现了其禅学思想中一以贯之的“理事观”思想。此外,他在对待教与禅的问题上,“教禅一致”的思想倾向十分明显。他赞成“凡欲举扬宗乘,援引教法”,足以表明其将宗(禅)与教视为一

---

① 《宗门十规论》,《卍新续藏》第63册,第38页上。
② 《宗门十规论》,《卍新续藏》第63册,第38页上。
③ 《宗门十规论》,《卍新续藏》第63册,第38页上—中。
④ 《宗门十规论》,《卍新续藏》第63册,第38页中。
⑤ 《宗门十规论》,《卍新续藏》第63册,第38页中。
⑥ 《宗门十规论》,《卍新续藏》第63册,第38页中。
⑦ 《宗门十规论》,《卍新续藏》第63册,第38页中。
⑧ 《宗门十规论》,《卍新续藏》第63册,第38页中。
⑨ 《宗门十规论》,《卍新续藏》第63册,第38页中。
⑩ 《宗门十规论》,《卍新续藏》第63册,第38页中。

整体性关系。吕澂先生言:“他所讲的禅,是会通教义来讲,不是凌空而谈。”[1]可见,禅不离教乃文益禅师弘法之重要特征。但是文益禅师认为宗门援引经教,不仅先要明白佛法之义理,而且还要契合祖心,然后才可举行,可见其对禅与教仍持有相当严谨之态度和良苦用心。文益禅师虽坚守禅门“乃是教外别传”[2]之宗旨,但对经教仍然十分重视。他曾专门撰有《因僧看经》一颂表达其见解:“今人看古教,不免心中闹,欲免心中闹,但知看古教。”[3]而其对于经典“较量疏密”[4]的观点,也反映出文益对经教一贯慎重的立场和态度。[5]

“不关声律,不达理道,好作歌颂”[6]为第九条。禅宗诗歌颂偈在禅宗传法教育实践中有重要之意义,它既体现禅师的个人修悟境界,也展示禅者的文学修养与才情。因此,文益禅师说:“苟或乏于天资,当自甘于木讷,胡必强攀英俊,希慕贤明,呈丑拙以乱风,织弊讹而贻戚,无惑妄诞,以滋后羞。”[7]又说:“不见华严万偈、祖颂千篇,俱烂熳而有文,悉精纯而靡杂,岂同猥俗兼糅戏谐!”[8]将乱作歌颂上升到以乱宗风的高度来看待,可见在文益禅师看来,并非人人可以轻而易举作歌颂,且并非每首歌颂都能真实客观地反映禅宗义理与禅师真实悟境,故他针对禅门不明义理而乱作歌颂的现象进行了批评,并指出禅师要作歌颂也必须要合经义且不可草率为之,“亦须稽古,乃要合宜”[9],因为“在后世以作经,在群口而为实”[10]而又罪孽。文益禅师云:“宗门歌颂,格式多般,或短或长,或今或古。假声色而显用,或托事以伸机,或顺理以谈真,或逆事而矫俗。虽则趣向有异,其奈发兴有殊,总扬一大事之因缘,共赞诸佛之三昧,激昂后学,讽刺先贤。”[11]这段话进一步表达了他对宗门歌颂清醒的认识和见解。事实上在文益看来,最为重要之处是重视歌颂并不意味要执着于歌颂而被歌颂所转,歌颂的作用在于激昂后学、讽刺先贤,所谓“皆主意在文,焉可妄述? 稍睹诸方宗匠、参学上流,以歌颂为等

---

① 吕澂:《中国佛学源流略讲》,第 249 页。
② 《宗门十规论》,《卍新续藏》第 63 册,第 38 页中。
③ 道原:《景德传灯录》卷第二十九,第 632 页。
④ 《宗门十规论》,《卍新续藏》第 63 册,第 38 页中。
⑤ 黄诚:《法眼宗研究》,第 83 页。
⑥ 《宗门十规论》,《卍新续藏》第 63 册,第 38 页中。
⑦ 《宗门十规论》,《卍新续藏》第 63 册,第 38 页下。
⑧ 《宗门十规论》,《卍新续藏》第 63 册,第 38 页下。
⑨ 《宗门十规论》,《卍新续藏》第 63 册,第 38 页下。
⑩ 《宗门十规论》,《卍新续藏》第 63 册,第 38 页下。
⑪ 《宗门十规论》,《卍新续藏》第 63 册,第 38 页中。

闲，将制作为末事，任情直吐，多类于野谈，率意便成，绝肖于俗语，自谓不拘米广，匪择秽孱。拟他出俗之辞，标归第一之义，识者览之嗤笑，愚者信之流传，使名理而浸消，累教门之愈薄”[①]。这即是说，语言文字是义理的显现，义理不通则不可为文，若不慎重地使用文字语言表达义理，就会落下笑柄，为文字所转，而使教门受到影响。可见文益禅师对禅门歌颂的态度是十分清醒和相当慎重的。[②]

“护己之短，好争胜负”[③]为第十条。该论是其针对禅宗内部派别之争给予一种善意的批评与告诫。文益禅师认为：“天下丛林至盛，禅社极多，聚众不下半千，无法况无一二。”[④]即是说禅宗在发展壮大过程中，自然会枝繁叶茂，禅僧群体会密集出现，由此也自然会衍生或滋生出各种问题，导致门户之见、派别之争与争强好胜等宗门现象亦屡有发生，所谓“盖有望风承嗣，窃位住持，便为我已得最上乘，超世间法，护己之短，毁人之长”[⑤]。因此，文益禅师提出了禅门不同法派之间的相处之法，即要有“澍法雨则大小无偏，振法雷则远近咸应”[⑥]的容忍态度和开阔心量，所谓“同道之人，幸宜助发”[⑦]，如此才能相安无事，共同促进禅宗的正向发展。文益禅师认为，做一个真正参禅悟道的“洁行之人”[⑧]，“非为治激声名，贪婪利养”[⑨]，绝不能贪图名利。他说：“遇般若之缘非小，择师资之道尤难。能自保任，终成大器。”[⑩]由于佛法难闻，机缘难得，故要勤奋学研佛法，“朝请暮参，匪惮劳苦”[⑪]。文益禅师还认为禅林的种种失范、失德，其主要原因在于僧人的堕落、心口不一和假装慈悲，而破坏了佛门清规戒律。正如他所说：“以讦露为慈悲，以佚滥为德行，破佛禁戒，弃僧威仪，返凌铄于二乘，倒排斥于三学。况不捡于大节，自许是其达人，然当像季之时，魔强法弱，假如来之法服，盗国王之恩威。口谈解脱之因，心弄鬼神之事，既无愧耻，宁避罪愆。”[⑫]文益禅师对禅门之堕落情

---

① 《宗门十规论》，《卍新续藏》第 63 册，第 38 页中—下。
② 黄诚：《法眼宗研究》，第 84 页。
③ 《宗门十规论》，《卍新续藏》第 63 册，第 38 页下。
④ 《宗门十规论》，《卍新续藏》第 63 册，第 38 页下。
⑤ 《宗门十规论》，《卍新续藏》第 63 册，第 38 页下。
⑥ 《宗门十规论》，《卍新续藏》第 63 册，第 39 页上。
⑦ 《宗门十规论》，《卍新续藏》第 63 册，第 38 页下。
⑧ 《宗门十规论》，《卍新续藏》第 63 册，第 38 页下。
⑨ 《宗门十规论》，《卍新续藏》第 63 册，第 38 页下。
⑩ 《宗门十规论》，《卍新续藏》第 63 册，第 38 页下。
⑪ 《宗门十规论》，《卍新续藏》第 63 册，第 38 页下。
⑫ 《宗门十规论》，《卍新续藏》第 63 册，第 38 页下。

形深恶痛绝又心怀慈悲，故其为拯救禅风式微和衰败之势不得不作《宗门十规论》而痛陈其弊，严厉批评禅门下流与变异现象。

总体而言，《宗门十规论》虽仅有十条，但是条条直指禅门弊端，句句犹如金玉良言，对于禅宗出现的衰退之势，不仅是一种预警，也是一剂良方。[①] 周叔迦先生指出："文虽简而切中来世禅人之病，为宗匠者所应三省者也。"[②]通观文益的《宗门十规论》十条，我们不难看出它不仅提出了禅门病症的可化解之法，而且展现了文益的真思想、真方法与真境界，凸显了其宗门一代法匠之气象。[③] 从思想上说，体现了禅宗一贯之心门要旨。从方法上言，在坚持"理事不二"的基础上提倡"先辨正邪""明佛意契祖心""语带宗眼"等一系列具体之法，无疑对禅门弊病是一种开拓性的改革，故"宗门十规"既是禅门要求的十条原则，又是除去禅病的十种方法，而更为重要的是它在有针对性地分析与批判禅门之缺陷时"贯穿着一种可贵的现实批判精神"[④]，因而具有内在的生命力，以至于在理论与实践上对禅门革新都起到了重要的示范性作用。故有学者指出，"其中所阐明的道理对后来佛教的信仰、道风、人才、教制、组织建设，都有深远的指导意义"[⑤]。《宗门十规论》的出现再次说明了江南禅宗有重视禅门规式的历史传统。历史地看，江南之修禅僧早就有自律的要求，《高僧传》云："（僧彻）退还谘远：'律制管弦，戒绝歌舞，一吟一啸，可得为乎？'远曰：'以散乱言之皆为违法。'"[⑥]说明在晋宋之际戒律已是习禅者必须遵守的一项制度。禅宗创立之后，百丈怀海禅师在洪州百丈山初建"百丈清规"，开中土禅门管理制度之先河，使禅门内部有了自身的规范，对于呵佛骂祖等过激行为以及禅门异化现象也有一定的抑制作用。虽然百丈清规不是佛教正式的戒律，但它也体现着佛门的自律，与戒律有着同样的性质。[⑦] 禅门规式产生并兴盛于江南，亦与"江南佛学中玄空的思想，义理的辩风，对心性的重视分不开的，正是这些作为当地佛教的一种传统促进了禅宗的机锋公案、呵佛骂祖，极端者则发展成为所谓'狂禅'，反过来也导致了禅规作为其对立面的产

---

① 黄诚：《法眼宗研究》，第 85 页。
② 周叔迦：《释家艺文提要》，北京古籍出版社，2004 年，第 603 页。
③ 黄诚：《法眼宗研究》，第 85 页。
④ 刘元春：《法眼宗精神简论》，载杭州佛学院编：《吴越佛教学术研讨会论文集》，第 147 页。
⑤ 吴立民主编：《禅宗宗派源流》，中国社会科学出版社，1998 年，第 408 页。
⑥ 慧皎撰，汤用彤校注：《高僧传》，中华书局，2004 年，第 277 页。
⑦ 严耀中：《江南佛教史》，第 118 页。

生”[①]。因此，文益禅师的《宗门十规论》为法眼宗的形成创造了思想条件，奠定了理论基础。

二 法眼宗在金陵的创立

（一）法眼宗创立的外缘性条件

杜继文先生指出：“现实的任何事物，无不是多因素的复合，无不处在普遍联系之中。”[②]佛学义理也告诉我们：万事万物乃因缘和合而成。清凉一宗能在金陵清凉院形成，也印证了这一点。法眼宗之所以在金陵清凉院形成，有其特殊之因缘。

就外缘性条件言之。其一，清凉院有坚实的物质基础。法眼宗的形成不是一孤立思想性事件，乃是与南唐经济之繁荣状况有密切关系的历史性必然结果。唐五代时期，经济中心南移，南唐建国之后的经济发展亦与这一大势或机遇相契合，并取得了一定的效果，即“南方的经济水平开始超过了北方”[③]，故而南方地区有经济条件支撑宗教文化的发展，于是南唐佛教大规模的发展态势也随即出现。南唐对于僧人亦有特殊之优待，这也是一大助缘。《南唐书》载：“建康城中僧徒迨至数千，给廪米缗帛以供之。”因此，僧人依赖于国家的供养而在生活上得到了基本的保障。由于寺院僧人在经济物质上时常获得国家的扶植与供养，故而有条件和精力来全身心地参演佛理、修习佛法和传播佛教，从而更为有效地推动了佛教禅宗的发展，乃至于直接推动了法眼禅宗宗派的产生。法眼宗的中心活动区——清凉山位处金陵城内，自当会首先获得这一得天独厚的僧徒优厚条件，为宗派开创奠定了必要的物质基础。同时这也反映出了经济基础对上层文化意识发展所产生之推手作用。故也有学者指出：“作为一种意识形态，宗教的发展是与社会政治—经济结构的历史性变动相联结的，因此宗教的发展本质上即体现为一种呈现于社会历史宏观运动之总相的历史过程。”[④]以此观点来审视法眼宗

---

① 严耀中：《江南佛教史》，第119页。

② 杜继文：《汉译佛教经典哲学》上卷，江苏人民出版社，2008年，第38页。

③ 胡如雷：《隋唐五代社会经济史论稿》，中国社会科学出版社，1996年，第368页。

④ 董平：《浙江佛教及其历史特点》，载杭州佛学院编：《吴越佛教学术研讨会论文集》，第51页。

的形成及其与五代时期的历史运动之关系，而得出法眼宗的形成与五代时期南唐历史发展大脉络有甚深关联之结论，似乎也不无道理。①

其二，南唐历来就有崇尚佛教之政治传统，为法眼宗创宗立派奠定了社会基础。南唐十分重视佛教，僧人因受尊崇而地位较高，南唐士人乃至王公大臣都崇信佛法，整个社会中崇佛尚教蔚然成一时代之风气。据载，南唐主"顶僧伽帽衣袈裟，诵佛经拜跪顿颡"②，而且"中书舍人张洎每见辄谈法，当时大臣亦多蔬食持戒以奉佛"③。此外，民间流传有南唐后主为拯救南唐李氏先主脱离冥界悲苦而在清凉寺造钟拔苦之说。据记载：

> 江南李氏时，有一民死而后苏，云至冥司，见先主被五木(缧械)甚严，曰："吾为宋齐丘所误，杀和州降者千余人，(以冤诉囚此。)汝归谓嗣君，凡寺观鸣大钟，苦暂息。或能为吾造一钟，甚善。"后主造钟于清凉寺，镌云："追荐烈祖孝皇帝脱幽出苦厄。"④

上述记载表明南唐对佛法的极度重视。"造钟于清凉寺"这一与皇家有关的史料虽系民间之说，然亦足以表明金陵清凉寺佛教活动在金陵民众生活世界中的重要影响与意义。且就"南唐改石头清凉大道场"这一历史性事件来说，赐予一个"大道场"的称谓，则更能形象说明南唐国主对清凉院的态度和立场，似早已表明了清凉寺院在南唐佛教社会中应有的历史地位。活跃于江南社会的禅宗派别，因依国主而受南唐国主之尊重，其法事大兴而获得了发展的有利时机。文益禅师长期驻锡金陵，受到南唐国主之特殊礼遇当属必然，且推动了其禅派在金陵的发展和壮大，并最终形成禅宗史上的重要派别——法眼宗宗派。法眼宗之所以在金陵形成，与政治社会环境有紧密联系。从客观上分析，首先是文益禅师被南唐国主迎请至报恩禅院这一历史性事件，它具有重要的历史性和社会性象征意义，体现了"江南国主重师之道"⑤，表明了南唐国主对文益禅师的极度尊崇。

---

① 黄诚：《法眼宗研究》，第 95 页。

② 马令：《南唐书》卷五《后主书》。

③ 王仲荦：《隋唐五代史》下册，上海人民出版社，2008 年，第 810 页。

④ 《石头山清凉寺》，载葛寅亮撰，何孝荣点校：《金陵梵刹志》上册，天津人民出版社，2007 年，第 350 页。

⑤ 道原：《景德传灯录》卷第二十五，第 490 页。

其次是文益禅师由金陵报恩院“迁住清凉”，而进入“清凉大道场”，说明了文益禅师处于“上升期”，其地位不断得到重视和提升，况且他“三坐大道场，朝夕演旨”①，更具备传播禅法和开宗立派的各种社会条件与民众基础。这一特殊的宗教信力助推了南唐佛教之繁荣与发展，亦为禅宗的传播与壮大营造了良好的宗教氛围，且有助于推动法眼宗在金陵的创立。同时，如前文所述，文益禅师与政治上层交好，深谙“不依国主，法事难立”之道，为其传播禅法和创建法眼宗奠定了良好基础。故在文益禅师圆寂后，也就不难理解有公卿集体素服出现奉其全身于江宁起塔，并由韩熙载书写碑文、后主赐予大法眼禅师之行为。因此，从某种意义上说，乃是因南唐国主大力扶植佛教发展，而使文益禅师具足各种因缘条件，从而开创了清凉山法眼禅一派。②

其三，自然环境与人文因素交相辉映，构筑了法眼宗创立必备之文化生态。具有地缘优势的清凉山位于金陵石城西，至迟在后唐就建造有佛教寺院。明人钱溥《重修清凉寺略》云：“金陵石城西古有清凉寺，在吴顺义中，徐温重建为兴教寺。南唐改石头清凉大道场。”③称之为古清凉寺，则表明此地具有丰厚之历史底蕴与佛教文化生态，且自然景观优美宜人，因而具备弘道传法的天然优势。明人葛寅亮在《金陵梵刹志》中曰：“（清凉）山不甚高，而都城宫阙、仓廪历历可数，俯视大江，如环映带。”④亦表明了该地位于关冲要塞，乃属“形胜之地”⑤。其所拥有的自然环境与人文生态亦多受士人赞叹，唐代诗人温庭筠有《游清凉寺》诗云：

> 黄花红树谢芳蹊，宫殿参差黛巘西。诗阁晓窗藏雪岭，画堂秋水接蓝溪。松飘吹晚揿金铎，竹荫寒苔上石梯。妙迹奇名竟何在，下方烟暝草萋萋。⑥

明人李东阳在其《登清凉寺后台》亦云：

---

① 道原：《景德传灯录》卷第二十五，第492页。
② 黄诚：《法眼宗研究》，第97页。
③《石头山清凉寺》，载葛寅亮撰，何孝荣点校：《金陵梵刹志》上册，第351页。
④《石头山清凉寺》，载葛寅亮撰，何孝荣点校：《金陵梵刹志》上册，第349页。
⑤《石头山清凉寺》，载葛寅亮撰，何孝荣点校：《金陵梵刹志》上册，第352页。
⑥《石头山清凉寺》，载葛寅亮撰，何孝荣点校：《金陵梵刹志》上册，第362页。

虎踞关高鹫岭尊，四山环绕万家村。城中一览无余地，象外空传不二门。人世百年同俯仰，江流今古此乾坤。南都胜概今如许，归向长安父老论。①

明代大思想家、心学大师王阳明先生亦写有《游清凉寺》之诗篇：

积雨山行已后期，更堪多病益迟迟。风尘渐觉初心负，丘壑真于野性宜。绿树阴层新作盖，紫兰香细尚余蕤。辋川图画能如许，绝是无声亦有诗。②

上述文学诗歌充满佛教禅意，不仅展示了清凉山寺的自然风光之美，而且闪烁着名士诗人的人文之情；不仅蕴涵着诗人人生历程中的生命体悟，而且展现了此地含藏着的殊胜佛缘。

关于清凉山周围环境，明朝的南京兵部尚书乔宇《游清凉山记略》云：

石城门内之北二里，有山环绕，经石梁入径，至清凉寺。其寺乃南唐李主避暑处，故曰清凉。至今多竹，相传其所遗者。其山面城平旷，中有奇基，乃翠微亭之故址也。登眺，则都城宫阙、军廪、官府、居民、街巷，远而长江、列巘，历历在目。城中具山水之幽，尽登览之胜者，无如此山。径南折，有灵应观，临乌龙潭，面城负山，亦幽隐，而登眺则不及也。③

显而易见，清凉山不仅环境优美，也是登高望远之佳处，且具有天然屏障之地理优势，诚如宋人陆游所言："定都建康，则石头当仍为关要。"④从《游清凉山记略》斯文记载"径南折，有灵应观，临乌龙潭"之情形，则不难看出该区域早在明代就已经存在释道交融、杂合的思想文化图景。而这一历史文化现象的不断演化，则进一步促成了该区域出现儒、释、道三教融合、互动与交织的思想文化格局。

---

①《石头山清凉寺》，载葛寅亮撰，何孝荣点校：《金陵梵刹志》上册，第365页。
② 吴光、钱明、董平、姚延福编校：《王阳明全集》上册，上海古籍出版社，2006年，第741页。
③《石头山清凉寺》，载葛寅亮撰，何孝荣点校：《金陵梵刹志》上册，第352页。
④《石头山清凉寺》，载葛寅亮撰，何孝荣点校：《金陵梵刹志》上册，第352页。

《金陵梵刹志》所载石头山清凉寺之“基址二十亩,东至耿公书院,西至唯心庵,南至官街,北至本寺山亭”[①],乃为儒、释、道三教在该区产生互动交融之局面的形象例证。耿公书院之建立,自当是儒学繁荣于此地的具体证明;而唯心庵的出现,亦为佛教禅宗唯心思想在该区绵延发展的有力证据,同时也从一定意义上表明了文益禅师“三界唯心”思想于斯地之深远影响。总之,清凉院以其自身的自然与人文环境吸引了众多的禅僧到此栖居与生息,由此也孕育出了该区域浓郁的宗教思想文化氛围,为法眼宗的创立创造了条件。因此,该区域有利之环境和良好之人文生态,乃是法眼宗形成和发展不可或缺的一大助缘。[②]

(二)文益禅师的“清凉家风”与法眼宗的形成

法眼宗的创立,乃是多种因素之和合共生性产物。虽然与当时的社会政治、清凉院所处的自然环境与人文氛围有甚深因缘等外缘性条件相关联,但内在的根本乃是文益禅师独有的教学方式和禅法思想风格。

由于禅师自身证悟佛法的具体路径和在教学中采取的教育风格不一,故在其实际的教学环节中形成和出现了所谓的“家风”或“门风”,并构成了宗派特有的内容和精神。[③] 有学者指出:“五宗师资,各本自己所悟所证之理,拈出示人,接引学者,成为门庭设施,……虽各各善知识手眼不同,亦皆本自己当日证悟之理。后之悟者,得某宗大德指示印证,曰我某某宗也。”[④]顾伟康先生认为,“成为宗派,其标志有二:一是理论建设,二是门庭设施”[⑤]。文益禅师生前虽未直言创宗之说,然在传播禅法和教授门徒的宗教实践中却形成了自身独特的教育方法与教学风格,又因文益常住于清凉院,故其教学方法可称为“清凉家风”。[⑥] 实际上,在文益禅师传法之时,就有学人将其禅法风格称为“清凉家风”的情况,如《景德传灯录》云:“问:‘如何是清凉家风?’师曰:‘汝到别处但道到清凉来。’”[⑦]从文益禅师的回答来看,似乎已对学人提及的“清凉家风”亦有一种认同。可见,将“清凉家风”视为文益禅法的代表性象征符号并不为过。

---

① 《石头山清凉寺》,载葛寅亮撰,何孝荣点校:《金陵梵刹志》上册,第 349 页。
② 黄诚:《法眼宗研究》,第 94 页。
③ 黄诚:《法眼宗研究》,第 87 页。
④ 黄益毅:《禅宗五枝派别述略》,载张曼涛主编:《现代佛教学术丛刊③:禅学论文集》,第 55 页。
⑤ 顾伟康:《禅净合一流略》,第 76 页。
⑥ 黄诚:《法眼宗研究》,第 87 页。
⑦ 道原:《景德传灯录》卷第二十四,第 491 页。

1. 清凉家风的特征

文益时期的禅法依然能够遵循禅宗不失本宗之教法，其禅法思想亦能体现在师资相授的教学过程中，且独有的禅法风格从文益禅师的禅法和教育风格上仍然可以看得出来。[①] 他在传法授徒的宗教实践中逐步形成了自己独特的教学风格和禅法特色，即"清凉家风"，[②]既反映了文益教法和禅法的特色，是构成法眼宗之教风和禅法的实质性内容，也体现了法眼宗宗风的特点。那么，清凉家风究竟有何特点呢？智昭禅师《人天眼目》所言"箭锋相拄，句意合机""调机顺物，斥滞磨昏""对病施药，相身裁缝"的几个方面，能较为全面地反映法眼宗的宗风特点。[③]

其一，箭锋相拄，句意合机。

禅宗的语言表现形式具有较深刻的思想意涵，诚如佛雷(Bernand Faure)先生所言："没有任何一种语言是纯粹自明性的，一切语言都具有某种隐喻的动机。"[④]文益在传法、授徒的实践过程中常以禅宗特有的言说方式表现这一语言所隐喻的宗教思想意涵，既体现了他在阐扬释迦思想本怀及其奥义时所坚持的思想立场，同时也展示了法眼宗之宗风所具有的一般性特点。据载：

> 师(文益)一日上堂，僧问："如何是曹源一滴水?"师云："是曹源一滴水。"僧惘然而退。时韶国师于坐侧，豁然开悟。[⑤]

僧徒问"如何是曹源一滴水"，而文益则回答"是曹源一滴水"。从表面上来看，二者之问答仿佛是在针锋相对，又似同义语的无意义之重复，或存在着答非所问之嫌疑。其实不然，按照佛法的观点来看，唯有如此回答才能破除僧徒心中所存之执着。而且上述一回答给人之印象则是一就是一、二就是二，互答中"箭锋相拄"之意味十分明显，这即是法眼宗之宗风的一大显著特点，不仅体现了文益禅师之答有一语双关之用意，而且反映出他用禅宗语言来表达思想的平实感。

---

① 黄诚：《法眼宗研究》，第 100 页。

② 黄诚：《法眼宗研究》，第 87 页。

③ 本文将以《金陵清凉院文益禅师语录》所载文益传法之公案为例，试对法眼宗之宗风特点进行简要的分析和阐述。

④ 龚隽：《禅史钩沉——以问题为中心的思想史论述》，生活·读书·新知三联书店，2006 年，第 30 页。

⑤《金陵清凉院文益禅师语录》，《大正藏》第 47 册，第 591 页中。

文益禅师见学人问什么是曹源一滴水时，不对其进行繁琐的解释，直接以一句“是曹源一滴水”作答。这一回答，看似平淡无奇，其实却意味深长。文益的回答不仅追溯了其本宗法脉乃是源自禅宗正脉的六祖慧能一系，而且也表明了他以“曹源一滴水”来比喻佛法“皆同一味”、本无差别的思想理趣，故在文益看来，所谓的“曹源一滴水”，就是“曹源一滴水”，既无须起心动念，人为进行分辨，也无须对其所言事实有任何的怀疑。“曹源一滴水”，有着返璞归真的自然之感，体现出的即是“一切现成”的真实意义和禅学神韵。虽然文益的回答语言平实质朴，但是它具有言简而意丰的清凉家风之特质。以“曹源一滴水”来展开禅宗之勘验，是禅家赋予水以生命的意义，即“上善若水”，使其有了与佛法等同的意涵，既显示了世间的真实，也展示了世界的自然，这正是文益所要表达的佛法之清净本意，因为“法尔如然”，一真一切真，领悟即知，所以文益的当下直指则能使德韶“一句下便见，当阳便透”[①]，即德韶不假思索而当下即悟。可见，法眼宗接引学人言语平实而句下含机，因人设机而使学人直下顿悟，暗含深意的机锋正体现出了法眼一宗平实质朴的宗风与宗趣。故有学者认为，“法眼宗接化学徒，言语颇平凡，而句内自藏机锋”[②]。

如果说文益采取同义语之重复性回答是为了达到“箭锋相拄”之效果的话，那么他还以非重复性的语言言说方式，表达了其“句意合机”的禅法机趣。如：“僧问：‘如何是清凉家风?’师云：‘汝到别处但道到清凉来。’”[③]又如：“问：‘如何是法身?’师云：‘这个是应身。’”[④]从学人之问与文益之答来看，文益采用的是迂回方式作答，其本意在于破除学人对语言文字的执着。虽然文益力求避免直接回答学人之问话，但是他的回答却又不游离于学人问话的真正主题，而是处处显示出了他在禅宗机语互答中的活泼样态和用语的“句意合机”之特点。文益正是在轻松活泼的场景中以简洁明了的禅语来引导学人开悟，促使学人在禅宗互答中直下顿悟，领悟其言外之意，进而领悟佛法之真意，达到禅宗教化之目的。故有学者指出：“禅的言说目的往往并不在于其言说的意义指涉是否明确得当，而

① 《佛果圆悟禅师碧岩录》卷第一，《大正藏》第48册，第147页中。
② 高令印：《中国禅学通史》，宗教文化出版社，2004年，第351页。
③ 《金陵清凉院文益禅师语录》，《大正藏》第47册，第589页中。
④ 《金陵清凉院文益禅师语录》，《大正藏》第47册，第589页下。

在于其是否能完成某种教化的行动。”[①]就此而言，文益以活泼的语言形式阐述了禅之不执着的精神，其根本目的在于完成教化之任务。否则，难以想象学人会以怎样的方式才能得以开悟和体悟到禅宗之真实悟境。从文益禅师的教化方式所产生的结果来看，这种方式是相当成功的，在其禅语机锋之言说直指的方式下，学人开悟者不在少数。据载：

师（文益）与悟空禅师向火，拈起香匙，问云：“不得唤作香匙，兄唤作什么？”悟空云：“香匙。”师（文益）不肯。悟空回后二十余日，方明此语。[②]

百丈道恒参师，因请益外道问佛，不问有言，不问无言，叙语未终。师云：“住住，汝拟向世尊良久处会那。”百丈从此悟入。[③]

归宗玄策禅师，曹州人，初名慧超，谒师问云：“慧超咨和尚，如何是佛？”师云：“汝是慧超。”超从此悟入。[④]

上述资料显示，悟空禅师、百丈道恒和归宗玄策禅师都是在文益禅师言说直指的启迪下而开悟的。他们之间的互答情形也反映出法眼宗教学风格的确具有“箭锋相拄”与“句意合机”的特点。法眼文益禅师以其独特的禅宗言说方式，指引了那些力行修学的禅客破除执着之“一心”而领悟佛法、明晓佛理，继而“明心见性”“开佛知见”，进入禅宗那种不可言说的真实悟境和实存性状态，从而打开了由凡转圣之路的精神通道，实现生命成长与境界自由的意义世界。[⑤] 文益禅师语言所显示出的“箭锋相拄，句意合机”的用语特色，凸显了法眼一宗之独特教育风格，故不失为法眼宗宗风之一大显著特点。

其二，调机顺物，斥滞磨昏。

注重因缘时节是文益禅师言说佛法的思想立场。这也对于文益形成自身调

---

① 龚隽：《禅史钩沉——以问题为中心的思想史论述》，第 30 页。
② 《金陵清凉院文益禅师语录》，《大正藏》第 47 册，第 591 页上—中。
③ 《金陵清凉院文益禅师语录》，《大正藏》第 47 册，第 591 页中。
④ 《金陵清凉院文益禅师语录》，《大正藏》第 47 册，第 591 页下。
⑤ 黄诚：《法眼宗研究》，第 264 页。

物顺机的禅风特色有重要的影响。文益禅师在《宗门十规论》中和接引学人时都十分强调因缘时节，并在自身现身说法的宗教实践过程中对时节有切身的理解，形成了自己独特的"时节观"。这也体现出了文益禅师对机缘、因缘的整体把握以及根本看法。文益禅师尝云："出家人，但随时及节便得，寒即寒、热即热。欲知佛性义，当观时节因缘。"[①]又说："如初夜钟，不见有丝毫异，得与么恰好，闻时无一声子闹，何以故？为及时节。无心云死，且不能死，止于一切，只为不仍旧。"[②]这即是说，在佛法体悟和认知上要有所进展，则离不开对因缘时节的把握，只有正确把握了因缘时节，才能在当机的情形下真正地理解和顿悟佛性之涵义以及佛法之真谛。对因缘时节的认识和把握对于体认佛理是非常重要的，故文益在《宗门十规论》直接将"对答不观时节兼无宗眼"立为第四条，即"凡为宗师，先辨邪正。邪正既辨，更要时节分明"[③]，并加以强调。由此足见其对因缘时节的重视程度。文益禅师又云："光阴莫虚度，适来向上座道，但随时及节便得。若也移时失候，即是虚度光阴。于非色中作色解。上座，于非色中作色解，即是移时失候。且道，色作非色解，还当不当？上座，若恁么会，便是没交涉。正是痴狂两头走，有甚么用处？上座，但守分随时过好。珍重。"[④]这进一步言明了"随时及节便得"的佛法道理。在文益禅师看来，一切皆是因缘际会，学人一旦开悟的机缘成熟，即能"开佛知见""见性成佛"，参悟佛法便能水到渠成、瓜熟蒂落。时与节生动形象地说明了机缘与条件是觉悟佛法不可或缺的要素。因此，文益十分重视因缘时节在悟法时的作用，并将其贯穿于传法教示学人的全过程。但是，提倡因缘与时节之说并非为文益之首创，早期原始经典多有论及，且使用亦十分频繁。《长阿含经》云："知于过去诸佛因缘不，我当说之。"[⑤]《佛说八正道经》亦云："第八谛止者不忘因缘，止者常还意护。"[⑥]《长阿含经》云："自恣所说，无有时节，示涅槃道。"[⑦]《起世因本经》云："不寒不热，时节调和，又其地中，恒常润泽。"[⑧]可见佛教中的因缘与时节的含义是十分广泛的。时节不仅有时间与季节的更迭性

① 《金陵清凉院文益禅师语录》，《大正藏》第 47 册，第 589 页中。
② 《金陵清凉院文益禅师语录》，《大正藏》第 47 册，第 590 页下。
③ 《宗门十规论》，《卍新续藏》第 63 册，第 37 页下。
④ 《金陵清凉院文益禅师语录》，《大正藏》第 47 册，第 589 页中。
⑤ 《佛说长阿含经》卷第一，《大正藏》第 1 册，第 1 页下。
⑥ 《佛说八正道经》，《大正藏》第 2 册，第 505 页中。
⑦ 《佛说长阿含经》卷第二，《大正藏》第 1 册，第 13 页中。
⑧ 《起世因本经》卷第一，《大正藏》第 1 册，第 369 页中。

自然含义，而且有机缘的引申意义，与因缘有等同之意涵。

《人天眼目》将法眼之宗风概括为“调机顺物，斥滞磨昏”，即明显地体现了文益“时节观”之思想认识，而且有将文益的因缘时节之观点理解为“调机顺物”的思想企图。所谓“调机顺物”，实质上是指禅师对学人进行禅法教学时应机而采取的启发性教学方法。因此，在传法授人之时能否做到因人而教、“调机顺物”，也体现了禅师对因缘、条件的准确认识以及把握能力。由于因缘时节本身蕴含着“调机顺物”的思想意涵，故文益禅师在说法之时强调因缘时节，也就自然地体现了其清凉一派“调机顺物”的禅风特点。就禅者的开悟而言，不仅需要契理，还需要契机，要遵循一切事相皆是因缘际会的产物。禅师开示学人，不仅要在契理契机之下抓住学人所产生迷惑的根本性问题，而且还要指出学人产生迷惑原因的关键所在，如此才能解决问题，化解难题，使学人除去迷惑而得大悟，这一过程可被称为“斥滞磨昏”的过程。所谓“斥滞磨昏”，即为“与之解黏去缚”的意思，是指出问题并加以解决的教育方法。然而，禅师在禅学教育上要能够真正对学人“斥滞磨昏”，则须建立在“调机顺物”的基础上而说当机之法、解学人内心之结，才可能对学人起到当头棒喝和醍醐灌顶之作用，使处于禅修迷雾之中的人达到真正的觉悟。倘若没有“调机顺物”的准备工作，禅师和学人对问题的探讨不仅不在同一个层面，反而各执一端，则容易形成两个对立面，禅师与学人也就很难有心灵沟通的平台，二者自然是对牛弹琴，不着边际，所谓“胡越相悬，参商是隔”。于是禅师与学人双方自然难以有机缘时节之契合，且更不可能使学人实现当下即是之目的和无条件地达到开悟之结果。因此，文益在教示学人时总是将“调机顺物”与“斥滞磨昏”结合在一起并交错地使用，而且在具体的宗教实践中展示了其法眼宗一派的教学风格。那么，文益在传禅和接引信徒时是如何体现这一清凉家法特点的呢？《金陵清凉院文益禅师语录》记载：

永明道潜禅师，河中府人。初参师，师问云：“子于参请外，看甚么经？”道潜云：“《华严经》。”师云：“总别同异成坏六相，是何门摄属？”潜云：“文在《十地品》中。据理，则世出世间一切法，皆具六相也。”师云：“空还具六相也无？”潜懵然无对。师云：“汝问我，我向汝道。”潜乃问：“空还具六相也无？”师云：“空。”潜于是开悟，踊跃礼谢。师云：“子作么生会？”潜云：“空。”师然之。异日，四众士女入院。师问潜云：“律中道，隔壁闻钗钏声，即名破戒。

见睹金银合杂，朱紫骈阗，是破戒，不是破戒?”潜云:“好个入路。”师云:“子向后有五百毳徒，为王侯所重在。”[①]

上述记述显示，道潜是精于《华严经》路数的，故文益仍以华严六相来开示道潜，所谓“以彼还彼”，即体现出法眼宗“调机顺物”的家风特点。而当道潜的悟法时机成熟时，文益便毫不犹豫地对其“斥滞磨昏”，除去道潜受滞于“空还具六相也无”的心中之一丝疑问，以一句“空”而引导其走出法滞之迷雾，于是使道潜当下直了、顿时开悟。故从上述材料所载文益与道潜的对机互答情形来看，文益教示学人不仅讲究方式方法，即自觉地运用其别具一格的清凉家风之教学风格，而且还着力于对佛法义理进行必要的诠释，以此方法来达到开示道潜觉悟之目的。在文益看来，华严所言六相之本性皆为俱空，因此当道潜反问文益“空还具六相也无”时，文益才会以“空”回答。关于六相与空的关系，《般若心经事观解》说得很明白：

舍利子，是诸法空相，不生不灭，不垢不净，不增不减。是诸法者，望上五蕴，望下处界等。空者，谓第一义空，……相者，谓生灭等六相，约观释之，是即我空。法即法空，空即俱空。[②]

正因六相本不实有，乃缘生之相，所谓“六相缘起，集成各无自性”[③]，所以六相本空、六相俱空。赖永海先生对佛教之空也有阐释云:“佛教所说的‘空’，非一无所有之‘空’，……世间的万事万物，都是条件的产物，都会随着条件的变化而变化。条件具备了，它就产生了；条件不复存在了，它就消亡了。世间的一切事物，都不是一成不变的，而是一个念念不住的过程，因此都是没有自性的，无自性故‘空’。”[④]可见，文益用“空”来作答是有其用意的。而道潜一经文益“调机顺物，斥滞磨昏”之开示，有了悟法的因缘际会之条件，自然能洞悉六相与空之真义，并由此觉醒而达至开悟之境界。有学者认为:“按法眼禅师之风，随对方人之机，接

---

① 《金陵清凉院文益禅师语录》，《大正藏》第 47 册，第 591 页中。
② 《般若心经事观解》卷上，《卍新续藏》第 26 册，第 895 页下。
③ 《大方广佛华严经金师子章注》，《大正藏》第 45 册，第 670 页中。
④ 参见赖永海主编:《佛教十三经》，中华书局，2010 年，“总序”。

得自在，故谓为‘先利济’。”[1]其实“先利济”即兼有“句意合机”与“调机顺物”的双重用意。

禅师对学人展开的禅宗机锋勘验，乃是教示学人开悟的关键性环节。文益禅师在传法和接引学人的教育行为中，无时无刻不体现其“调机顺物，斥滞磨昏”的一贯之清凉家风。据载：“问：‘如何是第一义？’师云：‘我向你道，是第二义。’”[2]又，载“僧问：‘如何是第二月？’师云：‘森罗万象。’云：‘如何是第一月？’师云：‘万象森罗。’”[3]学僧问得快捷，文益也答得便当。前者以“立异”而论，后者以“求同”而说，即是针对学人不同境界和不同理解层次的言说方式，皆有破除学人思想、见地之执着的用意。换言之，若文益回答第一义为何，则执着于具体的第一义之具象，显然与禅宗的“三十六对法”精神是相悖的，则容易误导学人。而他却回答“我向你道，是第二义”，不仅说明了第一义与第二义有差异，而且表明了第一义与第二义存在关联性。虽然问题的表象是“立异”，即有第一义、第二义，但是按照佛法之理而言，一即是二，二即是一，一而二，二而一，是互涵互摄、如如归一的。所以，学人执着于“同”时，文益就说“异”，学人执着于“异”时，文益就言“同”，乃是中观的立场。文益的用意就是要让学人不执着于任何事物之一方，因不执着，故能体悟佛理，即所谓“应无所住而生其心”[4]。不过，也不能一概而论，针对学人的不同领悟能力和不同执着程度，文益的禅法也是简单活泼的，故学人问是第一月还是第二月，文益的回答皆是一句“森罗万象”，体现的是一即一切、一切即一的华严圆通无碍之境界。因此，倘若学人能透过对答的话语契会个中真义，那么当下即可豁然开悟，故《碧岩录》云：“一句下便见，当阳便透，若向句下寻思，卒摸索不着。”[5]而将这一情形说得了然分明。可见，禅语机锋可谓是活人的剑、杀人的刀。然而，文益针对不同的人和不同的问题有不同的回答，这也反映出他说法注重因缘时节和因人而异的教学特点，其“调机顺物，斥滞磨昏”的教学风格也得以充分展现。

---

① 蒋维乔：《中国佛教史》，广陵书社，2008年，第130页。

②《金陵清凉院文益禅师语录》，《大正藏》第47册，第589页下。

③《金陵清凉院文益禅师语录》，《大正藏》第47册，第590页上。

④ 鸠摩罗什译：《金刚般若波罗蜜经》，《大正藏》第8册，第749页下。

⑤《佛果圜悟禅师碧岩录》卷第一，《大正藏》第48册，第147页中。

> 玄则禅师，滑州卫南人。初问青峰："如何是学人自己？"青峰云："丙丁童子来求火。"后谒师，师问："甚处来？"云："青峰来。"师云："青峰有何言句？"则举前话。师云："上座作么生会？"则云："丙丁属火，而更求火。如将自己求自己。"师云："与么会又争得？"则云："某甲衹与么，未审和尚如何？"师云："尔问我，我与尔道。"则问："如何是学人自己？"师云："丙丁童子来求火。"则于言下大悟。①

禅宗机语实质上是禅师与学人之间的思想对话和心灵交流。在禅宗机锋中，采取同一语的重复，有时也可产生意想不到之效果，而成为禅客开悟的契机。当然，这一开悟的机缘之引发需要建立在一定的思想与经验基础之上。上述引文说明，在面对学人"如何是学人自己"之问时，文益则以青峰禅师所说过的话语"丙丁童子来求火"作答，虽然是同一语之重复，且言语也显得平实质朴，但是它却一语中的，而成为文益接引学人的方便法门，文益的一番言说也显示了"箭锋相拄"的禅法特色，并具有"斥滞磨昏"的实际功能和效果。可见，文益的随缘顺势而答扫除了学人的迷情。他所运用的这一平实质朴的重复性语言，不仅使学人在他的指引下醍醐灌顶、豁然开悟，而且也展示了其清凉一宗"调机顺物，斥滞磨昏"的家风特点。另外，此处文益开示学人，采取的是多管齐下的方法，也展现了其"箭锋相拄""调物顺机"和"斥滞磨昏"交错并用的禅家特色。

其三，对病施药，相身裁缝。

由于禅宗信徒囿于自身陈见，执着于理、事、色、空之名相之辨，于是人格分离，言行表里不一，行动与义理脱节，以致严重滋生种种知解性禅病与形式主义问题，故文益对此而不得不进行"宗门指病"，撰写《宗门十规论》，"以救一时之弊"。文益在具体的接引、教示学人的过程中，所采取的方式方法则进一步凸显了其"对病施药"与"相身裁缝"的清凉家风之特点。《金陵清凉院文益禅师语录》记载：

> 诸上座且道：这两个人，于佛法中，还有进趣也未？上座实是不得，并无少许进趣。古人唤作无孔铁椎，生盲生聋无异。若更有上座出来道：彼二人

---

①《金陵清凉院文益禅师语录》，《大正藏》第47册，第591页下。

总不得，为什么如此？为伊执着，所以不得。诸上座，总似恁么行脚，总似恁么商量，且图什么？为复只要弄唇嘴，为复别有所图，恐伊执着，且执着什么？为复执着理，执着事，执着色，执着空。若是理，理且作么生执？若是事，事且作么生执？着色着空亦然。山僧所以寻常向诸上座道：十方诸佛，十方善知识，时常垂手。诸上座，时常接手。十方诸佛垂手时，有也什么处？是诸上座时常接手处，还有会处会取好，若未会得，莫道总是都来圆取。诸上座，傍家行脚，也须审谛着些精彩，莫只藉少智慧，过却时光。①

上引这段话显示，禅客们存在着不同程度的执着之病，这是影响其自身开悟的主要障碍。文益对这些禅病进行了总结和归类，从禅客对文益所提出之问题的不同应答态度，足见禅客们仍然执着于事、执着于空、执着于色等世俗之常见。故文益认为，对于执着不仅要分清类型，而且还要进行深入细致的思考，即是要追问产生执着之病的根本原因。从文益所提及的“若是理，理且作么生执？若是事，事且作么生执？”之尖锐言论，即不难看出这一点。而且这也体现了文益对学人说禅言禅有“对病施药”的思想偏好。为什么文益要追问执着的原因呢？因为在参禅悟道者看来，大疑才有大悟，才能觉醒，所以禅者只有在禅悟之道的实践中不断地除去疑问，才能获得般若之智慧，乃至于开悟而成为觉者。禅师接引学人的过程，无非就是除去学人疑问的过程，故从某种意义上说有疑问则是开悟的前提条件。为了进一步说清楚禅者不要执着于外物事相的观点，文益还以佛之垂手与信徒之接手为例进行分析，虽然垂手意味着放下，接手则意味着执着，但是文益认为禅者不必局限于是垂手或是接手的具体手法样式之外在表现形式，更为重要的是用“心”去契悟佛法之本意，真正领悟垂手与接手的真实含义。所以，文益以参疑问为除执病和开悟之手段，其见识也是超越于一般禅客之上的，且这一方法也是针对禅门信徒的执着之病而开出的一剂良方。

如果说内心的执着是影响禅者开悟的主要障碍的话，那么知识障则是学人契入禅宗悟境的一道围栏。文益为了破除禅客、学人的这一道围栏，往往采取因材施教的方法对他们加以开示和引导，从而使其归于正途。据载：

---

①《金陵清凉院文益禅师语录》，《大正藏》第47册，第590页中。

> 文遂导师，杭州人，尝究《首楞严》，谒师述已所业，深符经旨。师云："《楞严》岂不是有八还义？"遂云："是。"师云："明还甚么？"云："明还日轮。"师云："日还甚么？"遂懵然无对。师诫令焚其所注之文，自此服膺请益，始忘知解。①

对于禅者来说，就文字性的经典进行理解与展开诠释固然重要，但也不能忽视生活世界中一言一行之实际行动与个体体悟，要重视世俗生活世界与佛法义理世界的统一，真正体现出"知行合一"的学修精神，而不能使学修、解悟二者隔离、偏废，甚至背离。② 文遂虽常究《首楞严》而自诩深符经旨，但在文益这样的一代禅门宗师看来，文遂还是一知解僧，拘泥于经文之知见，难以契会佛法之奥义，对佛法义理的理解还存有一定的偏差和不足，故在文益刨根问底的追问之下而图穷匕见、哑口无言。文益之问并非空穴来风和无中生有，而是针对文遂之知解病症的"应病与药"和"相身裁缝"。在文益看来，学人因为知解而容易生起执着，这一执着之病的生起则有导致学人与禅宗开悟失之交臂之可能，故文益所要破除的正是文遂执着于文字相的方面，于是"师诫令焚其所注之文"，从而正确引导文遂走向真悟实修的禅悟之路。可见，法眼宗接引学人言语平实而句下含机，因人设机而能使学人直下顿悟，所谓"明心见性"，而转凡入圣。故文益针对学人根器而随宜说法所产生的实际效果则是"随根悟入者不可胜纪"③。

总之，文益禅法简明细密，质朴平凡中又暗藏机锋，故以"箭锋相拄，句意合机""调机顺物，斥滞磨昏""对病施药，相身裁缝"三个方面来概说法眼宗之宗风特点，也具见《人天眼目》著者之远见与卓识。洪修平先生指出，法眼宗风"其接引教化学人，平淡的语句中也深藏机锋，往往是根据学人的根器之不同而相机行事"④。这一观点显然切中法眼禅风特点之关键，客观地显示了法眼宗禅法之精神面貌。

2. "清凉家风"文化意象及其对法眼宗创立的意义

文益禅师的"清凉家风"语言平实、暗藏机锋，不仅表现出了言简意赅、文约

---

① 《金陵清凉院文益禅师语录》，《大正藏》第 47 册，第 591 页中—下。
② 黄诚：《法眼宗研究》，第 273 页。
③ 《金陵清凉院文益禅师语录》，《大正藏》第 47 册，第 594 页上。
④ 洪修平：《禅宗思想的形成与发展》，第 356 页。

义丰的精神风貌，凸显了一代宗师文益的教学方法以及悟道见识，而且也显示了江南文化涵泳着江南士人人性慧巧、才思俊秀的文化气质和人文气象。[①]“清凉家风”不仅是文益禅师个人在禅法教学中的独到见解，其形成也与地域文化有着紧密的关系，而且禅人对“清凉家风”的特殊称谓，实际上也表明了这一层含义，即“清凉家风”具有浓厚的地域性色彩。[②]

就思想文化层面而言，禅宗乃是一种宗教文化现象，自然要受到地域文化的影响，因而具有明显的地域性。禅师在传播禅法、教示学人的实践中，为了交流的方便，必然会吸取区域文化的因子来适应区域性的文化生活方式。所以，在一定程度上，“清凉家风”的特点也体现出了江南文化的特色。由于自然和历史的原因，江南文化自六朝以来逐渐形成了崇尚老庄、轻视礼法、旷达不羁的精神品质，并表现出了“士子风流”“人性柔慧，尚浮屠之教”的思想风貌。而且，南方长期受魏晋玄学以及清谈学风之影响，故南方人士自然容易形成言辞简约化的个性。《北史·儒林传序》云：“南人约简，得其英华；北学深芜，穷其枝叶。”[③]也说明了南方人具有言简意赅、简洁明了的简约化性格特征。具有“清凉家风”特点的法眼禅法也体现了这一江南文化的简约化特色。同时，由于安史之乱和唐末农民大起义加速了唐王朝走向崩溃，之后北方政局处于动荡之中，于是北方士人多流向南唐、吴越之地，因此造就了南唐、吴越文化的平民气和文人气相交织的文化多元局面。法眼宗的三代祖师清凉文益、天台德韶和永明延寿，由于受到这一文化气质和环境的影响，也表现出浓厚的文人气质，塑造了像儒学知识精英一样的文人形象，善于用韵文、诗颂来表达他们的禅法思想个性。因此，文益、德韶和延寿等都善用诗颂，好作文章，表现出了其良好的文学修养和精神气象。文益禅师在开示学人时句里藏锋、言中有响，依人根器而随缘说法，既显示了禅宗自由活泼的精神面貌，也展现了魏晋风流潇洒、飘逸、幽远的境界。故有学者指出，“法眼宗之特立为一家，必有其殊异之风格在”[④]。《人天眼目》也曾就其家风独特之处评云：“法眼宗者，箭锋相拄，句意合机，始则行行如也，终则激发，渐服人心。削除情解，调机顺物，斥滞磨昏，种种机缘，不尽详举。观其大概，法眼家风，对病

---

① 黄诚：《法眼宗研究》，第 88 页。
② 黄诚：《法眼宗研究》，第 87 页。
③《北史》卷八十一《儒林传序》。
④ 邓克铭：《法眼文益禅师之研究》，第 94 页。

施药，相身裁缝，随其器量，扫除情解。要见法眼么，人情尽处难留迹，家破从教四壁空。”[①]显然，法眼文益的教授方法较为灵活，针对学人的个体差异而因时、因机接引学人和化导学人。学人不同，教学具体方式也有所不同。不过，文益禅师的这一教学法符合禅宗教育的随机缘性原则，因为禅宗的最大方便就是因缘施教、以人施教，而不是以法施教。所谓“法眼文益传下，所以能自成一家，在于法眼文益本人及其弟子，善于从一切现象中，指出参禅要略”[②]。在文益传播禅法的实践中，无论从其个人的实际影响来说，还是就其对禅门的革新贡献而言，客观形势的发展均已表明文益禅派形成宗派的事实，即所谓“设立门庭，广收学徒，师弟传承不断，逐渐形成了宗派”[③]。故文益去世后被南唐国主谥为法眼禅师，而他所创立的禅门派别亦因之被称为法眼宗，即“由后人对其表现所追认”[④]。因此，就这一意义而言，视法眼宗为文益禅师所创立的，则可成立。而且将其作为一宗，宋代契嵩《传法正宗记》早有记载：“江南国主李氏，闻其风遂请入都，使领清凉大伽蓝，其国礼之愈重，四方之徒归之愈多，逮今其言布于天下，号为清凉之宗。”[⑤]可见，契嵩之所以将文益一派称为“清凉之宗”，实际上是因为文益禅派发展的客观形势导致其被认可为一宗派的这一历史事实。“清凉之宗”即法眼宗之异名，则进一步表明了至迟在契嵩时代，法眼宗是为一宗的事实已为人们所认可。事实上，文益禅师健在之时，他本人已有强烈的宗派意识，这从文益对德韶偈语的评论中可以明显地看出，《指月录》云：

(德韶)师有偈曰：“通玄峰顶，不是人间。心外无法，满目青山。”法眼闻曰：“即此一颂，可起吾宗。”[⑥]

显然，一句“可起吾宗”包含着强烈的宗派意识。不仅如此，文益的《宗门十规论》之“宗门”二字，不仅凸显了其以禅宗为宗旨的思想本意，而且也似有标立一宗派的主观意向，尤其是评唱“曹洞则敲唱为用，临济则互换为机，韶阳则函盖

---

① 《人天眼目》卷之四，《大正藏》第 48 册，第 325 页上。
② 邓克铭：《法眼文益禅师之研究》，第 97 页。
③ 吕澂：《中国佛学思想概论》，台北天华出版社，1982 年，第 175 页。
④ 蓝日昌：《宗派与灯统——论隋唐佛教宗派观念的发展》，《成大宗教与文化学报》2004 年第 4 期，第 44 页。
⑤ 《传法正宗记》卷第八，《大正藏》第 51 册，第 762 页上。
⑥ 《指月录》卷之二十三，《卍新续藏》第 83 册，第 656 页上。

截流，沩仰则方圆默契”[①]，似亦表明清凉一派教示学人的方法或门风与其他派别有所不同的隐含意指。

总之，一宗之形成，须有一宗形成之条件。法眼宗的形成是由文益禅派发展的客观形势所导致。从文益的传法活动来看，他在清凉院开始设立门庭，广收学人，师徒传承不断，法嗣就有 63 人，而受其法席者不下 500 人，如法灯泰钦禅师云：“先师法席五百众，今只有十数人在诸方为导首。”[②]可见，既有一定数量的僧人群体，又有固定的传法场所，且具备一定的组织系统，因而具备形成宗派的组织条件与人文基础。且从文益禅师的《宗门十规论》十条治病原则来看，不仅有具体的革新措施，而且阐发了其禅学思想和理论立场，具有一宗派应具备的理论和思想基础。进而言之，“清凉家风”显示了一代宗师文益的教学方法以及悟道见识，故就其所创建的独特教学方法而言，也有自立“门风”的主观意向。[③] 明代赤松和尚曾云：“施为动静，尽是祖师家风，自然随处作主，遇缘立宗。”[④]可见，法眼宗的形成具备了各种条件和因缘，尤其是《宗门十规论》的出现和“清凉家风”的形成，具有宗派形成的象征性意义。[⑤] 可见，法眼一派乃是多股思想潮流汇聚和影响的产物。有学者也指出：“由于雪峰义存的弟子玄沙师备（835—908）和其法系下清凉文益的努力，形成了法眼宗。这是在吴越佛教的隆盛地区，连结了杭州、明州、台州等浙江重要地方而流行的一个宗派。”[⑥]故法眼宗在文益时代形成，已成学界之共识。

总之，法不孤起，因缘而生。故从禅宗发展的内在思想脉络和外缘性条件来考察，法眼宗的形成不仅与文益禅师本人提出的一系列禅门革新措施密不可分，而且与文益禅师独有的教学方式和禅法思想风格有关，同时亦与清凉院所处的自然环境和人文氛围有甚深因缘，乃是诸多因素之和合共生性产物，是江南佛教禅学长期发展的历史性必然结果。[⑦]

---

① 《宗门十规论》，《卍新续藏》第 63 册，第 37 页下。

② 道原：《景德传灯录》卷第二十五，第 532 页。

③ 黄诚：《法眼宗研究》，第 91 页。

④ 《黔灵山志》卷之五《法语》。参见贵州省历史文献研究会、弘福寺黔灵丛书编委会合编：《黔灵丛书之一·黔灵山志》，贵州省地图印刷厂印刷，1996 年，第 29 页。

⑤ 黄诚：《法眼宗研究》，第 91 页。

⑥ 野上俊静等：《中国佛教史概说》，释圣严译，京都平乐寺书店，1968 年，第 151 页。

⑦ 黄诚：《法眼宗研究》，第 100 页。

第四节
法眼宗的地域性传播与宗派系谱

思想与地域的结合是法眼宗发展的一个重要条件。梁启超曰:“有适宜之地理,然后文明之历史出焉。”[①]五代时期,虽然国家四分五裂、处于乱世,但是却孕育着多元性思想文化产生的条件,“战乱虽然频仍,但也有相对稳定的时候,尤其是在南方各国”[②]。随着南方诸政权的建立,经济重心不断南移,“南方的经济水平开始超过北方”[③]。中原精英人士的南渡也积极地推动了中原与江南区域文化之间的交流与互动。由于江南之地政治局势相对稳定,又加之该时期的思想文化朝着多元化的方向发展,因而催生了江南思想学术发展相对繁荣和百花齐放的局面,并为佛教禅宗在南方的传播和发展提供了历史性机遇。法眼宗创立之后,因受南唐、吴越国主的重视和扶持,发展较为迅猛,其势力范围主要流布江南大部分区域,并产生了深远的影响。[④]

一 法眼宗地域性传播

(一)金陵法眼宗禅法之流布

法眼宗在南唐的传播与发展,逐渐形成了以金陵为中心的法眼宗僧人思想群体,文益禅师与其弟子道钦、匡逸、文遂、玄则、行言、智筠、泰钦、慧济等禅师皆长期活跃于金陵一带,在弘法授徒的宗教实践中推动了法眼宗的发展与思想传播,奠定了法眼宗在江南的宗教地位,形成了以金陵区域为中心的法眼宗僧人群

① 梁启超:《地理与文明之关系》,载葛懋春、蒋俊编选:《梁启超哲学思想论文选》,北京大学出版社,1984年,第174页。梁氏这一观点受日本学者浮田和民影响颇深,浮田和民在其著作《史学原论》中,谈到历史与地理关系时说:“健全之历史,必出于健全之地理。”参见浮田和民:《史学通论四种》,李浩生译,邬国义编校,华东师范大学出版社,2007年,第19页。

② 胡如雷:《隋唐五代社会经济史稿》,中国社会科学出版社,1996年,第368页。

③ 胡如雷:《隋唐五代社会经济史稿》,第368页。

④ 黄诚:《法眼宗研究》,第101—102页。

体。文益禅师在世时无疑是金陵法眼禅派的精神领袖，他圆寂之后则由其弟子担当起了弘扬法眼禅宗的历史重任，并使得法眼思想与禅法能够薪火相传。且文益子弟在江南备受当政者重视，所谓“清凉文益门下龙象极多，为王侯之所归向”[①]。他们在金陵的传禅活动则进一步推动了法眼宗的发展与繁荣。

金陵钟山道钦禅师，太原人，为文益禅师得法弟子。初住庐山，后由江南国主迎请至金陵钟山章义道场，成为金陵区域内法眼一派重要的传播者。其思想既保持有禅宗的内在精神，又体现出法眼禅风之特色。据载：

> 师上堂曰：“道远乎哉，触事而真。圣远乎哉，体之则神。我寻常示汝，何不向衣钵下座地，直下参取，须要上来讨个什么？”[②]

道钦禅师的“直下参取”即是禅宗所主张的当下顿悟。道钦禅师在接引、教示学人时，既用语平实质朴，但又暗藏机用。当有学僧问“如何是栖贤境”[③]时，道钦则回答说“栖贤有什么境”[④]；又有僧问“如何是玄旨”[⑤]时，道钦则以“玄有什么旨”[⑥]回答。从中则不难看出他有破除学人执着之心的思想用意和传法旨趣，而且也展示了其“对病施药”与“相身裁缝”的清凉家风。

金陵报恩匡逸禅师，明州人，系文益禅师得法弟子。初住润州慈云，江南国主请居上院，署凝密禅师。匡逸禅师在继承法眼禅法风格的同时还展现了自身的说法特点。据载：

> 问：“佛为一大事因缘出世，未审和尚出世如何？”师（匡逸）曰：“恰好。”曰：“恁么即大众有赖。”师曰：“莫错会。”[⑦]

上述对答显示了匡逸禅师语言的平实质朴，但是一句“莫错会”对于学人来

① 忽滑谷快天：《中国禅学思想史》上册，朱谦之译，上海古籍出版社，2002年，第365页。
② 道原：《景德传灯录》卷第二十五，第522页。
③ 道原：《景德传灯录》卷第二十五，第522页。
④ 道原：《景德传灯录》卷第二十五，第522页。
⑤ 道原：《景德传灯录》卷第二十五，第523页。
⑥ 道原：《景德传灯录》卷第二十五，第523页。
⑦ 道原：《景德传灯录》卷第二十五，第523页。

说仍有一定的警示和启迪作用。《景德传灯录》云：

> 一日上堂众集，师顾视大众曰："依而行之，即无累矣。还信么？如太阳赫弈皎然地，更莫思量。思量不及，设尔思量得及，唤作分限智慧。"①

在匡逸禅师看来，心无牵累、无有思量，如同太阳之光般清净、光明，皎然而无瑕、无染，才具真智慧。而作为一个真正的禅者，就应保持"无失亦无得"的任运心态，故他说："迷时即有窒碍，为对为待，种种不同。忽然惺去，亦无所得。譬如演若达多，认影为头，岂不是担头觅头？然正迷之时，头且不失，及乎悟去，亦不为得。"②匡逸禅师也主张人与道相合，他说："不见先德云：人无心合道，道无心合人。人道既合，是名无事人。且自何而凡？自何而圣？此若未会，也只为迷情所覆，便去离不得。"③他认为人心才是合道的关键，人道相合即是无事人，而圣凡之间的差别就在于人心之"迷"和人心之"悟"。匡逸关于无事人的这一言说，自当是源自清凉文益之说，所谓"清凉先师道佛即是无事人"④，可见无事人即是指佛。在传播禅法中匡逸禅师"以人为本"的思想也极其深厚，他说："人迷谓之失，人悟谓之得。得失在于人，何关于动静？"⑤这即是说人是悟法得失的根本，而外在的动静对于悟法来说则是无关紧要的。可见，匡逸禅师的言说方式以人心为本，追求"无失亦无得"的随缘任运状态，故易使学人在轻松活泼的状态中领悟到佛理、佛法，继而开显出生命的内在智慧。

金陵报慈文遂禅师，杭州人，俗姓陆。年少出家，聪慧好学，"年十六观方，禅教俱习"⑥。深研经论，常究《首楞严经》，并有注文。可见其虽然年少，但已有较好的佛学基础，所以"谒于净慧禅师，述己所业，深符经旨"⑦。然而，在文益禅师看来，文遂依然执着于文字相，易生知解之病，故诫令文遂焚其所注之文。文遂得法之后，住于吉州止观院。乾德二年(964)，为江南国主请而居长庆，又住清凉

---

① 道原:《景德传灯录》卷第二十五，第523页。
② 道原:《景德传灯录》卷第二十五，第523页。
③ 道原:《景德传灯录》卷第二十五，第523页。
④ 道原:《景德传灯录》卷第二十五，第524页。
⑤ 道原:《景德传灯录》卷第二十五，第523页。
⑥ 道原:《景德传灯录》卷第二十五，第523页。
⑦ 道原:《景德传灯录》卷第二十五，第523页。

院，后居于报慈大道场，署雷音觉海大导师，“礼待异乎他等”[①]，足见其深受江南国主重视。而作为禅师的文遂是十分谦虚的，总是以一种平等的心态来对待万事万物，文遂禅师“谓众曰：‘老僧平生百无所解，日日一般。虽住此间，随缘任运。今日诸上座与本无异’”[②]。可见，文遂禅师在谦虚的同时还保留着一份洒脱与自在。文遂禅师善于“对根设教”和“开方便门”，且有自身的潇洒、自在与随缘心态，所以他在弘法传禅时，不仅传递和贯穿了清凉文益禅师的言说风格，而且表现出了自身随缘自在的说法特点。

> 师上堂谓众曰：“天人群生类，皆承此恩力。威权三界，德被四生。……唤作开方便门，对根设教，便有如此如彼流出无穷。若能依而奉行，有何不可？所以清凉先师道，佛是无事人，且如今见个无事人，也不可得。”[③]

文遂的“对根设教，便有如此如彼流出无穷”，显示的是自然任运的随缘精神。而他所提到的“无事人”观点，显然也是受到文益禅师的思想影响。文遂禅师上堂开示所发出“如今见个无事人，也不可得”的感叹，也从一个侧面说明了当时禅宗内部的确存在着学禅人多、悟禅人少的实际情况。可见，文遂在阐扬佛法时不仅贯彻了文益清凉家风的内在精神，而且也反映了他受文益思想影响极为深刻之事实。在禅语机锋中，文遂禅师时刻保持着“箭锋相拄，句意合机”的清凉家风。

> 僧问：“如何是无异底事？”师曰：“千差万别。”僧再问，师曰：“止、止！不须说，且会取千差万别。”问：“如何是和尚家风？”师曰：“方丈板门扇。”问：“如何是无相道场？”师曰：“四郎五郎庙。”问：“如何是吹毛剑？”师曰：“干面杖。”问：“如何是正直一路？”师曰：“远远近近。”曰：“便恁么去时如何？”师曰：“咄哉痴人，此是险路。”[④]

---

① 道原：《景德传灯录》卷第二十五，第523页。
② 道原：《景德传灯录》卷第二十五，第524页。
③ 道原：《景德传灯录》卷第二十五，第524页。
④ 道原：《景德传灯录》卷第二十五，第524页。

上述的禅机问答，表面看来仿佛答非所问，其实不然，而是句下深藏机锋，故有人认为，“其中即多平凡含机、调机顺物、斥滞磨昏之哲理名言”①。不过，这些禅门中的参问酬答也仅是随方解缚、就病与医的方便而已。

金陵净德道场智筠禅师（905—969），河中府人，俗姓王，年少在普救寺杲大师处出家，20岁成年受戒之后而四处游学。曾谒见抚州龙济修山主，然“亲附久之，机缘莫契”②，于是继续游方，寻觅名师。之后在金陵报恩道场参谒文益禅师而“顿悟玄旨”③，遂成为法眼文益禅师系下门徒。智筠禅师在文益处得法后，初驻锡于庐山栖贤寺，并开始了他的传道生涯。江南政治上层对他也特别倚重。乾德三年（965），“江南国主仰师道化，于北苑建大道场，曰净德，延请居之，署大禅师之号”④。故其常年在金陵开坛说法，传播佛法。后智筠禅师“屡归故山，国主锡以五峰栖玄兰若”⑤。智筠禅师于开宝二年（969）八月圆寂，世寿64岁。智筠禅师在传道的实践中，十分注意言说方便和对机设施，他在庐山初传道法时曾云：

> 从上诸圣方便门不少，大抵只要诸仁者有个见处。然虽未见，且不参差一丝发许。诸仁者亦未尝违背一丝发许。何以故？炟赫地显露，如今便会取，更不费一毫气力。还省要么？设道毗卢有师，法身有主，斯乃抑扬，对机设施，诸仁者作么生会对底道理？若也会，且莫嫌他佛语，莫重祖师，直下是自己眼明始得。⑥

智筠禅师的言中语意是说，虽然入道之法殊有千途，但是百千法门都是殊途同归，每一法门之起用如同丝发一样都是分毫无差的，参学之人见道、悟道的关键在于当机契会，而不能执着于是佛说还是祖师之说的内心分别，更重要的是要自心“直下顿悟”“明心见性”，这样才能证悟佛法之真谛。从中不难看出，智筠禅师不仅重视对方便法门的选择，即所谓“只要诸仁者有个见处”，而且强调“对机

---

① 《五家语录》，载弘学选编：《中国佛教高僧名著精选》中册，第1175页。
② 道原：《景德传灯录》卷第二十五，第529页。
③ 道原：《景德传灯录》卷第二十五，第529页。
④ 道原：《景德传灯录》卷第二十五，第530页。
⑤ 道原：《景德传灯录》卷第二十五，第530页。
⑥ 普济：《五灯会元》中册，第594页。

设施”为学人去解疑情的主观努力，这不仅与文益禅师“清凉家风”所倡导的调机顺物、讲究对机设施的精神有一致性，同时也说明了文益的禅法风格对智筠禅师的影响颇深。智筠禅师传播禅法，不仅讲究机缘方便，而且也重视参学之人的根器或材质。故在金陵净德道场说法时，他说：

> 夫欲慕道，也须上上根器始得造次，中下不易承当。何以故？佛法非心意识境界，上座莫恁么懱𢜭地。他古人道：沙门眼把定世界，函盖乾坤，绵绵不漏丝发。所以诸佛赞叹，赞叹不及比喻，比喻不及道。①

在智筠禅师看来，参禅悟道尤重材质，需要上等根器之人，而中下材质之人不宜或不易学禅悟道。智筠禅师认为，世界“函盖乾坤，绵绵不漏丝发”，禅定之中所证之境界非一般言语所能表达，故唯有赞叹予以印可，或以比喻的方式给予方便说，然一切言说之语并非就能够真正表达真实的道之境域，所以“赞叹不及比喻，比喻不及道”。智筠禅师还指出，一切诸佛和祖师的教化言说也是依因缘而起的，故他说：“为甚么自生卑劣，枉受辛勤，不能晓悟？只为如此，所以诸佛出兴于世；只为如此，所以诸佛唱入涅槃；只为如此，所以祖师特地西来。”②在他看来，诸佛的现世、涅槃以及祖师的西来传法均为解救迷途众生，所以虽道不可说而又不能不说，所谓“祖师特地西来”，即是为传播禅法而来到中土。此外，智筠禅师还指出，以禅定证佛果的历代家法或习惯乃是参悟佛法本来面目的重要途径，故他说：“上座威光赫奕，亘古亘今，幸有如是家风，何不绍续取。”③意思是强调有学之士要以禅定之法证道悟道。在教示学人的实践中，智筠禅师的教学方法也颇有“清凉家风”的特质。如：

> 僧问：“诸圣皆入不二法门，如何是不二法门？”师曰：“但恁么入。”曰：“恁么即今古同然去也。”师曰：“汝道什么处是同？”问：“如何是佛法大意？”师曰：“恰问著。”曰：“恁么即学人礼拜也。”师曰：“汝作么生会？”问：“如何是

---

① 普济：《五灯会元》中册，第595页。
② 普济：《五灯会元》中册，第595页。
③ 普济：《五灯会元》中册，第595页。

佛?”师曰:“如何不是?”①

显然,智筠禅师的回答既平实质朴,其中又暗含机锋,所谓“调机顺物”“箭锋相拄”的意味十分明显。这也足可说明智筠禅师与文益禅师的禅学思想和禅法实践有一脉相承性。智筠禅师长期活跃在金陵一带,为传播法眼宗的禅法思想做出了一定的贡献。

金陵清凉法灯泰钦禅师(? —974),魏府人。少年时智慧过人,所谓“生儿知道,辩才无碍”②。他求师学道,而“入净慧之室”,遂成为法眼门徒,“虽解悟逸格,未为人知,性忽略不事事”③。因此,他学法时不奉戒律,过时未归,一时间传为笑谈。一日法眼文益禅师问大众曰:“虎项下金铃,何人解得?”④众人皆不契会,无所适从,而适逢泰钦自外归来,故法眼文益禅师又举前语再问之,泰钦则曰:“大众何不道系者解得。”⑤众人为之一惊,于是对其刮目相看,法眼文益禅师也颇为赞赏云:“汝辈这回笑渠不得也。”⑥对泰钦禅师的“虎项金铃”之对答,有赞曰:

虎项金铃,师系能解。百骸一物,两赛一彩。佛法大意,道丧千载。祖祢不了,分析现在。⑦

泰钦禅师学成之后出世传法,初受请驻锡洪州幽谷山双林寺,次迁上蓝护国院,后又资住金陵龙光院。不久,江南李氏国主又迎请其移住清凉大道场,可见其受到南唐政治权力上层的高度重视和大力推重。江南国主对泰钦禅师的重视也与法眼文益禅师有一定的关系,“江南国主为郑王时,受心法于净慧之室”⑧,因此李国主对法眼宗及其门徒颇有好感和极为尊重是有其历史渊源的,这对于泰钦禅师在金陵传道弘法也是极为有利的政治因素。

泰钦在金陵清凉院广开禅法,在为学人答疑解惑的过程中不断传播法眼宗

---

① 道原:《景德传灯录》卷第二十五,第530页。
② 道原:《景德传灯录》卷第二十五,第530页。
③《补续高僧传》卷第六,《卍新续藏》第77册,第409页上。
④《补续高僧传》卷第六,《卍新续藏》第77册,第409页上。
⑤《补续高僧传》卷第六,《卍新续藏》第77册,第409页上。
⑥《补续高僧传》卷第六,《卍新续藏》第77册,第409页上。
⑦ 净慧主编:《虚云和尚全集》第四分册,河北禅学研究所,2008年,第157页。
⑧ 道原:《景德传灯录》卷第二十五,第531页。

的禅法思想和精神。据载：

> 上堂，升座，僧出问次，师曰："这僧最先出为大众，已了答国王深恩。"问："国主请命，祖席重开，学人上来，请师直指心源。"师曰："上来却下去。"问："法眼一灯分照天下，和尚一灯分付何人？"师曰："法眼什么处分照来？"①

从上述引用的一段话来看，学人自然熟悉禅宗的"直指心源"之旨，故其所问则有请泰钦为其直指心源之意，而泰钦的回答是"上来却下去"，显然是运用慧能禅宗"三十六对法"的思想原则来具体针对"学人上来"之语而做出的巧妙回答，其目的在于破除学人之执着。按照慧能之说，与人说法"先须举三科法门，动用三十六对，出没即离两边。说一切法，莫离自性"②，而泰钦"上来却下去"之言语，正好体现了禅宗的"出语尽双，皆取对法，来去相因"③的说法原则。而且，当学人说"法眼一灯分照天下"时，泰钦的回答是"什么处分照"，也展现了禅宗的对法之精神。至于泰钦出世传法之缘由，其本人在上堂时曾有表白："某甲本欲居山藏拙，养病过时，奈先师有未了底公案，出来与他了却。"④这也充分说明他是文益禅师禅学和禅法的继承者与传播者，并有继承其师弘法利生事业的主观愿望。不过，泰钦的这一言说却引起了南唐国主和学人的种种揣测与疑惑。江南国主曾询问泰钦禅师："先师有什么不了底公案？"⑤而泰钦回答说："见分析次。"⑥在泰钦看来，并非有什么不了底之公案问题，而在于人心见分生出偏见、差别。但江南国主似乎并未领会泰钦之语中真意，故江南国主又日再问："承闻长老于先师有异闻底事。"⑦泰钦遂起身站立，江南国主见其状态则曰："且坐。"⑧由此可见，江南国主对泰钦所言"先师有未了底公案，出来与他了却"存在一定的误解，而泰钦对江南国主多次询问此事则表现出不满的姿态，因为江南国主认为文益有不了底的公案一事的疑问在泰钦心灵深处是不能接受的。事实上，泰钦所言的"了

① 道原：《景德传灯录》卷第二十五，第531页。
② 《坛经·付嘱品第十》。
③ 《坛经·付嘱品第十》。
④ 普济：《五灯会元》中册，第576页。
⑤ 道原：《景德传灯录》卷第二十五，第531页。
⑥ 道原：《景德传灯录》卷第二十五，第531页。
⑦ 道原：《景德传灯录》卷第二十五，第531页。
⑧ 道原：《景德传灯录》卷第二十五，第532页。

却”之意，则是为了表明其本人立志要继续文益禅师的未竟事业，并不是说文益禅师有何参不透的公案。故当有僧人问“如何是先师未了底公案”时，泰钦便打之，并曰：“祖祢不了，殃及儿孙。”[①]可见，泰钦的行为有澄清学人思想之误会的意图。而且，泰钦为了进一步消除学人对先师文益的误解而谓众曰：

先师法席五百众，今只有十数人在诸方为导首。你道莫有错指人路底么？若错指，教他入水入火，落坑落堑。然古人又道，我若向刀山，刀山自摧折；我若向镬汤，镬汤自消灭。且作么生商量？言语即熟。及问著，便生疏去，何也？只为隔阔多时。上座，但会我什么处去不得。有去不得者，为眼等诸根、色等诸法。诸法且置，上座开眼见什么？所以道：不见一法即如来，方得名为观自在。珍重！[②]

这段话表明了泰钦的思想立场和态度，即不要轻易认为文益所指引的禅悟之路是错误的。所引“先师法席五百众，今只有十数人在诸方为导首”一句，则说明了学道人多、悟道人少这一客观宗教现象，但是文益门徒之中仍有悟道之人，而在各方成为传播禅法的先导，且具有一定的地位和影响，而且“法席五百众”的数据也进一步说明了法眼宗传播的繁荣景象。在他看来，修学禅法的关键在于信、愿、行、证，换言之即是要相信善知识的指引，要愿意按照善知识的指引具体地去实践，要有像向刀山、向镬汤那样向死而生的修学精神和实际行动，所谓“宝所非遥，须且前进”[③]，最后舍去一切法而证入形上之真如境域。

泰钦禅师在传道中，还就如来禅、祖师禅有所涉及。据载：

今汝诸人试说个道理看，是如来禅，祖师禅，还定得么？汝等虽是晚生，须知侥忝我国主，凡所胜地建一道场，所须不阙。[④]

在泰钦看来，如来禅与祖师禅是有区别的，不过，他认为无论是如来禅还是

---

① 普济：《五灯会元》中册，第576页。
② 普济：《五灯会元》中册，第577页。
③ 普济：《五灯会元》中册，第577页。
④ 普济：《五灯会元》中册，第577页。

祖师禅,都与禅定相关联,故其云“还定得么”,即表明了如来禅与祖师禅在禅定功夫上的统一性或同一性。关于如来禅与祖师禅的相互关联问题,可参阅洪修平、孙亦平两位先生所著的《如来禅》一书,此处不多叙说。

诚然,活跃在金陵的法眼禅师当不限于上述几人,他们都是构成金陵法眼宗群体的重要成员,在弘扬法眼禅宗思想与宗风上做出了不可磨灭的贡献,但囿于篇章而不一一叙及。法眼文益禅师及门徒在传禅活动中不断形成了区域性的思想群体,从而共同推动了法眼宗的繁荣与发展。

总体来看,由于金陵弟子多继承文益禅学思想与禅法风格,而将重点落实在禅宗实践上,即重在接引和指导信徒的教学实践环节,故禅师的理论建树并不很多。而禅师就一事一问发表意见,虽存有语言上的分殊,但并未改变禅宗的基本义理以及文益说禅的“清凉家风”之特点。从禅师的活动场域来看,主要集中于金陵清凉院与报恩寺,而这两大寺庙为江南国主所重视的大道场。文益禅师与其弟子长期活跃在金陵一隅,开坛说法,弘扬禅宗,自然能够形成法眼宗一系禅学思想群体,并对江南禅学的发展产生了积极的思想影响和重要的推动作用,同时也促进了法眼思想的传播与流布。事实表明,法眼宗的禅学思想魅力已经吸引了海外的高丽僧人慧炬等人前来学法,对于中外文化交往也产生了一定影响。

(二) 江湖区域法眼宗禅法之流布

法眼宗思想的传播与发展,在江南虽以金陵为中心,但是流布于南方江湖区域的法眼禅派也不容忽视。在法眼宗思想的传布过程中,形成了以江湖区域为中心的南方法眼宗法派群体。

洪州云居山真如院清锡禅师,泉州人,系文益禅师弟子。初在龙须山广平院说法,后居云居山,后又住泉州西明院。一日,有一学僧问他曰:“如何是广平境?”[①]清锡禅师回答道:“识取广平。”[②]学僧又继续追问:“如何是境中人?”[③]清锡禅师又回答说:“验取。”[④]从中可以看出,清锡禅师的语言方式简单、明快、朴实而又深藏机锋。他针对不同根器的学人所问的同一个问题,其回答是有差别的,即

---

① 道原:《景德传灯录》卷第二十五,第534页。
② 道原:《景德传灯录》卷第二十五,第534页。
③ 道原:《景德传灯录》卷第二十五,第534页。
④ 道原:《景德传灯录》卷第二十五,第534页。

所谓“相身裁缝”“对症施药”，而不重复。如又有一学人问：“如何是境中人?”[①]清锡禅师云：“适来向汝道什么?”[②]而非再以“验取”二字作答。清锡禅师对不同学人之问所给出的不同之答，体现了他因材而教、不照抄照搬、不墨守成规的思想理趣。诚然，清锡禅师之答，既是对学僧的方便之答，也凸显了禅宗的活泼之趣和自由任运精神。清锡禅师将法眼禅法思想传入云居，也是对南方禅学世界的一大贡献。[③]

洪州百丈山大智院道常禅师，先在百丈山从照明禅师出家，后参文益禅师。在文益处有了悟道因缘而获得悟法契机。道常禅师曾问文益曰：“外道问佛，不问有言，不问无言。”[④]当其言未说完，就被文益禅师打住云：“住，住！汝拟向世尊良久处会去。”[⑤]于是道常从此而开悟。在文益看来，开悟不在问，也不在说，而在参悟、领会和体悟，即只有心地契会才能见性觉悟，超凡入圣。由于道常在文益处悟道而名声大振，故其为百丈山僧众请归并担当十一世住持，而使前往参学者络绎不绝。道常因参悟、领会而悟道，故其在开示学人的教学过程中，也十分注重这一参悟方法。当有学人问：“释迦与我同参，未审参何人?”[⑥]道常禅师则说：“唯有同参方得知。”[⑦]学人又问：“未审此人如何亲近?”[⑧]道常禅师又回答道：“恁么即不解参也。”[⑨]在道常看来，既要同参又要解参，不明参之真意，是很难达到开佛知见的，由此也具见道常对参修的态度是极为慎重和认真的。道常的禅法强调“心空”，提出“心空及第归”[⑩]的主张，而将心空掉视为开悟的条件或基础，体现了其以“空”扫除一切执着之相的禅学旨趣。在他看来，心空即要空掉一切杂念之心、除去一切执着之见，如是才能生出般若智慧，才可洞见禅宗之奥义，以至于体验到超言绝相的禅宗之悟境，所谓“心空得见法王”[⑪]。而要真正做到心空，必须在心上下功夫，即是要“识心”，识得自我本心，这体现了禅宗“识心见性”的一

① 道原:《景德传灯录》卷第二十五，第534页。
② 道原:《景德传灯录》卷第二十五，第534页。
③ 黄诚:《法眼宗研究》，第115页。
④ 道原:《景德传灯录》卷第二十五，第534页。
⑤ 道原:《景德传灯录》卷第二十五，第534页。
⑥ 道原:《景德传灯录》卷第二十五，第535页。
⑦ 道原:《景德传灯录》卷第二十五，第535页。
⑧ 道原:《景德传灯录》卷第二十五，第535页。
⑨ 道原:《景德传灯录》卷第二十五，第535页。
⑩ 道原:《景德传灯录》卷第二十五，第535页。
⑪ 道原:《景德传灯录》卷第二十五，第535页。

贯主张和立场。由于道常禅师学修并进，既四处传法，又常居于洪州百丈山，故他对江南洪州一带的禅法则不能不产生影响。

庐山归宗寺法施禅师策真，曹州人，俗姓曹，本名慧超。曾参学于清凉文益处而获得开悟。当慧超问文益："如何是佛？"文益回答道："汝是慧超。"①慧超于是当下开悟，故"从此信入，其语播于诸方"②。初住于庐山余家峰，后被请住入归宗寺。他传禅讲究悟入而反对知解，他说："诸上座！见闻觉知只可一度，只如会了，是见闻觉知，不是见闻觉知？要会么？与诸上座说破了。也待汝悟始得。"③在他看来，见闻觉知仍然是一种知识层面的东西，只有领悟了才能内化为生命的存在。参禅悟道中的见闻觉知是不能说破的，而要依赖于自身的解悟和体察，如果不经过自身的体悟和体察所得，一切都犹如空花不实。慧超禅师在参禅悟道的学修与教示中，特别注重对见闻觉知的真实义理进行参悟，当有学人问："古人以不离见闻为宗，未审和尚以何为宗？"④而慧超回答说："此问甚好。"⑤则一语点破了其重视要对"见闻觉知"进行参悟的见解。慧超禅师的禅风特点与清凉家风一脉相承，语言既质朴平实，又暗藏机锋。如有学人问："如何是佛？"⑥慧超禅师则回答说："我向汝道，即别有也。"⑦慧超的用意其实很明白，即是说学人要在自己心中求佛而不是向外求佛。这也反映出慧超主张自性自证的禅宗机趣。又有学人问："如何是归宗境？"⑧慧超答云："是汝见什么？"⑨又问："如何是境中人？"⑩慧超回曰："出去。"⑪这两组问答，表面看似答非所问，其实"箭锋相拄，句意合机"。在慧超看来，参禅悟道，既不能执着于归宗境，又不能执着于境中人，所谓对待境与人皆不能住相。按照《金刚经》的逻辑，所谓境，是境非境是名境；对于人，是人非人是名人。学人问境，境不自在，因人而有，故慧超"是汝见什么"之答，在于破除学人执着于境的常见。学人问境中人，慧超以"出去"，实为以动显

---

① 道原：《景德传灯录》卷第二十五，第536页。
② 道原：《景德传灯录》卷第二十五，第536页。
③ 道原：《景德传灯录》卷第二十五，第536页。
④ 道原：《景德传灯录》卷第二十五，第536页。
⑤ 道原：《景德传灯录》卷第二十五，第536页。
⑥ 道原：《景德传灯录》卷第二十五，第536页。
⑦ 道原：《景德传灯录》卷第二十五，第536页。
⑧ 道原：《景德传灯录》卷第二十五，第536页。
⑨ 道原：《景德传灯录》卷第二十五，第536页。
⑩ 道原：《景德传灯录》卷第二十五，第536页。
⑪ 道原：《景德传灯录》卷第二十五，第536页。

静。可见，慧超与学人的互动对答，既有强烈的禅门接引学人的机锋意识，也彰显了禅宗不可说破的思想精神。

在南方传播法眼禅法的禅师当不限于清锡、道常与慧超三人，而有更多的法眼子弟在南方弘化法眼禅法且影响不小。如法眼门人从显禅师曾一度在洪州观音院传法，并受到袁长史的尊重，在从显归寂后，“袁长史建塔于西山”①，对其予以妥善安葬。由于清锡、道常与慧超等诸禅师皆长期活跃在江湖一带，对该区域的禅学发展也产生了一定影响。换言之，他们既在该区域传播了法眼宗禅派的禅学思想，而又与当地的其他宗派发生一定的思想交融，从而推动了江南禅学的整体发展。

（三）吴越法眼宗禅法之流布

法眼宗与吴越佛教有莫大的因缘。无论是金陵禅学中心还是江湖禅学世界，对吴越之地均可能产生思想文化之辐射作用。这与吴越一贯以来的文化传统和生活习俗不无关联。《汉书・地理志》云：“吴越与楚接比，数相兼并，故民俗略同。”吴越与楚同属江南区域，由于有共同的地域特征与文化习俗，这为禅宗思想流入吴越提供了条件。又因吴越政治上层极其信奉佛教，则更利于法眼宗思想顺利地传播至吴越。

法眼宗能在吴越广为流传且获得荣耀地位，则与天台德韶国师有极大的关联。德韶是法眼宗的第二代祖师，因吴越国主对其执弟子礼，故被世人尊为“国师”。由于德韶具有法眼宗祖师和吴越国师的双重身份，故他对法眼宗的传播与发展起到了重要的推动作用。② 不过，除了德韶之外，在吴越之地，大力推动玄沙一脉禅法和法眼宗思想传播的还有杭州报恩寺慧明禅师。他是使玄沙正宗兴盛于吴越的不可或缺的关键性人物。

慧明，俗姓蒋。年少出家，精研佛门戒定慧三学，立有探玄道之志，故南游闽越，以求开悟。他虽然四处参学，但是“历诸禅会，莫契本心”③，未获得悟道之因缘。后来，他到了临川拜见文益禅师，“师资道合”④，而获得了悟法的因缘与契

---

① 道原：《景德传灯录》卷第二十五，第537页。
② 关于德韶对法眼宗的发展所起之作用，兹后有详细论述。
③ 道原：《景德传灯录》卷第二十五，第520页。
④ 道原：《景德传灯录》卷第二十五，第520页。

机。慧明悟法后离开文益,“寻回鄞水大梅山庵居”[①],后又迁居天台山白沙卓庵。但是他深感“时吴越部内禅学者虽盛,而以玄沙正宗置之阃外”[②],故有振兴玄沙门庭之主观意愿。他在教授学人时,时常显露出清凉家风。

一日,有二禅客到,师问曰:“上座离什么处?”曰:“都城。”师曰:“上座离都城到此山,则都城少上座,此山剩上座。剩则心外有法,少则心法不周。说得道理即住,不会即去。”其二禅客不能对。[③]

慧明禅师先以家常话语询问禅客从何处来,紧接着他引入心法与心外法之讨论来开示禅客,语言十分质朴,但又暗含用意。然因禅客不解个中,以至于难以做出合适的回答。慧明禅师还针对前来挑战、敌论宗乘的学人提出尖锐的问题进行诘问,使其知难而退。

时有朋彦上座,博学强记,来访师敌论宗乘。师曰:“言多去道还矣。今有事借问,只如从上诸圣及诸先德还有不悟者也无?”朋彦曰:“若是诸圣先德,岂不有悟者哉!”师曰:“一人发真归源,十方虚空悉皆消殒。今天台山嶷然,如何得消殒去?”朋彦不知所措。[④]

朋彦虽有博学强记之能力,但未明佛理,故遇到像慧明这样的明眼人,自然难以抵挡,难免要露出知解的马脚。对于慧明的第一问,从知识性层面出发做出回答并不难,但是对于第二问则非知解就难以回答,因为它涉及非知识性的佛理层面。朋彦对此不能作答,更反映出他“夸舌辩如利锋,骋学富如囷积。到此须教寂默,语路难伸。从来记忆言辞,尽是数他珍宝”[⑤]的禅之通病。慧明敌论宗乘取胜,使其在吴越之地声名鹊起,“自是他宗泛学来者皆服膺矣”[⑥],更取得了弘扬禅学与推动法眼宗发展的有利条件。朋彦也“因慧明禅师激发,而归于天台之

---

① 道原:《景德传灯录》卷第二十五,第 520 页。
② 道原:《景德传灯录》卷第二十五,第 520 页。
③ 道原:《景德传灯录》卷第二十五,第 520 页。
④ 道原:《景德传灯录》卷第二十五,第 520—521 页。
⑤《宗门十规论》,《卍新续藏》第 63 册,第 38 页中。
⑥ 道原:《景德传灯录》卷第二十五,第 521 页。

室，悟正法眼”①。慧明不仅在教内具有了一定的影响力，而且在政治上也得到了忠懿王钱俶的进一步支持，于“（后）汉乾祐（948—950）中，吴越忠懿王延入王府问法，命住资崇院”②，足见其在政治上受到的尊重和礼遇。

但是，当时吴越佛教“实际上是诸宗并列”③，“而吴越的崇佛却是自始至终，一以贯之”④的，故这一宗教传统导致法眼宗并未一枝独秀地挺立在吴越之国，并且吴越国主也未将其立为唯一之宗派。各派都想争夺发展的空间，因此势必有一场思想论战即将在法眼宗派与其他诸宗之间进行，而慧明则成为与各派论战的关键性人物。

> 师盛谈玄沙宗一大师及地藏法眼宗旨臻极，王因命翠岩令参等诸禅匠及城下名公定其胜负。⑤

可见，论战是由“师盛谈玄沙宗一大师及地藏法眼宗旨”直接造成的。从“王因命翠岩令参等诸禅匠及城下名公定其胜负”的态度来看，法眼宗当时在吴越未取得一枝独秀的宗教地位，而是与其他宗派并列，都为吴越国主所共奉同尊。法眼宗地位的跃升，是在此次论战之后，就此意义而言，慧明起到的作用不可估量。这一场论战是在慧明与天龙禅师、资严长老等吴越禅门与教门名宿之间展开的。而担任裁判的是翠岩令参⑥等禅师。

> 天龙禅师问曰：“一切诸佛及诸佛法皆从此经出，未审此经从何而出？”师曰：“道什么？”天龙方再问，师曰：“过也。”资严长老问：“如何是现前三昧？”师曰：“还闻么？”曰：“某甲不患聋。”师曰：“果然患聋。”师举雪峰塔铭问老宿云：“夫从缘有者始终而成坏，非从缘有者历劫而长坚。坚之兴坏即且置，雪峰即今在什么处？（法眼别云：即今是成是坏？）”众皆无对。设有对者

---

① 道原：《景德传灯录》卷第二十六，第550页。
② 道原：《景德传灯录》卷第二十五，第521页。
③ 何灿浩：《吴越佛教片论》，《宁波大学学报（人文科学版）》2002年第1期。
④ 何灿浩：《吴越佛教片论》，《宁波大学学报（人文科学版）》2002年第1期。
⑤ 道原：《景德传灯录》卷第二十五，第521页。
⑥《祖堂集》卷第十载：“翠岩和尚嗣雪峰，在明州，师讳令参，湖州人也。未睹行录。钱王钦仰，赐紫永明大师。”参见静、筠二禅师编撰：《祖堂集》上册，中华书局，2007年，第477页。

亦不能当其征诘。时群彦弥伏,王大悦,命师居之,署圆通普照禅师。[1]

上述论战资料显示,天龙禅师之问重在经教,以经从何处来之问诘难慧明,有考镜源流的知识性探问之意。但慧明不是就事论事地回答,而以一句“道什么”作答,其实是话带机锋且一语双关,意在表明参禅悟道不在经教,亮明了禅宗“教外别传”的宗门要旨。慧明的“道什么”既是问话,也是答话,更是反问,而且也是在有意或无意间勘验天龙禅师有无执着之心。天龙禅师只知其一,不知其二,更不知其三,误以为慧明禅师需要他重复一次,未能进入禅门之机锋语境而落入俗套,故为慧明所勘破。与天龙禅师相比较而言,资严长老则显得更为高明一些。慧明与资严长老有几个回合的思想交锋,从双方的机锋语意来看,似难以区分谁高谁低、谁是谁非,但在慧明禅师举雪峰塔铭追问诸人而无人应答,或即便应答也可能明显有失水准时,即可窥见慧明的禅学见地明显高于资严长老和其他参与论战的众禅师。论战的结果是“群彦弥伏,王大悦,命师居之,署圆通普照禅师”[2],于是奠定了法眼一派在吴越的法统地位。慧明与诸禅师的论战十分精彩,慧明不仅舌战群禅而胜出,而且展现了其所秉承的语言质朴、言句平实的“清凉家风”。

此外,值得一提的还有杭州永明寺道潜禅师、杭州灵隐山清耸禅师、杭州真身宝塔寺绍岩禅师、天台山般若寺通慧禅师敬遵等法眼子弟,都为传播法眼禅法以及使法眼宗一派流入吴越做出了积极的贡献。

二 法眼宗宗派系谱

从法眼宗传承的系谱来看,法眼一脉先后涌现出像文益、德韶、延寿这样具有代表性意义的三位禅门祖师,他们长期活跃在江南、吴越之地,是学修并进、功夫与见地卓越,且思想富于开创性的一代高僧大德。他们在思想文化转型时代,提出了新的禅宗教育方法,并建立了一套适宜于禅学发展的思想理论体系,对推

① 道原:《景德传灯录》卷第二十五,第521页。

② 道原:《景德传灯录》卷第二十五,第521页。

动禅宗的发展起到了重要作用。

事实上，佛教的发展主要体现在佛教法脉的延续或后世的法脉传承上。由此而对社会所造成的宗教影响亦能反映出其自身的繁荣与发展之状况。佛教法脉的延续与传布，受多重因素之影响，而关键之点实赖于高僧的真知灼见以及人格魅力，所谓“人能弘道，道借人弘”①，“人能弘道，非道弘人”②。法眼宗能在江南、吴越之地创立与发展，源自清凉文益及其嗣下门徒、弟子的不懈努力。而且，禅师自身的功夫、见地以及影响力，是决定法脉能否继续延传的关键性要素。德韶禅师贵为国师，又有真实悟境，故他在推广禅学、壮大法眼宗队伍、提高法眼宗禅法之影响力上功不可没，是法眼宗承前启后的关键性人物。因此他门下弟子众多，自然成为弘扬法眼宗一脉禅法的一股重要势力。故“见诸《景德传灯录》的德韶门徒四十九人，主要分布在吴越境内，而所弘日杂。像出生在余杭的志逢(909—985)，‘通贯三学，了达性相’，是极有义学修养的人，但又以梦三佛列坐、天神告诫等昏话示人。吴越王创普门精舍，大将凌超于五云山造华严道场，先后请志逢主持，可能与他宣扬华严教义或密教有关。另有出生于温州永嘉的永安(911—974)，曾被吴越王征为僧正，初住越州清泰院，复召居杭州报恩寺，似亦传播华严教旨，曾整理李通玄(635—730)的《华严释论》，与经文合编成百二十卷雕印。当然，最能代表法眼宗走向的还是延寿”③。可见，德韶门徒尤其是永明延寿，乃是法眼宗传播与发展的主要推动者。法眼宗经由文益、德韶之创立与发展，至延寿成为第三代法眼宗祖师而走到了发展之巅峰。

(一) 德韶禅师与法眼宗的发展

德韶(891—972)，为法眼宗第二代祖师，处州龙泉人，俗姓陈。17 岁时在龙归寺正式出家，18 岁时在信州开元寺受戒。后唐同光年间(923—926)，寻访名山，“参见知识，屈指不胜其数”④，游访投子山参见大同禅师，而发心学禅。后又参龙牙遁和尚。《景德传灯录》说他“如是历参五十四善知识，皆法缘示契”⑤。虽然德韶辗转各地参访数位高僧大德而仍未开悟，但却奠定了其深厚的禅学基础，

---

① 慧皎撰，汤用彤校注：《高僧传》，第 296 页。

② 道宣：《广弘明集》卷第二十二，《大正藏》第 52 册，第 257 页中。

③ 杜继文、魏道儒：《中国禅宗通史》，第 389 页。

④ 赞宁：《宋高僧传》上册，第 317 页。

⑤ 道原：《景德传灯录》卷第二十五，第 514 页。

开阔了其思想视野，引发了他深深的思索，为其开悟创造了条件。故在临川初见文益禅师时，就得到文益禅师的赏识，即“净慧一见深器之”①。但在文益禅师处，德韶也并没有立即开悟，这说明开悟是讲究机缘和条件的，悟道并非像人们想象的那样简单，一切都是因缘际会，开悟各人有各自的机缘巧合。由于德韶“以遍涉丛林，亦倦于参问，但随众而已”②，故其能在文益禅师座下安下心来参禅悟道，这一点尤为重要。不久，他在文益禅师接引学人的过程中，获得了悟法的契机。一日文益禅师上堂，有僧问：“如何是曹源一滴水？”文益禅师曰：“是曹源一滴水。”③这一机锋虽未使问僧开悟，却令座前的德韶心性豁然开朗，所谓“平生疑滞涣若冰释”④，而获得了悟法的契机，“重了心要”⑤，遂成为文益禅师的得法高徒。“如何是曹源一滴水”与“是曹源一滴水”的问答引发了德韶禅师的当下之顿悟，并成为他不同寻常的悟道因缘。文益禅师的朴实言说方式对德韶而言犹如一道智慧之光，穿越了德韶心灵深处的“幽暗”与迷雾，并给予了他心灵的启迪。德韶禅师心灵的神会之感，如同谷响之泉水幽远绵长，又似《五宗原》云：“正是山河在我眼里，自己只在目前。鸟啼花落水茫茫，月白风清山楚楚。说甚惟心惟识，岂关句里言前。”⑥因此，文益禅师对其领悟到的禅宗那种不可言说之悟境颇为赞赏，并给予厚望云：“汝向后当为国王所师，致祖道光大，吾不如也。”⑦由于德韶在文益禅师处得以开悟，故其对佛法义理与诸多禅门公案皆能一一会解，“一通而百通”，正所谓“自是诸方异唱，古今玄键，与之决择，不留微迹”⑧。

德韶悟法之后，“始入天台山，建寺院道场”⑨，开始了其弘法传禅的布道生涯。不久，德韶的名声大振，“大兴玄沙法道，归依者众”⑩。德韶弘法之时还常为人预测未来，所谓“每有言时，无不符合”⑪。《宋高僧传》云：“苏州节使钱仁奉有疾，遣人赍香往乞愿焉。乃题疏云：‘令公八十一。’仁奉得之甚喜曰：‘我寿八十

① 道原：《景德传灯录》卷第二十五，第514页。
② 道原：《景德传灯录》卷第二十五，第514页。
③《五家语录》，载弘学选编：《中国佛教高僧名著精选》中册，第1183页。
④ 道原：《景德传灯录》卷第二十五，第514页。
⑤ 赞宁：《宋高僧传》上册，第317页。
⑥《五宗原》，《卍新续藏》第65册，第104页下。
⑦ 道原：《景德传灯录》卷第二十五，第514页。
⑧ 道原：《景德传灯录》卷第二十五，第514页。
⑨ 赞宁：《宋高僧传》上册，第317页。
⑩ 赞宁：《宋高僧传》上册，第317页。
⑪ 赞宁：《宋高僧传》上册，第317页。

一也。'其年八月十一日卒焉。凡多此类。"[①]赞宁记载之本意是说"令公八十一"即是指仁奉活不过八月十一日,仁奉果然于是日而终,事实证明了德韶的预测是灵验的,这为德韶又披上了一层神秘的面纱,使他为人所敬重。吴越忠懿王因闻德韶之名,经常向其问道。乾祐元年(948),钱俶袭位,"迎德韶入杭州,尊为国师"[②]。德韶被奉为国师,不仅验证了文益禅师的宗教预言,而且也为法眼宗一派在吴越站稳脚跟打下了坚实的基础。故有人指出,德韶"在吴越的地位实际上体现了法眼宗在吴越的地位"[③],可见法眼宗"在吴越佛教中无疑具有特殊的地位"[④]。德韶之所以能够备受吴越国主的重视,不只是与其禅学修为及盛名有关,而且也和其与吴越之主钱俶的私人交往密不可分。

> 初止白沙时,吴越忠懿王以国王子刺台州,响师之名,延请问道。师谓曰:"他日为霸主,无忘佛恩。"汉乾祐元年戊申,王嗣国位,遣使迎之,申弟子之礼。[⑤]

从吴越国主钱俶尊德韶为国师并执弟子礼这一事件,我们不难看出,一方面钱俶有崇佛、信佛的思想信仰,另一方面钱俶与德韶之间似有达成了某种有利于佛教发展的诺言。由此,法眼宗在吴越获得了大规模发展的先机。吴主对德韶的重视与推崇固然是法眼宗在吴越发展的重要外在条件,但是能够使法眼禅法兴盛于江浙之间,也与德韶个人的人格魅力和思想境界有着密不可分的关系。赞宁《宋高僧传》曾对其倍加推崇,称:"功成不宰,心地坦夷。术数尤精,利人为上。"[⑥]即表明了德韶与众不同的人格魅力和宽广胸怀。

德韶在吴越的禅学贡献,一是不仅培养出了像永明延寿这样一位兼通诸学的法眼传人,而且由其门下流出的禅门弟子亦众多,《宋高僧传》有"弟子传法百许人"[⑦]的盛况之说,《景德传灯录》则记载了有确切人名的德韶国师法嗣 48 人。虽有二说,然无论哪一说法,都表明了德韶门徒皆有一定的规模。由于门徒众

---

① 赞宁:《宋高僧传》上册,第 317 页。
② 吴任臣:《十国春秋》卷八十九《僧德韶传》,中华书局,1983 年,第 1285 页。
③ 何灿浩:《吴越佛教片论》,《宁波大学学报(人文科学版)》2002 年第 1 期。
④ 何灿浩:《再论吴越佛教》,《宁波大学学报(人文科学版)》2003 年第 1 期。
⑤ 道原:《景德传灯录》卷第二十五,第 514 页。
⑥ 赞宁:《宋高僧传》上册,第 317 页。
⑦ 赞宁:《宋高僧传》上册,第 317 页。

多，从而延续了法眼宗的法脉。二是兴修道场，“兴智者道场数十所”①，广开法坛，“利人为上”②，不仅传播了法眼一派的禅学思想，而且推动了法眼宗派在吴越的发展，扩大了法眼一脉在吴越的宗教影响，提高了法眼宗在吴越的宗教地位。三是应天台门徒义寂之请，找回了散失在新罗国的中土佛教典籍。据载：

> 有传天台智者教义寂者屡言于师：“智者之教年祀寖远，虑多散落。今新罗国其本甚备，自非和尚慈力其孰能致之乎?”师于是闻于忠懿王，王遣使及赍师之书往彼国缮写备足而回，迄今盛行于世矣。③

德韶此举不仅为中土保留了大量的佛教文献典籍，而且推动了吴越与新罗之间的文化交流和互往，更为重要的是法眼宗思想也因此继文益禅师之后再次大规模地流向朝鲜半岛，并获得了海外的传播市场。此外，从天台义寂屡言于师的行径则不难看出德韶与义寂大师的关系非同寻常。天台宗义寂之所以有机缘能寻回教典，实赖于德韶的鼎力举荐和方便施法，《天台传佛心印记注》也进一步证实了德韶为义寂所付出的良苦用心。

> 吴越忠懿王因览《永嘉集》，有“同除四住，此处为齐，若伏无明，三藏即劣”之语，以问韶国师。韶曰：“此是教义，可问天台寂师。”王即召师出金门，建讲以问前义。师曰：“此出智者《妙玄》，自唐末丧乱，教籍散坏，故此诸文多在海外。”于是吴越王遣使十人，往日本国求取教典，既回，王为建寺螺溪，扁曰“定慧”，赐号净光法师，一家教学郁而复兴，师之力也。④

可见，德韶禅师也是一位善于把握时机的大师，对于忠懿王询问《永嘉集》中所涉及的教义问题不给予即刻回答，而是推荐天台义寂大师作为解答教义的最佳人选，故能水到渠成、瓜熟蒂落和一箭双雕地解决忠懿王之问与义寂有求于经典的心灵诉求。由此也具见德韶的机智过人和良苦用心。

---

① 赞宁:《宋高僧传》上册，第 317 页。
② 赞宁:《宋高僧传》上册，第 317 页。
③ 道原:《景德传灯录》卷第二十五，第 514 页。
④《天台传佛心印记注》,《卍新续藏》第 57 册，第 369 页上。

总之，德韶不仅有功于法眼宗的发展与传播，而且对吴越佛教的兴盛与发展也功不可没，是五代时期极具有影响力的一代禅门高僧。德韶禅师门徒有确切名录者 49 人，他们是法眼宗禅法的弘扬者和法脉传承的延续者，在吴越传播禅法和推动法眼宗的发展壮大中均做出了积极的贡献。不过，最能代表法眼宗走向的还是永明延寿。[①]

（二）永明延寿禅师与法眼宗的发展

永明延寿禅师是法眼宗盛衰转折中的关键性人物。他是法眼宗禅学思想的集大成者，“是中国五代时的佛学巨匠”[②]，为法眼宗的第三代祖师。雍正对其曾有评云：“永明平生，行解相应，纯粹以精，……比之法眼益天台韶，实为青出于蓝，直是释迦牟尼佛以后，佛法入震旦以来第一导师。”[③]而且，延寿“不但主张禅净合一，而且主张禅净兼修，禅戒并重，内省与外求均行，有集一切佛法于一生的综合特色”[④]。他的出现，既将法眼宗推向了发展的顶峰，又成为法眼宗由盛而衰走向“中绝”[⑤]的分水岭。因此，在法眼宗乃至整个禅宗的历史上，永明延寿禅师是不可缺少或不能不论及的重要思想人物。[⑥]

永明延寿（904—975），余杭人，俗姓王，“总角之岁，归心佛乘”[⑦]，与佛门颇有因缘。少年延寿天资聪慧、才思敏捷，并具有特殊的才能，故《人天宝鉴》说他“师生有异才。及周，父母有诤，人谏不从，辄于高榻奋身于地，二亲惊惧抱泣而息诤”[⑧]。青年时期的延寿则酷爱佛学，且有以佛教戒律来要求自己进行修持的生活习惯，所谓“既冠不茹荤”[⑨]，并乐于研读佛教经典，喜好诵读《法华经》，并表现出了超常的能力，所谓“七行俱下，才六旬，悉能诵之”[⑩]，这为其日后走向弘化佛教之路打下了良好的基础。关于延寿出家前的身份，《景德传灯录》说他“二十八

---

① 杜继文、魏道儒：《中国禅宗通史》，第 389 页。

② 冉云华：《从印度佛教到中国佛教》，台北东大图书股份有限公司，1995 年，第 245 页。

③ 史原朋主编：《雍正御制佛教大典》，第 508 页。

④ 陈扬炯：《中国净土宗通史》，江苏古籍出版社，2002 年，第 430 页。

⑤ 关于“中绝”，意指法眼宗入宋以后，法脉不明，未有典籍记载。一般认为，法眼宗在宋初就灭亡，法脉不传。因近现代虚云大师应僧俗两界所请，一人嗣“五宗”，遥嗣法眼宗法脉，故可视为法眼一脉再度复兴而有了法脉之延续。

⑥ 黄诚：《法眼宗研究》，第 134 页。

⑦ 道原：《景德传灯录》卷第二十六，第 549 页。

⑧ 《人天宝鉴》，《卍新续藏》第 87 册，第 23 页上。

⑨ 道原：《景德传灯录》卷第二十六，第 549 页。

⑩ 道原：《景德传灯录》卷第二十六，第 549 页。

为华亭镇将”[①],《宋高僧传》则说他“时为吏,督纳军须”[②],而《佛祖统纪》说他“吴越钱氏时,为税务专知”[③]。然而,无论延寿是担任过华亭镇将也好,还是做过税务专知官也罢,都说明了其出家之前为一官吏,具有官家的身份和经历。为什么这样一位颇有才华而又身居一定官位的青年才俊要投身佛门而一心向道呢?对于延寿出家之因缘,苏轼的《东坡志林》则有明确记载:

> 钱塘寿禅师,本北郭税务专知官,每见鱼虾辄买放生,以是破家。后遂盗官钱为放生之用,事发坐死,领赴市矣。吴越钱王使人视之,若悲惧如常人,即杀之;否,则舍之。禅师淡然无异色,乃舍之。遂出家,得法眼净。禅师应以市曹得度,故菩萨乃现市曹以度之。学出生死法,得向死地走之一遭,抵三十年修行。[④]

从上文引述的资料来看,苏轼认为延寿禅师担任“税务专知官”期间,他为放生而盗用官钱,犯下杀头之罪,由于吴越王被其视死如归的镇定精神所折服,并有感于其放生行为的真诚而对其法外施恩,免其死罪。延寿在红尘浪里经历了如斯生死之役,故而断然出家。这或许是直接导致延寿出家的真正原因。《佛祖统纪》也有同样的说法:

> 法师延寿,字冲玄,总角诵《法华经》,五行俱下,六旬而毕。吴越钱氏时,为税务专知。用官钱买鱼虾放生。事发当弃市。吴越王使人视之曰:“色变则斩,不变则舍之。”已而色不变,遂贷命。因投四明翠岩禅师出家。[⑤]

由于吴越王“知师慕道,乃从其志,放令出家”[⑥]而予以赦免,于是延寿就这样皈依佛门,走上了向佛之路。

---

① 道原:《景德传灯录》卷第二十六,第549页。
② 赞宁:《宋高僧传》卷第二十八,《大正藏》第50册,第887页中。
③ 志磐:《佛祖统纪》卷第二十六,《大正藏》第49册,第264页中。
④ 苏轼:《东坡志林》,三秦出版社,2004年,第99—100页。
⑤《佛祖统纪》卷第二十六,《大正藏》第49册,第264页中。
⑥ 道原:《景德传灯录》卷第二十六,第549页。

延寿在参访求学的过程中，先礼当时在龙册寺的雪峰弟子翠岩令参（永明）禅师为师，“执功供众，都忘身宰。衣不缯纩，食无重味。野蔬布襦，以遣朝夕”①。这说明延寿在出家之时选择的就是禅悟之路，而且在其早期的出家生涯中，曾过了一段苦行僧的生活，②因而具有头陀苦修的精神气质，故《人天宝鉴》称他“年三十四往龙册寺出家受具，后苦行自砺，唯一食”③。后又自行前往天台山天柱峰修习禅定九旬。他在修习禅定时入定，有飞鸟巢栖于衣中而不觉的体悟和经历，足见其禅定功夫比较深厚，而且也说明延寿在佛法修学之中走的是修禅路线。其后，又参礼德韶禅师，并在德韶处获得了悟道之因缘。德韶“一见而深器之，密授玄旨”④，故延寿得以印心、开悟，而成为法眼一派的得法弟子，这进一步说明他是禅宗门徒。延寿开悟之后，遂辞别德韶而迁遁于明州雪窦山，驻锡于资圣寺，一方面是应缘而随机传道说法，另一方面则继续修禅来保任自己证悟之境界，故《宋高僧传》说他“除诲人外，瀑布前坐讽禅嘿。衣无缯纩，布襦卒岁。食无重味，野蔬断中”⑤。不过，延寿在雪窦山仍然过着苦行、苦修的生活，体现了一位禅者勤于修炼、精进不息的精神风范。延寿曾在明州雪窦山资圣寺上堂传其道法时云：“雪窦这里，迅瀑千寻，不停织粟。奇岩万仞，无立足处。汝等诸人向什么处进步？”⑥他的一番言说强调了禅门修学之法是以“无门为门”的顿悟之法，与达摩的壁观参悟禅道之法有禅法思想上的承接性。蔡日新也认为，此处体现了延寿禅教中曹溪顿教思想。⑦ 同时，也再次说明他悟道之后仍然乐于传播禅法，并努力弘扬禅宗之教法。时有僧问延寿曰：“雪窦一径，如何履践？”⑧延寿禅师则云：“步步寒华结，言言彻底冰。”⑨蔡日新认为，此处展现了延寿之机锋迅急与剔透玲珑。⑩ 事实上，在延寿看来，修学佛法不仅需要身体力行、一步一个脚印，而且需要在学理上有见地、通达，即所谓的“深明佛理”。

---

① 道原：《景德传灯录》卷第二十六，第549页。

② 冉云华：《从印度佛教到中国佛教》，第205页。

③ 《人天宝鉴》，《卍新续藏》第87册，第23页上。

④ 道原：《景德传灯录》卷第二十六，第549页。

⑤ 赞宁：《宋高僧传》下册，第708页。

⑥ 道原：《景德传灯录》卷第二十六，第549页。

⑦ 参见蔡日新：《法眼大师　禅著宗匠——永明延寿禅师述评》，载杭州佛学院编：《永明延寿大师研究》，宗教文化出版社，2005年。

⑧ 道原：《景德传灯录》卷第二十六，第549页。

⑨ 道原：《景德传灯录》卷第二十六，第549页。

⑩ 参见蔡日新：《法眼大师　禅著宗匠——永明延寿禅师述评》，载杭州佛学院编：《永明延寿大师研究》。

建隆元年(960),吴越忠懿王钱俶迎请延寿禅师入居杭州灵隐山新寺,而成为灵隐山新寺第一代住持,建隆二年(961)又请住永明大道场,“为第二世,众盈二千”①,说明其在永明寺聚集僧人众多,并且受到吴越国主的尊崇。虽然延寿门下门徒众多,但是学法人多,悟法人少,真正能够继承延寿道法并得到真传的人更是凤毛麟角,故《景德传灯录》言:“杭州永明寺延寿禅师法嗣:杭州富阳子蒙禅师,杭州朝明院津禅师。已上二人无机缘语句,不录。”②即是说延寿正宗法传仅有二人,并且二人无机缘语句,所以未能彪炳史册,这也为继续探究延寿系下的法脉传承及思想带来一定的困难,或许这一不详记录也从一侧面反映了法眼宗在延寿之后即有走向衰落的迹象。在永明寺驻锡期间,延寿积极弘传禅法和接引学人,时有学人问延寿:“如何是永明妙旨?”③延寿的回答是:“更添香著。”④延寿的回答有针对学人执着于妙旨的禅病而给予破除之用意,继而促使学人豁然领悟。至于永明家旨,延寿自有偈语云:

欲识永明旨,门前一湖水。日照光明生,风来波浪起。⑤

言永明之妙旨,实际就是论永明之家风。由于永明延寿的学修成就昭著于世,学人十分景仰和关注永明家风之究竟处。故有学人问曰:“学人久在永明,为什么不会永明家风?”⑥对此疑问,永明延寿则回答说:“不会处会取。”⑦学人不明延寿之意,又问曰:“不会处如何会?”⑧延寿答道:“牛胎生象子,碧海起红尘。”⑨延寿与学人的一番问答,不仅显示了法眼一宗“就物呈心,句里藏锋”⑩的禅风意趣,而且在循序善诱的言说中也表现了“调机顺物,斥滞磨昏”的清凉家风。从延寿偈语的内容来看,永明妙旨,本来清净,犹如一潭平静、清澈的湖水。当阳光普

① 道原:《景德传灯录》卷第二十六,第549页。
② 道原:《景德传灯录》卷第二十六,第542页。
③ 道原:《景德传灯录》卷第二十六,第549页。
④ 道原:《景德传灯录》卷第二十六,第549页。
⑤ 道原:《景德传灯录》卷第二十六,第549页。
⑥ 道原:《景德传灯录》卷第二十六,第549页。
⑦ 道原:《景德传灯录》卷第二十六,第549页。
⑧ 道原:《景德传灯录》卷第二十六,第549页。
⑨ 道原:《景德传灯录》卷第二十六,第549页。
⑩ 道原:《景德传灯录》卷第二十六,第556页。

照湖水之时，湖面似如明镜，而一经阳光之照射遂生起耀眼的光芒，微风过处掀起层层波浪。但是，无论是光照湖水所产生的耀眼光芒，还是风吹水面掀起的阵阵波纹，都不会因为这一外在条件所引起的变化而使水性有任何的改变。虽然水能出现反光效果，水能产生波浪，但是水还是水，水的性质依然没有一丝的变化。水是应物随行、圆融无碍、真性不变的。故蔡日新也认为，此偈语体现了永明家风，即同永明寺前的西湖水一样随物赋形、圆融无碍。[①] 延寿以湖水示教，实质在于言心（即真心）之不变，即所谓的自然、随缘。唐代诗人皮日休诗云："欲知心不变，还似饮贪泉。"[②]即用泉水的不变性来比拟心的不变性，所谓"心如止水"，本心不变，即表明了水之清净与心之清净的相似关系。延寿的"不会处会取"，正是体现了禅宗"无门为法门"的入道之法，而"牛象海尘"则超越了思量取舍，是超二元对待的直观之境。故也有学者认为，"'不会处会取'正是般若无知而无不知的精辟表述"[③]，体现了法眼宗"色相俱泯，触目菩提"的宗风及感悟境界[④]。因此，以偈语明宗旨，一方面体现了延寿强烈的宗派意识，有使学人自我明辨"宗眼"的用意；另一方面也表现了法眼禅风的精神面貌，而令学人向往之。

延寿禅师悟道之后主要行化于雪窦、灵隐，并在永明大道场广弘禅法，"师居永明道场十五载，度弟子一千七百人"[⑤]，"开宝七年入天台山度戒，约万余人"[⑥]。由此可见其在传布佛法上不遗余力，为振兴法眼宗一脉所做出的贡献巨大。故有人说："延寿度众、为信者授戒的规模在当时谓为宏阔，可见一代高僧受众景仰之深，亦可见当时佛教信仰于吴越之繁盛。"[⑦]而且延寿聚众说法的这一实际行动与后果，还直接验证了其师德韶禅师对他所寄予的期望："汝与元帅有缘，他日大兴佛事。"[⑧]德韶禅师的寄语与文益对其的嘱托有惊人的相似之处："汝向后当为国王所师，致祖道光大，吾不如也。"[⑨]这也许就是法眼一系付嘱时比较鲜明的个性，也是该宗的传法特点之一。当然，这一付嘱的言说方式也与该宗历史传承以

---

① 参见蔡日新：《法眼大师　禅著宗匠——永明延寿禅师述评》，载杭州佛学院编：《永明延寿大师研究》。

② 皮日休：《聪明泉》，《全唐诗》卷六百一十五。

③ 吴言生：《禅宗诗歌境界》，中华书局，2001年，第185页。

④ 吴言生：《禅宗诗歌境界》，第186页。

⑤ 道原：《景德传灯录》卷第二十六，第550页。

⑥ 道原：《景德传灯录》卷第二十六，第550页。

⑦ 郭延成：《永明延寿"一心"与中观思想的交涉》，南开大学2009年博士论文，第30页。

⑧ 道原：《景德传灯录》卷第二十六，第549页。

⑨ 道原：《景德传灯录》卷第二十五，第514页。

及所认知事相的知识结构和习惯经验有莫大的关系。

延寿一生，不仅以自身的实际行动大行菩萨道和践行佛法的慈悲精神，即“朝放诸生类，不可称算”①，而且注重经教在引导学人悟法上的作用，诵读《法华经》一万三千部，并以教理指示学人悟道。他在弘扬法眼宗的同时，主张“禅教一致”，继承和发展了文益禅师的禅法和思想，“使禅教一致成为北宋以后禅宗的主流”②。郭朋先生也认为延寿“明确地提出了禅、教兼重的主张”，“这一点，可说是延寿更加发展了文益的思想”。③ 延寿还在“禅教一致”思想的整体框架下倡导“禅净合流”，积极主张净土念佛，提倡“唯心净土”，在客观上推动了净土法门的传播与发展，又似有改变禅宗门风的主观意图。关于延寿修持净土法门之说，《永明道迹》云：

> 师居永明，日课一百八事，未尝暂怠。至暮，每独往别峰行道念佛。然密从之者，常数百人。清宵月朗，空中时闻螺贝天乐之声。感忠懿王闻而叹曰：自古求西方者，未有若是之切至也。特为建西方香严殿于赤岩，以成其志。④

可见，延寿禅师在居永明寺期间有修炼净土法门的经历，故《佛祖统纪》亦云：“二年迁永明（今净慈），日课一百八事，未尝暂废。学者参问，指心为宗，以悟为则，日暮往别峰行道念佛。”⑤显然，延寿在佛法修炼的实践中身体力行着“禅净双修”。至于延寿为何要弘扬净土念佛法门，《乐邦文类》则说得很明白：

> 于国清行法华忏，夜见神人持戟而入。师呵：其何得擅入？对曰：久积净业方到此中。又中夜旋绕，次见普贤前供养莲华忽然在手，因思夙有二愿：一愿终身常诵《法华》；二愿毕生广利群品。忆此二愿，复乐禅寂进退迟疑，莫能自决。遂上智者禅院作二阄：一曰一心禅定阄；二曰诵经万善庄严

---

① 道原：《景德传灯录》卷第二十六，第550页。
② 陈扬炯：《中国净土宗通史》，第430页。
③ 郭朋：《中国佛教思想史》下卷，第140页。
④ 《永明道迹》，《卍新续藏》第86册，第57页中—下。
⑤ 志磐：《佛祖统纪》卷第二十六，《大正藏》第49册，第264页下。

净土阄。冥心自期曰:傥于此二途,有一功行必成者,须七返拈着为证。遂精祷佛祖,信手拈之,乃至七度,并得诵经万善生净土阄。由此一意,专修净业,遂振锡金华天柱峰,诵经三载,禅观中见观音以甘露灌于口,从此发观音辩才。[①]

按照《乐邦文类》的说法,延寿弘扬净土法门是由抓阄决定的,而这一抓阄的前因后果却笼罩着一层神秘主义的色彩。不过,抓阄求抉择的现象本身,却表明了延寿由修学净土法门而转向了弘扬净土信仰,并开始对“禅净合流”思想进行真正的实践。

延寿于开宝八年(975)十二月圆寂,世寿71岁,僧腊42年[②],葬于大慈山,被忠懿王钱俶谥为“智觉禅师”。宋太宗对其所驻锡之寺庙赐额曰“寿宁禅院”[③],也尤见延寿入宋所受到的尊崇,这也表明延寿与宋代政治上层有着紧密的关系。可见,延寿与吴越国主以及宋代政治上层保持友好关系为其发展和传播法眼宗创造了有利的外部条件。不过,宋代皇帝出于多种因素考虑,并未像吴越国主那样对其特别优待或给予他国师之礼的尊崇身份。

延寿门徒可谓不计其数,所谓“师居永明道场十五载,度弟子一千七百人”[④]和“开宝七年入天台山度戒,约万余人”[⑤]。但是《景德传灯录》却在延寿禅师法嗣中仅录有杭州富阳子蒙禅师和杭州朝明院津禅师二人,《景德传灯录》作者道原还注明二人“无机缘语句,不录”,故从中很难了解到二人之行历和思想,而且更难获悉二人之后的传承法脉。不过,延寿广收学徒、普度众生的实践行动在客观上推动了法眼宗在江南的发展。

又据《景德传灯录》记载,杭州开化寺传法大师行明曾与延寿有披剃意义上的师徒关系,不过行明受记却是在天台德韶处,故《景德传灯录》不录行明为延寿法嗣是有一定原因的。据载:

---

① 《乐邦文类》卷第三,《大正藏》第47册,第195页上。
② 赞宁的《宋高僧传》却对延寿的僧腊有不同说法:“法腊三十七。”
③ 道原:《景德传灯录》卷第二十六,第550页。
④ 道原:《景德传灯录》卷第二十六,第550页。
⑤ 道原:《景德传灯录》卷第二十六,第550页。

杭州开化寺传法大师行明，本州人也，姓于氏，少投明州雪窦山智觉禅师披剃。及智觉迁住永明大道场，有徒二千，王臣钦仰，法化弥盛。师自天台受记，回永明，翼赞本师，海众倾仰。开宝八年智觉归寂，师遂住能仁寺，忠懿王又建大和寺（寻改名六和寺，后太宗皇帝赐号开化），延请住持，二处皆聚徒说法。[1]

上述史料表明杭州开化寺传法大师行明年少时曾为延寿于雪窦山传法时所披剃，虽然行明是在延寿处披剃而有了师徒之间的名分关系，但这并不意味着他就一定是延寿的法嗣。延寿后迁住永明大道场，行明却在天台受记，之后才回到永明道场。行明在天台德韶处受记，自然为德韶之法嗣，而且《景德传灯录》已将其列为法嗣四十九人中之一员，由此也具见“披剃”与“受记”在古代僧人的生活世界中是有不同含义的。不过，行明不忘本师，于是“回永明，翼赞本师，海众倾仰”，所以行明的身份又变得更复杂了些。延寿圆寂后，行明受忠懿王延请，住持能仁寺、大和寺，并聚徒讲法，有效地在江南传播了佛教禅学。无论行明是作为德韶的法嗣，还是依然为延寿的门徒，都不是最重要的问题，关键是他作为法眼宗一派弟子为禅学和法眼宗的发展所做出的努力应予以肯定。

此外，延寿的禅法思想也影响到了海外，打开了法眼思想传播海外的市场，因此在海外也有其法脉传承。据载，“高丽国王览师言教，遣使赍书，叙弟子之礼。奉金线织成袈裟，紫水精珠，金澡罐等。彼国僧三十六人皆承印记，前后归本国，各化一方”[2]，进一步反映了法眼宗较为广泛的社会影响。据冉云华先生之说，延寿朝鲜法嗣中的智光（930—1018）被誉为“朝鲜禅宗之始”，英俊（932—1014）则为朝鲜天台宗的代表性人物。[3]

（三）法眼宗现当代传承及分布

值得一提的是，从法眼宗的传播与发展来看法眼宗的系谱，法眼正脉当以文益传德韶，进而由德韶传延寿，为法眼宗的正宗传法世系。入宋以后，法眼一脉

---

① 道原：《景德传灯录》卷第二十六，第558页。
② 《五灯严统》卷第十，《卍新续藏》第81册，第15页中。
③ 冉云华：《永明延寿》，台北东大图书股份有限公司，1999年，第64—65页。

断绝而不见于诸史。不过,近现代又有虚云和尚一人承接五家法脉之举[①],而使禅宗法眼一脉得以实质性地延续下来。有学者指出:"(虚云)老和尚是中国近代禅宗的代表人物,他一身兼祧禅宗五家法脉——他于鼓山接传曹洞宗,兼嗣临济宗,中兴云门宗,扶持法眼宗,延续沩仰宗。他解行相应,宗说兼通,定慧圆融。"[②]杨曾文先生也认为,"虚云和尚既传曹洞禅法,又兼传临济禅法,并且以'中兴云门,匡扶法眼,延续沩仰'自任","遥嗣法眼为第八世","一人而兼祧禅宗五宗法脉","使禅门五宗得以延续下来"。[③] 关于遥继法眼宗法脉之举,虚云和尚曾有偈语表证:"虚灵本体圣凡同,只在平常迷悟中,云任卷舒循缘应,应不留情心自通。"[④]这是虚云和尚遥续法眼宗一派法系之表信偈语,乃遥嗣祥符良庆(度)禅师。至于虚云为何要遥嗣法眼宗,也有其特殊之因缘,虚云曾记云:

> 癸酉春,有明湛禅者,由长汀到南华,谓在长汀创建八宝山,志欲绍法眼一宗,不知所由,恳授其法眼源流。因嘉其志,乃告之曰:此宗发源在金陵清凉山,早废。兹时不易恢复。从宋元来,绍化乏后。查诸典籍,自文益师七传至祥符良庆师止,其后无考。旧派益祖六世祖光禅师立二十字,后不知何人立四十字。虽有二派,子孙停流,鲜有继起。又查益祖出天台德韶国师,与清凉泰钦禅师。传载韶、钦二公下五世良庆禅师。其中秉承,有继韶公者,有嗣钦公者,纷纭不一。有记益、韶、寿、胜、元、慧、良为七世;有记益、钦、齐、照、元、慧、良为七世。今欲继起,艰于考证。惟有秉承韶公,续从良庆禅师与余各摘上一字,续演五十六字,以待后贤继续,传之永久。[⑤]

可见,虚云是应长汀明湛禅师发愿要弘扬法眼宗一脉之请而承嗣法眼法脉的。岑学吕居士也说:"法眼失嗣更久,八宝山青持大师,请虚老续法眼源流。良庆(度)禅师为七代,虚老人应继为法眼第八代。"[⑥]虚云遥嗣法眼宗法脉,而将法

---

① 关于虚云一人兼祧五宗法脉一事,可参见《虚云老和尚五宗法嗣录》,载净慧主编:《虚云和尚全集》第十二分册,第 194 页。

② 于凌波:《中国近现代佛教人物志》,宗教文化出版社,1995 年,第 9 页。

③ 杨曾文:《近现代佛教史上的杰僧虚云和尚——纪念虚云和尚圆寂五十周年》,载纯闻主编:《上虚下云老和尚佛学思想研究论文集》(内部资料),云居山佛学研究苑打印本,2009 年,第 4 页。

④ 净慧主编:《虚云和尚全集》第 3 册,第 208 页。

⑤ 净慧主编:《虚云和尚全集》第 8 册,第 169—170 页。

⑥ 净慧主编:《虚云和尚全集》第十二分册,第 342 页。

眼宗传承世系确定为:第一世法眼文益禅师,第二世天台德韶国师、清凉泰钦禅师,第三世永明延寿禅师、云居道齐禅师,第四世灵隐文胜禅师、保福居煦禅师,第五世智者嗣如禅师,第六世宝林文慧禅师,第七世祥符良庆(度)禅师,第八世虚云古岩禅师。① 此系谱亦非一脉单传之得法系谱,而是师资世袭之传承系谱。此后,虚云延续了法眼宗一派法脉,并作传承法派之《五十六字偈语》云:

> 良虚本寂体无量,法界通融广含藏。遍印森罗圆自在,塞空情器总真常。惟斯圣德昭日月,慧灯普照洞阴阳。传宗法眼六相义,光辉地久固天长。②

其所传之法嗣有本湛青持、本禅、本性净慧、本智信清、本宽慧果。本湛青持于1943年4月在南华寺方丈室为虚云和尚所印可而得其付法,虚云和尚付法于本湛青持时有传法偈云:"本自如如圆明体,湛寂真常凡圣同。青虚妙义无变异,持传万古度迷人。"③即表明了本湛青持得到其所传法眼宗一派印心之法。本湛青持的法嗣则有寂本慧青、寂照慧瑛、寂照宏如等,而付法偈语却由虚云代付。然虚云所传法眼宗法脉并非一脉单传,而是一脉多传。虚云和尚传法眼宗法脉印心之时,其弟子除了本湛青持得其所传之外,本禅、本性净慧、本智信清、本宽慧果也均获得认可而得其传法。因传法偈语是得法的凭证或信物,虚云和尚为了说明他的弟子皆得法脉正传,是法眼宗的正宗法嗣,而特为他们每人付嘱有传法偈语。虚云和尚传法于本禅时有传法偈云:"本性玄通法法通,琉璃世界水晶宫。主人端坐绝伦匹,万象森罗应镜中。"④1952年在云门方丈室传法于净慧时有传法偈云:"摩醯顶上眼重开,方许吾宗大将才。法门幸有能承继,立志须从勇猛来。"⑤得到虚云付法的净慧大和尚现仍驻锡于黄梅四祖寺。1957年在云居山传法于本智信清时有传法偈云:"本自如如不动,智光灼破大千。信得真如自性,清凉直下子孙。"⑥按照虚云和尚拟定的传法字偈,"本"字辈之后是"寂"字辈,故

① 净慧主编:《虚云和尚全集》第8册,第169页。
② 净慧主编:《虚云和尚全集》第8册,第170页。
③ 净慧主编:《虚云和尚全集》第3册,第208页。
④ 净慧主编:《虚云和尚全集》第3册,第208页。
⑤ 净慧主编:《虚云和尚全集》第3册,第208页。
⑥ 净慧主编:《虚云和尚全集》第3册,第208—209页。

又有法孙寂本慧青承接法眼法脉，有传法偈语云："寂常真性遍虚空，本来具足莫迷蒙。慧灯彻照除昏暗，青山绿水体皆同。"①不过，此偈语为虚云"代本湛传付"②而已。而且，虚云1946年在云门寺方丈室也曾代本湛传法于寂照慧瑛，传法偈语云："寂然灵光能显露，照破凡情圣智成。慧心得悟无生理，瑛莹无暇示迷人。"③传法于寂照宏如时，传法偈语云："寂静精真透心光，照彻法界万象彰。宏演法眼上乘义，如实了证性相通。"④而"寂"字辈后为"体"字辈，虚云亦曾代传法于体华光升，有传法偈语云："体含真常遍刹尘，华开处处尽皆春。光明洞照三千界，升天入地度迷人。"⑤故上述获得传法偈语之人均可视为法眼宗的正宗法嗣，而且他们也是虚云之后法眼宗在新时期发展中的代表性思想人物。上文所论及的得法高僧，为延续法眼宗的法脉和弘扬禅宗事业做出了积极的贡献。

总之，法眼宗的形成不仅是禅宗发展与演化的结果，而且与社会历史环境有着紧密的联系，尤其是江南的历史传统与文化生境，为法眼宗的生根、发芽和抽枝，提供了良好的宗教环境。法眼宗的形成与发展，一方面与江南区域性政权的大力扶植有关；另一方面也与文益及其门徒的共同弘法传道实践密不可分，正所谓"人能弘道，非道弘人"。正是南唐、吴越地方区域性政权对法眼宗的大力扶植，又加上文益禅师、德韶、延寿等法门一代龙象及其门徒的共同努力，从而推动了法眼宗在南方的创立和发展，并使其成为声名显赫的宗派，门徒遍及南唐、吴越之地。

---

① 净慧主编：《虚云和尚全集》第3册，第208—209页。
② 净慧主编：《虚云和尚全集》第3册，第208—209页。
③ 净慧主编：《虚云和尚全集》第3册，第208—209页。
④ 净慧主编：《虚云和尚全集》第3册，第208—209页。
⑤ 净慧主编：《虚云和尚全集》第3册，第208—209页。

第五章　南唐帝王与佛教

如前所述，在中国佛教发展史乃至在中国历史上，信奉佛教的帝王可以说不胜枚举，但像梁武帝以及南唐后主李煜这样推崇佛教的，却屈指可数。总的来说，南唐诸位帝王对佛教的推崇在中国历史上都是罕见的，而这对金陵佛教的发展来说，也是浓墨重彩的一笔。

第一节
烈祖李昪与佛教

虽然烈祖李昪对佛教的狂热程度不像后主李煜那样强烈，但李昪对佛教的热衷亦是有目共睹的。我们可以从李昪的佛教观、佛教政策、佛教思想等三个方面来展开论述。

一 李昪的佛教观

李昪对于佛教的认知与其生存经历密切相关。李昪，字正伦，又名徐知诰，生于公元888年，卒于943年。李昪童年非常不幸，屡遭兵匪搅扰，6岁丧父，8岁丧母，从此便成了孤儿，两次被人收养，后转而被送到濠州（今安徽凤阳）一寺院为僧。[①] 李昪幼年的这种生活经历，使其对佛教有着特殊的认知。

尽管李昪自幼信佛，但其佛教观却比较复杂。这种复杂性，可以从其死因说起。李昪晚年开始迷恋长生之道，信奉各种道术，吃起长生之药。据载，李昪的死是吃丹药过多中毒所致。那么，李昪对佛教又将是何种情感呢？

我们知道，佛教的基本观念是缘起性空。无论佛教的哪一宗派，都不提倡以丹药来维持肉身的恒久。

> 不生亦不灭，不常亦不断。不一亦不异，不来亦不出。能说是因缘，善灭诸戏论。我稽首礼佛，诸说中第一。[②]

> 一切有为法，如梦幻泡影，如露亦如电，应作如是观。[③]

---

① 善从编：《中国皇帝全传》，中国华侨出版社，2011年，第356页。

② 龙树：《中论》，《大正藏》第30册，第1页中。

③ 鸠摩罗什译：《金刚般若波罗蜜经》，《大正藏》第8册，第752页中。

佛教倡导“诸行无常”“诸法无我”“涅槃寂静”的三法印。很显然，淡漠生死是佛教的本怀。然而，在烈祖李昪那里，他却没有按照佛教的理念去践行他对生命的态度。换言之，尽管李昪自幼深受佛教思想的熏染，然而在面临生死抉择时，他却在内心深处选择了另一种诉求。这里无须去判断其选择丹药来延年益寿是否正确，仅从宗教的虔诚性来说，李昪对佛教的虔诚之心还是不够的，至少有着摇摆不定的遐思。就此而言，李昪对佛教的态度是取其所需，而不是完全意义上的信仰。也许因为其信仰的不纯正，逝世后遭受了相应的“报应”。

> 金陵上元县人暴死，误追入冥府，见唐先主被五木甚严。民大骇，问：“主何以如此?”主曰：“吾为宋齐丘所误，杀和州降者千人，以冤被诉。”民曰：“臣误道当还。”主泣曰：“吾囚此，闻钟声则苦暂息。汝归语嗣君，凡寺院鸣钟，令延缓之。更能为造一钟，尤为济苦。”民曰：“下人何以取验?”主曰：“吾曾受于阗瑞玉大王于瓦官寺佛左膝，以香泥藏之，时无知者。”民既还而白。后主亲诣瓦官剖膝，果得玉像，感泣恸悬。即造一钟于清凉寺，镌其上云：“荐烈祖孝高皇帝，脱幽出厄。”以玉像建塔于蒋山。①

尽管学界有些学者将烈祖此述视为其在建国初期杀伐太重所致，②而实际上，如果从信仰层面而言，亦可能是信仰不够纯正所使然。

二 李昪的佛教政策

李昪在位时间尽管不长，但其政绩却相当显赫，在宗教治理方面亦如此。据史料记载，烈祖在位时，广修寺院，大兴布施，积极推动译经活动。

首先，烈祖对寺院与僧舍的修缮。据史料所载，升元年间(937—943)，烈祖李昪在金陵地区新建了净妙寺，并分别改瓦官寺为升元寺、能仁寺为兴慈寺、兴教寺为清凉寺。同时，在烈祖的推动下，金陵城外的摄山栖霞寺、牛首山祖庭幽栖霞院

---

① 志磐：《佛祖统纪》卷第四十二，《大正藏》第 49 册，第 392 页上。

② 陈葆真：《李后主和他的时代：南唐艺术与历史》，北京大学出版社，2009 年，第 210 页。

也是这一时期极为重要的佛教圣地。① 佛教寺院的新建是对佛教倡导的有力见证。当然,这种见证相较于对佛教布施和译经活动而言,还是相对隐性的。

其次,烈祖对译经活动的推动。讲经说法,这是僧人的职责,而帝王有时也会参与其中。参与的形式多样,可以是政策上的支持,如玄奘的西天取经;亦可以是亲临其中,如唐玄宗对一些佛经的注疏。而对烈祖而言,其参与的方式亦是多样的。正如《南唐书》所载:

> 俄有胡僧,自身毒中印土来,以贝叶旁行及所谓舍利者为贽。烈祖召豫章龙兴寺僧智玄,译其旁行之书,又命文房书《华严论》四十部,奁帙副焉,并图写制论李长者像,班之境内,此事佛之权舆也。然烈祖未甚惑。后胡僧为奸利,遂出之,国人则寖已成俗矣。及其末年,溧水天兴寺桑生木人,长六寸,如僧状,右袒而左跪,衣械皆备,其色纯漆可鉴,谓之须菩提。县摄置龛中,以仁寿节日来献。烈祖始大惊异,迎置宫中,奉事甚谨。其徒因夸以为感应,而识者案谁氏《五行书》,知且有大丧。不三月,烈以殂。②

可见,在烈祖的积极推动下,以金陵为中心的江南地区,佛教的译经、讲经、雕像等活动开展得有声有色,这为金陵佛教的进一步发展注入了不竭之力。

再次,烈祖李昪对佛教布施的推行。烈祖对佛教布施的推行,既是一项重要的佛教政策,亦是其执政过程中浓墨重彩的一笔。正如《南唐书》所述:

> 初,烈祖辅吴,吴都广陵,而烈祖居建业,大筑其居,穷极土木之工。既成,用浮屠说,作无遮大斋七会,为工匠役夫死者荐福。③

佛教所言的布施,通常有法布施、财布施和无畏布施。就此而言,从广义说,烈祖在位时,无论是其对僧舍、寺院的兴建和修缮,还是其对一般民众的荐福,抑或是其所倡导的译经等活动,都是一种布施。当然,烈祖对金陵地区佛教的影响并没有随着烈祖的驾崩而终止,而是在其后继者那里延续着。

---

① 陈葆真:《李后主和他的时代:南唐艺术与历史》,第 209 页。

② 胡阿祥、胡萧白点校:《南唐书》,南京出版社,2010 年,第 351 页。

③ 胡阿祥、胡萧白点校:《南唐书》,第 351 页。

第二节
元宗李璟与佛教

关于南唐三主与佛教之关系尤其是与金陵佛教之关系，无论是佛教史还是文化史，其关注的焦点都在后主李煜与烈祖李昪，而对于元宗李璟，学界还没有给予太多的关注。那么，元宗李璟的佛教观以及佛教政策又是怎样的呢？

一 李璟的佛教观

元宗李璟对佛教的态度，既不像烈祖李昪那样摇摆不定，也不像后主李煜那样狂热，但这并不能否定元宗李璟对佛教的虔诚。据史料所载，李璟与金陵地区的禅师交流甚多，常与他们赋诗论道。

> 拥毳对芳丛，由来趣不同。发从今日白，花是去年红。艳冶随朝露，馨香逐晚风。何须待零落，然后始知空。[1]

据传这是法眼宗文益禅师所作的《牡丹诗》，并以之讽中主李璟对佛教“空”之范畴的理解。尽管学界对这首偈是文益禅师所作还是南唐另一僧人谦光所写，依旧存在争议[2]，但《牡丹诗》所述意境与中主李璟的关系却是言之凿凿。换言之，无论此偈是中主李璟与文益禅师还是与谦光大和尚的论道，其所指论道的一方都有中主李璟，也即是言，此偈诠释的是中主李璟对佛教的理解，可以视其为中主李璟佛教观的隐性彰显。通过这首偈，可窥知论者对中主李璟执空之念颇有微词。

此外，元宗李璟对佛教经义亦颇有研究。史载，中主在位时，有一位大臣徐

① 张勇、洪修平：《禅偈百则》，中华书局，2008 年，第 67 页。
② 关于此问题的详细探讨，参见陈葆真对之的诠释。见陈葆真：《李后主和他的时代：南唐艺术与历史》，第 212—213 页。

铉不信佛，而酷好鬼神，所以中主曾以“佛经有深义，卿颇阅之否”来规劝徐铉弃鬼神之说，并常劝勉臣下读佛经、习教义。[①] 可见，元宗李璟对佛教，不仅仅停留于信仰层面，在义理方面亦颇有研究。

二 | 李璟的佛教政策

与先主李昪相似，中主李璟执政时，其对宗教尤其是佛教采取的依然是积极的推动政策。据《十国春秋》卷三十三所载，元宗李璟对僧人诸如休复、无殷等都尊崇有加，并积极组织修寺、建塔、译经等活动。

> 僧休复，北海王氏子也。保大元年十月朔，致书辞元宗，取三日夜子时入灭。元宗令本院至时擎钟，及期众集，休复端坐警众曰“无弃光阴”，语绝而逝。时元宗闻钟声，登高台遥礼，深加哀慕，收舍利建塔焉。[②]

> 僧无殷，福州人，俗姓吴氏。七岁从雪峰出家，后往吉州禾山，学徒云集。元宗召而问曰：“师从何处来？”无殷曰：“禾山来。”曰：“山在甚处？”无殷曰：“人来朝凤阙，山岳不曾移。”元宗重之，诏居东都祥光院；复乞入山，以翠严楼止焉。建龙元年卒，谥法性禅师。[③]

此外，僧木平、僧应之等都曾受到元宗很高的礼遇。由此不难看出，元宗统治时期，其对宗教尤其是佛教的支持，在一定程度上推动了佛教在金陵地区乃至在全国的蓬勃发展。

---

① 薛政超：《五代金陵史研究》，中央编译出版社，2011年，第156页。

② 吴任臣：《十国春秋》第一册，中华书局，1983年，第465页。

③ 吴任臣：《十国春秋》第一册，第466页。

第三节
后主李煜与佛教

如前所述，在中国历史上，帝王信仰宗教乃至佛教的例证是不胜枚举的，但像梁武帝和南唐后主李煜这样对佛教推崇的却屈指可数。非常有趣的是，这两位帝王所在王朝都定都于金陵，而这两位帝王也都与金陵有着特殊的渊源。

一 李煜的佛教观

与烈祖李昪、元宗李璟相似的是，后主李煜对佛教也非常热衷。相较于烈祖和元宗，李煜对佛教信仰甚至达到了痴迷的程度。

李煜(937—978)，原名李从嘉，字重光，号钟山隐士、钟峰隐者，因笃信佛教，又有白莲居士、莲峰居士等称号。从这些称号中可以窥见，李煜无心政治而向往山林，其名号中的佛教意味浓厚而深长。[①] 但历史往往不遂人愿，尽管元宗李璟曾言要“位终及弟”，但其弟最终还是被李璟长子李弘冀所杀，而李煜的长兄，也即李璟的长子李弘冀，由于生性猜忌，性格暴戾，19 岁时便暴病而卒。由于元宗李璟的次子到第五子均夭折，故此帝王之位又落到李煜面前。非常吊诡的是，作为帝王，也许李煜是一个失败者——自己被俘，南唐灭亡，在政治上可以说没有太多建树；作为文人，李煜的词流传千古，可以与之比肩者不多。从李煜留下的大量文学作品中，我们可梳理出其与佛教的关系。由于特殊的人生际遇，李煜对佛教的诸法皆空、世事无常有着深刻的体会，这亦是其佛教观的隐性彰显。

> 永念难消释，孤怀痛自嗟。雨深秋寂寞，愁引病增加。咽绝风前思，昏蒙眼上花。空王应念我，穷子正迷家。[②]

---

① 王秀林、林尊明：《李煜与佛教》，《文史知识》2000 年第 3 期。

② 蒋方：《李璟李煜集》，凤凰出版社，2009 年，第 70—71 页。

这是李煜于964年(时年27岁)为悼念其夭折的次子仲宣(961—964)而写的诗《悼幼子瑞宝》。诗中隐隐彰显着世事无常、诸法皆空之道。李煜对佛教的这种体悟在其为哀悼昭惠后的《挽辞》中彰显得更为明显。

> 艳质同芳树,浮危道略同。正悲春落实,又苦雨伤丛。秾丽今何在?飘零事已空。沈沈无问处,千载谢东风。①

这是李煜在965年(时年28岁)为其爱妻周氏所写的悼词,情真意切,溢于言表。但整首诗中,以"飘零事已空"最为悲切,亦最能彰显李煜对佛教诸法皆空、世事无常的体悟。李煜的这种体悟,在其晚年表现得更为明显。

> 林花谢了春红,太匆匆!无奈朝来寒雨,晚来风。胭脂泪,留人醉,几时重?自是人生长恨,水长东。②

这是南唐亡国、李煜被俘入汴梁(今河南开封)后所写的词《乌夜啼》(又名《相见欢》)。一字一句吐露的都是世事无常——无论政治还是人生。当然,最能彰显李煜对佛教义理的还是这首脍炙人口的《虞美人》。

> 春花秋月何时了,往事知多少?小楼昨夜又东风,故国不堪回首月明中。雕栏玉砌应犹在,只是朱颜改。问君能有几多愁?恰似一江春水向东流。③

一首《虞美人》,道出了南唐后主李煜对政治、人生、世事的看法和感知,而其中贯穿的都是李煜对佛教的认识和体悟。

---

① 蒋方:《李璟李煜集》,第73—74页。

② 林霄:《唐宋元明清名家词选》,贵州民族出版社,2005年,第64页。

③ 林霄:《唐宋元明清名家词选》,第63页。

二 李煜的佛教政策

李煜对佛教信仰的笃信，在佛教政策上则体现为其对佛教的支持乃至推崇，这从其与僧人的交往、对寺院的修建、对僧侣的度化等诸方面可以看出。

首先，后主李煜礼敬高僧、册封法号。李煜一生笃信佛教，即便像“小长老”江正这样打着信仰旗号而行政治权谋的人，李煜仍然以礼相待。而当李煜得知真相后，其对佛教的笃信依旧如初。在后主李煜一生中，与其交往的僧人众多，在金陵知名的主要有法眼文益、报恩匡逸、报慈行言、净德智筠、净德冲煦、报恩法安、报恩清护等。[①] 在这些禅师圆寂后，后主还分别给他们册封了法号。[②] 据载，后主李煜与法眼文益关系殊深，曾问道于文益禅师。

> 师后入金陵，清凉大道场。上堂升座，僧出问次。师曰：“遮僧最先出为大众，已了第国主深恩。”问：“国主请命祖席重开？”学人上来请师直指心源。师曰：“上来却下去。”问：“法眼一灯分照天下，和尚一灯分付何人？”师曰：“法眼什么处分照来？”江南国主为郑王时受心法于净慧之室。暨净慧入灭，复尝问于师曰：“先师有什么不了底公案？”师对曰：“见分析次。”异日又问曰：“承闻长老于先师有异闻底事？”师作起身势。国主曰：“且坐。”师谓众曰：“先师法席五百众，今只有十数人在诸方为导首。尔道莫有错指人路底么？若错指，教他入水入火，落坑落堑。然古人又道：‘我若向刀山，刀山自摧折；我若向镬汤，镬汤自消灭。’且作么生商量言语即熟，及问着便生疏去，何也？只为隔阔多时。上座但会我什么处去不得有去，不得者，为眼等诸根色等诸法。诸法且置，上座开眼见什么？所以道：‘不见一法即如来，方得名为观自在。’”[③]

由上引文可见，后主李煜曾向法眼宗禅师咨问禅意教法，也颇得法眼宗教义之精髓。法眼宗也在李煜的大力支持下，获得了空前发展，成为六祖慧能以后主要的禅系之一。

---

① 陈葆真：《李后主和他的时代：南唐艺术与历史》，第218—219页。

② 张胜珍：《李煜与佛教》，《世界宗教文化》2007年第2期，第53—55页。

③ 道原：《景德传灯录》卷第二十五，《大正藏》第51册，第415页上—中。

其次，后主李煜积极修建寺院、佛塔。后主李煜因笃信佛教，其在位期间，大力提倡修建佛寺、广度僧侣。《十国春秋》载：

是岁（即开宝二年），普度诸郡僧。

开宝三年（970）春，命境内崇修佛寺，改宝公院为开善道场，国主与后顶僧伽帽衣袈裟，诵佛经，拜跪顿颡，至为瘤赘。[①]

此外，又据宋无名氏所撰《江南余载》，后主李煜因笃信佛法，便在宫中建立永慕宫，同时又于苑中兴建静德僧寺，还在钟山建精舍，御笔题为“报慈道场”。[②]据载，后主在位时，可谓“日供千僧，所费皆为二宫玩用”[③]。

最后，后主李煜除了广修寺院、佛塔，广度僧侣外，还积极推动抄经、讲经、译经活动。

乔氏，亦后主宫人。善书。居宫中，常出家奉佛。后主手书金字心经赐之。国亡，入宋禁中。闻后主薨，乃出经舍相国寺，以资冥福。书其卷后云：“故李国主宫嫔乔氏，伏遇国主百日，谨舍昔时赐妾所书《般若心经》在相国寺塔院。伏愿弥勒尊前持一花而见佛。”字整洁而词怆惋。后江南僧持扫故国，置天禧寺塔相轮中，见者悲之。[④]

这段文字陈述的是李后主与其妾乔氏互赠《心经》的故事，情真意切，溢于言表。透过凄美的文字，我们可以看到李后主生前对抄经、讲经的推动。

简而言之，从烈祖李昪至后主李煜，历经三代，虽然时间不长，但却在金陵佛教史乃至中国佛教史上有着浓墨重彩的一笔。由于三代帝王对佛教的信仰、推崇和提倡，南唐对佛教在金陵地区乃至在全国的发展，起到了巨大的推动作用，这亦为佛教在宋以降的继续发展，奠定了良好的基础。

---

① 吴任臣：《十国春秋》第一册，第246页。
② 薛政超：《五代金陵史研究》，第84页。
③ 木溪：《无限江山 一晌贪欢》，天津教育出版社，2013年，第133页。
④ 吴任臣：《十国春秋》第一册，第269页。

第六章　宋元社会与南京佛教

公元960年，赵匡胤发动陈桥兵变，篡夺了后周政权，建立了宋朝。公元1279年，宋朝亡于蒙元。宋朝统治历时近320年，是中国历史上维持时间较长的一个朝代。就宋朝而言，历史上分为北宋（960—1127）和南宋（1127—1279）两个时期。

公元1206年，成吉思汗铁木真统一蒙古草原，建立蒙古帝国，随后开始对外扩张，横扫欧亚大陆，先后攻灭西辽、西夏、金等国，国势日昌。公元1260年，忽必烈在开平（今内蒙古正蓝旗东）即汗位，建元“中统”。公元1271年，忽必烈改国号为“大元”，次年迁都燕京，称大都。公元1279年，元灭南宋，统一全国，结束了南宋、金、西夏、西辽、大理、吐蕃等政权长期分立的局面，成为汉唐以来中国历史上疆域版图最大的王朝。[①] 公元1368年，朱元璋在应天称帝，建立明朝，随后进行北伐和西征，同年攻占北京，结束了蒙古在中原的统治。一般认为，元代统治历时97年（1271—1368），传五世十一帝。

宋元时期，中国佛教在思想学说、修行方式、信仰形态和传教方式等诸多方面，都与域外佛教有较大差别，逐渐形成了具有中国特色的佛教思想体系、道德标准和政治品格，并最终使其成为中国传统文化中不可分割的重要组成部分，发挥着不可或缺的社会功能。整体上看，南京在宋元时期政治、经济、文化地位不断提升，逐渐成为全国性乃至国际性的大都市。随着南京政治、经济、文化地位的不断提高，南京佛教又迎来了一个新的繁荣时期。

① 杜继文：《佛教史》，江苏人民出版社，2006年，第431页；魏道儒：《中华佛教史·宋元明清佛教史卷》，山西出版传媒集团、山西教育出版社，2013年，第193页。

第一节
宋元社会与佛教新格局

两宋是中国古代社会的鼎盛时期，其政治、经济、文化、科技、人口等社会各方面都达到了新的历史顶峰。有宋一代，相对稳定的政治环境、高度发达的经济条件促成了其在思想文化等方面的辉煌成就。陈寅恪说："华夏民族之文化，历数千年之演进，造极于赵宋之世。"①一方面，社会的全面进步与思想文化的繁荣昌盛，促进了佛教中国化的进一步发展和佛教世俗化的转型。另一方面，宋朝加强君主专制主义，将全国的政治、经济和军事等一切权力集中于皇帝一身，从而使王朝的对内统治空前强大，却无法形成振奋人心的激励机制，在对外战争中也始终未取得压倒性的战略优势，最终被异族消灭，因而宋朝常常被视为一个腐败无能的王朝。宋朝外受强大异族压迫，反而增强了宋人的民族气节，涌现出许多精忠报国的民族英雄和慷慨悲歌的爱国志士。与此相应，佛教中也出现了许多抗击金、蒙的爱国僧人，即使在宋亡以后，仍然有大批僧人对蒙元统治阶级采取不合作态度，表现出强烈的爱国情怀。

至元十六年(1279)，元世祖忽必烈消灭南宋，统一全国，建立起一个疆域辽阔的多民族帝国。在这个统一的大帝国中，居住着具有不同宗教信仰和文化传统的诸多民族，包括汉、蒙、回、女真、畏兀儿、契丹等。统一帝国的建立，加强了各个民族在诸多方面的联系，为多民族文化的相互融合，提供了必要的社会条件，但同时也存在着严重的民族冲突等社会问题。为了有效维护帝国统治，帝国统治者采取武力镇压、民族制衡和经济掠夺等策略，从社会生活的各个方面奴役各族人民。尽管元帝国允许各种不同信仰的存在，但由于治国策略的需要，各种宗教并不处于平等地位，甚至在佛教内部也存在较大差别，从而引发了中国佛教的一些变革，特别是在寺院组织、派系结构、宗教信仰和修行实践等方面的巨大变化，对中国佛教未来发展走向的影响极为深远。

---

① 陈寅恪:《邓广铭〈宋史职官志考正〉序》，载《金明馆丛稿二编》，生活·读书·新知三联书店，2001年，第227页。

一 宋元社会概况

宋朝建立后，逐步消灭了各地的割据政权，最终成为一个统一的帝国。宋朝立国之初，非常注重吸取唐朝后期乃至五代十国的经验教训，“惩创五季，而矫唐末之失策”[①]。北宋统治者在政治、经济和军事等主要方面进行制度改革，以维护其皇权统治。

其一，行政改革。在中央分割宰相的权力，在宰相之下设参知政事作为副宰相，并常设枢密使、三司使职位，三者分掌政、军、财大权。这种设置使宰相无法独揽大权，有利于维护皇帝权威；弊端在于容易形成内耗，难以形成一种积极向上的合力。对于地方节度使，采取“稍夺其权，制其钱谷，收其精兵”[②]的办法，进一步强化以中央为中心的集权制度，逐步将其从地方调回都城，其原领州郡由朝廷委派文官进行直接控制。节度使“既有土地，又有人民，又有兵甲，又有财赋”[③]的局面被彻底改变。

其二，经济改革。将经济大权收归中央，地方政府每年的赋税收入，除正常的支度给用外，凡属钱币之类，“悉辇送京师”。

其三，军制改革。皇帝为最高的军事统帅，取消了禁军最高统帅殿前都点检、副都点检职务。朝廷设枢密院掌管军队调动，但没有统兵权。枢密院调兵权和三帅统兵权之间职责分明，相互制约，都直接对皇帝负责。军队实行更戍法，定期换防，以防坐大；将帅常调，以防止官兵“亲党胶固”。这是针对唐中后期节度使割据以及“五代为国，兴亡以兵”[④]“兵骄则逐帅，帅强则叛上”[⑤]的战乱局面而采取的治国策略。经过改革，宋朝中央集权得到大大强化，确保了政局的稳定，但另一方面，也极大地抑制了将帅军事天赋的发挥，削弱了军队战斗力。两宋王朝始终坚定不移地推行这种强化君主专制主义的政策，即使在北宋中后期外患日益严重的情况下，对于防止地方势力扩大、制止将帅官吏专权、镇压农民起义也未曾松懈过。

---

① 叶适：《水心别集》卷十二《法度总论》。
② 李焘：《续资治通鉴长编》卷二《建隆二年》。
③ 欧阳修、宋祁：《新唐书》卷五十《兵制》。
④ 欧阳修：《新五代史》卷二十七《康义成传》。
⑤ 欧阳修、宋祁：《新唐书》卷五十《兵制》。

与唐、五代相比较，宋代土地私有制出现新格局。随着贵族官僚等级世袭占田制度在唐末五代的彻底瓦解，由国家控制的均田制逐渐转向大地主的土地私有和小地主的土地私有并存的局面。虽然由于某些特殊原因，宋代初期在一些地方尚有营田、屯田等存在，但唐中期以后，土地私有制的占有形式已经得到巩固。与此相应，租佃制已占据经济主导地位。由于实施两税法、代役制和租佃制等新的经济制度，从而极大解放了生产力，激发了广大人民的生产积极性。[①] 垦田面积迅速扩大，农业科技不断进步，农作物的种类和产量也不断增加。宋太宗至道二年（996），全国耕地有 3 亿多亩，到了宋真宗天禧五年（1021），就增至5.2亿多亩。[②] 农业的发展促进了人口的繁荣。宋太宗至道三年（997），北宋户籍上有 523 万多户，至宋仁宗嘉祐八年（1063），户数达到了 1246 万多户，到了大观四年（1110），户数已达 2088 万多户，总人口在 1.044 亿至 1.252 亿人之间。[③] 即使到了南宋，仅剩半壁江山，鼎盛时期全国人口也逾亿。

农业经济的迅速发展和人口的繁荣，促进了手工业、商业的发展。[④] 宋代手工业分为官营和私营两种，两者都在宋代取得了超越性发展。造船、矿冶、纺织、制瓷等手工业，在生产规模和技术上都远远超过前代。例如，郑州制造武器的南作坊有兵、校及匠 3741 人，北作坊有兵、校及匠 4190 人。[⑤] 统一的帝国打破了贸易壁垒，与农业、手工业的繁荣相应，宋代商业也有了极大的发展。商业的发展首先表现为城市商业的繁荣，例如开封、杭州、泉州等，都成为重要的工商业城市。首都东京（今开封）是当时全国最大的城市，有珍珠、匹帛、香药、金银等交易之所，“每一交易，动即千万”；还有定期集市贸易，交易粮米、牛羊、酒、茶、药材、珠玉、丝织品、纸、陶瓷器等物品，以及来自海外的各种物品。商业的繁荣造成货币使用量增加，以至铸造货币成为一门手工业。两宋时期主要货币仍是铜钱，由于经济的发展，宋代成为铸钱种类最多的朝代。经济的发展促进了纸币的发行，宋朝发行了“会子”“关子”“交子”等纸币。

然而，经济的繁荣，满足不了统治集团无限的贪欲。随着社会矛盾的日益严

---

① 赖永海主编：《中国佛教通史》第九卷，江苏人民出版社，2010 年，第 3 页。

② 脱脱等：《宋史》卷一百七十三《志第一百二十六·食货上一》，中华书局，2000 年，第 2790 页。

③ 袁震：《宋代户口》，《历史研究》1957 年第 3 期；何忠礼：《宋代户部人口统计考察》，《历史研究》1999 年第 4 期。

④ 赖永海主编：《中国佛教通史》第九卷，第 3 页。

⑤ 徐松等辑：《宋会要辑稿·方域三》。

重，宋朝的军队数量猛增，官僚机构日益庞大，土地兼并日益严峻，国家财政连年亏空，出现了兵愈多而愈弱、财愈多而愈贫的奇怪现象。针对内外交困、危机四伏的时局，宋朝政府试图进行改革，先后实施庆历新政和王安石变法。结果，前者由于得罪既得利益集团而胎死腹中，后者由于实施不当而加速了北宋的灭亡。

宋朝是一个发明创造的时代，是“中国科技的高峰”，几乎在各个领域都取得了超越前人的成就。除在农业科技方面取得巨大成就外，在医药、火药、印刷术、天文学等方面也都取得了巨大成就。从医学方面看，宋朝非常重视医药书籍的编纂修订，例如，公元 973—974 年，刘翰、马志等编成《开宝本草》21 卷；公元 1057 年，掌禹锡、苏颂等在《开宝本草》的基础上修成《嘉祐本草》，其中记载药物多达 1082 种，后苏颂又整理出《图经本草》。在火药使用方面，宋人有着极大的创新精神。公元 970 年，兵部令史冯继升发明了火箭，随后又有人发明了火球、火蒺藜等。先进的科技总是被优先用于军事。在宋辽对峙中，宋军以强弩保持着强大的威慑力，到北宋末年以及南宋时期，“霹雳炮”“震天雷”等火药武器被大规模使用。在印刷术方面，毕昇创造了活字印刷术，雕版印刷术也有了长足的发展，极大地推进了文化事业的繁荣，也使佛教从写经时代过渡到了刻印藏经时代。

随着社会发生巨大变革，宋代官僚士大夫群体结构也随之发生巨大变化。宋代科举制度打破了门阀贵族垄断、操纵科举的局面，坚持“取士不问家世”的明确导向，取士范围大大扩大，人数大增，从而造就了数量庞大的官僚士大夫群体和发达的文官政治。可以看出，科举制度的变革大大扩大了统治者的统治基础，对政治稳定和文化发展是有积极影响的，但同时也大大强化了宋代政治生活的庶民化与地域化，导致不同利益集团的迅速形成，最终形成激烈持久的朋党之争，极大增加了宋代政治文化中的风险性，损害了国家的凝聚力和向心力，对后世的政治文化产生极为深远的影响。有学者认为，宋代积极推进的文教政策，造就了数量庞大的官僚士大夫群体和发达的文官政治，以及随之而来的辉煌灿烂的文化成果，是一种“重文抑武”的国家政策。事实并非如此。朝廷对所有文武官员制度上都采取的是制衡策略。北宋将“异论相搅”作为“祖宗之法”，是使臣僚“各不敢为非”①，因此，宋朝台谏政治非常发达。例如，宋神宗大力支持王安石

① 李焘：《续资治通鉴长编》卷二百十三《熙宁三年》。

进行变法，但并不阻止台谏官员对他的攻讦，反而维护他们的监督权和话语权。王安石对此极为愤怒，讥评台谏官员“因循苟且”“侥幸一时”，但他并不反思自己的行为。

宋代对军事也极为重视，并非如后世所传言的软弱可欺，曾多次对周边国家发动大规模战争。宋太宗时期，宋军先后2次对辽国发动大规模战争，虽然都以失败告终，但也重创辽国军队。在随后的辽军反击战中，宋军屡败辽军，尝以千骑破辽军数万骑兵。在澶渊之战中，宋军以床子弩射杀辽军统帅萧挞凛，迫使辽国议和。宋、辽两国在军事上达成均势。西夏建国后，与宋之间先后发生了5次大规模战争。最初，宋军以高度的爱国热情与西夏军队展开激烈的拼杀，极大消耗了西夏军队的实力，迫使李元昊不得不议和、称臣、去帝号。宋神宗时期，宋军大举进攻西夏，前锋曾直逼西夏首都兴庆府（今宁夏银川）。建炎南渡后，宋国念念不忘恢复中原。隆兴元年（1163）四月，南宋方面不宣而战，大举北伐，但由于将帅不和，最终导致“符离之溃”。南宋与蒙古的战争相持了42年（1234—1276）。王坚守卫合州，宪宗围攻七月不能下，最终在钓鱼山下负伤而死。蒙古军队围攻襄、樊两座孤城，在南宋朝廷不发救兵的情况下，守军仍然坚持近6年之久（1268—1273）。纵观宋朝战争史，其武器装备、兵员素质都达到了其所处时代的先进水平。但不幸的是，宋代的军事机制极大抑制了将帅军事天赋的发挥。尽管有宋一代名将辈出，但罕有具备指挥大兵团作战能力的将帅，难以发挥宋国的军事潜质。这种军事机制，在政治清明时，尚可保持其有效运作，但若内部政局不稳，则难逃亡于外敌的命运。

与高度的君主专制相应，社会意识形态也发生了重大变化。传统儒学再次得到改造，形成了“道学”或“理学”①，积极提倡国家至上，君主至上，“忠君报国”，导致君主专制主义的加强，从而形成一股强大的思想力量，影响极为深远。同时，宋王朝实施三教并举的方针政策，使三教从不同方面发挥其应有的作用，维护其王权统治，从而使爱国忠君思想深入社会生活的各个领域。

元朝是一个幅员辽阔的多民族国家，其疆域东起大海，西到新疆，北领西伯利亚大部，南至海南，西南囊括云南、西藏。为了维护帝国统治，在政治上，元朝中央政府以中书省、枢密院和御史台分掌政、军、监察三权，地方实行行省制度，

① 杜继文：《佛教史》，第405页。

创立了一种以行省为枢纽，以中央集权为主，辅以部分地方分权的新体制。[①] 在民族问题上，元政府按照被征服民族的先后次序法定民族四级制度，依次为蒙古人、色目人、汉人和南人，极力维护蒙古人的地位。这是一个大致的分类，实际上，民族种类非常复杂。[②] 在政治法律上，四级民族实行等差待遇，转移、挑起民族仇恨，相互制衡，以达到维护蒙古人的优越地位的目的。[③] 当然，汉人和南人的贵族，甚至被视为不入流的"大儒"总是能享受到优渥的待遇，但无法改变民族压迫这一客观事实。此外，元廷推行诸色户计、投下制、驱口制、匠籍制、籍没制、人殉、海禁等等弊政，加重了人民的苦难。总之，有元一代，政治法律之粗陋，统治智慧之不足，流毒无穷。

元侵略金、夏，屠杀劫掠无所不至，及金、夏亡后，整个社会组织随之发生变化，蒙古贵族取而代之，尽分其地。蒙古侵宋，战抚兼用，残酷程度远不如昔，故宋亡之后，江南原有的经济结构大部分继续存在，地主依旧。但由于元政府残酷的政治压迫、民族压迫和经济压迫，江南的大量财富被掠夺至大都，以至元末已经"贫极江南，富夸塞北"了。

蒙古贵族统治汉族及其他少数民族地区后，经历了对新的生产方式的适应和调整过程。[④] 元太宗时，有"汉人无补于国，可悉空其人以为牧地"的说法，至元世祖时这种论调已不存在。忽必烈对农业生产相当重视，即位后颁布了"国以民为本，民以衣食为本，衣食以农桑为本"的诏令，强调农业的重要性。[⑤] 这种态度的转变使农业在生产技术、垦田面积、粮食产量等方面仍然都取得了较大发展。此外，棉花种植得到推广，棉纺织品在江南一带十分兴盛。元中央政府每年从江南 3 省就榨取了木棉 10 万匹的税额。

大一统国家的建立为商品经济和海外贸易的繁荣创造了条件，在中国南方和北方形成了一些较前代更为繁华的都市。[⑥] 元朝的大都即是当时闻名世界的商业中心。为了适应商品经济的发展，并加强对经济的控制，元朝建立了纯纸币

---

① 李治安：《元代政治制度研究》，人民出版社，2003 年，第 67 页。

② 蒙思明：《元代社会阶级制度》，上海人民出版社，2006 年，第 46—65 页。

③ 蒙思明：《元代社会阶级制度》，第 65—68 页。

④ 魏道儒：《世界佛教通史》第五卷，中国社会科学出版社，2015 年，第 208 页。

⑤ 李幹：《元代社会经济史稿》，湖北人民出版社，1985 年，第 111 页。

⑥ 李幹：《元代社会经济史稿》，第 270、313 页。

流通制度。纸币的通行是元代国内外贸易繁荣的重要因素。[1] 然而统治者常常因穷奢极欲而滥发纸币,变相搜刮人民的财富,造成了严重的通货膨胀,使国民经济遭受挫折。

蒙元依靠武力进行征服,又依靠武力进行统治。当其勃兴之时,其对手内部矛盾重重,被其鲸吞、蚕食,最终灭亡。而当其统治中国时,蒙元统治者骄奢淫逸,无所不用其极,统治阶级内部矛盾重重,社会矛盾也日益加剧,最终导致了元末农民大起义。在危机稍微缓和之后,元政府却未能采取有效的治国策略,当朱元璋在进行统一江南的战争时,蒙古的统治集团则在进行着无休止的内战。打内战起劲的蒙古军队,在明军的攻势面前迅速土崩瓦解,重蹈金、宋之覆辙。

二 宋元佛教政策与制度

宋王朝在总结历史经验的基础上,将佛教管理纳入整个国家管理的总框架中来考虑,对佛教采取适度限制的政策,使其达到既能满足社会需求也不过度膨胀的良好状态。从整体上来看,宋代皇帝大都对佛教保持友好态度,仅有两次对佛教采取严厉限制措施,但都影响不大。客观地说,有宋一代,佛教与王权处于良好的互动关系,发挥着其维护社会政治稳定的功能。元王朝对佛教采取扶持政策,忽必烈时期,开始崇奉喇嘛教,使藏传佛教居于统治地位,汉地佛教因此受到巨大冲击,造成佛教内部的严重不公平。藏传佛教的特权不仅严重伤害了汉地佛教的健康发展,也极大损害了社会有机体的健康,侵蚀着元帝国的政治环境,是元帝国灭亡的重要原因之一。

宋太祖继承周世宗的佛教政策,强调发挥佛教维护社会政治稳定的功能。[2] 宋太祖即位后,根据实际情况,停止了整顿佛教的政策,并普度行童8000人,重开佛教,以收人望,将此作为稳定北方局势和取得南方吴越等奉佛诸国拥戴的重

---

① 李幹:《元代社会经济史稿》,第384页。

② 周世宗的政策是对佛教进行治理和整顿,而不是灭佛,客观上有利于佛教的发展。他对佛教"佛以善道化人,苟志于善,斯奉佛矣","佛在利人,虽头目犹舍以布施,若朕身可以济民,亦非所惜也"(司马光:《资治通鉴》卷二九二,周世宗显德二年条)。宋太祖在建隆元年(960)六月诏书中说:"诸路州府寺院,经显德二年停废者,勿复置;当废未废者,存之。"(李焘:《续资治通鉴长编》卷一《建隆元年六月》)。这是肯定周世宗的政策对佛教治理整顿的成果。

要措施。[①] 宋太祖依靠武力篡夺政权，首要的政治问题是政权合法性问题。为此，各种史料杜撰了许多赵匡胤与佛教的种种际遇和谶语支持，从而“满足了赵宋新政权的当时之需而大受欢迎”[②]。这种情况客观上有利于佛教的恢复与发展。

宋太祖对佛教采取保护和扶持政策等措施。例如，资助出国求法、建筑寺塔，严厉惩罚反对佛教者。乾德二年(964)，太祖诏沙门王业等300人西入天竺，求舍利及贝叶经。乾德四年(966)，太祖派遣僧人行勤等157人游西域，“各赐钱三万”[③]。在平定李重进叛乱之后，宋太祖在扬州造寺，赐额建隆，并置寺田四顷。乾德二年，太祖下诏重修杭州昭庆寺，费财无数。开宝年间(968—976)，重修同州龙兴寺舍利塔，耗资巨大。开宝四年(971)，又建正定府龙兴寺大悲菩萨铜像，耗费巨资。宋太祖严厉惩治反对佛教的士大夫。河南进士李霭著《灭邪集》反对佛教，太祖认为他“非毁佛教，诳惑百姓”，于乾德四年将其处以杖刑后发配沙门岛。

宋太宗继续对佛教采取扶持和保护政策。他认为：“浮屠氏之教，有裨政治。达者自悟渊微，愚者妄生诬谤。朕于此道，微究宗旨，凡为君治人，即是修行之地。”[④]与太祖一样，宋太宗特别强调佛教的政治立场，充实君主利益。他一方面大肆广度僧尼，耗费巨资兴建寺塔；另一方面又屡次下诏限制僧尼数量，约束寺院扩建，其最终目的无非是将佛教置于王权控制之下，为帝国统治服务，使其“有裨政治”。

宋真宗大力提倡三教并举，他崇信儒学，热心道教，在撰写《崇儒术论》的同时，又亲撰《崇释论》，认为佛教“奉乃十力，辅兹五常。上法之以爱民，下遵之而迁善，诚可以庇黎庶而登仁寿也”，实际上与儒家“迹异而道同”。[⑤] 但真宗不允许在佛教上大肆耗费人力和财力，“军国用度，不欲以奉外教，恐劳费滋甚也”[⑥]。

宋仁宗(1022—1063年在位)时期，佛教迅速发展。仁宗“自膺宝祚，仰慕佛乘。持守兢兢，罔敢失堕”[⑦]。苏颂称赞仁宗“护金轮之景祚”[⑧]，苏轼赞其“得佛

① 杜继文：《佛教史》，第406页。
② 刘长东：《宋代佛教政策论稿》，巴蜀书社，2005年，第55页。
③ 脱脱等：《宋史》卷二《太祖本纪第二》。
④ 李焘：《续资治通鉴长编》卷二十四《太平兴国八年》。
⑤ 志磐：《佛祖统纪》卷第四十四，《大正藏》第49册，第402页上。
⑥ 李焘：《续资治通鉴长编》卷六十五《景德四年》。
⑦ 宋仁宗：《景祐新修法宝录序》，《宋藏遗珍》第6册，第4009—4010页。
⑧ 苏颂：《仁宗皇帝忌日斋文》，《苏魏公文集》，中华书局，1988年，第547页。

心法者，古今一人而已”①。宋仁宗将自己的生辰定为“乾元节”，并每在此节日期度僧，因此时人将其视为佛教节日。从天圣年间（1023—1032）开始，鉴于佛教的快速发展，僧尼人数居高不下，大臣不断提出裁汰僧尼之议。天圣二年（1024）十二月，尚书右丞马亮上书谏言：“天下僧徒数十万，多游惰凶顽，隐迹为僧，结为盗贼，侮辱教门。”②天圣四年（1026）正月，宰相张知白在奏章中指出僧人聚众为盗、危害社会的情况，他说：“臣仁枢密日，尝断劫盗，有一伙之中，全是僧徒者。”宋仁宗批示“自今，切宜渐加澄革，勿使滥也”③，下诏重申对度僧资格的控制。然而，朝廷的整顿措施收效不大。至景祐元年（1034），仍然有僧 385552 人，尼 48740 人。嘉祐年间（1056—1063），祠部判官张洞奏曰：“今祠部帐至三十余万僧，失不裁损，后不胜其弊。”④于是，“朝廷用其言，始三分减一”，并下令毁天下无名额寺院。当然，信仰佛教与治理佛教二者并不矛盾。

在宋代历史上，宋徽宗晚年推行崇尚道教、排斥佛教的政策措施，并由此引发了宋代历史上唯一一次佛道之争，对佛教产生直接和强烈的影响。宋徽宗刚开始即位时，尽管崇尚道教，但对佛教还是秉承了前朝的政策措施，允许其正常发展。但到了晚年，他日益崇信道教，并力图用道教神化自己，推行佛教道化的措施。大观元年（1107），宋徽宗敕令“道士位居僧上”。大观二年（1108）三月，“颁《金箓灵宝道场仪范》于天下”⑤。政和七年（1117），“辛未，改天宁万寿观为神霄玉清万寿宫”⑥。是年夏四月庚申，宋徽宗“讽道箓院上章，册己为教主道君皇帝，止于教门章疏内用”⑦。宋徽宗自号“教主道君皇帝”，教权与皇权于一身，可以说骄狂到了极点。宣和元年（1119），宋徽宗下诏说，佛教属于“胡教”，“虽其言不同，要其归与道为一教。虽不可废，而犹为中国礼义害，故不可不革”⑧，于是“佛改号大觉金仙，余为仙人、大士。僧为德士，易服饰，称姓氏。寺为宫，院为观”⑨。宋徽宗完全按照道教的模式改造佛教，强制僧尼改称道教名号，改僧尼寺

---

① 《苏轼文集》，中华书局，1986 年，第 501 页。
② 徐松：《宋会要辑稿·道释》一之二六。
③ 徐松：《宋会要辑稿·道释》一。
④ 脱脱等：《宋史》卷二百九十九《张洞传》。
⑤ 脱脱等：《宋史》卷二十《徽宗二》。
⑥ 脱脱等：《宋史》卷二十一《徽宗三》。
⑦ 脱脱等：《宋史》卷二十一《徽宗三》。
⑧ 志磐：《佛祖统纪》卷第四十六，《大正藏》第 49 册，第 421 页上。
⑨ 脱脱等：《宋史》卷二十二《徽宗四》。

院为道教宫观，改佛菩萨称谓为道教名号，[①]希望以此消除佛道之间的差别，并最终使自己也成为佛教的教主。宋徽宗这一措施遭到了僧俗以及一些朝臣的强烈反对，甚至一些高僧的无情嘲讽，但还是继续推行了下去。宣和二年(1120)八月，徽宗下诏说："向缘奸人建议改释氏之名称，深为未允。前旨改德士、女德士者，依旧称为僧尼。"九月，徽宗又下诏"大复天下僧尼"[②]。宋徽宗的这一措施对佛教产生了很大的影响，它促使一些禅僧引道入佛，形成了禅宗发展史上的另一支系。其特点是把佛教的禅修与道家的养生结合起来，并且将修禅的目的与道教的长生和成仙等也紧密联系起来，这进一步促进了佛教的道教化。

南渡以后，饱受战乱的宋高宗努力维持信仰与权力的平衡。他一方面经常驾临佛寺礼佛，祈求佛教的护持；另一方面，又把佛教的规模控制在一定程度之内，使佛教满足社会信仰需求，又不危害社会有机体的健康。他说："朕观昔人有恶释者，欲非毁其教，绝灭其徒；有善释氏，即崇尚其教，信奉其徒。二者皆不得其中。朕于释氏，但不使其大盛耳。"[③]"不使其大盛"是宋高宗在总结历代佛教政策经验教训基础上得出的科学结论，也是对宋代佛教政策的高度概括。因此，他停止发放度牒，以稳定僧数，使既有的出家者自然减员。据绍兴二十七年(1157)的统计数据，在南宋疆域内有僧尼 20 万人。又因南宋王朝经济情况每况愈下，于是又向僧人征收"免丁钱"，后又改为"清闲钱"，赋金数倍于一般丁口。在经济方面对佛教的管控，促使寺院普遍重视生产经营和经济效益，从而使依靠国家财政供养的佛教义学进一步衰弱。

宋高宗以后的诸帝，基本上沿袭前朝的佛教政策，对佛教既利用又控制。随着南宋政权的稳定，在江南地区逐渐形成了一些稳定的禅宗聚居地。宋廷为了加强对佛教的管理，根据史弥远的建议，确定"五山十刹"的寺庙管理制度。"五山十刹"主要是评定寺院等级，寺庙住持拾级而上，类似于世俗官僚。这些禅寺实际上是禅宗的中心，国家通过控制这些寺庙来掌控整个丛林。

元代统治者信奉本民族的宗教即萨满教，有元一代未尝废弃。对于其他宗教，统治者采取比较宽容的宗教政策。从成吉思汗开始，就制定了平等对待各民族宗教信仰的政策，蒙古统治集团中的成员信奉各种各样的宗教。对于佛教，历

---

① 杜继文：《佛教史》，第 407 页。

② 志磐：《佛祖统纪》卷第四十六，《大正藏》第 49 册，第 422 页中。

③ 徐松：《宋会要辑稿·道释》一之二六。

代蒙古统治者尤为重视，成吉思汗时期就试图把喇嘛教作为联系西藏上层的重要纽带。[①] 到元宪宗蒙哥（1251—1259 年在位）时期，开始侧重扶植佛教。西藏归顺蒙古后，忽必烈特别支持萨迦派的发展。忽必烈（1260—1294 年在位）即位后，立即封八思巴为国师，至元七年（1270）又进封其为帝师，统领天下释教，从而推动了喇嘛教在藏、蒙和北方部分汉民地区的传播。[②] 此后，元朝历代皇帝都奉藏传佛教萨迦派僧人为师，新帝在即位之前，必先从帝师受戒，这就是元朝的帝师制度。[③] 这一制度空前密切了藏蒙、藏汉等各族之间的思想文化交流，加强了西藏和中央政权的联系。[④]

从八思巴开始，帝师直接领导和管理全国佛教及西藏地方军政事务，领中央机构总制院事。总制院后改称宣政院。因此，帝师不仅是全国佛教领袖，也是西藏地区的首领，权力极大。[⑤] 帝师主持宣政院，其他高级喇嘛在地方主持事务。元灭南宋后，在杭州设置江南释教总统所，任命藏僧统理，直接管辖江南佛教，后并入宣政院。[⑥] 藏传佛教统治着全国佛教，造成佛教内部的等级差别。[⑦] 元朝统治者也给予西藏僧人很高的政治地位和社会地位，藏僧享有各种政治、经济特权。宣政院规定："凡民殴西僧者，截其手；骂之者，断其舌。"[⑧]因此，喇嘛教实际上成了元代的一个特权阶层，[⑨]以至于"为其徒者，怙势恣睢，日新月盛，气焰熏灼，延于四方，为害不可胜言"[⑩]。他们中的许多人飞扬跋扈、为非作歹，不仅危害于民间，在京城也劣迹昭彰，王公贵族都对他们忌惮三分。例如，至元十四年（1277），臭名昭著的杨琏真伽任元朝江南释教都总统，掌管江南佛教事务。他上任后，一方面采取极端优抚佛教上层的宗教政策；另一方面盗掘南宋诸帝陵墓，先攫取陵中珍宝，弃尸骨于草莽之间，后又杂以牛马枯骨，于临安故宫中筑白塔以镇之。《明史》记载，杨琏真迦"悉掘徽宗以下诸陵，攫取金宝，裒帝后遗骨，瘗

---

① 杜继文：《佛教史》，第 431 页。
② 杜继文：《佛教史》，第 431 页。
③ 杜继文：《佛教史》，第 432 页。
④ 杜继文：《佛教史》，第 431—432 页。
⑤ 杜继文：《佛教史》，第 432 页。
⑥ 杜继文：《佛教史》，第 432 页。
⑦ 杜继文：《佛教史》，第 432 页。
⑧ 宋濂等：《元史》卷二百〇二《释老传》。
⑨ 杜继文：《佛教史》，第 432 页。
⑩ 宋濂等：《元史》卷二百〇二《释老传》。

于杭之故宫，筑浮屠其上，名曰镇南，以示厌胜，又截理宗颅骨为饮器”[①]。又如，至大二年（1309），“有僧龚科等十八人，与诸王合尔八剌妃……争道，拉妃坠车殴之，且有犯上等语，事闻，诏释不问”[②]。

元世祖忽必烈非常崇佛，他于“万机之暇，自持数珠，课诵、施食”。1261年，建大乾元寺、龙光华严寺。1285年，“发诸卫军六千八百人，给护国寺修道”。忽必烈宣称：“自有天下，寺院田产，二税尽蠲免之，并令缁侣安心办道。”[③]此后诸帝对待佞佛更甚，大规模营造大寺院和大规模赐田赐钞，直至元亡。史书中称“国家财富，半入西蕃”[④]，结果导致“凡天下人迹所到，精兰胜观，栋宇相望”的状况。元王朝最终也陷进了喇嘛教的腐败之中，内宫丑闻迭出，影响极为恶劣。[⑤] 两宋以来逐渐稳定、健康发展的佛教，又开始了“大盛”。

元代统治者大力扶植喇嘛教，最初的用意或许是把它作为沟通西藏与中央、羁縻边民、实施有效统治的手段。[⑥]《元史·释老传》记载：“元起朔方，固已崇尚释教，及得西域，世祖以地广而险远，民犷而好斗，思有以因其俗而柔其人，乃郡县土番之地，设官分职，而领之于帝师。”[⑦]元代统治者原本主要是出于“因其俗而柔其人”的政治目的[⑧]，以及借此来制衡、控制汉族。然而，由于藏传佛教宣传佛法具有镇护国家、除灾致祥、祈求灵验以及种种不可言说的功效，这就极大地满足了元朝统治者的现实需要和心理需要，从而使藏传佛教成为元统治者最重要的宗教信仰。

宋代在制定佛教管理制度、设置宗教管理机构方面，既承续唐、五代的一些做法，又持续强化世俗政权的权力，将管理佛教教团的权力几乎全部收归国家。与前代相比，宋代制定的佛教管理办法更具有系统性和制度性特点，强化了朝廷对于度僧、建寺、寺职等环节的管理力度，这对佛教的发展应该说提供了某些外部管制和保障，在一定程度上有利于佛教的发展。但在经济调控方面，从国家管理佛教使之健康发展，逐渐演化为转嫁政府经济危机的财政手段，对佛教产生极

---

① 张廷玉等：《明史》卷二百八十五《危素传》。

② 宋濂等：《元史》卷二百〇二《释老传》。

③ 宋濂等：《元史》卷二百〇二《释老传》。以上参见杜继文：《佛教史》，第433页。

④ 柯劭忞：《新元史》卷一百九十三《郑介夫传》。

⑤ 杜继文：《佛教史》，第432页。

⑥ 杜继文：《佛教史》，第432页。

⑦ 宋濂等：《元史》卷二百〇二《释老传》。

⑧ 杜继文：《佛教史》，第432页。

大的负面影响。朝廷买卖、滥发度牒等行为以及由此引发度牒货币化的倾向，使宋代僧尼数量不可避免地继续膨胀，同时僧尼的素质持续下降，并由此进一步引发了更大规模的经济危机。

在宋代历史上，朝廷始终并没有一个专门管理宗教事务的最高权力机构，宗教事务常常由某一个中央政府部门监管。宋初，宗教事务主要由功德使负责。赞宁《大宋僧史略》中说："至今大宋，僧道并隶功德使，出家乞度，策试经业，则功德使关祠部出牒，系于二曹矣。"①建隆二年（961），宋太祖派遣赵光义为开封尹，并兼功德使，管理宗教。元丰年间（1078—1085），僧道管辖权由开封尹移至鸿胪寺，而废除功德使。鸿胪寺领"在京寺务司及提点所，掌诸寺葺治之事"，辖"左右街僧录司，掌寺院帐籍及僧尼补授之事"。② 南宋时，鸿胪寺并入礼部，祠部成为管理宗教的最高权力机构。宋代两次宗教机构的变革，原因在于大规模调整官制，与度牒和紫衣的发放滥授并无直接的关系。③ 宗教管理机构的管辖范围逐渐从区域化和分散化到全国化和统一化的趋势，增强了中央政府对全国僧、寺的宏观管理与控制。

具体管理佛教宗教事务的僧官机构，在中央左、右街道录司，在地方州郡设置僧正，契嵩对此有一总体概括："唐革隋则罢统而置录，国朝沿唐之制，二京则置录，列郡则置正。"④宋朝在首都开封和西京洛阳都设置了僧录司，先后由功德使、鸿胪寺、祠部直接领导。宋代的地方僧官制度是在各州设置僧正司。僧正司负责管理本州的佛教事务，隶属于地方政府。

宋代的度牒制度相对宽松，根本原因在于寺院经济特权的丧失，寺产纳税成为既定的经济制度，而鬻度则成为一种常态，但僧人数量并没有明显的变化，度牒成为另一种空额税收。⑤ 宋代管理佛教的体系得到空前强化，度僧中存在常度与敕度并行、在籍帐中全帐与敦帐交叉制约、度牒与戒牒和六念并用，以及坟寺和童行均系籍帐的特点，这"既是唐宋以来编户齐民籍帐管理制度的必然结果，

① 赞宁：《大宋僧史略》卷中，《大正藏》第54册，第246页上。

② 脱脱等：《宋史》卷一六五《职官五》。

③ 参见刘长东：《宋代僧尼隶属机构的变迁及其意义》，《宗教学研究》2002年第2期。

④ 契嵩：《镡津文集》卷二《辅教编》中，《大正藏》第52册，第658页下。

⑤ 曹旅宁：《试论宋代的度牒制度》，《青海师范大学学报（哲学社会科学版）》1990年第1期；史旺成：《宋代经济财政中的"度牒"》，《北京师范大学学报（社会科学版）》1984年第2期。

也是佛教适应能力与妥协性格的曲折反映”[①]。

由于佛教地位的上升，特别是喇嘛教上升到佛教中的最高地位，元代佛教管理机构也随之发生了重大变化。总的来看，元代的佛教管理机构非常繁杂，设置随意，僧官位高权重，这是前代所没有的。元代中央一级的僧务机构先后设有释教总管府、总制院、宣政院和功德使司等。元代最早设置的中央僧务机构是释教总统所。早在蒙古汗国时期，元定宗贵由即位之初，就诏命海云印简禅师“统僧”。[②] 辛亥年(1251)，蒙哥宪宗皇帝即位，颁降恩诏命海云印简“掌释教事”。[③] 同时，宪宗皇帝也诏尊密宗大师那摩“为国师，授玉印，统天下释教”[④]。二者分别掌管汉蒙佛教。忽必烈登基后，于中统元年(1260)，尊西藏八思巴为国师，授以玉印，任“中原法主，统天下教门”[⑤]。至元元年(1264)，元廷相继设置体制完备的中央僧务机构总制院和功德使司，总统所就变成隶属于总制院的僧务机构。总制院成为管理全国佛教事务和吐蕃地区军政事务的行政机构。其最高长官称作“院使”，由帝师兼领。至元二十五年(1288)，“因唐制吐番来朝见于宣政殿之故，更名宣政院”[⑥]，由尚书右丞相桑哥兼院使，脱因同为院使。[⑦] 这是因为宣政院是政府重要的行政机构，不再由帝师兼任，其最高官员由皇帝直接任命的朝廷重臣担任，确保政府职能机构的世俗性以及政府对宗教界和吐蕃地区的有效控制权。在这个职能体系中，帝师的权力以及僧人在政府中的地位依然得到确认。帝师有选拔任免第二院使的权力，并且确定第二院使必须由僧人担任的制度。宣政院的职能，一是管理“吐蕃之事”，二是统领全国宗教事务，直接隶属于宣政院的官寺有 360 所。

在地方上，元政府在各路设置功德使司。至元十七年(1280)，元政府设置功德使司，这是因循唐代僧官制度而设立的僧务机构，其职责是“掌奏帝师所统僧人并吐蕃军民等事”。[⑧] 宣政院成立后，元政府又设立行宣政院处理地方僧务，代替功德使司行使管理宗教事务。功德使司和行宣政院后来历经废置与重设，反

---

① 白文固：《宋代僧籍管理制度管见》，《世界宗教研究》2002 年第 2 期。
② 《佛祖历代通载》卷第二十一，《大正藏》第 49 册，第 704 页。
③ 宋濂等：《元史》卷三《本纪三》。
④ 宋濂等：《元史》卷一百二十五《列传十二·铁哥传》。
⑤ 《佛祖历代通载》卷第二十一，《大正藏》第 49 册，第 707 页。
⑥ 宋濂等：《元史》卷八十七《志第三十七·百官三》。
⑦ 详参赖永海主编的《中国佛教通史》第十一卷相关部分。
⑧ 宋濂等：《元史》卷十一《本纪十一》。

映出元王朝的宗教政策极不稳定，机构设置随意，管辖范围交叉混乱。

概而言之，作为一种社会存在的佛教僧团始终受到国家的严格管控，并与国家命运、国家政策紧密相连。就前者而言，在佛教传入中国后很长一段时间内，法律严禁汉人出家。汉末以降，凡数百年，国乱岁凶，僧众遂盛。非谓乱世宗教昌盛，乃集权专制之弱化所致。国家遂设僧管制度以管理僧众，严格掌控佛教。出家、度僧、建庙、铸像等佛教各种相关活动，“必须得到国家的承认与许可，违背国家意志即属违法，即属乱臣贼子，成为镇压对象”①。“然而，所谓国家的佛教政策，也可以说是由统治者展现的佛教教团史，总是容易为统治者的治世理论所左右。例如，未持有度牒、国家未公认的僧人被称为滥僧、妖僧，史料中亦称其为社会的恶人。不仅史料，现在许多人的论文中也屡屡见到‘私度僧中极少真挚的求道者’的说法。这是与统治者站在同一立场，以私度僧等于恶人为前提的论点。显然，国家认可与否和作为宗教者的优劣是一个不同层次的问题。但理解、考察国家宗教政策时常易被史料左右，而与历史上的统治者持同样的观点。”②

三 宋元时期佛教的新发展

随着宋王朝政治经济、文化制度相继建立与完善，政府在佛教政策、佛教管理等方面的各种具体措施也基本完成。而且，宋代社会相对稳定，政治相对清明，为佛教事业的发展提供了良好环境。与此相应，宋代成为佛教文化发展的黄金时代，佛经翻译工作规模之大、持续时间之长、翻译经典数量之多，也仅次于唐代。开宝四年（971），宋太祖就敕令高品、张从信到益州开雕中国有史以来的第一部汉文木版印刷《大藏经》，以《开元录》入藏经为主，陆续收入本土撰著和《贞元录》诸经，总计 653 帙、6620 余卷。太平兴国七年（982），宋太宗建立译经院，诏印僧法天、天息灾、施护和懂梵学的汉僧及朝廷官员等，共同组成严密的译经集团，进行由官方直接控制的译经活动。惟净是在这次译经中培养出来的最著名的汉僧译家。截至政和初（1111），前后共有译家 15 人，所译佛籍 284 部、758 卷，

① 竺沙雅章：《中国历史中的政治与佛教》，刘建编译，《辽宁大学学报》1993 年第 3 期。
② 竺沙雅章：《中国历史中的政治与佛教》，刘建编译，《辽宁大学学报》1993 年第 3 期。

密教占绝大部分，只有少数属龙树、陈那、安慧、寂天等人的论著。[①] 宋初帝王对佛经翻译工作的重视，丝毫不亚于前代崇佛的帝王。但同时，由朝廷直接动员人力、财力、物力进行佛经翻译的事业，也完成于这一阶段，标志着中国古代官方佛经翻译史的结束。另一方面，宋代佛经翻译已经不能成为左右佛教发展方向的主要因素，佛教遵循自身内在的发展逻辑和规律，佛教各宗派出现相互融摄与中兴的趋势，对佛教未来的发展影响极为深远。但是，佛教义学诸派在理论创新方面进展不大，而禅宗经过唐末五代的发展，逐渐成为佛教中影响最大的宗派，决定了佛教发展的基本趋势。

随着寺院经济的迅猛发展和禅院丛林的兴盛，禅僧同官府及士大夫的结交日密，这就造成了两个主要后果：一是官僚士大夫成为佛教发展演变的主要社会力量，同时也形成了一种独具特色的士大夫佛教，对佛教的兴衰变化起到了重要作用；二是大大推动了禅风的变化，由“不立文字”“直指人心”转变成了以阐扬禅机为核心、“不离文字”的“文字禅”。[②] 与此相应，编纂“灯录”“语录”“公案”，成了宋代禅宗的主要事业，[③]从而形成大量的禅宗典籍。因此，大慧宗杲（1089—1163）对于这种禅风深感忧虑，认为“近年以来，禅道佛法衰弊之甚”，就在于“专尚语言”的文字禅盛行。[④] 于是，他自己提倡“话头禅”，专参含义深奥的语句，所谓“有解可参之言乃是死句，无解之语去参才是活句”，实际上就是在禅定实践上要求对“无解之语”做直观的体验，由此得到悟解。禅悟本来就是不可言说的，但从弘教上说，又不得不说，于是宗杲著成《正法眼藏》。[⑤] 与宗杲同时的宏智正觉（1091—1157）反对话头禅，认为要达到真正的禅悟，还是应静坐看心，这就叫“默照禅”。[⑥] 正觉与宗杲争论不已。“话头禅”与“默照禅”之差异，是临济宗和曹洞宗向不同方向发展的表现。实际上，这是因为禅宗各家应机接物的方式各有不同，究其本质，实无差别。

禅宗五家至宋代，沩仰宗、法眼宗日渐式微，唯有云门、临济与曹洞兴盛。雪窦重显以《颂古百则》中兴云门，以撰写《辅教篇》著名的契嵩（1011—1072）也属

---

① 以上参见杜继文：《佛教史》，第 406 页。
② 杜继文：《佛教史》，第 412 页。
③ 杜继文：《佛教史》，第 412 页。
④ 杜继文：《佛教史》，第 413 页。
⑤ 参见杜继文：《佛教史》，第 414 页。
⑥ 杜继文：《佛教史》，第 414 页。

云门系统;提倡默照禅的宏智正觉则属于曹洞宗。[①] 在两宋禅宗中临济宗最为兴盛。由汾阳善昭(947—1024)创立的临济宗,到了石霜楚圆(986—1039)的门人黄龙慧南(1002—1069)和杨岐方会(992—1049)时代,形成黄龙、杨岐两个新支派,影响很大。[②]

黄龙慧南对义玄以后出现的文字禅提出严厉的指责,他认为:"二十八祖,递相传授。洎后石头、马祖,马驹踏杀天下人;临济、德山,棒喝疾如雷电。后来儿孙不肖,虽举其令而不能行,但呈华丽言句而已。"[③]这是说,从石头希迁、马祖道一到临济义玄、德山玄鉴等数代禅师,以棒喝顿悟传承佛教,但后人只是玩弄华丽的文字语句而丢失了禅的宗旨,不再反观内心而热衷于外向寻觅,这好比是"祖父田园,不耕不种,一时荒废,向外驰求"。[④] 为此,慧南提出了向临济禅复归,主张一种任运自在、不为外物所拘的修行,创立了所谓的"三转语",即后人称之为"黄龙三关"的修行方式。[⑤] 所谓"三关",总喻"开悟"的三个阶段,一是"初关",二是"重关",三是"生死牢关"。三者关系是一"破",二"透",三"出"。[⑥] 慧南所立"三关",实际上仍是教人在"机锋""禅语"上用功。

杨岐方会主张义玄那样的"立处即真"的自悟,认为"一切法皆是佛法","立处即真,者里须(领)会,当处发生,随处解脱"。[⑦] 方会的著名弟子白云守端与云门宗的圆通居讷关系密切,有意识地将禅宗各家乃至佛教各宗融会起来,其思想包括临济的三玄三要、四料简,曹洞的五位修行,乃至天台的止观教义。他曾宣称:"但愿春风齐着力,一齐吹入我门来。"[⑧]守端的著名弟子有法演,法演的著名弟子有佛果克勤,克勤也是融摄佛教各宗派的代表。政和年间(1111—1118),佛果克勤与张商英相遇于荆南,"剧谈《华严》旨要"。他以华严宗法界圆融无碍来说禅,认为禅"正是法界量里在,盖法界量未尽;若到事事无碍法界,法界量灭,始

---

① 杜继文:《佛教史》,第 414 页。

② 杜继文:《佛教史》,第 414 页。

③ 《黄龙慧南禅师语录》,《大正藏》第 47 册,第 634 页。

④ 杜继文:《佛教史》,第 415 页。

⑤ 杜继文:《佛教史》,第 415 页。

⑥ 以上参见杜继文:《佛教史》,第 415 页。

⑦ 仁勇编:《杨岐方会和尚语录》,《大正藏》第 47 册,第 641 页中。

⑧ 普济:《五灯会元》卷第十九《舒州白云守端禅师》,《卍新续藏》第 80 册,第 390 页上。又参见杜继文:《佛教史》,第 416 页。

好说禅”[①]。

宋代天台宗传承不绝，其中知礼(960—1028)是中兴天台宗的主要人物。宋代天台宗史上的重要事件是“山家”“山外”之争。争论的焦点是关于所观之境属“真心”还是“妄心”。“山外”派主张的真心观，是以心性真如为观照对象，即认为心之本体为纯净无染的“真心”，万法只是此“真心”“随缘”造作的产物。[②] 知礼主张“妄心观”，认为一切众生悉皆“性恶”，由此引导人们从日常生活的一念一行中去止恶修善。

天台智圆(976—1022)是倡导三教合一的代表人物。他认为三教各有其价值，因而不可偏废，遂自号“中庸子”。《闲居编》载，他“学通内外”，“旁涉老庄，兼通儒墨”，但他“或宗乎周孔，或涉乎老庄，或归乎释氏，于其道不能纯矣”。[③] 智圆特别强调儒释一致：“夫儒、释者，言异而理贯也，莫不化民，俾迁善远恶也。儒者饰身之教，故谓之外典也；释者修心之教，故谓之内典也。……吾修身以儒，治心以释，拳拳服膺，罔敢懈慢。”[④]儒重“饰身”，佛重“修心”，故以儒修身，以释治心，共同的目的不过是治民而已。

净土信仰到宋代有了新的发展，表现出惊人的号召力和感染力，出现了不同种类的多元复合型的净土信仰，其中最具代表性的有禅净一致说和台净合一说。永明延寿是禅净一致说的积极倡导者。他在《净土指归》中说：“有禅无净土，十人九蹉路；阴境若现前，瞥尔随他去。无禅有净土，万修万人去，但得见弥陀，何愁不开悟。有禅有净土，犹如戴角虎；现世为人师，来生为佛祖。无禅无净土，铁床并铜柱；万劫与千生，没个人依怙。”[⑤]当然，禅宗也有不少人主张“唯心净土”。宋代天台宗的净土观念亦颇为有趣，其主要代表大都积极提倡净土信仰。知礼勤劝念佛，“誓取往生”。遵式每天清晨念佛，“尽此一生，不得一日暂废”。智圆主张“始以般若真空荡系著于前，终依净土行门求往生于后”[⑥]，“虽遍想十方，而终期心于净土”[⑦]。可以说，在宋代倡导和实践净土信仰，已经成为佛教各宗派的

---

① 普济：《五灯会元》卷第十九《成都府昭觉寺克勤佛果禅师》，《卍新续藏》第 80 册，第 396 页中。又参见杜继文：《佛教史》，第 417 页。

② 杜继文：《佛教史》，第 420 页。

③ 《闲居编》第十一《病课集序》，《卍新续藏》第 56 册，第 882 页下。

④ 《闲居编》第十九《中庸子传上》，《卍新续藏》第 56 册，第 894 页中；杜继文：《佛教史》，第 421 页。

⑤ 大佑：《净土指归集》，《卍新续藏》第 61 册，第 379 页下。

⑥ 《闲居编》第六《阿弥陀经疏西资钞序》，《卍新续藏》第 56 册，第 875 页下。

⑦ 《乐邦文类》卷第四，《大正藏》第 47 册，第 201 页中；杜继文：《佛教史》，第 423—424 页。

共识，净土学说与净土信仰由此全面展开。净土宗的宗教实践的突出成就在于净土结社的展开。例如省常创西湖昭庆寺的净行社，遵式在四明宝云寺建立的念佛会，知礼在明州延庆寺建的念佛施戒会等，都是宋代著名的净土结社。[①] 这些法社把佛教僧侣和社会各个阶层联络起来，更加有效地促进了净土信仰的传播。[②]

世俗化是中国佛教的总趋向，延至宋代，世俗化的特征更加明显，主要表现为提倡“忠孝”“爱国”。佛教东传之初，佛教自诩为“大忠”“大孝”，“佛家之孝，所包盖远”，“苟有大德，不拘于小”，佛教的“忠孝”是超越于世俗“忠孝”之上的“至上道”。魏晋南北朝高僧慧远提出“大孝”，“孔以致孝为首，则仁被四海；释以大慈为务，则周化五道”，若出家修道有成，则“道洽六亲，泽流天下，虽不处王侯之位，亦已协契奥极，在宥生民”[③]。说明佛教内无天属之重而不违其孝，外阙奉主之恭而不失其敬，这就把出家在家、方内方外、佛教学说与传统伦理机智地统一起来了。[④] 佛教以五戒十善教化治民，“十人持五戒，则十人淳谨矣”，“百人修十善，则百人和厚矣”，“传此风训，以遍宇内”，皇帝就可以坐致太平、尽享快乐了。始自魏齐，盛于唐宋，教界内外逐渐把佛教的“五戒”与传统的“五常”统一起来，竭力宣扬佛教孝道论。特别是唐宋之后，随着中国化佛教的形成，中国佛教孝亲观也日趋完备，佛教伦理日渐世俗化、具体化，高僧不仅把佛教的“五戒”与传统的“五常”统一起来，而且把佛教与世俗的“孝道”紧密结合起来。百丈怀海(749—814)始创、后历代均有所损益的《百丈清规》更大讲“忠”“孝”：首二章“祝釐”“报恩”讲“忠”，次二章“报本”“尊祖”讲“孝”，完全仿效儒家口吻。到了宋代，佛教徒极大提升了“孝”的地位。契嵩作《孝论》，系统阐述佛门孝亲观，不仅把佛教五戒与儒家五常联系起来，而且把孝抬高到百行之端、万善之首的至高无上的位置，视父母为“天下三大本之一”。“夫孝，天之经也，地之义也，民之行也。至哉大矣，孝之为道也夫！”[⑤]“夫孝，诸教皆尊之，而佛教殊尊也。”[⑥]不仅使佛法与纲常名教在孝亲观上达成亲和，而且大大推进了佛教世俗化的进程。宋代以后，

① 杜继文：《佛教史》，第 424 页。
② 杜继文：《佛教史》，第 425 页。
③ 僧祐：《弘明集》卷第五，《大正藏》第 52 册，第 30 页中。
④ 高永旺：《论人间佛教的世俗性与超越性》，《青海社会科学》2011 年第 2 期。
⑤ 契嵩：《孝论》，《大正藏》第 52 册，第 660 页下。
⑥ 契嵩：《孝论》，《大正藏》第 52 册，第 660 页上。

受宋明理学的影响，孝的观念完全上升到了本体论的高度，虚堂和尚（1185—1269）就宣称："天地之大，以孝为本"，"以孝为本，则感天地、动鬼神"。[①]

家庭伦理的"孝"最终是要落实到对国家的"忠"上的，孝是基点，忠才是目的。把忠孝仁义当作佛教的善恶标准是宋代佛教的一大特点。智圆说："士有履仁义、尽忠孝者之谓积善也。"[②]宗杲用"忠义心"来解释"菩提心"，"菩提心则忠义心也，名异而体同。但此心与义相遇，则世出世间，一网打就无少无剩矣"，"未有忠于君而不孝于亲者，亦未有孝于亲而不忠于君者"。学佛的旨趣也最终归于忠君爱国上，"予虽学佛者，然爱君忧国之心与忠义士大夫等，但力所不能而年运往矣"[③]。

宋代佛教强化"忠孝""国家"，标志着沙门与王者抗礼时代的结束，僧尼必须绝对地臣服于君主的权威之下，使中国佛教从此与域外佛教分道扬镳，但同时开辟了古代佛教爱国主义和民族主义一途，大大增强了僧侣的国民认同。端拱元年（988），赞宁进《高僧传表》，自称"臣僧"，后缀"冒黩天颜，无任惶惧激切屏营之至"。[④] 崇宁二年（1103），宗赜编定的《禅苑清规》进一步提出"皇帝万岁，臣统千秋，天下太平"。[⑤] 在寺院住持的上香祝辞中，必先祝当今皇上"圣寿无穷"，其次祝愿地方官僚"常居禄位"，最后方是酬谢祖师的"法乳之恩"。[⑥] 欧阳修在《归田录》中记载了一件趣事："太祖皇帝初幸相国寺，至佛像前烧香，问当拜与不拜。僧录赞宁奏曰：'不拜。'问其何故，对曰：'见在佛不拜过去佛。'"[⑦]事件的真实性有待考证，但起码表明佛教不仅对王权是臣服的，而且很善于找借口。赞宁进一步提出"佛法据王法以立"，"王法"不仅是"世法"的最高原则，也是佛法的准绳和保证。[⑧]

忠君爱国要求佛教回到世间，参与辅助王政，特别是在民族危亡的多事之秋，更要积极参与军政大事，谋求变革图存。宋初永明延寿在其《万善同归集》中说："文殊以理印行，差别之义不亏；普贤以行严理，根本之门靡废。本末一际，凡

---

① 正一、净喜、尚贤编：《虚堂和尚语录》卷九，《大正藏》第47册，第1058页中。
② 《闲居编》第十八，《卍新续藏》第56册，第892页中。
③ 慧日编：《大慧普觉禅师法语》卷二十四，《大正藏》第47册，第912页下。
④ 杜继文：《佛教史》，第411页。
⑤ 杜继文：《佛教史》，第411页。
⑥ 杜继文：《佛教史》，第411页。
⑦ 欧阳修：《归田录》卷一，中华书局，1981年，第1页。
⑧ 杜继文：《佛教史》，第409页。

圣同源,不坏俗而标真,不离真而立俗。”[①]圆悟克勤则直截了当地说:“佛法即是世法,世法即是佛法。”[②]庐山圆通居讷祖印禅师以知兵法名闻当朝。靖康之变后,宗泽留守东京,法道法师“参谋军事,为国行法,护佑军旅。师往淮颍,劝化豪右,出粮助国,军赖以济”,后南渡随驾陪议军国事。[③] 惠洪因反对蔡京而被流放朱崖。宗杲因参与张九成反秦桧和议被流放衡阳。甚至许多僧人直接参与战争,站在反抗侵略的第一线。

元代时期,汉地佛教仍然以禅宗为主流。北方有万松行秀一系的曹洞宗和海云印简一系的临济宗;南方有云峰妙高、雪岩祖钦、高峰原妙、中峰明本、元叟行端等所传的临济宗。大体上看,曹洞流行于北方,临济则盛行于全国。[④] 海云印简为忽必烈说法传戒,住正定临济院,在北方中兴临济宗。南方临济宗属杨岐派法系。虎丘绍隆一系的云峰妙高曾北上参加元世祖召集的禅、教、律三宗辩论。[⑤] 但他不能阻止尊教抑禅的政策实施。雪岩祖钦得法于径山师范,著名弟子有高峰原妙。高峰原妙的弟子中峰明本是元代重要禅僧,行省丞相脱欢和翰林学士赵孟頫等曾从他学禅。[⑥] 大慧宗杲一系著名禅僧有元叟行端及其弟子楚石梵琦。

元代天台宗在杭州、天台一带仍继续传播。元代华严宗则主要传播于五台山。除传统佛教宗派外,元代江南地区还流行白莲教和白云宗等教团。白莲教是在宋代结社念佛、净土信仰广泛发展的情况下产生的。它在初创时期原本是佛教的一个世俗化教派,但后来却演化为民间秘密教团。[⑦]

遗民逃禅是元代佛教的一大特色。随着南宋王朝的覆灭,异族的统治使南人的社会地位被置于最低,而传统的科举制度又受到废抑,不甘受异族统治的士人或逃入教内,或流亡海外。玉村竹二认为,“宋元禅林的贵族化、官僚化,虽然包含了禅林迎合士大夫阶级这一原因,但是根本原因在于士大夫阶级子弟、科举落第者的流入改变了禅林结构,导致了禅林贵族化、官僚化”[⑧]。另外,流亡日本

---

① 延寿:《万善同归集》卷一,《大正藏》第48册,第958页下。
② 绍隆等编:《圆悟佛果禅师语录》卷第五,《大正藏》第47册,第737页上。
③ 杜继文:《佛教史》,第410—411页。
④ 杜继文:《佛教史》,第434页。
⑤ 杜继文:《佛教史》,第434页。
⑥ 杜继文:《佛教史》,第434页。
⑦ 详见杜继文:《佛教史》,第435页。
⑧ 竺沙雅章:《中国历史中的政治与佛教》,刘建编译,《辽宁大学学报(哲学社会科学版)》1993年第3期。

的僧侣剧增，以至于日本禅林都感觉有些过分了，“但是到了明代，汉民族统治国家后，即使日本方面邀请也没有僧侣来日本了”①。南宋遗民表现出不甘接受异族统治的民族气节。

值得一提的是，元代佛教在民间有着深刻而广泛的影响。元末农民打着“弥勒佛当有天下”“定光佛出世”等口号，反抗元廷暴政，这就是佛教社会功能的一个重要方面。

① 竺沙雅章:《中国历史中的政治与佛教》，刘建编译，《辽宁大学学报(哲学社会科学版)》1993年第3期。

第二节
宋元时期的南京城暨南京佛教

从隋唐五代到宋元约800年间，南京历经沧桑，命运多舛，几度毁废而又几度复兴，见证了人间的悲欢离合、帝国兴废与历史巨变。公元589年，隋军攻克建康，隋文帝杨坚诏令悉毁建康城邑宫殿，改为耕地，坏其王气。六朝胜地，一朝尽毁，无复存者。唐朝前中期，南京“不过是一县之域”，而且“六朝文物草连空”，经济、人文重心则是“春风十里扬州路”的江都。直到公元758年，时值安史之乱，唐肃宗“以金陵自古雄踞之地，时遭艰难，不可以县统之”，改江宁郡为昇州，着力提升金陵地位，以控制时局，并寄托了其对和平安宁的向往。公元920年，即五代十国杨吴时期，改昇州为金陵府，建成金陵城，并在冶城故址建紫极宫。公元932年，徐知诰进一步扩建金陵城。公元936年正月，建大元帅府；十一月，以金陵府为杨吴西都。公元937年，徐知诰改金陵府为江宁府；八月，篡吴称帝，更名为李昪，以江宁府为都，定国号唐，史称南唐。南唐立国39年，经济繁荣，文化卓然，上承隋唐之雄厚，下启宋元之灵秀，奠定了南京在中国历史上的特殊地位。

一 | 宋元时期南京城的历史变迁

开宝七年（974）冬十月，宋军大举攻打南唐。临行前，宋太祖赵匡胤对曹彬说：“南方之事，一以委卿，切勿暴略生民，务广威信，使自归顺。”[①]翌年十一月，宋军攻克江宁城，南唐灭亡。曹彬遵照赵匡胤的旨意，没有毁城，使其没有重蹈隋灭陈时之覆辙，因而金陵城郭大都保全下来。十二月，诏改江宁府为昇州。

天禧二年（1018）二月，真宗皇帝诏改昇州为江宁府，册命皇太子（即后来的宋仁宗）行江宁尹、充建康军节度使，进封昇王。宋太宗至道三年（997）在州之上改道为路，分宋朝全境15路。天禧四年（1020）分江南路为江南东路和江南西

---

① 周应合：《景定建康志》卷一，王晓波、李勇先、张保见等点校，四川大学出版社，2007年，第3—4页。本章所引《景定建康志》均为此版本，以下省略点校者和出版信息。

路，江宁府为江南东路的首府，下辖上元县、江宁县、句容县、溧水县、溧阳县5县。北宋时期的江宁地位日益重要。

嘉祐四年(1059)四月，翰林学士胡宿对仁宗皇帝进言："陛下建国于昇，宜进昇为大国，无得封。"[①]上从之。江宁府为宋仁宗的龙兴之地，又称昇国。仁宗对金陵特别重视，历派亲信重臣镇守江宁，其中就有赫赫有名的清官包拯。包拯曾于嘉祐二年(1057)来金陵担任过4个月的江宁府尹，随即奉调入京任开封府尹。张士逊、王安石咸以宰相判江宁府，其中王安石曾两度以江宁府尹出任宰相，罢相后又退居江宁。

北宋的时局成就了金陵的繁华，"吴宫花草埋幽径，晋代衣冠成古丘"的感伤淡然了，多了些怀古抒情之作。北宋词人周邦彦约40岁时任溧水县令，其间曾作《西河·金陵怀古》：

佳丽地，南朝盛事谁记？山围故国绕清江，髻鬟对起。怒涛寂寞打孤城，风樯遥度天际。

断崖树、犹倒倚，莫愁艇子曾系。空余旧迹郁苍苍，雾沉半垒。夜深月过女墙来，伤心东望淮水。

酒旗戏鼓甚处市？想依稀、王谢邻里，燕子不知何世，入寻常、巷陌人家，相对如说兴亡，斜阳里。[②]

王安石描写金陵的诗作约有300首，如《桂枝香·金陵怀古》：

登临送目，正故国晚秋，天气初肃。千里澄江似练，翠峰如簇。征帆去棹残阳里，背西风、酒旗斜矗。彩舟云淡，星河鹭起，画图难足。

念往昔、繁荣竞逐，叹门外楼头，悲恨相续。千古凭高对此，漫嗟荣辱。六朝旧事随流水，但寒烟、衰草凝绿。至今商女，时时犹唱，《后庭》遗曲。[③]

北宋时期，南京发生一件有趣的事，值得借鉴。天禧元年(1017)，昇州知府

---

① 周应合：《景定建康志》卷一，第4页。

② 周邦彦：《周邦彦集》，山西古籍出版社，2008年，第141页。

③ 吴熊和、肖瑞峰编选：《唐宋词精选》，凤凰出版社，2002年，第86页。

丁谓疏浚后湖（玄武湖），扩大水面以养鱼。熙宁七年（1074），王安石任江宁知府。翌年二月，他调京师拜相后，以玄武湖“空蓄波涛”为由，奏请神宗皇帝准予泄湖水为田。神宗批准后，在玄武湖开十字河源泄去湖水，分给贫民耕种。结果，玄武湖消失了 260 余年，直到元至正三年（1343），开浚湖河道，玄武湖才得以恢复。而泄去湖水所得良田，终为豪强所并。

南宋时期，南京的地位愈发重要。建炎元年（1127），尚书右仆射兼中书侍郎臣李纲向高宗皇帝进言：“天下形胜，关中为上，建康次之。宜以长安为西都，建康为东都，各命守臣葺城池，治宫室，积糗粮，以备临幸，则天下之势安矣。”高宗出其章付中书，卫尉少卿臣卫卢敏进言：“建康实古帝都，外连江淮，内控湖海，为东南要会之地。伏望趣下严诏，夙期东幸。”中书舍人臣刘珏也进言：“金陵天险，前据大江，可以固守。”[①]廷臣皆率附其议，主幸东南，于是以江宁为帅府。建炎三年（1129）春，杭州内乱初平。三月十八日，高宗下诏：“以江宁府王气龙盘，地形绣错，据大江之险，兹惟用武之邦，当六路之冲，实有丰财之便。将移前跸，暂驻大邦。外以控制于多方，内以经营乎中国。”[②]遂于四月二十日从杭州出发，五月初八抵达江宁府，驻跸神霄宫（城西南保宁禅寺），即府治建行宫，诏改江宁府为建康府。闰七月，上发建康，如浙西。

建炎三年（1129）十一月，金军渡江攻陷建康，杜充丢下几十万军队，弃城逃往仪征，旋即降金。通判杨邦乂被俘，坚贞不屈，在衣服上写下“宁作赵氏鬼，不为他邦臣”，遂被金兵杀害。明太祖因此赞叹他“天地正气，古今一人。生而抗节，死不易心”。十二月，金军由溧水南下，进陷临安。高宗为避金军，一度逃到海上，金军无法追击，只好“望海兴叹”。其时，各路宋军英勇抗击金兵，岳飞率军在靖安镇、牛首山、龙江湾连续打败金兵，韩世忠又在金山和黄天荡先后重创金兵。建炎四年（1130）春，金兵掳掠江南之后，准备北撤，临行前在建康城里大肆杀戮，并放火焚城，全城几乎化为灰烬，居民留存下来的不到原来的 1/10。

据叶梦得《石林居士建康集》记载：

> 建康承平时，民之籍于坊郭以口计者，十七万有奇，流寓商贩游手往来

① 周应合：《景定建康志》卷一，第 4 页。
② 周应合：《景定建康志》卷三，第 38 页。

不与建康。己酉冬，虏既大入。十一月壬戌，南渡自溧水径趣浙。留其伪太师张真奴分兵五百薄建康军相。杜充率麾下北去，知府事陈邦光以城降虏。由是未尽肆其虐，别筑城于西南隅以居，取城中器械子女金帛储之禁。吾民毋得出州城。明年夏，回自浙东，五月复至建康，与所留兵合。丙午入城，始料其强壮与官吏，以兵围守于州之正觉寺散取老弱之遗者，悉杀之。纵火大掠，越三日。府寺民庐皆尽，乃拥众去。凡驱而与俱者十之五，逃而免者十之一，死于锋镝敲傍者盖十之四。城中头颅手足相枕籍，血流通道，伤殇宛转，于煨烬燥妇之间。犹有数日而后绝者。①

此后，建康再没有被金兵占领。在南宋人民的努力下，江南局势很快安定下来。建康由于其政治、经济、军事战略地位的重要性，很快恢复了昔日的繁荣。绍兴二年(1132)，高宗命江南东路安抚大使李光即府旧治修为行宫，并增创后殿。六月，以图进呈，上曰："但令如州治足矣。若止一殿，虽用数万缗，亦未为过。必事事相称，则土木之侈伤财害民，何所不至？象箸之渐，不可不戒。"由是制度简俭，不雕不斩，得夏禹卑宫室之意。②

绍兴六年(1136)六月，右仆射臣张浚谓东南形势莫重于建康，实为中兴根本，奏请圣驾以秋冬临幸建康。绍兴七年(1137)三月辛未，上至建康。十一月，上谓张浚曰："朕来建康行宫，皆因张浚所修之旧，不免葺数间小屋为寝处之地，当与卿观之。初不施丹雘，盖不欲劳人费财也。"③绍兴八年(1138)正月，上将还临安，参知政事臣强守言曰："陛下至建康，席未及暖，愿少安于此，以系中原之心。"臣赵鼎持不可。壬戌，上召张浚至宫中，谕之曰："朕来日东去，卿在此，无与民争利，勿兴土木之工。"后悚息承命。浚见地无砖面，再三叹息，上曰："此事非难，但艰难之际，一切从俭，庶少纾民力。朕为人主，虽以金玉为饰，亦无不可。若如此，非特一畴士大夫之论不以为然，后世以朕为何如主也？"癸亥，上发建康。戊寅，上至临安府，遂定都焉。④

高宗虽未常驻建康，但对其战略地位非常重视。绍兴八年(1138)，置主管行

① 叶梦得：《石林居士建康集》卷四《建康掩骸记》，清宣统三年刻本。
② 周应合：《景定建康志》卷一，第5页。
③ 周应合：《景定建康志》卷一，第5页。
④ 周应合：《景定建康志》卷一，第5页。

宫留守司公事;三十一年(1161),为行宫留守。[1] 自公元1132年到1162年的30年间,对城池行宫的修缮一直未断,大体恢复了南唐金陵城的规模。高宗诏知江宁府尹“赐盐钞十万缗”;后又增拨两浙、淮南盐钞50万贯。城内的大体布局是:把南唐宫城(北宋时为府衙)改为行宫,行宫东、西、北三面为军营,东南面是官署和学校,现在的夫子庙就是当时的“建康府学”;商业区和居民区则集中在行宫以南和西南面的秦淮河两岸。皇帝行宫周“四里二百六十五步”,约合今2618.9米,城高2丈5尺,下阔1丈5尺,有40多座殿堂馆阁,可谓亭台楼阁,殿宇重重,龙河环绕,树木葱茏。高宗虽下诏行宫“不事华壮”,然宫室之华美,配置之奢华,仍胜前朝不少。

南宋时期,关于定都何处,始终争论不已。即使在高宗定都临安之后,主战派仍坚决主张迁都建康,陆游、辛弃疾等多次到建康考察地形,上书力陈,但都没有成功。南宋的爱国诗人陆游,曾3次来到建康,留下优秀诗篇。1178年,55岁的陆游登上了建康赏心亭,遥想当年自己曾上书朝廷,主张迁都建康,而朝廷却与金人议和,如今韶华老去,触景生情,感慨万千,写下了七律《登赏心亭》:

黯黯江云瓜步雨,萧萧木叶石城秋。孤臣老抱忧时意,欲请迁都泪已流。[2]

辛弃疾早年参加抗金义军,显示出卓越的军事才能,也属于一代悍将,曾写下《万字平戎策》,但他不仅得不到朝廷重用,还不断受到投降派的打击、排斥、诬蔑,被迫离职。绍兴三十二年(1162)至淳熙二年(1175),辛弃疾曾3次来到建康,写下不少抒发情怀的爱国诗词。其中著名的《水龙吟·登建康赏心亭》云:

楚天千里清秋,水随天去秋无际。遥岑远目,献愁供恨,玉簪螺髻。落日楼头,断鸿声里,江南游子。把吴钩看了,栏杆拍遍,无人会,登临意。

休说鲈鱼堪脍,尽西风,季鹰归未?求田问舍,怕应羞见,刘郎才气。可惜流年,忧愁风雨,树犹如此!倩何人唤取,红巾翠袖,揾英雄泪?[3]

---

① 脱脱等:《宋史》卷八十八《志第四十二·地理四》。

② 陆坚主编:《陆游诗词赏析集》,巴蜀书社,1990年,第123页。

③ 吴熊和、肖瑞峰编选:《唐宋词精选》,第179页。

绍兴三十二年正月，上复至建康。二月，还临安。初，上谓辅臣曰："将来幸浙西，建康宫宇令有司照管。它时复幸，免更营造，以伤民力。"赵鼎奏曰："即令建康府拘收。"是年，中书门下省言建康府已除行宫留守，诏："应合行事件，并依西京留守司体例施行。"自是而始，江南东路安抚司常兼留守。每岁四季月，准令入宫点视，留守司属官一员从之。①

高宗南渡后，改建康府，即府治为行宫，设留守，以守臣兼之，而安抚、制置、总领、转运、提领、御前马步军诸司皆治于此，江东、淮西诸郡咸听节制。② 实际上，从建炎三年(1129)至绍兴八年(1138)，南京是南宋事实上的首都。绍兴八年，高宗以临安为行在，行使首都职能，以建康为留都，常驻重兵防守，建康成为南宋最重要的军事屏障。

两宋时期，南京人口大体保持增长势头。北宋崇宁年间(1102—1106)，南京辖上元、江宁、句容(天禧四年，即 1020 年，改名为常宁)、溧水、溧阳 5 县，总户数 120713 户，人口总数 200276 人。③ 宋室南渡以后，南京人口曾一度激增；建炎四年(1130)，金兵洗劫南京以后，人口大幅下降，但很快就恢复过来。为了防御金兵渡江南下，建康一带仅常驻军队就有 10 多万人，战争时期则驻军人数更多。景定年间(1260—1264)，建康府的人口将近 25 万。据《景定建康志》载，当时建康主户数 103545 户，人口数 221755 人；客户数 14242 户，人口数 26441 人。④ 同时，这也反映了当时南京当时大多数人拥有恒产，经济比较健康。

两宋时期，南京的经济获得了新的活力。城郊开辟圩田，亩产稻米可达 3 石，比南朝时增加一倍。南宋时开出的 5 万亩大圩永丰圩，至今仍是高产稳产的农田。北人南来，稻麦两熟制又应运而生，极大提高了粮食产量。南宋诗人杨万里曾这样描绘当时的农田景象：

周遭圩岸绕金城，一眼圩田翠不分。行到秋苗初熟处，翠茸锦上织黄云。

---

① 周应合：《景定建康志》卷一，第 5—6 页。
② 张铉：《至正金陵新志》卷二，李勇先、王会豪、周斌点校，四川大学出版社，2009 年，第 77 页。
③ 脱脱等：《宋史》卷八十八《志四十一・地理四》。
④ 周应合：《景定建康志》卷四十二《民数》，第 1758—1760 页。

又有《夏日杂兴》云：

金陵六月晓犹寒，近北天时较少暄。打尽来禽那待熟，半开萱草已先翻。独龙冈顶青千摺，十字河头碧一痕。九郡报来都雨足，插秧收麦喜村村。①

手工业也有很大发展，铸钱、丝织、棉织、火器制造等产业盛极一时。其中，建康府都作院用火药制造武器，百工皆精，是当时世界上最先进的武器制造厂。仅在宝祐三年(1255)八月二十七日至宝祐六年(1258)正月二十六日短短2年多的时间里，就制造武备88191件，维修272541件。② 此外，乾道四年(1168)，知府史正志在建康府立船厂，增造战船。手工业的昌盛促进了建康商业的繁荣，各种商业行会应运而生。

两宋时期的文教政策和经济环境成就了南京教育的发展，南京的府学、县学、书院等相继建立，形成了完备的教育体系。天圣七年(1029)，“丞相张士逊知江宁府”，以冶城文宣王庙地(即今朝天宫)建府学。景祐元年(1034)，徙府学于今夫子庙。南宋时期，南京上元、江宁、句容、溧水、溧阳诸县，皆建县学。早期的书院属于私立的性质，后逐渐官方化。书院作为一种教育组织，形成于宋初。江宁府的茅山书院始建于仁宗时期，是当时的六大书院之一。南京最著名、影响最大的书院是明道书院，建于淳祐元年(1241)。此外，还有古长干的南轩书院(建于咸淳四年，即1268年)、秦淮河畔的江东书院(建于元泰定年间，即1324—1328年)等。南京发达的教育体系为南京的繁华奠定了坚实基础。

元至元十二年(1275)，元兵攻占建康。南宋祥兴二年(1279)三月，元兵押解民族英雄文天祥前往燕京，途中经过建康，将其囚禁在天庆观(今南京朝天宫)；八月，文天祥再次被押北上，临行前写下了悲壮激昂的《金陵驿》：

草合离宫转夕晖，孤云飘泊复何依。山河风景原无异，城郭人民半已非。满地芦花和我老，旧家燕子傍谁飞？从今别却江南路，化作啼鹃带血归。③

---

① 周汝昌选注：《杨万里诗选》，河北教育出版社，1999年，第209页。

② 周应合：《景定建康志》卷三十九《军器》，第1690页。

③ 季镇淮、冯钟芸、陈贻焮、倪其心选注：《历代诗歌选》下，中国青年出版社，2013年，第142—143页。

后来，南京人民在雨花台下建“二忠祠”，纪念为国家献身的民族英雄杨邦乂和文天祥，以昭千古。

元军占领建康后，即建康府治开省，设建康宣抚司、江东建康道提刑按察司，又设江东道宣慰司、江淮等处行枢密院皆于建康开府。① 至元十四年(1277)，升建康路。初立行御史台于扬州，既而徙杭州，又徙江州，又还杭州；至元二十三年(1286)，自杭州徙治建康，于是南京成为中国南方的政治中心。天历二年(1329)，以文宗潜邸，改建康路为集庆路。辖上元、江宁、句容3县，溧水、溧阳2州。溧水州，唐以来皆为县，元贞元年(1295)升为州。溧阳州，唐以来并为县，元至元十六年(1279)，升为溧阳路；至元二十七年(1290)，复降为县，后复升为州。元时，南京总户数214548户，人口总数1072690人，超过百万，数倍于宋时。② 据元至元二十七年的统计，仅上元、江宁两县的人口已经达到30余万人，超过宋时整个南京的人口数。可以想象当时南京之繁华。

元朝时期，南京的经济更为发达。至元十六年，在建康城内设东、西织染局，各有匠户3000户，每年额造段匹4500余段，纺丝11500多斤，生产锦缎、花绢、花钞和丝绵等多种产品。元代手工业实行“匠户制”，工匠举家从业，南京城内就有近2万名丝织工人，南京的织锦业很快在全国占据了重要地位。至治元年(1321)，建广运仓于龙湾山(今狮子山)前，所储存诸路漕粮经海路运往元大都(今北京)。可见，南京是元代中国南方当之无愧的经济中心。

南京也是元代的科技中心。至正元年(1341)，在鸡笼山正式建立观象台，首次配置了著名天文学家郭守敬发明的天文仪器。明朝时扩建为国家天文台，属钦天监。南京的鸡笼山又名鸡鸣山、北极阁，是我国古代气象机构的主要所在地。

元至正十六年(1356)，朱元璋率军攻克集庆，改称应天府。至正二十七年(1367)十月，朱元璋以“驱逐胡虏，恢复中华，立纲陈纪，救济斯民”为号召，命徐达、常遇春率军25万，北进中原。洪武元年(1368)，朱元璋在应天府称帝，国号大明，再次开启了南京新的历史篇章。同年，明军攻占北京，同时收复业已丢失了400年的燕云十六州。

---

① 张铉：《至正金陵新志》卷二，第78页。
② 宋濂等：《元史》卷六十二《志第十四·地理五》。

二 宋元时期南京佛教的发展态势

宋元时期的南京佛教具有鲜明的地域特色，天台、华严、唯识诸宗在南京的影响逐渐式微，禅宗、净土宗占据了南京佛教界的主流，其间高僧辈出，亦为一时之盛况。同时，与全国的佛教发展情况相应，南京佛教也深入社会各个领域，积极参与社会、经济、文化等活动，热心于社会公益事业的建设，为社会做出了积极的贡献。

（一）宋元南京佛教诸宗

宋元时期，天台宗主要流行于浙江、江苏东部，唯识宗和华严宗宗派影响逐渐衰弱，影响甚微。在建康流行的主要是禅宗。宋元时期兴盛的云门、临济与曹洞三家中有很多高僧都驻锡建康，极大地促进了建康佛教的繁荣。

建康的云门宗在宋代盛极一时。著名僧人有圆通法秀、应夫禅师、长芦宗赜、道和禅师、宗永禅师等。圆通法秀、应夫禅师嗣法于天衣义怀禅师，先后住持真州长芦寺。长芦宗赜先后依止圆通法秀和应夫禅师，他主张禅净双修，他著有对后世丛林影响深远的《禅苑清规》。道和禅师参谒净因道臻和圆通法秀，后至大通善本禅师座下，得禅门妙旨，后归心曹洞宗，曾住持真州长芦寺。宗永禅师嗣法于东京法云寺圆通法秀禅师，后住持天禧寺，即是原来的长干寺。

临济宗是宋代最为兴盛、影响最大的佛教宗派，其在建康也是高僧云集，影响极大。石霜楚圆的嗣法弟子蒋山赞元住持太平兴国寺，与王安石交好，王安石为其奏赐章服、觉海禅师号。保宁圆玑嗣法于黄龙慧南，崇宁二年（1103），圆玑住持金陵保宁寺，长达 15 年之久。保宁仁勇嗣法于杨岐方会，同白云守端云游四方，后住持金陵保宁寺。杨岐方会的三传嗣法弟子佛鉴慧勤先后两次住持蒋山太平兴国寺，为五祖法演门下“三佛”之一。佛果克勤约于政和六年（1116），住持江宁蒋山寺，直到宣和六年（1124）应诏住持开封天宁万寿寺方才离开。

克勤有嗣法弟子 75 人，其中以大慧宗杲和虎丘绍隆最为著名，各自的法系分别形成大慧派和虎丘派，辗转相承，影响久远。大慧一系在南京比较有名的禅师有云峰妙高（杨岐派第九世）、笑隐大䜣（杨岐派第十世）、楚石梵琦（杨岐派第十世）等。虎丘一系比较有名的禅师有虚舟普渡（杨岐派第十世）、古林清茂（杨岐派第十一世）、昙芳守忠（杨岐派第十二世）、孚中怀信（杨岐派第十二世）、了庵清欲（杨岐派第十二世）等。有元一代，南京佛教高僧几乎都是克勤一系，其盛况可见一斑。

宋代曹洞宗的三个代表人物大阳警玄、真歇清了、宏智正觉都与南京关系密切。大阳警玄依止其叔父智通禅师，在金陵崇孝寺出家。真歇清了于宣和五年(1123)住持长芦崇福寺，一时学者辐辏，宗风大振，故人亦称之为长芦清了禅师。真歇清了禅师刚出任长芦崇福寺住持，就招请正觉禅师担任首座。入元以后，南京曹洞宗就逐渐沉寂下来。

(二) 宋元时期南京佛教的社会交往

佛教传入中国以后，就不断向社会各个领域浸润，至唐代时，佛教寺院已经全方位地参与社会经济文化等各个领域的活动。到了宋代，极度发达的寺院经济，成为国家社会经济的重要组成部分。北宋张商英说："释氏虽众而各止一身一粥一饭，补破遮寒，而其所费亦寡矣。且其既受国恩，绍隆三宝，而欲复使之为农，可乎？况其田园随例常赋之外，复有院额科敷官客往来，种种供给，岁之所出，犹愈于编民之多也。"[①]这种情况加重了寺院和僧尼的经济负担，在寺院成为名副其实的重要经济单位的同时，僧尼实际上不仅与"编民"没有区别，还要承担比普通民户更多的经济负担。尽管如此，宋代佛教寺院秉持佛教济世利人的根本精神，继续兴办各种社会福利事业，使佛教的慈善福利事业更加完备。与宋代佛教整体福利事业相应，南京佛教所从事社会福利事业也涉及社会各领域，主要包括社会公共事业，如桥梁、水利、道路修建与维护等，以及社会慈善救济事业，如养老、济贫、赈饥、慈幼、医疗等。

宋代南京僧人热心桥梁的兴建与维修。例如，建康上元县于孝宗乾道五年(1169)十一月重建镇淮和饮虹二桥，次年正月竣工。镇淮桥长 16 丈，广 30 尺，跨秦淮河上，适据府会要冲，桥上有 2 个亭子。饮虹桥长 13 丈，屋 16 楹，广 36 尺。二桥之规划、建造皆出自浮屠氏致胜、法才。[②] 僧众也热衷兴建、维修水利设施。如建康府治东门外土桥之东有一条小新河，河道浅狭。宁宗嘉定八年(1215)因旱蝗为灾，大批饥民蜂拥而至。当时，真德秀为江东运副，欲因役以济民饥，乃拨下钱米，令蒋山寺主首继心差遣本寺僧行募 5 县丁夫开挖河道，直通蒋山寺，半途遇石阻路，不可掘方止。[③] 据说，该项工程虽然没有竣工，但真德秀

① 张商英:《护法论》,《大正藏》第 52 册,第 640 页下。
② 周应合:《景定建康志》卷十六《桥梁》,第 768—772 页。
③ 周应合:《景定建康志》卷十九《山川志》,第 886 页。

欲以修河工程增加就业机会，来解决饥民问题。[1]

南京寺院非常关注慈善事业的开展。嘉定五年(1212)，黄公度创建康养济院，开始规模比较小，收养人数不多。嘉定十年(1217)，真德秀创建康慈幼庄，并置诸州县没官田产立为庄，管庄人系由蒋山、保宁、清凉、天禧 4 寺每岁轮流差僧 1 人、行者 2 人负责，管干庄务收支并给散粮种，每月共支米 5 石，香油钱 10 贯。[2] 景定年间(1260—1264)，在城南北并置 2 所居养院，每院度一僧掌之，收养贫民以 500 人为限，并取得宋兴寺废寺额，择僧住持，总督其事。拨户绝田 590 余、山 519 亩以供僧行，又捐钱千缗就宋兴寺置质库，以其盈余每 3 年买祠部度牒作为有功之行者剃度之用，俾掌两院事务。[3]

建康佛寺还设置义冢(漏泽园)，用以安葬死者。建炎二年(1128)，金兵南下，建康惨遭蹂躏，死者达 4/10，余者或逃跑或被掳掠，建康满目疮痍，为之一空。叶梦得到建康后，召募僧道殓葬，累数 200 者得度牒一道。于是招募到行者 20 人，包括华藏寺 5 人、能仁寺 5 人、保宁寺 5 人、清凉寺 3 人、寿宁寺 2 人，共筑义冢 8 所，掩埋遗骸全体者 4687 具，不全者七八万。计费谷 200 斛，钱 300 万。[4] 端平三年(1236)，宋金交战，战死者甚多，乃于建康北门外覆舟山龙光寺侧开筑二义冢收埋阵殁骸骨。朝廷使二僧守冢，给田 450 亩，以租入供追荐。[5] 此后，漏泽园几成寺院的专利，逐渐制度化，成为佛教的一大特色。南京佛教教团积极参与社会公益事业项目，使整个宋代救济事业更臻完善，突出了佛教对社会的积极贡献。

(三) 宋元时期南京高僧的弘法活动

宋元时期，南京高僧辈出，为一时佛教之重镇，在中国佛教史上写下浓墨重彩的一笔。本小节概要叙述一些重要的高僧及其事迹。

1. 惟净(？—1051)，俗姓李，江宁人，宋代译经高僧。据说他是南唐国主李煜的侄子。宋太宗太平兴国五年(980)二月，迦毗罗卫国僧人天息灾(？—1000)和北印度僧人施护(？—1017)同抵宋京。宋太宗赵光义亲自召见并赐紫衣。太

---

① 参见黄敏枝：《宋代佛教寺院与地方公益事业》，载圣严等编著：《佛教的思想与文化——印顺导师八秩晋六寿庆论文集》，台北法光出版社，1991 年，第 272—273 页。

② 周应合：《景定建康志》卷二十三《城阙志》，第 1081—1083 页。

③ 参见周应合：《景定建康志》卷四十二《民数》，第 1110 页。

④ 叶梦得：《石林居士建康集》卷四《建康掩骸记》，清宣统三年刻本。

⑤ 周应合：《景定建康志》卷四十三《义冢》，第 1825—1826 页。

平兴国七年(982)六月，译经院落成，诏住传教译经院，组织译场，从事翻译事业。太平兴国八年(983)，“天息灾等言：历朝翻译并借梵僧，若遐阻不来，则译经废绝，欲令两街选童子五十人习学梵字”①。于是，太宗“诏令高品王文寿选惟净等十人引见便殿，诏送译经院受学”。惟净天资聪慧，“口受梵章，即晓其义，岁余度为僧”，不久升任梵学笔受，赐紫衣和“光梵大师”尊号。② 惟净是有宋一代不可多得的翻译人才，据《大中祥符法宝录》卷十五记载：惟净“梵字本母，悉洞达之；每一睹梵章，历然如诵。至于天竺音义，无不通究，复对注真言，诠解秘印，多所允协。常以华竺之文，对参奥义，自得古师翻译之旨”。大中祥符二年(1009)，赐朝散大夫试光禄卿，遂专门从事译经；大中祥符三年(1010)至天禧二年(1018)，与施护共同翻译佛典19部、76卷；天禧三年(1019)至景祐四年(1037)，又与法护共同翻译佛典8部、96卷。天圣三年(1025)，惟净撰成《新译经音义》75卷；天圣五年(1027)，与惠方等编成《天圣释教总录》3卷；景祐二年(1035)，他又与法护等共撰《景祐天竺字源》7卷。惟净于皇祐三年(1051)圆寂，谥号“明教三藏”。

2. 巨然(生卒年不详)，宋初著名画僧，江宁(今南京)人。少年于当地开元寺出家，学通内外，犹善绘画。师从南唐著名画家董源，以山水画闻名当时。其作品多写江南秀润之意，所画峰峦，山顶多作矾头，林麓间多卵石，常辅以小桥流水、竹篱茅舍，掩映于疏筠蔓草、野竹山松之间，得野逸清静之妙趣，深受时人喜爱。与董源齐名，并称“董巨”，而又自成一格，对后世的山水画发展有极大影响。南唐降宋后，巨然随李煜来到开封，太祖赐其紫衣，敕住开宝寺。曾于学士院绘《烟岚晓景》壁画，为时称赏。某日，为寺僧绘《万壑松风图》，观者倾动京师。后不知所踪。传世作品有《万壑松风图》《秋山问道图》《岚锁群峰图》《夏景山居图》等10余幅。

3. 可政(生卒年不详)，宋代僧人。师承不详。北宋端拱元年(988)，可政任长干寺(后改名为天禧寺、大报恩寺)住持，他朝礼长安终南山时，于紫阁寺内发现玄奘大师顶骨，遂亲自背负至金陵，在长干寺东侧建塔安奉。大中祥符四年(1011)，可政于长干寺修建九层宝塔，并造七宝阿育王塔瘗藏佛祖真身顶骨舍利于塔下地宫。天禧二年(1018)，真宗诏修长干寺，赐名“天禧寺”，赐塔名“圣感舍

① 志磐：《佛祖统纪》卷第四十三，《大正藏》第49册，第398页下。
② 志磐：《佛祖统纪》卷第四十三，《大正藏》第49册，第398页下。

利塔”。2008年,长干寺地宫重现天日,举世震惊。2013年,被国务院核定为全国重点文物保护单位。

4. 真净克文(1025—1102),俗姓郑,字云庵,号真净,故世称“真净克文”,河南陕县人。少年出家,初投复州(今湖北天门市)北塔寺广公出家,25岁时受试为僧,26岁时受具足戒,研学经论,内外通达。尝游历京洛,“贤首、慈恩、性相二宗,凡大经论,咸造其微”①。宋英宗治平二年(1065),因闻僧举云门公案“清波无透路”而有所悟;后谒黄龙禅师,不契;再参香城顺禅师,始悟黄龙奥旨。克文历住宝峰、洞山、圣寿、归宗等寺。元丰八年(1085),游金陵,应请住持王安石刚刚舍宅建成的报宁寺(即半山寺)。王安石奏请赐紫衣及“真净大师”称号,盛赞克文“独受正传,历排戏论”“夙悟真乘,久临清众”。克文“五坐道场,为诸方说(所)法,得游戏三昧,有乐说之辩”②,享誉海内。苏轼、黄庭坚、张商英等一时人杰也都对他极为推崇,相与探究禅理。张商英称赞他说:“云庵纲宗,能用能照。天鼓希声,不落凡调。冷面严眸,神光独耀。孰传其真,觌面为肖。前悦后洪,如融如肇。”③崇宁元年(1102)十月十六日示寂,享年78岁。今存《云庵克文禅师语录》1卷,收于《卍新续藏》第69册。

5. 保宁仁勇,生卒不详,俗姓竺,四明(属明州,今浙江宁波)人,因常住金陵保宁禅寺,世称“保宁仁勇”。自幼出家,“容止渊秀,龆为大僧”,先学天台教义,后到雪窦寺参谒云门宗重显禅师(980—1052),因不满重显禅师讽刺他为“殃祥座主”,愤而下山。径往潭州云盖山拜杨岐方会为师,“一语未及,顿明心印”,遂成为方会禅师身边重要的弟子。方会禅师圆寂后,仁勇跟随师兄白云守端云游四方,后应邀住金陵保宁寺,宣扬禅法。仁勇在金陵与王安石常有来往。王安石《题勇老退居院今铁索》云:“道人投老寄山林,偶坐翛然洗我心。梦境此身能且在,明年寒食更相寻。”④此诗大约作于元丰七年(1084)。仁勇禅师在金陵保宁寺传法20多年,并最终在此示寂,年寿不详。弟子有寿圣智渊、寿圣楚文、宝积宗映、景福日余等。编有《杨岐方会和尚语录》,收于《大正藏》第47册;著有《保宁仁勇禅师语录》,收于《卍新续藏》第69册。

---

① 德洪:《云庵克文禅师语录》,《卍新续藏》第69册,第210页中。
② 德洪:《云庵克文禅师语录》,《卍新续藏》第69册,第211页下。
③《五灯全书》卷第三十八,《卍新续藏》第82册,第52页下。
④《王文公文集》卷六十四。

6. 法秀(1027—1090),俗姓辛,号圆通,秦川陇城(今甘肃天水市秦安县)人,属云门宗僧。早岁于应乾寺出家,19 岁试经得度。法秀励志讲肆,醉心佛教义学,研习《圆觉》《华严》,尤对华严学造诣颇深,遂驰誉京洛。后参谒铁佛寺天衣义怀禅师,得受心印,遂由教入禅。初住龙舒,后驻锡真州长芦寺(今南京六合)。宋神宗时诏住东京法云寺,曾于御前说法,赐紫衣和"圆通"尊号。法秀禅师性格刚烈,不阿权贵,时称"秀铁面"。元祐五年(1090)示寂,圆寂前说偈,"来时无物去时空,南北东西事一周。六处住持五所补",后一句良久不语,监寺惠当问:"和尚何不道末后句?"法秀言:"珍重! 珍重!"[①]言讫而逝。

7. 应夫禅师(生卒年不详),俗姓蒋,滁县(今安徽滁州)清流人,属云门宗僧。初投江宁府(今南京)保宁禅院承泰禅师座下,出家并受具足戒。后依天衣义怀禅师(989—1060;嗣法于雪窦重显),弘传云门宗法道。熙宁年间(1068—1077),住持润州(今镇江)甘露寺。后移住真州长芦寺(今南京六合)。晚年朝廷诏请,坚辞不受,赐号"广照禅师"。一说应夫禅师于乾道年间(1165—1173)圆寂,疑误。

8. 长芦宗赜(约 1054—1106),俗姓孙,洺州(今河北永年)人,号慈觉,故又称慈觉宗赜,属净土宗、云门宗僧。下一章第一节将详细介绍宗赜的生平,此处从简。

9. 道和(1057—1124),俗姓潘,兴化仙游(今福建)人,属云门宗僧。少年出家,依天清德璋禅师,喜诵《法华》,勇猛睿智,试经得度为僧。后参谒净因道臻和圆通法秀。法秀圆寂后,至大通善本禅师座下,得禅门妙旨,受印可。后住持真州长芦寺(今南京六合),大振宗风,学者辐辏,座下常满千众。真歇清了尝礼谒道和禅师,一语相契,便留在祖照禅师身边,充当侍者,一年后分座传法,不久继承法席,住持长芦寺,弘扬的却是曹洞宗。道和上堂偈语:"一二三四五六,碧眼胡僧数不足。泥牛入海过新罗,木马追风到天竺。天竺茫茫何处寻? 补陀岩上问观音。普贤拍手呵呵笑,归去来兮秋水深。"[②]宋徽宗宣和六年(1124)示寂,世寿 67 岁。

10. 蒋山赞元(? —1086),宋代临济宗僧,嗣法于石霜楚圆。俗姓傅,字万

---

① 《续传灯录》卷第八,《大正藏》第 51 册,第 513 页上。

② 《续传灯录》卷第十九,《大正藏》第 51 册,第 592 页上。

宗，据说是傅大师之后裔。浙江义乌人。3岁出家，7岁受菩萨戒。他生性迟缓，闲静寡言。15岁至潭州参谒石霜楚圆禅师，成为楚圆禅师的侍者。在当侍者的20年中，赞元运水搬柴，不惮寒暑，以体道为乐，遂承楚圆法嗣。历住苏台、天峰、龙华、白云等寺。后又应府帅之请，住持蒋山志公道场，即太平兴国寺。王安石奏其德，受赐章服及“觉海禅师”号。王安石学佛，就是始于蒋山赞元。赞元指出王安石身上有三种般若之障：“受气刚大世缘深。以刚大气遭深世缘，必以身任天下之重。怀经济之志用舍不能必，则心未平。以未平之心持经世之志，何时能一念万年哉？又多怒而学问尚理，于道为所知愚。此其三也。特视名利如脱发，甘澹泊如头陀，此为近道。且当以教乘滋茂之可也。”[①]王安石闻此开示，颇为深省，检阅教乘，深究《首楞严》奥旨，然了无所得。王安石尝与赞元游，王赠诗曰：“不与物违真道广，每随缘起自禅深。舌根已净谁能坏，足迹如空我得寻。”元祐元年（1086）九月，赞元圆寂。

11. 保宁圆玑（1036—1118），俗姓林，福州人。16岁投福清应天寺出家，后游东吴，依天衣义怀禅师。义怀去世后，师事黄檗山慧南禅师，精进不怠。垦荒植树，十年不易，得到慧南赞誉。后与俱迁黄龙寺。熙宁二年（1069），慧南去世，遂辞去，任庐山东林寺首座，人望益峻。元祐年间（1086—1094）任洪州翠岩寺住持。崇宁二年（1103）应朱彦之请出任金陵保宁寺方丈。政和五年（1115），宋徽宗易保宁寺为神霄宫，即日退，庵居城南。政和八年（1118）示寂，世寿82岁，塔于雨花台之左。上堂云：“道源不远，性海非遥。但向己求，莫从他觅。古人与么说话，大似认奴作郎，指鹿为马。若是翠岩即不然，也不向己求，亦不从他觅，何故？双眉本来自横，鼻孔本来自直。直饶说得天花乱坠，顽石点头，算来多虚不如少实。且道如何是少实底事？”过了良久方曰：“冬瓜直侊侗，瓠子曲弯弯。”[②]

12. 佛鉴慧勤（1059—1117），俗姓汪，舒州桐城（今安徽潜山）人。少年出家，师事广教圆深禅师。受具足戒后，到舒州太平寺参谒法演禅师，受印可，为其法嗣。法演后迁住黄梅县五祖寺，灵源惟清住持太平寺，慧勤为首座。惟清离开后，慧勤出任太平寺住持，历时八载，宗风大振，法道远播。宋徽宗政和二年（1112），慧勤应诏住持汴京智海禅院。政和五年（1115），慧勤上书请辞。经枢密

---

① 《佛祖历代通载》卷第十九，《大正藏》第49册，第672页下。

② 《续传灯录》卷第五，《大正藏》第51册，第494页上。

院邓洵武奏请，赐紫衣及“佛鉴禅师”之号。随后，慧勤赴江宁府蒋山太平兴国寺担任住持。政和七年(1117)十月圆寂，世寿58岁。佛鉴慧勤与佛眼清远、佛果克勤一起被誉为五祖法演门下“三佛”。

13. 怀深禅师(1077—1132)，俗姓夏，字慈受，寿春六安(今安徽寿县)人，世称“慈受禅师”，嗣法于长芦崇信禅师、佛鉴慧勤禅师。14岁剃发，从文殊院坚禅师出家。4年后，怀深禅师开始云游参访，遍访名宿。崇宁初(1102)，谒净照道臻和长芦崇信于嘉禾资圣寺。后崇信移住长芦寺，怀深禅师随往，命其为首座。后参佛鉴慧勤禅师，受益良多。一日，慧勤举“倩女离魂”公案，怀深禅师豁然大悟，呈偈曰：“只是旧时行履处，等闲举著便誵讹。夜来一阵狂风起，吹落桃花知几多。”[①]遂得印可。政和三年(1113)，应请住仪真(今江苏仪征)资福寺，一时僧俗云集。后朝廷改资福寺为神霄宫，怀深禅师前往蒋山，隐居西庵。后来又奉敕住持焦山寺、慧林寺。靖康之变后，又住持灵岩尧峰院，后复至蒋山。不久退居姑苏洞庭包山，应王氏之请，为圆觉寺开山第一祖。上堂云：“古者道，忍忍！三世如来从此尽。饶饶！万祸千殃从此消。默默！无上菩提从此得。”[②]高宗绍兴二年(1132)圆寂，世寿55岁。有《慈受怀深禅师广录》4卷行世。曾募刻《大藏经》，世称《思溪版大藏经》。

14. 长芦守仁(？—1183)，俗姓庄，字且庵，浙江上虞人。受具足戒于等慈寺，在妙晞座下习南山律法，未几遍谒禅林。后参雪堂禅师于乌巨，闻“看箭”公案而忽然大悟。上堂云：“百千三昧，无量妙门，今日且庵不惜穷性命，只做一句子说与诸人。”[③]遂受印可，嗣其法印。尝七住名山，道誉高卓。晚年住真州(今南京六合)长芦资福寺，世称“长芦守仁”。淳熙十年(1183)秋示寂，世寿不详。有《且庵语录》存世。

15. 宗永禅师(生卒年不详)，嗣法于东京法云寺圆通法秀禅师，世称宗永慧严禅师，声望远播，御赐紫衣、师号。元符二年(1099)，天禧寺重新修建。知府吕昇卿延请宗永禅师为开山第一祖，安僧办道，重振十方丛林。天禧寺即是原来长干寺。端拱元年(988)，住持可政将紫阁寺中的玄奘顶骨背负至金陵长干寺，建塔安奉。长干寺原藏有释迦真身舍利，大中祥符四年(1011)，可政又于长干寺建

---

① 《续传灯录》卷第十八，《大正藏》第51册，第588页中。
② 正受：《嘉泰普灯录》卷第九《东京慧林慈受怀深禅师》，《卍新续藏》第79册，第342页中。
③ 正受：《嘉泰普灯录》卷第二十《真州长芦且庵守仁禅师》，《卍新续藏》第79册，第415页上。

塔安奉。天禧年间(1017—1021),长干寺更名为天禧寺,明朝时又更名为大报恩寺。在建康期间,宗永禅师著有《宗门统要》10 卷,古林清茂住持保宁禅寺期间将其扩展为 20 卷。

16. 普宁禅师(1197—1276),号兀庵,四川人。自幼出家于建康蒋山寺。后参谒阿育王寺无准师范禅师(1177—1249;属临济杨岐虎丘派),体证玄旨。一日,入室陈己所悟。无准师范说:"汝彻也。只是得道易,守道难,须要默默守之,久久自然感验也。"[①]普宁既退,唯兀兀度日,不忘所示。无准师范禅师特书"兀庵"二字赠之,因以为号。普宁与祖智、妙伦、了慧等三人并称无准师范禅师门下之四哲。普宁历住径山、灵隐、天童、灵岩等诸名刹。景定元年(1260),普宁应邀东渡日本传法,居博多圣福寺。不久,又至京都,住持镰仓建长寺,缁素风从,名重一时,被奉为后世日本临济宗二十四派中的宗觉派(兀庵派)之祖。咸淳元年(1265)回国,住婺州双林寺,又移住温州江心龙翔寺。景炎元年(1276)示寂,世寿 79 岁,谥号"宗觉禅师"。有《语录》3 卷行世。

17. 明本禅师(1263—1323),俗姓孙,号中峰,又赐号法慧禅师、佛慈圆照广慧禅师、智觉等,是元代最著名、影响最大的禅门宗匠,被誉为"江南古佛"。至元二十四年(1287),明本依高峰原妙出家,第二年,受具足戒。不久开悟,得到印可,深受原妙器重,为南岳第二十三世、临济宗第十九世。明清以后的临济宗法脉主要是明本一系最为昌盛。由于元政府重教抑禅的宗教政策和相互制衡的民族政策,明本一生一直拒绝出任禅宗名刹住持,拒绝元廷诏请,隐遁于山林江河之间,励志修习头陀行,展现出一位真正高僧的气节,直到晚年方才定居于天目山。大德元年(1297)冬,明本至金陵,栖隐于山林草庐之间。大德三年(1299),明本离开金陵。至治三年(1323)八月示寂,世寿 60 岁。有《天目中峰和尚广录》《天目中峰和尚杂录》等行世。

18. 云岩志德(1235—1322),俗姓刘,号云岩,山东东昌(今聊城)人,元代唯识宗僧。12 岁从顺德海闻和尚出家,后投龙兴寺法照禧法师研习唯识宗,尽得其蕴,擅讲《华严经》《唯识论》。至元十二年(1275),忽必烈诏江淮诸路立御讲 36 所,志德被选中,受元世祖召见,赐宴及紫衣方袍,奉诏主建康天禧寺和旌忠寺讲席。志德法师日讲《法华》《华严》《金刚》《唯识》等疏。至元三十一年(1294),元

① 《兀庵普宁禅师语录》卷上,《卍新续藏》第 71 册,第 6 页中。

帝嘉其德行，特赐“佛光大师”之号。志德规定受沙弥戒燃3炷香，受比丘戒燃12炷香，以为终身自誓，由此开创了烧戒疤的恶俗。志德自己持戒精严，以身作则，约束徒众，若私用常住物者，误一罚百，有故犯者，摈出寺院。志德居天禧寺30余年，一衲一履，终身不易，不蓄资，乐助人。至治二年(1322)二月七日，志德法师圆寂，世寿87岁。塔于江宁张家山，大学士赵孟頫为之撰写碑铭。

19. 笑隐大訢(1283—1344)，俗姓陈，字笑隐，江州(今江西九江)人。15岁出家，得法于晦机熙公。历住永嘉江心寺、钱塘灵隐寺等东南名山大刹，名气很大。元文宗天历二年(1329)，诏住建康大龙翔集庆寺，此寺是在文宗图帖睦尔的王府原址上施建的，明初迁至聚宝门外，更名为天界寺。大訢为该寺开山第一住持，封“大中大夫”三品文阶，赐号“广智全悟大禅师”。至顺元年(1330)，元明宗召见，笑隐大訢北上大都。至元二年(1336)，元顺帝加赐“释教宗主兼领五山寺”。大訢在大龙翔集庆寺期间，召集学僧审定由德辉制定的《敕修百丈清规》，后禅门清规定式，标志着中国僧制已趋完备，意义重大。笑隐大訢于元至正四年(1344)圆寂，世寿61岁。有《笑隐大訢禅师语录》《蒲室集》等存世。

20. 梵琦(1296—1370)，字楚石，别字昙曜，明州(浙江宁波)象山人，俗姓朱。4岁失怙，由祖母抚养成人，自幼聪慧，过目不忘。9岁时入浙西海盐天宁永祚寺。16岁时在杭州昭庆寺受具足戒。后来从学于元叟行端，为嗣法弟子。元英宗(1321—1323年在位)诏令写金字《大藏经》，他因善书法而应选入京。泰定年间(1324—1328)，曾奉宣政院命令而开堂说法。在近50年间，他在江浙一带住持过6处寺院。元至正七年(1347)，获赐号“佛日普照慧辩禅师”。明洪武元年(1368)，奉诏参加蒋山法会，朱元璋听了他的“提唱语，大悦”。翌年春，梵琦再度参与法会，太祖亲自慰问，赏赐颇为丰厚。洪武三年(1370)，梵琦忽染微疾，临终书偈曰：“真性圆明，本无生灭；木马夜鸣，西方日出。”塔于天宁永祚寺。世寿74岁。梵琦著有《北游集》《凤山集》《西斋集》等，其弟子编有《楚石禅师语录》20卷。梵琦一生大多在元代度过，直到明朝建立后，才来到南京，在这里度过了人生最后3年，被视为“明初三大禅僧”。明末祩宏称赞他说：“本朝第一流宗师，无尚于楚石矣。”[①]明末另一位高僧智旭更说：“禅宗自楚石琦大师后，未闻其人

---

① 济能：《角虎集》卷上，《卍新续藏》第62册，第191页上。

也。”[①]故略述于此，以示旌记。

综上，佛教发展至宋元时代，以禅净两家为主流。就宗教理论和僧才而言，则以禅宗为盛，其中以云门、临济、曹洞最为兴盛。云门在北宋盛行，南宋时期便已衰微。曹洞宗勉强维持到元代。唯有临济一脉高僧辈出，法脉兴盛，影响最大，绵延至今。故下章择要探讨宋元时期南京的禅宗概况。

① 成时：《灵峰蕅益大师宗论》卷五之三，《嘉兴大藏经》（新文丰版）第 36 册，第 347 页。

第七章　宋元南京禅宗

禅宗经北魏、隋、唐的长期发展，在理论、修证、接引手法上渐趋成熟，以至造就了无数禅门宗派。晚唐至五代，慧能禅宗经青原、南岳两系而进一步分化为占主导地位的沩仰宗、临济宗、曹洞宗、云门宗、法眼宗等五家。五家禅学皆远承慧能，但因传禅之人机缘不同而形成了各具特色的传法接机之宗风。北宋初期，由沩山灵祐及其弟子仰山慧寂创立的沩仰宗便后继无人，不见传承。清凉文益创立的法眼宗在南唐盛极一时，超过了其他各家；至其上首弟子天台德韶及其再传弟子永明延寿时，法眼宗盛行的地区从金陵转向吴越，故入宋以后，法眼宗在南京影响已经不大，延寿以后法眼宗也逐渐衰弱。因此，宋代禅宗主要有云门、临济和曹洞三家，在北宋前中期，主要由云门和临济两派推动禅学发展。到了元代，云门宗的法脉亦无可考，禅宗五家中只剩下临济和曹洞两家了。因此，本章主要介绍宋代云门、宋元临济和曹洞在南京的概况。

第一节
北宋南京云门宗的兴起

云门宗出自青原一系，形成于五代，创始人为韶州云门山（在今广东乳源县）的文偃，因得到南汉政权的支持而兴盛一时，门下弟子及参禅者常有千人。北宋云门宗盛极一时，与临济并驾齐驱，是禅宗中最活跃的两派。云门宗逐渐由岭南向北推移，出现了许多有影响力的禅师，大都是文偃的第三和第四代弟子。云门文偃由雪峰义存、德山宣鉴、龙潭崇信、天皇道悟而上承石头希迁之宗风，①其得法弟子中，法系兴盛的有香林澄远、德山缘密、双泉师宽、洞山守初等。德山缘密三传弟子佛日契嵩著有《禅宗定祖图》《传法正宗记》及《传法正宗论》，从而厘定了后世禅宗谱系的"二十八祖说"，奠定了禅宗在佛教诸宗派中无可撼动的至尊地位，并著有《辅教篇》，在宋代很有影响，赐号"明教大师"。云门文偃弟子中最为上首者为香林澄远，其法脉传承也最久。澄远（？—987）的再传弟子雪窦重显（980—1052）著《颂古百则》，大振宗风，中兴云门，使云门宗在北宋盛极一时。在南京有影响的圆通法秀、长芦宗赜等都是雪窦重显的法脉。同时，云门宗逐渐与其他宗派相融合，例如，保宁圆玑（1036—1118）先依天衣义怀，后师事黄龙慧南。到了南宋，云门宗逐渐式微，到了元代，其传承终不可考。本节简略介绍云门宗圆通法秀和长芦宗赜的事迹。

一 由教入禅的圆通法秀

法秀（1027—1090），俗姓辛，号圆通，秦川陇城（今甘肃天水市秦安县）人。3岁时皈依麦积山应乾寺鲁和尚，遂以鲁为姓。19岁试经合格，正式受戒出家为僧。法秀天骨峻拔，深究义理，研习因明学和《唯识论》《百法明门论》《圆觉经》《华严经》等经论，励志讲肆，善于讲论，机锋不可触，遂驰誉京洛。法秀尤对华严学造诣颇深，他讲《华严经》时，常依据唐代圭峰宗密（780—841）的《华严疏钞》来

---

① 洪修平：《中国禅学思想史》，第261页。

诠释经义，但又对宗密学禅表示不满。他敬重北京大名府的元华严禅师，然而又认为他讲得不对。他说："教尽佛意，则如元公者不应非教；禅非佛意，则如圭峰者不应学禅。然吾不信世尊教外别以法私大迦叶。"可见，法秀原先推崇华严经教，反对标榜"以心传心，教外别传"的禅宗教法。于是，他罢讲南游，对同学说："吾将穷其窟穴，搜取其种类抹杀之，以报佛恩乃已耳。"由此可知，北宋时期佛教内部禅教之间存在着尖锐矛盾。

初至随州（今湖北随州市）护国寺，看到《净果禅师碑》上说："僧问报慈：'如何是佛性？'慈曰：'谁无？'又问净果。果曰：'谁有？'其僧因有悟。"净果是唐代护国寺禅师，嗣法于洞山良价的弟子踈山匡仁。报慈是潭州报慈寺藏屿禅师，嗣法于洞山良价的弟子龙牙居遁。他们以"相即不二"的中观方法来论佛性，是禅宗内部常见的开示门人的方法。法秀不懂，看完大笑说："岂佛性敢有无之？矧（况且）又曰：因以有悟哉。"

法秀听说无为（今安徽无为市）铁佛寺义怀禅师法席兴盛，遂前往参谒。法秀初见义怀，义怀问："座主讲何经？"法秀曰："《华严》。"又问："此经以何为宗？"法秀曰："以心为宗。"又问："心以何为宗？"法秀不能对。义怀曰："毫厘有差，天地悬隔。"[①]华严宗创始人法藏主张以"法界"为《华严经》的根本宗旨，至澄观、宗密时则更多强调"法界"中所具有的"心""心性"之意义，此与天台"心具法界"及禅宗之"心""心性"在理论上相互贯通。法秀的回答当是依据宗密的观点，在理论上与禅宗并无二致。但二人通过对华严义理的问答而将教门知解的局限性给揭露出来，法秀不由得对义怀肃然起敬。在天衣义怀禅师的指点下，法秀废禅宗之心熄灭，反而由教入禅。这也同时说明随着禅宗的兴盛，禅宗对教门也有颇多研究。

此后，法秀追随义怀辗转池州、江浙一带，达10年之久。法秀后来听到僧人举白兆（唐代安州山志圆）参谒报慈之事，白兆问："情未生时如何？"报慈曰："隔。"法秀忽然大悟，立即到方丈室告诉义怀，义怀称赞他说："汝真法器。吾宗异日在汝行矣。"[②]

法秀离开义怀后游历江淮，初说法于龙舒（今安徽舒城县西南）四面山，后移

---

① 以上关于法秀禅师的相关论述，均参见《禅林僧宝传》卷第二十六，《卍新续藏》第79册，第543页中—下。
② 普济：《五灯会元》卷第十六《东京法云寺法秀圆通禅师》，《卍新续藏》第80册，第335页上。

住庐山栖贤寺。衲子追逐，不厌饥寒。神宗熙宁九年（1076），王安石罢相，回到江宁（今江苏南京），他听闻法秀之名，请他住持蒋山（今南京钟山）。[①] 因与王安石不睦，住真州长芦崇福寺，听法的僧众和信徒常有1000多人。当时有一位全椒长老，登上法座说法。僧众都看着他发笑，但并没有人提问。于是法秀起身礼拜，问道："如何是法秀自己？"全椒笑道："秀铁面，乃不识自己乎？"法秀道："当局者迷。"法秀禅师性格刚烈，不阿权贵，丛林号之为"秀铁面"。于是大家都很佩服法秀荷担佛法之心。

当时，长芦有位福长老常常将所得到的布施之利用船载往上江（安徽一带）斋僧，因此有人说他道眼不明。法秀听说后亲自前往勘验虚实。正好遇上福长老上堂说："入荒田不拣，可煞颟顸。信手拈来草，犹较些子。"说完就下座。法秀大惊道："说禅如此，谁道不会？乃谓诸方生灭也。"于是亲自造访方丈，礼谒福长老，详细叙说前事，并请教提唱之语。福长老就为他依文解义。法秀说道："若如此，诸方不漫道你不会禅。"福长老不肯。法秀道："请打钟集众，有法秀上座在此与和尚理会。福休去。"[②]

元丰七年（1084），冀国大长公主（宝寿公主，后进封为越国大长公主）建成法云寺，她和驸马都尉张敦礼上奏神宗，召请法秀任法云寺住持，是为第一祖。法秀为神宗皇帝、两宫说法，神宗赐号"圆通禅师"。法云寺开堂之日，神宗皇帝派遣中使并赐袈裟，并传话以示亲至之礼。皇弟荆王赵颢出席法会，致敬座下。法秀说法完毕后，敲击禅床一下，又说："即此举扬，上扶帝祚。仰冀聪明元首，芬芳万国之春；忠节股肱，弼辅千年之运。伏惟珍重！"自是云门宗风兴于京师。元丰八年（1085）四月十日是去世不久的神宗的诞辰，法秀与众僧奉诏进宫在神宗灵前说法，为神宗祈求冥福。法秀说："休，休！诸佛子，游涉圣门，勿妄宣传。苟能心契宗乘，何必要于言说？故知此事，理越常情，亘古亘今，欲人自信。直饶微尘诸佛，诸大祖师竞出头来，各各异口同音，纵历长劫赞叹也赞叹不及。便是山河大地，草木丛林尽作邪魔外道，邪见之人毁灭也毁灭不得。且道是何道理？向遮

---

① 《禅林僧宝传》卷第二十七《法秀传》："蒋山元禅师殁，舒王以礼致秀嗣其席。秀至山，王先候谒，而秀方理丛林事，不时见王。以为慢己，遂不合弃去。"据《禅林僧宝传》卷第二十七记载，赞元死于元祐元年（1086），在法秀已经离开南京之后，故法秀嗣赞元指法席之说不足取信。杨曾文在《宋元禅宗史》中认为，王安石因丧子之痛，舍自家宅邸建保宁禅寺，请法秀任住持，然后法秀又应请到真州长芦崇福寺。王安石建保宁禅寺当为元丰七年，这一年法秀应召前往东京出任法云寺住持，故时间上也有冲突。

② 《御选历代禅师语录》卷十八，《卍新续藏》第68册，第709页上。

里明得，未有衲僧气息。直饶德山棒似雨点，争如罽宾国王一刀两段，而今莫有效古者么？若有。法云性命难存。”在法会结束时说：“臣僧早窃传灯，今蒙睿旨，升此广座，举扬般若，上严神宗皇帝仙驾。伏愿：神游净域，不昧正因；为帝为王，随方化物。久渎圣聪，伏惟珍重。”①

开堂说法时法秀强调自性自度。有僧曰：“野火烧不尽，春风吹又生。”法秀道：“这个是白公底，你又作么生？”法秀上堂云：“看风使帆，正是随波逐浪；截断众流，未免依前渗漏。量才补职，宁越短长；买帽相头，难得恰好。直饶上不见天，下不见地；东西不辨，南北不分。有什么用处？任是纯刚打就，生铁铸成，也须额头汗出。总不恁么，如何商量？”过了良久，方说：“赤心片片谁知得，笑杀黄梅石女儿。”②

法秀提倡念佛，念佛为明心见性之方法。他说：“参学人难得明心见性，犹须念佛。礼佛以作了事人活计何耶？盖为了手的人持诵，则业障愈了。滞塞愈空，情识愈干；心境愈寂，自性弥陀愈明。作用愈大，机轮愈活，说法愈无碍。惟心净土愈显，愈广，愈受用究竟。若到佛果极头田地也。只因圆满，得个自性弥陀。惟心净土，非别有所加也。”③

士大夫日夕问道，故法秀在京城与士大夫交游颇多。当时宰相司马光尊崇儒学，以为佛法太盛，“惟不喜释、老，曰：其微言不能出吾书，其诞吾不信也”④。法秀对司马光说：“相公聪明，人类英杰，非因佛法不能尔，遽忘愿力乎！”意思是说：司马光之所以为当世英杰，正是前世供奉佛法的结果，难道现在已经忘记了吗？司马光也不介意。李公麟善画马，不减韩干，法秀呵斥之：“汝士大夫以画名，矧又画马，期人夸以为得妙。妙入马腹中，亦足惧。”李公麟于是绝笔不画，法秀劝他多画观音像赎过。黄庭坚，字鲁直，善诗文，尝作艳语，人争相传之。法秀呵斥他说：“翰墨之妙，甘施于此乎？”黄庭坚笑着说道：“又当置我于马腹中耶？”法秀说：“汝以艳语动天下人淫心，不止马腹，正恐生泥犁中耳？”法秀与英宗第二女的驸马都尉王诜、著名官吏韩晋卿等也有交往。一次，韩晋卿聚会时因故迟到，未及揖拜，法秀见到很不高兴，晋卿离开后即辱之。晁说之认为，“今之禅宗

① 《建中靖国续灯录》卷十《法秀章》，《卍新续藏》第78册，第700页下。
② 《建中靖国续灯录》卷十《法秀章》，《卍新续藏》第78册，第700页下。
③ 济能：《角虎集》卷下《东京法云法秀禅师》，《卍新续藏》第62册，第215页中。
④ 脱脱等：《宋史》卷三百三十六《列传第九十五·司马光传》。

最盛者天衣之徒。天衣之大弟子曰北京元公、慧林本公、法云秀公，隐然名闻天子，而累朝耆德大臣、暨公卿大夫士，莫不降辞气以礼之。而三公之嗣法者，其盛尚胜计耶？惟是二公之外，又有长芦夫公，则高山在四岳之外者也”①。云门高僧主导的佛教文化，是北宋文人士大夫精神生活的一部分。或许这是法秀与士大夫之间的亲密和率性的表现，但也许是这种不近人情的风格最终导致云门宗的落寞。此又与其在长芦时对待僧人的态度迥然有别。

元祐五年(1090)八月，法秀因病卧床，哲宗诏翰林医官前往诊治，医生要为他诊脉，法秀仰视之，说："汝何为者也？吾有疾，当死耳。求治之，是以生为可恋也。平生生死梦，三者无所拣。"他让医生回去，并招呼侍者更衣，安坐说："老僧六处住持，有烦诸知事、首座、大众，今来四大不坚，火风将散，各宜以道自安，无违吾嘱。"又说偈："来时无物去时空，南北东西事一周。六处住持五所补。"后一句良久不语，监寺惠当问："和尚何不道末后句?"法秀言："珍重！珍重!"言讫，端坐而逝。惠洪在他去世一个多月后参访法云寺，见到他的画像，称赞他说："余至京师，秀化去已逾月。观法云丛林，其遗风余烈，尚可想见。及拜瞻其像，面目严冷，怒气巽人，平生以骂为佛事，又自谓丛林一害，非虚言哉!"②法秀的弟子中著名的有佛国惟白、长芦宗赜等。惟白撰《建中靖国续灯录》30卷，并继任法云寺住持，晚年移住明州天童寺。宗赜著有《禅苑清规》10卷，初任长芦寺住持，后住持真定府洪济禅院，晚年又返回长芦。

二 长芦宗赜与《禅苑清规》

宗赜为雪窦重显门下三传法嗣，先后师从天衣义怀的弟子圆通法秀和应夫禅师，他主张禅净双修，著有对后世丛林影响深远的《禅苑清规》，因其常住真州长芦寺，故世称"长芦宗赜"。

① 晁说之：《景迂生集》卷二十《高邮月和尚塔铭》，文渊阁四库全书集部第1118册，第34—35页。
② 以上参见《禅林僧宝传》卷第二十六，《卍新续藏》第79卷，第543—544页。

（一）宗赜的生平

长芦宗赜（约1054—1106），俗姓孙，洺州（今河北永年）人[①]，号慈觉，故又称慈觉宗赜，属净土宗、云门宗僧。宗赜少习儒业，博通世典。29岁时礼真州（今南京六合）长芦寺圆通法秀禅师出家，并受具足戒。元丰七年（1084），法秀应召前往汴京法云寺，广照应夫禅师继任住持，宗赜遂依广照参叩禅旨。一日，他正要抬脚上台阶，忽有省悟，说偈曰："举足上砖阶，分明这个法。黄杨木畔笑呵呵，万里青天一轮月。"遂得印可。元祐年间（1086—1094），宗赜继任长芦寺住持。宗赜虽为云门宗人，然主张禅净双修，以净土念佛为所归。元祐四年（1089）十月，宗赜仿效庐山慧远在长芦寺建莲华胜会，普劝道俗念佛，日记其数，回向发愿，期生净土。因此，宗晓《乐邦文类》将其列入净土五祖。绍圣二年（1095）正月，吏部侍郎杨畏知成德军（即真定府，辖洺州），请宗赜回归故乡，住持真定府洪济禅院，故又世称"洪济宗赜"。同时，又兼管广平普会，迎母方丈东室，劝其念佛，前后7年，其母无疾而终。[②] 宗赜作《劝孝文》120篇，阐述世间、出世间的孝道。崇宁二年（1103），他编撰了具有深远影响的《禅苑清规》10卷。宋徽宗赐其紫衣和"慈觉禅师"尊号。随后，宗赜返回长芦，于崇宁末年（约1106）圆寂。宗赜主要著作另有《念佛参禅求宗旨论》《念佛回向发愿文》《苇江集》《坐禅箴》《莲华胜会录文》《念佛防退方便文》《观无量寿佛经序》《劝念佛颂》《西方净土颂》等书。综上，宗赜住长芦10余年，占其出家后的大部分时间，其思想的形成、发展以及推广和长芦寺关系极为密切。

（二）融汇诸家的佛教思想

宗赜师承云门宗的圆通法秀和广照应夫，属云门宗僧人。综观其禅学思想，他对禅法的创新见解不多，其思想的一大特色是对禅、净、律各家的融合，且对儒佛二教也多有会通。宗赜的思想散见于其各种著作中，由其门人弟子编纂的《慈觉禅师语录》则汇集了其住持普会、洪济和长芦三个寺院时的语录，较能集中反

---

① 《五灯会元》卷十六"长芦夫禅师法师"条载："真州长芦宗赜慈觉禅师，洺州孙氏子。"《补续高僧传》卷十八《长芦赜禅师传》载："宗赜，襄阳孙氏子。父早亡，母携还舅家，鞠养长成。"另有沼州、洛州两种说法，分别见于明居顶集《续传灯录》卷第十二、宋佛国惟白编《建中靖国续灯录》卷十八，皆误。

② 志磐《佛祖统纪》卷第二十七《往生高僧传》载："宗赜住长芦作《莲华胜会录》，劝人预名念佛。……住普会时，迎母居方丈东室，劝念佛。临终前一日，师梦母谓曰：我见尼师十余人来召。师曰：此往生之祥也。"普度《庐山莲宗宝鉴》卷四则说："元祐中，住长芦寺，迎母于方丈东室。"

映其佛学观点。《慈觉禅师语录》全称《真州长芦崇福禅院第八代慈觉赜和尚语录》[①]，成书于宗赜迁化之后，分为上、中、下三卷。其中卷下由景福、道侠集录宗赜住持长芦时期的语录。下面略选数例。

入宋以后，上堂为皇帝、社稷祝福已成惯例，宗赜上堂拈香云："此一瓣香，祝严今上皇帝圣躬万岁，天下太平。"又拈香云："此一瓣香，奉为忠清奉国文武诸官，般若光中增延禄筭。"又拈香云："此一瓣香，为祥为瑞，来多时也。如今却还本处，转大法轮，供养广照禅师，上酬法乳之恩。"广照应夫禅师是宗赜的授业恩师。如此看来，不仅皇帝，就连百官也排在他的老师前面，反映了佛教在宋代大一统背景下的社会地位和价值观念。

宗赜上堂云："斩钉截铁，本分家风；接物利生，圣贤余事。所以，逝多林下，师子嚬呻；古佛庙前，象王回顾。弥勒轻轻弹指，至今楼阁门开。德云徐步别峰，大地皆承恩力。乃至西天尊者，递传迎叶之灯；此土宗师，共列曹溪之派。高提祖印，直指人心。大启圆通，廓然广照。普天之道法流通，汪汪洋洋，直至今口。学般若菩萨，下到这般田地，方能横身宇宙，开凿人天。扇万国之和风，祝一人之睿筭。可谓，皇恩佛恩，一时报毕。如斯话会，犹落建化门庭，抵如出格一句，作么生道?"拈起拄杖云："倒跨铁牛吞大象，一声横笛满江山。"击香台一下，靠却拄杖云："宗赜名字，比丘道行无取，叨膺睿旨，扫洒长芦。此口开堂，实愧才轻任重。然而摩诃般若有大威灵，以斯胜利因缘，先用祝严今上皇帝，巍巍宝柞，常居北极之尊；永永帝龄，上等南山之固。发运、龙图、运使、少卿、权郡、通直，阖郡尊官，寿期绵远，福量渊深。行亲玉扆之光，永辅金轮之圣。诸山尊宿，常转法轮；僧官名员，共扬佛事。乡官儒士，道众檀门，福足慧足，因深果深。普天帀地，正直龙神，保护世间，永无魔事。风调雨顺，海晏河清，同归仁寿之乡，永固升平之业。四恩三有，法界众生，俱承此口正因，尽获金刚种智。大众，回向之余，复有何事？山僧向居河朔，久已杜门。此者伏蒙发运、龙图洎诸尊官，许令不出院门，为国焚修，专精佛事。可谓虎溪素约，不昧平生；面壁家风，宛然依旧。只向禅床上相见，更不三门外接人。大化无为，神功自办。正当恁么时，且道，如何通个消息?"良久云："尽口闲门禅寂外，一炉香火报深恩。"

---

① 阳珺点校：《慈觉禅师语录》，载阳珺：《宋僧慈觉宗赜新研》，上海师范大学2012年硕士学位论文。故引文不详注。

宗赜上堂云:“镇阳福地,塞北江南。洪济道场,宛如山谷。翠绮流水,良资宴坐家风;古木阴森,颇称经行气象。杜门终口,清乐有余。佛事循环,不觉老之将至。如今向九江下,溜四海中心。挑古寺之寒灯,提法王之旧印。恢复圆通境界,发辉广照光明。耕耘自己田园,供养往来禅客,令他个个饱鞠鞠地。且道,在此在彼,是同是别?”良久云:“青山绿水无高下,尽在吾皇一化中。”这反映了皇帝就是当世的如来佛祖的思想观念。同时,也反映出宗赜的报皇恩、报佛恩的报恩思想。

宗赜的佛学思想直接表现为对云门宗的承继。宗赜说:“六合之内,圣人论而不议;六合之外,圣人存而不论。议论且置,作么生说个存底道理?所以少室山前,九年面壁;摩竭提国,七口掩关。空生无说而现道,诸天绝听而雨花。岂无四七辩才,辩所不能言也。然虽如是,若揔恁么,佛法争得到今日?所以开方便门,示真实相;于无言中,应第一义。三千大喻,八百小喻。法流沙界,教满龙宫。应是人天,同归此路。诸人,还会么?然虽截断众流,岂免随波逐浪?”云门宗的思想和说教方式被概括为“云门三句”。《云门广录》记载文偃上堂示众:“函盖乾坤,目机铢两,不涉外缘。作么生承当?”众人无对,文偃用“一镞破三关”来解释。文偃的弟子德山缘密,将此析为三句,即“函盖乾坤,截断众流,随波逐浪”,此即“云门三句”。法眼宗的文益也说:“韶阳(云门)则函盖截流。”“函盖乾坤”,意谓至大无外、包容天地、本真本空、一切具足的本体,即心、智、理等形而上第一义谛;“截断众流”,意谓截断情识心念,不要用语言文字的旧思维去把握真如,而应于内心顿悟;“随波逐浪”,意谓根据不同的对象采取不同的方法加以引导。[①]

宗赜主要阐发马祖以来随缘任运的修行观。宗赜上堂云:“长芦一诀,斩钉截铁。眼里抽钉,脑后拔楔。万德不将来,便是一生彻。且道,如何是随时一句?”良久云:“饥时吃饭困时眠。”又上堂云:“长芦家风,入门便见。早晨吃粥,斋时吃饭。高拥钠衣,赤心片片。还会?三条椽下无余事,一饱心头万虑休。”当然,这也不是创造性的禅门家风。此外,宗赜对临济等诸家思想也多有汲取。

宗赜对道家思想也多有吸收。除上文提及的“六合之内,圣人论而不议;六合之外,圣人存而不论”(《庄子·齐物论》),也常常涉及《老子》的内容。宗赜上堂云:“有物混成,先天地生。高而无上,深而无下。远出紫微之表,抵在动用之

① 洪修平:《中国禅学思想史》,第263页。

间。恢恢焉，幌幌焉，如彼日光与虚空。合一切不留，无可记忆。虚明自照，不劳心力。六根清净，洞鉴十方。无不见知，无不闻觉。涅槃不能隐其虚，力负无以化其体。大觉世尊，以此明星现时，成等正觉；六代祖师，以此联芳续焰，普示人天；山僧今口，以此于百草头上，与大众相见。"拈起拄杖云："还会么？五湖高士金刚眼，尽在山僧拄杖头。"良久云："眨上眉毛，大家看取。""有物混成，先天地生""高而无上，深而无下"，这些皆出自《老子》，反映出宗赜对道教思想的融摄，亦折射出禅宗的道家化倾向。

（三）禅净并重的修行观

北宋云门一系兴盛时，像天衣义怀、照圆宗本、圆通法秀、长芦宗赜等，都提倡禅净双修，而约莲华胜会。禅宗固然是士大夫最投契的行持法门，但净土信仰因更具普适性与方便性而受到广大信众的普遍关注。对于净土修行的重要性，宋初延寿曾于"四料简"中说道，"有禅有净土，犹如戴角虎"，明确肯定净土修行的重要意义，但并未从禅宗修行实践角度出发给出一条独特的禅净双修法门，因此尚未将净土置于与禅修同等重要的地位。随着禅宗对生死问题的日益关注，在禅宗内部对念佛与净土问题也越来越重视，不断强化净土思想在禅宗中的地位，终于导致禅净日益合流，并最终落实为念佛禅这一种形式。

禅净合流表现在修行论上即是禅净双修论，特别是要求禅宗人士在修行实践中不仅要参禅，还要念佛往生净土。例如，圆通法秀就说："参学人难得明心见性，犹须念佛。"但他主张的仍然是禅宗主导的禅净双修模式。到了宗赜，情况有了改变，他说："念佛不碍参禅，参禅不碍念佛，法虽二门，理同一致。上智之人凡所运为，不着二谛，下智之人各立一边，故不和合，多起纷争。故参禅人破念佛，念佛人破参禅，皆因执实谤权，执权谤实，二皆道果未成，地狱先辨。须知根器深浅，各得所宜。譬如营田人岂能开库，开库人安可营田？若教营田人开库，如跛足者登山；若教开库人营田，似压良人为贱。终无所合也。不若营田者且自营田，开库者且自开库。各随所好，皆得如心。是故念佛参禅，各求宗旨。溪山虽异，云月是同。可谓'处处绿杨堪系马，家家门首透长安'。"[①]宗赜认为，念佛和参禅虽是不同的修行法门，但在道理上是一致的，故可双修，亦可根据各自根机深浅，各取所宜。正如适宜营田的人营田、适宜开库的人开库一样，各随所好，皆得

① 《庐山莲宗宝鉴》卷第三，《大正藏》第 47 册，第 318 页下。

如愿。一些修学者不了解这个道理，各执一端，故起纷争，道果未成，先入地狱，实在是不应该的。

宗赜进一步将唯心净土的解脱落实于念佛法门之中，将禅宗之“无念”与净土念佛结合起来。宗赜以禅人身份劝人念佛，他说：“佛事门中，不舍一法，则总摄诸根。盖有念佛三昧，还原要术，示开往生一门，所以终日念佛而不乖于无念，炽然往生而不乖于无生。故能凡圣各住自位而感应道交，东西不相往来而神迁净刹，此不可得而致诘也。故《经》云：若人闻说阿弥陀佛，执持名号，乃至是人终时，心不颠倒，即得往生阿弥陀佛极乐国土……盖以初心入道，忍力未淳，须托净缘，以为增上。”[①]在常人看来，念佛与无念、往生与无生本来是对立的，但在宗赜看来，念佛、往生与无念、无生之间并无冲突，类似于精进与无住的关系。宗赜认为，念佛实为心之感应，乃是自心之凡念与圣念的感应，念佛过程即是心念自身的修习过程，至诚念佛，能使心不颠倒，故禅宗之禅修与净土之念佛法门并行不悖，“念佛不碍参禅，参禅不碍念佛，法虽二门，理同一致”。宗赜在《禅苑清规》“送亡”条中说，“伏愿某人，神超净域，业谢尘劳，莲开上品之花，佛授一生之记”，体现了僧人对佛教修行归宿的最终选择。

宗赜对净土念佛的提倡还体现在他对佛教之“孝”的理解。在中国佛教史上，中国僧人不断调整佛教教义以适应中土社会政治环境，谋求自身的生存和发展。自庐山慧远提出佛教“大孝”概念以来，历代高僧不断深化、细化这一中国传统伦理的核心问题。至宋代，契嵩曾撰《孝论》十二章，“拟儒《孝经》，发明佛意”，其“志在《原教》，而行在《孝论》”，继续伸张佛之“大孝”。与此相类，宗赜也将佛教之“孝”分为“世间之孝”与“出世间之孝”。世间之孝即是孝养父母；出世间之孝即是劝父母修净土行。他说：“夫孝也者，有出家之孝，有在家之孝。出家者，割爱辞亲，参微契本，深入无为之理，上酬罔极之恩。此乃趣十力之要门，报二亲之捷径。非但未来获益，亦于现世成功。”[②]宗赜《劝孝文》“前百篇论奉养甘旨为世间之孝，后二十篇劝父母修净土为出世间之孝”。《劝孝文》中说：“父母信如念佛，莲花种植时也；一心念佛，莲花出水时也。孝子查其往生时至，预以父母平生众善，聚为一疏，时时读之，令生欢喜。又请父母，坐卧向西，不忘净土，设弥陀

---

① 《乐邦文类》卷第二，《大正藏》第47册，第177页下。

② 《如来广孝十种报恩道场仪文》卷下，载方广锠主编：《藏外佛教文献》第8辑，宗教文化出版社，2003年，第212页。

像，燃香鸣磬，念佛不绝。舍报之时，更须用意，无以哀哭，失其正念。父母得生净土，受诸快乐，岂不嘉哉？平生孝养，正在此时，寄语孝子顺孙，无忘此事。”[①]显然，出世间之孝高于世间之孝。宗赜将出世间之孝归结为念佛修净土，不仅表示念佛修净土比修禅更具普适性，极大提高了净土法门在佛教教化方面的地位和作用，也极大丰富了净土法门的伦理内涵。实际上，宗赜也是这样实践的。

在宋代之前，净土一脉作为宗派的色彩并不浓厚，也无定祖之说，当然也谈不上传承体系。[②] 入宋以后，由于禅教对净土的大力提倡，极大推动了净土宗的理论构建和谱系编撰。其中，南宋天台宗石芝宗晓（1151—1214）在《莲社继祖五大法师传》一文中首次提出了净土宗传承谱系的概念，[③]并将宗赜列为净土五祖之一，他说：“莲社之立，既以远公为始祖。自师归寂抵今大宋庆元五年己未，凡八百九年矣。中间继此道者乃有五师：一曰善导师，二曰法照师，三曰少康师，四曰省常师，五曰宗赜师。是五师者，莫不仰体佛慈，大启度门，异世同辙，皆众良导。传记所载，诚不可掩，以故录之，为继祖焉。”[④]庐山慧远之后八九百年间仅有五祖相继，这显然不是一种历史性的叙述。五师之中，宗赜是宋代唯一的禅僧，为天衣义怀之法嗣，因其力弘净土，故被宗晓列为净土宗第五祖，可见他对净土宗的贡献是非常大的。

（四）《禅苑清规》的主要内容

宗赜的《禅苑清规》，凡 10 卷，因完成于宋徽宗崇宁二年（1103），故又称《崇宁清规》。有关禅刹之组织规程及僧众日常生活之规定，称为清规。中国禅宗丛林清规始于唐百丈怀海所撰《百丈清规》。宋景德元年（1004）《景德传灯录》刻行时，《百丈清规》的主要内容以《禅门规式》之名附载于该书卷六之后。后《百丈清规》原本散佚，禅林规则颇为紊乱。宋元符二年（1099），宗赜走访诸方丛林，遂搜集残存于诸山之行法偈颂，记录各地禅寺制度，在《百丈清规》的基础上，“佥谋开士，遍摭有方，凡有补于见闻，悉备陈于纲目”，历时 5 年完成一部新的集大成的丛林清规，就是这部《禅苑清规》。此书有崇宁刻本，嘉泰二年（1202）重刻（《重雕补注禅苑清规》），但均已失传。今仅见载于日本《续藏经》。此后南宋的虞翔

① 《乐邦遗稿》卷下载：“劝父母念佛为出世间之孝。”见《乐邦遗稿》卷下，《大藏经》第 47 册，第 249 页上。
② 赖永海：《中国佛教通史》第十卷，第 34 页。
③ 赖永海：《中国佛教通史》第十卷，第 34 页。
④ 《乐邦文类》卷第三，《大正藏》第 47 册，第 192 页下。

又刊《重刻补注禅苑清规》。元朝至元四年(1338),东阳德辉又将惟勉《丛林校定清规总要》、一咸《禅林备用清规》二书,取来与本清规对校,删芜纠误而集成现行的《百丈清规》。《禅苑清规》撰成后,也促进了天台宗和律宗的制度建设,天台宗创制《教苑清规》,律宗省悟作《律苑事规》。故本清规可称为后代著述清规之依准,也是现存最古的一部丛林清规。

宗赜《禅苑清规》分为十卷,每卷未具章名,直接下列不等之条目。各卷内容依次如下:第一卷为受戒、护戒、办道具、装包、旦过、挂搭、赴粥饭、赴茶汤、请因缘、入室等;第二卷为上堂、念诵、小参、结夏、解夏、冬年人事、巡寮、迎接、请知事等;第三卷详列监院、维那、典座、直岁、下知事、请头首、首座、书状、藏主等寺院重要职事;第四卷列出如知客、库头、浴主、街坊水头炭头华严头、磨头园头庄主廨院主、延寿堂主净头、殿主钟头、圣僧侍者炉头直堂、寮主寮首座、堂头侍者等寺院事务性职事;第五卷和第六卷则为寺院与世俗交往而设职事与事项,前者列出化主、下头首、堂头煎点、僧堂内煎点、知事头首煎点、入寮腊次煎点、众中特为煎点、众中特为尊长煎点,后者列出法眷及入室弟子特为堂头煎点、通众煎点烧香法、置食特为、谢茶、看藏经、中筵斋、出入、警众、驰书、发书、受书、将息参堂等;第七卷列出大小便利、亡僧、请立僧、请尊宿、尊宿受疏、尊宿入院、尊宿住持、尊宿迁化、退院等有关寺院住持之请退及众僧病亡之安置;后三卷主要是有关僧人日常威仪的规定,第八卷为《龟镜文》《坐禅仪》《自警文》《一百二十问》《诫沙弥》,第九卷为《沙弥受戒文》《训童行》,第十卷为《劝檀信》《斋僧仪》《百丈规绳颂》等。[①]

从上可以看出,《禅苑清规》吸收了律学思想,将戒律与清规统一并联系起来,从而支持禅宗丛林的正常运作。《禅苑清规》第一卷首列"受戒""护戒"两条,宗赜在"受戒条"中指出:"三世诸佛皆曰出家成道,西天二十八祖、唐土六祖传佛心印尽是沙门,盖以严净毗尼方能洪范三界。然则参禅问道,戒律为先,既非离过防非,何以成佛作祖。"[②]戒律为僧人的首要准则,若不得戒,则"一生为无戒之人,滥厕空门"。受戒之后,自当严守戒律。《禅苑清规》将戒律之受、守置于清规之首,突出其对戒律的重视,并将清规与戒律结合起来,以维护

① 以上详参宗赜:《重雕补注禅苑清规》第一至十卷,《卍新续藏》第63册,第522页上—556页上。
② 宗赜:《重雕补注禅苑清规》第一卷,《卍新续藏》第63册,第523页上。

僧团的纯洁。《禅苑清规》第十卷末又特意增加“新添滤水法并颂”条，在此条里广引《菩萨戒经》《萨婆多论》《鼻奈耶律》《僧祇律》等，可见其深受律学思想的影响。《禅苑清规》同样包含了丰富的净土思想，仪轨中经常有念佛、念诵定制，在第七卷“亡僧”条中，禅院有僧人灭化时，念佛则成了贯穿始终的内容；“送亡”条中则说：“伏愿某人，神超净域，业谢尘劳，莲开上品之花，佛授一生之记。”说明当时禅宗丛林的葬仪完全依据净土法门的规式，同时也说明禅僧已将净土视为最终归宿。

《禅苑清规》对寺院僧职的设立也有详细的规定，僧职主要有十个，称为“十务”。从第三卷到第六卷，《禅苑清规》都是在谈论“职事”。以监院为例，监院为“十务”之首，“总领院门诸事”，管理寺院内外一切事务，地位仅次于住持。《禅苑清规》第三卷“监院”条载：

> 监院一职，总领院门诸事，如官中应副，及参辞谢贺，僧集行香，相看施主，吉凶庆吊，借贷往还，院门岁计，钱谷有无，支收出入。准备逐年受用斋料米麦等，及时收买。并造酱醋，须依时节。及打油变磨等，亦当经心。众僧斋粥，常运胜心。管待四来，不宜轻易。如冬斋、年斋、解夏斋、结夏斋、多茄会端午、七夕、重九、开炉、闭炉、腊八、二月半是，如上斋会，若监院有力，自合营办。如力所不及，即请人勾当。如院门小事，及寻常事例，即一面处置。如事体稍大，及体面生创，即知事、头首同共商量，然后禀住持人行之。自住持人已下，如有不合规矩，不顺人事，大小诸事，并合宛转开陈，不得缄默不言，亦不得言语粗暴。训诲童行之法，宜以方便预先处置，不得妄行鞭捶。设有惩戒，当库堂对众行遣，不过十数下而已。不虞之事，不可不慎。如发遣行者出院，须十分有过，责伏罚状，禀住持人遣之，更不须决也。如违之不当，防避官中问难。如请街坊化主、庄主、炭头、酱头、粥头、街坊般若头、华严头、浴头、水头、园头、磨头、灯头之类，应系帮助常住头首，须当及时禀住持人请之，不可怠慢迟延。施主入院，安排客位，如法迎待。如作大斋会，预前与诸知事、头首商量，免致临时阙事。[1]

① 宗赜：《重雕补注禅苑清规》第三卷，《卍新续藏》第63册，第530页上—中。

可见，监院所管理的事务相当繁杂。又以庄主为例：

> 庄主之职，主管二税，耕种锄耨，收刈持梢，栽接窠木，泥筑垣墙，收搬粪土，须及时躬亲部领，守护地边，明立界至；饮饲头口，省减鞭打；安停客户，选择良家针线妇人，常居显处；钱谷文历，破破分明；酒肉葱薤，无使入门；展散投托，不须应副；行者人工，方便驱策；南邻北里，善巧调和；闲杂之人，慎忽勿延纳；师僧旦过，恭谨承迎。无以常住钱物，抄注诸方僧供。忽若牛驴殁故，并须掘地深埋。早持皮角输官，无使公司怖问。如有践踏田苗，侵犯禾稼，但可叮咛指约，不得捶骂申官。秋成声户，主客抽分，计结文历分明，更多方饶借。如有创适翻修，预白院门知事[①]。

可见，《禅苑清规》对各僧职职责的规定相当详细。《禅苑清规》对僧人职务的繁琐规定，反映出宋代禅宗寺院权力结构的变迁，禅宗丛林的制度化，以及禅宗与世俗社会频繁互动。

《禅苑清规》是域外佛教戒律与中国传统社会互动的产物，是佛教在宋代大一统的时代背景和社会氛围下对自身制度的重新设计。清规所构建的丛林秩序，确保佛教自身能在强大世俗政权的严格管控下得以生存和发展，同时也反映出佛教中国化、世俗化达到了一个新的阶段。

---

① 宗赜：《重雕补注禅苑清规》第四卷，《卍新续藏》第63册，第533页中。

第二节
宋元南京临济宗

在唐末五代形成的禅宗五家中，临济宗形成较早，入宋以后与云门宗相并盛行，并且一直流传至今，是对中国传统历史文化影响最大的佛教宗派。但是，直到北宋初年，临济宗还是主要流行于北方，在北宋建国数十年以后，其活动区域逐渐南移，并最终遍布全国。

自义玄创立临济宗以来，历三世至首山省念，逐渐式微。临济宗的振兴始于省念的弟子汾阳善昭（947—1024）。善昭的弟子以石霜楚圆（986—1039）最为著名，石霜楚圆的弟子中黄龙慧南（1002—1069）和杨岐方会（992—1049）的名气最大，二人分别创立了黄龙派和杨岐派，禅宗遂演变为“五家七宗”。杨岐方会秉承石霜楚圆之法脉，提纲振领，勘验锋机，大振宗风，门下龙象众多，大宗师代不绝人，逐渐成为临济宗、禅宗乃至中国佛教的主流。

一 楚圆的弟子蒋山赞元

赞元（？—1086），字万宗，俗姓傅，婺州（今浙江金华）义乌人。从小就异于常人，夙修种智，随愿示生，3 岁出家，7 岁受菩萨戒为大僧。他生性迟重，娴静寡言，然于典籍无所不窥，才华卓绝。15 岁游方至潭州参谒石霜楚圆禅师，楚圆一见就说：“好好着糟厂去。”赞元遂作驴鸣。楚圆称赞道：“真法器也。”遂命赞元为侍者。赞元在寺里从事助舂破薪等杂务约 10 年。楚圆后移至南岳福岩寺时，赞元也随同前往。楚圆去世后，与众人将他安葬在石霜山，并在墓地植树 8 年才离开。此后，前往金陵投止于同学蒋山保心禅师，以兄事之。保心去世后，赞元继位担任住持。因其常住蒋山，世称蒋山赞元。

王安石学佛，始于蒋山赞元。[①] 嘉祐八年（1063），王安石母亲去世，王安石为母服丧于江宁。他曾在蒋山读书，与赞元结识，彼此亲如兄弟，元念常《佛祖历代

① 王安石行历详见第八章第二节。

通载》卷第十九记载:“舒王初丁太夫人忧,读经山中,与元游如昆仲。”王安石向赞元请教祖师意旨。赞元开始不予回答。王安石再三叩问,赞元说:“公般若有障三,有近道之质一,两生来恐纯熟。”意思是说,王安石对于接受般若智慧有三个障碍,却有接近佛道的一个品质,如果再经过一两次转生,就能够达到纯熟了。王安石不懂,请求详加解释。赞元说:“受气刚大世缘深。以刚大气遭深世缘,必以身任天下之重。怀经济之志用舍不能必,则心未平。以未平之心持经世之志,何时能一念万年哉?又多怒而学问尚理,于道为所知愚。此其三也。特视名利如脱发,甘澹泊如头陀,此为近道。且当以教乘滋茂之可也。”[①]意思是说,王安石秉先天刚大之气而上,故与世俗的缘分很深,以此刚大之气、甚深世缘,必然要身负天下之重任。然而,虽怀有经营天下的志向,但肯定不会事事如愿。不能事事如愿,那么心情则会难以平静。以忿忿不平之心,怀经世致用之志,何时才能一念洞彻古今呢?性格多怒而又崇尚学问,心性就会被这种世俗的知识所蒙蔽。以上三点是王安石接受般若智慧的三个障碍。同时又指出王安石不重名利,甘于淡泊,这是一个接近佛道的品质。因此,赞元建议王安石先从教门开始研习佛教。赞元对王安石的个性可谓洞若观火,王安石只得再拜受教。王安石闻此开示,颇为深省,始检阅教乘,深究《楞严》等奥旨。

熙宁(1068—1077)初,王安石受到神宗的赏识重用,越次入对,擢为参知政事及拜相后,贵震天下,几乎每月都给赞元写信,然赞元“未尝发视”。王安石仰慕赞元之德望,特为其奏请章服和禅师号。

赞元为人忠厚,处世超然,客来无贵贱,寒温外无别语。对周围之事充耳不闻。有一次,赞元正在吃饭,寺院失火,众人窘迫喧闹,而赞元坦然自若,吃完饭也无所问;某天,一狂人闯入寺内,手刃一僧,然后自杀,赞元经过,未尝侧视,任凭执事僧处理。王安石的弟弟王平甫,为人豪纵,一见赞元,即悚然加敬,一再请问佛法大意。赞元对他说:

> 佛祖无所异于人。所以异者,能自护心念耳。岑楼之木,必有本,本于毫末。滔天之水,必有原,原于滥觞。清净心中,无故动念,危乎岌哉,甚于

---

① 《佛祖历代通载》卷第十九,《大正藏》第49册,第672页下。

岑楼；浩然横肆，甚于滔天。其可动耶？佛祖更相付授，必丁宁之曰：善自护持。①

这是提醒王平甫应当善自检点，不要意气用事，胡作非为，招致灾祸。王平甫不理解，问："佛法止于此乎？"赞元说："至美不华，至言不烦。夫华与烦，去道远甚，而流俗以之。申公论治世之法，犹谓为治者不至多言，顾力行如何耳？况出世间法乎？"②

元丰（1078—1085）初，王安石罢归金陵，舟至石头，夜里进山拜父母坟茔，前来拜谒的士大夫车骑充塞山谷。王安石到达寺院时已经二鼓。赞元出迎，一揖而退，回到方丈寝室。王安石坐在东偏房，屋内满是从官宾客。王安石环视众人，问赞元所在，侍者回答说："已寝久矣。"王安石一笑了之。自此，王安石结屋定林，往来山中，与赞元往来密切。王安石稍觉烦动，即造访赞元，默坐终日而去。他经常写诗赞赏赞元，其《觉海方丈》云："往来城府住山林，诸法翛然但一音。不与物违真道广，每随缘起自禅深。舌根已净谁能坏，足迹如空我得寻。岁晚北窗聊寄傲，蒲萄零落半床阴。"③

该诗对赞元充满了赞誉之情，也表达了自己能远离政争、退隐山林、与赞元交游的恬淡心情。王安石与赞元交情极深，对其道德品行深信不疑，其《白鹤吟示觉海元公》云："白鹤声可怜，红鹤声可恶。白鹤静无匹，红鹤喧无数。白鹤招不来，红鹤挥不去。长松受秽死，乃以红鹤故。北山道人曰，美者自美，吾何为而喜？恶者自恶，吾何为而怒？去自去耳，吾何阙而追？来自来耳，吾何妨而拒？吾岂厌喧而求静，吾岂好丹而非素？汝谓松死吾无依邪，吾方舍阴而坐露。"④

白鹤，指赞元；红鹤，指行祥；长松，指普觉，即黄龙慧南。王安石与行祥旧日交好。行祥精通经论，长于论辩，安石隐居山林时，他常常以论辩为名，诋毁禅宗。是时黄龙慧南（普觉）已经圆寂，而赞元（觉海）自觉孤立，屡求退庵席，不与之争。王安石逐渐觉察到行祥的谲妄，遂逐行祥而留赞元，并作此诗。

元丰三年（1080），赞元去世，塔于蒋陵之东。王安石哭之悲恸，作祭文曰：

---

① 《禅林僧宝传》卷第二十七《蒋山元禅师》，《卍新续藏》第 79 册，第 545 页中。

② 《禅林僧宝传》卷第二十七《蒋山元禅师》，《卍新续藏》第 79 册，第 545 页中—下。

③ 《临川先生文集》卷十七。

④ 《王文公文集》卷四十四。

“元丰三年九月四日，祭于北山长老觉海大师之灵。自我强壮，与公周旋，今皆老矣，公弃而先。逝孰云远，十方现前。撰陈告违，世礼则然。尚飨！”[①]赞元的去世，使王安石晚年痛失一位知音。王安石又为赞元画像题《蒋山觉海元公真赞》，其词云：“贤哉人也！行厉而容寂，知言而能默。誉荣弗喜，辱毁弗戚。弗矜弗克，人自称德。有缁有白，自南自北。弗句弗逆，弗抗弗抑。弗观汝华，惟食已实。孰其嗣之，我有遗则。”[②]惠洪读王安石这首赞词后说：“知其为本色住山人也。”

赞元的语录载于《建中靖国续灯录》卷七、《五灯会元》卷第十二等，其中不乏令人警醒的语句。如：

> 问：如何是道？师云：南通州，北入县。僧曰：如何是道中人？师云：驴前马后。问：如何是佛？师云：眼皮拖地。僧曰：如何是诸佛出身处？师云：驴胎马腹。……问：如何是大善知识？师云：屠牛剥羊。僧曰：为甚么如此？师云：业在其中。问：如何是和尚家风？师云：东壁打西壁。僧曰：客来如何祇待？师云：山上樵，井中水。问：摩腾西来即不问，少林面壁意如何？师云：火中巢翡翠，水上画丹青。僧曰：还有向上事也无？师云：万年松色转宜霜。[③]

此段大意是说，对于诸如道、佛、修行以及日常等问题，既不可用语言表述，也不可能用知识去理解，只能自己用心去体悟，但同时隐喻道、佛无处不在，随缘任运，处处皆是修行之义。

《禅林僧宝传》说赞元“吐为词语，多绝尘之韵，特罕作耳”，具有很高的文化修养。例如，上堂云：“云锁千岑，樵子迷出身之路；风扬四海，渔人寻回棹之津。雁过昊天，远人来信；猿啼巴峡，游侣何伤？而今勿谓行路难，雪上加霜君好看。”[④]又上堂云：“琉璃殿上，唱出弥高；玛瑙阶前，和来弥寡。岂免舟横野水，棹发孤烟。云月古今共同，溪山南北各异。是知云门、临济、法眼、洞山。放去，疆

① 《王文公文集》卷八十二。
② 《临川先生文集》卷三十八。
③ 《建中靖国续灯录》卷七《金陵蒋山觉海禅师》，《卍新续藏》第78册，第681页下。
④ 《建中靖国续灯录》卷七《金陵蒋山觉海禅师》，《卍新续藏》第78册，第681页下。

界皎然；收来，绝无矛盾。顶门之眼，切莫迟迟，差之毫厘，龙华会里，喝一喝。”[①]又上堂云：“风息浪平，雨余山翠；樵歌越岭，渔唱湘湾。声声互答韵清闲，一曲中含千古意。”[②]然后拍手而下。文以载道，得意忘言，大概就是这个意思。

赞元的嗣法弟子较多，仅《五灯会元》卷第十二记载的就有17位，他们大多在南方传法，从而使临济宗的传播重心从北方转移到了南方。

二 黄龙慧南的弟子真净克文

真净克文嗣法于黄龙慧南，是黄龙派的代表人物、石霜楚圆的再传弟子，在当时社会各界影响很大。

（一）真净克文的行历

真净克文（1025—1102），俗姓郑，陕府（也称陕州，今河南省三门峡市陕州区）阌乡人。神宗赐号“真净大师”，故世称“真净克文”。又因居处故以泐潭、云庵、宝峰为号。自幼丧母，少年游学四方。初投复州（今湖北天门市）北塔寺广公出家，25岁受试为僧，26岁受具足戒，研学经论，内外通达。[③]尝游历京洛，“贤首、慈恩、性相二宗，凡大经论，咸造其微”。经龙门山的殿庑间见到雕塑的比丘像瞑目如在定中，克文幡然自失，对同伴说：“我所负者，如吴道子画人物。虽尽妙，然非活者。”[④]于是南游观道。宋英宗治平二年（1065）在潭州（今湖南长沙）大沩山，因闻僧举云门公案“清波无透路”而有所悟。后往黄檗山参谒黄龙慧南，在慧南门下参禅，人称“文关西”。慧南逝后，克文历住宝峰、洞山、圣寿等寺。元丰八年（1085），游金陵，应请住持王安石刚刚舍宅建成的报宁寺（即半山寺）。王安石奏请赐紫衣及“真净大师”称号，盛赞克文“独受正传，历排戏论”“夙悟真乘，久临清众”。住报宁寺期间，因前来参禅听法的信众和士大夫很多，克文不胜其烦，不久便辞别王安石，回到高安，居于在九峰山下新建的投老庵。宋哲宗绍

---

① 《建中靖国续灯录》卷七《金陵蒋山觉海禅师》，《卍新续藏》第78册，第682页上。
② 《建中靖国续灯录》卷七《金陵蒋山觉海禅师》，《卍新续藏》第78册，第682页上。
③ 杨曾文：《宋元禅宗史》，中国社会科学出版社，2006年，第330页。本节详参惠洪：《泐潭真净文禅师》，《禅林僧宝传》卷第二十三，《卍新续藏》第79册。
④ 惠洪：《禅林僧宝传》卷第二十三，《卍新续藏》第79册，第537页下。

圣元年(1094)御史黄庆基知南康，请克文住持庐山归宗寺。3年后，张商英知洪州，请克文到靖安县住持泐潭宝峰寺。晚年，克文退居于云庵。[①] 徽宗崇宁元年(1102)十月十六日示寂。去世前，弟子请他说法，他说偈曰："今年七十八，四大相离别。火风既分散，临行休更说。"[②]法嗣38人，即兜率从悦、泐潭文准、寂音惠洪、法云佛照、丞相王安石等。今存《云庵克文禅师语录》4卷，中有《住金陵报宁语录》(《古尊宿语录》卷之四十三、四十四)，篇幅最大，基本上涵盖了克文的禅法思想。他虽然在报宁寺时间不长，但影响很大。

克文"五坐道场，为诸方所法，得游戏三昧，有乐说之辩"[③]，声名显赫。王安石、苏轼、黄庭坚、张商英等都对他极为推崇，相与探究禅理。元丰八年(1085)，真净克文至江宁，拜谒王安石。王安石久闻克文之名，对他的到来十分欣喜，就向他请教一些佛教问题。王安石问："诸经皆首标时处，《圆觉经》独不然，何也？"克文回答说："顿乘所演，直示众生，日用现前，不属今古。只今老僧与相公同入大光明藏(法身依处，常寂光土)，游戏三昧，互为宾主，非干时处。"意谓《圆觉经》为顿教之法，超越古今，现于日常，无时处可言。王安石又问："经曰'一切众生，皆证圆觉'，而圭峰以'证'为'具'，谓译者之讹，如何？"克文回答说："《圆觉》如可改，《维摩》亦可改也。《维摩》岂不曰：'亦不灭受而取证。'夫不灭受蕴而取证者，与皆证圆觉之意同。盖众生现行无名，即是如来根本大智，圭峰之言非是。"[④]克文以《维摩诘经》中的"亦不灭受而取证"为据，认为《圆觉》《维摩》经意相同，皆主张众生不灭无名烦恼而证如来智慧，而不必如圭峰宗密理解的那样，改"证"为"具"。[⑤] 王安石熟稔《维摩诘经》，听闻克文此语即豁然开悟，对其大为赞赏，特迎请他为报宁禅寺第一代住持，上疏称赞克文"独受正传，力排戏论""求心之所祈向，发趣之所归宗"。其弟王安礼也上疏称赞："文公长老，夙悟真乘，久临清众，若心数法。非外假于虚名，由闻思修，可内观于实相，举扬密义，和会胜缘。"[⑥]

张商英初参真净克文不契，后得法于真净克文的弟子兜率从悦。自此机锋不可触，丛林尊崇。张商英曾谈及此事，以为克文所悟不彻，惠洪予以指正。张

---

① 以上详参杨曾文:《宋元禅宗史》,第331页。
② 德洪:《云庵克文禅师语录》,《卍新续藏》第69册,第211页中。
③ 德洪:《云庵克文禅师语录》,《卍新续藏》第69册,第211页下。
④ 惠洪:《禅林僧宝传》卷第二十三,《卍新续藏》第79册,第538页上—中。
⑤ 杨曾文:《宋元禅宗史》,第523页。
⑥ 福深录:《古尊宿语录》卷之四十五《宝峰云庵真净禅师偈颂下中》,《卍新续藏》第68册,第310页中。

商英知过，称赞克文说：“云庵纲宗，能用能照。天鼓希声，不落凡调。冷面严眸，神光独耀。孰传其真，觌面为肖。前悦后洪，如融如肇。”[①]云庵即真净克文。融，即道融；肇，即僧肇。二人与道生、慧观为鸠摩罗什门下“四圣”。《高僧传・慧观传》云：“通情则生、融上首，精难则观、肇第一。”

元丰三年(1080)，苏辙谪居筠阳(今江西高安)，与真净克文一见如故，频相往来。后应克文门人之请为克文语录作序。

克文的书法造诣也很高。惠洪在《石门文字禅》中说：“释克文，号云庵，南禅师嫡嗣。元丰中，赐号真净大师。禅师学鲁公字最有工，当时归南公者无不学之，然无出云庵之右者。”这是说克文的书法深得颜真卿精髓，在同门之中出类拔萃。

惠洪在《禅林僧宝传》卷第二十三称赞说：“云庵以天纵之姿，不由师训，自然得道，特定宗旨于黄龙而已。其沮坏义学，剖发幽翳，以乐说之辨，洗光佛日。使舒王敬诚心服，至献名于天子，施第为宝坊，道显著矣。然犹掉头不顾，甘自放于万壑千岩之间，究观施设，其心不肯。后瀫山曹溪，盖一代宗师之典型，后来衲子模楷也。”惠洪是克文的弟子，然评价亦为肯綮。

（二）真净克文的禅法思想

真净克文秉承禅宗的一贯学说，提倡自性自悟，人人皆可成佛。在具体的修行方式上承继慧南之学，调和文字禅，批判“无事禅”，又具有一定的时代特色。

1. 对“黄龙三关”的继承

真净克文嗣法于黄龙慧南，因此克文及其弟子在继承“黄龙三关”上，较为突出。他曾云：“德山呵佛骂祖，承其言者多，见德山者少。黄龙佛手驴脚，见黄龙者众，善其机者稀。蓦拈拄杖曰：‘欲得见德山么?’遂左边卓曰：‘看。要知佛手驴脚么?’复右边卓曰：‘看。’乃横曰：‘佛手驴脚，我宗恢廓。德山披毛，黄龙戴角。万化目前，磊磊落落。’乃喝曰：‘眼孔定动，总是着缚。’”[②]真净克文的用意在于扫相破执，夺却所执，令学人会取当下。在应机设教上，克文禅师尽显“黄龙三关”之妙义。

泐潭文准参真净克文，克文问：“我手何似佛手?”文准惘然无措。宝峰又问：“适来只对，一一灵明，一一天真，及乎道个我手何似佛手？便成窒碍，且道病在

① 《五灯全书》卷第三十八，《卍新续藏》第82册，第52页下。
② 《五灯全书》卷第三十七，《卍新续藏》第82册，第35页上。

甚处?”文准说:“某甲不会。”克文又问:“一切现成,更教谁会?”文准当下释然,服勤十载,精勤用功,疑惑消尽,方透脱三关。①

黄龙慧南的禅法特点及其接引学人的善巧方便突出表现在所谓的“黄龙三关”上,与“云门三句”相互辉映。《五灯全书》卷第三十七载,慧南“室中常问僧曰:‘人人尽有生缘,上座生缘在何处?’正当问答交锋,却复伸手曰:‘我手何似佛手?’又问:‘诸方参请宗师所得。’却复垂脚曰:‘我脚何似驴脚?’三十余年示此三问,学者莫有契其旨。脱有酬者,师未尝可否,丛林目之为黄龙三关”②。“生缘”句是说人都是因前世业报因缘而轮回转生。“佛手”句即是说人即是佛。“驴脚”句则是说人与其他众生亦本无差别。若学人直接回答,即为境转,即是着相。从根本上说,“黄龙三关”主要是从轮回解脱的角度强调生佛不二、凡圣无别,学人只要识心见性,自成佛道,而不应寻文逐义,死于句下。惠洪在《禅林僧宝传》卷第二十二中称赞说:“予观黄龙,以三关语,锻尽圣凡。”③

克文之后,其嗣法弟子寂音惠洪对临济、曹洞二家用力尤多,作《临济宗旨》一卷,宣扬临济家风,纠正曹洞宗“君臣五位”之失,挥发内绍外绍、正命食、三堕等义,④极大发展了该宗的理论,使黄龙派在北宋后期至南宋初年盛极一时,对大慧宗杲、高峰原妙、达观真可等人影响很大。

2. 强调人人可以成佛

克文在不同场合反复强调人人都有佛性、佛心,都可以成佛。他在洞山时曾对其门下弟子说:“何不拨开自己心地灵源,放出神通光明,滔滔流注,成办佛事?”⑤克文应王安石、王安礼兄弟盛情相邀住持金陵报宁寺,在开堂说法仪式上,他向信众开示说:

> 欲识佛性义,当观时节因缘。时节既至,因缘自会。大众,今日一会要知么?是大众成佛时节,净缘际会。大丞相荆国公及判府左丞,施宅舍园

---

① 参见普济:《五灯会元》卷第十七,《卍新续藏》第80册,第366页。
② 《五灯全书》卷第三十七,《卍新续藏》第82册,第33页上。
③ 《禅林僧宝传》卷第二十二,《卍新续藏》第79册,第535页中。
④ 《人天眼目》卷之三,《大正藏》第48册,第314页中、317页下、318页上—中、318页中—下。内绍即君位,外绍即臣位。
⑤ 法深录:《古尊宿语录》卷之四十二《宝峰云庵真净禅师住筠州圣寿语录一》,《卍新续藏》第68册,第278页下。

林，为佛刹禅门，固请大善知识开演西来祖道。所以教外别传，直指大众，即心见性成佛。大众信得及么？若自信得及，即知自性本来作佛。纵有未信，亦当成佛。但为迷来日久，一乍闻说，诚难取信。以至古今天下善知识、一切禅道、一切语言，亦是善知识自佛性中流出建立。而流出者是本，佛性是末。近代佛法可伤，多弃本逐末，背正投邪。但认古人一切言一为禅为道，有甚干涉？直是达磨西来，亦无禅可传，唯只要大众自悟自成佛。自建立一切禅道，况神通变化，众生本自具足，不假外求。如今人多是外求，盖根本自无所悟，一向客作。数他人珍宝，都是虚妄，终不免生死流转。大众，今二相公特建此大道场，作大佛事，出大众生死流转，复大众本来广大，寂灭妙心，开发本来神通大光明正法眼藏。但迷则长居凡下，悟则即今圣贤。……我终不敢轻于汝等，汝等皆当作佛。①

大意是说，一切大众皆有佛性，“自性本来作佛”，只因“迷来日久”，不信此理，只要识心见性，自悟成佛，在自性外没有真正的禅道。凡圣之间的差别也只是迷悟不同而已，并给听众授记“汝等皆当作佛”。在金陵报宁寺说法时，克文讲人人皆可成佛作祖，实际上他早在仰山任首座时就说过：“尽十方世界，若凡若圣，若僧若俗，若草若木，尽向拂子下成佛作祖，无前无后，一时解脱。”②所谓“青青翠竹尽是法身，郁郁黄花无非般若”者是也。

在金陵报宁禅寺，克文多次解释和强调众生之心性。上堂示大众，云：“释迦老子道：一切众生生死相续，皆由不知常住真心性净明体，用诸妄想。此想不真，故有轮转。大众，要得生死不相续，妄想心灭。但直下识取自己常住真心性净明体，则自然生死不相关，共生庆快。所谓一得永得，若信不及，不听受，则沉在业识无明海。”③只有在自心上下功夫，方能解脱，他说：“三界唯心，万法唯识，未有一法不从心之所生。心若灭也，一切法灭。所以过去心不可得，未来心不可得，现在心不可得。三际既不有，一心何所生？大众，但尽浮想，尽证阿罗汉。浮想

① 法深录：《古尊宿语录》卷之四十三《宝峰云庵真净禅师住金陵报宁语录二》，《卍新续藏》第 68 册，第 282 下—283 页上。
② 法深录：《古尊宿语录》卷之四十四《宝峰云庵真净禅师住金陵报宁语录三》，《卍新续藏》第 68 册，第 296 页上。
③ 法深录：《古尊宿语录》卷之四十四《宝峰云庵真净禅师住金陵报宁语录三》，《卍新续藏》第 68 册，第 294 页中。

不尽,总属流浪生死。"①

3. 不离文字与不拘文字

宋代禅师上堂说法越来越讲究语言的修辞,追求语句的精巧、诗偈意境的玄妙,以期令人警悟,并且引人超越语言文字的局限,反观心源,把对外的追寻转向领悟自性。② 这实际上就是文字禅,要求禅师们具有极高的文学修养。克文曾在报宁寺上堂示大众:"一切法即诸佛法,一切心即诸佛心,一切语即诸佛语,一切道即罗汉道。法也心也,语也道也。且道是一也,是二也,是同别也。二由一有,一亦莫守,一心不生,万法无咎。"③既然"一切语即诸佛语,一切道即罗汉道",那么对语言文字的巧妙运用自在情理之中。

克文在金陵报宁寺时,一日上堂,僧说:"学人一面琴,不是凡间木。今朝捧上来,请师弹一曲。"克文说:"一曲两曲闻不闻,悲风流水何方去?"④克文在说法中经常使用意境清幽而哲理玄远的诗偈,例如"云散家家月,春来处处花""青山绿水不能住,白日红尘却自归""有水皆含月,无山不带云""千江有水千江月,万里孤舟万里身"等等。⑤ 克文通过这些意境深远的诗偈,开发参禅者的想象空间,体察自心自性。

克文某日上堂,举三圣问雪峰:"透网金鳞以何为食?"峰云:"待你出得网来即向你道。"三圣云:"一千五百人善知识,话头也不识。"克文道:"恰似一只鹞子,莫惊着。报宁即不然,透网金鳞以何为食? 待你出得网来即向你道。待他道,一千五百人善知识,话头也不识,但拽拄杖打出三门外。"⑥

运用语言文字使学人达于禅境,必然不能拘于文字语言本身。克文一日上堂:"举:临济一日与普化在施主家斋。济云:'毛吞巨海,芥纳须弥,为复是神通妙用,法尔如然。'化便踏倒桌子。济云:'得即得,太粗生。'化云:'这里是什么所

---

① 法深录:《古尊宿语录》卷之四十四《宝峰云庵真净禅师住金陵报宁语录三》,《卍新续藏》第68册,第293页下。

② 参见杨曾文:《宋元禅宗史》,第333页。

③ 法深录:《古尊宿语录》卷之四十四《宝峰云庵真净禅师住金陵报宁语录三》,《卍新续藏》第68册,第294页下。

④ 法深录:《古尊宿语录》卷之四十三《宝峰云庵真净禅师住金陵报宁语录二》,《卍新续藏》第68册,第283页下。

⑤ 参见杨曾文:《宋元禅宗史》,第333页。

⑥ 法深录:《古尊宿语录》卷之四十三《宝峰云庵真净禅师住金陵报宁语录二》,《卍新续藏》第68册,第284页上。

在？'说粗说细。至明日又去一家斋。济又问：'昨日供养何似今日？'化又踏倒桌子。济云：'得即得，太粗生。'化云：'瞎汉，佛法说甚粗细。'"克文解释说："古人一等参禅，悟得脱洒，见处明白，得用便用，不在拟议之间。何也？为他无佛法知见为碍。而今莫有无佛法为碍者么？"[1]"见处明白，得用便用，不在拟议之间"，即是一切方便设施皆是悟道的法门，而不应拘于语言文字。

在《住金陵报宁语录》中收录了不少这样的语录。例如，克文上堂，僧问："如何是佛？"克文禅师呵呵大笑。又问："何哂之有？"克文说："我笑你随语生解。"又对大众说："好大众，也无禅，也无道，也无玄，也无妙。快活当明者一窍，一窍不明愁杀人，动即依他和屎合尿。"[2]又如，克文上堂，其举起拄杖便云："举起也，灵光洞曜，迥脱根尘"，"放下也，体露真常，不拘文字"。[3]

4. 对"无事禅"的批判

马祖道一主张"平常心是道"，提出"道不用修，但莫污染"，"但有生死心，造作趋向，皆是污染"，"无造作，无是非，无取舍，无断常，无凡无圣"，"只如今行住坐卧，应机接物，尽是道"。[4] 临济义玄也主张"无事是贵人"的禅法思想。黄龙慧南认为"三玄三要"的临济宗旨过于繁琐，更推崇由博返约的"平实"状态。这种思想被其弟子东林常总所承继，他主张"照觉平实之旨"。这种禅法的本质是自性具足，不是旁求；有求皆苦，歇即无事；饥餐困眠，日用是道。但这种禅法很快陷入教条主义、混世主义的窠臼，受到了真净克文、大慧宗杲等人的猛烈批判。

克文主张不执着于语言文字，但反对背离因果、无所事事的"无事禅"。《住金陵保宁语录》记载：

> 上堂。举：僧问云门："如何是学人自己？"门云："游山玩水。"师云："且道云门答这僧。不答这僧，莫谤云门好。若道不答这僧，什么处是不答处。众中多是师承学解，承言者丧。纵不在文字语言上，又打在无事里，所谓滞

---

① 法深录：《古尊宿语录》卷之四十三《宝峰云庵真净禅师住金陵报宁语录二》，《卍新续藏》第 68 册，第 283 页中。

② 法深录：《古尊宿语录》卷之四十三《宝峰云庵真净禅师住金陵报宁语录二》，《卍新续藏》第 68 册，第 283 页下。

③ 法深录：《古尊宿语录》卷之四十三《宝峰云庵真净禅师住金陵报宁语录二》，《卍新续藏》第 68 册，第 284 页中。

④《江西马祖道一禅师语录》，《卍新续藏》第 69 册，第 3 页上。

句者迷。若识得云门大师,即识得自己。可见不见,一法即如来,方得名为观自在。”①

这是说既不要执着于语言文字,也不要堕入无事的认识中而不能识心见性、得大自在。某次上堂,他又说:“古人一等参禅,悟得脱洒,见处明白,得用便用,不在拟议之间。何也? 为他无佛法知见为碍。而今莫有无佛法为碍者么?”过了很久,大喝一声道:“设有,又打在无事甲里。”②克文认为,禅林中有些人虽然没有“知见”障碍,但却陷入“无事”障碍中。

《真净语录·偈颂》载:“僧曰:‘众中多以无事商量。’师复成颂:‘多将无事会,无事困人心。有无俱勿念,自可剖灵音。落落虽殊应,寥寥不在寻。宜哉万化首,都只属于今。’”③这里,克文对“无事禅”持明确的批判态度。克文之后,大慧宗杲继续对“无事禅”展开批判。由此亦可以想象,当时禅林中的“无事禅”应颇有影响。

三 杨岐方会的弟子保宁仁勇

仁勇,生卒不详,俗姓竺,四明(属明州,治今浙江宁波)人,因常住金陵保宁禅寺,世称“保宁仁勇”。自幼出家,容止渊秀,龆为大僧,先学天台教义,后到雪窦寺参谒云门宗重显禅师(980—1052),因不满重显禅师讽刺他为“殃祥座主”,愤而下山。行至山下,面向山寺展开坐具,致三拜之礼,然后发誓说:“我此生行脚参禅,名不过如雪窦,誓不返乡!”径往潭州云盖山拜杨岐方会为师,“一语未及,顿明心印”,遂成为方会禅师身边重要的弟子。方会禅师圆寂后,仁勇跟随师兄白云守端云游四方,后应邀住金陵保宁寺,宣扬禅法。仁勇在金陵与王安石常有来往。王安石《题勇老退居院今铁索》云:“道人投老寄山林,偶坐翛然洗我心。

---

① 法深录:《古尊宿语录》卷之四十四《宝峰云庵真净禅师住金陵报宁语录三》,《卍新续藏》第68册,第293页下。

② 法深录:《古尊宿语录》卷之四十三《宝峰云庵真净禅师住金陵报宁语录二》,《卍新续藏》第68册,第283页中。

③ 福深录:《古尊宿语录》卷之四十五《宝峰云庵真净禅师偈颂》,《卍新续藏》第68册,第297页下。

梦境此身能且在，明年寒食更相寻。”[①]此诗大约作于元丰七年(1084)。仁勇禅师在金陵保宁寺传法20多年，并最终在此示寂，年寿不详。弟子有寿圣智渊、寿圣楚文、宝积宗映、景福日余等。编有《杨岐方会和尚语录》，收于《大正藏》第47册。著有《保宁仁勇禅师语录》，收于《卍新续藏》第69册，《联灯会要》卷十五、《嘉泰普灯录》卷第四等均有记载。

仁勇的禅法承自临济、杨岐，自身创见不多。略举几点。其一，他善于发挥般若空义，扫相破执。仁勇一日上堂，说：“释迦老子四十九年说法，不曾道着一字；优波毱多丈室盈筹，不曾度得一人；达磨不居少室；六祖不住曹溪。谁是后昆？谁为先觉？彼自无疮，勿伤之也。”然后拍手大笑说：“且喜天下太平。”[②]大乘般若类经典从一切皆空的立场宣扬诸佛实不说一法，实质上是大乘佛教所倡导的特殊的认知方式和思维方式，提倡“性空幻有”的目的是“扫相破执”，认为只有把握“般若性空”之理，才能抛弃世俗的妄见、妄念、妄想之执着，才能证悟到佛法的真谛。[③] 如《金刚经》所说“无法可说，是名说法”，甚至说“若言如来有所说法，即为谤佛”。仁勇教导门人不要执着于佛说的经文和祖师的传说，所以才作是语。优婆毱多为付法藏的第四祖或第五祖。据说听他说法悟道的人极多，如果夫妻都证得阿罗汉果，就石室中放下一筹；单身和非夫妻关系者，即使证果也不放筹。达摩曾住于少室山，六祖慧能曾居于曹溪。如此等等，都是未曾有过的事。“彼自无疮，勿伤之也”出自《维摩诘经》。在《维摩诘经·弟子品》中，维摩诘对富楼那说：“无以秽食置于宝器，当知是比丘心之所念；无以琉璃同彼水精，汝不能知众生根源，无得发起以小乘法。彼自无疮，勿伤之也！欲行大道，莫示小径！无以大海内于牛迹，无以日光等彼萤火。”执着于经文、传说，实际上是对修行者的一种伤害。

既然释迦说法49年而无所说法，那么仁勇自己学法20多年来也无所学、无所见。某日上堂，他说：“山僧二十余年挑囊负钵，向寰海之内参善知识十数余人。自家并无个见处，有若顽石相似参底尊宿。亦无长处可相利益，自此一生作个百无所解底人。幸自可怜生，忽然被业风吹到江宁府，无端被人上当推，向十字街头住个破院，作粥饭主人接待南北。事不获已，随分有盐有醋粥足饭。”有僧

① 《王文公文集》卷六十四。

② 《保宁仁勇禅师语录》，《卍新续藏》第69册，第285页下。

③ 王月清：《佛门的智慧之母——〈金刚经〉的思想价值及文化意蕴》，《中国典籍与文化》1998年第2期。

问:“如何是佛?”仁勇说:“近火先焦。”又问:“如何是道?”仁勇说:“泥里有刺。”又问:“如何是道中人?”仁勇说:“切忌踏着。”又问:“如何是佛?”仁勇说:“铁锤无孔。”又问:“如何是佛法大意?”仁勇说:“镬汤无冷处。”[①]皆是答非所问,意谓法不可说,亦无法可说,但由心悟,自可成就。

其二,主张随缘任用的修行方式。一日上堂,举傅大士偈颂“夜夜抱佛眠,朝朝还共起;起坐镇相随,语默同居止。分毫不相离,如身影相似;欲识佛去处,只这语声是”,然后对大众说:“傅大士此颂,古今不坠,一切人知。向此,瞥地者亦多,错会者不少。玄沙云:大小傅大士,只认得个昭昭灵灵。洞山聪云:且道衲僧家,日里还曾睡也无。此两转语,谁言世上无仙客,须信壶中别有天。保宁亦有一颂:要眠时即眠,要起时即起;水洗面皮光,啜茶湿却觜。大海红尘生,平地波涛起;呵呵阿呵呵,啰哩哩啰哩。”[②]然后下座。“要眠时即眠,要起时即起”意谓佛法不离世间,修行即在日常生活之中,这基本上秉承义玄以来一贯的临济宗旨。

四 圆悟克勤及其金陵法脉

杨岐派一系以方会三传弟子圆悟克勤最为著名,他曾住持金陵蒋山寺七八年,他的很多弟子也与南京有着密切关系。

(一) 克勤及其南京行历

克勤(1063—1135),四川彭州人,俗姓骆。宋徽宗、宋高宗分别赐号“佛果”“圆悟”,故人称“圆悟克勤”或“佛果克勤”。18岁出家,先学经论,后属意禅宗,广参禅门尊宿。曾谒居住在白云山的五祖法演,尽其机用,颇为自负。然法演不以为然,对他说:“汝欲了生死大事,何以意气得耶?”克勤听后大为不悦,忿然而去。克勤到苏州定慧寺,大病一场,遂忆起法演之言。病稍好转,便又回到了五祖身边。法演和克勤非常重视机用、机锋,相传有一段关于克勤的悟道因缘:

会部使者解印还蜀,诣祖问道。祖曰:“提刑少年,曾读小艳诗否?有两

① 《续传灯录》卷第十三《金陵保宁仁勇禅师》,《大正藏》第51册,第548页上—中。
② 《保宁仁勇禅师语录》,《卍新续藏》第69册,第283页中。

句颇相近:频呼小玉元无事,只要檀郎认得声。"提刑应"喏!喏!"祖曰:"且子细。"师(克勤)适归侍立次。问曰:"闻和尚举小艳诗,提刑会否?"祖曰:"他只认得声。"师曰:"只要檀郎认得声,他既认得声,为什么却不是?"祖曰:"如何是祖师西来意?庭前柏树子。……见鸡飞上栏干,鼓翅而鸣。"复自谓曰:"此岂不是声?"遂袖香入室,通所得,呈偈曰:"金鸭香销锦绣帏,笙歌丛里醉扶归,少年一段风流事,只许佳人独自知。"祖曰:"佛祖大事,非小根劣器所能造诣,吾助汝喜。"①

克勤悟道后担任首座,后随五祖法演到黄梅东山五祖寺,后来离开法演,到各地传法。他一生在多处寺院住持传法:宋徽宗崇宁年间(1102—1106),在成都先后住持六祖禅院、昭觉寺;大约在崇宁六年(1106)以后,克勤出蜀,先住持荆南公安县天宁寺,后住持澧州夹山灵泉禅院,又住持潭州道林寺;大约在政和六年(1116),住持江宁蒋山寺;宣和六年(1124),应诏住持开封天宁万寿寺;建炎元年(1127),住持金山(今江苏镇江市)龙游寺,不久移住云居山真如寺(今属江西);建炎四年(1130)回归成都,再住昭觉寺,直到去世。有《碧岩录》10卷、《圆悟佛果禅师语录》20卷、《佛果克勤禅师心要》4卷、《佛果击节录》2卷等行世。

克勤一生辗转南北,结交了许多知名禅师和文人士大夫,不仅使他具备了广博的知识和丰富的阅历,也使自己在士绅当中具有相当的影响力,其禅学自然也对士大夫产生了巨大的吸引力。不仅如此,克勤明确主张"忠臣不畏死,故能立天下之大事;勇士不顾生,故能成天下之大名。衲僧家透脱生死,不惧危亡,故能立佛祖之纪纲"②,"威震寰区,未分内外",被士大夫们誉为"僧中管仲"。这种积极关心社会事务、关怀社会正义与价值取向的弘法态度和方法,把参禅悟道与宋代社会生活的实际状况相结合,从而赋予了传统佛法新的生命力。

从上面可以看出,克勤住持蒋山道场七八年,蒋山道场是他在一生连续住持时间最长的一个道场。而且,克勤在住持金陵蒋山道场期间,"法道大振",声名远播。也正因如此,宣和六年,他奉诏住持京城的天宁万寿寺,从而离开了金陵。克勤对蒋山道场充满特殊感情,他在升座仪式上说:

---

① 普济:《五灯会元》卷第十九,《卍新续藏》第80册,第396页上—中。
② 绍隆等编:《圆悟佛果禅师语录》卷第二十,《大正藏》第47册,第810页下。

道不虚行，如风偃草；缘不虚应，似镜临形。若能于心无心，于己无己，于彼无彼，于我无我。荡荡廓周沙界，皆非外物；纵历尽乾坤际，悉在目前。法随法行，法幢随处建立。理亦如是，事亦如是。况宝公道场，梁时示化；舒王福地，圣世重兴。宏开选佛场，宣唱大般若。①

在克勤住持蒋山寺期间，发生了皇帝崇道抑佛事件。政和六年（1116），道士林灵素鼓吹宋徽宗赵佶是“上帝长子”神霄玉清王下凡，号长生大帝君。翌年，赵佶诏令全国改天宁万寿寺为神霄玉清万寿宫，殿内设长生大帝君像，自称教主道君皇帝，随后又大兴道学。宣和元年（1119），诏令改佛为道，易服饰，称姓氏，改佛、菩萨为仙人，僧尼为德士，寺院改为宫观，如是等等。林灵素遂为众所怨，又与太子相争。十一月，徽宗怒而罢之。翌年，下诏恢复寺额、僧称，但徽宗仍自称教主道君皇帝，祠神霄宫。毕竟，优渥的世间享乐满足不了帝王的贪欲。

在徽宗下诏恢复寺额、僧称、披剃等旧制后，克勤谢恩罢，然后上堂升座称颂说：“天中之天，圣中之圣，处域中之大，超方外之尊，执宝箓以临民，覆金轮而御极，廓清六合，停毒万方，聿降纶言，重兴佛法，遂使普天释子复换僧仪，归本笏于裴相公，纳冠簪于傅大士，重圆应真顶相，再披屈眴田衣，俄顷之间，迫还旧观。皇恩崇重，倍万丘山。……洪钧妙力先天地，覆载恩归大圣人。”在开圣节（徽宗生日）上堂称颂说，“顶天履地，共荷皇恩；含齿戴发，均承帝力。神霄降庆，真主示生，倾万国丹心，祝一人圣寿。当阳有路，万派朝宗；一句无私，辄输肝胆”，“大明齐北极，圣寿等南山”。散圣节时又上堂说：“神霄真人降驾，长生帝君御极，神灵开旦，夷夏钦风，万瑞咸臻，千灵拥祐。布义轩无私之政，追盘娲太古之风。万国赤子歌谣，八表昆虫鼓舞。福流千界，庆集一人。林下禅人如何图报？共持清净无为化，仰祝吾皇亿万春。”②

僧人为皇帝祝寿、祈福的惯例由来已久，既反映了佛教对以皇帝为首的高度集权专制政治体制的适应，也表达了佛教在具体历史条件下的社会功能。到了宋代，随着中央集权的进一步加强，称颂帝王几乎已成定制。克勤亦不例外，他也经常称颂帝王。例如，在他接到诏令去蒋山的时候，称颂说：“祖佛同根本，人

---

① 绍隆等编：《圆悟佛果禅师语录》卷第四，《大正藏》第 47 册，第 728 页上。

② 绍隆等编：《圆悟佛果禅师语录》卷第四，《大正藏》第 47 册，第 731 页中。

天共赞扬。结成宝盖祥云，共祝南山圣寿。奉为祝严今上皇帝圣寿万岁万岁万万岁。伏愿，道齐尧舜，德冠羲轩；南山寿逾亿万年，北极尊亘河沙劫。”[①]这些是正常的颂词、祝愿，并无不妥。然而，克勤在徽宗诏复佛教旧制时的颂词以及为徽宗生辰祝词中的过分奉承和颂扬，恐怕既不是真心的祝福，也不是卑微的谄媚，更像是一种鄙夷的讥讽。

宣和六年(1124)四月，克勤离开蒋山。临行前，辞别众人说：

> 终日相逢长背面，终朝背面却相逢。途中不是途中事，不动巍然达九重。这个消息唯许作家明暗同途，主宾互用。虽去似去而不去，虽来似来而不来。卓尔超然，动静曾无两种。所以道，动若行云，止若谷神。既无心于彼此，亦无象于去来。如是则去来不以象，而确然去来。动静不以心，而超然动静。在彼在此，殊无间然。一道清虚，廓周沙界。[②]

克勤来到蒋山又离开蒋山，确实是有来有去。有来有去，有人有情，依依不舍，也是常人可以体会的。然而，诸佛弟子住于大解脱，超然于来去动静之上，哪有什么动静去来之意？所以说，似去而不去，似来而不来，大概也是因为来者无所从来，去者无所至吧。

（二）克勤的禅学思想

谈到克勤，他的《碧岩录》是绕不开的。《碧岩录》是克勤对《颂古百则》之评唱，由门人记录而成。据杨曾文先生考证，其主要内容是克勤住持成都昭觉寺、荆南天宁寺、夹山灵泉院时讲解雪窦重显《颂古百则》的语录汇集，其中尤以夹山语录最多。[③] 圆悟克勤禅师住持灵泉院时，丈室有“碧岩”匾额，《碧岩录》即以此而得名。换言之，在克勤住持蒋山寺之前，《碧岩录》的主要内容与形式已经成型，借助金陵道场，于是“法道大振”，影响深远。

《碧岩录》内容有五。一、垂示，指克勤对公案和颂文的提示性说明，即先点出公案、颂文要旨。二、本则，指重显《颂古百则》所选的公案。三、颂古，指雪窦重显所作的偈颂。四、著语，又称下语，是克勤给本则与颂古所作的夹注。

---

① 绍隆等编：《圆悟佛果禅师语录》卷第四，《大正藏》第47册，第727页下—728页上。

② 绍隆等编：《圆悟佛果禅师语录》卷第十，《大正藏》第47册，第760页下。

③ 杨曾文：《宋元禅宗史》，第393—395页。

五、评唱，是克勤对公案本则和重显颂古的详细解释。《碧岩录》借用语言文字和应机施教来彰显禅法，适应了两宋文人士大夫的参禅之风，促进了“宗派一致、三教合一”协同发展，也使文字禅登峰造极。

通过语言文字表达禅法的开、示、悟、入过程，是文字禅的一大特色。例如：

垂示云：“杀人刀，活人剑，乃上古之风规，亦今时之枢要。若论杀也，不伤一毫；若论活也，丧身失命。所以道，向上一路，千圣不传，学者劳形，如猿捉影。且道，既是不传，为什么却有许多葛藤公案？具眼者试说看。”

举：僧问洞山：“如何是佛（铁蒺藜，天下衲僧跳不出）？”山云：“麻三斤（灼然破草鞋，指槐树骂柳树，为秤锤）。”

克勤评唱：

这个公案多少人错会。直是难咬嚼，无尔下口处。何故？淡而无味。古人有多少答佛话，或云殿里底；或云三十二相；或云杖林山下竹筋鞭。及至洞山却道麻三斤，不妨截断古人舌头。人多作话会，道：洞山是时在库下秤麻，有僧问，所以如此答；有底道：洞山问东答西；有底道：尔是佛，更去问佛，所以洞山绕路答之。死汉！更有一般道：只这麻三斤，便是佛。且得没交涉。尔若恁么去洞山句下寻讨。参到弥勒佛下生，也未梦见在。何故？言语只是载道之器，殊不知古人意，只管去句中求，有什么巴鼻？不见古人道：道本无言，因言显道，见道即忘言。若到这里，还我第一机来始得。只这麻三斤，一似长安大路一条相似，举足下足，无有不是。这个话，与云门糊饼话是一般，不妨难会。五祖先师颂云：贱卖担板汉，贴秤麻三斤，千百年滞货，无处著浑身。尔但打迭得情尘、意想、计较、得失、是非，一时净尽，自然会去。①

“麻三斤”当然不是对“如何是佛”这一问题的正面回答。实际上，任何回答都不能从根本上解决“如何是佛”这一重大问题。所以说，“道本无言，因言显道，

① 克勤：《碧岩录》卷二，《大正藏》第48册，第152页下—153页上。

见道即忘言”，不仅不必理会“麻三斤”，连“如何是佛”也不必去探究，扫尽一切内外诸缘，自然会悟道。

克勤常常使用“杀人刀，活人剑”的语句。又如，他说：

> 上堂云：杀人刀，活人剑，上古之风规，亦是今时之枢要。言句上作解会，泥里洗土块；不向言句上会，方木逗圆孔。未拟议，已蹉过；正拟议，隔关山。击石火，闪电光，构得构不得，未免丧身失命。且道，此理如何？苦瓠连根苦，甜瓜彻蒂甜。①

使人执迷不悟，谓之“杀人”；使人觉悟解脱，谓之“活人”。如果从语言文句上理解，如同在水里洗泥块，荒诞不经；如果不从语言文句上理解，如同将方木放进圆孔，了无是处。说也不是，不说也不是。所以，克勤禅法虽说是文字禅，却是秉承“不立文字，直指人心，见性成佛”这一宗旨。公案语录繁杂纷芜，最终目的还是指归自心，“一机一境，一言一句，且图有个入处”②。“入处”即“不立文字，以心传心”之旨。

对于禅宗宗旨，克勤在曾多次论及：

> 达磨遥观此土有大乘根器，遂泛海得得而来，单传心印，开示迷涂，不立文字，直指人心，见性成佛。若恁么见得，便有自由分，不随一切语言转，脱体现成，便能于后头，与武帝对谈，并二祖安心处，自然见得，无计较情尘，一刀截断，洒洒落落。何必更分是分非，辨得辨失？③

> 禅家流，欲知佛性义，当观时节因缘，谓之教外别传，单传心印，直指人心，见性成佛。④

> 达磨西来，不立文字语句，唯直指人心。若论直指，只人人本有，无明壳

① 绍隆等编：《圆悟佛果禅师语录》卷第九，《大正藏》第47册，第720页中。
② 克勤：《碧岩录》卷一，《大正藏》第48册，第142页下。
③ 克勤：《碧岩录》卷一，《大正藏》第48册，第140页上—中。
④ 绍隆等编：《圆悟佛果禅师语录》卷第十四，《大正藏》第47册，第154页下。

子里，全体应现。与从上诸圣，不移易一丝毫许。所谓天真自性本净妙明，含吐十方独脱根尘，一片田地唯离念绝情，迥超常格，大根大智，以本分力量，直下就自己根脚下承当。[1]

在繁琐的语言文字背后，最终指向的是“教外别传，单传心印，直指人心，见性成佛”这一禅宗宗旨。领悟自性不能执迷于语言文字，而又不能离开语言文字，“非言无以传”，是以圣人终日言而未尝言，在“不立文字”与“不离文字”之间，何曾有差别呢?

《圆悟佛果禅师语录》记载了克勤在金陵蒋山的许多言行，大体上看，与他之前或之后的思想言行并无太大的差别，但还是有些特色，可归纳为如下几点：

第一，颂扬帝王。这本是惯例，克勤对此还有过开示。克勤在蒋山接到敕书，拿起来对众人说：“大众见么？龙飞凤舞降自九重，佛祖纲宗尽在里许。”然后请维那对众宣读。克勤升座，有僧问：“承师有言，龙飞凤舞降自九重。此意如何?”克勤回答说：“无人不仰最深恩。”僧又问：“好音在耳。人皆耸去也。”克勤说：“水到渠成是一家。”[2]

第二，论心性。某次，克勤上堂说：“不灭不生，亘古亘今；圆融无际，应用无差。佛祖由兹圆成，人天因其发现。至于千圣万圣出来，移易一丝毫不得。要识文殊、普贤、释迦、弥勒、观音、势至，尽在这里，不起纤毫凡圣情念，不拘得失、是非境界，直下全真，更非他物。且荐严一句，作么生道，还委悉么？弥陀非外得，遍界是西方。”[3]自性不生不灭，圆融无际，见性成佛，别无二法。如果不动心起念，无是非得失，见自心净土，自然处处是西方净土世界，何须外求?

第三，示修造。某日，克勤上堂开示：

蒋山门下，无禅可说，无道可传。虽聚半千衲子，唯以个金刚圈、栗棘蓬。跳者着力跳，吞者用意吞，莫怪无滋味，太险峻。或若蓦地体得，如昼锦还乡，千人万人只仰羡得，要且觅他所从来不得。所谓人人本分事也，才生心动念承当担荷，早不本分了也。直得万机休罢，千圣不携，亦犹有依倚在，

① 绍隆等编：《圆悟佛果禅师语录》卷第十四，《大正藏》第47册，第779页上。
② 绍隆等编：《圆悟佛果禅师语录》卷第五，《大正藏》第47册，第733页上。
③ 绍隆等编：《圆悟佛果禅师语录》卷第四，《大正藏》第47册，第728页下。

快须摆拨透脱那边去始得。所以道,但有纤毫即是尘,举意便遭魔所挠,成就一切总只由他,破坏一切亦只由他。奇特殊胜缘,恒沙功德藏,无量妙庄严。超世希有事,皆所成就。悭贪憎妒,情识执著;有为有漏,垢染杂乱;解路名相,知见妄想。皆所破坏也。唯他能转一切物,一切物不能转他。虽无形段面目,而包括十虚含凡育圣。若有取之,即堕见刺,卒摸索不著。

诸佛开示,祖师直指,唯心妙性。径截承当,不起一念;透顶透底,无不现成。于现成际,不劳心力。任运逍遥,了无取舍,乃真密印也。①

第四,摄华严。某次,在结夏期间,克勤上堂说:

一尘含法界无边。子细点检,犹有空缺处在。百亿毛头师子,百亿毛头一时现。著实论量,未是极则之谈;若论本分事,大人具大见,大智得大用。设使尽无边香水海,越不可说不可说世界。都卢(古国名)是自己安居处。举一念超越无边刹海,犹未是衲僧行履处。不犯锋铓,不拘得失;不落二见,不在中间。②

华严宗的基本观念是"圆融自在,一即一切,一切即一,不可说其相状"③。所谓"法界",即是实相,"入法界者,即一小尘缘起,是法;法随智显,用有差别,是界;此法以无性故,则无分齐,融无二相,同于真际,与虚空界等,遍通一切,随处显现,无不明了。然此一尘,与一切法,各不相知,亦不相见。何以故?由各各全是圆满法界,普摄一切,更无别法界。是故不复更相知相见"④。这就是所谓"一尘含法界无边"。华严宗创始人法藏所撰写的《华严金师子章注》,阐述的也是这个圆融无碍的道理,所谓"一一毛处各有金师子","一一毛处师子同时顿入一茎毛中"。尘与心的因缘关系,"尘是心缘,心为尘因;因缘和合,幻相方生","离心之外,更无别法"。既然如此,那么心当然具有全体法界,无边刹海。克勤借用华严的思想来破除一切偏执,圆融无碍亦要破除,不落二见,亦不落中间。

---

① 绍隆等编:《圆悟佛果禅师语录》卷第十五,《大正藏》第47册,第782页下—783页上。
② 绍隆等编:《圆悟佛果禅师语录》卷第四,《大正藏》第47册,第728页上—中。
③ 法藏:《华严一乘教义分齐章》卷第四,《大正藏》第45册,第503页上。
④ 法藏:《华严经义海百门》,《大正藏》第45册,第627页中。

某次，克勤在回答僧问时说："目击尘尘刹刹，同居华藏海中。顶门密密堂堂，浑是无生法忍。拈一茎草，现丈六身；吹一布毛，传正法眼。离无离有，绝圣绝凡。八字打开，分明显示了也。若委悉得去。"于是举起拂子说："东方妙喜世界，不离个里；西方极乐世界，亦不离个里；上方兜率世界，亦不离个里。如是则一处通，千处百处一时通；一处圆，千处百处一时圆。且不离本，有一句作么生道。阎浮树下亲修处，九品莲中妙果圆。"①

第五，破执着。有一次蒋山寺小参，克勤对大众说：

相逢不拈出，举意便知有。万人众前显瞒（颟）顸，不是目前机，亦非目前事。三千里外纳败阙，直得尽乾坤大地，无丝毫法可当情，静悄悄地绝淆讹，千圣不敢疑议，致之诸佛顶上。到这里更说什么行棒行喝、论正论偏、有语有默、绝玄绝妙、双放双收、同死同生，向窠窟里作活计。正当恁么时？且作么生参究？且作么生捉摸？作么生拈弄？作么生证入？若有一丝头伎俩去，便乃见神见鬼，更不作一丝头伎俩，未免堕在无事界里。个事如壶公瓢中，自有天地日月。②

克勤离开蒋山向众人辞别时讲的一个公案也颇为有趣：

忆得曹山和尚辞洞山。山云："向什么处去？"曹山云："向不变异处去。"洞山云："不变异处，岂有去耶？"曹山云："去亦不变异。"③

高僧问答，自是不同凡响。克勤却说："大凡衲僧，佩肘臂下符，具顶门上眼，向一切万境万缘，当头坐断，岂不是个无变异？何故？金刚正体，湛寂凝然。曹山虽得此意，争奈洞山怜儿不觉丑。若是山僧，待他道：向不变异处去。只向他道：这汉未出门早变了也。"④

好一个"怜儿不觉丑""这汉未出门早变了也"。在这里，你看到的不是一个

① 绍隆等编：《圆悟佛果禅师语录》卷第四，《大正藏》第47册，第731页中。
② 绍隆等编：《圆悟佛果禅师语录》卷第十，《大正藏》第47册，第756页上—中。
③ 绍隆等编：《圆悟佛果禅师语录》卷第十，《大正藏》第47册，第761页上。
④ 绍隆等编：《圆悟佛果禅师语录》卷第十，《大正藏》第47册，第761页上。

威仪庄严、高不可攀的圣僧，而是一个充满智慧而又可爱可亲的老和尚。

（三）克勤法脉在南京

克勤有嗣法弟子 75 人，其中以大慧宗杲和虎丘绍隆最为著名，其各自的法系分别形成大慧派和虎丘派，辗转相承，影响久远。宋元时期，大慧一系在南京比较有名的禅师有云峰妙高（杨岐派第九世）、笑隐大䜣（杨岐派第十世）、楚石梵琦（杨岐派第十世）等。虎丘一系在南京比较有名的禅师有虚舟普渡（杨岐派第十世）、古林清茂（杨岐派第十一世）、昙芳守忠（杨岐派第十二世）、孚中怀信（杨岐派第十二世）、了庵清欲（杨岐派第十二世）、中峰明本（杨岐派第十二世）等。下面对以上禅师略做介绍，其中中峰明本和笑隐大䜣另以专节介绍。

1. 云峰妙高

云峰禅师（1219—1293），字妙高[①]，俗姓沈，名梦池，福建长溪（今福建霞浦）人。自幼聪明好学，通晓儒家，尤耽释典。16 岁出家，依吴中（今苏州）云梦泽禅师薙然，受具足戒后，首参痴绝道冲，次见径山无准师范。复又至阿育山谒偃溪广闻禅师，偃溪令其司藏钥，管理藏经。一日，偃溪禅师对妙高说："譬如牛过窗棂，头角四蹄都过了，因甚尾巴过不得？"高峰闻之豁然有省，答道："鲸吞海水尽，露出珊瑚枝。"偃溪说："也只道得一半。"[②]后出世住持宜兴大芦寺，继迁江阴劝忠寺和湖州何山寺。宋理宗景定年间（1260—1264），奉诏住蒋山太平兴国寺，历时 13 年。法席兴盛，三堂皆溢，学众逾 5000 人。

德祐元年（1275），元兵渡江，进入蒋山太平兴国寺逼迫云峰献金。云峰面无惧色，引颈慨然说道："欲杀即杀，吾头非汝砺刃石。"[③]元兵遂去。元帅伯颜对云峰禅师非常敬重，赐牛百头、斋粮五百石。至元十七年（1280），云峰禅师奉敕住径山。

至元二十五年（1288），"魔事忽作"，有教徒在朝廷诋毁禅宗，"有旨大集教禅廷辩"。云峰禅师于古稀之年作为禅宗的代表北上参加禅教辩论。

忽必烈问云峰禅师："禅以何为宗？"云峰禅师回答道："禅也者，净智妙圆体本空寂，非见闻觉知之所可知，非思量分别之所能解"，"达磨西来，不立文字，直

---

① 一说妙高禅师，字云峰。
② 《佛祖纲目》卷第四十，《卍新续藏》第 85 册，第 785 页上。
③ 《佛祖纲目》卷第四十，《卍新续藏》第 85 册，第 785 页上。

指人心，见性成佛。传此心也，印此法也”。[①] 接着详细介绍了禅宗的发展历史、人文典故，并阐述临济宗的机锋棒喝、杀活自在的宗风。忽必烈对此当然没什么兴趣，于是问了一个他感兴趣的问题："俺也知尔是上乘法，但得法底人，入水不溺，入火不烧，于热油锅中教坐，汝还敢么？"答云："不敢。"奉圣旨："为甚不敢？"奏云："此是神通三昧，我此法中无如是事。"[②]忽必烈对此很不满意。

义学辩主仙林说："南方众生多是说谎，所以达磨西来，不立文字，正恐伶俐的说谎，贪著语言文字，故有直指之语。"[③]这是从元朝初立的社会等级制度上来辩难禅宗。

云峰辩解说："夫禅之与教本一体也。禅乃佛之心，教乃佛之语，因佛语而见佛心，譬之百川异流同归于海，到海则无异味。"[④]禅教一致虽无新意，倒也是事实，不过在辩论上没什么用处。云峰妙高只好大加发挥："又如我万万岁皇帝，坐镇山河，天下一统；四夷百蛮，随方而至，必从顺成门外而入，到得黄金殿上，亲睹黄金面皮，方谓到家。若是教家只依语言文字，未达玄旨，犹是顺成门外人。又如禅家未得彻证未得顿悟，亦在顺成门外，谓之到家亦未可也。"[⑤]据说，忽必烈听到这话很高兴。然而，这也没起多大作用。廷辩的结果是"使教冠于禅之上"。根本原因在于，"尊教抑禅"符合元朝统治者的国家利益，与辩论水平毫无关系。这种佛教政策反过来也促使禅僧重视佛教经典，避免走向极端的狂禅之路。当然，必须肯定的是，云峰妙高的禅教之辩极力维护禅宗在元代政治社会生活中的地位，为禅宗的继续发展做出了重要贡献。

2. 虚舟普度

虚舟普度（1196—1277，一说 1199—1280），俗姓史，字虚舟，维扬江都（今江苏扬州）人。他征得父母同意后，于本郡天宁寺出家，有毕将军奇之，赞叹他说："他日法中向上爪牙也。"遂引之至杭州，礼东堂院祖信禅师为授业师，随侍 5 年。后奋志参方，初谒铁牛宗印禅师于灵隐寺，后遍历大江南北各处禅林，最后至饶州（今江西鄱阳）荐福寺参谒华藏觉通禅师，得印记。宋理宗淳祐元年（1241），应

---

① 《佛祖历代通载》卷第二十二，《大正藏》第 49 册，第 720 页上。
② 《佛祖历代通载》卷第二十二，《大正藏》第 49 册，第 720 页上。
③ 《佛祖历代通载》卷第二十二，《大正藏》第 49 册，第 721 页上。
④ 《佛祖历代通载》卷第二十二，《大正藏》第 49 册，第 721 页中。
⑤ 《佛祖历代通载》卷第二十二，《大正藏》第 49 册，第 721 页中。

制府赵信庵之请，住金陵半山寺，即王安石旧宅处。后又历住润州（今镇江）金山寺、潭州（今长沙）鹿苑寺、抚州疏山白云寺、苏州承天寺等诸名刹。景定年间（1260—1264），奉敕补住杭州中天竺寺，不久迁升灵隐寺。至元十四年（1277），一说至元十七年（1280）四月示寂。示寂前以书偈辞众。嗣法弟子中著名者有玉山德珍、竺西妙坦、虎岩净伏等。其中，玉山德珍传昙芳守忠等人，竺西妙坦传孚中怀信等人。

3. 昙芳守忠

昙芳守忠（1255—1348），又名守中，号昙芳，俗姓黄，江西南康（今江西赣州）人。37 岁出家，依止玉山德珍禅师，承其法嗣。听闻玉山德珍举赵州禅师"庭前柏树子"公案而豁然开悟。元至治元年（1321），昙芳守忠开法金陵保宁寺，不久移住蒋山太平兴国寺。在守忠的努力下，临济宗风大振，禅学之士云集。起初，寺院有田产被豪家侵夺，诉讼数年不决。等到昙芳守忠住持太平兴国寺，谦让而不与之争辩，夺产者很惭愧，自动归还。泰定二年（1325）初，镇守建康路的怀王图帖睦尔（后为元文宗）抵达金陵。当晚，太平兴国寺毁于火灾。守忠募捐资助，得到怀王图帖睦尔的大力支持，得以修复太平兴国寺。同时，怀王图帖睦尔嘱其在宝珠峰上新建崇禧万寿寺。文宗即位后，旋即赐其金襕袈裟一领、白银五百两、黄金五十两、纳失失（织金锦）幡一对，赐号"宏海普印昙芳禅师"。翌年，加授"广慈圆悟大禅师"，敕住大崇禧寺，兼领蒋山太平兴国寺。至顺元年（1330）秋，应诏与笑隐大䜣同至京师，入见奎章阁，奏对称旨，赐金襕伽梨衣，恩礼优渥。至正二年（1342），应行宣政院之请，迁住径山。至正五年（1345），升住大龙翔集庆寺。至正八年（1348）十月二十八日示寂。世寿 93 岁，僧腊 56 年，住金陵寺院长达 25 年之久。圆寂前告诫弟子："汝等宜勇猛精进，绍隆先圣之道。"[①]言讫而逝。有《昙芳守忠禅师语录》2 卷行世。

4. 孚中怀信

孚中怀信（1280—1357），元代僧人，俗姓姜，字孚中，浙江奉化人。15 岁剃度出家，师从法华院沙门子思，后在五台寺受具足戒。闻半岩和尚在四明延庆寺弘传三观十乘教旨，遂至其座下。依栖日久，感叹"教相繁多，浩如烟海，苟欲穷

① 文琇：《增集续传灯录》卷第六，《卍新续藏》第 83 册，第 341 页中。

之，是诚算沙，徒自困耳！”[①]于是辞去，参谒竺西妙坦禅师于华藏寺，后随妙坦禅师迁居宁波天童寺。一日，怀信入室请益，竺西妙坦禅师上堂举“兴化存奖打维那克宾”公案，怀信言下有契，遂得印可。

泰定三年（1326），孚中怀信奉行宣政院檄，出住宁波观音院。天历二年（1329），迁住普陀山。声誉鹊起，名闻于朝，元廷赐“广慧妙悟智宝弘教禅师”尊号及金襕法衣。至正二年（1342），孚中怀信升住杭州中天竺天历永祚寺。至正五年（1345），继席天童寺。至正十四年（1354），应请住持大龙翔集庆寺。临行前，有人劝止说：“当今扰攘兵戈，有志者求入山林不暇。师独受元主隆誉之名，某等似不取也。”[②]孚中怀信云：“我汝均为佛祖儿孙，力当撑柱佛祖家庭，任缘赴感，职宜然也。若俱以祸福撄心，埋身藏影，岂大慈旷济之道哉！”[③]住持大龙翔集庆寺期间，怀信厉行《百丈清规》，门庭肃然，声誉远播。

至正十六年（1356），明军攻克南京，寺众逃散。唯有孚中怀信独自冥坐一室，兀然不动。兵卒见此情形，纷纷顶礼膜拜。随后，朱元璋亲自慰问嘉奖，并听其说法，回来后对身边的人说：“龙翔信僧，言行纯悫，真太平有道沙门也！”遂敕改大龙翔集庆寺为大天界寺。后来，朱元璋又向其请教古今符谶之理。孚中怀信答道：“圣哲以至公为心，不求符谶而符谶自合。愚昧以私欲为念，虽凤麟尽现，仍成怪物。故曰‘在此不在彼’。”[④]朱元璋对此赞叹不已。至正十七年（1357）八月二十四日晨示寂。圆寂前，书偈曰：“平生为人戾契，七十八年漏泄。今朝撒手便行，万里晴空片雪。”[⑤]宋濂为之作塔铭。著有《五会语录》等。

5. 古林清茂

古林清茂（1262—1329），元代僧人，俗姓林，号金刚幢、休居叟，浙江乐清（今浙江温州）人。10岁能诵《法华经》，12岁出家，依天台山国清寺孤岩启公，又从律师温容受具足戒。及长，先至杭州净慈寺参谒石林行巩禅师。然后又到能仁寺参谒横川如珙（1222—1289）禅师，深得器重，着意栽培，温言策励。一日，横川如珙忽然问他：“僧问云门：‘不起一念还有过也无？’门云：‘须弥山。’”声音未绝

① 《佛祖纲目》卷第四十一，《卍新续藏》第85册，第791页下。
② 自融、性磊：《南宋元明禅林僧宝传》卷十，《卍新续藏》第79册，第629页下。
③ 自融、性磊：《南宋元明禅林僧宝传》卷十，《卍新续藏》第79册，第629页下。
④ 自融、性磊：《南宋元明禅林僧宝传》卷十，《卍新续藏》第79册，第629页中。
⑤ 《五灯严统》卷第二十一，《卍新续藏》第81册，第273页下。

而清茂豁然大悟，厉声说："和尚教坏人家男女。"横川如珙一把抓住清茂问："你向甚处见云门?"清茂推开他说道："张公吃酒李公醉。"[①]乃受印可，自此机感相投，造诣日深，时年19岁。第二年，清茂重回国清寺，作《拟寒山诗》300首。

大德二年(1298)，古林清茂历住平江(今江苏苏州)白云寺、开元寺。皇庆元年(1312)，仁宗赐号"扶宗普觉佛性禅师"。延祐二年(1315)，移住饶州(今江西鄱阳)永福寺。当年，又至金陵住持保宁寺。当时，图帖睦尔潜居金陵，常延请古林清茂讲论佛法，其刻《心经》《高王观世音经》，也都请清茂作序，"彰显佛心，冠乎群经首"，对他极为尊崇。

天历二年(1329)十一月，清茂在金陵保宁寺圆寂，世寿67岁。圆寂前书偈曰："来亦不迟，去亦不早，打破虚空，红日杲杲。"遂安然而逝。其著作颇丰，存世有《古林清茂禅师语录》5卷、《古林清茂禅师拾遗偈颂》2卷、《重拈雪窦一百则》等。

古林清茂的嗣法弟子有了庵清欲、松隐小茂、会翁清海、竺仙梵仙及日本僧人月林道皎、石室善玖等。其中，了庵清欲(1288—1363)于延祐二年(1315)随古林清茂到保宁寺，分第一座说法。天历二年(1329)出住江苏溧水开福寺。元统元年(1333)移至浙江嘉兴本觉寺。清茂在南京弘法历时18年之久。竺仙梵仙于1329年东渡扶桑，开创日本禅宗"竺仙派"。石室善玖(1294—1389)于延祐五年(1318)入元，参谒正在住持金陵保宁寺的古林清茂禅师，回到日本后相继住持了多家大型寺院，在日本影响很大。

五 ｜ 中峰明本

中峰明本嗣法于高峰原妙，属圆悟克勤门下第八世、临济义玄禅师门下第十七世，是有元一代声望最高、影响最大的禅门宗师，被誉为"江南古佛"。在他生前，元仁宗帝赐号"佛慈圆照广慧禅师"，英宗帝特旨赐香并金襕袈裟。在他去世后，元文宗赐谥"智觉"，建塔撰铭；元顺宗准许将他的语录入藏，并赐"普应国师"号。但由于元政府重教抑禅的宗教政策和相互制衡的民族政策，以及明本自身强烈的家国情怀，明本对元廷一直采取消极对抗的态度，并没有因为朝廷对待禅

① 海寿编次：《古林清茂禅师拾遗偈颂》卷二，《卍新续藏》第71册，第290页下。

宗的态度而改变。他多次拒绝元朝皇室重臣的延请，隐遁于山林江河之间，励志修习头陀行，广泛传播佛法，与朝廷保持着相当的距离，坚守着一位遗民禅僧应有的气节。明本追随原妙多年，后游方江南，到处建庵，徒众广布。从其受法者既有来自各地的普通民众，也有声名显赫的王公大臣、文士大儒。影响之大“远至西域、北庭、东夷、南诏，接踵来见”，参学者中甚至还有来自日本、高丽的僧人。他传法至云南，被奉为“南诏第一祖”。明清以后的临济宗法脉主要是以明本一系最为昌盛。

《中峰和尚广录》载，大德元年(1297)冬，明本至金陵，栖隐于山林草庐之间。大德三年(1299)，明本离开金陵。明本在金陵大约居住了2年时间，结庵传法，但其具体事宜已不可考。鉴于明本一贯的行事风格，当是学者辐辏之状，亦正是其声名播扬之时，故略作叙述，以示旌记。

(一) 明本生平

明本禅师(1263—1323)，俗姓孙，号中峰，晚年自称幻庵、幻住等，生于宋理宗景定四年(1263)，卒于元英宗至治三年(1323)，钱塘人。9岁丧母，读《论语》《孟子》未能终卷而辍学。14岁时元军破临安。15岁决志出家，礼佛燃臂，誓持五戒，每日读《法华》《圆觉》《金刚》诸经。17岁时元灭南宋。20岁时，因读《宗镜录》(一说《传灯录》，误)之“生是不生”而生发疑情，遂前往天目山参谒高峰原妙禅师。原妙孤峻严冷，不假人辞色，然一见明本，很是喜欢，想要明本剃发出家。当时明本以父命未许，没有答应。至元二十四年(1287)，明本24岁，依高峰原妙出家，读《金刚般若经》，似有所悟。翌年，从原妙剃发出家于师子院。又明年，受具足戒。自此，“日作夜坐，胁不沾席，励精勤苦，谘决无怠”。至元二十六年(1289)，因观流泉有省，即诣高峰处求证，被高峰痛棒打出。时民间讹传官选童男女，明本因问曰：“忽有人来问尚讨童男女时如何?”原妙答曰：“我但度竹篦子与他。”明本言下大悟，彻法源底。原妙特书《真赞》付之曰：“我相不思议，佛祖莫能视。独许不肖儿，见得半边鼻。”“真”是原妙自己的画像。原妙门下上足弟子甚多，然原妙唯独器重明本一人，淮僧子证尝问原妙诸弟子优劣，原妙答道：“若初院主等，一知半解，不道全无；如义首座，固是根老竹，其如七曲八曲；惟本维那，却是竿上新篁，他日成材，未易量也。”[①]

① 自融、性磊：《南宋元明禅林僧宝传》卷八，《卍新续藏》第79册，第622页上。

至元二十八年(1291),两浙转运使霍廷发布施田地270顷,高峰原妙与其弟子中峰明本、断崖了义共同建寺,翌年赐额大觉正等禅寺。原妙去世前,曾命明本住持,明本谢绝,另荐第一座祖雍担任。元贞元年(1295)原妙去世后,明本即开始游方,先后游历吴山、皖山、庐山等地。大德元年(1297)冬,明本至金陵,栖隐于山林草庐之间。大德三年(1299),明本离开金陵,前往庐州弁山和平江雁荡山结庵传禅,其间为赵孟頫讲"防情复性之旨"。大德八年(1304),明本回天目山为原妙守塔,次年,应请住持师子禅院。至大元年(1308),仁宗时为太子,赐号"法慧禅师"。翌年,继续外游仪征、吴江,并渡江北上少林寺。至大四年(1311),明本拟游少林,至吴汳,"隐其名,僦城隅土屋以居",但听到消息的僧俗"争相瞻礼,皆手额曰:江南古佛也"。皇庆元年(1312)以后,又继续游方结庵的生活。浙江行省丞相脱欢恳请明本住持灵隐寺,明本坚决推辞。延祐元年(1314),明本再次住持师子院。

延祐三年(1316),元仁宗派宣政院使到江南整饬佛教,使者到达杭州后欲进山拜访明本。明本闻讯,避走镇江。不久,明本应请住持丹阳大同庵。仁宗闻说后,嘱咐众臣:"朕闻天目山中峰和尚道行久矣,累欲召之来,卿每谓其有疾,不可戒道,宜褒宠旌异之。"[①]五年(1318),仁宗赐号"佛慈圆照广慧禅师",并赐金襕袈裟。又诏改明本所居师子院为"师子正宗禅寺",命赵孟頫撰写碑文,追封高峰原妙"佛日普明广济禅师"之号。

至治二年(1322),行宣政院请他住持径山,明本拒绝,结庵于中佳山。十月,英宗特旨降香,赐金襕僧伽梨衣。是年,明本自叙:"余初心出家,志在草衣垢面,习头陀行……平昔惟慕退休,非矫世绝俗,使坐膺信施,乃岌岌不自安也。"此段话大体上反映了他一生的志向和禅风,与其师高峰原妙一脉相承,但也折射出他对山河易主的哀伤和尊教抑禅的不满。至治三年(1323)八月示寂,世寿60岁,僧腊37年。示寂前写偈辞众说:"我有一句,分付大众,更问如何,无本可据。"置笔安坐而逝。[②] 有《天目中峰和尚广录》《天目中峰和尚杂录》等行世。

天历二年(1329),元文宗"赐谥智觉,塔曰法云,召奎章阁学士虞集,命撰《中

① 祖顺:《元故天目山佛慈圆明广慧禅师中峰和尚行录》,载石峻等编:《中国佛教思想资料选编》第三卷第一册,中华书局,1987年,第548—549页。

② 关于中峰明本的生平及引文,详见祖顺:《元故天目山佛慈圆明广慧禅师中峰和尚行录》,载石峻等编:《中国佛教思想资料选编》第三卷第一册,第547—552页。

峰塔铭》”。元顺宗元统二年(1334),大普庆寺住持善达密的表奏,以先师《明本广录》入藏,帝可其奏,加“普应国师”。元朝中期诸帝对明本的推崇,既是对他德业修为的肯定,也反映了对南方禅宗的政策由压制到怀柔的转变。而由于元政府重教抑禅的宗教政策和相互制衡的民族政策,明本一生一直拒绝出任禅宗名刹住持,拒绝元廷诏请,隐遁于山林江河之间,奔波于江南各地,励志修习头陀行,每到一处就建起一个个传法庵室,由此徒众广布,影响面扩大,直到晚年方才定居于天目山,展现出一位高僧崇高的气节。

(二)明本的禅法思想

明本的禅法思想和高峰原妙基本一致,致力于对宗杲看话禅的复兴和对其他禅法的批判上,强调禅净一致,调和禅教关系。明本的批判精神具有强烈的时代特色。

1. 对其他禅法的批判

与原妙一样,明本禀承祖先系的一贯禅风,反对当时那种“但尚言通,不求实悟”[①]的禅法,对致力于诠释公案和颂古的评唱,以及机锋、棒喝的狂禅风气进行了批判。

对于当时禅林诠释公案的状况,他说:“今之丛林商量,大不如此。乃以问佛问西来意之一问一答,如麻三斤、干屎橛、须弥山、莫妄想之类,唤作单提浅近者;以勘婆、话堕、托钵、上树等为向上全提者;或以众机缘列归三玄,或以诸语言判入四句。中间曲谈巧辩,网罗千七百则公案,各立异名,互存高下,不识古人之意界尔否?”[②]明本对这种繁琐的公案之风持完全否定的态度。他认为,这类公案研究,“惟以聪明之资,向古今文字上,将相似语言较量卜度,会尽古今公案。殊不知,既不了生死,返不如个不会底最真”。修禅是为了解脱生死,公案诠释只是在文字上下功夫,无关生死解脱,即使把古今公案都理解了,还不如一个都不懂的好。因此,他把批判的矛头指向雪窦的颂古、圆悟的评唱。他说:“无边众生各各脚下有一则现成公案,灵山四十九年诠注不出,达摩万里西来指点不破,至若德山、临济摸索不着,此又岂雪窦能颂而圆悟能判者哉?纵使《碧岩集》有百千万卷,于他现成公案上一何加损焉?昔妙喜不穷此理而碎其版,大似禁石女之勿生

---

① 《续灯存稿》卷七,《卍新续藏》第84册,第727页上。

② 《天目中峰和尚广录》卷十一上,姑苏刻经处本。

儿也。今复刊此版之士,将有意于擀掇石女之生儿乎?盖可笑也。”[①]所谓“现成公案”,即是众生一切具足的本心,除此之外,别无有解。当然,明本虽然反对从文字诠释和考据学的角度钻研公案,但并完全不抛弃公案。他说:“但遇着古今因缘,都不要将心领会,只消举起一个,顿在面前,发起决要了生死之正志,壁立万仞,与之久远参去。”[②]在公案的某一点上专心参悟,即是看话禅。

对于机锋言教,明本也强烈反对。他说:“今时学者之病,在速于要会禅,禅无你会底的道理,若说会禅,是谤禅也。……若不妙悟,纵使解语如尘沙,说法如涌泉,皆是识量分别,非禅说也。如今之禅学者流,多是商量个话头,皆不肯回头扣已而参,所以古人目禅语为野狐涎唾,良有旨也。”[③]禅是用心来悟的,机锋言教只是“解禅语”,与禅本身无关,若说“会禅”,那就是“谤禅”。修禅要起大信心,实参实悟,则“久之纯熟,自然合辙”[④],方能证得“当念顿空生死无常,不存一点佛法知见”[⑤]。明本认为,“禅是诸人本来面目,除此外无禅可参,亦无可见,亦无可闻”[⑥],因此他反复强调佛法自身具足,修行者应做个“本色道人”。

当时明本所面临的禅界状况是:“彼此是非,立个名字,唤作如来禅、祖师禅、平实禅、杜撰禅、文字禅、海蠡禅、外道禅、声闻禅、凡夫禅、五味禅、棒喝禅、拍盲禅、道者禅、葛藤禅,更有脱略机境,不受差排者,唤作向上禅。古今已来,诸方三百五百众,浩浩商量,立出许多闲名杂字。由是而吹起知见风,鼓动杂毒海;掀翻情涛,飞腾识浪;递相汩没,聚成恶业;流入无间,卒未有休。”[⑦]这在相当程度上反映了南方禅师宗派林立、各行其是的态势。在明本看来,这种态势是以“知见”为禅,掀动“情”“识”,以致累积恶业,堕入无间地狱,永无休止。

因此,明本对古今其他禅思潮进行了多方面的清理,贬斥古禅师的种种“门庭设施”,认为:“达摩西来,谓之单传直指,初无委曲。后来法久成弊,生出异端,或五位君臣、四种料简、三关九带、十智同真,各立门庭,互相提唱。虽则一期建立,却不思赚他后代儿孙。”禅宗以上种种门庭,虽因一时因缘而建立,或起到了

① 以上见《天目中峰和尚广录》卷十一中,姑苏刻经处本。
② 《天目中峰和尚广录》卷十一上,姑苏刻经处本。
③ 《天目中峰和尚广录》,载石峻等编:《中国佛教思想资料选编》第三卷第一册,中华书局,1987年,第510页。
④ 《天目中峰和尚广录》,载石峻等编:《中国佛教思想资料选编》第三卷第一册,第530页。
⑤ 《天目中峰和尚广录》,载石峻等编:《中国佛教思想资料选编》第三卷第一册,第530页。
⑥ 《天目明本禅师杂录》,载石峻等编:《中国佛教思想资料选编》第三卷第一册,第538页。
⑦ 《天目中峰和尚广录》卷四下,姑苏刻经处本。

一定的作用，但流弊无穷，贻害后代参禅者。他认为，“拯救此弊”、拔诸“恶业”的唯一方法，就是看话头，“将个无意味话头，放在伊八识田中”。这是“真实悟底尊宿（宗杲）出兴于世”，从“第二门头别开”的一路。看话禅是“无处发药，不得已”之作，是没有办法的办法。①

2. 对看话禅的提倡

明本毕生在捍卫和发展宗杲创始的看话禅。在宗杲之前，并无看话禅之说，有人因此责难看话禅没有传承根据：“或谓《传灯录》一千七百单一人，皆是言外知归，迎刃而解，初不闻有做功夫看话头之说。在此自年朝至岁暮，其忉忉不绝口，惟是说看话头做功夫，不但远背先宗，无乃以实头缀系于人乎？”明本回答说：“谓看话头做功夫，固是不契直指单传之旨，然亦不曾赚人落草，最是立脚稳当，悟处亲切。纵使此心不悟，但信心不退不转，一生两生，更无不获开悟者。如《传灯录》中许多言外知归之士。焉知其不自夙生脚踏实地做来？”②明本认为，看话禅虽然不是禅宗一贯标榜的“直指单传”，但不会“赚人落草”、走入邪途，是唯一可行的法门。但他的“一生两生”虽有鼓励参学者持之以恒之义，但也反映出他对现世的无奈之情。

明本将禅分为教中修证之禅和达摩一心之禅。教中修证之禅，即如四禅八定之类，依一切经法所诠，见闻所解，方便渐修。而达摩一心之禅，则不可见闻觉知，不依一切经法所诠，不落次第，“惟大心众生，夙熏佛种，不涉阶梯，一闻千悟，得大总持”③。因此，达摩之禅，即是心之异名，他说：“禅何物也？乃吾心之名也；心何物也，即吾禅之体也。达磨西来，只说直指人心，初无所谓禅，盖于直指之下，有所悟入。于既悟之间，主宾问答，得牛还马，遂目之为禅。然禅非学问而能也，非偶尔而会也，乃于自心悟处，凡语默动静不期禅而禅矣。”④“禅不离心，心不离禅，惟禅与心，异名同体。”⑤

据此，明本强调，“自己一片灵明之性，体与三世诸佛平等”⑥，只是众生生死情妄，迷失自心，而轮转迁流，至今不息。若能妙悟本心，即是解脱。一切禅修的

---

① 以上引见《天目中峰和尚广录》卷一上，姑苏刻经处本。
② 《天目中峰和尚广录》卷一下，姑苏刻经处本。
③ 《天目中峰和尚广录》，载石峻等编：《中国佛教思想资料选编》第三卷第一册，第 518 页。
④ 《天目中峰和尚广录》，载石峻等编：《中国佛教思想资料选编》第三卷第一册，第 515 页。
⑤ 《天目中峰和尚广录》，载石峻等编：《中国佛教思想资料选编》第三卷第一册，第 515 页。
⑥ 《天目中峰和尚广录》，载石峻等编：《中国佛教思想资料选编》第三卷第一册，第 527 页。

目的，都在“明心”，证悟心体，他说：“若人欲识佛境界，提起话头休捏怪，忽然两手俱托空，佛祖直教齐纳败。”[①]只要坚持到底，一旦“话头”参透，当念顿空，凡圣情尽，得大摩尼，必然与佛祖无别。在明本看来，“心之至体无可见，无可闻，无可知，无可觉，乃至无可取舍，既有可为，皆是虚妄颠倒”。既然心体不可能被见闻觉知悟解，那就要“远离一切见闻觉知，乃至能离所离一齐空寂，则灵知心体宛然显露于见闻觉知之间”。明本认为，连见闻觉知的念头也要放弃，最好方法就是参究话头：“于是古人别资一种善巧方便，将个无义味话头，抛向学人面前，令其究竟。但知体究话头，则与见闻知觉等不期离而离矣。”[②]“与见闻知觉等不期离而离”，与原妙的“无心三昧”大体同义，皆是“灵体心知”的显露。

在参话头问题上，明本主张恢复宗杲传统。他说：“昔僧问赵州：‘狗子还有佛性也无？’州云：‘无。’只这一个‘无’字，如倚天长剑，涂毒鼓声，触之则尸横，婴之则魂丧，虽佛祖亦不敢正眼觑着。”[③]他把宗杲主张重点参究的一个“无”字，喻为“倚天长剑”“涂毒鼓声”，极大提高了“无”字话头的地位，其目的是制止“第二念”。他说：“但除却一个所参底话头外，更有心念，不问是佛念、法念，乃至善恶诸缘，皆是第二念。此第二念久久不起，惟于所参话上一坐坐断，和个所参话同时超越，便见十方世界皆是解脱游戏之场也。”[④]所谓“第二念”，是指专念话头以外的所有思虑活动。只要专心“参话头”，其他任何念想一切不起，及至任何思虑都完全断灭，就连所参话头也“一时忘却”，即是“无念”，即是解脱。

明本强调坐禅的功夫，“坐”为根本。他在追随原妙的十年中，即以“昼日劳作，夜而禅寂”著称。他认为：“非禅不坐，非坐不禅；惟禅惟坐，而坐而禅。禅即坐之异名，坐乃禅之别称。”[⑤]明本坚持坐禅的原则，但一个人不可能一直苦坐，因此他又将坐禅解释为“一念不动为坐，万法归源为禅”[⑥]。他要求将修行看话禅贯彻到一切活动中，须臾不离。他说：“不妨提起个古人没意智话头，顿在面前，默默体究……行时行体究，坐时坐体究，忙时忙体究，闲时闲体究，老时老体究，病

① 《天目中峰和尚广录》卷四下，姑苏刻经处本。
② 《天目中峰和尚广录》卷五下，如苏刻经处本。
③ 《天目中峰和尚广录》卷五下，姑苏刻经处本。
④ 《天目明本禅师杂录》卷下，姑苏刻经处本。
⑤ 《天目中峰和尚广录》卷二十七上，姑苏刻经处本。
⑥ 《天目中峰和尚广录》卷二十七上，姑苏刻经处本。

时病体究，乃至死时死体究。”[①]意谓无论行走坐卧、生老病死，都要专心致志地体究话头。对此，明本这样解释马祖的“平常心是道”：“当知平常心不属知，不属解，乃至不属一切和会领略，拟涉知涉解，则安有平常之理乎！”[②]平常心与见闻觉知无关，唯有情解俱消，真妄两忘，随缘任运，才可与平常心相应。明本说：“古人道个平常心是道，两手分付，只贵一切平常，佛法世法，彼自无疮，勿伤之。”[③]这样，他又将看话禅与世法统一起来，这种观念与他到处建庵弘法是分不开的。

明本倡导的看话禅专注一念，超越善恶二元对立，强调“戒之在我，我之在戒”，即心为戒体的大乘菩萨戒。他说：“须知一个所参话终日横于方寸，不思善，不思恶，善恶二途自然忘念，而言修断，何其赘耶？且参此话时，不见有一众生而可度脱，乃非饶益而饶益也。此所参话虽不称三聚，而具存三聚无少间也。朝参之，夕究之，久远而守之，一旦开悟……不知戒之在我，我之在戒也。”[④]所谓“三聚”，即“三聚净戒”。在明本看来，参究话头能使善恶两忘，自然不会造恶，亦无须修善断恶；既无众生可度，就是“普度众生”而“无众生可度”之义。据此，明本强烈鞭挞当时盛行的知解狂禅。此类禅师认为“尽十方世界，所有虚空色象大小纤洪，皆是个自己”，故而放荡无羁，不守戒律，甚至提出“抱妻骂释迦，醉酒打弥勒，俱成一行三昧”等极端说法。明本极为鄙薄此类言论，轻蔑地说：“阎罗大王要捉此等说底来吃铁棒。”[⑤]显然，明本对此类言论的批评是在影射元朝皇室的佞佛行为。在浊浪滔天的元代佛教界，明本严谨戒律的主张无疑是一股难得的清流。

3. 调和佛教诸宗

宋代以后，禅宗与净土宗两大佛教宗派相互融摄、并驾齐驱、共同发展，成为中国佛教的一大特色。禅宗一向被视为中国佛教的代表，而净土宗则将佛教从精英阶层推广到普通民众，从而使佛教具备了广泛的群众基础。禅宗强调“自性西方”，即世间求解脱，“若欲修行，在家亦得，不由在寺。在家能行，如东方人心善；在寺不修，如西方人心恶。但心清净，即是自性西方”[⑥]。显然，禅宗将“西方净土”归摄于“心”，理由自然是唯心净土（究竟）与他方净土（方便）本质上是“不

---

① 《天目中峰和尚广录》卷四下，姑苏刻经处本。
② 《天目中峰和尚广录》，载石峻等编：《中国佛教思想资料选编》第三卷第一册，第527页。
③ 《天目中峰和尚广录》，载石峻等编：《中国佛教思想资料选编》第三卷第一册，第526页。
④ 《天目中峰和尚广录》卷四，姑苏刻经处本。
⑤ 《天目中峰和尚广录》卷十二，姑苏刻经处本。
⑥ 宗宝编：《六祖大师法宝坛经》，《大正藏》第48册，第352页中。

二”的，况且此世间一世修行之功德，胜于其他世间百千劫行。既然如此，为什么还要往生净土？净土学者则认为，问题的关键在于众生的根机。道绰在《安乐集》中指出：“但法性净土，理处虚融，体无偏局。此乃无生之生，上士堪入。……自有中下之辈，未能破相，要依信佛因缘求生净土。”[①]中国佛教宗派有一个特点，就是常以判教的形式融摄各家学说，宣称本宗为最究竟、最圆融、最方便的法门，抬高自家，贬低他宗，因此，不断调和“唯心净土”与“西方净土”二者之间的关系，成为中国传统佛教的重要议题。[②] 永明延寿站在禅宗的立场上，提倡禅净双修，以彰圆妙，其《万善同归集》从理事无碍、权实双行、二谛并陈等十个法门论述禅净不二，强调禅净一致。此后，禅净双修成为禅门主流。

明本主张禅净合一，反对禅净分离。他说：“学者不识建立之旨，反相矛盾，谓禅自禅，净土自净土。殊不知参禅要了生死，而念佛亦要了生死。原夫生死无根，由迷本性而生焉。若洞见本性，则生死不待荡而遣矣。生死既遣，则禅云乎哉，净土云乎哉？”[③]在了生死、获解脱的根本宗旨上，禅净两家是一致的，都可以“洞见本性”，遣除生死轮回。两家之所以出现分歧，以致对立，“盖二宗之学者不本乎生死大事耳。以不痛心于生死，禅则耕空言以自高，净土则常作为而自足，由是是非倒见，杂然前陈”[④]。显然，明本所谓的净土，依然是延寿讲的唯心净土，但他认为两家都以一心为基础，以解脱生死为目的，故两家在根本立场上是一致的。明本反复讲“禅即净土，净土即禅”，将话头“置之念佛心中，念念不得放舍，孜孜不可弃离。工夫纯密，识见愈精明，道力愈坚密。一旦忘能所、绝气息处，豁然顿悟”[⑤]。因此，明本的禅净合一本质上是“以禅统净”。

明代以后，禅门高僧“以净统禅”逐渐占据上风。净土宗八祖云栖祩宏则融会禅净，倡“体究念佛”，认为“归元性无二，方便有多门”，念佛与参禅平等无二，都是为了解脱成佛，本质上是一种“以净统禅”。晚明的澫益智旭则将“以净统禅”贯彻得更彻底，认为念佛优于参禅，参禅只是万行中一行，而念佛则是统摄万行，是一切法门中最殊胜的法门。他以“念佛”统摄各家学说，认为庐山慧远的净

① 道绰：《安乐集》，《大正藏》第47册，第8页下。
② 详参王公伟：《中国佛教净土宗的思想发展历程探析》，《世界宗教研究》2005年第4期。
③《天目中峰和尚广录》卷五下，姑苏刻经处本。
④《天目中峰和尚广录》卷十一上，姑苏刻经处本。
⑤《天目中峰和尚广录》卷五下，姑苏刻经处本。

土修行是念他佛，天台、禅宗的净土修行则是念自佛，永明延寿等人的禅净双修是念自他佛，万行归念佛，万宗归净土，唯有念佛一门圆摄五宗八教，涵摄佛教之整体，禅教律等诸宗“无不从净土法门流出，无不还归净土法门”(《阿弥陀经要解》)。这大概是前代提倡禅净合一的禅师所意想不到的。

对于禅宗与密、教、律等诸宗的关系，明本认为此四者皆是“一佛之旨”，弘扬的都是“佛心”，所谓“密宗乃宣一佛大悲拔济之心也，教宗乃阐一佛大智开示之心也，律宗乃持一佛大行庄严之心也，禅宗乃传一佛大觉圆满之心也”①。既然四宗都是一佛之心，所以四宗平等，无有高下优劣。他说:“夫四宗共传一佛之旨，不可缺也。然佛以一音演说法，教中谓:惟一佛乘，无二无三，安客有四宗之别耶？谓各擅专门之别，非别一佛乘也。譬如四序成一岁之功，而春夏秋冬之令不容不别也。其所不能别者，一岁之功也。密宗春也，天台、贤首、慈恩等宗夏也，南山律宗秋也，少林单传之宗冬也。”②

蒙古先统治西藏，次灭金国，最后灭掉南宋。与此相应，佛教中喇嘛教的地位最高，属密宗；在北方重点扶植天台、华严和唯识教门三宗；南方以禅宗最为盛行，势力也最大；律学则为一切宗派所共同尊奉。元灭南宋后，为了制衡和统治人口众多的江南地区，在宗教政策上采取打压禅宗的既定方针，并在大都举行辩论大会，在理论上压制禅宗。明本关于四家一旨的说法，明显是抗议当时朝廷的宗教策略。他用四季譬喻四宗，将密宗比为“春”，禅宗比为“冬”，意味深长。但他坚信禅宗是传自“大觉圆满之心”，是佛教最高深的教旨。明本在祖国灭亡、禅门衰微之际，辗转江南各地，随处结庵，弘扬禅旨，多所创发，兼以戒行严谨，品格高洁，说他是元代禅门第一高僧，可谓实至名归。

六 笑隐大䜣

大䜣(1283—1344)，俗姓陈，字笑隐，元代临济宗大慧派禅僧，为宗杲下四世晦机元熙的弟子，祖籍江州(今江西九江)，后徙居武昌。他自幼丧父，其母虔诚

① 《天目中峰和尚广录》卷十一上，姑苏刻经处本。
② 《天目中峰和尚广录》卷十一上，姑苏刻经处本。

勤修念佛净土。9岁时于本郡水陆院依他的伯父法云出家，遍阅大藏经文，受具足戒后外出游方，先入庐山参谒开先寺一山了万，未契。后至百丈山（在今江西奉新县）参谒晦机熙公。一日，元熙举百丈野狐禅试探大訢的修为，大訢刚要开口说话，元熙大喝一声，他即豁然有悟。晦机说法，文理精诣，他曾对大訢说："昔雪窦、真净及我妙喜以来，内自教乘，傍及儒、老子、百家之言，深入要妙，故其文言浩乎如川至之不可御也。"[①]大訢从晦机元熙学禅多年，博通内外，能文善辩，音如洪钟，逐渐声名日隆，与当时著名禅僧中峰明本、古林清茂及断江恩、一溪如、无言宣等交往密切。大訢与著名的学士大夫如吴兴赵孟頫、巴西邓文原、四明袁桷、东阳胡长孺、钱唐仇远、京兆杜本等亦往来频繁，结为文学之友。大訢擅长诗文，黄溍这样评价其文："无山林枯寂之态，变化开合，奇彩灿然。而议论磊落，一出于正，未尝有所偏蔽。虞公（集）称其如洞庭之野众乐并作，铿锵轩昂；蛟龙起跃，物怪屏走，沉冥发兴。"[②]

元武宗至大四年（1311），大訢住持湖州乌回禅寺。元文宗天历二年（1329），诏住建康大龙翔集庆寺，此寺乃为文宗图帖睦尔的王府原址上施建，明初迁至聚宝门外，更名为天界寺。元文宗为怀王时曾在建康居住4年，即位后降诏将他原先居住的宅邸改建为大龙翔集庆寺，使之居于江南寺院之首。大訢为该寺开山第一住持，得封"大中大夫"三品文阶，受赐号"广智全悟大禅师"。翌年，大訢应诏与昙芳守忠等南方著名禅师北上大都，"京师之为禅宗者出迎河上"，于奎章阁为文宗宣说禅法，受赐丰厚。至顺元年（1330），受元明宗召见，笑隐大訢又北上大都。至元二年（1336），元顺帝加赐"释教宗主兼领五山寺"，地位更加显赫。大訢在大龙翔集庆寺期间，召集学僧，审定由德辉制定的《敕修百丈清规》，此后成为禅门清规定式，标志着中国僧制已趋完备，意义重大。笑隐大訢于元至正四年（1344）圆寂，世寿61岁，葬于石头城头院后冈。大訢逝后，前中顺大夫秘书少监黄溍撰《訢公塔铭》（全称《元太中大夫广智全悟大禅师住持大龙翔集庆寺释教宗主兼领五山寺訢公塔铭》），前奎章阁侍书学士、翰林侍讲虞集撰《笑隐訢公行道记》（全称《元广智全悟大禅师大中大夫住大龙翔集庆寺释教宗主兼领五山寺笑隐訢公行道记》）。大訢生前的说法语录及部分著作收于由其弟子延俊、慧昙等

① 虞集：《笑隐大訢禅师语录》卷四《笑隐大訢行道记》，《卍新续藏》第69册，第722页中。
② 黄溍：《笑隐大訢禅师语录》卷四《訢公塔铭》，《卍新续藏》第69册，第724页下。

人编纂的《笑隐大䜣禅师语录》4 卷之中。另有《蒲室集》15 卷行世。

大䜣继承“直指人心，见性成佛”的禅宗宗旨，肯定了“行棒行喝”“呵叱怒骂”的临济宗风，与行端相近。行端的一生，即“以呵叱怒骂为门弟子慈切之诲，以不近人情行天下大公之道”。但元代的南方临济宗，一般因袭宗杲的传统，行看话禅。因此，大䜣对此表示反对：“每见近时宗师教人捉个话头……使其朝参暮参，疑来疑去，谓之大疑必有大悟。虽是一期善巧方便，其奈愈添障碍。”[①]他斥责那些参究话头的禅僧说：“愚痴之辈，一丁不识，窃吾形服，经教不知，戒律不守，问着百无所能，但道：‘我请益善知识，举个话头。’口里诵，心里想，如三家屯里学堂，教小儿子念上大人相似，眼醒记得，睡忘了；或用心太过，愈疑愈乱，遂至失心癫狂；或妄生卜度，胡言乱语，诳吓无知；或痴痴兀兀，黑山鬼窟里淹过一生。”[②]大䜣的这种斥责，揭露了看话禅的流弊，具有一定的现实意义。同样，大䜣也批评慧南的“黄龙三关”：“黄龙三关，如商君立法，法虽行而废先王之道，故当时出其门者甚多，得其传者益寡。使其恪守慈明家法，子孙未致断绝。”[③]把慧南所设“三关语”视为黄龙派法系断绝的原因，当然没什么道理。

大䜣的主要贡献是加强禅众教育和主持丛林清规的制定。他说：“百丈作清规而丛林大备，有书状，有藏主，有首座，将使禅者兼通经教外典，欲其他日柄大法，可以为全材而御外侮也。”[④]大䜣要求禅僧兼通经教外典的主张可以说是相当开放的，此与元代多教兼容的宗教政策有关，也是为他日“柄大法”“为全材”“御外侮”而做准备。

元统三年(1335)，居简系德辉奏请重编《百丈清规》，诏许。德辉出自居简系，与大䜣同出一系，由他重编的《敕修百丈清规》，为后来禅宗各寺采纳，影响久远。这部清规是根据宗赜的《崇宁清规》、惟勉的《咸淳清规》和弌咸的《至大清规》删繁就简、正误补缺而成的。大䜣曾奉旨召集学问僧，审定德辉编集的《敕修百丈清规》，分 9 章 10 卷，题《敕修百丈清规》，于至元年间(1335—1340)刊行。

问题在于，在此之前，清规的制定都是由禅宗自己完成的，而这部清规是由皇帝的敕令与国家层面的禅宗领袖制定和推行的，意义自非一般。大䜣无疑是

---

① 《笑隐大䜣禅师语录》卷二，《卍新续藏》第 69 册，第 709 页上。
② 《笑隐大䜣禅师语录》卷二，《卍新续藏》第 69 册，第 709 页上。
③ 《笑隐大䜣禅师语录》卷一，《卍新续藏》第 69 册，第 700 页下。
④ 《笑隐大䜣禅师语录》卷四，《卍新续藏》第 69 册，第 719 页下。

这部清规的最主要推动者和制定者。从大䜣的地位和《敕修百丈清规》的制定可以看出，元廷对南方禅宗的政策发生了重大改变，禅宗内部也发生了重要变化。

大䜣曾参谒中峰明本。他"访中峰本公于天目山，坐语半夜，风大作势，欲裂崖石，左右皆辟易，公不为动。中峰甚敬异焉"[①]。虽有夸张之嫌，亦可知明本对大䜣的修为还是认同的。明本圆寂后，大䜣撰《祭中峰和尚文》称赞明本："孰若我师之无为，若将颓然于一世，故大声之远播，倏飙驰而雷厉万乘，向风安车莫致王公问道，跪拜趋事亦有岛夷致书。"[②]我们知道，明本对元廷采取不合作的态度，而大䜣却积极向元政府靠拢。二人一个出世，一个入世，却又彼此欣赏。

元王朝实行"尊教抑禅"的佛教政策，向江南禅宗兴盛地派遣讲经僧人[③]，改变禅僧不重经教的学风，支持把禅寺改为"讲寺"，从而造成一股"从禅入教"的潮流，汉地佛教界出现了"禅学浸微，教乘益盛，性相二宗，皆以大乘并驱海内"[④]的局面。元朝中后期，帝国内部矛盾日益激化，迫使元廷对禅宗采取怀柔政策，因为一味打压显然已不合时宜。天历三年（1330），笑隐大䜣奉诏北上大都，"京师之为禅宗者，出迎河上，曰：国家尚教乘塔庙之建，为禅者寂然，禅刹兴于今代，自师始。吾徒赖焉"[⑤]。这大体反映出禅宗当时的状况。从这一点上看，大䜣与元王朝的互动具有积极的政治意义和宗教意义。

大䜣的嗣法弟子有金陵天界寺觉原慧昙和季潭宗泐等人。由于笑隐大䜣在元末传法于金陵，所以大䜣一系禅师和朱元璋接触较早，他们都积极为新王朝服务，在明初佛教界风靡一时，但其禅学思想并没有可道之处。

---

① 虞集：《笑隐大䜣禅师语录》卷四《笑隐大䜣行道记》，《卍新续藏》第 69 册，第 724 页中。

② 大䜣：《蒲室集》卷十五，影印文渊阁四库全书第 1204 册，第 636 页。

③ 杜继文：《中国禅宗通史》，第 485 页。

④ 《佛祖历代通载》卷第二十二《妙文》，《大正藏》第 49 册，第 732 页中。

⑤ 虞集：《笑隐大䜣禅师语录》卷四《笑隐大䜣行道记》，《卍新续藏》第 69 册，第 722 页下。

第三节
宋元南京曹洞宗

由洞山良价(807—869)和其弟子曹山本寂(840—901)创立的曹洞宗在唐末盛行一时。五代至宋初,曹洞宗中没有出现大宗师,影响日渐衰微。这与宋初云门、临济二宗高僧辈出、禅风激荡、影响日盛的情形,形成了鲜明的对比。

云居道膺(835—902)传承下来的曹洞法脉,历同安道丕、同安观志、梁山缘观而至大阳警玄(948—1027)。然而,警玄八十高龄时,仍未能寻得承法之人,故委托与他关系密切的临济宗僧人浮山法远,为其寻找合适的传法之人。警玄圆寂20余年之后,浮山法远嘱咐其弟子投子义青(1032—1083)嗣法警玄,传承曹洞宗法脉。投子义青从教入禅,继承了"隐蔽暗含,绕路说禅"的曹洞家风,融摄华严,遂"道望日远,禅者日增",法脉流传。其嗣法弟子以芙蓉道楷(1043—1118)最为著名,传承亦最为广远。芙蓉道楷禅师"道行卓冠丛林",时道俗云集,宗风大振。其嗣法弟子以丹霞子淳(1064—1117)最为著名,传世亦最为久远。丹霞子淳善用诗文唱颂,门风"高峻凛然,难以凑泊",其嗣法弟子以真歇清了禅师、宏智正觉禅师最为著名。真歇清了之法经天童宗珏、雪窦智鉴,传至天童如净,天童如净又传法于日僧道元,曹洞宗遂盛行于日本。天童如净经鹿门觉禅师、普照一辨、大明宝禅师、王山体禅师、雪岩满禅师,传至万松行秀。万松行秀在北方大力弘扬曹洞宗风,盛极一时。曹洞宗的关键人物,诸如大阳警玄、真歇清了、宏智正觉等均与南京关系密切,故本节略述之。

一 大阳警玄

大阳警玄(948—1027),俗姓张,江夏人,祖籍为金陵。祥符年间,因避国讳改称警延。他的叔父早年出家为僧,法名智通,住持金陵崇孝寺。警玄前往皈依,19岁受具足戒。有一次,警玄听讲《圆觉经》,即问:"何名圆觉?"

讲者答："圆以圆融有漏为义，觉尽无余为觉之义。"玄笑云："空诸有无，何名圆觉？"①讲者赞叹他的卓识。警玄是从般若空的角度提出问题的，当时僧众无人能及。这说明他已经具备了一定的佛学基础。于是，他的叔父智通令其外出游方。

警玄先到鼎州梁山投到缘观门下学法。他问缘观："如何是无相道场？"缘观指着壁上的观音像说："这个是吴处士画。"警玄正要说话，缘观急忙说："这个是有相，如何是无相底？"警玄立即有所省悟，礼拜缘观，拜起侍立。缘观说："何不道取一句？"于是，警玄作偈云：

我昔初机学道迷，万水千山觅见知；明今辨古终难会，直说无心转更疑。蒙师点出秦时镜，照见父母未生时；如今觉了何所得，夜放乌鸡带雪飞。②

"秦时镜"相传为秦时能照见人之五脏六腑的神镜，此处譬喻佛教大智慧，能彻悟人的"无相"心性。缘观对此大为赞赏，认为警玄之才能够振兴曹洞宗。警玄一时声价籍籍。

缘观圆寂后，警玄离开梁山寺。于真宗咸平三年(1000)至湖北郢州大阳寺拜谒慧坚禅师。慧坚禅师将大阳寺住持之位让与警玄。《五灯会元》卷第十四记载了警玄的部分语录，此处摘取一些：

问："如何是平常无生句？"

师曰："白云覆青山，青山顶不露。"

曰："如何是妙玄无私句？"

师曰："宝殿无人不侍立，不种梧桐免凤来。"

曰："如何是体明无尽句？"

师曰："手指空时天地转，回途石马出纱笼。"③

《佛祖历代通载》卷第十八中亦记载了警玄的部分语录。某日，他对大众说：

① 《佛祖历代通载》卷第十八，《大正藏》第49册，第662页中。

② 《佛祖历代通载》卷第十八，《大正藏》第49册，第662页下。

③ 普济：《五灯会元》卷第十四，《卍新续藏》第80册，第288页中。

廓然去，肯重去，无所得心去，平常心去，离彼我心去，然后方可。所以古德道：牵牛向溪东放，不免纳官家徭税；牵牛向溪西放，不免纳官家徭税。不如随分纳些些，渠总不妨，免致劳扰。作么生是随分纳些些底道理？但截断两头，有无诸法。凡圣情尽，体露真常，事理不二，即如如佛。若能如此者，法法无依，平等大道，万有不系，随处转辘辘地更有何事！①

意思是说，扫除一切修行障碍，无无所得心，无离彼我心，遵循中道，断除"边见"，就能够达到理事圆融的境界，做一个无所事事、自由自在的人。

警玄"神观奇伟，有威重。从儿稚中，日只一食。自以先德付授之重，足不越限，胁不至席"，修行可谓刻苦。80 岁时，他感到弟子中无人可以承继曹洞法嗣，遂作一首偈，连同一双皮履和一件布直裰，寄给浮山法远禅师，请他为自己寻求法器。偈曰："杨广山头草，凭君待价焞。异苗翻茂处，深密固灵根。"②法远拜而受之。警玄于天圣五年(1027)去世。

二 真歇清了与劫外禅

清了(1090—1151)，左绵安昌(今四川绵阳)人，俗姓雍，号真歇，故人称真歇清了。11 岁时于当地圣果寺出家为童，18 岁时经试《法华经》剃度，并受具足戒。先到成都大慈寺研习《圆觉经》《金刚经》《起信论》等经论，然后到峨眉山礼拜普贤菩萨，又东出四川，途经湖南、湖北，至邓州丹霞山参谒丹霞子淳而开悟。悟后，先北上至五台山礼拜文殊菩萨，然后进京城参访名师高僧，接着沿汴水南下，至长芦(今南京市六合区)，参谒崇福寺的祖照道和禅师。宣和四年(1122)，祖照禅师称病退院，真歇清了继任长芦崇福寺住持。一时学者辐辏，宗风大振，故被称为长芦清了禅师。建炎二年(1128)，由于金宋战争，清了禅师辗转东南各地多处寺院担任住持。有《真州长芦了和尚劫外录》《华藏无尽灯记》《净土集》等行世。

① 《佛祖历代通载》卷第十八，《大正藏》第 49 册，第 662 页下。
② 普济：《五灯会元》卷第十四，《卍新续藏》第 85 册，第 288 页下。

清了初见丹霞子淳。子淳问:“作么生是空劫已前自己?”师拟对。子淳云:“你闹,且去!”一日,登钵盂峰,豁然契悟。径归见子淳,方侍立。子淳劈耳便掌,云:“将谓你知有?”清了忻然礼拜。第二天,子淳上堂云:“日照孤峰翠,月临溪水寒。祖师玄妙诀,莫向寸心安。”便下座。意思是说,对祖师的玄妙秘诀不要执着于心,要像日照孤峰、月临溪水那样自然幽静。清了说:“今日升座便瞒我不得也。”①

清了的禅法又称“劫外禅”,“劫外”意为“空劫以前”,借以表述自心无思欲、无是非、无好恶、无取舍的精神境界。某次,他上堂示众说:

撒手便行,向甚么处去?不与万法为侣。见闻觉知,路子已断;明密密,佛眼也觑不见。大休大歇,只是及得尽,用得活,见得彻,明得透,转处纯熟,无毫发计(许)渗漏,口头更无佛法气味,命脉自断,光影俱透。如万仞悬崖放身,廓忘依倚,便能坐断天下人舌头。机机隐密,触处混融。一念万年,真常体露。但行住坐卧,参到藏身不得处,躲避不及处,便乃全身担荷,孤明历历,无段无形,万象光中,头没,更无欠少。祇么见成,个点灵然,元无断续。恁么觑得内内外外,圆陀陀地,养得烂骨堆地,始得无过患。然后一时扫却,向乾坤那畔千圣万圣望不及处去,方知有向上事。②

“不与万法为侣”的真如佛性不是见闻觉知所能认知的。只有“大休大歇”,廓忘依倚,一念悟时,真常体露,自性显现,才能达到解脱境界。清了非常推崇“大休大歇”的修行禅法,因此他经常用不同的表述方法来演说:

参得快活,用得自在,便知有休歇底路子。髑髅前鉴顾业识,打得断梦影销落。彻顶彻底,明而无痕。尽虚空大地,一时脱落;上下四维,混混无把无捉。坐断佛祖言句,不被天下老和尚热瞒。

忘踪忘迹,无方无所。没涯际,绝畔岸。扬眉瞬目,千里万里,有甚么开口处?但随分着此精彩。风尘草动,触境遇缘,尽底承当,更无别法。千变

① 德初、义初等编:《真州长芦了和尚劫外录》卷上《机缘》,《卍新续藏》第 71 册,第 775 页下。

② 德初、义初等编:《真州长芦了和尚劫外录》卷上《法要》,《卍新续藏》第 71 册,第 774 页上—中。

万化，自然打成一片。常光现前，任运不昧。只个一片常光，亦须忘了。唤作智不到处。切忌道著，道著即头角生。

尽虚空大地，甚么处得来？彻顶彻底元是个一段光明。弥满洞耀，不落意句。亘尘沙劫，历恒沙界，廓无变易。若一念穷得源底明透，直截担荷，便与三世诸佛齐肩。[①]

所谓“休歇”，无非就是断除一切见闻觉知，使自己的心意识处于一种完全空寂的状态，从而达到与自己本性相契合的解脱境界，乃能比肩三世诸佛。可以看出，清了虽然也说行住坐卧可以参禅，但主要内容与宏智正觉的“默照禅”在本质上非常一致。

赵宋一代，禅净合流、禅教一致是当时佛教主流思潮。真歇清了亦莫能例外。他提倡“借净入禅，禅净融合”的禅学观念。他说：

一心不乱之说，兼含二意，曰理一心，曰事一心。若事一心人，皆可以行之，只一忆念，如龙得水，似虎靠山，即《楞严经》忆佛念佛，现前当来，必定见佛，不假方便，自得心开。若理一心，亦非他法，直将阿弥陀佛四字，做个话头，二六时中，自晨朝十念之顷，直下提撕，不以有心念，不以无心念，不以亦有亦无心念，不以非有非无心念，前后际断，一念不生，不涉阶梯，顿超佛地，得非净土之见佛简易于宗门乎？[②]

同样，真歇清了也倡导禅教互参、融通并用的新禅法。他的《华藏无尽灯记》云：

东平打破镜，已三百余年。龙潭吹灭灯，复四百余载。后代子孙迷于正眼，以谓镜破灯灭，而不知行住坐卧放大光明，灯未尝灭也，见闻觉知虚临万象，镜未尝破也。灯虽无影，能照生死长夜，镜虽无台，能辨生死魔惑。镜与灯光光常寂，明与鉴幻幻皆如，照之无穷则曰无尽灯，鉴之无穷则曰无尽鉴，日用不昧，昭昭于心目之间，但众生迷而不知，故有修多罗教开如幻方便，设

① 德初、义初等编：《真州长芦了和尚劫外录》卷上《法要》，《卍新续藏》第71册，第774页中—下。
② 《净土指归集》卷上，《卍新续藏》第61册，第388页下—389页上。

如幻道场，度如幻众生，作如幻佛事。

譬东南西北上下四维，中点一灯，外安十镜，以十镜喻十法界，将一灯况一真心。一真心则理不可分，十法界则事有万状。然则理外无事，镜外无灯，虽镜镜中有无穷灯，惟一灯也；事事中有无尽理，惟一理也。以一理能成差别事故，则事事无碍；由一灯全照差别镜故，则镜镜交参。一镜不动，而能变、能容、能摄、能入；一事不坏，而即彼、即此、即一、即多。主伴融通，事事无尽。①

在《华藏无尽灯记》中，真歇清了以"灯""镜"比喻众生之心灯常明、性镜恒照，来讲解华严教理，与法藏的做法颇为相似。心灯常明，性镜恒照，谓之无尽。众生灵觉，本来如是，所以说"主伴融通，事事无尽"。清了于文末作偈曰：

镜灯灯镜本无差，大地山河眼里花。黄叶飘飘满庭际，一声砧杵落谁家？②

绍兴二十一年（1151）十月，真歇清了圆寂，世寿 61 岁。他一生先后住持 6 所寺院，弟子 400 余人，嗣法者 30 余人，其中著名者有天童宗珏、长芦妙觉、龟山义初、保宁兴誉、北山法通等人。南宋时期的曹洞宗僧人大都出自清了一系。

清了之后，法脉三传至天童如净（1163—1228），曹洞宗再次振兴。如净是明州（今浙江宁波）苇江人，俗姓俞，少时出家，勤习经论，多年游方参学，于嘉定三年（1210）住持建康清凉寺，随后又在浙江各地多家寺院住持。宝庆元年（1225），应诏住天童寺，故人称天童如净禅师。日本京都僧人道元（1200—1253），从如净学习。道元回国后，创立了日本曹洞宗。

清了的第九代嗣法弟子万松行秀，住中都（今北京）万寿寺。金章宗景仰他的道行，于明昌四年（1193），诏请他于内殿说法，章宗躬身迎礼。后又命他住持栖隐、报恩、洪济等寺。蒙古灭金后，万松受到蒙古汗廷的高度礼遇，元太宗二年（1230），窝阔台赐佛牙一枚，并尊其为"万松老人"，后被蒙古汗廷奉为国师。是年，重新住持万寿寺。在历代帝王的推崇下，曹洞宗遂盛行于北方。

---

① 《禅门诸祖师偈颂》，《卍新续藏》第 66 册，第 748 页下。

② 《禅门诸祖师偈颂》，《卍新续藏》第 66 册，第 748 页下。

三 宏智正觉与默照禅

宏智正觉，俗姓李，隰州（今山西隰县）人。7岁诵书，少时即通五经。11岁依净明本宗禅师出家，14岁受具足戒于晋州慈云寺，18岁游方参学，遍访名宿，得法于邓州丹霞子淳禅师。正觉禅师悟后，随侍子淳禅师4年。宣和五年（1123），他的师兄真歇清了禅师住持长芦崇福寺，招请正觉禅师担任首座。至则撞钟相迎。这一年，曹洞宗两大名宿齐聚长芦，可谓盛事。一年后，正觉禅师出住泗州普照寺，历太平圆通、能仁及长芦诸道场。建炎三年（1129），住持明州（今浙江宁波）天童寺，前后近30年，故人称天童正觉禅师。正觉禅师于绍兴二十七年（1157）示寂，世寿76岁。圆寂之后，谥宏智，故亦称天童宏智禅师。[①]

宏智正觉倡“默照禅”。所谓“默”，即万缘放下，摒息诸念。所谓“照”，即智慧观照，灵明不昧。默的功夫是休歇内外诸缘。歇诸内缘，就是休歇内心的种种念头；歇诸外缘，即不为外部因缘所转。他说：

> 田地虚旷，是从来本所有者。当在净治揩磨，去诸妄缘幻习，自到清白圆明之处，空空无像。卓卓不倚，唯廓照本真，遗外境界。
>
> 真实做处，唯静坐默究，深有所诣，外不被因缘流转，其心虚则容，其照妙则准。内无攀缘之思。廓然独存而不昏，灵然绝待而自得，得处不属情，须豁荡了无依倚，卓卓自神，始得不随垢相。个处歇得，净净而明，明而通，便能顺应还来对事，事事无碍。[②]

默照禅借助于静坐息虑，“空空无像”，就能照见本真，净明圆通，达到解脱境界。“照”原指运用般若智慧观照世间与出世间的一切诸法。正觉的“照”主要指“内部观照”“自照”，所谓“灵然独照，照中还妙”。宏智正觉说：“照与照者，二俱寂灭，于寂灭中能证‘寂灭者是尔自己’。若恁么，桶底子脱去，地水火风，五蕴十

---

① 宏智正觉在南京时间较短，因此这里简单叙述。详细内容可参看赖永海《中国佛教通史》第九卷、杨曾文《宋元禅宗史》等相关章节。

② 正觉编：《宏智禅师广录》卷第六，《大正藏》第48册，第73页下。

八界，扫尽无余。”[①]

照与默相应，就是不对缘、不触事、不观心，乃是默然照、无所照。宏智正觉在《坐禅箴》中说：“佛佛要机，祖祖机要，不触事而知，不对缘而照。不触事而知，其知自微。不对缘而照，其照自妙。”[②]

宏智禅师的“默照禅”与北宗禅差别很大。宏智禅师云：“菩提无树镜非台，虚净光明不受埃。照处易分雪里粉，转时难辨墨中煤。”[③]菩提自性本无形相，虚净光明，无一尘染，无不照见，所以，根本不需要“时时勤拂拭”。

默照禅在南宋初年盛极一时，其追随者数以千计。同时，它也遭受到诸多批评。临济宗的宗杲就反对说：“今时有一种剃头外道，自眼不明，只管教人死獦狚地休去歇去，若如此休歇，到千佛出世也休歇不得，转使心头迷闷耳。又教人随缘管带，忘情默照，照来照去，带来带去，转加迷闷，无有了期，殊失祖师方便，错指示人，教人一向虚生浪死。”[④]宗杲认为，“言默不足以载，非言非默，义有所极”，“物至极处，不在言语上，不在默然处；言也载不得，默也载不得”。[⑤] 在他看来，休歇默照的修习方式，只能使人心头迷闷，不能觉悟。当然，这只是对默照禅接引学人的看法，对于正觉本人，宗杲则视为知己，“个是天童老古锥，妙喜知音更有谁”，称赞他“起曹洞于已坠之际，针膏肓于必死之时”。[⑥] 之所以如此，原因在于所谓的文字禅、看话禅和默照禅不过是禅宗随机应变的方便设施罢了，它们的归宗义趣都是为了“识心达本源”，所谓的批评也不过是针对当时修行者的种种弊端而进行的匡正而已。

---

① 正觉编：《宏智禅师广录》卷第五，《大正藏》第48册，第70页下。
② 正觉编：《宏智禅师广录》卷第八，《大正藏》第48册，第98页上—中。
③ 正觉编：《宏智禅师广录》卷第四，《大正藏》第48册，第37页中。
④《大慧普觉禅师语录》卷第二十五，《大正藏》第47册，第918页上。
⑤《大慧普觉禅师语录》卷第十七，《大正藏》第47册，第885页上—中。
⑥《大慧普觉禅师语录》卷第十二，《大正藏》第47册，第860页中。

第八章　宋元文士与南京佛教

自宋立国以来，崇文抑武的治国策略以及相对公平、规模持续扩大的科举取士，极大促进了具有广泛民众基础的官僚士大夫阶层的迅速膨胀，大大强化了文人士大夫在政治社会生活中的地位和作用。同时，经过周世宗的治理整顿，以及宋初帝王推行修德重教的宗教政策，中国化佛教进入全面兴盛的历史阶段，并成功地向社会各个领域不断浸润，成为一种具有广泛而深远影响的社会存在。在政治氛围宽松、思想活跃的宋代社会，文人士大夫与佛教之间多元性的社会交往与知识交往，逐渐形成了一种颇具时代特色的文士佛教。文人士大夫与佛教的互动，成为宋代佛教乃至宋代文化的一大特色。

元灭宋后，佛教中以喇嘛教的地位最高，居于统治地位，汉地佛教受到巨大冲击，具有较强独立品格的禅宗更是受到抑制，很多不堪屈辱的汉地僧人往往隐居山林，不与统治者来往，而那些不愿接受元廷统治的也往往逃往禅林，隐居起来。同时，儒生文士的社会地位也一落千丈，甚至有“八娼九儒十丐”的说法。在这种社会状况下，两宋昌盛一时的文士佛教逐渐归于寂灭。

第一节
宋元南京文士佛教的兴盛

作为一座历史悠久的文化名城，南京具有深厚的佛教底蕴，在思想活跃、人员流动频繁的宋代，无数宦海沉浮的官僚士大夫和文人骚客游历至此，并留下众多优美的诗词文章。其中不乏被我们所熟知的历史名人、文学巨匠，如梅挚、王随、元绛、王安石、苏颂、苏轼、李之仪、郭功父、周邦彦、林逋、刘克庄、叶梦得、张孝祥、刘岑、赵师缙、陆游、马光祖、曾极等。元代文士佛教虽说远不及宋，却也非一无是处，例如，吴澄、虞集、赵世廷等都与佛教有交涉。宋元文士与禅林交游的具体情形，大致可分为两种类型：一是亦师亦友的亲密交往，表现出强烈的宗教信仰，如王安石、王随等；二是与教界保持友好关系，但佛教信仰相对淡薄，如元绛、叶梦得、虞集等。本节对宋元时期著名文士与南京佛教交往做一概略介绍，其中王安石、苏轼另以单节介绍。

一 省念弟子王随

王随（975—1033），字子正，河南人。登进士甲科，历监丞、通判、知州等职，明道年间（1032—1033），为江淮安抚使，后拜户部侍郎、参知政事。

宋仁宗天圣年间（1023—1032），王随知江宁府。“岁大饥，转运使移府发常平仓米，计口日给一升，随置不听，曰：‘民所以饥者，由兼并闭籴，以邀高价也。’乃大出官粟，平其价。”①

王随素仰佛教，与僧人交往广泛。尝谒首山省念禅师，得言外之旨。② 因此，《五灯会元》将其视为首山省念法嗣。③ 天禧年间（1017—1021），王随以给事中知杭州，拜谒小寿禅师，二人席地而坐，语笑终日而去。长水子璿疏解《首楞严

① 脱脱等：《宋史》卷三百一十一《列传第七十·王随传》。
② 参见正受：《嘉泰普灯录》卷第二十二，《卍新续藏》第79册，第423页。
③ 参见普济：《五灯会元》卷第十一，《卍新续藏》第80册。

经》，王随为之作序。[①] 景祐元年(1034)，王随删节《景德传灯录》为15卷，题名《传灯玉英集》行世。临终书一偈曰："画堂灯已灭，弹指向谁说。去住本寻常，春风扫残雪。"[②]《宋史》评价他："外若方严，而治失于宽。晚更卞急，辄嫚骂人。性喜佛，慕裴休之为人，然风迹弗逮也。"

王随在南京的事迹不详。《金陵梵刹志》收录其诗二首。[③] 其一《开天岩》云：

栖霞山后峰，天开一岩秀。中有坐禅人，形容竹柏瘦。饥餐岩下松，渴饮岩上溜。爱步岩室前，白云起孤岫。

其二《题栖霞山房》云：

虚窗残烛明，欹枕旅怀清。永夜起松籁，满山疑雨声。吟余闲景象，道胜小荣名。钟罢星河曙，悠悠回旆旌。

佛教之道远胜于世俗之荣华，王随在宦海生涯中向往着逍遥自在的闲适生活。从上述所引诗句中便可窥知王随的心境。

二 治世能臣元绛

元绛(1008—1083)，字厚之，北宋文学家。其祖上乃临川危氏，曾祖避祸迁居杭州，易姓为元，遂为钱塘元氏。元绛生而敏悟，5岁能作诗。以廷试误赋韵，得学究出身。天圣八年(1030)再举登第，调江宁推官，摄上元令(今均属南京)。累迁翰林学士，知开封府拜三司使、参知政事，以太子少保致仕。元丰六年(1083)卒，世寿75岁，赠太子少师，谥号"章简"。著有《玉堂集》20卷、《玉堂诗》10卷。

① 参见袁州本：《郡斋读书志》卷三下，载许逸民、常振国等编：《中国历代书目丛刊》第1辑下，现代出版社，1987年。

② 正受：《嘉泰普灯录》卷第二十二，《卍新续藏》第79册，第423页上。

③ 葛寅亮：《金陵梵刹志》卷四，南京出版社，2011年，第253页。本章所引《金陵梵刹志》皆为此版本。

《宋史》载其在宁为官两事，足见其智威。

民有号王豹子者，豪占人田，略男女为仆妾，有欲告者，则杀以灭口。绛捕置于法。

甲与乙被酒相殴击，甲归卧，夜为人断足。妻称乙，告里长，执乙诣县，而甲已死。绛敕其妻曰："归治而夫丧，乙已伏矣。"阴使信谨吏迹其后，望一僧迎笑，切切私语。绛命取僧縶庑下，诘妻奸状，即吐实。人问其故，绛曰："吾见妻哭不哀，且与伤者共席而襦无血污，是以知之。"①

元绛所到之处有威名而无特别的操守，少礼仪规矩。在翰林中，因其谄事王安石及其弟子，时人都鄙夷他。然而他工于文辞，被同辈人所推许、赞扬。苏辙《元绛参政挽词》赞其"吏治清明开白日，文词俊发吐青春"。

元绛与佛教渊源颇深。嘉祐七年(1062)，元绛知福州，福州东禅寺开雕崇宁万寿大藏邀其为请主。崇宁藏"往"字函《大般若波罗密多经》卷一九三题记曰："都劝首住持传法慧空大师冲真，请主参知政事元绛。"元丰元年(1078)十月三日，帝命参政元绛参定《新编法宝录》，即《元丰法宝录》(作于1078—1082年间)，收录在宝元(1038—1040)以后的译经目录中。翌年，元绛被贬，此职由蔡确继任。元丰五年夏四月，参知政事蔡确上《元丰法宝录》。

康定二年(1041)三月八日，元绛受友人所邀，作《鹿苑寺记略》，感慨"金陵王气三百年，声明文物，与时隆替"，赞誉宋朝"混一书轨，以三代文教萧勺宇内，四圣雷洽，浸后福于生民"，描述该寺的募款、建设过程，以及落成之后的光辉庄严之相与道俗和会的场景。

三 博学多才的苏颂

苏颂(1020—1101)，字子容，泉州南安人。其父苏绅葬于润州丹阳，遂迁居此地。苏颂是北宋杰出的科学家、药物学家、文学家。庆历二年(1042)，苏颂进士及

① 脱脱等:《宋史》卷三百四十三《列传第一百〇二·元绛传》。

第。历任宿州观察推官、江宁知县、知制诰、婺州知州，累官至刑部尚书、吏部尚书，哲宗元祐七年(1092)拜相。执政期间，量才录用，知人善任，世称贤相。绍圣四年(1097)，以太子少师职致仕。徽宗即位，拜苏颂为太子太保，累封赵郡公。建中靖国元年(1101)五月庚辰去世，世寿81岁。徽宗为之辍朝二日，赠司空。宋理宗时，追谥"正简"。著有《苏魏公文集》《图经本草》《新仪象法要》《魏公谈训》等。

庆历四年(1044)，苏绅丁忧金陵，朝廷特任命苏颂任江宁知县。当时南京承李氏之后，富饶繁华，人口稠密，豪商巨贾，达官显贵，皆居于此。民风乖戾，诉讼成习，积案如山，难以治理。《宋史》记载，苏颂到任后，采取两大措施：一是实地调查，依法治理；二是移风易俗，以德化人。

> 时建业承李氏后，税赋图籍，一皆无艺，每发敛，高下出吏手。颂因治讯他事，互问民邻里丁产，识其详。及定户籍，民或自占不悉，颂警之曰："汝有某丁某产，何不言？"民骇惧，皆不敢隐，遂划剔夙蠹，成赋一邑，简而易行，诸令视以为法，至领某民拜庭下以谢。
>
> 凡民有忿争，颂喻以乡党宜相亲善，若以小忿而失欢心，一旦缓急，将何赖焉。民往往谢去，或半途思其言而止。时监司王鼎、王绰、杨纮于部吏少许可，及观颂施设，则曰："非吾所及也。"①

苏颂在南京任职的经历给他提供了宝贵的从政经验，为其以后的仕途打下了良好的基础。他在南京留下了不少诗词，不乏赞美金陵之句。尽管他当时还很年轻，对佛教已经有不少感悟了。其《暮春与诸同僚登钟山望牛首》云：

> 念昔全盛时，兹山众之宗。天门对双阙，霸业基盘龙。六朝递兴废，百代居要冲。人情屡改易，世事纷交攻。当时佳丽地，一旦空遗踪。惟有出岫云，古今无变容。②

苏颂赞美金陵雄壮，钟山灵秀，感叹世事人情的兴废变易，体悟着空与不空、

---

① 脱脱等：《宋史》卷三百四十《列传第九十九·苏颂传》。

②《苏魏公文集》卷二。

变与不变的道理。

《天禧寺竹》也是其代表作品之一，诗云：

万个碧琅玕，两傍荫潭沼。丛深蔽岩麓，干直露云表。刹影下交加，山房上环绕。昔尝止鸣凤，今肯栖凡鸟。笋抽龙种瘦，箨坠孙枝小。美胜会稽箭，珍逾汶阳筱。兔园名非奇，渭川比终少。樵删草根变，客玩茶烟燎。创亭僧意高，谕佛禅心了。吾爱有霜筠，一到忘昏晓。①

这首诗表达了他对高僧的钦佩之意以及他留恋美景的忘我之情。可以肯定的是，金陵佛教触到他的心灵深处，而他也是非常喜爱佛教的。

其《次韵和丘秘校登长干寺塔》(《三藏塔》)同样也表达了相似的感情，诗云：

九劫半依山，经营昔甚艰。周遭严佛宇，直上俯天关。登陟缘梯险，淹留布坐悭。椽楹亦涂附，栊槛遍朱殷。白日分明到，青云咫尺攀。龙潭斜影落，鸟翼怯飞还。基构从吴晋，声名动朔蛮。灯然时照耀，梵唱每循环。往事稠重问，前朝指顾间。谁知息心处，香火老僧闲。②

四　姑溪居士李之仪

李之仪(1048—1117)，字端叔，号“姑溪居士”，沧州无棣(今山东无棣县)人。早年师从范仲淹之子范纯仁。又与苏轼交厚，是北宋中后期“苏门”的重要成员，尝从苏轼于定州幕府，历枢密院编修官，通判原州。徽宗初，提举河东常平。因得罪蔡京，坐为范纯仁遗表作行状，编管太平州(今安徽当涂县)，遂居姑熟(属当涂)。后遇赦复官，徙唐州，终朝议大夫。晚年卜居当涂。《宋史》赞其“能为文，尤工尺牍”，苏轼谓其“入刀笔三昧”。③ 著有《姑溪居士前集》50卷、《姑溪居士后集》20卷、《姑溪词》1卷、《姑溪题跋》2卷等。

---

①《苏魏公文集》卷二。

②《苏魏公文集》卷六。

③ 脱脱等:《宋史》卷三百四十四《列传第一百〇三·李之仪传》。

崇宁五年(1106),李之仪58岁,谪居当涂,遇赦复官,在金陵居住了一段时间,烹茶读书自娱。冬,复过金陵。翌年,居金陵。大观二年(1108),举家徙金陵。他在《送郑颖叔入京序》中说:"予得罪居太平,即归,道金陵乐其江山风物而不能去,因家焉。"[①]大观三年(1109),复居当涂。李之仪在金陵居住2年。他在《李氏归葬记》中写道:"之仪得罪居太平州,既许自便,北归道金陵,爱其江山胜丽,遂有卜葬之意。"[②]卜葬就是为他父母妻子及自己身后找一处葬身之地。然而,地价太贵,"凡距城百里内外求之殆遍而不可得",他抱怨"金陵略无可喜处""日思复寻野舍之乐"[③],遂迁祖坟于当涂。

政和六年(1116),李之仪复领成都玉局观,作《天禧寺新建法堂记》,其中记录了一个故事。这个故事也见于其他文献,李之仪不厌其烦地转述,由此可窥见他的佛教态度。其文曰:

> (晋太元九年)西河离石县有胡人刘萨诃,遇疾暴亡,而心下犹暖,未敢便殡。经七日更苏,说云:"有两吏见录,至十八地狱,随报轻重,受诸苦毒。见观世音,语云:'汝缘未尽,若得活,可作沙门。洛下、齐城、丹阳、会稽,并有阿育王塔,可往礼拜,则不复堕地狱。'"因此出家,游行礼塔,次至丹阳,未知塔处,乃登越城,望见长干里有异气色。因就礼拜,果是阿育王塔所放光明。由是定知必有舍利,乃聚众掘之。入一丈,得三石碑。中一碑有铁函,函中有银函,银函中有金函,盛三舍利及爪、发各一枚,长数尺。[④]

五 石林居士叶梦得

叶梦得(1077—1148),字少蕴,苏州吴县人,自号"石林居士"。绍圣四年(1097)登进士第,调丹徒尉。徽宗朝,自婺州教授召为仪礼武选编修官。历任翰林学士、户部尚书、江东安抚制置大使等职。绍兴十六年(1146),以崇信军节度使致仕。绍兴十八年(1148),卒于湖州,赠检校少保。著有《建康集》《石林诗话》

---

① 《姑溪居士前集》卷三十五。
② 《姑溪居士前集》卷五十。
③ 《姑溪居士前集》卷三十。
④ 《姑溪居士前集》卷三十七。

《石林燕语》《石林家训》《避暑谈录》等。

叶梦得出仕哲、徽、钦、高宗四朝，历两宋之际时局风云变幻，具有强烈的功业意识、凛然气节和忠烈刚毅的优秀品质。绍兴初（1131），起为江东安抚大使，兼知建康府，兼寿春等六州宣抚使。绍兴八年（1138），授江东安抚制置大使，兼知建康府、行宫留守。绍兴十二年（1142），移知福州兼福建安抚使，退居二线。叶梦得在南宋初年主政南京长达 12 年之久。

绍兴初，南京刚刚经历战火，当时“建康荒残，兵不满三千”。叶梦得殚精竭虑，统筹治理，整兵备防，遂使局势稳固。绍兴八年，再授江东安抚制置大使，兼知建康府、行宫留守，上疏高宗奏防江措施八事：一、申饬边备，二、分布地分，三、把截要害，四、约束舟船，五、团结乡社，六、明审斥候，七、措置积聚，八、责官吏死守。起初，“建康屯兵岁费钱八百万络缗，米八十万斛，榷货务所入不足以支”。强大的边防需要雄厚的财力支持，“梦得兼总四路漕计以给馈饷，军用不乏，故诸将得悉力以战”。[①]

叶梦得的《建康集》主要叙述他在南京时的事迹，《石林诗话》则是一部重要的诗学论著。从内容上看，后者明显受到禅学的影响，比较有代表性的是后人称叶梦得“论诗自裕学识”，故《石林诗话》在诗学研究史上弥足珍贵，与姜夔的《白石诗说》、严羽的《沧浪诗话》在宋人诗话中“鼎足三”。[②] 叶梦得《石林诗话》加强诗学理论的发展趋势，“超越一般的叙事摘句而触及到了形象思维、意境风格等创作论的问题，以禅喻诗亦开风气之先，故在宋诗话中有承前启后的作用”。叶梦得用“禅境”来顿悟“诗境”，用“禅语”来参悟“诗语”，其思想与禅宗密不可分。具体而言，叶梦得的“云门三种语”颇具代表性。《石林诗话》卷上云：“禅宗论云门有三种语：其一为随波逐浪句，谓随物应机，不主故常；其二为截断众流句，谓超出言外，非情识所致；其三为函盖乾坤句，谓泯然皆契，无间可伺。其深浅以是为序。予尝戏谓学子言，老杜诗亦有此三种语，但先后不同。‘波漂菰米沈云黑，露冷莲房坠粉红’为函盖乾坤句；以‘落花游丝白日静，鸣鸿乳燕青春深’为随波逐浪句；以‘百年地僻柴门迫，五月江深草阁寒’为截断众流句。若有解此，当与渠同参。”[③]云门是宋代盛行的禅家五宗之一，“云门三种语”，又称“云门三句”，是

① 脱脱等：《宋史》卷四百四十五《列传第二百〇四·叶梦得传》。

② 郭绍虞：《宋诗话考》，中华书局，1979 年，第 4 页。

③ 叶梦得：《石林诗话》卷上，中华书局，1991 年，第 3 页。

云门宗宗门要义与思想精华，最初指“函盖乾坤”“目机株两”“不涉世缘”，后来云门法嗣德山缘密将其改称为“函盖乾坤”“截断众流”“随波逐浪”，故也称为“德山三句”。《五灯会元》记载：“鼎州德山缘密圆明禅师，上堂：‘僧堂前事，时人知有。佛殿后事作么生？’上堂：‘我有三句语示汝诸人：一句函盖乾坤，一句截断众流，一句随波逐浪。作么生辨？若辨得出，有参学分；若辨不出，长安路上辊辊也。’”[①]此“云门三句”在云门宗人中影响很大，被誉为“云门剑”“吹毛剑”。在中国禅宗史乃至中国文化史上对“云门三句”的引用、化用、颂古和阐释，可谓屡见不鲜，成为应机接道、以禅喻诗以及各种领域理论创新的重要法门。

叶梦得晚年对自己的心路历程和认知境界做了一个总结。他说：“吾少受《易》，先君知为传注之学而已。中岁求老庄，而后知《易》之外有不谋而默契者。古之达人其所至到，无所不同，然亦但见其理，诚有是而未悟其得于心者。晚复为佛氏学，读大乘诸经，始廓然洞彻，知前所闻，无一非真实语。既信之不疑，则日用践履，无适而不与心会。”[②]之所以如此，盖源于“古之至理有不谋而冥契者”[③]。

叶梦得自谦晚年学佛，但他受佛学浸润由来已久。当然，这与时代风气密切相关。与出佛入儒的理学家不同，叶梦得主张“至理冥契”的儒佛一致观点。他在《建康府保宁寺轮藏记》中说：

> 维摩氏极天下之辩，而反之于默。其为法，名之曰不二。夫不二即一矣，不言其一，而言不二，岂以一犹为有在者欤？道未始有二也，既已有物，不得不裂为二。彼自为二，而吾强欲一之，必有废其一，以成其二者，非道之全也。要有非一，而不二者存焉尔，何特维摩氏为然？孔子曰：“有鄙夫问于我，空空如也，我扣其两端而竭焉。”空空云者，岂有物实之者哉？然犹意其堕于一也，则扣之以两端。盖维摩氏所谓不二法，叩之两端，而知其所解，则以吾之所知，证彼之所知，可一举而尽之矣。之人也谓之鄙夫则可，谓之君子则不可。佛以无所言而为一切众生无所不言，以为有言不言是颠倒见，以为无言不言是断灭见，孰能辩其非一而不二者乎？……（怀）祖盖以正法眼，

---

① 普济：《五灯会元》卷第十五《德山缘密禅师》，《卍新续藏》第 80 册，第 308 页。

② 叶梦得：《岩下放言》卷上，遗书本。

③ 叶梦得：《岩下放言》卷中，遗书本。

其为人洁而通，靖深而敏，非徒以有为作佛事者也。乃为推其师之言，合诸儒之说，正佛之所以言，以晓世俗之弊，祖当益以是振之。[①]

叶梦得对佛教理解确实不俗，默然不言亦非不二，佛是以无所言而为一切众生无所不言。尽管中庸与中道是两个性质不同的范畴，儒佛两家都可契合不二。进一步讲，儒佛两家也是不二的。叶梦得认为，佛教能知晓、对治世俗之弊。可见，他很清楚佛教的社会功能。

叶梦得在南京期间，积极发挥佛教的社会功能。建炎三年（1129），金兵攻陷建康，死者达4/10。叶梦得召募僧道建筑义冢，殓葬遗骸，共筑义冢8所，掩埋遗骸全体者4687，不全者七八万。并且募集到谷200斛，钱300万。以后，终南宋一朝，南京佛教始终延续这一传统，起到抚慰人心、安定社会的积极作用。

六 于湖居士张孝祥

张孝祥（1132—1169），字安国，号于湖居士，历阳乌江（今安徽和县）人，一说今江浦林山乡（今乌江镇）人。张孝祥出身世家，父亲张祁官至直秘阁、淮南转运判官。张孝祥天资敏悟，读书过目不忘，文章俊逸，出人意表。绍兴二十四年（1154）考取进士，廷试第一，授承事郎，签书镇东军节度判官。因触怒秦桧，其父张祁受到牵连，被诬谋反罪而入狱。秦桧死后，张孝祥升为任秘书省正字。后历任集英殿修撰、中书舍人等职。隆兴二年（1164），以都督府参赞军事兼知建康，领行宫留守。乾道元年（1165），知静江府、广南西路安抚使。乾道三年（1167）以后又辗转各地任职。乾道五年（1169）三月，以显谟阁直学士致仕，孝宗叹息之。六月，死于芜湖，葬于金陵，时年37岁。[②] 有《于湖居士文集》《于湖词》行世。

张孝祥“为政平易，民咸思之”，其词激昂豪放，风格接近苏轼。在宋金两国对峙的斗争中，他始终坚持主战派的立场，具有高度的爱国主义热忱。《宋史》评价其“两持和战”，这对他是极不公正的。

---

① 葛寅亮：《金陵梵刹志》卷四十八，第654—655页。

② 参见脱脱等：《宋史》卷三百八十九《列传第一百四十八·张孝祥传》；韩酉山：《张孝祥年谱》，安徽人民出版社，1993年。

张孝祥与南京关系密切。绍兴十九年(1149),张孝祥17岁,居于建康,从学于乡先生蔡清宇。绍兴二十三年(1153),应乡试,离开南京。翌年三月,参加廷试,高宗亲擢张孝祥为第一。

绍兴三十一年(1161),虞允文于采石矶大破金军。张孝祥作《水调歌头·和庞佑父》,抒发爱国热情,其词曰:

雪洗虏尘静,风约楚云留。何人为写悲壮,吹角古城楼?湖海平生豪气,关塞如今风景,剪烛看吴钩。剩喜然犀处,骇浪与天浮。

忆当年,周与谢,富春秋。小乔初嫁,香囊未解,勋业故优游。赤壁矶头落照,肥水桥边衰草,渺渺唤人愁。我欲乘风去,击楫誓中流。①

绍兴三十二年(1162),张孝祥赴建康,谒留守张浚,席间作《六州歌头》,慷慨悲壮,张浚闻之罢席。其词曰:

长淮望断,关塞莽然平。征尘暗,霜风劲,悄边声。黯销凝。追想当年事,殆天数,非人力;洙泗上,弦歌地,亦膻腥。隔水毡乡,落日牛羊下,区脱纵横。看名王宵猎,骑火一川明,笳鼓悲鸣,遣人惊。

念腰间箭,匣中剑,空埃蠹,竟何成!时易失,心徒壮,岁将零。渺神京。干羽方怀远,静烽燧,且休兵。冠盖使,纷驰骛,若为情?闻道中原遗老,常南望,翠葆霓旌。使行人到此,忠愤气填膺,有泪如倾。②

隆兴二年(1164)三月初,以都督府参赞军事兼知建康,领行宫留守。十一月初离职。妻时氏死于此地,葬于建康府上元县清果寺。

张孝祥自号"于湖居士",自是与佛教关系密切。他的家族具有浓厚的佛教氛围。其伯父张邵"喜诵佛书,虽异域不废"。父亲张祁喜禅学,自号"总得居士"。张孝祥称赞道:"先生义概云天薄,千载参渠活句禅。"③他的弟弟张平国剃

---

① 《于湖居士文集》卷三十一。

② 《于湖居士文集》卷三十一。

③ 《于湖居士文集》卷六《和总得居士康乐亭韵》。

度为僧，归入佛门。他的妻子时氏“奉佛素谨，属纩而诵佛之声犹不绝”①。张孝祥自是崇奉佛教。其祝文《公安二圣祠祈雨文》曰：“春气已敷，时泽弗降，人牛俱病，川渎扬尘。唯我二如来，莅此一都会，饮食必祝，疾痛则呼，顾起光明之香云，遂澍甘露之法雨。洁斋以请，昭应为期。”②实际上《于湖居士文集》卷二十七几乎都是类似的内容。张孝祥将消除民间灾患的希望寄托于佛。对于自身的病痛、失意自然也免不了求助于佛。其《病愈答愿供佛道场疏》云：“十方诸佛，普示救援……使众生业障，因法施而蠲除，则弟子沉疴，当不药而清愈。稽首阿难教，为我大医王。”③

张孝祥与许多禅僧交往密切，其作品有相当一部分是与大慧宗杲、昙华、道颜等人的往来书信和酬唱偈颂。此外，绍兴三十一年（1161），他为友人王日休《净土文》作序。乾道三年（1167）三月上旬，过金山寺，为宝印禅师书写苏绅游金山寺诗，并为所建玉鉴堂题写匾额。

张孝祥写下大量有关南京佛教的诗词、偈语。他的《重修三塔偈》云：“三塔虽在，四壁常空。仰众佛之尤奇，念残僧之益少。化身千百亿，莫非为物慈悲。弹指一刹那，孰肯随缘布施？二是居士，复说偈言：‘宝塔元不坏，因汝有坏时。但使塔重成，汝得不坏果。’”④佛教感悟自在其中。乾道五年（1169）六月，张孝祥送虞允文于芜湖舟中，中暑而卒，葬于建康府上元县清果寺，和他的妻子葬在了一起。

七 笑庵道人虞集

虞集（1272—1348），字伯生，号道园，祖籍仁寿，为虞允文的五世孙。少受家学，尝从吴澄游。大德六年（1302），被荐入京为大都路儒学教授。历任国子助教、太常博士、集贤院修撰、国子司业、秘书少监、翰林直学士兼国子祭酒、奎章阁侍书学士等职。领修《经世大典》，著有《道园学古录》等。

---

①《于湖居士文集》卷三十《亡妻时氏宿告文》。

②《于湖居士文集》卷二十七。

③《于湖居士文集》卷二十六。

④《于湖居士文集》卷二十六。

虞集曾多次游历南京。大德元年(1297),董士选任江南行台御史中丞,又召虞集,命其子从其受学。这一年,虞集与杨志行、元明善为文学之交。《元史·元明善传》记载:“初在江西、金陵,每与虞集剧论,以相切剧劘。”至大二年(1309),虞集在金陵与胡助相识。延祐五年(1318)春,受命至崇仁征召吴澄。八月,路过金陵。至治二年(1322),吴澄至金陵一带讲学,虞集溯江而西,相遇于池口,遂从先生至金陵。

虞集被视为元代“儒林四杰”之一,但他对佛教颇有好感,经常为寺庙、高僧撰写碑记、塔铭。延祐五年(1318),虞集受命至崇仁征召吴澄。虞集与吴澄经过安庆,游览了当地的双莲寺。寺中有一座小亭,名曰“超然亭”,乃是寺中高僧得上人所建。虞集有诗云:

> 超然之亭何所超,双莲孤塔共迢遥。城头疏雨散花至,江外断云将雨朝。晨饮旧从香积化,晚钟仍送海门潮。寻原怅望空归去,此地安禅试往招。①

虞集向往安禅,却又不得不“寻原怅望空归去”。至治二年(1322)夏,“过浙江,遇师(晦机)之大弟子某于报国寺,同礼师山中,从诸门人知师遗事,如因请为之铭”②。天历二年(1329),虞集为“大辨禅师”撰写塔铭。③ 另有普安、智觉、广铸、断崖、铁牛、妙果、平山等禅师,虞集皆为之铭。至顺元年(1330),金陵大龙集翔寺建成,诏虞集制文勒铭。至顺元年九月,虞集作《集庆路重建太平兴国禅寺碑》④。至正元年(1341)六月十一日,虞集作《〈佛祖历代通载〉序》。《〈佛祖历代通载〉序》末题:“至正元年六月十一日,微笑庵道人虞集序。”

虞集所作的碑记、寺记以歌颂帝王为主,其中有少许关于佛教的认知。例如,他说:“惟大觉尊,宝相金色。常怀慧慈,拯汝迷溺。”⑤原因在于佛教“能相我国家之神力,以覆护吾民也”。又说:“集尝闻之,众生自无始以来,执着诸有,以

---

①《道园学古录》卷三《安庆路双莲寺得上人超然亭》。

②《道园学古录》卷四十九《晦机禅师塔铭》。

③《道园学古录》卷四十八《大辨禅师宝华塔铭》。

④《道园学古录》卷二十四《集庆路重建太平兴国禅寺碑》。

⑤《道园学古录》卷二十五《大龙翔集庆寺碑》。

受苦极。诸佛悲悯,示以空法。又惧滞于空寂,中道出焉。是故无有亦有,无有亦空,则妙有真空,无间然矣,使彼蠢然含灵之类,日用而不知者,以冰释疑情,顿识根本,此吾佛教义。"[①]整体上来看,虞集对佛教的理解不够深刻,远不及宋代的文人士大夫。

1279年,元灭南宋,幼年的虞集感受到亡国给家庭带来的巨大变故,对宋元有着复杂的感情。他的《挽文丞相》诗颇能体现其心境:"徒把金戈挽落晖,南冠无奈北风吹。子房本为韩仇出,诸葛宁知汉祚移。"虞集以大都路儒学教授入仕,历任国子助教、国子博士、国子司业、国子祭酒等职,长期在中央政府工作。他一直想到地方做一些具体的行政工作,屡屡请求外放,但为蒙古贵族所阻,心愿一直未能达成。虞集致力于教育工作。延祐四年(1317),虞集任集贤修撰时,曾上书力陈学校之弊,又为各路儒学、书院撰写了大量记文以垂世立教。在国子监任职时,他着力培育人才,国子生苏天爵、王守诚等终身师事之。致仕后,家居讲学,著书立说,为元代儒学的振兴和程朱理学的传播做出了积极贡献。

至正八年(1348),虞集卒于崇仁私第。临终前命家人以深衣收殓,"毋用浮屠法"。可以看出,虞集坚持儒家本位立场,可能是由于家世,也可能是受秉持"小山召隐遁,大道御天风"的吴澄影响。但他临终告知家人"毋用浮屠法",却也表明了他在儒佛两者间的矛盾、摇摆与选择。

---

① 《道园学古录》卷二十四《方山重修上定林寺记》。

第二节
王安石与南京佛教

王安石是北宋著名思想家、政治家、文学家、改革家，为“唐宋八大家”之一。17 岁时，他随父亲至南京，便把南京当作自己的故乡。他曾两度以江宁府尹出任宰相，罢相后又退居江宁，在江宁度过了他人生最后十年时光。王安石勤于著述、讲学，后世称其学为“金陵王学”，可见他和南京关系之密切。王安石喜欢与僧人交往，他与当时金陵名僧来往密切，如蒋山赞元、宝觉禅师、真净克文、蒋山道安、蒋山道光、保宁仁勇等。此外，他也先后与瑞新、宝觉、虚白、常坦、怀琏、善因、道光等高僧都有过交往。王安石长期受佛教的熏陶，逐渐具有了较高的佛学造诣，他常常对佛教教义进行创造性诠释，颇具个人特色，著有《维摩诘经注》3 卷、《金刚经注》1 卷、《楞严经解》10 卷等。

一 王安石生平及其南京行历

王安石（1021—1086），字介甫，号半山，抚州临川（今江西抚州）人。王安石祖上累世为官，其曾祖父王明为尚书职方员外郎，祖父王用之为卫尉寺丞，至其父辈一代，则多在江南一带为官。王安石《读江南录》云：“予诸父中旧多为江南官者，其言金陵事颇详。”[①]其父王益于真宗大中祥符八年（1015）进士及第，先后任建安主簿、临江军判官、新涂知县、大理寺丞、庐江知县、新繁知县、殿中丞、韶州知州、太常博士、尚书屯田员外郎、江宁府通判等职。宝元二年（1039），王益卒于江宁通判任上，终年 46 岁。王益在任上颇有政绩，据王安石回忆说：“先人之存，安石年少，不得备闻为政之迹。然尝侍左右，尚能记诵教诲之余。盖先君所存，尝欲大润泽于天下，一物枯槁，以为身羞。”[②]王益的言传身教无疑对年幼的王安石产生了深刻的影响。

---

① 《王文公文集》卷三十三。

② 《王文公文集》卷八《答韶州张殿丞书》。

宋真宗天禧五年(1021),王安石生于临江军府治内的维崧堂(今江西樟树市境内)。当时其父王益为临江军判官,王安石在此地度过了他的童年时代。明道二年(1033),祖父王用之去世,王安石随父丁忧,归临川。王安石因此在临川生活了三年,这是他唯一一次在家乡待了较长时间。景祐三年(1036),王安石随父进京。次年,王益通判江宁府,王安石随之至江宁。时年,王安石 17 岁。宝元二年,王益卒于江宁府通判任上,葬于江宁牛首山,后迁葬于蒋山。自此,王安石奉母居丧,遂家江宁。于是,江宁成了王安石的故乡。在江宁,王安石勤奋刻苦,力学不倦,诸子百家无所不读,儒家经典尤为用心,对孔孟之学更是追慕不已。《宋史》说他天赋极高,"一过目终身不忘,其属文动笔如飞。初若不经意,既成,见者皆服其精妙"。庆历元年(1041),王安石入京师应礼部试。《忆昨诗示诸外弟》云:"属闻降诏起群彦,遂自下国趋王畿。刻章琢句献天子,钓取薄禄欢庭闱。"①王安石想做官的心情溢于言表。翌年三月,中进士榜第四名,旋即任签书淮南判官,八月赴任,开始了他的做官生涯。

王安石历任签书淮南判官(1042)、大理评事(1046)、鄞县知县(1047)、舒州通判(1051)、群牧判官(1055)、常州知州(1057)、提点江南东路刑狱、三司度支判官(1058)、知制诰(1061)等职,为官日久,政治思想体系逐渐形成。嘉祐八年(1063),王安石的母亲去世,遂解官而归,葬母于蒋山。王安石居丧江宁与赋闲期间,聚众讲学,盛极一时。他的学生陆佃曾作《依韵和李知刚、黄安见示》一诗,描述当时的情形:

> 蒋山鳞鬣苍嵯峨,参伐可扪斗可摩。建康开府占形胜,千樯万舳来江艖。忆昨司空驻千骑,与人倾盖肠无他。有时偃蹇枕书卧,忽地起走仍吟哦。诸生横经饱余论,宛若茂草生陵阿。发挥形声解奇字,岂但晚学池中鹅。余初闻风裹粮走,愿就秦扁医沈疴。登堂一见便称许,暴之秋阳濯江沱。夜深归来学舍冷,鼓吹有蛙更闻鼍。曾参捉襟肘屡见,回也箪食倾瓢蠡。②

---

① 《王文公文集》卷四十四。

② 《陶山集》卷一。

陆佃称赞王氏之学道："淮之南，学士大夫宗安定先生之学，予独疑焉，及得荆公《淮南杂说》与其《洪范传》，心独谓然，于是愿扫临川先生之门。后余见公，亦骤见称奖，语器言道，朝虚而往，暮实而归，觉平日就师十年，不如从公之一日也。"[①]王安石讲学于江宁府，受学者甚众，"新学"学派逐渐形成，"治平三年(1066)，今大丞相王公守金陵，以绪余成学者，而某也实并群英之游"[②]。居江宁期间，王安石除讲学之外，亦勤于著述，《淮南杂说》与《洪范传》当著于此时，其学术思想逐渐成熟。后世称王安石之学为"金陵王学"，当是实至名归。当然，王安石在江宁这几年，也是其为官生涯中难得的闲暇时间。他游历了南京诸多形胜之地，创作了大量诗词，抒发了其对历史兴亡的无限感慨，同时也表达了其对古城南京的深深眷恋，例如《金陵怀古四首》《次韵登微之高斋有感》《古寺》等。其中，《南乡子》云："自古帝王州，郁郁葱葱佳气浮。四百年来成一梦，堪愁。晋代衣冠成古丘！绕水恣行游。上尽层楼更上楼。往事悠悠君莫问，回头。槛外长江空自流。"[③]王安石这首词不仅表达了其对历史兴废的感慨，同时也表达了其对古代圣贤的追慕之情和对自己成就事功的自信满满。[④]

治平四年(1067)，王安石任江宁知府。熙宁元年(1068)，王安石以翰林学士奉召越次入对。他在将要离开江宁之前，曾登楼赋诗，表达对父母葬身之地的依依不舍之情，其诗云："北山云漠漠，南涧水悠悠。此去非吾愿，临分更上楼。"[⑤]

熙宁二年(1069)二月，年轻的皇帝宋神宗任命王安石为参知政事(副宰相)，旋即王安石与陈升之同领制置三司条例司，议行新法，实施变革。同年七月，颁行均输法；九月，颁布青苗法；十一月，颁农田水利条约；十二月，王安石与韩绛并同中书门下平章事。熙宁三年(1070)及以后，又先后颁布了募役法、保甲法、方田均税法、贡举新法、市易法、免役法、保马法和将兵法等，内容涉及政治、经济、军事、教育等北宋社会生活的各个方面。王安石变法的核心是理财，目的是富国强兵，改变北宋政府日益严重的"三冗两积"困局，维护国家的长治久安。在北宋王朝内忧外患的沉重压力下，王安石变法可以说是顺天应人，具有广泛的群众基

---

① 《陶山集》卷一五。

② 《陶山集》卷一六。

③ 《王文公文集》卷八十。

④ 谢朓《入朝曲》："江南佳丽地，金陵帝王州。"李白《登金陵凤凰台》："吴宫花草埋幽径，晋代衣冠成古丘。"王勃《滕王阁诗》："阁中帝子今何在，槛外长江空自流。"

⑤ 《王文公文集》卷六十六《再题南涧楼》。

础。然而，由于种种原因，王安石变法导致了激烈的社会动荡和政治斗争，以致“王安石变乱天下”[①]。王安石遂于熙宁七年(1074)辞去宰相职务，以吏部尚书、观文殿大学士出任江宁知府，仍兼提举经义局。熙宁八年(1075)，神宗再次任命王安石为宰相。此次王安石出任宰相后，变法派内部斗争更为激烈，远甚于变法派与保守派之间的斗争。熙宁九年(1076)，王安石的儿子王雱卒，王安石更加心灰意冷。十月，王安石罢相，以镇南军节度使、同平章事判江宁府。次年，王安石辞去判府事，以本官领宫观，食祠禄，居钟山。从第二次罢相回到江宁，到元祐元年(1086)四月去世，王安石在南京度过了他生命中的最后十年时光。

关于王安石变法的评议，900 余年以来一直争议不断，[②]近年来仍然是重要的学术热点之一。[③] 褒之者举之于九天之上，谓之天命人心；贬之者抑之于九地之下，谓之祸乱奸佞。大体上，负面评论居多。宋高宗就说：“安石之学杂以伯道，取商鞅富国强兵，今日之祸，人徒知蔡京、王黼之罪，而不知天下之乱生于安石。”[④]王夫之对王安石的批评更为尖锐：“安石之所必为者，以桑弘羊、刘晏自任，而文之曰周官之法、尧舜之道；则固自以为是，斥之为非而不服。若夫必不可为者，即令其反己自攻，固莫之能遁也。夫君子有其必不可为者，以去就要君也，起大狱以报睚眦之怨也，辱老成而奖游士也，喜谄谀而委腹心也，置逻卒以察诽谤也，毁先圣之遗书而崇佛、老也，怨及同产兄弟而授人之排之也，子死魄丧而舍宅为寺以丐福于浮屠也。若此者，皆君子所固穷濒死而必不为者也。乃安石则皆为之矣。”[⑤]王夫之认为王安石不过是“智小而图大，志陋而欲饰其短”，以大而不实之言取信皇帝的小人。盖举凡一事，牵一发而动全身，何况王安石变法乃是全面的社会变革，褒贬之议自是在情理之中。但是，如此激烈的批评使人不得不反思王安石变法失败的原因。

王安石变法失败的原因是多样的，主要有以下几点：第一，国家主义与理想主义的困局。王安石变法是全方位的变革，以其理财为例。王安石主张为天下理财，抨击理财不得其道的现存财政体制，指出应“因天下之力，以生天下之财；

---

① 李焘：《续资治通鉴长编》卷二百五十二《熙宁七年》。

② 李华瑞：《九百年来王安石变法评议的演变和发展》，《历史教学》2007 年第 4 期。

③ 葛金芳、金强：《近二十年来王安石变法研究述评》，《中国史研究动态》2000 年第 10 期。

④ 李心传：《建炎以来系年要录》卷七十九，中华书局，1988 年。

⑤ 王夫之：《宋论》卷六。

取天下之财，以供天下之费”。这实际上是一种国家管制的计划经济。在这种“利出一孔”理念指导下的“顶层设计”，其结果可想而知。例如青苗法本是“抑兼并，振贫弱”，为百姓减轻民间高利贷的盘剥，“愿预借者给之”。但在实际执行中，却强行散俵，成为国家强制性的高利贷，正常利率高达40%。结果，国库仅此一项收入竟达300万贯之巨。再加上各级官吏的层层盘剥，民众的经济负担之重真是难以想象。当然，真正需要贷款的民众是不是能贷到这种略低于民间利率的高利贷，自是尽在不言中。王安石不明白，在官民二元对立的社会结构中，吏治腐败是中国千年不解之难题。高利率一旦介入政府的力量，必将导致灾难性的后果。在王安石的“顶层设计”中，找不到任何确切的受益群体，其本人也不代表任何阶级的利益。利益集团的缺位，注定了改革的必然失败。第二，政治智慧的缺乏。在朝野上下变法呼声日益高涨的情况下，王安石也不是主导改革的合适人选。韩琦就说：“安石为翰林学士则有余，处辅弼之地则不可。”[①]王安石是一个大学问家，却不是一个政治家，甚至连一个政客都算不上。他不明白团结一切可以团结的人，分化、瓦解反对派的力量，不仅将反对派一律贬斥，甚至连温和改革派也一律打压，日益弱化团队的力量。虽然在赵顼的强力支持下，进行了10余年的变法，但不可避免地归于失败，还造成了影响深远的党同伐异。程颢就说：“新法之行，正缘吾党之士攻之太力，遂至各成党与，牢不可破。且如青苗一事，放过何害？”[②]第三，性格刚愎偏执。王安石21岁进士及第，官运亨通，步步高升，人生得意，加上其家族累世为官，养成了其自视甚高的性格。随着官越做越大，王安石的人生目标也越来越高。在给仁宗皇帝上书时，其目的尚是实现“中国安宁，夷蛮顺服”的“贞观之治”。当到了熙宁元年（1068）及以后，他已不把唐太宗放在眼里了：“陛下当法尧舜，何以太宗为哉？尧舜之道，至简而不烦，至要而不迂，至易而不难。”历史上的名臣如魏徵、诸葛亮者，更是不在话下。神宗曾对王安石说：“唐太宗必得魏徵，刘备必得诸葛亮，然后可以有为，二子诚不世出之人也。”王安石回答道：“陛下诚能为尧、舜，则必有皋、夔、稷、卨；诚能为高宗，则必有傅说。彼二子皆有道者所羞，何足道哉！”[③]侍读孙固曾对神宗说：“安

① 脱脱等：《宋史》卷三百一十二《列传第七十一·韩琦传》。
② 李焘：《续资治通鉴长编》卷二百十《熙宁三年》。
③ 脱脱等：《宋史》卷三百二十七《列传第八十六·王安石传》。

石文行甚高，处侍从献纳之职，可矣。宰相自有其度，安石狷狭少容。”[①]吕公著、司马光等可为贤相，王安石独不可。御史中丞吕诲曾对司马光说：“安石虽有时名，上意所向，然好执偏见，不通物情，轻信难回，喜人佞己，听其言则美，施于用则疏；若在侍从，犹或可容，置诸宰辅，天下必受其祸。”[②]王安石后来的所作所为验证了这些人对王安石的客观评论和深刻预见。第四，用人不当。[③] 用人不当是王安石变法失败的重要原因，但这个原因却是王安石缺乏政治智慧和性格乖戾的必然结果。王安石极为残酷地打压违背其政治意图或执行新法不力的官员，导致稍有良知的人都纷纷脱离了变法派，剩下参与变法的究竟是什么样的人，结论自是不言自明。《宋史》将参与变法的吕惠卿、曾布、章惇等统统列入《奸臣传》，便是最好的说明。王安石变法很好地诠释了“最坏的人当政”这一政治理念。

王安石变法的彻底失败说明他不是一个合格的政治家、一个称职的宰相，而且还有很多性格缺陷，但他的道德文章之高卓却是不可否认的。他的很多水火不容的政敌却偏偏又是他的挚友，一边攻击他的治国方略，一边又称赞他的道德品质。司马光称赞其“文章节义过人处甚多”，陆九渊赞叹其“洁白之操，寒如冰霜”。王安石身上体现出一个人的多重品格。朱熹将他列入《北宋名臣录》，《宋史》对他进行了严厉的批评，却没有将他列入《奸臣传》，都是对王安石这一多重品格的取舍。苏轼以哲宗名义撰写《王安石赠太傅敕》，对王安石的一生进行评价，其文曰：

> 朕式观古初，灼见天命：将有非常之大事，必生希世之异人。使其名高一时，学贯千载；智足以达其道，辩足以行其言；瑰玮之文，足以藻饰万物；卓绝之行，足以风动四方；用能于期岁之间，靡然变天下之俗。
>
> 故观文殿大学士、守司空、集禧观使王安石，少学孔孟，老(晚)师瞿聃；网罗六艺之遗文，断以己意；糠秕百家之陈迹，作新斯人。属熙宁之有为，冠群贤而首用。信任之笃，古今所无。方需功业之成，遽起山林之兴。浮云何

① 脱脱等：《宋史》卷三百四十一《列传第一百・孙固传》。
② 脱脱等：《宋史》卷三百二十一《列传第八十・吕诲传》。
③ 姚治勋：《排斥异己是王安石变法失败的重要原因》，《南京大学学报(哲学・人文科学・社会科学版)》2005年第2期。

有，脱屣如遗。屡争席于渔樵，不乱群于麋鹿。进退之美，雍容可观。

朕方临御之初，哀疚罔极。乃眷三朝之老，邈在大江之南。究观规摹，想见风采。岂谓告终之问，在予谅暗之中。胡不百年，为之一涕。于戏！死生用舍之际，孰能违天？赠赙哀荣之文，岂不在我！是用宠以师臣之位，蔚为儒者之光。庶几有知，服我休命。①

这篇制词肯定了王安石的道德文章、经学才识，回避了熙宁新法的争议，实际上也是对王安石变法的否定。王安石当然意识不到这一点，哲宗元祐元年(1086)二月，王安石闻知废罢免役法，愕然失声说道："亦罢至此乎？此法终不可，安石与先帝议之二年仍行，无不曲尽。"王安石至死意识不到自己的错误，美好的愿景不会必然导致理想的结果。

王安石第二次罢相之后，赋闲金陵，慢慢抚慰其政治斗争的失意和晚年丧子的痛苦。他在人生最后十年中的主要事迹是营建半山园，删定《字说》，注解佛经，归心佛道，寄情山水，创作了大量诗词散文，以及与社会各界友人广泛交往。

早在熙宁八年(1075)复相后，王安石已经对为官感到疲惫，便托人在江宁城外的白塘购置田产，以备退身之用。王安石退居金陵之后，便在此营建宅舍。因白塘在江宁城东门至蒋山的半道上，距离江宁城与蒋山各七里，故名其为半山园。营建半山园始于元丰二年(1079)，王安石还曾特地为其营建半山园而作《示元度》一诗以记之，其诗云："今年钟山南，随分作园囿。凿池构吾庐，碧水寒可漱。沟西雇丁壮，担土为培塿。扶疏三百株，莳楝最高茂。不求鹓雏实，但取易成就。中空一丈地，斩木令结构。五楸东都来，斸以绕檐溜。老来厌世语，深卧塞门窦。赎鱼与之游，喂鸟见如旧。独当邀之子，商略终宇宙。更待春日长，黄鹂弄清昼。"②元度是王安石的二女婿。王安石丧子之后，女婿成了他倾诉的对象。半山园"去城七里，去蒋山七里"，四无人家，地势低洼，王安石请人凿池泄水，培土建屋，种植树木。王安石营建半山园只是为了有一栖身之所，不求奢华，但取容易建成。因而，王安石的半山园是很简陋的，"仅蔽风雨又不设垣墙，望之若逆旅之舍"。有人劝王安石修筑垣墙，王安石"辄不答"。

① 转引自柯昌颐编：《王安石评传》，商务印书馆，1948年，第397页。亦见《宋大诏令集》卷二百二十一，中华书局，1962年。

② 《王文公文集》卷四十四。

但半山园周围的人文景观和自然环境都非常优美。半山园附近有定林寺、谢公墩、宝公塔等胜迹，王安石常去游憩。半山园自然环境也很幽美，王安石写下许多诗词予以赞赏。如《浣溪沙》《菩萨蛮》《半山园春晚即事》《半山园晚即事二首》《寄蔡氏女子二首》等。其《浣溪沙》云："百亩中庭半是苔，门前白道水萦回。爱闲能有几人来。小院回廊春寂寂，山桃溪杏两三栽。为谁零落为谁开？"① 王安石很享受这种悠然自得的田园生活。随着年龄的增长，王安石愈来愈沉迷佛道，其《半山园晚即事二首》（亦称《怀古二首》）颇能体现他的这种心境，其一云："日密畏前境，渊明欣故园。那知饭不赐，所喜菊犹存。亦有床座好，但无车马喧。谁为吾侍者，稚子候柴门。"其二云："长者一床室，先生三径园。非无饭满钵，亦有酒盈樽。不起华边坐，常开柳际门。谩知谈实相，欲辩已忘言。"王安石明说陶渊明，实趣维摩诘，已然是儒身佛心了。

元丰七年（1084），王安石生了一场大病，病愈后即上书神宗，请求允许他舍半山园为寺庙。神宗应允，赐名报宁禅寺，即现在的半山寺。这样，王安石在半山园度过了六年时光。舍宅为寺后，他在城中另租秦淮民宅居住。过了一年多，王安石病卒，复葬于半山园。

王安石退居江宁后定稿了一部重要的著作，即关于文字训诂的《字说》。王安石开展了对儒家经典的重新解释工作，需要对文字进行重新解释与修订。汉代许慎著有我国第一部系统地考论字源和解说文字的《说文解字》，但屡经传抄，讹误颇多，且训诂考据尚不完备。王安石撰写《字说》可谓意义重大。他在《〈字说〉序》中说："文者，奇偶刚柔，杂比以相承，如天地之文，故谓之文。字者，始于一，一而生于无穷，如母之字子，故谓之字。其声之抑扬开塞，合散出入，其形之衡从曲直、邪正上下、内外左右，皆有义，皆出于自然，非人私智所能为也。与伏羲八卦、文王六十四，异用而同制，相待而成《易》。先王以为不可忽，而患天下后世失其法，故三岁一同。同者，所以一道德也。……而许慎《说文》，于书之意，时有所悟，因序录其说为二十卷，以与门人所推经义附之。惜乎先王之文缺已久，慎所记不具，又多舛，而以予之浅陋考之，宜有所不合。虽然，庸讵非天之将兴斯文也，而以予赞其始？故其教学必自此始。能知此者，则于道德之意，已十九

① 《王文公文集》卷八十。刘禹锡《再游玄都观》："百亩庭中半是苔，桃花净尽菜花开。种桃道士归何处，前度刘郎今又来。"

矣。”①王安石认为文字乃是自然而成的，并非人之私智创造。因此，他把训诂文字视为教学之始，蕴含道德之意。

当然，撰写《字说》绝非易事。朱熹说：“荆公作《字说》时，只在一禅寺中。禅床前置笔砚，掩一龛灯。人有书翰来者，拆封皮埋放一边。就倒禅床睡少时，又忽然起来写一两字，看来都不曾眠。”王安石著《字说》确实很辛苦，但也做了不少无用功，或者说多所创发。“字本来无许多义理，他要个个如此做出来，又要照顾得前后，要相贯通。”“解佛经亦不是，解‘揭帝揭帝’云：‘揭其所以为帝者而示之。’不知此是胡语。”②

王安石在定林寺昭文斋里著《字说》，书成，赋诗一首以记之，其诗云：“鼎湖龙去字书存，开辟神机有圣孙。湖海老臣无四目，谩将糟粕污修门。”此诗自谦中透露出自傲，亦隐隐透露出佛所印可之意。《字说》在当时产生了很大的影响。《宋元学案·王临川先生安石》称赞当时盛况：“晚岁为《字说》二十四卷，学者争传习之。”

赋闲金陵的王安石常常游山玩水，借景抒情，创作了大量关于金陵胜迹的诗词散文。在他第二次罢相后，神宗赠其一马，他自己又买一驴。他出游时，或骑马或骑驴。后来，马先死，则专骑驴。王铚《默记》记载：“王荆公在蒋山野次，跨驴出入。时正盛暑，而提刑李茂直往候见，即于道左遇之。荆公舍蹇相就，与茂直坐于路次，语甚久，日转西矣，茂直命张伞，而日光正漏荆公身上。茂直语左右，令移伞就相公。公曰：‘不须，若使后世做牛，须著与它日里耕田。’”③

王安石晚年遍历金陵，其中定林寺和谢公墩是他最常去的地方。元丰六年（1083），62岁的王安石作七绝《谢公墩二首》，其一云：“我名公字偶然同，我屋公墩在眼中。公去我来墩属我，不应墩姓尚随公。”谢公即谢安，字安石，号东山。其二云：“谢公陈迹自难追，山月淮云只往时。一去可怜终不返，暮年垂泪对桓伊。”

王安石去的次数最多的地方是定林寺，他曾在此读书，寺中有一间僧房为其读书之处，名昭文斋。他关于定林寺的诗也最多，有《定林院三首》《定林寺》《题定林壁》《书定林院窗二首》《定林所居》等等。其《定林所居》云：“屋绕湾溪竹绕

① 《王文公文集》卷三十六。

② 《朱子语类》卷一百三十。

③ 王铚：《默记》，载上海古籍出版社编：《宋元笔记小说大观》，上海古籍出版社，2007年，第4551页。

山,溪山却在白云间。临溪放杖倚山坐,溪鸟山花共我闲。"[1]山水胜景逐渐抚慰了王安石内心的失落,其心境表现出恬淡之趣和宁静之美。

与社会各界友人广泛交游是王安石晚年生活的重要内容。王安石退居金陵后,变法派人士当中只有吕嘉问待之友善。吕嘉问于熙宁十年(1077)任江宁知府,故二人来往颇密。王安石曾作《招吕望之使君》等诗以记之。元丰三年(1080),改任临江军知府,路过金陵,曾拜谒王安石,同上东岭。王安石作《与吕望之同上东岭》《邀吕望之过我庐》等诗记之,将吕嘉问引为同道。

王安石与政敌兼好友的苏轼一笑泯恩仇,畅游金陵。元丰七年(1084)初夏,苏轼过金陵,拜谒王安石。王安石与之交游逾月,商略唱和,诵诗说佛,传为千古佳话。苏轼作《同王胜之游蒋山》,王安石则作《和子瞻〈同王胜之游蒋山〉》,其序中说:"余爱其'峰多巧障日,江远欲浮天'之句,因次其韵。"[2]王安石对苏轼的才学赞慕不已。后来,苏轼言及其金陵之行时说:"时见荆公,甚喜,时诵诗说佛也。"苏轼离开金陵后,与王安石书信不绝。

王安石与地方的隐士、白衣也颇多交往,其中交往密切的有俞秀老、俞清老、杨德逢等,并为之写下了许多诗文。可以看出,王安石交友没有彼我之分。当然,晚年的王安石交往最多的还是僧人。他与当时金陵名僧大多有过接触,交往最多的是宝觉禅师和觉海禅师。王安石晚年与僧人的密切交往,不仅是他思想佛教化的反映,更是他对生命体验的印证。

二 王安石与僧人的交往

王安石自幼受佛教熏陶。及长,与僧侣颇有往来。王安石年少时就曾与沙门慧礼交游,"予少时,客游金陵,浮屠慧礼者,从予游"。他对慧礼的人品、学识非常敬佩,"盖惠礼者,予知之,其行甚洁,学博而才敏,而又卒之以不私,宜成此不难也。今夫衣冠而学者,必曰自孔氏。孔氏之道易行也,非有苦身窘形,离性禁欲,若彼之难也。而士之行可一乡、才足一官者常少,而浮屠之寺庙被四海,则

① 《王文公文集》卷六十三。
② 葛寅亮:《金陵梵刹志》卷三,第155页。

彼所谓材者，宁独礼耶？”庆历二年（1042），王安石任签书淮南判官，仍与慧礼保持着密切的交往。[①] 庆历六年（1046），王安石作《扬州龙兴寺十方讲院记》，记述了他们的友谊。

在为官的数十年里，王安石先后与瑞新、宝觉、虚白、常坦、怀琏、善因、道光等高僧都有过交往。《涟水军淳化院经藏记》云：“若通之瑞新、闽之怀琏，皆今之为佛而超然，吾所谓贤而与之游者也。此二人者，既以其所学自脱于世之淫浊，而又皆有聪明辩智之才，故吾乐以其所得者语焉，与之游，忘日月之多也。”[②]可见，王安石与这些高僧交游，使其身心俱乐，智慧日长，获益良多，故而乐此不疲。治平年间（1046—1067），王安石闲居江宁，仍与一些异地僧人保持交往，有《寄育王大觉禅师二首》，其一云：“山木悲鸣水怒流，百虫专夜思高秋。道人方丈应无梦，想复长吟拟慧体。”其二云：“单已安那示入禅，草堂难望故依然。山今岁暮终岑寂，人更天寒最静便。隐迹亦知甘自足，凭心岂吝慰相怜。所闻不到荆门耳，人老禾新又一年。”[③]熙宁八年（1075），天台宗人国清处谦入灭。王安石有《寄国清处谦诗》云：“三江风浪隔天台，想见当时赋咏才。近有高僧飞锡去，更无余事出山来。猿揉历历窥香火，日月纷纷付劫灰。我欲相期谈实相，东林何必谢刘雷。”[④]可见，王安石与僧人始终保持着真挚的友谊。

退居江宁后，王安石与僧人交往日密。他与当时金陵名僧大都有过接触，具有代表性的有蒋山赞元（觉海禅师）、宝觉禅师、真净克文、蒋山道安、蒋山道光、保宁仁勇等。

王安石与赞元结识较早。治平年间，王安石为母服丧于江宁，曾在蒋山读书，与赞元结识，彼此亲如兄弟。念常《佛祖历代通载》卷第十九记载：“舒王初丁太夫人忧，读经山中，与元游如昆仲。”[⑤]王安石向赞元请教祖师意旨。赞元开始不予回答。王安石再三扣问，赞元说：“公般若有障三，有近道之质一，两生来恐纯熟。”意思是说，王安石对于接受般若智慧有三个障碍，却有接近佛道的一个品质。如果再经过转生就能够达到纯熟了。王安石请求详解。赞元说：“受气刚大

① 《王安石全集》，上海古籍出版社，1999 年，第 317—318 页。
② 《王安石全集》，第 318 页。
③ 《王文公文集》卷六十。
④ 《王文公文集》卷六十。
⑤ 《佛祖历代通载》卷第十九，《大正藏》第 49 册，第 672 页下。

世缘深。以刚大气遭深世缘，必以身任天下之重。怀经济之志用舍不能必，则心未平。以未平之心持经世之志，何时能一念万年哉？又多怒而学问尚理，于道为所知愚。此其三也。特视名利如脱发，甘澹泊如头陀，此为近道。且当以教乘滋茂之可也。”[①]熙宁初，王安石越次入对，擢为参知政事及拜相后，贵震天下，“无月无耗，元未尝发视”。王安石仰慕赞元德望，特为其奏请章服和禅师号。

王安石退居江宁后，与赞元往来密切。他写诗赞赏赞元，如《觉海方丈》《白鹤吟示觉海元公》等。

元丰三年(1080)，赞元去世。王安石祭文云：“元丰三年九月四日，祭于北山长老觉海大师之灵。自我强壮，与公周旋，今皆老矣，公弃而先。逝孰云远，十方现前。撰陈告违，世礼则然。尚飨！”[②]王安石还为赞元画像题《蒋山觉海元公真赞》。

王安石与宝觉禅师也相识颇早，交情颇深，晚年来往亦颇密切。元丰末年(1085)，王安石《赠宝觉并序》云：“予始与宝觉相识于京师，因与俱东。后以翰林学士召，会宿金山一昔，今复见之。闻化城甚壮丽，可登眺，思往游焉，故赋是诗。大师京国旧，志趣江湖迥。往与惠询辈，一宿金山顶。怀哉苦留恋，王事有朝请。别来能几时，浮念极含梗。今朝忽相见，眸子清炯炯。夜阑接软语，令人发深省。化城出天半，远色有诸岭。白首对沧洲，犹思理烟艇。”[③]可见两人交情之深。

王安石以翰林学士应诏赴阙，当是熙宁元年(1068)，曾作著名的《泊船瓜洲》。熙宁九年(1076)，王安石罢知江宁府，路过京口金山龙华院，作《与宝觉宿龙华院三绝句》：

旧有诗云：京口瓜洲一水间，钟山只隔数重山。春风自绿江南岸，明月何时照我还。

老于陈迹倦追攀，但见幽人数往还。忆我小诗成怅望，钟山只隔数重山。

世间投老断攀缘，忽忆东游已十年。但有当时京口月，与公随我故依然。

---

① 《佛祖历代通载》卷第十九，《大正藏》第49册，第672页下。

② 《王文公文集》卷八十二。

③ 《王文公文集》卷七十九。

与公京口水云闲，问月何时照我还。邂逅我还还问月，何时照我宿金山。①

此时，至少应是王安石第二次与宝觉禅师夜宿金山了，王安石心中未免惆怅。

元丰末年(1085)，宝觉禅师住法云寺。王安石作《赠宝觉并序》《示宝觉三首》《与宝觉宿僧舍》《示宝觉》《病起过宝觉》等。其中《示宝觉三首》云：

火暖窗明粥一盂，晨兴相对寂无鱼。翛然迥出山林外，别有禅天好净居。

支颐横口语，椎髻曲肱眠。莫问谁宾主，安知汝辈年？邻鸡生午寂，幽草弄秋妍。却忆东窗簟，蛮藤故宛然。

重将坏色染衣裙，共卧钟山一坞云。客舍黄粱今始熟，鸟残红柿昔曾分。②

王安石晚年多病，依然不忘老友，其《病起过宝觉》云："执手乍欣怅，霜毛应更新。依然旧童子，却想梦前身。"③

又，王安石《与宝觉宿僧舍》云："扰扰复翩翩，秋床烛屡昏。真为说万物，岂止挟三言。问义曹溪室，捐书网里门。若知同二妄，目击道逾存。"④王安石晚年重温旧梦，与宝觉同宿僧舍。王安石的这些暮年之诗，一扫锐气，似是悟道之言，亦是遣怀之语，抑或两者兼之。

真净克文，陕府阌乡人，俗姓郑，号云庵，嗣法于黄龙慧南。真净是王安石为其奏请神宗所赐的号。元丰八年(1085)，真净克文至江宁，拜谒王安石。王安石久闻克文之名，对他的到来十分欣喜，就向他请教一些佛教问题。王安石是常读佛经的，谈话中，王安石问："诸经皆首标时处，《圆觉经》独不然，何也？"克文回答说："顿乘所演，直示众生，日用现前，不属今古。只今老僧与相公同入大光明藏

① 《临川先生文集》卷二十八。
② 《王文公文集》卷六十九。
③ 《王文公文集》卷六十二。
④ 《王文公文集》卷六十五。

(法身依处,常寂光土),游戏三昧,互为宾主,非干时处。"意谓《圆觉经》为顿教之法,超越古今,现于日常,无时处可言。王安石又问:"经曰'一切众生,皆证圆觉',而圭峰以'证'为'具',谓译者之讹,如何?"克文回答说:"《圆觉》如可改,《维摩》亦可改也。《维摩》岂不曰:亦不灭受而取证。夫不灭受蕴而取证者,与皆证圆觉之意同。盖众生现行无名,即是如来根本大智,圭峰之言非是。"[1]克文以《维摩诘经》中的"亦不灭受而取证"为据,认为《圆觉》《维摩》经意相同,皆主张众生不灭无名烦恼而证如来智慧,而不必如圭峰宗密所理解的那样,改"证"为"具"。[2]王安石熟稔《维摩诘经》,听闻克文此语即豁然开悟,对其大为欣赏,特迎请他为报宁禅寺第一代住持。

元丰八年(1085)三月,王安石上疏神宗皇帝,称赞克文"独受正传,力排戏论""求心之所祈向,发趣之所归宗"。其弟王安礼上疏赞之曰:"文公长老,夙悟真乘,久临清众,若心数法。非外假于虚名,由闻思修,可内观于实相,举扬密义,和会胜缘。"不久,王安石又奏请神宗赐克文以紫袈裟及"真净大师"之号。由于王安石的影响和克文的声望,在真净克文任保宁寺住持后,前来参禅、听法的僧俗信众很多。克文感到难承其劳,不久便辞别王安石,回到高安,在九峰山下建投老庵居住。

王安石有《示报宁长老》云:"白下亭东鸣一牛,山林陂港净高秋。新营枣棫我檀越,曾悟布毛谁比丘?"[3]白下亭东,即报宁禅寺所处。"悟布毛"则是一个禅宗故事,据说牛头宗鸟窠道林有一侍者,名为会通,在其门下久不得悟,一日欲辞去,道林问他:"汝今何往?"会通回答说:"会通为法出家,和尚不垂慈诲,今往诸方学佛法去。"道林说道:"若是佛法,吾此间亦有少许。"会通问:"如何是和尚佛法?"道林从身上拈起布毛吹之,会通遂领悟玄旨。[4] 王安石又有《题半山寺壁二首》,当是听克文讲法之心得。其一云:"我行天即雨,我止雨还住。雨岂为我行,邂逅与相遇。"其二云:"寒时暖处坐,热时凉处行。众生不异佛,佛即是众生。"这是说,众生与佛本无差别,率性而为,无牵无挂,一切众生,皆证圆觉之意耳。

蒋山道安与蒋山道光也是王安石晚年的挚友。王安石关于道安的诗有《赠

① 以上均见惠洪:《禅林僧宝传》卷第二十三,《卍新续藏》第79册,第538页。
② 杨曾文:《宋元禅宗史》,第523页。
③ 《王文公文集》卷六十九。
④ 普济:《五灯会元》,中华书局,1984年,第70页。

安太师》《示安大师》《书定林院窗》等。《示安大师》云:“道人深北山为家,宴坐白露眠苍霞。手扶棁杖虽老矣,走险尚可追麏麚。踞堂俯视何所有,窈窕樛木垂榠楂。深寻石路仍有栗,持以馈我因烹茶。”①又《赠安太师》云:“独龙冈北第三峰,逋客归来老更慵。败屋数椽青缭绕,冷云深处不闻钟。”②又《书定林院窗》其一云:“问安大师昨夜有何梦,师云:‘有数梦,皆忘记。’竹鸡呼我出华青,起灭篝证拥燎炉。试问道人何所梦,但言浑忘不言无。”③

王安石关于蒋山道光的诗文也有很多。《示道光及安大师》云:“春日载阳,陟彼高冈。乐彼之园,维水泱泱。维笋及蒲,既生既育。拚彼飞鸟,集于灌木。嘤其鸣矣,乱我心曲。有怀二人,在彼空谷。既往既来,独寐寤宿。陟则在巘,或降于阿。瞻望弗及,伤如之何。”④王安石晚年当与道光及道安同游。《和平甫招道光法师》赞之云:“练师投老演真乘,像劫空王爪与肱。于总持门通一路,以光明藏续千灯。从容发口酬摩诘,邂逅持心契慧能。新句得公还有赖,古人诗字耻无僧。”⑤后道光任灵岩寺住持,王安石《送道光法师住持灵岩》云:“灵岩开辟自何年,草木神奇鸟兽仙。一路紫苔通窅窱,千崖青霭落潺湲。山只啸聚荒禅室,象众低摧想法筵。雪足莫辞重跰往,东人香火有因缘。”⑥道光身在异地,王安石对其念念不忘,《和平父寄道光法师》云:“欲见道人非一朝,杖黎无路到青霄。千岩万壑排风雨,想对铜炉柏子烧。”⑦又《寄道光大师》云:“秋雨漫漫夜复朝,可嗟蔀屋望重霄。遥知宴坐无余念,万事都从劫火烧。”⑧又《寄碧岩道光法师》云:“去马来车扰扰尘,自难长寄水云身。碧岩后主今为客,何况开山说法人。”⑨

保宁仁勇,为杨岐方会传人,“容止渊秀,龆为大僧,通天台教”,“两住保宁而终”。王安石《题勇老退居院今铁索》云:“道人投老寄山林,偶坐翛然洗我心。梦境此身能且在,明年寒食更相寻。”⑩此诗当作于元丰七年(1084)。

---

①《王文公文集》卷四十四。
②《临川先生文集》卷三十四。
③《王文公文集》卷六十三。
④《王文公文集》卷七十九。
⑤《临川先生文集》卷十。
⑥《临川先生文集》卷二十一。
⑦《临川先生文集》卷十一。
⑧《王文公文集》卷六十。
⑨《临川先生文集》卷三十一。
⑩《王文公文集》卷六十四。

王安石慕白云然大师，与之为友，作《白云然师》云："白首一山中，形骸槁木同。苔争庵径路，云补衲穿空。尘土随车辙，波涛信柂工。昏昏老南北，应谢此高风。"①

王安石《和栖霞寂照庵僧云渺》赞云渺："萧然一世外，所乐有谁同。宴坐能忘老，斋蔬不过中。无心为佛事，有客问家风。笑谓西来意，虽空亦不空。"②

此外，根据王安石的诗文，他晚年退居江宁之后的僧友尚有报恩大师、正觉上人、无著上人、荣上人等多人。略言之，王安石僧友数量之多、品质之高，可谓第一。

三 王安石的佛学思想

王安石长期受佛教的熏陶，逐渐具有了较高的佛学造诣，而且时常对佛教教义进行创造性诠释，颇具个性特色。王安石虽然没有写过专门研究佛教的著作，但在其书信、记文、启文等著述中多涉其关于佛教的理解，其晚年著述的《维摩诘经注》3 卷、《金刚经注》1 卷、《楞严经解》10 卷等，虽大多散佚，尚存部分仍然是研究其佛教思想的重要文献。

（一）从儒主佛辅到以佛为主

长期以来，关于王安石的学术思想颇有争议。集中在两点：一是王学性质的问题，即"王安石之学究竟是什么"的问题；二是王安石与佛教的关系问题。前者远较后者复杂，学术界有杂学说、实学说（刑名学、经济学等）、儒教说、唯物主义学说、义理之学说等等诸多说法。③ 这个问题不是目前讨论的重点，却是我们探讨王安石与佛教关系的基础，这里权将王安石之学视为儒学。关于后一个问题，主要有以下三种看法：一是认为王安石少年主学儒学，晚年致力于佛学或倾心佛教。如上文提及苏轼对他的评价："少学孔孟，晚师瞿聃。"这种说法代表了当时文人士大夫的主流观点，应该是比较客观的。二是认为王安石早期批判佛教，晚年皈依佛教。如李祥俊认为："王安石一生，大致说来，前期基本上持批判态度，

---

① 《王文公文集》卷六十一。

② 《王安石全集》，第 432 页。

③ 杨天保：《金陵王学研究——王安石早期学术思想的历史考察（1021—1067）》，上海人民出版社，2008 年，第 3—45 页。

晚年则逐渐皈依佛教。”[①]实际上，这种简单的“二分法”是不符合客观事实的。从史料可以看出，王安石终其一生都是喜欢佛教的。三是认为王安石晚年并没有耽于佛教，其一生只不过是将佛教当作“世俗生活的调剂补充”。[②] 如许怀林认为：“王安石不仅不存在隐遁泉林的主观愿望，还积极利用佛教辅助实现其经邦济世的宏愿。他在熙宁末年(1077)的自请罢相，是他晚年与佛教发生密切联系的契机。退隐后的王安石也并非只栖心释梵，而是密切关注社会。因此，晚年的王安石对佛教也是有所去取，以用世为要。”[③]可以肯定的是，王安石一生的思想主线是儒家思想，儒学是王安石思想的主导内容和根本价值所在。[④] 但是，由此否认王安石与佛教的亲密关系，否认王安石晚年“耽于佛教”的客观事实，仅将佛教视为王安石生活当中的“调味品”的观点，既不符合王安石一生亲佛的历史事实，也不了解王安石思想发展变化的演变历程，对研究王安石思想及其与佛教的关系极为不利。[⑤]

客观地说，王安石早年以儒为主，以佛为辅；晚年则皈依佛教，以佛为主，但亦不废儒，仍然是身在山林，心系庙堂。具体而言，至迟在王安石之子王雱去世之前，王安石关注的重心始终是儒学，他不仅致力于复兴儒学，创新和发展儒学理论，而且积极探索复兴儒学的路径，落实儒家思想的社会实践。可以说，在这一时期，儒学是王安石思想的主导内容和根本价值所在。虽然在少年时代，王安石曾嘲弄过儒学，“坐欲持此博轩冕，肯言孔孟犹寒饥”，然而自随父至金陵以后，王安石幡然醒悟，确立了“文章事业望孔孟”的理想。他在《忆昨诗示诸外弟》中回忆心境转变时说道：“端居感慨忽自悟，青天闪烁无停晖。男儿少壮不树立，挟此穷老将安归？吟哦图书谢庆吊，坐室寂寞生伊威。材疏命贱不自揣，欲与稷契遐相稀。”[⑥]庆历元年(1041)，他除服后入京应试，欲“刻章琢句献天子，钓取薄禄欢庭闱”。庆历二年(1042)，王安石登进士，开启为官生涯。他在《送孙正之序》写道：“正之行古之道，又善为古文，予知其能以孟、韩之心为心而不已者也。夫越人之望燕，为绝域也。北辕而首之，苟不已，而无不至。孟、韩之道去吾党，岂

---

① 李祥俊：《王安石学术思想研究》，北京师范大学出版社，2000 年，第 303 页。
② 李承贵：《王安石佛教观研究》，《中山大学学报(社会科学版)》2009 年第 4 期。
③ 许怀林、吴小红：《荆公晚年耽于佛屠辨》，《江西师范大学学报》1995 年第 3 期。
④ 李承贵：《王安石佛教观研究》，《中山大学学报(社会科学版)》2009 年第 4 期。
⑤ 李承贵：《王安石佛教观研究》，《中山大学学报(社会科学版)》2009 年第 4 期。
⑥《王文公文集》卷四十四。

若越之人望燕哉？以正之之不已，而不至焉，予未之信也。一旦得志于吾君，而真儒之效不白于当世，予亦未之信也。”[①]王安石认为，真儒必将降于当世，而儒家之道亦必将振兴。

皇祐元年（1049），王安石在《答王该秘校书一》中写道：“某不思其力之不任也，而唯孔子之学；操行之不得，取正于孔子焉而已。”[②]显然，王安石开始标榜以振兴孔子之学为己任，以孔子操行为自己的行为准则。在《寄王逢原》（1057）、《太平洲新学记》（1067）、《答司马谏议书》（1070）等著作中，王安石同样表达了其重视儒学、强调儒学的价值取向。

与其变法相适应，王安石在其执政期间，设置经局，重新解释儒家经典的含义，这是其创新和发展儒学理论的重要工作。熙宁四年（1071）二月，王安石罢诗赋及明经诸科，以经义论策取士。为纠正传统经注之讹误，王安石于熙宁六年（1073）三月设置经局，重新训释儒家经典，重点是完成三经新义，即《诗义》《书义》《周礼义》。其中《周礼义》最为重要，是新法的理论根据，为王安石亲自撰写。他在《周礼义序》中写道：“自周之衰，以至于今，历岁千数百矣。太平之遗迹，扫荡几尽，学者所见，无复全经。于是时也，乃欲训而发之，臣诚不自揆，然知其难也。以训而发之之为难，则又以知夫立政造事追而复之之为难。然窃观圣上制法就功，取成于心，训迪在位，有冯有翼，亹亹乎向六服承德之世矣。以所观乎今，考所学乎古，所谓见而知之者，臣诚不自揆，妄以为庶几焉，故遂昧冒自竭，而忘其材之弗及也。”[③]王安石知道重新训释经义之难，然而为了“复先王之道”，勉力肩负起这一重大职责。后世评价说：“一部之书，理财居其半”，“托《周官》之名以为政，其归于祸民一也”。[④] 但这毕竟算是儒家的理论创新。

从王安石与僧人的交往来看，他对佛教一直偏爱有加，这与他的人生际遇和治学态度密切相关。熙宁五年（1072），王安石与神宗的一次对话中提出“合理则可受”的观点：

安石曰：“臣观佛书，乃与经合，盖理如此。则虽相去远，其合犹符节

① 《王安石全集》，第 326 页。
② 《王安石全集》，第 68 页。
③ 《王文公文集》卷三十六。
④ 《容斋随笔》卷一六。

也。”上曰：“佛，西域人也，言语即异，道理何缘异？”安石曰：“臣愚以为苟合于理，虽为鬼神异趣，要无以易。”上曰：“诚如此。”[①]

“理”是评价是非对错的客观标准。在王安石看来，只要“合于理”，不管路途远近、言语异同，即使是“鬼神异趣”，都是可以接受的。这种积极、包容的佛教态度，远胜于那些阳儒阴释之流。因此，王安石主张博采众长，经世致用，他在《答曾子固书》中说：“某自百家诸子书，至于《难经》《素问》《本草》诸小说，无所不读；农夫女工，无所不问。然后于经为能知其大体而无疑。盖后世学者，与先王之时异矣，不如是，不足以尽圣人之故也。”同时指出“患不在佛”，“方今乱俗，不在于佛，乃在于学士大夫沉没利欲，以言相尚，不知自治而已”。[②]

他认为佛法自有其道理：“浮屠之法与世殊，洗涤万事求空虚。师心比此不挂物，一堂收身自有余。……始知进退各有理，造次未可分贤愚。会将筑室返耕钓，相与此处吟山湖。”[③]佛法与世法的差别是万缘放下，无有罣碍，以心为师，以空寂为证。这对沉迷于世俗利欲之中的士大夫和由之而导致的社会动乱来说，真是对症之良药。

实际上，王安石认为佛教尚有其特殊功用。宋志磐《佛祖统纪》卷第四十五记载：

荆公王安石问文定张方平曰：“孔子去世百年而生孟子，后绝无人，或有之而非醇儒。”方平曰：“岂为无人，亦有过孟子者。”安石曰：“何人？”方平曰：“马祖、汾阳、雪峰、岩头、丹霞、云门。”安石意未解。方平曰：“儒门淡薄，收拾不住，皆归释氏。”安石欣然叹服，后以语张商英，抚几赏之曰：“至哉，此论也！”[④]

熙宁八年(1075)，神宗与安石论及佛教。神宗问：“佛教于中国有补乎？”安石回答：“君子小人，皆知畏而从善，岂小补哉！”王安石认为佛教关乎治国大事。

---

① 李焘：《续资治通鉴长编》卷二百三十三《熙宁五年》。
② 《临川先生文集》卷七十四。
③ 《王安石全集》卷四十八《古诗·修广师法喜堂》，第404页。
④ 志磐：《佛祖统纪》卷第四十五，《大正藏》第49册，第415页中。

熙宁九年(1076),王安石的儿子王雱卒,王安石备受打击,更加沉迷佛教。

王安石退居金陵后,年岁日长,更倾心佛道,痴迷佛典,著有《维摩诘经注》3卷、《金刚经注》1卷、《楞严经解》10卷等,以及大量关于佛教的诗词。《金陵梵刹志》收入其诗词文章最多。其《望江南·归依三宝赞》表达他的晚年心境,赞云:

> 归依众,梵行四威仪。愿我遍游诸佛土,十方贤圣不相离,永灭世间痴。归依法,法法不思议。愿我六根常寂静,心如宝月映琉璃,了法更无疑。归依佛,弹指越三祇。愿我速登无上觉,还如佛坐道场时,能智又能悲。三界里,有取总灾危。普愿众生同我愿,能于空有善思惟,三宝共住持。①

其《读〈维摩诘经〉有感》云:"身如泡沫亦如风,刀割香涂共一空。宴坐世间观此理,维摩虽病有神通。"王安石观悟事理,称羡维摩诘,感叹自己有病之身的真实之痛是空不掉的。实际上,维摩诘示病而无病,神通亦复为空。王安石有女,具文才,嫁给吴充次子吴安持。她怀念家乡,以诗寄文:"西风不入小窗纱,秋气应怜我忆家。极目江南千里恨,依前和泪看黄花。"王安石收到诗文后,以《楞严经解》寄去,勉励女儿学佛,并回诗云:"青灯一点映窗纱,好读《楞严》莫忆家。能了诸缘如幻梦,世间唯有妙莲花。"②

元丰七年(1084),王安石病重,病愈后对佛法更有信心,为儿子王雱建造功德,与弟王安礼共奏曰:"伏以肇置仁祠,永延睿算,归诚善导,开迹胜缘。文公长老,独受正传,历排戏论,求心之所祈向,发趣之所追(归)宗。俯惟慈哀,愍徇勤企。谨疏。"③乃舍宅为寺,延请真净克文为开山住持,神宗赐额"报宁禅寺"。

当然,王安石虽倾心佛教,却并非忘名之人。哲宗元祐元年(1086)二月,王安石时年65岁,闻知废罢免役法,愕然失声说:"亦罢至此乎?此法终不可,安石与先帝议之二年仍行,无不曲尽。"④四月初六,王安石卒。由是知其非纯粹之人。

---

① 《王安石全集》,第448页。
② 《王安石全集》,第448页。
③ 《云庵克文禅师语录》,《卍新续藏》第69册,第210页上。
④ 朱熹:《丞相荆国王文公言行录》,《三朝名臣言行录》第六卷。

（二）王安石的佛教理解

王安石经常发表对佛教的见解，内容涉及佛性、法身、止观等与佛教相关的重大议题。他在给蒋颖叔的信函中说："所谓性者，若四大是也。所谓无性者，若如来藏是也。虽无性而非断绝，故曰一性所谓无性。曰一性所谓无性，则其实非有非无，此可以意通，难以言了也。惟无性，故能变。若有性，则火不可以为水，水不可以为地，地不可以为风矣。长来短对，动来静对。此但令人勿著尔。若了其语意，则虽不著二边而著中边，此亦是著。故经曰：'不此岸，不彼岸，不中流。'长爪梵志一切法不变，而佛告之以受与不受亦不受，皆争论也。……佛说有性，无非第一义谛，若第一义谛，有即是无，无即是有。以无有象，计度言语起。而佛不二法，离一切计度言说，谓之不二法，亦是方便说耳。此可冥会，难以言了也。"①

"四大"即地、水、火、风，各有其性，能造作一切色法，故称其为有"性"；如来藏者，乃为众生本有的如来清净法身，既然众生都具有佛性，所以佛性可以说是"一性"，也可以说是"无性"。"一性即是无性"表达的是不着两边，亦不着中边之义，正如《维摩诘经》所说："不此岸，不彼岸，不中流。"意思是说，法身不在生死的此岸，不在涅槃的彼岸，也不在此岸与彼岸之间。所谓佛性，即是第一义谛，非有非无，亦有亦无，不可计量测度，远离一切言说文字。所谓的"不二法"，也不过是方便言说而已。

王安石对"心"也有自己的看法。《楞严经》云："何况清净妙净明心，性一切心，而自无体？"意思是说：何况这清净妙净明心，能令一切法得其体性，怎么会自己没有体性呢？体本无垢，故称"清净"；出离障染，称之"妙净"；寂照含空，故曰"妙明"。王安石则解释说："离垢而净，名为清净；即垢而净，名为妙净；此心亦即亦离，故名清净妙净明心；此明心者，一切心皆受性于此。"②王安石认为，离垢而净，便是清净；即垢而净，则为妙净；此心亦即亦离，所以叫作清净妙净明心。一切种种心皆由此"明心"得其体性。当然，这是王安石自己的看法。

王安石对佛教的理解多有创发。例如，他说："《妙法莲华经》说实相法，然其所说，亦行而已。故导师曰，安立行净行，无边行上行也。其所以名芬陁利华，取

---

① 《王安石全集》，第 57 页。

② 思坦：《楞严经集注》，《续藏经》第 17 套第 1 辑，上海涵芬楼影印，1923 年，第 34 页。

义甚多，非但如今法师所释也。”[①]王安石认为，《妙法莲华经》虽说实相法，但主要讲“行”，而且认为《妙法莲华经》之所以名“芬陁利华”，因其含义颇多，不像那时法师们的狭隘解释。依体起用、依理起行是大乘佛教的一贯宗旨。但也由此可知王安石对《法华经》的理解。

宗教信仰根植于现实的苦难。与其他文人士大夫一样，王安石晚年喜读《维摩》，其《读〈维摩经〉有感》云：“身如泡沫亦如风，刀割香涂共一空。宴坐世间观此理，维摩虽病有神通。”[②]佛教认为，众生皆虚幻不实，如幻师见所幻人，如水中月、镜中像、热时炎、水上泡等，苦乐的一生终归逝去，归于空寂。在这里，王安石读《维摩经》所引发的感慨，不仅是对他一生事业的觉悟，恐怕也是对晚年现实的无奈。“维摩虽病有神通”，维摩为教化众生而示现病容，演说诸法皆空的道理，而王安石身上的病痛却是实实在在、无法消除的。

佛教给人的信仰力量莫过于轮回报应说。王安石《拟寒山拾得十九首》云：“我曾为牛马，见草豆欢喜。又曾为女人，欢喜见男子。我若真是我，只合长如此。若好恶不定，应知为物使。堂堂大丈夫，莫认物为己。”[③]王安石由轮回说引向做一个不为物使的堂堂大丈夫，确实有其过人之处。只是不知他在生死轮回中可曾做过小民。

王安石对佛教的理解基于他的质疑精神。他在《进二经札子》中说：“切观《金刚般若》《维摩诘所说经》，谢灵运、僧肇等注多失其旨，又疑世所传天亲菩萨、鸠摩罗什、慧能等所解，特妄人窃借其名，辄以己见，为之训释。”[④]这种质疑与其“法尧舜”的政治主张相一致，谢灵运、僧肇等他都不放在眼里，反映出其藐视一切的孤傲性格。他也正是在这种质疑精神的引导下展开他的佛教理解。那么，时人是怎么看待他对佛教的认知的呢？

尽管王安石对佛教教义的理解不乏创造性，但其佛教造诣却遭到同时代学者乃至后世学者的质疑。例如，他的好友苏轼就对他的佛教认知提出质疑。“济南监镇宋保国，出观荆公《华严解》，东坡曰：‘华严八十一卷，今独其一，何也？’保国云：‘公言此佛语至深妙，他皆菩萨语耳。’东坡曰：‘予于藏经中取佛经数句

---

① 《王安石全集》，第 57 页。
② 《王安石全集》，第 566 页。
③ 《王安石全集》，第 414 页。
④ 《王安石全集》，第 179 页。

杂菩萨语中，又取菩萨语数言杂佛语中，子能识其是非呼？余昔在岐下，闻河阳猪肉甚美，使人往市之，使者醉，猪夜逸去，贸他猪以偿，客皆大诧，以为非他产所及，既而事败，客乃大惭。今荆公之猪未败耳。若一念清净，墙壁瓦砾皆说无上妙法，而云佛语深妙，菩萨不及，岂非梦中语呼！'"[①]苏轼认为，王安石从佛经中分出佛语、菩萨语是不可能的事；王安石将佛语视为深妙而菩萨不及的做法不过是梦中呓语。又如，黄庭坚曾嘲讽王安石的佛教水平，其在《跋王荆公禅简》中说："荆公学佛，所谓吾以为龙又无角，吾以为蛇又有足者也。"[②]他认为王安石的佛教理解是画蛇添足、不伦不类。王安石的这种特点，与其删定《字说》的风格，可以说极为相似。根本原因在于他对佛教教义尚未能整体准确把握。他晚年与真净克文的"证""具"之辩即是例证。

---

① 丁傅靖辑：《宋人轶事汇编》中册，中华书局，1981年，第493页。
② 石峻等编：《中国佛教思想资料选编》第三卷第三册，中华书局，1991年，第118页。

第三节
苏轼与南京佛教

苏轼是北宋著名文学家、书法家、画家，名列"唐宋八大家"之一，与其父苏洵、其弟苏辙并称"三苏"。"三苏"堪称宋代文士结交出世衲子的典型家庭，其中苏轼与禅林僧衲的交游则更为宽泛，在当时及后世的影响力也更大。苏轼在江西时，常与东林常聪、佛印了元等人相交往。在杭州时，多与道潜、辨才等诗文往来。苏轼尝自述称："吴越多名僧，与予善者常十九。"其中还列举了妙总师参寥子、径山长老维琳、杭州圆照律师、秀州本觉寺一长老、净慈寺楚明长老等人。[①]《云卧纪谈》载："钱塘僧道潜者，以诗见知于苏文忠公，号其为参寥子，凡诗词迭唱更和形于翰墨，必曰参寥，及吕丞相为奏妙总师名之，后与简牍，则曰妙总老师，江浙石刻具存者多。"[②]苏轼对佛教禅宗的信好，与其文学化的生涯如影随形，后人把苏轼与佛教相关文字作品编辑为《东坡禅喜集》。此外，作为宋代书法四大家之一，苏东坡还经常抄写佛经。与王安石不同的是，苏轼在南京待的时间较短，但有不少值得称道之处，故略述之。

一 苏轼在南京的行历

苏轼(1037—1101)，字子瞻，号东坡居士，眉州眉山人。北宋著名文学家、书画家，造诣之高，举世罕见，为"唐宋八大家"之一。嘉祐二年(1057)，与弟苏辙同登进士。嘉祐六年(1061)，授大理评事，签书凤翔府判官。熙宁二年(1069)，父丧守制期满还朝，为判官告院。因责新法实施过于急迫，造成诸多不便，安石怒，苏轼自请外任。熙宁四年(1071)，通判杭州，同年秋，迁知密州，后又移知徐州。元丰二年(1079)，罹"乌台诗案"，几乎丧命，责授黄州(今湖北黄冈)团练副使。元丰七年(1084)，苏轼离开黄州，奉诏赴汝州就任。在此期间，苏轼的幼儿不幸

---

① 参见苏轼：《东坡志林》卷二《付僧惠诚游吴中代书十二》。
② 晓莹：《云卧纪谈》卷上，《卍新续藏》第83册，第663页。

死于途中。苏轼上书朝廷，请求先不去汝州，暂居常州，被批准。

哲宗即位（1085），高太后临朝听政，司马光为相。苏轼以礼部郎中被召还朝。不久迁起居舍人，旋迁中书舍人，复又升翰林学士知制诰，知礼部贡举。苏轼与司马光曾为旧友，见司马光尽废新法，乃劝他"法相因则事易成，事有渐则民不惊"。光忿然。苏轼遂知杭州，筑"苏公堤"。后改知颍州、扬州、定州。元祐八年（1093），哲宗亲政，苏轼被贬至惠州，再贬昌化军（今海南儋州市）。后徽宗即位，遇赦北归。建中靖国元年（1101）卒于常州，时年 66 岁，谥号"文忠"。

仁宗读苏轼、苏辙制策，高兴地说："朕今日为子孙得两宰相矣。"神宗喜爱苏轼之文，读之常常忘记饮食，称其为天下奇才。然苏轼仕途坎坷，令人叹息。其志洁，其德高，率性而为，在政治斗争中，这种性格自然会使其成为政治上的失意者。然其诗词文章，卓绝宏伟，雄视百代，乃世人之福。

苏轼虽不曾在南京任职，然在其游宦生涯中，与南京渊源颇深。《宋史·苏轼传》记载了他与王安石的一段金陵往事：

> 道过金陵，见王安石，曰："大兵大狱，汉、唐灭亡之兆。祖宗以仁厚治天下，正欲革此。今西方用兵，连年不解，东南数起大狱，公独无一言以救之乎？"安石曰："二事皆惠卿启之，安石在外，安敢言？"轼曰："在朝则言，在外则不言，事君之常礼耳。上所以待公者非常礼，公所以待上者，岂可以常礼乎？"安石厉声曰："安石须说。"又曰："出在安石口，入在子瞻耳。"又曰："人须是知行一不义，杀一不辜，得天下弗为，乃可。"轼戏曰："今之君子，争减半年磨勘（勘察官员政绩），虽杀人亦为之。"安石笑而不答。①

此事发生于元丰七年（1084），苏轼离开黄州，奉诏赴汝州就任，途经南京。苏轼幼子苏遁，不满 1 岁，病亡于金陵，苏轼作诗哭之。然其忧国之情未减，秉承范文公之志，终生未易，政治操守非王安石可比。后人誉之"此文忠经行金陵，事迹之最伟者也"。不在其中，孰能察之！

苏轼作《次荆公韵》赠王安石。又与王安石、王胜之同游蒋山，作《同王胜之游蒋山》，诗云：

---

① 脱脱等：《宋史》卷三百三十八《列传第九十九·苏轼传》。

到郡席不暖，居民空惘然。好山无十里，遗恨恐他年。欲款南朝寺，同登北郭船。朱门收画戟，绀宇出青莲。夹路苍髯古，迎人翠麓偏。龙腰蟠故国，鸟爪寄层巅。竹杪飞华屋，松根泫细泉。峰多巧障日，江远欲浮天。略彴横秋水，浮图插暮烟。归来踏人影，云细月娟娟。①

王胜之时任江宁知府。王安石对诗中"峰多巧障日，江远欲浮天"句称赞不已，"老夫平生所作诗，无此二句"，因次其韵，作《和子瞻〈同王胜之游蒋山〉》，赞颂苏轼"墨客真能赋，留诗野竹娟"。

绍圣元年(1094)，苏轼又至金陵，得钟山泉公书，寄诗为谢。苏轼在被贬谪的路上常常沿途参访仰慕已久的高僧大德。这次他被贬往岭南，途径金陵，便去参谒以"泉万卷"闻名丛林的云门禅僧"钟山泉公"，即蒋山佛慧泉禅师。沙门晓莹《罗湖野录》记载：

蒋山佛慧泉禅师，丛林谓之泉万卷。绍圣元年，东坡居士有岭外之行，舟次金陵，阻风江浒，既迎其至，从容语道。

东坡遂问曰："如何是智海之灯？"

泉遽对以偈曰："指出明明是甚么？举头鹞子穿云过，从来这碗最希奇！解问灯人能几个？"

东坡于是欣然，以诗纪其事曰："今日江头天色恶，炮车云起风欲作。独望钟山唤宝公，林间白塔如孤鹤。宝公骨冷唤不应，却有老泉来唤人。电眸虎齿霹雳舌，为余吹散千峰云。南来万里亦何事？一酌曹溪知水味。他年若画蒋山图，仍作泉公唤居士。"

泉复说偈送行曰："脚下曹溪去路通，登堂无复问幡风；好将钟阜临岐句，说似当年踏碓翁。"

噫！东坡平生夷险一致，非与忧患争者，不然，正当放浪岭海之时。岂能问智海灯耶？泉奋霹雳舌，为吹散千峰之云，在东坡不为无得也。②

---

① 葛寅亮：《金陵梵刹志》卷三，第155页。

② 晓莹：《罗湖野录》卷下，《卍新续藏》第83册，第386页上。

苏轼此次至金陵和多名当时的高僧有过交往,《赠清凉寺和长老》即作于此时,诗云:

代北初辞没马尘,江南来见卧云人。问禅不契前三语,施佛空留丈六身。老去山林徒梦想,雨余钟鼓更清新。会须一洗黄茅瘴,未用深藏白氎巾。①

建中靖国元年(1101),苏轼自海南归,途经金陵,作《次韵赠清凉长老》,遂成金陵吟咏绝唱。诗云:

过淮入洛地多尘,举扇西风欲污人。但怪云山不改色,岂知江月解分身。安心有道年颜少,遇物无情句法新。送我长芦舟一叶,笑看雪浪满衣巾。②

苏轼这次到金陵,又作《观世音菩萨颂并序》:

金陵崇因禅院长老宗袭,自以衣钵造观世音像,极相好之妙。余南迁,过而祷焉,曰:"吾北归当复过此,而为之颂。"建中靖国元年五月一日,自海南归至金陵。乃作颂曰:

慈近乎仁,悲近乎义。忍近乎勇,忧近乎智。四者似之,而卒非是。有大圆觉,平等无二。无冤故仁,无亲故义。无人故勇,无我故智。彼四虽近,有作有止。此四本无,有取无匮。有二长者,皆乐檀施。其一大富,千金日费。其一甚贫,百钱而已。我说二人,等无有异。吁观世音,净圣大士。遍满空界,挈携天地。大解脱力,非我敢议。若其四无,我亦如此。③

① 葛寅亮:《金陵梵刹志》卷十九,第 383 页。
② 葛寅亮:《金陵梵刹志》卷十九,第 384 页。
③ 葛寅亮:《金陵梵刹志》卷四十,第 609 页。

两个月后，苏轼卒于常州。“先生经行处，草木皆可敬”，“然安有祠诸贤而不祠文忠者乎？”[①]苏轼遂入金陵祀堂。

二 苏轼的佛学思想

苏轼的家庭具有浓厚的佛教氛围。他的父亲苏洵佛学造诣很高，并与蜀地云门宗圆通居讷和宝月惟简禅师往来密切，《宋高僧传》将他视为居讷禅师的法嗣。[②] 他的母亲程氏虔诚信奉佛教，供有五代时禅月大师贯休所绘十八罗汉像。他的弟弟苏辙也虔诚信佛。[③] 在这样的家庭环境中，苏轼自青少年时代就旁涉“释迩文”“喜佛书”，年龄日长，遂“惟佛经以遣日”“读释氏书，深悟实相”。这说明苏轼的佛学思想主要来源于对佛教经典的学习研读，他的佛教信仰是建立在对佛教义理的充分理解基础之上的。在佛经研习方面，他涉猎广泛，对大乘佛教诸典颇有心得体会。从他的诗词文献来看，他比较喜欢《维摩诘经》《楞严经》《楞伽经》《华严经》《圆觉经》《金光明经》《金刚经》《坛经》等，且多有所发明。

《维摩诘经》是苏轼最早研读的佛经之一。他在凤翔天柱寺参观维摩诘塑像时作诗赞云，“当其在时或问法，俯首无言心自知”，“见之使人每自失，谁能与洁无言师”。在其生命最后一年，维摩居士的形象依然铭刻在他内心深处，其《次韵阳行先》诗云：“室空惟法喜，心定有天游。摩诘原无病，须恒不入流。”[④]可见，《维摩诘经》是苏轼一生钟爱的佛教经典。

《楞严经》也是苏轼颇为推重的一部佛经。在通判杭州时，苏轼就摄用《楞严》义理入诗。其诗云：“欲问云公觅心地，要知何处是无还。”他自注：“《楞严经》云：‘我今示汝无所还地。’”[⑤]苏轼偏爱《楞严经》，屡次对其大加称赞，“《大乘》诸经至《楞严》，则委曲精尽胜妙独出者，以房融笔故也”[⑥]，“老拙慕道，空能诵《楞

① 张铉：《至正金陵新志》卷九《学校志·祀先贤》，第1191页。
② 张琪：《苏东坡的佛缘》，《佛学研究》2012年第1期。
③ 张琪：《苏东坡的佛缘》，《佛学研究》2012年第1期。
④《苏轼诗集》卷四十五，中华书局，1982年，第2431页。
⑤《苏轼诗集》卷十《病中独游净慈谒本长老》，第475页。
⑥《苏轼文集》卷六十六《书柳子厚大鉴禅师碑后》，第2084页。

严》言语，而实无所得，见贤者得之，便能发明如此”①。苏轼晚年贬居澹州，更爱《楞严经》，“《楞严》在床头，妙渴时仰读”②。后北归，途中逢母忌日，“复以阻风滞留，斋荐尤不严，且敬写《楞严经》中文殊师利法王所说《圆通偈》一篇，少伸追往之怀，行当过庐山，以施山中有道者”③。

苏轼对《华严经》也尤为喜爱。他有诗云：“孤云抱商丘，芳草连杏山。俯仰尽法界，逍遥寄人寰。”④又有《地狱变相偈》云：“乃知法界性，一切惟心造。若人了此言，地狱自破碎。”⑤关于《华严经》，苏轼与王安石之间尚有一段公案。苏轼在《跋王氏华严经解》中驳斥王安石的观点：

> 予过济南龙山镇，监税宋宝国出其所集王荆公《华严经解》相示曰：“公之于道，可谓至失。”予问宝国：“《华严》有八十卷，今独解其一，何也？”宝国曰：“公谓我此佛语深妙，其余皆菩萨语尔。”予曰：“予于藏经取佛语数句置菩萨语中，复取菩萨语置佛语中，子能识其是非乎？”曰：“不能也。”“非独子不能，荆公亦不能。予昔在岐下，闻沂阳猪肉至美，遣人置之。使者醉，猪夜逸，置他猪以偿，吾不知也。而与客皆大诧，以为非他产所及。已而事败，客皆大渐。今荆公之猪未败尔。屠者买肉，娼者唱歌，或因以悟。若一念清净，墙壁瓦砾皆说无上法，而云佛语深妙，菩萨不及，岂非梦中语乎？”宝国曰：“唯唯。”⑥

苏轼认为，王安石《华严经解》只解佛语而不解菩萨语是极其荒唐的，他认为只要做到“一念清净”，墙壁瓦砾皆说无上甚深微妙佛法，何况菩萨。

苏轼是一个品行高洁、刚正不阿的人。他或许并不缺乏政治智慧，但站在道义的立场，他既不赞成王安石新党激进的改革措施，也不赞成司马光旧党全盘否定改革的保守政策，⑦结果受到二者的打压，屡遭贬谪，甚至险遭砍头的厄运。每

---

① 《苏轼文集》卷五十五《与程全父十二首》(其五)，第 1624 页。
② 《苏轼诗集》卷四十二《次韵子由浴罢》，第 2303 页。
③ 《苏轼文集》卷六十九《跋所书圆通偈》，第 2204 页。
④ 《苏轼诗集》卷二十五《南都妙峰亭》，第 1325 页。
⑤ 《苏轼文集》卷二十二，第 644 页。
⑥ 《苏轼文集》卷六十六，第 2060 页。
⑦ 张琪：《苏东坡的佛缘》，《佛学研究》2012 年第 1 期。

当仕途坎坷、身处逆境、遭遇不幸的时候，佛教超然、淡泊、宁静、随缘的深邃哲理无疑会对他忧伤郁闷的心理起到极大的安抚作用，使他与佛教越来越亲近，向往佛教超然物外、与世无争的洒脱生活，[①]从而重新评估人生的价值与意义。“试问：‘岭南应不好？’却道：‘此心安处是吾乡。’”[②]他把自己当作“闭阁烧香一病僧”，以超然出世的态度来审视现实的苦难，表现出常人难以想象的淡然与洒脱。

苏轼是一个有着极高佛学造诣的居士，其对佛教独特的理解和对人生的感悟使他对佛教界一些不良风气发出“辟佛”言论，当然，主要批评的是“妄庸巧伪”者。例如，他说：“近岁学者各宗其师，务从简便，得一句一揭，自谓了证，至使妇人孺子，抵掌嬉笑，争谈禅悦，高者为名，下者为利，余波末流，无所不至，而佛法微失。”[③]又说：“岂惟吾学者，至于为佛者亦然。斋戒持律，讲诵其书，而崇饰塔庙，此佛之所以日夜教人者也。而其徒或者以为斋戒持律不如无心，讲诵其书不如无言，崇饰塔庙不如无为。其中无心，其口无言，其身无为，则饱食而嬉而已，是为大以欺佛者也。”[④]

苏轼认为，学佛关键在于“得佛心法”，而不是广度僧尼、崇侈寺庙。他对仁宗处置佛教的方法给予很高的评价：

> 臣谨按古之人君号知佛者，必曰汉明、梁武，其徒盖常以借口，而绘其像于壁者。汉明以察为明，而梁武以弱为仁。皆缘名失实，去佛远甚。恭惟仁宗皇帝在位四十二年，未尝广度僧尼，崇侈寺庙。干戈斧质，未尝有所私贷。而升遐之日，天下归仁焉。此所谓得佛心法者，古今一人而已。[⑤]

苏轼对佛教的看法既符合北宋开国以来世代承续的相关佛教政策，又符合佛教的根本宗旨，可见他对佛教的把握是相当到位的。

苏轼其学，可谓一生三变，盖无出儒、道、释三教。他弟弟苏辙在他的墓志铭中写道：“（苏轼）初好贾谊、陆贽书，论古今治乱，不为空言。既而读《庄子》，喟然

---

① 张琪：《苏东坡的佛缘》，《佛学研究》2012 年第 1 期。
② 龙榆生：《唐宋名家词选》，上海古籍出版社，1982 年，第 117 页。
③ 《苏轼文集》卷六十六《书楞伽经后》，第 2085 页。
④ 《苏轼文集》卷十二《盐官大悲阁记》，第 387 页。
⑤ 《苏轼文集》卷十七，第 501 页。

叹息曰:'吾昔有见于中,口未能言,今见《庄子》,得吾心矣!'……后读释氏书,深悟实相,参之孔、老,博辩无碍,浩然不见其涯也。"[①]由此可以看出苏轼对儒、释、道三家的态度。而苏轼在人生的跌宕起伏之中,将儒、道、佛三教进行了融汇、整合与统一,从而达到超然无累、圆满自足而又天趣洋溢、生机浩荡的人生境界。[②]

这种出世与入世的融合一体,在苏轼的作品中很常见,他在《祭龙井辩才文》中说:"呜呼!孔老异门,儒释分宫。又于其间,禅律相攻。我见大海,有北南东。江河虽殊,其至则同。虽大法师,自戒定通。律无持破,垢净皆空。讲无辩讷,事理皆融。如不动山,如常撞钟。如一月水,如万窍风。"[③]

苏轼与云门下五世大觉怀琏交游甚久,尝撰《宸阁碑记》,评述大觉怀琏的弘法特色:"是时北方之为佛者,皆留于名相,囿于因果,以故士之聪明超轶者皆鄙其言,诋为蛮夷下俚之说。琏独指其妙与孔、老合者,其言文而真,其行峻而通,故一时士大夫喜从之游。"[④]苏轼的上述评论,既在一定程度上反映了当时士大夫对禅宗的思想取向,也说明了云门宗从岭南向北扩展并盛行一时的思想文化因素,又体现了苏轼的佛学价值认同和皈依。在苏轼生命的最后一年,他作《南华长老题名记》,曰:

学者以成佛为难乎?累土画沙,童子戏也,皆足以成佛。以为易乎?受记得道,如菩萨大弟子,皆不任问疾。是义安在?方其迷乱颠倒流浪苦海之中,一念正真,万法皆具。及其勤苦功用,为山九仞之后,毫厘差失,千劫不复。呜呼,道固如是也,岂独佛乎!古子思子曰:"夫妇之不肖,可以能行焉,及其至也,虽圣人亦有所不能焉。"孟子则以为圣人之道,始于不为穿窬,而穿窬之恶,成于言不言。人未有欲为穿窬者,虽穿窬亦不欲也。自其不欲为之心而求之,则穿窬足以为圣人。可以言而不言,不可以言而言,虽贤人君子有不能免也。因其不能免之过而遂之,则贤人君子有时而为盗。是二法者,相反而相为用,儒与释皆然。斋南华长老明公,其始盖学于子思、孟子者,其后弃家为浮屠氏。不知者以为逃儒归佛,不知其犹儒也。南华自六祖

---

① 苏辙:《苏辙集》卷二十二《亡兄子瞻端明墓志铭》,中华书局,1990年,第1126页。

② 达亮:《苏东坡的佛教思想特色》,《五台山研究》2008年第2期。

③《苏轼文集》卷六十三,第1961页。

④《苏轼文集》下册,岳麓书社,2000年,第1263页。

> 大鉴示灭，其传法得眼者，散而之四方。故南华为律寺。至吾宋天禧三年，始有诏以智度禅师普遂住持，至今明公盖十一世矣。斋明公告东坡居士曰："宰官行世间法，沙门行出世间法，世间即出世间，等无有二。今宰官传授，皆有题名壁记，而沙门独无有。矧吾道场，实补佛祖处，其可不严其传，子为我记之。"居士曰："诺。"乃为论儒释不谋而同者以为记。建中靖国元年正月一日记。①

苏轼从居士的立场出发，将佛教与儒家文化融会贯通，等而视之，明公"犹儒也"，而儒家"实补佛祖处"，"世间即出世间，等无有二"，从而使他的学问和修养达到了一个新的境界。世间即是出世间，出世即是入世，"相反而相为用，儒与释皆然"，儒、佛本质上哪里还有什么区别？

4个月后，苏轼来到金陵，作《观世音菩萨颂》，其中说："慈近乎仁，悲近乎义。忍近乎勇，忧近乎智。四者似之，而卒非是。有大圆觉，平等无二。"佛教与儒学相近却并不一样，相似而本质不同。最后，苏轼更是从"大圆觉"的高度消除了儒、释两家的界线，从而又使佛教超然于儒家之上。当然，苏轼的佛教修为奠定了其广博的人生视野和开阔的艺术思维的基础，使他"能以更透脱的禅理来认识世界，看待人生，作飒然超离之想"②。

对苏东坡的佛学修为，历来评价颇高。唐文献称赞苏东坡是研习佛法的典范人物："子瞻平日熟于荀、孟、孙、吴，晚遇贬谪，遂以内典为摈愁捐痛之物。浸淫久之，斐然有得。……子瞻于生死二字，虽不能与维摩、庞蕴争一线，然其谈笑轻安，坦然而化。"③当然，作为一名文士，难免在佛法修为侧重于"文字般若""以翰墨作佛事"。陆树声在《题禅喜集》中评述称："坡老平生喜谈般若，得此中三昧，故信口拈成，无非妙胜，参寥亦谓老坡牙颊间别有一副炉鞴。观其平生锻炼佛祖，纵横自在，具世智辩才，以翰墨作佛事，而他日复谓无始以来，结习口业，未空言语文字性，其自道若此。"④

---

① 《苏轼文集》卷十二《南华长老题名记》，第393页。
② 孙昌武：《佛教与中国文学》，上海人民出版社，1988年，第153页。
③ 唐文献：《东坡禅喜集序》，载四川大学中文系唐宋文学研究室编：《苏轼资料汇编》上编三，中华书局，1994年，第1055页。
④ 陆树声：《题禅喜集》，载四川大学中文系唐宋文学研究室编：《苏轼资料汇编》上编三，第1054页。

苏东坡晚年所作的《观世音菩萨颂并序》一改华丽诙谐的词风，拙朴苍劲，此文或可谓是他佛教修学之总结。清初钱谦益称“北宋以后，文之通释教者，以子瞻为极则”[①]，可说是对苏轼的佛教修为比较准确的评论。

① 钱谦益：《牧斋初学集》卷八十三《读苏长公文》，上海古籍出版社，1985 年，第 1756 页。

第九章　隋唐五代时期南京佛教寺院

自北周大定元年(581),杨坚受禅于周而建立隋王朝,至隋义宁二年(618),李渊代隋而立唐,隋王朝在其短短37年的统治时间里,不但终结了自西晋末年以来长达300余年的分裂局面,完成统一,而且也奠定了其后唐300余年的国家根基。也正是在此基础上,有隋一代才堪为中国佛教发展史上的一个重要时期。隋以前的南北朝时期,汉地佛教有两大发展区域,一是以北朝都城长安、洛阳为中心的北方地区,一是以南朝都城建康为中心的江南地区。而自隋朝建立,国家始成统一,南北不再分治,使得汉地佛教的发展中心发生了重大变化:隋都长安开始成为北方地区乃至全国范围的佛教中心。而自陈祯明三年(589)隋灭陈后,建康国都地位不再,加之隋帝毁城,使得建康佛教在短时间内受到了极为沉重的打击,其作为江南佛教中心的地位急剧下滑,建康境内大批佛寺被毁,又有众多南朝高僧北迁,建康佛教在江南地区的中心地位大为削弱。

当然,隋初建康佛教发展之剧变,绝非仅仅归咎于朝代更替中的战乱之祸,乃至隋文帝毁城,在其背后尚有综合性的政治、文化诸因素。这些因素交织在一起,才构成了隋初建康佛教发展的深刻背景。这比梁末侯景之乱对建康佛教的打击要复杂许多。可以说,侯景之乱虽对建康佛教造成过直接的毁灭性打击,然究其原因,无非只是军事因素,更无其他深层原因。这种军事上的破坏,施行起来十分容易,但恢复起来也非难事。如有陈一代虽不复梁代七百寺盛况,但亦兴寺三百,短短数十年间,有此恢复成就,不可谓不大。但隋初建康佛教所面临的问题,远非这么简单。除军事因素外,政治、文化因素才是隋以降建康佛教发展走向衰落的内在因素。这种内在之因,既是当时建康城自身发展面临困境的主要原因,也是当时建康佛教发展受创乃至后世几百年都未大兴的根本原因。因此,若要考察隋代建康佛寺的兴废状况,也须从当时复杂的政治、文化背景谈起。

隋代的政治、文化政策采取"关中本位",对江左之政治、文化深怀敌视。"以关陇集团制定的各项方针政策作为背景,以集中于关中地区的军府(正规军)的强大兵力作为后盾,隋文帝从'关中本位'的立场出发,构建了统治全国的基本体制。"①所谓"关中本位",就其形成而言,"有异于山东及江左之旧制,或阴为六镇鲜卑之野俗,或远承魏晋之遗风……乃关陇区内保存之旧时汉族文化以适应鲜

---

① 气贺泽保规:《绚烂的世界帝国:隋唐时代》,石晓军译,广西师范大学出版社,2014年,第38页。

卑六镇势力之环境而产生之混合品”[①]；就其特征而言，“以关中地域为本位，融洽胡汉为一体，以自别于洛阳、建邺或江陵文化势力”[②]。而其目的便是“欲与财富兵强之山东高氏及神州正朔所在之江左萧氏共成一鼎峙之局”[③]。隋所构建的新体制，不论是从基本立场、核心集团还是政策实施，都鲜明地体现了对江左的敌视。而建康作为南朝文化不可替代的代表性都市，恰是敌视目光的焦点。正是在这样的敌视之下，隋文帝平陈之后，“诏并平荡耕垦，更于石头城置蒋州”[④]，使得盛极六朝的建康城转瞬被夷为平地。而在精神文化方面，这种敌视更具体地表现为，通过政治高压，在江南地区推行北朝的儒家“五教”[⑤]（父义、母慈、兄友、弟恭、子孝）文化政策，令“无长幼悉使诵五教，威加以烦鄙之辞，百姓嗟怨”[⑥]。这种文化高压政策对南京佛寺乃至佛教的直接冲击虽不能确切表述，然而在其影响下，江南地区的反叛及平叛运动对南京佛寺产生了令人始料未及的破坏。[⑦]

此外，行政区划的频繁变更，也在某种程度上对当时佛教的发展及佛寺的恢复和创建等带来一定的影响。隋文帝平定建康之后，在石头城置蒋州。开皇十八年（598），废溧阳，并入溧水，与江宁、当涂二县属蒋州。大业初，改蒋州，复名丹阳郡，与建康、秣陵、同夏三县入江宁。又废临沂、丹阳、湖熟三县，亦入江宁，江宁与溧水二县仍为丹阳郡所统。起初，扬州治所迁置蒋州城内，废东府城，后以江都为扬州，置总管府，包括句容，自此扬州之名，专属于江都地区。如此频繁的区划变更，直接破坏了南京地区稳定的发展条件。而更重要的是，在这一过程当中，江南地区的行政中心开始向江都（今扬州）转移，蒋州（今南京）的政治地位下降。这样的“冷落”，成为隋唐时期建康佛寺发展的不利因素。

尽管面临诸多不利因素，并且金陵佛寺在入隋之后曾遭受重创，但随着新政权的渐趋稳固，尤其是唐朝取代隋后，中国历史进入一个长期稳定繁荣的时期，金陵佛教慢慢恢复生气，佛寺的修复及创建事业也逐渐开展起来。与对建康城的冷酷与敌视截然相反，隋文帝对于佛教的尊崇是历代皇帝中少有的，这一因素

---

① 陈寅恪：《隋唐制度渊源略论稿·唐代政治史述论稿》，生活·读书·新知三联书店，2001 年，第 4 页。
② 陈寅恪：《隋唐制度渊源略论稿·唐代政治史述论稿》，第 20 页。
③ 陈寅恪：《隋唐制度渊源略论稿·唐代政治史述论稿》，第 198 页。
④ 魏徵：《隋书》卷三十一《地理下》；另见卷二十三《五行下》：“及陈亡，建康为墟。”
⑤《左传》“文公十八年”条曰：“舜臣尧，……举八元，使布五教于四方，父义、母慈、兄友、弟恭、子孝。”
⑥《北史》卷六十三《苏绰传》。
⑦ 详见后文。

在很大程度上为建康佛教的恢复生气及佛寺的复建埋下了伏笔。

隋文帝杨坚出生于冯翊(今陕西大荔县)般若尼寺,由智仙比丘尼“舍于别馆,躬自抚养”[①]。杨坚日后亦常言道:“我兴由佛法。”[②]而其即位,便“普诏天下,任听出家,仍令计口出钱,营造经像。而京师及并州、相州、洛州等诸大都邑之处,并官写一切经,置于寺内;而又别写,藏于秘阁”[③]。从开皇元年(581)到仁寿四年(604)的20余年时间里,隋文帝一步步地推进弘扬佛法的事业,崇佛政策的逐步推出,使得自北周武帝灭佛起被压抑已久的佛教活动迅速复兴,“天下之人,从风而靡,竞相景慕,民间佛经,多于六经数十百倍”[④]。而隋文帝尊崇佛教的巅峰,即为仁寿年间(601—604)大兴舍利塔的事业。仁寿元年(601)六月乙丑(十三),“颁舍利于诸州”[⑤],同日下诏“国子学唯留学生七十人,太学、四门及州县学并废”[⑥],昭示了此后隋朝的大政方针是从崇儒转向重佛。而此次分送舍利运动中,有诏“分道送舍利,先往蒋州栖霞寺”[⑦]等例。开皇二十年(600)到仁寿年间,文帝下诏:“敢有毁坏、偷盗及天尊像、岳镇海渎神形者,以不道论。沙门坏佛像,道士坏天尊者,以恶逆论。”[⑧]将毁盗天尊、神、佛像的行为与谋逆等同,体现了其鲜明的政治色彩。

与此同时,江南的政治地位也在悄然发生变化。开皇十年(590)平陈之后,由于强制更改区划、变更制度、裁汰遗臣以及推行以“五教”为代表的北方文化,江南地区爆发了大规模的反叛运动。为此,隋文帝在武力镇压的同时,委派晋王杨广治理江南,出任扬州总管。这一举动的意义非同小可。晋王杨广曾是平陈的统帅,与江南早有交集。而晋王杨广之妻萧氏,本系后梁明帝之女,这位日后的萧皇后本属南朝系统,其萧氏家族素有尊崇佛教的传统。杨广本人和江南文化的联系,与作为江南文化代表和崇信佛教的其妻萧氏家族不无关系,这使得文帝的江南统治策略发生了转变,开始超越“关中本位”而向崇佛方向转移,这对晋王杨广在夺嫡斗争中胜出、得以立为太子也有相当大的影响。实际上,杨广本人

---

① 傅恒:《通鉴辑览》卷四十七,清文渊阁四库全书本,第1334页。
② 严衍:《资治通鉴补》卷一百七十九,清光绪二年盛氏思补楼活字印本,第3446页。
③ 魏徵:《隋书》卷三十六,清乾隆武英殿刻本,第570页。
④ 魏徵:《隋书》卷三十六,清乾隆武英殿刻本,第570页。
⑤ 魏徵:《隋书》卷二,清乾隆武英殿刻本,第22页。
⑥ 魏徵:《隋书》卷二,清乾隆武英殿刻本,第22页。
⑦ 葛寅亮:《金陵梵刹志》上册,南京出版社,2011年,第192页。本章所引《金陵梵刹志》皆为此版本。
⑧ 魏徵:《隋书》卷二,清乾隆武英殿刻本,第21页。

不仅在平陈过程中与江南有诸多交集，还与创立天台宗的高僧智𫖮以及江南众多佛教人士有着紧密的联系。杨广受任扬州后，开皇十一年(591)，诏请智𫖮到扬州，赐"智者大师"称号，而智𫖮则回授杨广"总持菩萨"法号。虽然不能完全确认杨广真正的宗教信仰，但延请智𫖮讲法受戒至少可以表明他愿意与江南佛教走近，这对江南佛教和佛寺的发展，无疑有很大的正面意义。

总之，在经历隋初剧变之后，随着隋唐时期佛教宗派的大发展，具有深厚基础的南京佛教逐步恢复，佛寺的恢复和创建也开始其新的发展。

第一节
隋唐五代南京佛寺之兴废

隋唐五代南京佛寺的兴废大势受前期隋唐政治局势影响较大，兴毁参半。而渐至唐末，民众佛教信仰发展壮大，政治影响相对减弱，金陵城池再兴，诸多因素造成了唐末金陵佛寺的又一短暂繁荣景象，也奠定了五代佛寺的基础。五代时期虽值唐帝国瓦解分裂、混战不断的乱局，然而金陵佛寺却反而从隋唐时期的低迷状态中摆脱出来，迎来了又一个发展的小高峰。

一 陈隋之际的南京佛寺

隋开皇八年(588)十月，经过一系列筹划，隋文帝下达了伐陈的命令。在晋王杨广节制下，清河公杨素出信州(今四川东部重庆奉节)，顺长江而东。秦王杨俊出襄阳，沿汉水而下。而杨广本人则率主力出六合，正面压向陈的首都建康。[①]面对隋军的攻势，早已在多次内乱和常年腐败消耗之下的江南王朝顺势崩塌，城破国亡。随着陈王朝的覆灭，建康城作为六朝都城的尊荣一朝蒙尘，在此"覆巢"局面之下，南京佛寺亦不可避免地受到战火波及，处在山丘、要道附近的部分佛寺遭兵乱而毁废。如位于鸡笼山西的耆阇寺，这座营建于东晋的梵刹在此役中成为陈将樊毅屯兵抗隋的阵地，最终随着陈王朝国亡而寺废。[②] 而孔范所守的宝田寺[③]、地处要冲的长乐寺[④]，虽未有被毁的明确记载，然自此不复见于史书，推

---

① 魏徵:《隋书》卷二《高祖下》。

② 按《南朝寺考》:"耆阇寺，东晋时所建也，在鸡笼山西……齐梁以来有高僧道登安廪迭居此寺。陈张正见陪衡阳王登览，于此赋诗。至隋师渡江，后主命樊毅屯兵寺前，国亡寺废。明重建名普缘寺云。"(刘世珩:《南朝寺考》卷二，《金陵全书·乙编·史料类》，南京出版社，2010 年，第 683 页。本章所引《南朝寺考》皆为此版本。)

③ 宝田寺，在白山冈北，陈祯明三年(589)，隋师临江，后主遣诸军拒之，而忠武将军孔范屯于寺前，未几师溃而国亡。

④ 长乐寺此役是否蒙难并无明确说法。按《建康实录》，此寺"惟地当冲要，梁末齐兵内犯，陈霸先统帅羽林禁兵出，顿寺前，防护宫省，则与都城为存亡也"。且台城之南朱雀门处亦有隋陈交兵，又见其于隋时而废，恐难逃此难。

测当是毁于此次战火。总的来说，隋灭陈的战争之中，虽然卷入战乱的佛寺不止这几座，但由于整个战役进程较为顺利，故对建康城的战争破坏程度并不太大，因此隋灭陈时，建康城大多数佛寺并未卷入其中而遭毁废。

建康佛寺的真正危机，始于开皇九年（589）隋文帝诏令对建康城进行彻底的毁城事件。出于对南朝文化的敌视，以及削弱建康政治、军事地位，破除建康王气，铲除建康在世族心目中的影响，以及杜绝覆灭王朝复活等等原因，[①]隋文帝在平陈之后，下诏“建康城邑宫室平荡耕垦”，“诏并平荡耕垦，更于石头城置蒋州”。[②] 六朝时期建康境内的宫殿府第、亭台楼阁全部夷为平地，辟作农田。这次毁城使建康六朝 300 年之繁华毁于一旦，《隋书·五行志下》卷二十三云：“及陈亡，建康为墟。”直到五代杨吴天祐十一年（914）重筑升州城，其间历 300 余年，建康始终都是文人骚客吊古伤今之所。

依常理考量，此次毁城事件发生后，南京佛寺应遭到重大破坏，然细致分析史料会发现，真实情形并不如此简单。历代史书、建康历代志书，以及其他历史文献中，对于这次毁城事件的记载都只有寥寥数笔，语焉不详，而关于佛寺之毁废，更是难觅踪迹，因此须从多方面综合分析，做出推论。隋文帝崇信佛教，他在下令荡平建康城时，诏令中未出现毁废建康城诸寺的字句。因此，隋文帝诏令荡平之城，应当主要指六朝之旧宫城及建康之都城，而并不包括都城外的建康其他地方。这就需要考察六朝佛寺之分布情况，以弄清有哪些佛寺是分布在隋文帝所荡区域之内，又有哪些佛寺很有可能受其波及或未受到波及。

关于六朝宫城及都城，其位置大体可知。南陈宫城也即皇宫，沿梁旧制，有三重墙，最外层之正南门为大司马门。大司马门以内为宫城，以外则为都城，都城乃京畿之所在。都城之正南门为宣阳门，出宣阳门则为城外。自宫城正南门大司马门，经都城正南门宣阳门，向南接秦淮水朱雀航，凡七八里，即所谓御街。御街两侧，府寺相属，乃建康都城内外之核心区域。因此，隋文帝荡城之区域，当主要是指宫城、都城，以及都城外御街两侧之各级官署机构所在之地。在这一区域内，除东晋孝武帝曾在宫城内立殿内精舍外，今可考的佛寺中，再无分布在宫城及都城内者。而至于都城外御街两侧的较大范围内，虽考有不少佛寺，如孙吴

---

① 卢海鸣：《六朝都城》，南京出版社，2002 年，第 65 页。

② 魏徵：《隋书》卷三十一《地理下》；另见卷二十三《五行下》：“及陈亡，建康为墟。”

建初寺，东晋禅众寺、彭城寺、护身寺、铁索罗寺、普光寺，刘宋大庄严寺、崇福寺、福兴寺等分布其内，然对于建康佛寺之全数而言，却仅占其中的一小部分。除都城外御街之两侧外，秦淮、运渎、青溪及潮沟等水系之沿岸，亦有大量佛寺分布。其中，除秦淮河距都城较远外，潮沟紧邻都城北，运渎在都城西外，青溪亦流经都城之东门。秦淮河南北两岸为繁华的居民区，其间有大量佛寺星罗棋布，一般距都城门较远。其他水系沿岸分布之佛寺，有的距离都城较近，如刘宋湘宫寺（青溪附近）；有的距离都城较远，如萧齐禅灵寺（在秦淮、运渎之交）。总体言之，隋文帝之荡城，的确有可能波及那些分布在城外诸水沿岸的不少佛寺。而除水系沿岸之外，建康境内诸山之上又广布佛寺，相对言之，荡城活动对诸山佛寺影响应较小。如钟山、摄山、牛首山及祖堂山等佛寺分布重心区，应该不会受到太大的影响；而可能受到影响的，当是距离都城北较近之鸡笼山、覆舟山附近。再者，距建康中心区域较远的地方，亦分布着较多佛寺，这些佛寺推测可能较少受到波及。

可以推知，即便隋文帝诏令荡平建康城并不直接针对佛寺，还是会波及建康城的众多佛寺，其中包括御街东西两侧、秦淮河南北两岸较大范围内所分布的佛寺。然而，梁末侯景之乱时，曾水淹台城，后又纵火烧城，使得建康佛寺大多被毁。当时所毁佛寺的分布区域，与隋文帝荡城所波及的区域应大抵相当。也就是说，建康城中心区域，虽本是佛寺分布之重点区，然自侯景之乱后，由于绝大多数佛寺被毁，已由佛寺分布之重点区变为佛寺分布之相对空白区。而距离建康中心区较远处及诸山之上，则在侯景之乱后成为建康佛寺分布的重点区。这个新的佛寺分布格局是侯景之乱造成的结果，入陈以后虽有不少寺院恢复，但寺院分布的新格局并未得到根本改变，因而，隋文帝诏令荡平建康城时，即使免不了波及建康中心区域内诸寺，但此时建康佛寺的分布重心已不在此。

因此，隋文帝下诏荡毁宫城，虽然必定会波及建康城不少佛寺，但不至于对整个建康佛寺造成毁灭性打击。至于说建康佛寺的真正危机和劫难始于隋文帝荡城，也不在于它对建康佛寺带来的直接性破坏，而更多是因之而起的南朝遗民反叛所造成的战乱损毁。隋文帝荡城对六朝遗民来说是一次彻底性的沉痛刺激，以致引发了南方势力与隋朝之间的反叛和平叛战争，而这一系列战争，才是陈隋之际对建康佛寺造成毁坏之最大者。在蒋州诸僧、智顗以及当时负责平定江南叛乱的晋王杨广之间的三封书信中，有关于这段史实的相关记述，可略窥其真。《蒋州僧慧文等与智顗论毁寺书》载：

奉诚寺慧文、龙光寺法令、光宅寺智胜等稽首和南。伏见使人赍符坏诸空寺，若如即目所睹，全之与破，及有僧无僧，毁除不少。伏惟大王菩萨植信崇明，兴建三尊，慈仁化物，岂不宏护佛法，留心塔寺？但此处僧徒忽见毁废，咸怀忧恐。大王虽照同朝日，而圣德高远，众情倾仰，无因简彻。伏惟智者禅师，道俗归止有所，言劝悉善。为先文等，不揆庸微，驰来奉告。必愿运大慈悲，垂为申达。冀未坏之寺，庶得安全。敢藉护持，辄此祈仰。谨和南。开皇十二年二月八日。[①]

开皇十一年(591)，晋王杨广慕智𫖮之名，延请其至扬州，并赐“智者大师”称号，而自己亦从智𫖮受菩萨戒，得赐“总持菩萨”法号。杨广甚至有言：“即日欲服膺智断，率先名教，永泛法流，兼同治国。”[②]不论杨广的目的究竟是皈依佛教，还是想借教力以助王权，此时作为平定江南反叛的统帅以及倾心南朝文化的代表，延请智𫖮与接受法号这两件事情都具有鲜明的政治意义，将此事办得广为人知更是题中之义。正因如此，当蒋州地方“坏诸空寺”、诸僧“咸怀忧恐”之际，蒋州的僧人们首先想到的就是拜托这位德高望重并能“直达天听”的智者大师，而智者大师也并未让蒋州的僧众失望，上书晋王杨广申述僧众之意。《智𫖮与晋王述蒋州僧书》载：

今获蒋州奉诚寺慧文律师书，敬呈如别。仰惟匡持三宝，行菩萨慈。近年寇贼交横，寺塔烧烬。仰承大力，建立将危，遂使佛法安全，道俗蒙赖，收拾经像，处处流通，诵德盈衢，衔恩满路。昔居戎在陈，尚得存心，况息武兴文，方应光显。至如慧文所述，诱剔伽蓝，必由在所官人多生僻解，致令外僧惶惑，忧惧不宁。贫道常念无堪，谬当知识，若论爱惜形命，岂敢言忤公门？特是佛法相关，亦由香火事大，意之所为，惟忧冥道，宁忘即日之身，必存未来之议。若不述愚心，则虚当四事，复乖三稔香火，是何人乎！是何人乎！在所官司，惟悕事办，岂虑因果将来善恶耶？当愿圣德尊严，履万安之路，福禄隆重，高而不危，修菩萨行，栋梁佛法，墙堑三宝，泽覃四海，风芳万代。若谓寺多州少，国或不听，方便善权，仰由安立。若须营造，治葺城隍，江南竹木之乡，采伐弥易。仰

① 梅鼎祚：《释文纪》卷四十三，清文渊阁四库全书本，第733—734页。
② 灌顶编：《国清百录》卷第二，《大正藏》第46册，第807页中。

希宏绍，提拔将沈，故寺若存，新福更长。冀蒙矜允，幽显沾恩。法事仰干，追深愧踖。沙门某敬白。三月十一日。[①]

智者大师曲折劝说晋王杨广保护和修复金陵的寺塔道场。《隋炀帝答智𫖮蒋州事书》载：

帝子总持和南！爰逮高旨瞻蒋州僧所及。窃以僧居望刹，食惟分卫，所立精舍，本依聚落。近年奉诏专征，吊民伐罪，江东混一，海内乂宁，塔安其堵，市不易业，斯亦智者备所明见。而亡殷顽民，不惭怀土，有苗恃险，敢恣螳螂。横使塔寺焚烧，比屋流散，钟梵辍响，鸡犬不闻。废寺同于火宅，持钵略成空返。僧众无依，实可伤叹，波地福尽，齐成坵墟。所余堂塔，本不毁坏，其有现僧，亦许房住。惟虚廊檐宇，会当压倒，所以移来，还充寺馆。其外椽板，权借筑城。若空寺步廊有完全者，亦代为府廨。须一二年闲，民力展息，即于上江结筏，以新酬故。本敕所司，具条孔目，无虑零落。恐远僧未能曲见，顿用仰诬，必愿言提，冥诸其掌。猥延满轧，恋恻良深。谨和南。[②]

晋王杨广在与智𫖮的回信中，表达了局势稳定之后复建佛寺的态度。两封书信，一问一答，将开皇十年(590)到十二年(592)发生在蒋州的毁寺风波和盘托出。自开皇十年以来，江南地区出现了众多反隋叛乱。其中出现在建康附近的至少有这三起：苏州人沈玄憎以兵围苏州(《隋书·杨素传》)，朱莫问以盛兵据京口(《隋书· 杨素传》)，顾子元作乱江南(《隋书·皇甫绩传》)。而建康作为六朝故都，虽城阙被毁，然风气犹存，恐怕少不了大大小小的民变。虽不至如杨广所言“横使寺塔焚烧，比屋流散，钟梵辍响，鸡犬不闻”[③]，将蒋州佛寺被毁的责任全部归于叛乱者。然叛军与官军在战斗中的毁坏，战前战后为充军需的拆毁，应是少不了的。将杨广所言“亡殷顽民……横使塔寺焚烧……废寺同于火宅，持钵略成

---

① 梅鼎祚:《释文纪》卷四十三，清文渊阁四库全书本，第734页。

② 按《南朝寺考》：“则隋灭陈而诸寺扫地尽矣。玩其文意，初灭陈时，尚未焚毁，遗民为寇，平定之后始荡尽耳。”(《南朝寺考》卷二，第615页)

③ 梅鼎祚:《释文纪》卷四十三，清文渊阁四库全书本，第734页。

空返”[1]与蒋州僧众所说“见使人赍符坏诸空寺”[2]的说法相结合，便是隋初蒋州佛寺毁废的真实情况。

二 | 隋唐之际的金陵佛寺

自隋灭陈至唐代隋而兴，蒋州还经历了隋末杜伏威的割据与唐初辅公祏的叛乱。经过隋唐连年战乱，蒋州佛寺可考者，被毁12座，其中4座唐时复建。由于大凡后代无有修造的毁寺，多不载于史册，故此阶段被毁而不可考者，恐难以统计。兹将可考12所佛寺列下：

(1) 建兴寺，晋康帝褚皇后所建，在运渎西岸。陈云今北乾道桥一带。

(2) 建福寺，晋康帝时何充所创，隋初废。[3]

(3) 波提寺，咸安二年造波提寺于京师，隋时废。[4]

(4) 大庄严寺，宋孝武帝大明三年(459)，路太后于宣阳门外太社西药园造，逮隋时渐圮。唐天宝初年(742)修。[5]

(5) 长乐寺，在台城之南，宋释慧询、觉世，齐释法珍、僧响、僧猛、法宝、慧渊等并居之，隋时寺废。[6]

(6) 耆阇寺，一作祇阇寺，东晋时所建，隋灭陈时废，明重建，名普缘寺。[7]

(7) 延寿寺(唐延熙寺)，刘宋元嘉二十二年(445)，义阳王昶母谢太妃所造，唐改名延熙。隋末废，唐上元二年(675)重置。[8]

---

① 梅鼎祚：《释文纪》卷四十三，清文渊阁四库全书本，第734页。

② 梅鼎祚：《释文纪》卷四十三，清文渊阁四库全书本，第733—734页。

③ 以上两寺，按《南朝寺考》：“《建康实录》引《京师塔寺记》，晋康帝时置两寺，褚皇后立建兴寺，在今县东南二里运渎西岸；中书令何充立建福寺，今废也。”(《南朝寺考》卷二，第615页。)

④ 按《南朝寺考》：“咸安二年造波提于京师，隋时废。”而其引《建康实录》仅言：“晋简文帝即位，自立僧寺一，名波提寺，今废。”用前说。(《南朝寺考》卷二，第645页。)

⑤ 按《南朝寺考》引《宋高僧传》：“释慧忠，俗姓王氏，上元人也。唐天宝初年出止庄严寺，兴怀修葺。”(《南朝寺考》卷三，第736页。)

⑥ 按《南朝寺考》：“惟地当冲要，梁末齐兵内犯，陈霸先统帅羽林禁兵出，顿寺前，防护宫省，则与都城为存亡也。”(《南朝寺考》卷三，第742—743页。)盖隋时，或战乱或毁城而废。

⑦ 按《南朝寺考》：“至隋师渡江，后主命樊毅屯兵寺前，国亡寺废。”(《南朝寺考》卷二，第683页。)

⑧ 按《建康实录》：“寺记：义阳王昶母谢太妃造，隋末废，唐上元二年重置，名延熙寺。”(《建康实录》卷十二，《金陵全书·乙编·史料类》，南京出版社，2010年，第68页。本章所引《建康实录》皆为此版本。)

(8) 禅林寺(唐惠日寺),宋大明(457—464)中,有尼净秀,戒行精严,黄修仪及南昌公主为置精舍以居之,逮泰始三年(467),明帝赐号曰“禅林”。隋末废,唐初复建,名之为惠日,与梁之惠日同名,非一寺也。区别于唐咸通间之禅林寺(在高淳县)及溧水县之禅林山寺,分见其条。

(9) 南林寺,宋元嘉四年(427)置,在中兴里,司马梁王妃舍宅,为晋陵公主造,陈亡废。

(10) 集善寺(唐义章院、唐法云寺),在钟山之西,齐豫章王嶷,世祖敕货杂物服饰为造此寺,唐初毁,后复置为义章院,改法云寺(非南齐之法云寺),宋建炎(1127—1130)中废。①

(11) 永明寺,在秣陵县东南 50 里,梁普通元年(520),南平襄王造,唐武德六年(623)废,上元二年(675)奉敕重造。②

(12) 宝田寺,在白山冈北,陈祯明三年(589),隋师临江,后主遣诸军拒之,而忠武将军孔范屯于寺前,未几师溃而国亡。盖寺亦废。

隋唐政权更迭的数十年间有据可考的佛寺,多集中于进入建康的必经之路上。这一点与其被毁的原因即战乱原因,恰好相互印证。

隋代之于建康,并非只有负面影响。如前所述,隋文帝对江南的敌视,更多集中在建康作为南朝文化代表这一敏感的身份上,而对于佛教则是总体上保护和提倡。而随着隋文帝、隋炀帝对江南态度与政策的调整,本地区的佛寺亦有一定的发展。最引人注目的莫过于隋代栖霞寺迎建佛舍利这一重要历史事件,后文详述。

三 初唐的稳定发展期

随着唐初政局渐渐稳定,蒋州地区的佛寺迎来了一次规模较大的修复与兴建运动。明确可以考者,兴建 4 所,重建或修复 7 所。按年代划分,唐高祖武德年间 1 所,太宗贞观年间 3 所,高宗上元年间 4 所。可见随着政局逐渐稳定,蒋州的佛寺也逐渐从战乱的毁废中恢复。

---

① 按《南朝寺考》:“唐初辅公祏乱毁,废后复置为义章院。”(《南朝寺考》卷四,第 789 页。)

② 按《建康实录》:“普通元年置,永明寺西北,去县五十里。《案寺记》:南平襄王造,唐武德六年废,上元二年奉敕重造。”(《建康实录》卷十二,第 68 页)唐武德六年恰是杜伏威叛变之年,盖毁于战火。

（1）无想寺，在溧水县南18里杜城山麓，唐武德（618—626）时建。①

（2）瑞相院（唐灵翠寺），唐贞观（627—649）中敕褚遂良重建，改翠灵寺。②

（3）古圆教寺，建于唐贞观年间。③

（4）古佛庵，唐贞观七年（633）僧优昙创建。④

（5）永明寺，唐武德六年（623）废，上元二年（675）奉敕重造。⑤

（6）极信尼寺，绍泰二年（556）废，唐上元二年敕令重建。⑥

（7）法苑寺（一名广化寺），贞观六年（632）废，上元二年敕重建。⑦

（8）云泉院，在东南50里丁山侧，唐初，建为云泉院。⑧

（9）禅林寺（唐惠日寺），隋末废，唐初复建，名之为惠日。⑨

（10）集善寺（唐义章院、唐法云寺），唐初毁，后复置为义章院。⑩

（11）禅林寺，唐开元二十七年（739）置，名禅林寺。⑪

---

① 按《乾隆江南通志》卷四三："在溧水县南十八里杜城山麓，唐武德时建。寺西有南唐韩熙载读书台。"

② 按《金陵梵刹志》："在都门外，南城安德街，东去所统报恩寺二里，东北去聚宝门二里。晋瑞相院，永嘉中为寺，唐贞观中敕褚遂良重建，改翠灵寺，宋淳化改妙果寺，元至元中改铁索寺，国朝洪武中敕建，居异僧金碧峰因名。"（《金陵梵刹志》下册，第599页。）

③ 按《光绪续纂句容县志》卷二下："在郭庄庙，建于唐（太宗）贞观间，一修于宋（理宗）景定（1260—1264），再修于元（仁宗）延祐（1314—1320），前明（英宗）正统时又修之。国朝（清高宗）乾隆四十八年（1783）知县张尚怀诣寺宣讲圣谕，捐廉重修，规模较前宏敞。乱后仅存下院一室。"（张绍棠纂修、李洪文校注：《光绪续纂句容县志校注》卷二下，辽海出版社，2018年，第82页。）

④ 按《光绪溧水县志》卷二十载："东南四十五里黄山岭。唐贞观七年僧优昙创，明崇祯十三年，乡民陈继亨重建，今废。"

⑤ 按《建康实录》："普通元年置永明寺，西北去县五十里。《案寺记》：南平襄王造，唐武德六年废，上元二年奉敕重造。"（《建康实录》卷十二，第68页。）

⑥ 按《南朝寺考》："在秣陵县东南五十里，钟山西北，梁普通三年（522），后合主书高僧猛所造也，绍泰二年废，唐上元二年敕令重建。"

⑦ 按《南朝寺考》："在秣陵县南五十里，梁中大通五年（533），张文造（一作张文达造），贞观六年废，上元二年敕重建。"

⑧ 按《万历应天府志》："在东南五十里丁山侧，唐初，建为云泉院。宋治平中改净土寺，宣和（1119—1125）中更为禅院，后复为寺。"（程嗣功：《万历应天府志》卷二十三，《金陵全书·甲编·方志类》，南京出版社，2010年，第180页。本章所引《万历应天府志》皆为此版本。）

⑨ 按《南朝寺考》："宋大明中，有尼净秀，戒行精严，黄修仪及南昌公主为置精舍以居之，逮泰始三年，明帝赐号曰禅林。隋末废，唐初复建，名之为惠日，与梁之惠日同名，非一寺也。"（《南朝寺考》卷三，第751页。）

⑩ 按《南朝寺考》："在钟山之西，齐豫章王嶷，世祖敕货杂物服饰为造此寺，唐初毁，后复置为义章院，改法云寺（非南齐之法云寺），宋建炎中废。"（《南朝寺考》卷四，第789页。）

⑪ 按《至正金陵新志》："在溧水州南八十里，唐开元二十七年置，名禅林寺，太平兴国五年（980）改额慧照寺。"（张铉修纂：《至正金陵新志》卷十一，《金陵全书·甲编·方志类》，南京出版社，2010年，第755页。本章及第十、十一章所引《至正金陵新志》皆为此版本。）区别于刘宋之禅林寺（唐称惠日寺），及唐咸通（860—874）间之禅林寺（在今高淳区）。

(12) 上方寺,唐开元十二年(724)置。①

(13) 祇洹寺,在冶山。唐玄宗开元二十三年(735)建。②

(14) 多福寺,唐天宝初(742),玉镜圆师创建。③

(15) 山海院,唐天宝年间创建。④

蒋州佛寺在唐代早中期的发展比较平稳,得益于稳定的政治环境,即使在动摇唐朝统治的安史之乱中,江南地区也几乎未受到战乱的波及,而唐代开放的文化氛围与佛教政策更是为佛寺的生存提供了肥沃的土壤。但另一方面,由于隋代毁城,政治、经济地位骤降,加之扬州凭借运河地利声名地位大振,暗淡中的金陵无法吸引政权或民间力量的关注。正因如此,相较于其他时段,此期金陵佛寺的发展又稍显缓慢。

四 会昌法难与中晚唐恢复期

会昌四年(844),唐武宗发起废佛运动,下诏拆毁天下大小佛寺。这是中国佛教史上一次著名的会昌法难,它对中国佛教造成的沉重打击,无论在规模上还是彻底性上,都远超此前南北朝时期曾经发生过的三次灭佛事件。会昌法难对南京佛寺的损毁程度,远超隋代毁城以及连年战乱所造成的破坏。江南地区为唐王朝经济命脉,中央对此地的掌控向来牢固。当时润州属浙西节度使管辖,而会昌年间两任节度使皆由朝廷任命,不会出现如河北四节度使那样不遵毁佛命令的情况。故而,被毁佛寺几乎遍及当时整个南京区域范围,地处西南的禅居院、长江边幕府山中的同行寺,乃至东北方一向少受人为影响的栖霞寺等各处大小佛寺皆难逃厄运。史载可查为会昌法难损毁的寺院,共 12 所,实际上有充分

---

① 按《万历应天府志》:"(溧水)西二十里上方寺,井上有刻字云'唐贞元记'。"按《至正金陵新志》:"按《溧水志》,上方寺基在县西二十里,唐开元十二年置,南唐僧惠海作十王斋记立石,大观二年以石送府故老云寺。"(《万历应天府志》卷十五,第 421 页。)

② 按《光绪六合县志》卷三:"在冶山。唐玄宗开元二十三年建。"

③ 按《金陵梵刹志》:"在都城东神泉乡东南,去所领法清院十五里,西去朝阳门七十里,东城地。唐天宝初,玉镜圆师创,元末罹兵燹,明洪武初有牧童于寺基傍戏劚二窟,偶得赵孟頫书'多福寺'三字碑扁,僧永定即废址重建,揭赵额于寺门。永乐间,僧惠果继葺。"(《金陵梵刹志》中册,第 314 页。)

④ 按《金陵梵刹志》:"在郭城沧波门外,东城丁墅地,西北去所领广惠院二十五里,西去朝阳门五十里,唐天宝间创,明洪武间重建。"(《金陵梵刹志》中册,第 311 页。)

理由显示，毁损佛寺远远不止于此数。有史可查者，兹列于下：

(1) 青园寺（唐月灯禅院），晋恭帝皇后褚氏所立，至会昌年间废，咸通元年(860)重兴，赐龙光院额。[①]

(2) 祈泽寺，刘宋少帝景平元年(423)建，唐会昌中废，南唐祈雨有验复修。[②]

(3) 报恩寺，刘宋元嘉文帝为高祖创建，唐会昌中废，杨吴大和(929—935)中改造为报先寺，南唐升元(937—943)中改为报慈寺。[③]

(4) 延祚寺，刘宋泰始(465—471)中建，唐会昌中废，南唐改正觉寺，又名铁塔寺。[④]

(5) 草堂寺，唐会昌中寺废，宋复建。[⑤]

(6) 栖霞寺（唐功德寺、唐隐居栖霞寺），齐永明七年(489)为栖霞精舍。唐高祖改为功德寺，高宗改为隐居栖霞寺。武宗会昌中废，宣宗大中五年(851)重建。南唐高越等建塔，徐铉书额曰“妙因寺”。[⑥]

(7) 永建寺（南唐隐静院），梁天监二年(503)造，废于会昌，南唐改为隐静院。[⑦]

(8) 净居寺（唐天福寺、南唐净住院），梁天监五年(506)造，会昌中废。[⑧]

---

① 按《金陵梵刹志》卷四十八：“寺本褚皇后（即晋恭帝皇后）立，宋元嘉二年号青园寺。”又《景定建康志》：“至会昌年废。”又《至正金陵新志》：“咸通一年重兴，赐龙光院额。”（《金陵梵刹志》中册，第658页。）

② 按《南朝寺考》：“在祈泽山，宋少帝景平元年建，唐会昌中废，南唐祈雨有验复修，宋治平(1064—1067)中改名祈泽治平寺，历元迄明常为祈祷雨泽之所焉。”（《南朝寺考》卷三，第691页。）

③ 按《景定建康志》：“宋元嘉文帝为高祖创建，唐会昌中废，伪吴大和六年，毗陵郡公徐景运复为其亲造，曰报先，南唐升元改兴慈，无镌识可考。”（马光祖修，周应合纂：《景定建康志》卷四十六，《金陵全书·甲编·方志类》，南京出版社，2010年，第421页。本章及第十章所引《景定建康志》皆为此版本。）

④ 按《景定建康志》：“正觉禅寺，名铁塔寺，在城内西北冶城后岗上。考证：宋泰始中，邦人舍地建精舍，号延祚寺。至唐有灵智禅师生无双目，号罗睺和尚，经论文字，悉能明了。时人称有天眼，为建塔于寺内。广明中赐额。”（《景定建康志》卷四十六，第450页。）又《六朝事迹编类》：“二判官庙在城西门里铁塔寺西南百余步，事迹云旧本延祚院土地神，唐会昌中寺废。”此庙既属延祚寺，况在会昌中被废，想必延祚寺本身亦难幸免。

⑤ 按《南朝寺考》：“齐周彦伦栖遁处，宋元嘉时招隐馆之旧址。时有释慧约，深达妙理，彦伦素所钦服，因于所居之前造寺处之，名曰草堂寺。寺左为慧约置台讲经之所。唐会昌中废，宋治平中赐额宝乘寺，绍兴三十二年改赐隆报宝乘禅寺。”（《南朝寺考》卷四，第799页。）

⑥ 按《南朝寺考》：“在摄山，今栖霞山栖霞寺。齐永明七年，明僧绍舍宅为栖霞精舍。……唐高祖改为功德寺，高宗改为隐居栖霞寺。……武宗会昌中废，宣宗大中五年重建。南唐高越等建塔，徐铉书额曰妙因寺。宋太平兴国五年改为普云寺，景德五年又改为栖霞禅寺，元祐六年改严因崇报寺，元祐中又名虎穴寺。”

⑦ 按《金陵梵刹志》：“小刹隐静寺古刹，在郭城沧波门外，东城地，北去所领广惠院二十五里，西去正阳门三十里，唐时建，古碑剥落苔藓间，字蚀其半。”（《金陵梵刹志》中册，第306页。）又《至正金陵新志》：“有乾德四年石刻云，唐上都左街雁门隐静院，始建于宋元嘉，废于唐会昌，乾德二载耆艾诣南唐主请重建焉。”

⑧ 按《南朝寺考》：“在南郭外，梁天监五年(506)，颍川刺史刘威所造。”另按《金陵梵刹志》卷四十五：“在郭外南城江宁镇，东北去所领祖堂寺三十五里，北去聚宝门六十里。《乾道志》：本唐天福寺基，会昌中废，南唐复为净住院，宋治平改净居寺，明如之。按实录：梁天监五年置净居寺，颍州刺史刘威造，即此。”（《南朝寺考》卷五，第817页。）

(9) 同行寺,梁天监(502—519)中始建为寺,唐会昌中废,杨吴大和中复建,名秀峰院。[①]

(10) 义和寺,唐会昌中废,唐天祐二年(905)重建。[②]

(11) 禅居院,唐大历二年(767)置,会昌五年(845)废,至太平兴国五年(980)修。[③]

(12) 天兴寺,唐玄宗开元年间(713—741)建,会昌五年废,天祐初(904)重建。[④]

与隋唐战火中所毁佛寺的分布特点不同,这次毁坏波及范围明显扩大,佛寺呈现被无差别毁坏的迹象。史籍可查唯有一所例外,即梁文帝所建的天皇寺,内有柏堂张僧繇画卢舍那佛及仲尼十哲像于壁,唐会昌中赖以不毁。

唐武宗灭佛一方面出于其个人的主观意愿,另一方面更由于晚唐日益膨胀的寺院僧团经济与国家财政税收之间的矛盾。但不论前者还是后者,作为政治经济的矛盾都不能在短时间内彻底动摇佛教的宗教信仰根源。因此,武宗之后的唐代君主复兴佛教力度极大,南京佛寺也又开始重新恢复。此期可考的兴建与修复佛寺如下:

(1) 丰安寺,唐大中年间(847—860)建。[⑤]

(2) 彰教寺,唐大中七年(853)置。[⑥]

(3) 龙化寺,唐咸通初(860)建。[⑦]

(4) 禅林寺,唐咸通(860—874)中建。[⑧]

---

① 按《南朝寺考》:“在幕府山,晋元帝中兴,王丞相导建节驻军之所。梁天监中,武帝与宝公来游,始建为寺,名同行,一名圣游,后改秀岩院,唐会昌中废,吴大和中复建,名秀峰院,宋嘉祐中改宝林寺,清名幕府寺。”(《南朝寺考》卷五,第 831 页。)另按顾炎武《肇域志》卷四:“百福寺,在石灰山东,梁武帝与志公洞游此山建寺,曰同行,亦名圣游,嘉祐中易名宝林寺,洪武中重建,易今名。”

② 按《至正金陵新志》:“崇明寺,《乾道志》:在句容县东,晋咸宁元年居士司徒察舍宅为义和寺,唐会昌中废,唐天祐二年重建,太平兴国五年改。”(《至正金陵新志》卷十一,第 748 页。)

③ 按《至正金陵新志》:“《乾道志》:在城西南六十五里,唐大历二年置,会昌五年废,至太平兴国五年修。”(《至正金陵新志》卷十一,第 744 页。)

④ 按《乾隆江南通志》卷四三:“开福寺,在溧水县南门外,万寿桥西,唐开元间建,名天兴寺,宋改今额(开福寺)。”又《至正金陵新志》:“开福禅寺,旧名天兴,在溧水州南门外,唐开元二十二年修,会昌五年废,天祐初重建,至太平兴国五年改今额,淳熙十三年请为禅院。”

⑤ 按《乾隆江南通志》卷四三:“在溧水县东北三十里,唐大中时建,名丰安寺,宋改兴化寺。”

⑥ 按《至正金陵新志》:“在溧水州西南八十里,唐大中七年置。”(《至正金陵新志》卷十一,第 755 页。)

⑦ 按《乾隆江南通志》卷四三:“在高淳县府南五十里,唐咸通初建。”

⑧ 按《乾隆江南通志》卷四三:“在高淳县东二十里,唐咸通中建。”区别于刘宋之禅林寺(唐称惠日寺),及溧水县之禅林山寺,分别见其条。

(5) 灵岩寺,唐咸通中建。①

(6) 正觉寺,唐咸通十年(869)建。②

(7) 正觉寺,唐懿宗咸通(860—873)中建,杨吴顺义中改果报院。③

(8) 净明讲寺,唐懿宗咸通中建。④

(9) 尊圣讲寺,唐懿宗咸通中建。⑤

(10) 盘石寺,唐懿宗咸通中建。⑥

(11) 菩提寺,唐乾符(874—879)中置。⑦

(12) 开善寺,唐乾符中改为宝公院,南唐升元(937—943)中徐德裕重修,后主又改为开善道场。⑧

(13) 大爱敬寺,梁普通元年(520)造,唐广明年间(880—881)改爱敬禅院,南唐改广孝禅院。⑨

(14) 天王院,唐中和二年(882)建。⑩

(15) 刘庄寺,唐中和年间(881—884)建。⑪

---

① 按《乾隆江南通志》卷四三:“在六合县东十五里灵岩山上,唐咸通中建。”《应天府志》载:“灵岩寺,在东十五里灵岩山上,唐咸通中建,国朝洪武初重建。”

② 按《乾隆江南通志》卷四三:“在溧水县西四十里,唐咸通十年建,名正觉寺,大顺(890—891)中改明觉寺,至治平二年(1065)赐额。另有句容县之正觉寺(五代改果报院),亦咸通间建,见其条。”

③ 按《至正金陵新志》:“在句容县北六十里,唐懿宗咸通中建,名正觉,杨吴顺义中果报院。”(《至正金陵新志》卷十一,第750页)另有溧水县正觉寺(后改明觉寺)亦咸通间建,区别于刘宋之正觉寺及刘宋之延祚寺(南唐改名正觉寺),分见其条。

④ 按《光绪六合县志》卷三:“在县治东南,又名水南禅寺。唐懿宗咸通间,僧惠永开建。原志按,净明寺坐定山之尽脉,滁水环之,与邑雉堞相向。明思宗崇祯初年(1628),有僧般若募建毗卢大殿五楹于后,妙好庄严,费金两千余。今贼废。僧昌明募建山门三间、僧堂三间。”

⑤ 按《光绪六合县志》卷三:“在县西北四五都。唐懿宗咸通间,僧惠辩开建。贼废,今尼建。”

⑥ 按《光绪六合县志》卷三:“在县北三十里盘石山。唐懿宗咸通中,僧道兴建。”

⑦ 按《至正金陵新志》:“尼院,在溧水州东三百步寻仙门外,唐乾符中置。”(《至正金陵新志》卷十一,第753页)

⑧ 按《至正金陵新志》:“太平兴国禅寺,在蒋山,去府城十五里,梁武帝天监十三年,以定林寺前冈独龙阜葬志公永定公主,以汤沐之资造浮图五级于其上,十四年即塔前建开善寺,即今寺基。唐乾符(874—879)中改为宝公院,南唐升元中徐德裕重修,后主又改为开善道场,至太平兴国五年,改赐今额。”(《至正金陵新志》卷十一,第701页。)又《六朝事迹编类》:“大唐重建开善寺记在蒋山寺。”

⑨ 按《南朝寺考》:“在钟山竹涧,梁普通元年,武帝为太祖文皇帝造。”(《南朝寺考》卷五,第847页。)张邦基《墨庄漫录》载:“大爱敬寺,在蒋山北高峰上,唐广明年改爱敬禅院,南唐改广孝禅院,宋开宝七年移入城名寿宁寺。”

⑩ 按《乾隆句容县志》卷四:“在句容县南五十里,唐中和二年建。”《至正金陵新志》另有南梁之头陀寺,宋代称天王院,见其条。

⑪ 按《乾隆江南通志》卷四三:“在高淳县西四十里,唐中和间建,名刘庄寺,太平兴国二年(977)复建,大观元年(1107)改显仁院,绍兴三十年(1160)改显慈寺。”

(16) 潘城寺，唐中和三年(883)置。[①]

(17) 长峰寺，唐时敕建，中和二年(882)修。[②]

(18) 兴善寺，唐大顺(890—891)中建。[③]

(19) 孔子寺(儒童寺)，唐景福二年(893)建。[④]

(20) 戍山尼寺，唐景福中(892—893)建。[⑤]

(21) 仪城寺，唐天复三年(903)置。[⑥]

(22) 兴教寺，唐天复(901—904)中创。[⑦]

(23) 太安寺，唐天祐三年(906)建。[⑧]

(24) 法华寺，唐天祐(904—907)中建。[⑨]

(25) 净相院，唐天祐中建，南唐给额为泗州塔院。[⑩]

(26) 常乐寺，牛首山前之古刹，唐改资善院，南唐又号为福昌寺。[⑪]

(27) 宝城寺，南朝古刹，唐天祐三年(906)徐温重建，改衡阳寺。[⑫]

(28) 义和寺，晋咸宁元年(275)，居士司徒察舍宅为义和寺，唐会昌(841—846)中废，唐天祐二年(905)重建。[⑬]

---

① 按《至正金陵新志》卷十一："净行寺，旧名潘城寺，在溧水州西南九十里，唐中和三年置，寺有碑唐进士刘騆文。"(《至正金陵新志》卷十一，第755页。)

② 按《光绪溧水县志》卷二十："南六十里，唐时敕建。中和二年修，明嘉靖间重修。崇祯四年僧宏澄募化重建，顺治十年再修，同治五年僧栖霞募建。"

③ 按《乾隆江南通志》卷四三："在溧水县西四十里左山中，旧传即黄初平牧羊处，唐大顺中建。"区别于明之兴善寺(清改香林寺)，参见其条。

④ 按《至正金陵新志》卷十一下："儒童寺，旧名孔子寺，在溧水州南七十五里，唐景福二年建。"(《至正金陵新志》卷十一，第755页)区别于六朝之孔子寺，见其条。

⑤ 按《至正金陵新志》："《乾道志》：在句容县北六十里，唐景福中建。《庆元志》：在下蜀镇。"(《至正金陵新志》卷十一，第751页。)

⑥ 按《至正金陵新志》："在溧水州西北四十五里，唐天复三年置，治平中(1064—1067)改广严寺。"(《至正金陵新志》卷十一，第754页。)

⑦ 按《乾隆江南通志》卷四三："在溧水县大西门外，唐天复时创。"区别于刘宋之宋兴寺(亦名兴教寺)以及五代之兴教寺(即石头山清凉寺)。

⑧ 按《乾隆江南通志》卷四三："在溧水县东北三十里长寿乡，唐天祐三年建。"

⑨ 按《至正金陵新志》："旧经：尼寺，在溧水州西一里，唐天祐中建。"(《至正金陵新志》卷十一，第753页。)

⑩ 按《金陵梵刹志》："在郭外，南城铜山乡，西去所领福兴寺二十里，北去聚宝门六十里，旧名净相院，唐天祐中建，南唐给额为泗州塔院，崇宁中改净相院，俗呼后黎寺，明洪武年重建。"(《金陵梵刹志》下册，第648页。)

⑪ 按《至正金陵新志》："福昌院，《乾道志》：院本资善院，在城南四十里牛头山前，古常乐寺基，与延寿院相邻，唐天祐中置，南唐后主改今额。"(《至正金陵新志》卷十一，第741页。)

⑫ 按《至正金陵新志》："在建康县东北四十五里，南朝古刹也，唐天祐三年徐温重建，改衡阳寺。按《乾道志》云衡阳资福禅院。"(《至正金陵新志》卷十一，第729页。)

⑬ 按《至正金陵新志》："崇明寺，《乾道志》：在句容县东，晋咸宁元年居士司徒察舍宅为义和寺，唐会昌中废，唐天祐二年重建，太平兴国五年改。"(《至正金陵新志》卷十二，第748页。)

上列寺院共 28 所，其中唐懿宗咸通年间所造达到了 8 所之多，从佛寺建造数量上可以感受到当时佛教信仰的热度。自唐僖宗光启二年(886)，张雄割据上元，今南京所辖地域少有为中央政府控制，而此期间的大顺、景福、天复、天祐年间仍兴修不断，可见民间的佛教信仰之盛。

历隋、唐二代，南京佛寺有迹可查者，共 81 所。其中，隋唐兴建 56 所，六朝所余 62 所(隋唐有修缮或改额记录者 16 所)。兴废大势，前期隋唐政治影响较大，兴毁参半。而渐至唐末，民间信仰发展壮大，政治影响减弱，冯弘铎割据时再兴城池，诸多因素造就了唐末金陵佛寺的又一繁荣景象，也奠定了五代佛寺的基础。

五 五代金陵佛寺之兴废

五代时期虽值帝国瓦解分裂、混战不断，然而金陵佛寺却渐渐从隋唐稍显低迷的状态中摆脱出来，迎来了一个发展的小高峰。这主要得益于三个方面：其一，金陵城的重建；其二，南唐君主对佛教的崇信；其三，当时已经十分雄厚的民间佛教力量。

金陵地区重新得到重视，直至重新建城，与分裂的局面不无关系。唐光启年间(885—888)张雄据上元，“大顺初，以上元为升州，诏授雄刺史”[①]，继任者冯弘铎“遂增版筑，大其城为战守”[②]，辖上元、句容、溧阳、溧水四县[③]。地方割据提升了金陵的政治军事地位，出于同样的需要，金陵城也得以扩建。但这次修建的主要目的在于“战守”，因此金陵城真正意义上的重建，当属杨吴时期的两次大规模修整重建。“第一次是 914 年至 920 年，先后由徐知诰和陈彦谦主持修建……第二次是 932 年至 934 年，由蔡宏业、孔昌祚等主修。”[④]经过两次大规模修整重建，五代金陵城格局基本奠定，“稍迁近南，夹淮带江，以尽地利。城西隅据石头冈阜

① 欧阳修、宋祁：《新唐书》卷一百九十《张雄传》。

② 陆振：《九国志》卷二《吴》，清守山阁丛书本。《九国志》载：“大顺元年，诏复以上元为升州，命宏铎刺史，遂增版筑，大其城为战守。”与新旧唐书等所载均不同，故这次建城究竟何年，还有待考证。

③ 欧阳修、宋祁：《新唐书》卷四十一《地理五·江南道升州》。

④ 薛政超：《五代金陵史研究》，第 29 页。

之脊，其南接长干山势，又有伏龟楼在城上东南隅”①。而金陵的政治地位也从升州上升为大都督府、金陵府，并最终成为杨吴京府。金陵城的复建与政治地位的提高是五代金陵佛寺发展的重要条件。

杨吴时期，徐温及其子孙都对金陵佛寺进行了一定的修缮与重建。建寺院可查者3所：台城院②、石头清凉大道场的前身兴教寺③、崇孝寺④。其中的兴教寺至南唐扩建为“石头清凉大道场”，李璟延请禅僧文益住持清凉，并在此寺开山立宗创建法眼宗。而同一时期，金陵修缮寺院可查者亦有4所：建于南陈时期的宝城寺被重建为衡阳寺⑤、皆毁于会昌法难中的“南朝古寺”报恩寺⑥与同行寺⑦，以及唐代有“南宗第一师”之称的懒融曾驻锡的幽栖寺⑧。

南唐烈祖李昪笃信道教，但他并不敌视佛教，也支持佛寺的恢复。据统计，烈祖一朝，兴建修复佛寺可考者5所：兴教寺⑨、报恩寺⑩、方乐寺⑪、开善寺⑫、净

① 《景定建康志》卷四十六，第403页。

② 按《金陵梵刹志》：“梁大通元年(527)创同泰寺，杨吴顺义二年(922)以同泰寺之半，置为台城千福院，宋改法宝寺。”(《金陵梵刹志》下册，第674页。)

③ 按《金陵梵刹志》：“今石头山清凉寺。在都城西清江门内，中城地，南去所统天界寺十二里，古清凉山。吴顺义(921—927)中，徐温建为兴教寺，南唐改石头清凉大道场，宋太平兴国五年改清凉广惠禅寺，后数废，明洪武间，周王重建，改额清凉陟寺。所领小刹曰伽蓝庵。”(《金陵梵刹志》中册，第368页。)

④ 按《至正金陵新志》卷十一下：“景德寺，在城内嘉瑞坊，旧崇孝寺也，杨吴置，宋景德中改景德寺，建炎初(1127)其地为太庙，徙城隍庙于旁，庙侧小巷中有僧舍数间，仍用寺额。”(《至正金陵新志》卷十一，第716页。)

⑤ 按《南朝寺考》：“宝城寺，在建康县东北四十五里，南朝古刹也，唐天祐三年徐温重建，改衡阳寺。”(《南朝寺考》卷六，第898页。)

⑥ 按《南朝寺考》：“宋元嘉二年(425)文帝为高祖创建也，唐会昌中废，杨吴大和(929—935)中改造曰报先，南唐升元中改报慈，至宋遂名能仁。”(《南朝寺考》卷三，第702页。)

⑦ 按《南朝寺考》：“同行寺，在幕府山，晋元帝中兴，王丞相导建节驻军之所。梁天监中，武帝与宝公来游，始建为寺，名同行，一名圣游，后改秀岩院，唐会昌中废，吴大和(929—935)中复建，名秀峰院，宋嘉祐中改宝林寺，清名幕府寺。”(《南朝寺考》卷五，第832页。)

⑧ 按《南朝寺考》：“幽栖寺，宋大明三年(459)，建幽栖寺于牛头山，因名牛头山曰幽栖山。逮唐初、懒融道人说法住此，为南宗第一祖师，乃改为祖堂寺。光启四年(888)废。杨吴大和二年(930)重置，改名延寿院，今(指清代)仍称幽栖寺。”(《南朝寺考》卷三，第736页。)

⑨ 见前文“开善寺”相关注释。

⑩ 另有梁代所建报恩寺，按《明一统志》卷六：“报恩寺，在溧阳县东门外，梁建，旧在县西北，宋元祐间徙此。”

⑪ 按《南朝寺考》：“在建康城东北六十里，按《乾道志》，方乐院本梁方乐寺基，南唐升元元年重建。清时亦名常乐院。”(《南朝寺考》卷五，第836页。)

⑫ 按《至正金陵新志》：“太平兴国禅寺，在蒋山，去府城十五里，梁武帝天监十三年，以定林寺前冈独龙阜葬志公永定公主，以汤沐之资造浮图五级于其上，十四年即塔前建开善寺，即今寺基。唐乾符中改为宝公院，南唐升元中徐德裕重修，后主又改为开善道场，至太平兴国五年，改赐今额。”(《至正金陵新志》卷十一，第701页)又《六朝事迹编类》载：“大唐重建开善寺记在蒋山寺。”

妙寺[①]。净妙寺、方乐寺及后来的开善大道场都在升元年间(937—943)修建,而烈祖本人与休复禅师交好,曾"创清凉道场,延请居之"[②]。

至元宗李璟与后主李煜,对佛教倍加推崇。元宗一朝,修缮、兴建佛寺可考者9所:为木平和尚"置室宫侧"的木平寺[③]、奉先寺[④]、清真寺[⑤]、佛坛寺[⑥]、杜桂寺[⑦]、为"资烈祖冥福"的奉先禅院(宝光塔院)[⑧]、本业寺[⑨]、卧佛寺[⑩]、妙音寺。后主李煜在位期间,对佛教极度崇信,而大兴佛寺正是其崇信佛教的重要方式。经其兴建与修复的佛寺数量应当远超明确可考的佛寺名录。陆游《南唐书》记载:后主于"宫中进佛寺十余"[⑪]。城中更是"建塔创寺几满"。后主尤其崇信牛头宗,因此曾"请于牛头山大起兰若千余间,广聚僧徒"[⑫]。而就可考名录者,亦有几所:

(1) 永建寺,梁天监二年(503)造,南唐改为隐静院。[⑬]

(2) 报慈道场,南唐后主于钟山建精舍,御笔题为报慈道场。[⑭]

---

① 按《金陵梵刹志》:"南唐升元中建,政和中改,赐今额旧。临官路。今移置高陇,面秦淮,在城东门外四里。"(《金陵梵刹志》下册,第673页。)

② 普济:《五灯会元》卷第八《清凉休复禅师》,第501页。

③ 按《景定建康志》卷四十六:"证圣寺,在行宫后,南唐保大中,木平和尚居此寺,故里俗至今呼为木平寺,寺东有沟迤逦,西北接运渎。"(《景定建康志》卷四十六,第453页。)

④ 按《景定建康志》:"吴建寺曰建初,晋宋更名曰祇园,齐更名白塔,唐初复名曰建初,开元更名长庆,南唐保大中,齐王景达为先主造寺,因名奉先,宋太平兴国中赐额曰保宁。"(《景定建康志》卷四十六,第415页。)

⑤ 按《南朝寺考》:"在城北二十五里,陈云当今观音门外钟山乡,梁大通元年(527)置,有古佛像,建寺时所造也。寺后废,南唐保大中复置,改名清真寺。"(《南朝寺考》卷五,第867页。)

⑥ 按《至正金陵新志》卷十一下:"佛龛院,梁佛坛寺基,南唐保大十二年重置,治平二年改慈相院。"(《至正金陵新志》卷十一,第744页。)

⑦ 按《金陵梵刹志》卷十四:"在郭城高桥门外,东城丹阳乡湖塾镇,北去所领法清院十五里,西去正阳门八十里。"(《金陵梵刹志》中册,第299页)又《至正金陵新志》载:"南唐保大六年建 。"(《至正金陵新志》卷十一,第731页。)

⑧ 按《金陵梵刹志》卷三十四、《南京都察院志》卷二十二、《乾隆江南通志》卷四三等:"在都门外,南城,梅冈北去所领高座寺半里、聚宝门二里。刘宋大明时(457—464)创,名天王寺,梁废,为昭明太子果园。杨吴时,又为徐景通园。南唐保大间(943—957),更建奉先禅院,后葬昙师,起塔名宝光塔院,元为普光寺,明初为宝光寺。"

⑨ 按《金陵梵刹志》:"在郭城麒麟门外东城地,西去所领广惠院七里,朝阳门二十五里,《实录》:天监九年置本业寺,释净玉舍宅,不知何时。保大间僧令安重修,(南)唐乾德(李煜)年碑尚存。"(《金陵梵刹志》中册,第707页)又《金陵梵刹志》载:"本业寺记唐僧契抚(撰)。"

⑩ 按《乾隆江南通志》卷四三:"在六合县东北,南唐保大(943—957)中建。"

⑪ 陆游:《南唐书》卷十八《列传第十五·浮屠传》。

⑫ 马令:《南唐书》卷二十六《浮屠传》。

⑬ 按《金陵梵刹志》:"小刹隐静寺古刹,在郭城沧波门外东城地,北去所领广惠院二十五里,西去正阳门三十里,唐时建,古碑剥落苔藓间,字蚀其半。"(《金陵梵刹志》中册,第706页。)又《至正金陵新志》载:"有乾德四年石刻云,唐上都左街雁门隐静院,始建于宋元嘉,废于唐会昌,乾德二载耆艾诣南唐主请重建焉。"

⑭ 按《江南余载》卷下:"(南唐)后主笃信佛法,于宫中建永慕宫,又于苑中建静德僧寺,钟山亦建精舍御笔题为报慈道场,日供千僧所费皆二宫玩用。"

(3) 归德尼寺，后主于宫中置归德、永募二尼院。[①]

(4) 永募尼寺，见上。

(5) 罗汉院，后主为僧缘德所建。[②]

(6) 净德院，后主为僧智筠所创。[③]

另外，此时江南民间对于佛教信仰的深厚基础，也成为杨吴、南唐君主在平衡宗教信仰与割据政权时所考虑的重要因素。《南唐书》载，“南唐有国，兰若精舍，渐盛于烈祖元宗之世，而后主即位，好之弥笃”，佛教在民众中“浸以成俗”。而金陵佛寺更是“每建兰若，必均其土田，谓之常住产”，以至于寺院往往“跨州隔县，地过豪右”。在以上三大因素的影响下，五代时期，尤其在南唐一朝，金陵佛寺又呈现出较为繁荣的景况。

---

① 按《至正金陵新志》卷十一下：“后主宫中置归德、永募二尼院，开宝(968—976)中废。”(《至正金陵新志》卷十一，第725页。)

② 按《五灯会元》卷第十，报慈行言导师“虑其(僧缘德)不群，别构罗汉院处之”。

③ 按《五灯会元》卷第十，净德智筠禅师“创净德院，延请居之”。

第二节
隋唐五代金陵佛寺分布及数量

关于隋唐五代金陵佛寺的空间分布特点以及佛寺数量的探讨，由于文献记载甚少，故只能依现有文献做一个大致的勾勒，以位置相对固定的山、水、城（六朝建康城遗址）以及后世志书所载各州县作为空间坐标，进行叙述。

一 空间分布

自隋文帝下诏毁城至五代杨吴江宁府城基本建成，金陵周围几乎没有一个固定的城市空间。《景定建康志》载：

> 隋平陈，废丹阳郡，置蒋州，治石头。唐武德二年，为扬州东南道行台，置尚书省；八年，为扬州大都督府。贞观七年，复为扬州治所。至德二载，改为江宁郡治所。乾元以后，改为升州治所，仍置节镇。上元二年，复废为上元县。光启三年，还为升州治所，仍置节镇。天祐二年，伪吴杨行密大城升州，建大都督府，其子溥改为金陵府治。①

文中所提到的“治城”之类不过是政治军事据点，并没有一个明确的城郭里坊范围，同时，治所频繁变更，不足以作为长时段佛寺兴衰位置的空间坐标参考。

（一）六朝所遗诸寺之分布

六朝所遗诸寺，除分布于避开要冲的山中而得以在战乱中保全者，主要集中于运渎、青溪、古御街以及秦淮河、聚宝山所在的城南附近。这三处地点佛寺可

---

①《景定建康志》卷五十，第844页。

考者，共20所。其中运渎附近4所：东晋何皇后寺[①]、东晋建兴寺[②]、东晋兴严寺、南陈证圣寺（南唐木平寺）[③]。青溪附近6所：东晋归善寺[④]、刘宋新安寺[⑤]、刘宋兴业寺[⑥]、刘宋湘宫寺[⑦]、刘宋新安寺[⑧]、南齐建元寺[⑨]。古御街附近4所：东晋彭城寺[⑩]、东晋禅众寺[⑪]、东晋护身寺[⑫]、东晋庄严寺（东晋塔寺、刘宋谢镇西寺、刘宋谢寺、南陈兴严寺至唐）[⑬]。秦淮河、聚宝山所在的城南一带，有寺6所：西晋高座寺（尸黎密寺、甘露寺、宋永宁寺、明高座寺）[⑭]、东晋瓦官（棺）寺（晋莲花寺、杨吴吴

---

① 按《南朝寺考》："晋穆帝（344—361年在位）时，何皇后所造之尼寺。"（《南朝寺考》卷二，第620页。）又《建康实录》卷二："运渎旧有六桥，孝义本名甓子桥。次南有杨烈桥，宋王僧达观斗鸡鸭处。次南出有西州桥，今县城东南角路东出何后寺门。次南有高畔桥，建康西尉在此桥西，今延兴寺北路东度此桥……次南高畔桥，康西尉在此，建兴寺北路东出度此桥，今乾道桥左右。"

② 按《南朝寺考》："在何皇后寺南。"（《南朝寺考》卷二，第621页。）又《景定建康志》："古南苑在瓦官寺东北，梁改名建兴苑，在秣陵建兴里。"

③ 按《南朝寺考》云"在运渎东南"，王安石诗云"证圣南朝寺"，则必造自六朝时也。南唐木平和尚居此寺，故里俗至今呼为木平寺。

④ 按《建康实录》："东渠名青溪，通城北堑，潮海潮沟，亦帝所开，以引江潮，其旧迹在天宝寺后，长寿寺前，东发青溪，西行经都古承明、广莫、大夏等三门外，西极都城墙，对今归善寺西南角南出，经阊阖西明寺二门，接运渎。"（《建康实录》卷二，第73页。）

⑤ 按《建康实录》："次南有鸡鸣桥，即《舆地志》所谓今新安寺南，东度开圣寺路度此桥。"（《建康实录》卷二，第74页。）

⑥ 按《南朝寺考》："不知何时所建，近青溪菰首桥，与宋湘宫寺相望。"（《南朝寺考》卷三，第757页。）又《建康实录》："而于兴业寺门前东度溪立桥，名金华桥。"

⑦ 按《建康实录》注引《丹阳记》："次南有青溪中桥，今湘宫寺门前巷东出度溪，东有桃花园，是齐太祖旧宅。"（《建康实录》卷二，第74页。）

⑧ 按《南朝寺考》："新安寺，宋大明六年（462），孝武帝宠姬殷贵妃薨，为之立寺于青溪鸡鸣桥北，因贵妃子子鸾封新安王，故以新安为寺名。"（《南朝寺考》卷三，第747页。）

⑨ 按《建康实录》："青溪北源亦通后湖出钟山西，今建元寺东南角度溪，有桥名募士桥，吴大帝募勇士处。"（《建康实录》卷二，第74页。）

⑩ 按《建康实录》卷八："彭城敬王造彭城寺，在今县东南三里西大门临古御街。"（《建康实录》卷八，第331页。）

⑪ 按《景定建康志》卷五十："圣火巷，在今县东南三里禅众寺。直南出御街。"（《景定建康志》卷五十，第827页。）

⑫ 按《建康实录》："安帝为太子所居宫……地在今县东五里护身寺西在御街东也。"（《建康实录》卷九，第418页。）

⑬ 按《南朝寺考》："晋穆帝永和四年，镇西将军谢尚舍宅所造也，亦号塔寺。宋大明中，路太后置庄严寺，嫌其同名，改此寺为谢镇西寺或称谢寺。陈宣帝太建元年寺焚。后五年，豫州刺史程文秀修复，敕改名曰兴严。"（《南朝寺考》卷二，第617页。）又《建康实录》按《塔寺记》："（唐）今兴严寺即谢尚宅也，南直竹格巷临秦淮在今县城东南一里二百步。"

⑭ 按《南朝寺考》："晋咸康中造。本名尸黎密寺，以地有甘露井，故亦名甘露寺。永嘉之末，有西域沙门尸黎密者渡江而南，止建初寺，为丞相王导等所敬，时人呼为高座，故又称高座寺。宋改永宁寺，明代分寺为二，西曰高座，东曰永宁，清代以来两寺对立。"（《南朝寺考》卷二，第607页。）又按《景定建康志》："故藏古今诗刻皆废，可考者唐李翰林，本朝吕侍讲、王中父三篇而已。"

兴寺、南唐升元寺、北宋崇胜戒坛院、明上瓦官寺、明凤游寺)①、东晋天宝寺(唐天保寺、宋元明称均庆院)②、东晋铁索罗寺(刘宋铁索罗寺、南齐灵翠寺、南齐妙果寺、宋明瑞相院)③、东晋瑞相院(唐灵翠寺、宋妙果寺、元铁索寺、明碧峰寺)④、刘宋旷野寺(唐禅居院、五代崇果院、宋崇因寺、明邱厂寺)⑤

这三处佛寺的分布都接近六朝建康的核心——台城地域。确切地说,三处从东、南、西三个方向环绕台城。六朝时期,这一带都是贵族居所,佛寺林立,虽经隋初毁坏城邑,仍然留下了不少重要佛寺。然而六朝烟雨一场,佛寺虽然仍与诸水、桥、街相伴,但业已没有当时亭台楼阁的繁华了。

(二)诸山分布之佛寺

由于南朝、隋唐时期金陵屡遭战火涂炭,六朝时期曾分布在台城附近的金陵诸寺,在隋唐时代已经所剩不多,而更多的佛寺则因建在山中而幸免于战火。故此处以山论寺,探讨佛寺分布。

关于金陵诸山,《景定建康志》有这样的描述:

> 由钟山而左,自摄山、临沂、雉亭、衡阳诸山以达于东,又东为白山、大城、云穴、武冈诸山以达于东南,又东南为土山、张山、青龙、石硊、天印、彭城、雁门、竹堂诸山以达于南,又南为聚宝山、戚家山、梓潼山、紫岩、夏侯、天

---

① 按《南朝寺考》:"晋哀帝兴宁中,沙门慧力启乞为寺……寺历唐代常为名胜,杨吴改寺为吴兴,南唐改寺为升元,阁名皆随之而变。"(《南朝寺考》卷二,第633页。)又按《贞观公私画史》:"晋瓦官寺有顾恺之张僧繇画壁在江宁。"

② 按《景定建康志》卷四十六:"均庆院,在城南门外,旧在金陵坊,晋天宝寺,唐开元十年(722)改为天保寺,国朝开宝八年(975)毁。"(《景定建康志》卷四十六,第461页。)另按《金陵梵刹志》卷三十五:"宋绍兴初移其额于雨花台,下有宋故三藏法师塔铭。正德间重创,嘉靖间寺僧呈请如今额(均庆院)。"以上可见该寺大致之沿革。

③ 按《南朝寺考》:"铁罗寺本为东晋尼寺,寺名不详。宋元嘉十一年(434),尼铁索三人至该寺,因号铁罗寺,又改铁索罗寺,南齐改翠灵寺,又改妙果寺。开宝八年毁,太平兴国二年,因建瑞相禅师塔,改名瑞相院。明代因宋瑞相院名。"(《南朝寺考》卷三,第712页。)又按《金陵梵刹志》"瑞相院"条:"瑞相院,在都门外,南城地,西北去所领永宁寺二里,去聚宝门三里。晋尼刹,至宋改为铁罗寺,又改铁索罗寺,齐为翠灵寺,又妙果寺。宋改瑞相院,国朝(明)因之。按《志》:瑞相有二,此为太平兴国二年,僧请其地重建,又碧峰寺亦系瑞相,不知孰为旧基。"参见下"瑞相院"条。

④ 按《金陵梵刹志》"碧峰寺"条:"在都门外,南城安德街,东去所统报恩寺二里,东北去聚宝门二里。晋瑞相院,永嘉中为寺,唐贞观中敕褚遂良重建,改翠灵寺,宋淳化改妙果寺,元至元中改铁索寺,国朝洪武中敕建,居异僧金碧峰因名。"(《金陵梵刹志》下册,第599页。)参见上"铁罗寺"条。

⑤ 按《南朝寺考》:"旷野寺,在新亭。刘宋之所造也。齐废梁复,湘东王绎为制碑文,有释僧宝居之,唐改禅居院,杨吴改崇果院,宋为崇因寺,明呼邱厂寺云。"(《南朝寺考》卷三,第772页。)

阙诸山以达于西南，又西南绵亘至三山而止于大江……由钟山而右，近之为覆舟山，为鸡笼山，皆在宫城之后。又北为直渎山、大壮观山、四望山以达于西北，又西北为幕府、卢龙、马鞍诸山以达于西，是为石头城，亦止于江。①

金陵形势，长江自西南流向东北，而诸山环抱。众多佛寺都存在于金陵周围的群山之中。山中诸寺分布，以钟山最为集中。文献中可考者，共9所：刘宋道林寺（蒋山寺）②、刘宋上定林寺③、刘宋兴皇寺④、南齐草堂寺⑤、南梁大爱敬寺⑥、南梁福静寺⑦、南齐集善寺（唐义章院、唐法云寺）⑧、南梁开善寺（太平兴国寺、蒋山寺、灵谷寺）⑨、南梁极信尼寺⑩。

金陵佛教鼎盛的六朝时期，钟山一带就有佛寺70余座⑪，其中以开善精舍规

---

①《景定建康志》卷十七，第113页。

② 按《南朝寺考》："在钟阜之阳，亦号蒋山寺，宋元嘉初(424)有西域僧畺良耶舍来建业，筑精舍以栖禅，即是寺也。"(《南朝寺考》卷三，第695页。)另按《金陵梵刹志》卷三："钟山道林寺虽向钟峰数寺连，就中胜出其间，不教幽树妨闲地，别着高窗向远山，莲沼水从双涧入，客堂僧自九华还，无因得结香灯社，空向王门玷玉班。"

③ 按《南朝寺考》："宋元嘉十二年(435)高僧昙摩蜜多所移建也，在下寺之西山上。"(《南朝寺考》卷二，第631页。)另按《贞观公私画史》："梁定林寺解倩画在江宁。"故唐存。

④ 按《南朝寺考》："宋明帝泰始之初，创寺于建阳门外，敕释道猛为纲领，名寺曰兴皇。明太祖为营建陵园，将兴皇寺并入灵谷寺。"(《南朝寺考》卷三，第761页。)另按《广弘明集》："隋时蒋州兴皇寺佛殿被焚，中丈六铜像正当栋下，及火发栋坠，像自移南五六尺许，形得安全。四瓦土灰炭去像五六尺，曾不尘玷。"

⑤ 按《南朝寺考》："齐周彦伦栖遁处，宋元嘉时招隐馆之旧址。时有释慧约，深达妙理，彦伦素所钦服，因于所居之前造寺处之，名曰草堂寺。寺左为慧约置台讲经之所。唐会昌中废，宋治平中赐额宝乘寺，绍兴三十二年改赐隆报宝乘禅寺。"(《南朝寺考》卷四，第799页。)

⑥ 按《南朝寺考》卷五："张邦基《墨庄漫录》：大爱敬寺，在蒋山北高峰上，唐广明年改爱敬禅院，南唐改广孝禅院，宋开宝七年移入城名寿宁寺。"(《南朝寺考》卷五，第847页。)

⑦ 按《南朝寺考》："在钟山之后，梁普通三年(522)尼修义所造也。南唐保大九年(951)改缘塔院。"(《南朝寺考》卷五，第854页。)

⑧ 按《南朝寺考》："在钟山之西，齐豫章王嶷，世祖敕货杂物服饰为造此寺，唐初毁，后复置为义章院，改法云寺(非南齐之法云寺)，宋建炎中废。"(《南朝寺考》卷四，第789页。)又按《至正金陵新志》："法云寺，旧在城外东北十里，图经云，本斋集善寺，齐世祖时为豫章文献王造，唐初辅公祏乱毁，废后复置为义章院，改法云，建炎兵火废，后徙置上元县治西北。"

⑨ 按《南朝寺考》："梁天监十三年(514)冬，葬释宝志于钟山独龙阜，仍即墓所立开善精舍。宋曰太平兴国寺，后为蒋山寺，明因孝陵奠焉，乃移于东麓，赐名灵谷寺。"(《南朝寺考》卷五，第836页。)又按《至正金陵新志》："太平兴国禅寺，在蒋山，去府城十五里，梁武帝天监十三年，以定林寺前冈独龙阜葬志公永定公主，以汤沐之资造浮图五级于其上，十四年即塔前建开善寺，即今寺基。唐乾符中改为宝公院，南唐升元中徐德裕重修，后主又改为开善道场，至太平兴国五年，改赐今额。"另按《六朝事迹编类》："大唐重建开善寺记在蒋山寺。"

⑩ 按《南朝寺考》："在秣陵县东南五十里，钟山西北，梁普通三年(522)，后合主书高僧猛所造也，绍泰二年废，唐上元二年敕令重建。"(《南朝寺考》卷五，第853页。)

⑪《景定建康志·山川志一》引《太平寰宇记》，然而今查《太平寰宇记》原文："自梁以前山立寺十七所即见在者一十。"(《景定建康志》卷十七，第119页。)故此数量当有存疑。

模最为宏大,被称为“钟山第一禅林”。当时山门到大殿长达5里,寺内有放生池、金刚殿、天王殿、无量殿、五方殿、毗卢殿、观音阁等殿堂俱陈,寺后更有宝志公塔巍峨壮丽。隋唐钟山诸寺虽没有了六朝的繁荣,然而《广弘明集》却记载下了刘宋兴皇寺铜佛的一段传奇:相传隋时兴皇寺佛殿被焚,殿中丈六铜像“正当栋下”①,“及火发栋坠,像自移南五六尺许,形得安全,四面瓦土灰炭去像五六尺,曾不尘玷”②。唐武德初年(618),该佛像于泰皇寺“重被焚烬”,竟然“金色宛然,玉毫无毁”。③ 而后移至白马寺,仍然“鸟雀所不侵陵”④,甚是神奇。而南梁所建的开善寺,唐朝僖宗乾符年间(874—879)改名为宝公院。南唐升元年间(937—943),徐德裕重新修缮。宋朝太祖开宝年间(968—976),后主又改其名为“开善道场”。寺内有“三绝碑”,为唐代张僧繇所画大士像,李白为之赞,颜真卿书,故号为三绝。实际上有唐一代,来金陵吊古伤今的众多诗人也都来过开善寺,《金陵梵刹志》中就记载了高适、白居易、元稹等6首诗作。⑤ 可以说,开善寺的经历反映了金陵隋唐五代佛寺的起伏发展。据《金陵梵刹志》,“至宋,王丞相安石并诸小刹于太平兴国寺,而绀园金界半为丘墟矣”⑥。其中所并诸寺众多,然而多数已经难以辨认其是否存毁于隋唐五代。

钟山以东,有一佛教名山,即摄山。著名的南齐栖霞寺(南齐栖霞精舍、唐功德寺、唐隐居栖霞寺、南唐妙因寺)⑦即坐落山中。另有一庵,名为白云庵。而与摄山相邻衡阳山,亦有一寺,名为宝城寺⑧。

栖霞寺为南齐永明七年(489)建。隋仁寿元年(601)六月,下《立舍利诏》,将得自婆罗门沙门的佛舍利分送天下83个州,命于各州建塔供奉。“请沙门三十人,诸解法相兼堪宣者各将侍者一人,并散官各一人,熏陆香一百二十斤,马五

---

① 道宣:《广弘明集》卷十五,四部丛刊景明本,第195页。

② 道宣:《广弘明集》卷十五,四部丛刊景明本,第195页。

③ 道宣:《广弘明集》卷十五,四部丛刊景明本,第195页。

④ 道宣:《广弘明集》卷十五,四部丛刊景明本,第195页。

⑤ 葛寅亮:《金陵梵刹志》卷三《钟山灵谷寺》,第98—99页。

⑥ 葛寅亮:《金陵梵刹志》卷三,第151页。

⑦ 按《南朝寺考》:“在摄山,今栖霞山栖霞寺。齐永明七年,明僧绍舍宅为栖霞精舍。唐高祖改为功德寺,高宗改为隐居栖霞寺。武宗会昌中废,宣宗大中五年重建。南唐高越等建塔,徐铉书额曰妙因寺。宋太平兴国五年改为普云寺,景德五年又改为栖霞禅寺,元祐六年改严因崇报寺,元祐中又名虎穴寺。”(《南朝寺考》卷四,第792页。)

⑧ 按《南朝寺考》引《至正金陵新志》:“衡阳寺在上元县清风乡。《乾道志》云:‘衡阳资福禅院,去城东北四十五里,即古宝城寺基。唐天祐三年,徐温重建,改今额。’”(《南朝寺考》卷六,第898页。)

匹，分道送舍利，先往蒋州栖霞寺洎三十州，次五十三州等寺起塔。”[1]如前文所述，仁寿年间（601—604）既是隋文帝尊崇佛教的巅峰时期，又是隋转变“关中本位”态度，有意改善对江左文化的敌视的关键时刻。此时在距离旧建康城不远的摄山建佛塔赐舍利，不论从政治还是宗教方面考虑，都具有标志性的意义。今寺外右侧是舍利塔，始建于隋文帝仁寿元年（601），后唐时重建。舍利塔用白石砌成，八角五级，高约15米，须弥座以五层密檐式塔室构成。全塔结构精巧，雕刻华丽，人物细致，栩栩如生，堪称国内古代舍利塔精品。从舍利塔往东便是千佛岩，遍山岩石上大小石窟近100个，内有大小不等佛像500余尊，最大佛像为高约10米的无量寿佛，左右两侧分别为观音、大势至菩萨立像。

至唐代，唐高祖李渊改栖霞寺为功德寺，“增置梵宇四十九所，楼阁延袤，宫室壮丽，与山东灵岩、荆州玉泉、天台国清并称四大丛林”[2]。唐高宗时，朝官明崇俨受高宗倚重。高宗知悉摄山栖霞寺是明崇俨的先祖所创之后，为表彰明僧绍舍宅建寺之功，于上元三年（676）“御制明隐君碑，改为隐君栖霞寺，御书寺额于碑阴”[3]，使栖霞寺获殊荣于当世。高宗所制碑文，后为栖霞“四绝”之一。有唐一代，栖霞寺高僧云集，有释澄观、昙玭（栖霞大师）者，为当世大德。又有释智聪、释清源、僧玮释、约法师、凤禅师、醴律师等，亦皆先后住于寺内。

释澄观，姓夏侯氏，越州山阴人。11岁时依宝林寺霈禅师出家，诵《法华经》。14岁时遇恩得度，便隶此寺。澄观俊朗高逸，弗可以细务拘。遂遍寻名山，旁求秘藏，梯航既具，壶奥必臻。乾元（758—760）中，依润州栖霞寺醴律师学相部律。本州依昙一隶南山律。诣金陵玄璧法师，传关河三论，三论之盛于江表，观之力也。大历（766—779）中，就瓦官寺，传《起信》《涅槃》。

昙玭，时人皆称其为栖霞大师。俗姓王，晋琅琊文献公的后人。自永嘉南迁，为句曲人。大历初，归栖霞，莅坛传戒一十五会，讲训经律三十七座。十四年，忽然公开对大众说，曰：“吾以律从事，自谓无愧于篇聚矣，然犹未去声闻之缚。”[4]既而探曹溪、牛头之旨，沉研覃思，朗然内得，乃曰：“大丈夫了心当如此。”建中元年（780），禅坐空谷，虽野马飘鼓，星辰凌历，云云自彼，我何事焉！后瓦官寺其徒聚

① 葛寅亮：《金陵梵刹志》卷四《立舍利塔诏》，第183页。
② 葛寅亮：《金陵梵刹志》卷四《立舍利塔诏》，第183页。
③ 葛寅亮：《金陵梵刹志》卷四《立舍利塔诏》，第183页。
④ 葛寅亮：《金陵梵刹志》卷四，明万历刻天启印本，第146页。

谋而劝请说:“瓦官,寰中之名刹也。大师乃江左之硕人也,舍是而不居,吾属安仰?”始出山居焉,从人欲也。无几何,谓弟子志诚、海湘等曰:“吾休矣。”贞元十三年(797)十一月六日丁亥,坐化于瓦官寺律堂。是月丙申荼毗,塔于新亭之后冈,春秋75岁,僧腊51年。①

栖霞寺在唐代颇为兴盛,除高僧云集之外,亦招引众文人雅士争相与游,并留有大量咏寺诗文,传于后世。后会昌法难中栖霞寺不幸遭毁。宣宗大中五年(851)栖霞寺被重建于原址,更名为妙因寺并重建舍利塔。

位于金陵东南的牛首山与祖堂山相连,其中诸寺有四:刘宋幽栖寺(唐祖堂寺、杨吴延寿院)②、南梁佛窟寺(崇教寺)③、南梁青山幽岩寺④、南梁常乐寺(唐资善院、南唐福昌院)⑤。

祖堂山与牛首山似断若连,层峦叠翠,主峰削如芙蓉,高矗云霄,南麓茫茫竹海,古木参天,故原名幽栖山,仙窟寺也称幽栖寺。幽栖寺始建于南朝刘宋大明三年(459),是南朝早期的庙宇。唐太宗贞观年间(627—649),高僧法融禅师于牛头山幽栖寺北岩下,别立禅室,得禅宗四祖道信传授人一印创立了禅宗牛头宗支派。唐大历九年(774),代宗李豫曾于牛首山西峰诏建七级宝塔,后人称为唐塔。五代时期杨吴大和二年(930),祖堂寺久废之后得以重建,并改称为延寿院。

城西北石头山,有兴教寺⑥,始建于唐代僖宗中和四年(884),后来凋零,只剩遗址。五代十国杨吴顺义二年(922),徐温建兴教寺于石头城。南唐升元元年(937),徐知诰在金陵称帝,建国南唐,复姓李,世称南唐烈祖,随即将兴教寺扩建

① 葛寅亮:《金陵梵刹志》卷四,明万历刻天启印本,第146页。

② 按《南朝寺考》:“宋大明三年,建幽栖寺于牛头山,因名牛头山曰幽栖山。逮唐初,懒融道人说法住此,为南宗第一祖师,乃改为祖堂寺。光启四年(888)废。杨吴大和二年(930)重置,改名延寿院,今(指清代)仍称幽栖寺。”(《南朝寺考》卷五,第812页。)

③ 按《景定建康志》:“佛窟寺,一名崇教寺,在牛头山,去城三十里。旧传牛头山下有辟支佛窟,宋大明中,移郊坛于山之东峰,执事者从事余人游西峰石窟,见一僧趺坐,执事者问之,忽无所有。但遗锡杖、香炉、瓶盂而已。梁天监二年,司空徐度造寺,因名佛窟寺。唐大历九年代宗因感梦,修寺之东西峰顶七层浮图。国朝太平兴国二年赐今额。”(《景定建康志》卷四十六,第461页。)

④ 按《南朝寺考》:“大毗昙,牛头山佛窟寺僧也,梁承圣二年(553),入秣陵青山筑寺,亦名幽岩,与天阙遥相望。”(《南朝寺考》卷五,第816页。)

⑤ 按《至正金陵新志》:“福昌院,《乾道志》:院本资善院,在城南四十里牛头山前,古常乐寺基与延寿院相邻,唐天祐中置,南唐后主改今额。”(《至正金陵新志》卷十一,第741页。)

⑥ 按《金陵梵刹志》卷十九:“石头山清凉寺,在都城西清江门内,中城地,南去所统天界寺十二里,古清凉山。吴顺义(921—927)中,徐温建为兴教寺,南唐改石头清凉大道场,宋太平兴国五年改清凉广惠禅寺,后数废,明洪武间,周王重建,改额清凉陟寺。所领小刹曰伽蓝庵。”(《金陵梵刹志》中册,第368页。)

为清凉大道场,也称清凉禅寺,从此石头山改称清凉山。

城北有覆舟山、鸡笼山连成一片,附近有佛寺可考者3所:覆舟山东晋青园寺(唐月灯禅院)①,鸡笼山刘宋竹林寺②、南齐草堂寺(北宋宝乘寺、北宋隆报宝乘禅寺)③。

此外诸山诸寺星罗棋布者如下:杜城山唐无想寺④,左山唐兴善寺⑤,清洪山唐清洪庵⑥,冶山唐冶山寺⑦、唐祇洹寺⑧,黄山岭唐古佛庵⑨,丁山唐云泉院⑩,灵岩山唐灵岩寺⑪,定山之尽脉唐净明讲寺⑫,盘石山唐盘石寺⑬,汤山唐圣汤延祥寺⑭,天竺山南梁福兴寺(南唐福兴塔院)⑮,吉山南梁永泰寺(南唐净果院)⑯。

---

① 按《金陵梵刹志》卷四十八:"寺本褚皇后立,宋元嘉二年号青园寺。"又按明释心泰《佛法金汤编》卷三:"(元嘉)九年竺道生还都止清园寺,帝深嘉叹之。"清园寺应该就是青园寺。另《景定建康志》载:"至会昌年废,咸通一年重兴,赐龙光院额。"

② 按《南朝寺考》:"竹林寺在华林园侧,陈云当今鸡笼山旁。"(《南朝寺考》卷三,第696页。)

③ 按《景定建康志》:"隆报宝乘禅寺,即旧草堂寺,在上元县钟山乡去城十一里。齐周彦伦栖遁处,宋元嘉时招隐馆之旧址。时有释慧约,深达妙理,彦伦素所钦服,因于所居之前造寺处之,名曰草堂寺。寺左为慧约置台讲经之所。唐会昌中废,宋治平中赐额宝乘寺,绍兴三十二年改赐隆报宝乘禅寺。"(《景定建康志》卷四十六,第446页。)

④ 按《乾隆江南通志》卷四三:"在溧水县南十八里杜城山麓,唐武德(618—626)时建。寺西有南唐韩熙载读书台。"

⑤ 按《乾隆江南通志》卷四三:"在溧水县西四十里左山中,旧传即黄初平牧羊处,唐大顺(890—891)中建。"区别于明之兴善寺(清改香林寺),参见其条。

⑥ 按《光绪溧水县志》卷二十:"清洪庵东南二十五里清洪山,唐时建。"

⑦ 按《光绪溧阳县续志》卷二:"冶山寺在冶山麓。即周彰庵,同治八年重建。"

⑧ 按《光绪溧阳县续志》卷二:"在冶山,唐玄宗开元二十三年(735)建。"

⑨ 按《光绪溧水县志》卷二十:"东南四十五里黄山岭。唐贞观七年僧优昙创,明崇祯十三年乡民陈继亨重建,今废。"

⑩ 按《万历应天府志》:"在东南五十里丁山侧,唐初,建为云泉院。宋治平中改净土寺,宣和中更为禅院,后复为寺。"(《万历应天府志》卷二十三,第180页。)

⑪ 按《万历应天府志》:"灵岩寺,在东十五里灵岩山上,唐咸通中建,国朝洪武初重建。"(《万历应天府志》卷二十三,第183页。)

⑫ 按《光绪六合县志》卷三:"在县治东南,又名水南禅寺。唐懿宗咸通(860—874)间,僧惠永开建。原志按:净明寺坐定山之尽脉,滁水环之,与邑雉堞相向。明思宗崇祯(1628—1644)初年,有僧般若募建毗卢大殿五楹于后,妙好庄严,费金两千余。今贼废。僧昌明募建山门三间、僧堂三间。"

⑬ 按《光绪六合县志》卷三:"在县北三十里盘石山。唐懿宗咸通中,僧道兴建。"

⑭ 按《六朝事迹编类》卷下:"隶汤山下,唐德宗(779—804年在位)时,韩晋公滉为浙江观察使,滉小女有恶疾,浴于汤,应时而愈,乃以女妆奁建精舍于汤山之右。"(张敦颐编:《六朝事迹编类2》,商务印书馆,1936年,第210页。)

⑮ 按《南朝寺考》:"在秣陵西南百里塘浦东银湖北,陈云当今之铜井镇。梁大同二年袁平造。唐初释道融徙于天竺山,去故寺七里。南唐后主葬照禅师于此,因名塔院,宋名殊胜寺,至清咸丰癸丑粤匪之乱,寺始毁。唐张从申碑尚存。"(《南朝寺考》卷五,第877页。)

⑯ 按《南朝寺考》:"在吉山南,建于梁武帝时。至南唐葬净果禅师,因名净果院,后复名寺。"(《南朝寺考》卷五,第843页。)另有唐代之永泰寺,见其条。

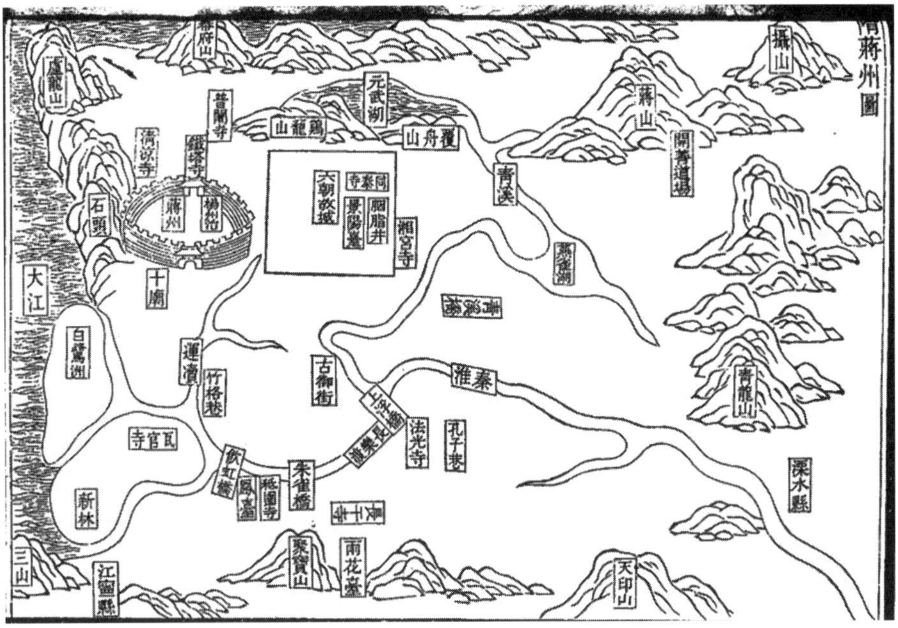

图 9.1 隋蒋州图

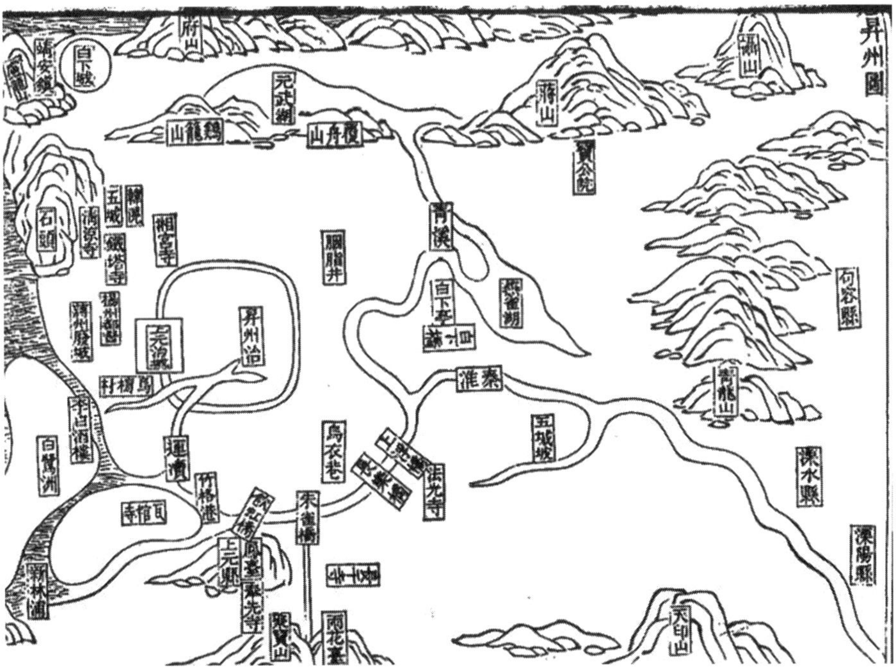

图 9.2 唐升州图

| 图 9.3 南唐江宁府图 |

二 隋唐五代佛寺分布表

由于数据文献的缺乏，统计隋唐五代金陵佛寺数目存在着很大困难。最根本的困难就是数据的缺乏。隋唐 300 多年历史中，关于金陵或金陵佛寺记载的书籍极少，加之年代久远，能作为凭据的材料更是稀少。这一部分的统计主要依据以下材料：史书类以《建康实录》为主，大致可反映中唐金陵的情况；志书类主要以《景定建康志》《至正金陵新志》《金陵梵刹志》为主；此外，《大正藏·史传部》亦是重要材料来源。

今可考的隋唐五代佛寺总计 146 所，其中，六朝遗存 74 所，隋唐兴建或复建 55 所，五代兴建或复建 12 所，不明修建年代者 5 所。其中有位置而未注明年代者，多为《建康实录》所载。详见以下隋唐五代南京佛寺分布表(表 9.1)。

| 表 9.1 隋唐五代金陵佛寺分布表 |

	寺院名	地点	建寺年代	备注
1	高座寺	雨花台	晋咸康(335—342)中	尸黎密寺、甘露寺、宋永宁寺、明高座寺
2	白马寺	建康中黄里	晋大兴二年(319)	

续表

	寺院名	地点	建寺年代	备注
3	兴严寺	南直竹格巷临秦淮	晋穆帝永和四年(348)	东晋庄严寺、东晋塔寺、刘宋谢镇西寺、刘宋谢寺、南陈兴严寺至唐
4	何皇后寺	县城东南角路	晋穆帝时(345—361)	
5	建兴寺	何皇后寺南,秣陵建兴里		
6	彭城寺	县东南3里西大门临古御街	晋穆帝升平五年(361)	
7	瓦官(棺)寺			晋莲花寺、杨吴吴兴寺、南唐升元寺、北宋崇胜戒坛院、明上瓦官寺、明凤游寺
8	青园寺		晋恭帝(419—420年在位)皇后褚氏所立	刘宋龙光寺、唐月灯禅院
9	禅众寺	城南门外,旧在金陵坊		唐开元十年(722)改为天保寺
10	护身寺	县东5里,在御街东		
11	长寿寺	与天宝寺隔水相望		
12	铁索罗寺		宋元嘉十一年(434)	刘宋铁索罗寺、南齐灵翠寺、南齐妙果寺、宋明瑞相院
13	瑞相院	在都门外,南城安德街,东去所统报恩寺2里,东北去聚宝门2里(明)	晋永嘉(307—313)中	唐灵翠寺、宋妙果寺、元铁索寺、明碧峰寺
14	道林寺	钟阜之阳	宋元嘉(424—453)初	
15	竹林寺		宋元嘉元年(424)	
16	迦毗罗寺	在转运街西(宋)		南唐真际寺、宋宝戒寺
17	宋兴寺	长干里之南		兴教寺①
18	竹园寺	蒋陵里檀桥	宋元嘉十一年(434)	
19	上定林寺	在下寺之西山上	宋元嘉十二年(435)	
20	新安寺	青溪鸡鸣桥北	宋大明六年(462)	
21	兴业寺	近青溪菰首桥,与宋湘宫寺相望		
22	兴皇寺	建阳门外	宋明帝泰始(465—471)初	明太祖为营建陵园,将兴皇寺并入灵谷寺
23	旷野寺	在新亭		唐禅居院、五代崇果院、宋崇因寺、明邱厂寺

① 参见《金陵梵刹志》卷十九"清凉寺"条,清凉寺本名兴教寺,区别于东晋咸安间之兴教寺。

续表

	寺院名	地点	建寺年代	备注
24	隐静寺	郭城沧波门外东城地(明)	刘宋时所建	
25	建元寺	青溪上东南角	齐高帝践阼时	
26	草堂寺	钟山乡		唐会昌(841—846)中废,宋治平(1064—1067)中赐额宝乘寺。北宋宝乘寺、北宋隆报宝乘禅寺
27	佛窟寺	牛首山	梁天监二年(503)	北宋崇教寺、明弘觉寺、清弘觉寺
28	萧帝寺	在光宅寺之旁	梁高祖所立也	南唐法光寺、宋鹿苑寺、宋回光寺 、清石观音庵
29	法清寺	在湖熟	梁天监(502—519)中	宋昭文精舍、元昭文书院、明法清院
30	观音寺	城东60里黄干村(宋)		
31	永泰寺	吉山南	梁武帝时	南唐净果院、明永泰讲寺
32	大爱敬寺	在钟山竹涧	梁普通元年(520)	唐广明年间(880—881)改爱敬禅院,南唐改广孝禅院,宋寿宁寺
33	永明寺	秣陵县东南50里	梁普通元年(520)	唐武德六年(623;杜伏威反叛)废,上元二年(675)奉敕重造
34	福静寺	钟山之后	梁普通三年(522)	南唐保大九年(951)改了缘塔院
35	静福院		梁普通(520—527)时	南唐改为延福禅院
36	建业寺		梁	
37	金口寺	秣陵县东南85里金口里	梁大同二年(536)	杨吴顺义二年(922)改灵鹫院,宋治平元年(1064)改隆教院
38	福兴寺	秣陵西南100里塘浦东银湖北	梁大同二年	南唐福兴塔院、宋殊胜寺
39	景公寺	在秣陵		
40	青山幽岩寺	牛首山	梁承圣二年(553)	
41	天皇寺		梁文帝时所建	
42	栖灵寺		南朝陈	
43	证圣寺	运渎东南	南朝陈	南唐木平寺
44	唐兴寺	县西50里	晋义熙(405—418)初	唐改唐兴,宋改胜因
45	大觉寺	溧水州东南8里	唐大中二年(848),立大觉寺额	

续表

	寺院名	地点	建寺年代	备注
46	栖霞寺	在摄山	齐永明七年(489)	南齐栖霞精舍、唐功德寺、唐隐居栖霞寺、南唐妙因寺、北宋普云寺、北宋栖霞禅寺、北宋严因崇报寺、北宋虎穴寺
47	大庄严寺	宣阳门外太社西(明)	宋孝武帝大明三年(459)	
48	禅林寺		宋大明(457—464)中	隋末废,唐初复建,名之为惠日
49	集善寺	钟山之西	南齐	唐初毁,后复置为义章院,改法云寺
50	常乐寺	牛首山前		唐改资善院,南唐又号为福昌
51	开善寺		梁天监十三年(514)	唐乾符(874—879)中改为宝公院,南唐升元(937—943)中徐德裕重修,后主又改为开善道场
52	永明寺	秣陵县东南50里	梁普通元年(520)	唐武德六年(623)废,上元二年(675)奉敕重造
53	极信尼寺	秣陵县东南50里	梁普通三年(522)	绍泰二年(556)废,唐上元二年敕令重建
54	法苑寺(一名广化寺)	秣陵县东南50里	梁中大通五年(533)	贞观六年(632)废,上元二年敕重建
55	大通寺	溧水县东北15里	梁大通九年(535)	唐重建名大觉寺
56	宝城寺	建康县东北45里		唐天祐三年(906)徐温重建改衡阳寺
57	义和寺	句容县东	梁昭明太子书寺额	唐会昌(841—846)中废,唐天祐二年(905)重建
58	延祚寺	冶城后冈上	宋泰始(465—471)中	南唐改正觉寺,又名铁塔寺
59	湘宫寺	旧在青溪中桥北,唐以后徙置清化市北		
60	资福院	东山		南梁净名院,宋元净名寺,明翼善寺、东山寺①
61	长干寺	古秣陵县东	晋初	南梁阿育王寺、宋天禧寺、元慈恩旌忠寺、明大报恩寺
62	建初寺	古宫城南7里	孙吴	孙吴大市寺,晋建宁寺,宋法性尼寺、石佛院、前法性寺、后法性寺,至唐改为尼寺

① 关于该寺沿革,参见《金陵梵刹志》卷九"东山翼善寺"条。另《南京都察院志》卷二一载:"翼善寺,又名东山寺,梁资福院,武帝建净名院,宋元改净名寺,国朝正统十年重建,赐今额。"

续表

	寺院名	地点	建寺年代	备注
63	祈泽寺	祈泽山	宋少帝景平元年(423)	唐会昌中废,南唐祈雨有验,复修
64	永安寺		宋泰始二年(466)	
65	解脱寺	太清里	梁天监十年(511)	南唐寂乐院、南唐百福院
66	同泰寺	宫城北掖门外路西	梁武帝普通八年(527)	南唐即其址为净居寺,又改圆寂寺,宋分其半为法宝寺
67	净居寺①	南郭外(明)	梁天监五年(506)	本唐天福寺基,会昌(841—846)中废,南唐复为净住院,宋治平(1064—1067)改净居寺,明如之
68	方乐寺	建康城东北60里		方乐院本梁方乐寺基,南唐升元元年(937)重建
69	祇洹寺			南齐白塔寺、唐长庆寺、南唐奉先寺、两宋保宁寺
70	清玄寺	城北25里(明)	梁大通元年(527)	寺后废,南唐保大(943—957)中复置,改名清真寺
71	佛坛寺	上公山	梁	佛龛院,梁佛坛寺基,南唐保大十二年(954)重置
72	杜桂寺	郭城高桥门外(明)	梁天监(502—519)中	南唐杜桂院 、宋香林寺
73	天王寺	都门外,南城(明)	刘宋大明(457—464)中	南唐奉先禅院、南唐宝光塔院、元普光寺、明宝光寺
74	本业寺	蒋山	梁天监九年(510)	
75	永建寺	雁门山	梁天监二年(503)	南唐改为隐静院
76	幽栖寺	牛首山	宋大明三年(459)	唐祖堂寺、杨吴延寿院②
77	同行寺	幕府山	晋元帝(317—322年在位)中	唐会昌中废,杨吴大和(929—935)中复建名秀峰院
78	报恩寺③		宋元嘉二年(425)	唐会昌中废,杨吴大和中改造曰报先,南唐升元(937—943)中改报慈
79	无想寺	溧水县南18里杜城山麓(清)	唐武德(618—626)中	
80	云泉院	在东南50里丁山侧(明)	唐初	
81	禅林寺	溧水州南80里(清)	唐开元二十七年(739)	
82	多福寺	都城东神泉乡东南(明)	唐天宝初(742)	

① 另南梁之同泰寺,南唐时名净居寺,见其条。

② 光启四年(888)废。杨吴大和二年(930)重置。

③ 另有梁建报恩寺,按《明一统志》卷六所载:"报恩寺,在溧阳县东门外,梁建,旧在县西北,宋元祐间徙此。"

续表

	寺院名	地点	建寺年代	备注
83	上方寺	溧水县西25里(清)	唐开元十二年(724)置	
84	山海院	郭城沧波门外(清)	唐天宝年间(742—756)	
85	龙城寺	高淳县东5里(清)	唐德宗贞元十七年(801)	
86	圣汤延祥寺	汤山下	唐德宗时(779—804)	
87	资圣禅院	东门外	唐长庆初(821)	
88	永泰寺	都门外南城安乡(明)	唐开化年间(唐无年号开化,疑为“开成”[836—840])	
89	彰教寺	溧水州西南80里(清)	唐大中七年(853)	
90	丰安寺	溧水县东北30里(清)	唐大中年间(847—860)	
91	龙化寺	高淳县(清)	唐咸通初(860)	
92	禅林寺	高淳县东20里(清)	唐咸通年间(860—874)	
93	灵岩寺	六合县东15里灵岩山上(清)	唐咸通年间(860—874)	
94	正觉寺(明觉寺)	溧水县西40里(清)	唐咸通十年(869)	唐大顺(890—891)中改明觉寺
95	正觉寺(五代果报院)	句容县北60里(清)	唐懿宗咸通年间(860—873)	杨吴顺义中改果报院
96	菩提寺	溧水州东300步寻仙门外(元)	唐乾符中(874—879)	
97	天王院	句容县南50里(清)	唐中和二年(882)	
98	刘庄寺	高淳县西40里(清)	唐中和年间(881—885)	太平兴国二年(977)复建,大观元年(1107)改显仁院,绍兴三十年(1160)改显慈寺
99	潘城寺	溧水州西南90里(元)	唐中和三年(883)	净行寺,旧名潘城寺
100	兴善寺	溧水县西40里左山中(清)	唐大顺年间(890—891)	
101	孔子寺	溧水州南75里(元)	唐景福二年(893)	儒童寺,旧名孔子寺
102	成山尼寺	句容县北60里(清)	唐景福年间(892—893)	
103	仪城寺	溧水州西北45里(元)	唐天复三年(903)	
104	兴教寺	溧水县大西门外(清)	唐天复年间(901—904)	
105	太安寺	溧水县东北30里长寿乡(清)	唐天祐三年(906)	
106	法华寺	溧水州西1里(元)	唐天祐年间(904—907)	
107	净相院	南城铜山乡(明)	唐天祐年间(904—907)	

续表

	寺院名	地点	建寺年代	备注
108	零陵寺	西门外(明)	早于元和①(806—820)	唐名零陵寺,杨吴号资福院,宋改广法寺
109	妙果寺	溧水县东35里白鹿乡(明)	唐	
110	紫草寺	郭城夹冈门外(明)	唐	
111	隐静寺	郭城沧波门外(明)	唐	
112	祇洹寺	冶山(明)	唐玄宗开元二十三年(735)	
113	云居禅寺	在观音寺北(清)	唐文宗太和四年(830)	
114	净明讲寺	六合县治东南(清)	唐懿宗咸通年间(860—873)	
115	尊圣讲寺	六合县西北四五都(清)	唐懿宗咸通年间(860—873)	
116	盘石寺	六合县北30里盘石山(清)	唐懿宗咸通年间(860—873)	
117	净相寺	江宁县西南60里(清)	唐哀帝天祐八年(天祐共三年,此处疑有误)	
118	卧佛教寺	六合县治东北(清)	南唐元宗保大七年(949)	
119	清洪庵	溧水县清洪山(清)	唐	
120	古圆教寺	句容县郭庄庙(清)	唐贞观年间(627—649)	
121	东霞寺	句容县(清)	唐	
122	冶山寺	溧阳县西40里(清)	唐贞元年间(785—805)	
123	古佛庵	溧水县东南45里黄山岭(清)	唐贞观七年(633)	
124	泰安寺	溧水县北30里(清)	唐	
125	长峰寺	溧水县南60里(清)	唐	
126	罗山庵	溧水县南50里(清)	唐	
127	放生庵	上元县(清)		
128	妙意庵	上元县五龙潭侧(清)		
129	禅居院	城西南65里(清)	唐大历二年(767)置	会昌五年废,至太平兴国五年修
130	大归善寺		唐	
131	龙泉寺	郭外南城(明)	唐	
132	禀丘山寺	溧水县禀丘山(清)	唐	唐大(太)和(827—835)中寺废
134	法义院	六合县灵岩山南(清)	唐	

① 《唐文拾遗·唐文续拾》卷八载:"元和中零陵寺僧零陵寺井栏铭。"盖其寺早于元和。

续表

	寺院名	地点	建寺年代	备注
135	台城院	宋行宫北精锐军寨内(元)	杨吴顺义二年(922)	梁大通元年(527)创同泰寺,杨吴顺义二年(922)以同泰寺之半,置为台城千福院,宋改法宝寺
136	兴教寺	石头山都城西清江门内(明)	杨吴顺义(921—927)中	徐温建为兴教寺,南唐改石头清凉大道场
137	崇孝寺	城内嘉瑞坊(明)	杨吴置	
138	报恩院		后晋天福(936—942)中	
139	仁王院	城南 70 里(明)	后唐明宗时(926—933)	南唐给额为仁王院
140	无相塔院	城南 7 里(明)		
141	净妙寺	在城东门外 4 里(明)	南唐升元(937—943)中	
142	卧佛寺	六合县东北(清)	南唐保大(943—958)中	
143	铜井院	朝阳门内(明)	南唐保大三年(945)	
144	归德尼寺			南唐后主宫中置归德、永募二尼院
145	永募尼寺			同上
146	报慈道场		五代	

第三节
隋唐五代金陵重要佛寺及人物

隋唐五代是中国佛教繁荣发展的时期，这一时期金陵的重要佛教寺院首推牛首山上的禅宗牛头宗祖庭祖堂寺和佛窟寺。其次是法眼宗祖庭，位于南京城西隅清凉山（又名石头山、石首山）上的清凉禅寺。此外，位于钟山之灵谷寺、东山之翼善寺、瓦官（棺）寺、雨花台高座寺等亦是此时期的重要佛寺。

一 重要佛寺历史沿革、人物及宗派

（一）祖堂寺与牛头宗

祖堂寺原名幽栖寺，始建于南朝刘宋大明三年（459），坐落于幽栖山。传说有辟支佛于祖堂山一石窟中“立地成佛”，故尊该石窟为“仙窟洞”，后在山下建寺，名为“仙窟寺”，而该山又以寺名，被称为“仙窟山”。唐太宗贞观年间（627—649），法融禅师“于牛头山幽栖寺北岩下，别立茅茨禅室，日夕思择，无缺寸阴”[①]，因悟得禅宗四祖道信嫡传心法而创立了南派禅宗的“牛头宗”支派，法融因此被称为“南宗第一祖师”，而幽栖山也因此改称“祖堂山”，幽栖寺也因此被誉为南宗祖堂、牛头禅祖庭，并由此改名“祖堂寺”。

据《续高僧传》，法融（594—657）乃是润州延陵（今江苏镇江）人，俗姓韦。“年十九，学通经史，寻阅大部般若，晓达真空”[②]，更入茅山依三论宗僧炅剃度。后从大明研三论和《华严》《大品》《大集》《维摩》《法华》等经数年。大明寂后，游参各地，从盐官（今浙江海宁市）邃法师、永嘉旷法师等听讲各种经论，深有造诣。后又入山凝心宴坐，习定20年，专精匪懈，入大妙门。贞观十年（636），于牛首山幽栖寺北岩下别立禅室，潜修禅观，净侣四至，“数年之中息心之众百有余人”[③]。

---

① 《金陵梵刹志》卷三十三《牛首山弘觉寺》，第522—523页。
② 《景德传灯录》卷四《道信大师法嗣》，四部丛刊三编景宋本。
③ 《金陵梵刹志》卷三十三《牛首山弘觉寺》，第522—523页。

时牛首山佛窟寺藏有佛经、道书、佛经史、俗经史和医方图符等七藏，是刘宋初年刘司空捐帑造寺时到处访写所集经藏。法融得佛窟寺显法师允许，阅藏8年，后又回幽栖寺继续禅观。当时禅宗四祖道信大师闻之，亲往牛首山为法融禅师印证，付嘱达摩大师所传之顿教法门。贞观二十一年(647)，法融禅师讲《法华经》于岩下，“于时素雪满阶，法流不绝，于凝冰内获花二茎，状如芙蓉，璨同金色”①。永徽三年(652)，邑宰请至建初寺讲《大品般若》，地忽大动，讲毕归山。江宁县令又请讲《大集经》。至显庆元年(656)，入建初寺振弘法道。显庆二年(657)正月，于讲所入寂。法融禅师著有《心铭》《绝观论》等，盛传禅林。日本古经录所载还有《注金刚般若经》1卷、《金刚般若经意》1卷、《维摩经记》2卷、《维摩经要略疏》1卷、《华严经私记》2卷、《法华名相》1卷等，皆已佚。

法融门下有智岩、慧方、法持、智威、慧忠，他们与法融并称为“牛头六祖”。

二祖智岩(600—677)，江苏曲阿人，俗姓华。传二祖智勇过人，身材魁梧。隋大业年间(605—618)为郎将，频立战功。40岁时遁入舒州(今属安徽)皖公山，从宝月禅师出家，然未能开悟。贞观十七年(643)，智岩入牛首山，法融一见便道：“吾受信大师真诀，所得都亡。设有一法胜过涅槃，吾说亦如梦幻……汝今已过此见。吾复何云。山门化导当付之于汝。”智岩于是承嗣正法，为牛头宗二祖。后来“以正法付(慧)方禅师”，历住白马寺、栖玄寺，复迁住石头城。唐高宗仪凤二年(677)，二祖示寂。②

牛头宗三祖慧方(629—695)，润州(今江苏镇江)延陵人，俗姓濮，于开善寺出家，受具足戒后，深研经论。后入牛首山，礼谒智岩禅师，以咨询佛法秘要。二祖智岩见慧方颇有根器，堪任正法，遂以心印示之，三祖果然豁然领悟。据传三祖开悟后于牛首山参契，逾10年不出林薮。然而盛名难掩，四方学者云集来访。其后，三祖随机利物，而以正法传付法持禅师，独自归隐茅山。武后天册万岁元年(695)示寂。③

四祖法持(635—702)，又称金陵法持，润州江宁(今南京)人，俗姓张。幼年即出家，13岁听闻黄梅弘忍大师之名，特往礼谒，蒙示法要。之后参侍牛头宗慧方禅师，得其心印，遂继迹山门，为牛头宗第四世祖，大宣道化，数年之间四部依

① 《金陵梵刹志》卷三十三《牛首山弘觉寺》，第522—523页。
② 参见《景德传灯录》卷第四《道信大师法嗣》，四部丛刊三编景宋本。
③ 参见《景德传灯录》卷第四《道信大师法嗣》，四部丛刊三编景宋本。

慕。据传弘忍示寂时，对弟子玄赜谓："后传吾法者可有十人，金陵法持是其一也。"可见其佛法精深。四祖住于金陵延祚寺，后传法于智威禅师。唐长安二年(702)示寂。[①]

智威(646—722)，牛头宗第五世祖，江宁人，俗姓陈。幼年异于常童，依天宝寺统法师出家，20岁受具足戒。后参牛头宗之法持，得其正法，住金陵牛头山宣扬宗风，传法予慧忠。唐玄宗开元十年(一说十七年)于延祚寺示寂。[②]

六祖慧忠(682—769)，牛头宗第六世祖，润州上元人，俗姓王。23岁时，受业于庄严寺，随侍金陵牛头山五世智威左右，并嗣其法。后辞智威，行脚诸方。后居止延祚寺。平素生活，仅一衲不易，朴实谨严。曾应请住庄严旧寺，一时四方学侣云集会下，嗣法者多达三四十人。大历四年(769)六月示寂。[③]

然而牛头宗大德不止于六位祖师。五祖智威门下有玄素、道钦，六祖慧忠门下有佛窟惟则，惟则门下有云居普智，均为一代大德。其中，径山道钦(714—792，一称法钦)为杭州径山寺初祖。[④] 道钦还深受唐代宗尊崇，"大历年代宗请赴京师，号国一禅师"。[⑤] 道钦门下有鸟窠道林，他因曾与白居易问答禅意而驰名禅林。而玄素(668—752)乃是牛头宗第五世智威禅师之法嗣，润州延陵人，俗姓马，字道清，故亦称马素。唐如意元年(692)，于江宁长寿寺出家，受具足戒后，常思玄微，颇受世人尊崇。既解色空，心慕宗匠，晚年乃入牛首山幽栖寺，师事智威禅师，遂悟真宗。据说玄素禅师"伏形苦节，贵贱怨亲皆无喜愠"，时人称之为"婴儿行菩萨"。开元年间(713—741)，禅师应僧人汪密之请，至京口。又应郡牧韦铣之请，居于润州黄鹤山之鹤林寺，据传"缁素归诚，充塞寺宇，王侯每稽首迎请，师亦不为所动"。这一日，有一屠夫前来礼谒，忏悔先罪，请玄素禅师应供，不料禅师欣然受之，降诣其舍。此举令士庶皆惊骇称异，禅师泰然而道："佛性平等，贤愚一致，但可度者，吾即度之，复何差别之有？"此又为一段佳话。玄素禅师于天宝十一年(752)示寂，门徒为之建塔于黄鹤山之西。大(太)和年中，追谥"大律禅师"。

---

① 参见《宋高僧传》卷第八、《佛祖统纪》卷第二十七。

② 参见《景德传灯录》卷第四、《宋高僧传》卷第八、《五灯会元》卷第二。

③ 参见《宋高僧传》卷第十九、《景德传灯录》卷第四、《五灯会元》卷第二。

④ 参见《景德传灯录》卷第四、《佛祖历代通载》卷第十三、《宋高僧传》卷第九。

⑤ 参见《祖堂集》卷三。

会昌法难之后，此宗衰微，后世将它并入曹溪门下，被认为它是一个不重要的支派，而祖堂寺也年久荒废。五代时期，杨吴大和二年(930)，祖堂寺久废之后得以重建并改称为“延寿院”。南唐烈祖李昪常来此山游赏，中主李璟多次前去礼忏拜佛，后主李煜更在寺院大兴土木，造禅房千间。

（二）佛窟寺

佛窟寺位于牛首山。相传有辟支佛(缘觉)于牛首山“立地成佛”，后又有刘宋大明年间(457—464)有一老僧显而后隐、觅之不见的说法。故而，天监二年(503)，司空徐度造寺，名为“佛窟寺”。唐大历九年(774)代宗因感梦，修寺之东西峰顶七层浮屠。太平兴国二年(977)赐额“崇教寺”，明洪武(1368—1398)中名弘觉寺，清仍称弘觉寺，清咸丰年间(1851—1861)毁于太平天国兵火，后稍修葺。① 又据《金陵梵刹志》，乃是“前古长乐寺基，与延寿院相邻”。

唐大历九年(774)，代宗李豫曾梦到牛首山辟支佛来见，便命太子于牛首山西峰建筑一座高耸云霄的七级宝塔，后人称为“唐塔”，又称“普觉寺石塔”“宏觉寺塔”，位于牛首山与祖堂山之间，是牛首山保存至今的唯一古塔，也是南京现存最雄伟的砖制仿木结构楼阁式古塔，登临塔上，南郊风光一览无余。塔身共有四个门，佛龛供奉释迦、韦陀像，塔刹安置相轮十三天、宝盖、葫芦宝顶。1956 年在塔底地宫发现一批珍贵文物，其中有鎏金喇嘛塔一座，塔底刻有“金陵牛首山弘觉禅寺永充供养”和“佛弟子御用监太监李福善奉施”题记，下有方形雕刻花纹的须弥座，上做壶瓶形的塔身，小巧精致，为明初遗物。②

3. 清凉寺与法眼诸师

清凉禅寺位于南京城西隅清凉山上，是禅宗法眼宗第一祖庭。该寺始建于唐代僖宗中和四年(884)，后来凋零只剩遗址。五代十国杨吴顺义年间(921—927)，丞相徐知诰建设金陵城，路过石头山，见其南麓清凉禅寺原址依山傍水，风景秀丽，便在此兴建了一座佛寺，取名“兴教寺”，并礼请悟空休复禅师住持。南唐升元元年(937)，徐知诰在金陵称帝，建国南唐，复姓李，世称南唐烈祖，随即将

---

① 《景定建康志》还记载一说：“旧传牛头山下有辟支佛窟，宋大明中，移郊坛于山之东峰，执事者从事余人游西峰石窟，见一僧趺坐。执事者问之，忽无所有，但遗锡杖、香炉、瓶盂而已。梁天监二年，司空徐度造寺，因名佛窟寺。”(《景定建康志》卷四十六，第 461 页)

② 按《金陵梵刹志》卷三十三《牛首山弘觉寺・唐浮图》：“大历元年，代宗因咸(感)梦敕修七级浮图，相峙东西峰顶。”又《南朝佛寺志》卷下《佛窟寺》记载：“唐大历九年，代宗修峰顶七级浮图。”

兴教寺扩建为“清凉大道场”，也称“清凉禅寺”，礼请文益禅师住持，从此石头山改称“清凉山”。[①] 南唐烈祖崇信佛教，即使在营建金陵城郭期间，每遇工匠不幸死伤，他都会请僧人超度亡灵，安抚死伤者。烈祖的崇佛精神深深影响了中主李璟和后主李煜，使得南唐造寺不惜工本，朝廷还出钱募集平民及道士出家为僧。南唐晚期，金陵城里的僧尼数量已经过万，并完全由朝廷供养。

清凉禅寺是中国佛教禅宗五家之一法眼宗的发源地。法眼宗创始人文益禅师(885—958)，俗姓鲁，余杭(今浙江杭州)人，7 岁到新定智通院依全伟禅师出家，20 岁到越州(今浙江绍兴)开元寺受具足戒。后至明州育王寺学习律学及儒家经典，又至福州长庆院师事雪峰义存的弟子慧稜禅师，后至漳州西石山地藏院经桂琛禅师点化有所证悟。后来又游方至临州(江西抚州市)，临州刺史请他住持崇寿院，名声大振，前来学禅决疑者多达千人。南唐中主李璟闻其名声，便请文益禅师至金陵，赐号“净慧禅师”，住持金陵的报恩、法眼二院，传法盛况空前。后来文益禅师接受礼请、住持清凉禅寺，并在此寺开山立宗、创建法眼宗，世称“清凉文益”。

清凉禅寺原有规模较大，后主李煜常留宿寺内。寺内“德庆堂”匾额相传为后主所题。又《五灯会元》载，李煜同文益赏花，文益欣然作一偈：“拥毳对芳丛，由来趣不同。发从今日白，花是去年红。艳冶随朝露，馨香逐晚风。何须待凋零，然后始知空。”[②]讲说人生无常之理。后周显德五年(958)闰七月，文益禅师跏趺而逝。朝廷在江宁县丹阳乡造塔，名“无相”。南唐公卿皆穿素服送葬于丹阳乡，南唐中主李璟谥文益禅师“大法眼禅师”之号，后人称此宗为“法眼宗”，清凉禅寺也因此成了法眼宗祖庭。[③]

法眼文益禅师的法嗣传承，据《五灯会元》《传法正宗记》及后人统计达 360 余人，其中著名的有天台德韶、清凉泰钦、百丈道恒、净德智筠、永明道潜、永明延寿、灵隐清耸、报恩慧明、报慈行言、报恩法安、归宗策真等。[④] 法眼宗为禅宗五家最后创立的宗派，经文益、德韶、延寿三代相传，至宋初高丽王仰慕延寿学德，遣

---

① 《金陵梵刹志》卷十九《石头山清凉寺》，第 349 页。
② 普济：《五灯会元》卷第十，宋刻本，第 322 页。
③ 普济：《五灯会元》卷第十《清凉益禅师法嗣》，第 589 页；赞宁：《宋高僧传》卷第十三《周金陵清凉院文益传》，第 313—314 页。
④ 吴立民主编：《禅宗宗派源流》，第 410 页。

使致书叙弟子礼，并遣僧人 36 人来受道法，后回高丽，教化一方，于是法眼一宗传行海外。①

文益住持清凉禅寺期间，诸方来参学者甚多，其中包括高僧休复、名琛、泰玖等，留下诸多公案。

清凉禅寺还开创了中国佛教道场敲击“幽冥钟”的习俗。据记载，南唐建康上元县有人暴死，3 天之后却复活了。他对人说，他来了阴间，见到了先主皇帝，发现其手脚被捆得严严实实，说自己听信了南唐臣子宋齐丘的话，把和州投降的 1000 多人杀了，因此遭到如此报应，故托来者回到阳间，务必让后主造一口大钟，长时间地敲击。当时，后主并不相信。来者便说，在阴间的先主告诉自己，他曾在瓦官寺佛像的左膝中秘密地藏有一尊玉雕天王像。后主遣人前往探查，果然发现了天王像，于是在清凉寺铸造了一口大钟，并刻上文字：“荐列祖孝高皇帝，脱幽出厄。”②且每日半夜敲击，延续数月，遂形成寺院敲钟超度亡灵的习俗。从此之后，清凉禅寺的香火一直非常兴旺。③

二 其他佛寺

另有诸寺，于隋唐五代见诸史书者少，略赘数语。

灵谷寺，建于梁天监十三年(514)，武帝为宝志公以二十万金，易钟山独龙阜，建五级木塔于钟山南玩珠峰前。因藏宝志公全身舍利名，取开善精舍，后扩建为寺院，更名为开善寺。唐乾符年间(874—879)，改名为宝公院。另有唐长庆四年(824)，李顾行书“开善寺修志公堂石柱记”。④

翼善寺，在东山，一名土山，晋谢安别墅之所在。本为资福院，梁武帝改净名院，释宝志多往来其间，为众僧说法，宋元改名净名寺。由于翼善寺拥有谢安故居的名声，唐时遂成为诗人漫游金陵、吊古凭今的重要场所。温庭筠与李白均曾

① 普济:《五灯会元》卷第十《清凉益禅师法嗣》，第 589—603 页。
② 志磐:《佛祖统纪》卷第三十三，《大正藏》第 42 册，第 322 页上。
③ 法云:《翻译名义集》集七《犍椎道具篇第六十》，四部丛刊景宋刊本；又参见《湘山野录》(影印文渊阁四库全书本)、《至正金陵新志》。
④ 《金陵梵刹志》，第 85、101、113 页。

咏诗，李白诗句“白云还自散，明月落谁家”便是在东山所吟，而“谢公池塘上，春草飒已生”更是感叹六朝繁华不再。①

瓦官（棺）寺（杨吴吴兴寺、南唐升元寺），为晋哀帝兴宁（363—365）中沙门慧力启乞为寺。《南朝寺考》称：“寺历唐代常为名胜，杨吴改寺为吴兴，南唐改寺为升元，阁名皆随之而变。”该寺内有壁画，乃著名画家顾恺之与张僧繇之作。②

高座寺（尸黎密寺、甘露寺），在雨花台，晋咸康（335—342）中造。本名尸黎密寺，以地有甘露井，故亦名甘露寺。永嘉之末（313），有西域沙门尸黎密者渡江而南，初住建初寺，后止于此，为丞相王导等所敬，时人呼为高座，故又称高座寺。宋改永宁寺，明代分寺为二，西曰高座，东曰永宁，清代以来两寺对立。③ 宋时其故藏古今诗刻皆废，可考者仅唐朝李翰林和宋朝吕侍讲、王中父三篇。④

延祚寺（南唐正觉寺、南唐铁塔寺），在冶城后冈上，刘宋泰始（465—471）中，邦人舍地建精舍，以延祚为寺名。南唐改正觉寺，又名铁塔寺。据称该寺于唐代有一位灵智禅师，号为罗睺和尚，此僧虽然生无双目，然而经论文字，悉能明了。时人皆称其有天眼，遂为他建塔于寺内。至广明年间（880—881），始赐“延祚寺”之额。⑤

宋兴寺（兴教寺⑥），在长干里之南，就宋武帝故居而造。李建勋《游宋兴寺东岩》云：“几年不到东岩下，旧住僧亡屋亦无。寒日萧条何物在，朽松经烧石池枯。”《景定建康志》载：“李建勋，南唐主李昪镇金陵，用为副使，预禅代之策，拜中书侍郎同平章事。”该寺至南唐时已圮。

---

① 《金陵梵刹志》，第249、251页。
② 《贞观公私画史》，清文渊阁四库全书本。
③ 参见本目“永宁寺”条。
④ 参见《景定建康志》卷四十六，第459页。
⑤ 参见张铉：《至正金陵新志》卷十一，第697页。
⑥ 参见《金陵梵刹志》卷十九“清凉寺”条，清凉寺本名兴教寺，区别于东晋咸安间之兴教寺。

第四节
寺院制度

关于隋唐五代金陵佛寺的制度，很难找到专门的对应材料与相对于整体佛寺制度而言更为特殊的研究问题。因此，此部分主要概述隋唐五代寺院的制度概况，并用金陵地区的相关史料加以验证。

一 僧官制度

僧官制度的设立与中央政权对于政教关系的态度密切相关，同时，中央政府的控制力也是影响其形态的重要因素。隋唐两朝作为中古中国大一统国家形态的代表，“僧官—寺职”体系也明显地反映出统一王朝中央集权的特点。

隋代的僧官制度由南北朝时期的僧界自主管理，转为了政府行政管理机构与僧界管理机构并行，且以政府行政管理机构为主导的体制。朝廷于鸿胪寺下新设崇玄署，作为有关佛道事务的最高管理机构，掌诸佛道事务，设令一人，主要职责是掌管天下僧尼之僧籍、度僧、试僧、僧官任免以及寺院人事、经济、法务监督等。这样，将佛教事务处理机构纳入中央日常行政体制之下，宗教事务管理由政府行政管理机构的俗官体系掌控。另一方面，隋沿袭魏齐旧制，保留僧官体系于昭玄寺“置大统一人，都一人，都维那三人，亦置功曹、主簿员，以管诸州郡县沙门曹”[1]，这是僧官内部自治管理体系。相较于前代，重要的不同在于由高僧充之僧官逐渐淡出国家行政体制，转为专门管理佛教僧团内部事务。这一“双轨”佛教事务管理体系，在中央有崇玄署和昭玄寺两个机构，在各郡县则有沙门曹和寺监相对应。沙门曹秉承崇玄署与昭玄寺的命令，处理地方僧务。其主要负责人为“沙门统”，或简称为“统”“僧统”；副手为“沙门都”，亦称“都”“僧都”；“都维那”负责当地僧众的纲纪监督等事务。至隋炀帝时，朝廷一度加强了对寺院的直接管理，改佛寺名为“道场”，并在寺院三纲之外另置监丞，任职者为俗官，使官府对僧团

① 魏徵：《隋书》卷二十七《百官中》，第758页。

的监督管理直接深入佛教基层寺院组织中，形成了寺监制度，俗官寺监成了寺院的实际领导者，原有的寺院三纲（都监、上座、维那）形同虚设，引发了许多矛盾和混乱，最终不得不撤销俗官寺监制度，回到僧团内部自治管理的正途。唐初沿袭此制度，并在每州县设寺监一人，贞观年间（627—649）废除了寺监设置。

唐袭隋制，更进一步把佛教事务管理完全置于政府专门行政机构中，重视以俗官管理佛教事务，基本上废止了南北朝以来的以僧治僧模式的僧官体系；即使设立僧官，也是为了辅助俗官的管理事务，沦为俗官的附庸。佛教僧团事务完全处于世俗政权的监管之下。这是王朝一统形势下中央政权一元化统治管理的总体趋势。此后的历代政府也大体沿袭了唐代的管理模式，根据行政区划，把佛教纳入中央和地方的政府行政管理之中，而对僧团内部自治管理则不予重视。

唐初，“天下僧、尼、道士、女官，皆隶鸿胪寺”，鸿胪寺仍为政府管理僧道事务的最高机构。武周时，“武后延载元年，以僧、尼隶祠部”，改由祠部主管佛教事务。[①] 唐玄宗天宝末年（756）至唐末，改由祠部与功德使（主管建寺、造像、译经、写经、举办法会等功德事业，后改称两街功德使）共同掌管佛教事务。[②] 唐德宗之后，两街功德使的权力更大一些，然僧籍、度牒、僧官任免仍由祠部掌管。两街功德使下置僧录，功德使是俗官，僧录是僧官。地方僧尼事务则由州郡司功参军或节度使判官代管。安史之乱后，在一些佛教兴盛的地区和寺院集中的特殊地区（如五台山、天台山等地），又重新出现了如南北朝时期的地方僧官设置，名称为僧正或僧统，统理僧团内部管理。唐代官立寺院三纲主要由政府任命。唐末五代之后，随着禅宗丛林制度的兴起，寺院僧团自主管理的精神变强，寺院僧职的设立，除了住持以外，逐步变成纯粹的丛林内部管理事务，只有大寺院的住持才由官府任命。

二 赐额与度僧

隋朝为严格佛寺的管理，建立了寺额制度。即凡欲立寺，先须向有司呈报请准，获准者由有司以皇帝名义颁一云标，即为有额官寺，否则为不合法的私寺。

① 欧阳修、宋祁：《新唐书》卷四十八《百官三》。

② 关于唐初至玄宗朝宗教事务管理部门职权转变的详细内容，可参见《中国佛教通史》第八卷，第141—142页。

这一制度在唐代得到了完善，集体表现为："其一，所赐之佛寺名称除佛教本身的含义之外，更多的是与朝廷的政治生活密切相关。其二，唐代寺院的名称也多含有天下平安、祈祥崇福、兴国安邦的儒家文化底蕴。其三，唐代佛寺有定数定额，因此，赐额制度含有明确的限制佛教寺院数量的含义。"[①]隋唐时期，还曾多次在诸州设立统一的官寺制度，作为政治宣传与政治象征的重要载体。[②] 其中，金陵也有一些佛寺为这些政策的产物，例如龙兴寺[③]、上元寺[④]等。

在僧人度化方面，唐朝实行严格的公度政策，即出家剃度须由官府批准并颁发"度牒"，未经批准私自剃度称为"私度"，并明确把私度作为犯法行为列入国家刑律。与此相应的是度牒官给的管理办法，此办法为后世宋明各朝所因袭。"度牒"是官府颁给合法剃度者出家剃度的证明书。因为度牒皆由尚书省祠部颁出，故又称祠部牒。唐玄宗天宝五年(746)，"制天下度僧尼，并令祠部给牒。今谓之祠部(牒)者，自是而始也"[⑤]。度牒颁出的规范程序是：凡剃度僧尼，得由贵戚、臣僚或名僧上表奏，并提出剃度名额及剃度者的名籍，经皇帝制可后由中书门下向祠部发出敕牒，再由祠部向表奏者(或僧司)转发准度牒并填写颁出实名度牒。度牒制度产生后，不仅形成了一套较为严格的度牒颁出办法，而且形成了对亡僧、逃僧所遗留度牒的收缴销毁办法。[⑥] 度牒官给的实行是公度制度在管理办法上的强化，也是封建政府对于佛教僧团控制力度强化的反映。

从唐宣宗开始，又出现了戒牒，即僧尼受具足戒后由官方颁给的受戒证明书。史载：宣宗大中十年(856)，"敕法师辩章为三教首座，初令僧尼受戒给牒"[⑦]。戒牒作为度牒之后的又一僧尼证件，起到了强化僧尼管理、防止伪滥的作用。

另外，为限制僧额，唐代还确立了试经得度制度，即未剃度的童行需要通过国家为测试结业而举办的考试，从而认定剃度资格的一种出家管理办法，目的是

---

① 赖永海主编：《中国佛教通史》第八卷，第182页。

② 关于官寺制度的研究，可参考聂顺新：《唐代佛教官寺制度研究》，复旦大学2012年博士学位论文。

③ 按《宋高僧传》卷第二十五《唐睦州乌龙山净土道场少康传》："于越州嘉祥寺受戒，便就伊寺学毗尼。五夏之后，往上元龙兴寺听《华严经》《瑜伽论》。"又按《文苑英华》卷八六一中李华所作《润州天乡寺故大德云禅师碑》："长老法号法云……景龙岁，受具于本州岛龙兴寺玄昶律师。"

④ 按《宋高僧传》卷第十五《唐润州招隐寺朗然传》："开元中入道，受业于丹阳元寺齐大师。天宝初，受具于杭州华严寺光律师。……大历十二年冬癸卯，趺坐如常，恬然化灭，时年五十四，僧腊三十五。"

⑤《佛祖历代通载》卷第十三，《大正藏》第49册，第2036页下。

⑥ 赖永海主编：《中国佛教通史》第八卷，第198—201页。

⑦《释氏稽古略》卷三，《大正藏》第49册，第804页上。

严格剃度，防止不识字的经盲剃度为僧。试经得度便是僧额制度中的一项，最初实行于唐高宗时期，到了唐中宗时期已臻于完备。朝廷有时候也通过试经测试，甄别、淘汰僧尼。如唐玄宗开元十二年(724)，玄宗“敕有司试天下僧尼年六十以下者，限诵二百纸，每一年限诵七十三纸，三年一试，落者还俗”①。试经得度制度，对于保持僧团的高素质起到了积极作用。

而对于僧尼籍帐管理办法，唐代较之隋代进一步严格和规范化。开元十七年(729)，“敕天下僧尼三岁一造籍”②，即要求僧尼每三年由州县编制僧尼籍帐供报朝廷管理部门，籍帐内容有法名、俗名、乡贯、户头、所习经业和居住寺人数等。若僧尼身死或还俗，还须申报祠部，办理“注销”僧籍手续。天宝八年(749)，又敕籍帐每十年一造；大和四年(830)，又敕每五年一造。僧尼名籍供帐的管理办法为此后各朝所沿用，成为政府管理佛教事务的重要内容之一。

而到了南唐时期，由于南方各国帝王多对佛教有浓厚信仰，热心于佛寺兴建，因而度僧政策放宽了许多。具体在度僧数量上，南唐时期私度僧仍极泛滥，金陵一地即有数千人之多。

---

① 《唐会要》卷四十九《杂录》，清武英殿聚珍版丛书本。

② 志磐：《佛祖统纪》卷第四十，《大正藏》第49册，第374页下。

第十章　两宋时期的金陵佛寺

南唐社稷归宋之前，作为江南地区的政治、经济、文化中心，金陵经历了一段比较稳定繁荣的发展期，这为金陵佛教的振兴与佛寺的兴建创造了契机，加之南唐国主对于佛教比较崇信，使得金陵佛教自南朝以来再次获得发展小高峰。由于南唐享国只有39年(937—975)，归宋后金陵的政治地位很快又从国都降为地方行政中心。然而，南唐一代复兴及新建的佛寺大多保留并发展。

北宋统一全国以后，宋太祖赵匡胤吸取历代对待佛教的经验教训，采取了既保护佛教又对之严格管理、适度限制的政策。一方面，他废除了相关的禁佛政策，下诏停止毁废寺院佛像、寺塔建筑等行为，并从国家层面开设译经场翻译佛经，又兴建佛寺供养僧众；另一方面，他对可能引发社会事件的佛教活动予以禁止，并控制出家僧尼的数量，实行严格的度牒管理制度。这一相对宽松的佛教政策，为佛教在有宋一代的进一步发展提供了良好的政治环境。另外，宋代佛教的良性稳定发展还有一个十分重要的因素，就是宋代的寺院经济被纳入国家经济体制中，朝廷开始通过税收的形式对寺院的经营性经济活动进行严格管理，这既保障了丛林寺院的经济来源，也消除了导致前代灭佛事件的经济因素。同时，两宋时期的社会思想文化领域呈现出三教融合与精英文化下移的趋势，佛教文化不仅逐渐扩展到社会生活的各个层面，也逐渐地走向世俗化与平民化，佛教对平民阶层的影响越来越深入。这些因素共同促进了宋代佛教的平稳、深入发展。金陵佛教处在这一发展大势中，也步入了一个新的发展阶段。

与六朝、唐代等不同的是，宋代思想文化的主流不再是玄学、佛学，而是三教融合背景之下的儒学。儒学的全面复兴使得宋代统治者对待佛教的态度，不再是政治上主动的大力扶持，而变成了一种内在的文化需要。这种内在的文化因素尽管促进了中国佛教的深入发展，但也不可能再使之回到六朝及唐代那种盛大繁荣的景象。因此，宋代佛教发展的整体特点可谓是深且广，而非盛且大。另外，宋代佛教的区域发展也呈现出了一些新特点，就江南地区来说，佛教文化的中心已经不再局限于金陵一地，诸如苏州、杭州等地也逐渐成为影响很大的佛教文化中心。在这样一种时代背景之下，金陵佛教尽管整体上呈现出稳步发展的上升趋势，但其地位与影响也呈现出相对下降的趋势。因此，从“历史在场”的角度来看，宋代金陵佛教的发展往往给人一种存在感比较低的感觉。这其实符合宋代佛教发展的整体特点，只不过，这种存在感不高的发展特点并非说明佛教的发展趋于颓势，恰恰相反，佛教文化对中国社会开始成为一种“润物细无声”的文化滋养。

总之，从社会文化层面来看，宋代金陵佛教的发展呈现出一种平稳而又深入的发展态势。但就金陵佛寺的兴废而言，由于深受战乱的影响，宋代金陵佛寺经历了数次兴废，其中既经历了宋克南唐、金兵入侵建康等两次战乱的毁废时期，也经历了北宋太平兴国年间、南宋绍兴年间等兴建时期。另外，就佛寺的地理分布而言，两宋时期金陵佛寺的地理分布，仍不离六朝时期已经奠定的佛寺分布总体格局。只不过，由于两宋时期建康府的行政区划屡有更迭，甚至在一些时期，建康府的行政管辖范围包括了江南东路的大片区域，因此需要特别注意区分这一时期的金陵佛寺，不应笼统地称为“建康佛寺”。这一时期也出现了许多有影响力的大寺或者十分著名的佛寺，其中既有天禧寺（即古长干寺）等重修寺院，也有半山报宁禅寺等新建寺院，它们都对金陵佛教文化遗产的保留与存续做出过重要贡献。

第一节
两宋金陵佛寺的兴废

受战争及政治因素等影响,金陵佛寺的兴废主要经历了四个阶段。首先,宋克南唐之际,建康城遭受了部分程度的损坏,有许多佛寺毁于其时,不过史籍中并未见有建康城毁之记载,且宋唐之间的作战主要为水战,广大的山林佛寺并未遭受到战争的正面冲击,这使得建康城内外的很多佛寺都保存了下来。其次,随着北宋政权逐渐稳定,自宋太宗赵光义以来,又历真宗、英宗等朝,金陵大量佛寺得到了修复、改额或重建。再次,两宋之际的建炎年间(1127—1130),由于金兵入侵建康,建康城再次被毁,大部分佛寺亦被火焚烧,金陵佛寺遭受了自隋毁城以来最严重的一次损坏。最后,宋高宗绍兴年间(1131—1162),随着南宋政权趋于稳定,建康府得以重建,建康佛寺的兴建亦逐渐复兴,史称“毁于建炎,兴于绍兴”。

一 宋克南唐之际的金陵佛寺

后周显德七年(960),周恭帝被迫逊位,赵匡胤登基,以宋为国号,是为宋太祖。太祖登位之后,决定以“先南后北”为统一全国之步骤,先后征服了南平、武平、后蜀和南汉。宋灭南汉后,置南唐于三面夹击之中。后主李煜为自保,明臣服而暗备战,在遣使向宋请受册封的同时,将兵力部署在长江中下游各要点,以防宋军进攻。北宋开宝七年(974)九月,赵匡胤以李煜拒命来朝为辞,发兵十余万,三路并进,趋攻南唐。十月,宋军顺利渡过长江。采石、秦淮河、皖口三战,南唐屡战屡败,在长江中游的精锐兵力全部丧失。开宝八年(975)三月,宋军攻至金陵城下。六月,吴越军队攻陷金陵东面的门户润州,南唐都城金陵陷入合围之中。十一月十二日,北宋曹彬大军开始从三面攻城,二十七日,宋军破城,李煜奉表投降,南唐遂亡。随后改建康为升州。[①]

① 韩品峥、杨新华、韩文宁:《古都南京》,杭州出版社,2010年,第71页。

宋克南唐之际，根据史料所载，建康城并未遭受到重大损害。开宝七年(974)冬十月，宋克南唐都城前夕，太祖赵匡胤对曹彬说："南方之事，一以委卿，切勿暴虐生民，务广威信，使自归顺。"[①]曹彬为人处世亦颇为稳重，建康城垂克之际，曾设法保全百姓。《宋史·曹彬传》云："城垂克，彬忽称疾不视事，诸将皆来问疾。彬曰：'余之疾非药石所能愈，惟须诸公诚心自誓，以克城之日，不妄杀一人，则自愈矣。'诸将许诺，共焚香为誓。明日，稍愈。又明日，城陷。煜与其臣百余人诣军门请罪，彬慰安之，待以宾礼。"[②]按《曹彬传》所记，宋军攻克南唐都城建康之后，多有安抚之心，少有毁城之举，这无疑使金陵城包括佛寺在内的广大建筑群得以安然无恙。

不过，那些被直接卷进战争中的佛寺，并没有因为宋军的这一善举而免于毁废。根据史料，可以发现有不少寺院刚好在两军交战之际被毁，其中具体可考者有瓦官寺杰阁、均庆院(天宝寺)、瑞相院(铁索寺)、能仁寺(报恩寺)、观音院、秀峰院、归德院、永募院等。

瓦官寺，创自东晋兴宁年间(363—365)，地在金陵秦淮之阳。寺有杰阁踞其后，壮丽无偶。宋开宝八年(975)十一月，金陵下兵燹凌之，阁遂为烬。[③]

均庆院，在城南门外，旧在金陵坊。本名天宝寺，始建于东晋。宋废帝子业曾毁之，明帝定乱之后，下令兴复。梁太清二年(548)，邵陵王纶与侯景战于玄武湖侧，败入此寺，景纵火焚之，而寺再毁。唐开元十年(722)重修，并改为天保寺。北宋开宝八年(975)，寺毁。[④] 太平兴国五年(980)，就修真观基而重置。绍兴初年(1131)，移其额于雨花台，后坏于火，因迁于台之下。有古塔一座，即无殿舍屋宇，塔前镌"宋故三藏特赐宝觉圆通法济禅师道公之塔"这 18 个字，后有宋故三藏法师道公塔铭。[⑤]

瑞相院，亦名铁索寺，在城南门外。铁索寺是在中国佛教史上有着特殊地位的一座尼寺，始建于东晋。刘宋元嘉七年(430)，西域梵尼 7 人至建业。元嘉十一年(434)，尼铁索罗等 3 人又至，因号铁索寺。据载，铁索罗等人是中土高僧专

---

① 《景定建康志》卷一，第 103 页。
② 脱脱等：《宋史》卷二百五十八，清乾隆武英殿刻本，第 2595 页。
③ 葛寅亮：《金陵梵刹志》卷二十一，明万历刻天启印本，第 235 页。
④ 刘世珩：《南朝寺考》卷二，《金陵全书·乙编·史料类》，南京出版社，2010 年版，第 683 页。本章所引《南朝寺考》皆为此版本。
⑤ 《景定建康志》卷四十六，第 461 页。

门从海外请来为中国比丘尼慧果等人受二部僧戒的。自此以后，中国佛教史上开始出现了真正意义上的具戒比丘尼。宋齐以来，或为翠灵寺，或为妙果寺。开宝八年(975)毁。太平兴国二年(977)，有僧请其地重兴瑞相禅师塔，因改额瑞相院。[1]

能仁寺，在台治东南。刘宋元嘉二年(425)，文帝为高祖建，名报恩寺。唐会昌中废。杨吴大和六年(934)，毗陵郡人徐景运为其亲重建，曰报先院。南唐升元中，改为兴慈院。至开宝中[2]，又废。后有里人舍宅复为兴慈院。太平兴国二年(977)，邦人以院地卑湿徙置于此，以乾明节日建院额，后改为承天寺，政和中又改今额。

观音院，在城东60里黄干村。梁天监中置，至开宝八年(975)废。后复建于本院之蔬圃。[3]

秀峰院，旧在府城北隅，宋开宝八年(975)废。太平兴国五年(980)重建，寻又废。绍兴中，移于凤台山西。宋景定五年(1264)，节使王鉴重建。元代为尼寺。[4]

归德院、永慕院，南唐后主宫中置归德、永慕二尼院。开宝中废，移二院尼置寺，徙妙果院尼同居，太平兴国五年(980)赐额乾明尼寺。[5]

与侯景之乱、金兵侵宋等战争不同的是，在宋克南唐的战争中并没有发生恶意的毁城事件，除了部分直接毁于战火中的佛寺之外，其他佛寺在这一期间都得到了较好的保存。

二 北宋时期金陵佛寺的兴建

虽然北宋始自宋太祖建隆元年(960)，但是严格来说，金陵佛寺正式进入有宋一代的发展期应该始自宋太祖开宝八年(975)攻克南唐。随着战乱的结束以

---

① 《至正金陵新志》卷十一，第737页。
② 此处谓“开宝中”，当是开宝八年宋克南唐之时。
③ 《至正金陵新志》卷十一，第733页。
④ 《至正金陵新志》卷十一，第717页。
⑤ 《至正金陵新志》卷十一，第725页。

及社会的稳定，开宝八年以后，金陵佛寺的复修兴建活动也逐渐展开。尤其在宋太宗太平兴国年间、真宗天禧年间、英宗治平年间等，金陵许多著名佛寺如瓦官寺、栖霞寺、开善寺等，都得到了复兴或改额，也有一些新建佛寺如半山寺等开始出现于金陵城内外。金陵佛寺进入一个新的昌盛发展时期。

关于北宋时期金陵佛寺的重修情况，由相关史料考证可知，宋太宗太平兴国年间与宋英宗治平年间，这两个时期是金陵佛寺复兴的昌盛时期。

宋太祖在位时期（960—976）的金陵佛寺兴建有前后两个阶段，其时间分界便是宋克南唐的开宝八年（975）。根据史料，开宝八年之前兴建的佛寺有天王院、宝戒寺、马占寺、寿宁禅院等。天王院本梁代头陀寺，在靖安镇，普通二年（521）置，建隆四年（963）改为天王院。① 宝戒寺本名迦毗罗寺，始创于刘宋时期，南唐改真际寺，开宝二年（969）改额为宝戒寺。② 马占寺本为六朝古寺，开宝五年（972）于旧基重修。③ 寿宁禅院在江宁县治南，开宝七年（974）徙入城中，据载为参政张公洎南唐赐第舍宅为寺，又并入城北广孝寺，淳化五年（994）改额寿宁。④

开宝八年以来的金陵佛寺兴建情况，根据相关文献记载，有如寿宁寺、开善寺、后阳寺等重修于其时。其中，寿宁寺本梁大爱敬寺，在钟山竹涧，天监元年（502）武帝为父造，侯景作乱遭战毁，唐改为禅院，宋开宝中，移入城中，易址重建，改名寿宁寺。⑤ 开善寺，原梁宝志公塔，后更为寺，宋开宝中，改为开善道场。⑥ 后阳寺系万回道场，开宝八年赐额，因在后阳村而得名。⑦ 事实上，由于史料语焉不详，这些寺院究竟兴修于宋克南唐之前还是之后，其实也不能完全确定。总体来说，宋太祖时期的金陵佛寺兴建并没有多少发展。金陵佛寺真正进入复兴发展时期是在宋太宗赵光义继位之后。

宋太宗赵光义继位之后，金陵地区的社会、经济、文化等趋于稳定，许多高僧、士大夫开始了复兴寺院的活动。现今可考的复兴于宋太宗天平兴国年间（976—984）的佛寺有瑞相院、显慈寺、崇教寺、太平兴国寺、清凉广惠禅寺、普云

---

① 《至正金陵新志》卷十一，第 727 页。

② 《至正金陵新志》卷十一，第 717 页。

③ 《至正金陵新志》卷十一，第 754 页。

④ 《至正金陵新志》卷十一，第 708 页。这些寺院的重修活动都发生在南唐时期，但文献记述往往取北宋纪年以代南唐纪年，这是需要注意的地方。

⑤ 《至正金陵新志》卷十一，第 708 页。

⑥ 《至正金陵新志》卷十一，第 701 页。

⑦ 葛寅亮：《金陵梵刹志》卷四十七，明万历刻天启印本，第 359 页。

寺(栖霞寺)、崇胜戒坛院、乾明尼寺、秀峰院、禅居院、崇明寺、兴教院、开福禅寺、崇庆寺、兴化禅寺、慧照寺、崇福院、保宁寺、能仁寺等。复兴于太宗淳化年间(990—994)的佛寺有寿宁禅院等。

此后,北宋历代多有佛教复兴。其中,尤以宋英宗治平年间(1064—1067)为多。复兴于宋真宗景德年间(1004—1007)的佛寺有景德寺等,复兴于真宗天禧年间(1017—1021)的佛寺有古长干寺(天禧寺)等。复兴于宋仁宗嘉祐年间(1056—1063)的佛寺有梁代同行寺(宝林寺)等。复兴于宋英宗治平年间的佛寺有隆教院、净居院、大仁院、光宅寺、佛龛院、明觉寺、祈泽寺、宝乘寺、普济寺、广严寺、大觉寺、三塔大圣院等。复兴于宋神宗熙宁年间(1068—1077)的有下定林寺(定林庵)。复兴于宋徽宗崇宁年间(1102—1106)、政和年间(1111—1118)的佛寺分别有净相院、净妙寺等。

从数量上可见,宋太宗太平兴国年间和宋英宗治平年间是金陵佛寺恢复的主要时期。今将以上名目列述如下。

瑞相院,亦名铁索寺,在城南门外。开宝八年(975)被毁,太平兴国二年(977)重建,改额瑞相院。[①]

显慈寺,旧名刘庄寺,在溧水州西南 130 里。至太平兴国二年(977)复建。大观元年(1107),改显仁院。绍兴三十年(1160),又改今额。[②]

崇教寺,本为梁时佛窟寺,梁天监二年(503),司空徐度造。唐大历九年(774),代宗因感梦,修寺之东西峰顶七层塔。太平兴国二年(977),赐额崇教寺。[③]

太平兴国寺,即梁宝志塔。天监十三年(514),武帝为志公建塔于山南玩珠峰前,名开善精舍,后更为寺。唐乾符中,改宝公院。开宝中,改开善道场。宋太平兴国五年(980),改太平兴国寺。庆历二年(1042),府尹叶清奏改十方禅院,寻复寺额。[④]

清凉广惠禅寺,在石头城,去城 1 里。杨吴顺义中,徐温建为兴教寺。南唐升元初,改为石城清凉大道场。北宋太平兴国五年(980)闰三月,改额清凉广惠

---

① 《至正金陵新志》卷十一,第 737 页。

② 《至正金陵新志》卷十一,第 756 页。

③ 《至正金陵新志》卷十一,第 722 页。

④ 葛寅亮:《金陵梵刹志》卷三,明万历刻天启印本,第 62 页。

禅寺。[1]

普云寺(栖霞寺),始创于萧齐永明七年(489)。宋太平兴国五年,改额普云寺。景德五年[2],复名栖霞禅寺。元祐八年(1093)六月,改额严因崇报寺,又号虎穴寺。[3]

崇胜戒坛院,本为东晋哀帝兴宁中沙门慧力所造之瓦官寺。瓦官寺乃东晋著名佛寺,曾号称"江左首刹",后代亦颇为兴盛,且历有唐一代常为名胜。杨吴时,改寺名为吴兴寺,以"吴兴"为寺名,可见当时瓦官寺仍为江南最重要的佛寺之一。南唐时,又改额为升元寺。寺内有阁,因寺名而为瓦官阁,后亦随寺名而改为升元阁。宋师南下到达江南之际,吴越兵曾举火焚阁。时阁上有避难妇女数千人,旦夕之间与阁同烬,景况十分惨烈。宋太平兴国五年,重建寺院,并改额为崇胜戒坛院。[4]

乾明尼寺,在城内东南祥鸾坊,南唐太庙基。南唐后主宫中置归德、永募二尼院,开宝中废,移二院尼置寺,徙妙果院尼同居。太平兴国五年赐额。[5]

秀峰院,旧在府城北隅。宋开宝八年(975)废,太平兴国五年重建,寻又废。绍兴中,移于凤台山西。宋景定五年(1264),节使王鉴重建,元代为尼寺。[6]

禅居院,在城西南65里,唐大历二年(767)置,会昌五年(845)废,至太平兴国五年修。[7]

崇明寺,在句容县东。晋咸宁元年(275),居士司徒察舍宅为义和寺。唐会昌中废,天祐二年(905)重建,太平兴国五年改今额。[8]

兴教院,在句容县东北,晋咸淳中置为观音院,南唐时重修,太平兴国五年改今额。[9]

开福禅寺,旧名天兴,在溧水州南门外,唐开元二十二年(734)修,会昌五年

① 《至正金陵新志》卷十一,第707页。
② 景德只有四年,疑记载有误。
③ 《至正金陵新志》卷十一,第711页。
④ 《至正金陵新志》卷十一,第709页。
⑤ 《至正金陵新志》卷十一,第725页。
⑥ 《至正金陵新志》卷十一,第717页。
⑦ 《至正金陵新志》卷十一,第744页。
⑧ 《至正金陵新志》卷十一,第748页。
⑨ 《至正金陵新志》卷十一,第749页。

废，天祐初重建，至太平兴国五年改今额，淳熙十三年(1186)请为禅院。[①]

崇庆寺，在溧水州东南8里，鸿鹤禅师在东庐山建道场。后至中山西建寺，唐大中二年(848)立大觉寺额，至太平兴国五年改今额。[②]

兴化禅寺，旧名丰安寺，在溧水州北27里，唐大中年间建。至太平兴国五年改今额。淳熙六年(1179)请为禅院。[③]

慧照寺，旧名禅林寺，在溧水州南80里，唐开元二十七年(739)置，太平兴国五年改额。[④]

崇福院，始创于刘宋元嘉十年(433)，因僧楚云所居，赐号崇福寺。太平兴国八年(983)重修。[⑤]

保宁寺[⑥]，本为宋武帝永初元年(420)车骑将军范泰舍宅所造之祇洹寺。后改名白塔寺，唐开元中又更额曰长庆寺，南唐保大中曰奉先寺。宋太平兴国中，赐额曰保宁寺。大中祥符六年(1013)，增建经钟楼、观音殿、罗汉堂、水陆堂、东西方丈，庄严盛丽，安众500人。又建灵光、凤凰、凌虚三亭，照映山谷，围甃砖墙500丈，茂林修竹，松桧蓊蔚，诏岁度五僧。政和七年(1117)，改神霄宫。建炎元年(1127)，复旧额。三年四月，大驾幸江宁，权以祠为行宫。闰七月，如浙西，其后命即府治修为行宫，御座犹在本寺。岁久屋弊，留守马光祖重建殿宇及方丈、观音殿、水陆堂、厨堂、库院，移钟楼冠青龙首，增建廊屋，横直18间，作新建凤凰台。

能仁寺，本为刘宋时报恩寺，始创于宋元嘉二年(425)，乃文帝为高祖创建。唐会昌中废。杨吴大和中，改报先院。南唐升元中，改兴慈院。开宝中又废，太平兴国间更建，改承天寺。宋政和中，改能仁禅寺。建炎中兵毁，庆元间重修。[⑦]

寿宁禅院，在江宁县治南，开宝七年(974)徙入城中。原为参政张公洎在南

---

① 《至正金陵新志》卷十一，第753页。

② 《至正金陵新志》卷十一，第753页。

③ 《至正金陵新志》卷十一，第754页。

④ 《至正金陵新志》卷十一，第755页。

⑤ 《至正金陵新志》卷十一，第738页。

⑥ 《景定建康志》卷四十六《祠祀志三·寺院》"保宁禅寺"条云，寺即建初寺，"宋更寺名曰祇园，齐更名曰白塔，唐初复名曰建初，开元更名曰长庆，南唐更名曰奉先，国朝太平兴国中赐额曰保宁"(《景定建康志》卷四十六，第415页)。然而，关于建初寺与祇园寺之间的沿革关系，有待商榷，可参见六朝卷"建初寺之沿革"。另，祇园寺与祇洹寺二寺之关系，亦须明了，同见上。

⑦ 《至正金陵新志》卷十一，第698页。

唐时期的所赐宅第，后舍宅为寺，又并入城北广孝寺。淳化五年(994)改今额。[①]

景德寺，城内嘉瑞坊，旧崇孝寺，杨吴时期置。景德中改今额。建炎初，其地为太庙，战乱后仅存庙侧小巷中僧舍数间，仍用寺额。[②]

天禧寺，即东晋长干寺、梁阿育王寺。长干寺为六朝建康极为重要的佛寺，且自创建以来，历代皆兴，并在梁武帝时达到最盛。然隋唐之间，无所营造。入宋以后，寺再兴。天禧二年(1018)，改名天禧寺。政和六年(1116)，建法堂。寺中有阿育王塔，大中祥符年间，赐号圣感塔。[③]

宝林寺，本梁同行寺。梁天监初，武帝与宝志公登幕府山，见林峦殊胜，命建寺，因名同行，亦名圣游。唐会昌中废，杨吴大和中复建，名秀峰院。宋嘉祐中，改宝林寺。[④]

隆教院，在城东南 85 里，梁大同二年(536)建，初号金口寺。杨吴顺义二年(922)，改灵鹫院。治平元年(1064)改今额。[⑤]

净居院，在城南 50 里，本唐天福寺，会昌中废，南唐时复置为净住院。治平二年(1065)改今额。[⑥]

大仁院，在城南 70 里，近慈湖界。唐明宗时，有僧结茅于此讲《仁王经》。南唐给额为仁王院，治平二年改今额。[⑦]

光宅寺，本为梁武帝故宅，舍作寺。寺久废，其故基在城东南 7 里，尝建明觉寺。后徙置他处，治平二年赐额。[⑧]

佛龛院，在城西南 60 里上公山，梁佛坛寺基。南唐保大十二年(954)重置，治平二年改慈相院。[⑨]

明觉寺，旧名正觉，在溧水州西 40 里。唐咸通十年(869)置，大顺中改今名。至治平二年赐额。[⑩]

---

① 《至正金陵新志》卷十一，第 708 页。
② 《至正金陵新志》卷十一，第 716 页。
③ 《至正金陵新志》卷十一，第 693 页。
④ 《至正金陵新志》卷十一，第 727 页。
⑤ 《至正金陵新志》卷十一，第 747 页。
⑥ 《至正金陵新志》卷十一，第 741 页。
⑦ 《至正金陵新志》卷十一，第 742 页。
⑧ 《至正金陵新志》卷十一，第 739 页。
⑨ 《至正金陵新志》卷十一，第 744 页。
⑩ 《至正金陵新志》卷十一，第 738 页。

祈泽寺,始创于宋少帝景平元年。唐会昌中,寺废于法难。南唐祈雨有验,复修。宋治平中,改名祈泽治平寺。王安石有《游祈泽寺》诗。后历元迄明,常为祈祷雨泽之所。[①]

宝乘寺,即旧草堂寺,在上元县钟山乡,去城11里,齐周颙隐居之所。唐会昌中寺废,宋复建,治平中赐额宝乘。绍兴三十二年(1162),改赐隆报宝乘禅寺。[②]

普济寺,其源头本梁代头陀寺,旧在蒋山北高峰头陀岩前。梁大同元年(535),舍人石兴造。宋治平中,徙置山下,改名普济寺。[③]

广严寺,旧名仪城,在溧水州西北45里。唐天复三年(903)置,治平中改今额。[④]

大觉寺,本大通寺,在溧水州北15里,梁大同元年(535)置,治平中改今额。[⑤]

三塔大圣院,东晋为白龙寺,在溧阳州西70里。久废,独存一塔。治平中,僧奉琳建有寒光亭。[⑥]

定林庵,本刘宋下定林寺。宋文帝元嘉元年(424),僧慧览造定林寺。越十二年,昙摩蜜多别建上定林寺于山西,遂名此为下定林寺。下定林寺自齐后已久废,至北宋复就旧址创定林庵,为王安石读书处。[⑦]

净相院,在城西南60里,唐天祐年间建,南唐后主给额为泗州塔院,至崇宁中改今额,俗呼后篱寺。[⑧]

净妙寺,即齐安寺,南唐升元中建,政和中改赐今额。[⑨]

除了以上所举的复兴寺院之外,北宋时期的金陵地区也出现了一些新建佛寺,如看经院、半山报宁禅寺、吉祥寺、清修院、隆福院、广觉院、明性院、真如院、治平寺。

---

① 葛寅亮:《金陵梵刹志》卷九,明万历刻天启印本,第161—162页。
② 《至正金陵新志》卷十一,第713页。
③ 《南朝寺考》卷五,第871页。
④ 《至正金陵新志》卷十一,第754页。
⑤ 《至正金陵新志》卷十一,第757页。
⑥ 《至正金陵新志》卷十一,第767页。
⑦ 《南朝寺考》卷三,第698页。
⑧ 《至正金陵新志》卷十一,第744页。
⑨ 《至正金陵新志》卷十一,第725页。

看经院在城南40里，建隆二年(961)置，地名任店。[①]

半山报宁禅寺，在城东7里，距钟山亦7里，王安石故宅。其地名白塘，旧以地卑积水为患。自王安石卜居，乃凿渠决水以通城河。元丰七年(1084)，王安石病，皇帝遣国医诊视，既愈，乃上书皇帝请以宅为寺，因赐额报宁禅寺。寺后有谢公墩，其西有土山，曰培塿，是王安石决渠积土之地。由城东门至钟山，此为半道，故今名半山寺。[②]

吉祥寺，在城南2里余，宋治平二年(1065)赐额。[③]

清修院，在江宁镇，东去城60里，治平二年赐额，俗呼青山寺。[④]

隆福院，在城西南70里陆塘桥石堰口，治平二年赐额。[⑤]

广觉院，在横山北，去城70里，治平二年赐额，其地名北汤村，俗呼北汤寺。[⑥]

明性院，俗呼董青院，在城南石塘村西里山，去城80里，治平二年赐额。[⑦]

真如院，在城东南60里，治平间赐额。[⑧]

这之中比较著名者为王安石舍宅所建之半山报宁禅寺，今南京城仍有半山园，即是半山寺旧址。

三 两宋之际建炎时期金陵佛寺之毁损

北宋靖康二年(1127)，金人南下，攻陷宋都汴梁(今开封)，掳走徽宗及钦宗，北宋覆亡。是年五月初一，钦宗之弟赵构在应天府(今商丘)即位，改元建炎，重建宋王朝，是为宋高宗。建炎三年(1129)秋，金兀术统兵南下，占领建康，并在城内烧杀抢掠。建炎四年(1130)，金人又将建康全城付之一炬。建炎兵火是建康城历史上的又一重大灾难，对建康城内的建筑造成了毁灭性打击。史载："建炎

① 《至正金陵新志》卷十一，第741页。
② 《至正金陵新志》卷十一，第706页。
③ 《至正金陵新志》卷十一，第721页。
④ 《至正金陵新志》卷十一，第742页。
⑤ 《至正金陵新志》卷十一，第745页。
⑥ 《至正金陵新志》卷十一，第746页。
⑦ 《至正金陵新志》卷十一，第747页。
⑧ 《至正金陵新志》卷十一，第746页。

四年，金人烧建康，凡官舍民居，寺观神祠，无不荡尽。”[①]据此可以推断，建康诸寺也应在这一次毁城事件中遭受重创，成为宋代立国以来最大的兴废变故。今据诸史料，明确可考的废于此时的佛寺虽只有太平兴国寺、法性寺(即旧建初寺)、法云寺、清真寺、崇庆寺等少数寺院，这主要是因为史料不足，不过我们依然可以从中一窥建炎兵火对金陵佛寺的毁灭性打击。兹将毁于建炎兵火的可考寺院列述如下。

太平兴国寺，本为梁武帝时宝志公塔，后因塔建寺，名开善寺。北宋太平兴国年间，赐更名寺为太平兴国寺。及王安石守金陵，合诸小刹以附益之，寺始大。建炎毁于兵，绍兴更作，淳熙又毁，随更作之。[②]

法性寺即旧建初寺，宋改名法性寺。建炎兵火中寺废，法性旧额仅存。及寺复建，析为三，在东曰石佛院，在西曰前法性寺、后法性寺。元末犹存，至明遂无传。[③]

法云寺，旧在城外东北10里，本南朝斋集善寺。齐世祖时为豫章文献王造。唐初，辅公祏乱，毁废。后复置为义章院，改法云寺。建炎兵火废。后徙置上元县治西北。[④]

清真寺，旧名清玄寺，在城北25里。梁武帝大通元年(527)置。后废，南唐保大中复置。寺有梁时佛像，建炎兵焚。[⑤]

崇庆寺，在溧水州东南8里。鸿鹤禅师在东庐山建道场，后至中山西建寺。唐大中二年(848)，立大觉寺额。至太平兴国五年(980)，改崇庆寺额。建炎兵毁，余枯桧二株。[⑥]

除了以上据明确可考被毁寺院之外，推测仍有许多佛寺毁于战乱，今已无法一一考出。另外，雨花台、牛首山一带曾是当时的重要战场。如岳飞曾在牛首山打败金军，而雨花台在战后仅存台址。可见，其周边诸寺亦难免于战乱之祸。除佛寺之外，建康城内其他庙宇道观等，亦大都毁于兵火。如文孝庙，在城内西南新桥之西面，临淮水，建炎焚毁，绍兴五年(1135)再建。天庆观，在城西门内崇道桥

---

① 《景定建康志》卷四十六，第328页。
② 《至正金陵新志》卷十一，第701页。
③ 《南朝寺考》卷一，第589页。
④ 《至正金陵新志》卷十一，第723页。
⑤ 《至正金陵新志》卷十一，第728页。
⑥ 《至正金陵新志》卷十一，第753页。

北，建炎兵火后，羽流结茅屋以居。崇禧观，在大茅峰北华阳洞南门之东，即古太平观，建炎四年（1130）废于火，绍兴中再创。元符万宁宫，在茅山，建炎四年为盗所焚。建炎年间所毁诸寺等建筑，在绍兴年间多有恢复，所谓“毁于建炎，创于绍兴”。

当然，凡所谓兴废事，皆有剧变及渐变两种。所谓剧变，常伴随重大历史事件，如建炎年间建康诸寺之废乃为剧变，其毁废是全局性、毁灭性的。除此之外亦有渐变，即年久而衰、逐渐废弃之类。今考诸史料，亦发现一些佛寺，虽于前代兴闻于世，但入宋以后乃至于元，皆无所闻。如开宝寺，宋庆历甲申年遭遇塔灾。[①] 又如道场寺，宋元时，尚呼其地为斗场村，而寺已久废。[②] 除了年久日废这一自然因素之外，事实上，宋代金陵佛寺渐渐衰废还有一个重要的人为因素，就是宋代对于无额寺院的拆毁、取缔，这在当时是比较普遍的现象。据载，宋代寺院的兴建标准较为严格，有无敕额是判断寺院合法与否的依据。随着佛教信仰不断深入人心，民间逐渐开始盛行私建寺院。民间私修的寺院规模大小不等，有些寺院修建时只是普通民众烧香拜佛的场所，后来却逐渐发展成具有一定规模的寺院，这些民间私自修建、未得到国家认可的寺院，有时会得到朝廷认可并被授赐额，有时则被下令拆毁。如景祐元年（1034）宋仁宗下令“毁天下无名额寺院”，又如宋英宗治平三年（1066）规定，“诏一应无额寺院，屋宇及三十间以上者，并赐寿圣为额；不及三十间者并行拆毁”。由此可见，民间私建寺院若想存续下去，或者要有朝廷的敕额，或者寺院房产要达到 30 间及以上。而这样的标准并非确定不变的，因为这是由管理机构所确立，所以这些私建寺院的存毁情况存在着很大的不确定性。除了政策性的因素之外，宋代由于寺院经济不免赋税，也有部分私建寺院的没落或者废弃，是经营不善或者违法乱纪所致。

四　南宋时期金陵佛寺之兴建

建炎兵火以后，随着宋军岳飞收复金陵，金陵城又一次开启了它艰难的重建史。通过建炎间宋室与金兵的战役，金陵城的政治、军事地位迅速上升，一跃成

① 《至正金陵新志》卷十四，第 765 页。
② 《南朝寺考》卷二，第 669 页。

为南宋朝廷的留都。宋高宗改元绍兴以后，对金陵城的重建工程非常重视，金陵城在数年之内即见新容。相应地，金陵诸多佛寺也在这一时期得到复兴。由于金陵政治地位的上升，加之南宋政权稳固以来，金陵社会稳定、经济繁荣，金陵佛寺又进入了一个复兴发展期。一方面许多佛寺得到了恢复、重建，另一方面也出现了一批新建佛寺，其中又以宋高宗绍兴年间、宋孝宗乾道年间、宋度宗咸淳年间为多。可考的南宋时期重修或新建的佛寺如下。

复兴于宋高宗绍兴年间(1131—1162)的金陵佛寺有均庆院、安隐院、马占寺、报恩光孝禅寺、正觉寺、移忠报慈禅院、太平兴国禅寺、隆报宝乘禅寺、秀峰院、兴严寺等，新建于绍兴年间的佛寺有明庆院、旌忠禅院、弥勒寺、法济寺等。复兴于宋孝宗乾道年间(1165—1173)的佛寺有上国安寺、方山定林寺等，新建或请额于乾道年间的佛寺有禅心寺、万善寺、新化寺、昭圣寺等。复兴于孝宗淳熙年间(1174—1189)的佛寺有兴教院等。新建于宋宁宗开禧年间(1205—1207)的佛寺有治平寺等。新建于宋理宗景定年间(1260—1264)的佛寺有清福庵等。新建于宋度宗咸淳年间(1265—1274)的佛寺有大通尼寺、均庆尼寺、正等寺、观音庵、天王寺等。其他复兴于宋但具体时间不详的佛寺有法性寺、永宁寺、兴教寺、湘宫寺、普光寺、崇因寺、妙净寺、乐林院、鹿苑寺、百福院、昭文精舍、香林寺、法宝寺、殊胜寺等。详述如下。

均庆院，在城南门外，旧在金陵坊，本晋天宝寺。唐开元十年(722)，改天保寺。宋开宝八年(975)毁。太平兴国五年(980)，就修真观基重置。绍兴初，移其额于雨花台。后坏于火，因迁于台之下。有古塔一座，即无殿舍屋宇塔，前镌“宋故三藏特赐宝觉圆通法济禅师道公之塔”共 18 个字，后有宋故三藏法师道公塔铭。①

安隐院，在雨花台后，向南 100 余步，旧在蒋山后。久废。绍兴四年(1134)，郡人请额置。②

马占寺，在溧水州东 25 里，本六朝古寺基，开宝五年(972)修。旧记无考，相传马尚书于此读书，不知何代人。绍兴八年(1138)重建。③

报恩光孝禅寺，在府城西门内，旧为天宁万寿寺。宋绍兴九年(1139)，诏改

---

①《至正金陵新志》卷十一，第 721 页。
②《至正金陵新志》卷十一，第 738 页。
③《至正金陵新志》卷十一，第 754 页。

今额。[1]

正觉寺，始创于刘宋顺帝时，本在城南新亭垒侧。昇明元年(477)，萧道成屯兵新亭，攻打荆州刺史沈攸之。及沈攸之败后，便以军幕之地置正觉寺。后寺久废。南宋绍兴十二年(1142)，请新亭额于城正西隅重建寺院，其巷遂呼正觉寺巷。[2]

移忠报慈禅院，在牧牛亭路东，去城西南68里。绍兴十五年(1145)，秦申王请为功德院。[3]

太平兴国禅寺，在蒋山，去府城15里。梁武帝天监十三年(514)，以定林寺前冈独龙阜葬志公，永定公主以汤沐之资造浮屠五级于其上，十四年即塔前建开善寺，即今寺基。唐乾符中，改为宝公院。南唐升元中，徐德裕重修，后主又改为开善道场。至太平兴国五年(980)，改赐太平兴国禅寺。庆历二年(1042)，叶清臣奏为十方禅院。绍兴三十二年(1162)，加封宝公，号塔以感顺为额。[4]

隆报宝乘禅寺，即旧草堂寺，在上元县钟山乡，去城11里。齐周颙隐居之所。唐会昌中寺废，宋复建。治平中，赐额宝乘。绍兴三十二年，改赐今额。[5]

秀峰院，旧在府城北隅。宋开宝八年废，太平兴国五年重建，寻又废。绍兴中，移于凤台山西。宋景定五年(1264)，节使王鉴重建。元代为尼寺。[6]

兴严寺，本晋穆帝永和四年(348)镇西将军谢尚舍宅所造之庄严寺。宋大明中，路太后置庄严寺，嫌其同名，因改此寺为谢镇西寺，或称谢寺。陈宣帝太建元年(569)，寺焚。后五年，豫州刺史程文秀修复，敕改名曰兴严，有寺塔记石刻及井槛铭，至宋绍兴中犹存，徙其寺于真武庙北。[7]

明庆院，在句容县东45里，绍兴二十一年(1151)，枢密巫伋请功德院赐额。[8]

旌忠禅院，在城西南58里，绍兴二十六年(1156)赐额。[9]

弥勒寺，在溧水州南游山乡，绍兴二十七年(1157)，兴废建寺。

法济寺，在上元县治东北，绍兴二十七年建。

---

① 《至正金陵新志》卷十一，第708页。
② 《至正金陵新志》卷十一，第724页。
③ 《至正金陵新志》卷十一，第743页。
④ 《至正金陵新志》卷十一，第701页。
⑤ 《至正金陵新志》卷十一，第713页。
⑥ 《至正金陵新志》卷十一，第717页。
⑦ 《至正金陵新志》卷十一，第718页。
⑧ 《至正金陵新志》卷十一，第752页。
⑨ 《至正金陵新志》卷十一，第742页。

上国安寺，系古崇胜寺，又名大悲院，在府城南隅炳灵公庙街。宋乾道七年(1171)，僧法沄重建，九年改今额。①

方山定林寺，刘宋文帝元嘉元年(424)，僧慧览造。越十二年，高僧昙摩蜜多于寺西山上别建一寺，名上定林寺，旧寺因名下定林寺。宋乾道中，僧善鉴因寺(上定林)久废，请其额移建于方山，是为方山定林寺，已非钟山定林上寺之旧。②

禅心寺，在句容县东30里，乾道元年(1165)请额。

万善寺，在溧水州东南唐昌乡，乾道二年(1166)，邓步镇申府请额移于东坝镇建。

新化寺，在溧水州南仪凤乡，乾道三年(1167)，移建安兴乡。

昭圣寺，在句容县东45里，地名东昌，乾道七年，请溧水州废额建。③

兴教院，旧名永安院，在溧水州西300步临淮门外。唐天复元年(901)置，大中祥符四年(1011)改兴教院，淳熙八年(1181)为禅院。④

治平寺，在江宁旧治西南，尼寺，南宋开禧三年(1207)建。⑤

清福庵，在城正北隅，宋景定二年(1261)，僧觉清建。⑥

大通尼寺，即大通庵，宋咸淳元年(1265)建。郡守马光祖立石庵，本在御街南隅，刘观察虎子妇秀岩落发为尼，移庵额于秦淮南杏花村内建今寺。

均庆尼寺，在府城东南隅武定桥下马道街内，宋咸淳年间建。

正等寺，在府城东北隅，宋咸淳四年(1268)，郡守马光祖建。

观音庵，在城东南隅，咸淳八年(1272)建。

天王寺，在府城东北隅，宋咸淳年间，僧玉庵建。

法性寺，前身是建初寺。建初寺，乃南京历史上第一座佛寺，始建于孙吴大帝赤乌十年(247)。此寺历隋至唐皆存其名而并未尝改，后不知何时为尼寺，至宋改名法性寺。⑦

永宁寺，即东晋高座寺，始建于晋咸康年间，本名为尸黎密寺。入宋以后，改

---

①《至正金陵新志》卷十一，第770页。

②《南朝寺考》卷三，第698页。

③《至正金陵新志》卷十一，第752页。

④《至正金陵新志》卷十一，第752页。

⑤《至正金陵新志》卷十一，第728页。

⑥《至正金陵新志》卷十一，第767页。

⑦《南朝寺考》卷一，第589页。

名永宁寺。永宁寺入明以后被一分为二，西仍旧名为高座寺，东仍曰永宁寺。[①]

兴教寺，即宋兴寺故基，始建于刘宋时期，本宋武帝刘裕故居。入宋以后，又称兴教寺。[②]

湘宫寺，始创于刘宋泰始元年（465），本是宋明帝为湘东王时的故宅，明帝践阼以后即造此寺。入宋，徙寺至清化市。元以后，遂无闻。[③]

普光寺，始创于刘宋大明年间，本名天王寺，在梅岭冈，即今之雨花山。梁为昭明太子果园。南唐改建为奉先禅院，内起宝光塔。赵宋时，改名普光寺。[④]

崇因寺，始创于刘宋时期，本名旷野寺。齐废，梁大同中复建。唐开元中，懒融尝居之，始名禅居寺。杨吴大和间改崇果寺，赵宋又改名崇因寺。[⑤]

妙净寺，始创于萧齐时期，本齐世祖旧宅，践阼后遂舍为寺，名齐安寺。至赵宋改为妙净寺。[⑥]

乐林院，始创于萧齐时。《至正金陵新志》引《乾道志》云："乐林院，在石城东北六十里，因齐古寺基。"[⑦]《南朝寺考》以之为据，认为齐代有寺名"齐古寺"。然而更合乎常理的是，所谓"齐古寺基"，当指齐代古寺旧基，而非有名"齐古寺"者。此齐代古寺入宋以后久废，宋人就其旧基改建，因有乐林院。

鹿苑寺，本梁武帝所造之萧帝寺，在光宅寺之侧。南唐改名法光寺，宋太和中[⑧]改鹿苑寺。[⑨]

百福院，本梁解脱寺，在太清里。天监十年（511），武帝为德皇后造，欲其解脱恶业，故寺以解脱为名。南唐起塔，为寂乐院。宋改百福院，为王纶功德寺。[⑩]

昭文精舍，本梁法清寺，在湖熟，梁天监中建。昭明太子尝读书于其中，故有东湖读书台。至宋又号昭文精舍。[⑪]

---

① 《南朝寺考》卷二，第 607 页。
② 《至正金陵新志》卷十一，第 719 页。
③ 《南朝寺考》卷三，第 752 页。
④ 《至正金陵新志》卷十一，第 737 页。
⑤ 《至正金陵新志》卷十一，第 736 页。
⑥ 《南朝寺考》卷四，第 784 页。
⑦ 《南朝寺考》卷四，第 804 页。
⑧ 葛寅亮：《金陵梵刹志》卷二十二，回光寺条，第 253 页。此中云"宋太和中"，然考诸宋帝年号，无"太和"者，疑笔误。
⑨ 《南朝寺考》卷五，第 813 页。
⑩ 《南朝寺考》卷五，第 838 页。
⑪ 《南朝寺考》卷五，第 825 页。

香林寺，本梁杜桂寺。梁天监中，有杜、桂二姓舍宅为寺，因以杜桂为名。宋改香林寺，移建于赤山西。[①]

法宝寺，其址本梁同泰寺旧基之半。同泰寺，梁普通八年(527)，武帝造，在宫城北掖门外路西。因距梁宫城较近，侯景乱时被毁。杨吴顺义中，就同泰寺基起千佛院。南唐改为净居寺，又改圆寂寺。赵宋时，分其半为法宝寺。[②]

殊胜寺，本梁福兴寺，在秣陵县西南100里塘埔东银湖北，陈云当今之铜井镇。梁大同二年(536)，袁平造。南唐时，改为塔院。赵宋时，改名殊胜寺。[③]

---

① 《南朝寺考》卷五，第833页。
② 《南朝寺考》卷五，第819页。
③ 《至正金陵新志》卷十一，第721页。

第二节
两宋金陵佛寺的分布

北宋太祖开宝八年(975),宋军攻克江宁,改江宁府为升州。真宗天禧二年(1018),以升州为江宁府,置军建康,命寿春郡王为府尹。北宋南渡以后,建炎三年(1129),改江宁府为建康府。绍兴三年(1133),以府治建为行宫,并迁府治于行宫之东南隅,领上元、江宁、句容、溧水、溧阳5县。由于两宋金陵佛寺的分布基本上不离六朝时期已经形成的分布格局,所以这一时期的佛寺地理分布并没有多少新特点,总体上可按照府城内、城外及地方所领诸县三部分进行分属。不过,由于两宋时期建康府的行政区划屡有更迭,甚至在一些时期,建康府的行政管辖范围包括了江南东路的大片区域,因此需要特别注意区分这一时期的金陵佛寺。

一 城内诸寺

详情见下表。

表10.1 城内诸寺分布位置

寺名	位置	备注
保宁禅寺	在城内饮虹桥南保宁坊内	
正觉禅寺	在城内西北冶城后岗上	
能仁禅寺	在城内南厢嘉瑞坊	
鹿苑寺	在城东南隅	
崇胜戒坛院	在城西南隅	即古瓦官寺
景德寺	在城内嘉瑞坊	
寿宁禅院	城中	旧在江宁县治南,开宝七年(974)徙入城中
报恩光孝禅寺	在府城西门内	
乾明尼寺	在城内东南祥鸾坊	
寿宁寺	在府城北隅	
湘宫寺	清化市北	旧在青溪桥北

续表

寺名	位置	备注
宝戒寺	在转运衙西	
封崇寺	城中	
大悲寺	在炳灵公庙	
兴严寺	真武庙北	旧在竹格渡之北

二 城外诸寺

详情见下表。

表 10.2 城北诸寺分布位置

寺名	位置	备注
同泰寺	在北掖门外路西南，与台城隔路	
法宝寺	在行宫北精锐军寨内	同泰寺基之半
证胜寺	在行宫后	
秀峰院	城北	绍兴中移于凤台山西
永庆院	在北门外乌龙潭北	
龙光寺	在城北覆舟山下	
定明院	在城北覆舟山下，去城 5 里	
清真寺	在城北 25 里	

表 10.3 城南诸寺分布位置

寺名	位置	备注
天禧寺	在城南门外	
宋兴寺	在城南门外	
高座寺	在城南门外	
殊胜寺	在城南门外	
均庆院	在城南门外	
瑞相院	在城南门外	
崇福院	在城南门外	
清凉广惠禅寺	在石头城，去城 1 里	
吉祥寺	在城南 2 里余	旧在城隍庙东

续表

寺名	位置	备注
国胜寺	在南门外落马涧,去城2里余	
百福院	在城南5里	
无相塔院	在城南7里	
归寂塔院	在城南7里	
正觉寺	城南新亭垒侧	
佛窟寺	在城南牛头山,去城30里	
延寿院	在城南40里祖堂山南	
福昌院	在城南40里牛头山前	
看经院	在城南40里	
净果院	在城南50里吉山南	
净居院	在城南50里	
大仁院	在城南70里,近慈湖界	
高公台院	在城南80里	
明性院	在城南石塘村西里山,去城80里	

表10.4 城东诸寺分布位置

寺名	位置	备注
半山报宁寺	在城东7里,距钟山亦7里	
漆阁院	在城东50里	
永福院	在城东60里青草村	
观音院	在城东60里黄干村	
祈泽治平寺	在城东25里驿路北	

表10.5 城东北诸寺分布位置

寺名	位置	备注
下定林寺	在城东北蒋山宝公塔西北	
普济寺	在蒋山顶第一峰	后徙至山下
澄心院	在钟山西,去城10里	
太平兴国禅寺	在蒋山,去城15里	
了缘塔院	在钟山后	
净隐院	在钟山寺前	
清果院	在钟山后,去城25里	
严因崇报禅寺	在今城东北之摄山,去城45里	
方乐院	在城东60里神泉乡	
玉泉院	在城东北60里	

| 表 10.6 城东南诸寺分布位置 |

寺名	位置	备注
明觉寺	在城东南 7 里	
光宅寺	在城东南 7 里	后徙置黄瞯塘侧
资福院	在城东南 15 里土山侧	
上定林寺	在城东南 45 里方山上	旧在蒋山应潮井后
乐林院	在城东南 60 里	
延福禅寺	在城东南 60 里	
国安寺	在城东南 60 里	
真如院	在城东南 60 里	
隆教院	在城东南 85 里	

| 表 10.7 城西南诸寺分布位置 |

寺名	位置	备注
福安寺	在城西南新林市东，去城 20 里	
旌忠禅院	在城西南 58 里	
资圣院	在城西南 60 里，在白都山	
佛龛院	在城西南 60 里上公山	
净相院	在城西南 60 里	
广教院	在城西南 60 里	
禅居院	在城西南 65 里	
移忠报慈禅院	在牧牛亭路东，去城西南 68 里	
后阳院	在城西南 70 里后阳村	
隆福院	在城西南 70 里陆塘桥石堰口	
福兴寺	在城西南 75 里天竺山下	
何城寺	在城西南何湖侧，去城 80 里	

| 表 10.8 其他寺院分布位置 |

寺名	位置	备注
梵惠院	在蒋庙前，去城 15 里	
光相院	在西张村，去城 55 里	
安平院	在下桥村，去城 80 里	
登台院	在黎塘村，去城 90 里	
净土院	在叶墅村，去城 90 里	
妙明院	在道德乡东湖村，去城 90 里	
崇胜院	在道德乡埂头村，去城 100 里	

续表

寺名	位置	备注
保福院	在尽节乡龙涧村，去城 100 里	
慈光院	在章墅村，去城 100 里	
净严院	在紫草村，去城 100 里	
无垢院	在禅林村，去城 120 里	
阳城院	在尽节乡周墟，去府城 120 里	

三 | 各县诸寺

详情见下表。

表 10.9　各县诸寺分布位置

寺名	位置	备注
法济寺	在上元县治东北	
法云寺	在上元县治西北	旧在城外东北 10 里
隆报宝乘禅寺	在上元县钟山乡，去城 11 里	
天王院	在上元县靖安镇，去城 17 里	
庄严院	在上元县淳化镇东，去城 35 里	
衡阳寺	在上元县清风乡，在城东北 40 里	
本业寺	在上元县宣义乡，在城东北 40 里	
隐静院	在上元县宣义乡，在城东近雁门山，去城 40 里	
多福院	在上元县神泉乡，去城 60 里	
常乐院	在上元县神泉乡，去城 60 里	
崇明寺	在句容县东	
兴教院	在句容县东北	
金华寺	在句容县东南	
戍山尼寺	在句容县北 60 里	
治平寺	在江宁县治西南	
永庆禅院	在江宁县江宁镇南，去城 50 里	
清修院	在江宁县江宁镇东，去城 60 里	
清福寺	在江宁县秣陵镇东，去城 52 里	
兴善院	在江宁县秣陵镇西北张山下，去城 55 里	

续表

寺名	位置	备注
栖隐院	在江宁县金陵镇东,去府城 60 里	
慈证寺	在江宁县金陵镇南,去城 65 里	
西阳院	在江宁县金陵镇南,去城 75 里	
广觉院	在横山北,去城 70 里	
建昌院	在横山南涧山村,去城 80 里	
兴教院	在溧水州西 300 步临淮门外	

第三节 两宋金陵重要佛寺

两宋时期，在复建、新建寺庙的过程中，金陵佛教获得了极大的发展。在此期间，出现了一些有影响力且比较著名的大寺，如保宁禅寺、正觉禅寺、崇胜戒坛寺、天禧寺、能仁禅寺、半山报宁禅寺等，这些寺庙在历史的长河中不仅未被湮没，反而逐步扩大规模，具有重要的影响力。

一 保宁禅寺

《景定建康志》记载[①]，保宁禅寺始建于三国时期吴国的赤乌年间(238—251)，因其为南京第一座寺庙，故名建初寺。晋、宋时期寺名改为祇园寺。齐更名白塔寺。唐初复名建初寺。开元更名长庆寺。南唐名为奉先寺。北宋太平兴国(976—984)中，赐额为保宁寺。南朝宋元嘉十六年(439)有凤凰集于山，于是秣陵王在其旁造凤凰台。李白、宋齐丘等名家都曾在此题咏，与该寺交相辉映。入宋之后多次新修扩建。大中祥符六年(1013)，增建庙宇亭台，寺院“庄严盛丽，安众五百”。政和七年(1117)，敕改神霄宫，规模得以扩建，另赐予田产，财力益盛。宋徽宗笃信道教，所以在全国范围内大肆兴修和改建道观，将佛寺改为神霄殿。建炎三年(1129)，高宗临幸江宁，以保宁禅寺为行宫，之后下令将保宁禅寺修为行宫，其历史地位、建造规模可想而知。到马光祖时，重新修建殿宇及方丈、观音殿、水陆堂、厨堂、库院，移钟楼冠青龙首，增建廊屋，横直18间。

一说保宁寺非建初寺，建初寺在六朝从未改名，故祇园寺并非建初寺。建初寺宋代改名法性寺，建炎大火中寺废，于是把寺一分为三：在东称为石佛院，在西部分前面称前法性寺，后面称后法性寺。然祇园寺与建初寺相邻，故也可能为建初寺之分刹。保宁寺属于宋代金陵城内历史悠久、保存完好、规模宏大寺院之代

---

① 《景定建康志》卷四十六，第415页。

表。了义[①]、钱象祖[②]、法施[③]、圆玑禅师[④]、空室道人智通[⑤]、仁勇禅师[⑥]、兴誉禅师[⑦]、子英禅师[⑧]、佛智端裕禅师[⑨]皆曾住此寺。北宋时期，保宁寺已是一个规模宏大的寺庙，也没有在开宝年间被废毁的直接记载，并在两宋时期受到多位皇帝的垂青，分别受到宋真宗、宋徽宗、宋高宗的赏赐和修建，成为金陵城中实至名归的大寺。建炎中，毁于金兵兵火。

二　正觉禅寺

正觉禅寺，一名铁塔寺。南朝宋泰始(465—471)中建，名延祚寺。唐朝在寺中建塔。有古钟，其上镌“大吴金陵府延祚寺”。可推知该寺在杨吴时期还名为延祚。《南朝寺考》言其在南唐时改正觉寺，又名铁塔寺。[⑩]《景定建康志》记为宋熙宁(1068—1077)中改名为正觉寺，塔名普照。不知孰是孰非。南宋建炎三年(1129)，把法堂西偏作为元懿太子的攒宫。[⑪]“绍兴元年二月二十九日，三省同奉圣旨，给降度牒一十道，付建康府，专一应副修葺，日轮军员兵级防护。本地分官，旬具平安状申府，春秋差官祭享。”[⑫]可见优礼之厚。曾极、刘克庄都在此题咏。王安石在寺西作书院，有轩名箨龙。建炎年间(1127—1130)，金陵成为南宋朝廷抵御金兵的前线，其他的寺院都或多或少受到金兵的破坏和冲击，但是正觉禅寺遇到宋高宗赵构的驾临，有幸成为太子的攒宫，其规模和地位得以提升。

---

① 志磐:《佛祖统纪》卷第二十七,《大正藏》第 49 册,第 271 页上。

② 志磐:《佛祖统纪》卷第二十八,《大正藏》第 49 册,第 284 页上。

③ 道原:《景德传灯录》卷第二十五,《大正藏》第 51 册,第 417 页上。

④ 普济:《五灯会元》卷第十七,《卍新续藏》第 80 册,第 359 页上。

⑤ 普济:《五灯会元》卷第十八,《卍新续藏》第 80 册,第 374 页上。

⑥ 普济:《五灯会元》卷第十九,《卍新续藏》第 80 册,第 390 页上。

⑦ 普济:《五灯会元》卷第十四,《卍新续藏》第 80 册,第 300 页下。

⑧ 普济:《五灯会元》卷第十五,《卍新续藏》第 80 册,第 342 页中。

⑨ 普济:《五灯会元》卷第十九,《卍新续藏》第 80 册,第 405 页下。

⑩《南朝寺考》卷三,第 690 页。

⑪“三年,车架在建康行宫,太子得疾未瘳,有金香鼎置于地,宫人误触之,仆地有声,太子应时惊搐不止,上命斩宫人于庑下。少顷,太子薨。实七月十二日也。攒于府城内西冶城后铁塔正觉寺法堂西偏小室中。”(《景定建康志》卷四十三,第 259 页。)

⑫《景定建康志》卷四十三,第 259 页。

三 崇胜戒坛寺

崇胜戒坛寺，即古瓦官寺，东晋哀帝兴宁（363—365）中始建。之后屡次修建，壮丽无比。据《南朝寺考》①，杨吴改寺为吴兴寺，南唐改寺为升元阁。宋师下江南，吴越兵举火焚阁，避难妇女上千人与它一起被焚毁。太平兴国五年（980），重建为崇胜戒坛寺。一说绍兴（1131—1162）中，一论师在阁址旁复建阁，名卢舍那，比升元阁更高大，寺名崇胜戒坛寺。之后又被兵所毁，至明正德（1506—1521）中始重建。② 还有一说南唐时遭兵毁，宋代重建，元时更名为崇胜戒坛寺。③ 这样，关于崇胜戒坛寺就有三种说法：一说天平兴国五年兴建，一说绍兴年间兴建，一说在元朝时改名。但根据乾道六年（1170）陆游所写游记《游瓦官寺记》载"戒坛额曰'崇胜戒坛寺'"④，则第三种说法不能成立。剩下两种说法，《金陵梵刹志》取前者，认为是在太平兴国五年兴建，不知何据。但从上面三种说法中可以看出，关于崇胜戒坛寺的记载都有在开宝年间为宋兵兵火所毁的印迹，可能在南宋以后也遭到金兵、元兵的破坏，可以说是城内寺院中受兵火破坏的实例。

四 天禧寺

天禧寺，即古长干寺，大中祥符（1008—1016）中有僧可政献舍利，又于其地建寺，并且建塔，赐名圣感舍利宝塔。天禧二年（1018），改为天禧寺。元符三年（1100），知府吕升卿请于朝廷，改十方住持。政和六年（1116），建法堂。寺内又有阿育王塔，《金陵梵刹志》记其为三国时孙吴大帝孙权所立，与建初寺同时，为江南佛塔之始。天禧中，赐名圣感，题咏颇多。⑤

相关史料和长干寺地宫出土的碑文记载：北宋真宗大中祥符初年，演化大师

---

① 《南朝寺考》卷二，第 608 页。

② 王世贞：《重修瓦官寺祝厘记》，《金陵梵刹志》卷二十四，明万历刻天启印本，第 235—237 页。

③ 汪道昆：《瓦官寺碑》，《金陵梵刹志》卷二十四，明万历刻天启印本，第 234—235 页。

④ 葛寅亮：《金陵梵刹志》卷二十四，明万历刻天启印本，第 238 页。

⑤ 《景定建康志》卷四十六，第 433—437 页。

即可政和尚奏报朝廷，金陵长干寺舍利屡屡显现灵验，请求恢复长干寺。不久，真宗诏允重建，并指派可政主持督建。大中祥符四年(1011)，真宗敕建九层舍利宝塔。在兴建宝塔之时，真宗皇帝又把印度高僧施护法师向朝廷敬献的佛顶真骨舍利与长干寺地宫中原有感应舍利一同埋入了舍利塔地宫之中。宝塔完工以后，宋真宗赐名"圣感舍利塔"，从此以后，佛顶真骨舍利与感应舍利就一直深藏在圣感舍利塔的地宫中，整整一千年。

宋太宗端拱元年(988)，天禧寺可政和尚慕名朝拜终南山，于紫阁寺废寺危塔中发现了顶骨舍利、金钵以及一些衣物，后经查看寺内碑文得知，此是玄奘顶骨舍利。于是，他千里迢迢携顶骨回到金陵天禧寺。回到金陵后，可政和尚先是把头骨舍利秘密供养起来，后在天圣五年（1027）二月，奏请仁宗于天禧寺修建"白塔"，瘗葬玄奘顶骨于天禧寺。

五 能仁禅寺

能仁禅寺，南朝宋元嘉年间(424—453)文帝为高祖所建，名报恩寺(《金陵梵刹志》记载为能仁寺)。唐会昌年间(841—846)毁于法难。后屡易其名，杨吴大和六年(934)名报先，南唐升元(937—943)中改兴慈寺(一说报慈寺)。开宝中废，复为兴慈院，太平兴国三年(978)，因为地势低湿，邦人迁移其址。但是这种说法因为没有确实的证据，并未被《能仁寺缘起录》的作者采纳。通过查阅当时的制书，确定该寺的迁移如《景定建康志》所言，是咸平之中的事情。① 之后寺庙的兴废，一说为崇宁年间(1102—1106)赐名承天寺，政和七年(1117)改为能仁寺。② 一说北宋时赐地建兴慈禅寺，咸平后改承天寺，崇宁间改能仁寺。③ 后在建炎(1127—1130)中被兵火所毁，庆元(1195—1200)中重修。至道(995—997)中，有圆觉律师德明受到太宗的召见，被赐予皇帝画像和罗汉像。④

① 葛寅亮:《金陵梵刹志》卷三十二，明万历刻天启印本，第293—294页。
② 葛寅亮:《金陵梵刹志》卷三十二，明万历刻天启印本，第293页。
③ 葛寅亮:《金陵梵刹志》卷三十二，明万历刻天启印本，第294页。
④《至正金陵新志》卷十一，第698页。

六 半山报宁禅寺

半山报宁禅寺，为北宋神宗元丰七年（1084）王安石舍宅而建，其址在今玄武区中山门内半山园。王安石为北宋名相，他虽生于江西，而成长于金陵，后又在此两度守孝、三任知府，前后生活了20年，与金陵结下了不解之缘。神宗熙宁九年（1076），再度拜相的王安石因与保守派的矛盾进一步激化，加之长子王雱病故，使他极度悲痛，同年十月，他便辞去了宰相之位。其后，神宗使王安石判江宁府，但他第二年便又辞去这一官职，并在江宁城东门与钟山之间的半途上构筑居室，号曰半山园，以此为退隐之所。因为此园西去东门7里，东去钟山主峰亦7里，故而得名"半山"。神宗元丰七年（1084），王安石身患重病，宋神宗得知后即遣国医诊视。病愈后，王安石为了感念圣恩，便上表请舍宅为寺，神宗遂赐额为报宁禅寺。因寺在半山园，故又称半山寺。哲宗元祐元年（1086），王安石病逝，相传就安葬在半山园内。由于半山报宁禅寺是名相王安石舍宅所建，故而久负盛名，仅有宋一代即曾翻修多次。明初，太祖朱元璋修筑南京城墙时，半山寺被包入城内，因其地接近皇城而成为禁区，寺始废。清道光年间，两江总督陶澍在半山国故址重建半山寺。咸丰年间，寺又毁于太平天国之乱。同治九年（1870）重建，宣统时重修。直至今日，仍有半山园坐落于旧址。

第十一章　元代的南京佛寺

1260年，忽必烈即帝位，1271年定都大都（今北京），国号大元。1279年消灭南宋，成为汉唐以来中国历史上版图最大的王朝。到1368年朱元璋攻克大都为止，有元11帝，共统治中原98年。在这个大帝国中，居住着具有不同宗教信仰和文化传统的多个民族，包括汉、蒙、回、女真、畏兀儿、契丹等。如何实现大帝国的有效统治，就成为蒙古汗国以及后来的大元帝国的统治者迫切需要解决的问题。而允许不同宗教信仰的存在，对新征服地的主要宗教提供庇护及支持，无疑是安抚人心、确保整个帝国统治的最有效方法。

有元一代，佛教的发展出现了一些新特点。首先，忽必烈邀藏传佛教萨迦派八思巴任帝师，并依之设帝师制度。忽必烈即位后，一方面尊崇藏传佛教，同时又逐步确立了崇教抑禅政策。朝廷重视经教，提倡讲经说法，对不立文字的禅宗开始有所限制。至元二十五年（1288），元廷组织了“教禅廷辩”，最终以禅宗的失败而告终，“使教冠于禅之上”。“教禅廷辩”使禅宗内部教派也发生明显的分化。

在元代汉传佛教中，禅宗是主要宗派，影响最大。北方以万松行秀等所在的曹洞宗为主，门下有著名居士耶律楚材，对元初政治影响颇大。又有海云印简一系的临济宗，其弟子刘秉忠（1216—1274）在世祖时得到重用，他起草的朝议官制等典章成为元朝的朝政制度，颇有影响。南方则完全是临济宗的传承。作为禅宗主流的江南禅宗深受元初崇教抑禅政策的影响，最具有代表性的人物是高峰原妙、中峰明本一系的禅师。到元代中期，一些禅师则积极与官府保持一致，以元叟行端、笑隐大訢为代表，受到帝王的尊崇。

元代中期，朝廷对于江南禅宗的态度逐渐缓和，开始注意笼络江南有影响的禅师。在这一时期中，江南禅宗因此也发生了明显的分化。大部分禅师仍然保持着元初江南禅宗的特点，不与朝廷合作，称为“庵居知识”。还有一部分禅师则表现为积极与朝廷靠拢，住持名山大刹，煊赫一时，所谓“道契王臣，名喧宇宙”。[①]天历二年（1329），笑隐大訢与蒋山昙芳守忠一起奉诏进京，“京师之为禅宗者出迎河上，曰：国家尚教乘，塔庙之建为禅者寂然，禅刹兴于今代自师始，吾徒赖焉”。此时，元文宗已将金陵潜邸改建为大龙翔集庆寺，将其地位提高到五山之上，请大訢任住持。由于大訢与那些跟朝廷保持距离的江南禅僧不同，他积极地靠拢朝廷，深得朝廷信任，所以请他任该寺住持，甚至赐予他“释教宗主兼领五山

① 纪华传：《元初的崇教抑禅政策与江南禅宗》，载《中国佛教与禅宗》，宗教文化出版社，2008年，第253页。

寺”的头衔。这样的情况在元代是极为少见的。[1]

元代后期，朝廷内部腐败，社会动荡不安，出现了“士大夫逃禅”的社会现象，一些地方官僚开始在禅宗中寻求出路，这在一定程度上有利于江南地区佛教的发展。

① 纪华传:《元初的崇教抑禅政策与江南禅宗》，载《中国佛教与禅宗》，第247—248页。

第一节
元代南京佛寺的兴废

元军攻南京时，南京守将投降，南京城免于战乱破坏，这对金陵诸寺的保存起到了重要作用。据《至正金陵新志》等史料，考得元代时存佛寺 227 座，其中 191 座皆前代所遗诸寺，新创佛寺 36 座。[①] 这反映出宋元更替之际，金陵佛寺的保存十分可观。但同时也反映出，有元一代的金陵在佛寺创建上显得不足。此外，元代金陵对前代所遗诸寺的修复也显不足，在所遗近 200 座佛寺中，于元代修复或重建的，今可考者仅 11 座。佛寺的创建及修复皆如此薄弱，反映了元代金陵佛教发展之缓慢，而这正与元代初期压制江南佛教的发展密切相关。

一　新建之佛寺

元代可考的金陵新建佛寺共计 29 座。这些新建寺庵，可分为皇家寺院和民间寺院两种。民间寺院多由僧人募建，或由王公贵族、地方官员乃至民间人士捐建。皇家寺院则由皇帝或后妃主持修造，当时一般称作官寺。新建寺院中，多数规模较小。在新建的寺院中，至正年间相对数量多一些。以下将对元代金陵佛寺情况详述。

（1）大龙翔集庆寺，旧名龙翔集庆寺，位于南京城正北隅闪驾桥北，在都城外南城凤山，离聚宝门 2 里。“大龙翔集庆寺，前宋转运司治所，旧为行枢密院，按察司、廉访司、财赋提举司公廨，又为潜邸，改创今寺。”[②]天历元年（1328），元文宗（1328—1332）即位于北京，改南京为集庆路，下诏以“潜宫之旧作大龙翔集庆寺”。次年，“召中天竺住持禅师大䜣于杭州，授太中大夫，主寺事，设官隶之”。元文宗“画宫为图，授工部尚书王弘往董其役，斥广其地，为民居者悉出金购之”，

① 本章所述南京佛寺主要参考《至正金陵新志》，因此，所述寺院的情况基本为 1344 年之前的情况；如不特别注明，参考材料均引自《至正金陵新志》卷十一下《寺院》部分。

② 《至正金陵新志》卷一，第 89 页。

以此来扩建大龙翔集庆寺。又明年正月六日壬午之吉，大龙翔集庆寺建成，殿堂宏伟，塑像庄严。有大觉殿、五方调御之殿、禅宗海会堂、传法正宗堂、雷音堂、龙藏、香积等等。元文宗赐以"姑苏腴田，以饭其众"①，"以平江官田五十顷，赐大龙翔集庆寺及大崇禧万寿寺"②。大龙翔集庆寺从而成为元代后期南京之首刹。"明洪武二十一年(1388)，寺灾，敕徙城南阒寂处，与民居不相接，出内帑大建刹宇，更名天界。"③

(2) 大崇禧万寿寺，在宝公塔后，在太平兴国寺北。元天历元年(1328)敕建。④

(3) 大梦圆通庵，在城东南隅。至元年间(1264—1294)，左丞廉希愿建。

(4) 常照庵，在城正北隅，大德二年(1298)，平章吕文焕建。

(5) 护烈庵(元广惠院)，在都城外，西去其所统领的灵谷寺25里，朝阳门30里，东城蒲塘地。元延祐年间(1314—1320)创建，名护烈庵，元至正三年(1343)，改广惠院，明弘治四年(1491)重建。所领小刹曰崇善寺、宝善寺、龙泉庵、隐静寺、本业寺、普济庵、普济寺、山海院。⑤

(6) 弥陀庵，系宋兴元酒库及公使库地基，归附后建庵在府城内。⑥

(7) 大梦观音庵，在城西北隅料院街。大官朔思吉所建。

(8) 净土庵，在城正南隅。僧宗义建。

(9) 宝公庵，在城正东隅。元贞年间(1295—1297)，僧刘空创为宝公堂，后来，民刘氏舍地，命僧法通重建为庵。

(10) 月印庵，在城正南隅雨花台趾，西北去所领高座寺半里，北去聚宝门2里。大德五年(1301)，僧无可建庵，后荒废。弘治年间(1488—1505)，僧净俊重

---

① 虞集：《龙翔集庆寺碑》，《金陵梵刹志》卷十六。

② 宋濂等：《元史》卷三十三《本纪第三十三》。

③《金陵梵刹志》卷十六。

④《金陵梵刹志》卷三《钟山太平兴国寺碑记》载："一时，上方别建宏祠于寺北，今赐名曰大崇禧万寿寺者也，是年秋归膺大宝，是为天历元年。"《至正金陵新志》卷一载："新建大崇禧万寿寺，泰定四年潜邸创建，近有望江亭，御史中丞赵世延撰记，详见祠祀志。"《至正金陵新志》卷十一下载："大崇禧万寿寺，在宝公塔后，天历元年敕建，命中丞赵世延等记之。略云：……上方别建宏祠于寺北，今赐名曰大崇禧万寿寺者也。……天历元年九月甲申，臣世延臣集入见亲诏之，曰宜加宝公号曰道林，真觉慧感慈应普济圣师，寺曰大崇禧万寿寺……"《元史》卷三十三《本纪第三十三》载，元文宗"以平江官田五十顷，赐大龙翔集庆寺及大崇禧万寿寺"。

⑤《金陵梵刹志》卷十三。

⑥《至正金陵新志》卷十一，第772页。

建此庵，成于正德五年（1510）中秋月望。[①]

（11）宝公道林庵，在江宁县治南，至大年间（1308—1311）建，今为蒋山寺下院。溧水州有井冈庵、寿国禅庵、观音庵、亭山庵，皆归附后由僧俗所建。[②]

（12）普照庵，在城正南隅，西去所领永兴寺半里，北去聚宝门 2 里。一说普照庵由僧无尽建于元至大四年（1311），一说不知此庵建于何时，由僧无尽重建。成化二十年（1484），僧定瑀号宝山重修此庵，正德十二年（1517）改为普照寺。嘉靖改元（1522），在故基之上修建此寺。始于嘉靖十二年（1533）春二月，终于十四年（1535）冬十月的修建，使普照寺的规模超过了先前。[③]

（13）千子亭观音庵，在城正东隅上闸街，延祐三年（1316），蒋山寺僧智坚募缘建。

（14）华严庵，在城西北隅。泰定元年（1324），僧善果建。[④]

（15）解脱庵（宝善寺），旧名解脱庵，元泰定间（1324—1328）创，在都城沧波门外，东城北去，所领广惠院 8 里，西去朝阳门 22 里。明正统初，为灵谷寺僧左讲经正映塔院。[⑤] 其为中刹广惠院所领小刹。

（16）龙泉庵，“中刹广惠院……所领小刹”，“在都城沧波门外，东城白岩嶂地，北去所领广惠院三十里，西去正阳门三十五里，相传有白鹤仙曾此修炼。元至正初，僧祥云庆结庵，有泉飞瀑如龙，因名龙泉”[⑥]。

（17）西林兴福禅院，在永东武家村西。创于元至大年间（1308—1311）。[⑦]

---

① 按《至正金陵新志》卷十一：“在城正南隅，大德五年（1301），僧无可建。”（《至正金陵新志》卷十一，第 769 页。）又按《金陵梵刹志》卷三十五：“在城南雨花台趾，西北去所领高座寺半里，北去聚宝门二里，元朝旧基，岁久荒颓，弘治间（1488—1505）僧净俊重建”，“庵成正德庚午年（1510）中秋月望”。

② 《至正金陵新志》卷十一，第 770 页。

③ 按《至正金陵新志》卷十一：“普照庵，在城正南隅，至大四年（1311）僧无尽建。”（《至正金陵新志》卷十一，第 769 页。）又按《金陵梵刹志》卷三十六：“在都门外南城，西去所领永兴寺半里，北去聚宝门二里，旧名庵，元至大四年僧无尽建，成化间，僧定瑀重建，赐额（普照寺）”，“普照故庵也不知创自何代，至大间僧人无尽重建，入我圣朝又余百年矣，成化甲辰沙门定瑀号宝山者，……以次修缉庵之名犹故也。正德丁丑，宝山以僧行荐诏升庵为寺，宝山迁右讲经。嘉靖改元，仍于故基大建前殿、叁楹、数维如旧。规模过之，始于嘉靖癸巳春二月，终于乙未冬十月，三阅年而事竣”。《金陵梵刹志》卷三十七载：“小刹（明代）惠应寺……东至普照寺。”

④ 《至正金陵新志》卷十一，第 769 页。

⑤ 《金陵梵刹志》卷十三。

⑥ 《金陵梵刹志》卷十三。

⑦ 按《光绪溧阳县续志》卷二：“西林兴福禅院，在永东武家村西。创于元至大年，擅水石竹木之聪明。嘉靖间，施茂芝、蒋士明、董文杰重葺，施□撰记，史□书。国朝康熙间，史□撰记道人性，洪书计梵宇八九十间，宜溧两界田六七十亩，向推戒坛重地，毁于□逆。光绪十年史愿昌等经理寺产，协同常住南山，建复正殿，十六年又建门□庙厢前。志从略兹，特详叙愿末云。”

(18) 崇福庵,在城正南隅胭脂巷,至大己酉年(1309)建。

(19) 佛光庵,在城正北隅,至治元年(1321)建。[①]

(20) 无际崇福庵,在城正南隅,泰定丙寅年(1326)杨遇新[②]建。

(21) 法海庵,在城东南隅大梦庵侧,至元元年(1335)建。

(22) 广法庵,在县南 30 里。元延祐(1314—1320)初建。后并入报恩寺。[③]

(23) 万寿庵,在县西南 30 里。元至正(1341—1368)初建。明洪武末年(1398),并入报恩寺。[④] 推测为新寺,不是一处。

(24) 雪峰庵[⑤],《金陵梵刹志》卷三有宋僧释大䜣所作的《宿雪峰庵》一诗,释大䜣为元代僧人,《金陵梵刹志》作宋僧,当误。

(25) 明觉庵,在县东 14 里。

(26) 白石庵,在县北 80 里黄鸟山。

(27) 圆通北庵,在县东北 15 里。

(28) 法宁寺,在县西。

(29) 红庙庵,在县北西杨庄。[⑥]

二 修复之佛寺

以下为元代金陵 11 座寺庙的修复状况。

(1) 太平兴国禅寺,在蒋山,去府城 15 里。泰定二年(1325)正月,寺遭受自然灾害,元顺帝下旨重修此寺。在寺北上方别建宏祠,即为大崇禧万寿寺。

(2) 报恩光孝禅寺,在府城西门内,泰定四年(1327),住持匡庐僧义深经画重修此寺。

---

① 《至正金陵新志》卷十一,第 770 页。

② 无可考。

③ 《嘉庆溧阳县志》卷四。

④ 《嘉庆溧阳县志》卷四。

⑤ 凡年代不详之寺院,始见于《建康实录》者皆默认为唐代寺院,始见于《景定建康志》(或《乾道志》)者皆默认为南宋寺院,始见于《至正金陵新志》者皆默认为元代寺院,始见于《万历应天府志》者皆默认为明代寺院,始见于《乾隆江南通志》者皆默认为清代寺院。

⑥ 以上自明觉庵,皆见于《嘉庆溧阳县志》卷四。

(3) 天禧寺，在府城南门外。宋天禧二年(1018)，改今额。元世祖至元二十五年(1288)，拨赐故宋太师秦申王坟寺旌忠寺为下院，改赐元兴天禧慈恩旌忠教寺额。僧统广福大师尝施财缮修大塔。至顺(1330—1333)初，佛光之孙法嵩赐白金三定及官钱伍阡缗助缮修本寺。①

(4) 法王寺，旧为东晋法王寺。在白塔寺东，属江宁县。年久毁废，至顺年间，天禧主僧演与其属法嵩、德宾在其遗址处重建此寺。元代为天禧寺下院。

(5) 罗山庵，旧为唐罗山庵。元至正年间(1341—1368)曾重修。

(6) 能仁寺，旧为刘宋报恩寺、杨吴报先寺、南唐报慈院、宋能仁寺。在台治东南。元顺帝至元五年(1339)，住持将能仁寺修缮一新，又作钟山公祠。

(7) 半山报宁禅寺，在城东 7 里，距钟山亦 7 里，是王安石的故宅。至正元年(1341)，住持匡庐僧元龙重建此寺。

(8) 古佛庵，在城东南隅贡院街放生池畔，古有，中废，至正元年(1341)重建。

(9) 鹿苑寺，旧为南梁萧帝寺，南唐法光寺，宋鹿苑寺、回光寺，清石观音庵。在城东南隅。元代曾重建此寺。

(10) 清凉广惠禅寺，旧为孙吴兴教寺、南唐石头清凉大道场、北宋清凉广惠禅寺，后为明清凉陟寺。在石头城，去府城 1 里。《至正金陵新志》卷十一下载："近年殿后堂舍毁于火，重修建未完。"可见寺曾遭遇火灾，并进行了重修。

(11) 移忠报慈禅院，旧为南宋移忠报慈禅院。在牧牛亭路东，去城西南 68 里。元代僧元达曾重修此寺。

---

① 《至正金陵新志》卷十一记载：天禧寺即古长干寺，在府城南门外。宋天禧二年改今额。寺有阿育王舍利塔。祥符中赐号圣感。其晋高悝所施金像，隋文帝徙置长安。至元二十五年，有诏选高行僧三十员，开讲于江南诸郡，择名刹以居之。时槁城德公讲主首奉诏，开席于金陵天禧寺，说经训徒。傅慈恩之教未几，特赐号佛光大师，并拨赐故宋太师秦申王坟寺旌忠寺为下院，以其废产，共赡讲席，改赐元兴天禧慈恩旌忠教寺额。僧统广福大师尝施财缮修大塔。泰定中，潜龙时尝数幸寺，及登大统以所奉观音像付寺，供养岁给香灯之费。至顺初，佛光之孙法嵩入觐，上顾谓曰："舍利塔曾修完不？"嵩曰："未也。即日赐白金三定及官钱伍阡缗，以助缮修，台臣郡守，咸致其力，有旨令佛光之徒广演主寺事，赐号弘教大师。塔完之日，尝感天花如雨，祥光如练，满空者凡数日。详见中丞赵世延所撰碑。"(《至正金陵新志》卷十一，第 693 页。)

三 废弃之佛寺

元代金陵有3座有史料记载的废寺，分别是：

（1）均庆院

旧为东晋天宝寺、唐天保寺，宋元明称均庆院。在城南门外，旧在金陵坊。据《至正金陵新志》成书年代推测，均庆院最晚于至正四年（1344）废毁，仅有1座无殿舍塔。

（2）同泰寺

旧为南梁同泰寺、南唐净居寺、南唐圆寂寺、宋法宝寺或法堂寺。旧志在梁时北掖门外路西南，与台城隔路。元代时此寺已废，其半为法宝寺，具体见法宝寺介绍。

（3）明庆寺

旧为南梁明庆寺。属上元县，元代寺废。

除以上3座寺院以外，还有1座宝志公庵在元代或为废寺。宝志公庵，旧为南梁宝志公庵、明宝公庵、明圣化隆昌寺、清慧居寺、清隆昌寺。清代时位于句容县宝华山上。《嘉庆大清一统志》卷七五记载，相传梁代高僧宝志禅师于此结庵传经，故名宝志公庵。久废，明嘉靖年间（1522—1566）僧人普照复建宝公庵，明神宗万历年间（1573—1620）有妙峰和尚奉旨建铜殿，明神宗敕赐大藏经及“护国圣化隆昌寺”名称，改称隆昌寺。清康熙四十二年（1703），皇帝南巡，敕改慧居寺，1911年后复改名隆昌寺。据此可推测元代应有该寺，或在元代为废寺。

第二节
元代南京佛寺的分布

就元代时期的南京城市规划而言，基本上保持了南唐时期金陵城的城垣格局，东至今天的大中桥西侧，南至中华门，西至水西门、汉西门一线，北至珠江路南侧、五台山麓，并以五龙潭为护城河之一段。南唐金陵城正位于秦淮河下游平原之中，四周是山峦，如城北的鸡笼山、城东北的钟山、城南的雨花台，以及城西北的清凉山。府城周长25里44步，约为14.02公里。① 都城共有8门，其中陆门5座，水门3座。府城西、南两面，以外秦淮为护城河；东面则另开城濠，连通孙吴所凿的东渠青溪；北面护城河过今太平桥、浮桥、通贤桥、北门桥，向西顺干河沿，沿五台山北麓，连五龙潭，西出亦汇外秦淮河入长江。府城的山体形势为，南部前依聚宝山，北部枕鸡笼山，东望钟山，西带冶城、石头城。周围山峦连绵环抱，中间最为方正平坦。军事城堡石头城、雨花台等在城市范围外。府城的河流水系，外秦淮河作为城市城壕以及南部边界线。城市北部开凿杨吴城壕作为城北护城河，青溪下游被南唐城市建设堵塞。将内秦淮河一带繁华的商业区和人口稠密的居民区列入都城。从而突破了六朝建康以"君"为本的单一都城功能，体现了"造郭以卫民"的规划思想。②

就行政区划而言，元代南京的行政区划经历着不断的变革。元代集庆路治今江苏省南京市，又名建康路、上路。元世祖至元十二年(1275)，元军占据建康府，设建康宣抚司。至元十四年(1277)改为建康路总管府。天历二年(1329)，以文宗潜邸，改建康路为集庆路。元集庆路承袭了宋江宁府所属上元等五县之地；在府升路，溧水、溧阳二县改属州以及录事司设置等处有些变化。

改为集庆路以后，南京城总领三县、二州、一司，分别是上元县、江宁县、句容县，溧水州、溧阳州，以及录事司。

在元代南京城垣格局及行政区划的基础上，元代南京佛教寺院可从三个方面进行考察：其一，南京府城内的诸佛寺分布；其二，依附于名山等处的诸佛寺分

---

① 姚亦峰：《南唐金陵城格局追溯》，《现代城市研究》2006年第8期，第84页。

② 姚亦锋：《南京城市地理变迁及现代景观》，南京大学出版社，2006年，第81页。

布；其三，在三县二州等处的诸佛寺分布。其中，府城内的诸寺，包括前代所遗留的寺院约43座；元代新建的寺院约17座。诸名山的寺院，包括前代所遗留的寺院约38座；元代新建的寺院约5座。各州县内的诸寺，包括前代所遗留的寺院，上元县约42座，江宁县约45座，句容县约22座，溧水州约24座，溧阳州约2座；元代新建的寺院，江宁县约1座，溧阳州约8座。

按照行政区划，元代南京佛寺的分布可分为府城、依山而建、三县二州等。其中府城内共有佛寺60座，依山而建的寺院一共有42座，分布在三县二州的寺院数量分别为上元县42座，江宁县46座，句容县22座，溧水州24座，溧阳州10座。

一 府城内诸寺[①]

府城内共有60座寺院，其中属于历史沿革到元代的寺院有43座，属于新建的有17座。城内的寺院分布比较分散，在城中心的较少，多分布在城内各隅。如城西北隅的正觉禅寺、报恩光孝禅寺、大梦观音庵、华严庵；西南隅的崇胜戒坛院；北隅的寿宁寺、清福庵、大龙翔集庆寺、常照庵、佛光庵；南隅的鹿苑寺、观音庵、上国安寺、均庆尼寺、大梦圜通庵、净土庵、月印庵、普照庵、崇福庵、无际崇福庵；东北隅的正等寺、天王寺；东隅的宝公庵、千子亭观音庵；东南隅的法海庵；等等。靠近城门的寺院有北门南的湘宫寺、西门附近的报恩光孝禅寺等等。在城内的坊桥、故宫附近的有能仁寺、法宝寺。在宋行宫后的有景德寺、封崇寺、永福尼寺、干明尼寺、禅灵寺等等。见下表。

表11.1 府城诸寺

寺名	地理位置
正觉禅寺	在城内西北冶城后冈上
正觉寺	旧为刘宋正觉寺。有3座。其一为正觉禅寺，在城内西北冶城后冈上。其一在正西隅，其巷呼正觉寺巷。其一按《乾道志》，在城内炳灵公庙西蔬圃中，在元代属正南隅

① 按《至正金陵新志》卷十一："凡寺观庵院称在城某隅及去城若干里，皆指今府城，即南唐建都所筑城也，除古迹城外，他志内言城仿此。"（《至正金陵新志》卷十一，第722页。）

续表

寺名	地理位置
能仁寺	在台治①东南
报恩光孝禅寺	在府城西门内
寿宁寺②	在府城北隅
崇胜戒坛院	在城西南隅
鹿苑寺	在城东南隅
湘宫寺	旧在青溪中桥北，唐以后徙置清化市③北
法宝寺	在宋行宫④北精锐军寨内
景德寺	在城内嘉瑞坊⑤
证圣寺	在宋行宫后
宝戒寺	在龙翔寺西
封崇寺	在斗门桥北，近禅灵寺
大悲寺	在炳灵公庙巷⑥，崇胜寺子院也
兴严寺	在真武庙北
法性尼寺	在报恩光孝观东南
永福尼寺	在广济仓⑦东
乾明尼寺	在城内东南祥鸾坊⑧
观音庵	在城东南隅
清福庵	在城正北隅
大通尼寺(大通庵)	在秦淮南杏花村内

① 按《至正金陵新志》卷四下："东虹桥，在行宫之左，今台治之北"，"招贤坊，在今台治南"，"经武坊今台治左，武胜坊在今台治东北"，"青溪坊九曲坊，并在台治东"，"武胜桥在今台治东北亲兵教场即北门桥"(《至正金陵新志》卷四，第823页)。由此可知，台治在东虹桥南、招贤坊北、经武坊右、青溪坊九曲坊左、武胜坊武胜桥西南。

② 在钟山竹涧，梁普通元年(520)，武帝为太祖文皇帝造。按《南朝寺考》卷五："张邦基《墨庄漫录》：大爱敬寺，在蒋山北高峰上，唐广明年改爱敬禅院，南唐改广孝禅院，宋开宝七年移入城名寿宁寺。"

③ 按《至正金陵新志》卷一："由清化市而北曰北门。"(《至正金陵新志》卷一，第82页。)可知清化市在北门南。

④ 按《至正金陵新志》卷十一："宋行宫，即旧建康府治。高宗绍兴二年修为行宫。"(《至正金陵新志》卷十一，第38页。)据《南京挖出南宋行宫大殿遗迹，其下藏南唐皇宫》一文，今天大体上是北至今羊皮巷、户部街一带，南到建邺路、白下路一带，西到今张府园小区，东到今火瓦巷一线，其中轴线与南唐皇宫相一致，大概就是现在的洪武路。(参见 http://news.sohu.com/20110927/n320629261.shtml。)

⑤ 按《至正金陵新志》卷四下："嘉瑞坊，在御街左、状元坊南、戚氏志金泉南。"(《至正金陵新志》卷四，第782页。)

⑥ 暂无考。

⑦ 按《至正金陵新志》卷四下："广济坊，在旧广济仓南，近水西门。"(《至正金陵新志》卷四，第784页。)按卷十二上："旧广济仓，有东西仓，又有新仓。西仓在大军仓后崇道桥南，东仓在武雄营侧，新仓在广济西仓"，"平止仓，在广济仓左"。由此推测，广济仓在大军仓后、崇道桥南、平止仓右。

⑧ 暂无可考。

续表

寺名	地理位置
上国安寺	在府城南隅炳灵公庙街
均庆尼寺	在府城东南隅武定桥下马道街内
正等寺	在府城东北隅
天王寺	在府城东北隅
保宁寺	在帝师寺南①
保宁禅寺	在城内饮虹桥南保宁坊内②
昭文书院	在元至正中改为昭文书院,清代时位于湖熟
多福寺	元末罹兵燹,在都城东神泉乡东南,去所领法清院 15 里,西去朝阳门 70 里,东城地③
古佛庵	在城东南隅贡院街放生池畔
天禧寺	在府城南门外
宋兴寺(兴教寺④)	在南门外
高座寺	在城南门外
殊胜寺	在城南门外
均庆院	在城南门外,旧在金陵坊,1344 年前废,有一座无殿舍塔
净妙寺	元代移置高陇,面秦淮,在城东门外 4 里
吉祥寺	在城南 2 里
百福院	在城南 5 里
秀峰院	旧在府城北隅
法云寺	旧在城外东北 10 里
清真寺	在城北 25 里(陈云:当今观音门外钟山乡)
解脱庵(宝善寺)	在都城沧波门外,东城,北去所领广惠院 8 里,西去朝阳门 22 里⑤
龙泉庵	在都城沧波门外,东城白岩嶂地,北去所领广惠院 30 里,西去正阳门 35 里⑥

① 按《至正金陵新志》卷十一:“帝师寺,在保宁寺北,延祐七年建。”(《至正金陵新志》卷十一,第 691 页。)《补续高僧传》卷第十二:“元僧一溪自如,保宁净慈径山三刹,皆海内大道场。师以次临之。”《补续高僧传》卷第十四:“元僧孤峰明德,再迁集庆之保宁。一坐十五夏。”《增集续传灯录》卷第六《了庵清》:“元僧佛性(古林清茂),迁建业保宁,分第一座说法。”

② 按《至正金陵新志》卷十一:在城内饮虹桥南保宁坊内。吴大帝赤乌四年,为西竺康僧会所建。建初晋宋,在寺侧建凤凰台。宋更名为祇园寺。升明二年又名白塔寺。唐开元中改为长庆寺。南唐保大中名奉先寺。宋太平兴国中,赐额保宁。祥符六年增建一些殿堂。政和七年,敕改为神霄宫。建炎元年,敕复旧额。三年修为行宫。年久失修,马光祖重建此寺一些殿堂,新建了凤凰台。(《至正金陵新志》卷十一,第 691 页。)

③ 此处地理位置是以明代的行政区划而叙述的。按明代葛寅亮《金陵梵刹志》卷十五:“唐天宝初,玉镜圆师创,元末罹兵燹,明洪武初有牧童于寺基傍戏劚二窟,偶得赵孟頫书‘多福寺’三字碑扁,僧永定即废址重建,揭赵额于寺门。永乐间,僧惠果继葺。”

④ 参见葛寅亮:《金陵梵刹志》卷十九,清凉寺条。清凉寺本名兴教寺,另区别于东晋咸安间之兴教寺。

⑤ 葛寅亮:《金陵梵刹志》卷十三。

⑥ 葛寅亮:《金陵梵刹志》卷十三。

| 表 11.2 府城内新建诸寺 |

寺名	地理位置
大龙翔集庆寺	位于南京城正北隅闪驾桥北，在都城外南城凤山，离聚宝门 2 里
大崇禧万寿寺	在宝公塔后，在太平兴国寺北
大梦通庵	在城东南隅
常照庵	在城正北隅
护烈庵（元广惠院）	在都城外，西去所统灵谷寺 25 里，朝阳门 30 里，东城蒲塘地①
弥陀庵	系宋兴元酒库及公使库地基，建庵在府城内
大梦观音庵	在城西北隅料院街
净土庵	在城正南隅
宝公庵	在城正东隅
月印庵	在城正南隅雨花台趾，西北去所领高座寺半里，北去聚宝门 2 里
普照庵	在城正南隅，西去所领永兴寺半里，北去聚宝门 2 里
千子亭观音庵	在城正东隅上闸街
华严庵	在城西北隅
崇福庵	在城正南隅胭脂巷
无际崇福庵	在城正南隅
佛光庵	在城正北隅
法海庵	在城东南隅大梦庵侧

| 二 | 诸山佛寺 |

依山而存的寺院共有 42 座，其中属于历史沿革到元代的寺院有 37 座，属于新建的有 5 座。分布广泛而零散，42 座庙宇分布在 30 座山附近，有蒋山（钟山）、摄山（栖霞山）、清凉山、鸡笼山、冶城、覆舟山、方山、牛头山、置山、幕府山、祈泽山、雁门山、汤山、赤山（上元县）、土山、祖堂山、上公山、天竺山、张山、横山、聂行山、赤山（句容县）、宝华山、凤山、乌石山、东龙山、下三都莲花峰、黄鸟山等，以及今南京西凤山、江北汤泉镇老山山脉旁等。分布在蒋山的最多，有 6 座，分别为太平兴国禅寺、半山报宁禅寺、上云居下云居二院、了缘塔院、澄心院、清果院。其次为牛头山，有 3 座，分别为佛窟寺、光宅寺、福昌院。其他山如鸡笼山、方山，

① 葛寅亮：《金陵梵刹志》卷十三。

都只存有一两座小寺院。见下表。

| 表 11.3 诸山寺院 |

山名	寺名
蒋山(钟山)	太平兴国禅寺、半山报宁禅寺、上云居下云居二院、了缘塔院、澄心院、清果院
摄山(栖霞山)	严因崇报禅寺
清凉山、石头城	清凉广惠禅寺、解空院
鸡笼山	鸡鸣寺
冶城	正觉禅寺
覆舟山	龙光寺、定明院
方山	定林寺
牛头山	佛窟寺、光宅寺、福昌院
置山	普济寺
幕府山	宝林寺
祈泽山	祈泽治平寺
雁门山	隐静院
汤山	隐静院、延祥院
赤山(上元县)	杜桂院
土山	资福院
祖堂山	延寿院
上公山	佛龛院
天竺山	福兴寺
张山	兴善院
横山	栖隐院、广觉院
聂行山	聂行寺
赤山(句容县)	圆寂寺、龙华寺
宝华山	宝志公庵
今南京西凤山	古林庵
今江北汤泉镇老山山脉旁	惠济寺

| 表 11.4 诸山新建诸寺 |

山名	寺名
凤山	大龙翔集庆寺
乌石山	乌石寺
东龙山	龙山寺
下三都莲花峰	正觉教寺
黄鸟山	白石庵

三 各县内诸寺

分布在三县二州的寺院数量分别为：上元县42座，江宁县45座，句容县22座，溧水州24座，溧阳州2座。新建寺院数量分别为江宁县1座，溧阳州8座。见下表。

表11.5 上元县诸寺

寺院	地理位置
隆报宝乘禅寺	旧为南齐草堂寺、北宋宝乘寺、北宋隆报宝乘禅寺。在上元县钟山乡，去城11里
法济寺	旧为南宋法济寺。在上元县治东
明庆寺	旧为南梁明庆寺。元代寺废
天王院	旧为南梁头陀寺、宋天王院。在上元县靖安镇，去城17里
阇婆寺	旧为南宋阇婆寺。在上元县钟山乡宋亲蚕宫后
衡阳寺	旧为南陈宝城寺、唐衡阳寺、北宋衡阳资福禅院。在上元县清风乡
本业寺	旧为南梁本业寺。在上元县宣义乡
隐静院	在上元县宣义乡，在城东近雁门山，去城40里
延祥院	在上元县神泉乡，城东南60里汤山下
杜桂院	在上元县丹阳乡，在城东南60里，在赤山西
上云居下云居二院	属上元县
了缘塔院	在钟山后
澄心院	在钟山西，去城10里
净隐院	在钟山寺①前
梵惠院	在蒋庙前，去城15里
清果院	在钟山后，去城25里
永庆院	在北门外乌龙潭北
定明院	在覆舟山下，去城5里
解空院	在西门外清凉寺侧
资福院	在城东南15里土山侧
庄严院	在淳化镇东，去城35里
漆阁院	在城东50里

① 很可能为南宋钟山寺，且在元代还存在。北宋《乾道志》载有此寺，按《至正金陵新志》卷十一："净隐院，《乾道志》：在钟山寺前。"(《至正金陵新志》卷十一，第732页。)又陆游有《游钟山寺纪略》文，录在《金陵梵刹志》卷三中。当知该寺至迟在南宋时已存在。

续表

寺院	地理位置
光相院①	在西张村，去城 55 里
观音院	在城东 60 里黄干村
乐林院	在城东南 60 里
方乐院	在建康城东北 60 里神泉乡
玉泉院	在城东北 60 里
多福院	属上元县
常乐院	属上元县
延福禅寺	在城东南 60 里
永福院	在城东 60 里青草村
安平院	在下桥村去城 80 里
登台院	属上元县
净土院	在叶墅村，去城 90 里
保福院	在尽节乡龙涧村，去城 100 里
慈光院	在章墅村，去城 100 里
妙明院	在道德乡东湖村，去城 90 里
崇胜院	在道德乡埂头村，去城 100 里
净严院	在紫草村，去城 100 里
无垢院	在禅林村，去城 120 里②
阳城院	在尽节乡周墟，去府城 120 里

| 表 11.6　江宁县诸寺 |

寺院	地理位置
治平寺	在江宁
崇因寺	在城南 12 里
普光寺	在城南门外
瑞相院	元代亦名铁索寺。在城南门外
国胜寺	在南门外落马涧，去城 2 里余
安隐院	在雨花台后，向南 100 余步
崇福院	在城南门外
明觉寺	在菜园务

① 另有南宋光相院。按《金陵梵刹志》卷十一："光相寺，中刹，在郭城高桥门外，北去所统灵谷寺五十里，通济门五十八里，东城地。《乾道志》：名光相院。国朝永乐间，僧行镃重建。所领小刹曰天隆寺积善庵。"

② 当与南梁无垢寺不同。南梁无垢寺，旧为北宋无垢院、元天喜寺、明无垢寺，在凤凰山之南，梁天监二年(503)，改名无垢寺，《乾道志》又名无垢院。

续表

寺院	地理位置
无相塔院	在城南 7 里
归寂塔院	在城南 7 里
福安院	俗呼祝英台寺。在城西南新林市东，去城 20 里
光宅寺	在新亭乡，去城 20 余里，牛头山之侧。王荆公曾作 3 首关于光宅寺的诗
延寿院	在城南 40 里祖堂山南
福昌院	在城南 40 里牛头山前
看经院	在城南 40 里
净果院	属江宁县
净居院	在城南 50 里
大仁院	在城南 70 里，近慈湖界
高公台院	在城南 80 里。刘宋景平元年(423)置。元时，古台尚存
永庆禅院	在江宁镇南，去城 50 里
清修院	俗呼青山寺。在江宁镇东，去城 60 里
旌忠禅院	在城西南 58 里。元代时为天禧寺下院
移忠报慈禅院	在牧牛亭路东，去城西南 68 里
资圣院	在城西南 60 里白都山侧
佛龛院	在城西南 60 里上公山，梁佛坛寺基
净相院	俗呼后篱寺。在城西南 60 里。明洪武年间(1368—1398)重建
广教院	在城西南 60 里。治平年间(1064—1067)赐额
禅居院	在城西南 65 里
后阳院	旧为北宋后阳寺①。在城西南 70 里
隆福院	在城西南 70 里
福兴寺	在城西南 75 里天竺山下
何城寺	在城西南何湖侧，去城 80 里。旁有王祥②墓
清福寺	在秣陵镇东，去城 52 里
兴善院	在秣陵镇西北张山下，去城 55 里
国安寺	在城东南 60 里
真如院	在城东南 60 里
栖隐院	在横山北、金陵镇东，去府城 60 里
建昌院③	在横山南涧山村，去城 80 里

① 后阳寺，据《金陵梵刹志》："在郭外，南城祁门乡，西去所领福兴寺二十里，北去聚宝门七十里，系万回道场。开宝八年(975)赐额，在后阳村，因名。"

② 王祥为魏晋人，故推测该寺为晋代寺院。

③ 按《金陵梵刹志》卷四十七："建昌寺，中刹，在郭外，南城南乡，北去所统报恩寺九十里，聚宝门同。《乾道志》：名建昌院。所领小刹曰西林寺、般若寺、明性寺、衲头庵、高台寺。"

续表

寺院	地理位置
慈证寺	在金陵镇南，去城 65 里
西阳院	在金陵镇南，去城 75 里
广觉院	在横山北，去城 70 里
明性院	在城南石塘村西里山，去城 80 里
隆教院	在城东南 85 里
白塔寺	旧为东晋白塔寺①。在江宁县治东乌衣巷
法王寺	旧为东晋法王寺。在白塔寺东

| 表 11.7 江宁县新建诸寺 |

寺院	地理位置
宝公道林庵	在江宁县治南②

| 表 11.8 句容县诸寺 |

寺院	地理位置
崇明寺	旧为东晋崇明寺。在句容县。元代寺中有 17 个子院
兴教院	在句容县东北。晋咸淳③中置，为观音院。南唐(937—975)时重修。太平兴国五年(980)改为兴教院
金华寺	旧为东晋金华寺。在句容县东南
聂行寺	在句容县西 5 里聂行山。或云，元在洪水坑
圆寂寺	在句容县南 35 里赤山侧
龙华寺④	在句容县赤山上
奉圣院	旧名永定。在句容县东 40 里。梁大同二年(536)建
延福院	旧名延寿。在句容县东 40 里。北宋咸平六年(1003)建造
大泉寺	旧为刘宋大泉寺。在句容县东北 50 里，位于县北唐巷村
天王院	在句容县南 50 里。唐中和二年(882)建
果报院	旧为唐正觉寺、五代果报院。旧名正觉寺。在句容县北 60 里
阙院	在句容县北 60 里
阙院	在句容县北 60 里
阙院	旧名宝公院。在句容县西北 60 里
阙寺	在句容县西北 60 里

① 按《法苑珠林》卷第五十二，此白塔寺又称升平白塔寺，其载："升平白塔寺。在秣陵三井里，有法王寺在白塔寺东。"

②《至正金陵新志》卷十一，第 770 页。

③ 此处当有误，宋代才有咸淳。

④ 刘宋龙华寺，不详其始末，刘宋元嘉年间(424—453)释昙超居之。

续表

寺院	地理位置
戌山尼寺	旧为唐戌山尼寺。在句容县北 60 里
光宅寺	在句容县东 10 里
禅心寺	旧为南宋禅心寺。在句容县东 30 里
明庆院	旧为南宋明庆院。在句容县东 45 里
昭圣寺	旧为南宋昭圣寺。在句容县东 45 里。地名东昌
宝志公庵	清代时位于句容县宝华山上①
崇明寺	旧为西晋崇明寺。据此推测，该寺在元代句容县治东北，兴废情况暂无可考

表 11.9 溧水州诸寺

寺院	地理位置
兴教院	旧名永安院，在溧水州西 300 步临淮门外
开福禅寺	旧名天兴，在溧水州南门外。唐开元二十二年(734)修。会昌五年(845)废。天祐初(904)重建。至太平兴国五年(980)改今额。淳熙十三年(1186)请为禅院
菩提寺	旧为唐菩提寺。旧为尼院，在溧水州东 300 步寻仙门外
法华寺	旧为唐法华寺。旧为尼寺，在溧水州西 1 里
崇庆寺②	旧为南梁崇庆寺，在溧水州东南 8 里
马占寺	旧为南朝马占寺，在溧水州东 25 里
兴化禅寺	旧为唐丰安寺、北宋兴化禅寺，在溧水州北 27 里
明觉寺	旧为唐正觉寺、唐明觉寺、宋明觉寺，在溧水州西 40 里
广严寺	旧为唐仪城寺、宋广严寺，在溧水州西北 45 里
儒童寺	旧为唐孔子寺、南唐儒童寺，在溧水州南 75 里
慧照寺	旧为唐禅林寺、北宋慧照寺，在溧水州南 80 里
彰教寺	旧为唐报恩寺，在溧水州西南 80 里
净行寺	旧为唐潘城寺，在溧水州西南 90 里
保圣寺	旧为唐龙城寺、宋保圣寺，在溧水州西南 100 里
弥勒寺	旧为南宋弥勒寺，在溧水州南游山乡
万善寺	旧为南宋万善寺，在溧水州东南唐昌乡
显慈寺	旧为唐刘庄寺、北宋显慈寺、北宋显仁院，在溧水州西南 130 里
大觉寺	旧为梁大通寺、北宋大觉寺，在溧水州北 15 里

① 穆彰阿、潘锡恩等纂修：《嘉庆大清一统志》卷七五。

② 大通寺在溧水县东北 15 里，梁大通九年(543) 建。《至正金陵新志》卷十一："大觉寺，本大通寺，在溧水州北十五里，梁大通九年置，治平中改今额。"(《至正金陵新志》卷十一，第 757 页。)另有溧水县之大觉寺，本是南梁旧建，唐重建名大觉寺，北宋名崇庆寺，参见其条。又有句容县境内之大觉寺，年代不详，见《景定建康志》。

续表

寺院	地理位置
新化寺	旧为南宋新化寺，在溧水州南仪凤乡
罗山庵	旧为唐罗山庵，元至正年间曾重修。据此推测，此庵应在溧水县南50里①
井冈庵	在江宁县治南，至大年间（1308—1311）建，今为蒋山寺下院。溧水州有井冈庵、寿国禅庵、观音庵、亭山庵，皆归附后僧俗所建②
寿国禅庵	记载同上
观音庵	记载同上
亭山庵	记载同上

表11.10 溧阳州诸寺

寺院	地理位置
三塔大圣院	旧为东晋白龙寺，在溧阳州西70里
唐隆寺	旧为刘宋唐隆寺，元代在溧阳南15里永世城内，有唐隆寺旧基

表11.11 溧阳州新建诸寺③

寺院	地理位置
广法庵	在县南30里
万寿庵	在县西南30里
明觉庵	在县东14里
白石庵	在县北80里黄鸟山
圆通北庵	在县东北15里
法宁寺	在县西
红庙庵	在县北西杨庄
西林兴福禅院	在永东武家村西。创于元至大年间（1308—1311）。明嘉靖年间（1522—1566），施茂芝、蒋士明、董文杰重修此院。清康熙年间（1662—1722），史□撰记道人性，洪书计梵宇八九十间，宜溧两界田六七十亩，向推戒坛重地，毁于□逆。清光绪十年（1884），建复正殿；十六年（1890），又建门□庙厢前④

① 按《光绪溧水县志》卷二十载："南五十里，唐时建。元至正间修，明隆庆六年重修。国朝顺治十二年，僧乘祥募修。"

② 《至正金陵新志》卷十一，第770页。

③ 此8座寺院的记载情况，均见于《嘉庆溧阳县志》卷四。

④ 按《光绪溧阳县续志》卷二："西林兴福禅院，在永东武家村西。创于元至大年，擅水石竹木之聪明。嘉靖间，施茂芝、蒋士明、董文杰重葺，施□撰记，史□书。国朝康熙间，史□撰记道人性，洪书计梵宇八九十间，宜溧两界田六七十亩，向推戒坛重地，毁于□逆。光绪十年，史愿昌等经理寺产，协同常住南山，建复正殿。十六年，又建门□庙厢前。志从略兹，特详叙愿末云。"

| 表 11.12 其他诸寺 |

寺院	地理位置
摄山白云庵	旧为宋摄山白云庵。据载:"宋侍读张瑰尝读书,王安礼为记。"①
雪峰庵	无明确记载

① 《至正金陵新志》卷十二上,第 187 页。

第三节
元代南京重要佛寺

元代南京颇具影响力的寺院有太平兴国禅寺、报恩光孝禅寺、天禧寺、大龙翔集庆寺、大崇禧万寿寺等皇家寺院。与这些著名寺院相伴随的是元代佛教史上的高僧或名僧,以及王公大臣等重要的佛教外护。

太平兴国禅寺因元泰定帝而重兴,得慧昙而隆盛。与报恩光孝禅寺有关联的著名禅师有楚石梵琦,他嗣法于临济杨岐派元叟行端禅师。与天禧寺有关的僧人,元代有著名的志德法师,学唯识于法照禧法师。志德法师住持天禧寺30余年,常讲《法华经》《华严经》《金刚经》以及唯识学派论疏。大龙翔集庆寺,是元代后期的南京首刹,原属于元文宗在南京的潜邸,元文宗登基后改为佛寺。笑隐大䜣禅师受文宗敕命,出任大龙翔集庆寺第一代住持。与该寺有关的禅僧还有怀信、智及,后者曾参谒过笑隐大䜣。大崇禧万寿寺的创建同样与元文宗有关,亦属于皇家寺院。如上的南京著名寺院之兴盛,皆与皇族、高僧、名僧等有很大的关系。

一 太平兴国禅寺

旧为南梁开善寺、宋太平兴国寺、宋蒋山寺、明灵谷寺。在蒋山去府城15里。梁武帝天监十四年(515)在宝公塔前所建开善寺为元代太平兴国禅寺之寺基。元代时塔院西偏有王安石命名的本末轩。至治元年(1321)春,佛海普印昙芳禅师住持此寺。泰定二年(1325)正月,禅寺部分殿宇出现屋漏情况,主僧守志极力营修。泰定二年(1325)正月二十四日,寺遭灾害,元泰定帝下旨重修此寺,“一岁垣庑成,再岁屋室具”,方丈室、北山阁、经楼、香积等一并建成,又赐建大宏、兴钟二门及大钟等。元代《钟山太平兴国寺碑记》记载:泰定二年(1325)正月,元泰定帝来到金陵太平兴国寺,适遇寺灾,感言此乃“撤旧而作新”之天意,即出金重建,一时富者效其财,贫者输其力,远近云集,寺得再兴。

《灵谷禅林志》卷一载:"今上以泰定乙丑之岁正月来至是邦,而寺适灾。天意若曰其撤旧而新之乎。上感焉,出金币以作为民先。"[①]兴建之后的太平兴国禅寺,"重建特盛",可见当时太平兴国禅寺规模之盛。在寺北上方别建宏祠,即为大崇禧万寿寺。元文宗天历元年(1328)封宝志公为道林真觉慧感慈应普济圣师[②],又诏以平江官田150顷赐予龙翔寺及崇禧寺,诏诸僧寺田自金宋所有及累朝赐予者,悉除其租,其有当输租者仍免其役。[③] 加授住持佛海普印昙芳禅师为"广慈圆悟大禅师",继续住持本寺与大崇禧万寿寺。至顺二年(1331)九月翰林学士虞集奉敕为禅寺撰碑。[④] 至正十六年(1356),元顺帝命觉原禅师住持本寺。[⑤] 元末明初,笑隐大䜣禅师法嗣慧昙禅师受朱元璋命住持本寺。明朝时禅寺尚存。

---

① 参见《灵谷禅林志》卷一、《金陵梵刹志》卷三《钟山太平兴国寺碑记》。

② 按《至正金陵新志》卷十一:"天历元年出诏书布德天下,即命廷臣制宝公号曰道林真觉慧感慈应普济圣师。"(《至正金陵新志》卷十一,第704页。)按《金陵梵刹志》卷三:"元文宗天历二年封普济圣师菩萨。"

③ 参见《金陵梵刹志》卷十六《凤山天界寺》、《金陵梵刹志》卷三、《灵谷禅林志》卷九、《吴都法乘》卷二十三《储供篇·元文宗》。

④ 按《至正金陵新志》卷一:"梁武帝天监……十四年即塔前建开善寺今寺乃其地也。唐乾符中改为宝公院,南唐升元中徐德裕重修后主又改为开善道场,至宋太平兴国五年改赐今额,庆历二年叶清臣奏为十方禅院,王荆公安石为相退居钟山为帅,守者多其门人,寺宇益增大,后屡经火。泰定二年正月再毁,今重建特盛,有翰学士虞集撰记。"(《至正金陵新志》卷一,第155页。)卷十一下:"太平兴国禅寺在蒋山去府城十五里。……泰定二年正月寺复遗漏主僧守志极力营创。至顺二年九月翰林学士虞集奉敕撰碑……至治辛酉,匡庐僧前灵隐玉山禅师弟子守忠,应请来主之,禅学之士来者日满其室。今上以泰定乙丑之岁正月,来至于是邦,而寺适灾,天意若曰其撤旧而作新之乎?上感焉,出金币以为民先……一岁垣庑成,再岁屋室具。其可以名书者,曰方丈曰北山阁曰经楼曰香积曰水陆堂曰白莲堂曰伽蓝祠曰大僧堂曰道林堂曰新仓院曰耆宿之舍,而大宏、兴钟二门皆以上赐,次第而成。岁丁卯铸大钟为铜数万斤方在冶上,赐宝珠投液中,钟成珠宛然在其上……上方别建宏祠于寺北,今赐名曰'大崇禧万寿寺'者也。是年秋,归膺大宝,是为天历元年出诏书布德天下,即命廷臣制宝公号曰道林真觉慧感慈应普济圣师……佛海普印昙芳禅师住持大崇禧万寿寺而兼领兹寺,未几,加授广慈圆悟大禅师,领两寺如故。至顺元年秋,御史中丞赵世安传敕召忠入朝,九月九日上御奎章阁吏部尚书王士弘以守忠入见,奏对称旨,命太禧宗禋院日给禀饩,赐金襕伽黎衣与青鼠之裘,十二月一日赐设于圣恩寺,乃召学士臣集至榻前,命制文以记之。俾忠归刻诸石,忠以其事示臣集如此,臣集谨具载而言曰:上于金陵新作之寺二,曰龙翔集庆,因潜龙之旧邸也,曰崇禧万寿,广亲构之新祠也,独太平兴国,虽曰宋齐梁唐宋之遗,然空毁而复兴……"

⑤ 宋濂《宋学士文集》卷第二十五《翰苑续集》卷之五:"至正……十六年丙申王师定建业,师谒皇上于辕门。上见师气貌异常,叹曰:此福德僧也。命主蒋山太平兴国禅寺。时当俭岁师化食以给其众无阙乏者,山下田人多欲隶军籍,师惧寺田之芜废也,请于上而归之,山之林木为樵者所剪伐,师又陈奏,上封一剑授师曰敢有伐木者斩。至今(明代)盖郁然云。踰年丁酉赐改龙翔为大天界寺,诏师主之。每设广荐法会,师必升座举宣秘法。……亲御翰墨书'天下第一禅林'六大字悬于三门。"

二 报恩光孝禅寺

报恩光孝禅寺，旧为天宁万寿寺，宋绍兴九年（1139）诏改为报恩光孝禅寺。在府城西门内，泰定四年（1327），住持匡庐僧义深经画重修此寺。按《至正金陵新志》卷十一下："旧为天宁万寿寺，宋绍兴九年（1139）诏改今额，追崇徽宗道场。泰定戊辰（1328），住持匡庐僧义深经画重修。"著名禅僧梵琦楚石曾住持本寺。

三 天禧寺

旧为西晋长干寺、南梁阿育王寺、宋天禧寺、元慈恩旌忠寺、明大报恩寺。在府城南门外，宋天禧二年（1018）改今额。元世祖至元二十五年（1288），拨赐故宋太师秦申王坟寺旌忠寺为下院，改赐元兴天禧慈恩旌忠教寺额。僧统广福大师尝施财缮修大塔。至顺初（1330），佛光大师之法孙法嵩赐白金三锭及官钱伍仟缗助缮修本寺。[①] 元世祖至元二十五年（1288），诏江淮诸路立御讲三十六所，务求其宗正行修者分主之。法师志德被选中，世祖召见赐宴并紫方袍，命主天禧、旌忠二刹。尔后常讲《法华》《华严》《金刚》《唯识》等疏。元世祖至元三十一年（1294），特赐"佛光大师"之号。

志德法师居天禧30余年，勤俭节约，严格戒律。一衲一履，终身不易，过午不食，夜则危坐达旦。以苦诵丧明，忽梦梵僧迎居内院高座，空中散花如雨。后示微疾，元英宗至治二年（1322）二月七日，犹诵经不辍，旋辞众，安坐而化，世寿88岁。龛留21日，颜貌红润如生，阇维舍利无算，会者数万人。塔江宁张家山，学士赵孟頫为铭。[②]

---

① 参见本书第十一章第一节"天禧寺"相关脚注。

② 参见《新续高僧传·元金陵天禧寺沙门释志德传十二》、《大明高僧传》卷二、《释鉴稽古略续集》卷一。

四 大龙翔集庆寺

旧名龙翔集庆寺，在都城外南城凤山，离聚宝门2里。“大龙翔集庆寺，前宋转运司治所，旧为行枢密院，按察司、廉访司、财赋提举司公廨，又为潜邸，改创今寺。”①天历元年(1328)，元文宗即位于北京，改南京为集庆路。天历二年(1329)，元文宗下诏以“潜宫之旧作大龙翔集庆寺”。次年，“召中天竺住持禅师大䜣于杭州，授太中大夫，主寺事，设官隶之”。元文宗诏命大䜣禅师住持，并亲自沟通扩建之事，“画宫为图，授工部尚书王弘往董其役，斥广其地，为民居者悉出金购之”。又明年正月六日壬午之吉，大龙翔集庆寺建成，殿堂宏伟，塑像庄严。有大觉殿、五方调御之殿、禅宗海会堂、传法正宗堂、雷音堂、龙藏、香积等等。元文宗赐以“姑苏腴田，以饭其众”②，“以平江官田五十顷赐大龙翔集庆寺及大崇禧万寿寺”③。大龙翔集庆寺从而成为元代后期南京之首刹。“明洪武二十一年(1388)，寺灾，敕徙城南阒寂处，与民居不相接，出内帑大建刹宇，更名天界。”④

大䜣奉诏住持龙翔大集庆寺，为开山第一世，领五山寺院，受赐金衲衣及“广智全悟大禅师”之号。元顺帝时，诏令百丈山德辉禅师重编《禅林清规》，命笑隐大䜣禅师校正，刊定为九章，天下丛林清规，皆取法于此。元顺帝至元二年(1336)，赐大䜣“释教宗主”之号，掌领五山寺。笑隐大䜣禅师于元顺帝至正四年(1344)示寂，嘱徒众将两代皇帝所赐金币，修建万佛阁，以报国恩，书偈跏趺而逝。⑤

元顺帝至正五年(1345)，诏请昙芳守忠禅师住持，次年退居广慈庵。至正六年七月，大龙翔集庆寺毁于火，复请昙芳禅师恢复，昙芳守忠乃出衣钵之私，补前未备，不日而集成功。至正八年(1348)十月，昙芳禅师迁化，塔于龙蟠庵之不动塔，又分塔于凌霄峰下。虽以名德领巨刹，不效饰车舆盛徒，御以自夸炫，始终一钵萧然而已。师赋性恬冲，喜溢颜间，生平未尝以声色忤人，人有犯之者，颔首而已。然进修极勤，自壮至耄，默诵《法华经》一部。

---

① 《至正金陵新志》卷一，第89页。

② 虞集：《龙翔集庆寺碑》，《金陵梵刹志》卷十六。

③ 宋濂等：《元史》卷三十三《本纪第三十三》。

④ 《金陵梵刹志》卷十六。

⑤ 参见《佛祖纲目》卷第四十一、《南宋元明禅林僧宝传》卷九、《宗统编年》卷二十七、《续灯存稿》卷五、《续灯正统》卷第十四、《笑隐大䜣禅师语录》、《补续高僧传》、《玉岑山慧因高丽华严教寺志》。

至正十四年(1354),怀信禅师任大龙翔集庆寺住持。“会元政大乱,戎马纷纭,寺事艰窘日甚,师处之裕如,不以屑意。当大明兵下金陵,僧徒风雨散去,师独结跏宴坐,目不四顾。执兵者满前,无不掷杖而拜。上尝亲幸寺中,听师说法。嘉师言行纯悫,特为改龙翔集庆寺为大天界寺。”至正十七年(1357)示寂,宋濂为撰塔铭,有《五会语录》行世。①

五 | 法王寺及其他诸寺

旧为东晋法王寺,在白塔寺东,属江宁县。年久毁废,至顺年间(1330—1333),天禧主僧演与其属法嵩德宾在其遗址处重建此寺,元代为天禧寺下院。其他诸寺,主要有以下几座:

1. 罗山庵

旧为唐罗山庵。元至正年间曾重修。②

2. 能仁寺

旧为刘宋报恩寺、杨吴报先寺、南唐报慈院、宋能仁寺。在台治东南。至元五年(1339),住持将能仁寺修缮一新,又作钟山公祠。③

3. 半山报宁禅寺

旧为北宋报宁禅寺,又称半山寺,为王安石故宅。至正元年(1341),住持匡庐僧元龙重建此寺。④

4. 清凉广惠禅寺

旧为孙吴兴教寺、南唐石头清凉大道场、北宋清凉广惠禅寺。在石头城去府城 1 里。寺曾遭遇火灾,并进行了重修⑤。

---

① 参见《补续高僧传·天界孚中信传》、《五灯全书》、《般若心经注》、《增续传灯录》卷第六、《南宋元明僧宝传》卷十、《宋学士集》卷五《塔铭》。

② 按《光绪溧水县志》卷二十:“南五十里,唐时建。元至正间修,明隆庆六年重修。国朝顺治十二年,僧乘祥募修。”

③ 按《至正金陵新志》卷十一下:“能仁寺在台治东南。……至元之五年,住持僧真实既新其寺,又作钟山公祠,以寺之土田多公所施也。临川危素请记于集贤,揭公傒斯。”

④ 按《至正金陵新志》卷十一下:“半山报宁禅寺在城东七里,距钟山亦七里,王荆公安石故宅也。……至正元年住持匡庐僧元龙重建。”

⑤ 按《至正金陵新志》卷十一下:“近年殿后堂舍毁于火,重修建未完。”

5. 广惠院

在都城外，西去所统灵谷寺 25 里，朝阳门 30 里，东城蒲塘地。元延祐年间(1314—1320)创，名护烈庵，元至正三年(1343)改广惠院。明弘治四年(1491)重建，所领小刹曰崇善寺、宝善寺、龙泉庵、隐静寺、本业寺、普济庵[①]、普济寺、山海院。[②]

① 按《金陵梵刹志》卷八："普济庵，小刹，在都城太平门外半里，东城牧马所地，西北去所领佛国寺二里，与城邻近。"

② 《金陵梵刹志》卷十三。

第四节
隋唐五代宋元时期金陵佛寺的舍利

在隋唐时代，由于历代皇帝的提倡和民间的参与，舍利信仰成为全社会共同的宗教活动。隋仁寿年间(601—604)，在隋文帝下立舍利诏之后，蒋州摄山栖霞寺造立佛舍利塔。这是开皇九年(589)隋文帝下令对建康城阙进行毁灭、改置蒋州之后金陵文化史上的大事件，在当时的历史背景下，对于金陵文化的重建具有重要意义。隋初对江南尚未重视，因此作为六朝中心的金陵城内的一些著名舍利被转往长安供奉。如长安日严寺即藏有金陵长干塔下的佛舍利，以及传为梁武帝的头发、指甲等。[①] 隋代金陵著名的长干寺和舍利塔都遭毁，唐代李德裕曾发掘塔基，掘出舍利，并重新安置。宋真宗年间长干寺重建名为天禧寺，并在原塔址新建九层舍利塔，瘗藏了后世著名的佛顶骨舍利和感应舍利，宋真宗赐号“圣感舍利塔”；又因玄奘顶骨舍利从陕西移至金陵，在天禧寺塔东又修建玄奘舍利塔。宋代天禧寺“圣感舍利塔”的兴建，是梁武帝兴建阿育王寺塔之后长干寺塔的重兴，使得长干里的一带寺塔再度成为金陵佛教文化的胜地标志。二塔在元至顺三年(1332)重修，元末遭兵乱，寺院毁废而塔幸存。

一 隋代栖霞寺舍利塔

隋文帝杨坚在全国大范围兴建佛舍利塔的因缘，《广弘明集》卷第十七《舍利感应记》记载：

> 皇帝昔在潜龙，有婆罗门沙门来诣宅，出舍利一裹曰：“檀越好心，故留与供养。”沙门既去，求之不知所在。其后皇帝与沙门昙迁各置舍利于掌而数之，或少或多，并不能定。昙迁曰：“曾闻婆罗门说法身过于数量，非世间所测。”于是始作七宝箱以置之。神尼智仙言曰：“佛法将灭，一切神明今已

① 赖永海主编：《中国佛教通史》第八卷，第471页。

西去，儿当为普天慈父重兴佛法，一切神明还来。”其后周氏果灭佛法，隋室受命乃兴复之。皇帝每以神尼为言云“我兴由佛”，故于天下舍利塔内，各作神尼之像焉。……仁寿元年……于海内诸州，选高爽清静三十处，各起舍利塔。①

隋仁寿元年(601)六月十三日，隋文帝杨坚六十大寿，颁布立舍利塔诏，在天下各个州郡中选30州郡，建立舍利塔，供奉释迦牟尼佛舍利。《隋国立舍利塔诏》中说：

朕归依三宝，重兴圣教。思与四海之内一切人民俱发菩提，共修福业，使当今现在爰及来世，永作善因，同登妙果。宜请沙门三十人，谙解法相兼堪倡导者，各将侍者二人并散官各一人，薰陆香一百二十斤，马五匹，分道送舍利，往前件诸州起塔。其未注寺者，就有山水寺所，起塔依前山。旧无寺者，于当州内清静寺处，建立其塔。所司造样送往当州。僧多者三百六十人，其次二百四十人，其次一百二十人；若僧少者尽见僧。为朕、皇后、太子广、诸王子孙等，及内外官人、一切民庶、幽显生灵，各七日行道并忏悔。起行道日打刹，莫问同州异州，任人布施，钱限止十文已下，不得过十文。所施之钱，以供营塔。若少不充役正丁及用库物。率土诸州僧尼，普为舍利设斋。限十月十五日午时，同下入石函。总管刺史已下、县尉已上，息军机、停常务七日，专检校行道及打刹等事，务尽诚敬，副朕意焉。主者施行。②

诏中详细说明了建立佛舍利塔的目的、意义，迎请舍利的人员、需用、法事仪程，以及建造舍利塔的选址和样式，规定在当年十月十五日午时，全国30州同时把佛舍利下入石函，而且要求地方官员暂停日常公务7天，专门营办舍利塔迎请和建造之事。可见隋文帝对于建立佛舍利塔一事的高度重视。隋文帝还亲自奉请舍利送往30州。《广弘明集》卷第十七记载：

① 道宣：《广弘明集》卷第十七，《大正藏》第52册，第213页。
② 道宣：《广弘明集》卷第十七，《大正藏》第52册，第213页。

> 皇帝于是亲以七宝箱，奉三十舍利，自内而出，置于御座之案，与诸沙门烧香礼拜。愿弟子常以正法护持三宝，救度一切众生。乃取金瓶、琉璃各三十，以琉璃盛金瓶，置舍利于其内，薰陆香为泥，涂其盖而印之。三十州同刻，十月十五日正午入于铜函、石函，一时起塔。①

隋文帝杨坚亲自以7个宝箱，奉30个佛舍利，置于御案，烧香礼拜，发愿后把舍利分置30个金瓶内，又以琉璃盛金瓶，以薰陆香泥封印，遣使送往30州②，在十月十五日正午，30州同时将佛舍利封入铜函或石函之中，并同时开工起造佛舍利塔。舍利送往各州后，地方官员及百姓都要举行盛大的迎请仪式。《广弘明集》卷第十七记载：

> 初入州境，先令家家洒扫，覆诸秽恶。道俗士女，倾城远迎。总管刺史诸官人，夹路步引，四部大众容仪齐肃，共以宝盖、旛幢、华台、像辇、佛帐、佛舆、香山、香波、种种音乐，尽来供养。各执香华，或烧或散，围绕赞呗，梵音和雅。依《阿含经》舍利入拘尸那城法。远近翕然，云蒸雾会，虽盲躄老病，莫不匍匐而至焉。沙门对四部大众作是唱言：至尊以菩萨大慈无边无际，哀愍众生，切于骨髓，是故分布舍利，共天下同作善因。③

仪式隆重，盛迎倍极，可见隋文帝在30州造立佛舍利塔在当时社会的重大

① 道宣：《广弘明集》卷第十七，《大正藏》第52册，第213页。

② 《广弘明集》卷第十七《舍利感应记》记载，三十州名及舍利塔所在寺名为：一雍州（今陕西西安市）仙游寺，二岐州（今陕西岐山县治）凤泉寺，三泾州（今甘肃泾川县北五里）大兴国寺，四秦州（今甘肃天水市西南）静念寺，五华州（今陕西华县）思觉寺，六同州（今陕西大荔县治）大兴国寺，七蒲州（今山西永济县）栖岩寺，八并州（今山西太原市东南）旧无量寿寺，九定州（今河北安平县治）恒岳寺，十相州（今河南安阳市治）大慈寺，十一郑州（今河南荥阳市西北）定觉寺，十二嵩州（今河南登封市东南）闲居寺（一作嵩岳寺），十三亳州（今安徽亳州市）开寂寺，十四汝州（今河南汝州市治）兴世寺，十五泰州（今江苏泰县）岱岳寺，十六青州（今山东青州市治）胜福寺，十七牟州（今无考）巨神山寺，十八隋州（今无考）智门寺，十九襄州（今湖北襄阳市）大兴国寺（即上凤林寺），二十扬州（今江苏扬州）西寺（即栖灵寺），二十一蒋州（今南京栖霞山）栖霞寺，二十二吴州（今江苏扬州市江都区）大禹寺，二十三苏州（今江苏苏州）虎丘山寺，二十四衡州（今湖南衡阳县）衡岳寺，二十五桂州（今广西桂林）缘化寺，二十六番州（今广东广州）灵鹫山寺（即果实寺），二十七交州（今越南境）禅众寺，二十八益州（今四川成都）法聚寺，二十九廓州（今青海贵德县）法讲寺，三十瓜州（今甘肃敦煌市）崇教寺。除上列三十州外，据清代陆增祥《八琼室金石补正》卷二十六，又收有京兆舍利塔下铭，知当时京都长安大兴城另建有舍利塔一座，不在三十州数内。此塔所在的寺院名称，据清代叶昌炽《语石》卷四称，系龙池寺。因此，仁寿元年所建造舍利塔，共有三十一座。

③ 道宣：《广弘明集》卷第十七，《大正藏》第52册，第213页。

影响。仁寿二年(602)正月二十三日,隋文帝又下诏书,令在全国再选 53 州建灵塔供奉佛舍利,程序仪式同前。仁寿四年(604),隋文帝又诏令全国再选 31 州建灵塔供奉佛舍利。至此,隋文帝先后 3 次在全国选 114 州建灵塔供奉佛舍利,因这 3 批舍利塔均造立于隋仁寿年间,后世称之为"仁寿舍利塔"。根据目前已发现的隋仁寿舍利塔石碑资料推测,当时所立舍利塔应均有铭文勒石,文颇类同,一并埋入塔内,以垂永久。

隋文帝杨坚所选全国 114 州中,蒋州栖霞寺居于首批,可见栖霞寺其时声望之隆。《金陵梵刹志》所录《立舍利塔诏》中则说"分道送舍利,先往蒋州栖霞寺,洎三十州,次五十三州等寺起塔"[①],比《广弘明集》卷第十七所载多出"先往蒋州栖霞寺"一句,然考察隋文帝诏书原文,似无"先往蒋州栖霞寺"之意,不知依据为何。[②]

隋代栖霞寺舍利塔的形制,记载是"所司造样送往当州"[③],"建轨制度,一准育王"[④],当与阿育王塔形制类似。《金陵梵刹志》述"隋文帝琢白石为塔置舍利"[⑤],这实是南唐之后的塔形,并不是隋塔形制。因为这一批隋仁寿塔目前皆已无存,故其形制尚无定论。有人主张是五层木构方塔,有人主张是石构。

栖霞寺后屡经改名,原舍利塔情况不详。南唐时,词人高越与留守林仁肇重修舍利塔,并撰《栖霞舍利塔记》,述记建塔始末。《摄山志》:"南唐高越、林仁肇,并为国主大臣,勋贵无二,尊礼三宝,钦隆佛法。隋文帝所造舍利塔岁久剥蚀,二公同志兴修,复加修饰。"依此所述,南唐时期栖霞舍利塔是剥蚀,不是毁废。《栖霞山志》记载:"高越,字冲远,南唐词人,少举进士,性恬淡好佛。栖霞寺舍利塔岁久剥蚀,与林仁肇协力兴修。著有《栖霞舍利塔记》。"[⑥]《摄山志》卷二记载:"隋文帝时,诏送舍利天下,凡八十三州,分造石塔,蒋州栖霞寺其一也。塔以白石为之,高数丈,凡五级,锥琢天然,种种奇绝。前设导引二佛,各高丈许,亦以白石为之。像貌、衣缕,谓有顾恺之笔法。"[⑦]这个记载应当是南唐修葺之后的形制,白石造成,高数丈,共五级,有精美石雕。然自隋文帝仁寿年间瘗藏舍利于塔下,后世

---

① 《金陵梵刹志》卷四,《大正藏》第 29 册,第 125 页。
② 《金陵梵刹志》云"先往蒋州栖霞寺",考诸早期文献,如《广弘明集》《法苑珠林》《隆兴编年通论》《释氏通鉴》等,皆无此说。当是《金陵梵刹志》添加。
③ 道宣:《广弘明集》卷第十七,《大正藏》第 52 册,第 213 页。
④ 道宣:《续高僧传》卷第十八《释昙迁》,《大正藏》第 50 册,第 573 页。
⑤ 《金陵梵刹志》卷四,《大正藏》第 29 册,第 121 页。
⑥ 《栖霞山志》卷二,载《中国佛寺史志汇刊》第 2 辑第 14 册,台北明文书局,1980 年,第 158 页。
⑦ 《中国佛寺史志汇刊》第 1 辑第 34 册,第 181 页。

重修舍利塔，并无舍利再次出现的记载，或仍藏于塔下。

宋代栖霞寺舍利塔情况不详，仅推测南宋时期因战乱被毁。《栖霞山志》卷一记载：

南宋曾极咏摄山诗：

一丈唐碑今露立，十寻梵塔已低摧。层层石佛云间出，坐阅齐梁付劫灰。

厉鹗摄山杂咏舍利塔：

隋文遗浮屠，石函瘗云峤，下镌佛涅槃，绘事顾陆肖。奈何完颜军，缺落付劫烧。

是建炎初，金兵狓猖江南时，塔已废毁。现塔矗立中天，大致完好。南宋距今八百载，栖霞道场，不绝如缕，相有去来，后游接踵。南唐旧物，早付云烟。①

由“十寻梵塔已低摧”和“奈何完颜军，缺落付劫烧”等句可见，南宋时期栖霞寺舍利塔在金兵战乱时期被毁。《栖霞山志》卷一记载：“宋高宗建炎四年(1130)三月丁卯，完颜南侵，韩世忠以八千人屯镇江，大败金军于黄天荡，金将兀术凿河遁；四月丙申，兀术合刘豫兵经江乘一带，转窥建业，战于江宁。宋守军副元帅杜充不敌降金。是役栖霞寺全部毁废。”②综合推测，金兵战乱时栖霞寺全部被毁，然舍利塔“低摧”则表明尚存塔基及部分塔身。

元代栖霞寺舍利塔的情况不明。

二 长干寺佛舍利塔

1. 隋炀帝与长干寺佛舍利

隋灭陈后，隋文帝曾下诏毁平建康城，以扫金陵王气。根据道宣《集神州三

① 《栖霞山志》卷一，载《中国佛寺史志汇刊》第2辑第14册，第94页。

② 《栖霞山志》卷一，载《中国佛寺史志汇刊》第2辑第14册，第78页。

宝感通录》,唐初金陵长干寺阿育王塔已经完全毁废,塔中所藏佛舍利也湮没不闻。《集神州三宝感通录》卷一记载:“东晋金陵长干塔者,今在润州江宁县故扬都朱雀门东南、古越城东废长干寺内。……今润州江宁故地但有砖基三层并刹佛殿,余则榛木荒丛,非人所涉,示是古基而已。频有大虫,发塔基者多自死,而草深人希,惟有恶兽。”[①]入唐以后,长干寺阿育王塔基尚存,然“草深人希”,鲜有人至了。

《集神州三宝感通录》卷一还记载,隋炀帝为太子时,在西京曲池建日严寺,寺中有塔未安舍利,于是发掘金陵长干寺塔下的舍利,埋于日严寺塔下。当时,江南大德50余人都说,京师塔下舍利不是阿育王塔舍利,阿育王塔舍利仍在长干寺。由此可见,长干寺塔尽管于隋代遭毁,然还有佛殿和三层砖塔基尚存,佛舍利或许还被埋藏着,且在江南一带仍有重要地位。不过,随着唐代佛教中心的转移,江南佛教渐衰,建康佛教盛况不再,长干寺在唐代终究零落。唐高祖武德七年(624),京师日严寺废,僧众散去,其舍利塔无人守护。当时道宣律师与10余僧人住在京兆崇义寺,便将日严寺塔下大石函掘出,得到“舍利三枚,白色光明,大如黍米;并爪一枚,少有黄色;并白发数十余,有杂宝、琉璃、古器等”。他们又把这些舍利宝物“以大石函盛之”,重新埋于崇义寺西南塔下。道宣律师询问隋初的江南僧人,都说爪发是梁武帝的,舍利的来源则有疑问。[②]

2. 唐李德裕与长干寺佛舍利

镇江甘露寺石刻《重瘗长干寺阿育王塔舍利记》铭文记载[③]:唐穆宗长庆四年(824),李德裕出任润州(镇江)刺史,了解到当年梁武帝在建康建造佛舍利塔,供奉舍利,后又埋入地宫等事迹。随后,李德裕到上元县(江宁),发掘了长干寺阿育王塔遗址地宫,发现舍利21颗。于是,他请出其中11颗舍利送往润州,安奉

---

① 道宣:《集神州三宝感通录》卷一,《大正藏》第52册,第405页。

② 按道宣《集神州三宝感通录》卷一:“余本住京师曲池日严寺,寺即隋炀所造。昔在晋蕃作镇淮海,京寺有塔未安舍利,乃发长干寺塔下取之入京,埋于日严塔下,施铭于上。于时江南大德五十余人咸言:京师塔下舍利非育王者。育王者乃长干本寺,而不测其是非也。至武德七年日严寺废,僧徒散配房宇官收,惟舍利塔无人守护,守址属官事须移徙。余师徒十人配住崇义,乃发掘塔下得舍利三枚,白色光明,大如黍米;并爪一枚,少有黄色;并白发数十余,有杂宝、琉璃、古器等。总以大铜函盛之。检无螺发。又疑爪黄而小如人者,寻佛倍人,爪赤铜色,今则不尔,乃将至崇义寺佛堂西南塔下,依旧以大石函盛之,本铭覆上,埋于地府。余问隋初南僧,咸曰:爪发梁武帝者,舍利则有疑焉。埋之本铭,置于其上。据事以量,则长干佛骨颇移于帝里。然江南古塔犹有神异,崇义所流盖箴如也。故两述之。但年岁绵远,后人莫测其源,故别疏记尔。”

③ 参见郑金星等:《江苏镇江甘露寺铁塔塔基发掘记》,《考古》1961年第6期。

在北固山甘露寺，建塔供奉。余下10颗舍利，又重新埋回原地宫中。

3. 宋元天禧寺佛舍利

隋唐以来，长干寺久已荒圮，但入宋之后，其地数次放光。于是，北宋真宗大中祥符初年（1008），僧可政（演化大师）上报朝廷，金陵长干寺舍利屡显灵验，请求恢复长干寺。宋真宗诏允重建，并指派可政主持督建。因时当宋真宗天禧年间，故名寺为天禧寺。大中祥符四年（1011），真宗敕建九层舍利宝塔。舍利塔兴建之时，真宗又把印度高僧施护向朝廷敬献的佛顶真骨舍利与长干寺地宫中原有的感应舍利一同瘗藏舍利塔地宫。舍利塔建成，真宗赐号"圣感舍利塔"，并给寺院赐额"圣感舍利宝塔寺"。此后，佛顶真骨与感应舍利就一起瘗藏舍利塔地宫中达一千年。

天禧寺塔的建成，是在梁武帝大兴阿育王寺塔之后，长干寺塔得以再度复兴。长干寺虽已更名天禧寺，然时人多称其旧名，颇多文人雅士游其地，慨叹六朝长干寺之盛。如宋仁宗时有诗云："历世名空在，重兴德乃堪。先朝赐新额，此地建精蓝。亿载扶皇统，生民息战函。刹仍存故里，龙复止深潭。"[①]此即感慨长干寺久经衰颓，赞叹本朝重修之功德。南宋后期有重游长干诗云："金陵王气已销沉，几度凭阑愁满襟。往事仅存南北史，伤情空费短长吟。龙蟠故国山河壮，凤去荒台草木深。旧物尚余吴塔在，夕阳移影照江心。"[②]一塔尚存，千古人文。可见，早在南宋之时，长干寺舍利塔就已成为代表金陵从孙吴至南朝的历史文化标志，有着巨大的历史文化意义。

4. 玄奘顶骨舍利

与天禧寺舍利有关的另一个重大事件是玄奘顶骨舍利之移奉金陵。

北宋太宗端拱元年（988），金陵天禧寺可政和尚朝礼长安终南山，于紫阁寺内发现顶骨舍利、金钵等物，经查看寺内碑文得知是玄奘大师顶骨舍利，遂亲自背负至金陵。可政和尚先是把顶骨舍利秘密供奉，后在天圣五年（1027）二月，奏请宋仁宗于天禧寺修建"白塔"，瘗葬玄奘大师顶骨舍利。即在天禧寺东侧建塔安奉。舍利石函上刻文云："大唐三藏大遍觉法师玄奘灵骨，早因黄巢发塔，今长干演化大师可政，于长安传得，于此葬之。"[③]可政在玄奘顶骨舍利塔建成后，撰

---

① 苏颂：《次韵约诸君游长干寺》，载《中国佛寺史志汇刊》第2辑第13册，第94页。

② 吴龙翰：《登长干寺塔》，《古梅遗稿》卷四，清文渊阁四库全书本。

③ 叶皓：《佛都金陵》，第58页。

有《天禧寺白塔记》[1]，今不存，只存其目。

入元以后，元代朝廷重视佛教发展，金陵佛教颇有恢复。《至正金陵新志》卷十一记载：

> 至元二十五年，有诏选高行僧三十员，开讲于江南诸郡，择名刹以居之，时槁城德公讲主首奉诏，开席于金陵天禧寺，说经训徒，传慈恩之教。未几，特赐号佛光大师，并拨助故宋太师秦申王坟寺旌忠寺为下院，以其废产共赡讲席，改赐元兴天禧慈恩旌忠教寺额。僧统广福大师尝施财缮修大塔。泰定中，潜龙时尝数幸寺，及登大统，以所奉观音像付寺供养，岁给香灯之费。至顺初，佛光之孙法嵩入觐，上顾谓曰：舍利塔曾修完否。嵩曰：未也。即日赐内金三宛及官钱伍千缗，以助缮修。台臣郡守，咸致其力。有旨命佛光之徒广演主寺事，赐号弘教大师。塔完之日，尝感天花如雨，祥光如练，满空者凡数日。[2]

元代因天禧寺作为教院获说经训徒，传慈恩之教，并因获旌忠寺作为下院以补充讲席资费，故朝廷改赐元兴天禧慈恩旌忠寺额。其后，得皇帝及官员们资助，当时天禧寺住持广演于元宁宗至顺三年(1332)重修佛舍利塔及玄奘顶骨舍利塔。元末兵乱烽起，寺院毁于战火。

除上述隋文帝敕建佛舍利塔和长干寺舍利塔之外，金陵诸寺还藏有历代高僧大德的舍利。如开善寺存宝志公全身舍利："武帝为(宝)志公以二十万金，易钟山毒龙阜，建塔于山钟山南玩珠峰前，藏宝志公全身舍利名开善精舍。"[3]又如南唐时期清凉寺大德云集，诸多法眼文益一宗的大师圆寂后，南唐都会起塔以藏其舍利。另外，牛首山佛窟寺有舍利塔七级，未知所藏舍利者为何人。

---

① 倪涛:《六艺之一录》卷九五，清文渊阁四库全书本。

② 张铉:《至正金陵新志》卷十一，第 517 页。

③ 葛寅亮:《金陵梵刹志》卷九《东山翼善寺》。

第十二章　隋唐宋元南京佛教文学与艺术

隋唐宋元是中国封建社会的鼎盛时期,这一时期的佛教文学艺术也得到了长足的发展。这一时期的佛教,已经很好地融入了中国,信众的数量大为增加,义理之发展也达到巅峰。以广泛的社会接受度为背景,佛教的文学艺术水到渠成地为大众所接受。

南京在隋唐宋元这段时期,虽然不再是国都,但地理上的巨大优势仍然使其发展迅速,成为南方举足轻重的经济重镇。经济上的繁荣自然带来文化上的兴盛,南京佛教文学艺术也在这一阶段迅猛发展。

第一节
隋唐宋元南京佛教文学

与魏晋相比，隋唐宋元之佛教文学可以称之为成熟。这种成熟主要表现在与本土文学形式的良好结合。对于文学创作者而言，佛教文化已经不再是一种新奇的理论或一种外来的信仰，而是中国文化的组成部分。在这样的背景下写出的文字，自然不显突兀，给人以一气呵成、上通下贯的审美感受。

一 隋唐南京佛教文学

隋唐之时，中国佛教进入了最辉煌的时期。唐代诗歌与佛教，特别与禅宗很好地融合在一起。正如明代胡应麟在《少室山房笔丛·双树幻钞下》中所云："世知诗律盛于开元，而不知禅教之盛，实自南岳，青原兆基。考之二大士，正与二公并世。嗣是列为五宗，千只万委，莫不由之。韩柳二公，亦与大寂、石头同时。大颠即石头高足也。世但知文章盛于元和，而不知尔时江西、湖南二教，同遍寰宇…… 独唐儒者不竞，乃释门炽盛至是，焉两大哉。"[①]这段话说出了唐诗与佛教之间的关系。诗歌里注入了禅，一改自六朝以来的华丽与浮躁。自此，诗歌不再是空洞的义理堆砌、无味的术语罗列，而是变得贴近生活、清新悦目、沁人肺腑。佛理融入诗歌，推动了诗歌的发展；而诗中有佛，也更好地宣传了佛教。随着国家的统一，全国佛教的重心移至关中河洛，此时金陵虽不再为全国佛教的中心，但是金陵佛教诗歌却在继续向前发展。对此，我们可以从以下三个层面来审视。

（一）文人之游寺诗

陈隋之际，南京佛教寺院遭兵火破坏严重，南朝所建许多大寺院遭毁。隋文帝生于佛寺、养于佛寺，称帝后大力提倡佛教，广建寺庙，并颁诏保护佛教。隋炀帝也信奉佛教，特别礼敬智者大师。经隋朝几十年间逐渐修复、重建寺院，至唐初，南京佛寺又现繁荣之象。其中重要的寺庙，如当时郊区之栖霞寺乃天下名

① 管士光编注：《李白诗集新注》，上海三联书店，2014年，第451页。

刹，为“天下四大丛林”之一。又如智者大师在陈时即在南京瓦官寺、光宅寺讲经，后至浙江天台山，为天台宗的实际创始人。因此，天台宗虽以天台宗标名，但仍视南京光宅寺、瓦官寺为其祖庭之一。再如法融（594—660），于贞观十七年（643）在金陵牛头山开创禅门之牛头宗。故南京寺院甚众，这些都为文人墨客游寺咏诵创下良好的条件。下面我们举几例以示之。

李白（701—762），字太白，是中国历史上最伟大的诗人之一，人称“诗仙”。这位家喻户晓的诗人，一生走遍了中国的许多地方，也曾在南京驻足，留下了精美的诗篇，如《登瓦官阁》：

> 晨登瓦官阁，极眺金陵城。钟山对北户，淮水入南荣。漫漫雨花落，嘈嘈天乐鸣。两廊振法鼓，四角吟风筝。杳出霄汉上，仰攀日月行。山空霸气灭，地古寒阴生。寥廓云海晚，苍茫宫观平。门余阊阖字，楼识凤凰名。雷作百山动，神扶万棋倾。灵光何足贵，长此镇吴京。[①]

瓦官阁位于南京西南，自古以来便是南京名胜，在唐时，尤以高峻闻名，故诗人登瓦官阁，可以俯瞰整个金陵。金陵之中，以钟山、淮水为盛，故相对而述，气度自出。“雨花落”是云光法师的典故，传说他在南京讲经说法时感动上天，花落如雨，后人称其讲经之地为雨花台，亦是南京名胜。“雨花”与“天乐”，不带烟火气，正是“用典恰似无典”的生动写照。诗人从金陵城写到瓦官阁，又以奇绝的浪漫主义幻想纵横宇宙时空，故能描摹行于云霄日月，若有实事。在诗人的笔下，瓦官阁已经成为一种绝对的存在，观照着天翻地覆、万物变迁。这种主观的认知赋予瓦官阁一种独特的生命力与美感，将其完全地凸显出来，给人以震撼的美学享受。

权德舆（759—818），字载之，天水略阳（今甘肃秦安）人，唐代文学家。权德舆年幼时便以文章闻名于世，并因此被征召入仕。权德舆的诗歌感情真挚，轻快质朴，是难得的佳作，他在南京也留下了许多脍炙人口的诗篇，如《与沈十九拾遗同游栖霞寺上方，夜于亮上人院会宿二首》之二：

---

① 葛寅亮：《金陵梵刹志》，天津人民出版社，2007年，第403页。本章所引《金陵梵刹志》均为此版本。

偶来人境外，心赏幸随君。古殿烟霞夕，深山松桂熏。岩花点寒溜，石磴扫春云。清净诸天近，喧尘下界分。名僧康宝月，上客沈休文。共宿东林夜，清猿彻曙闻。①

栖霞寺位于南京市栖霞区栖霞山，作为中国四大名刹之一，乃是江南佛教“三论宗”的发源地。何谓“人境外”？即是佛境。诗人开篇便点明所在之处，为全诗定下了出世的感情基调。古老的佛殿在山间云雾与晚霞中显得愈发幽深，山中传来的松桂香气熏人入醉，令诗人沉浸其中。“岩花”与“石磴”一自然一人工，“点”与“扫”一静一动，“寒溜”与“春云”一冷一暖。正是在这样强烈的对比中，凸显了栖霞寺在出世入世之间的位置，所以才与清净诸天接近，距下界红尘幽远。此情此景中，与名僧妙客共论佛法，抵足而眠，可谓有脱俗之感。再看权德舆的《摄山》一诗：

摄山标胜绝，暇日诣想瞩。萦回松路深，缭绕云岩曲。重楼回树杪，古像作山腹。人远水木清，地幽兰桂馥。层台耸金碧，绝顶摩净绿。下界诚可悲，南朝纷在目。焚香入古殿，待月出深竹。稍觉天籁寂，自伤人事促。宗雷此相遇，偃仰随所欲。清论月轮低，闲吟茗花熟。一生如土梗，万虑皆桎梏。永愿事潜师，穷年此栖宿。②

诗人开篇便称赞栖霞山“胜绝”，所以才令自己一有闲暇便心向往之。在穿过了松林小路，踏过了云雾奇岩后，便看到了栖霞深处的寺庙，以及古代雕刻的佛像。因为此处人迹罕至，所以水木清爽，因为地处幽静，所以兰桂飘香。寺庙的高台闪烁着金翠的色彩，栖霞绝顶是郁郁葱葱的绿色。在这里，诗人不禁产生怀古之幽情，等到夜晚降临，月色竹林，万籁俱寂，又令人感伤人世匆匆。这时，诗人便把这样的问题寄托在佛学之上，当领悟到“万虑皆桎梏”时，就也解脱生死的恐惧了。最后，诗人希望能永远在栖霞，与美景和佛理相伴。

杜牧(803—约852)，唐代著名诗人，字牧之，号樊川居士，京兆万年(今陕西

---

① 葛寅亮，《金陵梵刹志》，第233页。

② 葛寅亮：《金陵梵刹志》，第233页。

西安)人。杜牧之诗风流俊美,代表了晚唐最高的诗歌水准,与李商隐并称“小李杜”。其题咏江南之名作《江南春》云:

千里莺啼绿映红,水村山郭酒旗风。南朝四百八十寺,多少楼台烟雨中。①

南朝诗人谢朓所称誉“江南佳丽地,金陵帝王州”的南京自然是江南的代表。《江南春》是大众耳熟能详之作,短短四句,却将一幅彩墨江南画全然铺开,气脉悠长,滋味隽永。以“千里莺啼绿映红”写江南美景,可谓有声有色;以“水村山郭酒旗风”写风土人情,可谓飘逸轻快。而后诗人笔锋一转,以“南朝四百八十寺,多少楼台烟雨中”作结,既是直叙眼前事,也是抒发怀古之幽思,令人扼腕长叹。

白居易(772—846),唐代著名诗人,字乐天,晚年又号香山居士,在中国文学史上影响深远。在南京,白居易有一首《云居寺孤桐》:

一株青玉立,千叶绿云委。亭亭五丈余,高意犹未已。山僧年九十,清净老不死。自云手种时,一颗青桐子。直从萌芽拔,高自毫末始。四面无附枝,中心有通理。寄言立身者,孤直当如此。②

南朝古刹云居寺原建在钟山,明代移旧额于江宁淳化青龙山并重建。历史上云居寺留下过很多名句。此诗以树喻人,抒发己志。这棵孤直的桐树正是诗人精神世界的象征。桐树如同一根青玉,可见其坚硬,叶片铺盖如云,可见其茂盛。桐树亭亭五丈,但其冲天之势却不止此。这棵桐树是90岁的僧人当年种下的,当时也只是一颗树籽而已。从萌芽开始生长,从细微逐渐变得高大。桐树四周没有攀附的枝条,中心是贯通的纹理。人生在世,也当如同这棵桐树一样,坚持内心的真理,而不攀缘他物。

韦应物,唐代诗人,长安人。今传有10卷本《韦江州集》、2卷本《韦苏州诗集》、10卷本《韦苏州集》。散文仅存1篇。其诗风恬淡高远,善于写景和描写隐

---

① 彭定求等编:《全唐诗》,中华书局,1999年,第5964页。

② 白居易:《白居易诗集》,吉林大学出版社,2011年,第6页。

逸生活。我们选一首《游灵岩寺》观之，诗云：

始入松路永，独忻山寺幽。不知临绝槛，乃见西江流。吴岫分烟景，楚甸散林丘。方悟关塞眇，重轸故园愁。闻钟戒归骑，憩涧惜良游。地疏泉谷狭，春深草木稠。兹焉赏未极，清景期杪秋。①

灵岩寺即南京六合灵岩寺。本诗是一首记游诗，韦应物一进入灵岩山，就看到茂密的松林和松林下长长的道路。他独自来到了山中幽静的灵岩寺，不知不觉中登临了笔直陡峭的绝壁，在这里得以望见滚滚奔流的长江。诗人于绝壁之上放眼山峦起伏、云烟浩渺、林葱木茂的吴楚大地，心中升起对故园的思念。寺院中钟鼓之声仿佛在呼唤游子早日归来。虽然路偏地远，时辰已晚，但诗人仍感不虚此行。本诗以游记的形式，从白天入山，到夜晚戴月而归，娓娓道来，字里行间透露着清新雅致，有景、有声、有情，情因景生，寓情于景，将灵岩山寺的风景、禅意尽收其中，让人不禁产生要日后重游此地的念头。

皮日休，晚唐文学家。字袭美，一字逸少，汉族，今湖北天门人。一位儒道兼修的学者。自号鹿门子，又号间气布衣、醉吟先生、醉士等。其诗《游栖霞寺》云：

不见明居士，空山但寂寥。白莲吟次缺，青霭坐来销。泉冷无三伏，松枯有六朝。何时石上月，相对论逍遥。②

此诗用词简洁明快，对仗工整，意蕴深远，颇具禅意。皮日休游至栖霞寺，四顾无人，山空寂寥，白莲青霭交相辉映更显孤独寂寞。即便总有冷泉、枯松守护着这片土地，但朝代总在更迭，时光一去不回。由此联想到皮日休荆棘丛生的仕途，此时的他大概也只有与石上月影相对，在幻想中谈天说地、逍遥自如了。

皇甫冉，字茂政，润州丹阳（今江苏镇江）人，唐代诗人。祖籍甘肃泾州。天宝十五年（756）进士。曾任无锡尉，大历初（766）入河南节度使王缙幕，终左拾遗、右补阙。他一生屡遭离乱，故诗作常有漂泊之意。这首《送陆鸿渐栖霞寺采

① 王启兴主编：《校编全唐诗》上册，湖北人民出版社，2001年，第1321页。

② 王启兴主编：《校编全唐诗》中册，第3130页。

茶》也略带哀愁之感：

采茶非采菉，远远上层崖。布叶春风暖，盈筐白日斜。旧知山寺路，时宿野人家。借问王孙草，何时泛碗花。①

陆鸿渐便是茶圣陆羽，诗人描绘陆羽采茶一定要到深山峻岭，因为茶与通常的农作物不同，生长在山崖上的野茶才最为优质。陆羽背着茶筐，在春风吹拂中拣选青嫩的茶叶。有时忘记了时间，天色已晚，就背着满筐的茶叶在山野人家寄宿。诗人最后着急地问陆羽：你制作的茶我什么时候才能喝到呢？诗人大概并不是急于喝上这碗茶，更重要的可能是再次见到朋友。再看另一首《送陆鸿渐采茶相过》：

千峰待逋客，香茗复丛生。采摘知深处，烟霞羡独行。幽期山寺远，野饭石泉清。寂寂然灯夜，相思一磬声。②

逋客即隐士，在诗人的笔下，每一座高峰和每一棵茶树都是为陆羽而生的，正因陆羽，这些茶才有了自己的味道。陆羽知道哪里有最好的茶树。他在一片烟霞中独自穿过深山。山中偶有幽静的寺庙，泉水清澈，正好做一顿野餐。在夜色孤灯下传来的一声磬响，勾起了诗人对朋友的怀念，这正是"禅茶一味"的最好诠释。

李建勋，字致尧，广陵人。约生于唐懿宗咸通十三年(872)，卒于后周太祖广顺二年(952)。少年便以诗才闻名。南唐国主李昪镇守南京的时候，任命他为副使，拜官中书侍郎同平章事。李建勋著有《钟山集》20卷，《唐才子传》将其事迹传于世。这首《游栖霞寺》就是诗人在南京时所作：

养花天气近平分，瘦马来敲白下门。晓色未开山意远，春容犹淡月华昏。琅琊冷落存遗迹，篱舍稀疏带旧村。此地几经人聚散，只今王谢独名存。③

① 王启兴主编：《校编全唐诗》上册，第1105页。
② 葛寅亮：《金陵梵刹志》，第230页。
③ 王启兴主编：《校编全唐诗》下册，第3886页。

诗人在花开遍野、已经将近春分的时候，骑着瘦马，来到南京白下一带。天还没有亮，月色昏沉，栖霞山清淡幽远，春色似乎还没有笼罩整座山。诗人在此，远观满山萧瑟，感慨古今兴亡，不由思绪万千。

李建勋也是一名佛教信徒，他的《钟山寺避暑勉二三子》就是劝勉友人用心学佛的诗歌：

楼台虽少景何深，满地青苔胜布金。松影晚留僧共坐，水声闲与客同寻。清凉会拟归莲社，沉湎终须弃竹林。长爱寄吟经案上，石窗秋霁向千岑。[①]

在开头，诗人写到钟山寺楼台较少但景色美丽，因为在诗人看来，满地青苔要比铺满黄金的地面更有味道。这里化用了给孤独长者用黄金铺满地面、买来园林供佛陀说法的典故。诗人在这里闲适地生活，在晚间的松影下与高僧共坐，与游客一同寻访听到的水声。接下来，诗人表达了自己弃道从佛的心愿，要"归莲社""弃竹林"。所以诗人要将诗歌的主题契合经教，在美丽的秋色中向大山放歌。

再看李建勋的一首《钟山道林寺》：

虽向钟峰数寺连，就中奇胜出其间。不教幽树妨闲地，别著高窗向远山。莲沼水从双涧入，客堂僧自九华还。无因得结香灯社，空向王门玷玉班。[②]

在诗人看来，虽然钟山有好多寺庙，但道林寺是其中最为"奇胜"的。道林寺虽然处在森林之中，但寺庙内却没有杂树妨碍。从高处的窗口远望，正是一片山峰。寺庙中开满莲花的池塘，引入山中的活水。客堂中的僧人，也都是从名刹而来。最后，诗人感叹自己在世俗中为官，不能在此静修，非常遗憾。

张汇，唐朝诗人，贞元十年(794)进士。有《游栖霞寺》一首：

---

① 王启兴主编：《校编全唐诗》下册，第3884页。
② 葛寅亮：《金陵梵刹志》，第171页。

跻险入幽林,翠微含竹殿。泉声无休歇,山色时隐见。潮来杂风雨,梅落成霜霰。一从方外游,顿觉尘心变。①

这首《游栖霞寺》由景入情,写出了诗人在栖霞山寺游赏中心灵得到净化的感觉。诗人在跋山涉水、穿越密林后来到寺庙前,看到竹影摇曳中大殿巍然耸立。在深山之中,泉水声响不停,山色时隐时现。在这清冷幽静的环境下,梅花落下也有如霜雪。在这方外之地游览,诗人感觉自己在红尘中纷纷扰扰的心灵也沉静了下来。

綦毋潜,字孝通,虔州人,唐代著名诗人。开元十四年(726)前后进士及第,授宜寿尉,迁右拾遗,终官著作郎。安史之乱后,诗人辞官归隐,应该就是在这一段时间,诗人游览了栖霞寺,并且深有感触,写下了《题栖霞寺》。

南山势回合,灵境依此住。殿转云崖阴,僧探石泉度。龙蛇争翕习,神鬼皆密护。万壑奔道场,群峰向双树。天花飞不著,水月白成路。今日观身我,归心复何处。②

诗人开篇首先称赞栖霞山山势回转,美不胜收,所以栖霞寺灵境在此建立才相得益彰。大殿在云崖深处建立,僧人在泉水中洗濯。在这样的圣境之中,龙蛇一类的生灵都争先向道,诸天神灵也都秘密守护。远观群山,仿佛争先恐后要奔向栖霞道场,来朝拜佛陀涅槃之处。梵音声声,天花乱坠,水月道场,成佛之路。在这样出世的环境下,诗人也反观自身,问自己的真心究竟寄放在了哪里。

李绅,字公垂,亳州谯县人,生于乌程县,唐代宰相、诗人,中书令李敬玄曾孙。青年时曾在润州无锡惠山寺读书。27岁考中进士,补国子助教。与元稹、白居易交游甚密,是在文学史上产生过巨大影响的新乐府运动的参与者。这首《忆登栖霞寺峰》仿萧纲之笔风,颇得神韵:

香印烟火息,法堂钟磬馀。纱灯耿晨焰,释子安禅居。林叶脱红影,竹

① 王启兴主编:《校编全唐诗》中册,第2237页。
② 王启兴主编:《校编全唐诗》上册,第521页。

烟含绮疏。星珠错落耀，月宇参差虚。顾眺匪恣适，旷襟怀卷舒。江海淼清荡，丘陵何所如。滔滔可问津，耕者非长沮。茅岭感仙客，萧园成古墟。移步下碧峰，涉涧更踌躇。乌噪啄秋果，翠惊衔素鱼。回塘彩鹢来，落景标林笄。漾漾棹翻月，萧萧风袭裾。劳歌起旧思，戚叹竟难摅。却数共游者，凋落非里闾。①

诗人登栖霞寺峰时已经是傍晚，寺庙中的烟火已经熄灭，钟磬之声也只剩下余音。纱灯之中还有时明时暗的烛火，僧人们都已经安然入定。栖霞红枫、翠竹参差交错，天空群星错落，月色昏暗。群山在诗人的眼中，犹如大海一般广阔。诗人站在山上眺望四方，只觉胸怀宽阔，意气舒展。在这样的夜色之中，诗人也不由得想起了旧日好友，如今自己独自一人饱览栖霞风景，却不知当年的朋友都去哪里了。

常衮，字夷甫，唐代著名状元宰相，京兆人。生于唐玄宗开元十七年(729)，唐玄宗天宝十四年(755)乙未科状元及第。其有一首《登栖霞寺》：

林香雨气新，山寺绿无尘。遂结云外侣，共游天上春。鹤鸣金阁丽，僧语竹房邻。待月水流急，惜花风起频。何方非坏境，此地有归人。回首空门外，皤然一幻身。②

这首《登栖霞寺》清新秀丽，首句从嗅觉、视觉两方面入笔，一"香"一"新"令人仿佛闻到了雨后树林的自然气息，一"绿"则把整个寺庙活泼泼地凸显出来。寺庙自然不是绿色，但处在密林之中，枝叶掩映，便也绿意盎然。这时，诗人游兴大发，与友人结伴共游于这如同仙境的美丽春色中。寺庙金碧辉煌，但林中有鹤鸣之声，便冲淡了奢华而增添了仙气。竹林中的屋舍，隐隐传来僧人的说话声，更添静谧。在这种情况下，诗人也起了悟道之心。诗人想看水中的月亮，奈何溪水流淌太急，无法看清；想怜惜枝上的花朵，奈何一阵阵风吹过，花朵也零落不堪。这与诗人在仕途上的无奈又何等相似呢！万事万物都有成住坏空，哪里不

① 王启兴主编：《校编全唐诗》中册，第 2193 页。

② 王启兴主编：《校编全唐诗》上册，第 1177—1178 页。

是在走向灭亡呢？但在此处有归来的“我”，是可以跳出这一轮回的。这时再反观自身，便也不知道是真是幻了。

顾况，字逋翁，号华阳真逸，晚年自号悲翁，苏州海盐横山人，唐代诗人、画家、鉴赏家。顾况于至德二年(757)登进士第。建中二年(781)至贞元二年(786)，韩滉为润州刺史、镇海军节度使时，曾召顾况为幕府判官。贞元三年(787)，他为李泌所荐引，得以入朝担任著作佐郎。贞元五年(789)，李泌去世，他也于此年三四月间被贬为饶州司户参军。这首《题歙山栖霞寺》(“歙”一作“摄”)应是他晚年所作：

明征君旧宅，陈后主题诗。迹在人亡处，山空月满时。宝瓶无破响，道树有低枝。已是伤离客，仍逢靳尚祠。[①]

这首《题歙山栖霞寺》似拙实巧，对仗工整，首句诗人平铺直叙，介绍此地是明僧绍旧宅，陈后主曾经在此题诗。两句平平而出，但一种兴亡气息便扑面而来。在无人前来的地方，遗迹孤零零地存在着，更添萧瑟。在满月之时，才能看到山中空旷，唯有月光洒落。之后诗人以“宝瓶”和“道树”入笔，既是写眼前之景，也是抒发自己对佛理之感悟。宝瓶象征清净圆满，自然不会破碎。道树即是菩提树，佛陀于此树下成道，但这并非遥不可及，枝叶有高有低，佛道也一样是上通下贯的。最后诗人感叹身世悲凉，又看到神祠，不禁更添伤悲。

韦庄，字端己，长安杜陵人，晚唐诗人、词人，五代时前蜀宰相，著名诗人韦应物四世孙。虽才华横溢，但早年一直没有通过科举，直到晚年才考取进士当了官。天复元年(901)，韦庄入蜀为王建掌书记，自此终身仕蜀。其《游牛首山》诗云：

牛首见鹤林，梯径绕幽岑。春色浮山外，天河宿殿阴。传灯无白日，布地有黄金。休作狂歌老，回看不住心。[②]

---

① 王启兴主编：《校编全唐诗》上册，第1218页。

② 于茂高主编：《牛首山诗词》，南京出版社，2013年，第3页。

鹤林本指佛陀涅槃之处，树木皆变白，如同鹤羽，故称鹤林。此处应指鹤林玄素禅师，是牛头宗的代表人物之一。诗人在牛首山，回想起鹤林玄素禅师弘法的伟业。幽深的山林中有小路蜿蜒向上，如同成道的阶梯。山中清冷胜于平地，所以看山外春色，更加浓郁，一“浮”字使春色之若有若无跃然纸上。峭壁上的泉水如同从天上流下，在宝殿的阴影处缓缓流淌。所谓传灯，指佛法如灯，能破千年黑暗，传灯即传法。牛头宗传法至今，毫不松懈，哪怕在白日之中，亦是光明普照。所以此地如同西方净土一般，似乎是用黄金铺地。诗人最后表示不愿意做狂歌放任之态，而是希望能认识到自己的不住之心，念念相续，无有断绝。

李嘉祐，字从一，生卒年俱不可考，赵州（今河北省赵县）人。天宝七年（748）进士，授秘书正字。以罪谪鄱阳，量移江阴令。上元中，出为台州刺史。大历中，又为袁州刺史。其有《蒋山开善寺》一首：

山殿秋云里，香烟出翠微。客寻朝磬至，僧背夕阳归。下界千门在，前朝万事非。看心兼送目，葭菼自依依。[①]

开善寺即今灵谷寺前身，本在钟山南面的独龙阜玩珠峰（今明孝陵所在地）。初名为道林寺，乃南朝刘宋时宝志禅师所建。梁武帝时，建宝志塔于玩珠峰前，改名为开善寺。宋时称为太平兴国寺，后改称蒋山寺。明时此地为朱元璋看中，寺迁往今址，并赐名为灵谷寺。山殿处在秋云里，可见蒋山之高、山寺之幽。寺庙之中，烟火袅袅，散入群山之间。颔联以客与僧相对，香客清晨前来拜佛，僧人晚间归庙入定，一进一出，禅意自现。下界即人间，人间千家万户，自古如此，无有改易。而前朝诸事，却都烟消云散了，千古兴亡，在此悠悠一叹中。内观己心，远望天外，只见葭菼依稀隐约，此心亦摇摆不定。全诗既有怀古之幽情，又有今朝之感悟，实是佳作。

李中，五代南唐诗人，生卒年不详，大约 920—974 年在世。字有中，江西九江人。仕南唐，为淦阳宰。有《碧云集》3 卷，《全唐诗》编诗 4 卷。他还与僧人道侣关系密切，尤其是与庐山东林寺僧人谈诗论句，“一秋同看月，无夜不论诗”（李中《寄庐山白大师》）。这首《题道林》便是他在南京道林寺的作品：

---

① 王启兴主编：《校编全唐诗》上册，第 1455 页。

宿投林下寺，中夜觉神清。磬罢僧初定，山空月又生。笼灯吐冷艳，岩树起寒声。待晓红尘里，依前冒远程。[1]

诗人晚上来到道林寺过夜，中夜之时顿觉神清气爽。磬声响过，僧人都已经入定，空山之中月亮慢慢升起。红色的灯笼在庙中也有冷艳的感觉，岩石上的树木被风吹拂发出令人感到寒冷的声音。但诗人不能在这个世外桃源久住，等到天明，就依然要回到红尘之中。全诗虽未有一句明说，但分明感受到诗人对道林寺的留恋之情。

温庭筠（约812—约866），字飞卿，本名岐，亦名庭筠，并州祁县（今山西省祁县）人，晚唐时期诗人、词人。温庭筠是“花间派”之代表人物，诗词浓丽精致，以香艳著称，其幽微隐约之处，为词家之冠。在此选一首温庭筠的《清凉寺》：

黄花红树谢芳蹊，宫殿参差黛蜮西。诗阁晓窗藏雪岭，画堂秋水接蓝溪。松飘晚吹枞金铎，竹荫寒苔上石梯。妙迹奇名竟何在？下方烟暝草萋萋。[2]

诗人以“黄花红树”开篇，展开了一卷色彩斑斓的画作。寺庙的宫殿参差起落，在青绿的山野西面而浮沉。吟诗的书阁里，早上可以透过窗子看到对面白雪皑皑的山岭。绘画的堂院中，秋水连接着远处的蓝溪。花间一派向来以用词艳丽称道，观温庭筠对色彩的运用，可谓其中翘楚。晚上的风吹过松林，传来金铎的声音，诗人在竹子的阴影下走上布满青苔的石梯。当年的那些妙迹奇名现在都哪里去了？只剩下烟雾笼罩的萋萋芳草。此诗用情深婉，用语艳丽，为晚唐诗歌中的精品。

（二）文人僧侣唱和诗

唱和诗是文人以寺庙、僧侣为中心而产生的相互交流之诗作，此类诗数量很多，此处略选几则为代表。

杜甫（712—770），字子美，自号少陵野老，唐代最伟大的现实主义诗人。诗

---

① 葛寅亮：《金陵梵刹志》，第171页。

② 王启兴主编：《校编全唐诗》中册，第2886页。

篇沉郁顿挫，流传千古。其《因许八奉寄江宁旻上人》云：

不见旻公三十年，封书寄与泪潺湲。旧来好事今能否，老去新诗谁与传。棋局动随寻涧竹，袈裟忆上泛湖船。闻君话我为官在，头白昏昏只醉眠。①

旻公即旻上人，为杜甫年少时之旧交，然杜甫宦游在外，漂泊不定，不归南京已经20余年。诗人开篇便明写此事，平铺直叙下是深刻的感情勃发，故不由泪落如雨。诗人回想起当年与旻上人共同下棋、泛舟之事，记忆犹新。但是不知旻上人是否还有如此雅兴。至于诗篇，更是无法相互通传。尾联是对旻上人的答复，旻上人为诗人得官而喜悦，但诗人却只能苦笑，告知潦倒之态，这是大时代背景下随波逐流的悲哀。此诗之中，有思念故友之情，有感伤身世之痛，有忧国忧民之思，诚为佳品。

元稹(779—831)，字微之，别字威明，唐代著名诗人。他与白居易共同提倡"新乐府"，故世人将其与白居易并称"元白"。其《和友封题开善寺》云：

梁王开佛庙，云构岁时遥。珠缀飞闲鸽，红泥落碎椒。灯笼青焰短，香印白灰销。古匣收遗施，行廊画本朝。藏经沾雨烂，魔女捧花娇。亚树牵藤阁，横查压石桥。竹荒新笋细，池浅小鱼跳。匠正琉璃瓦，僧锄芍药苗。旋蒸茶嫩叶，偏把柳长条。便欲忘归路，方知隐易招。②

云构指高大之建筑。遗施指馈送施舍之钱物。魔女是用一典故：释迦牟尼即将成佛，魔王波旬想阻挠他圆成佛果，便命令三个魔女前去蛊惑他，分别叫乐见、悦彼、渴爱，三女以各种手段引诱他，皆为所斥。元氏此诗，风气清新，意境平易，行笔稳健。由近及远，层层铺开，自最近的目光所及之珠缀、红泥、灯笼、香印，扩至屋外的亚树、石桥、新笋、小鱼，再至正在劳作的工匠与僧众，其中"匠正琉璃瓦，僧锄芍药苗"极富表现力，鲜活灵动，仿佛当下之景。末二句以写景结

① 彭定求等编：《全唐诗》，第2418页。
② 葛寅亮：《金陵梵刹志》，第145页。

束，虚点出诗人对此生活之向往。故前数句如岫中白云，卷舒自由，末二句方是隐绰青峰，万古不易。

韩熙载(902—970)，字叔言，其先为南阳人，后家于齐，遂为潍州北海人。五代十国南唐名臣、文学家。韩熙载高才博学，又精音律，善书画。为文长于碑碣，颇有文名。人称"有元和之风"，与徐铉并称"韩徐"。这里取他的一首《赠无想寺僧》，诗云：

无想景幽远，山屏四面开。凭师领鹤去，待我挂冠来。药为依时采，松宜绕舍栽。林泉自多兴，不是效刘雷。①

无想寺位于金陵中南，初建于六朝，山因寺得名，颇有禅意，古寺几度兴废，清末终为战乱所毁，实在可惜。这首诗乃是韩熙载于此读书时所作，并送于寺僧。前两句描绘了无想山苍茫幽静的景色，以及对自己的期望。后两句话锋一转，谈论起人与自然的关系。大自然有其运行的规律，而人类作为自然的一部分，要做的只是发现和遵循这一规律。宇宙并非模仿任何事物而存在，而是自然而然为之，这种禅意颇有老庄风采。韩熙载仕途坎坷，但他并未心灰意冷，而是以诗文艺术创作抚平内心的忧郁，由这首诗中也能看出诗人对世事的感慨和坦然，于释然中仍不失希望与活力。

李频(818—876)，字德新，唐寿昌长汀源人，唐代后期诗人。其有一首《题栖霞寺庆上人院》：

居与鸟巢邻，日将巢鸟亲。多生从此性，久集得无身。树老风终夜，山寒雪见春。不知诸祖后，传印是何人。②

诗人开篇便写自己的朋友庆上人居住在山林之中、鸟巢之畔，天长日久，便与小鸟亲近。这不禁让人想起鸟巢禅师的任运自然。诗人称赞庆上人累劫修行，接近佛性，终能修成正果。就如同疾风终夜，也不能动摇老树，山中再是寒

---

① 叶皓主编：《金陵颂——历代名家咏南京诗文精选》，南京出版社，2005年，第197页。

② 王启兴主编：《校编全唐诗》中册，第3055页。

冷，也有雪化迎春的一天。诗人最后发出疑问：诸位祖师之后，传佛心印的是谁呢？恐怕在诗人心中已经有了答案，就是庆上人。

周繇（841—912），字为宪，池州至德县（今安徽省东至县）人。晚唐诗人，“咸通十哲”之一。家贫，工吟咏，时号为“诗禅”。与段成式友善。咸通十三年（872）举进士及第。调福昌县尉，迁建德令。后辟襄阳徐商幕府，检校御史中丞。其有一首《题金陵栖霞寺赠月公》：

> 明家不要买山钱，施作清池种白莲。松桧老依云外地，楼台深锁洞中天。风经绝顶回疏雨，石倚危屏挂落泉。欲结茅庵伴师住，肯饶多少薜萝烟。①

第一句化用支遁买山修行的典故，意为栖霞寺是得到朝廷支持的佛教宝地，南朝隐士明僧绍舍宅为寺，在此兴隆佛法。接下来诗人描绘栖霞寺的景色，松桧已老，可见此处历史悠久，楼台深锁，体现寺庙深远幽静。狂风带雨，但经过山峰绝顶后，落到寺庙中的就是稀疏的雨滴了。怪石嶙峋，如同挂屏一般的泉水飞泻而下。这两句诗也暗示栖霞寺为出尘之地，隔绝红尘。所以诗人也在尾联中表达了归隐之意，希望能在寺庙旁结庐而居，清净度日。

高适（约704—约765），字达夫、仲武，唐朝渤海郡（今河北景县）人，后迁居宋州宋城（今河南商丘睢阳）。他是唐代著名的边塞诗人，曾任刑部侍郎、散骑常侍、渤海县侯，世称高常侍。其有一首《同群公宿开善寺，赠陈十六所居》：

> 驾车出人境，避暑投僧家。裴回龙象侧，始见香林花。读书不及经，饮酒不胜茶。知君悟此道，所未搜袈裟。谈空忘外物，持诫破诸邪。则是无心地，相看唯月华。②

诗人驾车离开世俗之境，来到清净的寺庙避暑。水中龙力量最大，陆上象力量最大，故佛门以龙象代指高僧或罗汉。诗人在此与高僧相处，才能静下心来观

---

① 葛寅亮：《金陵梵刹志》，第235页。

② 周振甫主编：《唐诗宋词元曲全集》第4册《全唐诗》，黄山书社，1999年，第1494页。

看禅林之花。世间的书没有比得上佛经的，饮酒也不如禅茶清香动人。一旦领悟了这个道理，心境就自然地清静了下来，也能够坚守戒律了。谈论空无能忘记外物的存在，持守佛戒能摧伏一切外道。谈论到最后，已经达到了无心任运的境界，相看之间唯有月色浮沉。

（三）僧侣诗

权德舆在《送灵澈上人庐山回归沃洲序》中论及僧诗之丽云："上人心冥空无，而迹寄文字，故语甚夷易，如不出常境，而诸生思虑，终不可至。其变也，如风松相韵，冰玉相叩，层峰千仞，下有金碧。耸鄙夫之目，初不敢视，三复则淡然天和，晦於其中。故睹其容览其词者，知其心不待境静而静。"[①]此虽写灵澈上人，但可谓是当时士子对诗僧的总体评价。刘禹锡更是揭露出僧诗妙处之原因，其云："梵言沙门，犹华言去欲也。能离欲则方寸地虚，虚而万景入；入必有所泄，乃形乎词；词妙而深者，必依于声律。故自近古而降，释子以诗名闻于世者相踵焉。因定而得静，故倚然以清；由慧而遣词，故粹然以丽。"[②]下面选诗僧中的几人及其诗作，一窥僧侣诗的特点。

皎然（约720—约800），字清昼，为中唐诗僧，湖州长城（今浙江长兴）人，是谢灵运十世孙。其佛法修为与文学水准，都到达了很高的境界，其《送履霜上人还金陵西山》云：

> 携锡西山步绿莎，禅心未了奈情何。湘宫水寺清秋夜，月落风悲松柏多。[③]

湘宫寺是南朝的宋明帝刘彧（439—472）所建，在今清溪路，后废。水寺指水边的寺庙。此诗明"赠履霜上人"，实写当时整个唐朝僧诗。其中第二句"禅心未了奈情何"，尤其传神地表述出诗人们内心的矛盾。诗本有情，禅空万物，此二者在本质上还是不同的：诗作为存在刹那间对灵魂的冲击，是感性的极大释放，而佛教却以缘起性空为整个理论的基础，其目的正是要观照万物之空相，而一超直入如来地，故诗禅之间，虽然其象相似，但质相反。皎然作为一代高僧、诗僧，游

---

① 陈良运：《中国历代诗学论著选》，百花洲文艺出版社，1998年，第280页。
② 陈良运：《中国历代诗学论著选》，第288页。
③ 印继梁：《中国历代僧诗全集·晋唐五代卷》，当代中国出版社，1997年，第413页。

于诗禅二者之间，当然深体个中之味，故其拈出此句，可谓深得诗禅之品。故其末句“月落风悲松柏多”，劲力十足，描述了禅心欲了而尘缘未了，在此观照之下，月落风悲，全是无奈与愁煞。整首诗通畅自然，可谓佳品。

皎然的另一首诗《劳山忆栖霞寺道素上人久期不至》，亦是难得的佳作：

远寺萧萧独坐心，山情自得趣何深。泉声稍滴芙蓉漏，月影才分鹦鹉林。满地云轻长碍屐，绕松风近每吹襟。贪闲不记前心偈，念别聊为出世吟。更待花开遍山雪，山山相似若为寻。[①]

远山之中，寺庙萧索，诗人在庙中独坐，但坐的重点不是肉体，而是心的安顿。在这美丽的山色中，诗人得到了其中真趣。泉水叮咚，月色动人，诗人等待的人还没有到来。山间的雾气在脚边萦绕，山风常常吹动衣衫。在这里，诗人物我两忘，已经不记得之前的偈颂，随口而来的都是出世的诗篇。诗人最后表示，等到满山花开如雪的时候，大概每一座山峰都变得差不多了吧。虽然诗人等待的道素上人一直没有到来，但在这等待的过程中诗人却并不焦躁，而是在自然的风光中领悟了许多禅理。

灵一（727—762），唐代浙江诸暨云门寺僧。人称一公，俗姓吴，广陵（今江苏省扬州市）人。童年出家，初居会稽麻源山谷，后至诸暨若耶溪云门寺，再居余杭宜丰寺。36岁因病卒于岑山。这里选他的一首《栖霞寺夜坐》：

山头戒坛路，幽映雪岩侧。四面青石床，一峰苔藓色。松风静复起，月影开还黑。何独乘夜来，殊非昼所得。[②]

戒坛指僧徒传戒之坛。如唐白居易《大唐泗州开元寺明远大师塔碑铭序》：“十九从泗州灵穆律师受具戒，五夏，通《四分律》《俱舍论》，乃升讲座，乃登戒坛。”[③]此诗抒发了灵一夜深时分在栖霞寺巅独坐之情，主要描写了诗人目光所及处之景色，自近及远，由人及天，层层铺开，善于捕捉色彩的微妙变化，表达深夜

① 王启兴主编：《校编全唐诗》上册，第961页。
② 印继梁：《中国历代僧诗全集·晋唐五代卷》，第509页。
③ 张春林编：《白居易全集》，中国文史出版社，1999年，第572页。

时分诗人的心静目明。整首诗清新自然，可读性强。

法融，人称法融大师，是禅宗牛头派的创始人。俗姓韦，润州延陵人。唐贞观十七年(643)，法融于今南京西南的牛头山幽栖寺北岩下创立茅茨禅室，收徒传法。数年间就有了百余名徒众，法门逐渐兴盛，其禅法系统被称为牛头禅。《五灯会元》卷第二记载了牛头禅师接引学人的部分法语，《景德传灯录》收录了牛头禅师的佛偈《心铭》。我们选其中四句观之，《心铭》有言：

> 一心有滞，诸法不通。去来自尔，胡假推穷。生无生相，生照一同。欲得心净，无心用功。①

禅是法界之实相，生命之共相、原态和不二法门之体现。所谓“一念嗔心起，百万障门开”。发心中若有丝毫不妥，禅修者与证悟便又更加远离。而对于第三句“生无生相，生照一同”的理解是，佛家讲求一切皆空，《金刚经》有言：“无我相，无人相，无众生相，无寿者相。”生无生相，说的便是世间的一切诸相，皆是因缘和合而成，因此只是一个假象。不要执着于相，放弃欲望即是迈向证悟的第一步。然而想要“心净”本身也是一种欲望，如果禅修者执着于想要得到内心平静这样的想法，他依旧无法将精力投入正道。佛陀曾有一个过河的比喻，是说若要渡河至彼岸，需要一艘船。然而真正想要踏上彼岸，则需要抛弃这艘船。佛法就是这样一艘船，执着于佛法本身是无法通晓佛法的。法融大师的《心铭》无疑体现了这样的修习原则。《心铭》也是中国禅宗修学的指导原则，不仅如此，在大乘佛法的修学中，无论是哪一宗哪一派，甚至是我们常讲的八万四千法门，门门要想成就，都不能够违背这样的原则。法融大师以四句偈的形式向徒众传达深奥的佛理，言简意赅，字字铿锵，言语之间的笃定让人折服。

文益(885—958)，俗姓鲁。7岁在淳安智通院出家。20岁受戒于绍兴开元寺，后至育王寺从希觉学律。文益通大乘佛教各宗派，且涉儒家经籍，希觉视之为佛门的子游、子夏。时南方兴禅，文益便南下福州长庆院向慧稜禅师学习。尔后，文益在地藏院，得桂琛禅师点化觉悟佛法，终成一代宗师。后唐清泰二年(935)，文益应抚州府州牧的邀请，在临州崇寿院弘扬佛法。晚年受南唐烈祖李

---

① 《景德传灯录》卷第三十，《大正藏》第51册，第457页中—下。

昇的敬重，先后在金陵报恩禅院、清凉寺等处说法。由于金陵在五代宋初战乱较少，百姓文化水准较高，其思想得到较大范围传播。文益在金陵三坐道场，四方僧俗竞相归之。这里选其两首诗来赏析，一为《看牡丹》，诗云：

拥毳对芳丛，由来趣不同。发从今日白，花是去年红。艳冶随朝露，馨香逐晚风。何须待零落，然后始知空。①

这是文益在南唐后主李煜宫廷内园看牡丹花开之后作的一首偈子，意在规谏后主顺应历史潮流，看破世俗名利。诗中所谓"趣"乃是指佛家所说"六趣"，也称六道或六凡，即天道、人道、阿修罗道、畜生道、恶鬼道、地狱道。佛教认为，世俗世界由六道组成，众生皆在这六道中不断地流转轮回。六道是欲界众生的栖居地，如不能证悟成佛，就只能在这六道中不断轮回。而这轮回最终导向的只能是痛苦，这是何等残酷的事实。

文益于"四大皆空"的角度，由牡丹灿烂盛开而想到枯萎凋零，得出"色即是空，空即是色"的结论。执着于色的人无法了解"色即是空"，而执着于空的人亦无法察觉到"空即是色"。《经集》曾这样教导我们：有子者为子忧虑，有牛者为牛忧虑。因为执着是人的忧虑之源，没有执着也就没有忧虑。诗歌语言生动精练，清新畅快，对仗工整，音韵和谐。以小见大，由浅入深，从日常中的事物提取佛法的精华，是佛理诗中难得的佳作。

另一首《庭柏盆莲》如下：

幽鸟语如篁，柳摇金线长。云归山谷静，风送杏花香。永日萧然坐，澄心万虑忘。欲言言不及，林下好商量。②

这是一首意境圆融的禅趣诗。前四句描写春日的美景，如幽鸟、柳叶、寂静的山谷和风中的阵阵花香。在这样的美景里，觉者坐禅静心，放空一切。语言总显得意犹未尽，而"林下商量"所指的会是什么呢？我猜也不过是相对静坐，默默

---

① 《金陵清凉院文益禅师语录》，《大正藏》第47册，第590页下。

② 《五家正宗赞》卷第四，《卍新续藏》第78册，第619页下。

无言。正如《金刚经》中所讲的那样，“若以色见我，以音声求我，是人行邪道，不能见如来”[①]。禅机的玄妙超出语言，想要说出口却总是不达意，想要去理解却总是误解。太初有道，太初无言。佛祖尚且拈花示寂，吾人若想有所成就，也唯有静默相对，用心感受。

玄寂，五代十国时南唐金陵僧人。俗姓高，唐渤海郡王、淮南节度使高骈族子，幽州人。少习儒业，极博群书。唐朝灭亡后，弃家为僧。他善辩能言，不拘小节，狂放不羁。因嗜酒过度，无日不醉，故自号酒秃。终醉死于金陵城外石子冈。能诗，但其诗随口而出，决不留稿，故《全唐诗》仅录到一首《歌》，诗云：

酒秃酒秃，何荣何辱？但见衣冠成古丘，不见江河变陵谷。[②]

酒秃乃是玄寂自号，出家人去发为秃，绝不自称“秃”。玄寂自号酒秃以自嘲，这份豁达令人佩服。五代十国之际，烽烟弥漫，国无宁日，民不聊生。目睹此情此景，玄寂顿感悲伤，“何以解忧？唯有杜康”。相传南唐后主李煜曾请他在宫廷中讲《华严》梵行一品，玄寂却将赏银拿去酒馆换酒。醉后率数十小儿放歌大道，唱的便是这首《歌》。这首诗乍看似乎荒诞不经，狂妄悖理，实则隐喻世事之无常，人力之衰弱。一为人生无常做诠解，二为酗酒放荡做辩护。嬉笑怒骂，皆成文章，个中酸楚与乐趣只有诗人自己明白。

明光，五代十国时南唐金陵金轮寺诗僧。生卒年、俗姓、籍贯均失考。诗负盛名，惜皆散失，所见唯一首《中秋玩月》载于《全唐诗》。诗云：

团团离海角，渐渐入云衢。此夜一轮满，清光何处无！

传说明光于前一年已写成此诗前两句，后两句久思不得。次年中秋，望见天上圆月，诗兴大发而得后两句，不胜欣喜，居然登上寺楼鸣钟庆祝。然而夜半寺僧撞钟，惊动了正欲登基的南唐先主李昪。先主天亮查问，欲斩撞钟者。明光到案后，禀知玩月得诗，并诵此诗。李昪听闻甚是欣喜，便没有责罚明光。这首诗

---

① 鸠摩罗什译：《金刚般若波罗蜜经》，《大正藏》第 8 册，第 752 页上。

② 王启兴主编：《校编全唐诗》下册，第 3941 页。

描绘中秋之夜，月上中天美不胜收，李昪附会为庆贺自己受禅登位而作，引为祥兆，实属巧合。诗文声势浩大，大气磅礴，堪称大手笔。唐代是一个浪漫主义、享乐主义盛行的时代，中秋"玩月"之谓就出现于唐代。欧阳詹《长安玩月诗》之序云："玩月，古也。月之为玩，冬则繁霜大寒，夏则蒸云太热。"[①]可见其他月份不是太冷就是太热，唯有中秋，除了月圆，还有晴朗天空，桂枝飘香，是一年中玩月最好的时机。无论是玩月得句撞钟庆祝的冒失僧人，还是因诗赦罪的开明皇帝，都是唐代浪漫开放、欣欣向荣之气象的最佳体现。

二　宋元南京佛教文学

宋代三教合流，虽然号称儒学复兴，佛教貌似渐趋衰落，但实际上是明儒暗释，各种灯录盛行，士大夫们参禅悟道者风行天下即是明证。中国化佛教禅宗的义理更加深入中国士人的骨脉经髓，他们大率具有较高的佛学修养，表现在诗歌上，即是推进了以禅解诗的进一步展开。如苏东坡的《送参廖师》云："欲令诗语妙，无厌空且静。静故了群动，空故纳万境。"[②]龚相《学诗》亦云："学诗浑似学参禅，悟了才知岁是年。点铁成金犹是妄，高山流水自依然。"[③]在此期间，金陵佛教诗歌的创作与前代相比，新添了谪客这一群体，如王安石变法失败后贬谪南京，并舍宅为寺（即今半山寺），常有咏诵。另外，士子所作的游寺唱和诗亦占很大比例。至于僧侣，他们承隋唐全盛之风，依然是金陵佛教诗歌的主力。下面我们详细来看。

（一）文人诗

宋人士子，因为政治原因，动辄被贬至南方。这时所能提供给他们最强大的精神支持的，非佛教莫属。我们知道，般若空观宣扬世界一切皆因机缘而生灭，如著名的"六如观"："一切有为法，如梦幻泡影，如露亦如电，应作如是观。"[④]《维摩诘经》亦云："是身如聚沫，不可撮摩；是身如泡，不得久立；是身如炎，从渴爱

① 参见于石：《中国传统节日诗词三百首》，广东人民出版社，2004年，第181页。
② 苏轼：《苏轼文集编年笺注（诗词附）》第11册，李之亮笺注，巴蜀书社，2011年，第177页。
③ 韩达编著：《古代哲理诗词三百首》，中国国际广播出版社，2014年，第192页。
④ 鸠摩罗什译：《金刚般若波罗蜜经》，《大正藏》第8册，第752页中。

生；是身如芭蕉，中无有坚；是身如幻，从颠倒起；是身如梦，为虚妄见；是身如影，从业缘现；是身如响，属诸因缘；是身如浮云，须臾变灭；是身如电，念念不住。”①皆是强调人生如梦，烦恼本为虚妄，若能勘破诸法皆妄，便能获得真正解脱。这些都可以给处于逆旅中的士子们以终极的心灵安慰与寄托。

王安石，字介甫，号半山，北宋抚州临川（今江西省抚州市临川区）人。王安石是唐宋八大家之一，他的后半生都居住在南京。这里选一首他的《长干释普济坐化》：

> 投老唯公最故人，相寻长恨隔城堙。百年俯仰随薪尽，画手空传净戒身。②

长干寺是南京名寺，其最早可以追溯至三国时期的建初寺。在宋代，长干寺也较为兴盛，是王安石变法失败、告老还乡后常去游览的地方。王安石与长干释普济相交多年，如今老友坐化，自然“长恨”不已。按照佛教之传统，肉身积薪火葬，回归尘土，所能留下的也只剩下画师所描绘的画像了。全诗语句朴实，但自有苍凉之意，能清晰地感受到诗人的悲痛怅然。再看王安石的《游祈泽寺》：

> 驾言东南游，午饭投僧馆。山白梅蕊长，林黄柳芽短。笭箵河际来，略彴桑间断。春映一川明，雪消千壑漫。鱼随竹影浮，鸟误人声散。玩物岂能留，干时吾自懒。③

诗人出门游玩，午间去寺庙用餐。漫山遍野的白色是因为梅花盛开，柳林则是一片黄色的嫩芽，一“白”一“黄”，春色跃然纸上。笭箵是渔具，散放在河边上。略彴是小木桥，在桑林中掩映。春光映照，江水非常明朗，冬雪渐消，山峰显露出来。鱼儿在竹影间沉浮，鸟儿听到人声飞散。这些春日的景物令诗人玩赏许久，仍不愿离去。再看王安石的《定林》：

---

① 《维摩诘所说经》卷上，《大正藏》第14册，第539页中。
② 葛寅亮：《金陵梵刹志》，第492页。
③ 葛寅亮：《金陵梵刹志》，第254页。

定林青木老参天，横贯东南一道泉。六月杖藜寻石路，午阴多处弄潺谩。①

诗人从两个景物来描绘定林寺，一是参天的高大青木，二是横贯东南的泉水。这是定林寺中最显眼的两处景色，诗人直述而来，便令人心驰神往。在炎热的夏季，诗人拄着手杖在石路上行走，多处阴凉是青木投下的，潺潺的水声来自泉眼，这两处景色便与诗人的生活融为一体了。再看王安石的《游长干寺》：

梵馆清闲侧布金，小塘回曲翠文深。柳条不动千丝直，荷叶相依万盖阴。漠漠岑云相上下，翩翩沙鸟自浮沉。羁人乐此忘归志，忍向西风学越吟。②

僧舍邻水而建，所以阳光洒下的时候，是"侧布金"。弯弯曲曲的池塘中长满了水草，也反射着岸边的植物，显得深邃而幽秘。在没有风的时候，杨柳一丝不动，千万枝条下垂，荷叶相互依靠，洒下一片阴凉。远方厚重的云层上下翻涌，沙滩上的水鸟时浮时沉。这里的景色令诗人忘记了归去，向着西风抒发自己思乡的情感。

苏轼，北宋文学家、书画家，字子瞻，号东坡居士。四川人，葬于颍昌(今河南省平顶山市郏县)。我们选一首他的《赠清凉寺长老》：

代北初辞没马尘，江南来见卧云人。问禅不契前三语，施佛空留丈六身。老去山林徒梦想，雨余钟鼓更清新。会须一洗黄茅瘴，未用深藏白氎巾。③

清凉寺寺址在今南京清凉山。五代杨吴时，建兴教寺，南唐改名为石城清凉寺，文益禅师于此开禅宗法眼宗一系。坡公老谪客，至金陵而访上人，满腹牢骚，一腔理想，皆化此诗。首联交代因反对新法而被流放至金陵遇故人。颔联则讲

① 葛寅亮：《金陵梵刹志》，第 277 页。
② 葛寅亮：《金陵梵刹志》，第 491 页。
③ 葛寅亮：《金陵梵刹志》，第 363 页。

述与上人初见时相互交谈的情况，自谦对于佛理尚未入门。三语指如来所说的三种语，即随自意语、随他意语、随自他意语。随自意语是佛随自己的意思而说自己亲证的实相法；随他意语是佛随顺众生的根机而说种种的方便法；随自他意语是佛在为众生说法时，一方面随着自己的意思，一方面又顺着众生的根机。丈六身即丈六金身，佛的三身之一。指变化身中的小身。因其高约1丈6尺，呈真金色，故名。亦以指称佛像。颈联则讲述自己目前的境遇，本欲老去隐居山林，但此愿如今亦成梦想，不可能实现了。然自己内心深处，还是很乐观、顽强不息的，故云"雨余钟鼓更清新"，认为经此政治风雨洗刷，自己的人生中的污垢正可尽去，未必不会更加清新。尾联中，黄茅瘴亦称"黄芒瘴"，是指我国岭南在秋季草木黄落时的瘴气。白氎巾即白叠巾。古时棉花被称作古贝，织造精细的布称作氎、白氎。棉花于东汉时期方自印度传入我国，唐宋时白叠被视作珍品。坡公认为自己将赴岭南重瘴之地，只要怀此乐观坚强之信念，何须白叠巾一洗了之，此皆身外之物，俱不需要。诗中善用比喻，正如浦起龙在《古文眉诠》中评《决雍蔽》时所云："苏公之喻，非深通物理者不能道，惟《楞严》有之。"①所以苏东坡一生坎坷，却能保持积极乐观，这与佛教给他的生命之支撑、开拓和重塑是分不开的。

陆游，字务观，号放翁，汉族，越州山阴人，南宋文学家、史学家、爱国诗人。我们选其诗中内容与金陵有关的一首《短歌行》观之，诗云：

> 百年鼎鼎世共悲，晨钟暮鼓无休时。碧桃红杏易零落，翠眉玉颊多别离。涉江采菱风败意，登楼侍月云为祟。功名常畏谤谗兴，富贵每同衰病至。人生可叹十八九，自古危机无妙手。正令插翮上青云，不如得钱即沽酒。②

诗中衍生出一成语"晨钟暮鼓"，正是描绘寺僧的日常，而在此诗中，诗人特指金陵四十八景中之一景。陆游一生笔耕不辍，于诗赋文章皆有极高成就，其诗语言朴实通畅，兼具李白的奇放与杜甫的沉郁，尤以包含爱国情怀的诗歌见

---

① 赵仁圭：《苏轼散文中的禅》，《北京师范大学学报（社会科学版）》1997年第4期。

② 张春林编：《陆游全集》上册，中国文史出版社，1999年，第246页。

长。历史记载陆游曾多次考察金陵，在金陵留下足迹的同时也留下了他对祖国的拳拳热爱。如南宋乾道六年(1170)闰五月十八日的傍晚，诗人陆游携妻儿入蜀，其间于金陵逗留五日，在清凉寺、紫金山、半山园、凤凰台等处，和新朋旧友一起寻蹈古迹，重温六朝烟雨，回首南唐兴废，畅想宋王朝之未来。此诗所成年代不详，但"晨钟暮鼓"确是描绘金陵寺僧之生活。陆游一生坎坷，壮志难酬，在众多爱国诗中也不乏感怀人生的佳作。人生不如意之事十之八九，命运的无奈也如花谢花开，不能强求，诗人心里清楚，也只好释怀。既然苦心于富贵功名，难得周全，何不寄情山水，不忘初心。

马之纯，字师文，又字莹夫。号茂陵，晚年改号竹轩，别号野亭。婺州东阳(今浙江省金华市)人。弱冠登孝宗隆兴元年(1163)进士第，授福州司法参军，历知徽州(今安徽省歙县)，焕章阁侍制，承议郎充江南东路转运司主管文字，在此期间，诗人写下了《佛窟寺》一诗：

牛头山上有深隈，佛窟何人向此开。过去辟支还示见，分明弥勒又生来。刀如敝尽锋何在，形若销亡气莫回。死复受形胎可入，有无真妄使人猜。①

佛窟寺即宏觉禅寺，位于南京牛首山上。诗人开篇便称赞牛首山险峻，群山弯曲之处有佛窟，不知何人在此开凿。牛首山西峰南坡山洞里，曾住过高僧辟支和尚，他在此洞中"立地成佛，上天为仙"，因此住过的山洞称辟支佛洞，在此示见；千劫之后，弥勒也当在此下生，度化众生。刀一旦烂尽，锋锐在哪里呢？人身也一样，肉体死亡后，也不会重新喘气复生了。人死后灵魂可能会入胎重生，但到底是有是无、是真是假，只能靠猜测了。从诗歌可以看出，诗人对佛教是抱有怀疑态度的。

杨备，字修之，建平人，北宋名臣杨亿之弟，因兄而荫补入官宋仁宗天圣时为长溪令、改华亭令，景祐年间知恩州，庆历时以尚书虞部员外郎分司南京，嘉祐中以虞部郎中知广德军，官终于尚书郎中。杨备文学造诣极高，有《姑苏百题诗》3卷、《金陵览古诗》3卷等诗作。他有许多诗歌传世，诗句大多描写南京、苏州及

① 于茂高主编：《牛首山诗词》，第12—13页。

太湖的景物。这首《佛窟寺》道：

> 曩事何人为证明，白云深锁翠微坑。已闻过去辟支佛，未见如来弥勒生。①

过去的事情谁能来给证明呢？现在只能看到白云密布，填满了碧绿的山凹。过去的辟支和尚之事已经听说了，但还没看见弥勒佛降生。诗人感叹生不逢时，不能亲自聆听佛陀的教诲。

宋时金陵虽非政治文化中心，但一则其六朝遗韵犹在，二则其雄踞东南硕魁一方，古迹甚众，山川华美，故南来北往之士子与久居此地之名士亦多登临，怀古喟今，留下诸多游寺诗作。

林逋，字君复，北宋初年著名隐逸诗人。淡泊功名，隐于江湖。其有一首《清凉寺翠微亭》诗云：

> 亭在江干寺，清凉更翠微。秋阶响松子，雨壁上苔衣。绝境长难得，浮生不拟归。旅怀何计是，西崦又斜晖。②

此诗可谓佳作。首联写景，交代翠微亭之位置。清凉寺位于南京石头城边的清凉山上，为法眼宗祖庭，上有翠微亭，传为南唐后主所建。颔联写秋雨中之山景，大有王摩诘之风骨。“秋阶响松子”，写秋山沉静，松子随风飘落在石阶上，几可听见其声。“雨壁上苔衣”，则写雨后苔藓长势更猛，几可见其缓缓爬上的绿色。颈联写此境难得，不欲再归红尘之中。在此境遇之中，忘却施怀，前为何物。只是静静地，让此浮生如落晖般斜斜地涂在秋暮之山影上。

再看林逋的《送大方师归金陵》：

> 渺渺江天北雁飞，石城秋色送僧归。长干古寺经行了，为到清凉看翠微。③

---

① 于茂高主编：《牛首山诗词》，第10页。
② 葛寅亮：《金陵梵刹志》，第363页。
③ 葛寅亮：《金陵梵刹志》，第363页。

诗人开篇以雁起兴。广阔的天空中，大雁在江水上向北而飞，诗人也在这个秋天送自己的朋友回到金陵。长干寺和清凉寺是诗人最难忘怀的两处地方，尤其是清凉寺的翠微山，更是风景最为美丽之处。

苏颂，字子容，宋代天文学家、天文机械制造家、药物学家，在诗词上也颇有造诣。我们来看他的《咏天禧寺竹》：

万个碧琅玕，两傍荫潭沼。丛深蔽岩麓，干直露云表。刹影下交加，山房上环绕。昔尝止鸣凤，今肯栖凡鸟。笋抽龙种瘦，箨坠孙枝小。美胜会稽箭，珍逾汶阳筱。兔园名非奇，渭川比终少。樵删草根变，客玩茶烟燎。创亭僧意高，谕佛禅心了。吾爱有霜筠，一到忘昏晓。①

此诗有两个中心，一是寺，二是竹。整篇经营俱围绕二者展开，布局生动，分合自如，轻重适宜。天禧寺是指位于南京城南长干里的天禧寺，其前身是六朝时期的长干寺。全诗二十句，前十六句是通过所处的地点、形状、精细、颜色、高度、竹笋等各个角度反反复复来咏竹，可谓竹痴。其中"龙种"喻竹干。"箨"乃竹皮、笋壳。"孙枝"，即新枝。"会稽箭"乃产于会稽（今浙江绍兴）的一种细竹，适于制作箭矢。如《尔雅》曰："东南之美者，有会稽之竹箭焉。"戴凯之《竹谱》曰："会稽箭最精，节间三尺，坚劲中矢。"汶阳则在今山东肥城，筱者细竹，亦称"箭竹"，"汶阳筱"古负盛名，如《乐府诗集》卷十八"笙吹汶阳筱，琴奏峄山桐"。"兔园"也称梁园，在今河南商丘市睢阳区。汉梁孝王刘武所筑，为游赏与延宾之所。"渭川"即渭水，亦称渭河，在今陕西省中部，源出甘肃省渭源县鸟鼠山，流至潼关县入黄河。末四句点明佛寺之氛围，是欲唤龙飞而点睛之笔。在竹林中建亭更显僧众境界之高妙。筠为竹之青皮，"霜筠"则喻竹皮长有白茸，霜意甚浓。而自己作为官场中人，在红尘浪底，久失自我，只有此刻独坐幽篁，方悟禅心竹意，身外之昏晓红绿，皆陶然无迹矣。

洪适，原名造，后更名适，字景伯，又字温伯、景温，号盘州，洪皓长子。因晚年居住老家鄱阳盘州，故又自号盘州老人。其有一首《宿佛窟寺》：

---

① 葛寅亮：《金陵梵刹志》，第 492 页。

篮舆登佛窟，高阁望中清。古木尔许荫，飞泉无限声。雨消今日暑，云作晚来晴。独对青山久，相逢如有情。①

诗人乘着小轿子攀登牛首山，从高耸的楼阁上眺望远处清妙的天空。高大的古木洒下阴凉，流淌的泉水声音不断。刚刚下过小雨，暑气顿消，傍晚的时候天空放晴，云团朵朵映着夕阳。诗人面对此情此景眺望良久，看着青山也如同自己的老朋友一般。

韩元吉，南宋词人，字无咎，号南涧。开封雍邱人。韩元吉词多抒发山林情趣，这两首《同叶梦锡赵德庄游牛首山》也不例外：

不辞扶病触春寒，及此新晴一日闲。云外经年见双阙，马头乘兴数前山。

清泉细酌巉岩上，佛窟同探紫翠间。我亦无心话禅悦，衔花百鸟自飞还。②

诗人在第一首诗中写到虽然自己身体不好，但今日天气晴朗又有闲暇，因此宁愿冒着春寒料峭出门游玩。每日都能看到牛首双峰，今天终于可以一探究竟，乘马一试距离多远了。接下来，诗人在第二首诗中描绘牛首山的景色。清泉在岩石上流淌，仿佛轻斟慢酌一般，在这里与好友一同探访处在紫翠掩映中的佛窟寺。诗人虽然表示自己没有心思谈禅说道，但看着百鸟在空中衔花而飞，这空灵自如的神态意趣不也正是禅中三昧吗？

王随，字子正，北宋河阳（河南孟县）人。宋仁宗明道年间出任宰相。王随是一名佛教信徒，这首《天开岩》某种程度上便反映了他的出世理想：

栖霞山后峰，天开一岩秀。中有坐禅人，形容竹柏瘦。饥餐岩下松，渴饮岩上溜。爱步岩室前，白云起孤岫。③

---

① 于茂高主编：《牛首山诗词》，第 5 页。
② 于茂高主编：《牛首山诗词》，第 9 页。
③ 葛寅亮：《金陵梵刹志》，第 236 页。一说此诗为释有朋所作。

天开岩位于南京市栖霞山，俗名污西凹，一名唐公岩，峭壁如截，势若天开。一线天在天开岩西南 200 米，山石嶙峋，参差夹立。用一“秀”字形容，可谓当之无愧。在天开岩中坐禅的僧人因为苦修，已经如同松柏一样消瘦，饿了吃松叶，渴了喝泉水，闲暇时在石屋之前漫步，看着白云从山谷中升起。诗名为《天开岩》，却反写苦修僧人，但正是如此，才显得天开岩卓然世外、不染红尘。

（二）僧侣诗

南宋诗僧绍嵩在《江浙纪行集句诗》的序中引永上人语说：“禅，心慧也；诗，心志也。慧之所之，禅之所形；志之所之，诗之所形。谈禅则禅，谈诗则诗。”[①]此言透彻地分析了禅与诗的关系，颇有见地。宋代诗僧所著之诗，大率已至文禅合一、诗偈合一之境。我们举几例来见此义。

泉禅师，号佛慧，北宋时江苏金陵蒋山僧。生卒年、俗姓、籍贯均不详。公元 1075 年前后在世。这里选一首他的《送东坡居士》：

> 脚下曹溪去路通，登登无复问幡风。好将钟阜临歧句，说似当年踏碓翁。[②]

坡公与泉公是方外之交，宋哲宗绍圣元年（1094），坡公贬谪岭南，舟过金陵，阻风不前。泉公迎到江边，相见语道。东坡有诗以记其事，泉公说此偈以送行。曹溪，水名，在今广东省曲江县东南双峰山下。唐仪凤年间（676—679），邑人曹叔良舍宅建宝林寺，故名曹溪，因禅宗六祖慧能在曹溪宝林寺演法而更著名，为禅宗祖庭、大道场。幡风是佛教典故。慧能初入光孝寺，见众僧议寺外旗杆上的旗幡，是时幡在风中飘摇。或曰风动，或曰幡动。慧能却说风与幡皆未尝动，是诸位贤者的心在动。寺主闻之，知为得法大知识，优礼崇之。幡即旗也。踏碓翁亦指慧能。慧能参五祖弘忍于湖北黄梅东山，派入后院任舂米杂役，直至弘忍传法（衣钵）于他。碓是舂米谷的工具。坡公南谪，途经金陵，泉师以诗赠之，勉他勿以谪居为患，若悟，则达道所处即是，若不悟，则

① 祝尚书编：《宋集序跋汇编》第 4 册，中华书局，2010 年，第 1948 页。

② 廖养正：《中国历代名僧诗选》，中国书籍出版社，2004 年，第 285 页。

周遭皆是机关埋伏。故此去或是直通曹溪之路亦未可知。然去曹溪本是风来帆举、水到渠成的事,亦不可强为之,慧能答幡风语是他人事,关尔何干?如今临歧道别,前途漫漫,正是需用功、好发力处,望你珍重。通篇可见泉师体道甚深,出口已是珠圆玉润。

保暹,北宋初年江南诗僧。生卒年、俗姓及生平事迹均已失考,金华(今属浙江省)人,公元975年前后在世。为北宋九诗僧之一。除与希昼等其余八僧唱和外,与同代多名名士亦交往唱酬。此处取其《金陵怀古》观之,诗云:

> 石城秋月满,烟水冷萧萧。战气悲千古,歌声散六朝。萤飞宫草暗,霜白井桐凋。竟日秦淮上,思贤莫可招。①

石城,即石头城,又称石首城,位于今江苏省南京市西北,因其地有石头山,东晋时累石依山建城,故名之曰石头城。曾为金陵外围屏障,唐初即废。后则以之代指金陵。秦淮,水名,有二源,东源出于容县华山,为南流;南源出溧水县东庐山,为北流。二源于方山汇合,西经金陵城中,北入长江。杜牧《泊秦淮》诗曰:"烟笼寒水月笼沙,夜泊秦淮近酒家。"即指此水。保暹大师游金陵,望见满眼萧条有感而发,作此诗怀古。一切都将在时光的洪流里烟消云散,昨日兴兴旺旺的旧都,今日业已衰败荒芜,凋敝不堪。曾经在秦淮河上吟诗作对、谈天说地的文人雅士,今朝也不知所踪。古往今来世事无常,沧海桑田,遥想今日之华夏也在历史的洪流中形貌俱变。保暹大师的愁绪何尝不是现代人的愁绪?然而也正是诸如愁绪、欣喜、悲苦等种种情愫将人类一代一代地联系在一起。即便有形有相的万物终究会变,但人们所见所感、所听所悟实则殊途同归。

德丰禅师,宋末元初南方诗僧。生卒年、俗姓及生平履历均已失考,公元1270年前后在世。三山(今福建省福州市)人。能诗,时有重名。其人飘逸脱俗,看淡名利,诗如其人,这里取一首《答钟山长老》观之,诗云:

---

①《智者大师别传注》卷上,《卍新续藏》第77册,第661页上。

耿耿孤吟对古梅，忽传军将送书来。倚崖枯木摧残甚，虚负阳和到一回。[①]

诗中的钟山长老未详所指，当为时任南京钟山某寺住持的一位高僧。他为请德丰接任自己住持之位，而托人给德丰送信。德丰不肯，遂作诗以答。丰公一心向佛，倾心于禅隐生活，参禅悟道吟诗作对，自得其乐。诗中德丰委婉地拒绝了高僧的邀请，说明了自己年事已高，不堪劳苦。用词温和委婉，诚恳实在，以枯木自比，还带有几分玩笑意味。

笑隐大䜣，俗姓陈，字笑隐，于天历二年（1329）住持建康路江宁大龙翔集庆寺。于此时，笑隐写下了一篇《牛首山作短歌谢周文卿》送给自己的朋友：

忆昔壮士游东溟，大船推鼓江上行。天女吹华龙象舞，风水夜作蛟龙惊。浩歌声戛牛头上，百年有志非功名。笺经肯让甘露灭，上书独许嵩仲灵。青春悠悠去不返，万里孤蓬尚飘转。可怜岁晚长干城，冰雪连天江汉远。紫云如盖青石寒，心逢胜处一解颜。平生始识周处士，林崎握手俱忘还。老子胸中饱丘壑，道人眼底无江山。十椽茅茨卧风月，便拟挂锡烟萝间。师年八十不可待，久欲为母营朝餐。况闻大法可痛惜，我心安得如石顽。[②]

此诗气势非凡，气象万千。诗人开篇便怀念昔年游览东海，乘坐大船顺长江而下，鼓声震天之壮丽景色。在诗人的眼里，这瑰丽的自然景观都被赋予了佛教神话的奇幻色彩，天女在空中散花，吟唱着曼妙的歌曲。龙象随着歌曲一一起舞，力大无穷，亦美不胜收。夜色已深，风卷水动，水下的蛟龙被惊动，翻涌不休。诗人在牛首山上大声放歌，抒发自己内心的志向。这志向不是世俗的功名，而是出世的期盼。诗人立志注解经书，不肯令佛法甘露消亡。诗人也称赞契嵩大师的注解最为独到，甚为赞同。接着，诗人感叹青春易逝，自己仍飘零在外，不能得证大道。冬日的南京冰雪连天，长江东流，远山云雾浓厚，如同宝盖，青石凝冰，

---

① 何文焕辑：《历代诗话》下册，中华书局，2004 年，第 721 页。

② 于茂高主编：《牛首山诗词》，第 14—15 页。

望之觉寒。但遇到奇瑰壮丽之景色，还是可以一解愁颜的。在这里，诗人结识了自己的朋友周文卿，二人一见如故，携手共游，忘记了回还。道家始祖老子胸中有这个世间的智慧，但在佛教人士看来，这江山大地乃至一切智慧也都是空的。只要有一个小屋子可以容身、观看风月，便可在此久住。但自己的师父年事已高，不能等待自己太久，诗人也很久没有探望母亲了，所以不得不与朋友洒泪而别。

第二节
隋唐宋元南京佛教艺术

隋唐时期是中国封建社会的繁荣时期，也是佛教发展的鼎盛时期，造就了佛教书画的繁荣。特别是士大夫阶层与佛教禅宗广泛结合，他们中的一部分人参禅学佛，通过书画创作表达对佛教义理的体解；高僧大德通过与士大夫阶层的交流，取得世俗社会的支持，弘扬佛法，并也参与到佛教书画创作中来。一时间，南京涌现了大批风格独特、个性纷呈的士人书画家和僧人书画家。

一　隋唐宋元南京佛教书画

隋唐宋元时期，南京佛教书画名人中以画僧巨然名声最著。此外，南唐宫廷画师也是佛教题材绘画的主力军。

(一) 巨然

巨然，生卒年不详，是五代北宋初期的著名山水画家。《圣朝名画评》言：

> 沙门巨然亦江宁人，受业于本郡开元寺，攻责山水。伪唐李煜归命，巨然随至京师，居于开宝寺。投谒在位，遂有声誉。[1]

《圣朝名画评》中记载他的籍贯是江宁，也就是今天的南京。也有说法说他是钟陵人。但考虑到巨然曾经“受业于本郡开元寺”，也就是在南京开元寺出家为僧，他是南京人的可能性大一些。他在出家的这段时间，拜于著名画家董源门下，学习水墨山水画，颇得真传。北宋开宝八年(975)，宋太祖赵匡胤灭掉南唐，南唐后主李煜降宋，被掳至京师(河南开封)。南唐翰林图画院也自然“树倒猢狲散”，很多名家都被掳掠或延请至京师，在宋朝画院里供职。在这种情况下，巨然也从南京赴京师，在开宝寺中为僧。因其画技精湛，不久就在京师中声名鹊起。

① 《中国书画全书》编纂委员会编：《中国书画全书》第一册，上海书画出版社，1993年，第454页。

他在北宋学士院墙上作壁画，名《烟岚晓景》，获得士大夫的一致好评。度支蔡员外家藏有巨然的两幅卷轴画，分别为《故事》和《山水》，画中“古峰峭拔，宛立风骨。又于林麓间多用卵石，如松柏草竹交相掩映，旁分小径远至幽墅，于野逸之景甚备”[①]。自此，巨然名气愈发不可收，被称为五代时期“四大山水画家”之一。

巨然所画之山水，多为江南风貌。其喜于山顶画矾头，在林麓间作卵石。又用种种植物草竹之属添补，于山旁绘小路、断桥、茅屋等细景，颇有野趣，迎合了当时士大夫的审美。巨然为董源之徒，画风亦深受其影响，如长披麻皴画山石之处，便是董氏家风。因此，二人并称“董巨”，于山水画中独开一派，对后世山水之审美、用笔颇有影响。

巨然本为僧人，所以画作中也带有一定的佛教色彩。比较突出的就是富有佛教审美特征的布景与构图。巨然画作的审美情趣与其师董源明显不同。董源画作中常有山村野店、喧嚣市井，热闹非凡。而巨然之画作则少见人迹，形单影只，体现的是山林野趣，幽静典雅，笔下是出尘之意。用笔之时，巨然也更为温文尔雅，笔锋回转，故整篇画作浑然天成，无人间烟火气。这样的审美与意境，深得禅宗三昧。中国佛教于唐时鼎盛，至于宋代，则唯有禅宗一枝独秀，得到民众乃至上层士大夫的广泛认可，以至于此时文人亦以谈禅、说道、说理为雅事。北宋时期的禅宗在僧侣中已开始衰微，反而在士大夫中广为流行，成为士大夫们又一种“口头禅”，这种禅理自然也会对士大夫们有一定的影响。所以巨然的画是后来的士大夫们在感情上极易接近，而且愿意接近的。[②]

巨然之山水，其艺虽承袭董源，但有自身的特色。观其现世所传作品，喜作立轴山水，由上而下，铺墨流转，峰峦叠嶂，断桥危崖，其间缀有松木林石、野草荒枝。巨然之画作，虽不及董源细腻，喜作粗放之态，然其画中烟云之景、率性之气，则不下于董源。“巨然擅长用粗重的大墨点点苔，鲜明、疏朗，长披麻皴粗而密，笔法老辣、率意。”[③]有人评论巨然的山水是在幽静的地方可以居住，在平坦的地方可以行走，在天造地设的地方令人惊叹，在崭绝崄巇之处令人畏惧。巨然所绘烟雨朦胧之处，望之自然爽气袭人，可称一绝。米芾在《画史》中评论巨然的山

① 《中国书画全书》编纂委员会编：《中国书画全书》第一册，第 454 页。

② 王恪松：《山水画在五代时期的兴盛与荆、关、董、巨》，《河南教育学院学报（哲学社会科学版）》2001 年第 4 期，第 46 页。

③ 陆云达编著：《中国美术简史》，中国文史出版社，2014 年，第 172 页。

水画“岚气清润，布景得天真多”，“巨然明润郁葱，最有爽气，矾头太多”。《图画见闻志》评他的山水画“笔墨秀润，善为烟岚气象于峰峦岭窦之外”[①]。

巨然山水画对后世的影响非常大，他的画风兼收南北二家之长，既有北方山水画的厚重，又有南方山水画的温润。“江南董源僧巨然，淡墨轻岚为一体”，后世常将董源与巨然并称为“董巨”，看作南方山水画的开山大师。再加上荆浩、关同二人，又并称为五代“四大山水画家”。夏文彦《图绘宝鉴》言：“前之荆、关，后之董、巨，辟六法之门庭，启后学之茅聩，皆此四人。”[②]也就是说，后世之画作，都不离此四人之影响。“元四家”“明四家”都受到过巨然山水画的巨大影响。清代的山水画，更是完全以“董巨”为师法。

文人才子创作诗赋，词源衮衮不绝，慷慨激昂，无所不包，是因为他们胸中有物，所以可以落笔无穷。巨然亦是如此，因胸中山河饱满，蕴藏无穷，故能作画，且非常多产。《宣和画谱》记载其画有136幅，今录于下：

夏景山居图六；夏日山林图一；夏云欲雨图一；秋江晚渡图二；夏山图三；九夏松峰图三；秋山图二；秋江渔浦图四；溪山兰若图六；溪山渔乐图六；溪山林薮图二；溪桥高隐图一；重溪叠嶂图四；山溪水阁图一；江山远兴图二；江山静钓图一；江山晚景图一；江村捕鱼图一；江山旅店图一；江山晚兴图一；江山归棹图六；江左醒心图一；江山平远图一；江山行舟图二；松峰高隐图二；烟浮远岫图六；山林归路图一；山林小笔图一；晓林野艇图一；茂林叠嶂图一；林汀远渚图一；林石小景图一；烟关小景图一；云横秀岭图二；云岚清晓图三；松路仙岩图一；松岩萧寺图一；晴冬晻霭图六；岚锁群峰图四；寒溪渔舍图一；小寒林图二；遥山渔浦图二；山阴萧寺图二；遥山阔浦图三；松吟万壑图三；万壑松风图二；群峰茂林图二；皖口山图一；山居图一；松岩山水图二；烟江晚渡图一；山水图四；层峦图一；秀峰图三；金山图一；钟山图一；庐山图一；松岭图二；柏泉图一；遥山图一；远山图一；松峰图三；高隐图一；归牧图一；长江图一；窠石图一。[③]

---

① 潘运告主编：《明代画论》，湖南美术出版社，2002年，第303页。
② 近藤秀实、何庆先编：《〈图绘宝鉴〉校勘与研究》，江苏古籍出版社，1997年，第173页。
③ 俞剑华注译：《宣和画谱》，江苏美术出版社，2007年，第283—284页。

两宋时期的禅宗，远盛于其他宗派。禅画也于这时广为流行，文人士大夫将禅宗的理论引入绘画之中，对中国绘画的审美造成了很大影响。巨然实为开山鼻祖之一。

（二）王齐翰

王齐翰，金陵人，生卒年代不详，在南唐后主李煜朝中做翰林待诏。他喜欢绘画山林丘壑、人迹罕至之处，没有一点风尘俗气。宋开宝年末，李煜投降宋朝，有一个叫李贵的士兵进入佛寺中，抢走了王齐翰所画的罗汉十六轴。这批画被商人刘元嗣高价买来，运到京师，又质押在寺庙里。后来刘元嗣想要拿钱把画赎回，但僧人认为这批画实在是好，就说已经过期了不可赎回。刘元嗣便告到官府，当时宋太宗正在做开封尹，就叫他把画拿来，一看到画作，太宗非常欣赏，就把画留下，赏赐了他一笔重金。得到这批画的十六天后，太宗即位做了皇帝。人们就把这批画称为“应运罗汉”。《宣和画谱》中记载的王齐翰画作有 119 幅，其中佛教题材绘画可占半数，今录于下：

传法太上图一；三教重屏图一；太阳像一；太阴像一；金星像一；水星像一；火星像一；土星像一；罗睺像一；计都像一；北斗星君像一；元辰像一；长生朝元图一；写南斗星像六；会仙图三；仙山图一；佛像一；因地佛图一；佛会图一；释迦佛像二；药师佛像一；大悲像二；观音菩萨像一；势至菩萨像一；自在观音像一；宝陀罗观音像一；岩居观音图一；慈氏菩萨像一；白衣观音像一；须菩提像二；十六罗汉像十六；十六罗汉像十；色山罗汉图二；罗汉像二；玩莲罗汉像二；岩居罗汉像一；宾头卢像一；玩泉罗汉像一；高僧图一；智公像一；花岩高僧像一；岩居僧一；高士图二；药王像二；高贤图二；逸士图一；重屏图一；古贤图五；围棋图一；琴会图一；琴钓图二；垂纶图一；水阁图一；高闲图一；静钓图一；龙女图一；海岸图二；秀峰图一；陆羽煎茶图一；陵阳子明图一；支许闲旷图一；林壑五贤图一；林亭高会图一；海岸琪木图一；江山隐居图一；金碧潭图一；设色山水图一；林汀遥岑图一；林泉十六罗汉图四；楚襄王梦神女图一。[1]

① 俞剑华注译：《宣和画谱》，第 108—109 页。

王齐翰作品仅传世一件，即《勘书图》（一名《挑耳图》），现藏于南京大学。此画人物表情细腻，活灵活现，望之可以想见其作罗汉像之精妙。

（三）周文矩

周文矩，金陵句容人。在南唐后主李煜朝中做翰林待诏。他善于绘画，用笔瘦硬战掣，与李煜的书法很相似。周文矩善于画道释人物，车服楼观，山林泉石，不模仿吴道子、曹仲达的习气，自成一家。只有仕女图与周昉所绘类似，但纤巧秀丽之处要胜过周昉。升元年中，李煜命令周文矩画《南庄图》，画好之后赞叹他画得精妙完备。开宝年间，李煜把周文矩的画献上，藏在宋朝秘府里。《宣和画谱》中记载周文矩画作有76幅，其中也有不少佛教题材绘画，今录于下：

> 天篷像一；北斗像一；许仙岩遇仙图三；会仙图一；佛因地图一；神仙事迹图二；文殊菩萨像一；卢舍那佛像一；观音像一；金光明菩萨像一；写伪主李煜真三；明皇取性图二；明皇会棋图一；五王避暑图四；写谢女真一；法眼禅师像一；阿房宫图二；写李季兰真一；斫脍图二；火龙烹茶图四；四畅图一；问禅图一；春山图一；重屏图一；听说图一；鲁秋胡故实图一；钟馗氏小妹图五；高闲图一；文会图一；钟馗图二；金步摇士女图一；煎茶图一；谢女写真图二；玉步摇士女图二；诗意绣女图一；写真士女图一；按乐士女图三；合药士女图四；理鬓士女图一；按乐宫女图一；按舞图一；玉妃游仙图一；宫女图一；游行士女图一；琉璃堂人物图一；慈氏菩萨像二；长生保命天尊像一；兜率宫内慈氏像一；李德裕见刘三复图一。①

（四）曹仲元

曹仲元，建康丰城人，也曾在南唐后主的画院中做翰林待诏。曹仲元画道释人物及鬼神之类，一开始学习吴道子，学不好，就放弃了。后另起炉灶画细密精致的图像，取得成功，成为一代名家。他特别擅长于着色，形成了自己独特的风格。曹仲元曾经在南京佛寺画上下座壁，画了8年还没有完成。李煜嫌他画得太慢，就命令周文矩去督促一下。周文矩看了后说：“曹仲元画的是天上本来的

① 俞剑华注译：《宣和画谱》，第163—164页。

样子，不是世俗画工能比得上的，所以才这么慢。”到了次年，曹仲元才画完，李煜看了也很满意，赏赐了他。杜甫在诗歌中说：“十日画一水，五日画一石，能事不受相促迫。”[1]这话说得一点也没有错，创作出优秀的画作是需要较长时间的。当时江南的道释人物画像界，称曹仲元是画得最好的，这评价并不为过。《宣和画谱》中记载的曹仲元画作有41幅，基本上都是佛教题材绘画，今录于下：

九曜像一；三官像三；佛会图三；地藏图一；释迦佛像二；无量寿佛像一；弥勒佛像二；五十三佛像一；五方如来像一；观音像十二；白衣观音像三；慈氏菩萨像一；文殊菩萨像二；摩利支天菩萨像二；如意轮菩萨像一；玩莲菩萨像一；孔雀明王像一；大悲像二；普贤像一。[2]

（五）郝澄

郝澄，字长源，金陵句容人。他有品评人才的相术，所以在绘画上尤其擅长画像。因为画像一定形似，但画家往往不能体现出人物的神貌气度。郝澄在形象外，独得人物的精神气骨之妙处，所以下笔就胜过旁人。郝澄努力学习画技有20年之久，笔墨自此工妙，名气也愈来愈大。他所绘画的道释人像、人马图，世多传本，落笔清劲又擅于配色，故多得好评。

二 隋唐宋元南京佛教雕塑

中国隋唐时代的雕塑艺术虽较为兴盛，有不少雕塑家从事寺观宗教雕塑创作，声名远扬。但这些作品大多数已经在历史的变迁中被毁坏，今人无法将其与历史上的记载相比对。另外，很多大型雕刻并没有留下雕刻者的姓名，比如大型的陵墓雕刻。当然，这些雕刻也并非一人一时所作。这一时期，雕塑家已有较细的专业分工，在创作过程中，指挥、起样、制作蜡样、塑造、妆銮等各由专门的人才

---

① 周振甫主编：《唐诗宋词元曲全集》第4册《全唐诗》，第1557页。
② 俞剑华注译：《宣和画谱》，第97—98页。

来完成。一些重大的雕塑创作活动，往往由多人合力而行。

宋代的雕塑值得称道之处不多，与宋代书法绘画相比，雕塑并不受到重视。虽然雕塑手法和样式上都有创新，但缺少大型的传世名作。与前朝同类作品雄健伟岸的气概相比，更是相差不可以道里计。宋代雕塑趋向于小型化、玩赏化，各种精致的小型雕塑作品被文人雅士藏于书苑。民间的雕塑工艺也颇有发展，如泥人、面人等。在佛教艺术方面，宋代雕塑以写实著称，人物栩栩如生，遗存的代表作品有麦积山石窟中供养人像、长清灵岩寺罗汉像、太湖洞庭东山紫金庵罗汉像等。

元代的佛教雕塑受到密教的很大影响，尼泊尔雕塑家阿尼哥擅长画塑及铸金像，元代两京塑像多出自他手。阿尼哥有徒弟刘元，也非常擅长塑像。人们把阿尼哥、刘元的塑像称为梵式佛像，之前的造像称为汉式佛像。这种梵式佛像不仅盛行于北方，也传入了南方。现今灵隐寺前飞来峰岩壁上的几百尊佛像，便是当时之作。

参考文献

一 佛教典籍

CBETA 电子佛典(2007 年版),中华电子佛典协会(CBETA)编辑。

CBETA 电子佛典(2009 年版),中华电子佛典协会(CBETA)编辑。

佛学大词典 V2. 2. 2(电子词典 FoDict),"缘起工作室"编辑。

《尸迦罗越六方礼经》,《大正藏》第 1 册。

《长阿含经》,《大正藏》第 1 册。

[后秦]瞿昙僧伽提婆译:《增壹阿含经》,《大正藏》第 2 册。

[后汉]支娄迦谶译:《杂释喻经》,《大正藏》第 4 册。

《大般若经》,《大正藏》第 5 册。

[后秦]鸠摩罗什译:《金刚般若波罗蜜经》,《大正藏》第 8 册。

《正法华经》,《大正藏》第 9 册。

《佛说罗摩伽经》,《大正藏》第 10 册。

《大集经》,《大正藏》第 13 册。

〔印〕龙树著,[后秦]鸠摩罗什译:《维摩诘所说经》,《大正藏》第 14 册。

[后秦]鸠摩罗什译:《华手经》,《大正藏》第 16 册。

[唐]般剌蜜帝译:《楞严经》,《大正藏》第 19 册。

《根本说一切有部毗奈耶杂事》,《大正藏》第 24 册。

〔印〕龙树著,[后秦]鸠摩罗什译:《大智度论》,《大正藏》第 25 册。

〔印〕龙树著,[后秦]筏提摩多译:《释摩诃衍论》,《大正藏》第 26 册。

〔印〕龙树:《中论》,《大正藏》第 30 册。

〔印〕无著著,[唐]玄奘译:《显扬圣教论》,《大正藏》第 31 册。

〔印〕坚意著,[晋]道泰等译:《入大乘论》,《大正藏》第 32 册。

[隋]吉藏:《般若仁王经》,《大正藏》第 33 册。

[隋]智颉:《妙法莲华经文句》,《大正藏》第 34 册。

[隋]吉藏:《法华义疏》,《大正藏》第 34 册。

[隋]吉藏:《净名玄论》,《大正藏》第 34 册。

[隋]吉藏:《胜鬘宝窟》,《大正藏》第37册。

[隋]吉藏:《法华义疏》,《大正藏》第38册。

[隋]吉藏:《涅槃经游意》,《大正藏》第38册。

[唐]慧沼:《金光明最胜王经疏》,《大正藏》第39册。

[隋]吉藏:《大乘玄论》,《大正藏》第45册。

[唐]法藏:《华严一乘教义分齐章》,《大正藏》第45册。

[唐]法藏:《华严经义海百门》,《大正藏》第45册。

[元]怀则:《天台传佛心印记》,《大正藏》第46册。

[隋]灌顶:《国清百录》,《大正藏》第46册。

[唐]道绰:《安乐集》,《大正藏》第47册。

[宋]宗杲:《大慧普觉禅师语录》,《大正藏》第47册。

[宋]惠泉集:《黄龙慧南禅师语录》,《大正藏》第47册。

[宋]仁勇等编:《杨岐方会和尚语录》,《大正藏》第47册。

[宋]妙源编:《虚堂和尚语录》,《大正藏》第47册。

[宋]蕴闻编:《大慧普觉禅师语录》,《大正藏》第47册。

[宋]绍隆等编:《圆悟佛果禅师语录》,《大正藏》第47册。

[元]宗晓:《乐邦遗稿》,《大正藏》第47册。

[元]宗晓:《乐邦文类》,《大正藏》第47册。

[元]普度:《庐山莲宗宝鉴》,《大正藏》第47册。

[明]郭凝之:《金陵清凉院文益禅师语录》,《大正藏》第47册。

[唐]希运:《筠州黄檗山断际禅师传法心要》,《大正藏》第48册。

[唐]宗密:《圆觉经大疏释义钞》,《大正藏》第48册。

[五代]延寿:《宗镜录》,《大正藏》第48册。

[宋]克勤:《佛果圆悟禅师碧岩录》,《大正藏》第48册。

[元]宗宝编:《六祖大师法宝坛经》,《大正藏》第48册。

[宋]净善重集:《禅林宝训》,《大正藏》第

48 册。

[宋]志磐:《佛祖统纪》,《大正藏》第 49 册。

[宋]集成等编:《宏智禅师广录》,《大正藏》第 48 册。

[宋]智昭编:《人天眼目》,《大正藏》第 48 册。

[元]德辉重编:《敕修百丈清规》,《大正藏》第 48 册。

[元]念常:《佛祖历代通载》,《大正藏》第 49 册。

[元]觉岸:《释氏稽古略》,《大正藏》第 49 册。

[明]幻轮:《释鉴稽古略续集》,《大正藏》第 49 册。

[南朝梁]慧皎:《高僧传》,《大正藏》第 50 册。

[唐]道宣:《续高僧传》,《大正藏》第 50 册。

[宋]赞宁:《宋高僧传》,《大正藏》第 50 册。

[明]如惺:《大明高僧传》,《大正藏》第 50 册。

[唐]惠详:《弘赞法华传》,《大正藏》第 51 册。

[唐]怀感:《释门自镜录》,《大正藏》第 51 册。

[宋]延一:《广清凉传》,《大正藏》第 51 册。

[宋]道原:《景德传灯录》,《大正藏》第 51 册。

[明]居顶:《续传灯录》,《大正藏》第 51 册。

[唐]道宣:《广弘明集》,《大正藏》第 52 册。

[南朝梁]僧祐:《弘明集》,《大正藏》第 52 册。

[宋]契嵩:《镡津文集》,《大正藏》第 52 册。

[宋]张商英:《护法论》,《大正藏》第 52 册。

[唐]道世:《法苑珠林》,《大正藏》第 53 册。

[宋]法云:《翻译名义集》,《大正藏》第 54 册。

[宋]赞宁:《大宋僧史略》,《大正藏》第 54 册。

[南朝梁]僧祐:《出三藏记集》,《大正藏》第 55 册。

〔日〕圆珍:《智证大师请来目录》,《大正藏》第 55 册。

〔日〕圆珍:《日本比丘圆珍入唐求法目录》,

《大正藏》第 55 册。

〔日〕圆珍:《福州温州台州求得经律论疏记外疏等目录》,《大正藏》第 55 册。

[宋]智圆:《闲居编》,《卍新续藏》第 56 册。

[明]了圆:《法华灵验传》,《卍新续藏》第 78 册。

[清]徐昌治:《法华灵验传》,《卍新续藏》第 87 册。

《无心论》,《大正藏》第 85 册。

[唐]宗密:《禅源诸诠集都序》,《卍新续藏》第 9 册。

[宋]思坦集注:《楞严经集注》,《卍新续藏》第 11 册。

[隋]吉藏:《维摩经略疏》,《卍新续藏》第 19 册。

[清]世宗皇帝:《御选历代禅师语录》,《卍新续藏》第 60 册。

[明]大佑集:《净土指归集》,《卍新续藏》第 61 册。

[清]济能辑:《角虎集》,《卍新续藏》第 62 册。

[唐]宗密:《中华传心地禅门师资承袭图》,《卍新续藏》第 63 册。

[五代]延寿:《心赋注》,《卍新续藏》第 63 册。

[宋]惟勉编次:《丛林校定清规总要》,《卍新续藏》,第 63 册。

[宋]宗赜:《禅苑清规》,《卍新续藏》第 63 册。

[元]弋咸编:《禅林备用清规》,《卍新续藏》第 63 册。

[元]明本:《幻住庵清规》,《卍新续藏》第 63 册。

[清]仪润:《百丈清规证义记》,《卍新续藏》第 63 册。

[宋]子升录:《禅门诸祖师偈颂》,《卍新续藏》第 66 册。

[宋]颐藏集:《古尊宿语录》,《卍新续藏》第 68 册。

[宋]法深录:《宝峰云庵真净禅师语录》,《卍新续藏》第 68 册。

[宋]福深录:《宝峰云庵真净禅师偈颂》,《卍新续藏》第 68 册。

[宋]德洪:《云庵真净和尚行状》,《卍新续藏》第 69 册。

[元]延俊、慧昙等编:《笑隐大䜣禅师语录》,《卍新续藏》第69册。

《江西马祖道一禅师语录》,《卍新续藏》第69册。

《保宁仁勇禅师语录》,《卍新续藏》第69册。

[元]德初、义初等编:《真州长芦了和尚劫外录》,《卍新续藏》第71册。

〔日〕海寿编次:《古林清茂禅师拾遗偈颂》,《卍新续藏》第71册。

[明]观通:《愚庵智及禅师语录》,《卍新续藏》第71册。

[明]德清:《憨山老人梦游全集》,《卍新续藏》第73册。

[宋]昙照:《智者大师别传注》,《卍新续藏》第77册。

[明]明河:《补续高僧传》,《卍新续藏》第77册。

[宋]绍昙:《五家正宗赞》,《卍新续藏》第78册。

[宋]惟白编:《建中靖国续灯录》,《卍新续藏》第78册。

[宋]惠洪:《禅林僧宝传》,《卍新续藏》第79册。

[宋]正受:《嘉泰普灯录》,《卍新续藏》第79册。

[清]自融、性磊:《南宋元明禅林僧宝传》,《卍新续藏》第79册。

[清]自融:《南宋元明禅林僧宝传》,《卍新续藏》第79册。

[宋]普济:《五灯会元》,《卍新续藏》第80册。

[明]净住:《五灯会元续略》,《卍新续藏》第80册。

[明]通容编:《五灯严统》,《卍新续藏》第80—81册。

[清]超永编:《五灯全书》,《卍新续藏》第81—82册。

[宋]晓莹:《罗湖野录》,《卍新续藏》第83册。

[明]文琇:《增集续传灯录》,《卍新续藏》第83册。

[明]通问:《续灯存稿》,《卍新续藏》第84册。

[清]聂先:《续指月录》,《卍新续藏》第84册。

[清]性统:《续灯正统》,《卍新续藏》第84册。

[明]朱时恩:《佛祖纲目》,《卍新续藏》第85册。

[清]心圆:《揞黑豆集》,《卍新续藏》第85册。

[明]元贤:《继灯录》,《卍新续藏》第86册。

[清]纪荫:《宗统编年》,《卍新续藏》第86册。

[宋]慧洪:《林间录》,《卍新续藏》第87册。

[明]心泰:《佛法金汤编》,《卍新续藏》第87册。

[宋]宋仁宗:《景祐新修法宝录序》,《宋藏遗珍》第6册。

二 中国传统典籍

[晋]刘昫等:《旧唐书》,中华书局,2000年。

[晋]郭象注,[唐]成玄英疏:《庄子注疏》,中华书局,2011年。

[北朝]魏收:《魏书》,中华书局,2000年。

[南朝]沈约:《二十五史》,新疆青少年出版社,1999年。

[南朝]僧祐著,苏晋仁等点校:《出三藏记集》,中华书局,2003年。

[南朝]慧皎撰,汤用彤校注:《高僧传》,中华书局,2004年。

[南朝]谢赫:《四库家藏·古画品录》,山东画报出版社,2004年。

[南朝]刘义庆:《世说新语》,三秦出版社,2008年。

[南朝]萧纲著,肖占鹏、董志广校注:《梁简文帝集校1》,南开大学出版社,2015年。

[唐]许嵩:《建康实录》,四库全书史部四。

[唐]裴孝源:《贞观公私画史》,唐宋丛刊本。

[唐]杜甫著，黄肃秋选，虞竹辑注：《杜甫诗选》，人民文学出版社，1962 年。

[唐]张彦远：《历代名画记》卷六，人民美术出版社，1963 年。

[唐]欧阳询：《艺文类聚》，中华书局，1965 年。

[唐]皎然著，李壮英译：《诗式校注》，齐鲁书社，1986 年。

[唐]魏徵：《隋书》，中华书局，2000 年。

[唐]李延寿：《南史》，中华书局，2000 年。

[唐]李延寿：《北史》，中华书局，2000 年。

[唐]实叉难陀译，林世田等点校：《华严经》，宗教文化出版社，2001 年。

[南唐]静、筠二僧编，张华点校：《祖堂集》，中州古籍出版社，2001 年。

[南唐]静、筠二禅师编撰：《祖堂集》，中华书局，2007 年。

[唐]白居易：《白居易诗集》，吉林大学出版社，2011 年。

[五代]延寿著，刘泽亮点校整理：《永明延寿禅师全书》，宗教文化出版社，2008 年。

[宋]范质等：《宋会要》，广雅书局本。

[宋]晁说之：《景迂生集》，文渊阁四库全书集部第 1118 册。

[宋]欧阳修撰，胡柯辑：《欧阳文忠公全集》，清光绪十九年澹雅书局刻本。

[宋]叶梦得：《石林居士建康集》，清宣统三年刻本。

[宋]王安石：《临川先生文集》，中华书局，1959 年。

[宋]郭若虚：《图画见闻录》，人民美术出版社，1963 年。

[宋]王安石：《王文公文集》，上海人民出版社，1974 年。

[宋]李焘：《续资治通鉴长编》，中华书局，1979—1992 年。

[宋]张孝祥：《于湖居士文集》，上海古籍出版社，1980 年。

[宋]陆九渊：《陆九渊集》，中华书局，1980 年。

[宋]文莹撰：《湘山野录》，中华书局，1984 年。

[宋]文莹撰：《玉壶清话》，中华书局，1984 年。

[宋]普济著，苏渊雷点校：《五灯会元》，中

华书局,1984年。

[宋]马令:《南唐书》,中华书局,1985年。

[宋]黎清德编:《朱子语类》,中华书局,1986年。

[宋]苏轼:《苏轼文集》,中华书局,1986年。

[宋]苏轼:《苏东坡全集》,中国书店,1986年。

[宋]苏颂:《苏魏公文集》,中华书局,1988年。

[宋]张敦颐著,王进珊校点:《六朝事迹编类》,南京出版社,1989年。

[宋]张伯端:《悟真篇浅解(外三种)》,中华书局,1990年。

[宋]苏辙:《苏辙集》,中华书局,1990年。

[宋]王溥:《唐会要》,上海古籍出版社,1991年。

[宋]叶梦得:《石林诗话》,中华书局,1991年。

[宋]文莹:《湘山野录》,中华书局,1991年。

[宋]宋敏求编,洪丕谟等点校:《唐大诏令集》,学林出版社,1992年。

[宋]路振撰:《九国志》,广陵书社,1995年。

[宋]苏轼:《苏轼散文全集》,今日中国出版社,1996年。

《宋大诏令》,中华书局,1997年。

[宋]赞宁:《宋高僧传》,中华书局,1997年。

[宋]赵汝愚编:《宋朝诸臣奏议》,上海古籍出版社,1999年。

[宋]王安石:《王安石全集》,上海古籍出版社,1999年。

[宋]欧阳修、宋祁:《新唐书》,中华书局,2000年。

[宋]陆游:《南唐书》,中华书局,2000年。

[宋]道原著,妙音、文雄点校:《景德传灯录》,成都古籍书店,2000年。

[宋]薛居正等撰:《旧五代史》,中华书局,2003年。

[宋]苏轼:《东坡志林》,三秦出版社,2004年。

[宋]王溥撰:《五代会要》,上海古籍出版

社,2006年。

[宋]曾极撰,[清]余宾硕撰:《金陵百咏 金陵览古》,大众文艺出版社,2006年。

[宋]周应合撰,王晓波、李勇先、张保见等点校:《景定建康志》,四川大学出版社,2007年。

[宋]宋敏求编:《唐大诏令集》,中华书局,2008年。

[宋]黄庭坚著,郑永晓整理:《黄庭坚全集辑校编年》上,江西人民出版社,2008年。

[宋]司马光编纂:《资治通鉴》,岳麓书社,2009年。

[宋]周应合:《景定建康志》,南京出版社,2009年。

[宋]马令、陆游:《南唐书(两种)》,南京出版社,2010年。

[宋]叶适:《叶适集》,中华书局,2010年。

[宋]李之仪:《姑溪居士文集》,北京出版社,2010年。

[宋]苏轼著,李之亮笺注:《苏轼文集编年笺注》,巴蜀书社,2011年。

[宋]司马光编著:《资治通鉴》,中华书局,2013年。

[宋]李心传:《建炎以来系年要录》,中华书局,2013年。

[宋]洪迈:《容斋随笔》,上海古籍出版社,2015年。

[元]虞集:《道园学古录》,《四部丛刊初编》集部第235—236册,上海书店,1926年。

[元]脱脱等:《宋史》,中华书局,2000年。

[元]张铉纂修:《至正金陵新志》,北京图书馆出版社,2006年。

[元]张铉修纂,李勇先、王会豪、周斌点校:《至正金陵新志》,四川大学出版社,2009年。

[元]大䜣:《蒲室集》,影印文渊阁四库全书第1204册。

[明]朱彝尊:《曝书亭集》,商务印书馆,1935年。

[明]宋濂等:《元史》,中华书局,1976年。

[明]宋奎光:《径山志》,台北明文书局,1980年。

[明]卢熊:《苏州府志》,载杜洁祥主编:《中国佛寺史志汇刊》第1辑第42册,台北明文书局,1980年。

[明]周永年编:《吴都法乘》,台北新文丰出

版公司,1987 年。

[明]宋濂:《宋学士文集》,上海书店,1989 年。

[明]张溥编,[清]吴汝纶选:《中华传世文选·汉魏六朝百三家集选》,吉林人民出版社,1998 年。

[明]叶溥、张孟敬编纂:《福州府志》,海风出版社,2001 年。

[明]顾起元:《客座赘语》,凤凰出版社,2005 年。

[明]王阳明撰,吴光、姚延福等编校:《王阳明全集》,上海古籍出版社,2006 年。

[明]陈沂撰,欧阳摩一点校:《金陵古今图考》,南京出版社,2006 年。

[明]葛寅亮撰,何孝荣点校:《金陵梵刹志》,天津人民出版社,2007 年。

[明]王夫之评选,张国星点校:《古诗评选》,河北大学出版社,2008 年。

[明]顾起元:《客座赘语》,南京出版社,2009 年。

[明]葛寅亮:《金陵梵刹志》,南京出版社,2011 年。

[明]王夫之:《宋论》,中华书局,2013 年。

[明]凌濛初辑:《东坡禅喜集》,四库全书存目丛书集部第 11 册。

[明]李贤:《明一统志》,钦定四库全书史部十一地理类。

[明]王一化纂,程嗣功修:《万历应天府志》,《金陵全书·甲编·方志类·府志》,南京出版社,2011 年。

[明]徐必达:《金陵全书·南京都察院志》,南京出版社,2015 年。

[清]李兴元:《吉安府志》,顺治年间刻本。

[清]曹膏:《奉化县志》,乾隆三十八年刻本。

[清]嵇璜等:《钦定续通志》,四库全书本。

[清]际祥:《敕建净慈寺志》,钱塘丁氏嘉惠堂刊本。

[清]穆彰阿等修:《嘉庆重修大清一统志》,商务印书馆,1934 年。

[清]徐松等辑:《宋会要辑稿》,中华书局,1957 年。

[清]钱谦益编著:《列朝诗集小传》,上海古籍出版社,1959 年。

[清]卓尔堪选辑:《明遗民诗》,中华书局,1961 年。

[清]闻性道,德介撰:《天童寺志》,台北明文书局,1980年。

[清]王文诰辑注:《苏轼诗集》,中华书局,1982年。

[清]吴任臣:《十国春秋》第一册,中华书局,1983年。

[清]董诰等编:《全唐文》,中华书局,1983年。

[清]王昶辑:《金石萃编》第3册,中国书店,1985年。

[清]黄宗羲:《宋元学案》,中华书局,1986年。

[清]朱畯修,冯煦纂:《中国地方志集成·江苏府县志辑·光绪溧阳县续志》,光绪二十五年(1899年)活字印本。

[清]董诰等编:《全唐文·唐文拾遗》第67卷,上海古籍出版社,1990年。

[清]赵翼著,栾保群、吕宗力校点:《陔余丛考》,河北人民出版社,1990年。

[清]李景峄、陈鸿寿修,史炳、史津纂:《嘉庆溧阳县志》,江苏古籍出版社,1991年。

[清]谢延庚、吕宪秋修,贺廷寿、唐毓和纂:《光绪六合县志》,江苏古籍出版社,1991年。

[清]张绍棠修,萧穆等纂:《光绪续纂句容县志》,江苏古籍出版社,1991年。

[清]傅观光等修,丁维诚纂:《光绪溧水县志》,江苏古籍出版社,1991年。

[清]袁枚:《袁枚全集》第七册《红豆村人诗稿》,江苏古籍出版社,1993年。

[清]陈邦彦选编:《历代题画诗》下卷,北京古籍出版社,1996年。

[清]叶封:《少林寺志》,江苏广陵古籍刻印社,1997年。

[清]钱澄之著,彭君华校点:《田间文集》,黄山书社,1998年。

[清]彭定求等编:《全唐诗》,中华书局,1999年。

[清]雍正编著,史原朋主编:《雍正御制佛教大典》,中国社会科学出版社,2004年。

[清]何文焕辑:《历代诗话》下,中华书局,2004年。

[清]顾炎武:《肇域志》第1册,上海古籍出版社,2004年。

[清]顾祖禹:《读史方舆纪要》,中华书局,2005年。

[清]孙文川:《南朝佛寺志》,广陵书社,

2006年。

[清]谢元福辑:《灵谷禅林志》,广陵书社,2006年。

[清]曹寅、彭定求等编:《全唐诗》,中华书局,2008年。

[清]王士禛:《渔洋精华录集注》上册,齐鲁书社,2009年。

[清]陈文述撰,管军波、欧阳摩一点校:《秣陵集》,南京出版社,2009年。

[清]黄之隽编纂,赵弘恩监修:《乾隆江南通志》,广陵书社,2010年。

张惠衣:《金陵大报恩寺塔志》,南京出版社,2007年。

寄禅:《寄禅大师文汇》,华夏出版社,2012年。

三 近现代论著

〔日〕上野清著,张绂译述:《佛教哲学》,商务印书馆,1925年。

〔日〕宇井伯寿:《禅宗史研究》,东京岩波书店,1935年。

〔苏〕奥西波夫:《十世纪前印度简史》,生活·读书·新知三联书店,1957年。

〔日〕阿部肇一:《中国禅宗史の研究——南宗禅成立以后の政治社会史的考察》,东京诚信书房,1963年。

〔德〕马克斯·韦伯:《宗教社会学》(*The Sociology of Religion*),波士顿灯塔出版社(Beacon Press),1964年。

〔日〕柳田圣山:《初期禅宗史书の研究》,京都禅文化研究所,1965年。

〔日〕关口真大:《达摩大师の研究》,东京岩波书店,1965年。

〔日〕道端良秀:《中国佛教与社会福利事业》,京都法藏馆,1967年。

〔日〕野上俊静等著,释圣严译:《中国佛教史概说》,京都平乐寺书店,1968年。

张曼涛主编:《现代佛教学术丛刊》,台北大乘文化出版社,1976—1980年。

〔日〕柳田圣山:《绝观论》,京都禅文化研究所,1976年。

吕澂:《中国佛学源流略讲》,中华书局,1979年。

郭绍虞:《宋诗话考》,中华书局,1979年。

华东师范大学古籍整理研究室选编校点:《历代书法论文选》,上海书画出版社,1979年。

〔日〕筱原寿雄:《北宗禅と南宗禅》,载《讲座敦煌8:敦煌佛典と禅》,东京大东出版社,1980年。

陈寅恪:《金明馆丛稿初编》,上海古籍出版社,1980年。

楼宇烈:《王弼集校释》,中华书局,1980年。

〔法〕卢梭:《社会契约论》,商务印书馆,1980年。

中国佛教协会:《中国佛教》第一辑,知识出版社,1980年。

北京大学哲学系美学教研室编:《中国美学史资料选编》上,中华书局,1980年。

丁传靖辑:《宋人轶事汇编》,中华书局,1981年。

〔日〕村上专精著,杨曾文译,汪向荣校:《日本佛教史纲》,商务印书馆,1981年。

龙榆生:《唐宋名家词选》,上海古籍出版社,1982年。

汤用彤:《隋唐佛教史稿》,中华书局,1982年。

于安澜编:《画品丛书》,人民美术出版社,1982年。

逯钦立辑校:《先秦汉魏晋南北朝诗》(全三册),中华书局,1983年。

吴汝钧:《佛学研究方法论》,台北学生书局,1983年。

钱锺书:《谈艺录》,中华书局,1984年。

〔日〕中村元主编:《中国佛教发展史》,台北天华出版事业股份有限公司,1984年。

中国佛教协会编:《弘一法师》,文物出版社,1984年。

任继愈主编:《中国佛教史》,中国社会科学出版社,1985—1988年。

苏渊雷:《易学会通》,中州古籍出版社,1985年。

郑文宝编:《江南余载》,中华书局,1985年。

葛兆光:《禅宗与中国文化》,上海人民出版社,1986年。

何兹全主编:《五十年来汉唐佛教寺院经济研究》,北京师范大学出版社,1986年。

〔美〕萨拜因:《政治学说史》,商务印书馆,1986年。

张曼涛主编:《佛教与中国文化》,上海书店,1987年。

刘世珩:《南朝寺考》,台北新文丰出版公司,1987年。

〔德〕马克斯·韦伯:《新教伦理与资本主义精神》,生活·读书·新知三联书店,1987年。

何国铨:《中国禅学思想研究——宗密禅教一致理论与判摄问题之讨论》,台北文津出版社,1987年。

孙昌武:《佛教与中国文学》,上海人民出版社,1988年。

方立天:《中国佛教与传统文化》,上海人民出版社,1988年。

〔美〕罗尔斯:《正义论》,中国社会科学出版社,1988年。

贵阳市杨龙友纪念文集编写组:《杨龙友纪念文集》,贵州人民出版社,1988年。

梁启超:《饮冰室合集》,中华书局,1989年。

傅伟勋:《从西方哲学到禅佛教》,生活·读书·新知三联书店,1989年。

傅伟勋:《从传统到现代——佛教伦理与现代社会》,台北东大图书股份有限公司,1989年。

黄心川:《印度哲学史》,商务印书馆,1989年。

〔美〕奥戴:《宗教社会学》,中国社会科学出版社,1990年。

冉云华:《中国禅学研究论集》,台北东初出版社,1990年。

杨惠南:《佛学的革命——六祖坛经》,河北人民出版社,1990年。

邓克铭:《法眼文益禅师之研究》,台北东初出版社,1990年。

李国钧主编:《中华书法篆刻大辞典》,湖南教育出版社,1990年。

正果:《禅宗大意(第二版)》,中国佛教协会,1990年。

谢重光、文固:《中国僧官制度史》,青海人民出版社,1990年。

〔日〕池田大作:《我的佛教观》,四川人民出版社,1990年。

徐世昌:《晚晴簃诗汇》,中华书局,1990年。

〔德〕贝格尔:《神圣的帷幕:宗教社会学理论之要素》,上海人民出版社,1991年。

石峻等编:《中国佛教思想资料选编》,中华书局,1991年。

赖永海:《佛学与儒学》,浙江人民出版社,1992年。

潘桂明:《中国禅宗思想历程》,今日中国出版社,1992年。

陈兵:《佛教禅学与东方文明》,上海人民出版社,1992年。

麻天祥:《晚清佛学与近代社会思潮》,台北文津出版社,1992年。

徐小跃:《禅与老庄》,浙江人民出版社,1992年。

罗香林:《唐代文化史研究(影印本)》,上海文艺出版社,1992年。

孙述圻:《六朝思想史》,南京出版社,1992年。

一诚主编:《云居山新志》,中国文史出版社,1992年。

邢东风:《禅悟之道——南宗禅学研究》,中国人民大学出版社,1992年。

〔日〕村上专精:《日本佛教史》,商务印书馆,1992年。

〔日〕内藤湖南:《概括的唐宋时代观》,中华书局,1992年。

高振农:《大乘起信论校释》,中华书局,1992年。

梅良勇、王思义主编:《中国哲学通史纲要》,东南大学出版社,1993年。

顾吉辰:《宋代佛教史稿》,中州古籍出版社,1993年。

司徒尚纪:《广东文化地理》,广东人民出版社,1993年。

王亭彦辑:《普陀洛迦新志》,江苏广陵古籍印刻社,1993年。

冯友兰:《冯友兰集》,群言出版社,1993年。

徐复观:《徐复观集》,群言出版社,1993年。

蒙培元:《中国哲学主体性思维》,人民出版社,1993年。

韩西山:《张孝祥年谱》,安徽人民出版社,1993年。

中国书画全书编纂委员会编:《中国书画全书》第一册,上海书画出版社,1993年。

秦启明编:《弘一大师李叔同讲演集》,中国广播电视出版社,1993年。

李泽厚:《中国古代思想史论》,安徽文艺出版社,1994年。

四川大学中文系唐宋文学研究室编:《苏轼资料汇编》,中华书局,1994年。

〔日〕忽滑谷快天:《中国禅学思想史》,上海古籍出版社,1994年。

洪修平:《中国禅学思想史纲》,南京大学出版社,1994年。

南京市地方志编纂委员会编纂:《南京建置志》,海天出版社,1994年。

郭朋:《中国佛教思想史》,福建人民出版社,1994—1995年。

《马克思恩格斯选集》,人民出版社,1995年。

汤一介编选:《汤用彤选集》,天津人民出版社,1995年。

洪修平:《中国佛教文化历程》,江苏教育出版社,1995年。

冉云华:《从印度佛教到中国佛教》,台北东大图书股份有限公司,1995年。

[清]沈复:《浮生六记》,湖南文艺出版社,1996年。

贵州省历史文献研究会、弘福寺黔灵丛书编委会编:《黔灵丛书之一·黔灵山志》,贵州省地图印刷厂印刷,1996年。

刘梦溪主编:《中国现代学术经典·汤用彤卷》,河北教育出版社,1996年。

刘梦溪主编:《中国现代学术经典·欧阳渐卷》,河北教育出版社,1996年。

洪修平释译:《肇论》,台北佛光出版社,1996年。

〔日〕柳田圣山著,吴汝钧译:《中国禅思想史》,台北台湾商务印书馆,1995年。

胡如雷:《隋唐五代社会经济史稿》,中国社会科学出版社,1996年。

〔日〕池田大作:《宗教与社会》,四川人民出版社,1996年。

汤用彤:《汉魏两晋南北朝佛教史》,北京大学出版社,1997年。

冯天瑜等主编:《湖北历代思想家评传》,武汉出版社,1997年。

沈玉成等编:《中国历代僧诗全集》,当代中国出版社,1997年。

麻天祥:《中国禅宗思想发展》,湖南教育出版社,1997年。

刘宝金:《中国佛典通论》,河北教育出版社,1997年。

姜义华主编:《胡适学术文集·中国佛教史》,中华书局,1997年。

洪修平、孙亦平:《如来禅》:浙江人民出版社,1997年。

顾伟康:《禅净合一流略》,台北东大图书股份有限公司,1997年。

陈谷嘉、邓洪波主编:《中国书院制度研究》,浙江教育出版社,1997年。

宋林飞:《西方社会学理论》,南京大学出版社,1997年。

潘运告主编:《汉魏六朝书画论》,湖南美术出版社,1997年。

〔日〕近藤秀实、何庆先编:《〈图绘宝鉴〉校勘与研究》,江苏古籍出版社,1997年。

金梅:《悲欣交集——弘一法师传》,上海文艺出版社,1997年。

张弓:《汉唐佛寺文化史》,中国社会科学出版社,1997年。

任继愈主编:《中华传世文选·汉魏六朝百三家集选》,吉林人民出版社,1998年。

太虚著,印永清编:《太虚学术论著》,浙江人民出版社,1998年。

吴立民主编:《禅宗宗派源流》,中国社会科学出版社,1998年。

何建明:《佛法观念的近代调适》,广东人民出版社,1998年。

苏晋仁:《佛教文化与历史》,中央民族大学出版社,1998年。

陈谷嘉、邓洪波主编:《中国书院史资料》,浙江教育出版社,1998年。

北京大学古文献研究所编:《全宋诗》,北京大学出版社,1998年。

俞剑华:《中国古代画论类编》,人民美术出版社,1998年。

陈良运主编:《中国历代诗学论著选》,百花洲文艺出版社,1998年。

太虚:《怎样建设人间佛教》,《太虚大师全书》第47册,台北善导寺佛经流通处,1998年。

赖永海:《中国佛性论》,中国青年出版社,1999年。

赖永海:《中国佛教文化论》,中国青年出版社,1999年。

周裕锴:《禅宗语言》,浙江人民出版社,1999年。

姜伯勤:《石濂大汕与澳门禅史》,学林出版社,1999年。

劳政武:《佛教戒律学》,宗教文化出版社,1999年。

王月清:《中国佛教伦理研究》,南京大学出版社,1999年。

冉云华:《永明延寿》,台北东大图书股份有限公司,1999年。

余英时:《论士衡史》,上海文艺出版社,1999年。

张春林编:《陆游全集》,中国文史出版社,1999年。

曹宝麟:《中国书法史·宋辽金卷》,江苏教育出版社,1999年。

谢重光:《中古佛教僧官制度和社会生活》,商务印书馆,2009年。

〔英〕罗素:《哲学问题》,商务印书馆,1999年。

〔法〕涂尔干:《宗教生活的基本形式》,上海人民出版社,1999年。

赖永海:《中国佛教百科全书》,上海古籍出版社,2000年。

洪修平:《禅宗思想的形成与发展》,江苏古籍出版社,2000年。

严耀中:《江南佛教史》,上海人民出版社,2000年。

丁福保编:《佛学大辞典》,上海书店出版社,2000年。

周绍良主编:《全唐文新编》,吉林文史出版社,2000年。

〔英〕渥德尔:《印度佛教史》,商务印书馆,2000年。

业露华:《中国佛教伦理思想》,上海社会科学院出版社,2000年。

戴康生、彭耀主编:《宗教社会学》,社会科学文献出版社,2000年。

洪修平:《禅宗思想的形成与发展(修订本)》,江苏古籍出版社,2000年。

严耀中:《江南佛教史》,上海人民出版社,2000年。

张勇:《傅大士研究》,巴蜀书社,2000年。

李祥俊:《王安石学术思想研究》,北京师范大学出版社,2000年。

张育英:《中国佛道艺术》,宗教文化出版社,2000年。

王朝闻主编:《中国美术史·魏晋南北朝卷》,齐鲁书社,2000年。

潘桂明:《中国居士佛教史》,中国社会科学出版社,2000年。

季伏昆编:《中国书论辑要》,江苏美术出版社,2000年。

上海古籍出版社编:《宋元笔记小说大观》,上海古籍出版社,2001年。

潘桂明、吴忠伟:《中国天台宗通史》,江苏古籍出版社,2001年。

魏道儒:《中国华严宗通史》,江苏古籍出版社,2001年。

董群:《慧能与中国文化》,贵州人民出版社,2001年。

吴雁南等编:《中国经学史》,福建人民出版社,2001年。

孙尚扬:《宗教社会学》,北京大学出版社,2001年。

陈寅恪:《隋唐制度渊源略论稿 唐代政治史述论稿》,生活·读书·新知三联书店,2001年。

陈寅恪:《金明馆丛稿二编》,生活·读书·新知三联书店,2001年。

〔美〕包弼德·斯文:《唐宋思想的转型》,江苏人民出版社,2001年。

孙昌武:《文坛佛影》,中华书局,2001年。

王启兴主编:《校编全唐诗》,湖北人民出版社,2001年。

吴言生:《禅宗哲学象征》,中华书局,2001年。

太虚:《法相唯识学》,商务印书馆,2002年。

吕澂:《印度佛学源流略讲》,上海人民出版社,2002年。

邹同庆、王宗堂:《苏轼词编年校注》,中华书局,2002年。

洪修平:《国学举要·佛卷》,湖北教育出版社,2002年。

陈扬炯:《中国净土宗通史》,江苏古籍出版社,2002年。

《国家图书馆古籍文献丛刊·宋藏遗珍》,

全国图书馆文献缩微复制中心,2002年。

任继愈主编:《佛教大辞典》,江苏古籍出版社,2002年。

陈垣:《明季滇黔佛教考》,河北教育出版社,2002年。

张先昌:《隋史稿》,高等教育出版社,2002年。

方立天:《中国佛教哲学要义》,中国人民大学出版社,2002年。

许明编著:《中国佛教经论序跋记集》,上海辞书出版社,2002年。

吴平编著:《名家说禅》,上海社会科学院出版社,2002年。

漆侠:《宋学的发展和演变》,河北人民出版社,2002年。

印顺:《中国禅宗史》,江西人民出版社,2002年。

南怀瑾:《禅海蠡测》,复旦大学出版社,2002年。

白文固、赵春娥:《中国古代僧尼名籍制度》,青海人民出版社,2002年。

〔日〕忽滑谷快天撰,朱谦之译:《中国禅学思想史》,上海古籍出版社,2002年。

潘运告主编:《明代画论》,湖南美术出版社,2002年。

吴为山:《雕琢者说》,中国社会科学出版社,2002年。

卢海鸣:《六朝都城》,南京出版社,2002年。

印顺:《佛法概论》,上海古籍出版社,2003年。

北京大学哲学系中国哲学史教研室选注:《中国哲学史教学资料选辑》,中华书局,2003年。

方广锠主编:《藏外佛教文献》第8辑,宗教文化出版社,2003年。

陈永革:《佛教弘化的现代转型》,宗教文化出版社,2003年。

霍韬晦:《现代佛学》,中国社会科学出版社,2003年。

〔英〕伯林:《自由论》,译林出版社,2003年。

王恩洋:《中国佛教与唯识学》,宗教文化出版社,2003年。

童星:《现代社会学理论新编》,南京大学出版社,2003年。

王仲荦:《魏晋南北朝史》,上海人民出版社,2003年。

游彪:《宋代寺院经济史稿》,河北大学出版社,2003年。

王永会:《中国佛教僧团发展及其管理研究》,巴蜀书社,2003年。

周叔迦:《释家艺文提要》,北京古籍出版社,2004年。

赖永海:《中国佛教与哲学》,宗教文化出版社,2004年。

蓝吉富主编:《禅宗全书》,北京图书馆出版社,2004年。

李映辉:《唐代佛教地理研究》,湖南大学出版社,2004年。

孙亦平:《杜光庭思想与唐宋道教的转型》,南京大学出版社,2004年。

高令印:《中国禅学通史》,宗教文化出版社,2004年。

徐文明:《中土前期禅学思想史》,北京师范大学出版社,2004年。

傅璇琮等编:《五代史书汇编》,杭州出版社,2004年。

〔法〕谢和耐:《中国5—10世纪的寺院经济》,上海古籍出版社,2004年。

明尧、明洁编校:《禅宗六代祖师传灯法本》,河北禅学研究所,2004年。

杭州佛学院编:《吴越佛教学术研讨会论文集》,宗教文化出版社,2004年。

元音老人:《大手印浅释》,宗教文化出版社,2004年。

刘向阳编:《禅诗三百首》,大众文艺出版社,2004年。

胡顺萍:《永明延寿"一心"思想之内涵要义与理论建构》,台北万卷楼图书股份有限公司,2004年。

林树中:《六朝艺术》,南京出版社,2004年。

于石:《中国传统节日诗词三百首》,广东人民出版社,2004年。

廖养正:《中国历代名僧诗选》,中国书籍出版社,2004年。

觉醒:《觉群·学术论文集》第4辑,宗教文化出版社,2004年。

太虚:《太虚大师全书》,宗教文化出版社,2005年。

任继愈:《任继愈禅学论集》,商务印书馆,2005年。

净慧:《双峰禅话》,上海辞书出版社,2005年。

钱穆:《国学概论》,商务印书馆,2005年。

萧驰:《佛法与诗境》,中华书局,2005年。

邓文宽校注:《六祖坛经敦煌〈坛经〉读本》,辽宁教育出版社,2005年。

林霄选编:《唐宋元明清名家词选》,贵州民族出版社,2005年。

《大正新修大藏经》,河北省佛教协会,2005年。

严耀中:《中国东南佛教史》,上海人民出版社,2005年。

刘长东:《宋代佛教政策论稿》,巴蜀书社,2005年。

杭州佛学院编:《永明延寿大师研究》,宗教文化出版社,2005年。

〔荷〕许理和:《佛教征服中国》,江苏人民出版社,2005年。

叶皓主编:《金陵颂:历代名家咏南京诗文精选》,南京出版社,2005年。

方立天:《方立天文集1:魏晋南北朝佛教》,中国人民大学出版社,2006年。

陈荣捷:《中国哲学文献选编》,江苏教育出版社,2006年。

《大藏新纂卍续藏经》,河北省佛教协会,2006年。

杨曾文:《宋元禅宗史》,中国社会科学出版社,2006年。

杨曾文:《唐五代禅宗史》,中国社会科学出版社,2006年。

杨曾文、蒋明忠主编:《马祖道一与中国禅宗文化》,中国社会科学出版社,2006年。

杜继文:《佛教史》,江苏人民出版社,2006年。

杨英:《金陵书画札记》,中国文史出版社,2006年。

洪修平、孙亦平:《惠能评传》,南京大学出版社,2006年。

李向平:《中国当代宗教的社会学诠释》,上海人民出版社,2006年。

江灿腾:《晚明佛教改革史》,广西师范大学出版社,2006年。

龚隽:《禅史钩沉——以问题为中心的思想史论述》,生活·读书·新知三联书店,2006年。

杨勇校笺:《洛阳伽蓝记校笺》,中华书局,2006年。

刘德清:《欧阳修纪年录》,上海古籍出版社,2006年。

弘学选编:《中国佛教高僧名著精选》,巴蜀书社,2006年。

谭世宝:《澳门文化探真》,中华书局,2006年。

郭绍林:《唐代士大夫与佛教(增补本)》,三秦出版社,2006年。

司马琪主编:《十家论佛》,上海人民出版社,2006年。

张凤阳:《政治哲学关键词》,江苏人民出版社,2006年。

姚亦锋:《南京城市地理变迁及现代景观》,南京大学出版社,2006年。

汤用彤:《隋唐佛教史稿》,江苏教育出版社,2007年。

周绍良主编:《唐代墓志汇编续集》,上海古籍出版社,2007年。

方立天:《寻觅性灵——从文化到禅宗》,北京师范大学出版社,2007年。

杜继文、魏道儒:《中国禅宗通史》,江苏人民出版社,2007。

〔日〕浮田和民讲述,李浩生翻译,邬国义编校:《史学通论四种》,华东师范大学出版社,2007年。

杨维中:《中国佛教心性论研究》,宗教文化出版社,2007年。

李承贵:《儒士视域中的佛教——宋代儒士佛教观研究》,宗教文化出版社,2007年。

万绳楠整理:《陈寅恪魏晋南北朝史讲演》,贵州人民出版社,2007年。

蒙思明:《魏晋南北朝的社会》,上海世纪出版集团,2007年。

严耀中:《佛教戒律与中国社会》,上海古籍出版社,2007年。

林大志:《四萧研究——以文学为中心》,中华书局,2007年。

卢辅圣主编:《书法研究》总第136期,上海书画出版社,2007年。

潘运告编注:《中国历代画论选》,湖南美术出版社,2007年。

俞剑华注译:《宣和画谱》,江苏美术出版社,2007年。

汤用彤:《汉魏两晋南北朝佛教史》,武汉大学出版社,2008年。

吕澂:《中国佛学源流略讲》,中华书局,

2008 年。

蒋维乔:《中国佛教史》,广陵书社,2008 年。

陈垣:《释氏疑年录》,广陵书社,2008 年。

葛兆光:《增定本中国禅思想史——从六世纪到十世纪》,上海古籍出版社,2008 年。

冯学成:《云门宗史话》,南方日报出版社,2008 年。

杜继文:《汉译佛教经典哲学》,江苏人民出版社,2008 年。

张勇、洪修平:《禅偈百则》,中华书局,2008 年。

董群:《中国三论宗通史》,凤凰出版传媒集团、凤凰出版社,2008 年。

净慧主编:《虚云和尚全集》(全十二册),河北禅学研究所,2008 年。

王仲荦:《隋唐五代史》,上海人民出版社,2008 年。

杨天保:《金陵王学研究——王安石早期学术思想的历史考察(1021—1067)》,上海人民出版社,2008 年。

邓广铭:《宋史十讲》,中华书局,2008 年。

赵文竹整理:《空谷足音——体光禅师开示录》,江西青原山净居寺倡印,2008 年。

〔日〕伊藤隆寿、林鸣宇:《肇论集解令模钞校释》,上海古籍出版社,2008 年。

黄奎:《中国禅宗清规》,宗教文化出版社,2008 年。

高长江:《全球化时代的宗教冲突与对话》,中国社会科学出版社,2008 年。

江苏省地方志编纂委员会:《江苏省志・人物志》,凤凰出版社,2008 年。

胡适:《胡适讲国学》,吉林人民出版社,2009 年。

杨国荣:《庄子的思想世界》,华东师范大学出版社,2009 年。

〔美〕罗伯特・沙夫:《走进佛教——〈宝藏论〉解读》,上海古籍出版社,2009 年。

〔美〕保罗・L. 史万森著,史文、罗同兵译:《天台哲学的基础——二谛论在中国佛教的成熟》,上海古籍出版社,2009 年。

净慧主编:《虚云和尚全集》(全 9 册),中州古籍出版社,2009 年。

潘桂明:《中国佛教思想史稿》(全三卷),江苏人民出版社,2009 年。

南京市地方志编委会办公室编:《南京通史·六朝卷》,南京出版社,2009年。

陈葆真:《李后主和他的时代:南唐艺术与历史》,北京大学出版社,2009年。

蒋方:《李璟 李煜集》,凤凰出版传媒集团、凤凰出版社,2009年。

曹利华、乔何编著:《书法美学资料选注》,陕西人民出版社,2009年。

王仲闻校订:《南唐二主词校订》,中华书局,2009年。

赖贤宗:《佛教诠释学》,北京大学出版社,2009年。

纯闻主编:《上虚下云老和尚佛学思想研究论文集》(内部资料),云居山佛学研究苑打印本,2009年。

谢重光:《中古佛教僧官制度和社会生活》,商务印书馆,2009年。

王铁钧:《中国佛典翻译史稿》,中央编译出版社,2009年。

郭延成:《永明延寿"一心"与中观思想交涉》,南开大学博士论文,2009年。

赖永海主编,赵锭华译注:《解深密经》,中华书局,2010年。

赖永海主编:《中国佛教通史》,江苏人民出版社,2010年。

赖永海主编,尚荣译注:《坛经》,中华书局,2010年。

祝尚书编:《宋集序跋汇编》第4册,中华书局,2010年。

叶皓:《佛都金陵》,南京出版社,2010年。

印顺:《中观论颂》,中华书局,2011年。

张志刚:《当代宗教冲突与对话研究》,经济科学出版社,2011年。

薛政超:《五代金陵史研究》,中央编译出版社,2011年。

善从编:《中国皇帝全传》,中国华侨出版社,2011年。

潘忠荣主编:《桐城明清诗选》,安徽美术出版社,2011年。

方立天:《方立天文集》,中国人民大学出版社,2012年。

徐小跃:《禅与老庄》,江苏人民出版社,2012年。

〔日〕加藤繁著,吴杰译:《中国经济史考证》,中华书局,2012年。

杭州地方志办公室编:《玉岑山慧因高丽华严教寺志》,西泠印社,2012年。

黄诚:《法眼宗研究》,巴蜀书社,2012年。

傅慧敏:《中国古代绘画理论解读》,上海人民美术出版社,2012年。

刘峰:《刘峰著作全集》,社会科学文献出版社,2013年。

徐建融、刘毅强主编:《海派书画文献汇编》,上海辞书出版社,2013年。

程国政:《中国古代建筑文献集要:先秦—五代》,同济大学出版社,2013年。

于茂高主编:《牛首山诗词》,南京出版社,2013年。

王鹏善编著:《钟山诗文集》,东南大学出版社,2013年。

郑昶:《中国画学全史》,湖南大学出版社,2014年。

管士光编注:《李白诗集新注》,上海三联书店,2014年。

韩达编著:《古代哲理诗词三百首》,中国国际广播出版社,2014年。

陆云达编著:《中国美术简史》,中国文史出版社,2014年。

〔日〕气贺泽保规著,石晓军译:《绚烂的世界帝国:隋唐时代》,广西师范大学出版社,2014年。

南京佛教通史

（明清民国卷 上）

赖永海 总主编

张华 主编

创于1897
商務印書館
The Commercial Press

目录

绪　论　1

第一章　明代南京佛教与社会　3

第一节　5　元明鼎革之世:由乱而治
第二节　12　明代南京的崛起与变迁:从首都到留都
第三节　23　明代南京佛教的分期

第二章　明初帝王与南京佛教　31

第一节　33　洪武帝与佛教
第二节　82　建文帝与佛教
第三节　135　永乐帝与佛教

第三章　明初江南高僧群的崛起　181

第一节　184　明初应召入京的高僧
第二节　204　明初应召的儒僧与僧官
第三节　255　江南高僧群崛起成因及悲剧

第四章　明代南京佛教诸宗演化　277

第一节　279　诸宗传承及其特点
第二节　289　“国初第一宗师”楚石梵琦
第三节　295　云谷法会与江南禅道中兴
第四节　304　雪浪洪恩弘扬华严兼唯识

第五节 310 古心如馨中兴南山律宗

第五章 明代南京士绅社会与三教融合 317

第一节 319 开国文臣宋濂与明初儒佛关系
第二节 356 阳明心学与儒释融合
第三节 377 金陵状元焦竑与泰州学派后劲

第六章 晚明佛教复兴及影响 409

第一节 413 憨山德清与晚明佛教复兴
第二节 494 紫柏真可与晚明佛教中兴
第三节 568 蕅益智旭:晚明佛教复兴殿军
第四节 582 晚明江南居士佛教群

第七章 明代南京的佛教寺院 593

第一节 597 明代南京佛寺的发展过程
第二节 632 明代的僧官制度与寺院经济
第三节 655 明代南京的佛舍利

绪论

本卷阐述明代、清代及民国三个历史时期内于南京发生或与南京有关的佛教史事，涉及帝王、士大夫及民众各社会阶层的佛教观念和佛教信仰，包括佛教政策、佛教高僧、佛教宗派、佛教寺院、佛教文化等诸方面。时间跨度方面，上限为1368年朱元璋建都南京，登基称帝，下限为1949年中华人民共和国成立。这580余年间，历史变迁巨大，佛教也经历几多兴衰，其中，1840年到1949年属于史家研究的中国近代史范围。要理解明清以至民国这段风云变幻的历史，首先要理解明帝国的开创者朱元璋（1328—1398），而朱元璋的权力崛起于元明鼎革，因此，我们研究时间的上限还要适当向上延伸至朱元璋的出生时代，研究他如何由底层社会逐步登及皇权巅峰，建立大明帝国，并由此洞察朱元璋开创的历史格局和奠定的社会制度，特别是佛教制度如何深刻影响了中国近600年佛教的演变轨迹。

中国于近600年间发生了三次天崩地坼的大变局：一是元末红巾军大起义，朱元璋从风起云涌的农民战争中脱颖而出，平息群雄纷争，推翻元政权，建立大明王朝，恢复了以中原汉民族为主体的统治江山，以至于明初被认为是中华文化复兴时代；二是明清鼎革，大明帝国在李自成率领的农民大起义中覆灭，然而关外的清政权入主中原夺取了胜利果实，建立了中国历史上最后一个多民族、大一统的王朝即大清王朝；三是鸦片战争后，中国沦为半殖民地半封建社会，中国文化经历“五千年亘古未有之变局”，由于西方帝国主义的侵略和西方文化的冲击，全球化进程加深，以孙中山为首的革命党推翻了中国两千多年的封建帝制，缔造了中华民国，中国历史从此进入现代社会，翻开历史的新篇章。

这三次大变局中，两次的结果——朱元璋开创的明朝和孙中山缔造的中华民国，均在南京建立首都，南京遂一时成为全国的政治、经济、文化中心，因而明代佛教和民国佛教也随之形成南京佛教史上的两座高峰。从明代佛教到民国佛教的来龙去脉和兴衰沉浮，其间将近600年的传承与发展究竟如何演化，便成为本卷思考与研究的中心问题。

第一章　明代南京佛教与社会

关于明代南京佛教与社会关系的发展演变，本章从政教关系视角、社会经济视角及思想文化视角这三大视角来观察。首先考察元末明初时代的社会政治背景，其次考察明中晚期的社会经济和思想文化变革对佛教发展的深刻影响。

第一节

元明鼎革之世:由乱而治

佛教作为外来文化,在两汉之际传入中土时已经是一种较为成熟的宗教,后经过与中国本土文化的长期冲突磨合,更结出了新的硕果,形成中国化佛教,并以其博大精深的教义扎根于东土,成为中国历史上众多外来文化中的独占鳌头者。佛教文化从整体上影响了中华民族,其深度与广度,其他外来文化罕有其匹。佛教文化不仅对上层社会产生深刻影响,对底层社会也有潜移默化之功,无论民风、民俗,还是人们的生活方式、思维方式等,无不受其熏染。佛教信仰不仅成为中原汉民族的一大宗教信仰,而且成为藏、蒙、满等众多少数民族赖以生存的精神信仰,尤其是元代以降,进入后弘期的藏传佛教颇为兴盛,元与清政权皆信奉藏传佛教,并以藏传佛教来绥靖蒙藏边疆少数民族,作为维系蒙满藏民族精神纽带的共同信仰。元明鼎革,朱元璋以"驱除鞑虏,恢复中华,立纲陈纪,救济斯民"为口号,其对恢复汉族衣冠、振兴中华文化包括汉地佛教有卓越贡献,但他也未忽视藏传佛教对边疆少数民族的影响力和感召力,与此同时,其对元皇室沉溺藏传佛教的弊政有所警惕,并做大力纠正。此外,朱元璋对其抗元起家的红巾军所凭借的白莲教或明教等民间宗教信仰也有清醒认识,在建国不久就明令加以禁止。

一 | 元末红巾军与白莲教

元代末年,天灾人祸,民不聊生,白莲教、弥勒教等宗教救世口号颇具吸引力,借之,风起云涌的农民战争席卷了中原大地,造就了一个新帝国和一个从底层崛起的新帝王。元末至正十一年(1351),治理黄河泛滥的工地上,爆发了震撼全国的红巾军起义。是年五月,韩山童、刘福通发动民众在颍州揭竿而起,头裹红巾,号称"红巾军",因烧香聚众,亦称"香军"。红巾军共推韩山童为"明王",宣称韩山童为"宋徽宗八世孙,当主中国";并说刘福通是宋朝大将刘光世的后代,辅佐旧主恢复大业。几个月之间，各地纷纷响应，在白莲教徒韩山童“弥勒下生，明王出世”[①]的口号的鼓动下，以红巾为标识，蜂起反抗暴元统治，形成了滔天大势，一时豪强并起，逐鹿中原，相继建国纪元，割据一隅。是年夏，彭莹玉在江淮起义。八月，彭莹玉门徒邹普胜与徐寿辉在蕲州起义，邳州人李二（“芝麻李”）与彭大、赵均用等在徐州起义，皆烧香聚众，以红巾为号。至正十二年（1352）二月，郭子兴亦聚众烧香，成为当地白莲会的首领，与孙德崖等在定远起义，攻占濠州，归刘福通节制。三月，朱元璋栖身的於皇寺焚于兵燹。闰三月，朱元璋投奔濠州从军，时年 25 岁。郭子兴收他为亲兵，授九夫长，并许配义女马氏成亲。

明代的白莲教红巾军派系众多，大体分北系、南系。北系归韩山童、刘福通统领，韩山童被俘死后，刘福通辅佐其子韩林儿建立宋政权。至正十五年（1355）二月，刘福通等迎韩山童之子韩林儿为皇帝，号小明王；国号宋，建元龙凤，都亳州。朱元璋部在郭子兴死后附于小明王韩林儿。南系在徐寿辉率领下攻占长江中下游及浙、闽一带，在蕲水称帝，先建国号宋，不久改为天完。其后陈友谅杀徐寿辉，自立为帝，建国号大汉，改元大义。

朱元璋所建立的大明国号，与其早年所参加的红巾军尊奉的“弥勒下生，明王出世”信条有某种渊源。小明王韩林儿理论上是天下红巾军的共主，故韩林儿在世时朱元璋始终没有称帝，只有在小明王被朱元璋派将领接到南京来，瓜州渡江沉船身亡后，朱元璋才毫无顾忌地登上了皇帝的宝座。然而，朱元璋在无数为之奋斗的红巾军尸骨未寒之时，便发布明令禁止诸民间教派的活动，这自然是由于他从“明教”中来，深知诸民间教派对现行秩序为害之炽烈，因此须以峻法严治之。朱元璋当然不愿重蹈历史的覆辙，在他的高度重视下，洪武三年（1370）颁布《禁淫祠制》，中书省提出了禁止民间教派的奏章：“中书省臣奏：白莲社、明尊教、白云宗，巫觋扶鸾祷圣，书符咒水诸术，并加禁止。庶几左道不兴，民无惑志。诏

① 明教渊源于唐代传入中国的摩尼教，为波斯人摩尼所创，掺和了基督教、祆教、佛教等教义而成。其主要教义为“二宗三际”，认为世界上有明、暗两宗，两种不同力量。明是善，暗是恶，两者互相斗争，经过初际、中际、后际三个阶段。初际时，明、暗两宗形成对立状态。中际时，暗的势力扩大，压迫明的势力。这时明王出世，经过斗争，把暗的恶势力赶走。后际时，明、暗各复本位。明教传入中国后，又与在民间流传的弥勒教、白莲教相混合。弥勒教和白莲教都源自佛教的净土思想。据传，释迦牟尼灭度后，世界进入末法时代，直到未来弥勒佛出世，救度众生。白莲教供奉阿弥陀佛，因其仪轨跟弥勒教相近，所以二者后来在民间流传时也就混合在一起了。明教和弥勒教都主张改变现状，期待着未来美好世界降临。因此，“弥勒下生，明王出世”就成为鼓动和组织群众起义的有力口号。

从之。”[①]又在其后制定的《大明律》中禁止“师巫邪术”：凡师巫假降邪神，书符咒水，扶鸾祷圣，自号端公太保、师婆，及妄称弥勒佛、白莲社、明尊教、白云宗等会，一应左道乱正之术；或隐藏图像，烧香集众，夜聚晓散，佯修善事，煽惑人民，为首者绞，为从者各杖一百，流三千里。[②]

明律制定者对曾经推翻元朝政权的白莲教的作用洞若观火，所谓“邪术一倡，祸炽天下，古有明鉴”，“祸将延蔓，为害不细”，故对以上“左道乱正之术”及其下列举的隐藏（佛老）图像、烧香集众、夜聚晓散等五事一律禁止，严惩不贷。现代中外研究者认为，自明朝初年以迄明末，引起社会动荡最多的民间宗教势力是白莲教，与之相近的则为弥勒教、明教等。这些宗教性组织，在明代不具有合法地位，没有制度化，属于通常所说的“民间宗教”（或称“民众宗教”）。“民间宗教性质的组织在帝制时代的中国是一种弹性巨大的、随时可能发生规模和目标突变的力量。它植根于基层社会，在社会平静的时代表现为有微弱和极度分散组织性的民俗纽带关系；而在国家体制混乱、腐败、衰弱以及社会冲突加剧的情况下，就可能借助其社会影响力谋求独立的权力空间，甚至觊觎国家政权。”[③]

二｜元末宫廷藏传佛教

对于藏传佛教的兴起，史家一般将其分为前弘期和后弘期，前者于唐代一时兴盛，后者绵延不衰于元、明、清。从更广阔的视野看，元明清时期，无论在国家精神信仰还是在政教关系层面，藏传佛教皆扮演着举足轻重的角色。蒙元政权接触藏传佛教始于蒙古灭金之后，窝阔台之子阔端领兵西征，进军乌斯藏。南宋淳祐七年（1247），蒙藏双方代表阔端和萨班举行凉州会谈，西藏和平归附蒙元管辖，正式纳入元朝版图。[④] 元至元七年（1270），元世祖忽必烈封萨迦派萨班的侄子八思巴为帝师，建立了帝师制度，藏传佛教遂成为元朝之国教。

元末统治者因宠溺藏传佛教僧侣贵族而日益腐败。据记载，元朝帝王腐败

---

① 《明太祖实录》卷五三。

② 《大明律》卷十一《礼律一》，“禁止师巫邪术”条。

③ 赵轶峰：《明代国家宗教管理制度与政策研究》，中国社会科学出版社，2008 年，第 329 页。

④ 蒙藏凉州会盟，主要内容即西藏服从蒙古，而保证萨迦派之优位权。

的典型莫过于元顺帝，其骄奢淫逸之表现在他宠幸哈麻，后者向他推荐西番的“运气术”，又名“演揲儿”“大喜乐”。哈麻妹婿秃鲁帖木儿荐西番僧人于顺帝，引导他习“双修法”，于是“帝日从事于其法，广取女妇，惟淫戏是乐”。又选采女裸身跳“十六天魔舞”，并号所处宫室曰“事事无碍宫”。“君臣宣淫，而群僧出入禁中无所禁止，丑声秽行著闻于外，虽市井之人亦恶闻之。”是时天下多事，社会动荡不宁，军旅烦兴，内则帑藏空竭，而顺帝仍“溺于娱乐，不恤政务”。[①] 腐败之风，上行下效。元朝盛行卖官、索贿，此风至后期愈演愈烈。据明人叶子奇云：“台宪官都是用钱买得，一个官位往往开价数千缗。买得官职后，便趁巡视地方之机，公然勒索。”“于是有司承风，上下贿赂，公行如市，荡然无复纪纲矣。”又曰，元末官吏贪污，搜刮钱财名目繁多，“其向人讨钱，各有名目。所属始参曰拜见钱，无事白要曰撒花钱，逢节曰追节钱，生辰曰生日钱，管事而受曰常例钱，送迎曰人情钱，勾追曰赍发钱，论诉曰公事钱。觅得多曰得手，除得州美曰好地方，补得近职曰好窠窟”。叶子奇感叹道：“《春秋》传曰，国家之败，由官邪也；官之失德，宠赂彰也。岂不信夫！”[②]奢侈之风也不免刮进了寺院。元朝皇帝崇佛，佛事开支浩繁。据元人张养浩笔记，武宗至大三年(1310)，朝廷用于佛教的费用，占了“国家经费”的三分之二。[③] 仁宗延祐四年(1317)，宣徽使统计，每年内廷做佛事，要用面四十三万九千五百斤、油七万九千斤、酥二万一千八百七十斤、蜜二万七千三百斤。[④] 仁宗延祐五年(1318)，各寺院做佛事日用羊万头，费用之大，“虽官俸、兵饷不及也”[⑤]。元末皇室及官吏的群体腐败、皇帝的滥赏、佛事的惊人开支等等，势必导致国库空虚，引发财政危机。

来自青藏高原的后弘期藏传佛教毕竟处于复兴期，高僧辈出，仍不乏生机活力，并未因元朝腐朽而衰颓。元帝护持藏传佛教，起初因其扩展疆域、统治西藏的政治需要，到后来亦出于对蒙藏社会的精神统治的需求。[⑥] 不过，元末宫廷宠溺藏传佛教，穷奢极欲，被朱元璋及儒臣认为是元帝室败亡的一大要因。朱元璋总结元亡教训时说：“元末之君不能严宫阃之政，至宫嫔女谒私通外臣，而纳其贿

---

① 《元史》卷二百五《奸臣传·哈麻传》。
② 叶子奇：《草木子》卷四下《杂俎篇》。
③ 张养浩：《归田类稿》卷二，乾隆十五年周氏刻本。
④ 《元史》卷二百二《释老传》。
⑤ 赵翼：《陔余丛考》卷一八《元时崇奉释教之滥》，商务印书馆，1957 年。
⑥ 参见王辅仁、陈庆英编著：《蒙藏关系史略》，中国社会科学出版社，1985 年，第 94 页。

赂，或施帛于僧道，或番僧入宫中摄持受戒；而大臣命妇亦往来禁掖，淫渎亵乱，礼法荡然，以至于亡。”[①]明代开国后，朱元璋汲取前鉴，断然废除了藏传佛教僧侣贵族在中原的特权，严禁宫廷后妃及达官命妇信奉西番喇嘛，但此举并未完全断绝藏传佛教与内地的联系。

三 元末明初禅僧与儒士

元末社会危机重重，主要表现在三方面：一是统治者和劳动人民的阶级关系恶化，广大人民的生活困苦不堪，尤以农民为甚。元代宗室、皇戚、官僚、寺院等通过赏赐获得了数量巨大的土地，无数农民失去土地，成为佃户。二是元朝实行对汉人、南人的民族歧视和民族压迫政策，民族矛盾也十分尖锐，其间还交织着夷夏文化冲突。三是元代废弃礼教，儒学衰微，因循百年，导致整个社会缺乏强有力的精神控制体系，从根本上给其岌岌可危的腐朽统治以致命一击。元末明初之际，朱元璋倡导恢复汉族衣冠和华夏礼制，复兴儒学，其所推行的社会重建与文化变革的一系列措施，深刻塑造了元末明初的社会形态，影响了汉传佛教之走向。

据研究，元代统治者虽曰崇佛，但对汉地佛教采取“遵教抑禅”的态度，故而导致禅宗的式微。由于文化处境的压迫，禅宗在北方几乎一蹶不振；南方禅门的重要一支——临济宗高峰原妙、中峰明本一系，多与元代朝廷保持疏离态度，而与儒家士大夫阶层多有往来。元兵南下灭宋后，多数禅师出于民族心理和气节观念，不肯接受新朝廷，甚至采取了抵制的态度。元初最有影响的禅师，大多数不与新政府合作。[②] 元末动荡加剧了士大夫的逃禅倾向，这些僧人遂成为士人逃禅的有力支持。于是，“至正间，四方多事，士大夫逃禅海滨者众矣”[③]。中峰禅师，讳明本，得法于高峰原妙，为临济宗第十八世、少林二十九世之正胤。“视声

---

① 《明太祖实录》卷五二。

② 参见纪华传：《江南古佛：中峰明本与元代禅宗》，中国社会科学出版社，2006 年，第 18、23、30 页。在元代，儒者士大夫多倾心于佛教，特别是禅宗。明本禅师曾说：“自佛法流布东土，士大夫咨参扣问，敲唱激扬，莫盛于唐宋，而尤盛于皇元。”元代江南大多数禅僧对朝廷歧视禅宗表示不满，最具有代表性的人物是高峰原妙、中峰明本一系的禅师。他们始终与官府保持着距离，一生不住持官寺，隐遁于山林，励志苦修。

③ 释自融：《南宋元明禅林僧宝传》卷十，《卍新续藏》第 79 册。

名而若浼，甘肥遁以如饴”，“提凤阁之儒臣，醒天潢之贵戚。而永明寿、明教嵩，庶可并驾云”。[①] 南方临济宗兴盛，高峰原妙、中峰明本一系以外，元末禅僧以笑隐大䜣与元叟行端最为著名，入明禅僧中出其门下者甚夥。笑隐大䜣住持金陵龙翔集庆寺，其下有孚中怀信、觉原慧昙皆受到朱元璋称赞，改龙翔集庆寺为大天界寺，命其相继住持。元叟行端下有楚石梵琦，号称明代“国初第一等宗师”。

元末儒士逃禅出现两种典型倾向：一种如宋濂，因元王朝压制汉人、南人而深感失望，同时也感到这个王朝腐朽不堪、行将就木，不值得为之效劳，故对元朝廷任命推辞不就而隐于山林，时与方外交游。[②] 元末宋濂从楚石梵琦禅师游，“楚石禅师，名梵琦，乃径山元叟端禅师之高弟也。至正间，帝师强赠师号佛日普照慧辨，琦亦不署也。……自称西斋老人。……从西斋游者，如宋公景濂辈，最称博物。入西斋之门，剧谈多北，或有问时势否臧，琦但唱休休歌，其声韵莫测”[③]。宋濂虽然隐于山林，但仍抱有儒士的积极入世之心。当朱元璋进军浙东时，他应召“儒学提举”，成为明代开国文臣。另一种如丁鹤年，自居元遗民，筑“逃禅室”，以逃禅姿态传达其遗民立场。又如宋濂好友戴良，不愿仕明，对新朝持观望态度。明初政治生态严酷，一定程度上与士人之持观望心态而不认同新政权有关。据明中叶太仓人陆容（1436—1494）回忆，他弱冠时曾见过一位八十多岁的隐居老僧，老僧在交谈中感叹说：“洪武间秀才做官，吃多少辛苦，受多少惊怕，与朝廷出多少心力，到头来小有过犯，轻则充军，重则刑戮，善终者十二三耳。其时士大夫无负国家，国家负天下士大夫多矣！”[④]这位老僧描述了元明鼎革政局动荡下，士人视仕途为“畏途”的遭际。朱元璋总结元亡教训，认为元政失于宽纵，为防重蹈覆辙，治国须行猛政：“胡元以宽而失，朕收平中国，非猛不可。”[⑤]明代开国百废待兴，为了赢得江南士人对新政权的认同，也为了明初国家建设需要大量人才，朱元璋不拘一格征召禅僧与儒士，优抚与强制并行，乃至发布《大诰》，在诏令中严厉告诫说：“率土之滨，莫非王臣。寰中士大夫不为君用，是自外其教者，诛其

① 释自融：《南宋元明禅林僧宝传》卷九，《卍新续藏》第79册。

② 参见王春南、赵映林：《宋濂评传》，南京大学出版社，2011年，第46页。元至正九年（1349），有大臣将宋濂荐于朝，擢翰林兼国史院编修官。宋濂以亲老不敢远违固辞。白衣之士一步登上史馆“太史氏”的位置，这是莫大荣耀（当时编修为正八品官），在他人是求之不得的，而宋濂却不以为意，视若浮云。

③ 释自融：《南宋元明禅林僧宝传》卷十，《卍新续藏》第79册。

④ 何良俊：《四友斋丛说》卷九，中华书局，1997年，第75页。又参《菽园杂记》卷二“僧慧暕涉猎儒书”条。

⑤ 刘基：《诚意伯文集》卷一《皇帝手书》，四部丛刊本。

身而没其家，不为之过。”①

元末明初的政治生态铸就了江南士大夫的性格特征，如文徵明的后代文震孟在明末撰写《姑苏名贤小纪》，声称“当世目吴人为轻柔浮靡，而不知清修苦节之士可为矜式者不少，故择长洲吴县人物卓越者各为之传”。明代金陵人士顾起元在笔记中也提到江南士大夫之“苦节”，可谓惺惺相惜：“士大夫生平要以固穷为第一义，故昔人有云：咬得菜根，定百事可作。又云：须是硬脊梁，于事始有担荷。”②

明中期以后，随着江南商品经济的发展，“缙绅士夫多以货殖为急”，“弃儒就贾”蔚然成风，江南士商相互渗透，带来士风的急遽变化，传统的四民——士、农、工、商之社会结构也受冲击。而社会的商业化趋向，不单使江南士绅面临着生活的选择，也同样使佛教丛林遭受了世俗化的影响。恰逢此时，阳明心学勃兴，儒者讲学盛行，开启了明中后期社会思想解放运动，与明末佛教复兴思潮相互激荡。

① 《大诰三编》，“秀才剁指第十一”“苏州人才第十三”条。

② 顾起元：《客座赘语》卷九《苦节》，中华书局，1984 年，第 286—287 页。顾起元的这部著作是有关明中晚期南京地方史的最有价值的原始资料之一。

第二节
明代南京的崛起与变迁:从首都到留都

在元代,政治上的都城是大都(今北京),而文化生活仍集中于长江流域下游江南地区。元代陈高《送吴起元之金陵序》中揭示了金陵为士大夫向往云集之地,他说:"金陵当大江之东,古称佳丽地,至今为士大夫渊薮,朝廷耳目之司在焉。其达官往往之礼遇贤才,拔引士类。是故,士之怀蓄知能自奋者,不之京师,则之金陵也。"①

整个明清时期,虽然1368年建于南京的明王朝首都在1420年后迁往北京,代明而兴的清王朝也定都北京,但江南地区作为经济和文化中心与北京政治中心遥相对应,而在文化生活总体的丰富性上且有过之。牟复礼写道:"在研究十四世纪南京的变迁时,我们必须把中国文明的这些独特之处记在心里。"他问道:"十四世纪明太祖在南京建了一座大城作为明帝国的都城,他对此城是抱着什么态度的呢?关于此城在他的大明王朝生活中所起的作用,他又怀着怎样的期望呢?南京是要成为世界中心的,但它是否也要成为中国文化的缩影呢?"②以下笔者就沿着这条思路来探讨一下,南京在失去全国政治中心地位后,是怎样变成富有江南特色的经济文化中心的都会的。

一 南都繁会图

元至正十六年(1356)二月,朱元璋率领一小支红巾军攻下集庆,改其名为应天府。洪武元年(1368)正月初四日,朱元璋在应天即帝位,定国号为大明,年号洪武。八月,诏以应天为南京、开封为北京。洪武十一年(1378)正月,诏改南京为京师。永乐十九年(1421)北迁首都,正式改京师为南京、北平为北京。朱棣以南京作为范本营建新都,特别是在建设宏丽的宫城时,以钟山(紫金山)南麓明皇

---

① 陈高:《不系舟渔集》卷十一,载王云五主编:《四库全书珍本十集》,台湾商务印书馆,1980年,第3页。
② 施坚雅主编:《中华帝国晚期的城市》,叶光庭等译,中华书局,2000年,第133页。

宫为模板，故此无论南京还是北京的宫城皆称“紫禁城”。南京从此在政治地位上成为明王朝的留都(也称陪都、南都)，成为南方的政治、经济和文化中心。经济上，明初官方控制的手工业和漕运贸易等为金陵打下了坚实的经济基础；交通上，金陵作为“东南门户、南北咽喉”，成为南北交通的重要枢纽和四方商品贸易的中心；文化上，金陵自古“衣冠文物盛于江南，文采风流甲于海内”。

明人画《南都繁会图卷》比较全面地展示了明代金陵都城的繁华景象：数不清的酒楼、饭馆、茶社、书铺、裱画等店铺鳞次栉比，官衙、庙宇、民房、卜卦命馆、戏台等也杂处其间，街巷纵横，车水马龙，喧嚣熙攘，高跷、杂耍，元宵观鳌山、搭台唱戏等艺术活动应有尽有，可谓热闹非凡，蔚为大观。这些景象生动地展现着明代中后期留都金陵城的物质和文化风俗。此图卷更描绘了明代南京城市商业兴盛的场面。画面从右至左，由郊区农村田舍开始，经城中的南市街和北市街，止步于南都皇宫，着重表现纵横的街市。市面店铺林立，标牌广告林林总总，车马行人摩肩接踵。画卷在南都皇宫前结束。画卷内共绘有1000多个职业身份不同的人物和109个商店的招幌牌匾，充分反映了明代江南城市经济和社会生活的深刻变化。《南都繁会图卷》出现于明代中期，诚是一幅细腻再现当时南都金陵社会生产、经济生活和历史风貌的民俗画卷，堪与《清明上河图》媲美。[①]

秦淮灯火之盛，天下所无。《南都繁会图卷》形象生动地描绘了明代南京秦淮河畔及三山街一带的繁华热闹街景。源自姑苏地区的昆曲是我国古老的戏曲之一，明代以来在南京特为风靡，除了江湖剧社、草台班子功不可没外，还与寓居南京的名流贤达、歌姬艺伎等有着较大关系。据明代顾起元《客座赘语》载，万历以前，南都喜爱附庸风雅，图个热闹的公侯、缙绅及富贵人家，凡有宴会时，小集“多有散乐，或三四人，或多人，唱大套北曲”，若举办大宴席则用“教坊打院本(即演杂剧)”，后乃演变为“南唱”，举行较大集会则用“南戏”。清音流韵，曲声传情，“士大夫禀心房之精，靡然从好”。[②] 从《南都繁会图卷》中亦可看见，闹市戏台上的演员化装唱戏，台下围满了观众，而且还吸引了周围商铺楼上的人们观看。秦

---

① 参见周安庆、张宏：《堪与清明上河图媲美的南都繁会景物图》，《东方收藏》2011年第5期。《南都繁会图卷》亦称《南都繁会景物图》，为绢本设色画卷(纵44厘米、横355厘米)，尾款题识为“实父仇英制”。它在《石渠宝笈》等以往宫廷文献中皆无记载，估计原先可能藏于民间，一度曾为江南“常熟翁氏旧藏”。20世纪50年代，有关部门从翁氏后人处征得此画，目前典藏于中国国家博物馆，属于国家一级文物。专家经鉴定认为，这是一幅明代中叶佚名画家托署“仇英”的画作。

② 顾起元：《客座赘语》卷九《戏剧》，中华书局，1984年，第303页。

淮两岸河房河厅，一些士子名媛怡情冶游、诗酒风流，在历史上形成了一条情韵独特的南都社会风景线。

明代南京作为开国京师和后来的留都，也是江南地区重要的古玩集散地和典籍刻印中心。“金陵派”制版刻印技法享誉一时，后来还衍生出艺惊华夏的“十竹斋套色水印木刻”。《南都繁会图卷》中所现的“画寓”“上细官窑名磁（瓷）”“裱画”“书铺”“刻字镌碑”“乐贤堂名书发兑”“官启名笺”等店肆招幌，则从另一个侧面得到了印证。图卷描绘秦淮河上的繁忙景象，表明那时的水上交通运输已经比较发达了。画中的钱庄、金银铺号也反映了金融货币业在南京的发展状况，像“万源号通商银铺”，还有“出入公平”的招幌。而“福广海味发客”“川广云贵德森字号”“立记川广杂货”“西北两口皮货发客”“人参发兑”“南北果品”“东西两洋，货物俱全”等店招，则以图画形式记录了当时南京的商贸经济发展。在悬有“兑换金珠”招牌字样的金店门前，坐着一位佩戴眼镜的老者，而眼镜在当时属于“舶来品”。[①] 由此可见明代南京海内外的商品交易情形。

通过画卷我们可以看到南都商业兴隆的繁华景象，也不难发现其中的文化气息。明代金陵完全成为一个吸四海风，纳八方客，容十方财之人口、风俗和文化的大都市。金陵原为六朝京师和南唐旧都，素来号称“江南鱼米之乡”，这里物华天宝，人杰地灵，历史积淀丰厚，文采风流甲于海内，尽管屡遭兵燹战乱袭扰，但是昔人怀古咏叹不绝，“心灵之作”在我国文学艺术史上具有很高的地位和影响。“南朝四百八十寺，多少楼台烟雨中”的千古吟唱，反映出金陵具有佛教文化的深厚底蕴。金陵古来就是“佛教之都”，至元代仍然为江南佛教之重镇，这从元文宗将潜邸改为大龙翔集庆寺可以看出，大龙翔集庆寺不仅寺宇恢宏壮丽甲天下，并且其住持寺僧的地位也冠于江南“五山十刹”的寺僧。

二 明初南京变迁因素

朱元璋占领集庆、定都金陵后，大力营造太平盛世氛围，城市建设有了辉煌发展。南京“五方所聚”，“辐辏四海”，外来人口剧增，水陆交通发达，城市景象愈

① 参见周安庆、张宏：《堪与清明上河图媲美的南都繁会景物图》，《东方收藏》2011年第5期。

加繁华。除了营造明皇宫并建有世界上最长的明城墙外，朱元璋不惟建置庞大的官司衙门，还积极营造风月繁华，下令建造南市、北市、来宾、重译、集贤、乐民、鹤鸣等著名的“十六楼”，以招待九州八方的宾客。朱棣迁都北京后，金陵开始成为留都，但仍旧保留与北京相对应的中央机构，南北二京制度并存。江南富饶丰沃的水土滋养着都城南京，使得南京长期以来就是中国南方的政治、文化和经济重镇，而且还是明代伟大的航海家郑和首次下西洋的起点，是“海上丝绸之路”的重要集散地。

江南的繁荣与财富，使得南京并不因京师北迁而萧条，反而在社会经济和文化方面蒸蒸日上，得到了长足发展。中外研究者把江南地区的财富与华北的政治军事中心相联系来观察，分析了南京历来具有战略资源重要性的各种因素。元末天下大乱，豪杰蜂起，当朱元璋在谋士的建议下寻求独树一帜的军政根据地时，那些熟谙历史的谋士认为“天下王气应在金陵”，就利用南京有长江天险、虎踞龙蟠这样具有“王者都”“天子气”的祥瑞论点来竭力支持他攻占南京。这些论点在社会心理方面具有明显价值，但谋士们敦促他夺取并利用南京形胜的真正理由，大概是他们意识到南京具备难得的地缘政治战略优势。然而史籍记载却大谈特谈南京具备“王者气象”及与此相关的祥瑞之征，而把这个决策中涉及的战略因素压低了。对于地缘政治因素，朱元璋是十分精明而讲求实际的，他自然深刻洞察到南京的战略优势，因此在和州渡江打了胜仗，军士们想退回江北时，他却不惜代价破釜沉舟，断其归路。① 正是由于这样英明果断的行动，才有了此后朱元璋南京根据地的建立和明都南京的奠定。

到了14世纪，历史掌故的丰富积累也是不可忽略的南京的“真实”组成部分。历来古都所留下的一切，为南京增添了无形的资源和力量。尤其值得关注的是，历史上当异族入侵中原时，建都南京的王朝十分自觉地以维护华夏文化命脉而自任。由于中原的战乱和江南的开发，大量的人口南迁，江南人口数量增多。西晋灭亡后，皇室和贵族纷纷南渡，在建康建立了东晋政权，随后宋、齐、梁、陈亦相继建都建康，统治江南。南唐时，金陵再次成为都城；到北宋南渡后，又再

① 《明史》卷一《本纪第一·太祖一》。元至正十五年(1355年)六月初一，水陆大军乘风渡江，直达采石，常遇春一马当先，奋戈杀向元军，诸军鼓勇续进，元兵望风披靡，缘江保(堡)垒，不战而降。“诸将以和州饥，争取资量谋归。”朱元璋与徐达商议：“渡江幸捷，若舍而归，江东非吾有也。”于是下令将船缆砍断，把大小船只悉数放诸江流，自断退路，欲“置之死地而后生”。

次作为行都。这些王朝虽然“偏安江左”，却在以金陵为代表的江南文化中浸入了一种忠义、悲愤、爱国的沉郁基调，这在士人精神中表现为极强的爱国主义和“以天下为己任”的社会责任感。以南京为中心的江南所维护的中华文化命脉也潜移默化影响着南方的蛮夷边区，而且文化的力量最终还反过来同化或深刻影响着北方的少数民族。此外还值得重视的因素，就是六朝佛教在南京的历史积淀和深刻影响。因此之故，朱元璋1356年攻占南京后，图王业与兴佛教两者并举。

三 帝王之都，龙兴之地

金陵古来就被称为帝王之都，相传诸葛亮曾对孙权说：“秣陵地形，钟山龙蟠；石城虎踞，此帝王之宅。”[①]由此可见，虎踞龙蟠，为金陵之“形胜”所在，在人们的心目中，已成为帝王宅的象征。元至正十四年（1354）夏，朱元璋占领了邻近长江北岸的滁州，《明太祖实录》记录了他对该地的观察：“滁，山城也，舟楫不通，商贾不集，无形胜可据，不足据也。”[②]因此，翌年夏天，在南京西面的和州渡江，攻下太平后，耆儒陶安出迎，进言：“海内鼎沸，豪杰并争，然其意在子女玉帛，非有拨乱、救民、安天下心；明公渡江，神武不杀，人心悦服，应天顺人，以行吊伐，天下不足平也。”朱元璋征询：“吾欲取金陵，足下以为如何？”答曰：“金陵古帝王之都，龙蟠虎踞，限以长江之险，若取而有之，据其形胜出兵，以临四方，则何向不克？”[③]1355年末，朱元璋率领的军队进逼南京，占据了四面的县城。史书中记载了他周密考虑着如何攻克南京城：“集庆城池右环大江，左枕崇冈，三面据水；以山为郭，以江为池。地势险阻，不利步战。”[④]1356年春，在充分研究了南京形胜及近来的军事形势之后，朱元璋包围了南京，并迅速将其攻下。朱元璋接着采取的步骤，证明了他十分看重这次胜利，他把南京城当时

---

① 汉末时，秣陵有个武官叫蒋子文，追逐盗贼死于钟山下，吴王孙权就封他为蒋侯。由于孙权的先祖讳钟，于是将钟山改名蒋山。

②《明太祖实录》卷一。

③《明太祖实录》卷一。陶安，字主敬，当涂人。少敏悟，博涉经史，尤长于《易》。陶安留在幕府做参谋，授左司员外郎。朱元璋攻克集庆，陶安进为郎中。

④《明太祖实录》卷一。

所用的“集庆”名称改为“应天”，寓意他进入南京乃“天命”之所归，这个名称的改变是非常激动人心的。

朱元璋与南京及长江下游各大城市并无个人联系，对于他那支规模很小的军队来讲，南京也不是个最易攻取的城市——南京自然有元朝驻军英勇守卫它；打垮了守军，夺取了南京这个地方，朱元璋完成的远不止是攻下了一座坚守的严城，他大大地推进了整个反元大业，并第一次在群雄逐鹿中赢得了突出地位。滁州相对说来不过是个无足轻重的地方，而南京却另有一种宏伟气象。随后他又攻占了杭州、南昌这两个重要地区，扩大了南京根据地的范围。他知道经营南京作为根据地的战略意义，因为他曾据此东征西讨、南征北战，打败了上游汉口的劲敌陈友谅与盘踞在下游苏州的张士诚，进而也打败了以北京为军政中心的蒙元王朝，最后还将云南纳入大明帝国版图。这样看来，他充分利用了南京的地缘政治战略优势，因为他草莽崛起而取得政权，就直接受益于此。明代中后期著名人士王世贞论及太祖开创功德时，认为明朝超迈前朝的地方，“高皇帝辟乾转坤，又有古创业之主所不敢望者四”，其中之一就是“自江左并中原”。① 这是一个空前的胜利，使南京成为“胜利之都”。

在朱元璋雄心勃勃的大力经营下，南京很快被改造成为一座世界大城，其规模与气派都远远超过它有史以来任何时期的面貌。1368 年他定都于南京，这是统一的中国第一次在长江南岸——远离中国历史上古老的心脏地带建立的都城。所有把政权中心设在南京的历史先例，从王朝开国君主的眼光看来是不吉的，不由得使人想起六朝、南唐的分裂、偏安与短命。② 因此朱元璋在他当朝的前二十年，命谋臣勘察开封、洛阳、西安(古长安)及其他北方诸地，又遣太子朱标筹划北迁，以使明朝皇图永固。尽管朱元璋也始终拿不准他是否已选定完美的首都地址，但最后他却断定：他在南京兴建的新都城还是管用的。他继续建设明都南京，并在城外钟山为自己筑孝陵，希望南京永远做他的帝国之都和长眠之地。

---

① 王世贞：《弇山堂别集》卷一，中华书局，1985 年，第 2 页。《太祖功德》云四事：“享天下三十一年，一也；圣寿七十有七，二也；自江左并中原，三也；太子诸王二十四人，公主一十六人，皆受册封，四也。”又《皇明盛事述一》曰：“以高祖之功德，超驾尧舜；以成祖之疆宇，远逾汉唐。”

② 参见顾起元：《客座赘语》卷十《建都》，中华书局，1984 年，第 326 页。自孙吴建都起，迄六朝、南唐为都，至宋南渡为行都，各有数十百年，“孙吴建都四世，凡六十年。东晋建都十一世，凡一百三年。南(朝)宋建都八世，凡五十八年。南齐建都七世，凡二十三年。萧梁建都四世，凡五十五年。南陈建都五世，凡三十三年。(六朝凡二百五十二年)南唐建都三世，凡三十九年。宋南渡为行都七世，凡一百三十九年。以上金陵为都皆偏安也。至我(明)朝为帝都，已迁北京为南京，一统万万年。自古海内建都之多而且久，未有逾金陵者”。

在朱元璋的一生中，无论如何，选择南京这个龙兴之地似乎是合理的。他开创了南京"胜利之都"的光辉典范，并深刻影响了太平天国和中华民国的创建路径。

四 留都的地位和作用

朱棣靖难成功夺得帝位后，决意要迁都至自己的发迹之地燕京北平，于是永乐元年（1403），他于南京登基后就将北平升为北京，后又在北京设立六部，称"行在六部"。朱棣随后着力经营北京，兴修宫殿，疏浚运河，并经常前往北京行在办公。永乐十八年（1420），朱棣正式迁都北京，确定明年元旦北京成为京师新都，不再称"行在"；金陵应天府则变为陪都，或称留都。朱棣驾崩后，朱高炽登基即位称明仁宗，朱高炽希望明朝的首都是自己做太子监国时的故地金陵，于是又将北京改为"行在"。直到明英宗正统六年（1441），北京才恢复名义上的京师地位，不再称为"行在"。

永乐帝迁都北京后，留都南京人口锐减，大部分记载都说减"半"。这说法虽不精确，却是颇有深意的。因为这意味着从此时到15世纪末的一段时间内，南京这座城市的重要作用大半已经丧失了。然而引人瞩目的是，进入明中后期，16世纪南京城市生活发生了巨变。明代晚期南京及江南其他城市的作家，都十分清楚地意识到城市生活方式及社会态度上的变化。有研究者观察到这种微妙而深刻的变化："留都所发挥的新作用大大地加强了这些变化。有一类宦途上一帆风顺的官吏，想谋个闲职，既有名位俸禄，又不必像北京与朝中那样为地位钩心斗角，他们就觉得南京的簪缨之荣胜过北京的实际权力。南京的官场环境比过去更富有魅力了，现在它与政界另一种低调的入仕方式联系在一起，也和家居方面更奢华淫逸的生活联系在一起了。"①

① 施坚雅主编：《中华帝国晚期的城市》，叶光庭等译，中华书局，2000年，第165页。明朝在留都南京保留的六部并不如一些中外研究者所观察的，都是没有实际职权的挂名管辖，是供官僚大臣养老或者是给被贬职受排挤者提供好去处的职位。虽然南京六部的权力远不如北京六部，但南京所在的南直隶地区还管辖十五个府又三个直隶州，相当于今江苏、安徽、上海之地，却不设布政司、按察司、都指挥司三司，原来三司执行的职权便由南京六部负责，其中又以南京户部、南京兵部的权力最重。明朝南京户部负责征收南直隶以及浙江、江西、湖广诸省的税粮（此四地所交税粮几乎占了明帝国的一半），同时还负责漕运、全国盐引勘合等事务。

事实上，南京在那个时代变成中国的文化经济心脏地带，如不大大依靠江南地区丰富的人力物力资源，是不可能治理好大明帝国的。永乐帝在1401年至1421年准备迁都北京的那段时间，深谙此道。因此，当明代政治中心迁往北京时，南京并不像以前历史上那样降至完全陪衬性质的“留都”地位。汉唐时期的“留都”作为象征，无非保留着些特别的驻军和地方行政机关，带上些别处没有的稍为堂皇的头衔而已。但南京即使在1421年后还有个对留都来说规模空前的重要政治行政职能，那就是南直隶管辖。顾起元曾驳斥一位官员批评南京重复设置六部，以为其职能有限，因而性质上也是多余的话，他提出如下精辟的论点：

> 呜呼，是岂知国家之深计长虑哉？夫宫阙陵寝所在，六军城守之事，府库图籍之所储待，东南财赋之所辐辏，虽设六卿以分理之，犹惧不给也。可以为冗员而轻议之，善乎？丘文庄公有言：“天下财赋出于东南，而金陵为其会；戎马盛于西北，而金台为其枢。”并建两京，所以宅中图治，足食足兵，据形势之要，而为四方之极者也。呜呼，得之矣！陪京之省寺不改，所以维万世之安，意固远也。岂前代旧邦可得而并论哉？①

顾起元看得很清楚，明代施行两京制与以前朝代不同，国家政府因两京政经职能分离，总的水平变得更高了，“陪京”（留都）所维持的辅助体制以经济文化为特色，现在也重要起来了，并不只是具有形式上和礼仪上的意义。顾起元的记载表明，两京并建，是出于“宅中图治，足食足兵”考虑；“天下财赋出于东南，而金陵为其会”。朱元璋择都南京的核心理由，在他死后百年间两京制达到的新形式中更进一步显示出来了。16世纪明代经济的变化有时被说成“资本主义萌芽”，深刻地影响着南京城市生活，影响着江南地区乃至全国。以我们目前的认识，要在这个问题上做出深度评价还有某些困难，但尝试得出一些结论，有助于理解明代两京制及南京的经济文化地位，是以对南方广大地区的政治、军事控制为基础的，其实也诚如顾起元所言，是“据形势之要，而为四方之极者

---

① 顾起元：《客座赘语》卷二《两都》，中华书局，1984年。

也”。作为留都的南京，东西沿着长江，南北沿着运河伸展，成为具有区域辐射力的交通大“动脉”。

五　元明江南沿革及南直隶

南京在元代被称为“集庆”，置江南诸道、行御史台于此，故谓南台。元代期间，若干重要地区行政机关都设置在南京。除了集庆路的行政机构，元朝政府差不多自始至终都在南京设置其主要行政机关——江南行御史台，这是元朝御史台三大分支机构之一。御史大夫为从一品，是驻任的最高官员，领文官僚属约百名、低级官吏数百名。集庆路共辖五县，上元、江宁二县治所设在南京城内，其他三县治所分别设在南边及东边的句容、溧阳与溧水。

和州渡江，集庆奠基，是朱元璋图王事业发展的一个关键性步骤。在元朝，长江一线，划隔南北，长江以北是元王朝政治、军事的重心，长江以南则成为反元义军的根据地与战略后方。长江以南经济发达，而受到北方的政治、军事压制。南与北的对立，正与其时社会的分化相映照。韩林儿、刘福通在讨元檄文中提出“贫极江南、富称塞北”，所以朱元璋把江南作为反元的根据地和大后方来经略。而江南的政治中心正在集庆，朱元璋占领集庆，意义绝非寻常。从当时江北的形势看，韩林儿、刘福通首举义旗，驰骋黄淮，无时不在做席卷北上、犁庭扫穴之想，构成元王朝心腹之患，迫使元王朝投入精兵锐卒，张网蓖栉，恨不食其肉而寝其皮。所以，以南京为根据地虽有地利优势，实际则要受到小明王韩林儿和元王朝两大势力的限制与夹击。

元至正十六年(1356)，朱元璋攻克太平路后，巧取集庆路，擒守将陈兆先，降其众三万六千人，再败元兵于蒋山。在南京置天兴建康翼统军大元帅府，并以元御史台为公府，置“江南行中书省”，由朱元璋兼总省事，置僚佐，逐步奠定其立国规模。不久朱元璋又在南京建礼贤馆，积极养士以图大业。朱元璋入南京城，发布文告曰：“元政渎扰，干戈蜂起，我来为民除乱耳，其各安堵如故。贤士吾礼用之，旧政不便者除之，吏毋贪暴殃吾民。”[1]民乃大喜过望。遂改集庆路为应天府。

---

① 《明史》卷一《本纪第一·太祖一》。

这年六月，小明王升朱元璋为江南等处行中书省平章。① 至正二十一年(1361)秋七月，诸将奉朱元璋为吴国公。朱元璋此时已成为红巾军的中坚，小明王不得不于是年八月正式册封他为吴国公。至正二十四年(1364)正月，朱元璋自立为吴王，建百官。② 随着实力地位的上升，朱元璋与小明王的君臣关系渐行渐远，与淮西诸将的关系也发生了根本变化，身份从此由以前的草莽英雄转变为君主。

朱元璋的吴王国大体由江南地区的行省一级政府(按元代的用语即"行中书省")扩展而来：1356年占据金陵为根据地，从1357年起，朱元璋向浙西、浙东进军，打击元朝各地的残余势力和割据势力。1359年占领了浙西、浙东的广大地区，力量迅速发展。由于朱元璋的将领们攻克了南京之东、南和西南诸方面邻近地带，江南行省的范围不断扩增。当浙江北部在1358年和1359年落入他的部队之手时，他在婺州(今浙江金华)设置了股肱郡。1366年重新组建江浙行省，取代了以前的江南行中书省，把婺州设立的股肱郡并入；1362年设江西行省，范围大致相当于今之江西省；1364年设湖广行省，大致相当于今湖北和湖南两省，并入了长江中游陈友谅的汉国；还有以庐州(今安徽合肥)为行政中心的江淮临时建置，旨在支援1364年和1365年江淮之间的战斗，其结果是于1366年5月收复了小明王韩林儿的旧首都安丰。此后不久，朱元璋又发动了铲除盘踞苏州的张士诚吴国的最后战役。南方局势大体平定后，如何治理全国的问题日益摆在面前，原先江淮的行省建制便被放弃了。伴随江南的统一，朱元璋逐次脱却群雄割据的地方统治色彩，开始着手从事全国中央统治政体的规划。此后数年间，他率大军南下，统一了南方，将云南纳入了版图；北伐军最后攻入元大都，基本推翻了元王朝。

明朝的建立，江南地区功不可没。可以说，没有江南作为根据地和大本营，

---

① 江南行省是这一时期的新创造："江南"泛指长江下游地区，它不是元朝一个行省的名称。起初朱元璋的南京根据地只管辖长江以北很小的地面，那时这是元朝河南江北行省的一部分，外加元朝江浙行省(包括今长江以南的江苏，再加上今安徽、浙江和福建)的几个县。这个新的江南行省实际是北方红巾军在1356年到1359年之间所建五个行省之一，这五个行省是他们意图以安丰或开封为首都向外扩展的势力范围。从小明王的立场来看，朱元璋占领南京有功，不过是江南行省的高级领袖之一；他最初被任命为副元帅，现被提升为江南行中书省平章。而当小明王和刘福通在1359年末被察罕帖木儿赶出开封并逃回安丰时，北方红巾军的势力随之衰落。这为朱元璋被诸将奉为吴国公，接着自立吴王，一步步走向权力巅峰创造了条件。

② 至正二十四年(1364)元旦，朱元璋称吴王，建百官司属，仍以龙凤纪年，以"皇帝圣旨，吴王令旨"的名义发布命令。因1363年10月张士诚早已自立为吴王，故历史上称张士诚为东吴、朱元璋为西吴。朱元璋派廖永忠去滁州接小明王韩林儿到应天来，但在瓜州渡江时悄悄将船底凿漏，小明王沉于江底。接着，朱元璋宣布不再以龙凤纪年，称1367年为吴元年。

就不会有朱元璋的大明一统江山。洪武二年(1369)九月,朱元璋诏问群臣建都之地。群臣"或言关中险固,金城天府之国;或言洛阳,天地之中,四方朝贡,道里适均,汴梁亦宋之旧都;又或言北平元之宫室完备,就之可省民力",仁智各见,其谈不一。朱元璋批评这些建议皆不全面,不适应时下建都的要求。他说:"所言皆善,惟时有不同耳。长安、洛阳、汴京,实周、秦、汉、魏、唐、宋所建国,但平定之初,民未胜息,朕若建都于彼,供给力役,悉资江南,重劳其民。若就北平,要之宫室不能无更作,亦未易也。今建业长江天堑,龙蟠虎踞,江南形胜之地,真足以立国。"[①]朱元璋深明此中利弊实情,故终其一生都未能将京师北迁。直到藩守北平的燕王朱棣发动靖难之战夺取皇座,明之首都迁至北京才成为现实。而朱棣仍然重视江南的生命线,他通过疏浚南北大运河,把作为政治中心的北京和作为经济重心的江南紧密地联系在一起。此后的江南,由当初的行省区域,逐渐演变为经济、文化意义上的江南。

南直隶在元朝时以江北、江南分属两个行政区域,江北地属河南江北等处行中书省,江南地属浙江等处行中书省。朱元璋所设置的江南行中书省基本上沿袭了元代的建置。南直隶是南京变为留都后所管辖的行政区域,与朱元璋的江南行省辖区有重叠,但不尽相同。永乐中迁都北京,正统中以北京为京师,遂以江南为南京辖区,置南直隶。明朝实行两京制度,在南北两京各设有一套中央机构,两京畿辅则设置府、州、县等行政机构。北京畿辅有顺天府、永平府、保定府、河间府、真定府、顺德府、广平府、大名府等八府,称北直隶。其中顺天府"在辇毂下,与内诸司相颉颃,不以直隶称",而称之为京府。南京畿辅有应天府、凤阳府、苏州府、松江府、常州府、镇江府、扬州府、淮安府、庐州府、安庆府、太平府、宁国府、池州府、徽州府,以及广德州、和州、滁州、徐州,这十四府、四直隶州,即称为南直隶。其中应天府也不称直隶,而称京府。故两京府是中央机构,南、北直隶则为直属中央的地方机构。[②]

---

① 《明太祖实录》卷四五。

② 张英聘:《明代南直隶方志研究》,社会科学文献出版社,2005年,第2页。南直隶,包括今天的江苏省、上海市和安徽省等地。南直隶是明朝第二政治中心南京所在地,是明朝富庶地区,文化底蕴深厚,明朝中后期的历史发展有不少与这一区域有关。研究这一区域,实为深入研究明朝历史的一个切入点。

第三节
明代南京佛教的分期

对于明代开国以来佛法之兴盛，僧传史家如是表述："明兴，太祖高皇帝开国以来，国家之治超于三代，佛法之兴盛于唐宋。独僧史、传灯诸书尚寥寥无闻，良可叹也。"①

整体上说，明初佛教的发展繁荣有序，明中期是佛教急剧扩张但被认为是低落的时期，及至明末，佛教出现动荡复兴的局面。之所以如此，原因复杂，仅从制度政策层面考察，"是因为明初王权确立了严整的宗教管理体制和政策，保持了佛教的繁荣，将其组织功能置于道德教化的社会功能之下。明中期佛教的低落，有研究者归因于以儒学为合法性文化资源的机制造成了佛教人才素质的低弱。明末佛教的勃兴，则得益于儒佛融和的心学带来的思想解放和原有的宗教管控体系失效，因此佛教的组织控制能力被极大释放，成为社会控制的重要因素"②。

若联系南京佛教历史做具体分析，大致可分"明初南京佛教""明中叶留都与南直隶佛教"及"明末江南佛教"三期来进行阐述。明初南京为首都，具有全国政治、经济、文化中心的地位，其时所制定的佛教政策由南京发布而面向全国，所开展的佛教活动大都具有全国影响力，征召入京的高僧也都从"天下戒德僧"中遴选或荐举。永乐迁都后，南京成为留都，在两京体制下仍保留五府六部等中央军政机构，并负有管辖南直隶的职能，故此，明中叶南直隶实际属于行政区域的概念。不同于此，明末江南则更多地具备经济、文化意义。南直隶与江南这两个概念虽然内涵、意义不尽相同，但无疑都与都会南京有密切关系，或者说南京在其中起着支配性作用。在留都南京天界寺内，也保留着僧录司管理南直隶僧教事务，品级与北京僧录司同，仍设左右善世、阐教、讲经和觉义各二人。

---

① 《大明高僧传》序。

② 参见夏邦：《明代佛教信仰的变迁述略》，《史林》2007 年第 2 期。

一 明初南京佛教的繁荣

明初南京佛教的繁荣有序，主要表现在三个方面：一是明初诸帝与佛教因缘甚深，洪武帝朱元璋汲取前朝经验制定了刚柔并用的佛教政策，确立了相应的佛教管理体制，奠定了明代管控佛教的制度基础，为建文、永乐二朝沿用，并产生深远影响；二是江南高僧群崛起，他们认同和支持明代国家新政权，禅、讲、教三宗被国家认可并纳入管理体系；三是君臣道合，以“开国文臣之首”宋濂为代表，开启了明代宰官居士护法的新风，树立了士绅社会与丛林寺僧方外交游的典范。

朱元璋与佛教缘分很深，他早年出家为僧的经历，使他对于佛教有某种自然的亲近感。他笃信佛家的善世因果学说，开国后征召天下高僧入京，启建法会和讲经说法，他经常带领大臣临幸听法；万机余暇也与大学士宋濂等一起讨论佛法，深入探究佛教义理。[①] 他在帝位 31 年，为了弘扬佛教，先后御制了诸多论文和诗偈，《明太祖御制文集》中所收录的论佛的文章就有 46 篇之多，诗偈有数十首。此外，在《明史・艺文志三》中，还收录有明太祖《集注金刚经》一卷。明人沈德符曾说“我太祖崇奉释教”，对佛教的礼遇“可谓至隆极重”。[②] 明太祖还对佛门寺院大加赏赐。有资料表明，洪武年间，明太祖对南京天界、天禧、能仁、灵谷、鸡鸣、栖霞等国家大寺共赐赡僧田达 500 顷左右。[③] 从明太祖对寺院田产的赏赐上，也可看出其对佛教重视的力度。

朱元璋创建明王朝后，不以“马上治天下”而采取文治的治国方略，确立了国家管控宗教的体制机制，可以概括为四句话，即：“以儒家思想为主导，坚决依靠之；以佛教与道教为辅翼，积极利用之；以儒、释、道三教融合为合法信仰资源，全面调和之；以民间秘密宗教为惑乱渊薮、邪教祸根，坚决打击之。”[④]朱元璋之后的明代政府，基本上继承了这个管控机制。这个与明代国家治国方针相一致的宗教管控机制的有效实行，“就使佛教信仰的组织功能完全被嵌入政府的组织体系

---

① 参见朱元璋：《明太祖集》卷十五《心经序》，黄山书社，1991 年。

② 沈德符：《万历野获编》卷二十七“释教兴衰”条，中华书局，1959 年。

③ 参见何孝荣：《明代南京寺院研究》，中国社会科学出版社，2000 年，第 260 页。

④ 参见夏邦：《明代佛教信仰的变迁述略》，《史林》2007 年第 2 期。

之中，最终它被彻底置于道德教化的社会功能之下，也就是说，佛道教必须服务于国家政治认可的道德教化使命”①。

二 明中叶南直隶佛教的涨与落

明人王世贞记南直隶盛事，言曰：“吾南直隶文献之盛，惟江、浙二省差足雁行，至于帝胄国封，则固不可同年而语矣。”②明中叶以降，诸帝皆为明成祖嫡胄，而其佛教信仰也多源自成祖。“永乐三年，迎帝师哈立麻于西番，至四年十二月至京，赐宴华盖殿，盖用亲王礼也。……寻命哈立麻于灵谷寺建大斋，为高皇帝、后资福。……寻封哈立麻为万行具足十方最胜圆觉妙智慧善普应祐国演教如来大宝法王西天大善自在佛，领天下释教，赐玉印诰命……又命哈立麻于山西五台寺资度仁孝皇后。六年四月辞归。……闻哈立麻颇善法事，工咒术，其为高皇后荐福报恩寺，又为文皇后荐福五台寺。……”明成祖对西番喇嘛的崇信，导致“后宫国戚俱膜拜致敬，檀施山积，威仪文物，极一时之盛”。③

然而，洪武、永乐二朝，由于明太祖和成祖对佛教的管控限制较为严格，所以关于宫廷后妃及太监信佛的记载并不多见。但从明宣宗之后，由于佛教的发展及管制的放松，后宫崇奉日渐活跃起来。宣德二年（1427），诚孝太后“赐帑建造殿宇”，对北京的潭柘寺进行了修葺。四年（1429），皇后孙氏发愿在北京西北玉泉山麓建佛寺一处，此举得到了宣宗的大力支持，寺成之后，宣宗赐额“大功德寺”。陈垣先生在《明季滇黔佛教考》中曾说：“计明自宣德以后，隆庆以前，百余年间，教律净禅，皆声闻阒寂，全中土如此，不独滇黔然也。”④然有学者指出，陈垣先生此处“声闻阒寂”的判断，如果是用于社会层面的佛教信仰，显然不合实际。其实在明代，真正社会层面的佛教信仰，恰恰是在明代中期展开的。当时的一些资料可以表明作为一种社会信仰组织的佛教群体，其数量已经相当庞大。《明史》对此仅泛泛而谈，说到（正统、景泰间）男女出家的人数达“累百千万”，说当时

---

① 参见赵轶峰：《明代国家宗教管理制度与政策研究》，中国社会科学出版社，2008年，第28页。

② 王世贞：《弇山堂别集》卷一，中华书局，1985年，第10页。

③ 王世贞：《弇山堂别集》卷七七《释道之赏》，中华书局，1985年，第1478—1479页。

④ 陈垣：《明季滇黔佛教考》，中华书局，1962年，第13页。

的寺院“遍满京邑，所费不可胜记”[①]。

明代中期的诸帝，除了崇道排佛的明世宗以外，总体来说都是崇佛的，并且受到专权太监的影响，大都“佞僧”，主要体现在频兴斋醮、广建佛寺和违例度僧三个方面。兴斋醮、建佛寺多半出于祈福，而违例度僧则为了增加财政。当时有朝臣上疏，反对斋醮之风，明英宗正统元年(1436)，彭勖为巡按南直隶监察御史，往南京督理学校，上疏说：“国朝祠祭，载在礼官。修斋起梁武帝，设醮起宋徽宗，宜一切除之。禁立庵院，罢给僧尼度牒。”[②]正统六年(1441)，复疏言：

秦汉以来，异端并起，或扰于申韩，或扰于释老。为君者，每被其欺，为人者恒苦其费，故上下俱难为矣。我太祖高皇帝肇位四海，申明五常，制为条章律令以示人，虑释老之或盛，乃归并寺观为丛林，不许私创庵院，私自剃度；虑人心之或流，乃禁亵渎神明，不许修斋设醮，男女混杂。其正人道之心，勤且周矣。夫何近年以来，民无担石之储，亦或修斋设醮，富者尤争事焉？以致释道日兴，民贫愈甚。夫人之为恶，明有天讨，幽有鬼责。今日皆因斋醮而消灭，岂理也哉衅！[③]

此疏从减民负担着眼，反映了正统间佛教之兴。明代宗景泰年间，六科给事中林总上奏曰：“近者在京各寺观既有斋粮以饭僧，复有灯油以供佛，一月之间，修斋几度，旬日之内，设醮数坛。至于内府亦且修设，赏赐金帛，动逾数千，耗费钱粮，不可胜计。虽曰给自内帑，其实出于民间，本以为民祈福，为国攘灾，而天之灾变屡见，何尝有补国家之分寸乎？”[④]儒臣皆言，斋醮耗费民财，为国家之害，反映的都是明代佛教法事之兴。

明宪宗成化十二年(1476)二月，礼科都给事中张谦等以南京灾异，奉旨修省，遂上疏言：“僧道司官定额八员，僧官今几四倍，道官今几三倍，异端太盛，名器太滥，甚者为朽骨造塔院，因病死修斋醮，假祈禳以冒厚赏，皆糜费不赀。近复许番僧熬茶等处，陕西沿途供廪，为甚搔扰。今后宜不得更僧道官，祈禳等事一

---

① 《明史》卷一四六《单宇传》。
② 《明史》卷一六一《彭勖传》。
③ 《明英宗实录》卷七八，正统六年夏四月己巳。
④ 《明英宗实录》卷二三九《景泰附录》卷五七，景泰五年三月己丑。

切罢去;及熬茶,勿令劳费有司。”①

透过嘉靖年间明世宗禁佛政策,我们也可从另一面察知留都南京及南直隶佛教的发展状况。明世宗崇道禁佛,下令毁刮佛像,拆毁、变卖私创寺院,停止度僧,令尼姑还俗,强令僧人供应赋役。嘉靖十五年(1536),霍韬出任南京礼部尚书,积极推行世宗的禁佛政策,毁寺、观、庵、院数百所,大肆拆毁南京尼寺。嘉靖十九年(1540),南京兵部尚书湛若水又主持拆毁南京“淫祠”无数。

那么,为何明中叶佛教势力还能在社会急遽渗透扩张?首先是来自皇室宫廷的崇佛影响,其次是明初制定的严密管控政策松动,最后就是江南商业经济的冲击与阳明心学带来的思想解放助推等,如此多种因素合力使然。然而,又因何这种扩张被认为是低落?有学者研判说,这很大程度上是从佛教信仰群体的质量角度来衡量的,而不是从佛教政策与社会民众信仰的角度来说的。

三 | 明末江南佛教的复兴

明末佛教的“复兴”主要发生在万历时期,义学兴盛,高僧涌现,与明中期佛教低落的局面形成鲜明对比。明神宗万历年间,具有“九莲菩萨”之称的孝定皇太后,是后宫信佛的大力倡导者,也是当时佛教复兴的最大护法。孝定皇太后出身于宫女,隆庆时被封为贵妃,神宗继位后,尊为慈圣皇太后。慈圣皇太后奉事佛教,是为了借佛法保障皇室之稳固,祈求国家之太平。其实早在隆庆五年(1571),当时还身为贵妃的她即以为皇帝祝福祈寿之名,率领内廷宫眷施资重建了京师的延寿寺。到了万历初期,慈圣皇太后更是带动宫廷上下在京师内外兴建佛寺,不仅各宫眷及各门宦侍积极参加,就连外臣也纷纷捐献俸禄,或赋文或刻碑以响应。明末后宫的崇佛奉僧使得佛教对明朝统治的作用发生了微妙的变化,明初主要重视佛教的社会教化职能,此时则更倾心于弘教祈福并把佛法作为护国的利器。

晚明的佛教信仰状况与明代初、中期相比,从广度与深度上都有质的变化。明人谢肇淛曾说:“今之释教,殆遍天下。琳宇梵宫,盛于黉舍;唪诵咒吹,嚣于弦

① 《明宪宗实录》卷一五十,成化十二年二月戊戌。

歌。上自王公贵人,下至妇人女子,每读禅拜佛,无不洒然色喜矣。”[①]可见,释教的“梵宫”已经超过了儒家的“黉舍”,从上至下念佛参禅,皆充满喜色。尤为引人关注的是,晚明时期的思想领域,佛学与心学相互激荡、融合无间的发展趋势,大大推动了士僧之间的交游,佛教的中国化达到了全新的高度。

从僧侣佛教方面来看,引人瞩目的是明末“四大高僧”横空出世。他们是云栖袾宏(1535—1615)、紫柏真可(1543—1603)、憨山德清(1546—1623)、蕅益智旭(1599—1655),这四大高僧都出自江南,因此一定程度上将这一局面称为“江南佛教复兴”更为准确。这与明初江南佛教的兴盛及江南高僧群的崛起,形成明代佛教史上“双峰映照”。圣严法师指出,从面上来看,明初江南高僧群的崛起虽受到帝君大力支持,但喜忧参半,至明中叶戛然而止;而明末的高僧大德、领袖人物应运而生,虽有个别高僧历经风波,但多数弘化一方,层出不穷,宗派浸兴。据研究,自1500年至1702年的200多年间,禅宗方面就出了117位高僧大德,其中临济宗60人,曹洞宗42人,法嗣未详的尊宿15人。自1595年至1662年的68年里,出版禅籍有60种386卷之多,由此可见“明末禅宗的隆盛”。关于明末的净土宗,仅依据《往生净土集》《居士传》《净土圣贤录》《西舫汇征》以及《新续高僧传四集》这5种资料,就统计出明代修习净土人物共达132位之多,明末的净土著作有24种71卷。即便是一向较为冷门之唯识学,竟也有30种68卷著作。[②]

然而,明末佛教的复兴不仅表现于寺僧佛教的发展,还体现为在家居士佛教信仰也达到了空前的繁荣。当时与僧人交往,谈学论道,礼佛参禅,成为士大夫阶层的一种潮流。陈垣先生曾说过:“万历之后,禅风寖盛,士夫无不谈禅,僧亦无不与士夫结纳。”[③]据明末士人王元翰记录,“京师学道人如林”,不仅有大量的佛门僧侣,还有相当多的官僚士绅,他们“声气相求,函盖相合”。[④] 蕅益智旭也感叹道:“继阳明起,诸大儒无不醉心佛乘。”[⑤]我们从清代彭际清编著的《居士传》中也可以看到这一点。《居士传》记载了中国历史上各朝代的学佛居士,共计56

---

① 谢肇淛:《五杂组》卷八,上海书店,2001年。

② 参见释圣严:《明末佛教研究》,法鼓文化,2000年,第22—55、94—117、209—241页。

③ 陈垣:《明季滇黔佛教考》,河北教育出版社,2000年,第334页。

④ 王元翰:《凝翠集》尺牍《与野愚僧书》,《丛书集成续编》第118册,上海书店,1994年。

⑤ 智旭:《灵峰宗论》卷四《阅阳明全集毕偶二则》,《蕅益大师全集》。

卷，第 37 至 53 卷为明代居士的传记，所占分量在历代居士中是最重的，其中属于晚明的居士就有 100 多人。

晚明佛教四大师，是当时弘法利生并推动居士佛教信仰潮流的四大枢纽，每一位大师身边都凝聚围绕着数量可观的护法居士。其中云栖袾宏的影响尤为深广与具有典型性。初步统计他的《云栖法汇》中的书函，至少有与 100 位文人士夫的书信往来，而其中绝大部分领有云栖袾宏授给的法号，他们往往以护法弟子的身份师事云栖袾宏。而且云栖袾宏所交接者，不乏当时学界名流、政界要员。① 与他同时期的另一位高僧憨山德清曾这样描绘当时的盛况："师（云栖袾宏）道风日播，海内贤豪，无论朝野，靡不归心感化。"②袾宏的弟子广润也见证投师学佛者之盛："天下名公巨卿，长者居士，洎诸善信，无论百千万人。"③

再以四大师中的憨山德清与紫柏真可为例，略作说明。据《憨山老人梦游集》之《书问》中的资料粗略统计，与憨山德清有书信往还的达官贵人以及一般士大夫，其数量有 110 人左右，其中上自皇太后、亲王、相国、太宰、中丞、侍御等，下至各级地方官吏及普通士人，其弘法交游的范围相当广泛。④ 紫柏真可的全集中有书信往还的士夫居士也有 40 多人，这些通信难能可贵的是保留了他与护法居士交流刻方册大藏的资料。由于紫柏真可的倡导，得到一批士人居士的佐助，终于刻成了一部方册大藏经《嘉兴藏》。可以说，这部嘉泽后世的方册大藏经历时百余年最终能够刻竣，乃是晚明江南几代僧侣持续努力并与护法居士鼎力合作的成果，也正是明末佛教兴盛的标志性见证。⑤

---

① 云栖袾宏：《云栖大师全集》之《云栖大师遗稿》，福建莆田广化寺印行本。

② 《憨山老人梦游集》卷二十七《云栖宏禅师塔铭》，福建莆田广化寺印行本。

③ 《云栖大师全集》之《云栖本师行略》，福建莆田广化寺印行本。

④ 《憨山老人梦游集》卷十四，福建莆田广化寺印行本。

⑤ 参见钱谦益：《牧斋有学集》卷四十一《募刻大藏方册圆满疏》，上海古籍出版社，1985 年。文中，钱谦益述及方册藏的刻成因缘，正好可以说明此事之成，众士夫居士的热情襄助功莫大焉："大藏之改梵荚为方册，自紫柏尊者上首弟子密藏开公始也。海内巨公长者主议倡导者则有若陆庄简公光祖、陈庄靖公瓒，东溟先生管公志道、祭酒冯公梦祯。紫柏法眷誓愿相助者，常熟缪布衣希雍，金坛于比部玉立，暨丹阳贺氏，吴江周氏、沈氏。刻场初卜清凉，后移双径，既而恢复化城，订约化城贮板，楞严发经者中丞（吴）用先也。"

第二章　明初帝王与南京佛教

明初三代帝君与佛教有甚深因缘。洪武帝朱元璋为明代开国皇帝，早年先出家为僧，转而投入红巾军抗元，以金陵为龙兴基地，逐步削灭群雄，推翻蒙元统治，成就辉煌帝业。建文帝朱允炆继承皇祖父朱元璋大统，即帝位仅 4 年，因靖难之变而不知所终，或曰遁入佛门，或传燕军攻破南京城后焚于宫火。而最新史料表明《洪武南藏》刻竣于建文年间，板藏于天禧寺，惜乎也被寺火焚毁。永乐帝朱棣为朱元璋第四子，受封为燕王藩守北平，以僧人道衍为主谋师，发动靖难之变，夺得帝位，后建大报恩寺，并刻《永乐南藏》于南京。明初帝王确立了明代赞护、管控和利用佛教政策制度的基础和典范，而其基本政策制度都是在明朝建国后首都南京这个特定的时空中产生和颁行的，不仅作为不可违背的"祖训"影响明朝近 300 年，而且由于清沿明制，对有清一代佛教政策制度的制定和实施也产生了深远影响。

第一节
洪武帝与佛教

朱元璋于元文宗天历元年九月十八日（1328 年 10 月 21 日）出生在濠州钟离（今安徽凤阳）东乡，“先世家沛，徙句容，再徙泗州”[①]。幼名重八，参加红巾军后改名元璋，字国瑞。元至正二十八年（1368）正月二十三日，朱元璋在南京称帝，建国号大明，年号洪武。洪武三十一年（1398）闰五月驾崩，十六日葬于南京钟山之孝陵，享寿 71 岁，谥号“圣神文武钦明启运俊德成功统天大孝高皇帝”，庙号太祖。史简称明太祖、高皇帝，《明史》有《太祖高皇帝本纪》可见其生平事功，朱元璋统治时期则被称为“洪武之治”。

在中国历代著名帝王中，明太祖朱元璋堪称有作为的雄才大略之主，可与汉高祖刘邦、唐太宗李世民等帝王相提并论。毋庸讳言，朱元璋是从一个游方僧成长为大明开国皇帝的，他的成长史与建国创业史令人着迷，这不啻因为他是中国历史上继刘邦之后第二位从草野中成长起来的皇帝，实际还因他与佛教的深厚因缘，而受到佛教史家的特别关注。然而，明代儒臣记载的正史对这一点似乎并不特别在意，而野史笔记又常常用讥讽或痛心的笔触，来描绘朱元璋做皇帝后因猜忌人们提到他的“草莽”“为僧”经历而大搞文字狱。究实而言，朱元璋的开国创业在文治方面以儒学为正统，而得益于佛法心髓亦颇多，其对明代佛教产生深刻影响，不仅表现在他对佛教用世见解独到，超迈今古，而且对佛教政策制度亦多有建树，空前绝后。

综观朱元璋一生与佛教的关系，大致可分为这样几个阶段：一是早年的行童与游方僧生涯，给了他奇伟瑰丽一生深刻的烙印；二是从攻取集庆或称吴王开始到登基做皇帝后，大力护持佛教，并寓管理于护持之中；三是洪武十四年（1381）前后爆发胡惟庸案，国家的政治和政策制度发生了极大变化，在清理“胡党”的同时也着手整肃佛教。

---

① 《明史》卷一《本纪第一 · 太祖一》。“父世珍，始徙濠州之钟离。生四子，太祖其季也。母陈氏，方娠，梦神授药一丸，置掌中有光，吞之。寤，口余香气。及产，红光满室。自是夜数有光起，邻里望见，惊以为火，辄奔救，至则无有。比长，姿貌雄杰，奇骨贯顶，志意廓然，人莫能测。”

一 朱元璋早年的行童与游方僧生涯

（一）家贫投佛门为生

元至正四年(1344)，朱元璋17岁。这年春天，一场特大的旱灾袭击江淮大地，几个月不下雨，田地龟裂，禾苗枯黄。接着又闹蝗灾，铺天盖地的蝗虫，所到之处，禾苗一扫而光。且祸不单行，又闹起了瘟疫，田间地头，新添了不少坟堆。这灾难也降临到朱元璋一家，父母亲及兄长在这场大饥疫中相继死去，"贫不克葬。里人刘继祖与之地，乃克葬"。埋葬亲人后，旱灾、蝗灾依然肆虐，朱元璋"孤无所依，乃入皇觉寺为僧"。① 善心邻居汪大娘目睹朱元璋一家生活陷入绝境，就想起早年朱元璋父母为他到皇觉寺许愿的事，便对朱元璋二哥朱重六讲：重八年纪还轻，何不让他去寺庙当和尚？一来还愿，二来也找个吃饭的地方，总比饿死强。于是，这年九月初一，汪大娘准备了香烛和一点礼品，带着朱重八到了皇觉寺，请求高彬法师收朱做徒弟。高彬法师见朱元璋长得还结实，就和住持德持长老商量决定把他留下，在庙里干些杂活。就这样，朱元璋剃了发在寺庙当小行童，也就是做沙弥，每天打扫佛堂，上香、点烛，打钟、击鼓，给长老做饭、洗衣，还做服务全寺众僧的各种杂活。

可是入寺未久，寺庙因荒年田租难收，寺主封仓遣散众僧，朱元璋遂做起了游方僧，过着乞讨游荡的生活。朱元璋游方三四年，主要在淮西颍州一带四处流浪，他的足迹遍及豫东、皖西八九个郡县，熟悉了这些地区的山川形势、风土人情，虽吃了不少苦，阅尽人间冷暖，却也开阔了眼界，增长了社会知识。到至正八年(1348)底，重新回到皇觉寺。用僧家文献记载的话说，"崎岖多载，仍归寺中。年二十五值兵乱"②。又在寺中经过四年，接到儿时伙伴汤和来信，劝他弃僧投军。朱元璋思考再三，在佛前求了签卜方决定，遂于至正十二年(1352)闰三月离开皇觉寺，投奔濠州郭子兴的红巾军。据记载："入濠见郭子兴。兴见状貌奇之，

---

① 《明史》卷一《本纪第一・太祖一》。
② 《释鉴稽古略续集》卷一，"高皇帝"条。

与语大悦。取为亲兵,日益敬信。以马后妻之。命掌征伐之事,一统之业基于此矣。"[①]这一年朱元璋二十五岁,从至正四年(1344)开始至今,实际做了七八年和尚,从此开始了戎马生涯。这是他人生道路上的一个拐点,也是他雄心勃发、向上攀登的重大转折点。

(二) 通向金陵之路

元至正十三年(1353),朱元璋26岁,他见濠州城诸将不思进取,争权夺利,矛盾重重,决心依靠自己的力量,开创新局面。这年六月中旬,经郭子兴同意,他回乡招募700淮西子弟兵,攻打定远,先后有冯国用、冯国胜和李善长来投,收为幕僚谋士。在定远,他确定了夺取金陵图王业[②]的宏大目标。

冯氏兄弟是当地富豪,冯国用献策说大江以南有建康,地势险要,古书称之"龙蟠虎踞",为六朝历代帝王建都之所在。故应挥师南路,先取建康,以此为根据地,命将四出,倡仁义以收人心,天下不难平定,定可成就大业。[③]在冯氏兄弟的建议下,朱元璋率兵向南进发,准备先打滁州,然后向建康进逼。在南下滁州途中,定远名人李善长到军门求见。李善长劝说朱元璋效仿平民出身的汉高祖刘邦"知人善任,不乱杀人",朱元璋留李善长做了幕府的书记,并嘱咐李善长帮助协调文武诸将的关系,以共图大业。[④] 这样,朱元璋心中已经打定主意,要以金陵为基地,来夺取天下。这也就是他略定远之后进滁州、取和州,逐渐朝长江方向发展的动因。

至正十五年(1355),和州渡江,攻克太平(今安徽当涂)。耆儒陶安、李习率父老出迎,献言曰:"明公率众渡江,神武不杀,人心悦服。以此顺天应人,而行吊伐。""帝以天纵之资,不阶寸土,一民卒成大业。虽曰天命人归,要亦神武不杀之

---

① 《释鉴稽古略续集》卷一,"高皇帝"条。又参见谷应泰:《明史纪事本末》卷一《太祖起兵》。"子兴奇其状貌,与语,大悦之,取为亲兵。凡有攻伐,命之往,辄胜。子兴故抚宿州马公女为己女,遂妻焉,即高后也。军中咸呼为朱公子。"

② 据传,战国楚威王时,以其地有王气,埋金以镇之,故曰金陵。

③ 参见谷应泰:《明史纪事本末》卷一《太祖起兵》。至正十四年(1354)秋七月,徇定远,下滁阳。定远人冯国用与弟国胜率众归附。太祖奇之,曰:"尔被服若是,其儒生耶? 顾定天下,计将安出?"国用对曰:"金陵龙蟠虎踞,帝王之都。愿先拔金陵,定鼎,然后命将四出,救生灵于水火,倡仁义于远迩,勿贪子女玉帛,天下不难定也。"太祖大悦,俾兄弟皆居帷幄,预机密焉。定远人李善长来谒,留幕下,掌书记,画馈饷,甚见亲信。

④ 《明太祖实录》卷一:"道遇定远人李善长来谒。上与语,悦之,留置幕下,俾掌书记。语之曰:'方今群雄并争,非有智者不可与谋议。吾观群雄中持案牍及谋事者多毁左右将士,将士弗得效其能,以至于败。其羽翼既去,主者安得独存? 故亦相继而亡。汝宜鉴其失务,协诸将以成功,毋效彼所为也。'善长顿首谢曰:谨受命。遂与俱攻滁阳,下之。"

所致也。”[①]至正十六年(1356)三月，攻取集庆(今南京)，陶安谓太祖曰：“金陵古帝王之都，龙蟠虎踞，限以长江之险。若取而有据其形势，出兵以临四方，何向不克？此天所以资明公也。”[②]朱元璋深以为然，留作帅府令史。

至正十八年(1358)，朱元璋率部南下皖浙，于戎马倥偬之际访贤礼士；路过徽州，造访著名儒学者朱升，获得以金陵为根据图王业之“九字真言”，那就是“高筑墙，广积粮，缓称王”；过兰溪(位于浙江中西部，地处钱塘江中游)，召见通天文的月庭和尚，为他建造观星楼；攻克金华，对这个人文荟萃的文献之邦更着意经营。他频频召见儒生，询问历代开国明君如汉高帝、汉光武、宋太祖、元世祖平定天下之道，这表明朱元璋决心要开创一个新王朝的时机和条件逐步走向成熟。

二 | 金陵图王奉佛大业

著名历史学家吴晗在其著作中指出，朱元璋建立明朝后崇尚佛法：“即位后，曾召东南戒德名僧，在蒋山大开法会，和群臣顶礼膜拜。对应对称意的召入禁中，赐以金缕袈裟，坐而论讲。并重用僧人作巡校心腹，进行特务告密陷害活动。”[③]吴晗这样说比较笼统，前面征召高僧入京，启建法会，基本属实；后文重用僧人心腹云云，未放在历史脉络和具体语境中，容易遭人误解。

朱元璋缔建大明帝国，兴王业与奉佛教并举，这一点在明代正史中少见记载，而多为僧家所乐道。明初开国文臣宋濂既为大儒又向佛道，适与朱元璋“君臣道合”，都竭力主张儒家治国之道，但不排斥佛教的善世利国功用。这个对于明代的王道政治及儒佛关系是有深刻影响的，直到明末佛教有振兴机运时，“晚明四大师”之一的云栖袾宏及钱谦益居士，仍然感动于明初君臣崇尚法门的开创性典范而辑录、修订《宋文宪公护法录》；憨山德清也于此感叹道：“方今世道浇离，法门寥落之秋，非大力量人出，谁为匡持？……谛观宋濂之学，实出于此，故

---

① 《释鉴稽古略续集》卷二，“太祖高皇帝”条。

② 《释鉴稽古略续集》卷一，“顺宗”条。

③ 吴晗：《朱元璋传》，人民出版社，1985年，第154页。

能羽翼圣祖，开万世太平之业。读《护法编》，未尝不抚卷而叹也。”[①]乃至明帝国飘零之际，僧家文献还在追述洪武初明太祖对佛教的推崇奖掖。如明末清初禅僧觉浪道盛致力于振兴法门：“以金陵为龙兴之地，图王奉佛精神可求发扬于此，振其末必循其本也。”[②]

在僧家看来，王者公侯及宰官居士之护法应为“外护”，无外乎护刹、护教、护僧三个方面：一曰兴崇梵刹，二曰流通大教，三曰奖掖缁流。要皆归于僧者自身“内护”，不作狮虫而有辱法门。[③] 由此观朱元璋入南京后赞护佛教之大事有如下数端，可资僧史印证。

（一）崇尚法门

“太祖渡江时，或谓：‘欲定天下，僧金碧峰不可不见。’及至宣州见之，僧跏趺危坐，不为礼。上叱，僧亦叱。上曰：‘可曾见杀人将军乎？’僧曰：‘可曾见不怕死和尚乎？’上遂释剑作礼，僧答礼，徐谓曰：建康有地可王。”[④]

这则僧家资料未入明代正史，但从中我们知悉，朱元璋自渡江起，就开始崇礼法门，翊赞王业。渡江时他遇见的僧金碧峰，即洪武初被从五台山征至南京的禅师宝金，字壁峰。钱谦益有语称“国初大浮屠，惟碧峰最著，流传神异”云云。下文详叙，此不赘述。

第二位进入朱元璋图王业视野的僧人是孚中怀信。怀信，字孚中，俗姓姜氏，明之奉化人。宋濂撰、云栖袾宏辑、钱谦益订《护法录》将之列为“国初应召大浮屠”第一人。元至正九年(1349)冬十月，江表大龙翔集庆寺虚席，行御史台奉疏迎怀信主之。至正十六年(1356)二月，大明兵下金陵，僧徒俱风雨散去，唯独怀信禅师结跏晏坐，目不四顾。执兵者满前，无不掷杖而拜。朱元璋赞其操守，曾亲幸寺中，“听师说法，嘉师言行纯悫”，特为改龙翔为大天界寺。寺有庄田粮

---

① 憨山德清《答钱受之太史》曰：“《护法编》时对披读。诸老塔铭，言言指归向上一路，得宗门正眼。我明法运大开，赖有此为衡鉴。若刻施流通，利法不浅，《护法录》，即禅宗之传灯也。其所重在具宗门法眼，观其人，则根器师资，悟门操行建立。至若末后一著，尤所取大。今于毫端通身写出，不独文章之妙，其于护法深心，无字不从实际流出。其于教法来源，显密授受，详尽无遗。此古今绝唱一书，非他掇拾之比！”“山僧向读《高皇文集》有关佛教及诸经序文，并南京天界、报恩、灵谷、能仁、鸡鸣五敕建寺中，各有钦录，簿中所载要紧事迹，意要集成一书，以见圣祖护法之心。若同此录共成一部，足见昭代开国君臣一体，亦古今所未有也。”见于《憨山老人梦游集》卷十八《书问》。

② 参见《天界觉浪盛禅师全录》，《金陵语录序》，《嘉兴藏》第34册。

③ 参见云栖袾宏：《竹窗随笔》，《护法》，《嘉兴藏》第33册。“人知佛法外护付与王臣，而未知僧之当其护者，不可以不慎也。”

④《释鉴稽古略续集》卷一。

拖欠在民间，遣官为征之。至正十七年(1357)，怀信禅师临终前一日，朱元璋统兵驻江阴沙州，当昼而寝，梦见怀信服褐色禅袍来见。朱元璋问道："禅师为何来也?"对曰："将西归，来告别耳。"朱元璋还金陵，闻禅师迁化，依与梦中正同，大悦。诏出内府帛币，助其丧事。且命堪舆家贺齐叔，为卜金藏。举龛之夕，朱元璋亲自致奠，送出都门之外。"其宠荣之加，近代无与同者。"当时朱元璋为吴国公，"甫定金陵，戎马倥偬，乃崇信法门、加礼于信公若此！此国初护法第一盛事，宜表而出之"①。

第三位引起朱元璋崇敬法门的僧人是觉原慧昙。慧昙，字觉原，俗姓杨氏，浙江天台人，得法于广智禅师笑隐䜣公。元文宗天历二年(1329)，龙翔集庆寺新创，笑隐䜣公奉文宗命担任开山住持，慧昙随从掌藏钥，继而分座，相与激扬祖佛机缘，裨赞法门纲纪，识见出群，声誉彰著。元至顺二年(1331)，慧昙奉行御史台檄，出世牛头山之祖堂寺。元至正三年(1343)，迁住清凉广慧禅寺。元帝师嘉勉慧昙，授以"净觉妙辩禅师"之号。至正十五年(1355)，慧昙复迁保宁禅寺。上述行历表明，慧昙禅师在元文宗时代已经是成就斐然，声名卓著。可当朱元璋大军攻取集庆时，慧昙审时度势，率先投诚。"十六年丙申(1356)，王师定建业，师谒皇上于辕门。上见师气貌异常，叹曰：此福德僧也。"②朱元璋赞叹慧昙为"福德僧"，意味深长。

就明初僧家文献来看，明代开国前后，崇尚法门的突出实例，主要表现于上文所述朱元璋所给予孚中怀信的生前崇敬和寂后哀荣，此为其一。其二，就是对慧昙所代表的金陵佛教的推崇护持。宋濂所作慧昙塔铭对此记述颇详：

1. 兴崇佛刹。朱元璋先是命慧昙住持蒋山太平兴国禅寺(今钟山灵谷寺)。"时当俭岁"，慧昙化食以济给僧众。山下田人多欲隶军籍，不种寺田，慧昙惧寺田之芜废，请朱元璋帮忙留止佃农，很快就解决了问题。山之林木为樵者所剪伐，慧昙又陈奏，朱元璋封一剑授慧昙曰："敢有伐木者斩!"蒋山因其赐，至今林木郁然。逾年丁酉(至正十七年，1357)，赐改龙翔集庆寺为大天界寺额，诏慧昙主之。以前有司权以贮放戎器在天界寺僧堂寮库，久而不归。朱元璋见状，亟命相国李善长搬出。且亲御翰墨，书"天下第一禅林"六大字，悬于天界寺三门。

---

① 宋濂：《宋文宪公护法录》卷之一《大天界寺住持孚中禅师信公塔铭》，《嘉兴藏》第21册。悫，读作què，释义诚实、谨慎。《荀子・不苟篇》"有悫士者"。

② 宋濂：《宋文宪公护法录》卷之一《天界善世禅寺第四代觉原禅师遗衣塔铭》，下引文同此。

2. 护持法教。吴元年丁未(元至正二十七年,1367),“太内新成,将登宝位”,朱元璋为即将登极准备的大内宫殿落成,慧昙奉诏前来举办开光庆典并登座讲经说法,“引千二百众,披阅大藏真经,用严清净觉地”;“升师子座,举扬大法”。朱元璋亲帅群臣,幸临瞻听。慧昙禅师法音洪畅,妙契皇情,为之大悦,出内帑帛30匹以施。从此每设广荐法会,慧昙必升座说法,朱元璋则车驾亲帅群臣幸临,恩数优洽。远迩学徒闻风奔赴,堂筵至无所容,而祖庭规矩,粲然有序。观者啧啧曰:“三代礼乐,无以加焉!”宋濂记言:有儒臣上疏,以释氏为世蠹,请灭除之。朱元璋以其章示慧昙大禅师,师曰:“孔子以佛为西方圣人,以此知真儒必不非释,非释必非真儒矣。”“上亦以佛之教阴翊王度,却不听。”[①]朱元璋对慧昙所言深以为然,赞同佛教有阴翊王度功用,而不听儒臣灭佛之言。这为朱元璋入南京后赞护佛教奠定了思想基础。

3. 奖掖缁流。洪武元年戊申(1368)春三月,开善世院,特秩从二品,特授慧昙“演梵善世利国崇教大禅师”,住持大天界寺,统诸山释教事。御制诰命,其略曰:“自予肇业,命尔匡宗,德风振起于法门,景运赞襄于家国。……”宋濂文中写道:“凡位居臣列被召必以名,惟有授予慧昙之诰敕皆以大禅师为称,此乃前所未有也。”“当是时遴选有序,铨衡至公,宗社有志之流,山林抱道之士,联镳而迭出,咸居名山大刹焉。自古崇尚法门,于斯为盛!”

相比孚中怀信,觉原慧昙要幸运得多,怀信虽深得朱元璋嘉赞,但其法运仅仅一年而逝。而慧昙为兴法门,与朱元璋的相遇,正当其兴王之运,从至正十六年(1356)起直至洪武元年(1368)朱元璋登基称帝,期间有12年之久。因此,可以推想,开国前后除了文臣宋濂外,僧人慧昙应是对朱元璋崇尚法门、翊赞王度思想影响最为深切者。用宋濂的话来形容此际朱元璋的兴王奉佛,即“诚优钵昙华千年一现也”,法运与王运交集而兴,堪称难得。

(二)翊赞王度

朱元璋渡江入集庆,脚跟尚未立稳,便有金陵本地大和尚慧昙来投诚,这引起了朱元璋对金陵佛教的极大兴趣。朱元璋既赞叹慧昙具大福德,实嘉许其睿智远谟襄赞家国。和尚出身的朱元璋自然不用多言,便与慧昙代表的金陵佛教

---

① 参见宋濂:《宋文宪公护法录》卷之一《天界善世禅寺第四代觉原禅师遗衣塔铭》。又参见《新续高僧传四集》卷三十四《明金陵大天界寺沙门释慧昙传》。慧昙是元末最早欢迎和归顺朱元璋政权的南京名僧,深得朱元璋信任。明朝建立后,授善世院首僧。

界达成默契，建立了某种程度的“政教联盟”。这个时候的所谓联盟或曰遇合，在朱元璋的御制文献和宋濂作的明初大浮屠塔铭中，往往是以“崇尚法门”“翊赞王度”这样的典雅用语来表达的。笔者以为这里面至少包含两层意思：一是元末战乱时期，慧昙将佛法“付之王公”，选择了抗元的中坚“潜力股”朱元璋，有幸劝化他崇尚法门，充当得力护法，这对乱世中南京佛教的保护及将来崛起是大有贡献的，可谓立了不世首功；二者我们从朱元璋正在进行的兴王大业角度来看，他所崇尚的是能“翊赞王度”的法门，他既然赞叹慧昙是“福德僧”，实际上也就对慧昙所代表的金陵佛教具有这样的济世功能充满期望。

朱元璋关于佛教翊赞王度的理念，其后在《御制文集》之《三教论》《释道论》《宦释论》等篇章中将其表述为“阴翊王度”“暗理王纲”。此《御制文集》中收有不少赞佛论道的篇章，其中对明代佛教关系甚大的理论建构，即是“翊赞王度”思想。朱元璋从唐代文学家柳宗元借用了佛教“阴翊王度”这句名言[①]，站在圣贤王者的角度对其进行了深入独到的阐发。

其一，朱元璋认为，“天下无二道，圣人无两心”。儒与佛无有二致，孔子与释迦均为圣人。上文述他赞同慧昙所言，孔子是中国圣贤，而释迦为西方圣人。“天地异生圣人于西方，备神通而博变化，谈虚伙之道，动以果报因缘。是道流行西土，其愚顽闻之，如流之趋下。渐入中国，阴翊王度，已有年矣。斯道非异圣人之道而同焉。其非圣贤之人，见浅而识薄，必然以为之异。”[②]西方圣人之道化愚顽，阴翊王度不异于中国圣人之道，只是见识浅薄之人以为不同而已。这种见解中暗含着他对保守理学家排斥佛教为“异端”的不认可，故此他批评一般陋儒的见识浅薄，不体天道圣心。

其二，儒佛之道相异之处何在？朱元璋认为，两者之异“在别阴阳虚实之道耳”，释迦之道为阴教，儒家之道为阳教。他解释说：“佛之道云阴者何？举以鬼神，云以宿世，以及将来，其应莫知，所以幽远不测，所以阴之谓也，虚之谓也。其圣贤之道为阳教，以目前之事，亦及将来，其应甚速，稽之有不旋踵而验，所以阳之谓也，实之谓也。”[③]依此说儒佛之道如阴阳虚实，“阳教”应验甚速，“阴教”幽远

---

① 此语出自柳宗元《曹溪第六祖赐谥大鉴禅师碑并序》，曰：“在帝中宗，聘言于朝，阴翊王度，俾人逍遥。”收入《嘉兴藏》本《六祖坛经》后附。另《全唐文》卷五八七有载，又参《释氏稽古略续集》卷二。

② 《高皇帝御制文集》卷第十《官释论》。

③ 《高皇帝御制文集》卷第十《官释论》。又参葛寅亮：《金陵梵刹志》卷二。

不测，而其实一体两面，相资为用。“斯二说，名称不同，行之有异，而若守之于始，行之于终，始终不渝，则利济万物，相辅相成。”另外，朱元璋又指出“如来之教，指实言虚，因空谈有，化及万类，善被诸方，现千百亿态”，不宜执着一偏知见；“释迦其为佛也，行深愿重，始终不二，于是出世间，脱苦趣。其为教也，仁慈忍辱，务明心以立命。执此道而为之，意在人皆若此利济群生。今时之人罔知佛之所以，每云法空虚而不实，何以道君子训小人？以朕言之则不然，佛之教实而不虚，正欲去愚昧之虚，立本性之实”①。

其三，道成化凶顽，善世被两间。“其佛道之初立，穷居独处，特忘其乐之乐，去其忧之忧，无求豪贵，无藐寒微；及其成道，至神至灵，游乎天外，察乎黄泉，利生脱苦，善便无穷。”所以当时之愚顽耳闻目击而效之，今世之愚顽慕而自化之。“呜呼，不亦善乎！昔释迦之为道，孤处雪岭，于世俗无干。及其道成也，善被两间，灵通上下，使鬼神护卫而听从，故世人良者愈多，顽恶者渐少。所以治世人主每减刑法而天下治，斯非君减刑法而由佛化博被之然也。所以柳子厚有云，阴翊王度是也。”②在朱元璋看来，佛道能化凶顽，当其离群索居修道时，似乎与世俗不相干，可一旦成道，便能利益世出世间。

其四，持身荣俭不同，释道教化不可缺。朱元璋认为，“佛之有经者，犹国著令。佛有戒，如国有律。此皆导人以未犯之先，化人不萌其恶。所以古云：天下无二道，圣人无两心。名虽异，理则一。”他多次指出，佛教使“愚民未知国法，先知虑生死之罪，以至于善者多而恶者少，暗理王纲，于国有补无亏”；“其佛仙之幽灵，暗助王纲，益世无穷，惟常是吉。尝闻天下无二道，圣人无两心。三教之立，虽持身荣俭之不同，其所济给之理一。然于斯世之愚人，于斯三教有不可缺者”。③

综上所述，“阴翊王度，暗助王纲”成为明代开国时期朱元璋对待佛教及制定相关政策的基本出发点。洪武帝再三举引“阴翊王度”这句柳宗元的名言，表示他对佛教这种翊赞王度作用的特别推崇。可以说，历代帝王中再也没有比洪武帝更明白此理，如谓佛教“动演人天小果，犹能化凶顽为善，何况聪明者知大乘而识宗旨者乎？”若能如此“谈因缘化愚，启聪愚为善于反掌之间，虽有

---

① 《高皇帝御制文集》卷第十五《习唐太宗圣教序》《心经序》。

② 《高皇帝御制文集》卷第八《敕三·谕僧纯一敕》。

③ 《高皇帝御制文集》卷第十《诵经论》《释道论》《三教论》。

国法何制乎？缧绁刑具亦何以施？岂不合乎柳生之言阴翊王度，岂小小哉？！”[①]可见朱元璋充分认识到了佛道之教化可补王道之不善、国法之不足，其善世功用不小。

然而，朱元璋也从历代帝王君臣因佞佛而败政亡国中汲取了深刻教训。洪武二年（1369）冬十月，高丽使者成惟得等辞归，朱元璋以书谕其国王：“佛之道，三皇五帝之时未闻有也，而是时天下大治；后世务释氏而能保其国者，未之见矣。梁武之事可为明鉴，王岂未知之耶？”[②]他认为，“斯空相，前代帝王被所惑，而几丧天下者，周之穆王，汉之武帝，唐之玄宗，萧梁武帝，元魏主焘，李后主，宋徽宗，此数帝废国怠政，惟萧梁武帝、宋之徽宗以及杀身，皆由妄想飞升及入佛天之地”，并告诫臣下宋濂等：“秦始皇、汉武帝好神仙、宠方士、妄想长生，末了一场空。”[③]洪武帝通过历数秦始皇、汉武帝、梁武帝、唐玄宗、宋徽宗、元顺帝等历代帝王沉溺佛道的事例，得出帝王佞于佛道必将怠政而致国废的结论，并认为僧道献媚于王侯也会毁及自身并谤及法门，以此可知王者与僧道各有应守的边界。

释道之于帝王，其意义在教化愚顽，暗助王纲，“非帝者证果之场。若不解而至此，靡费黔黎，政务日杜，市衢嗷嗷，则天高听卑，祸将不远，豪杰生焉”[④]。其次，洪武帝认为，王臣留连山林则于民无益。若使凶顽者敬信佛法，则有利于王纲。朱元璋对于佛教的认知取舍是精明务实的，乃至将佛国天堂也拉在世间，称“佛天之地，未尝渺茫，此等快乐，世尝有之”。只要帝王善为、王侯大臣善佐，“取有道，保有方，岂不佛法之良哉，色空之妙乎？”[⑤]使愚夫愚妇供养佛僧，益于国风淳厚。王臣之于佛教，要做的是以政令使之“无有敢谤，听化流行”，于此“非王臣则不可”[⑥]，亦所谓“佛法付之国王大臣”[⑦]的真义所在。故曰王臣和僧道各有其维护王纲善世所应起的作用和应在的位置。

---

① 葛寅亮：《金陵梵刹志》卷二。

② 《明太祖实录》卷四六，洪武二年冬十月壬戌朔。又参见宋濂：《新刻楞伽经序》。

③ 《高皇帝御制文集》卷第十五《心经序》。

④ 宋濂：《重刻护法论题辞》。

⑤ 《释氏稽古略续集》卷二。

⑥ 葛寅亮：《金陵梵刹志》卷二。

⑦ 《明太祖实录》卷一五〇。

三 | 僧官制度与明初佛道翊赞体制建构

朱元璋出身寒微，其初以游方僧糊口度日，尔后又在信奉白莲教的红巾军中摸爬滚打，由小卒逐步上升，最终在南京登极为帝，开创大明王朝。这番不平常的经历使他对底层社会的佛道教流行情况洞然于胸，因此他做了皇帝后有意整顿元末以来佛道教的混乱和弊端，以利于新朝社会秩序的创建与巩固。但他对于佛道教的整顿，并没有一开始就使用雷霆手段，而是从探索建构佛道教翊赞体制着手，渐进地把佛道教事务纳入皇权统治和官府管理体系中，确立了从中央到地方体系完整的僧官制度。一些研究者注意到明初洪武帝强化皇权统治条件下整治佛教的一面，而往往忽视其赞护佛教的翊赞体制建构的一面，这种体制在洪武帝的“顶层设计”中应是与其文教治国大政方针相适应的。

洪武帝吸取历史经验教训，确立以儒治国方略，意图扭转元代儒学式微的趋势，因而开国初大力倡导恢复礼制。[①] 洪武元年正月四日（1368 年 1 月 23 日），朱元璋告祭天地于钟山之阳，即皇帝位于南郊。谕告曰：“昔帝王之治天下，必定礼制，以辨贵贱、明等威。是以汉高初兴，即有衣锦绣绮縠操兵乘马之禁，历代皆然。近世风俗相承，流于奢侈，闾里之民，服食居处与公卿无异，贵贱无等，僭礼败度，此元之所以失政也。中书其以官民房舍、服色等第明立禁条，颁布中外，俾各有所守，以正名分。”[②]礼部上奏考定礼仪。洪武帝敕曰：“礼者，国之防范，人道之纪纲，朝廷所当先务，不可一日无也。自元氏废其礼教，因循百年，而中国之礼变易几尽。朕即位以来，夙夜不忘，思有以振举之，以洗污染之习，故尝命尔礼部定着礼仪。今虽已成，宜更与诸儒参详考议，斟酌先王之典，以复中国之旧，务合人情，永为定式，庶几惬朕心也。”又尝谕徐达曰：“礼法，国之纲纪。礼法立，则人志定，上下安。建国之初，此为先务。尔等为吾辅相，当守此道。毋谨于始而忽

---

① 参见李婷婷：《明初政治与文人心态及文学演变》，西南大学 2013 年硕士论文，第 8 页。作者指出，承袭元末之风，佛道诸家思想已经深入民间文化。而统治阶级所依仗的儒家思想则不然，由于它对生民的约束性，本来就不易结合于民间。而元代重武尚吏，更与汉人有民族隔阂，汉族文人很少能够参政，因此儒学遭到冷遇。在几经混战和开国待兴的背景下，儒学氛围早已衰微下来。明初，在重新确立主流思想文化之际，朱元璋采取了尊朱崇儒，同时扶持佛、道思想的策略，使儒家文化在统治者的干预之下重新确立。

②《明太祖实录》卷五五。

于终也。”①

朱元璋支持明代理学的正统地位，但他并不全然赞同理学家对佛道的排斥，他没有把佛道二教当作无用异端完全摒弃，而是采取务实明智的做法，坚持赞护与管控并用，一方面以释道辅助王纲教化，另一方面则以王法对佛道进行弹性管控与刚性约制。这应是明初佛教政策制度的内涵与实况。开国文臣宋濂对洪武帝的佛教翊赞体制建构用意深有体察，故在新刻《楞伽经》序中说：“真乘之教与王法并行。”其又在《新注楞伽经》后序曰：“皇帝既御宝历，丕弘儒典，参用佛乘，以化成天下。且以《般若心经》及《金刚》《楞伽》二经发明心学，实为迷途之日月，苦海之舟航。”②明初的佛教通过这条合法途径被嵌入了洪武帝文教政策框架体系之中，当洪武帝命令制作《心经》《金刚经》及《楞伽经》三经新注并颁行天下时，禅僧南石文琇(1345—1418)以七言赞叹之：

> 圣皇亲受灵山记，
> 手执金轮御万方。
> 诏谕僧徒令讲习，
> 丛林顿觉有辉光。③

通过认真爬梳明初佛教史料，笔者发现，明代开国时期朱元璋对佛教的赞护态度在洪武十四年(1381)前后发生了明显变化，与之相应，在佛教翊赞体制建构上主要历经了善世院和僧录司两个阶段。④ 基本上可以说，朱元璋在善世院阶段对佛教以赞护为主，而赞护中寓有王者用心及管控机制。在僧录司阶段，出台了许多明显以管理和控制为主的榜文、条例，对佛教不务祖风之乱象加以整肃；而考“佛法付之王臣”内涵，正在于沙汰劣流不法的“狮子虫”，故其一再重申的禁例，对佛教之纯化终究有益。

---

① 宋濂:《洪武圣政记》,《定民志第六》。

② 宋濂:《护法录》,《新刻楞伽经序》。曰:“钦惟皇上以生知之圣，一观辄悟。诏天下诸浮屠是习是讲，将使真乘之教与王化并行，治心缮性，远恶而趣善。斯心也，即如来极度群生之心也。何其盛哉!”

③《补续高僧传》卷十四。

④ 参见何孝荣:《明初善世院考》,《西南大学学报(社会科学版)》2009 年第 2 期。作者说，明太祖对佛教实行既整顿和限制，又保护和提倡的政策。其中，洪武前期侧重于保护和提倡，后期则着力整顿和限制。该文的时间划分，大体以洪武十四年(1381)六月礼部提出设置僧司衙门方案为界，可以明显地分为前后两个阶段。

有学者研究洪武帝对佛教的这种微妙变化态度的发生,“从1371年到1394年,大概某种事物改变了明朝创建者的内心世界”。其以下面两段朱元璋的原话来探察,在洪武四年(1371)前后,朱元璋认为“中国乃文明礼乐之邦,人心慈善,易为教化。若僧善达祖风者,演大乘以觉听,谈因缘以化愚”。可到洪武二十七年(1394),他眼中所见,“迩年以来踵佛道者,未见智人,但见奸邪无籍之徒,避患难以偷生,更名易姓,潜入法门”。朱元璋1371年和1394年态度之间的不同,或许与僧人素质的堕落有关,但有理由推测这种变化更有可能是朱元璋对治国之道及制度的认识发生了改变。与此相应,朱元璋改变了国家管理佛教寺院生活的法令。在洪武十四年(1381)到洪武二十七年(1394)之间,朱元璋陆续出台了一些法令,以期将僧人和寺院纳入国家权威管理体系之中。此后,佛教将不得不去适应这些法令。①

(一)善世院

善世院创设于明洪武元年(1368)正月或三月间,罢革于洪武四年(1371)或十四年(1381)。对此善世院的创设与罢革时间,有学者专门做过考证,论定为善世院创设于洪武元年正月,罢革于洪武十四年。② 也就是说,善世院这个机构起始于朱元璋登极称帝当月,终结于僧录司成立之际。

兹对这个明初成立的统领天下寺僧的最高机构的成立背景、职掌定位及其存在意义,做一些分析探讨。笔者以为,其创设应是明代开国时期有关佛教的首书特书之大事,因该机构的存在不仅关系到明初佛教的兴盛,还涉及明初的朝政和治国方略,而其最终被僧录司代替,则应视作是明初佛教机构为适应国家政治制度变化而改进管理系统的结果。

1. 背景

明代开国元年,关系到天下佛教有两件大事,一是正月或三月成立善世院,二是九月举行蒋山大法会。官方文献对此言语简省:“洪武元年正月,立善世院,

---

① 参见卜正民:《明代的社会与国家》,黄山书社,2009年,第208页。

② 参见何孝荣:《明初善世院考》,《西南大学学报(社会科学版)》2009年第2期。善世院创设时间,《明太祖实录》卷二九记载:洪武元年正月庚子,“立善世院,以僧慧昙领释教事”;而宋濂为僧觉原慧昙所作塔铭称:“洪武元年戊申春三月,开善世院。”善世院的革废,《明太祖实录》中竟然出现自相矛盾的两种记载,卷七〇:洪武四年(1371)十二月,“革僧、道善世、玄教二院”;卷一百四十:洪武十四年(1381)十二月甲戌,“革善世、玄教二院”。

以僧慧昙领释教事；立玄教院，以道士经善悦为真人，领道教事。”①另稽合有关资料说，三月，慧昙建造善世院，受大禅师号，统领佛教；经善悦建立玄教院，受真人位，管领道教。洪武元年（1368）九月，朱元璋征召天下高僧入京，以国家之力举办蒋山法会，具体承办事宜当与善世院有关，此后连续四五年“复用元年故事”，对明初佛教的兴盛产生了深刻影响。

宋濂被朱元璋称为“开国文臣之首”，其在为僧人撰写的塔铭中对善世院的创设背景留有多处记载：“洪武元年，上即皇帝位，发号施令，雷动云合，开善世院以统摄释教。”②“洪武改元，皇帝御大宝，历弘阐佛乘，首开善世院，俾擢有道浮屠莅天下名山。”③“皇明龙兴，当建元洪武之初”，“中书被旨，俾浙水西五府浮屠道流，共甓京城，立善世院，以统僧尼”。④

依宋濂上述几条记载，并综合其他僧家文献可知：其一，善世院之创设，系由洪武元年（1368）皇帝登大宝后，参考历代弘阐佛乘，而直接推动、发号施令的结果；其二，善世院开设的目的，是为了“统摄释教”，选擢有道浮屠莅任天下名山住持；其三，当时善世院成立，中书省奉旨召江浙五府名刹“浮屠道流”，会聚南京天界寺，共同筹划统辖僧众事宜。⑤ 据宋濂追记，“同监董其役，诸方耆德皆莫知所为，（原璞士璋）师独出方略，具有条叙。时十万之众咸仿法焉”⑥。根据这些零散、细微的非官方记录，我们隐约察知善世院成立之初，对诸山丛林影响甚大。

善世院的建置，虽可参稽综合元朝中央宗教机构宣政院及设在南京的行御史台管理制度⑦，但毕竟是明初革故鼎新的产物，必须满足元明政权交替后对国

---

① 《明太祖实录》卷二九。

② 罗月霞主编：《宋濂全集》卷四四《扶宗宏辨禅师育王裕公生塔碑有序》，浙江古籍出版社，1999 年。

③ 罗月霞主编：《宋濂全集》卷二九《大天界寺住持白庵禅师行业碑铭有序》，浙江古籍出版社，1999 年。

④ 罗月霞主编：《宋濂全集》卷五二《杭州集庆教寺原璞法师璋公圆冢碑铭》，浙江古籍出版社，1999 年。

⑤ 参见《释鉴稽古略续集》卷二。“洪武改元，集庆虚席，……未几中书被旨，俾浙之东西五府名刹住持咸集京师，共甓天界立善世院，以统僧众。”此中幻轮将宋濂“浙水西五府”修改为“浙之东西五府”。另参陈玉女《明太祖征召儒僧与统制僧人的历史意义》一文，作者指明为浙江东西地区杭州、苏州、绍兴、宁波、金华等五府名刹，并指出“明代善世院的制度，大抵承袭元代宣世院的组织”。（参见陈玉女：《明代的佛教与社会》，北京大学出版社，2011 年，第 14 页。）

⑥ 原璞士璋，讳士璋，字原璞，海宁王氏子。洪武改元，杭州集庆虚席，郡守李公（文忠）延师主持。分别参宋濂作《杭州集庆教寺原璞法师璋公圆冢碑铭》及幻轮编《释鉴稽古略续集》卷二。

⑦ 宋濂：《元史》卷八七《百官志三》。明代的善世院，大抵承袭元代宣世院的组织。然宣世院的品“秩从一品”，而国师为统率全国僧徒以及吐蕃事务之统领。初分置院使二人、同知二员、参议二员、经历二员、都事二员、管勾一员、照磨一员等，享有独立的统治权，不受中央行政机构统辖。（参见陈玉女：《明代的佛教与社会》，北京大学出版社，2011 年，第 14 页。）

家开创、人心思定、治国人才等方面的时代需求。朱元璋在登极第一个月内，在推行文治、恢复儒家礼教的同时，参用佛教宗乘，着手建立了释道管理机构以翊赞教化。这就是善世院和玄教院创立的时代背景。换句话说，这两个僧道管理机构，是由明代开国皇帝直接推动设立的国家建制，也即以儒为主、佛道为辅的文教治国方略体制化的重要组成部分。研究表明，朱元璋是明代以帝王身份推动儒释道三教融合的最高统治者，一言而九鼎，这一点对明代思想意识形态领域三教关系的确立和国家制度革新更张产生了重大影响。

明代开国初，对治国人才多有需求，九月癸亥，诏曰："天下之治，天下之贤共理之。今贤士多隐岩穴，岂有司失于敦劝欤，朝廷疏于礼待欤？抑朕寡昧不足致贤，将在位者壅蔽使不上达欤？不然，贤士大夫，幼学壮行，岂甘没世而已哉！天下甫定，朕愿与诸儒讲明治道。有能辅朕济民者，有司礼遣。"[①]吏部主事林弼《送李本仁特告归觐序》曰："今上临御之年，疆宇既一，薄海悉庭，乃锐意求贤，布列中外，以谓文经武纬，皆古之规也。文治之兴，贤实其具。明诏屡下，礼罗益张。于是裸将之肤敏，岩穴之栖遁，咸迪简明，以任官守，稽礼象乐，治化翕然矣。"[②]

朱元璋征召令不啻发向多隐岩穴的儒士，其没身丛林的儒僧也在网罗之列，于是才有洪武初创设善世院擢选高僧莅任诸山，也才有从元年九月起连续五年举办蒋山大法会征召天下高僧入京。为了动员儒释通达的僧人入世利生，朱元璋还专门撰写了《佛教利济说》《拔儒僧入仕论》《宦释论》等文章，晓之以释迦之道，实与圣贤之道无异。曰："释迦之为道也，惟心善世。其三皇五帝教治于民，不亦善乎?""丈夫之于世，有志者事竟成。昔释迦为道，不言而化，不治而不乱。仲尼亦云，西方有大圣人。然释迦本同于人，而乃善道若是。斯非人世之人，此天地变化训世之道，故能善世如此。""古今通天下，居民上者，圣贤也。其所得圣贤之名称者云何？盖谓善守一定不易之道，而又能身行而化天下愚顽者也，故得称名之。其所以不易之道云何？三纲五常是也。是道也，中国驭世之圣贤能相继而行之，终世而不异此道者，方为圣贤。未尝有舍此道而安天下，圣贤之称未之有也。"[③]

朱元璋从吴王时代起，就曾在南京设立礼贤馆，吸纳了刘基、宋濂等"浙东四

---

① 《明史》,《本纪第二・太祖二》。
② 《林登州集》卷九《送李本仁特告归觐序》。
③ 参见《高皇帝御制文集》卷第十《论》;同书卷第十五《说》。

先生”[①]这样的儒臣作谋士顾问，他们或内掌机要，或出佐郡府，或参与军事，为平定天下立创奇功，同为明开国的功臣元勋。明代开国创设善世院、玄教院，既可用于统领管理僧道事务，也可用来征召天下高行僧道，启建法会道场，超荐英灵，稳定人心，为国祈福。善世院设在大天界寺，该寺为元文宗潜邸大龙翔集庆寺改额而来。洪武元年（1368），朱元璋还在天界寺善世院开设了元史馆，征召儒臣英贤于此编纂《元史》，宋濂奉诏任《元史》编修总裁。因修礼乐书而授吏部主事的林弼在其文集中对明初洪武帝创设善世院的情况也有记录，可与前述宋濂所言相互印证。其文曰：“上临御之元年，制若曰：自昔有国家者，莫不参用宗乘，翊赞皇庆。盖其以善导世，实于政化为有助也。乃锡号开吉昙公为大禅师，赐印章，视三品，俾总僧之政，仍名其所治曰善世院。”[②]林弼于此指出，皇上参考往昔国家“参用宗乘，翊赞皇庆”之例，建立善世院以总僧之政，其以善导世，实于政化有助。

2. 职掌

关于善世院的职掌，明代正史所言不多，只说到洪武元年（1368）正月，“立善世院，以僧慧昙领释教事”，可见慧昙是善世院的首任统领。前文我们述及僧慧昙与朱元璋遇合，朱元璋先命他住持蒋山太平兴国禅寺，未久又诏他主大天界寺，对其可谓相当荣宠崇信。根据宋濂记载，洪武元年（1368）三月，正式于大天界寺成立中央佛教统制机构善世院，“秩视从二品”，特别授予慧昙“演梵善世利国崇教大禅师”称号，并令其“住持大天界寺，统诸山释教事”。

善世院设立的僧官职位有四，除主官统领有明确人选任命，另设副统领、赞教、纪化等属官，诸种文献却都未见任命人选。有研究者分析说：“从史料来看，

---

① 至正二十三年（1363），朱元璋在南京专建礼贤馆以作收录儒士之用，征宋濂、刘基、章溢、叶琛入礼贤馆，以濂为江南等处儒学提举，溢、琛为营田佥事，基留帷幄预谋议。显然礼贤馆建制绝非仅仅为博得礼贤下士的美名，而是为应统一天下大业之所需，故此朱元璋表明：“我为天下屈四先生耳。”（《明史》卷七十一）又参见谷应泰：《明史纪事本末》卷二，至正二十年三月：“刘基、宋濂、章溢、叶琛至建康，入见。太祖喜甚，曰：‘我为天下屈四先生。’赐坐，从容与论经史，及咨以时事，甚见尊礼，命有司创礼贤馆处之。”

② 林弼：《林登州集》卷九《送实庵师使归序》，《景印文渊阁四库全书》。林弼，字符凯，一名唐臣，龙溪人。元至正戊子进士，为漳州路知事。明初以儒士修礼乐书，授吏部主事，官至登州府知府。弼尝与王廉同使安南，以却赆金为太祖所器。生平著作有《梅雪斋稿》《使安南集》。是集总名登州，盖汇而辑之者，凡诗七卷，文十六卷。其《使安南集》，宋濂曾为之序，称其文辞尔雅；王祎亦尝赠以诗，与之唱酬。其墓志即王廉所作，称其诗文皆雄伟轶宕，清峻之语夐出尘表。盖明初闽南以明经学古，擅名文苑者，弼实为之冠也。林弼著《林登州集》二十三卷，《四库总目》传于世。王廉，字希阳，号芟山先生，丽水人。洪武二年（1369），因危素荐授翰林编修，修撰《元史》。时安南王薨，朱元璋命廉前往安南祭奠。三年（1370）四月，完成使命，回归京都交旨。四年（1371），擢升工部员外郎，而廉以越级提升，力辞不拜。十四年（1381），擢陕西左布政使、太子说书。

善世院缺乏健全配套的职官体制，其官员在史籍中也很少记载，无太多的管理职权，时重要佛教事务皆由中书省及礼部负责办理。设立善世院，高其品秩，更多地体现了太祖对佛教的尊奉和个别僧人的荣宠。"①林弼作为吏部官员说善世院首任统领慧昙"视三品"，这与宋濂作的慧昙塔铭中所言"秩视从二品"并不一致。有理由推想，这是否意味着吏部建议提供的这个统领职位品秩，与朱元璋最终实际授予的品秩之间有些微区别？皇上没有沿用元代宣政院首官"秩从一品"，却也未采纳吏部建议的"视三品"，而乾坤宸断实授其"从二品"。这与当时中枢机构设置有关，但以儒臣看来，还是"高其品秩"的，因为"这一品级，仅次于当时最高行政机关中书省丞相（正一品）、平章政事（从一品）、丞（正二品），与参知政事（从二品）比肩，而高于六部尚书（正三品），可见其品秩之高"。②

善世院的高品秩显然符合明初朱元璋崇尚法门、赞护佛教的政策理念，而其职掌定位也大抵根据朱元璋秉持的佛教翊赞王度理念来设计。至少有三大职掌可书：职掌之一，是征召天下高僧，组织、主持国家宗教法会仪式。职掌之二，是甄选诸山名刹住持，革除滥竽充数或才德不称职者。职掌之三，是对僧人不务祖风纲纪之管理督察。一般记载多注意到善世院建制的后两项职掌，而对第一职掌却没有加以充分的重视。有研究者认为，明初"太祖的僧才延揽及佛教统制机构的设置等政策的施行，不仅是整顿丛林结构的先决条件，也是重建社会秩序的重要一环"③。此种研判即基于对善世院作为中央佛教统制机构建制职掌的全面观察，认为善世院不仅有统领天下佛教僧众的行政职能，还因善世院统领与京中首刹天界寺住持职位重合，而承担行使国家宗教法会仪式的职掌。

慧昙荣膺善世院首任统领，被授予"演梵善世利国崇教大禅师"称号，实乃名望所归。文献表明，他自至正十七年（1357）八月二十四日孚中信禅师示寂后就被朱元璋命任大天界寺住持之职，迄至善世院成立已达12年，实际上他早先被朱元璋命为蒋山太平兴国禅寺住持，直到洪武元年（1368）九月蒋山法

---

① 参见何孝荣：《试论明太祖的佛教政策》，《世界宗教研究》2007年第4期。

② 参见何孝荣：《明初善世院考》，《西南大学学报（社会科学版）》2009年第2期。作者指出，在僧官制度方面，元朝建立帝师制度，皇帝从帝师受灌顶、受戒，帝师地位冠于诸王和百官之上。帝师统辖全国僧尼，掌管全国佛教事务。至元初，立总制院，"而领以国师"。至元二十五年（1288），总制院改为宣政院，"掌释教生徒及吐蕃之境而隶治之"。宣政院领于帝师，"其为使位居第二者，必以僧为之，出帝师所辟举"。宣政院院使"秩从一品"，品级极高。明初官制既沿袭元朝，善世院"秩视从二品"顺理成章。

③ 参见陈玉女：《明代的佛教与社会》，北京大学出版社，2011年，第14页。

会举办时，还可能同时兼任蒋山寺的住持，因为没有证据显示当时他已卸任。这样一身兼任数职，说明了慧昙在明开国元年的佛教界具有举足轻重的地位。所谓“擒龙要擒首”，朱元璋借用领导江南佛教的大天界寺以及慧昙和尚的盛名，确实是整顿江南佛教及其社会秩序的重要措施。由此得见，善世院设在大天界寺，具有继承元大龙翔集庆寺时代所担任国家佛教行政以及国家宗教礼仪的双重角色。①

关于善世院职掌的统领全国佛教行政角色，主要表现就是在甄选诸山名刹住持这方面卓有成效，深受开国文臣宋濂之钦赞，对此宋濂及明初僧家文献提供了不少相关记载：

（1）《送觉初禅师还江心序》曰：“皇上正位宸极，隆兴佛乘，开善世院于大天界寺，置统领、副统领、赞教、纪化等员。海内诸名山悉隶之，抡选有禅行、陟资级者俾为之主，其非才而冒充者斥之。”

（2）《净慈禅寺第七十六代住持无旨禅师授公碑铭》曰：“会朝廷设善世院，总统天下释教事。或劝公求檄以主名山，公笑而不答。”

（3）洪武元年（1368）开善世院，以统摄释教，命大浮屠主之，诸方以师名闻，移主四明阿育王山广利禅寺，寺居五山之一。见于《扶宗宏辨禅师育王裕公生塔之碑》。

（4）洪武改元，首开善世院，“擢有道浮屠莅任天下名山，杭之净慈主席尚虚，佥欲起白庵禅师居之，疏与币交至。浙江省丞复遣使趣之，师皆力辞。……已而有旨起师住持大天界寺”。见于《大天界寺住持白庵禅师行业碑铭》。

（5）“若夫位尊望重，光明盛大者，惟吾慧辩普闻法师而已。师讳祖祢，字日章，晚号用拙。国朝洪武二年，善世院移文升住上天竺。以高僧选留京师瓦官寺，有旨就天界禅寺升座，为众说法，闻者倾服。”见于《故慧辩普闻法师塔铭》。②

兹以上述几例说明，文繁不累举。此外还有一例见诸宋濂撰《佛心慈济妙辨

① 参见陈玉女：《明代的佛教与社会》，北京大学出版社，2011年，第17页。作者指出：“在明太祖的政权下，天界寺的住持仍被赋予佛教的最高统治权，行使佛教行政机能。但是，此后，天界寺的国家宗教性机能，遂由蒋山（钟山）太平兴国禅寺取代，分别于洪武二、四、五年陆续举行全国盛大著名的‘钟山法会’。至此，天界寺丧失自元末以来及朱元璋吴国统治时期所具的国家宗教仪式之职掌。”其实未必尽然，因大天界寺住持兼善世院统领，国家法会宗教仪式地点虽有转移而职掌未变更。

② 释妙声：《东皋录》卷下。妙声字九皋，吴县人。元末居景德寺，后居常熟慧日寺，又主平江北禅寺。洪武三年（1370），与释万金同被召。

大师别峰同公塔铭》曰:“皇明御极四海,更化设无遮大会于钟山,名浮屠咸应诏集阙下,入见于武楼。独免公拜跽之礼,命善世院护视之。次日复召赐食禁中,及还,复有白金之赐。……濂总修《元史》时开局于善世院,始获识公。公以濂为文献公门人,时相过从,慰劳者甚厚。”这些细致入微的记载,让我们捕捉到善世院在征召天下高僧入京时所起到的铨选组织功能和后勤保障作用。

对于善世院的第三项职掌管理监察僧众祖风纲纪方面的情况,原则上善世院统领慧昙与洪武帝朱元璋并无分歧,但二人在对寺僧的具体管理上可能存在一些矛盾。如宋濂作慧昙《遗衣塔铭》记曰:“上闻寺僧多行非法,命师严驭之。师但诱以善言。诸郡沙门,污染习俗,实悖教范。或劝当痛治,师曰:谚有云‘大林有不材之木’,能尽去乎?祇益释门之累耳!事呈露者,勿恕可也。”[①]可见慧昙对明初佛教内护相当宽厚。

慧昙究竟是位什么样的僧人?其治僧风格有何特征引起非议?因何官方文献对其“噤若寒蝉”、言语简省?其在明初命运发生了何种变故?“师广颡丰颐,平顶大耳,面作红玉色,耳白如珂雪。目光烂烂射人,学者见之,不威而慑,及即之也,盎然而春温。”“虽位隆望重,恒处之若寒,素无毫发自矜意。为人寡言笑,喜怒任真,不能以贵贱异其颜色。当钩稽簿书,至不能辨真赝,卒为下人所欺,亦弗恤也。然而毗翊宗教,无一息敢忘,广厦细旃之间,从容召对,据经持论,每罄竭其蕴。”[②]这是一位有威严,有温度,“位隆望重”而“毗翊宗教”的明初佛教内护角色,虽“为下人所欺”也毫不在意。经由宋濂的细致记载,我们可获得一些关于慧昙生平变故的蛛丝马迹。这一点有学者也已大体阐明如下。

天界寺之所以被选为佛教最高统治机构的中心,多言其乃因天时地利人和。但具体方面,可根据宋濂所说的:“元氏有国,文宗潜邸在金陵,及至临御,诏建大龙翔集庆寺,独冠五山,盖矫其弊也。国朝因之,赐以新额,就寺建官,总辖天下僧尼。当是时,觉原禅师实奉诏莅其职。夫当兴王之运,亲受圣皇付嘱,以统释教之事。”[③]主要是因袭大天界寺前身即元朝大龙翔集庆寺的统治格局与机能。同时任命住持大天界寺长达10余年之久的慧昙觉原禅师就任善世院统领,宋濂指出这是因为慧昙是大龙翔集庆寺第一代住持广智大䜣的直传弟子。但是,洪

① 宋濂:《天界善世禅寺第四代觉原禅师遗衣塔铭》。
② 宋濂:《天界善世禅寺第四代觉原禅师遗衣塔铭》。
③ 宋濂:《天界善世禅寺第四代觉原禅师遗衣塔铭》。

武二年(1369)冬,慧昙因中风而患喑疾(失声),遂中止院务职权。三年(1370)三月,哑疾治愈后,未复其职,却于同年六月,被遣出使西域。四年(1371)九月,示寂于西域之省合剌国(今斯里兰卡)。人们不免疑问:洪武三年(1370)慧昙已年届六十六,如此病魔缠身之躯,又有语言障碍,却被遣使西域,果真能负起太祖所赋予的外交使命吗?这无异于欲置之于死地的一种酷刑。到底慧昙哪里触犯了太祖而遭此罪刑?宋濂说,慧昙在调查大天界寺的账簿时,未能辨得真假,"卒为下人所欺"。而朱元璋直到洪武二十四年(1391)六月一日在颁布的《申明佛教榜册》中才透露其中缘故:"……天界首僧惠昙信从群小不才,如忘瑜伽诸僧,假以出入有验。凡有经斋去处验帖,验僧而出其归也。巧取民施以为常例,如此剥屑瑜伽诸僧。"太祖指责慧昙误信群小,任其滥用职权,仗势榨取瑜伽僧所得之衬钱,严重违逆他严惩贪渎的作风。由此来看,慧昙西域之旅,"名是荣誉之遣,实是流放之刑"①。

明初天界寺首僧兼善世院首任统领就这样荣极而衰,如同秋天寒风起兮的一片落叶,毫无声息地在海国他乡随风飘落。开国文臣、翰林院学士宋濂记述了他最后的旅程:"二年乙酉冬中风,得喑(哑)疾,遂罢院事。三年庚戌春三月,病良已。燕处东轩,诱接来学,匡弘祖道,孜孜无少懈。夏六月,奉使西域。廷议西域未臣伏,上以彼域敦尚佛乘,特命师往诏。尚书赵某为之副。师承命,即日登途。自浙闽而之洋,凡历国邑,布宣天子威德,莫不闻而来归。四年辛亥秋七月,至省合剌国。其国王喜甚,馆于佛山寺,待以师礼。九月庚午,示微疾,食饮弗进。"慧昙出使"敦尚佛乘"的西域,负有"布宣天子威德"的使命。洪武四年(1371)九月慧昙圆寂于异国,而七年(1374)甲寅冬,尚书赵某携其遗衣还朝,奏陈其事,"皇上闻而嗟悼,敕天界、蒋山二寺住持宗泐等,以师之遗衣藏于雨花台之左"②。最终,慧昙遗衣归国,换来皇帝至尊的一声嗟叹。

3. 存续

从洪武元年(1368)善世院成立,到洪武十四年(1381)废止,善世院存续凡14年。慧昙终止善世院统领之职是在洪武二年(1369)。第二任统领是白庵禅师,

---

① 参见陈玉女:《明代的佛教与社会》,北京大学出版社,2011年,第17—19页。引文见葛寅亮:《金陵梵刹志》卷二《钦录集》。

② 宋濂:《天界善世禅寺第四代觉原禅师遗衣塔铭》。多项文证显示,洪武二年(1369)冬,慧昙因病退隐善世院,征求江南有道之僧移止大天界寺。

讳万金，字西白，吴郡姚氏子。洪武三年(1370)“诏住持京师天界寺”，主“善世院，统领释教”。[①] 据宋濂记，洪武四年(1371)春，诏集三宗名僧十人及其徒二千，建广荐法会于钟山，命西白禅师总持斋事。“师能灵承上旨，凡仪制规式，皆堪传永久。寻以母年耄，举径山泐公自代。复还庵居。五年冬诏复建会如四年，大驾临幸，诏师阐扬第一义谛，自公侯以至庶僚，环而听之，靡不悦服。”“师神观秀伟，智辨纵横，以宗教为己任，不畜(蓄)私财，每得财施辄举以给贫者。尝以《楞伽经》及《法宝坛经》乃释门心要，当毒暑时，挥汗誊钞，锲梓以传。”[②]

洪武年间规模最大的蒋山法会，不少文献都说是四年(1371)冬至五年(1372)春举办的，这里宋濂所记的法会时间可能有误差。洪武五年(1372)春正月举办盛大蒋山法会，“天界寺总持白庵万金、蒋山寺主僧行容”等率僧伽千人“演梵法”。[③] 白庵禅师圆寂于洪武六年(1373)冬十二月二十四日。宗泐则由白庵禅师推荐，于洪武五年(1372)被命住持大天界寺。当慧昙遗衣于七年(1374)秋冬之际归国时，宗泐在宋濂文记中已然为“天界、蒋山二寺住持”，却未见被命出任善世院统领之职。[④] 而白庵禅师辞去院职退居吴中，其以“母年耄”为由，总觉得理由有些不充分。从白庵与宗泐无缘执掌善世院统领或者从他们对此职位的态度来看，这不仅意味着大天界寺首僧与善世院统领职位的分离，也表明了明初国家与佛教领袖关系的不稳定，导致后者随时会带来被罢黜的风险。究实而言，这也反映了善世院的职掌在僧、寺管理制度上尚不够清晰。

洪武七年(1374)十一月，洪武帝授来朝的印度僧人撒哈咱失里“善世禅师”名号，赐予银印，“俾总天下释教”，命“于钟山依八功德水而庵居”；复谕礼部：“有愿从受戒法者，勿禁。”同时还授予和林国师朵儿只怯烈失思巴藏卜为“都纲、副

① 宋濂：《大天界寺住持白庵禅师行业碑铭》。又参朱彝尊：《明诗综》卷九十；周永年：《吴都法乘》卷六下。

② 宋濂：《大天界寺住持白庵禅师行业碑铭》。又参钱谦益《列朝诗集小传》闰集：《西白禅师金公》曰：“依宝积院道原衍法师为弟子。更衣入虎林，谒铭古鼎于双径，俾掌记室，分衣后堂。至正丁酉出世，住苏之瑞光寺。……洪武改元，起住持大天界寺，……师名万金，或改为力金，误也。”

③ 罗月霞主编：《宋濂全集》之《銮坡后集》卷一《蒋山广荐佛会记》，浙江古籍出版社，1999 年。

④ 宋濂：《天界善世禅寺第四代觉原禅师遗衣塔铭》《全室禅师像赞》。全室禅师，台州临海人。名宗泐，字季潭。洪武四年(1371)住径山，以西白禅师金公荐，应召称旨，五年(1372)命住天界。洪武五年(1372)法会时，行容为蒋山寺住持。此后宗泐一度兼任天界、蒋山二寺住持。据杭州府学教授徐一夔撰写的《奉敕撰灵谷寺碑》，洪武九年(1376)春，浙东僧仲羲被召为蒋山寺住持。

禅师”，令“统制天下诸山，绳顽御恶，相为表里以施行”①。由翰林学士宋濂起草诰文分别授予二人，皇帝念其“劳心愿重”，“怀如来大法，舍父母之邦”，御赐《授善世禅师诏》曰：

> 佛教肇兴西土，流传遍被华夷，善世凶顽，佐王纲而理道，今古崇瞻，由慈心而愿重，是故出三界而脱沉沦，永彰而不灭。尔具生吉祥，本西域之民，生而慈敏，举契善符，怀如来之大法，舍父母之邦，冲阴埃而突瘴雾，越流沙东行，数万余程，达吾斯地。朕观尔劳心愿重，特加善世禅师，以神善道。更加朵儿只怯列失思巴藏卜为都纲、副禅师，统制天下诸山，绳顽御恶，相为表里以施行。于戏！佐王纲而不善，理道幽微，旷劫不生，千古不灭，愿力宏深，体斯之行，无往不复。戒哉戒哉！②

撒哈咱失里“习通五明、经律论之学”，“复精修禅定”。③ 其早先于元至正年间自中天竺来游五台山六年，后率弟子十二人杖锡来南京，洪武帝嘉其远至，召见于奉天门，命居钟山佛寺。朱元璋车驾每幸钟山，必来慰问禅师，有时还赐诗作，如有《善世禅师游方归朝》：

> 前年拜辞去，今春二月归。未闻湖海阔，但见禅眸辉。踏雪来朝奴，家风祖佛规。默坐各无语，方寸究徘徊。樱花才脸笑，柳眼正舒眉。独翁任清静，愚俗多险危。奸猾不善死，到处家累累。尔心鉴此患，弃家永不回。年年尝作客，如蓬被风吹。哀悯自天佑，仁深久必为。切记无住相，与佛莫相违。④

---

① 撒哈咱失里（即班的大，一作板的达），梵文意译“具生吉祥”，属刹帝利种姓。参见《明太祖实录》卷九〇。又参《明太祖实录》卷八七：“故元和林国师”朵儿只怯列失思巴藏卜，遣人来朝进贡。五月，亲身来朝，“献佛像、舍利及马二匹”；《明太祖实录》卷八九：“诏以佛像、舍利送钟山寺”。

② 葛寅亮：《金陵梵刹志》卷一《授善世禅师诏》。又参《宋文宪公护法录》卷九《西天僧撒哈咱失里授善世禅师诰》曰：“欲使其阐扬正法，阴翊王纲，非择其人，曷称兹任！”《和林国师朵儿只怯列失思巴藏卜授都纲禅师诰》曰：“浮图之教入中国者千三百年，其徒众之繁，刹寺之广，不设长以统制之，则其道不肃，其法不严。非所以示尊崇之意，援选良材，用符善道。”

③ 释来复：《蒲庵集》卷六《西天善世禅师班的达公塔铭有序》，日本静嘉堂文库藏抄本。明河《补续高僧传》、镇澄《清凉山志》均云“中天竺迎维罗人”，幼出家于迩湿弥罗国。

④ 葛寅亮：《金陵梵刹志》卷一《御制集》。另有《命板的达稳禅》曰：“居山本是出尘埃，何为游人役已骸？晨坐岩前观日上，暮禅松底听风来。从教市巷笙歌美，莫羡闾阎酒肆谐。十二时中香袅篆，迎来迭往更毋开。”

朱元璋君臣对善世禅师一职寄于殷望，无论诏中还是诗中均寓有告诫。初抵京都之年，其弟子智光即奉洪武帝之命在蒋山译出乃师所著《四众弟子菩萨戒》。洪武十四年(1381)五月，撒哈咱失里示寂钟山。九月，其弟子古麻辣室哩等乞归西域，获恩准还国。

> 上敕礼部曰：昔板的达来时，观其姿貌端洁，戒行精慎。朕甚嘉之。及居中国甚久，吾中国僧俗亦重其善行。板的达死，而古麻辣室哩等笃奉师教，敬如存日，可谓不背其师者矣。今乞归本国，且欲以所历中国风土人物，归语其国王，使王不出户庭，坐知中国之盛。特赐僧号曰孝净戒师。俾西还，凡经历诸国及诸酋长或问：僧何来，所历者几？僧必具言使彼知之。且僧来时，朕尝询其所历之地，闻其景物多异，朕亦喜焉，况彼闻吾中国之大者乎！尔礼部备录朕谕，俾僧持归，仍令所至诸国及诸酋长遇僧至，宜善送之。①

该上谕显示朱元璋对彼时"一带一路"西僧之往来，以其所历"中国风土人物"沿途布宣"中国之盛"皆抱持嘉赏、欢迎之态度，想来此亦是"善世禅师"职中应有之义。尽管天界寺还保留着善世的名号，乃因洪武元年(1368)春即本寺开设善世院，四年改曰"天下善世禅寺"，五年又改为"善世法门"，但到洪武十四年(1381)五月，善世院随同板的达禅师圆寂而宣告终止。同年六月，改设僧录司，以统辖天下释教，仍设在大天界寺内。

(二) 僧录司

对于僧司衙门，元代江南废而不置。"其时僧司虽盛而风纪寝弊，官吏不能干城遗法抗御外侮，返为僧害。世祖每论至此切忧之，乃选能者整维其失。故特授师为江浙等处释教都总统，帝亲劳送之。既至江南，尽削去烦苛，务从宽大，故遐迩僧寺赖以安之。随改统福、广。因师之气正德庄严峻不倚，是以多忤同列。尝自叹曰：'天下何事耶？吾人自扰之耳。朝廷设官愈多，则天下之事愈烦。况释教乎？今僧之苦无他，盖官多事烦耳。所谓十羊九牧，可胜言哉。'遂建言以

① 《明太祖实录》卷一三九，洪武十四年九月。

闻。得旨尽罢诸路总统,天下快焉。”[①]甲申至正四年(1344),江南诸山主僧请复僧司,且曰:“为郡县所苦,如坐地狱。”脱脱曰:“若复僧司,何异地狱中复置地狱耶?”不许。[②]

明初对元代僧官制度有因袭沿革,但更多的是改制更张,并且形成自身制度变革的脉络。洪武十四年(1381),僧录司取代善世院而起,便是适应明代国家制度变革而对佛教僧众、寺院强化改善管理系统的产物。僧录司并未改变善世院翊赞王度善世利国之宗旨,在一定程度上恰可使政令传输得以上下贯彻,翊赞体制更加系统化。

1. 僧司成立背景

洪武朝中叶,明代国家政治制度和社会经济制度发生大变动,出现了前所未有的局面。洪武十三年(1380)正月,丞相胡惟庸案爆发,谋逆伏诛。朱元璋借此废除中国历史上沿袭千百年的宰相制度,而升格六部分理天下政务,直接对皇帝负责。政坛的剧烈震动和中央政府格局的重新调整都带来了职位的空缺和人才的需求。洪武十四年(1381)三月,朱元璋在同一个月里发布两份诏书,一是赦天下诏,二是丙辰求贤诏,标志着明代国家决意刷新政治,开创新局。

> 洪武十四年三月丙辰朔赦天下诏曰:在昔唐虞三代之君,任贤使能,民皆远罪,刑措不用,享年永久。朕恭膺天命,抚育黔黎,今十有四年,虽夙夜究心,以求民之安,而未臻其效。狱犹未清,良由委任非人,致民陷刑辟。朕甚悯焉!今大赦天下,与民更始。……民间有才高志广之士,愿出仕者即礼遣赴京,告谕天下,使明知朕意。
>
> 洪武十四年三月丙辰诏。求贤诏曰:自古有志之士,屈身寒微之时,未见其为贤智也。一旦遇君,则贤知称焉。朕常诏求天下贤才,其来者虽众而贤智者甚寡。岂君子怀韬椟之志而内美不自见乎?今再诏寰宇之内,果有才高识广之士,隐于耕钓,困于羁旅,虽有至智一时不能自伸者,有司以礼敦遣。朕将尊显之。于戏!智人潜光,常处寒微而阅世,天道成人,使之忍性动心而所为拂乱。斯世之上贤,朕虚心延伫,毋重自困焉。[③]

---

① 《大明高僧传》卷第一《元燕都庆寿寺沙门释沙啰巴传一》。
② 《释鉴稽古略续集》卷一。
③ 《明太祖实录》卷一三五、卷一三六,洪武十四年三月丙辰。

洪武十四年(1381)正月,明代国家全面推行里甲制度。定赋役籍,造黄册,编里甲,查田亩,并令十年一改定。寺院也像普通民户一样被当作里甲中承担赋役的税户,向国家提供同样的劳役服务。里甲制的推行带动了其他方面的制度变革,在许多方面取得了成功,南京的城门和城墙就是靠里甲制度推行的赋役得以成功实现的见证,建造南京城墙的每块砖上都刻着当初里甲制实施后的年月、甲户和人名。僧官制度的变革也由此应运而生。

对于开设僧录司衙门,将僧众的管理嵌入明代国家行政体系之中,洪武帝毫不含糊地表明了他的看法:“夫僧者,立身于物表以化人,初不可烦以官守也。然而聚庐以居,合众而食,钱谷有出纳,簿籍有钩稽,不有所司,何以能治?故僧官之设,历代不废。”[①]洪武十四年(1381)六月,朱元璋命礼部准备开设僧录司有关事宜。

2. 僧司开设条文

洪武十四年(1381)六月二十四日,礼部为僧录司开设发布条文如下:

> 礼部为钦依开设僧道衙门事照得。释道二教流传已久,历代以来皆设官以领之。天下寺观僧道数多,未有总属。爰稽宋制,设置僧道衙门,以掌其事。务在恪守戒律,以明教法。

所有事宜开列于后:

一、在京设置僧录司、道录司,掌管天下僧道。精选通经典、戒行端洁者铨任之。其在外布政(司)府、州、县,各设僧纲、僧正、僧会,道纪等司衙门,分掌其事。

二、僧录司掌天下僧教事。善世二员(正六品),左善世、右善世。阐教二员(从六品),左阐教、右阐教。讲经二员(正八品),左讲经、右讲经。觉义二员(从八品),左觉义、右觉义。道录司掌天下道教事。正一二员(正六品),左正一、右正一。演法二员(从六品),左演法、右演法。至灵二员(正八品),左至灵、右至灵。玄义二员(从八品),左玄义、右玄义。

各府僧纲司掌本府僧教事,都纲一员(从九品),副都纲一员。各府道纪司掌

---

① 《释氏稽古略续集》卷二《御制授清浚左觉义诰文》。

本府道教事，都纪一员（从九品），副都纪一员。

各州僧正司，僧正一员。道正司，道正一员。各掌本州僧道事。

各县僧会司僧会一员，道会司道会一员。各掌本县僧道事。

三、各府州县寺观僧道，并从僧录司、道录司取勘置文册。须要开写某僧某姓名、年甲，某布政司、某府、某州、某县籍；某年于某寺观出家，受业某师。先为行童几载，至某年某施主披剃簪戴，某年给度开报。

四、供报各处有额寺观。须要明白开写本寺本观，始于何朝何僧何道启建，或何善人施舍。

五、僧道录司衙门，全依宋制，官不支俸。吏与皂隶合用人数，并以僧道及佃仆人等为之。

六、僧道录司体统，与钦天监相同出入。许依合用本品伞盖，遇官高者即敛之。

七、各处寺观住持，从本处僧道衙门举保。有戒行老成、谙通经典者，申送本管衙门。转申僧录司、道录司，考试中式，具申礼部奏闻。

八、各府州县未有度牒僧道，许本管僧道衙门具名申解僧纲司、道纪司，转申僧录司、道录司考试，能通经典者，具申礼部奏闻出给。

九、在京、在外僧道衙门，专一简（检）束僧道。务要恪守戒律，阐扬教法。如有违犯清规、不守戒律，及自相争讼者，听从究治，有司不许干预。如犯奸盗非为，但与军民相涉，在京申礼部酌审，情重者送问。在外，即听有司断理。①

上述僧录司开设九条中，除了完善从中央到地方各级僧司体系外，颇值得注意的是对各府州县寺观僧道的规范化管理：第三条，设立勘置文册；第四条，呈报各处有额寺观；第七条，各处寺观住持的产生须通过本处僧道衙门举保，并逐级申报考试方可；第八条，规定各府州县未有度牒僧道者，须经过通经考试才能给予度牒。

3. 僧司人事任命

洪武十五年（1382）四月二十二日，准吏部咨，除授各僧、道录司，咨礼部知会：僧录司左善世戒资，右善世宗泐，左阐教智辉，右阐教仲羲，左讲经如玘（太璞），右讲经守仁（一初），左觉义来复，右觉义宗鬯。

---

① 葛寅亮：《金陵梵刹志》卷二《钦录集》。

四月二十五日，礼部为钦依开设僧、道衙门事。今将定列僧司官员职掌事理开坐前去，仰照验遵依施行：

一、戒资掌印，宗泐封印。凡有施行诸山，须要众僧官圆坐署押，眼同用印。但有一员不到，不许辄用。差故者，不在此限。

二、戒资提督众僧坐禅、参悟公案，管领教门之事。

三、智辉、仲羲亦督修者坐禅。

四、如玘、守仁接纳各方施主，发明经教。

五、来复、宗鬯检束诸山僧行，不入清规者，以法绳之。并掌天界寺一应钱粮产业，及各方布施财物，置立文簿，明白稽考。其各僧官执掌之事，宗鬯皆须兼理。

六、考试天下僧人能否，公同圆议，具实奏闻。①

此中对各僧官职掌事理分工明确，尤可注意者有下列三点：其一，凡有施行诸山的号令及考试天下僧人，采取众僧官集体议事制。其二，检束诸山僧行，为僧官的重要职责，特别强调“不入清规者，以法绳之”，对于不务祖风、不守清规的僧人则以“戒法”加“王法”治之；而以天界寺为首“钱粮产业及各方布施财物”，皆须“置立文簿，明白稽考”。其三，善世、阐教、讲经、觉义四种僧官，与善世院统领、副统领、赞教、纪化等职官名称虽异，但其内涵相差无几，都以翊赞王度善世利国为宗旨，而职掌更为清晰，包括督修坐禅、发明经教、检束僧行等。

其后，礼部奉旨对僧寺分禅、讲、教三类及有关应付寺院教僧做了特别规定，另外又奉旨晓谕各地附郭县不设僧会司，附郭县的僧众就归本府僧纲司管理。

洪武十五年(1382)五月，上谕曰：“佛寺之设，历代分为三等，曰禅，曰讲，曰教。其禅不立文字，必见性者方是本宗；讲者务明诸经旨义；教者演佛利济之法，消一切现造之业，涤死者宿作之愆，以训世人。”五月二十日，礼部官钦奉圣旨：特授僧行果为左阐教，如锦为右觉义，前去能仁寺开设应供道场。“凡京城内外大小应付寺院僧，许入能仁寺会住看经，作一切佛事。若不由此，另起名色，私作佛事者，就仰能仁寺官问罪。若远方云游，看经抄化，及百姓自愿用者，不拘是限。钦此。”二十一日，礼部奉谕旨发布施行，出榜晓喻应付寺院僧人。②

---

① 葛寅亮：《金陵梵刹志》卷二《钦录集》。

② 葛寅亮：《金陵梵刹志》卷二《钦录集》。

六月十七日，礼部官于奉天门钦奉圣旨："各处府分止设僧纲司、道纪司，就管附郭县僧、道，附郭县不必再设僧会司、道会司。钦此。"礼部钦遵施行。

4. 制度内涵与意义

虽然善世院被裁革，但是由僧人出任僧官的制度被延续了下来，并且有了更加明确的职责规定。最关键的是，由僧司衙门管理全国僧众及寺院的行政体系确立了下来。兹对上述僧司开设事宜九条及本司僧官职掌事理六条，做一些文字内外的解读，以便更确切理解洪武中叶僧司衙门开设的内涵及意义。

第一，关于品秩问题。僧道衙门属于六部之一的礼部管辖，不像以前善世院那样相对独立，这是因为善世院的品级"从二品"，高于六部的正三品。李仕鲁谏争皇上朱元璋溺佛宠僧，"为释氏创立职官，于是以先所置善世院为僧录司，设左、右善世，左、右阐教、左右讲经、觉义等官，皆高其品秩。道教亦然"。这其实未能抓到痛点，单就品秩而言，僧录司比之善世院的地位实际已大为降低。中央僧录司的最高僧官左右善世才是正六品，地方上各府僧纲司都纲之职为从九品，其他以下僧官都未入流，无品无俸。从另一角度看，僧录司品秩虽比善世院低，但管理良序效能相对提高。因僧录司从中央到地方有严格的层级，各级僧官的设置都有明确的层级和职能。僧司衙门的品秩及程序制度一定程度上为皇权统治下的全国佛教行政管理的正常有序运转提供了制度层面的保障。

第二，关于职掌问题。职掌事理第一条规定僧官集体负责制，凡有施行诸山、僧录司八员僧官都须到场，"圆坐署押，眼同用印"，缺一不可，有差例外。第二条至第五条规定了僧司各员的具体职掌，涉及督修坐禅、阐明经教、检束僧行，乃至接待各方施主、掌管天界寺钱粮产业及各方布施财物、置立文簿等。惟右善世宗泐只在第一条中被委以"封印"，未见安排其他具体职责。而各僧官执掌之事，宗泐皆须兼理。第六条规定"考试天下僧人能否"，这里对天下僧人的"考试"相当于我们现在通行的"考核"制度，必须僧司全体召开圆桌会议，"公同圆议"，共同讨论，做出公正评价，最后还必须上报给礼部呈奏皇帝，"具实奏闻"。

第三，建立了僧官升迁制度与住持选任、考试选拔制度。各级僧官都必须铨选"精通经典、戒行端洁者"担任。各处寺观住持都必须遵循严格的遴选程序，逐级申报，从本处僧道衙门举保。有"戒行老成、谙通经典"者，申送本管衙门，再上报转申僧录司、道录司，经过考试中式，最后具申礼部奏闻，“上达天听”。条文规定，从上到下，整个僧录司系统僧官职数额定十二人，其中中央僧录司八人，地方僧录司各府州县共四人。在京僧录司归口礼部管辖，地方僧司衙门虽分掌僧事，仍由各府州县衙门节制。而且僧司开设条文第九特别强调，凡京内外僧司，“专一检束天下僧道，恪守戒律清规”。僧人除“犯奸盗非为”“与军民相涉”等罪以外，“有司不许干预”。基本上遵循以僧法治僧的原则。只有僧人触犯了民事等罪行，才可由有司干预用王法治罪。

第四，僧司衙门的开设带来了一系列佛教管理制度创新，对僧籍、寺额、度牒、宗派等都有了明确的规定、分类和管理界限。如条文规定地方各州县须详尽填写僧录司统一制作的“勘置文册”，即可以用来查勘核对的僧籍登记册，凡僧人年龄、籍贯及出家时间、地点，受业师名号，乃至何时为行童（沙弥）、施主为谁、何年披剃、何年给度牒等，诸要素皆须一一如实填报。对各处“有额寺观”加强了管理，须要明白填写、上报本寺本观的创建年代、启建僧道及善人施主。又规定各地方无度牒僧道，要逐级具名上报，经僧录司、道录司考试，能通经典者才得发给。最引人注目的是，将僧众和寺院分成禅、讲、教三宗分类管理。因此，寺有禅寺、讲寺和教寺之分，僧有禅僧、讲僧和教僧之别，而且对僧衣服色也明令规定加以区别。①

明初设置僧录司、道录司，由礼部一并行文发布，表明释道两教在国家制度体系中地位大致相等，但其机构品秩在国家行政制度安排上并不算高。从宏观层面看，佛教被嵌入明代国家的行政体系中，有力提高了佛教在明代国家的政治和社会地位，促进了明代佛教在整体上融入中国文化主流核心和深入民间社会，乃至过度发展超越了前代。这种状况自然利弊兼具，其利就是佛教在明代国家和社会发展方面有了可依据的制度保障，其弊就是导致明代佛教的政治化、世俗化现象较为突出。

5. 荣宠与争议

从帝君与儒臣角度来看，僧司制度是朱元璋佛道翊赞王度体制建构的系统深化发展，其翊赞理念本身即是洪武帝支持赞护佛教的体现，其中当然“有经有

---

① 《明会典》：（洪武十五年十二月）乙酉定天下僧道服色。凡僧有三：曰禅，曰讲，曰教。禅僧茶褐常服青条玉色袈裟，讲僧玉色常服深红条浅红袈裟，教僧皂常服黑条浅红袈裟。僧官皆如之，惟僧录司官袈裟缘纹及环皆饰以金。道士常服青法服，朝衣皆用赤色。道官亦如之，惟道录司官法服朝衣缘纹饰金。

权”，包含帝王对宗教的深刻认识、驾驭乃至权变策略。更主要的，这其实是明开国时期朱元璋确立的“儒家为主、释道为辅”三教融合治国方针的贯彻，开明的儒臣宋濂和主张三教合一的翰林待诏沈士荣，尚能深刻体察洪武帝倡导翊赞的用心，但仍然有一些理学家出身的官僚沿袭宋明理学的排佛传统，李仕鲁、陈汶辉是其中的典型代表人物，他们认为朱元璋偏宠佛僧，僧司衙门即是因一些僧人“怙宠”而为其创立的职官。

洪武帝在废除丞相、撤销中书省之后，急需文人学士以备顾问，所以连下求才诏，重新充实翰林院。洪武十五年(1382)，福建儒家学者沈士荣被召来南京，任翰林待诏。他奉命给皇帝侍讲了许多关于“三教合一”的道理。1375年，沈士荣曾经请皇帝给《道德经》作注疏，其后几年撰《续原教论》二卷，颇得皇帝赏识。观其书目录可知其要旨，上卷七篇曰：《原教论》《观心解》《内教外教辨》《执迹解》《儒者参禅辨》《论禅近理辨》《作用是性解》；下卷七篇曰：《名儒好佛解》《自私辨》《庄老异同辨》《错说诸经解》《较是非得失辨》《三教论》《诸师人物雄伟论》。[①]

沈士荣被洪武帝朱元璋推崇为当世“智人”。御制《谕翰林待诏沈士荣》曰：“古智人有为身而修身，吾不知修者谁也。或曰：身为神而修，或云神为身而修。因是之辨惑之，而更惑之。果身修神欤，抑神修身欤？吾不知二修之道，但见古人遗迹，询及儒释道三宗，必欲达之以妙己虚灵。呜呼，善哉君子，虽未至三宗之奇，有心若是，岂不谓学之足矣？聃云：居善地心善渊。今之人顽肯匠斯三宗者，岂不全妙己之虚灵者乎？此即智人也。”[②]

洪武中，朱元璋崇尚理学大家朱熹学说，下诏寻访深谙朱熹理学之儒士。有人举荐李仕鲁。入朝晋见时，朱元璋大喜曰：“吾求子久，奈何姗姗来迟！”李仕鲁感动得热泪盈眶，拜伏在地曰：“臣愿为皇上拼死效命，不惜肝脑涂地！”朱元璋遂任命李仕鲁为黄州同知。临行前，皇上亲切勉励曰：“官虽不大，可是亲民之职，需要汝等饱学之士，行圣人之言，朕才安心。”洪武十四年(1381)，李仕鲁被召至南京，任命为大理寺卿。李上疏批评洪武帝“舍圣学而崇异端”，“章数十上，不见用”，遂掷笏于殿，乞归田里。此举引起皇帝大怒，命武士当场廷毙李仕鲁。《明

① 沈士荣：《续原教论》，《嘉兴藏》第20册。

②《高皇帝御制文集》卷第二十《敕诏谕》。

史》评价李仕鲁过于戆直,识者以为主要原因并不在于他辟佛,而在于其蔑视了皇帝的权威。给事中陈汶辉也上疏言:"古帝王以来,未闻缙绅缁流,杂居同事,可以相济者也。今勋旧耆德咸思辞禄去位,而缁流俭夫乃益以谗间。如刘基、徐达之见猜,李善长、周德兴之被谤,视萧何、韩信,其危疑相去几何哉?伏望陛下于股肱心膂悉取德行文章之彦,则太平可立致矣。"帝不听,结果陈汶辉因惧罪投金水桥下死。《明史》馆臣在此二人传后记载:"仕鲁与汶辉死数岁,帝渐知诸僧所为多不法,有诏清理释道二教云。"[①]

日本学者清水泰次根据上述史事认为,洪武十五年(1382)是皇帝朱元璋冷却崇佛道热最关键的一年,主因是李仕鲁谏太祖佞佛而被杀。事后,皇帝有些悔意,于是陆续发布清理僧道、寺观的敕令。他采取的第一个行动,就是派僧官对各州县寺院进行登记、分类。作为该清理计划的一部分,洪武皇帝对佛教宗派做出新的界定,为适应僧司管理分成了禅、讲、教三宗,各别要求。根据1382年的谕旨,禅僧要集中精力禅修,以至于悟;讲僧要学习佛经,深入领会佛经义旨;教僧一派,则源自洪武帝的创造,一般指那些深入民间为施主举办瑜伽法事、经忏仪式(尤其是葬仪)的应付僧。

事实上,明初统治者通过任用僧官扩大了统治基础,也利用自上而下的僧官制度把全国佛教寺院僧众纳入了行政管理体系。明初僧司衙门的设置,从僧官制度来说,尽管皇帝朱元璋和礼部一再宣称是沿参历代僧官机构,尤稽宋制而开设,但研究明朝建立后自身管理僧道寺观的脉络,则分明是明代国家政府佛教管理制度系统的改善和革新,以至于有学者说,明初的佛教义理虽无多大进展,但僧官制度实较前代更周密详尽。以下我们对明开国以来有关僧众寺院管理的政策制度做进一步梳理与系统考察。

① 《明史》卷一百三十九《列传第二十七·李仕鲁传》。"帝自践阼后,颇好释氏教。诏征东南戒德僧,数建法会于蒋山。应对称旨者辄赐金襕袈裟衣,召入禁中,赐坐与讲论。吴印、华克勤之属,皆拔擢至大官,时时寄以耳目。由是其徒横甚,谗毁大臣。举朝莫敢言,惟仕鲁与给事中陈汶辉相继争之。"李仕鲁疏言:"陛下方创业,凡意指所向,即示子孙万世法程,奈何舍圣学而崇异端乎!"李仕鲁,字宗孔,濮州人(今山东鄄城)。性刚介,由儒术起,方欲推明朱氏学,以辟佛自任。据说他前后29次上疏,劝诫朱元璋"崇儒戒佛"。及言不见用,遽请于帝前,曰:"陛下深溺其教,无惑乎臣言之不入也!还陛下笏,乞赐骸骨归田里。"遂置笏于地。帝大怒,命武士捽搏之,立死阶下。陈汶辉,字耿光,诏安人。以荐授礼科给事中,累官至大理寺少卿。数言得失,皆切直。最后忤旨,惧罪,投金水桥下死。

四 洪武帝与明代的佛教政策

佛教政策设计的关键在于如何管理僧众和寺院，历代在这方面都积累了不少成功经验。如何在汲取历代僧政经验教训基础上制定出切合明代国情、教情的佛教政策制度，便是明代开国皇帝及其儒臣需要严肃思考和对待的问题。问题的焦点主要围绕如下两个方面展开：其一，僧道寺观作为一种社会存在会占据消耗一定社会资源，尤其僧道人口与国家财政赋役相关，僧道人口增加有多重社会含义。[①] 其二，佛道教作为一种社会组织，凝聚力量对社会各阶层产生影响。鉴于以上两个方面的权衡考虑，明代开国后朱元璋一方面在思想文化上坚持儒家理学的主流地位，而从佛道翊赞王度的角度大力提倡和推崇佛教，另一方面则在社会组织的层面上对佛教僧团组织进行整肃和统治。[②] 在此，我们主要通过洪武朝出台的各种有关佛教管理和整顿的谕令、条文、榜册等，对明代佛教政策进行研究与系统分析。

表 2.1 洪武年间僧政管理令制一览表

发布时间	政令内容	备 注
洪武元年(1368)	正月，诏令浙东西五府名刹住持会金陵天界寺，置善世院，统管天下佛寺僧尼。	擢选德戒僧任名山住持，颇受诸方称赞。
洪武三年(1370)	六月，颁布“禁淫祠制”，令有司严加禁约民间宗教活动。禁僧道斋会饮酒食肉、男女混杂。	明代禁止妇女私自入寺烧香拜佛始此。
洪武五年(1372)	三月，免费给僧道度牒。十二月诏蠲“免丁钱”。敕造《周知册》，颁行天下寺观。	明初建立度牒、僧籍制度始此。
洪武六年(1373)	敕限各府州县寺观及僧道，禁女子年四十以下者为尼。著为令。	禁(年轻)妇女出家成为定制。
洪武九年(1376)	试经给沙门度牒。	试经给牒制始此。
洪武十年(1377)	三月，敕许一切南北僧道结坛讲经，化度一方。春，诏令天下沙门习讲《心经》《金刚经》《楞伽经》。九月，令僧徒皆通此三经，命学士宋濂考校之，不通者令还俗。	僧徒通三经，比之儒士习四书，称为“佛教科举”基本经典。
洪武十一年(1378)	正月，礼部郎中袁子文建言度僧，诏许之。	
洪武十四年(1381)	六月，诏开设僧道衙门，于京置僧录司、道录司，各府州县置僧纲司、僧正司、僧会司。	

① 参见赵轶峰：《明代国家宗教管理制度与政策研究》，中国社会科学出版社，2008 年，第 24—25 页。

② 参见杜常顺：《明朝宫廷与佛教关系研究》，暨南大学 2005 年博士论文，第 31 页。

续表

发布时间	政令内容	备　注
洪武十五年(1382)	三月,禁止僧道买卖田地。四月,置僧录司左右善世、阐教、讲经、觉义等官。令众僧遵行清规。五月,令将寺僧划归禅、讲、教三类。十二月,定天下僧道服色。	
洪武十六年(1383)	诏令考定瑜伽显密法事仪式及诸真言密咒作为成规,行于天下诸山寺院,永远遵守。颁布瑜伽教僧考试之法,凡定成规仪式通者经试或周岁再试方许为僧,如不能者还俗为民。	
洪武十七年(1384)	闰十月,礼部尚书赵瑁建言:三年一次出给度牒,且严加考试,庶革其弊。诏许之。颁布榜文示天下寺观。	三年一度及考试给牒成为定制。
洪武十九年(1386)	敕天下寺院有田粮者,设砧基道人。一应差役,不许僧应。敕给榜文颁行天下各寺,禁治诸色人等,毋得轻慢佛教,骂詈僧人,非礼搅扰。违者本处官司约束。	
洪武二十年(1387)	四月,敕将戒牒颁行天下,重出晓谕。八月,诏民年二十以上者不许落发为僧,年二十以下来请度牒者,俱令于在京诸寺试事三年,考其廉洁无过者始度为僧。	重申试经度僧给牒制。
洪武二十一年(1388)	三月,敕僧录司行文,令遣二十以上的讨度牒僧去乌蛮、曲靖等处行教化,每三十里造一座庵,自耕自食。四月,京刹大寺,今后缺大住持,务要丛林中选举有德行僧人,考试各通本教,方许着他住持,毋得滥举。	京首刹天界寺火灾,迁僧录司于天禧寺。
洪武二十四年(1391)	六月,谕令礼部清理释道二教,颁布《申明佛教榜册》。七月,命毁天下无旧额之寺观。	
洪武二十五年(1392)	十二月,敕命僧录司造《周知板册》颁于天下僧寺。凡在京及在外府州县寺院僧名,以次编之。复命礼部榜示天下僧寺道观,凡归并大寺,设砧基道人一人,以主差税。	
洪武二十七年(1394)	正月,榜示《避趋条例》,敕令僧道俱不许奔走于外及交构有司,不许用题疏强募人财;僧道有妻者还俗等。命僧录司行十三布政司选僧补官。	颁布《清教录》,使禅、讲、教僧行童考试各有科目;《清教录内禁约条例》,不许僧寺收养民间儿童为僧。
洪武二十八年(1395)	十月,命僧录司设上中下三科,考试天下沙门。诏年六十以上者免试。	
洪武三十年(1397)	命僧录司行十三布政司,凡有寺院处所俱建禅堂,安禅集众。	

由上表可知,洪武朝30年僧政,如果以明代国家政府颁布的有关僧道寺观管理的政策法令为基本内容,那么从时间上可以划出以下几个界标:一是洪武五年至六年间(1372—1373),敕造《周知册》颁行天下寺观,取消免丁钱,度牒免费发给,此可视为洪武初期建立度牒僧籍制度的开始。二是洪武十四年至十五年间(1381—1382),在京、在外开设僧司衙门,三分天下寺僧为禅、讲、教三宗,既便于纳入政府管理系统,也为下步清理整顿张本。三是洪武二十四年(1391)起,谕

令清理僧道寺观，出台《申明佛教榜册》；洪武二十七年(1394)，颁布施行榜册补充规定，即《避趋条例》。这三个阶段几乎十年一期，使洪武朝有关佛教政策呈现前、中、后期，每期各有重点和特点，连贯起来则步步深入，渐进强化系统。前期以洪武五年至六年间僧政令为标志，重点是初步建立官府控制的度牒僧籍制度；中期以洪武十四年至十五年间开设僧司衙门为标志，僧政管理衙门化，分寺清宗功能化；后期从洪武二十四年(1391)起政策重点以清理整肃为主，强力推行合并寺观，强调僧俗两界的区划。由于僧司衙门的开设上文已述，以下我们选择洪武六年(1373)、洪武二十四年(1391)及洪武二十七年(1394)这三个时段进行重点阐述。

(一) 洪武六年(1373)的僧政令

明初探索建立度牒、僧籍的佛教管理制度，准确地说，应起始于洪武五年(1372)。而洪武六年(1373)颁布了一道重要的合并僧道寺观谕令，则以洪武五年(1372)乃至更早的朱元璋吴王时期施行政策为基础。例如至正二十五年(1365)，奉吴国公朱元璋之命令，江东诸州县各留寺观一区，其他尽皆罢斥。[①] 洪武五年(1372)有一则归并京刹的敕令：

> 七月十六日，中书省钦奉圣旨：天禧寺、能仁寺两处僧人多哩，恁省家出个文书，与蒋山寺住持长老行容收执，将这天禧、能仁两寺应有的僧人，用心于四方搜集，听从长老行容分豁，堪坐禅者坐禅；不作歹、良善可以管庄的，教他管庄。若是作歹、不良善的，分豁出来，开剃为民。钦此。[②]

这种合并寺观的做法尽管施行范围很小，但反映了朱元璋归并寺僧政令之渊源。朱元璋最先直接下令给中书省来操办此事。

洪武五年(1372)三月，定六部职掌，以礼部之祠部掌祭祀、医药、丧葬、僧道

---

① 《佛教史年表》，佛光出版社，1987年，第223页。

② 葛寅亮：《金陵梵刹志》卷二《钦录集》。同书还保存了经过文臣修改润饰的敕令，内容相差无几：“七月十六日，中书省钦奉圣旨：蒋山系是大禅刹处所，如今你省家出给执照与住持长老行容收执，把那天禧寺、能仁地两处应有旧日常住田土，并寺家物件都入蒋山砧基薄内作数，永远为业。收的钱粮等项听从蒋山寺支用，其天禧、能仁寺僧人都收入蒋山坐禅。钦此。”

度牒。① 洪武五年(1372)十二月，普给僧道度牒。当时天下僧、尼、道士、女冠，共有五万七千二百余人给牒。礼部奏称，“前代度牒之给，皆计名鬻钱，以资国用，号免丁钱”，诏蠲“免丁钱”。② 洪武帝下诏废除唐宋以来计僧售牒以增加财政收入的做法，对现有男女僧道全部免费发给度牒，以防伪滥，著为令。并敕造《周知册》，颁行天下寺观。“凡遇僧道到处，即与对册。其父母籍，告度月日。如册不同，即为伪僧。”③

洪武五年诏令宣布免费给予现有僧道以新朝度牒，这是明代开国后首次对僧道群体予以规范管理，主要考虑是控制僧道人口，禁止私度而“以防伪滥”。可这样放开给牒后，到洪武六年(1373)八月，礼部复奏，又“度天下僧尼道士，凡九万六千二百二十八人”④。僧道人数的激增，引起了洪武帝的不安，所以十二月，他颁布一道归并僧道寺观的谕令：

> 并僧道寺观，禁女子不得为尼。时上以释老二教近代崇尚太过，徒众日盛，安坐而食，蠹财耗民，莫甚于此。乃令府州县止存大寺观一所，并其徒而处之。择有戒行者领其事。若请给度牒，必考试精通经典者方许。又以民家多女子为尼姑、女冠，自今年四十以上者听，未及者不许。著为令。⑤

以此可见，明代的考试通经给牒、禁止妇女出家、合并僧道寺观等多条佛教政策雏形，要旨皆在于扭转元末以来佞佛弊风，对僧道势力膨胀加以适当控制。此令有三点可以注意：(1) 合并僧道寺观，控制寺观数量，择有戒行者领其事，此条载入《大明律》；(2) 非精通经典者不给度牒，既控制僧道之数量，亦纯化道风；(3) 给

---

① 癸巳定六部职掌，岁终考绩以行黜涉……礼部掌天下礼仪、祠祭、燕享、贡举之政。其属有四：一曰总部，掌仪制、表笺、历日、赠谥、诏敕、科举图籍、乐律；二曰祠部，掌祭祀、医药、丧葬、僧道度牒；三曰膳部，掌燕享；四曰主客部，掌贡献建言、四夷朝贡赏赉……各部设郎中、员外郎、主事分掌其事，而以尚书、侍郎总其政务。洪武二十九年(1396)改祠部为祠祭清吏司，凡天文、地理、医药、卜筮、音乐、僧道人等，并籍领之(《明史·百官志》)。明代罢废宋元之际的功德使和宣政院，由祠祭司总揽宗教政令大纲，主管僧道试经给牒、僧籍档案、选补中下级僧官、分配寺观名额等。

② 《释氏稽古略续集》卷二。

③ 《明太祖实录》卷七七。

④ 《明太祖实录》卷八四。

⑤ 《明太祖实录》卷八六。

妇女出家加以年龄限制,妇女生育期未结束前不许出家。类似政令后来多次重申。

洪武六年闰十一月,修《大明律》成,颁行之。十二月实施,限州县寺观及僧道,禁女子年四十以下者为尼。《大明律》明令禁止私度私创,买卖度牒。《大明律·户律·户役·私创庵院及私度僧道》条规定:"凡寺观庵院,除现在处所外,不许私自创建增置。违者,杖一百,还俗。僧道,发边远充军;尼僧女冠,入官为奴。若僧道不给度牒,私自簪剃者,杖八十。若由家长,家长当罪。寺观住持,及受业师私度者,与同罪,并还俗。"据考证,"私创庵院及私度僧道"这一条款,唐律曰"私入道",而无私创庵院一层,明律据之增改。可以说,这条律令是明代统治者为了控制僧道的群体规模而新创制的。私度私创容易流失户口。按照《大明律辑注》的解释:"僧道得免丁差。僧道多则户口少,自然之势。此辈不耕不业,衣食于民,岂可听其私自簪剃,以虚户口耶?故特禁之。"

洪武六年(1373)初,皇帝诏令天下僧道从南京领取明朝颁发的正式度牒。唐宋以降,国家一直采用这种做法控制僧道人口,或增加财政收入。朱元璋恢复了度牒制度,目的是要消除元末战乱年代中僧道的混乱无序状态,同时也对僧道逃避赋役加以扼制。洪武六年(1376)诏令的创新之处就是配合度牒制度实施,颁行了一套《周知册》制度,即详细开列所有持有度牒僧人的名字、籍贯,再将复印的册子发放到每个寺院,用以鉴别"伪滥僧人"的真实身份。当时许多人都扮作僧人隐身寺院,以维持生计或逃避军役。因僧人可以免除普通人必须担负的劳役,故度牒之法被用来防止普通人逃避赋役。明初禁止四十岁以下生育期妇女出家的谕令,固然是为了减少流向僧道的人口,但也出于恢复儒家传统礼教,革除元代弊习陋俗的考虑。《大明律》终稿规定,"年未五十者不许为尼及女冠",将妇女出家年龄提高到五十岁。①

洪武六年(1376)归并寺院的谕令虽然出奇地严格,但仅在南京附近的六个府推行,而且即便在那里似乎也没有严格执行。② 在洪武十四年(1381)户口登记制度及僧录司建立起来以后,归并令则被诠释为:各府州县都要指定一处著名寺观来替国家政府掌管宗教事务。一些寺院正是趁着僧司的设立而得以恢复。僧

---

① 徐学聚:《国朝典汇》卷二三四《释教》。

② 参见卜正民:《明代的社会与国家》,黄山书社,2009年。这六个府为太平、应天、镇江、宣城、广德、宁国。

纲司、僧正司及僧会司通常位于府、州、县城内最有名的寺院之中。这表明朱元璋清除胡惟庸案后,因治理国家制度变革的需要,而随之对佛教的态度也发生了明显变化。僧道势力的膨胀,意味着王权统治的削弱。佛教不再是统治的资源,而变成管控的对象。在朱元璋眼里,僧道也不再是“智人”,而变成追逐名闻利养的人或寄生寺院的逋逃者。

(二) 洪武二十四年(1391)清理释道令

洪武帝朱元璋对于僧人违犯戒律而混同世俗的现象极为憎恶,认为这是不务祖风,“污教败行”。因此,洪武二十四年(1391)颁《申明佛教榜册》(又称《僧寺归并条例》)和二十七年(1394)颁《僧人避趋条例》,都以强调僧俗两界的区划为重要内容。

洪武二十四年(1391)辛未六月,命礼部清理释道二教,敕曰:“今之学佛者,曰禅,曰讲,曰瑜珈;学道者曰正一,曰全真,皆不循本俗,污教败行,为害甚大。自今天下僧道,凡各府州县寺观虽多,但存其宽大可容众者一所,并而居之,毋杂处于外,与民相混。违者治以重罪,亲故相隐者,流;愿还俗者,听。”[①]

> 六月初一日钦奉圣旨:佛教之始自东汉明帝,夜有金人入梦,是后,法自西来。明帝敕臣民愿崇敬者许,于是臣民从者众,所在建立佛刹。当时好事者,在法入之初,有去须发而舍俗出家者,有父母以儿童子出家者。其所修也,本苦空寂寞,去诸相欲,必欲精一己之英灵。当是时佛教大彰,群修者虽不能尽为圆觉,实在修行次第之间。岂有与俗混淆、与常人无异者?……今佛法自汉入中国,历历数者一千三百三十年,非一姓为君而有者也。所以不磨灭者为何?以其务生不杀也。其本面家风,端在苦空寂寞。今天下之僧多与俗混淆,尤不如俗者甚多。是等其教而败其行,理当清其事而成其宗。令一出,禅者禅,讲者讲,瑜伽者瑜伽,各承宗派,集众为寺。有妻室愿还俗者听,愿弃离者听。僧录司一如朕命,行下诸山,振扬佛法以善世。仍条于后。[②]

---

① 《明太祖实录》卷二九〇。

② 葛寅亮:《金陵梵刹志》卷二《钦录集》。

具体条文有如下十条规定：

一、自经兵之后，僧无统纪。若府若州，合令僧纲司、僧正司验倚郭县分，僧会司验本县僧人，杂处民间者见其实数。于见(现)有佛刹处，会众以成丛林，清规以安禅。其禅者务遵本宗公案，观心目形，以证善果；讲者务遵释迦四十九秋妙音之演，以导愚昧；若瑜伽者，亦于见佛刹处，率众熟演显密之教，应供是方，足孝子顺孙报祖父母劬劳之恩。以世俗之说，斯教可以训世。以天下之说，其佛之教阴翊王度也。

二、令下之后，敢有不入丛林，仍前私有眷属，潜住民间。被人告发到官，或官府拿住，必枭首以示众。容隐窝藏者，流三千里。

三、显密之教轨范科仪，务遵洪武十六年(1383)颁降格式内。其所演唱者，除内外部真言难以字译，仍依西域之语，其中最密者，惟是所以曰密。其余番译经及道场内，接续词情恳切交章，天人鬼神咸可闻知者，此其所以曰显。于兹科仪之礼，明则可以达人，幽则可以达鬼。不比未编之先，俗僧愚士，妄为百端，讹舛规矩，贻笑智人，鬼神不达。此令一出，务谨遵毋增减，为词讹舛紊乱。敢有违者，罪及首僧及习者。

四、令出之后，有能忍辱不居市廛，不混时俗，深入崇山，刀耕火种，侣影俦灯，甘苦空寂寞于林泉之下，意在以英灵出三界者听。

五、瑜伽僧，既入佛刹已集成众，赴应世俗，所酬之资，验日验僧。每一日每一僧钱五百文，主磬、写疏、召请三执事，每僧各一千文。

六、道场诸品经咒布施则例：《华严经》一部，钱一万文；《般若经》一部，钱一万文；内外部真言，每部钱二千文；《涅槃经》一部，钱二千文；《梁武忏》一部，钱一千文；《莲经》一部，钱一千文；《孔雀经》一部，钱一千文；《大宝积经》，每部钱一万文；《水忏》一部，钱五百文；《楞严咒》一会，钱五百文。已上诸经布施钱，诵者三分得一，二分与众均分，云游暂遇者同例。若有好事者额外布施，或施主亲戚邻里朋友乘斋下衬者，不在此限。

七、陈设诸佛像、香灯，供给阇黎等项劳役钱一千文。

八、凡僧与俗斋，其合用文书，务依修斋行移体式。除一表、三申、三牒、三帖、三疏、三榜，不许文繁别立名色，妄费纸札以耗民财。

九、今后所在僧纲、僧正、僧会去处，其诸散寺应供民间者，听从僧民两便。愿请者愿往，任从之。僧纲、僧正、僧会，毋得恃以上司，出帖非为拘钤，假此为名，巧取散寺民施。……此令一出，从有缘僧，有道高行深者，或经旨精通者，檀越有所慕，从其斋礼，毋以法拘。敢有仍前倚势拘钤者，其僧纲、僧正、僧会杖一百，工役三年。

十、瑜伽之教，显密之法，非清净持守，字无讹谬，呼召之际，幽冥鬼趣，咸使闻知，即时而至。非垢秽之躯，世俗所持者。曩者，民间世俗多有仿僧瑜伽者，呼为善友，为佛法不清，显密不灵，为污浊之所污，有若是。今后止许僧为之。敢有似前如此者，罪以游食。[①]

上述《榜册》第一条反映了元明鼎革兵乱，僧散入民间，多与俗杂处，“僧无统纪”的现状。洪武帝朱元璋在颁布《申明佛教榜册》的诏令中指出，今天下之僧，多与俗人混淆，有的表现甚至不如俗人，这是败坏其教的行为，故要对其进行整顿而护持佛教。《榜册》第二条严厉警告“令下之后，敢有不入丛林，仍前私有眷属，潜住民间”的严重后果。《榜册》第三条重申洪武十六年（1383）诏令僧录司对瑜伽显、密法事仪式及诸真言密咒尽行考校，订为成规，以便颁行天下寺院遵行；又令各寺院住持督率僧众按成规仪式学习演练，定期考核，若僧尼对真言密咒不能省解记诵或对法事仪规演练不熟者，要废为庶民。其他条文对瑜伽僧法事仪规乃至布施金额都做了明确规定。[②]《榜册》第四条鼓励僧人遁入山林清修，不混世俗。第十条明令禁止民间世俗人等仿僧行瑜伽。最后强调：“令出之后，所有禁约事件，限一百日内悉令改正。敢有仍前污染不遵者，许诸人捉拿赴官，治以前罪。”[③]揆诸史实，洪武二十四年（1391）清理整顿令，是对洪武六年（1373）归并寺院、洪武十五年（1382）分寺清宗的重申强化，限期百日内改正，史称为“百日谕令”。

洪武二十四年（1391）七月初一日，礼部官于奉天门钦奉圣旨：恁礼部出批，着落僧录司，差僧人将榜文去，清理天下僧寺，凡僧人不许与民间杂处。其原非寺额，创立庵堂寺院名色并行革去。钦此。礼部当差僧人善思等五名，赍榜前去

---

① 葛寅亮：《金陵梵刹志》卷二《钦录集》。

②《明太祖实录》，癸亥洪武十六年。五月二十一日早朝，僧录司官于奉天门钦奉圣旨：即今瑜伽显密法事仪式，及诸真言密咒，尽行考较稳当，可为一定成规。行于天下诸山寺院，永远遵守。为孝子顺孙慎终追远之道，人民州里之间祈禳伸请之用。恁僧录司行文书，与诸山住持并各处僧官知会，俱各差僧赴京，于内府关领法事仪式。回还习学后三年，凡持瑜伽教僧赴京试验之时，若于今定成规仪式通者，方许为僧。若不省解，读念且生，须容周岁再试。若善于记诵无度牒者，试后就当官给与，如不能者发为民。钦此。

③ 葛寅亮：《金陵梵刹志》卷二《钦录集》。

各布政司，清理僧人，归并成寺，仰各处僧寺遵守。[1] 是岁，州县《黄册》成，计户一千零六十八万四千四百三十五，丁五千六百七十七万四千五百六十一。命将寺观编入《黄册》内。

不难发现，洪武二十四年(1391)清理整顿令，辅以严刑重典，集中实施几个内容：一是归并寺观，取缔私创无额寺院；二是严肃戒律，禁僧俗杂处；三是严格剃度年龄及试经给牒制度。如僧道奔走于外强求化缘及僧道有妻等，都被治以"僧道不务祖风"重罪。

经过元末的动荡与不安，佛教教团的混杂与失序可想而知，因此朱元璋即位以后，有鉴于大多数僧人的"不务佛之本行，污市俗，居市廛"的情状，遂提出一连串清理整顿政策。但朱元璋基于亲身经验，心中明白，这些混居世俗为数众多的僧侣，尤其像经忏僧，确实有其社会需求，因此于洪武十五年(1382)将佛寺按其性质分为禅、讲、教三等三宗："教者，演佛利济之法，消一切见造之业，涤死者宿作之愆，以训世人。"特将应付经忏的出家僧众归类为"瑜伽教僧"，亦即将其转变成服务社会大众的专业人员，其专职即是行经忏法事。据此，视"赶经忏法事"为佛教僧人的必要劳务之一亦不为过。因此，《榜册》给予经忏法事较大比重和特别规定。

研究认为，洪武二十四年(1391)此项合并佛寺的"百日谕令"，超过了此前任何一次对佛教的"清理"，并且更为彻底地改变了中国佛教。直到 20 世纪以前，没有任何一次对佛教的整治能与之相提并论。同样，当时的文献记载所显示出来的，却似乎不是对佛教的打压，而不过是对资源的更有效配置而已。然而，这种遮掩看起来却相当合理，因为许多寺院在元明更替之际被毁或者废弃，寺院中的僧人数量较元代也少了许多。另一方面，这场运动使佛寺数量较洪武二十四年(1391)前锐减了四分之三。然而，朱元璋死后，要求取消"百日谕令"的压力就开始出现。永乐帝朱棣在 1402 年登上皇位前夕，就曾颁令允许洪武十五年(1382)之前合法设立的寺院可以恢复各自独立的地位。即位伊始，明成祖也施行洪武朝归并令，命礼部清理释、道二教。但他规定，凡历代以来元及本朝洪武十五年(1382)以前寺观有名额者，不必归并，"其新创者悉归并如旧"。这充分显

---

① 葛寅亮：《金陵梵刹志》卷二《钦录集》。又参《明太祖实录》卷二一〇，洪武二十四年七月丙戌。七月丙戌诏，天下僧道有创立庵堂寺观，非旧额者，悉皆毁之。

示，洪武二十四年(1391)的“百日谕令”还包括另外一种国家控制机制，就是当时大寺院丛林如果之前并没有朝廷赐额的话，可以得到皇帝授予的官方赐额。寺院匾额，也就是一块木板上面刻有寺院的名字，并且一般由皇帝或官方指定的权威人士书写。它实际上成了一种法律文证，象征着国家对寺院的许可承认。“百日谕令”颁行后，寺院合法性的证明是必须拥有一块匾额，而后来新建或者重建的寺院则没有资格得到赐额。这等于在洪武二十四年(1391)后对私创寺观设了一道禁令，并在洪武三十年(1397)明确载入《大明律》之中。在1402年的圣谕中，永乐皇帝虽然部分地推翻了“百日谕令”，却仍然强调了寺院赐额作为法律文证的地位。[①]

明初清理整顿令的推行，造成江南许多地区大量无旧额的、私创寺庵被归并，但因不切实际，政策执行中又时有松弛，或流于具文。文徵明《重修大云庵碑》载：“吾苏故多佛刹，经洪武厘革，多所废斥。郡城所存丛林十有七，其余寺院庵堂无虑千数，悉从归并。”[②]程敏政《重修仁王院记》也载：“我高庙混一，初尝命官考正祀典，而释老二氏之宫获存者视前代不啻十之一二。若徽之休宁计其额几以百数，而获存者四焉。其严如此！”[③]葛寅亮《金陵梵刹志》也记载朱元璋当时归并南京寺观的情况：“天下兵争之日，朕居金陵，军士在征者多，金陵在城巨细僧寺庵观数多，当是天界一寺，重门楼观，金碧荧煌，可谓寺之大者矣，其斋僧布施者鲜入其内。其房一间为庵，三五间为寺。道观如之。朝天宫亦然，金碧荧煌，重门楼观，人皆不入。其香灯烛昼夜不息于小庵小舍，何也？实非求福，乃构淫佚，败常乱俗。当是时，朕将诸寺院庵观一概屏除之，僧不分禅、讲、瑜伽，尽入天界寺；道不分正一、全真，俱入朝天宫。”[④]洪武十五年(1382)分寺清宗，“禅者禅，讲者讲，瑜伽者瑜伽，天界不复斯例矣”。洪武二十四年(1391)颁布《申明佛教榜册》，再次强调“禅者禅，讲者讲，瑜伽者瑜伽，各承宗派集众为寺”。其中归并佛寺的含义则被表述为“凡僧人不许与民间杂处，务要三十人以上聚成一寺，二十人以下者听令归并成寺”。洪武二十七年(1394)所颁《避趋条例》也重申：“凡僧之处于市者，其数照《归并条例》务要三十人以上聚成一寺，二十人以下者

---

① 参见卜正民：《明代的社会和国家》，黄山书社，2009年，第217页。
② 文徵明：《莆田集》卷三十五，《文渊阁四库全书》。
③ 程敏政：《篁墩文集》卷十八，《文渊阁四库全书》。
④ 葛寅亮：《金陵梵刹志》卷二《钦录集》。

悉令归并，其寺宇听僧拆改并入大寺，如所在官司有将寺没官及改充别用者，即以赃论。”①这样，“府州县只存大寺观一所”的规定实际上也就自动废止了。

与《榜册》宣示归并僧道寺观、严禁僧俗混淆政令配套实施的措施是继洪武六年(1373)编造《周知册》，再颁行《周知板册》。此次，以打击京师百福寺隐逃军、逃囚为突破口，强行遏制私创私度，清理寺院中隐匿的伪冒僧人力度更大。洪武二十五年(1392)十二月，命僧录司造僧籍册，刊布寺院，互相周知，名为《周知板册》。当时京师百福寺，隐囚徒逋卒，往往易名姓为僧，游食四方，无以验其真伪。于是命造《周知文册》，其主要内容与编制办法为：自在京及在外府州县寺院僧名，以次编之。其年甲、姓名、字行及始为僧年月，与所授度牒字号，俱载于僧名之下。既成，颁示天下僧寺。凡游方行脚至者，以册验之，其不同者，许获送有司，械至京，治重罪。容隐者罪如之。

闰十二月十八日，礼部据僧录司申：该司官等本年十月十四日，于奉天殿钦奉圣旨：“各处僧寺多隐逃军逃囚，好生不停当。只如南关外百福寺，止有僧人四名，为隐藏刺字逃囚，寺都废了。前日说与僧录司，行文书各处僧司，着落寺院编号造册。如今定下格式，不用多费纸札，火速催并他成造将来。钦此。”当日，蒙力士萧贵送到册式样一纸，钦依写一、二名来看。本月十九日早，钦依将僧司官并善世、天禧、能仁三寺僧一百二十八名，开写二纸进呈。本月二十七日，本司官于右顺门钦奉圣旨：“前日册式刊板了，着人印与僧录司，照依天下僧司寺院数目，颁降与他，着他依式刊板印造，务要天下僧籍互相周知。钦此。”当日，又题奏：“各处清理册内，未请度牒僧人，合无如何？”奉圣旨：“也着他入册。钦此。”

当年十一月初五日，本司官于奉天门钦奉圣旨：“如今定册式好生停当，僧录司差僧去说与各处僧司并寺院，这回造册，好生要清切。有容隐奸诈等人朦胧入册的，事发时，连那首僧都不饶他性命。各处僧人，都要于原出家处明白供报俗家户口入籍，不许再在挂搭处入籍。待造册成了，方许游方挂搭。钦此。”除行各处僧司所在寺院钦遵造册外，具申到部，立案遵守。②

① 葛寅亮：《金陵梵刹志》卷二《钦录集》。
② 葛寅亮：《金陵梵刹志》卷二《钦录集》。

据研究，明初，除以严刑峻法打击私度外，又制订出一些重要的宗教政令及僧尼籍账簿册，防止私度，清查伪冒私度僧尼，其主要体现在僧道《寺观文册》及《周知板册》的编订上。《周知板册》又称“周知册”“周知文册”，是登录持有度牒僧尼的名籍册，明代最早颁行于洪武六年(1373)。洪武十四年(1381)开设僧司衙门时，又曾设计僧道录司的职责之一便是定期供报僧道寺观文册，其具体要求事项和做法是：“各府州县寺观僧道并从僧录司道录司取勘置文册，须要开写某僧某道姓名、年甲，某布政司某府某州某县籍，某年于某寺观出家、受业某师、先为行童几载，至某年某施主披剃簪戴，某年给受度牒，逐一开报。供报各处有额寺观，须要明白开写本寺本观始于何朝，何僧何道启建，或何善人施舍。”这里要求编订各处供报两个内容，一是僧道名籍册，二是有额寺观册。这种文册逐渐改进、完善，至洪武二十五年(1392)便再度明确要求颁行《周知板册》。

据上文礼部颁令，其创行的背景是当时“各处僧寺多隐逃军逃囚，好生不停当”。京师百福寺隐囚徒逋卒，为此寺院都被废了。其实从内容看，《周知板册》所登记事项大体与唐宋僧尼供帐要求事项并无二致，故可以认为《周知册》的出现是唐宋以来僧尼籍账制度发展的必然结果。同时《周知板册》所登记各项又与明之《黄册》填报要求有对应关系，故亦可以认为《周知板册》是行诸僧团中的“黄册”，它是明代僧籍制度严格的历史产物。《周知册》的编制原则是居寺者俱要挂籍，凡天下僧尼均要于原出家地和出家寺登记入册，不许在挂搭处(临时居寺)入籍，造册期间各寺院不得放僧云游或容留游方僧。其用意十分清楚，就是设法堵塞私度僧徒或隐囚罪犯隐匿遁逃的一切通道。①

洪武二十五年(1392)，在编制僧籍的同时，又编制寺院清册。诏令行文天下僧司，要各地对寺观庵院编号造册，汇呈礼部，名之《寺观清册》，但其文式已不可考。不过值得注意的是，《寺观清册》与《周知板册》，二者是有区别的。首先，从编订目的看，《寺观清册》编制是“供报”，即通过文册编订，给中央政府提供一个了解各地僧道、寺观情况的档案依据，所以这种文册与唐宋以来的僧道名籍供帐并无二致；而《周知板册》的重心在于“周知”，即通过板册编订，给各地方寺观提供一个查验、捉拿伪冒私度僧尼的文字依据。其次，从编订程序上说，《寺观清

① 参见白文固：《洪武、永乐年间对僧团的全面整顿》，《青海民族学院学报(社会科学版)》2004年第30卷第4期。

册》由僧录司督责地方各级僧司编订，层层汇综呈上，供报中央即可，它仅仅有一个自下而上的编订程序；而《周知板册》不仅有一个自下而上的编订程序，而且有一个编成后“刊布寺院，互相周知”的自上而下的颁示程序。《周知板册》的编订与度牒的管理办法是相配套的，板册登录的僧尼均属持有真实度牒的僧尼，册中所登记事项大体与度牒一致，当初度牒颁出严格，这为《周知板册》的编订提供了条件；相反，通过编制《周知板册》，也可查验度牒真伪，清理僧团队伍。洪武朝世风肃清，政令严峻，《周知板册》编订循制及时，它为加强僧籍管理、打击私度起到了积极的社会效果。①

（三）洪武二十七年(1394)避趋令

洪武二十七年(1394)春正月，皇上又下诏申明整顿佛教的十三条榜文，列出僧人应避应趋者，作为对前此《榜册》的重申或补充，简称为《避趋条例》：

> 正月初八日，钦奉圣旨：释迦佛发大悲愿心，历无量劫，至于成道，说法度人。一切来历，备载《大藏》。愚者安能知义？聪者未能尽目。有佛以来，效佛之修者无量。自汉入中国，至今一千三百余年，其教不治而不乱，不化而自化，凡所说法，人天会听，愚者虽无知，补于时君者多矣。自佛去世之后，诸祖踵佛之道，所在静处，不出户牖，明佛之旨。官民趋向者，历代如此。效佛宣扬者，智人也。所以佛道永昌，法轮常转。迩年以来，踵佛道者，未见智人，但见奸邪无籍之徒，避患难以偷生，更名易姓，潜入法门，以其修行之道，不足以动人，一概窘于衣食，岁月实难易度，由是奔走市村，无异乞觅者，致使轻薄小人毁辱骂詈誉，有玷佛门。特敕礼部，条例所避所趋者，榜示之。

一、僧合避者。不许奔走市村，以化缘为由，致令无藉凌辱，有伤佛教。若有此等，擒获到官，治以败坏祖风之罪。

二、寺院庵舍，已有砧基道人。一切烦难，答应官府，并在此人。其僧不许具僧服入公厅跪拜，设若己身有犯，即预先去僧服以受擒拿。

---

① 参见白文固：《洪武、永乐年间对僧团的全面整顿》，《青海民族学院学报(社会科学版)》2004年第30卷第4期。

三、钦赐田地税粮全免，常住田地虽有税粮，仍免杂派人差役。

四、凡住持并一切散僧，敢有交结官府、悦俗为朋者，治以重罪。

五、凡僧之处于市者，其数照《归并条例》，务要三十人以上聚成一寺，二十人以下者悉令归并，其寺宇听僧拆改，并入大寺。如所在官司有将寺没官，及改充别用者，即以赃论。

六、可趋向者。或一二人幽隐于崇山深谷，必欲修行者听，三四人则不许。山虽有主，阻挡者一罪罪之。若近市井，十五里内不许。山主阻之，勿罪。十五里以外，许之。其幽隐者，游居于山，或一年半年，或两三月，或栖岩，或屋树，或庐野，止许容身，不许创聚。刀耕火种于丛林中，止许勾食而已。若有好善之家入山送供者听。

七、若欲游方问道，所在云水者，亲赍路费，循道而行、往无定止者听。民有善德之家，一见如此，礼而斋之者受，施财者纳之。

八、除游方问道外，禅、讲二宗止守常住，笃遵本教，不许有二，亦不许散居，及入市村。其瑜伽，各有故旧檀越所请做善事，其僧如科仪教，为孝子顺孙，以报劬劳之思，在上而追下者，得舒慈爱之意。此民之所自愿，非僧窘于衣食而干求者也。一切官民，敢有侮慢是僧者，治之以罪。

九、僧有妻者，许诸人捶辱之，更索取钞五十锭。如无钞者，打死勿论。

十、有妻室僧人，愿还俗者听。愿弃离者，修行者亦听。若不还俗，又不弃离，许里甲邻人擒拿赴官。拘私容隐不拿者，发边远充军。

十一、今后一切僧人，敢有将手卷并白册称为题疏，所在强求人为之者，拿获到官，谋首处斩，为从者黥刺充军。

十二、僧寺庵院，一切高明之人，本欲与僧扳话，显扬佛教。奈何僧多不才，其人方与和狎，其僧便起求施之心，为此人远不近。

十三、今后秀才并诸色人等无故入寺院，坐食僧人粥饭者，以罪罪之。①

朱元璋列举上述《避趋条例》十三条，最后强调说："呜呼，僧若依朕条例，或居山泽，或守常住，或游诸方，不干于民，不妄入市村，官民欲求僧以听经，岂不难哉？如此则善者慕之，诣所在焚香礼请，岂不高明者也？行之岁久，佛道大昌。

---

① 葛寅亮:《金陵梵刹志》卷二《钦录集》。

榜示之后，官民僧俗，敢有妄论乖为者，处以极刑。钦此。”①

洪武二十七年(1394)《僧人避趋令》的核心要旨是严肃僧尼戒律，禁止僧俗杂处。明初，佛教僧团受元代风气影响，僧尼戒律不肃、僧俗不分现象严重。针对僧徒居家娶妻蓄子的情况，洪武帝加以革新，诏令僧徒“有妻室愿还俗者听，愿弃离(妻、子)者听”。诏令以后，僧尼“敢有不入丛林，仍前私有眷属，潜在民间，被人告发到官或官府拿住，必枭首以示众，容隐窝藏者流三千里”。进而榜示天下：“僧有妻室者，许诸人捶辱之，更索取钞五十锭，如无钞者，打死勿论”。遇见有妻室僧人，“许里甲邻人擒拿赴官，徇私容隐不拿者，发边远充军”。该条令显示对僧徒中的破淫戒行为采取了极为严厉的打击办法。另外，对僧人中的其他犯戒事者，则视情节轻重分别采取“发化外充军”、驱逐出寺、居寺带铁牌充役等做法予以处置。

经过一个时期的整顿，寺规僧戒为之肃清。曾做过游方僧的朱元璋，自然比他人更了解僧俗杂处而引出的种种犯戒行为。故他于洪武二十四年(1391)通令全国，禁止僧俗混淆，规定僧人诵经仪式和施主布施金额，张榜公布于佛寺，令寺院上下知晓，称之为《申明佛教榜册》。接之，又对僧人云游做出多种限制，规定游方僧必须自备道里盘费，云游途中或住寺院，或栖于山林洞穴，不许止宿俗家民宅。其临终时，还令僧录司筹划，在江东驿、江淮驿两处择地筑成寺院，以方便南北往来游方僧徒居住。鉴于历史上官僧勾结、作奸犯科的教训，又规定僧徒要居寺静心诵经禅修，不得交结官府，“凡住持并一切散僧，敢有交结官府，悦俗为朋者，治以重罪”。

这一申明榜文后，洪武二十七年(1394)又颁布《清教录》，内有禁约条例两条：

一、诸山僧寺庵院，务要天下诸僧名籍造册在寺，互相周知。遇僧人游

① 葛寅亮：《金陵梵刹志》卷二《钦录集》。又参《释鉴稽古略续集》卷二，后改为九条：一、不许僧人以化缘为由奔走市村，若有此等，擒获到官，治以败坏祖风之罪。二、寺院庵舍，应有首僧，使处理一切事务；僧尼不许穿僧服入公厅跪拜，如若己身有犯，即预先去僧服以受擒拿。三、钦赐田庄，税粮全免；常住田地，虽有税粮，仍免杂派差役。四、凡住持并一切散僧，敢有交结官府者，治以重罪。五、凡僧之处于市者，务要三十人以上聚成一寺。六、允许个别有德行之高僧隐于深山修行。七、僧有妻者，许诸人捶辱之，更可索取钞钱，如无钱者，打死勿论。八、有妻室僧人，愿还俗者，允其还俗；愿弃妻子继续修行者，亦允许。九、入寺俗人与僧交结，应显扬佛教，而不应与僧私狎，僧亦不许有索施之心。

方到来，即问本僧系某处某寺某僧、年若干，然后揭册验实，方许挂搭。如是册内无名及年貌不同者，即是诈伪，许擒拿解官。

二、今后僧寺不许收养民间儿童为僧。儿童无知，止由父母之命，入寺披剃。及至年长，血气方刚，欲心一动，能甘寂寞、诚心修行者少。所以僧中多有泛滥不才者，败坏祖风，取人轻慢。令出之后，敢有收留儿童为僧者，首僧凌迟处死，儿童父母迁发化外。若有出家者，务要本人年二十、三十者，令本人父母将户内丁口、事产，及有何缘故情愿为僧，供报入官奏闻，朝廷允奏，方许披剃。过三年后，赴京验其所能，禅者问以禅理，讲者问以讲诸经要义，瑜伽者试以瑜伽法事，果能精通，方给度牒。如是不通，断还为民，应当重难差役。①

这两条禁约基本上是洪武二十四年（1391）清理整顿令的移植和重申。据研究，《清教录》应是朱元璋在胡、蓝党狱发生后肃清僧徒中“逆党”的政治记录，这与清理整顿佛教弊风的方针迥异，两者不能混为一谈。②

综上所述，洪武朝佛教政令奠定了明代佛教政策制度的基础，其中最为严厉而一以贯之的是归并僧寺，而最有特色的是分寺清宗，禅、讲、教三分，其中瑜伽教僧与砧基道人的设立尤为引人瞩目。洪武二十四年（1391）发布的《清理整顿令》及二十七年（1394）的《避趋令》，对元末明初社会僧团弊风做了彻底清理整顿，取得了一定的成效。

从洪武六年（1373）颁布限僧道令起，到洪武十四年（1381）僧官制度的建立，使洪武帝有了系统地干预寺院的官僚工具。在洪武十五年（1382）他采取的第一个行动，就是派僧官对各县寺院进行登记、分类。作为该计划的一部分，洪武帝对佛教宗派重新定义，分成了“禅、讲、教”三派。《申明佛教榜册》十条中有七条涉及瑜伽教僧。看来，这种对佛教派别的官僚政治式的简单分类，不能从学术方面加以解释。这种分类，仅仅是官僚政治式的统一化要求而已。然而，通过这种三分禅、讲、教的设定，明代国家就取得了一种特权，它可以在佛教内部强制地推

① 葛寅亮：《金陵梵刹志》卷二《钦录集》。

② 参见白文固：《洪武、永乐年间对僧团的全面整顿》，《青海民族学院学报（社会科学版）》2004年第30卷第4期。作者指出，洪武后期的清教活动，那不过是一场清理僧徒中所谓“胡党”的政治运动，与整顿佛教性质迥异，应该别作理论。

行组织化，并确保佛教为国家所用。

对寺院财产的控制，比分寺清宗更能深入寺院佛教的内部。如果没有大量的土地，大型寺院就无法获得维持自然建筑及其供养僧众的收入。洪武皇帝并不想直接控制寺院拥有的财产，但是他希望保证这些财产不为某些具体的僧众所控制，以免他们中饱私囊，甚至使寺院成为动乱之源。洪武十五年(1382)他下令，所有僧道都无权抵押或出售他们居住的土地，而抵押或购买者将受惩罚，财产充公。大约在洪武十九年(1386)，为了防止寺田的侵占，洪武帝命令礼部要求在各县每一座寺院任命一名“砧基道人”。砧基道人的任务就是监管寺院财务，并负责为寺院的赋役与地方长官打交道。人们曾状告砧基道人对寺院钱财管理不当，但是皇帝在次年的谕令中仍然重申说必须设这样一个职务。洪武帝保护寺院财产的目的，就是要确保僧众能够有条件隐居于寺院清修或讲经说法，不要抛头露面去外面化缘。一旦僧众抛头露面，他们就可能会卷入社会事务，在人群间建立起一定的社会网络。简单地说，《避趋条例》也强化了我们这样的一种印象，即皇帝重视对寺院财产的管制，是要确保世俗世界与宗教世界的隔离。然而，在土地成了商品并且可以在市场上买卖的经济形态下，国家不可能完全控制寺院财产，而这种管制实际上也价值甚微、作用有限。

洪武帝在洪武二十四年(1391)发动了他统治以来对佛教最严厉的一次打压。他发布了众所周知的“百日谕令”(谕令中的条款必须在一百天之内完成)，强行推动佛寺的合并。“百日谕令”要求全国大部分的小寺庙必须关闭，其僧众及财产转交至数量有限的大寺院，那些寺院被称作“丛林”(丛林是南方对大寺院的称呼)。《避趋条例》也对僧人与世俗交往的行为做出了明确的规范。《避趋条例》更像一篇政治檄文，语言中充斥着对佛教激烈的抨击。但是，没有发现任何证据表明条例中的任何一条限制性规定切实得到了执行。

尽管如此，《避趋条例》却营造出了一种气氛，并在此后的数十年中在官员们对佛教寺院态度的恶化方面推波助澜。出于对佛教及僧人生活的深入理解，洪武帝在南京建国后一直对佛教多有保护和提倡，不仅给予佛教以很高的社会地位，也积极发挥佛教独特的社会作用。洪武帝最初对佛教采取保护态度，也许表达了这样一种观念，即佛教是国家机构的补充，可以为国家提供意识形态及教化方面的服务。“百日谕令”与《避趋条例》则表明他已经放弃了这种观念。通过洪武朝晚期的重新组织，佛教被排除在公共权威、意识形态以及其他权威结构之外。从此，佛教仅仅是一种被统治的对象；其所代表的活动领域，是在政治领域之外，而且必须遵循国家法令。①

洪武帝在位的31年里，颁敕过许多相关佛教政策的法令，主要有三个方面的内容：一是建立健全僧官体系。洪武帝在僧官建制方面较历代都更周密，形成一套从中央到地方序列完整的僧官体系。二是界划僧伽组织结构，为适应新的僧司管理体系，归并寺院，并明令将寺、僧划分禅、讲、教三类。三是检束僧人行为规范。洪武二十四年(1391)为清理整顿僧道所颁布的《申明佛教榜册》及二十七年(1394)的《避趋条例》等，在检束僧行上做了甚为详细严格的规定，大致归纳有两方面：一是反复申明不许僧俗混淆，并严厉清理僧有眷属问题；相应的是提倡山林苦行、丛林清修。二是严令教僧必须遵守相关规范要求；与之相关则是严禁民间仿效瑜伽教僧做佛事等。②

经过洪武朝清理整顿，元代以来，僧团内部出现的不持戒、不读经的颓靡之风大为改观，僧人研习佛经、修持戒行的风气日炽，名匠辈出，继明初的宗泐、来复、道衍、溥洽之后，明中晚期又有云谷、慧经、雪浪、古心等人皆负盛名。特别是万历时期，形成佛教的复兴气象，出现了云栖袾宏、紫柏真可、憨山德清、蕅益智旭等高僧，号称“明末四大高僧”。这种局面，究实而言，与朱元璋对佛教的大力整顿亦不无关系。

晚年的朱元璋对佛教可谓爱恨交织，他在人生旅程的最后几年里，依然不断完善对佛教僧、寺的制度安排。洪武二十八年(1395)十月，重申试经给僧度牒。己未礼部奏：今天下僧道数多，皆不务本教，宜令赴京考试，不通经典者黜之。诏从其言，年六十以上者免试。③ 命僧录司，设上、中、下三科，考试天下沙门。洪武三十年(1397)，命僧录司行十三布政司：凡有寺院处所俱建禅堂，安禅集众。洪武三十一年(1398)二月二十九日，僧录司左善世大佑等，于右顺门钦奉圣旨：着江东驿、江淮驿两处，盖两座接待寺；着南北游方僧道，往来便当。

---

① 参见卜正民：《明代的社会与国家》，黄山书社，2009年。

② 参见周齐：《试论明太祖的佛教政策》，《世界宗教研究》1998年第3期。

③ 《明太祖实录》卷二四二。

第二节
建文帝与佛教

建文帝是明朝开国皇帝朱元璋钦定的接班人，为明代的第二位皇帝。从洪武三十一年(1398)闰五月十六日继位，至建文四年(1402)六月十三日被其叔父燕王朱棣“靖难”之变武力推翻，其在皇帝位仅四年零一个月。本节简单勾勒建文新政四载关涉的佛教政策状况，而重点阐述其逊国披缁四十载的史事，不是为感慨建文帝人生命运之起伏跌宕，而旨在揭示明初帝王遁入佛门的文化意蕴及其深刻影响。

明初洪武、建文二帝皆以南京为首都，建文继承洪武帝大统，孜孜于文治，并无失德，而因兵败失位，流落江湖为僧，其人生轨迹正好与朱元璋由僧到帝相反。“高皇以皇觉为初因，陵碑中亲自道破。而奉先殿所藏遗箧，牒具存焉。若于再世有密印者，斯已不可测识矣。”“祖孙始末何相符也。岂高皇以古佛现身圣王，而让皇又自王宫皈依雪岭耶?”[①]明末史家钱士升对此感到不可思议，高皇和建文二帝不唯有皇统而且有僧统的承继，他们亦僧亦帝、亦帝亦僧的人生传奇，为明朝历史打上了深刻的佛教烙印。清初周钟瑄有诗云：“脱身皇觉靖烽烟，瓶钵袈裟又再传。两世空门成泡影，一堂猜忌动戈铤。星驰铁马乾坤碎，帝入遐荒日月偏。回首榆关真蝶梦，老僧犹载白云还。一门相向极兵威，十族魂飞王气微。孺子出亡愁北去，元公破斧竟南归。空怀补衮无长策，剩有蛮烟卧衲衣。欲溯当年谈往事，白云深处是邦几。”[②]诗中有史，亦真亦幻，生动展现了明初三代帝君的佛教因缘，交织着金戈铁马生涯之沧桑奇事。

佛教在明初政坛更迭中的作用，更有后世之评可捕捉个中消息。遗史氏曰：

---

① 钱士升:《逊国逸书四种》,《从亡随笔叙》。

② 《白云山诗序》记录了朱棣以叔逐侄，杀害方孝孺十族之事。朱元璋以僧为帝，建文君以帝为僧，乃“迹异事奇”，参见李水海:《徐霞客游记载录建文帝遗迹述考》。又参清同治年间郡人刘蕴良(字玉山)于贵阳一宿庵中撰楹联咏其事，上联云:“乃祖弃僧而帝，乃孙逊帝而僧，潜龙其无用矣！问他花草六宫，可有羊车频入梦?”下联云:“其君以客为家，其臣舍家为客，衰鸿何能止乎！慨彼星霜万里，并无蜗舍暂栖身。”云南武定狮子山正续寺藏经楼楹联:“僧为帝，帝亦为僧，数十载衣钵相传，正觉依然皇觉旧；叔负侄，侄不负叔，八千里芒鞋徒步，狮山更比燕山高。”

尝读刘秉忠对世祖诏[①],叹其奇而中也。又叹释之教,屡斥于儒,而当其变,乃合而有助,似释翻为儒设。且以北辕瀛国,既已易弁为髡[②],而南堂野僧,忽起而参帷幄。西方为政之言,亦既验矣。其后伽蓝显卜,皇觉缘以肇基(按,指朱元璋由僧至帝)。度牒秘遗,西山藉是返骨(按,指朱允炆由帝至僧)。道衍称佐命善世,雪庵为护法沙门[③]。三主两朝,龙骧鸟逸,皆有杀活大手应缘其间,岂非近代以来绝奇一公案哉?吾意以是始者之以是终也。[④] 此评眼光犀利,洞察从宋元易代到元明易代,再到洪武之后建永易代中佛教之"杀活大手"作用。而建文新政的宽仁与逊国披缁,以及死难、从亡诸臣愤发的忠义气节并未随风飘逝,对明清历史发生的影响不可磨灭,还对世变中儒佛关系构筑以新的洞见,甚至激荡着明末清初佛僧追求"以忠义作佛事"。

---

① 刘秉忠,字仲晦,又名子聪。自幼聪颖,17岁为邢台节度使府令史,后弃官隐居武安山中,投天宁寺虚照禅师为徒。游云中,留居南堂寺。后文称"南堂野僧"即刘秉忠。忽必烈即位之前,海云禅师奉召,路过云中时闻刘秉忠博学多才,邀与同行。刘秉忠深研《易经》,精通天文、地理、律历等。忽必烈甚宠爱,留其身边供职,故曰"参帷幄"。刘秉忠随忽必烈两次征伐大理和伐宋,力劝其勿滥杀。中统元年(1260),元世祖忽必烈即位,刘秉忠虽居皇帝左右,但仍着旧服。至元元年(1264),翰林学士承旨王鹗奏言:秉忠久侍藩邸,积有岁年,参帷幄之密谋,定社稷之大计,忠勤劳绩,宜被褒崇。元世祖采纳,拜刘秉忠为光禄大夫,位至太保,参与领导中书省政事。至元八年(1271),刘秉忠建议取《易经》"大哉乾元"之意,将蒙古更名为"大元",这就是元朝命名所由来。刘秉忠还主持了元朝首都大都和陪都上都的营建。至元十一年(1274)八月,刘秉忠逝,享年五十九岁。至元十二年(1275),元世祖追赠刘秉忠为太傅、赵国公,谥号"文贞"。元成宗时,赠太师,谥文正。元仁宗时,又进封常山王。有元一代,汉人位封三公的,仅刘秉忠一人而已。宋濂评曰:"秉忠生而风骨秀异,志气英爽不羁。……秉忠自幼好学,至老不衰,虽位极人臣,而斋居蔬食,终日淡然,不异平昔。自号藏春散人。每以吟咏自适,其诗萧散闲淡,类其为人。"刘秉忠事迹深刻影响明僧道衍,其学儒释融通,易、佛兼用,辅政善世。

② 1276年,南宋最后一个皇帝宋恭帝降元,忽必烈封之瀛国公(省称瀛国。瀛洲,古代神话中仙人居住的山,在海上),妻以公主,诏优待之,使居大都;福王赵与芮受封平原郡公(汪元量《水云集》湖州歌八十一:"福王又拜平原郡,幼主新封瀛国公")。1288年,忽必烈令"瀛国公赵㬎学佛法于土番",其母全皇后被令出家为尼。土番,即西藏。其后汉文史籍再也没有了他的记录,但在藏文材料中偶有踪迹。赵㬎十九岁到西藏喇嘛庙里出家,得法号"合尊",此后潜心学习藏文,研究佛学。不数年,便在藏佛教界崭露头角,成为把汉文佛典译成藏文的翻译家,翻译了《百法明门论》,还有深奥的《因明入正理论》,在扉页留下了题字,自称"大汉王出家僧人合尊法宝",被藏族史学家列入翻译大师的名单。他还担任过萨迦大寺的总持,成为当时西藏的佛学大师。关于宋恭帝赵㬎的结局,《佛祖历代通载》有这一句:"至治三年四月,赐瀛国公合尊死于河西,诏僧儒金书藏经。"明初僧人释无愠《山庵杂录》云:"瀛国公为僧后,至英宗朝,适兴吟诗云:寄语林和靖,梅开几度花。黄金台上客,无复得还家。"谍者以其意在讽动江南人心,闻之于上,收斩之。

③ 明初靖难时,道衍以僧为朱棣主谋师;雪庵,指建文逊国从亡御史叶希贤,落发为僧,隐西南山中,日夕诵经,人以为佛经,乃不知其诵读《易》乾卦也。魏禧《与木大师书》曰:"师之抱恨于甲申也,识者律以文山(按:指文天祥)之不死。及独身窜西粤,避马、阮之难,识者比之申屠子龙。其后捐妻子,弃庐墓,托迹缁衣,识者拟于逊国之雪庵。若是者,师亦可以谢天下,传于后世矣。"木大师为披缁出家的方以智,经历有似"逊国之雪庵"。参见方以智:《浮山文集》,华夏出版社,2017年,第571、573页。

④ 徐芳:《愚者大师传》,载方以智:《浮山文集》,华夏出版社,2017年,第571页。

一 建文新政宽仁及佛教政策

建文帝，名允炆，洪武十年(1377)十一月生于南京，皇太子朱标之次子。洪武十五年(1382)，朱标长子朱雄英早卒。洪武二十四年(1391)八月，朱元璋敕太子"巡抚陕西，经略迁都事"，不料朱标回到南京之后一病不起，于洪武二十五年(1392)四月二十五日薨逝，谥曰懿文太子。这是洪武帝晚年(时年六十五)的最大悲痛，虽然有二十六子，但太子为国本所在，应是其最大的依赖，而此时皇孙朱允炆年仅十六岁，不谙世事。朱元璋御东角门，泣对群臣。悲忧交集，可想而知。翰林学士刘三吾进言："皇孙世适，富于春秋，正位储极，四海系心，皇上无过忧。"朱元璋善之。九月庚寅，按立嫡立长之伦序，朱允炆以次即长，立为皇太孙。时诸王以叔父之尊，多不逊。一日，太孙坐东角门，召侍读太常卿黄子澄告之曰："诸叔各拥重兵，何以制之?"子澄以汉平七国事为对。太孙喜曰："吾获是谋无虑矣。"①

朱允炆以仁孝著称，以皇太孙辅政六年，宽大为怀，深得皇祖喜爱，亦令中外臣民欢欣。"皇太孙生而聪明仁孝，好文章典礼。太祖爱之，凡军国大几，时付裁决。时政尚严，太孙每济以宽大，中外皆欣欣焉。"②洪武三十一年(1398)闰五月，朱元璋驾崩，遗诏传帝位给朱允炆，曰："皇太孙允炆，仁明孝友，天下归心，宜登大位。中外文武臣僚同心辅佑，以福吾民。"朱允炆于是年五月十六日即位，时年二十二岁，诏曰："永惟宽猛之宜，诞布维新之政。"以明年为建文元年(1399)，大赦天下。史称"建文新政时代"。

建文帝在位时间不长，新政推行之时，也是战火纷飞之日。但他锐意文治，崇尚宽仁，刷新洪武朝严酷政治生态，对明代历史触动颇大。为改变元末颓风败俗，洪武帝朱元璋推行重典治吏，严猛治国。懿文太子朱标、皇太孙朱允炆先后参与佐政，史载太子、太孙性仁厚，处事宽大："太祖命太子省决章奏，太子性仁厚，于刑狱多所减省。至是以命太孙，太孙亦复佐以宽大。""(太孙)尝请于太祖，遍考《礼经》，参之历朝刑法，改定洪武《律》倚重者七十二条，天下莫不颂德焉。"③

---

① 谷应泰:《明史纪事本末》卷十五《削夺诸藩》。

② 赵士喆纂修:《建文年谱》卷上。

③《明史》卷四《本纪第四·恭闵帝》。

建文帝即位后进一步对太祖以猛治国、重武轻文的方针进行了调整，推行宽猛相宜的维新之政。建文帝与其父朱标先后受教于开国文臣宋濂及方孝孺等儒臣，皆深受儒家仁政思想熏陶。早在刘基、宋濂时代，他们就以“生民之道，在于宽仁”的礼政谏太祖，后来方孝孺完全继承了先辈的衣钵，力主德治教化，改善民生。建文元年(1399)秋七月，特诏行宽政，赦有罪，蠲逋赋。十二月，赐天下明年田租之半，释黥军及囚徒还乡里。又除军卫单丁，减苏、松重赋，皆惠民之大者。[①] 因此大体说来，新政见成效的主要有如下几个方面：

首先，改官制，重文臣，举贤能。建文元年(1399)六月，“并州县，革冗员”。建文帝素仰方孝孺贤名，遂召为翰林院博士，“举凡大政，辄咨孝孺”。方孝孺等人倡导的“以德为主，以法辅之”的治国理念浸润于建文帝的内心深处，进而成为其“宽猛得宜，诞布维新”文治政策的思想基础，也使建文君臣在新政道路上成为讲道论治、彼此唱和的同志。[②]

其次，轻刑罚，减囚逋。洪武朝政令严酷，“当是时，浙东西巨室故家，多以罪倾其宗”。方孝孺辅佐建文帝，一反太祖的严刑峻法，“谕天下有司，务崇礼教，赦疑狱，称朕嘉与万方之意”，以致“罪至死者，多全活之。于是刑部、都察院论囚，视往岁减三分之二”。由于建文新政法治宽容，监狱里的囚徒与往岁比减少了三分之二。

最后，宽徭役，薄赋税，惠民生。建文元年(1399)，“赐民年高米肉絮帛，鳏寡孤独疫疾者，官为牧养”。“重农桑，兴学校”，“赈罹灾贫民，族节孝，瘗暴骨，场荒田租”。新政还惠及天下卫所军，“诏兴州、营州、开平诸卫军，全家在伍得免一人；天下卫所军，单丁者，放为民”。更为深得人心的新政，是免除各地拖欠的租税，解除明太祖对苏松一带的重赋及苏松人不得官户部的禁令。元末，苏松地区是张士诚的根据地，明代开国后，朱元璋对这些地区报复性地课以重赋，而且规定“苏松人不得官户部”。洪武三十一年(1398)十二月，建文诏曰：朕即位来，小大之狱，务从宽减。独赋税未平，农民受困。其赐明岁天下田租之半。[③] 建文二年(1400)三月，儒臣请均江浙赋役，从之。

这一系列做法使洪武朝沉闷的政治空气得以纾解，明朝史学家朱鹭称建文

① 这几条建文新政，均见于《明史》卷四《本纪第四·恭闵帝》。

② 彭德恩：《建文帝的施政理念与文治政策刍议》，《黑龙江史志》2012年总第282期。

③ 谈迁：《国榷》卷十一，中华书局，1988年，第793页。

新政是“四载宽政解严霜”[①]，其评价确是中肯精当。建文新政实质上是为了缓和当时的社会矛盾而对现行政治加以改善，其中自然也涉及佛教政策的调整。查阅建文相关史料，能反映建文佛教政策的唯一重要文献，就是“建文三年诏”，其不见诸正史而保存在明人笔记中。建文三年(1401)敕礼部曰：

> 朕闻释道之教，其来久矣。本义清净空幻为宗，超世离俗为事。近代以来，俗僧鄙士，贪著自养，殖货富豪，甚至田连阡陌。本欲以财自奉，然利害相乘，迷不知觉。既有饶足之利，必受官府之扰。况因此不能自守，每罹刑宪，非惟身遭戮辱，而教亦隳焉。夫佛道本心，阴翊王化，其助弘多。至于末流，所习本乖，蠹蚀教门，致使讪毁肆行，贻累厥初。朕甚悯之！原其害教之端，实自田始。
>
> 今天下寺庵宫观，除原无田产外，其有田者，每僧道一人，各存田五亩，免其租税，以供香火之费。余田尽入官，有佃户者，佃者自承其业；无佃户者，均给平民。如旧田不及今定数者，不增。若有以祖业及历代拨赐为词告言者，勿理。如原系本朝拨赐者，不在此例。凡僧道一应丁役，并免。非奉朝命，不许私窃簪剃。年未五十者，不许为尼及女冠。呜呼！多藏厚亡，老氏攸戒；除欲去累，大觉所珍。利欲减则善心生，善人多则风俗美。钦兹定制，永底太平。[②]

根据这份诏书及其他文献，我们可以大致了解建文对佛教的基本态度及其佛教政策理念，他遵循朱元璋建构的佛道二教翊赞理念和体制，并对其有所创新。他对待佛道二教的态度，与太祖朱元璋一样，认为其能“阴翊王度”，不过对其末流“俗僧鄙士”进行批评和加以限制。他针对当时佛道教的现状寻找对策，主要是从僧道寺观的田地太多、“贪著自养”反而招致灾祸出发，采取限制寺观财力的办法来保护僧道。建文帝告诫说：“多藏厚亡”，是“老氏攸戒”；“除欲去累”，为“大觉所珍”。若能做到不积蓄财产、去累除欲，则“利欲减则善心生，善人多则风俗美”。建文帝认为按照这样的“定制”，国家和天下就会“永底太平”。由此来看，

---

① 出自朱鹭《过金陵吊方正学诸臣》：“四年宽政解严霜，天命虽新故忍忘？自分一腔忠血少，尽将赤族报君王。”

② 徐学聚：《国朝典汇》卷一百三十四《礼部三十二・释教》。

为了维护政权的稳固和自己的统治，建文帝对佛道二教实施“名义限制，实为保护”的政策。具体说有以下四方面内容：

一是限制僧道的占田数量，将余田均与平民等。洪武时期，江南僧道“多占腴田、蚕食百姓”①，寺院经济膨胀。因政治因素，佛道势力在建文初期仍有所增长。因此，建文三年（1401）八月，应户部给事中陈继之所奏，建文帝发出敕令限制僧道多占田地，遏制其贪著自养和恶性发展。建文中，杭州知府虞谦也提出奏请限制僧道田。可见，限定寺观免税土地数量均给平民的善政，亦是建文新政惠养民生推行在佛教领域的表现。虽然限制了僧田，但新政规定僧道的各种“丁役”仍是全免的。

二是重申僧尼出家年龄限制。明初，禁止妇女出家，对妇女出家年龄严加限制。洪武六年（1373）十二月，因民间多女子出家，太祖规定，“自今年四十以上者听，未及者不许”。建文帝基本上也秉承了朱元璋对出家年龄限制的原则，即“非奉朝命，不许私窃簪剃。年未五十者，不许为尼及女冠”，但将妇女出家年龄下限提高到五十岁。

三是支持洪武年间发起的点校编藏事业。洪武五年（1372）启建广荐法会，命五山十刹诸长老及四方名德沙门入钟山“点校藏经”。明初刊于南京的《洪武南藏》，据新发现材料显示初刻南藏完成于建文年间，实际应名为《建文南藏》。该藏至建文三年（1401）冬基本完成，计五百九十一函。建文帝又敕追雕续藏八十七函，合计六百七十八函。

四是以僧使开展对外交流。日本室町幕府将军足利义满完成本岛国南北统一大业后，特遣筑紫商人肥富为正使、僧人祖阿为副使，以“通好”和“入贡”的名义出使明朝，希望建立外交与贸易关系。“日本国某（义满）上书大明皇帝陛下：日本国开辟以来，无不通聘问于上邦，某幸秉国钧，海内无虞，特遵往古之规法，而使肥富相、副祖阿通好。”建文帝朱允炆欣然应允，进又仿效太祖朱元璋遣禅僧仲猷祖阐、教僧无逸克勤护送日使回国之先例，特派禅僧天伦（道彝）、教僧一如，与肥富氏、祖阿等同行，回访日本，并颁示《大统历》，俾奉正朔，书云：

朕自嗣大位，四夷君长，朝献者以十百计，苟非戾于大义，皆思以礼抚柔

---

①《胜朝遗事》初编，卷二。

之。兹尔日本国王源道义(义满),心存王室,怀爱君之诚,逾越波涛,遣使来朝,归通流人,贡宝刀、骏马、甲胄、纸砚,副以良金,朕甚嘉焉。日本素称诗书国,常在朕心。第年国事殷,未暇存问。今王能慕礼义,且欲为国敌忾,非笃于君臣之道,畴克臻兹?今遣使者道彝、一如,颁示《大统历》,俾奉正朔,赐锦绮二十匹,至可领也。①

日本使团于建文三年(1401)来朝,建文四年(1402),建文帝即派二位僧使道彝、一如回访,恢复邦交。要知道这是发生在靖难之役的非常时刻,从回书中可以察知建文帝当时国事维艰的境况。“日本素称诗书国,常在朕心。第年国事殷,未暇存问。今王能慕礼义,且欲为国敌忾……”除了用礼义诗书接通日本,还诉诸国事方殷之际“为国敌忾”。僧使道彝和一如逗留日本京都六个月,与日本曾来华参学之绝海中津及其他五山僧侣均有交往,或为之释疑解惑,或应请撰铭赋诗。翌年即永乐元年(1403)二月九日,道彝、一如自京都启程回国,足利义满乘机再次组织遣明使团,以天龙寺僧人坚中圭密为正使,以梵云(一说梵支)、明空二僧充副使。因风闻明朝发生“靖难”之变,特地预备了两封国书。当日本使团再次来到南京时,建文已然逊国,国书面呈新君。

建文帝自幼好读诗书及典礼文章,即位后孜孜于文治,从其所改年号即可看出,其施政重心意在调整洪武帝重武轻文之策。在朱元璋“雪刀霜剑”之后,建文朝犹如“阳春煦日”,建文新政优容文士,改侍读、侍讲学士为文学博士,增设文翰、文史二馆,征召儒士进翰林院充纂修官。建文元年(1399)诏敕纂修《太祖实录》,礼部左右侍郎兼翰林院学士董伦和王景彰为总裁官,副总裁官为太常寺少卿廖升、翰林院侍讲学士高逊志,纂修官有王绅、胡子昭、杨士奇、罗恢、程本立等人。《太祖实录》在南京修纂三年而成,而前方一直在与燕王朱棣的靖难军打仗。及至南京陷落,此本落入朱棣手中,被再三篡改,原册数、卷数和字数均成千古之

---

① 明初,中国东南沿海各地常遭倭寇掠劫,中日关系一度紧张。建文四年(1402),明惠帝派遣道彝、一庵二僧担任国使,东渡扶桑,中日关系得以缓和,从而恢复海上的贸易往来。天伦禅师,俗姓张,象山人。径山佛智晦机元熙禅师法嗣,出世于宁波佛岩。《重修扬州府志》(嘉庆)有道彝传记。“道彝,明僧,字天伦,住扬州天宁寺。博通内典,与少师姚广孝友善。永乐中,奉使日本,寂于其地,年六十六。”韦明铧认为,《府志》的传记虽短,但十分重要,因为有关道彝的生平资料极少,所以他被长期忽视。但是《府志》说道彝在日本圆寂不确,实际上道彝并未终老日本,而是在第二年二月回到了故国。但也有可能,永乐年间,道彝再度奉命出使日本。

谜。而建文年间纂修刻成的《洪武南藏》板片也因寺火被废。建文朝推行一系列宽猛相宜的文治政策，改变了太祖时期严酷的政治空气，一时焕发出崭新气象。但令人扼腕的是，重文轻武使其仁弱轻敌，在削藩问题上以悲剧而告终。新政因靖难而中断，上述限制僧道占田的佛教政策可能还未及实施。

建文帝对自己面临的政治形势有着清醒的认识，倘若他坚决妥善处置，既可缓解严酷的政治空气，又可消除藩王之害，很有希望成为一个盛世君主。后来实践证明，他在前一个问题上做得比较成功，而在削藩的问题上却不够坚决，且策略失误，结果因兵不利，京师沦陷，丢了皇位。正因如此，建文新政中的一些很积极的措施也没得到充分的展布，盖自燕师靖难之后，四年之政事悉行革除，旧典遗文去之唯恐不尽。郑晓曰：

> 予好问贤达建文时事，皆为予言：建文君宽仁慈厚，少好礼乐，不喜任法律操切人。靖难兵起，不以为意，即有败状闻，直谓：多发兵荡平，在旬朔间耳。诸将统兵者又多怀二心，以故成祖至，不战而溃。予至建业，闻之江上老人曰：文皇乃天授，建文君何尤？父老言：建文无失德，而文皇为天授，信也。然尽以亡国委之天而不按其人事，则亦非也。建文之所以亡国，大抵臣躁愎而寡谋，君优柔而弗断。兵兴前后，其失著不可胜言，最可惑者君臣恸哭之余，既决策死守，复不讲守御之方，安坐深宫，使景隆开门延敌。呜呼，是诚何心哉?![1]

燕王朱棣靖难成功登极帝位，以建文违反祖制为由，尽反建文新政，并革除建文年号，以洪武为纪，建文年间遂成为后世史家所谓的“革除”时期。[2] 随着建文朝廷的消亡，所有建文新政所做的一切政治改变和制度革新都付之东流，它们只是作为“复古”和“反动”，以及背离祖制的失败尝试留在人们的记忆中。其后虽正德、万历、崇祯年间不断有人提起建文朝这段尘封的历史，并请为建文帝追加庙谥，但是大概由于血统的关系，朱棣的那些得了皇位的子孙们，直到明亡，最终也没有为建文帝翻案。不过历史永远是公正的，至万历朝官方正式宣布恢复

---

① 郑晓：《吾学编》。又参谈迁：《国榷》卷十二，惠宗建文四年，郑晓言，中华书局，1988年。

② 其实，燕王起兵时就令革除建文年号：“癸酉，燕王誓师，以诛齐泰、黄子澄为名，去建文年号，仍称洪武三十二年。”见于《明史纪事本末》卷十六《燕王起兵》。不过燕王夺位后的革除是面向天下臣民。

建文年号，但因建文帝还未得庙号，不能与明诸帝同列享祀。明亡后残存的南明弘光朝追谥建文帝为“让皇帝”，庙号为惠宗。[①] 清乾隆元年（1736）九月，经过廷议，乾隆帝追封建文帝为“恭闵惠皇帝”，至此建文皇帝的历史地位才完全得到恢复。

二 逊国披缁：史事与传说

建文帝朱允炆以皇太孙登九五之尊，二十几岁成为明太祖朱元璋之位的合法继承人，可谓风华正茂，仁孝显著，士民欢心，本该有一番作为，然而好景不长，因削藩失策而激起兵变，因用人不当而兵败失位。建文元年（1399）七月，燕王朱棣在北平举兵反，以“清君侧”为号召，称其师曰“靖难”。经过四年鏖战，建文四年（1402）壬午六月十三日，掌守金川门的谷王朱橞、曹国公李景隆开门降燕，靖难军进占南京城。“宫中火起，帝不知所终”，或曰建文帝披缁遁去。史家称之曰“逊国”。

燕王朱棣以武力夺得了建文政权，登上了早就觊觎的皇帝宝座。为了掩盖篡位的事实，他即位伊始，就施暴政清除有关建文朝的一切历史记忆。首先，朱棣驾驭着权力与恩赏的缰绳，恩威并济，顺昌逆亡。对不归顺新朝的建文遗臣进行了残酷的血腥镇压，将其列为奸党，榜示杀戮，株连蔓延，被称为“瓜蔓抄”[②]。方孝孺因不肯为朱棣书写即位诏而遭诛杀十族（九族之外加上师生一族），史称

---

① 永乐时期的官方历史掩盖了建文的年号而人为地把明太祖的统治时期延长了4年，即从洪武三十二年延长到洪武三十五年（1399—1402）；这个时期曾经被历史学家称之为“革除”时期。建文的年号迟至1595年才被万历皇帝恢复。要到242年以后的1644年，南明君主福王朱由崧（1646年死）才定建文帝的庙号为“惠宗”，谥号为“让皇帝”。后一个尊号之所以被选用，是为了适应民间传说，即建文帝并未死于宫中大火，而是为了解除内战的普遍苦难而自愿逊位给其叔父。福王的统治不过一年，这个统治及其敕令均未被清政权所承认。到了1736年，当乾隆帝（1736—1796年在位）封建文帝为“恭闵惠帝”时，他的皇帝地位才完全恢复。由于这种种情况，他在明王朝的正史（《明史》，1736年）中被称为“恭闵惠帝”，但在由王鸿绪（1645—1723）于1723年完成的更早一些的《明史稿》中还是被直截了当地称为“建文帝”。参见牟复礼、崔瑞德：《剑桥中国明代史》，中国社会科学出版社，1992年，第224页。

② 左佥都御史景清，建文中以左都御史改北平参议，往察燕邸动静，王尝宴之，清言论明爽，大被称赏。寻召还旧任。及燕师入，清知帝出亡也，犹思兴复，诡自归附，乃诣见文皇。文皇喜曰：“吾故人也！”厚遇之，仍其官。清自是恒伏利剑于衣衽中，伺机刺杀不成，被执。乃命剥其皮，草椟之，械系长安门，碎磔其骨肉。复命赤其族，籍其乡，转相扳染，谓之瓜蔓抄，村里为墟。

"壬午殉难"。其次,朱棣君临南京,为免篡夺之讥,先是援引周公辅成王故事,后来就干脆强调自己是直接继承的洪武帝大统,故下令革除建文年号而仍用洪武纪年,"一应建文中所改易洪武政令格条,悉复旧制,遂仍以洪武纪年"①。此外又禁毁建文朝档案史料,"千钧百索,只字不留",不为建文帝修实录②。在高压政策下,私人史家亦噤若寒蝉,无人敢修建文史,造成了建文朝历史的空白。正如屠叔方所云:"文皇帝(朱棣)入继大统,党禁严迫。凡系(建文)诸臣手迹,即零星片札悉投水火中,唯恐告讦、搜捕之踵及。故其事十无一存。"③最后,永乐开元后敕修《奉天靖难记》,又再三纂修《太祖实录》,丑诋建文君臣,篡改建文史事,消除建文朝历史记忆;宣德时修纂《太宗实录》,继续美化明成祖朱棣,造成了建文朝历史叙事距离真相越来越远,几近湮没。

"国可灭,史不可灭",建文帝毕竟是一位合法的皇帝,曾进行了四年有效的统治。正史既无法找寻建文史事真相,明中叶后,随着建文政治禁忌的松动,民间史家和私人笔记涌现了大量史实与传说相夹杂的建文著述。其中最牵引人心的问题便是建文帝下落"不知所终",官方说"阖宫自焚",民间传说披缁出亡。这成为明代六百年来无人破解、众说纷纭的历史谜案。以嘉靖时期松阳人王诏的《忠贤奇秘录》为始作俑者,后世各种建文著述陆续问世,内容越来越丰富,明确交代了建文帝逊国披缁,并对其出亡的路线及从亡随臣皆有记载。清人潘柽章有过专门的论述:"逊国诸书真赝杂出,盖作俑者王诏之《奇秘录》,而效尤者史彬之《致身录》也。二书皆浅陋不经,而《致身录》以缘饰从亡事,尤为流俗所歆艳。"④我们以现有建文文献为基础,结合明初政治局势及宫廷斗争实际,对各种说法进行梳理分析,力求能找到一个既合情合理又比较接近历史真实的结论。

(一)阖宫自焚

从历史文献考察,关于建文帝的下落,最早见载于永乐初年修撰的《奉天靖

---

① 《明太宗实录》卷九,洪武三十五年夏六月庚午。

② 建文中,有道士歌于途曰:"莫逐燕,逐燕日高飞,高飞上帝畿。"预示了建文、燕王皇位之争夺。朱棣夺位之后,革除建文年号,隐没建文一朝之善政,最大的问题就是《建文实录》失修,以《奉天靖难记》取代《建文实录》,造成建文一朝史事疏漏。以至于后来建文年号虽然得以恢复,《建文实录》却始终难以修成。

③ 屠叔方:《建文朝野汇编》序。亦见于朱鹭《建文书法拟》附编上之节略屠序。

④ 潘柽章:《国史考异》卷四之十九。其九有曰:金川之役,武臣迎降,文臣死节。其十七引《逊国记》云:"帝发火宫中,即削发为僧,入蜀。或曰,去蜀未几,入滇南,尝往来广西、贵州诸寺中。""由此观之,建文迎归之事,断不足信;若逊位而出,则或有之耳。"

难记》[1]，此书不载著撰者，不书建文年号而代以洪武纪年，内中诸多丑化懿文太子朱标及建文君臣之事。第一卷站在朱棣立场即有曲笔宣称："允炆矫遗诏嗣位，……政事一委权奸，悉更太祖成法，注意诸王，遂成不轨之谋矣。"又对其为君为政细节刻画，曰：

> 时诸王坐废，允炆日益骄纵，焚太祖高皇帝、孝慈高皇后御容，拆毁后宫，掘地五尺，大兴土木，怨嗟盈路，淫佚放恣，靡所不为。遣宦者四出，选择女子，充满后宫，通夕饮食，剧戏歌舞，嬖幸者任其所需，谓羊不肥美，辄杀数羊以厌一妇之欲。又作奇技淫巧，媚悦妇人，穷奢极侈，暴殄天物，甚至亵衣皆饰以珠玉锦绣。各王府宫人有色者，皆选留与通。常服淫药，药燥性发，血气狂乱，御数老妇不足，更缚牝羊母猪与交。荒眈酒色，昼夜无度。及临朝，精神昏暗，俯首凭案，唯唯数事而已。
>
> 宫中起大觉殿，于内置轮藏。(原无"置"字，据明天一阁抄本补。)出公主与尼为徒，敬礼桑门，狎侮宗庙。……纪纲坏乱，构成大祸。(下略)

此中把建文帝着意描绘为荒淫无道之昏君，不说与太祖朱元璋选定的那个"聪明仁孝"储君形象严重不符，也与那做了四年天子孜孜求治、有口皆碑的仁君相脱节。不过令笔者欣然的是，从中发现建文帝崇尚佛教的素材，一是在"宫中起大觉殿，于内置轮藏"，大觉殿里置转轮藏，是帝后们贮藏经书、佛像念经祈祷的场所，说明建文万机余暇研读佛经，二是将公主"与尼为徒，敬礼桑门"。[2] 金川门开，朱棣入南京后，不惜将建文档案文策焚毁一空，这两则资料显得十分珍贵，是建文亲近佛法的明证。

其第四卷记金川门破后情形："乙丑，克金川门，按兵而入，城中肃然，秋毫无犯，市不易肆，民皆安堵。""诸王及文武群臣，父老人等皆来朝。允炆欲出迎，左右悉散，惟内使数人而已，乃叹曰：'何面目复相见耶？'遂阖宫自焚。上(朱棣)见

---

① 据《四库提要》，《奉天靖难记》四卷记明成祖初起至即位事，盖永乐初年人所作。其于懿文太子及惠帝，皆诬以罪恶，极其丑诋；于王师皆斥为贼。故黄虞稷《千顷堂书目》称其语多诬伪，殊不可信。按建文元年(1399)十一月，成祖战胜白沟河，上惠帝书，并移檄天下，军中仓卒，语多可笑。姜氏《秘史》所载，最得其真。是书于《上惠帝书》颇有删润，而《移檄》则置之不录。则其文饰概可见矣。

② 转轮藏可以贮藏经书和佛像，中间有轴，地下设机转动木塔可以代替诵经，建筑形式与法器"转经桶"相似，转轮藏因此得名。桑门，即沙门，亦指佛门。

宫中烟起，急遣中使往救，至已死矣。出其尸于火中，上叹曰：'小子无知，乃至此乎？'时有执方孝孺来献，上指烟焰处谓方孝孺曰：'今日使幼君自焚者，皆汝辈所为也，汝死有余辜。'方孝孺稽首折哀乞怜，遂命收之。"

此后宣德朝所修的《明太宗实录》卷一至卷九有关明成祖即位前之事，即据《奉天靖难记》增改润色而成。永乐开元用《奉天靖难记》取代了本该纂修的《建文帝实录》，从而使得《明太宗实录》上接《明太祖实录》。且看《明太宗实录》所记：

> 时诸王及文武群臣父老人等皆来朝，建文君欲出迎，左右悉散，惟内侍数人而已，乃叹曰："我何面目见耶！"遂阖宫自焚。上望见宫中烟起，急遣中使往救，至已不及，中使出其尸于火中，还白上，上哭曰："果然若是痴騃耶？吾来为扶翼尔为善，尔竟不亮而遽至此乎！"越日，备礼葬之。遣官致祭，缀朝三日。

又，朱棣登位后，当年在给朝鲜国王的诏书上也说："不期建文为权奸逼胁，阖宫自焚。"后世史家也记载宫火之后朱棣清宫情形：清宫三日，诸宫人、女官、内官多诛死，惟得罪于建文者乃得留。上诘问宫人内侍以建文帝所在，皆指认"后尸"应焉。乃出尸于煨烬中，哭之曰："小子无知，乃至此乎？"召翰林侍读王景问："葬礼当何如？"景对曰："当葬以天子之礼。"从之。[①] 朱棣命将那具实际无法辨认的尸体以天子礼草草埋葬，甚至未留下陵冢。

征诸上述文献，"阖宫自焚"之说成为永乐官方定论。但这个定论似乎出于当时朱棣为了即位的政治需要，国中不可一日无君，宣布建文投火自绝，不但能杜绝人望，瓦解勤王队伍，而且利于新君登基。而后世史家对于此自焚身亡说并不认同，且能洞察原委。正如明清史专家孟森《建文逊国事考》一文所称："至是日，金川门既开，数十万众齐入，成祖即命将分守大城、皇城。是宫门之外，尽是燕兵。建文帝于宫中，手刃徐增寿，欲杀李景隆不得，而方孝孺已复为人擒献矣。危在漏刻，更有何法可脱耶？阖宫自焚，以死殉国。建文之死也，后人不见正史，妄相传会。皆因心恶成祖诛夷诸忠烈之惨，而不忍建文之遽殒，故诡言刘基之秘

---

① 谷应泰：《明史纪事本末》卷十六《燕王起兵》。

篋、程济之幻术,以神奇其说耳。”然而博学深思如孟森,明辨建文逊国,并未死于宫火而是披缁出亡。有明史馆臣质疑:“若曰逊,曰让,则登极二、三年间,窜周王于蛮方,执齐王于京师,囚代王于大同,幽岷王于云南。专行削夺之谋,曾无宽假之诏。及至欲执戮燕王,以致称兵犯阙,为其逼迫,自殒厥躬。即曰出亡,亦是势穷力尽,何逊何让之有耶?”孟森辨曰:“夫逊国之说,岂建文所争而得此美名哉?燕王既入继大统,子子孙孙,皆燕邸之后。为明之臣子,岂敢指责燕藩?谓建文为逊国,正是为燕讳其篡弑至恶,否则将曰殉国,不益彰燕之暴举耶?抑岂能竟谓建文以罪伏诛耶?南都尊谥曰让皇帝,正为文皇留余地耳。心有所蔽,遂于事理不明如此,又何史识之可言耶?”孟森指出,燕王相信中使指认火中帝后尸体为建文,就如同清初人思故明,附丽于朱三太子,“故于故君或故君之子,务指国亡后必不幸存,亦是杜绝人望之私意”。又曰:文皇从王景之请以天子礼葬建文不可信。“夫必以置陵守冢为用天子礼,则未必然。但葬时稍用天子仪仗,以震都人耳目,为绝天下人望之计,与出其尸于火,意正一贯,不必甚以为难信也。”①

(二)披缁出亡

有明一朝之史记载最详者,除了《明实录》,莫过于清纂《明史》。对于建文帝的最后结局,清修《明史》也未给出十分确切的答案,但留有多处记载,表明其倾向于披缁出亡。《明史·恭闵帝纪》曰:

> (建文)四年六月乙丑,燕兵犯金川门,左都督徐增寿谋内应,伏诛。谷王橞及李景隆叛,纳燕兵,都城陷。宫中火起,(建文)帝不知所终。燕王遣中使出帝后尸于火中,越八日壬申葬之。
>
> 或云帝由地道出亡。(中略)自后滇、黔、巴、蜀间,相传有帝为僧时往来迹。正德、万历、崇祯间,诸臣请续封帝后,及加庙谥,皆下部议,不果行。大清乾隆元年,诏廷臣集议,追谥曰恭闵惠皇帝。②

千秋功罪自有后人评说,大清朝廷用追谥之法还了前朝建文皇帝以历史的公正,

---

① 孟森:《建文逊国事考》,载《明清史论著集刊》,中华书局,2006年,第3、6页。

②《明史》卷四《惠帝本纪》略去的一段文字:正统五年(1440),有僧自云南至广西,诡称建文皇帝。思恩知府岑瑛闻于朝。按问,乃钧州人杨行祥,年已九十余,下狱,阅四月死。同谋僧十二人,皆戍辽东。

在清修《明史》本纪中也给了建文作为明代第二帝应有的一席之地。此外,《明史》在姚广孝、胡濙、郑和等列传中也都分别透露建文帝宫火不死的消息,它们成为后世史家考察建文逊国披缁出亡的有力佐证,表明这几个永乐亲信的重臣实属知晓其中隐情或"踪迹建文"的当事人。且看《明史》中胡濙、郑和二传:

> 胡濙,字源洁,武进人。生而发白,弥月乃黑。建文二年举进士,授兵科给事中。永乐元年,迁户科都给事中。惠帝之崩于火,或言遁去,诸旧臣多从者,帝疑之。五年遣濙颁御制诸书,并访仙人张邋遢,遍行天下州郡乡邑,隐察建文帝安在。濙以故在外最久,至十四年乃还。所至,亦间以民隐闻。母丧乞归,不许,擢礼部左侍郎。十七年复出巡江浙、湖湘诸府。二十一年还朝,驰谒帝于宣府。帝已就寝,闻濙至,急起召入。濙悉以所闻对,漏下四鼓乃出。先濙未至,传言建文帝蹈海去,帝分遣内臣郑和数辈浮海下西洋,至是疑始释。①
>
> 郑和,云南人,世所谓三保太监者也。初事燕王于藩邸,从起兵有功,累擢太监。成祖疑惠帝亡海外,欲踪迹之,且欲耀兵异域,示中国富强。永乐三年六月,命和及其侪王景弘等通使西洋。将士卒二万七千八百余人,多赍金币。造大舶,修四十四丈、广十八丈者六十二。自苏州刘家河泛海至福建,复自福建五虎门扬帆,首达占城,以次遍历诸番国,宣天子诏,因给赐其君长,不服则以武慑之。五年九月,和等还,诸国使者随和朝见。②

史家用精炼的笔触陈述了二人的生平和不朽事功,并轻描淡写提及他们重大行动中附带的重要使命,这使命即是寻找有关惠帝朱允炆的下落。永乐三年(1405),郑和首次下西洋,这在明代历史上是何等的壮举,可其动机却是"成祖疑惠帝亡海外,欲踪迹之;且欲耀兵异域,示中国富强"。胡濙于永乐五年(1407)奉命颁御制诸书,并访仙人张邋遢(即张三丰),而真正的使命却是"遍行天下州郡乡邑,隐察建文帝安在"。

再让我们看一下《明史·姚广孝传》所提供的有关信息:

---

① 《明史》卷一六九,《列传》第五十七。

② 《明史》卷三〇四《列传第一百九十二》。

姚广孝,长洲人,本医家子。年十四,度为僧,名道衍,字斯道。成祖即帝位,授道衍僧录司左善世。(中略)十六年三月,入观,年八十有四矣,病甚,不能朝,仍居庆寿寺。车驾临视者再,语甚欢,赐以金唾壶。问所欲言,广孝曰:"僧溥洽系久,愿赦之。"溥洽者,建文帝主录僧也。初,帝入南京,有言建文帝为僧遁去,溥洽知状,或言匿溥洽所。帝乃以他事禁溥洽。而命给事中胡濙等遍物色建文帝,久之不可得。溥洽坐系十余年。至是,帝以广孝言,即命出之。广孝顿首谢。寻卒。①

《姚广孝传》与众不同之处在于补充了建文帝为僧遁去的消息,如为建文剃度的人是溥洽,溥洽也可能运用了佛教资源给他提供了某些庇护。建文帝的儒学师从方孝孺,而佛学顾问和剃度师则是溥洽。当年,姚广孝曾请求朱棣攻取南京后不要杀方孝孺,结果未能如愿。但临终之际却成功地解救了溥洽。与此印证的是明人张岱的记载,《夜航船》中也有"为让帝剃发"条,文曰:"南州法师名溥洽,山阴人,禅定之余,肆力词章,居金陵。靖难时,金川门开,为建文君剃发。文皇闻而囚之十余年。姚荣靖临革,上临视,问所欲言,于榻上叩首曰:溥洽系狱久矣。"上即日出之。仁宗即位,数被召问。宣德中,留偈而化。②

综上,清修《明史》与《明实录》相比,为我们进一步提供了如下关于建文帝下落的明确消息:其一,明成祖朱棣尽管早已宣布了建文帝"阖宫自焚"并且还备礼安葬,但他并不真的相信惠帝崩于火,故而他在位 20 多年都放心不下。这也就是为什么他要派胡濙遍行天下州郡乡邑,又遣郑和数辈浮海下西洋,寻找建文帝。其二,建文遁去,诸旧臣多从者,明成祖疑其亡海外,而更担心其往来于滇、黔、巴、蜀间起事,卷土重来。直到有一天胡濙来报,确证建文为僧,且老而无力,方得安稳。其三,建文帝遁去为僧的另一重要知情者是溥洽,传言溥洽不仅为建文剃了发,而且还有可能在他原先的住寺为建文君出亡提供最初的庇护。

有关建文帝披缁出亡的传闻,早在永乐初年就已出现。朱棣也清楚地知道,当初安葬的那具火中尸体并不一定是建文帝。如果建文帝出逃属实,那对朱棣的威胁就非同小可,因为建文帝毕竟是有着合法正统光环的皇帝,还会有相当的

① 《明史》卷一四五《列传第三十三》。

② 张岱《夜航船》的《冤家亦生》中有"为让帝剃发"条目。

号召力。因此，朱棣宁可信其未死有逃，在位20多年里，一直不曾停止对建文帝的追踪寻找。最先被朱棣派出寻找建文帝踪迹的是太监郑和，时间是在永乐三年(1405)。而以密查建文帝踪迹为专职的，是户科都给事中胡濙，从永乐五年(1407)至十四年(1416)奉命长年在外巡查，母亲逝世丁忧还不许回。胡濙不断将密侦伺察的情况及时上报，而朱棣为了保证密查的可靠，还另派人监视胡濙行动。永乐十七年(1419)，胡濙被擢为礼部左侍郎，再次奉命出巡江浙、湖湘诸府，直至永乐二十一年(1423)还朝奏报。前后共计十六七年踪迹建文，而在外密查时间长达十三四年。

史载，永乐二十一年(1423)，朱棣北征至宣府。胡濙赶到宣府禀报那天，已是深夜，朱棣听说胡濙来到，急忙起床召见，两人密谈至次日凌晨。虽然无人知晓这次密谈的内容，但世人多以为必与建文帝踪迹有关，很可能胡濙这时已经得到有关建文帝下落的确讯，如果不是有死亡的消息，则必定已表示甘心让国，总之是可以放下心来。因此，两个月后，朱棣"诏谕礼部尚书吕震，尽赦诸死义者家属，给还田产，于是稍稍有敢言建文时事者"。索寻了20多年的建文帝踪迹之事，竟这样悄然了结。这距朱棣去世只有8个月时间。[①]

正因为建文帝披缁出逃的可能性极大，所以才有了其以僧人身份游历四方的种种传说。相传建文帝有诗云"礼乐再兴龙虎地，衣冠重整凤凰城"，[②]人们不仅相信其未死于宫火，而且还期待其复国重整河山。得道者多助，其中也许寄托了世人对成祖杀戮忠义、暴虐政治的痛恨和建文宽仁新政的深切怀念。但至终建文帝以僧老去，隐遁于深山茆庵，从亡诸臣或散或卒。

建文逊国披缁至明末甚至已形成一种文人圈中的共识，明末文坛领袖钱谦益在《有学集·建文年谱序》中如是述说："文皇帝之心事，让皇帝之至德，三百年无法释怀。以文皇帝之神圣，明知孺子之不焚也，明知亡人之在外也，明知其朝于黔而夕于楚也。胡濙之访张三丰，舍人而求诸仙，迂其词而宽之也；郑和之下西洋，舍近而求诸远，广其途以安之也。(溥洽)药灯之诅祝，剃染之藉手，彼髡之罪，百倍方、黄，以荣国(即道衍)榻前一语，改参彝而典僧录。其释然于溥洽，昭

---

① 钱士升：《皇明表忠志》首卷。

② 孟森：《建文逊国考》，《明清史论著集刊》，中华书局，2006年，第6页。此诗句见于杨维桢《舟次秦淮河》："舟泊秦淮近晚晴，遥观瑞气在金陵。九天日月开洪武，万国山河属大明。礼乐再兴龙虎地，衣冠重整凤凰城。莺花三月春如锦，兆姓歌谣贺太平。"

于中外者,所以慰藉少帝之心,而畀之以终老也。文皇帝之心,高帝(朱元璋)知之,兴帝(朱标)知之,天地鬼神知之。”孟森云:“据此文,历述建文为僧,文皇不加追究。作两美之辞,虽不免曲笔,要其明逊国之为事实,则别有根据。……其所据为可信之逊国之说者,胡濙、郑和之访求,溥洽之剃染,为僧之确,出亡之事已定。山巅水崖,间有遗迹,不可谓尽虚。”①

建文披缁出亡的传闻既然不虚,那么金川门开,靖难军占领南京后,建文君臣究竟是如何出逃的?关于这件事,后世诸多私人史家著述,当数谷应泰《明史纪事本末》记述最详:

建文四年夏六月乙丑,帝知金川门失守,长吁,东西走,欲自杀。翰林院编修程济曰:“不如出亡。”少监王钺跪进曰:“昔高帝升遐时,有遗箧,曰:‘临大难当发。’谨收藏奉先殿之左。”群臣齐言:“急出之!”俄儿舁一红箧至,四围俱固以铁,二锁亦灌铁。帝见而大恸,急命举火焚大内。皇后马氏赴火死。程济碎箧,得度牒三张:一名应文,一名应能,一名应贤。袈裟、帽鞋、剃刀俱备,白金十锭。朱书箧内:“应文从鬼门出,余从水关御沟而行。薄暮,会于神乐观之西房。”帝曰:“数也!”程济即为帝祝发。吴王教授杨应能愿祝发随亡。监察御史叶希贤毅然曰:“臣名贤,应贤无疑。”亦祝发。各易衣披牒。在殿凡五六十人,痛哭仆地,俱矢随亡。

帝曰:“多人不能无生得失,有等任事著名,势必究诘;有等妻子在任,心必萦系,宜各从便。”御史曾凤韶曰:“愿即以死报陛下!”帝麾诸臣,大恸,引去若干人。九人从帝至鬼门,而一舟舣岸,为神乐观道士王昇,见帝,叩头称万岁,曰:“臣固知陛下之来也。畴昔高皇帝见梦,令臣至此耳!”乃乘舟至太平门,昇导至观,已薄暮矣。俄而杨应能、叶希贤等十三人同至。共二十二人……帝曰:“今后但以师弟称,不必拘主臣礼也。”诸臣泣诺。廖平曰:“诸人愿随固也;但随行不必多,更不可多。就中无家室累,并有膂力足捍卫者,多不过五人,余俱遥为应援可耳。”帝曰:“良是。”于是环坐于地,道士进夜

① 参见孟森:《建文逊国考》,《明清史论著集刊》,中华书局,2006年,第7、9—10页。钱谦益在《建文年谱序》中写到他在史局工作30余年,博览群书,唯独对于“建文逊国”一事搞不清楚,而伤心落泪。原因有三:一是《实录》无征,二是传闻异辞,三是伪史杂出。因此,他称赞赵士喆所编《建文年谱》荟萃诸家记录,再现真相,感人至深,“读未终卷,泪流臆而涕渍纸”。

馐,约定左右不离者三人:杨应能、叶希贤俱称比丘,程济称道人。往来道路,给运衣食者六人:冯漼时称塞马先生,时称冯翁,时称马公,时称马二子;郭节时称雪庵,后称雪和尚;宋和时称云门僧,时称稽山主人,时称槎主;赵天泰适衣葛,即称衣葛翁,时称天肖子;王之臣家世补锅,欲以作生计,号老补锅;牛景先号东湖樵夫,亦称东湖主人。

帝曰:"吾今往滇南,依西平侯。"史彬曰:"大家势盛,耳目众多;况新主意尚未释,能无见告?不若往来名胜,东西南北,皆吾家也。臣等中有家给足备旦夕者,即驻锡于兹,有何不可?"帝曰:"良是。"于是更主七家:廖平、王良、郑洽、郭节、王资、史彬、梁良玉。帝曰:"此可暂不可久,况郊坛所在,明旦必行,何所之?"众拟浦江,而郑亦巨族,且忠孝可居也。夜分,帝足胫痛,度不能行。微明,景先与彬步至中河桥,谋所以载者。有一艇,为吴人,急叩之,则彬家所遣,以侦彬吉凶者也。彬与景先亟迎帝,且至彬家。诸人闻之,且悲且喜。同载八人,为程、叶、杨、牛、冯、宋、史,余俱散走,期以月终更晤。取道溧阳,八月,始至吴江之黄溪史彬家。彬奉帝居所居之西偏,曰清远轩。众出拜,帝改题水月观,亲笔篆文。阅三日,诸臣至彬家相聚,五日,帝命归省。

成祖即位,编籍在任诸臣遁去者四百六十三人,俱命削籍。八月,命礼部行文州县,追缴革除诰敕。至是,苏州府遣吴江邑丞巩德至史彬家追夺,且曰:"建文皇帝闻在君家。"彬曰:"无之。"微哂而去。次日,帝同两比丘、一道人行,余俱星散,时八月十六日也。帝附舟至京口,过六合,陆行至襄阳。十月,至廖平家,适有诇其迹,遂决意往滇。①

至此,我们对南京城陷后建文帝朱允炆的下落做个归纳,尽管历史文献的记载相互矛盾,但概括起来,大体有三种说法:一是以《奉天靖难记》和《明太宗实录》为代表,认为建文帝投宫火自绝,葬身火海,有宫中太监"出帝后尸于火中",指为建文。朱棣征问王景,以天子礼葬建文君,遣官致祭,辍朝三日。二是据清修《明史》所载,宫火后,"帝不知所终",或曰遁去为僧,由地道出亡,往来滇、黔、巴、蜀间。也有说建文"蹈海去",流亡海外。三是以《明史纪事本末》为代表,综

① 谷应泰:《明史纪事本末》卷十七《建文逊国》。

合诸多传闻，曰南京城破后，建文帝见大势已去，披缁出亡，与从亡遗臣流落西南。

稽诸史乘，关于建文传闻的叙事主要经历两个阶段，一是明中叶的早期建文传说构建，产生大量野史笔乘，皆为江南士人或在江南仕宦所传出；二是随着建文出亡故事的文本越来越丰富和具体，在明代晚期，西南等地区开始出现一些“建文遗迹”。在早期建文传说的构建中，含有士人，尤其是江南士人的特殊利益和情感在内，所以他们极力表彰建文忠臣，力主建文不死。这是建文出亡说产生的早期社会心理背景。至于西南建文遗迹，大都具有两大特点：一是凸显建文的君主身份，二是其中多见神迹。几百年来，破解建文帝下落的著述文章很多，提出的答案不少，而对建文流落西南为僧这个事实本身研考并不多，笔者灯下披阅纷繁，试图由此做深入探讨。

（三）流落西南为僧

建文元年（1399）七月，燕王朱棣以“清君侧”为名，讨伐建文帝近臣兵部尚书齐泰、太常寺卿黄子澄等“权奸”，打着“靖难”旗号在北平起兵。这场靖难战争发生于建文新政时代，结束于建文四年（1402）六月，燕军渡过长江，攻陷南京城。战乱中宫中燃起大火，建文帝从此失去了踪影。这就引出了建文帝逊国后究竟流落何方的历史谜案，诸多文献记载表明，建文帝出亡南京后，流落西南为僧40载。其出亡目标地为云南，各处现存建文遗迹，大都为其流亡所经之地，而非归宿之地。因当时局势，不固定于某处，大抵以云南为宅，往来于巴蜀黔粤为门庭，不时游方江浙湖湘。[①] 这个数百年未解的明朝第一谜案，实际上是洪武帝之后发生于叔侄间的争夺帝位之战，也可谓明初政坛的一场大地震，震中在南京，而波及西南边远地区；因建文流亡所及，西南巴蜀滇黔地区也被卷入明朝宫廷政治生活的漩涡。从佛教视角看，建文帝因失位为僧，不期然又将佛教弘化边远，不啻为明清之际滇黔佛教兴盛奠定基础，也促进了明永乐朝致力开拓西南边疆。

1. 史家的疑问

南京城破后，建文帝并未陷入四面楚歌的境地。朱棣虽然拿下了京城，但江南、西北、西南、东南等大部分地区并不属于燕军所有。而从当时的政治局势来

---

① 赵士喆纂修《建文年谱》载，朱允炆（1377—1440）22岁时为皇帝，在位4年。26岁让位为僧，出亡38年，自吴之滇、之蜀、之楚、之夷（缅）甸、之黔，之粤、之秦、之粤西。自逃禅后，大抵以滇南为堂奥，以黔蜀为门庭。

看,西南滇黔地区应该是建文逊国出亡最好的选择。已有的研究很少注意到这样一个问题:让失势的皇帝离开权位中心南京出亡为僧,恰恰是朱棣和朱允炆叔侄都能接受的结局。这其中或许还有一些未曾揭开的历史内幕。这里必须回答两个关联的问题:一是建文帝为何选择西南为出亡的安全地;二是遁佛为僧因何能被建文接受,甚至也被朱棣接受。

对于第一个问题,建文史研究者已给我们做出了不少解答。云南为建文出亡的首选之地。建文帝刚逃出京师,便对从亡诸臣直言:“吾今往滇南依西平侯。”这天字第一号“逃犯”敢如此宣称,乃是他与西平侯的深厚渊源决定的。西平侯沐晟系沐英之子,沐英系太祖朱元璋义子,《明史·兴宗孝康皇帝传》载:太祖高皇帝朱元璋“初抚兄子文正、姊子李文忠及沐英等为子,高后视如己出”。因此,沐英与建文帝之父懿文太子朱标有兄弟的名分。沐英封西平侯驻守西陲云南,洪武二十五年(1392)六月去世,长子沐春嗣位。其次子沐晟却留在京师皇宫高皇后处,与建文帝一道长大。洪武三十年(1397)沐春死,沐晟嗣爵,“(沐)晟,字景茂,少疑(凝)重,寡言笑,喜读书。太祖爱之,历官后军左都督。建文元年嗣(西平)侯,比就滇”。明初,藩封各地的王侯,其权势比地方督抚大。在云南,沐晟可谓一手遮天,因此,建文帝要逃依于他,他对建文帝应百般庇护,这是完全有可能的。

四川也是建文帝主要流落之地,这与蜀王朱椿有很大关系。在太祖诸子中,倡导以仁义治国者,除太子朱标外,便是蜀王朱椿了。据《明史·蜀王椿传》载:“蜀献王椿,太祖第十一子,……性存慈祥,博综典籍,容止都雅,帝尝呼为‘蜀秀才’。在凤阳时,辟西堂延李叔荆、苏伯衡尚榷文史。既至蜀,聘方孝孺为世子傅,表其居曰‘正学’,以风蜀人。诣郡讲学,知诸博士贫,分禄饩之,月一石,后为定制。造安车,赐长史陈南宾。闻义乌王绅贤,聘至,待从客礼。……时诸王皆备边,练士卒,椿独以礼守西陲。”在洪武二十三年(1390)就藩前,与长兄懿文太子相处时间较长,二人禀性又极为相近,关系必然融洽友善。他与建文帝都很赏识方孝孺,朱椿聘为世子师,建文帝则聘为自己的侍讲。建文帝与蜀王世子共同师事方孝孺,将建文帝与蜀王父子的关系又拉近了一大步。蜀王一向倡导以仁义治天下,对朱棣起兵夺位肯定持异议,而对建文帝流落荒野必定抱同情态度,加之他与建文帝之父的深厚情谊,也使得他对建文之事不能袖手不管。甚至传言,当京城被燕师围困,建文下诏各地派兵勤王时,“蜀府兵来赴难”,用武力支持建文的天子地位。更有传说当燕师攻破南京时,蜀师又乘城破混乱之机,将建文帝“窃载以去”。[1] 因此，当建文帝出亡后，把四川当作他主要的隐居之地，有其历史的必然性。

对于第二个问题，披缁为僧既是建文逊国最好的选择，也是朱棣对他最好的安排。建文逊国为僧历来被各种传说层层包裹，其中核心的史事就是靖难之变中他不得不接受的“高帝遗命”——宫中遗箧，这给他提供了披缁出亡的身份、路线。试问，宫中遗箧有没有可能？前述孟森引《史例议》云：“阖宫自焚，以死殉国，建文之正也。后人不见正史，妄相傅会，皆因心恶成祖诛夷诸忠烈之惨，而不忍建文之遽陨，故诡言刘基之秘箧，程济之幻术，以神奇其说耳。”如果撇开其玄秘传奇成分，整体上还是真实可信的。朱元璋生前，太孙朱允炆曾表示忧虑：“虏不靖，诸王御之，诸王若不靖，谁去防御呢？”以朱元璋之精明，且经朱允炆提醒，这种十分明显的尾大不掉的情况他决不会视而不见。随着时间的推移，以燕王为代表的诸王势力日盛，对日后朱允炆的潜在威胁也越益明显，这不可能不引起朱元璋的重视。这使得他在临终前留下遗箧，为一旦出现“诸王不靖”攻下京师时，朱允炆如何逃离做出紧急的应变安排。遗箧对建文帝出逃所做的周到而细密的预案也不足为奇，只要想想朱元璋自身的经历就不难理解了。朱元璋自己就是和尚出身，因此他极容易想到的就是让建文帝以和尚身份出逃。同时，朱元璋自 1356 年攻打集庆（今南京），到 1398 年去世，在京师居住了 40 多年，对南京交通要道、大街小巷应了如指掌，何处有地沟暗道可通城外，他心中有数。因此，他预先为建文帝规划好出逃路线，使之成功脱逃，其可能性应当是很大的。

对于朱棣来说，只要建文安心为僧而不卷土重来，就可以放他一马。而建文本人从宫中火起逃出南京后便失去了重整山河的雄心，宫火不仅毁坏了象征他皇权的宫殿，也毁灭了他做皇帝的权力之心。靖难之战实际上就是发生在燕王和建文叔侄之间的皇位争夺战。朱允炆即位伊始，就听从谋臣意见决定削藩，是为巩固皇权，因“诸王势大”，“朝廷孤危”。他一连削去五藩王，毫不手软，先是将周王、岷王、齐王、代王等废为庶人，可没想到湘王朱柏性情激烈，携全家老少“阖宫自焚”以示清白。湘王的自焚极大地惊吓了仁孝善良的朱允炆，他开始后悔以前的削藩，甚至在朱棣起兵作乱时，还要求官军不得伤及朱棣，发布手诏“毋使朕

① 《名山藏》卷之五《革除记附》：“或言高祖始尝问后嗣事于刘基，知建文君不终，与之藏函。函一僧牒，一剃刀，一缁衣。牒曰杨应能。宫之火也，建文君削发披缁怀牒，从御沟出郊坛亡。成祖使中使救出马皇后之烬曰建文君，遂以葬之。建文君既葬，或言其亡，或言蜀王迎之西，皆参差莫实。”

有杀叔父之名”。这道敕令显露了建文帝仁弱的个性，注定他失败的命运，因为权力是强者的游戏。史称建文帝“仁柔少断”，在大势所去之际，也“阖宫自焚”。他带着“郁郁乎文哉”的理想登上皇位，孜孜于宽仁的新政文治，结果当皇帝仅仅4年，就被自己的叔父夺去了皇位。我们已不能考证他放火焚烧这皇祖传给他的象征着大明江山的皇宫大院时的心情，但可以断定他在燕军攻陷城门时，内心产生了强烈的毁灭感。这不是对宽仁的毁灭，而实是对他皇权乃至雄心的毁灭。仁政必须建立在强权基础上，这是天命不可违之天意、天道，还是历史的真相和选择？如此看来，宫火中建文帝确实被烧死了，不过烧毁的是他的皇帝位子，还有承载皇帝象征的宫殿及梦想，而另一个建文恰如烈火中凤凰涅槃，这就是从帝到僧、从君到师的身份转换。朱允炆从宫中逃出后就对从亡之臣曰：“今后但以师弟称，不必拘主臣礼也。”

有研究认为，建文四年(1402)燕兵入京，建文帝被迫出亡，削发为僧，流落西南，实际上只不过以做和尚为掩护而进行复辟的活动；和他一同出亡的大臣20余人，实际上就是以建文帝为中心的、以复辟为目的的政治集团，可是经过40年的斗争活动，没有达到复辟目的。[①] 据《明通鉴》纪事：“二十余人中，或先帝卒，或散四方而客死。惟(程)济从亡在外四十年，盖与帝为始终云。”于是有学者说：“建文出亡，险危中多赖以免……以(程)济之权谋技术，应是刘文成、姚恭靖之流，乃甘老空山，竟不能使建文之复辟，岂非天哉！”[②]《逊国正气纪》曰：“帝为太孙时，博学喜文，事必法古，仁明孝友，闻于天下。及即位，奖用儒臣，爱民成俗。三年之内，几致刑措，道不拾遗，诚贤君也。而诸王不法，裁抑无术，复牵制文萩，优柔不断，缓急失时。以致身窜国亡，为天下后世悲。果天使为之欤？甚哉，乾刚所以为君德也。”[③]

史家往往将建文之失位或不能复位，归因于其深受儒学熏陶形成的个性“仁柔少断”，而大都未能从佛教因素考虑。建文能放下皇帝权力，其中有无佛教的因素？答案当然是肯定的。建文逊国前为儒家皇帝，逊国后即与佛相伴。佛教对权力失落者的精神抚慰比任何其他东西都强而管用，而这往往也是权力竞争成功者对失败者出路安排能接受的一种最好结果。建、永易代，深受醇儒熏陶的

① 参见沈国华：《从广西地方志看建文帝下落之谜》，《河池师专学报》1988年第2期。

② 赵士喆纂修：《建文年谱》。按：刘文成应为刘文贞，指刘秉忠；姚恭靖，指姚广孝。

③ 曹参芳辑：《逊国正气纪》卷一《本纪》。

建文披缁遁佛，也再次明证儒佛关系构筑“函盖相合”。故此，别看佛家常受儒者批评，可当世变来临，佛教似又专为儒者所设，岂莫非佛教为“无用之大用”？这一点我们可从明清鼎革后的历史得到印证，彼时遗民逃禅遁佛也成为清廷默许的选择。

2. 建文为僧始末

据《建文年谱》曰：师二十六岁为僧。建文自丁巳至戊寅为皇孙及太孙者二十二年，己卯至壬午为帝者四年，癸未至庚申为僧道者三十八年。为皇孙者无事可书，为帝则事不胜书。逊位后固无所事，而庵居之兴废，师弟之往来，南北之遨游，缁黄之变易，皆世所未闻。虽不能详略标其概，使阅者如观山望海，耳目一新，造极穷源，则具有全书在。[①]

兹将建文南京出亡后流落西南为僧之足迹和活动始末，勾制如下表：

表 2.2 建文流落西南为僧之足迹和活动始末表

纪年	足迹	活动
建文四年（壬午，1402）	夏六月乙丑，金川门失守，宫中火起，帝剃发为僧，从间道出走，薄暮至神乐观。次日微明，取道溧阳，八月至吴江史彬家。	帝对从亡诸臣曰：今后但以师弟称，不必拘主臣礼也。
成祖永乐元年（癸未，1403）	春正月十三日，建文帝至云南永嘉寺。	先至西平侯沐晟府邸，沐老夫人建议帝居永嘉寺。
永乐二年（甲申，1404）	春正月，建文帝离云南，由重庆抵襄阳，六月入吴，八月八日复至史彬家。帝为两浙之游，杭州计游二十三日，天台、雁荡计游三十九日。	会马二子、稽山主人，金焦亦来石梁间。诸臣俱约至此，然终不见。时天气寒，帝返云南，固却诸臣而去。
三年（乙酉，1405）	春二月，建文帝至重庆之大竹善庆里，应贤为其募缘，有杜景贤筑室与居，未久舍之而去。	尝闻金陵诸臣惨死事，泫然曰：“我获罪于神明矣！诸人皆为我也。”
四年（丙戌，1406）	建文帝至西平侯沐晟家，留旬日。五月，结茆白龙山。	
五年（丁亥，1407）	冬十二月，白龙山庵居。	祭死难诸人，自为文哭之。时朝廷侦帝甚密，户科都给事胡濙访求张三丰，盖为帝也。帝知之，遂遁迹不出。
六年（戊子，1408）	夏六月，白龙庵灾，程济出山募葺。	
七年（己丑，1409）	春正月，帝东行，三月，至善庆里，五月，复至襄阳。廖平家已徙蜀，帝还滇。	太监郑和航海，通西南诸国。时胡濙、郑和数往来云、贵间，踪迹建文帝。

① 赵士喆纂修《建文年谱》提纲。

续表

纪年	足迹	活动
八年(庚寅,1410)	春三月,帝复至白龙山结庵。颜色憔悴,形容枯槁,夏月患痢,因有戒心,不能出山觅膳,狼狈殊甚。适史彬、程亨、郭节访至,帝相对大恸,随问曰:汝等携有方物否?各为献。三人相留许久,帝遣之归,别时痛哭失声。帝嘱曰:今后勿再来。道路阻修,一难;关津盘诘,二难;况我安居,不必虑也。	工部尚书严震使安南,密访帝,震忽与帝遇于云南道中,相对而泣。帝曰:何以处我?对曰:上从便,臣自有处。夜缢于驿亭中。
九年(辛卯,1411)	春,有司毁白龙庵。夏四月,建文帝至浪穹鹤庆山,其地颇佳,因募建一庵,名大喜。	
十年(壬辰,1412)	春三月,应能卒;四月,应贤卒。因纳一弟子,名应慧。	帝大痛,作诗文哭之,并葬于庵东。亲题其石曰"两忠之墓"。
十一年(癸巳,1413)	夏五月,建文帝南行至(缅)甸,六月还大喜庵,纳弟子应智。秋七月,雪庵弟子了空来省。冬十二月,渡马岭。	遇寇,适官军至,仅免。
十二年(甲午,1414)	夏四月,遣程济募粮。秋九月,建文帝学《易》数。	
十三年(乙未,1415)	秋八月,建文帝游衡山。冬十月,还大喜庵。	
十四年(丙申,1416)	夏六月,建文帝足疾发,程济乞药于城西。冬十一月,帝命济录述从亡传,藏之山岩中,帝自为叙。	
十五年(丁酉,1417)	春二月,史彬复至白龙故道,了不见庵,山旁询一老妇,则曰:官司毁之矣。问僧徒,曰:不知所之。至是,彬忽与帝遇于鹤庆之大喜庵,深林密树,不下数里。十一月,帝避嚣东行,至衡山。	
十六年(戊戌,1418)	春三月,建文帝还至黔,居白云山。	
十七年(己亥,1419)	夏六月,建文帝在黔,始观佛书。作《楞严》《法华》《华严》诸经注释,署其名必曰文和尚。	
十八年(庚子,1420)	夏六月,建文帝命程济移居庵西偏。冬十月,帝入蜀,程济从,遍游诸胜,登峨眉。	
十九年(辛丑,1421)	秋七月,建文帝入粤,游海南诸(诸)胜。十一月,帝还庵。	
二十年(壬寅,1422)	夏四月,建文帝避嚣于庵南四十里,名渌泉。	
二十一年(癸卯,1423)	春二月,建文帝入楚,程济从,登章台山,赋吊古诗。六月,帝游汉阳,登晴川楼,吟诗。七月,帝留大别山。	

续表

纪年	足迹	活动
二十二年（甲辰，1424）	春二月，建文帝东行。冬十月，与史彬相遇于旅店，言及榆木川（永乐崩），稍色喜。即同彬下江南，至彬家。彬有从叔祖名弘者，嘉兴县史家村人，遇帝堂下，涕泣问向来状。帝曰："赖诸从亡者给我衣食，周旋险阻之间，二十年来，战战兢兢。"复大恸。游天台诸胜，弘从之。十一月，至宁波渡莲花洋。	七月，成祖北征，崩于榆木川，众仓卒，莫知所措。不发丧，大学士杨荣曰：六师去京尚远，不宜发丧，所至宜上食如常仪。皇太子遣皇太孙往迎梓宫。时京兵皆随征，城中空虚，浮议藉藉，虑赵王兵为变。八月，皇太子即位为仁宗，大赦天下。十一月，宥建文诸臣家属。仁宗尝语廷臣曰："方孝孺辈皆忠臣。"遂及宽典。
仁宗洪熙元年（乙巳，1425）	春正月，建文帝谒观音大士于潮音洞。五月，自闽、粤还山。	闻仁宗崩，建文曰："吾心放下矣！今后往来亦少如意也。"且悲且喜。
宣宗宣德元年（丙午，1426）	秋八月，建文帝祭从亡诸臣于（大喜）庵前。	仁宗在位仅10月。洪熙元年（1425）六月，皇太子即皇帝位，为宣宗。八月，汉王高煦反。上亲征，高煦降。尚书陈山请移师彰德袭赵王，杨士奇力止之。
二年（丁未，1427）	春正月，建文帝移居鹤庆之静室。秋八月，滇寇乱，帝入蜀，程济从。冬十月，宿永庆寺，题诗。	诗云：杖锡来游岁月深，山云水月傍闲吟。尘心消尽无些子，不受人间物色侵。
三年（戊申，1428）	夏五月，建文帝游神女庙。秋七月，游黄牛矶。冬十月，游汉中。	
四年（己酉，1429）	春正月，建文帝至成都，再宿而去。五月，帝还滇之浪穹。六月，至鹤庆山中。	
五年（庚戌，1430）	夏四月，建文帝欲稍广其（大喜）庵，程济等出募。	
六年（辛亥，1431）	春二月，建文帝往陕西。夏四月，至延安。秋七月，南行入蜀。九月，至夔，阻雪。	
七年（壬子，1432）	春正月，建文帝入楚，至公安。夏五月，至武昌。秋八月，下九江。九月，游杭州吴山。冬十一月，游天台。	
八年（癸丑，1433）	春正月，建文帝在赤城。	
九年（甲寅，1434）	夏五月，建文帝复至吴江史彬家，程济从。复为会稽之游，八月还。	时彬已死，帝悲悼久之，慰劳其子倍至。
十年（乙卯，1435）	春三月，建文帝往粤西。	
英宗正统元年（丙辰，1436）	秋八月，建文帝还至滇，卜筑旧日之浪穹。	
二年（丁巳，1437）	夏五月，建文帝复游峨眉。冬十一月，还至浪穹。	

续表

纪年	足迹	活动
三年(戊午,1438)	秋七月,建文帝欲往粤西,住横州南门寿佛寺。	会有弟子亡去,帝恐迹露,遂有粤西之行。
四年(己未,1439)	夏四月,程济劝建文帝还滇,不听。	夏五月,世守云南黔国公沐晟卒。
五年(庚申,1440)	春三月十三日,建文帝谓程济曰:"我决意东行,子盍为我蓍?"得兑之归妹,大凶!夏五月东归,至贵州金竺长官司罗永庵,题诗壁间。秋八月,至金陵。九月,至北京。迎入西内,宫中人皆呼为老佛。以寿终,葬西山,不封不树。	会有同寓僧者,窃帝诗,自谓建文帝,诣思恩知州岑瑛。瑛大骇,闻之藩司,因系僧,并及帝,蜚章以闻,诏械入京师,程济从。程济闻帝既入宫,叹曰:今日方终臣职矣。往云南焚庵,散其徒。

从上表中,我们可以注意到建文帝流落西南为僧的始末行历,诚如钱士升《从亡随笔叙》所曰:"让皇出亡,初苦病足,乃自吴而楚而蜀而滇,重趼万里,似行脚汉;密菁空山,乞食咬菜,似苦行僧;著《楞严疏》,作《大士颂》,参悟又似老耆宿。"深描其万里行脚,颠沛流离,遁迹深山之为僧行状,可谓入木三分。其中有几处值得关注,一是永乐元年(1403)春正月十三日,帝至云南永嘉寺①,得西平侯沐晟"慎密庇佑"。二是永乐三年(1405)春二月,至重庆之大竹善庆里,应贤为其募缘;永乐四年(1406),结茆滇之白龙山。自永乐五年(1407)至九年(1411),往返穿梭于善庆里与白龙庵。白龙庵被有司毁后,至浪穹鹤庆山,募建大喜庵。三是永乐十六年(1418)住锡黔之白云山,白云山自建文帝开山建寺后,遂成为黔中佛教名山。永乐十七年(1419)在黔始观佛书,注释《楞伽》《法华》等经。四是正统三年(1438),粤西之行,住居横州南门寿佛寺;正统五年(1440),决意东归。这些是建文为僧往来滇蜀黔桂等地的住锡之所,始居云南永嘉寺,终住广西横州南门寿佛寺。

据史乘所载,建文帝一行四人到达云南昆明后,先寓城中五华寺内,无法见到沐晟。后通过一位老和尚的传信,才将沐晟请到寺内密见。沐晟十分同情建文帝的遭遇,又慑于明成祖朱棣的威势而不敢公开庇护,于是就派人将建文帝送到武定府狮子山永嘉寺。狮子山号称西南第一山。永乐二至三年(1404—1405),建文帝依照当初在京师神乐观相约,出游与诸臣秘密会晤。永乐四年(1406),建文帝再次入滇,被沐晟安排在白龙山,结茆白龙庵。永乐六年(1408),

① 永嘉寺,后改名正续禅寺,坐落在武定狮子山。《武定府志·流寓志》记载:"明建文帝,永乐元年靖难,兵破南京,帝以被火,闻实得太祖遗命,落发从水关出,传言帝崩。帝乃先入蜀,未几入滇。随,往来广西、贵州诸寺。止于狮子正续寺者,数十年。"

白龙庵遭焚，程济出山募捐重建。永乐九年(1411)，有司拆毁白龙庵。[1] 建文帝遂命应能、应贤至浪穹(今洱源)盖大喜庵，在大喜庵住了大约10年。应能、应贤先后于此示寂，葬于庵东，称“两忠之墓”。此后，建文帝潜心研读佛典，疏《楞严经》《法华经》等，署名“文和尚”。同时，他对《易经》象数之学亦有研究。由于建文人生大起大落，所以，此时的他对佛、易之学极易悟通，因而造诣很深。他在滇黔川粤间经常往来弘法，皈依者众，俨然成了当地的佛学界权威人物。在朱棣追捕之风声渐松的情况下，建文帝曾以应文大师的身份，到川、黔、陕、楚、闽、粤、桂等地讲学传道。倦游之后，仍回云南住锡。明成祖朱棣于永乐二十二年(1424)崩后，滇西兵乱，建文遂于宣德二年(1427)从鹤庆朝霞寺来到武定狮子山住锡，当时他已是颇负盛名的“天下大师”。正统五年(1440)春决意东归，先至金陵，后到北京，被接到宫中，皆称“老佛”。老死在西宫，享年64岁，葬于西山，“不树不封”[2]。

关于滇西兵乱，史书记载不详，不知是否与建文有关。但对于流落西南为僧二十几年的建文帝来说，这也许是其翻盘复国、东山再起的最佳机会。因为，做了22年皇帝的永乐大帝先他而去，而皇太子即位为仁宗不到一年也暴病身亡。史载成祖永乐二十二年(1424)秋七月，北征，崩于榆木川。众仓卒，莫知所措。不发丧。大学士杨荣辅佐皇太子、太孙，稳定了局势。八月，皇太子即皇帝位，是为仁宗，大赦天下。杨士奇草诏，如下西洋宝船，云南取宝石，交趾采金珠，撒马儿等处取马，并采办烧铸进供诸务，悉皆停罢。十一月，宥建文诸臣家属。仁宗尝语廷臣曰：“方孝孺辈皆忠臣。”遂及宽典。从建文行历中我们知道，成祖朱棣驾崩榆木川那年春，建文就东行江浙一带，会旧臣史彬，之后游天台、宁波诸胜，访参观音大士潮音洞，自闽、粤还山。冬十月，与史彬相遇于旅店，言及榆木川，

---

① 永乐四年(1406)，建文帝回到云南，结茆白龙山。白龙山在今云南保山县，当时叫永昌府。据《永昌县志·山川》“白龙山”条载：“白龙山即阿邑山，在城北十里。……山上旧有寺，建文至永(昌)时居此。永乐九年，当事者惧及祸，俟其出，潜焚其寺，建文遂去，寺废。”《永昌府志·杂记》还记载，建文帝居白龙山时，曾为城西北太保山麓的明法寺题写寺名，永昌郡传以为宝。

② 明朝中叶便传闻建文帝安葬西山一带，有所谓“天下大师墓”。如刘侗(1593—1636)撰《帝京景物略》中记载：“(景泰陵)又北二里，一丘一碑，碑曰天下大师之墓。仁和郎瑛曰：建文君墓也。通纪称建文自滇还京，迎入南内，号曰老佛，卒葬西山。”再如，杨士聪在《玉堂荟记》中写道：“建文帝葬处，距景帝陵不远，石碑题曰：天下大法师之墓。”明嘉靖士人郎瑛《七修类稿》亦记载称建文帝“竟葬西山，树碑曰天下大法师之墓”。按：此中建文老于宫中，寿64，寿终葬西山等，都因正史记载的杨应祥案而来。杨应祥冒充建文帝，自云年90余，而建文生于洪武十年(1377)至正统五年(1440)，不超过64岁。而据嘉靖四十年(1561)郑晓撰《吾学编》，其《建文逊国记》曰：入内，正统因不便称呼，“乃称太上老佛。后帝寿至八十九岁而崩，敦葬于北京西城外黑龙潭，无坟无树”。

"稍色喜"。即同彬下江南，闻仁宗崩，建文帝曰："吾心放下矣！今后往来亦少如意也。"洪熙元年（1425）六月宣宗即位后，秋八月，建文帝还在大喜庵前祭从亡诸臣。这些行动中有无政治活动？因史料缺乏不敢妄断，但使我们深味以下谷应泰的评论：

谷应泰曰：闻之国君死社稷，义之正也。然而乘机察变，忍耻图存，一旅而中兴奏，五年而天节反，（中略）建文之仓皇出奔，或亦有深意焉。又况铁函锁柙，度牒剃刀，先皇所遗也。龙嫠帝后，妖谶亡周，燕啄皇孙，天心割汉，厥有定数，又非智力所移耳。

乃逊国之期，以壬午六月十三日，建文独从地道，余臣悉出水关，痛哭仆地者五十余人，自矢从亡者二十二士。（中略）其经由之地，则自神乐观启行，由松陵而入滇南，西游重庆，东到天台，转入祥符，侨居西粤。中间结庵于白龙，题诗于罗永，两入荆楚之乡，三幸史彬之第，踪迹去来，何历历也。特以年逼桑榆，愿还骸骨，岑瑛据之以闻，吴亮辨其非妄。夫不复国而归国，不作君而作师，虽以考终，亦云恧矣。

然以予论之，假令成皇方死沙场，昭帝新居谅暗，此时兵力黩于边关，内难伏于高煦，国势危疑，人情牵制，必不能长驾远驭，经营万里之外者。而滇、黔地险，沐氏兵强，因兹遁迹之时，宜申控告之义，非流彘而藉共和，则东迁而依晋、郑，一军出荆门，即襄、邓可摇，一军出汉南，即长江可据。狐、先《河水》之功，冯、邓云台之业，后挽前推，匪异人任也。奈何枕席有涕泣之痕，行旅多橐饘，朝统之奉，而兴复大计，阙焉不讲，譬犹危叶畏飙，惊禽易落，正所谓亡国之大夫不足与言事者也。

洎乎正统改元，帝易四朝，统逾五纪，内鲜惠、怀之乱，外无连、管之谋，嗣服相承，天定之矣。而况主君已老，从者凋零，方险阻备尝之时，正精志消亡之日，鲁展喜之已衰，晋铜鞮而既死，崦嵫待尽，尚安望其复振乎！至若从亡诸臣，国尔忘家，捍王于艰，四十余年，栉风沐雨，即无包胥之义，复楚王于郢中，亦有子家之忠，哭昭公于野井，推此志也，虽与日月争光可也。[①]

① 谷应泰：《明史纪事本末》卷十六《建文逊国》。恧，惭愧。橐饘，指衣食。崦嵫，神话中太阳所入之山，日薄西山之义。

关于正统五年(1440)建文东归问题,最早记载此事的是明代嘉靖年间的郑晓,其书记述:“正统初,建文帝出滇南至广西,一日呼寺僧,谓曰我建文皇帝也。寺僧大惧,白官府,迎至藩堂,南面跣足坐地,自称朱允炆,曰:‘胡濙名访张邋遢,为我也。’众闻之悚然,闻于朝,乘传之京师,有司皆以王礼见。比至,入居大内,以寿终,葬西山,不封不树。帝尝赋诗云:‘牢落西南四十秋。萧萧白发已盈头。乾坤有恨家何在?江汉无情水自流。长乐宫中云气散,朝元阁上雨声收。新蒲细柳年年绿,野老声吞哭未休。’或云帝顶颅偏颇,高帝知其必不终,尝匣髡缁之具,戒之曰:必撄大难,乃发此。以故遂为僧云。”①

而据《明神宗实录》载,万历二年(1574)十月,明神宗与大学士张居正有一段对话:“上御文华殿讲读,从容与辅臣语及建文帝事。因问曰:‘闻建文尝逃逸。果否?’张居正对曰:‘国史不载此事,但先朝故老相传,言建文皇帝当靖难师入城,即削发披缁,从间道走出,后云游四方,人无知者。正统间至云南,曾于壁上题诗一首,有“流落江湖四十秋”之句。有一御史见诗起疑,召而问之,老僧坐地不跽,曰“我欲归故国”,方验知其为建文也。御史以闻,遂驿召来京,入宫验之,良是,时年已七八十,后不知所终。’上因命居正诵其诗全章,慨然兴叹,继命书写进览。”②寻且下诏复建文年号。

以上史料充分证实,在明代,不论私人著作还是官方记载,都肯定了建文流落西南为僧是历史事实。大体上万历以前,朝野人士因惧怕文字狱,有关建文下落的著作极少,万历二十三年(1595)诏复建文年号后,“文网”渐弛,此类著作才逐步增多,特别是明末清初更大量出现(有的涉及建文,有的专述建文)。例如李贽《续藏书》、沈德符《万历野获编》、王世贞《弇山堂别集》、陈继儒《建文史诗》、赵士喆《建文年谱》、屠叔方《建文朝野汇编》、查继佐《罪惟录》、谈迁《国榷》等著述。贵池刘廷銮撰,成书于崇祯十六年(1643)的《建文逊国之际月表》还逐年逐月记述了建文帝流亡各地的情况,始自洪武三十一年(1398)闰五月,止于正统五年(1440)冬十月。丰润谷应泰撰,成书于顺治十五年(1658)的《明史纪事本末》则列有建文逊国专章,记述甚详。以上各书,对于建文逊国

---

① 郑晓:《今言》卷一百六十六。此书问世于嘉靖四十五年(1566),距建文逊位164年。郑晓曾任南京(留都)吏部尚书、北京刑部尚书,熟知明代掌故,此书记述有一定依据。

②《明神宗显皇帝实录》卷之三十,万历二年十月。居正退而录其诗以进,因奏:此亡国之事,失位之辞,但可为戒,不足观也。臣谨录圣祖皇陵碑及御制文集进览以见创业之艰难、圣谟之弘远。伏望皇上览而仰法焉。

流亡的具体路线、行止地点等情况，虽记述不尽相同，但对我们了解建文为僧始末提供了充分材料。[①]

3. 僧家文献比对

现结合历史文献中建文为僧的记载，与僧家文献资料比对印证，考察建文逊国之谜中的为僧问题，析其异同，订正错讹。《宪章录》用语简省，曰："宫中火起，上变服削发，自宫中御沟出，至郊坛遁去。"[②]而其他诸多文献记载，建文之为僧，缘起于"宫中遗箧"，箧中有三张度牒，并袈裟、鞋帽、剃刀等物，还有一纸上写有出亡路线。逊国为僧被建文君臣认为是朱元璋的遗命。僧家文献对建文逊国为僧的记载，目前可查考的有以下几种著作。

其一，是天台山慈云禅寺沙门释如惺撰《大明高僧传》，成书于明万历年间，卷第三解义第二之三（正传一十四人，附见十四人）收录《广西横州寿佛寺沙门释应能传（十二）》，传文如下：

释应能，伪姓杨氏，实建文君也。太祖之嫡孙、懿文太子之长子，封皇太孙，讳允炆。生时顶颅颇偏，太祖抚之曰半边月儿。及读书，甚聪颖。一夕，懿文太子与侍，太祖命咏新月诗。太子吟云："昨日严陵失钓钩，谁人移上碧云头。虽然未得团圆相，也有清光遍九州。"太孙吟云："谁将玉指甲，掏作天上痕。影落江湖里，蛟龙不敢吞。"太祖览之不悦，盖"未得团圆"、"影落江湖"皆非吉兆。洪武三十一年，太祖大渐，乃授以一小箧，封钥甚密，戒于急难方开。是年五月十六日即位，年二十有三，明年改元建文。召方孝孺为翰林侍讲，直文渊阁日讲周官礼，变更太祖旧制。于是诸王多不逊服，乃曲加恩礼，侍读太常卿黄子澄、兵部尚书齐泰议削诸王之权，谋者先燕，命侍郎张昺、都指挥使谢贵，察燕动静。遂逼燕起靖难师，南讨黄、齐。建文四年六月十三日，破金川门。帝纵火焚宫，启太祖遗箧视之，得杨应能度牒、剃刀、袈裟、缁服。遂削发，自御沟出遁，云游四方。

自湖湘入蜀，云南复闽，入广西横州南门寿佛寺，居十五年。升座演法，归者甚众。所至成大法席，人不知是帝也。复往南宁，居一萧寺，衲子云集，

① 此间几段阐述参考张一鸣：《明建文帝下落三说考述》，载李广良等：《佛教与云南文化论集》，云南民族出版社，2006年，第106—119页。

② 薛应旂：《宪章录》卷十四。

师为随缘开示，一众欢然。久之，至思恩州，立于当道，值知州出，从者呵之。师言：我是建文皇帝也。自滇历闽至此，今老矣，欲送骸骨归帝乡。巡按御史闻于朝，赐号老佛。命驿送至京师。……及至京，朝廷未审虚实，以太监吴亮曾经侍膳，使审之。师见亮即呼曰：汝非吴亮耶？曰：不是。师曰：我昔御便殿，曾弃片肉于地。汝伏地餂食之，何得忘也？亮稽首大恸。已而取入西内供养，竟卒于宫中。

系曰：建文君既继大统之二，应与贤佐之臣兢兢恪守太祖之成法而补其未逮，则文皇帝亦安于藩邸矣。乌有靖难兵破金川门哉？为其一旦误用方、黄辈，讲周官、行井田，变更旧制，威逼亲王，文皇乌能坐视大宝隳于侏儒而束手待缚耶？今数百年国家之鼎盛、天下之治平者，诚赖靖难之一旅耳。建文事，《弇山集》深言其既罹难必无出家之理，既出家必无还宫之事，杨应能牒是冒之也。斯据《国朝典故》《皇明通载》及《宪章录》《思恩志》等说录之，固于僧传是不可缺，君子详焉。[1]

这段传文利用正统五年(1440)杨行祥冒充建文帝事件，而将杨行祥事移之释应能铺叙而成。传文开首即曰："释应能，伪姓杨氏，实建文君也。"而据历史文献，杨应能是吴王府教授，其与御史叶希贤[2]，《明史》皆有传，建文帝宫火时，同祝发从亡。清修《明史》，朱彝尊曾上书史馆总裁，论述靖难期间的历史事件有十三不足信者，其中一条就指出"因杨行祥事而移之杨应能，不足信"。[3] 此"杨应能"实

① 《大明高僧传》卷第三《广西横州寿佛寺沙门释应能传十二》。

② 《明史》卷一百四十一《列传第二十九》有叶希贤传，曰："征，不知何许人，尝疏请削罪藩属籍。燕师入，不屈，并妻子俱死。"又曰："希贤，松阳人。亦坐奸党被杀。或曰去为僧，号曰雪庵和尚云。"

③ 朱彝尊：《朱竹垞史馆上总裁第四书》。此"十三不足信"分别为：一、燕王来朝不足信。二、以天子礼葬建文不足信。三、北京金山口景陵之北天下大师之塔为建文帝墓不足信。四、《从亡随笔》称太祖预贮红箧于奉先殿侧，四围以铁锢之，锁二亦灌以铁汁。程济破之，得三度牒，济为帝祝发既，扶帝出聚宝门，不足信。五、《致身录》所载，牛景先用铁棒启之助建文帝出逃不足信。六、方孝孺被诛十族，不足信。七、成祖入京后诛杀建文诸臣，不足信。八、万历初，以建文帝所遗三诗宣付史馆，不足信。九、铁铉二女没入教坊，不足信。十一、《文皇实录》载前工部尚书严震直惭愤吞金死，不可信。十二、因杨行祥事而移之杨应能，不足信。十三、因史仲彬之名而造为《致身录》，久而附益之，钱受之驳之矣，不足信。最后他得出结论："世之论者，以革除靖难之事，载诸《实录》者皆曲笔，无宁取之野史，然《实录》之失患，在是非之不公。然人物可稽，岁月无舛，后人不难论定。至逊国诸书往往以黎黎之鬼，眩人观听，以虚为实，以伪乱真，其不滋惑焉者寡矣。"刘承乾：《明史例案》卷五，嘉业堂刻本，第10页。

为“杨行祥”借用，行祥一作“应祥”[①]。该传最有价值的贡献在传末的系评，一方面反映了明末佛教僧人对建文逊国时事的看法，“今数百年国家之鼎盛、天下之治平者，诚赖靖难之一旅耳”；另一方面，引用王世贞文集言，表达对建文逊国为僧最终归宿之见解，“既罹难必无出家之理，既出家必无还宫之事”。这都是治明代佛教逊国史事应当参考的。

其二，是释幻轮撰《释氏稽古略续集》三卷，这是一部编年体的佛教史书，主要记载元明佛教史事，该著撰于崇祯十一年(1638)，所记史实始自元世祖至元元年(1264)，终于明熹宗天启七年(1627)，凡364年，僧人430余人。卷一为元代，卷二、卷三为明代。作者有鉴于“国史则遗佛教，禅编则略世缘”，按皇帝的世系、年月的先后编排史实，见录的政事很多，“备列皇王政治贤圣风规”，涉及的政治人物和社会事件也特别多，可谓一半是佛史，一半是世史。但书中记载佛教史料大多未注出处，它以明太祖洪武朝史事为全书的记叙重点。卷三收录建文皇帝逊国史事，且看有关节录：

> 建文皇帝，讳允炆。太祖之孙，懿文太子子也。洪武十年十一月己卯，懿文继妃吕氏所生。生十年而懿文卒，时太祖年六十有五矣。是年九月庚寅，立为皇太孙。至是太祖崩，即位，年二十二。靖难兵起，至金川门，帝避位逊去。在位四年。……
>
> 壬午建文四年六月十三日，帝纵火焚宫，变服遁去。京师传言帝崩。燕王按兵入城，臣民皆迎劝进，许之。遣人布告天下。祖预知帝之不终也，大渐时授一小箧，封钥甚密，戒以急难乃启。至是窘迫无计，启箧视之，得杨应能度牒及披剃之具。遂削发披缁执度牒，自御沟出至郊坛而走。时宫中火起，咸以为建文自焚矣。
>
> 上出亡时，问计程济，济曰云云，立召僧人为上剃发。从出亡，遇险辄用术脱去。数十年后，随上至南京，莫知所终。与同邑高翔起明经，翔励名节，

① 据《罪惟录》记，正统五年(1440)，遂有僧自云南至广西，称建文天子。事泄，逮京师会审，供云：俗姓名杨行祥。然则，所为(谓)杨应能者，行祥所借也。行祥以洪武十七年(1384)度为僧，薄对确，毙狱，本末燎然。又据冯甦《滇考》建文遁迹，曰：有同寓僧杨应祥者，诣思恩土知州岑瑛所，自称是帝。因被执，同解北者十二人，而帝亦与焉。讯非是，应祥伏诛，戍其党。帝老矣，不欲远行，因自白其实。使内监吴亮验之，果是，亮自缢，帝入宫。程济闻之曰：臣事毕矣。回滇焚庵，散其徒。帝在宫以寿终，葬西山，不封不树。

济好术数。翔曰:愿为忠臣。济曰:愿为智士。其后,翔九十死难。

帝生而慈慧,好诗文古典礼文章,至性孝友,异常人子。方懿文之病痈也,帝年方幼,含泪抚摩。昼夜不暂离,亲吮吸之。及懿文薨,哭踊哀慕,至水浆不入口者五日。太祖政尚严刻,帝济以宽大,中外爱戴。初建文中,有道士歌于途曰:莫逐燕,逐燕日高飞,高飞上帝畿。已而忽不见,人莫能测。至是始验其言云。

以天子礼为建文发丧,遣官致祭,辍朝三日。方孝孺持斩衰服,昼夜号哭。召至,上曰:我家事耳,先生何自苦?命作诏,授以纸笔。孝孺大书数字,掷笔于地曰:死则死耳,诏不可草。先是道衍托以上曰:南有方孝孺,素有学行。武成之日必不降附,请勿杀之。杀之则天下好学者绝矣!十月,以僧道衍为僧录司左善世。

靖难死节之臣,其章章著者,后人褒其姓名曰《革除遗事》。一首罹祸及阵亡之臣凡十九人,闻变自尽十五人。在朝罹祸二十三人,在外二十人。中外士臣百九十八人,不及难六人。被斥六人,见用二十二人。

上述节录建文史事置于成祖文皇帝之前,篇幅仅次于洪武帝,这是在建文皇帝的历史地位在正史中尚未建立的情况下所做的,早于清廷纂修《明史》对建文帝地位的认可,说明了僧家史传也须具有相当睿敏的史识。建文为僧事迹,基本抄录于《大明高僧传》之释应能传,然其对建文之仁孝、宽政,遗臣之忠义气节的叙述明显增多。英宗正统五年(1440)条下,录有释应能传。传曰:

释应能,实建文帝也。自出家后,经湘湖入蜀,至云南,复游闽,后入广西横州南门寿佛寺。居十五年,升座说法,归者甚众。复往南宁居一寺中,归者亦然。是时思恩知州岑瑛出行,忽一僧当道立,从者呵之。师自称为建文帝,游方至此。今老矣,欲送骸骨归帝乡。瑛大骇,闻于巡按御史奏之,驿送赴京,号为老佛。途次赋诗云:流落江湖四十秋,归来不觉雪盈头。乾坤有限家何在,江汉无情水自流。长乐宫中云影暗,昭阳殿里雨声愁。新蒲细柳年年绿,野老吞声哭未休。[1]

① 释幻轮:《释氏稽古略续集》卷三。

其三，清有释圆鼎撰《滇释记》云：“应文大师，俗谓文和尚，明太祖长孙，故懿文太子之子也。建文四年，时燕王棣举兵南伐，有内臣出高帝遗命，得度牒三，曰应文、应贤、应能，即僧服如之。于是师及御史叶希贤为应贤、吴王教授杨应能而为僧，编修程济为道人，遂从复道出。历游吴、楚、黔、粤，入滇，居永昌（白）龙山，复结庵于鹤庆、浪穹间，又卓锡武定狮子山，遗像犹存。在滇数十年。尝疏《法华》《楞严》等经，间多题咏。后东归，寿八十余，坐化宫中，葬于西山，称为老佛。”①

建文为僧进入僧家史传著录视野，上述万历年间释如惺《大明高僧传》是开山作，崇祯中释幻轮撰《释氏稽古略续集》踵其迹，入清后有释圆鼎撰《滇释记》殿其后。前两著基于正史记载，主张“（杨）应能”实即建文帝，而清《滇释记》则持高帝遗命、宫中遗箧三度牒说，更正“应能”之讹传，明确建文帝为“应文大师”。

此外，尚有清末民国虚云禅师在《增订佛祖道影》中作《法系考正》，依据云南丛书《滇释记》第二卷载应文大师，俗称文和尚。今第四卷，建文更正为应文，以矫正诸家之讹误，并存随从忠义之名焉。② 虚云重辑《佛祖道影》第四卷录《明狮子山应文禅师》，曰：“师朱明建文皇帝也。燕藩之变，金川门破。内臣出高皇遗命，得度牒三，曰应文、应贤、应能，伽黎俱备。宫中火，帝易僧服，自居应文，自复道出。从行者御史叶希贤、吴王教授杨应能，并易僧服，分居应贤、应能。历吴楚黔蜀，辗转入滇，隐居狮子山有年。今遗像犹存。晚岁东归，坐化宫中，世寿八十余。葬于西山。赞曰：人王法王，各行正令，千日并照，有感斯应。必竟如何？路绝凡圣，叶落归根，无欠无剩。”③

4. 方志谱书的记载

尽管建文帝出亡后的行踪成了千古之谜，但查之地方志，却有丰富、鲜活的记载。他成功地从京师出逃之后，经江浙、江西西上，其后 40 年间，在四川、重

---

① 参见释圆鼎《滇释记》卷二，《云南丛书》子部之二十九。

② 参见虚云和尚重辑：《再增订佛祖道影·法系考正》，香港佛经流通处印行。第四卷载录《明洱源潜龙应文禅师》。《佛祖道影》之问世，当可追溯到明代之缁素。他们工于画，发心绘梵华圣僧法相，藏于牛首山之寺院。憨山大师为撰传赞，紫柏大师刻单行本流传。紫柏疏云，洪武间，缁素好道者，绘华、梵佛祖道影，自大迦叶尊者而下，至国初耆宿百二十尊，藏诸留都之南牛首山。其精神慈注，风度高简，非灵虚空清、妙思通幽者，未易着笔也。到了明末清初时，福州鼓山涌泉寺住持永觉老人，与为霖禅师，师徒二人，又搜集多位祖师法相，再加传、赞，刻印流通于世，名为《列祖道影》，计有 122 位祖师，称为真寂本。近代虚云老和尚，为涌泉寺住持时，发现此一珍本，认为对禅宗史极有价值。

③《虚云老和尚文集》第七种《文记》。

庆、云南、贵州、广西数省辗转云游，结庵隐修，潜心佛道，留下大量历史遗迹，成为西南数省久经盛传的大事。

云南方志：《武定府志》记载，建文隐居其地狮山，山上有建文帝礼北斗星的"礼斗台"。《嵩明州志》载，距州 30 里的邵甸有个"得食村"，建文帝游历至此，甚饥，遇四农夫献食，故名。《富民县志》记载该县的灵芝寺，亦是建文帝隐居处，留下了"蒲团草"的传说。《广通县志》则载该县寂照庵玉皇阁，建文帝亦曾"托宿其中"，并遗诗二首、偈一首。《永昌府志》载，建文帝来滇西保山，居该白龙山上的寺院，并为城西北大保山麓的明法寺题写寺名。《浪穹县志》载，建文帝在永乐九年（1411），于该县溉次河"诛茅成庵"，进行隐居。《鹤庆府志》载，建文帝在该县观音山的龙门舍隐居过。《临安府志》载，建文帝到临安，为郡城指林寺题"第一山"三字，临安即今云南建水县。

四川方志：《巴县志》记载了建文帝在建禹峰筑庵居住，因而建禹峰现称建文峰；记载了建文帝隐居过的磁器口宝轮寺，因而宝轮寺又名"龙隐禅院"。《江津县志》记载了建文帝在古庙邻母洞题联及额的事。《大竹县志》则记载了建文帝两去大竹，在该县善庆里隐居了较长时间。

贵州方志：《徐霞客游记·黔游日记》中记述了建文帝隐居惠水县九龙山白云寺，手植杉树，并有跪勺泉、流米洞等与建文帝有关的遗迹。在平坝、清镇二县间的高峰山上，也有建文帝隐居过的古刹，并留有"西来面壁"四个斗大之字于寺旁巨岩上。

广西方志：《横州志》记载他曾住锡城南寿福寺，亲为该寺题"万山第一"的匾额，后人为纪念他曾居此，在此建殿，名曰"龙隐"，殿内塑建文帝像，栩栩如生。《庆远府志》载，建文帝云游至此，解所乘之马赐指挥使彭英，马触岩而死，建文帝勒石写"泣血"二字。《武宣县志》载，建文帝曾隐居该县仙人山仙岩寺，并遗诗三首，留下他和随行者的法号。[1]

从方志记载来看，建文为僧在西南地区留有诸多踪迹，云南遗迹最多，在广

---

① 据《庆远府志》卷七载：明惠帝游庆远，寓西竹寺。时卫指挥（彭英）先曾侍帝，遇之，呜咽不能自胜。馈蒸羊，帝起作偈而诵之，乃食，即发舟，英复多所献。帝解自乘马酬之，复作偈曰："蹴踴人间几许年，艰难险阻共周旋。我今别尔东西去，何日相逢兜率天。"乃解缆，其马腾跃，触石而死，此处，帝勒石"泣血"二大字，当地人称此为义马陇。再向南为武宣县。该县仙人山仙岩寺，系建文帝云游武宣时驻锡的地方。据《武宣县志》载：明惠帝曾云游至岩，遗诗三首（按：即武宣县仙人山岩洞内《牢落西南四十秋》等诗刻三首），岩壁刻石有长子、葆子，乃其道号也。

西信众亦多。如他住锡广西横县寿佛寺时,“其徒归者数千,横人,礼部侍郎乐章父乐善广,从受浮图之学。建文帝恐世泄,一夕复遁南宁陈步江一寺中,归者亦然”。

除了方志,逊国名臣家谱中还保存一些记载建文逊国为僧的重要资料,如卓敬家谱、徐氏谱书等。卓氏家谱中的相关记载,现抄录如下:“大明洪武朝,卓公讳敬,字惟恭,由进士官户部尚书,辅建文帝为首相,进爵太师子少师。永乐兵逼京师,建文髡其发为僧,惟恭变其服为道,君臣潜逃远窜。及永乐迁都燕京,密访建文君臣,时惟恭不知下落,只有孙名用祥,奉旨由楚黄冈城徙居蜀资阳,此吾族入川之始祖也。”据此谱,建文帝在位时,户部侍郎卓敬曾上书建文帝削藩良策,要求改封燕王朱棣于南昌,以削减其势力。但削藩未成,燕王却率兵直抵京城;因谷王朱橞和曹国公李景隆开金川门迎降而使南京城陷落。见大势已去,建文君臣化装为僧道逃亡。又史载,燕王朱棣称帝后,曾劝任建文朝户部侍郎的卓敬臣服,而卓敬不迎降,于是明成祖朱棣欲杀之,后鉴于其至诚,便要释放他。可明成祖的谋臣姚广孝却认为不能释放,说:“虽天下已定,然兵革方殷,若欲返驾燕都,必杀敬,始可。方今楚王尚强,蜀王富盛。敬虽一介书生,实英雄才略也。今若生之,则彼得行其志。”最终明成祖下令处死了卓敬。[①] 在这条史料中,我们可以看出明成祖谋臣担心建文复辟,忌惮楚王,并对蜀献王朱椿存有一定的戒心。明成祖多次强调蜀王朱椿“忠孝”,似以此作为牵制的手段。后来终于利用谷王朱橞反叛事件给蜀王施加压力,迫使蜀王检举与其同母的谷王谋反。朱棣指控谷王当初开金川门是为放走建文,而现在兵反也是为了建文再起。[②]

用皮纸誊写的手抄本《徐氏谱书》,也有关于建文帝逊国为僧行踪的记录:

---

① 参见谷应泰《明史纪事本末》卷十六:建文元年二月,户部侍卓敬密奏曰:“燕王智虑绝人,酷类先帝。夫北平者,强干之地,金、元所由兴也,宜徙封南昌以绝祸本。”帝览奏,袖之。翼日曰:“燕王骨肉至亲,何得及此?”敬曰:“隋文、杨广非父子耶!”帝默然良久,曰:“卿休矣。”卓敬秘密上疏建文帝,建议徙封燕王于南昌,这样万一有变,比较容易控制。建文帝对卓敬的建言按压不决,但朱棣上台后却真正领会了卓敬建言的精神实质,最后将宁王朱权徙封南昌,算是活学活用了卓敬当年的建言。

②《太宗文皇帝实录》卷之十二下,洪武三十五年九月。“丁酉蜀王椿辞归,赐敕谕曰:贤弟天性仁孝,聪明博学,声闻昭著,军民怀服。然蜀地险要,夷獠杂居,莫安绥抚,付托甚重。凡百自爱,以副兄怀。赐椿钞二万锭,其从官赐钞有差。”《明史》卷一百十八《谷王朱橞传》:“往年我开金川门出建文君,今在邸中,我将为申大义,事发有日矣。”永乐十五年(1417年),在徙封长沙、受朱棣之恩15年之后,谷王朱橞发现自己被打入了谷底。二月初六,朱棣突然宣布谷王朱橞谋逆,将其及二子皆废为庶人,家属诛死。至此,朱棣完成了对谷王朱橞命运的策划和审判。同样是削藩,和当年建文帝轰轰烈烈、剑拔弩张的削藩行动相比,朱棣的动作老辣低调,打草而不惊蛇,其拿捏适中的政治手腕毫无疑问是一流的。

(徐)达公生二子,长曰辉祖,次曰耀祖。辉祖袭太傅魏国公职,相建文帝于南京。耀祖举武孝廉,授黄旗总兵,佐燕王于北平。燕王号成祖,窃位称朕,迁帝座于燕京(燕京即北平也);建文失守蒙尘,出奔六诏(六诏即云南也)。

成祖时,封沐英为滇王,抚绥云南,恐滇王拥建文帝复辟,密赐我二世祖耀祖公以万户侯爵都使云南指挥临安,近窥其形。(临安,即迤南道)。

建文素好佛学,自奔迤南后,隐匿身事,于临安府属武定县之武当山(狮子山)佛庙为僧,永不复见。①

徐氏谱书为我们提供的信息甚多,这里有几点值得重视:其一,徐氏族人对成祖“靖难”之役颇为不满,称之为“窃位称朕”;而对“建文逊国”深表同情,称之为“失守蒙尘”,可谓憎怜分明。其二,徐氏族人为维护建文帝的地位与安全效过犬马之劳。按《明史·徐达传》,毕节徐氏一世祖徐达于洪武三年(1370)受封魏国公,岁禄五千石,予世券。洪武十八年(1385)徐达去世,长子徐辉祖袭其爵,建文初加太子太傅,奉命帅师援山东,败燕军于齐眉山,燕人大惧。后因朝廷指挥失误,南京陷落,辉祖被俘,坚强不屈,遭成祖幽禁,于永乐五年(1407)死去。其三,徐耀祖奉成祖命,到云南迤南为官,监视滇王沐英,以防拥建文复辟,但耀祖未对建文帝采取任何投石下井的行动。以后发生的事实证明:云南是建文帝避难的最佳立足点,而广西、贵州、四川等地不过是由这一立足点上发出的射点而已。其四,建文素好佛学,流落云南后,隐身佛庙为僧,永不复见。

从以上成祖褒奖蜀王忠孝又借故压制蜀王,到封沐晟为滇王又派忠良世家徐耀祖至云南为官监视滇王,再到派与建文有杀子之恨的顾城再任贵州总兵②,这一系列举措反映出成祖朱棣对西南地区加强了布控,这一切都是为防止建文帝联合西南重要力量图谋复辟。那么,如何解释建文帝出亡西南之外的其他传说?这些传说和遗迹主要分布在东南和西南通向云南的方向,多半应看作是建

① 吴长生:《建文帝住锡毕节考述》,《乌蒙论坛》2005 年第 1 期。

② 顾成在贵州前后 30 余年,是洪武后期至永乐前期贵州地方军务的实际指挥者。这里有一个细节值得注意,即顾成不在贵州期间,正好是建文当政时期,齐让镇守贵州,顾成长子顾统曾因替普定卫指挥使而受建文帝诛杀。顾成受永乐皇帝指派再次镇守贵州后,其子孙居贵州通往云南一线卫所的军事要职,可见,永乐帝当是利用顾成对建文帝的杀子之恨而让顾氏父子监控阻止建文帝东山再起,这是不宣的事实。齐让于洪武三十一年(1398)二月接任顾成为贵州总兵,至建文四年(1402)十月又被顾成取代。

文帝从南京出亡到云南的路途留下的，只是由于不断渲染，将经过之地演绎成出亡之地。从古至今，即有学者多所思考，建文踪迹若隐若现，飘忽不定，虽流落西南，而间亦游方中原，却始终平安来去，有惊无险，究竟是何缘故？如冯甦《滇考》曰："要之，建文帝不死于火，出亡在外，诸书言之甚明。当永乐时，禁令苛切，而不闻有告之以取宠者，谓非有贤者相从以拥护之，不能然矣。至欲确指其姓名，则当时已自没其迹，今世远人亡，复何由征信哉?"正所谓"得道者必多助"，建文行踪之所以比较平安，主要有下列两方面原因：

一方面，成祖朱棣及其后继者没有抓捕建文帝的意图，朱棣的确非常关注建文帝，但他关注的核心是建文帝是否在准备死灰复燃，卷土重来，以夺回帝位。而四方回馈的信息却是建文帝作为一位循规蹈矩的僧人在各地云游，没有什么越轨行为。一句话，现实中的建文帝并没有对他的统治构成任何威胁。因此，朱棣除申饬各地守宰密查建文帝行踪外，并没有派出诸如锦衣卫之类的人物去刺杀建文帝，而只是派胡濙以访张三丰为名而密侦建文帝的下落。另一方面，建文帝得道多助。综观建文帝登基前后的情况，他并非昏庸残暴之主，而可算有道仁君。像建文帝这样一位有道之君，被人强行夺位而流落江湖的悲惨遭遇是很容易得到同情和受到帮助的。正如上文所述，永乐时"禁令苛切，而不闻有告之以取宠者"，必有"贤者相从以拥护之"；而处于朱棣重兵竣法的包围之下，建文及其从亡诸臣竟可以如入无人之境，自由往来于西南以至东南及中原各地，这说明确实有一批朝野人士（包括从亡诸臣）的公开保护和暗中掩护。在这些人士中，有三个人的作用更为突出：

第一个是镇守云南的沐英次子，西平侯沐晟（永乐三年[1405]封黔国公）。建文与沐晟，不仅是君臣，也是义兄弟。沐晟是怎么暗中保护建文呢？成书于康熙四年（1665）的冯甦《滇考》"建文遁迹"中有一段记述："父老又言：（建文）初至滇，寓城中（按，即昆明）五华寺，坐盘石上，良久，自言与沐将军有旧，寺僧报沐（晟）。沐至寺密语，移时，使人送至武定府。语虽无据，然以永乐时法网之密，而帝得保全于滇，不可谓无默护者也。沐黔宁（按：指沐晟之父、黔宁王沐英）本传言，懿文太子（朱标）卒，王哭泣过度，卒陨其生，似以讳赐死事。然黔宁本高帝（指明太祖朱元璋）养子，于懿文谊同昆弟，死而哀恸，亦情理之可信者。故建文万里奔赴，（沐）春与（沐）晟既不挟之以开衅，亦不卖之以邀宠，慎密庇佑，以全其生，于凝脂束湿之世，洵非长者不能也。"（按：沐春已于洪武三十年[1397]逝世，继掌滇政者为其弟沐晟。)[①]因此,建文能长时期隐藏在云南,很大可能和沐晟的“慎密庇佑”,也即暗中保护有莫大关系。虽然朱棣对此也略有所闻,“建文之自焚也,文皇意其匿晟所,使使诇察,无状,乃已”[②]。也就是说由于沐晟保护有方,查不出结果,只好不了了之。

第二个是朱棣派出隐查朱允炆下落的胡濙。胡是建文二年(1400)进士,授兵科给事中,原系朱允炆旧臣。朱棣即位后,迁户科都给事中,奉派隐查朱允炆下落达10余年。他怎么明为察访,暗中掩护呢?李贽曾有一段重要议论:“胡忠安(按:胡濙,谥忠安)之忠大矣,当永乐在位之二十一年也,犹未放心于建文之逃去,而所托腹心之臣惟忠安一人。孰知忠安一日在湖湘,则建文一日之得安稳于滇粤诸山寺耶?留一建文,固无损于事永乐之忠,而反是以结文皇之宠,完君父叔侄之伦。今观公之告文皇,直言其足虑而已。呜呼,诚哉!其无足虑也,公岂欺文皇者哉?上疑始释,建文无恙,吾固以谓胡忠安之忠大矣!”由此看来,胡濙暗中掩护建文,主要有二:一是转移察访目标,明知建文在滇可能性大而又不赴滇,“时又传建文在滇南,公以故在楚湖南最久”,以使建文“得安稳于滇粤诸山寺”;二是他最后报告朱棣“无足虑”的那番话,使朱棣“疑始释,建文无恙”,客观上起到了保护朱允炆的作用。

再一个就是从亡诸臣中的编修程济。据《明史》卷一四三《程济传》称,此人“有道术”,建文即位初期,即上书预言某年某月某日燕王将起兵。以后追随建文出亡,“每遇险,济辄以术脱去”,是建文帝的一位得力的忠实保卫者。所以李贽盛赞他:“若程者,判以其身从君逃难至满数十载,其忘家忘亲忘身之忠又如此,固人臣之大忠也。”

为什么有一批人甘愿冒着性命危险来保护一位出亡逊帝呢?除了“忠臣不事二主”的忠君思想外,主要是他们认为建文帝是一位“仁君”“有德之君”,甘愿

---

① 冯甦:《滇考》卷下《建文遁迹》。此段引文前略云:按《明纪》,靖难兵破南京,建文帝以被火闻,实得太祖遗命,薙髮从水关出。自蜀入滇,常往来广西、贵州诸寺中。正统庚申,出思恩,语寺僧道实,当事不敢隐以闻于朝,迎入大内,以寿终。常赋诗云:牢落西南四十秋,萧萧白髮已盈头。乾坤有恨家何在?江汉无情水自流。长乐宫中云气散,朝元阁下雨声收。新蒲细柳年年绿,野老吞声哭未休。天下传诵之。予至滇求其遗迹,则今武定府狮子山龙隐庵中,其像与诗俱存云。又曰:王弇州作《昭靖传》亦言成祖尝疑建文帝匿晟所,使人诇之,则此固非滇人之私言也。万历末年,《致身录》与《从亡日记》出,所纪帝至滇年月,历历可考。以为帝初出即欲至滇依西平侯,史彬止之曰:大家势盛,耳目众多,况新主意尚未释,能无见告?帝遂往来吴楚间。永乐元年(1403)春正月十三日,至云南永嘉寺。

② 李贽:《续藏书》卷三。

为其作出牺牲。这和夺取帝位后镇压异己、残杀无辜的朱棣,形成了鲜明对比。明中叶后,建文叙事的复活也蕴含着深刻的文化意义,多半建立在对朱棣暴虐政治的痛恨和对建文仁政的怀念。

对于朱允炆的仁德,明人多有评述。李贽称:"故建文之时,死难之臣若此其盛者,以有(方)孝孺风之,连茹拔之,而建文复以春温煦之耳!"《建文年谱》的作者赵士喆称:"天之所废必若桀、纣,未有有德之君而逮亡者。独建文帝以孝慈、恭默、崇古、右文者而亡其天下,千古扼腕,以为天道不可知。"钱谦益称赞赵士喆所编《建文年谱》荟萃诸家记录,再现真相,感人至深,"读未终卷,泪流臆而涕渍纸","夫然后知让皇帝之至德,沁入人心者,如此其深且厚"[①]。

最后想谈及的是正统五年(1440)发生的杨应祥冒充建文帝一事,杨应祥并非不知假冒建文帝去自首的后果,但他竟然敢于犯险,其目的无非是让当朝不再追究建文帝,用性命换取建文帝的安全,这也正是建文帝得道多助的体现。[②]

明人对于建文逊国一事有诸多评议,认为杨应祥冒充建文帝事有误导,但建文帝归京不可信,更应嘉许建文遗臣之忠义。

> 王世贞曰:"建文之出奔,王文恪、陆文裕、郑端简,俱详载其事,以为天顺中出自滇南,呼寺僧曰:'我朱允炆也。胡濙名访张邋遢,其实为我。'众闻之大惊。以闻,诏传送入朝。……命居大内,以寿终,葬西山,不封不树。而史不及之,岂有所讳耶?薛应旗《宪章录》则言,正统十二年,广西思恩州获异僧。升州为府,土官知州岑瑛为知府。瑛初遇老僧于道,从者呵之,不避,诘其度牒,乃杨应能也。曰:'此非吾姓名,吾有所托而逃者。汝不闻金川门之事乎?'云云。瑛大惊,送之京师。使尚膳太监吴诚识之,其说亦如诸公。考之史,第云:正统五年,有僧年九十余。自云南至广西,绐人曰,'我建文也,张天师言我四十年苦,今满矣,宜亟返邦国。'命其徒清进持诣思恩府,土官知府岑瑛执送总兵柳溥,械至京。会官鞫之,乃言其姓名为杨行祥,钧州白沙里人,洪武十七年度为僧,历游两京云贵,至广西。上命锢之锦衣狱,四月而死。同谋僧十二人,俱戍边卫。此事与应旗所纪相近,然应旗实借此而

① 张一鸣:《明建文帝下落三说考述》,载李广良等:《佛教与云南文化论集》,云南民族出版社,2006 年,第 106—119 页。

② 管维良:《建文帝出亡之谜新解》,《重庆三峡学院学报》2001 年第 5 期。

附会前说耳。其人乃杨行祥，非杨应能也。……大抵建文出亡与否不可知，僧腊既已深，当灭迹以终，必不作诗以取祸，亦必不肯出而就危地。所以有此纷纷者，皆因杨行祥一事误耳。”①

《大明高僧传》也引用王世贞《弇山堂文集》深言其“既罹难必无出家之理，既出家必无还宫”之事。

赵士喆《建文年谱》则引钱士升曰：

建文出亡，王文恪、陆文裕、郑端简俱载其事，当是时禁网虽宽，散轶尚隐，故所序述犹在疑、信之间。……乃张朝瑞《忠节录》疑吴亮事为附会，谓是时英宗尚少，三杨皆是故臣，岂皆不能识，仅一吴太监识之？且建文僧腊已深，当灭迹以终，必不肯出。纷纷之说，只因杨行祥一事误耳！予窃谓，正统初年，主少国疑，东、西杨方辅政，岂有请识故君之礼？杨行祥原系伪僧，白其伪者于法司，而微其真者于大内，此正老臣苦心妙用！若谓僧腊已深当灭迹老，则《(从亡)随笔》中已具言之。盖洪熙宽大之后，禁网渐弛，而建文衰飒之余，首丘忽动，故一闻何州之言，归心遂不可遏耳。②

赵士喆在年谱末附录建文寿终后朝廷禁网渐宽之史事：

(1) 正统七年(1442)冬十月，大学士杨士奇请修《建文实录》，不果。时太皇太后疾大渐，召内阁诸臣至榻前，问朝廷尚有何大事未办者？杨士奇对曰有二事：其一，建文君虽已灭，曾临御四年，当命史官修其一朝实录，仍用建文年号；其二，方孝孺已诛，文皇帝诏收其片言只字者论死，非关国事者，乞弛其禁。太后曰：日历既已革除，岂可复用？士奇曰：日历行于一时，国史垂于万世。太后默然。

(2) 天顺元年(1457)冬十月，诏释建庶人出居凤阳。

---

① 谈迁：《国榷》卷十二，惠宗建文四年，中华书局，1988 年，第 838—839 页。建文入宫，诸书曰太监吴亮辨之，而《宪章录》曰“尚膳太监吴诚识之”。又参郑晓《吾学编》中《建文逊国记》载，正统年间，迎入宫，称太上老佛。后帝寿至八十九岁而崩，敦葬于北京西城外黑龙潭，无坟无树。郎瑛《七修类稿》亦记载，建文“竟葬西山，树碑曰天下大法师之墓”。

② 赵士喆纂修：《建文年谱》卷下。师至京师，诏迎师入居西内。

(3) 弘治六年(1493),兵科给事中吴世忠,请褒美建文死难诸臣,疏曰:"建文诸臣皆仗节以死。夫太宗之靖难者,武王之心,天下之大权也。孝孺诸人之仗节者,夷、齐之志,天下之大虑也。微大权则天下之民不立,微大虑则天下之大义不明,二者不可废一也。"下礼部议,格不行。

(4) 嘉靖十四年(1535),给事中杨僎疏请,褒建文死事诸臣。事下礼部,夏言阻之。遂止不行。

(5) 隆庆六年(1572),诏崇祀死难诸臣,恤其后裔。是年,穆宗崩,神宗御极,诏曰:革除间被罪诸臣,忠于所事,甘蹈刑戮,有死无二。此皆我太祖高皇帝所储养忠臣义士,我成祖文皇帝当时亦有"练子宁若在,朕犹当用之"之语。是诸臣罪虽不赦,心实可原。朕今仰尊我圣祖遗意,褒表忠魂,激励臣节,或特建祠,或附本处名贤忠节祠,岁时以礼致祭。其坟墓,后裔倘有存者,厚加恤录。

(6) 万历二十三年(1595),给事中杨天民疏请复建文年号,从之。旨命建文事迹著附《太祖高皇帝实录》之末,仍书建文年号。

(7) 崇祯四年(1631),工部郎中李若愚,请复建文帝庙谥。命礼部议之。然终未及行,崇祯十七年(1644)京师陷。其年五月,弘光帝以福王监国南京,追谥建文尊号曰惠宗让皇帝。①

建文帝流落西南为僧 40 载,恒以滇为家,川、黔、粤为门庭,间云游楚、吴、越、闽、秦诸地。劫难渡尽之后,若说其骨返帝乡,还俗养老,应该不太可能。他失去了江山,赢得了佛缘。亦帝亦僧的他在云南沐氏的强有力庇护下,很有可能云南为宅,云游四海波澜不惊,终老武定狮山龙潭永嘉寺(后改额正续寺)。② 也有说建文帝终老于广西横州寿佛寺,明人徐弘祖著《徐霞客游记》曰:横州南十五里曰宝华,在城东南隅宝华山上有寿佛寺,乃建文君遁迹之地。山半,其寺西向,寺门颇整,题额曰"万山第一",字迹古劲。询之僧,而知果建文手迹。③

滇黔是明初着力开发的西南边疆,也是古来佛教兴盛之地。滇南古属西域,

① 赵士喆纂修:《建文年谱》卷终,附年谱后事。

② 参见高发元:《梨花村志与建文帝亡滇新证》。武定狮子山距昆明百余公里。当代文学家冯牧曾誉之为"雄奇钟秀地,滇中第一山"。如今狮子山正续禅寺山门内有一幅名为"建文逊国图"的壁画,画面正中,建文帝身材高大,芒鞋僧衣,风尘仆仆,神情忧郁地遥望着远方,显得肃穆而又慈祥。在他身后有 6 个随从,其中 1 个是银须老者,1 个是按剑卫士,其余 4 个为出家人打扮的近臣。画面右边是正在燃烧的城楼,城前兵荒马乱。左边则是佛寺和山门,其清静庄严与右边的战火弥漫形成鲜明对比。这幅壁画作于 1956 年,其创作依据即是《明史》《明史纪事本末》等文献中的相关记载。

③ 参见徐弘祖:《徐霞客游记》上卷,上海古籍出版社,1982 年,第 443—444 页。

崇尚释氏，由来久矣。[①] 朱元璋时代就推行让中原佛僧来云南弘化的政策，或让云南僧云游江浙丛林。[②] 建文为僧后，俗称"应文大师"。西南边地颠沛流离之际，亘古未有留下帝师弘化的足迹，而滇黔佛教在明末清初因遗民遁佛再度兴盛。无论明初建文遁佛还是明末遗民逃禅，皆有所托而逃，相伴而行的是忠义气节，彪炳千秋，熠熠生辉。

三 忠义气节临难愤发

这里我们专书壬午死节之臣和建文逊国从亡之臣，表彰其忠义之心与坚贞气节。建文忠臣或死难，或隐遁，或从亡。《建文年谱》曰：建文逊位，群臣之引去者 400 余人，死难者将近百人，从亡者 20 余人。谈迁《国榷》曰：南京城陷，迎降者 20 余人，死节 10 余人，在任逃遁的约 463 人。[③] 这些人中百多人被逮杀，大多数则下落不明。最早记录建文遗臣的著述是松阳人王诏的《忠贤奇秘录》，大约在这场变乱后 10 余年，王诏游治平寺时，在转轮藏上得到一卷书，记载了建文亡臣 20 余人的事迹，"楮墨断烂，可识者仅九人"。其中有梁田玉，官郎中，京师破后，去为僧。郭良与梁中节相约弃官为道士。[④]

明中叶以至明末清初，表彰逊国忠节的著述如雨后春笋。彰章著者，其一，有黄佐与其门人符验撰辑《革除遗事》，所谓革除，乃明成祖朱棣夺取帝位后，下诏革除建文年号，复称洪武，故建文年间省称为"革除"。黄佐序云，本书之缘起，"惧湮也。何湮乎惧？惧史之逸也"。此书称方孝孺等皆忠臣，"忠则宜有传，否则何以劝?"故兹所录多忠节之人，曰：一首罹祸及阵亡之臣凡 19 人，闻变自尽 15 人，在朝罹祸 23 人，在外 20 人，中外士臣百 98 人，不及难 6 人，被斥 6 人，见用

① 《鸡足山志》卷六《人物》。

② 洪武二十一年(1388)三月十四日，僧录司左善世弘道等于中右门钦奉圣旨："恁僧录司行文书各处僧司去，但有讨度牒的僧，二十已上的，发去乌蛮、曲靖等处，每三十里造一座庵，自耕自食，就化他一境的人。钦此。"又有《谕云南僧游方》曰："金仙之教，甘心寂寞，成在苦空，故修道者多栖岩屋树，落魄林泉，玩霄壤之明月，吟清风于松下，置身物外，沧世事如太虚。若是者，乃修之宣之。尔云南僧修者，不辞万里之遥，欲觉因缘十二，若止京师而师云南，又何知天台之景、两浙之美、高僧之渊薮？特敕往游阅诸名山，廓尔方寸，睿尔神灵。异时一归，演华言于金马，论风景于碧鸡，时乃道冠点苍，神游八极，快矣哉！"(《金陵梵刹记》卷一。)

③ 谈迁：《国榷》卷十二，惠帝建文四年六月，中华书局，1988 年。

④ 《明史》卷一百四十三。

22人。其二，有朱国桢撰《逊国臣传》，为建文朝死难诸臣及忠于建文帝之义士、隐逸传集。其三，有张芹撰《建文忠节录》，成书于正德丙子（十一年，1516）五月。正德以降，虽建文史事禁忌渐趋松动，但诸多著述多以"备遗""拾遗""革朝""革除"等为名，可见这一敏感问题尚未完全解禁，史家笔触也未能真正放开，搜罗相关史料考索事迹也相当困难。但万历后，无论官方还是民间，表彰忠节之呼声愈来愈强，明清鼎革之际达至高峰。其四，崇祯年间，徐祯卿撰《逊国正气纪》，其书自序作于崇祯十七年（1644）中秋前一日，此时距李自成入京、崇祯自缢煤山有五个月，距福王在南京即位三个月，历史正在上演最为纷乱惨痛的场景，天下离乱，生灵涂炭，士人失国失君，一时士大夫殉国者甚多。但李自成入京有文臣迎降劝进，清军入关有武将开关导引，作者出于义愤而撰成此书，意在表彰忠义，激扬气节，亦寓有对明亡的反思，正在于摧残士气为渊薮。

入清之后，清修《明史》对逊国从亡诸臣的忠贞气节表彰更为重视。夏燮在《明通鉴》卷首阐述了这一变化：

> 且不必论建文之是死是逊，而其时从亡之一百数十人，岂能尽付之子虚乌有？后修《明史》结以"帝不知所终"一语，最得存疑之体。更增入牛景先一传（初稿虽有《景先传》，不及两行），存帝为僧出亡之或说，遂及从亡之程济以下，以逮河西佣、补锅匠之属，悉附入传中，始稍稍有所表见。《明史》成后，《重修三编》及《钦定胜朝殉节诸臣录》，奉旨将建文诸臣悉准专谥、通谥之例附入卷末，而入祠之职官叶希贤以下九人，及入祠之士民燕山卫卒以下无姓名可考者九人，悉附录之。复命于《三编》大书"帝不知所终"，而附从亡诸臣于《质实》中，援司马迁（传）"程婴、公孙杵臼"之例，揭日月而阐幽潜，御批谓"忠贞之气，屈极而伸"，窃谓似此已成定案。①

（一）建文士风与忠义

建文帝对士人态度迥异于洪武，后世用"雪霜刀剑"和"阳煦春风"来形容其间变化，影响了一代士风。史载，建文"尊右文教，而士兢劝"，"四年之中，一切以恺大行之"。建文帝嗣位，承太祖遗制，诏令京、省开科取士，于建文元年（1399）

① 夏燮：《明通鉴》卷首，义例，岳麓书社，1999年，第7页。

八月，命方孝孺主考应天，录 214 人。其中所得“鸟中孤凤”刘政，孝孺称其为“可托孤寄命者”，深器之。即使在靖难之际的建文二年(1400)，也例行科举，策试礼部贡士，得 110 人，赐胡靖、王良、李贯等进士及第。《袁氏家书·主德篇》紧紧围绕着建文帝的“美德善政”来记事，为人们塑造了一个宽厚仁慈的贤君形象，这也是建文帝当时受到人们拥戴的重要原因，以至于在其失败后有许多人愿意为之殉节，正如明人张遂所言：“我国朝革除，虽南北交兵，原叔侄相代，乃当时死难不屈之臣，上自宰辅，下逮儒绅不具论，而深山穷谷中往往有佣贩自活、禅寂自居者。异哉！此亘古所无也。”[①]靖难后，方孝孺等大批文臣“踊跃致身，趋死如归”，“建文之亡，士大夫争先而为故主死者，若饥之就食而渴之就凉”。可见，建文帝“宽仁德政、偃武修文”等政策的确顺应人心。

明中晚期，随着建文政治禁忌的宽松，士林社会对忠义表彰的吁求大量涌现。明正德丙子(十一年，1516)张芹著撰《备遗录》为嚆矢，其引曰：

> 《备遗录》，录诸先正之忠于所事而以死殉之者也。夫诸先正之死，烈矣。于今才百余年，而其事已落落无传，至有举其名而懵然者。于乎，忠义之名，当与天地同不朽，顾湮没至此耶？尝考商周之际，武王克商，夷、齐饿死。圣贤之行，若甚不能同者，然究而论之，武王所行者，仁也；夷、齐所守者，义也。不有武王，固无以安天下；不有夷、齐，又何以风励后世，而绵八百年之精神命脉哉？此录之所以不容已也。录中四十六人名氏，皆闽中宋君端仪尝采辑为录而未成者。余因旁加考摭，得方先生而下二十人事略，类而粹之以为斯录。一字一句，皆据实以书，不敢辄有增损。其漫无可考者，阙之以俟同志君子。于乎，诸先正之淑履，关于世道也甚大，非寡陋者所能测。乃不自揆，而僭为纂述如此。其何以逭不韪之罪也哉！

明崇祯年间，钱士升曰：“古来死忠，代不数数。商惟墨允，汉独龚胜。唐家河北，无一义士；宋季南朝，止李侍郎。未有开国裁再传，忠节伉烈，千古为盛，如昭代逊国之际者也。”[②]明开国才至第二代，就有如许“忠节伉烈”之盛超越唐宋。

---

① 张遂：《千百年眼》卷十一《革除死难之多》，河北人民出版社，1987 年，第 207 页。参见赵振：《民间记忆与历史叙事：〈袁氏家训〉和建文帝事迹》，《史学月刊》2015 年第 9 期。

② 谈迁：《国榷》卷十二，中华书局，1988 年，第 846 页。

死难忠义之最大最烈者，当数方孝孺。许相卿《革朝志》第三卷中，方孝孺居“死难列传”之首。方孝孺（1357—1402），字希直，台州宁海人。父克勤，国初守济宁，有惠政。孝孺自幼精敏绝伦，双眸炯炯，为文雄迈深醇。长从宋濂游，宋门下多名士，孝孺一旦遂出其上，先辈如胡翰、苏伯衡皆自谓弗如也。恒以明王道、辟异端为己任。故世咸以为程朱复出。洪武十五年（1382），太祖召见，喜其举止端整，谓皇孙曰：“此庄士，当老其才，且遣还乡。”洪武二十五年（1392），又以荐召至，上曰：“今非用孝孺时。”稍擢汉中府学教授，孝孺日与诸生讲明圣学。蜀献王闻其贤，聘为世子师。孝孺每见王，必陈说道德，讲经论文无虚日。王甚喜，为名其读书之庐曰“正学”。皇太孙即位，廷臣交荐，召为翰林博士，进侍讲，寻升侍讲学士。凡将相大政议，辄咨孝孺。建文好读书，每有疑，即召使讲解。临朝奏事臣僚，面议可否，必命孝孺就御前批答。时大召名儒，修《太祖实录》及《类要》诸书，方孝孺为都总裁。比定官制，改文学博士。靖难兵起，日召谋议，诏檄皆出孝孺手。

《明史纪事本末》第十八卷记载了方孝孺壬午殉难详情如下：

> 文皇发北平，僧道衍送之郊，跪而密启曰：“臣有所托。”上曰：“何为？”衍曰：“南有方孝孺者，素有学行，武成之日，必不降附，请勿杀之，杀之则天下读书种子绝矣。”文皇首肯之。及燕师次金川门，大内火起，建文帝逊去，即召用孝孺，不肯屈，逼之。成祖欲草即位诏，皆举孝孺，乃召出狱，斩衰（披麻戴孝）入见，悲恸彻殿陛。文皇谕曰：“我法周公辅成王耳！”孝孺曰：“成王安在？”文皇曰：“伊自焚死。”孝孺曰：“何不立成王之子？”文皇曰：“国赖长君。”孝孺曰：“何不立成王之弟？”文皇降榻劳曰：“此朕家事耳！先生毋过劳苦。”左右援笔札，又曰：“诏天下，非先生不可。”孝孺大批数字，掷笔于地，且哭且骂曰：“死即死耳，诏不可草。”文皇大声曰：“汝安能遽死？即死，独不顾九族乎？”孝孺曰：“便十族奈我何！”声愈厉。文皇大怒，命磔之聚宝门外。孝孺慷慨就戮，为绝命词曰：“天降乱离兮孰知其由？奸臣得计兮谋国用犹。忠臣发愤兮血泪交流，以此殉君兮抑又何求？呜呼哀哉，庶不我尤！”时年四十六。

复诏收其妻郑氏，妻与诸子皆先经死。悉燔削方氏墓。初，籍十族，每逮至，辄以示孝孺，孝孺执不从，乃及母族林彦清等、妻族郑原吉等。九族既戮，亦皆不从，乃及朋友门生廖镛、林嘉猷等为一族，并坐，然后诏磔于市，坐死者873人，谪戍绝徼死者不可胜计。孝孺季弟方孝友就戮时，孝孺目之，泪下。方孝友口占一诗曰："阿兄何必泪潸潸，取义成仁在此间。华表柱头千载后，旅魂依旧到家山。"士论壮之，以为不愧孝孺之弟。孝孺又有二女，年俱未笄，被逮过淮，相与连袂投桥水死。

死难诸臣之忠义，如方孝孺气节，养之有素，临难愤发。壬午殉难，复有户部侍郎卓敬被执，责以不迎乘舆之罪，曰："尔前日裁抑诸王，今复不臣我耶?"敬曰："先帝若依敬言，殿下岂得至此!"文皇怒，欲杀之，而怜其才，且系狱，命中人讽以管仲、魏征事，敬涕泣不可。文皇感其至诚，犹未忍杀，而姚广孝力言养虎遗患，意遂决。敬临刑，从容叹曰："变起宗亲，略无经画，敬死有余罪。"神色自若，经宿，面如生。诛三族，没其家，图书数卷而已。文皇雅闻敬名，既死，犹惜之曰："国家养士三十余年，不负其君者，唯卓敬耳!"[①]

谷应泰评曰：

> 若乃文皇之正位金陵也，宜发哀痛之言，为谢过之举。其能从我游者，固且厚糈以宠范阳，尊官以礼魏征矣。若或天命虽改，执志弥坚，亦复放还山林，听其自适。逢萌之挂冠东都，伯况之杜门广武，狂奴故态，何相迫乎?而文皇甫入清宫，即加罗织，始而募悬赏格，继且穷治党与(羽)，一士秉贞，则袒免并及，一人厉操，则里落为墟。虽温舒之同时五族，张俭之祸及万家，不足比也。乃若受戮之最惨者，方孝孺之党，坐死者八百七十人；邹瑾之案，诛戮者四百四十人；练子宁之狱，弃市者一百五十人；陈迪之党，杖戍者一百八十人；司中之系，姻娅从死者八十余人；胡闰之狱，全家抄提者二百十七人；董镛之逮，姻族死戍者二百三十人；以及卓敬、黄观、齐泰、黄子澄、魏冕、王度、卢元质之徒，多者三族，少者一族也。又若赴义之最烈者，铁铉之尸还反背，景清之死犹犯驾。就义之最洁者，教授之明伦恸哭，樵夫之自投东湖，若此之俦，则又未易更仆数也。(中略)建文诸臣，三千同周武之心，五百尽田横之客，蹈死如归，奋臂不顾者，盖亦有所致此也。[②]

---

① 谷应泰：《明史纪事本末》卷十八《壬午殉难》。

② 谷应泰：《明史纪事本末》卷十八《壬午殉难》。

且看下列诸评对长养忠义及辅弼人才的睿见卓识，尚多方洞察：

谈迁曰："方正学，烈矣。而议者谓其于建文无稍济，虽泥于古，然纷纷更制，未尽正学意也。道衍，忍人也。郊送文皇于北平，首请全正学，自有其深服其心者，匪独以文矣。文皇方借口周公，而成王之子、成王之弟二语，无解于天下万世。其威加十族，溢于常典，而不能折南史之简。则以成败论者，舛也。"①

李贽《续焚书》有记逊国名臣方孝孺。李秃翁曰："太祖初见孝孺，喜其举止端整，曰：此庄士，当老其才。且敕还家。既十年，又以荐得召，此未是用孝孺时。呜呼，我太祖岂但具有天眼，盖真具正法眼矣！然惟太祖乃能用孝孺，使孝孺得用于太祖之时，则孝孺便成得一个好良臣；唯用于建文，故遂成一忠臣以死耳。呜呼，悲哉！才者，材也。材于春夏则长养，材于霜雪则摧残。人但知摧残之易，而不知长养之亦易也。我太祖以神武定天下，非不时时招纳贤士，而一不当则斥，一得罪则诛，盖霜雪之用多，而摧残之意亦甚不少。建文继之，专一煦以阳春，而孝孺辈又为太祖所留之人材，长养成就。日致亨通，拔茅连茹，随汇并进。是以四年之内，皆成仗节死义之臣耳。故曰：四方风动，夫以孝孺为之风。虽姚恭靖以一好杀之和尚，亦深劝文皇帝以勿杀。何者？一杀孝孺，则后来读书者遂无种也。无种则忠义人材岂复更生乎？故建文之时，死难之臣若此其盛者，以有孝孺风之，连茹拔之，而建文复以春温煦之耳。然在建文，但可谓能长养死难之人材，而不可谓能长养辅弼之人材也。使建文果能长养辅弼之人材，则何难可死乎？我成祖又安能成一统之大业乎？"②

朱国桢曰：

> 卓公(敬)为建文效死，忠义不必言。然最初论诸王服饰当辨，后言燕当徙封，又究心周、邵理数之学，此其学问识力，青田(按，即刘基)之后一人。乃姚少师以旧怨激使必杀。夫当日迎则生，不迎则死，公之死计乃决。文皇自然不容，即委屈宣谕，必抗必死，何藉于激？少师，智人也。固拳拳于方正学矣。何独于卓缊此心，多此口？人不可无学，学儒则仁义，学释则慈悲。少师所学何事？佐文皇取天下。诛杀惨夷既不能救，又益薪矣。即溥洽之

① 谈迁：《国榷》卷十二，中华书局，1988年，第860页。
② 李贽：《续藏书》卷五，第290—292页。又参《续藏书注》卷七，第211页。

请，亦在属纩之时，岂慈心至此始发，抑恩怨太重，英雄本色固然，文皇又可逢不可拂，成此杀运耶？[①]

成祖朱棣对忠节自有分晓。时得建文朝奏章千余道，使翰林侍读学士解缙等阅，其干犯者悉燔之。既从容问："尔等皆宜有？"众未对，修撰李贯进曰：臣实无。上曰：尔谓无，忠耶？朕非恶尽心建文者，恶其导之坏祖法耳！事建文忠建文，事朕忠朕，不必曲为覆。[②] 后李贯迁中允，坐累，系狱十年，竟死狱中。

（二）从亡忠义护法，师统接君统

谈迁《国榷》卷十二叙建文逊国事甚详。其引陈继儒语云，愿扈驾者 22 人。祝发者 3 人，为杨应能、程济、叶希贤。往来道路给运者 7 人，为史仲彬、冯漼、郭节、宋和、赵天泰、王之臣、牛景先。其他如廖平、金焦、王灵、蔡运、梁田玉、梁良玉、梁中节、王资、刘伸、郑洽、何洲等各徐散四方，遥为应援。皆《革除志》《吾学编》所不载者。谈迁又云，燕兵破南京之日，其在任遁去者 463 人。何远乔《名山藏》卷之五《革除记附》，其言建文君出亡者，谓群臣多为僧而从之，入湖湘四川云南，最后往来广西贵州，蛮峒八番响木瓜诸处，渐会集者 36 人。

据赵士喆《建文年谱》所记，建文逊国披缁，君变为师，旧臣从亡忠义体现为护法师统接君统。师统，意谓从亡诸臣与建文帝由君臣关系转变为师徒关系。而据《致身录》《从亡随笔》诸书记载，忠义最著者有二僧一道，即与建文帝同祝发的杨应能、叶希贤，度牒名分别为应能、应贤，从亡西南作护法使者，募缘葺庵为前驱，始终不离不弃，先于建文帝而卒亡；程济为道人，始终相从，也最得力，直待帝决志东归方安。李贽《续藏书》称之为"君臣肝胆，道义师生"，曰："《致身录》，公家不传，藏之茅山，道士手授焦竑弱侯。弱侯垂老，为出此书，以传信于史牍。公书自永乐后不纪号，记年不称君而称师。师之号大矣哉，天降下民，作君作师。师统接君统，先生大有笔力。"[③]

从亡忠义僧中首屈一指者为雪庵和尚，然其姓名隐晦。钱士升《致身录叙》云："尝读《逊国臣传》，至补锅、雪庵诸人，求其姓氏不可得，辄掩卷叹息。"郑端简先生曰：余闻之陶征士（渊明），言"齐二客""鲁两生"，史并失其名。操行之难，而

① 谈迁：《国榷》卷十二，中华书局，1988 年，第 861 页。
② 谈迁：《国榷》卷十二，中华书局，1988 年，第 874 页。
③ 李贽：《续藏书》卷七。又参《续藏书注》卷七。

姓名翳然，抚卷长叹，不能已已。余独幸夫雪庵诸君子，忍垢茹荼，卒晦其明，以不灭其族也。[①] 可见，雪庵诸君子仗节忠义，而隐姓埋名，或出于“不灭其族”。

雪庵和尚究竟为谁？按郑晓《逊国臣记》，雪庵和尚名暨，不知其姓，当变时，和尚披剃，走重庆府之善庆里。查阅其他史乘方志等文献资料，大致有三说：

一曰郭节，见诸《致身录》，曰：郭节，时称雪庵，后称雪和尚。宋和，时称云门僧，时称稽山主人，时称槎主。

二曰吴成学，据《从亡随笔》所述，在建文君初逃离南京，有安排其通音信、给衣食者数人，可当至吴江会合时，“吴成学亦为僧矣。师曰何名？成学曰慧。师命之曰雪庵。成学礼谢，自后称雪和尚”。谈迁《国榷》亦以雪庵和尚为吴成学，松阳人，官翰林修撰。

三者，多数著述以叶希贤为雪庵和尚，并说和尚名暨。《明史》卷一四一《练子宁传》附叶希贤：“希贤，松阳人，亦坐奸党被杀。或曰去为僧，号雪庵和尚云。”《明史》卷一四三复曰：“雪庵和尚，人疑其为叶希贤。”夏燮《明通鉴》卷一三曰：“叶希贤之从帝为僧也，自号雪庵和尚，壮年落发，云游滇、蜀间，走重庆之大竹善庆里……结茅白龙山。”许相卿《革朝志》卷六曰：“叶希贤，浙江松阳人，国初举贤良，擢监察御史。建文壬午六月之变，家人惊溃相失，意希贤必死，发丧以衣冠归葬。希贤实出亡髡发，隐姓名为僧，号雪庵。遡江而西，上抵重庆之善庆里。里之隐者杜景贤，一见希贤，知其非常人也。与之游，往来白龙诸山，山旁有松柏滩，滩水清驶，萝篁森郁，希贤意欲留居之。景贤素豪有力，乃为之寺，希贤率其徒数人居之……”[②]

李贽《续藏书》则曰：和尚名暨，不知其姓。靖难初，方、黄之狱，杀几万人。即不杀，谪戍穷边，不死于道而死于边者，又几万人。当是时，和尚壮年，始恸哭，落发为僧。西南走顺庆大竹善庆里。里墟中有隐者杜景贤，知其非常人也，与之游，往来白龙诸山。山有松柏滩，滩水清驶，萝篁森蔚，和尚欲寺焉。景贤即为之寺。寺成，和尚率其徒数人来居，昕夕诵经。山中人谓且诵佛经，乃不知其诵《易·乾卦》也。景贤曰：“和尚相释而诵儒，不可。请诵佛经。”乃和尚亦知景贤意，遂诵《观音经》。和尚好观《楚辞》，时时买《楚辞》袖之，登小舟，急棹滩中流，

---

① 李贽：《续藏书注》卷七。

② 许相卿：《革朝志》卷六《叶希贤传》。

朗诵一叶(页),辄投一叶(页)于水。投已辄哭,哭已又读,终卷乃已。景贤知之,亦不问。和尚好酒,不戒酒。日注酒一壶,俟客至,辄饮客;无客,即拉牧竖共饮。饮半酡,呼儿童歌曰:“我歌尔和。”歌竟,瞑然已寐。和尚颀形秀爽,指柔白剪剪。落笔成文,虽不甚工密,而意气涣发,能感怆人。或曰:和尚当建文壬午为御史。不数月,建文逊位,和尚因秘迹以死。死之日,其徒问曰:师即死,宜铭何许人?和尚张目曰:松阳。问其姓名,不答。和尚有诗若干篇,今且百四十余年,尚未敢显行于世。或曰:此松阳叶希贤也,以贤良方正举为监察御史。①

何乔远撰《名山藏》所记《叶希贤传》,与李贽的记述相差无几。传曰:叶希贤,监察御史也。或曰浙东人,素侃直。建文中,屡言兵事。靖难后,坐逆党死。又有《暨上人传》曰:暨上人,不知何许人也,入蜀为僧,往来白龙山、松柏滩诸处。富人杜景贤,心知其为建文亡臣,厚遇之,为寺白龙山居焉。暨居寺,常读《易》,谩人为佛经。景贤恐其有踪迹,不忍显,止之。第曰:和尚诵儒非教也,请诵佛经。暨从焉。顾时时挟《离骚》鼓柑滩上下,当其急流朗读之,竟一篇辄裂,以投滩而哭,人莫测也。日注壶酒待客,或不至,则要诸儿,醉歌以为常。暨颀形秀爽,指柔白剪剪。落笔成章,意气能感人。临死,其徒问曰:师灭度后,宜名何许人?睁目曰:松阳。问姓名不答。②

万历间屠叔方《建文朝野汇编》引《忠义流芳》,也称雪庵和尚为叶希贤,乃御史,从建文帝出亡。此外,见诸巴蜀地方志,如《巴县志》《长寿县志》等都有记载雪庵和尚的忠义事迹,大体与李贽所记相似。雪庵在长寿的足迹,自然潜藏着建文帝的身影。又,雪庵诗作的一字一句,无不流露忠义之心,如《谢某馈柑》,忠君恋国,满腔悲愤。诗曰:“弃却春光独爱秋,至今不改皱眉头。主人若把金刀剖,点点酸心对客流。”再如《题白鹇》七言律诗:“独立沙丘雪一团,被风吹得骨毛寒。想他未到忘机处,水动还须侧眼看。”虽道莫测高深的禅机,然在杀机四伏中茕茕孑立的白鹇,何尝不是逃亡君臣险恶命运的悲吟?这些诗作,其内蕴和风格如出一辙。

还有《大竹县志》卷九《人物志》载有“忠义”曰:杜景贤,邑庠生,居善庆里,性慷慨。建文君臣逊荒至竹,景贤构寺居之。雪庵和尚在寺中竟日读《易》,景贤恐

---

① 张建业主编:《李贽全集注》第9册《卷七雪庵和尚·附杜景贤》,社会科学文献出版社,2010年,第304页。同书卷六(第278页)曰:“御史叶希贤,或曰浙东人,……建文时,屡疏言兵事,又尝劾耿、李(耿炳文、李景隆)二大将失律丧师。靖难后,坐逆党死。”

② 何乔远:《名山藏》卷八十二《臣林外记》。

骇人听，止之，和尚乃更诵经。景贤固隐士，著述无所见于世。然当帝出亡，侦探甚密，以一书生乃敢昌不测之祸，挺然为东道主，其忠义侠烈盖不在从亡诸臣下也。

又有赵士喆撰《建文年谱》，以从亡僧四人，若应贤、应能、雪庵及云门僧，“则竟以浮屠老矣”，俨然以应贤（叶希贤）与雪庵为二人。又曰：建文为比丘十载未纳一徒，永乐十年（1412），贤、能卒，始纳应慧；永乐十一年（1413）六月，又纳徒应智；应慧既陨，始纳辨空，“盖不堪其寂寞耳”。然戊午（正统三年，1438）冬，智卒遁去，始终不二者，仅一辨空。“同心人既难得亦可知矣。世传建文在粤其徒甚众，其然岂其然乎？”又曰：师（建文）在滇南，凡三纳弟子，曰应慧、应智、辨空。又有雪庵弟子名了空，亦往来门下。慧卒智遁，了空者，即程济授以《从亡随笔》者也。当此之际，能以师为归，如二三子者，岂可以庸人目乎？

赵士喆《建文年谱》成书于明清之际，为读者提供了建文师徒交游行状，雪庵诸君子亡名，乃“真忠义”，如同诸佛是“血性汉”。其曰：“吾愿世之为臣者心最忠，而世莫能知，以是为忠之最大者”。了空自雪庵化后，即以建文为依归，又亲受《从亡随笔》，则其非庸人可知。“然姓字不传，并雪庵之名，亦纷纷二三其说，博雅之士靡不惜之。予以为至人亡名，真忠义，亦不羡名。彼其视雪、空二字，亦影外之尘耳。又或以雪庵之哭读《楚辞》，与程之焚庵削塚，皆未免嗔心难化，不知夫至诚所结，万劫弗磨。佛印曰：三世诸佛则是一个血性汉。赵州、临济正是此一流人，碌碌者何足识之？此一雪和尚也，仲彬以为郭节，程济以为吴成学。又或疑为叶希贤，其以为希贤者，盖以世传和尚为御史，又答弟子为松阳人故耳。夫叶从师于滇粤，跬步弗离……”[①]

（三）僧传中的雪庵和尚

雪庵和尚也受到僧家史传作者的关注。明吴门华山寺释明河撰《补续高僧传》，卷第二十五杂科篇中，列有雪庵和尚传。传曰：雪庵和尚，名暨，不知其姓。当变时，文皇（朱棣）入京，和尚方壮年，披剃。走西南重庆府之大竹善庆里，山水奇绝，和尚欲止之。其里隐士杜景贤，知和尚非常人，遂与之游。往来白龙诸山，见山旁松柏滩，滩水清驶，萝篁森蔚，和尚欲寺焉。景贤豪有力，亟为之寺，和尚率徒数人入居之。昕夕诵《易》乾卦，山中人固谓佛经。景贤知之，不忍问，惧不

① 赵士喆纂修：《建文年谱》卷下。

能安和尚。和尚亦知景贤意，改诵《观音经》，寺因名观音寺。和尚好读《楚辞》，时时买一册袖之，登小舟急棹进中流。朗诵一叶（页），辄投一叶（页）于水。投已辄哭，哭已又读，叶尽乃返。众莫之知，景贤益怜敬之，终不问和尚。和尚好饮不戒，日注酒一壶俟客。客至辄饮，不则拉樵牧竖入饮。半酡，呼竖儿和歌，歌竟瞑焉而寐。和尚颀而秀爽，指柔白蒻蒻。落笔成章，不甚工，然意气涣发，又能感怆人。或曰：和尚为建文时御史。死之日，其徒问，师即死，宜铭何许人？和尚张目曰松阳，问姓名不答。有诗若干篇。

此传大体与李贽《续藏书》所记同，唯其结尾不同。释明河用僧家眼光对精忠志节的雪庵和尚作了“点化”，云：“当雪庵痛哭时，若遇善知识一点，吾见其涣然冰释矣。用志不分，乃凝于神。回此以学道，何道之不克？故曰德山、临济，若不出家学佛，定为曹孟德、孙仲谋无疑。世出世法一揆，惜哉！雪庵之不遇，如临济、德山者，一点化也。”①

雪庵和尚忠义护法事迹对明末清初遗民僧发生深刻影响，本节开首所引方以智传文中称雪庵“护法沙门”，曰其“窜身西南”，“捐妻子，弃庐墓，托迹缁衣”，一如“逊国之雪庵”。明清易代之际亦僧亦儒、矢志复明的屈大均也深慨雪庵和尚忠节，其有所作《吊雪庵和尚》七律诗一首述志：

一叶离骚酒一杯，滩声空助故臣哀。
金川自逐鱼衣去，玉殿谁教燕子来？
一姓终怀亡国恨，三仁难得逊荒才。
君臣泪滴袈裟湿，怅望台城日几回。②

---

①《补续高僧传》卷第二十五《雪庵暨和尚传》。

② 顺治七年（1650），清兵再次攻陷广州，为逃避迫害，屈大均在番禺雷峰海云寺削发为僧，拜天然和尚为师，法名“今种”。他将居所命名为“死庵”，表示誓死不服清廷，并取永历铜钱一枚，以黄丝佩戴在身，以示百折不改其操守。“鱼衣”即水关，此指金川门开，随建文逊国披缁而去。

第三节
永乐帝与佛教

建文四年壬午(1402)夏六月乙丑,金川门开,燕王朱棣入南京,传檄散天下勤王兵。《明史·姚善传》曰:"建文四年,诏兼督苏、松、常、镇、嘉兴五府兵勤王。兵未集,燕王已入京师。"京师的陷落之速是人们始料未及的。燕王以京师号令全国,各地遂传檄而定。燕王拜谒明孝陵后登基即位,年号永乐,是为明朝第三任皇帝。然而燕王朱棣革除建文,直接缵统明太祖。一方面,燕王进南京首先面对的不是建文,而是"孝陵"。《明史·杨荣传》记载:"成祖初入京,荣迎谒马首曰:'殿下先谒陵乎,先即位乎?'成祖遽趣驾谒陵。自是遂受知。"这似乎是件不起眼的小事,其实有着不可忽视的政治影响。先"谒陵"意味着子承父业,追随、继承的是太祖大统;先"即位"则是名不正、言不顺的乱臣贼子。[①] 另一方面看,燕王武力夺位当亦不是纯粹在满足个人权力私欲,应有要施展政治理想,实践胸中大志的企图。从其自定年号永乐,便可知他志不在小,要让天下百姓永享欢乐太平的岁月,更要为明代奠定世代永久安乐的基业。[②]

朱棣是明太祖朱元璋第四子。元至正二十年(1360)四月十七日,朱棣出生于当时称作应天府的南京。朱棣生下后,因朱元璋与陈友谅战事正酣,一直未起名字。直到朱元璋登基称帝前夕,才给他渡江后所生七子正式取名,每个名字都有"木"偏旁,意朱明王朝更加兴旺,朱棣排行老四。[③] 洪武三年(1370),诸子封

---

① 杨荣为建文旧臣,时任编修,正因此事日见信任,成为永乐重臣"三杨"之一。杨荣历事四朝、荣宠不衰,其辉煌政治生涯的起点,就因他适时给了永乐这个提醒:在南京,明"孝陵"俨然是一个重要的政治象征。明郎瑛《七修类稿》卷四十三载"三杨":永乐、宣德间,杨荣、杨溥、杨士奇,皆秉机轴,皆有文学政事之名。同在阁中,则参谒者难于称姓也,故以东西南位别之。盖士奇江西人,故曰西杨。溥,荆州人,荆古南郑也,故曰南杨。荣,固闽人,住京师之东,故曰东杨。称本朝名臣,至今曰三杨。问其东西南之属,不知也。东杨正统五年死,西杨八年,南杨十一年。

② 朱鸿:《明成祖与永乐政治》,台湾师范大学历史研究所专刊,第81页。作者于此指出,令人失望的是,成祖在建文四年(1402)六月入南京即位后,首先从事的不是发扬太祖、惠帝的养民善政,而是榜立奸臣名单,展开一场血腥的屠杀,史称壬午之难。这场政治迫害,无疑是成祖最大的失政。

③ 吴晗:《明成祖生母考》,《清华学报》1935年第3期。考成祖生母为朱元璋庶妻碽氏。此说最引人注意,明人主此说者有何远乔《名山藏》、谈迁《国榷》等。何在南京见《太常志》云帝为碽妃所生,而《玉牒》则高后第四子。谈曰,《玉牒》所云,盖因史臣因帝自称嫡,沿之耳。《明太祖实录》卷二八载,至正二十七年(1367)十二月二十五日,朱元璋为七子取名,祝告太庙文曰:"维子之生,父名以名。典礼所重,古今皆然。仰承先德,自举兵以来,渡江生子七人。今长子命名曰标,次曰樉、曰棡、曰棣、曰橚、曰桢、曰榑……"

藩，11 岁的朱棣被封为燕王。洪武九年（1376），朱棣 17 岁，册徐达长女为燕王妃。秦、晋、燕王受命赴中都凤阳。这是诸王就藩前离开宫禁而接近民间生活的一段重要经历。朱棣在祖籍凤阳居住 3 年，体察民风民情，既对“民间细事，无不究知”，也“观祖宗肇基之地，俾知王业所由兴”。[①] 洪武十三年（1380）春三月，朱棣 21 岁时就藩北平（今北京），多次受命参与北方军事活动，两次率师北征，加强了他在北方军队中的影响力，尤其洪武二十三年（1390）那次率师北伐，使年仅 30 岁的朱棣威名远扬。那年元旦刚过，朱元璋命令燕王和晋王分兵合击，晋王不见敌而还，燕王则收降故元平章乃儿不花，深得朱元璋赏识。捷报传至南京，“太祖大喜曰：燕王清沙漠，朕无北顾之忧矣”[②]。秦王朱樉、晋王朱棡为朱元璋二子、三子，分别藩守西安与太原，其就藩都早于燕王朱棣，唯将元旧都北平留与四子朱棣，显示朱元璋对燕王寄望殊深。“以燕旧京且近北虏，择可以镇服者，遂以封。”[③]朱棣就藩前，父皇还特地为他完婚，娶了开国功臣之首徐达的长女。[④] 洪武十五年（1382）八月，马皇后病逝，燕王奔丧京师，僧道衍应召随燕王还藩，诵经荐福。[⑤] 这些都是将来朱棣夺位成功很重要的因素。

朱元璋垂暮之年，太子朱标、秦王朱樉、晋王朱棡先后死去，朱棣不仅在军事实力上，而且在家族尊序上都成为诸王之首。[⑥] 也许这个时候他萌动过觊觎

---

① 《明史》卷一百十三《成祖仁孝皇后徐氏传》，洪武九年正月二十七日，由宣制官在宫中正式宣布“册徐氏为燕王妃”，然后遣使持节至魏国公府行纳采礼，并定好迎亲日期。《明太宗实录》卷二四：永乐元年十月乙未，“朕少时尝居凤阳，民间细事，无不究知。后受命镇北方……”《明太祖实录》卷三：“庚子，上以秦王樉、晋王棡及今上将之国，命先往凤阳观祖宗肇基之地，俾知王业所由兴。”

② 《明太宗实录》卷一，二十三年春，太祖命晋王率师西出，上率师北出会，期同征北虏乃儿不花。谷应泰：《明史纪事本末》卷十六《燕王起兵》。洪武二十三年春二月，命颍国公傅友德为将军，听燕王节制，征沙漠。初，燕王既之国，太祖欲诸王知军旅，乃敕秦王、晋王、燕王督诸将分道北征。已而秦王、晋王师久不出，燕王率友德等北出，至迤都山，擒其将乃儿不花还。

③ 《明太宗实录》卷一，洪武三年乙丑。

④ 《明太祖实录》卷三：洪武九年（1376 年）春正月，“壬午，册太傅、中书右丞相魏国公徐达长女为今上（即朱棣）妃”。《明史》第十二册，中华书局，1974 年，第 3509—3510 页。朱元璋闻其贤淑，特召其父徐达约为婚姻，说：“朕与卿，布衣交也。古君臣相契者，率为婚姻。卿有令女，其以朕子棣配焉。”

⑤ 谷应泰：《明史纪事本末》卷十六《燕王起兵》。初，诸王封国时，太祖多择名僧为傅，僧道衍知燕王当嗣大位，自言曰：“大王使臣得侍，奉一白帽与大王戴。”盖白冠王，其文皇也。燕王遂乞道衍，得之。道衍至燕邸……据王鏊《守溪笔记》，道衍博学而不迂阔，出家而不厌世，由僧录司左善世宗泐推荐，被朱元璋安排给了燕王朱棣。

⑥ 《明太宗实录》卷一，洪武二十五年四月丙子，太子薨。洪武二十八年（1395），秦王朱樉病故。洪武三十一年（1398）三月，晋王朱棡也突然病故。太祖愈属意于上（朱棣），一日召侍臣密语之曰：太子薨，长孙弱不更事，主器必得人。朕欲建燕王为储贰，以承天下之重，庶几宗社有托。翰林学士刘三吾曰：立燕王，置秦、晋二王于何地？且皇孙年长可继承矣。太祖默然。

之心，但经过短暂的犹豫，朱元璋很快就按皇位继承嫡长制，立朱标之子朱允炆为皇太孙。朱元璋不选英武盖世、雄才大略的朱棣，并非他老眼昏花，而是他没法突破中国延续千年的皇位继承血统论。究实而论，在皇位继承的安排上，朱元璋将选定的继承人留在自己身边，让其终日接受儒臣之教，却将其余诸子封为藩王，领兵分镇，结果导致外藩强悍而皇储仁柔的局面。因此，朱元璋死后叔侄皇位之争，也是他自己一手造成的。洪武三十一年（1398）闰五月，朱元璋与世长辞，继位的建文帝对诸王"势大难制"深感忧虑，遂依谋臣建议实行削藩策。燕王朱棣先发制人，于建文元年（1399）七月兵变，以"遵祖训、清君侧"为名，发动"靖难之役"，武力夺取了皇位，革除建文年号，改元永乐，在位统治 22 年。从历史的眼光来看，朱元璋当初的选择是个错误。如果选朱棣当皇帝，就不会出现后来历时 4 年的皇位争夺战。但历史不相信道德，也不相信眼泪，它只相信实力。朱棣发动靖难战争，将朱允炆赶下台取而代之。为抹杀篡权的形象，防止天下人心不稳，朱棣不惜篡改史实，证明自己就是马皇后嫡子。①

永乐二十二年（1424），朱棣最后一次率军北征回师，暴病身亡于榆木川，享年 65 岁。谥号"启天弘道高明肇运圣武神功纯仁至孝文皇帝"，原庙号为"太宗"，百多年后（嘉靖十七年，1538）明世宗朱厚熜改称"成祖"。祖，意谓是一个新王朝，新的皇位继承世系的开创之意；成，是巩固之意，表明朱棣的登基，既是对朱元璋开创的大明江山的巩固，又是一个新的皇位继承世系的形成。明成祖统治时期，社会安定、国家富强，史称"永乐盛世"。成祖朱棣靖难夺嫡入位的经历，充分显示了他的军事才干和卓越才智，也使他的一生都在努力为自己正名；让百姓尽可以永享太平之乐，打造明代永乐盛世是他称帝后的追求目标。

---

① 朱棣出生后一直由马皇后抚养成人，名义上便也成了马后嫡出；他称帝后篡改《太祖实录》，把能得到的资料全部篡改，力图证明自己就是马皇后嫡出，还拿出很多证据证明他当皇帝是合法的，证明朱元璋有意传皇位给他。而朝鲜的一条史料表明朱棣不是马皇后亲生。洪武二十二年（1389），朝鲜使臣权近等人在北平拜谒燕王，回国后写了一本《奉使录》，说他到北京燕府去见燕王，可是很不凑巧，那天是农历七月十五日，是燕王生母的忌日，燕王不见客人。而马皇后是八月初十去世的。

一 朱棣的佛缘与永乐政治

永乐帝与佛教的特殊因缘，迥然异趣于洪武、建文二朝，人们最容易联想到的首先是靖难之变中他的主谋师——僧人道衍对他施加的佛教影响。其实他的佛教认知和管理政策更多来自帝王家族的影响和现实政治考量，酷肖其父明太祖朱元璋的作风。有作者指出，“巩固与创新，是永乐朝的生命线，这尤其表现在对太祖崇佛之事上。遥想当年，落发为僧的朱元璋，透过层层佛光，看到了宗教对社会下层人民的凝聚和控制。身为皇帝的朱元璋，通过种种佛事，领略了宗教对天下百姓的安抚与慰藉。姚广孝，一个参悟佛法，又有经世之才的高僧，左右着朱棣的行为，也左右着朱棣的思想。明成祖的崇佛，与父皇有关，与姚广孝有关，更与其治国理疆的政治谋略有关”①。事实上，在明成祖身边可能影响其对佛教认知的人，不只有道衍禅师等，还应注意到明成祖的仁孝皇后，甚至高皇母后也被称为“马如来”，这对朱棣也不无深刻影响。

洪武帝所确立的“阴翊王度”的思想成为朱棣遵循“祖宗法度”制定佛教政策的基石。一方面，朱棣利用开科取士和编修大型类书等笼络士人，宣扬儒家思想为其统治思想核心，改变明初嗜佛之风；另一方面，他上台伊始千方百计利用佛教为其正统合法性辩护和造势。细心研读朱棣先后两次颁行《大明仁孝皇后梦感佛说第一希有大功德经》于民间的史事，就可以清楚地发现这一点。②

（一）《第一希有大功德经》

永乐元年(1403)正月，朱棣首次颁行托名徐皇后《梦感佛说第一希有大功德经》二卷。同其他明代佛经一样，该经扉页绘有佛说法图，此图极尽刻画之能事，于方寸之间包罗了众多内容，场面宏大，人物众多：佛祖循循善诱，菩萨珠光璀璨，天王气势慑人，众弟子均合掌恭立，凝神聆听，神态生动，表相各异。众佛像

---

① 陈新海：《明成祖与德银协巴》，青海人民出版社，2007年，第67页。作者指出，对明太祖朱元璋和明成祖朱棣来说，父母及家庭教育的影响，与他们对佛教的态度有极大的关系。为了让朱棣兄弟们了解佛教与佛教在国家治理中的“阴翊王度”的作用，理解朱元璋自己采取崇佛的政策，以及“非是为信佛，实是为辅国”的政治目的，朱元璋还有意让朱棣兄弟们学习佛教的经典，并听高僧们讲经说法。朱元璋为朱棣兄弟们聘请的老师，在佛教这方面对皇子们也产生了一些影响。皇子们的老师是当世名儒、颇受朱元璋器重的大学士宋濂。宋濂在儒学研究上已很受当世士子们的尊崇。他在佛教上的研究也颇有些心得，提出了佛学与儒学在修心养性方面是一致的，建议“真乘法印与儒家经典并用”，即“以儒治国，以佛治心”。朱棣正是在这样一种儒学、佛学并用的环境下接受皇家教育成长起来的。(同书第73—74页)

② 参见里功：《论永乐帝时期宗教对明朝统治的作用》，《北京社会科学》2007年第3期。

四周祥云缭绕，霞光万道。描绘图案的线条纤细如发，流畅遒劲，令人叹为观止。[1] 该经前有徐氏题撰于永乐元年（1403）正月初八日的序文，兹摘录部分于下：

> 洪武三十一年春正月朔旦，吾焚香静坐阁中，阅古经典，心神凝定。忽有紫光聚，弥满四周，恍惚若睡，梦见观世音菩萨于光中现大悲像，足蹑千叶宝莲华，手持七宝数珠在吾前行。吾不觉乘翠云车軿，张五色宝盖，珠幡宝幢，纷陈前迎。飘摇悠扬，莫知所底。少焉行至一门，高敞弘丽，非人间有。黄金题额，曰耆阇崛境。（中略）观世音导吾升七宝莲台，台上宫殿巍峨，廊庑深邃。层楼叠阁，万户千门。（中略）吾自念，德本菲薄，积何善因，而得至此？观世音微笑而言：此佛说法菩提场，经恒河沙俱胝劫，无有能至者。惟契如来道者，方得登此。后妃德禀至善，夙证菩提，妙登正觉。然今将遇大难，特为接引，以脱尘劳。如来常说《第一希有大功德经》，为诸经之冠，可以消弭众灾。诵持一年，精意不懈，可得须陀洹果。二年得斯陀含果，三年得阿那含果，四年得阿罗汉果，五年成菩萨道，六年得成佛果。世人福德浅薄，历劫未闻。后妃将为天下母，福器深厚，觉性圆明，妙堪付嘱，以拔济生灵。乃以净瓶甘露水起灌吾顶，但觉心身清凉，万虑俱寂。忆念明了，无所遗忘。遂出经一卷，令吾随口诵之，即《第一希有大功德经》也。[2]

徐后与观音菩萨"梦感"相见，为洪武三十一年（1398）春正月，即在太祖驾崩前，建文还未即位。而此时观音菩萨有预言："然今将遇大难，特为接引，以脱尘劳。"并传授如来常说《第一希有大功德经》，以"消弭众灾"。至"三十二年（建文元年，1399）秋，难果作。皇上提兵御侮于外，城中数受危困。吾持诵是经益力，恬无怖畏。皇上（朱棣）承天地眷佑，神明协相。荷皇考太祖高皇帝、皇妣孝慈高皇后盛德大福之所垂荫。三十五年（建文四年，1402）平定祸难，奠安宗社，抚临大统。吾正位中宫，揆德薄能鲜，弗胜赞助，深惟昔日《梦感佛说第一希有大功德经》，一字一句皆具实理，奥义微妙，不可思议"。此中"难"，即建文削藩，随之朱棣发动

① 参见郝黎：《北京智化寺"大功德经"：引出一段明代故事》，《中国民族报》2010年5月25日。

② 《大明仁孝皇后梦感佛说第一希有大功德经》，《续藏经》第1册，日本藏经书院本。

的“靖难之变”。这是说，朱棣“靖难”早有菩萨神明预言，实乃天意。这就为朱棣起兵造反找出了最有权威的解说——“顺应天意”。菩萨又预示：“后妃将为天下母。福器深厚，觉性圆明，妙堪付嘱，以拔济生灵。”即是说，徐氏做皇后，朱棣做皇帝，亦乃天意，是“天地眷佑”“神明协相”和皇考妣大福德“垂荫”，从而给朱棣的篡嗣涂上了“君权神（佛）授”的神圣色彩，为其继统合法化制造舆论。朱棣既然从正统儒家那里得不到支持，干脆就用此佛说《第一希有大功德经》来为自己造势。

此《大功德经》及徐后序文的出世，成祖当然知道由仁孝皇后出面正名，要比自己出头更为有利，更能使天下信服。朱棣生命中的奇女子，当仁不让的是徐皇后，她是开国功臣徐达的女儿。这位徐皇后，能文能武，史称其“幼贞静，好读书，称女诸生”。徐王妃平常文静有加，但毕竟是将门之女，有巾帼风范。就在朱棣起兵造反的时候，朝廷派李景隆大军围攻北平，而此时的朱棣前往宁王朱权那里去求援，北京城空，危在旦夕。徐王妃在危急之中披上战甲，与道衍和尚协力，挽救了北平。贤淑贞静的徐妃，成了朱棣夺天下、治天下的得力贤内助。[①]

永乐五年(1407)七月，徐皇后薨，明朝廷再次印行《大功德经》颁布民间。成祖以三子（太子、汉王和赵王）名义分别给《大功德经》写了后序，作于永乐五年(1407)十一月初六日。三篇后序都称赞母后仁孝，梦感佛说经，功德不可思议。太子后序称“《梦感第一希有大功德经》，神妙难名，义理昭著。贯彻三乘，总持万法。充之则周遍法界，敛之则芥纳须弥。显秘藏之玄微，发菩提之奥义。语其理则高深莫测，语其功则甚博而弘。盖历世以来论空典者，未有若是之明且切也”。汉王高煦也称赞此经，“总三藏之枢机，贯一乘之秘义。语其妙则荡荡难名，论其功则巍巍无等。悟之者则欲浪顿息，领之者则魔风倏消。虽尽摩腾之翻、罗什之译，岂足以方于万一者乎?”。赵王高燧则称“《梦感佛说第一希有大功德经》，奥义精深，至理简要。诚菩提最上之法，般若方便之门。求其妙则一字皆原于佛心，语其功则一言可成于正觉。粤历汉代秦年，终莫得以窥其际，虽更马鸣、龙树亦

① 徐后相文皇内治之贤得世所公认，《皇明典故纪闻》卷七有载，文皇后尝问成祖：“陛下日与共图政理谁何?”成祖曰：“六卿治政务，翰林职论思、典词命，皆朝夕左右者也。”因请悉赐其命妇冠服钞币，且谕之曰：“妻之事夫，其道岂止于衣服馈食，必有德行之助焉。古之公侯夫人及士大夫之妻，助成其夫之德化，有形于诗歌，有载诸史传者矣。古今人岂相远哉？常情，朋友之言，有从有违。夫妇之言，婉顺易入。吾在宫中，旦夕侍上，未尝不以生民为念，每承顾问，多见听纳。今上所以共图理道者，六卿翰林之臣数辈。诸命妇可不有以翼赞于内乎？百姓安则国家安，国家安则君臣同享富贵，泽被子孙矣。”

未能以究其微。盖神明佑启我皇家万世太平之基……"据云，徐后"内治之暇，即间居习静，端谨诵持"。他们除一致颂扬母后"相我父皇，内治之美。数十余年之间，勤修善道，夙夜不懈""神明协祯""以兆至治之盛"外，还造成了一种姿态，即兄弟几人敬奉佛门，忠孝友悌，同心向德，不生异心。读者从中可看出朱棣的良苦用心，为其"起靖难而正大统"之地位造势，以伸张其继统开基的合理性和合法性。

仁孝徐皇后是明代后妃中第一位亲写佛经并得以刊刻颁施，据说她不仅在宫中虔诚参拜观音，她还教导宫女如何在佛像前行香、念经，做佛事。遇上万寿圣节、元旦、中元等节日，她也经常邀请高僧、尼姑主持宫内诵经、扬旛、挂榜等佛教的礼仪。① 洪武年间马皇后去世之时，徐妃"居孝慈高皇后丧三年，蔬食如礼。高皇后遗言可诵者，后一一举之不遗"。此举得到朱元璋的赞赏，也为朱棣博得更多好感。②《大明仁孝皇后梦感佛说第一希有大功德经》出现于建、永易代之际，正是朱棣为其夺取政权进而维护统治寻求合法解释的最好舆论工具。因此，该佛经不同于其他普通的佛学著作，实为研究明代政治史、佛经版本等提供了珍贵的资料，具有宝贵的价值。这部佛经反映了明初佛教和政治的关系，虽因被判为"伪经"而受忽视，但它把佛教的神奇护佑与儒家忠孝仁义观念奇妙结合在一起。这个因靖难成功而崛起的帝王家族，与其说是改写了朱明王朝儒家正统的嫡长继承血统，毋宁说是重新缔造了帝王与佛教护佑的关系。

成祖即位之后，仁孝徐皇后要求朱棣建斋醮，超度在"靖难之役"中去世的亡灵。徐氏信仰佛教，相信因果报应。成祖得位不正其心中自明，利用徐氏的佛教信仰，超度去世的士兵和百姓，此举不仅可以在心理上慰藉自己，更能赢得广大民心，以彰显其仁义之德。徐皇后不只是简单的崇信佛教，她还在京师南京支持建设唱经楼，教导广大百姓唱念佛曲，希望借此将佛教信仰向民间传播，其中还隐含了政治因素。永乐年间，徐皇后在驯象门内又兴建经厂。徐氏借观世音之口彰显朱棣即位的合理性，而徐氏建立经厂与唱经楼之举，向民间普及佛教歌曲等宗教活动，则是希望更多人承认朱棣即位的合理性。③

（二）维持世教，阴翊皇度

成祖不仅接受了仁孝徐皇后对佛教的信崇，而且还积极付诸教化实施。其

① 蔡石山：《明代的女人》，中华书局，2011 年。

②《明史》卷一百一十三《列传第一・后妃》，中华书局，1974 年。

③ 参见肖睛：《明代后妃宗教信仰研究》，东北师范大学 2016 年硕士论文。

一，用僧修斋超荐：永乐三年（1405）二月庚寅，命僧修斋荐阵亡将士，成祖亲为文祭之。祭毕，成祖流涕言曰“奸恶横加毒害于我，尔等悯我无辜，奋力战斗，为我而死，含无穷之冤于地下。每念及之，痛切于心”，遂脱所服袍，焚于前，诸将趋进亟止之。成祖曰：“将士于予，情同父子。死者有知，鉴予之哀。”焚讫，悲恸不已。将士视之，皆恸。阵亡之家，其父兄子弟，见者皆收泪曰：“人孰不死？死而蒙主恩德如此，又何憾！我等但当努力图报，且为死者雪冤也。”遂相率请从征自效。[①] 其二，为推广唱念佛曲，发挥佛教政治教化作用，成祖专门编撰了《诸佛世尊如来菩萨尊者神僧名称歌曲》。永乐五年（1407）二月灵谷寺法会后，他“潜心释典，作为佛曲，使宫中歌舞之”[②]。永乐帝钦订、钦颁此书，将当时社会上俗乐领域作为主流存在的300余首曲牌填上新词，以对应诸佛大德赞讽的方式，赐予各地寺庙礼佛，这就是《诸佛世尊如来菩萨尊者名称歌曲》。新创歌曲的总量达数千首，这是中国佛教史上一件具有划时代意义的大事。言此事具有“划时代”意义，是从佛教戒律和政治教化等多个层面来考量。[③]

永乐五年（1407），尚师哈立麻晋京朝见，参与宫廷斋醮祭祀，出现瑞应良多。成祖因此而开始创作佛曲，用于宫廷歌舞之中。永乐十五年（1417）四月，《名称歌曲》一书的主体部分编撰完成，书中的《序》及其《后序》皆作于永乐十五年四月十七日。永乐十七年（1419）二月，此书被编订成大、小各三本，赐予僧录司右善世一如法师。僧家文献于此有记载：己亥永乐十七年，颁《为善阴骘》《孝顺事实》二书于文武群臣、天下学校。甘露降于孝陵松柏三日。二月二十八日，赐僧录司右善世一如佛像二轴、佛骨五魂、钞一千贯、《诸佛菩萨名称歌曲》大小三本。又赐道成佛（像）一轴，思扩佛一轴，大小《歌曲》各三本，命编类《禅宗语录》。

---

① 《太宗文皇帝实录》卷之七，二月庚寅。又参《太宗孝文皇帝实录》卷一百七，永乐八年八月丁未，命行在礼部，集僧道于庆寿寺、白云观建斋醮三昼夜，资荐北征亡故军士；《太宗孝文皇帝实录》卷一百三十二，永乐十年九月甲午，上闻天寿山夫匠有亡殁者，亲为文遣官赐祭，命僧修斋三昼夜资荐，有司函骨归葬乡里，仍复其家。

② 《释鉴稽古略续集》卷三。丁亥永乐五年二月，命西僧尚师哈立麻，于灵谷寺启建法坛，荐祀皇考皇妣。尚师率天下僧伽，举扬普度大斋科。十有四日，卿云天花，甘雨甘露，舍利祥光，青鸾白鹤，连日毕集。一夕桧柏生金色花，遍于都城。金仙罗汉变现云表，白象青狮庄严妙相，天灯导引，幡盖旋绕，亦既来下。又闻梵呗空乐，自天而降。群臣上表称贺，学士胡广等献圣孝瑞应歌颂。自是之后，上潜心释典，作为佛曲，使宫中歌舞之。（收入《大正藏》史传部。）

③ 参见项阳：《永乐钦赐寺庙歌曲的划时代意义》，《中国音乐》2009年第1期。又徐利华、刘崇德《明代永乐佛教歌曲在朝鲜半岛的流播考》（《兰州学刊》2017年第3期）中称《名称歌曲》共有北曲曲牌221个，南曲曲牌117个，南、北曲共有的曲牌共20个。

永乐十七年(1419)秋,成祖完成此书的修订,为47卷,并刊印颁发。九月十二日钦颁佛曲至大报恩寺,当日夜,报恩寺塔见舍利光如宝珠。十三日现五色毫光,卿云捧日,千佛、观音、菩萨、罗汉妙相毕集。续颁佛经、佛曲至淮安给散,又现五色圆光,彩云满天,云中现菩萨、罗汉、天花、宝塔、龙凤、狮象。又有红鸟白鹤,盘旋飞绕。续又命尚书吕震、都御史王彰,赍捧《名称歌曲》往陕西、河南颁给,神明协应,屡现卿云、圆光、宝塔之祥。文武群臣上表称贺,成祖甚感嘉悦。①

永乐十七年(1419)七月至十八年(1420)三月进行增补,增加3卷,包括感应歌曲和《御制感应序》,与之前《名称歌曲》并为50卷,收入《永乐北藏》。永乐十八年(1420)四月,再增一卷感应歌曲,共作51卷。考察《名称歌曲》内容,大体可分3个单元:(1)卷一至卷十八,主要是用当时流传的南、北曲来演唱诸佛、世尊、如来、菩萨、尊者的名称,共收歌曲一千八百三十四首,其中北曲一千三百一十八首,南曲五百一十六首。(2)卷十九到卷四十七,收入《普法界》《弘利益》《广善缘》《利一切》《普尘刹》《朗混融》等佛曲,以宣扬善恶报应,劝人忠孝仁慈,歌颂太平盛世为主旋律,带有浓厚的政治教化色彩。(3)卷四十八至卷五十一,为感应卷。

这套书目的全称为《诸佛世尊如来菩萨尊者名经》,署名为太宗朱棣御制,内容有两部分,分别为《诸佛世尊如来菩萨尊者神僧名经》(40卷)和《诸佛世尊如来菩萨尊者名称歌曲》(51卷),永乐在御制序中简称为"歌曲名经"。"歌曲"部分除了"华严海会之曲""金字经之曲""五供养""四季莲华乐"以及一些偈、咒属于为佛教专创之外,更多是将社会上广泛存在的南、北曲曲牌拿来配上具有明确指向性的供养对象,诸如"诸佛""世尊""如来""菩萨""尊者",针对每一种愿景向诸佛大德发愿的供养之曲。所谓"成方便之曲""广善世之曲""庆太平之曲""减宿业之曲""具庄严之曲""弘三界之曲""除爱浊之曲""离过非之曲""戒心住之曲""海潮音之曲"等等,这里既有对诸佛大德之赞颂、对佛法的弘扬,又有为国家社稷民生祈福、对世间民众修善积德的劝诫。每一种佛曲有一个南北曲的曲牌与之对应,即借助于南北曲曲牌填以具象的诸佛名称内容。这些供养之曲显然不仅仅是僧尼自用,而是僧尼和信众共用,甚至面向信众普及的意义更大;至于

① 《释鉴稽古略续集》卷三。己亥永乐十七年,秋,御制佛曲成,并刊佛经以传。一如法师奉敕探讨大藏群经,采辑类编。

“名经”部分，更多是纯粹意义上的念诵方式，是否为僧尼自身修行所用也未可知。

这部总称《诸佛世尊如来菩萨尊者名经》两部分合在一起有90卷之多，应当是永乐时代《仁孝皇后梦感佛说第一希有大功德经》之外另一部具有重要现实意义的御制佛经，对教化百姓人心向善，维护广袤地域的永乐统治、社会稳定等发挥着难以估量的重大作用。在《诸佛世尊如来菩萨尊者神僧名经序》中，成祖将用曲调赞颂和只念诵“歌词”的意义写出：“尝观诸佛世尊如来菩萨尊者神僧千经万典，开导诱掖，作无量方便。劝人为善，幽明果报，明有惩应。间取佛经所载诸佛世尊如来菩萨尊者神僧名号编成歌曲，欢喜赞讽，功德弘深。因以锓梓，流通广传，俾善男子善女人，洁净一心，至诚顶礼，依腔奉诵，共成胜因。其有至诚事佛、不解依腔赞讽者，只依此编顶礼念诵，俱感人天证果，佛祖鉴临！”①

永乐皇帝曾经在永乐十七和十八年间先后4次为该书作“御制感应序”，还有两篇《御制诸佛世尊如来菩萨尊者名称歌曲后序》，以显示对该书之重视和佛教之尊崇。标明最早的一篇“御制感应序”作于永乐十七年七月初十日，生动描述了“歌曲名经”散施五台山的祥瑞感应，序文曰：

> 佛道弘深广大，超出三界，圆满十方，慈悲利济，普度群生。然其要在于使人为善去恶，积福修因，以共成佛道。朕闻尝取佛经所载诸佛世尊如来菩萨尊者神僧名号编为《歌曲名经》，俾人讽诵，欢喜赞叹，功德之大不可涯涘。乃永乐十七年夏至五月，遣人赍《歌曲名经》往五台山散施。以六月十五日至显通寺，即有祥光焕发，五色绚烂，上烛霄汉，衣被山谷，弥满流动，朗耀日星，久而不散。已而复有文殊菩萨乘狮子，隐隐出云际，微露形迹。及云收雾敛，乃见狮子扬鬐吐舌，奋辟振足，腾跃鼓舞，左顾右盼，于山顶驻立。明日复有罗汉，由华严岭而来，或五百或三百，或一二百，先后踵接联翩，翱翔其间。有顶经包者，有拄锡杖者，有裸体者，有袒肩者，有跣足者，有跛躄而伛偻者，众至三千余，隐显出没，变化非常。于时四方之人来游五台者，莫不顶礼赞叹，以为千载之希遇。

① 摘自《诸佛世尊如来菩萨尊者神僧名经序》，永乐十五年(1417)四月十七日。《永乐北藏》第179册，线装书局，2005年，第331页。

大抵人之好善，惟在于诚而已。诚则纯一无妄，贯彻内外，足以通天地，感鬼神，贯金石，孚豚鱼。虽极其幽远，无有不感通者。朕统临天下，夙夜拳拳以化民为务，凡有所为，一出于至诚。是以佛经所至，屡获感通，于五台之显应，尤足征矣。今特命工绘为图，且复为歌曲以系之。善信之士，果能诚心向善，日积月累，念念不已。将见生享荣华，世臻福庆；殁则往生人天，受诸快乐。苟为亵渎轻慢，不惟身受谴罚，殃及子孙。至于生生世世，永堕沉沦，不能消释。于乎，作善获福，为恶召殃。征之已注（往），具有明验。故曰：积善之家必有余庆，积不善之家必有余殃。又曰：作善降之百祥，作不善降之百殃。然则人之欲为善以祈福德者，可不勉哉！可不勉哉！①

由此不难察知永乐帝对于佛教的推崇，主要基于佛教为善去恶理念来教化世人，并影响社会风气的意图。这部《歌曲名经》完成之后，永乐遣人将其送至佛教圣地五台山，并有所谓感应之事的记录。从多篇感应序文中可见，永乐对于这部《歌曲名经》相当重视，除五台山外，先后派专人将经曲送往京城的大报恩寺以及淮安、河南、陕西，还有交趾等地散施。永乐声称这些经曲是“间取诸佛如来菩萨尊者名号著为歌曲，广布流通。俾人人受持讽诵，积善修因以共成佛果，同臻快乐。此朕一视同仁之惓心也。然所著歌曲，无虑千百亿佛，无一字而非真言，无一语而非至善。如布帛蔬粟之济人利世，不可一日无之者”②。

永乐帝在《诸佛世尊如来菩萨尊者神僧名经序》中有如下表述：“世尊启大慈悲，弘大誓愿，济度历劫生死沉沦，俾皆成佛道。教臣以忠，教子以孝，教兄以友，教弟以恭。教朋以信，教夫妇以顺，教敬神明，教重三宝。所以维持世教，阴翊皇度。（中略）世尊愍念众生，作种种方便，超脱苦趣，无非欲人尽忠尽孝。人不忠孝，能改为忠孝，即是忠孝。若执迷不改，必遭刑戮。今王法所诛，皆不忠不孝之人。凶暴无赖，非化所迁，即佛所谓有罪不得不杀，有恶不得不刑。杀可杀，刑可刑，所以涤拔恶类，扶植善良，显扬三宝，永隆佛教，广利一切。”“行善之人，如春

---

① 朱棣所作《御制感应序》四篇收入卷四十八至卷五十一，称为“诸佛世尊如来菩萨尊者名称歌曲感应卷”，首篇感应序文作于永乐十七年（1419）的七月初十日，其他作于十七年十月十五日、十一月初三日和永乐十八年（1420）四月十七日，皆为《名称歌曲》散施之后，出现祥瑞感应而作。《永乐北藏》第 180 册，线装书局，2005 年，第 785—786 页。

② 《御制诸佛世尊如来菩萨尊者名称歌曲后序》，永乐十八年（1420）正月初一日作，《永乐北藏》第 180 册，线装书局，2005 年，第 782 页。

园之草，不见其长，日有所增。行恶之人，如磨刀之石，不见其损，日有所亏。天网恢恢，报应甚速。”①

且让我们择《诸佛世尊如来菩萨尊者神僧名经》中一段《弘利益之曲》以窥全豹：

普际遇，太平世，好光景，都随人愿。佛如来，
佛如来，佛菩萨。佛菩萨，佛菩萨。
(和)发善愿，都只在至诚心。如来，诸佛如来。
佛如来，愿山河一统乾坤定，愿四序调和鼎鼐均。
愿纲常法度常严整，愿纲常法度常严整。佛如来，
共祝宗社皇图，万万春也，诸佛如来。
(和)发善愿，都只在至诚心。如来，诸佛如来。②

再看《诸佛世尊如来菩萨尊者名称歌曲》中《普法界之曲》(即四季莲华乐)，有一首唱曰：

为善由来忠孝先，(和)观音菩萨，十方诸佛菩萨。
事君王奉父母总如天，(和)南无释迦牟尼佛，南无释迦牟尼佛。
这两件事行得总无偏，(和)观音菩萨，十方诸佛菩萨。
…………

简言之，永乐的佛教信仰里寓有政治教化目标，所谓“善”，即忠君孝亲守法；所谓“恶”，即不忠不孝不法。他将儒家的忠孝思想和佛家的果报观念融为一体，是为了规避佛教中消极遁世的负面作用，利用佛教来为巩固现实政权服务。这些观念通过歌曲演唱的形式，又借助宗教的教化力量，更容易深入人心，敦风化俗。可见成祖实际上对永乐佛教作用进行了重新定位，他在遵循太祖朱元璋既定的佛教“阴翊王度”理念和路线的基础上，潜心于佛教的神奇护佑，发挥佛教善

---

① 《永乐北藏》第179册，线装书局，2005年，第333页。

② 《诸佛世尊如来菩萨尊者名称歌曲》卷第三十，《永乐北藏》第179册，线装书局，2005年，第1页。

世教化功能，实现“维持世教，阴翊皇度”目标。

（三）崇佛而不佞佛

朱棣如此煞费苦心借用佛教为其正名，又用佛教歌曲名经来教化百姓，然他治国理政，并不沉溺于佛老，声称其治天下仍然遵奉儒学经典（五经）为正道，不允许佛老喧宾夺主而“昧其本”。他批评近来“严于事佛”而“简于奉先”的世俗之弊，指出这都是教化不明造成的，试图从自己做起，扭转时下佞佛之风。且看下面永乐初的一些典型实例：

永乐元年（1403）五月，因太祖高皇帝忌辰，礼部尚书李至刚请仿宋制行事，得到成祖允准，命高皇后忌辰，亦如此行礼。李至刚复依宋制请于佛殿修斋诵经，但却被明成祖制止，其理由是，“人君之孝与庶人不同”，人君之孝主要是使“宗社奠安，万民乐业”，而修斋诵经则是末务。

> 庚辰，礼部尚书李至刚等奏：五月初十日恭遇太祖高皇帝忌辰，考《宋会要》，凡国忌前后各二日，不行刑，不视事，不举音乐，禁屠宰，百官赴景灵宫奉真殿行香。今谨议得：忌辰前二日，服浅淡衣服，御西角门视事；至日早，于奉先殿祭祀。初八日至初十日，不鸣钟鼓，不行赏罚，不举音乐，禁屠宰；文武官自初八日服浅淡衣，服黑角带，侍朝之日早赴孝陵行礼。从之。仍命八月初十日，孝慈高皇后忌辰，礼亦如之。于至刚复言：宋制凡忌日于各佛殿诵经，设帝后位，百官行香。今后宜依宋制，于天禧等五寺并朝天宫，令僧道诵经三昼夜。上曰：子于父母固当无所不用其心，但人君之孝与庶人不同。为人君者，奉天命为天下主，社稷所寄，生灵所依，但当谨身修德，深体天心，恪循成宪，为经国远谟，使内无奸邪，外无盗贼，宗社奠安，万民乐业，斯孝矣！如不能此，而惟务修斋诵经，抑末矣！①

永乐二年（1404）春正月庚戌，享太庙。有道士献道经，成祖说：“朕所用治天下者是儒家之五经，道经有何用？”斥去之。既而谕侍臣曰：“上好正道，则下不为邪。人主好尚稍不谨，憸人怀侥幸之心者，恣纵妄诞，以投所好。苟堕其计，将来

① 《太宗文皇帝实录》卷二十上，永乐元年（1403）五月庚辰。同书卷十六，永乐元年春正月，礼部尚书李至刚等言：“自昔帝王或起布衣平定天下，或由外藩入承大统，而于肇迹之地皆有升崇。切（窃）见北平布政司实皇上承运兴之地，宜遵太祖高皇帝中都之制，立为京都。制曰可，其以北平为北京。”

流害无穷矣。故不得不斥。”①

永乐四年(1406)正月,西域进贡佛骨舍利。这种事在历史上不止一次地引起轰动,一般都要兴师动众地去迎接,去安放。但明成祖却没这样做。礼部请求为此事而宽释罪囚,也被明成祖拒绝,并趁机批评了一通佞佛的梁武帝和元顺帝,他们常因佛事而宽释罪犯,“致法度废弛,纲纪大坏,而至末败亡”。②

明成祖才识高远,思想复杂,且充满矛盾。他身为天子,富有四海,但一生却躬行节俭。他不尚虚文,推行务实政治,行事雷厉风行,推动永乐朝进入明代的鼎盛时期。对于永乐帝来说,他发现了明初的崇佛多于“奉先”的问题,如果不加纠正,就会背离太祖制定的儒家为主、释老为辅的治国方略。

永乐五年(1407)五月癸酉,成祖问侍臣曰:听闻近来流俗之弊,严于事佛而简于事其祖先,果有此事吗?对曰:闻有之。成祖叹曰:“此盖教化不明之过。朕于奉先殿旦夕祇谒,未尝敢慢。或有微恙,亦力疾行礼。世人于佛老竭力崇奉,而于奉先之礼简略者,盖溺于祸福之说而昧其本也。率而正之,正当自朕始尔。”③

永春侯王宁于右顺门随侍成祖,从容语及世人竭诚诵经、饭僧、奉佛可以福利先亲者。成祖谕之曰:“天子以四海为家,能思天位者亲之所传,大业者亲之所建,天下生民亲之所保,而敬以奉天,勤以守业,仁以临民,使万物得所,四夷咸宾,光昭祖宗,传之子孙,可以为孝。何必事佛,乃能为孝乎?”④

余继登《典故纪闻》还记录有好几则永乐佛教轶事:

永乐初年,清凉寺的僧人奏称,近寺军民经常在寺外放牧牲畜,请予治罪。明成祖则说,既然寺外有闲地,用来放牧牲畜正合于佛家“利济之心,何必禁?”⑤

有个守卫官在皇城下诵念佛经,明成祖将他召来训斥一通,说你的爵禄是从诵佛经得来的吗?你如有闲暇,口中诵念,太祖皇帝有御制《武臣大诰》等书,你

---

①《太宗文皇帝实录》卷二十七。憸人,指奸佞的人。

②《太宗文皇帝实录》卷五十。西域贡佛舍利,礼部尚书郑赐请因是宽释罪囚。上曰:“帝王之治,以刑赏为务。有功不赏,有罪不诛,虽尧舜无以治天下。梁武帝、元顺帝皆溺于佛,有罪者不刑,致法度废弛、纲纪大坏,而至末败亡。此岂可效?况佛亦有天堂地狱善恶报应之说,用诱人为善,尔儒者乃欲姑息为治耶?”

③《太宗文皇帝实录》卷六十七。

④ 余继登:《典故纪闻》卷六。

⑤ 余继登:《典故纪闻》卷六。永乐初,清凉寺僧言:“近寺军民,牧放牲畜,蹂践寺外之地,请付法司治罪。”成祖曰:“京师隙地少,居人艰于孳牧;寺外有闲地,则推以便之,乃契佛利济之心,何必禁?”

拿来诵读也于你身家有益。今后如果再在宿卫处诵佛经，必罪不宥。①

永乐时，武昌僧欲修观音阁以祝圣寿，成祖不从，曰："人修短有定数，祸福由所行。所行诚善，福不祝当自至；不善，祸非祝所能去。人但务为善，何假外求哉！"

成祖与侍臣论及养生之道，曰："人但能清心寡欲，使气和体平，疾病自少。如神仙家服药导引，只可少病，岂有长生不死之理？近世有一种疲精劳神佞佛求寿，又愚之甚也。"②

由此我们可以理解明成祖崇佛并不佞佛的真实内涵和底蕴。事实上在永乐年间，除了西藏的佛教首领及个别他身边的高僧受到特别宠遇以外，佛教在中原内地并未得到明显的发展。而且，即便是对于西僧的尊崇，成祖也不是随心所欲、任意妄为，有时候他还要顾及朝中儒臣的反对。僧家的史笔记录的这个情况足以说明问题："辛丑永乐十九年，西僧大宝法王来朝，或请驾亲劳之。夏原吉沮之。上曰：'尔欲效韩愈耶？'乃不出劳。他日法王入见，吉不拜。"③

明成祖对佛教的崇信是其制定佛教政策的重要出发点，但能做到崇佛而不佞佛则表明他保持着自觉的政治理性。明万历朝户部主事沈榜就明太祖、成祖之崇佛礼道说："有如我二祖（太祖、成祖）神圣，超越往古，更且为之（佛、道）纲纪其徒，表观授符，俾与吾儒鼎立杂处，若一家然。（中略）盖吾道之所以治也，惟德与礼尔，即刑政，固下乘也。若彼愚夫愚妇，理喻之不可，法禁之不可，不有鬼神轮回之说，驱而诱之，其不入井者几希。辟之倔强小儿，揖让之，扑责之，类号陶不顾，而投之嗜果，靡不惟命。二氏（佛老）之神道设教若此，而谓不足助吾法制之不及耶？"④

沈榜认为佛、道的宣化，乃是对百姓"驱而诱之"。这是对封建帝王之所以利用宗教一针见血的揭露。封建帝王对于广大臣民，先以儒术"理喻之"，"揖让之"，再以刑律"法禁之"，"扑责之"；若此二术不能完全奏效，则以宗教为"嗜果"，"驱而诱之"，即"靡不惟命"。由此可说，朱棣之崇佛道，主要着眼利用释道进行

---

① 余继登：《典故纪闻》卷七。永乐时，守卫官有于皇城下诵经者，成祖闻知召至，谕之曰："尔爵禄自诵经得之耶？身备宿卫，不于此时用心防奸，乃一志诵经，可乎？若意欲修善，当存心忠孝，不越分违法，自然有福。如无是数者，而望有福无祸，得乎？若闲暇之际，口欲诵念，则太祖皇帝御制《武臣大诰》等书，其中皆趋吉避凶保富贵之道，尔取读诵，亦于身家有益矣。今后若仍于宿卫之所诵经者，必罪不宥。"

② 余继登：《典故纪闻》卷六、七。

③《释鉴稽古略续集》卷三，辛丑永乐十九年。

④ 沈榜：《宛署杂记》卷十九，北京古籍出版社，1980年，第236页。

思想教化,以补“法制之不及”。

二 永乐帝的佛教政策与佛教事业

明史学家商传说:“永乐朝不仅是继洪武朝之后明初政治的关键所在,也是有明一代典章制度形成的重要时期。”商传在谈到明初政治与永乐朝统治政策时,写道:

明初的政治算得上是绚丽多彩了。如果说明太祖的严猛之治给人们留下过难以忘怀的畏惧,那么建文帝朱允炆的宽仁则给予人们一种美好的向往。不过这建文四年间因为贫于应付战事,不仅未曾看到宽仁的实效,而且似乎因此导致了失败。现在轮到朱棣做皇帝了,他必须找寻到一种能够适应当时政治形势的统治政策,他决定改变父亲朱元璋和侄儿朱允炆的两种截然不同的统治政策。改变“祖制”,这在当时并非易事,尤其对于他这样一个“篡弑者”,就更困难了。为此,他不得不打出“恢复祖制”的旗号,在这冠冕堂皇的旗号下对洪武的“严猛”和建文的“宽仁”都进行了一定调整,也可以说是进行了一次名副其实的改革。①

从历史的实际发展看,建文的“宽仁”本就是对洪武“严猛”之治的反动,然而受益于建文宽仁的江南儒士缙绅却未能保持住他们所拥护的建文朝廷。当时的朝鲜国王李远芳同大臣赵浚曾议论起这些变化,李远芳以为“大抵人心怀于有仁”,他对“建文宽仁而亡,永乐刑杀而兴”很不理解。赵浚对他说:这是因建文“徒知宽仁而纪纲不立故也”②。这一些精湛论述可使我们从根源上洞察永乐佛教政策形成的基础背景,并充分理解永乐政策“宽猛适中”的建构思路。换言之,崇信与支持佛教固然是官方奉行的政策,但一旦佛教势力过于膨胀,则整顿与限制又成了明代统治者对付佛教的另一张王牌。这基本上形成太祖定制,而成祖

① 商传:《永乐皇帝》,北京出版社,1989年,序言。又参同书第140页。
② 《朝鲜李朝太宗实录》卷八,四年九月乙酉。

娴熟运用于实践。

一般认为，永乐朱棣在位期间，既利用和保护佛教，又严厉整顿和限制佛教，客观上维持了永乐朝佛教事业之兴，而对洪武帝整顿和限制的佛教政策进行了补充和完善。整体而言，朱棣的佛教态度及政策举措也可用“宽猛适中”来表述，体现为不可分割的软硬两手，软性的一手多指其对佛教的崇信、保护和支持，而硬性的一手则往往是异常严厉的整顿和限制，前者是宽的护持，后者是猛的管制，宽、猛集于一体并加以巧妙运用便平衡为“适中”。很难说，管制与护持哪一面是最主要的，应该说两手相互为用，共同维护皇权至上。如果实施把控好的话，对佛教自身发展也有益。以下让我们联系历史实际进行具体分析说明。

（一）两手政策：A面护持与B面管制

明成祖即位之初，对所谓变更“祖制”者处治甚严。靖难以后，凡与建文有一丝瓜葛的人、事都要受到严厉的考察。建文年间，时任杭州知府的虞谦奏请“限僧道田，人无过十亩，余以均给贫民，从之”。永乐初，虞谦被召为大理寺少卿，因前事受到成祖盘诘，“时有诏，建文中上言改旧制者悉面陈。谦乃言前事请罪。帝见谦怖，笑曰：‘此秀才辟老、佛耳！’释弗问。而僧道限田制竟罢”①。永乐帝下令废止了建文朝限制僧道田土的规定。但并未对虞谦治罪。可见对所谓变乱祖制者，明成祖也是区别对待的。

靖难胜利进入南京后不久，洪武三十五年（建文四年，1402）十月，道衍官拜僧录司左善世，成为佛教界最高的统理官。成祖“一遵太祖之制”，其管制佛教政策始于洪武三十五年十一月，首次正式发布了朱棣对佛教政策施政方针的敕令，即实施洪武年间就着手的清理归并政策。这条敕令见存于《明太宗实录》：

> （洪武三十五年十一月）壬午（即建文四年），命礼部清理释道二教，凡历代以来，若汉晋唐宋金元，及本朝洪武十五年以前寺观，有名额者不必归并，

① 《明史》卷一百五十《虞谦传》，中华书局，1974年，第4167页。虞谦，字伯益，金坛人。洪武中由国子生擢刑部郎中，出知杭州府。《明史》所记限田十亩的数字与实录“五亩”有别，参见《明太宗文皇帝实录》卷之十二下，洪武三十五年九月。大理寺少卿虞谦自陈：建文时臣为杭州知府，尝建言天下僧道每人止令畜田五亩，无田者官给之。余有常住田悉归官，以给无田之民。僧道悉免其赋役。当时从臣所言行之，臣当坐改旧制之罪。上笑曰：此秀才辟老佛也。已在赦前命以奏牍付科复之。初有旨，凡在建文中上言改旧制者，悉令面陈。至是视谦有战惧之色，遂命自今不须面陈，悉以奏牍送科复之。

其新创者悉归并如旧。[①]

而在《金陵梵刹志》卷二《钦录集》中保存的一条记载，内容更为生动丰富：

礼部为申明教化等事，照得洪武(三)十五年十一月二十一日早，本部官同五府、各部官于奉天门钦奉圣旨："朕自即位以来，一应事务，悉遵旧制，不敢有违。为何？盖因国初创业艰难，民间利病，无不周知，但凡发号施令，不肯轻易，必思虑周密，然后行将出去，皆是为军为民的好勾当。所以三十一年，天下太平，人受其福。允炆不守成宪，多有更改，使诸司将洪武年间榜文不行张挂遵守。恁衙门查将出来，但是申明教化、禁革奸弊、劝善惩恶、兴利除害、有益于军民的，都依洪武年间圣旨，申明出去，教天下官吏军民人等遵守，保全身命，共享太平。敢有故违者，治以重罪。钦此。"[②]

综观两者，可知成祖朱棣确立以洪武十五年(1382)僧司衙门成立为界限的佛教施政标准，对于该年之后新创的寺观统统加以归并，该年之前寺无名额者也应在归并之列。

成祖即位后秉承太祖旧制，因时制宜，使明朝佛教政策建构渐趋完善，主要表现下列几方面：

其一，对洪武以来度僧制度进一步加以完善，严格限制出家人数。永乐元年(1403)，明成祖重申洪武年间的"三年一给度牒"。对私自簪剃、非法出家者，成祖不仅多次颁令禁止，而且对违犯者加以严惩。

永乐五年(1407)春正月，南直隶及浙江诸郡军民子弟"私披剃为僧、赴京冒请度牒者千八百余人"，成祖命"悉付兵部编军籍，发戍辽东、甘肃"。[③]

---

① 《太宗文皇帝实录》卷之十四，洪武三十五年十一月。

② 葛寅亮：《金陵梵刹志》卷二《钦录集》。此条原置于"洪武三十一年"下，然细读其文，可知为明成祖首次颁发"圣旨"，斥责建文帝朱允炆所谓"不守成宪，多有更改"云云。下文"照得洪武十五年十一月二十一日早"，应为"洪武三十五年"之误。

③ 《太宗文皇帝实录》卷四十八。又参见余纪登《皇明典故纪闻》卷七："永乐间，直隶、浙江军民子弟披剃为僧赴京请度牒者千八百余人。成祖怒甚，曰：'皇考之制，民年四十以上始听出家，今犯禁若此，是不知有朝廷矣。'命悉付兵部编军籍，发戍辽东、甘肃。因叹曰：'朕遵承旧制，一不敢忽，下人尚纵肆如此，何况后来？此不可宥。且此辈皆螟螣，不可蓄育。'"此"螟螣"，《毛诗正义》卷十四之一曰："去其螟螣，及其蟊贼，无害我田稚。"毛亨传："食心曰螟，食叶曰螣，食根曰蟊，食节曰贼。"郑玄笺云："此四虫者恒害我田中之稚禾，故明君以正己而去之。"

永乐五年(1407)九月,嘉定僧会司因该县原有僧六百余人,“今仅存其半”,要求“以民之愿为僧者披剃给度牒”。明成祖表示,“僧坐食于民,何补国家? 度民为僧,旧有禁例,违者必罪”。①

永乐六年(1408)六月,成祖又命礼部移文中外,“凡军民子弟、僮奴自削发、冒为僧者,并其父、兄送京师,发五台山输作;毕日就北京为民种田,及卢龙牧马。寺主僧擅容留者,亦发北京为民种田。”②

其二,在边远地区增设僧司衙门,健全佛教管理机构体系。洪武年间,因为战争和交通等原因,各级地方僧司衙门之设还主要局限于中原地区。到了永乐年间,随着统一战争的停息和边境各少数民族的来朝,也由于成祖着力拓展经营边疆,僧司衙门进一步设于四川、云南、新疆、陕西、甘肃、贵州、辽东、青海、西藏等边远地区,各地佛教管理机构得以健全。兹将永乐边远地区僧司设立情况列表如下:

表 2.2 永乐年间边远地区增设僧司情况表

时间	增设僧司	出处
洪武三十五年(1402)九月	四川播州宣尉使司请设僧纲、道纪二司,从之。	《太宗文皇帝实录》卷十二下
永乐四年(1406)九月	设四川乌撒军民府僧纲司。	《明代文化史研究》
永乐五年(1407)三月	○庚申设四川播州宣慰司僧纲司。 ○乙丑设陕西、甘肃左卫及庄浪卫僧纲司。 ○丁丑设云南府僧纲司及晋宁、嵩明、安宁、昆阳四州僧正司。	《太宗文皇帝实录》卷六十五
永乐五年(1407)六月	设交趾布政司永盈库交州府医学僧纲司、石室县僧会司。	《太宗文皇帝实录》卷六十八
永乐六年(1408)五月辛酉	土鲁番城僧清(来)率其徒法泉等来朝贡方物,命清来为灌顶慈慧圆智普应国师,法泉等为土鲁番等城僧纲司官。	《太宗文皇帝实录》卷七十九
永乐七年(1409)十一月	设哈密卫僧纲司。	《明代文化史研究》
永乐八年(1410)三月	贵州宣慰使司请设僧纲司,皇太子从之。	《太宗文皇帝实录》卷一百二

① 余纪登《皇明典故纪闻》卷七:成祖谕礼部臣曰:“国家之民,服田力穑,养父母,出租税以供国用。僧坐食于民,何补国家? 度民为僧,旧有禁令,违者必罪。”

② 《太宗文皇帝实录》卷八十,永乐六年六月。《大明会典》卷二百二十六《僧录司》,永乐六年令:军民子弟僮奴,自削发为僧者,并其父兄送京师,发五台山做工。毕日就北京为民种田,寺主僧擅容留者亦发北京为民种田。又参余纪登《皇明典故纪闻》卷七记,大略同,部分表述稍异:永乐六年五月,命礼部移文中外,凡军民子弟僮奴自削发为僧者,并其父兄发北京为民种田及卢龙牧马。寺主僧擅容留者,亦发北京为民种田。

续表

时间	增设僧司	出处
永乐八年（1410）八月	设四川长河西、鱼通、宁远等处及苦白寺、沙思达寺、跛羊地面如意宝寺、赏毡地面五僧纲司。	《太宗文皇帝实录》卷一百七
永乐八年（1410）十一月	设四川永宁宣抚司医学阴阳学僧纲司。	《太宗文皇帝实录》卷一百十
永乐十年（1412）五月辛卯	哈密忠义王免力帖木儿所遣阿鲁儿火者请于其地设僧纲司，且请以僧速都剌失为都纲，皆从之。给赐敕命及印。	《太宗文皇帝实录》卷一百二十八
永乐十年（1412）八月	设交趾三江、奉化、谅江、北江、建平、建昌、镇蛮七府僧纲司，南策、武宁、嘉林、福安、三带、利仁、慈廉、威蛮八州僧正司。	《太宗文皇帝实录》卷一百三十一
永乐十一年（1413）五月庚辰	设陕西贾穆龙僧纲司，以番僧锁南监藏为都纲。	《太宗文皇帝实录》卷一百四十
永乐十二年（1414）二月	设陕西藏吉地面、昑囿朗堂、当笼加麻三僧纲司。	《太宗文皇帝实录》卷一百四十八
永乐十四年（1416）五月	设交趾府州县儒学及阴阳、医学、僧纲、道纪等司。	《太宗文皇帝实录》卷一百七十六
永乐十五年（1417）春正月	设辽东建州卫僧纲司，命本土僧搭儿马班为都纲。	《太宗文皇帝实录》卷一百八十四
永乐十五年（1417）秋七月	设四川天全六番招讨使司医及僧纲司。	《太宗文皇帝实录》卷一百九十一
永乐十七年（1419）三月	设交趾谅山府及七源、广源、广威等十州，多翼、古兰等十七县儒学，宣化府阴阳学僧纲司，广威州阴阳学、医学道正司，万崖僧正司，太平、镇夷二县阴阳学，太原县医学僧会司、道会司。	《太宗文皇帝实录》卷二百十

关于永乐年间在四川、云南、贵州、陕西、新疆、辽东等地增设僧司衙门的详细情况，日本学者间野潜龙《明代文化史》一书中有《永乐增设边境僧司表》可作参考。而在青海、西藏等地盛行藏传佛教，明成祖封授当地上层僧人以法王、国师等称号，承认、确立其对行政和宗教权力控制的事实，也成为明代佛教管理体系的组成部分。①

其三，清理整顿僧团，要求严格遵守戒律、祖风，禁止俗人从事佛教法事活动。

永乐十年（1412）五月，鉴于天下僧、道“多不守戒律”，动辄“较利厚薄”“游荡荒淫”，以及俗人行瑜伽法而“败坏风化”，他重申，“洪武中僧、道不务祖风，及俗

① 参见何孝荣:《明成祖与佛教》,《佛学研究》2002 年第 11 期。

人行瑜伽法，称火居道士者，俱有严禁，即揭榜申明，违者杀不赦”。①

其四，重申严禁私创寺院，控制寺院僧尼数额。

永乐十五年(1417)闰五月，成祖表示，“洪武年间天下寺院皆已归并，近有不务祖风者仍于僻处私建庵观，僧尼混处，屡犯宪章”。遂命礼部榜示天下，“禁僧尼私建庵、院”，“俾守清规，违者必诛”。②

永乐十六年(1418)十月，明成祖“以天下僧道多不通经典，而私行簪剃，败辱教门”，命礼部“定通制”，榜谕天下：

> 今后愿为僧、道者，府不过四十人，州不过三十人，县不过二十人；限年十四以上、二十以下，父母皆允，方许陈告，有司行邻里保勘无碍，然后得投寺、观，从师受业；俟五年后，诸经习熟，然后赴僧录、道录司考试，果谙经典，始立法名，给与度牒，不通者罢还为民。若童子与父母不愿，及有祖父母、父母无他子孙侍养者，皆不许出家。有年三十、四十以上，先曾出家而后还俗，及亡命黥刺者，亦不许出家。若寺、观住持不检察而容留者，罪之。③

这一榜文，除了重申洪武年间的一些规定以外，尤其是将“三年一度”改为“五年试经得度”及限定各地僧、道总额，具有相当重要意义。

其五，严打民间附佛组织，净化佛教队伍。

明初，民间佛教组织依旧存在，对新生政权构成一定威胁，为此成祖采取果断措施予以取缔。永乐七年(1409)九月，诛江西叛贼李法良，因其“行弥勒教，流入湘潭，聚众为乱”。十六年(1418)，顺天府昌平县民刘化自称“弥勒佛下世，当主天下”，遂鼓诱民众，相聚为乱，“事闻，悉捕诛之”。④

永乐十八年(1420)三月，山东青州蒲台县唐赛儿“自称佛母”，煽动民众，发动起义。唐赛儿起义失败后，成祖疑其已削发为尼，混迹方外，遂下令将北京、山

---

① 参见《太宗文皇帝实录》卷一百二十八：“永乐十年五月，上谓礼部臣曰：佛道二教，本以清净利益群生，今天下僧道多不守戒律。民间修斋诵经，动辄较利厚薄，又无诚心。甚至饮酒食肉，游荡荒淫，略无顾忌。又有一种无知愚民妄称道人，一概蛊惑男女，杂处无别，败坏风化。洪武中，僧道不务祖风，及俗人行瑜珈法，称火居道士者，俱有严禁，即揭榜申明，违者杀不赦。”又参余纪登：《皇明典故纪闻》卷七。

② 《太宗文皇帝实录》卷一百八十九，永乐十五年闰五月癸酉，禁僧尼私建庵院。

③ 《太宗文皇帝实录》卷二百五，永乐十六年冬十月。

④ 参见耿文雪：《明成祖时期佛教政策述论》，《历史研究》2014年第2期。

东等地尼姑悉数囚禁，或“命尼姑皆还俗”，严禁妇女出家。这些措施短期内净化了佛教队伍，消除了佛教组织的潜在威胁。

永乐中，由于国家支出过大，赋役征派繁重，有些地区发生了农民流亡与起义，唐赛儿起义即是其中规模较大一支。这是正当明成祖为自己的文治武功而沾沾自喜的时候，在诸臣歌舞升平的合奏乐上增添的一个不和谐的音符。这一事件看起来很偶然，但实际上是各种社会矛盾激化的必然结果。值得深入研究的是，唐赛儿起义，一是仍然利用了民间佛教组织来鼓动民众，被严厉打击后惩罚措施殃及佛门；二是以唐赛儿为原型的《女仙外史》“褒忠殛叛”，讲述了唐赛儿为建文帝“起义勤王、讨伐燕藩、存亡继绝二十余年的故事”，究竟是历史的真相，还是野史的虚构抑或附会，值得继续探究。①

另一方面，成祖在位期间也尊奉护持佛教，成功利用佛教巩固政权，为国家服务。事可纪者，主要有以下几点：

一是护僧持戒，提倡善知识讲经说法，禁止人为设阻。

永乐五年(1407)下达圣谕，对释道教化予以保护，著为定例。二月初六日，文武等官奉天门早朝奏准，奉圣旨：“着落礼部知道，重新出榜晓谕，该行脚僧道，持斋受戒，恁他结坛说法。有人阻挡，发口外为民。钦此。”②

二是启建法会超荐，兼崇西僧，为国祈福，安定边疆。

永乐五年(1407年)二月，明成祖在南京“命西僧尚师哈立麻，于灵谷寺启建法坛，荐祀皇考、皇妣”。七月，仁孝徐皇后去世，他又令为建大斋于灵谷、天禧二寺。永乐六年(1408)七月，徐皇后“丧周期”，成祖“命礼部于天禧寺、朝天宫设荐扬斋醮”。七年(1409)七月，徐皇后“丧再期”，明成祖“命僧、道于庆寿寺、白云观设斋醮”。迁都北京后，明成祖仍经常召集僧人，举办法会。明成祖举办法会有宗教、政治、民族等多重意义，不能简单地以崇信佛教来看。但成祖频繁的荐斋祈福活动也深刻影响并在一定程度上培植了宫廷宦官的佛教信仰，有僧家史传作者敏锐捕捉到这个信息，记曰：“中官因是益重佛僧，建立梵刹以祈福者，遍两

---

① 参见杜贵晨：《〈女仙外史〉的显与晦》，《文学遗产》1995年第2期。作者指出，该书写士大夫们素所仇视的农民军领袖唐赛儿秉忠义之心，在“靖难之役”后奉了建文帝的“正朔”，讨伐“篡国”夺位的“逆贼”燕王，存建文帝年号20余年之久。

② 葛寅亮：《金陵梵刹志》卷二《钦录集》。

京城内外云。”[1]

三是组织编纂佛书歌曲，利用佛教善世教化。

前述永乐十七年(1419)秋，他作成《诸佛世尊如来菩萨尊者神僧名称歌曲》共51卷及《诸佛世尊如来菩萨尊者神僧名经》40卷，广为散施，并赐入永乐大藏。同时入藏的还有《大明太宗文皇帝御制序赞文》一卷，包括《御制经序》13篇及《佛菩萨赞跋》12篇，各置于诸经之首；另外在《明史·艺文志三》中还存有明成祖御制的《诸佛名称歌》一卷，以及《普法界之曲》四卷的著录。其御制经序一以贯之地融和儒佛核心观念，并宣扬佛教具有“阴翊王度”和“善世”教化功能，其功德不可思议。如《御制观世音普门品经序》说：“朕惟天道福善祸淫，故佛示果报，使人为善，而不敢为恶。夫天堂、地狱皆由人为，不违于方寸之内，故为善者得升天堂，为恶者即堕地狱。夫忠臣、孝子、吉人、贞士，其心即佛，故神明庇佑，业障俱泯，是以生不犯于宪条，没不堕于无间。夫凶顽之徒，一于为恶，弃五伦如敝帚，蹈刑法如饮甘，宁委岁刹，不钦佛道。……朕恒念此，惟恐世之人，有过而不知改，乃甘心焉以自弃，遂表章是经，使善良君子，永坚禁戒之心，广纳无量之福，为善功德，岂有涯涘哉？”[2]

成祖入藏的佛学著作并不以义理精深见长，而尤以神圣护佑的力量别具一格。成祖命僧官从佛书中选取历史上的神异僧，供其阅览，史载成祖“阅释氏书，采往昔名僧功行之超卓者，辑为一编”，定名为《神僧传》九卷，于永乐十五年(1417)正月刊行。[3]《神僧传》收录了始于东汉迦叶摩腾，终于元代胆巴，共计209位神僧的传记。这种为“神僧”作传的体例，不仅是前所未见的新创，而且更有借神僧护佑天下的政治寓意。

永乐十五年(1417)正月初六，明成祖《御制神僧传序》称：“神僧者，神化万变，而超乎其类者也。然皆有传，散见经典，观者猝欲考求，三藏之文，宏博浩汗，未能遍周，是以世多不能尽知，而亦莫穷其所以为神也。故间翻阅采辑其传，总为九卷，使观者不必用力于搜求，一览而尽得之，如入宝藏而众美毕举。遂用刻梓以传，昭著其迹于天地间，使人皆知神僧之所以为神者，有可征也。”[4]

---

① 《释氏稽古略续集》卷三，己亥永乐十七年。

② 朱棣：《御制观世音普门品经序》，永乐九年五月初一日。一如提到此三书用了“圣朝”所编，而非“圣上”。

③ 《太宗文皇帝实录》卷一百八十四，永乐十五年春正月，《神僧传》成。

④ 明成祖：《神僧传序》，《大正藏》第50册，第948页中。

成祖喜好组织编纂类书,《永乐大典》是超大型类书总集。而《神僧传》与《诸佛世尊菩萨尊者神僧名经》《诸佛世尊菩萨尊者名称歌曲》都属于成祖御制的佛教类书,被敕入《永乐北藏》。[①]

历史上帝王亲自操刀为僧人作传的事例并不多见,成祖受感于自身独特经历撰写这部"神僧护佑"的著作,意义非凡。明成祖即位后极力渲染神僧、神话之类,不知不觉也在"神化"自己,这显然有政治用意。它可以使人相信,明成祖夺得皇位得到了神的赞助、佛的加持,是天命所归的结果,正可借此改变篡逆的政治形象。

至此,让我们对上述永乐佛教政策做个小结,大致有以下几个特点:

第一,永乐朝大都遵循洪武旧制,如:僧道给度,永乐元年令,循例三年一度;僧道禁例,永乐六年令,禁私行披剃,"冒为僧";永年十年谕,循例榜禁僧道"不务祖风",禁火居道士"行瑜伽法";永乐十五年榜示"禁僧尼私建庵院",败坏清规。

第二,经过对旧制的补充完善,根据现实统治形成定制。如永乐十六年(1418)"定通制",定天下僧道总额,定五年试经得度等。[②] 永乐十八年(1420),定例严禁妇女出家。

第三,保护性令例颁行虽少,而多将护持寓于管制之中。如永乐元年令,以复旧制名义,罢限僧道田;永乐五年定例,榜谕特许行脚僧道,持斋受戒,结坛说法。

总之,永乐朝僧道禁令多于保护谕令,但这似乎并未影响永乐佛教事业之兴。究其原因,要归功于永乐佛教管理体系严密、政策执行力强,对僧道势力膨胀及各种负面因素有力扼制,反而促进和保护了永乐佛教事业健康发展。

(二)永乐佛教文化事业三大丰碑

明成祖在位期间工事迭兴,除营建北京和治理大运河以外,像修建大报恩寺、武当山宫观、长陵,都是不小的工程。当时铸造的永乐大钟,被称为世界的"钟王",至今仍为世人称奇。这些,在中国文化宝库中都占有相当大的位置。[③]

---

① 葛寅亮:《金陵梵刹志》卷二《钦录集》。

② 《大明会典》卷一百四《僧道》。释道二教,自汉唐以来,通於民俗,难以尽废。惟严其禁约,毋使滋蔓。令甲具在,最为详密。

③ 本段写作多参见晁中辰:《明成祖传》,人民出版社,1994 年,第 432—435 页,此虽为旧作而未过时,论点精到,特此申谢。

这里我们主要介绍明成祖留给后世的三项重要佛教文化遗产：一是修建金陵大报恩寺及琉璃塔；二是编纂大藏经两部，即《永乐南藏》和《永乐北藏》；三是铸造永乐大钟。此皆成祖"好大喜功"之杰作伟构。明成祖朱棣史称文皇帝，其文治功绩累累，其中也当然包括他在佛教事业所做的贡献。修大报恩寺，铸永乐大钟，编永乐大藏，皆成为明代佛教文化辉煌的传世之作，堪称永乐佛教文化事业"三大丰碑"。

1. 永乐建寺与金陵大报恩寺塔

永乐时，大报恩寺号称"金陵第一大刹"，这与明成祖朱棣有密切关系。《金陵梵刹志》中保存了成祖三篇报恩寺敕文：一是永乐五年（1407）十月十五日颁《报恩寺修官斋敕》，为仁孝徐皇后崩逝，"举荐扬之科，启无遮之会，广集僧伽，讽扬经典"。二是永乐十一年（1413）《重修报恩寺敕》，称"朕念皇考、皇妣罔极之恩无以报称，况此灵迹岂可终废?"，"以此胜因，上荐父皇、母后在天之灵，下为天下生民祈福，使雨旸时若，百谷丰登，家给人足，妖孽不兴，灾沴不作，乃名曰大报恩寺"。三是永乐二十二年（1424）二月《御制大报恩寺左碑》。[①] 为了报答皇考妣太祖高皇帝、马皇后之大恩德，明成祖在天禧寺基址上按照皇宫的规式重建大报恩寺，并造九级五色琉璃塔，琉璃巨塔为九层八面，高达 78.2 米，远在数十里外长江上也可望见。自建成之日起就点燃长明塔灯 140 盏，每天耗油 64 斤，金碧辉煌，昼夜通明。大报恩寺琉璃宝塔作为明代南京最负盛名的标志性建筑物，被称为"天下第一塔"。

（1）大报恩寺的重建

大报恩寺的前身是宋代赐额的天禧寺，最早可追溯到吴王孙权为康僧会建寺和塔，称为建初寺和阿育王塔，为江南建寺塔之始。"南都城之南有大佛宇，孙吴时云神僧所居，南朝始有寺，因地长干，曰长干寺。赵宋改名天禧寺。国朝永乐初，大建之，准宫阙规制，名大报恩寺。故有舍利塔，文皇诏天下尽甄工之能者，造五色琉璃，备五材百制，随质呈色，而陶埏为象，品第甲乙，钩心斗角，合而甃之，为大浮屠。下周广四十寻，重屋九级，高百丈。外旋八面，内绳四方。外之门牖，实虚其四，不施寸木，皆埏植而成。"[②]

---

① 葛寅亮：《金陵梵刹志》卷三十一。

② 陈沂：《琉璃塔记》，载葛寅亮：《金陵梵刹志》卷三十一《聚宝山报恩寺》。

永乐十年(1412)八月,明成祖下令"重建天禧寺",名义上为纪念明太祖和马皇后,借以让世人知道,他是明太祖和马皇后的嫡子,是他们的正统继承人,实际上是为他的生母碽妃祈福。整个工程分两部分,一是寺,二是塔。永乐十年(1412)十月十三日开始动工,直到宣德六年(1431)八月才全部完成,历时19年,费银约250万两,征调军匠工役10余万人,在当时是一项十分浩大的工程。大报恩寺占地开阔,有"九里十三步"之说。寺内,共有殿阁20余座,画廊118处,经房38间。整个建筑群殿阁重重,不仅气势雄伟,而且精妙绝伦。大雄宝殿后面有九级琉璃宝塔,高32丈9尺4寸9分,有8个棱面,全部用白石和五色琉璃砖砌成。据传,烧制琉璃砖时一式三份,依序编号,一份建塔,另两份埋在地下以备用。塔上的琉璃砖瓦都有精美的图案和花纹,正所谓"文石雕瓦,千奇万丽,金轮耸云,华灯耀月,为南都巨观"。

永乐九年(l411)夏天,郑和第三次下西洋回国,将所剩白银百余万两交给工部侍郎黄立恭,用来建造大报恩寺。成祖又从郑和之言,在南京号称"江上关塞"的卢龙山麓新建静海寺①。郑和第六次下西洋回国后,曾一度任南京守备,亲自督察施工。在修建大报恩寺的过程中,还曾经动用一万多囚犯参与施工。当时一度有流言,谓"役夫谤讪",明成祖担心有变,命监察御史郑辰往验,"无实,无一得罪者"。工程浩大,工期又长,施工艰苦,"役夫谤讪"是情理中事,但因郑辰是个较能体恤民情的人,不愿因此惩治匠役,使此事不了了之。

永乐二十二年(1424)三月,寺将落成,明成祖特赐名为"大报恩寺",并亲制碑文。其中说道:"(高皇帝和高后)德合天地,功在生民,至盛极大,无以复加也。朕以匪德,统承大宝,负荷不易,夙夜惟勤,惕惕竞竞,恒循成宪。重推大恩罔极,未由报称……重造浮图,高壮坚丽,度越前代,更名曰大报恩寺。所以祇迎灵贶,上资福于皇考、皇妣,且祈普佑海宇生灵,及九幽夹滞,咸沾济利。因仰承我皇考妣之圣志,而表朕之孝诚。今将竣事,特志其本末于碑,用昭示如来之道化。我皇考、皇妣之功德,配天地之广大,同日月之光明,而相为永久于万万年。"②

(2) 琉璃塔的壮丽

大报恩寺整个寺庙建筑群恢宏深广,号称"经营之精深,规模之广大,极盛而

---

① 葛寅亮:《金陵梵刹志》卷十八《卢龙山静海寺》。卢龙山高三十六丈,周八里。晋元帝初渡江,见此山岭绵延,远接石头,真江上关塞,以比北地卢龙。又俗名狮子山。

② 葛寅亮:《金陵梵刹志》卷三十一。

无以加焉”。特别值得称道的是寺内的琉璃宝塔，不仅体量巨大，且用材精绝，装饰富丽，所施图案颇具东南亚一带传统佛教艺术风格，其图样设计不能排除有郑和下西洋时从南洋携回的图样粉本之参与。[①] 琉璃塔建成之后，赞叹溢美者未绝，相关诗文不胜枚举。试陈几说为证，以便于我们深入了解其伟大状貌。明中期的大文士王世贞在《游牛首诸山记》中就记述了他登上大报恩寺塔的观感：

> 塔，故文皇下京师，纂大宝，倾天下之财力，为高帝及后营福者也。其雄丽冠于浮图，金轮耸出云表，与日竞丽。……甫三级，则已下视万雉矣。级益高，阶益峻，两股�踔者久之。强自奋，尽九级，宫殿樛郁，万栋栉历，与平畴相映，长江如白龙蜿蜒而来。惟钟山紫气，与天阙、方山不相伏，余无所不靡。塔四周镌四天王金刚护法神，中镌如来像，俱用白石，精细巧致若鬼工。[②]

明代张岱《陶庵梦忆》记载：“中国之大古董，永乐之大窑器，则报恩塔是也……塔上下金刚佛像千百亿金身，一金身琉璃砖十数块凑成之，其衣褶不爽分，其面目不爽毫，其须眉不爽忽，斗榫合缝，信属鬼工……永乐时，海外蛮夷重绎至者百有余国，见报恩塔，必顶礼赞叹而去，谓四大部洲所无也。”

清康熙帝《登报恩寺浮图》诗云：“涌地千寻起，摩霄九级悬。琉璃垂法相，翡翠结香烟。缔造人功巧，流传世代迁。旷然弥望远，万象拱诸天。”清乾隆帝也以“铃音替戾飘洪汉，塔影穹隆接碧虚”之诗句咏叹琉璃塔之壮丽奇美、消戾吉祥。清前期的诗人陈文述在《登报恩寺浮图》一诗中写道：

> 靖难师来孰闭门，孝陵云树黯消魂。
> 忠臣已尽神孙死，却建浮图说报恩。
> 儿女英雄各有人，旧都遗事说纷纷。
> 六朝只在斜阳里，半是青山半白云。[③]

---

① 参见贺云翱：《郑和与金陵大报恩寺关系考》，《东南文化》2007 年第 4 期，总第 198 期，第 49 页。

② 葛寅亮：《金陵梵刹志》卷三十一。

③ 甘熙：《白下琐言》卷四。

大报恩寺建成后，成为南京的一大景观。外国贡使来中国，也一定到大报恩寺瞻仰一番，他们“见报恩寺，必顶礼赞叹而去，谓四大部洲所无也”。明清时代，“一些欧洲商人、游客和传教士相继来到南京，口碑相传，西方很多人都知道南京‘瓷塔’，称之为中世纪世界七大奇迹之一”①。

(3) 藏经殿的底蕴

琉璃塔之外，大报恩寺建筑群中藏经殿的存在，表明了该寺佛教文化底蕴之深厚非他处可比。明进士俞彦撰《大报恩寺重修藏经殿记》陈述了从明太祖到成祖二代帝王对该藏经殿文化内涵的重视，成为明代国家庋藏经板和经书之所。而经板与藏经之室，又不同于其他殿宇覆盖“金泥像”者。其文曰：

> 南藏之有镂板，自高帝始也。其庋而置之经堂，则文皇命也。自江波涌塔之异，帝有震焉。而会天禧浮屠灾，乃益斥远其旧，而新是图。仅仅留此瓯脱，箧经而藏之，迄今所矣。佛法无量为劫，佛所说经，以十二万九千六百年为劫。而是经板与藏经之室，无非材木瓴甋所为，木久而溃，甓久而璺，则其劫也。钱塘葛君，昔以仪曹署祠事，补经板之缺，厘经役之蠹，僧众便之。既领祠官，乃念诸耆宿维斯经堂，可弗谓圮欤？佥曰：“是可勿亟治欤？他屋所覆者，金泥像耳。兹独覆经，是宜修一。创建之始，仰给县官。今势既不得请，而成毁任之。是委君贶于荆棘瓦砾也，是宜修二。四方以庄严来者，若取火于燧，绝水于河，而靡所托足，而赡礼求，多不给，谓功令何？是宜修三。”佥曰：“然”。于是计岁会，罢不急，奈庚节缩之，苾刍有丽于法者籍之。②

明南祠部钱塘葛寅亮撰《报恩寺九号藏经并藏殿碑记》曰：

> 昔佛祖演化立教，谓能诵读受持，即成无上希有法。……世有明眼人，三藏十二部，悉故纸矣。读《御制集》，又可异焉。圣祖之言曰：“佛之有经，犹国著令；佛有戒，如国有律。皆导人未犯之先，化人不萌其恶。所以古云：天下无二道，圣人无两心。名虽异，理则一。”夫出世而诋为故纸，入世而视

① 汪水平：《大报恩寺及碑》，载《金陵胜迹大全》，南京出版社，1993年，第211页。

② 葛寅亮：《金陵梵刹志》卷三十一。

若王章，出世、入世，吾乌乎知其辨？圣祖甫勘世乱，即究性宗，特以藏经授副墨，贮之报恩，用广流布。成祖复刻于燕，厥有南、北藏，北藏非请旨不可，而南藏辖之祠部，朝以牒出，夕以楮入。玄奘之侣，翕然南其锡。贮经有室，赡僧有堂，请经有修藏之衬，制也。①

此记不唯向世人揭示了该藏经殿实有明太祖、成祖二帝崇尚佛法而悉心保护经板、经藏的深厚背景，更明示后世“贮经有室，赡僧有堂，请经有修藏之衬”是为明代定制。

2. 永乐南北藏的编纂刊刻

明代“释家类”御制文献中，除了太祖朝的 3 种外，其余 10 种都出现在永乐一朝。《永乐南藏》和《永乐北藏》见目于《金陵梵刹志》。《大藏经补编》中收入明成祖《金刚般若波罗蜜经集注》，《千顷堂书目》列有《御制诸佛世尊菩萨尊者名称歌曲》一卷、《诸佛世尊如来菩萨尊者神僧名经》四卷、《御制普法界之曲》四卷、《大明仁孝皇后梦感佛说第一希有大功德经》一卷、《神僧传》九卷等。永乐佛教文献大量出现，这给编纂大藏经、传播弘扬佛教文化提供了良好条件。

与永乐藏经有关的史事，现存文献可查的最早一条记载是这样的：

永乐元年（1403）癸未九月二十九日午时，僧录司官左善世道衍与工部侍郎金忠、锦衣卫指挥赵曦于武英殿一同题奏：“天禧寺藏经板，有人来印的，合无要他出些施利？”奉圣旨：“问他取些个。钦此。”②葛寅亮说“请经有修藏之衬，制也”，其定制史源即出于此，定制之人即明成祖。明代编藏刻经起源于洪武朝，俞彦曰“南藏之有镂板，自高帝始也”。至永乐朝，成祖将此编藏事业发扬光大，有丰富的资料显示成祖对本朝组织编藏倾注了不少心血。

永乐编藏起始于永乐七年（1409），诏命高僧点校大藏经，有如兰、居敬等应召。至永乐十七年（1419），校勘、写经已在如火如荼进行。是年二月十五日，有号称“法主”的慧进注解《法华经》一部，呈成祖审示。二月二十八日，敕命一如、思扩等编类禅宗语录。三月初三日，宣道成、一如等八人于西红门，钦奉圣旨：“将藏经好生校勘明白，重要刊板。”三月初七日，传旨“要写经样看”，初九日，道

① 葛寅亮：《金陵梵刹志》卷三十一。葛寅亮碑记作于万历三十五年（1607）正月望日。
② 葛寅亮：《金陵梵刹志》卷二《钦录集》。

成等8人将写的5行17字、6行17字经板，于西华门进呈。奉圣旨："用五行十七字的。钦此。"因庆寿寺旧藏经不全，四月二十九日，传旨命僧法涌去苏州承天寺取旧经一藏，与新经对勘。五月初七日，礼部尚书吕震奏：各处取到僧人89名，安排在庆寿寺"打点书籍"，请示成祖从中"选两个能事僧人把总提督"。钦点选出一如、慧进二僧来把总责。二僧经礼部请旨安排进宫，在御用作门觐见，成祖命他们两个"做僧官校藏经"，钦授行在僧录司右觉义职；又让他们"再寻一人"来，二僧推荐了庆寿寺能义，不过他在生病。钦奉圣旨："能义病好时，着他到经筵去管事。钦此。"后来，修藏经僧人增加到120名。[①]

成祖不仅要管编藏人事，还要对校勘、写经加以一定指导，甚至编藏内容一些很专业的问题，僧人也要拿来"请旨定夺"。永乐十七年(1419)六月十五日，慧进在西华门呈禅语式样给成祖看，口题奏："有等始自世尊拈花，终至中峰广录，机缘语句，照依年代，次第编集，各分门类，如近代禅宗编的《禅林类聚》"，要不要依此来编修？奉圣旨："只依《禅(林)类聚》去编。"当奏："其中或有但言事迹，不涉机缘语句，应该如何?"奉圣旨："都编着。"当又口题："佛祖语下，后来禅宗诸师多有拈颂，只恐烦杂"，是否去取？奉圣旨："不要去。"又题："《禅林类聚》门该一百零二条，臣恐烦碎。如锡杖、鞋履等编入器用等门，并作二十八条，请旨定夺。"奉圣旨："只依他。"当又题："见修藏经，臣僧等共计一百二十名，已较(校)过一番了。只今各僧互相校对，欲就七月初，将《般若》《华严》等经差讹少者先写起。"奉圣旨："如今天道热，待七月半后。钦此。"[②]

成祖重视佛教经藏的编纂，他崇尚佛法的精深博大，在编藏中也体现一些他鲜明的个性：

其一，佛法上多用心的都写上，经题序文毋须太累赘。

永乐十年(1412)七月初九日，一如又题："唐太宗刊的藏经，前面有《御制三藏圣教序》。今圣朝重刊，合无亦用序文?"奉圣旨："不要。"又题："藏经里面，各品上多有安经题。苏州取来旧经，品目上皆无经题。"奉圣旨："不要如《论语》，各篇目上有'论语'二字来。"又题："且如《法华经》，世间读诵者多，品目上亦有经。"奉圣旨："也不要。钦此。"

---

① 葛寅亮：《金陵梵刹志》卷二《钦录集》。"一如庵"，即僧一如，字一庵；"进法主"，即僧慧进，人号"法主"。二僧传记，均见释明河：《补续高僧传》卷四，上海古籍出版社，1991年。

② 葛寅亮：《金陵梵刹志》卷二《钦录集》。

永乐十七年(1419)九月十二日，一如在题奏完藏经目录编排事情后，又奏："太祖高皇帝有《御制心经序》，圣朝诸咒前亦各有序，合无于各经前都写上?"奉圣旨："太祖皇帝于佛法上多用心，都写上。"又奏："累朝如唐太宗、宋太宗等，经前多有序文，合无写上?"奉圣旨："都写上。钦此。"①

其二，谤佛，我心不喜。

永乐十八年(1420)正月十六日，入宫内观灯宴。十七日早，宣一如庵、进法主，成祖问："藏经校得好了?"当奏云："已七番校过好了。"奉旨云："上紧用心。"三月初六日午，宣慧进、思扩与袁、仁二道士等五人。道官于西红门赐坐。奉圣旨："这尼姑无礼，称唐菩萨(笔者按，指山东唐赛儿，自称佛母)，见着去拿了。(下略)"又奉旨："道家的经好生纰缪，且老子称净乐国王，在于何时?"袁对云："无年代。"又奉旨："你每(们)校证的藏经好么?"奏曰："已经多番校过好了。"又奉旨："且如有《报恩重经》等，不是佛说的，休入藏里。"奏曰："止如分《数珠经》《血盆》《高王经》等，非佛说的，不可入藏。"又右讲经琮奏曰："道家有《太上实录》谤佛。"奉旨："向年间着收来，还也不曾? 这刘渊然(按，时任道录司左正一)该杀的!"有道士袁奏曰："《太上实录》多有好言语在内。"奉圣旨："我敬佛，他谤佛，留了我心不喜。钦此。"②

其三，荒唐之言不要入。

永乐十八年(1420)七月十八日早，一如等于奉天门口题："《梦感功德经》，南京藏内已入大字函。今合无就圣明《诸佛名经》等编入后面?"奉圣旨："荒唐之言，不要入。"如当又题奏："昔日太祖皇帝取到各处高僧，命如玘、宗泐等注解《心经》《金刚》《楞伽》三经，颁行天下。内有太祖皇帝御制序文，合无写入藏刊板?"奉圣旨："写入。"又奉圣旨，问："经板着几时刊?"奏云："看工匠多少。"又奉圣旨："着二千五百一年，了得么?"不敢对。又奉圣旨："板经刊后，留在何处?"亦不敢对。当奉圣旨："明日安一藏这里(指北京)，安一藏南京。"又奉圣旨："石上也刻一藏，大石洞藏着。向后木的坏了，有石的在。"又奉圣旨："这里盖两个大寺，如今僧内取来的，有聪慧的选下些，明日起大寺了，着他在这里住。"当奏云："僧里面只是老的多了。"又奉圣旨："有病的着他回去。又如今写经的都念经。"奉圣

---

① 葛寅亮:《金陵梵刹志》卷二《钦录集》。

② 葛寅亮:《金陵梵刹志》卷二《钦录集》。

旨："也难遇着他念经。"当又钦奉圣旨："写经的写经，也要办我的事。钦此。"[①]

以上是永乐十八年(1420)七月，成祖召见负责编藏的一如法师，这段对话透露了成祖内心计划的好多信息。这时虽还没迁都但因他常住北京，所以编藏的事务有很多发生于行在北京，一如他们百多号校经写藏的僧人就在庆寿寺开展编藏工作，行在僧录司也设在该寺。成祖问一如：经板何时开刻？一如答，这要看工匠多少。成祖问：用2500个工匠一年能做完吗？又问：经板刊后放在何处？一如都不敢应对。成祖说：一藏放北京，一藏留南京。还要在石洞刻一藏，将来木刻经坏了，还有石经在。这就是后来刻成传世的《永乐南藏》《永乐北藏》和《房山石经》。

永乐皇帝在灵谷寺举办法会，"荐祀皇考、皇妣"；重建大报恩寺，"以此胜因，上荐父皇、母后在天之灵，下为天下生民祈福"。至此，在北藏序中，仍不忘向世人展示他编纂大藏的一个重要目的，即是"念皇考皇妣生育之恩，垂绪之德"，序曰：

朕惟如来为一大事出现，演三藏十二部之玄言，所以指教垂义者尚矣。自其言流于中土，翻译其义，以化导群类，非上根圆智之士，鲜能以通之，而得其要者或寡矣。夫治心修身，所以成道心也者，虚灵明妙，焕然洞彻，该贯万理而无所遗也。是故启多闻必由于藏海，原万法本归于一心，以是修正，超乎圆妙，常住不动，无有所蔽，此诚末世之津梁，迷途之明炬也。

朕抚临大统，仰承鸿基，念皇考皇妣生育之恩，垂绪之德，劬劳莫报，乃遣使往西土取藏经之文，刊梓印施，以资为荐扬之典。下界一切生灵，均沾无穷之福，如是功德，有不可名言。若夫世之由迷惑真，交缠故业，茫然而莫之所归者，不究竟于斯，亦莫能得其体而返其真也。推是心以济拨流转，引援沉沦者，亦如来慈悲之愿也。用是为赞，以揭于卷首，且以翼流通于无穷焉。

---

① 葛寅亮：《金陵梵刹志》卷二《钦录集》。经姚广孝等人的请奏，这部佛经在南京天禧寺雕刻经板，其印行本在民间流传一时。成祖时虽未允许入藏，但还是被收录于明神宗万历十二年(1584)所刻的《大明圣教北藏》(即《永乐北藏》)中。后又入日本编《卍新续藏》中。

3. 永乐大钟与“大明永一统”

明成祖喜好宏大功业，修建大报恩寺塔号称“天下第一”，铸造永乐大钟亦达到了世界之最。永乐十八年(1420)，明成祖颁诏迁都北京前，下令铸造了这口巨大的青铜钟，史称永乐大钟。[①] 这口大钟通体褚黄，高 6.75 米，钟口直径 3.3 米，钟唇厚 18.5 厘米，钟壁厚度不等，最厚处 185 毫米，最薄处 94 毫米，重达 46.5 吨。大钟上铸有御制佛经和其他重要的佛经 7 部，汉文咒语 100 多项，至今清晰可辨。永乐大钟铸有经文 23.0184 万字，其中汉文佛教铭文 22.5939 万字，梵文佛教铭文 4245 字，堪称是世界上铭文最多的大钟。至今钟体光洁，无一处裂缝，无一字遗漏；钟形弧度多变，周身无磨削加工痕迹，充分显示了高超的铸造工艺，独特而奇妙，为我国佛教文化和书法艺术的珍品。仔细查看，钟身内外铸满阳文楷书佛教经咒，是明初馆阁体书法艺术代表作。外面为永乐帝御制的《诸佛世尊如来菩萨尊者神僧名经》及《弥陀经》和《十二因缘咒》，里面为《妙法莲华经》，钟唇为《金刚般若经》，蒲牢(钟纽)处刻《楞严咒》等，计有经咒 17 种，皆汉字楷书，字体工整，古朴苍劲，匀称地分布在钟体各处，相传是被明成祖朱棣誉为“我朝王羲之”[②]的沈度的手笔。

明成祖晚年潜心御制《诸佛世尊如来菩萨尊者神僧名经》凡 40 卷，20 万言。其中前 20 卷 10 万字便刊刻在永乐大钟不朽的版面上。数十万字的版面，安排得如此匀称整齐，从头至尾绝无空白，无疑经过一番精心的运筹和排布。据说是明初大书法家沈度率京中名士先在宣纸上把经文写就，然后用朱砂反印到钟模上，再由工匠雕刻成凹陷的阴文。然后以火为笔，以铜为墨，将这光洁挺秀、见棱见角的数十万金字一挥而就。一般认为，钟楼铜钟是为了报时，而永乐大钟却是为了传递梵音，大钟的内外、钟钮(为了多铸经文，钟钮没有铸造成蒲牢)，甚至悬挂铜钟的两个 U 型挂件和销钉帽上，均铸满了汉、梵经文，几乎没有留白。所以

---

① 永乐大钟醒目处刻有“大明永乐年月吉日制”，此永乐十八年(1420)应为大钟铸成年，也有说永乐十九年(1421)迁都北京的第二年，在京铸永乐大钟。因大钟监制者道衍和尚示寂于永乐十六年(1418)，故成祖下令铸钟时间当不迟于此十六年。

② 乾隆《大钟歌》有诗句“华严字迹传沈度，半满全揭开群蒙”。沈度(1357—1434)，字民则，号自乐，明松江府华亭县人，明代著名书法家。永乐元年(1403)，明成祖朱棣下令选拔书法高手，沈度因此入朝为官，当任翰林院典籍一职，长期负责朝廷文书的书写。他所写的字被称为“台阁体”，其书法结体平正，笔致光洁，景色乌黑，风格秀润华美，适合皇家的欣赏口味和审美标准。在当时便已颇具盛名，其影响一直延续到了清代。涉佛书法作品有题李龙眠《维摩演教图》《宝积经》等。另有墨迹《教斋箴》《四箴铭》等传世。沈度举世闻名的作品，即永乐大钟上的经文。

每当钟声响起，声音所至之处象征着佛法的弘扬及其恩泽广被。

(1) 忏悔讵赖佛氏钟

关于明成祖铸造这口大钟的用意，后人多有猜测。清代的乾隆皇帝所作《大钟歌》中写有诗句："瓜蔓连抄何惨毒，龙江左右京观封。谨严难逃南史笔，忏悔讵赖佛氏钟。……欲借撞杵散喷气，安知天道怜孤忠。榆木川边想遗恨，凫氏徒添公案重。"[①]由于该诗系帝王所作，又刻碑立于觉生寺(即今北京大钟寺)永乐大钟之东侧，故"忏悔"说广为流传。可这种"忏悔"说并不能完全使人信服，过于简化了明成祖铸造大钟的意义。朱棣迁都北京，营建京师有三大工程，即故宫、天坛、永乐大钟。铸造大钟，是为宣扬永乐今日的"壮举"还是为了往昔的"忏悔"？更多地，朱棣想通过铸佛钟来护佑大明一统江山，或者超度死难将士的英灵；年近八旬的道衍和尚请旨铸钟，于是有人推测道衍也是出于忏悔，因为他助朱棣靖难杀戮太多，颇有悔意。这种忏悔说虽有一定依据，但并不符合朱棣和道衍一起"开创兼守成"大明江山的政治抱负及历史实际。

首先，在中国历史上，宫廷政变屡见不鲜，可以说每次政变都是十分残酷的。从靖难兴兵到即位登极，朱棣一直在构建"靖难之役"的正当性。建文元年(1399)七月癸酉，"上谕诸将士曰：我太祖高皇帝、孝慈高皇后嫡子，国家至亲，受祚以来惟务循法守分，尔曹所共见者。今少主信任奸宄，残害骨肉，我皇考皇妣创业艰难，封建诸子藩屏天下，传续无穷。今已削夺五王，又及于我，皇天后土，实所共鉴！"靖难成功后，敕辽王植曰：皇考太祖高皇帝封建诸王，藩屏宗社，传序万年，与国同久。建文中信任奸宄，以残骨肉。朕于其时迫于危祸，不得已而起兵，赖天地祖宗之灵，克平内难。建文之陨，自绝于天。朕为诸王臣民推戴，以君主天下。[②] 时过十余

---

① 乾隆丙寅仲春御制洋洋数百言的长诗《大钟歌》，并镌石为碑，立于北京觉生寺(今大钟寺)永乐大钟东侧，大钟寺匾额"华严觉海"亦为乾隆所题。与乾隆"忏悔说"相近观点，如沈德潜也有"凭仗佛力消黑业"诗句。袁宏道作《万寿寺观文皇旧钟》诗："先皇举手移天毂，无冠少师龒发秃。已将周吼一齐周，更假释梵庇冥族。"

② 《太宗文皇帝实录》卷之二，(建文)元年七月癸酉；卷十二下，洪武三十五(实建文四)年九月己丑。历史上少有帝王因政变登基而"忏悔"，比较典型的事例如唐初秦王李世民通过"玄武门之变"，杀兄弟逼父皇，剪除异己，位登大宝。然而，他为政大有作为，创造了历史上有名的"贞观之治"，成为大唐盛世的主要开创者。史有明鉴，明成祖当政后对唐太宗的许多做法和政策都赞许有加并积极效法，认为建文之陨实乃"自绝于天"。明成祖在对臣下的谈话中经常提到唐太宗，言辞之间流露着敬慕之情。明成祖认为唐太宗的见识高，无论对旧臣还是对自己的老部下，都能妥善对待，使他们各尽其力，这是使他的事业得以成功的主要原因。永乐元年(1403)四月，明成祖申谕中外群臣尽心供职，曰："昔唐太宗拨乱反正，贞观盛世，近古罕论。求其故，则太宗善用人，释王珪、魏征之嫌怨，举李靖、尉迟敬德于仇敌，用房玄龄、杜如晦于异代……尽忠于国，虽仇必赏，心怀异谋，虽亲必诛。今敢有妄分彼此，怀疑怨谤，不安职事者，事发族灭！"

年，永乐十五年(1417)，他为铸刻在永乐大钟上的御制《诸佛如来世尊菩萨尊者神僧名经》所作序文中说："谗言君臣，诬毁善良，所造罪业，无量无边。……今王法所诛皆不忠不孝之人，凶暴无赖，非化所迁。所以拔恶类，扶植善良，显扬三宝，永隆佛教，广利一切。"①永乐十六年(1418)，姚广孝逝世后，他在御制《姚少师神道碑》中又说："朕惟商宗得傅岩之叟，以佐中兴；汉高用赤松之流，以成大业。盖天之生斯人也，岂偶然哉！……及皇考宾天，而奸臣擅命，变革旧章，构为祸乱，危迫朕躬。朕惟宗社至重，匡救之责，时有所在……内难即平，社稷奠安。"②

其次，负责监造永乐大钟的僧录司左善世姚广孝在乾隆诗中两次被提到："鼌谋弗善野战龙，金川门开烈焰红"和"道衍俨被荣将命，犍椎冶尽丹阳铜"。前两句说的是靖难史事道衍为谋，借"清君侧"起事，后两句则指他晚岁荣命铸铜钟。③ 据此有学者认为姚广孝因自己曾帮燕王朱棣策划和指挥"靖难之役"而罪感深重，故有借铸钟"忏悔"之意。此说并无史实根据。《明史·姚广孝传》说他"晚著《道余录》，颇毁先儒"。其实不然，从《道余录》的内容看，主要是调和儒、佛矛盾，批驳宋儒对佛教的指责，阐述了儒、佛基本精神的一致性。他说："佛愿一切众生皆成佛道，圣人言人人皆可以为尧舜。当知世间、出世间圣人之心未尝不同也。"为了证明儒、佛在纲常伦理方面的一致性，他以大慧宗杲为例，说宗杲虽身在丛林，但不忘世事，积极从事抗金事业，"当时士林中称其忠孝两全"。姚广孝如此立论，无非想证明他一生的言行既符合佛教教义，又不悖于儒家学说，对其所作所为毫无"忏悔"之意。因此，他负责监造永乐大钟不但不能解释为是为"忏悔"罪过，而且恰恰相反，是为了使佛教"出世而致用"，为巩固大明统治服务。

其三，明成祖铸钟意图已明确地表述在御制《大明神咒回向偈》之中，该偈被铸在大钟东侧下方，大钟"御制款识"附近非常容易看到的显著位置。其主要内容有："惟愿如来阐教宗，惟愿大发慈悲念，惟愿皇图万世隆，惟愿国泰民安乐，惟愿时丰五谷登，惟愿人人尽忠孝，惟愿华夷一文轨，惟愿治世常太平，惟愿人民登寿域，惟愿灾难悉清除，惟愿盗贼自殄绝，惟愿和气作祯祥……敬愿大明永一统。"从铭文的内容和逻辑分析，应该说前面十二大愿如溪流归大海最终汇成"大

---

① 《永乐北藏》第179册，线装书局，2005年，第333页。

② 此神道碑见于张建业主编：《李贽全集注》第九册，社会科学文献出版社，2010年，第358—359页。

③ 鼌，通"晁"。汉景帝即位之初，采纳了御史大夫晁错的建议，实行削藩政策以强化中央集权，结果引来"诛晁错，清君侧"的吴楚七国之乱。

明永一统”,这是明成祖希冀借助佛教护佑慈悲宏愿来达到的理想境界。可以说,他把这种政治和文化的使命铸刻在永乐大钟上,就如同他把《诸佛名经》敕刻入藏并刻石经一样,希冀借佛教力量巩固皇图,传诸永久。

(2) 寓政于佛钟,梵音远播

明成祖朱棣戎马一生,英武盖世,崇尚佛法。受父皇朱元璋的影响,朱棣推崇利用佛教来“维持世教,阴翊皇度”,即巩固明王朝的统治,这种统治思想直接根源于其父朱元璋佛教“阴翊王度”“善世凶顽”之理念。太祖朱元璋登基之初征召统制天下诸山的“善世禅师”时就曾说过:“佛教肇兴西土,流传遍被华夷,善世凶顽,佐王纲而理道;今古崇瞻,由慈心而愿重。是故出三界而脱沉沦,永彰不灭。”又曰:“善被人世,法张寰宇。……化凶顽以从善,启人心以涤愆。朕谓佛为众生若是。……而为暗理王纲,与民多福。”“景张佛教……人皆在家为善,安得不世之清泰?”[①]朱棣在为重刻《法华经》《金刚经》所作序文及其他多种佛学著作中也都明确指出:佛教具有“阴翊皇度”和“善世教化”之功能。正因为朱元璋父子对明初佛教的发展状况和佛教对巩固政权的重要意义都有较为深刻的认识,所以在他们做了皇帝后,对佛教都采取推崇、扶植、利用和控制的“八字”方针,并针对不同现实情况实施护持与管控的两手政策:一方面优遇高僧,频举法会,重建或修缮寺院,扶植寺院经济,大量刊印佛典,传播佛教文化;另一方面,通过限制发放度牒,严禁私度私建,实行试经制度等,抑制佛教势力膨胀,防止滥竽充数,严禁寺院藏匿非法之徒和取缔秘密宗教组织等。这些政策和措施说到底都是为了在克服佛教负面作用的基础上,更有效、更充分地利用佛教的强大感召力、凝聚力和巨大的社会能量来为巩固明朝统治服务。

成祖在位统治 22 年,迁都北京在他统治生涯中是个重大行动,永乐大钟则是营造北京故宫、天坛之外的“三大项目”之一。成祖设想铸一口两层楼高的大钟,而且还要铸上几十万字的佛经铭文。这项艰巨任务,成祖还是交给深受他信赖的头号功臣姚少师道衍来监制,惜乎道衍和尚最终没能看到大钟铸成就驾鹤西去。成祖在《御制神道碑》中深切缅怀了道衍“推忠报国,协谋宣力”和“器宇恢宏,性怀冲澹”的佛家人生。永乐大钟铸好后,被悬挂于“汉经厂”。汉经厂顾名思义,是明代内府专印汉文佛经的印经机构,位于紫禁城的边上,属于皇家宫殿

① 参见葛寅亮:《金陵梵刹志》卷一《御制集》。

群的一部分。明成祖选定汉经厂来悬挂大钟，答案就在于永乐大钟那几十万字的铭文上。[①]

总而言之，成祖敕令铸造永乐大钟是为了利用佛教来宣传他在《大明神咒回向偈》中所提出的以“敬愿大明永一统”为终极目标的施政纲领，既非单纯地宣扬佛法，也不仅仅是为炫耀功绩和迁都纪念，更与“忏悔”之说无涉。这是他留给后世子孙铭记的“新祖训”。永乐大钟也因此得以成为集当时世界冶金、铸造、声学、力学乃至佛教艺术之大成的历史文化瑰宝。几百年间已有无数诗文对永乐大钟天下独美的音响做过精彩描述。永乐大钟是我国现存最大的青铜钟，具有非常良好的声学特性，举世罕见。由于永乐大钟铸造的年代早，钟上铭文最多，铸造精美，结构科学，号称为世界“钟王”。[②]

三　怀远：佛恩广被弘利益

明成祖深信佛教文化的弘扬，对无论华夷均有益利。其御制《诸佛名称歌曲》中写有《弘利益》之曲：“佛如来，河清海晏应昌期，万方咸际雍熙，佛恩广被华夷。总恺悌忠孝，共仰佛日，随处被光辉。（和）好因果，都只在发善心。如来，诸佛如来。”[③]明成祖施行佛教怀柔远人政策：一是以佛教为羁縻手段，兼崇藏传佛教，礼遇藏地僧人，促进了西藏边疆地区的内附，加强了边疆与内地的联系交流。二是以佛教文化为黄金纽带，促进与日本、朝鲜的沟通交流，发展与周边各国的关系。

（一）以佛教维系西域边疆

永乐元年（1403），明成祖派遣司礼监少监侯显、僧智光前往乌斯藏（即西藏）迎请上师哈立麻。实录记曰：“遣司礼监少监侯显赍书币往乌思藏，征尚师哈立麻。”盖成祖在藩邸时就“素闻其道行卓异，至是遣人征之”[④]。

永乐四年（1406）十二月，哈立麻至京。成祖先命驸马都尉沐昕远迎，“遣驸

① 明代内府另设有番经厂，专印蒙、藏文佛经。据传，成祖曾下令：每遇重要节日，文武百官皆须身披佛衣，像僧人一样撞钟诵经，完毕后再换上朝服。为了方便参拜，就在皇宫边上修建了汉经厂，并安放永乐大钟。

② 参见晁中辰：《明成祖传》，人民出版社，1994 年，第 439 页。

③ 《永乐北藏》第 180 册，线装书局，2005 年，第 289—290 页。

④ 《太宗文皇帝实录》卷十七，永乐元年二月乙丑。

马都尉沐昕，迎尚师哈立麻。先是命中官侯显等往乌思藏征哈立麻，至是显遣人驰奏已入境，故遣昕迎之”。同年月辛卯，还有乌思藏僧哈思巴罗葛罗思来朝，封为“灌顶圆通善慧大国师”，赐之诰印。乙酉日，尚师哈立麻至京入见，成祖在奉天殿召对。翌日庚戌，在华盖殿设宴款待尚师哈立麻一行，并赐金百两、银千两、钞二万贯、彩币四十五表里及法器等。①

永乐五年(1407)春正月丙辰朔(初一)，上御奉天殿受朝贺，大宴文武群臣及四夷朝使。庚午元宵节，再赐文武群臣四夷朝使宴。甲戌赐尚师哈立麻仪仗、牙仗，二瓜二骨朵二幡幢等物件。二月庚寅，哈立麻奉命率僧于灵谷寺建普度大斋，为太祖高皇帝、孝慈高皇后资福。事竣，慰劳优渥，赐哈立麻及“灌顶圆通善慧大国师”哈思巴罗葛罗思等甚丰。三月丁巳，哈立麻被封为“万行具足十方最胜圆觉妙智慧善普应佑国演教如来大宝法王、西天大善自在佛”，统领天下释教，赐印诰及金银钞彩币等。又命其徒孛隆逋瓦桑儿加领真为“灌顶圆修净慧大国师”，高曰瓦领禅伯为“灌顶通悟弘济大国师”，果栾罗葛罗监藏巳里藏卜为“灌顶弘智净戒大国师”，皆赐印诰银钞彩币等物，宴于华盖殿。② 是年秋七月乙卯，皇后徐氏崩。丁巳，命礼部于灵谷寺、天禧寺设荐扬大斋。癸酉，命如来大宝法王哈立麻于山西五台建大斋，资荐大行徐皇后。③

明代首次敕封哈立麻“大宝法王”后未久，又封藏地另一著名上师昆泽思巴为“大乘法王”，开明代册封两大法王之先河。永乐八年(1410)九月，遣内官关僧赍书及白金彩币，往西土征尚师昆泽思巴。④ 永乐十年(1412)十二月丙寅，乌思藏尚师昆泽思巴来朝，先遣人进舍利佛像。⑤ 永乐十一年(1413)二月，昆泽思巴入见成祖，赐藏经、银钞、彩币、鞍马、茶米等物。⑥ 永乐十一年(1413)五月辛巳，命尚师昆泽思巴为“万行圆融妙法最胜真如慧智弘慈广济护国宣教正觉大乘法王、西天上善金刚普应大光明佛”，领天下释教，赐诰印，并袈裟、幡幢、鞍马、伞盖、法器等物。⑦ 永乐十二年(1414)春正月壬子，正觉大乘法王昆泽思巴陛辞，赐

①《太宗文皇帝实录》卷六十二，永乐四年十二月。
②《太宗文皇帝实录》卷六十三、六十四、六十五。
③《太宗文皇帝实录》卷六十九，永乐五年七月。
④《太宗文皇帝实录》卷一百八，永乐八年九月。
⑤《太宗文皇帝实录》卷一三五，永乐十年十二月。
⑥《太宗文皇帝实录》卷一百三十七，永乐十一年二月。
⑦《太宗文皇帝实录》卷一百四十，永乐十一年五月辛巳。

图书及佛像、佛经、法器衣服、文绮、仪仗、鞍马、金银、器皿等物，命中官护送。[①]

成祖自是采取“兼崇藏教”“多封众建”的方略，在位期间先后册封了大宝、大乘两大法王和五大护教王，又“授西天佛子者二，灌顶大国师者九，灌顶国师者十有八”，至于其他禅师、僧官等，不可悉数。有研究者指出，明成祖崇信喇嘛的动机，并不是出于宗教信仰，而更多的是出于政治考虑。明太祖曾封赐元廷4位国师以国师的称号，永乐皇帝则充实了西藏喇嘛的特权和实权。近40位受赐的藏传佛教僧人，不只是被赐予了宗教上的荣誉称号，同时还被赐予了采邑领地，因此事实上与世俗贵族毫无二致。

成祖致力经营边疆，增设僧司机构，强化佛法治边的国家意识，乌斯藏之外，西南川滇黔也是用力重心。永乐四年(1406)九月壬辰，云南金齿腾卫僧古舟等95人来朝，贡马及方物。赐钞币、僧衣。同年十月癸巳，云南僧智海及四川僧了缘、曲靖军民府僧鉴音等84人来朝贡，贡方物，各赐钞及僧衣。[②] 永乐二十一年(1423)秋七月，云南土官千户木高，曲靖军民府僧人镜中等各遣人贡马及方物，又有四川鲁思蛮寨番僧南甲八等来朝贡马。

(二) 以佛教为纽带交往邻国

成祖以佛教为黄金纽带与周边国家，尤其与日本、朝鲜及东南亚诸国，积极进行了政治、经济、文化交流，提升了明朝的大国形象。

1. 以僧为使节

永乐元年(1403)八月，派遣大天界寺住持雪轩道成禅师等人，赴日本宣读成祖继位诏书。据实录：“己未，命左通政赵居任、行人张洪、僧录司右阐教道成使日本国，赐居任、洪各纻丝衣一袭，道成金襕袈裟及僧衣、锡杖、如意净瓶、钵盂等。”[③]

永乐元年冬十月，日本国王源道义遣僧使圭密等三百余人奉表朝贡。

永乐二年(1404)冬十月，日本国王源道义遣僧使梵亮奉赍贡马及方物。

永乐二年十一月己亥，日本国王源道义遣使永俊等奉表，贺册立皇太子并献方物。

之后，日本国王源道义每岁都要遣使来朝贡方物。至永乐五年(1407)，日本

---

① 《太宗文皇帝实录》卷一百四十七，永乐十二年春正月。

② 《太宗文皇帝实录》卷五九，永乐四年九月壬辰；卷六十，永乐四年十月癸巳。

③ 《太宗文皇帝实录》卷二十二，永乐元年八月。

使团不仅朝贡方物，还献出“所获倭寇”，获得明成祖嘉奖并大加赏赐，显示日本国王源道义在协助明朝解决“倭寇”之患方面做出一定贡献。

永乐五年(1407)，“已卯，日本国王源道义遣僧圭密等七十三人来朝贡方物，并献所获倭寇等。成祖嘉之，赐敕褒谕曰：王忠贤明信，恭敬朝廷，殄灭凶渠，俾海滨之人咸底安靖，朕甚嘉之”①。

2. 以佛书为缘

明代永乐皇帝为实现“华夷一统”的政治目的，先后四次以赐佛书为缘开展对朝鲜的文化交流。御制《诸佛世尊如来菩萨尊者名称歌曲》一书的问世，被认为在永乐朝具有划时代意义，曾钦赐各大寺庙，如五台山显通寺、南京大报恩寺，又散施于河南、陕西、甘肃等地，并赐予周边交趾(越南)、朝鲜等国。兹以朝鲜为例，将这一段鲜为国内学者所知的永乐佛教文化流播海外史事略加阐述。

据朝鲜《李氏王朝实录》记载，永乐帝首次将《名称歌曲》等佛书赐予朝鲜为永乐十五年(1417)十一月，即朝鲜李朝太宗十七年十一月初一日，“帝坐正殿，赐《诸佛如来菩萨名称歌曲》一百本、《神僧传》三百本、《册历》一百本，臣等钦受”。

第二次赐书为永乐十六年(1418)五月，即朝鲜太宗十八年五月，“帝赐《菩萨如来歌曲》三百本，礼部尚书执金渐手曰：此歌曲不颁于诸国，惟汝朝鲜礼义之邦，且敬爱殿下，故特赐之，所谓‘千里送鹅毛，物轻人意重’者也”。永乐并未将《名称歌曲》颁于日本等国，而独赐予朝鲜，可知其对朝鲜情谊深重，使用了不同的外交策略。太监黄俨奏：“此宰相，朝鲜殿下之连(联)姻者也，且权婆婆之族也。”②

第三次为永乐十六年(1418)九月，即朝鲜世宗即位年九月，“辛亥，钦差宦官陆善财奉敕书及钦赐《名称歌曲》一千本来，结彩棚，设傩礼。上率群臣，奉上王幸慕华楼以迎，至景福宫，行礼如仪”。此次赠书比之前量大，朝鲜新君继位，两代君王及群臣皆来隆重相迎。

第四次为永乐十七年(1419)十二月，即朝鲜世宗元年十二月，“戊子，……敬宁君祥进皇帝所赐羊四百六十头，《阴骘书》二十二柜，《名称歌曲》三十柜，蜜沉龙眼二缸，蜜沉荔子(枝)二缸，沉胡椒二缸等物”③。

永乐帝先后四次赐书朝鲜，颁予其太宗、世宗两朝，每次所赠佛书量也渐增。

---

① 《太宗文皇帝实录》卷六十七，永乐五年五月。

② 《朝鲜李朝实录·太宗实录》卷第四，东京学习院东洋文化研究所，1955年，第592、708页。

③ 《朝鲜李朝实录·世宗实录》卷第一，东京学习院东洋文化研究所，1956年，第14、101页。

从《名称歌曲》的编纂刊行来看，由于御制《名称歌曲》在不断修订完善中，永乐十五年(1417)赠书之时《名称歌曲》尚未完全辑定，所出单行册颁发各地寺庙，获得诸多感应祥瑞。至永乐十七年(1419)这次所赐《名称歌曲》可能已经增加了一部分感应歌曲，并且补充了成祖前后4次所撰《御制感应序》。

此永乐佛书《名称歌曲》传到朝鲜之后，太宗皇帝作了积极回应。而世宗朝的君臣们出于对明王朝的忌惮，也不得不加以颁行。《名称歌曲》在朝鲜半岛的传播方式主要有二：一是在接待中国使臣时，选取某些歌曲与朝鲜俗乐结合起来演唱；二是在寺庙之中，主要以诵读为主，不被管弦。《名称歌曲》在朝鲜半岛的传播区域主要集中在京畿、黄海、平安道等地。而黄海道地区现存的佛教歌曲，正是永乐佛书在朝鲜半岛流播影响的产物。[①]

朱棣编撰《名称歌曲》有着鲜明的政教目的，是其利用佛教“阴翊皇度”，巩固皇权统治的重要手段之一。永乐十八年(1420)四月十七日《御制感应序》中说：“朕恭膺天命，君主华夷。莅阼以来，夙夜拳拳，以化民善俗为务。尝取佛经所载诸佛、如来、菩萨、尊者名称，著为经曲，颁布中外。期使人人受持讽诵，修因作善，咸跻仁寿之域。……已而复遣人以经、曲往交址(趾)散施。”[②]永乐帝将《名称歌曲》颁布中外，是实现“君主华夷”的重要举措，或者用其佛书中另外一种表述言之，即“佛恩广被华夷”。

永乐佛书歌曲、名经多有宣扬华夷一统的内容，如《普法界》之曲：

九州四海际皇明。

(和)观音菩萨，无量诸佛菩萨。

只见得密纷纷的梯航，只见得密纷纷的梯航，万国来庭。

(和)南无释迦牟尼佛，南无释迦牟尼佛。

光闪闪的卉裳，花粟粟的雕题，千形万状。

(和)观音菩萨，无量诸佛菩萨。

这都是那诸番的蛮夷，这都是那诸番的蛮夷。奔走来，恳恳钦钦，稽颡称臣。

---

① 徐利华、刘崇德：《明代永乐佛教歌曲在朝鲜半岛的流播考》，《兰州学刊》2017年第3期。

② 《永乐北藏》第180册，线装书局，2005年，第1页。

(和)南无释迦牟尼佛,南无释迦牟尼佛。

暖兀的是锦斑斑,珠嗓嗓。輂黄金,舆白玉。奉赞怀探,几万里来到中国。

(和)观音菩萨,无量诸佛菩萨。

暖可是他意勤勤,情欣欣,心虔虔,志切切,慕华风,感至德,殷勤阙下献深诚。

(和)南无释迦牟尼佛,南无释迦牟尼佛。

那其间则见广广荡荡,宽宽平平,亘东西,遍南北,来来去去,无边无岸,一统归仁义。

(和)观音菩萨,无量诸佛菩萨。

只愿得总总林林,只愿得总总林林,欢欢聚聚,尽华夷,沾化育,生生息息,端的是同乐升平。

(和)南无释迦牟尼佛,南无释迦牟尼佛。[①]

永乐佛教歌曲大都寓政于教,意在显示国威煊赫,以起到威震四夷的作用。书中宣扬"华夷一统"的句子比比皆是,反映了永乐帝威武宏大的世界胸怀,如:"尽世界遍九州,尽世界遍九州。蟠著天,际著地,一统著华夷。""都托赖那上天,都托赖那上天。融会得妙造化的关机,成就得大形势的都会。根基巩固,千秋万岁,华夷一统,永祚皇明。""佛如来,愿四夷怗服边方静,烽堠永无惊。梯山航海,罔敢不来庭。""普愿那三教总兴隆,华夷顺附,四海同风。""惟愿华夷一文轨。"[②]

上述这些歌曲,反映了永乐帝威武宏大的世界胸怀里不只装着"大明永一统",还包含着"华夷一统""华夷一文轨"这样的内容和愿景。永乐帝曾明确地指出编撰此佛书歌曲的目的:"朕于是编恳恳切切,无非欲人修善以灭恶,趋吉以避凶。"[③]这个目的无论对个人还是对国家来说,都是适用且实际的。处理好与朝鲜之间的关系,是当时明朝实现华夷一统计划中相当重要的一环。朝鲜作为明朝的藩国,它的治乱直接影响到国家局势。借助佛教歌曲的传唱,在文化交流中,融入政治教化的内容,无疑是巧妙而实用的外交手段。当时两国交往密切,中国

---

① 《永乐北藏》第 180 册,线装书局,2005 年,第 93—94 页。

② 《永乐北藏》第 180 册,线装书局,2005 年,第 91、96、289、290、341、344、756 页等多处。

③ 《永乐北藏》第 180 册,线装书局,2005 年,第 783 页。

向朝鲜赠书、赐书的记载屡见不鲜。在这样的背景下，永乐御制《名称歌曲》被赐给朝鲜便是顺理成章。[①]

《名称歌曲》被赐到朝鲜之后，太宗皇帝做出积极的回应。太宗十七年(1417)十一月第一次接受赐书，十二月即将《名称歌曲》颁行下去。《太宗实录》载："颁《神僧传》《如来名称歌曲》于各宗寺社，遍及各司及诸卿大夫家。《神僧传》者，集自汉代以来凡怪诞之僧妖言诡行。歌曲者，集诸佛菩萨之名，比于音律。帝使男女日诵，仍赐诸国。"[②]《名称歌曲》不但被颁行到寺庙，而且遍及官府各司和卿大夫。太宗十八年(1418)五月再次接受此赠书，六月遣元闵生赴京师谢赐。《太宗实录》载："戊子，遣同知总制元闵生如京师，谢赐《菩萨名称歌曲》也。"[③]

相比于太宗较为积极的回应，世宗对《名称歌曲》的态度则有所不同。世宗即位年九月接受赐书后，也照例上表谢恩。《世宗实录》载：乙卯，"上冕服拜谢恩表如仪"，表曰："且颁圣朝之歌曲，俾诵诸佛之名称，嘉于烝黎，共沾福利。兹盖伏遇皇帝陛下心敦字小，度廓包荒，遂令出日之邦，世沐自天之泽。臣谨当曰康曰寿，恒申祝于北辰，传子孙益效忠于东。……且分诸佛之曲，兼善鄙邦之人。"[④]世宗元年(1419)十二月再次受到赐书，第二年闰正月上表拜谢，洪敷、朴光衍等奉表笺以行，表曰："又歌曲之才颁，而菩萨之并见。此皆稀有之事实，是太平之征。伏念臣邈处敝邦，幸逢盛际。虽阻趋跄之列，倍申颂祷之勤。"[⑤]但世宗这些回复，不过是外交辞令。

事实上，到了世宗朝，很多人都对《名称歌曲》的颁行提出了异议。据《世宗实录》载，金渐曰："时王之制，不可不从。皇帝崇信释教，故中国臣庶，无不诵读《名称歌曲》者。其间岂无儒士不好异端者？但仰体帝意，不得不然。"稠曰："崇信释教，非帝王盛德，臣窃不取。"参赞金渐以为须依奉明朝皇帝之旨，诵读《名称歌曲》；礼曹判官许稠则从否定佛教的角度，对《名称歌曲》提出质疑。金渐进曰："殿下为政，当一遵令(今)上皇帝法度。"许稠进曰："中国之法，有可法者，亦有不

---

① 参见徐利华、刘宗德：《明代永乐佛教歌曲在朝鲜半岛的流播考》，《兰州学刊》2017年第3期。

② 《李朝实录·太宗实录》卷第四，东京学习院东洋文化研究所，1955年，第593—594页。

③ 《李朝实录·太宗实录》卷第四，东京学习院东洋文化研究所，1955年，第740页。

④ 《李朝实录·世宗实录》卷第一，东京学习院东洋文化研究所，1956年，第15页。

⑤ 《李朝实录·世宗实录》卷第一，东京学习院东洋文化研究所，1956年，第117页。

可法者。"而世宗是赞同许稠之言。显然,世宗对《名称歌曲》表现出了漠然甚至抵触情绪,《世宗实录》载:戊寅,郑易启曰:"皇帝崇佛经极笃,请将曾赐《名称歌曲》等佛书,权依中国之例,起楼尊阁之,且令诵念,以表尊敬。"再三请之。上王(即太宗)曰:"卿言是矣!然佯尊之意,不合于心。若其祥瑞之物,则当作歌诗,被之管弦,以扬圣德耳!"上曰:"佯尊则是欺之也!何敢假为?"可见,在没有出现祥瑞感应之前,世宗对《名称歌曲》的功用是存疑的。拒绝"佯尊",实为"不尊"。当时朝鲜王朝中甚至有人对永乐朱棣的佛教信仰提出怀疑。李原曰:"皇帝若真信佛,则必不杀生矣。今乃畋猎杀兽,行刑杀人,臣不信其崇佛也。当以正道自守。"李原等人既然不相信朱棣是真正信奉佛教的,对其所编撰的《名称歌曲》自然更为不屑。①

虽然世宗朝的君臣们对《名称歌曲》的功用不以为然,但他们对明王朝又有所忌惮。其中一个重要原因是,世宗早期推行佛教改革,一部分僧人因为不堪忍受生存条件的恶化而逃入中原,这些人很可能向明朝皇帝透露《名称歌曲》在朝鲜的颁行情况。太宗看到这一点,曾对世宗进行劝告,上王曰:

> 今日主上告我以僧人三十名逃入中原之事……(明朝)皇帝深信浮屠,胜于萧梁。《名称歌曲》之诵,遍于天下。空花佛像之瑞,播于图画。一时俗尚,靡然趋之。而我国则既革去寺社田民,仅存十一。今又尽去寺社奴婢,虽其自取,岂无怨咨乎?此辈既以缺望,又闻(朱明)皇帝崇佛,必有逃入上国,饰辞谗诉之人。况皇帝之崇信如彼,而我国之革除如此。僧徒之欲逃此而入彼也,无疑矣。古之人,临时制变,有从权变通之理,今宜开其自慰喜悦之心。皇帝所赐《名称歌曲》《为善阴骘》之类,速令西北面黄海道等使臣来往之地,聚会僧徒及耆老人等,常加读诵。又制歌诗,称赞佛氏及皇帝崇信获报、瑞应屡现之状。令上妓肄习,如有上国使臣,则沿道经历有诵经者,宴享歌舞有颂德者。皇帝闻之必喜我国能体圣心。虽有逃入谗诉之人,不得售其说矣。②

---

①《李朝实录·世宗实录》卷第一,东京学习院东洋文化研究所,1956年,第45、98、99页。

②《李朝实录·世宗实录》卷第一,东京学习院东洋文化研究所,1956年,第98页。

太宗劝说世宗颁行《名称歌曲》，是担心朝鲜僧人逃入中原后，向明朝皇帝告密。太宗顾虑老成和思虑周全，得到了世宗及其大臣们的认可。《世宗实录》载："下季良等同听三议政之议，以咨于上曰：'柳廷显言，可令僧徒父老，读诵歌曲。又于奴婢可给寺社，量给奴子。'朴山（山显）、李原言：'前者皇帝求取铜佛，上王不拜。黄俨必奏。皇帝已知我国不信佛道，虽有谗诉者，帝不信听矣，何足疑虑？然不可不尊崇《歌曲》等书，当使僧诵之。'"[①]必须尊崇《名称歌曲》，令僧徒诵读，这是柳廷显、朴山（山诵）、李原等人的共识。

正因为对明朝皇帝有所忌惮，世宗在颁行《名称歌曲》一事上表现得颇为慎重。世宗即位年九月被赐的歌曲，于同年十二月即颁行下去，并令相关的官署加以督察。据《世宗实录》载："即位年十二月，御经筵，礼曹启：'《颁降诸佛如来名称歌曲》诵习事，会于京外寺社行移。然今或作或辍，请令京中各宗则僧录司、外方各寺则留后司及诸道监司考察每季月诵习日课，置籍于岁抄，传报礼曹，以凭检举。其《劝善书》《阴骘书》《神僧传》悉令坚藏，如有污秽破毁者，严治其罪。又赴选僧徒，依儒生讲《文公家礼》。能诵《名称歌曲》者，许令赴选。'从之。"世宗元年（1419）十二月再次收到赐书后，亦在第二年四月"颁朝廷所赐《阴骘书》及《歌曲》于京中及诸道各寺"。到了世宗十六年（1434），又"分下《名称歌曲》一百三十五件，于禅教两宗藏之"[②]。

对《名称歌曲》，世宗内心是不尊的，可是行为上又不得不尊。之所以会有如此矛盾的态度，其原因主要有二：一是因为世宗在即位之初，采取限制佛教的政策，通过消减奴仆、革去土地的方式，控制寺庙的扩张。可见他早期并不崇佛，自然对《名称歌曲》兴趣不大；二是因为世宗是一位雄心勃勃的君主，他虽积极地学习中国的政治文化制度，对朝鲜进行改革，却又不甘心对中国亦步亦趋，力图发扬本民族文化的特色。无论如何，世宗还是积极颁行了《名称歌曲》，证明他力图与明朝建立友好关系，同时也注意到了永乐歌曲佛书在维护双边关系上的重要意义。

总之，永乐佛曲能在朝鲜半岛广为流播，应是当时政治与宗教文化诸因素助推的结果。自政治言，明王朝从一统华夷的目的出发，将此书赐予朝鲜。朝鲜出

---

① 《李朝实录·世宗实录》卷第一，东京学习院东洋文化研究所，1956 年，第 98—99 页。
② 《李朝实录·世宗实录》卷第一，东京学习院东洋文化研究所，1956 年，第 99、128、360 页。

于对明王朝的忌惮，收到此书后亦不无积极加以颁行。此书传入朝鲜后，其传播区域集中在中国使臣往来频繁之地，这些歌曲也往往在朝鲜王朝接待中国使臣的场合进行演唱，说明此书已经成为当时两国维持友好关系的一种外交工具，政治因素成为此书传播的一个极大推动力。自音乐言，《名称歌曲》在朝鲜半岛的传播必须适应其不同于中原的文化土壤，由于两国音乐形态的差异，书中的歌曲逐渐与原有的曲调脱节，除了少数与朝鲜本土的俗乐结合起来演唱，其他大多数只用于诵读。两国的音乐形态差异，决定了此书的传播方式。自宗教言，黄海道等地的僧徒能在此书的影响下，创作出新的佛歌，这又与两国佛教同宗同源的关系分不开。[1]

---

① 参见徐利华、刘崇德:《明代永乐佛教歌曲在朝鲜半岛的流播考》,《兰州学刊》2017年第3期。

第三章　明初江南高僧群的崛起

自孙吴立国江东，以建业为都，江东经济文化在经过秦汉数百年的相对沉寂之后，开始得到新的发展，其后历经东晋南朝，都城建康已经形成为南方的政治、文化中心。南朝文学家谢朓赞叹“江南佳丽地，金陵帝王州”，为我们理解“江南”提供了两条线索：其一，此时江南的范围主要指长江下游以南京为中心的江浙一带；其二，“江南”一词的内涵与经济发达、文化昌盛相联系，故而被誉为“佳丽地”。①

元时在集庆置江南诸道行御史台，集庆为东南都会。朱元璋攻占集庆，改为应天，以元御史台为公府，置江南行中书省。江南以南京为中心，成为朱元璋自江左并统天下的根据地。在他打天下的过程中，江南的人力物力资源，军需钱粮供给，贡献颇大。这从朱元璋建国后屡屡颁发免粮税诏给南京周边诸府州县之举措，即可明晓其中缘由。

洪武二年(1369)正月，诏曰：“朕本布衣，率众渡江，首定太平，次居建业，肇兴丕基。其镇江、太平、宣城、广德，为京师之翼郡，至如兴师旅，定群雄，六合一家，军需钱粮供亿浩繁，止此数郡，以足我用。子孙百世，何忘江左之民？”

洪武十一年(1378)八月，免征姑熟、金陵、京口、宣城、广德、徽州、长兴、安吉、宜兴、江阴六州四县秋粮，诏曰：“当时天下豪杰，互相雄长，殊声异教。若欲平之，非甲仗之余、供给之盛，岂能平祸乱、一寰宇而为人主者耶？今祸乱已平，朕居大位十有一年，尝息六州四县之民，久劳于前，虽我子孙累世不忘，特以今年秋粮尽行蠲免。于戏！兴王定乱，肇福天下，惟思民之劳先，故兹诏谕，想宜知悉。”②

朱元璋建都南京后，南京一扫前朝历史的阴霾而成为胜利之都。江南之于明代开创，不唯是钱粮供应，更引人瞩目的是，朱元璋从这个地区吸纳了不少儒士谋臣，如太平陶安，徽州朱升，“浙东四先生”刘基、宋濂等人。而江南的儒士大多耳闻目熏佛教文化并与僧家过从甚密，渊源深厚。严耀中说：“在江南这个地

---

① 徐茂明：《江南士绅与江南社会：1368—1911》引言，苏州大学2001年博士论文。

② 参见《高皇帝御制文集》卷第一：洪武二年正月颁《免宁国府税粮诏》：“朕自淮右渡江，驻兵太平，开基建业，继克镇江，下宣城。赖天之灵，将士之力，西征北伐，罔不平定。朕念创业之初，军国所给，皆取办四郡，供亿繁重，未尝一日忘之。今天下之势，十定其九，南北混一有期。朕欲四郡之民次第苏息，故先太平，次及应天、镇江，俱已蠲免税粮一年。其宁国府，洪武二年夏秋二税亦与蠲免，有司其体朕意，益加存恤。故兹诏示，咸使闻知。”又见《免两浙秋粮诏》《免应天、太平、镇江、宁国、广德五府秋粮诏》《免姑熟、金陵、京口等处六州四县秋粮诏》《再免应天、太平、镇江等处税粮诏》。

域中，近二千年来最有势力的宗教便是佛教。”[①]随着江南儒士加入朱元璋集团，并发挥越来越重要的作用，来自江南这个地域的高僧群也纷纷应召，往来于京都，崛起于丛林。明初高僧大都来自江南，包括今江浙皖一带，他们或本江南出生，或来江南参学而于江南有法脉师承，或住持江南寺庙，不一而足。[②]

① 严耀中：《中国东南佛教史》，上海人民出版社，2005 年，第 14 页。

② 僧人群体的划分，官方从政治角度分上层僧侣与中下层僧侣，从僧司管理角度划分禅、讲、教三宗，此按地域界定江南高僧。详参何孝荣：《明代南京寺院研究》，中国社会科学出版社，2000 年，第 190—223 页。

第一节
明初应召入京的高僧

明初从洪武朝到永乐朝，征召大量高僧举办法会为国资福，参与国家宗教事务，乃至选拔儒僧从政和外交，既反映明代帝君尊礼硕德高僧、希冀佛教兴一代政治的重大国策，也是明初高僧崛起丛林和佛教兴盛气象的重要表征。研究认为，洪武帝朱元璋对佛道二教的态度着重在“阴翊王度”的作用，在政策的执行上则分为两个层面：一方面优礼僧道，以神道设教；另一方面则清理释道乱象，使不得过分发展。两种手法的运用，非但不矛盾，且有相辅相成而达到翊王度之妙用。[①] 检索相关研究成果表明，学界多注意朱元璋清理僧道严厉管控佛教的一面，而对其赞护佛教优礼高僧的一面研究不够。[②] 因此我们辟设专章阐述明初优礼高僧政策背景下江南高僧群的崛起，以反映明初南京佛教之兴盛，也借此深入探讨朱元璋征召高僧的原因及其成败。

因此一定程度上，我们也不妨把本章作为考察明初政教关系或明代开国帝君及其继任者与江南高僧群这股重要社会力量的交往史来解读。洪武帝朱元璋从征召大量高僧谈经说法中固然学习了他以前未曾悉知的深奥佛法，而更重要的是，他通过这种特别的征召方式争取了江南高僧群的认同和支持；从陆续应召的高僧群中，他还发现了许多藏龙卧虎之特殊人才，遴选来出使宣化、辅佐藩王，乃至用作亲信、寄寓“耳目”。但也毋庸讳言，随着洪武中期政治形势的变化，他对佛教丛林的认知和态度发生了逆转，因而佛教政策趋势由洪武朝前期的尊崇优礼为主导转向中后期清理整顿为重心。朱元璋一度打开了方外通向方内的兴盛之门，应召高僧大多体会皇帝的好佛而希冀佛教翊皇度、开太平，惜乎好景不长。在此政治风云变幻的过程中，应召高僧中一些高位僧官由于涉世过深，卷入政治漩涡，引来杀身之祸；而揆诸史实，在洪武朝中后期发动的清教运动旋风中，

---

① 朱鸿：《明太祖与僧道——太祖的宗教政策》，《台湾师范大学学报》1990 年第 18 期。

② 参见杜常顺：《明太祖与江南佛教上层的关系》，《青海师范大学学报（哲学社会科学版）》2011 年第 33 卷第 2 期。作者指出，关于明初的政教关系，学者们已进行了大量的研究，但关注点多集中于明太祖对佛教僧团的整顿与统制即政策和制度层面的举措，却忽略了明太祖与江南佛教上层之间的关系。洪武一朝，明太祖与江南地区佛教上层之间的关系十分密切，这层关系是明初政教关系的重要组成部分，对此进行梳理和讨论，有助于我们进一步深化对明初专制皇权极度膨胀背景下政教关系态势和特点的认识。

如果不论其政治意图，朱元璋清理整顿的标靶则是丛林“不务祖风”乃至“僧不如俗”者，激浊扬清，这毕竟有益于明代佛教的长远发展。

一 明初首都南京高僧之构成

梳理现存相关历史文献，明开国初高僧群大致有这样几个来源：

第一，是应召参加蒋山法会的“高行僧”或“戒德僧”。宋濂《护法录》为明初佛教史料之源，其成书经过了晚明“四大师”之一的云栖祩宏、明末清初东南文学领袖钱谦益之编辑，全名曰《宋文宪公护法录》。该书编订者从其文集中辑出多种体裁的涉佛文字，根据宋濂平生的交游为僧人所撰碑铭和塔铭，将元末明初僧人划分为三类：一是国初应召大浮屠 13 人（附 1 人），二是国初大浮屠 15 人，三是元末大浮屠 11 人，合计 39 篇高僧塔碑铭，附 1 人李大猷（即慧昙高足愿证）。此中第一类 14 人应为明初首都南京佛教高僧的重要构成。

第二，明初征召高僧为僧官，或任京刹住持，素质要求相当高。从善世院到僧录司，首都南京的历任僧官，都是构成南京高僧群的重要来源。洪武帝对京刹僧选自初即格外重视，而京刹住持一般充任僧录司僧官。洪武中后期，诏谕灵谷、天界、天禧、能仁、鸡鸣等系京刹大寺，今后缺大住持，务要丛林中选举有德行僧人担任，不得滥举。

第三，洪武帝不拘一格僧中选才，蓄发拜官而入仕的儒僧（如愿证、郭传、华克勤、吴印等）虽为数不多，却显示了明开国初拔儒僧政策的鲜明特质。他们大都富有才华，精明能干，或因文章见志向，或者出使不辱使命，被朱元璋亲自选拔。

第四，选高僧出使，或向番邦宣化，招徕远方；或至海外通诚佛国，布宣大明天子威德。如洪武三年（1370）遣慧昙出使西域，为首任僧使；克新出使西番。洪武四年（1371）颁外交诏令，次年从千僧中选出祖阐与克勤出使日本，这是明代中日外交史上一大事件。

第五，选高僧辅侍诸王，为国诵经资福。可考者有三对：斯道道衍与燕王朱棣，见心来复与蜀王朱椿，无念胜学与楚王朱桢。其中最著名的是道衍辅佐燕王发动“靖难之变”，取得成功。这是对明初有广泛、深远影响的重要历史事件，也当成为南京高僧的重要构成。

第六,明初敕刻《洪武南藏》《永乐南藏》,不少高僧应召来南京参与点校编藏刻经,开创了明代南京佛法宝藏传统的活泉。

上述六类高僧都是明代国家按当时的特定需要征召而来,因此我们可把活跃于明初首都南京的这些僧人统称为“应召高僧”,他们为元明鼎革后的人心安抚、社会稳定、宗教整顿、文化建设和国家外交等方面都做出了不可小觑的贡献。

二 善世院创设与蒋山大法会

明代开国,洪武帝朱元璋征召天下高僧进京,连续五年举办蒋山大法会,用僧人作战后宣抚,为国祝釐,超度阵亡英灵和无辜死难者。这在中国历史上较为少见,是为明代政治和佛教史之重大开篇。

洪武元年(1368)正月,朱元璋在钟山之阳筑台昭告天地,登基称帝,建立大明王朝。为了安顿民心,稳定政局,扫除元末战乱的阴霾戾气,出身佛门的朱元璋认为,“洗涤阴郁,升陟阳明,惟大雄氏之教为然”[①]。于是朱元璋登极不久就做出了两件赞护佛教的大事,既执住了江南僧界佛教社会力量之牛耳,也开启了明初佛教的兴盛之门:

第一件大事是,洪武元年(1368)正月在大天界寺创设善世院,征召江南东西五府名浮屠会集南京,以慧昙为首任统领,统领天下僧众,并为诸山大寺院选派住持。善世院这个机构虽是新创且存在时间不长,但在开国初征召高僧和举办蒋山法会中发挥了不小作用。

善世院之名浮屠多不可考,慧昙之外,惟原璞法师参与其事,多所贡献。据宋濂记载,师讳士璋,字原璞,生于海宁王氏。幼投城东太平兴国传法寺出家,其师与翰林待制柳公贯游,尝憩止寺中,亲授其儒家群经。19岁剃除须发,着僧伽黎。后随武林上天竺观音教寺佛护等师,学天台大小部书。佛护既示寂,东溟日公来补其处,大演《摩诃止观》陶治生徒,命其司宾,继升领忏摩事。元至正十三年(1353),江南行宣政院命原璞法师主杭州之栖真教寺。栖真与南天竺演福寺

① 宋濂:《蒋山广荐佛会记》。

相邻，古称“教海”，而大用才公、绝宗继公二、三大长老皆在焉，法师犹以学之未足，时往叩其所未至。至正二十年（1360），移住旌德教寺。时人推为“义中之虎”。

洪武之初，李曹公文忠当时守戍杭州，请原璞法师住持集庆寺。“未几中书被旨，俾浙水西五府浮屠道流，共甓京城，立善世院，以统僧尼。同将作监，交董其役，时方内附，相视莫知所为。法师独出方略，具有条序，十万之众多仿之以集事。”由这条记载，我们获悉，首批征召的江南五府高僧因归附大明未久而对佛教新政“莫知所为”，惟原璞法师“独出方略”，影响甚广。洪武元年（1368）夏六月二十七日，杭之集庆教寺原璞法师灭度于京城大天界寺，寂年 46，僧腊 28。宋濂曰：“法师器局潇洒，论议慷慨，据直道行，不乐俯徇流俗。”称赞“台衡之学，佛法之太宗；有若法师，乃中流之舟楫”。塔铭复曰：亭亭净植青芙蓉，似此良师不易逢。①

又有懒庵廷俊，在朱元璋部攻克浙江后，“浙西僧道以事役集金陵，廷俊在行”。馆于龙河天界寺。洪武元年（1368），徙寓钟山。五月二十三日端坐而逝。天界觉源昙公与廷俊师“法门昆仲”，为力治丧事。世寿 70，僧腊 50。廷俊应召事役不明，据推测可能参与善世院创设筹划；而从其圆寂时间来看，他也未能赶上元年（1368）九月举行的钟山大法会。

廷俊，字用章，号懒庵（一作懒翁）。世居饶之乐平（一云鄱阳人），俗姓董氏。童子出家，师从里之大云辑公。年 20 岁剃发受具，25 岁游方，历庐山诸刹。久之，往浙中见月江印于吴兴何山，不契。参谒笑隐大䜣于中天竺，大䜣赞叹为“黄龙、佛印”之流。天历初，文宗即金陵潜邸建大龙翔集庆寺，大䜣为开山住持。延廷俊师随住大龙翔集庆寺，居第一座。讲行清规，号令广众，遂致法席全盛。至正二年（1342），行宣政院选廷俊师住苏之白马，继迁吴兴资福。再迁绍兴能仁、杭之中天竺，历升吴越大刹。至正末，住杭州净慈寺。懒庵能诗善文，学识广博，编有《笑隐大䜣禅师语录》行世。危素称其“为学善记览，于前人出处言行，虽千

① 宋濂：《杭州集庆教寺原璞法师璋公圆冢碑铭》。洪武七年，克勤奉诏往使日本，上嘉其不辱命，俾反初服列官于朝。濂时待罪禁林，克勤数以法师塔铭为属。未几，克勤出镇方岳，承宣山西，濒行又复谆谆言之。又参《宗统编年》卷之二十八洪武二年条下杭州集庆寺士璋，曰：元季兵乱，不以世难易其业，牧众演法无虚日。洪武初，诏江浙名宿咸集天界，诸方云集，莫知规绳。璋独出方略，具有条叙。时十万众共聚，法制井然。是年六月既望，预知时至，安然坐蜕。璋器度潇洒，论议慷慨，据直道而不询流俗。所住之刹，誓不剃蓄一人。

百年若指掌，尤详宋事，宿儒俱服其博洽”。[①]

开国初朱元璋所推动的第二件佛教大事是，洪武元年（1368）九月十一日开始，征召天下高僧在蒋山启建无遮水陆大法会，超度战乱伤亡的英魂和无辜生灵，借此安顿民心，稳定政局。史称“蒋山广荐法会”，或称钟山无遮法会，略称蒋山法会或钟山法会。[②] 这是明初国家举办的重大佛教活动。洪武皇帝“特赐银帑，命善世院，就蒋山禅寺，修建冥阳水陆大斋一昼夜，于中作诸佛事，供佛贤圣、天地神祇、三界鬼神”[③]。

朱元璋从此连续五六年征召高僧入京，举办普度法会，或讲经说法，或备顾问。直到洪武二十七年（1394）七月十二日，再度颁令在钟山灵谷寺以国家之礼举行中断多年的广荐法会，超度征南阵亡的官员和军士：“征南阵亡病故的官员军士，就灵谷做好事，普度他，恁礼部用心整理。”经礼部议决，“到灵谷寺修设大斋，……合用米、麦、香、烛、器用等件，具奏行移户部、工部、应天府等衙门放支，造办送用”[④]。明成祖即位后也多次在灵谷寺、天禧寺、五台山等地举办超度法会。蒋山法会作为明代国家推动的佛教活动，是洪武帝朱元璋赞护佛教的一种政策行动和表现；其规模之宏大、时间之持久，对明代佛教有着深远的影响。以下我们通过搜集明初佛教文献，力图完整展现洪武元年（1368）至五年（1372）蒋山法会的历史画卷。

（一）洪武元年（1368）九月十一日，征召江南高行僧十余人，馆于天界寺，启建钟山无遮法会。应召高僧名讳可考、参会时间确凿者，有楚石梵琦、逆川智顺、以中智及、别峰大同、竹庵怀渭、行中至仁、日章祖偁、复原福报、象原仁淑、天真惟则等人。

---

① 钱谦益：《列朝诗集小传》闰集《懒庵禅师俊公》。此书所记与释文琇《增集续传灯录》稍异：“至正末，主钱塘之净慈。内附后，浙西僧道以事役集金陵，师在行，馆于龙河。明年建元洪武，徙寓钟山。”参释文琇《增集续传灯录》卷第五之《杭州净慈懒庵廷俊禅师》：“国朝洪武元年，浙西僧道以赋役集金陵，师在行，寓钟山。五月二十三日，端坐如常，寂然久之。侍僧意师欲去，膜拜请偈，师瞠目曰：缘未尽则住，缘尽则去，何偈为？顷之则逝。”综之，禅师于洪武建元前一年被征召，系因“事役”或“赋役”，推测可能是为开善世院而至京；有著作说廷俊禅师参与了洪武元年（1368）钟山法会，而不知其示寂于洪武元年五月，虽寓钟山，实际未赶上九月钟山法会。

② 滋贺高义：《明初法会之佛教政策》，《大谷大学研究年报》第21卷，1969年，第199—237页。法会就是佛教举行宗教仪式的各种集会，又作法事、佛事、斋会等，届时有名门浮屠升坛说法及供佛施僧。所谓“广荐”，就是广衍无际，显幽均等；“无遮”即来者不拒的意思。频繁地举行法会，是朱元璋扶持、利用佛教和笼络佛教僧徒的一种重要方式。

③ 引自《楚石梵琦禅师语录》卷二十“水陆升座”条。

④ 葛寅亮：《金陵梵刹志》卷二《钦录集》。

洪武元年法会办水陆大斋一昼夜，楚石梵琦应请在法会升座说法。宋濂《佛日普照慧辨禅师塔铭》中云："皇帝端居穆清，念四海兵争，将卒民庶多殁于非命，精爽无依，非佛世尊不足以度之。惟洪武元年秋九月，诏江南大浮屠十余人于蒋山禅寺，作大法会，时楚石禅师实与其列。师升座说法，以耸人天龙鬼之听。竣事，近臣入奏，上大悦。二年春三月，复用元年故事，召师说法如初，锡燕（赐宴）文楼下，亲承顾问。暨还，出内府白金以赐。"《楚石梵琦禅师语录》卷二十"水陆升座"条记载，洪武元年（1368）九月十一日，师奉旨于蒋山禅寺水陆会中升座说法，"举唱宗乘，所集功勋，并用超度四生六道，无辜冤枉，悉脱幽冥，往生佛土"。

梵琦在元年蒋山法会中成为朱元璋提倡佛教"善被显幽两间"的应召高僧之典范，故被后世尊为"国初第一等宗师"。这在他奉敕升座说法中得到充分体现，既为死于兵乱战祸的英灵普度超荐，又恰到好处置换佛恩、国恩，声言佛恩与皇恩一起报，称颂皇帝陛下"英武仁圣"。梵琦曰："未度令度，未解令解，未到彼岸者令到彼岸，未证涅槃者令得涅槃。皇恩佛恩，一时报毕。其或未然，更添注脚去也……永绝骄慢，地狱于此得之，咸脱苦轮；乃至饿鬼、旁生，并及四生九类，一切含识，于此得之，莫不悟自心佛，成自心佛……将此深心奉尘刹，是则名为报国恩。"讲法末了，称赞当世皇帝朱元璋山海宽恩，云："钦惟皇帝陛下，英武仁圣，削平海内，子育兆民，九夷八蛮，罔不宾服。是以梯山入贡，航海献琛。元年大赦天下，洽以宽恩，无辜冤枉，亦蒙济拔。"

梵琦又举梁武帝令傅大士讲经公案来颂扬当今皇帝圣恩，师拈云："今日圣恩，令臣僧梵琦升于此座，举扬第一义谛，普愿迷流同成佛道。释迦老子四十九年说不尽底细大法门，尽被傅大士一时吐露了也。且道节文在什么处？冥阳水陆大斋缘，遍满三千与大千。东走金乌西玉兔，上穷碧落下黄泉。永抛业识无明海，高坐如来妙宝莲。恩重须弥何以报，祝延圣寿万斯年。"梵琦升座说法之内容，被上奏给朱元璋，皇情"大悦"。

（二）洪武二年（1369）己酉正月，朱元璋把皇帝的权力衍生至精神领域，封京都及天下城隍神，命祭天下五岳五镇四渎四海之神，定诸神祭礼。二月，诏修元史。宋濂以总修《元史》被召赴京，入京城天界寺史局。春三月十三日及冬十月，"复用元年故事"，诏征江南有道高僧毕集大天界寺，在蒋山举办大法会。应召高僧有楚石梵琦、以中智及、无梦昙噩、东溟慧日、白云智度、日章祖称等。

禅师梵琦、昙噩等应诏主蒋山法会。《宗统编年》对这次法会事记载较详，云：二年春，复建法会，海盐天宁梵琦应诏至京，名居第一，亲承顾问，再召说法。赐伊蒲，馆于文楼。瑞龙昙噩既奏对，上悯其老，放还。清泰子梗、净慈智顺、定水来复、灵隐元净、万寿至仁、径山福报、福林智度等，俱应诏至京。上亲临劳问，请法具馔，同主蒋山普度大法会。该书作者并于此称赞“兴朝方新，崇重法化。诸山禅宿，一时云集。彬彬盛事，黼黻文明”[①]。楚石梵琦再次于蒋山禅寺水陆法会上升座说法，有云：“今日圣天子，普度幽冥，令臣僧梵琦说法，度诸佛子，所冀一言之下，泮然无疑。知一切法即心自性，成就慧身，不由他悟，如梦忽觉，如莲花开。”既称颂当今圣上“普度幽冥”洪恩，也不忘“即心自性”的禅者本色。

其他与会高僧的活动身影，如东溟慧日，洪武二年（1369）诏赴蒋山佛会，“命礼部给馔，明日召见奉天殿，百僚咸集，僧若鱼贯。惟师腊最高，朱颜白眉，班居前列”。太祖赞叹，称道“白眉法师”。[②] 白云智度，洪武己酉（二年，1369），“适建法会于蒋山，有诏起天下名僧敷宣大法，而师与焉。师初力辞，戌将强起之。师曰：心境双忘，随缘去住，复何拘碍耶？遂行。暨师至而会事解严，遂还杭”。[③] 日章祖偁，洪武二年，善世院移文，升住上天竺。以高僧选留京师瓦官寺，有旨就天界禅寺升座，为众说法，闻者倾服。皇上数召入禁中，问佛法大意，师奏对详允称旨。敕止宿翰林院，以备顾问。以中智及，洪武初被有道征，与上竺日章偁等赴京，馆天界寺。

（三）洪武三年（1370）春正月十五，诏令天下名僧奔赴金陵天界寺讲经说法，并于蒋山举办普度法会。资料表明，皇帝朱元璋参加了本年蒋山法会，他在《御制蒋山广荐法会》中自陈：“洪武三年正月十五日，朕于钟山前蒋山寺奉佛供僧，实不为己。”洪武三年之法会，举行于蒋山寺，明末憨山大师记其事云：“洪武三年，诏天下高僧，安置于天界寺，建普度道场于钟山灵谷，名流毕集，大阐玄宗，御驾躬临，亲闻法喜，而法道之盛，不减在昔，何其伟与！”[④]可知此次法会不减于元年和二年之盛。

不过，洪武三年（1370）的征召高僧有三点值得注意：一是其赴诏尊宿 30 余

---

① 释纪荫：《宗统编年》卷之二十八，“己酉洪武二年”条。

② 宋濂：《上天竺慈光妙应普济大师东溟日公碑铭》。

③ 宋濂：《处州福林院白云禅师度公塔铭》。

④ 憨山老人《雪浪法师传》文曰：“惟我圣祖，龙飞廓清寰宇，开万世太平之业。初至建康，剑甲未解，即崇重佛氏。”

员，征召高僧人数比前两年增加了，而“出元叟之门者，三居一焉”。惟国清昙噩、双径智及并楚石梵琦三人，频入宴文楼论道，皇上问“鬼神幽玄不测之理”。是年的应召高僧，除了梵琦、昙噩、智及三人外，名讳可考的还有宝金、宗泐、万金、妙声、行中、慧日、别峰、天镜、如玘、弘道等。也有列入是年征召名单而未能奉召者，如杰峰世愚。洪武三年(1370)，诸山宿德，咸赴钟山之会，有诏起愚，使者至，愚集众普说，已而高声唱灭。

二是从应召高僧中遴选了来自吴中的白庵万金，接替慧昙为天界寺第五代住持。如宋濂《大天界寺住持白庵禅师行业碑铭》记，洪武改元，皇帝御大宝历，弘阐佛乘，首开善世院。俾擢有道浮屠莅天下名山，杭之净慈主席尚虚，佥欲起白庵禅师居之。疏与币交至，浙江省丞复遣使趣之，师皆力辞。已而有旨(应为洪武三年，1370)起白庵禅师住持大天界寺，师应诏至阙，见上于外朝，慰劳优渥，即令内官送其入(善世)院，赐以天厨法馔。万机暇时，召入禁庭，奏对称旨。盖师精通西竺典及东鲁诸书，其与荐绅谈论，霏霏如吐玉屑，故咸乐与之游。

三是洪武三年皇帝征召高僧入京讲经说法的内容，除了询问佛法宗门大意，最关切的是幽微难测的鬼神问题。先有夏五月碧峰金禅师、别峰同法师及东溟慧日、天镜朴隐等被召询问道；接着，秋七八月又征召楚石梵琦与梦堂噩、行中仁及宗泐、万金、妙声等入见，问宗门大意，通三藏之说。是年应召高僧大都召见于奉天殿，而馆于天界寺。可见如下多种僧家资料记载：

> 庚戌(洪武三年)，诏五台山碧峰宝金禅师至南京。夏五月，皇上于奉天殿召见，且曰：“朕闻师名久，以中州苦寒，特延师居南方尔。”遂留于大天界寺，时召入问佛法及鬼神情状，奏对称旨。
>
> 洪武三年，皇上亲问升济沉冥之道，东溟慧日备奏称旨。与别峰同法师、金碧峰禅师辈，赐食禁中。因奏瓦官寺乃隋智者大师释《法华》之所，不可从废。上命就天界别建室庐，以存其迹。诏即开山说法，事竣，辞归上竺。
>
> 皇明龙兴，诏天下名桑门建会钟阜，升济幽灵，轮番说戒。师(天镜朴隐)与上竺东溟日公、五台壁峰金公，特被召入内庭，从容问道，赐食而退。[①]

① 宋濂：《护法录》卷一《故灵隐住持朴隐禅师净公塔铭》。钱谦益《列朝诗集小传》闰集中有天镜传：“洪武五年，召与广荐法会，赐食内廷，从容问道。已而辞归。九年住灵隐。入院甫浃日，坐庄田事，谪戍陕西。”

三年之秋，皇上以鬼神情状幽微难测，意遗经当有明文，妙拣僧中通三藏之说者问焉。楚石梵琦与梦堂噩公、行中仁公等应召而至，馆于大天界寺。上命仪曹劳之，既而援据经论成书，将入朝敷奏，楚石师忽示微疾。

三年秋七月朔，皇上于奉天门召梵琦、宗泐、万金、妙声等入见，赐坐焚香供茶。午就赐斋，问以宗门大意。琦、泐等首以灵山付嘱，继以迦叶传化为对。次及鬼神之事，琦等援经据论以对。上感悦。①

参加洪武三年(1370)法会的应召浮屠，对皇帝关心的问题都做了适当回应。名讳可考的应召高僧，还见诸如下不同来源的记载：行中至仁，洪武初，皇上问以鬼神之理，师以佛旨为书而对。上悦。妙声九皋，洪武三年，甄选天下高僧，入都讲说。与释万金同被召，莅天下释教。秋八月，师被召入。馆于天界，数蒙延对，甚洽帝心。又以能文，遂留京备顾问。太璞如玘，庚戌(洪武三年)，皇上以鬼神之道茫昧，召高僧讲究，师奏疏称旨。弘道，洪武三年，应诏天下高行僧道问鬼神事，其建议唯允。

(四)明初连续几年举办蒋山法会，其规模最大、准备最充分的要数洪武四年(1371)冬迄五年(1372)春的法会。从洪武四年春开始，就下诏三宗名德复建大法会于钟山，并命天界寺白庵万金总持其事。宋濂《大天界寺住持白庵禅师行业碑铭》记曰："四年春，诏集三宗名僧十人及其徒二千，建广荐法会于钟山，命师总持斋事。师能灵承上旨，凡仪制规式，皆堪传永久。五年冬诏复建会如四年，大驾临幸，诏师阐扬第一义谛。自公侯以至庶僚，环而听之，靡不悦服。"据研考，宋濂此处"三宗名德"，盖指有明一代习称的禅、讲、教三宗，虽洪武十四、十五年间才见诸榜文，正式将天下寺僧确定为此三宗，但实际早已运用；其所记"四年春""五年冬"，实为四年冬、五年春之误。

洪武四年冬十月十五日，征召见心来复等高行僧10人及其徒2000人到达京师。出席本会之十大名僧，名讳可考者有白庵万金、壁峰宝金、全室宗泐、见心来复、具庵如玘、守仁一初、天渊清浚、东溟慧日、牧隐文谦及同庵夷简等人。宋濂在《护法录》中多处记述洪武五年(1372)春应召高僧亲历蒋山法会的实况。《上天竺慈光妙应普济大师东溟日公碑铭》记曰："及建钟山法会，请师说毗尼净

---

① 释纪荫：《宗统编年》卷之二十八"庚戌洪武三年"条，梵琦、宗泐等召对奉天门。

戒，闻者开怿，时洪武五年春正月之望（十五日）也。"《寂照圆明大禅师璧峰金公设利塔碑铭》也有记载五台山高僧璧峰宝金，亲历洪武四年（1371）冬至五年（1372）春的蒋山法会说：辛亥（洪武四年）冬十月朔，皇上将设普济佛会于钟山，命高行僧十人往其事，而禅师与焉。赐伊蒲馔于崇禧寺，大驾幸临，移时方还。壬子（洪武五年）春正月之望[①]，诸沙门方毕集，皇上穿皮弁服，亲行献佛之礼。夜将半，敕禅师于圜悟关施摩伽陀解法食。竣事，宠赉优渥。夏五月，悉鬻衣盂之资，作佛事七日。据《增集续传灯录》杭州灵隐性原慧明禅师传，洪武五年春，诏天下高僧建大斋会于钟山。师与径山季潭俱与是选。既竣事，季潭奉旨住天界，延师居第一座，提纲举要，得表率丛林。[②]

研究表明，规模最大的蒋山法会是从洪武四年冬天至洪武五年春天，长达一个多月。这是以水陆法会作为国家的祭祀，仪式极为隆重。现存主要文献有明太祖朱元璋《御制蒋山寺广荐佛会文》、宋濂《蒋山广荐佛会记》，宋濂一文则详细地记载了法会的具体情况。但是，水陆法会的佛教仪式与朝廷祀天祭孔的礼仪有所差别，皇帝亲临幽鬼镇魂的佛教法会，在礼制上则有许多讲究，所以必须融合与折中二者的仪式。皇帝对蒋山法会仪规高度重视，因此洪武三年起，就敕命礼部仪曹与征召高僧，讨论鬼神之道，考究法会仪规等。其后，洪武十六年所颁科仪规式彰明了朱元璋对佛教道场科仪之礼的见解："明则可以达人，幽则可以达鬼。"《续佛祖统纪》卷二《如玘传》记载："庚戌（洪武三年），上将修厘事，以鬼神之道茫昧，召高僧讲究，师奏疏称旨。……五年壬子，上将覃恩幽滞，召天下高僧毕集钟山，设广荐会，法仪甚盛，大驾亲临，沙门上首分番说法。"可见，为这场盛大法会，皇帝高度重视，经过洪武三年（1370）研究商讨、洪武四年（1371）试行的过程，至洪武五年（1372）春，法仪最后成型，于是隆重举行。[③]

洪武四年冬十一月二十一日，敕颁《御制蒋山寺广荐佛会文》，命京都、各省出榜，晓谕天下官民士庶人等。冬十二月，皇上御奉天殿，集公侯百官，宣谕建会之因。禁天下屠宰。皇上本人先斋戒一月。朱元璋在《御制蒋山寺广荐

---

① "望"即"望日"，指阴历每月十五。农历每月十六日称既望，表示满月后一天。南宋文人周密《观潮》称：自既望以至十八日为最盛。古时称"既望"之时间则较长，或指十四、十五至二十三、二十四之时段。北宋苏轼《赤壁赋》：壬戌之秋，七月既望，苏子与客泛舟游于赤壁之下。又，朔望，指农历每月的初一和十五，即朔日和望日。

② 《增集续传灯录》，"杭州灵隐性原慧明禅师"条。

③ 参见赖永海主编：《中国佛教通史》第十四卷，江苏人民出版社，2010年，第360页。

佛会文》中说：

朕观二仪有象，覆载无穷。凡中国之人及化外之夷获安于世者，莫非阴、阳为之表里。何为阴？何为阳？上至天子、大臣，下至庶民凡生，天地能动作运用者，此之谓阳。天子郊祀天地，祭岳镇海渚；诸侯祭境内山川，庶民祭祖宗，皆求其神，有名无形，有心无相，此之谓阴。故中国与化外之人，所敬之心则同，所祀之礼则异。观自古至今，相传祭祀鬼神之事，岂不重乎？然事鬼神，必有礼有时，毋犯分，毋越礼，毋非时，毋昧于鬼神。若昧于鬼神，则为鬼神亦难矣。且聪明正直变化不测之谓神，祸福所施，必不以亲疏而异。但世人愚而贪，欲心浩大，遂至犯分越礼。不知以敬求神，在于有礼有时也。

朱元璋在此强调，祭祀天地鬼神讲究的是有“礼”与“时”，不要“犯分越礼”，而要“以敬求神”。接下来他又以身说法，建构其“作大佛事”之善因：

朕本农夫，自幼托身佛门，忽经大乱，不得已而从戎于二十年矣。向与群雄并驱之时，务在操兵整队，救民于彷徨之中。今祸乱已平，天下已定，未尝朝僧暮道，妄祀鬼神，有所祀必以礼，有所祭必以时。尚虑军民身经大难，凡死者或遭兵刃，或陷水火，或迫于危急，而自缢投河，或潜入山林，而蛇伤虎咬，或天灾而陨灭，或因互斗而杀伤，或为国宣力而殒命，或思父母妻子因疾而亡身。凡此诸等死者，或满门灭绝，无祭无依；或虽有眷属，不能顾念；或有父母妻子，因兵流离，生者未安，死者谁为之祭？朕以己心度之，此等鬼魂，遇天阴时，莫不呻吟于风雨之间；遇晴明时，莫不悲号于星月之下。或因生前作恶，留连冥冥之中，无由自脱。又如我朝大军征讨四方，远入它境，或糇粮不继，一时手刃平民，或遇壮军之无故烧毁房舍，杀害老幼残疾，至惹重愆，有累身后。

朕今因死者恐不得生天，恐有冤报，故作大善佛事，为死者超升，生者解冤，以此干求于佛。今臣民将以为，帝王之道但礼见在，何求过去？果有此言，莫不善乎？然吾观古书，孔子有言：“西方有大圣人，不治而不乱，不言而自信，不化而自行”。则佛者，岂特中国所敬？虽化外尤尊。洪武三年正月十五日，朕于钟山前蒋山寺奉佛供僧，实不为己。假若朕为己求福，必不至，何也？盖帝王设施，皆出臣民之力，己无勤劳之资。若以财力而求福于一己，可乎？今特为死者超升、生者解冤，吾不昧于佛，以礼以时，香华灯烛，庄严素供。朕躬率先僧臣参礼，此之谓礼。今区宇平定，乱极而治，故为生、死者多方以解冤仇，此之谓时。吾之不昧于佛者如此。尔诸臣民，凡有自知所作之非，趁此大斋，洗心革虑，素斋一月。至日，各于家门望佛遥拜，以祈忏悔，庶资佛力，证成善果。①

朱元璋于此将敬鬼神之“以礼以时”亦用之于敬佛，宣称他亲率诸臣僧参赞礼佛是即为“礼”；而天下寰宇平定，人民乱极思治，此际为死者超度、生者解冤，即为“时”。如此以礼以时，即可称为“不昧于佛”！为此他倡导诸臣民也要趁此大斋会，“洗心革虑”，斋戒礼佛。

宋濂《蒋山广荐佛会记》开首也说明皇帝启建蒋山法会之原因：皇帝御宝历之四年，海宇无虞，洽于大康，文武恬嬉，雨风时顺。于是恭默思道，端居穆清，罔有三二，与天为徒。重念元季兵兴，六合雄争，有生之类不得正命而终，动亿万计。灵氛纠蟠，充塞下上，吊奠靡至，茕然无依。天阴雨湿之夜，其声或啾啾有闻。宸衷尽伤，若疚在躬。且谓洗涤阴郁，升陟阳明，惟大雄氏之教为然。②

洪武五年（1372）壬子春，即蒋山寺建广荐法会之前，命四方名德沙门，先点校藏经；命宗泐撰《献佛乐章》，既成进呈，御署曲名，曰《善世》，曰《昭信》，曰《延慈》，曰《法喜》，曰《禅悦》，曰《遍应》，曰《妙济》，曰《善成》，凡八章。敕太常谐协歌舞之节，用之，着为定制。这是八大乐章的制作过程，先收集藏经的资料，诏命宗泐撰写乐章，皇帝亲自御制曲名；然后命太常府谱曲配以歌舞。经过如上充分准备，洪武五年春钟山法会正式启建。按照宋濂事后受祠部郎中李颜、主事张孟兼请托所撰写的《蒋山广荐佛会记》，可完美再现当时蒋山法会的法仪次第。③

皇帝行三献礼，“皆跪进清净肴馔”，并受天竺法师慧日的法戒，在寺内驻跸一日。皇帝以如此虔诚和崇高的规格礼佛，在中国历代帝王的典礼活动中极为罕见。上述蒋山法会十四仪程大体分为四段：一至四为序幕，五至八分为迎佛、

① 《金陵梵刹志》卷一《御制集》。

② 罗月霞主编：《宋濂全集》之《銮坡后集》卷一《蒋山广荐佛会记》，浙江古籍出版社，1999年。

③ 详参赖永海：《中国佛教通史》第十四卷，江苏人民出版社，2010年，第361—363页。

礼佛，九至十二为追荐幽魂，十三至十四为送佛。研究认为，这是以水陆法会作为主体，吸收郊祀的仪式结构，而且改造了其中的乐曲和舞蹈，变为佛教风格的名称和乐舞，增加了祈供礼佛与追荐幽魂等环节，从而实现了作为国家祭祀的目的。本次法会礼仪圆满，如《补续高僧传·白庵金禅师传》记载："凡仪制规式，皆堪传永久。"

皇帝率文武百官参加的法会仪程从正月十三日到十五日。正月十三日三鼓时，皇上御奉天殿，集公侯百官，奉上佛表。命礼部尚书斋赴钟山，启建法会。十五日，皇上服衮冕，乘辇辂，赴法会。至日夕，迎佛，皇上率公侯百官临法筵，供佛行大礼，乐用《善世》等曲。先是十四日微雪，不久即云开日出，当晚星月在天，风露湛寂，丝竹迭奏，灯火交辉。礼仪之盛，前古莫及。赋迎佛、礼佛、送佛三首。禅僧同庵彝（夷）简，赋《钟山法会诗》八首纪事。其中说到，法会三日，上之临幸。十三日天雨娑罗子，近臣得之以奏献焉。十四日诏皇太子、诸王，同观《法会赋》迎驾，"千骑东华玉辇来，钟山浑胜妙高台。旌旗宝树重重入，楼阁香云一一开。仙仗斋从三日幸，春官诏许五王陪。近臣共说天颜喜，收得娑罗树子回"。

宋濂法会记也云："前事二日，凄风成寒，飞雪洒空，山川惨淡，不辨草木。銮辂一至，云开日明，祥光冲融，布满寰宇。天颜怿如，历陛而升。严恭对越，不违咫尺。俯伏拜跪，穆然无声。俨如象驭，陟降在廷。诸威神众，拱卫围绕，下逮冥灵，来歆来飨，焄蒿凄怆，耸人毛发。此皆精诚动乎天地，感乎鬼神，初不可以声音笑貌为也。"蒲庵禅师（见心来复）以高僧被召居首，撰有《钟山稿》一编，其载祥异事尤悉。正月十三日黎明，礼官奉御撰疏文至钟山，俄法驾临幸，云中雨五色子如豆，或谓娑罗子，或谓天华坠地之所变。十四日大风，昼晦雨雪交作，至午忽然开霁。上悦，敕近臣于秦淮河，燃放水灯万枝。十五日将晏法会，夜已过半，上还宫，随有佛光五道，从东北起，贯月烛天，良久乃没。[1] 宋濂认为，天降祥瑞，这是皇上的精诚"动乎天地，感乎鬼神"所致。

肆惟皇上自灵御以来，即诏礼官稽古定制，京师有泰厉之祭，王国有国厉之祭，若郡厉、邑厉、乡厉类皆有祭。其兴哀于无祀之鬼，可谓备矣。然圣

① 宋濂：《宋文宪公护法录》卷第五《跋蒋山法会记后》。

虑渊深，犹恐未尽幽明之故，特征内典，附以先王之礼，确然行之而弗疑，岂非仁之至者乎！昔者周文王作灵台，掘地得死人之骨，王曰更葬之。天下谓文王为贤，泽及朽骨，而况于人夫！瘗骨且尔，矧欲挽其灵明于生道者。则我皇上好生之仁，流衍无际，将不间于显幽，诚与天地之德同大，非言辞之可赞也，猗欤盛哉！[1]

宋濂于此揭示此蒋山法会之仪轨是当今皇上融和了儒佛之礼仪，“特征内典，附以先王之礼”，其宸衷初心即为善被显幽两间而无遗。

宋濂作为明初典章礼仪的制定者和佛教的护法者，在朝臣和僧徒眼中具有举足轻重的地位。宋濂通过描写法会之后天上出现的祥瑞来称扬朱元璋对佛教的扶持。他在《跋蒋山法会记后》中陈述自己记载蒋山法会之意义云：“一则铺张帝德之广，一则宣扬象教之懿。”作为佛教护法者的宋濂，深知皇帝的扶持对于佛教发展的重大意义，他说：“佛法之流通，灵山付属，恒在国王大臣。读予记者，当知王化与真乘同为悠久，犹如天地日月，万古而常新。”[2]后世有作者称颂云：“明高帝建水陆道场于钟山，万乘亲临，千僧将事，则有佛光五道直贯天中。宋学士濂之记，于今传诵……”[3]果不虚也。

三　明初应召高僧法脉传承

明初应召高僧尤以禅宗人才鼎盛，大都出于笑隐大䜣和元叟行端二系，而这二者皆可追溯及南宋倡导“宗门忠义”的大慧宗杲法系，史称大慧宗杲为“妙喜老人”。

（一）龙翔笑隐系

大䜣，俗姓陈，自号笑隐。笑隐得法于仰山晦机元熙，而晦机则源自南宋大

① 宋濂：《宋文宪公护法录》卷第五《蒋山广荐佛会记》。
② 宋濂：《宋文宪公护法录》卷第五《跋蒋山法会记后》。
③ 金堡：《遍行堂续集》卷五《荐阵亡将士建水陆道场疏》，《四库禁毁书丛刊》集部第128册，北京出版社，2000年版。

慧宗杲妙喜法系。[1] 笑隐大䜣参百丈晦机，晦机识其奇伟于眉睫间，使之侍方丈。久之，俾掌书记，得其心印。晦机迁杭州净慈寺，笑隐随从，仍掌书记。出世住湖州之乌回，居三载去，游江浙间，后归净慈。净慈居五山之列，号大丛林，四方龙象咸来栖止。复迁杭州中天竺寺。[2]

天历元年(1328)，元文宗即位后，将潜邸改为龙翔集庆寺，命笑隐大䜣住持龙翔集庆寺为开山祖，并授太中大夫衔。当时在江南为官的著名诗人萨都剌作《送䜣上人笑隐住龙翔寺》，诗曰："江南隐者人不识，一日声名动九重。地湿厌看天竺雨，月明来听景阳钟。衲衣香暖留春麝，石钵云寒卧夜龙。何日相从陪杖屦，秋风江上采芙蓉。"从中可见大䜣乃襟怀恬淡、志在隐栖的衲僧，然则他所以能从"人不识"，到一朝之间"声名动九重"，主要是因为他行有素修，而绝非干名采誉。作为"隐者"，既然不为"人不识"而愠，也就不必为"动九重"而喜。如此诗骨构思，非但体现了诗人的识见超群，也显示出了大䜣上人的青云之志。

笑隐䜣与昙芳忠，俱应召至南都。南都之为禅宗者，出迎龙河上曰："国家尚教乘，塔庙之建，为禅者寂然。禅刹兴于今代，自师始，吾徒赖焉。"笑隐谢曰："遵其行之为律，宣其言之为教，传其心之为禅。有言有行，皆所以明是心也。吾徒无负祖师西来意，他不足论也。"笑隐对教、律、禅皆有担当，其佛言、佛行、佛心之分，见识超群。有旨命百丈山德辉，重编《禅林清规》，仍命笑隐䜣校正，遂定为九章。书成，四方咸取法而为丛林之楷。[3] 笑隐䜣示寂，举蒋山昙芳忠自代。其四会语有录，外集曰《蒲室集》[4]。门人廷俊奉状，请名士黄溍撰塔铭。会中龙象济济，则有愚庵智及、季潭宗泐、清远怀渭辈，激扬旨要。[5] 笑隐传觉原昙、季潭泐等

---

① 廷俊等编：《笑隐大䜣禅师语录》之《龙翔笑隐䜣禅师语录序》。

② 宋濂：《宋文宪公护法录》卷第二《佛心普济禅师缘公塔铭》。

③ 廷俊等编：《笑隐大䜣禅师语录》卷末《元广智全悟太禅师太中大夫住太龙翔集庆寺释教宗主兼领五山寺笑隐欣公行道记(有赞)》。"皇上至元二年以老病求退。御史大夫撒迪公以闻，优诏不许，加号释教宗主，兼领五山寺。"

④ 廷俊等编：《笑隐大䜣禅师语录》卷末《元太中大夫广智全悟大禅师住持大龙翔集庆寺释教宗主兼领五山寺欣公塔铭(并序)》。"天历元年，有诏以金陵潜邸为大龙翔集庆寺。妙柬名德，俾之开山，公首膺其选。""公于母年高，阙于觐省。每自谓：有愧于睦州编蒲奉亲。爰以蒲名其室，因以名其集云。公所为文，无山林枯寂之态，变化开阖，奇彩烂然。而议论磊落，一出于正，未尝有所偏蔽。虞公称其如洞庭之野，众乐并作，铿鈜轩昂，蛟龙起跃，物怪屏走，沉冥发兴。至于名教节义，则感厉奋激，老于文学者，不能过也。人以为知言。初魏国赵公孟頫，未识公，得其文，叹赏不已，即命驾访之。一时贤士大夫，咸慕而交焉。"

⑤ 释自融：《南宋元明禅林僧宝传》卷九。

五人。而从笑隐之湖州乌回、杭州报国、中天竺以至金陵大龙翔四会语录编撰来看,除了慧昙,廷俊、中孚、崇裕亦皆忝列门人。明开国后,笑隐这些门人大都应召入京,各有所为。

笑隐䜣为元明之际江南弘传临济宗之领袖。虞集记曰:自大慧杲禅师大弘临济之宗于东南,晚得佛照光以为之嗣,北涧简传之,至物初观而得晦机熙公。江南既归国朝,禅宗尊宿共扶其道者,数公而已。晦机尤以老成为国柱石,隆然继之,名称普闻于天下者,则广智全悟大禅师䜣公其人也。[①]

对于笑隐在元末明初的影响,笑隐语录序曰:"妙喜际遇宋高宗,奉敕两主径山,宗风大振,时号临济中兴。笑隐际遇元文宗,从金陵入登皇位,遂于潜邸启建大龙翔集庆寺,诏师为开山祖。召赴北阙,特赐三品文阶,统领五山释教,号广智全悟禅师。僧规旧着黑衣,特赐黄衣,并其徒尽得衣黄。师有《初改黄衣诗》,见于《蒲室集》。"笑隐䜣得元皇室宠遇,"当日南住新刹,北赴召对,优礼崇褒,锡赉无算。一时国师光华,佛法胜事,千载希有。回视妙喜(大慧),两敕径山,尤为竿头进步也。"[②]

江南诸道行御史台,钦奉元文宗圣旨,以集庆路兴龙潜邸改建大龙翔集庆寺,诸官临筵,笑隐开示:"释迦世尊,舍金轮而登佛位。今上皇帝,从佛位而御金轮。收摄三千刹海于一印中,具足八万法门于一毫上。如华严会上菩萨得无尽福德,藏解脱门于一器中。""今上皇帝,以兴龙潜邸改创梵宫。复命禅宗,发扬向上宗旨。与天帝释所成功德,何啻百千万亿倍?纵使虚空为口,赞叹莫穷。"其光明正大之论,令江南士大夫为之叹绝。笑隐昌言:"佛化、王化,功归一揆。金轮、法轮,同转道枢。""真俗混融犹有化,君臣道合自无为。"[③]这一点更深刻影响其门下弟子,而以上首慧昙、宗泐为尤著。

笑隐对元末明初丛林影响至深,尚有一事必须特别指出,即奉敕整理《百丈清规》为丛林作楷模。其语曰:

> 百丈作清规,而丛林大备。有书状,有藏主,有首座。将使禅者兼通经

① 廷俊等编:《笑隐大䜣禅师语录》卷末《元广智全悟大禅师太中大夫住大龙翔集庆寺释教宗主兼领五山寺笑隐欣公行道记(有赞)》。
② 廷俊等编:《笑隐大䜣禅师语录》卷之一《龙翔笑隐䜣禅师语录序》。
③ 廷俊等编:《笑隐大䜣禅师语录》卷之二《大龙翔集庆寺语录》。

教外典，欲其他日柄大法，可以为全材，而御外侮也。故向之大尊宿，虽单提此事，接向上机，而莫不该博兼济，又持律严峻，故法道大盛。近时丛林稍能识字，便不留心宗乘；又或宗门略具一知半解，而短于应酬，或惟事虚言，而内行不检。虽能聋瞽初学，难逃识者检责矣。宗纲陵迟，一至于此！①

这些开示不惟显出明代佛教丛林动向，尤为其弟子日后在明初推行僧政整顿提供了典范依据。

龙翔笑隐欣禅师法嗣见于明代传灯录者有十人：天界觉原慧昙禅师、净慈用章廷俊禅师、育王约之崇裕禅师、净慈仲邠克岐禅师、灵隐用贞原良禅师、天界全室宗泐禅师、天界芳林宗嗢禅师、九岩道纯雅禅师、净慈清远怀渭禅师、承天仲铭克新禅师等人。②

笑隐门人在明初洪武朝应召者不少，慧昙、宗泐更是其中翘楚。慧昙是朱元璋率师渡江以来激发其崇尚法门的第一人，而宗泐自洪武初应征入朝，成为朱元璋亲近的佛学顾问。"(宗)泐之宿愿弘深，辨才无碍，际遇乎佛心天子，常于慈明殿设榻，召问《心经》枢要。"③可见，宗泐是慧昙之后最得朱元璋器重的禅师。明成祖朱棣也有御制像赞宗泐曰：皇明启运，多士如云。戡乱以武，制治以文。矧知方外亦有伟人，传衣蒲室，辅教镡津，谈经金马，献赋紫宸。帝心简在，荣迈等伦。两为善世，宗工鼎臣。以翼王度，以淑吾民。载赓云汉，爰刻翠岷。不惊宠辱，乃离根尘。淮水汤汤，槎峰嶙嶙。我作赞辞，孰为写真。④

(二) 双径元叟系

元叟端禅师说法双径山，人尊之为"当代妙喜"。⑤ 而且，"武林双径，江南诸寺之最"。⑥ 元叟行端本籍浙江台州临海，俗姓何。初参藏叟善珍于径山，后至净慈寺，依石林巩公修学，终得雪岩祖钦印可。元叟行端禅师作为临济宗杨岐下的第八代禅师，其法脉传承非但是他同辈禅师中最旺的，而且在这八代禅师中除径山宗杲之外，亦没有法脉超过行端者。笑隐大䜣也尊元叟行端为"法叔"，其语录

---

① 廷俊等编：《笑隐大䜣禅师语录》卷之四《题藏叟和尚榜语》。
② 《增集续传灯录》卷第五。
③ 释自融：《南宋元明禅林僧宝传》卷十三《季潭泐禅师》。
④ 通问编：《续灯存稿》卷第六《金陵天界善世全室宗泐禅师》。
⑤ 宋濂：《宋宪公护法录》卷第一《故灵隐住持朴隐禅师净公塔铭》。
⑥ 宋濂：《宋宪公护法录》卷第二《净慈山报恩光孝禅寺住持仁公塔铭》。

有记载:“径山元叟和尚遗书至,上堂:昔妙喜祖到蒋山,应庵和尚上堂云:天下具大眼目尊宿,惟法叔一人而已。今我径山法叔,再世妙喜也。小侄曾闻于朝,请为兹寺开山,而未果所愿。遗书忽临,如睹象驾之至……”①由此可见元叟行端的禅法在元代丛林中的影响至为深远。笑隐将元叟比之“天下具大眼目尊宿”的妙喜大慧,称之为“再世妙喜”。元叟行端住持径山,“人才之盛,不减妙喜。其(高足)楚石琦辈,时称僧杰焉”②。

除了楚石梵琦嗣法元叟,尚有愚庵智及双栖二师,既承笑隐为嗣,也以元叟为师;季潭宗泐也曾参谒元叟,为掌记室。元叟行端是元代江南最具影响的禅门宗匠之一,曾“三受金襕”,与元廷关系密切,且法门极盛。明朝建立后,行端门人多被征召,所谓“师之后,大抵说法朝廷”。洪武三年(1370),征高僧入朝,“其赴诏尊宿三十余员,出元叟之门者,三居一焉”。可见这一系僧人在明初是相当有影响力的。这其中著名者为梵琦、昙噩、智及等人。③

另外,曾出主天界寺的万金和出主灵谷寺的清浚也都属于元叟行端一系的法脉,这两人都出自元叟行端弟子径山古鼎祖铭门下。还有象原仁淑,同万金、清浚皆师从古鼎铭,并接任径山住持。万金“精通西竺典及东鲁诸书”,佛儒淹贯,与士大夫交游多有美誉。元至正十七(1357)住持苏州瑞光寺,后又兴复嘉兴天宁寺。帝师闻其贤,授以“圆通普济禅师”之号。洪武三年(1370),明太祖诏万金为天界寺住持,梵琦示寂天界,万金以“法门犹子”为其安葬。天界寺被朱元璋钦定为“天下第一禅林”,“桑门上首非有宿德重望为上所知者,不以授之”。万金名驰当世,学冠诸老,自然受到太祖器重。当时,应召高僧中有不少是经过万金推举的,如宗泐、惟则等人,皆为其所荐引。洪武四、五年间(1371—1372),蒋山设广荐佛会,与会名僧及其徒众二千人,万金奉诏总持法事,“灵承上旨,并建规式”,所拟仪制规式“堪传永久”。万金奉诏阐扬宗门大意,自公侯以至庶僚,环而听之,靡不悦服。太祖以万金才智踔绝,谕令罢道辅政,万金固辞而止。④

---

① 廷俊等编:《笑隐大䜣禅师语录》卷之二《大龙翔集庆寺语录》。

② 释自融:《南宋元明禅林僧宝传》卷十。

③ 参见杜常顺:《明太祖与江南佛教上层的关系》,《青海师范大学学报(哲学社会科学版)》2011 年第 33 卷第 2 期。

④ 宋濂:《宋文宪公护法录》卷第一《大天界寺住持白庵禅师行业碑铭》。又参钱谦益《列朝诗集小传》闰集《西白禅师金公》曰:“宋景濂谓寂照(元叟)之子孙,各主名山,大畅宗旨,师亦其一人也。”(第681 页)

《增集续传灯录》为永乐年间南石文琇所撰，所载径山原（元）叟端禅师法嗣知名者有19人：灵隐竹泉法林禅师、径山古鼎祖铭禅师、国清梦堂昙噩禅师、天宁楚石梵琦禅师、径山愚庵智及禅师、万寿行中至仁禅师、径山复原福报禅师、灵隐性原慧明禅师、上竺我庵本无法师、开原愚仲善如禅师、灵隐天镜原（元）净禅师、护圣迪原启禅师、万寿佛初智淳禅师、天宁仲猷祖阐禅师、天宁太古昙徽禅师、开原方崖成大禅师、五峰亢恕普慈禅师、清凉用堂子楩禅师、开化一庵道如禅师。《续灯正统》为清康熙年间别庵性统所撰，所载径山元叟端禅师的法嗣与《增辑续传灯录》大体无异，只是灵隐性原，称慧朗禅师，又有金山慧明禅师传。①

（三）其他应召法系

元叟行端和笑隐大䜣两系的禅僧之外，洪武朝受到征召和优渥的著名僧人尚有擅长经教的东溟慧日、太璞如玘等人。慧日习天台宗，如玘善天台、华严。慧日弟子祖阐、如玘弟子溥洽也都应召，为洪武帝所重视。上述祖阐在明代传灯录中也被列属元叟法系下，洪武初奉诏同克勤出使日本。②

对于明太祖广征天下高僧，释明河评论称明太祖“体道得中”，其论曰：“儒尊士行，僧贵德业。我圣祖敬德慕道之心，世出世间一揆，深得灵山付嘱之意。即师号一节，在宋元时，何其纷纷也，至我朝卷迹一扫。故历代帝王护法尊僧，非不及则过之，唯我圣祖为体道得中”云。③

有研究者指出，洪武时期征召名僧的活动，是明太祖笼络佛教上层借以稳固明王朝统治和安定社会秩序的重要举措之一。大批僧人遵命应召，意味着佛教这股重要的社会力量对明王朝的政治认同与顺从。元末明初，江南地区为汉地佛教中心，法门兴盛，人才济济。名僧大德普遍淹通佛儒，与士大夫阶层有着广泛交往和密切的联系，无疑是一股重要的社会力量。出于稳固明王朝统治和安定社会秩序的政治需要，明太祖重视对江南佛教高僧的结纳与笼络，故此名僧大

---

① 明东吴通问编定《续灯存稿》卷第五也列径山端禅师法嗣有：杭州灵隐性原慧朗禅师、嘉兴府天宁楚石梵琦禅师、杭州径山愚庵以中智及禅师、杭州灵隐朴隐天镜元净禅师、苏州万寿行中至仁禅师、明州瑞龙梦堂昙噩禅师、杭州径山复原福报禅师、杭州灵隐竹泉了幻法林禅师、杭州径山古鼎祖铭禅师、明州天宁归庵仲猷祖阐禅师等。（《卍新续藏》第84册）南海普陀嗣祖沙门西蜀性统编集《续灯正统》卷十三、十四列径山端禅师法嗣。（《卍新续藏》第84册）

② 云栖袾宏：《皇明名僧辑略》，《卍新续藏》第84册。

③ 释明河：《补续高僧传》卷十五《无念传》。

德普受征召,并择拔“通儒僧”出仕,径为所用。然而,在明太祖竭力强化皇权专制统治的背景下,江南佛教上层累受“党狱”和“文字狱”之祸的株连,佛教人才日渐凋零,僧团萎靡不振,江南佛教上层作为一股有影响的社会力量由此而衰颓。[①]这一趋势直到明末才稍有好转而逐渐复兴。

① 参见杜常顺:《明太祖与江南佛教上层的关系》,《青海师范大学学报(哲学社会科学版)》2011 年第 33 卷第 2 期,第 53、56 页。

第二节
明初应召的儒僧与僧官

明初三朝，洪武开国，建文短祚，永乐创守，前后相继不替。僧司制度自洪武创制以来，即更替绵延，代有僧官，额缺即补。出任僧官为应召高僧的一种荣誉选择，虽无多少俸禄可支，但可大大提高其社会地位和宗教威望。明初僧官不仅要求戒德素质较高，而且大都为佛儒淹通的高明之士，自不同于明中叶以降的僧官滥充。僧官之设虽有前代僧官制度可资参鉴，然僧官之选实得益于明开国皇帝朱元璋对“通儒僧”的大力扶植和提拔政策。这里我们选择以宗泐、溥洽、道衍为例，考察明初高僧应召出任僧官，不只是因他们三人都精通“东鲁、竺典”之学，还因其分别卷入洪、建、永三朝政治风云，无论对佛教还是对社会历史均产生了不可磨灭的影响。

一　全室宗泐与洪武僧官

宗泐，字季潭，别号全室。生于元仁宗延祐五年戊午（1318）七月十七日，卒于明洪武二十四年（1391）。俗姓陈，台州临海人。幼孤，相传“为临海周姓乞养子”。八岁从杭州中天竺广智大䜣学佛，经书过目成诵。十四岁，广智为剃发。二十岁受具足戒，从广智开山于龙翔。① 又住净慈南屏松月居，“博咨经典，精求义蕴，律论梵藏，备尽厥旨”，复与同门竹庵怀渭、同庵夷简等“互相参究，时有启迪，奥理深疑，一致推寻，莫不悦怿以解”。大䜣开山集庆龙翔寺，宗泐随侍前往金陵。寄意词章，尤精隶古。“所为文词，禅机渊味，发人幽省”，当代宿儒若虞集、张翥、黄溍等“皆一时巨子。见泐所作，皆倾心叹赏，引誉士林，群相推重”。

① 释心泰《前天界禅寺住山全室大禅师塔铭并序》曰：“台之临海人，周姓，父吉甫，母葛氏。”南石文琇撰《增集续传灯录》卷五《应天府天界季潭全室宗泐禅师》亦谓师为临海“周姓，父吉甫，母葛氏。师生始能坐即跏趺，父母亲族咸异之。八岁命从杭之中天竺广智学佛”。又曰：“智开山金陵龙翔集庆寺，师与俱。”又参释自融撰《南宋元明禅林僧宝传》卷十三《季潭泐禅师传》：“泐生族甚微，父母俱早卒，寄食贫里。贫里不能善之。甫八岁，宿根不昧，趋本郡天宁寺求佛为师。时笑隐欣公说法其间，泐跪拜于欣公膝下。公爱而异之，试以《心经》，脱口成诵。公大喜曰：昏途慧炬也。得度数载，藏文世典，咸贯通焉。欣公屡易名刹，泐皆从侍。”

与之为方外交。元季丧乱，天下汹汹，宗泐栖迟山谷，凝心修道，息影潜声数年，“静性弥坚，道行益励”。[①] 自此日臻玄奥。元至正四年甲申(1344)，尝谒元叟行端于径山，一语契合，命掌书记室。后归省广智大䜣于集庆。元至正七年(1347)，宗泐出世宣州之宁国府水西宝胜禅寺，住持达20余年。洪武戊申(元年，1368)，升任杭州中天竺住持。洪武四年(1371)迁住径山兴圣万寿禅寺，宗泐53岁成为第55代径山住持。径山开创于唐开元初牛头禅祖师鹤林玄素(668—752)，至南宋为天下“禅宗五刹十山”之首，大慧宗杲驻锡径山法席，弘扬临济宗风。[②] 宋濂曾评之曰，荣膺径山住持，“犹仕宦而至将相，为人情之至荣，无复有所增加。缁素之人，往往歆艳之”[③]。

(一) 应召法会展才志

宗泐自幼即师从于广智大䜣，其后又参谒径山元叟行端，双栖当世两大宗匠，在多处江南名山大寺历练。宗泐既精于佛典，淹通儒学，且长于词章文学，诗名极盛，为虞集、黄溍及张翥等名家所推重，交往颇厚。诚如其同郡徐一夔所赞：“当是之时金陵亦东南都会，内而台阁名流，外而山林遗老，至其地者莫不折节而与广智交。泐公参请之余，又得博其闻见，凡六籍之所存，百氏之所粹，名家巨集之录，日务记览，涵揉停蓄，而后吐出其胸中之奇。譬之筑九仞之台，其基既厚，何患其不崇且大也！”[④]这些宗门人脉及学养积累，为其在明初首都南京佛教新政中崭露头角奠定了深厚基础。

宗泐与洪武帝亲近，初由西白万金之荐引。《补续高僧传》卷十四《白庵金禅师传》载，洪武五年(1372)蒋山法会后，天界寺住持万金以母年耄欲归，遂举宗泐

---

① 喻谦:《新续高僧传四集》卷第二《明临安净慈寺沙门释宗泐传》,《高僧传合集》,上海古籍出版社1991年,第790页。其传曰:“别题所居曰全室。生有殊质,幼而聪异,授读塾师便见称许,期以远到。乃性厌俗荣,独契玄妙……”

② 唐玄宗天宝元年(742),鹤林玄素法嗣法钦(714—792)遵照乃师的“汝乘流而行,遇径即止”的要求云游至径山,开始在径山卓锡修行,径山始声名显赫。开元进士李华(715—766)于唐天宝十一年(752)撰《润州鹤林寺故径山大师碑铭》。唐代宗大历三年(768),法钦奉诏入京,被赐号“国一大师”。北宋熙宁五、六年间(1072—1073),径山首创“十方住持制”,推祖印常悟为径山第一代住持。南宋绍兴七年(1137),宋高宗准丞相张浚举荐大慧宗杲主径山法席。绍兴八年(1138),宋高宗定都临安(今杭州)。绍兴十一年(1141),大慧宗杲被诬结党,流放衡州,绍兴二十六年(1156)遇赦。绍兴二十八年(1158),宋高宗再次准丞相张浚举荐大慧宗杲主径山。自宗杲为径山第十三代住持,临济宗开始在径山独树一帜,是为临济宗之祖。

③ 宋濂:《宋学士文集》卷四十《翰苑别集》卷十《住持净慈禅寺孤峰德公塔铭》,《四部丛刊》本。

④ 徐一夔:《全室外集原序》。

代为住持。[①]《增集续传灯录》之宗泐禅师传载:"太祖高皇帝问鬼神事,诏两浙有学行僧,师居其首。馆于天界,对扬称旨。既而建普度大会于钟山,师奉命作《赞佛乐章》。复对鬼神说法,太祖临筵瞻听,叹美。命住天界,宠荣之。一时缁白向化,法席鼎盛。"[②]钱谦益《列朝诗集小传》闰集《全室禅师泐公》也载:"洪武初,高皇帝召西白金公问鬼神事,诏举高行沙门,师居其首。建普度大会于钟山,命师制赞佛乐章"。[③] 这是说,洪武三、四年间(1370—1371),高皇帝为咨鬼神事,经由西白金征召两浙名僧中宗泐居首。

不过,宗泐在明初宗教地位的引世瞩目,始自洪武四年(1371)冬至五年(1372)春举办的蒋山大法会。此次盛大法会,洪武帝率群臣亲临礼佛,规格和规模均非以前法会可比,法会中所用皇帝御署曲名的八部"赞佛乐章",即由宗泐奉敕制作。宗泐又奉旨升座说法,阐讲《心经》枢要,"穷理尽性,彻果法因,显密浅深,无机不被"[④],极其契合皇上圣衷。"讲行古规,启迪方来,法席之设,于斯为盛。"[⑤]召对内廷,奏答称旨,赐茶膳无虚日。有病则临幸慰问,使医诊治。乃至和诗以赐,每和其诗,称为"泐翁"。御和诗凡 145 首。洪武七年(1374),西天善世禅师板的达来朝,见宗泐叹曰:"真苦海慈航也!"太祖因命育发,将授以儒职。宗泐姑且奉命,及至发长。召而官之,宗泐再辞求免,愿终释门。皇上嘉叹从之,赐《免官说》,以旌其志。[⑥]

且让我们拜读一下《赐宗泐免官说》,以察知太祖朱元璋为何旌从宗泐之志:

> 世人灾害有三,往往皆不自知,故其灾害周流方寸间,日夜无息,古今未尝有能尽去者。所以释迦成道,教化众生,指迷破昏。乃云灾害之三者,曰贪、嗔、痴。斯三者,孰能不备?孰备而不殃?所以古今不备者,圣人是也。虽备而不殃者,贤人是也。
>
> 洪武九年春,遐游天界(寺),见住持僧宗泐博通古今,儒术深明。询问

① 释明河:《补续高僧传》习禅篇卷第十四《白庵力金禅师传》。又参同书《灵隐性原明禅师传》曰:"洪武五年,与泐季潭同奉诏入京。季潭被旨住天界,延师居第一座。"

② 南石文琇:《增集续传灯录》卷第五《应天府天界季潭全室宗泐禅师》。

③ 钱谦益:《列朝诗集小传》闰集,上海古籍出版社,1959 年,第 666 页。

④ 释自融:《南宋元明禅林僧宝传》卷十三,《卍新续藏》第 79 册,第 642 页下。

⑤ 释心泰:《全室大禅师塔铭并序》,转引自佐藤秀孝《季潭宗泐与〈全室和尚语录〉》,日本《驹泽大学佛教学部研究纪要》第 56 号(1998 年 5 月),第 211 页下。

⑥ 南石文琇:《增集续传灯录》卷第五《应天府天界季潭全室宗泐禅师》。

僧之苦行，本面家风，果何幽静？傍曰："是僧动止异常，因识儒书，大知礼义，又非林泉之士。"于是朕命育须发以官之。当时，本僧姑且奉命而不辞。待至发长数寸，将召而官之，其僧再辞而求免，愿终世于释门。

吁！难哉！世人之于世，谁不欲富贵妻子，名彰于世者欤？今是僧却富贵，弗美妻妾，可谓三害之中，善却一者欤？人将谓是僧生性淡薄（泊），有是欤？抑玄悟之有知而若是欤？不然，其僧生性淡泊玄悟，不可以言貌而见。盖丈夫之气，初志不夺，斯僧是其人也。特听而免官，放老山林。其世之三害，僧不为一害所迷。妙哉！①

宗泐童真即入佛门，随当世名师宗匠熏染，虽有志于报国并推动整理僧政，但并不愿享受世荣。故传曰其自幼"性厌俗荣，独契玄妙"。朱元璋讲他之所以命宗泐蓄发拜官，乃因其"博通古今，儒术深明"，"因识儒书，大知礼义，又非林泉之士"。尔后当他认识到斯僧不贪世荣，初志不可夺，便"特听而免官"。

（二）释经与求经

洪武十年(1377)春，朱元璋驾临天界寺，因赏识宗泐博学通儒，故呼之为"泐秀才"。朱元璋因学士宋濂佛学高超，又唤宋濂为"宋和尚"。② 从明太祖对身边儒臣与儒僧的这两种戏称，可知其时倡导儒佛融通之实况。而对于明初佛教界来说，洪武十年(1377)，朱元璋"诏天下沙门讲习《心经》《金刚》《楞伽》三经"，命全室宗泐与太璞如玘、竺隐弘道等人注释颁行，实有推动佛教新政从佛教法会向佛教思想领域进展的意味，这对禅宗在明代的发展起到了重要作用。从朱元璋对这三经的高度重视来看，显而易见，三经注疏是洪武帝注重经教度僧政策导向的具体落实。③ 而宗泐等奉诏对这三经旨趣裁度，重加笺释，也很可能是出于"试经"和"讲经"的实际需要。洪武九年(1376)，敕试经给僧度牒；洪武十年(1377)三月又敕许结坛讲经。④ 对关心佛教的皇帝来说，无论试经还是讲经，都需要有切合本朝统治思想的三经新注范本。于是，不光"佛教界颇具文名的佼佼者"禅

① 葛寅亮：《金陵梵刹志》卷一《御制集》。

② 明都穆《都公谭纂》载："国初宋学士景廉(濂)精于释，释宗泐季潭精于儒，太祖每称之曰'泐秀才''宋和尚'。"

③ 这三部佛经在明代佛教弘传中具有重要地位，据圣严法师研究，"在《卍新续藏》中所收录的有关《心经》的46部注疏中，26部撰于明代；有关《金刚经》的42部注疏中，14部撰于明代；有关《楞伽经》的11部注疏中，8部撰于明代"。圣严：《明末中国佛教之研究》，东京山喜房佛书林发行，1975年，第54页。

④ 葛寅亮：《金陵梵刹志》卷二《钦录集》。

僧宗泐与教僧如玘，受命担当此任，就连致仕的开国文臣宋濂也奉命参与“考校”。洪武十年(1377)九月，“令僧徒皆通《般若心经》《金刚般若经》《楞伽经》。命学士宋濂考校之。不通者，令还俗”。[①] 这些佛经应是僧徒考试的基本内容，类似儒家确立“四书五经”为考试定本。事实上，朱元璋认为三经既然是“治心法门”的根本经典，那就不啻是对僧徒有用，而且对儒臣不无益处，至少可助其“禁邪思、绝贪欲”。

释文琇于永乐十五年(1417)撰成《增集续传灯录》，记载了洪武十年(1377)京城佛教发生的这两件大事：“丁巳春奉诏，同杭州普福如玘注《心经》《楞伽》《金刚般若》三经行世。太祖以佛书有遗逸，命师(宗泐)领徒三十人往西域求之。得《庄严宝王》《文殊》等经。洪武十五年三月还朝。”[②]而成书于崇祯年间的《补续高僧传》有《泐季谭传》则曰：“十年冬，诏师笺释《心经》《金刚》《楞伽》三经。”[③]综核宋濂所记，宗泐、如玘等奉诏注经于“十年冬”较为确切。

宋濂撰《新刻楞伽经序》曰：

> 洪武十年秋九月丙子朔，濂朝京师。冬十有一月丙申，入辞将还山。时皇上御武楼下，顾濂言曰：“卿言《楞伽》为达摩氏印心之经，朕取而阅之，信然。人至难持者，心也。(中略)经言操存制伏之道，实与儒家言不异。使诸侯卿大夫人咸知此，纵未能上齐佛智，其禁邪思、绝贪欲，其不胥为贤人君子之归。”濂谨对曰：“诚如圣谕，第其文学简古，义趣渊微，宋臣苏轼颇尝患其难读耳。”上曰：“此书生缠蔽文义之过也。(中略)《般若心经》，若《金刚般若经》皆心学所系，不可不讲习也。”言已，上复口解《心经》数章，睿识神见，皆超出乎常伦。于是赐食禁中而退。又明日戊戌，考功监臣某奉旨于大天界寺，俾天下诸浮屠咸读三经。[④]

---

① 黄佐：《翰林记》卷十一，“考校僧道”条，《景印钦定文渊阁四库全书》第596册，第1017页；谈迁：《国榷》卷五，中华书局，1988年。

② 普福，疑误，应校为“演福”，即杭州演福教寺。参见释如惺《大明高僧传》有《杭州演福寺沙门释如玘》传六：“太祖高皇帝赐旨命住天界，日与诸耆德阐扬教乘以备召问。命同宗泐订释《心经》《楞伽》《金刚》，奉旨颁行天下。”

③ 释明河：《补续高僧传》卷第十四，《卍新续藏》第77册。

④ 罗月霞主编：《宋濂全集》之《芝园前集》卷五《新刻楞伽经序》，浙江古籍出版社，1999年，第1239页。洪武十一年七月初十日，天界善世禅寺住持宗泐、演福教寺住持如玘持奉《新注楞伽经》，同考功监令李永等官于西华楼进呈，御览当日，钦奉圣旨“这经好生注得停当，可即刊板印行，教天下众僧每讲习。钦此。”

宋濂于此处明确言皇帝下旨令天下僧徒读三经，是在洪武十年(1377)十一月戊戌。其在《新注楞伽经后题》则交代更为详细：皇帝既御宝历，丕弘儒典，参用佛乘，以化成天下。且以《般若心经》及《金刚》《楞伽》二经发明心学，实为迷途之日月、苦海之舟航。乃洪武十年冬十月，诏天界禅师臣宗泐、演福法师臣如玘重加笺释。明年春三月，《心经》《金刚经》新注成，尝彻睿览，已刊行矣。秋七月，《楞伽注》又成。上御西华楼，宗泐、如玘同侍从之臣投进。上览已，悦曰："此经之注诚为精确，可流布海内，使学者讲习焉。"宗泐即奉诏锲梓于京师天界禅林，如玘还杭之演福……。[①] 如玘回到演福寺后也念将新注楞伽刊板一副，得净慈禅师夷简为撰疏劝缘助成。

综上所述，宗泐等在洪武十年(1377)冬十月受皇帝之命注经，而完成《心经》及《金刚经》新注，是在洪武十一年(1378)三月；这年七月十日，宗泐、如玘等人又撰成《楞伽经注解》八卷。三经新注告成，都进呈皇帝御览。《心经》《金刚》二典早已于洪武十一年正月二十八日奏准行世。《心经》等三经新注疏对洪武佛教新政统一思想具有重要意义，既得到圣皇旨意认可，并亲自御制序文，作为当时天下佛徒习经试经的依据，又在其后被敕入《洪武南藏》《永乐北藏》传诸后世。洪武帝御制《心经》序，阐述其中意义最为鲜明，其意趣本在用儒家"三纲五常之性理"融会佛法大旨。兹录其序文如下：

> 二仪久判，万物备周。子民者君，君育民者法。其法也，三纲五常，以示天下，亦以五刑辅弼之。有等凶顽，不循教者，往往有趋火赴渊之为，终不自省。是凶顽者，非特中国有之，尽天下莫不亦然。俄西域生佛，号曰释迦。其为佛也，行深愿重，始终不二，于是出世间，脱苦趣。其为教也，仁慈忍辱，务明心以立命，执此道而为之，意在人皆若此，利济群生。
>
> 今时之人，罔知佛之所以，每云法空虚而不实，何以导君子，训小人？以朕言之则不然。佛之教，实而不虚，正欲去愚迷之虚，立本性之实，特挺身苦行，外其教而异其名，脱苦有情。昔佛在时，侍从、听从者皆聪明之士，演说者乃三纲五常之性理也。既闻之后，人各获福。自佛入灭之后，其法流入中国，间有聪明者，动演人天小果，犹能化凶顽为善，何况聪明者知大乘而识宗

① 《新刻楞伽经后题》，洪武十一年冬十二月四日，《永乐北藏》第178册，第121页。

旨者乎？如《心经》，每言空不言实，所言之空，乃相空耳。除空之外，所存者本性也。所以相空有六，谓口空说相，眼空色相，耳空听相，鼻空嗅相，舌空味相，身空乐相。其六空之相，又非真相之空，乃妄想之相，为之空相。是空相愚及世人，祸及古今，往往愈堕弥深，不知其几。斯空相，前代帝王被所惑，而几丧天下者，周之穆王、汉之武帝、唐之玄宗、萧梁武帝、元魏主焘、李后主、宋徽宗。此数帝废国怠政，惟萧梁武帝、宋之徽宗以及杀身，皆由妄想飞升，及入佛天之地。

其佛天之地，未尝渺茫，此等快乐，世尝有之。为人性贪而不觉，而又取其乐。人世有之者何？且佛天之地，如为国君及王侯者，若不作非为，善能保守此境，非佛天者何？如不能保守而伪为，用妄想之心，即入空虚之境，故有如是。斯空相，富者被缠，则淫欲并生，丧富矣；贫者被缠，则诸诈并作，殒身矣；其将贤未贤之人被缠，则非仁人君子也；其僧、道被缠，则不能立本性而见宗旨者也。所以本经题云《心经》者，正欲去心之邪念，以归正道。岂佛教之妄耶？朕特述此，使聪明者观二仪之覆载，日月之循环，虚实之孰取，保命者何如？若取有道，保有方，岂不佛法之良哉？色空之妙乎？[①]

朱元璋借《御制心经序》批评了世人因不明《心经》所言空相的实质，而误入歧途种种，其为害非浅。朱元璋指出这种空相“愚及世人，祸及古今，往往愈堕弥深”。一者，斯空相，前代帝王被所惑而几丧天下，他列数周穆王、汉武帝、唐玄宗、萧梁武帝、元魏主焘、李后主、宋徽宗等，此数帝“废国怠政”，惟梁武帝、宋徽宗“以及杀身，皆由妄想飞升”。二者，斯空相，富者被缠，则淫欲并生，丧富矣；三者，贫者被缠，则诸诈并作，殒身矣；四者，其将贤未贤之人被缠，则非仁人君子也；五者，其僧道被缠，则不能立本性而见宗旨者也。故他特此强调，“佛之教，实而不虚，正欲去愚迷之虚，立本性之实”；他力图以《心经》新注来将其导归正途，其曰“《心经》者，正欲去心之邪念，以归正道”。

朱元璋关心和扶持佛教，有着很明确的目的，其命宗泐等裁度三经旨趣，彰明内典，主旨即是为了化导万民。当宗泐等人注解《心经》《金刚般若经》《楞伽经》成，朱元璋即命颁行全国，俾学者广泛讲习；并命天下沙门，均须熟读此三部

---

① 《金陵梵刹志》卷一《御制集》。

大经。宗泐在洪武十一年(1378)正月二十八日进《心经》《金刚》二经新注御览，作序曰：

洪武十年十一月二十有二日，皇帝有诏令天下僧徒习通《心经》《金刚》《楞伽》三经，昼则讲说，夜则禅定。复诏诸郡禅教僧会于天界禅寺，雠校三经古注，一定其说，颁行天下，以广传持。洪惟皇上以金轮统御，乘夙愿力，亲受灵山付嘱，流通教法，以寿慧命，不胜幸甚！于是臣僧宗泐等，才虽愚钝，敢竭丹衷，述平昔所闻，辄为注释。注成以十一年正月二十八日，诣阙进呈。上御华盖殿，览毕乃可其说，敕刊板行世。然此三经皆是究心之要，其功在乎破情显性。而流通之功良也不细，上以阴翊王度，下以资益群生。非惟吾徒一时之幸，实天下万世之幸也！①

宗泐等人又在《进新注楞伽经序》中如是阐述：

臣闻法运之兴，虽曰在人，亦必有其时焉。有其人而无其时，有其时而无其人，虽欲兴之，其可得哉？是故必有聪明圣智之君，当天下乂安之时以兴之也。至若《楞伽》一经，我大觉世尊说之于二千年之前，而今上皇帝行之于二千年之后，岂非有其人而有其时乎？不然，何此经东流中国千有余载，前代帝王未有曾如我圣天子之留神注意，究其旨趣，敕僧徒咸隶习之，有如此之盛也！然吾佛之所以说此经者，盖欲除众生之妄心，俾归于真正之道。而皇上之心，欲天下后世之人皆舍妄归真，去恶从善，以跻乎仁寿之域。其有契于佛之心乎！……圣谕以为《心经》《金刚》《楞伽》三经，实治心法门，遣情离著，具在是矣。尔辈可不勉乎！②

洪武帝相当重视三经新注之事，更亲撰《御制心经序》，冠于经首。至于以宋濂为代表的明初江浙文士对宗泐、如玘奉诏而成的钦定注经本亦推崇有加："(如玘)以辩博无碍之智，游戏毘卢藏海，台衡之书，无不融摄，故其论著虽有征于柏

① 《进金刚经注解序》，洪武十一年正月，《永乐北藏》第178册，第164—165页。
② 《进新注楞伽经序》，洪武十一年七月，《永乐北藏》第177册，第744—746页。

庭，反复参验，务不失如来说经本意。(宗泐)又能裁度旨趣，约繁辞而归精当，遂使数百载疑文奥义，焕然明畅。诚可谓灵承皇上嘉惠烝民之意，弘昭大觉立教度人之方者矣。呜呼！佛之大法，惟帝王能兴之，宗师能传之，今一旦遭逢如此之盛，读是经者，小则思远恶而迁善，大则思明心而见性，庶不负圣天子之大德哉!”①

宗泐注经完毕后，皇帝又委以重任，赋予他新的使命。《明太祖实录》载，洪武十一年(1378)十二月，遣僧宗泐等人出使西域。② 僧传有记曰:“太祖高皇帝以佛经有逸书，派遣宗泐率徒三十余人出使西域求经。”或曰“高帝以慧昙西往之迹未终，修之，难其人，泐应旨于洪武丁巳西行”;或谓“以泐文学畅懋，禅理洞悉，命往西域搜求遗经”。③ 实际是因这年十一月沐英奉命率大军平定了西藏和西川，大明朝廷有宣抚西藏诸教派的需要，于是以求经为名派出僧使“通诚西域”“布明威德”正当其时。宗泐率使团奉太祖之命往西域求佛经，与慧昙首次出使自浙闽漂洋过海不同，他选择翻越崇山峻岭从藏路入印。宗泐师徒一行奉诏西出阳关，经新疆、青海，然后折返南下，穿越世界屋脊青藏高原，经河湟和西南边陲阿里，而达尼泊尔和北天竺，终求得《庄严宝王》《文殊》《真空名义》诸经，于洪武十四年(1381)十二月底归，或曰于洪武十五年(1382)三月还朝。归途期间，宿卡日曲，探黄河之源。

《庄严宝王经》即《大乘庄严宝王经》，凡四卷，内容叙说六字大明咒之功德等。《文殊经》全称《佛说文殊师利经》，在隋代已有译本，译者标明为天竺三藏豆那崛多，载诸《大正藏》第 14 卷。宗泐西行作为中土佛徒西行求法运动的最后壮举，虽无玄奘那样的佛经翻译作依恃，但其创获依然不逊前贤而功垂后世。其贡献可载诸史册者，无疑是宾服阿里、探索河源，以及诗文成就。有研究认为，季潭宗泐继慧昙觉原之后，奉旨西出阳关，取道吐蕃，“涉流沙，度葱岭，遍游西天，通诚佛域”，备尝艰辛;探河源，宾服阿里，历时五年，往返十四五万里，既求法于异

---

① 《新刻楞伽经后题》，洪武十一年冬十二月四日，《永乐北藏》第 178 册，第 122—123 页。

② 《明太祖实录》卷一二一，洪武十一年十二月戊辰。

③ 参见释文琇:《增集续传灯录》卷第二《应天府天界季潭全室宗泐禅师》;释自融:《南宋元明禅林僧宝传》卷十三《季潭泐禅师》;喻谦:《新续高僧传四集》卷第二译经篇《明临安净慈寺沙门释宗泐传》，“泐机才敏悟，声入心通，少时便习梵音，能晓呗谊，翻译《文殊》等经而还”(《高僧传合集》，上海古籍出版社，1991 年，第 790 页)。

域，亦布国威于邻邦；沿途见闻《西游集》虽佚，却闻名后世。[①]

宗泐作有《望河源并序》，怀着一颗虔诚之心抒写了他游历青藏高原并探寻“河源”的壮怀，其序曰：河源出自抹必力赤巴山，番人呼黄河为玛楚，犛牛河为必力处；赤巴者，分界也。其山西南所出之水，则流入犛牛河；东北之水，是为河源。予西还宿山中，尝饮其水。番人戏相谓曰：“汉人今饮汉水矣。”其源东抵昆仑可七八百里，今所涉处尚300余里，下与昆仑之水合流，中国相传以为流自昆仑，非也。昆仑名麻剌，其山最高，山四时常雪，有神居之。番书在其境内祭祀之山有九，此其一也。并记之。

积雪复崇岗，冬夏常一色。群峰让独雄，神君所栖宅。
传闻嶰谷篁，造律谐金石。草木尚不生，竹卢疑非的。
汉使穷河源，要领殊未得。遂令西戎子，千古笑中国。
老客此经过，望之长叹息。立马北风寒，回首孤云白。[②]

宗泐取经佛国，来往青藏高原，历时五载，一路备历艰难险阻，饱尝千辛万苦。宗泐的“西天取经”，虽非首创，亦属壮举。僧传有称赞曰：宗泐禅师，“为笑隐欣公之望子，历坐名坊，而赴明高帝之诏，兼领天界住持，化周大宇，机契宸衷。应旨涉流沙，度葱岭，遍游西天，通诚佛域，往返十有四万余程，皓首还朝。天子嘉其高行，自唐贞观以来，未之有也”[③]。宗泐常自比唐僧玄奘，却又自愧才情道行不及先贤，其诗《和苏仲平见寄》：“愧如玄奘新归路，欲学翻经独未能。”宗泐翻译佛经的数量虽远不及玄奘，且无类似《大唐西域记》的巨制遗世，却以诗名闻世。即便在取经途中，亦感怀咏物，赋诗不辍，留下许多歌咏青藏高原山川景物、民俗风情、民族宗教的动人诗章。

洪武十五年(1382)，宗泐从西域归来，路经黄河源头，宿巴颜喀拉山，饮黄河

---

① 参见麻天祥：《季谭宗泐：西行求法的殿军》，《宗教学研究》2017年第1期。

② 参见赖振寅：《读宗泐〈望河源并序〉》。序中所言抹必力赤巴山，即巴颜喀拉山。此山为长江与黄河的分水岭，西南是长江上源通天河，东北是黄河源头卡日曲。犛牛即牦牛，犛牛河，即长江上源通天河。序中所言“昆仑”，实为阿尼玛卿雪山，也称大积石山，古人误为昆仑。诗中“传闻嶰谷篁”，乃引用一历史传说。相传昆仑山的北谷叫嶰谷，那里长有竹子，皇帝使伶伦取之，断其两节间而吹之，声调谐于音律，成为黄钟之宫。西戎子，即藏族男子。

③ 释自融：《南宋元明禅林僧宝传》卷十三《季潭泐禅师》。

正源卡日曲之水，东望阿尼玛卿大雪山，写下了《望河源并序》这首著名的河源诗。此诗虽非千古绝唱，但其文献、史料价值颇高，远胜于其美学价值。黄河为中华民族的母亲河，黄河之源象征着华夏文明之源。诗僧宗泐在此诗中第一次明确指出巴颜喀拉山“东北之水”（卡日曲）为黄河的真正源头，从而抹去了河源的神话色彩，揭开了千年来的不解之谜。这是宗泐西行对地理学上的贡献。

宗泐除了将沿途见闻留下《望河源》这样不朽的诗史之作，其对当时明王朝的杰出贡献就是“宾服阿里”。阿里，元朝称纳里，明朝称俄力思。位于吐蕃西部，地处西南边陲，北靠新疆，南接印度及尼泊尔，东邻日喀则、那曲，西交克什米尔。自古以来，这里都是通向尼泊尔、印度的黄金通道。宗泐也就是从这条“吐蕃道”出尼泊尔而达北天竺，并在此成功宾服藏人进京朝贡。史载，洪武十四年（1381）十二月，“僧宗泐还自西域。俄力思军民元帅府巴者万户府遣使，随宗泐来朝，表贡方物”。翌年二月，俄力思军民元帅府巴者万户府再次“遣使奉表贡方物”。[①] 这里的“俄力思军民元帅府”，应当是此后明王朝在西藏设置的统治机构，包括阿里和古格王国。他们正是在宗泐的感召下，随之来朝，向朝廷“表贡方物”，其意表明接受明朝中央政府的辖制，同样表明自唐以来汉藏一家的民族团结和国家统一。研究者说：“宗泐正是借助这条禅杖，用洁白的哈达把汉藏民族连接在一起。宗泐的贡献亦在于此，朱元璋对宗泐的青睐也不离于此。”[②]

宗泐西行搜求遗经，历时 5 年，得经还朝，功德圆满。史传记载，宗泐撰有《西游集》一卷，记述吐蕃道上的见闻，时至今日，仍然吸引着人们的关注。黄虞稷《千顷堂书目》中就记有此书，遗憾的是早已亡佚。《全室外集・提要》仅言“盖奉使求经时道路往还所作，见闻既异，其记载必有可观。今未见其本，存佚殆不可知矣”。[③]

（三）僧官生涯恍若梦

宗泐西域求经归来，皓首归朝，朱元璋敕授予僧录司高官。然而，三次被任

---

① 参见《太祖高皇帝实录》卷之一百四十，洪武十四年十二月辛亥；《太祖高皇帝实录》卷之一百四十二，洪武十五年二月。又参《明太祖实录》卷九六，洪武八年春正月庚午，诏置俄力思军民元帅府帕木竹巴万户府乌思藏笼答千户所，设官一十三人。阿里东西长约 600 公里，南北宽约 500 公里，占西藏总面积的四分之一，平均海拔 4500 米以上，号称“世界屋脊的屋脊”。全区山脉纵横，雪峰林立，中印、中尼边境线长达 1116 公里，山口道路近 60 条。

② 参见麻天祥：《季谭宗泐：西行求法的殿军》，《宗教学研究》2017 年第 1 期。

③《四库全书》卷一六九《集部六・别集类五・全室外集提要》。

命右善世之职，而又三次从此位跌落。宗泐得朱元璋知遇之恩，从应召蒋山法会制作《赞佛乐章》起，而其僧官生涯则始自洪武十五年(1382)僧司衙门成立。

第一次出任僧录司右善世是洪武十五年四月，未久因言获罪而被遣凤阳槎峰“着做散僧，执役建寺”，三年完工，赐名圆通。[①] 是年八月马皇后去世，见任僧录司左善世。第二次是洪武十九年丙寅(1386)秋，从凤阳回京，重主天界寺，复右善世之职。是为第二次任右善世。有廷臣建议，授以中顺大夫禄，宗泐遂引去。朱元璋有诗赐之：“泐翁去此问谁禅，朝夕常思在目前。”对宗泐的眷顾溢于言表。第三次是洪武二十一年(1388)，天界寺毁于火灾，宗泐以兴复为己任，率住山春公奏重建新寺于聚宝门外，得到朱元璋的支持，其通力而为，终无倦色，“凡寺宇之谋，方向之宜，广袤之制，一出于师”。宗泐辟一室于三塔庵，名曰松下居，为逸老之所。洪武二十三年(1390)夏，宗泐73岁，再奉旨住持天界寺。朱元璋以“一百二十岁，永镇纲宗”予以褒扬。洪武二十四年(1391)第三次受命领右街善世。[②]

宗泐三落三起，复僧官原职，不免引起世人探究其因何起而又落。方内外文献记载，多零星半爪，或语焉不详。文琇《增集续传灯录》宗泐传记载：“洪武十五年三月还朝，十六年开僧录司，以右街善世授师。或有教门事，同官不敢言，惟师力言之。后因长官奏事获谴，同往凤阳槎峰建寺，三年讫工。”又，释自融撰《禅林僧宝传·宗泐传》曰：“高帝以慧昙西往之迹未终，欲修之难其人。泐应旨，于洪武丁巳(洪武十年)西行，壬戌(洪武十五年)还朝。复居天界，常入大内，开襟论道。泐留京既久，朝臣党立，间有嫉之者。泐遂退居凤阳之槎峰。丙寅(洪武十九年，1386)，帝思泐见，诏归天界。于是，来往禁廷，不容已。廷士建议，以泐于内圣外王之略无不毕备，请以中顺大夫禄而旌泐。泐引去。”[③]综此，僧家记述宗泐还朝及僧录司开设时间都有小误。但我们从中可知宗泐于十六年(1383)和十九年(1386)两次被罢僧职，皆因官场险恶而卷入党争，为人间嫉。而仔细研读官方文献，我们却获得宗泐罢职实则另有隐情。

据《明太祖实录》所载：僧宗泐于洪武十四年(1381)十二月还自西域。而洪

① 释心泰《前天界禅寺住山全室大禅师塔铭并序》曰：“时或有教门事当奏，同官皆逡巡畏缩不敢言，惟师能力言之。其敢言类如此。后因长官奏事获谴，同往凤阳槎峰建寺。”

② 释心泰：《前天界禅寺住山全室大禅师塔铭并序》，载《全室和尚语录》，日本藏经书院本。

③ 释自融：《南宋元明禅林僧宝传》卷十三《季潭泐禅师》。

武十五年(1382)夏四月,“置僧道二司,在京曰僧录司、道录司,掌天下僧道。在外府、州、县设僧纲、道纪等司,分掌其事。俱选精通经典、戒行端洁者为之”[①]。首任僧录司官员任命在洪武十五年四月二十二日颁布:准吏部咨除授各僧道录司,咨礼部知会,僧录司左善世戒资,右善世宗泐,左阐教智辉,右阐教仲羲,左讲经玘太朴,右讲经仁一初,左觉义来复,右觉义宗鬯。

首任僧录司僧官八员,排在宗泐前面的第一任左善世戒资,查考诸多文献皆不见其一星半点资料,唯有《高皇帝御制文集》及保存御制集一手材料的《金陵梵刹志》留有朱元璋一篇敕文《谕天界寺不律僧戒泐复》涉及此案,不过长期未引起学人关注。此谕中“戒泐复”,应为首任僧录司左善世戒资、右善世宗泐及左觉义来复之缩写简称。这道敕谕向世人宣告了僧录司首任僧官三人为“不律僧”,涉嫌渎职舞弊案。《谕天界寺不律僧戒泐复》曰:

志所以崇声名,立节义,去浮沉。凡丈夫举此,必欲出类拔萃,而异仄陋也。又智用之,而知无不知,以之而觉,觉无不先也。岂有过去茫然,而不追者乎?斯二志、智在天地间,生而知之者善用,教而知之者善守。若生而不知,教而不成,类乎禽兽者也。又何屑屑,询其所以然乎?

尔戒泐复者,所致之地渐(选)佛之场,所修者出世之道。及今之所以甚于处俗,妒忌之恶忿于蚖蛇,亵于觐佛,不另禽兽。所以舁而上殿,周旋佛前,斯果顶礼乎?当此之际,志、智全忘,生死无知,死生亦无知。前敕住持,果如是乎?曾闻:生死也,死生也,云何?盖生非死,死非生,豁然还有觉乎?今茫然无知其所以然,且今之罪报也,人神共怒。为集金帛构是非,要虚名不立实效。甚蛱蝶之寻芳,游蜂之捕蕊。若蚍蜉之慕膻腥于车渠马足之间,不顾网罗轮蹄之厄。尔本清蝉翅霄汉,丽天风饮高露,而乃故低飞而掠残花啖膻味,甚于蜂蚁蝶乎?今之罪也,在奏愆匿愆。观喜怒,乘颜色,及盗众僧用。特愚朕以饰已非,斯身亡有日矣。然死虽有日,未施行于法司。且役于厨下,以足众僧膳。设粥饭有亏,不备味于汤调,致使众僧饥虚口淡,则法司施行矣。故兹敕谕。[②]

---

① 《太祖高皇帝实录》卷之一百四十四,洪武十五年夏四月辛巳。

② 《高皇帝御制文集》卷第八,载葛寅亮:《金陵梵刹志》卷一《御制集》。

朱元璋谕旨严厉批责“戒泐复”辈不慕佛祖清净之道，“舁而上殿”，“志、智全忘”，何为志？志在“崇声名，立节义，去浮沉”。他指出失志之因是集金帛，图虚名，不务实。“今之罪报也，人神共怒。为集金帛构是非，要虚名不立实效”，“今之罪也，在奏愆匿愆。观喜怒，乘颜色，及盗众僧用。特愚朕以饰己非……”另有一篇《谕天界寺僧》具体指明了左善世、右善世、左觉义三者有“犯宪章”之处，是为溧水、溧阳庄田纳粮事有隐瞒欺诳之罪。

谕天界寺善世诸行人：吾闻释迦之教，务靖不喧，时洗心而涤虑，去五欲之魔，清六根之本，虽不至六通圆觉之果，其报也必在将来。所以，修行者磨厉（砺）也，行者行也，功者造积也。凡云修行者，先置验不速，又将不期然而然欤？今之修者，期验欲疾，茫然久之，心不耐已，虑不隔尘。世之有者，念无不在。由是而失道迷宗，愆重嵬山，信之乎？迩来左善世、右善世、左觉义，欲不绝而事生旷，致伽蓝之有鉴，使犯宪章，斯非他人讦告，亦岂朕之不理然？自作为定业，将欲以难去，实艰于解分，是何行哉？皆不务靖而好喧，生事自取者也。行人悟焉！

且二善世、一觉义奏：溧水一庄，收粮五百有零，除纳官粮外，余四百二十二石九斗六升，尽为役夫之用不足。又四百贯钞益之，犹以谓不足，今来需者甚。溧阳庄如之。朕准其奏，而欲收司者稽之。及至寺取人，而乃将司者半隐而半出，亦云庄所并无司者。至于再三物色，难以抵讳，尚且东支西吾，行止不顾。岂有奏僧粮有碍，朕将理之，反匿其司者？此果实欤？不顾行止而诳欤？于戏！欲世之不可绝而绝之，嗣祠之道不可无而忘矣。何为苦心志而劳用婪机，设妄语于无端，斯智禅乎？①

朱元璋曾对僧“犯宪章”发表看法，也可能与宗泐等人被检举过失有关。其曰：佛之立教也，惟慈以及众，身先忍辱。所修者，诸恶不作，百善奉行。斯佛出世，始此因由。于西域五天竺国，贤愚敬之，无有慢心，五百年然后，流传中国，贤信愚化，又二千年。其间智人亦因是而通神者有之，有流此而无终者有之。然凡居是者，必忘憎爱，去贪嗔，却妄想，虽不前知，亦效佛之宜。洪武十一年秋八月，

① 葛寅亮：《金陵梵刹志》卷一《御制集》。

天界有僧诉于中书，其辞曰："为主僧者非理辱甚。"中书下刑部究其源，其间观形状，识缘由，自妒忌而起，信谗而乱，以致福消祸增，累及平人若干。比问分明，人各受刑矣。于戏！祸福无门，惟人召而速至。僧不务修，造愆而犯宪，法司论如律。宜哉！[①]

僧宜务修，必以"去贪嗔，却妄想"为效佛之宜，方不致"造愆而犯宪"。通晓佛教底蕴的朱元璋认为，"释迦之教，务靖不喧，时洗心而涤虑，去五欲之魔，清六根之本"，而此二善世、一觉义"皆不务靖而好喧，生事自取"，他们奏僧粮有碍而又隐瞒真相，"苦心志而劳用婪机，设妄语于无端"，实属咎由自取。戒资从此销声匿迹，宗泐、来复亦因此被罢僧职，同谪至凤阳执役建寺。[②] 据传，洪武二十四年(1391)，宗泐、来复都因胡惟庸案追诉而被牵连，来复遭凌迟处死，惟宗泐获宥而去。[③]

学士宋濂撰《全室禅师像赞》曰："笑隐之子、晦机之孙。具大福德，足以荷担佛法；证大智慧，足以摄伏魔军。悟四喝二玄于弹指，合千经万论于一门。向上关，如涂毒鼓，挝之必死；杀活机，类金刚剑，触之则奔。屡镇名山，教孚遐迩。诏升京刹，名溢朝绅。夙受记于灵山之会，今简知于万乘之尊。云汉昭回，天章锡和于全帙。宠恩优渥，玉音召对于紫宸。屹中流之砥柱，转大地之法轮。信为十方禅林之领袖，而与古德同道同伦者耶？"释明河于此引后补记："后追治胡惟庸

① 葛寅亮：《金陵梵刹志》卷一《御制集》。又参释明复《全室外集解题》曰：洪武十一年，宗泐担任天界寺住持兼右善世的僧官职位。寺僧向皇帝控告他发放度牒舞弊不公，当即奉旨审问，判了死刑。在即将行刑的前夕，却又蒙特赦，命他到西天去取经，这可视为一种荣誉死刑。他前任的天界寺住持慧昙长老便是触犯了皇帝的忌讳，被派往西天取经，死于沙碛之中。泐师奉旨西游，带了二十多个门徒，于当年九月出发，那时他已六十一岁。三年之后，他竟然全身而归。于是皇帝又恢复他天界寺住持及僧官的职位。(宗泐：《全室外集》，《禅门逸书初编》第7册。)

② 徐一夔为释宗泐的《全室外集》作序。序文中，末句"吾闻尔师之往搓山也，有妙云资公、蒲庵复公，同日被旨"，披露了释宗泐和释戒资、释来复同谪往凤阳的事实。其僧录司任职期间以乘舁上佛殿、不务实等罪名被人奏本，触怒了太祖。

③《全室外集》别集类五提要，《钦定四库全书》集部六："其后胡惟庸谋逆，词连宗泐"。宋濂《宋文宪公护法录》存有《蒲庵禅师画像赞》曰：洪武八年行脚至天界寺，十五年除授僧录司左觉义，十六年钦发凤阳府槎芽山圆通院修寺住坐。洪武二十四年山西太原府捕获胡党僧智聪供称，胡丞相谋举事时，随泐季潭长老及复见心等往来胡府。复见心坐凌迟死，时年七十三岁。泐季潭钦蒙免死，着做散僧。事见《清教录》甚详。又参谷春侠《释来复主持凤阳圆通寺始末及交游考述》，作者指出，释来复是元明之际声望隆重的高僧，但史载其明初事迹多有一误。释来复深得明太祖赏识，又曾主持凤阳圆通寺，史料多将两者联系在一起，以主持圆通寺为荣耀事。剖析其诗歌，可知释来复主持圆通寺实际上是遭贬谪的结果。材料证明，释来复至凤阳的时间是洪武十六年，原因是在左觉义任上被人检举，触怒了太祖。他在主持圆通寺期间有很多交游活动，最终因胡惟庸案牵连致死。与宋元、明清易代之际的文人遭际相比，释来复谪居凤阳事件从更深层次反映了明初政治形势的复杂多变，明初文人面临着更严重的生存危机(《厦门广播电视大学学报》2014年第2期)。

党及师，着做散僧，执役建寺。徐察其非辜取还，复领右善世。居无何，以老赐归槎峰，渡江，示寂于江浦之石佛寺。师博通古今，凡经书过目辄成诵，善为词章，有《全室集》行于世。国初高僧，师与复见心齐名。见心疏放，师谨密，故其得祸为尤轻。噫，亦幸耳！”[①]

洪武二十一年(1388)，原天界寺杂民居，家人失火延烬。洪武帝欲另于幽寂处营之，宗泐启奏重选了一块新地，得皇上允准。凡寺之方向、规制皆宗泐所指画。工告成，复命宗泐任天界新寺住持。[②] 洪武二十四年(1391)辛未五月初九日，僧录司右善世宗泐等于奉天门奏：“天界善世禅寺有上元县靖安、湖塾镇及溧阳、溧水等县田地，天禧寺有上元、江宁二县龙都镇田地，俱自己用钞雇请人在各处使用，恐官府遇有差役未便。”奉圣旨：“你各寺四县雇请的人，教不动他。钦此。”左讲经守仁又奏：“天禧寺、鸡鸣寺廊房开铺的，多是句容县人。”奉圣旨：“教他起去，着苏、杭人来开铺。教他把旧日的文书照出关去。钦此。”[③]

洪武二十四年八月十八日，手敕“着善世、天禧、能仁三寺僧官宗泐等，明早有雨不要来。若无雨天晴，早赴奉天门。钦此”[④]。不久，便以年老赐归凤阳槎峰寺。宗泐上朝拜辞，朱元璋有言曰：“寂寞观明月，逍遥对白云。汝其往哉！”遂衔恩离开南京，渡江至江浦石佛寺。爱其山水之胜，大书“江山一览”四字，揭于方丈。[⑤] 示疾谓众曰：“人之生灭如海一沤，沤生沤灭复归于水。何处非寂灭之地也？”言已，唤侍者曰：“这个聻？”侍者茫然。宗泐曰：“苦。”遂逝世，时九月十四日也。寿74，僧腊60。荼毗舍利，塔于天界广智塔右。

僧传史家以宗泐临终一个“苦”字来给他数十年僧官生涯作总结，十分耐人寻味。可引人注目的，还有作者把宗泐与慧昙并称来观察他们对明初佛教新政的贡献。据《南宋元明禅林僧宝传》宗泐本传载，“高帝自登极来，潜心性理，与诸禅宿盘桓，无虚岁月也。然于昙、泐二公，尤追惜之，盖嘉其壮志西行，大光圣化云”[⑥]。“昙、泐二公”，即明代首任善世院统领、天界寺住持慧昙及其后继者宗泐，

① 宋濂：《宋文宪公护法录》卷第九；释明河：《补续高僧传》卷第十四《泐季泐传》，《卍新续藏》第77册。
② 葛寅亮：《金陵梵刹志》卷十六。
③ 葛寅亮：《金陵梵刹志》卷二。
④ 《释鉴稽古略续集》卷二，乙丑洪武二十四年；葛寅亮：《金陵梵刹志》卷二。
⑤ 嘉庆《江宁府志》卷五一《仙释》。临终作偈云：“形非类我，我亦非形。水中盐味，色里胶青。乍而见之，冷面如冰；久而亲之，和气春生。非乍非久，道出常情。一言相笑，万古风清。”
⑥ 释自融：《南宋元明禅林僧宝传》卷十三，《卍新续藏》第79册，第643页上。

他们不仅是“法门昆仲”，而且还是明太祖佛教政策的顾问和忠实执行者，更是佛法善世思想的体现者，故往往二公并称，“昙、泐二禅师，望重龙河，道钦有国者，可谓一时能事矣。况其利物多方，言言合辙，法法随根，又以道余名振他邦，亦空谷而分声也”①。

“高皇帝诏致天下高僧有学行者，泐首应诏，至主天界寺。凡对，皆称上旨，荣遇为一时冠。”②宗泐居留京师南京既久，不可避免地为人所妒忌，稍有不慎就被牵涉进当时的朝臣党争中。有见于宗泐与太祖私交甚密，且“于内圣外王之略无不毕备”，甚至有廷臣建议“请以中顺大夫禄而旌泐”。洪武帝对宗泐僧品长期信赖，甚至在其耄耋之年还命他出任右善世，并赐“一百二十岁，永镇纲宗”以示褒奖。然而宗泐深知朝廷党争之险，遂决意隐退。可这一切都来得太晚，故某种程度上他也确实成了皇权专制和朝廷党争的牺牲品。

（四）诗僧与诗史：风骨高骞怀君恩

宗泐之著述有《全室外集》十卷（含《续集》一卷）、《全室和尚语录》（日本藏经书院本）传世，另有《西游集》遗逸。清四库馆臣评其诗文：“虽托迹缁流，而笃好儒术，故其诗风骨高骞，可抗行于作者之间。”徐一夔为其外集作序，称其如“霜晨老鹤，声闻九皋，清庙朱弦，曲终三叹，仿佛近之。皎然、齐已固未易言，要不在契嵩、惠洪下；与句曲外史张羽，均元明之际方外之秀出者也”。又称其“学甚辩博，才甚瑰伟，识甚超迈，而皆发于声诗。其诗不沦于空寂，推叙功德，则发扬蹈厉，可以荐郊庙；褒赞节义，则感慨激烈，可以厉风俗。至于缘情指事，在江湖则其言萧散悠远，适行住坐卧之情；在山林则其言幽夐简澹，得风泉云月之趣；在殊方异域则其言慨而不激，直而不肆，而极山川之险，易风俗之孅恶。其诗众体毕具，一句一字，涤去凡情俗韵，一趣乎雅，有一唱三叹之意焉。故其大篇短章之出，四方万里争相传诵，震耀耳目”。③

徐一夔与宗泐是同乡亦是好友，两人常有文字往来，可谓知宗泐者也。“余与（宗泐）公同里闬，及壮而游，有托方外之好。公躯干魁硕，音吐洪畅，其与人交也，意度豁如，望之者知为法门伟器。初出世李白题诗之寺，值天下乱，

---

① 释自融：《南宋元明禅林僧宝传》卷十三，《卍新续藏》第 79 册，第 643 页下。

② 葛寅亮：《金陵梵刹志》卷十六《释宗泐传略》。

③ 徐一夔：《全室外集》原序，《禅门逸书初编》第七册。徐一夔，字大章，浙江天台人，是位饱学之士，明初曾被召入京，参与《元史》的撰修，之后在杭州任府学教授。

入山益密以养其高。会大明混一，肇隆像教之事，今京师第一禅林，即广智说法之地，桑门上首非有宿德重望为上所知者不以授之。公以广智大弟子继席，处狮座挥麈之日，四众云会，莫不荣之，而公处之不以为泰；佛有遗书在西域中印土，有旨命公往取。既衔命而西出没无人之境，往返数万里，五年而还，艰难险阻备尝之矣，而公处之不以为戚。定力所至，出乎世相之表，夫岂庸流之所能窥哉？”①

宗泐钦和御赐诗，并非简单地粉饰太平、歌功颂德，而可见一位老僧对开国皇帝护法及君臣遇合的耿耿丹心。诚如《钦和御赐诗廿字》所表示：“宫殿云霄近，山林雨露深。九重明主意，一寸老臣心。”如《钦和御赐诗一首》作于洪武十五年（1382）西域求经皓首归来：“奉诏归来第一禅，礼官引拜玉阶前。恩光更觉今朝重，圣量都忘旧日愆。风阁钟声催晓旭，龙池柳色弄晴烟。有怀报效惭无地，智水频浇道种田。”又如《钦和御赐住持善世新寺》诗一首，作于洪武二十三年再奉旨住持天界新寺：“松下闲居几度秋，灯前顾影独无俦。遣情不似圆通辈，谈病何如积翠流。每愧向来多宠赐，岂图今日更推优？此恩此意诚难报，惟演真乘赞化猷。”与其言诗僧在用笔写心，毋宁说他在用诗来记史。兹信手拈来一二首，以见诗中藏有史。

《应制咏钟山老僧雪中早朝》一首

钟山禅客早朝天，毳衲披来雪半肩。
好似解空无住着，庞眉皓首玉阶前。

《奉制赋灵谷寺住持濬天渊》三首

圣朝新建钟山寺，此日禅翁奉诏居。
云汉载瞻仙阙近，山林大启法筵初。
世缘随顺心无著，静地重修趣有余。
万籁不生钟鼓寂，一堂松月夜窗虚。
五年阙下预朝班，新奉纶音又住山。

① 徐一夔：《全室外集》原序，《禅门逸书初编》第七册。

觉苑喜逢今日盛，道林行见古风还。
岂惟行业高流辈，更有才名动世间。
五色奎文曾赐与，朝回擎出九重路。
入门挝鼓便升堂，龙象筵中听举扬。
最上宗乘开后学，无边寿量祝吾皇。
人心都与天心合，法运将随国运昌。
从此山林增气概，松头白鹤也低昂。①

宗泐深荷君恩、感戴遇合，心系教法之兴，可从其对王臣护法之建白了解其心曲。其在为心泰所编《佛法金汤》撰题跋曰："自正法付王臣以来，至今二千余年，帝王公卿为外护者，代有其人。观此佛法金汤编，概可见矣。护法之人，既如金城汤池之固，使外侮不得而入。弘法之人，又当力行而振起之，以副护法之心。如是则教法乌有不兴哉乎？虽然，金汤之设以备佗寇，佗寇之作犹可御之，至有窃比丘形服，内坏教法者，是家寇也。家寇内作，虽有金汤外固，亦将无如之何矣。况末法之流，率多放逸，性不知愧，由是教法衰微。是知，泰公是书，不为夸耀于世，殆将有警于吾徒也。呜呼，为吾徒者，得不惧且省乎！"②

虽然宗泐是诗僧，但是他在政治、宗教方面的重要性远远超过了文化方面。宗泐的政治地位来源于皇帝的信任和他领袖明朝僧尼的地位。在诗文方面，宗泐能够与来复成为"明初禅林文学的巨擘"，并得到社会著名人士的认可、推赞；在宗教方面，他担任天界寺住持、僧录司右善世，站立在汉传佛教的最高地位上，而且通过奉诏裁度《心经》《金刚》《楞伽》三经旨趣，作成新注，令天下僧徒讲习；进而又应召出使西域搜求遗经，进一步奠定了他"昭代禅宗"的地位。时有僧评曰："（宗泐）师赋性混融，襟度恢廓。……其扶树宗教，得'谋道不谋食，为法不为名'之实。……呜呼，师之际遇，道德文章，一何盛哉！"铭句称之"伟哉全室真逸格，巍巍堂堂禅巨擘，道动万乘恩屡锡……"③

尽管宗泐没有像历代祖师们那样开宗立派，但其名列明末高僧紫柏所作《佛

① 宗泐：《全室外集》卷一，《禅门逸书初编》第七册。
② 宗泐：《全室和尚语录》卷中《题泰岱宗佛法金汤编后》。
③ 释心泰：《前天界禅寺住山全室大禅师塔铭并序》，载《全室和尚语录》，日本藏经书院本。"师之行实，余多见而知之者，铭之无愧。"铭曰："禅而不文玉韫石，文而不禅珠混砾。禅而又文虎而翼，才德兼济非易得。"

祖八十八道影传赞》,亦足见后世佛教界对于他宗师地位的认可和确立。[①] 万历时期云栖祩宏赞其“龙飞九五,法运更新,如云之从,作国上珍。终不受官,天语益亲,末后倾出,谁赓其音?”钱谦益对宗泐则如是评价:“禅门五灯,自有宋南渡已后,石门、妙喜至于高峰、断崖、中峰为一盛,由元以迄我国初,元叟寂照、笑隐至楚石、蒲庵(来复)、季潭(宗泐)为再盛,二百年来,传灯寂蔑。”[②]

二 | 南洲溥洽与建文僧官

溥洽字南洲,晚号迂叟,又称一雨翁。俗姓陆氏,宋宝章阁待制陆游之后,世居会稽之山阴。[③] 生于元至正六年丙戌(1346),明宣德元年(1426)七月在南京坐化。据明大学士杨士奇为溥洽所作塔铭,举龛火化时,宣宗遣人致祭,“贵戚、名卿、士庶、方外、耆耄送者万余人”[④]。可见法师历劫经难,而德化深广。

(一)通东鲁书,博西来意

溥洽自幼闿爽颖异,父教之诗书,悟解日益进。童龀之年,已志慕出世法。有长老戏之曰:“仙人本是山人作。”其应声对曰:“凤鸟终非凡鸟为。”众惊异之。遂从本郡普济寺,礼雪庭祥公为师。受具杭州上天竺寺,谒东明日公,一见器重之,命典宾客。“其仪矩从容秩然,丛林老宿多推服,以为难能。”而博究教典,无论寒暑,夙夜不懈。于是师从杭州演福寺具庵玘公,讲求旨要,凡诸经籍大小精粗之义,无不精通融贯。又旁通儒书,间以余力为诗文,多有造诣。具庵玘公命习《法华》“首忏事行三昧法”,自此精进于“止观明静之道”。[⑤]

---

① 参见孙海桥:《释宗泐及全室外集研究》结语,内蒙古师范大学2014年硕士论文。作者认为,明太祖在整顿佛教的时候,很敏锐地利用宗泐而发起了“清教录”一案,对江南地区佛教给予了重大打击。从这个方面来看,宗泐可以视作是僧人“过度世俗化”(或曰“政治化”)的一个悲剧。

② 钱谦益:《牧斋有学集》卷二十一《序》,上海古籍出版社,1985年,第873页。

③ 陆游(1125—1210),字务观,号放翁,山阴(今绍兴)人。陆游生逢北宋灭亡之际,少年时即深受家庭爱国思想的熏陶。宋高宗时,参加礼部考试,因受秦桧排斥而仕途不畅。嘉泰二年(1202),宋宁宗诏陆游入京,主持编修孝宗、光宗《两朝实录》和《三朝史》,官至宝章阁待制。书成后,陆游长期蛰居山阴,嘉定三年(1210年)与世长辞,留绝笔《示儿》。陆游一生笔耕不辍,诗词文皆有很高成就,兼具李白的雄奇奔放与杜甫的沉郁悲凉,尤以饱含爱国热情对后世影响深远。陆游亦有史才,他的《南唐书》,“简核有法”,具有很高的史料价值。

④ 杨士奇:《东里文集》卷二十五《僧录司右善世南洲法师塔铭》,刘伯涵、朱海点校,中华书局,1998年。

⑤ 释明河:《补续高僧传》杂科篇,卷第二十五《南洲溥洽法师传》。

洪武四年(1371)辛亥,他出世主持孤山玛瑙讲寺。洪武十一年戊午(1378),全室泐公、具庵玘公等奉诏注《心经》《金刚》《楞伽》,溥洽当时随侍如玘公,训释考订,多所帮助。洪武十六年癸亥(1383),住持苏州北禅寺,学徒云集,溥洽法师为开演《法华经》"五时八教"。无论智愚高下,皆得法喜而归。一时宗门耆硕,如九皋妙声公、启宗大佑公,咸共嗟赏,谓"吴中法席第一"。洪武二十二年(1389),至杭之下天竺寺,苏之学徒,从往者甚众。乃循慈云故事,建金光明护国期忏七昼夜,为众讲贯无虚日。太祖皇帝闻其贤,召为僧录司右讲经,玉音褒谕,有语曰"通东鲁之书,博西来之意",盖知之为深。①

明太祖御制文集中保存了一篇敕谕,即《授了达、德暄、溥洽僧录司敕》,这篇重要文献透露的信息是"迩来僧录司首僧缺员",于是诏命选补僧官额缺。他命现任僧录司首僧从诸山丛林选拔来的几位都有一个共同点,即"东鲁之书颇通,西来之意博备",这样的儒僧正合皇帝圣意,故曰:"若以斯人备员僧录司,实为允当。"

> 西说东来,妙演无量,或云不二法门。斯道也,本苦空,甘寂寞。从斯道者,果若是,宜其然哉。迩来僧录司首僧缺员,召见任者,命询问其人。各首僧承命而还,不数日来告曰:"臣弘道等若干人,前奉敕询高僧于诸山,即会丛林大众,众皆曰:惟浙右上天竺僧溥洽、京师鸡鸣寺僧德暄、能仁寺僧了达,东鲁之书颇通,西来之意博备。若以斯人备员僧录司,实为允当。"呜呼!昔人有云:世不绝圣,国不绝贤。近者僧录司缺员,朕将以为无人矣。及其询间,乃有人焉。
>
> 今朕域之内,慕清净而欲出三界者,有其名而无其实,其泛泛者不下五、七万。尔今三人不屈五、七万之下,伸于五、七万之上,可谓志矣,可谓道矣。然昔如来道备于雪岭,归演五天,妙音无量,灵通上下,天人会听,若斯之演,听四十九秋。自是之后,五百余年,流传东土。虽九夷八蛮,一闻斯道,无不钦崇顶礼。何况中国文物(明)礼乐之邦,人心慈善,易为教化。若僧善达祖风者,演大乘以觉听,谈因缘以化愚,启聪愚为善于反掌之间。虽有国法,何

① 释明河:《补续高僧传》杂科篇,卷第二十五《南洲溥洽法师传》。原文"太宗",应校为"太祖"。杨士奇《南洲洽法师志略》则谓"吴中法席,繇宋迄今,可为盛矣"。

制乎？缧绁刑具，亦何以施？岂不合乎柳生之言“阴翊王度”，岂小小哉？今尔僧了达、德暄、溥洽达祖风，遵朕命，则法轮常转，佛日增辉，名僧于吾世足矣。往钦哉，毋怠！①

这道敕谕记录的实际上是皇帝授予三位应召高僧补缺僧官的一篇上任谈话，他了然目今僧徒“慕清净而欲出三界者，有其名而无其实”的状况，为此晓谕了达、德暄、溥洽等人，务必要“善达祖风”，启聪愚、导向善，毋懈怠，“遵朕命，则法轮常转，佛日增辉”。

（二）身历三朝为僧官

严格地说，从洪武朝至宣德朝，溥洽共经历明初 5 朝。可要谈溥洽僧官之任，主要在洪、建、永 3 朝，虽经波折而声誉鹊起。经明太祖洪武朝的培植和提拔，溥洽在建文朝已升至僧官最高之位，可由靖难之变导致的建、永鼎革却使他被囚 10 余年。当他被释放时已是白发苍苍的耄耋老翁，即便如此，他的僧品志节还在，依然散发着不可磨灭的影响力。

溥洽应召出任僧官，起步于他住持浙右上天竺之时。溥洽不但能贯通佛教经籍，而且通晓儒学，擅长词章。洪武二十二年(1389)，太祖皇帝闻其贤，召为僧录司右讲经，上述敕书表明他与京师鸡鸣寺僧德暄、能仁寺僧了达同时被选。溥洽入京后，先住长干寺西丈室 3 年；洪武二十五年(1392)，代梦观一初主天禧寺。未久，梦观示寂，有旨命溥洽兼主天禧。明大学士杨士奇撰溥洽塔铭于此记曰：“四方学者，归响益盛。法益振，教益流，誉望益隆。勋尊贵戚，趋走敬礼者接踵户外。又三年，升右阐教，遂升左善世。”这表明洪武二十八年(1395)，溥洽已升为右阐教。而对其“升左善世”的时间记述却模糊处理。后出有关溥洽的僧传，对此照抄不改。② 推断此中原因可能出于当时政治方面禁忌建文，故此处宜书“建文中，升左善世”。

考洪武朝僧录司最后一任左善世，应当为僧人大佑。据《金陵梵刹志》卷二《钦录集》所载，“洪武三十一年二月二十九日，僧录司左善世大佑等，于右顺门钦奉圣旨：着江东驿、江淮驿两处，盖两座接待寺。着南北游方僧道，往来便当。钦

① 葛寅亮：《金陵梵刹志》卷一《御制集》。

② 例如释明河《补续高僧传》卷二十五《南洲溥洽法师传》曰：“逾月梦观卒，有旨命师主天禧。又三年，升左善世。”

此”。大佑，号蘧庵，住持姑苏北禅寺，诏为左善世。精究内外典籍，善天台、贤首教义，有《弥陀略解》《净土指归》等书行世。[①] 可见，大佑与溥洽都曾住持过苏州北禅寺，而且大佑也曾与吴中诸公对溥洽颇为赏识，所以有理由相信大佑退居后，可能推荐溥洽接任。

溥洽在永乐年间的起落状况，据杨士奇所撰溥洽塔铭及《补续高僧传》本传所记：“太宗皇帝举靖难师，道衍公有辅翼居守功。及即位召衍，至自北京，命主教事。师（溥洽）以左善世逊（道）衍，而己居右。上嘉从之。永乐四年（1406），诏修天禧寺浮图。落成之日，车驾临幸。命师庆赞，祥光烨煜，万众聚观，天颜愉怿。时有任觉义者，忌师之宠，构词间之，左迁右觉义。疏斥，师不辩，自处裕如。既而上察其心，复右善世。”由此可知三点：其一，溥洽本为左善世，因道衍辅佐燕王靖难居首功，成祖即位后命道衍为僧录司左善世，而溥洽自动居右善世之职。其二，永乐四年（1406），溥洽被当时“任觉义者”疏劾，又由右善世降为“右觉义”。其三，由于溥洽并不辩解，安之若素，溥洽最终官复原职。对此，塔铭末补记曰：

> 又近记：溥洽，洪武初荐高僧入京，历升左善世。靖难兵起，为建文君设药师灯忏，诅长陵（朱棣）。金川门开，为建文君削发。长陵即位，微闻其事，囚南洲十余年。容（荣）国公疾革，长陵遣人问所欲言，言愿释溥洽。长陵从之，释其狱。时白发长数寸，覆额矣。走大兴隆寺，拜荣国公床下，曰：吾余生少师赐也。仁宗复其官。卒年八十二。[②]

大兴隆寺即燕王朱棣的心腹谋士道衍原来住持的庆寿寺，明正统十三年（1448）重修后改额为“大兴隆寺”。庆寿寺旧为金元名刹，道衍曾经在该寺居住长达 20 年之久，并经常往返于（燕王）府、寺之间，与朱棣共商大事。溥洽因道衍临终善言恳求成祖，被囚 10 余年方得释放出狱。《明史・姚广孝传》对此事原委亦有载：

---

① 《释鉴稽古略续集》卷二，洪武三十一年。

② 杨士奇：《东里文集》卷二十五《僧录司右善世南洲法师塔铭》，刘伯涵、朱海点校，中华书局，1998 年。又参《金陵梵刹志》卷三十一《南洲洽法师志略》。

> (永乐)十六年三月,入观,年八十有四矣,病甚,不能朝,仍居庆寿寺。车驾临视者再,语甚欢,赐以金唾壶。问所欲言,广孝曰:僧溥洽系久,愿赦之。溥洽者,建文帝主录僧也。初,帝入南京,有言建文帝为僧遁去,溥洽知状,或言匿溥洽所。帝乃以他事禁溥洽。而命给事中胡濙等遍物色建文帝,久之不可得。溥洽坐系十余年。至是,帝以广孝言,即命出之。广孝顿首谢,寻卒。

溥洽是从洪武、建文到永乐位列三朝的重要僧官。因建文朝历史淹没于成祖即位后的"革除",故建文时期的僧官溥洽,我们只能从上述传闻中略知一二。据传靖难时溥洽作为建文朝"主录僧"曾设药师灯忏诅朱棣,金川门被燕军攻破后又为建文帝剃发逃遁。这个主录僧,理应是职掌僧录司的主官左善世。溥洽在永乐时代尽管长期系狱磨折,但依然被后世僧传史家列作道衍之外永乐朝声名最响的高僧。杨士奇写道:"盖(溥洽)师历事列圣,一以至诚,而言动必祗礼度。处物以和,驭众以宽。接引来学,随材具深浅而开悟之,咸有成而去。邂逅逢掖士,喜商论文事。三四十年间,钜缁老衲,有文声者,师与衍公为首。"道衍虽极受荣宠,然其晚岁于溥洽尤厚。病终之前不忘劝说成祖释放溥洽,"太宗皇帝亲临视之,问所欲言,独举师(溥洽)为对,不及他事。盖两人知契最深云"。①

永乐帝成祖在位虽不用溥洽,却不惮重用溥洽之弟子,如善启东白,少师姚公广孝、善世洽公南洲,皆器重之,而典记于洽公者甚久。永乐元年(1403),主苏州永定。六年(1408),主松江延庆。逾年擢本府副都纲,住南禅寺。寻应召纂修《永乐大典》,预校《大藏经》。赐金缕袈裟一袭。还有一庵一如法师,"洪武十八年,出世住松江崇庆,进住苏之北禅,缁素归化者日众。二十七年,南洲洽公掌僧录司,兼主大报恩寺,延师(一如)为都讲。时清理释教,庶务丛脞,洽公酬应上下,而讲演不废,盖资于师为多。(中略)永乐初,退处大报恩寺。以《法华》如来奥旨所寓,非学者所易入,乃集众说为之注。太子少师姚公为序之,且称如公'两浙一人'。上尝览之,奖谕再三,加以厚赉。十二年被召纂修《大藏经》,而师总其

① 《金陵梵刹志》卷三十一《南洲洽法师志略》。

事，授僧录司右觉义。既升右阐教”[①]。

(三) 戒行冰洁，清净自在

仁宗皇帝临御，溥洽以老宿资格，多次被召问，礼遇特厚，命居庆寿寺松阴精舍。洪熙元年(1425)八月十八日，明仁宗曾在便殿召见官复原职的僧录司右善世溥洽，对溥洽极其敬重。溥洽遂乞还南京大报恩寺终老。赐佛像、经、钞若干缗，命中官护送乘驿舟归。明宣宗宣德元年(1426)七月二十八日，溥洽示寂于南京大报恩寺，世寿81，僧腊69。临终留偈曰：“清净自在中，还得如是住。一切大安乐，清净自在住。”塔建于长干西南的凤岭，由杨士奇为其撰塔铭。送者万人空巷。宣宗遣行人王麟前往祭祀，赐院额为“凤岭讲寺”。

溥洽师著有《金刚经注释附录》二卷，应制及与名人唱和诗若干卷。“国家建法会，一切科仪文字，皆师(溥洽)所定，以贻范于后。”所度弟子有慈霆、圆悟、大沾等若干人。得法弟子有圆净、鸿义、惠朗等若干人。弟子对恩师溥洽极忠厚，弟子奉龛建塔于长干西南凤岭之阳，复于塔前构精庐以居。工部右侍郎庐陵周忱为之记，其称溥洽“公戒行之精，才望之高，既已详见少傅杨公《塔铭》矣，今之记似可略也。然予于兹(凤岭)寺之建，独有感焉”。“盖师之与弟子，所以传其道，授其业，有父子之恩焉。后世此道不明，当其师之生存反其道，背之而去者有矣。能服乎心丧之礼者，几何人哉？心丧之礼且不能服，况望其庐墓至于三年、六年之久者乎？”

周忱感叹师道传承有恩，而蒙恩守节尤为可贵。又曰：“予闻洽公当永乐间尝为同列所间，太宗皇帝欲试其戒行，系之于锦衣狱。一时门弟子，多云鸟散去。独霆公焦心苦骨，从其师于患难，服薪水之劳，未尝一日去左右。卒使其获全行业，蒙被国恩，大昌其教于晚节。观其尽心所事，不以死生穷达而有所改易。此盖士大夫之所难能，而霆公能之。予于是重有感也，是用书以为记，使后之观于此者，或因霆公而有所激劝焉。”[②]

---

① 释明河：《补续高僧传》解义篇卷第四《一如传》，杂科篇卷第二十五《启东白传》。周忱为江南巡抚，与僧善启相善，每公事稍暇，即往北禅与启公谈晤。“周文襄忱抚吴，最敬礼僧善启。启字东白，能诗，尝与修《永乐大典》。当时节钺大吏，得从方外高士游，咨询善类，抚有宋承平风。”(何良俊《四友斋丛说》卷十六，黄景昉《国史唯疑》卷二)。

② 释明河：《补续高僧传》杂科篇卷第二十五《南洲溥洽法师传》。

三 斯道道衍与永乐时代

道衍，字斯道，号独庵，又自号逃虚子。俗姓姚，初名天僖，后赐名广孝。苏之长洲人，本医家子。生于元顺帝至元元年(1335)，卒于永乐十六年(1418)。元至正八年(1348)，14岁，出家姑苏相城妙智庵为僧。又师从灵应观道士席应真，得其阴阳术数之学。尝游嵩山寺，相者袁珙见之曰："是何异僧！目三角，形如病虎，性必嗜杀，刘秉忠流也。"道衍大喜。[①] 洪武八年(1375)，诏通儒书僧试礼部。考中通过，却不愿受官，赐僧服还。经京口北固山，赋诗怀古，有"萧梁事业今何在，北固青青眼倦看"之句[②]。其负奇志，摇膝高吟，旁若无人。同侪宗泐正色曰："此岂释子语耶?"道衍笑而不答。[③] 道衍既为僧志在出世，而又不忘世，怀有政治抱负。此后他一生致力把王臣护法与佛教善世融于一体，由此得见端倪。也可以说，尽管表现方式不一，但这大致是明初洪武时代通儒僧特有的"世出世间"情结。

(一) 出世历练，谋以用世开太平

《明史》因主要为儒臣所纂修，故其中列传之《姚广孝传》对道衍的佛教生涯历练关注不多；而为了突出其功业和谋略成就，又给读者留下道衍杂学道家阴阳之术的印象。其实，道衍出家后经历了系统严密的丛林历练。待其打下深厚佛学基础，又加之其在诗文交游方面也着意训练，于是儒道释三家齐烹，终造就一代盖世奇才，以僧为三代帝师，开其后明朝两百多年太平基业。以至于有明人赞曰："我国家二百余年以来，休养生息，遂至今日。士安于饱暖，人忘其战争，皆我成祖文皇帝与姚少师之力也。"[④]

道衍自幼好读儒书，工诗文。据云书法古雅，善画墨竹。遇异人传术数之

---

① 《明史》卷一百四十五《列传第三十三·姚广孝传》。此间记述道衍所遇几位奇人异士对其将来成就功业助力甚大。道衍《访席炼师》诗中坦承："我本浮屠自有师，畴昔崆峒来问道。欲将耳目广见闻，要信心胸尽倾倒。虽然未暇学长生，暂许从游上蓬岛。"说明他以佛教徒的立场来吸收对方的知识，席应真无疑是一位博学的异人，他"通老氏法，兼读儒书，尤邃于《易》，至于释典方术，悉能通焉"(周永年：《吴都法乘》)。相者袁珙，与道衍同年生，自幼励精儒业，通晓经史，以相术知名于世。刘秉忠即释子聪，元世祖忽必烈谋臣，先侍忽必烈藩邸，继参密谋助定大计建元，创有元一代成宪。

② 查继佐：《罪惟录》卷十六《姚广孝传》。

③ 《明史》卷一百四十五《列传第三十三·姚广孝传》。

④ 李贽：《续焚书》卷三《姚恭靖》，载《李贽文集》，北京燕山出版社，1998年，第437页。

学，能知人休咎。[①] 尚谋略，深自藏晦，不露于外。少年出家为僧，先在妙智庵为沙弥，后至北禅寺习天台教观。18 岁受具足戒后，转慕禅宗，赴径山参愚庵智及禅师，命掌书记室，旋授衣拂。出世住临安普庆寺、杭州天龙寺、嘉定留光寺等寺。永乐年间成书的《禅宗传灯录》记载了道衍禅师的这一段丛林行历：

> 幼依里之妙智庵出家。入乡校读书，不烦师谕，义理自通。寻礼宗传，为师披削。未及冠，即能诗文，为时所称。从北禅虚白亮公习天台，教阅《四教仪图解》。剔其谬处问虚白，白不能答。遂弃之。往杭之径山，参愚庵机契，命司记室。自是往来十余年，尽得旨要。声誉洋洋，聿起江海间。初出世临安普庆，迁住杭之天龙，嘉定之留光。[②]

道衍本医家子，对于他为何要选择出家而放弃家传医业，坊间有些传闻，说他初欲读书"愿仕以显父母"，可一日入城，"见僧官驺从之盛"[③]，心甚羡慕，觉得做僧官也能荣耀风光，遂决意入妙智庵出家。他对父母说："不愿学医，但欲读书，为学有成则仕于王朝，显荣父母；不就，则从佛为方外之乐。"[④]可见，他本就给自己安排了两条人生道路：一学儒有成就出仕，二学不成就为僧。可他并没有为自己的儒士理想付出多大的努力，却早早地放弃了儒业，选择了出家，这恐怕与元末世乱有一定关系。元末佛寺可谓是藏龙卧虎之区。濠州（凤阳）于皇寺出家的朱元璋"姿貌雄杰，奇骨贯顶"，"志意廓然，人莫能测"，成为明朝开国之君；姑苏妙智庵则有"目三角，形如病虎"之释道衍，怀才期有奇遇，深藏韬略而又冀佛教用世辅政。这里有一个历史的巧合：就在朱元璋选择离开寺庙投奔红巾军的那一年（1352），道衍 18 岁则选择了受具足戒，正式为僧。商传说"这两个明初重要历史人物，都曾与佛教结下不解之缘，也都经历了曲折的成功之路"。道衍在

---

① 参见周永年《吴都法乘》记："姚少师广孝为僧于妙智庵，一日偶出闲步，见童子手一编。姚取观皆占象用兵语，问何从来，云得之鹊巢中。遂以十钱易归，读之不解。后有一云游僧至，见而惊曰：是书乃落汝手耶？姚知其异，下拜求教。僧以秘诀授之，始洞悉其术，用佐文皇，成靖难之功焉。"

② 南石文琇：《增集续传灯录》卷第四《北京顺天府庆寿独庵道衍禅师》，《卍新续藏》第 83 册，第 329 页下。

③ 郎瑛：《七修类稿》卷四十三，明刻本。"僧姚广孝，苏之相城人也。家世医业，与同邑王光庵宾世交。盖王亦医家也，年长于姚，学博行高。太祖尝召官，不拜，姚素敬之。姚幼名天禧，虽家居习医，私师相城道士席应珍。席乃通儒，而多异术。姚质敏，尽得其传。尝白父曰：某不乐医，愿仕以显父母。父不从。一日入城，见僧官驺从之盛，叹曰：僧亦富贵如此耶！决欲出家。遂入里之妙智庵，改名道衍。游学湖海，刻意为诗文。"

④ 姚广孝：《相城妙智庵姚氏祠堂记》，《逃虚子诗集补遗》，《四库全书存目丛书》集部。

佛门日日思虑“山河社稷、国土人民、君臣父子相生相养之事”与儒家“圣人之心未尝不同”，反对“形如槁木，心若死灰”的“外道邪禅”，声称他归仰的佛道与“儒者道并行不相悖”。[①] 可见他身着僧衣却意欲成为治世能臣。无论如何他并非为逃世而出家，他自觉出家是有所追求的，这是道衍生命中第一次重要的人生抉择。

道衍的剃度师为宗传，得度不久他在诗文上已小有声名。《明史》载：“年十四为僧，名道衍，字斯道。”这是对佛教戒律的误解。《明姚少师祠堂记》的碑文说：“至正间，年十四即从佛，父不夺吾志，遂出家相城之妙智庵，礼宗传为师，训名道衍。十八剃发为僧，游寄海上。”这样的记述更符合实情。[②] 18 岁正式剃发受戒为僧后，他先从苏州北禅寺虚白亮公习天台教观，未契于心。这时各地兵事蜂起，至正十三(1353)年，张士诚在泰州起兵，逐渐发展到江浙一带，控制平江(苏州)达 11 年之久(1353—1367)。朱元璋也从 1353 年起回乡招募七百淮西子弟兵，攻打定远，确定了夺取金陵、徐图王业的宏大目标；1355 年渡江攻克了太平，不久向江浙一带发展，1356 年就占领了南京。兵荒马乱之中，道衍年近而立之年，从好友高启的《答衍师见赠》里，我们了解到道衍禅师因时变乱出家，在丛林中多所历练，而不愿返俗等，其中有“三十匪年少，恨无弯弧力”的诗句，显示他感叹无法如武人在乱世得志的心事流露。[③] 但道衍禅师并非因此即消极逃禅之人。

道衍于至正二十三年(1363)，决意投余杭径山从愚庵智及(1311—1378)禅师，潜心于参禅，并司记室 3 年。他在其《道余录》开首回顾自己学修经历时说：“余曩为僧时，值元季兵乱，年近三十，从愚庵和尚习禅于径山。有暇则披阅内外典籍，以资才识。”由此观之，道衍是将自己的法脉学统归在了愚庵和尚门下及径山禅系。径山是元明江南第一丛林，而愚庵智及则成为元季迄明初极有魅力的

---

① 姚广孝：《道余录》，载《涵芬楼秘籍》七。又参商传：《明初著名政治家姚广孝》，《中国史研究》1984 年第 3 期；范植清：《释道衍其人其事》，《史学月刊》1987 年第 5 期。

② 参商传：《明初著名政治家姚广孝》，《中国史研究》1984 年第 3 期。据佛教戒律，20 岁以前，出家男女，不得受比丘戒及比丘尼戒。要先出家为沙弥或沙弥尼。沙弥主要以儿童为主，但至少须 7 岁以上并且有能力为僧团的晒食场赶鸟的，才有资格出家。7 岁以上、13 岁以下，称为驱乌沙弥；14 岁以上、19 岁以下，称为应法沙弥，这是最合乎要求的沙弥年龄，相当于今日初中和高中生的阶段，可塑性最强。圣严法师在《戒律学纲要》中提到：沙弥在中国是作为小寺院“子孙传代”的产物。因为出家人不结婚，自无生育。小寺院的住持，要收留小沙弥，是准备平时作为差遣，日后接替住持的。以这样的身份出家，衣食可保无缺，又能学习佛法和礼仪，对于一个贫家子弟来说，的确是理想的教育环境。(江灿腾：《明清民国佛教思想史论》，中国社会科学出版社，1996 年，第 5 页。)

③ 周永年：《吴都法乘》。

禅僧。宋濂对愚庵评价甚高:“自宋季以迄于今,提唱达摩正传,追配先哲者,唯明辨正宗广慧禅师一人而已。”[①]他圆寂于洪武十一年(1378),当时道衍以上首弟子普庆寺住持的身份,请宋濂为师撰写塔铭。

愚庵智及为径山第53代住持,禅林声望卓著。愚庵自在吴中穹窿山海云院出家为沙弥时就“释书与儒典并进”,师从集庆龙翔寺广智大䜣贯通儒佛,曾以文章、道德惊动金陵地区的文士名流,后来对禅深造有得,又参谒径山元叟,继补其法席,先后主持过江浙一带多所大丛林。明洪武初,诏有道浮屠集京师,多次应召入京。宋濂在所撰塔铭中提及愚庵禅师“长身山立,昂然如孤松在壑,威令严肃,其下无敢方命。故所至百废俱兴,然处事达变、接引后进,又如春风时雨之及物,使人不自知”。“师(愚庵)在天界时,濂颇获闻其绪论,于其殁也,上首弟子普庆住持道衍藉是之故,自状其行来请铭。”[②]道衍也继承了愚庵禅师的学风,禅暇潜心研读内外典籍。道衍从之习禅,并掌内记三年操持寺院文书,因促其诗文与佛学均大长进。后又住持临安普庆、杭州天龙、嘉定留光等江南名寺,由少稚沙弥长成颇具佛学修养之住持僧。相与交游者如高隐王宾,文坛名士高启、杨基;其学识诗文亦甚得名儒宋濂、苏伯衡之推奖。[③] 道衍本来学问底子颇好,又得这样名师钳锤,因缘际会,焉能不学行精进,无愧于释教。

洪武十一年(1378),当68岁的愚庵禅师圆寂时,道衍也已44岁,自感尚无大成。灯录作者说,道衍师事愚庵之后,从此往来10余年,尽得心髓,声誉鹊起于江海间。其实,参禅得道的情形并不那么轻而易举,丛林中要出类拔萃,自然也少不了社会人事的历练,而诗文交游无疑是一种很好的媒介。对于道衍在洪武年间的经历,明人郎瑛有记载:“洪武四年诏取高僧,至则以病回。八年诏通儒,姚以僧试礼部,中,不愿仕,赐僧服还。十五年,孝慈皇后丧,亲王各奏,乞僧修斋。于是左善世宗泐季潭举之,遂见知成祖于潜邸。自是日亲,后相之,靖难谋成。”[④]这里值得重视的是郎瑛未提及的,洪武六年(1373),诏天下高行僧十人于天界寺,道衍之师愚庵和尚应召列首席,尽管其后愚庵因病未能被召见,但也充分说明了其师声望至高。天界寺住持宗泐当时也参加了这一盛会,道衍日后

---

① 宋濂:《宋文宪公护法录》卷第一《明辨正宗广慧禅师径山和尚及公塔铭》。
② 宋濂:《宋文宪公护法录》卷第一《明辨正宗广慧禅师径山和尚及公塔铭》。
③ 参见范植清:《释道衍其人其事》,《史学月刊》1987年第5期,第33页。
④ 郎瑛:《七修类稿》卷四十三,《续藏书》卷九。

所以能够获得宗泐推举而辅佐燕王，可能发端于此。

道衍参加了洪武八年(1375)京师南京举行的通儒僧考试，从中我们可以解读一些道衍的怀才不遇之境况及其志向追求。道衍怀才求售，却又不愿轻易俯就，故其必然经历一个曲折的过程，直到他遇见燕王朱棣为止。这要从他的“北郭”诗友高启说起。洪武三年(1370)，高启应召入南京天界寺参与宋濂主持的《元史》纂修，后擢户部侍郎。道衍十分向往，该年由钱塘至南京，访高启于钟山之寓舍，并请其为所著之《独庵集》作序。高启序称言“其词或闳放驰骋以发其才，或优柔曲折以泄其志，险易并陈，浓淡迭显”云云。次年(1371)，有诏取高僧，道衍往京师应，惜以病回。幸取得礼部度牒于觉林寺(妙智庵)入册，始知名于世。[①] 后高启辞官还乡，洪武七年(1374)为苏州知府魏观在张士诚旧宫基址上所筑府衙撰《上梁文》，触朱元璋忌而遭腰斩。[②] 这使道衍哀伤之余也为自己前程踌躇彷徨。

洪武八年(1375)，有诏通儒僧出仕，道衍应试于礼部，考中通过，却不愿仕，只受赠僧服还山。不过，道衍以通儒僧身份被留京师天界寺一年，得与高僧宗泐结下善缘。宗泐西天取经归来，道衍也以诗祝贺，由此更得宗泐知遇。[③] 有研究认为，道衍这次放弃入仕并非无因，他仰慕元初僧人出身的开国功臣刘秉忠，欲成开国建业之功，乃其大志之所在；而其故友高启、徐贲等人多被明太祖朱元璋所杀，乃至开国文臣宋濂、苏伯衡辈也不得善终，所以对洪武朝严酷政治暗怀强烈不满之情。研究者于是解读他这个阶段的诗文，如《五色雀并序》及《京口览古》等诗，皆透露了他的政治抱负，并隐约期待着可辅佐的“明主”出现。最后“皇天不负有心人”，道衍由出世而入世辅政的机会终于在洪武十五年(1382)来了。

洪武十五年(1382)八月，马皇后崩，葬于钟山孝陵，谥曰孝慈皇后。诏选高

---

① 郎瑛:《七修类稿》卷四十三,《续藏书》卷九。北郭诗社由高启、徐贲等吴中文人发起结社,释道衍作为唯一方外人参与其中,称“北郭十友”,始于至正二十年(1360),终于洪武七年(1374)。又参李贽《荣国姚恭靖公》曰:“洪武四年诏取高僧,会病免。八年,诏僧通儒者授以官,公试礼部,不得官,赐僧服还山。”

②《明史》卷一百七十三《文苑一》:高启,字季迪,长洲人。博学工诗。张士诚据吴,启依外家,居吴淞江之青丘。洪武初,被荐,偕同县谢徽召修《元史》,授翰林院国史编修官,复命教授诸王。三年秋,帝御阙楼,启、徽俱入对,擢启户部右侍郎,徽吏部郎中。启自陈年少不敢当重任,徽亦固辞,乃见许。已,并赐白金放还。启尝赋诗,有所讽刺,帝嗛之未发也。及归,居青丘,授书自给。知府魏观为移其家郡中,旦夕延见,甚欢。观以改修府治,获谴。帝见启所作上梁文,因发怒,腰斩于市,年三十有九。明初,吴下多诗人,启与杨基、张羽、徐贲称四杰,以配唐王、杨、卢、骆云。

③ 道衍:《逃虚子诗集》卷八《全室禅师使中天竺取经回朝》。

僧辅佐诸王，太祖命僧道衍往燕府，住持庆寿禅寺。《明史》有载：

> 高皇后崩，太祖选高僧侍诸王，为诵经荐福。宗泐时为左善世，举道衍。燕王与语甚合，请以从。至北平，住持庆寿寺。出入府中，迹甚密，时时屏人语。及太祖崩，惠帝立，以次削夺诸王。道衍遂密劝成祖举兵。成祖曰："民心向彼，奈何？"道衍曰："臣知天道，何论民心？"乃进袁珙及卜者金忠。于是成祖意益决，阴选将校，勾军卒，收材勇异能之士。（中略）建文元年(1399)六月，燕府护卫百户倪谅上变，诏逮府中官属。都指挥张信输诚于成祖，成祖遂决策起兵。适大风雨至，檐瓦堕地，成祖色变。道衍曰："祥也。飞龙在天，从以风雨。瓦堕，将易黄也。"兵起，以诛齐泰、黄子澄为名，号其众曰"靖难之师"。①

僧家史传稽古录则明载"靖难之图实起于道衍。……自是遂以道衍为军师"。又对道衍与燕王初见情况加以生动描述，曰：僧道衍初祝发为相城妙智庵僧，又师从当时"相城灵应观道士席应真，读书学道法兼通兵机，尽得其术。然深自藏晦，人无知者"。既而宗泐举道衍往燕，住持北平庆寿寺。或荐道衍文武异才，燕王召见问曰："尔能卜乎？"道衍操吴音连对曰："会，会。"即开襟出太平钱五文启王，自祝连掷之睨王曰："殿下将无作皇帝乎？"王叱曰："和尚勿谬说。"道衍悚然而退，他日实告之，道衍进言辄合。② 还有一处委婉记述："太祖择名僧辅诸王。文皇帝时为燕王，广孝自请于文皇曰：'殿下若能用臣，臣当举一白帽子与大王戴也。'既而文皇自求广孝于太祖，许之。盖王上加白乃皇字，是时广孝已知燕邸异日之必有天下为皇帝矣。洪武末靖难兵起，皆广孝之谋也。"其文后并加按语曰："姚广孝之遇文皇，犹刘基之遇太祖，皆佐命天界，非偶然也。"③

道衍以僧人顾问而成燕王的心腹谋士，内在企望燕王即是刘秉忠辅佐之忽必烈，而对皇位早存觊觎之心的燕王也在寻求"傅岩之叟""赤松之流"能人

---

① 《明史》卷一百四十五《列传第三十三·姚广孝传》。

② 《释鉴稽古略续集》卷二，己卯建文元年正月。原作"韦应真"，疑误，此从《明史》校改。《大正藏》第49册，第932页下。

③ 《释鉴稽古略续集》卷二，洪武十五年六月丙戌，皇后马氏崩。

异士[①]。经僧录司左善世宗泐举荐，当今皇上钦定，道衍奉命辅佐燕王，为国资福。两人一语即合，相传道衍曰“大王使臣得侍，奉一白帽与大王戴”[②]，燕王心领神会，遂携道衍北归。从此道衍开始他一生际遇中之最重要的转折，他也借此转折实践僧人“大悲济世应无尽”的悲悯情怀。[③]

道衍以高僧奉诏入南京，接着又奉派至燕藩府，其内心的激动变化，我们只能从他的诗句来领会。他是洪武十五年(1382)九月二十四选赴京师南京，十月一日即匆匆启程赴北平。他先坐船，由运河北上；至东昌被冰雪困住，改和卫士们骑驴马赶路，不畏风寒艰苦，一路直奔燕王府，他用诗句描绘离开南京时的心情：“石头城下水茫茫，独上楼舡去远方。……历尽风波难苦际，无愁应只为宾王。”显然，这时他内心有了归宿，因而无惧风波劳苦，也无离乡愁绪。甚至在东昌改旱路奔走时他更坚毅地喊出“艰难不惮归燕地，因感亲王宠顾优”，流露出那种“士为知己者死”的无比勇气和壮烈精神。[④]

(二) 功高盖世，命蓄发再三，终不肯

道衍奉诏随燕王北上之后，从 48 岁到 65 岁(1382—1399)，大约有十几年的时间，他都过着诵经、念佛、修斋的日子。他来到北平，先后两次拜谒刘秉忠墓，作了《刘文贞公墓》诗，可以表明他此时的心迹：“良骥色同群，至人迹混俗。知己苟不遇，终世不怨黜。伟哉藏春公，箪瓢乐岩谷。一朝风云会，君臣自心腹。大业计已成，勋名照简牍”。[⑤] “靖难”爆发，道衍奉命助燕王世子留守北平。朱棣即位后，道衍被请来南京，想要给其加官，但被拒绝，所以授僧录司左善世之职。永乐二年(1404)春二月，朝廷发布靖难功绩，道衍被推为首功，加授资善大夫、太子少师，任东宫辅导，并复其姚姓，赐名广孝。永乐皇帝命蓄发再三，终不肯。

---

① 明成祖《御制姚少师神道碑》：“朕惟高宗得傅岩之叟以佐中兴，汉高用赤松之流以成大业。盖天之生斯人也，岂偶然哉？”该碑现存于北京房山区常乐寺村外姚广孝墓塔，见录于张建业主编：《李贽全集注》第 9 册，社会科学文献出版社，2010 年，第 358 页。

② 此说也渗入明史记载，见谷应泰《明史纪事本末》卷十六。

③ 参见熊召政：《大悲愿力应无尽——记大和尚姚广孝》，《领导文萃》2009 年 9 月 23 日。

④ 《逃虚子诗集》卷八《东昌道中》，清刻手抄本，第 594 页。

⑤ 元至元十一年(1274)八月，刘秉忠无病而逝，享年 59 岁。至元十二年(1275)，元世祖追赠刘秉忠为太傅、赵国公，谥号“文贞”。元成宗时，赠太师，谥文正。元仁宗时，又进封常山王。有元一代，汉人位封三公的，仅有刘秉忠一人而已。刘秉忠自号藏春散人，每以吟咏自适。在天文、卜筮、算术、文学上著述甚丰，计有《藏春集》六卷、《藏春词》一卷等传世。

《明史》载：

成祖即帝位，授道衍僧录司左善世。帝在藩邸，所接皆武人，独道衍定策起兵。及帝转战山东、河北，在军三年，或旋或否，战守机事皆决于道衍。道衍未尝临战阵，然帝用兵有天下，道衍力为多，论功以为第一。永乐二年四月，拜资善大夫、太子少师。复其姓，赐名广孝，赠祖父如其官。帝与语，呼少师而不名。命蓄发，不肯。赐第及两宫人，皆不受。常居僧寺，冠带而朝，退仍缁衣。①

永乐间成书的《续传灯录》也载《北京顺天府庆寿独庵道衍禅师》传曰："永乐二年，皇上命师罢道辅政，特授资善大夫、太子少师。赐名广孝，与府第，享厚禄，屡锡金帛。虽胀冠带当富贵，清修自如而淡薄，禅诵比旧益加。"②

正史的记载突出了道衍的功高盖世，而尤为醒目者如下记语："命蓄发，不肯。赐第及两宫人，皆不受。常居僧寺，冠带而朝，退仍缁衣。"这彰显了道衍师的禅者本色。僧家灯传收录道衍禅师，也赞佩其接受皇帝之命"辅政"而不"罢道"，更不贪享世俗之赐，反而更加"清修自如"，"禅诵比旧益加"。日本学者注意到入南京后道衍"冠带而朝，退仍缁衣"的黑衣宰相角色，野上俊静、牧田谛亮等著《中国佛教史概说》中有专节题为"黑衣宰相道衍"。

永乐朝，道衍不但执掌僧录司左善世之职，而且一跃而为正二品资善大夫、太子少师，足见成祖对道衍之信赖与感激。晚年的道衍更名副其实以一僧成为"三代帝王师"。这从成祖赐广孝之名的寓意中可知其对道衍的认可和重视，寓含着佛教与中国文化融合最强调的一点，即"非一家一姓之孝，而是天下大孝"。道衍答以"臣原不过江南一浮屠，无何功绩，靖难大业全赖陛下圣神文武之德而成就，受厚爵有悖臣子之道"，辞谢不获，于是出仕宫中必冠带而赴，退朝即改为僧服，不蓄长发，不娶妻子，以继续其僧家比丘生活。从一开始，成祖要求道衍还俗为官，再三不肯，至此"冠带而朝，退仍缁衣"，不能不说是一个进步，这比洪武朝"蓄发拜官"也是一种政策创新。其实，道衍的这种为官辅政生活态度并不稀

① 《明史》卷一百四十五《列传第三十三·姚广孝传》。

② 南石文琇：《增集续传灯录》卷第四《北京顺天府庆寿独庵道衍禅师》，《卍新续藏》第83册，第329页下。

奇，某种程度上他是在真挚践履着他心中崇尚的刘秉忠之风范，《元史》载，秉忠“虽位极人臣，而斋居蔬食，终日淡然，不异平昔”①。

道衍这样以僧人在朝辅政治国，到底做了哪些实事善世呢？我们还是从《明史》中记载来看，“出赈苏、湖，至长洲，以所赐金帛散宗族乡人。重修《太祖实录》，广孝为监修。又与解缙等纂修《永乐大典》。书成，帝褒美之。帝往来两都，出塞北征，广孝皆留辅太子于南京。五年四月，皇长孙出阁就学，广孝侍说书。”②可见，明史馆臣对道衍辅政之实绩，主要概括为以下三个方面：

一是出赈苏湖。“至长洲，以所赐金帛，散宗族乡人。”永乐二年（1404），江南各地大水为患。六月，命太子少师姚广孝，往苏、湖等府赈济。临行，成祖谕之曰：人君一衣一食皆民所供，民穷无衣食岂可不恤？君，父也；民，子也。为子当孝，为父当慈，各务尽其道。尔卿往体朕此心，不可为国惜费！盖散财得民，仁者之政。③

二是助力文治。治理朝政，必稽典籍，成祖敕解缙等编辑《文献大成》，书成而不中成祖意，永乐元年（1403）秋，命道衍领衔重修。道衍组织文学之臣2169人，纂集购募，旁搜博采，汇聚群分，使许多元以前佚文秘典世不传者，赖其全部全篇收入，排纂校订复见于世，四历寒暑而书成。道衍亲纂目录60卷，总22937卷。成祖极尽褒美，更书名曰《永乐大典》，亲制序冠书前。④ 永乐九年（1411），道衍又受命为《太祖实录》监修官，此乃三修流传至今之《太祖实录》，永乐十六年（1418）五月道衍圆寂后两月而书成，他不因耄年而疏懒，于是书“躬自较阅，克勤所事”⑤，堪称“烈士暮年，壮心不已”。

三是充当帝师。甲申永乐二年（1404）四月四日，明成祖正式册立高炽为皇太子。明成祖在册立的诏册中说：“学勿至迂，明勿至察，严勿至猛，宽勿至纵。”⑥太子在南京监国，明成祖常居北京行在，或出师北征。姚广孝履行太子少师之职，留南京辅佐太子。永乐五年四月，皇长孙出阁就学，成祖召太子少师姚广孝、

① 《元史》卷二百五十七。

② 《明史》卷一百四十五《列传第三十三·姚广孝传》。

③ 《太宗文皇帝实录》卷三十二，永乐二年夏六月乙未。又参余纪登《典故纪闻》卷六。

④ 《太宗文皇帝实录》卷七十三，永乐五年十一月。参范植清《释道衍其人其事》，《史学月刊》1987年第5期。

⑤ 明成祖《御制姚少师神道碑》曰：“朕命儒臣，纂修皇考《太祖高皇帝实录》，广孝为监修官，躬自较阅，克勤所事。尝归吴中，以所赐金帛悉散之宗族乡人，其平生乐善好施，天性然也。”

⑥ 《太宗文皇帝实录》卷三十，永乐二年四月甲戌。

翰林院侍诏鲁瑄、郑礼等谕之曰："人之学问常以先入之言为主，朕长孙天资明睿，尔等宜尽心开导，凡经史所载孝悌仁义，与夫帝王大训，可以经纶天下者，日与讲究。浸渍之久，涵养之深，则德性纯而器识广。他日所资甚大，不必如儒生绎章句、工文辞为能也。广孝等稽首受命。"①

在此，我们对晚年道衍的善政再加以补充一点：

四是鞠躬尽瘁。临终进忠言，劝服成祖释放溥洽。前文已述，此不赘言。对永乐时代佛教而言，道衍不易初志，栖身禅门，以最后唯一心愿来请赦佛教界先达溥洽，这段难得的记述向世人释放了极其重要的信号，说明道衍临终盘旋脑海者，并非靖难之荣光，而是有愧于佛教者。再者，道衍弥留之际不忘建言赦建文帝主录僧溥洽，这不光是示恩于佛教，其旨趣也在于调和"革除之际"的紧张政治空气。永乐朝堂由水火不容趋向平静而"耆艾满朝"，政局稳安，道衍与有力，功莫大焉。

（三）晚年辅政兼僧事

道衍晚年在永乐朝生活 16 载，荐用人才辅弼文治等善举，于时政有裨益；辅政余暇，尤致力于佛教著述，过得极为充实。他被授予资善大夫、太子少师职位时已年逾古稀，综观道衍一生，经历了三次大的人生选择，可谓大器晚成。如果说青少年时代（14 至 18 岁）道衍第一次选择了由在家而出家，第二次人到中年（48 岁）他明确选择了出世而治世，那么晚年时代（70 岁）由功而不恃、缁衣入朝的"黑衣宰相"角色而终归于"复为僧人"，可谓是他人生的第三次自觉选择，乃是他本心的赋归。为了完成好这个最后的角色，道衍主要是整理修订他早年的著述，特别是护教励道著作《道余录》。

据传记，道衍在苏湖赈济归来，复命赈恤事时，曾向成祖请辞，未获批准。《明书》中记载了晚年姚广孝请辞的一番话，他说道："臣本一江南浮屠，叨赖陛下圣神文武，得成大业。臣何功之有？况殊恩已蒙，不胜感激，若又受厚爵，实非臣子自处之义。伏愿圣慈，给还原牒，放臣复为僧人，则死无憾矣。"②若以道衍的三次重大人生选择和心旅历程看，这不完全是功成身退的自谦之词。

道衍正式辞退公职的时间，由《道余录》自序看来，当在永乐十年（1412）十

① 《太宗文皇帝实录》卷六十六，永乐五年夏四月辛卯。

② 傅维麟：《明书列传》卷一百六十列传十九，《明代传记丛刊》综录类第 7 册，明文书局。

月，年届 78 岁高龄时。其后，成祖对道衍仍信赖如初，难解的事情还不时去请教，永乐十六年(1418)三月，尚亲往庆寿寺探望道衍之疾。

1. 涉佛政事

洪武三十五年(1402)十月，即靖难成功后 3 个月，道衍官拜僧录司左善世，成为佛教界最高的统理官。从永乐二年(1404)十一月二十六日道衍给《智觉普明国师语录》所作题记来看，落款为"资善大夫、太子少师兼提调僧录司事姚广孝"，可知道衍于政事当中对僧事亦担任了重要角色。查阅有关资料，道衍任永乐时代僧录司左善世以来，所处理的涉佛政事主要有以下几条：

其一，永乐元年(1403)癸未，九月二十九日午时，本司官左善世道衍一同工部侍郎金忠、锦衣卫指挥赵曦于武英殿题奏："天禧寺藏经板，有人来印的，合无要他出些施利?"奉圣旨："问他取些个。钦此。"其二，永乐五年(1407)丁亥，二月初六日，文、武等官于奉天门早朝奏准，奉圣旨："着落礼部知道，重新出榜晓喻，该行脚僧、道，持斋受戒，恁他结坛说法。有人阻挡，发口外为民。钦此。"其三，永乐十一年(1413)癸巳，七月十七日，工部尚书吴中于奉天门早朝钦奉圣旨："如今京城起盖大报恩寺，那军夫人匠每好生用心出气力，勤紧做工程，我心里十分喜欢。恁部家便出榜去，分豁等第赏他，仍免他家下差拨。钦此。"本部今将钦定事例备榜前去，仰钦遵施行。[①]

上述三条永乐政事之中的僧事，一是关于天禧寺藏经板；二是准许行脚僧结坛说法；三是有关大报恩寺重建。这都是永乐初所做的三件涉佛大事实录，第一条为僧录司左善世道衍所提出，预示两部南藏(《洪武南藏》《永乐南藏》)的纂修刊板；其他两条事牵涉礼部或工部，也关系到本朝兴佛，道衍作为永乐帝的佛教总顾问莫能置外。

至于政事之外的僧事，如潜心佛教著述，或应请代人写序跋文，或为已故高僧撰塔铭碑记，这些可能是晚年道衍更善于做的，其实也是他入燕之后一直所从事的事情。乃至有些请托还涉及中外佛教同根同源之亲善与发展，就晚年道衍而言，兹事体大，自当不可疏忽。

永乐元年(1403)，日本使者坚中圭密等一行人来中国朝贡，僧龙溪等闻受乃师绝海中津委托随团来访，欲请中国名僧为其汉字诗文集《蕉坚稿》撰写序跋文。

---

① 葛寅亮：《金陵梵刹志》卷二《钦录集》。

是年十一月十六日，道衍时年69，应请为日僧绝海中津《蕉坚稿》作序，并将所著《独庵外集续稿》托龙溪等闻带回相赠。中津曾师事宗泐，从道衍作的此篇序文看出，他们往日的深交与切切绵绵思友之情；物是人非，往事如烟，其中是否也含有对举荐他的恩师宗泐的思念？宗泐诗、文、佛学俱佳，却最终陷于政治的泥沼与漩涡之中。相比于自己的恩人兼诗友宗泐，道衍在政治及谋略方面似乎略胜一筹。曾与宗泐时相过从的中天竺僧如兰，亦熟知曾修于全室宗泐之门的绝海中津，同年腊月他为《蕉坚稿》跋曰："今观绝海之著作，则旧游风景俱在目前。"

绝海中津(1336—1405)，别号"蕉坚道人"。13岁出家，从学于日本七朝国师梦窗疏石和尚。洪武元年(1368年，日本应安元年)二月入明，游历杭州中天竺、灵隐、径山诸名刹，先后从清远怀渭、季潭宗泐、介庵普良、恕中无愠、穆庵文康等高僧参禅，暇则工专为诗，并习书法，于内外学俱有发明。"绝海"之字，便是宗泐禅师所赐。

独庵道衍禅师为《蕉坚稿》作序，赞赏之意，溢于字里行间："日本绝海禅师之于诗，亦善鸣者也。自壮岁挟囊乘艘，泛沧溟来中国，客于杭之千岁岩，依全室翁以求道，暇则讲乎诗文。故禅师得诗之体裁，清婉峭雅，出于性情之正，虽晋唐休、彻之辈，亦弗能过之也。"而道衍在序中夸赞绝海文学造诣之时亦借以告诫禅僧：切勿溺于文学而为外境所惑，心猿意马。其曰：诗必载道。诗攸关风俗教化，可资以阐明此世治亡兴乱之征。其中劝善惩恶之理，亦可引为世人之戒。

2. 护教励道

晚年道衍最为佛教学人所津津乐道者，在于其整理出《道余录》等护教作品。道衍的著作，见诸《明史·艺文志》者，惟载《佛法不可灭论》一卷、《道余录》一卷。道衍一生著作大体可分两类：

其一是诗文集，早年诗文作有《独庵集》，其圆寂后，吴人合刻其诗文称《逃虚子集》。晚年又出《独庵外集续稿》，应系《独庵集》之续篇。不过《独庵外集续稿》为道衍亲自编成于永乐元年(1403)，书前自序："《独庵外集续稿》已誊入梓，兹《续稿》二册付与扶桑小比丘等闻持归本国，可出似乃师绝海和尚，必有以见教也。"书中所收诗文当为永乐元年之前的作品。《逃虚子集》则是道衍死后，吴人搜集整理的，作品应都是永乐十六年(1418)前的。如果《逃虚子集》搜辑整理道衍全部诗文，应该包括《独庵外集续稿》的内容。道衍早年居吴地，为"北郭十友"之一，与高启、杨基等为莫逆交；游学各地，喜结交文人高士，其诗文也多受宋濂、苏伯衡等人奖掖。明成祖赞其“文章闳丽，诗律高简”，“名人魁士，心服其能”。四库馆臣称“其诗清新婉约，颇存古调”。[1]

其二是佛教著作，有《佛法不可灭论》《净土简要录》《诸上善人咏》各一卷传世。道衍禅师无《语录》存世，《增集续传灯录》收录了道衍上堂法语数则。而《道余录》是道衍生平最重要的佛学作品，成稿于随愚庵智及习禅之后，直到永乐十年（1412）冬退职才得暇整理问世。其在自序中云：“藁成藏于巾笥有年，今自公退，因简故纸得此藁，即净写成帙，目曰《道余录》。”有疑《佛法不可灭论》即《道余录》，显然是根据道衍著作此书宗旨推测的，待考。[2]《净土简要录》《诸上善人咏》二书反映了道衍的净土修行思想，撰成于洪武十四年（1381）夏穹窿山海云精舍。[3] 可见道衍47岁时，已经涉猎了江南佛教的天台、禅宗和净土等宗派，晚年走向禅教净融合。这是佛教内部宗派发展的趋向，而就佛教外部言，他也提倡儒佛融合。《道余录》虽然针对宋儒排佛而多所批评，但根本旨归在于儒佛之道并不相悖。《道余录》阐发佛学思想与传统儒教之一致性，说来十分坦白至诚。其自序曰：

> 余曩为僧时，值元季兵乱，年近三十，从愚庵及和尚于径山习禅学。暇则披阅内外典籍，以资才识。因观河南二程先生遗书，及新安晦庵朱先生语录。三先生皆生赵宋，传圣人千载不传之学，可谓间世之英杰，为世之真儒也。三先生因辅名教，惟以攘斥佛老为心。太史公云：世之学老子者则绌儒学，儒学亦绌老子。道不同不相为谋，古今共然，奚足怪乎？三先生既为斯文宗主，后学之师范，虽曰攘斥佛老，必当据理，至公无私则人心服焉。三先生因不多探佛书，不知佛之底蕴，一以私意出邪诐之辞，枉抑太过。世之人心亦多不平，况宗其学者哉！二程先生《遗书》中有二十八条，晦庵朱先生语录中有二十一条，极为谬诞。余不揣乃为逐条据理一一剖析，岂敢言与三先

---

① 《明史》卷一四五《列传第三十三·姚广孝传》。参见康尔琴：《姚广孝诗文集版本考述》，《图书馆》2012年第2期。

② 《佛法不可灭论》，载周永年：《吴都法乘》。

③ 《净土简要录》，《卍新续藏》第108册，第199页。“今年夏，余客穹窿山海云精舍，因阅净土诸书，以销长日，遂将前辈所述，赞颂之文，策励之言，以事显理之谈，以真破妄之说，圆妙明著者，咸皆采据；或全其章，或略其句，仅若干篇，萃为一卷，名之曰《净土简要录》。”《净土简要录》是净土典籍的文摘，有关净土修行的论述。而《诸上善人咏》则收录了123位往生净土的修行贤士，加以称颂，并附简单事迹介绍。

生辩也？不得已也，亦非佞于佛也。[①]

道衍在该书中摘录了程、朱共49条“排佛”语录逐一辩驳，他直言不讳指出“三先生因辅名教，惟以攘斥佛、老为心”，他们多不探佛书，“不知佛之底蕴”。明成祖公开称许道衍的佛学造诣：“潜心内典得其阃奥，发挥激昂广博敷畅，波澜老成大振宗风。”[②]只因他以二程、朱熹排佛言论为批驳标靶，故正统文士视他“专诋程朱”，“颇毁先儒”。李贽则称赞《道余录》，“开出世法眼”[③]。道衍著成此书，也曾预知：“置之几案，士君子有过余览是录者，知我罪我其在兹乎！”

然而，同样是诋毁先儒，饶州儒士朱季友却被永乐帝骂为“儒之贼”。宋、元以来，程朱理学已被封建统治者尊为官方哲学。明朝建立后，为了强化思想统治，明太祖大力提倡程朱理学，“令学者非五经、四书不读，非濂洛关闽之学不讲”。永乐年间，明成祖继续独尊程朱理学，下令儒臣编辑《四书大全》《五经大全》《性理大全》等，刊行天下，以程朱理学统一思想。对于非议和攻击程朱理学的所谓异端邪说，明成祖严加训斥。最显著的例子，永乐二年（1404），饶州儒士朱季友赴阙献书，“专诋周、程、张、朱之学”。明成祖览书大怒，斥其为“此儒者之贼也”，立即命有司押还乡里，声罪杖遣，悉焚其著书，“毋将邪说有误后学”。[④] 由此可反衬成祖对道衍的信任及其对佛教的护持，而道衍之驳斥程朱排佛自不能与俗儒诋毁先贤相提并论。

《明成祖太宗实录》成于宣宗朝，史官在太子少师姚广孝病卒后，记述了广孝之生平，很值得关注，尤其末了评价其著《道余录》，颇可玩味。“广孝，苏之长州人。初从释氏，名道衍。嗜学，喜为诗文。少与高启、杨孟载为莫逆交，朝之缙绅如宋濂、苏伯衡辈，皆奖重之。（中略）广孝尝著《道余录》诋讪先儒，为君子所鄙。若其论文曰：惟韩退之、欧阳永叔、曾子固，真儒者之文；今之为释老文字，往往剿

① 《道余录序》，《中国佛教思想资料选编》第3卷第2册，中华书局1991年，第20—21页。

② 《明成祖御制姚少师神道碑》。又参《畿辅通志》卷一百六十七。

③ 张建业主编：《李贽全集注》第9册，社会科学文献出版社，2010年，第354页。原文曰，李贽时年七十五矣，偶至燕，寓西山极乐寺，访问衍公遗书遗像甚勤，“公有书，名《道余录》，绝可观，宜再梓行，以资道力，开出世法眼”。

④ 《太宗文皇帝实录》卷三十三，永乐二年（1404）秋七月壬戌。皇太子千秋节，文武百官行贺礼，锡宴于文华殿。饶州鄱阳县民朱季友进书，词理谬妄，谤毁圣贤。礼部尚书李至刚，翰林学士解缙等，请寘于法。上曰：愚民若不治之，将邪说有误后学。即遣行人押还乡里，会布政司、按察司及府县官，杖之一百，就其家搜检所著文字，悉毁之。

取释老之说，甚至模仿其体，以为儒者不克卓立，其意盖谓宋苏辈，识者亦有取焉。”①

道衍晚年的护教励道之举得到后世佛教界推崇，在禅史灯录中，称许“惟姚少师，系径山（愚庵智）及法嗣，出世普庆，迁天龙，唱道甚久，且其得官后，励道益坚”②。晚明“四大师”之一的云栖袾宏也竭力推崇道衍。袾宏在其《竹窗二笔》上收录了同题为《姚少师》的二篇短评，称许道衍之卓异行化。

其一曰：“佛未出世，人皆以天为师；佛既出世始知奉佛，故佛号人天师。独王于三界而无伦者也。姚少师作《佛法不可灭论》，谓儒道二教，法天制用，不敢违天。佛之为教，诸天奉行，不敢违佛。此虽阚泽语，非少师不能阐也。又少师位极三公，衣仅一衲，不改僧相，以终其身，岂常情所易窥测乎？特不似佛图澄示现神通。然图澄当乱世，乃假（神）通以显化。少师值真主，无俟于（神）通，安知非能之而不为也？……世未有知其深者，因发之。”③

其二曰：“或谓少师佐命，杀业甚多，奚取焉？然所取于少师者有三：一以其贵极人臣，而不改僧相；二以其功成退隐，而明哲保身；三以其赞叹佛乘，而具正知见。杀业非所论也。虽然少师曾靖难中，启奏方孝孺贤者，慎勿加害。即此一言，功过可相准矣。吾是以取之。”④

袾宏推赞道衍不光是因其护法有成，还因为他在元末明初乱世中提倡净土，并亲身探索了禅净相资的佛教方向。袾宏在《普劝为人修念佛》《劝修净土代言》等文中，不止一次提到道衍《诸上善人咏》当为修行者必读的国朝经典。有人对道衍佐命成祖杀业太多感到不安，袾宏则慧眼独具，觉得道衍不无可取之处。他高度认可道衍身居高爵之位，却能终生保持佛门僧徒的身份。“位极三公，衣仅一衲，不改僧相，以终其身”，这无疑是其远过常人之处。至于道衍在《道余录》阐述儒佛之辨，肯定其“赞叹佛乘，而具正知见”。最难能可贵的是，道衍能够做到“功成退隐，而明哲保身”，更显其过人识见。对于大功告成后的荣华富贵，道衍禅师看得很淡，毫不留恋，的确是个无愧于佛者的出家人。

---

① 《太宗文皇帝实录》卷一百九十八，永乐十六年三月戊寅。又参余继登《典故纪闻》卷七，此宋苏辈，盖指宋苏轼也。

② 聂先：《续指月录凡例》，《卍新续藏》第84册，第13页上。

③ 袾宏：《竹窗二笔》，《云栖大师全集》，福建莆田广化寺印行本。

④ 袾宏：《竹窗二笔》，《云栖大师全集》，福建莆田广化寺印行本。

除云栖袾宏外，李贽、钱谦益等名家亦对道衍禅师颇为推崇。由于嘉靖皇帝废除姚广孝配祀明成祖庙，其著作亦渐被世人遗忘。万历二十九年(1601)，李贽在其去世前一年，时年75岁高龄，仍在访求道衍禅师的遗书、遗像。《道余录》正是在李贽的校阅下，终于万历四十七年(1619)由钱谦益重刊，后收录于《嘉兴藏》中，流传至今。值得一提的是，钱谦益还修订刊刻了云栖袾宏晚年所辑的《宋文宪公护法录》，以使《道余录》与《护法录》相媲美。在钱谦益眼中，明初法门之兴，多得益于道衍与宋濂二公，道衍之于明成祖，有如宋濂之于明太祖。“高皇帝不置相，文宪有相道焉。云从龙，风从虎，圣人作而万物睹。文宪以大儒应聘君臣之际，史官颂之至今，抑岂知其夙受付嘱，开华严法界于阎浮提，其为云龙风虎又有大焉者乎？姚恭靖之于成祖，閟现稍异，要皆后天奉时，佐二祖以章明佛乘，日月未改，圣谟洋洋。”①

3. 儒释一贯

《道余录》是道衍而立之年自径山参禅以来就开始留意的著作，而当他最后将此书整理出来，时间已跨越近半个世纪，年届78岁。不过他还是回到当年禅宗的出发点，基于儒释一贯论，展开对程朱排佛言论的驳斥。道衍师承愚庵智及，而以临济宗大慧宗杲下径山法系后继者自居。由《道余录》，我们可见垂暮之年的他盘桓心中的关切所在。身为靖难第一功臣的道衍禅师，对佛教的未来遭遇充满着不安，于是撰《佛法不可灭论》，依据史实，论证排佛行为之徒劳无功。而《道余录》的著述，亦是本着太祖“天下无二道，圣人无两心”儒佛一贯、三教平衡的观点，反驳程、朱排佛的不当，为儒、佛未来的共处留有余地。换言之，是对佛法衰灭有危机感，先为因应的警世“护教书”。而究其实，也是对成祖利用佛教为统治工具作委婉的“劝告书”。②

道衍声称他的护教，不是为“佞佛”，而出于“不得已”。首先，他是从禅宗出世不离世间觉的立场阐释儒佛之学的一贯，驳斥了程朱有关佛教“自私”“独善”“枯槁”“自适山林”等的批评。他认为，佛法的“妙真如性”实同于理学家所讲“性即理”；究极而言，佛教与儒家皆属于成圣之学，完全可以“并行而不悖”，“佛愿一

---

① 钱谦益：《宋文宪公护法录序》，万历丙辰冬十一月朔。

② 荒木见悟：《佛教与阳明学》，参江灿腾：《明初道衍的反排佛论及其净土思想》，载《明清民国佛教思想史论》，中国社会科学出版社，1996年，第14页。

切众生皆成佛道，圣人言人皆可以为尧舜。当知世间、出世间圣人之心未尝不同也”。[①] 接着，道衍进一步批驳宋儒一再宣称的佛教“绝伦类”、弃“忠孝仁义”之说。他认为，佛教善被世出世间，“夫佛之学，有出家在家之分焉。出家者为比丘，割爱辞亲，剃发染衣，从佛学道。在家者为居士，君臣父子，夫妇兄弟，此等事何尝无之？……佛法来中国已二千余年，山河社稷，国土人民，君臣父子，相生相养之事，何曾断绝！”[②]可见道衍虽痛驳程朱的排佛见解，但并不伤及儒学的权威性：儒佛相融共存，实是他努力的目标。

实际上，《道余录》是明代沿续宋、元以来佛教护法书系统中的其中之一。在明初(1384)沈士荣已著有《续原教论》，主张调和儒释的冲突，对宋儒程、朱的排佛，力为疏解，因颇投合太祖的三教政策，太祖为之撰诏文奖励。沈士荣是翰林，虽懂佛理，但态度上较温和，故儒教之士，受刺激较小。相反，道衍禅师是出家僧人，在护持佛法上自有使命感在，故不惜以激昂的语调，与排佛论针锋相对，以护佛慧命。荒木见悟认为这是对佛教危机的一种警告，可谓切中要点。故也可以视《道余录》为《佛法不可灭论》的续编。[③]

《道余录》也流传到东瀛日本。现存《道余录》和刻本，有黄檗宗僧南源撰的跋文，称许明初佛教法门兴盛，人才济济，尤为感佩道衍的光辉人格：

> 昔我太祖，爰有四海，则金华宋文宪公出而仕焉。……继而成祖御极，则吴郡姚少师出而佐焉，……至于重光佛日，照映邦家，犹胜于前多矣！今阅诸《道余录》，令人不能无感于少师也！少师负一世独秉之资，……位极三公，而衣仅一衲。每博极内外典坟，尤留神于儒释一贯之旨。故云栖老人向所推重，谓当代之留侯也。既而因宋儒立言著书，未觑佛之底蕴，多从一己之偏，殊阙至公之鉴，往往专以攘诋佛老为心。甚至乖违正理，流入邪途，诚可怖畏。由是少师悯之，攀条据理，逐一剖析，妙适机宜，彰明检实，诚破昏之慧炬也。……可谓有功于教化矣。今世之称儒者，识鉴未必如少师，勋业未必如少师，无论佛之底蕴，即孔氏渊源，犹未识真，每窃宋人之糟粕，当已

① 道衍：《道余录》，《中国佛教思想资料选编》第3卷第2册，中华书局1991年，第21页。
② 道衍：《道余录》，《中国佛教思想资料选编》第3卷第2册，中华书局1991年，第22页。
③ 参见江灿腾：《明初道衍的反排佛论及其净土思想》，载《明清民国佛教思想史论》，中国社会科学出版社，1996年，第25页。《道余录》著述早于《佛法不可灭论》，但定稿出版在后，故可视为续篇。

功能，徒争门墙、虚饰局面而已。安知存心养性之道、明心见性之旨哉！①

（三）生死皆荣而“终为未了僧”

《明史·姚广孝传》记载，永乐十六年（1418）三月，姚广孝病逝于庆寿寺，受追封荣国公，谥恭靖。“帝震悼，辍视朝二日。命有司治丧，以僧礼葬。追赠推诚辅国协谋宣力文臣、特进荣禄大夫、上柱国、荣国公，谥恭靖。赐葬房山县东北。帝亲制《神道碑》志其功。官其养子继尚宝少卿。”②

道衍生前“常居僧寺，冠带而朝，退仍缁衣”，他上朝时身着官服，平时皆以僧装示人，故逝世后成祖也命“以僧礼葬”，因此后人眼中的道衍大都是高僧形象。永乐间成书的灯录史传，较详细地记载了道衍圆寂的情形：“永乐十六年三月二十五日往朝皇上于北京，二十八日遂敛衽趺坐而逝。皇上哀悼，辍视朝三日。……以四月六日火化，惟舌不坏，坚如金石。得舍利皆五色，光彩煜然。仍为卜地于西山，砻石建塔。寿八十四。”③

道衍圆寂前数日，“往朝皇上于北京”，他可能自知来日无多，没有选择在他的故乡江南示寂，而是回到了他晚年更熟悉的地方，这也是他一生功成名就之地。道衍去世后，明成祖十分悲痛，“亲制神道碑志其功”，其全称曰《御制推忠报国协谋宣力文臣特进荣禄大夫上柱国荣国公姚广孝神道碑》，碑文如下：

> 朕惟商宗得傅岩之叟，以佐中兴；汉高用赤松之流，以成大业。盖天之生斯人也，岂偶然哉？惟我太子少师姚广孝，苏之长洲人。祖菊山，父妙心，皆积善。母费氏。广孝器宇恢宏，性怀冲淡。初学佛，名道衍。潜心内典，得其阃奥，发挥激昂，广博敷畅，波澜老成，大振宗风。旁通儒术，至诸子百家，无不贯穿。故其文章闳严，诗律高简，皆超绝尘世，虽名人魁士，心服其能，每以为不及也。
>
> 洪武十五年，僧宗泐举至京师，朕皇考太祖高皇帝一见异之，命住持庆寿寺。事朕藩邸，每进见论说，勤勤恳恳，无非有道之言。察其所以，坚确有

---

① 南源性派：《姚少师道余录跋》，和刻本《道余录》，第4029—4030页。参见江灿腾：《明初道衍的反排佛论及其净土思想》，载《明清民国佛教思想史论》，中国社会科学出版社，1996年，第26页。

② 《明史》卷一百四十五《列传第三十三》。

③ 南石文琇：《增集续传灯录》卷第四《北京顺天府庆寿独庵道衍禅师》，《卍新续藏》第83册，第329页下。

守，积纯无疵，朕亦重之。及皇考宾天，而奸臣擅命，变更旧章，构为祸乱，危迫朕躬。朕惟宗社至重，匡救之责，实有所在。广孝于时识进退存亡之理，明安危祸福之机，先几效谋，言无不合。出入左右，帷幄之间，启沃良多。内难既平，社稷奠安，乃召至京师（南京），命易今名，特授资善大夫、太子少师。既又赐之诰命，祖、考皆追封。资善大夫、太子少师如其官。朕命儒臣纂修皇考《太祖高皇帝实录》，广孝为监修官，躬自校阅，克勤所事。尝归吴中，以所赐金帛悉散之宗族乡人。其平生乐善好施，天性然也。

永乐十六年三月，来朝北京，仍居庆寿寺。朕往视之，与语极欢。至二十八日，召诸门人，告以去期，即敛袂端坐而逝，享年八十有四。朕闻之，哀悼不胜，辍视朝二日。命有司为治丧葬，追封荣国公，谥恭靖，赠以勋号。百司官僚暨畿内士庶，远近倾赴，肩摩踵接，填郭塞衢。虽武夫悍卒，闾巷夫妇，莫不赞叹嗟咨，瞻拜敬礼，惟恐弗及。凡七日，仪形如生，异香不散。卜地西山，砻石建塔。四月六日发引，灵輀飘洒，法幢旋绕。于以火之，心舌与牙，坚固不坏，得舍利皆五色，其所养深矣。六月十一日乃葬，墓在房山县东北四十里。

呜呼，广孝德全始终，行通神明，功存社稷，泽被后世。若斯人者，使其栖栖于草野，不遇其时，以辅佐兴王之运，则亦安得播声光于宇宙，垂功名于竹帛哉？眷惟耆艾，深切念怀，乃扬其功德之不可泯者，勒之金石，以诏来人。①

道衍禅师是明代初期政治、佛教史上不可忽略的杰出人物。明成祖御制《神道碑》文，记载了死者生前事迹，充分流露了成祖思念这位终生难忘的拥立帝位大恩人的衷情。② 洪熙元年（1425）加赠少师，配享成祖庙庭。但至嘉靖九年（1530），世宗语阁臣曰："姚广孝佐命嗣兴，劳烈俱有。顾系释氏之徒，班诸功臣，侑食太庙，恐不足尊敬祖宗。"于是撤其庙享，移祀大兴隆寺。③

永乐、洪熙二代，与道衍禅师关系密切，人尚不敢公然有异言；二代之后，恩爱渐疏，争议随之而出，乃人情所难免。所以宣宗朝编修《明太宗实录》对少师姚

---

① 该碑见录于张建业主编：《李贽全集注》第 9 册，社会科学文献出版社，2010 年，第 358—359 页。
② 藤堂恭俊：《中国佛教史》下，第 79、80 页。
③ 《明史》卷一百四十五《列传第三十三》。世宗嘉靖九年（1530）七月，罢姚广孝配享太庙，移祀于大兴隆寺，从礼部尚书李时之请也。十四年（乙未，1535）四月，大兴隆寺灾，御史诸演请"顺天心，绝异端"。敕礼部尚书夏言覆奏，改僧录司于大隆善寺，僧徒还俗者听，并移姚广孝神位。

广孝已有微议，曰："广孝尝著《道余录》，诋讪先儒，为君子所鄙。"[①]明中叶以后，史载道衍事多有诬笔，乃至出现"奸僧"之说。而至明末清初，对道衍的正面评价忽又回升。然清修《明史》还留下几笔贬痕，如曰："晚著《道余录》，颇毁先儒，识者鄙焉。其至长洲，候同产姊，姊不纳。访其友王宾，宾避不见，但遥语曰'和尚误矣，和尚误矣'。复往见姊，姊詈之。广孝惘然。"[②]这不免影响清初文人，乃至僧界对道衍的评价，也认为其"终为未了僧"。

"未了僧"之评，考其实也不全是贬词，而只是据实评述，说他既作为僧人，不能六根清净，而卷入政治风云，故此引来江南文人之讥讽。"靖难之役"过后，道衍荣归故里，赈济乡亲，并派人修葺了妙智寺。道衍死后，村人将妙智寺改成姚少师祠堂。耐人寻味的是，姚少师祠内，题有清初钱大昕《姚少师祠》诗和尤侗《胖和尚》词各一首，这两首诗词却都是嘲讽姚广孝的。钱大昕《姚少师祠》云：

汩汩泉流槛外分，披缁入定戒香熏。
空登北廓诗人社，难上西山老佛坟。
好杀共知和尚误，著书赖有故交焚。
依然病虎形容在，曾否声名值几文？

尤侗《胖和尚》写得传神：

宁馨胖和尚，乃具杀人相。
七斤不著赵州衫，三尺常拖临济棒。
左善世荣国公，黑衣宰相老秃翁，功业可方刘秉忠。
劝人作贼岂释子，出家不了徒伪尔，申申女须姊。[③]

兹对以上众说纷纭之道衍史事，再略加辨析，以正视听。

一者，道衍因助成祖发动靖难而被后世指责为"奸僧"事。道衍作为经常出入燕王藩府之首席谋士，靖难起兵前，他通过对当时政治、军事形势分析，促使朱

① 《太宗文皇帝实录》，永乐十六年三月戊寅，太子少师姚广孝卒。
② 《明史》卷一百四十五《列传第三十三》。
③ 参见徐作生：《我与明代高僧姚广孝研究》，寒山寺佛学论文集2012年9月。

棣坚定信心。靖难之役中，因年事已高，不能随燕王朱棣驰驱征战，他辅佐燕王世子朱高炽固守北平，镇守后方，筹集粮草，并击溃朝廷北伐之师。前方朱棣每有疑难，必驰书相问。靖难之役中，几乎每一场重大战役，都有道衍的谋划，在其建议下，朱棣轻骑挺进，径取南京，夺得皇位。其重要性，可比拟于刘邦身边的张良以及朱元璋身边的刘伯温。可靖难之役毕竟是皇权争夺战，既是燕王与建文帝的对决，也是道衍与方孝孺的较量。治国忌诡，用兵忌直，而方孝孺恰恰不懂诡术，以治国之道来行军事。道衍则不然，其虽然尊崇儒家的方正，但他更懂得变通。用兵的人，不讲公正只讲输赢，不求道德只求成功，道衍不仅认识到这一点，更可以说，朱棣之所以横下心来取兵讨伐建文帝，与其"日夕捽掇"不无关系。[①] 至于说道衍为"奸僧"，则毕竟太过，与事实不符。因为这场战争能赢，关键还是靠"阳谋"取胜。靖难是明皇族内部争夺皇位权力再分配的战争，绝非某个"奸僧"个人所能挑起。恰因道衍的智慧和才能，襄助了最有可能扭转乾坤的燕王，他们击败建文帝，又袭取另一可能反叛的强藩宁王权，基本上改变了太祖遗留的诸王封藩尾大不掉之形势，使皇权归属之动荡局面稳定下来，开明代永乐盛世及其后二百年太平基业。[②]

二者，姊不纳、友不见事。此事不光《明史》有载，僧家编年体著作更有生动记载：广孝初为僧，其姊尝戒之曰："汝既为和尚，当发慈悲心。"盖知其好杀也。及预靖难，姊叹息谓人曰："和尚慈悲当如是耶？"广孝既贵还吴，往见姊。姊拒之曰："贵人何用至贫家？"家为不纳，广孝乃易僧服而往。姊坚不肯出，家人劝之。姊不得已出立堂中，广孝即连下拜。姊曰："我安用尔拜许多耶？曾见做和尚不了底，是甚好人？"言毕遽还户，不复再见。[③] 明中叶以来，诸笔记、杂史由此生造并辗转传抄，其后为《明史》等书所采撷。此皆当年人们不满时政，不免对执政者之祖宗有微词，最后不幸则归过于道衍。于此，史家潘柽章辨之甚明，他以为诸书记载王宾拒见道衍事，"皆吴人不满靖难时事，而归过荣国（道衍）者之托词也"。[④] 无可否认，靖难后，江南士大夫对道衍存有看法，尽管他后来做了一系列

---

① 参见熊召政：《大悲愿力应无尽——记大和尚姚广孝》，《领导文萃》2009年9月。

② 参见范植清：《释道衍其人其事》，《史学月刊》1987年第5期。

③ 《释鉴稽古略续集》卷三，永乐二年六月，命太子少师姚广孝，往苏湖等府赈济。

④ 潘柽章《国史考异》卷五举出《列朝诗集》所载"荣国定策后，徒步往访（王宾），欢若平生，（宾）作服究记，铺陈其功，（宾）没而荣国为立传，两公契分如此"。他以为世传王宾事乃"吴儿委巷妄语流误，史家不可不正"。参见范植清：《释道衍其人其事》，《史学月刊》1987年第5期。

弥补工作，但伤痕的弥补诚非朝夕之事。然而此事也恰好说明道衍苏湖赈济，旨在于收揽民心，安抚江南。

三者，道衍所著《道余录》"专诋程朱"贻羞于世，为儒士张洪焚弃事。郎瑛的《七修类稿》提到张洪烧书之事。张洪尝参与道衍禅师主持的《永乐大典》纂修，他自供："少师于我厚，今无以报，但见《道余录》即焚之，不使人恶之也。"①清人纪昀以为《道余录》"持论尤无忌惮"，引《姑苏志》所载之张洪事证《道余录》妄谬，"虽亲暖者不能曲讳"。其实张洪未能尽焚，《道余录》流传至今，给人们今日研究"禅乘儒宗由来水火，而实则水乳其中"，提供了例证。②

四者，道衍被讥，在于"嗜杀"事。早年相面者就说他，"性必嗜杀"。世人认为他不守僧之本分，杀戮太多有违佛家慈悲戒律，终为"未了僧"。其实不然，燕师南下，道衍首言攻取南京后勿杀"天下读书种子"方孝孺；弥留之际，仍不忘建言赦建文帝主录僧溥洽。可见"嗜杀"的姚广孝，其实心中自始至终装着常人难以测度的大慈悲。其被姊、友拒纳，实质反映了江南士人的普通立场，致使"身为三代帝王师"③的姚广孝，有家乡归不得；《道余录》的问世为儒者"君子所鄙"，在儒家官僚为主体的时代造成了不小压力，这些都说明他的悲剧不在于得罪了政统，而在于得罪了道统。于此，不同流俗而力图复兴晚明佛教的江南高僧云栖袾宏、紫柏真可及李贽、钱谦益等居士都对道衍抱同情之理解，予其为明初法门之兴所做的贡献以褒赞。真可当年在潭柘寺惠存的姚广孝画像右侧作有题赞："染衣而官，波奚宽。知公罪公，星有定盘。咦！接得无初传正脉，从来明暗不相参。"④李贽自述其 75 岁时"至燕，寓西山极乐寺，访问（道衍）公逸书遗像甚勤"；

---

① 郎瑛：《七修类稿》卷四十三，"姚广孝"条。原文曰："公所著诗文，多不留稿。有《道余录》，专攻程、朱者，其友张洪尝云：少卿于我至厚，今无以报。但见《道余录》即焚之，不使人恶之也。故今亦不存，止有《逃虚子》一集行世。"

② 参见范植清：《释道衍其人其事》，《史学月刊》1987 年第 5 期。

③ 参见熊召政：《大悲愿力应无尽——记大和尚姚广孝》，《领导文萃》2009 年 9 月。帮助朱棣夺取政权当上皇帝是姚广孝一生最大的事业。朱棣登基后，姚广孝便日渐淡出朝政。但永乐二年（1404）起他被任命为太子少师，辅佐太子朱高炽监国；永乐五年（1407）皇长孙朱瞻基入书房上学，朱棣命姚广孝担任侍讲、侍读。这种安排，让道衍实际成为朱棣、朱高炽、朱瞻基三代皇帝的老师。燕师南下，首言勿杀"读书种子"方孝孺。

④ 参见王征：《南薰殿姚广孝像轴考释》，《中国典籍与文化》2011 年第 1 期，总第 76 期。故宫博物院收藏的明代《姚广孝像轴》，绢本，设色，纵 184.5 厘米，横 120.6 厘米。绘姚广孝身披袈裟，手持麈尾，跏趺坐于椅上。画面上方有正楷金字题识"敕封荣国恭靖公赠少师姚公广孝真容"。上中钤印"宣统御览之宝"。画面左右各有紫柏真可和心源居士的题赞。右面落款"万历壬辰（二十年，1592）冬十月望后四日，题于潭柘山嘉福寺一音堂，后学释真可"。左题："官尔缁衣，无腼尔颜。非道非常，法海自宽。知我罪我，我无定盘。呵呵，试看白云闲出岫，任他明月不相关。辛丑秋江右心源居士和赞。"辛丑，万历二十九（1601）年。

李贽又不吝称赞“公有书，名《道余录》，绝可观。……宜再梓行，以资道力，开出世法眼”。[①]

清吴梅村赞其诗之苍深清老，沉着痛快，“当为诗中第一，不徒僧中第一也”。曾忆其《赠方密之》中联曰：“山中久不见神骏，世上人多好画龙。”其《金陵怀古》四首，最为时所传。“师虽方外，于兴亡之际，感慨泣下，每见之诗歌。”尝自咏曰：“剪尺杖头挑宝志，山河掌上见图澄。休将白帽街头卖，道衍终为未了僧。”[②]苍雪之诗写在明末清初山河破碎、国破家亡之际，其诗思明亡之痛、南京之失，遗恨于200年前的道衍不在山中清修而入红尘世助成祖夺江山，遂有此轮回。此例说明，明清以降，对道衍的不同评价取决于各历史时期的兴衰，而江南佛僧和士夫在价值取向与政治意识上颇为一致，有同情褒赞者，也有摈斥道衍这样有悖传统儒家立场者。

纵观道衍的一生，其经历三次重大人生选择，在丛林出世历练中度过了他漫长的中青年岁月，到了五十几岁辅佐燕王，他的生命才绽放出奇异夺目的光彩，70岁位极人臣却功成身退，虽身在朝廷辅政，却退居僧寺而心系佛门。他谋划推翻了建文政权，又参与重建了永乐盛世，却并不留恋功名利禄。他究竟图什么？这个多谋善断的和尚留给予后人一个谜。有人说他是“披着袈裟的政治家”，也有人说他是“大明第一奇人”。不论如何，作为一位精于权谋而参透佛道的高僧，他生死皆荣，善被两间，对明代政治与佛教皆有深远影响，至少影响了明朝初期的历史进程。

四 通儒僧与应召僧官

对于僧司之设，后世儒臣有所阐述，把握明太祖旨趣甚是精到，并称叹其垂摹深远：

> 我高皇帝知出世有裨于治世，故阳摄以纲常，而阴范以名相。昙那、止

① 张建业主编：《李贽全集注》第九册，《续藏书》卷九《荣国姚恭靖公》，社会科学文献出版社，2010年，第354页。

② 吴伟业：《吴梅村全集》，上海古籍出版社，1990年，第1145页。

观之论，未必非摩善厉俗之方也。于是既定鼎金陵，百司庶府而外，建善世诸刹，宏丽冠天下。而又虑苾刍人操异意，凿旁蹊而谬正印也，则设僧录于中以统之。二百年来，其高者归心法镜，而无敢吊诡以叛宗；下者亦谨察叹诵，而不至毁戒以乱俗。彼不制以势，而制以道，洞涅槃之性，而侈衣珠之富；晓禅悦之味，而断无明之想。盖大乘成于慧，而起于戒、定，其法极于不可思议，而未始不自熏修得之。[①]

僧录司既有裨于治世，禅修止观也可成为"摩善厉俗之方"，而僧官之选用"通儒僧"，也就顺理成章。如洪武十五年(1382)四月僧录司任命的自左右善世、阐教、讲经至左右觉义的8位僧官中，宗泐、仲羲、如玘、来复及守仁一初等人都是通儒大僧。其后，僧了达、德瑄及溥洽等人选充僧录司官，三人也都是"东鲁之书颇通，西来之意博备"的儒僧，太祖谓"若以斯人备员僧录司，实为允当"，其属意于儒僧的倾向可见一斑。因此，整个洪武时期，见于记载的僧录司官员几乎都是兼通内外的儒僧。

明之僧官机构齐备，额缺有补，位有常员，食有秩禄，这是以往各朝不多见的。永乐迁都以后，反映在僧官体制中，亦有北京僧录司和南京僧录司之别，但南京僧录司设员职别、品阶职掌悉同北司。僧录司的职位员额设善世、阐教、讲经、觉义等四种名号，分左、右任职，共8员。首任左善世戒资是元末明初的江南名僧，洪武初被召入京师，昙花一现。[②] 继戒资之后担任左善世的宗泐，见任于洪武十五年(1382)八月马皇后去世的法会。弘道应是洪武朝第3任左善世，原是杭州上天竺讲寺高僧，僧司初置，领杭郡都纲，不久升任僧录司左善世。继弘道后任左善世的夷简、大佑等人，也堪称一代高僧。建文朝的左善世溥洽，以经业博深得建文帝信任。靖难军破南京，道衍居首功，被任命为永乐朝首任左善世。道成因出使日本有功，继道衍之后荣膺永乐朝第2任左善世。

从这些看得出，明初洪武朝僧官多是出身于南京或苏浙名山大寺的以江南禅僧为核心的高僧集团，他们有三个明显的特征：一、他们都属于知识型，主要僧官大皆经业精湛，通儒佛，参加过洪武初的钟山法会，又兼通诗文。二、地理上以

---

① 葛寅亮：《金陵梵刹志》卷十六。明南祠部侍郎姚江陈治本《重修南京僧录司碑记》，万历壬寅岁孟夏。

② 参见谢重光、白文固：《中国僧官制度史》，青海人民出版社，1990年，第248页。作者指出，戒资"领旨笺释《金刚》《心经》《楞伽》等三经，又多次负责组织蒋山法会"。不知出于何处待考。

江南禅僧居多，如宗泐、弘道、溥洽、来复、如玘、守仁、道衍皆属之。这些人都有一段就学于江南名刹大寺的经历，他们或出身于南京之灵谷、天界、天禧三大寺，或出身于杭州径山、净慈、天竺或苏州北禅诸寺。这不仅反映了当时诸宗式微、禅宗独秀的局面，而且也反映出朱明初首都南京，江南僧在地缘上占了近水楼台的便利。三、在专制主义的魔影下，明初僧官数有罹难者，这也是以往各朝中极罕见的事。

永乐以后则不然，高级僧职渐渐被作为一种恩遇，授给了皇帝的宠臣亲信。如道衍在靖难之役期间为朱棣运筹帷幄，参与机要，多有谋断。朱棣即帝位，命道衍为左善世，又正拜资善大夫、太子少师。永乐十六年(1418)卒，赐上柱国、荣国公，可谓生死皆荣。继道衍后任左善世的道成(雪轩禅师)，曾奉命出使日本，实际他是一位具有特殊身份的外交使节。特别在万历时期，遇太子或王子诞辰，俱剃度童行为“替身”，而此替身又往往成为高级僧官的当然人选，如神宗的替身僧志善任善世职达10多年。[①]

表3.1 明初三朝历任僧官一览表

	左善世	右善世	左阐教	右阐教	左讲经	右讲经	左觉义	右觉义
洪武十五年(1382)四月	戒资	宗泐	智辉	仲羲	如玘	守仁	来复	宗鬯
洪武十五年(1382)五月			行果					如锦
洪武十五年(1382)八月	宗泐						清浚	
洪武十八年(1385)十月								星吉鉴藏
洪武二十一年(1388)三月	弘道							
洪武二十二年(1389)						溥洽		
洪武二十四年(1391)		宗泐						
洪武二十五年(1392)	夷简	大佑						
洪武二十六年(1393)						绍宗		
洪武二十七年(1394)						道成	净戒	
洪武二十九年(1396)	大佑				居顶			
建文四年(1402)	溥洽							
洪武三十五年(1402)十月	道衍	溥洽						
永乐元年(1403)								

① 参见谢重光、白文固：《中国僧官制度史》，青海人民出版社，1990年，第248—249页。

续表

	左善世	右善世	左阐教	右阐教	左讲经	右讲经	左觉义	右觉义
永乐十二年(1414)								一如
永乐十七年(1419)		道成	慧进					
永乐十八年(1420)	道成							
永乐二十一年(1423)				一如				

第三节
江南高僧群崛起成因及悲剧

江南高僧之所以能崛起于明初历史舞台，得益于开国皇帝朱元璋早期崇尚法门的佛教政策。而太祖尊礼江南高僧的政治目的，除了笼络江浙人才外，亦在以僧治僧，整饬教风。有研究者对明初江南高僧之数量做了不完全统计，也对其崛起成因进行了深入分析。研究认为，江南高僧群的崛起，首先来源于明代开国后的“文治”对人才的大量需求。以明初而论，天下文士多集中于江浙一隅。而江南文士所居之地，亦是佛教盛行之地，江浙文人自然深染释风。江浙一带文士喜与高僧方外交游，佛教高僧因与儒者文士的关联而普受征召，这是元末明初佛教之实况。其次，佛教高僧被明太祖大量征召，还因其本身可起战后宣抚、稳定人心等特殊作用；而且应召之高僧又大多被称为“通儒僧”，还可用于辅佐藩王、外交出使等。

一　延揽儒僧：“礼贤”政策的继续

朱元璋立足南京后，先是建礼贤馆，招揽江南儒士；后创善世院，举办蒋山法会，征召天下高僧。论此政策之生成，实是“礼贤”策略的扩大。就时代需要考量，太祖延揽儒僧，非完全出于“礼贤”或“礼僧”的心态，其目的在于驱使儒士、儒僧忠心效劳，绝对服膺明朝政权的统治。①

明太祖平定天下之初，需才孔亟。兹对《明史·文苑传》中所载洪武时59位文士作统计，其中江浙人士便高占81%。彼等多以元代遗老自居，不肯入仕明朝，太祖屡召屡辞。如杨维桢，字廉夫，山阴人。洪武二年(1369)，太祖召诸儒纂礼乐书，以杨维桢前朝老文学，遣翰林詹同奉币诣门，维桢谢曰：“岂有老妇将就木，而再理嫁者邪？”明年，复遣有司敦促，赋《老客妇谣》一章进御，曰：“皇帝竭吾之能，不强吾所不能则可，否则有蹈海死耳。”帝许之，赐安车诣阙廷，留百有一十

① 参见陈玉女：《明代的佛教与社会》，北京大学出版社，2011年，第2—4、11页。

日，所纂叙便例定，即乞骸骨。帝成其志，仍给安车还山。宋濂赠之诗曰："不受君王五色诏，白衣宣至白衣还"，盖高之也。抵家卒，年75。又如，胡翰，字仲申，金华人。洪武初，聘修《元史》，书成，受赉归。爱北山泉石，卜筑其下，徜徉十数年而终，年七十有五。苏伯衡，字平仲，金华人。太祖置礼贤馆，伯衡与焉。岁丙午用为国子学录，迁学正。被荐，召见，擢翰林编修。力辞，乞省觐归。洪武十年(1377)，学士宋濂致仕，太祖问谁可代者，濂对曰："伯衡，臣乡人，学博行修，文词蔚赡有法。"太祖即征之，入见，复以疾辞，赐衣钞而还。二十一年(1388)聘主会试，事竣复辞还。寻为处州教授，坐表笺误，下吏死。二子恬、怡，救父，并被刑。①

江浙一带亦是高僧荟萃之地，查阅《宋文宪公护法录》《增集续传灯录》《皇明名僧辑略》《大明高僧传》《补续高僧传》《释鉴稽古略续集》《金陵梵刹志》《吴都法乘》《国朝献征录》《名山藏》《吴中人物志》《武林梵刹志》《续武林西湖高僧事略》诸书，搜得洪武朝高僧55人，属江浙僧系统者有47人，占85%。明太祖于洪武初连年召开蒋山大法会，尊礼江浙高僧。从诸书所统计的55位高僧中，其人事迹明白记载与太祖有来往者，得40人，约占73%。40人中，江浙僧有34人，占85%。仅就《宋文宪公护法录》所收40篇塔铭文来看，皆是为元明之际名闻教界内外的高僧所作，这也是《护法录》最有价值的部分，后世僧传、僧史等无不取材于此。从塔铭传主来看，浙江籍的有26人，江苏籍的有6人，江西籍的有4人，安徽、湖南籍各1人，及日本高僧2人。于此可见，在明初都城南京活跃的绝大部分僧人都出自以江浙为核心的江南一带，即如清远怀渭禅师是江西籍，但其求学、传法、住山却都在江浙。

新近学界对元末明初诗僧群的研究亦表明，元末明初诗僧人数十分庞大，初步统计就有88人之多。可见元末明初僧人与文士的交游颇深，其舞文弄墨、写诗唱和的风气颇盛。从这些诗僧的出生地以及主要活动区域看，他们主要集中在当时的江浙行省及周边地区，也即在江南一带。而且，诗僧们大多出身于当时江南地区的著名寺院，尤其是南京、苏州和杭州这几个江南城市的知名佛寺，如

① 《明史》卷一百七十三《文苑一》。又曰：维桢诗名擅一时，号铁崖体，与永嘉李孝光、茅山张羽、锡山倪瓒、昆山顾瑛为诗文友，碧桃叟释臻、知归叟释现、清容叟释信为方外友。又如戴良，字叔能，浦江人。通经、史百家暨医、卜、释、老之说。学古文于黄溍、柳贯、吴莱。贯卒，经纪其家。太祖初定金华，命与胡翰等十二人会食省中，日二人更番讲经、史，陈治道。明年，用良为学正，与宋濂、叶仪辈训诸生。太祖既旋师，良忽弃官逸去。洪武六年，变姓名，隐四明山。太祖物色得之。十五年召至京师，试以文，命居会同馆，日给大官膳，欲官之，以老疾固辞，忤旨。明年四月暴卒，盖自裁也。

南京的天界寺、灵谷寺、天禧寺，苏州的北禅寺、虎丘万寿寺、灵岩寺，杭州的径山寺、净慈寺、天竺寺、灵隐寺等。

太祖结好江浙高僧，希望借宗教力量，使与僧侣过从甚密的江浙文士能效命明朝。钟山法会的举行，在行礼如仪的过程中，也突显出明太祖享有“佛心天子”的地位，是位天下归心的得道真命天子，集政权、教权于一身。还值得注意者，除召高僧开法会外，太祖于洪武二年(1369)二月，在金陵天界寺召修《元史》，一时江浙人才尽纳史馆中。太祖修《元史》开馆于天界寺，应不难揣知江浙文士与高僧的关系，及明太祖尊礼高僧的深意。修史诸儒士，因不愿入仕明朝，故入天界寺修史以报故国。迨《元史》修成，有不少儒者则接受明朝之授官。可见明太祖优礼高僧的政策，在一定程度上确实达到了“阴翊王度”“柔化凶顽”的功效。①

太祖尊礼高僧之用意，亦在借以整饬教风，以僧治僧。受元末教风败坏的影响，明初僧徒多只知饱餐优游，沉埋岁月，于经典弃不钻研，又加之明教、白莲教徒藏身寺院，太祖即位后遂着手清理整顿。朱鸿在研究中指出：明太祖一再强调佛道二教有翊王度、振王纲的作用，则明初面临的问题有哪些是可借宗教之力解决的？首先是治国人才的问题。太祖平定天下得力于淮右武将，而治天下则要仰赖文士，故即位后以广罗人才为要务。而当时文士多集中于江浙，唯他们多以元遗民自居，对新政权颇为冷漠，不肯归附。由于江浙文士与缁流过从甚密且多信奉释教，故太祖思借宗教力量笼络之。其次是明教和白莲教的问题，因其混迹于民间及佛门，太祖欲由清理二教以禁绝之。最后，太祖鉴于元代以宗教力量羁縻边疆，也希借重僧门之力使藩属归附。为了既能达到利用宗教的政治目的，又能不使宗教势力过度膨胀，太祖建立了僧道官制，并以尊礼高僧及清理二教双管齐下的方式整顿佛道，且以僧侣为使节，出使外邦宣扬国威，使僧侣在明初的封贡外交中扮演了重要的角色。②

笔者披阅前贤对明初佛教的这段历史所做的研究，在此进一步爬梳史料深入思考：江南高僧崛起的这一切究竟是如何变为现实的？背后推手为谁？其结局如何？这里比较容易回答的是，尽管江南高僧崛起的历史成因复杂，但背后总

① 参见朱鸿：《明太祖与僧道——兼论太祖的宗教政策》，《历史学报》第18期，台湾师范大学1990年6月。又参蔡晶晶：《元末明初诗僧群研究——以来复、宗泐、姚广孝为中心》，浙江大学2009年硕士学位论文。

② 参见朱鸿：《明太祖与僧道——兼论太祖的宗教政策》，《历史学报》第18期，台湾师范大学1990年6月。

推手应为朱元璋，是他基于佛教“阴翊王度”而“善被两间”的认知，打开了由方外通向方内的大门。

二 善世被两间：方外通方内之门

方外即世外之谓，最早辞源据《庄子·大宗师》：“孔子曰：彼游方之外者也。”这里孔子的意思是说，彼不为教迹所拘，故游心寰宇之外。后就用来指称不涉世事的僧道曰“方外”。而“方内”字面意思指四方寰宇之内，与方外正好相对，如《史记·文帝纪》有曰：“赖天地之灵，社稷之福，方内安宁。”此“善世被两间”中的“两间”，即僧家所言世间、出世间之简称，合称“世出世间”，也就相当于方内方外；而方内、方外之分一般都为儒者用语，查阅古籍史书、文集目录往往都将僧道归之于“方外”。于是，文士与儒僧之交游，也被称为“方外交”。据考证，“善世”一词，作为僧司之名称首见于明朝，此前仅曾作为封赐高僧的名号出现过。[①] 而从朱元璋赐首任善世院统领慧昙“演梵善世利国崇教大禅师”名号来看，所谓善世者，实即利国导民善世之意。洪武七年(1374)朱元璋又封西天竺僧为善世禅师，封授诰文中要其“灵承佛敕，救济群生”，“以慈悲愿力导人为善”。朱元璋的诏中还有“振扬佛法以善世”的说法。可见善世是取佛教劝化世人为善的意思，用宋濂的话，就是“入佛之门，建善之本”[②]。

元明易代，王朝更替，明初僧人也经历由“元僧”到“明僧”的身份转换。一般说来，“方外处于帝力统治之外，人世动荡不足改变僧家修为的世界。但是作为社会构成的一分子，他们很难置身世外，而且帝力统治往往会挤迫其存在空间，或表现为排佛，或表现为尊佛”。在帝力作用下，从“元僧”到“明僧”的身份转换还有着一层“从方外到方内”的意思。在这一变化中，朱元璋充任了决定因素。许多人看到他加强对僧人的管理，却不免疏忽一点，即他想借佛教兴一代政治。[③] 于是，洪武间出现这样有趣的一幕：朝廷征召大量僧人入京都，许多僧人“逃佛而

---

① 参见谢重光、白文固：《中国僧官制度史》，青海人民出版社，1990 年，第 237 页。

② 参见谢重光、白文固：《中国僧官制度史》，青海人民出版社，1990 年，第 237—238 页。又参《新续高僧传》卷三四《明金陵大天界寺沙门慧昙传》。

③ 参见李圣华：《从方外到方内，味趋大全——明初僧诗述论》，《贵州社会科学》2012 年第 2 期。

归于儒”。钱宰《知止斋记》:“(洪武)八年冬,诏天下士凡寄迹佛老而有志于圣贤之学者入国子学,俾习知天理民彝,然后授之以政焉”,“间过尊经阁,访黄君伯厚于东叙。伯厚扁其斋居曰:知止。伯厚逃佛而归于儒,不半载而知所止矣,何其化之速耶!”①

这里明人记述的洪武年间“逃佛归儒”现象,透露了正是皇帝朱元璋打开了方外通向方内的大门。洪武八年(1375)冬诏选僧道入国子学并授以政,这在历史上极为罕见,有明一代选拔儒僧政策即滥觞于此。至正二十五年(1365)冬,太祖置国子学于应天府,规制宏丽,行至广业堂前,偶发一言云:“天下有福儿郎应得居此。”吴元年(1367)秋,定国子学官制,许元为国子学首任祭酒,苏伯进职国子学正。洪武四年(1371)二月,宋濂擢国子司业。《明太祖赐国子司业诰文》:

国子学职,专教育人材,以备国家之用。必选明经有德者为之师,则模范正而学业进矣。翰林国史院编修宋濂,学足以明道,文足以垂世。当朕创业之始,即入青官,训我储贰,则温文之资,实由辅导;继擢左史,掌我记注,则日侍左右,谏正为多。朕以前元纪传未及纂修,爰求其人,非汝弗称,故特俾居翰苑,以任总裁。尔果能自迁、固之踪,成一代之史,朕用嘉焉。兹特命司成均之业,尔尚推明师道,以训诲诸生,必使见诸实用,则为称职矣。往其钦哉!可授奉议大夫、国子司业,宜令宋濂。准此。②

国子学本是用来“训诲诸生”的地方,可朱元璋出于对治国人才的需求,也向方外僧道打开了大门。从思想认识上探究,明初朱元璋对释迦之道“惟善无上”“善被两间”的独特认知,十分引人注目。其御制文集中有多篇诏谕论文涉及这种观点,其《授建昌僧官谕》:

天下大道,惟善无上。其善无上者,释迦是也。固大慈忍志,立大悲愿心,行无所不至,化无所不被。论性原情,谈心妙理,洁六尘之无垢,净六根之无翳。去诸魔而清法界,制外道以乐人天。斯行斯修而历劫无量,乃降兜

① 钱伯城等主编:《全明文》第二册,上海古籍出版社,1994年,第173页。参见李圣华《从方外到方内,味趋大全——明初僧诗述论》,《贵州社会科学》2012年第2期。
② 罗月霞主编:《宋濂全集》之《潜溪录》卷一,浙江古籍出版社,1999年,第2281页。

率至于梵宫。既舍金轮，而犹苦行于雪岭，时道成午夜，明心相符。朕观如来以己之大觉，而欲尽觉诸法界众生，其为慈也大，其为悲也深，可为无上者欤！世人宿有善根者，皆慕佛力，寰中之修者甚广。[①]

又如《谕僧纯一》曰：

昔释迦之为道，孤处雪岭，于世俗无干。及其道成也，善被两间，灵通上下，使鬼神护卫而听德，故世人良者愈多，顽恶者渐少。所以治世人主，每减刑法而天下治，斯非君减刑法，而繇佛化普被之然也。所以柳子厚有云，阴翊王度是也。尔沙门纯一既弃父母以为僧，当深入危山，结庐以静性。使神游三界，下察幽冥，令生者慕而死者怀，景张佛教，岂不修者之宜？世人因是而互相仿效，虽不独处穷居，人皆在家为善，安得不世之清泰？因尔僧之所及也。尔不能如是，上下朝堂，欲气力以扶持，意在鼎新佛寺，集多财以肥己。孰不知财宝既集，淫欲并生。况释迦之非大厦而居六载，大悟心通。方今梵像巍巍，楼阁峥嵘，金碧荧煌，华夷处处有之。此释迦之所感若是欤？集财而建造欤？尔僧无知，不能修内而修外，故不答特役之。今脱尔行，命有司资路费，往寻名山，悟善己道以善人。他日道必烛寰区，可不比佛之为道哉！[②]

朱元璋从自身由僧至帝的发迹经历及国初频频征召高僧入京，“盘桓释道无虚日”，形成了这种对释迦之道“善世被两间”的积极认知，他推崇释道“灵通上下”，可使“世人良者愈多，顽恶者渐少”；他鼓励僧人学修佛行，而批评那些奔波朝堂寻求支持，而“意在鼎新佛寺，集多财以肥己”，“不能修内而修外”的无知僧，进而推动了洪武六年(1373)至十年(1377)拔儒僧入仕政策付诸实践。选拔儒僧为明朝统治服务的途径有多种，朱元璋形成了系统的征拔儒僧的理论，能直接蓄发拜官者有之，出使宣化者有之，辅佐藩王者有之。这是儒僧应召效命国家特色比较鲜明的三种，后二者不用还俗，而凡出使宣化、辅佐藩王有功者，又被二次征用拜

---

① 《释鉴稽古略续集》卷二，庚申洪武十三年，《授建昌僧官谕》。
② 《高皇帝御制文集》卷第八《敕三》。

官。对于不愿还俗的杰出儒僧，朱元璋又创设了僧司机构召为僧官，使之服务于“以僧治僧”的国家方略。

三 | 儒僧入仕、出使宣化与辅佐藩王

明初江南僧人儒释博通，长于文章词翰，可谓才俊济济。在王朝初立，百业待兴，急需各方人才的情况下，朱元璋对僧团中这些龙象俊杰也甚为垂涎，试图罗致和择拔那些淹通儒学的“儒僧”脱去袈裟，“罢道辅政”，成为直接替君王效命的朝廷官员。[①] 为此，朱元璋作《拔儒僧入仕论》，动员“通儒僧”入仕佐君。其论曰：

> 丈夫之于世，有志者事竟成。昔释迦为道，不言而化，不治而不乱。仲尼亦云：“西方有大圣人”。然释迦本同于人，而乃善道若是。斯非人世之人，此天地变化训世之道，故能善世如此。且诸罗汉住世应真，幻化不一，亦此道也，或居天上人间。以朕观之，若此者不可多，释迦安可再生？方今虽有僧，间能昂然而坐去者，不过幻化而已。即目修行之人，皆积后世之事，或登天上及人间好处。以此观之，遐迩之道，时人不分。假如方今天堂地狱昭昭于目前，时人自不知耳。且今之天堂，若民有贤良方正之士，不干宪章，富有家资，儿女妻妾奴仆满前，若仕以道，佐人主，身名于世，禄及其家，贵为一人之下，居众庶之上，高堂大厦，妻妾朝送暮迎，此非天堂何？若民有顽恶不悛，及官贪而吏弊，上欺君而下虐善，一旦人神见怒，法所难容，当此之际，抱三木而坐幽室，欲亲友之见杳然，或时法具临身，苦楚不禁，其号呼动天地，亦不能免，必将殒身命而后已，斯非地狱者何？其天堂、地狱有不难见也。[②]

朱元璋以释迦本为人而成佛，可其毕竟不是普通人世之凡夫俗子，其成为“西方大圣人”，当是遵循了“天地变化训世之道”，故能“善世如此”。他晓谕一般僧众

① 参见杜常顺：《明朝宫廷与佛教关系研究》，暨南大学2005年博士学位论文，第15页。

②《高皇帝御制文集》卷第十《论·拔儒僧入仕论》。

应当立足人间，脚踏实地，老实修行，弄清“天堂、地狱之由”：其一，“若志坚而心永，则乐清风于翠微深处，吟皓月于长更，岁睹山岳之青黄，目百川之消长，虽咫尺红尘，而乃一尘不染”，或者将来还有位登弥陀往生极乐之方。其二，“若僧之不谷，兼通漏未具，宿本无缘，加之累恶积愆，岂异俗者趋火赴渊之愚者矣”。其三，“尔必欲异此道而杰为，须知利害之两端，然后从之。所利者居官食禄，名播寰中。若欲高名食禄，同君不朽，必持心以义，练志以忠，佐君以仁，夙夜在公，无虐下而罔上，乃得利贞，斯利也。若视禄之少，见赃之重，如渊底之鱼，闻饵而浮，吞钩于腹，此其所以害也”。朱元璋明白告知居官的利弊得失，要儒僧们有所警惕，以免误蹈法网；若不能秉持忠义，那就会被贪图功名利禄所害。最后宣称：“朕今以天堂、地狱之由，示之于尔，尔当深思熟虑，剖决是非，然后来朝，则当授之以官。未审悦乎？若果悦而仕，则虚名泯而实名彰，其丈夫之志，岂不竟成哉？”①

如果说朱元璋在前谕文中晓之利害动员儒僧入仕为现实服务，那么他在《宦释论》中又将所谓“三纲五常”圣贤之道贯穿儒佛之间，为儒僧入仕进一步提供理论根据，云：

> 古今通天下、居民上者，圣贤也。其所得圣贤之名称者云何？盖谓善守一定不易之道，而又能身行而化天下愚顽者也，故得称名之。其所以不易之道云何？三纲五常是也。是道也，中国驭世之圣贤能相继而行之，终世而不异此道者，方为圣贤。未尝有舍此道而安天下，圣贤之称，未之有也。所以世人于世善获生全者，托以彝伦攸序，乃为古今之常经。于戏！于斯之道，圣贤备而守行之，不亦善乎！斯道自中古以下，愚顽者出，不循教者广，故天地异生圣人于西方，备神通而博变化，谈虚无之道，动以果报因缘。是道流行西土，其愚顽闻之，如流之趋下。渐入中国，阴翊王度，已有年矣。斯道非异圣人之道而同焉。其非圣贤之人，见浅而识薄，必然以之为异。②

在朱元璋看来，当今为僧者，若不能学佛之本行，清修善世，还不如罢道辅

① 《高皇帝御制文集》卷第十《论·拔儒僧入仕论》。
② 《高皇帝御制文集》卷第十《论·宦释论》。

政，致君泽民，开太平盛世。他指出："方今为僧者，不务佛之本行，污市俗，居市廛，以堂堂之貌，七尺之躯，或逢人于道，或居庵受人以谒。其所谒者，贤愚贵贱者皆有之，必先屈节以礼之然后可。然修者以此为忍辱之一端耳。（中略）将后果了此道，何枉辱也哉！若将后不能了此道，其受辱屈节果何益乎？"而值此世，"若有大至智者，入博修之道，律身保命，受君恩而食禄，居民上而官称，辅君政，使冤者离狱，罪者入囚，农乐于陇亩，商交于市廛，致天下之雍熙，岂不善哉！"①

(一) 愿证、证传

洪武六年（1373）冬，宋濂侍皇上朱元璋于武楼，朱元璋遥指天界禅林，问其中有无人才。宋濂推荐说：近有二僧，从吴越中来，皆能文辞，一名愿证，一名证传。皇上要亲自考察他们，宋濂先送上证传文章一编。皇上阅后很是满意，说道："是或儒者之所不及。"又提出要看愿证的文章，宋濂回答说，愿证著有《往复论性书》，存于太常丞张孟兼家。皇上立即派太监召张孟兼携书至。阅完，皇上高兴地说："议论甚高，其铁中铮铮者乎！"，次日于谨身殿召见二僧，"慰劳备至，敕吏部皆除应奉翰林文字，赐第太平门……"。既封官、赐第，又赏给妻妾及日用百需之物。② 宋濂推荐的这两名僧人，通儒家之学，识见甚高。宋濂作为开国文臣之首，逐渐影响了朱元璋，使其觉得这样的儒僧也是难得人才。③

愿证，俗姓李，字大猷，姑孰人。其父肥遁山林，以书诗为教。母陶氏，祷观音大士而生之。幼即颖悟异常，父曾授以《孝经》，过目成诵；又教之《首楞严》《圆觉》二经。学佛于城南顿觉兰若，祝发受具戒，制今名愿证。走大石山中，与僧法秀游。法秀有高行，愿证得益颇多。久之，杖锡来南京，谒天界禅林净觉（慧昙）法师，师见其俊迈，命为侍者，并曰："子才锐甚，宜留意文学，他日期子弘宗扶教也。"于是"竺坟、鲁典无不研穷之。著为文辞，森然有奇气。一时名公巨卿皆爱敬之，与其相倡酬"。不久命掌书记。洪武戊申（洪武元年，1368），出世住持嘉兴水西寺，庚戌（洪武三年，1370）迁吴兴道场寺。未几退居武康山中，著《观幻子》内外篇，"以合儒释一贯之妙，皆踔厉前人，其光烨烨，不可袭秘，声名突起缙绅间"。癸丑（洪武六年，1373）之冬，还至天界寺。被朱元璋赏识后，命蓄发拜官。复命中秘给书籍，令闭门习读三月，俟发长胜冠，然后莅职。不料愿证待 3 个月

---

① 此处几段皆引自《高皇帝御制文集》卷第十《论·官释论》。

② 罗月霞主编：《宋濂全集》之《翰苑续集》卷八《李大猷传》，浙江古籍出版社，1999 年，第 927 页。

③ 参见王春南、赵映林：《宋濂方孝孺评传》，南京大学出版社，1998 年，第 184 页。

后，头发长齐，洪武七年(1374)二月竟病殁，寿37。宋濂受全室宗泐之请，为其撰传记。宋濂在传中将其与宋代撰《原教论》的契嵩相提并论，他们都阐明儒释一贯之旨，弘宗扶教。宋濂对愿证英年早逝十分痛惜，自述爱惜愿证之才，“濂固不敢谓愿证之如仲灵(即契嵩)也，其志之所存抑果有不同者欤？然仲灵进《正宗记》仅得仁宗赐紫方袍及明教之号，愿证则屡被龙光，亲拔为王官，使其得寿则道行于时，泽兼被于烝黎，不特如仲灵专辅本教而已。木方荣而风折之，悲夫！濂与愿证交，爱才之念不下于韩、欧二公……”该传附录国初大浮屠觉原慧昙之后，宋濂在慧昙传中也提及愿证为慧昙嗣法弟子，曰：“愿证应缘入仕为应奉翰林文字(翰林李证亲预入室)，大惧师行泯没，件系成书，授之净戒，以戒尚风义，死生不易其操，必能昭廓其幽潜。今证已亡矣，戒果能谒濂，求为塔上之铭。濂尝与师游，而与愿、戒交尤洽，不得以不敏辞。”①

与愿证同时被荐举的证传(俗名郭传)，字文远，会稽人。后又经宋濂再三推荐，由一介贫僧而平步青云，先擢为翰林应举，洪武七年(1374)升起居注，后迁考功监丞。洪武七年秋，宋濂侍皇上朱元璋升武楼，再荐郭传之才。皇上赐宋濂坐其侧，从容问曰：“天下虽定，朕犹垂意宿学之士，卿能知其人乎？”濂对曰：“会稽有郭传者，其字为文远，寄迹释氏法中。其学有渊源，其文雄赡新丽，而精魄煌煌；其论议崇谹，皆根乎六经，波澜相推，若不知其所穷，诚一代奇才也。”皇上颔之。未几，复召濂谓曰：“郭传之文，卿可持至，朕将亲览焉。”时文远偶以文一卷来观，因即以进。上览已，笑曰诚如卿言。② 洪武八年(1375)丙寅正月，皇上与学士宋濂等论用人，宋濂又再荐举郭传。皇上曰：“人才不可一概而论，贤能之士或有隐于老佛卜筮负贩者，顾在上者能拔用之何如耳。若近代官人必举世族，则有志者不得上达多矣。”濂对曰：“诚如圣谕，昨有僧名传者，能勤于学，以所为文求益于臣，观其文甚有可取，此其才或有可用者。”皇上即命宋濂取其文观之，喜，乃自为文谕之。③

钱谦益在辑订《宋文宪公护法录》之《李大猷传》时特加按语，侍讲学士宋濂再三举荐僧名传者，乃因其“儒释俱长”，“文奇句壮”，而朱元璋看出此僧通过名

---

① 宋濂：《宋文宪公护法录》卷第一《天界善世禅寺第四代觉原禅师遗衣塔铭》李大猷传(附)。愿证“谒天界禅林净觉法师”，净觉即慧昙，元帝师嘉勉慧昙，授以“净觉妙辩禅师”之号。

② 罗月霞主编：《宋濂全集》之《芝园前集》卷二《郭考功文集序》，浙江古籍出版社，1999年，第1181页。

③《明太祖实录》卷九六，洪武八年春正月丙寅。

儒改益，“欲出为我用”云云。钱氏于此赞叹：“高皇帝号嗬求贤，不遗于禅衲，正欲其居官食禄，辅君泽民，阐扬如来博修之道；非欲以儒易释，以利禄破苦空也。愿证辈俱未竟厥施，而姚恭靖卒以比丘现身。高皇帝之作人远矣哉！至宗泐辞官，则又反复赞叹。权实双显，非大圣人不能与于斯也。”①

（二）克勤、吴印

洪武时期有多少儒僧出仕，难以详考。见于记载唯有李大猷、郭传和华克勤、吴印诸人。这些僧人大都儒、释兼通，见明太祖崇信佛教，征召名僧，而自己未能预其列，就主动来到南京，通过各种途径表现自己，以期得到最高统治者的注意和信用。而且，南京在明初作为首都，名僧云集，寺院壮观，也吸引着大批僧人来参访游学，其中不乏儒、释兼通者。此四人中，除李大猷早逝之外，郭传则被朱元璋召见于谨身殿，授翰林应奉，直起居注，迁兵部主事，再迁考功监丞，进监令，出署湖广布政司参政。② 此外还有二僧亦为朱元璋钦点入仕，皆拜擢大官。

其一为克勤，字无逸，绍兴萧山人。幼时出家为僧。洪武初住南京瓦官寺。洪武四年，应召与僧祖阐仲猷等奉使日本。洪武七年（1374）五月，祖阐、克勤等回至南京，奏对称旨，赐白金百两。太祖以他们不辱使命，给以嘉奖，并令克勤蓄发拜官。洪武九年（1376），授职考功监丞。③ 祖阐仲猷禅师，别号归庵。族陈氏，鄞（宁波）人。依佛智匡禅师于永乐而获剃染，参寂照于径山得旨。久之出世芦山，迁香山，升郡之天宁。④ 他“年十八，机锋峭峻”，住持天宁寺，洪武四年（1371），明太祖诏令天下高僧进京说法，祖阐也参与其中，五年（1372）奉命出使日本。高祖谓刘基曰：“东夷固非北胡，心腹之患，犹蚊虻警寐，自觉不宁，闻其俗尚禅教，宜选高僧之道行卓越者出使彼国，启其善念，作其归顺，顾王者无外之意。”祖阐遂受命与南京瓦官寺僧无逸克勤同往。祖阐、克勤不辱使命，以佛法化

① 宋濂：《宋文宪公护法录》卷第一《天界善世禅寺第四代觉原禅师遗衣塔铭》李大猷传（附）。文末钱谦益按语。

② 《明史》卷二八五《文苑二》。

③ 《太祖高皇帝实录》卷之六十八，洪武四年冬十月癸巳，日本国王良怀遣其臣僧祖来进表笺贡马及方物，并僧9人来朝；又送至明州、台州被虏男女70余口。诏赐祖来等文绮帛及僧衣。比辞，遣僧祖阐、克勤等八人护送还国。仍赐良怀《大统历》及文绮纱罗。《太祖高皇帝实录》卷之八十九，洪武七年五月甲午，僧祖阐、克勤等还自日本。诏赐祖阐、克勤白金人百两、文绮帛各2匹，从行僧白金、绮帛有差。祖阐等奏日本贶马，命受之。《太祖高皇帝实录》卷之一百六，洪武九年六月壬子，以华克勤为考功监丞。少学浮屠，洪武四年（1371）选至京，奉使日本。还奏对称旨，赐白金百两，命复姓氏，授以是职。又参宋濂《送无逸勤公出使还乡省亲序》。

④ 释文琇：《增集续传灯录》卷第三《宁波府天宁仲猷祖阐禅师》。

解矛盾，“首言圣化无遐，王仁一视，虽越在外，勿忘君臣大义；次言佛教弘广，不倦津梁，皈依向善，总是西来祖意。听者咸为声愕”。一一归顺，声震朝野，归国后，太祖宠遇非常，赏赐甚厚。[①]

其二是吴印，为天界寺僧，太原盂县人。“少从释氏，有文学，上亲选，命蓄发拜官”，“宠之甚厚，所言多从”。洪武九年(1376)八月己亥，以吴印为山东布政使。[②]《高皇帝御制文集》卷第二中存有《谕山东承宣布政使吴印诏》《谕山西布政使华克勤诏》。洪武十二年(1379)三月，山西布政使华克勤言：大同蔚朔诸州岁造军士战袄，俱令民间缝制，散给军士，长短不称，往往又令改制，徒费工力。乞令每衣一件，定所用布缕等物若干，给军士自制为便。皇上认可其言，仍命陕西西北平边东诸边卫通行之。[③]

(三) 无念、来复

朱元璋建立明朝后，对异姓功臣心怀猜忌，准备依靠他的子孙支撑起明王朝的大厦。为久安长治之计，朱元璋一方面加强皇权统治，另一方面又大行分封。洪武二年(1369)，朱元璋制定“封建诸王之制”，认为“天下之大，必建藩屏，上卫国家，下安生民。今诸子既长，宜各有爵封，分镇诸国”。[④] 次年分封秦、晋、燕、吴、楚等十王，洪武十一年(1378)正月，再次封蜀、湘、豫、汉、卫诸王。

无念胜学，德安人，俗姓陈。“九岁出家，礼无极和尚为师。东游姑苏，见万峰蔚禅师，一喝下领旨。归宝林寺，道声蔼著，远近翕然宗之。”朱元璋大军征伐陈友谅，寺毁缁流尽散，唯无念学一人守之。明初兴复宝林寺。洪武十五年(1382)，“孝慈皇后陟天，楚藩建大会，集千僧于洪山，(无念)学在焉。王见而异之，遂留邸馆，建九峰寺居之”。无念“具福德相，行慈悲行”，“人见之意消，故有不言而化者，是能倡大缘举大刹，皆一呼而应”。可见其在信徒中颇有德望和感召力，故此法席大盛。洪武十七年(1384)，明太祖“钦师道范”，征之入朝，“应对称旨，礼遇优渥”。太祖欲留其主京刹，无念固辞不受。因厚赐之，遣中官送还。

---

① 李桐辑：《柳亭庵记》卷上。

②《太祖高皇帝实录》卷之一百八，洪武九年八月己亥，以吴印为山东布政使。印，太原之盂县人，少从释氏。上知其才可用，使复姓名，给以家室，而授之官。《太祖高皇帝实录》卷之一百一十，洪武九年(1376)冬十月戊寅，上以手诏谕山东布政使吴印。

③《太祖高皇帝实录》卷之一百二十三，洪武十二年三月。

④《太祖高皇帝实录》卷之五十，洪武三年三月辛酉。

释明河称:“无念受知天子,见礼亲王,极一时之盛,全以实行感动。”①洪武二十九年(1396),太祖又遣中官持敕至宝林寺,赐无念《御制怀僧诗文》一轴及松花石各一器,谕慰弥至。敕文中称:“前者,僧无念戒行精于皎月,定慧稳若巍山,暂来一见,去上常怀。怀之不已,遣人就见,特以松实供之,兼以诗劳之。”太祖又赐其《僧无念九岁出家诗》,无念亦和以偈进,偈云:“万机之下究真玄,百草头边佛祖禅。毛孔遍含尘刹土,毫端现出性中天。定回坐看云横谷,行乐闲观石涌泉。林下衲僧何以报,祝延圣寿万斯年。”②

洪武十八年(1385)九月,命蜀王阅武于中都。蜀王朱椿,为太祖第十子,素有贤德,博通经艺,旁及释典。皇上甚钟爱,呼为“蜀秀才”。蜀王至中都,首辟西堂,以读书自娱。阅武余暇,召儒臣李叔荆、苏伯衡及名僧来复辈,与之讲道论文,殆无虚日。复建宝训堂,尊奉祖训及前代帝王经典,命来复记之。又命来复作“正心、观道、崇本、敬贤”四箴以自警。僧来复字见心,豫章人,通儒术,工诗文,一时名士皆与之交,与文僧宗泐齐名。皇上闻召见之,后以赋诗忤上意被刑,有《蒲庵集》行世。③ 万金欲谢退,皇上不准可。乃喟然曰:“吾以虚名滥当圣代,每怀煨芋诸公,予不逮矣。”遂称病笃,解还旧隐。未久圆寂,塔于嘉兴环翠兰若。初高帝诏选名宿,辅导诸藩。而蜀王椿师事见心来复,来复名溢都中。万金叹曰:“复公其不免耳。”来复果罹难而终,故诸方嘉万金靖退,“为丛林福”云。④ 正是来复喜世俗名而不拘小节,万金西白才有此一谶言。于此可见,明太祖对待儒僧态度,不光看其才华灿烂,还考虑僧人的德行实修。

四 清教录:党祸与文祸

对于太祖之拔儒僧出仕,儒僧们的回应似乎并不热烈,至少是没有得到普遍的响应,特别是名德硕僧之属几无应者。前述万金、宗泐两人都由太祖钦点入

---

① 《补续高僧传》卷第十五《无念学禅师传》,《卍新续藏》第77册。“上览之大悦,自是深信吾道,颇亦省刑宽法矣。永乐四年示寂,阅世八十有一。塔全身于九峰狮子岩之阳。”

② 聂先:《续指月录》卷十《武昌九峰无念胜学禅师》。

③ 《释鉴稽古略续集》卷二,乙丑洪武十八年。

④ 释自融:《南宋元明禅林僧宝传》卷十一《天界金禅师》。

仕，但均委婉相辞。道衍（姚广孝）也曾于洪武八年（1375）奉通儒学僧出仕之诏，赴京师礼部考试中式，因不愿仕，钦赐僧服还山。面对明太祖的严苛的政治氛围，对其说“不”并非易事，宗泐先是“姑奉命，至发长，上召而官之，师再辞求免，愿终释门”。道衍也是初奉诏赴试，中式后才又辞之。而万金有称病“解还归隐”之举，很可能就是避祸之策。从表面上看，对于宗泐等人之谢辞，太祖颇示宽宏，于宗泐“上嘉叹从之，赐《免官说》以旌其志”；于道衍，“钦赐僧服还山”。但太祖对“寰中士夫不为君用”者就往往“诛其身而没其家”，则儒僧之谢辞不仕，在太祖内心上是否真正能够容纳和赞许？后来，包括宗泐在内的众多儒僧蒙受种种处罚和政治上的牵连，这恐怕是重要的缘由之一。

明太祖拔“儒僧”出仕，以释子治民，无疑是对儒家正统用人观念的一种冲击，因而也引起朝臣中部分以“辟佛”自任的理学官员的反对。最激进的便是崇尚朱子之学的李仕鲁和陈汶辉。其奏言：“帝自践祚后，颇好释氏教。……吴印、华克勤之属，皆拔擢至大官，时时寄以耳目。由是其徒横甚，谗毁大臣，举朝莫敢言，惟仕鲁与给事中陈汶辉相继争之。汶辉疏言：古帝王以来，未闻缙绅、缁流杂居同事可以相济者也。”[①]

除李、陈二人之外，著名的“文学之士”张孟兼，则对出任山东布政使的儒僧吴印发难，实际上也表露出对太祖“拔儒僧入仕”的不满。据《明史》载，张孟兼，浦江人，名丁，以字行。召纂《元史》成，授国子学录，历礼部主事、太常司丞。刘基曾为太祖言：“今天下文章，宋濂第一，其次即臣基，又次即孟兼。”太祖颔之。孟兼性傲，尝坐累谪输作。已，复官，太祖顾孟兼谓濂曰：“卿门人邪?”濂对：“非门人，乃邑子也。其为文有才，臣刘基尝称之。”太祖熟视孟兼曰：“生骨相薄，仕宦，徐徐乃可耳。”未几，用为山西佥事。廉劲疾恶，纠擿奸猾，令相牵引，每事辄株连数十人。吏民闻张佥事行部，凛然堕胆。声闻于朝，擢山东副使。钟山僧吴印出仕后，任山东布政使，按察副使张孟兼对其持有成见，有意发难：“布政使吴印者，僧也，太祖骤贵之，宠眷甚，孟兼易之。印谒孟兼，由中门入，孟兼杖守门卒。已，又以他事与相拄。太祖先入印言，逮笞孟兼。孟兼愤，捕为印书奏者，欲

① 《明史》卷一百三十九《李仕鲁传》。

论以罪。印复上书言状，太祖大怒曰：‘竖儒与我抗邪！’械至阙下，命弃市。”①

明人笔记曰：浦江张孟兼，洪武中为太常丞。“除山西按察司佥事，以善纠擿著声，升山东按察司副使。”时山东布政使吴印，乃钟山主僧。皇上亲选拜官，娶妻用金帛，宠之甚厚。吴印以见知人主，自尊重，礼节少简。孟兼自任无敌，且印新用、又僧也，易之。印候孟兼，由中门入。孟兼以印虽位大，然我风宪司不当由我中门入，召守卒笞之。月朔望入学，令诸生讲经，孟兼故以语侵讥印。印不平。孟兼寻复以他事，骑马入布政司，謫棰箠僚吏问罪，且言将上封事言于朝。僚吏惧，劝印即上封事，言孟兼见陵侮，然孟兼封事终不上也。上览印言，以为孟兼陵我任用臣不逊治笞之。孟兼既辱，愈愤，即捕为书封事者，欲论以罪。印复上书，言：“伏请去位避其横，否则且为所挤。”上大怒，曰：“彼乃敢与我抗，我今乃与尔抗！”遂械至阙下，廷诘之，命卫士捽发摘拿垂死，特论弃市。诏印曰：“我除尔害矣，善为之。”②

太祖令僧人出仕，其目的无非网罗沙门菁华为其效命，并非如民间认为的崇佛，但在具正统儒家观念的官员来看，却是太祖溺好佛教的一种表现，引起这些人的不满自属正常。但出仕儒僧“谗毁大臣”之说，恐系李仕鲁辈的偏执夸大乃至中伤之词，因为洪武时期似乎并没有哪位大臣因为出仕僧人的谗毁而见疑于太祖。吴印与孟兼对抗实事出有因。所谓“刘基、徐达之见猜，李善长、周德兴之被谤”均与出仕儒僧没有什么干系。君臣间的这种冲突，实际上也反映了两者对佛、儒关系的不同认知，作为政治家的明太祖身上显然没有刻板和偏执的迂儒之气。

然而，洪武中，胡惟庸案爆发后，朱元璋对朝政和宗教的认知都发生了极大的变化。不少儒僧因涉世过深而陷入文祸、党祸之中。最著名者为宗泐、来复被告卷进胡党案，德祥、守仁因诗忤逆上意遭受文祸。来复，原是杭州灵隐寺的学问僧，极工于诗文书画，参加过钟山法会，后应召僧录司首任左觉义。在清查胡案时，被指控为“胡党”，以 73 岁的高龄被处极刑，实在令人可叹。而宗泐得以幸免。

---

① 《明史》卷一百七十三《文苑一》曰：明初，文学之士承元季虞、柳、黄、吴之后，师友讲贯，学有本原。宋濂、王袆、方孝孺以文雄，高、杨、张、徐、刘基、袁凯以诗著。其他胜代遗逸，风流标映，不可指数，盖蔚然称盛已。永、宣以还，作者递兴，皆冲融演迤，不事钩棘，而气体渐弱。

② 宋端仪：《立斋闲录》，方希直作传。参见申茜：《立斋闲录校注》，广西师范学院 2014 年硕士学位论文，第 55 页。

（一）来复、宗泐牵涉“胡党”

来复，字见心。豫章（今南昌）丰城王氏子。以日南至生，故取《易》卦语识之。有志行清净行，欲绝尘独立，遂归释氏。与同袍恭肃翁，誓屏诸缘，直明涅槃妙旨。久之，窥见全体无碍，然未以为至。走双径，谒南楚悦禅师，自陈厥故，当机交触，如鹘落兔走，不间一发。南楚悦深然之，留司内记。越三载，复约标士瞻，修西方净土于吴天平山，刻期破障，比禅观尤力。浙省右丞相达公九成，慕师精进，起住苏之虎丘，辞不赴。会兵起，避地会稽山中，慈溪与会稽邻壤，中有定水院，直东海之滨，幽阒辽琼，可以缚禅。复延师出主之，师为起其废。禅门典礼，依次举行，瓶锡翩翩来萃，乞食养之，共激扬第一义谛。寻以干戈载途，不能见母，作室寺东涧，取陈尊宿故事，名为蒲庵，示思亲也。自时厥后，鄞人士请师居天宁寺。时寺为戍军营，师言于帅，阐移其屯。治其弊坏，一还旧贯。师望日以重，大夫士交疏，劝主杭之灵隐。适有诏征高行僧，师两至南京，赐食内廷，慰劳优渥。洎建普荐会，师奉敕升座说法，辞意剀切，闻者咸有警云。师敏朗渊毅，非惟克修内学，形于诗文，气魄雄而辞调古，有识之儒多自以为不及。其推师者，李谕德好文，则曰：“任道德为住持，假文字为游戏。”陈状元祖仁则曰：“禅源妙悟，教部精探。内充外肆，僧中指南。”至于楚国欧阳文公玄，潞国张公翥，见诸觚翰间者，奖予为尤至。学士宋公濂，至称其文，如木难珊瑚之贵。公卿大夫，交誉其贤。皇上诏侍臣取而览之，褒美弗置。当今方袍之士，与逢掖之流，鲜有过之者焉。洪武二十四年（1391），遂罹于难。噫，是亦数也已！（时山西太原捕得胡党僧智聪，供称胡惟庸谋举事时，随泐季潭、复见心等，往来胡府。二公由是得罪，泐责服役造寺，师遂不免焉）。①

据上述僧传及其他记载可知，洪武初，蒲庵来复参双径南悦禅师而得法，与宗泐同召至京。或以为是笑隐大䜣的弟子，钱谦益《列朝诗集小传》驳之。但以诗歌而言，欧阳詹作《蒲庵集序》早就以来复继笑隐大䜣之席，认为“䜣公既寂，丛

① 《补续高僧传》卷二十五杂科篇《复见心传》：“师在定水时，手度弟子，曰如筏者，戒行端谨，通内外典。善书能吟，雅为缁林白眉。永乐中，两膺□召，命尝住奉化之岳林，及抚州之翠云。有《翠云稿》。年八十五，归永明终焉。”

林莫不为斯文之慨。豫章见心复公以敏悟之资，发为辞章迦而上之，卓然并驱于嵩、琏诸师无愧也”。可见来复见心在当时的影响。来复大笔如椽，其诗酣畅淋漓，大声当哒，小声铿锵，间有环佩琳琅，交响回鸣。时人言其“学博而才敏”云云。来复见心与全室宗泐齐名，为明初禅林盛事。明初杨士奇《圆庵集序》说：“盖自惠休有文名世，而唐之灵一、灵彻，宋之惟俨、惟演，元之大䜣辈，累累有继。逮于国朝宗泐、来复诸老亦彬彬乎盛矣。”因智聪供状，两位富有才华的通儒僧官双双陷入胡党案中。[①]

前述御制文《谕天界善世诸行人》《谕天界寺不律僧戒泐复》中的信息透露：释来复等在僧录司任职期间以乘肩舁上佛殿、不务实等罪名被人奏本，触怒了太祖，故由南京天界寺贬至凤阳禅院。释来复等被贬的原因，其他文献中也有简略的间接记载，只是说法有所区别。且看僧传、灯录方面的材料，如清释自融《南宋元明禅林僧宝传・季潭泐禅师》载：“留京既久，朝臣党立，间有嫉之者，泐遂退居凤阳之槎峰。”是说释来复与释宗泐等被贬也与朝廷党争有关，嫉之者于是罗织了若干罪名上奏。那么是否与震惊天下的明初四大案之一胡惟庸案有关？《继灯录》卷四中关于释宗泐有这样的记载：“以胡党获谴，着住凤阳槎丫峰。”但是从朱元璋颁《谕天界寺不律僧戒泐复》一文来看，释来复等此次被贬应与胡党案无关，否则就不只是被迁谪凤阳，而且能够与诸王自由来往了。

而对于来复的死因，明人笔记却给予不同的记载。郎瑛在《七修类稿》中最早记载明初高僧明天渊（来复见心）死于朱元璋制造的文字狱，传曰：明天渊，元明濬，字天渊，胡人也。世祖朝明安之后，髯长数尺，仕元为学士。元亡，削发为僧，改名来复见心，而髯如故。（明）太祖既有天下，召至，圣而问之曰：“汝不欲仕我而出家为僧，吾亦任汝。然去发留须，亦有说乎？”对曰：“削发无烦恼，留须表丈夫。”上笑而遣之。后承诏赐食，谢诗云：“淇园花雨晓吹香，手挽袈裟近御床；阙下彩云明雉尾，座中红芾动龙光。金盘苏合来殊域，玉碗醍醐出上方；稠叠滥承天上赐，自惭无德诵陶唐。”上见诗，大怒曰：“汝诗用‘殊’字，是谓我为歹朱耶？

---

① 参见孙海桥：《明初高僧释宗泐行实新考》，《宗教学研究》2016 年第 4 期。研究认为，全室宗泐的生平以洪武三年（1370）、洪武十一年（1378）为界，分为前中后三期。前期主要是跟随笑隐大䜣学习佛法以及游历江浙各地，历任寺院住持；中期以洪武三年受到明太祖召见为起点，宗泐逐渐受到太祖的看重，奉命笺注《心经》《金刚经》《楞严经》；后期宗泐经历了西去印度取经、担任僧录司善世、凤阳槎峰建寺、重建大天界寺、身陷胡惟庸案等事。而西去取经及身陷胡惟庸案是宗泐生平中最值得探讨的部分。

又言‘无德诵陶唐’，是谓朕无德，虽则欲陶唐诵我而不能耶？何物奸僧，辄敢大胆如此！”见心遂玉箸双垂，圆寂于丹墀之下。[①] 郎瑛此记载，前段说来复为胡人，待考。后段传其以诗贾祸，与下文守仁、德祥为同一性质。

（二）守仁、德祥“以诗贾祸”

守仁，字一初，号梦观，富春人。诗文友德祥，字止庵，仁和人。二公当元末，有志于行道。因时危乱，郁郁不自得，遂肆力于诗，并有声于时。一初尝云：“我辈从事文墨，非以废道沽名，盖有不得已也。”止庵云：“诗岂吾事耶？资黼黻焉耳。”观此，可知二公之心矣。一初诗，清简有远致。杨廉夫极称赏之。又善书，笔法遒劲。入明朝被征，为僧录右善世。时南粤贡翡翠，一初题诗云：“见说炎州进翠衣，网罗一日遍东西。羽毛亦足为身累，哪得秋林静处飞？”太祖见之怒曰：“汝不欲仕我，谓我法网密耶？”止庵德祥住径山唱道，为禅者所宗，风化翕然。亦以《西园诗》忤上。二公皆以诗贾祸，几于不免。然止庵律己甚严，临众有法，气象巍然。一初日暮无聊，颇涉不羁，不得蒙法门矣。从是见二公之优劣，故止庵得稍酬初志，而一初则终于不振。至止庵就化，倚座示众，若无经意于死生，脱然无系，景光尤可想而见也。[②]

守仁、德祥二公皆“以诗贾祸”，故合其传。守仁精于词章，发迹于四明延庆寺，住持灵隐。洪武十五年(1382)，征授僧录司首任右讲经，三考迁升右善世。洪武二十四年(1391)，主天禧寺，示寂于寺。[③] 钱谦益《列朝诗集》也收止庵德祥法师诗并撰小传，“德祥，字麟州，钱塘人。持戒律，书宗晋人，擅名一时。诗刻苦，高逼郊、岛，有诗曰《桐屿集》”。洪武初，住持径山，临终倚座曰：“一队緌糟汉，我争如尔何！”谈笑而逝。姚少师《祥老草书歌》称云：“祥师只今为巨擘，……缙绅相与叹莫及，便欲夺去加巾冠。厥声已播不知息，箱箧盛贮光烂烂。”其为一时推重如此。吴之鲸《武林梵刹志》云：“祥公与梦观仁公同参，相与肆力于诗。仁公以南粤进翡翠，作诗寓讽云……止庵亦以《西园诗》忤上，几不免。”《西园诗》今载集中，不知所谓忤上者何语，野史流传，不足信也。祥公有题倪云林、周履道

① 郎瑛：《七修类稿》卷四十七。

② 《补续高僧传》卷二十五杂科篇《守仁、德祥二公传》。明河曰：非庄、老不行六朝教也，非诗文不大宋元禅也。去古渐远，余波末流，自应至是。然道之真伪，与夫说之是非，吾犹得即其言而观之。至于今则大不然，椎鲁不文之人，冒棒喝为禅。以指经问字为讳，何暇于诗文？轻浮躁进之士，执门户为教，方入室操戈。是图何有于庄老？愈趣而愈下。觉六朝宋元间，法道虽变古，犹为可观。因记二师数语，感时之叹，莫如今也。

③ 钱谦益：《列朝诗集》闰集《梦观法师仁公》。

书画云:“东海、东吴两故人,别来二十四番春。”又有《为王驸马赋清真轩》诗,则知公生元季,至永乐中尚在也。有《和御制赐赤脚僧》诗,又《句容道中》诗云“十年三度上京华”,则洪武中应召浮屠也。[①]

(三)《清教录》案还原

明初政坛,前有洪武胡、蓝党案,后永乐靖难也有方、黄党,僧人均遭遇“党祸”之冤案。明太祖利用智聪、宗泐等发起了《清教录》一案,构陷“胡党”涉案僧人多达64人,对江南地区佛教高僧群体给予了政治清洗和重大打击。释来复高龄被凌迟诛杀,宗泐终得赦免但也未久圆寂。除了此3僧有名列于胡党,其他61僧中究竟还有哪些人,守仁、德祥是否也在其中?因《清教录》佚失,而今已难以知其真相。学界有探究释来复之死真相,为死于党祸抑或文祸而争论不休。依笔者之见,无论党祸还是文祸,究其实质,皆为明初江南高僧崛起之悲剧结局。

钱谦益在《跋清教录》一文中有两段记述,关涉此案的原委及来复之死的讹传。

《清教录》条列僧徒爰书,交结胡惟庸谋反者,凡64人。以智聪为首,宗泐、来复皆智聪供出逮问者也。宗泐往西天取经,其自招与智聪原招迥异。宗泐之自招,以为惟庸以赃钞事文致大辟;又因西番之行,绝其车马,欲陷之死地,不得已而从之。智聪则以为胡惟庸与宗泐合谋,故以赃钞诬奏遣之西行也。果尔,则宗泐之罪,自应与胡惟庸同科。圣祖何以特从宽政,着做散僧耶?岂季潭之律行,素见信于圣祖,知其非妄语抵谩者,故终得免死耶?汪广洋贬死海南,在洪武三十二年(1399)十二月,去惟庸之诛才一月耳。智聪招辞惟庸于十一年已云:

“如今汪丞相无了,中书省惟我一人。”以此推之,则智聪之招未可尽信也。闻《清教录》刻成,圣祖旋命庋藏其版,不令广布。今从南京礼部库中钞得,内阁书籍中亦无之。(按:“洪武三十二年十二月”当系“洪武十二年十二月”之误。)

① 钱谦益:《列朝诗集》闰集第二《止庵法师祥公》。

又按《清教录》复见心招辞，本丰城县西王氏子，祝发行脚，至天界寺，除授僧录司左觉义，钦发凤阳府槎芽山圆通院修寺住。洪武二十四年(1391)，山西太原府捕获胡党僧智聪，供称胡丞相谋举事时，随泐季潭长老及复见心等往来胡府。复见心坐凌迟死，时年73岁。泐季潭钦蒙免死，著做散僧。野史称复见心应制诗，有“殊域”字，触上怒，赐死，遂立化于阶下，不根甚矣。田汝成《西湖志余》载见心临刑，道其师笑隐语，上逮笑隐而释之，尤为附会。笑隐入灭于至正四年(1344)，而为之弟子者宗泐也，来复未尝师笑隐，野史之传讹可笑如此。①

钱谦益认为，来复见心是因牵涉胡惟庸谋反案而被朱元璋诛杀，明人所记述的来复见心因献诗而触怒朱元璋，均系未见《清教录》一书的讹传。钱氏说“闻《清教录》刻成，圣祖旋命庋藏其版，不令广布。今从南京礼部库中钞得，内阁书籍中亦无之”。其实郎瑛在其《七修类稿》中明确提到见过《清教录》，那么《清教录》究竟是一部什么样的书？郎瑛在“洪武书目”条下，列出洪武帝的一系列制作，用以慨叹创业之君、王者之心：

> 痛三纲沦而九法□，无以新耳目而示劝惩，首作《大诰》三编；欲戒后代人君臣民之愚痴，作《资世通训》；以礼乐不协于中，成书曰《大明集礼》；仿《周礼》而为治天下之宏纲，作诸司职掌曰《大明律》；曰《大明令》，所以立世法也；曰《洪武礼制》、曰《礼仪定式》，所以详世礼也；《清教录》，所以戒僧道也；……念农劳而命户部计田之数，以为文武俸数，作《省贪简要录》；见功臣器用逾制，命翰林院考汉、唐、宋封爵之数，编稽制录，编历代宗室诸王善恶者以类，曰《永鉴录》，后又有《昭鉴录》；编历代为臣善恶可以劝诫者，曰《世臣总录》；……自叙得之之艰难，与更胡俗书，曰《祖训录》；又欲贻孙谋以昭燕翼，成书曰《皇明祖训》；言丧服者曰《孝慈录》；取五经四书敬天忠君孝亲而成者，曰《精诚录》；集历代祭祀祥异感应可为鉴戒者，名曰《存心录》，编汉唐宋灾异应于臣下者，名曰《省躬录》；以致《道德》有注，《论语》有解，诸经、《元史》有纂。至哉王心！无一事不加之意

① 钱谦益:《牧斋初学集》卷八十六《绛云楼题跋》。

也。创业之君，所以难欤！①

于此可见，《清教录》不过是洪武帝治世之一端，用以“戒僧道也”。在洪武帝的统治范畴里，传统士、农、工、商四民之外，又有僧、道二民。研究者根据明人郎瑛的笔记推翻了钱谦益的结论，指出郎瑛不仅在《七修类稿》中提到了《清教录》这个书名，而且还明确点出该书的主要内容乃是“所以戒僧道也”。

关于《清教录》一书在明初的刊行情况，《金陵梵刹志》及《释鉴稽古略续集》的记载如下：洪武二十五年(1392)，十二月二十一日，钦依关领《清教录》145本，发与各处僧纲司，依本刊板印造，俵散所属寺院僧人。释幻轮《释鉴稽古略续集》在洪武二十五年条下既抄录了《金陵梵刹志》钦录集中的这段记载，同时又在洪武十八年(1385)条下记述了来复见心“以赋诗忤上意被刑”，认同了郎瑛《七修类稿》所载来复见心死于文祸，即因献诗中一个“殊”字触犯了朱元璋的“歹朱”忌讳而遭到杀身之祸。

宗泐的圆寂也与突然被卷入胡惟庸案有直接关系。洪武二十四年(1391)八月十八日明太祖对宗泐等僧官的关怀备至，到突然的胡惟庸案追诉，再到九月初十的圆寂，时间上疑点重重。释心泰的《塔铭序》载宗泐出京之前“诣阙拜辞”，明太祖对宗泐言：“寂寞观明月，逍遥对白云，汝其往哉！”据《八十八祖道影传赞》记载，宗泐在说完偈语之后，将侍者喊过来说了一句“这个蕈，苦”，然后便圆寂了。释心泰《塔铭序》并没有此段记载，但是结合宗泐圆寂的背景来看，此最后遗言意蕴深刻，“似乎成为宗泐对自己和六十三名僧人成为明太祖政治上的牺牲品，万般无奈之下为整个人生所做的总结”②。

江南高僧群因明之开国而始活跃于明初政治舞台，其光华灿烂至《清教录》颁布而烟消云散。由《清教录》案显示，朱元璋在明初百废待兴的社会历史条件下，别出心裁地用僧之法终究不过是一种失败的政治尝试。

永乐年间，征召僧人风气一如洪武朝依然盛行，然永乐党祸也步其后尘。据查继佐《罪惟录》方外卷记载，溥洽在永乐初被同僚劾为“方、黄党”而遭囚禁。溥洽在洪武中应召为僧录司右讲经，主天禧寺，后升左善世。燕王即位后，有任党

① 郎瑛：《七修类稿》卷三十七，“洪武书目”条。

② 参见孙海桥：《明初高僧释宗泐行实新考》，《宗教学研究》2016年第4期。

义者忌之,乃言:"靖难兵时,溥洽为让皇设药师灯,忏诅不敬;金川开门,又为让皇薙发,方黄党也。"溥洽怡然不辩。诏囚之10余年,姚荣靖(广孝)疾革,成祖释之,复为右善世。宣德元年(1426)圆寂于南京大报恩寺。①

① "让皇"即建文帝,查继佐《罪惟录》方外卷,论曰:帝逊荒不果,安得薙发?事即果逊荒,此何时乃容传呼天禧左善世?且薙发何必僧为之?乃溥洽也。且溥洽果预方黄党,自应不免,何俟十年?按,荣靖(姚广孝)入寂时哀恳,乃是季潭保旧道侣,故以靖难首勋而宽假,逊亦似非情。

第四章　明代南京佛教诸宗演化

本章将从宗派角度来考察明代南京佛教历史的演变和特色。明代南京佛教诸宗中，禅宗最为兴盛，明初禅宗高僧大德如梵琦、大佑、道衍等人多兼修净土，禅净合流、禅净双修成为明代佛教强劲的发展趋势。而天台、华严、唯识等宗传统上称为教宗，禅教融合也成为明代佛教发展的重要趋向。另外，禅政紧密、儒释贯通也是明初禅宗发展的显著特点，禅政圆融成为明初不少禅宗高僧、名山丛林奉行的一种时尚。① 憨山德清对于明代南京佛教诸宗的发展状况曾作如下表述：

> 惟我圣祖龙飞，廓清寰宇，开万世太平之业。初至建康，剑甲未解，即崇重佛氏。洪武三年，诏天下高僧，安置于天界寺，建普度道场于钟山灵谷，名流毕集，大阐玄宗，御驾躬临，亲闻法喜，而法道之盛，不减往昔，何其伟欤！由是于一门制立三教，谓禅、讲、瑜伽，以禅悟自心，讲明法性，瑜伽以济幽冥。乃建三大刹，以天界安禅侣，以天禧居义学，以能仁居瑜伽。汪汪洋洋，天下朝宗。自北迁之后，而禅道不彰，独讲演一宗，集于大都，而江南法道，日渐靡无闻焉。②

明初洪武年间将天下寺僧分为禅、讲、教三宗以便分类管理，三宗的社会功能有着明显区分：此禅宗专以倡导清净禅修觉悟自心为主；此讲宗即传统所言"教下"诸宗包括天台、华严、唯识等宗，以讲经说法研明佛学为本；而此教宗则专指做法事超度的瑜伽教宗。以永乐迁都为界，诸宗并兴态势发生演变，迁都后"禅道不彰"，江南法道更是沉潜无闻。直至嘉、万之际方出现转机，云谷法会、素庵真节相继在栖霞传禅，雪浪洪恩弘扬华严兼治唯识，古心如馨中兴律宗，南京佛教诸宗派颇有复兴之势。在此意义上说，禅道、律仪、讲教皆有代表性僧人为先导，遂促成了万历间江南佛教的全面复兴。

---

① 《释鉴稽古略续集》，《续集稽古略叙》。僧家对此"圆融淹贯"之风如是论述："为僧而不兼外学，懒而愚，非博也，难乎其高。为儒而不究内典，庸而僻，非通也，乌乎其大。株守而弗移，自画而无进，空腹高心拘墟束教，终贻笑于大方也已矣。试观古昔之博硕钜公、渊宏开士，谁不出入于内外典章，圆融淹贯？"

② 《憨山老人梦游集》卷三十《雪浪法师恩公中兴法道传》，福建莆田广化寺印行本，第1579—1580页。

第一节
诸宗传承及其特点

明初是禅宗由元末向明代变化的一个过渡阶段，其中曹洞、云门、临济三宗并存，曹洞在北方弘传，临济兴于江南。正如《五灯会元续略》凡例曰："临济宗自宋季稍盛于江南，阅元而明，人宗大匠，所在都有。而韬光敛瑞，民莫得传。"[①]其实，活跃于明初首都南京的应召高僧，大都属于元末南方临济宗巨匠大慧宗杲系下笑隐大䜣和元叟行端的法嗣。元代禅宗名僧笑隐大䜣下出慧昙觉原，继任第四代天界寺住持兼明代首任善世院统领；又有大䜣法嗣清远怀渭、季谭宗泐被其视为禅门的"千里马"，"能弘大慧之道使不坠"。[②] 而元叟行端的高足楚石梵琦(1296—1370)，洪武初曾三次应召蒋山法会，升座说法，开示宗门大意，后世佛教界推尊其为"国初第一等宗师"。梵琦德高望重，为太祖所崇敬，示寂于天界寺，著作有《北游集》《凤山集》《西斋集》及《六会语录》等。[③] 由元入明的高僧中还有愚庵智及(1311—1378)双栖笑隐与元叟之法门，四主名刹，系继元叟行端后住持径山的知名宗匠，其门下出斯道道衍，维持了永乐佛教事业的兴盛。[④]

除了上述几位禅宗名匠外，还有不少禅门僧众活跃于明中前期的政治舞台、文坛诗林和禅宗丛林的建设中，这些禅宗活动为晚明江南佛教诸宗法脉承续提供了复兴的土壤和文化的积累。

一 禅门"庵居知识"

明前期较活跃的临济僧众之身影，多半系由元入明的高僧及其法嗣，应召高僧之外，还有大量"庵居知识"，这些庵居善知识平时虽不大亲近王臣官僚，但也

---

① 释净柱：《五灯会元续略》凡例。

② 参见宋濂《净慈禅师竹庵渭公白塔碑铭》曰："今清远师则全悟俗姓之甥，而法门之嗣子也。……时全悟以大中大夫住持集庆大龙翔寺，闻之喜曰：此吾宗千里驹。……全悟濒没亦呼而告之曰：吾据师位者四十余年，接人非不伙，能弘大慧之道使不坠者，唯尔与宗泐尔。"

③ 参见云栖袾宏：《皇明名僧辑略》之《楚石琦禅师传》，《卍新续藏》第84册。

④ 释自融：《南宋元明禅林僧宝传》卷十。

在丛林清修默默弘化，影响不小。季潭宗泐曾道："当元之盛时，庵居知识，在天目则中峰本公，(天台)华顶则无见睹公，屹然法幢，东西角立；伏龙(指千岩元长)虽晚，出而与天目、华顶并高矣。"[①]意谓千岩元长与无见先睹、中峰明本在元代中期称得上三足鼎立。其门下弟子众多，散播于江南各地，对明代前期临济宗传播甚有影响。

在元代禅门临济宗、曹洞宗众多知名高僧之中，声望最高并且对当时和后世影响最大的应推临济宗的中峰明本禅师。中峰明本(1263—1323)，俗姓孙，中峰是号，嗣法于高峰原妙(1238—1296)，属于临济义玄下第 17 世，圆悟克勤下第 8 世。明本生活在元代受到蒙古族统治者严密控制并且实行严格种族歧视政策的江南地区。他曾一再谢绝官府请住持天目山大觉正等禅寺、杭州灵隐寺等名山大寺的聘任，独自辗转于江浙各地，构建"幻住"草庵居住传法，逐渐闻名于远近丛林，并受到信奉佛教的儒者士大夫崇敬。明本一生以西天目山为传法中心，在佛教界赢得很高声誉，后世尊称为"江南古佛"。[②] 千岩元长为中峰明本弟子，保持了乃师不居官寺、不近王臣的特点。宋濂作为千岩元长的在俗弟子对此类庵居禅师特点有深切认识，其曰："盖禅师之不能为能，不用为用，芳兰生于深谷而馨香远闻，苍璧韫于玄璞而光辉外发，禅师处于遐壤而人竞从之。"[③]"若禅师者可谓能守道而弗迁者矣。古之僧伽多寄迹岩穴，友烟霞而侣泉石，至有跬步不与尘俗接者，治内之功纯，务外之意绝也。风教日偷，学者始不知自立，荣名利养之念，日交蚀于心胸，奔竞干请无所不至，足以来有识者之讪侮，可胜叹哉！禅师一钵自将，策励学徒于寂寞之滨，虽施者填委，振起颓废，重楼杰阁，弹指现前，亦未尝见其有为。……"[④]

而以中峰明本这一法系传承的江南禅宗弘化特点，导源于元世祖推行的"崇教抑禅"的分化政策。至元二十五年(1288)，江淮释教都总统杨琏真伽召集江南禅教人物，至燕京公开辩论，史称"教禅廷辩"。这次事件对元代江南禅宗影响最大。辩论之后，元世祖忽必烈诏江淮诸路，立御讲 36 所，专门筛选懂经论重修行的僧人任讲主，使广训徒。崇教抑禅的政策至少影响到元代中后期，元文宗将金

① 《千岩和尚语录》，《嘉兴藏》第 32 册，第 234 页上。洪武七年(1374)佛涅槃日天界住山宗泐谨题跋。
② 参见纪华传：《江南古佛：中峰明本与元代禅宗》，杨曾文序，中国社会科学出版社，2006 年，第 2 页。
③ 宋濂：《千岩和尚语录序》，洪武九年秋八月二十五日序。
④ 罗月霞主编：《宋濂全集》之《无尽灯禅师行业碑铭》，浙江古籍出版社，1999 年，第 448 页。

陵潜邸改建为大龙翔集庆寺，将其地位提高到五山十刹之上，并命笑隐大䜣为住持。天历二年(1329)，笑隐大䜣与蒋山昙芳守忠一起奉诏进京，"京师之为禅宗者出迎(龙)河上，曰：国家尚教乘，塔庙之建为禅者寂然。禅刹兴于今代自师始，吾徒赖焉"[①]。

元兵南下灭宋后，江南禅宗以临济宗下虎丘一系雪岩祖钦及其弟子高峰原妙、天隐圆至为代表，还有崇岳一系横川如珙、大慧派居简一系晦机元熙等宗门耆宿，大多坚守民族气节，隐居山林悬崖，"渐向寂寞"。据《高峰原妙禅师行状》载，至元十六年(1279)，宋亡后，原妙上天目山西峰，至元十八年(1281)入张公洞闭死关，直到圆寂，15 年间足不出关。圆至(1256—1298)，字天隐，别号牧潜，咸淳十年甲戌(1274)年，襄樊、襄阳已陷一年多，蒙古兵由丞相伯颜率领，沿汉水而下，渡过长江，守城宋臣或降或逃，沿江诸州相继陷落。圆至萧然出家，洪乔祖为他著的《筠溪牧潜集》作跋文，称赞他"远权要，避名誉"。横川如珙(1222—1289)，为崇岳系天童文礼弟子，曾住持灵岩寺，后举迁能仁禅寺。"丙子之乱，乃归放众寮，辞病闭卧，不应外。"丙子年，即德祐元年(1276)，蒙古兵攻入临安，俘恭帝等帝后官吏而去。净慈寺晦机元熙(1238—1319)，嗣法于物初大观，为大慧宗杲居简系的再传弟子，初期，主持净慈寺，发扬宗旨，四方英衲一时聚集。笑隐大䜣即出晦机门下。名士黄溍在《笑隐禅师行道记》中曾说："江南既归国朝，禅宗尊宿共扶其道者数公而已，晦机尤以老成，为国柱石。"他的兄长随文天祥起兵抗元战死，"至元中，杨琏真伽总统释教江淮，有旨取育王塔中舍利进入，乃亲诣师，求记述始末，因与俱朝京师。师曰：我有老母，兵后存亡不可知，归江西寻之"，坚辞了杨琏真伽的请求，宋亡后，20 年未出世。[②]

可以说，在元初的一段时间中，江南的大部分禅师出于民族心理和气节观念，拒绝接受亡宋的元朝廷，甚至给予坚决的抵制而隐遁山林，励志苦修。另一方面，元世祖忽必烈出于政治统治需要等原因，对江南禅宗采取了歧视和打击的态度，也加剧了二者之间的对立和矛盾。

---

① 廷俊等编：《笑隐大䜣禅师语录》卷末《元太中大夫广智全悟大禅师住持大龙翔集庆寺释教宗主兼领五山寺欣公塔铭(并序)》。

② 参见纪华传：《江南古佛：中峰明本与元代禅宗》，杨曾文序，中国社会科学出版社，2006 年，第 30—32 页。

二 | 临济“道契王臣”

元代中期，朝廷对于江南禅宗的态度逐渐缓和，开始注意笼络江南有影响的禅师。在这一时期中，江南禅宗因此也发生了明显的分化。大部分的禅师仍然保持着元初江南禅宗的特点，不与朝廷合作，继续隐居山林中修行，称为“庵居知识”。而还有一部分禅师则表现为积极与朝廷靠拢，住持名山大刹，显赫一时，所谓“道契王臣，名喧宇宙”。前者以中峰明本一系的禅师为代表，包括断崖了义及明本弟子千岩元长、天如惟则，以及无见先睹、石屋清珙、觉诚本隐等人；后者则以元叟行端、笑隐大䜣、昙芳守忠、古林清茂等人为代表。元代中期以后，出现了不少“道契王臣”的禅师，其中以笑隐大䜣与元叟行端的影响最大，这种影响延续到明初。[①] 如上所述，诸多临济法嗣僧众的史事皆可以说明，明初临济宗的第一个特点就是法脉清晰，禅众虽多而个性鲜明。

禅政紧密是明初临济发展的第二个特点。明朝建国之初，太祖为了迅速安定天下纷乱局面，大力阐扬在社会中具有很大影响力的禅宗。他“数建法会于蒋山，应对称旨者，辄赐金襕袈裟，召入禁中，赐坐与讲论”，其中多数皆为临济高僧。应召入京，授予官职、奉敕编修、诏敕说法是明初临济僧众提高政治地位和社会名望的一些常见表现。浙江的名山大寺如净慈寺、天竺寺、径山寺等地成为元末明初临济宗发展重镇，也是明初禅政圆融的一个中心，从这里走出去的很多大德高僧大都得到当朝皇帝的赏识，或担任僧官，或参加皇家编修，或诏赐说法。如季谭宗泐、同庵夷简、清远怀渭、逆川智顺等人，他们均应召入京，讲经说法，对江南民众影响甚大。元末明初由于战乱纷起，禅宗外无庇护之力，内无理论升华，末法衰弱之象毕露。在这种艰难困境下，中国古代高僧大德“不依国主，则法事难立”的箴言很快被临济僧众接受，并与明初政治较好地融合在一起，这也是明初临济相较曹洞、云门繁盛的一个重要的外在因素。

禅教融合、禅净双修是明初临济宗发展的第三个特征。实际上，宋元时期禅教融合、禅净双修就已经成为禅宗僧众修行的流行趋势，形成华严禅、天台禅、念

---

① 参见纪华传：《江南古佛：中峰明本与元代禅宗》，杨曾文序，中国社会科学出版社，2006 年，第 23—29 页。关于教禅廷辩，见于念常的《佛祖历代通载》卷二十二、《佛祖统纪》卷四十八《法运通塞志》中后人补修的元代的内容。二书所记载的辩论结果有所差异，结合当时其他文献记载，大致可以理清这次辩论的情况。至元年间，朝廷甚至还下旨，要将江南名刹都改为教寺(《续灯存稿》卷四)。

佛禅等宗。明代初期的临济只不过仍然是延续了宋元禅宗的传统至江南而已。此外，明代中前期不少禅僧多以诗文著称，热衷于诗歌唱和、寺院修建等活动，这些也从另一个方面展示了明代中前期禅门僧众的举废继兴、积极弘化的生活状态，为更好研究明代佛教史提供了重要的资料，这些在明代佛教方志中都有较详细的记载。[①]

三 其他诸宗态势

天台一宗，宋元两代盛传于江浙。入明以来，有东溟慧日、原璞士璋、西白万金、具庵如玘等人以讲教蜚声京国，名闻遐迩，传承不绝。

明初天台宗，统归于讲教。在元代重视讲教的行政主导下，天台之为讲教大宗，其法脉端赖于湛然性澄（1232—1297）、玉冈蒙润（1275—1342）之传，备受重视。这一情形一直延续到明初，成为明初天台不坠的重要维系力量。此外，自宋代以降，天台讲教在江南一直保持着相对完整的法系传承。这种法系传统，历元至明，虽历经元末战乱，受到冲击，但仍为明初天台所继承。明初的天台宗僧，在江南仍堪称兴盛，传习天台教观者不乏其人。其中，尤以东溟慧日、日章祖袮、具庵如玘、竺隐弘道等人影响为最，堪称明初“天台四大宗匠”。

慧日（1291—1379），号东溟，浙江天台人，俗姓贾。出家于天台广严寺，初依平山和尚，数年落发受具戒。22 岁时，随柏子庭训，习天台教观于赤城（天台县治之古称）。曾兴复遭焚毁的下天竺寺。后迁住上天竺。兴复教观，恢复古刹，元顺帝闻，特赐号“慈光妙应普济大师”，并赏金襕衣。其间，他一度退隐于会稽岩壑间，经浙江行省丞相达识帖穆尔遣使力请，再住上天竺，前后 25 年。明太祖洪武二年（1369），诏赴蒋山法会，并召见奉天殿。东溟戒腊最尊，朱颜白眉，班居前列。太祖亲问升济沉冥之道，应答称旨。太祖顾谓僧众曰：“迩来学佛者，惟饱餐优游，沉薶岁月，如《金刚》《楞伽》《心经》皆摄心之要钦，何不研穷其义？今有不通者，当质诸白眉法师。”自后召见，太祖但以“白眉”呼之。尝与弘扬华严的别峰大同、金碧峰禅师辈赐食禁中，开山说法。洪武五年（1372），于钟山建水陆大

① 参见曹刚华：《明代佛教方志研究》，中国人民大学出版社，2011 年，第 141—145 页。

斋，请东溟登座说戒。洪武十二年(1379)秋示寂，世寿89，僧腊73。

东溟慧日是天台宗承元继明的重要僧人，以上下天竺为弘化中心，从其学者甚众，"下天竺则圆具等10人，上竺则妙峰等近200人"①。嗣法弟子有思济、行枢、允鉴、允忠、良谨、普智、文会、元秀、景梵等人。②

祖祢(1310—1379)，字日章，别号用拙，姑苏常熟人，俗姓张。祝发后，东游四明，随延庆寺我庵无公、育王寺石室瑛公学，后嗣法于竹屋净法师。历住永定教寺、昆山广孝寺、嘉定净信寺诸刹，"主教吴下垂五十年"。洪武二年(1369年)，诏赴天界寺说法，特赐"慈忍法师"之号。其嗣法弟子有决斯纯妙等人。③

如玘(1320—1385)，号具庵，别号太璞，浙江余姚人，俗姓张。16岁投横溪普安寺觉海为师出家，始投明州延庆寺我庵本无学，后随绝宗善继学于杭州荐福寺，得法于文明海慧继绝宗公。因"只一具字，弥显今宗"句，故号"具庵"。如玘尝住绍兴云门寺，后应慧日东溟之请，继主上天竺首座，迁主永寿寺。《大明高僧传》称其

> "学冠群英，才逸三教，非但十乘三观、九经七史，凡世间所有名言秘典无不博综"④。洪武初，受善世院之命，主普福寺。洪武四年(1371)，出主演福寺，时称"演福如玘"。次年，受诏赴蒋山法会，主讲台乘要义。洪武十年奉旨与明初名僧天界寺宗泐共同笺释《心经》《楞伽》《金刚》三经，并颁行天下，传称一时。后任僧录司讲经职。如玘博学多识，精天台小部、大部诸书，曲畅旁通，"不独教观探其奥，至于外典亦皆究其异同。……其偈颂赞疏亦皆粹美，师于山家授受，的有端绪，为学者言，纵横淹贯。翰林学士宋公濂击节叹赏，以为宗教之有人也"⑤。

其门下弟子有南洲溥洽、上天竺一如、下天竺唯寔等人。

弘道(1315—1392)，字竺隐，吴江澄源里人，俗姓沈。从杭州西湖雷峰寺鲁

---

① 《杭州上天竺讲寺志》卷四，杭州出版社，2007年，第69页。
② 《大明高僧传》卷三，《大正藏》第50册，第908页下。
③ 《大明高僧传》卷三，《大正藏》第50册，第908页上。
④ 《大明高僧传》卷三，《大正藏》第50册，第909页中、下。
⑤ 《续佛祖统纪》卷二《法师如玘》。

山文师，学天台教观。稍后，天台觉先系我庵本无（1286—1343，字极元，号我庵）迁住天竺。我庵示寂后，从学于荐福寺绝宗诸师。[①] 洪武十年（1377），受旨笺注《楞伽经》，太祖亲制"竺隐说"赐赠。洪武十五年（1382），升住上天竺，领杭郡都僧纲职。次年，更任僧录司左善世，统领天下僧事，直到洪武二十四年（1391年），告老退职。弘道示寂于洪武二十五年（1392），享年83。建塔于天竺双桧峰。姚广孝为撰塔铭。

华严宗在明初有别峰大同（1289—1370）应召京师，弘讲华严。别峰早年于会稽崇胜寺薙染出家，先后转益多师，"究清凉宗旨于春谷法师，精四法界观于古怀肇公，见晦机熙公深有悟入，见中峰禅师，托以弘扬贤首之教"[②]。春谷、古怀皆为当时名重一时的天台兼弘华严者，晦机与中峰则为一代禅僧，分住杭州、天目山。中峰禅师更特书偈赞清凉像，赠送别峰。六年之后，返回宝林华严教院，近侍春谷，并分座讲《华严经》。据记载，对于华严教义，别峰特重法藏《华严五教义》与澄观《华严玄谈》。"凡清凉一家疏章，悉撮其会通，而领其枢要，义趣消融，智光发现，识者心服之。"[③]

别峰主张诸宗会通，禅教一致，认为"万法本乎一法，不识孰为禅，又孰为教也"。别峰倡导经教与参禅自识本心的结合。在华严传法世系中，春谷元遇为华严第十九传、贤首下第十八世，别峰大同则为华严第二十传、贤首下第十九世。明河在《补续高僧传》中高度评价了别峰大同弘兴华严的历史功绩，称"贤首之宗，不振久矣，凛乎若九鼎一丝之悬，师独能撑支震耀，使孤宗植立于十余传之后，凡五十年"[④]。嘉靖年间，无极守愚由鲁庵（普泰）传授贤首教旨历二十余年，门下出雪浪洪恩（1545—1608），尽传其学，著称于江南。[⑤]

慈恩宗典籍，宋元间渐次失传，至明初几乎成为绝学。正德年间（1506—1521）鲁庵稍弘于北方，无极继之，渐传于南地。雪浪从无极学《华严》，旁及《唯

---

① 《新续高僧传》卷五《明杭州上天竺讲寺沙门释弘道传》，载《高僧传合集》，上海古籍出版社，1991年，第801页中。

② 释幻轮：《释氏稽古录续集》卷二，《大正藏》第49册，第923页上。

③ 释明河：《补续高僧传》卷四《解义篇》，《卍新续藏》第77册，第393页下。

④ 释明河：《补续高僧传》卷四《解义篇》，《卍新续藏》第77册，第394页下—395页上。

⑤ 《憨山老人梦游集》卷二十三《法性寺优昙华记》，福建莆田广化寺印行本。"尝忆余龆年，初弃家，吾祖西林大师延守愚先师，住奘师塔院。……江南法道之兴，果自此始。余法兄雪浪，迨今名播寰中，不忝慈恩之窥基。"

识》，辑有《相宗八要》。其门人巢松曾领学徒在焦山专攻《成唯识论》三年；一雨著有《成唯识论集解》十卷，可知其学风的趋向。其后明昱（1527—1616）曾讲唯识于南京、北京及杭州等地，著有《成唯识论俗诠》等书。金陵王肯堂（？—1614）为医学世家，亦研治《成唯识论》，因感慈恩著疏亡失，乃辑藏中经论及《华严疏钞》《宗镜录》诸典正释唯识之文，编撰《成唯识论证义》十卷。

律宗自明初以来，彰显甚微。万历初，如馨（1541—1615）在南京古林寺传戒，三昧（1580—1645）继之，律学大振。晚年应请入南京宝华山传戒，著有《梵网经直解》四卷。其法嗣见月读体继制《传戒规范》。古林遂成明清以来律宗中兴之祖庭道场。

四 诸宗融会归净

入明之后，禅、讲、教三宗分立，导致讲僧们在其具体的实践修持生活中，往往致力于华严与天台的融通兼弘。这种兼弘华严的讲教格局，成为明代华严学弘传的主流。只不过明初中期以台贤兼弘为多见，体现为讲教类型的兼弘；而晚明时期则以禅僧兼弘华严为常见，呈现出禅教兼弘的类型。

对于明代佛教的诸宗融会，憨山德清肯定了朝廷在此过程中所起的导向作用："予倾读钱太史集《护法录》，见宋学士作《国初高僧传》。法门之盛，何其伟欤！恭惟我圣祖开基创业，建立三宝，崇重法门，超越百代，而一时名德，光扬佛祖之道，不减在昔，盖千载一时！自此而降，渐渐寂寥，而嘉、隆之际极矣。何幸先太圣母，身式圣主，兴扬佛事，遍满宇内！四十余年，未尝暂息，亦从前所未有也。若法门龙象，五大师际会一时，虽体用不同，理事各别，其所以扶树宗教，开人天之眼目，作长夜之智灯，未尝不与佛祖同途合辙，况巍巍堂堂为大光明幢哉！"①德清在此阐述了明初法门的兴盛，降至嘉靖、隆庆之际衰微至极。万历年间幸得圣母皇太后效法明太祖襄赞法门，寖至高僧辈出，诸宗复兴。

净土法门，自宋元以来成为各宗的共同信仰。明初梵琦、妙声、大佑、道衍等人，都弘赞净土，各有著作。入明以后，承绪宋元余风，净土寓于禅、台二宗而普

① 《憨山老人梦游集》卷三十一《刻五大师传题辞》，福建莆田广化寺印行本，第1652—1653页。

遍流行于缁素之间，一时繁盛空前。明初之时，天台宗匠有蘧庵大佑，宣唱净土。大佑(1334—1407)，姑苏吴县人，字启宗，号蘧庵。年12出家，通内外经典，尝从古庭善习《华严》，复从九皋声学《摩诃止观》。阅元代蒙润之《天台四教仪集注》而得省，通达天台纲格。尝为苏州北禅天台讲寺住持，专修念佛三昧。洪武晚期应诏右善世、左善世，考试天下僧徒。大佑弘阐净土法门的主要著作为《净土指归集》，流行甚广。传灯称大佑"精于教理，其于净土一门，尤得其妙，有《净土指归集》盛行于世"①。

《净土指归集》共分原教、宗旨、法相、观慧、行法、证验、决疑、斥谬、指广、劝修十门。在《原教》门中，大佑明确指出，诸佛出世度生，随机演教，"求其至简至易，俾初心凡夫顿悟上乘，速登不退者，无若乎净土法门之径且要也！"②该书之作，广引诸家论说，而以四明知礼之说为归，倡约心观佛说。据上所述，天台宗僧大佑对于净土法门，学解并重，既注重对净土思想的义理诠释，同时又专修念佛三昧。此外，大佑法师还撰有《佛说阿弥陀经略解》一卷，明末无尽传灯的净土著述《弥陀圆中钞》，即是对此书的钞释，可见其影响之广。

晚明云栖祩宏，推赞梵琦为禅净并弘的第一等宗师，专志净业，广受缁素的归向，建立了云栖山净土宗道场。智旭精究各宗教义，亦以净土为三学(禅、教、律)的指归。智旭的弟子成时，选编有《净土十要》，流传很广。此外，慧经、元来、元贤、圆澄等曹洞宗匠也都提倡禅净双修，其影响一直延至今日。万历中佛教复兴，仰赖于云栖大师的道力感化，净土信仰一时顿兴。有关净土法门的丛林著述注疏，时有出现于世。而弘扬净土法门、修持念佛三昧者，更是层出不穷。③

"念佛三昧"，是禅、教、净融会的极致。智旭在其《重刻宝王三昧念佛直指序》中称曰：

念佛三昧，所以名为宝王者，如摩尼珠，普雨一切诸三昧；如转轮王，普统一切诸三昧王。盖是至圆至顿之法门也。始自《华严》，终至《法华》，一代

① 传灯：《弥陀圆中钞》序，扬州藏经院存板刻福建莆田广化寺本，第9页。
② 大佑：《净土指归集・原教门第一》，《卍新续藏》第108册，第116页下。
③ 有关明末弘演净土教的主要文献及其代表人物，参见圣严：《明末的净土教人物及其思想》，载《明末佛教研究》，法鼓文化，2000年，第112—148页。

时教无不赞扬此宝王三昧;始自文殊、普贤,乃至永明、楚石,一切菩萨圣祖,无不修证弘通此宝王三昧。而世之昧者,犹以为自性弥陀,非即乐邦教主;唯心净土,不在十万亿西。妄认六尘缘影为自心相,全不知十方法界,一一无非即心自性也。可不哀哉![1]

[1] 智旭:《重刻宝王三昧念佛直指序》,《净土十要》卷八。

第二节
“国初第一宗师”楚石梵琦

明太祖朱元璋顺应元代佛教的基本趋势，结合其国朝统一的政治需要，在较短时间内不断制订、调整、完善宗教政策，对有明一代的佛教格局产生了多方面的深刻影响。特别是其出身佛门的特殊经历，对佛教的认识往往左右着朝廷佛教政策的制订力度。明代建朝之初，朝廷持续地利用一些学识渊博、才识皆具的禅僧智慧及其广泛的影响力，以落实佛教教化的治道作用，亦是顺理成章之举。在明初社会，佛教受制于政治导向，远甚于其道德教化所发挥的功能，其中明初三大禅僧楚石梵琦（1296—1370）、季谭宗泐（1318—1391）和斯道道衍（1334—1418）的影响尤巨。这三人都属于临济系禅师，由此可看出当时禅宗的实际影响力。这里我们重点阐述被称誉为“国初第一宗师”的楚石梵琦，因为他不仅是明初禅门巨擘，而且他昭示宋元以来禅净并弘、禅教融合的大趋势。

一 第一宗师由来

“第一宗师”这个说法，因晚明“四大师”之一的云栖祩宏之推赞，而丛林遍知。祩宏曰：“本朝第一流宗师，无尚于楚石矣。扁石室曰西斋，有《西斋净土诗》一卷行世。……彼自号禅人而浅视净土者，可以深长思矣。”[①]祩宏将其传记置于《皇明名僧辑略》之首，却未收录宗泐与道衍二人之传，这是耐人寻味的，不仅缘于时间的序列关系，更有其他方面的因素。其中之一，或许是有鉴于宗泐、道衍在当时的政治风头过健，而楚石梵琦则似乎有意避免政治上过于引人注目。另外就是推许梵琦虽有禅师之风，却志于西方净土，撰有《西斋净土诗》，大别于轻视净土的禅师之流。蕅益智旭与云栖祩宏的评价态度相一致，把梵琦置列于明代禅宗第一人，称道“禅宗自楚石梵琦大师后，未闻其人也”[②]。

---

① 祩宏：《皇明名僧辑略》之《楚石琦禅师》，《云栖大师全集》，福建莆田广化寺印行本，第 2535 页。
② 智旭：《灵峰宗论》卷五之《儒释宗传窃议》。

梵琦，字楚石，浙江宁波象山人，俗姓朱，别字昙耀，寓佛日普耀昏暗之意。4岁失怙，由他的祖母抚养成人，自幼聪慧超群，诗书过目不忘，人以奇童视之。9岁入浙西海盐天宁永祚寺，投讷翁谟师学经。不久，往湖州崇恩寺，依晋翁询为师，并在元代著名书法家赵孟頫的资助下，偿付度牒费用，于16岁时往杭州昭庆寺受具足戒，正式为僧。此后四五年间，梵琦随晋翁询学，为其侍者，兼司藏室。尝阅《首楞严经》，至"缘见因明，暗成无见"处而有省。自此，遍览内外典籍，不假师授，文句自通。①

梵琦为学，以禅修为主，宗归临济，兼习经教，尤重《楞严》与《华严》。当时，梵琦闻元叟行端(1255—1341)主持江南禅修中心径山寺，故决意前往参学。据记载，梵琦于元叟座下，为时不长，却参禅精进。尝问："如何是言发非声？色前不物？"元叟遽曰："言发非声，色前不物，速道速道。"梵琦拟进语，叟振威一喝。梵琦愕然而退。不久，因梵琦擅长书道，遂应元英宗(1321—1323年在位)选召，参加诏写金字大藏经，馆于万宝坊。1324年除夕之夜，梵琦闻西门外的击鼓声，顿时汗如雨注，豁然大悟，述偈曰："崇天门外鼓腾腾，蓦札虚空就地崩。拾得红炉一点雪，却是黄河六月冰。"②此为梵琦最为著名的悟道偈。

元泰定元年(1324)，梵琦从北京返径山，再参元叟，呈以自悟之偈。元叟见其深契禅旨，甚表欣慰，曰："西来密意，喜子得之矣！"委任之以首座，以为尽得大慧禅法之奥。此后，遇有来径山参叩者，多令梵琦代为辨决。自此，梵琦登室为元叟行端的嗣法弟子，属大慧宗杲下五世法孙，声名渐彻南北。

二 六坐道场，禅净并弘

梵琦一生弘法，凡六坐道场，历住海盐福臻禅寺、天宁永祚禅寺、杭州路凤山大报国禅寺、嘉兴路本觉寺、光孝禅寺等诸刹，终寂于海盐天宁寺。他以文字作佛事，成为元末明初闻名江南的一代禅僧。

泰定年间(1324—1328)，梵琦受宣政院命，主持海盐福臻寺。此为梵琦禅师

---

① 梵琦的传记文献，参见其法弟至仁所撰《楚石和尚行状》(1370)及宋濂《塔铭》(1370)，皆收录于《楚石禅师语录》卷二十，《卍新续藏》第71册。此外，则有各僧传的相关传记文献。

② 《楚石和尚行状》，《卍新续藏》第71册，第659页下。

六坐道场之始，其弟子祖光等人编有《住福臻禅寺语录》一卷。尝撰《题五相无碍》曰："万法圆成一念中，众生世界尽牢笼。光相大小珠相似，赤白青黄色不同。毕竟未知何处起？如今方信本来空。平常一句如何会？日出西方，夜落东天。"①

天历年间（1328—1330），梵琦迁住天宁永祚禅寺。永祚寺，本为梵琦受经之地，创大宝阁，范铜铸贤劫千佛，而毗卢遮那，及文殊师利、普贤、千手眼观音诸像。又造七级佛塔，高达 240 余尺，颇为壮观。元顺帝至元元年（1335），迁主杭州报国寺。至正四年（1344），再转嘉兴本觉寺，建万佛阁，宏伟壮丽，俨如天宫。元顺帝嘉其行业，赐以"佛日普照慧辩禅师"之号，兼主报恩、光孝二刹。

至正十七年（1357），时值元末战乱，梵琦退隐永祚寺，筑西斋室，自号西斋主人，意欲终焉。其间，撰《西斋净土诗》一卷，颇受云栖祩宏等人的推崇，亦标志着楚石梵琦晚年禅净兼修的归趣所在。至正二十三年（1363），受州大夫之请，再主永祚寺事，重修毁于兵乱的七级佛塔。

梵琦晚年入明，颇为明太祖礼遇，曾二度受请主持蒋山普济法会，并升座说法，对明初佛教活动的正常展开起到了重要的稳定作用。入明后，洪武元年（1368），朱元璋即诏江南著名僧人 10 余人，于蒋山禅寺作设水陆大会，普济幽冥。梵琦受请升座说法，甚得太祖赏识。洪武二年（1369）春，梵琦再度参加法会，太祖锡宴于文楼，亲承顾问，并以内府白金以赐。洪武三年（1370）秋，朱元璋询佛经中有关神鬼幽微难测的记载，并了解时僧中通三藏之说者。梵琦法兄梦堂噩公、法弟行中至仁同被诏命，馆于大天界寺，援据经论成书，将入朝敷奏，梵琦忽示微疾，临终索笔书偈："真性圆明，本无生灭，木马夜鸣，西方日出。"尽管当时禁行火葬，但鉴于梵琦的影响力及入寂的瑞异，礼部奏闻太祖，特命从教火葬。归海盐，建塔于天宁永祚禅寺。世寿 75，僧腊 63。

三 "无愧妙喜诸孙"

梵琦兼通禅教，应机说法。明开国文臣宋濂是梵琦最知名的方外交，尝为撰塔铭并序其语录。据《塔铭》所述，梵琦尝称"世间万物，林林总总，皆能助发真常

① 《楚石禅师语录》卷十八，《卍新续藏》第 71 册，第 648 页下。

之机。嘻、笑、怒、骂，无非佛事”。又称“处处无非佛事，头头总是道场。酒肆淫坊，了无挂碍；龙宫虎穴，任便经过。亦可入魔，亦可入佛，然后佛魔俱遣，凡圣不存”①。在僧传记载中，梵琦讲法，“纵横自如，应物无迹，山川出云，雷蟠电掣，神功收敛，寂寞无声，由是内而燕齐秦楚，外而日本、高丽，咨决心要，奔走座下，得师片言，装潢袭藏，不翅拱璧，师可谓无愧妙喜诸孙者矣”②。

梵琦弘化声名卓越中外，“道化所被，薄海内外，高丽、日本学者，尤钦慕焉”③。宋濂为其集有《六会语录》《净土诗》《慈氏上生偈》等诗偈集，别集有《北游集》《凤山集》《西斋集》三册，其中《和天台三圣诗》《永明寿禅师山居诗》《陶潜诗》《林逋诗》颇为时人所知，通行本则有《楚石禅师语录》20 卷，密藏道开言“观其言句，真的骨血也”④。

梵琦童真修道，嗣法于元叟行端，为大慧宗杲五世法孙，禅林正统，法脉淳正，处事低调，为学精进，为人豁达。晚年时，梵琦更表达出对净土法门的推崇，并于 1359 年在永祚寺建了一间“西斋”，自号“西斋老人”。其间，梵琦撰写了《西斋集》一卷，为赞颂净土的诗歌集，成为明代第一位倡导禅净双修的禅师，颇受到袾宏、智旭等晚明高僧的尊敬与推崇。他把禅净双修的目标阐释为对自心与佛性之间同一性的自觉意识。通过诵念“阿弥陀佛”四字佛名，由之引发对“念佛者究竟为谁”的深刻疑情，将最终引向无心之境。这其实是明代盛行一时的参究念佛禅之先导。

自元入明，梵琦身为“臣僧”的表率，尽管并不追求名位，但这不妨碍他获得极高的朝廷赞誉，享受着皇帝隆宠所带来的弘法声誉。作为临济宗僧，梵琦与乃师元叟行端一样，都能变通性地继承着大慧禅法秉承的忠义传统。这也是梵琦在明代佛教界获得崇高声誉的一大因素。此外，梵琦把诗禅与书道相结合的行化风格，颇为士子所受纳，更增添了其应机弘化的社会影响力。后人尊其为明代第一禅师，可谓实至名归，并非过誉之词。

楚石非但是明初禅政圆融的领军，更是明代禅教圆融的先行者。明初华严与禅修法门的结合者，则非楚石梵琦莫属。梵琦虽嗣法于元叟行端，但其禅法具

① 宋濂：《佛日普照慧辩禅师语录序》。
② 《补续高僧传》卷十三，《卍新续藏》第 77 册，第 469 页。
③ 至仁：《楚石和尚行状》，《卍新续藏》第 71 册，第 660 页下。
④ 《密藏开禅师遗稿》卷下《藏逸经书标目》，台湾新文丰公司，1993 年，第 97 页上。

有显而易见的圆融特征。日本学者忽滑谷快天称“梵琦之思想为华严一乘纯谈圆融之妙者”，并指出，“华严者，北宋以来盛为禅门所用，天下禅匠无不被其影响，至琦数设华严经会提唱其说，据《语录》自明”[①]。据《楚石梵琦禅师语录》所载，梵琦弘法一生，曾四设华严经会，即真如华严经会、慧明院华严经会、兴化院华严经会、海印兰若华严经会，从中可以看出梵琦对华严经学的摄受立场。

首先，梵琦不仅熟悉唐译《八十华严》之经文结构及具体内容，并且能够自如运用禅法见地而对《华严》经旨及唐代华严诸祖师的教学思想做出会通圆融的阐释。综观其《语录》记载，梵琦对《华严》经旨信手拈来，并给听闻者以全然不同于讲僧的诠释，令人耳目一新，印象深刻。

在真如华严经会上，楚石梵琦示曰：“华严会上，文殊普贤及四十二位法身大士、五十三位诸善知识，各各演说无尽法门，何曾道著第一句来?”又称：“释迦老子正觉山前，半夜子时，明星出现，忽然大悟，是第二句；三乘十二分教，权实顿渐，半满遍圆，是第三句。三世诸佛、六代祖师、天下老和尚尽力道，也只道得第三句。”[②]

对于佛教的理事、心物、凡圣诸关系，梵琦做出了禅与华严教学之间的圆融阐释，明确主张“无理外之事，无事外之理；无心外之物，无物外之心”。世间万法，“一一交参，重重摄入”[③]，“头头上明，物物上了，如理如事，亘古亘今”。“在凡不减，在圣不增，超百千万亿日月光明，遍不可思议虚空分剂，无一理不显，无一事不周，无一物不玄，无一土不妙，无明即是佛性，烦恼即是菩提，生死即是涅槃，尘劳即是解脱，譬如虚空，体非群相，而不拒彼群相发挥。”据此体性观，梵琦进一步阐释了华严圆融旨趣，“搅酥酪醍醐为味，熔瓶盘钗钏为一金，总阴阳寒暑为一时，混江河淮济为一水，一印一切印，一成一切成，一破一切破。所以道：佛说一切法，为治一切心。我无一切心”[④]。这种理事圆融的心法观念，能够有效地运用于具体的禅法修行中。

梵琦运用华严法界圆融统观，其旨趣终归于禅教一如。对此，梵琦主张教不异禅、禅不异教说，他认为，“教是佛口，禅是佛心”；“更分什么禅、拣什么教？立

① 忽滑谷快天：《中国禅学思想史》，朱谦之译，上海古籍出版社，1994年，第704页。
② 《楚石梵琦禅师语录》卷九，《卍新续藏》第71册，第590页中。
③ 《楚石梵琦禅师语录》卷五，《卍新续藏》第71册，第569页下。
④ 《楚石梵琦禅师语录》卷九，《卍新续藏》第71册，第590页上、中。

也在我，扫也在我，我为法王，于法自在。若立去，有禅有教；若扫去，禅教皆除，二十重华藏世界海，在什么处安著？”梵琦偈曰：“……若能悟此真法界，谁是成佛不成佛？毗卢遮那我同证，普贤文殊妙法身。五十三人善知识，为我印知如是说。”[①]

梵琦倡导禅教融合，认为“教是佛语，禅是佛意”，二者融会相通。他称引《华严经》文说：

> 经中道：“若人欲了知，三世一切佛，应观法界性，一切惟心造。”觅心了不可得，更说什么惟心？心既不可得，毗卢遮那亦不可得，无量诸佛亦不可得，文殊、普贤、观音、弥勒亦不可得，善财童子、五十三善知识亦不可得，十信、十住、十行、十回向、十地、等妙二觉亦不可得，不可得亦不可得，却从不可得中流出一切言教。所以道：教是佛语，禅是佛意。诵佛语者，须识佛意；识佛意者，必通佛语。[②]

梵琦把圭峰宗密引为禅教一致的典范。他说：“圭峰和尚，他是真个悟得底，曾著《禅源集》，和会禅讲两家。”梵琦指出，圭峰宗密反对“讲者毁禅，禅者毁讲”。于此处，梵琦话锋一转，批评当时佛教修学中的禅讲对立。他说：“今时弟子，彼此迷源。修心者，以经论为别宗；讲说者，以禅门为异法。若谈因果修证，便推属经论之家，而不知修证正是禅门之本事；闻说即心即佛，便推属胸襟之禅，而不知心佛乃是经论之本意。”“圭峰所诠，自是禅门标表，亦是教乘骨髓。”[③]梵琦称许宗密禅教一致论的融合立场，并非认同其归宗华严的理念，而主要是注重经教与禅修的互补关系。

① 《楚石梵琦禅师语录》卷九，《卍新续藏》第71册，第592页上、中。
② 《楚石梵琦禅师语录》卷九，《卍新续藏》第71册，第593页上、中。
③ 《楚石梵琦禅师语录》卷九，《卍新续藏》第71册，第593页中。

第三节
云谷法会与江南禅道中兴

永乐迁都之后，禅道不彰。明中晚期，江南禅道之兴，多得益于云谷法会及素庵真节二公，相继在栖霞传禅，激发诸多江南士绅护持参禅。嘉靖、隆庆年间，佛教诸宗派中的禅、教、律渐显中兴景象，至万历年间方达到全面复兴。而南京则为江南佛教禅、教、律中兴的中心地区，由此迅速扩展到江浙及江西、福建等一些传统佛教文化兴盛地区，并表现出与以北京为中心的北方佛教兴盛不同的特点。

一 江南佛法禅道中兴机运

明中叶以来，作为留都的南京成为当时南方佛教僧教育的重镇，但仍然禅道阒寂，讲教不兴，“律仪中废，戒法失传”。其中兴之机运要归功于当时南京僧录司左觉义兼大报恩寺住持西林大和尚，被晚明四大师之一的憨山德清称为其在大报恩寺学法的“高祖”。德清在传记中阐述了当时江南佛法衰颓的状况及中兴之机运。

> 先是江南佛法未大行，(西林)翁虽居官秩，切以法门为忧。每见僧徒见轻于士林，叹曰：为僧不学，故取辱名教，玷污法门耳。初请先师云谷和尚，住三藏殿，教诸习禅者。于是始知有禅宗。数年，先师去隐栖霞。适守愚先师南来，五台陆公为祠部主政，谓祖翁曰：顷见高僧守愚法师，讲演甚明。当请至寺，教习僧徒。翁即礼请先师，居三藏殿，设常住供赡。选僧数十众，日亲领往听讲。从此始知向佛法。云谷先师居栖霞，陆公游摄山，见而雅重之，即欲重兴，请师为住持。师坚辞不可，乃属(西林)祖翁举嵩山善公为栖霞住持，由是重兴道场。复寺业，开法社，为接待丛林。自是禅道、佛法乃大行，方知有十方接待。皆吾(西林)祖翁力兴起也。先是僧多习俗，不能对士

君子一语。翁居常谓僧徒：以禅教为本业。然欲通文义，识忠孝大节，须先从儒入。乃延儒师，教某等十余人，读五经、四书、子史。某所以粗知读书文义。及披剃，即知听讲习禅。即雪浪中兴一代教法，皆（西林）翁慈心摄持教养之力也。（西林）翁掌僧录印二十五年，诸山一体奉法惟谨，山门事务，一草一叶，不敢轻弃，视常住如眼睛。故山门兴而法运昌也。[1]

二 云谷法会开创江南禅道

作为重阐江南禅道的先导人物，云谷法会的作用尤显突出。据憨山德清在年谱嘉靖四十四年（1565）条下记载，“江南从来不知禅，而开创禅道，自云谷（法会）大师始。少年僧之习禅者，独予一人”[2]。

法会，别号云谷，浙之嘉善胥山人，俗姓怀。生于弘治十三年庚申（1500），寂于万历三年（1575）。9岁出家，初习瑜伽教，每思曰：“出家以生死大事为切，何以碌碌衣食计为?”年19即决志操方，20岁登坛受具戒。先修学天台小止观法门，后往嘉兴天宁寺，问道于正在闭关修行的法舟道济（1489—1560）禅师。[3] 法舟弘传径山之禅道，开示称：“止观之要，不依身心气息，内外脱然。子之所修，流于下乘，岂西来的意耶? 学道必以悟心为主。”法舟因示以旨要，令参念佛话头。法会依教日夜参究，一日受食，食尽而不知，碗忽堕地，猛然有省，恍如梦觉。复请益法舟，蒙印可，承其法嗣。阅《宗镜录》，大悟禅宗唯心之旨。从此一切经教及诸祖公案，皆了然于胸，如目睹家中故物。于是“韬晦丛林，陆沉贱役”。[4] 此后数年，云谷法会北游燕都，与遍融、白云等人相切磋，禅修工夫益进。

---

① 《憨山老人梦游集》卷三十《南京僧录司左觉义兼大报恩寺住持高祖西林翁大和尚传》，福建莆田广化寺印行本，第1547—1549页。

② 《憨山老人梦游集》卷五三《憨山大师自序年谱实录》上，福建莆田广化寺印行本，第2890页。

③ 道济，字法舟，俗姓张，浙江嘉兴人。21岁，潜入天宁寺为行者，依月舟和尚法嗣默堂宣住，于服勤之余，多所谘访。后诣东禅寺，薙染出家，并折节师事默堂之子吉庵祚，朝夕参叩，蒙其印可。继谒古印、云峰诸师，日益深奥。嘉靖初，出世于金陵安隐寺，上堂开法。未几，应嘉兴籍吏部尚书陆光祖（五台居士）之请，迁住天宁寺。其后随缘迁转，前后二十余所。所说法语偈颂等若干言，门人正雨等人集而梓行。（参见明河：《补续高僧传》卷第十六，《卍新续藏》第77册，第484页上。）

④ 《憨山老人梦游集》卷三十《云谷先大师传》，福建莆田广化寺印行本，第1553—1554页。

一日，云谷法会研阅宋代明教契嵩《镡津文集》，深见明教大师护法深心，制行立愿，希望能够效法契嵩，复振法道，顶戴礼诵，至终夕不寐。[①] 当时，“江南佛法禅道绝然无闻”，云谷法会初至金陵，寓居天界寺毗卢阁，淡泊名利，精进行道，见者称异。魏国公闻之，乃请于西园丛桂庵供养，云谷住此入定三日夜。居此不久，报恩寺住持西林和尚，请其住本寺三藏殿。云谷于此危坐一龛，绝不迎来送往，足不越阃者三年。偶有权贵来游，见云谷端坐，“以为无礼，谩辱之”。云谷乃杖锡摄山栖霞，因喜栖霞幽深，遂诛茅结庵于千佛岭下，影不出山，耽乐禅悦。有盗贼入室行窃，窃去所有，尚不离庵。贼被拿获，送还云谷禅师，禅师非但不责，还给食物并把所有都与之持去。由此闻者感化。[②]

云谷法会禅修之始行于世，得缘于陆光祖等宰官居士的大力外护。陆光祖，别号“五台居士”，浙江嘉兴人，与云谷法会同乡，初仕为祠部主政，乃是当时闻名遐迩的佛教外护。他参访古道场，偶游栖霞，见云谷禅师气宇不凡，雅重之，遂欲重兴栖霞，请云谷法会为住持。云谷坚辞，举嵩山善公以应命，善公不负所请，尽复栖霞寺故业。“斥豪民占据第宅，为方丈，建禅堂，开讲席，纳四来。江南丛林肇于此，师之力也。”道场既开，往来者众，云谷禅师乃移往山之最深处。由于陆光祖的社会名望及善巧开导，云谷禅师的精深禅道，始为世人所知，一时宰官居士，多造岩参请。[③]

对于云谷法会在嘉靖年间中兴禅道之举，德清称“江南开创禅道，自云谷(法会)大师始盛”[④]。嘉靖丙寅冬(1566)，云谷禅师“愍禅道绝响已久”，乃仿《华严经》善财童子五十三参之例，“集五十三人，结坐禅期于天界寺。师力拔予入众同参，指示向上一路，教以念佛，审实话头。是时始知有宗门事。比南都诸刹，从禅者四、五人耳”[⑤]。又，憨山年谱自记曰：“是年(嘉靖四十四年)冬十月，云谷大师建禅期于天界，集海内名德五十三人，开坐禅法门。大师极力拔予往从，少师翁听之，乃得预会。”[⑥]

---

① 释明河：《补续高僧传》卷第十六《习禅篇·云谷会师传》，《卍新续藏》第77册，第484页上。

② 《憨山老人梦游集》卷三十《云谷先大师传》，福建莆田广化寺印行本，第1555页。

③ 《憨山老人梦游集》卷三十《云谷先大师传》，福建莆田广化寺印行本，第1556页。

④ 福征：《憨山大师年谱疏》卷上，金陵刻经处影印本，第17页。《憨山老人梦游集》卷五十三所记，略有不同，可参见。

⑤ 《憨山老人梦游集》卷三十《云谷先大师传》，福建莆田广化寺印行本，第1558页。

⑥ 《憨山老人梦游集》卷三十《云谷先大师传》，福建莆田广化寺印行本，第1595页。

据德清记载，云谷法会每见修行禅道者，“即问日用事如何。无论贵贱僧俗，入室，必掷蒲团于地，令其端坐，返观自己本来面目。甚至，终日竟夜无一语”。临别必叮咛曰：人命无常，“无空过日”。再见，必问别后用心、功夫、难易何如？有的参禅者茫然无以应对，云谷禅师慈心愈切，禅师全以平等心相摄，“从来接人，软语低声，一味平怀，未尝有辞色”。当时士大夫归依者日益众，即不能入山，有请见者，云谷禅师以化导为心，亦去就见。“故亲近者，如婴儿之傍慈母也。”①

云谷法会是江南禅道中兴的重要师资，当时南都诸刹习禅者屈指可数，禅道师资更是难得。云谷禅师来至南京后，不仅自己经常闭关禅修，更开江南集众修禅之风，并注重接引学人禅修，对江南禅道彰显中晚明之世贡献至巨。尤可瞩目者，云谷历住嘉兴天宁寺、金陵天界寺、报恩寺、栖霞寺等名刹，成为“万历佛教三大师”中憨山德清、紫柏真可的重要师资，成为晚明佛教全面复兴的主要先导者之一。黄宗羲但知“有明自楚石以后，佛法中衰，得紫柏、憨山而再振”，而不知紫柏、憨山的禅门师资即为云谷法会耳。②

憨山德清早年师从云谷禅师学禅，他以自己的亲身经历阐述了云谷禅师训诲不倦的师资风范。憨山19岁时有不欲出家意，云谷知晓后问曰：“汝为何背初心耶？”德清回答，只是“厌其俗耳”。云谷说：“汝知厌俗，何不学高僧？古之高僧，天子不以臣礼待之，父母不以子礼畜之，天龙恭敬不以为喜。”云谷于是教他取《传灯录》《高僧传》等书来读。德清从书箧中找到《中峰广录》一部，云谷让他熟读玩味，“即知僧之为贵也”。德清从此决志薙染，则多蒙云谷禅师之启导开发。云谷禅师“垂老悲心尤切，虽最小沙弥，一以慈眼视之，遇之以礼，凡动静威仪，无不耳提面命，循循善诱，见者人人以为亲己。然护法心深，不轻初学”，乃至“不慢毁戒”。当时法道凌夷，“诸山僧多不律，凡有干法纪者，师一闻之，不待求而往救，必恳恳当事”，乃曰“佛法付嘱王臣为外护，惟在仰体佛心，辱僧即辱佛也”。“闻者莫不改容释然，必至解脱而后已。”云谷禅师如此皆出于“无缘慈也”。③

憨山为小沙弥时，侍云谷禅师弥谨。一日请曰：“说者谓某甲寿不长，奈何？”师曰：“寿夭乃生死法，参禅乃了生死法。若一念不生，则鬼神觑不破，造化何能

---

① 《憨山老人梦游集》卷三十《云谷先大师传》，福建莆田广化寺印行本，第1557页。

② 黄宗羲：《南雷文案》卷八《钱清溪墓志铭》，《黄宗羲全集》第10册，第343页。

③ 《憨山老人梦游集》卷三十《云谷先大师传》，福建莆田广化寺印行本，第1558—1559页。

拘之耶？第患不明道眼耳。”憨山自记曰“予从云谷先师习禅于天界，切志参究向上事。公每见予枯坐，即呵曰：‘用如三家村里土地作么？’频激以听讲。予曰：各从其志耳。古德云，若自性宗通，回视文字，如推门落臼，固无难也。公曰：‘若果能此，吾则兄事之。’自是予于山林之志益切，以始阅《华严》，知有五台山，心日驰之。年二十五，志将北游。”憨山将北行，云谷禅师诫之曰：“古人行脚，单为提明己躬下事尔，当思他日何以见父母师友？慎毋虚费草鞋钱也。”其善诱掖人类如此。①

紫柏真可受教云谷法会的师资佛缘则有二事可记：其一，云谷法会晚年，嘉兴籍的士绅如南京吏部尚书吴默泉、刑部尚书郑澹泉、太仆陆五台与乃弟陆云台，于隆庆六年壬申（1572）同迎师归嘉兴原住山。诸公时时入室问道，每见必炷香请益，执弟子礼。紫柏真可同陆平泉、徐思庵等，拜谒云谷禅师，叩《华严》宗旨。“师发挥法界圆融之妙，皆叹未曾有。”其二，紫柏受云谷门下幻予法本及袁了凡启发，志业雕版刻印方册大藏经，即《嘉兴藏》，至今惠泽被人间。有传曰：嘉靖“壬申，吴吏部默泉、郑刑部旦泉等，请还故山。达观可扣华严宗旨，为发挥法界圆融之妙，叹未曾有。（云谷）会定力摄持，住山四十余年如一日，昼夜端坐，前置一炉，香烟不断。终身禅诵无间，真末法精进幢也。当江南禅道梗涩之时，出入灭裂之地，始终无一议之者，其操行可知已。正月五日，四方之众，睹会住处，焰发，及明趋视，而会已寂。住栖霞时，有开示袁文学了凡行功过格语”。②

云谷法会精通《楞严》《华严》等经教，由此聚集了当时南方文化中心南京的许多向佛之士，对于南都金陵的学佛风气有着较大影响。特别是当时推崇阳明心学的江南士子，如唐荆川、赵大洲、罗念庵、陆五台、万表、殷迈等人皆与其相交往，甚至成为其重要护法，多称为“宰官居士”。③

据焦竑《栖霞寺修造记》记称：“嘉靖中，殷公迈、万公表、陆公光祖，联辔而至。爱其山深木茂，泉甘而石峻，于学道者为宜，于是迎禅师法会居焉。时复得兴善者相之，都人士各出其力，成就废阙，居民亦稍以侵地来献。……”④又据《续

① 《憨山老人梦游集》卷三十《雪浪法师恩公中兴法道传》，福建莆田广化寺印行本。又参见释明河：《补续高僧传》卷第十六《习禅篇·云谷会师传》，《卍新续藏》第77册，第484页上。

② 释纪荫：《宗统编年》卷之三十。

③ 参见陈永革：《阳明学派与晚明佛教》，中国人民大学出版社，2009年。另见《续指月录》卷十五，《卍新续藏》第84册，第117页。

④ 焦竑：《澹园续集》卷四《栖霞寺修造记》，中华书局，1999年，第840页。

指月录》载:大洲赵公至栖霞,听法师讲《楞严》,自谓洞悉关窍。及入庵见师,恍然丧其所得。问曰:"师熟《楞严》耶?"师曰不会。赵叹曰:"真《楞严》矣。"念庵罗公、荆川唐公,慕谒。罗问曰:"如何是祖师西来意?"师曰:"我者里无此赀。"临别语罗曰:"性海非遥,法流常注,才有拟议,便隔万山。"荆川踊跃称快。师曰:"公勿便快活,兹事取不得,舍不得。若谓面前皆是,即执妄为真。若欲向上寻求,又是拨波觅水。"唐拜之曰:"不至栖霞,几虚此生。"[①]

三 | 阐扬禅道实修法门

云谷法会能够充分利用方内外缘,阐扬禅道实修法门,这在云谷法会的及门弟子中,得益最为典型者即为袁黄,其字了凡,以撰著《了凡四训》知名于世。就袁了凡的学佛经历而言,他尝从云谷法会学禅修。德清记曰:"了凡袁公未第时,参师于山中,相对默坐三日夜。师示之以唯心立命之旨。公奉教事,详《省身录》。由是师道日益重。"[②]

明河《补续高僧传》亦载:了凡袁公未及第时,曾至栖霞山中随云谷禅师坐禅,两人对坐三昼夜不瞑目。禅师问曰:"袁公何无妄念?"袁黄曰:"我推我命,无科第、子嗣分。故安心委命,无他妄想耳。"师曰:"我将以袁公为豪杰,乃一凡夫耳!圣人云,'命繇自作,福由己求',造化岂能拘人耶?"于是委示袁黄以改过积德、唯心立命之旨。袁黄依教奉行,竟登进士,还有子嗣。[③]

袁黄出身嘉善袁氏,远可追溯至元末嘉兴的地方豪族,族长袁顺,"豪侠好义,尚气节。人有急投之,不论寒暑早暮,辄倾身赴之"。靖难之变后,曾与建文重臣黄子澄密谋举事兴复。事败后,袁顺长子谪戍北平,家产籍没,嘉邑地区70余家受到牵连。[④] 袁顺本人投水未遂,绝意仕途,并设法保护黄子澄后人。袁顺次子袁颢,撰《主德篇》,谓"昔家不谋禄仕,非有所愤而逃也。昔亲受教于昔父,

---

① 聂先:《续指月录》卷十五《嘉兴胥山云谷法会禅师》,《卍新续藏》第84册,第117页中。

②《憨山老人梦游集》卷三十《云谷先大师传》,福建莆田广化寺印行本,第1559页。

③ 释明河:《补续高僧传》卷第十六习禅篇,《卍新续藏》第77册,第489页中。

④ 参见奥崎裕司:《中国乡绅地主研究》,东京汲古书院1978年版。《赵田袁氏家谱续刻序》,了凡公曰:"吾家旧住陶庄,族类繁衍,经家难(黄子澄之变)迁徙流离,遂渐衰弱……"

一则圣主之深仁厚泽不可遂亡，一则杀运未除，所当苟全性命，四、五世之后，时移刑省亦可出而应世。继承父志，以医为业”。袁颢子袁祥“痛建文死事诸臣，恐其湮没，乃往南都博询遗事，诸部残义旧案无不翻阅，下至军司册籍，教坊公移，皆搜罗而笔记之”，作《建文私记》。[①] 袁祥子袁仁，著有《革除编年》一书，《千顷堂书目》有载。至第五代袁黄，始于万历年间应科举出仕，并将家训整理刊刻。《袁氏家训》是明代袁颢撰写的一部家训文献，其中的《主德篇》是目前已知最早专门记载建文帝事迹的著作，它一方面为人们描绘了一个贤明的建文帝形象，另一方面记述了建文新政的诸多措施，并弥补和纠正了后世有关文献记载的不足，因而具有较高的史料价值。故袁黄的《了凡四训》也是家有渊源。

云谷禅师既开示袁了凡“唯心立命”之旨，又传授其改过积德的具体修行佛法，称为“功过格”，从而使其家世命运发生了改变。他说：“命自我造，福由己求。一切福田不离自性，反躬内省，感无不通，何为其不可变也。”[②]同时还“教以准提咒”，并告诫“但持准提咒，无令间断，持至纯熟，持而不持，不持而持，日用应缘，念头不动，则灵验矣”。[③] 据袁了凡自述，自从奉持“准提咒”法后，“终日兢兢……在暗室屋漏中，常恐得罪天地鬼神。”[④]云谷禅师传授袁了凡的禅修持咒法门，强调命由心造与功过格的忏悔修行，构成了晚明居士佛教实修禅道的重要内容。

云谷法会寂于万历乙亥（1575）正月，世寿 75 岁，僧腊 50 余，葬于大云寺右。据明河《云谷会师传》称：“当江南禅道草昧之时，出入多口之地，始终无一议之者，则师操行可知巳。师居乡三年，所蒙化者千万计。”[⑤]

四　素庵真节继兴禅讲

素庵法师，生于襄阳钟氏。壮岁弃儒，遍访知识，至南阳留山寺，礼泯庵休落发。瓢然一钵，历伏牛、清凉受具。依秀法师，习经论凡十一载，精其业。南礼普

① 盛枫：《嘉禾献征录》卷二十，《续修四库全书》第 544 册，第 532 页。
② 彭际清：《居士传》卷四十五，《卍新续藏》第 149 册。
③ 彭际清：《居士传》卷四十五，《卍新续藏》第 149 册。
④ 袁黄：《了凡四训》第一书。
⑤ 释明河：《补续高僧传》卷十六《云谷会师传》，《卍新续藏》第 77 册，第 489 页下。

陀，过白下(今南京)。白下名流，针芥自合，以摄山讲席留师，道声大振。素庵法师亦乐兹山幽深邃，遂诛茆筑室，栖迟十年。一日扶杖将行，留偈净业堂云："自入栖霞已十年，东修西补未曾闲。掀翻瓦砾成禅院，除剪荆榛作菜园。每炼蔬羹供海众，恒宜大教继先贤。如斯弗为儿孙业，留与同袍万古传。"其气韵可想矣。已而为众复留。

素庵师身长几七尺，头颅方直，面目有光，隆颡丰颐，音声如钟。生平履践，如冰雪，随所酬应，春温日旭，人自意消。说法直截简易，不为峻语，而格顽导愚，远近钦悦。凡讲《华严大钞》《法华》《楞严》诸大乘经论，各若干座。以万历二十一年癸巳(1593)十一月十三日后夜，端坐念佛而逝。三日中夜，火满山，若列炬。阅世75，法腊50。

素庵法师生平瑞迹甚多。初至摄山演《华严》，至《入法界品》，塔放五色光。又一日讲《法华》，至《宝塔品》，见空中光相俨然。汪司马道昆为作铭记，司马公两举无遮大会于新安、焦山。见异人数十曹，伏师前以脱苦谢。司马亲见之。丙戌大饥，僧众绝食。而芜阴郝氏，裹百斛米至。初登殿礼佛，惊谓曰："是梦中教我赈米佛也。"辛卯冬，讲《法华》于娄东之淮云，至《地涌品》，毫光缭绕法座下，经久不散。应芜湖讲，期渡江，风浪大作。素庵师咒观音力，应声寂然。其他毛举，未易悉数。[1]

素庵真节门下有兀斋、幻斋二比丘，为同祖兄弟，同师素庵法师，称高足。兀斋，名如慧。法师与慧，在俗为父子。母汪腹之时，法师已入留山为僧。一日父归省其祖，一见喜曰，我父子同出家去，家人异之。五岁失母，养于伯母江，即幻斋之母也。如慧幼习世典，通大意。素庵法师集讲京师南京时，因来省，遂祝发座下。时13岁。初听《楞严》，至征心辩见会五阴三科处，愕然自失。乃登坛受具。昼夜6时，除听讲外，即跏趺习定，兀然如槁木者三年，同学呼为兀斋。一日定中，见大光明，身等虚空。自是掩关不语，妙悟益发。内外典籍，寓目即了，无滞义矣。

幻斋，名如念，为人温厚老成，嗜学经论如渴。二人同心执侍素庵法师，如阿难、难陀。以故栖霞法席，为江南最。二公俱善紫柏达观老人，达观方佩南宗心印，勘辩诸方，而二公与之出入议论，时蒙许可，其人可知矣。丙戌(万历十四年，

---

① 释明河:《补续高僧传》卷第五《义解篇·素庵法师传》。

1586)十一月初七日,如慧忻然谓弟子曰:我愿毕将去矣。遂七日不食,而精神挺然。至十三日,端坐将逝。其夕,达观师在京之潭柘寺,梦如慧掉臂西行而无侣,呼之不答。讣至,方验其异。又三年戊子(万历十六年,1588)十一月十三日,如慧方大祥,而如念忽叹曰:我更十日逝矣。至期果逝,与如慧同塔龙化庵后。如慧,世寿44,僧腊32。如念,世寿38,僧腊25。"方今丛林衰替,二公俱精进光明幢,使不夺其年,庶几为大法栋梁。而竟为报缘所局,未终下寿,遂弃人天,伤哉!"①

① 释明河:《补续高僧传》卷第五《义解篇·素庵法师传》附兀斋、幻斋二比丘。

第四节
雪浪洪恩弘扬华严兼唯识

明中晚期最为突出的华严学僧当推雪浪洪恩(1545—1608)。憨山德清在自述年谱嘉靖三十六年(1557)条下记载,“江南开讲佛法,自无极大师始。少年入佛法者,自雪浪始”[①]。而雪浪在江南兴起讲教义学风靡一时,僧家传记有序载“往时,雪浪大师掀翻义学窠臼,位下龙象,未易指屈。一雨润师,其白眉也。汰如河公,乃润师高弟。倡明教乘,为时所宗。昨岁飞锡白门,讲经报恩禅院,听法者万众”[②]。可见法道衰微下当时教乘弘扬之盛况。

一 无极守愚南来弘讲

正、嘉之际,北方讲席,唯以通、泰二大老,踞华座于京师,海内学者毕集。无极和尚自淮阴持钵往依,饮冰啮雪,废寝忘餐者20余年,具得贤首、慈恩性相宗旨。既而南归,经祠部主政五台陆公之引荐,驻锡金陵大报恩寺,开讲授徒。当时少年雪浪洪恩,字三怀,俗姓黄,出身富室。12岁,依于大报恩寺无极和尚座下听讲《八识规矩颂》,言下领悟,旋即出家。对此一段法道中兴机缘,德清在《雪浪法师恩公中兴法道传》有记:

> 南方学者,习于软暖,望若登天。……祠部主政五台陆公往谒,谓先太师翁西林和尚曰,“顷见北来高僧无极,真人天师也。聆其讲说妙义,深契佛心。吾念报恩,乃圣祖所设之讲教,僧徒居此,安可绝无闻乎?公为住持,诚能礼请归寺,大演法道,开诱群蒙,法门之幸也。”师翁唯唯。即尽礼致币敦请。[③]

---

① 《憨山老人梦游集》卷五十三《憨山老人自序年谱实录》上,福建莆田广化寺印行本,第2884页。

② 释明河:《补续高僧传》序。

③ 《憨山老人梦游集》卷三十《雪浪法师恩公中兴法道传》,福建莆田广化寺印行本,第1580—1581页。有关雪浪洪恩的传记,可参见邹迪光《华山雪浪大师塔铭》(《宝华山志》卷七)、钱谦益《华山雪浪大师塔铭》(《牧斋初学集》卷六十九)等。相关研究资料,则可参见廖肇亨:《雪浪洪恩初探》,台湾《汉学研究》1996年第14卷第2期。

这是嘉靖三十一年(壬子,1552),南京城中大报恩寺发生的攸关法道中兴的一件事。

无极被请来安居于报恩寺之三藏殿,因该殿藏玄奘大师发塔,常住岁设常供。住持西林和尚乃选寺僧数十人,躬领无极座下,日听讲诸经。附近诸山耆宿,稍有应者。久之则京城善士日集,知供四事,善化之风渐开。当时有居士黄公,夫妇久持斋信佛,一日携幼子六郎往设供。六郎即礼拜无极守愚为师,取法名"雪浪洪恩"。次年,12岁的憨山德清亦同入大报恩寺出家。憨山记述了雪浪当时出家的情形:"是日设供,值讲《八识规矩》。公一闻即有当于心,倾听之。留二三日,父归唤公。公不应,父曰:若爱出家耶?公笑而点首。父强之,竟不归。父归数日,母思之切,促父往携之。父至,强之再三。公暗袖剪刀,潜至三藏塔前,自剪顶发,手提向父曰:将此寄与母。父痛哭,公视之而已,由是竟不归。父回告母,遂听之,公时年十二也,从此为沙弥。"[①]雪浪与憨山既少年同龄入佛门为沙弥,两人一见如故,素来亲善,视为莫逆。憨山撰雪浪传曰:雪浪"坐戏于佛殿,一见予而色喜,若素亲狎,人视为同胞。然予以幼从读诵,未知义也。公少居讲肆,见解超群,一众敬服。年十八,即分座副讲,闻者悚悟。然公天性不羁,略不为意。……时公器予,即以法为兄弟莫逆也"[②]。

无极和尚是当时兼弘华严的著名学僧。他一生弘法,尝三演《华严大疏》,七讲《华严悬谈》,弘扬清凉澄观的华严法界之宗,对于晚明华严弘传影响甚广。无极迁化后,雪浪洪恩继登讲座,尽扫训诂,单提本文,师座说法30余年,听讲者难计其数,"法席盛于东南,时无出其右者"。

二 雪浪洪恩中兴江南法道

雪浪洪恩于万历年间成为江南僧学讲坛崛起的一颗新星,固然缘于其少年得志成名,同时也得益于金陵大报恩寺曾作为京刹名寺的巨大声望。但雪浪才华横溢,其无论在佛学上还是世学上都确实下过一番真功夫。憨山记曰:

---

① 《憨山老人梦游集》卷三十《雪浪法师恩公中兴法道传》,福建莆田广化寺印行本,第1581—1582页。

② 《憨山老人梦游集》卷三十《雪浪法师恩公中兴法道传》,福建莆田广化寺印行本,第1583页。

公尚未习世俗文字，予偶作《山居赋》一首，公粘于壁。公侄博士黄生，见之羡曰：阿叔有愧此公多矣。公曰：是雕虫技耳，何足齿哉？公年二十一，佛法淹贯，自是励志，始习世闲(间)经书、子史百氏，及古辞赋诗歌，靡不搜索。游戏染翰，意在笔先。三吴名士，切磨殆遍。所出声诗，无不脍炙人口。尺牍只字，得为珍秘。尝谓予曰："人言不读万卷书，不知杜诗；我说不读万卷书，不知佛法。"常阅《华严大疏》，至五地圣人，博通世谛诸家之学，方堪涉俗利生。公之肆力于是，岂无意乎？①

雪浪洪恩不仅通世法，博览群书，而且以善法道、长讲教而成才，这与更受云谷法会禅修影响的憨山德清颇为不同：德清为振兴金陵大报恩寺，选择北上五台、游化北方之路；雪浪则继承无极大师兼弘经教的学风，先是致力于中兴金陵大报恩寺，后为人所嫉而离开南京，弘化晚明佛教最为盛传的江南三吴地区，与憨山德清成南北遥相呼应之势。洪恩与德清虽同入大报恩寺，但其成才道路及学修风格却各有特点。德清曾述其差异："予从云谷先师习禅于天界，切志参究向上事。"②早期雪浪洪恩推崇佛教义学，以文字般若，而不留心于禅法，后来亦颇涉猎禅修，对其华严禅思想形成产生了较大影响。对此，德清回忆说："先师(无极)弘法以来，三演《大疏》，七讲《玄谈》，公(雪浪)尽得华严法界圆融无碍之旨，游泳性海，时称独步。公素慕禅宗，大章法师开堂于少林，公束包往参，竟中止。既而逊庵昂公从少室来，至栖霞，拈提公案，公折节往从，商榷古德机缘。得单传之旨，人或耻之，公曰：文殊为七佛师，何妨为释迦白槌？自尔，凡出语言，顿脱拘忌，从此安心禅观。"③雪浪由讲教入禅法的参学经历，在无极大师迁化后形成个性鲜明的弘讲风格。据德清说，雪浪"据华座，日绕万指。一旦翻然，尽扫训诂俗习，单提本文。直探佛意，拈示言外之旨。恒教学人以理观为入门，由是学者耳目，焕然一新。如望长空，拨云雾而见天日；法雷启蛰，群汇昭苏，闻者莫不叹未曾有"④。

雪浪禅讲兼修，每撤讲座，"则修壁观。尝于长兴山中，结茅习静，入定二日，林木屋宇为之振动，此人所未知也"。这养成了他的洒脱僧范，"天性坦夷，不修

① 《憨山老人梦游集》卷三十《雪浪法师恩公中兴法道传》，福建莆田广化寺印行本，第 1584 页。
② 《憨山老人梦游集》卷三十《雪浪法师恩公中兴法道传》，福建莆田广化寺印行本，第 1584 页。
③ 《憨山老人梦游集》卷三十《雪浪法师恩公中兴法道传》，福建莆田广化寺印行本，第 1587—1588 页。
④ 《憨山老人梦游集》卷三十《雪浪法师恩公中兴法道传》，福建莆田广化寺印行本，第 1588 页。

城府，不避讥嫌，以适意为乐。来去翛然，如逸鹤凌空，脱略拘忌”。达观起先对之不以为然，德清说：“师固不知雪浪，吾观其因地，听唯识而发心，向藏塔而剪发。此再来人窥基后身也。”达师首肯曰：“吾自今不敢易视此公矣。”①雪浪出身于大报恩讲寺，时人文集中多称之为“雪浪大师”，而德清称之为“窥基再来”，可见雪浪中兴唯识之志业。故钱谦益在《一雨法师塔铭》中则称：“本师唱演《华严》，实发因于《唯识》。”一雨通润的本师即雪浪洪恩。钱谦益在《华山雪浪大师塔铭》又曰：“贤首、慈恩，二灯并传。”②这表明雪浪弘兼贤首华严与慈恩唯识学，二者皆有传承而密不可分。③ 这种禅讲教兼容并蓄的结果，使得雪浪大师“掀翻义学窠臼”，冲破注疏的胶柱鼓瑟，得以开掘佛法生命汩汩源泉，而并非如末流狂禅拒斥经教。钱谦益评论当时南北讲肆的状况，大都“如老塾师墨守兔园册，口耳之间，传遽(注)而已。浪师扫除注脚，敷演妙义，频呻咳唾，光明炽然，闻之如槁马奔驰，风涛回骇。破除宿物，得未曾有”④。

雪浪洪恩弘扬华严兼唯识，其基本特点在于融通禅讲教乘，从而超越了以往墨守拘泥注解文义。其讲经教在法道歇绝之世不失为开风气之先，但末流轻狂效颦则未免歧路亡羊。如永觉元贤(1578—1657)曾评曰：“国朝嘉、隆以前，治经类者胶守古注，如生盲依杖，一步难余，甚陋不足观也。万历间，雪浪振而救之，尽罢诸疏，独演经义，遂为讲中一快。然而轻狂之士，强欲效颦，妄逞胸臆，率尔灾木，其违经叛圣之害，岂止于陋而已哉！”⑤

嘉靖末年(四十二年，1563)，大报恩寺遭雷火灾，宏宇殿堂一夕煨烬。雪浪与德清相对而泣，决志修行募化，发心兴复报恩。德清北上五台，雪浪弘化三吴，念念不忘兴复之愿。万历戊戌(二十六年，1598)，雪浪见报恩寺塔顶倾侧，遂奋志修理。一时当道助发，给谏祝公首唱。雪浪亲领众数百，次第行乞于都市，募集善款，动以千百万计，修复大报恩寺塔高二十五丈。其安塔顶管心木，约长七丈。⑥

① 《憨山老人梦游集》卷三十《雪浪法师恩公中兴法道传》，福建莆田广化寺印行本，第1590页。
② 钱谦益：《牧斋初学集》卷六十九《华山雪浪大师塔铭》。
③ 钱谦益：《牧斋初学集》卷六十九《华山雪浪大师塔铭》。
④ 钱谦益：《牧斋初学集》卷六十九。
⑤ 元贤：《永觉元贤禅师广录》卷二十九《呓言》，《卍新续藏》第72册，第566页上。
⑥ 《憨山老人梦游集》卷三十《雪浪法师恩公中兴法道传》，福建莆田广化寺印行本，第1591页。

三 雪浪弟子分化四方

雪浪生于富室，“人皆视为性习软暖，及中年操履，笃于苦行”，于江东大市立舍茶庵。雪浪亲自担水，日供不倦，门人相从，说法不辍，即弱骨者，日益强壮。居常思结十方粥饭缘，暮年就吴之望亭，开接待院，接纳往来，躬操薪水，执作具。领学人作务，日则斋饭，晚则澡浴，夜则说法。自利利他，二利并施，三吴之士翕然信向，即阐提亦转为护法。未几示微疾，一日告众曰：“汝等善自护持，吾将行矣。”弟子乞师垂示，雪浪曰：“如空中花，本无所有。说个甚么？”[①]其一生讲说甚多，临终圆寂则一字不剩。顷即索浴更衣，端坐而逝。弟子辈迎葬于雪浪山，化之日，悲感载道，学人如丧考妣。雪浪生于嘉靖乙巳（二十四年，1545）九月九日，入灭于万历丁未（三十五年，1607）某月某日。世寿63岁，法腊45岁。得度弟子虽多，独孙慧经，字缘督者，尽得心要，且善相宗。其唯识一论，实从开发，惜乎早夭。传法弟子出世者甚夥，隐约私淑者更多。

雪浪洪恩解经以禅意佛心为要，不落时人训诂讲教窠臼，教学人则恒以华严理观（法界）为入门，由此形成一种洒然超越的禅讲风格，名振东南丛林。德清对其时讲教情形记曰：

> “先是讲肆所至，多本色无文，所入教义，如抱桩摇橹，略无超脱之机。”及雪浪出世，“如摩尼圆照，五色相鲜，随方而应，一雨普沾，三草二木无不蒙润。且以慈摄之，以威折之，一时聪明特达之士，无不出其座下。始终说法，几三十年，每期众多万指。即闲游山水，杖锡所至，随缘任意。水边树下，称性挥尘。若龙骧虎啸，风动云从。自昔南北法席之盛，未有若此”。

雪浪的这种讲经说法超脱称性，风靡一时，赢来追随者无数，其先师无极“说法三十余年，门下出世不二三人，亦未大振”。而雪浪之弟子可数者，多分化四方，南北法席师匠，皆出雪浪门。“除耶溪三、明明宗已往，现前若巢松浸、一雨润，大唱于三吴。蕴璞愚，晚振于都下。若昧智，独揭于江西。心光敏，宣扬于淮北。海内凡称说法者，无不指归公门。非具四摄之力，何能有此？呜呼，岂寻常

---

① 《憨山老人梦游集》卷三十《雪浪法师恩公中兴法道传》，福建莆田广化寺印行本，第1592—1593页。

可测哉!"[1]

雪浪洪恩讲经说法凡30余年,著作有《雪浪集》及《续雪浪集》等,"南北法席师匠,皆出公门"。雪浪之后,其门下继续弘讲华严于三吴之地,直至清初时期。钱谦益尝述吴中地区贤首教学相承的情形,称:"贤首之宗,弘于雪浪。其后为巢、雨,为苍、汰,皆于吴中次补说法。瓶锡所至,在花山、中峰,两山云岚相接,梵呗相闻"[2]。巢即巢松浸,雨即一雨通润。巢松慧浸(1566—1621)善于讲说,一雨通润(1565—1624)精于著述。一雨的弟子有苍雪读彻和汰如明河。明河(1588—1640)曾疏《楞伽》《楞严》二经,并著《补续高僧传》二十六卷。苍雪(1588—1656)别号南来,善讲《华严大疏》,并工诗文,有《南来堂诗集》行世。

① 《憨山老人梦游集》卷三十《雪浪法师恩公中兴法道传》,福建莆田广化寺印行本,第1588—1589页。

② 钱谦益:《初学集》卷六十九《汰如法师塔铭》,《钱牧斋全集》第3册,上海古籍出版社,2003年,第1577页。

第五节
古心如馨中兴南山律宗

明中晚期，尽管南京是当时佛教僧教育的重镇，但仍然“律仪中废，戒法失传”。至嘉靖、隆庆年间，始有古心如馨（1541—1615）在南京古林庵，“登坛说戒”，“遂称天下第一戒坛”。古心如馨在佛教史上被称为“中兴律祖”。

一 古心如馨志在弘律

如馨，字古心，金陵溧水人，俗姓杨。生于嘉靖二十年（1541）辛丑六月初十日，面生有朱砂痣36粒。长笃信三宝，弱冠即厌俗出尘，就本郡摄山栖霞寺，叩素庵真节法师剃发为僧，法号如馨。“坚请十仪，精研五德”，阅《华严经》至“菩萨住处品”，知文殊大士常住清凉。于是矢志步礼五台，求见文殊受戒，三逾寒暑，方眺宝峰。①

据《梵网经》等佛教菩萨戒经，规定丛林授戒法师须具五德：一持戒清净，二是持戒十腊，三是通解律藏，四是通达禅思，五是慧藏穷玄。对于丛林授戒师的资格问题，云栖袾宏曾作如下解释说：

> 此五德者，贵乎兼备。或戒具而腊卑，或腊高而解寡，或解通经法，而定力荒芜；或见落枯禅，而慧心不朗，皆非全德也。……然可以戒该腊，以慧该定，亦或末世五德难全，有戒无腊，德也可师，犹胜徒老无知，不能诲人也；有慧无定，解也可师，犹胜枯定哑羊，不能说法也。②

当时，佛门弘律者希，如馨立志弘律。他向素庵真节求授具足戒时，得知“若

---

① 释辅仁：《律门祖庭汇志》之《古祖事迹》，《南京稀见文献丛刊》，南京出版社，2013年，第52页。也有传说，如馨原本溧水一庄稼汉，躬耕田地，40岁出家，投摄山栖霞素莽法师座前披剃。如馨严持戒律，精严“五篇”，礼诵尤勤，事师三载，一念无违，成为素庵法师门下十大高徒之一。

② 云栖袾宏：《戒疏发隐》卷一，《云栖大师全集》，福建莆田广化寺印行本，第118—119页。

得清净十僧，方可得戒。如不满数及不清净，难以授受”[1]。于是广求清净大德，阅《华严经》至《菩萨住处品》，知五台山清凉胜境为文殊菩萨示迹应化之地。遂发愿步礼朝台，誓求亲觐文殊菩萨，从文殊受菩萨大戒。如馨“胜香鸣佛，辞诸法侣”，躬行礼拜，长途跋涉，历时三载，方至五台。律门志书记载了如馨从受文殊菩萨大戒的神奇化场景：

> 至五台山金刚窟畔时，景值余晖，徘徊眺望，遥见一老妪，形枯发白，冠裂衣鹑，手捧僧伽黎，自林间而出。适前问曰：汝求何事？馨曰：欲求文殊菩萨亲授大戒。妪曰：持衣来否？曰：未。妪曰：我此衣，向者所著，今付与汝受持。师手接衣，妪去，将数武顷，复标指曰：大德，那不是文殊么？馨一回顾，随不见妪。菩萨即于云中，垂手摩师顶曰：古心比丘，文殊为汝授戒竟。

如馨即于言下顿悟“五篇、三聚”心地法门，视大小乘律，恍自胸中流出。心甚欢喜，无可为喻。[2]

当时，“谈经者多，弘律者少”，如馨朝五台山得圆戒之后，“著述《传戒》等书若干卷。从北还南，中兴戒法，专持梵律，皎若冰霜。复朝峨眉，拜普贤。至华严寺后，云卷石山顶，建有静室，即古心坪得名。又遍游诸方，道侣皈信”[3]。如馨遍游诸方，朝拜名山，沿途参礼了许多梵宇古刹；一路上，使他感触最深、也使他最痛心的是僧人不持戒，违背戒律的行为随处可见，真是律学荒芜，戒律松弛，遂慨然曰：“佛法住世，功在毗尼，若不精严，佛恩焉报？”[4]因此，如馨律师发誓，立志用毕生精力中兴戒律。

---

① 《律宗灯谱》卷一，《大藏经补编》第 22 册。

② 释辅仁：《律门祖庭汇志》之《古祖事迹》，《南京稀见文献丛刊》，南京出版社，2013 年，第 53 页。出家人的戒律分篇，五篇指声闻戒，三聚指菩萨戒。佛制戒律一般不许未受具人阅读，《僧祇律》中规定，比丘若向未受具人说五篇七具之名，便犯越毗尼罪。

③ 释辅仁：《律门祖庭汇志》之《古祖事迹》，《南京稀见文献丛刊》，南京出版社，2013 年，第 53 页。

④ 镇澄：《清凉山志》卷三，中国书店，1989 年，第 86 页。参见周祝英：《中兴律宗之祖——明代五台山著名高僧如馨律师》，《五台山研究》2003 年第 1 期。

二 古林开山与律学中兴

万历十二年甲申(1584),古心如馨还止金陵,应古林觉明香公请,住锡古林庵,建弘律道场。"屋仅三楹,园方百尺",自如馨律师住庵后,"僧众日盈,所居日扩,焕然一新。凡三年告竣,宏敞壮丽,遂成一大梵刹矣"。古林寺在明清以来成为律宗中兴之祖庭,即得益于古心如馨律师在此开坛授戒。如馨令持菩萨戒(即大乘戒,总名三聚净戒),持戒精严,如法如律,大力弘扬戒法,深得信众敬仰。明神宗遂赐"古香林"匾额。后被雪浪洪恩请到幽栖寺,开坛授戒,传授戒法。此后,历往灵谷、栖霞、甘露、灵隐、天宁诸刹开坛授戒三十余处,受戒徒众累万,可谓"城月高悬,法雷远振",世称"优波离尊者再来"。

传曰:万历间,雪浪洪恩奉旨督修长干琉璃宝塔,诸务严整,惟塔尖艰举,深以为虑。冀佛慈应,一夕梦谕云:"优波离尊者临斯,始克汝愿。"次日天明,"师果露顶跣足,杖锡持钵,偏袒而入",洪恩召众倾诚请助,"师摄众礼佛,饶(绕)塔一周,就前手拊其顶,即轻举翔翔然,如鸟奔巢,自相凑合。时海会见者闻者,莫不忻跃,众皆知师即优波离尊者再来焉。维时,诸护法缙绅与名蓝尊宿,遂请开戒,振律古林。当登坛说戒,感坛殿放光。……遂称天下第一戒坛,故古林为中兴戒律之祖庭也。次及灵谷、栖霞、甘露、灵隐、天宁、云居、海慧、香余等处,悉请说戒,法会云兴,名闻京师。由是廷臣野叟,无不知有戒也"。[①]

这样,经过南京名蓝尊宿及诸护法缙绅对如馨律学的竭力推崇、大力弘传,社会上遂掀起了一股学律持戒的高潮,元明以来荒芜的律学再度兴起。于是古心律师被称为"中兴律祖",人称"古祖"而不名。南都的戒学热潮也引起了京城皇帝的关注。万历四十一年(1613),上诏江南古林庵大沙门如馨律师为紫衣僧,特赐"紫伽黎衣",并敕额古林庵"振古香林禅寺"。由于其在五台山学律悟戒并开皇坛的因缘,古心如馨也以"中兴律宗之祖"名载明代五台山高僧史册。

万历四十二年(1614),明神宗嘉其道誉,诏古心如馨至五台山,敕建大护国圣光永明禅寺(即今大显通寺),启建龙华大会,举开皇坛,传授"千佛大戒",让司礼监内臣张然代受菩萨戒。显通寺是五台山佛教中享有盛誉的五大禅处之一和十大青庙之首,历来都受到帝王的尊崇与敕建。如馨深受神宗皇帝崇敬,赐"万

① 释辅仁:《律门祖庭汇志》之《古祖事迹》,《南京稀见文献丛刊》,南京出版社,2013年,第53页。

寿戒坛”匾额及“慧云律师”之号，并颁赉金顶毗卢帽、千佛珠衣、钵盂、锡杖等物。[①] 因此，如馨律师成为万历皇帝戒师后，更是声誉振天，缁素皈依，享戒跻坛者不可胜计。三坛大戒既毕，如馨表请还山，心系着他亲自开创的古林道场，还要继续在南方大弘律法、传佛慧命。他“奉旨还山，乃以法服建塔于山阳，以志盛迹”。于是，五台山僧人择在山阳之处建了一座衣钵塔，把如馨律师留下的法服，藏于塔中，以志法绩不朽、佛法住世。“接席分灯，相继弘扬律学，遍行于天下，无不本古林之一脉也。”[②]

如馨古祖不仅四处传戒弘律，而且还辑有《传戒正范》传嗣法，及《经律戒相布萨轨仪》等著述传世。《经律戒相布萨轨仪》一卷，所谓布萨，意译净住、长养，就是每半月的十五日或二十九日，向僧众说戒经一次，忏悔罪过，使僧人住于净戒中，能够长养善法。对于居士而言，就是十六斋日，持八戒，增长善法。其主要内容是介绍了五戒、八戒、十戒、具足戒的戒相和三时课诵仪、受食五观法、持戒略意、授戒法十二科等大乘戒的轨仪等。《传戒正范》虽至古祖再传弟子见月读体才著成问世，但其传戒法仪早为古祖所创导实践，戒显序曰：“儒以礼立仁义，佛以律持定慧。故我世尊五时唱教，先《梵网》于群经；双树潜辉，寄金言于戒学。所以眼目人天津梁，凡圣无异说矣。无奈法久弊滋，以致戒坛封锢。赖吾祖父灵谷、千华二老人，乘大愿力，再辟巨荒，薄海遐陬，咸知秉受。南山之道，郁然中兴。”[③]

万历四十三年乙卯（1615）十一月十四日，古心和尚在南京古林寺内圆寂，世寿75岁，僧腊55，戒腊49。荼毗，五色舍利无算，门人奉建“全身塔于天隆寺后之玉环山”，以供世人瞻仰。如馨律师终其一生，“弘戒四十三载，坐南北道场四十余会”。徒众数万，他为元、明以来湮没无闻的律宗中兴做出了不可磨灭的贡献。万历皇帝十分钦慕如馨师的风范，闻师迁化后，命愍忠寺（今北京法源寺）大会海律师绘古心遗像，供奉于大内，以示瞻仰，并御笔题赞：“瞻其貌，知其人。入三昧，绝六尘。昔波离，今古心。”[④]

---

① 周祝英：《中兴律宗之祖——明代五台山著名高僧如馨律师》，《五台山研究》2003年第1期。

② 释辅仁：《律门祖庭汇志》之《古祖事迹》，《南京稀见文献丛刊》，南京出版社，2013年，第53页。明神宗诏古心到五台山开坛说戒三年，并敕建永明寺作为弘律的道场。古心到五台山之后，受赐紫衣袈裟、钵、锡；因为时局骚动，古心只讲戒一期，自行南归，远清受命继续留在五台山演戒，直到3年期满。《传戒正范》四卷，为古心下再传见月读体整理传世。所谓三坛大戒，指初坛授沙弥戒，二坛授比丘戒，三坛授菩萨戒。

③ 读体：《传戒正范》序，《卍新续藏》第60册。

④ 释辅仁：《律门祖庭汇志》之《古祖事迹》，《南京稀见文献丛刊》，南京出版社，2013年。又参福聚：《南山宗统》卷二。

三 | 法戒香远，接席分灯

古心如馨在中国佛教史上被奉为“南山律宗第十三世，古林开山第一代，中兴律祖”。《律宗谱系》曰：

> 我佛以一大因缘，出现于世，化度众生，惟谆谆以尸罗波罗蜜，叮咛告诫。诸大弟子中，秉持戒行者，独推优波离尊者为首。……考《南山律学志》，惟始祖昙无德部，宗主四分，正法千年。……至九祖南山道宣，受持四分，建南山宗，遂为律门第一世，斯乃第二次中兴戒法之律祖也。……迄于元明以来，律学亦就湮矣。明神宗朝，吾古林第一世古心律祖，乘愿再来，志求三聚，步礼五台。诚感文殊，摩顶授衣，续南山宗，为律门第十三世，斯乃第三次中兴戒法之律祖也。①

律宗在唐代道宣(596—667)之前虽有八祖，但其真正的开山祖师则是道宣。这是因为，与道宣同时代的相州日光寺法砺所创的相部律和长安西太原寺怀素所创的东塔律，也仅传了一代就绝灭了。而且，道宣律师著作极丰，有《行事钞》《戒疏》《业疏》《毗尼义疏》《比丘尼钞》等律学著述。他深得四分之旨，创立化、制二教，以其隐于终南山白泉寺，故称其所创宗派为南山律宗，其本人被尊为南山律宗的开山之祖。所以，此后的中国律宗实际上指的南山律宗。到北宋时出现了一位杰出的戒律学家元照律师(1048—1116)，提倡“禅、教、律三学一源”，律学与净土结合弘传。元照还针对道宣的《行事钞》《戒疏》《业疏》三大部，又写了三部颇为详尽的解释，即《资持记》《济缘记》和《行宗记》，弘扬律宗，遂成了律宗的第十八祖。进入元代后，律门法统不明，律宗也就衰微了。时至晚明，古心如馨接续唐道宣南山律宗灯谱，以毕生精力研究和弘传戒法，开创了一条实践戒行为主的路线，并培养了一大批研习律宗的高僧，使南山律宗传遍南北，重现昔日的

---

① 释辅仁:《律门祖庭汇志》之《律宗谱系》,《南京稀见文献丛刊》,南京出版社,2013 年,第 56—57 页。

光辉，在中国佛教史上留下了辉煌的一页，而且一直影响到现代僧界。[①]

如馨在南京古林登坛说戒，祥光烛天，“天下推为第一戒坛，律风丕振。撰《传戒正范》《仪规》等书授十二弟子”[②]。其著名法嗣12人，“接席分灯，布满天下”，凡分灯11处，盛况空前。他们分别是：一、莲宗性相律师，命住金陵塔院天隆寺；二、大会永海律师，命住北京愍忠寺（今法源寺）；三、中堂寂正律师，命住南京吉祥寺；四、汉月法藏律师，命住常熟三峰寺、邓尉山圣恩寺等；五、三昧寂光律师，命住庐山东林寺、扬州石塔寺、宝华山隆昌寺；六、澄芳远清律师，命住鼓山涌泉寺、五台山圣光永明寺；七、茂林性祇律师，命住苏州报国寺，后住西园戒幢律寺开山，今塔存；八、金刚性福律师，命住广陵福田院；九、蕴空性罄律师，命住三义寺；十、大圆性昙律师，命住云凤山香水寺；十一、隐微性理律师，命受古林寺；十二、印含性璞律师，逊受古林寺。性理、性璞以同胞兄弟，相继主席古林，传至于今，凡十八世。[③]

在晚明南山律宗的传承系谱中，终南山道宣律师，为律门第1世，13世传至金陵古林庵慧云如馨律师。据笔者查阅《律宗灯谱》等资料后发现，古心的12位法嗣中，大多成就了自己的律宗道场，他们的再传法嗣亦都以弘律为己任，明清时期主要形成了4个重要的派系：古林、千华、西园、愍忠。除此之外，北京潭柘寺、戒台寺、浙江昭庆寺、泰州光孝寺等寺，都是律宗寺院，有的亦属古心法脉，但规模不及前4者。古心的法嗣虽分住各地寺院开建道场，但亦属古林派传承。如馨门下12弟子，性相重修南京天隆寺（如馨塔院），性海执掌北京法源寺；性清驻锡五台山圣光永明寺，奏建戒坛；性福传戒于荆楚间，性福、性理先后主持古林寺，维系古林一派。性祇住苏州报国寺，弘律30余年，撰《五百门经略解》二卷、《四分摭略》及《毗尼日用录》一卷。

古林如馨律祖，投摄山栖霞真节法师出家，开创古林，故从“如”字起为第一代，至今犹沿祖派，以明道统之所自出。凡48字，是为古林正派。“智慧清净，道德圆明。真如性海，寂照普通。心源广续，本觉昌隆。能仁圣果，常演觉宏。惟传法印，证悟会融。坚持戒定，永纪祖宗。”在古心如馨诸弟子中，尤以三昧寂光最为著名。三昧寂光律师，为宝华山第一代。迨至文海慧聚，另立千华一派，由

① 参见周祝英：《中兴律宗之祖——明代五台山著名高僧如馨律师》，《五台山研究》2003年第1期。
② 释辅仁：《律门祖庭汇志》之《律宗谱系》，《南京稀见文献丛刊》，南京出版社，2013年，第57页。
③ 释辅仁：《律门祖庭汇志》，《南京稀见文献丛刊》，南京出版社，2013年，第54—55、57页。

华山法脉者，皆依此派。从如字起，演派56字：“如寂读德真常实，福性圆明定慧昌。海印发光融戒月，优昙现瑞续天香。支岐万派律源远，果结千华宗本长。法绍南山宏正脉，灯传心地永联芳。”①

三昧寂光（1580—1645），广陵（今江都）人，俗姓钱。21岁，礼净源禅师出家。初从雪浪洪恩习华严教观。后遍参名宿，颇受真可、袾宏之器重。他从古心如馨圆具比丘大戒后，专精弘律。如馨晚年在五台山启建戒坛，嘱寂光为弘律副座。崇祯十六年（1643），寂光应诏修建南京大报恩殿。晚明弘光元年（1645，清顺治二年），寂光开戒坛于金陵，获赐紫衣，谥净智律师。寂光一生临坛说戒百余座，修建佛寺20余所。三昧寂光遵循如馨的教诲，专弘律法，不仅被推尊为明清之际南山律学系统的重要继承者，同时也是当时宗派佛教复兴的代表僧人，在明清之际佛教界具有特殊地位，影响较大。如万历三十七年（1609），寂光于金陵灵谷寺重开戒坛，一改此前戒坛沉寂之习，令佛教界为之一振，许多注重如法修学的出家僧人参与此次受戒活动，如汉月法藏曾从之受圆戒。其后，寂光重整宝华山隆昌寺，修建律宗道场，举扬南山律学。

如馨曾仿庐山慧远在东林寺结莲社，开设“千华大社”，成为近世中国佛教史上著名的律净相摄“千华派”。寂光在宝华山建律宗道场，设坛传戒，承“千华大社”之绪，再兴律宗“千华派”，溯唐代道宣为高祖，如馨为太祖，寂光本人则列归第三祖。寂光之后传见月读体（1601—1679），读体继承古心和三昧的弘律遗志，更彻底地复兴南山律宗，“千华系”至见月读体而集大成。正是在三昧寂光及其门下的相继努力下，宝华山成为中国律宗的重要祖庭，成为清代及近世中国弘戒的江南重镇。寂光重要的弘律著述，主要有《梵网经直解》。据其弟子愿云戒显所撰的后跋称：“千华本师大和尚，专精弘律，鼎重法门。手著《梵网直解》，久布海内。甲申冬日，于会稽戒坛，更殚精思，重加删润。命显较正，兼董剞劂，永为定本。乙酉秋仲刻成，谨志岁月于后。”②《梵网经直解》一如袾宏《弥陀疏钞》，主要基于贤首教观阐释《梵网经》的心地法门。除如馨、寂光一系之外，晚明的临济宗僧汉月法藏、曹洞宗僧永觉元贤，亦对“南山律学”有所阐解。其禅律一体的综摄律学观念，对后世影响亦颇广。

---

① 释辅仁：《律门祖庭汇志》，《南京稀见文献丛刊》，2013年，南京出版社，第55、56页。又参守一空成重编：《宗教律演派》，《卍新续藏》第88册，第566页上、中。

② 守一空成重编：《宗教律演派》，《卍新续藏》第88册，第874页下。

第五章　明代南京士绅社会与三教融合

本章主要阐述明代以南京为中心的儒家士绅与佛教的关系，既有思想文化层面的解读，也有社会交往层面的考察。明太祖年轻时曾出家为僧，后投信奉白莲教的红巾军参加反元起义，即位以后既推崇宋明理学，强化思想统治，同时又认为佛道翊赞王度，故推行儒家为主、佛道为辅的文治方略。有明一代，国家的佛教政策虽然因当时的政治、经济原因及皇帝的个人好恶而有所摇摆，个别政策的执行亦有张弛，但总体上没有大的变化，以明初开国君臣制定的纲领为遵循不替之“祖训”。

明代的佛教以禅宗、净土宗最为流行，且都倾向于禅净双修。禅宗以临济宗的势力为最大，曹洞宗次之。华严、法相等诸宗不绝如缕，但在社会上影响不大；天台宗则于明末稍有振兴。当时的僧人与士绅，大多主张儒释道三教一致，他们用华严宗理事相融的观点，论证“教虽分三，理只有一”，因此，三教毕竟归为一理。这样，以“理”为最高本体，把佛教与宋明理学统一起来。从明代开国文臣宋濂起，主张以心学解读六经，倡导佛乘与王化并行；明中叶以来，尽管存在僧俗隔离的政策，但士大夫受佛教影响依然很深，王阳明心学推波助澜，加强了三教融合的深度；其后泰州学派代表人物李贽等人也深染禅风，不少居士都“儒表佛里”，日常生活中奉行念佛参禅。

本章以宋濂为开篇，依据宋濂大量涉佛文字，深入论证宋濂一生乐与佛僧方外交游，且对于佛教典籍悉心研究，多所汲取，并以文辞为佛事，树正法幢；从而揭示明初宋濂儒佛融通，承运而起，辅佐帝业，其与佛教的关系不是简单的信仰关系而充当了“护法”的角色，其学说成为开国皇帝朱元璋崇尚法门而倡三教融合的治国方略之思想资源。宋濂晚年致政还乡后，尤为注重于斯文斯道之传承，不为无道之文，而以文鸣道，强调儒佛一贯，禅教一致。宋濂以明“开国文臣之首”起于禁林，山林、馆阁兼而有之，研读宋濂之生平与著作，不止领略元明易代50年桑海之变，更可从中探知有关明代士林与丛林的诸多内外消息。

第一节 开国文臣宋濂与明初儒佛关系

自洪武定鼎南京，宋濂辅佐朱元璋以文治天下。其道德文章广被寰宇，无远弗届，海内外均可见其著作多所刊刻。宋濂获知遇于朱元璋，被誉为"开国文臣之首"。宋濂的文章、思想对明代儒佛关系影响甚为深广。[①] 这集中体现于其护法著作中，深得明末高僧大德如云栖袾宏、憨山德清及钱谦益之推赞，诚如憨山嘱钱谦益曰："《护法编》时对披读，诸老塔铭，言言指归向上一路，得宗门正眼。我明法运大开，赖有此为衡鉴。若刻施流通，利法不浅。""《护法录》，即禅宗之传灯也。其所重，在具宗门法眼。观其人，则根器师资，悟门操行建立。至若末后一著，尤所取大。今于毫端通身写出，不独文章之妙，其于护法深心，无字不从实际流出。其于教法来源，显密授受，详尽无遗。此古今绝唱一书，非他掇拾之比。"[②]

一 宋濂的生平与学问

宋濂，字景濂，号潜溪，别号龙门子、无相居士等。出生于元武宗至大三年(1310)，祖籍金华潜溪（今浙江义乌），后迁居浦江青萝山。元顺帝至元元年(1335)，宋濂往浦江义门授经。《潜溪录》卷四杨维桢《潜溪新集序》云："余家浙水东，去宋子之居不百里，远知宋子之劬学入青萝山中，不下书屋若干年，得郑氏所蓄书数万卷，书无不尽阅，阅无不尽记，于是学成著书，凡若干万言。"[③]元顺帝至正六年(1346)十月二十日，宋濂筑室于浦江青萝山下。宋濂自述："余世居金华孝善里之潜溪，其地在县东七十里禅定院侧。溪之东，即入义乌境。元重纪至

① 董永斌：《宋文宪公护法录研究》，浙江师范大学2012年硕士论文，第2页。
② 《憨山老人梦游集》卷十八《书问·答钱受之太史》，福建莆田广化寺印行本。
③ 罗月霞主编：《宋濂全集》，浙江古籍出版社，1999年，第2500页。《芝园后集》卷一《萝山迁居志》云，至元元年乙亥正月十五日，宋濂二十六岁授经浦江义门郑氏。浦江郑氏自宋建炎初至今，同居已十世，历二百五十余年，守诗书礼乐之教弗坠，宋元二史俱载《孝义传》中。

元元年乙亥(1335)正月十五日,授经浦江义门郑氏。久之,以其家九叶同居,乃愿卜邻焉。相地于仁义里孝门桥之上,其地直县东三十里,有山曰青萝。至正六年丙戌十月二十七日,于山趾建寝室三楹间,缭以周垣,前敞小门。"[①]居此直至至正二十三年(1363)五月,朱元璋建礼贤馆,宋濂时年 54 岁,与刘基、章溢、叶琛并称为"浙东四先生",被明太祖朱元璋征召至应天,安置于礼贤馆。朱元璋问道:"我为天下屈四先生耳,然四海纷纷何时定乎?"朱元璋对"浙东四先生"期望甚殷,四先生果不负重托,各自为明开国做出了卓越贡献。宋濂则被皇帝朱元璋誉为"开国文臣之首",其文学与高启、刘基并称为"明初诗文三大家"。钱谦益《列朝诗小传》曰"四夷咸购其文集,问其起居,学者称为太史公,不以姓"[②]。后世史家钱穆称"明初开国诸儒,筹谋功烈首推刘伯温,学术文章首推宋景濂"[③]。

宋濂因其母怀孕仅满 7 月而生,故其自幼多病,初名为寿。宋家境贫寒,但他英敏好学,号称"神童"。宋濂一生刻苦学习,"自少至老,未尝一日去书卷,于学无所不通"。曾受业于闻人梦吉、吴莱、柳贯、黄溍等人。[④] 宋濂由儒立命而兼治佛道。元顺帝至正九年(1349),因危素等举荐,顺帝召宋濂为翰林编修,他以亲老、奉养父母为由,辞不应召。至正十六年(1356)丙申冬十月,隐居龙门山修道著书,至正十七年(1357)成《龙门子凝道记》,厘为上、中、下三卷。至正十九年(1359)正月,朱元璋命升任知府的王显宗在郡中设学堂,召宋濂为婺州郡学"五经师"。[⑤] 至正二十年(1360)七月,朱元璋礼聘征召至应天府(今南京),任江南儒学提举,十月,奉命为朱元璋子朱标教授"五经"。至正二十四年(1364)十月,改任起居注,负责记载朱元璋言行,常随侍朱之左右,以备顾问。至正二十五年(1365)正月,朱元璋御端门,与宋濂论帝王之学。宋濂曰:"天下以人心为本,苟得人心,帑藏虽竭,无伤也。人心不固,虽有金帛,何补于国耶?"[⑥]

---

① 罗月霞主编:《宋濂全集》之《芝园后集》卷一《萝山迁居志》,浙江古籍出版社,1999 年,第 1356 页。

② 罗月霞主编:《宋濂全集》之《潜溪录》卷二,浙江古籍出版社,1999 年,第 2349 页。

③ 钱穆:《读明初开国诸臣诗文集》,载《中国学术思想史论丛》,第 117 页。

④ 此四人皆为元末大儒,天下所师仰,宋濂登堂入室。黄宗羲《宋元学案·宋潜溪先生传》曰:"先生少读书,日记二千余言。尝从闻人梦吉受《春秋》,继从柳贯、黄溍、吴莱学古文辞。年二十五,明道著书义门郑氏之东明山,名震朝野。"《宋濂全集》之《黄溍行状》曰:"历仕五朝,晚乃入侍今天子,掌述帝制,劝讲经纬,嶷然独任。斯文之重,天下学士咸所师法。"(浙江古籍出版社,1999 年,第 311 页。)

⑤《明太祖实录》卷七:"命宁越知府王宗显开郡学,延儒士叶仪、宋濂为五经师;戴良为学正,吴沉、徐原等为训导。时丧乱之余,学校久废,至是始闻弦诵之声,无不怿悦。"

⑥ 罗月霞主编:《宋濂全集》之《潜溪录》卷二《致仕潜溪先生宋公行状》,浙江古籍出版社,1999 年,第 2350 页。宋公祖居金华潜溪,迁浦江仍扁其所居曰"潜溪",示不忘本也。于是四方学子咸以"潜溪先生"称之。

洪武元年(1368)闰七月二十九日,朱元璋与宋濂等论为君之道。朱元璋对侍臣宋濂等说:

> 自古圣哲之君知天下之唯保也,故远声色,去奢靡,以图天下之安,是以天命眷顾,久而不厌。后世中主,当天下无事,侈心纵欲,鲜克有终。至如秦始皇、汉武帝好尚神仙,以求长生,疲精劳神,卒无所得。使移此心,以图治天下,安有不理?以朕观之,人君能清心寡欲,勤于政事,不作无益以害有益,使民安田里,足衣食,熙皞皞而不自知,此即神仙也;功业垂于简册,声名流于后世,此即长生不死也。夫恍惚之事难凭,而幽怪之说易惑,在谨以所好尚耳。朕当夙夜兢业,以图天下之治安,其敢游心于此乎?

宋濂对曰:"陛下此心,足以止千古之惑也。"[①]十二月,朱元璋下诏撰修《元史》,命宋濂及王祎为总裁官。洪武二年(1369),宋濂赴诏主修《元史》,至二月开修,同年八月,《元史》书成,宋濂被任命为翰林院学士。洪武四年(1371)二月,宋濂升任奉议大夫、国子司业,却因祭祀孔子未按时呈上奏章,于八月被贬为安远知县。洪武五年(1372)二月,宋濂被召还任礼部主事。十二月,升任太子赞善大夫。累官至翰林学士承旨、知制诰,时朝廷礼仪典章多为其制定。朝廷文字多出其手,故为明开国第一文臣。洪武十年(1377),以年老致仕还乡,十三年(1380)因长孙宋慎牵连胡惟庸案而被流放四川茂州,途中于夔州(今四川奉节)病逝,时为洪武十四年(1381)五月二十日(6月12日),享年72。明武宗正德八年(1513)追谥"文宪",故称"宋文宪"。

宋濂之学问渊源自浙东儒学婺州谱系。宋元以来,婺州名儒接踵,人文荟萃,赢得了"小邹鲁"和"东南文献之邦"之美誉。宋乾、淳间,金华的吕祖谦、唐仲友,永康的陈亮,各以所创性理之学、经世之学和事功之学被称为"婺学"的三巨头。朱熹的嫡传在婺州,由"金华四先生"何基、王柏、金履祥和许谦所传的朱子之学,被朝廷视为理学的正宗。有元一代,有所谓"儒林四杰"或"文章四大家",婺州独占其二,即浦江柳贯、义乌黄溍。朱元璋攻下婺州后,宋濂、王祎、许元等婺州精英纷纷被征至朱元璋的幕下,以后又成为朱元璋安邦定国的重臣,故理学

① 《明太祖实录》卷三三。

由于“君臣遇合”的特殊关系，得到了最大程度的实践和传播。王祎《宋潜溪先生文集序》称：

> 始自吾婺而论之，宋南渡后，东莱吕氏绍濂、洛之统，以斯道自任，其学粹然一出于正；说斋唐氏则务为经世之术，以明帝王为治之要；龙川陈氏又修皇帝王霸之学，而以事功为可。为其学术不同，其见于文章亦各自成其家。……故近时言理学者，婺为最盛。然为其学者，上而性命之微，下而训诂之细，讲说甚悉，其颇见于文章者，亦可以验其学术之所在矣。……吾友宋君景濂早受业立夫氏，而私淑于吴氏、张氏，且久游柳、黄二公之门。间又因许氏门人，以究夫道学之旨。其学渊源深，而封殖厚，故为文章富而不侈，核而不凿，衡纵下上，靡不如意。其所推述，无非以明夫理，而未尝为无补之空言。苟即是以验其学术之何如，则知其能继乡邦之诸贤，而自立于不朽者远矣。①

宋濂自幼受乡学濡染，远窥吕、朱、陈、唐等人之学，近得闻人、柳、黄、吴诸人之教，卓然成为一代儒学和文章大家。除了家庭熏陶和乡学的影响外，宋濂超乎常人的好学精神和毅力也是他走向成功的必要条件。

宋濂之学作为明代理学婺州派代表，兼有南宋朱学、陆学的特点，并受佛学的影响。其学说为元代开始的朱、陆合流到明中期王学出现之间思想嬗变的环节之一。《宋元学案·东莱学案》曰：“宋乾、淳以后，学派分而为三：朱学也，吕学也，陆学也。三家同时，皆不甚合。朱学以格物致知，陆学以明心，吕学则兼取其长，而复以中原文献之统润色之。门庭径路虽别，要其归宿于圣人则一也。”②历史上，吕祖谦为人宽宏有雅量，其以“宰相之量”的风格和为学特点促成了朱、陆的“鹅湖之会”而被传为学术佳话。宋濂继承东莱吕氏婺学传统，以

① 罗月霞主编：《宋濂全集》之《潜溪录》卷四，浙江古籍出版社，1999年，第2482—2483页。

② 全祖望：《同谷三先生书院记》，载《鲒琦亭集·外编》，商务印书馆，1926年。吕祖谦（1137—1181），字伯恭，世称“东莱先生”，婺州人。南宋著名理学家、文学家，出身“东莱吕氏”。《宋史·吕祖谦传》说：“祖谦之学本之家庭，有中原文献之传。”宋宁宗时，追谥“成”。吕祖谦博学多识，主张明理躬行，学以致用，反对空谈心性，开浙东学派之先声。他所创立的“婺学”（又称“金华学派”），也是当时最具影响的学派，在理学发展史上占有重要地位。与朱熹、张栻齐名，并称“东南三贤”。著有《东莱集》《历代制度详说》《东莱博议》等，并与朱熹合著《近思录》。参见董平：《吕祖谦思想论略》，《浙江学刊》1991年第5期。其学术则与朱熹、陆九渊相鼎足，独辟富有特色的婺学，于南宋以后浙江学术之发展影响殊深。

斯道为己任。就论学言,宋濂主张“六经皆心学”,接近陆学,受到佛教影响。陆九渊创立心学因受了佛教禅宗的启发,而宋濂的思想宗旨接近心学也应该与他深受佛学思想的影响有关。全祖望尝指出婺学有三变,至宋濂为“流于佞佛”。①宋濂自幼深受佛教环境熏染而对佛教产生了浓厚的兴趣。宋濂出生的地方,一旁是潜溪潺潺的流水,一旁是禅定院的梵呗钟声。离他家乡不远,还有一位著名的千岩禅师驻锡义乌伏龙山,宋濂经常去参访,“缔为方外之交垂三十年”。宋濂自称“无相居士”,明朱时恩《居士分灯录》将其列为千岩元长禅师法嗣。授业师黄溍与僧人时有过从,这对宋濂也产生了重要的影响。宋濂自述“自幼至壮,饱阅三藏诸文”,“三藏玄文,颇亦玩索”,故他对佛典的精通,即便是方外高僧也不得不佩服,云其“深究内典,为吾徒之所信向,海内尊宿多浚发其幽光”。“宋濂学识渊博,天下之书无不读,其于浮屠之道,深究内典,三阅大藏,著有大量佛学作品。”②

宋濂因身居显位,又逢明初开国盛世,其文风淳厚飘逸。宋濂性格慎密,在宫中问对的话,绝对不会告诉别人。应制的作品,也将其草稿删毁。曾在居室的墙壁上写“温树”二字,有人向他问及宫内之事,他指此二字即不言语。然宋濂文章之盛早就被世人称赞,欧阳玄《潜溪集序》曰:

> 宋君虽近出,其天分至高,极天下之书,无不尽读,大江以南,最号博学者也。以其所蕴,大肆厥辞,其气韵沉雄,如淮阴(韩信)出师,百战百胜,志不少慑;其神思飘逸,如列子御风,翩然骞举,不沾尘土;其辞调尔雅,如殷鼎周彝,龙纹漫灭,古意独存;其态度多变,如晴霁终南,众皴前陈,应接不暇。非才兼众长,识迈千古,安能与于斯?杂于古人篇章中,盖甚难辨。唯真知文者,始信予言之弗谬。予在翰林也久,海内之文无不得寓目焉,求如宋君何其鲜也!苟置之承明奉常之署,使掌制作,岂不能黼黻一代乎?先民有言曰:“知言,圣贤之能事;立言,学问之极功。”不学知言,不能明理;不学立言,

① 罗月霞主编:《宋濂全集》之《潜溪录》卷一,浙江古籍出版社,1999年,第2304—2305页。全祖望《宋文宪公画像记》载:“宋文宪公之学,受之其乡黄文献公、柳文肃公、渊颖先生吴莱、凝熙先生闻人梦吉,四子之学,并出于北山、鲁斋、仁山、白云之递传,上溯勉斋,以为徽公世嫡。予尝谓婺中之学,至白云而所求于道者,疑若稍浅;观其所著,渐流于章句训诂,未有深造自得之语。视仁山远逊之,婺中学统之一变也。义乌诸公师之,遂成文章之士,则再变也。至公而渐流于佞佛者流,则三变也。”

② 参见贯素慧:《宋文宪公护法录研究》,上海大学2016年博士论文,第12页。

不能成文。有若宋君，其殆理明而文成者欤！[①]

宋濂对于佛、道二氏，尤其对于佛教典籍潜心研究，并多所汲取。由于宋濂名满天下，又“颇以文辞为佛事”，以至“南北大浮屠，其顺世而去者，多以塔上之铭为属”，“自时厥后，或吴，或楚，或梁、宋，或鲁、卫，名僧开示，多有谒余浦阳江之上者”。宋濂自己也以弘扬佛法自任，表彰僧人功绩唯恐不及：“衰迟之余，诸习皆空，凡他有所请，辄峻拒而不为，独于铺叙悟缘，评骘梵行，每若不敢后者，盖欲表般若之胜因，启众生之正信也。”[②]因此，宋濂作品中存有大量的涉佛文章。[③] 明初应诏高僧见心来复曰：“今太史宋公学周、程之学者，文足以贯道，才足以用世，智足以周身，治生之暇，乐与吾徒游，隽永禅悦，竟日忘倦。是能不异其教而同其道，不外其迹而内其心，非独知人而又知言者矣。”[④]僧人引宋濂为知音，而宋濂乐与佛僧游，且涉佛极深，以文辞为佛事，为僧徒所信向。

宋濂所作的关于佛教的大量文章，被晚明著名僧人云栖袾宏辑录为《宋文宪公护法录》，明末“文宗”钱谦益又对之加以修订刊版。其所撰《宋文宪公护法录序》云：

> 谦益恭读高皇帝《御制文集》，稽首飏言曰：天命我祖统合三教，大哉！蔑以加矣。已读故翰林学士承旨《文宪宋公集》，则又叹曰：嗟乎！夫宪章圣祖者，舍文宪何适矣？圣祖称佛氏之教幽赞王纲，开国以来，凡所以裁成辅相，设教佑神，靡不原本一大事因缘。而文宪则见而知之，为能识其大者。《广荐》之记，《楞伽》《金刚》之叙，通幽明，显权实，太圣人之作用存焉。《传》

---

① 罗月霞主编：《宋濂全集》之《潜溪录》卷四，浙江古籍出版社，1999 年，第 2484 页。

② 宋濂：《宋文宪公护法录》卷之一《佛性圆辩禅师净慈顺公逆川瘗塔碑铭(有序)》。

③ 参见贾素慧：《宋文宪公护法录研究》，上海大学 2016 年博士论文，第 2 页。作者指出宋濂作品有 1485 篇，以云栖大师整理宋濂涉佛作品 178 篇来计算，占总数的 11.8%，从历代文人所作涉佛作品来说，宋濂的涉佛作品是最多的。研究《护法录》，是对宋濂佛学方面研究的重要补充。作为明初第一文臣、理学传人、朱元璋身边的侍臣、太子朱标的老师，宋濂的身份和影响具有不可替代性。第 12 页下注又说，以《宋濂全集》统计，约 1485 篇，涉及佛教文章约 188 篇，涉佛作品约占作品总数的 13%。《护法录》失收宋濂涉佛作品，亦在统计之内。此部分宋濂涉佛作品载于《宋濂全集·宋学士文粹辑补》有 9 篇：《天香室偈》《夹科法华经赞》《重修云黄山行道塔碑》《赠梵颙上人序》《菩提发愿文序》《佛陀一首送天童禅师游华顶峰并序》《浮沤室说》《新刻楞严经序后题》《莲花藏室偈》。载于《宋濂全集·余集辑补》有 1 篇《跋大理国张胜温梵像图卷》。

④ 罗月霞主编：《宋濂全集》之《潜溪录》卷五，浙江古籍出版社，1999 年；释来复：《学士亭记》，浙江古籍出版社，1999 年，第 2566 页。

有之:"金铎振武,木铎振文"。文宪,其高皇帝之木铎欤!繇文宪以窥圣祖之文,其犹《易》之有翼,《春秋》之有传也欤。圣人之言天也,算以周髀,测以土圭,而天体见焉。于以宪章圣祖,盖思过半矣。

圣祖现身皇觉,乘愿轮以御天。文宪应运而起,典司禁林,辅皇猷而宣佛教。前代以翰林学士为内相,高皇帝不置相,文宪有相道焉。云从龙,风从虎,圣人作而万物睹。文宪以大儒应聘君臣之际,史官颂之至今。抑岂知其夙受付嘱,开华严法界于阎浮提?其为云龙风虎,又有大焉者乎!姚恭靖之于成祖,闳现稍异,要皆后天奉时,佐二祖以章明佛乘。日月未改,圣谟洋洋,而儒生掩耳,如尘沙劫事,岂不悖哉!或谓文宪故服习程朱,程朱辞辟佛氏,凛干戎索,何可越也?呜呼,圣祖不云乎"天下无二道,圣人无两心"。夫道譬之,则日也。圣祖出,而日中天矣。程朱见日于牖隙,文宪见日于扶桑,其广狭至不同量也。生盛明之世,而墨守程朱,终不能仰青天而睹白日,悲夫!《文宪集》无虑数十本,余搜次其关于佛事者,合诸云栖所辑,校定付梓而僭为之叙,以谂于世之宪章者。文宪三阅大藏,入海算沙有如指掌,在儒门中当为多闻总持;至其悟因证地,著见于文字中,必有能勘辨之者,固非学人所可得而评骘者也。[①]

《宋文宪公护法录》素来受佛教中人看重,晚明憨山德清屡有推赞,就如近代印光法师亦曾言:"彼不知佛法者,读《文宪公集》,既钦其文之洪阔,又服其理之高深。能不断疑生信,愈入愈深大明儒佛之心法,企出生死之樊乎?况其中发挥佛法者,有一百七十余篇之多乎!"[②]可见宋濂对儒佛心法精深如此。宋濂认为:

吾佛之学,明心而已矣。然心未易明也,结习之所胶滞,根尘之所盖缠,沉冥于欲途,颠倒于暗室,而不能自知。必处乎重山密林之中,木茹涧饮,绝去外缘而直趣一真之境,水漂麦而不顾,雷破柱而弗惊,久之驯熟,忽然顿悟,大地山河,咸作碧流离色。能如是,不可谓无所证入矣。然恐堕于空寂,未敢自信,又必担簦裹粮,不远数百千里求明师而证之。机锋交触,如短兵

① 钱谦益:《宋文宪公护法录序》,万历丙辰冬十一月朔;印光:《重刻明宋文宪公护法录序》。
② 印光:《重刻明宋文宪公护法录序》。

相接，失眼之顷，辄至丧身失命。及其印可已定，退藏于密，如护明珠，须臾不敢忘去。然而修多罗藏，其多至于五千四十八卷，大无不包，细无不统，其可委之为賸语耶？又必出司藏钥，昼夜研穷之，而毕知其说，证之于言，验之于心，既无分毫之不同矣，于是不得已出世度人，续佛慧命。其阶级之不紊，功用之甚严乃如此。奈之何今之执法柄者或不能皆然也？①

二 宋濂与佛僧方外交游

宋濂方外交游是宋濂佛学研究的重要组成部分，亦是整个宋濂研究不可或缺的一环。儒释交游对宋濂佛学思想的形成无疑起了重要作用，亦影响了宋濂的创作和思想。宋濂与佛僧的方外交游大致可分入仕前、仕宦南京和致仕后三个时期。师从黄溍、结交千岩禅师作为入仕前佛门交游圈，仕宦南京以大天界寺形成交游圈，致仕后则以地缘及名望形成交游圈。这三个佛门交游圈呈现网状交织状态。宋濂与僧人的交游互动，形成了他以儒者立命、旁涉佛教的儒释关系。②

（一）师缘、地缘

具体而言，宋濂佛门交游网络，入仕前或因师缘、或因地缘而形成两个网络圈：其一是授业师黄溍的释门交游圈；其二是地缘关系的千岩禅师交游圈。这是宋濂方外交游的基础。宋濂从"（黄溍）先生游垂二十年，知先生为最深"。黄溍涉及佛教的作品数量很多，其与浮屠氏的交往直接影响了宋濂。如宋濂《别峰同公塔铭》中曰："（别峰同）公以濂为文献公（黄溍）门人，时相过从，慰劳者甚厚。"因师生关系，黄溍的方外友也成了宋濂的方外友。再如与黄溍交游的灵隐寺朴隐净公，与宋濂也是方外友。③ 宋濂与千岩禅师交游，多因地缘或名望，其在《千岩禅师语录序》中曰："往予家居时，尝谒千岩禅师于乌伤伏龙山。……予谓禅师

① 罗月霞主编：《宋濂全集》之《銮坡前集》卷八《送季芳联上人东还四明序》，浙江古籍出版社，1999年，第509页。

② 参见贯素慧：《宋濂佛门交游研究》，《昆明学院学报》2016年第4期，第107页。

③ 参见贯素慧：《宋濂佛门交游研究》，《昆明学院学报》2016年第4期，第108页。

之道见于言，读其言，自可知其道，又何以序文为？然稽之古德，其语存于今者，多名缙绅为题辞，不若是，固不足以表正宗之所寄。”[①]而《南堂禅师语录序》中曰：“予壮龄时与千岩长公为方外交。千岩以南堂偈赞示余，余读之，惊曰：‘是有所证悟者之言也，绝枝蔓，去町畦，而不堕于情识之境。不意大法凋零，而能见斯人哉？’千岩以余言为然。”[②]宋濂与千岩禅师虽因地缘而接近，但所交往者大都为文字般若佛缘。

（二）护龙河上

宋濂入仕后，因其仕宦首都南京，成为开国文臣之首，方外交游圈扩大而达至极盛，主要以京刹大天界寺为缘而形成交游圈。其时来往大天界寺的天下高僧川流不息，除了应召高僧外，尚有许多慕名而来与宋濂交游者。文章中经常可见宋濂与僧人会于护龙河上的情景，兹择取几例说明：

（1）与用明交游。“今年春，余奉诏来京师总修《元史》，适与用明会于龙河佛舍。用明出诗文各一巨册示余，曰：子黄公之高弟子也，盍为我序其首？”[③]

（2）与用堂梗交游。宋濂记曰：“及来南京，获与用堂会于护龙河上，间出诗文一帙，所谓《水云亭小稿》，俾余序之。”非惟其诗可称道，如先生所云，其文亦深稳平实，而多言外之趣。因窃自叹方外之人，其用志不分，乃能如斯之工也。或谓余曰：“达摩氏西来，其所传者心法而已矣，何以诗文为哉？子所取于用堂者浅矣。”[④]

（3）与天渊清濬交游。天渊，古鼎铭公之入室弟子。“今年春，偶与天渊会于建业，因相与论文。其辩博而明捷……以余与天渊相知尤深也，请序而送之。”[⑤]

（4）与觉初交游。作《送觉初禅师还江心序》曰：“往时有大比丘孚中信公，以松原五传之学提唱护龙河上，觉初恩公实与之分坐说法。……会余奉诏总修《元史》来南京，觉初亦振锡自江心而至，握手共语，情盖欢如也。”[⑥]

---

① 罗月霞主编：《宋濂全集》，浙江古籍出版社，1999 年，第 715—716 页。

② 罗月霞主编：《宋濂全集》之《銮坡前集》卷八，浙江古籍出版社，1999 年，第 508 页。师讳清欲，字了庵。南堂，其号也。

③ 罗月霞主编：《宋濂全集》之《銮坡前集》卷八《用明禅师文集序》，浙江古籍出版社，1999 年，第 501 页。

④ 罗月霞主编：《宋濂全集》之《銮坡前集》卷八《水云亭小稿序》，浙江古籍出版社，1999 年，第 502 页。

⑤ 罗月霞主编：《宋濂全集》之《銮坡前集》卷八，浙江古籍出版社，1999 年，第 504 页。

⑥ 罗月霞主编：《宋濂全集》之《銮坡前集》卷八，浙江古籍出版社，1999 年，第 505 页。

护龙河佛舍即毗邻秦淮之大天界寺的代称，其时开史局于天界寺，宋濂与佛僧多所交往。宋濂致仕后，退居浦江，所形成的儒释交游圈大略有两种情况：一者因地缘与名望，如千岩禅师弟子辈继续与宋濂保持交往关系；二者，宋濂每岁朝京，由浦江至南京，旅途之中登临或留宿杭州等地古刹而结交高僧。

(三) 学士亭

宋濂致政归乡，因声望与地缘关系，与千岩禅师后继者龙门海公继续保持方外交游，学士亭传为禅林佳话。宋濂告老还乡后暇日经常来山阅藏，为此海公与弟子景华谋划，慨然捐资建学士亭安之。释来复为写《学士亭记》述道：

> 学士亭者，圣寿住山龙门海公为太史宋潜溪而作也。圣寿隶金华之义乌县，旧号龙寿，宋治平中改今名。先是，寺久废，元之泰定丁卯秋，千岩长禅师倡道兹山，遂大兴之。学徒麇至，常满千指。时潜溪宋公数与法席，咨决心要。后十余年，禅师入寂，而海公继之，发扬之盛，无替于昔。入国朝，洪武丁巳春，宋公以翰林承旨致政还乡，暇日常阅藏教于山中。海公嘉其诚，谋于弟子景华，慨然捐赀作亭以居之。亭成，乃遣其侍者德性走金陵，谒余文为记。

海公不忘其师与宋濂交，而且重宋濂之道，故筑亭以居之。来复有感于此曰："呜呼，道无二道，心无二心。必欲歧而外之者，岂通人之论哉？苟能会其同而究其源，则斯道也。吾之圣人复生，其固不可以绝之已夫！予与潜溪笃方外好，间与商略斯道异同，未尝不为后学无闻者之叹息也。今于海公请记是亭，故得附余所感，以勉夫来者焉。"①

方孝孺因曾游学于宋濂之门，也被海公请求作《学士亭记》以纪其事。孝孺记述了元末乱世中宋濂与千岩禅师交游的情形，记云："时乌伤圣寿寺有千岩大师者，磊落善谈论，喜与吾儒游。公时时过，与之语，辄连日夜不休。当其适意时，或携筇陟崇岭看云起，卧石床听泉瀑声，久则大笑而别，别已复会。人见其然，以为公乐闻其道。岂知公者哉？及乎真人御极，僭乱平而四海定，公应聘而起，居朝廷者十有九年，累官至翰林学士承旨。年六十有八，致其政而归。于是

---

① 罗月霞主编：《宋濂全集》之《潜溪录》卷五《学士亭记》，浙江古籍出版社，1999 年，第 2565—2566 页。

大师圆寂已久矣，而龙门海禅师复主圣寿，以为斯寺，公之所尝游也，乃以洪武八年某月作学士亭于寺之南，名以公官。亭，为公而作也。”孝孺深知宋公方外交，多出于养道伸志，而游于山林乃其迹。“贤哲之处世，乌可以迹论哉？当草昧之时，世衰道郁，抱经纶之志而不得施，安能舒畅其心神、流浃其情志乎？故或放道于江海，或养操于山林，求遗世忘累之士而与之游。其意非求其道也，盖寓迹于物耳。苟徇迹而论之，岂足以知贤哲之用心哉？当元至正中有大儒先生太史公出于金华，以道德性命济世之略为学。学成而四方兵起，天下大乱，公知莫如何，往来山水间，著书以自娱。”又曰：“某惟昔之贤者与方外交，若陶彭泽之与慧远，周元公之于常总，欧阳文忠公之与居讷者有矣。彭泽惟虎溪一笑，元公以鸾名溪，以青松名社，然不闻有所创造也。文忠既去，而寺僧某作亭其寺，以公别号名之曰‘六一亭’矣。然亭作于身后，文忠不及见也。今海师，时(宋濂)公之还而作亭，亭成而公气强体康，肩舆观览乎其中。此固古之所无而今之所仅有者也，其安可无述？然六一亭之作，文忠之门人苏长公实记其事，其文传，故其事著。某贱且騃，何敢僭冒以污伟迹哉？虽然，公之迹后必有知，不待斯文。文以道公之志，某因不得而辞也。”[①]学士亭之建，不惟是儒释交游的见证，而且寓示两家道心相通。

(四) 致政还乡，每岁朝京

洪武九年(1376)六月，癸巳，宋濂以67岁任翰林院承旨，为正三品。宋濂行状曰：皇上“以先生久典制作，宣劳为多，特拜翰林学士承旨，嘉议大夫知制诰、兼修国史”。又“每谓先生曰：‘朕以布衣为天子，卿亦起草莱列侍从，为开国文臣之首，俾世世与国同休，不亦美乎？’趣令取子孙官之。先生屡辞谢，不敢奉诏。至是年某月，诏征先生家子瓒之子慎，为殿廷仪礼司序班，未几复召介子璲，除中书舍人”。皇上时休暇，辄命题试宋璲与宋慎，而戒饬之，笑语先生曰：“卿为朕教太子，朕为卿教子孙。”[②]

洪武九年十一月，有致政之诏。朱元璋令宋濂“徐徐行”。御制诰辞中称宋濂“德量之弘如千顷波，澄之不清，挠之不浊”。“先生行既有期，上眷念尤深，曰：‘卿去何时复来见朕乎？幸相侍数日，姑徐徐行。’由是朝夕左右者累月。”“中书

① 罗月霞主编：《宋濂全集》之《潜溪录》卷五，浙江古籍出版社，1999年，第2582页。
② 罗月霞主编：《宋濂全集》之《潜溪录》卷二《行状》，浙江古籍出版社，1999年，第2350页。

省御史台奏准诰文:昔者圣人君天下,几名臣之善,非崇一己之善,必惠及至于祖焉。尔濂学通今古,性淳而朴,实有古人之风。挠之而不怒,静之而不淆,朕观濂之性有若是焉。今者公卿等皆得祖宗封号,尔为文章之首臣,祖亦有封焉。……"①

洪武十年丁巳(1377)正月,宋濂68岁致政还乡。正月初六日陛辞,十日发舟,二十七日至家。朱元璋高度评价宋濂之为人,廷誉濂曰:"古人太上为圣,其次为贤,其次为君子。若宋景濂者事朕十九年,而未有一言之伪,诮人之短,宠辱不惊,始终无异,其诚君子矣乎!匪止君子,抑可谓之贤者矣。"赐《御制文集》一部及绮帛四匹。朱元璋说:"朕最慎于赏予,嘉卿忠诚可贯金石,故以是赐卿矣。"问宋濂年几何,曰六十八。帝乃曰:"藏此绮三十二年,作百岁衣可也。"②并作诗饯之,有云:"白下开尊话别离,知君此后迹应稀。"宋濂续云:"臣身愿作衡阳雁,一度秋风一度归。"从此每岁一朝。宋濂荐苏伯衡自代。诸儒臣及儒僧释来复、释宗泐等赋诗送别。释来复《赠别宋承旨》诗云:

> 不管人间是与非,锦衣脱却换荷衣。浮云卷尽三山碧,万里晴空一鹤归。
> 顿空三际泯诸尘,坐视阎浮几劫春?兜率至今衣钵在,双林大士是前身。
> 甲子催人撚指间,黄金难买一身闲。五更睡觉梅花月,浑似当时未出山。
> 坐断清风八咏楼,海天高挂月轮秋。了知有相原无相,不在声音笑貌求。
> 大开圆镜廓虚空,楚月吴云触处通。此别莫言山海隔,妙音无日不相逢。
> 道交江海几人存?老我空山独掩门。闲却一岩煨芋火,大千豪发与谁论?③

释宗泐《宋学士归金华》诗云:

> 当代文章伯,朝廷制作新。储宫贤少傅,开国老词臣。
> 际遇超今古,优容异等伦。暮归莲作炬,前席锦为茵。
> 班固材尤赡,扬雄语大醇。一麟生治世,长剑倚秋旻。
> 仲子金闺彦,佳孙玉树春。寻常劳圣眷,七十解朝绅。

---

① 罗月霞主编:《宋濂全集》之《潜溪录》卷六《明太祖封赠诰》,浙江古籍出版社,1999年,第2636页。
② 罗月霞主编:《宋濂全集》之《潜溪录》卷首《明史列传》,浙江古籍出版社,1999年,第2267页。
③ 罗月霞主编:《宋濂全集》之《潜溪录》卷五,浙江古籍出版社,1999年,第2617页。

恋阙行犹缓，还家乐更真。都门开祖帐，里曲候征轮。
未觉乡音改，其如此志伸。净名应杜口，善慧必观身。
婺女星辰逼，萝山雨露均。挑灯书细字，置酒洽比邻。
白石求真侣，青松给社人。无心诚契理，有道足怡神。
自愧非支遁，空知让许询。三生情是梦，十载法为亲。
别去投青简，秋来觐紫宸。凉风吹彩鹢，携手大江滨。①

两位儒僧既与宋濂同朝为官，又是方外交，临别所赠诗句别有一番情趣。宋濂致政归青萝山，辟一室曰“静轩”，仅可容膝，终日闭户纂述，人不见其面。其作《静室》诗句有“静室似僧庐，绝与黄尘隔”。②

洪武十年二月十二日，宋濂上表谢恩：

臣闻生世而逢真主，仕宦而归故乡，此人臣至荣而至愿者也。臣本一介书生，粗读经史，在前朝时虽屡入科场，曾不能沾分寸之禄，甘终老于山林。今幸遭逢圣主定鼎建业，特敕省臣遣使者致币，起臣于金华山中，俾典儒台，继升右史，侍经东宫，供奉翰苑。去岁钦蒙特除承旨，为文章之首臣，而次子璲耀中舍舍人，长孙慎殿廷序班，一门三世，俱被恩荣。近者又荷追封祖父，亲御翰墨，宠以雄文，粲然奎璧之光，照耀霄汉。且怜臣年老，令致政还乡，又有冠服、文绮、宝楮之赐，鸿泽滂沛，不一而足，其高如天，其厚如地，其照临如日月，非笔墨之可尽述。臣诚欢诚忭，稽首顿首。

同时上《致政谢恩笺》称：

二月初三日诣墓所，祭告昭宣制命，宠光烜赫，下烛泉壤。乡里亲朋一时毕会，相与叹慕，以谓天朝待士如此之至，莫不感激思奋。此皆皇上之大德，殿下之深恩，顾臣区区，何以图报于万一。臣闻古圣人有言曰：“为君难”。其所谓难者何也？然以四海之广，生民之众，受寄于一人，敬则治，怠

① 罗月霞主编：《宋濂全集》之《潜溪录》卷五，浙江古籍出版社，1999年，第2620页。
② 罗月霞主编：《宋濂全集》之《静室二首》，浙江古籍出版社，1999年，第1962页。

则否;勤则治,荒则否;亲君子则治,近小人则否,其机甚微,其发至于不可遏,不可不谨也。所以二帝三皇相传心法,曰德曰仁,曰敬曰诚,无非用功于此也。治忽之间,由心之存不存何如耳。臣诚欢诚忭,顿首顿首,恭惟皇太子殿下仁孝温恭,出言制行,动合至道,中外无不仰望,而臣犹以二帝三皇相传心法为言者,诚以为君之难也。臣虽退居田里,而忠爱之心弥切,旦夕不忘,于是敢贡刍荛之言,伏望殿下察臣所言而笃行之,则天下幸甚!①

朱元璋见到宋濂上表,非常高兴,复赐诗一首并冠以长序云:

洪武十年春二月二十有六日,前翰林承旨宋濂得致仕归,已达家矣。即还,长孙慎进表以伸报谢。朕览来词,言无虚谬,已往分明,见陈可纪。其为人也,可谓诚矣,智矣。故有终于致位者,为此。于是召其孙慎谓曰:"尔翁去此而谁从?"对曰:"惟亲及故友会之,他无滥交。"曰:"日抚儿孙乎?阅生财乎?涉田园乎?"慎稽首拜手曰:"臣慎祖蒙陛下之深恩厚泽,得休官,悠悠于家,以待考终。其于抚儿孙、阅生财、涉田园之事,皆有之。为此不胜感激,特遣微臣慎诣阙俯伏以谢陛下。"曰:"除此之外,他有何乐?"曰:"足不他往,但建一容膝之室,题名曰'静轩',日居是而澄方寸。更访国政,倘知一二,虽在休官,尚欲实对,为陛下补缺耳。"朕听斯言,倏然感动。于戏,忠哉!良臣有若是耶!因为之诗焉。

闻卿归去乐天然,静轩应当效老禅。
不语久之知贯道,此心尝著觉还便。
从前事业功尤著,向后文章迹必传。
千古仲尼名不息,休官终老尔惟全。②

诗中可见朱元璋首肯了宋濂致仕后"静轩应当效老禅",实则暗含着让宋濂谨言慎行,勿风吹草动之隐意,表面的佛学解读,成为二人心知肚明的媒介。宋濂能功成名就后老死山林,这也是朱元璋希望宋濂做到的。

---

① 罗月霞主编:《宋濂全集》之《芝园前集》卷一,浙江古籍出版社,1999年,第1154—1155页。

② 罗月霞主编:《宋濂全集》之《潜溪录》卷一《明太祖赐诗一章并序》,浙江古籍出版社,1999年,第2288—2289页。

宋濂答应致仕后每岁来朝，因致政之诏颁于洪武九年(1376)十一月，故洪武十年(1377)九月一日，宋濂首次朝京，方孝孺随侍。过杭州，至上天竺谒东溟大师(慧日)。宋濂在两年后(洪武十二年，1379)为东溟慧日撰写的塔铭回顾了他们见面的情景："濂前年幸谒师，见师精神浮动眉宇间，戏谓师曰：'法力所摄，师之四体当益强，濂岁岁上京师，必过虎林，必与师谈辩如今日也。'师曰：'学士固未艾，老身石火电光尔，乌能久乎？'遂一笑而别。"[①]

至京后的十月，朱元璋召宋濂游览新造的观心亭，命宋濂作《观心亭记》。记曰："壬子，观心亭成。初，上敕工曹造观心亭于宫城上，至是落成，上亲幸焉。时致仕翰林学士承旨宋濂来朝，乃诏濂语曰：人心易放，操存为难。朕日酬庶务，罔敢自暇自逸，况有事于天地宗庙社稷，尤用祗惕，是以作为此亭名曰：'观心'。致斋之日，端居其中，吾身在是，而吾心即在是，却虑凝神，精一不二，庶几无悔。卿为朕记之，传示来裔。"[②]十一月二十四日，陛辞，朱元璋与宋濂论《楞伽经》。二十五日，宋濂离京。二十八日，朱元璋问宋璲其父亲之行程。过杭州，宋濂与方孝孺宿南屏山，有乡人王生偶写南屏对雪图，方孝孺题诗有云：

> 昔年岁暮京国还，舣舟夜宿南屏山。山风吹雪天欲压，夜半大雪埋江关。清晨倚楼望吴越，六合玉花飘未绝。恍疑江水驾山来，万顷银涛涌城阙。山僧好事喜客留，置酒开筵楼上头。玉堂仙人宋夫子，红颜白发青貂裘。坐读古今如指掌，共看云收月华上。……[③]

十二月二日，朱元璋又问宋璲其父亲途中是否平安。三日，朱元璋谓宋璲昨夜梦及宋濂，想其已达钱塘。这足见朱元璋思念宋濂之切，不忘如此。

朱元璋为宋濂朝京曾敕旨三道：其一："卿多积德，以致高寿康宁。虽居致仕，恋阙之心甚切，不畏严寒，年必斯时而至，特赐日用，故兹特谕。洪武十年。"其二："卿去此数月，朕常思之。今卿来此，已复一时矣。朕恐失顾问，少劳劳，特敕礼部致食粮及酒肴抵所在，卿当引觞而自酌，美食以养神，称朕报劳之意，未审悦乎？洪

---

① 罗月霞主编：《宋濂全集》之《芝园后集》卷十《上天竺慈光妙应普济大师东溟日公(慧日)碑铭》，浙江古籍出版社，1999年，第1468页。

② 《明太祖实录》卷一一六。

③ 《西湖游览志余》卷七。

武十年九月十五日。”[①]史靖可有诗句称“生平不有君臣契，哪得神交入梦思？”

致仕家居的宋濂亦时刻不忘皇帝朱元璋的关切，撰《新刻楞伽经序》曰：

> 洪武十年秋九月丙子朔，濂朝京师。冬十有一月丙申，入辞，将还山。时皇上御武楼下，顾濂言曰：‘卿言《楞伽经》与达摩氏印心之经，朕取而阅之，信然。人至难持者，心也。触物而动，渊沦天飞。随念而迁，凝冰焦火，经言操存制伏之道，实与儒家言不异。使诸侯卿大夫，人咸知此，纵未能上齐佛智，其禁邪思，绝贪欲，岂不胥为贤人君子之归！’濂谨对曰：‘诚如圣论。第其文学简古，义趣渊微，宋臣苏轼颇尝患其难读耳。’上曰：‘此书生缠蔽文义之过也。朕于宫中略览数过，已悉领其大旨。’即敕奉御取经示濂，且默诵曰：‘如《佛语心品》则第一卷所言，诸识有二种生，谓流注生及相生；有二种住，谓流注住及相住；有二种灭，谓流注灭及相灭。此三相者，最为微隐，唯佛能究言已。第四卷所言，自心妄想，非性智慧观察，不堕二边，先身转胜而不可坏，得自觉圣趣。是般若波罗蜜，此言六度万行，互相融摄，成菩提分，皆由般若成立，尤为深切。若《般若心经》，若《金刚般若经》，皆心学所系，不可不讲习也。’言已，上复口解《心经》数章，睿智神见，皆超出乎常伦。于是赐食禁中而退。[②]

洪武十一年十一月，宋濂第二次朝京。十一月二十一日，道经杭州，游虎跑、净慈等处，与主僧定严、夷简等交游。作《大慈山虎跑泉铭》云：“洪武戊午冬十有一月，濂朝京师，道经山下，今主僧定严戒，有道之士也，亟要濂观泉，且被法衣，率其徒同举梵咒。久之，泉觱沸而出，若联珠然，已而，微作涌势。濂心异之。”[③]又作《净慈寺新铸铜钟铭》云：“皇明洪武十一年冬十一月庚寅，杭之净慈报恩禅寺住持夷简，重治钟楼成，……夷简请为铭，与钟相为无极。”[④]十二月十六日，抵达南京朝觐。二十九日，朱元璋赐诗宋濂，诗云：“学士越中来，我恐驰程苦。拜毕诣

---

① 罗月霞主编：《宋濂全集》之《潜溪录》卷一《明太祖劳致仕承旨敕符三道》，浙江古籍出版社，1999年，第2283页。

② 罗月霞主编：《宋濂全集》之《芝园前集》卷五《新刻楞伽经序》，浙江古籍出版社，1999年，第1239页。

③ 罗月霞主编：《宋濂全集》之《芝园续集》卷九，浙江古籍出版社，1999年，第1555页。

④ 罗月霞主编：《宋濂全集》之《芝园后集》卷二，浙江古籍出版社，1999年，第1372页。

阶前，精神盛旧观。气宇比秋鸿，文章真太古。试问民如何？天下通商贾。不但越中乐，将军明队伍。塘河便小舟，旅店从欲沽。近来荷君德，中原无胡虏。贤人诵言多，黼黻皇猷补。寰宇足清宁，人人皆乐土。洪武十一年十二月二十九日巳时。”[①]此诗通过君臣的问答，描绘了天下安定、商旅发达、百姓富足的繁荣景象，诗里洋溢着乐观、自豪的情调。

洪武十二年(1379)十二月十六日，70 岁的宋濂第 3 次至南京朝觐，朱元璋敕谕慰劳宋濂，云：“以臣事君之道，固宜虔恭不怠，然得休官于官者，今古几人？况致仕者非寿高寻常，德迈群职，安有是耶？卿福膺永寿，精力愈加，自致仕之后，每岁来朝，甚感朕心。不忍使驱驰数千里而来觐，已敕礼部赐食粮殽醴，卿当自育高年，故兹敕谕。洪武十二年十二月十六日。”[②]道至杭州，憩永明寺，游天龙寺，与主僧月舟、禅师行满交游。作《杭州天龙寺石佛记》记云：“濂自休致以来，颇一至杭，憩永明。慧日峰下天龙寺与永明相去不五里而近，其主僧月舟、禅师行满要濂出游。寺乃唐天龙尊者驻锡之地，宋乾德三年，吴越王钱氏为建宝坊，因名‘天龙’，王之女曾刻木作观音像畀之，至今犹存。……元泰定元年，择基于寺南一百步，仍重建寺曰‘天龙’焉。……寺得重振，逮今五十六春秋矣。”[③]

洪武十三年(1380)春正月，宋濂还潜溪，道经杭之西山，谕山鬼曰：“吾平昔所学仲尼之德，专利济，不残生，二十而行道，今七十有奇，其修道利济已五十年矣。”[④]同年正月，胡惟庸、陈宁、涂节等人都以谋反罪被杀。令人不解的是，朱元璋对于胡惟庸等的谋反被杀并不当一回事，而对宋濂朝京回归，却十分在意。他竟作了两篇十分奇特的文字，第一篇为《设宋濂谕山鬼文》，第二篇为《设宋濂谕钱塘龙说》。两篇文章都是朱元璋假托太史宋濂诫谕神灵鬼怪之文，前者戒谕山鬼应“敛迹幽篁”，“勿与人交”，更不应“希誉以为美”。后者戒谕钱塘之龙“勿涌波涛，奉上安生”。文章也许有一定的寓意，但朱元璋究竟以何种心态写这样的文章，实难究诘。合理的推测，其实这是以宋濂之名宣谕山川神鬼，这场血雨腥风的来临；且告诫宋濂在这场政坛风暴中不要轻举妄动，“鬼之自云属豺虎而役

---

① 罗月霞主编：《宋濂全集》之《潜溪录》卷一《又赐宋承旨越中来歌》，浙江古籍出版社，1999 年，第 2290 页。

② 罗月霞主编：《宋濂全集》之《潜溪录》卷一《明太祖劳致仕承旨敕符三道(其三)》，浙江古籍出版社，1999 年，第 2283 页。

③ 罗月霞主编：《宋濂全集》之《芝园续集》卷九，浙江古籍出版社，1999 年，第 1597 页。

④ 罗月霞主编：《宋濂全集》之《潜溪录》卷一，浙江古籍出版社，1999 年，第 2288 页。

群狼，与人辨憎爱而明是非，此岂汝之宜也？汝当敛迹蓊郁，衣白云，语猩猩，带江镜湖，饰霞翠松，……优游于窈窕之壑，宜其然也。今则不然，出与人交，希誉以为美乎？吾戒汝，今后勿与人见，敛迹幽篁，毋为人测，妙哉！”又告以钱塘“隶属东海，其守不为不重，且江之为要界，两浙而云东西，山川为京师之雄藩，独钱塘为尤甚。所以甚者，侯伯趋朝，商贾往来，君使出入。其八闽之众，两浙之多，于斯之观，除陆梯山外，其舟航水上者，独钱塘之最繁。方今宰天下而为人主者，人君也。夫君不独宰民而又专典百神之祀，致阴阳自然而然，斯君天下也。……”①最终朱元璋还是不放心文臣之首的宋太史还乡交游，而将之一并卷入胡案风暴，免得他日“啸聚山林”“兴风作浪”。

宋濂致仕后每岁一朝，三次朝京，得朱元璋慰劳备至，并多所讨论佛教心法，朝京往返途中也每每憩息山林寺院，与佛僧交游。然而，这一切都因洪武十三年(1380)胡惟庸案爆发戛然而止。《明史》宋濂本传云：“长孙慎坐胡惟庸党，帝欲置濂死。”《明史纪事本末》卷一三云：“十二月，致仕学士承旨宋濂以孙慎坐胡惟庸党被刑，籍其家，械濂至京。”谈迁《国榷》卷七云：“孙慎坐通胡惟庸诛，并怒濂，欲死之。皇后以东宫师，力救，乃安置茂州。”而据王鏊《震泽纪闻》、徐祯卿《剪胜野闻》等记述，宋濂因洪武十三年(1380)“失朝”而被治罪，马皇后和太子皆竭力相救而不得。“谪居茂州，而竟杀璲、慎。”②

综上，宋濂与僧人交游，一方面是其心慕宗乘，志趣相投，多为方外心性文字方面的砥砺，而并无深切的政治诉求。宋濂深知佛理高深，山林之中必有世外高人，既可以谈道论交，“养操山林”；亦可以修学所得，获大识见之人的验证，以免

---

① 徐永明：《文臣之首：宋濂传》，浙江人民出版社，2007年，第266—268页。

② 王鏊《震泽纪闻》：“宋学士濂，洪武中以文学承宠渥最久，后以老致仕。每值万寿节，则来京贺上。与宴，恩数尤洽。一日，与登文楼，楼峻，陟级蹒焉。上曰：“先生老矣，明年可无复来。”濂稽首谢。至明年万寿节前数日，上曰：‘宋先生其来乎？盖忘前语也。’久之不至，曰：‘其阻风乎？’使使视之江口，不至。曰：‘其有疾乎？’使使视之家。濂方与乡人会饮赋诗，上闻大怒，命即家斩之。已而入宫，上食，孝慈命左右置蔬膳于侧，上问后何为食素，曰：‘闻宋先生今日赐死，故为蔬食，以资冥福。’上感悟，遽起，命驾前双马驰赦之，曰：‘不及罪死。’会前使阻风钱塘江，得稍延。后使至，则已榜至市矣，宣诏得免。”徐祯卿《剪胜野闻》：“洪武十年，宋学士乞老归，帝亲饯之，敕其孙慎辅行。濂顿首辞，且要曰：‘臣性命未毕蓬土，请岁觐陛阶。’既归，每就帝庆节称贺如约。帝惟旧恋，恋多深情，十三年失朝，帝诏其子中书舍人璲、孙序班慎问之，对曰：‘不幸有旦夕之忧，惟陛下哀矜裁其罪。’帝微候人瞰之无恙，大怒，下璲、慎狱，诏御史就诛濂，没其家。先是，濂尝授太子及诸王经，太子于是泣谏曰：‘臣愚戆无他师，幸陛下哀矜裁其死。’帝怒曰：‘俟汝为天子而宥之。’太子惶惧不知所出，遂赴溺。左右救得免。帝且喜且骂曰：‘痴儿子，我杀人何预汝耶？’因遍录救溺者，凡衣履入水者，擢三级。解衣舄者，皆斩之。曰：‘太子溺，俟汝解衣而救之乎？’乃赦濂死，而更令入谒。然怒卒未解也。会太后食，后具斋素，帝问之故，对曰：‘妾闻宋先生坐罪，薄为作福祐之。’帝艴然投箸而起。濂至，帝令无相见，谪居茂州，而竟杀璲、慎。”

误入歧途。另一方面，宋濂交游僧人，能够不存儒释之异的偏见，而取佛理与儒学相通之处；不取佛学出世、儒学入世之轨迹不同，而取佛学明心见性、儒学修心养性，二者于教化人心有相同之处。宋濂与僧人交游，不独仰慕大师高名，而是取佛氏导人为善之理，摄心归正，从而内修佛智，外补教化。宋濂这样推崇儒佛心法观，也通过朝京所作的《观心亭记》和《楞伽经》的议论等影响了朱元璋。甚至可以说，朱元璋建观心亭也与宋濂的影响有关。

另外需要说明的是，宋濂在明代历史上的不幸结局并非个案孤例，朱元璋曾经赏识的儒僧宗泐、来复也都被“胡案”风暴席卷而去。从更大的背景考察，从刘基被胡惟庸毒害开始，王祎被逐云南抗节死，许元遭弹劾见戮，张孟兼弃市，苏伯衡因表笺见杀，吴沉被谗下狱死，戴良被朱元璋召忤旨自裁。这些来自浙东婺州的文士儒臣大都遭遇悲剧结局。婺州文人悲剧的产生，一方面是统治阶级内部矛盾斗争的结果，与淮西集团的政治势力排挤有关；另一方面与最高统治者朱元璋的淫威和高压政策乃至其骨子里轻蔑文人、文化自卑心理也有莫大关系。宋濂的政治生命因卷入胡案政治风暴而画了句号，但其凭借立身的“斯文斯道”依然千古不磨。

三 斯文斯道，儒释一贯

宋濂致政还乡后，有门人郑楷阐述了宋文宪公所传承的“斯文”“斯道”，其曰：

> 先生嗜学日笃，时柳文肃公贯、黄文献公溍，皆大儒，天下所师仰，又各及其门，执弟子礼。二公则皆礼之如朋友。柳公曰：“吾邦文献，浙水东号为极盛。吾老矣，不足负荷此事，后来继者，所望惟景濂。以绝伦之识，而济以精博之学，进之不止，如驾风帆于大江中，其孰能御之？”黄公曰：“吾乡得景濂，斯文不乏人矣。”先生所为文，多经二公指授。柳公谓其“浑雄可喜”，黄公谓其“雄丽而温雅”。国子监丞陈君旅序先生之文谓“能兼二公之所长”，欧阳文公玄谓“非才具众长，识迈千古，安能与于斯？”先生为当时所称许如

此。二公相继即世,先生踵武而起,遂以文章家名海内矣。[1]

然而,浙东士大夫们多不满足于文辞之能,而恒以明大道、兴教化、经世安民为己任,宋濂也是如此。柳贯、黄溍是当时浙东最德高望重的前辈大儒,他们都把宋濂看作新一代士大夫的领衔人物,冀望他日后继承浙东斯文之脉并将其发扬光大。宋濂早年即以文章名扬四方,但他却志在斯道经邦济世。宋濂作为明代开国文臣之首,"士大夫造门乞文者,后先相踵。外国贡使亦知其名……高丽、安南、日本至出兼金购文集"[2]。宋濂最忌讳别人称他为文生。大丈夫生七尺之躯,所学的难道只是文章而已么?一次有人夸赞其文辞,宋濂很不高兴地回复:您以为我真乐意治文辞么?您也太看不起我了!……我的志向是要和周公、孔子那样,重明一代之典,垂宪百世,您却把我比作文士,这不有失偏颇吗?[3]

宋濂把学问分为三个层次:为文"烨然有光万丈",只是第一层次;穷经明道,"钟天地灵长之气,而发为文章之英,其不随世磨灭者","使言与理相涵而无悖去之者"则为第二层次;惟斯道见诸于用,"君子之任,道也,用则行,舍则藏","穷则独善其身,达则兼济天下",方为学之最高层次。[4] 宋濂曾经受到父亲宋文昭告诫:"不仕无义,古之训也。尔濂尚体予之训,以行其志哉!"[5]他也自述其志言:"吾徒何事于斯(文辞)?必也学为圣贤有用之学,达则为公为卿,使斯道行;不达则为师为友,使斯道明。"[6]其《龙门子凝道记》中充分表露了这种豪情壮志:"我岂遂忘斯世哉?天下之溺,犹禹之溺;天下之饥,犹稷之饥。我所愿学禹、稷者也,我岂遂忘斯世哉?虽然,予闻之:道之兴废系诸天,学之进退存诸己。存诸己者,吾不敢不勉也;系诸天者,予安能必之哉?予岂若小丈夫乎?长往山林而不返

---

① 罗月霞主编:《宋濂全集》之《潜溪录》卷二《致仕潜溪先生宋公行状》,浙江古籍出版社,1999年,第2351—2352页。

② 《明史》卷一百二十八《宋濂传》。

③ 罗月霞主编:《宋濂全集》之《芝园后集》卷五《文原》,浙江古籍出版社,1999年,第1403页;《宋学士文粹辑补》,《录渔人申鲜生辞》,第1877页。

④ 罗月霞主编:《宋濂全集》之《潜溪后集》卷四《黄文献公祠堂碑》,浙江古籍出版社,1999年,第251页;《翰苑续集》卷五《送陈子晨还连江序》,第864—865页。

⑤ 罗月霞主编:《宋濂全集》之《龙门子凝道记》卷下《令狐微第十二》,浙江古籍出版社,1999年,第1814页。

⑥ 罗月霞主编:《宋濂全集》之《潜溪前集》卷九《送从弟景清还潜溪序》,浙江古籍出版社,1999年,第107页。参见董刚:《元末明初浙东士大夫研究》,浙江大学2004年博士论文。宋濂在向吴莱学习作文之法时,吴莱曾把作文比作用兵,以喻其变化。他对宋濂说:作文如用兵。兵法有正有奇,正是法度,奇则神变。

乎？未有用我者尔。苟用我，我岂不能平治天下乎？"[1]其后与宋濂同被朱元璋征召的刘基也表示："怀才抱志之士，遗其身于方外，以远害而离尤，岂得已哉！"[2]

郑楷曰：

初，宋南渡后，新安朱文公、东莱吕成公并时而作，皆以斯道为己任。婺实吕氏倡道之邦，而其学不大传。朱氏一再传为何基氏、王柏氏，又传之金履祥氏、许谦氏，皆婺人，而其传遂为朱学之世适。先生既间因许氏门人，而究其说，独念吕氏之传且坠，奋然思继其绝学。每与人言，而深慨之。识者又以知其志之所存，盖本于圣贤之学，其自任者益重矣。先生于天下之书无不读，而析理精微，百氏之说悉得其指要。至于佛老之学亦所研究，用其义趣，裁为经论，类其语言，寘诸其书中无辩也。[3]

与宋濂同为明朝开国重臣的刘基，称许造物之不丧斯文、斯道，而光岳之气犹有钟聚于金华宋景濂，从柳贯、黄溍二先生游，"二先生皆以文章鸣于世。景濂合二先生之长，上究六经之源，下究子史之奥，以至释老之书，莫不升其堂而入其室。其为文则主圣经而奴百氏，故理明辞腴，道得于中，故气充而出不竭。至其驰骋之余，时取老佛语以资嬉戏，则犹饫粱肉而茹苦荼、饮茗汁也"[4]。而宋濂自述"余所谓文者，乃尧、舜、文王、孔子之文，非流俗之文也，学之固宜"。宋濂则以道为文，曾撰《文原》上下篇，可明其志向，也可察其斯文斯道之真实内涵。

其上篇曰：

此人文之显，始于何时？实肇于庖羲之世。庖羲仰观俯察，画奇偶以象阴阳，变而通之，生生不穷，遂成天地自然之文。非惟至道含括无遗，而其制器尚象亦非文不能成。……故凡有关民用及一切弥纶范围之具，悉囿乎文，非文之外别有其他也。然而事为既著，无以纪载之则不能以行远，始托诸辞翰以昭其文。……必有其实而后文随之，初未尝以徒言为也。昔者游、夏以

① 罗月霞主编：《宋濂全集》之《龙门子凝道记》卷上《终胥符第三》，浙江古籍出版社，1999年。
② 《刘基集》卷二《送道士张玄中归桐柏观诗序（并诗）》。
③ 罗月霞主编：《宋濂全集》之《潜溪录》卷二《致仕潜溪先生宋公行状》，浙江古籍出版社，1999年，第2352页。
④ 罗月霞主编：《宋濂全集》之《潜溪录》卷四《潜溪后集序》，浙江古籍出版社，1999年，第2491页。

文学名，谓观其会通而酌其损益之宜而已，非专指乎辞翰之文也。呜呼，吾之所谓文者，天生之，地载之，圣人宣之，本建则其末治，体著则其用彰，斯所谓乘阴阳之大化，正三纲而齐六纪者也，亘宇宙之始终，类万物而周八级者也。呜呼，非知经天纬地之文者，恶足以语此？

其下篇曰：

为文必在养气。气与天地同，苟能充之，则可配序三灵，管摄万汇，不然，则一介之小夫尔。君子所以攻内不攻外，图大不图小也。力可以举鼎，人之所难也，而乌获能之，君子不贵之者，以其局乎小也；智可以搏虎，人之所难也，而冯妇能之，君子不贵之者，以其骛乎外也。气得其养，无所不周，无所不极也；揽而为文，无所不参，无所不包也。……呜呼，斯文也，圣人得之，则传之万世为经；贤者得之，则放之四海而准，辅相天地而不过，昭明日月而不忒，调燮四时而无愆，此岂非文之至者乎？大道湮微，文气日削，骛乎外而不攻其内，局乎小而不图其大，此无他，四瑕八冥九虫有以累之也。何谓四瑕？雅郑不分之谓荒，本末不比之谓断，筋骸不束之谓缓，旨趣不超之谓凡。是四者，贼文之形也。……呜呼，人能养气，则情深而文明，气盛而化神，当与天地同功也。与天地同功，而其智卒归之一介小夫，不亦可悲也哉！[①]

宋濂于文后说得更为明确，“世之论文者有二，曰载道，曰纪事。纪事之文，当本之司马迁、班固，而载道之文，舍六(经)籍吾将焉从？虽然，六籍者，本与根也；迁、固者，枝与叶也。此固近代唐子西之论，而予之所见，则有异于是也。六籍之外，当以孟子为宗，韩子次之，欧阳子又次之。此则国之通衢，无榛荆之塞，无蛇虎之祸，可以直趋圣贤之大道，去此则曲狭僻径、荦确邪蹊耳，胡可行哉！”[②]又其论文学，“文学之事，自古及今以之自任者众矣，然当以圣人为宗。……天地之间，至大至刚，而吾借之以生者，非气也耶？必能养之而后道明，道明而后气

① 罗月霞主编：《宋濂全集》之《芝园后集》卷五《文原》，浙江古籍出版社，1999年，第1403—1405页。
② 罗月霞主编：《宋濂全集》之《芝园后集》卷五《文原》，浙江古籍出版社，1999年，第1405页。

充，气充而后文雄，文雄而后追配乎圣经。不若是，不足谓之文也。何也？文之所存，道之所存也。文不系道，不作焉可也”[①]。

时人多有称许宋濂之斯文斯道者。李濂称其为“昭代之文宗”，曰：

我国家文运起于东南，故国初以来，江浙多文士。乃若宋景濂、刘伯温、苏平仲、王子充、方孝孺诸子，皆以文鸣于东南。其以诗名家者，则高季迪、杨孟载、张来仪、徐幼文、袁海叟辈，亦皆东南佳士也。而就中巨擘，文则独逊景濂、诗则独逊季迪。此天下之公言，非凭一人之私论也。窃闻伯温序景濂之文，亦曰‘开国词臣，当推为文章之首’，信无间矣。《龙门子凝道记》三卷，是景濂在至正间屏居小龙门山山中所著。方是时，元政不纲，乃隐而不见，操觚撰述，以待天下清。入国朝，海宇初定，于是应聘而出，拜官翰苑，凡郊社、宗庙、山川、百神之典，礼乐、律历、宴飨、冕服之制，九夷、八蛮朝贡赏赉之仪，与夫名卿宿将金石碑板旌功耀伐之文，裁定纪述，咸出其手。可谓昭代之文宗矣。[②]

张以宁曰：“先生之文，其进于韩氏之为乎？其言理直而不枝，其叙事赡而不芜，卤疏而极严缜，恣纵而甚精深，简质而自弘丽，敷腴而复顿挫。非有意于为艰，亦奚心于徇易？所向而合，靡事镵削，旁通释老，咸得其髓。盖夫韩之于文，始乎戛戛陈言之务去，成于浑浑然觉其来之易。先生之进于韩，其有悟于是乎？嗟夫，是岂一朝夕之积也哉？集义以养其气，孟也；游览以壮其气，马也。而韩亦云：‘气盛则言从，犹水之于物，小大毕浮。’先生天禀特异，所居又邃幽，啸歌山林，脱去污浊，得以博究群言，穷采众赜，潴而涵之，既厚既深。其志静，故其气完；其神昌，其造诣至于是也。”[③]张氏认为宋濂之文超越韩愈，而“旁通释老，咸得

① 罗月霞主编：《宋濂全集》之《浦阳人物志》下卷《文学篇》，浙江古籍出版社，1999年，第1838页。

② 罗月霞主编：《宋濂全集》之《潜溪录》卷四《书龙门子凝道记后》，浙江古籍出版社，1999年，第2471页。

③ 罗月霞主编：《宋濂全集》之《潜溪录》卷四《潜溪后集序》，浙江古籍出版社，1999年，第2489页。“世率言六经无文法，是大不然。六经之文固未始必于有法，而未始不妙于有法，斯其为文之至者。后乎六经，孟子舆氏之醇，司马子长氏之雄，弗可企也。后乎二氏，则唐韩退之氏牢笼并包，靡一不具，正取诸孟而奇取诸马为最多，譬海之巨潮无涯涘。气和景明，万里一平，纤澜弗惊，力倾乔岳，畜之沉沉而自然，其文层层鳞鳞，涣散纷纭，乍合俄分，千姿万态，巧莫能绘。浩乎一与风值，则浪波起伏，如山如屋，鱼龙并作，怵人心目。此其无心于变也，故善论者，以谓惟韩能。然以宁囊在燕，得金华宋景濂氏《潜溪集》读之，多其善学近代数大家。比来南京始获见于史馆，受其《后集》，隽永之，瞿然起叹。”

其髓”。

释来复也称赞宋濂斯文斯道：

> 古之君子以文鸣道，登名于词苑者千有余家，其能卓然为天下后世所师宗者，不数人焉。自三代以降，若太史公特起于汉，韩昌黎独拔于唐，欧阳文忠公勃兴于宋，虞文靖公杰出于元，其统宗会要，卓为大家，此盖公论之不可掩者也。迨我皇明混一海宇，文运肇兴，光岳之气，弥纶甚大，凡其所制作，振耀前古。然于其间操觚执翰，焕焉独当于文衡者，则景濂其人也。公，金华大族，生质粹美，博通经史百家，至于释老之书，无不研味而探赜焉。故其发为文词，雄深峻洁，义理精到，读之如雷腾大谷，蛟起长川，电激云奔，涛澜震涌，千态万状，莫可得而端倪也。虽然，特见诸文辞之雄者尔。

来复以佛家慧眼还看到了雄文之外，“乃清心寡欲，处荣不矜，履道超然，夷险一致，则又有高世绝尘之风。呜呼，景星凤凰，世不常睹，然则必为太平之征。惟公出处用舍，实有系乎斯文之重轻者矣。余托交方外，迹疏而心亲……”①

宋濂虽融贯百家，但一以贯之的是孔子传承的圣人之道，而其旁涉的佛道，不与儒道相悖也，反脱其“污浊”，而于文雄外增其“高世绝尘之风”。宋濂近承柳贯、黄溍之“斯文”，远继新安朱文公、东莱吕成公，“以斯道为己任”，本于圣贤之学，博通“百氏之说”，而“佛老之学亦所研究”。宋濂的儒佛兼治，刘基的比喻十分形象，恰似“茹苦茶”可减“饫粱肉”之肥腻。而元明以来，儒僧感到最为深切的问题则是朱子的排佛论调。宋濂恰恰改变了这个排佛的趋向，而引佛入儒，“用其义趣，裁为经论”，强调儒佛一贯，主张“天下无二道，圣人无二心”。宋濂在为慧昙撰写的塔铭中透过朱元璋与慧昙的对答表明了他的思想：“章缝之士，以释氏为世蠹，请灭除之。上以其章示师，师曰：孔子以佛为西方圣人，以此知真儒必不非释，非释必非真儒矣。上亦以佛之教阴翊王度，却不听。”②其后宋濂在涉佛文章中多次提出儒释并行不悖的思想，在《送璞原师还越中序》，他借用柳宗元的名言，云：“真乘法印，与儒典并用，人知向方。”诚哉是言也！盖宗儒典则探义理

---

① 罗月霞主编：《宋濂全集》之《潜溪录》卷一，浙江古籍出版社，1999年，第2300—2301页。

② 宋濂：《宋文宪公护法录》卷第一《天界善世禅寺第四代觉原禅师遗衣塔铭》。

之精奥，慕真乘则荡名相之粗迹，二者得兼，则空有相资，真俗并用，庶几周流而无滞者也。[1] 宋濂《新刻楞伽经序》称赞道："钦惟皇上以生知之圣，一观辄悟。诏天下诸浮屠是习是讲，将使真乘之教与王化并行，治心缮性，远恶而趣善。斯心也，即如来极度群生之心也。何其盛哉！"[2]宋濂在《跋蒋山法会记后》附记："佛法之流通，灵山付嘱，恒在国王大臣。读予记者，当知王化与真乘同为悠久，犹如天地日月，万古而常新。"[3]其又曰："天生东鲁、西竺二圣人，化导蒸民，虽设教不同，其使人趋于善道则一而已。为东鲁之学者，则曰我存心养性也；为西竺之学者，则曰我明心见性也。究其实虽若稍殊，世间之理，其有出一心之外者哉。"[4]宋濂将释教之理统一于其"圣贤之道"中。

宋濂引用孔子所言"佛为西方圣人"，摒弃保守儒者对佛教的排斥，而论证两者的契合之处。他认为："西方圣人以一大事因缘出现于世，无非觉悟群迷，出离苦轮。中国圣人受天眷命，为亿兆生民主，无非化民成俗，而跻于仁寿之域。前圣后圣，其揆一也。"[5]"呜呼，三皇治天下也，善用时；五帝则易以仁信，三王又更以智勇，盖风气随世而迁，故为治者亦因时而驭变焉。成周以降，昏嚣邪僻，翕然并作，缧绁不足以为囚，斧鉞不足以为威。西方圣人历陈因果轮回之说，使暴强闻之赤颈汗背，逡巡畏缩，虽蝼蚁不敢践履，岂不有补治化之不足？柳宗元所谓阴翊王度者是已。此犹言其粗也，其上焉者，炯然内观，匪即匪离，可以脱卑浊而极高明，超三界而跻妙觉，诚不可诬也。奈何诋之，奈何斥之？世之人观此论者，可以悚然而思，惕然而省矣。"尽管如此，宋濂也告诫僧徒须归佛本怀，如果自己不争气，自坏法门，也怨不得儒者的批评排斥，"虽然，予有一说，并为释氏之徒告焉。栋宇坚者，风雨不能飘摇；荣卫充者，疾病不能侵凌。缁衣之士，盍亦自反其本乎！予窃怪夫诵佛陀言、行外道行者，是自坏法也；毗尼不守，轨范是弃者，是自坏法也。增长无明，嗔恚不息者，是自坏法也。传曰：家必自毁，而后人毁之，尚谁尤哉！"[6]

---

① 罗月霞主编：《宋濂全集》之《銮坡后集》卷之八《送璞原师还越中序》，浙江古籍出版社，1999 年，第 721 页。
② 宋濂：《宋文宪公护法录》卷第六。
③ 宋濂：《宋文宪公护法录》卷第五。
④ 宋濂：《宋文宪公护法录》卷第六《夹注辅教编序》。
⑤ 宋濂：《宋文宪公护法录》卷第六《金刚般若经新解序》。
⑥ 宋濂：《宋文宪公护法录》卷第六《重刻护法论题辞》。

四 禅教一致、三教融通

考察宋濂《护法录》之文本,也可见其禅教一致、三教融通的思想特点。以宋濂所撰僧人塔铭为例,39篇塔铭传主中修禅宗的有29人,修天台宗有14人,修净土宗有13人,修华严宗有2人;兼禅宗与天台宗的有4人,兼天台与净土的有5人,兼禅宗与净土有4人,兼华严与净土的有1人,兼禅宗、天台、净土的有3人。可见唐宋以来,一枝独秀的禅宗仍很兴盛,但不再唯我独尊,禅教兼修,成为自元明之际佛教发展变化的一个显著特征。《护法录》代表了元明之际以南京为中心的佛教状况,禅宗在诸宗中最占势力,明朝江南僧众,以禅门临济宗僧最为活跃,而兼修净土已成为普遍现象。如楚石禅师修禅,且修西方观想;东溟日公习天台,且修西方净土;华严宗别峰同公兼修禅宗,同公曰"吾今始知万法皆本一心,不识孰为禅那而孰为教乘"。许多高僧儒典、竺坟皆通,儒士乐与佛僧交游,"函诗往来,无虚岁"。[①]从佛教宗派来说,诸宗融合;从儒、释二家来说,儒释融合。诚如蒋维乔所说:"我国佛教之末期,所应注意者,为诸教融合之倾向;非独天台与禅,或华严与禅,或念佛教与禅,在佛教之内,互相融合;即佛教与儒教,亦有融合之倾向,故佛儒道三教融合论,迄明末而益著。"[②]

(一)教禅不异于道

宋濂对佛教的发展源流进行了梳理,认为佛教内部各宗派互相是非,各建门户,教禅纷争是为晚近佛教发展之一大矛盾。他说:"西方圣人以一大事因缘出现于世,自从鹿野苑中直至于跋提河,演说苦、空、无我无量妙义,随机钝利,分为顿渐,无小无大,尽皆摄入萨婆若海。……云门、曹洞仅不绝如线,唯临济一宗大用大机,震荡无际。若圣若凡,无不宗仰。此则世之所谓禅者也。呜呼,教之与禅,本无二门。依教修行,盖不出于六度梵行,而禅定特居其一。由众生根有不齐,故先佛示化亦不免其异耳。奈何后世各建门庭,互相盾矛,教则讥禅滞乎空

---

① 参见贾素慧:《宋文宪公护法录研究》,上海大学2016年博士论文,第157页。

② 蒋维乔:《中国佛教史》,广陵书社,2008年,第163页。作者指出,宋以后之佛教,唯禅独盛,以无所羁束为高,其弊在放浪。因惹起其他教律之抗争,不易一致。故眼光高大者,或谓禅、教一致,或唱三学一源,以企其融合。其教中则以天台、华严、法相、念佛四者为主要也。佛教内部既有融合论,而对于道、儒二教一致之论亦渐起。(同书第197页)

寂，禅则讥教泥乎名相，籍籍纷纷，莫克有定，是果何为者邪？”《护法录》修订者于此引王袆（忠文）《丛录》中载佛学一篇，与此文同，末一段云：“佛之为道，本无二门。自去圣既邈，源远而流益分。于是师异指殊，各建户庭，互相矛盾。禅则讥教为滞于名相，教则讥禅为溺于空寂。若律之为用，虽禅教所共持，而取舍各不同。至于为教禅之学者，又各立异以取胜。一彼一此，不相出入。自教宗言之，慈恩立三教，天台则分四教，贤首则又为五教；自禅宗言之，慧能与神秀同受法于弘忍，能则为顿宗，秀则为渐宗。道一、神会同出于能，道一则密契心印，神会则复流于知解，其不同如此。至若天台，教宗之一也，而四明知礼、孤山知圆，性善性恶之说，如水炭之不相投。临济，禅宗之一也，而或以棒或以喝，至横川珙则复以声偈，其示人之要，如柄凿之不相合，支派乖错，论说纷纭，殆不得而悉数也。忠文与文宪同里同门，故其问学之相合如此。”[①]宋濂与王袆不惟同乡同门，还同朝为官，其对佛教发展的支流纷纷有大体相同的认知和把握。因此，弥合佛教内部各宗派的纷争为有识之士努力建言的方向。

宋濂对于佛教各宗多有论述，其主张教、禅不异，“大觉如来，设为度门，虽万别千差，不过因机应化，如大医王，随病制方，初非有所同异也。其立异同者，乃末流之弊耳”[②]。宋濂认为教、禅在终极目标上是一致的，都是为了觉悟群迷。“弘敷固假明于教仪，妙悟须资于禅定”[③]，“念古昔之诸祖，皆契经之由循。初何心于矛盾，唯欲鉴于群昏”[④]。“我佛如来，为一大事因缘出现于世，盖以众生汩没妄尘，念念迁谢，起灭不停。过去者始息，见在者纷拏，未来者已续，二六时中，不知暂舍。以此缠缚沈痼，出彼入此，犹如车轮回旋，无有休止。于是兴大悲心，为说三乘十二分教，谆谆诱掖，盖欲众生舍妄趋真，以成正觉。”[⑤]宋濂认为之所以有不同教派，因为“原其立教，皆为对机，机有不同，教亦多种。譬大医王，方便治疾，状有实虚，针有补泻。随其所见，因时制之”[⑥]。

宋濂崇尚禅宗而不废经教，自述曰：“早岁屡阅一大藏教，晚独慕乎心宗。”[⑦]且

① 宋濂：《宋文宪公护法录》卷第六《释氏护教编后记》。
② 宋濂：《宋文宪公护法录》之《古庭学公塔铭》。
③ 宋濂：《宋文宪公护法录》之《赠定岩上人入东序》。
④ 宋濂：《宋文宪公护法录》之《古庭学公塔铭》。
⑤ 宋濂：《宋文宪公护法录》之《四明佛陇禅寺兴修记》。
⑥ 宋濂：《宋文宪公护法录》之《送慧日师入下竺灵山教寺受经序》。
⑦ 宋濂：《宋文宪公护法录》之《日本建长禅寺古先原禅师道行碑》。

论“西方圣人示现世间百亿三昧，无非度门，而禅定之宗实为之辖辖。盖觉性圆朗，本来充满，包三界而不碍，穷万劫而不昏，非涉善恶，了无显晦。岩栖涧饮之士，能泯诸尘，刹那之顷，证入一实境界，光明殊胜与虚空同体，不起不灭，所以其教炽然，常盛而不衰”。[①] 对于教禅纷争，宋濂曰：“（教、禅）苟执于一，为害滋甚。彼诸师者，亦复如是，或遂以甲是乙非咎之，不已过乎？”“禅则直究心源，以文句为支离；教则循序进修，以观空为虚妄。互相訾傲，去道逾远。然以密意言之，依性说相，非息妄修心者乎？破相显性，非泯绝无寄者乎？以显示言之，真心即性，非显明心性者乎？轨辙虽若稍殊，究其归极，则一而已，奈何后世岐而二之？”[②]

宋濂曰：

> 扶衰救弊，各随其时节因缘，有不可执一而论者矣。昔我三界大师演说大小乘诸经，其弟子结集为《修多罗藏》，至繁且多也。复虑后之人溺于见解，而反为心累，故以正法眼藏付于摩诃迦叶，拈华微笑之间，无上甚深妙法含摄无余，此亦化道之一法门耳。非真谓鹿野苑至跋提河所言皆当弃之也。不然，如来自兜率下生，何不即以单传直指示人？顾乃谆谆复劝诱，而弗置之邪！去佛既远，学者缠绕名义，不能出离，诚有如如来之所虑者。达摩出而救之，故取迦叶微笑之旨专以示人，盖亦有所甚不得已焉。[③]

语言文字是方便施设，学人应舍筏登岸、见月忽指，不可执着于语言文字。“所谓传心之法，固在于所当急，而一切弃之而弗讲，吾未见其可也。”[④]

宋濂竭力推赞佛教之明心见性，以为诸佛说经、诸祖忘经，皆为明此性，性在道在。“三界大师所说般若盖非一种，而《金刚般若》尤为明心之要。《金刚般若》多至五千余言，而阿耨多罗三藐三菩提九言又为一经之要。九言之中，而菩提二字复尽摄其义，盖菩提者觉也，佛则能觉，众生则迷也。此经拳拳劝诱，欲众生去迷而就觉。”[⑤]“夫圆明妙性实具三千，四圣六凡悉从中现。诸佛不得已而说经，雷

① 宋濂：《宋文宪公护法录》卷第二《阿育王山广利禅寺大千禅师照公石坟碑文》。

② 宋濂：《宋文宪公护法录》之《金华安化院记》。

③ 宋濂：《宋文宪公护法录》之《雪窗禅师语录序》。

④ 宋濂：《宋文宪公护法录》之《水云亭小稿序》。

⑤ 宋濂：《宋文宪公护法录》之《重刻金刚般若尊经序赞》。

动蛰惊,风行草偃者,为明此性也。诸祖不得已而忘经,绝其枝末,直探其本根者,亦明此性也。性在是,则道在是矣。奈何道丧性乖,非惟学徒为然,至于师表当世者一从事于末学曲艺之间,以资清玩,其去佛祖之道盖亦远矣!有如师者,可不表之以为东南龟镜哉?”[①]

宋濂推崇守道不移,“禅师得道已,思韬晦而护持之。及遇上云峰胜地,卓锡其中,遂至终身焉。呜呼,若禅师者,可谓能守道而弗迁者矣。古之僧伽,多寄迹岩穴,友烟霞而侣泉石,至有踬步不与尘俗接者。治内之功纯,务外之意绝也。风教日偷,学者始不知自立,荣名利养之念日交蚀于心胸,奔竞干请,无所不至。是以来有识者之讪侮,可胜叹哉。禅师一钵自将,策厉学徒于寂寞之滨,虽施者填委,振起颓废,重楼杰阁,弹指现前,亦未尝见其有为。震黄钟于瓦釜雷鸣之际,翔灵凤于众禽纷飞之时,谓为禅师矫弊之功非邪?评骘成章,系之以铭,庶几能箴末法之膏肓也欤。”[②]“盖无道以保身者,虽富丽不能久存;而有道之士,身亡而名立,固不随世以为变迁也。吾坐乎斯,瞑目而思之,充乎室皆云也,皆中峰也;入吾耳而接吾目者皆道也。中峰之徒,苟有志于道,孰不可为中峰哉!”[③]

> 余独感大道之立志坚,而成功速也。今夫有威力以使人者,莫过乎有司;有货财以使人者,莫过乎富室。然其有所兴作,皆聚众谋、役群力而为之,犹且磨以岁月,多者数十年,少者十余年而后成。今大道累然一僧,非有货财、威力之可使人,独用口舌化导市井之民,取其财与力以为己用,成宏伟胜大之功,若易易焉者。虽曰佛氏之教足以动人之信听,然非大道之有志不能也。盖人惟患无志,有志矣患守之不坚,有志而能坚,事无不可为者,况一寺乎!余尝病有志者之寡,而于大道深有感焉。[④]

宋濂告诫僧徒要竭力求道、成为有道之僧度化人而无愧于佛教,不然要遭因果报应。“夫天下之民,未有与人以物而不求报者,争尺布铢金,多至相殴詈戕害,虽亲戚不复顾念。至见释氏之徒,献所有,舍所爱,累千万不敢靳者,其故何

---

① 宋濂:《宋文宪公护法录》之《明辩正宗广慧禅师径山和尚及公塔铭》。
② 宋濂:《宋文宪公护法录》卷第二《无尽灯禅师行业碑铭》。
③ 宋濂:《宋文宪公护法录》卷第五《栖云室记》。
④ 宋濂:《宋文宪公护法录》卷第五《丛桂楼记》。

哉？盖我大雄氏以慈悲方便摄受群迷，慧力足以破贪，法智足以祛惑，故人乐而趋之，庶几期于妄息而真显乎！或者不知，徒谓释氏能以祸福钳制人，故有所冀而为之。呜呼，是何待释氏之至浅哉！然余有一言焉，今之细民，竭三时之力，欲其室庐之完，饘粥之充而不可得，释氏之徒皆坐而享之，苟不力求其道，无忝于大雄氏之教，则因果之皦然者，甚可惧也。有若师者，无求于民而民自赴之，其道盖有度越于人者矣。承已成之业者，多怠而不知自修，故详其辞以告后之人，岂非师之所愿乎！”①宋濂相信佛道能摄受群迷，破贪祛惑，那种以为“释氏能以祸福钳制人”的看法是至浅之见。宋濂看到老百姓崇信佛法，礼重僧徒，为造寺庙，备尝辛苦，食不果腹，而那些僧徒们却不劳而获，坐而享之，因此，他对释氏之徒提出劝诫，希望他们尽心求道布道，从这里可以看出位居庙堂之高的宋濂体恤民情的民生思想。

（二）儒释融会于心

宋濂之所以崇佛，是因为他认为佛道可以导人为善，可以明心见性，可以阴翊王纲。宋濂说：“天生东鲁、西竺二圣人，化导蒸民，虽设教不同，其使人趋于善道则一而已。为东鲁之学者，则曰我存心养性也；为西竺之学者，则曰我明心见性也。究其实，虽若稍殊世间之理，其有出一心之外者哉？传有之：东海有圣人出焉，其心同其理同也；西海有圣人出焉，其心同其理同也；南海北海有圣人出焉，其心同其理同也。是则心者万理之原，大无不包，小无不摄，能充之则为贤知，反之则愚不肖矣；觉之则为四圣，反之则六凡矣。”②

宋濂在前人的基础上，用佛禅的“心学”观点阐释“六经”，这是他有别于同时代诸多学者的特别之处。他主张“心为万理之原”“六经皆心学”，因心中之理已笔之于六经，故用心学习、体会六经便是修心、正心的途径。六经之理出于圣贤之心，故圣贤之道惟在治心。将释之心学与儒之经学结合起来，儒释融会于心是宋濂心学思想的重要特色。由此，他在理学内部，沟通了朱、陆的心、理之争；在儒学范围内，沟通了理学（心性）与反理学（事功）的朱、陈之辩；而在整个学术上，又将儒、佛、道三家融会贯通。出于在这三个层面上的沟通，从而形成了融汇众学的宏大气象。故有研究者评宋濂之学“虽不如宋儒所辨之精，却比宋儒所见为

① 宋濂：《宋文宪公护法录》卷第五《松隐庵记》。

② 宋濂：《宋文宪公护法录》之《夹注辅教编序》。

大”，可谓高明切当之论。明初宋濂服膺心学，其以文臣之首的地位引领一代学风，影响深远，可谓明中叶阳明心学崛兴之先声。[①]

云栖大师论及儒者涉佛曰：

> 儒有三：有诚实之儒，有偏僻之儒，有超脱之儒。诚实儒者，于佛原无恶心，但其学以纲常伦理为主，所务在于格致诚正修齐治平，是世间正道也。即佛谈出世法自不相合，不相合势必争，争则或至于谤者，无怪其然也。伊川（程颐）、晦庵（朱熹）之类是也。偏僻儒者，禀狂高之性，主先入之言，逞讹谬之谈，穷毁极诋，而不知其为非。张无尽所谓‘闻佛似寇仇、见僧如蛇蝎’者是也。超脱儒者，识精而理明，不惟不辟，而且深信；不惟深信，而且力行，是之谓真儒也。[②]

据此来论，宋濂属超脱儒者，是真儒涉佛。

佛法可导人为善，可明心见性，可阴翊王纲，故释儒有相合之处。宋代契嵩禅师鉴于释儒二氏不能相容，“取诸书会而同，曰《原教》，曰《广原教》，曰《劝书》，曰《孝论》，而《坛经赞》附之焉。复恐人不悉其意，自注释之，名之为《辅教编》”，宋濂为是书作序，他从理论的高度肯定了契嵩禅师的做法，认为孔子和释迦牟尼虽设教不同，但“使人趋于善道”则是相同的。与此相似的观点还有：

> 大雄氏之道，以慈悲愿力，导人为善。所以其教肇兴于西方，东流于震旦。历代以来，上自王公，下逮士庶，无不归依而信礼之，其来非一日矣。欲使其阐扬正法，阴翊王纲，非择其人，曷称兹任？[③]
>
> 予闻大雄氏设教门虽广，其推仁及物，要与二帝三王不大异。是故昔之名僧，或筹策疆阃，或辅弼庙堂，事业称于当时，勋名垂于后世。其载于史册者，盖班班可考。达人大观，初无形迹之拘儒、释之异也。[④]

---

① 参见刘玉敏：《六经皆心学：宋濂的心学特色及其影响》，《孔子研究》2016年第4期。
② 《云栖法汇》，《嘉兴藏》（新文丰版）第33册，第65页。
③ 宋濂：《宋文宪公护法录》卷第九《西天僧撒哈咱失里授善世禅师诰》。
④ 宋濂：《宋文宪公护法录》卷第八《送无逸勤公出使还乡省亲序》。

宋濂提倡不要拘泥于儒释形迹表面上的差异，而要从佛道慈悲广大导人为善这样的宏大境界和实际效果上来对待佛教。虽然从明心见性、导人为善、阴翊王纲等角度论证儒释有相合之处，但从儒释传播的范围和历史功绩来看，宋濂认为佛教超过了儒家之道。他说：

> 惟大觉世尊，其道所被甚广，无与比伦。人徒见中国九州能严奉之，殊不知西南诸国，如呵罗单于陀利之属，以道里计，近或数千，远且二三万余，而尊崇为尤至。国君相祝，常以世尊如来称之，则其他概可知也。此姑置之勿论，又自西方言之，自中国历十万里至五印度，从五印度以西，又越太海二重，始抵西入之境，道涂比前奚翅数倍。其所历城郭人民繁衍富丽，又百倍于中国，其地唯知有佛教而已，余皆无有也。至于巷谈里语，一举佛言以为法我，稍有不信而妄行者，众共弃之。以此而观，若东若北，莫不皆然。

故此宋濂认为崇佛的地方不仅有中国，其他若西南诸国、印度及印度以西、以东、以北更广的地方大都崇佛。所以，宋濂引用郑樵的话"佛之书遍布天下，而儒家之言不越于跋提河"，以此来说明佛教的传播地域和受众都要超过儒家。对于那些孤陋寡闻之士，宋濂将他们比喻成肚里的蛔虫，"游泳肠胃，自谓江河之广；周流府藏，自诧万里之远。不知身外之境，初无涯涘也。所以轻于论议，迂固僻陋，闻者为之失笑，其不智也亦甚矣"①。

对于僻陋之士排诋佛道，释来复在《学士亭记》中指出："今之为士者，或昧其源，往往外佛法而辟之，岂非所谓厌见虚空而欲绝之者欤？古之儒先君子知是道之大同，未尝不究其说而有得焉。若周濂溪之交照觉而心明至理之论，程伊川之问灵源而妙达自性之旨，朱晦庵之慕大慧而契其心法之要，载于传记，可征不诬。"他认为"夫佛法之在世间，犹如虚空遍一切处，其大无外，其小无内也。然或有厌见虚空者，则填室塞户以绝之，而不知越阃人奥及自身之耳目口鼻皆有虚空也，若是其可终绝之乎？窃谓士君子聪敏才智，学而知道，皆由佛法之力而致然也。盖般若妙慧，寂照灵明，振天地而独存，亘古今而不昧，凡生生之众无不圆

① 宋濂：《宋文宪公护法录》卷第五《宝盖山实际禅居记》。

具，其于语默、动静、出处、设施，悉皆有以资之而植立焉，舍是无别法也。故苏子瞻有云：‘聪明之所照了，德行之所成就，真佛法也。’子赡岂欺世者哉？”①

五 | 宋濂之死与《观化帖》

洪武十四年辛酉（1381）五月二十日，宋濂72岁，卒于夔。黄宗羲《宋元学案·宋潜溪先生传》：“以长孙慎坐法，举家迁茂州。至夔州得疾，不食者二旬，书《观化帖》，端坐而逝，年七十二。”②郑楷《翰林学士承旨宋公墓志》：“公归青萝山三年，以慎坐法，举家谪居灌阳。公至夔门卧病，不食者二十日。晨起索纸笔书《观化帖》，端坐而逝。十四年辛酉五月二十日也。公生于元至大庚戌十月十三日，享年七十有二，旅葬于夔之莲花峰下。”③

宋濂妻子贾专不堪儿孙被杀、丈夫被逮的打击，悲伤过度，先凄惨地离开人世。而宋濂经马皇后、太子的求情，被朱元璋免去一死，流放至四川茂州安置。宋濂被逮至京师南京的时间据《明史纪事本末》为“十二月”，但《皇明世说新语·说语》云：宋濂同孙慎被执，慎曰：“祖读万卷书，乃有今日。”公曰：“为我读书少，未知明哲保身之理，读书何罪？”

宋慎被杀在十一月二十八日。宋濂与宋慎同在监狱，且有一段关于生死的对话，如果《皇明世说新语·说语》可信的话，那么，宋濂被逮至京师的时间还应提前到十一月二十八日之前。所引宋濂和宋慎的对话甚可玩味，按宋慎的口气，他认为他罹难的原因还在于祖父读书太多，而宋濂则回答说是读书太少，不知明哲保身之道。从宋慎的角度看，祖父文名太盛，功高盖主；而宋濂则认为不能怪读书，只能怪自己以斯道自任而不知明哲保身。明代哲学家李贽对宋濂一家被

① 罗月霞主编：《宋濂全集》之《潜溪录》卷五《学士亭记》，浙江古籍出版社，1999年，第2565页。

② 罗月霞主编：《宋濂全集》之《潜溪录》卷二，浙江古籍出版社，1999年，第2349页。又参《潜溪录》卷一，第2304页。

③ 参罗月霞主编：《宋濂全集》之《潜溪录》卷三，浙江古籍出版社，1999年，第2398—2399页。另参王鏊《震泽纪闻》：宋濂被谪至四川，“憩某寺，寺有老衲，高僧也。濂与语曰：‘吾闻内颠善恶必以类报，吾平生所为，自以无愧，何至是哉？’僧曰：‘先生于胜国时尝为官乎？’曰：‘编修。’僧默然。濂是夜自经死。”谈迁《国榷》也曰：“至夔州，宿僧舍，叹曰：‘佛书报应以类，何爽也！’夕自经。年七十三。”按：僧寺对答应为不经之谈，元廷召编修，宋濂辞谢未就。

祸有解读，他说：

> 予观上之曲宴公，尝叹曰："纯臣哉！尔濂，今四夷皆知卿名，卿自爱！"呜呼，危哉斯叹！芒刺真若在背，而公又尚不知，何也？已告老而归，仍请岁岁入朝，欲以醉学士而奉鱼水，此其意不过为子孙宗族世世光宠之计耳，爱孙之念太殷也。孙慎怙势作威，坐法自累，则公实累之矣，且并累公。则亦公之自累，非孙慎能累公也。使既归而即杜门，作浦江叟，不令一人隶于仕籍，孙辈亦何由而犯法乎？盖公徒知温室之树不可对，而不知杀身之祸因隐于鱼水，而不在温树也。①

李贽认为，宋慎固然是"怙势作威，坐法自累"，但究其始因，还在于宋濂。一则宋濂名高震主，二则致仕后应杜门不出，不应去京师朝觐。明代朱国祯还加了一条，说宋濂不应该主动提出致仕，这样做有违圣心。幸亏致政时没有拒绝子孙出仕，不然有可能"全族皆沉"。他说道："太祖劳其身以忧天下，切齿于人之不仕者，御制班班可考。先生二十余年鱼水之交，鞠躬尽瘁，死而后已，自其职分。末年引疾，实拂圣心。若有意避远，并子孙亦杜仕籍，恐天威一震，全族皆沉，欲徒死于夔，其可得哉？"②

全祖望作《宋文宪公画像记》曰："呜呼，公初膺高皇帝殊眷，儤直内廷，宫袍侍宴，至尊为之强酒，至赋《醉学士歌》，可谓遭际之隆。及其晚年失契，万里西行，垂老投窜于栈阁之间，亦已悲矣！君子所以致叹于永终之难也。"③

在生离死别之际，宋濂留恋不舍的还是他的学生、他的遗稿、他的故乡，或者说他念兹在兹的是他毕生心血凝成的斯文、斯道。他把自己的文稿、遗像托付给义门弟子郑柏。郑柏《宋潜溪先生遗像记》曰："公之濒行，尽以遗稿、画像付嘱，亲书四语云：平生无别念，念念只麟溪。生则长相思，死当复来归。"④他又给宁海的方孝孺写了手帖，以古贤哲之事勉之，对他期望甚殷。"词意重厚，拳拳以古贤

① 李贽：《续藏书》卷二。又参郑柏《宋潜溪先生遗像记》曰："宠遇优渥，侍宴，赐《醉学士歌》。"罗月霞主编：《宋濂全集》之《潜溪录》卷一，浙江古籍出版社，1999年，第2303页。

② 朱国祯：《皇明史概》第十五册第三卷。

③ 罗月霞主编：《宋濂全集》之《潜溪录》卷一，浙江古籍出版社，1999年，第2305页。

④ 罗月霞主编：《宋濂全集》之《潜溪录》卷一，浙江古籍出版社，1999年，第2304页。

哲之事见勉，若诚以为可望者。"[①]方孝孺曾于洪武九年（1376）至京师拜访宋濂，"以文为贽"；洪武十年（1377）宋濂致政还乡后又执经来学，直至洪武十三年（1380）九月辞归省亲，师生相得无间，情如父子。宋濂"闵斯道之不振"，矜得孝孺"续斯道于无极"。[②]

大约洪武十四年（1381）四月底，宋濂与儿子宋璲，孙子宋怿、宋恪抵达四川夔州（今四川奉节）。由于旅途的奔波劳累，加上丧妻及精神上的打击，宋濂到夔州后即一病不起。时夔州通判桑以时是宋濂的学生兼乡人，得知宋濂病后，时常到其卧病的寺庙看他，尽可能地给予照料。宋濂感念学生的贤德，带病为他的父亲桑惠作了一篇《桑仁卿传》。到了五月，宋濂的病情转重，一连 20 天未曾进食。二十日早晨，宋濂起来索纸笔，书写《观化帖》82 字，写毕，端坐而逝。《金华征献略》于宋濂传下录有 55 字，并说"此帖流传郑氏"云。帖云：

> 君子观化，小人怛化。心中既怛，何以能观？我心情识尽空，等于太虚。不见空空，不见不空。大小乘法门不过如此，人自不信，可怜可笑，示怿示恪。[③]

从宋濂的《观化帖》看来，宋濂临终是以一种佛教超脱的心态离开人世，并书之昭示儿孙。洪武十四年（1381）六月，当方孝孺得知宋濂被远逐巴蜀的消息后，心中甚感震惊，此时他还不知道恩师已经离开人世，方孝孺怀着无比悲痛的心情写下了《吁天录》一文，吁请上苍能延长恩师的寿命，使他能平安归里。

洪武二十四年（1391），方孝孺至蜀，访宋濂遗孤，得与宋濂之孙宋怿会面，并应宋怿之求，作《宋仲圭（璲）墓志铭》。洪武二十六年（1393），方孝孺被荐任汉中府学教授，道经夔州，祭奠恩师之灵，抚恤其家。洪武二十八年（1395），方孝孺应蜀献王之请，任蜀王世子师，趁此奏请蜀王抚恤宋濂遗孤，得准。其后，建文帝念宋濂为太祖"旧学之臣"，召其孙宋怿至京，授以翰林侍书。"靖难之役"后，宋怿被杀。

---

① 罗月霞主编：《宋濂全集》之《潜溪录》卷五《题太史公手帖》，浙江古籍出版社，1999 年，第 2584 页。此贴乃庚申岁（洪武十三年，1380）谪蜀将辞京师时所发。

② 罗月霞主编：《宋濂全集》之《芝园续集》卷十《送方生还宁海并序》，浙江古籍出版社，1999 年，第 1625 页；《潜溪录》卷五《谢太史公书》，第 2572 页。

③ 胡凤丹：《金华征献略》卷六，《金华丛书》。

六 赘语

特殊的机遇和命运让宋濂、刘基等浙东儒士与朱元璋结合在一起，开创“驱除胡虏，重光中华”的大明江山。他们在辅佐朱元璋攻取天下、建立大明政权的道路上贡献了卓越才智和心血，付出了极大的努力。然而，朱元璋做上皇帝后，随着皇权意识的膨胀，对有个性的文人采取了有意识的打击，宋濂的许多同僚文友如刘基、张孟兼、王祎等人都因此死于非命。宋濂好佛道，故他常常以一种菩萨的心肠看待人事和社会，从儒家的修养来说，用“温、良、恭、俭、让”几个字评价宋濂的为人也是毫不为过的，但像宋濂那样谦和温良、宽和谨慎的人也不得善终，这充分反映了那个时代君主极权的残暴和政治生态环境的恶劣。

文品即人品，宋濂的文章之所以能传诸久远，除了文章本身雄深契阔之外，更重要的原因还在于宋濂学识广博，人格高尚，胸襟洒落，孜孜于弘扬圣贤之道。但在治统和道统的博弈中，宋濂秉持的道统最终为皇权淫威所制而败于下风，其浩然之气未能发挥应有的刚健制衡作用。这一点为少数史家从历史光华灿烂的罅隙中所洞察。《皇明文衡》卷一首篇为宋濂所撰《谕中原檄》，其中有“驱逐胡虏，恢复中华，立纲陈纪，救济斯民”，标志着明移元祚。钱穆《读明初开国诸臣诗文集》，力图借以诗文论其时代内蕴之心情，开篇曰：“胡元入主，最为中国史上惊心一大变，元人用兵得国之残暴，其立制行政之多所剧变，而中国全境沦于异族统治之下，亦为前史所未遇。未及百年，乱者四起，明祖以平民崛起为天子，为汉高以下所仅有，读史者岂不曰‘驱除胡虏，重光中华’，其在当时，上下欢欣鼓舞之情当如何？”①

钱穆《读宋学士集》揭示“时移世易，后人不识前人之心情，若必以驱除鞑胡为宋（濂）、刘（基）诸人之功绩，恐宋、刘在当时初无此想，抑或将增其汗惭不安之私焉，亦未可知也”。《四库提要》则曰：“或以尊崇二氏不免过当，嫌于耽溺异学而隐之”；“以为斯文所在，即道统所寄。在朝在野，虽亦学业文章有以自守，行己立身有以自完。然而，民生利病，教化兴衰，或未能以斯道自负”；“盖（宋）景濂诚亦文章之士，又笃好二氏，刘伯温则以文章兼权术。……明之开国，局度恢皇不

---

① 钱穆：《读明初开国诸臣诗文集》，载《中国学术思想史论丛》，第77页。

如唐，宽宏仁厚不如宋，从龙诸贤亦与有责”。“今综观景濂集，以一人之写作，而五十年桑海之变，山林、馆阁兼而有之；又值元明易代，夷夏交迭，政俗民生，与夫士大夫一时心情之激荡，以及学术风尚之转移，处处可于景濂集中探其消息，寻其影响，斯诚治史者所当注意。”①

① 钱穆：《读明初开国诸臣诗文集》，载《中国学术思想史论丛》，第92、93、94、96页。

第二节
阳明心学与儒释融合

阳明心学是明代中晚期的主流学说之一，远传于日本、朝鲜，对日本乃至东亚都有较大影响。儒释融合，是王阳明终其一生构建心学体系必须面对解决的重大思想课题。王阳明生活的明中晚期是中国思想发展史上一个具有划时代意义的阶段，他上承陆九渊，以“心即理”立论，主张“心外无物、心外无理”。[①]阳明心学良知论为把人从“理”的权威下解放出来提供了决定性的前提。某种程度上可以说，正是由于阳明心学的兴盛，儒释两家以此种思潮为背景，合力推动了晚明佛教的复兴运动。

一 心学集成

王阳明，名守仁，字伯安，祖籍余姚人。其父王华，为成化辛丑(1481)进士第一甲第一人，仕至南京吏部尚书。守仁青年时随父迁家至山阴(今绍兴)，后在离越城东南30里的宛委山阳明洞结庐读书，自号阳明山人，学者称其为阳明先生。其生性豪迈不羁，15岁出游居庸关，慨然有经略四方之志，18岁则以“圣人必可学而至”自期。弘治五年壬子(1492)，21岁举浙江乡试，归，结龙泉诗社；弘治六年(1493)与八年(1495)先后两次会试皆不第，同舍有以不第为耻，守仁劝慰曰：“世不得第为耻，吾以不得第动心为耻。”[②]弘治十二年己未(1499)，28岁登进士，授刑部主事，后改兵部。

正德元年(1506)，时刘瑾矫旨逮南京科道官戴铣、薄彦徽等人，王守仁抗疏救之，被下诏狱，廷杖四十，谪贵州龙场驿丞。正德四年(1509)，应聘主贵阳书院。正德五年(1510)，升庐陵知县，历任吏部主事、员外郎、郎中，升南京太仆少

---

① 《王阳明全集》卷三《传习录》下，上海古籍出版社，1992年。先生游南镇，一友指岩中花树问曰：“天下无心外之物，如此花树，在深山中自开自落，于我心亦何相关？”先生曰：“你未看此花时，此花与汝心同归于寂。你来看此花时，则此花颜色一时明白起来。便知此花不在你的心外。”

② 杨希闵编：《明王文成公守仁年谱》卷一，台湾商务印书馆，1981年，第4页。

卿、鸿胪寺卿。正德十四年(1519)以左佥都御史、右副都御史巡抚南赣,平息叛乱,征讨宁藩,因大功而于正德十六年(1521)六月,嘉靖即位后,升任南京兵部尚书,九月封为新建伯。晚年奉命兼都察院左都御史提督两广等地,乞疏病归途中,嘉靖七年十一月二十九日(1529年1月9日)逝于江西南安(今大余县),享年57岁。翌年归葬于洪溪,或曰绍兴花街鲜虾山南麓(今属绍兴兰亭乡)。[①] 明穆宗隆庆元年(1567),赠新建侯,谥文成。明神宗万历十二年(1584),阳明从祀孔庙,称先儒王子。

王守仁一生仕途坎坷,然治学不倦,成就卓著。他孜孜于圣学,不仅文韬武略跻身,还是一位治世能臣。王守仁虽系文官出身,而军事才能杰出。正德十三年(1518),王守仁平定为祸江西3年之久的民变祸乱。他曾提出"破山中贼易,破心中贼难"的至理名言。其一生最大的军事功绩,是平定洪都的宁王朱宸濠叛乱。他巧施计谋,前后仅43天就平定叛乱,生擒宁王,并且在平叛后论功封赏的错综复杂政治局势中妥善应对,得以封新建伯。王守仁因军功卓越,是刘基之外明朝第二个受封爵的文官。

王阳明在中国思想史上被认为是心学之集大成者。其作品现有《王阳明全集》《传习录》《大学问》等。《传习录》分上、中、下三卷,载于《王文成公全书》,单行本早就传世,卷上是王守仁讲学的语录,内容包括他早期讲学时主要讨论的"格物论""心即理",以及有关经学本质与心性问题;卷中是王守仁写给时人及门生的七封论学书,着重阐述了"知行合一"和"致良知"理论;卷下收录王守仁讲学语录,主要讨论"良知"与"致良知"。附录《朱子晚年定论》是王守仁辑录的朱熹遗文中34条"大悟旧说之非"的自责文字,旨在证明朱熹晚年有"返本求真"的"心学"倾向而破除时人对心学崛兴的非议。《传习录》由王门弟子徐爱和钱德洪等人编辑,包括了阳明心学的主要观点,历来被奉为阳明学派的"教典"。其中的语录是王门弟子分别记录的,编辑者只做了汇编工作,注明哪些条是由谁记录的,未做进一步整理,因此各条之间没有内在的逻辑联系。以下我们对王阳明思想历程中几个关键阶段进行阐述分析。

① 参见钱明:《阳明学的形成与发展》,江苏古籍出版社,2002年,第1页。又参见王世贞:《弇山堂别集》之《盛事述三》,中华书局,1985年,第45页。

二 龙场悟道

黄宗羲在《明儒学案》中对王阳明的思想历程做了大致梳理，称：

先生之学，始泛滥于词章；继而遍读考亭之书，循序格物，顾物理、吾心终判为二，无所得入。于是，出入于佛、老者久之。及至居夷处困，动心忍性，因念圣人处此更有何道？忽悟格物致知之旨，圣人之道，吾性具足，不假外求。其学凡三变而始得其门。自此之后，尽去枝叶，一意本原，以默坐澄心为学。的有未发之中，始能有发而中节之和。视听言动，大率以收敛为主，发散是不得已。江右以后，专提致良知三字，默不假坐，心不待澄，不习不虑，出之自有天则。盖良知即是未发之中，此知之前，更无未发。良知即是中节之和，此和之后，更无已发……知之真切笃实处即是行，行之明觉精察处即是知，无有二也[①]。

从上可知，王阳明创建心学体系之前，其学经历三个阶段：一始于"泛滥词章"之学，继而笃信朱子理学，致力于"格物穷理"；二钻研佛老之学，"出入于佛老者久之"；终至于龙场悟道，得致良知之学。刘宗周在《阳明传信录》中也认同黄宗羲所持"三变"说，并对阳明学思想渊源作了勾勒：

先生之学，始出词章，继逃佛、老，终乃求之《六经》而一变至道，世未有善学如先生者也，是谓学则。先生教人，吃紧在去人欲而存天理，进之以知行合一之说，其要归于致良知。虽累千百言，不出此三言为转注……而先生之言良知也，近本之孔、孟之说，远溯之精一之传。盖自程、朱一线中绝，而后补偏救弊，契圣归宗，未有若先生之深切著明者也。是谓宗旨，则后之学先生者，从可知已。不学其所悟而学其所悔，舍天理而求良知，阴以叛孔、孟之道而不顾，又其弊也。[②]

---

① 黄宗羲：《明儒学案》卷十《姚江学案》前言，浙江古籍出版社，1985年。
② 黄宗羲：《明儒学案》卷十《姚江学案》，浙江古籍出版社，1985年。

门人钱德洪对阳明先生之学乃至其学的传播也进行了简明易晓的告白:“先生之学凡三变,其为教也,亦三变。少之时驰骋于辞章,已而出入二氏,继乃居夷处困,豁然有得于圣贤之旨,是三变而至道也。居贵阳时,首与学者为知行合一之说;自滁阳后,多教学者静坐;江右以来,始单提致良知三字,直指本体,令学者言下有悟。是教亦三变也。”[①]

研究认为,阳明心学的形成和传播,无论“学之三变”还是“教之三变”,佛老之学皆在其中起了重要的发酵作用,而最终它也反过来激活了佛教思想和实践。简言之,此致良知学与佛教的发现“本来面目”是一致的,而王阳明主张静坐内求与禅宗的禅定自悟说相通。[②] 考察王守仁的生平行历与学术传播之关系,其在留都南京时期的学术活动着实是一个关键阶段,尤其在南都时整理出《朱子晚年定论》对阳明心学传播产生了重大社会影响。

王守仁弘治十二年(1499)举进士后,在京师为官,“与七子唱和”,是为“泛滥词章”时期。弘治十五年(1502),王守仁 31 岁,一日叹曰:“吾安能以有限精神为无用之虚文耶?”遂告病归越,筑室阳明洞中。静坐行导引术,因其簸弄精神,不能成圣,摒弃。久思离此远去,惟祖母与父在,念因循未决。久之,又忽悟曰:“此念生于孩提,此念可去,是断灭种性矣。”[③]弘治十六年癸亥(1503),守仁移至钱塘西湖养病,重新思考成圣之学如何用世,这时他往来南屏净慈、虎跑诸刹,见有禅僧坐关 3 年,不语不视。守仁喝道:“这和尚终日口巴巴说什么?终日眼睁睁看什么?”禅僧惊起对语。守仁问其家中状况,对曰:有母在。守仁问:起念否?对曰:不能不起。守仁即指爱亲本性谕之,僧涕泣谢。明日问,僧已去矣。弘治十七年(1504)秋主考山东乡试,九月改兵部主事。十八年(1505),起官京师,深感学者溺于词章记诵,不复知有身心之学。首倡学人先立必为圣人之志。遂与甘泉湛若水订交,以昌明圣学为事。[④]

明武宗正德元年(1506),王守仁因抗疏救南京科道官而得罪权奸刘瑾,谪贵州龙场驿。途中被刘瑾派人追杀,他机智地化险为夷,“佯置衣履江岸,题诗其处,若投江死者,得以免”。正德三年(1508)春,守仁安全抵至龙场,时年 37 岁。

---

① 钱德洪:《王阳明全集》卷四十一《刻文录叙说》,上海古籍出版社,1992 年,第 1573 页。

② 参见张学强:《试论佛学对王守仁教育思想的影响》,《华东师范大学学报(教育科学版)》1999 年第 1 期。

③ 杨希闵编:《明王文成公守仁年谱》卷一,台湾商务印书馆,1981 年,第 5 页。

④ 杨希闵编:《明王文成公守仁年谱》卷一,台湾商务印书馆,1981 年,第 5—6 页。

龙场在贵州西北万山丛棘中，生活条件非常艰苦，苗、僚杂居。“在南彝万山中，无所得书，日坐石穴中，默记旧牍，辄为训释。期有七月，《五经》之旨略备。龙场人相与伐木为轩，居之。”尝曰：“吾始居龙场，乡民言语不通，所可与言者乃中土亡命之流耳；与之言知行之说，莫不忻忻有人。久之，并夷人亦翕然相向。”王守仁亲自劝导当地民众学习圣学，受到民众翕然归向。“居久，夷人亦来亲狎。以所居湫湿，乃伐木构龙岗书院及寅宾堂、何陋轩、君子亭、玩易窝居之。”甚至，“思州守遣人至驿侮公，诸夷不平，共殴辱之”。于此，他写有《教条示龙场诸生》。在龙场这既安静又困难的环境里，王阳明结合历年来的遭遇，日夜反省。一天半夜里，他忽然茅塞顿开。“自计得失荣辱皆能超脱，惟生死一念尚觉未化。……因念圣人处此，更有何道？忽中夜大悟格物致知之旨。寤寐中若有人语之者，不觉呼跃，从者皆惊。始知圣人之道，吾性自足。向之求理于事物者，误也。”①此即所谓“龙场悟道”。

王守仁谪居龙场两年之后，升任江西庐陵知县，“为政不以威刑，惟以开导人心为本”。途中过常德辰州遇门人诸生，喜曰：“谪居两年，无可与语者，归途乃幸得诸友！……兹来乃与诸生静坐僧寺，使自悟性体，顾恍若有可即者。”既又途中寄书示诸生曰：

> 近世士夫亦有稍知求道者，皆因实德未成而先揭标榜，以来世俗之谤，是以往往隳堕无立，反为斯道之梗。诸生宜以是为鉴，刊落声华，务于切己处着实用力。前在寺中所云静坐事，非欲坐禅入定也。盖因吾辈平日为事物纷拏，未知为已，欲以此补小学收放心一段功夫耳。明道云：‘才学便须知有用力处，既学便须知有得力处。’诸友宜于此处着力，方有进步，异时始有得力处也。②

守仁将龙场所悟告知诸生，要在切实处用力，指出静坐是为“收放心”，这与坐禅入定不同。

正德十年乙亥(1515)冬十月，王守仁自述其悟道学思传承更加鞭辟入里：

---

① 杨希闵编：《明王文成公守仁年谱》卷一，台湾商务印书馆，1981年，第7—9页。
② 杨希闵编：《明王文成公守仁年谱》卷一，台湾商务印书馆，1981年，第12页。

"守仁早岁业举,溺志词章之习,既乃稍知从事正学,而苦于众说之纷挠疲病,茫无可入。因求诸老、释,欣然有会于心,以为圣人之学在此矣!然与孔子之教间相出入,而措之日用,往往缺漏无归;依违往返,且信且疑。其后谪官龙场,居夷处困,动心忍性之余,恍若有悟。体验探求,再更寒暑,证诸'五经''四子',沛然若决江河而放诸海也。然后叹圣人之道坦如大路,而视之儒者妄开窦迳,蹈荆棘,堕坑堑,究其为说,反出二氏之下。宜乎世之高明之士厌此而趋彼也!"他对世之高明之士厌儒而趋释进行辩解,对佛老采取同情之态度,并探索朱子晚年思想的变化:

> 此岂二氏之罪哉!间尝以语同志,而闻者竞相非议,目以为立异好奇;虽每痛反探抑,务自搜剔斑瑕,而愈益精明的确,洞然无复可疑。独于朱子之说有相牴牾,恒疚于心,切疑朱子之贤,而岂其于此尚有未察?及官留都,复取朱子之书而检求之,然后知其晚岁故已大悟旧说之非,痛悔极艾,至以为自诳诳人之罪,不可胜赎。世之所传《集注》《或问》之类,乃其中年未定之说,自咎以为旧本之误,思改正而未及。而其诸《语类》之属,又其门人挟胜心以附己见,固于朱子平日之说犹有大相谬戾者。而世之学者局于见闻,不过持循讲习于此。其余悟后之论,概乎其未有闻,则亦何怪乎予言之不信、而朱子之心无以自暴于后事也乎?

当他在留都南京为官时专门检求朱子之书,发现朱子晚年"悟后之论"并不为世儒所闻,世间流行的多是朱子中年未定之说而且夹杂了私见。"予既自幸其说之不谬于朱子,又喜朱子之先得我心之同,然且慨夫世之学者徒守朱子中年未定之说,而不复知求其晚岁既悟之论,竞相呶呶,以乱正学,不自知其已入于异端……"①

王守仁治学能够兼取各家之长,避各家之短。对于词章之学的弊端,王守仁痛加针砭,认为"后世记诵词章之习起,而先王之教亡"②。"后儒之没溺辞章,雕镂文字,以希世盗名,虽贤知有所不免",批评当世学者,"业词章,习训诂,探赜索

① 吴光、钱明等编校:《王阳明全集》之《朱子晚年定论》,上海古籍出版社,1992年,第127—128页。
② 《王阳明全集》卷二《传习录》中《训蒙大意示教读刘伯颂等》,上海古籍出版社,1992年,第87页。

隐，弊精极力”，勤苦终身而一无所获，“非所以深造以道也，则亦外物而已耳，宁有所谓自得逢原者哉？”[①]阳明后学绝少有溺于词章者，与王守仁对辞章之学的批判是分不开的。对于宋儒朱子格物致知之说，王守仁批评其流弊：“朱子所谓‘格物’云者，在即物而穷其理也。即物穷理，是就事事物物上求其所谓定理者也。是以吾心而求理于事事物物之中，析‘心’与‘理’而为二矣。”最终造成“知识愈广而人欲愈滋，才力愈多而天理愈弊”的境况。王阳明指出：宋儒之后学者，以知识为知，谓“人心之所有者不过明觉，而理为天地万物之所公共，故必穷尽天地万物之理，然后吾心之明觉与之浑合而无间”。说是无内外，其实全靠外来闻见以填补其灵明者也。故此，他倡导致良知，“以圣人之学，心学也。心即理也，故于致知格物之训，不得不言‘致吾心良知之天理于事事物物，则事事物物皆得其理’。夫以知识为知，则轻浮而不实，故必以力行为功夫。良知感应神速，无有等待，本心之明即知，不欺本心之明即行也，不得不言知行合一”。[②]

王守仁对朱子格物致知之学，尤其是宋儒后学流弊的认识，应该说在很大程度上得益于佛老，特别是禅宗的心性之说的影响。也正是在对佛老之学长期的实践钻研中，王守仁看到了它们与心学的沟通之处，即本心自足，内求尽心，并以此作为反拔宋儒后学心外求理之弊的思想前提，故其心学往往被指为近于释氏本心之说。但在王阳明看来，儒释本有疆界，不可笼统，“此其立言之大旨，不出于是，而或者以释氏本心之说，颇近于心学，不知儒释界限只一理字。释氏于天地万物之理，一切置之度外，更不复讲，而止守此明觉；世儒则不恃此明觉，而求理于天地万物之间，所为绝异。然其归理于天地万物，归明觉于吾心，则一也。向外寻理，终是无源之水，无根之木”[③]。

王阳明对佛老心性思辨的汲取立足于先儒圣学：“夫圣人之学，心学也。学以求尽其心而已。尧、舜、禹之相授受曰：‘人心惟危，道心惟微，惟精惟一，允执厥中。’道心者，率性之谓，而未杂于人。无声无臭，至微而显，诚之源也。人心，则杂于人而危矣，伪之端矣。……圣人既没，心学晦而人伪行，功利、训诂、记诵辞章之徒纷沓而起，支离决裂，岁盛日新，各是其非，人心日炽而不复知有道心之微。间有觉知其纰缪，而略知反本求源者，则又哄然指为禅学而群

① 《王阳明全集》卷六《文录三・书三・寄邹谦之》，上海古籍出版社，1992年。
② 《明儒学案》卷十《姚江学案》，浙江古籍出版社，1985年。
③ 《明儒学案》卷十《姚江学案》，浙江古籍出版社，1985年。

訾之。呜呼！心学何由而复明乎！夫禅之学与圣人之学，皆求尽其心也，亦相去毫厘耳。”①

于是，王阳明分辨圣学与禅学在尽心上的几微之别：

> 圣人之求尽其心也，以天地万物为一体也。吾之父子亲矣，而天下有未亲者焉，吾心未尽也；吾之君臣义矣，而天下有未义者焉，吾心未尽也；吾之夫妇别矣，长幼序矣，朋友信矣，而天下有未别、未序、未信者焉，吾心未尽也。吾之一家饱暖逸乐矣，而天下有未饱暖逸乐者焉，其能以亲乎？义乎？别、序、信乎？吾心未尽也；故于是有纪纲政事之设焉，有礼乐教化之施焉，凡以裁成辅相、成己成物，而求尽吾心焉耳。心尽而家以齐，国以治，天下以平。故圣人之学不出乎尽心。禅之学非不以心为说，然其意以为是达道也者，固吾之心也。吾惟不昧吾心于其中则亦已矣，而亦岂必屑屑于其外？其外有未当也，则亦岂必屑屑于其中？斯亦其所谓尽心者矣，而不知已陷于自私自利之偏。是以外人伦，遗事物，以之独善或能之，而要之不可以治家国天下。②

王阳明认为禅学“外人伦”“遗事物”，独善其身或许可以，但不能“治家国天下”。因此，他得出的结论是：“盖圣人之学无人己，无内外，一天地万物以为心；而禅之学起于自私自利，而未免于内外之分。斯其所以为异也。”这样，他就很清晰地做了区分，“今之为心性之学者，而果外人伦，遗事物，则诚所谓禅矣。使其未尝外人伦，遗事物，而专以存心养性为事，则固圣门精一之学也，而可谓之禅乎哉？世之学者，承沿其举业词章之习，以荒秽戕伐其心，既与圣人尽心之学相背而驰，日骛日远，莫知其所抵极矣。有以心性之说而招之来归者，则顾骇以为禅，而反仇仇视之，不亦大可哀乎！”③他由此澄清了世之学者不知圣人心学而骇称为“禅学”并仇视之的现象，有利于心学破除程朱理学教条思想的藩篱及词章之习戕害人心之危害。这也从侧面反映了阳明心学崛兴时承受了被世人误作禅学，或被指责为“近禅”的压力。但阳明认为，禅学出于“自私自利”，这似乎有失公

① 《王阳明全集》卷七《重修山阴县学记》，上海古籍出版社，1992年。

② 《王阳明全集》卷七《重修山阴县学记》，上海古籍出版社，1992年。

③ 《王阳明全集》卷七《重修山阴县学记》，上海古籍出版社，1992年。

允，说明他此时还抱有儒者的成见，与禅的精髓还隔了一层。

王阳明汲取了佛老心学思辨后，复归圣人精一之心学，自然觉得圣学超越了佛老，尽管佛老也很妙。这体现在龙场悟道后他对学人的心学教育实践中。据《传习录》记载，萧惠好仙、释，先生警之曰："吾亦自幼笃志二氏，自谓既有所得，谓儒者为不足学。其后居夷三载，见得圣人之学若是其简易广大，始自叹悔错用了三十年气力。大抵二氏之学，其妙与圣人只有毫厘之间。汝今所学乃其土苴，辄自信自好若此，真鸱鸮窃腐鼠耳！"惠请问二氏之妙。先生曰："向汝说圣人之学简易广大，汝却不问我悟的，只问我悔的！"惠惭谢，请问圣人之学。先生曰："已与汝一句道尽，汝尚自不会。"①先生尝言："佛氏不著相，其实著了相。吾儒著相，其实不著相。"请问。曰："佛怕父子累，却逃了父子；怕君臣累，却逃了君臣；怕夫妇累，却逃了夫妇：都是为个君臣、父子、夫妇著了相，便须逃避。如吾儒有个父子，还他以仁；有个君臣，还他以义；有个夫妇，还他以别：何曾著父子、君臣、夫妇的相？"黄勉叔问："心无恶念时，此心空空荡荡的，不知亦须存个善念否？"先生曰："既去恶念，便是善念，便复心之本体矣。譬如日光，被云来遮蔽，云去，光已复矣。若恶念既去，又要存个善念，即是日光之中添燃一灯。"②

三 南都论学

如果说龙场悟道使王阳明超越了词章之学和佛老之学而归向圣人心学，那么南都论学则使他赢得了众多追随者，同时四方排阻者也增多。可王阳明自认为他从此摆脱了"乡愿"而更加明确弘扬圣学，更加真切地体现圣人"真血脉"，因此这是阳明心学传播发展的一个重要阶段。据《传习录》记述：

> 薛尚谦、邹谦之、马子辛、王汝止侍坐，因叹先生自征宁藩以来，天下谤议益众，请各言其故。有言先生功业势位日隆，天下忌之者日众；有言先生

---

① 《王阳明全集》卷一《传习录》上，上海古籍出版社，1992年，第36—37页。

② 《王阳明全集》卷三《传习录》下，上海古籍出版社，1992年，第99页。

之学日明，故为宋儒争是非者亦日博；有言先生自南都以后，同志信从者日众，而四方排阻者日益力。先生曰："诸君之言，信皆有之，但吾一段自知处，诸君俱未道及耳。"诸友请问。先生曰："我在南都以前，尚有些子乡愿的意思在。我今信得这良知真是真非，信手行去，更不着些覆藏。我今才做得个狂者的胸次，使天下之人都说我行不掩言也罢。"尚谦出，曰："信得此过，方是圣人的真血脉。①

在龙场悟道后不久，王阳明来到南都为官，余暇则与诸学人讲论圣人心学。正德五年(1510)十二月，王守仁升南京刑部四川清吏司主事，这是个挂职，所以他不必就任，于是他下定决心先传播心学。与黄绾、应良论圣学久不明，学者欲为圣人，必须廓清心体，使纤翳不留，真性始见，方有操持涵养之地。守仁曰："圣人之心如明镜，纤翳自无所容，自不消磨刮。若常人之心，如斑垢驳蚀之镜，须痛刮磨一番，尽去驳蚀，然后纤尘即见，才拂便去，亦不消费力。到此已是识得仁体矣。若驳蚀未去，其间固自有一点明处，尘埃之落，固亦见得，才拂便去；至于堆积于驳蚀之上，终弗之能见也。此学利困勉之所由异，幸勿以为难而疑之也。凡人情好易而恶难，其间亦自有私意气习缠蔽，在识破后，自然不见其难矣。古之人至有出万死而乐为之者，亦见得耳。向时未见得里面意思，此功夫自无可讲处，今已见此一层，却恐好易恶难，便流入禅释去也。"②不能去"私意气习缠蔽"，圣人心体就无法呈露；好易而恶难，不磨炼圣心，"便流入禅释"。

正德六年(1511)正月，论朱、陆之学。以王阳明的弟子王舆庵和徐成之为代表，王舆庵读陆九渊著作，津津有味，又去读朱熹著作，味同嚼蜡。所以他认为陆九渊心学是圣学，而朱熹理学则是偏门。与此恰恰相反，徐成之则认为朱熹理学是圣学，陆九渊心学是禅。王阳明说："夫晦庵折衷群儒之说，以发明'六经'、《语》、《孟》之旨于天下，其嘉惠后学之心，真有不可得而议者。而象山辩义利之分，立大本，求放心，以示后学笃实为己之道，其功亦宁可得而尽诬之！而世之儒者，附和雷同，不究其实，而概目之以禅学，则诚可冤也已！"又曰"觉悟之说，虽有同于释氏，然释氏之说亦自有同于吾儒，而不害其为异者，惟在于几微毫忽之间

①《王阳明全集》卷三《传习录》下，上海古籍出版社，1992年，第116页。
②《王阳明全集》卷三十三《年谱一》，上海古籍出版社，1992年，第1231页。

而已。亦何必讳于其同而遂不敢以言，狃于其异而遂不以察之乎？”①

王守仁由此突破了朱、陆之学的对峙，而寻求如实对待儒释之异同的一种开放自信的态度，惟忧惧圣学（心学）“难明而易惑”。十月，守仁送好友甘泉奉使安南，乃为文以赠。略曰：

> 颜子没而圣人之学亡，曾子唯一贯之旨传之孟轲。绝又二千余年，而周、程续。自是而后，言益详，道益晦。孟氏患杨、墨，周、程之际，释、老大行。今世学者皆知尊孔、孟，贱杨、墨，摈释、老，圣人之道若大明于世。然吾从而求之，圣人不得而见之矣，其能有若墨氏之兼爱者乎？其能有若杨氏之为我者乎？其能有若老氏之清净自守、释氏之究心性命者乎？吾何以杨、墨、老、释之思哉？彼于圣人之道异，然犹有自得也。而世之学者，章绘句琢以夸俗，诡心色取，相饰以伪，谓圣人之道劳苦无功，非复人之所可为，而徒取辩于言辞之间，古之人有终身不能究者，今吾皆能言其略，自以为若是亦足矣，而圣人之学遂废。则今之所大患者，岂非记诵辞章之习？而弊之所从来，无亦言之太详、析之太精者之过欤？某幼不问学，陷溺于邪僻者二十年，而始究心于老、释。……吾与甘泉，有意之所在，不言而会，论之所及，不约而同，期于斯道，毙而后已者。今日之别，吾容无言？夫惟圣人之学难明而易惑，习俗之降愈下而抑不可回，任重道远……②

其肯定一贯被儒者辟为异端的杨、墨、老、释，虽与圣人之道异，然犹有自得之处。在王守仁看来，“今之大患”实为“记诵词章之习”，因其支离而功利向外追求的方向性错误，使圣人之学“难明而易惑”，故此说“任重道远”。

正德七年（1512）壬申十二月，王守仁升南京太仆寺少卿，便道归浙江省亲。八年冬十月，至滁州督马政，教诸生静坐。正德九年（1514）甲戌四月，升任南京鸿胪寺卿。五月，至南京。王畿曾说：“先师自云：‘吾居夷以前称之者十九；鸿胪以前称之者十五，议之者十五；鸿胪以后议之者十之九矣。’学愈真切，则人愈见

---

① 杨希闵编：《明王文成公守仁年谱》卷一，台湾商务印书馆，1981 年，第 13—14 页。

② “先是守仁升南都，甘泉与黄绾言于冢宰杨一清，改留吏部。职事之暇，始遂讲聚。方期各相砥切，饮食启处必共之。至是，甘泉出使安南封国，将行，守仁惧圣学难明而易惑，人生别易而会难也。”（《王阳明全集》卷三十三《年谱一》，上海古籍出版社，1992 年，第 1234 页。）

其有过。前之称者，乃其已藏掩饰，人故不得而见也。”[①]这是说他在任南京鸿胪寺卿以前，与人论学多半“乡愿”意思，未免舍己从人，而在此之后则大力弘扬心学。

这时有一批学人，如徐爱等人皆来南都追随阳明先生，徐爱时在南都兵部任职，“同志日亲，诸生同聚师门，日夕渍砺不懈”。先生曰：“吾年来欲惩末俗之卑污，引接学者多就高明一路，以救时弊。今见学者渐有流入空虚，为脱落新奇之论，吾已悔之矣。故南畿论学，只教学者存天理、去人欲，为省察克治实功。”对于心学学人之“流入禅释”，王阳明也有所警示。王嘉秀、萧惠好谈仙佛，先生尝警之曰：“吾幼时求圣学不得，亦尝笃志二氏。其后居夷三载，始见圣人端绪，悔错用功二十年。二氏之学，其妙与圣人只有毫厘之间，故不易辨，惟笃志圣学者始能究析其隐微，非测忆所及也。”[②]

前文已述门人萧惠好谈仙佛，此再引王嘉秀所问：

> 佛以出离生死诱人入道，仙以长生久视诱人入道，其心亦不是要人做不好，究其极至，亦是见得圣人上一截，然非入道正路。如今仕者由科，有由贡，有由传奉，一般做到大官，毕竟非入仕正路，君子不由也。仙、佛到极处，与儒者略同，但有了上一截，遗了下一截，终不似圣人之全；然其上一截同者，不可诬也。后世儒者，又只得圣人下一截，分裂失真，流而为记诵词章，功利训诂，亦卒不免为异端。是四家者终身劳苦，于身心无分毫益。视彼仙、佛之徒，清心寡欲，超然于世累之外者，反若有所不及矣。今学者不必先排仙、佛，且当笃志为圣人之学。圣人之学明，则仙、佛自泯。不然，则此之所学，恐彼或有不屑，而反欲其俯就，不亦难乎？鄙见如此，先生以为何如？

守仁曰：“所论大略亦是。但谓上一截，下一截，亦是人见偏了如此。若论圣人大中至正之道，彻上彻下，只是一贯，更有甚上一截、下一截？‘一阴一阳之谓道’，但仁者见之便谓之仁，智者见之便谓之智，百姓又日用而不知，故君子之道鲜矣。仁智可岂不谓之道？但见得偏了，便有弊病。”[③]王阳明指出，圣人之道一

① 《龙溪先生全集》卷三。

② 《王阳明全集》卷三十三《年谱一》，上海古籍出版社，1992年，第1237页。

③ 《王阳明全集》卷一语录一《传习录》上，上海古籍出版社，1992年，第18页。

贯彻上彻下，并无“上一截、下一截”之分，只是学人见有所偏，才分出上下；佛老之学与圣学差别只有“毫厘之间”，亦惟笃志圣学者始能究析其“隐微”。从这则记述可见，阳明心学在师门已然形成共识，努力改变以往排诋佛老的现象，而笃志圣人之学。

王守仁自正德九年(1514)来南京上任后，直至嘉靖初，基本上以南京为中心，来往于浙、赣间，因此阳明心学也主要流播于江苏、浙江、江西等地。《王守仁全集》中存有南都诗47首，注为正德甲戌年(1514)四月升南京鸿胪寺卿作，保留了王守仁当年登临南京江山的感怀和游览寺庙的兴致。其中有《登阅江楼》写道：“绝顶楼荒旧有名，高皇曾此驻龙旌。险存道德虚天堑，守在蛮夷岂石城？山色古今余王气，江流天地变秋声。登临授简谁能赋？千古新亭一怆情！”①

有《游牛首山》诗一首：

春寻指天阙，烟霞眇何许。双峰久相违，千岩来旧主。浮云刺中天，飞阁凌风雨。探秀涧阿入，萝阴息筐筥。灭迹避尘缨，清朝入深沮。风磴仰扪历，淙壑屡窥俯。梯云跻石阁，下榻得吾所。释子上方候，鸣钟出延伫。颓景耀回盼，层飚翼轻举。暧暧林芳暮，泠泠石泉语。清宵耿无寐，峰月升烟宇。会晤得良朋，可以寄心腑。②

又有《游清凉寺》三首：

其一

春寻载酒本无期，乘兴还嫌马足迟。古寺共怜春草没，远山偏与夕阳宜。雨晴涧竹消苍粉，风暖岩花落紫蕤。昏黑更须凌绝顶，高怀想见少陵诗。

其二

积雨山行已后期，更堪多病益迟迟。风尘渐觉初心负，丘壑真与野性宜。绿树阴层新作盖，紫兰香细尚余蕤。辋川图画能如许，绝是无声亦

① 《王阳明全集》卷二十《外集二》，上海古籍出版社，1992年，第740页。
② 《王阳明全集》卷二十《外集二》，上海古籍出版社，1992年，第737页。

有诗。

其三

不顾尚书此日期，欲为花外板舆迟。繁丝急管人人醉，竹径松堂处处宜。双树暗芳春寂寞，五峰晴秀晚义蕤。暮钟杳杳催归骑，惆怅烟光不尽诗。[①]

王守仁在南京、江西为官时，最大的事功是平定宁王朱宸濠的叛乱。而在弘扬圣学或传播心学方面的重要活动是在留都南京亲自检阅朱子书而作《朱子晚年定论》，正德十三年(1518)七月在赣刻古本《大学》，也刻《朱子晚年定论》。其兵务倥偬之际，往往乘隙讲授。八月，门人薛侃刻《传习录》。王守仁《与安之书》曰："留都时，偶因饶舌，遂至多口，攻之者环四面。取朱子晚年悔悟之说，集为定论，聊借以解纷耳。门人辈近刻之雩都，初闻甚不喜，然士夫见之，乃往往遂有开发者，无意中得此一助，亦颇省颊舌之劳。……今但取朱子之所自言者表章之，不加一辞，虽有褊心，将无所施其怒矣。有志向者一出指示之。"[②]门人袁庆麟记：《朱子晚年定论》，我阳明先生在留都时所采集者也。揭阳薛君尚谦旧录一本，同志见之，至有不及抄写，袖之而去者。众皆惮于翻录，乃谋而寿诸梓，谓"子以齿，当志一言"。惟朱子一生勤苦，以惠来学，凡一言一字，皆所当守；而独表章是、尊崇乎此者，盖以为朱子之定见也。今学者不求诸此，而犹踵其所悔，是蹈舛也，岂善学朱子者哉？[③]

正德十四年(1519)，宁王朱宸濠发动叛乱，王守仁举兵勤王，在袁州(今江西宜春)聚兵，先是用计迷惑朱宸濠，使朱宸濠以为朝廷早有防备，叛军在南昌不敢行动，为集结兵力争取了时间。朱宸濠发现中计后率兵攻打安庆，王守仁趁宁王后方空虚攻占了南昌。最终双方在鄱阳湖决战，经过三天的激战，宁王战败被俘，宁王叛乱遂宣告结束。王守仁平叛成功使其作为儒者的一生功业达到辉煌顶点，同时为其圣学传播赢得了更多的粉丝追随，但也招来很多妒忌谤议。

正德十六年辛巳(1521)，王守仁 50 岁，在江西，始揭"致良知"之教。年谱记述"自经朱宸濠及忠、泰之变，益信良知真足以忘患难，出生死。所谓考三王，建

---

① 《王阳明全集》卷二十《外集二》，上海古籍出版社，1992 年，第 741 页。

② 《王阳明全集》卷三十四《年谱一》，上海古籍出版社，1992 年，第 1254—1255 页。

③ 《王阳明全集》之《传习录》附录《朱子晚年定论》，上海古籍出版社，1992 年。

天地，质鬼神，俟后圣，无弗同者”。乃遗书邹守益曰：“近来信得致良知三字，真圣门正法眼藏。往年尚疑未尽，今自多事以来，只此良知无不具足。譬之操舟得舵，平澜浅濑，无不如意，虽遇颠风逆浪，舵柄在手，可免没溺之患矣。”一日，先生喟然发叹。九川问曰：“先生何叹也？”曰：“此理简易明白若此，乃一经沉埋数百年。”九川曰：“亦为宋儒从知解上入，认识神为性体，故闻见日益，障道日深耳。今先生拈出良知二字，此古今人人真面目，更复奚疑？”先生曰：“然譬之人有冒别姓坟墓为祖墓者，何以为辨？只得开圹将子孙滴血，真伪无可逃矣。我此良知二字，实千古圣圣相传一点滴骨血也。”又曰：“某于此良知之说，从百死千难中得来，不得已与人一口说尽。只恐学者得之容易，把作一种光景玩弄，不实落用功，负此知耳。”①

良知之说，为王守仁从百死千难中得来的圣圣相传的“真骨血”，自南都以来，凡示学者，皆令“存天理，去人欲”以为本。有问所谓，则令自求之，未尝指天理为何如也。“今经（宁濠）变后，始有良知之说。”是年五月，集门人于白鹿洞讲学，于是有归志，欲同门聚讲，共明此学。六月十六日，奉世宗敕旨，以“尔昔能剿平乱贼，安静地方，朝廷新政之初，特兹召用。敕至，尔可驰驿来京，毋或稽迟。”即于是月二十日起程赴召，取道钱塘。守仁至钱塘，上疏恳乞便道归省。朝廷准令归省亲，升南京兵部尚书，参赞机务。十月二日，封新建伯。敕制曰：“江西反贼剿平，地方安定，各该官员，功绩显著。你部里既会官集议，分别等第明白。王守仁封新建伯，奉天翊卫推诚宣力守正文臣，特进光禄大夫柱国，还兼两京兵部尚书，照旧参赞机务，岁支禄米壹千石，三代并妻一体追封，给与诰卷，子孙世世承袭。正德十六年十二月十九日，准兵部吏部题。”差行人赍白金文绮慰劳。兼下温旨存问父王华（称海日翁）于家，赐以羊酒。至日，适海日翁诞辰，亲朋咸集，守仁捧觞为寿。翁蹙然曰：“宁濠之变，皆以汝为死矣而不死，皆以事难平矣而卒平。谗构朋兴，祸机四发，前后二年，岌乎知不免矣。天开日月，显忠遂良，穹官高爵，滥冒封赏，父子复相见于一堂，兹非其幸欤！然盛者衰之始，福者祸之基，虽以为幸，又以为惧也。”先生洗爵而跪曰：“大人之教，儿所日夜切心者也。”闻者皆叹会遇之隆，感盈盛之戒。②

---

① 《王阳明全集》卷三十四《年谱二》，上海古籍出版社，1992 年，第 1278—1279 页。

② 《王阳明全集》卷三十四《年谱二》，上海古籍出版社，1992 年，第 1280—1283 页。

四 | 归越讲学

嘉靖元年(1522)正月,王守仁因平贼擒濠有功,为免谤议而上疏乞辞封爵,且谓:“殃莫大于叨天之功,罪莫大于掩人之善,恶莫深于袭下之能,辱莫重于忘己之耻:四者备而祸全。此臣之不敢受爵者,非以辞荣也,避祸焉尔已。”七月,再疏辞封爵。七月十九日,准吏部咨:“钦奉圣旨:卿倡义督兵,剿除大患,尽忠报国,劳绩可嘉,特加封爵,以昭公义。宜勉承恩命,所辞不允。”①

王守仁自归越后大开讲学之风,四方来追随者填满了远近寺刹。门人记曰:

> 先生初归越时,朋友踪迹尚寥落。既后四方来游者日进。癸未年(嘉靖二年,1523)已后,环先生而居者比屋,如天妃、光相诸刹,每当一室,常合食者数十人;夜无卧处,更相就席;歌声彻昏旦。南镇、禹穴、阳明洞诸山远近寺刹,徙足所到,无非同志游寓所在。先生每临讲座,前后左右环坐而听者常不下数百人,送往迎来,月无虚日;至有在侍更岁,不能遍记其姓名者。每临前,先生常叹曰:“君等离别,不出在天地间,苟同此志,吾亦可以忘形似矣!”诸生每听讲出门,未尝不跳跃称快。尝闻之同门先辈曰:“南都以前,朋友从游者虽众,未有如在越之盛者。此虽讲学日久,孚信渐博,要亦先生之学日进,感召之机申变无方,亦自有不同也。”②

嘉靖二年(1523)二月,邹守益、薛侃、黄宗明、马明衡、王艮等人随侍,因言谤议日炽。先生曰:“诸君且言其故。”有言先生势位隆盛,是以忌嫉谤;有言先生学日明,为宋儒争异同,则以学术谤;有言天下从游者众,与其进不保其往,又以身谤。先生曰:“三言者诚皆有之,特吾自知诸君论未及耳。”请问。曰:“吾自南京已前,尚有乡愿意思。在今只信良知真是真非处,更无掩藏回护,才做得狂者。使天下尽说我行不掩言,吾亦只依良知行。”请问乡愿、狂者之辨。曰:“乡愿以忠信廉洁见取于君子,以同流合污无忤于小人,故非之无举,刺之无刺。然究其心,

---

①《王阳明全集》卷三十五《年谱三》,上海古籍出版社,1992年,第1284—1285页。

②《王阳明全集》卷三《传习录》下,上海古籍出版社,1992年,第118页。

乃知忠信廉洁所以媚君子也,同流合污所以媚小人也。其心已破坏矣,故不可与人尧、舜之道。狂者志存古人,一切纷嚣俗染,举不足以累其心,真有凤凰翔于千仞之意。一克念即圣人矣。惟不克念,故阔略事情,而行常不掩。惟其不掩,故心尚未坏而庶可与裁。”曰:“乡愿何以断其媚世?”曰:“自其议狂狷而知之,狂狷不与俗谐。而谓生斯世也、为斯世也,善斯可矣,此乡愿志也。故其所为皆色取不疑,所以谓之‘似’。三代以下,士之取盛名于时者,不过得乡愿之似而已。然究其忠信廉洁,或未免致疑于妻子也。虽欲纯乎乡愿,亦未易得,而况圣人之道乎?”曰:“狂狷为孔子所思,然至于传道,终不及琴张辈而传曾子,岂曾子亦狷者之流乎?”先生曰:“不然,琴张辈狂者之禀也,虽有所得,终止于狂。曾子中行之禀也,故能悟入圣人之道。”①

嘉靖四年(1525),王守仁 54 岁时,辞官回乡讲学,在绍兴、余姚一带创建书院,专事宣讲“心学”。四月作稽山书院《尊经阁记》,略曰:

> 圣人之扶人极、忧后世而述六经也,犹之富家者之父祖,虑其产业库藏之积,其子孙者或至于遗亡失散,卒困穷而无以自全也,而记籍其家之所有以贻之,使之世守其产业库藏之积而享用焉,以免于困穷之患。故六经者,吾心之记籍也,而六经之实则具于吾心;犹之产业库藏之实,种种色色,具存于其家,其记籍者,特名状数目而已。而世之学者不知求六经之实于吾心,而徒考索于影响之间,牵制于文义之末,硁硁然以为是六经矣。是犹富家之子孙,不务守成规享用其产业库藏之实积,日遗忘散失,……”②阳明心学在家乡也得到了越来越多的响应。十月,门人立阳明书院于越城。

清儒陆桴亭认为:“吾儒有心宗,犹释氏之有禅宗。心宗之名,盖仿禅宗而立者也。禅宗起于达摩教外别传,不立文字。心宗起于象山六经注我,我注六经。其言若出于一。”③可见阳明心学源于六经,故曰六经为“吾心之记籍”,世之学者当从吾心求六经之旨。其实这与明初开国文臣宋濂主张“六经皆心学”亦一脉相承。宋濂曰:“六经者非他,吾心之常道也。故《易》也者,志吾心之阴阳消息者

---

① 《王阳明全集》卷三十五《年谱三》,上海古籍出版社,1992 年,第 1287—1288 页。
② 《王阳明全集》卷三十五《年谱三》,上海古籍出版社,1992 年,第 1293 页。
③ 陆世仪:《思辨录辑要》后集,卷九。

也；《书》也者，志吾心之纪纲政事者也；《诗》也者，志吾心之歌咏性情者也；《礼》也者，志吾心之条理节文者也；《乐》也者，志吾心之欣喜和平者也；《春秋》也者，志吾心之诚伪邪正者也。"①阳明心学与经学本根并不相悖离，这不但可以制止世之学者为"进取之计"而"割裂文义"，而且可防止阳明后学趋向空疏、禅化。

嘉靖六年（1527）五月，王守仁奉命提督两广军事兼都察院左都御史，平定广西思恩、田州之乱。辞免不准，于九月八日启程赴广。临行前，在越城天泉桥应门人钱德洪、王畿之请，阐发心学四句教法："无善无恶心之体，有善有恶意之动。知善知恶是良知，为善去恶是格物。"王守仁又称之为"四句宗旨"，曰："以此自修，直跻圣位；以此接人，更无差失。"门人王畿问："本体透后，于此四句宗旨何如？"守仁曰："此是彻上彻下语，自初学以至圣人，只此功夫。初学用此，循循有入；虽至圣人，穷究无尽。尧、舜精一功夫，亦只如此。"②史家称之为"天泉证道"。

五　圣学大道

王阳明以圣学大道兼融儒佛老庄，能体现这种思想宽容风格的一段记录发生在嘉靖二年（1523），十一月，林见素自都御史致政归，道经钱塘，渡江来访。王守仁平濠立功，林见素助力颇多，故趋迎于萧山，宿浮峰寺。林公相对感慨时事，阳明慰从行诸友，及时勉学，无负初志。张元冲在舟中问："（佛老）二氏与圣人之学所差毫厘，谓其皆有得于性命也。但二氏于性命中著些私利，便谬千里矣。今观二氏作用，亦有功于吾身者，不知亦须兼取否？"先生曰："说兼取，便不是。圣人尽性至命，何物不具，何待兼取？二氏之用，皆我之用：即吾尽性至命中完养此身谓之仙；即吾尽性至命中不染世累谓之佛。但后世儒者不见圣学之全，故与二氏成二见耳。譬之厅堂三间共为一厅，儒者不知皆吾所用，见佛氏，则割左边一间与之；见老氏，则割右边一间与之；而己则自处中间，皆举一而废百也。圣人与

① 宋濂：《六经论》，《宋学士全集》卷二十八《杂著》；王守仁：《王阳明全集》卷七《稽山书院尊经阁记》，上海古籍出版社，1992年，第254—255页。参见刘玉敏：《六经皆心学：宋濂的心学特色及其影响》，《孔子研究（学术版）》2017年4月。

② 《王阳明全集》卷三十五《年谱三》，上海古籍出版社，1992年，第1307页。

天地民物同体，儒、佛、老、庄皆吾之用，是之谓大道。二氏自私其身，是之谓小道。”①

王守仁在此用“厅堂三间”做比喻来说明儒家与佛老二氏互融共存的关系。其以我中华文化根底的圣学即心学来融合儒佛老庄，称之为“大道”，而称二氏著自私则为“小道”。阳明心学之崛兴，在他理顺朱子晚年定论后，不能不面对如何对待佛老二氏的问题，不能不解决陆九渊心学被讥为禅的问题。《朱子晚年定论》的问世表明，王阳明不反朱子学，尽管他不满意朱子格物致知终分物理与吾心为二，但他明确反对的只是词章之习的功利和支离。不可否认，他的心学与陆象山的心学乃至佛教禅宗有千丝万缕的关系。其实阳明心学大厦构建的思想课题也主要包括这样两个方面：一方面痛诋宋儒的支离和功利；另一方面批判性汲取佛道，尤其禅的思想智慧和修持方法，到心学体系之中。王门弟子论争朱、陆之学，阳明出来当裁判，为象山心学被讥为禅而鸣冤叫屈，恰是为其心学正名而鸣锣开道。然而以程朱理学为代表的宋儒对佛老二氏的排斥这个大矛盾由来已久，盘根错节，却不是那么容易解决的。

荒木见悟揭示了禅与朱子学矛盾症结所在，其曰：“对儒教而言，主张虚无寂灭的佛教，乃是最可恶的异端，而接近佛教，是污辱儒者颜面之事，此种宋代程朱学狷介的佛教观，及至明代尚继续不变地保持着大势。”为何禅非被朱子学视为最大之敌人不可呢？“若禅仅止于教导不足取的低劣体验，而为诱人入于自私自利形态的宗教，则更无恐惧之必要。那是因为一开始就能使人明确地判别真伪的缘故。但正如朱子(1120—1200)之反复叙述：‘禅见识犹高于世俗之人’(《朱子语类》卷一一八)；‘盖佛氏勇猛精进，清净坚固之说，犹足以使人淡泊有守，不为外物所移也’(《朱子语类》卷一三二)。他是承认禅师毫无世俗的妄念，且特立独行，无欲恬淡地迈进于证悟的崇高体验。因禅以那样高明的行道，吸引真挚的士人，故不得不认定为最可怕的敌人。”②

禅有超脱世俗的高明性固然是好事，但禅还有冲破一切理障束缚的一面，这恐怕是朱子理学排诋佛教的深层原因。朱熹曾说：“吾儒所以与佛氏异者，吾儒

---

① 《王阳明全集》卷三十五《年谱三》，上海古籍出版社，1992 年，第 1289 页。《全集》中存有《与林见素》称“执事孝友之行，渊博之学，俊伟之才，正大之气，忠贞之节”。

② 荒木见悟：《阳明学与明代佛学》，载牧田谛亮：《中国近世佛教史研究》，华宇出版社，1984 年，第 375—377 页。

则有条理、有准则，佛氏则无此尔。”(《朱子语类》卷五二)“《大学》之明德者，人之所以得乎天，而虚灵不昧，以具众理而应万事者也。禅家则但以虚灵不昧者为性，而无以具众理以下之事。”(《朱子语类》卷一四)荒木分析禅与朱子学的立场后指出：“朱子对佛教之批判，委实各式各样，不容易把握其目的究竟为何。但禅是唯一有实力能将朱子学之精华从根底予以搅乱的，这可能是朱子最怕而最为警戒的。”①在荒木看来，从此种寻求个体觉悟的实践中“揭发其内在的大私欲”，这可能才是朱子排佛的真正目的。

荒木见悟认为，禅与朱子理学有很深的差距，而阳明学的良知则具有通于禅“无善无恶”说的侧面，这将成为阳明学与禅接近的契机。② 正如冯友兰所指出，在禅宗与理学之间并没有不可逾越的鸿沟，既然“运水搬柴无非妙道，那么忠君孝亲又为何不是道”？③

王阳明由此洞开后学开放的、融会儒佛的通路，试举阳明后学王龙溪、杨复所之见为例。王龙溪云：“自圣学不明，后儒反将千圣精义让与佛氏，才涉空寂便以为异学，不肯承当。不知佛氏所说，本是吾儒大路，反欲借路而入，亦可哀也。”④宋儒程明道(1032—1085)曾说：“学者于释氏之说，直须如淫声美色以远之。”⑤到王龙溪却云：“儒学明，佛学益有所证。……道固并行不相悖也。”⑥杨复所(1547—1597)则述云：“二氏在往代则为异端，在我明则为正道。”⑦从这里不但可见阳明后学思想变迁的痕迹，也可察知“儒学盛则佛学衰，佛学盛则儒学衰”这种代表程朱理学观点的儒佛对立已经消解，而“儒学兴盛，同时佛学也盛”这种事成为可能了。

阳明心学的影响，通过阳明后学与佛教高僧的交游，而推动了晚明佛教的复兴。到了明代最充分发扬了活泼禅风的紫柏达观有如下的论述：“佛法者，心学也。……夫自心者，圣贤由之而生，天地由之而建。光明广大，灵妙圆通，不死不生，无今无古，昭然于日用之间。在眼而见，在心而知，境未对峙，圆满独立，百工

① 荒木见悟：《阳明学与明代佛学》，载牧田谛亮：《中国近世佛教史研究》，华宇出版社，1984年，第380页。
② 荒木见悟：《阳明学与明代佛学》，载牧田谛亮：《中国近世佛教史研究》，华宇出版社，1984年，第385页。
③ 冯友兰：《中国哲学史新编》第5册，人民出版社，1988年，第8页。参见陈来：《有无之境：王阳明哲学的精神》，人民出版社，1991年，第228页。
④《王龙溪集》卷一《三山丽泽录》。
⑤《二程全书》卷二。
⑥《王龙溪集》卷六《答五台陆子问》。
⑦ 杨复所：《证学篇》上。

得之而技精，圣人得之而道备。”[①]黄宗羲在言及心学对佛学的具体影响时说：“……明初以来，宗风寥落。万历儒者讲席遍天下，释氏也遂有紫柏、憨山因缘而起，至于密云、湛然，则周海门、陶石篑为之推波助澜。”智旭即明言他入佛是受到了心学的影响，智旭自称“幼崇理学，千古为任，但恨障深慧劣，执东鲁而谤西乾。后闻《自知录序》，并良知、寂感之谈，始发信心”[②]。

另一方面，至明末，东林领袖顾宪成、高攀龙等程朱学者驳斥阳明末流趋向空疏、禅化，继顾、高之后，刘宗周从阳明学内部起而纠王学之弊，功莫大焉。刘宗周（1578—1645），学者称为蕺山先生，被认为是明代最后一位儒学大师，也是宋明理学（心学）的殿军。他说：“辨说日繁，支离转甚，浸流而为词章，于是阳明子起而救之以良知，一时唤醒沉迷如长夜之诞，则吾道又一觉也。今天下争言良知矣，及其蔽也，猖狂者参之以情识，而一是皆良；超洁者荡之以虚玄，而夷良于贼，亦用知之过也。”[③]这即是说，明末时良知学说已经流行于天下，但在王学内部产生了两种流弊，一种是“猖狂”，一种是“玄虚”。猖狂者把一切情识都说成是良知，玄虚者把佛道的虚无思想引入良知。对此，近人梁启超曾说：“王学在万历、天启年间，几已与禅宗打成一片。东林领袖顾泾阳、高景逸提倡格物，以救空谈之弊，算是第一次修正。刘蕺山晚出，提倡慎独，以救放纵之弊，算是第二次修正。明清嬗代之际，王门下唯蕺山先生一派独盛，学风已渐趋健实。”[④]

---

① 《紫柏老人集》卷之一三。

② 蕅益智旭：《梵网合注》自序，载《灵峰宗论》，福建莆田广化寺佛教流通处。

③ 《刘子全书》卷六《证学杂解》二十五。又参《刘宗周全集》第2册《圣学杂解》，浙江古籍出版社，2007年，第278页。

④ 梁启超：《中国近三百年学术史》，商务印书馆，2011年，第53页。

第三节
金陵状元焦竑与泰州学派后劲

焦竑是嘉、隆、万时期士林领袖代表人物之一，在晚明时期他不像李贽、达观那样被世人尊为“教主”，以雄肆无羁的气概而使一境如狂，[1]但焦竑“识弥高，养弥邃，综万方之略，究六艺之归，其于道深矣”[2]。黄宗羲在《明儒学案》中将焦竑列为泰州学派后起之秀，称“金陵人士辐辏之地，先生主持坛坫，如水赴壑，其以理学倡率，王弇州（世贞）所不如也”[3]，王世贞为明代“后七子”文坛盟主，黄宗羲认为金陵焦竑有超越王弇州之势力，可见其在当时士林社会的声望之著、影响之大。

一　“国士”焦竑及其士林交游

焦竑（1540—1620），字弱侯，号漪园，又号澹园。原籍山东日照，远祖焦朔当年随徐达北征立功，得朱元璋赐名，授旗手卫世袭千户，军籍入南京。父文杰，袭军职，掌军政四十年，为人伉直，晚年独居一室，绝荤酒不茹，日惟礼佛诵经[4]。嘉靖十九年（1540），焦竑生于应天府上元县旗手卫。他自幼勤奋好学，16 岁被南畿督学薛公、方泉赵公所赏识，选拔为南京兆学（即应天府学）生员。《明史》有焦竑传曰：“江宁人。为诸生，有盛名。从督学御史耿定向学，复质疑于罗汝芳。”[5]

嘉靖三十七年（1558），焦竑 19 岁初次参加乡试，未中榜。次年读书于金陵天界、报恩二寺，得见宝幢居士顾源。嘉靖三十八年（1559），李贽为南京国子监教官。嘉靖四十一年（1562），泰州学派学者耿定向以监察御史督南畿学，至则“正学风，迪士类”。耿定向见清凉山环境清幽，遂选址于东麓，依山就势，建造殿

---

① 沈德符：《万历野获编》卷二十七，“释道·二大教主”条。
② 耿定力：《焦太史澹园集序》，载《澹园集》下《附编二》，中华书局，1999 年，第 1211 页。
③ 黄宗羲：《明儒学案》卷三十五《泰州学案五》之《文端焦澹园先生竑》，浙江古籍出版社，1985 年。
④ 焦竑与李贽书曰“盖家大人之少也，溷迹于轩冕而不知其荣；其壮也，教子以读书而不求其利；其老也，归心禅诵而惟深信于因果”。见《澹园集》下，中华书局，1999 年，第 1244—1245 页。
⑤《明史》卷二百八十八《文苑四·焦竑传》。

堂三进，题名“崇正书院”，取义于南宋丞相文天祥名句“天地有正气”，并有推崇正传儒学之意，弘扬良知心学。史桂芳亦良知学者，时任应天府学博士。耿、史二人皆以“国士”待焦竑。焦竑得耿、史之教，学业大有长进。焦竑尝言：“余幼好刚使气，读《老子》如以耳食无异。年二十三，闻师友之训，稍志于学。”焦竑自此开始步入阳明心学之殿堂。

嘉靖四十二年(1563)，焦竑与管志道、李渭、李登等交游，同师督学御史耿定向门下。管与二李后皆成为泰州学派著名学者。这年，李贽改任北京国子监教官，闻白下焦弱侯之名。嘉靖四十三年甲子(1564)，焦竑 25 岁参加应天府乡试，中举。焦竑与同学杨希淳(道南)呈诗与耿师观阅，耿定向亦作诗以评曰：“淳也雅而淡，竑也简而狂……淡勿入枯槁，狂更诣中行。先师有遗训，用行舍乃藏。”①耿师于赞许中存告诫之意。是年冬，焦竑赴北京，预备明年会考。

(一) 进京会试，八次落第

嘉靖四十四年乙丑(1565)，焦竑在北京首次参加会试，却意外地遭受挫折，落第而还。本年著名良知学者王襞到金陵讲学，主持讲会，焦竑等俱从之问学。王襞归，焦竑与李登等赋诗赠别。焦竑自此“益励身心性命之学”，且“率乡人说孔孟之道”，门人有许吴儒等。

嘉靖四十五年丙寅(1566)，耿定向一意兴学，在南京清凉山创建崇正书院。耿定向并不因为焦竑落第而轻之，仍然很器重自己的得意门生。六月，书院落成开学，他遴选江南十四郡名士读书于崇正书院，特地推定焦竑为学长，代掌讲席。有来学者，耿师命从焦竑游。焦竑之名声为之大振。是年，焦竑与同门杨希淳游九华山，又与耿师之兄弟耿定理、耿定力结交。中秋，作《无俗念》词牌，有“尘世劳劳能几许，文谁优谁劣”句，颇感慨于世事之纷争。

隆庆元年(1567)，耿定向从金陵升北京大理寺丞。冬，焦竑赴北京，准备明年会考。隆庆二年(1568)，焦竑在北京应试，二次落第。在京结识阳明学者高朗、刘淛等人，并参加讲学之会。归金陵，途经白沟河，凭吊其先祖赋诗：“风烟莽莽白沟河，欲问奇功迹已磨……钟鼎空存人自远，耳孙无那泪滂沱。”端午，作《满江红》词，有“满眼繁荣，才瞬息，菖蒲泛绿”，“名酒欲图今夕醉，不堪重把《离骚》读”句，抒发怀才不遇之感。耿定向北京为官未久，“忤权里居”。冬，焦竑率其门

① 焦竑：《澹园集》下《评白下杨焦两生诗》，中华书局，1999 年，第 1250 页。

人到耿之家乡黄安省师问学,“益昌明绝学,大罔厥旨,内外兼融,自是以斯文为己任”。

隆庆四年(1570),李贽从北京调任南京刑部员外郎,始与焦竑、李登等人密切往来。焦竑与李贽气味相投,相交莫逆,遂朝夕相处,商讨学问,阐明道学,“穷晷继夜,寝食靡辍”。李贽曾言,其学问“得之于弱侯者甚有力”;焦竑也极推重李贽,朱国桢《涌幢小品》云:“焦弱侯推尊卓吾,无所不至谈,及余每不应。一日,弱侯问曰:兄有所不足耶? 即未必是圣人,可肩一狂字,坐圣门第二席。”秋,焦竑乘舟北上,同舟行者有邹德涵,邹为江右王学著名学者邹守益之孙,耿师命之与焦竑游学,居金陵三载,日夕与焦竑商讨学问。

隆庆五年(1571)春,焦竑在北京应试,再次落第而归。隆庆六年(1572)秋,耿定理过金陵,经焦竑介绍,与李贽定交。

万历元年(1573),陶望龄与兄德龄同举于南都,陶父承为南京大理寺卿。万历二年甲戌(1574)春,焦竑在北京参加会试,第四次下第归。王襞(字东崖)再至金陵主讲会,四方学者来集,“连榻累旬,博问精讨”。焦竑与会,得师东崖,“受益为深”。万历四年(1576),汤显祖在报恩寺读藏经。

万历五年(1577)春,焦竑在北京应试,仍下第。是年,李贽调任云南姚安太守,焦竑作诗送别:“相知古今难,千秋一嘉遇。而我狂简姿,得蒙英达顾。肝胆一以披,形迹非所骛。燕婉四载余,昕夕长相聚。……”[①]万历七年(1579)正月,张居正奏废天下书院,何心隐死于湖北黄安狱中。李贽著《何心隐论》,赞何“英雄无比”。焦竑40岁寿诞时,作自题小像诗云:“几人高阁画麒麟,丘壑翩翩四十春”,“梦残白日双目豁,老去春风两袖清”。焦竑自登乡试举后,公车五上皆不售,故于不惑之年有此感怀。又作《题梅花坞老圃壁上》云:“壮岁飞蓬过,浮名春梦空。”

万历八年(1580)春,焦竑六上北京会试,落第归金陵,读书讲学不辍。七月,李贽离姚安太守任,拟至耿氏所居之黄安,有书信予焦竑,约期相会。万历九年(1581)孟春,李贽离滇,初夏抵黄安五云山,再约焦竑来会。焦竑复书云:“逼岁当走千里,与宏甫为十日之饮”。李贽则有《入山得焦弱侯书有感诗》云“何时策杖履,共醉秣陵春”,回忆旧日友谊,期望再至金陵。十二月,焦竑践约赴黄安与

① 焦竑:《澹园集》上《送李比部诗》,中华书局,1999年,第588页。

李贽相会，归途复驰书李贽，求为父撰八十寿序。李贽序曰：

> 余至京师即闻白下有焦弱侯其人矣，又三年，始识侯。既而移官留都，始与侯朝夕促膝穷诣彼此实际。夫不诣则已，诣则必尔，乃为冥契也。故宏甫之学虽无所授，其得之弱侯者亦甚有力。夫侯千古人也，世之愿交侯者众矣。其为文章欲以立言则师弱侯；为制科以资进取，显功名不世之业则师弱侯。又其大者，则曰："是啜菽饮水以善事其亲者也，是立德也"。故世之为不朽故以交于侯者，非一宏甫也。然惟宏甫为深知侯，故弱侯亦自以宏甫为知己。①

万历十一年(1583)，焦竑七至北京应试，又下第归。李贽得其落第消息，驰书赋诗劝慰，诗云："秣陵人去帝京游，可是随珠复暗投"，"丰城久去无人归，早晚知君已白头"，告谕焦竑不要把时光与才华消耗于科第考试之中，须及早"了悟性命之学"。是年，耿定向年 60，焦竑撰《尊师天台耿先生六十序》为寿。万历十二年(1584)，焦竑之父以微疾终，寿 82 岁。耿定理亦卒于黄安。李贽驰书吊唁焦竑父丧，且约其到黄安相会，吊耿定理丧。然焦竑以父丧，未克成行。万历十三年(1585)，李贽居麻城，致书焦竑，劝其"有志于生死"。

万历十四年(1586)春，焦竑第八次北京应试，再度落第，归金陵。夏，著名泰州学派学者罗汝芳，历南昌、两浙而至金陵，讲学凭虚阁。焦竑拜见罗汝芳，正式列于门墙。同时与讲会者还有李登、杨起元、汤显祖、陈履祥、姚汝循等良知学者。南京国子监祭酒赵志皋亦率诸生与会。焦竑高度评价罗汝芳之学及此期讲会之盛，谓"当支离困敝之余，直指本心以示之。学者霍然如梏得脱，客得归，始信圣人之心必可为，而阳明非欺我也"。罗汝芳亦十分器重焦竑，谓焦竑"具大力，异日必弘斯道也"。焦竑虽久困场屋，应试屡挫，而学问精研，著述不断，是年，李登刊《焦氏笔乘》成。李贽得书赞之。僧定林从李贽游，于黄安山中示寂。定林俗名周安，曾为焦竑馆仆，亦有志于心学者，后焦竑从其愿，送其剃度为僧，先居南京定林庵，又创建牛首山华严阁，最后从李贽游。

万历十五年(1587)春，焦竑郊游牛首，见华严阁，追思僧定林，物是人非，不

---

① 李贽：《澹园集》下《寿焦太史尊翁后渠公八秩华诞序》，中华书局，1999 年，第 1244 页。

胜悲惜，作《牛首山新建华严阁碑》。焦竑又为李贽觅得虎丘精舍，拟迎居之。李贽以焦竑家累太重，未至。冬，李登、陈大来等又刻《焦氏类林》成。李贽云："《类林》妙甚，当与《世说》并传。"十二月，耿定向升南京都察院副都御史。

（二）知命登魁，宦海浮沉

万历十七年己丑（1589），焦竑 50 岁时，终于魁登榜首，殿试进士第一，成为明代开国以来首位"金陵状元"，授翰林修撰。金陵上元县、山东日照县官署依例拨款为新科状元建"棹契"（牌坊），焦竑婉谢，请将建筑款项移捐两地赈灾用。耿师定向病中闻焦竑登状元第讯，大喜，"如获良剂，沉疴大减"，驰书祝贺。焦竑对于自己知命之年夺魁，踏入仕途，亦无限感慨："某自髫年发愤向学，岂第为世俗梯荣计？实吾父督教甚严，不忍怠弃，欲因之稍稍树立，不愧家声耳。巍料（科）清秩，梦想不到，一旦得之，皆我先世祖宗之积德，我父母之教督，非某一人力也。"[①]当时有袁宗道在京师从焦竑学，"行顿悟之旨"，不复问长生事。与论学者有陶望龄、祝士禄、管志道等人。

万历十八年（1590），焦竑举家入京。与耿定向、李贽保持着书信往来。李贽为晚年生活计，动工兴建芝佛院后之藏骨塔，并刻《焚书》六卷成，有焦竑序。有布衣刘某，弃父母妻子出家，又走京师从焦竑学，焦竑劝其还俗学道，尽人伦之事。后作《刘布衣传》。万历十九年，李贽拟与耿定向和解，焦竑则居间调停，促使两位师友恢复友谊。

万历二十年（1592），春，北京会试，陈于陛任主考官，焦竑任房考，举士有袁宏道、沈孟威等人，皆一时名流。夏秋之际，焦竑至湖北汉阳、黄安分别看望李贽与耿定向。至晚秋，方返金陵。时金陵名公毕集，讲会复盛。讲学者以许孚远（敬庵）为一派，杨起元、周汝登为另一派，虽同讲阳明、近溪之学，而所主不同，两家弟子亦互有口角。又，上元李登、王元坤、姚汝循等学者皆白社兴讲。焦竑在南京与这些学术文化活动都有参与交集。杨起元盛赞焦竑为"弘道"之人。冯梦祯（字具区）时任南国子监司业，与焦竑亦相契往来，"杯酒谈笑无少闲"。

万历二十一年（1593）春，焦竑仍居金陵，终日著文论学，接待朋友，甚为忙碌，其自述云："南中日苦应接，无寸晷暇。"三月，吏部举邹元标大理寺丞，改南京刑部主事，焦竑与之结交。夏初，焦竑返京，邹元标撰《送焦弱侯太史还朝序》曰：

---

① 焦竑：《澹园集》卷十三《与日照宗人》，中华书局，1999 年，第 95 页。

“(竑)罗络经史,贯穿百家,无坚不讨,无微不究。与之处,如游琼林武库,探之无尽藏也。”八月,陈于陛任礼部尚书领詹事府事,九月,陈上疏议修国史,举荐焦竑专领修史事,焦竑固辞。次年,明廷正式开国史馆,王锡爵为总裁,陈于陛、沈一贯等任副总裁,焦竑任纂修官。时修史诸人,除陈于陛外,认真者少,焦竑独能尽其职责,殚日夜之力,悉心研习国典朝章和百家之学,并多方收集士大夫家藏秘录。史事中止,焦竑撰成《献征录》百二十卷。

万历二十二年(1594)正月,起原任太子宾客、吏部左侍郎兼侍读学士沈一贯为南京礼部尚书。甲午(万历二十二年,1594),以皇长子出阁,焦竑被简选为东宫讲读官。因首辅王锡爵提议,焦竑辑旧史古太子行事有教育启发意义者,编为故事,绘图演义,名《养正图说》。书成,焦竑拟进呈,为同讲官郭正域所忌,谓此等事为何独力完成,置彼于何地?丁酉(万历二十五年,1597)主顺天乡试,正副主考官本已由有司依翰林资序推定,而皇帝明神宗特点焦竑为副主考,全天叙为正主考。焦竑因此引起原被推者之忌恨。此次科考,焦竑从落选卷中得徐光启卷,阅而奇之,拍案叹曰:“此名世大儒无疑也!”毅然拔置第一名。甫出闱,又具疏呈上《养正图解》,神宗留览。此举犹如火上浇油,使本已燃烧的火焰腾飞起来。大学士张位、宫詹郭正域与原推考官在共同的忌恨下联手,上下煽构,先布流言,继由给事中项应祥、曹大咸等出面上疏弹劾焦竑,罪名是纠其所取“险怪”,收受贿赂,取士非人。谪迁福建福宁州同知。张位等以开史局事非出于己,愤之已久,遂奏停修史事。焦竑后升南京国子监司业,而年已70矣。

对于焦竑在朝被谪原委,《明史》焦竑传曰:“竑尝采古储君事可为法戒者为《养正图说》,拟进之。同官郭正域辈恶其不相闻,目为贾誉,竑遂止。竑既负重名,性复疏直,时事有不可辄形之言论,政府亦恶之,张位尤甚。二十五年主顺天乡试,举子曹蕃等九人文多险诞语,竑被劾,谪福宁州同知。岁余大计,复镌秩,竑遂不出。”①

万历二十六年(1598),焦竑59岁,携家眷乘舟南还,载书两船,李贽也同舟归。李贽曾戏书“焦弱侯状元与联舟”字以祷神,焦竑笑道:“(状元)二字吓鬼而已可矣。”李贽也笑曰:“使公真能吓鬼,今亦不上此舟矣。”此虽戏言,也反映出焦、李对“功名”利禄的淡泊与不屑。舟过沧州,会晤长芦转运使何继高,何拟刻

---

①《明史》卷二百八十八《文苑四·焦竑传》。

王畿文集，请李贽圈点。焦竑允以归宁后借给所藏本，约期往取。夏初，舟抵淮扬间，焦竑览茫茫江水，有天际真人之想。六月，舟抵白下，归家，居城内北门桥，家筑园林，称澹园。附近有定林庵，曾居僧定林，李贽且住庵中，后移永庆寺（亦名白塔寺）。

当时杨起元（复所）亦在南京，李、杨主盟，遂讲学于永庆寺。焦竑记曰："岭南复所杨先生倡道金陵，问学者屦常满户外。……当是时，温陵李长者于先生狎，主道盟，然先生如和风甘雨，无人不亲；长者如绝壁巉崖，无罅可入。二老同得法于盱江（指罗近溪），而其风尚悬绝如此。余以为未知学者，不可不见先生，不如此则信向靡从；既知学者，不可不见长者，不如此则情尘不尽。天生此两人，激扬一大事于留都，非偶然也。"[①]焦竑日与李贽谈学论道寺中，撰有《永庆禅房小集诗》云："一笑同幽事，移樽向夕阴……相看意不尽，凉露满衣襟。"[②]万历二十六年八月，郭正域升为南京国子监祭酒。本年《忧危竑议》"妖书"案发生，张位、曹大咸等人俱因罪遭贬逐。焦竑、李贽闻之大快。十月左右，焦竑赴福宁州任所。次年岁末考核，未久辞官，夏秋之际返金陵，终结其仕途生涯。

（三）淡泊致远，笔耕不辍

万历二十七年己亥（1599），为官清廉的焦竑归隐林泉后，家境较为清贫，"五车楼"的藏书成为他最重要的财富。所居小园，谓之"澹园"，取意谓清净淡泊、宁静致远，焦竑常以此为号，后人也多以"澹园先生"称之，盖因于此。"卜居秦淮湄，在市罕人迹。开函读古经，落日照赤壁。"这首五言律诗即是他深居委巷、读书生活的真实写照。[③] 其实这种清贫而闲适、安定的退隐生活，读书、讲学、交友、吟诗、著述等，几乎贯穿他毕生。时焦竑座师王弘诲任南京礼部尚书，一如既往仍以"国士"待之，焦竑"得之相依归"，甚获安慰。李贽则与焦竑讨究"性命之学"，并开始研究易学。李贽称此时焦竑"是天上人，家境萧条如洗，全不挂意，只知读书耳。虽不轻出门，然与书生无异也"。李贽《藏书》68 卷刻于金陵，焦竑为

---

① 焦竑：《澹园集》卷二十二《题杨复所先生语录》，中华书局，1999 年，第 285—286 页。

② 焦竑：《澹园集》卷三十九《同李比部永庆禅房小集诗二首》，中华书局，1999 年，第 607 页。

③ 据《藏书纪事诗》卷三所引《澹生堂藏书训》云："金陵焦太史弱侯，藏书两楼五楹俱满，余所目睹，而一一皆经校雠，探讨尤人所难。"坊间传云，焦竑是明开国以来第一位高中状元的南京人，藏书极富。焦竑担任南京司业（南国子监副职）时，曾在距离清凉山不远的同仁街建造一座双层木结构的房子，全部用来藏书，是南京传世最久的私家藏书建筑，民间俗称"焦状元楼"。只可惜在晚明的兵火动乱中，焦竑的藏书最终还是散失了。"焦状元楼"也在 1994 年春南京同仁大厦施工中不幸被拆毁。

撰《李氏藏书序》。[1] 利玛窦在南京，曾专程拜访焦竑，称其为“三教领袖”，也试图说服焦竑皈依其教，然未成功。[2]

万历二十八年(1600)，通政使杨时乔疏禁罗近溪之学，湖广佥事冯应京亦不喜李贽，自麻城逐之。焦竑得知后，约李贽再返白下，诗称“白门遗址在，相为理茅茨”。僧如方、如觉重修幕府寺成，焦竑为撰《幕府寺修造记》，寺在幕府山，去城西北10余里，焦竑外王父墓在附近，焦竑每岁清明必带儿孙来扫墓，并游憩寺中。报恩寺火灾，焦竑又撰《报恩寺化缘疏》，助其重修。

万历二十九年(1601)，袁宏道为迎兄宗道灵柩，自公安北上，道至南京，拜谒焦竑，撰有《白门逢焦座师》诗云：“十年一拜郑康成，搔首青山独自行。醒即读书倦即枕，不将无事换公卿。”后二句诗亦真实描绘了焦竑归隐林泉的学者生活。李贽《续藏书》定稿，焦竑为撰《续藏书序》，此书乃李贽居焦竑宅时，取其“家藏名公事迹正之”者。夏，居士吴彬于栖霞寺塑五百罗汉像，焦竑撰《栖霞寺五百阿罗汉像记》。

焦竑对栖霞寺情有独钟。他曾为释僧定撰《栖霞修造募缘疏》记述：“金陵名蓝三，牛首以山名，弘济以水名，兼山水之胜者莫如栖霞。古高人胜流，率栖迹于此。……江山虽在，而昔贤往矣。”嘉靖中，云谷会禅师中兴栖霞，“……迨今四十载，(云谷)会既化去，施者不至，岩石草木为之索然。顷释僧定以道价倾一时，睹像宇圮坏，拟为兴复，意之所至，不督而集。中常侍暨公禄、刘公海、党公存仁等，争以檀施归之；而王公寿综理，加毖首于千佛岭三圣殿，大为贲饰”。工未竣也，又得一客商仲公梦见摄山神僧治好其沉疴，见施巨资修葺大雄、天王、藏经三殿等，沿故鼎新。焦竑自罢归后，累憩于栖霞，寻幽探胜。“余惟心无不在，巨而大地，细而微尘，皆是也。……岂可妄生取舍，执輐断为上乘，谓造作非佛事哉？故下士滞有而著空，中士著空而疾有，孰如凭相寄怀，因敬生悟，庶几弱丧而得大归也。况兹山岩泉石，绝世之美，自是结构庄严，与弘济、牛头相映发于江表，诸君子之功大矣。”[3]

万历三十年(1602)二月，焦竑将废弃的崇正书院改建为祠堂，并作《先师耿天台祠堂记》。三月，给事中张问达疏劾李贽，李被逮系北京镇抚司狱中，不堪凌

---

① 焦竑：《澹园集》附编一，中华书局，1999年，第1180页。

② 利玛窦、金尼阁：《利玛窦中国札记》。

③《澹园集》续集卷四《栖霞寺修造记》，中华书局，1999年，第839—840页。

辱，自刎而亡。马经伦《答焦漪园书》云："李先生事戈矛起于词苑（指翰林院）诸人。诸人有以乡曲相忌者，有以位望相倾者，有以后进开隙于前辈而思甘心者，有以大寮曲媚于黠少而约助石者。其渠魁不过一二，而同谋实繁有徒。积思诡计，蛊惑当事，呼朋引类，术愚言官，欲以异学名目一网打尽一时正人君子，而借先生发端。比先生逮入都门，当事者闻其老病且死，悔而推之。托人致意，且从中揭救。于是，金吾有宽比之疏。""即以吾丈（谓焦竑）远栖田间，何与朝事？乃当事端沸起之日，人言亦引之。"焦竑闻讯愤甚，以未能为李贽一援手为憾。又撰《荐李卓吾疏》遥祭之，署名"金陵同志"，表示与李贽思想、精神上的一致。疏曰："卓吾先生秉千秋之独见，悟一性之孤明。其书满架，非师心而实以道古；传之纸贵，未破俗而先以惊愚。"[①]焦竑清醒地意识到并肯定了李贽在中国思想精神领域的巨大震撼力。

万历三十一年（1603），焦竑与贵池施益臣乘舟，沿江考察明初靖难之役死节大臣礼部侍中上元黄观及其妻女殉难处。施益臣字谦甫，号华峰处士，义侠之名盖池阳。焦竑遭谗罢归，施益臣每抱不平，目光四射，奋臂咋舌，若不与同生者。晚与焦竑卜邻而居委巷，携琴命酒，数载长留。焦竑己丑同年进士黄云蛟以御史巡按淮扬，兼巡盐巡漕、督学使，过金陵，与焦竑会于金山，饮酒道旧者累日。黄于焦竑贬官时，曾拟弃官以明竑冤，至是，累疏于朝，荐竑可用，皆未果。十月，焦竑赴南直隶新安还古书院，讲学十余日，听讲者两千余人。学生谢与栋后辑录为《古城答问》刻行。

万历三十四年（1606），焦竑文集《澹园集》（正集）四十九卷编成，黄云蛟资助刻印于扬州，耿定力、陈懿典、许吴儒等人皆有序跋。《焦氏笔乘》正、续两集，由谢与栋刻于本年，顾起元为撰序。值谢与栋、佘永宁等集金陵罗近溪祠（明德堂）讲会，焦竑应邀主持讲席，精神焕发，闻者欢喜踊跃，得未曾有。此讲由佘永宁辑为《明德堂答问》，经焦竑删定，与《古城》《崇正》二答问合于《澹园文集》之后刊行。佘永宁序曰："万历丁酉，予受学于复所杨师，师谓予曰：'先师子罗子之特至金陵也，稔知焦子弱侯具大力，异日必弘斯道也。'予于是景仰焦先师若山斗然。乃先师官翰苑，侍讲东宫，请见无由。岁戊戌，先生翩然南归，予获闻绪论，如饮甘露，比载

---

① 《澹园集》附编一《佚文辑录》，中华书局，1999年，第1183页。又参马经纶：《明侍御诚所马公文集》卷三《答焦漪园》。

《法海纪闻》中。癸卯秋，予郡以岁会敦请先生，先生不鄙而辱临之，因得侍侧者浃旬日。”[1]吕坤有《致太史焦漪园书》，表达仰慕之意，以生平未获一面为憾，书曰“吾丈未第时，即闻建业有焦弱侯，旷世豪杰，吾道正宗也。恨不及见”云云。[2]

万历三十六年(1608)，焦竑校书《题品茶要录》。二月，改建苍云崖阁成，竑撰《嘉善寺苍云崖阁记》。七月，管志道卒，焦竑撰《广东按察司佥事东溟管公墓志铭》，谓管氏“平生锐意问学，意将囊括三教，熔铸九流，自成一家之言。……大归以西来之意，密证六经；东鲁之矩，收摄二氏。”此亦实焦竑之夫子自道。

万历三十七年(1609)，焦竑七十大寿，师友门生邹元标、顾起元、陈懿典等人俱撰诗文为寿。陈懿典寿叙赞焦弘守正不阿，还乡里，“出谭性命，入験衾影，暇而编摹……行年七十而昕夕披诵，不减少壮”，“生平无曲蘖、粉黛、弈博、珍玩之好，家人产绝不问，而独不忘学，故能养成无欲之体”。皇太子正位东宫，焦竑被推为南京国子司业，然未履任，仍乐于士林交游。袁中道游秣陵，结冶城大社，会天下名士，专程拜谒焦竑请教。汪道昆客居金陵，亦拜会焦竑。对于司业之命，焦竑感激师友的关心努力，但未再出山。次年在致友人书中一再表达此种心境：“仆齿发半凋，世念都尽，岂能复驱策为壮年调度？幸谤焰稍息，得安心岩栖，力耕课读，余愿足矣。”

万历三十九年(1611)，《澹园续集》编成，夏，由徽宁等处兵备副使金励命当涂令朱汝鳌刻成于当涂，金励、徐光启各为续集撰序，金曾师从焦竑论“性命之学”及文章之事五六年。又从通州马经伦家得李贽《续藏书》，由上元王惟俭刻成，焦竑序之，署名“秘石渠旧史”。次年，新安詹轸光赴通州谒李贽墓，出焦竑书“李卓吾先生之墓”题字，勒石建碑。焦竑藏李贽诗文尺牍甚丰，久有编辑成册之意。秋，佘永宁访李贽遗文，焦竑以所藏付之，编为《李氏遗书》，由其姻丈陈大来刻板印行。可见，李贽著作多由焦竑门生亲友帮助刊刻传世，焦、李之交至真至厚。李氏《藏书》《续藏书》之外，还有《焚书》《续焚书》，焦竑亦皆刊刻并为撰序，《李氏焚书序》曰：“李宏甫自集其与夷游书札并答问论议诸文，而名曰《焚书》，自谓其书可焚也。宏甫快口直肠，目空一世，愤激过甚，不顾人有忤者。然犹虑人必忤而托之于焚，亦可悲矣！乃卒以笔舌杀身，诛求者竟以其所著付之烈焰，抑

① 《澹园集》卷四十九《明德堂答问》，中华书局，1999年，第739页。
② 《澹园集》附编三，中华书局，1999年，第1276页。

何虐也，岂遂成其谶乎！”①

万历四十四年（1616），焦竑77岁，刻《国朝献征录》百二十卷问世，有黄汝亨、顾起元序。此书是焦竑以其与修明朝国史时所搜集的大量原始资料为基础而编辑成书的，材料极为丰富，对于明朝历史之研究具有重要的史料价值。另一著作《国史经籍志》也刻于本年前后，为焦竑修史之“副产品”。陈第《世善堂藏书目》编成，自序云：其书多抄自“金陵焦太史家”。万历四十五年（1617），焦竑辑刻《升庵外集》一百卷成，在当时实规模空前，故顾起元序云：“有澹园先生而升庵之名愈彰”。万历四十六年（1618），焦竑所著《玉堂丛语》刻成。又印行李贽《续焚书》，焦竑序之。

万历四十七年（1619），吴江史氏以所著《致身录》求焦竑证定；朱白石《文通》成，焦竑为作序，署名“澹园老人”。冬十一月，焦竑卒于南京家中，享年80岁。明熹宗继位，以先朝讲读之恩，复其官职，赠谕德，赐祭荫子。南明时，福王在南京即位，追谥文端。

黄汝亨评焦弘之学曰：“先生之学，湛深性命，澄彻古今，无物不函，有扣斯应，犹之乎广渊；先生之气，静方动刚，可不可，然不然，确乎其不可拔，犹之乎乔岳。”徐光启序其文集云：“吾师澹园先生粤自早岁，则以道德经术标表海内，巨儒宿学，北面人宗，余言绪论，流传人间，无不视为冠冕舟航矣。洎登朝列，珥笔承明著作之庭，高文大篇，奇丽雄富。暂卧东山，休息乎道林艺圃，远近宗挹，履满限穿，答问更繁，述作犹盛。”朱彝尊论其诗与学曰“修撰晚掇巍科，仕虽不达，而公望归之。……诗云：文章南国多门下，翰墨西园集上才”，盖实录也。焦竑不惟门生多，藏书富赡，而且生平著述及编录校刻之书亦极多，不下数十、百种。②

二 焦竑涉佛论说与三教融合

焦竑有关佛教的著述大致有四类：一是与明代心学学者论说佛教，《澹园集》

① 《澹园集》附编一《佚文辑录》，中华书局，1999年，第1181—1182页。此中焦曰“与夷游书札”，李贽《答焦漪园》示意该书，乃“专与朋辈往来谈佛乘者，名曰李氏焚书，大抵多因缘语，愤激语，不比寻常套语。恐览者或生怪憾，故名曰焚书”。（同书第1237页）

② 本节引文多出自李剑雄：《焦竑年谱》，载《澹园集》下册，中华书局，1999年，第1281—1310页。

收师友论学书若干，黄宗羲《明儒学案》有引述，主要包括焦竑对明道辟佛语的疏释和答耿师及友人问释氏等；二是《焦氏笔乘》所载，其中辑有《支谈》上、中、下三篇，专论儒佛之辨及三教关系；三是对《楞伽》《楞严》《法华》《圆觉》等佛经所作的精解评注；四是为南京山林禅寺和交游的僧人所写的募缘、赠序之类文字。

（一）以佛学为圣学

《明史》载："竑博极群书，自经史至稗官杂说，无不淹贯。善为古文，典正训雅，卓然名家"，"讲学已以汝芳为宗，而善定向兄弟及李贽，时颇以禅学讥之"。《明儒学案》亦曰"焦竑师事耿天台、罗近溪，而又笃信卓吾之学"。汝芳即罗近溪，卓吾即李贽。焦竑与李贽的性情爱好与学术兴趣更为接近，黄宗羲指出，焦竑说李贽"以为未必是圣人，可肩一狂字，坐圣门第二席，故以佛学即为圣学。而明道辟佛之语，皆一一绌之。明道辟佛之言，虽有所未尽，大概不出其范围"①。宋儒以程朱为代表对佛教多有排斥，焦竑亦时常被讥以"禅学"，为此进行了诸多笔舌论战，尤其对程颢（字伯淳，又称明道先生）辟佛语，逐条加以批驳疏释，中心思想就是论证佛禅非异端，而与儒之圣学无异。

1. 明道辟佛语

耿定向给焦竑的书信中专门录出伯淳先生辟佛语，提示其不要"惑于异学"。焦竑《答耿师》指出，伯淳为宋儒之巨擘，然其学去孔孟则远矣；伯淳以"出离生死为利心"斥佛，实则是用"生灭之见缠，测净明之性海"。②

耿师所录伯淳先生辟佛语，未见其详，而焦竑在《答友人问》中也录有八条明道先生辟佛语，可见其旨趣如下：

程伯淳言："'释氏说道，如以管窥天，祇是直上去'，如何？"焦竑曰："否。道无上下。"

伯淳言："'佛氏直欲和这些秉彝都消煞得尽，然以为道毕竟消煞不得。'如何？"焦竑曰："安得此言？如此是二乘断灭之见，正佛之所诃也。"《明儒学案》引此段后补云："夫佛氏所云不断灭者，以天地万物皆我心之所造，故真空即妙有。向若为天地万物分疏，便是我心之障，何尝不欲消煞得尽？即如《定性书》'情顺万事而无情'一语，亦须看得好。孔子之哭颜渊，尧、舜之忧，文王之怒，所谓情顺

① 《明儒学案》卷三十六《泰州学案五》之《文端焦澹园先生竑》，浙江古籍出版社，1985年。
② 焦竑：《澹园集》卷十二《又答耿师》，中华书局，1999年，第82页。

万事也。若是无情，则内外两截，此正佛氏之消煞也。”[①]焦竑认为，佛教并未断灭民众所秉持的常道和美德，而将我心与天地万物分开的“内外两截”正为释氏所诃。

伯淳言：“‘佛有个觉之理，可谓敬以直内矣；然无义以方外。’如何？”焦竑曰：“觉无内外。”

伯淳言：“佛唯务上达，而无下学，然则其达，岂有是也？”焦竑曰：“离下学无上达。佛说种种方便，皆为未悟者设法，此下学也。从此得悟，即名上达。学而求达，即掘井之求及泉也，泉之弗及，掘井奚为？道之弗达，学将安用？”

伯淳言：“尽其心者，知其性也，佛所谓识心见性是也。若存心养性，则无矣。”焦竑曰：“真能知性知天，更说甚存养？尽心知性，所谓明得尽，渣滓便浑化是也。存心养性，所谓其次庄敬以持养之是也。即伯淳之言，可以相证。”“然释氏亦有保任之说，是否？”曰：“古德不云乎，一翳在眼，空华乱坠。”

伯淳言：“《传灯》千七百人，无一人达者，不然何以削发披缁而终？”焦竑曰：“削发披缁，此佛国土风。《文中子》所云‘轩车不可以之越，冠冕不可以适戎’者也。然安知彼笑轩车冠冕，不若我之笑削发披缁者耶？故老聃至西戎而效其言，禹入裸国，忻然而解裳。局曲之人，盖不可与道此。”

伯淳言：“‘佛穷神知化，而不足以开物成务。’如何？”焦竑曰：“学不能开物成务，则神化何为乎？伯淳尝见寺僧趋进甚恭，叹曰：‘三代威仪，尽在是矣。’又曰：‘洒扫应对，与佛家默然处合。’则非不知此理，而必为分异如是，皆慕攻异端之名而失之者也。不知天下一家，而顾遏籴曲防，自处于偏狭固执之习。盖世儒牵于名而不造其实，往往然矣。乃以自私自利讥释氏，何其不自反也？”

伯淳言：“‘释氏之学，若欲穷其说而去取之，则其说未能穷，固已化而为佛矣。’且于迹上攻之，如何？”焦竑曰：“伯淳未究佛乘，故其掊击之言，率揣摩而不得其当。大似听讼者，两造未具，而臆决其是非；赃证未形，而悬拟其罪案，谁则服之？为士师者，谓乎宜平反其狱，以为古今之一快，不当随俗尔耳也。”[②]

---

① 《明儒学案》卷三十六《泰州学案五》之《文端焦澹园先生竑》，浙江古籍出版社，1985年。秉彝，指人心所持守的常道，乃是天赋予人的恒常持久之“性”。语出《诗经·大雅·烝民》：“天生烝民，有物有则，民之秉彝，好是懿德。”郑玄笺：“民所执持有常道，莫不好有美德之人。”

② 焦竑：《澹园集》卷十二，中华书局，1999年，第91—92页。

2. 师友论学语

焦竑之恩师耿定向引领其进入良知心学殿堂，但对其后的佛学倾向却耿耿于怀，用耿定向本人的语词表述“以人惑于异学为忧”，实际对焦竑交游李贽“狂禅”却忧心忡忡。《澹园集》中保存了焦竑回复耿师的四通论学书函，都涉及这个令耿老师大伤脑筋的问题。且让我们摘录其中有关儒佛之辨的内容，原文对焦竑“答耿师”函并未标数，这里为阐述方便，笔者依次加上序号：

答耿师一

承谕“学术至今贸乱已极”，以某观之，非学术之贸乱，大抵志不真、识不高也。盖其合下讲学时，原非必为圣人之心，非真求尽性至命之心。祇蕲一知半解，苟以得意于荣利之途，称雄于愚不肖之林已耳。猝遇一二明者，扣以安身立命一著，辄展(辗)转支吾，莫知置对。此时能返照回光，更思出路，岂非大丈夫哉？乃中怀疑沮，外示刚愎。其刚愎也，适以为拒善之藩；其疑沮则懵懵终身而不之释，岂不悲哉！

某所谓尽性至命，非舍下学而妄意上达也。学期于上达，譬掘井期于及泉也。泉之弗及，掘井何为？性命之不知，学将安用？今之谈学者，偃然自命为知性矣，然非实能知也。中能无疑乎？而强以欺人，愚不肖可欺也，贤智者可欺乎？己之心可欺乎？彼其以多欲之心，假道于“无碍”之语，而不知其不可假也。

某请有以诘之：为恶无碍也，为善岂有碍乎？为善惧有心也，为恶不惧有心乎？以彼所托意出禅宗，禅宗无是也。内典云：“无我无作无受者，善恶之业亦不亡。”无作无受者，言“于有为之中，识无为之本体”云尔，未尝谓“恶可为，善可去”也。又云：“善能分别诸法相，于第一义而不动。”言“分别之中，本无动摇”云尔，未尝谓善与恶漫然无别也。是“无我无作无受”也，是不动之第一义也，乃孔门空空之宗也，乃子思未发之中、无声无臭之天载也。[1]

答耿师二

士龙递至手书，知拳拳以人惑于异学为忧。某窃谓非惑于异学之忧，无真为性命之志之忧也。学者诚知性命之为切，则直求知性而后已，岂其以纷

---

① 焦竑：《澹园集》卷十二《答耿师》，中华书局，1999年，第80—81页。

纷议论为短长，第乘人而斗其捷哉！佛虽晚出，其旨与尧舜周孔无以异者，其大都儒书具之矣。所言“本来无物”者，即《中庸》“未发之中”之意也。未发云者，非拨去喜怒哀乐而后为未发也，当喜怒无喜怒，当哀乐无哀乐之谓也。故孔子论“憧憧往来，朋从尔思”，而曰“天下何思何虑”，于憧憧往来之中，而直指何思何虑之体。此非佛法何以当之？顾学者不察，而猥以微言奥理，独归之梵学，是可叹也！近世谈学者，既不足以知此，即吾师所举学佛数公，皆未能窥其藩，况其他乎！[①]

答耿师三

昨姜司寇公递至手札，并录伯淳先生语见示，知吾师为学者虑至深也。某之寡昧，何足与议于此。敢私布之，以求正。

伯淳，宋儒之巨擘也，然其学去孔孟则远矣。孔孟之学，尽性至命之学也。独其言约旨微，未尽阐晰，世之学者又束缚于注疏，玩狎于口耳，不能骤通其意。释氏诸经所发明，皆其理也。苟能发明此理，为吾性命之指南，则释氏诸经，即孔孟之义疏也，而又何病焉！

伯淳斥佛，其言虽多，大抵谓“出离生死”为利心。夫生死者，所谓生灭心也。《起信论》有真如、生灭二门，未达真如之门，则念念迁流，终无了歇，欲止其所不能已；以出离生死为利心，是《易》之“止其所”亦利心也。苟“止其所”非利心，则即生灭而证真如，乃吾曹所当亟求者，从而斥之可乎？然止非程氏“殄灭”“消煞”之云也。“艮其背”，非无身也，而不获其身；行其庭，非无人也，而不见其人。不捐事以为空，事即空；不灭情以求性，情即性。此梵学之妙、孔学之妙也。……若所言殄灭、消煞之云，则二乘之断见，而佛之所呵也，岂佛咎哉！伯淳人品虽高，其所得者，犹存意地，乃欲以生灭之见缠测净明之性海，难以冀矣。

学者诚有志于圣道，窃以为儒释之短长可置勿论，而第反诸我之心性。苟得其性，谓之梵学可也，谓之孔孟之学可也，即谓非梵学、非孔孟学，而自为一家之学，亦可也。盖谋道如谋食，藉令为真饱，即人目其馁，而吾腹则果然矣。不然，终日论人之品味，而未或一哜其胾，不至枵腹立毙者，几希！[②]

---

① 焦竑：《澹园集》卷十二《又答耿师》，中华书局，1999 年，第 81 页。
② 焦竑：《澹园集》卷十二《答耿师》，中华书局，1999 年，第 82—83 页。

答耿师四

末端言“圣祖佛理精深，而以程朱立教”，意虽甚妙，却成两截语矣。柳子言：“舍礼不可以言儒，舍戒不可以言佛”，盖已克矣。斯视听言动，靡不中礼，心空矣。斯三千威仪、八万细行，靡不具足。世之谈无碍禅者，则小人而无忌惮者耳，奚足与于此哉！然老师忧世之心，某则深领之矣。

归纳一下焦竑在这四通答耿师的书信中所阐明的几层意思：

其一，前三通书信中都提到一个关键词“尽性至命”，这是焦竑服膺的圣人之学的核心命题。耿师为“学术之贸乱”“人惑于异学”深感忧虑，而焦竑不认为这是佛教禅学带来的问题，恰恰是讲学者“志不真、识不高”“非真求尽性至命之心”所致。

其二，在焦竑看来，释氏与孔孟虽然门庭各异，但其本质都是“尽性至命”之学，“其旨与尧舜周孔无以异者”。孔孟对于性命之学言约旨微，学者不察而归之“梵学”；释氏诸经发明此理“为吾性命之指南”，正可弥缝孔孟义疏之不足。

其三，对于耿师所言“圣祖佛理精深，而以程朱立教”，焦竑并不认同，因为这样就把儒佛打成了“两截”，于此他引用柳宗元的名言“舍礼不可以言儒，舍戒不可以言佛”加以修正。焦竑认为，佛禅内而明心见性，外则必须有戒律规范，不可缺失。为此，他主张反借口“无碍”而实际“多欲”的狂禅，而并不反尽性至命之真禅。在第一通书信中，焦竑犀利地指出谈学者“以多欲之心”，假借禅宗“无碍”之语；在第四通书信中，他则明确批评所谓的“无碍禅”，那就是“小人而无忌惮者”。对于佛之戒律可对治狂禅，焦竑在《赠愚庵上人说戒慈慧寺序》中表述：“释之有律，犹儒之有礼也。佛以六度示人，禅那特其一耳。而不知者至欲以一而废五，则其所为一者可知已。何者？仁义以礼而立，无礼则仁义坏；定慧以律而持，无律则定慧丧。是故戒生定，定生慧，慧生八万四千法门，人之所知也。而以人之醉而狂，醒而止者卜之，真知言哉！”焦竑于此明言：“析礼于道，离戒求慧，即尧舜、瞿昙有所不能耶。”①

其四，佛儒并无优劣之分。从有志于圣道来讲，焦竑更深入地体察到，学者不要斤斤于儒释之短长，只要“反诸我之心性”，“学者诚知性命之为切，则直求知

① 焦竑：《澹园集》卷十七，中华书局，1999年，第196页。

性而后已，岂其以纷纷议论为短长？”在此他说“谋道如谋食”，得道而自知食饱，终日品味而饿毙。

（二）学贵得之心

在心学的传承上，焦竑主张以得道尽性至命为准绳，破名教之藩篱，收儒释老诸家之精华。宋明理学是儒学与佛学的融合，现已成不刊之论。但明代儒家学者多拘囿于夷夏关防，对此讳莫如深。焦竑曾就儒佛关系与其师耿定向数度论学，反复辩难。耿定向虽然在金陵倡导心学有功，但其站在反对异端、维护正统之“师道派”的立场上，不愿也不敢公开承认良知学说与禅学的密切关系，故此对焦竑所代表的儒佛融通派思潮甚为忧虑；尤其对被攻击为“狂禅”人士李贽的态度，也与焦竑形成分歧，以致他对焦竑之子抱怨说：“世上有三个人说不听，难相处。”问曰：“为谁？”曰：“孙月峰、李九我与汝父也。”①

耿定向将李贽当作异端，口诛笔伐，使李贽在政治上、生活上处境益加艰难。焦竑则认为李贽是一位与他志同道合的朋友，在学问道德方面，简直是个圣人，至少也“可坐圣门第二席”，他不同意耿定向对李贽的攻击。但耿定向对佛学半信半疑，与焦竑、李贽辩，又不能说服对方；又担心子侄受到李贽影响，“好超脱”，“不在事亲从兄，与世酬物”中下功夫。② 故此不惜与李贽笔战，甚至决裂。隆庆元年（1567）后，焦竑从李贽交游，好于佛，时人常以“狂禅”讥之。耿天台多次捎书来，告诫焦竑要以儒学为正，不要耽于异学。而在学术问题方面，焦竑并不墨守师说。诚如阳明先生所教“夫学贵得之心。求之于心而非也，虽其言之出于孔子，不敢以为是也，而况其未及孔子者乎！求之于心而是也，虽其言之出于庸常，不敢以为非也……”③总的说来，焦竑对耿师的感情是极为深沉而真挚的。在其文集中收录有关耿师的文章数十篇，且这些文章多置于各类体裁文章的卷首。在南京集资为耿师修建讲学祠堂，其中从上梁文到祠堂记都出自他的手笔。又

① 《明儒学案》卷三十六《泰州学案五》之《文端焦澹园先生竑》，浙江古籍出版社，1985 年。朱国祯曰：“弱侯自是真人，独其偏见不可开。”

② 《明儒学案》卷三十五《泰州学案四》之《恭简耿天台先生定向》，浙江古籍出版社，1985 年，第 66 页。又参《泰州学案四》处士耿楚倥先生定理传曰：耿定理字子庸，号楚倥，天台之仲弟也。少时读书不成，父督过之，时时独行空谷中，忧愤不知所出。问之则曰：“吾奈何不明白？若有眼瞎子。”不知其所谓不明白者何也？自是或静坐一室，终岁不出；或求友访道，累月忘归。其始事方湛一，最后於邓豁渠得一切平实之旨，能收视返听；于何心隐得黑漆无入无门之旨，充然自足。有问之者曰：“闻子欲做神仙耶？”曰：“吾做天仙，不做地仙。”曰：“天仙云何？”曰：“直从太极入，不落阴阳五行。”天台闻而呵之曰：“学不向事亲从兄实地理会乎？”

③ 《王阳明全集》之《传习录》中《答罗整庵少宰书》，上海古籍出版社，1992 年。

作《尊师天台先生六十序》《耿天台先生行状》《题先师书楼桧》等文。[①]

泰州学派传承阳明心学良知说无疑与禅学有密切的关系，焦竑师从耿定向（天台）、罗汝芳（近溪），又与李贽（卓吾）为至友，近溪“早岁于释典元宗，无不探讨”，卓吾则“鼓倡狂禅，学者靡然从风”。但焦竑对佛学的态度则自成一家，他自述学佛历程，“始也读《首楞严》，而意儒逊于佛；既读《阿含》，而意佛等于儒；最后读《华严》而悟，乃知无佛无儒，无大无小，能小能大，能佛能儒”。所以他强调佛学即圣（儒）学，主张融通三教。他如此独立思考的理论依据是“道一也，达者契之，众人宗之。在中国者曰孔孟老庄，其至自西域者曰释氏。……昧者见迹而不见道，往往瓜分之而又株守之”。为此，他称赞“我圣祖（明太祖）独禀全智，大阐儒风，而玄宗、释部（二氏）并隶礼官，若无少轩轾也者。……而圣祖为意渊哉广矣！”[②]

三　支谈：三教融通

《焦氏笔乘》是焦竑读书、讲学的笔记，正集有六卷，续集八卷，另有别集八卷，未见传本，仅《千顷堂书目》等叙录。正续两集皆有刻本，流传甚广。其内容收录经史子集佛道医方考释记叙千余条，是研究焦竑考据学及思想的重要作品，由门人谢吉甫刊板行世。其中正集卷五为医方75则，续集卷七与卷八载金陵旧事，多金陵人物、风土、掌故文献之辑录，还附有金陵人物表，凡生于此、居于此、职于此、墓于此、祠于此的人物均有收录。

而续集卷二《支谈》上、中、下三篇，古曾有单行刻本，为其谈佛理之书，集中反映其佛学思想及儒佛道三教融通的见解。《四库总目提要》谓其主于“三教归一”“欲阴驾佛、老于孔子之上”云云。[③]《四库提要评语》更云：“竑在万历中，以博洽称……其讲学解经，尤喜杂引异说，参合附会，如以孔子所云‘空空’及颜子之‘屡空’为虚无寂灭之类，乖忤正经，有伤圣教。盖竑生平喜与李贽游，故耳濡目

① “高楼离纷华，嗟此桧树独。风烟阅居诸，霜雨沐昏旭。不知岁时改，保此亭亭绿。讵知书带草，阁下自芳郁。”（《澹园集》续集卷二十《五言古诗》，中华书局，1999年，第1132页。）

② 《澹园集》卷十七《赠吴礼部序》，中华书局，1999年，第195页。

③ 《澹园集》附编五《焦竑著述小考》，中华书局，1999年，第1314页。

染至于如此也。”又《郑堂读书记跋语》曰:“至其冥契教乘,善谈名理,乃万历间狂禅之习,尤有乖名教也。”粤雅堂刻本跋云:“乃专以西方直指,化诱后学,几如宗门导师”。① 此皆旧儒者卫道之言,用今之学术眼光看,焦竑对佛教抱持包容态度,提倡三教会通,并援佛解儒,以“求至于道”,颇有真知灼见。“支谈”之名,盖取于首条所云“故学者诚求至于道,凡支言可忘也”。②支言犹支辞,有二义,一是强为之辞,二是芜蔓虚饰之辞。故“支谈”盖谓道不可言,强以芜蔓之辞说之。③江宁顾起元序曰:“读者于此精而求之,可以杜三教异同之辨,可以统一代得失之林,可以区六艺精觕之分,可以衷千古是非之极。”④

(一)学佛然后知儒

焦竑推重尽性至命之学,首先他从孔、老、释对性命之理的言说来会通三家。其在《支谈上》第二条云:

“性命之理,孔子罕言之,老子累言之,释氏则极言之。孔子罕言,待其人也,故曰‘不愤不启,不悱不发。中人以下,不可以语上也。’然其微言不为少也,第学者童习白纷,翻成玩狎;唐疏宋注,锢我聪明,以故鲜通其说者。内典之多,至于充栋,大抵皆了义之谈也。古人谓暗室之一灯,苦海之三老,截疑网之宝剑,抉盲眼之金篦。故释氏之典一通,孔子之言立悟,无二理也。张商英曰‘吾学佛然后知儒’,诚为笃论。”其后条文又指出,“夫释氏之所疏,孔孟之精也。汉宋诸儒之所疏,其糟粕也。今疏其糟粕则俎豆之,疏其精则斥之,其亦不通于理矣。”⑤

焦竑在答友人问中亦言:“此理儒书具之,特学者为注疏所惑溺,不得其真;而释氏直指人心,无儒者支离缠绕之病。”对于学人问“试使西方圣人而主世教,果能平治天下否?”焦竑答曰:

① 《焦氏笔乘》附录《四库全书总目提要评语》,第432页;《郑堂跋语》,第434页;《伍崇曜跋》,第435页。
② 《焦氏笔乘》续集卷二《支谈上》,上海古籍出版社,1986年,第227页。
③ 王诚:《从〈焦氏笔乘〉看焦竑的佛学思想》,《宗教学研究》2014年第2期。
④ 顾起元:《澹园先生正续笔乘序》,万历丙午(三十四年,1606)夏日书,载《焦氏笔乘》,上海古籍出版社,1986年,第431页。
⑤ 《焦氏笔乘》续集卷二《支谈上》,上海古籍出版社,1986年,第227、229页。

> 人之不能治世者，只为此心未得其理，故私意纠棼，触途成窒。苟得于心矣，虽无意求治天下，而本立道生，理所必然，所谓正其本，万事理也。借令悟于心，而不可以治天下，则治天下，果何以？而良知为无用之物矣。……圣贤之心，空洞无物，何善不取？而何必过为分别乎！佛氏有三千威仪，八万细行，未尝屏物理也。以净饭王为父，以罗睺罗为子，未尝灭人伦也。若学之者，如二乘断灭之罪，则其徒往往有之，非释迦之罪也。①

于是，焦竑指出："人之未知性命，强诃佛老者，以孔子有攻异端语也。斯时，佛未东来，安知同异？且令老子而异也。何孔子不自攻，而今之人乃攻孔氏之不攻者也？王汝止（心斋）有言：'同乎百姓日用者为同德，异乎百姓日用者为异端'，学者试思百姓日用者诚何物也？姑无论异端也。"②焦竑于此反对辟佛老为异端，而支持心斋以"百姓日用即道"为划分异端的准绳，这是一种比较先进的思想解放。焦竑认为，王心斋所谓"百姓日用"即圣道，佛教所明之理合乎道，故不应视作异端。他又举白乐天作诗为明白易晓而问道老妇，"今人学道，只以愚夫愚妇为师足矣"。或问：韩（愈）欧（阳修）皆不喜释氏，排之甚力，其所得如何？焦竑答："……二公于佛理本无所得，其辟佛老亦慕孟子之攻杨墨而为之耳。非脚跟点地之人，宜无特操乃尔。"③

焦竑还从其他角度来融通儒释，他说，世之辟佛者，谓其非中国人耳，"岂以其中国人也而拒其言哉?"达者可为一笑。他把"性命"比作"我之家宝"，因"埋没已久"而"贫不自聊"；把佛家比作识宝的外国商人，"得一贾胡焉，指而示之"。这一比喻源自《楞严经》，彼云："譬如有人于自衣中系如意珠，不自觉知。穷露他方，乞食驰走。虽实贫穷，珠不曾失。忽有智者指示其珠。"这就好比"不知肃慎之矢，氐羌之莺，卜人之丹砂，权扶之玉石"这些外国传来的器物，"中国之人世宝之"，为何对于外来的思想，"乃掩耳不欲听，亦可怪已"。焦竑对外来思想文化以是否合乎道为取舍标准，他说"彼人虽贾胡，而宝则我故物。人有裔夏，宝无裔夏也。况裔夏无定名，由人自相指射。我指彼为裔，安知彼不指我为裔耶?"④

---

① 焦竑：《澹园集》卷十二，中华书局，1999年，第87页。
② 《焦氏笔乘》续集卷二《支谈上》，上海古籍出版社1986年版，第228页。
③ 焦竑：《澹园集》卷四十七《崇正堂答问》，中华书局，1999年，第718—719页。
④ 《焦氏笔乘》续集卷二《支谈上》，上海古籍出版社1986年版，第228页。

（二）从自胸中辟取乾坤

焦竑还为佛教“辞亲出家”这一不合中国传统伦理的行为辩护，“或病佛离人伦、去妻子，与儒道异”。他引管志道所言“佛虽令比丘辞亲出家，当其说法，人天毕集”，但比丘只是受佛法者之一类。“夫释迦既示同比丘之迹，金粟如来复现净名身，示同居士之迹”，这样正是说明“六亲之不障道”，而且六亲眷属也在佛要度的众生之列。焦竑又举出《论语》中孔子鄙樊迟之请学稼圃，认为“盖必有不学稼圃者，而后可以安天下之谓稼圃者；亦必有不恋妻子者，而后可以度天下之有妻子者。今人无志于了性命，而逆忧其乏妻子，皆戏论也”。他还引用《楞严经》中观音大士三十二应身和《华严经》中善财童子五十三参，说明“道无不在”，并不只在出家僧众。[①]

或问：“今之士大夫耽寂者，谓佛氏之空，足以不灭；谈玄者谓老氏之虚，足以长生。二氏之学，果能不灭且长生耶？”焦竑答曰：“夫既空矣，则不灭者何寄？既虚矣，则长生者何物？盖二氏原无此说，而传之者谬也。昔人云：‘黄老悲世人贪著，故以长生之说，渐次引之入道。’知黄老则知佛矣。盖佛因人之怖死也，故以出离生死引之；既闻道，则知我本无死。老（子）因人之贪生也，故以长生久视引之；既闻道，则知我自长生，初非以躯壳论也。观《老子》曰‘死而不亡曰寿’，亦可见已。”[②]焦竑认为，佛之出离生死，如同黄老以长生之说“渐次引之入道”，“盖世人因贪生乃修玄，玄修既彻，即知我自长生；因怖死乃学佛，佛慧既成，即知我本无死，此生人之极情，入道之径路也。儒者或谓出离生死为利心，岂其绝无生死之念耶？抑未隐诸心而漫言此以相欺耶？使果毫无乐生恶死之念，则释氏之书政可束之高阁，第恐未悟无生，终不能不为死生所动。虽曰不动，直强言耳，岂其情乎？又当知超生死者，在佛学特其余事，非以生死挟持人也。”[③]

焦竑于此坦言，学佛教人出离生死乃是“入道之径路”，但因彻生死而知我本无死，进而了悟生死的本质之后，生死便成为余事，此际佛乃有更广大的用处而普度众生。然而，辨析儒佛之异同，并非焦竑的本意，他真正的用意乃在“求至于道”。友人问“佛氏之道与吾道不同，于何处分别？”焦竑曰：“道是吾自有之物，只烦宣尼（孔）与瞿昙（佛）道破耳，非圣人一道，佛又一道也。大抵为儒佛辨者，如童子与邻人之子，各诧其家之月曰‘尔之月不如我之月也。’不知家有尔我，天无

---

① 《焦氏笔乘》续集卷二《支谈上》，上海古籍出版社，1986 年，第 229 页。

② 焦竑：《澹园集》卷十二，中华书局，1999 年，第 89 页。

③ 《焦氏笔乘》续集卷二《支谈下》，上海古籍出版社，1986 年，第 252 页。

二月。"[1]在儒佛之交涉如此热烈的时代里，对于儒佛关系的辨析不绝于焦竑之耳，既然他力辨佛言心性与孔孟无异，且为孔孟之精华注疏，但其毕竟有何不同？焦竑认为，"其不同者，教也"，其区别在于习俗上的不同。他引证文中子所言："佛，圣人也，其教西方之教也，中国则泥。轩车不可以适越，冠冕不可以之胡，古之道也。"焦竑指出："古今论佛者，惟此为至当。今辟佛者欲尽废其理，佞佛者又兼取其迹，总是此中未脱透故耳。"[2]此段言论是焦竑晚年儒佛之辨的定论，在此他分辨出辟佛者与佞佛者的两种态度，都因为拘泥胶执一端，或沉溺教迹，或尽弃精理，而未悟透自心之道。

焦竑提倡独立之思想，三教之融通，他说："孔、老、释迦之出，为众生也。《法华》云，'诸佛世尊唯以一大事因缘故出现于世'；又云：'诸佛如来，但教化菩萨，诸有所作，常为一事：唯以佛之知见教化众生'。"焦竑由此佛经之眼，得出"知佛则知孔、老"之论断，"后世源远流分，三教鼎立，非圣人意也"。他甚至不赞成时下一些学者明目张胆"欲合三教而一之"的做法，因其并未真正明了"道无三也"者之理。焦竑认为道本来不可分，也就不必合，就如以手划分虚空，三教分立已是虚妄，合三为一亦如"梦中占梦"，是虚妄再虚妄，故曰"重重成妄"。自宋至明，"三教合一"的思潮，经焦竑的博学明辨笃实思考而抉择为"三教同道"。可以说是阳明心性之学的发展极致。故而焦竑主张"学道者当扫尽古人之刍狗，从自己胸中辟取一片乾坤，方成真受用，何至甘心死人脚下！"此学术精神显得更为可贵。[3] 而这也正是"求至于道，凡支言可忘"之义。焦竑站在"道无三"的立场上不接受三教合一说，无疑表明焦竑认为最后的道是超越于儒释道之上的更为源初的东西。因此，焦竑无愧于晚明三教会通的思想领袖之盛誉。

四 《楞严》等四经精解评林

焦竑祖述阳明心学，反对程朱理学，推崇尽性至命之学，以为学者应该独立思考，扫除古人陈腐旧说，开辟新的思想境界，"辟取自己胸中一片乾坤"。他支

---

① 焦竑：《澹园集》卷四十九《明德堂答问》，中华书局，1999 年，第 745 页。
② 焦竑：《澹园集》卷四十七《崇正堂答问》，中华书局，1999 年，第 719 页。
③《焦氏笔乘》续集卷二《支谈上》，上海古籍出版社，1986 年，第 229—230 页。

持晚明独立不羁、具有战斗精神的思想家李卓吾，并非全然“离经叛道”而是有可取之处的。他们传承与发展了晚明泰州学派的思想革新运动，打破了程朱理学词章支离、死守教条对人们思想的束缚，尤其批驳了程朱辟佛论调而开辟了融通儒佛道的新境界，推动了明清学术文化转型，解放了社会生产力。焦竑堪称是明代王学左翼泰州学派队伍中一位具有强大后劲的学者。他的这种治学精神同样体现在其对四部佛经所作的精解评注中，他比同时代其他良知学者更多关注对佛经的精研，这也许是他认为辟佛者思想论点之所以漏洞百出，多因未深入理解佛经而不明佛理所致。

焦竑对《圆觉》《楞严》《楞伽》《法华》4 部佛经作了精解评注，收入日本藏经书院刊行之《续藏经》。其中，《〈大方广圆觉修多罗了义经〉(简称〈圆觉经〉)精解评林》仅上卷[①]，《〈大佛顶如来密因修证了义诸菩萨万行首楞严经〉(简称〈楞严经〉)精解评林》3 卷，《〈楞伽阿跋多罗宝法经〉(简称〈楞伽经〉)精解评林》1 卷，分别入《续藏经》经集部第 10 册、密教部第 15 册、经集部第 18 册；《〈大乘妙法莲华经〉(简称〈法华经〉)精解评林》2 卷，入《续藏经》法华部第 31 册。李剑雄根据明以来公私文献记载及图书馆收藏，对焦竑生平著述合计 56 种作了全面考察，撰《焦竑著述小考》，其中第 51 种至 54 种即为上述 4 种佛经精解。不过，第 51 种《楞严经精解评林》3 卷与第 53 种《圆觉经精解评林》，皆题“太史漪园焦竑弱侯父纂、太史如冈陈懿典孟常父校”，此是否为焦竑托名父辈纂、校尚需考证，但既经焦竑之手编，当可视为焦竑注疏佛典之著述。四经精解体例大体相仿，中辑诸家评释，包括焦竑(弱侯曰)自己的注释及李贽(温陵曰)等友人的见解。李剑雄说：“竑精熟佛典，《支谈》中每有阐述，著此注释固直。书中之资料，不但对焦竑、李贽，也对明末三教合一思想之研究，有参考价值。”[②]

目前有学者涉足研究焦竑 4 种佛经《精解评林》，白静认为，从这四种佛教著作来看，焦竑是晚明居士中佛教著作较多的一位。其引用圣严法师对明末居士的佛教著作所作统计加以说明，“关于《心经》的计七种，关于《楞严经》的有六种，

① 参见白静：《焦竑思想研究》，北京大学 2011 年博士论文，第 54 页。《圆觉经精解评林》，《卍新续藏》只存上卷本，标明“下卷佚失”。比对佛陀多罗的译本，除去焦竑删掉经末一段经文之外，事实上已将全部经文注解完；按照他其他三本《精解评林》的体例，注释完经文，此部《精解评林》即结束。故而，可能是编纂《卍新续藏》者，以为焦竑没有注释完此经，即以为尚存下卷，不知其有删录一说。

② 焦竑：《澹园集》附编五，中华书局，1999 年，第 1322—1323 页。

有关《金刚经》的计三种，关于《净土行》的计四种，关于禅史传记及禅门语录的合计九种。至于其他如《华严经》《法华经》《圆觉经》三经，仅各有一种，《成唯识论》《因明入正理论》也各一种，关于《楞伽经》有两种”。以上诸种著作中，有关《法华》和《圆觉》两经的注解为焦竑所独有，并未有其他人对此进行研究。有关《楞伽经》的研究也仅焦竑和曾凤仪两人。而研究《楞严经》的人数较为集中，焦竑是6个人中的一位。圣严法师总结以上论著而得出的结论是：“以此可知，明末的居士，思想的指导，是以《楞严经》《心经》《金刚经》为主。宗教精神的支持，则净土的势力虽强，靠向禅的力量也是很强，对于多数的知识分子而言，禅的魅力始终不竭。”借助于经典阐释以发明思想、学说，这是中国思想史的传统方式，如果说焦竑对《楞伽经》的注释表明他对于禅的精神的认可，那么他对于其他三经的关注，又表明了焦竑怎样的佛学思想？这四种《精解评林》总体上体现了焦竑哪些佛学主张？[①]

《楞伽经》为佛门禅宗印心经典，明太祖朱元璋曾命高僧宗泐、如玘校注，并令天下僧徒讲习《心经》《金刚》《楞伽》“三经”。焦竑于《〈楞伽经〉精解评林》开宗明义就引罗整庵《困知记》云，达摩传法二祖，谓《楞伽》四卷可以印心。显而易见，焦竑关注《楞伽》乃至其他三经，其实质是对佛教心性之学的关注和研磨，以与其尽性至命之学相贯通。而他把王龙溪所撰《释教总论》冠于《〈楞严经〉精解评林》之前，更能说明问题。龙溪论曰：

> 人之恒性，乃上帝降衷，人所同具者。以其无思无为故，谓之寂。以其不可睹闻故，谓之微。以其无物故，谓之虚。以其无欲故，谓之静。以其智周万物故，谓之觉。而其归，不出于无之一。言无者，有之基也。故寂以通天下之感，静以贞天下之动，微以效天下之显，虚以御天下之实，觉以神天下之应，是谓千圣相传无所倚之学。汉儒徒以训诂为学，补缀张皇，考订于形名器数之末，取古圣贤已行之迹，著为典要，相守以为世法，不知以无为用。彼佛氏者，见吾儒学术之弊，奋然攘臂其间，取吾学之精义，据而有之于己。凡古圣贤已行之迹，一切扫归于无。而吾儒乃竞竞自守，拘滞于形器之中，

① 圣严法师：《明末佛教研究》，宗教文化出版社，2006年，第228页，转引自白静：《焦竑思想研究》，北京大学2011年博士论文，第50页。

终身烦恼而不自觉，语及虚寂则曰："此异端之教也"，避之惟恐不及。不知佛氏所谓虚寂本吾儒之故物，彼直窃而据焉。韩、欧《原道》本论，欲以虚声吓之，直指其粗迹耳。

请言其精，有谓吾儒之学主于经世，佛氏之学主于出世，以为公私之辨者矣；有谓耽悦禅味，偏于静虚者矣；有谓绝情去念，流于断灭者矣；有谓经是言诠，直指单传不立文字者矣。夫佛氏慈悲喜舍普度众生，虽身命有所不惜，未尝自私也。偏于静虚，乃二乘见解。若上乘之禅，从尘劳烦恼中作佛事，于众生心行中觅佛法，未尝厌动而有所偏也。最上乘之禅亦以断灭为外道，于念离念，即情忘情，不即不离，是究竟法，未尝绝情去念也。经何有过？何妨于诵？此不立文字，便是文字之相。出息不涉于众缘，入息不居于阴界，是谓转经要法。不能心悟，反为《法华》所转，始落言诠尔。此其大凡也。善乎文中子之言曰：佛为西方之圣人，中国则泥。盖吾儒之学，以万物各得其所为尽性。佛氏之教，欲使万物同归寂灭。不可以治天下国家，是则所谓泥也。此又为儒者所当知。

此总论相当于4部《精解评林》的总序，中心议题仍然是明末思想界的儒佛（禅）之辨。王龙溪揭出"千圣相传无所倚之学"，其精髓为训诂考订的汉儒所丢失，佛氏见儒家学术之弊，而张扬其所无，"奋然攘臂其间，取吾学之精义"；而吾儒固步自封，攻其虚寂为异端，"避之惟恐不及"。韩愈、欧阳修排佛也只是"指其粗迹"。宋儒辟佛争论不休，依然未见佛氏之精，而将其诋为虚无寂灭自私自利之教。龙溪于此文中，一一为其指正，佛氏慈悲喜舍，以普度众生为宗旨，"虽身命有所不惜，未尝自私也"；末了印证文中子所言，指出儒佛差别在形迹，但以为佛"不可以治天下国家"，则是拘泥之见。焦竑深研性命之学及精解佛经之心得，全然荟萃于龙溪此文此见，不啻为晚明佛教之兴扫清思想障碍，至今犹为振聋发聩。

《楞严经》《圆觉经》都是明代比较流行的佛经，深受士大夫的欢迎，而尤以《楞严》为最。《圆觉经》满足了明代士大夫倡导三教圆融的思想需要，《楞严经》则为其修持实践提供了经典指导。此经自中唐迄清末，约有百家注疏，尤以明代高达60种为最盛。焦竑自述学佛历程"始也读《首楞严》，而意儒逊于佛"，可见他是比较推重《楞严经》的。故此焦竑也高度重视《〈楞严经〉精解评林》，和其他3部《精解评林》有所不同的是，这部精解评林前有一篇题为王畿撰的《释教总论》，该文不见于现存王畿文集中。此外值得注意的，还有《〈楞严经〉精解评林》末的《〈楞严经〉后序》，题为行简子所撰。此行简子是4部经精解中唯一都出现的评注家，疑为焦竑别字，因行简子注与焦竑的思想多所吻合，几如一人。焦竑释经题补注曰："梵语首楞严，乃大定之总名也。此翻一切事究竟坚固。"后序曰："盖如来瑞世，无非为一大事因缘，而究竟坚固为暂。……《首楞严》之决定，诚一代之宏规。地上地前，未臻斯定，则事法差殊。大智大圣，不入斯宗，无由决择。故玄言一成于当世，则大法益阐于末运。寿梓流通，冀人人各悟本心。"

五 林泉风致：以心学启实学

焦竑著作等身，以博学多闻而著称，凡文字音韵、国史典制、义理考据等等实学研究领域中皆有显著的成就，有研究称其为"心学的绝唱，实学的序曲"[①]，其以心学启实学在明清学术史与思想史转型中占有重要地位。焦竑于万历十七年(1589)，举状元，授翰林院修撰。万历二十二年(1594)，为皇太子讲官。万历二十五年(1597)，以科场事被诬，谪福宁州同知。万历二十七年(1599)，辞官归南京。前后为官仅10年，其一生大部分岁月都是在读书著述中度过。然其无论为官还是为学，都显现其乾德清正、刚强不屈之性格，受到其门生、友人之交口称赞。兹以其门生友人陈懿典、徐光启、顾起元3人为例，略加阐述，不光见其林泉风致，亦可察明中晚叶其学术文化传承多面向的特点和成就。

(一) 乾体健德，文章之龙

陈懿典，字孟常，号如刚，浙江秀水人。万历二十年壬辰(1592)进士，选庶吉士，授翰林编修。焦竑为其座师。同时中举者有袁宏道、沈孟威等。

陈懿典曾为焦竑校《楞严》等四经精解评林，其在焦竑70寿诞时撰叙称："尝读《易》，首曰：'天行健，君子以自强不息。'知乾体惟刚故健，健故可久。千古圣

① 赵树廷：《心学的绝唱，实学的序曲——焦竑学术递嬗的个案探析》，《山东大学学报(哲学社会科学版)》2008年第1期。焦竑的学术内求真心，外济实用，将主体的自觉和客体的认识统一起来。他以心性学说作为判断是非的标准，破除儒家思想的藩篱，开一代子学复兴之先河。他沉潜于古经的考证，以探术溯源，由文字通语言，由语言通达孔孟之心志。他认为圣人之道有体，有用，有文，在文体关系上，需博文明体；在体用关系上，则要体明达用。他以人释仁，赋予仁以生生之德，并由此确立起民生本位和工商皆本的理念。焦竑的学术上承心学之绪，下启实学之端，诚为明清间学术风气转换之嚆矢。

学，所以立命而用乾者，惟其阳刚不屈，随潜见飞跃，皆龙德而中正也。”不论是潜在渊、见在田还是飞在天，都以“龙德”中正不屈立命。“若老师所云，用柔常存，固术家之偏旨，非乾体非圣派，其流且至于与时变化、俛仰婞婀，乌足述乎！后儒学脉不明，生平精力专于逢时。方其伏在岩穴，非不斤斤伉直，耻绚流俗；一入仕宦，不复能自信其胸臆，揣摩念多，弥缝套熟。回视穷居之日，信心而行，行如其心，信口而言，心应其口，如出两人。世之所谓通儒，往往若此。所谓变蹇，所谓不恒其德，乌能自强以希天之健德！而乃别求方术，以固其阴柔转换之躯，即令长生久视，亦不过倖生之罔耳。”陈氏接着自述：“小子少未知学，长叨举于澹园焦先生之门，窃窥余绪，而深叹先生之学是乾体。非但俗学不能望其藩，而真禅、真玄亦瞠于小乘矣。”①

焦竑50岁登进士及第之前已名声大著，邹元标《焦弱侯太史还朝序》曰：“弱侯以文行为士林祭酒者二十余年。”所谓“士林祭酒”，正可说明焦氏在当时南都士林社会中的重要地位和影响力。其师耿定向创办崇正书院，选拔江南十四郡士子受教，令其掌教事。陈懿典在寿叙中亦曰：“先生少为名儒生，即究心圣学，称耿天台高足。甲子举于乡，七上公车不第，未尝介意，意用力于学，遍交海内闻道之贤。四壁萧然，而图书充牣，贤豪之履常满。当是时，名流推为宗盟。”及廷试第一，状元高中，“朝野皆以得人为庆”；其家乡荐绅，“倾盖望下风”。而先生力任斯道，抗论称说如缝掖。及入东宫讲筵，“尤侃侃陈说，音韵威仪，人人洒然动色”。“先生辛勤讲筵凡四载，而竟以委曲。令先生少委曲周旋其间，何至贾忌见抑若此？然先生固曰：‘我为布衣常守其直，岂以释褐而改其步？我于殿陛间不少贬其直，奈何于班行而缄其口乎？’”其伉直如此！“自少而壮而老，恒如一日，同乾之刚，同乾之健，而自强不息。”②

焦竑为官为人，耿直为怀，其为学为文又如何？文如其人乎？陈懿典曰：“有道德之儒，有功业之儒，有文学之儒。夫通则合三才，宁有偏致之用，独胜之场哉？自三立分途，文士以文为经国大业，而学道者嗤以为雕虫小技，谈道讲学不复以修辞为务。而文士仅以絺章琢句相雄长，后世竟相仿之，衣冠形似，神情不传。无论学失其宗，而文章词赋亦非其真久矣。夫宁有不知学而能为文者乎？

① 陈懿典：《寿尊师焦先生七十叙》，载《澹园集》，中华书局，1999年，第1272页。
② 陈懿典：《寿尊师焦先生七十叙》，载《澹园集》，中华书局，1999年，第1272—1273页。

又岂有通天人而文不足传者乎？……自汉至宋，称文者自为文，言学者自为学，独韩、欧、曾、王、苏氏诸君子，知本之六经以为文，有志于圣人之学，而不肯为徒文之士。庶几足传而学，犹未能知性，是以犹未免于文人之名。”

陈懿典阐述，为文须植根于学养深厚，而为学则志于“通天人”之圣学，还要臻于透悟心性至妙境。“我朝惟王（阳明）新建伯安、唐中丞应德志真儒之学，而擅通人之才，其为文得古人之法，不寻今人之习。……然犹惜两先生弱冠登朝，名太著，用太蚤，坎壈中外，周旋兵革，皆逾五十而以身殉国，犹未竟其晚岁透悟之妙，于文顾亦绝伦超群矣。”“先生（焦竑）之学，以知性为要领，而不废博综。……虽其精神所注，在大道与经世，而不在于为文，乃感触应酬，发为诗文，积久益多。”陈氏认为，先生之功力在于“惟学先闻道，故尽洗文人之习气”，而“语无不透，说必有据”，此皆以通达心性为要领。[①]

徐光启为焦竑的得意门生，他们之间的交谊始自科场，达于学术。徐光启亦与陈懿典一样认同焦先生之文“不徒为文士之文”，而徐光启非常推崇焦竑为学务实的一面。由于焦竑经纶世务的实践表现不多，故徐光启集中称赞恩师的为文与为学，一一皆趋于实际。他从实学的标准，将古今文章分为朝家之文、大儒之文和大臣之文三类，其共同特点就是“各有所益于世”，认为焦竑的文章如王阳明能将三者“兼长而备美”，读其文而能“益于德，利于行，济于事”。又曰：“世之言文者，以为文不必为世用，麒麟凤凰不与鸡犬并。夫鸡犬之为用则小矣，不有潜跃随时，不崇朝而雨天下者龙乎？探之靡所不藏，施之靡所不应，左之宜之，右之有之。若先生者，斯亦文章之龙，早服重积为初之潜，中而跃渊进退之间耶！”徐光启毫不吝惜地将焦竑与王阳明这位前代大贤并列，称曰：“然其能兼长而备美者，近世见阳明氏焉，于今见先生。”[②]足见焦竑是徐光启学习阳明心学且又开启他面向实学经世致用的枢纽性人物。

徐光启四次参加乡试，皆不第。第五次应顺天府试，仍然名落孙山。幸遇主考官焦竑，从落卷中发现他的才识，拍案叹曰：“此名世大儒无疑也。”遂拔置第一。[③]

---

① 《澹园集》附编二《尊师澹园先生集序》，中华书局，1999年，第1213—1214页。

② 《澹园集》附编二《尊师澹园焦先生续集序》，中华书局，1999年，第1219—1221页。

③ 《徐光启集》附录，徐骥（徐光启之子）《文定公行实》言：“是年大司成漪园焦公典试，发榜前二日，犹以不得第一人为恨，从落卷中获先文定公卷，击节赏叹，阅至三场，复拍案曰：‘此名士大儒无疑也’，拔置第一。”徐光启于是“名噪南北”。（上海古籍出版社，1984年版。）

后焦竑以科场案被谪外放，但从此与徐光启结下师生不解之缘。徐光启日后的成就，证明了焦竑的眼光与胆识。徐光启官至礼部尚书兼东阁大学士、文渊阁大学士，其毕生致力于研究天文、历法、水利、测量、数学、农学等实学，成为学贯中西、富于远见卓识的明代科学家；他总结中国历代农业生产经验，编撰了《农政全书》，成为中国近代科学的先驱。近人侯外庐曾把徐光启列为明清“实学”的杰出代表，当代学术界则公认他为近代“中西文化会通第一人”。然而，徐光启终生不忘焦竑的拔擢知遇之恩，始终尊重焦竑为难得恩师，且其惠泽绵延后世。①

（二）恬淡隐退，治学为乐

焦竑是顾起元从小就崇拜的乡贤，年长顾起元 26 岁，焦竑辞官归乡时，顾起元刚好进士及第。二人为官时间都不太长，而其恬淡通达之性颇为相近。焦竑居澹园，顾起元筑遁园，皆以治学著述为乐。

顾起元，字太初，又作邻初，晚号遁园居士。应天府江宁人。生于嘉靖四十四年（1565），万历二十六年（1598）戊戌会试第一，殿试一甲第三，中探花，赐进士及第，授翰林院编修。时年 34 岁，可谓年少得志。历官国子监祭酒、吏部左侍郎，詹事府少詹事兼翰林院侍读学士。万历三十三年（1605），因不喜官场应酬，急流勇退，解京职归乡。

顾起元在朝为官八年。退居南京后，闭门潜心著述。朝廷曾七下诏书命回京任职，均婉辞之，友人因此题其小居名为“七召亭”。晚年迁到杏花村，筑遁园隐居，“绝迹公府”，著书自娱。他在《咏遁园》诗中说：“可以息机，可以谢事，可以养疴。”复题曰：“其地不盈弓，记贵远俗状；自无车马音，但有烟霞相。”自书《遁园记》，“园何以名遁，志遁也。遁矣园之云乎哉？遁于志，惟园寄之，故曰遁。非待园而遁也，遁之为言也”。但顾起元终究不是一个超凡出尘的游方之外者，身处南都士绅社会，士大夫素有强烈的责任感、使命感驱使他时刻关注着国家时政，留心桑梓文献，凡涉南京地方利弊诸事，皆条分缕析，畅所欲言，著为文字传世。崇祯元年（1628）卒，享年 64 岁。葬于江宁云台山，谥文庄。②

① 尤为值得一提的是，徐光启的后代亦人才辈出。其第十三代孙有一个外孙女叫倪桂珍，她便是名震中国现代史的“宋氏三姐妹”宋霭龄、宋庆龄、宋美龄的母亲。

② 《江南通志》卷一六三《人物志·儒林》：“由编修历吏部左侍郎，当轴欲引以大拜，起元避居遁园，七征不起，友人题其小筑曰‘七召亭’。学问该博，凡古今成败、人物贤否、诸曹掌故，无不通晓。居家绝迹公府，惟地方利弊，不恤身任而力争之。”

顾起元一生著述甚丰，广泛涉及经学、史学、金石、诸子、诗文等多个领域。万历四十一年(1613)，他寻访到《说略》的副本，重新编订为30卷刊行。万历丁巳四十五年(1617)，他撰写《客座赘语》10卷，采用笔记体，多载南京方言、服饰、户口、徭役、人物、士习等故实，而于嘉靖、万历年间社会经济、民情风俗的变化，尤为注意。该书是顾起元退居南京后，闻诸座间友朋而随手札记，最后编订成书。是年夏五月，署名遁园居士，自序曰："余顷年多愁多病，客之常在座者，熟余生平好访求桑梓间故事，则争语往迹近闻以相娱，间出一二惊奇诞怪者以助驩(欢)笑，至可裨益地方与夫考订载籍者，亦往往有之。余愸置于耳，不忍遽忘于心，时命侍者笔诸赫蹏，然什不能一二也。"其又略解"赘之为言属(嘱)也，又会也。属而会之，俾勿遗佚，余之于此义若有合矣。"[①]清代四库馆臣轻描淡写地称"是书所记皆南京故实及诸杂事"，实则全面反映了明朝留都的历史风貌。[②]

在汗牛充栋的明代笔记中，《客座赘语》无疑是一部上乘佳作。其载明中叶以来经济及赋役制度可补史乘之缺；其记南京习俗风尚及其变化，其述士林交游、艺林掌故皆属亲见亲闻，其考山林水道、宫阙遗址、寺观旧迹等等，皆备受研究者重视。

万历四十六年(1618)，顾起元又自订其诗文集《懒真草堂集》，诗20卷，文30卷。其中卷16保存一篇为焦竑撰写的国史《献征录序》，序曰：

> "古之良史，欲纪一代之史，必先储其材以待之。……若举一代王侯将相、贤士夫、山林瓢衲之迹，巨细毕收，毋患湮蔓，实未有若澹园先生之《献征录》。"顾起元对焦竑之史才、史识赞叹不绝："当吾世有先生而为此书，又岂非盛事？""先生天授异才，几邻殆庶，知通道统，上比素臣。……此录出，而一代之人材政事如指诸掌。览者资之为政鉴，作者资之为史材，如先生自谓者，所裨益岂甚微哉！"[③]

① 顾起元：《客座赘语》序，中华书局，1984年，第350页。是书编竣刻成于万历戊午(四十六年，1618)孟秋，书末有"遁园居士再识"曰："孟秋十一日，坐归鸿馆中校《赘语》十卷都讫。此书乃数年来所札记者，因随手所书，原无伦次。顷二年中以病几坐，长日无聊，小为编叙，以散怀送日。虽寿之板，本无足存，姑留以贻子侄而已，不敢以示人也。"

② 《四库全书总目》卷一百四十三《子部·小说家类存目一》。参见滕新才：《〈客座赘语〉作者顾起元传略》，《重庆三峡学院学报》2001年第5期。

③ 《澹园集》附编三，中华书局，1999年，第1277—1278页。

焦竑于万历四十七年(1619)冬十一月逝世,顾起元撰《焦澹园太史墓志铭》曰:"先生之宦绩在金马玉堂,先生之道价在儒林文苑,先生之大业在名山大都,先生之风教在九州四海,先生之遗思在稷丘槐市。"这既是以此悼念先人乡贤的高风亮节,实际上也是对其自身追求的写照。万历四十八年(1620),顾起元辑汇《金陵古金石考》一卷。

晚年顾起元身患足疡,"至冬辄发,每寒月即自茧一室,塞向墐户,尝自笑以为似昆虫之入蛰",因命其书斋曰"蛰庵"。天启三年(1623),著成《蛰庵日录》4卷。天启四年(1624),增订《说略》为60卷刊行。其生平著述还有《尔雅堂诗说》四卷、《中庸外传》三卷、《遁居士批庄子内篇》、《商子》、《诸寺奇物记》、《顾氏小史》、《名公像记》、《雪堂随笔》、《遁园漫稿》、《寒松馆游览诗》、《归鸿馆杂著》等十数种。另外还有生活消闲书《鱼品》《遁居士戏墨》《潘方凯墨序》《壶天映语》等。其博闻淹洽,涉猎之广,于经史子集无不触类旁通,且勤于笔耕,著作宏富,委实接踵焦竑,堪称明中晚期百科全书式学者,为后人、为桑梓留下了一笔沉甸甸的丰厚文化遗产。[①]

① 《四库全书总目》卷一百七十九《集部·别集类存目》,中华书局,1965年版。参见滕新才:《〈客座赘语〉作者顾起元传略》,《重庆三峡学院学报》2001年第5期。

第六章　晚明佛教复兴及影响

晚明佛教复兴，在明代佛教史上是不可疏忽的重要篇章，因其承上启下，对中国近现代佛教复兴影响至深。如果不了解晚明佛教复兴的历史及其意义，也就无法深入理解近现代佛教的振衰起弊，继往开来。而就南京佛教历史发展言，其意义尤为重大，因为这场发生于明末的佛教复兴运动，实际上就是以南京为中心的江南地区的佛教复兴，再由此波及全国范围，从而影响整个晚近佛教文化的历史走向。

佛教复兴运动之所以在晚明的江南地区率先展开，有江南佛教的历史文化脉络作铺垫，并以江南社会经济环境为背景，更依托于前章我们致力探讨的阳明心学掀起的思想解放运动，带动了佛教界善知识僧主动与以儒家为代表的主流社会意识形态融会贯通，并积极地倡导佛教内部的禅净双修、禅教融通，与外部社会的三教融合思潮齐头并进，又以士僧交游互动为基础大力吸引和推动晚明的居士佛教运动。如此多方合力，遂在隆、万、启这个大体称为“晚明”的历史时期，形成了明初以来沉寂已久的佛教复兴之可喜局面。

一般认为，隆庆年间，明代社会政治开始进入晚明时期。而晚明佛教的全面复兴，其高潮主要出现在万历时期。因此，在特定意义上，晚明佛教复兴可以说是“万历佛教”的活跃。但任何文化思潮的复兴都有其自身产生、发展、演变的诸多因素。从表现形式上看，晚明佛教既是一种社会现象，更是一种具有鲜明特质的宗教文化现象。如此具有综合性的社会、文化思潮现象，在时间跨度上，显然不可简单地仅以某一朝一代为界别。从一个更广阔的视野来看，晚明佛教的全面复兴，既要考察佛教寺院的恢复与兴建，辨析佛教诸宗的内在关系、僧人活动范围的扩大、社会力量对佛教活动的普遍关注等因素的作用与影响，同时更要讨论晚明佛教与整个晚明社会思潮的复杂关系。这些思潮主要包括王阳明所开创及阳明后学泰州学派推动的良知心学思潮，特别是与佛教复兴密切相关的儒、释、道三教融合会通思潮。晚明佛教的复兴，正是受到了这些思潮现象的综合刺激而做出积极回应的现实反映。①

圣严法师在其成名作《明末佛教研究》中充分肯定：“明末佛教，在中国近代的佛教思想史上，有其重要的地位，上承宋、元，下启清、民，由宗派分张，而汇为全面的统一。不仅对教内主张‘性相融会’‘禅教合一’以及禅、净、律、密的不可

---

① 参见赖永海主编：《中国佛教通史》第十二卷，江苏人民出版社，2010 年，第 180—181 页。

分割，也对教外的儒、道二教，采取融通的疏导态度。诸家所传的佛教本出同源，渐渐流布而开出大小、性相、显密、禅净、宗教的局面。到了明末的诸大师，都有敞开胸襟，容受一切佛法等视各宗各派的伟大心量，姑不论性、相能否融会，显、密是否一源，台、贤可否合流，儒、释、道三教宜否同解，而时代潮流之要求彼此容忍，相互尊重，乃是事实。是故明末诸大师在这一方面的努力，确有先驱思想的功劳。”①

在某种意义上也可说，正是明代中前期佛教的式微，反衬了隆庆、万历间佛教中兴的难能可贵。王起隆称“明代惟万历朝，以古佛现身者，得三大老，曰莲大师、达大师、憨大师”。② 所谓“万历三高僧”即云栖云栖、紫柏达观、憨山德清均出生于嘉靖时代，而异军突起，涌现于隆、万时期佛教界，加上活跃于启、祯年间的蕅益智旭而构成“晚明四大师”，为世人造成了晚明佛教活动空前盛大的景象，其余绪一直延传至清初，影响之深远，“不仅于十七世纪的中国佛教史，且于整个文化史都属灿烂一页”。晚明佛教中兴之关键，世人众说纷纭，莫衷一是，“然至少佛教徒外于晚明政治、世俗世界中选对了方向，内则明佛法研习推广之道，重视文字般若之学，是助其于此际昌盛传播的重要因素”。③ 可见，晚明佛教勃兴的到来，四大师应运而生，应世而起，做好了充分准备，从佛教内外两方面都下足了功夫。

本章即主要从憨山德清、紫柏真可等四大高僧入手，探讨晚明佛教复兴运动的深度和广度。研究表明，晚明时期四大高僧为代表的佛学思想已经融摄孔老，深入了中国传统文化主流意识形态儒学之内核，因此有研究认为晚明儒学骨子里其实是佛学。明中叶兴起的阳明心学，在本体论和方法论上吸纳了佛教禅宗的理论，其心性说、知行说均与佛教禅宗有着密切的渊源关系。故有学者指出阳明心学“阳儒阴禅”，这有一定道理。阳明心学为晚明佛教复兴推波助澜，张大声势，明末高僧通过和心学学人的互动交游，因思想上共鸣而引为知己者不在少数。士绅接触阳明心学者，亦大都由此捷径而入佛门。陈垣先生曾说，“万历之后，禅风寖盛，士夫无不谈禅，僧亦无不与士夫结纳”④。这是描绘那个时代心学

---

① 圣严法师：《明末佛教研究》自序，宗教文化出版社，2006 年，第 2 页。

② 福征：《憨山大师年谱疏》卷下《附王起隆跋》，金陵刻经处影印本，第 157 页。

③ 参见王启元：《晚明僧侣的政治生活、世俗交游及其文学表现》，复旦大学 2012 年博士论文，第 21 页。

④ 陈垣：《明季滇黔佛教考》，河北教育出版社，2000 年，第 334 页。

风靡而促动士僧交游、禅风兴盛的经典表述。阳明心学拉近了儒释道三教之间的距离，进而演变为三教融通的社会思潮流行不衰。明末佛僧喜借儒学讲宗乘，而儒者也以究心佛乘相尚，此乃时代学术风气使然，正如晚明四大师之一的蕅益智旭所说："继阳明起诸大儒，无不醉心佛乘，夫非炼酥为酒之功也哉。"又曰："学无论儒释，其贵真贱伪一心。学果真，虽一时受馋被抑，精光终不可掩；学苟伪，虽一时欺世盗名，丑态终亦毕露。……今世佛门，陷足于伪者亦多矣，吾为此惧。"①

① 释成时编辑：《灵峰蕅益大师宗论》卷第四之三《阅〈阳明全集〉毕偶书二则》。

第一节
憨山德清与晚明佛教复兴

诚如上述，在晚明佛教复兴运动中，最引人瞩目的是“万历三大师”，即憨山德清、紫柏真可、云栖袾宏，再加上稍后的蕅益智旭，合称为“四大师”。这四位大师都出身于江南地区，其实际弘化场域也主要以两京或江南为主体而辐射全国。清中叶彭际清居士撰有《四大师传》，评述了晚明德清、真可、袾宏、智旭四大高僧生平行历及其佛学成就。这应是始称晚明佛教“四大师”的最早文献之一。[①]晚明佛教四大师与金陵皆有或浓或淡的联系，而金陵佛缘最深者应属憨山德清。

一　憨山德清的生平及金陵佛缘

释德清（1546—1623），字澄印，号憨山。明嘉靖二十五年丙午（1546）十月十二日，出生于南京附近之全椒（今属安徽）。父姓蔡，名彦高，母洪氏，信奉观音大士，“初梦大士，携童子入门，母接而抱之，遂有娠。及诞，白衣重胞”。满周岁，生病几死，母祷观音大士，遂许愿舍出家，寄名于邑之长寿寺。乳名即称“和尚”。[②]因叔父早死，自幼便对死去生来怀有疑问。九岁，读书于寺中，闻僧念《观音经》，能救世间苦，心大喜，潜读之，即能诵。

德清萌发出家之志，是受到母亲笃信佛教的影响。德清自叙其10岁时，母督课甚严，苦之。因问母曰：

“读书何为？”母曰：“做官。”“予曰：做何等官？母曰：从小做起，有能可至宰相。予曰：做了宰相却何如？母曰：罢。予曰：可惜一生辛苦，到头罢了，做他何用？我想只该做个不罢的。母曰：似你不才子，只可做个挂搭僧

① 彭际清：《一行居集》卷六，1921年金陵刻经处本，台北佛陀教育基金会印赠，第382页。

② 《憨山老人梦游集》卷五十三《憨山老人自叙年谱实录》上，福建莆田广化寺印行本，第2877页。德清年谱自述“予，金陵全椒县人也，姓蔡氏。父讳彦高，母洪氏，生平爱奉观音大士”。

> 耳。予曰:何为挂搭僧,有甚好处?母曰:僧是佛弟子,行遍天下,自由自在,随处有供。予曰:做这个恰好。母曰:只恐汝无此福耳。予曰:何以要福?母曰:世上做状元常有,出家做佛祖,岂常有耶?予曰:我有此福,恐母不能舍耳。母曰:'汝若有此福,我即能舍。'私识之。"

母子的对话在德清幼小的心田播下了信佛植福的善种。德清 11 岁,"偶见行脚僧数人,肩担瓢笠而来。予问母:'此何人耶?'母曰:'挂搭僧也。'予私喜,视之。僧至,放担倚树,乃问讯化斋。母曰:'请坐!'急烹茶,具斋饭,甚恭敬。食罢,众僧起,即荷担,只手一举。母急避之曰:'勿谢!'僧径去。予曰:僧何无礼,饭斋不谢?母曰:谢则无福矣。予私曰:'是僧之所以高也。'切念之,遂发出家之志,苦无方便路耳。"①

上述两则对话资料,不惟揭示了明中晚期德清那样的青少年出家的最初动机,也反映出嘉靖年间江南社会基层佛教信仰的深厚淳朴,让我们了解到行脚僧也即"挂搭僧"游方村落的样状风貌。

(一)金陵报恩出家

德清 12 岁时发心到金陵大报恩寺出家,师从西林大和尚。西林师翁为取法名德清。② 这是德清走上佛教复兴之路的一个重大契机。"一日,闻京僧言,报恩西林大和尚有大德,予心即欲往从之。"先跟父亲说,父不听。又告诉母亲,母曰:"养子从其志,第听其成就耳。"乃送之。

十月至大报恩寺,时值西林和尚聘请儒佛两家大德到寺院讲经说法,德清被选入学,为他以后出入儒释道经典植根下了良好的学养。当时无极大师初开讲于报恩寺之三藏殿③,泰州学派著名学者赵大洲也在,一见喜曰:"此儿当为人天师也。""乃抚之问曰:汝爱做官?要作佛?予应声曰:要作佛!"④在这里,德清还遇见了比他长一岁的雪浪洪恩,同样少年出家而心怀大志。二人一见如故,"相

---

① 《憨山老人梦游集》卷五十三《憨山老人自叙年谱实录》上,福建莆田广化寺印行本,第 2881—2882 页。

② 福征《憨山老人自叙年谱实录疏》:"须知法讳德清,出自西林师翁,乃出家时所命,谱不载也。"

③ 《憨山老人梦游集》卷三十《南京僧录司左觉义兼大报恩寺住持高祖西林翁大和尚传》曰:"适守愚先师南来,五台陆公为祠部主政。谓祖翁曰:'顷见高僧守愚法师,讲演甚明,当请至寺,教习僧徒。'翁即礼请先师,居三藏殿,设常住供赡,选僧数十众,日亲领往听讲,从此始知向佛法。"又参见《憨山老人梦游集》卷第五十五《附录・大明庐山五乳峰法云禅寺前中兴曹溪嗣法憨山大师塔铭》曰:德清"依报恩寺主西林和尚,使法孙俊公为之师"。

④ 《憨山老人梦游集》卷五十三《憨山老人自叙年谱实录》上,福建莆田广化寺印行本,第 2873 页。

视而嘻”，时人都以为同胞兄弟。日后他们共同为报恩寺复兴做出了巨大努力，报恩寺因此成为晚明佛教复兴的策源地；他们弘法的足迹及其传播扩散，成为晚明佛教全面复兴的缩影。

德清19岁时，对于应举为官还是出家为佛，有过一丝徘徊。幸遇当时“正法眼”云谷法会禅师点化，而坚定了出家作佛信念。云谷禅师开示出世参禅、悟明心地之妙，历数传灯诸祖及《高僧传》，命德清取来看。德清找到一本《中峰广录》，读之未终轴，乃大快，叹曰：“此予心之所悦也！”遂决志做出世事，即请西林和尚为其披剃。是年冬，报恩寺禅堂启建道场，礼请无极大师讲《华严玄谈》，德清即从之受具足戒。随堂听讲至“十玄门”，德清恍然了悟法界圆融无尽之旨。[①]因切慕清凉（澄观）之为人，自命其字曰澄印。[②]

嘉靖四十四年（1565）冬十月，云谷大师建禅期于天界寺，集海内名德53人，开坐禅法门。德清随众参禅，初不知用心之诀，甚苦。乃拈香请益，大师开示“审实念佛”公案。久之得益受用，德清记曰：“江南从来不知禅，而开创禅道，自云谷大师始。少年僧之习禅者，独予一人。”习禅之后，德清身披一衲，尽弃随俗僧衣，“时寺僧服饰皆从俗，多艳色。予尽弃所习衣服，独觅一衲被之，见者以为怪”[③]。同卷又记曰：“江南开讲佛法自无极大师始，少年入佛法者，自雪浪始。”[④]德清对彼时江南佛法（讲教）、禅道中兴之缘起师资作了实录，于此似也标示他与雪浪自始走上了各擅所长的佛教复兴之路。

嘉靖四十五年丙寅（1566），是金陵大报恩寺历史上值得铭记的一年，因遭雷击，报恩寺道场败落，但也从此激发了两位年轻僧人励志复兴报恩寺，乃至复兴晚明佛教的宏愿。是年，德清21岁，刚从禅期出，“二月十八日午时，大雨如倾

---

① 《憨山老人梦游集》卷十三《与雪浪恩兄》曰：“今春始强勉开堂，照常为众讲演。开堂之初，第一瓣香，先供养本师守愚大和尚。弟每念剃染之初，即滥膺华严法席，猥辱先师法爱，不减于兄。”

② 按，此《华严玄谈》即澄观《华严经疏钞》前的导论《华严悬谈》。清凉澄观法师（738—839），唐代高僧，被尊为华严宗四祖。俗姓夏侯，越州山阴（今浙江绍兴）人。唐大历年间，驻锡五台大华严寺，讲《华严经》，撰《华严经疏》四百余卷，有“华严疏主”之称。唐贞元十五年（799）四月德宗寿辰，奉诏入京在宫内宣讲《华严经》，被授“清凉国师”称号。因“五台山”称为“清凉山”。据传，澄观生历九帝，为七帝国师。其戒律冰清，以“十事自励”，即体不捐沙门之表，心不违如来之制，坐不背法界之经，性不染情碍之境，足不履尼寺之尘，身不触居士之榻，目不视非仪之彩，舌不味过午之肴，手不释圆明之珠，宿不离衣钵之侧。其学有成就，中兴《华严》，且享高寿，世寿102岁。澄观法师有弟子百余人，其法嗣宗密，被尊为华严宗五祖，世称“圭峰大师”。（《憨山老人梦游集》卷五十三《憨山老人自叙年谱实录》上，福建莆田广化寺印行本，第2886—2887页。）

③ 《憨山老人梦游集》卷五十三《憨山老人自叙年谱实录》上，福建莆田广化寺印行本，第2890页。

④ 《憨山老人梦游集》卷五十三《憨山老人自叙年谱实录》上，福建莆田广化寺印行本，第2884页。

盆，忽大雷自塔而下，火发于塔殿，不移时大殿焚。至申酉时，则各殿画廊，一百四十余间，悉为煨烬”。这座曾经辉煌的明代皇家寺院遽遭火灾，惊动了皇帝，旨下法司，该寺住持及涉事职僧18人被逮，“合寺僧恐株连，各各逃避。而寺执事僧，无可与计事者”。德清描述了当时的窘迫之境：“予挺身力救，躬负盐菜，送狱中以供之。寺至刑部相去二十里，往来不倦者三月；且多方调护，诸在事者，竟免死。”于是，“时与雪浪恩公，俱决兴复之志。且曰：此大事因缘，非具大福德智慧者未易也，你我当拌命修行以待时可也”。① 德清决定远游北方清冷冰寒之地磨砺意志，修行“大福德智慧”，力改南方“软暖”之习气。② 那即是他早就从无极大师听讲《华严玄谈》而心生向往的清凉山，有“冬积坚冰，夏仍飞雪，曾无炎暑”，矢志愿住此冰雪之境。这年冬，又从无极大师听讲《法华经》于天界寺，遂决志远游，约蒲州人妙峰，相期结伴同游，未成。

隆庆五年辛未(1571)，再决兴复之志，“将修行以养道待时”。冬十一月，即一钵远游。将北行时，雪浪劝止德清，恐其不能禁受苦寒，何不参访吴越，“多佳山水，可游目耳”。德清曰：“吾人习气，恋恋软暖，必至不可施之地，乃易制也。若吴越，枕席间耳。”③遂一钵长往，时年26岁。次年初行至扬州，天降大雪，加之生病，“久之，乞食于市，不能入门。自忖何故？急自省曰，以腰缠少有银二钱，可恃耳。乃见雪中僧道，行乞不得者，即尽邀于饮店，以银投之，一餐而毕。明日上街，入一、二门，乃能呼，遂得食。因自喜曰：吾力足轻万钟矣”。这是德清修行路上的一个转折点，一般修行人放不下并难以跨越的一道坎。由此番经历他初次体会到“一钵行万家、一衲行天下”的僧家本色，遂铭其钵曰“轻万钟之具”，铭其衲曰“轻天下之具”，足见其当放下时何等的豪迈喜悦。且观其铭曰：

> 尔委我以形，我托尔以心。然一身固因之而足，万物实以之而轻。方将曳长风之袖，披白云之襟，其举也若鸿鹄之翼，其逸也若潜龙之鳞，逍遥宇

---

① 《憨山老人梦游集》卷五十三《憨山老人自叙年谱实录》上，福建莆田广化寺印行本，第2890—2891页。

② 德清在《雪浪法师恩公中兴法道传》中指出：正嘉之际(1506—1566)，北方讲席兴盛，“而南方学者，习于软暖，望若登天。唯我先大师无极和尚，自淮阴从师，一钵往依焉。二十余年，具得贤首、慈恩性相宗旨。既而南归，至金陵，魏国公子见而悦之，遂为檀越，请讲《圆觉经》，唱而不和，听者寥寥”。(《憨山老人梦游集》卷三十，福建莆田广化寺印行本，第1580页。)

③ 《憨山老人梦游集》卷三十，福建莆田广化寺印行本，第1585页。《雪浪法师恩公中兴法道传》曰：“年二十五，志将北游，别公于雪浪庵。公曰：子色力孱弱，北地苦寒，固难堪也。无已，吾姑携子，遨游三吴，操其筋骨，而后行未晚。予曰：三吴乃枕席耳，自知生平软暖习气，不至无可使之地，决不能治此。固予之志也。”

宙，去住山林。又奚炫夫朱紫之丽，唯取尚乎霜雪之所不能侵！①

德清迈上北游修行之路时，希冀通过自己"寒彻骨"的修行来培植大福德，以期实现兴复大报恩寺这个"大事因缘"，这同时亦成为他踏上晚明丛林改革之路的"金陵宿志"。有道是：不经一番寒彻骨，哪得梅花扑鼻香？研究认为："金陵大报恩寺时期的教育启蒙和磨炼，影响了德清一生的改革理念，并且报恩寺的被毁，也构成了他日后（复兴）事业的原动力。"②

（二）北游参学修行

按照德清的心中计划，所谓北游，有两个目的地，其一是五台山，其二是北京。五台山为修行福德，北京为人脉结缘；五台山是离北京很近的佛教圣地，五台山的大福德智慧修行，其实也是为了赢得京城大势力的护法支持。诚如他与雪浪所商量，如果不是"具大福德智慧"，"拌命修行以待时"，何以能达到重建报恩道场的大目标？故此，隆庆六年（1572）秋七月，德清先来至北京参学，"无投足之地，行乞竟日，不能得。日暮至西太平仓茶棚，仅一餐，投宿河漕遗教寺"。此次北京之行，德清虽也拜谒了京城的佛教大老如遍融、笑岩等人，但都没有产生深刻影响。而所结缘的两条人脉日后却起了作用：其一，是左司马汪公伯玉（汪道昆，1525—1593），因与其弟仲淹为社友的关系而得收留寓所；其二，是年十一月偶遇在南京天界寺结识的妙峰法师，妙峰得蒲州山阴王护持，修一梵宇，命至京师请内藏。妙峰问其状况，德清乃曰："特来寻师，且以观光辇毂，一参知识，以绝他日妄想耳。"③从隆庆六年（1572）秋，到万历二年（1574）秋，整整两年的时间里，德清时而北京，时而五台山，四处行脚参学，广结僧俗善缘。

万历元年（1573），春正月，德清往游五台。先求《清凉传》，按迹游之。至北台，见有憨山。因问其山何在，僧指之，果奇秀。因此默取"憨山"为号，并作诗以志念，有"遮莫从人去，聊将此息机"之句。以不禁冰雪苦寒，遂不能留。及秋，复

---

① 《憨山老人梦游集》卷五十三《憨山老人自叙年谱实录》上，福建莆田广化寺印行本，第2895—2896页。德清铭上"轻万钟"或"轻天下"具有特殊意义，即表示"万钟"禄俸，或"天下"权柄，亦不如手中之"钵"，身上之"衲"，真正体会了游方僧人的来去自由及放下的自在和喜悦！

② 作者指出，德清是在明嘉靖三十六年（1557），到金陵大报恩寺出家为行童，这年他才12岁。到19岁他才披剃，受具足戒，成为正式的僧人。直到隆庆六年（1572），他27岁离开金陵大报恩寺前往北京参学和赴五台山苦修为止，共计有15年之久的岁月，是在金陵大报恩寺里度过的。（江灿腾：《晚明佛教改革史》，广西师范大学出版社，2006年，第72页。）

③ 《憨山老人梦游集》卷五十三《憨山老人自叙年谱实录》上，福建莆田广化寺印行本，第2897—2898页。

入京。万历二年春游京西山,当代名士若二王(王世贞凤洲、王麟洲)、二汪(汪道昆伯玉、汪仲淹),及南海欧桢伯,一时俱集都下。德清与这个名士圈子交游,深得汪司马道昆慧眼赏识,“信哉! 予观印公道骨,他日当入大慧、中峰之室,是肯以区区文字为哉? 第恐浮游为误耳”。故劝诫曰:“禅门寥落大可忧,小子切念之。观公器度,将来成就不小,何以浪游为?”德清曰:“贫道特为大事因缘,参访知识。今第游目当代人物,以了他日妄想耳。非浪游也,且将行矣。”汪公曰:“信然,予观方今无可为公之师者,若无妙峰,则无友矣。”德清曰:“昔已物色于众中,曾结同参之盟,故北来相寻,不意偶遇于此。”汪公曰:“异哉! 二公若果行,小子愿津之。”时妙峰请藏经回,汪司马因送《勘合二道》,又为文以送德清入五台修行。[①] 德清在京得到汪道昆善意劝勉,于此所言“特为大事因缘,参访知识”,即指为兴复金陵报恩矣。

到了临行的那一天,德清还有些迟疑不决,汪公问曰:“妙峰行矣,公何不见别?”德清曰:“姑徐行。”汪公曰:“予知公不欲随人脚跟转耳,殊大不然。古人不羞小节,而耻功名不显于天下。但愿公他日做出法门一段光明事业,又何以区区较去就哉!”[②]一片肺腑之言,德清感而拜谢,遂决行。与妙峰同车往五台,未别一人而去。福征疏曰:“大汪公的的大眼孔、大愿力,成就台山大因缘、大功德,伟人哉! 设斋请两师,一席话,悉是如语,不诳语,痛切到家语,世出世间语。”[③]

万历二年(1574)九月至河东,会山阴王至,遂留结冬。妙峰何许人也? 如何识得山阴王其人? 据传,妙峰曾至南京天界寺,于无极老人座下作净头,因与德清相识。

> 先是,山阴王建文昌阁于郡之东山,延僧朗公居之。(妙峰)师至,日行乞于市,晚投宿于阁中。适王出游,见之问朗,朗告之故。王曰:“当善视此子,他日必成大器!”朗遂留为弟子。会地大震,师被压不死,王闻奇之,谓师曰:“子幸免大难,何不痛念生死大事乎?”遂入中条山,闭关习华严观。取刺棘贴四壁,不设床坐,日夜鹤立棘中,如此三年。稍有开发,乃作偈一首呈山

---

① 王世贞(1526—1590),字元美,号凤洲,又号弇州山人,江苏太仓人。(《憨山老人梦游集》卷五十三《憨山老人自叙年谱实录》上,福建莆田广化寺印行本,第 2900—2901 页。)

② 《憨山老人梦游集》卷五十三《憨山老人自叙年谱实录》上,福建莆田广化寺印行本,第 2902 页。

③ 福征:《憨山大师年谱疏》卷上《二十九岁》,金陵刻经处影印本,第 31 页。

> 阴。山阴叹曰:“此子见处早如是,不折之,他日或狂。”因取宫人敝屣,割其底洗净,封寄之,附一偈曰:“这片臭鞋底,封将寄与你。并不为别事,专打作诗嘴。”师见之,即对佛作礼,以线系于顶上,自此绝无一言矣。三年破关往见王,则具大人相。王甚喜,乃曰:“子虽知自己本分事,但未闻佛法,恐坠邪见。”时介休山中,有法师讲《楞严》,促师往听,受具戒,作务而听,年二十七也。时王深敬三宝,居尝自恨不能瓢竺远游,一谓师:为僧不游方,如井娃耳,南方多知识,子宜往参,归来可当老夫行脚也。师遂行,遍历丛席,至南京天界,于无极老人座下,作净头,打扫粪秽,洗涤筹杖。众怪其处洁净异常,知净头有道者,莫知为谁。憨师时为副讲,侦之累日始得之,与纳交,且期同行参访。不旬日觅之,已潜行矣。师归见王,王喜问所参何人,师具述之。①

妙峰早就向山阴王推荐了金陵报恩寺出身的德清,故山阴王对德清之到来十分重视。据史传记载,妙峰同德清北京起经,从河南,转进山西,至蒲州,山阴王闻藏经将至,率诸宗侯幡盖音乐香花,迎经进府。妙师告王曰:“向所说澄印师,今亦同来。”王闻大喜,先请师相见,后方安置藏经。此尊重德清之证一也。其二,延德清师府内住,时刻坐对,究探《楞严》宗旨。王托妙峰请德清师讲《楞严经》,德清婉谢苦辞曰:“我为住山来,不为讲经来。”即欲遁去。王知志不可夺,下拜坚留三两月,即嘱妙峰伴师住山。时太守陈公,延请妙峰、德清二师,意甚殷勤。为刻《肇论中吴集解》,德清校阅之。悟“物不迁”之旨,于是去来生死之疑,从此冰释,并作偈曰:“死生昼夜,水流花谢,今日乃知,鼻孔向下。”明日,与妙峰

---

① 释明河:《补续高僧传》卷二十二《兴福篇第九·真来佛子福登传》。福登,别号妙峰,山西平阳人,俗姓续氏。七岁,父母值凶岁死,无敛具,荐席而已。师无依倚,为里中富人牧羊。十二出家,十八携钵至蒲坂。万历庚申(1620)八月,赐金佛绣冠千佛磨衲紫衣并“真来佛子”之号。是冬十二月,示微疾,端坐而逝,年七十三,腊五十一。《补续高僧传》妙峰传文多叙其写经、静修之为,尤以山阴王劝诫其“并不为别事,专打作诗嘴”偈,可见当日僧俗修习之风。大司马汪伯玉尝谓憨师:方今无可为公师者,唯妙峰耳。故憨师倾心服之严事之,亦无两人也。又参江灿腾:《晚明佛教改革史》,广西师范大学出版社,2006年,第98页。作者指出,妙峰其实等于山阴王的“替修”。山阴王可以说如陆光祖一样,对佛教具有深刻的认识,但他以殿下之尊,极力栽培穷人家子弟出身的孤儿妙峰,不可否认带有一些为自己积福、积德的成分在内。据沈德符《万历野获编》卷二十七“京师敕建寺”条载:本朝主上及东宫与诸王降生,俱剃度童幼替身出家,不知何所缘起。意者沿故元遗俗也。今京师城南有海会寺者,传闻为先帝穆宗初生受釐之所,今上万历二年重修,已称巨丽。本年又于城之西南隅鼎建承恩寺,其壮伟又有加焉。今上替身僧志善,以左善世住持其中,盖从龙泉寺移锡于此。其中“剃度童幼替身出家”恐为江灿腾猜测妙峰为山阴王替身之依据,但并无实证。

相见，妙峰问："师何所得耶？"德清曰："夜来见河边两个铁牛，相斗入水去也，至今绝消息。"妙峰笑曰："且喜有住山本钱矣！"未几，山阴王请伏牛山法光禅师至，德清久慕之，相见喜得坐参。与语机相契，请益，开示以"离心意识参，出凡圣路学"，深得其旨。其三，山阴王问德清二亲在，乃赠二百金为"终养资"，赡养父母，德清固让以致伏牛法光师。福征疏曰："为款留乎，为印证乎？致金即行，为台山妙师宿诺乎？为狮子潜龙，不受羁络，以表扬宗门作略乎？"①

从北京到五台山，路上经过妙峰家乡蒲州，德清结识陈太守；又经妙峰推荐而结识河东山阴王，还结识平阳太守胡公。除了阅僧肇《物不迁论》的收获外，与山阴王请来的伏牛山法光禅师相识，也使他知道"宗门作略"和治"禅病"之法。透过山阴王的关系，无疑可轻易掌握五台山一带的修行者动态，其对德清未来的帮助之大，自不待言。②

万历三年(1575)正月，德清同妙峰一道自河东上五台。途中又得平阳太守胡公照顾，差役送至台山。于二月十五，寓塔院寺。寺主大方法师为卜居北台之龙门最幽峻处。"以三月三日，于雪堆中，拨出老屋数椽以居之。时见万山冰雪，俨然夙慕之境，身心洒然，如入极乐国。"德清此番有备而来，不再苦冰雪寒境，即在此坐禅开悟，偈曰："瞥然一念狂心歇，内外根尘俱洞彻，翻身触破太虚空，万象森罗从起灭。"③

是年夏，雪浪北来看望德清，至台山，不禁其凄楚，信宿而别。对于他们的台山相会，德清记述曰：

> (雪浪)居常曰：(德)清兄去，吾无友矣。既闻予在都下，公瓢笠而寻至。则予行脚他方，公遂留京师。及予同妙峰师入五台，结茅以居，公闻之即登台山，问予于冰雪堆中。夜谈，因扣公志，公曰："吾见若此心如冰，誓将同死生耳。第念本师老矣，奈何？"予曰："不然，人各有志，亦各有缘。察兄之缘，在弘法以续慧命，非枯寂比也。江南法道久湮，幸本师(无极)和尚受佛付嘱而开辟之，观座下似未有能振其家声者，兄乃克家的肖子，将来法道之任匪

---

① 福征：《憨山大师年谱疏》卷上《三十岁》，金陵刻经处影印本，第31—32页。弟子福征，读至此，合十赞叹曰："希有世尊，无尽意菩萨，解颈众宝珠璎珞，以与观世音，让金光师也。"

② 参江灿腾：《晚明佛教改革史》，广西师范大学出版社，2006年，第99页。

③《憨山老人梦游集》卷五十三《憨山老人自叙年谱实录》上，福建莆田广化寺印行本，第2907页。

轻。且师长暮年,非兄何以光前启后,幸速归,无久滞他方也。”

德清勉励雪浪以振兴江南法道为己任,临行又嘱之曰:“兄素未以法自任,此回乘本师老年,就当侍座,以收四方学者之心。他日登坛,则吾家故物耳,幸无多让!”雪浪既归,则挺然以法为任,久参夙学皆却步矣。无极先师弘法以来,三演《大疏》,七讲《玄谈》,雪浪尽得华严法界圆融无碍之旨,游泳性海,时称独步。[①]

万历四年(1576)春三月,云栖大师游五台过访德清,留数日,夜对谈心甚契。德清发悟后,无人请益,乃展《楞伽》印证。“初未闻讲此经,全不解义,故今但以现量照之,少起心识,即不容思量。如是者八阅月,则全经旨趣,了然无疑。”是年冬十月,塔院主人大方被诬讼,本道拟配递还俗,丛林几废。庐山彻空禅师来,与德清同居,适见其事,大苦之。德清遂躬谒太守胡公,冒大雪往。及见,胡公欣然曰:“正思山中大雪难禁,已作书遣迎。师适来,诚所感也。”结果开释塔院寺主,道场得以全。胡公固留过冬,朝夕问道,德清为说《绪言》。岁暮拟还山,乃为胡公言台山林木,苦被奸商砍伐,菩萨道场将童童不毛矣。胡公为具疏题请大禁之。“自后国家修建诸刹,皆仗所禁之林木,否则无所取材矣。”[②]

对于德清之所以离开金陵报恩寺北游的原因,有研究者已做了透彻的分析。于私,在佛学成就上,德清不想在报恩讲寺与雪浪争高低,因雪浪在华严、唯识讲教方面的天分明显比他高,故此他选择北游参学;于公,他与雪浪决志兴复报恩这座皇家寺院,非争取宫廷大势力支持不可,而如此则非自己具足大福德智慧不可。因此德清的北游参学,便基本上以宫廷所在地的北京城和佛教圣地的五台山为活动轴心。前者不但是宰制全国政教的权力根源,也是重建皇家报恩寺的唯一希望;而后者,不但是著名的文殊菩萨示现的道场,也是清凉澄观当年疏注《华严经》的圣地。德清既仰慕澄观的为人和学问,则亲临五台山一游,沐浴前辈的遗泽光芒,乃为应有之举。还有,正如德清后来所证实的,五台山不但是修行的最佳道场,甚至是通往北京宫廷的最短途径。所以德清如要在丛林中崛起,五台山的因缘是绝不能错过的。[③] 德清在五台山修行成就可观,有如上述,未过几年,皇家宫廷的机缘终于出现了。

---

① 《憨山老人梦游集》卷三十《雪浪法师恩公中兴法道传》,福建莆田广化寺印行本,第1586—1587页。

② 《憨山老人梦游集》卷五十三《憨山老人自叙年谱实录》上,福建莆田广化寺印行本,第2909、2913页。

③ 参见江灿腾:《晚明佛教改革史》,广西师范大学出版社,2006年,第89页。

（三）五台为国祈嗣

万历五年丁丑(1577)，春自雁门归，德清因思父母罔极之恩，且念于法多障，遂发心刺血泥金，写《大方广佛华严经》一部，“上结般若胜缘，下酬罔极之恩”。以是年春创意，明年四月，开始书经。皇帝听闻了此事，即赐金纸以助。这是因为此前德清已先受到慈圣太后的关注，把德清列入了保国选僧诵经的名单。慈圣太后为“荐先帝、保圣躬”，欲于五台修塔院寺舍利宝塔，后因台山离京较远，就在京城附近卜吉地，建大慈寿寺。万历七年(1579)秋，京都建大慈寿寺竣工，覆奏圣母，以为未满台山之愿，慈谕皇上仍遣内官带夫匠三千人来台山修造。德清记述，“是时朝廷初作佛事，内官初遣于外，恐不能卒业，有伤法门。予力调护，始终无恙。”[①]因台山诸事顺利吉祥，这样便迎来了万历九年(1581)建无遮法会，为国祈嗣，以保国本。德清使出了看家本领，赢得了慈圣太后垂青与支持，可未曾料想卷入了宫廷冲突。

透过德清的记述，我们大致了解到这场错综复杂的宫廷争斗情形之一角，德清与妙峰本来是为刺血书《华严经》建一圆满道场，名无遮会。“适皇上有旨祈皇嗣，遣官于武当；圣母遣官于五台，即于本(塔院)寺。”德清认为：“沙门所作一切佛事，无非为国祝釐，阴翊皇度。今祈皇储，乃为国之本也，莫大于此者。愿将所营道场事宜一切，尽归并于求储一事，不可为区区一己之名也。”德清意将原先准备的“血经”道场全转为“求储”道场，“妙师意不解，上遣内使亦不解事，但以阿附为心。予大不然，乃力争忤之，竟从予议。顷之，江南妖人作难，忌者即欲借此中伤，以破道场。然以为国求储之题目，竟保全，始终无虞”。[②]

由于德清的据理力争和机敏勤奋，不但修塔于年内成功，求储道场也功德圆满。塔成，德清即以血写金书《华严经》安置塔藏，有愿文一卷，且自募造华藏世界转轮藏亦成。德清在承办求储道场的过程中，充分展示了他曾在大报恩寺建法会道场统筹运营的能力，将千余人的食宿和法会所需供应，安排得井井有条。凡为建道场，应用供具、器物、斋粮、果品一切所需，“皆予一力经营，九十昼夜，目不交睫。及十月临期，妙师率所请五百余僧，一日毕集，内外千人，其安居、供具、茶饭斋食，条然不失不乱，亦不知所从出，观者莫不骇然。初开启水陆佛事七昼

---

① 《憨山老人梦游集》卷五十三《憨山老人自叙年谱实录》上，福建莆田广化寺印行本，第2919页。

② 此中“江南妖人作难”，疑指首次江南妖书案，详情见后。(《憨山老人梦游集》卷五十三《憨山老人自叙年谱实录》上，福建莆田广化寺印行本，第2921页。)

夜，予七日之内，粒米不糁，但饮水而已，然应事不缺。供诸佛菩萨，每日换供五百桌，次第不失，不知所从来，观者以为神运，予亦自知佛力加被也”[①]。

（四）东海官司被谪

德清因求储道场成功而名满天下，在丛林中的影响力大增。但相对地，他也遭到盛名之累，而不得不逃离五台，避居东海的牢山（今青岛崂山）。万历十一年癸未（1583），春正月，修水斋道场毕。“然以台山虚声，谓大名之下，难以久居，遂蹈东海之上。始易号憨山，时则不复知有澄印矣。始予为本寺（金陵报恩）回禄，志在兴复，故修行以约缘。然居台山八年，颇有机会，恐远失时，故隐居东海，此本心也。”[②]德清志在兴复金陵报恩，初心不改，然因卷入宫廷冲突，他审时度势，依照清凉大师华严经疏的指引，离开五台隐遁于东海牢山。他从此隐去澄印之名，改号为憨山。

夏四月八日至牢山。德清曰：

> 予初因阅《华严疏·菩萨住处品》云：东海有处名那罗延窟，从昔以来，诸菩萨众于中止住。清凉疏云：梵语那罗延，此云坚牢，即东海之牢山也；禹贡青州登莱之境，今有窟存焉。予因慕之，遂特访至牢山，果得其处。盖不可居，乃探山南之最深处，背负众山，面吞大海，极为奇绝，信非人间世也。地名观音庵，盖古刹也，唯废基存焉。考之，乃元初七真（即全真七子），出于东方，假世祖威福，多占佛寺，改为道院。及世祖西征回，僧奏闻，多命恢复。唯牢山僻居海上，故未及之耳。予喜其地幽僻，真逃人绝世之所，志愿居之。初掩片席于树下七阅月，后得土人张大心居士，为诛茅结庐以居。入山期年，人无往来，心甚乐也。时即墨灵山寺，有桂峰法师，一方眼目也，喜得相与。

德清又曰：“东人从来不知僧，予居山中，则黄氏族最大，诸子渐渐亲近。方今所云外道罗清者，乃山下之城阳人。外道生长地，故其教遍行东方，绝不知有三宝。予居此，渐渐摄化，久之凡为彼师长者，率众来归，自此始知有佛法，乃予

① 《憨山老人梦游集》卷五十三《憨山老人自叙年谱实录》上，福建莆田广化寺印行本，第2921—2922页。
② 《憨山老人梦游集》卷五十三《憨山老人自叙年谱实录》上，福建莆田广化寺印行本，第2924页。

开创之始也。”[①]从这两段记述中，我们获知德清初至牢山弘化开创的情况，及其存在的佛道势力之间矛盾纠纷，由来已久，因德清至而重新激化。

万历十二年甲申(1584)，秋七月，慈圣太后以五台祈嗣之劳，访求主事三人，乃塔院住持大方、妙峰与德清。大方、妙峰二师都已受赐，独访德清不得。因力求之，乃命与宫廷关系密切的龙华寺住持瑞庵法师亲访德清。瑞庵知德清隐居在海上，乃杖策而至，具宣慈旨。德清恳谢曰：“倘蒙圣恩容老山海，受赐多矣。又何求其他?”瑞庵覆报，慈圣太后不久卜地建寺于北京西山，随遣内使来请德清迁往，德清竟谢不就。中使回报以居山坚卧之志，慈圣太后怜之，捐三千金，仍遣前使送至，以修庵居。及至，德清力止之曰：“我茅屋数椽，有余乐矣。何用多为?”使者强之，不敢复命。德清曰：“古人有矫诏济饥之事，今山东岁凶，何不广圣慈于饥民乎?”乃令僧领来使遍散各府之僧道、孤老、狱囚，各取所司印册缴报。此举益令太后圣情大悦，感叹不已。此后，德清罹难下镇抚狱，鞫审德清数用内帑金。德清对以请查内库支籍。皇上命查，止此济饥一事，余无一毫所用，竟得释放。

万历十四年丙戌(1586)，德清因“颁藏经”的殊胜因缘而创海印寺，未承想再度引起风波。明初刻有南北藏，有“此方撰述诸经”未入藏者，慈圣太后命补入之，是为“万历藏”。刻完，皇上敕颁十五藏，散施天下名山，首以四部施四边境：东海牢山、南海普陀、西蜀峨眉、北边芦芽。“时圣母以台山因缘，且数召，予不知，赐亦不受，乃以藏经一部，首送东海。初未知也，及至牢山，无可安顿，抚按行所在有司供奉。予见有敕命，乃诣京谢恩。比蒙圣慈，命合眷各出布施，修寺安供，请命名曰海印寺。”[②]朝廷颁藏，为受者极荣耀之恩典，牢山为德清，芦芽为妙峰。此段文字虽简约，但从中亦可窥见大致经过。慈圣太后以“台山因缘”颁赐藏经，首送东海牢山一部，显然系因德清之所创善缘。而在德清事先不知，藏经已然送达牢山而无处安放的情况下，德清一方面先将藏经请有司供奉，另一方面诣京谢恩，又得慈圣太后命后宫各眷布施，修海印寺安供。海印之名(含东海澄印)乃德清祈请太后圣母所赐，未经朝廷许可，此为后面德清被治罪留下把柄。

① 《憨山老人梦游集》卷五十三《憨山老人自叙年谱实录》上，福建莆田广化寺印行本，第2924页。

② 福征按，海印寺命名，请自圣母令旨，未请皇上圣旨，故致坐以私创之罪。(《憨山老人梦游集》卷五十三《憨山老人自叙年谱实录》上，福建莆田广化寺印行本，第2928—2929页。)

德清在京闻达观禅师至海上访之，即兼程趋归，盘桓两旬。达观赠诗，有“闲来居海上，名误落山东”之句。

自海印寺创成后，憨山始开堂为众说戒，并时时讲经说法，四方衲子日益至。万历十五年（1587）秋，有胡中丞公请告归田，携其亲之子，送出家为侍者，命名福善。不数年，德清又做了一件“不忘初心”的大事情。万历十七年（1589），憨山为金陵报恩寺乞请新刻《大藏经》一部，冬十月至京请藏，皇上即命送赍行。十一月至南京龙江，安放报恩本寺，宝塔放光连日。“及迎经之日，塔光如桥。向北迎经，僧自光中行。及安经建道场，光相日日不绝。瞻礼者，日万余人，以为希有之瑞。”德清借此送经之行，回老家探亲，与母相见场景，格外亲切动人。德清以深情而诙谐的笔触描述道：

> 老母闻予至，先遣人候问何日到家。予曰：‘我为朝廷事，非为家也。若老母能相见欢喜如未别时，止可信宿，否则我不归矣。’老母闻之曰：‘再生相见，欢喜不了，哪更有悲？一面即可，况两宿耶！’及予归，老母相见，欣然绝倒。予大以为异。及夜坐，族中长者问，从船来陆来？老母应声曰：‘何问从船来陆来？’问者曰：‘从何处来？’老母曰：‘从空中来。’予惊曰：‘怪（不）得当时老婆子能舍我也。’因问老母曰：‘别后想我否？’母曰：‘安得不想？’予曰：‘母何以自遣？’母曰：‘始而不知，既知尔在五台，因问师家，五台在何处？曰：在北斗之下，即令郎住处也。我自此夜礼北斗，称菩萨名，则不复想矣。今谓你死，则不拜亦绝想矣。今见尔，乃化身来也。’予明日祭祖茔，为二亲卜得葬穴。时老父已八十，予戏曰：‘今日活埋老子，省他日又来也。’予把镢斫地，老母夺之曰：‘老婆婆自埋，又何烦人！’连斫数十下。三日告别，老母欢然如故，未尝蹙眉，予始知老母非寻常也。①

然德清此番南都之行，并不全然为思亲而来，透过以下的叙述，我们了解到他又做了一件“志在兴复”的大事：“初予以重修本寺，志居台山，事已有机，但以动至数十万计未易言，故待时于海上。至是机将熟，乃借送大藏因缘回南都，具得本寺始末回，复命具奏圣母。且云：‘工大费钜，难轻举。愿乞圣母日减膳馐百两，

① 《憨山老人梦游集》卷五十三《憨山老人自叙年谱实录》上，福建莆田广化寺印行本，第2932—2933页。

积之三年事可举，十年工可成。’圣情大悦，即命于是年十二月储积始。”[①]在德清晚年的文字著述中，尽管他曾驻锡五台，创成了海印，中兴了曹溪祖庭，但始终称金陵报恩为“本寺”。此次南来，他“具得本寺始末回”，向慈圣太后复命具奏，提出重兴报恩工程，因“工大费钜”，而劝募宫中“日减膳馐百两，积之三年”。太后欣然嘉许，命宫中从当年十二月开始储积善款。

万历十八年(1590)庚寅，海印寺殿宇落成。万历二十年(1592)秋七月，德清至京访达观禅师于上方寺。晋时有静琬公，刻石经藏石室。其塔院为僧所卖，达观赎之，希望德清作记。德清与达观相见大喜，相对倾谈盘桓四十昼夜。一同参访石经山，乃为作《琬公塔院记》，及《重藏舍利记》。德清将此次与达师会见，“叹为生平之奇”。因其间他们所论谈，皆攸关明代佛教传承复兴之大事。

万历二十二年(1594)甲午冬十月，德清至京入贺圣节，慈圣太后留其过岁，请说戒于慈寿寺。时德清以修报恩寺因缘成熟，知太后储积已厚，乃请举事。可是皇上以倭犯朝鲜，方议往征讨，重建报恩事暂缓考虑，此后便因难作罢。[②] 这一年在德清一生佛教复兴生涯中可谓非常关键，然其年谱自叙仅寥寥数笔，因隐一敏感事实而遂使其周全之心及弘法婴难真相不为世所知，仅至熹宗朝其弟子福征疏注其年谱才稍稍透露，亦不敢大书其事。憨山、达观二师皆得慈圣太后深信，而他们亦因此卷入宫廷漩涡。先是达观住石经山，启石室，佛座下得函，贮佛舍利无数。圣母闻之，亦命近侍，致斋供，赐紫伽黎，大供舍利三日，重藏石窟。福征疏曰：达师有《辞赐让憨公表》，偈云：“三十年来江海游，寻常片衲度春秋。自惭贫骨难披紫，转施高人福更优。”盖因憨山当时尚在京不服故，达师亦不受，欲并归憨师令服之，故云福更优也。赐衣之日，圣母命内侍传旨，欲延入宫，面请法名。憨师知非上意，力谢，以祖宗制，僧不入宫。乃遣内侍绘像命名以进。圣母悬像内殿，令皇上侍立，拜受法名。皇上事圣母

① 《憨山老人梦游集》卷五十三《憨山老人自叙年谱实录》上，福建莆田广化寺印行本，第2934—2935页。

② 《憨山老人梦游集》卷五十三《憨山老人自叙年谱实录》上，福建莆田广化寺印行本，第2939页。福征按，入贺圣节者，冬至节贺圣母，非贺皇上。“非为修寺，不入贺留京。非三年往来留京，不涉议犯患也。”慈寿寺，亦称上方(寺)兜率院。报恩“事几成而缘寝不就，了从前北游本心兴复本寺一案”。(福征：《憨山大师年谱疏》，金陵刻经处影印本，第63页)

至孝，此日未免色动。[①]

万历二十三年(1595)乙未春正月，德清从京师回至东海牢山，即遭罹难，时年50岁。据德清年谱自述，初为钦颁藏经，遣内使四送之，其人先至东海。皇上惜财，素恶内使，以佛事请用太烦。宫廷中偶以他故触犯圣怒，危及慈圣太后，正好内廷权贵有忌恶送经使者，于是乘机发难。遂借之前山东方士流言，令东厂番役假扮道士，击登闻鼓以进，皇上览之大怒，下逮内使。以有送经因缘，故牵连德清。而其弟子福征对这场官司提供了更为现实复杂的宫廷背景，

乙未之年，皇太子生十四岁矣，而储位未定，廷议纷然。圣母意在泰昌，议主立长。皇上意在福王，议主立贵。内廷近侍，左袒郑贵妃者十九，外廷权贵，因之附和，几摇国本。于是调停其间者，主二王并封之说。而挺持者…… 不过数人。时泰昌复多疾恙，东宫储贰，未眷皇心，正在屼嵲觭角之际"。而德清"台山祈嗣，慈寿保嗣，以出世人，干系国祚大事"，所以才招来危机。"憨祖初以台山祈嗣得嗣因缘，有闻于内，已成祸胎。因避名，越半岁，即隐去而免。兹以报恩储积因缘，不忘京师，往来低回，几三载，而建储之大关目，大是非，波累及之。[②]

---

① 福征:《憨山大师年谱疏》，金陵刻经处影印本，第63—64页。圣母法讳在谱后法派"德大福深广"四十字中用第二"大"字。其讳字，当命名进宫时，侍者绝不得闻。但从此避忌"大"字一辈，法属悉从福字辈始。第136页谱后附《后世因缘》中录大师法派四十字偈云:"德大福深广，慈仁量普同。修持超法界，契悟妙心融。寂静觉常乐，圆明体性通。慧光恒朗照，道化久昌隆。"其下小字注:德字，憨祖法讳。大字，慈圣李皇太后法讳。命弟子名，自福字辈始。研究者以为此段因缘正透露憨山得罪之关键，慈圣"拜受法名"，触动万历之底线;福征所言"上事圣母至孝，此日未免色动"，即是此意。参王启元博士论文议及憨山德清赐度圣母法名一事，发露颇深:考憨山收大弟子福善之年，据其自撰年谱为万历十五年丁亥，秋八月，胡中丞请告归田，乃携其亲之子，送出家为侍者，命名福善。则此万历十五年时，憨山似已有准备，预留"大"字辈为日后之需，而终成其愿。观憨山既然胆大妄为至为慈圣之师而欲度皇太后，此则不独欲成信仰上一大偶像，政治上亦为一有威胁之势力;神宗必须除之而后快，亦在情理之中。然则"佛事请用太烦"及"私创寺院"，亦所需之虚名，神庙总不至于立一"度太后"之罪名，则皇家颜面何存? 一笑。然其据憨山年谱自述"初，达观禅师入灭之次年，予弟子大义，请灵龛回南"推测"大义"正为圣母法名，这仍有待确切考证。查研憨山著作中《促小师大义归家山侍养》知大义实有其人，为德清离开台山隐居东海时，妙峰送与追随德清的侍者。此侍者法名大义，又号德宗，被德清、达观二师共许为"僧中程婴"(见《梦游集》卷十三《与达观大师》)。鄙人用自心现量观照德清留下的隐约文字叙事，此小师"德宗大义"实蕴含深意，或许是慈圣太后安排到德清身边修行的"替修"，至少是德清表达法门忠义的载体象征。

② 福征:《憨山大师年谱疏》。福征即谭贞默，于万历四十四年(1616)德清71岁时，皈依为弟子，后疏注德清《自叙年谱》。所谓"慈寿保嗣"，是指万历二十二年(1594)德清在大慈寿寺"说戒"，福征说是为"保嗣"，意在为病弱的泰昌祈寿建储。

福征以为德清之祸，前因“祈嗣”，后因“建储”。

德清在东海弘化12年，被逮离开东海时，即墨城中士民老小倾城而出，涕泣追送，足见人心之感化如此。德清乃谓众曰：“佛为一众生，不舍三途。今东海蔑戾车地，素不闻三宝名，今予教化十二年，三岁赤子皆知念佛，至若舍邪归正者，比乡比户也。予愿足矣，死复何憾！第以重修本寺（报恩）志未酬，可痛心耳。”及至京，奉旨下镇抚司审问。执事者苦刑拷讯，欲使德清尽招追认慈圣太后所出诸名山施资不下数十万计。德清宁辱不屈曰：“某愧为僧，无以报国恩，今安惜一死，以伤皇上之大孝乎？即曲意妄招网利，奉上意以损纲常，殊非臣子所以爱君之心也，其如青史何！”①德清于该年三月下狱，京城诸刹，皆为诵经礼忏保护。皇上圣恩矜察，不涉圣母施资，德清罹难无恙②，但仍被坐以私创寺院之罪，遣戍雷州。

德清系狱8个月，圜中读《圆觉经》，作《四相章》，其中有云：“铁门紧闭杳难开，关锁重重亦苦哉。可怪呻吟长夜客，不知因甚此中来。一条血棒太无情，触着须教断死生。痛到彻心酸鼻处，方知王法甚分明。”多方人士为之申诉相救，乃至有“素未相识，特设燕（宴），会在朝缙绅请救，以至涕泣，诉其无妄。一时人心之为法如此”。万历二十三年乙未（1595）冬十月，发遣南行，“朝士大夫，多亵服策蹇相送以津济者”。③ 出都日，福善同衲子二三人随行。

十一月至南京，江上别老母，作《母子铭》。④ 又与雪浪江上相会，殷殷叮咛。尽管经过五台的盛名之累和东海的官司波折，德清兴复报恩的初志未改。其晚年在追思与他共同立志兴复报恩的旧友雪浪之文中，记有如下的一段话：

> 嘉靖末年，本寺雷火灾，殿堂一夕煨烬。予（德清）与公（雪浪）相对而泣

---

① 《憨山老人梦游集》卷五十四《憨山老人自叙年谱实录》下，福建莆田广化寺印行本，第2942—2943页。

② 参见《憨山老人梦游集》卷四十六《径山杂言》：“在东海时，值皇太后遣内官赍银若干至，弗敢拒也。度不可滥承当，念地方饥荒，可借以普太后之施，内官不可。予告以各县，该地方受施者，造一册还报。如之，其后两宫闻而大喜。及至被难时，竟得此一事力，乃知临财不可苟也。”

③ 《憨山老人梦游集》卷五十四《憨山老人自叙年谱实录》下，福建莆田广化寺印行本，第2944页。亵服，指古人家居时穿的便服。策蹇，原意为骑驴。宋释善珍有《策蹇》诗曰：“策蹇下山椒，冬深寒意骄。瀑风吹帽湿，杉雪落衣销。梅嫩有花早，桐衰无叶凋。是山皆可隐，不用楚词招。”这里说，朝士大夫们多穿着便服，赶着车马来相送。

④ 福征《憨山大师年谱疏注》：德清因弘法致难，上干圣天子怒，声若雷霆，私念老母，闻之必惊绝矣。乃蒙恩宥以不死，遣戍雷阳，道经故乡，迎老母于江上一见，欢喜谈笑，音声清亮，胸中略无纤毫滞念。因问：“老母闻儿死生之际，岂不忧乎？”母曰：死生分定耳，我尚不忧，何忧于汝？但人言参差，于事无决定见为疑念耳。相与侍坐达旦，即作永诀。老母嘱曰：“汝善以道自爱，无为我忧，今亦与汝长别矣。”欣然就道，了不相顾。予因感天下之为母有如此者，岂不顿尽死生之情乎？乃为之铭曰：母子之情，磁石引针。天然妙性，本自圆成。我见我母，如木出火。木已被焚，火元无我。生而不恋，死若不知。始见我身，是石女儿。

曰:"嗟乎,佛说大火所烧,净土不毁。何期与之俱化耶?伤哉,难矣!方今之世,舍尔我其谁欤?惜乎年轻福薄,无道力,从此决志修行也。他日长养,头角峥嵘,终当遂此兴复之愿。"由是予北游,固志在生死大事,其实中心二十余年未尝一日忘,即五台、东海,皆若子房之始终为韩也。不幸而竟以贾害,信乎大事因缘,固未可以妄想求也。及予罹难被遣,过故乡,公别予于江上,促膝夜谈及初志。予曰:"事机已就,若不遭此蹶,指日可成。今且奈何?予往矣,兄试相时先唱,当躬行乞于南都,以警众之耳目。予早晚天假生还,尚可计也。"公颔之。明发,遂长往。万历乙未(二十三年,1595)冬十一月也。①

德清晚年回顾其流戍岭南途径南都,曾与雪浪会于江上,"促膝夜谈及初志"。当年离开金陵独自北上参学,攀缘宫廷,历经五台、东海之转折,就如同张良"始终为韩",志在兴复报恩,"二十余年未尝一日忘"。同时,德清又认为必须长养道力深厚,具足大福德因缘,终可实现此兴复之愿。然而接近成功,忽遭此挫折,他不禁无限感慨,"信乎大事因缘,固未可以妄想求"。德清嘱托雪浪兄先勉力支撑,若他生还,再来谋划。

德清在金陵江上还会见了志趣相投的达观,起初德清与达观师会于京都石经山,因思禅门寥落,以为曹溪乃禅源所在,必源头壅阏,乃决志同往以浚通之。达观先往候于庐山,德清被难时,达观正居天池,闻报大惊曰:"憨公已矣,则曹溪之愿未了也!"后闻德清将出,遂回金陵以待。两人相别于江中下关旅泊庵中,达观许以诵《法华》百部以解其难,燃起了德清对"曹溪之愿"的希冀。修复报恩本寺和复兴江南佛教的志愿落空了,疏浚禅源而中兴曹溪祖庭就成为他流戍雷州的"大事因缘"。

(五)中兴曹溪祖庭

万历二十四年(1596)春正月,德清过江西之文江,访东林清流给谏邹元标(号南皋)。又,庐陵王性海居士,礼德清于文江畔,请注《楞伽》。二月度大庾岭,至岭头,观惠明夺六祖慧能衣钵处,作诗称"翻思昔日宵行者,何似今朝度岭心"。至韶阳,入山礼六祖,饮曹溪水。偈曰:"曹溪滴水自灵源,流入沧溟浪拍天,多少鱼龙从变化,源头一脉尚泠然。"见曹溪祖庭凋敝不堪言,遂凄然而去。以前德清

① 《憨山老人梦游集》卷三十《雪浪法师恩公中兴法道传》,福建莆田广化寺印行本,第1590—1591页。

未上五台山之前，先入少林参礼初祖；此际未达雷州，亦先入曹溪，参礼六祖。可见志于复兴禅宗祖庭在其心中的分量。①

德清抵达五羊(广州)，囚服见大将军。将军为之释缚，款待斋食，寓海珠寺。②大参周海门，率门生数十人过访德清。坐谈间，周公举"通乎昼夜之道而知"发问。众中有一称老道长者，答云：人人知觉，日间应事时是如此知，夜间做梦时亦是此知，故曰"通乎昼夜之道而知"。周公云：大众也都是这等说，我心中未必然。乃问德清曰：老禅师请见教。德清曰：此语出何典？周公曰："《易》之系辞。"公连念几句，德清曰："此圣人指示人，要悟不属生死的一着"。周公击节称赞曰："直是老禅师指示亲切！"众皆罔然，再问。周公曰："死生者，昼夜之道也，通昼夜则不属昼夜耳。"一座叹服。③ 三月十日抵雷州，寓城西之古寺。夏四月一日，即开手注《楞伽》。

万历二十六年(1598)春正月，侍御樊友轩，以建储议，谪戍雷州。④ 初访德清于五羊，时德清在校《楞伽》稿。樊公问：雷阳风景何如？德清拈经卷示之曰：此雷阳风景也。樊公叹异，即为疏募刻。⑤ 周海门任粤按察司臬时，与德清问道往来，因辖摄南韶，嘱修《曹溪志》。粤士子向不知佛，适周海门阐阳明之学，乃集诸子，问道于德清。其中有龙璋、王安舜、冯昌历诸生俱来请益，德清以禅门"向上事"开示，诸生谛信不疑，切志参究。诸生素有德业，相率归依日益众，"自是始知有佛、法、僧矣"。⑥ 此后岭南法化大开，三生之助力颇多。夏，始构禅堂于垒壁间，拟学大慧"冠巾说法"，乃集远来法侣，及法性寺菩提树下诸弟子，通岸、超逸、通炯等数十人，诵《法华经》，德清为众讲之。

南来之后，德清所交往联谊的宰官居士多为阳明心学学者，如上所述，他曾在途中访阳明心学江右学派著名人士邹元标(南皋)，又与泰州学派著名人士周海门、杨复所等"护法宰官"往来论道。德清在年谱自叙"万历二十七年"条下记载，春刻

---

① 福征《憨山大师年谱疏注》：征观憨祖，前未上台山，先入少林礼初祖。此未抵雷州，先入曹溪礼六祖。

② 德清《憨山老人梦游集》卷第十三《与达观禅师书》曰：至五羊，谒总镇王公，囚服见之。此公意气甚高，亲见降阶释缚，乃云："公物外高人，况为朝廷祈福，致此奇祸，何罪之有？吾辈正中心感重，岂可以寻常世法相遇？"固让不可，竟留款叙移时，斋食而退。且又遣力护送往戍所，途涉千五百里。

③《憨山老人梦游集》卷五十四《憨山老人自叙年谱实录》下，福建莆田广化寺印行本，第2945—2946页。

④《明史》卷二百三十四记，"全椒知县樊玉衡方上疏言国本"，被谪戍雷州。

⑤ 福征《憨山大师年谱疏注》：征知：祈储、得储，建储、争储，同一罪案，同一心事。故特为樊公远谪，拈出雷阳风景，并有一往深情在也。

⑥《憨山老人梦游集》卷五十四《憨山老人自叙年谱实录》下，福建莆田广化寺印行本，第2949—2950页。后成《曹溪通志》四卷，陈制府大科，杨少宰起元，周大参汝登，侯都督继高，并有序跋。

《楞伽笔记》成,“为众讲一过。乃印百余部,遍致海内法门知识,并护法宰官。且令知予处患难中,未忘佛事耳”。德清原是丛林和士林皆有广泛交谊的名人,此番流戍,虽为“罪僧”,有点受到奚落。但他的“诸护法者”,为其“以书通制府大司马陈公,遣邮符津济之”。[①] 所以,他虽为戍军人,却寓居在雷州城西的佛寺。惠州杨少宰复所公,“往与予有法门深契,久以忧归。今秋乃访之,至之日,公已卒”[②]。杨复所曾在南都为官、兴讲,归乡为憨山作《曹溪通志叙》,故其有“法门深契”。

然而,德清能从雷州戍所进入曹溪,并获得丛林改革的主导权和实力,还要靠其赢得当地军政力量的护法支持。万历二十七至二十八年间(1599—1600),“榷使四出,地方自此日多事”。此榷使即朝廷派出的矿监税使,狠戾暴横,官民不堪,地方震荡,加以倭警,人心惶惶。德清“散诸弟子,闭关绝迹,深以避之”。而由于矿税太监的煽动,发生了一场夺粮的暴乱,乱民包围了帅府。德清在关房中,被中军强邀至帅府,为被数千名夺粮市民所围攻的大将军解危。危机化解后,德清的不寻常很快被当地军政人物刮目相看。观察任公闻之,乃致书谢德清曰:“憨师不出,其如地方何?憨师既出,其如憨师何!”是年秋,南韶道祝公,延请德清入曹溪,“予乘兴遂入山,为六祖奴郎”。新制府戴公,知德清“安乱民,深德之,意欲一见。谕大将军,将予往谒。及见,礼遇甚优,留款斋饭。因辞往曹溪,公遂愿为护法,予是得安心焉”[③]。德清在地方军政首脑的护法支持下进入曹溪,开始其中兴祖庭的丛林改革事业。

万历二十八年(1600),南韶长官祝公礼请德清入曹溪。时南华寺衰落已久,德清到寺后,开辟祖庭,选僧受戒,设立僧学,订立清规,一年之间百废俱兴。他还整理出版《坛经》,编撰《曹溪通志》。万历二十九年(1601)春正月,德清目睹曹溪状况,“四方流棍集于山门,开张屠沽,秽污之甚,积弊百余年矣。坟墓率占祖山,僧产多侵之,且勾合外棍,挟骗寺僧,无敢正视者。予叹曰:此心腹之疾也!苟不去,则六祖道场终将化为狐窟,卒莫可救矣。予纵居此何为哉?”德清熟虑深思之后,乃往制台戴公求助。戴公当即下令“本县坐守,限三日内尽行驱逐,不留一人;铺居尽拆,不存片瓦”。“自此曹溪山门,积垢一旦如洗。”[④]戴制台留德清,

① 《憨山老人梦游集》卷五十四《憨山老人自叙年谱实录》下,福建莆田广化寺印行本,第 2947 页。
② 《憨山老人梦游集》卷五十四《憨山老人自叙年谱实录》下,福建莆田广化寺印行本,第 2951—2953 页。
③ 《憨山老人梦游集》卷五十四《憨山老人自叙年谱实录》下,福建莆田广化寺印行本,第 2953—2955 页。
④ 《憨山老人梦游集》卷五十四《憨山老人自叙年谱实录》下,福建莆田广化寺印行本,第 2956—2957 页。

斋饭坐谈。席间恳请德清这位大菩萨慈悲解救"目前地方生灵涂炭","珠船千艘,率皆海上巨盗,今以钦采,资之以势,罢采之日不归,横行海上,劫掠无已,法不能禁,此其一也。地方开矿,采役暴横,掘人之墓,破人之产,在在百姓,受其毒害,甚于劫掠。由是民无安枕矣"。采使者李公公对佛教颇为信奉,这年秋,至曹溪进香,参礼六祖,留山中数日,闻法甚喜。德清便劝化其为重兴曹溪祖庭大功德主,并请李公罢开采,撤差役,"由是山海地方,一旦遂以宁"。戴制台遂对德清深心感佩,以书谢曰:"而今乃知佛祖慈悲之广大也。"以此护法之心益切,德清因此得以安心曹溪祖庭中兴事业。①

此后德清致力中兴曹溪,诸事业顺利展开,其艰难与成就,弟子僧本昂等撰《曹溪中兴录》概括为十个方面:其一,培祖龙以完风气;其二,新祖庭以尊瞻仰;其三,选僧行以养人才;其四,驱流棍以洗腥秽;其五,复产业以安僧众;其六,严斋戒以励清修;其七,清租课以裨常住;其八,免虚粮以苏赔累;其九,复祖山以杜侵占;其十,开禅堂以固根本。②

万历三十一年(1603),达观因"妖书"事被捕下狱,累及德清被遣还雷州。万历三十四年(1606)八月,明廷大赦,德清再回曹溪。为修复南华寺大殿,自往端州采运大木。因有僧侣诬其私用净材,讼于按察院。后真相大白,德清坚辞曹溪主持,至广州长春庵,为众讲经。

万历三十四年(1606)丙午,年六十一,秋八月,皇长孙生,有恩赦,凡在戍老疾,及诖误者,俱听辩明释放。德清乃往告军门,经雷州道勘明,在应赦之列。先是春三月,度岭至南州,候丁右武,谢张相国洪阳公。德清年谱记述:"以予在难时,公居亚相,知予之难,始末最详,相与一时力救之。予心感焉,故往谢公,欣然道故。请予斋于江上之闲云楼,邀诸乡友陪坐。公曰:人皆知憨公为僧中一大善知识,不知大有社稷阴功也。众闻之,悚然问公。公言其概,一座动色。回过文江,访邹给谏,留数日。"③

万历四十一年(1613),德清从广州至衡阳,居灵湖万圣寺。在衡阳写成《楞严通议》《法华通义》《起信论略疏》,并亲自开讲。万历四十二年(1614)甲寅夏,德清在湖东,慈圣太后宾天,诏至恸哭。遂披剃返僧服。德清年谱记曰:"夏四

① 《憨山老人梦游集》卷五十四《憨山老人自叙年谱实录》下,福建莆田广化寺印行本,第 2958 页。
② 《憨山老人梦游集》卷五十《曹溪中兴录》上,福建莆田广化寺印行本,第 2711—2763 页。
③ 《憨山老人梦游集》卷五十四《憨山老人自叙年谱实录》下,福建莆田广化寺印行本,第 2961—2962 页。

月，还湖东，闻圣母宾天，随建报恩道场。有恩诏，乃对灵龛披剃谢恩，还僧服。因痛哭曰：悲哉！檀越往矣，本寺之愿已矣，岂待再来耶?”至此，德清决志“修养以待时”复兴报恩的“金陵宿志”方全告终。

万历四十五年(1617)正月，自南岳东游，至径山、云栖吊祭达观、袾宏二师，并为作塔上之铭。时各地僧徒领袖云集在杭州西湖净慈欢迎，盛况空前。同年五月，他自吴门返庐山，结庵五乳峰下，效远公六时刻漏，专修净业。其时九江众弟子为德清在庐山五乳峰下扩建道场，命名为法云寺，于此为众开讲《法华》《楞严》《金刚》《起信》《唯识》诸经论。德清又为传承华严一宗的遗绪，依据澄观《清凉疏钞》撰成《华严经纲要》80 卷。居 4 年，复往曹溪。①

天启二年壬戌(1622)十二月，德清回到曹溪为众说戒讲经。天启三年(1623)癸亥十月十一日圆寂于南华寺，寿 78 岁。“师因弘法，改婴世难，而道望益高。天启癸亥坐化曹溪，寿七十八，著《梦游集》行世。赞曰：弘道婴难，其道益弘。曹源一滴，千里同风。龙象蹴踏，振聩启聋。一灵皮袋，辉映卢公。”②

岭南弟子刘起相曰：“吾师弘法，一生精神，半在曹溪，备载于《中兴录》。暮年归休于庐之五乳。天启壬戌，起相同堂主本昂等，坚请师南还。以癸亥冬，示寂于曹溪。五乳眷属，知微善公欲迎灵龛归庐。龛前拈阄，三拈皆得留字。于时宗伯萧公捐赀，会本道我斋夏公、韶府张公，暨远近缁白弟子，及十房僧道，崇建塔院。”③

曹溪原是中国禅宗南宗的祖庭，到了明末久已荒废，经德清锐意经营，始恢复旧观，因此，被称为曹溪中兴祖师。崇祯十三年(1640)，弟子等将其遗骸漆布升座，安放塔院，即今南华寺内供奉的憨山肉身像。

(六) 未尝须臾忘报恩

对于憨山德清念念不忘复兴金陵报恩寺，其弟子福征在德清年谱疏中有一段记述足资证明：时报恩毁于天火，德清与雪浪誓以兴复。后德清“由台山入都，慈宫兴寺机缘几就，不偶，历东海、南海，未尝须臾忘报恩事”④。

然就德清一生从事的佛教复兴及丛林改革事业言，仍可作一个明显的分期：前期以兴复报恩寺的“金陵宿志”为中心，时间自嘉靖四十五年(1566)到万历二

---

①《憨山老人梦游集》卷五十四《憨山老人自叙年谱实录》下，福建莆田广化寺印行本。

②《楞严经通议》卷一《卷首语》。

③《憨山老人梦游集》卷五十五《本师憨山大和尚灵龛还曹溪供奉始末》，福建莆田广化寺印行本。

④ 福征：《憨山大师年谱疏》卷上，《憨山大师法汇初集》第 9 册，香港佛教法喜精舍刊印，1997 年，，第 20 页。

十三年(1595),亦即从他21岁到50岁,将近有30年的漫长岁月,苦心孤诣,志于兴复报恩。这期间,包括在金陵报恩寺的磨炼,北京与五台山的参学,攀缘宫廷以及山东牢山海印寺的隐居待时等,使德清名满丛林,影响力大增,眼光也逐渐注意到整个佛教复兴及丛林改革问题。后期则以中兴曹溪祖庭的"曹溪之愿"为中心,也即从他万历二十四年(1596)春充军至岭南开始,直到万历三十八年(1610)65岁因讼离曹溪,病寓广州长春庵,其间有15年时间是围绕着这个攸关曹溪禅源复兴和丛林改革的大事因缘来展开。前后两个时期构成了德清波澜壮阔的佛教弘法生涯,使他成为晚明佛教复兴"四大师"之一。

然则究实而言,此段曹溪中兴大事因缘,又何尝不是德清"须臾未忘报恩事"耶?报天子钳锤之恩,报圣母"慈心三昧"之恩,报佛恩众生恩。"曹溪中兴一段因缘,秋毫皆出慈心三昧。即山野无量苦心,总皆悲愿摄持。功虽未竟,而大概规模,聊为中兴祖道一代事业。"①

晚年德清东游之后,又应岭南士绅力请而返还曹溪,最终坐化于曹溪禅堂。憨山在粤15年,以流戍军人身份从事曹溪祖庭中兴大业,可谓呕心沥血,成就斐然,不只是深有益于岭南佛教,而且名闻两京并享誉大江南北。德清终其后半生弘法岭南,虽说是囚犯之身,但丝毫没有影响他疏浚禅源而中兴祖庭的坚毅豪迈之情。德清在明末佛教复兴史上的独特地位与杰出贡献,其僧友门生及后世多有嘉评。僧友达观真可曾将他与开法江南的高僧康僧会并提,"三国为英雄之聚,亦刀兵之聚,慈悲般若,无有入处。康祖一锡浮江,三称如来,两目流血,舍利投瓶,光灿六合,泽绵千古。……自唐及宋,饮曹溪而得道者,代不乏人。迩来曹溪涸矣,瑶林萧然,又借憨师以谪戍为波澜,而曹溪复活……"②憨山弟子福征曰:"维我憨山肉祖本师大和尚,在燕为慈寿宗师,在粤则为曹溪嗣祖,肉身鼎峙,贝叶灯辉。近代出头禅和,那堪仿佛万一?"③其著疏前有《憨山大师像赞》:"寰中游

---

① 《憨山老人梦游集》卷第十六《书问·与祝惺存观察》,福建莆田广化寺印行本。

② 释真可:《康僧会尊者像赞并序寄憨山大师》,载福征:《憨山大师年谱疏》卷首,《憨山大师法汇初集》第9册,香港佛教法喜精舍刊印,1997年,第2页。

③ 福征:《憨山本师法像赞》,《憨山大师年谱疏》卷首,《憨山大师法汇初集》第9册,香港佛教法喜精舍刊印,1997年,第4页。所谓慈寿宗师,指慈圣太后皈依憨山。慈寿寺在京师阜成门外八里,万历四年慈圣太后兴建,又称"上方兜率院"。德清在慈寿寺说戒,太后"礼赐綦隆"。经过多年接触和了解,慈圣太后至此皈依德清,法名大义。腊八日,太后命内侍赐德清以衣帽,并"欲延入宫,面请法名",德清"知非上意,力谢以祖宗制僧不入宫"。太后"乃遣内侍绘像命名以进","悬像内殿,令上侍立,拜受法名"。参见何孝荣:《从高僧到大师:憨山德清的崂山生涯》,《江西社会科学》2014年第10期。

化梦中嬉，写出慈云寄道思。王难当前权避世，婆心启后勉留词。渊源西竺千钧系，寥落南华一柱支。手擘禅花劳想像，灯灯余焰有余师。”

崇祯皇帝题赞憨山法像曰：“这老和尚何行状，撑持法门，已做栋梁！受天子之钳锤，为佛祖之标榜”。[①] 明末清初高僧觉浪道盛署“天界后学”称赞：“举世莫不知（憨山）为再来肉身大士矣！余何能赞一辞，盖痛念法门而有感焉。（憨山）大师当此宗门凋落之际，方与云栖、达观二大师，相为鼎立，以悟宗门之人，不据宗门之位。是预知宗门将振，故为宗门大防，独虚此位，而尊此宗。使其狂妄僭窃之徒，自生畏惧，而不敢眇视轻贱。此其心又奚啻程婴、杵臼哉？呜呼，有三大师如此光明赫奕于前，而后世尚有僭窃，不恤为大师之罪人者，宁不大可慨与！”[②]

民国时期印光大师有感于明末衰世憨山振兴曹溪禅源，序曰：“当明季时，王纲不振，大臣无权。掌权者皆是无知无识之太监，奸恶者，倚权者作弊；愿谨者，无智以设法。故致民困国危，无可救药。憨山、紫柏、云栖、妙峰，同于此时出兴于世，其阴翼治道、冥庇民生也大矣。憨山以弘法遭诬，谪戍广州，其救粤人而延社稷也，深且远矣。”[③]

二 憨山德清的著作与佛学思想探微

德清一生笔耕不辍，著述丰厚，其著作大都收入《憨山老人梦游集》中。《憨山老人梦游集》由侍者福善日录、门人通炯编辑，岭南弟子刘起相重校。其最早的版本是《嘉兴藏》函，只刻《法语》5 卷。清顺治十四年（1657），龚孝升入粤作官，钱谦益托龚氏带手书给憨山的广东诸弟子，嘱请搜葺憨山遗文。得海幢华首和尚、鼎湖栖壑禅师及曹秋岳诸公鼎力支持，裒集法语及诸论述，并缮写遗稿归吴。钱谦益亲自为之标点、删定，撰成《憨山老人梦游全集》40 卷刊刻。

其搜罗缮写情形，见诸钱谦益手书中请曰：“近代紫柏云栖，皆有全集行世。

① 《御书憨山老和尚法像赞》，《憨山大师年谱疏》卷首，朱由检题赞用玺，供奉在大内九莲菩萨院中。慈圣皇太后，世称九莲菩萨，崇祯时为其建庙。

② 《憨山老人梦游集》卷第五十五《憨山大师全集旧序》，福建莆田广化寺印行本。屠岸贾欲灭赵氏，义士程婴、公孙杵臼舍己救人，共匿赵孤。此喻憨山为法忘躯。

③ 《憨山大师年谱疏》卷首《印光题排印流通序》，《憨山大师法汇初集》第 9 册，香港佛教法喜精舍刊印，1997 年，第 6 页。

大师《梦游集》,《嘉兴藏》函但是法语一种,其他书记序传之文,发明大法者,有其目而无其书。闻大师遗稿,藏贮曹溪,卷帙甚富。今特为启请,倒囊相付,当订其讹舛,削其繁芜,使斯世得窥全璧。……伏祈诸上座合力搜罗,悉心采集,片纸只字,罔有阙遗。……此则法乘教海,千秋之耿光,非及门一人之私幸也。"①又序曰:《憨山大师梦游全集》,《嘉兴藏》函止刻《法语》五卷。丙申岁(顺治十三年,1656),龚孝升入粤,海幢华首和尚得余书,楗椎告众,访求鼎湖栖壑禅师藏本,曹秋岳诸公儘写归吴。谦益手自雠勘,撰次为四十卷。②

钱牧斋宗伯,访求憨山大师遗稿,书以托龚孝升中丞者。顷携至海幢寺,华首和尚观之,弹指赞礼。盖叹钱公能不负师,龚公能不负友,而两公皆能不负佛所付嘱也。使授诸梓,命今释跋其后。今释有跋记:丁酉(顺治十四年,1657)人日,中丞龚公孝升过海幢,出宗伯钱公牧斋书,其于大师遗稿,流通之心真切无比。华首和尚观之,亦赞叹无比。既以海幢所藏者简附龚公矣,复刊布诸刹,为博访全收之计,又以八行致端州栖壑禅师,索其全集。③

光绪五年(1879),由江北刻经处在原40卷基础上重新编排成55卷,续刻第39卷至46卷,又续刻第50卷至55卷,即今流通本也。1944年,南华寺住持虚云,赠鼎湖版全集予以重刊。1965年有莆田广化寺重印本,屈映光序,追溯僧家文集或专集,

则始于宋之四明尊者《教行录》及《镡津文集》。明清以来渐趋繁迹而流传最广者,以明末清初四大师为著,曰云栖大师所著为《云栖法汇》,曰紫柏大师所著为《紫柏老人集》及《别集》,曰憨山大师所著为《梦游集》,曰蕅益大师所著为《灵峰宗论》。云栖、紫柏各集搜罗较备,憨山、蕅益则犹有集外之著……民国以来,战乱频仍,不惟儒书之收藏多遭破坏,乃至佛门典籍如明清四大师专集,亦难求得。南华居士以宰官身究出世法,曾荷林子超主席勖以读《梦游集》可得胜解,遂承虚云老人赠以鼎湖版全集,捐资重印。二十年来已无存书,居

---

① 钱谦益:《寄憨大师曹溪法眷书》,岁在丙申十一月。(《憨山老人梦游集》卷第五十五,福建莆田广化寺印行本。)

② 钱谦益:《憨山大师梦游全集序》,载《憨山老人梦游集》卷第一,福建莆田广化寺印行本。

③ 今释:《录梦游全集小纪》,《憨山老人梦游集》卷第一,福建莆田广化寺印行本。人日节指每年农历正月初七。传说女娲初创世,在造出了鸡狗猪羊牛马等动物后,于第七天造出了人,所以这一天是人类的生日。

士息影美洲后，取江北版在香港重印。是书之因缘诚有不可思议者。”①

此55卷流通本，又称《憨山大师梦游全集》，经明末清初大儒钱谦益之校订，其书名为1989年台北文殊文化公司印行本所采用，收入蓝吉富主编《禅宗全书》。其题解曰，憨山德清治学范围极广博，除佛教经论之注疏外，另有关于《老子》《庄子》《大学》《中庸》等儒道书之注解，颇有融合三教之志趣。其书内容大致按文体分类编纂如次：

卷一，含钱谦益之序文、憨山老人自赞等四篇文章。

卷二至十二，为憨山对当时佛门缁素所开示之法语。

卷十三至十八，书信。

卷十九至二十二，序文，有为付梓之内外典所撰序，有赠友人序。

卷二十三至二十六，记，为佛教寺院等建筑物所撰之记文，及游记等。

卷二十七至三十，含所撰塔铭、传记二十余篇。

卷三十一至三十八，题跋、赞颂等。

卷三十九至四十，仿世学之古文、疏文、祭文等。

卷四十一至四十三，为《楞严》《法华》等经之疏释。收入《续藏》。

卷四十四至四十六，为作者对《大学》、老庄及佛教净土教义之论说与义理发挥。

卷四十七至四十九，诗集。

卷五十至五十二，曹溪中兴录及其他开示。涉及有关曹溪地理及佛教史之文章，并含复兴曹溪道场之计划，及所开示之法语等。

卷五十三至五十四，自叙年谱。

卷五十五，含吴应宾、钱谦益等人所撰之憨山塔铭、传记、挽诗等。

---

① 屈映光：《重印梦游集序》，《憨山老人梦游集》卷首，福建莆田广化寺印行本。李汉魂，1934年发起重修广东曲江曹溪南华寺，并从福建鼓山涌泉寺迎请虚云和尚主持其事。李汉魂从此皈依佛门，礼虚云和尚为师，自号“南华居士”。林森（1868—1943），原名林天波，字子超，号长仁，自号青芝老人，别署百洞山人、虎洞老樵、啸余庐主人。1928年2月，林森被选为国民政府委员，10月当选为立法院副院长，接着又被选为中国国民党中央监察委员。1931年12月23日，接替因“九·一八”事变而下野的蒋介石任国民政府主席。1937年抗日战争爆发后，林森于11月20日宣布迁都重庆，并率员于11月底抵达重庆。1941年12月9日，林森代表国民政府对日宣战。1943年8月1日因车祸在重庆逝世，葬于重庆歌乐山林园。

憨山为明代佛教界有数之学者，此书为憨山言论、文字和活动集大成之作，自是研究其人之生平、学问、弘法、交游等之最佳资料。此外，研究明代中晚期佛教史者，此书所含之史料，亦相当丰富。1997年，由香港佛教法喜精舍刊印《憨山大师法汇初集》10册和《憨山大师法汇贰集》10册。现存作品中除《中庸直指》未收入外，其他作品均收入在列，福征的《憨山大师年谱疏》也一并收入。如初集中第3至第5册为《妙法莲华经通义》（上中下三册），第7、8册分别为《肇论略注》《庄子内篇注》，贰集中第1至5册为《华严经纲要》，第6册《楞严经通义》及第7册《观楞伽经笔记》等，因部帙较大，均未收入55卷流通本。

憨山德清博通内外学，擅长诗文书法，来往南北，多为人撰写碑记塔铭，所作序跋题赞亦不少。著作有：《观楞伽经记》8卷、《楞伽补遗》1卷、《华严经纲要》80卷、《法华击节》1卷、《金刚经决疑》1卷、《圆觉经直解》2卷、《般若心经直说》1卷、《大乘起信论疏略》4卷、《大乘起信论直解》2卷、《性相通说》2卷（上卷为《百法明门论论义》，下卷为《八识规矩颂通说》）、《肇论略注》6卷、《道德经解》2卷、《观老庄影响说》1卷、《梦游诗集》3卷、《曹溪通志》4卷、《八十八祖道影传赞》1卷、《憨山老人自叙年谱实录》2卷等。另有《净宗法要》一书，乃清道光赵钺居士自《全集》中辑出，专用开示习禅修净学人。德清旁涉儒道经典注疏主要有以下几种：《观老庄影响论》（又名《三教源流异同论》）、《老子道德经解》、《庄子内篇注》；《春秋左氏心法》（《梦游集》卷十九收有《春秋左氏心法序》，全文散佚）、《大学纲目决疑》、《中庸直指》。[①]

憨山德清的文集，其弟子称“有千峰积雪、万壑轰雷之雄概”[②]。然其著述多为谪戍后撰，“师在行间十有八年，所著述有《曹溪通志》《楞伽笔记》《楞严通议》，法华《击节》《品节》《通议》，《金刚决疑》《道德经解》《观老庄影响论》《唯识百法规矩解》《起信》《肇论》《庄子内篇解》《大学决疑》。其诗有《梦游集》。自罹难始，及开示门人法语偈颂，计数百万言。然皆在奔走间，凡有所求，信意挥洒，未尝一安

① 《中庸直指》，未收入《憨山老人梦游集》和《卍新续藏》。萧天石主编《中国子学名著集成》之珍本初编儒家子部第16册《中庸汇函》中收录此文。另，《中庸直指》收入金陵刻经处汇刻诸经本，第43册，卷5，1884年，藏于美国普林斯顿大学东方图书馆。（见 Sung－pen Hsu，*A Buddist Leader in Ming China*：*The Life and Thought of Han－Shan Te－Ching*，University of Pensylvania Press，1979，p. 9。）

② 曾弘：《憨山大师口筏引》，载《憨山老人梦游集》卷第五十五，福建莆田广化寺印行本。“师与云栖、紫柏同时称三大宗师，弘皆亲受记莂。云栖以低眉作佛事，师与紫柏以努（怒）目作佛事，而其作略大都从五台水观中来。故其楮墨所宣，莫不有千峰积雪、万壑轰雷之雄概。”

坐经思也。又其染翰,人得片纸为世宝。大略观师于可见者,特绪余耳。师之不可见者,又可得而思议耶?”①

觉浪道盛评价憨山大师著作之用心,嘉其为法忘躯之诚,曰:“余尝思维世圣贤,立身一代,或开创,或继述,或守成,或重兴,或救弊。其用心于制作之微,事无不周,义无不备。使千万世下,有能寻其旨趣,皆可因之而振起也。此非古今之大经大法哉?于是更进而思之。夫经世圣贤,尚能以身尽一代之事,以道开万世之心。况我佛祖出世为人,以超生死性命之法,而化凡圣迷悟之心。其示现普门,感应异类者,岂不能续三世之慧灯,传大千之种智乎?余于憨山大师见之矣。”“至于平生说法著作,曲尽一代时教,始终本末,全体佛心,全行祖意。其提唱拈颂,及指示偈语,曾何减于古人,曾何让今人?天下后世,自知师实祖位之人,不居祖位。岂可以师不自居,即为非祖位人乎?师没后二十二年而全身不坏,与曹溪六祖开创重兴,无有二义。其进于维世大经大法,而能续法身慧命,诚无不周,无不备也。”②

广化寺重印本书末有李汉魂所作跋文曰:“有明归善杨起元云,得《憨山绪言》,读之爱其文雅。憨大师力阐南宗,中兴祖庭,智慧圆妙,倡三教一致之说。……夫佛之为言,觉也。自象教西来,吾国文学思想受其影响至巨,盖其博大精深,旁通内彻,足以明心见性,觉悟本来。憨大师以善知识现广长舌,为众生说无上法,则《梦游集》了悟钝根,固宜传也。”③

根据德清文集,梳理能反映德清佛学思想历程和特点的著述与讲说,可制表如下:

| 表 6.1　憨山德清有关佛学思想历程和特点的著述与讲说表 |

系年	著述	弘讲	缘起
万历四年(1576),31岁	作《憨山绪言》。	胡公固留德清过冬,朝夕问道,德清为说《绪言》。胡公记录成稿。	冬十月,塔院主人大方被诬讼,德清出面解救,躬谒平阳太守胡公顺庵,大方被释,道场以全。
万历十年(1582),37岁	作《重刻中峰广录序》。	春三月,讲《华严玄谈》。百日之内,常住上牌一千众,十方云集僧俗,每日不下万众。	是年八月皇子生,德清至京西中峰寺,结冬水斋于石室。

① 《憨山老人梦游集》卷第五十《附录未竟因缘》,福建莆田广化寺印行本,第2771页。
② 道盛:《憨山大师全集旧序》,载《憨山老人梦游集》卷第五十五,福建莆田广化寺印行本。
③ 《憨山老人梦游集》卷第五十五,福建莆田广化寺印行本,第3079页。

续表

系年	著述	弘讲	缘起
万历十四年(1586),41岁	笔述《楞严悬镜》一卷。		冬十一月,一夕静坐夜起,见海湛空澄,雪月交光,开悟,取《楞严》印证。
万历十五年(1587),42岁	为居士作《心经直说》。		是年修造殿宇,始开堂为众说戒,自是四方衲子日益至。
万历十六年(1588),43岁	始创意述《楞严通议》,已立大旨,然犹未属稿。		时学人读《楞严悬镜》,请曰:此经心观具明,第未全消文字,恐后学不易入,愿字字消归观心,则莫大之法施也。
万历十七年(1589),44岁		为众讲《法华经》《起信论》。	是年阅藏法会。
万历十八年(1590),45岁	作《观老庄影响论》。		是年海印殿宇成,春为圣母代书《法华经》。时有乡宦欲谋道场者,乃构方外黄冠,假称占彼道院,聚集多人讼于抚院。
万历十九年(1591),46岁	作《琬公塔院记》及《重藏舍利记》。		秋七月,至京访达观禅师于上方。与达师相对盘桓四十昼夜。
万历二十四年(1596),51岁	夏四月一日,始注《楞伽》;八月作《从军诗》二十首。		春正月,庐陵大行王性海,礼予文江上,请注《楞伽》。
万历二十五年(1597),52岁	夏四月,《楞伽笔记》成。		因诸士子有归依者,未入佛理,故著《中庸直指》以发之。
万历二十六年(1598),53岁	作《澄心铭》。	每忆达师许经之愿,其夏始构禅堂于垒壁间,将拟大慧冠巾说法,乃集远来法侣,并法性寺菩提树下诸弟子通岸、超逸、通炯等数十人,诵《法华经》,为众讲之。	海门周公,任粤臬时,问道往来,因摄南韶,属修《曹溪志》。
万历二十七年(1599),54岁	春刻《楞伽笔记》成。	为众讲一过。	印百余部,遍致海内法门知识,并护法宰官,且令知予处患难中未忘佛事耳。
万历三十二年(1604),59岁	著《春秋左氏心法》。		春正月,以达师遭妖书之厄,因忆达师云:《楞严》说七趣因果,世书无对解者。予曰:《春秋》乃明明因果之书也。遂著《春秋左氏心法》。
万历三十五年(1607),62岁	《注道德经》成。		幼读《老子》,以文古意幽,切究其旨,有所得。俗弟子请为之注,始于壬辰属意。每参究透彻,方落笔。苟一字有疑而不通者,决不轻放。因此用功十五年,携于行间,至今方完。
万历三十七年(1609),64岁	注《金刚决疑》。		

续表

系年	著述	弘讲	缘起
万历三十九年(1611),66岁	述《大学决疑》。		春三月,居端州鼎湖山养疴。初奉赦候题,向无按院复命,故延至今。复奉重勘明,始注销听自便。时诸士子,相依请益。
万历四十年(1612),67岁	述《百法直解》,又著《法华品节》。	居长春庵,为弟子讲《起信论》《八识规矩》。	以《法华击节》文义联络不分,学者难会,乃著《品节》。
万历四十一年(1613),68岁		居长春庵。夏,为诸弟子讲《圆觉经》。	
万历四十二年(1614),69岁	著《楞严通议》。		夏四月,还湖东,闻圣母宾天,随建报恩道场。《楞严经》自东海立意著《通议》,久蕴于怀,未暇述。今夏五月方落笔,五十日稿遂成。
万历四十三年(1615),70岁	夏四月著《法华通义》,又纂《起信略疏》。	春,为众讲《楞严通议》。	礼八十八祖道影,吴公大赞叹,乃命画士临小像册,请予各为传赞。
万历四十四年(1616),71岁	注《肇论》,述《性相通说》。		登匡庐,吊彻空禅师,避暑于金竹坪,遂有注《肇论》。弟子法铠请益相宗。
万历四十五年(1617),72岁	汇刻《东游集》四卷。	为众讲《楞严》《起信》。	诸山各路名德法师,俱集于湖上问法,各申诘难,时谓东南法会之最胜,昔所未见也。
万历四十七年(1619),74岁	始著《华严纲要》。	春正月,粤弟子通炯至。遂开堂启讽《华严》,长期为众讲《法华》《楞严》《金刚》《起信》《唯识》诸经论,命炯首众。冬于关中,为众讲《楞伽》《起信》。	八月望,闭关谢事,专心净业。每念华严一宗将失传,《清凉疏钞》皆惧其繁广,心智不及,故世多置之,但宗《合论》。因思清凉乃此方撰述之祖,苟弃之则失其宗矣。志欲但明疏文,提挈大旨,使观者易了,题曰纲要,于关中批阅笔削始。
万历四十八年(1620),75岁	侍者广益请重述《起信》《圆觉》直解、《庄子内七篇注》。复著成《八十八祖道影赞》。		前任分巡衡阳吴公,转粤臬,入曹溪礼祖,托山中弟子寄乞诸祖赞。德清病中为纂传七十一首,各系以赞,亲为书之。
天启元年(1621),76岁		夏,为众请,讲《楞伽》。冬,又为众讲《楞伽》《肇论》《起信》。	
天启二年(1622),77岁	《华严纲要》草就。	春正月,粤弟子孝廉刘起相、陈迪祥、陈迪纯、梁四相入山问讯。起相与四相,相伴山中住半载,为讲《楞严》《起信》《金刚》。	
天启三年(1623),78岁		四月,为众说戒,讲《楞严》《起信》等经论。	

德清的佛学思想，总体表现为对内主张禅净双修、禅教融通；对外又倡扬儒、道、释三教融通，主张“教三道一”，而具体体现在其随缘弘法讲说与著述中。兹结合德清讲说并著述系年，分以下四个方面来阐述德清佛学思想之大旨。

（一）由儒入佛：忠于法门，孝于师亲

德清佛学思想格局之形成，得益于其早年在金陵报恩寺所受三位恩师的启蒙和引领。这三位师尊即是报恩寺住持西林永宁，及其请来弘讲华严、唯识学的无极大师守愚，还有中兴江南禅道的云谷法会禅师。德清作西林翁大和尚传，写道：

> 先是江南佛法未大行，（西林）翁虽居官秩，切以法门为忧，每见僧徒见轻于士林，叹曰：“为僧不学，故取辱名教，玷污法门耳。”初请先师云谷和尚，住三藏殿，教诸习禅者。于是始知有禅宗。数年先师去隐栖霞。适（无极）守愚先师南来，五台陆公为祠部主政，谓祖翁曰：顷见高僧守愚法师讲演甚明，当请至寺，教习僧徒。翁即礼请先师居三藏殿，设常住供赡。选僧数十众，日亲领往听讲。从此始知向佛法。……自是禅道、佛法乃大行，方知有十方接待，皆吾祖翁力兴起也。先是僧多习俗，不能对士君子一语。翁居常谓僧徒，以禅、教为本业，然欲通文义，识忠孝大节，须先从儒入。乃延儒师，教某等十余人，读五经、四书、子、史。某所以粗知读书文义，及披剃，即知听讲、习禅，即雪浪中兴一代教法，皆翁慈心摄持教养之力也。[1]

由这段传文中“僧徒见轻于士林”“僧多习俗，不能对士君子一语”等记载，可窥明中晚期江南佛教法门衰微及僧教育状况。其时金陵报恩寺有高僧西林永宁住持，“切以法门为忧”，确立“以禅、教为本业”，“然欲通文义，识忠孝大节，须先从儒入”的僧教育理念，并得著名宰官居士陆光祖护持，得风气之先，请来无极与云谷二师，中兴江南佛法禅道。

德清在其年谱实录中记述了其早年在本寺接受儒学经典教育，并由儒入佛的情形。德清自 14 岁起，就在报恩寺熟背流通诸经，引起太师翁西林大和尚的

① 《憨山老人梦游集》卷第三十《南京僧录司左觉义兼大报恩寺住持高祖西林翁大和尚传》，福建莆田广化寺印行本。

重视，延请能文师资教之。15岁时，“太师翁乃请先生，教习举子业。初即试其可教，乃令《四书》一齐读”。年16，读完《四书》，能背诵流利，“首尾不遗一字”。年17，“是岁讲《四书》，读《易》，并时艺，及古文辞诗赋，即能诗述文。一时童子推无过者”。年18，“时督学使者专讲道学（即理学），以童生为歌童，动随数十，逐队而歌，亦有因之而幸进者。予大耻之，遂欲弃所业”。[①] 德清不喜举业，弃世俗理学而学禅道佛法。

德清19岁，同会诸学友多有应试取捷，并有劝德清往试者。

> 时云谷大师，正法眼也，住栖霞山中。太师翁久供养，往来必款留旬月，予执侍甚勤。适云大师出山，闻有劝予（应试）之言，恐有去意。大师力开示出世参禅，悟明心地之妙。历数传灯诸祖及高僧传，命予取看。予检书笥，得《中峰广录》，读之未终轴，乃大快。叹曰：此予心之所悦也。遂决志做出世事。即请祖翁披剃，尽焚弃所习，专意参究一事。未得其要，乃专心念佛，日夜不断。……是年冬，本寺禅堂建道场，请无极大师讲《华严玄谈》。予即从受具戒，随听讲至十玄门海印森罗常住处，恍然了悟法界圆融无尽之旨。切慕清凉之为人，因自命其字曰澄印。请正，大师曰：汝志入此法门耶？[②]

其后，德清决志由儒入佛，但为“回禄”本寺，德清仍接受担任本寺义学教师之职，“予年二十二，特举虚谷忠公为寺住持，以救倾颓。比为回禄事，常住负贷将千金，皆经予手。众计无所处，予设法定限三年，尽偿之。是年奉部檄，本寺设义学，教僧徒，请予为教师，授业行童一百五十余人。予因是复视《左》《史》，诸子古文辞。”[③]德清为教授行童义学，又悉心研读《左传》《史记》及诸子等国学典籍。

德清因西林翁礼请业师及本寺开设义学而受儒学教育熏陶，识得忠孝大节，贯穿其后一生，矢志不移坚守，以“法王忠臣，慈父孝子”为荣。其曰：“余少读史，窃慕程婴、公孙杵臼之为人，念曰：持此心为人臣子者，可谓不霣所生矣。及长出家，乃曰：吾佛为三界法王、四生慈父，苟能持（程婴、杵臼）二子之心为弟子者，可谓不负己灵矣。及读《传灯》诸祖机缘，见神光之断臂、船子之覆舟，百丈之于马

① 《憨山老人梦游集》卷第五十三《憨山老人自序年谱实录》上，福建莆田广化寺印行本，第2884—2885页。
② 《憨山老人梦游集》卷第五十三《憨山老人自序年谱实录》上，福建莆田广化寺印行本，第2886—2887页。
③ 《憨山老人梦游集》卷第五十三《憨山老人自序年谱实录》上，福建莆田广化寺印行本，第2893页。

祖,杨岐之于慈明,叹曰:苟忘身为法,若诸老之为心者,何患祖道之不昌、法门之不振乎!嗟夫,丈夫处世,既不能尽命竭力以事人主,荣名显亲,即当为法王忠臣、慈父孝子。易地皆然,又何屑屑以事龌龊乎?故予自知有向上事以来,此心翩翩,负超世之思,即处樊笼,游廛市,未尝不置身冰雪千岩万壑中也。"①此所谓"置身冰雪千岩万壑中",盖指其铭心彻骨也。

德清从少年读史慕忠义开始,出家后又慕诸祖为法忘身,致力振兴法门,倡扬祖道。其所志所行凝练成甘当为"法王忠臣、慈父孝子"8 个字,若冰雪寒岩,彻骨彻心。德清 51 岁罹难谪戍雷阳,至曹溪源头礼祖,即感叹六祖"因缘时至,聊借风幡一语,震动人天,始得剃发披衣于法性菩提树下,说法于曹溪源头。千七百员知识,从此一派流出。惟此广大功德,皆从我大师忍苦一念中来。岂非法王忠臣、如来慈父真子者乎!至今授戒之坛基尚在,埋发之道树犹存。凡在覆荫之下,靡不安然于盖载之间。食大师之食,衣大师之衣,求其知大师之恩,思大师之苦者,无一人矣。悲夫!是可谓日用而不知也。余忝在大师末法弟子列,弘法罹难,放遣雷阳。丙申度岭过曹溪,瞻谒大师,道骨俨然如生。慨其法道寥落,风俗隳颓,泣数行下者久之"②。

其在雷阳与僧俗善知识通信曰:"若夫贫道者,自知习气所钟,钟于忠义。居常私念,丈夫处世,既不能振纲常、尽人伦,所幸身托袈裟,即当为法王忠臣、慈父孝子。所以三十年来,苦切此事,至若千尺寒岩、万年冰雪中,彻骨彻心。……而此一念精真,即穷劫不退。此非妄语,痛念生此末法浇漓之世,偶被业风吹扇,好事者即以法门人数口之。愧理不充,行不备,不足以取信天下后世。"然其坚信自己"一念精真","实欲于九鼎一丝之秋,以程婴、公孙杵臼之心,匡持佛祖之命脉,庶不失为法王之忠臣"③。

王安舜曰:"夫建功成事之难也,宁独兴朝事业哉?即法门亦然。曹溪为禅宗洙泗,海内丛林,传灯诸祖,皆出一脉。岂细事哉!今千年矣,其大坏极弊,一

① 《促小师大义归家山侍养》,载《憨山老人梦游集》卷第二《法语》,福建莆田广化寺印行本,第 97—98 页。德清将程婴、杵臼护孤忠义引入法门振兴、重辉祖道,一念精真,不遗余力。而对但凡有此"一念精忠"者如小师大义,也称许以"僧中程婴"。

② 《题实性禅人书华严经后》,载《憨山老人梦游集》卷第五十二,福建莆田广化寺印行本,第 2849—2850 页。东吴僧道原著作《景德传灯录》,披奕世之祖图,采诸方之语录,次序其源派,从七佛以至法眼之嗣凡五十二世,一千七百一人。故此德清曰"千七百员知识,从此一派流出"。

③ 《与管东溟佥宪》,载《憨山老人梦游集》卷第十五《书问》,福建莆田广化寺印行本,第 771—772 页。

至于此。即六祖复出，亦难之也。何幸徼圣天子之宠灵，师以逆缘至，一力而更新之，不八年而功过半。无论其财、法二施，即坚忍不拔之志，处困苦污辱，而甘心若饴，在古人求之，亦未易见也。然师之真慈，御物应化，居常切言：不为世主之忠臣，即为慈父之孝子。……”①

德清晚年在其著述中屡曰：“惟我圣天子仁孝、圣母慈恩，以法为社稷苍生福。某敢不竭躬尽瘁，以敷扬法化，上报圣恩。法王忠臣，慈父孝子，实予所图。”“上赖圣慈宠灵，……法道聿兴。……余所经涉，无论污辱，即祁寒溽暑，奔走于风尘道路，冒生死之际者，不可指陈。而此心一念孤光，未尝少易。”德清以道自任，为法忘身，“余曰：尝闻世之君子，以身殉国则死国，以身殉法则死法。今蒙慈恩，以法见托，而且表扬圣孝。其事虽异，其命实均。避难不义，弃命不忠。不义不忠，何以为法？假而以此即有封疆尺寸之寄，苟临难而去之，又何以自处？宁效死而弗去，不为苟生以失经，或者唯唯。顷亦魔风顿息矣”。②

憨山德清一生行解相应，佛法、世法一肩担荷，其不惟以出世之修持报答父母师长的养育、教诲之恩，也能以一腔忠义之心上报国恩、圣恩，弘法利生，以期佛法经世济民，有所作为。在憨山德清作自序年谱里，这样的慈悲济世事例屡见不鲜。万历二十一年(1593)，德清48岁那年，山东大饥荒，死者不计其数，他倾尽所藏斋粮布施给近山之民，不足之处乘便舟至辽东，买豆子数百石来补充。③在他流放岭南期间，广东大旱，疫病横发，饿殍满地，他率领弟子掩埋尸骨无数，并作济度道场消灾去戾。憨山说：“先是，粤人不知佛，自此翕然知归。”德清因此受诸当道极称之曰：“僧中麟凤。”④

(二)立足禅学，楞伽印心

晚明四大师，在后世所著灯录中皆被归为“法系未详”。其实，憨山德清、紫柏真可二师有明显的禅者风范，而云栖袾宏与蕅益智旭则被尊为净宗祖师。在思想方面，他们不仅倡导禅净合流，还兼习华严、天台、唯识学，形成性相融通、禅

① 《憨山老人梦游集》卷五十《附录未竟因缘》，福建莆田广化寺印行本，第2769—2770页。
② 《促小师大义归家山侍养》，《憨山老人梦游集》卷第二《法语》，福建莆田广化寺印行本，第101—103页。
③ 《憨山德清自序年谱实录》卷上，万历二十一年癸巳，“是年山东大饥，死者载道。山中所储斋粮，尽分赈近山之民。不足，又乘便舟至辽东籴豆数百石以济之。由是边山四社之民，无一饥死者”。
④ 《憨山德清自序年谱实录》卷下，万历二十四年丙申，流戍雷州，“时旱，井水枯涸，唯善侍者相从。每夜半，候得水一罐，以充一日。饥夫视之，得一滴，如天甘露也。城之内外，积骸暴露。秋七月，予与孝廉柯时复，劝众收拾，埋掩骴骼以万计。乃作济度道场。天即大雨，平地水三尺，自此厉气解”。万历二十五年丁酉，“予年五十二，春正月，时会城(广州)死伤多，骸骨暴露。予令人收拾，埋掩亦数千计。乃建普济道场七昼夜”。

教融通的佛学思想。而德清的思想特色便以弘扬禅道为门径，立足禅学而淹贯禅教净，臻于“宗通说通”的境界。其弟子福征曰：“而佛祖慧命所寄，则《楞伽笔记》其最先，《华严纲要》其最后，宗不离教，祖不离佛，此其甚彰明较著者矣。本师常自言，笔舌所出，靡不凝神入观，体契佛心，稍涉思议，即不中用。”①

1. 禅道师承与末后一著

云谷禅师被少年德清视为“正法眼”，在其出家犹豫不决之际，正是云谷禅师给以启蒙，又引领他进入禅学殿堂，随众参禅。憨山弟子福征曾说：“幸得云谷大师之警策，遂专志办出世事，……其力办修行，发悟矢志之机缘，全自云谷始也。”②德清作云谷大师传曰：“先太师（西林）翁，每延入丈室，动经旬月。予童子时，即亲近执侍，辱师器之，训诲不倦。予年十九，有不欲出家意，师知之问曰：汝何背初心耶？予曰：第厌其俗耳。师曰：汝知厌俗，何不学高僧？古之高僧，天子不以臣礼待之，父母不以子礼畜之。天龙恭敬，不以为喜。当取《传灯录》《高僧传》读之，则知之矣。”云谷在南都传禅，当时“南都诸刹，从禅者四五人耳”。德清参禅得云谷指引，“指示向上一路，教以念佛审实话头。是时始知有宗门事”。德清自述：“师寻常示人，特揭唯心净土法门。……予自离师，遍历诸方，所参知识，未见操履平实、真慈安详之若师者。每一兴想，师之音声色相，昭然心目。以感法乳之深，故至老而不能忘也”。③ 由此法系传承来考察，德清应属于禅宗临济法脉，因云谷法会师承于径山法舟道济，而法舟为临济宗杨岐系。

憨山身处明中晚叶禅门凋敝之时，能真正弘禅、习禅的僧师零落不堪，故云谷大师被德清尊为江南弘扬禅法的开创者，而少年僧习禅者，独憨山德清一人。④从其所撰《云谷先大师传》中称许云谷“见地稳密，操履平实，动静不忘规矩，犹存百丈之典型”的道风来看，德清较重视真参实证的禅修工夫，但从德清尊云谷为“先大师”的敬称中，足见他对云谷禅师所象征的临济法脉传承，仍予肯定和尊重。其曰：“达摩单传之道，五宗而下，至我明径山之后，狮弦将绝响矣。唯我大

---

① 福征：《憨山大师年谱疏》，《憨山大师法汇初集》第9册，香港佛教法喜精舍刊印，1997年，第129页。

② 福征：《憨山大师年谱疏》，《憨山大师法汇初集》第9册，香港佛教法喜精舍刊印，1997年，第15页。

③《憨山老人梦游集》卷第三十《云谷先大师传》：“生平任缘，未常树立门庭。诸山但有禅讲道场，必请坐方丈。至则举扬百丈规矩，务明先德典刑，不少假借。居恒安重寡言，出语如空谷音。定力摄持，住山清修，四十余年如一日。胁不至席。终身礼诵，未尝辍一夕。当江南禅道草昧之时，出入多口之地，始终无议之者，其操行可知已。”

④《憨山德清自序年谱实录》卷上，嘉靖四十四年乙丑，《憨山老人梦游集》，福建莆田广化寺印行本，第2890页。“江南从来不知禅，而开创禅道，自云谷大师始。少年僧之习禅者，独予一人。”

师，从法舟禅师，续如线之脉。虽未大建法幢，然当大法草昧之时，挺然力振其道，使人知有向上事。……遍阅诸方，纵有作者，无以越之。岂非一代人天师表欤!”①

德清承许云谷先大师从径山法舟禅师续“达摩单传之道”，传中揭示:“法舟济禅师，续径山之道，掩关于郡之天宁。(云谷)师往参扣，呈其所修。舟曰:‘止观之要，不依身心气息，内外脱然。子之所修，流于下乘，岂西来的意耶?学道必以悟心为主。’师悲仰请益，舟授以念佛审实话头，直令重下疑情。师依教日夜参究，寝食俱废。一日受食，食尽亦不自知，碗忽堕地，猛然有省，恍如梦觉。复请益舟，乃蒙印可。阅《宗镜录》，大悟唯心之旨。从此一切经教，及诸祖公案，了然如睹家中故物。于是韬晦丛林，陆沉贱役。一日阅《镡津集》，见明教大师护法深心，初礼观音大士，日夜称名十万声。师愿效其行，遂顶戴观音大士像，通宵不寐，礼拜经行，终身不懈。”德清曰:“(云谷)师之发迹入道因缘，盖常亲蒙开示。第末后一著，未知所归。……师为中兴禅道之祖，惜机语失录，无以发扬秘妙耳。”②

2.“雷阳风景”:《楞伽》印证，以一心为真宗

德清的禅道固然源自云谷传禅，但其开悟的禅学思想则来自冰雪寒岩之亲身证悟，并以《楞伽经》印证，这一点自然也不同于云谷先大师悟后以《宗镜录》印心。万历三年(1575)，德清30岁，住北台龙门，开悟，说偈曰:“瞥然一念狂心歇，内外根尘俱洞彻。翻身触破太虚空，万象森罗从起灭。”万历四年(1576)，德清31岁，年谱记曰:“是年予发悟后，无人请益，乃展《楞伽》印证。初未闻讲此经，全不解义，故今但以现量照之，少起心识，即不容思量。如是者八阅月，则全经旨趣，了然无疑。”③

德清从此反复研摩《楞伽》，至深至细，被其当作“增上逆缘”中复兴禅道命脉的主要宗经。在谪戍雷阳初期作成《楞伽笔记》，不但无命运低沉之感，更以之来传达自己的心声给昔日的僧俗相知者。“当捶楚之余，掷此瘴疠之地，不敢一息忘于度生之事。一入瘴乡，不数日即以《楞伽》为佛事。三年之内，手著诸书，在干戈壁垒间，不敢一息懈怠。所以急欲了此公案者，自念久居塞北，走尽天南，人

---

①《憨山老人梦游集》卷第三十《云谷先大师传》，福建莆田广化寺印行本，第1562页。

②《憨山老人梦游集》卷第三十《云谷先大师传》，福建莆田广化寺印行本，第1553—1554、1561—1562页。

③《憨山德清自序年谱实录》卷上，载《憨山老人梦游集》卷第五三，福建莆田广化寺印行本，第2908—2909页。

间极品炎寒，俱已备历。顾此蕞尔之躯，何当受此烧煮？志有待而形已消，日虽长而生已短，苟不努力强持一息，以法为命。诚恐一旦委填沟壑，即与草木同枯朽矣。况一失人身，万劫难复……”[①]德清数经患难苦痛，越发体会到生命本真实相，愈加“以法为命”，对于印心之经亦更见亲切。

《楞伽笔记》之作缘起于江西庐陵王性海，万历二十四年（1596）丙申，德清年51，春正月过文江，“庐陵大行王性海，礼予江上，请注《楞伽》”。三月十日抵雷州，寓城西之古寺。“夏四月一日，即开手注《楞伽》。时岁大饥，疫疠横发，经年不雨，死伤不可言。予如坐尸陀林中，以法力加持，晏然也。”至翌年夏四月，《楞伽笔记》成。[②] 德清在《楞伽笔记》中记述了其注释《楞伽经》的经过：

> 余居海上，时万历壬夏，偶患足痛不可忍，因请此经置案头，潜心力究。忽寂尔亡身，及开卷读百八义，了然如视白黑，因忆昔五台梵师言，遂落笔记之。至生灭章，其患即愈。及乙未春，因弘法罹难，幽囚困楚中。一念孤光未昧，实仗此法门威德力也，顷蒙恩遣雷阳。丙申春，过吉州，遇大行王公性海，于净土（庵）中，请益是经。因出前草二章，公首肯。遂以正受注并三译本，稽首属余，请卒业焉。余携之，以是年三月十日抵戍所，于四月朔即命笔。时值其地饥且疠，死伤蔽野。余坐毒雾尸陀林中，日究此经，至忘寝食，了然如处清凉国。至七月朔，甫完卷半。比与何孝廉复元，率父老掩胔骼（尸骨），至四千头有奇。建盂兰会，说幽冥戒，普济之。时天乃雨，而疠随止。遂令蔑戾车地，大生欢喜心。无乃借此性海一滴，润此焦枯乎！余亦奉镇檄来五羊，憩东郭垒壁间，又首事于十月朔，至明年佛成道日，乃阁（搁）笔焉。[③]

德清文集中保存了《与王性海大行》书二通，其一为别后抵戍所不久，以不忘《楞伽》注之嘱托见告。“庐陵米价，竟无可酬。净土胜缘，业已深结。承禅悦饱餐，当不负空生托钵也。别后抵戍所，其地瘴烟，复逢饥馑。惟此苦趣，触目心悲，痛彻骨髓。恨不能遍身毛孔，一一如空，流出利生四事耳。斯实与贫道菩提

---

① 《与管东溟佥宪》，载《憨山老人梦游集》卷第十五《书问》，福建莆田广化寺印行本，第772—773页。

② 《憨山德清自序年谱实录》卷下，《憨山老人梦游集》卷第五三，福建莆田广化寺印行本，第2945、2947、2948页。

③ 憨山德清：《观楞伽阿跋多罗宝经记》（第1—3卷），《观楞伽宝经阁笔记》。

分法为增上缘，承以《楞伽》见委，俟幻躯得所，暂息尘劳，定当穷神，必不负嘱累因缘耳。”其二，为《楞伽笔记》完稿后，寄其印可。“前北来僧乾峰，已托问讯，并致《楞伽笔记》，奉求印可。惟法属有缘，事如有待。此经入震旦千有余年，况经三译之手。自昔弘法诸师若清凉、圭峰，不少其人，所注疏者汗牛充栋而独不及此，使达摩心印暗而不彰。以至今日，被座下拈出，于急流中一语拶破，入山野钝根之手，播弄一番，诚非小小因缘也。岂与座下同受灵山之嘱，将鼓簧此法，以救末代之弊耶？不然何以有此难思之事乎！就中不知究竟何如，一旦以此大宝和盘托出，光照人天，未必不假神力也。愿指点瑕疵，如夺秦廷之璧，是在座下勇健耳。”[①]德清于此指出，此达摩心印之经传入震旦千有余年“暗而不彰”，如今被座下拈出，实可“救末代之弊”。

最耐人寻味的是，德清以《楞伽笔记》代表“雷阳风景”。他在《年谱》中如此记述：

万历二十六年戊戌

予年五十三，春正月，侍御樊公友轩，以建储议，谪戍雷州。初访予于五羊，时予校《楞伽》稿。公问予：雷阳风景何如？予拈经卷示之曰：此雷阳风景也。公叹异，即为疏募刻。

万历二十七年己亥

予五十四岁，春，刻《楞伽笔记》成，为众讲一过，乃印百余部，遍致海内法门知识，并护法宰官，且令知予处患难中，未忘佛事。抑恐死而无闻，将托言以见志，冀垂不朽耳。或有不见谅者，以予为妄。[②]

樊友轩即樊玉衡，《明史》卷二三三有传，万历十一年（1583）进士。其曾任全椒知县，为德清家乡父母官。因“建储议，谪戍雷州”。事出于二十六年四月，玉衡因

① 参卷第四十七《庐陵净土庵受王性海诸居士斋因怀汪使君》曰：“庐陵一粒米，价重过须弥。须弥尚可碎，此粒无坏时。化为香积饭，转作净土资。……”（《憨山老人梦游集》卷第十五，福建莆田广化寺印行本，第780—782页。）

② 《憨山老人自叙年谱实录》下，《憨山老人梦游集》卷五十四，福建莆田广化寺印行本。樊玉衡冒死上疏求建储及远郑妃，自为后党喉舌已明，其亲近憨山，并同戍岭表外，亦有属一利益集团之关系。

为东宫储位空缺，“以册立久稽”，故上书言：“陛下爱贵妃，当图所以善处之。今天下无不以册立之稽归过贵妃者，而陛下又故依违，以成其过。陛下将何以托贵于天下哉？由元子而观则不慈，由贵妃而观则不智，无一可者。愿早定大计，册立、冠婚诸典次第举行，使天下以元子之安为贵妃功，色不并受其福，享令名无穷哉！”疏奏，帝及贵妃怒甚。旨一日三四拟，祸且不测。大学士赵志皋等力救，言自帝即位未尝杀谏臣。帝乃焚其疏，忍而不发。未久，以《忧危纮议》连及，遂永戍雷州。①

福征在德清年谱疏中道：“祈储得储，建储争储，同一罪案，同一心事。故特为樊公远谪，拈出雷阳风景，并有一往深情在也。忽言，每忆达师许经之愿者，不忘许诵《法华》百部时心，因之为雷阳说法，著《法华击节》缘起也。外纪有云：教眼，宗眼，原无二眼。”②福征在此暗示，德清著述《楞伽笔记》《法华击节》寓含有关国运、法运兴隆的消息，并指出其为“宗眼”“教眼”，而究其实质，“原无二眼”，且为“同一罪案，同一心事”。透过福征的疏注，并由此深入洞察德清之事涉宫廷、谪戍雷阳及其著述缘起宗旨，底蕴皆为法门重光此一大事因缘也。此点或可与达观大师复书相印证：“持去《楞伽笔记》，奉入慧目，以作法供养。某下劣，深知此一段大事因缘，皆如来所遣，圣恩所赐，即此可为报恩地。但愿此法普遍微尘刹土，一切见闻，同入自心现量，即不慧委填沟壑，则此生千足万足，夫复何憾！”③

憨山德清自述年谱仍为其编年著述足资取信的一手材料。年谱实录编纂、校订者钱谦益记述：“以大师为中兴龙象，一言一行，关系人天眼目。文取足征，事贵传信，不敢扳缘葛藤，添附蛇足，以滋法门增益之谤。后有正眼，幸鉴别焉。”德清在《年谱》上提到他开悟后无师请益印可，故翻阅《楞伽经》以求印证，花 8 个

① 参见谷应泰《明史纪事本末》载：万历二十六年（戊戌，1598）五月，吏科给事戴士衡、全椒知县樊玉衡削籍谪戍。先是，庚寅山西按察使吕坤辑《闺范图志》，郑国泰重刻之，增刊后妃，首汉明德皇后，终郑贵妃。科臣戴士衡指其书上言，谓吕坤逢迎掖庭，菀枯之形已分，语侵贵妃。樊玉衡前疏皇长子册立中，亦有“皇上不慈，皇长子不孝，皇贵妃不智”等语。贵妃闻之，泣诉于上。会有援引历代嫡庶废立之事，著为一书，内刺张养蒙、刘道亨、魏允贞、郑承恩、邓光祚、洪其道、程绍、白所知、薛亨、吕坤等，名曰《忧危竑议》者，戚党疑其书出士衡手，张位教之。郑承恩遂上疏力辩，并奏士衡假造伪书，中伤善类，曰为二衡，以激圣怒，欲并杀张位。上怒甚，二臣谪戍。

② 福征：《憨山大师年谱疏注》卷下，《憨山大师法汇初集》第 9 册，香港佛教法喜精舍刊印，1997 年，第 74—75 页。又参《憨山老人梦游集》卷第四十六《径山杂言》：“教眼宗眼，原无二眼。永明师提宗，全摭教语印入，恐人一向无义路边错下脚。若不得教眼，便落邪见。我注《金刚》《法华》《楞伽》《楞严》等经书，从情识不到处、没义路边迸出者拈取，却欲以教印宗。学者当自得之。”

③ 《憨山老人梦游集》卷第十三《书问・附达大师答书》，福建莆田广化寺印行本。

月的时间，用自心现量观照经文，终于对全经旨趣了然无碍。这无形中使他和云谷、妙峰诸师友悟后取《宗镜录》印心稍有异趣，但从禅法上看，他恢复了初期禅宗的《楞伽》印心传统；再者，从本朝历史看，他也激活了明初太祖及高僧宗泐辈以《楞伽》印心的佛教传统。这自是德清与达观约同疏浚禅源、中兴法门的题中应有之义。

德清志在禅修自心，弘兴禅道法脉，早年在报恩寺就与雪浪有别，"未多历讲肆"，其曰"清幼入空门，切志向上事，愧未多历讲肆。常见古人谓文字之学，不能洞当人之性源，贵在妙悟自心，心一悟则回观文字，如推门落臼，固不难矣。因入山习枯禅，直至一字不识之地，一旦脱然自信，回视诸经，果了然如视归家故道，独于此（楞伽）经苦不能句"。[①] 直到其台山开悟后，用自心现量观经，方了然全经旨趣。德清在《楞伽笔记》中借蒋之奇序文明其旨趣：

> 学佛之敝，至于溺经文，惑句义，而人不体玄，则言禅以救之。学禅之敝，至于驰空言，玩琦辩，而人不了义，则言佛以救之。二者更相救，而佛法完矣。昔达摩西来，既已传心印于二祖，且云吾有《楞伽经》四卷，亦用付汝。即是如来心地要门，令诸众生开示悟入。此亦佛与禅并传，而玄与义俱付也。至五祖始易以《金刚经》传授，故六祖闻客读《金刚经》，而问其所从来，客云，我从蕲州黄梅县东五祖山来。五祖大师常劝僧俗但持《金刚经》，即自见性成佛矣。则是持《金刚经》者始于五祖，故《金刚经》以是盛行于世，而《楞伽》遂无传焉。[②]

有鉴于此，德清双管齐下，一面疏浚曹溪祖庭法脉；一面则更加深入激活达摩禅学之源。

德清罹难之前曾与法友达观在西山议及当今禅道不彰、法脉沉沦，皆缘于禅源淤塞枯寂，故其曰："传灯所载诸祖法系，惟以心印相传，原不以假名为实法也。嗟乎！禅道下衰，真源渐昧。自达摩西来，六传曹溪，一法不立。及五宗分派，盖以门庭施设不同，而宗旨不异。及宋而元，灯灯相续，至我明国初，尚存典型。此

---

① 憨山德清：《观楞伽阿跋多罗宝经记》（第1—3卷），《观楞伽宝经阁笔记》。
② 《观楞伽阿跋多罗宝经记》（第1—3卷），《楞伽阿跋多罗宝经序》。

后宗门法系蔑如也，以无明眼宗匠故耳。其海内列刹如云，在在僧徒，皆曰本出某宗某宗，但以字派为嫡，而未闻以心印心。由此观法，则大可悲矣。举世皆然，岂止一方而已耶？况佛制四民出家，同一释姓，如众流入海。今推原五宗真传，则法眼早入高丽，沩仰绝响，云门在宋尚存。而曹洞则少林独擅，方今天下僧寺，法系多称临济，一派盛行。至若正枝旁出，可莫可考，盖随人自立。譬夫王纲失纪，而僭者横出，迷方者众，谁得而正之哉！"①

德清晚年东游与东南宰官护法居士谈及此《楞伽笔记》为"心宗正脉"，其曰："向致《楞伽笔记》，此经的为心宗正脉，未审曾留意否？近来东南衲子中，参究向上者多，苦无明眼宗匠指示，都落光影门头掉弄识神，被冬瓜印子印坏。又不肯亲近教乘，求真正知见，实为难得。宰官中向三十年来，护法大心者不少，而求真真潜心本地功夫者，亦不多得。"又称其实为"无我之学"："方今世道浇漓，法门寥落之秋，非大力量人出，谁为匡持？尝谓匡世道在正人心，护法门在正知见。然正人心，必以正知见为本。所谓不偏不党，王道荡荡，非至公无我之心，何由一群情而定众志哉！然无我之学，必从法中参究功夫，将身心世界大破一番，揭露本有大光明藏。方能观身世如空花泡影，视功名如梦幻水月。自然齐生死，一是非，超毁誉。如此，方敢言视天下为一家，视群生为一身。廓然大公，斯则人心自正，世道可淳，而致君泽民之效，无越于此矣。谛观宋濂溪之学，实出于此，故能羽翼圣祖，开万世太平之业。"②

3. 患难之作，托言见志

这部《楞伽笔记》为憨山德清患难余生之后"托言见志"第一作，实非他作可比，其志于心明，而显著特点在于"观"，故也称《观楞伽宝经记》，况乎《楞伽》为"佛语心"。其《观楞伽宝经阁笔记》曰：

"《观楞伽宝经记》，盖为观经而作也。以此经直指众生识藏即如来藏，显发日用现前境界，令其随顺观察自心现量，顿证诸佛自觉圣智，故名佛语心，非文字也。又岂可以文字而解之哉？故今不曰注疏，而曰《观经记》。盖

---

① 《憨山老人梦游集》卷第二十《焦山法系序》。参同卷《重兴青原山七祖道场序》："尝与紫柏禅师言，谓禅宗寥落，必源头壅塞，当同疏导之。师大以为然。师先候予于匡山。及乙未，予年五十，以弘法致谴，放于岭外，因得重浚曹溪之原，以为禅道重兴之兆。辛苦八年，而祖庭始开，功虽未圆，中兴之机已见。"

② 《憨山老人梦游集》卷第十八《书问·答钱受之太史》，福建莆田广化寺印行本，第 954—956 页。

以观游心，所记观中之境耳。此经为发最上乘者说。所谓是法甚深奥，少有能信者。以文险义幽，老师宿学读之不能句，况遗言得义，以入自心现量乎?"《楞伽》本为西来祖师达摩印心之经。德清作此非但因缘重大，更重要的是为当下禅门萎颓疏浚活源，其不仅注意到"昔达摩授二祖，以此为心印。自五祖教人读《金刚》，则此经不独为文字，且又束之高阁，而知之者希，望崖者众矣"，还关切到"惟我圣祖以广大不二真心御寰宇，修文志暇，乃以《楞伽》《金刚》(《心经》)佛祖三经，以试僧得度如儒科。特命僧宗泐等注释之，颁布海内，浸久而奉行者亦希"。[①] 德清记曰："品以心名者，以一心为宗也。所谓寂灭者名为一心，即性自性清净第一义心。一切诸佛皆证此心，而为众生开示者，直指此心耳。故云一切佛语心。"[②]

德清在笔记中特别提到此患难之作得圣慈与佛力加持，"荷蒙圣慈，以万里之行而调伏之，使入其难入。期年之内，奔走居半，而能了此积劫广大因缘。非荷诸佛神力加持，何能以思维心测度如来自觉圣智境界乃尔。以是弥感圣恩，析骨难酬也"。故其稿成，先得观察海门周公欲梓之，以入贺未果。戊戌(二十六年，1598)冬，复得侍御樊公友轩赞叹"信光明幢"，愿广法施，遂为疏募众。德清笔记写道："幸诸宰官长者居士，各欢喜成之，愿将此胜因，回向《楞伽》法性海中，仰凭慧光圆照，破此夙愆，蚤登解脱。冀见闻随喜，同入自心现量，共转此法轮直至未来际。以斯功德，上报圣恩，下拔苦趣，齐登涅槃彼岸耳。第此经单破外道偏邪之见，令生正智，以一心为真宗，以摧邪显正为大用。其所破之执，各有所据，皆载彼宗。以瘴乡苦无经论参考，即所引证，皆以《起信》《唯识》提契纲宗，务在融会三译，血脉贯通。若夫单提向上，直指一心，枝词异说，刷洗殆尽，冥契祖印，何敢让焉！因为述其始末如此。万历己亥季夏望日，海印沙门德清记。"[③]

(三) 宗通说通，性相融通

德清立足宗通，融摄禅教：一方面，融通天台、华严教法，不溺文字，一一销归自心现量，以如来藏自性清净心为第一义，导轨向上之路，主要代表作有《楞严通议》《法华通义》《华严纲要》等作；另一方面又以《大乘起信论》"一心开二门"为纲

① 憨山德清：《观楞伽阿跋多罗宝经记》(第1—3卷)，《观楞伽宝经阁笔记》。
② 《观楞伽阿跋多罗宝经记》卷第一《一切佛语心品第一》。
③ 憨山德清：《观楞伽阿跋多罗宝经记》(第1—3卷)，《观楞伽宝经阁笔记》。

宗，倡导性相融通，遂有《大乘起信论直解》《圆觉经直解》《性相通说》等著述。

1. 楞伽楞严，宗通说通

明代心学兴起以来，普遍受到佛教界内外善知识推崇并注解的佛教经论要数《楞伽》《楞严》《圆觉》《起信》等作。前章述金陵焦竑曾对《楞伽》《楞严》《圆觉》《法华》等四部佛经分别作有《精解评林》，而德清以"僧中善知识"崛起于明末佛教衰颓之世，对这几部经论的关注，在一定程度上可以说是对士林思想动向的回应，或直接为满足与其交往的士绅弟子的需求，但实际也是他亲身修证禅道佛法所体悟到的真知灼见之记录。其在与居士通信中说到《楞伽》"此经，离文字相，离心缘相。唯忘言妙契，方有入处。从此不疑，当有深证也。……若从《楞伽》入，但于静坐，能见自心妄想流注，方是工夫入头。又云，妄想无性一语中得力，便念念消归"。又曰："近拙述《楞严通议》，先已令致览。此经广博，包含一代圣教，迷悟因果，理无不彻。向来解者，未尽发挥。山野此作，大非故辙，似更易入。其《法华通义》，亦尽翻旧案。不知《法华》，则不知如来救世之苦心。不知《楞严》，则不知修心迷悟之关键。不知《楞伽》，则不辨知见邪正之是非。此三经者，居士宜深心究之。"①

关于德清的"宗通"，吴应宾在其所撰德清塔铭中述及，德清修证开悟过程中曾有四次显现"宗通之相"，且有偈为证：

其一是河东初悟。万历二年(1574)，德清 29 岁，与妙峰结伴同行赴五台，九月途经河东，山阴王留他们结冬。时太守陈公为刻《肇论中吴集解》，德清帮助校阅，悟《物不迁论》"旋岚偃岳" "江河不流"之旨，作偈曰："生死昼夜，水流花谢。今日乃知，鼻孔向下。"德清 7 岁以来久蓄于心的生来死去之疑，至此涣然冰释。此得宗通之相一。

其二是台山龙门之悟。万历三年(1575)二月卜居北台之龙门最幽峻处，三月三日于雪堆中，拨出老屋数椽以居之。时见万山冰雪，俨然夙慕之境，身心洒然。卓锡台山，不闻吹万之喧嚣。单提一念，人来不语，目之而已。久之视人如机，直至一字不识之地。初以大风时作，万窍怒号；冰消涧水，冲激奔腾如雷。静中闻有声，如千军万马出兵之状，甚以为喧扰。溪上有独木桥，德清日日坐立其

① 《憨山老人梦游集》卷第十八《书问·答王东里明府》，福建莆田广化寺印行本，第 941—943 页；又参同书《答钱受之太史》，第 957 页。

上。初则水声宛然，久之动念即闻，不动即不闻。一日坐桥上，忽然忘身，则音声寂然。自此众响皆寂，不复为扰矣。雪窟头陀，念息尘忘，立而丧我者，不知几旦暮。一日粥罢经行，忽立定，不见身心，唯一大光明藏，圆满湛寂，如大圆镜，山河大地影现其中。及觉则朗然，自觅身心，了不可得。即说其偈曰："瞥然一念狂心歇，内外根尘俱洞彻。翻身触破太虚空，万象森罗从起灭。"自此内外湛然，无复音声色相为障碍，从前疑会，当下顿消。此得宗通之相二。

其三，海印之悟。万历十四年(1586)冬十一月，禅室初就，始得安居，身心放下，其乐无喻。一夕静坐夜起，德清见海湛空澄，雪月交光，忽然身心世界，当下平沉，如空华影落，洞然一大光明藏，了无一物。即说偈曰："海湛空澄雪月光，此中凡圣绝行藏，金刚眼突空华落，大地都归寂灭场。"即归室中，取《楞严》印正，开卷即见"汝身汝心，外及山河虚空大地，咸是妙明真心中物"。则全经观境，了然心目。随命笔述《楞严悬镜》一卷，烛才半枝，已然成就。牢山之会心，海天雪月，互影交光，三昧现前，无入无出。此得宗通之相三。

其四，省亲之悟。万历十七年(1589)，静中机发，不因心念，意在舌端。自别五台，时有省亲之心，且恐落世谛也，姑自验之。一夕静坐，忽开眼有偈曰："烟波日日浸寒空，鱼鸟同游一镜中。昨夜忽沉天外月，孤明应自混骊龙。"乃急呼侍者曰："吾今可归故乡见二老矣！"此得宗通之相四。"盖自是回真入俗，而有省觐之游。妙喜大悟十八，小悟无数。个中冷暖，惟师自知。"[①]

吴应宾在德清塔铭中提到"台山之悟，四顾无所咨决，而以现量寓目《首楞严》王，八阅月无用心处。其在那罗延窟，则《楞严悬镜》，半烛而成，亦无用心处"[②]。此中所言台山悟后德清以《首楞严》印证，稽德清自序年谱实录，台山悟以《楞伽经》印心，海印悟则以《楞严》印证，并作《楞严悬镜》。而德清在《楞严通议》中自述："余昔居五台冰雪中参究向上，以此经印证，坚凝正心以照瞩之，豁然有得；及至东海枯坐三年，偶阅此经，一夕于海湛空澄雪月交光之际恍然大悟，忽身心世界当下平沉如空华影落；是夜秉烛述《悬镜》一卷，乃依一心三观融会一经，

① 《憨山老人梦游集》卷第五十五附录《大明庐山五乳峰法云禅寺前中兴曹溪嗣法憨山大师塔铭》，福建莆田广化寺印行本，第2994—2995页。又参卷第五十三《憨山老人自序年谱实录》有关悟境界偈记述。

② 《憨山老人梦游集》卷第五十五附录《大明庐山五乳峰法云禅寺前中兴曹溪嗣法憨山大师塔铭》，福建莆田广化寺印行本，第2997页。

谓迷悟不出一心，究竟不离三观，以提大纲。”[①]

《径山杂言》亦有记：“在东海时，一夕坐入，身世俱空，海印发光，河山震动境界，得相应慧。有顷悟入《楞严》著紧处，恍然在目，急点烛书之。手腕不及停，尽五鼓漏，而《楞严悬镜》已竟矣。侍者出候，见残烛在案，讶之。”德清又自述其“著经，必是凝神入观，体契佛心，机倪忽自迸出者，方副之纸。若涉思议，即不中用”[②]。福征疏曰：“征闻初祖以《楞伽》印心，今憨祖以《楞严》全部印心，先圣后圣，其揆一也。”[③]无论如何，《楞严经》对于德清而言，委实可视为《楞伽经》之外的另一部表达宗通说通的修证宝典。

据德清年谱记述，德清 52 岁著成《楞伽笔记》，而 69 岁才著成《楞严通议》，70 岁方作《法华通义》，纂《起信略疏》。德清在《楞严通议》中开宗明义指出：“此经文博义幽，旧解但科其文而未尽挈其义，故于通途一贯之旨未畅，使观者徇文而大义难明，以致修心三观不得其门而入。虽古今讲演流通尽大地，而依之造修者皆不知其要，有负如来开示正修行路也！今愚妄为通议，直欲发明条贯，使学者一览便见指归。”[④]

德清复于序中言及此经大旨及著述缘起：“《首楞严经》者，诸佛如来大总持门秘密心印，统摄一大藏教五时三乘，圣凡真妄、迷悟因果摄法无遗，修证邪正之阶差、轮回颠倒之情状，了然目前如观掌果；可谓彻一心之源、该万法之致，无尚此经之广大悉备者，如来以一大事因缘出现世间，舍此别无开导矣！”[⑤]《楞伽经》被禅宗初祖达摩视为印心之经，而德清认为《首楞严经》则为诸佛如来“统摄一大藏教”的“大总持门、秘密心印”。

此经自传入中土，注解者凡十余家，除了《楞严会解》之外，“近世缁白各出手眼而弘通者非一，崇尚已极，刻意已深。而披文释义靡不参详精确，发无余蕴，又何俟其蛇足哉？但历览诸说有所未惬者，独理观未见会通，故言句虽明而大旨未畅，是于学者未免摸象之叹！”然以理观为主，于文则略，说者又以文字为障，不能融入观心，犹以为缺。“故予久有议蕴藉胸中，及投炎荒，虽波流瘴海而一念不忘

---

① 《楞严经通议》卷一《首楞严经通议序》。
② 《憨山老人梦游集》卷第四十六《径山杂言》，福建莆田广化寺印行本。
③ 福征：《憨山大师年谱疏》卷上，《憨山大师法汇初集》第 9 册，香港佛教法喜精舍刊印，1997 年，第 37 页。
④ 《楞严经通议》卷一《首楞严经通议略科题辞》。
⑤ 《楞严经通议》卷一《首楞严经通议序》；又参《憨山老人梦游集》卷第十九《序》，福建莆田广化寺印行本。

者二十余年。至万历甲寅以投老南岳，寓灵湖之万圣兰若，结夏时，粤门人超逸侍予最久，甘苦疾病患难靡不同之，予感其精诚，因入室请益《悬镜》触发先心，遂直笔成帙。较《悬镜》虽多，无非广发一心三观之旨，而文不暇详释。”

德清于此标示“题曰《通议》，盖取《春秋》经世先王之法，议而不辩之意。所谓议其条贯而通其大纲，是于向上一路实以为赘；其于初机之士，可以饮海一滴而吞百川之味也！”又曰“法本离言，而坚执邪见者非言不破。佛说优波提舍名为论议，以折邪慢之幢。良以此经摧九界之邪锋、拆圣凡之执垒，靡不毕见于广长舌端，种种坚壁，一镞而破之，直使智竭情枯、降心归顺而后已。以经尽发其情，苟不议明正令，无由以净法界之妖氛、彰觉皇之大化，是可以文字目之哉？得意遗言，是在金刚正眼”①。

德清此《楞严通议》之作备受后世台宗大德之推崇，清光绪二十年(1894)，谛闲大师“甲午春云游台岳”，偶触目此作，“消热恼于一时，镕冰襟于顷刻”，不由称叹：“大哉教乎！如来金口诚言，祖师悲心诠解，求其妙而得入、深而易悟者，无如憨山大师著释《首楞严经》之通议也。宗趣昭然，言辞切约，不是离文显妙，亦非滞句谈玄；融性相二宗，彻一心三观，符定宗旨，不遗纤毫，本末圆通，始终一贯。诚教苑之司南、禅宗之正眼也！”②

德清通议悬判《楞严》不局于一时，揭示其归趣在一心三观，是为成佛之要。

> 如来始从鹿苑，终至双林，四十九年所说一代时教，无非开示此心之指。以众生惑有厚薄，根有利钝，故设三乘之渐次。以十善而免三途之苦以明有，以谛缘而拔三界生死之缠以明定，以三观而破定有之执以明中。然虽巧设多方，必以顿证法界一心为极则，故以楞严大定为究竟圆满归趣。此我本师出世一大事因缘，始终之化法也。是知三观之设，散在五时，而教海汪洋，末法行人难究其趣。若夫廓法界一心，摄一代时教，揭三观妙门，显一心之旨，无尚此《大佛顶首楞严》一经矣。大哉顶法！真顿证一心之悬鉴也。以十二部经之广演，而收于十轴之文。详十法界之因果，而敷陈于六万余言之内。以无量行海，摄归三观妙门。以旷劫难成之佛，而圆满于首楞严一定。

---

① 《楞严经通议》卷一《首楞严经通议序》，万历丁巳(四十五年，1617)端阳德清书于吴门之贝叶斋。

② 《楞严经通议》卷一《重刻首楞严经通议序》，光绪二十年孟冬月天台嫡裔云水山人谛闲书于申江龙华寺之藏经阁。

可谓至简至要，最深最奥之法门也。[①]

2. 法华起信，性相融通

《楞严通议》之外，德清又著有《法华通义》，后者亦非寻常疏注之作，而与德清“以法为命”之志向关系甚大。德清自序年谱中从万历十七年（1589）到四十三年（1615）都有《法华》讲习、著述及其相关因缘记载：

万历十七年己丑

予年四十四，是年阅藏，为众讲《法华经》《起信论》。

万历十八年庚寅

予年四十五，是年殿宇成，春为圣母代书《法华经》。

万历二十三年乙未

予年五十，初与达观师于石经山，因思禅门寥落，谓曹溪，禅源也，必源头壅阏，乃志同往以浚之。达师先往候于匡山，予被难时，师正居天池，闻报大惊曰：憨公已矣，则曹溪之愿未了也！师遂先至曹溪，回至聊城。闻予将出，遂回金陵以待。予至，则相别于江中旅泊庵中。师意欲力为白其枉。予曰：君父之命，臣子之事无异也，况定业乎！师幸勿言。临歧把臂曰：在天池闻师难，即对佛许诵《法华经》百部，以保无虞，我之心，师之舌也。予唯唯谢别，师为作《逐客说》。

万历二十六年戊戌

予年五十三，每忆达师许经之愿，其夏始构禅堂于垒壁间，将拟大慧冠巾说法，乃集远来法侣，并法性寺菩提树下诸弟子，通岸、超逸、通炯等数十人，诵《法华经》，为众讲之。至《现宝塔品》，恍悟佛意，要指娑婆人人目前即华藏也。然须三变者，特为劣根渐示一斑耳。古人以后六品率为流通，亦未见佛意耳。遂著《法华击节》。

① 《憨山老人梦游集》卷第二十《楞严接光录序》，福建莆田广化寺印行本。

万历四十年壬子

予年六十七，居长春庵，为弟子讲《起信论》《八识规矩》，乃述《百法直解》。以《法华击节》文义联络不分，学者难会，乃著《品节》。

万历四十三年乙卯

予年七十，春为众讲《楞严通议》。夏四月著《法华通义》，以虽有二节，全文尚未融贯，故重述之，五十日稿成。纂《起信略疏》。

由上述几段年谱实录文，可见德清与《法华》因缘殊深，不过这里有几点值得注意：

其一，德清在牢山海印时期，就为众开讲《法华》，并为圣母代书《法华》。圣母即慈圣太后，太后为神宗之生母，信佛至深，万历朝的高僧如德清、紫柏等人从事的佛教复兴事业及巨大影响力，皆与太后慈恩护持有关。此所谓“代书”可能是以替人抄经来为恩主修行积德的一种方式，类似的情况有明万历前后皇室出现以僧“替修”的信仰现象，皇家花巨资造寺，而选童子在寺中修持，当时称此种方式为“替修”。再如与德清齐名的妙峰，即为山阴王“替修”，这样的替修僧往往是选贫家童子从小就栽培植福。[①] 德清从五台至东海隐居，圣母先是颁藏赐牢山，因无处安藏，遂募缘建海印寺，得此慈恩，德清无以为报而代书《法华》。

其二，德清罹难谪戍岭南，紫柏达观与其在南京下关旅泊庵会见，相别把臂，对佛许诵《法华经》百部，以保无虞，并曰“我之心，师之舌也”。德清其后在与达观师书中曰：“知师同体之爱，爱逾骨肉；同心之忧，忧入肺腑。”[②]德清抵岭南后，“每忆达师许经之愿”，乃集法性寺菩提树下诸弟子等数十人，诵《法华经》，为众开讲。其中蕴藏的信息，其实是与达观约好的中兴曹溪祖庭这一大事因缘。故

① 圆澄在《慨古录》中曾批评这种替修方式，视为皇家之迷信。“如来且不能惠人三昧，童子岂能替皇上修乎?”沈德符在《万历野获编》卷二十七“主上崇异教”条中，对此亦有批评。万历四年，李太后—神宗生母，以热衷信佛，人称“佛老娘娘”。为供养穆宗的亡灵以及保佑神宗长寿，以朝廷名义，在北京近郊通州以南十五里张家湾的马房寺旧址新建大慈寿寺。完成后，延古风觉淳为首任住持，命度沙弥一人为弟子，实即皇帝的“替修”。“山阴王可以说如陆光祖一样，对佛教具有深刻的认识，但他以殿下之尊，极力栽培穷人家子弟出身的孤儿妙峰，不可否认带有一些为自己积福、积德的成分在内。”(江灿腾:《晚明佛教改革史》，广西师范大学出版社，2006年，第16、98—99、108页。)

② 《憨山老人梦游集》卷第十三《书问·与达观禅师》，福建莆田广化寺印行本，第627页。

此，在集结六祖慧能披剃的广州法兴寺菩提树下讲诵《法华》，具有某种特别的象征意义。

其三，德清讲习并著述《法华》，先有“二节”，后成通义。从44岁开讲《法华》算起至70岁《法华通义》著成，前后将近30年。《法华击节》揭橥佛意，已不同凡音；67岁，以《法华击节》文义联络不分，学者难会，乃著《法华品节》。古稀之龄，以全文尚未融贯，更著《法华通义》。

其在万历二十六年戊戌（1598）所作《法华击节》跋曰：

> 万历乙未春，予以弘法罹难，被逮圜中。达观禅师在匡庐，闻报惊叹，乃愿诵《妙法莲华经》百部，以求诸佛神力摄受之也。顷予蒙恩宥，遣之雷阳。是岁冬，道经白下，达师迟予于江上，相晤于旅泊庵，中夜谈及此。且曰：愿以我之心，用公之舌，可乎？予笑而唯唯。及丙申春，抵戍所，正值馑劫，居不遑处。且即从事《楞伽》，而又奔走行间，未暇了此公案。然在白毫光中，不离无量义处三昧也。戊戌夏日，菩提树下弟子来从游者十余辈，相与结夏于穹庐，同诵此经，几二百部。予时为举扬此事，以开示之。休夏自恣日，弟子性澄请益其纲宗。予因提洁吾佛言外之旨以示之，且将以报达师，知予所转《妙法华经》，如是而已。老卢云：心迷法华转，心悟转法华。然不涉唇吻一句，正不在纸墨文字间也。时会听者，各各欢喜，信受奉行。梓之以广法施，普愿见闻随喜者，同得现一切色身三昧云。万历戊戌除日，憨山道人德清书于楞伽室。①

《法华击节》之作是为“报圣恩，酬师愿”，其与达观禅师书曰：“所幸诸缘屏绝，四大轻安，无所损恼，得以闭门穹庐，究竟未了公案，《楞伽》幸已脱草，去夏摄引初机数辈，演《法华》于武场，以酬师之大愿，有《击节》数纸。此皆支离糟粕，殊非真知见力。但念此余生，置身于无事甲里，弥感圣恩难报，聊复以此消磨岁月。且仗诸佛神力，持以洗污教之愆，故不惜世谛流布也。”②又曰：“所入《楞伽》境界，殆非寻常恃佛法知见可能凑泊。即山野生平行脚，到水穷山尽处，方见佛祖鼻孔，

---

① 《憨山老人梦游集》卷第四十二《妙法莲华经击节》，福建莆田广化寺印行本，第2291—2293页。

② 《憨山老人梦游集》卷第十三《书问·与达观禅师》，福建莆田广化寺印行本，第633页。

只在众生穿衣吃饭中也。寄入慧目,略见此番行脚,不敢辜圣恩、负知己也。《法华击节》,亦自偶尔狭路相逢处拈来,盖发前人所未发。虽出一己之见,实可诸佛之心。"①

《法华击节》揭宣醒人眼目之离心意识法界,令众生悟入佛之知见,德清于此层层披剥,揭示全经28品,通为发挥开示悟入"佛之知见"四字。而所敷演者,皆光中境界而已。德清在《法华通义后序》中阐述了他接触经论禅教的实相觉悟之路。"予十九剃发,即从无极先师听《华严玄谈》,于法界圆融宗旨谛信,至海印三昧常住用,恍然契悟,遂归心法界之宗。既而听《法华经》,因闻此经纯谈实相,乃不知实相为何物。且谓若了实相,则文字可略矣。以此怀疑甚切,每叨副讲,终盲然也。及北游行脚,凡参耆宿,必以如何是实相请益,然竟无有启发者。向以志慕参禅,专心向上一路,遂弃文字,入五台习枯禅,力究己躬下事八年,少有自信之地。复之东海,一日众请说《法华经》,至《方便品》,感佛恩深,不觉痛哭流涕者再。于实相之旨,恍然不疑。"②

德清弘讲著述《起信论》的作品有《大乘起信论直解》上下两卷,与其讲弘《楞伽》《楞严》《法华》差不多同时。其撰《刻起信论直解辞》曰:

《起信论》者,乃马鸣大师为破小乘、外道邪见,宗百部大乘经典所作,以为发起正信也。故立论宗法界一心,开真妄二门,彻生灭之本、穷迷悟之源,指修行之正路、示止观之妙门。总括一万一千余言,理无不尽、事无不该,可谓大教之关钥、禅宗司南也。以文约义博,幽深窈渺,难以致诘。贤首旧疏科最为精详,加以记文(浩)瀚,学者望洋杳莫可究。予尝就本疏少删其繁,目为《疏略》,业以刻双径,率多尊崇。顷念法门寥落、讲席荒凉,初学之士既无师匠可凭,己眼不明,非仗此论以入大乘正信,将恐久而无闻焉。山居禅悦之暇,因祖旧章,率意直注本文,贵在一贯,不假旁引枝蔓。而一心真妄迷悟之义,了然毕见如视白黑,足有便于初学,非敢闻于大方也。门人超逸久依在座,深讨论义似得其旨,今携草归粤,志欲刻之以为法施。予谓无佛法地,后学有志参究大法者,又当以瓦注也。若夫得意遗言,直入唯心现量,是

① 《憨山老人梦游集》卷第十五《书问·与王念西太史》,福建莆田广化寺印行本,第794页。
② 《憨山老人梦游集》卷第十九《妙法莲华经通义后序》,福建莆田广化寺印行本。

在当人智眼。

时泰昌改元，岁在庚申仲冬朔，匡山逸叟憨山释德清述[1]

这篇《直解辞》至少有三点引人注目：其一，德清先有本论《疏略》，后作《直解》，皆是依据唐代贤首法藏所作《起信论疏》及《义记》。德清认为，贤首旧疏科最为精详，但在“法门寥落、讲席荒凉”之秋，初学之士不容易透彻理解浩瀚疏文，故此在以前径山刻本删繁就简基础上，又直解本文一贯大旨，以使“一心真妄迷悟之义，了然毕见”。《直解》本被门人超逸携归粤刊刻，他敦劝后学智眼不要泥于疏解，而“得意忘言，直入唯心现量”。

其二，《起信论》是一部万余言的大乘论典，破小外邪见，发大乘正信。其思想特色最紧要之处在于融摄贯通诸宗教，既在义理上“宗法界一心，开真妄二门，彻生灭之本、穷迷悟之源”，又在修行实践上“指修行之正路、示止观之妙门”。故此，德清认为《起信论》不惟性相融通，而且禅教融通；既是通晓大教之“关钥”，又是修行禅宗之指南。对此，德清在《大乘起信论直解》卷上曰：“此论盖宗《楞伽》《思益》等百部大乘经所造，发明唯心识之旨，统归一心，遵为性、相二宗之纲要，深穷迷悟之根源、指示修行之捷要，所谓总摄如来所说深广之义，实大教之纲宗、禅门之的旨也”；“此论宗《楞伽》等经所造，今一心二门盖依经而立也。经云：寂灭者名为一心，一心者名如来藏”。[2]

其三，著述时间“岁在庚申”在明光宗泰昌改元那一年(1620)，这位皇帝便是德清当年在五台山举办祈嗣法会降生的皇子，万历年间朝廷内外因建储国本之争也是为了他，德清、紫柏等高僧并为此卷入宫廷漩涡。泰昌是德清未到东海牢山隐居之前就出生的，德清因五台祈嗣有功而蒙圣母赏识，屡颁恩宠。可惜的是，泰昌登基在位时间不到3个月。为报圣母慈恩，洗刷污名，德清含垢忍辱，被处以还俗、充军流放瘴乡边远20年。在岭南谪戍期间，他只得以军服俗装面世，对他而言，这是特殊的形象标记；纵在脱离军籍后，亦不能恢复僧人本相，直到“闻圣母宾天，随建报恩道场，有恩诏，乃对灵主披剃，谢恩，还僧服”。据说这是出于慈圣太后临终前的嘱托，要德清为其作佛事，但德清并不需披剃，而自愿披

① 憨山德清：《大乘起信论直解》卷首《刻起信论直解辞》。

② 憨山德清：《大乘起信论直解》上卷。

剃，即所以报恩也。

值得一提德清改革曹溪期间，另有一件大案件和他有关联，使他和皇储的密切关系再度被人忆起。此即万历三十一年(1603)，紫柏涉及“妖书案”的“癸卯之狱”。紫柏被捕，竟死于狱中。他在供词中提及德清，故德清一度被提调广州候审，后被檄还戍所。基于他和紫柏皆为皇储之事而罹难，为明心迹起见，即著《春秋左氏心法》以示交代。万历四十八年(1620)，光宗亡后，德清不只在《年谱》上写着“泰昌改元”，还在这部《大乘起信论直解》刻辞署明“时泰昌改元”。福征说，德清此笔是在“年号”上为光宗标明“改元”之实，以免被夹在万历和天启元年中“湮没”，所以是“《春秋》笔法，心法之最大者”。于此有作者说：新皇帝的过于短命，可能是德清最大的挫折。他半生所努力维护者，不过如此。因而，他不能再指望什么。于是，他在天启二年(1622)撰出《年谱》，交代生平事迹，隔年即入灭。想来，德清临终之际当有落寞之感。①

德清关于性相融通的思想，见于前述《楞严通议》，并专门作有《性相通说》。据德清年谱记述，万历四十四年(1616)，德清 71 岁，“初达观禅师入灭之次年，予弟子大义，请灵龛回南，缁白弟子奉供于径山之寂照庵，今一纪矣。予难忘法门之义，向欲亲往一吊，故香亦未遣也。适闻葬，必欲一往”。十一月十九日，“为达大师作荼毗佛事，先为文以祭之，预定是日无爽，识者异之。二十五日，手拾灵骨，藏于文殊台。弟子法铠随建塔，予为塔上之铭，以尽生平法门之义焉”。为何达大师的荼毗佛事要预定在“十一月十九日”？研究者指出，这天恰好是慈圣生日，此弟子“大义”甚可能为慈圣之法名，当日为神宗所深讳，正史不存而仅见诸僧史者。弟子大义“请灵龛回南”事，即出于慈圣之意；初达观示寂后草葬之慈慧寺，亦有宫中护持之背景。而德清追祭达观则出于“法门之义”。②

《性相通说》就是在上述这样“法缘与时”的背景下诞生的。达大师灵骨入塔安置后，达观师弟子法铠遂请益相宗，德清为述《性相通说》。德清序曰：“法缘与时互相为显晦，亦运而已矣。惟佛所说，万法统乎一心。故有性相二宗，本乎一致。佛灭未几，而性相角立，分河饮水，从来旧矣。无论西域，即此土，教由天台，

---

① 参见江灿腾：《晚明佛教改革史》，广西师范大学出版社，2006 年，第 168 页。

② 参见王启元：《晚明僧侣的政治生活、世俗交游及其文学表现》，复旦大学博士论文，第 86 页。作者于此指出，憨山成万历朝“度太后”之大师，此已非近世中国之晚明宫廷所能容忍之实，因之而遭罗织罪名下狱流放，而成就岭南佛教复兴之功，更近事实本身。

说三观以明一心。禅自拈花，二十八传，达摩东来为鼻祖。五宗列派，各立门庭，互相诋訾，率莫能一。……即《楞严》一经统教禅而会归一心。此(性相)二宗之究竟归趣，不期会而自会矣。”①

德清《刻起信论直解后序》曰：

> 直指之道，不待达摩西来，吾佛世尊特为此一大事出现世间。所谓惟以佛之知见开悟众生，故曰惟此一事实，余二则非真。由是观之，四十九年所说一大藏教，何莫而非直指一心之法耶？但众生根钝，惟佛大慈悲故，婆心太切，曲垂方便，种种开示，无非指归第一义谛。夫何近世亲教者不务明心，但执文言为究境；参禅者概以盲修为向上，痛斥教乘，甘堕愚迷，固守偏执为必当。即此一论，乃教禅之指南，一心之朗鉴。视为文字而仇之，讵非大迷也哉！呜呼，西域性相之执，马鸣既力破之；即此方教禅之遍执，圭峰著《禅源诠》以一之。永明又集《宗镜》百卷，发明性相一源之旨，如白日丽天。而后学竟不一觑，此岂真究大事者哉？德清自序早年即弃讲义，初听诸经，不知为何物。切志参究，既性地一开，回视文字，真似推门落臼。于《楞伽》则有笔记，于《楞严》则有悬镜，是皆即教乘而指归向上一路。奈何世之习教者，概以予为不师古；参禅者，概以予为文字师？②

(四) 提契纲宗，禅净双修

德清以法界一心提契纲宗，晚年则归心净业，倡导禅净双修。德清晚年因“法义之交”东游，吊祭故去老友达观与云栖二大师，既在径山作指导学人禅修的《参禅切要》，又虑及华严宗失传而作《华严纲要》，并至云栖方丈开示学人《念佛切要》。据德清年谱记述，万历四十五年丁巳(1617)，年七十二岁，春正月，下双径吊云栖。时缁白弟子千余人，久候于云栖山中，留二旬，每夜小参闻法，各各欢喜。发挥云栖大师生平密行，弟子闻之，至有涕泣，多发人所不知者，乃应请作云栖塔铭，内中开示参究之诀，“盖显禅净双修，不出一心”。③ 归时留净慈寺宗镜堂，日绕数千指，为说大戒，作《宗镜堂记》曰：永明大师乃净土中人，尚谨遵而力

---

① 《憨山老人梦游集》卷第二十《南岳重兴天台寺建诸祖影堂序》，福建莆田广化寺印行本。
② 《憨山老人梦游集》卷第十九，福建莆田广化寺印行本。
③ 《憨山老人梦游集》卷第二十八《云栖云栖宏大师塔铭》，福建莆田广化寺印行本。

行之，况其他乎！嗟哉末法，去圣逾远，众生垢重，积迷逾深，既无了悟参究之功，又乏忏摩悔罪之行，将何法可望出生死乎？唯永明大师镕一大藏，归唯心之旨，著书百卷名曰《宗镜》。至今堂存净慈，其书广明一心，如揭日月于中天，朗万法之幽邃。学者苟能亲习，则彻见自心，不俟更悟。证入之要，无出此矣。①

万历四十七年己未(1619)，年七十四，春正月，粤弟子通炯至。德清遂开堂启讽《华严》，长期为众讲《法华》《楞严》《金刚》《起信》《唯识》诸经论，命通炯首众。秋七月，以匡庐五乳为十方养老常住。八月望，德清闭关谢事，效慧远六时刻香代漏，专心净业。每念华严一宗将失传，《清凉疏钞》皆惧其繁广，心智不及，故世多置之，但宗《华严合论》。因思清凉澄观乃此方撰述《华严》疏钞之祖，苟弃之则失其宗矣。志欲但明疏文，提挈大旨，使观者易了，题曰《华严纲要》，于关中批阅笔削始。冬于关中，为众讲《楞伽》《起信》。福征疏曰："即此《华严纲要》，属草圆就，乃在七十七岁圆寂之前一年。以当迦文末后双树拈花之事，定力神光，乾健不息，具在大乘贝叶中，是岂思议所及也？"②

1. 参禅与念佛：治心之药

德清投老南岳，甲寅(万历四十二年，1614)冬暮，有茶陵刘季子远来参叩，雪夜围炉，寒灯相照。德清问其"一向如何用心"，刘生对曰："昔蒙和尚开示，偈云：莲华火里生，世人谓希有；不是火生莲，惟在心离垢。每看此话，于末句颇得受用。"老人深喜，因之开示曰："子于心离垢一句得力，此语不虚，亦不易到。经云：凡夫贤圣人，平等无高下。唯在心垢灭，取证如反掌。"以此德清主张，"参禅、念佛，看话头，种种方便，皆治心之药耳"。③

一方面，德清认为，"参禅看话一路，最为明心切要"，但"近世下手者稀，一以根钝，又无古人死心；一以无真善知识决择，多落邪见"。故此，他提示学人"独于念佛、参禅兼修之行，极为稳当法门"。另一方面，他倡导持修自少年参禅以来云谷先大师传授的"审实念佛"公案，"子向于念佛法门有缘，试着实究审。""若以念佛话头，蕴在胸中，念念追求，审实起处落处，定要见个的当下落，久久忽然垢尽

---

①《憨山老人梦游集》卷第四十六：诸山各路名德法师，俱集于西湖上问法，各申诘难，时谓东南法会之最胜，昔所未见也。

②《憨山大师年谱疏》卷下，《憨山大师法汇初集》第9册，香港佛教法喜精舍刊印，1997年，第129页。

③《憨山老人梦游集》卷第五《法语·示刘存赤》，福建莆田广化寺印行本，第231页。

明现，心地开通，此与看公案话头无异。”[①]“今所念之佛，即自性弥陀，所求净土，即唯心极乐。诸人苟能念念不忘，心心弥陀出现，步步极乐家乡。所以道：心净则土亦净，心秽则土亦秽。一念恶心起，刀林剑树枞然；一念善心生，宝地华池宛尔。由是观之，天堂地狱，又岂外于此心哉！”[②]

德清策进学人处，往往直抉病源，深切著明，使修行人得有切实下手功夫。“近今修净业者多矣，然有效有不效，生死根株未断故也。”“出家本为生死大事，今出家儿，不知生死为何物；至有为生死心的，不知修行之要，礼诵念佛，一生辛苦，到底于己躬下事，如黑漆桶相似，于生死分上，了没干涉。”从《净宗法要》足见德清为“修行过来人”，开示习禅修净学人，句句踏实真切。“学人修行，为生死大事也。以心中念念不停，故生死不断。欲实为了生死，必要把一切万缘，尽情放下，放得干干净净。然有无始习气种子，不得干净，必须参一话头，先把从前妄想，一齐放下，不容潜生，缓缓专提一句阿弥陀佛，著实靠定。要观此念，从何处起？如垂纶钓于深潭相似。若妄念又生，此因无始习气太重，又有放下，切不要将心断妄想，只把脊梁竖起，不可东想西想。直于妄念起处觑定，放下又放下，缓缓提起一声佛，定观这一声佛，毕竟从何处起？至五、七声，则妄念不起。”[③]

德清明示学人，切不可把念佛参禅当作玄妙道理来理会，他说“世人以禅当作道理讲，殊不知禅乃是自心，经云：不生不灭是也。欲明生死大事，知戒律尊崇，决不敢犯。先要信力肯心坚志，把玄言妙理世事人情，都要放下。此参禅一著，元无有玄妙奇特。此事极拙，汝肯信否？”“又下疑情，审这念佛的毕竟是谁？世人把此当作一句说话，殊不知此下疑情，方是得力处。如妄念又起，即咄一声，只问是谁？妄念当下扫踪灭迹矣。睡时一醒，就提起话头，如此不但坐如是，行住茶饭动静亦如是。在稠人广众中不见有人，在诸动中不见有动，如此渐有入处，七识到此不行。如此日夜靠定，不计工夫，一旦八识忽然迸裂，露出本来面目，便是了生死的时节也。但参禅之时，不要求悟，任他佛来、祖来、魔来，只是不动，念念单提，行将去，中间再无疑难。如是绵绵密密，心心无间，日用间着力做去，自有下落。”[④]

① 《憨山老人梦游集》卷第五《法语·示刘存赤》，福建莆田广化寺印行本，第230—232页。
② 《净宗法要》之一《示优婆塞结念佛社》。
③ 《净宗法要》之四《示玉觉禅人》。
④ 《憨山老人梦游集》卷第五《法语·示玉觉禅人》，福建莆田广化寺印行本，第261—262页。

2. 观照三昧：烁智慧光，照破无明

禅净修行人除了念念工夫深，还要在观照三昧中以智慧光照破无明。德清开示学人欲旧业消除，先要发起大智慧光，照破无明。若能于日用起心动念处，念念觉察，念念消灭，此所谓“众罪如霜露，慧日能消除”，以无明黑暗，唯智慧能破，是谓消除也。如此用心，是谓观照三昧。①

德清劝人专修念佛，因“参究难悟，念佛易成”。其曰：世人但知祖师门下以悟为上，悟心本意，要出生死耳。念佛岂不是出生死法耶？参禅者多未必出，而念佛者出生死无疑。所以然者，参禅要离想，念佛专在想，以众生久沉妄想，离之实难，若即染想而变净想，是以毒攻毒，博换之法耳，故参究难悟，念佛易成。若果为生死心切，以参究心念佛，又何患一生不了生死乎？惟此净土法门，世人以权目之，殊不知最是真实法门，但在人之念佛心切不切、志决不决耳。②

德清开示净业修行，须以净心为本，从切实可行处做起，绵绵用功。他指出，佛说修行出生死法，方便多门，唯有念佛，求生净土，最为切要。③

3. 念佛参禅切要

德清圆寂前，侍者广益问“和尚脱若不讳，有何付嘱？”师斥曰：“汝侍老人有年，如何作这等见解？汝等当念生死事大，无常迅速，切实念佛。”末了复嘱云“当依佛制，汝等勿得披麻服孝，勿得悲哭，一心念佛”④，其余再无其他开示，端坐而逝，手足绵软，如入禅定。以下数段分别从德清的《径山示参禅切要》和《云栖示念佛切要》及后人所辑《示念佛参禅切要》中录出，其语发人深省，而切实、明快，可谓“念念真切，刀刀见血”：

从上佛祖，只是教人了悟自心，识得自己而已。向未有公案话头之说，到大慧禅师方竭力主张，教学人参一话头，此何以故？只为学人八识田中，无量劫来，恶习种子，念念内薰，相续流注，妄想不断。无可奈何，故将一则无义味话，与你咬定，先将一切内外心境妄想，一齐放下。因放不下，故教提

---

① 《净宗法要》之五《示董智光》。

② 《净宗法要》之十《示西印净公专修净土》。

③ 《净宗法要》之十一《示修净土法门》。

④ 福征：《憨山大师年谱疏》卷下《附后事因缘》，《憨山大师法汇初集》第 9 册，香港佛教法喜精舍刊印，1997 年，第 135 页。

此话头，如斩乱丝，一斩齐断，更不相续，把断意识，再不放行。此正是达摩外息诸缘，内心无喘，心如墙壁的规则也。不如此下手，决不见自己本来面目。①

念佛求生净土一门，元是要了生死大事，故云念佛了生死。今人发心，因要了生死，方才肯念佛，只说佛可以了生死，若不知生死根株，毕竟向何处了？若念佛的心，断不得生死根株，如何了得生死？……既不知生死之根，则念佛一边念，生死根只听长，如此念佛，与生死两不相关。这等任你如何念，念到临命终时，只见生死爱根现前，那时方知念佛不得力，却怨念佛无灵验，悔之迟矣！②

公案虽多，唯独念佛审实的话头，最易得力。须信得及，靠得定，咬得住，决不可犹豫。念佛审实公案者，单提一声阿弥陀佛作话头，就于提处即下疑情，审问这念佛的是谁？再提再审，审之又审，见这念佛的毕竟是谁？如此靠定话头，一切妄想杂念当下顿断，如斩乱丝，更不容起，起处即消。……当观唯自心所现，不从外来，应知清净心中，了无一物，本无迷悟，不属圣凡，又安得种种境界耶？今人但信此心，本来无物。如今做工夫，只为未见本来面目，故不得不下死工夫一番。从此一直做将去，自然有时顿见本来面目，是出生死，永无疑矣。③

吾佛说法，以一心为宗，无论百千法门，无非了悟一心之行，其最要者，为参禅念佛而已。参禅乃此方诸祖，创立悟心之法；其念佛一门，乃吾佛开示三贤十地菩萨，总以念佛为成佛之要。而末法妄人，乃敢谤念佛为劣行，是缺多闻，不知佛意，妄生分别耳。若约唯心净土，则心净土净，故参禅未悟之时也，非念佛无以净自心，然心净即悟心也。菩萨既悟，而不舍念佛，是则非念佛无以成正觉。安知诸祖，不以念佛而悟心耶？若念佛念到一心不乱，烦恼消除，了明自心，即名为悟。如此则念佛即是参禅，参禅乃生净土，此是古今未决之疑，此说破尽，而禅净分别之见以此全消。④

---

① 《憨山老人梦游集》卷第六《法语·示参禅切要》(《径山禅堂小参》)，福建莆田广化寺印行本。

② 福征：《憨山大师年谱疏》卷下《附云栖方丈示念佛切要》，《憨山大师法汇初集》第9册，香港佛教法喜精舍刊印，1997年，第163页。

③ 《净宗法要》之二十《示念佛参禅切要》。

④ 《净宗法要》之二十一《示慧镜心禅人》。

（五）为学三要，会通三教

关于三教融通，德清有一句名言：“为学有三要，所谓不知《春秋》，不能涉世；不精《老》《庄》，不能忘世；不参禅，不能出世。此三者，经世出世之学备矣。缺则一偏，缺二则隘。三者无一，而称人者，则肖之而已。”①世之聪明之士，生来但知世间功名富贵、妻子爱恋之乐，以为人生在世止此而已，不知大有过于此者。古之豪杰之士，直出生死者无他，特看破此耳。德清从他所亲身体悟到的“经世出世之学”来看，这三者缺一不可，缺一则偏，缺二则隘，三者全无而称之为人者，则是貌似人而已。

从德清文集可知，其以佛解儒，融通儒佛的代表作有《春秋左氏心法》《大学决疑》《中庸直指》；而以佛解道、融通老庄的主要作品，最先著有《憨山绪言》，后作《观老庄影响论》《注道德经》。德清此类融通三教之言，深受当世儒士之称赞，岭南大儒杨起元即称：“近始读大制《曹溪通志》及《观老庄影响论》等书，深为叹服。所谓不知春秋不能涉世，不知老庄不能忘世，不参禅不能出世。及孔子人乘之圣，老子天乘之圣，佛能圣能凡、能人能天之圣。如此之类，百世不易之论也。”②

德清融贯三教之学，指出三家各有精进与不足，“相须而为用”。

> 老氏生人间世，出无佛世，而能穷造化之原。深观至此，即其精进工夫，诚不易易，但未打破生死窠堀耳。古德尝言：孔助于戒，以其严于治身。老助于定，以其精于忘我。二圣之学，与佛相须而为用，岂徒然哉！据实而论，执孔者涉因缘，执老者堕自然，要皆未离识性，不能究竟一心故也。佛则离心意识，故曰：本非因缘，非自然性，方彻一心之原耳。此其世出世法之分也。佛所破正不止此，即出世三乘亦皆在其中。世人但见庄子诽尧舜，薄汤武，诋訾孔子之徒，以为惊异。若闻世尊诃斥二乘以为焦芽败种，悲重菩萨以为佛法阐提，又将何如耶？然而佛诃二乘，非诃二乘，诃执二乘之迹者，欲其舍小取大也。所谓庄诋孔子，非诋孔子，诋学孔子之迹者，欲其绝圣弃智也。要皆遣情破执之谓也。③

---

① 《憨山老人梦游集》卷第三十九《说·学要》，福建莆田广化寺印行本。

② 《憨山老人梦游集》卷第四十五《观老庄影响论》跋，福建莆田广化寺印行本。

③ 以上几段引文皆出自《憨山老人梦游集》卷第四十五《观老庄影响论》，福建莆田广化寺印行本。

德清著述不同时下世俗学者，每立一言写一字，大都经过修行自证，参究透彻方才落笔 。故德清此著成，流传颇广，先后有五刻，始刻于岭南，重刻于五云、南岳与金陵，再刻于吴，“尚之者众”。其《注道德经序》云：

予少喜读《老》《庄》，苦不解义，惟所领会处，想见其精神命脉，故略得离言之旨。及搜诸家注释，则多以己意为文，若与之角，则义愈晦。及熟玩《庄》语，则于《老》恍有得焉。因谓注乃人人之老庄，非老庄之老庄也。以《老》文简古而旨幽玄，则《庄》实为之注疏，苟能悬解，则思过半矣。空山禅暇，细玩沉思，言有会心，即托之笔。必得义遗言，因言以见义。或经旬而得一语，或经年而得一章。始于东海，以至南粤。自壬辰以至丙午，周十五年乃能卒业，是知古人立言之不易也。以文太简，故不厌贯通，要非枝也。

尝谓儒宗尧舜，以名为教，故宗于仁义；老宗轩黄，道重无为，如云失道德而后仁义，此立言之本也。故庄之诽薄，殊非大言。以超俗之论则骇俗，故为放而不收也。当仲尼问礼，则叹为犹龙。圣不自圣，岂无谓哉！故老以无用为大用，苟以之经世，则化理治平，如指诸掌。尤以无为为宗极，性命为真修，即远世遗荣，殆非矫矫。苟得其要，则真妄之途，云泥自别。所谓真以治身，绪余以为天下国家，信非诬矣。

或曰：子之禅贵忘言，乃哓哓于世谛，何所取大耶？予曰：不然。鸦鸣鹊噪，咸自天机。蚁聚蜂游，都归神理。是则何语非禅，何法非道？况释智忘怀之谈，讵非入禅初地乎！且禅以我蔽，故破我以达禅，老则先登矣。若夫玩世蜉蝣，尤当以此为乐土矣。注成，始刻于岭南，重刻于五云、南岳与金陵。今则再刻于吴门，以尚之者众，故施不厌普矣。[①]

德清此《老子道德经解》以上下两篇来区分传统的“道经”与“德经”两部分。德清说自少就喜读老庄，他认为，老子书“文简古而旨幽玄”，《庄》实为之注疏，苟能解庄则“思过半”。而看老庄者，先要熟览教乘，精透《楞严》。他的注解为人们深入理解老庄，尤其解读《老子》提供了一种全新的视角。其书前有《老子传》和

① 《憨山老人梦游集》卷第十九《注道德经序》，福建莆田广化寺印行本。又参《憨山大师法汇初集》第 9 册，香港佛教法喜精舍刊印，1997 年，第 35—37 页。

《道德经解发题》，皆可作为其注道德经之导读。[①]

《道德经解发题》分为“发明宗旨”“发明趣向”“发明工夫”“发明体用”“发明归趣”等篇目，用以解读《老子道德经》的多层内涵义趣。德清认为，孔圣若不知老子，决不快活；若不知佛，决不耐烦。老子若不知孔，决不口口说无为而治；若不知佛，决不能以慈悲为宝。佛若不经世，决不在世间教化众生。孔、老即佛之化身也。后世学佛之徒，若不知老，则直管往虚空里看将去，目前法法都是障碍，事事不得解脱；若不知孔子，单单将佛法去涉世，决不知世道人情，逢人便说玄妙，如卖死猫头，一毫没用处。然随俗以度生，岂非孔子经世之心乎？又经云：五地圣人，涉世度生，世间一切经书技艺、医方杂论、图书印玺种种诸法，靡不该练，方能随机。故曰：世谛语言，资生之业，皆顺正法。故儒以仁为本，释以戒为本。若曰孝悌为仁之本，与佛孝名为戒，其实一也。以此观之，佛岂绝无经世之法乎？由孔子攘夷狄，故教独行于中国。佛随边地语说四谛，故夷狄皆从其化。此所以用有大小不同耳。是知三教圣人所同者心，所异者迹也。以迹求心，则如蠡测海。以心融迹，则似芥含空。心迹相忘，则万派朝宗，百川一味。[②]

（六）金刚心印，宗门正眼

在河北柏林寺重印流通的《憨山大师全集》中，排在最末一部著作乃《金刚决疑》。德清塔铭作者吴应宾曰：“《楞伽笔记》，和人目为流征之音。而《金刚决疑》，则虽空生再来，固当相视而笑。”[③]若此言，《楞伽笔记》为德清弘法罹难流戍岭南传递心音之首作，而《金刚决疑》实乃德清致力曹溪中兴未竟因缘的“金刚心印”。

《曹溪中兴录》附录的《未竟因缘》记述了憨山大师中兴曹溪的艰难曲折：“其在八年之内，拮据之劳，精神疲竭。其已成者，开辟之功十之七，修造之功十之三。其大殿一区，未竟之功，乃六祖未竟之功也，久欲经营，力所不及。”德清亲往西粤，求大材，诸事一肩担荷，明年还山，“集众议，择日兴工。以有碍之僧房，须先移空地，以堆拆谢(卸)之材料。时一二不轨僧徒，以为不便，因而倡众鼓噪，如作乱势。师遂已如是者三日。师默坐庵中，阅《金刚经》，乃曰：此正予著相之过也。仍著《金刚决疑解》，三日而成，众乃止。倡者自忧，不获已，乃妄捏师侵寺若

① 《憨山大师法汇初集》第9册《老子传》，香港佛教法喜精舍刊印，1997年，第39页。
② 《憨山大师法汇初集》第9册《道德经解发题》，香港佛教法喜精舍刊印，1997年，第40—50页。
③ 《憨山老人梦游集》卷第五十五附录《大明庐山五乳峰法云禅寺前中兴曹溪嗣法憨山大师塔铭》，福建莆田广化寺印行本。

千金，拆毁殿堂若干座，条牒具讼于道府。师闻之曰：'诸辱可安忍，若言染指常住金钱，此干大法，岂可缄默乎？'因具先设常住清规，出纳支籍号帖，及经手僧名，具白本道。下府，拘集节年经手者查算，一毫无干，以住持愿祖侵欺抵罪。僧复讼于按台，准批刑厅，师亲往听理。于是年五月，飘然出山，从此不复入寺矣。……困辱病患，无所不至"①。

德清年谱自述："予年六十四，春二月，予自端江运木回。……木运至濛江，予回寺，方集众经营，众中一二不肖者，遂作孽抵牾，因鼓众为乱如叛民。予见而叹曰：此予重违佛教，乃著相之过也。众方鼓噪，予独坐堂上，焚香诵《金刚般若》。以前但诵文，实不解义，至是恍然有悟，乃注《金刚决疑》。稿成，众寂然。不肖者不信，予心益危惧。遂讼于按院，准行司理。予是时即飘然出山听理，船居于芙蓉江上者二年，资斧已竭。别驾项公楚东，抱关于浛洸，邀予往。江行，遭风破舟。及至，复大病几死，公延医力救之。及回郡，乃卧病于旅邸，将期年。"②病困交加之际著作《金刚决疑》，其开首释经题旨曰：

金刚二字，解者都以坚利能断为义，此泛说也。然西域实有金刚宝，此宝最坚不可坏，且能坏一切物。谓取此宝以喻般若能断烦恼，此虽近理，总非佛意，特寻常宿习知见耳。盖般若，此云智慧，乃是佛的心，所谓佛智慧也。波罗密，义云到彼岸，乃指此心极尽处也。今题云金刚般若波罗密，标此经所说，特显佛一片金刚心耳。且金刚心乃佛修因证果之本心，今出世教化众生，全用此心。今教菩萨以金刚心为本修因，为入大乘之初门，故特示之以断疑也。以此心不是世间众生常情，故举世不能知佛。且佛原不是世间人，而今平空走到人间来，则人人见而生疑矣。及其日用行事，件件不与人同，说话不同，规矩不同，事事法法与世间相反，故动而见疑。宜其诸天、魔王皆欲害，调达、阿阇皆要杀，而一切人皆生谤也。故曰：我出世间，一切天、人、阿修罗、外道、魔王，皆当惊疑是也。不但天、人生疑，即弟子中上首如迦叶等，举皆疑佛。……弟子犹且怀疑而不信，是则佛之含冤，盖已久矣。

今日幸喜空生有些见处，窥见世尊一斑，忽生赞叹。故世尊因其疑而决

① 《憨山老人梦游集》卷第五十《曹溪中兴录》上，附录《未竟因缘》，福建莆田广化寺印行本。
② 《憨山大师自叙年谱》下，万历三十七年己酉。

破之，乃披露自己一片金刚真心，表白与他，使其了悟不疑，令诸闻者群疑顿断。故此经乃佛的示自心，以断弟子学佛者之疑，不是说般若能断众生烦恼也。如其不然，但看经中一一皆是空生之疑，疑佛之心。佛表此心以破彼疑，何尝说以智慧断众生烦恼耶？故此经题单是法，非以喻也。但断得弟子疑，就断得众生烦恼。此经一味只是断疑生信为主，以学道之人以信为本，以疑作障。故疑有三种，谓疑人、疑法、疑己。疑人谓认人不真，即如弟子闻佛说色身、法身、大身、小身，不知那个是真佛？此疑人也。且其说法，方才说有，却又说空，方才说空，却又说不空，以其言不一，故最可疑，此疑法也。或有闻而能信，不疑于法，又见其法大，则疑自己根小，不堪领荷，不能修行，此疑己也。今此经中，三疑都有。佛随空生所疑处，即便逐破，顿断彼疑。所谓疑悔永已尽，安住实智中，此经之旨也。

此经，此方解者极多，都不合佛意。独西域天亲菩萨，以二十七疑分经，极是。但意出于圣人，而论传此方，已经翻译，且译人有巧拙不同，言不达意，反生滞碍，使学人难省。此微妙幽旨，非口所宣，一落言诠，便成渣滓。况着粗浮文字，何以达妙？此注述之难，于描写佛心，不无效颦之丑。即如世人作行状，但可述事，不能传神，此其难也。故今决疑解，妙在先得空生之疑为主。若疑情全露，则佛破疑之说，不待解而自明矣。故此解先出疑在本文之前，节节按迹而破之，忘言领悟，自得其宗。

德清指出，此经题旨“特显佛一片金刚心”，非在断众生烦恼，而乃在断群疑。所谓金刚心，即为佛“修因证果之本心，今出世教化众生，全用此心”。

德清认为，“般若真智，为众生佛性种子，各各具足而不知。故我世尊，特为此事，出现世间而开示之，欲令悟入，以脱众苦之缚。良由众生垢重，初闻惊而不信，以其出情之法，不涉名言思议。而常情所执我法封蔀，向以名言习气深厚，动则随语生解，潜起意言分别，是以随说随疑，不能顿悟离言之旨。劳我世尊多方淘汰，决断群疑，直使了达般若本智，以为成佛之真因。故此经为入大圣之初门，以拔二乘偏空之疑滞，以实相真空为宗，以断疑生信为用。空则空其所执之情，信则信其本有之智。……斯般若之玄门，成佛之要诀也。是知从上佛祖，教人了悟自心，直到不疑之地，自然默与本智相应。故六祖初闻无住生心一语，当下顿断历劫之疑，所以黄梅单以此经为心印。然信为入道之根，疑乃害信之毒，故此专以断疑为第一义也”[①]。又曰:“以疑根未拔,故本智不现。及至般若会上,如来以金刚智而决断之,直使圣凡情尽,生灭见亡。而本有智光,豁然披露,始信自心清净,了无一法为己障碍。此金刚般若直拔疑根,为发最上乘者说,殊非浅识薄德之能解。故黄梅以此印心,以其一法不立,是为宗门正眼也。”[②]

有宗玄禅人给憨山老人写信说:“因看老人《金刚决疑》,夜梦通身骨肉,俱被换却。但求换心不可得。”憨山书示之曰:“不觉梦中,现此境界耳。虽是梦幻,正是用心得力处。若以此梦时时参究,向心不可得处着力看觑,觑来觑去,久久自有真光独露时也。”[③]

福征疏末附录《肉身古佛中兴曹溪憨山嗣祖三十六颂》序曰:“窃叹摩尼无价,希逢辨宝商人;穷子失真,只为久迷归路。所以学道如牛毛,悟心似麟角。吾生不辰,值沧桑改易之秋;吾身何幸,见古佛出兴之日。……今肉身菩萨憨山大师,只这心印,一印印定,更无别法。一门超出三摩禅那,一门直入妙庄严路。”[④]

三 憨山德清的弘化与交游圈考

万历三大高僧中,德清与达观被认为是“佛法世法一肩担荷”的高僧典型,他们一生在致力佛教复兴事业中更多注重以佛法融摄世法,更为积极而深入地结缘皇室,交游王臣士庶,其不惜头目脑髓所付出的代价相当巨大,然其虽备尝艰辛而终无悔于为法忘身。他们所接触弘化的“王臣士庶”或称“宰官居士”交游圈,除了皇室宫廷,其中尚有少量的信佛藩王,而以庞大的士绅群体为主,后者既是他们佛教中兴事业的护法支持者,同时又是他们弘法教化的对象。

在此我们主要以憨山德清文集中所收录的德清与僧俗善知识共计148人的通信作为研究素材,其中包括僧三十五人,庐山圆通寺常住大众及云栖寺大众各一,即墨父老、杭城诸宰官各一,藩王及宰官居士近百十人的书信往来,以期还原德清所生活的晚明时代佛教复兴活动的实况,并揭示当时以德清为代表的佛教

---

① 《憨山老人梦游集》卷第十九《序·金刚决疑解序》,福建莆田广化寺印行本。
② 《憨山老人梦游集》卷第十九《序·刻金刚决疑题辞》,福建莆田广化寺印行本。
③ 《憨山老人梦游集》卷第十三《书问·与宗玄禅人》,福建莆田广化寺印行本。
④ 《憨山大师年谱疏》,《憨山大师法汇初集》第9册,香港佛教法喜精舍刊印,1997年,第130页。

高僧弘化交游圈的思想特点。

德清出身于金陵大报恩寺，其弘法交游，根据其生平经历，大致可分为五个时期：一是从南都到北京行脚参学，二是驻锡五台山 8 年修行，三是东海牢山隐居待时而往来京城，四是谪戍岭南时期，五是晚年东游时期。其交游圈按两间（即世间出世间）活动群体划分，一是僧众善知识群 35 人，二是王臣士庶或宰官居士交游群，近 110 人大都是憨山德清驻锡五台山和牢山海印时及弘法罹难后所交游的藩王宰官居士。憨山德清能在明末佛教复兴中占有重要地位，得益于上至宫廷王室以至各地宰官居士的有力护持。因住锡地缘而进入德清弘化交游圈的藩王有蒲州山阴王、山东德王、蕲州荆王及荆世子等人。德清交游的宰官居士中，举人（即孝廉）以上的官员，任太宰（吏部尚书）的有陆五台（光祖）、曾见台等人，曾任太史的有郭美命、冯具区、唐抑所、王衷白、王念西、周砺斋、焦从吾（焦竑）、李湘州、钱受之（钱谦益）、吴观我等 10 人，礼部任职的有曾见斋太常、汤海若祠部、曾金简（凤仪）仪部，兵部有汪南溟（汪道昆）司马、汪静峰司马，翰林院有毛文源待御、傅金沙侍御、樊友轩侍御等人，锦衣卫有许鉴湖锦衣、郑金吾、何金吾等，监察部门有邹南皋给谏、段幻然给谏、载给谏等，此外还有岳石帆计部、贺函伯户部、刘玉受缮部、于中甫比部等，几乎遍及在京中央各部衙门。地方军政长官则有李廓庵中丞、胡顺庵中丞、高瀛台太守、阮澹宇太守、陈剑南贰师、杨元孺元戎、丁右武大参、殷参军等人，乃至司法按察长官亦有不少，如管东溟佥宪、曹能始廉宪、周海门观察、任养弘观察等人。观其与之有书信往来的居士，上自慈圣太后、藩王亲王、相国、太宰、中丞、侍御等，下至各地军政官吏及普通士绅，涵盖各个社会阶层，足见其影响之广。详见下表。

表 6.2 僧善知识交游群（37 人）

序号	通信人	序号	通信人
1	达观禅师（十通）	20	体玄小师
2	妙峰禅师（五通）	21	无相禅人
3	云栖禅师（二通）	22	龙华主人
4	五台月川师	23	月清上人
5	五台空印法师	24	印庵法师
6	雪浪恩兄（三通）	25	方山衲云师
7	少林无言宗师	26	幻一律师
8	愚庵法师（三通）	27	庐山圆通寺大众

续表

序号	通信人	序号	通信人
9	交光法师	28	宗玄禅人
10	隐庵上人	29	云栖寺大众
11	静修上人	30	巢松、一雨二法师
12	寄松谷师	31	黄檗无念禅师
13	静堂师	32	博山无异禅师(二通)
14	万安上人	33	云门湛然禅师
15	梅翁本师	34	四一授公
16	晓尘上人	35	关主修六逸公(二通)
17	栖霞懒庵师	36	汉月藏公
18	密藏开公	37	顽石上人
19	悟心首座		

| 表 6.3 藩王宰官居士交游圈(110 人) |

序号	通信人	出处
1	蒲州山阴王(七通)	《梦游集》卷第十四
2	山东德王	《梦游集》卷第十四
3	曾见斋太常(三通)	《梦游集》卷第十四
4	汪南溟司马	《梦游集》卷第十四
5	周幼海天球	《梦游集》卷第十四
6	瞿太虚	《梦游集》卷第十四
7	顾朗哉	《梦游集》卷第十四
8	毛文源待御	《梦游集》卷第十四
9	张守庵	《梦游集》卷第十四
10	龚修吾	《梦游集》卷第十四
11	陆五台太宰	《梦游集》卷第十五
12	李廓庵中丞	《梦游集》卷第十五
13	许鉴湖锦衣	《梦游集》卷第十五
14	孔原之	《梦游集》卷第十五
15	郭美命太史	《梦游集》卷第十五
16	吴运使	《梦游集》卷第十五
17	黄子光	《梦游集》卷第十五
18	黄梧山	《梦游集》卷第十五
19	黄柏山	《梦游集》卷第十五
20	江吾与	《梦游集》卷第十五

续表

序号	通信人	出处
21	即墨父老	《梦游集》卷第十五
22	陆太宰长公	《梦游集》卷第十五
23	汪仲嘉	《梦游集》卷第十五
24	管东溟佥宪	《梦游集》卷第十五
25	冯具区太史	《梦游集》卷第十五
26	唐抑所太史	《梦游集》卷第十五
27	王衷白太史(二通)	《梦游集》卷第十五
28	高司马	《梦游集》卷第十五
29	曾见台太宰	《梦游集》卷第十五
30	王性海大行	《梦游集》卷第十五
31	傅金沙侍御	《梦游集》卷第十五
32	张大心	《梦游集》卷第十五
33	柯复元孝廉	《梦游集》卷第十五
34	丁南羽	《梦游集》卷第十五
35	游二南	《梦游集》卷第十五
36	屠赤水	《梦游集》卷第十五
37	王念西太史	《梦游集》卷第十五
38	徐明宇侍御(二通)	《梦游集》卷第十五
39	陈剑南贰师(三通)	《梦游集》卷第十五
40	杨元孺元戎	《梦游集》卷第十五
41	周海门观察(二通)	《梦游集》卷第十六
42	任养弘观察	《梦游集》卷第十六
43	祝惺存观察	《梦游集》卷第十六
44	丁右武大参(四通)	《梦游集》卷第十六
45	汤海若祠部	《梦游集》卷第十六
46	刘存赤	《梦游集》卷第十六
47	郑金吾	《梦游集》卷第十六
48	何金吾	《梦游集》卷第十六
49	郑昆崖开府(二通)	《梦游集》卷第十六
50	葛自修	《梦游集》卷第十六
51	胡顺庵中丞(四通)	《梦游集》卷第十六
52	周砺斋太史	《梦游集》卷第十六
53	周子寅伯仲	《梦游集》卷第十六
54	焦从吾太史	《梦游集》卷第十六

续表

序号	通信人	出处
55	杨复所少宰	《梦游集》卷第十六
56	载给谏	《梦游集》卷第十六
57	殷参军	《梦游集》卷第十六
58	郑孝廉	《梦游集》卷第十六
59	邹南皋给谏(四通)	《梦游集》卷第十六
60	岳石帆计部(二通)	《梦游集》卷第十六
61	虞德园吏部	《梦游集》卷第十六
62	樊友轩侍御	《梦游集》卷第十六
63	邢梅阳孝廉	《梦游集》卷第十六
64	瞿洞观(三通)	《梦游集》卷第十六
65	汪静峰司马(三通)	《梦游集》卷第十七
66	缪觉休(二通)	《梦游集》卷第十七
67	贺知忍中翰	《梦游集》卷第十七
68	于中甫比部(二通)	《梦游集》卷第十七
69	吴本如祠部	《梦游集》卷第十七
70	曾金简仪部	《梦游集》卷第十七
71	冯启南孝廉	《梦游集》卷第十七
72	龙元温	《梦游集》卷第十七
73	元温、起(启)南	《梦游集》卷第十七
74	李湘州太史	《梦游集》卷第十七
75	高瀛台太守	《梦游集》卷第十七
76	谈复之	《梦游集》卷第十七
77	穆象玄侍御	《梦游集》卷第十七
78	刘玉受缮部	《梦游集》卷第十七
79	杭城诸宰官	《梦游集》卷第十七
80	蕲州荆王	《梦游集》卷第十七
81	荆世子	《梦游集》卷第十七
82	无锡翁兆吉广文	《梦游集》卷第十七
83	闻子与	《梦游集》卷第十七
84	金省吾中丞	《梦游集》卷第十七
85	严天池中翰	《梦游集》卷第十七
86	王季和	《梦游集》卷第十七
87	顾履初明府	《梦游集》卷第十七
88	虞素心吏部	《梦游集》卷第十七

续表

序号	通信人	出处
89	熊芝冈侍御	《梦游集》卷第十七
90	蔡五岳使君	《梦游集》卷第十七
91	王于凡	《梦游集》卷第十七
92	吴曙谷相国	《梦游集》卷第十七
93	阮澹宇太守	《梦游集》卷第十七
94	王醒东侍御	《梦游集》卷第十八
95	陈无异祠部	《梦游集》卷第十八
96	曹能始廉宪	《梦游集》卷第十八
97	徐明衡司马	《梦游集》卷第十八
98	王东里明府(三通)	《梦游集》卷第十八
99	鲍中素仪部(三通)	《梦游集》卷第十八
100	钱受之太史(七通)	《梦游集》卷第十八
101	徐清之中翰	《梦游集》卷第十八
102	段幻然给谏	《梦游集》卷第十八
103	袁沧孺使君(二通)	《梦游集》卷第十八
104	袁公寥	《梦游集》卷第十八
105	周海门太仆	《梦游集》卷第十八
106	贺函伯户部	《梦游集》卷第十八
107	吴观我太史(三通)	《梦游集》卷第十八
108	吴生白方伯	《梦游集》卷第十八
109	李三近	《梦游集》卷第十八
110	沈大洁	《梦游集》卷第十八
111	郭千秋	《梦游集》卷第十八

1. 德清弘法交游第一个时期，从嘉靖四十三年(1564)他 19 岁在报恩寺正式剃度受戒开始，至万历二年(1574)他 29 岁因汪道昆劝诫离开京城，与妙峰同上五台山。出现于德清自述年谱中，在报恩寺他所认识的著名宰官居士有陆光祖、赵大洲等，京城游学时则参会王世贞、王世懋、汪道昆、汪道贯、欧大任等名流。从德清的书信来看，对于出现在早年他弘法交游生涯中的宰官居士如陆光祖、汪道昆等人，他都终生铭记不忘其“护法深恩”，并努力弘法利生，以不负知己。

德清文集中保存了他与陆光祖的两通书问。其一称道：“伏惟老居士，亲授灵山付嘱，来此末法，现宰官身，匡持像教。数十年来，法门九鼎一丝，唯老居士一身担荷。山僧居常独处山林，每感护法深恩，未尝不涕泗交颐也。往以未得瞻礼为阙，春时祇园暂对，业已庆快生平。既而东归海上，复闻阐提作大法障难，心甚惊怖。赖我老居士以衣覆被，不独使法门安堵，抑令大藏表显，人天无复惊疑。某每对三宝，然香炼臂，以酬法施之心也，致谢无量。其台山大藏因缘，料已不二，藏公向未有闻，想奉持之心益坚固矣。”其二作于陆太宰去世之后，称曰：“惟太尊人，乘悲愿力，现宰官身作大佛事，为一代人天眼目。世出世法，打成一片，总归金刚心地。即山野所习知者，自出世以来，乃至末后垂手之际，未尝一念舍护法心度生之事业也。比虽顺世无常，随乎幻化，而法身体坚，即三灾弥纶，湛然常住。不独社稷之勋，泽及亿世，而法门之功，当与须弥共峙矣。呜呼，法幢既折，四众何依？一利大檀，谁许白牛之驾，悲在法门，实能令人痛绝也。所幸居士为克家之子，不独世其世家，而亦世其出世家声也。所悲在彼，所喜在此耳。山野远处遐荒，身婴罪地，恨不能持瓣香，诣龛室，作梵呗以赞功德。而此一念，业已飞越碧海长天矣。遥持半偈，以供真前，想在寂光，必欢喜摄受。”①

当年德清来京城行脚游学，汪道昆慧眼独具，观德清深具“道骨”，“他日当入大慧、中峰之室”，但切不可为“浮游”所误，劝勉德清与妙峰一起住山修行，“他日做出法门一段光明事业”。多年以后，德清致信对汪道昆表示真诚感佩，“某忆往昔参长者于毗耶离城，辱慈光洞照，不以下劣，授我金刚如幻三昧，是时犹住音声色相间，虽其心领神会，尚成眼钝头迷。……蒙以法示我，动之以定，拔之以智。……既而长者隐宰官身去，复教某善事良友妙峰禅师。长者无他念，盖悲法门寥落，属望区区，将有以负荷耳。临行回旋，说偈叮咛，恳恳言外，不啻骨肉，斯岂常情哉？尽皆法爱也”。德清自许冰雪修行不敢辜负知己，“是故十年岩穴，耿耿孤明，一念冰霜，心心独照。虽痛彻骨髓，有愧古人，至若比比小歇场，亦颇自信。此皆自我长者大智光中所流出也，敢忘所自，有负于知己哉？”②

2. 德清第二个交游时期，从万历三年（1575）正月，与妙峰上五台山住山，得

---

① 《憨山老人梦游集》卷第十五《与陆五台太宰》，福建莆田广化寺印行本，第753—754、767—768页。

② 参德清自叙年谱隆庆六年（1572），憨山游至京师而遇汪道昆，次年万历元年之春憨山即登五台，万历二年（1574）谱文载憨山与汪氏兄弟的对话：汪次公（道贯）与予同居，看《左传》，因谓予曰：“公天资特爽，大有文章气概。家伯子（道昆），当代文宗也，何不执业，以成一家之名乎？”予笑而唾曰：“留取令兄膝头，他日拜老僧受西来意也。”次公大不悦，归告司马公（道昆），公曰：“信哉！予观印公（憨山时名‘澄印’）道骨，他日当入大慧、中峰之室，是肯以区区文字为哉？”汪道昆将憨山视作大慧宗杲、中峰明本等中兴佛法之大师，可见伯玉之慧眼。（《憨山老人梦游集》卷第十四《与汪南溟司马》，福建莆田广化寺印行本，第735页。）

塔院寺主大方圆广帮助，引至北台龙门静修，迄至万历十年(1582)八月皇长子生，德清先至京西中峰寺结制，次年初夏，彻底离开台山至东海牢山隐居。驻锡五台山修行，不仅使德清结识了许多僧中善知识，更使他有机会结缘宫廷王室，交游颇久的藩王有蒲州山阴王、宰官有平阳太守胡顺庵等人，引为法门知己。德清文集中保存了他与蒲州山阴王的七封书信，从书信内容来判断，其写信时间为驻锡牢山海印和充军岭南两个时期，显示其交往关系较为密切而长久。

第一通书问是德清潜居东海，他与山阴王分别10年之后，重续前缘。“忆念往昔，乞食人间，持钵大檀之门，即辱法眼相看。忘形屈势，使野人区区，自不知其固陋。出入朱户，侧傍玉颜，若游蓬荜，而狎鸥鹭。自非达人，深证无生，两忘物我者，不能如此德香薰人，不觉点染心骨。别来十载，端若须臾。纵居冷地彻髓冰霜时，或隐隐妄想潜兴。妙音色相，俨然现我心镜也。自入台山，深赖妙(峰)师砥磨之力，然虽上愧古人，要且不失初心，颇有自信之地，未敢有负知己。自尔云散清凉，妙师振迹芦芽，山野潜形东海。亦复数年，日坐海印光中，安居澄平世界。尘境幽然，身心日远。是于大檀音问，竟归寂灭矣。适万固老衲，随缘海上，入我堀中，询及大檀所证法门。且云日深如幻三昧，诸有并空，寸心无住，山野喜不自胜。尝闻轻拱璧驷马，而重坐进此道，至有善入尘劳而作佛事者，未见其人。是今见之大檀，足不负我辈知己者耳。然虽山川幽邈，且心光照明，纤毫不隔，第恐情生，故自隔耳。嗟乎，此生已矣，言笑无期，惟愿大檀，安心一境，平视死生。是则把臂寂场，至无尽际，岂直千里同风者比哉！未遂接足，故托此寂音，以扣玄默，冀神珠朗照，不在多言。”德清信中称山阴王为“大檀”(大护法施主)，告知其从来海印的万固老衲“询及大檀所证法门”，德清自称山野“喜不自胜”，引为“我辈知己”。

第二通书问写于分别15年之际，“不覿光相，屈指十五秋矣。人生悠悠梦幻，顾如此耶？惟妙契忘言，真俗不二。若檀越之于贫道兄弟者，法亲骨肉，两间属目，难再其人。每妄想一兴，心光瞥尔，顿现法身。是知三千里外，不隔寸丝，殆非虚语。龙华谭上人来，得奉法言。手之三复，足见深入无量义处。但贫道黄杨木禅，进寸退尺，乃不自知量，偶落语人间，遂为好事揭露。不意遥尘天眼，实增惭愧。何敢更辱印证，过誉如此。傥不吝法爱，并流无穷，使千载之下，想见同风，岂直音声相和已耶!”信末提到妙峰送大藏入云南鸡足山供奉，“妙师赍藏往鸡足，此诚一榷两当。但万里云游，此心不无县县。”又向王询问推介达观，“达师，当代师子也。向云游目三秦，嘱过门下一会，未审至否？然此师风骨，真横空宝剑，使人一傍则爱根永断，岂但能轻万户耶？尝谓像代可无临济、德山，而末法不可无此老也。”

第三通书问是在德清弘法罹难之后，“数年不通音问，想檀越发无遗墨矣，人生梦幻如此，岂不重增悲慨耶？妙师造无缝塔，已呈其样，必收檀越秘密藏中。他日傥至借观，不识如何拈出？山野住那罗堀中，修行无力，被山鬼搬弄，直嚷动三十三天。致惊天王震怒，掷于大鞴炉中，通身锻炼一番。且使身心俱化，骨肉全销，以至家破人亡。迄今投之瘴海，孤征万里。且喜火枷脱卸，庆快行脚，将补三十年前未完公案。意檀越闻之，必心生痛痒耳。今已长发就道，恐檀越爱心不断，必作天南地北，梦想颠倒，挠乱禅悦。特此问讯，乃报喜非报忧也。惟檀越与妙师，眉间光明，照万八千土。然此万里犹在眉睫间，不知何以摄受我也？”

第四通书问写道：“一往梦事，前书具见，既皆颠倒，夫复何言？第在世相有成亏，于法性无加损。智眼明照，谅不以之挠泰定耳。山野以幻化空身，投之蛮烟毒雾中，如坐千尺寒岩，万年冰雪。即有骨未融，而亦为之销烁也。不审异日贤王，于何处索空生耶？山野近在五羊，得奉法旨，读之深委慈念眷注之切。细披诸作，皆精心中出，自当光耀千古。比于邸报，见《断发表诚疏》，此实贤王历劫菩提习气，于此感发，亦乃负荷众生愿力所持。山野以为贤王果能亲生死如一发，则必能以一发引千钧。以此上为社稷，下为苍生，致君尧舜，夫复何难！是不待越三界，而取菩提。傥或习发于忠，以忠资习。是不免于徉狂，虽博名高，难收实效。而世出世法，两皆失之。意贤王必有所以自处矣。便当幸以教我，翘首德音，慰此县(悬)切。”

第五书曰：“塞北天南，相县(悬)万里。在智眼圆观，曾无间隔，而妄情自蔽，宁无去来之思乎？不审比来檀越以法自娱，能无衰恼耶？尝闻佛为波斯匿王，指不迁之见，以观河印之。惟我贤王，终日临流，赌(睹)逝者如斯，而见未尝往者乎？昔者每聆谈者谓四大无常，而佛性真常，则以为秘印。今则谓之不然，何也？以法性遍在无情，而法法皆真，是则五蕴元虚，四大又何加损？观佛骨金刚舍利之光，是以无生之念薰有漏之躯，而成佛性常住不坏者。比瞻六祖全身，信乎佛言不妄矣。贤王以此视幻躯，如水月镜像乎？果于是中觅之而不得。回视目前，皆曰幻化，而忧恼之情，亦无地可寄矣。钝根未入此番炉鞴，未免堕半生半灭之见。今入《楞伽》法性海中，则洞达昔之知见，正若贵鱼目耳。由是知古人不肯轻易可人，必到穷原绝迹之地，殆非以知见凌物，殊非把住放行之说，此皆戏论。观永嘉之见六祖，则一切狐疑顿然冰释矣。贤王智照，以此为何如耶？《楞伽笔记》，皆钝根年来忏悔公案。寄上贤王，同妙师判之。若此中有容针地，则钝根又当贬入铁围矣。”

第六书写于相别30年，“计与老居士一别，几三十年，瞬息顷耳，信乎念、劫同一时也。第恐人生浮世，幻影几何；良友胜缘，不能再得。况参复商异路，宛如隔世。纵精神洞达，而形迹靡从，言之令人悲慨耳。前大义自河中持法旨来，今忽屈指又三年矣。日月欺人，亦至于此。读札语知法体耐老，筋骨益强，此老居士多劫以般若薰蒸金刚种子以为胚胎。况为造物迁流者而作真宰，于何不健！深以为慰。山野幻躯入此炉冶，所赖天恩陶镕，渣滓渐见消落。抚心感愧，无以报称。虽坐瘴乡，不敢一念忘君恩佛慈也。”①

在此值得注意两点，其一，德清在致山阴王书中称王视贫道为“法亲骨肉”，世出世间两瞩目，“难再其人”。尤其引人瞩目的是，信中对山阴王表达了他牢山罹难的原委及对此难的认知，系因“修行无力，被山鬼搬弄”“致惊天王震怒，掷于大鞴炉中，通身锻炼一番”，“迄今投之瘴海，孤征万里”。然他以很轻松的笔调向王诉说，“乃报喜非报忧也”。其二，他是如何达到这种境界的呢？“《楞伽笔记》，皆钝根年来忏悔公案。”“钝根未入此番炉鞴，未免堕半生半灭之见。今入《楞伽》法性海中，则洞达昔之知见。”他把流放瘴海视为天恩掷于炉鞴陶镕，“以幻化空身，投之蛮烟毒雾中，如坐千尺寒岩，万年冰雪。即有骨未融，而亦为之销烁也”。“山野幻躯入此炉冶，所赖天恩陶镕，渣滓渐见消落”，故此虽坐放瘴乡，不敢一念忘君恩、佛慈。对于患难后这一点认知，也在他给关系较为亲密的胡公书中陈述“贫道此段因缘，不独超三十年行脚，适足以超旷劫修行”。

德清在五台山修行开悟并名声大震，山阴王及妙峰、大方等人实助力颇多，而与平阳太守胡顺庵谈道参禅，相知益深，乃至计划退隐东归修道。德清书问曰：“法驾东归之计，知公肝胆，决无遗策，斯亦下愿耳。但人生福禄，皆自前世预定，岂可以人胜天？万一不能如此，又岂可坐待解脱，方能进道？即今外居轩冕，内蕴佛心，至若遇物临机，兴慈运悲，所谓触目皆是成佛种子，无尽福田，但能稍加留神，即一日之间所作功德，尤较区区千万什倍。且公权如天地，生杀所在，善恶之机，谅能明察，而几微之间，所系极大。运筹安攘之略，在公大智之中。……

① 上述六书见于《憨山老人梦游集》卷第十四《与蒲州山阴王》，福建莆田广化寺印行本，第715—726页。

但以慈为根，以悲济物，广行方便，安然取乎大定之中，如此即是现宰官身而作佛事，岂可与为一身之荣者同年而语耶？藉斯梏桎，转为济胜之具矣。又何汲汲却迹逃形，而坐驰日月也。千里之思，无以为献。此腐言，用发公一唾，何如？"①胡公自身不能脱白，就送来其亲之子出家，此即德清所收第一个弟子，法名福善。

德清弘法罹难南行后，致信胡公曰："贫道自涉难以来，实滨九死。直今正眼觑之，然未见纤毫动静相。即万里相悬，其实不离跬步也。念与居士忘形半生，谅能入此法门久矣。岂复效常情，驰去来想，栩栩然作梦中悲酸耶？贫道此段因缘，不独超三十年行脚，适足以超旷劫修行。雷阳炎蒸如火镬，瘴疠死者，泽若沃焦。贫道兀坐尸陀林中，饮瘴烟如灌甘露，忍饥虚若饱醍醐。苟非智竭情枯，何以消受？近得大将军为护法，已借一枝于会城垒壁间，荷戈之暇，闭门枯坐，诸缘顿断，唯披阅《楞伽》，究西来心印，了未了公案。福善金刚心，已化作光明幢，可不忝门墙。古人尝谓祖祢不了，殃及儿孙。贫道所幸，不堕此语矣。佛谓以七宝施满恒沙，不如持此经四句。知居士不忘贫子，敢此以慰。"②

3. 驻锡牢山时期，德清很注意结交山东藩王及当地宰官居士，而且他时常往来京城，与宫中关系密切，且与都中士大夫的交游亦更为频繁与密切。德清文集中有《上山东德王》一书，回应德王所问日用工夫，指导其如何念佛修行。

> 伏惟贤王殿下：聪明天纵，善果夙培，慈德内融，仁恩外著。深居宫壸，存想山林，此实般若因深，诚福慧两足者也。切念贫道云外野人，屡荷垂慈，眷顾殷勤，驰情再四，感激甚深，惭愧无地。昨幸亲觐威光，仰劳玉体，问道谈心，超尘脱俗。此实千载奇逢，三生庆幸，虽瞬息片时，已胜多劫矣。且感信心弥笃，采纳不疑，句句投机，心心在道。况以有限生死为惧，无常病苦为怀，此在富贵所不留心者，贤王令所刻意，斯实迥出浊世之表，归依净土之门，若非多生善根，何能如此？伏承问日用工夫，敬陈如左：戒杀生可以延年寿，寡淫欲可以却疾病，息妄想可以明真心，断烦恼可以出苦趣。念佛可以生净土，宽仁可以治国家，忏悔可以灭罪障，慈悲可以养臣民。歌唱盈耳，不如念佛千声。嬉游终朝，不如静坐一日。此上功德，乃却病延年，多嗣永祚

① 《憨山老人梦游集》卷第十六《与胡顺庵中丞》，福建莆田广化寺印行本，第849—850页。
② 《憨山老人梦游集》卷第十六《与胡顺庵中丞》，福建莆田广化寺印行本，第851—852页。

之妙法也。①

德清书信中有很多处记载了他驻锡牢山时赴“王舍城”交游之盛况，如《与瞿太虚》言：“贫道往持一钵，走王舍城，首参长者。重辱慧眼相照，顿入不二法门。连床促膝，每为终夜之谈……”《与周幼海天球》曰：“往从长者游王舍城，尝坐四衢高楼，共谈不二。”《与李廓庵中丞》：“忆昔长安月夜，促膝谈心，香积良期，饱餐不二。”《与汪静峰司马》：“忆昔长安大道，把臂同游，策蹇长驱，风餐旅宿。此段因缘，真两间奇事。”《与于中甫比部》：“鄙人去秋以乞法因缘幻游王城，幸接洞观、健斋诸居士，极尽法喜之娱。”②

万历十六年（1588）冬，德清与京中名士游，举办龙华会。董其昌在其《画禅室随笔》卷四《禅悦》中提到：“余于戊子冬，与唐元征、袁伯修、瞿洞观、吴观我、吴本如、萧玄圃，同会于龙华寺，憨山禅师夜谈。”此为德清书问中时时回忆提及的龙华会，而不见于其年谱记载。龙华会上名士若干，他处文献又见不同名字者如袁宗道、瞿汝稷、吴应宾、萧云举，实别号也。吴应宾也谈到了憨山德清在龙华寺与他们谈佛论禅：“余小子应宾之在中秘也，偕同参数子，请益牢山憨公于龙华精舍。……所闻非帝网之十玄，则祖灯之五叶，而师特以体究、念佛为露地两轮。”可见，德清充当了京中名士的宗教导师，指导修学华严，参禅、念佛等。王元翰《凝翠集》言：“其时京师学道人如林，善知识有达观、朗目、憨山、月川、雪浪、隐庵、清虚、愚庵诸公，宰官则有黄慎轩、李卓吾、袁宏道、袁小修、王性海、段幻然、陶石篑、蔡五岳、陶不退、蔡承植诸君，声气相求、函盖相合。”③

至于与山东本地缁素交游，据其年谱云，当初来到牢山时“初掩片席于树下”，经过7个月后，得本地人张大心居士，为诛茅结庐以居。入山期年，与即墨灵山寺桂峰法师结交，“一方眼目也，喜得相与”。书问中有《与张大心》一通，提及“老人出世以来，七岁即知有生死大事，三十年来，历尽冰霜，吃尽辛苦，单单博得此一念，奈何向沈幻化网中。若非圣恩一椎打破，不知又向驴年去也。年来坐瘴烟中，住清凉地，日以《楞伽》印心。此实圣恩所赐也”。且云“谅在大心中，凡

① 《憨山老人梦游集》卷第十四《上山东德王》，福建莆田广化寺印行本，第712—713页。

② 《憨山老人梦游集》卷第十四，福建莆田广化寺印行本，第185页；卷第十七，福建莆田广化寺印行本，第222页。

③ 陈垣：《明季滇黔佛教考》卷三《士大夫禅悦及出家》。

所真实功德，必不退初心”。[1]

德清居牢山12年，弘法罹难离开海印后，写信给即墨诸君子：“若山野之于诸君子，一纪之欢，不减骨肉之爱；万里之遣，重遗手足之忧。其不称千载之知己，多生之有缘乎！谚语云：得一世之荣，不若得一世之名。即山野之于山海，固不能流芳，适足以贻笑，不知儿童称说，父子相传于几百年也。况复布慈云于边地，明佛日于重昏，开性海之原，转文机之轴，下成佛之种子，孕作圣之胚胎。山野心知此段公案，深信上天之载，自有无声无臭者存焉。又何以论空华凋谢，翳眼较得失乎？苟知去彼取此，则诸君子可称出世知己矣。”[2]

如何评价自身在牢山海印的弘法罹难这一重大事件，其因果得失固非言语所能尽述，但德清通过给即墨父老及海内僧俗善知识的书信，更通过他在岭南为法忘身的艰苦卓绝之努力，期望海内诸君子作其“出世知己”“法门知己”。

4. 谪戍岭南时期。经过了五台山冰寒彻骨的8年修行，东海牢山“蔑戾车地”[3]12年弘法罹难，北京8个月的囹圄生涯，再谪戍岭南这个也可称为“蔑戾”的瘴乡，德清在书信中则自称为“瘴乡逐客”[4]。但对德清而言，逆顺境缘，无非佛事。这个时期德清虽身处逆境，有罪在身，却仍然通过自己不惜身命的智慧和努力赢得了当地军政长官的支持，成为大护法，礼请其入曹溪中兴祖庭。憨山德清为曹溪祖庭中兴所做的事业，有目共睹，虽未竟其功而举世公认其成就。然尚有未发之幽，即是他在书信和著述中构建的，有关他弘法罹难而受天子钳锤的叙事，使他成为一代法门忠义高僧形象名至实归而矗立起来。

从他在雷州戍地著述《楞伽笔记》这部佛祖印心之作开始，3年之内又著述《法华通义》《楞严通议》等多部作品梓刻，著述与弘讲并重，其身边逐渐又集聚了一批心向佛法的宰官居士，如周汝登、丁右武、樊玉衡、冯昌历、王安舜、刘起相、

---

① 《憨山老人梦游集》卷第十五《与张大心》，福建莆田广化寺印行本。

② 《憨山老人梦游集》卷第十五《与即墨父老》，福建莆田广化寺印行本。

③ “蔑戾车”，佛经中所言的边鄙不开化之地。《憨山老人年谱自序实录》万历二十三年乙未：“今东海蔑戾车地，素不闻三宝名，今予教化十二年，三岁赤子皆知念佛，至若舍邪归正者，比乡比户也。予愿足矣，死复何憾！”《憨山老人梦游集》卷第十四《与曾见斋太常》：“那延僻处东鄙，为蔑戾车众埋没倒置久矣。鄙人不自量，适当其冲，非敢振起名山，抑愿度诸难度。自非内恃寸心、外仗诸大知识神力所被，则所不敢留影石室也。”《憨山老人梦游集》卷第十六《答郑昆崖开府》：“五羊久称蔑戾，所居垒壁，非兰若也。贫道仗圣慈，以万里为调伏，兢兢执役炉锤间，且幸以毒除毒，其于狭劣习气似渐销镕。”

④ 《憨山老人梦游集》卷第十四《与栖霞懒庵师》，福建莆田广化寺印行本。瘴乡，指南方有瘴气的地方。瘴，指南方山林中湿热蒸郁能致人疾病的有毒气体，多指是热带原始森林里动植物腐烂后生成的毒气。感受瘴气而生的疾病称瘴疠，亦泛指恶性疟疾等病。

陈迪祥、欧文起、梁四相、龙璋等人。针对岭南佛法不兴，德清向初信者“开示向上事”，使之“谛信不疑，切志参究”，并“相率归依法门者日益众”。[①] 对于樊玉衡、周汝登等谪贬士大夫，德清则与之切磋学问与佛法，惺惺相惜。

德清在《楞伽笔记》中写道：“以是年三月十日抵戍所，于四月朔即命笔。时值其地饥且疠，死伤蔽野。余坐毒雾尸陀林中，日究此经，至忘寝食，了然如处清凉国。至七月朔，甫完卷半。比与何孝廉复元，率父老掩胔骼，至四千头有奇。建盂兰会，说幽冥戒，普济之。时天乃雨，而疠随止。遂令蔑戾车地，大生欢喜心。无乃借此性海一滴，润此焦枯乎！余亦奉镇檄来五羊，憩东郭垒壁间。又首事于十月朔，至明年佛成道日，乃搁笔焉。”[②]

在那样一个通过侍者、熟人和邮符驿站来传递书信、沟通信息的年代，德清在《楞伽笔记》著成后写了100多封书信，随书寄给海内僧俗善知识。万历二十七年(1599)，德清54岁，春刻《楞伽笔记》成，乃印百余部，“遍致海内法门知识，并护法宰官”，这并不是寻常简单的法施，“且令知予处患难中，未忘佛事耳”。研读这些信件可知，每一封信都有一段因缘，集合起来就显示了德清弘化交游的庞大社会关系网络。然而，100多封书信中经常表达的话题恰以《楞伽笔记》阐发佛祖心印为核心思想，以法门忠义为其践行理念。

德清《与汪仲嘉》曰：“贫道坐此瘴乡，一息千日。若从前造道如此，可不让古人。今将总洗前愆，不敢不勉力自策。故于荷戈之际，力究此心，始知从前知见，多落光影门头。苟不蒙圣恩，大施钳锤，安知有今日事?”《与缪觉休》曰：“顷荷诸佛慈悲不弃，而投之红炉烈焰中，顿使积习垢缠，销烁殆尽。自庆此段因缘，可超生平行脚耳。”《与张守庵》曰：“记得与公别时语云：愿老和尚说法利生，我安心欢喜为法门死。只此一言，入在贫道金刚心中，穷劫不坏，直至成佛亦不能昧。此非大菩萨人安能如是? 贫道自入瘴乡，因此一言，不能顷刻怠惰，专以度生为事，以佛法为命也。今将三年内所著诸书，皆发明佛祖心印，究明大教旨趣，以此祝圣寿无疆，报护法之德万分之一也。”[③]

5. 憨山东游时期，大致起始于万历四十四年丙辰(1616)，其71岁，自南岳东游吴越，随之投老匡山，建立庐山弘法中心，以南岳衡州和湖北蕲州为弘化道

---

① 《憨山老人梦游集》卷第五十四《年谱》“万历二十六年”条，福建莆田广化寺印行本，第738页。

② 憨山德清：《观楞伽宝经阁笔记》卷首序。

③ 《憨山老人梦游集》卷第十五、十七《书问》，福建莆田广化寺印行本。

场。这期间，他难忘达观师法门忠义，又东游至江南径山、云栖吊祭达观、云栖二师，一路说法交游不息。门人即护法居士记录其东游足迹并说法开示，而汇为《东游集》四卷刻之。东游之前，德清寓居衡州灵湖华岳寺，应住持之请为华岳寺法派续四十字，偈曰："源自曹溪浚，灯从南岳传。广开清净理，妙悟祖师禅。顿了唯心旨，归依实智诠。西来微密意，福慧永无边。"①从以下两则资料中，可知晚年德清的弘法交游及末后归宿：

万历丙辰岁，予自南岳东游，避暑于金竹，探幽及此，爱其一邱一壑，意将息焉。且卜居，适黄梅孝廉邢懋学，用值购之，为予逸老地。时黄梅大司马汪公可受，愿为兴建檀越。浮梁尚宝陈公大受，约某某捐资鸠材，寺遂成。金沙于公玉立，居士缪公希雍，捐置香火田，故得安居。工肇于丁巳（万历四十五年，1617），落成于己未（万历四十七年）。郡守袁公懋贞，为文以记之。由是四方衲子日益至，遂成丛林，居然莲花一叶中也。寺左岭，旧有望湖亭，乃晦庵建，基尚存。其谷有兰若，一在石鼓峰下，曰冲默斋。予有铭：最幽胜高敞，望湖外诸山。一目千里，罗列于前。如坐华台，出广长舌。十方云来，听法众也。一在七贤峰下，曰芙蓉庵，面五老而蹋卧龙，群峰罗列。②

癸丑（万历四十一年，1613），师以病不能安，遂舆杖之南岳。越丙辰（万历四十四年，1616）夏，东游吴越，吊紫柏、云栖二大师。黄梅汪静峰司马致书浮梁陈大参赤石公为檀越，留师休老于匡山。明年丁巳（万历四十五年）夏，师还匡山，遂结庐于五乳峰下。自师之去曹溪，其受化诸弟子辈如婴儿之失慈母也，日夜以思，求师复归难得矣。越四年庚申（泰昌元年，1620），方伯吴公入山，睹寺之规模，三叹不已。众僧因具白师之功德，及山中众等恋慕之心。吴公大发欢喜，愿与六祖作护法，遂具书请师还山。未几，会中兴护法祝公亦至，一力坚请师转法轮。由是益知六祖之灵有感，岭南法化之机有在也。此师末后一段因缘，因记之以示来者。③

由上可知，德清晚年休老庐山建立弘法中心，其最大的护法施主为黄梅大司马汪

① 《憨山老人梦游集》卷第二十《序·续华岳寺法派序》，福建莆田广化寺印行本。
② 《憨山老人梦游集》卷第二十五《记·庐山五乳峰法云寺记》，福建莆田广化寺印行本。
③ 《憨山老人梦游集》卷第五十《曹溪中兴录》附录《未竟因缘》，福建莆田广化寺印行本。

可受，又得到浮梁尚宝陈大受及金沙于玉立，居士缪希雍等人护法支持，五乳法云寺由是兴建。此外，有“七贤社”的建立，又吸纳了一些重要人物做护法。福征《憨山大师年谱实录疏》万历四十四年条，“访汪司马公，入紫云山，留旬日，汪公愿作匡山建造檀越，拉荆国主、袁使君等，为七贤社。”德清文集中存有与荆国主和袁使君的书信，其《与蕲州荆王》书中有言：

> 恭惟贤王殿下：睿德天成，灵根夙植，内蕴真慈，外现国主。身处尘劳，心存净土。山野枯朽山林，仰德钦风，为日久矣。自分无缘，一餐徽问。去秋游目匡庐滨行，适归宗老纳持令旨至，伏承香积之惠，匆匆行脚，未遑启谢。今夏复还匡山，拟休老计，幸故人汪司马公以法眼相看，愿结十贤，同入莲社。欲贤王为上首，曾托左右致意，想未达睿听。然惟匡山即灵鹫，蕲黄犹舍卫，岂舍贤王于法门乎？将期始终金汤耳。顷拜使者之辱兼领法施，深感慈念，致谢无量。且闻冢嗣之变，知贤王以天伦至情，难免忧苦。但人生修短，各有定分，本属前缘。往者既不可留，来者尚图厚望。岂可以不作之魂而伤生者之性？此在达人以理自遣，万无以痴念重劳玉体也。唯望三宝慈悲，足以利存亡耳。愿贤王厚自保爱。①

信中披露“愿结十贤，同入莲社，欲贤王为上首”，此固仿庐山先贤慧远结竹林“七贤社”修净之风，而晚年德清着实深孚众望，期以庐山为灵鹫山，蕲州为舍卫城，则直以湖广为弘法道场，希冀贤王为护法门“始终金汤”。又一通书问致荆世子，内中劝慰“以静持心，以慈御下，以绥天宠。……其于念佛诵经礼拜，乃切己大事，又不可以艰难退心。舍此一念，无可以感佛天加护者”。想必荆世子亦奉佛，为念佛法门笃信者。其世袭王位后，启、祯间尝请觉浪道盛讲法于蕲州，此为后话。

德清晚年东游时期所交游的宰官居士不少，其人大多为达观、云栖二师的生前护法，德清借东游吊祭二师之机沿途走访。查阅年谱及有关资料大致可知德清东游之线路行踪，及交游宰官居士姓名者如下：丙辰春正月，方遗民从宦游归，依于湖东。夏四月离湖东，有《去南岳解嘲诗》。邝慕一、方遗民、何仲益诸子，送

---

①《憨山老人梦游集》卷第十七《与蕲州荆王》《答荆世子》。

至樟木市。五月至武昌，会段幻然给谏。六月至浔阳，游东林，有《怀古诗》。登匡庐，吊彻空禅师，避暑于金竹坪，注《肇论》。因见其山幽胜，有归隐之意。七月游归宗寺，登金轮峰，礼舍利塔，有诗。有僧以五乳旧寺相送为静室，登览观其地不广，而其境颇幽，遂受之。江州邢来慈居士，乃达师弟子，愿为布金檀越，遂有投老之意。浮梁陈大参赤石公，至山相访，亦愿为护法。秋八月，出山至蕲州黄梅，礼四、五祖。访汪司马公，入紫云山，留旬日，汪公愿作匡山建造檀越。别去至姑苏相城，访吴太史观我、吴中丞木如，欲建如意庵以留。游浮山，截江登九华。十月初抵金沙，于、王合族，与东禅浪崖耀公迎之居。顷即往双径。石门颜生之居士，候迎于吴江，乃过其家，士备斋资以随行，长至月（冬至十一月）望，至径山寂照。①

十一月十九日，为达大师作荼毗佛事，先为文以祭之。二十五日，手拾灵骨，藏于文殊台。弟子法铠随建塔，德清作塔上之铭，以尽生平法门之义。遂留度岁。次年春正月，下双径，吊云栖。时缁白弟子千余人，久候于云栖山中，留二旬，每夜小参闻法，各各欢喜。乃请作塔铭。回时，玄津法师壑公，同通郡宰官居士，金中丞、虞吏部、翁大参诸公，请留净慈之宗镜堂。日绕数千指，为说大戒，作《宗镜堂记》。诸山各路名德法师，俱集于湖上问法，各申诘难，时谓东南法会之最胜，昔所未见也。乃游灵隐、三竺、西山诸名胜。城中宰官居士，具舟放生饯别于湖上，且具状请留云栖，乃有三年之约，遂行。②

回至吴门，巢松、一雨二法师，请入华山，游天池、玄墓、铁山诸胜。寒山寺赵凡夫、严天池、徐仲容、姚孟长、文文起、徐清之诸居士，设供于山中。冯元成、申玄渚二宰官斋于家。将行，弟子洞闻、汉月久候，钱太史受之亲迎至常熟，遂至虞山信宿。钱太史送至曲河（阿），贺知忍父子侄，候于奔牛之三里庵，请留园中结夏，力辞之。贺知忍居士，以《八十八祖道影》相送，乃高士丁云鹏笔，遂受之。送至京口，受镇江三山缁白斋罢，即返匡山。五月一日，过白下江上一宿，见一二故人，即扬帆而西。五日至芜湖，刘玉受缮部款留，作《异梦记说》。崔吏部鹤楼，追

① 长至月即冬至十一月，冬至俗称“长至节”，又名“一阳生”，或“亚岁”等。古人认为自冬至起，天地阳气开始兴作渐强，代表下一个循环开始，是大吉之日。它既是二十四节气之一，又是中国传统节日，过冬至节自汉代以后才有，盛于唐宋，相沿至今。《汉书》有云：“冬至阳气起，君道长，故贺……”汉代以冬至为“冬节”，官府要举行祝贺仪式，称为“贺冬”。明清两代，皇帝均有祭天大典，谓之“冬至郊天”。宫内有百官向皇帝呈递贺表的仪式，而且还流行互相投刺祝贺，称为“拜冬”。

② 玄津法师，名大壑，雪浪大师弟子，即净慈宗镜堂住持。

晤江上。五月十六日，舟次星渚，抵归宗寺。寓居未几，时汪司马公，业先具资，为修静室。六月十五日，弟子福善，经营五乳开土，于十月终，始成一室，乃得安居。

东游时，号称万历三大师之云栖、达观已逝，加之憨山乃“圣母恩师，弘法罹难，戍毕生还，实大声洪”，憨山遂成为晚明佛教丛林的泰斗，所到之处受到了缙绅与僧众的热情拥戴。“自地方巡抚总镇，以至府县大小各官，及四方善信、宰官居士、法律宗三门耆宿后生，靡不毕集武林，直是一日千载。”[①]《年谱》中仅提到名字的就有30多人，其中既有故人前来叙旧，更有新知慕名来访。江南文宗钱谦益太史即是此时结识憨山，并皈依德清为在俗弟子。其归匡庐后有致吴观我太史书曰：“吴越之缘，草草了事，以不耐应接故，即归匡山。而山中安居，殊未易就。投闲入山，而返为山累，衰朽之年大不宜此耳。”[②]德清对钱太史期望甚殷，致书云：“山野居常，恒忧法门寥落，即外护金汤，难得真寔荷担之人。昨幸见居士，大慰夙心。现宰官身，竖正法幢，斯时大有望焉。若山野朽株，为法门弃物，承法爱之深，自信夙缘，虞山之会，匆匆未尽所怀。辱联舟远送，更感拳拳。别后，仲夏望后抵匡山，卜居山南七贤、五乳之间，诛茅数椽，聊尔栖息。前寄八行时，尚未得定止也。……《护法编》时对披读，诸老塔铭，言言指归向上一路，得宗门正眼。我明法运大开，赖有此为衡鉴。若刻施流通，利法不浅。其稿俟明春当专持上。”又曰：“山野年来衰病日作，意非久处人世者，此生无复再晤之时矣。言之悲酸，山野所悲，不独时事，即法道寥寥，目中所赖护法之心，如居士者，指不再屈，岂特金刚幢耶？”[③]

德清答谢杭城诸宰官，云：“山野自愧薄劣，为法门罪人，漂流瘴海二十余年，骨殒神销，仅存一息。将匿影穷山，毕命斯世。第以法门之故，与达师有死生之义，悲莲师有慧日之沉。特不远数千里，持瓣香以吊。”[④]

德清东游说法开示，多主以教印心，而破斥“冬瓜印子”。他对此冬瓜印子的特征看得分明：“近来诸方少年，有志参禅者多，及乎相见，都是颠倒汉，以固守妄

① 福征：《憨山大师年谱疏》，“万历四十五年”条，《憨山大师法汇初集》第9册，香港佛教法喜精舍刊印，1997年，第116—117页。

② 《憨山老人梦游集》卷第十八《答吴观我太史》，福建莆田广化寺印行本。

③ 《憨山老人梦游集》卷第十八《答钱受之太史》，福建莆田广化寺印行本。

④ 《憨山老人梦游集》卷第十七《答杭城诸宰官》，福建莆田广化寺印行本。

想为誓愿，以养懒惰为苦功，以长我慢为孤高，以弄唇舌为机锋，以执愚痴为向上，以背佛祖为自是，以恃黠慧为妙悟。故每到丛林，身业不能入众，口意不能和众，纵情任意，三业不修。以礼诵为下劣，以行门为贱役，以佛法为冤家，以套语为己见。纵有能看话头做工夫者，先要将心觅悟。故蒲团未稳，瞌睡未醒，梦也未梦见在，即自负贡高。走见善知识，说玄说妙，呈悟呈解，便将几句没下落胡说求印正。若是有缘，遇明眼善知识，即为打破窠臼，可谓大幸。若是不幸，撞见拍盲禅，将冬瓜印子一印，便断送入外道邪坑，堕落百千万劫，无有出头之时，岂非可怜愍者哉！此等愚痴之辈，自失正因，又遭邪毒，纵见临济、德山亦不能解其迷执，岂不为大可怜愍者哉？禅门之弊，一至于此。”故示参禅切要曰：“禅门一宗，为传佛心印，本非细事。始自达摩西来，立单传之旨，以《楞伽》四卷印心。是则禅虽教外别传，其实以教应证，方见佛祖无二之道也。其参究工夫，亦从教出。”又曰：“今禅家寂寥久矣，何幸一时发心参究者多。虽有知识，或量机权进，随情印证，学人心浅便以为得。又不信如来圣教，不求真正路头，只管懵懂做，即便以冬瓜印子为的决，不但自误，又且误人，可不惧哉！且如古之宰官居士载《传灯》者，有数人而已。今之尘劳中人，粗戒不修，浊乱妄想，仗己聪明，看了几则古德机缘，个个都以上上根自负，见僧便斗机锋，亦以自己为悟道。此虽时弊，良由吾徒一盲引众盲耳。”“历观古人，无一不从辛苦中来。何其今之少年才入丛林，便以参禅为向上，只图端坐，现成受用，袖手不展，一草不拈。如此薄福，绝无惭愧之心，纵有妙悟，只成孤调，绝无人天供养。况无真实修行，虚消信施，甘堕沉沦者乎！”①

德清主张学人当真参实悟，不主张善知识以佛法作人情，乱作冬瓜印子许可。他为东南法门寥落而忧，“近来东南衲子中，参究向上者多，苦无明眼宗匠指示，都落光影门头掉弄识神，被冬瓜印子印坏。又不肯亲近教乘，求真正知见”②。德清认为：“向上一路，亲近者稀。不是真正奇男子，决不能单刀直入。此事决不是世间聪明伶俐，可能凑泊。亦不是俗习知见‘之乎者也’，当作妙悟。亦不是记诵古人玄言妙语，当作己解。只须真参实究，向自己胸中流出，方始盖天盖地。”③

---

① 《憨山老人梦游集》卷第六《法语·示参禅切要》（径山禅堂小参），福建莆田广化寺印行本。又参卷第七《示众法语》。

② 《憨山老人梦游集》卷第十八《答钱受之太史》，福建莆田广化寺印行本。

③ 《憨山老人梦游集》卷第十八《答谈复之》，福建莆田广化寺印行本。

此外，东游之行，除了大畅法门忠义，德清还痛呵“焦芽败种”。其有开示云：“世之士绅有志向上留心学佛者，往往深思高举，远弃世故，效枯木头陀以为妙行。殊不知佛已痛呵此辈，谓之焦芽败种，言其不能涉俗利生。此正先儒所指虚无寂灭者，吾佛早已不容矣。佛教所贵在乎自利利他，乃名菩萨。梵语菩萨，此云大心众生。以其能入众生界，能断烦恼，故得此名。菩萨舍世间无可修之行，舍众生无断烦恼之具。所以菩萨资藉众生，以断自性之烦恼，如他山之石可以攻玉耳。烦恼者，乃贪嗔我爱见慢种种恶习，而为自性光明之障蔽，非世间众生一切逆缘境界，不能磨砺以治断之，如《诗》所云切磋琢磨者此也。且佛制五戒，即儒之五常。不杀，仁也。不盗，义也。不邪淫，礼也。不饮酒，智也。不妄语，信也。但从佛口所说，言别而义同。……佛者觉也，能觉此心即名为佛。非离此净心之外，别求一佛也。良由众生恶习障重，心难清净，故设念佛方便，求生净土法门。且曰：心净则佛土净。是知念佛固净心之妙行也。然念佛本为净心，苟念佛而其心不净，何取于念？持戒而背五常，何取为戒？”老人开示曰：戒本自性具足。若谛信老人之言，自净其心，则戒已受，禅已修，净土已入。菩萨妙行世出世法，二利具足，概不出此。生其勉之！[①]

经历了冰与火两重世界、两种世态的晚年德清，老而弥坚，以如幻三昧真火淬炼，早已世情洞然，佛教造诣炉火纯青，其声望再度归来，隆重至极，但《大明高僧传》中未曾收录他的传记，那是因为其成书于万历丁巳（四十五年，1617），而高僧德清示寂于5年之后的天启三年癸亥（1623）；明末清初禅门《灯录》之作如《五灯会元续略》《续灯存稿》等，则将他与紫柏真可、云栖祩宏皆列入“未详法嗣”[②]。然而颇为有趣的正是这三位却以“万历三大师”之英名，成为晚明佛教复兴之杰出高僧而彪炳史册，光明赫赫，福泽广被，绵延至今。

---

① 《憨山老人梦游集》卷第五《法语·示袁大涂》，福建莆田广化寺印行本。

② 明净柱于1644年编辑的《五灯会元续略》（收入《续藏》第138册）将云栖祩宏、紫柏真可等列入卷二末附“未详法嗣”。清通问于1642—1654年编撰的《续灯存稿》（收入《续藏》第145册）也把云栖祩宏、紫柏真可、憨山德清等收录在卷十二“未详法嗣”篇中。

第二节
紫柏真可与晚明佛教中兴

紫柏真可在明末社会和佛教界享有极大的声誉与地位，在当时即与李卓吾（李贽）并称“二大教主”①，又在“禅林诸名宿”中与云栖袾宏并称为“二大宗主”②，后世则将他与云栖袾宏、憨山德清、蕅益智旭并列为晚明佛教复兴“四大师”。僧友及门人多推尊紫柏真可为接续明代“国初第一宗师”楚石梵琦之后，振兴禅门道风的第一人。

其僧友憨山德清序曰：“今去楚石二百余年，有达观禅师出，当禅宗已坠之时，蹶起而力振之。得无师智，秉金刚心，其荷负法门之志，如孛（李）陵之血战，纵张空拳，犹挥驻日。虽未犁庭扫穴，而一念孤忠，与啮雪吞毡者，未可以死生优劣议也。真末法一大雄猛丈夫哉！然师赋性不与世情和合，至老见客未效一额手。虽未踞华座，竖槌拂，然足迹所至半天下，无论宰官居士，望影归心，见形折节者，不可亿计。以自性宗通，故随机之谈，如千钧弩发，应弦而倒，无非指示西来的意。”③德清比之为当代临济、德山，其曰：“达师当代师子也。……然此师风骨，真横空宝剑，使人一傍，则爱根永断，岂但能轻万户耶？尝谓像代可无临济、德山，而末法不可无此老也。”④

① 沈德符《万历野获编》卷二十七《释道・二大教主》，《元明史料笔记丛刊》，中华书局，1959年，第691页。李贽在狱中自裁后，“次年癸卯妖书事起，连及郭江夏，并郭所厚之数君。御史康骧汉（丕扬）因劾达观师，捕下狱。有一蠢郎曹姓者，笞之三十，师不胜恚，发病殁。师已倦游，无意再游辇下，有高足名流方起废促之行，师遂欲大兴其教。慈圣太后素所钦重，亦有意令来创一大寺处之，不意伏机一发，祸不旋踵”。沈于此评曰：“两年间丧二导师，宗风顿坠，可为怪叹。虽俱出四明相公力，然通人开士，只宜匿迹川岩，了彻性命。京都名利之场，岂隐流所可托足耶？”四明相公乃是万历年间首辅沈一贯，此人乃彼时“浙党”首领。隆庆二年（1568），成三甲进士，选庶吉士。万历二十二年（1594），出任南京礼部尚书。万历二十九年（1601）十一月，成为当朝首辅。张居正主政时，与张多有不合，长期被闲置不用。张居正去位，经廷臣举荐，沈一贯升东阁大学士，始入阁参预明廷机务。沈一贯执政后期，立储之争、矿税之祸、癸卯妖书案、辛亥京察案等均与他有直接关系，故而弹劾者甚众。紫柏因为陷入“东林党争”，在第二次“妖书案”中，被东厂拷打，伤重圆寂。

② 沈德符：《万历野获编》卷二十七，“禅林诸名宿”条记：“竺乾一时尊夙，尽在东南。最著则为云栖、达观两大宗主，然二老行径迥异。莲专以西方直指化诱后学，达则聪明朝悟，欲以机锋言下醒人。莲枯守三条，椽下跬步不出，达则折芦飞锡，所在皈依。二老各立教门，虽不相下，亦不相笑。其后达老示寂狱中，莲拊膺悼叹，亦微咎其昧于明哲。如白香山诗云：‘当君白首同归日，是我青山独往时。’寓意甚远，非幸灾也。”（《元明史料笔记丛刊》，中华书局，1959年，第693页。）

③ 德清：《紫柏尊者全集》卷首《紫柏老人集序》，《卍新续藏》第73册。

④ 德清：《与蒲州山阴王》，《憨山老人梦游集》卷第十四《书问》，福建莆田广化寺印行本。

其俗家弟子贺烺曰:"自法席久尘,祖灯无焰。求其担荷大法,振扬宗风,摧情魔于百战,枯识海于千流者,有明自楚石以后,惟有紫柏大师一人而已。大师洞彻自心,皎皎孤映,语言文字,从心光中自然溢出,一经拈指,本妙见前。至其慈悲热肠,淋漓痛切,无非欲学人积劫无明当下冰销,究此一大事因缘耳。"①

这种看法也得到了儒家社会的认可,如黄宗羲在《明儒学案》中论及其对振兴晚明佛教的贡献时说:"有明自楚石以后,佛法中衰,得憨山、紫柏而再振。"②大宗伯钱谦益亦竭力推崇其禅者豪迈气概:"呜呼,伟矣哉!大师(憨山)与紫柏尊者,皆以英雄不世出之资,当狮弦绝响之候,舍身为法,一车两轮。……昔人叹中峰(明本)辍席,不知道隐何方;又言楚石、季潭而后,拈花一枝几熄。由今观之,不归于紫柏、憨山,而谁归乎?"③

一 紫柏真可生平与法缘

紫柏真可之法名,原字为达观,万历年间因皇上钦赞其道风,称"若此真可名一僧",遂改其名为真可。晚号紫柏,世称紫柏尊者或紫柏老人。④ 俗姓沈,明代南直隶苏州人。父亲名沈连,祖籍句曲(今江苏句容),后举家迁至吴江太湖畔,世居于此。嘉靖二十二年癸卯(1543)六月十二日出生,万历癸卯年(1603)十二月十七日坐化,世寿61,法腊41。明人沈德符在其著作中称道:"达观师,世所谓紫柏老人,本吴江人,后讳言之。其聪明机辩,实宇内无两。晚游京师,慈圣太后与今上俱礼重之。卒以癸卯妖书株连及难。然其人自是异人,用能奔走天下。后来名宿如林,未有能及之者。"⑤

---

① 贺烺,崇祯间避太子讳改名世寿,字函伯,号中泠,自隶丹阳人,万历三十八年进士。贺烺为沈令誉儿女亲。(贺烺:《紫柏尊者全集》卷首《紫柏大师集序》,《卍新续藏》第73册。)

② 黄宗羲:《南雷文案》卷八《钱清溪墓志铭》,《黄宗羲全集》第10册,第343页。

③ 钱谦益:《憨山大师梦游全集序》,载《憨山老人梦游集》卷第一,福建莆田广化寺印行本。

④ 陆符在《紫柏尊者别集》附录中言:"万历中,慈圣皇太后,钦师道风,上(指万历帝)亦雅知师,谓若此真可名一僧。师遂取以更其名。"此外,紫柏著作中可见其自署,尚有憨憨子、憨道人、皮毬子、皮毬道人、憨憨可禅人慈云、潭柘先生等别号。

⑤ 沈德符:《万历野获编》卷二十七《释道·吴江异人》,《元明史料笔记丛刊》,中华书局,1959年,第688页。

（一）出家行脚参学

真可自幼即显示出与众不同的侠义刚烈的性格。“性雄猛，慷慨激烈，貌伟不群。”[①]随着年龄增长，“志日益大”，真可更是不能为父母所羁绁。他自己也曾说：“予受性豪放，习亦粗戆，一言不合，不觉眦裂火迸。”[②]

1. 出家吴门虎丘

嘉靖三十八年（1559），真可17岁，辞亲离家，独自仗剑远游，行至苏州阊门，因大雨而停歇，偶遇到虎丘僧明觉，这种相遇改变了他的一生。明觉“壮其貌，知少年不群，心异之。因以伞蔽之”。邀请其至虎丘云岩寺歇息，“具晚餐，欢甚相得”。夜里，真可听闻寺僧唱《八十八佛名颂》，心大快悦；次日清晨，他便解腰缠十余金捐供寺常住，请求设斋，剃度出家，明觉即为其落发。

真可从一位意气风发的少年变成了虔心学佛的沙门。这个人生的转变在他后来写的纪念文字中多有记述：“自吴门遇觉公，弃书剑从剃染，而旧习亦为稍更，然于宗教未有开悟。”“吴门枫桥雨中，承轮道人一伞之接，雨渐而为甘露。”[③]出家当夜，真可“兀坐达旦”，静坐到天亮。此后终其一生胁不至地，修行不倒单。当时明觉欲募铁万斤铸造大钟，真可知道后，便只身前往嘉兴平湖，“巨室外趺坐”，以他的坚毅魄力化得生铁万斤，成就铸钟一事。此后居虎丘，闭关读书，半年不出户。曾见僧有饮酒茹荤者，真可叱曰：“出家儿如此，可杀也！”时僧见其气势，甚是敬畏。而从出家与化铁之事，足见真可易于常人的决断与气魄。[④]

嘉靖四十一年（1562），真可20岁，受具足戒。在常熟遇到相国严养斋，被识为“奇器”，留月余。到嘉兴东塔寺，见僧人抄《华严经》，心生尊敬。跪看良久，大为感叹，称羡曰：“吾辈能此足矣！”之后，又至武塘景德寺掩关，读书3年。出关后回吴门，辞别明觉师，告知其决志远游行脚、参访诸方知识，以“究明大事”。从

---

① 德清：《紫柏尊者全集》卷首《达观大师塔铭》，《卍新续藏》第73册，第9页。“长志日益大，父母不能拘。”

② 真可：《紫柏尊者全集》卷十四《祭法通寺遍融老师文》，《卍新续藏》第73册，第888页。“长志日益大，父母不能拘。”

③《紫柏尊者全集》卷十四《祭法通寺遍融老师文》《礼石门圆明禅师文》，《卍新续藏》第73册。“某本杀猪屠狗之夫，唯知饮酒啖肉，恃醉使气而已，安知所谓佛知见耶？不谓吴门枫桥雨中，承轮道人一伞之接，雨渐而为甘露。甘露渐，而续石门之血脉。石门之血脉，幸而续之。则饮光之笑声，或将传于龙华会上，未可知也。虽然，不肖何人，敢大言如此？苟无自信于心，初不假于外者，何不惮大川峻岭，即穷冬而登石门？此心之痛，惟佛与孔老，必皆俯而慈摄者也。”

④ 德清：《紫柏尊者全集》卷首《达观大师塔铭》，《卍新续藏》第73册。参见范佳玲：《紫柏大师生平及其思想研究》第三章《紫柏真可生平考述》，法鼓文化，2001年。

此，展开了他行脚的一生。

2. 行脚悟道参学

一日，真可无意间听到一位僧人念诵唐代张拙的《悟道偈》，至“断除妄想重增病，趣向真如亦是邪”这两句时，真可笑曰：“错也，当云‘方无病，不是邪’。”僧云：“你错，他不错。”真可由此疑情大增，每至一处，都要把这两句话写在墙壁上，时时提撕，以至废寝忘食，头面俱肿。后来，终于有一天用斋的时候，真可豁然大悟。他感慨道，若在临济、德山座下，一掌便醒，安用如此。自是气宇超绝诸方。悟道后，真可遍历禅席，居无定所。他曾经到过庐山，一度深究法相精义；后又朝五台山，于无名老宿处领“一念未生”之旨。①

万历元年（1573），真可 31 岁，行脚至京师，遍参宿老，讲席兴盛，其中以华严宗匠法通寺遍融法师对他启迪最深。真可自述其京师遍参诸大老情形云：“洎万历元年，北游燕京，谒暹法师于张家湾，谒礼法师于千佛寺。又访宝讲主于西方庵，末后参遍老于法通寺。”其记述当时与遍融老见面参学机语，问答颇生动。遍融问：“汝是甚么人？”对曰：“江南寒贫晚士。”曰：“来京城作甚么？”对曰：“习讲”。问：“习讲作甚么？”曰：“贯通经旨，代佛扬化。”遍曰：“汝当清净说法。”对曰：“即今不染一尘。”遍融下炕，搊其衣曰：“汝道不染一尘，这好直裰向甚么处来？”适旁有僧侍，遍融曰：“直裰当施此僧。”遂施之，遍融见其内尚有衣，大笑曰：“脱去一层，还有一层。”真可遂留挂搭。自此，真可往来遍融老之门，“观其动履，冥启多矣。”法通寺又有普照法师者，对真可亦十分“契爱”。19 年之后，真可再来京城法通寺，祭奠遍老、普照二师，见“法堂尘积，黄叶萋萋”，颇为感慨，而起报德兴法承嗣之愿。真可曰：“予闻世谛，有父则有子嗣，微嗣则人类绝。然有宗嗣焉，有恩嗣焉。而出世法中，则有戒嗣焉，有法嗣焉。予于遍老之门，未敢言嗣，若所谓德，则此老启迪不浅，焉敢忘之？兹叙脱白颠末、宗教所自于吊辞者，盖寔有报德

① 德清：《紫柏尊者全集》卷首《达观大师塔铭》，《卍新续藏》第 73 册。文末落款：“万历四十四年：嘉月朔旦，前海印住山沙门辱教德清稽首撰。”又参真可《祭法通寺遍融老师文》，内中也提及此《悟道偈》：“一日读唐张拙偈，至‘断除妄想重增病，趣向真如亦是邪’句，舍然大笑曰：谬矣。何不道‘断除妄想方除病。趣向真如不是邪’？时旁僧谓予曰：‘公以为张拙偈错耶？若张拙错，或错一字，何下句亦错？’予闻之不解。遂疑闷经岁，弗能已。一日忽醒曰：‘渠本不错，乃我错耳’。既而自设问答，‘如何是断除妄想重增病？’曰：披蓑衣救火。‘如何是趣向真如亦是邪？’曰：罪不重科。从此于禅家机缘语句，颇究心焉。而于教乘汗漫，犹未及也。及读天台智者《观心颂》，始于教有入。时予有偈曰：念有一切有，念无一切无。有无惟一念，念没有无无。”

之思焉。”[①]

万历二年(1574),真可参访行脚近9年后回江南,至苏州虎丘省视剃度师明觉公。但他并未在吴门久留,而是继续行脚江南一带,与傅光宅、管东溟等士大夫结缘。他先到淞江掩关百日,出关后至吴县。时傅光宅为吴县令,其子利根,命礼真可师。真可与其子有一段对话,可见其机缘。一日搦二花问真可云:“是一是二?”真可曰:“是一。”子开手曰:“此花是二,师何言一?”真可曰:“我言其本,汝言其末。”子遂作礼。真可至天池,遇管东溟,闻其语,深器之,遂相与莫逆。万历三年(1575),真可得知大千常润在少林寺开堂讲法,便结友参叩,见其讲公案时“以口耳为心印,以帕子为真传”而耻之,以为“西来意固如是邪?”遂不入众而南还。至嘉禾,见太宰陆五台(光祖),心大相契。[②]

正如曹学程所言,紫柏真可“云游遍天下,胁不至席者三十年”。[③] 真可在30岁左右已是位甚有修为的僧人,同时行脚遍历四方,使他对禅门的弊病也多有观察、省思,种下兴佛弘法的因子。而江南结识陆光祖等宰官居士,则为其弘法利生奠定了深厚社会基础。

(二)兴寺刻藏弘法

作为明末佛教界的高僧,紫柏大师并不以一代宗师自居,他很少开堂说法,也从未做过某个寺院的住持。但他通过云游天下,传道说法;主持方册《大藏经》的刻印;主持兴复十几处寺院等方式,振兴晚明佛教。[④] 在明末衰败的佛教环境中,真可树立了一个精进不懈、刚正为法的僧格形象。他之所以被尊称为明末四大师之一,根据释果祥分析认为有下列几个原因:一是他本身的禅悟经验深而行持十分严谨;二是他对当时的仕宦或士绅阶级影响颇大;三是他对于佛教慧命具有广大的使命感,倡导方册藏的印行,对于佛教文化的普及贡献良多;四是他入

---

① 真可:《祭法通寺遍融老师文》,《卍新续藏》第73册。憨山德清在《达观大师塔铭》中提及其吊祭遍老入灭,有“嗣德不嗣法”之语。

② 德清《达观大师塔铭》中说是“太宰陆光祖”,太宰是明清时吏部尚书的别称。紫柏大师与陆光祖相识时,陆光祖是丁父忧而闲住在家的大理寺卿,曾与张居正为善,迁工部右侍郎,居正败后,力言张居正辅翼功不可泯,与言路左。而改为南京工部尚书,万历十五年迁南京刑部尚书,不久再迁(北京)刑部尚书,十九年迁吏部尚书。德清在给紫柏大师写塔铭时,对陆光祖称太宰是敬称。(高峰:《紫柏大师与万历社会研究》,吉林大学2006年博士论文,第33页注。)

③ 曹学程:《紫柏老人圜中语录序》卷首,第20页。

④ 参高峰:《紫柏大师与万历社会研究》提要,吉林大学2006年博士论文。

狱之后，仍能从容化众，及无疾坐化的生死自在。[①]

蕅益智旭则更从三个方面对紫柏加以赞赏：一、传佛祖心法。智旭将紫柏与明代大儒王阳明并赞，他说“近代传孔颜心法者，惟阳明先生一人；传佛祖心法者，惟紫柏大师一人。旭生亦晚，习儒时不得亲炙阳明，后学佛不得亲躬紫柏”[②]。二、刊刻大藏与重振僧风。智旭曾在礼忏仪式中对紫柏大师报以供养的礼遇，他说“兼供达观可大师，报刊行大藏、重振僧风之德”。[③] 三、已证生死解脱。智旭对紫柏的推崇还基于佛教的解脱修证立场，他说“吾眼见耳闻诸善知识，唯紫柏大师一人，已证无生，已得自在。其余大老，建丛席，立规条，广大周详，名满海内者，临命终时，俱不免牵缠系恋……”[④]

诚然，紫柏真可能跻身晚明佛教复兴“四大高僧”之列，委实与他在这几个方面所做的卓越贡献有关。他足迹遍天下，随机即兴的传道说法文字，除了《长松茹退》早就刊刻行世外，还有在他圆寂后，护法弟子收集纂成《紫柏尊者全集》与《紫柏老人别集》两种著作传世。他足迹所至，每见古刹荒废，或为豪强所占，必定发愿兴复。在明末，兴复寺院道场并不是一件轻松的工作，相反十分艰辛，其中不仅包括经费筹措的困难，还牵扯到豪强侵占寺产的官司缠讼。尽管如此，真可由嘉兴楞严寺始，到庐山归宗寺、石经山云居寺为止，前后复兴了 15 座寺院，直接汇入了晚明寺院佛教复兴的洪流。另一项他对中国佛教文化事业的杰出贡献，就是他发起并主持民间编纂刊刻的方册大藏，既达到了佛法广布的目的，又开拓了明代修纂大藏经的佛教文化事业，惠泽流芳，绵延至今。

1. 寺院的兴复

寺院的兴复可谓紫柏真可对晚明中国佛教复兴的一大贡献。德清撰《达观大师塔铭》中称真可：“始自出家，即胁不至席，四十余年。性刚猛精进，律身至严，近者不寒而栗。常露坐，不避风霜。…… 独以荷负大法为怀，每见古刹荒废，必志恢复。始从棱(楞)严，终至归宗、云居等，重兴梵刹一十五所。”[⑤]真可一

---

① 释果祥：《紫柏大师研究——以生平为中心》，中华佛学研究所，1987 年；参见范佳玲：《紫柏大师生平及其思想研究》第三章“紫柏真可生平考述”，法鼓文化，2001 年。

② 智旭：《赠石淙掩关礼忏占轮相序》，载《灵峰宗论》卷六之三，《蕅益大师全集》第 6 册，第 962—963 页。

③ 智旭：《阅律礼忏总别二疏》，载《灵峰宗论》卷一之一，《蕅益大师全集》第 6 册，第 78 页。

④ 智旭：《祖堂幽栖寺丁亥除夕普说》，载《灵峰宗论》卷四之一，《蕅益大师全集》第 6 册，第 594 页。参见胡漫漫：《紫柏大师的佛学思想研究》，四川大学 2004 年硕士论文，第 2—3 页。

⑤ 德清：《紫柏尊者全集》卷首《达观大师塔铭》，《卍新续藏》第 73 册。

生行脚最勤，足迹几遍天下。德清谓其每到一处，看见有古刹荒废，“必志恢复”。

真可对于佛教寺院的兴复志业，可谓不遗余力。嘉兴楞严寺是其兴复的第一座寺院，但其兴复的过程经历了 20 余年。据万历二十八年《嘉兴府志》记载，楞严寺在郡治西北二里，宋嘉祐八年，檀越钮咸舍地创建。熙宁间，永智法师在寺讲《楞严经》，有瑞云现，蔡丞相书“楞严”二字，遂以楞严为寺名。元末兵毁。洪武初，僧善修复兴，嘉靖中废，万历中复建禅堂。德清撰《达观大师塔铭》记：“郡城有楞严寺，为长水疏经处，久废，有力者侵为园亭。师有诗吊之曰：‘明月一轮帘外冷，夜深曾照坐禅人。’志欲恢复。乃属太宰为护法，开公力主其间。太宰公弟云台公，施建禅堂五楹。既成，请师命一联，师曰：‘若不究心，坐禅徒增业苦；如能护念，骂佛犹益真修。’谓当以血书之。遂引锥刺臂，流血盈碗书之。自是接纳往来，豪者力拒，未完局。后二十余年，适太守槐亭蔡公，竟修复，盖师愿力所持也。”①

楞严寺原为宋华严僧长水璇疏经处，在嘉靖四十年(1561)时，因为倭寇侵犯浙西而毁。寺毁之后，地为陈侯等豪强所侵占。原来的清净之所，变成乌糟之场，真可作《过楞严废寺》三首，其一云：“万花丛里画楼新，玉女凭阑天上春。明月一轮帘外冷，夜深曾照坐禅人。”②在感慨楞严倾废的同时，真可也生起了复寺之念。复寺的工作以其徒密藏道开总其事，当地士绅陆光祖、陆云台兄弟等人为护法檀越，并有冯开之、袁申仪等人的响应。万历十二年(1584)七月开始动工兴建方丈禅寺，次年二月禅堂斋厨等也告完工。禅堂竣工，真可题血书联于楹上。从此，楞严寺有了复兴的基础。道开亲订《楞严寺规约》与《楞严寺禅堂规约》，严格规定寺僧的生活，以清丛林腐败的形象。李日华序云：“戊子、己丑间，大师驻锡吾地，与先正陆庄简公、先师冯具区先生，深谈不二，因筑精舍，舍于楞严废址。时灌莽极目，而大师说法如云如雨，东南净信，闻风趋向。施物填委，无何杞梓丹青，峨峨晖焕，不啻还旧观而已。大师偕高足开公，创列规条，期为百世之守。江以南，海以北，诸刹不啻累百，而称清规楚楚，遵蹈不逾尺寸者，必首楞严也。”③

然而楞严寺主要的佛殿并未兴复，且资金也有短缺之虞，于是真可作《楞严寺五十三参长生殿缘起》：

---

① 德清：《紫柏尊者全集》卷首《达观大师塔铭》，《卍新续藏》第 73 册。

② 《紫柏尊者全集》卷二十七，《卍新续藏》第 73 册，第 34 页。

③ 李日华：《紫柏尊者全集》卷首《紫柏大师集序》，《卍新续藏》第 73 册。

棱严以嘉靖时倭奴之变,寺因火之。于是清凉宝地,翻成热恼之场。旷古名林,遂为游晏之所,识者慨焉。万历间,有豫章密藏开公,乞食城中。以为长水灵迹,岂当久委草莽?乃不辞寒暑,而旧物始复。虽正殿缓之未建,然有静室可以藏经板,有云堂可以安法侣,有香厨可以供饘粥。晨昏禅诵,异口同音,击磬鸣钟,祝延圣寿。愿吾君明齐日月,算等山河,五谷丰登,苍生乐业。此林下道人寸志也。

呜呼!一旦既废热恼之场,复为清凉福地。游晏之所,今为更始名蓝。微开郎则旷古祝圣之坛,几为有力皮矣。虽然,法界门中,无孤单法,设微鹤林蕖上人佐之,宁即功成速若是乎?至于诸大金汤,不避嫌疑,不顾毁誉,并心护持,始终如一,虽给孤复生,庞老再来,不是过也。余固不敏,感金汤护持之念,开郎、鹤林寒暑之勤,倡善财五十三参之缘,究五十三善知识。无论黑白男女,但闻缘发心,见作随喜者,请一人施米千升,永充棱严十方圣凡长生供养。庶几无负吾君资生之恩,如来法乳之惠,金汤护持之力,二上人恢复之劳也。①

该缘起述密藏开、鹤林蕖等僧以及诸大金汤,“不避嫌疑,不顾毁誉,并心护持”,在楞严寺恢复、重建中所起到的莫大作用。又撰《重建嘉兴楞严寺佛殿疏》,以倡导长生殿与大雄正殿的筹建。

首棱严,此言一切事究竟坚固。一切事者,略则五蕴六入,广则十二处十八界也。初长水璇禅师,读《首棱严经》,至“清净本然,云何忽生山河大地”处,疑而不解。及参琅玡觉,曰:“清净本然,云何忽生山河大地?”觉曰:“清净本然,云何忽生山河大地!”璇师于是疑情顿释。归檇李疏此经。譬夫禹之治水,循其性而疏之,古今称绝唱焉。兹寺自宋迄本朝,时虽代谢,慧炬常然,像设庄严,香台静宇,昭映日月。而诸方龙象,道长水者,必怀香入郭,探寻灵迹,恋弗忍去。盖璇师行化之地,精神所存故也。嘉靖间寺废,僧徒散逸,珠林宝地,掬为丘墟。余过而哀之,无何豫章开郎,拥锡东来,遂有恢复之举。既而诸缙绅先生高其义,群然和之,诚通造物,枯木为之重荣,甘泉

① 憨山德清阅:《紫柏老人集》卷之十三《缘起》。

为之再涌。于是禅室粗备，香灯续明，唯大雄宝殿尚有待焉。敢告四方贤豪，见善随喜，胜因宜培。

鸣呼！璇师因读《楞严》而生疑，因疑而参琅玡，顿悟清净本然之心，遂为百世心宗之祖。然璇师所悟之心，岂外诸君子日用昭昭灵灵者乎？特迷悟一间耳。故迷之则清净本然遂为五蕴六入十二处十八界，悟之则五蕴六入十二处十八界未始不清净本然也。由是观之，则一切事究竟坚固，一切事不究竟坚固，苟非其人，道不虚行。然则诸君子，凡有树于棱严者，如富者施财，贫者施力，辩者施言，艺者施伎，有力者之金汤，孰非究竟坚固者哉！[①]

虽然有真可的倡导与诸法侣的护持，但是事情进行得并不顺利。因为当初和侵占寺产的陈侯并没有达到真正的协调。就在禅堂落成，大殿劝募工作积极展开的同时，陈侯上诉官府，使得大殿兴建的工程不得不停止。楞严寺兴复的工作遂在万历十三年(1585)中断了。明末的诉讼旷日废时，楞严寺寺产的官司一直迟迟没有解决。在缠讼20多年后，楞严寺才终于得以完全的兴复。德清在《达观大师塔铭》中言："竟修复，盖师愿力所持也。"由德清用"竟"一字，可见楞严寺重兴实则蕴含诸多无言之困难。

归宗寺位于江西庐山南麓，始建于晋咸康年间，原为王羲之任江州刺史所建宅院，后施于西域僧人佛驮耶舍为寺，称归宗寺，寓"万化归宗"之意。南朝梁慧皎《高僧传》有记："既而谨律息心之士，绝尘清信之滨(宾)，不期而至者，慧永、慧持……佛驮耶舍……名儒刘程之、张野、周续之……结社念佛，世称十八贤。"[②]这段话表明彼时庐山佛教之盛，当中就有耶舍。唐代元和年间，南岳怀让二世法嗣禅僧智常"挺拔出伦，操履清约"，住持归宗寺，开坛讲法，使归宗寺真正在佛教史中占有一席之地。极盛于宋代太平年间。然而到明末真可前往参访时，归宗寺已成荒圮，只剩一株古松而已；且这棵古松业由寺僧的手中卖给樵者，砍折过半，竟然被一位乞丐以米赎回，以存寺迹。真可闻而感之，于是发愿树长寺复。德清记载此事："(达观)至匡庐，寻归宗故址。唯古松一株，为寺僧售五斗米，匠石将

① 憨山德清阅：《紫柏老人集》卷之十三《缘起》。

② 慧皎：《高僧传》，《义解三·慧远》。十八贤名单：慧永、慧持、道生、昙顺、僧睿、昙恒、道昺、昙诜、道敬、佛驮耶舍(此云觉明，罽宾国人)、佛驮跋陀罗(此云觉贤，迦维卫国人)，名儒刘程之(号遗民)、张野、周续之、张诠、宗炳、雷次宗等。

伐之。适丐者怜而乞米赎之,以之存寺迹。师闻而兴感,其树根底,为樵者剥斫过半,势将折。师砌石填土,咒愿复生,以卜寺重兴兆。后树日长,寺竟复,其愿力固如此。时江州孝廉邢懋学,礼师延居长松馆,执侍最勤。师为说法语,集名《长松茹退》。"①归宗寺之复,德清与《庐山志》中都胜赞真可之愿力。而明神宗颁赐真可禅师的藏经及诏谕,后也都藏于归宗寺。据《南康志》载,明朝时,高僧真可中兴归宗寺,使其"壮丽甲于山南诸刹"。而耶舍、智常、真可三位高僧也被后人称为"归宗三祖"。

德清所撰达观塔铭还记载了真可在京都继复潭柘古刹,后又兴复房山云居寺,愿力固不寻常。"师复北游,至石经山。晋琬公虑三灾坏劫,正法浸灭,乃石刻藏经安于岩穴,师见而感之。时琬公塔院被力者侵,师志复之。启石室,佛座下得函贮佛舍利若干,出时光烛岩壑。"②云居寺位于河北房山县西南云居山东峰,又称石峪寺。隋代大业年中,僧静琬于此山凿石刻经;静琬迁化后,弟子建琬公塔院。对于石经的续刻和守护,历经唐、宋、辽、元等朝六百余年,代不乏人,"甫成其半",大抵已完成石刻藏经十之五。据德清作《复涿州石经山琬公塔院记》云:"惟我明无闻焉,何哉?噫,苟非其人,道不虚行。佛种从缘起,其是之谓乎!初达观可大师,于万历丙戌秋,访(德)清于那罗延堀,北游云居,至琬公塔,一见则泪堕如雨,若亡子见父母庐墓也,抱幢痛哭,徘徊久之而去。"真可游云居寺,对于静琬刻经为石、永续法脉的大愿力,发自内心感佩。但此时的云居寺寺产早被寺僧卖给"豪家"。对于云居寺的倾颓,真可一直耿耿于怀。

万历二十年壬辰(1592),真可由五台来京师潭柘寺,慈圣皇太后特派内侍陈儒致斋供养。陈儒随真可、道开等人再游石经山雷音窟,意外地在窟中发现了三颗佛舍利。德清记述:"……越六年,壬辰六月,走都下,……因暂憩潭柘。圣母慈圣皇太后闻之,遣侍臣陈儒赍斋具往供。儒随师再过云居,礼石经于雷音寺,时忽光烛岩壑。及揭殿中拜石,石有函,函中得银匣。银匣盛金匣,贮金瓶,藏舍利三颗,灿若金刚,恍如故物。一众称异,悲喜交集。"③对于佛舍利重光于世,德清受慈圣太后之命作《涿州西石经山雷音堀舍利记》,内中有详细的记载:

---

① 德清:《紫柏尊者全集》卷首《达观大师塔铭》,《卍新续藏》第73册。
② 德清:《紫柏尊者全集》卷首《达观大师塔铭》,《卍新续藏》第73册。
③《憨山老人梦游集》卷二十二,福建莆田广化寺印行本,第1155—1157页。

> 五月庚申朔，十二日辛未，师携侍者道开、如奇，太仆徐琰等，至石经山雷音堀。堀乃隋大业中，静琬尊者刻石藏经所。师见窟中像设拥蔽，石经驳蚀，因命东云居寺住持明亮，芟刈之。是日，光烛岩壑，风雷动地。翌日，启洞中拜石，石下有穴，穴藏石函，纵横一尺，面刻'大隋大业十二年，岁次丙子，四月丁巳八日甲子，于此函内，安置佛舍利三粒，愿住持永劫'，计三十六字。内贮灵骨四五升，状如石髓，异香馥郁；中有银函方寸许，中盛小金函半寸许，中贮小金瓶，如胡豆粒，中安佛舍利三颗，如粟米，紫红色，如金刚。开侍者请至师所，师欢喜礼赞。
>
> 愚谓此堀所藏舍利者，岂琬公亲荷（隋）文帝授手而来者耶？抑我世尊愿力所持经藏，将示少分真身，欲令众生顿见全体耶？今我（真）可禅师一至，而舍利即出，因以授受国母，岂亦夙缘所逮也耶？不然，何其感应道交，昭著之如此也。窃谓当三吴时，江左佛法未至，而舍利何缘，先在地中光腾霄汉，（康）僧会寻光而来。吴尚异之，及谈此舍利，且期三七恳求而至，吴人由是变幻怪为尊信。法道流通，爰自此始，代代相承，千有余年。至我圣祖、神宗尊崇敬事，超越百代，且赖此为金陵定鼎万世洪基，迄今浮屠光明照耀，庄严妙丽，与佛身等，岂细事哉！且此石经，乃我琬公乘南岳愿轮，以待慈氏，经三灾，历穷劫，岂值亿世。惟此舍利，埋之久矣。今我可师一至，不待求而出现。惟我圣母，尊居九重，不期见而自至。岂非吾佛以大愿力，弘护三宝，应时出现，以延我宗社，福庇苍生，永永无穷，使正法流通，佛种不断故耶！①

在发现佛舍利后，真可立刻以书信告知赵斌，并请奏慈圣皇太后。太后知悉此事后，斋戒三日，六月己丑朔，迎佛舍利入慈宁宫供养三日。之后仍依其旧，出帑银50两，在小金函外面加玉函，玉函外再加一金函，坐银函内，以为庄严，再以大石函包装，送回雷音窟安置。真可用太后的供养，外加中贵人杨庭及弟子徐法灯等人的赞助，将琬公塔院自富豪手中赎回，云居寺于是得以恢复。然而，真可也因此而得罪了京城的"势要之家"，为其后发生的"妖书案"种下祸根。云居寺在赎回后，复寺的工作并未就此全部完成。真可与诸信众法侣，陆续为禅房、大佛殿、

---

① 《憨山老人梦游集》卷二十二，福建莆田广化寺印行本，第1162—1169页。

佛像等兴建工程四处奔走、劝募。在复寺工作完成后，真可还特地召东、西云居两寺的僧众，授以《毗舍浮佛传法偈》，期寺僧能严守戒律、永续佛业。又与徐琰共捐金购地若干亩，为守奉香火资。

真可生前对其他寺院的修复，从《紫柏尊者全集》中所收录寺院募缘疏及其他相关文章来看，可知其至少还有寂照庵、积庆寺、邓尉圣恩寺、圣寿寺、径山寺、隆兴寺、楞伽山寺、资福庵、华山寺、天池寺、华严庵、化城寺等寺院。加上前文所述楞严寺、归宗寺、云居寺，共计是十五所，即德清在《达观大师塔铭》中所说之数。然而，德清对于其所言的十五所并没有作详细的展开说明，甚至连寺名也没有列举。因此本文所言是否确为真可所兴复之十五所寺院，亦或有德清不知者或德清知而不见记录者，则不敢妄言。在真可所兴复的寺院中，本文特别详述楞严寺与云居寺之复，原因乃是在于楞严寺日后为经藏刻疏请购之所，对于佛教的传播有极大的贡献；而云居寺之复则因此地为中国历代石经刊刻之所，真可于此地发现佛舍利，意义非凡。

从上述可知，真可在复寺时除了要面临资金筹措的困难之外，还包括许多寺产为强豪所占、官司缠讼难了的案件，足见复寺的艰辛与困难。从真可的劝募疏文中也可以发现，他虽然有江南宰官居士的赞助，但是文中多有广募之意，这和他广募方册藏经刊刻费用，具有相同的意义。诚如李日华所言“大师生平所栖托注念，无如棱严；所发弘愿，无如方册法藏为第一事”。[1] 而在晚明之世，凭着一股雄竑深沉的宗教使命感，由他发轫倡导主持方册藏经的刊刻，历时百多年才得以完成，这一事件对于佛教文化传布与复兴无疑具有更深远的意义。

2. 刻藏缘起与发展

最早倡议刻藏的是袁了凡，早在嘉隆年间，他就有必须重刻大藏的意识，并且希望能易梵筴为方册以广为流传。这个想法同时也得到了栖霞寺僧幻予法本的赞同，但是因感于刻藏工作的困难，并没有付诸行动。法本对此事一直耿耿于怀。

万历七年(1579)真可访云谷禅师，正好法本也在此。法本提到了刻藏之事，并感慨众生以财为命，事恐难成。真可闻知后，便积极鼓励法本发愿刻藏，并表

① 李日华:《紫柏尊者全集》卷首《紫柏大师集序》,《卍新续藏》第73册。《嘉兴正藏》完成的时间,历来有不同的说法。蓝吉富在《嘉兴大藏经研究》一文中列出各种说法,最后订为“康熙十六年(1677)”。

示愿意总摄其事，负担刻藏之责："子急图之，勿自歉。老汉虽不敏，敢为刻藏之旗鼓。"万历十年(1582)，密藏道开问道于紫柏真可，听闻真可、法本等有刻经之愿，即表示愿意担负此事。于是真可、法本、道开、袁了凡、冯开之等人即定下刻藏之盟，刻经的志业由此展开。真可作《刻藏缘起》如下：

嘉、隆间，袁汾湖以大法垂秋，僧曹无远虑，不思唐宋之世，大藏经板，海内不下二十余副。自元迄明，南都藏板，印造者多，已馍(模)糊不甚清白矣，且岁久腐朽。燕京板虽完壮，字画清白显朗，以在禁中，印造苟非奏请不敢擅便。又世故无常，治乱岂可逆定？不若易梵筴为方册，则印造之者价不高，而书不重。价不高，则易印造。书不重，则易广布。纵经世乱，必焚毁不尽，使法宝常存，慧命坚固。譬夫广种薄收，虽遭饥馑，不至饿死。时法本禅人，实闻此言，但本公自顾力弱，不能图之。然此志耿耿在肝膈间，无须臾敢忘者也。

至于万历七年，予来自嵩少，挂锡清风泾上，去大云寺不甚远。寺有云谷老宿，乃空门白眉也。时本公为云谷侍者，予访云谷于大云，复值本公在焉。既而及刻藏之举，以为非三万金未能完此。众生以财为命，岂易乞哉？大都常人之情，有伤其命，虽父母兄弟妻子之间，有不悦者。以世外之人，乞人性命，谁愿之哉？予曰：小子何不见大若是乎？但恐办心不真，真则何虑无成？且堂堂大明，反不若宋元之盛哉！宋板藏经亦有书刻者，元板亦不下十余副。子急图之，毋自歉，老汉虽不敏，敢为刻藏之旗鼓。旗所以一人之目，鼓所以一人之耳。目一则明，耳一则聪。聪之与明，众生之所本有者，特无大法以熏开其心，故虽有而不能用。子谓众生，财与命同，以故难乞。殊不知以财为重者，诚聪明未启耳。如聪明一启，即知此身幻化非坚，此心起灭不常矣。既知此矣，即乞其头，亦欢然愿施者，况身外阿堵物耶？

于是法本辈，化弱为强，转狭为广。视刻藏之举，若壮士屈伸臂耳，了无难色，然犹未举行也。及密藏开公，问法于老汉，因而嘱以刻藏之事。开公曰：易梵筴为方册，则不尊重，无乃不可乎？予破之曰：金玉尊重，则不可以资生；米麦虽不如金玉之尊重，然可以养生。使梵筴虽尊重，而不解其意，则尊之何益？使方册虽不尊重，以价轻易造，流之必溥，于普万普之中，岂无一二人解其义趣者乎？我又闻之，我法如涂毒鼓，于众人中击之发声。无论有

> 心无心，闻之者，命根皆断。若然者，不惟尊重供养者有大功德，即毁之谤之之徒终必获益。且娑婆度生，以折门为先，摄门次之。纵使轻贱方册之辈，先堕地狱，受大极苦，苦则反本。反本即知坠地狱之因，知因则改过，改过则易轻贱为尊重。是以摄之不可则折之，以折之之故，则见有地狱。既见地狱，则痛想天堂矣，由信天堂而信佛。故尊重与轻贱，乃翻手覆手耳。老汉但愿一切众生，轻贱佛法堕地狱中，因地狱苦发菩提心。若然者，易梵筴为方册，则广长舌相，犹殊胜万万倍矣。子何不智若此乎？
>
> 于是道开闻予言，泣涕俱下，跪而发誓曰：谨奉和尚命，若有人舍三万金，刻此藏板者，道开愿以头目脑髓，供养是人。自今而后，藏板不完，开心不死。由是观之，则法本、道开，不才老汉，及现前一切刻藏施主，皆袁汾湖之化身也。①

真可所言此袁汾湖即袁了凡，曾在栖霞山中坐禅，受云谷禅师点化，而改变了自身命运，作《了凡四训》传世至今。万历十一年（1583），道开即周历江浙诸山，选择刻藏的场所。十二年（1584），管志道订下《检经会约》以为校刊的标准。万历十四年（1586）七月，笃信佛教的慈圣太后"印施《大藏》十五部，皇上颁降海内名山，敕僧讽诵"。紫柏认为，皇上颁降的《大藏》有"卷秩重多，致遐方僻陬，有终不闻佛法名字者"之不足，为使其"易为流通，普使见闻，作金刚种子"，紫柏与陆光祖、冯梦祯、曾同亨、瞿汝稷等人议定，刻为方册。同年秋天，真可与道开赴牢山访德清，并与之订下盟约。刻藏之事于此大致底定，万历十七年（1589）大藏正式开雕于五台山，以明代《北藏》为基本，对校明代《南藏》。在刊刻的形式方面，一改传统藏经的梵筴装为方册本，以达佛法广布的目的。在经费的募化方面，真可更是坚持广募，以让天下众生得以布施、种善因。这部大藏，就是后世所称的《嘉兴藏》。

《嘉兴藏》得以顺利地开雕，是集合僧俗各方的大愿力所共同促成的。僧俗二众秉持着极高的宗教热诚和庄严神圣的态度以推动刻经事业，这种精神在他们所撰的《发愿文》中展现无疑。在《密藏开禅师遗稿》卷首中尚有记录："刻大藏

① 真可：《刻藏缘起》，载憨山德清阅：《紫柏老人集》卷之十三。袁了凡是吴江人，名黄，字坤仪，了凡为他晚年自取之号，汾湖为其居住地。有关于袁汾湖即袁了凡之考证，参见蓝吉富：《嘉兴大藏经研究》，《谛观》1992年第70期。

愿文，手卷存之径山。另录此筴留吴江周季华处，俟藏事告成，附刻藏缘起于后。愿力深广，定有继起肩荷者，无虑其不克终也。道开谨书为左卷，本师和尚同（冯）开之、（缪）仲淳两居士证明。”①这足见其当时态度的慎重与庄严。而这些刻藏者所表现出来的热诚与情操，也是感召后继者不畏艰难，前仆后继地投入，使《嘉兴藏》虽几经波折，但终能圆满成就的原因。

真可的《刻藏缘起》表明，在发起方册刻藏之前他在资金募集与版刻形式上，先说服了法本与道开这两位主事者。而对于如何进行资金的募集，是采取集中募集还是广募这个问题还未解决。刻藏工作的推动，资金是其中不可或缺的重要因素，这也是当初袁了凡、幻予法本迟迟没有行动的主要原因。依据当时的估计，整个刻藏的费用约需要 3 万金左右。如此庞大的费用，除了参与发愿之人长期资助外，其他就必须对外筹募。至于筹募的方式当时有两种意见，一为广募，二是重点集资。于玉立《刻藏缘起》言：

> 方二师起愿时余固筹之，念众生苦恼弗复可忍，而沾濡法润永息苦轮，得早一刹那为快。然凭虚责实，盖难为功。普于为缘，则又晚也。遂愿盟诸吴中法侣，为倾赀亟其成。闲以请之吾达观师，师咈然为叹，谓：“是最胜佛事尔，何得以格量心当之？夫一毛之施、一饭之供，终不坏灭。况以资才振法鼓，则两施圆收，故于是而或一滴一尘，一愿一力，微而至于一赞叹。又不然以至于无心而闻，有意而谤，即一大藏教未畅波澜，而众生八识田业已大有是事。奈何以无边因作狭劣想乎？”则定策广募。呜呼，玉立主张速成，吾师主张广募，是果同耶？别耶？②

于玉立主张重点募集，意在尽速完成。但是真可主张广募，愿在广结善缘，令见闻者随缘捐赠，使众生共成善法。真可在《刻大藏经疏》中也说：“力微而满愿为艰，事胜而资檀须普，或十函五函，量缘而襄刻，或一部两部随意而乐成。大地慈云，普天甘露。……流通大藏，希覯胜因，或贵或贱，共成坚固之源。”③

---

①《密藏开禅师遗稿》卷首。

②《明径山方册本刻藏缘起》，第 25—26 页。《明史》卷二百三十六：于玉立，字中甫，金坛人。万历十一年进士，除刑部主事，进员外郎。

③《紫柏尊者全集》卷十三《缘起》，《卍新续藏》第 73 册。

真可是当时倡导刻经的领袖，又是于玉立的皈依师，因此最后决定以广募的方法筹措资金。广募之法虽然较费时日，且生变因素较多，然而若就宗教事业的精神而言，广募的确是比较合乎佛教布施的法意。既然决定广募，于是众人各撰劝募文字，以呼吁鼓励当时僧官百姓共襄盛举。而以方册易梵筴，这也是刻藏发起者的一个重大决定，在刻藏之初受到质疑，最重要的原因就在于方册不如梵筴尊重。

关于梵筴与方册的优劣，在《明刻山方册本刻藏缘起》中有多篇文章讨论到此事。综合各家之说可以得知，梵筴的形式较为庄重，即便是后来线装形式出现，佛经也仍旧采用梵筴形式制版。然而梵筴却有其缺点存在，在用纸上要较方册多出百分之五十以上，再加上前后的硬板封面，重量更不止于方册的两倍。因此梵筴不论是在印制成本，或运送费用都较方册高出许多。且由于梵筴印制不易、形式庄重，往往被深锁于大柜之中，反而不得其用。梵筴的缺点正是方册的优点，在方便流通、广宣佛法的理念下，于是有改梵筴为方册之议。虽然方册有如许的优点，但在当时一般都以梵筴为尊的因袭观念下，实际很难突破。此由当时倡刻藏经者，不断在文中提及梵筴与方册之优劣，倡方册本之说，就可以知道在当时定有很多人持不赞同的意见。德清《刻方册经序》中也提到："方册类俗谛故以流通为大方便，第恐执梵筴而致疑者烦频。"①

而扫除众人异议，易方册为梵筴的重大决策者就是真可。如上述真可《刻藏缘起》所言："金玉之尊重，则不可以资生；米麦虽不如金玉之尊重，然可以养生。使梵筴虽尊重，而不解其意，则尊之何益？使方册虽不尊重，以价轻易造，流之必溥……"由此可以得知在易梵筴为方册的大变革中，真可具有决定性的影响。就今人的眼光而论，方册本也不见得就有轻贱之意。而当时明末的社会局势不稳定，资金筹措并不易，且又有战乱之虞，的确有易梵筴为方册的必要。再者，方册本不仅造价低廉较易流通，读者在阅读、保存上也较为方便。事实证明真可的见解相当正确，今日大部头的经藏一律都采取方册形式，只是易线装为胶订而已。佛经之以梵筴易为方册的重大变革，不得不归功于真可。②

真可对于方册《大藏》广布佛法，弘化众生期望甚殷，其作《造旃檀轮记》云：

---

①《明径山方册本刻藏缘起》，第 34 页。

② 参见范佳玲：《紫柏大师生平及其思想研究》第三章《紫柏真可生平考述》，法鼓文化，2001 年。

俟刻方册《大藏经》成，予愿造栴檀轮贮之。轮之上下，列四圣六凡。轮之最下，谓之心海。盖四圣六凡虽升沉有异，而离心别无建立，故曰：离圆觉无六道，舍圆觉无三乘。圆觉即自心之别名也。《大藏经》五千余卷，虽浅深弗等，圆别迥殊，至于权权实实，千变万化，不过发明我之本有心源耳。若然则心海之大，此轮之妙，转而弗停，流而无止。正如夜光之宝，宛转于金盘之中，未尝息焉。但众生见有身故，即生死浩然；执有心故，即爱憎横起。是以心海之大，迷而成小；此轮之妙，转而为粗。若复《大藏》流充寰宇，使凡有心识者藉佛灵宠，于一言半句之下，心海开通，即粗为妙，则刻经之功，造轮之胜，又岂凡夫浅见薄识所能思议者乎！老汉虽不敏，愿心既发，轮影已成，由影而形，将遍尘刹。由一佛境，至于百千佛境。由百千佛境，至于无量佛境。此心此愿，亦随诸佛境昭廓。我既昭廓，愿一切众生，如我无异。虽然唯不能始终之为难，即刻经之际，若触可意不可意事。此皆十方诸佛，护念汝之深慈也，无得错会。①

德清对于方册《大藏》刊刻缘起与经过有如下记述："（达观）师见象季法道陵迟，惟以弘法利生为家务。念《大藏》卷帙重多，致遐方僻陬有终不闻法名字者，欲刻方册易为流通，普使见闻，作金刚种子。即有谤者，罪当自代，遂倡缘。时与太宰光祖陆公，司成梦祯冯公，廷尉同亨曾公，冏卿汝稷瞿公等议，各欢然，愿赞佐。命弟子密藏开公董其事，以万历己丑，创刻于五台，属弟子如奇纲维之。居四年，以冰雪苦寒，复移于径山寂照庵。工既行，开公以病隐去，其事仍属（如）奇，协弟子幻予本公。本寻化，复请澹居铠公终其役。始司成具区冯公，意复化城为贮板所，未克。初桐城用先吴公，为仪曹郎，参师入室，从容及刻藏事。师遽曰：君与此法有大因缘。师化后，吴公出参浙藩，进至方伯，竟复化城，且蠲俸散刻藏数百卷。固吴公信力，亦师预谶云。"②

万历十五年（1587），刻经的前期准备工作大抵都已经就绪。十七年（1589）择五台清凉为刻场，《大藏》正式开雕于五台山妙德庵。以道开总其事，幻予、幻居、如奇等人为之襄理。二十一年（1593），《大藏》开雕第 5 年，藏板已完成百卷。

① 憨山德清阅：《紫柏老人集》卷之十四《记》。
② 德清：《紫柏尊者全集》卷首《达观大师塔铭》，《卍新续藏》第 73 册。

然而因刻所地处北方，冬季既长且寒，刻藏工作进行得相当困难，故有南迁的计划。当时，真可已兴复径山的寂照庵，于是刻藏工作整体南迁至径山寂照庵。往后刻藏的工作就在径山进行。

真可是刻藏事业的精神领袖，实际执行的负责人则是道开。万历二十九年（1601）前后，京城风声鹤唳，道开为了劝谏真可离京，称病刺血隐去，刻藏之事由幻予接替，仍嘱如奇协助。幻予法本不久即迁化，继而由法铠主其事。本来刻藏的工作预计10年可以完成，然而在历经刻场迁移、人事更迭后，在《大藏》开雕之后的第13年，仅完成不到全藏的一半。刻藏工作之艰辛与困难，实在不是当初所能预料的。所幸尚有些支持者，继续维系着这个工作，使得刻藏之事不致中断。

万历三十一年（1603），真可因妖书事件坐化，此时刻藏之事并未完成。万历三十八年（1610），随侍真可的关门弟子法铠，重回径山主持刻藏之事。为解决径山潮湿、经板容易腐朽的问题，先是冯梦祯意欲复化城寺为贮板所，未果。法铠在吴用先等人的支持下重兴冯梦祯之议，竟复化城寺为下院，以安置藏经板。

法铠示寂于天启元年（1621），刻藏工作则由幻予的弟子接续。自从真可迁化，刻经志业失却了精神领袖后，整个刻藏工作可以说已经处于半停摆的状态。刻藏不复集中在径山，而随施散刻在嘉兴、吴江、金坛等地，且未刻者也懈怠不前。这种情况一直持续到崇祯十五年（1642），力根出后情况才获得改善。观衡的《刻方册藏经目序》中言：

> 自紫柏老人去后，四方刻赀归聚亦微，因就施者之方任力刻之。于是四方有道力者随讨未刻名目，同式就梓。自癸卯至壬午岁，将四十年，梓未虚日，其事犹未竟。已刻者不及归山，未刻者懈不速完。爰有力根上座……慨紫柏老人未尽因缘为佛祖慧命所系，不觉泣泪流涕，矫首叹曰："……紫柏老人未尽之愿，乃吾未尽之愿。自己未尽之事，不勇猛于前又待谁焉！"①

力根于是策杖遍讨径山、嘉兴、吴江、金坛诸处，四处收集所有已刻成的经板，根据统计当时已完成者有十之八九，未完成的仅剩十之一二。历经法铠、力根等人

① 《明径山方册本刻藏缘起》，第62页。

的努力，《嘉兴藏》的正藏部分终于在弘光元年（1645）全部完成。此时真可已坐化 31 年，离藏经开雕的时间已过 57 年，而距离当初的发愿更已过了 67 年。

真可对于方册《大藏》最大的贡献在于"发轫"之功。先前袁了凡、幻予、道开等人虽然都有意识到刻藏的必要，但囿于刻藏的困难，都没有付诸实行。真可刚猛精进、勇于承担的性格，使他认为刻藏既然有其必要性，就应该不畏艰难地去实行，于是他发愿、倡导刻藏。真可在当时已是极具声望的高僧，他的倡议得到了众多宰官居士的支持，当日支持刻藏事业的宰官，如陆光祖、冯梦祯、于玉立及瞿汝稷等人大都是真可的护法信众。由于真可的倡导，刻藏志业才得以顺利展开，而他也成为整个刻藏事业的精神领袖，鼓舞着后来者前仆后继，终竟厥志。

对于刻经工作，真可有两个重要的决议，一是以方册易梵筴，二是以广募聚资。如同前文所述，如果没有真可的坚持，方册之议极有可能无法付诸实践。真可的决议，使得经藏在装帧的方式上有了革命性的改变。这使得印制的经费大大地降低，价目低廉在流通上自然较为广泛。楞严寺在刻《大藏》后成为佛经流通处，使有志于佛道者遂有了请购经书之地。且《嘉兴藏》并不是在全藏完竣之后再发行，而是一边印制一边发行，提前达到了传法布施的目的。《嘉兴藏》的刊刻以方册代梵筴，对于佛法的广被起了相当重要的作用。虽然经藏的流通主要是在真可坐化之后，但这无疑是真可的遗泽。而真可不求速成，以广募的方式筹措资金，以与天下人结缘的精神，更是与菩萨利益众生的精神同出一辙。

真可在圜中坐化前仍然牵挂刻藏，"手字致江南诸法属等，各各自宜坚持信心，老朽休矣，不得载（再）见，特此为别。付与小道人持执示览，护持三宝，棱严径山刻藏事，可行则行，不可则止。癸卯年十二月十六日"①。事实表明，他不仅在世时是刻藏志业的精神领袖，即使在坐化后，他的愿力亦是整个刻藏事业得以成就的主要原因。虽然目前一般在讨论《嘉兴藏》时，多着重于《续藏》与《又续藏》的史料价值，但是《嘉兴藏》在当时所负起的时代性责任，以及真可对于《嘉兴藏》的贡献仍是不容忽视的。

（三）志业"三大负"

真可后 30 年的人生轨迹多与他平生志业于"三大负"相关联，此"三大负"的表述出自其志趣相投的僧友德清所撰的《达观大师塔铭》。德清借此塔上之铭，

① 曹学程：《紫柏老人圜中语录》，《十六日临化说偈》末附手字，载《紫柏尊者全集》卷首，《卍新续藏》第73 册。

既表达了对法友为佛教中兴而冤死狱中的深切悼念，也集中地反映了他们共同对晚明时期佛法中兴及佛法济世的热忱关注。其文云：

> 师（真可）以予未归初服，每叹曰：法门无人矣。若坐视法幢之摧，则绍隆三宝者，当于何处用心耶？老憨不归，则我出世一大负。矿税不止，则我救世一大负。《传灯》未续，则我慧命一大负。若释此三负，当不复走王舍城矣。①

“老憨”即憨山德清，真可与德清的法门情谊始于万历十四年（1586）的牢山之会。在此会之前，两人未曾谋面，但神交已久。万历十四年（1586），真可偕弟子道开等前往牢山与德清会晤，两人大有相见恨晚之感，从此结为生死之交。德清《达观大师塔铭》也记载了当时两人相见的情形：“是夜一见，大欢笑。明发，请还山，留旬日，心相印契。师即以予为知言，许生平矣。”②

万历二十三年（1595）憨山因“私创寺院”罪被充军岭南，其以流戍军人身份在雷州服役，作为憨山法门挚友的真可以为这是“法幢之摧”，故几进“王舍城”，力救憨山，试图恢复其初之僧相，绍隆三宝。矿税不止，指万历年间肆行天下的矿税政策。南康太守吴宝秀，因反对矿税与税使，遭矿监李道弹劾，被捕入狱。真可得知后，虽与其素不相识，仍策杖入京营救。“《传灯》未续”，不仅指他与德清商量好的续修明代《传灯录》，还应包括他主持刻印方册《大藏经》等佛教文化复兴事业。王舍城为古印度摩羯陀国都，城中有竹林精舍，为佛祖释迦牟尼修行之所。此处紫柏喻以其游走甚勤之京城。

有研究者指出，德清所述真可之“三大负”亦为其己身之大愿，非舍己救世之尊宿大德不能发此愿；然僧辈毕竟不擅政治斡旋之举，此三大负多中帝、妃党之痛处，而欲杀之后快。细观此三大负，实则反映万历时代僧众参与党争的三个关键方面，此三方面分别代表：（一）寻求憨山等僧人游走慈圣太后与权贵门下的合法性，并保持与权力上层通话的诉求；（二）以方外身份表达对民生大众的关切，实则保持与当朝清流党议一派的亲近；（三）为佛法流传编辑图书之工程，包

① 德清：《紫柏尊者全集》卷首《达观大师塔铭》，《卍新续藏》第73册。
② 德清：《紫柏尊者全集》卷首《达观大师塔铭》，《卍新续藏》第73册。

括明代《高僧传》《传灯录》及卷帙浩繁的方册《大藏》，并为佛教义学在学术领域争夺话语权，培养更多的参与弘法者。遍融、憨山、紫柏下狱及万历后佛教势力时常沉浮起复，皆非一时偶然遽变、无章可循之突发事件，而是僧人与万历时渐起之晚明党社之争密切联系在一起，僧人的政治取向始终与慈圣太后之懿旨及大多清流士大夫保持高度一致，一荣共荣，若一损，僧人亦同时将付出入狱甚至瘐死狱中的代价。高僧与士绅精英因慈圣后党而结合，同时深合释家中兴之法，也满足士大夫精神陶冶胞育之需，则亦甚为合理。①

真可为僧之后，曾三次入京城，除了第一次进京是为参学修道，拜访京都名僧，如遍融、笑岩等人，其他两次都与其“三大负”相关。万历二十年(1592)真可兴复云居寺时曾与德清在此盘桓畅谈40昼夜，其中谈到的重要话题就是疏浚曹溪禅源并续修明代《传灯录》。② 万历二十三年(1595)德清被谪戍雷州，真可从庐山赶到金陵，与德清会别于下关旅泊庵，志愿要进京营救德清。辛丑(万历二十九年，1601)第三次奔走进京，直接的动因是出于慈悲正义为营救吴宝秀，但从吴宝秀被救出后他还滞留京城来看，他最终还为其他两项活动，这都是与他致力佛教复兴志业息息相关的。

真可作为世外高僧为何那么反对朝廷的矿税政策？据研究，其中有深刻的社会背景，王启元认为：“万历间与紫柏、憨山等急进派僧人过往之士大夫，多为东林清流一党，同时江右籍人士而亲近王学者尤多，是为晚明儒释融合及僧人与政治融合之见证。万历间僧人与士大夫交往之典型事件，一为议罢矿税，一为开雕方册《大藏》，亦曾为研究界忽视，或仅作为僧人世俗生活之一部分而流于简单。”据其考证：“议罢矿税、开雕方册《大藏》，皆属僧人为党争而起，且结果皆未能于万历朝中有所了结，而为僧侣引来诸多风险。”③

万历二十四年(1596)始，朝廷派遣的矿监税使肆行天下，从此朝野一片沸腾。反对矿税之害，成了东林党人清议的一项重要议程。矿税之害，为万历中后期敛财之败政，朝野清流皆有策疏。万历二十八年(1600)腊月，凤阳巡抚李三才请停矿税曰：“自矿税繁兴，万民失业。陛下为斯民主，不惟不衣之，且并其衣而

---

① 参见王启元：《晚明僧侣的政治生活、世俗交游及其文学表现》，复旦大学2012年博士论文，第42页。

② 德清之欲重修灯录兴趣，广见诸其文字中，如万历二十年谱文“时与达师相对，盘桓四十昼夜”下，福征注云其内容为“计修明代传灯录，因约往浚曹溪，以开法脉云云”，则可以参看。

③ 王启元：《晚明僧侣的政治生活、世俗交游及其文学表现》中文提要，复旦大学2012年博士论文。

夺之；不惟不食之，且并其食而夺之。征榷之使，急于星火，搜括之令，密如牛毛。今日某矿得银若干，明日又加银若干；今日某处税若干，明日又加税若干；今日某官阻挠矿税拏解，明日某官怠玩矿税罢职。上下相争，惟利是闻。……皇上爱珠玉，人亦爱温饱；皇上爱万世，人亦恋妻孥。奈何皇上欲黄金高于北斗，而不使百姓有糠秕升斗之储？皇上欲为子孙千万年，而不使百姓有一朝一夕？试观往籍，朝廷有如此政令，天下有如此景象而不乱者哉！"疏上而不报。[1]

万历二十九年（辛丑，1601）九月，起礼部尚书沈鲤大学士入阁办事。沈鲤陛见，具疏极陈矿税之害。不久到了长至（冬至）节，明神宗使太监陈矩设宴请沈鲤，语及开矿事，鲤言："泄山川灵气，伤陵脉，关系圣躬与圣子神孙不细。"神宗颔之。万历三十年（壬寅，1602）二月己卯，神宗身体偶不豫，急召辅臣沈一贯入，谕以勉辅太子并及罢矿税、起废、释禁诸事。翌日，神宗稍安，诸事遂寝。停税谕已出，神宗后悔，急令追之。太监田义冒死谏曰："谕已颁行，不可反汗。"神宗怒，几欲手刃义，田义不为所动。沈一贯惊恐，亟缴前谕，田义唾之。初始，吏部尚书李戴、左都御史温纯约即日奉行，且颁天下。刑部谓弛狱须再请旨。未久，谕旨格罢。[2]

《明史》评曰："神宗二十四年，军府千户仲春请开矿助大工，遂命户部锦衣官各一人同仲春开采。给事中程绍言嘉靖中采矿，费帑金三万余，得矿银二万八千五百，得不偿失，因罢其役。给事中杨应交继言之，皆不纳。由是卑秩冗僚，下至市井黠桀，奋起言利。而珰使四出，毒流海内，民不聊生，至三十三年乃罢。嗣是军兴征发，加派再三。府库未充，膏脂已竭，明室之亡于是决矣。"[3]而矿税之害终万历之世而未停，直至万历四十七年（1619）明神宗死去的第二天，太子朱常洛"即传令旨，命矿税尽行停止"。

研究表明，矿税最重要的反对者，即为东林党人。东林党人除因慈圣后党之故而在政治上与万历帝相左外，其经济利益亦因工商业迅猛发展，而与万历财政政策背道而驰。二者的政治主张，早在议立储时发作，并一发不可收拾，而其间

---

① 二十八年（庚子，1600）四月。（谷应泰：《明史纪事本末》卷六十五《矿税之弊》。）

② 谷应泰评曰：矿务之外，天津有店租，广州有珠榷，两淮有余盐，京口有供用，浙江有市舶，成都有盐茶，重庆有名木，湖口长江有船税，荆州有店税。又有门摊、商税，油、布杂税，莫不设珰分职，横肆诛求。有司得罪，立系槛车；百姓奉行，若驱驼马。虽汉室牢盆，桑、孔乘传，熙、丰手实，鸡豚悉空，曾未若斯之酷也。（谷应泰：《明史纪事本末》卷六十五《矿税之弊》。）

③ 《明史》卷二百三十七。

的经济冲突，则稍延后十数年。王启元深入研究了僧人紫柏卷入党争而参与反对矿税风潮的角色、动因及其后果：

> 紫柏在议罢矿税事件中扮演的角色已非常鲜明，其为东林党议的一部分，成为清流们赞颂的对象；以紫柏在僧众与士大夫中的威望，以及后世僧众对紫柏的推崇，紫柏在此次矿税大事中的立场，亦可视为僧人普遍的立场。紫柏一意欲朝廷罢矿税，终成为祸本一端，其中不仅出于其选择的政治立场，亦相关于其经济立场。众所周知，僧院、僧人最大护持，并非中央、地方财政的支持；除禁宫嫔妃、内珰等护持外，各地大乡绅、官宦，及其庞大的亲属群体成为檀施的主要来源。而晚明蓬勃发展的工商业，已经让各地乡绅成为地方私有经济最积极的参与者之一；征敛矿税的直接受害者中，就有这个庞大并握有话语权的集团，而作为与其利益息息相关的僧人集团，也必须有相应的回馈，紫柏声援矿税则成理所应当之事，可见东林非仅其政治意义存在，其身后经济背景亦是其党争手腕处；紫柏以一方外身份，仅得此党周边一员，当如同为周边之医家沈令誉辈，遇祸则先被牺牲，而博得清名传世而已。①

紫柏真可声援反对矿税的具体行动是吴宝秀案的发生。万历二十七年(1599)初，驻湖口的宦官李道横行，南康知府吴宝秀因反抗税使而被捕入京师监狱，其妻投缳自尽。《明史》载，宝秀至京，下诏狱。大学士赵志皋上言："顷臣卧病，中外人情汹汹，皆为矿税一事。南康守吴宝秀逮系时，其妻至投缳自尽，阖郡号呼，几成变乱。事关民生向背，宗社安危，臣不敢以将去之身，隐默而不言。"②

---

① 王启元：《晚明僧侣的政治生活、世俗交游及其文学表现》，复旦大学2012年博士论文，第132页。

② 《明史》卷二百三十七。"吴宝秀，字汝珍，平阳人。万历十七年进士，授大理寺评事，历寺正，出位南康知府。湖口税监李道横甚，宝秀不与通。"宝秀妻，"夜自经死"。（参谷应泰：《明史纪事本末》卷六十五《矿税之弊》。）万历二十七年（己亥，1599）二月，"湖口税监李道参南康知府吴宝秀、星子知县吴一元偾侵国税。命缇骑逮下理。宝秀至任，才十六日。初任大理，廉平有声，至是忤道被逮。妻陈氏自缢槛车旁"。《明神宗显皇帝实录》卷之三百三十三，万历二十七年四月辛未，大学士赵志皋、沈一贯上言：南康府知府吴宝秀被逮到京，臣咨访舆论，宝秀新任南康才十六日，罪过必少。遽尔被逮，殊为可怜。又其被逮之日，其妻尽出簪珥，得银不及四两，付宝秀盘费而即自缢。遗下七十八岁之老母，八岁以下子女三人，离家七千余里，又无兄弟可依。孱然书生，若下诏狱必致糜碎无余，种种苦情，又可悯也。臣等窃惟皇上闻此必加矜恻，如蒙特赐宽宥，实天地再生之德，若未遽宥，望从宽处分。

时真可居庐山，与吴宝秀亦尚未定交，然其素视停罢矿税为己任，闻听后义愤填膺，曰："良二千石为民请命死，其妻自且不免，时事至此乎！"其遂策杖赴京城营救。[①] 德清记云："(达)师多方调护(吴氏)，授以毗舍浮佛半偈，嘱诵满十万，当出狱。吴持至八万，蒙上意解，得末减。吴归，每念师辄涕下。"[②]

真可到京师后，吴宝秀已下诏狱。真可此次入京人气鼎盛，京中仍是"一时中禁大珰趋之，如真赴灵山佛会"，而素所钦重真可大师的慈圣皇太后"亦有意令来创一大寺处"。真可为救吴宝秀，充分利用这样的契机，奔波于达官权宦之间，并向慈圣太后及司礼太监田义等人申说吴宝秀案及矿税使之害，为此，明神宗不得不下令将吴宝秀"移狱刑部"。《明史》载，当时有抚、按及南北诸臣论救者上疏十余，帝皆不省。一日，司礼监田义汇诸疏进御前，帝怒掷地。田义从容拾起，复进之，叩首曰：阁臣跪候朝门外，不奉处分不敢退。帝怒稍平，取阅阁臣疏，命移狱刑部。皇太后亦闻宝秀妻子陈氏之死，"从容为帝言"。[③]

吴宝秀在刑部关押期间，真可多次探望并进行调护，直到是年九月吴宝秀出狱为止。吴宝秀被释出后，矿税并未停废，憨山亦流放未归。真可为"三大负"志业，依然奔走于京城各界，而遭对立利益集团的注意，欲除之而后快。真可名振东南，缙绅趋之如鹜，入京亦得在朝宰官及宫中太监乃至慈善太后崇敬护持。真可在盛名之下，着力讼憨山之狱、矿税之弊与方册藏之举，其高调行事之举，乃其一贯雄猛之风与时势所迫交相作用不得不然，但也为慈圣皇太后及其后党于朝廷内外"树新敌"；而在党争最激烈之时，为保后党无虞，真可自然也成为被牺牲的角色。致真可死地之事为由《续忧危竑议》引发的癸卯冤狱，世间谓之"妖书案"而闻名。

(四) 蒙冤"妖书案"

所谓癸卯冤狱"妖书案"，是一起匿名编刻散发题为《续忧危竑议》的揭帖，从而散布政治流言的案件。这一案件的发生，除去与当时政治斗争形势复杂激烈有关之外，还由于这一时期盛行以匿名印刷品进行政治斗争的风气。癸卯冤狱

---

① 陆符：《紫柏传》，《紫柏尊者别集》附录，《卍新续藏》第73册。

② 德清：《紫柏尊者全集》卷首《达观大师塔铭》，《卍新续藏》第73册。吴应宾《紫柏大师全身舍利塔颂有序》毗舍浮佛偈云："假借四大以为身，心本无生因境有。"只这半偈，已将三藏十二部、五千四十八卷、千七百则葛藤，满口道出，更无覆藏。悟之者号祖师禅，证之者即如来果。紫柏大师，持此半偈，普印众生若干种心，四十年胁不至席。

③《明史》卷二百三十七。

以万历三十一年(1603)《续忧危竑议》的出现为导火索,其可以追溯到前些年的国本之争和《忧危竑议》,史称第一次"妖书案"。

万历二十六年(1598)五月,担任刑部侍郎的吕坤上奏《天下安危疏》,请明神宗节省费用,停止横征暴敛,以安定天下。疏尾题有"敬上忧危之疏"字样,故又称《忧危疏》。其先任山西按察使,选择历代列女事迹,刊刻《闺范》一书。此书刻出后,流传渐广,嘉兴、苏州、南京、徽州等地相继翻刻。不久传入宫中,明神宗赐皇贵妃郑氏,郑氏则嘱伯父郑承恩重刻之,改名《闺范图说》。不久,吏科给事中戴士衡弹劾吕坤,谓其"潜进《闺范图说》,结纳宫闱"。吕坤上疏自辩,明神宗因事涉郑氏,装聋作哑,不闻不问。不料平地起风云,是年秋,又有人匿名专门为《闺范图说》写了一篇跋文,题为《忧危竑议》,以传单的形式,盛传京师。此书称,吕坤的《闺范图说》"首载汉明德马后由贵人进位中宫",客观上满足了郑贵妃的需要,而皇贵妃郑氏之重刻此书,"实借此为立己子之据"。此书的行文,托朱东吉为问答,其所谓"东吉",乃意为东宫大吉。"忧危竑议"四字意谓:在吕坤《忧危疏》的基础上竑大其说,因为《忧危疏》中没有提到立太子的问题。又说:吕坤疏言天下忧危,无事不言,唯独不及立皇太子事,用意不言自明。又称吕坤与外戚郑承恩等九人结党,依附郑贵妃。此文(即所谓"妖书")一出,立即引起了轩然大波。

明神宗看到《忧危竑议》后,大为恼怒,但又不好大张旗鼓地追查作者。郑贵妃伯父郑承恩因为在《忧危竑议》中被指名道姓,大为紧张,便怀疑《忧危竑议》为吏科给事中戴士衡和全椒知县樊玉衡所写。郑承恩想起戴士衡曾弹劾吕坤,又想起樊玉衡不久前在请求册立太子的奏疏中,曾指责"皇贵妃不智",遂怀疑"士衡实为之,玉衡与其谋"。明神宗得到郑承恩的揭发,怒不可遏,加之皇贵妃郑氏"复泣诉不已",即于"夜半传旨",逮二人"下诏狱拷讯"。第二天,以"结党造书,妄指宫禁,干扰大典,惑世诬人"的罪名,将戴、樊二人分别谪戍广东廉州和雷州。但明神宗也不想把事情闹大,便亲下谕旨,说明《闺范》一书是他赐给郑贵妃的,因为书中大略与《女鉴》一书主旨相仿佛,以备朝夕阅览。[①] 第一次"妖书案",由于明神宗故意从轻处理,所以并未引起政坛的震动。至于谁是《忧危竑议》的真正作者,始终没有人知道。而六年后的第二次"妖书案"就非同一般了,其曲折离

---

① 参见汤纲、南炳文:《明史》,江苏人民出版社,1985年,第700—701页。

奇之处，令人匪夷所思。

所谓“国本之争”，明神宗迟迟不立长子朱常洛为太子，自然是想立郑贵妃之子朱常洵。但封建皇朝对嫡长制看得很重，太子必须立嫡（皇后所生之子称嫡），无嫡立长，在皇帝无子的情况下，可以兄终弟及。当时明神宗皇后还在世，为了能够名正言顺地立郑贵妃之子朱常洵为太子，唯一的办法就是等到原配皇后死了，扶郑贵妃为皇后，这样朱常洵的身份就变成了“嫡子”，名分超越了朱常洛的“长子”。基于这样的考虑，明神宗在立太子的问题上采取了“拖”的态度，一直要拖到郑贵妃当上皇后为止。为了郑贵妃，明神宗几乎得罪了所有的人，但他不敢在败坏祖制这条路上走得太远。然而，天不遂人愿，偏偏明神宗皇后迟迟不死，不仅如此，还对王恭妃所生的皇长子朱常洛十分爱护。明神宗一拖再拖，大臣们自然不同意，上疏者前赴后继，但几乎都没有起到任何效果。

到了万历二十九年（1601），明神宗到慈圣太后那里问安，太后不满意地问明神宗为什么迟迟不立太子。可能是老太后威风犹在的缘故，也可能明神宗对太后的问题事先没有准备，惊惶之下竟然说：“他（指朱常洛）是都人（明朝皇宫内称呼宫人为都人）之子。”意思是说朱常洛出身卑贱。但明神宗显然是鬼迷心窍，他忘记了母亲也是都人出身。当慈圣太后怒气冲冲地指着他说“你也是都人的儿子”时，明神宗这才醒悟过来，“伏地不敢起”。这件事后，转眼到了八月，内阁大学士沈一贯上了一疏，竟然立竿见影地收到了奇效。奏疏中用“多子多孙”劝明神宗早立太子，终于打动了皇帝，下诏即日举行册立太子礼。这太子的人选，自然是指长子朱常洛。朝野上下，闻讯而欢声雷动。但郑贵妃却坐不住了，为此跟明神宗大闹了一场，明神宗又开始动摇，以“典礼未备”为由，要改期册立太子。[①] 但是，在关键时刻，内阁沈一贯起了相当关键的作用，他将明神宗的手诏封还，坚

---

① 参见熊召政：《筹国无成疑燕雀——记老滑头沈一贯》，说起来这里头还有一段故事：郑贵妃的儿子朱常洵三岁时，万历对这个儿子疼爱有加。于是，郑贵妃千娇百媚地怂恿万历帝到大高玄殿拜神发誓，要立朱常洵为太子。万历将誓言书于纸上，放进一个玉匣中用蜡缄封，赐给郑贵妃为符契，郑贵妃得到玉匣，也就有恃无恐了。但万历的生母李太后坚持要皇长孙朱常洛继位，这样才使得大臣们有了支持立长的信心。到了万历二十九年（1601）的十月，皇长子朱常洛要举行婚礼，沈一贯看到这是次难得的进言机会，对万历说：“不先给皇长子正名而马马虎虎举行婚礼，这等于是将储君降为藩王，万万不可”。万历不置一言，当晚，他闷闷不乐来到郑贵妃宫中，让郑贵妃取出玉匣打开看看。自蜡封缄口之后，十几年来，郑贵妃藏于宫橱，从来没有动过。此时打开玉匣，发觉万历所书誓言的宣纸竟然遭到虫蚀，字迹已无法辨认。郑贵妃见状，顿时痛哭不已，万历也悚然异之，感到冥冥之中皇长子有神灵保护，于是改变初衷，第二天宣布将皇长子朱常洛立为太子，郑贵妃所生的次子常洵为福王、三子常浩为端王、四子常润为惠王、五子常瀛为桂王。

决不同意改期。在这样的情况下，明神宗总算下了决心，于十月十五正式册立皇长子常洛为太子，朱常洵被封为福王。朱常洛虽然当上了太子，但其实日子并不好过。明神宗不大喜欢他，郑贵妃也对太子位虎视眈眈，时时谋思“易储”。

《续忧危竑议》“妖书案”就发生在这样的背景下。万历三十一年(1603)十一月，十一日清晨，自朝房至勋戚大臣门，各有匿名书一帙，封面题名为“国本攸关”四字，而第一页第一行为“续忧危竑议”五字。书托郑福成为问答，其“郑福成”的含义，殆指“郑之福王当成也”。书中大意是：明神宗于万历二十九年(1601)十月册封皇长子为太子，乃是出于不得已，他日必改封福王，其任用朱赓为大学士，即“所以寓他日更易之意”，“盖朱名赓，赓者，更也”。书中还罗列了一长串文武官吏的名字，说他们即是将来朱赓帮助皇贵妃郑氏争立福王的附从者。又批评首辅沈一贯“为人阴贼”，“欲右郑而左王”(此处之王，实指朱常洛)。提督东厂司礼监太监陈矩获得此书，即以报告明神宗，大学士朱赓也马上奏入。明神宗大怒，令陈矩及锦衣卫“大索，必得造妖书者”。[①] 先后被逮锒铛入狱的有锦衣都督周嘉庆、“妖人”皦生光、僧人达观、医者沈令誉、仆人毛尚文等人。达观最终因在审讯中受到杖刑而圆寂于狱中，皦生光被草草定为妖书作者结案。[②] 万历三十二年(1604)四月，明神宗下令将皦生光“凌迟处死”。此即称为万历朝第二次“妖书案”，或称“续妖书案”。

研究认为，达观作为晚明的高僧，一生胁不至席，以弘法救世为己任，并因政治取向与清流派党人一致而为执政沈一贯忌恨。“续妖书案”发生后，游走于京师的山人、游客、僧道等群体，成为被集中怀疑的首要对象，沈一贯等人亦借机罗织陷害僧人达观，致使其被缉拿下狱。后沈一贯又将达观罗织为沈鲤、郭正域的同党，加上达观妄议神宗拆毁海印寺及公然营救德清，遂使达观之狱不可解，最终冤死狱中。总体而言，达观之死不仅是万历复杂政局发展的结果，也集中展现

① 参见《明史纪事本末》卷六十七《争国本》。三十一年(1603)十一月丁卯，有蜚语曰《续忧危竑议》，凡三百余言，“其书一夕间自宫门迄于衢巷皆遍，厥明，举朝失色，莫敢言。大学士朱赓得于私宅，以闻，请缉其人，乞归，不允。上大怒，令厂、卫搜缉，务得造书主名，责项应祥、乔应甲回奏。沈一贯请严迹之，侦校塞路，购赏格五千金，宫指挥佥事。或曰：‘妖书似出清流之口，将以倾沈一贯者。’或曰：‘此奸人作之，以陷郭正域。’正域时有清流领袖之目，见忌一贯”。

② 参见《明史纪事本末》卷六十六《东林党议》。万历三十一年(1603)十一月，妖书事起，沈一贯疑郭正域为之。钱梦皋遂直指正域，且及辅臣沈鲤。陕西道御史康丕扬将例转，内监贯忠贞语丕扬，乘妖书可免，丕扬遂起而佐之。后归狱皦生光，得解。

万历复杂政局的一个独特面向，为我们观察晚明政局走向提供了一个恰当的视角。①

学界很早就对达观之死及其死因进行过探讨。不过，由于没有掌握相关的一手资料，他们对达观入狱、审判及定罪情况多未涉及，对达观之死背后复杂的政治关系以及与时局的关系揭示得也不够。学者杨向艳利用新发现的日藏孤本、时任刑部尚书萧大亨的《刑部奏议》及未被学界充分利用的《万历三十一年癸卯楚事妖书始末》对该狱加以探讨，揭示了晚明复杂的社会现实与达观之死的历史必然性。

据《东厂缉访妖书底簿》记载，万历三十一年(1603)十一月二十日申时，东厂番役李泰等报，僧人达观，由崇文门内观音寺起身，骑坐黑驴一头。带徒僧二人、俗人一名。到北安门外，观音庵住歇。五鼓出阜城门，去讫。十二月初一日，办事李继祖等，访得达观在西山檀柘寺潜住。西司房办事吴应斗拿获，收押于锦衣卫候审。② 而《紫柏老人圜中语录》收有达观所写《十一月二十九日达观被逮别潭柘寺偈》及《出潭柘示僧众偈》，表达了他被逮离开潭柘寺时的心境。③ 因后者是当事者的亲笔记录，故达观于十一月二十九日被逮更为可信。之所以有这个时间差，是由于捕校夜间潜伏西山，却未立即实施逮捕，"师居西山潭柘寺。诸校夜至，不敢白，但匍匐求开示。师为语竟夕，至晓，诸校伏地哭，出帖。师命治斋礼佛，书偈别众"。④ 故十二月初一可能是收押候审日。由此也可见诸捕校对于逮羁一位人间景仰的高僧颇为于心不忍。

依德清、陆符所作紫柏大师塔铭和传记，达观被逮直接原因即在于医者沈令誉被捕，而在其家中搜出二人通信。德清记曰："忽妖书发，震动中外。时忌者乘白简劾师，师竟以是罹难。"⑤陆符系宁波人，为达观弟子，其记述："妖书事发，上震怒，方大索。先是江夏郭公正域为少宗伯，以楚藩事，与政府(指当政沈一贯)抵牾。金坛于玉立比部故与郭交好，而吴沈令誉与予皆师弟子，以医游公卿间，

① 杨向艳:《续妖书案之达观狱与万历政局》,《西南大学学报(社会科学版)》2017 年第 1 期。

② 《东厂缉访妖书底簿》,《紫柏尊者别集》附录,《卍新续藏》第 73 册。

③ 《紫柏尊者全集》之《十一月二十九日被逮别潭柘寺偈》,《卍新续藏》第 73 册:"寒潭古柘映青莲,野老经行三十年。留偈别来冲雪去,欲乘爽气破重玄。"《出潭柘示僧众偈》曰:"达观老汉出山去,堂内禅和但放心。头上有天开正眼,当机祸福总前因。"

④ 陆符:《紫柏传》,《紫柏尊者别集》附录,《卍新续藏》第 73 册。

⑤ 《紫柏尊者全集》卷首,《卍新续藏》第 73 册。

尤往来江夏称最善。政府私人欲先得沈以及予，与郭而并及师，乘妖书罗织捕沈。拷掠楚毒备至，沈终无所承。箧中得师与令誉手书，乃欲营救清公，谓劳山海印之复，为圣母保护圣躬香火，今毁寺成清，是伤圣母之慈，妨皇上之孝也。御史康丕扬得之，遂据以闻。”①

与达观同为吴江人的沈令誉以游医身份来往于官宦之间，是万历时期一名典型的山人。续妖书案发生之前，达观交游于京师，随从很多，沈令誉就是其中之一。其时令誉“以医游京师且久”，因曾给礼部侍郎郭正域（江夏）妾治病而出入郭正域处，时人多视其为郭氏门客。妖书事发后，首辅沈一贯等欲陷害郭正域、排挤次辅沈鲤，遂借机指使其党羽康丕扬等人大肆搜捕与郭正域有关的人。沈令誉的被逮，正是在这种情况下发生的。

沈令誉于十一月二十四日被巡城御史康丕扬手下中城兵马司指挥刘文藻所逮，随后刘文藻上《为地方事》折，称沈令誉“踪迹谲诡，行藏多异”，又投拜“奸僧”达观为师。“达观不时入京，每在皇城左近与后宰门住，不知何为？但见山人、相公到即叩头，亦不知何故？”同时与沈令誉被逮的家人范芳也供称：“石林（十林，即沈令誉）时与士大夫交往，委和达观拜为师徒。”并透露出其踪迹：“达观向在后门桥上庵内，转移观音寺胡同观音寺住，十九日，又到资福庵住几日，往檀柘寺去。”

刘文藻一并呈上的还有捉拿沈令誉时在其家中搜出的达观的书札。后康丕扬依据刘文藻疏文，并以达观“书内言词事干不道”为由，上《奸党踪迹可疑，主仆供报未一》疏弹劾达观。去年御史康丕扬在李贽被逮后，就曾有劾僧达观疏云：

狡黠善辩，工于笼术，动作大气魄，以动士大夫。如广平太守蒋以忠拜参，公然坐受；先吏部尚书陆光祖访于五台山，盘桓十余日。地方官无不俟候，抚臣欲行提问，彼惧而随光祖归。后再至真定，从讲益多甚有妻女出拜崇奉，茹斋跪进饮食。指以五台刻经，借取重利。复令吴中极无赖之谬慕台者，鼓舞人心，捐财种福，一时收受数盈三万。其自南入都也，贵人争候倒屣，恨迟入见跪伏。转相慕效，识连中外，交结奥援。近有一大臣，雅负时望，身止一子，缘其崇信流僧，遂即祝发从游，父死不奔丧，滥觞之极至此。

① 陆符：《紫柏传》，《紫柏尊者别集》附录，《卍新续藏》第73册。

> 况数年以来，遍历吴越，究其主念总在京师，始而由丹阳、金坛归于燕，继而由五台、留都再都于燕，终由真定、五台卒入于燕。意欲何为？夫尽人咸可说法，何必朝著？深山尽可习静，安用都门？而必恋恋长安，与缙绅日为伍者何耶？昨逮问李贽，往在留都曾与此奴并时倡议，而今一经被逮，一在漏网，恐亦无以服贽心者。望并置于法，追赃遣解，严谕厂卫五城查明党众，尽行驱逐。不报。[①]

达观系当时名僧，原为慈圣皇太后及明神宗所器重，故此《疏》留中不报。疏中言达观念念总在京师，不知其奔波穿梭于江南、留都、五台、京师之间，皆为"三大志业"，尤其刻藏之大事因缘。明人文秉认为，"达观在江南以棒喝立教，所至崇奉，与金沙于玉立诸公善，(沈)令誉等咸归座下，称方内弟子。江夏为南(都)少宗伯，榜示驱逐，达观乃往京师，由内阉以闻于慈圣。于是大珰、戚琬、宰官、居士，共相崇奉，一如江南。(康)丕扬等拟借此以兴大狱，波累诸公，且以江夏榜逐故，意达观必借此纾恨也"[②]。

然此次康丕扬所谓的达观"书内言词事不干道"，指涉达观妄议神宗毁海印寺之事。海印寺是德清在慈圣太后的资助下所建，后德清因寺庙产权所争惹上官司，最终获罪，被发配雷州，而海印寺也被神宗下令拆毁。对此，达观在书札中如是评论说："海印寺系圣母敕建，今上听左右细臣不明远大之辈，为五六七百两银，一旦拆毁之，显然使大明圣主蒙不孝之名，亦显圣母'夫不在不能从子'之失。嗟乎！堂堂大明世界中，有等大伤慈孝之根本乎？"康丕扬看后认为达观所言是"大逆不道，罪可胜诛"，要求神宗将他下厂卫拿获对审。

锦衣卫奉旨严布旗校前往潭柘寺将达观拿获后，神宗下令就"达观有无造捏奸书事情，着与沈令誉等一并审问"。达观于十一月二十九日被逮下锦衣卫狱，遂于十二月初二日第一次受审。锦衣卫都督王之祯主审，令校尉将达观带到西司房。在审问中，王之祯并未就妖书事讯问达观，而是问他："你是个高僧，如何不在深山修行，缘何来京城中交结士夫、干预公事？"达观回答得很从容，也很简单，他说："明公说的是，我也欲要远去。今在西山暂住，我心中原无别事。今既

① 《明神宗显皇帝实录》卷三百七十，万历三十年闰三月癸亥条。

② 文秉：《先拨志始》卷上。文秉，字荪符，吴县人，大学士文震孟之子。

遭遇，是我前世业障。”[①]在首次讯问中，王之祯就触及该狱的实质，即作为僧人的达观应潜心修行，而不是游走京城，参与政事。更重要的是，这实际不是王之祯一人的看法，而是当时很多官员的看法，他们对达观这种弘法方式，既困惑又反感。正因如此，沈德符《万历野获编》在提及德清、达观二人罹祸时发出了僧人宜“匿迹山林”，远离“京师名利之场”的感叹。

初三日，达观再次被提审，王之祯就三事进行了讯问：一是讯问达观是否造作妖书，达观对此坚决否认；二是讯问达观与沈令誉的书信的内容是什么，达观承认，在信中托牌子官阎鸾救德清之事是实，但至于“如何将穆宗皇帝称夫”，他说“止以五伦内所据写之”，并未有冒犯之意；三是讯问达观“来京所干何事”，达观回说“因化《藏经》，并修《高僧传》，续《传灯录》，因此来京暂住”。又审沈令誉供，与达观“朝夕相往计议，救拔德清、张本，及纠结月清、戒山等，谋进佛牙云云”。[②] 应该说，达观在此所说基本属实。自万历二十三年(1595)德清被逮后，达观遂四处奔走相救，可谓不遗余力。万历二十七年(1599)，因救助南康太守吴宝秀入京，后达观就一直滞留京师为刻印《大藏经》，纂修《高僧传》及续作《传灯录》等事。期间，达观与慈圣太后及神宗的关系颇为密切，神宗对其打算印刻藏经亦很是支持，曾派使者送数千金予以资助，不过达观并未接受该资助。[③] 此次审讯后，神宗阅览王之祯的奏议后，下诏将达观交付法司定罪。

十二月初五日，达观从锦衣卫处移交到刑部，刑部于十一日对他进行了复审，并施以杖刑。史载，达观“就讯以‘三负’对，无他辞。传送刑部对如初，有郎官嫉师者同鞫，故令杖。师凡对簿直入，趺坐阶下。左右杂投刑具，唱声恐吓，不为动。受杖已，复起坐。”[④]达观写有《腊月十一日司审被杖偈》为证，偈曰：“三十竹篦偿宿债，罪名轻重又何如？痛为法界谁能荐，一笑相酬有太虚。……”[⑤]十三日，刑部以“沈令誉、达观、贾(戒)山等以流棍游僧而潜住京师，交通煽惑”等由，要求神宗“相应严究，分别正法”，获准。十四日刑部根据神宗的旨意，对达观拟

---

① 《东厂缉访妖书底簿》，《紫柏尊者别集》附录，《卍新续藏》第73册。

② 《东厂缉访妖书底簿》，《紫柏尊者别集》附录，《卍新续藏》第73册。

③ 据陆符所作紫柏大师传记曰：“一日有中使奉上命，赍数千金请师印藏经颁赐。师不奉诏，曰：印经自有人。中使固以受上旨，坚请不肯去。其人常从师执礼者，师呵之，欲起杖。不得已，复命，上笑曰：固知此僧非利财者。上尝手书《金刚经》，汗渍册纸。疑当易，亟遣中贵驰问，师以偈进曰：御汗之滴，万世津梁；无穷法藏，从此放光。上览之大悦。”

④ 《紫柏尊者别集》附录，《卍新续藏》第73册。

⑤ 《紫柏尊者全集》卷首《圜中语录》，《卍新续藏》第73册。

出罪状，达观闻知后写有《十四日闻拟罪偈》；又回忆起去年李卓吾系狱而死，作《忆卓老》一首："去年曾哭《焚书》者，今日谈经一字空。死去不须论好恶，寂光三昧许相同。"[①]十五日，法司最终定罪。

根据《刑部奏议》，刑部认为达观罪状有：一是所谓的前罪，即达观在京城各寺庙游住，奏造《高僧传》及《传灯录》《续藏》等经，广开骗局；与徒弟沈令誉、戒山等人相聚成群，"假捏说法，鼓动众人俱要叩首参礼，布施赀财无数"；以印造藏经为由骗得银两，托徒戒山等，"在固安县买地二十顷，积有子粒二千余石"。二是"续妖书案"后的罪状，即达观营救德清一事。《刑部奏议》记载此事云：先年内官张本诈传诏旨，僧人德清私创庵观等不法事被耿一（义）兰告发，最后山东司将张本拟斩，德清发广东充军。为解救张本、德清，达观写有一书，托沈令誉带给内官阎鸾，商量营救之事。

根据以上罪状，刑部尚书萧大亨认为"达观假空门为骗局，托说法为奸媒，聚众结党，实繁有徒；鼓舌摇唇，恣行无忌。遂使承风参拜者比肩，希福舍财者接踵；高明为之荧惑，愚蠢听其指挥。酝酿祸端，败乱风教，有识共愤，圣世所必诛也"，遂以"达观所犯，合依左道乱正，集众佯修善事，煽惑人民，为首者律绞"为由，向神宗建议将达观"秋后处决"，得到神宗认可。

在此值得注意的是，最初达观被康丕扬弹劾时的所指即达观营救德清一事，并未作为最终拟罪的依据，而是以其前罪，即以达观游住京师、聚众说法、布施敛财买地等为依据定罪。对此，达观的弟子陆符评论说："狱词无可按，特以救清公书谓语连朝廷，欲引子骂父律，不果，竟拟坐左道"[②]。德清则认为这是"时执政欲死师"。[③] 二人的言辞都透露出该狱背后另有隐情。达观听闻后，坦然写有《十五日法司定罪说偈》："一笑由来别有因，那知大块不容尘。从兹收拾娘生足，铁橛花开不待春。"并说"世法如此，久住何为？"于十七日"端坐安然而逝"。曹学程记曰："癸卯十二月初五日入狱，十七日无疾坐化，寿止六十一。"[④]不过，《刑部奏议》则记载达观于"（万历）三十一年十二月十七日子时得患急症，吐痰起坐，至本日巳时病故"。

---

① 《紫柏尊者全集》卷首《圄中语录》，《卍新续藏》第73册。
② 《紫柏尊者别集》附录，《卍新续藏》第73册。
③ 《紫柏尊者全集》卷首《达观大师塔铭》，《卍新续藏》第73册。
④ 《紫柏尊者全集》卷首《圄中语录序》，《卍新续藏》第73册。

达观之死背后的隐情，是围绕国本而引起的朝廷党争或内廷斗争诸因素环环相扣、错综复杂而导致的结果。沈德符曾指出："至癸卯冬，紫柏得罪，亦以交通禁掖，遂不免于死。"钱谦益则认为，"群小张罗钩党，推刃妖书，师于是弃幻有之躯，息清流之祸"。又称"奸邪小人，快心钩党，欲借大师为一网，斩艾贤士大夫之异己者，遂不惮杀阿罗汉，造弥天积劫之业。江夏郭文毅公正域撰《妖书始末》特书其事，国史、僧史，胥有征焉"。[①] 此间所陈三条即交通宫廷、息清流之祸、群小趁机罗织成为达观必死之因。

德清与达观均属当时神宗立储角逐中的"正统派"，支持已经册立的皇长子朱常洛为太子。德清与达观都曾经得到慈圣皇太后的褒奖，而圣母在立储问题上又处处袒护朱常洛，反对废长立幼，并对神宗施压。神宗甚为不满，母子关系一直处于紧张之中。神宗抓捕德清，把他流放岭南，实质上是间接抗议皇太后之举。达观后来救护德清，也是这种政治斗争的曲折反映。史载，达观被逮后，慈圣太后曾"令内阉传谕法司云：达观，高僧也，偶被诬累，毋等他囚"。[②] 不过，法司很快依据神宗的指示给达观拟定了"左道"罪名，秋后处决。

《宗统编年》在真可寂年条下如是记述："……兴梵刹一十五所，而居无常处。除刻大藏，凡《古尊宿语录》，及所著经论文集，世所不闻者，尽搜出流行。喜苏长公《易解》，阅历书，必加额而后启。四十余年，胁不契席，恒诵毗舍浮佛半偈，曰：'假借四大以为身，心本无生因境有。'每每示人曰：'吾持二十余年，已熟句半。若精二句，死生了然矣。'有内外集行于世。"而且，祥符荫又作评曰："禅宗至神庙间，波靡极矣。得云栖、五乳（指德清）及（真）可一鼓作气，而后天童、万峰两祖，乘愿崛兴。（真）可尤秉真实心，凛然以大法为己任。惜时无黄檗、睦州一流宗师纵夺之，遂使（真）可不能如临济、云门。吁，此今古之所以贵师承也，可深慨五家纲宗不振，后学茫茫，无从趋正。亟欲辑《续传灯》，辨明真伪，乃以世缘挂碍，赍志长往。噫，汩没而至今日，更自难言，安得大乘气象如（真）可者，一树精进幢哉！"[③]

---

① 《东厂缉访妖书底簿》末附言，《紫柏尊者别集》附录，《卍新续藏》第73册。

② 文秉：《先拨志始》卷上，万历三十一年。

③ 释纪荫：《宗统编年》卷三十。

二 | 紫柏真可的文集与佛学思想

晚明佛教复兴四大师中，真可的留世作品最少，仅有憨山德清审阅的《紫柏尊者全集》29卷，及钱谦益编订的《紫柏尊者别集》4卷。真可是一位行脚天下、真参实修的禅师，平时并不刻意于为文。除了《长松茹退》和书信为其亲笔著述外，其余文章皆为僧俗弟子随缘记录而成，估计散佚者十之九，幸有门弟子汇成《全》《别》二集传世。

（一）真可著作：称性而出，法门眼目

德清在《紫柏老人集序》中曰："太虚寥廓，长风鼓而万窍怒号，殊音众响，皆一气之所宣，又奚可以大小精粗，谓灵根之有间哉？"他认为，达观禅师与从上佛祖一样，以不思议智，所流出一切音声，所说世谛语言，"皆悉显示第一义谛"，或曰"借语传心，因言见道，言其所绝言耳"。故此，真可"得无师智，秉金刚心"，一生荷负法门，行脚天下，到处多所弘法，而并不刻意为文。

德清称"（达师）以自性宗通，故随机之谈，如千钧弩发，应弦而倒。无非指示西来的意，称性冲口，曾无刻意为文也。一唾便休，弟子辈笔而藏之者什一"①。弟子三炬说："大师应机说法，随缘拈举，不假安排，俱从第一念中流出，惟期与人共明此事，原无意于文字语言。凡所开示人者，即令其人代书，书毕随手携去，大师未尝再一寓目。故其中意旨，或多重复，即累字叠句亦复不少。惜当时未有专掌书记者，微言妙义，散于四方多矣。"②钱谦益编《紫柏尊者别集》，则称"尊者之文，一言半偈，称性流出，如水银撒地，颗颗皆圆。余不敢轻为拣别，然集中散落者不少。如乙未（万历二十三年，1595）送憨老渡岭作《逐客说》，及顾仲恭所见澹居铠公本《论卓吾》诚所诸篇，皆法门眼目也。斗间紫气久而不没，殆斯文之祥乎！"③

真可示寂后，僧俗弟子将其法语文字结集成帙，并于憨山大师东游之际恭请校阅，梓之名为《紫柏老人集》。憨山德清在序中曰：

> （达）师初往来于金沙、曲阿之间，与于、王、贺氏诸君子大有夙缘，所闻

---

① 德清：《紫柏尊者全集》卷首《紫柏老人集序》，《卍新续藏》第73册，第3页。
② 《紫柏尊者全集》卷首《紫柏大师集序》，天启丁卯（七年，1627）秋弟子三炬盥手谨识，《卍新续藏》第73册。
③ 钱谦益：《紫柏尊者别集》卷首《紫柏尊者别集序》，《卍新续藏》第73册。

最多。如庵居士于公执侍甚谨,得片言如宝只字不遗,凡随师杖屦者,必搜而得之。师每至匡庐,必主于江州孝廉邢君来慈长松馆,多有所说。师化后,并属弟子仲橐、润甫,结集成帙。予久沈瘴海,适为师了末后因缘,之双径,先过金沙之东禅,二公以予与师为法门深契,故出其稿,稽首请校而梓之。予三读其言,喟然而叹曰:嗟乎!末法降心,力拔生死之根,如一人与万人敌者,予独见师其人也。睹其发强刚毅勇猛之气,往往独露于毫端,如巨灵挥斤,真所谓与烦恼魔、欲魔、死魔共战。竟能超越死生,如脱敝屣,可谓战胜有功者也。故其所吐,岂可以文字语言、音声色相求之者耶?佛说,欲为生死根。师凡所举必三致意,痛处劄锥,直欲劖绝命根。即此可当金鎞矣,又何庸夫门庭施设哉?……故予题之曰《紫柏老人集》,盖非堕于俗数也。观者当具金刚正眼,视之于言外,则思过半矣。时天启元年岁在辛酉春王上元日,书于匡山五乳峰下木石庵中。①

憨山德清与紫柏真可为当世名僧,二人交谊亦深。时人皆知二师为"法门深契",憨山对紫柏推崇如此,亦颇可见紫柏其人在明代佛教史上之重要性。此书即为研究紫柏真可佛学思想之最佳资料,全书除后人之赞语、塔铭等文外,皆为紫柏之心语著述。现流通入藏的《紫柏尊者全集》29 卷实为《紫柏老人集》与单行刊刻的《圜中语录》合并而成。此外,又有《紫柏尊者别集》一书 4 卷,为钱谦益所编,亦甚珍贵难得。其书所采撷,皆为《全集》所漏载者,主要取材于钱启忠《集钞》、陆符《心要》等真可中年后之作,内容有杂文、诗偈、书信、语录等。书前有钱氏序,钱氏自署为"虞山白衣,私淑弟子",对紫柏亦备致推崇。序曰:

金坛刻《紫柏尊者全集》,已行丛林。此外有钱启忠《集钞》四卷,陆符《心要》四卷,按指禅师携吴江周氏藏本,乃尊者中年之作。白衣弟子缪仲淳、周季华、周子介,执侍左右,手自缮写者。余为会萃诸本,取《全集》所未载者,排为四卷,名为《紫柏别集》。……悠悠斯世,惟憨山老人为能知而言之。而其为塔铭,茹荼啖蜡,含嚼齿舌间。所谓我闻有命,不敢以告人者也。尊者之化去也,次年为万历乙巳,余梦至高山,有大和尚危坐岩端,谓是达观

① 德清:《紫柏尊者全集》卷首《紫柏老人集序》,《卍新续藏》第 73 册,第 3 页。

尊者。恭敬礼足已，指左方地命余坐，密语付嘱，戒以勿忘。涕泪悲泣而寤，距今将六十年矣。私心拟议，愿踵憨老之后，撰第二碑，用以续僧史，征国史，发挥《塔铭》未尽光明。日月逾迈，氛祲晦蒙，六十年来一往是昔，梦中涕泪悲泣世界，吮毫阁笔多历年所，非敢食言于二老也。每自循省往昔年少书生不通佛法，不知以何等因缘梦中得受记莂。今头童笔秃，无所成就，寻行数墨，排次遗文，如拾字老比丘背破笼简故纸，波波劫劫以为能事。尊者常寂光中，得无自笑失却一双眼乎？《别集》既成，谨书其后，以自忏抑，或以有待焉。①

从钱氏落款时间“岁在庚子十一月长至后七日，来复之日”，知其编成于永历十四年（顺治十七年，1660）冬至后“一阳来复”之日。此编成于明末清初鼎革之际，非止于佛教法运，而于钱氏本身也意义深蕴矣。

《紫柏尊者全集》在后世诸藏如《嘉兴藏》《乾隆藏》和《卍新续藏》中都有收入，该集可说是目前收入真可作品最全者。根据《卍新续藏》本的次序，《全集》的内容如下：

卷首：先为德清、李日华、三炬、贺烺四人写的全集序，目录下再排题赞、塔铭、祭文及其他序文。卷首附曹学程撰真可《圜中语录》及序跋，置于正文开卷之前。

卷一至十：为开示法语。

卷十一至十二：为解经之作，共计收有《释心经》《释金刚经》《释楞严经》等11篇经解。

卷十三至十五：为缘起、疏、序、记、题、跋等文章。

卷十六至二十：收录拈古、佛赞与偈语等作品。

卷二十一至二十二：收录杂文，包括杂说、字说、解易与铭传等。此中《解易》为援佛解儒之作。

卷二十三至二十四：为真可与僧俗书信的集结。

卷二十五至二十九：真可韵文之作，包括五言古诗、七言古诗、五言绝句、七言绝句与歌行等诗体。

---

① 钱谦益：《紫柏尊者别集》卷首《紫柏尊者别集序》，《卍新续藏》第73册。

《乾隆藏》本《全集》有30卷，卷数虽有别于《卍新续藏》本，但内容完全一致，不同的只是《乾隆藏》本将《圜中语录》单独列为第30卷。

《紫柏尊者别集》一书各卷内容如下：

卷一：收录钱谦益《紫柏尊者别集序》，以及真可经解、疏记、序跋、祭文等杂文著作。

卷二：为《全集》之外赞、偈、诗等作品的收录。

卷三：收录真可与师友间的信札。

卷四：是真可对于弟子信众的开示记录。

卷末附录真可所定的礼佛仪式。[①]

《长松茹退》除了单行本《秘笈本》之外，也收入在《紫柏尊者全集》卷九当中。《秘笈本》中，每条以"憨憨子曰"开头，《全集》中则将之舍去，直录法语。《长松茹退序》曰：

> 憨憨子，不知何许人。其应物之际，多出入乎孔、老之樊，然终以释氏为歇心之地。其所著书曰茹退者，乃自贬，非暴耀也。夫何故？立言不难，难于明理。明理不难，难于治情。能以理治情，则理愈明。理愈明，则光大。故其所立之言，天下则之，鬼神尊而呵护之。憨憨子自知不能以理治情，以饮食不节而致病，病生复不畏死，犹妄著书。譬如牛马，不能力耕致远，枉费水草之余。唯所退者存焉耳，名其书曰茹退，不亦宜乎？虽然迫而后应，与夫不扣而自鸣者，不可同日语也。浔阳有匡石子者，谓憨憨子曰：石兄来慈，构长松馆于此，有年数矣，徒厂然于青松白云之间。且岷江涛生，声杂钟梵，境不可谓不幽也。然未得高人胜士，击无生之磬，震缘生之梦，则梦者终不觉矣。岂至人之存心乎哉？憨憨子愀然久之，曰敢不唯命，乃长长松为牛马焉。[②]

此外，根据邢懋颙《长松茹退跋》中言，是书共收入真可法语119条，后世均因此说。但今审《秘笈本》与《全集本》中所收，较原统计数字计多出4条，实为

---

① 参见胡漫漫：《紫柏大师的佛学思想研究》，四川大学2004年硕士论文，第4页。

②《紫柏老人集》卷九《长松茹退序》。

123 条。两个版本所收条数虽然相同,但是彼此之间仍有所差异。《秘笈本》中所收第 109 条作:

憨憨子曰:或谓古之民四,今之民六。而四六之中,为农力田,士也,工也,商也,僧也,道也。惟坐而蚕食,于世何补,去之可也。游食者尽去,不加税于民,国自富;不分力于民,兵自强。乃有国家者能事,岂可随愚俗而不即图之?嗟乎!天道好生,人道好争,争则不足,让之则有余。故文王之先,徙国让夷,周之所以兴也。子孙繁昌,周几千年。既周之衰,七雄五伯,俱以富强为能事,战功不已,胜败无常,以致周之元气丧尽。一旦并于秦,秦复并于汉,是时也。天下无僧,宗老氏者亦少,食者不多于今,而周之衰秦之亡,复谁尤乎?夫食者不患多,多而能为善者,多多愈善。善多庆积,上天佑之,六极不生,五福长盈。谓天下以此而贫,此短见薄视之言也,徒使达者捧腹绝倒耳。且万法惟心,贫富在业,业善则富乐,业不善则受贫苦。在上者能以此道风天下,则人人好善而恶恶,不待富强而天下自治矣。彼谓食者多,而农者少,天下所以贫,岂理也哉![①]

晚明是中国历史上重要的社会转型期,生活于嘉靖、万历年间的紫柏真可,正处于思想文化活跃与禅门丛林亟待去弊中兴的风潮之下,其担荷大法,振扬宗风,热心救世,所显示出的雄深竑伟的禅者风范和明快灵动的思想风格,亦正体现了他与时代脉动之关系十分密切。

紫柏之著作与佛学思想光明磊落,灿华赫赫照耀人间,关乎法运、国运至深,惜乎其真精至今为故纸尘埃所掩翳。钱谦益序曰:

禅门五灯,自有宋南渡已后,石门、妙喜,至高峰、断崖、中峰为一盛。由元以迄明初,元叟、寂照、笑隐,至楚石、蒲庵、季潭为再盛。二百年来传灯寂蔑,尊者挺生东吴,气宇如王,蹴踏天下,机缘闭现从地涌出,实有关于国运隆替,法运废兴,未可以凡心世智妄为此量也。尊者出世万历中,正国家日中豫泰之候,貂寺毡裘孽牙盘互。师以慈愿戒力,住王舍城而为说法。溥圣

① 参见《长松茹退》卷下,《秘笈本》,第 4—5 页。

母之慈云，开贤主之智日。庶几矿税可罢，党禁可除，戎索可清，杀运可挽。群小张罗钩党，推刃妖书。师于是拚幻有之躯，息清流之祸。法幢既倒，国论日非，乾纲下移，帝心解纽，魔外交侵，人天不佑。

考《妖书本末》之记，知劫运摧剥之因，虽业系有因，然实振古所未睹也。古来元臣命世，必曰降神，矧乎法王导师，宁非间出。尊者秉金刚心，具那延力，举手可以拍须弥，嘘气可以吸溟渤。金翅鼓搏，则龙子随其啑食，而况于鱼鳅欤；师子哮吼，则香象为之失粪，而况于野干欤。人之云亡，法灯熄矣。鱼鳅翔舞，而野干号呼矣。同时大德，舍赭还缁，却来人间以梦游了大事。譬如老将全师退守，深沟固垒，使贼人相戒，莫敢犯而廓清摧陷，固非其所有事矣。呜呼，尊者之出世，其关系国运、法运如此。[①]

钱谦益推崇紫柏与憨山为不世出之“法王导师”应世，步武接踵于衰末，廓清摧陷。然紫柏真可固以禅者立身，其也明显体现了“晚明四大师”的一个共同思想特点，就是不拘泥于某宗某派，故此被正统禅门灯录史书列入“未详法嗣”之列，因为他们并不讲究宗派，后人很难将其归于某一特定的禅宗派别。虽然德清称赞紫柏的见地“诚可远追临济，上接大慧”，且为明初“楚石之后一人”，此言虽似有归宗临济法脉之意，然终未成立。而且真可本人对于某宗派法系的问题也是淡然处之，如他感佩于遍融的“冥启”，直取“报德兴法承嗣”的态度，敢于打破成规，融通内外界别，机锋迅疾如雷奔电掣，而性海寂照圆融。基于如是微薄知见，笔者尝试从以下几个方面来探讨真可的佛学思想。

（二）佛法即心学

首先要探讨其心性思想。真可曰“佛法者，心学也”，此一言盖为真可佛学思想之总阀，所谓法门之眼目也。有研究者以为，这是紫柏大师对佛法教理的“一大新见”，“开宗明义地点出了整个佛法重心之所在，突出反映了紫柏思想的心学特色”。[②] 诚哉斯言。真可此思想揭示于所作《栖霞寺定慧堂饭僧缘起》，兹录其文曰：

---

① 《紫柏尊者别集》卷首《紫柏尊者别集序》，《卍新续藏》第 73 册。

② 参见胡漫漫：《紫柏大师的佛学思想研究》，四川大学 2004 年硕士论文，第 5 页。

佛法者，心学也。然绍隆佛法者，僧也。故薄僧者，非薄佛，薄自心也。夫自心者，圣贤由之而生，天地由之而建。光明广大，灵妙圆通。不死不生，无今无古。昭然于日用之间，即之而不可入，离之而不可遗。在眼而见，在心而知。境未对时，圆满独立。百工得之而技精，圣人得之而道备。不难而易见，触事而冥契。而人薄之，故日用而不知焉。昔达观颖禅师行脚时，至吴中，日势稍晚，投宿律居，主者弗纳。师责而数之曰："如来有言，汝曹不闻之乎？在家僧不喜客僧来者，我法当灭。"由是观之，颖公有道之士，一宿不留，何怒至此？盖非自安，实痛佛法之衰，心学之不明故也。予以是知，饭僧一事，功德最大。大以资培佛种，小则广植福因。今栖霞禅堂主者，云峰遍上人，有志饭僧。惟是连岁荐饥，力不称愿。云堂如旧，青烟寂寞，来者凄然。余目睹其事，心甚哀之。既而为其倡百人之缘，一人岁施米十斗，十年为限，无论丰荒，缘不可断。呜呼，去圣时遥，世道交丧，识虑非远，所重者不重，所轻者率重焉。夫至重者，自心也。开明自心者，佛学也。传佛学者，僧也。僧来而不喜，薄自心也。人为万物之灵，乃不知重心学，其可乎哉？因书以告四众云。①

真可从佛门中"饭僧"这件最普通不过的事，向世人揭示了一个亘古不变而未明的真谛，这就是佛法即心学。此中引人注目者至少有三点：其一，佛教有佛、法、僧三宝，既然佛法为心学，那么僧之宝贵即在绍隆佛法，故薄僧者即薄自心。其二，自心之可贵在于"圣贤由之而生，天地由之而建。光明广大，灵妙圆通。……百工得之而技精，圣人得之而道备"云云，然自心为何不明？那是因为佛法衰微，心学不明，而人自薄之，故日用而不知。其三，法道衰末时如何知轻重？须知"饭僧一事功德最大"，"大以资培佛种，小则广植福因"。更重要的是，明自心，弘佛法。如是方为人，如此方可称得上"万物之灵"也。

真可认为："《大藏经》五千余卷，虽浅深弗等，圆别迥殊，至于权权实实，千变万化，不过发明我之本有心源耳。"真可以"心学"来说明佛法，认为佛经虽有三藏十二部，总括言之，解释一心而已。千说万说，不过发明我"本有心源"。真可平

① 《紫柏尊者全集》卷十三《缘起·栖霞寺定慧堂饭僧缘起》，《卍新续藏》第73册，第548页。又参《紫柏老人集》卷之十："人为万物之灵，虽五尺童子，亦能习而言之。及征其所谓灵者何物？虽大儒老衲，未始不罔错者也。故曰：事事寻常总不差，相逢举着便淆讹。且道病根在恁么处？参三十年来为汝说破。"

生志业于刻方册《大藏》，并发愿造转轮藏贮之，于此他以转轮藏来揭示一心之妙："轮之上下，列四圣六凡；轮之最下，谓之心海。"此四圣六凡虽有升沉之异，"离心别无建立"。此转轮藏犹如生死轮，"转而弗停，流而无止"。六凡无法脱离生死轮回，"心海之大，迷而成小"，而"心海开通，即粗为妙"，可转为三乘乃至佛之四圣境界。佛法界为"圆觉"，故曰："离圆觉无六道，舍圆觉无三乘。"圆觉即自心之别名。①

真可又曰："夫《大藏》，佛语也。而《大藏》之所诠者，佛心也。"他认为："佛语如薪，佛心如火。薪多则火炽，薪尽则火不可传。火不可传，则变生为熟，破暗张明之用，几乎息矣。故传火必待于薪，而火始有用。传心必合于佛语，而心始无疑。"我心既无疑，则佛心即我心也。佛心即我心，则凡有知觉者孰非佛耶？然众生本佛，奈何日用而不知，此谓"根本无明"。真可揭示："众生之无明，若不得佛语为之金錍，抉其无明障翳，虽佛性本有，恶能识哉？""是故有志于用自心者，必先明佛语。夫自心明，则无往而非明矣。""佛语宏传，而众生不明自心者，亦未之有也。"②

真可佛学思想的理论基石即是真常唯心论，真可的心性观正是对真常唯心论的阐释。他认为："心生则种种法生。……心作天堂，心作地狱，心作圣人，心作众人。至于大之天地，广之万物，皆心之造作。"③心为万法之本，真可说："夫万物皆心也，以未悟本心，故物能障我。如悟本心，我能转物矣。""夫形者，心之影。影者，形之影。今有人于此，图影欲真。殊不知纵真，影也。"④"天地可谓大矣，而不能置虚空之外。虚空可谓大矣，而不能置无心之外。故以心观物，物无大小。以物累心，心不能觉。惟能觉者，始知心外无物也。"⑤

可见，这个"心"既是本体论意义上的"本心"，也是认识论意义上的"觉心"，同时也是当下个人自性清净心。自性觉则本光不失，自性不觉则影执而光用不

① 《紫柏尊者全集》卷十四《造旃檀轮记》，《卍新续藏》第73册，第633页。此四圣六凡即十法界，包括佛、菩萨、缘觉、声闻"四圣"，而天、人、阿修罗、畜生、饿鬼、地狱为"六凡"，又称"六道"，佛以下九界称众生，皆不离一心而建立。

② 《紫柏老人集》卷之十五《书某禅人募刻大藏卷后》；又参同卷《书周叔宗临帖卷》："禅家有离经一字，即是魔说。依经解义，三世佛冤。"

③ 《紫柏老人集》卷十《法语》："一身之亲，莫亲于皮。是故以针刺皮，凄然觉痛难禁焉。然皮之亲，不若肉之亲。肉之亲，不若骨之亲。骨之亲，不若髓之亲。髓之亲，不若心之亲。……故曰：心生则种种法生。今天下不唯不以亲者为亲，反以不亲者为亲，是以亲亲者终不亲矣。……而世之号称聪明有识者，若问其身与心之所从来，皆莫知何说也。此而不悲，更复何悲！"

④ 《紫柏老人集》卷十《法语》。

⑤ 《紫柏老人集》卷九《长松茹退》。

显。当下个人之“自心”，即是本体和认识两种意义上的心的安顿之所。真可言：“离吾心，则天失其高明，而地失其博厚矣。若然者，日之明，月之明，灯之光，皆吾心之彩也。”①

从真可对《心经》《金刚》《楞严》的“解经”中，可知其佛学思想的经典依据。其《心经说》解释般若有三种，即实相、观照、文字是也。实相般若，即人人本有的心。观照般若，即心上光明。能悟达则心光发朗，凡吐一言一句，长篇短什，足为万古灯明，用除痴暗，故称文字般若。真可说：“《般若波罗蜜多心经》者，实众生大夜之明灯，诸佛之慧命也。此经文虽简略，实六百卷雄文之心也。”“夫《心经》一书，乃世出世间圣贤豪杰之神术也。是以得其旨者，御大千而王天下。”

真可由此揭破生死根本无明，“大抵道之不明，世之难治，皆根于我相。我相既立，见可欲者，即欣然而悦之。悦之而不满所怀，即勃然而怒矣。天机由是而塞，好恶由是而偏，以故本有智慧光明埋没尽矣。以日用而观之，则爱憎交战于灵台，情识浮沉于宠辱。以今古而观之，七雄五伯之相戮，汉唐宋元之得失，虽复尽善不尽善，不可同年而语及乎？非武则乱不可定，非智则国不可守。要而言之，皆不出我相也”。

> 如来知我相之毒天下，其害甚大。所以即一念而开色心，即色心而开五蕴，即色尘而开十二处，又即五蕴而开十八界，使夫众生悟知身执心执俱本于我相。我相根本，又生于无明，支支相缘，苦集相起。故达无明之所由生者，则真性自朗。达色心无性者，则一念不可得。达五蕴无性，则色心亦不可得。达十二处之所由生者，即如庖丁解牛，了无全牛矣。以十二处观现前此身，亦无全身可得也。达十八界之所由生者，则知色心二法，外则析为六尘，内则析为六根，中则即将现前分别、历历觉知之心又析为六识。
>
> 嘻，非我佛大慈深悲，则我相之根，毒害之本，众苦之垢，岂易拔易涤哉？涤垢如寒涛漱石，拔根如金刚破物。漱之不已，石必终易。破之不已，物必终空。石易终穿，物空我废。所谓若亏其一，必丧其两耳。夫物我既忘，则本心自露。故曰：灵光独耀，迥脱根尘也。若夫将此光，照出世则觉路可登，

① 《紫柏老人集》卷十《法语·墨香庵常言》。

照世间则古道可复。余故曰:《心经》一书,世出世之神术也。《般若》总部其名有八,文则六百余卷,惟此经,又六百卷雄文之关键也。此经之关键,又照见五蕴皆空一句是矣。照见五蕴皆空,又本乎色心二法。色心二法,又本乎瞥起一念。瞥起一念,又本乎真心。惟真心初本澄湛,本无根尘物我,而独立于五蕴之先,绝无所感,则一念瞥起所由。虽大智高明之士,扣其瞥起所由生,竟无有能酬者也。①

真可《释金刚经》曰:"心外无法,如来实语。水外无波,圣人切喻。但众生从无始以来,名言习气,染深难化。故闻凡着凡,闻圣着圣,闻有著有,闻无著无,闻生死着生死,闻涅槃着涅槃,闻世界着世界,闻微尘众着微尘众,本心即隐没,被名言所转,执而忘返,埋没自性。所以如来于般若会上,说《金刚经》,即世界而破微尘众,即微尘众而破世界坚习。坚习既破,微尘习除,亏一丧两。一两既丧,本心顿露。"何谓本心?他引用六祖听闻《金刚经》开悟所言来呈现,六祖曰"不思善,不思恶,阿那个是明上座本来面目?"真可指出:"此老即善恶情上,指渠晓得个无善恶的。这个无善恶的,名有多种,曰本性,曰真心,曰佛性,曰本觉等。故天机深者,不受名言所染,能即名言而悟名言不及者。"②

真可又剖析《金刚经》之"四见"说:"夫我、人、众生、寿者四见,初本一我见耳,以展转横计,遂成四见。若以智眼观之,则一心不生,我尚不有,谁为我见?我见既拔,则余者不待遣而自空矣。又我见者,无主宰中强作主宰之谓;人见,则待我而生;众生见,即循情分别,不能返照之谓;寿者见,不过贪生畏死之念也。"并指出:"用是观之,则《金刚经》所说四见,实不在经,即在吾人周旋日用逆顺之间,与佛何干?虽然,不是这瞿昙老汉,曲折点破,则茫茫大块,终古不旦矣。"

真可作《释楞严经》曰:"吾尝读《佛顶经》,于七处征心,初有疑焉。既而疑情忽消,始知如来之心,即我之心也。""夫明心是明何心,为明真心耶,明妄心耶?若明真心,真外无妄,更教谁明真心耶?若明妄心,为妄心有心可明以明之耶?为无心可明以明之耶?有心可明,则阿难认能推穷者为心,世尊直咄之不许。咄之不许者,非不许也。世尊之意,冀阿难回机反照,照此能推穷之心,为在七处

① 《紫柏老人集》卷之十一《解经·心经说》。
② 《紫柏老人集》卷之十一《解经·释金刚经》。

耶,为不在七处耶？若在七处,则处处推心所在,皆一无所在。为不在七处,则根境都无,心托何处？……虽直下推之无在,而知无在者,是必我心。……夫无尘智者,从凡而至圣,从迷而至悟。苟微此智,则一切众生终不可成佛矣。故此章,题之曰明心,不亦宜乎？”①

真可开示学人,此心不可以有我无我求之,

> 心本无我而灵,故不可以有我求之,亦不可以无我求之。以有我求之,渠既无我,岂不乖渠耶？以无我求之,渠既灵然,岂不乖渠耶？既不可以有我求,复不可以无我求,则我终不可得渠耶？果如此,不唯众人绝希圣之阶,即圣人继往开来之功,可得而泯已。但渠非有无可求,要在从缘会得。故曰:从缘荐得,永无退失。缘也者,如众人以十恶五逆之缘熏之,则渠发现阿鼻之相。乃至以人缘熏之,声闻大士之缘熏之,则九界发现之相,皎如日星,唯佛一人。若不以无作之缘熏之,则渠且不能发现殊绝之妙相焉,由是而观九界之相,既循缘业发现。今有人于此,能循缘业,泝而上之,则彼无我而灵者,不待召而至矣②。

从众生与佛的关系而言,此心既是佛心,也是平常心。“但众生不善用之,而现三毒奇险之心也。如善用之,虽然众生三毒奇险习熟,即是诸佛平常之心也。”③这样,依据《大乘起信论》“一心开二门”,心就具有了真与妄两种性质。当“心”向内转,从本真(心真如门)的意义上来看时,吾心就是真如,就是大觉心,就是佛性,此心人人本有:“正因佛性,在诸佛不加多,在众生不加少。”④当“心”向外转,从妄心(心生灭门)的意义上来看,妄心因境而起。真可言:“心有真心妄心,真心照境而无生,妄心则因境牵起者也。真心物我一贯,圣不能多,凡不能少。妄心则境有多种,或以有为境,或以无为境,或以诸子各偏所见为境。故曰心本无生因境有。六合之外,六合之内,罗笼尽矣。”⑤由此可见,在真可看来,一切染

---

① 《紫柏老人集》卷之十一《解经·释楞严经》。
② 《紫柏老人集》卷九《长松茹退》。
③ 《紫柏老人集》卷六《法语·义理辨》。
④ 《紫柏老人集》卷一《法语·示觉声持金刚经》。
⑤ 《紫柏老人集》卷九《长松茹退》。

净皆从心出，一心普摄一切法。

真可心性论也杂糅了一些儒家思想，他将儒家的情与理等范畴加入佛教心性思想中，促进对佛教心外无物、心外无我理念的理解。他说："夫理，性之通也；情，性之塞也。然理与情而属心统之，故曰，心统性情。即此观之，心乃独处于性情之间者。心悟则情可化为理，心迷则理可变为情矣。若夫心之前得则谓之性，性能应物，则谓之心。应物无累，始谓之理；应物有累，则谓之情。故曰，无我而通者理也，有我而塞者情也。……心悟，则无塞而不通。"①

明心见性向来是禅家修行获得解脱的最终目的。成佛修行只在迷悟之间，"而能真能妄者，心也。了心者，不可以迷悟拘之"②。然而，针对晚明佛教界疾禅暗证的空疏作风，真可在坚持传统禅学以明心见性作为最终解脱目标的同时，对明末丛林流行机缘话头顿悟的公案禅、话头禅深表不满。他认为："道可顿悟，情须渐除，而鼻祖所传之心，道也。《楞伽》所谓转识成智之法，治情之具也。倘闻道而不治情，此果真闻道乎？此必魔外也。"③解脱是悟道，但悟道后仍必须渐修以除情，持戒、经教、服水斋、念佛、止观、闻思修等都是明心见性的方法。真可言："初心学者，当先求精我空之解，……二解既成，依解起行。当于憎爱荣辱之地，死生聚散之场所，力而行之。"④

真可是一位持戒精严的高僧，他"肋不至席者四十余年，性刚猛精进，律身至严，近者不寒而栗"⑤。真可从心性角度将戒分为"事戒"和"性戒"。他说，"僧之本源，则又基于性、事二戒。性戒者，洞明自性，决了无疑，即名性戒。事戒者，初则要本五戒，中则沙弥十戒，后则比丘二百五十戒"⑥。在他看来，杀盗淫妄、饮酒食肉之五恶之习，源于人们初无自性，因无自性则不能自觉，对无性的自觉要等待时缘，一旦觉悟无性，"则能履憎爱之场，触生死之海。此觉不昧，如定风珠，一投大海，波浪渐停"。由此可知，真可是将不觉之前的戒称之为"事戒"，一觉之后的戒，称之为"性戒"。真可认为，从事戒到性戒的觉悟，需要一个渐进的修行过程，因此，他告诫弟子："智潭若未知性戒，且守事戒。事戒积久熏炙觉性，终有开

---

①《紫柏老人集》卷一《法语》。
②《紫柏老人集》卷十《法语·墨香庵常言》。
③《紫柏老人集》卷二《示学者精研止观》。
④《紫柏老人集》卷十《长松茹退》。
⑤《紫柏老人集》卷首《达观大师塔铭》。
⑥《紫柏老人集》卷四《法语·示东西云居寺僧众》。

悟之日。"①

就戒相上来说，真可认为五戒、沙弥十戒，以及比丘二百五十戒等是事戒。性戒，则为"洞明自性，决了无疑"的无相戒和禅戒。《梵网经》言："修行一切之法，不生不灭，不常不断，不一不异，不来不去，常住一相，犹如虚空，言语道斩，自性清净，是名修行。如是行人，于自性清净心中，不犯一戒，是即虚空不动戒。又于自性清净中，安住不动，如须弥山，是则虚空不动定。即是虚空不动慧。如是等戒定慧，名卢遮那佛。"可见，禅戒乃是以众生之自性清净为本。禅戒是透过修习禅坐，以明心性本源，在自性清净心中，安住不动，自然达到一戒不犯的境地，由于其不具戒相，故慧能又称之为"无相戒"。性戒是根本，事戒是基础，故真可以性戒为持戒之本，以事戒为持戒之初始。为了拯救末法戒律的荒疏，他甚至要弟子以发毒誓、怖畏自心的方法，使自己达到执持事戒的目的。

（三）真可独创修行法门：持毗舍浮佛偈

真可认为，世法中人们最大的修行障碍是执一己身心为实有，"一个臭躯壳子打不破，一点妄想觑不透"。② 一切众生，不能觉了身与心，所以不能解脱生死烦恼之碍。若能破身心执受，众生与佛无殊。因此，真可认为，真正的究性与命，非得从自己身心开始不可，"如忽身心不究，虽读五车三藏，终与身心何益哉！"③

在真可看来，破身心之执的最好修行方法是"持毗舍浮佛偈"，尤其是前半偈"假借四大以为身，心本无生因境有"。真可说："故吾劝出家在家，有志于断生死，割烦恼者，于《毗舍浮佛偈》，能信持之，持久熏熟，则身心执受之障，终有消释时在。又身执受消进，涅槃现前，心执受消时，菩提现前。"④真可开示学人持修《毗舍浮佛偈》，初见之于以《毗舍浮佛颂说》示如裴：

> 毗舍浮佛，此言一切自在觉。既自在觉矣，有何物而为障碍哉？然未觉者，不免触途成滞，见色则被色障碍，见空则被空障碍。忽然而有身，则为身障碍。介然而有心，则被心障碍。身障碍，生老病死。心障碍，喜怒哀乐。是以周旋于一光之中，而妄成角立。既角立矣，一切不自在至矣。生有老

---

① 《紫柏老人集》卷六《法语·授智潭戒》。
② 《紫柏老人集》卷七《法语·示康孟修》。
③ 《紫柏老人集》卷四《法语·示阮坚之》。
④ 《紫柏老人集》卷七《法语·七佛偈示众》。

迫，老有病迫，病有死迫。喜有怒迫，怒有哀迫，哀有乐迫。迫者，相催之谓也。

呜呼！生若定常，老不可迫。喜若定常，哀不可迫。以其无常，流之莫能已也。惟有道者，达身无常，四大成故。达心无常，前境生故。达四(大)无常，一身待故。达境无常，因心有故。借一荡四，四无所立。借四荡一，一无所存。借境荡心，心初不有。借心荡境，境自不留。一四互荡，心境兼忘。一身而为无量之身，身相不坏。一心而虑周万物，寸抱本闲。由一切不自在，入一切自在，达之者刹那可以超旷劫。如其未达，解脱幢即成行尸肉块，智慧津梁翻作苦海业浪。

自古及今，豪杰英雄，打破这关捩子不得。虽功高千古，名光万世，于本分事上，了无交涉。故生时受生迷，老时受老迷，病时受病迷，死时受死迷。喜怒哀乐时，受喜怒哀乐时迷。以迷续迷，迷无断日。人为万物之灵而灵不悟，以灵续迷，为一切黑业本，山高水积，未有撼竭之时，少知自反者安可不惧乎！又灵如融通之水，迷如窒碍之冰。融通则在方而方，在圆而圆。窒碍则方则定方，圆则定圆。方圆无滞之谓活，方圆有定之谓死。是故圣人，居方圆而方圆莫能滞，以无滞故，所以能通天下之情。众人则不然，见方而被方惑，见圆而起圆执。所以在圣人即死而活，在众人即活而死。故圣人谓之生人，众人谓之死人。

由是观之，自上古以来，所谓生人者，能得几何哉？为圣不难，难在通灵。苟能通灵，非惟身心俱灵，大则虚空天地，万物之伙，微则一芥一尘，一毛一发，靡不灵矣。至于三藏六经，诸子之流，百工之技，亦无不通故。达身灵通，无事可碍。达心灵通，无理可障。化生老病死为无上涅槃，回喜怒哀乐证大菩提。涅槃、菩提，从身心得，若无身心，二果何阶？故曰：此身为尘劳山，此心为杂毒海。一旦达身无己，尘劳山即功德聚也。达心如幻，杂毒海即般若浆也。人为万物之灵，不自重，甘为死人，不为生人，可悲矣！[①]

真可被执寰中，临终前还劝同狱彦先甫持毗舍浮佛半偈，彦记曰："初闻师严冷不易亲，及见则深慈等悲，沁人心髓。彦因炷香求心要，师为拈毗舍浮佛半偈

① 钱谦益：《紫柏尊者别集》卷一《杂文·毗舍浮佛颂说示如裴》。

云：假借四大以为身，心本无生因境有。令久久持诵。且为决了其旨曰：是身无从，合由四大。是心无从，起因前境。试推四大及境，更何所从乎？凡夫不知性变为情之旨，随情起执，生死浩然。圣人以理折情，性斯复矣。性复情空，何生死之有哉？"①毗舍浮佛为过去七佛中的第三佛，此佛于身与心皆觉了解脱，故又称自在觉，其全偈曰：

> 假借四大以为身，心本无生因境有。
> 前境若无心亦无，罪福如幻起亦灭。

执持《毗舍浮佛偈》何以能破身心之执，悟明心性？真可认为，《毗舍浮佛偈》包括《大藏》，透彻禅源。不仅龙树的《无生偈》（"诸法不自生，亦不从他生；不共不无因，是故说无生"）以《毗舍浮佛偈》为源，是此偈的注脚；而且，历史上也有不少人以《毗舍浮佛偈》示人，真可称引黄山谷之见，"殊不知舍《七佛偈》，则禅无源矣，禅之流，又恶自来哉？"②真可释曰："宋黄庭坚，号山谷。有贵人以绢求山谷书自所作文，山谷笑曰：庭坚所作文乌足宝？惟寒山诗，乃沃火宅清凉之具。遂书与之。复嘱之曰：寒山诗虽佳，然源从《七佛偈》流出。故山谷凡所行乐之地，书七佛偈最多。而七佛偈中，《毗舍浮佛偈》尤为殊胜。所以然者，盖过去千佛，微此佛则莫能成其终；现在千佛，微此佛则莫能成其始。成始成终，实系此偈。是故读诵书写受持乐说流布《毗舍浮佛偈》者，十方三世诸佛并其神力现出广长舌相，赞叹是人功德不少。"③

真可指出，人们常误认为《七佛偈》可以义解，故终不能超情识，而诸祖机缘非义解而能超情识，故可参而悟之。殊不知《七佛偈》亦有义解不得入处，诸祖机缘也有可以义解者。学禅之法，法本无定，一如大将用兵，有时用正胜敌，有时用奇胜敌。若必谓西来意只在诸祖机缘而不在《七佛偈》，犹如用兵只知用正而不知用奇。"学者果能精而究之，方知禅不外偈矣。"④他进而认为，如果于诸祖机缘参而不悟，还不如持《毗舍浮佛偈》更具有效性。此外，身心之破执与《毗舍浮

① 《紫柏老人集》卷首《寰中语录跋》，万历甲辰中秋朔竺灵居士吴中彦先甫和南记。
② 《紫柏老人集》卷七《法语·七佛偈示众》。
③ 《紫柏老人集》卷之十二《释毗舍浮佛偈》。
④ 《紫柏老人集》卷七《法语·七佛偈示众》。

佛偈》正相契合。真可认为：

> 生人之大累，莫过于身心，所以圣人先治自己身心，然后开物成务。……又治身治心，先务穷身心之始终，然后治之。如不穷其始终，而妄治之，终不能也。然身粗而易穷，心精而难穷。故先穷其易者，作离身之观；稍稍成熟，然后穷其精者，则心亦不难穷矣。身者何义？身以积聚为义；心者何义？心以附丽为义，故曰离者丽也。由是而观，先须聚五行四大，身然后成；境未当前，则心不能独立，必境有心触，然后心有以附丽。《毗舍浮佛偈》曰："假借四大以为身，心本无生因境有"。与夫"聚而后有身，附丽而后有心"，若合符契。①

既然佛教修行的本质就是破身心之执，而《毗舍浮佛偈》就是说明身为四大假合而有，心为因境而有，两者正相契合。真可认为必由之道是"审名以精义，精义以入神，入神以致用"。② 比如，在参究身心为假时，要对身为地水火风四大假合而成、心为受想行识四蕴凑合而成加以推察审究，从追问四大未聚之前、既聚之后此身何在等问题中，知晓外四大而无一己之身；究身之后，再以遇境逢缘，憎受念起时，谛观此念从何起来，究明"心本无生因境有"。真可有时也开示要将《毗舍浮佛偈》作一个话头，"于一切逆顺境上，绵绵不断，历时不昧，持诵将去"。与传统禅家以一段无意义的话阻塞意识活动的"话头禅"相比，真可持偈的理路包含了复杂的内容，既有逻辑义解的成分，如对四大假合的分析，也有"空观"的成分，也有话头禅的成分，显示了真可不拘泥于古人，融会贯通的修行经验。

真可一生十分重视持毗舍浮佛前半偈，"此半颂，特十四字而已。然《大藏》与一千七百则机缘，九经二篇百家之要，莫不备焉。子若张而演之，虽大块为墨，昆仑为笔，天风为手，虚空为纸，莫能尽也"。"但当谛信受持，则终自悟入。夫信则诚，诚则一。一则我持颂之心，了无所附丽。如是积久，则身心横计，一朝爆落。则生死铸而为涅槃，烦恼化而为菩提矣。此两者谓之二转依果，所谓转生死而依涅槃，转烦恼而依菩提也。""达观道人，尝以毗舍浮佛传法偈授人时，必曰：

---

①《紫柏老人集》卷六《法语·示智灯》。

②《紫柏老人集》卷四《法语·示阮坚之》。

持千百万遍，自在受用现前矣。毗舍浮佛，此言一切自在觉，而深推其旨，大要破众生身心之执耳。”[①]故门人吴应宾赞他：“四十余年，肋不至席，手不停挥，为初学人谈法相义，为久习辈开般若门，为利智根指涅槃心，显法界藏。有时雷轰电掣，截断众流；有时带水拖泥，四轮着地，随机赴感，未曾一会锋许，出得半偈道场。”[②]此毗舍浮佛半偈成为真可融汇综合法相、般若、禅的圆满的修行法门，这在晚明佛教界委实独树一帜。

在真可看来，念佛的最终目的是“临命终时，一心不乱而往”，此时也必是身心执受的最终消释。如果法性不明，情关不破，身心执受不消，虽口念弥陀，终不得往生。真可认为，以持《毗舍浮佛偈》之心持念阿弥陀佛，“我敢保他无一个不生净土”。其次，真可认为，弥陀净土乃是自心之觉、唯心的体现，弥陀四十八愿“皆不越我自心”。[③] 他对念佛的方法也提出了自己的见解：“自今而后，直须睡梦中，念佛不断，方有出苦分；若睡梦中不能念佛，忘记了，一开眼时痛哭起来，直向佛前叩头流血，或念千声，或念万声，尽自家力量便罢。如此做了二三十番，自然大昏睡中，佛即不断矣。……梦中念得佛的人，临死自然不乱也。”[④]真可这种念佛方法相似于德清的念佛观想，这实际上是以禅修的方法念佛，可谓禅净双修。

除上述修行方法之外，真可还提出服水斋以枯淡情识，以闻思修熏发众生，以及以止观之火煅昏散等诸多修行法门。禅家种种修行方便，其目的是悟明心性，洞见本来面目。因此，在真可看来，入道之途有多种，只须真修实悟，就能达到无心而修的最高禅境。

（四）圆摄万法，融通心性

真可的圆融思想主要体现在以下三方面。

1. 禅教融和

真可认为禅教同根而沂源，他喜欢从佛语与佛心入手阐释禅教关系。佛语是佛所说的经教文字，代表着依大小乘经论而立之宗派，如唯识宗、天台宗、华严宗等；佛心代表离却经教，以心传心，教外别传的禅宗。佛语与佛心就是宗门与教门的关系。真可文集中，也常常以文字与禅来代表宗与教的关系。

---

① 《紫柏老人集》卷之十二《释毗舍浮佛偈》。
② 《紫柏老人集》卷首《紫柏大师全身舍利塔颂有序》。
③ 《紫柏老人集》卷十《法语·墨香庵常言》。
④ 《紫柏老人集》卷八《法语·示念佛》。

真可指出:“宗教虽分派,然不越乎佛语与佛心。传佛心者谓之宗主,传佛语者谓之教主。若传佛心,有背佛语,非真宗也。若传佛语,不明佛心,非真教也。故曰:依经解义,三世佛冤,离经一字,即同魔说。”①佛语与佛心是佛法的两个不可分割的部分,佛心需通过佛语来表达,佛语所要表达的是佛心。因此,禅与教的关系是:教是禅的基础,禅以教为始,无教则禅为“魔说”。禅是教的归旨,教的义解只是达禅的桥梁,禅是教的究意,无禅之教,徒为义解。前文述真可曰:“夫大藏,佛语也,而大藏之所诠者,佛心也。佛语如薪,佛心如火,薪多则火炽,薪尽则火不可传。”②真可以薪与火喻佛语与佛心、教与禅,生动地表明了两者不可分离又主次分明的关系,无薪无火,但薪为火而存。真可作为一名禅僧,虽重经教,但提倡禅宗在佛教体系中居核心地位。

真可还试图从禅宗发展的历程来表明禅宗并不排斥经教。他指出,晋宋齐梁的学道者沉溺于讲习之风,执着于经论,不识向上一路事,所以达摩东来,“应病投剂,直指人心,不立文字”。③ 他斥相泯心,不立文字,只是对治当时人们执着文字之病的药。如果初祖果真以为必屏黜心相语言文字而后才得心,为何还手不释卷《楞伽宝经》?“盖鼻祖意在夺情,而不夺法也。情夺而法存,是法即鼻祖所传之心也。”④真可认为,从达摩到神光、僧粲到六祖慧能的禅宗一系,是即心而传语言文字,马鸣、龙树、慧远与圆明大师等是即语言而传心。在真可看来,禅与文字如同春天与花,“春在于花,全花是春;花在于春,全春是花”,因此,“德山临济棒喝交弛,未尝非文字也;清凉、天台疏经造论,未尝非禅也”。然而,“后之承虚接响,不识药忌者,遂一切峻其垣,而筑文字于禅之外,由是分疆列界,剖判虚空”,遂有禅教之分判,更有“学禅者不务精义,学文字者不务了心”之水火不容、两相是非之弊端。真可进而断言:“夫义不精,则心了而不光在;精义而不了心,则文字终不入神。”⑤

北宋高僧惠洪觉范《石门文字禅》一书最早提倡“文字禅”。真可高度评价惠洪觉范文字禅在构成禅宗标格、防护魔外于像季之秋的功绩,并且将惠洪觉范的

---

①《紫柏老人集》卷六《法语·示圣坚》。
②《紫柏老人集》卷十五《书某禅人募刻大藏卷后》。
③《紫柏老人集》卷十四《石门文字禅序》。
④《紫柏老人集》卷二《法语·示学者精研止观》。
⑤《紫柏老人集》卷十四《石门文字禅序》。

文字禅外延由“颂古”“拈古”“评唱”，扩展到一切形式的文字经教。真可如此强调文字般若，其主要目的是对治晚明空疏不实的禅风，他指出：“今天下学佛者，心欲排去文字，一超直入如来地，志则高矣，吾恐画饼不能充饥也。”[①]真可的用意在于表明学佛人虽以证悟为禅的最高境界，但须不弃实修，否则禅悟一如画饼，虽美好却不实用。甚至，在真可看来，末法时代，利根人少，悟心实难。对于大多数人来说，与其空口虚心，还不如实实在在地从佛语经教开始，精严奉行，还可保万无一失。真可言：“迩来大人不现，魔外充斥，无论黑白，微有知解，便谓已了。于古德机缘之中，纲宗不别，明暗犹豫，得为虚名，甘昧自心，强横批判，逞一时之情，结长劫之业。此所谓因地不真，果招迂曲，譬如纸花终难结果。吾知其这点虚名，终须亦自打泼了。不若自附怯弱队里，虽未得佛祖心，且信佛祖语，精严奉行，敢保万无一失。如未能爬，莫学走，多少稳当。爬未能而强走，吾知其堕坑落堑，终有日在。”[②]

真可提倡文字般若，也是为他毕生为之奋斗的刻藏事业提供理论依据。真可言：“如刻藏之举，正所谓缘因佛性耳。”[③]通过对文字经教重要性的理解，真可最终也融通了教与禅的对立关系，并摄教归禅，即强调了教的不可或缺，又从根本上保障了禅宗的究竟地位。真可极力提倡文字经教，也引起一些非议。他们认为，正是颂古、评唱、秘要之风使得禅门宗风失落，他们批评真可说：“道人之言，甚哉其胶柱鼓瑟也。且言说害道，障蔽自心，有不可胜言者。”对此，真可回应说：“岂语言之为害哉？特求之不善耳。”在他看来，“三藏十二部，千七百葛藤，皆佛祖深远广之心。参禅者求之于机缘，习教者求之于佛语，则文字语言，乃入道之阶梯，破暗之灯烛”。“今乃宗教陵迟，祖道萧瑟，咎在弃本逐末，重轻轻重。”[④]

2. 性相融通

真可不固守某宗某派之藩篱，不仅融通宗教之异，还融通性相之别。性，指法性宗，强调法性一味之理，三论宗、天台宗、华严宗、禅宗等都可称之为法性宗。相，指法相宗，强调诸法差别之相，唯识宗为法相宗。真可指出：“戒贤，唐奘师得法师也，戒贤传弥勒之宗，其宗为谓之法相宗。若天台、清凉，西土马鸣、龙树，皆

---

① 《紫柏老人集》卷一《法语》。
② 《紫柏老人集》卷二《法语·示众》。
③ 《紫柏老人集》卷二十四《与吴临川始光居士》。
④ 《紫柏老人集》卷七《法语·龙泉别示众》。

谓之法性宗。"[①]他认为,法相如波,法性如水,两者不可分割。而究性相之旨,皆以禅为归宗。这也与真可强调以佛语证佛心的主张一脉相承。

真可对晚明唯识学中兴有倡导之功。明末居士、唯识学者王肯堂在其著述中曾经三次提到他"闻唯识宗宗旨于紫柏大师",然后始熟究《成唯识论》。一次,真可与王肯堂、董其昌等人谈论佛法时,认为枯坐默照为邪禅,非深汎教海不可。后得《因明入正理论》一书,真可谓之"深汎教海,则此其舟航维楫乎"?[②] 将《因明入正理论》作为了解教理的枢机,可见真可对唯识理论的重视。晚明唯识学的集大成者蕅益智旭在总结晚明唯识学的研习之风时也指出:"惜慈恩殁,疏复失传,仅散显《大钞》《宗镜》诸书,及《开蒙》二卷稍存线索,国初以来,竟成绝学。万历初年,紫柏大师接寂音之道,盛赞此宗,爰有《俗诠》《证义》《集解》诸书。"[③]

真可对相宗的认知源于他读《六祖坛经》关于相宗的偈,他说:"予初亦不达法相,以为达摩西来一字无,岂有转八识而成四智之落索耶?及阅《六祖坛经》,知有此偈,卒大不解,存注久之,则转识成智之柄在予而不在曹溪也。"[④]真可自己对相宗之旨的领会是在他 20 多岁已经修证禅悟之后,他"过匡山,穷相宗奥义"[⑤]。真可关于唯识理论的著述只有《八识规矩》和《唯识略解》两篇文章,前者是对玄奘大师《八识规矩颂》的解说,后者是对唯识理论的一个简要理解。另外,还有一些唯识学的观点散见于真可的法语等文中。

真可认为,唯识宗的理论博大精深,是诸家学说之最。"夫搜阴阳之奥,囊括造化之精。洞洪濛之源,破浑沌之窍。超儒、老而独高,冠百氏而弘深。舍唯识之宗而他求,未之有也。"他指出,唯识学主要讨论的是"遮境则识外无法,简空则非同枯灭",了解唯识学可以"夷断常之坑,塞生灭之路。圆彰中道,刊定因明,魔外望绝,凡圣共遵耳"。[⑥]

对于唯识宗的主要内容,真可首要关注的是八识四分的理解。他认为"夫八

---

① 《紫柏老人集》卷二十四《礼石门圆明禅师文》。

② 参见释圣严:《明末佛教研究》,东初出版社,1981 年,第 206 页。

③ 《俗诠》指高原明昱的《成唯识论俗诠》,《证义》指王肯堂的《成唯识论证义》,《集解》指一雨通润的《成唯识论通解》。(智旭:《灵峰宗论》卷六之三《重刻成唯识论自考序》。)

④ 真可所指的偈指《坛经·机缘品第七》中的偈:大圆镜智性清净,平等性智心无病;妙观察智见非功,成所作智同圆镜;五八六七果因转,但有名言无实性;若于转处不留情,繁兴永处那伽定。(《紫柏老人集》卷二《法语·示学者精研止观》,《卍新续藏》第 73 册,第 53 页。)

⑤ 《紫柏老人集》卷首《达观大师塔铭》,《卍新续藏》第 73 册,第 10 页。

⑥ 《紫柏老人集》卷十二《唯识略解》,《卍新续藏》第 73 册,第 260 页。

识四分，乃相宗之纲骨也”。四分是唯识学阐明诸识作用的，谓证自证分、自证分、见分、相分。真可用人的昏醒比喻来帮助人们理解四分。他说：“生灭与不生灭和合，谓之证自证分。如醒人忽尔昏作，人语虽闻，而不能了了，谓之醒耶？又不能了了。谓之昏耶？人语又闻。此谓之昏醒相半，迷悟之关也。此等时节，有人唤之，则昏随醒也，不唤则醒随昏矣。醒既随昏，而外不能了境，内不能作梦，惟昏然而已，谓之自证分。此等时节，位无能所，冥然独存。少顷顿梦，种种悲欢苦乐，能观而言，谓之见分。所观之所，谓之相分。”[①]

八识，即阿赖耶识、末那识、分别识、眼耳鼻舌身五识。真可认为，阿赖耶识以“生灭与不生灭似一非一，似二非二，此二和合而成”，此识含藏着觉义与不觉义与见相二分。这实际上是以如来藏随缘受熏来理解阿赖耶识。真可认为，“八识四分，初别无体，特以真如随缘，乃成种种耳”。真如初无所谓薰染，如何随缘而薰染而成八识四分？真可并没有从理论上给予解答，而是从经验的角度加以论证，“于此参之不已，忽然悟入。所谓八识四分，不烦少检，唯识之书，便能了了矣”。[②] 这样，相宗与禅便在更深的修行体悟中通达融洽了。

真可对第六识的理解也体现了禅家的立场。他认为，“盖识有八，能检名审实，精义入神致用者，皆第六识之能事也”。而转识成智的关键，也在此识。他认为先由第六识转成妙观察智，才有大圆镜智、平等性智、成所作智。真可进而将转识成智与禅宗顿悟结合起来，认为转识成智也有三根的差别。根稍利者，于逆境不难转，唯触顺境，则受境转而不能自主。根稍钝者，于逆境中初不易转，但如能“拼命挨久”转得，后触顺境亦不难转。若大利根人，于逆顺境缘，无往而不自得。老庞的“惟吾自偶谐”即是大利根人而转识成智的样子。[③]

真可之所以提倡学习相宗，在于他认为，如果性宗通而相宗不通，学佛人就常常迷于相似般若，不识佛法真谛。于相似般若路头不辨清楚，就会被外道诸书迷惑，或以外道之书附会佛典。真可认为，“性宗一味虚豁灵彻，尘劳中人，少挹波澜，怀抱便觉超放。即如读《庄子》一般，令人心魂游扬浊世之表，于此虚豁快活处受用了。若以为极则，永不求进，凡见善知识敲打处，便以为生事。此病不

① 此解已见《全集》中，以大师教学人，深研相宗，其中详略互异，故并存之，以备参考。（《紫柏尊者别集》卷一《前五识略解》。）

② 《紫柏老人集》卷十二《唯识略解》，《卍新续藏》第73册，第260页。

③ 《紫柏老人集》卷二《法语·示学者精研止观》，《卍新续藏》第73册，第53页。

消，到底成天然外道去也”。虚豁灵彻的性宗容易使人坠入外道，究其原因是因受用于并执着于虚豁快活，于治习路头罔然不辨好恶。而唯识学的八识理论是对识的分层缕析，详细说明了转识成智的阶梯，可以使人认清虚空也是识神之影，不坠于执着之中。真可指出：“良以相宗不通，八识混淆，不知何识是现量？何识是比量？何识是非量？何识兼带三量？转何识为智？日用逆顺境上，何识作观？既不知转识成智阶梯，饶你于性宗七通八达，只是画饼充饥，安能得饱？”[①]就禅宗而言，如果不通相宗，则云门打杀佛喂狗子、南泉斩猫等机缘，纵是十地菩萨闻之也不免生大疑怖。

佛教传入中国以来，每每被人们将之与老庄、六经相较，甚至有老子化胡之说。真可认为，“若使其于相宗中讨个分晓，何至于失此之言！”真可此说可谓切中佛家与老庄之差别的要害，尽管老庄与佛家在境界追求是有诸多相同之处，但相宗对识与境的严密的论证，是道家不曾有过的。

真可进而提出，对相宗的了解有利于义学之徒加深对禅宗明心见性的认知。他指出，“如义学之徒，或于禅宗生谤，立言排斥”，究其原因是“为虑不远，执泥心重，于情识上通不去，故堕此失”。比如现前一身，“于相宗究竟不清，断不知此身下落，便识他不破。识他不破，便被他瞒，饮食男女境上，自然作不得主”。如果于相宗有所了解，即会了知此身不过是识的作用而已。“生前眼不揽色，耳不揽声，鼻不揽香臭，舌不揽咸淡，身不揽触，则意根上无待……现前一身，不过生前五尘落谢之影子，横计不消，成此肉块。”识破此身本妄，本来无一物，则“有生之患，根株拔矣。此根既拔，一切无累。既得无累，凡咳唾掉臂皆清净梵行也”。[②]

性宗与相宗虽道分两途，实则归于一体。真可通过两个偈来阐明华严宗与相宗的关系。他说，华严宗三祖杜顺有一偈为“怀州牛吃禾，益州马腹胀，天下觅医人，灸猪左膊上”。双林傅大士也有一个偈为“空手把锄头，步行骑水牛，人从桥上过，桥流水不流”。真可指出，傅大士是弥勒菩萨化身，是慈恩宗之始祖。华严宗之偈与唯识宗之偈两者是同是异？如说同，慈恩本宗相宗，华严本宗性宗，性与相从来冰炭不相入者，如何说同？真可实际上是用反问的方式说明虽本性宗相宗，但两偈表达的意思实际是相同的，性相也是一体的。如果说两者有异，

---

① 《紫柏老人集》卷七《法语·示门人》，《卍新续藏》第73册，第159页。
② 《紫柏老人集》卷七《法语·示门人》，《卍新续藏》第73册，第159页。

两者也只是波与水的关系，“相宗如波，性宗如水。波不离水而有，水不离波而显。如何异说？”[①]性相相即不离，即如波为水之波，水为波之水。后世之所以各传其门，互相排斥，盖在于学者往往以情学法而非以理学法。真可认为：“性宗通而相宗不通，事终不圆。相宗通而性宗不通，理终不彻。事不圆，则不能入事不成就三昧。理不彻，则不能入理不成就三昧。”

就唯识宗来说，华严、天台、禅宗等是性宗；而相对于禅之顿悟成佛来讲，华严、天台等宗又属于注重义解证悟的教。真可指出，不但性宗与相宗一体，宗与教也是一体的。他同样也举了两个偈来说明宗与教的关系。临济宗有四料拣（简）：夺人不夺境，夺境不夺人，人境俱夺，人境俱不夺。华严宗有事法界、理法界、理事无碍法界、事事无碍法界四法界。真可认为，若说两者同，则与四法界中了彻，就能与四料拣觑透。如说两者异，“则临济所传佛心，华严所传佛语。岂佛心佛语，自相违背者乎？”[②]

在相宗、性宗与禅宗三者的关系上，真可明确表示性相一体，但最终须归趋于禅。真可认为，“性宗通而相宗不通，则性宗所见，犹未圆满；通相宗而不通性宗，则相宗所见，亦未精彻。性相俱通，而未悟达摩之禅，则如叶公画龙，头角望之非不宛然也，欲其济亢旱、兴雷雨，断不能焉”。在真可看来，之所以有性相之分庭，盖在于“众生不悟自心，故不知佛心。既不知佛心，安知佛语？”[③]

真可从真修实悟的角度出发，认为义解只是修行的初级阶段，只有禅宗的明心见性者才是真正的修行。鉴于禅宗究竟论的观点，真可在理解华严、天台等宗的教理时，也往往摄教归禅。他在阐释华严四法界时，将之与人的心念结合起来，“一念不生谓之理法界；一念既生谓之事法界；未生不碍已生，已生不碍未生，谓之事理无碍法界；如拈来便用，不涉情解，当处现成，不可以理求之，亦不可以事求之，谓之事事无碍法界”。以一念无生与既生释理法界与事法界，以“当处现成”释事事无碍法界，这显然是以禅宗的理论摄取华严四法界说。事实上，真可认为，华严的前三法界还可以用智来义解，而事事无碍法界则唯有证悟。古来豪杰之士莫不以《华严经》为佛法的根本法轮，并殚精竭虑地研习，疏之、论之，但对事事无碍法界却每每不敢言说，如“子闻父名，终不敢称”。即使有强发挥者，也

① 《紫柏老人集》卷四《法语·示浣上人》，《卍新续藏》第 73 册，第 95 页。
② 《紫柏老人集》卷四《法语·示浣上人》，《卍新续藏》第 73 册，第 95 页。
③ 《紫柏老人集》卷十二《唯识略解》，《卍新续藏》第 73 册，第 261 页。

不过“以理融事”来论证事事无碍。这种论证方式，在真可看来似与佛祖的初衷不符。因为既然能“以理融事”，佛祖何须还要在理事无碍法界外再设事事无碍法界？真可自己的理解是：“前三法界，可以智识通之，末后一界，子若不离智识而求之，则终不入矣。”如何离智识而求之？这就要用参究工夫，“子若求而未通，未通之处，正好猛著精彩。拼命求之，如命根忽断”。[①]真可甚至要人参“理法界现前时，事法界在什么地方？”前三法界于事于理上的义解，最终归于对事事无碍法界的证悟，教与宗最终归于一体。真可进而认为，“如我一念不生，则十界无地。虽然，参需实参，悟须实悟。则华严四法界，不在八十一卷，而在我日用也”。[②]当然，对于那些未能真参实悟之人，真可还是建议先从义解开始。“如参悟未能，且从《华严》八十一卷语言文字，检名审实，实审则义精，亦非分外。”[③]

天台的智者曾作有《释禅波罗蜜次第法门》，此书对于修心次第止观有指导作用。真可特别拈出此书，作《修禅波罗蜜大要》与《禅波罗蜜科判》。真可认为，智者此书说修禅次第层次明晰，便于次第止观，以为此书“由祖而父，由父而子，由子而孙，由孙而玄孙，凡三十五科也。若夫参禅之妙，阶级次第，委曲精尽。由欲界到色无色定，乃至三乘圣道，靡不资之”，所以“凡缁素之徒，有志于参禅者，是书不可不精熟焉”。[④]

真可认为，无论教与宗，都需直指“纲宗”。如果纲宗不明，“看教则受教瞒，参宗则受宗瞒”。“教家纲宗如不明，事事皆不成就三昧。则文字语言与种种义理，都谓之所知愚。禅家纲宗不明，则不能钳锤学人，死其偷心。”正是在禅学衰微而丛林出现危机的背景下，真可提出了重振宗门纲宗的禅学复兴措施。此一措施的提出是基于他对禅门种种流弊产生原因的明确认证，他说：“大法之衰，由吾侪纲宗不明，以故祖令不行而魔外充斥，即三尺竖子掠取古德剩句，不知好恶，计为己悟，潜窃公行，可叹也。近世黑白并乏忧深虑远之心，所以性不性、相不相、禅不禅，且性、相、禅三宗各有纲宗，如天台八教、贤首五教，皆实不可紊者也，岂禅独无纲宗乎？”真可认为，宗门种种问题的产生是因为学人不明禅家纲宗。既然佛法的衰败是由于学人不了纲宗所致，那么，佛法复兴的关键也就在于宗门

① 《紫柏老人集》卷四《法语·示磷禅人》，《卍新续藏》第73册，第88页。
② 《紫柏老人集》卷十三《募书金字华严经缘起》，《卍新续藏》第73册，第271页。
③ 《紫柏老人集》卷十三《募书金字华严经缘起》，《卍新续藏》第73册，第271页。
④ 《紫柏老人集》卷八《禅波罗蜜科判》，《卍新续藏》第73册，第182页。

纲宗的重振。“且道如何是纲宗？即临济、云门、沩山、法眼与洞上密印诸方纳子者也。纲宗如大将兵符，兵符在握，则兵多多益善，兵符释手，则一兵不受命矣。”①可见，纲宗就是禅家的心性“密印”。

3. 融通孔老

真可认为儒释道三家互相诟病，皆因未得之真心；且亦未知其不同者则是名，而非心。他指出：“宗儒者病佛老，宗老者病儒释，宗佛者病孔病李。既咸谓之病，知有病而不能治，非愚则妄也。或曰：敢请治病之方。曰：学儒而能得孔氏之心，学佛而能得释氏之心，学老而能得老氏之心，则病自愈。是方之良，蒙服之而有征者也。吾子能直下信而试之，始知蒙不欺吾子也。且儒也，释也，老也，皆名焉而已，非实也。实也者，心也。心也者，所以能儒、能佛、能老者也。噫！能儒能佛能老者，果儒释老各有之耶？共有之耶？又已发未发，缘生无生，有名无名，同欤不同欤？知此乃可与言三家一道也。而有不同者名也，非心也。”②

晚明时期，三教合一已经成为佛教界的主流话题。真可继承了宋以来儒释道三教心性相通理论，认为心性是儒释道三教的真谛。他说：“中国微言，不越乎六经。西来大法，宁出乎三藏？至于庄老之书，亦不可不读者。此古人博达君子之所务也。……虽求之于纸墨，十年之功，不若求之于心性，一朝可敌也。”③学习儒家六经、佛教经律论三藏与庄老之书，并不在于对语言文字的执着，而在于对心性的追求。

顾大韶在《跋紫柏尊者全集》中评价真可曰：

> 昔人叹中峰辍席，不知道隐何方。以予耳目所及，如达观可大师，真末法中龙象也。读其书，想见其志气雄爽，为人真切。最可敬者，不以释迦压孔老，不以内典废子史。于佛法中不以宗压教，不以性废相，不以贤首废天台。盖其见地融朗，圆摄万法。故横口所说，无挂碍，无偏党。与偎墙倚壁，随人妍者，大不侔矣。其于石门文字禅，东坡禅喜集，称之不去口。盖此方真教体，清净在音闻，欲以文字般若作观照实相之阶梯，不妨高抬慧业，诱掖

① 《紫柏老人集》卷四《法语·示始光》，《卍新续藏》第73册，第103—104页。
② 《紫柏老人集》卷九《长松茹退》，《卍新续藏》第73册，第187页。
③ 《紫柏老人集》卷四《法语·勉韩生》，《卍新续藏》第73册，第113页。

利根则，又此老之深心密意也。[①]

不以释迦压孔子老，不以内典废子史，旨在表明，真可在三教关系中不固守自家门户，平等对待儒道两家。

三教心性相通是从理论立言，若从功用立言，则有三教同归于善、共助王道教化之说，有佛以治心、道以治身、儒以治国的三教分工说等。真可继承了前人关于三教相资为用的观点，特别强调佛儒在治世功能上的一致性、互补性。真可在《五常偈》中更进一步地将五常形象化为佛菩萨，给予儒家以最高的礼遇。“南无仁慈佛，爱人如爱己，此心常不昧，如来即出世。南无义气佛，爱人必有午，临事不苟且，人人本自有。南无礼节佛，事事要明白，长幼序不乱，世尊即是你。南无智慧佛，变通无滞碍，扶正不扶邪，化苦而为福。南无信心佛，真实无所改，一念与万年，始终常若一。……如是五如来，人人本自有。”[②]这样，佛儒两家在价值层面上的追求达到了一致。

真可认同传统对佛儒两家方内、方外的划分，但不同意两家治心与治世功能的区别，他认为这种区别有分割两家之嫌，实际上，佛法也有益于世道。真可认为佛法可以铸顽成仁，陶痴为慧，故“行一善则息一恶，息一恶则省一刑。一刑省于家，十刑省于里，万刑省于国，谓之无补于治道，可乎？”[③]这即是说佛法教人扬善弃恶，有益于防止人们的犯罪。真可特别推崇东晋慧远关于儒佛关系的论述，他认为慧远作《沙门不敬王者论》并非要方内方外隔离，而是明确两家之宗，最终有益于弘通两家。慧远“忧深而虑远，所见卓然。以为僧而不知其宗，俗而不知其化，则宗化混淆，俱无所主。乃撰在家出家，宗化之所以然，垂诸万世，使奉法之徒，各知方向”[④]。其“论以沙门不敬王者，果不敬乎？盖将折衷于至理，特申其情耳。其情既申，则知方内方外，并行不悖矣。岂唯不悖哉？将使方内有资方外弘通之益，而方外有启方内无生之明”。方内主外弘通相资的结果则是：“是故经世能以出世为宗，谓之豪杰而圣贤；出世能以经世为用，谓之圣贤而豪杰。”[⑤]佛儒

---

① 《紫柏尊者别集》附录《跋紫柏尊者全集》，《卍新续藏》第 73 册，第 692 页。
② 《紫柏老人集》卷二十《五常偈》，《卍新续藏》第 73 册，第 411 页。
③ 《紫柏老人集》卷十三《山东东昌府铁塔隆兴寺化缘文》，《卍新续藏》第 73 册，第 272 页。
④ 《紫柏老人集》卷十六《读永喜集示众》，《卍新续藏》第 73 册，第 332 页。
⑤ 《紫柏老人集》卷十四《远公五论序》，《卍新续藏》第 73 册，第 288 页。

相资为用能成人的最高品格。

佛法有助于治道，王道也有助于佛化。在真可看来，僧俗修福慧，如果福慧有十分的话，修行者得六分，国王得四分。原因在于作福慧者，无不是仰仗世主的护持，无世主护持，一毛头福慧终不可得，“是故修福慧者，无忘君恩、亲恩、师恩、施者恩、善友恩”。[①] 真可实际上是从护法的角度表明，若无世间的护法，则佛法难成。这一论述反映了真可对佛法与世间透彻的认识，对他一生致力于居士佛教的发展与推动有着理论的指导。基于对王道作为护法地位的认识，真可甚至认为，出家人也要学习儒家的礼仪伦理。他要求出家人“晨昏相见，务要行列，弗苟长幼之伦，先后据礼，勿得恣情”。真可十分重视名分纲纪，以至密藏道开在做其侍者时，“但触名分纪纲时，犹多汗漫”。真可赞同孔子的正名说，认为“名不正，则分不定；分不定，则礼不可立”。真可甚至认为，对佛弟子而言，要比常人更重礼仪，“人而忽礼，尚弗敢，况为佛弟子而不端此，由剃奚为”?[②] 真可认为儒佛两家既可以是相资为用，同时也是相互补充，拯救各自之弊。他指出，“盖世法变极，不以世法救之，则变终莫止；出世法变有极，脱不以世法救之，则其变亦终不止。……所以二氏不得相资而救弊，则必相毁而弊愈生焉”[③]。

真可还将佛教视为终天下道术者。他认为：“终天下之道术者，其释氏乎！六合之外，昔人存而不论。六合之内，论而不议。非不可论，恐骇六合之内。非不可议，恐乖五常之意。今释氏远穷六合之外，判然有归。近彻六合之内，画然无混。使高明者有超世之举，安常者无过望之争。是故析三界而为九地，会四圣而共一乘。六合之外，唯不受后有者居之。六合之内，皆有情之窟宅也。能依者名之正报，所依者谓之依报。圣也凡也，非无因而感，皆因其最初发心为之地。有以缘生为归宿者，有以无生为归宿者，唯佛一人，即缘生而能无生，即无生而不昧缘生，遮之照之，存之泯之。”[④]儒道二教虽是穷生死之故、穷性灵之极，但“穷灵极数之学，苟非满证自心，事理无碍者，终未易明”[⑤]。佛教就是穷灵极数之学，“心数妙理，孔老未知也”[⑥]。

---

① 《紫柏老人集》卷十三《施坚固子及顶骨庄严佛像疏》，《卍新续藏》第 73 册，第 282 页。

② 《紫柏老人集》卷五《法语・示黑白弟子》，《卍新续藏》第 73 册，第 112 页。

③ 《紫柏老人集》卷二十三《与李君实》，《卍新续藏》第 73 册，第 486 页。

④ 《紫柏老人集》卷九《长松茹退》，《卍新续藏》第 73 册，第 187 页。

⑤ 《紫柏老人集》卷四《法语・示阮坚之》，《卍新续藏》第 73 册，第 87 页。

⑥ 《紫柏老人集》卷十《法语・示无复》，《卍新续藏》第 73 册，第 209 页。

真可作有《题三教图》曰:“我得仲尼之心,而窥六经。得伯阳之心,而达二篇。得佛心,而始了自心。虽然,佛不得我心不能说法,伯阳不得我心二篇奚作,仲尼不得我心则不能集大成也。且道末一句如何播弄?自古群龙无首吉,门墙虽异本相同。”[①]基于三教融通本相同的普遍归趣,真可大力倡导学佛者不仅要读佛家经典,也要读儒道之书。他认为出世间书为内典,“见之如饮醇醪”[②],而其对外典之《易》至为关注,真可通过自己由学《易》而通佛的切身体会,说明《易经》的重要性。他最初在听到智鉴(足庵智鉴)“一心不生,万法无咎”、庐山(慧远)“一微涉境,成此颓山”之语时不甚明了,及读《易》之渐卦,“始于二老之言了无所疑”。[③] 他以佛解儒之论也主要体现在对于易理的阐发上。他认为,读《易》不仅可以增加对佛教义理的理解,而且能增加通识,拓宽眼界。他说:“《易》显道神德行。道至微者也,德行至粗者也。如能通《易》,则至微者我可以显之,至粗者我可以神之。《易》岂可不读乎?不读《易》则学问不能通方。”[④]

在真可的文章中,既有引《易》解说佛教教义,也有以佛教教义理解《易》。前者例如,他为了说明文字语言本以传心,引《易》作为自己理论张目。他说:“西方属兑,东方属震,北方属坎,南方属离。华严善财童子,遍参知识,何故略三方而独询南方?得非南方离卦在耶!盖离中虚,虚则明,明则文,故曰离,文明之象也。夫文字语言,必本于音声,音声又本于自心之虚灵。”“故善财余方不询,而独询南方者,盖离心之譬也。……非问南也,乃问离也;非问离也,实问心也”。[⑤]

三 紫柏真可的弘化交游

真可平生行游天下,所到之处,无不与士大夫相交,“足迹半天下,宰官居士望影归心、见形折节者,不可亿计”[⑥]。真可门下形成了一个颇具规模的居士群体,他们既有名倾一时的社会文化名流诸如陆光祖、冯梦祯、汤显祖、董其昌、瞿

① 《紫柏尊者别集》卷一《杂文·题三教图》,《卍新续藏》第73册,。
② 《紫柏尊者别集》卷二《皮球道人自赞》,《卍新续藏》第73册,第646页。
③ 《紫柏老人集》卷二十二《解易》,《卍新续藏》第73册,第460页。
④ 《紫柏尊者别集》卷四《义井语录》,《卍新续藏》第73册,第680页。
⑤ 《紫柏老人集》卷一《法语·示弟子》,《卍新续藏》第73册,第38页。
⑥ 德清:《紫柏尊者全集》卷首《紫柏老人集序》,《卍新续藏》第73册,第1页。

汝稷等人,也有位高权重的达官贤士如吴本如、于玉立、蔡承植、黄慎轩、杨廷、徐法灯等人,甚至有江南名门望族合族归礼的现象。真可或劝以荷担佛法,或对之开示佛法真谛,或与之机锋相砺,僧俗之间互动交游频繁且深入,从而有力推动了晚明居士佛教的繁荣。一方面,士大夫居士成为真可复兴佛教的大护法,陆光祖、冯梦祯、瞿汝稷、于玉立等士大夫檀越是真可完成刻藏志业与兴复寺院的重要力量;另一方面,真可或对他们学佛给予指点,或给予他们人生的指导,成为他们精神的导师。针对士大夫居士易胶漆于六凡道轮回之中,真可开示,佛法有两种血脉:一是四圣血脉,一是六凡血脉,"故末法修行者,切须明此两种血脉,始有商量好恶之分。不然,尽说些鬼话的人头牛耳。……诸仁者,自今而去,必当以四圣为血脉,必要发四圣心肠。……莫因六根门头憎爱影子,伤血脉源头"[①]。他要求居士们发四圣心,成四圣道,臻入声闻、缘觉、菩萨、佛之自在境界。

(一)与陆光祖的交游

德清在《达观大师塔铭》中记述了真可与陆光祖的首次结缘。那是万历三年(1575),大千润公开堂少林,真可从少林参学南还,"至嘉禾,见太宰陆五台翁,心大相契"。陆光祖号五台居士,曾官至吏部尚书。在陆光祖与其兄弟陆云台及诸多江南护法支持下,真可率弟子密藏道开等修复了嘉兴楞严寺。未久,真可"见像季法道陵迟,惟以弘法利生为家务;念大藏卷帙重多,致遐方僻陬有终不闻法名字者"。遂倡缘刻方册大藏,"易为流通,普使见闻,作金刚种子。即有谤者,罪当自代"。时与宰官居士如太宰陆光祖、司成冯梦祯公、廷尉曾同亨、冏卿瞿汝稷公等人议,大家都欢然愿赞佐。嘉禾刻藏有成议,真可乃返吴门,"初过吴江,沈、周二氏,聚族而归之。时至曲阿,贺、孙二氏,率族而礼至敬之。至金沙,于、王二氏合族归礼,愈益重"。刻藏因缘在江南居士群中得到热烈响应,而北方支持者寥寥,德清记述,"师以刻藏因缘议既成,闻妙峰师建铁塔于芦芽,乃送经安置于塔中。且与计藏事,未偕"。[②]

真可有《与陆太宰》书函曰:"大法丁艰,残灯几灭。仅凭墙堑,保障缁林。是以安禅无狼虎之惊,集讲有龙象之庆。然则百尺竿头非进步之阶,千峰顶上岂穷年之地?檀越位高爵厚,任重心劳。虽则帝渥靡涯,悬恐精神有限,事繁食简,德

---

① 《紫柏老人集》卷七《法语·示丁南羽、缪仲纯、吴康虞、于中甫》,《卍新续藏》第73册,第156页。

② 德清:《紫柏尊者全集》卷首《达观大师塔铭》,《卍新续藏》第73册,第12页。曲阿、金沙,即今江苏丹阳市、金坛县,当时属于金陵南都辖境。

茂年尊。莫教眼下蹉跎，直向胸前便判。鸟未倦而知返，云将归而始闲。不失早见之明，全收自知之誉。功留三宝，荫庇诸方。此世外野人，延颈檀越者也。"①

陆光祖德茂年尊，真可写信劝他辞官退隐，担荷佛教大护法。光祖晚年一心念佛，真可认为念佛若得胜净之缘资之，则念头易得绵密，遂特请人画跋陀罗尊者像赠予他，助其念佛。陆光祖抱疾而卧，真可探视后，开示他"直当痛念无常，视自身为罪薮，知自心为恶源"，并劝其"且念佛持咒，并参机缘"。他举庞蕴初见石头、马祖机缘，助其减轻病痛，获得生死解脱。"昔庞蕴初见石头，便能顿融前境。前境既融，则何物为吾敌？敌既不立，则能有之根曷可独存？根既不存，则身尚不有，谁为桎梏？蕴次见马祖，则命根俱断，圣情冰释，况凡情耶？凡情既洗，识火潜消，则灵根密固，谁为焦烁？若然者，则罪薮未始非功德之林，恶源未始非菩提之路。惟善用其心者，逆顺皆为解脱之门。"②

（二）与冯梦祯的交游

冯梦祯自始就参加了真可志刻方册大藏的大事因缘，成为真可交游的江南护法居士中最得力的一位大德。真可文集中保存了他们的16封通信，通信中可以看出真可对冯梦祯期望甚殷。在他们的初次通信中，真可曰："贫道初辱法爱，犹不敢承教。及请赦文石罪，始获领益下风。自是公信此道，如钉入木，既进不复出。"他指导冯梦祯学佛，"仗佛之灵，见地日清，惟纲宗之旨未了。纲宗譬诸符玺，符玺在我，生杀谁夺。一失符玺，虽王侯亦莫能赏罚人矣"。这是针对时下法门僧俗之弊而发，"今兹黑白孰不看几则公案？寻常自谓明了，及被人觌面拶着，便如雷瞋相似，眉眼虽动，愧然无所措置。此纲宗不明故也"。他指出："迩来士大夫中，知好恶者实难其人，即僧辈亦不多得。惟公大愤精神，参究谛当，做个双眼圆明的护法菩萨。贫道初未敢以此望公，自公于此道微有信入，实望公不浅。然犹以公世故重而道念轻，恐中心柱子不甚牢固。又君子亲而不能久，小人知而不能远。不能久终必我远矣，不能远终必我亲矣。君子远而小人亲，恐外面夹持又无其人。公如肯慰贫道之望，须无忘贫道之言。"真可切愿冯氏以道念为重，参究谛当，"做个双眼圆明的护法菩萨"。③

第二通书函盖写于在京城为"三大负"志业奔波之时，"别来甚久，南北殊绝，

① 《紫柏老人集》卷之二十三《与陆太宰》，《卍新续藏》第73册，。
② 《紫柏老人集》卷之二十三《与陆五台公病中》，《卍新续藏》第73册，。
③ 《紫柏尊者别集》卷三《与冯开之公十六首》，《卍新续藏》第73册，第656页。

了无音寄。何世道凉薄如此！大都比时，无论俗人与僧，惟以机智为能，窥动静而迎人意，就情办事，则真实根本竟无暇培护。由是观之，法门兴替可知矣。岂惟道法若是，世道亦可知也。贫道受质傥直，不能希世浮沉，惟深云是避。不知先生近来作何状？常想先生亦傥直，恐于世路亦难苟措。近得仲淳、中甫书甚喜，闻先生终日超然，不以官故累，大慰远人。贫道度夏清凉山中，读《黄山谷全集》，偶及山谷谪官时，作《承天塔记》，有权贵欲托名不朽，而山谷竟阁笔勿应。于是其人憾甚，谮山谷于执政者，大受诬逐。贫道不觉汗堕如雨，且恸弗能止。若山谷当时心地不真，安能使后世人痛肠如此？因想先生当时，此真实如金刚山，一任毗岚，横吹竖撼。当有时放大光明在，此贫道铭刻肝肺，望于先生者也。密藏应世才能，今非昔时比矣。可喜可怪，即日往峨眉，会晤未期，惟为法珍谨"。他在此信中与冯梦祯谈论了世道凉薄，无论僧俗皆"以机智为能"，精于世故，无暇培护"真实根本"；而自己"傥直"的性格不适于随世浮沉，"惟深云是避"。由己及人，他也想到了冯梦祯亦是傥直之性，"恐于世路亦难苟措"。他从缪仲淳、于中甫书函中得知冯不为官累而终日超然，善感欣慰。告以在五台山度夏读到黄山谷的一段逸事，"此真实如金刚山"，"铭刻肝肺"。冯梦祯因此名为"真实居士"，想也与真可日常通信弘化有关。

第三通书函中，真可谆谆教示冯梦祯身在仕途，处处要宠辱不惊："大都男子出处，实系前分，世之嘈杂赞嗤，何足介怀。且荣辱无常，两无自性。辱若有性，贫贱者断不能及富贵矣。是以达人了此，安于荣辱之间，不见二致。此旨先生素洞明者，不知触境真受用自在否？若不自在，佛法即无灵验。法本有灵验，先生受用不来，便是魔鬼入家矣。大丈夫气宇如王，魔鬼在家而不能逐出，可不耻哉？不远数千里献此言，先生休负我。于、岑二公，时亦相晤否？晤则为致之，白发种种也，须精进。"[①]因"荣辱无常，两无自性"，故对荣辱不足介怀，然一般士人可以了知此旨，但不知"触境"能否做到"真受用自在"？真可开示，这个才是检验佛法有无灵验的真章。若不能受用自在，那就是"魔鬼入家"。大丈夫遇魔鬼不能逐，就无法做到"气宇如王"。同时他也希望时相会晤的于、岑二公精进光阴。

第四函中，提及牛山结冬讫，闻妙峰挂搭京师遂访之，故得与密藏开、缪仲淳晤接。此际"大都刻经萌兆，天时人事颇宜"。真可对云集身边的宰官居士多所

① 《紫柏尊者别集》卷三《与冯开之公十六首》，《卍新续藏》第73册，第656页。

点评，于中甫“疏放有执，见地微清，但未大透”。徐孺东、邹南皋，并曾健斋，“皆宇宙中正气”。此数人中，惟曾健斋于此中有深信，邹南皋拗强可取。末后自陈，贫道去住类孤云，踪迹缥渺，特适志自任。他复对冯梦祯加以提撕：“亦尝念先生怀抱真率，资质粹美，海内几人哉？然贫道犹有蓬心不满先生者，以先生耳根太硬。硬极则变，硬之变不软而何？且先生喜闻耳硬，或者不允，又加之软讥，则先生之不快，每每浮之颜色。如闻贫道万里直音，即能转习，则法门有赖多矣。”真可以一贯的耿直敦促冯梦祯转化习气，如此精进则“法门有赖多矣”。

又一函评点冯梦祯居士的近作《听雨草》，称赞“居士时义，较昔掇高科之作，愈精愈雅矣。又如诸葛武侯节制之兵，严而安，徐而疾，诚佳艺也”。然真可大师还是劝勉居士多从事法门事业，“虽然，流芳不待，年命几何哉？足下往者相见时，未及四十岁，头毛苍然，此乃用心时义所致也。大都文章秀雅，即精血所化，是以文章愈奇，而精血愈枯焉。吾意愿先生于出世法中，拚片精神，打磨一番。苟心光洞彻，于内典肯綮，并古德机缘，荡然无碍。而饭粥之余，或现量所得，内典中精义，自心光明，留照千古，不亦可乎？即古人葛藤，亦颂几则。亦如杨大年、张无尽，辉映禅苑，力持大法，岂不至上？”真可认为居士多留心法门，总比周旋世谛因缘要好。“且世间眷属因缘，不知缚了多少汉子，入于地狱。虽则世谛也要周旋，然眼花认着，甘堕己灵，有智丈夫宜作去就于精神，尚可收拾。若形衰精败，断不能了结。由是言之，则时义不做亦可！即阿郎并相知中求教者，称心现量打发足矣。何必苦心自作？昔李伯时画马，秀铁面呵之，以为必入马腹而堕地狱。今之留心时义者，心术循良，一旦出身做好官，则亦有益。如心术不佳，借此出身，为大盗而劫人，则较李伯时而先生罪尤甚。鹤林风便，附此。”真可末了举李伯时画马公案，类呵居士“时义”之作。法门衰末之世，居士能得如此良师针扎钳锤，真乃庆幸也。

又一函中，真可提到“辱惠书曰：般若缘深，天去其疾，非先生孰能于此？比相知中俱言，先生儿女情多，风云思少。若果然者，则贫道青山白云，谁壮寂寥乎？四明李次公，乃烟霞徒耳，其于内典颇曾探索，且操守勿苟。今其省父南来，道出凤城。指渠一谒，高明当以门里人接引之。”五易寒暑之后，两人本约好过杭有十日之谈，不意在吴江平望桥头觌面错过。又函曰：“此道荒凉东南，已知舍先生其谁哉！”告以“贫道《法华》《楞严》，借佛宠慈，俱已书完，装潢秀茂。皆属丁南羽，一手裁制”。此二经由四僧护行，安置西山宁化、芦芽峰顶铁塔之内，“所愿并塔坚固,候慈氏下生,放大光明,炳烛法界。四众问佛,佛说所因,释迦教中初末世,有一比丘名真可,书此二经,一名《妙法莲华》,一名《大佛顶首楞严》,为报父母生育之恩。今放光明,愿见者闻者共生孝心,因孝得佛。是彼愿故,乃放此光。时弥勒语讫,四众人等皆生希有想,亦发愿如我”。闰三月十六日,金坛诸弟子,送至瓜州而别。信中又曰:“于中甫,真先生的骨,时常切要煅其知见,不可情识。”

妙峰圆寂后,真可致函居士曰:“久不晤公,公之近来习染甚矣。奇男子家,眼睛无珠,腰间无铁,可乎?愿痛思之。老汉拄杖实无面目,当机之际,狭路难避,莫道不言。”结夏皖山三祖寺之马祖庵,真可又函:

> 道人持钵诸方,三十六年矣。始行脚时,绝勿晓世情,利害在前,初不入胸,且不知渠是何物,故日用超放快活处有余。自行脚久历境缘,逆顺种种变怪,驾无为有,化有为无。理道捺过,率横以私情,惟快业识,不顾将来结何果子。此辈出之法门外犹不足骇,出之法门宁不恐怖?古人每云,生平无限伤心事,不向空门何处销。大都世中不可意事,譬如火空王三昧,譬如水。以水救火,吾如来深慈也。今此辈直以水中生火,焚烧善类,使玉石不分。是等情状,于吉祥静海,虽辱惠顾,竟不一言者,恐波及先生耳。兹复提起,非但贫道要十分护念,在先生亦当十分痛密,则将来受患犹轻,不然临时悔之晚矣。又诸郎尚未知经远之计,朋友交接,苟非惧天理、识因果者,断不可轻容相处。若于此,为父者不能以深慈妙严,使子女辈随量成器,则莫若不生。生而复怕费心调获,则不仁甚矣。惟愿不以深慈刺情不快,即于不快时痛猛悲泣一上,则道人承惠多矣。盖先生担子渐重,海内金汤寥寥,台老又老,唐一所、董玄宰辈,得一纱帽盖头,惟快情恣识,逞其素所不逞,宁暇及此?赵定老近有信占,宇泰、中甫,当委曲时警策之。

该函显示两人交游已入深密,无所不谈,凡法门内外,诸如“不可意事”,“无限伤心事”,乃至家中子女教养等,大师皆加以指导。因“海内金汤寥寥”,尤其希望居士多加担荷,并协助不时警策其他同道精进。

真可在浔阳匡庐抱病百余日,病稍愈,即劳盛狱起,带病冒暑北行营救。上诸公书讫,复乘流南还,挂搭石头城。未几则冯梦祯亦至,但其至后将近半月,不能遣一苍头一问真可大师病。真可便致函居士曰:“禅有邪正,官有冷热。邪禅炽行,则正禅受厄矣。即如热官焰高,则冷官焰低矣。嗟乎,邪邪正正,冷冷热热,千态万状,陋不可言。阿奉者易进,谔谔者请退,如此种种。试观一心不生之前,何殊片雪扑红炉哉?故曰:达本忘情,知心体合。若然者则邪正冷热,皆情也,非本也。如不能达本,因循恣情,情胜则本败,而无所不至矣。又岂能知心体合耶?先生官不甚热,忙不暇如此乎?……则先生冷官作热官,梦烦,奚暇梦云外病僧哉?吾非情求公直以理警耳。”

这一次真可的病程很长,“贫道抱疾长松之下,几百余日。而寒热交攻之际,药石逆治之时,常识骇飞,本明忽露”。真可切为法门之故,特修书遣觉休不远而来,请冯梦祯上庐山。“浔阳水山高胜,非他者可并。盖皤湖盆其前,岷山带其后,波光空翠,交映之中。而汉阳诸峰,装憨作痴,争奇吐秀,万态非一。如使嗜欲深而天机浅者,能一登之,则直下亦未必勿习染爆落,灵府廓然,况天机深者乎?……吾知真实居士堪与语此,乃不敢讳而暴之,意欲居士携一健仆,挟一枝枯藤,驾轻舟顺流而南。直使病僧得请益维摩,亦得庐岳发前人未发之秘也。如王程有限,为人臣者悚息勿敢遑宁,则山水之兴又当次之矣。然居士此出,大非细事,惟君子小人之辨,势涉危疑,断不可依回放过。贫道于久病中握管作字不远寄公,公切当大知好恶始得。曾健斋公之相知,一病不起,何痛如之!幸得中甫治其后事,足见法脉不无人也。时在严寒,动定加餐,慰我幸甚。……惟先生痛体之,余无说。”

又函曰:“古人读书便立志作圣贤,今人只要作官。吾曹亦然,古人出家志在作佛祖,今者惟为利欲耳。贫道迟回长安,念头颇不同。然旧识皆劝我早离北,虽是好心为我,实未知我。大都为我者,率以利害规我。若利害,我照之久矣,实非我志也。我志在利害中,横冲直撞一两番,果幸熟肉不臭,徐再撑立奚晚?先生受性真实,故直以此相告。即先生官到此,世味亦只如此。倘不以本分为急务,计亦左矣。先生年渐高矣,酒、色、怒此三事,乃贫道数千里贡先生之供养也。往于石头举动,逆思之而有悟,亦人天师耳。径山化城,宜委曲恢复,为完藏道场,毋误!”有人对真可流连京师不解,或疑其为名闻利养,或有熟识者担心京城临难而劝其早日离开。真可认为,旧识“好心为我,实未知我”,惟冯梦祯居士“受性真实”,故肝胆相陈,直言相告,并诫其年渐高,酒色怒三事戒。末嘱居士鼎力恢复径山化城寺,为“完藏道场”。冯梦祯初议,修复化城为径山下院,藏贮经版。

这个创意后在宰官居士吴应宾支持下厥成其事，对径山藏的完竣贡献尤大。

又函言："南中自台老（陆光祖）即世之后，金汤大法，非先生其谁乎？然先生心真而才智疏，终非金汤料也。大概金汤之料，非雄深坚猛者，卒难为之。虽然，南中若微先生，又更难其人矣。先生才智虽疏，而真实有余故也。然则南中佛事，贫道不委先生获（护）持，又委谁乎！"此函显示真可老人对刻藏因缘主事者凋零微颓生起了些许忧虑与无奈，然仍刚强不屈，"比径山、楞严，密藏养病未还，幻予化不复返。虽能勤、兴勤充使小隙，亦不过全开郎与本郎之旧贯，此二僧岂能复振其颓波乎？要在先生与诸金汤法侣聚谋，定其人则径山、楞严两道场事，一一完之不难也。愿先生熟虑之。贫道年在耳顺，有顺之名，无顺之实。岂果能备僧数耶？然微贫道，亦恐如贫道者又不多得，愿公等恕其短而领其长，或可以有少商略也"。此函作于真可耳顺之年，随函附寄肥皂若干，曰："洗染垢，愿勿却。解荡人天业，能除凡圣情。不知谁敢用？垢净任纵横。"

万历三十年（1602）十一月初七日，大师临难前一年，收到了居士的手示。癸卯三月初七日复函曰："徐读之，备悉先生并江南法侣，深护智愿之心，即土木偶人亦必知感，况贫道耶？第先生与诸法侣，深护之心固美，然皆不遑裂利害而计之。经称丈夫畏时，则非人得其便，非人即邪神小鬼耶。大都邪神小鬼得为祟者，不过我有欲。我若无欲，则彼伎俩穷矣。所谓欲者，粗则不过名闻利养声色，近则不过肉块子，与能计度分别人我之心。若粗与近者，直以无尘智强力观之，则虽不能顿融，必不敢公然与能观察者抗也。且百凡利害，必关过、现之业，故忧虞之与悔吝，悔吝之与吉凶，于不觉不知之中，莫之然而然，而任运计度生焉。此三者生而不以理折情，则忧虞之机不从吝不从凶，将何从耶？……又吾曹断发如断头也，更有何头可断哉？然先生并诸法侣，深护智愿，敢不知好恶。但我断行止，要心常不与世心和合为精进，故曰：寻常利害稍关心，临终自然生死现。贫道近年操守，较往愈甚矣。不委先生迩来于逆顺关头，果能得自受用三昧否？此贫道切望于先生者也，此真语也。……自密藏去后，贫道与先生疏阔以来，先生得闻药石之言罕矣。兹先生又得贫道吐此裂情网之语，此先生自致之，非贫道横加之也。再愿先生熟思之。"此函作于癸卯狱发生之年，当为与居士之绝笔书。

陆符识曰："大师集中，与开之（冯梦祯）先生书，仅二通。及得其家藏手札，凡裂情吐胆、涂毒而出者，累纸皆是也。因思大师手书与人，其不顾忌讳，中人隐痛，如与先生（冯梦祯）诸札，不得尽见集中。此段血心，归之灭没，而不可著者，诚不少矣。然余考大师蒙难，挺身抗救，止于中甫一疏。事虽无及，犹足为宗风吐气。至发愤流叹，欲哭欲泣，托于诗歌而见诸文辞，则反得于师明德而友达观之汤义仍。若夫闻难旁皇及承讣痛哭呕心，一文以抒写平生，发挥其末后之光焰，当首属之先生。乃寂寥无闻，仅于日录中记师坐脱，为一发嘅。因叹息小道人性田不可及，则亦可谓负却阿师也。师以万历癸卯腊月灭度，是岁与先生书，尤加痛切。甚以死机不远，折其游湖高情。乃大师既逝，先生亦不久旋殁，若夙照而预谶者。余故于二十八札，录其十有六。而于癸卯一书，独存其日月。”①

（三）与于中甫的交游

真可文集中见存其与于中甫通函四封，此四函盖皆为真可晚年在京师遭难前所写，故其内容可入僧传，补史阙。其一曰：

十二月初四，兴勤持手书至资福。购灯读之，凄然痛人。都下风习险诐，诚如所言。于世间法，则公道谁亮；于出世间法，则得少为足，且头绪不甚清楚。道人见此光景，亦不喜淹留，第以既为佛子，当报佛恩。如报佛之志方自见定，而于祸福死生又生心计较，则定志何在？所以风波迭经，总视觉后之梦；行住任缘，初不预料也。但念汝连年境风浩然，于不堪忍处，强力支持。一切拂逆谗谤，翻成受益之地。余喘幸存，此又令道人凄然中，生欢喜耳。法朗尊公临逝光景，断非此生习气，乃前生夙习也。果如是，则道人与汝等，亦有助不浅。卓头陀胸次洒然，本必无根，根在见地不虚。不审法朗，见卓受益何如？渠舍宅为寺，言不可轻发。盖风不可轻起，以风无形，而能鼓物故也。言如风，可听而不可见，所以与风同势。闻之心远，远则难挽。如不言而事成，活机在我，言则死已。

此书信可见真可临难前抱定佛恩而不计较生死，不畏难之志。当时“都下风

① 此处与冯梦祯书皆引自《紫柏尊者别集》卷三《与冯开之公十六首》。陆符识中提及的“预谶”，见真可绝笔书函曰：“辱先生特遣兴肇，持手示召贫道，如不以直心答先生与诸法侣，此非佛弟子本色。客岁沈切卿看冯琢庵脉，后谓贫道曰：琢老若不速回去，则应酬不减，静机无繇，恐入春大命难保。今年琢庵果死。噫，琢庵死，而先生颓然不惊且痛，则先生死机亦不远矣。……想天气渐暖，游湖情高，水浅舟轻，黑风谨慎。”

习险诐”，于中甫也受牵连波及，真可大师劝其持忍辱法门，“一切拂逆谗谤，翻成受益之地”。信中，真可还评论了法朗尊公与卓头陀之死难，认为卓头陀“胸次洒然”，本根“见地不虚”，然祸难皆起于风言风语，不可不慎。

在以下三通书信中，真可再次劝勉持忍辱法门，反映了事态加重及世态炎凉的加深，“天厚其人，众患煅之。天薄其人，众幸诱之。汝连年亲涉众患，天实厚汝而煅之。傥不能欢喜领受，便是薄福种子也。直以忍辱为海，割舍为刀，斩我相根株。汪洋包纳，则将来受用未易量矣”。对于来信中言及的“不可意事”，真可劝其痛下割爱，不受顺逆境风飘溺，曰：“傥知而未能却顺逆之境风，得无增吾忧乎？奇男子，须割爱，爱不割，则堕软暖魔网矣。”另一封信中谈道：“骨藏何所，(贺)知忍能念之否？幸致老人意。光公急究相宗，勿痴度时阴。比见学佛缁白，骨节不甚硬。稍触逆境，即如野狐变人作怪。一闻犬声，故体顿复，犬始知其是狐，敢恣口咬之。傥人形尚存，犬决不咬。惟卓吾非狐变之人也，故不烦犬咬，遂尔自刎。然卓吾非不知道，但不能用道耳。知即照，用即行，老朽更不如卓吾在。”①

于此，真可提到时下“学佛缁白，骨节不甚硬”，而正与骨节甚硬的李卓吾相对照。真可认为卓吾死于“不能用道”，而非“不知道”。真可在寰中示寂前曾作《忆卓老》诗句有“死去不须论好恶，寂光三昧许相同”。钱谦益也曾提到真可作有《论卓吾》，惜佚。而从此处信中所议论，或可想见其光景，弥补一些缺憾。

（四）与王宇泰父子交游

王宇泰名肯堂，金陵名医世家，兼善唯识学。其父王方麓，名樵，万历中以南京右都御史，致仕归，得疾苦躁。王宇泰奉《金刚经》进曰：愿大人澄心听儿诵经。方麓领之。诵至“无我相，无人相”，方麓微笑曰：烦恼本空，我相何在？遂起坐合掌而逝。真可有函示方麓公，教以“达本忘情，知心体合”八字法门，“此古人万古不欺之言也”。又函曰：

> 夫有身必有心，有心必有知。故掏胸则胸知，掏背则背知，掏首则首知，掏足则足知。如离身一纸，掏则不知矣。今此身从顶至足，特不过五尺耳。此知即五尺则有知，离五尺则无知。又爪发须眉，皆五尺之分，皆掏而不知。

---

①《紫柏老人集》卷之二十三《答于中甫》，《卍新续藏》第73册，。

由是而观，则此知但能周五尺。此知果是我心，我心何小哉？此知非我心，则离此知，别无有心。且自古及今，建大勋劳，虑周万物，果周五尺之知之能耶？或离此知，别有所能者耶？呜呼，此知甚微，孰肯审而究之？如究之得其所以然，则《中庸》之未发，《大学》之在明明德，一以心言，一以性言，此圣贤之深慈也。若未发可以五尺拘，已发亦可以五尺拘，未发非已发可知。何以故？已发之知，但周五尺，岂周五尺者能知未发哉？贫道与方老，或披晤，或促膝，谈笑之间，若皆处乎无我人之乡。苟非两下超情，安有此等光景？①

宇泰既成进士，官翰林检讨，终至福建参政。平生博通教乘，尤精相宗，以慈恩《成唯识疏》既无学者，无所取证，乃创《唯识证义》10卷。真可有函《示王宇泰居士》，教以念佛观想断病痛法门，及病患来龙去脉，甚为详细。

念头未起，灵然清净，本无我人。此其所以一切病患奈何他不得，岂惟病患奈何他不得？纵十方诸佛，尽其神力，亦摸索他鼻孔不着。念头既起，即有人我能所成敌，触处爱憎。爱憎既炽，则绵然交战于胸中，瞬息无停。头头物物，莫不见障。如此等人，岂特病患中受大剧苦，就无病患时节，被他爱憎，使得慌慌忙忙一点做不得主。何况正在病时？攒心彻骨之痛，呻吟苦楚，情识种种，又安做得主？虽然，此就常人言之耳。若智者分上，必有个消遣处。若无消遣处，临一切病患，便作不得主，不免随他种种楚痛去也。

且道，如何是消遣的法子？我今且问，能知痛者毕竟是何物？所痛者又是何物？若无所痛，知痛者不有。若无知痛者，则所痛于我有何交涉？大丈夫到这时节，正好作观想，毕竟寻究能痛、所痛，是一是二？一则能、所尚无，阿谁受痛？二则能是能，所是所，能痛毕竟不是所痛。能痛若是所痛，又则是一。一则本无能所，受痛者阿谁？公于此直将痛苦中种种憎爱，憎爱情识，转为一个观想。命挨将去，毕竟要知痛者是谁为崇？果然推得入头，不惟业消痛除，敢保参禅一节从此结案。所以，古人病患中，发明心地者不少。故昔人见病患不来，惭惧悲泣，窃痛责己。此必诸佛舍我，不冥加我故。若肯冥加，则病患不离。何以故？

① 《紫柏老人集》卷之二十三《答王方麓公》《与王方麓公》，《卍新续藏》第73册，。

> 盖众生从无量劫来，迷却本明广大灵然之体、活泼清净之心。执此浮想，及这臭躯壳子，保惜不舍。若是病患苦痛煎迫，众生自然悟此身危脆，臭秽不净。有此念头起时，更得善友傍敲暗击，此身臭秽不堪保惜。此相不实，又何憎爱？病者果是个英灵种草，闻此言句，不唯这些病苦不顾，直饶飞矢刺目，拔刀撼胸，但恨观想不纯熟，向上不明彻。岂有闲工夫，在臭躯壳上做活计耶？道理即如天，有警人君之慈，则垂象现彗。今日宇泰，刚发心究此大事，便有此病苦来魔。此实诸佛冥加在公，不可不省。贫道见公有此病患，既为公忧，又为公喜。①

又函曰："所受三戒，命根金汤，凡百行止，切切护念。如或放逸，其畏非言可喻。想此个光景日用，宇泰不忘也。且凡夫情习浓厚，卒难即除。当如蝼蚁过须弥，力虽微弱，必期逾顶而后已。须弥之高，蝼蚁之微，以常情观之，过也必难矣。据其初志，则蝼蚁与我何别？惟吾宇泰常以蝼蚁为师，志必须逾顶可也。然众生情习，积劫熏久，高厚烦恼之山，又过于须弥远矣。"此函示王宇泰销积习当常学"蝼蚁"为师，烦恼高厚如须弥，蝼蚁力虽微弱，"必期逾顶而后已"。

（五）与其他缙绅居士之交游

著名宰官居士、阳明后学周汝登与德清、真可均有方外交游，他在真可大师示化后，回顾了曾在金陵与其相见的生动情景，栩栩如生地描述了真可的神情风采：

> 予晤师在癸巳岁，金陵贺氏园中，为驾部郎时。乃予请见，固有年矣。忆先于比部、瞿洞观、太常傅太恒三君，共介其徒以往，到而复却。凡几度策马空归，二君遂不复言求见，而予意未已，至是晤焉。师须发不剪，顶着樵巾，体干丰伟，坐立如山，晦翁所谓其人皆魁岸雄杰者是已。相见慈容满面，杈然如故。室中有数辈儒衣冠者，握笔沉思，肃如试举。予坐定，侍者设席予前，具笔伸纸。予问故，曰请与诸子同作《楞严经》中某四句讲义，或偈亦可。予唯然受之不为异，随与大师论他义。一二转未竟，师辄呼侍者曰：周老先生面前纸撤过。又论一二转，师曰：硬挣也，硬挣。顷之，侍者持客刺来

① 《紫柏尊者别集》卷三《示王宇泰居士》，《卍新续藏》第73册。

报，乃鸿胪觉斋徐公。一徒起曰：老师今日体倦，徐公见可俟他时。某请回之，便欲趋出，师曰不可，到即请见。徐公向日与予求见师，知不可得，每侦予所至则尾之。故今刺得入，以予有人在门；刺得至师前，以予有人在室；其徒请命，以予在座。不然，恐师皆无由知矣。是日，与徐公共午斋而散。

明日，天始辨色，街鲜人行。乃余衙有叩门者，询之为师二徒。余出迓，言大师且来谒。少选手持拄杖，阔步长趋，数徒拥掖而至，盘桓至暮始别。时从行有周叔宗、贺知忍，余名氏已忘。从行者曰：大师从未谒人，以是施君，异数也。余窃叹，是时胸中尚未尽稳，商量不得彻底，嗣后欲载证无缘。可恨人言师奇怪，余具睹如此，奇耶易耶？凡初见作难意，皆诸徒所为，予以目击徐公一节可推。虽然，即师何病？世界不宽，时人眼孔不大，竟莫容此老。或以其入都门为病，而悲愿深远，殆不可测。余为钱子题赞词，更为叙相见始末，且更嘘唏及此云。

丙午腊八日剡城周汝登伏块敬书①

由周氏文中，可知与真可大师在南都交游的宰官居士不少，有于比部、瞿洞观、傅太恒、徐觉斋、周叔宗、贺知忍等人。其与真可的这两次见面发生在金陵，是在万历二十一年癸巳(1593)，当时周氏任职南京驾部郎。第一次是周海门前往拜访达观，第二次是次日达观率徒回谒海门。从周氏的记载可见，当时达观声名显赫，为徒众所拥，未便轻易会客；而会见儒家士子时，达观往往以佛教经义相试。但达观初见海门，谈吐之间显然为海门的识见所触动。所谓“周老先生前纸笔撤过”，说明达观认为海门已经超越了文字知解的阶段。而“从未谒人”的达观与海门一面之后，次日竟率徒众专程谒见海门，足见其对于海门的看重。

对于紫柏大师的救世热忱，京中舆论多疑之为狂，陶望龄则以亲身经历提出了自己的见解。其文曰：

余久向紫柏师，辛丑入都，而师住西山，忻然欲以瓣香见之。会同学数友皆短师，心疑而止。后读其遗言，审其生平真证密行，深慈高节，一时丛林踞师席者，诚罕其比。然犹惜师不早去，终以及祸，非明明喆之道。及见吴

---

①《紫柏老人集》卷之一《紫柏大师像赞》，《卍新续藏》第 73 册。

咸熙氏所寄示遗像，味其自赞语，类谶者。岂师固夙知若二祖师子尊者耶？常不轻菩萨见人礼拜，称汝等皆当作佛。人乃相趁打掷，呵詈之。袁景倩言：一国中有狂泉，人饮皆狂，独国王汲井以免。而通国狂者，覆以王为狂也。相与捽缚烧灼，不胜苦。趋饮其泉，狂作。国人喜，谓王病已也，始舍之。紫柏视众人为佛，不得不度。众人视紫柏为狂，不得不死。呜呼，何足恨哉？

丁未正月上浣日会稽陶望龄敬题

真可于佛法世法一肩担荷，他认为经世出世两者不可分离，“是故经世能以出世为宗，谓之豪杰而圣贤；出世能以经世为用，谓之圣贤而豪杰。若然者，方内方外，犹波与水”。[①] 从真可的弘法交游一生来说，对于豪杰人格与圣贤人格的观照，他宁愿选择前者，即豪杰人格。真可把自己定位于由圣贤而豪杰的入世之路，自觉地走向自上而下、由外而入内的济世利生、弘法救世的不归之路。所谓“在世而出世易，出世而入世难”，真可对此有着比常人更为真切的体认。真可在答居士书中表白：“贫衲弃置世外之人，寸无所长，亦不敢轻接贤士大夫。……而道德虚薄，无以感物，抱惭良多。又吾曹得与世途相接者，自有标格。上则非道德不应，次则不过诗文已耳。越两者而有交焉，达观虽不敏，惧弗能也。”[②]

诚然，在晚明佛教复兴四大师当中，真可大师住世的时间最短，著作最少，也较少为后世所注意。但是他直心直行的禅师性格、勇于护法救世的豪杰气魄，不但使他成为当世接引缙绅居士的佼佼者，也使他的英名不朽于明代乃至中国佛教史册。

① 《紫柏老人集》卷十四《远公五论序》，《卍新续藏》第73册。
② 《紫柏尊者别集》卷三《答于景素仪部》，《卍新续藏》第73册。

第三节
蕅益智旭:晚明佛教复兴殿军

蕅益智旭是明末佛教复兴之殿军,可谓明末四大高僧中最晚也是影响最大的,被后世尊为中国净土宗第九代祖师。但严格地说,他应是明末清初存亡续绝的固守佛教慧命之实行者,明清鼎革后他还存活了 12 年。其本人虽名列"四大高僧"中,主要因为他不止对"万历三大师"极为服膺推崇,而且接续传承他们的佛教文化振兴使命和志业。晚明时期,万历年间的高僧皆乘阳明心学流行的风潮出现是明显的特征,这到智旭则更为明显。他自述年轻时接触云栖袾宏的著述和阳明良知说而把握了重要的转身契机,此种感动终生藏于其胸中。

智旭说:"大道之在人心,古今唯此一理,非佛祖圣贤所得私也。统乎至异,汇乎至同,非儒、释、老所能局也。克实论之,道非世间,非出世间。而以道入真,则名出世;以道入俗,则名世间。真与俗皆迹也,迹不离道,而执迹以言道,则道隐。"①离心言道,执迹言道,皆不见道;入真即出世,入俗即世间,真与俗皆假名。当然他也非常推赞紫柏真可传佛祖心法,认为"近代传孔颜心法者,惟阳明先生一人;传佛祖心法者,惟紫柏大师一人。旭生亦晚,习儒时不得亲炙阳明,后学佛不得亲躬紫柏"②。

甲申国变后,他就来居石城南京。智旭在南京佛教史上占有一席之地,乃因为他曾驻锡江宁祖堂山。据嘉庆《江宁府志》记载,智旭"主江宁之祖堂,名公大人执经问难,直决元奥。死葬灵峰之众香坞"③。

一 蕅益智旭的自传与生平

智旭,名际明,又名声,字振之,自号蕅益,署号西有、八不道人等。俗姓钟,

---

① 智旭:《灵峰宗论》卷五之三《儒释宗传窃议》,《蕅益大师全集》第 6 册。

② 智旭:《灵峰宗论》卷六之三《赠石淙掩关礼忏占轮相序》,《蕅益大师全集》第 6 册,第 962—963 页。

③ 嘉庆《江宁府志》卷五一《仙释》。

先世汴梁人，始祖南渡，居古吴木渎。生于明万历二十七年(1599)己亥五月三日，卒于清顺治十二年(1655)，享年57岁，法腊34。[①]

(一) 八不道人传

清顺治九年(1652)，54岁的智旭撰写了一篇简短的自传，取《中论》"八不"、《梵网》"八不"之旨，令人醒目地冠名为《八不道人传》，自称："八不道人，震旦之逸民也。古者有儒、有禅、有律、有教，道人既蹴然不敢；今亦有儒、有禅、有律、有教，道人又艴然不屑，故名八不也。"透过这部自传，人们可以了解到，智旭学佛，正是得缘于阅读袾宏那些影响颇广的论著。据自传，智旭母金氏，以父岐仲公持白衣大悲咒10年，梦观音大士送子而生。7岁茹素。12岁时，他随塾师习儒，即以千古圣学自任，誓灭释老，作论数十篇辟异端。17岁时，智旭读到了袾宏的《自知录》及《竹窗随笔》等作，乃不谤佛，取所著《辟佛论》焚之。20岁诠《论语》，至"天下归仁"，不能下笔，废寝忘食三昼夜，大悟"孔颜心法"。冬丧父，闻《地藏》本愿，发出世心。22岁，专志念佛，尽焚窗稿2000余篇。23岁，听《大佛顶首楞严经》，谓世界在空，空生大觉。随疑何故有此大觉，致为空界张本？闷绝无措，昏散最重，因此决意出家，体究大事。[②]

天启二年(1622)，智旭24岁，梦礼憨山大师，哭恨缘悭，相见太晚。一月中，三梦憨师，师往曹溪，不能远从，乃从雪岭师剃度，命名智旭。雪岭师，憨山门人也。夏秋作务云栖，闻古德法师讲唯识论，一听了了。请问师云：性相二宗，不许和会。甚怪之，佛法岂有二岐耶？一日问古师云：不怕念起，只怕觉迟。不能分晓，竟往径山坐禅。26岁，受菩萨戒。27岁，遍阅《律藏》，方知举世积讹。28岁，母病笃，四刲肱不救，痛切肺肝。葬事毕，焚弃笔砚，矢往深山。道友鉴空留之，掩关于松陵，关中大病，乃以参禅工夫，求生净土。30岁出关朝海，将往终南，志传律学。留住龙居，始述《毗尼事义集要》及《梵室偶谈》。

31岁，送道友惺谷至博山剃发，随博山无异禅师至金陵，盘桓百有十日。尽谙宗门近时流弊，乃决意宏律。然律解虽精，而烦恼习强，躬行多玷，故誓不为和

① 智旭的传记文献，主要为其本人所撰《八不道人传》(1652)及其弟子成时所撰之《八不道人续传》(1655)。此外，可参见彭际清《净土圣贤录》卷六(1783)、《新续高僧传四集》(1923)及弘一法师撰《蕅益大师年谱》(1935)等。其研究文献则有圣严《明末中国佛教之研究》等。

② 智旭:《灵峰宗论》卷首《八不道人传》，《蕅益大师全集》第6册，第28—29页。

尚。32 岁，拟注《梵网经》，作四阄问佛，一曰宗贤首，二曰宗天台，三曰宗慈恩，四曰自立宗。频拈，得天台阄，于是究心台部，然不肯为“台家子孙”。以近世台家与禅宗、贤首、慈恩，各执门庭，不能和合故也。① 33 岁秋，始入灵峰过冬，为作请藏因缘。从智旭虽“究心台部”却不愿归为“台家子孙”，可知他对当时天台宗僧自执门庭的不满。其性相融会，禅教净律诸宗会通的思想，由此初见端倪。

35 岁时，智旭深悟性相融会之理。其理论根据，即源于《占察善恶业报经》的唯心识观和真如实观的两种观法。故他在《教观要旨答问十三则》一文中有云：“唯心是性宗义，依此立真如实观。唯识是相宗义，依此立唯心识观。料简二观，须寻占察行法，方知同而异、异而同矣。”②又在《刻占察行法助缘疏》中说：“此二卷(《占察》)经，已收括一代时教之大纲，提挈性相禅宗之要领。”③

顺治二年(1645)，47 岁时，国变后，智旭来到金陵石城居住，述《周易禅解》。是秋住锡江宁之祖堂山，越二年，49 岁，述《唯识心要》《相宗八要直解》《弥陀要解》《四书蕅益解》等作。直到 51 岁冬，返灵峰。这个时期他思想的重心是融贯儒释宗教，会通性相禅净。他作《祖堂幽栖禅寺藏经阁记》，开宗明义曰：“依文解义，三世佛冤。离经一字，即同魔说。宗、教不容两分彰矣。”他继承从上佛祖，尤其重视供养大藏法宝，并在祖堂山建藏经阁。其记曰：

> 摩诃迦叶，西土初祖也。佛示寂，不供养舍利，惟事结集法藏。菩提达摩，东土初祖也，力埽依文解义之习，仍以《楞伽》印心。岂似后世僭窃位号，争去王室典籍，恣其吞并暴虐哉？祖堂幽栖寺，本融祖习坐观心地，后得四祖点悟，遂传大法。其道远播双径芙蓉峰下，寥寥久矣。正德年间，有临济子孙，号海天者，来居此地。嗣有雪浪大师，乃慈恩再来，于时受法者为瑞麟诸公，而紫柏大师亦会杖笠相访。盖自有唐以来，未有盛于斯际者也。
>
> 雪师寂，高足远痕法主继守丛席。远公逝，高足如幻法主又继守之，以授乃弟湛持如公。湛公久参真寂闻谷老人，隐居匡岳。即应讲，遂放下身

① 智旭：《灵峰宗论》卷首《八不道人传》，《蕅益大师全集》第 6 册，第 32 页。
② 智旭：《灵峰宗论》卷三之三《教观要旨答问十三则》，《蕅益大师全集》第 6 册，第 549 页。
③ 智旭：《灵峰宗论》卷七之三《刻占察行法助缘疏》，《蕅益大师全集》第 6 册，第 1156 页。

心，专营佛事。七八年来，未有闲，今诸愿已毕，惟藏阁功仅将半。适予应请弘演《法华》，湛公谓宜一言以纪其事。予于大悲忏坛，先有记铭。今藏阁虽未告成，实予心所最急者。

盖佛祖慧命，全赖三藏始传。缅惟宋朝藏板有十余部，今仅存南北二藏，颇模糊。嘉兴书本藏经，犹未全足，真九鼎一丝之惧。且鼠即鸟空辈，视经典如怨家。傥不力为护持，将有不忍言者。湛公之急急以此为务，其如来所使行如来事者邪？请即以此语，告我同仁，必当共发胜心。请即留此语，勒之坚石，必当竢百世不惑也。[①]

此记为佛教慧命存亡绝续而作。智旭曰“佛祖慧命，全赖三藏始传”。他把唯识、天台、华严、禅宗等各宗思想加以融会贯通，其“性相融会”的佛学思想已然成熟。故智旭在《成唯识论观心法要》的《凡例》中声称：“性之与相，如水与波，不一不异。故曰，性是相家之性，相是性家之相。今约不一义边，须辨明差别，不可一概儱侗；又约不异义边，须会归圆融，不可终滞名相。”[②]

54岁，住晟溪，草《楞伽义疏》，迁长水而始竟。尚有《阅藏知津》《法海观澜》《圆觉》《维摩》《起信》诸疏，厥愿未完，姑俟后缘而已。“生平尝有言曰：汉宋注疏盛，而圣贤心法晦，如方木入圆窍也。随机羯磨出，而律学衰，如水添乳也。《指月录》盛行，而禅道坏，如凿混沌窍也。《四教仪》流传，而台宗昧，如执死方医变症也。是故举世若儒若禅若律若教，无不目为异物，疾若寇雠。”道人笑曰：“知我者，唯释迦、地藏乎？罪我者，唯释迦地藏乎？”孑然长往，不知所终。[③]

56岁，甲午（顺治十一年，1654）夏，卧病灵峰，选《西斋净土诗》，制赞补入《净土九要》，名《净土十要》。七月述《儒释宗传窃议》，八月续阅《大藏》竟，九月成《阅藏知津》《法海观澜》二书。乙未（顺治十二年，1655），圆寂于山中。

智旭示寂，其弟子成时膺同门之命，辑《灵峰宗论》。辑成，载老人自传即《八不道人传》于卷首。因念老人，癸巳（顺治十年，1653）、甲午（顺治十一年，1654）二年中，行脚还山，并所有著述。及乙未（顺治十二年，1655）正月，末后一段光明，皆缺然无纪。其弟子补记《灵峰蕅益大师自传》于后，附曰：“先大师生平，不

① 智旭：《灵峰宗论》卷五之三《祖堂幽栖禅寺藏经阁记》，《蕅益大师全集》第6册。
② 智旭：《成唯识论观心法要》卷一《凡例》，《蕅益大师全集》第6册，第2页。
③ 智旭：《灵峰宗论》卷首《八不道人传》，《蕅益大师全集》第6册。

曾乞缁素一字，不唯佛法难言，知己难得；亦鉴尚虚名之陋习，而身为砥也。西逝时，诫勿乞言，徒增诳误。呜呼，冰操如彼，治命如此。”①

二 智旭的弘法风格与著述

智旭的剃度师为憨山德清的弟子雪岭。出家之初，智旭并未受三皈戒，却在佛像前发净土四十八愿，自名为“大朗居士”。智旭“初志宗乘，苦参力究”，遍历云栖、径山诸刹。他是一个特立独行的融会教宗禅净的净土行者，源于对“以法为师”这一佛陀遗训的忠实践履，归本于对戒、定、慧三学一源的真正体认。

（一）特立独行，弘传不绝

智旭自述其学术渊源与归趣，明确地称：“佛法之盛，不存乎能宏通，而存乎能固守。盖宏通则近于名闻利养，由名闻致利养，由利养致匪人，易生有漏因缘。佛世十二年后尚尔，况末运乎？唯固守，则遁世无闷，确不可拔。可以回既倒狂澜，留正法一线，继往开来，续佛慧命。如六祖隐于猎群者十六年，荆溪一生不登法座，而曹溪、天台之道，并垂千古，岂非存佛法之明验欤？予生也晚，弗及受先辈钳锤，忝为憨翁法属。顾所私淑，则云栖之戒，紫柏、六祖之禅，荆溪、智者之慧也。”②

“憨翁法属”，指其剃度于憨山门下；“云栖之戒”，即指智旭在袾宏的遗像前，受自皈依戒及菩萨大戒。而“紫柏、六祖之禅”，即由推崇紫柏直追六祖曹溪禅法，特别是大慧宗杲的禅法参究，明确主张以教证禅、禅教互证：“夫禅者教之纲，教者禅之网也；禅者教之领，教者禅之襟裾袖摆也；禅者教之根本，教者禅之枝叶花果也。”③这种思想显然颇受紫柏的影响，同时也反映了当时一代学僧对于传统禅修的思考取向。至于“荆溪、智者之慧”，则追随天台智者大师、荆溪湛然的止观教学，以宗归台教，教观双行。可见，智旭的思想是直承“万历佛教三大师”的。或者更明确地说，智旭思想成熟的过程，无不得益于云栖、紫柏、德清等大师的深刻影响。对此，在智旭的心目中，已经充分奠定了这三位大师在中国佛教史的殊

① 智旭：《灵峰宗论》卷首《八不道人传》，癸卯冬成时附记，《藕益大师全集》第6册。
② 智旭：《灵峰宗论》卷八之二《预祝乾明公六十寿序》，《藕益大师全集》第6册，第1263—1264页。
③ 智旭：《灵峰宗论》卷六之四《偶拈问答自序》，《藕益大师全集》第6册，第1203页。

胜地位。他在《十八祖像赞》中把万历佛教三大师分列于第十六、第十七、第十八祖：

得戒和尚，云栖大师。（第十六）……旭少为邪师所误，力诋三宝，闻大师《自知录序》，始转邪心。廿四出家，入山作务，见规约中，有学戒式，遂发菩提心，胡跪大师像前，然香顶受二种戒本，以附私淑之科。①

刻书本藏，紫柏大师。（第十七）……参遍融尊宿，愿嗣其德。师念《大藏》卷帙重多，遐方僻陬，有不闻法名者，倡刻方册，以便流通。设遇轻谤，愿自代罪，令处处见闻经法，作金刚种，皆大师力也。……生平专持毗舍浮佛偈，亦以示人。四十余年，胁不著席，不见女人，常露坐不避风霜，重兴梵刹十五所。古宿语录，若寂音尊者所著论文，世所不闻，尽搜刻之。②

梦中接引，憨山大师。（第十八）……庚申，雪岭峻师登山问安，旭寄香一瓣，蒙大师慈札奖导，偈语开示。辛酉，大师复往曹溪。壬戌，旭决志出家，三梦大师接引，恨驽劣不能远趋，乃求峻师剃发，以是大师所赞许也。癸亥冬，旭在天台打七，忽梦大师容稍憔悴，似有所嘱，后知正属示寂时矣。……赞曰：长干佛陀里，间出名世豪，气宇似王者，笔阵若江涛……示我归路稳，哀哉甘自逃，稽首慈誓力，终当为我招。③

智旭对万历佛教三大师的推崇，终其一生，始终不渝。崇祯三年（1630），智旭拈香撰文，“愿游化无碍，兼供达观可大师，报刊行大藏。重振僧风之德，云栖宏和尚，报遗规私淑之恩。憨山清师祖，报初缘发心，梦中摄受之德。雪岭峻师，报剃度之恩。古德贤法师，报证明学戒之德。无异舣禅师，报劝赞付梓之缘。壁如镐兄，归一筹兄，报参订商确之力。及现在六师，未来一切同行善友，愿并扶法运。季贤献师，净空妙师，外护知识等，愿同入法流。”④

当然，“云栖宏大师，极力主张净土，赞戒赞教赞禅，痛斥口头三昧，真救世菩萨也。憨山清大师，扩复曹溪祖庭，晚年掩关念佛，昼夜课六万声，故坐逝后，二

① 智旭：《灵峰宗论》卷九之四《十八祖像赞》，《蕅益大师全集》第6册，第1426—1427页。
② 智旭：《灵峰宗论》卷九之二《十八祖像赞》，《蕅益大师全集》第6册，第1427—1428页。
③ 智旭：《灵峰宗论》卷九之二《十八祖像赞》，《蕅益大师全集》第6册，第1429—1431页。
④ 智旭：《灵峰宗论》卷一之一《阅律礼忏别疏》，《蕅益大师全集》第6册，第78—79页。

十余年，开龛视之，全身不散，遂与六祖同留肉身，人天瞻仰，得非莲宗列祖乎？”[①]

（二）佛行峻严，博学多识

智旭一生未逮袾宏、紫柏、德清“万历佛教三大师”之世，且历经天崩地解式的国朝易代，生世动乱，加之智旭佛行峻严，从其学修且能秉教而行、卓有成就者，寥寥无几。

智旭不仅是晚明时期一位勤于撰作而多产的佛教著述家，也是一位博学多识的思想家和学者。在出家之前，智旭就曾撰写多达2000篇以上的著论，尽管其中绝大部分皆已焚毁。从其23岁出家到57岁离世，35年里智旭前后共计阅律3遍，大乘经2遍，小乘经及大小论两土撰述各1遍。[②]

据《八不道人传》自述，智旭撰写了23部著作，共113卷。其弟子成时后来汇总认为共40部著述，计198卷。据成时所述：“我祖灵峰蕅益大师，一生著述甚富，板存楞严（寺）者，有三十余种。”[③]据圣严法师考订，智旭的著述，实际总数量共计58种，其中有8种仅存其序，而阙其本文。因此，现存著述为50种，190卷。[④] 智旭对后世佛教的影响是多领域、多方面的。其最重要的著作是《阅藏知津》，它为后世《大藏经》提供了一种新型的书目编排。东京版的大藏经或佛教藏经（1880—1885），即根据其版式编排。其撰著领域，广涉佛教经论疏释、佛教藏经文献，更有许多护教弘法之作。其形式或撰著，或编集，或疏释，或开示，体裁多样，内容繁富。其内容广涉禅、律、教、净诸宗，遍通性、相、空、有之学。[⑤]

智旭弟子成时在编辑乃师的论著时，提出了“释论”与“宗论”的编排体例。所谓“释论”，即专释一经之作；所谓“宗论”，即释论之外，自成名句文者。具体而言，“释论”收灵峰诸经疏作，“宗论”则录其文集。成时记曰：“老人在日，不能实学不思议谛，如醉转屋。今哲人虽逝，遗书尚存，敢不自淑，以报师恩于万一？亦愿凡遇是书者，勿离文字而说解脱，勿即文字而忘真月。但因是见谛，则离即双超。圆契自心则不杂，圆收万法则不执，圆说圆泯则不迹。千百世而后，必有其人，成时愿先舍此身命以供之矣。……成时愿与天下万世之遇是书者，由博学审

① 智旭：《灵峰宗论》卷五之二《儒释宗传窃议》，《蕅益大师全集》第6册，第843页。
② 弘一《蕅益大师年谱》，《弘一大师法集》第2册，台湾新文丰出版公司，1994年，第1103页
③《阅藏知津》跋语。
④ 参见圣严：《明末中国佛教之研究》第四章，关世谦中译本，台湾学生书局，1988年，第344—345页。
⑤ 圣严：《明末中国佛教之研究》第四章，关世谦中译本，台湾学生书局，1988年，第332—346页。

问慎思明辨，以阶于笃行可也。”[1]

透过智旭所从事的撰述活动，最能为后人提供其思想活动的完整肖像。显然，后人不应仅以净土祖师或天台宗僧来框限智旭这位志于佛教复兴的高僧的丰富形象。

智旭与万历佛教三大师，不仅都曾生活在具有浓厚文化气息的江南地区，而且在精神学脉上也有某种相关性。智旭深受三大师思想学说的影响自不待言，而且智旭在义理探究的深度与广度上，比他们走得更远。当他国变后来到金陵时，他首先撰写了《周易禅解》，也许他想深入探察世变的奥妙；并在两年后撰著了《四书蕅益解》，还有《唯识心要》《相宗八要直解》《弥陀要解》等著作，无论如何，这些作品中也许还蕴藏着更深刻的思想和旨意，迄今未被我们发现。开启深藏在儒家根本经典中的意义的钥匙，也许会通过佛禅心性之学找到。

三 智旭的佛学思想与影响

作为一生以阐释教义、弘扬佛法为职志的学僧，智旭痛切地追忆一生说：“三十年来，自利既不究竟，利他又无所成。虽种种著述，仅与天下后世结般若因缘，而重兴正法之志，付诸无可奈何矣。”[2]智旭更注重学理化的知性追求，关注丛林救法，主张以教证禅、以教证法，乃至消禅归净。他选择了以教救禅、以教救法的学僧道路，一则转归究心于台宗，以教救禅；一则“乃以参禅工夫求生净土”[3]，转归净土往生信仰，从而表现出了与紫柏不同的佛学取向。

（一）救法以救世

智旭救法以救世的佛教志行与紫柏救世以救法的弘法志业，与其说是体现了晚明佛学两种不同的思想取向，不如说是他们所处的时代使然，所谓道与时也。这两种取向交互交存。因为在智旭内心深处，他一生都在关注着佛教丛林豪杰人格如紫柏大师者的复出再世。他时常称述紫柏达观护法忘身的豪僧风

---

① 成时：《灵峰蕅益大师宗论序》，《蕅益大师全集》第6册，第5—6页。
② 智旭：《灵峰宗论》卷二之五《示用晦》，《蕅益大师全集》第6册，第390页。
③ 智旭：《灵峰宗论》卷首《八不道人传》，《蕅益大师全集》第6册，第31—32页。

范。他说:“羡莲师而私淑,纲宗急辨;每怀紫柏之风,护法忘身。”[①]而自己却由于时际而不得不选择了另一条学佛之路,“深痛末世禅病,方一意研究教眼,用补其偏”[②]。智旭呼唤佛教界豪僧人格的复出,当出于晚明儒家圣学精神式微、士子争相媚俗惑世的社会现实。对此,智旭曾指出:“世衰道微,由圣学不明;圣学不明,由功利惑志。不由豪杰振其颓,吾恐孔颜真脉不坠地者,几稀也。豪杰不过念念以圣贤自待。”[③]在智旭看来,世道沦丧,在于圣学隐晦;而圣学隐晦,又归因于学者忙于追逐世俗功利。由唯有如阳明之类豪杰之士方能振儒家圣学之颓,智旭进一步联想到唯有豪僧才能救丛林之颓。他说:

> 夫豪杰者,圣贤之基址也;圣贤者,佛祖之阶梯也。不能为豪杰,而能为圣贤者,吾所不信;不能为圣贤而能为佛祖,吾尤不信。然真豪杰,决不以豪杰自局;真圣贤,决不以圣贤自满;真佛祖,岂复以佛祖自命哉?[④]

由豪杰而圣贤而成佛,这种话语直接取源于紫柏。紫柏曾认为:“是故经世能以出世为宗,谓之豪杰而圣贤;出世能以经世为用,谓之圣贤而豪杰。”[⑤]由豪杰而圣贤,进而由圣贤上达佛祖,豪杰之士成为丛林修行成佛的必要始基,由此方可进一步探究佛法涉世问题。对于佛法经世、佛僧涉世,智旭曾明确提出如下规范:“学道不能伶俐,难于慎重;发心不能勇锐,难于坚久;涉世不难矫俗,难于自持;作事不难敏达,难于深研;研义不难领解,难于精确。”[⑥]学道宜慎重、发心宜坚久、涉世应自持、作事当敏达、研义应精确,其语意标明了佛教涉世的现实难题在于如何克服媚俗、矫俗的行为,在于如何保持佛法的纯洁与本源,更为重要的是如何自我修持的正觉解脱。而豪杰之士正是在自持修行上有超出常人之处。

从其思想资源上看,智旭对于中国佛教思想传统,甚为推崇永明延寿《宗镜录》百卷。智旭自称,自己在30年间,已通读《宗镜录》3遍。《灵峰宗论》卷七之

① 智旭:《灵峰宗论》卷六之一《毗尼事义集要缘起》,《蕅益大师全集》第6册,第863页。
② 智旭:《灵峰宗论》卷六之二《佛顶经玄文后自序》,《蕅益大师全集》第6册,第928页。
③ 智旭:《灵峰宗论》卷二之三《示马尧都》,《蕅益大师全集》第6册,第301页。
④ 智旭:《灵峰宗论》卷二之四《示刘诣昭》,《蕅益大师全集》第6册,第324页。
⑤ 紫柏:《紫柏老人集》卷十四《远公五论序》,《卍新续藏》第73册。
⑥ 智旭:《灵峰宗论》卷二之四《示刘诣昭》,《蕅益大师全集》第6册,第324页。

二收录了智旭《校定宗镜录跋四则》，可以看出延寿思想对其的深刻影响。兹摘录如下：

其一，"圣贤示现出世，觉悟群迷，不得已而有言。言此无言之旨，即文字非文字，不离文字而说解脱。岂非实相、观照、文字三般若本非一异，并别可思议哉？永明大师相传为弥陀化身，得法于韶国师，乃法眼嫡孙，宗眼圆明，梵行清白，睹末运宗教分张之失，爰集三宗义学沙门于宗镜堂，广辨台贤性相旨趣，而衡以心宗，辑为《宗镜录》百卷，不异孔子之集大成也。未百年，法涌诸公擅加增益，于是支离杂说，刺人眼目，致袁中郎辈，反疑永明道眼未彻，亦可悲矣。予生也晚，不遇先辈宗匠，但留心己躬下事已三十余年，又时寻了义至教，颇窥一线，阅此录已经三遍，窃有未安，知过去法涌决不在永明也。癸巳新秋，删其芜秽，存其珍宝，卷仍有百，问答仍有三百四十余段，一一标其起尽，庶几后贤览者，不致望洋之叹，泣歧之若失矣夫！"

其二，"西土诸祖，宗说兼通，故能续佛慧命，普利人天。此土如北齐、南岳、智者、杜顺，未尝不以禅关为本。达摩、六祖，五宗诸老，未尝不以圣教为印，断未有师心自是可名禅，算沙数宝可名教者也。降至唐末五季，禅教相非，性相角立，台贤互讪，甘露反成毒药矣。永明大师于是乎惧，爰成《宗镜录》百卷，以诏后人。虽被法涌杂糅，然具眼者观之，金沙可立辨也。……后贤未获差别法眼，慎勿于先圣著作，妄事增益也哉！予手点此录。于今四遍，每寻讨必有新益，实是观心之助，断不可作世间文字道理会也。"

其三，"古人云，'依文解义，三世佛冤；离经一字，即同魔说。'盖至言也。自禅教分门，佛冤魔说遍海内，非古佛现身，实未易救。细读《宗镜》问答引证，谓非释迦末法第一功臣可乎？然唯彻悟无言之宗，乃能曲示有言之教。今人须藉其言以契无言，始能不死于言下。傥直以是为宗，而不知离指得月，纵解悟了了，仍是三世佛冤耳。……"

其四，"教下人不肯坐禅，与坐禅人为肯学教，虽其师匠之过，亦由人未发真正大菩提心也。夫大菩提心，未有不知痛为生死大事者也。果为生死大事，安肯以文义相封，以暗证自守乎？如欲至长安，口必诹道，足必不停。诹而不走，终不能到；走而不诹，必遭歧曲。今之封文义者，何异诹弗走？守暗证者，何异走弗诹邪？呜呼！以是求出生死，成无上道，难矣！《宗镜》一录，既示厥道，复加痛策，可谓彻底慈悲。……”[①]

智旭以性相融通思想为指导，致力于构建一种包含禅、教、密、净、律的完整的佛学体系，其中各宗应相互依存，不可或缺。他曾在《法海观澜自序》中提出：“无解行之戒，非戒也；无戒行之教，非教也；无戒教之禅，非禅也；无戒行及禅之密，非密也；非戒非教非禅非密，则非净土真因也；非有四种净土，则戒、教、禅、密无实果也。非真因实果，则不显非因非果之心性也。”[②]认为禅、教、律、净、密各司其职，而都以显露心性为其宗旨。

智旭是晚明时期最后一位佛教大师，在出身地域上与袾宏等万历三大师同属江南，而在精神气质与弘法活动上，他与袾宏相类似。智旭一生广学博洽，以禅、净、律、教四门来总摄佛教诸宗，终归于“现前一念”的心法佛行之源。简要地说，即“教观齐彰，禅净一致”[③]，参佛心之禅，证佛语之教，成律净佛行，以对治当时佛门之弊。

（二）末世禅病：无知无解

智旭“参佛心之禅”，其门径不外乎遍参尊宿，掩关苦修。智旭因痛念生死大事，而决志出家。因此，在他出家之初，猛志参究，希证果位，了脱生死，急克圣果，以报众恩。然而，事与愿违，智旭虽心无旁骛地专注于参禅，掩关苦修，结果却非究明“教外别传”的宗门心地，倒是痛悉了许多由无学无闻、无知无解所导致的“末世禅病”。对此，智旭本人日后反省说：“予本弃儒学佛，亦妄谓单传之道，实出教外，一味作蒲团活计，一切经论置诸高阁。见真寂、博山等耆宿，反照古今得失，方知末世禅病，正坐无知无解，非关多学多闻。”[④]而在《大佛顶经玄文后自序》中，智旭更加明白地表示：“己巳春，与博山无异师伯盘桓百日，深痛末世禅病，方一意研究教眼，用补其偏。虽遍阅《大藏》，而会归处不出《梵网》《佛顶》二经。”[⑤]

明末禅林已非同往昔，随着印刷技术的普及，方册藏经已相对流通。而诸多禅林佛刹，则更有明藏的收藏。智旭遍阅藏经，成为可能。智旭的思想经据，实

---

① 智旭：《灵峰宗论》卷七之二《校定宗镜录跋四则》，《蕅益大师全集》第6册，第1120—1125页。
② 智旭：《灵峰宗论》卷六之四《法海观澜自序》，《蕅益大师全集》第6册，第1043—1044页。
③ 智旭：《灵峰宗论》卷二之一《示真学》，《蕅益大师全集》第6册。
④ 智旭：《灵峰宗论》卷七之三《灵岩寺请藏经疏》，《蕅益大师全集》第6册，第1138页。
⑤ 智旭：《灵峰宗论》卷六之二《大佛顶经玄文后自序》，《蕅益大师全集》第6册，第928页。

出于《梵网经》与《首楞严经》。《楞严经》在明末时期的影响力甚盛，达到了历史的最高潮。智旭思想的形成与确立，显然有经教的理据，以教证禅的研修取向，实为“经教之禅”，或者说是“《楞严》之禅”。这种禅法与现实宗门的通行禅法之间，无疑具有相当大的差异。于此，他提及与博山无异禅师的会谈法缘，是其修行生涯之中一个关键性的时刻。在会谈中，智旭明了末世禅病为何，深痛之，从而改变了他的修学观——由猛志究禅到兼教、兼律的修学，以研律习教补末世之禅病。智旭在其参学过程中，由于曾出入禅林，故对当时诸多禅弊了解颇深，并见诸其批评性文字，如“末世禅和，不为生死大事，装模作样，诈现威仪，不真实学禅、教、律，徒记两则公案，辨几句名相，受三衣衣钵，以为佛法尽此矣”[①]。此即当时部分修禅之人，不究生死，参禅只是装模作样，诈现威仪，修行已流于形式，佛法徒剩一具空壳。由此更坚定了他兼教、兼律的决心。由儒入佛，由禅入律，以律兼教，摄教归净，这是对智旭思想转变的一种描述。其实，智旭与博山无异会谈之前，于27岁（1625年）、28岁（1626年）两个夏天为友人讲演《大佛顶经》时，多有会心处，本想加以著述阐发，由于此时仍一味宗乘，所以无暇笔述，但其兼教之心已初具萌芽。

智旭初发心时专事宗乘，数年之后始兼涉律、教。其在38岁（1636）时曾自述其学律之因：“念念趋向宗乘，教律咸在所缓。后因几番逼拶，每至功夫将得力时，必被障缘侵恼。因思佛灭度后，以戒为师。然竟不知受戒事，何为如法，何为不如法？”[②]此外，智旭于《梵网合注自序》亦提及，当他猛图出世，矢志参禅时，虽数发悟解，却克证无期，于是“念宿因力薄，应兼戒、兼教以自熏修”[③]。所谓宿因力薄，则修定仍须戒、慧以相辅相成；若宿因力强，戒、慧之熏习已有成就，则此世修定可以很快进入状态。而智旭念及自身无此福德善根，所以其修行仍须兼戒、兼教，而不能一味地参禅。

除了自身因缘之外，还有他痛心正法衰替，戒律不明，而有学戒之动机。如其27岁在《寄剃度雪岭师》一文中，痛陈今世有“三可痛”苦：

> 毗尼法，三学初基，出世根本，僧宝所由得名，正法赖以住世。而罕有师

① 智旭：《灵峰宗论》卷二之二《示汉目》，《蕅益大师全集》第6册，第250页。
② 智旭：《灵峰宗论》卷六之一《退戒缘起并嘱语》，《蕅益大师全集》第6册，第869页。
③ 智旭：《灵峰宗论》卷六之二《梵网合注自序》，《蕅益大师全集》第6册，第912页。

承，多诸伪谬，遂令正法坠地，僧伦断绝，一可痛也。三藏教，修行之径，出苦之要，而依文解义，罔知观心，废先哲旧章，涂一时口耳，遂令禅门诃为葛藤糟粕，二痛也。宗门一著，本为上上根点铁成金，今但作门庭施设，道理商量，不堕狂罔无知，便堕杂毒知见，更有去施设埽道理者，多落暗证窠臼，盲修瞎炼，实是险涂，无上妙法，流弊至此，三痛也。第一可哀愍者，借佛法图名利，无实为人之心。二者，但知己长，不知人长，但见人短，不见己短，株守一得，向无佛处称尊，不能放下面皮，打破局量，从千万人脚跟下穿过。三者，但为大以欺佛，不思三界无安，言净土不必生，弥陀不必念，中郎判为唯心堕，圆实堕，确论也。”①

智旭31岁时，随无异禅师至金陵，盘桓百日，“尽谙宗门近时流弊，乃决意宏律”②。因此在27岁至32岁期间，智旭曾仔细阅读《律藏》达3次之多，并感叹：“予三阅《律》，始知受戒如法不如法事。彼学戒法，固必无此理，但见闻诸律堂，亦并无一处如法者。”③由此，他开始了对佛法真义之探究。

（三）会三归一，戒教匡救

50至57岁是智旭出家修学的晚期，其“禅、净、教三者为一，诸宗会归一致”的佛学思想体系已臻完善。在此期间，其论述主要是对《大乘止观法门》《楞伽经》《起信论》之内容和天台教理关系做了进一步地梳理，而其修行观却表现为一心一意求生西方净土。据弘一大师在其所撰《蕅益大师年谱》中所述：

大师一日顾成时师曰：“吾昔年念念思复比丘戒法，迩年念念求西方耳。”成时师大骇，谓何不力复佛世芳规耶？久之，始知师在家发大菩提愿以为之本，出家一意宗乘。径山大悟后，彻见近世禅者之病，在绝无正知见，非在多知见；在不尊重波罗提木叉，非在着戒相也。故抹倒禅之一字，力以戒、教匡救，尤志求五比丘如法共住，令正法重兴。后决不可得，遂一意西驰。冀乘本愿轮，仗诸佛力，再来与拔。至于随时著述，竭力与讲演，皆聊与有缘

① 智旭：《灵峰宗论》卷五之一《寄剃度雪岭师》，《蕅益大师全集》第6册，第719—720页。
② 智旭：《灵峰宗论》卷首《八不道人传》，《蕅益大师全集》第6册，第32页。
③ 智旭：《灵峰宗论》卷六之一《退戒缘起并嘱语》，《蕅益大师全集》第6册，第870页。

下圆顿种，非法界众生一时成佛，直下相应，太平无事之初志矣。[①]

于此可见，正是智旭大师佛学理论的成熟完善，使其对当时佛教存在之流弊有了更加深刻的认识，而通过多年的修行实践，智旭深深认识到，其教理虽善，然与时俗相违，而曲高和寡，了悟者几人而已，虽以教、律之力以救，终因时弊太深，终不可得。因此有"宗庭独立除荒草，教律谁能共执柯"[②]，终留"法门寥落少知音"之叹。[③]

近人将智旭思想或纳入天台，或入净土，然从其学术思想发展过程看，他是反对教、宗分化的，从其晚年自号"八不道人"即可明了。他主张教理和修证并重，因此天台、贤首、唯识、禅宗、净土等宗的思想，都是其整体佛学思想的有机组成。智旭是晚明研究唯识学的学者中，对唯识学研究最为透彻的学者之一。与他人研究唯识相宗经论的态度相比，蕅益大师要审慎得多。他将唯识研究的旨趣与对唯识的具体研究，将对唯识理论的基本态度同唯识研究中的具体观点，恰当地拉开距离，尽量在符合唯识原意的基础上，将其纳入性相融通的体系当中。作为晚明唯识学的总结性人物，智旭通过对前人"性相融通"思想的发展，对唯识理论以新的阐释，并将其与天台、戒律、净土、禅宗等宗的思想融会结合，构建、发展和完善了其"禅、净、教三者为一，诸宗会归一致"的佛学思想体系，从而将晚明唯识思想研究和佛教义学研究推到了一个新的历史高度。可以说，智旭的佛学思想代表了晚明时期佛教义学的最高学术成就。

---

① 弘一：《蕅益大师年谱》，《弘一大师法集》第2册，台湾新文丰出版公司，1994年，第1102—1103页。
② 智旭：《灵峰宗论》卷十之二《病余写怀四绝》，《蕅益大师全集》第6册，第1497页。
③ 智旭：《灵峰宗论》卷十之四《坐狎浪楼二首》，《蕅益大师全集》第6册，第1560页。

第四节

晚明江南居士佛教群

前面我们阐述了晚明四大师中金陵佛缘较深的三位对佛教复兴做出的卓越贡献，其重大影响成果之一便是推动了明末江南居士佛教繁荣，使大量的士绅加入佛教信崇群体，从他们亲近的高僧那里寻求信仰和修持方面的开示和指导，同时以佛教居士身份参与佛教活动，捐助支持刻藏、兴寺等佛教文化事业，反之，缙绅居士也对佛教复兴做出了不可磨灭的贡献。因此可以说，晚明佛教复兴实际上是在特定的社会历史条件下高僧和居士共同努力的结晶。据圣严法师研究，明末居士群有两大类型：一类是亲近出家的高僧而且重视实际修行的；另一类则信仰佛法、研究经教却未必追随出家僧侣修学的读书人。第二类型的居士，大抵与阳明学派有关，所谓阳明学者的左翼（一般称为泰州学派），便是理学家之中的佛教徒，而且这一批居士对明末佛教的振兴，有其不可埋灭的功劳。①

钱谦益尝作《书金陵旧刻法宝三书后》称："当嘉靖中，士大夫之崇信佛乘者，公（金陵少宗伯殷秋崖）与故太宰陆庄简公为最。陆以弘护金汤为能，而殷以精研性相为要，皆法门龙象，自具金刚眼睛者。"金陵少宗伯殷秋崖先生，手订《楞严解》10卷，采录《华严合论》精编为《华严约语》4卷，又得《宗镜会要》于长干精舍，锓梓行世。70余年后，滇南陶仲璞太守从殷氏诸孙获其版，将募送嘉兴经藏，以广流通，而钱谦益应请书其事。② 钱谦益于此指出了明中叶嘉靖以来的士大夫居士佛教中之翘楚，以殷迈和陆光祖二公为最，他们皆官居高位而"崇信佛乘"，殷迈为礼部侍郎，陆光祖为吏部尚书，皆可称之宰官居士中的"法门龙象"。而与陆稍有不同的是，殷迈"精研性相""自具金刚眼"，这一点从殷刻"法宝三书"就能看出来。

---

① 圣严法师：《明末佛教研究》，宗教文化出版社，2006年，第213页。

② 殷迈（1512—1581），字时训，号秋溟，又号白野，直隶南京人。嘉靖二十年（1541）进士，授户部主事，历江西参政、南京太常寺卿。万历初年，升南京礼部右侍郎，管国子监祭酒事。万历五年（1577）闰八月初四日，因其家僮为监生茅迪吉等痛殴重伤，遂以病致仕。九年卒，年七十。"少宗伯"为礼部右侍郎之别称。"金汤"即固若金汤之省称，意谓居士护法坚固，不使衰败。（钱谦益：《初学集》卷八十六，题跋（四）《书金陵旧刻法宝三书后》，《钱牧斋全集》第3册，上海古籍出版社，2003年。）

一 理学背景的佛教居士

陆光祖为明末士大夫中第一檀越，以他为代表的信佛的士大夫大多被僧家称为“宰官居士”，他们一般以佛门“金汤”护法自居。官位越高、能量越大者，即称“大护法”或“大檀越”。像宋濂和陆光祖都被同时代的高僧称为大护法，称得上是明代宰官居士的卓越典型。然而还有不少文人士大夫虽雅称“居士”，但他们与高僧交游不多，并不时时围绕高僧寻求信仰和修行指导，而更多的是居家研读佛经，心向佛门，学术上倾向儒佛会通、三教合一。这样的佛教居士多为阳明心学人士，亦称“理学（心学）居士”。如金陵焦竑、殷迈等人即为其典型代表，钱氏所谓“自具金刚眼睛者”。

明代在家居士对佛教的研究，几乎形成一种风气。宋濂、李贽、袁宏道、瞿汝稷、王宇泰、焦竑、屠隆等人，都对于佛学有相当理解力，还著有许多有关佛学的著作。宋濂为明初翰林学士，“开国第一文臣”，曾三阅《大藏》，著有《宋学士文集》。其所撰高僧塔铭等文字三十九篇，袾宏辑成《护法录》，为元末明初佛教史传的首要文献资料。李贽出入儒释之间，尤好禅宗，著有《文字禅》《净土诀》《华严合论简要》等书。袁宏道与兄宗道、弟中道三人，俱以文章知名。他初学禅于李贽，后归心净土法门，撰有《西方合论》，宣扬净土。瞿汝稷博览内典，汇集禅门宗师语要，撰《指月录》32 卷，盛行于世。王肯堂精于医学，学佛研习唯识，著有《成唯识论证义》。焦竑长于文字，举进士第一，与李贽往来论学，因归心佛法，著有《楞伽》《法华》《圆觉》等四经的《精解评林》各 2 卷。屠隆是著名的文艺家，晚年学佛，著有《佛法金汤录》3 卷，驳宋儒排佛言论。其他缙绅居士如严讷、虞淳熙、庄广还等人，多从袾宏修习净土法门。庄广还编有《净土资粮全集》6 卷。真可、道开之倡刻方册《嘉兴藏》，多得力于袁了凡、陆光祖、冯梦祯、于中甫、贺知章、陶望龄等宰官居士护持。这些居士对于明末佛教之复兴无疑起着不可缺席的莫大作用。[①]

根据《居士传》及相关资料，可将理学背景的佛教居士列表如下：

① 参见彭际清：《居士传》卷三十七至四十六，《卍新续藏》第 149 册。

| 表 6.4 《居士传》中具有理学背景的佛教居士 |

姓名	与理学家的关涉	《居士传》
李卓吾	其学不守绳辙，出入儒佛之间，以空宗为归，于时诸老师，独推龙溪王先生、近溪罗先生，尝从之论学。又尝与耿天台、邓石阳，遗书辩难，反复万余言，抉择世儒情伪，发明本心，剥肤见骨。	卷 43
管志道	管登之名志道，太仓人，学者称东溟先生。为诸生，笃学力行，隆庆初知府蔡公建中吴书院，以登之为师，集诸生讲学。尝曰：世必有遁世不见知而不悔之志，而后可以载道。五年(1571)举进士，除南京兵部职。方司主事，以父忧归。服除，补刑部主事。万历初，出为广东按察司佥事分巡南韶道。(管氏乃是王阳明的第三代，其关系为王阳明—王心斋—耿定向—管志道。)	卷 44
杨贞复	名起元，号复所。广东归善人。万历初登进士第，授翰林院编修，累迁吏部侍郎。早岁读书白门，遇建昌黎允儒，与之言学有省。允儒为罗近溪弟子。其后贞复官京师，近溪适至，遂受业称弟子。时执政者不悦学，近溪遂南归。贞复叹曰："吾师老矣，今者不尽其传，异时悔可及乎?"乃移疾归，依近溪以卒业。居闲究心宗乘，慕曹溪大鉴之风。遂结屋韶石，与诸释子往还。重刊法宝《坛经》，导诸来学。	卷 44
陶周望	名望龄，号石篑居士。浙江会稽人。万历十七年(1589)举会试第一，成进士，授编修。与同官焦弱侯相策发，始研求性命之学。已而请假归，过吴江，与袁中郎论学三日。上剡溪，谒周海门，参叩甚力。每自抚膺曰："此中终未稳在。"一日读方山《华严合论》，手足忭舞，语弟奭龄曰："吾往者空自生退屈也。"周海门尝致书诘其所得。万历三十一年(1603)妖书事起，沈一贯当国，欲借以陷沈鲤. 郭正域。周望诣一贯切责之，愿弃官与沈郭同死。弟奭龄亦好禅学，崇祯中与蕺山刘子讲学阳明祠，从之者甚众。	卷 44
殷时训	名迈，号秋溟居士，应天人。早岁肆业南京国子监，与江西何善山游，闻阳明王子之学，又受教于司业欧阳南野。遂屏居山寺，反求诸心，期于自得。嘉靖二十年(1541)登进士第，授户部主事。历官贵州提学副使，乞假归。隆庆初以荐起浙江提学副使，迁南太仆卿。久之起南太常卿，旋以礼部侍郎管南京祭酒事。闲居耽释氏书，从《楞严经》金刚乾慧发悟。晚栖天界寺，息心禅定，持戒精严。虽老衲子不过也。	卷 42
焦弱侯	名竑，应天人。万历十七年(1589)举进士第，有司欲为建坊，弱侯谢之，请移赈饥民。除翰林修撰，为东宫讲官。为同官所嫉，用科场事被谪，出为福宁同知。再迁为南京司业。初弱侯师事耿天台、罗近溪，已而笃信李卓吾，往来论学，始终无间居，常博览群书，卒归心于佛氏。耿天台尝引程子斥佛语以相诘，弱侯复之曰："伯淳斥佛，大抵谓出离生死为利心。……"晚居南京，以所学倡后进，从者甚众。修念佛三昧。	卷 44
瞿元立	名汝稷，苏州常熟人。元立受业于管东溟，学通内外，尤尽心于佛法。时径山刻大藏，元立为文导诸众信，破除异论。其言曰：世之诞佛者皆比于范缜之神灭也，而神灭非圣人所立教也。夫神也者，妙万物而为言者也，即心也，即道也。范围天地，曲成万物，圣人所以参赞化育者也。同时发愿刻藏者又有曾乾亨、傅光宅、唐文献、曾凤仪、徐琰、于玉立、吴惟明、王宇泰、袁了凡共九人，其文俱刻径山藏中。	卷 44
严　澄	字道彻。其父严讷，人称严老佛，著有《乐邦文类》。师事管东溟，传其学。既又与瞿元立参究宗乘。	卷 40
蔡槐庭	名承植，湖广攸县人。登万历十一年(1583)进士第，历官嘉兴太守，在官日诵《金刚经》，室无长物，炉香经案而已。重兴古楞严寺，禁民间杀牲祀神。其文云：孔子曰敬鬼神而远之，未尝以鬼神为无有也。……盖神明清净，闻人间酒肉污秽厌恶不暇，岂肯鉴尝？故郊祀者止用淡酒，承祭者戒酒戒荤。晚岁结草庵为念佛会，导诸卖菜佣同回向净土。	
袁中郎	初学禅于李卓吾，信解通利，才辩无碍，已而自验曰："此空谈，非实际也。"遂回向净土。	卷 46
蔡惟立	惟立少好阳明子之书，万历四十七年(1619)成进士，授杭州推官，寻迁礼部主事。崇祯初由主客郎中，出为江西提学副使，发明良知之学。	卷 51
金正希	初好阳明、近溪之学，为文洞达原本。	卷 52

以上所举见于《居士传》记载的共有12位，另于《居士传》中有传却未提及系理学家出身者，例如赵大洲贞吉居士，乃是王心斋的再传、王阳明的四传，他是徐樾的学生。《明儒学案》即录有赵大洲贞吉先生的学案。他在当时的儒士之间，拥有很高的影响力。明末的这12位居士，与理学家的渊源特深，尤其是与阳明学派的关系最为密切。他们在学术上共同倾向于会通三教。赵大洲的《二通》，将儒学称为“经世通”，佛学称为“出世通”，阐述他的儒佛会通的思想。①

另有以儒家之说解佛经者，如薛元初及陶周望。甚至有一位朱白民，认为《四十二章经》及《佛遗教经》乃是“佛门《论语》”。②庄复真“少为儒，已而学医，年四十余，颇灭世事，遂从事养生术，久之致疾。一旦睹花开落，悟身无常，即毁园闭关坐禅。朱白民亲死，乃弃诸生，学长生术，远游至四岳，登天井，黄绦道服，掀髯长啸，见者以为仙也。已而参云栖宏公，探求法要。”③紫柏真可的《紫柏老人集》卷四《示阮坚之》的法语中，述及儒与道及佛法之会通点。智旭曾为金陵“三教祠”作募缘疏，文内说：“自心者，三教之源，三教皆从此心施设。”④

二 | 高僧交游的佛教居士

明代中叶，自宣宗至穆宗（1426—1572）100多年间，佛教各宗多趋衰微。但到神宗万历时期（1573—1619），名匠辈出，形成佛教的复兴气象。这个时期最重要的人物，是云栖祩宏（1535—1615）、紫柏真可（1543—1603）、憨山德清（1546—1623）、蕅益智旭（1599—1655），并称明末四高僧或四大师。每位大师身边都吸引和凝聚了一批缙绅居士，形成“高僧—居士”互动频仍、密切结合的交游圈。这些缙绅居士以江南出身或在江南为官的士大夫为主，跟四大师弘化区域紧密相关。

① 参见彭际清：《居士传》卷三十九，《卍新续藏》第149册。
② 参见彭际清：《居士传》卷三十八、卷四十四、卷四十八，《卍新续藏》第149册。
③ 彭际清：《居士传》卷四十二、卷四十八。
④ 智旭：《灵峰宗论》卷七之四《金陵三教祠重劝施棺疏》，《蕅益大师全集》第6册，第1186页。

圣严法师在其早年博士论文《明末佛教之研究》中指出,“到了公元 1425—1567 年的百余年间,佛教的人才奇缺,势力不振,直到明末的万历年间(1573—1619),始有复苏的气象。此乃由僧侣人才的出现和居士佛教的活跃而来。”“明末的居士们,多半是与某一位高僧之间有关系,也有几位居士和数位同时代以及两代的高僧之间有酬对。当然,未见于《居士传》的明末其他僧侣,未必即与这些居士们之间没有来往,但他们对于当时的士大夫阶级的居士们,并未产生决定性的影响力,当是可想而知的事。”①

从居士人才的考察而言,明末极为隆盛,清朝的彭际清所编的《居士传》,共计 56 卷,自第 37 至 53 卷,为明代居士的传记,其中只有 4 人是万历以前的人,其他的有 67 人的正传及 36 人的附传,均属于万历年间以至明朝亡国期间(1573—1661)的人物。② 也可以说,当时的中国佛教,既有了僧侣人才的辈出,也有了居士人才的陪衬,所谓红花绿叶扶,正因为有了许多杰出居士的护持三宝,僧侣佛教才显得非常活跃。

明末的居士,以他们的社会地位而言,大多数属于士大夫阶级,以读书而入仕为官,乃是当时的最好出路。由于他们是为考试官吏的资格而读国家指定的儒学经典,所以他们是站在儒家的立场,甚至有人受了朱熹(1130—1200)学说的影响,原来是反对佛教的。信佛之后的居士们,大多仍出入于儒、释、道三教之间,往往以儒家的孔、孟言论来解释或说明佛教的经典。有人把学问分成二门,一为经世的,一为出世的,儒为经世之学,佛为出世之学。另外有些居士,以儒学为基础,学长生不死的仙术,再转而学佛。因此,明末居士的思想,富有儒、释、道三教同源论的色彩,这是无法否认的事实。这在当时极负盛名的四大师的著述中,亦可看到同样的倾向。

以地理的分布言,明末的文化中心,随着政治势力的消长而向南方迁移:明末的名居士,大多出生于黄河以南尤其是长江以南,北方的居士甚少。当时的儒家学术的中心也在这个区域。特别是王阳明(1472—1528)学派的活动,给佛教

---

① 本节多参圣严法师:《明末佛教之研究》,宗教文化出版社,2006 年,第 200—213 页。

② 彭际清的《居士传》撰于公元 1770 至 1775 年,整整 5 个年头,其资料百分之五十系根据佛教的史传,余则别征一般的史传、诸家文集、诸经序录、百家杂说,统一写作而成列传 56 卷,详其人道因缘,成道功候,俾有志者,各随根性,或宗或教或净土,观感愿乐,具足师资。其编写宗旨,具见于篇首的“发凡”。此书被收于《卍新续藏》第 149 册。

的影响很大。中国的儒家学者，不论是激进派如朱熹之徒，或温和派如王阳明，在基本观念上，都是不赞成佛教“无父无君”消极出世思想的。但是王阳明的心学思想，取自佛教者不少，故到他的第三代泰州学派之中，也有好些杰出的人物，在发扬儒家教义的同时，信奉佛教，或曰儒表佛里，弘扬佛法。

佛教之所以能够吸引读书人或士大夫来信奉它，主要还是由于学术研究的公开，中国史上虽曾有过禁止佛教与摧毁佛教的政治行为，但在漫长的历史过程中，那只是几次短暂的事件而已，儒家虽站在反对佛教的一边，却未以政治手段来压制佛教。因此，不论你赞成或反对，均有自由研究佛教及阅读佛书的机会。在明末的居士之间，最受重视的佛教经典，有《金刚经》《阿弥陀经》《法华经》《华严经》《楞严经》《心经》《圆觉经》《四十二章经》《佛遗教经》《六祖坛经》《五灯会元》以及《大乘起信论》等经书。最值得注意的是，当时的居士之中，除了诵经、念佛、参禅之外，也重视持咒，最流行的咒文是《准提咒》，且有结社持诵咒来忏悔修行的风气。事实上，当时的中国佛教界，流行着禅、净、密、律等诸宗融合的思想，当时这一思想的代表人物就是被后世尊为明末佛教复兴的“四大师”。迄今为止，中国佛教仍然受着这一倾向的支配；不像日本的大乘佛教，他们的各宗之间保持着严密界限。

三 “文宗”钱谦益与佛教复兴余波

钱谦益为明末清初时代的“文宗”，与晚明佛教复兴四大师关系密切，尤其在四大师寄望的明代僧史著作的汇集编订并梓刻等佛教文化上，他做出了卓越贡献。然而后世学者有指斥钱谦益以明朝旧臣投靠清廷，借奉佛以“隐愧丧”，论定牧斋昌言佞佛，非真奉佛，不过借佛门中人事以“浇块垒”“自明衷曲”而已。也有研究认为，此说并不周全。钱谦益生活于佛教气氛极为浓厚之家庭，自其祖辈起，大都崇奉三宝，故钱谦益自童时即习知奉佛，亦常理中事。另外，其常熟宗族中与钱谦益至亲之顾氏、瞿氏及严氏，皆礼佛虔敬之甚。因此可知钱谦益入清前即奉佛，他并非借奉佛而隐瞒投清之隐情。

钱谦益（1582—1664），字受之，号牧斋，又号东涧老人、蒙叟。钱谦益是明清易代之际的文坛盟主，却与佛教渊源甚深。钱氏自述曰：“余为儿时，每从先君游破山寺。……长而卒业，壮而缚禅，栖息山中，往往经旬涉月。”[①]“万历己亥之岁，蒙年一十有八，我神宗显皇帝二十有七年也。帖括之暇，先宫保命阅《首楞严经》。”钱谦益刚成年时，其父亲即命之研习教乘，阅《首楞严经》。钱谦益曾说：“余于三大师，宿有因缘。云栖曾侍巾瓶，海印亲承记莂，而紫柏入灭之岁，梦中委受付嘱。”又曰：“东海征心，少依讲席（指东溟管志道）；牢山悬镜，长侍巾瓶（指海印憨山大师）。”

管志道（1536—1608），字登之，号东溟，明太仓人，所居近东海，人称“东溟先生”。管志道于隆庆五年（1571）中进士，名重一时，从者众多，著书数十部，力主儒释道三教并行不悖。崇祯元年，“门人常熟钱谦益”所作《管公行状》中说：“谦益少游于梁溪，故独喜谈公之书，私淑者数年。丁未之秋，执弟子礼，侍公于吴郡之竹觉寺。公老目衰矣，晨夕训迪不少倦。”钱谦益的学术思想受东溟先生影响，“公之论学，贯穿千古，未尝不以姚江（致良知）四语为宗……姚江以后，泰州之学方炽，则公之意专重于绳狂。泰州以后，姚江之学渐衰，则公之意又专重于贬伪。尝以两言蔽之曰：‘从心宗起脚，而不印合于应世之仪象者，皆狂也；从儒门立脚，而不究极于出世之因果者，皆伪也。’渊乎微乎！其思深，其虑远，其犹作《易》者之有忧患乎？公虽不居师道，而其言可以为百世师也，又何疑乎？”管志道有《护法篇》论及儒者护教，曰“有所谓金汤外护者，则属之国王大臣，其重有加于内护”。[②]这些都深刻影响了钱谦益在明末三大师之后护持佛教正法，“绳狂”“贬伪”等正标示他的下手处。

钱谦益对时政之评论，往往于奉佛护法之文字中发微，其要义有三：人主之奉佛与否，与国运之盛衰密不可分；士大夫之谋人军师国邑者，应效佛门僧徒谋浮屠塔庙之诚；为重臣者，宜以明初文臣宋濂之以佛法事太祖为典范。他精心整理编订了云栖袾宏辑的宋濂《护法录》。宋濂是明初佛教界一位相当重要的佛教居士，他不仅是明初重要的文学家、佛教行者，同时也是佛教史学家，更重要的是他将佛教经世的思想运用在政治上，憨山大师称赞他：“方今世道浇离，法门寥落之秋，非大力量人出，谁为匡持？尝谓匡世道在正人心，护法门在正知见，然正人心，必以正知见为本。…… 谛观宋濂之学，实出于此，故能羽翼圣祖，开万世太

① 钱谦益：《初学集》卷二十九《破山寺志序》，《钱牧斋全集》第3册，上海古籍出版社，2003年，第318页上、下。
② 贾素慧：《宋文宪公护法录研究》，上海大学2016年博士论文，第30—31页。

平之业，读《护法编》，未尝不抚卷而叹也。”可知憨山对宋濂本人及其《护法录》一书的推崇。

宋濂《护法录》除保留了明初佛教高僧的宝贵史料之外，对身处明末的憨山与钱谦益而言，还有三层重要的意义：第一，它代表了明初明太祖对佛教所抱持的肯定态度，所谓“佛氏之教，幽赞王纲”是也。相反，佛教之衰微必影响国运，这种逻辑观是一个重要的观念。第二，居士在护持正法与维持国运两方面皆举足轻重，自古以来未有君臣如明太祖与宋濂者，能够以佛法用于经世，同时也以政治权力护持法门兴盛。第三，憨山指出，《护法录》一书“即禅宗之传灯也，其所重在，具宗门法眼”，若早日刻成此书，则“法门早受一日之惠也”。所以，不论是在宋濂个人对佛教经世思想的实践，或是他对禅宗史传上的完成也好，其所代表的象征意义，正是明末佛教界所极为缺乏的——救时事之弊（佛教经世）、救法门之弊（僧传、灯录的整理）。而宋濂所塑造出来的典范，正是钱谦益一生所追求的。同时，这也是憨山大师对钱谦益的期望。

钱谦益所致力的目标正是如明初宋濂所作的——立僧史，正清流，“示末法之仪的，起众生之正信也”。而其背后更积极的目的便是打击当时佛教社会正邪不分、佛魔不辨的伪乱现象。钱谦益立僧史，并不是为了家户门派，而是纯粹出于学术上的兴趣。当他在学术上的兴趣遇到了佛教社会实际的需求时——例如，觉浪大师曾想为曹洞宗撰写僧史录，写信给钱谦益询问应注意的问题——钱谦益则建议向尊宿们请益：近代紫柏、海印（憨山）之外，有密藏开公，具金刚眼睛，能烁破四天下，闻其残编断墨，详论禅、讲二家诸方，尚有遗留者，应一访求以资择法之眼。

钱谦益早期所接触的僧侣有云栖、憨山、雪浪等人，其中他以憨山皈依弟子自居。编《紫柏别集》则称“虞山白衣、私淑弟子”。但是，考查憨山大师在万历年间的活动范围，就可以知道，他与钱谦益面对面的接触只有在他从曹溪北上，东游前往径山的路上，路过虞山与钱谦益有过一面之缘而已。但是钱谦益却从此对他大为心折。在憨山示寂后，他专门写信给憨山在岭南弟子收集其遗著，为憨山立史传的志愿，成为他弘正法、辟禅魔首要完成的目标。不仅对憨山如此，钱谦益对紫柏大师也有相同的自我期许。基本上，钱谦益在明末尊宿的身上以及他们的佛教理念中，找到他对佛教批判的重点：立僧史、辟伪禅、显正法。

据研究，钱谦益所处的环境大约是明万历三大师的晚期，所以他与三大师交往的时间并没有太多;但是,因为他早年受到万历三大师启蒙的缘故,谦益终其一生以三大师的佛教理念为其佛教批判的圭臬,也以三大师在世时未完成的佛教中兴事业作为他自己终生奉行的目标。换言之,虽谦益与之交往的时间不长,而且他自万历以来,汲汲于朝宦,也无法长时间地亲侍在侧;但是,万历三大师对其佛教观念的影响,可以说是较为重大的。基本上,钱谦益往往是以继承憨山、紫柏之遗志者自居的。[①]

钱谦益早年也曾亲近于华严大师雪浪洪恩(1545—1608),并在中年以后与雪浪大师系下的法孙苍雪读彻(1588—1656)及白法性琮(1576—1659)等人多所交游。当时的华严诸大师都是博学好文能手。他们提倡华严讲教,最主要的原因还是在于提倡大家所忽略的义学。故他们经常主持讲经活动,这对江南一带习禅的文人而言,可以算是带动了一股研经的风潮。对谦益而言,他认为这才是遏止禅宗空谈流弊的最主要方法。而谦益与华严大师之间的共识是建立在对《华严》经典的重视上,当然也包括了对当时华严诸师所擅长的《唯识》《楞严》等经典的研究。当时华严诸师在江南举行讲筵,正是为了对治禅宗过于空洞的流弊,这也是钱谦益在佛教界极力提倡的一个重要观念。另外,与钱谦益兴趣相同的是,华严诸师对世间学问抱持着肯定的态度,他们所透露出来"能诗善讲、博通内外"的文人气质也受到当时江南地区士子的欢迎。

继憨山、雪浪等晚明诸大师寂灭之后,钱谦益便向曹洞、临济宗僧展开了他与禅门人脉的交往。比如,与临济宗僧的往来,第一个时期是因钱谦益撰《天童密云禅师悟公塔铭》而引起临济内部的诤讼——密云第二碑之诤。第二个时期是因反清而与继起弘储(1605—1672)有相当密切的往来。与洞宗大师的往来,最主要是以觉浪道盛(1578—1657)、无可大智(1611—1671)一脉,以及据地广东的无异元来(1575—1630)系下的宗宝道独(1599—1660)为主,他们也可以算是反清禅师的代表,尤其南方的宗宝系下,是反清遗民的一大汇集处。但是在这现象的背后,更值得重视的是:明亡以后,明末遗民逃禅现象非常普遍,钱谦益向传统禅门找寻反清的支援仍有待深入研讨。与其说钱谦益在明亡以后对佛教人物的评价特别强调"忠孝"与"佛性"的价值统合,毋宁说他更多地将"反清"的事业当作一种道德的实践。他在文中常常提起大慧宗杲禅师(1084—1158)的名言

---

① 参见连瑞枝:《钱谦益的佛教生涯与理念》,《中华佛学学报》1994年第7期。

“予虽学佛者，然爱君忧国之心与忠义士大夫等”，这多少表达了他对佛教救世的理想及他对“复明”的意愿。

钱谦益曾经提到他为佛教人物立传的三个原则：一曰授受师资，系法脉啮节则书。二曰讲演经论，系教海关键则书。三曰道场住持，系人天眼目则书。钱谦益与佛教有深刻之因缘，他以明初开国文臣宋濂为楷模，在他自己所处的时代中，极力扮演佛教“金汤护法”的角色，护持明师正法的同时，也辟狂魔、辟伪禅，还完成《憨山大师梦游全集》《紫柏尊者别集》的收集、编纂、梓刻等事。对明末佛教的史传工作，可谓做出了相当大的贡献。

钱谦益在士人节操方面虽不免怯懦，但他在诗文中浩气长存。时人吴梅村记述：瞿稼轩（式耜）得诗句曰“二祖江山人尽掷，四年精血我偏伤。”钱宗伯谦益为诗哭之，得百二十韵。其叙《浩气吟》，文词伉烈，绝可传。稼轩在囚中，亦有《频梦牧师》之作。盖其师弟气谊，出入患难数十余年，虽末路顿殊，而初心不异，其见于诗文者如此。余亦为诗《哭稼轩》曰：“万里从王拥节旄，通侯青史姓名高。”①

① 吴伟业：《钱谦益与瞿稼轩》，载《吴梅村全集》，上海古籍出版社，1990 年，第 1146—1147 页。

第七章　明代南京的佛教寺院

洪武元年(1368),明太祖朱元璋定鼎金陵,建立大明王朝,改金陵为南京,并于洪武十一年(1378)改南京为京师,正式定都南京。永乐十九年(1421),明成祖朱棣正式迁都北京,与此同时将南京降为留都,南京的政治地位也相应降低。崇祯十七年(1644),李自成攻入北京,明思宗朱由检自缢身亡,同年吴三桂引清军入关。南明弘光元年(1645)清军占领南京。

明代南京佛寺的发展即是在明代南京城278年的历史背景之下展开的。在这期间,虽有明世宗禁佛之举曾对南京佛寺带来的沉重打击,然而有明一代的南京佛寺在整体上还是呈现出蓬勃发展的局面,佛寺兴建规模达到南京佛教史上的顶峰。这与南京在明代特殊的政治地位,以及经济文化的快速发展、高度发达有莫大关系。此外,明太祖对于佛教采取的保护与整顿措施,以及较为普遍的存在于官民间的浓郁佛教信仰等诸多因素,都促进了明代南京佛寺的蓬勃发展。

南京城的建设始自元至正二十六年(1366)秋八月,明太祖朱元璋下令开始改建金陵旧城,并填筑燕雀湖而作新宫于钟山之西南①,此后逐渐拓建城郭、修建城墙,至洪武二十六年(1393),建成外郭,前后历时28年②。由内而外依次形成宫城、皇城、都城、郭城等四重城垣。至此,南京城的布局基本完整地建立起来,并在随后的200多年几乎没有发生任何变化。稳固的城池为南京佛寺发展带来了极为有利的条件。

在经历了元末多年的战争以后,金陵佛教受到了重大创伤,大批寺院圮毁,无人修复,"江淮南北,所谓名蓝望刹多化为灰烬之区,而狐兔之迹交道,过其下者无不为之太息"③。在这样的背景之下,明太祖在建国之初就对佛教开始了大力的提倡与保护,并撰写文章认为佛教"利济群生","阴翊王度,暗理王纲",认为佛教有利于国家社会的稳定,佛教的教化功能应该得到充分发挥。鉴于元朝统治者信佛、佞佛所带来的一系列弊端,明太祖在对佛教大力提倡与保护的同时,也采取了严格的限制与整顿。在以上两方面的基础上,明太祖制定了一系列的

---

① 甘熙《白下琐言》卷四:"金陵城东北,旧有燕雀湖,一名前湖,明祖填为大内。"

② 参见范金民等编著:《南京通史·明代卷》,南京出版社,2012年,第94—95页。其中对于南京城的营造时间有专门论述。按照《大明会典》记载:"凡京师城垣,洪武二十六年定。"以公元1366年开始营造至洪武二十六年(1393)为止,前后历时28年。而书中作者认为在洪武二十六年(1393)以后仍有营建的情况。故其认为:"以南京城墙的大规模营建而言,则自公元1366年至1398年尚未完工,前后达33年。"1398年尚未完工,是指朱元璋于是年逝世,其时南京城的规模已经完备,其后建文、成祖时期对南京城仅仅是修葺和补缮。然而在1393年时,南京城的整体格局已经确定,故在此采用《大明会典》中的说法。

③ 宋濂:《句容奉圣禅寺兴造碑铭》。

佛教政策，其中最为主要的有：区分禅讲教三类佛寺与僧人，制定严格的僧籍制度，严格禁止私创寺院，设定僧司衙门等。这些政策基本奠定了明王朝佛教政策方针的基础。明代南京佛寺的发展与这些佛教政策的制定实施有密切关联，关于佛教管理政策的具体内容将在下文进行详细论述说明。

明太祖定鼎金陵，改金陵为南京，正式定都南京，这是在中国历史上南京首次作为统一国家的首都。明代南京作为首都 50 余年，五府、六部等国家机构在南京建立起来，南京成为全国的政治中心。永乐十九年(1421)，明成祖迁都北京，南京由首都一变为留都。虽然南京不再是全国的政治中心，但作为留都的南京仍然保留着五府、六部等机构，设有南京守备，官绅众多。在此后的 200 多年历史中，南京的政治地位仅次于北京，仍然是官员众多之地。

由于明代强化中央集权制，明太祖召集当时佛教界许多高僧大德，如著名的楚石梵琦、宗泐、碧峰、力金等人参加钟山法会。此后这些高僧或留住南京寺院或返回。明初这些高僧的到来为南京佛教的发展带来了极为有利的影响。随着明太祖建都南京之后，明王朝开始改变战争以来的萧条，社会开始逐步稳定。一大批文人学士聚集在南京，他们或为科举或为游览，极大地推动了南京文化的发展。

明代南京的农业、手工业和商业都得到了极大发展，经济发达，是全国重要的经济中心。南京的农业在明洪武时期得到了迅速恢复与发展，明太祖多次下令各地兴修水利，开垦荒地，疏通河道，鼓励种植桑、棉等农作物，发展多种经营。在诸多政策条令与农民的辛勤耕作下，明代南京发展为全国重要的农业生产基地。城市手工业在明太祖积极的推动下得到了相当的发展。洪武十年(1377)开始，明太祖为发展南京手工业经济，陆续从各地调集工匠，建立大规模的官营手工业。此后，永乐年间，明成祖继续扩大官营手工业的规模，如龙江船厂即从浙、赣、闽等地征调造船工匠 400 余户，并将他们按行业不同，编入城内外坊厢户籍中。官营手工业有 100 多个行业部门，其中尤以造船业、印刷业、建筑业、丝织业最为发达。永乐迁都之后，同时带走了大批工匠，南京的手工业也开始走向衰落。成化年间，出台相关政策后，官府对手工业者的控制开始减弱。手工业者开始了独立的经营，民营手工业得到了快速的发展。丝织业、雕版印刷、工艺品制造业也越来越发达。除了农业、手工业的发展，明代南京的商业也很发达。随着长江与秦淮河水上航运的发达，南京逐渐吸引了全国各地甚至海外商人来此从事贸易活动，造就了南京城市商业的蓬勃发展。[①]

佛教自汉末传入中国以来，至明代已经有1000多年的历史。在这时间的长河中，异域的佛教文化在历代高僧的努力之下，逐渐与中国固有的文化相融合，佛教逐渐转化为中国传统文化的重要组成部分。明代南京民众有着浓厚的佛教信仰，这对于南京寺院的发展有重大的积极推动作用。

综上可见，在重要的政治地位、快速发展的经济、高度发达的文化以及浓厚的佛教信仰等诸多因素的综合作用下，明代南京佛教寺院在历史的长河中展开了蓬勃发展鲜活的局势，成为南京佛教史上重要的篇章，呈现了明代南京佛教兴盛发展的状态。

---

① 何孝荣:《明代南京寺院研究》,中国社会科学出版社,2000年,第57—60页。

第一节
明代南京佛寺的发展过程

有明一代南京佛寺的发展情况可以在时间上分为三个时期①。其一,明初期,从洪武元年(1368)至永乐二十二年(1424);其二,明中期,从洪熙元年(1425)至正德十六年(1521);其三,明晚期,从嘉靖元年(1522)至崇祯十七年(1644)。

明初期,由于明太祖对佛教采取了相应的保护与提倡的措施,并大力在南京兴建、修复了一批寺院,对原有的寺院或赐额或赐田产,极大推动了南京佛教寺院的建设。明成祖在继承明初以来对佛教的基本政策的基础上,对佛教表现出更为亲近的态度,其中尤以敕建大报恩寺最为著名,影响最大。大报恩寺中的琉璃塔是寺中的标志性建筑,早在500多年前就已举世闻名,明永乐皇帝赐封其为"第一塔",欧洲人称它为世界奇观,是"南京之表征"和国外来华游客、商人、传教士向往的圣地。② 明朝初期南京寺院的修复、新建呈现出蓬勃发展的势头。这一时期,明太祖与明成祖以朝廷官方力量兴建、修整了南京的三大刹(灵谷寺、天界寺、大报恩寺)和五次大刹(鸡鸣寺、能仁寺、栖霞寺、静海寺、弘觉寺),规模宏大,殿宇辉煌,极大地推动了明初佛教的发展,彻底改变了元末以来南京佛教寺院相对落后的景况,为明代南京佛教的发展奠定了坚实的基础。

明代中期,随着永乐迁都北京,南京在政治地位上有所下降;与此同时,南京的经济与文化却得到了极大的发展,南京人口数量也逐渐增加起来。这一时期南京寺院发展虽然少了朝廷力量的支持,但明初以来建造的大量寺院、众多高僧的驻锡,以及文人士大夫与当地居民的崇佛等因素,使得南京依然保有着浓厚的佛教文化氛围。明中期诸位帝王虽然有明仁宗、明宣宗重视儒家治国,但对佛教,尤其是藏传佛教,仍然表现出较多崇信。明英宗、明宪宗、明武宗等皇帝,则表现出崇信佛教甚至是佞佛的态度,尤其是明武宗对藏传佛教的崇信更是无以复加。因此,明代中期南京寺院依然得到了持续的发展,僧众、官绅、商人和信士等又继续修建了一批寺院。

---

① 明代南京佛寺发展的分期参照了何孝荣《明代南京寺院研究》中的观点。

② 杨新华主编:《南京寺庙史话》,南京出版社,2003年,第103页。

明世宗嘉靖年间，由于白莲教事件以及朝廷遇到了财政危机，明世宗在部分排佛官员的推动下，采取了一些限制佛教发展的政策措施，禁开戒坛约50余年，这对于明代后期佛教的发展产生了较为深远的负面影响。时任南京礼部尚书霍韬对南京佛教寺院展开了拆毁行动，拆毁寺院达数百所，并收缴、变卖寺院的额外田产，对南京佛寺的发展产生了较大影响，使得在经历了明初、中期的蓬勃发展后，南京佛寺发展出现了一段时间的停滞。即使如此，这一时期仍有很多僧俗信士等群体新建或修整了一些寺院。嘉靖之后，戒坛重开，佛教又重新恢复发展。尤其是明神宗万历年间，南京地区的僧俗官绅等群体又修建了一批寺院，并对已有寺院进行修缮和扩建。万历年间，葛寅亮任职南京礼部主事，在任期间对南京的寺院进行了大力整顿，按照大刹、次大刹、中刹、小刹的原则对南京佛寺进行了分级，并以大刹统次大刹、中刹，次大刹统中刹、小刹，中刹统小刹，以此对南京佛寺实行了严格的统属管理。可以说，葛寅亮对南京佛教，尤其是寺院的整顿、改革，使得南京佛寺发展呈现了崭新面貌。

一 明初官建三大刹和五次大刹

明代初期官建重点寺院主要为明太祖朱元璋时期和明成祖朱棣时期的三大刹，包括灵谷寺、天界寺、大报恩寺，以及五次大刹，包括鸡鸣寺、能仁寺、栖霞寺、静海寺、弘觉寺等。这八座规模宏大寺院的兴建，有力地确立了南京在江南佛教的中心地位，并奠定了南京佛寺分布的整体格局。

（一）明代初期三大刹

1. 钟山灵谷寺

灵谷寺是明代三大刹之一，旧址在钟山之下独龙阜玩珠峰前，现在位于钟山之左胁朱湖洞南，今南京市东郊钟山（紫金山）东南麓，与明孝陵、中山陵毗邻相望。灵谷寺前身可追溯至梁武帝时所建的开善精舍，至今已有1500年的历史。梁天监十三年（514），梁武帝葬宝志公禅师于钟山之阳玩珠峰前，梁武帝的女儿永定公主因崇信宝志公禅师，于是在此处施财创建精舍，名为开善精舍。其后唐乾符年间，改额为宝公院。至宋开宝年间改额为开善道场。太平兴国五年（980），改为太平兴国寺。庆历二年（1042），府尹叶清臣奏改为十方禅院。王安石任职南京时，将钟山上的小寺合归并于此寺，灵谷寺由此开始变得更加宏阔壮丽。建炎年间因战争而毁废。绍兴年间重建，并被列为天下禅宗五山十刹之第三刹。淳熙年间复毁。随后多经毁废与重建，而寺的规模也愈加宏大。至元泰定二年(1325)泰定帝到南京适逢寺灾，故修复而成，并有优赐。

明初时，名为蒋山禅寺。明初，明太祖为修建陵寝而选中钟山独龙阜玩珠峰，因与宝志禅师塔邻近，所以时任蒋山寺的住持僧仲羲于洪武九年(1376)奏请迁寺于钟山之左胁朱湖洞南。明太祖以旧太庙所遗材木施之，又谴亲军5万余人徙塔附于寺。在即将完工时，有术士言："其地湫隘，非京刹所宜。"[①]洪武十四年(1381)住持僧仲羲又上奏朝廷，明太祖下旨言："舍其旧而新是图，拓大其规制，令可容千僧。"[②]并下令命韩国公李善长选择新建地址重修，李善长经反复勘察，"择地于独龙冈之左，西距朱冻湖五里而进"[③]。明太祖于是下令在此地开始兴建蒋山寺，自洪武十四年(1381)九月十一日兴工，经过近一年的修建，于洪武十五年(1382)六月十三日完工。新建的灵谷寺是在原蒋山寺的基础上择地重建，且将当时钟山上存在的诸多寺院的遗址归并于灵谷寺。《金陵梵刹志》卷三《灵谷并括旧寺》载：

> 按志钟山有寺七十所，齐、梁以降递有废兴。至宋王丞相安石并诸小刹于太平兴国寺，而绀园金界半为丘墟矣。国朝摭其地为孝陵，乃归并灵谷寺。昔之棋置星列者，遗址俱在禁垣内，今以一灵谷概之。然其名迹最着，见之志、传凡十有六，曰飞流寺，曰半山寺，曰崇禧万寿寺，曰延贤寺，曰灵味寺，曰兴皇寺，曰竹林寺，曰大爱敬寺，曰云居寺，曰明庆寺，曰道林寺，曰秀峰院，曰雪峰庵，曰定林院，曰悟真院，曰定岩寺。见之山水、古迹、人物凡十二，曰翠微寺，曰法云寺，曰兴教寺，曰宋熙寺，曰白莲庵，曰栽松庵，曰定林寺，曰灵曜寺，曰钟山寺，曰净名寺，曰幽栖寺，曰草堂寺。皆附见于灵谷寺后。[④]

① 葛寅亮:《金陵梵刹志》卷三。
② 葛寅亮:《金陵梵刹志》卷三。
③ 葛寅亮:《金陵梵刹志》卷三。
④ 葛寅亮:《金陵梵刹志》卷三。

由此可见，敕建灵谷寺时将当时钟山上的旧寺庵遗址皆并入，总共28所寺庵。其中著名的寺院有宋王安石舍宅建的半山寺、元时敕建的大寺院崇禧万寿寺等。建成后的灵谷寺建筑宏伟，规模庞大，占地面积500亩。明太祖对新建的蒋山寺非常满意，撰文称赞言："今天人师有其殿，诸经有阁，禅室龛备，云水有寮，斋有大厦，香积之所周全，设像备具，以足朕心。"[①]并赐额"灵谷禅寺"，山门敕书"第一禅林寺"，又赐田地若干亩，"为天下丛林之首"。

随后，永乐四年(1406)，明成祖又敕修，添造殿宇、山门。宣德年间因火灾而有所毁坏，待至成化六年(1470)，明宪宗命僧录司左觉义德默督造修复，并特颁敕护严禁外人作践、侵占寺田。正统十年(1445)明英宗下诏以一部《大藏经》安置于寺中。成化十九年(1483)殿宇倾颓，时任灵谷寺住持的古新禅师劝请司礼太监陈祖生奏闻重修，庙宇焕然一新。嘉靖十八年(1539)右觉义僧可浩面对渐渐圮毁的宝公塔，募缘重修。

2. 天界寺

天界寺是明代南京三大刹之一，位于今南京市中华门外雨花西路能仁里1号，南京第二化工机械厂宿舍区内。原名龙翔集庆寺，旧址位于今南京市朝天宫东侧，元文宗天历元年(1328)诏以金陵潜宫改建。明洪武元年(1368)春，即寺开设善世院，诏以僧慧昙领天下僧教之事。改赐额为"大天界寺"，御书"天下第一禅林"榜于门外。洪武二年(1369)明太祖下令以李善长为监修，宋濂、王祎为总裁，高启、赵埙等著名文人为纂修。于天界寺内编修《元史》。

洪武二十一年(1388)，天界寺遭火灾。前主持宗泐率僧众奏闻于明太祖，太祖认为佛寺不应混于城市中，应该将寺徙于虚旷闲寂之地，不仅利于僧众的修行，而且免防火灾。僧宗泐于是选定聚宝门外之凤山重建。明太祖令锦衣卫指挥尹某督造，寺的规制等由宗泐谋划。所用的一切材料、费用，尽出于朝廷。经过3年的建造，天界寺焕然一新，仍旧用所赐额"天界善世禅寺"，榜寺门曰"善世法门"。永乐初建旃檀林屋、毗卢阁、方丈二室，并于其中设僧录司掌管天下僧教事。

永乐二十一年(1423)因寺僧不慎而发生火灾，几乎焚烧殆尽，仅存大雄宝殿。明天顺二年(1458)僧道香奏请募缘，重建观音、轮藏、天王等殿。他的弟子

---

① 葛寅亮:《金陵梵刹志》卷三。

僧戒谦继续修建，至成化年间，建成廊庑100多楹，规模宏大。随着年代的久远，天界寺也渐渐地衰圮。万历二十四年（1596）僧定椿等人募缘，重修毗卢阁。万历三十五年（1607）葛寅亮征寺租粮，修建金刚殿、左右画廊100余间，兴复公塾，禅堂中增建花岩阁。

3. 大报恩寺

大报恩寺位于城南聚宝门外古长干里之地，今南京中华门外长干桥往南之雨花塔，是明代南京三大刹之一。大报恩寺中的琉璃塔是寺中的标志性建筑，早在500多年前就已举世闻名，明永乐皇帝赐封其为“第一塔”，欧洲人称它为世界奇观，是“南京之表征”和国外来华游客、商人、传教士向往的圣地。①

大报恩寺的历史可追溯至东晋的长干寺，至今已有1600多年的历史。东晋孝武帝宁康年间僧慧达建寺，名为“长干寺”②。缘及历代，屡兴屡废，至宋天禧年间重修，改额“天禧寺”③。元至元年间改“元兴天禧慈恩旌忠寺”，元末毁于战争。洪武十三年（1380）明太祖因胡惟庸事件，认为“七朝居是土者，皆臣愚君者多矣”，而其中原因即是天禧寺中阿育王塔过高，因此下令将其塔徙于钟山之左。不料，在工将完，塔将毁之时，有工人从塔坠落而亡。明太祖于是下令停止迁塔。洪武十五年（1382）工部左侍郎黄立恭奏请修复阿育王塔。3年后，塔修复完成，寺院亦得到修缮，“大雄宝殿，僧房两庑，重门楼观，亦皆备矣”④。修复后的天禧寺成为明初南京三大刹之一。洪武二十一年（1388）因天界寺发生火灾，明太祖

① 杨新华主编：《南京寺庙史话》，南京出版社，2003年，第103页。

② 刘世珩《南朝寺考》卷二“长干寺”条载：“长干寺，在古秣陵县东。大长干寺先有塔，不知所始，相传为周敬王阿育王所造八万四千塔之一。吴代有尼居其地，构小精舍，孙綝毁除之，塔亦同尽。晋初，诸道人复于旧处立寺。元帝渡江，更修饰之。简文帝就造三层塔，每夕放光。宁康中，有僧竺慧达上越城望见，知其有异，掘出藏函，乃即旧塔西更树一刹。太元十六年，孝武帝加为三层焉。……梁武初基，大加兴建，号为阿育王寺。大同三年，改造浮屠，分为二刹。躬亲礼拜，屡设法会，奉施斋钱，敕邵陵王纶制大功德碑以表扬之。逮陈至德三年，后主亦临幸是寺。徐陵有长干众食碑文。隋唐无所营造。宋名天禧寺，号塔为圣感。元名慈恩旌忠寺。明永乐年，敕工部重建，至宣德六年始成，赐额大报恩寺，规模宏敞，增塔为九级。……咸丰中毁于兵火，今虽稍葺，门殿比于曩时不过百分之一。”

③ 关于天禧寺的历史沿革，具体可参见夏维中等：《南京天禧寺的沿革》，《江苏社会科学》2010年第3期；段智钧：《古都南京》，清华大学出版社，2012年，第188页。二者对历来误传报恩寺的前身是“建初寺”这一说法进行了辨析，并认为报恩寺的前身是长干寺而非建初寺。尤其是段先生之书对这一点进行了详尽的考察辨析。夏先生之文详细地论述了天禧寺的历史沿革，认为“长干寺”在隋朝时期就已废弃，直到北宋初年僧可政复建，并改额“天禧寺”。其后经元而大兴，至明代永乐帝按皇宫的标准重建，赐额“大报恩寺”。

④ 何孝荣：《明代南京寺院研究》，中国社会科学出版社，2000年，第101页。

将僧录司迁至天禧寺。建文帝时期，在天禧寺刊刻了《大藏经》(《初刻南藏》[①])，成为汉文大藏经的刻印和流通中心。永乐五年(1407)，天禧寺发生火灾，《初刻南藏》的经版也随寺灾而毁。明成祖又下令在大报恩寺刊刻《大藏经》(《永乐南藏》[②])。

永乐三年(1405)至四年(1406)间，明成祖曾下令修缮天禧寺浮图，完工后命溥洽庆赞，为一时盛典，所谓"落成之日，车驾临幸，命师庆赞。祥光烨煜，万众聚观，天颜愉怿"。永乐五年(1407)仁孝皇后去世，朱棣下令在天禧寺举行盛大法会，十月，朱棣亲自撰写《报恩寺修官斋敕》(当时该寺仍应称天禧寺)，记述这一盛典。[③] 不久之后，有僧本性入寺放火，将寺焚毁无余。永乐十年(1412)，明成祖为报答皇考、皇妣的"罔极之恩"，又念其灵迹终不可废，于是下诏在原天禧寺遗址上动用国家力量重建寺院。"梵宇皆准大内式"，以建造皇宫的标准建造，并于其中建造九级琉璃塔，规模大增，赐额"大报恩寺"。由于大报恩寺规模宏大，明成祖要求甚高，"弘拓故址，加于旧规，像貌尊严，三宝完具，殿堂廊庑焕然一新，重造浮图，高坚壮丽，度越前代"[④]，前后历经 17 年，直至宣德三年(1428)方才竣工。竣工之后，明宣宗亲自撰写碑文。新建成的大报恩寺建筑宏伟，规模宏大，占地面积 400 亩。至此，明代又一国家大寺院出现于世。寺中的九级琉璃塔更为世人所称颂。

其后，在明英宗正统年间大报恩寺内部的重要建筑琉璃塔、天王殿等出现不同程度的损毁，南京僧录司上奏朝廷对大报恩寺进行了修缮。景泰元年(1450)，南京发生较大的雷雨天气，对大报恩寺琉璃塔造成了破坏，景泰三年(1452)明代宗下旨对琉璃塔进行修缮。成化初年，明宪宗对大报恩寺进行修缮活动，并撰有《本寺护敕》一文对大报恩寺的田产等进行保护，严厉禁止强霸侵占，骚扰寺僧等。正德元年(1506)，大报恩寺塔遭雷击而受损，守备太监傅容等上奏，希望对寺塔进行修复，但是明武宗认为这是天意，如果再加修缮必劳民伤财，所以没有批准。正德十五年(1520)，明武宗南巡，亲到大报恩寺礼佛，并驻跸大报恩寺。

明嘉靖四十五年(1566)大报恩寺发生重大火灾而致寺院颓败，仅存琉璃塔

---

① 关于《初刻南藏》的具体内容，请参见李富华、何梅：《汉文佛教大藏经研究》，宗教文化出版社，2003 年，第 375—406 页。

② 关于《永乐南藏》的具体内容，请参见李富华、何梅：《汉文佛教大藏经研究》，宗教文化出版社，2003 年，第 406—431 页。

③ 夏维中等：《南京天禧寺的沿革》，《江苏社会科学》2010 年第 3 期。

④ 葛寅亮：《金陵梵刹志》卷三一。

及禅殿、香积厨。据憨山德清记述:“是年二月十八日午时,大雨如倾盆。忽大雷自塔而下,火发于塔殿,不移时大殿焚。至申酉时,则各殿画廊,一百四十余间,悉为煨烬。”①嘉靖火劫之后,万历中期朝廷和寺院方面开始对大报恩寺进行修缮与恢复。在整个大报恩的修复的过程中,自幼在大报恩寺出家的晚明高僧憨山德清和雪浪洪恩为报恩寺的兴复积极奔走,并得到朝廷支持。嘉靖四十五年(1566)大报恩寺火灾后,时年21的憨山德清与雪浪洪恩一起立下大报恩之志愿:“此大事因缘,非具大福德智慧者未易也,你我当拌命修行,以待时可也。”②立愿不久,憨山德清即开始北游,在北京、山东一带活动,广结人缘,声名大振,期间与妙峰禅师交谊甚深。与此同时,憨山德清为了重修大报恩寺,不避讥嫌,通过当时信佛的大内宦官,同皇室保持较为密切的关系。万历十七年(1589)时节因缘成熟,憨山德清在为大报恩寺请藏经之时,向皇太后建言重修大报恩,得到了皇太后的支持。万历十八年(1590)修建大报恩寺殿宇。然而在万历二十三年(1595),憨山德清因被诬告以“私创寺院”之罪名发配到广东雷州,全新修复大报恩寺的愿望也随之破灭。万历二十八年(1600),住持雪浪洪恩又募缘重修大报恩寺琉璃塔。塔下有放生池,池上建有濠上亭。塔左前方依次是大禅殿、公塾、方丈、香积等。又前为藏经殿,殿内藏有经板。禅殿后有禅堂和请经堂,分别为万历四年(1576)、五年(1577)间用寺租并募缘重修。禅堂后面是唐玄奘大师的舍利塔。

大报恩寺中的9级琉璃塔,享誉中外,曾被誉为“天下第一塔”。塔高78米,为当时全国最高的建筑。塔身8面9级,外壁以白瓷胎五色琉璃砖合甃而成,表面塑有佛像或动物图像,制作十分精细。塔顶冠以风磨铜宝顶,9级相轮之下为镀厚金铁质承盘铁索缀5颗巨大宝珠,琉璃塔既成之时,“早晚日射,光彩万状,令人夺目”,全塔悬风铃152个,设置大型油灯140盏,白日金碧辉煌,夜则灯火腾焰,风铃日夜作响,声闻数里,堪称壮观。③

(三)明初南京五次大刹

1. 鸡鸣寺

鸡鸣寺位于城内北地之鸡笼山④,今南京城中北极阁山东麓的坡地,为明代

---

① 《憨山老人梦游集》卷五十三,《卍新续藏》第73册,第833页上。

② 《憨山老人梦游集》卷五十三,《卍新续藏》第73册,第833页上。

③ 段智钧:《古都南京》,清华大学出版社,2012年,第183页。

④ 北极阁又称“鸡笼山”“鸡鸣山。”

南京五次大刹之一。晋永康五年间依鸡笼山之势而创建道场，其后历经隋、唐、宋、元，“虽钟鼓香灯不乏声焰，而规模卑隘，未入丛林之列”①。至明代，鸡鸣山上已经不复存在寺庵，遗址亦不可寻。明太祖建造京城时将此山圈入城内，因见山势秀丽，于洪武二十年(1387)下令崇山侯在山之阳督工重建，“尽撤故宇而开拓之”②，并赐额“鸡鸣寺”。寺成之后将钟山灵谷寺宝志公石函迁于此，并建高5级的宝志公塔，塔前建有祭塔，每年派官员祭祀。在宝志公塔东南建有施食台。建成后的鸡鸣寺为南京城中的大刹，占地面积有100亩，时人有言：“自远望之，俨然一祇园鹫岭。”③

其后，鸡鸣寺在历经百年风雨后，至弘治年间，殿堂渐圮，僧德旻发心修缮。时任南京兵部尚书的张公蓥首倡，于是城中居民捐献财物。僧德旻督工修建，兴工于弘治元年(1488)，历时6年，重修大悲、大雄、轮藏、天王等殿，千佛阁、法堂、廊庑、山门等由此焕然一新。

宣德年间于佛殿旁边建有凭虚阁，至成化年间，已衰败，时府尹康敏白扩建为五间。由于阁临山壁建造，登阁可远眺，南观凤台、牛首山，西观石城、长江，东观皇宫，北观玄武湖，风景独胜。

2. 能仁寺

能仁寺位于城南聚宝门外二里之天竺山东南，距秦淮河数百步，是明代南京五次大刹之一。能仁寺原为刘宋报恩寺，位于古城西门，刘宋元嘉二年(425)文帝为高祖建，名“报恩寺”。唐会昌法难中废，杨吴太和年间徐景运为其亲改建，名“报先院”。南唐升元间改额为“兴慈院”。宋开宝中又废，后有里人舍宅复建。太平兴国三年(978)，徙地重建，赐额为“承天寺”，政和中复改为“能仁寺禅寺”，建炎中毁于战争，庆元间重修。

明洪武初年，寺灾。洪武二十一年(1388)，能仁寺住持僧行果请徙建于城南聚宝门外二里之地。建成后的能仁寺规模宏大，寺内有天王殿、正佛殿、法堂、左伽蓝殿、僧院、禅院，占地面积有150亩。嘉靖初年，寺灾。万历年间，重修山门、金刚殿、大雄宝殿等，然而规模已经远不如从前。

---

① 葛寅亮：《金陵梵刹志》卷十七。

② 葛寅亮：《金陵梵刹志》卷十七。

③ 葛寅亮：《金陵梵刹志》卷十七。

3. 栖霞寺

栖霞寺位于今南京城东北栖霞山，风景秀丽，寺中的大石佛像、千佛岩与佛舍利塔更是经久不衰，依然伫立在寺中。寺中有山门、天王殿、正佛殿、法堂殿、伽蓝殿、祖师殿、公学、般若堂、禅堂、僧房等建筑，规模宏大，占地面积 12 亩，是明代南京五次大刹之一。栖霞寺始于南齐永明年间，至今已有 1500 多年历史。

南齐永明七年(489)，明僧绍舍宅，法度禅师建栖霞精舍。其后，明僧绍之子仲璋就石雕刻佛像，左右为观音、势至二菩萨，各高三丈。齐文惠太子、竟陵王、豫章王、田奂等人就栖霞山之石壁雕琢佛像，名千佛岩。隋文帝于仁寿元年(601)派人将佛舍利送至栖霞寺，并建舍利塔供奉之。唐高祖改为功德寺，高宗改为隐居栖霞寺。武宗会昌法难中废，宣宗大中五年(851)又在原址重建。南唐高越等重修舍利塔，徐铉书额曰妙因寺。宋太平兴国五年(980)改为普云寺，景德四年(1007)又改为栖霞禅寺，元祐八年(1093)改额严因崇报禅院，又名景德栖霞禅寺、虎穴寺。

明洪武二十五年(1392)仍赐额“栖霞寺”，又“赐赡僧田、山一千三百余亩，示天界、灵谷为比翼焉”①。待至成化以后，日就湮没，几同废墟。栖霞寺不仅寺院荒败，寺产流失，而且没有高僧住持。嘉靖年间鸿胪郑晓、太常钱邦彦、翰林何良俊等人见栖霞寺衰败，有意请高僧住持振兴栖霞寺，云谷法会禅师推荐兴善禅师。嘉靖三十一年(1552)，僧兴善担任栖霞寺住持。僧兴善苦心经营，有兴复栖霞寺往日之盛的志愿，据憨山德清记载：“尽复寺故业，斥豪民占第宅，为方丈，建禅堂，开讲席，纳四来。江南丛林肇于此。”②隆庆二年(1568)，僧兴善被任命为南京僧录司右觉义兼任天界寺住持。僧兴善因念栖霞寺始兴，于是举荐法侄清柏禅师继任住持。清柏禅师发愿修缮、振兴栖霞寺，时人陆光祖、王世贞等公卿捐献财物，经过一番修复，栖霞寺焕然一新，恢复了往日的生机。其时华严僧人真节在栖霞寺讲经说法，并建圆通精舍，振兴了栖霞寺的义学。

4. 静海寺

静海寺位于南京城仪凤门外狮子山之阳，今南京城兴中门外，为明代南京五次大刹之一。永乐年间，明成祖派遣太监郑和等出使西洋，与各国进行朝贡贸

---

① 葛寅亮:《金陵梵刹志》卷四。

② 《憨山老人梦游集》卷三十,《卍新续藏》第 73 册,第 673 页中。

易，郑和等人行驶在海洋中，几次往来皆平安无事。永乐八年(1410)，明成祖下令在都城外西城卢龙山麓兴建静海寺[①]以纪念郑和出使西洋。静海寺建成后，郑和等人出使西洋带回来的奇珍异宝多供奉其中，“即他崇刹不得与论珍”，如寺中有郑和从西域带来的水路罗汉像。宣德五年(1430)明英宗下令将金川门外路东西两段空闲之地130亩赐给静海寺，供寺中僧人种菜等。正统十二年(1447)，明英宗下令将一部永乐大藏经安置在静海寺，供僧人诵读、学习。

其后年久渐圮，正德年间太监杨宽等人见寺凋败，发心重修，经过3年的努力，寺院焕然一新。万历年间，静海寺住持某僧又一次募缘重修。静海寺占地面积有30亩，寺内有金刚殿、天王殿、正佛殿、观音殿、左伽蓝殿、右轮藏殿、右弥勒殿、祖师殿，禅堂、左钟楼、左华严楼、回廊、方丈、公学、僧院40房、右井亭、玩咸亭等建筑。

5. 弘觉寺

弘觉寺位于今南京市江宁区牛首山[②]。梁天监二年(503)，司空徐度造，名佛窟寺。后屡兴屡废，至唐大历元年(766)，唐代宗因感梦而敕修七级浮屠于峰顶。南唐后主李升“惜其胜概，乃兴修焉”[③]，改额弘觉寺。宋太平兴国中名崇教寺，皇祐二年(1050)于西峰的东麓建辟支佛方塔。明初仍名佛窟，永乐十年(1412)楚冈宝师住持此寺，募缘重修，历8年始成[④]。宣德七年(1432)住持宗谦募缘，对寺院大加修建，在宣德八年(1433)太监阮昔因事至南京，见弘觉寺荒芜而出财力参与到弘觉寺的修建活动，至宣德十年(1435)春季完工。建成后的弘觉寺“其毗庐

---

① 关于静海寺的建造者与建造时间，有两种不同的说法。一是：万历年间(1573—1620)静海寺住持募缘重修，吴郡进士俞彦撰《静海寺重修疏序》一文，其中有言：“文皇帝践祚，海夷西洋尚逆颜行，爰命专征，艨艟千计，战士帅属以万万计，乃折鲸鲵，飓涛弱浪之外，楼帆无恙，获所贡琛异以归，岁奉朝朔。皇灵震荡，说者奇其绩，谓为神天护呵，合建寺酬报。诏可，赐今额，遂为名刹焉。”按此处记载可知，永乐年间，明成祖派遣太监郑和等出使西洋，与各国进行朝贡贸易。郑和等行驶在海洋中，几次往来皆平安无事，明成祖遂命于都城外西城卢龙山麓兴建静海寺以纪念。同时《南京都察院志》卷二十二中记载：“静海寺坐落郡字铺，永乐八年创。”明确记载静海寺是在永乐八年(1410)建造的。二是：正德年间(1502—1521)因寺年久失修，有太监杨宽募缘重修，时任南礼部侍郎的杨廉撰《静海寺重修纪略》一文，其中有言：“永乐年间，命使航海，往来于粘天无壁之间，曾未睹夫连山排空之险。仁宗皇帝敕建此寺，而因以名焉。盖以昭太宗皇帝圣德，广被薄海内外焉耳。”按此处记载可知，静海寺乃是明仁宗为了“昭太宗皇帝圣德，广被薄海内外”而敕建。同时《万历应天府志》卷二十三记载：“静海寺在仪凤门外洪熙初赐额寺”，《明一统志》卷六记载“静海寺在府北二十里洪熙元年赐额”，皆是说明静海寺乃明仁宗洪熙元年(1425)赐额。如此两种说法，未知孰非，但历来流传的说法是明成祖敕建。姑且依此。

② 牛首山位于南京城南中华门外约13公里处，海拔248米，因东西两峰状如牛头而得名。

③ 葛寅亮：《金陵梵刹志》卷三十三。

④ 葛寅亮：《金陵梵刹志》卷三十三。

之阁，大雄之殿，则尤其宏丽。莲趺貌座像以妥灵，彩槛飞檐，高出云表，前耸三门，翼之两虎，丈室禅房，次第俱备”①。正统间敕赐弘觉禅寺②。

弘觉寺寺内有金刚殿、天王殿、正佛殿、左观音殿、右轮藏殿、后佛殿、左伽蓝殿、右祖师殿、方丈、公学、斋堂、卧佛殿、藏经殿、舍利塔、文殊殿、辟支殿、方塔、弥勒殿、僧房 54 房、禅堂等建筑。

二 明代中期南京寺院的发展

永乐迁都北京后，南京的政治地位下降，由首都变为留都；与此同时，永乐迁都时“取民匠户二万七千以行，减户口过半”③，使得南京人口迅速下降。不过，南京的政治、军事地位下降的同时，其城市的经济与文化却得到了极大发展，此后南京人口的数量也逐渐增加起来。这一时期南京寺院发展虽然少了朝廷力量的支持，但明初以来建造的大量寺院、众多高僧的驻锡，以及文人士大夫与当地居民的崇佛等因素，使得南京城依然保有着浓厚的佛教文化氛围。明中期诸位帝王虽然有明仁宗、明宣宗重视儒家治国，但对佛教，尤其是藏传佛教，仍然表现出较多崇信。明英宗、明宪宗、明武宗等皇帝，则表现出崇信佛教甚至佞佛的现象，尤其是明武宗对藏传佛教的崇信更是无以复加。这一时期，南京虽已不是京城，但是诸多帝王对佛教的崇信仍然影响着他们对佛教政策的制定与实施。在上述种种背景之中，明代中期的南京寺院依然得到了持续的发展，僧众、官绅、商人和信士等又陆续修建了一批寺院。据史料考证，明中期新建寺院有 34 座，重建寺院有 20 座，重修、扩建寺院有 13 座。

（一）新建寺院

（1）承恩寺　位于都城内针功坊，今南京三山街之地。原本是御用太监王瑾的故宅，王瑾因疾而逝，他的友人太监陈公祥等奏请以其宅为寺，明代宗于是

① 葛寅亮：《金陵梵刹志》卷三十三。
② 按《南朝寺考》卷五载：“洪武中名弘觉寺”，然《金陵梵刹志》与《（乾隆）江南通志》俱言明正统年间改额弘觉寺。且姚广孝永乐年间撰文《牛首山佛窟寺建佛殿纪略》，故知当时仍名佛窟寺。所以应以《金陵梵刹志》中所言，明正统间改额弘觉寺为是。
③ 顾起元：《客座赘语》卷二《坊厢始末》，中华书局，1997 年，第 64 页。

敕建改为承恩禅寺，景泰二年（1451）兴工建造，至景泰七年（1456）完工[①]。

（2）鹫峰寺　位于都城内中城钞库街南青溪地，今南京白鹭洲公园东北角。南齐时期为东府城，南梁时期是江总的宅邸。唐乾元年间，刺史颜真卿在附近置放生池，宋淳熙间史正志将放生池移到这里，并在上面建起了楼阁，岁久湮没，明天顺年间就其地建造寺庙，赐额为鹫峰寺。

（3）吉祥庵　位于都城内东城柳树湾地，天顺年间建造。

（4）弘济寺　在郭城观音门外燕子矶。明代洪武初期，僧人久元即山建造观音阁，正统初年就阁建寺，赐名为弘济寺。

（5）外鹫峰寺　在附郭小安德门外，北去聚宝门五里，明代宣德间建造为善世鹫峰禅师的塔院。

（6）普利寺　位于三山门内，明代景泰间建造，天顺年间赐额。

（7）广兴寺　位于郭外南城安德乡，明景泰二年（1451），僧人惠兴建造，并奏请赐额为广兴寺。

（8）花岩寺　位于郭外南城皈善乡献花岩。唐代高僧懒融曾经居于此地，有百鸟献花，因名献花岩，以前只是小庵，明代成化年间，僧人古道居此岩下，黔国公何沐琮仰慕古道师之德，因此捐资建造寺庙，并延请僧人古道居于此寺。奏请赐额"花岩"[②]。

（9）凤岭寺　位于郭外南城凤西乡，西北去聚宝门 13 里。明宣德元年（1426），右善世溥洽示寂，埋葬于凤岭的南部，因此建造塔院，并赐额。

（10）智安寺[③]　位于郭外南城新亭乡，北去聚宝门数里，明朝初年僧人昙周的塔院[④]。

（11）天隆极乐寺[⑤]　位于郭外南城安德乡，西北去聚宝门 10 里。始建于明初，原名为极乐庵。宣德年间，是天然和尚的塔院，寺僧弘升奏请赐额为天隆极乐寺。

---

① 释鹰巢：《承恩寺缘起碑板录》。

② 葛寅亮：《金陵梵刹志》卷四十三《献花岩序》。

③ 景泰间，毁于火。万历间仅存僧院。

④ 据何孝荣《明代南京寺院》（第 109 页）考证可知，僧昙周为明中期天界寺僧。其塔院应为明中期，故此寺当建于明中期。

⑤ 据释辅仁《律门祖庭汇志》可知，明万历四十三年（1615），律宗中兴祖师古心律师圆寂，"全身塔于天隆寺后之玉环山"。

（12）宁海寺　位于郭外南城地西，北去聚宝门30里。明代正统年间，出使西洋诸国途中遭遇海风，念佛号得以脱离险难；回国后向皇帝奏闻此事，明英宗因此敕建此寺，以纪念之。

（13）静明寺　位于郭外南城安德乡，明正统间太监罗智建造。

（14）嘉善寺　在郭外北城牧马所，铁石山地，相传是达摩渡江处，山脚有石佛阁，不知何时建立。明正统年间，僧人法通在此处居住修行，并建造寺庙，名嘉善寺。

（15）普宁禅寺　在江宁风翔山，僧人祖渊以皇帝所赐的财物而建造，赐额为"普宁禅寺"。

（16）普德寺[①]　在都门外南城地，明正统三年（1438）太监刘氏建造。

（17）安隐寺　在都门外南城雨花台，又名古安隐院，以前在蒋山，后来荒废，宋绍兴年间移址重建于此地；明永乐初期，姚广孝推荐僧人开俊住持于此，正统年间重建，奏请赐额为安隐寺，明正德四年（1509）又加以修缮。

（18）高座寺　位于都门外，南城地。晋永嘉中建造，名为甘露寺，后来改为高座寺。明洪武年间僧瑄重修此寺，其后，毁于大火。明景泰四年（1453）礼部尚书胡濙，推荐古溪澄禅师来此住持，期间加以修缮。

（19）荆山庵[②]　在溧水县东30里荆山麓，明成化七年（1471）建造。

（20）妙泰寺[③]　在都城外，北城龙江右卫地，明成化年间建造。

（21）竹林庵　在东城，坐落于太平门纳字铺地方，明成化年间建。

（22）外承恩寺　在郭外南城泰北乡，明正德年间建。

（23）外永宁寺　在郭外南城安德乡，明正德年间创建，并赐额为外永宁寺。

（24）华光庵　在都城内陡门桥南，明成化年间建造。

（25）惠应寺　在都门外南城梅冈，北去聚宝门3里，明正德年间建造。

（26）安隐院　在都门外南城，聚宝山之阳，明正德年间建造。

（27）祝禧寺　在郭外南城安德乡，北去聚宝门10里，明正德年间建造，奏请赐额。

---

① 按《南京都察院志》卷二十二载："普德寺，建于正统三年，太监刘造。"

② 《（光绪）溧水县志》卷二十载："东三十里荆山麓，明成化七年创建。"

③ 《金陵梵刹志》卷二十七："在都城外北城，龙江右卫地，东去所领嘉善寺五里，南去神策门四里。成化年创，嘉靖间倾废。今止数楹，僧栖泊焉。"

(28) 五显庵 在西城地,坐落于何字铺,明成化二年(1466)建。

(29) 观音庵 在西城地,坐落于誉字铺,明天顺二年(1458)建。

(30) 极乐庵 在西城地,坐落于岱字铺,明弘治年间建。

(31) 文殊庵① 在六合县北部,明成化年间建造。

(32) 招贤寺② 在六合县北 40 里峨眉山上,明景泰年间僧人定仁建。

(33) 白云寺③ 在六合县北,明天顺年间,僧人妙林建。

(34) 韩城庵④ 在高淳县东 70 里,明正德年间建。

(二) 重建寺院

(1) 定林寺 位于郭城高桥门外,天印山后。天印山又名方山,在南京东南 45 里。上定林寺位于钟山,寺废,因此请其额于此,遂名定林。宋乾道末年秦高僧善鉴建造,元至正间重修。明天顺年间僧人道泰住持此寺,期间募缘重建大佛殿、四天王殿等建筑,金陵居士朱福珍捐资,庙宇一新,弘治五年(1492)又加以修建。

(2) 崇善寺⑤ 在郭城沧波门外,东城地,西去朝阳门 22 里。梁宝志公曾经在此修行,旧名为城头庵。明宣德年间僧人文瑞募资重建,景泰三年(1452)奏请赐额,名为崇善寺。

(3) 宝善寺 位于郭城沧波门外东城,旧名为解脱庵,元泰定年间建造。明正统初年,灵谷寺僧左讲经于此,明英宗命礼官谕祭,并对殿宇加以修缮,赐额宝善寺。

(4) 慈仁寺 位于郭城姚坊门外,东城地。旧名为戒坛庵,明宣德二年(1427),僧人智亨重建,并赐请额为慈仁寺。

(5) 天宁寺 在郭城高桥门外,东城地。宋治平二年(1065)建造,明正统年间重建,后来又遭到毁坏。

(6) 佛国寺 位于都城外东城地,蒋山西畔。相传是古华藏庵,无碑可考,

---

① 《(光绪)六合县志》卷三载:"在北三图。明宪宗成化中建。"

② 《(光绪)六合县志》卷三载:"在县北四十里蛾眉山。明代宗景泰中,僧定仁建。"

③ 《(光绪)六合县志》卷三载:"在北四五都。明英宗天顺间,僧妙林建。"

④ 《(民国)高淳县志》卷十四载:"县东七十里,旧名韩城庵。明正德间建。兵燹后,周韦叶三姓重建。"

⑤ 《金陵梵刹志》卷十三载:" 在都城沧波门外,东城,北去所领广惠院五里,西去朝阳门二十二里。梁宝志公行化之地,旧名城头菴。宣德间僧文瑞规创,景泰壬申遣徒赴奏赐额。今殿仅存,钟梵销歇,遗址在荒榛断岸间。"

不知创建于何时，荒废已久。明景泰五年(1454)，僧人妙庆募建，奏赐佛国寺。

(7) 清真寺　位于郭城观音门外，北城钟山乡，南去神策门15里。旧名为清玄寺，梁大通元年建，后废。唐大中年间重建，后来又毁废。明成化年间，有僧人南州埋葬于此地，因此建寺。

(8) 翼善寺　在城郭东南，北去正阳门17里。本来是资福院，梁武帝时期改建为净名院，宋元时期改名为净名寺，明正统十年(1445)，袁智海等人募缘重建，赐额为翼善禅寺。

(9) 均庆院[①]　在城南门外，北去聚宝门2里。旧址在金陵坊，晋天宝年间建造，唐开元十年(722)改为天保寺，北宋开宝八年(975)遭到毁坏，南宋绍兴初年移其额于雨花台，明正德间重建此寺。

(10) 通善寺　在郭外南城，北去聚宝门35里。旧名为龙泉寺，唐代鹤林素禅师说法于此地。明代永乐年间镜中圆禅师募缘重建，自宣德八年(1433)春至正统八年(1443)秋建成，并请赐额"通善寺"。

(11) 永福寺　位于都门外南城安德街天竺山前，东北去聚宝门2里。本是晋时的开福寺，后来迁移此处，改为景福寺。南唐时期，改额为永福寺；宋元名永福尼寺。明天顺年间诂庵禅师重建，成化中毁坏，弘治十四年(1501)重修。

(12) 梅冈永宁寺　在都门外，南城地雨花台，北去聚宝门2里。本为晋代的甘露寺，又名高座寺；宋代改额为永宁寺；至明代一分为二，在西边的是高座寺，在东边的是永宁寺。明成化二十一年(1485)，僧人古渊重建。

(13) 法清院　在郭城东湖墊地，梁天监中建造，昭明太子曾经在此读书；至宋代，又名为昭文精舍；元至元年间改为昭文书院，后来遭到毁弃。明正德年间上元县令程桥重新建造。

(14) 高座寺[②]　明景泰四年(1453)，礼部尚书胡濙推荐香岩古溪澄公来此住持，修复寺院，初具规模。后来荒废，明弘治年间，澄公的弟子僧人照堂复建。

(15) 观音阁[③]　明正德五年(1510)毁坏，太监萧公发心重修，至正德十年

---

① 嘉靖间寺僧请额"均庆院"。

② 在都门外，南城地雨花台，北距聚宝门一里半。晋咸康中造，本名尸黎密寺，又名甘露寺，后改为高座寺，宋改额为永宁寺。明洪武年间僧瑄重修，其后，毁于火。

③ 在都城外明孝陵东南，东城地，灵谷寺下院，西去朝阳门三里。明成祖尝顾瞻山麓，有气不散，命工琢石，肖形搆阁，以记其处。

(1515)完工,时任南京兵部尚书的太原乔宇撰《重修观音阁纪略》一文纪念此事。

(16) 德恩寺　在都门外南城驯象街,西北去聚宝门1里。本是晋普光寺,明正统年间重建,名德恩寺①。

(17) 崇化寺　位于都城外西北方向,北城李子冈地,旧名为高峰院,不知建于何代。明正统年间重建,赐额崇化寺。

(18) 普照寺　在都门外南城,北去聚宝门2里。旧名为普照庵,元至大四年(1311)僧人无尽建造。明成化年间僧人定瑀重建,并赐额"普照寺",嘉靖年间,大加扩建。

(19) 普缘寺　在都城西北神策门内。晋名为耆阇寺,明成化十九年(1483)僧人能智重修,奏赐今额。

(20) 月印庵　在城南雨花台址,北去聚宝门2里。为古刹,岁久荒颓,明弘治年间,僧人净俊重新建造。

(三) 修整与改额、赐额的寺院

(1) 三茅庵②　在溧阳县南35里。建于宋代,明宣德年间复修。

(2) 鹫峰庵③　在溧阳县西北50里。南宋嘉定年间建造,明正统年间复修。

(3) 延寿庵④　在溧阳县西50里古文桥侧。南宋嘉定初建,明正统年间重修。

(4) 时思庵⑤　在溧水县南60里。宋宝祐三年(1255)建造,明景泰年间重修。

(5) 华藏寺⑥　在句容县仓头镇中。明正统年间重修。

(6) 古圆教寺⑦　在句容县都庄庙。始建于唐贞观年间,宋元时期有过修葺整理,明正统年间重修。

---

① 《(乾隆)江南通志》卷四十三载:"德恩寺,为晋普光寺基,正统间(1436—1449)重建,名德恩寺。"

② 《(嘉庆)溧阳县志》卷四载:"在县南三十五里。宋建。明宣德间修。"

③ 《(嘉庆)溧阳县志》卷四载:"在县西北五十里。宋嘉定间建。明正统中修。"

④ 《(嘉庆)溧阳县志》卷四载:"在县西五十里古文桥侧。宋嘉定初建。明正统间修。"

⑤ 《(光绪)溧水县志》卷二十载:"南六十里,宋宝祐三年建。明景泰年修。"

⑥ 《(光绪)续纂句容县志》卷二下载:"在仓头镇中,有前明正统间重修寺记,文甚俚。乱前寺极宏敞,外则修竹环抱,颇堪游览。近已荒废。"

⑦ 《(光绪)续纂句容县志》卷二下载:"在郭庄庙,建于唐贞观间,一修于宋景定,再修于元延祐,前明正统时又修之。"

(7) 吉祥寺[①] 正统年间住持智能法师加以修缮。

(8) 永兴寺[②] 在都门外南城地,北去聚宝门3里,明成化初年赐额。

(9) 三塔寺[③] 明正统年间,僧人智源启奏赐额。

(10) 中和庵 在都门外西城地,东去石城门2里。明正统年间,观音庵改名为中和庵。

(11) 玉泉寺[④] 明宣宗四年(1429)僧人百川拓建,改额为"玉泉禅寺"[⑤]。

(12) 三山寺[⑥] 明正统年间僧人昙昕、洪澣重修。

(13) 普惠寺[⑦] 明天顺年间重修,赐额为普惠寺。

三 明代后期南京佛教寺院的发展

明代南京寺院在经历了初、中期的蓬勃发展后,特别是明武宗正德皇帝的崇佛,给佛教的发展带来了极大便利。但是这种不加节制的发展却导致弊病丛生,僧团内部也出现了不守戒律、作奸犯科者。明代中期以来,在严重的财政危机,以及明世宗崇奉道教和当朝官员的排佛等诸多因素的交织影响之下,明世宗开始了其禁佛的举措。嘉靖初年,明世宗即下令禁绝尼僧,拆毁变卖各地私创寺院及尼僧庵寺,不许修理废毁寺院,搜刮宫中佛像、焚烧佛骨等物。嘉靖六年(1527),又强令尼僧还俗。十五年(1536),霍韬任职南京礼部尚书,开始对南京尼僧、尼寺进行大力整顿,对尼寺进行大量拆毁。限于史料不详,对所拆毁尼寺名额不能详知,但拆毁的尼寺数量还是相当多的,"三月之间,毁寺、观、庵、院数百所"[⑧]。此外,霍韬还将南京寺院额外的田产进行收缴、变卖。可以看出,霍韬

① 在都城东北定淮门内,北城水军左卫地,中城地。初为天妃庙,永乐初郑和等奏改建为寺,名吉祥寺。

②《金陵梵刹志》卷三十六载:"在都门外南城地,北去所统报恩寺三里,聚宝门三里。下梅冈西南,成化年赐额。林壑幽阒,规制甚丽,今已近圮。"

③ 在都城北沈阳左卫,北城地,南去神策门一里。明永乐间(1403—1424),鸡鸣寺住持德琮请为鸡鸣寺塔院。

④ 在句容县北五十里凤坛乡。旧名玉泉庵,元末圮毁。明洪武十九年(1386)慧严禅师至此募缘重建。

⑤《(乾隆)句容县志》卷四。

⑥ 在郭外南城光泽乡三山,北去聚宝门五十里。三山之麓原为古刹,洪武十三年(1380),命工部侍郎黄立恭建寺。

⑦ 在都城外,西城地,东去三山门半里。永乐间(1403—1424)为唱经楼。

⑧《霍文敏公全集》附《石头录》卷七。

在任期间对南京尼寺的打击相当大,"命士卒拆毁庵观、破损佛像,境内大小伽蓝皆不能免"①。但是在霍韬于嘉靖十八年(1539)离任后,南京的尼寺渐渐恢复起来,并且比之前还要多,"霍去,而尼复集,庵复兴,更倍往日矣"②。与此同时,嘉靖年间虽然施行了严厉的禁佛政策,但是在这一时期仍然有很多僧人、商人等群体新建和修复了一些寺院。

明世宗之后,明穆宗、明神宗等皇帝一改明世宗排佛的立场,对于佛教寺院的发展有所扶持。考史料可知,明世宗以后,尤其是明神宗期间,南京地区的僧人、商人、官员等群体继续修建了一大批寺院,对于已存有的寺院亦多有修缮与扩建。万历二十九年(1601),葛寅亮受命南京礼部主事,升郎中,至万历三十六年(1608),引疾归里。其任职南京期间,对南京的寺院进行了大力整顿,按照大刹、次大刹、中刹、小刹的原则对南京佛寺进行了分级,并以大刹统次大刹、中刹,次大刹统中刹、小刹,中刹统小刹对南京佛寺实行了严格的统属管理。另外,对寺院进行实地走访、勘察,并参考史料撰写成《金陵梵刹志》一书。可以说,葛寅亮对南京佛教尤其是寺院的整顿、改革,使得积弊丛生的南京佛教得以恢复发展。

(一) 新建寺院

(1) 海惠庵　在东城地,坐落于朝阳门丙字铺,旧为城隍庙,明洪武年间建,明嘉靖年间改为海惠庵。

(2) 一苇庵　在都城内上浮桥中城地。明万历初年创建,初名为常平茶庵,余大成重修后,改名为一苇庵。

(3) 水草庵　在都城通济门外,明万历年间建造。

(4) 紫竹林③　在城北鸡笼山西耆阁山。明崇祯年间灵居颛愚和尚结茅于此山,并自题为紫竹林。

(5) 孤舟寺④　在江浦西门定山珠泉之间,明万历二十五年(1597)僧人孤舟建造茅屋接应众人,因此名为孤舟寺。

(6) 净业堂　在今栖霞区栖霞山上。明嘉靖年间栖霞寺住持兴善法师建,

---

① 释震华:《续比丘尼传》卷三《明南都法华庵尼觉清传》。
② 释震华:《续比丘尼传》卷三《明南都法华庵尼觉清传》。
③ 《江宁府志》卷十载:"在城北耆阁山,明崇祯间灵居颛愚和尚爱此地静谧,结茅兹山,自题曰紫竹林。"
④ 《(嘉庆)新修江宁府志》卷十载:"在江浦西门定山珠泉之间,路通京省,明万历丁酉僧孤舟结茅济众,故名。"

并请僧人高峰住持于此，其后又有僧人大觉等人在此修行。

(7) 大觉庵 在栖霞山天开岩，明嘉靖年间僧慧能居于此处，结为庵。①

(8) 法华庵 在栖霞山天开岩之旁，明嘉靖年间云谷禅师的徒孙僧人遍空结茅居此，后来离去，其后有僧居此，常诵《法华经》，时人因此名其庵为"法华庵"。

(9) 白云庵 在栖霞山中峰之侧。明嘉靖间有僧居于此处，因之名为白云庵。

(10) 古佛庵 在栖霞山栖霞寺方丈后。明嘉靖间云谷禅师掘地得到一尊古佛像，因此在这里结茅以居之，名为"古佛庵"。

(11) 般若庵 在今栖霞区栖霞山。明嘉靖年间僧人慧光自新安来到栖霞山，在白鹿泉处，结茅而居，乡人吴一恭捐钱物予僧慧光，慧光法师于是请于栖霞寺住持僧兴善，在旧般若台遗址处，建一堂以居之，后来又扩建。此后筑石台，刻《四十二章经》《金刚经》《遗教经》等经书，汪道昆为之作记，因此而称为"般若庵"。

(12) 可容庵 在今栖霞区栖霞山，明嘉靖间僧人行简建造。

(13) 观音庵 在栖霞山虎穴岩，明嘉靖间僧人贞节建。

(14) 文殊庵 位于栖霞山可容庵的左侧。

(15) 绿萝庵 位于栖霞山可容、文殊二庵的上面。

(16) 普济庵 在栖霞山观音庵的左侧。明嘉靖间有僧人喜峰居于此处，由于他是金坛人，所以又称此庵是金坛庵。②

(17) 万寿庵③ 在溧水县南庄村，明万历三十八年(1610)建造。

(18) 乌山庵④ 在溧水县北25里，明万历四十年(1612)僧人大宏建造。

(19) 石柱庵⑤ 在溧水西30里，明嘉靖年间秦墟村吴和尚捐造。

(20) 竹山庵⑥ 在溧水县西南5里，明万历十二年(1584)邑民陈景福建造。

---

① 以上2、3均出自盛时泰:《栖霞小志》。

② 以上4—12诸庵均出自盛时泰:《栖霞小志》。

③ 《(光绪)溧水县志》卷二十载:"在南庄村，万历庚戌年建。"

④ 《(光绪)溧水县志》卷二十载:"北二十五里，明万历四十年僧大宏创造。"

⑤ 《(光绪)溧水县志》卷二十载:"西三十里，正殿三间皆用大石柱，故名。嘉靖间秦墟村吴和尚独力捐造。"

⑥ 《(光绪)溧水县志》卷二十载:"竹山庵西南五里。明万历十二年邑民陈景福建。"

(21) 永寿寺　在溧水县西北,明万历三十六年(1608)建造[①]。

(22) 灵应寺[②]　位于溧水县南30里狮子山顶,明万历三十年(1602)建。

(23) 广善庵[③]　位于溧阳县北10里,明嘉靖年间知县林命建造,又名为茅场庵。

(24) 永胜庵[④]　位于溧阳县崇来区,明嘉靖年间建。

(25) 福星寺[⑤]　位于溧阳县陆笪村,明隆庆年间建。

(26) 太平庵[⑥]　在溧阳县竹山,明万历二十二年(1594)郑姓建造。

(27) 旃檀庵　在西城地,坐落于塞字铺,嘉靖元年(1522)建。

(28) 月印庵　在西城地,坐落于践字铺,嘉靖二年(1523)建。

(29) 法云庵　在西城地,坐落于赵字铺,嘉靖五年(1526)建。

(30) 永宁庵　在西城地,坐落于赵字铺,嘉靖四十年(1561)建。

(31) 新庵　在北城地,坐落于曦字铺地方,嘉靖四年(1525)建。

(32) 普惠庵　在北城地,坐落于骧字铺地方,嘉靖四年(1525)建。

(33) 水塘庵　在北城地,坐落于貌字铺地方,嘉靖十一年(1532)建。

(34) 龙渊庵　在北城地,坐落于骧字铺地方,嘉靖二十一年(1542)建。

(35) 观音庵　在北城地,坐落于虑字铺地方,嘉靖三十年(1551)建。

(36) 弥勒庵　在北城地,坐落于克字铺地方,嘉靖四十三年(1564)建。

(37) 大隐庵　在北城地,坐落于陈字铺地方,嘉靖四十四年(1565)建。

(38) 观音庵　在北城地,坐落于详字铺地方,嘉靖年间建。

(39) 无量庵　在北城地,坐落于玩字铺地方,嘉靖年间建。

(40) 五显庵　在北城地,坐落于歌字铺地方,隆庆元年(1567)建。[⑦]

(41) 观音庵[⑧]　在北城地,坐落于曦字铺地方,万历四年(1576)建。

(42) 盛家庵[⑨]　在北城地,坐落于祀字铺地方,万历十年(1582)建。

---

① 《(乾隆)江南通志》卷四十三。

② 《(光绪)溧水县志》卷二十载:"南三十里,万历三十年建,在狮子山顶。"

③ 《(嘉庆)溧阳县志》卷四载:"在县北十里。旁有善泉亭。明嘉靖中,知县林命建,或谓之茅场庵。"

④ 《(嘉庆)溧阳县志》卷四载:"在崇来区。明嘉靖间建。"

⑤ 《(嘉庆)阳县志》卷四载:"在陆笪村,明隆庆间建。"

⑥ 《(嘉庆)溧阳县志》卷四载:"在竹山。万历二十二年,郑姓建。"

⑦ 以上16—30诸寺庵均出自施沛:《南京都察院志》卷二十二。

⑧ 施沛:《南京都察院志》卷二十二。

⑨ 施沛:《南京都察院志》卷二十二。

(43) 慈善庵　在北城地,坐落于愿字铺地方,万历十五年(1587)建。

(44) 宝庆庵　在北城地,坐落于条字铺地方,万历十五年(1587)建。

(45) 新庵　在北城地,坐落于莽字铺地方,万历十六年(1588)建。

(46) 水斋庵　在北城地,坐落于凌字铺地方,万历二十四年(1596)建。

(47) 地藏庵　在北城地,坐落于翠字铺地方,万历三十年(1602)建。

(48) 集贤庵　在北城地,坐落于嘉字铺地方,万历三十年(1602)建。

(49) 尼僧庵　在北城地,坐落于纺字铺地方,万历三十一年(1603)建。

(50) 西乐庵　在北城地,坐落于求字西铺地方,万历三十二年(1604)建。

(51) 寂静庵[①]　在北城地,坐落于晚字铺地方,万历三十七年(1609)建。

(52) 观音庵　在北城地,坐落于条字铺地方,万历四十四年(1616)建。

(53) 观音庵　在北城地,坐落于叶字铺地方,万历四十五年(1617)建。

(54) 甘露庵　在北城地,坐落于获字铺地方。崇祯年间建。

(55) 陶家庵　在北城地,坐落于获字铺地方,崇祯年间建。

(56) 观音庵　在北城地,坐落于射字铺地方,崇祯年间建。

(57) 观音庵　在北城地,坐落于超字铺地方,崇祯年间建。

(58) 水月庵　在北城地,坐落于超字铺地方,崇祯年间建。

(59) 佘家庵　在北城地,坐落于足字铺地方,崇祯年间建。

(60) 林家观音庵　在北城地,坐落于足字铺地方,崇祯年间建。

(61) 祖师庵　在北城地,坐落于易字铺地方,崇祯年间建。

(62) 尼僧庵　在北城地,坐落于晚字铺地方,崇祯年间建。

(63) 不二庵[②]　在北城地,坐落于观字铺地方,崇祯年间建。

(64) 女僧庵　在东城地,坐落于崇礼街好字铺,嘉靖年间建。

(65) 西方庵　在东城地,坐落于朝阳门傍字铺,万历十六年(1588)建。

(66) 私姑庵　在东城地,坐落于朝阳门仙字铺地方,万历十九年(1591)建。

(67) 般若庵　在东城地,坐落于太平门对字铺,万历二十二年(1594)建。

(68) 护国庵　在东城地,坐落于朝阳门舍字铺,万历二十二年(1594)建。

(69) 观音庵　在东城地,坐落于西营夏字铺,万历二十二年(1594)建。[③]

---

① 施沛:《南京都察院志》卷二十二。

② 以上 100—109 均出自施沛:《南京都察院志》卷二十二。

③ 以上 36—43 均出自《南京都察院志》卷二十二。

(70) 月藏庵　在东城地,坐落于长安街动字铺,万历三十一年(1603)建。

(71) 观音庵　在东城地,坐落于长安街动字铺,万历三十一年(1603)建。

(72) 弥陀庵　在东城地,坐落于太平门纳字铺地方,万历三十二年(1604)建。

(73) 尼姑庵　在东城地,坐落于太平门席字铺地方,万历三十二年(1604)建。

(74) 即心庵[①]　在东城地,坐落于太平门纳字铺地方,万历三十六年(1608)建。

(75) 万寿庵　在东城地,坐落于太平门阶字铺地方,万历四十年(1612)建。

(76) 旃檀庵　在东城地,坐落于太平门阶字铺地方,万历四十年(1612)建。

(77) 清隐庵　在东城地,坐落于长安街物字铺,万历四十二年(1614)建。

(78) 观音庵　在东城地,坐落于长安街物字铺,万历四十二年(1614)建。

(79) 观音庵　在东城地,坐落于西营都字铺,万历四十二年(1614)建。

(80) 生生庵　在东城地,坐落于太平门阶字铺地方,万历四十八年(1620)建。

(81) 地藏庵[②]　在东城地,坐落于钦天监□字铺,万历年间建。

(82) 地藏庵[③]　在东城地,坐落于太平门纳字铺地方,天启元年(1621)建。

(83) 定林庵[④]　在斗门桥西城地,僧人定林[⑤]建造,因此名为定林庵。

(84) 狮子窟　在都城内鹰扬仓后,北城地,明代僧人瑞麟建造,董其昌[⑥]书额。

(85) 慈映庵[⑦]　在六合县南40里,明万历年间建。

---

① 以上50—56均出自《南京都察院志》卷二十一或二十二。

② 以上62—70均出自《南京都察院志》卷二十一或二十二。

③ 施沛:《南京都察院志》卷二十一。

④《补续高僧传》卷二六:"周安(即僧定林)因白弱侯,吾欲为僧。……弱侯又于馆侧,别为庵院,命卓吾书'定林庵'三字为匾,以奉之定林庵。居未久,即舍去牛首,创大华严阁。"据此可知定林庵当建于明后期。

⑤ 释定林,南京人。自幼家贫,不茹荤血。为周姓书生书童,日随赴讲学会场,时称"周安"。后周生病逝,又随名士杨道南,终年于寺中读书。随至京师,名士焦竑、李卓吾等人皆与之交游。杨道南逝后,从云松出家,法名"定林"。焦竑于馆侧别为庵院,李卓吾书"定林庵"匾额。居不久,即往牛首山弘觉寺,于禅堂之后建华严阁。不久,往湖北天中山访李卓吾。万历十四年(1586),圆寂。

⑥ 董其昌(1555—1636),字玄宰,号思白、香光居士。明代书画家。万历十七年进士,授翰林院编修,官至南京礼部尚书,卒后谥文敏。

⑦《(光绪)六合县志》卷三载:"在县南四十里卸甲店。明神宗万历中,僧真监开建。"

(86) 万丰庵[①] 在溧阳县东塘村,明万历年间建。

(87) 明眸寺[②] 在溧阳县,明万历年间建,又名眼香庙。

(88) 金星寺[③] 在溧阳县陆笪村,明万历年间建造。

(89) 广惠庵[④] 在溧阳县西 50 里庆礼圩,明万历年间建。

(90) 广福院[⑤] 在溧阳县永东区,明万历年间建。

(91) 宝华禅院[⑥] 在溧阳县西 6 里,明万历年间僧人道明建造。

(92) 圣寿寺[⑦] 在溧阳县燕山,明万历年间僧人慈照始住锡于此。

(93) 柏枝庙[⑧] 在明西区,距溧阳县 30 里。明万历年间僧人圆智创建,名为万善庵。

(94) 汇龙庵[⑨] 在溧阳县从山上店村,明万历年间建造。

(95) 水因庵[⑩] 在溧阳县渡济桥,明万历年间知县徐缙芳建。

(96) 方山寺[⑪] 在溧阳县,明崇祯八年(1635),僧人印林建。

(97) 栖贤庵[⑫] 在上元县谢公墩,明万历年间庐山僧人乐愚[⑬]结茅于此。

(98) 再兴寺[⑭] 在高淳县东 60 里朝岗山。明万历年间张应园、张应亮建造。

---

① 《(嘉庆)溧阳县志》卷四载:"在东塘村,万历间建。"

② 《(嘉庆)溧阳县志》卷四载:"即眼香庙,万历间建。"

③ 《(嘉庆)溧阳县志》卷四载:"在陆笪村。万历间建,邑人史贻置额。"

④ 《(嘉庆)溧阳县志》卷四载:"在县西五十里庆礼圩。万历间建。"

⑤ 《(嘉庆)溧阳县志》卷四载:"在永东区,县东北三十五里。万历间建。"

⑥ 《(嘉庆)溧阳县志》卷四载:"在县西六里。即蘧蘧园遗址。万历末僧道明建。"

⑦ 《(嘉庆)溧阳县志》卷四载:"在燕山。万历末,僧慈照始住锡于此。"

⑧ 《(嘉庆)溧阳县志》卷四载:"在明西区,距县三十里。明万历间,僧圆智更有所创建,名为万善庵。道人真缘等捐资募山。天启二年,邑人吕昌期记。"

⑨ 《(嘉庆)溧阳县志》卷四载:"在从山上店村。万历间建。"

⑩ 《(嘉庆)溧阳县志》卷四载:"在渡济桥。万历间,知县徐缙芳建。"

⑪ 《(嘉庆)溧阳县志》卷四载:"崇祯八年,僧印林建,董其昌题曰小普陀寺。包尔庚题曰大云荫注。"

⑫ 《(道光)上元县志》卷十二载:"在谢公墩,庐山僧乐子结茅于此,余大成额共亭曰:编复白毫,余大成又题曰栖禅胜地。"

⑬ 释性洁,字润庵,别号乐愚,河北保定博野县人。童年依城西寺瑜伽师剃度,习读经论。年二十,入五台山狮子窟,依止空印和尚。三年之中,习《华严大钞》与诸经论。为求佛法大旨,遍参诸祖道场,"禅讲尊旨,一视无余"。复归五台山见空印和尚,空印首肯之。万历二十八年(1600),随空印和尚至北京明因寺,开《楞严》法席。随后,南行至双径凌霄峰下,结社庐山栖贤寺。未几,至南京,结茅谢公墩右。时高人名士多前往问学,于是将其住处改建为庵,额曰"栖贤庵"。居此二十年,崇祯十五年(1642)九月圆寂。

⑭ 《(民国)高淳县志》卷十四载:"县东六十里朝岗山。明万历间张应园、张应亮建,今废。"

(99) 普济庵① 在溧水县小东门外,万历年间邑民丁敷倡导建造。

(100) 中山庵② 在溧水县东南 25 里,明天启元年(1621)建造。

(101) 发祥庵③ 在溧水县东南 50 里,明天启二年(1622)邑庠朱守中造,又名为韩胡井庵。

(102) 飞来寺④ 在高淳县西南 3 里,相传明天启二年(1622)中秋之夜,有一尊铜像弥勒佛端坐太平圩之东角,因而建造寺院,名为飞来寺。

(103) 平安山庵⑤ 在溧水县平安山,明天启四年(1624),有僧人华严建庵说法于此,僧众常达数十百人。

(104) 永寿庵⑥ 在溧水县东 25 里官塘,崇祯三年(1630)创建,又名为新庵。

(105) 演塘庵⑦ 在溧水县东南 25 里,崇祯四年(1631)邑人韦一韩、韦一范建。

(106) 玦山庵⑧ 在溧水县南 5 里,崇祯十年(1637)建。

(107) 永福寺⑨ 在溧水县东北 10 里梁山岗,崇祯十四年(1641)建造。

(108) 龙霖庵⑩ 位于溧水县东南 25 里,青洪山北。崇祯十五年(1642)邑人韦一范倡导建造。

(109) 巢云庵⑪ 在溧水县南 20 里杜城山,崇祯年间僧人传恩、邑人任超等倡导建造。

(110) 花盛庵⑫ 在溧水县东南 40 里,崇祯年间曹世元建造。

---

① 《(光绪)溧水县志》卷二十载:"普济庵小东门外。万历时邑民丁敷艰于嗣,梦观音与语。敷遂舍地捐资倡建,庵成,果生二子。"

② 《(光绪)溧水县志》卷二十一载:"中山庵东南二十五里,明天启元年建。"

③ 《(光绪)溧水县志》卷二十一载:"东南五十里,天启二年(1622)邑庠朱守中造,又名韩胡井庵。"

④ 《(乾隆)江南通志》卷四十三载:"飞来寺,在高淳县西南三里。相传明天启二年中秋夜,有铜像弥勒一尊端坐太平圩之东角,因建寺名曰飞来。"

⑤ 《(光绪)溧水县志》卷二十载:"平安山庵在平安山上。明天启四年,有僧华严建庵说法,僧众常数十百人。"

⑥ 《(光绪)溧水县志》卷二十载:"东二十五里官塘,崇祯三年(1630)创建","新庵,东二十五里在官塘,即永寿庵"。

⑦ 《(光绪)溧水县志》卷二十载:"东南二十五里,崇祯四年邑人韦一韩、韦一范建。"

⑧ 《(光绪)溧水县志》卷二十载:"南五里,崇祯十年建。"

⑨ 《(光绪)溧水县志》卷二十载:"东北十里梁山岗。崇祯十四年(1641)造。"

⑩ 《(光绪)溧水县志》卷二十载:"东南二十五里,青洪山北。崇祯十五年邑人韦一范倡建。"

⑪ 《(光绪)溧水县志》卷二十载:"巢云庵,南二十里杜城山。明崇祯间僧传恩、邑人任超等倡建。"

⑫ 《(光绪)溧水县志》卷二十载:"东南四十里。明崇祯间曹世元建。"

(111) 圆觉庵[①] 在城南驯象门,明万历年间建,律僧白斋燃指臂苦行募缘拓建此寺。

(112) 石洞庵[②] 在郭城上元门,明魏国公徐弘基[③]建。

(113) 华严堂[④] 在句容县青城埠西北,崇祯年间孔贞运建。

(114) 药师庵[⑤] 在上元县复城桥北,崇祯年间御史郭维经、胡接辉等人建。

(二) 重建寺院

(1) 隆昌寺 在句容县宝华山上,被后人誉为律宗第一名山。宝华山位于句容县北部60里,距离栖霞山30里许,"山势崛起而中凹,群峰环绕其下,若华之含鄂;窝藏寺宇,如莲之有房也"[⑥]。相传梁代高僧宝志禅师曾经在这里结庵传经,故名为宝志公庵。随着岁月流逝,渐渐荒废。明嘉靖年间僧人普照重建宝公庵,明神宗万历年间僧人妙峰、南宗、天空等募缘扩建为寺院,明神宗敕赐《大藏经》及"护国圣化隆昌寺"额,改称隆昌寺[⑦]。

(2) 下瓦官寺[⑧] 位于都城内凤凰台,明嘉靖年间,积庆庵改建为下瓦官寺。

(3) 观音寺 在郭城观音门外,北城寒桥地,南去神策门15里。旧址位于鹰扬卫地,因此处江流喷荡,在明嘉靖末年迁寺于此处,仍名观音寺。

(4) 法轮寺[⑨] 在溧阳县南10里屏风山,南宋绍兴十九年(1149)建,赐额"秦梓功德寺",久废不存。明万历年间僧人辩公开山在此处募缘重建,改名为法轮寺。

---

① 《(乾隆)江南通志》卷四十三载:"圆觉庵在府南驯象门。明万历年建,律僧白斋燃指臂苦行拓修。"

② 《(道光)上元县志》卷十二载:"明魏国公徐弘基建,在上元门。"

③ 明末将领,名将徐达后裔。万历二十三年(1595),世袭魏国公,守备南京。三十五年(1607)协守南京,领后府。三十七年(1609)四月提督操江。天启元年(1621),以疾辞任,加太子太保。崇祯十四年(1641)复守南京,加太傅。卒谥庄武。

④ 《(光绪)续纂句容县志》卷二下载:"在青城埠西北,崇祯间孔贞运建。"

⑤ 《(道光)上元县志》卷十二载:"在复城桥北,明崇祯间,御史郭维经、胡接辉建。"

⑥ 朱偰:《金陵古迹图考》,中华书局,2006年,第239页。

⑦ 《(乾隆)江南通志》卷四十三载:"在府治东六十里句容县界宝华山。相传为梁宝志公道场,故名宝华。久废。明嘉靖间,僧普照建宝公庵。万历间,僧妙峰奉敕建铜殿,赐名圣化隆昌寺。"释辅仁《律门祖庭汇志》载:"宝华山宝公庵,亦名莲花庵,于明万历三十三年,由妙峰、南宗、天空三师化庵为寺,十年告成,赐额'圣化隆昌'。清康熙四十二年,改赐'慧居寺'。"

⑧ 据葛寅亮在《金陵梵刹志》中考证此徐园旁之瓦官寺实非旧瓦官寺基址,因其在平地故谓之为"下瓦官寺"。同时《南朝寺考》卷二载:"寺旁有集庆庵,嘉靖中诏毁私刹,僧以瓦官扁其庐得免,土人因其在山下谓之下瓦官。"可知,此下瓦官寺与晋之瓦官寺没有关系。

⑨ 《(嘉庆)溧阳县志》卷四载:"在县南十里屏风山。宋绍兴十九年,赐额建为秦梓功德寺,久废不存。明万历中,僧辩公开山即旧址重建,改名为法轮寺。"

(5) 泰安寺[①] 在溧水北30里,始建于唐,明万历三十年(1602)僧人性泰、望松等人重新建造。

(6) 长峰寺[②] 在溧水县南60里,始建于唐代,唐中和二年(882)修葺。明嘉靖间重修,至崇祯四年(1631)僧人宏澄募化重建。

(7) 古佛庵[③] 在溧水县东南45里黄山岭,唐贞观七年(633)僧人优昙建造,明崇祯十三年(1640)乡民陈继亨重建。

(8) 崇化寺[④] 万历年间重修。

(9) 华光庵[⑤] 万历三十三年(1605)余大成重建。

(三) 修整与赐额的寺院

(1) 祈泽寺 位于郭城高桥门祈泽山。宋少帝景平元年(423)建造,唐会昌法难中废,南唐祈雨有验复修,宋治平中改名祈泽治平寺。元至正二年(1342)重建,明嘉靖十二年(1533)得到修缮。

(2) 崇因寺 在郭外南城安德乡,刘宋时期建造,名为旷野寺。齐时期毁废,梁大同年间得以复建。唐代开元年间改为禅居院,杨吴大和二年(930)改崇果院,宋改额为崇因寺,明嘉靖年间重修。

(3) 凤游寺 又名上瓦官寺,位于都城内中城凤凰台处。晋兴宁中建,名瓦官寺,杨吴改寺额为吴兴,南唐中改为升元阁,宋初因战争毁坏,太平兴国五年(980)复建为崇胜戒坛院。明初,寺废,其基址半为魏国公徐达园林,半入骁骑卫仓。凤凰台右建有小庵,名丛桂庵。万历十九年(1591)僧人圆梓、明澄等在魏国公徐维志等人的帮助下,购回凤凰台地,重新建造寺庙。时任南京礼部郎中的葛寅亮考其地实为古瓦官寺址,故名之为"瓦官寺"。同时,因山下有积庆庵改为瓦官寺,故将前者称为"下瓦官寺",此则因其处于山上,故名"上瓦官寺"。焦竑于万历二十三年(1595)因其左为凤凰台,因此更名为"凤游寺"。

(4) 古林寺 在定淮门内马鞍山,旧名为古林庵,中心律宗的古心律师住持

---

① 《(光绪)溧水县志》卷二十载:"北三十里,创于唐。至明万历三十年僧性泰、望松重造,今毁。"

② 《(光绪)溧水县志》卷二十载:"南六十里。唐时敕建,中和二年修。明嘉靖间重修,崇祯四年僧宏澄募化重建。"

③ 《(光绪)溧水县志》卷二十载:"东南四十五里黄山岭。唐贞观七年僧优昙创,明崇祯十三年乡民陈继亨重建,今废。"

④ 在都城外西北,南去神策门五里,北城李子冈地。旧名高峰院,相传为古刹。不知何代所创。明正统间(1436—1449)重建,赐额。

⑤ 在都城内陡门桥南,中城地。成化间(1465—1487)创建。

此寺，被誉为“天下第一戒坛”。明万历十二年（1584）古心律师来到南京，住持在这里，经过3年的努力拓建为寺，建成后的古林寺，宏敞壮丽，成为南京当地的大寺，万历四十一年（1613）敕更寺额为“振古香林禅寺”①。

（5）净明讲寺②　在六合县东南，又名为水南禅寺。唐懿宗咸通年间僧人惠永建造，明崇祯初年僧人般若募缘建造毗卢大殿。

（6）正觉寺③　在高淳县西30里，宋嘉定元年建，明初毁于战争。崇祯九年（1636）当地居民史增贤重建，仍名正觉寺。

（7）东霞寺④　在句容县，始建于唐，历经五代宋元千余年而不废，明嘉靖四十四年（1565）重修。

（8）西林兴福禅院⑤　在溧阳县永东武家村西，建造于元至大年间。明嘉靖年间施茂芝、蒋士明、董文杰等人重修。

（9）法华庵⑥　（莲花院）在溧阳县东15里。唐咸亨年间建造，明万历年间重修，又称为莲花院。

（10）陷塘庵⑦　在溧阳县鹿步山麓，明万历三十四年（1606），魏国公徐弘基书额为“古陷塘庵”。

（11）汪渚庵⑧　在溧阳县盘白山西，明万历年间知县李思恂书额为“丛林静业”。

（12）放生庵⑨　又名护生庵，在上元县龙蟠里。相传唐乾元二年（759）建造放生池，明嘉靖年间浙总结方甸重立坊额。

---

① 释辅仁《律门祖庭汇志》载：“马鞍山古林庵，于明万历十二年，由古心律师化庵为寺，三年告成，赐额‘振古香林’。”

② 《（光绪）六合县志》卷三载：“在县治东南，又名水南禅寺。唐懿宗咸通间，僧惠永开建。原志按，净明寺坐定山之尽脉，滁水环之，与邑雉堞相向。明思宗崇祯初年，有僧般若募建毗卢大殿五楹于后，妙好庄严，费金两千余。”

③ 《（民国）高淳县志》卷十四载：“县西三十里，宋嘉定元年，僧妙玲请江宁县新亭寺额建此。明初寺废于兵，钟移于县之谯楼。崇祯九年，里人史增贤重建，仍名正觉寺。”

④ 《（乾隆）句容县志》卷四载：“邑人高世杰募化重建东霞寺序……创造于唐，历五代宋元千余年不废。重修于明嘉靖乙丑岁。”

⑤ 《（光绪）溧阳县续志》卷二载：“西林兴福禅院，在永东武家村西。创于元至大年，擅水石竹木之聪明。嘉靖间，施茂芝、蒋士明、董文杰重葺。”

⑥ 《（嘉庆）溧阳县志》卷四载：“在县东十五里，唐咸亨中建。明万历间修，以地名莲花圩，俗因呼为莲花院。”

⑦ 《（嘉庆）溧阳县志》卷四载：“在鹿步山麓。明万历丙午，魏国公徐弘基，额云古陷塘庵。”

⑧ 《（嘉庆）溧阳县志》卷四载：“在盘白山西。明崇祯间，知县李思恂书额曰丛林静业。”

⑨ 《（道光）上元县志》卷十二载：“一名护生庵，在龙蟠里，庵前为乌龙潭，传即唐干元二年鲁公奉建放生池……嘉庆年间浙总结方甸重立坊额。”

(13) 罗山庵① 在溧水县南50里,始建于唐,元至正年间复修,明隆庆六年(1572)重修。

(14) 真如寺② 明隆庆年间重修。

(15) 太平禅寺③ 在溧阳县东北40里,宋代建造,明万历十九年(1591)重修。

(16) 五云庵④ 万历三十三年(1605)余大成重修。

(17) 永福寺⑤ 万历年间居士张应文募缘重修,度越前刹。

四 明代南京的其他寺院

除以上通过相关史料明确知道寺院活动时间的寺院以外,另据《金陵梵刹志》《南京都察院志》以及南京地方县志等史料记载,还有寺院具体活动时间不详的大小寺庵共计122所,其中明代新建有81所,历朝留存下来的有41所。兹列于下:

(一) 明代新建寺庵

(1) 十方律院(三一庵) 在朝阳门里相望东城地,是灵谷律堂下院。

(2) 龙华庵 位于都城外东城水关地,在通济门南。

(3) 双桥圆通庵 位于郭城双桥门外,东城锦衣卫地,北去通济门2里。

(4) 慈悯庵 位于都城外东城,锦衣卫曾湾地,北去通济门2里。

(5) 观音庵 位于太平门内东城,八府桥地。

(6) 普济庵 位于都城太平门外半里,东城牧马所地。

(7) 清果寺 位于都城外东城牧马所红沙群地,太平门16里。

(8) 梵惠院 位于都城外东城兴武卫,赤马群地,太平门13里。

(9) 茶亭庵 位于都城外东城牧马所,玉脸群地,太平门10里。

---

① 《(光绪)溧水县志》卷二十载:"南五十里,唐时建。元至正间修,明隆庆六年重修。"

② 在郭外南城葛仙乡昝巷,北去聚宝门六十里。洪武间(1368—1399)创。

③ 《(嘉庆)溧阳县志》卷四载:"太平禅寺,在县东北四十里。宋建,明万历辛卯重修。"

④ 在都城聚宝门内,中城地,明初建。

⑤ 在都门外南城安德街天竺山前,东北去聚宝门二里。本晋开福寺,后徙此改景福寺。南唐避讳改额永福寺,宋元名永福尼寺。天顺间(1457—1464)诂庵禅师建。成化中(1465—1487)毁,弘治十四年(1501)重修。

(10) 地藏庵　位于都城外东城牧马所，凉马群地，南去太平门2里。

(11) 广惠寺　位于郭城上方门外东城地，西北去通济门25里。

(12) 东霞寺　位于郭城上方门外东城崇礼乡，北去正阳门32里。

(13) 外永福寺　位于郭城上方门外泉水乡，北去正阳门40里。

(14) 天隆寺　位于郭城高桥门外东城丹阳乡，北去正阳门50里。

(15) 登台寺　位于郭城外东城尽节乡，北去聚宝门100里。

(16) 华严庵　位于郭城外东城道德乡，北去聚宝门120里。

(17) 吴读庵　位于郭城高桥门外东城土桥地，西去正阳门70里。

(18) 许村庵　位于郭城高桥门外东城清化乡，西去通济门70里。

(19) 一真庵　位于都门外西城地，南去仪凤门一里半。

(20) 金川积善庵　位于都门外西城锦衣水军三所地，南去金川门3里。

(21) 伽蓝庵　位于都城内中城留守右卫地。

(22) 净乐庵　位于都城内中城地，北门桥虎贲右卫地。

(23) 虎贲左卫正觉庵　位于都城内西城虎贲左卫地西南。

(24) 净土庵　位于都城内中城地。

(25) 骁骑卫千佛庵　位于都城内骁骑右卫左所地。

(26) 留守正定庵　位于都城内留守右卫中城地。

(27) 大中正觉庵　位于都城内中城大中桥。

(28) 亭子巷观音庵　位于都城内中城地。

(29) 伞巷观音庵　位于都城内锦衣卫中城地。

(30) 普贤庵　位于都城内北城通贤桥地。

(31) 金陵寺　位于都城定淮门内北城天策卫地。

(32) 吉祥庵　位于都门外白土山北城地，南去神策门2里。

(33) 报国庵　位于郭外西城典牧所小圩地，东去三山门7里。

(34) 圆通庵　位于都城外安德街南城地，北去聚宝门3里。

(35) 广缘寺　位于郭外南城建业乡，北去聚宝门35里。

(36) 圆通寺　位于郭外南城光泽乡，北去聚宝门35里。

(37) 资福寺　位于郭外南城建义乡，北去聚宝门40里。

(38) 永宁院　位于郭城外南城，北去聚宝门两里。

(39) 大慧庵　位于都门外南城驯象街西，西北去聚宝门半里。

(40) 到彼庵　位于都门外南城河畔通济街，西北去聚宝门两里。

(41) 慈善寺　位于郭外南城安德乡，北去聚宝门15里。

(42) 兴福寺　位于郭外南城安德乡，北去聚宝门25里。

(43) 懋德庵　位于郭外南城左墅村南，北去聚宝门40里。

(44) 葛塘寺　位于郭外南城泰南乡东，北去聚宝门40里。

(45) 妙明寺　位于郭外南城葛仙乡，北聚宝门60里。

(46) 明性寺　位于郭外南城山南乡，北去聚宝门90里。

(47) 衲头庵　位于郭外南城山南乡，北去聚宝门90里。

(48) 青山寺①　位于江浦县青山西70里。

(49) 大圣寺②　位于六合县。

(50) 法相寺③　位于府南20里。

(51) 普化寺　位于郭城安德门外南城地，寺北有夏国公顾成墓。

(52) 地藏禅林④　位于六合县西，建于明朝。

(53) 万寿庵⑤　位于句容县。

(54) 惠贞庵⑥　位于溧水县菱唐村西。

(55) 凤栖山庵⑦　位于溧水县。

(56) 四松庵⑧　位于上元县龙蟠里。

(57) 永明庵⑨　位于溧阳县西南，明时建。

(58) 普静庵⑩　位于溧阳县莘塘村东，明时建。

(59) 水宁庵⑪　位于溧阳县利渚村，明时建。

---

①《(万历)应天府志》卷十五载："青山西七十里下有青山寺。"因此寺初见于此，故默认为明代新建。

②《(万历)应天府志》卷十五载："治山井在大圣寺。"因该寺初见于此，故默认为明建寺院。

③《明一统志》卷六载："法相寺在府南二十里"，因该寺初见于此，故默认为明代所建。

④《(光绪)六合县志》卷三载："在县西，建自前朝。"

⑤《(光绪)续纂句容县志》卷二下载："在白马庄西。庵毁于兵焚。惟成化十八年所铸钟尚存。"

⑥《(光绪)溧水县志》卷二十载："在菱唐村西，创自前明，至今犹存。"

⑦《(光绪)溧水县志》卷二十载："建于前明，至康熙癸未诸伯颜等复增石湖书屋，咸丰间毁。同治庚午里人诸本明、僧应祥募建。"

⑧《(道光)上元县志》卷十二载："在龙蟠里，旧有古松四，明时建也。庵倚山，山旧为朱氏园亭，后倾塌。"

⑨《(嘉庆)溧阳县志》卷四载："在县西南，明建。"

⑩《(嘉庆)溧阳县志》卷四载："在莘塘村东，明建。"

⑪《(嘉庆)溧阳县志》卷四载："在利渚村，明蒋思男建。"

以下诸庵均载于《南京都察院志》卷二十一、二十二。今按书中所记，列于下：

中城

(1) 法华庵 爱字铺

(2) 永善庵 美字铺

(3) 护国庵 始字铺

(4) 古观音庵 切字铺

(5) 西方庵 端字铺

(6) 起凤庵 履字铺

(7) 华藏庵 旧字铺

(8) 醴溢庵 有字铺

(9) 草堂观音庵 又名草堂祠，宝字铺

东城

(1) 积善庵 在郭城高桥门外清风乡，西去正阳门 40 里。

西城

(1) 观音庵 坐落漠字铺，皇宋元年创。

(2) 梁家庵 坐落州字铺。

北城

(1) 观音庵 在北城地，坐落于布字铺地方。

(2) 王家庵 在北城地，坐落于布字铺地方。

(3) 头所庵 在北城地，坐落于晖字铺地方。

(4) 二所庵 在北城地，本地民众建造，坐落于晖字铺地方。

(5) 三所庵 在北城地，本地民众建造，坐落于晖字铺地方。

(6) 四所庵 在北城地，本地民众建造，坐落于晖字铺地方。

(7) 五所庵 在北城地，本地民众建造，坐落于晖字铺地方。

(8) 头百庵 在北城地，坐落于皆字铺地方。

(9) 三塔庵 在北城地，坐落于皆字铺地方。

(10) 伍百庵 在北城地，坐落于皆字铺地方。

(二) 历代所遗诸寺

在历代所遗诸寺中，于明代有修复活动，然具体时间无考者，有如下 42 处。

(1) 静居寺[①] 在郭外南城江宁镇，北去聚宝门60里。梁天监五年(506)钦州刺史刘威建造为净居寺，唐时重建为天福寺，会昌法难中毁废，南唐时期复建为静住院，宋治平中改为净居寺，明代改额为静居寺。

(2) 无垢寺 在郭城凤台门外道德乡，北去聚宝门125里。旧为天禧寺，梁天监二年(503)改名为无垢寺，又名无垢院。明代重修，仍名无垢寺。

(3) 瑞相院[②] 在都门外，去聚宝门3里。本是东晋尼寺，宋元嘉十一年(434)尼铁索3人至该寺，因此名为铁罗寺，又改铁索罗寺，南齐改翠灵寺又改妙果寺，唐开宝八年(975)毁。宋太平兴国二年(977)，因建瑞相禅师塔，改名为瑞相院，至明代仍称瑞相院。

(4) 祖堂寺(又名幽栖寺) 在郭外南城，建业乡幽栖山(今名祖堂山)，幽栖山又名祖堂山，在牛首山之南，"峰峦削如芙蓉"。宋大明三年(459)建幽栖寺于牛头山，因此牛头山又称为幽栖山。至唐初法融禅师说法住此，为南宗第一祖师，于是改为祖堂寺。唐光启四年(888)废。杨吴大和二年(930)重置，改名谓延寿院。宋治平年间，复建为幽栖寺，明仍称祖堂寺。

(5) 本业寺 在郭城麒麟门外东城地，西去朝阳门25里。梁天监九年(510)，比丘净洁舍宅所造。唐保大间僧令安重修。

(6) 香林寺 在郭城高桥门外，东城丹阳乡湖塾镇，西去正阳门80里。梁天监中，有杜、桂二卿平章朝政，舍居为寺，因以杜桂为寺名。宋改香林寺，移至山西。

(7) 永泰讲寺 在郭外南城地吉山，建造于梁武帝时期，至南唐葬净果禅师，因此名为净果院，后来复名为永泰讲寺。

(8) 吉山寺 在郭城凤台门外，南城泰北乡，北去聚宝门35里，梁天监年间建造，明万历年间已毁。

(9) 福兴寺 在郭外南城天竺山下，北去聚宝门80里，梁大同二年(536)，袁平建造，唐初释道融徙寺于天竺山上。南唐后主埋葬照禅师于此，因名为塔院，宋改名为殊胜寺。明代重修，万历年间毁废。

---

① 《金陵梵刹志》卷四十五载："在郭外南城江宁镇，东北去所领祖堂寺三十五里，北去聚宝门六十里。《干道志》：本唐天福寺基，会昌中废，南唐复为净住院，宋治平改净居寺，明如之。"

② 《金陵梵刹志》卷三十六载："在都门外南城地，西北去所领永宁寺二里，去聚宝门三里。羽林二郎冈。晋尼刹，至宋改为铁罗寺，又改铁索罗寺。齐为翠灵寺，又妙果寺。宋改瑞相院。国朝因之。"

(10) 高台寺[①] 在郭外南城,山南乡,北去聚宝门 90 里,宋景平元年(423)置高公台院,后复改为高台寺。

(11) 永泰寺 在都门外南城安德乡,西北去聚宝门 13 里,唐开成年间建。

(12) 普济寺[②] 在郭城东麒麟门外东城地,西去朝阳门 30 里。

(13) 封崇寺[③] 在都城三山门内中城地,又名卧佛寺。

(14) 三禅寺[④] 在郭城凤台门外东城尽节乡,为古刹。

(15) 云居寺[⑤] 在郭城高桥门外东城地,西去正阳门 40 里。

(16) 龙泉庵[⑥] 在郭城沧波门外东城白岩嶂地,西去正阳门 35 里。元至正初僧人祥云庆结庵,有泉飞瀑如龙,因此名为龙泉庵。

(17) 衡阳寺[⑦] 在郭城外东城地清风乡,是栖霞寺的下院。

(18) 桂阳寺[⑧] 在郭城沧波门外东城神泉乡。

(19) 英台寺[⑨] 在郭外南城安德乡西善桥。

(20) 广法寺[⑩] 在西门外,唐名零陵寺,杨吴号资福院,宋改为广法寺。

(21) 隐静寺[⑪] 在郭城沧波门外东城地,唐时建造。

(22) 铜井院[⑫] 在朝阳门内东城柳树湾地,建寺时间不详。

(23) 后阳寺[⑬] 在郭外南城祁门乡,北去聚宝门 70 里。唐开宝八年(975)

---

① 《金陵梵刹志》卷四十七载:"在郭外南城山南乡,南去所领建昌寺十五里,北去聚宝门九十里。按志本高公台院,宋景平中建。后改今名。"

② 《金陵梵刹志》卷十三载:"在郭城东麒麟门外,东城,西去所领广惠院五里,朝阳门三十里。按《金陵新志》载:"实录梁头陀寺在蒋山顶,后徙置山下,治平中改额普济寺。今寺亦名普济,麒麟门又近蒋山之下,为古普济未可知,附此俟考。"

③ 《(乾隆)江南通志》卷四十三载:"封崇寺在府三山门内,一名卧佛寺。"

④ 《金陵梵刹志》卷十二载:"在郭城凤台门外,东城尽节乡。"

⑤ 《金陵梵刹志》卷九载:"在郭城高桥门外,东城地。西去正阳门四十里,西南去所领翼善寺三十里。钟山旧有云居寺及登览诗今相去尚远,或移改无考,因另入钟山废寺。"

⑥ 《金陵梵刹志》卷十三载:"在都城沧波门外,东城白岩嶂地。北去所领广惠院三十里,西去正阳门三十五里。相传有白鹤仙曾此修炼,元至正初僧祥云庆结庵,有泉飞瀑如龙因名。"

⑦ 《金陵梵刹志》卷五载:"在郭城外东城地清风乡,离太平门三十里。即所领栖霞寺下院,去寺五里。"

⑧ 《金陵梵刹志》卷十五载:"在郭城沧波门外,东城神泉乡。南去所领法清院十四里,西去正阳门九十里。"

⑨ 《金陵梵刹志》卷四十载:"在郭外南城安德乡西善桥,东去所领崇因寺五里,北去聚宝门十五里。《乾道志》:旧在新林市。"

⑩ 《(万历)应天府志》卷二十三载:"在西门外,唐名零陵寺,杨吴号资福院,宋改广法寺。"

⑪ 《金陵梵刹志》卷十三载:"在郭城沧波门外,东城地。北去所领广惠院二十五里,西去正阳门三十里。唐时建。古碑剥落苔藓间,字蚀其半。"

⑫ 《金陵梵刹志》卷五载:"在朝阳门内,东城柳树湾地……院因井得名。"

⑬ 《金陵梵刹志》卷四十七载:"在郭外南城祁门乡,西去所领福兴寺二十里,北去聚宝门七十里。系万回道场,开宝八年赐额。在后阳村,因名。"

赐额后阳寺。

(24) 清修院[1] 在郭外南城皈善乡,北去聚宝门60里,北宋治平年间赐额。

(25) 西林寺[2] 在郭外南城山北乡,宋绍定年间建。

(26) 慈光寺[3] 在郭城凤台门外,东城尽节乡张桥村。

(27) 安平寺[4] 在郭城外东城尽节乡。

(28) 建昌寺[5] 在郭外南城山南乡。

(29) 金华寺[6] 在句容县治东南,晋咸康三年(337),尚书令李邈舍宅造灵曜寺,宋改为金华寺。

(30) 兴化寺[7] 在溧水县东北30里,唐大中年间建,名为丰安寺,宋改额为兴化寺。

(31) 明觉寺 在溧水县西40里,唐咸通十年(869)建,名为正觉寺,大顺中改明觉寺,北宋治平二年(1065)赐额明觉寺。

(32) 兴善寺[8] 在溧水县西40里左山中,唐大顺年间建。

(33) 兴教寺[9] 在溧水县大西门外,唐天复时期建造。

(34) 太安寺[10] 在溧水县东北30里长寿乡,唐天祐三年(906)建。

(35) 妙果寺[11] 在溧水县东35里白鹿乡,始建于唐代,旧址在安兴乡,宋嘉祐三年(1058)移寺于此处。

---

① 《金陵梵刹志》卷四十七载:"在郭外南城皈善乡,西去所领福兴寺二十里,北去聚宝门六十里。宋治平赐额,俗呼青山寺。"

② 《金陵梵刹志》卷四十七载:"在郭外南城山北乡,西南去所领建昌寺二十里,北去聚宝门六十里。系宋绍定间建。"

③ 《金陵梵刹志》卷十二载:"在郭城凤台门外,东城尽节乡张桥村。南去所领三禅寺二十里,北去聚宝门一百一十里。《乾道志》有慈光院在章墅村去城百里,疑即此。"

④ 《金陵梵刹志》卷十二载:"在郭城外东城尽节乡,南去所领三禅寺十五里,北去聚宝门一百五里。《乾道志》有安平院在下桥村,今或本此。"

⑤ 《金陵梵刹志》卷四十七载:"在郭外南城南乡,北去所统报恩寺九十里,聚宝门同。《乾道志》名建昌院。"

⑥ 《(乾隆)江南通志》卷四十三载:"金华寺在句容县治东南。晋咸康三年尚书令李邈舍宅造灵曜寺,宋改今额。"

⑦ 《(乾隆)江南通志》卷四十三载:"兴化寺在溧水县东北三十里,唐大中时建名丰安寺,宋改今额。"

⑧ 《(乾隆)江南通志》卷四十三载:"在溧水县西四十里左山中,旧传即黄初平牧羊处,唐大顺中建。"

⑨ 《(乾隆)江南通志》卷四十三载:"在溧水县大西门外,唐天复时创。"

⑩ 《(乾隆)江南通志》卷四十三载:"在溧水县东北三十里长寿乡,唐天祐三年建。"

⑪ 《(乾隆)江南通志》卷四十三载:"在溧水县东三十五里白鹿乡。旧在安兴乡,唐时所建也。宋嘉祐三年移此。"

(36) 华胜寺[①] 在溧水县南 3 里,旧址位于思鹤乡佛子墩。宋乾道五年(1169)移寺额,复建于此地。

(37) 龙化寺[②] 在高淳县南 50 里,唐咸通初建造。

(38) 禅林寺[③] 在高淳县东 20 里,唐咸通年间建。

(39) 宝圣寺 在六合县北 40 里屏山之北,宋至和元年(1054)建[④],寺中有泉亦名宝圣。

(40) 东济寺[⑤] 在江浦县西 30 里,旧名汤泉院,北宋元祐中重建。

(41) 定山寺[⑥] 在江浦县东北 30 里定山狮子峰下。

---

① 《(乾隆)江南通志》卷四十三载:"在溧水县南三里,旧在思鹤乡佛子墩,宋乾道五年移寺额,复兴于此。"

② 《(乾隆)江南通志》卷四十三载:"在高淳县南五十里,唐咸通初建。"

③ 《(乾隆)江南通志》卷四十三载:"在高淳县东二十里,唐咸通中建。"

④ 按《(乾隆)江南通志》卷四十三载,此处原为"元至和元年",然元代无年号至和,考其为北宋仁宗年号(1054—1056),故此处记载当误,今按北宋仁宗至和元年(1054)。

⑤ 《(乾隆)江南通志》卷四十三载:"在江浦县西三十里。旧名汤泉院,宋元祐中重建。"

⑥ 关于定山寺的建寺时间、建寺人等问题,历来流传的说法是梁武帝为僧法定建。然而考诸史料可以发现,这一说法是根据《(万历)江浦县志》记载:"梁主为僧法定造寺,以山名为额。"清光绪年编撰的《江浦埤乘》一书沿用了《(万历)江浦县志》中的说法。然而这一说法缺少更早的文献证明。而且定山寺所在的"定山"在文献中也出现得很晚,在宋代编撰的《太平寰宇记》中所记载的定山不是定山寺所在的定山,而定山寺所在的定山被称为"六合山"。"定山寺"在文献中的出现时间早于"定山",所以"以山名为额",这一说法就有不妥。合乎逻辑的说法应该是"山以寺名"。在早期关于定山寺的文献记载中多是诗文、游记之类,且即使是诗文之类的记载也是出现于晚唐时期,如唐薛逢的《定山寺》。因此,在缺乏更早关于定山寺记载文献的情况下,只能推测定山寺在唐晚期时已经出现,关于此寺的始建人、始建时间等问题只能阙疑。按《(万历)应天府志》卷二十三:"定山寺在县东北三十里狮子峰下。"可知,明代时定山寺依然存在,但是否有重修等就不得而知了。关于定山寺始建问题,可参阅王宏:《定山寺相关史料简析》,《苏州文博论坛》2010 年 12 月。

第二节
明代的僧官制度与寺院经济

佛教自传入中国以后，在其义学中国化的同时，佛教僧团的管理制度方面也不可避免地与中国古代专制政权发生联系，由此而产生了各朝各代对佛教的基本政策。这些政策的制定从根本上说保证了佛教能够在一定程度上健康有序地发展。如印顺法师所认为的，古代王权对于佛教僧团的管理多半还是出于善意，对于管理上不健全的佛教僧团的良性合理发展有其积极有益的作用。明代佛教政策的基本模式在明太祖以及明成祖时期就已经确立，其后明王朝诸帝王大多是在此一基本模式的背景之下，因其社会时代特色与其个人对佛教的态度、认识等而加以损益。[①]

一　明代的僧官制度

明太祖定鼎金陵后，基于他自身的出家经历以及对佛教具有的“阴翊王度”“利济群生”的社会教化作用的基本认识，同时基于对元末以来佛教内部的混乱情形的洞悉，开始制定了一系列详细而缜密的佛教政策，尤其是僧官制度，更是将佛教纳入国家运行的基本轨道上，以此对佛教进行了有力、有效的控制。

（一）明初“善世院”的设置[②]

明代僧官系统的正式成立是在洪武十四年（1381），在这之前，明太祖设立了“善世院”用来统领天下僧伽事务。洪武元年（1368）正月，明太祖在南京天界寺设立“善世院”，授天界寺住持僧觉源慧昙为“演梵善世利国崇教大禅师”[③]，并令其统领天下僧伽事宜。

继僧慧昙为善世院首领之后，洪武七年（1374）十一月，明太祖授印度僧人撒

---

① 此节参考周齐：《明代佛教与政治文化》，人民出版社，2005年。
② 参考何孝荣：《明初善世院考》，《西南大学学报》2009年第2期。
③ 《释氏稽古略续集》卷二。

哈咱失里为“善世禅师”，以及和林国师朵儿只怯烈失思巴藏卜为“都纲、副禅师”，令“统制天下诸山，绳顽御恶”，即二人又以“善世禅师”“副禅师”掌善世院。

善世院包括统领、副统、赞教、纪化等官职。其中统领“秩从二品”。在明洪武前期，善世院作为统领天下佛教事务的最高机构的主要职能是：甄选名刹住持；统领和管制天下僧众；参与给发僧人度牒；负责接待来京名僧等。洪武十四年(1381)五月，善世院统领撒哈咱失里圆寂，同年十二月，革除善世院①。

虽然善世院有如上所述的职能，但是当时一些重要的佛教事务仍由中书省及礼部负责办理。善世院作为全国最高的僧司衙门，所起的实际作用从史料中来看是比较小的。这不仅体现出明太祖对佛教的严厉管辖与控制，同时表明明太祖想将佛教的管理置于世俗权力之下，由世俗权力干预佛教内部事务，僧司衙门很难独立于世俗权力之外。这对明代以后的佛教发展不可不说是一个很大的影响，这种隐微的态度在其后设置的缜密的僧司衙门中也有体现。

(二) 明代僧官体系的建立

随着明王朝的建立，佛教的发展日趋繁荣，僧人增加，寺院也在不停的建设中，僧团内部也出现了一些问题。其中明洪武前期设置的“善世院”略显宽泛，时代的发展急需一套完整的僧官制度体系，以加强对于佛教的管理。洪武十四年(1381)六月，明太祖下令礼部，“稽宋制，设置僧道衙门，以掌其事”②，为开设僧道衙门事宜进行筹划准备。随后，礼部提出了设置僧司衙门的具体方案。相关内容如下③：

1. 在京设置僧录司，掌管天下僧众。选任精选通经典，戒行端正者。其在外布政州府县，各设僧纲、僧正、僧会等司衙门，分掌其事。僧录司掌管天下僧教事。善事二员，正六品，左善事、右善事。阐教二员，从六品，左阐教、右阐教。讲经二员，正八品，左讲经、右讲经。觉义二员，从八品，左觉义、右觉义。各府僧纲司掌本府僧教事。都纲一员，从九品。副都纲一员。各州僧正司掌本州僧教事。僧正一员。各县僧会司掌本县僧教事。僧会一员。

2. 各府州县寺僧，并从僧录司取勘置文册，须要开写某僧姓名某甲，某布政司某府某州某县籍，某年某寺出家，受业某师，先为行童几载，至某年某施主披

---

① 关于善世院的废置时间，具体参考何孝荣：《明初善世院考》，《西南大学学报》2009年第2期。

② 《释氏稽古略续集》卷二。

③ 葛寅亮：《金陵梵刹志》卷二。

剃，某年给受度牒，逐一开报。

3. 供报各处有额寺，须要明白开写本寺始于何朝，何僧启建，或何善人施舍。

4. 僧录司衙门，全依宋制，官不支俸。吏与皂隶合用人数，并以僧及佃仆人等为之。

5. 各处寺主持，从本处僧衙门举保有戒行、老成、谙通经典者，申送本管衙门，转申僧录司，考试中试，具申礼部奏闻。

6. 各府州县未有度牒僧，许本管僧衙门具名申解僧纲司，转申僧录司考试，能通经典者具申礼部类奏给出。

7. 在京在外僧衙门，专一检束僧，务要恪守戒律，阐扬教法。如有违犯清规，不守戒律，及自相争讼者，听从究治，有司不许干预。若犯奸盗非为，但与民相涉，在京申礼部酌审，情重者送问。在外即听有司断理。

从以上内容可以看出，明代僧官体系的设置基本上是按照世俗行政体制的模式建立的。其规定了僧官的品秩、等级、人员数目等情况。同时规定了僧司衙门的具体职责：管理核实僧人和寺院的名籍文册；负责铨选及考试提拔僧人；考试申请度牒，发放度牒；检束究治僧行以及教内争讼，若不涉及民事纠纷，世俗官员机构不得干预。①

洪武十五年(1382)年，吏部将具体的僧官任命情况上奏朝廷，明太祖奏准。具体的任命情况如下②：

左善世戒资，右善士宗泐；左阐教智辉，右阐教仲羲；左讲经玘太朴，右讲经仁一初；左觉义来复，右觉义宗鬯。

与此同时，还规定了僧官的具体职掌的事务：

1. 戒资用印，宗泐封印。凡有施行诸山，须要众僧官圆坐署押，眼同用印。但有一员不到，不许辄用。差故者不在此限。

2. 戒资，提督众僧坐禅，参悟公案，管领教门之事。

3. 智辉、仲羲，亦督修者坐禅。

4. 如玘、守仁，接纳各方施主，发明经教。

---

① 周齐：《明代佛教与政治文化》，人民出版社，2005年，第111页。

② 葛寅亮：《金陵梵刹志》卷二。

5. 来复、宗泐，检束诸山僧行，不入清规者，以法绳之。并掌天界寺一应钱粮产业及各方布施财物，置立文簿，明白稽考。其各僧官职掌之事，宗泐皆须兼理。

6. 考天下僧人能否，公同圆议，具实奏闻。

如上所述，可以看出僧录司的每位官员都有明确的职责范围，并且特别强调“圆坐署押”“公同圆议”等制度，这加强了相互监督的作用，防止僧人滥用职权。除此之外，也涉及具体的僧团内部的现实问题。如督促僧众坐禅，参悟公案，这与僧人的修行活动密切相关；重视钱粮产业和布施财物的管理。同时，对僧人实行考试制度，检验僧众的知识水平。

从上述具体的僧官衙门的设立以及任命情况可知，明代任职僧司衙门的官员皆是具有德行威望的僧人，这不同于元代僧司衙门官员之僧俗并用的情形。同时，按照僧官所属的僧人类型及其职称等规定了其所穿的服装。僧官的办公机构也不再另立机构，而是安置在著名的大寺院中。比如，明初设立的善世院即在天界寺，僧录司设立后也在此寺。洪武二十一年(1388)天界寺发生火灾，僧录司迁至天禧寺。此外，洪武十四年(1381)时制定的僧官不支俸的规定，到二十五年(1392)冬明太祖重订品阶勋禄之制时，则对有品阶的僧官也实行支俸的制度。据史料记载：僧录司左右善世按正六品，与钦天监、大理寺左右寺正等官同等，月禄米一十四石；左右阐教按从六品，月禄米一十石；左右讲经按正八品，月禄米七石；左右觉义按从八品，月禄米六石；地方各府僧纲司之都纲，按从九品，月禄米五石五斗；副都纲及僧正司官不入品秩，不给俸禄。①

除此之外，明太祖进一步加强对于寺院经济等事务的管理。洪武十九年(1386)，明太祖下令在天下寺院中有粮田的设立砧基道人一职，且不允许出家人担任此职。砧基道人负责上令下达和寺院的差税事务等。至景泰年间政府下令限每寺田60亩，砧基道人这一制度也随即被废除。②

从上述叙述中可以看出，明太祖建立起来的这套僧官体系，机构完备，品级森严，体现出其加强对佛教的管理控制的意图。这一僧官体系伴随着明王朝始终，并对清朝的僧观制度的设立有重大的影响。

---

① 周齐：《明代佛教与政治文化》，人民出版社，2005年，第113页。

② 何孝荣：《明代南京寺院研究》，中国社会科学出版社，2000年，第4页。

二 分天下僧寺为禅、讲、教三类

佛教自传入中国以后，在其漫长的发展过程中不断与中国固有的文化传统发生融合，并在随后的发展过程中逐渐形成了佛教寺院与僧人的分类。如元朝就有一种流行的划分，即所谓“佛宗有三。曰禅、曰教、曰律。禅尚虚寂，律严戒行，而教则通经典”[①]。禅指禅宗，禅宗以发明本性、明心见性为根本目的，禅宗的形成标志着从印度传来的佛教完全中国化。律指佛教僧众所持守的戒律，用来规范制约僧人的行为。教则指禅宗之外的宗派，如天台、华严等，是指对经论的学习。

元末明初以来，民间法事活动盛行，尤其是从事法事活动的人员混杂，不仅有僧人而且有道人等，他们大多抱着追求利益的目的，损害了佛教清净无染的形象，并由此带来了很多的社会弊病，这急需一套切实的规章制度来规范佛教法事活动。明太祖一方面认识到佛教法事活动中所蕴含的佛教因果轮回的教义有助于社会的教化，达到安定社会人心的目的；另一方面也意识到要对法事活动进行切实有力的管理。由此，洪武十五年（1382）五月，明太祖下诏分佛寺为禅讲教三类：“佛寺之设，历代分为三等，曰禅，曰讲，曰教。其禅不立文字，必见性者方是本宗；讲者务明诸经旨义；教者演佛利济之法，消一切现造之业，涤死者宿作之愆，以训世人。”[②]禅即是指禅宗，以明心见性为目的。讲即之禅宗以外的各宗派如天台华严等，注重于经论的学习研究。教即是专门诵念真言密咒，演行瑜伽显密法师者，用来超生度死、消灾、祈福求愿等。因此僧人也被划分为禅、讲、教三类。与此同时，特别注重了教僧、教寺的规范，派遣僧行果、如锦二人到能仁寺开设应供道场，将京城内从事瑜伽法事活动的僧众集中到能仁寺，除此之外私作佛事者将被拘押至能仁寺问罪。

除了佛寺的分类，明太祖也明确规定了三类僧众的服饰。洪武十五年（1382）下诏规定禅讲教三类僧众的服饰。具体规定是：“禅者，茶褐常服，青条玉色袈裟；讲僧，玉色常服，深红条浅红袈裟；教僧，皂常服，黑条浅红袈裟。僧官皆如之。惟僧录司官，袈裟缘纹及环皆饰以金。”[③]

---

① 转引自周齐：《明代佛教与政治文化》，人民出版社，2005年，第114页。

② 葛寅亮：《金陵梵刹志》卷二。

③ 转引自周齐：《明代佛教与政治文化》，人民出版社，2005年，第115页。

明太祖在对佛寺、僧众进行禅讲教这三类划分的同时，也对“教僧”给予了特别的关注与限制。洪武十六年（1383）六月，明太祖下旨，强调瑜伽法事的重要性，规范了法事的仪轨；各地的教僧应到南京，学习统一的法事仪轨等，三年后考试合格的领取“执照”才能成为正式的教僧，才可以为人做演行法事仪式。如没有度牒的僧众，且考试没有通过，则令其还俗为民。

由于教僧与世俗之人有不少交往，在这个过程中难免会有一些问题出现。为了进一步规范、控制教僧的行为，使其合乎律法等，洪武二十四年（1391）明太祖颁布《申明佛教榜册》，如[①]：

1.“令下之后，敢有不入丛林，仍前私有眷属，潜住民间，被人告发到官，或官府拿住，必枭首示众。容隐窝藏者，流三千里。”

2.“令出之后，有能忍辱，不居市廛，不混时俗，深入崇山，刀耕火种，侣影伴灯，甘苦空寂寞于林泉之下，意在以英灵出三界者，听。”

其中大多数是对教僧进的规定与限制。同时详尽规定了从事瑜伽活动中所需要的经书、佛像、香火等物品的价格；对参加经忏法事的教僧的钱财的收入也做了明确的规定。如以下条例[②]：

1.“显、密之教轨范科仪，务遵洪武十六年颁降格式。……此令一出，务谨遵，毋增减，为词讹传紊乱。敢有违者，罪及首僧及习者。”

2.“瑜伽僧既入佛刹，已集成众，赴应世俗，所酬之资，验日验僧，每一日每一僧钱五百文；主磬、写疏、召请三执事，每僧各一千文。”

3.“陈设诸佛像，香灯供给，阇黎等项劳役，钱一千文。”

4.“瑜伽之教，显密之法，非清净之守，字无讹谬，呼召之际，幽冥鬼趣，咸使闻知，即时而至，非垢秽之躯世俗所持者。曩者，民间世俗多有仿僧瑜伽者，呼为善友，为佛法不清，显密不灵，为污浊之所污有若是。今后若止许僧为之，敢有似前如此者，罪以游食。”

但是，在《申明佛教榜册》颁布后，并未得到很好的效果，各地仍有应付僧假托化缘、骗人钱财的现象出现。洪武二十七年（1394），明太祖又详细规定了僧人“所避、所趋者”颁布发行《避趋条例》。条例中对有违犯僧规戒律者进行了严厉

① 葛寅亮：《金陵梵刹志》卷二。
② 葛寅亮：《金陵梵刹志》卷二。

的处分，同时严禁僧人结交官府，取悦在家人。对于想清修的僧人，允许他们隐居于崇山深谷修行。从《申明佛教榜册》和《避趋条例》所制定的内容上来看，明太祖是有意强调要保持僧俗两界的界限，特别是针对瑜伽僧人。但是瑜伽僧在演行法事的过程中，不可避免会与世俗社会有较多接触，而且其做法事活动要收取钱财，这一点也加剧了佛教的世俗化。

《申明佛教榜册》和《避趋条例》是整顿和限制佛教僧众的重要文件，对后世产生了重大影响。如永乐十年(1412)，鉴于其时僧众有违戒律以及俗人行瑜伽法事的乱象，明成祖重申洪武年间的禁例。宣德七年(1432)，明宣宗令“申明洪武中禁令”，严禁僧人化缘。[①]

自此开始，明太祖明确地以自己的权力意志将佛教按其功能分为三类，尤其是突出了教僧的地位，这在中国佛教史上是一个重大创举，也是中国佛教发展的重大转折点[②]，对佛教的发展影响深远。有学者认为这一点从某种程度上导致了佛教的世俗化，直至今天仍有专门作经忏佛事的僧众道场。

三 度牒与僧籍制度

(一) 度牒制度的建立

度牒是古代中国对依法得到公度为僧尼者所发的凭证，用来证明其身份的合法性，是政府机构用来管理、控制僧尼人数的重要制度措施。

有明一代度牒制度的完善是在洪武十七年(1384)，在这之前，明太祖虽然颁布了相关的条令，但是并未形成系统的制度。洪武五年(1372)十二月，明太祖下令给予僧道以新朝度牒，废除元朝的鬻牒制度。次年十二月，在完成了换发、补发度牒以后，针对当时僧道之徒多有不通经典、安坐而食的现象，明太祖下令对以后出家者进行考试，考试通过者才允许得度出家。同时，限定女子出家的年龄，规定只有年满 40 者方允许得度出家。[③] 洪武十一年(1378)，“礼部郎中袁子

① 何孝荣:《明代南京寺院研究》,中国社会科学出版社,2000 年,第 7 页。
② 关于此点可具体参看陈玉女:《明代佛教与社会》,北京大学出版社,2011 年,第 248 页。
③ 葛寅亮:《金陵梵刹志》。

文建言度僧,许之”[①]。在这样相对宽松的制度、浓厚的佛教信仰氛围之下,这一时期的出家人数大量增加。这不得不促使明太祖出台相关的政令,有效地限制出家人数快速增长。洪武十七年(1384),礼部奏准“三年一次给出度牒,且严加考试,庶革其弊”[②],度僧的管理开始规范化、严格化。考试的内容按照禅、讲、教三类进行分别验试,考试通过者方许给予度牒,没能通过者,还俗为民。明太祖对出家人的来源作了规定,不允许军人、匠人、灶人等出家为僧。洪武二十年(1387)明太祖进而对出家人的年龄及其德行进行了具体的限定,“民年二十以上者不许落发为僧,年二十以下来请度牒者,俱令于在京诸寺试事三年,考其廉洁无过者,始度为僧”[③]。洪武二十七年(1394),明太祖又下令严禁僧人收养民间儿童为僧,同时年满 20 愿出家者,必须告知其父母和当地官员才允许给予度牒出家。

明太祖之后,建文帝下令女子年未满 50 者不许出家为尼及女冠。这将女子出家的年龄从明太祖制定的 40 岁又提高到 50 岁。随后,永乐十年(1412)十月,明成祖又出台了相关的榜文,昭告天下。其大致内容规定了各府、州、县出家的人数分别不超过 40 人、30 人、20 人;年龄在 14 以上 20 以下者,经父母允许、当地官员保许,方允许入寺从师受业,5 年之后赴僧录司考试,考试通过者方给予度牒,不通者令其还俗为民。同时为了进一步限制出家人数,将明太祖时期规定的三年一度改为五年一度。随后,各朝多能遵循和重申明初的度牒制度,并加以调整,限制出家人数。

明代中期以后,由于政府财政危机,为了赈济遭受自然灾害的灾民,解决边境地区的军饷等问题,明王朝从景泰二年(1451)一改之前免费发放度牒的制度,开始鬻牒,这一措施的实施一直延续到万历年间。在此期间,明宪宗成化年间,鬻牒现象最为严重,引起朝廷的不满。明代鬻牒的数量、范围及其对佛教界和社会造成的影响,远没有宋代那么严重。但是鬻牒制度的施行,意味着国家对于出家人数等的限制开始松动[④]。

永乐十八年(1420)八月,山东地区唐赛儿起义不到一个月就被镇压了。但

---

① 转引自周齐:《明代佛教与政治文化》,人民出版社,2005 年,第 133 页。

② 转引自何孝荣:《明代南京寺院研究》,中国社会科学出版社,2000 年,第 8 页。

③《明太祖实录》卷一八四。

④ 参见魏道儒:《中华佛教史——宋元明清佛教史卷》,山西教育出版社,2013 年,第 254 页。

是唐赛儿未被逮捕。明成祖害怕唐赛儿混迹于尼僧之中,于是尽逮出家女性来京讯问,最后发展到命令尼姑还俗、禁止女性出家等,这对后来的女性出家有一定的影响。尽管如此,完全禁绝女性出家是不可能的,以致成祖之后的诸多帝王重申禁令。宣德四年(1429)六月,明宣宗重申永乐年间的禁令,严禁妇女出家。成化五年(1469),明宪宗仍禁绝妇女出家为尼僧。嘉靖六年(1527)十二月,明世宗勒令尼僧、道姑还俗回家改嫁,年老者给养赡。二十二年(1543)七月,再次申明尼僧还俗改嫁等。明王朝对于妇女出家的禁绝是相当严厉的,这种政策与当时的社会风气与思想文化有一定的联系,也对明代佛教的发展产生了潜移默化的影响。

(二) 僧籍制度的建立

在建立度牒制度的同时,明太祖制定了与之相应的僧籍制度。僧籍制度即是指对僧众的法名、籍贯、出家时间、出家寺院、所持度牒的字号、父兄及受业师的名字等相关信息进行登记,以防止私自披度和假冒的僧人。这一制度的建立在洪武五年(1372),明太祖下令僧录司造《周知册》颁布于天下的寺院,遇到僧处,即与对册其父母籍贯、出家年月等相关信息。洪武二十五年(1392),明太祖又一次下令僧录司造僧人《周知册》,"颁行天下僧寺,凡游方行脚至者,以册验之"[①]。

到了正统年间,由于历时过长,洪武年间颁布的《周知册》已经不适用于当时的佛教界,且原有的《周知册》经过周转买卖,真伪莫辨,为非法出家人提供了保护。出于现实的考虑,正统元年(1436)十月,政府下令重造《周知册》。随后,各朝又多次重造《周知册》,登记、核对僧籍。[②]

(三) 严禁私自出家

建立度牒与僧籍制度的一个重要目的就是严厉禁止私自出家。洪武年间明太祖对于私自出家者比较宽容,通过相关的考试免费给予度牒,从而使其获得合法的出家身份。但是洪武二十年(1387)在禁止 20 岁以上者出家为僧后,仍然有私自出家、申领度牒者。鉴于这一现象比较严重,明太祖于次年三月下令,若有年 20 以上而申领度牒的僧人,则将其发送到乌蛮、曲靖等地,每 30 里造 1 座庵,令其自耕自食,并教化当地民众。

---

① 《明太祖实录》卷二二三。

② 何孝荣:《明代南京寺院研究》,中国社会科学出版社,2000 年,第 10 页。

然而，到永乐年间，政府对于非法出家者的态度开始严厉起来。永乐五年(1407)正月，有直隶等地私自剃度的僧众1000多人进京冒请度牒，明成祖得悉后，下令将这些非法出家者发配至边地戍军，并令其还俗。次年六月，明成祖再一次下令对于非法出家者，将其父兄以及私自收留的寺主僧等一起发送到北京等地种田耕作。宣德八年(1433)三月，明宣宗下令各处关津凡是遇到私自剃度者，皆逮捕送回原籍，并按律法治罪。天顺八年(1464)，明英宗下令各地僧人年20以下无度牒的一并强制还俗，若有隐瞒年岁的，则连带其师一起依律治罪。成化十年(1474)五月，明宪宗下令稽查游方僧、道，若无度牒者令其还俗。弘治七年(1494)六月，礼部奏准，无度牒的僧人发回原籍当差。正德十六年(1521)，诏令以后若有私自披度者，按律法治罪。万历元年(1573)，明神宗下令稽查僧道，有私自披度者，按律治罪。泰昌元年(1620)八月，明光宗诏令，僧道无度牒者发送原籍还俗。①

通过以上罗列的诏令可知，明政府各朝对于私自披度的大多予以较为严厉的制裁，通常是勒令其还俗，更有甚者则按律法治罪，发配至边地戍军等。

四 寺院经济制度

在经历了元末战争以后，江南地区的寺院日趋衰败。为了改变这样的局面，明初，明政府对寺院建设大加鼓励，尤其是明太祖、明永乐二帝敕建了国家大寺院，这一方面加速了寺院的建设，但另一方面也出现了民间私创寺院的现象。寺院是僧众生活修行的重要场所，也是佛教发展的重要载体，为了对其进行有效的管理，明王朝一方面修建、恢复了一些寺院，另一方面严禁私创寺院，控制寺院的数目，以避免因其过度膨胀所带来的各种社会问题。

明初，在各地修复、兴建寺院的同时，因当时的政策未完善，混乱状况也比较严重。为此，明太祖于洪武六年(1373)下令归并寺院，各府、州、县只存大寺一所，并将小寺的僧众集中在大寺中。然而这一政令在当时的出家人数众多的情形下难以实现。因此，洪武二十年(1387)七月，明太祖又下令，“凡僧人不许与民

---

① 何孝荣:《明代南京寺院研究》，中国社会科学出版社，2000年，第11—12页。

间杂处，务要三十人以上聚成一寺，二十人一下者听令归并成寺。其原非寺额，创立庵、堂、寺院名色，并行革去”[1]。如此，就承认了30人以上聚成且有旧额的寺院的合法性，对私自创建的寺、庵等进行拆毁。永乐年间，明成祖重申禁止私创寺院，并对“旧额”的涵义进行重新的界定：“凡历代以来，若汉、晋、唐、宋、金、元，及本朝洪武十五年以前寺、观有名额者，不必归并。其新创者，悉归并如旧。”[2]这一规定把旧额限定在洪武十五年（1382）之前，并对新创者进行归并处理。永乐之后，明代各朝政府又多次严禁私创寺院，控制寺院数目，对寺院进行有效的管理[3]。

寺院经济问题一直是古代中国佛教发展过程中一个极其重要的问题，著名的三武一宗灭佛，很大程度上是由于寺院经济的过度膨胀对国家财政构成了威胁。有明一代，虽然各朝皇帝对佛教多有偏爱，甚至是崇信乃至佞佛，但是寺院经济一直得到了有力的控制，这主要表现在国家对于寺院田产的限制，不再轻易钦赐寺院大量的土地。

明太祖虽然在建国之后对佛教采取了保护与提倡的政策方针，并敕建了灵谷寺、鸡鸣寺等国家大寺院；但对于大多数寺院并没有钦赐土地，仅仅对南京当时重大的寺院钦赐土地。如：洪武十四年（1381）明太祖下令迁徙南京蒋山寺，赐额“灵谷寺”并赏赐250顷土地供寺僧使用；洪武二十五年（1392）明太祖赏赐栖霞寺田产1300余亩。这就限制了寺院以占有大量土地而发展农业经济的途径。明太祖之后的各朝虽然也有对佛教大力提倡的皇帝，但受到大量土地赏赐的寺院数量很少，仅仅集中在名山大刹中。在这期间，各朝政府对于寺院田产也多加限制，以征税和没收土地对寺院经济进行了强有力的抑制。景泰年间明世宗下令各寺田地只留60亩，其余的分给当地的民众耕作。但是这一法令与现实情形并不相符，大多数寺院拥有僧众数十人，甚至有些大寺院达数百甚至是上千人。若寺院仅有60亩土地，显然没法保证僧众的正常生活，所以这项政令并没有得到切实的执行。成化年间，政府重新限定寺院土地限额为500亩，剩余的土地则予以没收。

对于寺院所拥有的常住土地，洪武时期的基本政策是保护其合法的土地不

① 葛寅亮：《金陵梵刹志》卷二。
② 转引自何孝荣：《明代南京寺院研究》，中国社会科学出版社，2000年，第13页。
③ 具体可参见何孝荣：《明代南京寺院研究》，中国社会科学出版社，2000年，第13页表1-1。

被当地的豪绅等强行占领，但是在现实中，强霸侵占寺田等寺产纠纷一直是很普遍的问题，以致明太祖敕命官员处理寺产问题，甚至多次亲自问断，可见相关问题的严重性与普遍性[①]。

洪武十五年（1382）明太祖下诏令："天下僧道的田土，法不许买，僧穷寺穷，常住田土，法不许卖。如有似此者，籍没家产。"[②]严令禁止寺院田产的买卖。但是，在明中期以后这一政令并未得到实际的贯彻，当时在私人与寺院之间、寺院与寺院之间的田产买卖仍是较为常见的现象。

明王朝对于寺院土地实行严格的征收赋税的制度。洪武年间颁布的《避趋条例》规定寺院中的"钦赐田地税粮全免，常住田地虽有税粮，仍免杂派"[③]。但是拥有赐田的多是南京当时的大寺院，其余各地的寺院等大多没有。如此，一般的寺院都需要上交国家税粮，这一政策在明各朝得到了严厉的执行，极其有力地控制了寺院经济的过度发展。但这也从某种程度上限制了佛教的发展。

（一）寺院经济的来源

农业是中国古代寺院经济的主体部分，寺院经济的发展直接受到寺院农业的规模、水平、收益等因素的决定。而农业又是以土地为基础的，农业经济的进行和发展都是在土地上实现的。寺院经济从一定程度上来说，包括寺院所拥有的土地，在寺院占有土地的基础上，寺院的农业经济得以发展。因此，首先对明代南京寺院所拥有的土地情况进行说明。这一部分史料主要以万历年间葛寅亮撰写的《金陵梵刹志》为主。在此书中，葛寅亮对当时南京寺院的经济发展情况进行了详细的记述。他在任职南京礼部祭司郎中期间对寺院田产等进行了整顿，并在寺中建设禅堂，将寺院财产分为禅堂和公产两部分。

寺院土地包括寺院所拥有的田、地、山、塘、洲等，一般也称为常住田地，《金陵梵刹志》中称为"公田"，并与寺院所拥有的廊坊、房地等合称为"公产"[④]。

有明一代南京先后作为首都与留都，其政治地位与经济文化水平得到极大的发展。南京在当时有灵谷寺、天界寺、报恩寺、能仁寺、弘觉寺、栖霞寺等8座国家大寺院，并以此为基础形成了南京的寺院群落。在寺院建设与发展的过程

---

① 周齐：《明代佛教与政治文化》，人民出版社，2005年，第136页。
② 释大壑：《净慈寺志》卷九《僧制》。
③ 葛寅亮：《金陵梵刹志》卷二。
④ 何孝荣：《明代南京寺院研究》，中国社会科学出版社，2000年，第258页。

中,寺院所占有的土地是其基础。南京寺院公田的来源主要有以下几个途径:

第一,皇帝赏赐。

赏赐,一般是指皇帝钦赐的寺院田产。这也属于施舍的一种,但是由于皇族身份的高贵,由其施舍的土地又名为“赐田”。皇帝钦赐寺院田地,多是由于当时浓厚的佛教信仰,并寄希望于佛教可以利济群生,暗理王纲。洪武年间颁布的《避趋条例》规定寺院中的“钦赐田地税粮全免,常住田地虽有税粮,仍免杂派”①,皇帝赏赐的土地不需交纳税粮。这对寺院的发展带来了极为便利的条件。明朝政府对于寺院经济的发展虽然采取抑制的基本政策,防止寺院经济的过度膨胀所带来的社会问题,但是在南京大寺院中仍然不乏皇帝钦赐的田产。明初,明太祖在兴建南京重大寺院的过程中也对寺院赏赐土地等,奠定了寺院发展的经济基础。依据史料,将关于明太祖赏赐南京寺院土地的记载分列如下②:

洪武五年(1372)七月十六日,明太祖下令,“蒋山(寺)系是大禅刹处所……把那天禧寺、能仁寺两处应有旧日常住田土并寺家物件都入蒋山(寺)砧基簿内作数,永远为业,收的钱、粮等项听从蒋山寺支用”③;

洪武十四年(1381),明太祖奏准徙建蒋山寺,并改赐额“灵谷寺”,“命度僧一千名,悉给与度牒,赡僧田二百五十顷有奇”④;

洪武十六年(1383)正月,天界寺住持行椿上奏:“荷蒙圣恩,钦赏上元县丹阳乡靖安湖塾镇田地二十九顷有零,溧水县永宁乡相国圩田三十七顷有零,溧阳县永城等乡黄芦、雁挖、西赵三圩田三十九顷有零。每顷田一夫,常住盘费艰难,将土地献纳还官。”明太祖下旨令有关官员“到各县地方,一一丈量东西四至分明,造成文册,还与他天界善世禅寺,岁收租米供众,免他夫差”⑤;

洪武二十年(1387)五月,明太祖下令,“当江沙芦场,你天禧寺与灵谷寺平分”⑥;

洪武二十五年(1392)二月,明太祖下令,“摄山严因崇报禅院,还改栖霞禅寺

---

① 葛寅亮:《金陵梵刹志》卷二。
② 何孝荣:《明代南京寺院研究》,中国社会科学出版社,2000年,第259—260页。
③ 葛寅亮:《金陵梵刹志》卷二《钦录集》。
④ 葛寅亮:《金陵梵刹志》卷二《钦录集》。
⑤ 葛寅亮:《金陵梵刹志》卷二《钦录集》。
⑥ 葛寅亮:《金陵梵刹志》卷二《钦录集》。

为额。原有山场田地,俱免他梁差"[①]。后人因此认为这是明太祖钦赐栖霞寺土地,所以陆光祖在《重修栖霞寺天王殿记》中言:"诏赐赡僧田山 1300 余亩,视天界、灵谷为比翼焉"[②];

洪武二十六年(1393)九月,明太祖下令:"着前府都督陈逊前去采石对过鲚鱼洲等处官芦场内,拔与天禧、天界、能仁、灵谷、鸡鸣五寺,就着他各寺管事僧跟随前去,认他地方"。这次所赐"芦柴地"等,总计 47 顷有余。

据葛寅亮统计,明太祖对于南京天禧寺、天界寺、灵谷寺、能仁寺、鸡鸣寺、栖霞寺等国家大寺院钦赐的田地近 500 顷,而芦洲也有 200 多顷[③]。

洪武以后,明代各朝帝王多崇信佛教,对南京寺院仍有土地的赏赐。兹将见于《金陵梵刹志》者列于下[④]:

宣德三年(1428)四月,明宣宗下令:洪武年间"原拔赐大报恩寺当江沙洲等处芦场,砍斫芦柴,入寺应用。比闻为人所占,敕至,即照旧与之",又寺西越王台下有空地一段,"原做木厂,如今空闲不用,就拔与大报恩寺种菜供众"[⑤]。

宣德五年(1430)五月,明宣宗传旨:"南京金川门外路东,西有空闲菜地二处,与静海寺、天妃宫常住僧、道栽种"[⑥]。

弘觉寺原有山场、田地 72 亩,转以耕种收租,供给常住僧众。洪武十九年(1386),本寺住持李行琛还俗,至洪武二十二年(1389),李行琛见弘觉寺荒废,留下山地无人收管,遂私自占为己有。永乐年间,李行琛后人将先前侵占的寺产尽数还给弘觉寺僧斗南管理。后住持斗南又将山地诡寄于当地大户,并于正统七年(1442)与其将山平分,各自管理。景泰三年(1452),南京内管监太监阮昔奏请,将侵占的寺产拔赐本寺,供给常住僧众。

慈相寺原有山、地、塘、民田 527 亩 8 分 2 厘,天顺年间有收官、民山 12 亩,共计 539 亩 8 分 2 厘,并载入政府土地册籍。弘治十五年(1502),慈相寺所拥有的土地在政府土地册籍上变为"钦赐",由此土地变为了"钦赐"田地。

综上可见,明代南京寺院的钦赐主要集中在洪武年间的个别大寺院。但所

---

① 葛寅亮:《金陵梵刹志》卷二《钦录集》。
② 葛寅亮:《金陵梵刹志》卷四《重修栖霞寺天王殿记》。
③ 葛寅亮:《金陵梵刹志》卷十六《八大寺定租碑记》。
④ 何孝荣:《明代南京寺院研究》,中国社会科学出版社,2000 年,第 260 页。
⑤ 葛寅亮:《金陵梵刹志》卷二《钦录集》。
⑥ 葛寅亮:《金陵梵刹志》卷二《钦录集》。

赐土地数额巨大,加之所赐寺院多为大寺,影响力大。

第二,募缘、施舍。

明代南京社会有着浓厚的佛教信仰氛围,佛教所宣扬的善恶因果报应、布施功德等理论为广大的民众所接受、崇信。士大夫也多崇信佛教,如明著名的学士宋濂、袁中道、焦竑等人皆崇信佛教,他们的影响力从某种程度上推动了佛教在民间的传播发展。他们认为向寺院施舍田地供给僧众是一件莫大的功德,并且能够给自己的家族带来福德。在这样的信仰背景之下,南京寺院的田产有很大一部分是明代南京当地的士绅官僚、民众等向寺院无偿施舍的。在施舍的过程中,有的是在家信仰者的主动行为,有的则是寺院僧人的主动募缘。

在此根据《金陵梵刹志》中有关的记载,将募缘与施舍的现象列于下:

嘉靖年间,华严名僧真节至栖霞寺。他一方面注重讲经说法,另一方面计划募缘万人,置常住田地千亩,以租粮供给往来僧众。时任南京礼部尚书的陆光祖和其好友王忠铭、朱淡庵等人置田 300 余亩,施舍栖霞寺。僧真节圆寂后,其弟子如敬发心继续募缘,并请时任兵部主事的袁黄撰写募缘疏《圆通精舍募田碑记》。

万历年间,牛首山弘觉寺禅堂为"创福田于僧众,善信之众各损宝镪,同心者三百许人,共选名区,为田者顷半余亩,用佐禅堂之一食"①。

正统年间,宝光寺倾颓,时士人姜觉真等捐修葺,薛永昌等人施田。万历年间,住持宗洪欲重建宝光寺,时有官员廖明河"捐金五十,为赎田四十亩,以资供馈"②。

衡阳寺原有明初田地山塘等共计 341 亩,后来又有徐镇等人施舍田地 180 余亩,共计 521 亩。万历年间,住持僧如升、管事僧兴楷、僧真晓等人将田产占为己有,谋取私利。后被时任南京礼部祠祭郎中的葛寅亮查处,并将衡阳寺充为栖霞寺下院,以栖霞寺僧众轮流管理衡阳寺田产③。

万历年间,先有上元县徐文谟募化捐资,共银 580 两,购置江宁县惠化乡民

① 葛寅亮:《金陵梵刹志》卷三十三。
② 葛寅亮:《金陵梵刹志》卷三十三。
③ 葛寅亮:《金陵梵刹志》卷三十三。

田 182 亩，地 36 亩，山、塘共 22 亩，供给报恩寺僧众，由报恩寺住持洪恩接管。后来，洪恩暂居别处，无人接管田产。徐文谟之侄徐汝元通告南京礼部祠祭将其土地施舍静海寺禅堂供众①。

第三，购买。

僧人们为了寺院的进一步发展、建设，有时也会从当地士绅、百姓手中购买田地。他们所用来购买土地的钱财，有的是寺院自己的积蓄，有的则是檀越的施舍。

洪武十五年(1382)明太祖下诏令："天下僧道的田土，法不许买，僧穷寺穷，常住田土，法不许卖。如有似此者，籍没家产。"②明太祖对寺院土地的买卖进行了严令禁止，但是他只是单向禁止寺院土地的卖出，并未规定寺院不准购买土地。寺院购置土地不受限制，从而出现了不少寺院购买土地的现象。如，成化年间，僧古渊在重建永宁寺时购买田地 30 亩。

第四，前代继承。

明代南京寺院的兴建发展中，有一部分寺院是新创的，有一部分则是在前代遗留寺院基础上进行扩建、重修而来。而对前代遗留寺院的继承，也意味着对前代寺院田产的继承。如明太祖攻克南京后，命僧慧昙住持蒋山太平兴国禅寺，当时山下农民多从兵，慧昙恐寺田荒芜，就上奏朱元璋将寺田归于蒋山太平兴国禅寺管理。位于牛首山的弘觉寺，洪武年间名佛窟禅寺，原有山场田地等 72 亩，专一耕种收租，供给常住僧众。

葛寅亮任职南京礼部祠祭郎中期间，对当时的南京寺院公田采取了丈量土地、清定田租等整顿措施；并根据其实地的调查统计，编撰成《金陵梵刹志》一书。书中对于当时南京城和附郭上元、江宁二县的寺院历史沿革、地理位置、寺院大小、所占公田、名僧、修建碑文、名人诗词等进行了详细的记载，为研究明代南京寺院公田提供了详尽的史料。

下面据此书对其中收录的明代南京寺院所占公田进行统计。

---

① 葛寅亮：《金陵梵刹志》卷五十。

② 释大壑：《净慈寺志》卷九《僧制》。

| 表 7.1 明代南京寺院公田统计表① |

寺名	寺院类别	公田数(亩)	寺名	寺院类别	公田数(亩)
灵谷寺	大寺	34395.47	幕府寺	小寺	129.45
天界寺	大寺	12865.06	崇化寺	小寺	38.87
报恩寺	大寺	9009.98	清真寺	小寺	32.29
鸡鸣寺	次大寺	3798.70	梵惠寺	小寺	26.93
能仁寺	次大寺	2085.03	宝林庵	小寺	43.79
栖霞寺	次大寺	2418.74	德胜寺	小寺	95.67
弘觉寺	次大寺	880.01	智安寺	小寺	32.26
静海寺	次大寺	438.04	德寿寺	小寺	16.07
佛国寺	中寺	22.30	永泰寺	小寺	74.88
草堂寺	中寺	158.87	英台寺	小寺	25.86
翼善寺	中寺	64.92	慈善寺	小寺	37.30
定林寺	中寺	81.20	凤岭寺	小寺	58.88
光相寺	中寺	8.00	天隆极乐寺	小寺	45.91
碧峰寺	中寺	4.70	惠光寺	小寺	11.50
永宁寺	中寺	35.00	永泰讲寺	小寺	30.00
广惠院	中寺	101.05	静居寺	小寺	14.82
法清院	中寺	85.99	西林寺	小寺	38.94
三禅寺	中寺	185.40	般若寺	小寺	59.20
鹫峰寺	中寺	5.75	高台寺	小寺	42.96
金陵寺	中寺	20.00	栖隐寺	小寺	56.17
普惠寺	中寺	1.00	葛塘寺	小寺	42.86
嘉善寺	中寺	44.00	后阳寺	小寺	30.46
弘济寺	中寺	175.19	懋德庵	小寺	80.70
普德寺	中寺	295.93	外鹫峰寺	小寺	11.55
永兴寺	中寺	204.35	外承恩寺	小寺	84.25
外永宁寺	中寺	392.93	通善寺	小寺	67.01
崇因寺	中寺	219.52	广缘寺	小寺	55.60
祝禧寺	中寺	234.44	三山寺	小寺	210.91
花岩寺	中寺	286.79	圆通寺	小寺	15.00
祖堂寺	中寺	508.43	佑圣庵	小寺	7.10
建昌寺	中寺	53.16	静明寺	小寺	38.79

① 参见何孝荣:《明代南京寺院研究》,中国社会科学出版社,2000 年,第 269 页。

续表

寺名	寺院类别	公田数(亩)	寺名	寺院类别	公田数(亩)
清福寺	中寺	26.06	万松庵	小寺	9.00
福兴寺	中寺	58.17	德恩寺	小寺	10.00
清果寺	小寺	17.29	安隐寺	小寺	8.62
梵惠院	小寺	17.21	宝光寺	小寺	67.10
茶亭庵	小寺	29.99	均庆院	小寺	12.95
慈仁寺	小寺	66.44	三塔寺	小寺	97.05
祈泽寺	小寺	36.95	普利寺	小寺	2.00
天宁寺	小寺	54.10	清溪庵	小寺	41.00
云居寺	小寺	12.03	紫草寺	小寺	23.90
庄严寺	小寺	17.26	无垢寺	小寺	66.34
外永福寺	小寺	9.92	慈光寺	小寺	2.02
天隆寺	小寺	3.00	登台寺	小寺	22.50
积善庵	小寺	10.38	安平寺	小寺	18.60
宝善寺	小寺	55.34	多福寺	小寺	49.03
龙泉庵	小寺	13.21	吴读庵	小寺	26.71
本业寺	小寺	46.63	普济庵	小寺	70.87
西坟庵	小寺	12.63			

葛寅亮所撰《金陵梵刹志》一书共收录当时南京寺院 177 座,加上在该书卷 53《各寺公产条例》中出现的窑墩庵、西坟庵、清溪庵、万松庵等 4 所小寺,该书收录的寺院共计 181 所,其中大寺 3 所、次大寺 5 所、中寺 38 所、小寺 135 所。据上表统计可知,在这 181 座寺院中,占有公田的有 95 所,其中大寺与次大寺 8 所皆占有公田,中寺有 25 所拥有公田,小寺中有 62 所占有公田。这 95 所寺院所占有的公田总数为 71650.23 亩。

南京三大寺、五次大寺所占有的公田总量有 65891.03 亩,占寺院公田总量的 91.96%。

其中三大寺所占尤多,总计 56270.51 亩,占南京寺院公田总量的 78.54%。而灵谷寺占有的公田数量是很庞大的,占有公田 34395.47 亩,占总量的 48.00%,近乎一半。天界寺占有公田 12865.06 亩,占公田总量的 17.95%。而享誉中外的大报恩寺则占有公田 9009.98 亩,占总量的 12.57%。通过以上分析可以看出,当时南京三大寺仅仅从其所占有的公田而言,也是远远超出其他寺院,这在一定程度上保证了三大寺的经济实力,同时为寺院僧众的日常生活以及寺院的维修等事宜提供了坚实的保障。

鸡鸣寺、栖霞寺、弘觉寺、静海寺、能仁寺等五次大寺也是明代南京的国家大寺院，虽然其所占有的公田没有三大寺多，但是远比中寺和小寺多。五次大寺所占有的公田总量为9620.52，占公田总量的13.43%。其中鸡鸣寺占有3798.70，是五次大寺中所占公田最多的寺院，占公田总量的5.30%。仅次于鸡鸣寺的栖霞寺占有公田2418.74亩，占公田总量的3.37%。位于南京城南聚宝门（今中华门）外的能仁寺占有公田2085.03亩，占公田总量的2.91%。位于南京城南牛首山上的弘觉寺占有公田880.01亩，为郑和下西洋而兴建的位于南京城仪凤门外狮子山之阳（今南京城兴中门外）的静海寺占有公田438.04亩。

除了以上大寺院之外，在38所中寺中，有25所占有一定数量的公田。中寺占有公田总量为3273.15亩，占公田总量大约为4.57%。在这些中寺中，位于南京城南幽栖山的祖堂寺占有公田量最大，为508.43亩。建于明正德年间，位于南京城南聚宝门十里外的外永宁寺占有公田392.93亩。这两所中寺在25所占有公田的中寺中所占的公田是最多的，分别占有中寺公田总量为15.53%、12.00%。除此之外，中寺中占有公田在200—300亩之间的寺院有5所，分别是普德寺295.93亩、花岩寺286.79亩、祝禧寺234.44亩、崇因寺219.52亩、永兴寺204.35亩。占有公田在100—200亩之间的寺院有4所，分别是三禅寺185.40亩、弘济寺175.19亩、草堂寺158.87亩、广惠院101.05亩。占有公田在100—1.00亩之间的寺院有14所，其中法清院85.99亩、定林寺81.20亩、翼善寺64.92亩、福兴寺58.17亩等。占有公田量少于5亩的有碧峰寺4.70亩、普惠寺1.00亩。由此可知，中寺所占有的公田数量很不均匀。这也影响了这些寺院经济的发展，从而影响了寺院本身僧众的多寡等方面。

在《金陵梵刹志》中所收录的135所小寺中，占有公田的有62所，占小寺总数的45.92%。62所小寺总共占有公田2486.05亩，占当时南京寺院公田总量的3.45%，与位于南京城东北方向栖霞山上的次大寺栖霞寺所占有公田量2418.74亩几乎相当。由此，仅从所占有公田量上就可以看出当时小寺与大寺、次大寺之间的巨大差别。在这些小寺中，位于城南三山之上的三山寺占有公田最多，为210.91亩。其次是位于南京城北幕府山上的幕府寺占有公田129.45亩。占有公田量在60—100亩之间的有10所。30—60亩之间的寺院有22所。1—30亩之间的寺院有28所。

通过以上的分析可知，明代南京寺院众多，但是三大与五次大寺等八座国家大寺院所占有的公田量是最大的。这一方面是皇族的钦赐与官员的施舍所得，另一方面也表明了明代南京寺院群落有着很强的主次之分，大寺与小寺之间仅仅从其经济实力上就有巨大的差别。寺院经济的发展保障了寺院发展的物质基础，在此基础上，南京佛教展开了强有力的发展。

（三）寺院的商业活动

明代寺院经济除了农业经济的发展以外，诸如出租房屋、出售佛像等宗教用品、瑜伽僧做法事等商业活动也是南京寺院经济的主要收入之一。通过《金陵梵刹志》一书，可以对明代南京寺院的商业活动及其经济收入等方面有一个较为清晰的认识。

第一，出租房屋、房地。

在明代南京浓厚的佛教信仰背景之下，众多民众、官绅往来于寺院，这给寺院商业经济的发展带来了很大的空间。在寺院周围逐渐形成了诸如销售香蜡、冥物之类的佛教用品商铺和客栈、茶社、饭馆等场所。这些场所有些是寺院自主经营，有一些则是将房屋、房地出租给商人经营，收取房租、地租。

据葛寅亮在《金陵梵刹志》中的统计可知，明后期南京寺院有廊房、房地者共有 10 所，廊房共计 173.5 间，浴堂房 1 所，房地 115 间。具体情形如下表所示。

表 7.2 南京寺院廊房、房地统计表①

寺名	廊房、房地	寺名	廊房、房地
天界寺	房地 12 间	鹫峰寺	租房 16 间
静海寺	新房 12 间、房地 28 间	承恩寺	廊房 55 间、房地 15.5 间
天隆寺	房 6 间	普惠寺	租房 27 间、房地 23.5 间
普利寺	租房 11 间、房地 15 间	报恩寺	号房 42.5 间、浴堂房 1 所
正定庵	租房 16 间	碧峰寺	房地 9 间

明代国家对这些寺院的廊房、房地等加以保护和管理，对廊房的租赁者以及租金等都有相应的规定。如明初洪武二十四年（1391）五月，左讲义守仁奏上天禧寺、鸡鸣寺“廊房开铺的多时句容县人”。明太祖下诏：“教他起去，着苏杭人来开铺，教他把旧日文书照出关去。”②宣德三年（1428）六月，明宣宗赐给报恩寺廊

① 何孝荣：《明代南京寺院研究》，中国社会科学出版社，2000 年，第 301 页。

② 葛寅亮：《金陵梵刹志》卷二《钦录集》。

房42间，南京城兵马司查拔后，同时定下“每间一年房租银”3.6两。但是到了明中期以后，开始出现租赁寺院廊房的租户拒交房租的现象。如，报恩寺廊房租金原定为每年每间3.6两，但是据万历后期葛寅亮的查审，租户积欠房租严重。万历年间葛寅亮在对八大寺公田清定地租的同时，也对寺院的廊房、房地等进行了定租，如报恩寺廊房每间每月征银0.12两。经过葛寅亮重新定租，报恩寺的房租由原来的每间每年银3.6两降至银1.44两；并且一年分夏冬两季收取，夏银每间0.72两，冬银每间0.72两。此外，报恩寺的浴堂、天界寺的房地、静海寺的新房和房地等也重新定租。

寺院出租房屋、房地收取租金成为一些寺院重要的经济来源。从葛寅亮统计的数据可知，灵谷寺、天界寺、能仁寺、静海寺等国家大寺院房租收益仅次于其公田收入，是寺院经济的重要来源。对于一些公田稀少甚至没有公田的寺院来说，出租廊房、房地是它们最根本的经济来源。在表7.1中，鹫峰寺、碧峰寺、天隆寺、普利寺等所拥有的公田很少，最多的鹫峰寺也只有5.75亩，而正定庵、承恩寺则没有公田。因此，对于这些寺院来说，房租是它们的第一经济来源。

第二，销售香蜡、佛像等佛教用品。

佛教在家信众进入寺院，大多会烧香拜佛、购买佛像回家礼拜等等。香蜡、佛像等佛教用品的经营也是寺院经济收入的一项重要来源。南京佛教信仰氛围浓厚，僧俗人等经营的佛教用品店铺往往在寺院及其周围形成商业街，人员密集，交易繁忙。如大报恩寺前廊房众多，生意红火，商业兴盛，形成了商业街。

第三，法事活动。

洪武十五年(1382)五月，明太祖下诏分佛寺与僧人为禅、讲、教三类。其中教僧“演佛利济之法，消一切现造之业，涤死者宿作之愆，以训世人”[①]，专门为在家信众做法事，诵经咒、念佛等，以超度亡灵。明太祖同时规定瑜伽僧做法事可收取一定报酬。洪武二十四年(1391)，明太祖在颁布的《申明佛教榜册》中，对瑜伽僧诵经、作法事的价格等进行了具体的规定。瑜伽僧举办经忏法会，有出席费：“所酬之资，验日验僧，每一日每一僧钱五百文。假若好事三日，一僧合得钱

---

① 葛寅亮：《金陵梵刹志》卷二。

一千五百文。主磬、写疏、召请三执事,凡三日道场,每僧各一千文。”①有诵经费:“《华严经》一部钱一万文,《般若经》一部钱二千文,内、外部真言每部钱二千文,《涅槃经》一部钱二千文,《梁武忏》一部钱一千文,《莲经》一部钱一千文,《孔雀经》一部钱一千文,《大宝积经》每部钱一万文,《水忏》一部钱五百文,《楞严咒》一会钱五百文。”有布置法会道场费:“陈设诸佛像,香灯供给,阇梨等项劳役,钱一千文。”举行法会活动所得报酬应与全寺僧众共分:“诸经施钱,诵者三分得一,二分与众均分,云游暂遇者同例。”②

明代瑜伽教盛行,相应的僧人与寺院也远远多于禅、讲二教的僧人与寺院。这主要还是因为瑜伽僧可以通过作法事而赚取钱财,较之禅、讲二教的僧众生活上远为优越。明万历年间葛寅亮任职南京礼部祠祭主事后,针对这一现象,开始在南京寺院中建禅堂,以居禅僧。

第四,收取板头银。

明洪武初明太祖即下令在报恩寺编纂藏经,也就是《洪武南藏》。明成祖即位后继续编纂,被称为《永乐南藏》。当时南京大报恩寺藏有洪武初刻《南藏》经版一副,共计 678 函。永乐元年(1403),经左善世道衍禅师奏请,对前来印经者收取一定的报酬,得到明成祖的同意。此后,天禧寺毁于火,洪武南藏的经版也遭此劫。明成祖在旧址重建大报恩寺,存有《永乐南藏》的经版,共计 636 函。明成祖迁都北京后,又刻有《北藏》。因在京师,《北藏》刻印需要请旨方可;同时《南藏》经版则由南京礼部主管,请经刻印较为方便。报恩寺因此向前来刻印经书者收取板头银,获利颇丰。明万历三十三年(1605)四月,葛寅亮对报恩寺刻印经书收取的费用做了明确的规定:印经 1 藏,收取板头银 12 两;印《大般若》《宝积》《华严》《涅槃》4 经 1 部,收取板头银 1.8 两;印杂号经者,1 函收取板头银0.02 两。根据葛寅亮的统计,每年印全经者约 20 藏,印 4 经者约 20 部,印杂号经者约 200 函,报恩寺从中收取板头银约 280 两。③ 仅此一项,大报恩寺收入就很丰厚。

除了以上 4 种商业收入来源之外,寺院还通过举办庙会、经营花果等种植业来获得一定的经济收入。

① 转引自何孝荣:《明代南京寺院研究》,中国社会科学出版社,2000 年,第 305 页。
② 参见何孝荣:《明代南京寺院研究》,中国社会科学出版社,2000 年,第 305—306 页。
③ 参见何孝荣:《明代南京寺院研究》,中国社会科学出版社,2000 年,第 306 页。

（三）寺院经济的用途

寺院经济的发展为寺院的建设、维修和僧众的衣食、薪俸等提供了坚实的经济基础。明代南京寺院经济一方面供给寺院发展、寺僧衣食等，另一方面按照明朝法令，寺院的田地需要向国家交纳税粮。

葛寅亮在《金陵梵刹志》卷五十一《各寺公费条例》中对明代后期八大寺的经济收入用途做了详细的记载，据此列表如下：

| 表7.3 八大寺经济用途① |

寺名	常住出数					禅堂出数	律堂出数	合计
	殿堂焚修	常住事务公费	官住教学等俸银	通经执事口粮	众僧口粮			
灵谷寺	银75.8两	银50两	银181两，米84石	银38两，米190石	银380两，米2356石	银605.34两	银700.92两	银2031.06两，米2630石
天界寺	银56.6两	银35两	银98两，米84石	银17两，米130石	银170两，米1300石	银258.42两		银635.02两，米1514石
报恩寺	银49.8两	银39两	银98两，米124石	米175石	米1750石	银269.04两		银455.84两，米2049石
鸡鸣寺	银22两	银12两	银35两	银16两	米480石	银70.8两		银155.8两，米480石
栖霞寺	银19两	银12两	银34两	米32石	米200石	银173.46两		银238.46两，米232石
能仁寺	银13.7两	银5.1两	银35两	银5.76两，米19.2石	银36两，米120石			银95.56两，米139.2石
弘觉寺	银13.7两	银7.8两	米56石	米9.6石	米60石	银46.02两		银67.52两，米125.6石
静海寺	银13.7两	银5.1两	银26两	米6.4石	米40石	银38.94石		银83.74两，米46.4石
合计	银264.3两	银166两	银507两，米348石	银76.76两，米562.2石	银586两，米6306石	银1462.02两	银700.92两	银3763两，米7216.2石

通过以上列表可见，八大寺集体经济收入主要用于殿堂维修、僧众的日常消耗等事项。

① 参见何孝荣：《明代南京寺院研究》，中国社会科学出版社，2000年，第313页。

第三节
明代南京的佛舍利

南京历史上第一座寺庙——建初寺的建造与佛舍利有直接关系,自此之后,南京佛教在兴衰变化中总是与舍利有着密切的关系。明代南京舍利文化主要表现在献花岩佛齿舍利、天界寺佛牙舍利以及郑和出使西洋与锡兰(今斯里兰卡)佛牙舍利的因缘。

一 献花岩佛齿舍利

明代诗画家陈沂在《献花岩志·志异蓄第七》记载,牛首山献花岩曾供奉有佛齿:"有齿长三寸,径寸之七,方而棱,色微碧。齿端有纹如梵书,复有窍含子如粟,颇异。僧以金刻龙首函之,云佛齿。"[①]还曾藏有佛骨:"如拇指大,数片,色白质坚,类寒水石。僧云此佛骨,然不可辨。"[②]而且记载此佛齿和佛骨"皆自滇南受诸西域之僧,已百年,贮之金函"。[③] 这则史料虽记载了献花岩贮有佛舍利,但没有记载因何而得,藏于何处,源流不清,已难查考,况且其他文献也无相关记载,故存疑。

二 天界寺佛牙舍利

明太祖洪武二十一年(1388)戊辰二十一日,南京大龙翔集庆寺,不知何因遭遇火灾,焚毁殆尽。翌日,住持宗泐奏请重建,朱元璋允可,并选址于城南聚宝

---

① 陈沂:《献花岩志·志异蓄第七》,南京出版社,2010年。
② 陈沂:《献花岩志·志异蓄第七》,南京出版社,2010年。
③ 陈沂:《献花岩志·志异蓄第七》,南京出版社,2010年。

门外三四里旷绝幽邃之地重建，赐名天界寺，敕书“善世法门”匾额于寺门，并将当时浙江天台山高僧真淳所献佛牙舍利供奉于寺中的毗卢阁。

据《客座赘语》记载：“天界寺有佛牙，阔寸，长倍寸之五。万历中，僧人真淳献之尚书五台陆公，公因具金函檀龛盛之，迎供于寺之毗卢阁。牙得之天台山中。”[①]确有佛牙舍利供奉于天界寺之说。另，《金陵梵刹志》卷十六录有当时知府秣陵姚汝循撰写的《天界寺佛牙碑略》，碑文记载：“今上御极之十有八年，浙僧真淳得佛牙于天台山中，异之，不敢留，因献于长洲佥宪管公。管公验之良然，又念太宰平湖陆公现宰官身，说法于南曹，于内外教典尤所该博，复命僧转献于公。公一见，惊叹不已，乃择所宜置。以今天界寺留都丛林之胜也，于是捐赀，命工雕紫檀小浮图一具贮之，外加文龛崇护，卜吉斋沐，导以旛幢鼓乐，躬自送于寺之毗卢阁中安奉。是日，天清气融，风恬日丽，士庶观者填溢衢路，无不赞叹顶礼，若崩厥角者。”[②]此文献中亦记载了这颗佛牙舍利得之于僧人真淳，并安奉于天界寺毗卢阁；而且安放之日，无不顶礼膜拜，盛况空前。但有关于这颗佛牙舍利因何而得，源自何处，已难查考。

三 天禧寺大报恩寺佛舍利

明太祖洪武初年，天禧寺得以重建。几年之后，明太祖朱元璋认为天禧寺圣感塔太高，从风水上来看恐对大明不利。于是，他下旨将圣感塔移建至钟山东麓，正当拆毁寺塔时，有人却从塔上坠落，当场死亡。由此，朱元璋大为震惊，认为这是上天的警示，于是收回成命，重新修葺了寺塔，使得天禧寺塔焕然一新。明成祖永乐六年(1408)，天禧寺被人放火，烧毁殆尽。永乐十年(1412)，朱棣下诏，为了报答父母的恩德，在天禧寺旧址，依照皇宫大内的规制，重建寺院，赐额“大报恩寺”，并在圣感舍利塔的旧址上，用五彩琉璃砖瓦砌筑了一座九层宝塔，高达 78.2 米。此次修建，前后历时 17 年之久，直到宣宗朱瞻基宣德三年(1428)才最后完工。建成之后，浮图高耸，光耀云天，堪称古代建筑艺术的奇迹。此时，

① 顾起元：《客座赘语》卷九，明万历四十六年自刻本，第 159 页。

② 葛寅亮：《金陵梵刹志》卷十六，明万历刻天启印本，第 191 页。

报恩寺的主题也从供奉佛门的舍利，转变为明成祖报答父母深恩，这使得人们渐渐忘却了琉璃宝塔之下地宫中埋藏的佛陀真身舍利。

四　郑和与佛牙舍利

据《明实录》《明通鉴》《明编大唐西域记》《罪惟录》等文献记载，我国著名航海家郑和曾与锡兰佛牙舍利有一段因缘。这颗佛牙舍利也曾被郑和供奉于南京静海寺。

明永乐七年(1409)，郑和第三次出使西洋前，已经刻好一块石碑，即《布施锡兰山佛寺碑》，并希望留在锡兰。其碑文如下：

> 大明皇帝遣太监郑和、王贵通等，昭告于佛世尊曰：仰惟慈尊，圆明广大，道臻玄妙，法济群伦，历劫沙河，悉归弘化，能仁慧力，妙应无方。惟锡兰山介乎海南，客言梵刹，灵感翕彰。比者遣使诏谕诸番，海道之开，深赖兹佑，人舟安利，来往无虞。永惟大德，礼用报施，谨以金银、织金伫丝宝幡、香炉、花瓶、表里、灯烛等物，布施佛寺，以充供养，惟世尊鉴之。总计布施锡兰山立佛等寺供养：金壹千钱，银五千钱，各色伫丝五拾匹，各色绢五拾匹；织金伫丝宝幡四对，红贰对，黄壹对，青壹对；古铜香炉五个，戗金座全；古铜花瓶五对，戗金座全；黄铜烛台五对，戗金座全；黄铜灯盏五个，戗金座全；朱红漆香盒戗金五个，金莲花六对，香油贰千伍百斤，蜡烛壹拾对，檀香壹拾炷。永乐七年岁次己丑二月甲戌朔日谨施。①

由此看来，郑和这次出使的目的之一，是希望与锡兰国在佛教信仰方面建立联系。

不料在郑和途经锡兰山时，锡兰人企图杀害郑和船队。在事情十分危机的情况下，郑和果断出击，大败锡兰人，并俘虏了锡兰王，以惩罚其对天朝上国的不敬。《明成祖实录》记载："和等初使诸番，至锡兰山，亚烈苦柰儿侮慢不敬，欲害

① 沈鸣：《郑和〈布施锡兰山佛寺碑〉碑文新考》，《东南文化》2015年第2期。

和，和觉而去。亚烈苦奈儿又不辑睦邻国，屡邀劫其往来使臣，诸番皆苦之。及和归，复经锡兰山，遂诱和至国中，令其子纳言索金银宝物，不与，潜发番兵五万余劫和舟，而伐木拒险，绝和归路，使不得相援。和等觉之，即拥众回船，路已阻绝，和语其下曰：'贼大众即出，国中必虚，且谓我客军孤怯，不能有为，出其不意攻之，可以得志。'乃潜令人由他道至船，俾官军尽死力拒之，而躬率所领兵二千余，由间道急攻王城之陂，生擒亚烈苦奈儿并家属头目。番军复围城，交战数合，和大败之，遂以归。"[①]而明嘉兴藏本《大唐西域记》更是详尽地记载了郑和与之交战的原因和过程："今之锡兰山，即古之僧伽罗国也。王宫侧有佛牙精舍，饰以众宝，晖光赫奕，累世相承，敬礼不衰。今国王阿烈苦奈儿，锁里人也。崇祀外道，不敬佛法，暴虐凶悖，靡恤国人，亵慢佛牙。大明永乐三年皇帝遣中使太监奉香华经诣彼国供养。郑和劝国王阿烈苦奈儿敬崇佛教，远离外道。王怒，即欲加害。郑和知其谋，遂去。后复遣郑和往赐诸番，并赐锡兰山国王，王益慢不恭，欲图害使者。用兵五万人，刊木塞道，分兵以劫海舟。会其下泄其机，郑和等觉。亟回舟，路已阻绝。潜遣人出舟师拒之。和以兵三千，夜由间道攻入王城，守之。其劫海舟番兵，乃与其国内番兵，四面来攻，合围数重，攻战六日。和等执其王，凌晨开门，伐木取道，且战且行，凡二十余里，抵暮始达舟。"[②]

据此，郑和就是在战败锡兰王之后，俘虏锡兰王回朝时，带回了佛牙舍利。"当就礼请佛牙至舟，灵验非常，光彩照耀如前所云。訇延震惊，远见隐避。历涉巨海，凡数十万里。风涛不惊，如履平地。狞龙恶鱼，纷出乎前，怡不为害。舟中之人，皆安稳快乐。"可以看出，郑和船队归国途中，这颗佛牙舍利还显现种种灵验景象。同时，明嘉兴藏本《大唐西域记》还记载了郑和将此佛牙舍利安置在南京静海寺中供奉。永乐九年(1411)，明成祖朱棣也曾为此佛牙舍利建造了许多宝盒和精舍，"皇帝并于皇城内庄严瑞檀金刚宝座贮之，式修供养，利益有情，祈福民庶，做无量功德"[③]。

佛牙舍利原为锡兰国的至宝，象征着王权的至高无上。郑和率领的船队到达锡兰时，锡兰人认为是来抢夺佛牙舍利的。在此之前，已有先例。公元1284年，元朝忽必烈的船队到达锡兰时，锡兰人就曾认为他们是来夺取佛牙

---

① 《明实录》卷一一六。
② 转引自郑鹤声、郑一钧编：《郑和下西洋资料汇编》(中册)，海洋出版社，2005年，第931页。
③ 转引自郑鹤声、郑一钧编：《郑和下西洋资料汇编》(中册)，海洋出版社，2005年，第931页。

舍利的。锡兰人如此对待郑和的船队，还可能与当时锡兰岛海域一直海盗横行有关。

关于郑和部队与锡兰军队发生战役一事，斯里兰卡相关史籍中亦有相关明确记载，但佛牙舍利落入中国一事，却无任何记载。而按我国文献的记载，郑和在俘虏锡兰王的同时，也确实带回过佛牙舍利。至于这颗佛牙舍利是郑和带回，还是被俘的锡兰王随身携带，便无史可查。永乐九年(1411)，待锡兰新国王确立后，明成祖才释放锡兰王回国；同时，这颗佛牙舍利也重新回到了锡兰的国土。

附表：明代南京寺院名录

灵谷寺	天界寺	报恩寺	鸡鸣寺	能仁寺	栖霞寺	静海寺	弘觉寺	铜井院	古林寺
隆昌寺	兴善寺	观音阁	佛国寺	翼善寺	定林寺	光相寺	三禅寺	广惠院	法清院
金陵寺	普缘寺	吉祥寺	承恩寺	鹫峰寺	下瓦官寺	凤游寺	永庆寺	清凉寺	草堂寺
嘉善寺	普惠寺	弘济寺	接待寺	高座寺	外永宁寺	普德寺	碧峰寺	永宁寺	崇因寺
永兴寺	西天寺	祝禧寺	花岩寺	祖堂寺	华严禅寺	福兴寺	清福寺	建昌寺	法藏寺
三塔寺	普济庵	般若寺	千佛寺	观音阁	天隆极乐寺	五云庵	积善庵	苜蓿庵	真如寺
栖隐寺	宝林庵	佑国庵	三塔寺	唱经楼	德胜寺	德寿寺	松山庵	赤脚庵	古林庵
兴觉庵	刘府庵	祖师庵	三济庵	栗树庵	古镜庵	炼魔庵	祖灯庵	中所庵	前所庵
铁山庵	后所庵	左所庵	古槐庵	古蓬庵	狮子窟庵	双松庵	圆通庵	护国庵	莲花庵
维摩庵	天王庵	弥勒庵	回龙庵	经厂庵	广济禅林	慧照院	万善庵	祖峰庵	普光庵
慈惠庵	三山寺	梵惠寺	庄严寺	灵岩寺	幕府寺	慧光寺	石佛寺	多福寺	后黎寺
山海院	紫草寺	卧佛寺	玉泉寺	显慈寺	报恩禅寺	兴教寺	佑圣庵	回光寺	太平庵
长芦寺	泰安院	永成寺	上庙庵	保圣寺	灵居禅寺	宝光寺	观音庵	开福寺	马占寺
凤岭寺	智安寺	普宁禅寺	安隐寺	宁海寺	外鹫峰寺	静明寺	广兴寺	招贤寺	观音庵
普利寺	白云寺	吉祥庵	妙泰寺	荆山庵	文殊庵	五显庵	竹林庵	华光庵	极乐庵
惠应寺	安隐院	韩城庵	慈仁寺	崇善寺	外承恩寺	通善寺	宝善寺	德恩寺	崇化寺
普照寺	永福寺	清真寺	月印庵	均庆院	古圆教寺	中和庵	三茅庵	华藏寺	法清院
鹫峰庵	延寿庵	时思庵	海惠庵	净业堂	大觉庵	法华庵	白云庵	古佛庵	般若庵
可容庵	观音庵	文殊庵	绿萝庵	普济庵	石柱庵	广善庵	永胜庵	旃檀庵	月印庵
新庵	普惠庵	法云庵	水塘庵	龙渊庵	观音庵	永宁庵	弥勒庵	大隐庵	女僧庵
观音庵	五显庵	福星寺	一苇庵	观音庵	盛家庵	竹山庵	慈善庵	宝庆庵	西方庵
新庵	私姑庵	般若庵	护国庵	太平庵	观音庵	水斋庵	地藏庵	孤舟寺	集贤庵
灵应寺	月藏庵	观音庵	尼僧庵	弥陀庵	西乐庵	尼姑庵	即心庵	永寿寺	寂静庵
水草庵	万寿庵	鸟山庵	旃檀庵	清隐庵	万寿庵	观音庵	生生庵	观音庵	观音庵
观音庵	定林庵	地藏庵	狮子窟	慈映庵	万丰庵	明眸寺	金星寺	广惠庵	广福院

续表

伞巷观音庵	双桥圆通庵	净明讲寺	十方律院	金川积善庵	虎贲左卫正觉庵	骁骑卫千佛庵	留守正定庵	大中正觉庵	亭子巷观音庵
圣寿寺	柏枝庙	汇龙庵	水因庵	栖贤庵	宝华禅院	再兴寺	普济庵	地藏庵	中山庵
发祥庵	飞来寺	永寿庵	演塘庵	方山寺	平安山庵	玞山庵	永福寺	龙霖庵	巢云庵
花盛庵	干露庵	陶家庵	观音庵	观音庵	水印庵	佘家庵	林家观音庵	祖师庵	尼僧庵
不二庵	圆觉庵	紫竹林	石洞庵	华严堂	药师庵	观音寺	法轮寺	泰安寺	长峰寺
古佛庵	祈泽寺	东霞寺	放生庵	罗山庵	兴福禅院	陷塘庵	法华庵	汪渚庵	正觉寺
茶亭庵	地藏庵	广惠寺	东霞寺	天隆寺	外永福寺	登台寺	华严庵	吴读庵	许村庵
一真庵	慈悯庵	伽蓝庵	净乐庵	净土庵	太平禅寺	观音庵	普济庵	清果庵	梵惠院
龙华庵	普贤庵	圆通庵	吉祥庵	报国庵	广缘寺	圆通寺	资福寺	永宁院	大慧庵
到彼庵	慈善寺	兴福寺	懋德庵	葛塘寺	妙明寺	明性寺	衲头庵	青山寺	大圣寺
法相寺	普化寺	万寿庵	惠贞庵	四松庵	地藏禅林	永明庵	普静庵	永宁庵	法华庵
永善庵	护国庵	西方庵	起凤庵	华藏庵	凤栖山庵	醴溢庵	草堂观音庵	古观音庵	积善庵
观音庵	梁家庵	观音庵	王家庵	头所庵	二所庵	三所庵	四所庵	五所庵	头百庵
三塔庵	伍百庵	静居寺	无垢寺	普济寺	瑞相院	金华寺	高台寺	本业寺	香林寺
吉山寺	永泰寺	兴化寺	龙化寺	禅林寺	永泰讲寺	明觉寺	兴善寺	兴教寺	太安寺
广法寺	妙果寺	隐静寺	后阳寺	宝圣寺	清修院	东济寺	华胜寺	西林寺	慈光寺
定山寺	安平寺	封崇寺	云居寺	龙泉庵	英台寺	衡阳寺	桂阳寺		

南京佛教通史

（明清民国卷 下）

赖永海　总主编

张华　主编

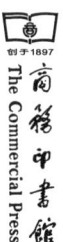

创于1897
商务印书馆
The Commercial Press

目录

绪　论　1

第一章　清初帝王的佛教理念与政策　7

第一节　9　顺治帝与佛教
第二节　29　康熙帝与佛教
第三节　44　雍正帝与佛教
第四节　75　乾隆帝与佛教

第二章　清初禅宗与遗民逃禅　97

第一节　99　清代禅宗法系传承
第二节　116　清初遗民逃禅之风
第三节　139　金陵天界觉浪道盛:“烈火禅”与集大成
第四节　180　觉浪门下:无可大智坐集千古智

第三章　清代佛教的衰落与晚清佛教的振兴　233

第一节　235　清代佛教的衰落
第二节　251　杨文会振兴佛教的理念和事业
第三节　263　杨文会开近代佛学思想先河
第四节　298　杨文会:中国近代佛教复兴的巨擘

第四章 民国时期南京佛教与社会 317

第一节 320 民国时期南京佛教的社会文化背景
第二节 337 民国时期南京政府佛教政策的演变

第五章 民国佛教的革新和改良运动 347

第一节 349 民国初期的南京佛教复兴
第二节 378 民国佛教的整理改良活动
第三节 394 抗战时期的佛教界

第六章 太虚与中国近现代人间佛教 417

第一节 419 太虚生平及佛教革新思想
第二节 433 人间佛教的理论建构与实践探索
第三节 444 建立现代中国佛教的学理和制度

第七章 欧阳渐与民国时期南京佛教义学复兴 451

第一节 453 民国时期南京佛教慧命的薪火相传
第二节 474 欧阳渐中兴唯识学的思想理念
第三节 487 欧阳渐的法相、唯识分宗之说
第四节 511 民国时期佛教义学研究之重镇

第八章 清代与民国时期的南京佛教寺院 527

第一节 529 清代南京佛寺的兴废
第二节 562 清代南京佛寺的分布
第三节 569 清代南京重要佛寺综述
第四节 592 民国时期的南京寺院

第九章 清代以来江南佛教的寺院经济 645

第一节 647 清代前期佛教寺院经济
第二节 663 江南山林寺院斋田和山地捐赠实例
第三节 679 清代寺田租赋与斋田保护
第四节 699 清末民国时期江南佛教寺院经济

第十章 明清民国南京佛教文学与艺术 727

第一节 729 明清民国南京佛教文学
第二节 769 明清民国南京佛教艺术

参考文献 793

绪论

清朝是中国历史上最后一个封建王朝。从顺治元年(1644)清军入关,到宣统三年(1911)溥仪逊位,清朝统治天下长达268年。如果从努尔哈赤统一女真诸部族,万历四十四年(1616)在满洲称汗建大金国、建元天命算起,则有将近300年的历史。清代历史以1840年鸦片战争为界分为清前中期和后期,清后期属于中国近代史范畴。

一

明王朝被李自成领导的农民起义军推翻之后,关外的清军打着为明朝"复仇"的旗号于顺治元年三月长驱直入,问鼎中原,定都北京,最终建立了全国性政权。为了巩固其统治,清朝既沿明制又增新章,确立了"首崇满洲"或称"满洲根本"的基本国策,同时,又推行"满汉一家""以汉治汉"方针,对广大汉族地区实施严厉镇压和安抚怀柔的两手政策,迅速稳定了统治秩序。清军巩固京师之后,挥师西北,消灭了李自成的大顺军,接着"王师东下",又攻占南京,结束了弘光政权。但南明方面的抗清活动并未结束。

顺治二年(1645),清军占领南京,将明朝的南京"应天府"改名为"江宁府"。[①]其后又陆续扫除长江以南的南明残余势力,直至顺治十六年(1659)清军击败了郑成功,平定"南京之战"[②];康熙年间平息了"三藩之乱",并顺利收复台湾,奠定

---

① 顺治元年(1644)清军入关后,李自成率大顺军西撤,而明朝的福王朱由崧在南京称帝(年号弘光)。大清、大顺和弘光政权三足鼎立。清顺治二年(南明弘光元年,1645)清军主力渡过长江,占领镇江,直逼南京。五月十五日,礼部尚书钱谦益率文官在南京开洪武门迎降清豫亲王多铎。六月三日夜,南明弘光皇帝朱由崧由通济门出逃,连辅佐他的马士英都不知道。15天后,弘光帝被捕,清军特地押他回宁,从通济门入城,沿途南京市民无不唾骂。1928年夏,曾有人提议将通济门改名为"共和门",以纪念当年孙中山先生在南京开创共和之伟业。共和门之名一度被使用,但未被国民政府正式命名。1957—1963年,通济门连同东面城墙被拆除,而今只能从沿用的地名通济门内、外大街和旧九龙桥来确定原来城门的所在。通济门前的护城河即为秦淮河,通济门外跨护城河的桥梁名为九龙桥。

② 郑芝龙、郑成功父子以福建沿海的金门、厦门两个岛屿为基地,高举抗清义旗,直接威胁着东南一带的清朝海防。清军的水师力量薄弱,无法与郑军抗衡,令清廷头疼不已。1645年,清军占领南京后,郑芝龙等人在福州拥立唐王即位,被封南安侯。不久,郑芝龙见清军势大,又往福州投降清军,结果被挟持到北京软禁,最终在郑成功攻打南京失败后被清廷所杀。郑成功乃郑芝龙长子,19岁赴福州乡试,21岁进入当时的最高学府南京太学读书,拜名儒钱谦益为师。郑芝龙降清后,大批部将相继投降,但郑成功坚决抗清,他的军队成为反清复明最具实力的一股力量。顺治十五年(1658),清军分三路进兵西南,李定国等战败,南明永历朝廷形势危急。郑成功见清军主力集中于西南,认为这是扩大以自己为首的东南抗清基地的大好时机,决定率领主力乘船北上,展开"长江战役"。郑成功北伐金陵,史称"南京之战",实指从清顺治十四年(1657)四月到顺治十六年(1659)六月,在东南沿海的郑成功联合西南地区的南明永历政权和东部的张煌言一起北伐抗清的军事行动。

了寰宇清平、一统天下之新基。清朝统治者在用武力征服天下的同时，亦调整了土地占有关系、赋役关系，使经济迅速恢复，社会安定。为了维护多民族国家的统一，清朝还多次用兵边疆，迅速、果断地平息了蒙古、西藏等地上层统治者的分裂叛乱。

从清中叶起，清王朝统治盛极而衰，由于土地兼并日益严重，社会矛盾日趋尖锐，各地“教军”蜂起，出现了川、陕等五省红阳教组织的农民大起义。起义虽被镇压，清王朝却也从发展的巅峰跌落下来，而民间秘密结社的反清活动接连不断地发生，庞大的清王朝危机四伏。正当清朝的统治日趋腐朽和没落之时，道光二十年（1840），鸦片战争爆发，英国用大炮打开了闭关自守的中国大门。尔后又经过第二次鸦片战争、中法战争、中日甲午战争和八国联军侵华战争，中国逐渐沦为半殖民地半封建社会。在内外交困的情况下，太平天国起义、捻军起义、边疆地区少数民族起义，犹如雪上加霜，不断动摇着清王朝的统治根基。最终，清王朝被孙中山领导的辛亥革命推翻，中国封建社会寿终正寝，中华民国临时政府在南京建立。

二

清代是中国历史上继元朝之后第二个由少数民族建立起全国性政权的朝代，满人与蒙古人一样都有信仰佛教的传统。伴随着清代历史的兴衰，有清一代的佛教大致经历四个阶段：从清入关前满洲时期（或曰开国时期）的奠基阶段到清初顺、康、雍、乾时期，佛教臻于全盛；嘉庆以后随着国势陵替，佛教则日益衰微；清末光绪年间，佛教又“剥极而兴”。[①] 清代佛教的兴衰见证了清王朝崛起、兴盛、转衰和危亡的全部历史。清代佛教在中国佛教发展的历史长河中虽处于“江河日下”的总体衰落趋势之中，但就有清一代言之，基本上与清朝的国势和社会发展同步。清前期国势兴盛，社会繁荣兴旺，佛教亦臻于全盛；清中后期社会矛盾凸显，国是日非，特别是近代以降，内忧外患接踵而来，社会危机重重，佛教亦

① 刘锦藻《清朝续文献通考》在谈到清代佛教情况时说：“我朝顺治至乾隆最盛，嘉庆以后寖衰，咸丰时，洪、杨扰攘，以耶稣教为号召，排斥异教，寺观为墟，然剥极则复，光绪年间又勃然兴起矣。”（浙江古籍出版社，2000年，第8486页。）

衰颓日甚。

清初由于帝王优礼名僧，护持佛教，寺僧佛教在衰落趋势中仍勉强维持。但清中叶后僧团素质整体走低，僧侣不是为了寻求精神觉悟而是为了谋生的职业化特点越发明显，居士佛教代之而兴，承担起续佛慧命、弘法利生的佛教使命和实践。从彭际清（绍升）到杨文会（仁山），清代居士佛教上承晚明佛教复兴余绪，下开近代佛教复兴之先河。在近代社会大变革的条件下，传统佛教经历革新后汇入世界范围的佛教复兴之潮流。

在清入关前的满洲时期，清太祖、太宗皆优待喇嘛，崇奉藏传佛教，确定以佛法护国的方略，认为自古圣王致治，都不曾断绝佛法。清王朝入主中原后，吸收汉民族先进文化，确定以儒治国的方略，佛道教处于“有补于治化”①的地位。清初帝王从顺治帝到乾隆帝，不仅尊崇优礼藏传佛教，也赞护汉传佛教，对江南禅宗尤为关注。顺治帝好参禅，先后召诸多江南禅僧进宫弘法，并尊玉琳通琇为国师②，以示对汉地佛教之推崇。康熙帝六下江南，也视佛门为风雅之地，几乎每次都要参礼佛寺，延见僧人，并赋诗题字。雍正帝则更进一步，不只喜欢禅学，并以通禅自负，因而自号为“圆明居士”，还编了《御选语录》等书，大讲禅道。乾隆帝笃嗜佛典，继续先世译刻《大藏经》事业、废除度牒之制，也都是优待佛教的表现。于是上行下效，清初佛教有一时兴盛的景象。

清初帝王崇奉佛教的同时，都一以贯之地在现实政治框架下考虑佛教问题，对佛教流弊有着十分清醒的认识。他们将佛教纳入国家控制的行政管理体系，一方面沿袭明代设置僧官机构，另一方面修订《大清律例》，当中有涉及佛道教者，对佛道教实施刚性的法制约束，对建寺庙、度僧尼等都有严格限制，对僧尼触犯王法也严厉治罪。清开国时期皇太极就开始采用明制，设立僧官制度；入关后建立全国性政权，僧官制度仍大体沿袭明制，不过略有损益，在僧官中实行正副印制度和候补制度。僧官制度作为中国历史上一种特殊的职官制度，位阶虽不高，但存续了 1500 多年，至清亡后中华民国成立，才被彻底废除。

---

① 雍正八年（1730）谕：“域中有三教，曰儒，曰释，曰道。儒教本乎圣人为生民立命，乃治世之大经大法，而释之明心见性、道家之炼气凝神亦与吾儒存心养气之旨不悖，且其教皆主于劝人为善、戒人为恶，亦有补于治化。”

② 宋释志磐撰《佛祖统纪》卷四十三述“国师”称号的由来说：“自古人君重沙门之德者，必尊其位，异其称，曰僧录、僧统、法师、国师。入对不称臣，登殿赐高座，如是为得其宜。”因此，后来有些学德兼备的高僧，常被当时帝王尊为国师。玉琳是清代汉族佛教中唯一享有“国师”尊号的僧人。

从寺庙和僧尼人数来看，有清一代汉传佛教，据康熙六年(1667)礼部统计：各省官建大寺6073处，小寺6409处；私建大寺8458处，小寺58682处。僧众110292人，尼众8615人。寺庙共79622处，僧尼合计118907人。① 但自乾隆元年(1736)至四年(1739)止，共颁发过各省度牒部照3401112纸，并令师徒相传，合计大约有60万人。其后私度者渐多，乾隆十九年(1754)便通令废止给牒。至于清末时，寺庙遍布全国各地城乡村镇，僧尼约有80万人②，不出家而拜佛拜菩萨的难以计数。这种数字的变化一定程度上反映了清代佛教政策越来越松懈；但考虑到17世纪以来国家人口可能已经翻了三四番，那么这种增长实际上是不大的。这种低增长率可能反映了政府对宗教的控制，特别是法律对建新庙和僧道人数的限制仍然有一定效果。③

清代佛教各宗情况，根据《清朝续文献通考》记述："言其盛衰，则律宗自明末南京宝华山三昧律师后代有闻人；禅宗分派临济为盛，高僧不可偻指；贤首宗明季式微，国初柏亭大师成法出，撰述宏富，大阐宗风。天台宗自明末蕅益(智旭)大师后兼开净土法门，灵乘、灵耀，宏宣此宗。康熙时净土宗大师有省庵梦东、达默古昆。瑜伽宗久亡，慈恩、三论诸宗更无人顾问矣。"④此中，"贤首宗"即唐代贤首法藏实创的华严宗，"瑜伽宗"实指南北朝时传来的古印度"瑜伽行宗"，后为唐玄奘新译唯识学所替代，称"慈恩宗"。慈恩宗宣扬"万法唯识"，因名相繁多、义理烦琐，玄奘、窥基之后，传者渐稀；明末稍有中兴，至此时也与三论宗一样无人问津。

---

① 《大清会典》卷十五《礼部·方伎》。

② 太虚《整理僧伽制度论》："如是我闻：今中国本部之佛教僧伽，有八十万人俱。"《太虚大师全书》第九编《制议》，台北善导寺佛经流通处发行，1998年，第5页。

③ 《大清会典事例》给出的1667年全国僧道总数大约14万人。高延(De Groot)由此推断说，从唐代固定僧道总额在126000人，一千多年来佛、道这两个宗教人数很少有什么进展。差不多在300年后的民国时期，僧道总数估计在50万到100万之间。无疑，政治上控制和敌视宗教大大减少了寺观的数量。进一步说，不断的警告和镇压异端教派创造了大众对宗教会社中的成员的态度，认为其不仅可疑而且有可能带来破坏，极少有身份有地位的人承担这样的冒险。这种态度有助于减少僧道的数量和社会地位。参C. K. Yang, *Religiyion in Chinese Society*, Berkeley and Los Angeles: University of California Press, 1967, p. 213。

④ 刘锦藻：《清朝续文献通考》，浙江古籍出版社，2000年，第8486页。古印度有性、相二宗，性宗为大乘空宗，称"中观宗"；相宗为大乘有宗，称"瑜伽宗"，亦译"瑜伽行派"。公元5世纪中，由无著、世亲两兄弟所立。相传无著曾受到弥勒菩萨的启示，诵出《瑜伽师地论》，并著有《显扬圣教论》《摄大乘论》等。世亲初习小乘，后随兄习大乘，著有《唯识三十颂》等。此宗南北朝时传来中国。唐太宗贞观三年，玄奘只身从长安西行印度取经，就学于戒贤论师，历经17年归国，带回600多部佛经，其中主要是唯识宗的宝典。因玄奘驻锡于慈恩寺译传，故该宗称慈恩宗。而弘扬中观宗的学派，因主要依据《中论》《百论》《十二门论》，故称为三论宗。

清代律宗自明末古心如馨传戒于南京古林寺，三昧寂光（1580—1645）继之，分灯于宝华山，其后遂分为古林、宝华二派。古林一派，清初以来，海华（1608—1679）、寂鼎、普璠、本修等相继，至清末辅仁（1862—?）传戒不绝。[①] 寂光重兴宝华山，门下出香雪戒润与见月读体（1601—1679）。戒润弘律于常州天宁寺，见月继主宝华，发扬光大，宝华山遂成律宗著名道场。他著有《传戒正范》四卷，又自述《一梦漫言》，记其生平参学及重兴宝华山始末。其弟子定庵德基，继主宝华；宜洁书玉（1645—1721），分席杭州昭庆寺，都继承宝华山的律范。又四传至文海福聚（1686—1765），应请入北京传“皇戒”，成为北京法源寺第一代律祖。著有《南山宗统》十卷，记载南山律宗世系传承。乾隆时北京潭柘寺源谅（1705—1772）亦盛传戒法，著有《律宗灯谱》二卷。[②]

清代佛教宗派以禅宗和净土宗最为兴盛，几乎成为各宗的共修法门。清初以禅宗为盛，尤其临济宗高僧被召入宫廷，使禅法走红京师。而明清易代之际，遗民逃禅现象一时成风，遗民卷入佛教导致新旧势力僧诤更具政治意味[③]，“反清复明”思想也波及佛教界[④]。雍正帝因担忧僧人与具反清意识的士大夫结交，刻意地抑禅扬净，特别表彰云栖袾宏所倡导的净土法门；进而鼓吹儒、释、道“三教同源”，不只倡导佛教内部宗与教、禅与净融合，而且主张三教“异体同用，并行不悖”。清中叶后禅门衰微，净土宗发展超过禅宗，有独擅胜场之势，随即居士佛教兴起，多修习净土为“往生资粮”。居士大都是修持念佛净土行者，且是热心研究佛教的学者。清末杨文会居士则以刻经流通弘法利生为务，创金陵刻经处于南京，又创设“祇洹精舍”（佛教学堂）和佛学研究会等，对中国近代佛教的复兴和发展产生了重大的影响，被誉为“近代中国佛教复兴之父”。

---

① 释辅仁：《律门祖庭汇志》，《南京稀见文献丛刊》，南京出版社，2013年。

② 俞樾：《昭庆寺重建戒坛记》。

③ 陈垣：《清初僧诤记》卷三《新旧势力之僧诤》，载《明季滇黔佛教考》第2册，河北教育出版社，2000年。

④ 参于本源：《清王朝的宗教政策》，中国社会科学出版社，1999年，第120页。“明王朝灭亡以后，反清复明思想也波及佛教界，一部分明官宦子弟，甚至宗室成员，削发为僧者大有人在。这样明遗民的为僧或扶植佛教的情况，增加了佛教特别是禅宗的不满清王朝统治的政治倾向。”

第一章　清初帝王的佛教理念与政策

在清代历史上，从顺治到乾隆的清初四帝，均称得上是励精图治之君，他们的统治历时150余年（1644—1795），占了清朝300年江山的二分之一。这是清朝入主中原后使中国由乱到治，建立起统一的多民族国家，并出现“康乾盛世”的重要历史时期。盛世时清朝的经济、文化发达，疆域也极其辽阔，东起大海，西至葱岭，南达曾母暗沙，北跨外兴安岭，西北到巴尔喀什湖，东北到库页岛，总面积约1 300万平方千米。这不仅仅是由于清朝在军事上屡建奇功，也得益于清初诸帝成功的民族宗教政策。尤为值得注意的是，他们始终在政治框架下对佛教进行扶植和利用，一方面绥靖以藏传佛教为主要精神信仰的蒙藏边疆少数民族，另一方面也争取信仰佛教的广大汉人的民心；他们把理性优崇佛教和严格管控佛教相结合、怀柔与高压巧妙并用的手段发挥到极致，以致史家认为，从顺治到乾隆是清代佛教的全盛时期。清初诸帝振兴佛教，支持佛教事业，比诸唐宋开国时亦毫不逊色。清初100多年国势强盛，民生利乐，与清初诸帝尊崇三宝，政教并行不悖，是有内在联系的。[①]

---

① 《清朝续文献通考》在谈到清代佛教时说：“我朝顺治至乾隆最盛。”蒋维乔《中国佛教史》卷四（上海书店出版社，1989年，第7页下）有云：“顺治康熙雍正三朝之振兴佛教，比诸唐宋开国时，亦无逊色。至乾隆帝则尽力于雕刻大藏经及翻译国语藏经，亦伟大之事业也。”雍正《御选语录》上（载史原朋主编：《雍正御制佛教大典》，中国社会科学出版社，2004年）序言说：“康熙雍正乾隆三代之隆盛，在中国历史上可比于汉唐盛世。后人大多知道汉唐盛世得益于帝王内用黄老之术，而很少有人知道清朝帝王实深通于佛教禅宗心法，尤其是这三代盛世中承上启下的雍正皇帝，更有融法王兼人王之尊于一身的殊胜风采。”同时又有相反的观点，认为明清王朝交替没有带来唐宋朝代更换时那样的佛教的繁荣和大发展，而把清代佛教的衰落归于清代帝王对佛教的高压政策，倾向于强调清代佛教政策的负面影响。

第一节
顺治帝与佛教

顺治帝名福临,生于崇德三年(1638),他是清太宗皇太极的第九子。崇德八年(1643)八月,清太宗崩,福临在叔父摄政王多尔衮辅佐下,于盛京(今沈阳)即帝位,改元顺治,并于顺治元年(1644)九月定都燕京(今北京),次月在太和门举行了登基大典,成为清入关后的第一位皇帝。顺治十八年(1661),24 岁的福临因感染天花驾崩,庙号世祖,谥号章皇帝。他 6 岁当皇帝,虽然在位有 18 年,但实际亲政只有后 10 年。

顺治短暂的帝王生涯与佛教结下了不解之缘,关于顺治与佛教关系的记载有三类文献材料:一是官方档案史料,如《实录》《圣训》和《玉牒》,这些珍贵的历史资料,最受当时皇家的尊崇保护。它们在漫长的清朝统治时期,被单独专门保存在典藏皇史的金匮里,由专职守尉看护。其中的《实录》,是由继位的皇帝组织人员,依据各种文书档案,按照年月日的顺序,为去世的皇帝编写的事实记录。后世官方文献如《清朝文献通考》《清朝续文献通考》以及《大清会典事例》《东华录》《皇朝通志》等也载有不少清代佛教史料。《清初内国史院满文档册》是清朝初期内国史院这个政府机构为纂修国史而辑录的满文档案材料,它按年月日的顺序编辑,有关顺治与佛教的事实也可资佐证。二是僧侣的文献记载,如《大觉普济能仁国师年谱》《续指月录・玉琳琇传》《玉琳年谱》《旅庵和尚奏录》《敕赐圆照茆溪森禅师语录》《北游集》等。这些僧人著述,用语录及偈语的形式,记载了顺治帝与当时佛教上层僧侣的交往。另外,在耶稣会教士、钦天监监正汤若望的回忆录中,也提到顺治帝对佛教着迷的有关历史事实,可资参考。三是如《顺治演义》《顺治与康熙》等野史和文学作品,又如当时著名才子吴伟业(梅村)写的一组《清凉山赞佛诗》。

综合这三种史料,我们可大致看出顺治帝本人对佛教的理念、态度、兴趣等等,可观察到顺治帝万机之暇"亲领禅悦"。其与佛教的密切关系,概括说来,大致可分三个方面:一是天下甫定,确立"黜邪崇正"的宗教政策;二是亲政伊始,敦请达赖进京朝觐并接受册封;三是从顺治十四年(1657)起,开始"染指宗乘"。最值得注意的是,他一改清王朝入关前崇奉藏传佛教的旧习,而亲近汉地江南禅僧，推崇禅宗。日本学者忽滑谷快天指出："自满清之兴起，太祖、太宗皆不知禅道之为何，至世祖（顺治）开始染指宗乘。玉琳通琇、木陈道忞赴京为帝所师事，其门下亦开法上都，以享受世荣便无不足，振兴已经坠落宗纲之力量，即不足也。"①

此段话告知我们两个历史事实：其一，满清王朝兴起，尽管对汉传佛教并不陌生，但清太祖努尔哈赤、太宗皇太极都还不知禅道是什么，"染指宗乘"则是从清世祖顺治开始的；其二，当时禅门耆宿玉琳通琇、木陈道忞等均为顺治帝所师事，其门下也助其在京师弘法，他们虽然享受了崇高的世荣，却对衰落日甚的禅宗并无回天之力。另外有一重要信息为忽滑谷快天所忽视，即顺治帝对禅道有兴趣、亲近江南禅僧，并不是简单的个人信仰和爱好，其背后可能寓有深刻的政治含义。

一 "黜邪崇正"与"佛教清净"

顺治帝福临于顺治八年正月十二日（1651 年 2 月 1 日）亲政，时年 14 岁，十九日追尊多尔衮为成宗义皇帝，诏云："当朕躬嗣服之始，谦让弥光，迨王师灭贼之时，勋猷茂著。辟舆图为一统，摄大政者七年。"②二月初十日，顺治帝尊其生母为昭圣慈寿皇太后，十一日皇太后诰谕顺治帝曰："为天子者处于至尊，诚为不易，上承祖宗功德，益廓宏图；下能兢兢业业，经国理民，斯可为天下主。民者国之本，治民必简任贤才，治国必亲忠远佞，用人必出于灼见真知，莅政必加以详审刚断，赏罚必得其平，服用必合乎则，毋作奢靡，务图远大，勤学好问，惩忿戒嬉，倘专事佚豫，则大业由兹替矣！凡几务至前，必综理勿倦。诚守此言，岂惟福泽及于万世，亦大孝之本也。"③

顺治帝天资聪颖，他秉承母后谆谆教诲，勤奋读书，为了使新兴的清王朝

---

① 忽滑谷快天：《中国禅学思想史》，朱谦之译，上海古籍出版社，1994 年，第 849 页。

② 王先谦编：《东华录·顺治十六》；中国人民大学清史研究所编：《清史编年》第一卷《顺治朝》，中国人民大学出版社，2000 年，第 270 页。

③ 中国人民大学清史研究所编：《清史编年》第一卷《顺治朝》，中国人民大学出版社，2000 年，第 282 页。

长治久安，如饥似渴地吸收先进的汉文化。[①] 在研读汉文典籍时，他悟得了治国安民的道理，亲政不久即谕礼部云："帝王致治，文教为先，臣子致君，经术为本。…… 朕将兴文教，崇儒术，以开天下。"他亲自撰《资政要览》《孝经衍义》《祖宗圣训》等，并开清朝内廷崇学之风，举经筵日讲以盛文化。九年(1652)，顺治帝颁行《圣谕六条》：一训孝顺父母，二训尊重长上，三训和睦乡里，四训教训子孙，五训各守生理，六训勿作非为。[②] 十二年(1655)，顺治帝命内三院选择汉、满词臣中学问渊博者 8 人，充做日讲官。在众多儒家典籍中，其对《孝经》和《易经》特别推崇，以《易经》为治世之书，因此敕谕纂修《易经通注》，"当并加采择，折衷诸论，简切洞达，辑成一编，昭示来兹。尔等殚心研究，融会贯通，析理精深，敷辞显易，务约而能该、详而不复，使羲经奥旨，炳若日星"，希望借此能明天道之堂奥，"圣人以之开物成务，学者以之致远钩深；包罗天地之神奇，囊括阴阳之变态"，"天道远而无不可明，人事纷而悉有可据"，致治事合宜，进退有度。[③]

顺治帝亲政之时，各地抗清斗争连绵不断。其中南明永历政权得到大西农民军余部孙可望、李定国等的支持，在云贵、两广一带活动；郑成功率部坚持在闽浙沿海一带斗争。这是两股最大的抗清势力，不断威胁着清朝的统治。清兵在战场上失利的警报不时飞向朝廷。各种矛盾错综复杂，而民族矛盾尤为激烈。因而顺治帝感到巩固统治的当务之急是收拢人心，安定社会。为此，他努力推行教化，以加强思想统治。

顺治十年(1653)四月，顺治帝有感于儒家思想有利于巩固政权，于是谕礼部，将"崇儒重道"定为基本国策。儒家思想代表汉文化的政治理念和价值标准，而崇儒重道的要旨便在于以政治力量来主导学术走向与教化天下臣民，其目的在于巩固大清政权与统御汉民。晚近学者王尔敏指出，清朝入主中原而能长治久安，以及其能绥服士庶的关键之一，在于文教上经由崇尚儒家学术，展现其崇

---

① 道忞《北游集》(《嘉兴大藏经》第 26 册)记述顺治曾说："朕极不幸，五岁时先太宗早已晏驾，皇太后生朕一身，又极娇养，无人教训，坐此失学。年至十四，九王(多尔衮)薨，方始亲政。阅诸臣奏章，茫然不解，由是发愤读书。每晨牌至午，理军国大事外，即读至晚，然顽心尚在，多不能记。逮五更起读，天宇空明，始能背诵。…… 计前后诸书，读了九年，曾经呕血。"他曾在座右自书"莫待老来方学道，孤坟尽是少年人"，以警策自励。

② 《大清会典》卷七七。这六条实则来自明太祖朱元璋的《六谕》，即"孝顺父母，尊重长上，和睦乡里，教训子孙，各守生理，勿作非为"。

③ 顺治十五年(1658)十月，傅以渐、曹本荣奉敕撰《易经通注》之《进易经通注表》，收入《文渊阁四库全书》第 37 册。

奉儒家思想的“道统”，充分代表中国文化道统之承绪。这些措施，大多肇端于顺治朝，再经康熙朝大力推动，而致卓有成效，影响所及，使清代儒化之醇厚，非前代可比拟。

清王朝作为少数民族入主中原，故而顺治帝从一开始即非常明确地以儒家思想作为柔化汉族、巩固政权的工具。这一点和其父祖以尊崇藏传佛教来笼络蒙古部族的政治手段有异曲同工之妙。“黜邪崇正”的宗教政策思想便是“崇儒重道”治国方略的自然延伸和运用。

顺治九年九月十九日（1652 年 10 月 21 日），谕曰：“佛教清净，理宜严饬。今后凡僧人、道士、尼僧已领度牒者，务宜恪守戒规，穿戴本等衣帽，各居住本寺庙敬供神佛。如未领度牒，私自为僧、道、尼僧往来者，及假装喇嘛、穿戴喇嘛衣帽往来者，定行治罪。如有此等妄行，各寺庙庵观住持僧、道、尼僧知而不举，一体治罪。其京城附近寺庙居住喇嘛之徒弟，理藩院定就数目。若有喇嘛徒弟，不敷其定数，有本身愿做徒弟者，及有愿给与做徒弟之人，具禀问理藩院，该院酌量，应补其数者，记档给与。不许越理藩院定数，私自为徒弟及以人与喇嘛为徒弟。又有妇女或叩拜喇嘛，或叩拜寺庙观宇，必随本身丈夫同行，不许妇女私自叩拜喇嘛、寺庙、庵观，如违治罪。”①这是顺治帝沿袭了天聪年间清太宗整肃假喇嘛、假和尚的有关规定，在佛教政策中确立崇儒重道思想。顺治帝对汉地佛道教和藏传佛教一并加以严格规范和限制，其中蕴含着他对“佛教清净”理念的认知，显见此时他心目中的佛教并不是和儒家正统对立的异端。

顺治十三年（1656），清廷禁邪教，更加明确揭示了“黜邪崇正”宗教政策的实际内涵。顺治帝谕礼部曰：“朕惟治天下必先正人心，正人心必先黜邪术。儒释道三教并垂，皆使人为善去恶，反邪归正，遵王化而免祸患。此外乃有左道惑众，如无为、白莲、闻香等教名色，邀集结党，夜聚晓散。小者贪图财利，恣为奸淫；大者招纳亡命，阴谋不轨。无知小民被其引诱，迷惘癫狂，至死不悟。历考往代，覆辙昭然，深可痛恨。向来屡行禁饬，不意余风未殄，堕其邪术者实繁有徒。京师辇毂重地，借口进香，张帜鸣锣，男女杂沓，喧填衢巷，公然肆行无忌。若不立法严禁，必为治道大蠹。虽倡首奸民罪皆自取，而愚蒙陷网罹

① 中国人民大学清史研究所编：《清史编年》第一卷《顺治朝》，中国人民大学出版社，2000 年，第 343 页。

辟，不无可悯。尔部大揭榜示，今后再有踵行邪教，仍前聚会烧香、敛钱号佛等事，在京着五城御史及该地方官，在外着督抚按道有司等官，设法缉拿，穷究奸状，于定律外加等治罪，如或徇纵养乱，尔部即指参处治。”①他明确揭示“黜邪术以正人心”的宗教政策，冀望借由宣扬儒家思想以教化庶民，提倡正统宗教信仰以净化人心，进而能摒弃邪说异端，以稳定社会秩序，维护国家安全。这在一定程度上丰富和发展了清太宗以来的宗教政策思想，对后世以儒治国，取缔和镇压民间秘密宗教有深刻影响。

顺治时代沿袭明代的宗教管理制度，设置僧官及道官，作为管理佛道二教的国家机构。佛教方面，自中央至地方，分别设置了僧录司、僧纲司、僧正司、僧会司。僧官的最高地位是僧录司的长官，只有正六品；至于地方各县的僧会司，其长官的阶级仅得从六品，乃是官吏中地位最低者。尽管江山易主，朝代更替，而僧官制度的安排和设置，仍然保持一定的连续性。从顺治九年（1652）和十三年（1656）的这两道谕旨，我们可以看出顺治这个时候基本上是个“兴文教，崇儒术，以开天下”的儒家正统形象的少年天子。尽管他在理论上已经接受“儒释道三教并垂，皆使人为善去恶，反邪归正，遵王化而免祸患”的思想，并且认识到“佛教清静”，但还谈不上对佛教有多大好感或浓厚的兴趣，进入他视野的多是一些亟须治理的佛教之负面影响，如不守清规戒律的僧、道、尼僧和泛滥不已的假喇嘛游荡于社会，以及可能有伤风化的妇女私自叩拜喇嘛寺庙问题。值得注意的是，他也按照传统儒家的认识，把有助王化的佛道和以左道惑众的民间秘密宗教区分开，其中贯穿了他的“黜邪崇正”思想。

总之，为巩固政权、建立社会规范与伦理秩序，顺治年间，朝廷确立了“崇儒重道”的治国思想，以儒家思想为正道，制定“黜邪崇正”的宗教政策，打压左道异端的宗教信仰。对于在中土流传已久的汉传佛教、道教，朝廷肯定其为善去恶的社会功能，但以政治力量统辖管理，对其发展加以控制；对藏传佛教，则遵循入关之前清太祖、太宗一贯的宗教政策，刻意扶持达赖、班禅的黄教，将其视为正统，极尽尊崇礼遇，以达到政治、外交的目的，使蒙藏诚心归附。

① 中国人民大学清史研究所编：《清史编年》第一卷《顺治朝》，中国人民大学出版社，2000年，第482—483页。

二 关注江南，染指宗乘

顺治帝亲政后，清厘僧道喇嘛，册封西藏达赖五世，都是沿袭清太祖、太宗所开创的定制而丰富之、光大之。然从顺治十四年（1657）起，他对佛教禅宗产生了浓厚兴趣，这深刻地影响了其之后的生活道路，并对清代佛教发展也产生了不可估量的影响。关于顺治帝之参禅，近人蒋维乔有评："顺治帝自统一中原以后，一改满洲专崇喇嘛之旧习，而归依禅宗，颇致力于参究；观其与玉琳秀（琇）和尚及其弟子茚溪森和尚之关系，可以知之。……然顺治帝之参禅乃自憨璞和尚始。"①

（一）敕封"三觉"禅师

清初顺治帝敬重禅僧，来自江南禅门的憨璞性聪、玉琳通琇、木陈道忞等人，先后应召入宫说法，各赐紫衣及尊号，憨璞称为明觉禅师，木陈称为弘觉禅师（清《尤西堂集序》及《八指头陀诗集》卷八均称为弘觉国师）。顺治十六年（1659）春，玉琳初称大觉禅师，继遣使加封大觉普济禅师，后又加封为大觉普济能仁国师，通称为玉琳国师，实是清代汉传佛教中享有国师尊号的唯一僧人。而憨璞性聪则被称"三觉之首"。

1. 召憨璞聪结制参禅

纪荫《宗统编年》载，顺治十四年深秋，顺治帝狩南苑，驾幸海会寺，延见憨璞性聪，与语甚觉投契，遂于十月四日于万善殿召见憨璞聪，问佛法大意。复诏，结制万善殿，赐明觉禅师号。② 该书接着又记顺治对木陈忞语："朕初虽尊崇象教，而未知有宗门耆旧。知有宗门耆旧，则自憨璞始。"③清史书《东华录》也记载了顺治帝对木陈忞所说的这段话，可以相互印证。可见对于顺治帝之崇佛参禅，憨璞

---

① 蒋维乔：《中国佛教史》卷四，上海书店出版社，1989 年，第 3 页上、下。

② 纪荫《宗统编年》卷三十二《诸方略纪下》（《卍新续藏》第 86 册）："冬十月，海会憨璞聪和尚结制万善殿。先是上狩南苑，因幸海会。延见聪，奏对称旨。复召入禁庭，问佛法大意。乃诏结冬万善殿，赐明觉禅师号。"据冯溥撰憨璞《塔铭》，"己亥（顺治十六年，1659）春，赐银印，敕书封明觉师号"。结制是佛教夏安居、冬安居之制度，结冬指冬季结制之安居，又作冬会。僧侣于夏安居之外，每年自十月十五日至翌年正月十五日间，禁止外出而专事讲学修养，称为冬安居。印度阿含佛教以来，即盛行雨季期间之夏安居，然于西北印度与中亚一带，气候较寒，冬季多雪，间有霖雨，外出困难，故仿夏安居之制而行冬安居。诸部派之小乘律对此并无记载；而经典中，最早有冬安居之记载者为大乘律《梵网经》卷下。汉地禅林亦行冬安居，然多行于北方，南方则普遍行夏安居。

③ 顺治帝对禅宗发生兴趣，对"宗门耆旧"产生向往，憨璞聪厥为首功，《宗统编年》评论说："憨璞固有造于祖庭者也。"

性聪起了关键的作用。关于顺治帝如何与憨璞性聪相遇，之后又发生了什么，曾经担任过顺治经筵讲官和内翰林秘书院侍读学士的冯溥，在为憨璞聪和尚撰的《塔铭》序文中提供了他目击的更细致完整的记录。该文记述：

师丙申渡江，住都城南海会禅寺，盖而师之道法闻于帝庭矣。先是，丁酉秋，师感异梦。迟明，世祖皇帝驾幸南海子，道出寺前，止辇，命近侍延师出。师云：山僧疏野愚昧，曷以仰见天表？近侍云：皇上为国为民，深重佛法，向和尚久矣。师便衲出山门旁立。上出辇顾视，久之，颇有怡色。命归方丈。暨回舆，即命近侍问师：俗名址籍，几岁出家，年若干岁，何缘挂锡海会。师具书委悉回旨。连遣官致问者三。次日驾幸海会寺方丈，师立门左。上喜。逾时而去。

十月初四日，僧录司传旨，延师入万善殿。命内院大人看方丈安单，别山禅师谐僧官陪侯。次晨驾至，安慰至再。至三夜漏五下，近侍传云：驾到不用和尚接送，不行礼拜。上至方丈，赐坐，问佛法公案。师应机酬对。上喜，赐紫衣。问答经旬（文长载语录中）。师知上意欲留久住禁庭，奏云：臣僧愧领众匡徒，海会衲子望臣久矣。上鉴师愿力真切，遂送回寺。

戊戌春，结制期毕，金佟、固山等请主延寿禅寺。……秋九月，上幸海会问及，监院洞玄跪奏其故。上回，遣大人近侍，之延寿问慰。十八日，上亲幸延寿方丈，甚喜。承面召请师入内万善殿，结制开堂。上乘马屡顾，师谢恩，二十九日回海会。十月初一日，僧录司延入，赐紫，宣海会禅客百人，俱入结制。旨问道法，凡上堂，小参不辍。既而风扇大都，王公大人，三院内外，向师之切矣。①

为憨璞聪作塔铭的冯溥乃在场者，其描述性聪与顺治帝初见的细节，不惟生动，还透露了一些颇值得玩味的信息。如皇帝“道出海会”，意味着必有得力之人特荐海会寺及性聪其僧。陈垣先生论，性聪有结交内侍之嫌。其实，性聪还与士人朝臣往来密切，不仅见诸往来文书，即由其语录之序文亦见，六位作序者皆为高官，包括太子太保胡世安、礼部尚书王崇简、吏部尚书金之俊以及身为国子监

① 参惟盖：《明觉禅师语录》“塔铭”，《大正藏》第47册。

祭酒的冯溥等人。而序文之隆重，乃其他几位应召的大和尚不能相比。

根据冯溥的看法，憨璞性聪不仅道眼精明，钳锤老辣，而且诚朴纯谨，有儒者之风，深得顺治帝欢心。顺治帝问他："从古治天下，皆以祖祖相传，日对万机，不得闲暇。如今好学佛法，从谁而传？"憨璞聪回答说："皇上即是金轮王转世，夙植大善根、大智慧，天然种性，故信佛法。不化而自善，不学而自明，所以天下至尊也。"顺治十六年(1659)春，赐银印，敕书封憨璞性聪"明觉"师号。敕书中称他"戒律精严，规模淳朴。迹超俗外，恒持不染之心；理寄忘言，了悟无生之旨。引入禁林，召开觉路，迈次第之禅者"。又说他"始创宗纲于禁林，独为三觉之首也"。此中"三觉"，即顺治封大觉、弘觉、明觉三师。①

自顺治十六年起，万善殿可谓热闹异常，入春之时，性聪那厢尚未解制，玉琳即已进入。玉琳欲走，皇帝又要其门徒行森随即入京。而至入秋十月，木陈又奉旨于此结制开堂。一时间，皇城宫禁之中高僧穿梭，西苑万善殿上，不是上堂，就是小参，禅僧受到清帝的无比尊崇，真可谓空前绝后。《宗统编年》一书是这样评价顺治帝惊觉世间无常，而皈心佛祖、向道心切的："帝驭金轮，诞膺天命，智圆方机，道融一贯，虚怀好问，念切生死。座右大书'莫到老来方学道，孤坟尽是少年人'之句以自警惕。与宗门耆旧、法苑禅学相见，不令称臣致拜，从容咨访，握手温颜，情逾师友。因马蹶而知解顿忘，闻雨声而得大自在。真乘愿再来，不忘灵山付嘱也。"

2. 封玉琳琇为国师，取法名为"行痴"

顺治十五年(1658)九月，顺治帝遣使赴江南湖州报恩寺宣诏玉琳琇入京说法，玉琳琇先是辞谢不应，以示遗民僧风骨。顺治帝一再遣使征召，至十六年正月玉琳琇才姗姗启程，二月十五日至京。一旦见帝，玉琳琇施展其奇特之才和高深禅理，机敏巧妙奏对。顺治帝颇为其心折，遂推崇备至。顺治十六年谕曰："尔禅师通琇，临济嫡传，笑岩近裔，心源明洁，行解孤高。故于戊戌之秋，特遣皇华之使聘来京阙，卓锡上林。朕于听览之余，亲询释梵之奥，实获我心，深契予志。徇法门之龙象，禅院之珠林者也。"②关于与顺治帝的最初机缘对话，玉琳撰有《客问》一册，亦可见其禅学造诣之深浅。其问答云：

① 惟盖：《明觉禅师语录》"塔铭"，《大正藏》第47册。

② 刘锦藻：《清朝续文献通考》卷八九，浙江古籍出版社，2000年，第8487页。参周叔迦：《清代佛教史料辑稿》，《周叔迦佛学论著全集》第7册，中华书局，2006年，第3139页。

帝问:心在七处?不在七处?

琳曰:觅心了不可得。

帝问:悟道的,还有喜怒哀乐否?

琳曰:唤甚么喜怒哀乐?

帝问:山河大地,从妄念而生,妄念若息,山河大地,还有也无?

琳曰:如人睡醒,梦中之事,是有是无?

帝问:如何用功?

琳曰:端拱无为。

帝问:如何是大师?

琳曰:光被四表,格于上下。

帝问:本来面目如何参?

琳曰:不思善,不思恶,正恁么时,如何是本来面目?

帝问:如何是孔颜乐处?

琳曰:忧心悄悄。[①]

顺治帝万机余暇,向道心切,一时遇合,恨相见之晚,当即封玉琳为"大觉禅师"。顺治帝"恭绎伦音,尊崇备至",以禅门师长礼待玉琳琇,自称弟子,请其起法名。玉琳琇不敢起而再三推辞,顺治帝不许,并"要用丑些字眼"。玉琳琇书十余字进览,顺治帝自选"痴"字,上用龙池派中的"行"字,即法名行痴。[②] 于是顺治又自号"痴道人",以后钤章还有"尘隐道人""懒翁""太和主人""体元斋主人"等。从此,凡请玉琳琇说戒或致信札,顺治均称弟子某某。玉琳之后,又相继征召木陈道忞、玄水杲等进京,"皆承诏对,不令称臣致拜。都门宗风自此大振"。

玉琳琇住万善殿两个月,多蒙对问。其上堂说法,"帝必躬行礼请,亲临听法;下座后,复亲至西苑万善殿禅师住处谢法"。除了大型法会,顺治帝和皇太后

---

① 《玉琳国师年谱》卷下。又参玉琳通琇:《大觉普济能仁玉琳琇国师语录》卷第一《上堂一》(《乾隆大藏经》第154册)载"己亥春诏迎入京,命住西苑",在记顺治与玉琳如上机缘问答后,"世祖退,命近侍传语云:恨相见之晚"。

② 参《玉琳国师年谱》(顺治十六年)。也参《大觉普济能仁玉琳琇国师语录》曰:"世祖请师起名,师辞让,固谓师曰,要用丑些字眼,师书十余字进览,世祖自择'痴'字,上则用龙池派中'行'字。后凡请师说戒等御札,悉称弟子某某,即玺章亦有痴道人之称,然师珍重世相之深信,未尝形之口吻楮墨。凡师弟子,俱以法兄师兄为称。"据说,后来木陈道忞又为顺治取"山臆"为字,"幻庵"作号。

还时常就参禅问题请师开示。帝问:“日对万机,还参得禅吗?”师曰:“若会得,日对万机即是禅、即是道。”“从何处入门?”“即向开口动念处会,穿衣吃饭处会。”又问:“悟道之人,随所去来,不被物转——是否?”答:“百花丛里过,一叶不沾衣。”一日皇太后坐禅参话头,境界现前,师开示:“皆是幻相,不可认为真也! 切莫随它所转,所谓佛魔到来,一齐剿绝。”又问:“思善思恶时如何?”答:“不思善不思恶,要一切处参,第一要动里参,动中得力,静中愈胜。”“于忙时,不可厌忙;于有事时,不可怕事;事忙须耐烦理事。”“若动中不善用心,静中必然悠悠忽忽,动静两失矣。”

玉琳撰《客问》中还有一段问答颇引人注目。客问:“学道如何不蹉路?”答曰:“第一须发心谛当,第二须工夫谛当,第三须悟处谛当,第四须师承谛当,第五须末后谛当,第六须修道谛当,第七须为人谛当。”此不知是否为顺治所问,后被雍正编入《御选语录》卷十一,足见其重要,故在此点出。[①] 顺治帝参禅有省,后“因马蹶而知解顿忘,闻雨声而得大自在”。

顺治帝崇敬三宝之心时常流露于言语之间。有一次,他评论崇祯皇帝极聪明,但却不信佛法,将宫中历年所尊崇的佛菩萨像,命人用麻绳、铁索拽而出,其亵渎神明如此,“若我朝于三宝决不敢有轻忽也”。而玉琳是一位谙通世故的和尚,“语不及古今政治得失、人物臧否,惟以第一义谛启沃圣心”,绝不干世事,尽为谈禅谈玄。史学家认为这一点与汤若望及木陈忞迥然不同而略胜一筹,正是这些禅悦润心,才使这位日理万机,已被弄得疲惫不堪的年轻皇帝感到慰藉,于是顺治对佛教的信仰愈加虔诚,盼识更多名僧之心亦愈加迫切。十六年(1659)四月,玉琳琇请求南还,顺治帝赐黄衣、银印,遣官送归,并令使者召玉琳琇弟子茚溪行森至京。这年七月,茚溪行森应召到京。

顺治是从玉琳琇语录中发现茚溪行森的偈语最好,特指名召来。[②] 其在万善殿接见茚溪森,问答佛法过程中,顺治不断地“点首称善”,而大慰平生。茚溪行森(1614—1677),惠州博罗人,俗姓黎。年二十七,“闻钟有省”,遂弃家从宗宝

① 详参玉琳通琇:《大觉普济能仁玉琳琇国师语录》卷第五《客问》,《乾隆大藏经》第154册;又参雍正编著:《御选语录》卷十一,载史原朋主编:《雍正御制佛教大典》,中国社会科学出版社,2004年。

② 行森初参雪峤圆信,次参大觉通琇于崇福。通琇令作本来面目之颂。森云:“茚溪屈曲水潺湲,万迭关山一境闲,乍雨乍晴云散后,满天风月到人间。”琇云:“好与三十棒!”森云:“恩大难酬。”后奉师命分座报恩、崇福二山。顺治十六年(1659),通琇辞京还山,世祖云:“和尚座下有可语上首否?”琇乃推荐行森,且云“彼骨硬,惟善遇之”云云。行森寂于康熙十六年(1677),世寿六十四。雍正中,追封“明道正觉禅师”。

道独削染纳戒。道独为博山无异元来之嗣，此一系乃曹洞宗法脉。之后，行森先是前往雪峤圆信处参；次又往参玉琳通琇，往来问答，得玉琳赏识，被命为首座，归宗为临济宗僧。据称行森“眉宇俊秀，骨相清奇，性情天放，如鹤立鸡群”。且因其机锋犀利，接机如鹏劈海，“丛林咸以茆铁棒称之”。其实，行森与玉琳年龄相仿，但出家晚，然其“博览群书，寓目会心”，乃玉琳门中佼佼者。陈垣《语录与顺治宫廷》对行森事迹有详考：茆溪名行森，字慈翁，粤惠州博罗黎氏，茆溪其号也，《广东通志》误作茚溪。年二十七出家，参雪峤信，信许入室，呼为岭南长子。信寂，参玉琳琇，即日命居首座。顺治十六年（1659），玉琳被召南还，上曰：和尚录中付门人茆溪之偈最好，送和尚还山之舟，可载入京一面。六月十五，玉琳回至湖州，茆溪即随舟入京，召对甚契。十七年（1660）七月，世祖马上有省，再请玉琳证道。十月十五，玉琳至京，闻茆溪为上净发，即命众集薪烧之。上闻，遽许蓄发乃止。是月二十八，茆溪辞归。十八年（1661）正月初二，复差官迎茆溪为新逝保母秉炬。初七，帝崩，亦遗诏请茆溪秉炬。[①]

直至玉琳第二次入京，行森当一直伴随顺治，有说“世祖于师始终恩遇，……亘古以来仅见者”[②]。行森为顺治净发之事，尚未见有正史资料记录，诸多旁证描述出这样的线索：董鄂妃之死，使早已身心俱疲的顺治万念俱灰，激发其先已有之出家念，索性落发；而性情天放之行森似乎也乐意为皇帝净发，甚至以此得意。据陈垣先生所见康熙版《茆溪语录》之罗人琮所撰塔铭，录有行森临终偈，其偈云：“慈翁老，六十四年，倔强遭瘟，七颠八倒，开口便骂人，无事寻烦恼，今朝收拾了去，妙妙。人人道你大清国里度天子，金銮殿上说禅道，呵呵，总是一场好笑。”[③]行森作为玉琳琇的大弟子，足足有一年半的时间在京说法，伴帝最久。既与顺治帝相处时间最长，奏对默契，甚得帝宠，顺治帝曾多次欲封他为禅师，他因师父玉琳琇已获禅师名号，师徒不便同受封号，竭力奏辞。顺治帝亲笔大书“敕赐圆照禅寺”的匾额，命杭州织造恭悬于昔日他住持之浙江仁和县龙溪庵，以示

---

① 张曼涛主编：《明清佛教史篇》，《中国佛教史论集》六，台北大乘文化出版社，1978年，第308页。

② 行森：《明道正觉森禅师语录》附《塔铭》（罗人琮），《乾隆大藏经》第155册。

③ 陈垣：《语录与顺治宫廷》，现见于《乾隆大藏经》所收《茆溪语录》，此偈已改云：“大清国里见天子，万善殿中说禅道。”在雍正严密文网之下，茆溪行森居然没被雍正皇帝批个体无完肤或禁毁了书，相反还被授封号，大概与其语录已经被删改有关，以至雍正没在玉琳及行森书中发现“装点夸张妄谬之说”，玉琳师徒还成其褒扬的和尚。与之相对，后来雍正皇帝不满于木陈忞记事文字中有不少漏泄顺治宫廷秘事，对其后世弟子加以打压，致其衰落。

荣宠。龙溪即易额为圆照。后来行森被雍正追封“明道正觉禅师”。

顺治时萌出世思想，照他自己讲：“朕想前身确是僧，因每到寺院，见僧家明窗净几，则低回不能去。”又言：“财宝妻孥，人生最贪恋放不下，朕于财宝固不在意中，即妻孥，亦觉风云聚散，没甚关情。若非皇太后一人挂念，便可随老和尚出家去。”十七年（1660）十月十五日，顺治皇帝召玉琳二次到京，当与其出家有关。此时的顺治宫廷，因皇帝之宠妃董鄂之死，情形大变。顺治似乎身心俱疲，不惟更加依赖佛教，甚至已经有了出家的念头。《玉琳年谱》“顺治十七年”条，是关于顺治皇帝是否出家问题的重要旁证资料。此条谓玉琳十月十五日到皇城西苑万善殿，“世祖就见丈室，相视而笑。日穷玄奥。世祖谓师曰：‘上古惟释迦如来舍王宫而成正觉，达摩亦舍国位而成禅祖。朕欲效之何如？’师曰：‘若以世法论，皇上宜永居正位，上以安圣母之心，下以安万民之业；若以出世法论，皇上宜永做国王帝主，外以护诸佛正法之轮，内住一切大权菩萨智所住处。’上欣然听决”。

顺治经玉琳劝阻而打消了出家念头。虽出家未遂，但顺治向佛之心已坚。十二月十五日，旨刊万善殿，“延请传佛心印临济正宗三十一世浙江省湖州府武康县金车山报恩寺敕封大觉普济禅能仁国师为菩萨戒得戒大和尚”[①]。玉琳恩蒙皇帝崇信，加封为大觉普济能仁国师，并命选僧1 500人在慈寿寺举行皇坛大戒，从玉琳琇受菩萨戒。玉琳对清初禅宗兴盛的贡献可谓巨大。

3. 与木陈忞论诗艺禅

由于憨璞聪的推荐，顺治在玉琳琇离京前一月即闰三月，遣使往浙江宁波天童寺召龙池派另一位名僧木陈道忞进京。[②] 十六年（1659）九月，木陈道忞携其弟子旅庵本月、山晓本皙等人到京。木陈忞当时号称“临济正传，宗门法器”[③]，他的到来使顺治帝对佛教的信仰达到了一个新的高度。木陈奉旨结制于大内万善殿，其时已年届64岁。这时龙池派中的许多名僧大都云集京师，除上述诸僧外，还有木陈忞弟子天岸本升，玉琳琇弟子慧枢行地、骨岩行峰，木陈忞侄孙玄水超杲等人。顺治不时召见问对，在众多僧人的包围下，陶醉在佛

---

① 《玉琳国师年谱》，“顺治十七年”条。

② 木陈道忞与玉琳通琇乃同法脉之僧，同属于明代笑岩德宝至龙池幻有一系。所谓“龙池下三大老，天童、雪峤、磬山，风规各别”。（《天童山志》卷八，今释：“三尊宿手书后。”）天童即密云圆悟，雪峤即圆信，磬山即天隐圆修。玉琳嗣法天隐圆修于磬山，而木陈则为密云圆悟门徒，乃天童系嫡脉，并在圆悟寂后继掌天童法席。

③ 道忞：《弘觉忞禅师语录》“诏书”，《乾隆大藏经》第155册。

家意境禅悦之中。

木陈忞自幼习儒，知识渊博，才华横溢，能言善辩，词锋犀利，并且深谙诸子、戏曲、诗词、书法等世学，深得顺治激赏、敬重，到京不久，便被封为弘觉禅师，受到特殊优礼。顺治直称他为“老和尚”，他不时被召入内廷，顺治对他说：“愿老和尚勿以天子视朕，当如门弟子旅庵相待。”[①]木陈道忞在京期间的语录及相关活动和杂著，由门弟子整理为《北游集》六卷；道忞与顺治相关参修的往复问答，结为《奏对机缘》；与皇帝在辞章书画乃至家常话题的清谈闲聊，则另作《奏对别记》上、下卷。这些文字不但详细生动地记录了顺治皇帝与木陈和尚间的交谈话题和内容，而且也展示了一位归心禅宗的皇帝借着与其敬重的僧人交谈所可能沉浸的别样世界，一种与权力争斗和血雨腥风全然不同的充满文人雅兴和出世情怀的悠然清净的世界，一种沉醉于中国传统文化的世界。木陈忞不仅以高深的佛学造诣，更以其特有的深厚文化功底，使顺治倾倒。这是20岁刚刚出头的天子与年过花甲的老和尚的忘年之交，以至有一次他对木陈袒露心曲说：“朕极不幸，五岁时先太宗即已晏驾，皇太后生朕一身，又极娇养，无人教训，坐此失学。年至十四，九王（多尔衮）薨，方始亲政。阅诸臣奏章，茫然不解，由是发愤读书。每晨牌至午，理军国大事外，即读至晚，然顽心尚在，多不能记。逮五更起读，天宇空明，始能背诵。计前后诸书，读了九年，曾经呕血。”木陈忞把诗艺与谈禅融为一体，妙趣横生，顺治与之相谈甚欢。他与木陈忞接触时无所不谈，无拘无束，两人除了参禅问佛以外，还道古论今，臧否人物，评议时政，话题广泛，语意投机。

顺治帝曾与木陈忞谈论古今词赋，他说：“词如楚骚，赋如司马相如，皆所谓开天辟地之文。至若宋臣苏轼前后《赤壁赋》，则又独出机杼，别成一调，尤为精妙。老和尚看这两篇前后孰优？”木陈回答说：“非前篇之游神道妙，无由知后篇之寓意深长。前赋即后赋，难置优劣也。”顺治说：“老和尚论得极当。”于是当即背诵一遍《前赤壁赋》，接着，顺治又说：“晋朝无文字，惟陶潜《归去来辞》独佳。”说罢又背诵一遍。接着他背诵《离骚》。顺治还爱看戏曲、小说，尤好读《西厢记》。不仅熟知《西厢记》，还对木陈忞说：“《西厢》亦有南北调之不同。”顺治很了解也很关心当时文坛情形，他曾说江南的慎交社“可谓极盛，前状元孙承恩亦慎

① 道忞：《北游集》卷三，《嘉兴大藏经》第26册。以下有关木陈与顺治问答的引文也来自该集，恕不一一注明。

交社中人也”。[①] 他特别赏识当时的文学家尤侗[②]，并多次向木陈忞询问尤侗情况。他称赞尤侗“极善作文字”，要人拿来尤侗的近作，“亲加批点”，“称才子者再”。他更要求取来“全帙，置案头披阅”。他还将极富文采的《讨蚤檄》一文展示给翰林院学士们说：“此奇文也。”他对尤侗所著的骚体赋“益读而善之。令梨园子弟播之管弦为宫中雅乐，以为清平调比之也”。顺治很同情尤侗的遭遇，“叹其才高不第，屈居下僚，复为上官论斥”，并当木陈忞面表示准备“擢升”他。顺治还欣赏当时的文学批评家金圣叹。他问木陈忞说：“苏州有个金若采，老和尚可知其人么？”回答说：“闻有个金圣叹，未知是否？”顺治说：“正是其人。他曾批评《西厢》《水浒传》，议论尽有遐思，未免太生穿凿，想是才高而见僻者。”木陈忞又说：“与明朝李贽同一派头耳。”

顺治帝对木陈忞的书法十分欣赏，赞他是“僧中右军”。他说，“朕极喜老和尚书法，字画圆劲，笔笔中锋，不落书家时套”。有一天，两人相对言书，共品名帖。顺治问木陈：“老和尚楷书曾学什么帖来？”木陈说：“道忞初学黄庭不就，继学《遗教经》，后来又临夫子庙堂碑，一向由不能专心致志，故无成字在胸，往往落笔即点画走窜也。”顺治说：“朕也临此二帖，怎么到得老和尚田地？”木陈忞的弟子们均多才多艺，机锋敏捷。一日，顺治与木陈忞共同欣赏尤侗以《西厢记》情节所作的一篇制义文《怎当他临去秋波那一转》。顺治帝看到兴致高昂之时，忽然合起书卷来说：“请老和尚下。”木陈忞说：“不是山僧境界。”这时天岸升首座在席，顺治便说：“天岸何如？”天岸升说：“不风流处也风流。”说得顺治大笑。顺治在禅宗和尚处找到了更多的共同语言，和尚们也以自己的思想影响着他。上行下效，此时宫中众多的太监、宫女乃至嫔妃也纷纷奉佛。其中包括顺治帝最宠爱的董妃和太监吴良辅。

木陈忞在京八个月，于十七年(1660)五月告辞南还，顺治非常留恋，请其留下弟子以早晚说话，木陈忞遂留旅庵月与山晓皙住持善果、隆安两寺。顺治特书“敬佛”两个大字及绘山水、蒲桃画各一幅赐赠。木陈忞也称颂顺治是“佛心天

---

① 彭孙贻：《客舍偶闻》，出版年月未详。

② 《华阴山志》(1865)卷十七载，尤侗在顺治十八年(1661)向顺治皇帝上奏宣称：“夫佞佛以祈福，愚夫愚妇之事也；学佛以了生死，士大夫之见也。”

子"[1]，说他必将"光显吾宗"。十五日，木陈道忞离京南下。木陈忞离去后，顺治念念不忘，当年又两次遣官专程探问。是冬他又亲自书赠唐诗人岑参诗一首，诗云："洞房昨夜春风起，遥忆美人湘江水。枕上片时春梦中，行尽江南数千里。"依恋之情跃然纸上。木陈忞去后，七月顺治再召玉琳琇进京。顺治几乎已完全离不开和尚，和尚们一直影响着他的生活，直到生命结束。

如果要比较这几位和尚在顺治皇帝那里的知遇程度，玉琳与木陈同辈，地位相当，似可比。不过其中之别，大概即如澹归今释评论天童与磬山，乃"风规各别"。但由于木陈对人对事辄有针砭，谈锋尖锐，在玉琳门弟子整理之《玉琳年谱》中，就可见针对性表述，反衬的该是木陈的风格。如其谓，玉琳第一次在京月余，其间一直是不曾卸帽不脱伽黎，这即意味着，玉琳乃时刻十分紧张地、钦敬地恭候着皇上。而且，"上如不问，则不敢强对，语不及古今政治得失、人物臧否"。木陈不然，于万善殿亦铺排其大道场派头，与皇帝问答间，非但不省言辞，且纵谈古今，禅学内外，点评是非，甚至听说顺治"龙性难婴，不时鞭扑左右"，也要借机训导皇帝曰："参禅学道底人，于顺逆两境，亦须全身坐断，不可任情喜怒。……一念嗔心起，百万障门开。"[2]居然评判到大清皇帝头上，这恐怕就是让日后的雍正皇帝反感其"干预世事"而禁毁其书的缘由之一吧。

(二)"南方尊宿"名单与南方佛教问题

从顺治十四年到十六年(1657—1659)，两三年间顺治帝不断召见憨璞聪，结制参禅，并详细询问佛教界的耆宿。据载，憨璞聪应顺治帝之命提供了一份"南方尊宿"的名单，这份名单开列了一些南方佛教高僧如玉琳琇、木陈忞、玄水杲等，后来这些高僧都先后应召入京。[3] 顺治帝从憨璞性聪那里得悉的"南方尊宿"，都属于当时临济宗龙池派的著名和尚。龙池幻有是临济二十九世，下开天童和磬山二系，玉琳为磬山系，木陈为天童系。憨璞聪系费隐通容法孙，费隐与木陈均嗣天童，故冯溥说憨璞聪乃天童法派之嫡系。然而，顺治为何没有召见费隐？是因为憨璞聪没有推举费隐吗？事实是，憨璞不仅推举了费隐，而且进呈费隐撰《五灯严统》，请敕入藏。憨璞聪禅师语录有《进五灯严统表》云：

---

① 所谓"佛心天子"，是对南北朝时期的梁武帝的一个称谓，见于《碧岩录》第一则评唱，其曰："武帝尝披袈裟，自讲《放光般若》，……人谓之佛心天子。"故此亦尝指称倾心佛教的帝王。

② 道忞：《北游集》卷四《奏对别记下》，《嘉兴大藏经》第 26 册。

③ "上又问南方尊宿，师单名奏起，复有大觉、弘觉之封。"《明觉聪禅师语录》"塔铭"，《乾隆大藏经》第 158 册。

> 臣师祖现住浙江嘉兴府石门县福严禅寺，臣僧通容者达摩四十一世之嫡裔、临济三十一代之正传也，生长八闽，受腊六十有七，历居十刹，阐法二十余年，德业过人，道风秀世。所虑法门凋敝，释典混淆，于辛卯年编辑《五灯严统》一书，类遵宋普济禅师《五灯会元》旧本，列宋元明大清近代禅宗一二传。疑悉依大藏《佛祖通载》，兼传世诸书旁搜确证，言言根据，订定无误，凡二十五卷。盖此书之名严统者，缘佛祖传流既远，时代浸遥，五代绪分，千灯续焰，未免宗支混滥，法谱淆讹，立说唱教者，乃似是而或非，后学参求者遂传虚而失实。臣师祖所以痛心扼腕，不惮艰劬，勒成此书，详核考正，字字无谬，十年心血，两眼冰霜，天地鬼神，实式临之。释典之有《严统》，亦犹儒教之有正史，关系世道人心者非浅以鲜，正宜为世模范，典型百代，会事机不偶，湮没名山。原本已恭呈睿览外，仍将前二十五卷并解惑篇一册敬进御前，伏祈呈上钦定部集，敕谕入藏颁行，庶俾正宗借以久传，道统因而广播，法门幸甚，世道幸甚！①

然而对于憨璞聪的鼎力推荐，顺治帝并未照单全纳，而分别于十五年(1658)九月召玉琳、十六年(1659)九月召木陈到京。费隐之不遇，可能因为十一年(1654)的江南禅门风波，曹洞宗人申论力攻《五灯严统》，复讼之有司，非毁板不可。顺治帝对此有所耳闻并洞察隐微。最终《五灯严统》未敕入藏，费隐荐而不召。②

近有新发掘的资料显示，顺治帝在召见憨璞性聪之前，已经和别山禅师有所接触，从上述憨璞聪塔铭中，我们也看到憨璞聪进万寿殿安单时，“别山禅师偕僧官陪候”。这位别山禅师是曹洞宗的僧人，原来在景忠山“知止洞”内静修，顺治八年(1651)，帝来该山狩猎，在碧霞元君殿会见了住持海寿法师，得知有一位别山禅师在知止洞内禅修了9年，就非常敬佩。顺治回宫后即在西苑的椒园(又名蕉园)辟出万善殿，召别山禅师入宫。但别山禅师在礼节性地入宫后，就拒绝了顺治的好意，回到景忠山继续住在石洞内修行。这件事使顺治帝知道了佛教，知

---

① 憨璞性聪:《明觉聪禅师语录》卷一《进五灯严统表》,《乾隆大藏经》第158册,该表无年月,而此中说费隐受腊六十有七,则当为顺治十六年。

② 关于洞上诸公借力有司告费隐,事情详见陈垣《清初僧诤记》卷一之《〈五灯严统〉诤》。又参刘二:《语录与顺治宫廷》,载张曼涛主编:《明清佛教史篇》,《中国佛教史论集》六,台北大乘文化出版社,1978年,第307—308页。按,刘二者,实为陈垣。

道了佛教中有一些高世独立的人，他们的信仰与追求是自己所不了解的。于是，顺治帝陆续延请了一些佛门中人入住万善殿，开始了同佛教禅门的接触。而那位回了山洞的别山禅师，由于给顺治帝的印象非常深刻，在顺治十年(1653)又被诏入西苑椒园，赐号“慧善普应禅师”。①

可见顺治帝在接触憨璞性聪之前实际对禅宗已有所了解，而从他后来几乎为临济宗僧人所包围，似乎又可说明他更倾向于临济宗的禅风。② 从政治层面来说，江南佛教兴盛，顺治帝不断召南方高僧进宫，也不排除有以佛教怀柔南方的策略。妥善的说法是他对禅宗的兴趣和政治的需要达到了统一。顺治帝召见江南禅僧的政治意图还有待更充分的史料加以说明，而他个人对禅宗的强烈兴趣和精神需求，清史学家用顺治帝为江南著名禅僧所“包围”这样的词来形容，符合历史事实。尽管史料说顺治帝为国为民，万机余暇学佛参禅，但在其短暂生命的最后 4 年间，他的生活再也没有离开过和尚。

其实南方佛教的问题在清初几帝都一直没有释怀，顺治帝对南方禅僧究竟知道多少？这方面的史料虽然散乱，但仍然有蛛丝马迹可寻。这里有三则资料：

其一，茚溪行森曾对顺治帝说：“近三十年来，则世家公子、举监生员，亦多有出家者。浙直素称佛地，觉似不如广东矣。”③

其二，牧云五论之《叛师论》云：“伏闻世祖皇帝日应万几，留神内典，览三峰抗天童老人之书，雷霆赫然，斥为跋扈之夫。以此知佛祖之徒，虽处世外，而师尊弟卑，罔唯名教，孰谓三峰蔑伦害理，遂宽斧钺之诛乎？”

---

① 史学界普遍认为，顺治帝接触佛教，开始于顺治十四年(1657)同京师海会寺住持憨璞聪的会晤。但据中国第一历史档案馆保存的“内国史院满文档案”的佐证，晏子友先生论证了顺治帝应该是在八年(1651)的秋冬，通过认识在河北遵化景忠山石洞内静修的别山法师而开始了解佛教的。在景忠山上修行的，正是曹洞宗的僧人。他们同顺治之间的往来，被记载在景忠山上众多的碑文石刻上。《清初内国史院满文档册》记载，顺治八年十一月初七日(1651 年 12 月 19 日)，顺治帝与皇太后、皇后一起行猎，驻于河北遵化。初八日住在高家庄，并在这一天去了娘娘庙，赏和尚海寿千两银子。等到从滦州回銮的途中，在十二月初三(1652 年 1 月 13 日)，再次去了娘娘庙，“赐京宗山……南洞之和尚伯三银一百两”。这里，娘娘庙是碧霞元君殿的原称，海寿即该殿的住持法师，而“京宗山”就是“景忠山”，“伯三”就是“别山”，满文音译汉字不同。尽管是简单的记载，但将其与碑文石刻相对照，其登山原因、时间、别山法师修行处所都是吻合的，佐证了碑文石刻所述内容的真实性。

② 曹洞宗的参佛方法着重于从个体去体悟佛性，不是很适合顺治当时正值少年的文化基础，而且这种宗派的修身方法，也决定了海寿、别山等僧人的不善言辞。而临济宗的教法，重在通过师生问答的方法衡量双方悟境的深浅，并针对不同的悟境程度，对参学者进行说教，提倡通过交流使人省悟。这种重在交流而不是自省的方法，很适合顺治了解佛教。所以在与憨璞聪几次长谈后，顺治就对佛法产生了浓厚的兴趣，并请憨璞聪奏列了江南名刹的高僧姓名和情况，开始延请临济宗的高僧入宫弘法。

③ 参修明：《明末清初禅门“异端”——关于临济三峰宗的几点研究》，《闽南佛学》2002 年第 1 期。

其三,《北游集》卷三载:"(皇)上见《禅灯世谱》曰:此书老和尚集得极好,但幻有传和尚下,因甚不载雪(峤)大师? 师曰:本有名字在磬山前,因雪师自谓上嗣云门,始刊去其名。"[①]又木陈《奏对机缘》记:"上问:有个熊开元曾见老和尚否?师云:曾见。上云:渠出家参禅有悟处么? 师云:觉得胸次未能洒然,但人品极是高卓。数为灵岩分卫供众。上问:灵岩何人? 师云:法侄宏储,汉月藏和尚之嗣。"[②]

这几则资料表明顺治帝接触茚溪和木陈后对南方佛教情况有了进一步的了解,也透露了他更深入地知悉南方明遗民和佛教联系的真相。康熙帝六下江南,凡至名山大寺,往往书赐匾额。他步顺治后尘,也将明末隐逸山林的高僧逐一引入京师,以便控制和吸引亡明人士。而雍正帝撰有《御制拣魔辨异录》,把死去近百年的法藏重新提出作思想鞭挞,也是因为法藏与圆悟同是明末江南的著名禅僧,与明遗民有诸多瓜葛。

三 | 亲领禅悦,垂谟深远

顺治十八年(1661)正月初七日,紫禁城里的第一位清朝皇帝顺治因患天花病死在养心殿,距其宠爱的董妃之死仅半年。二月初二日,顺治梓宫移至景山寿皇殿,停放百日之后,于四月十七日由茚溪森主持,在寿皇殿前焚烧火化。我们有理由相信,顺治最初对佛教产生兴趣,是出于争取广大信仰佛教的汉人的民心。但当他接触江南禅僧后,他对佛教禅宗的信仰兴趣愈来愈浓厚,万机之暇沉浸在快乐的禅悦和佛家意境中。而当其宠爱的董妃去世后,他哀痛至极,万念俱灰,竟欲出家遁入空门,这也符合实际逻辑。顺治不幸染上天花,英年早逝,外界对其早亡颇有疑义,猜测其可能逃禅出家。经考证,顺治确有出家的念头和行动,但出家无成,经玉琳等人多方劝解乃罢。无论如何,顺治短暂的帝王生涯与佛教结下了不解之缘,他是清朝历史上公开皈依禅门的一位皇帝。

清初100多年国势强盛,是清代历史的上升期、兴盛期,其中佛教对帝王影

① 陈垣:《清初僧诤记》卷二《天童派之诤》,卷三《新旧势力诤》,河北教育出版社,2000年。
② 道忞:《奏对机缘》,载张潮、杨复吉辑,沈楙惪重辑:《昭代丛书》卷十八,上海古籍出版社,1990年,第3175—3178页。

响占有多少比重、究竟发挥了多大作用,还有待更深入研究,但它无疑是与清入关后从顺治开始的清初四帝实行尊崇佛教和政教并行不悖政策有很深的内在联系。顺治对佛教的政策和信仰,尤其对禅宗的兴趣,在清开国时期和入主中原后的清初时期具有承前启后的地位,他继承了清太祖、太宗以佛法护国的传统,奠定了君临天下后在崇儒重道基础上扶植利用佛教的国策,并且开创了清帝对佛教尤其禅宗进行亲身体验和深入研究的先河。诚如清史学家所言,想当和尚的顺治皇帝,论政绩不如康熙,论严政不及雍正,论风流不如乾隆,但他却是更富有人情味,并极具佛教慧根的一代英明君主。更令人称奇的是,顺治在他生命的最后几年对佛教表现了那样强烈的兴趣和爱好,却丝毫没有影响到他的国家政治,没有导致像历史上的佛教帝王那样的不可收拾局面。相反,顺治为国为民万机余暇信佛参禅,缓解了他治国理政的紧张情绪和精神压力。因此,尽管顺治经常征召禅僧入内廷问道参禅,但并不见他有何佞佛之举。不过话又说回来,如果顺治不是英年早逝,撒手人寰,以他对禅宗的体悟和热衷来说,或许会使清代佛教振兴开展出一个光辉期。

应当说,顺治帝这一生受到三方面的影响:儒教的影响、天主教的影响和佛教的影响。当时三种文化实际对顺治帝都有影响,但对他影响最大的还是儒家学说。清王朝作为少数民族入主中原,从一开始即非常明确地以儒家思想作为柔化汉族、巩固政权的工具。顺治从早年苦读汉文典籍时就领悟了儒家"文教治天下"的道理,他在推行汉化方面,既胜过他的父祖,又深刻影响到康熙等后代子孙。在文教政策上,他确立和倡导"黜邪崇正"的方针,提倡以儒治世,但并不排斥其他宗教。他最先接触天主教,受到耶稣会士汤若望的深刻影响。汤若望在顺治帝福临的心目中威信很高,福临对他几乎达到了言听计从的地步。当时的汉大臣龚鼎孳评价汤若望,说他"睹时政之得失,必手书以密陈。于凡修身事天,展亲笃旧,恤兵勤民,用贤纳谏,下宽大之令,慎刑狱之威,盘固人心,镞厉士气,随时匡建,知无不言"[①],这是说汤若望从生活到政治等各个方面都向顺治帝提出建议。他曾上 300 余封奏帖,顺治帝特"选择一批,藏皇帝个人文书库的另一格,在出宫游猎时,携带身边,以便阅读"。而顺治在逝世前立三子玄烨为皇太子,也是采纳汤若望建议的结果:他提出玄烨已经出过天花,再不会被"这种可恐怖的

① 龚鼎孳:《定山堂文集》卷四《汤道未七十寿序》。

病症”所伤害，当然这是最有说服力的（因为清初进入中原的少数民族最害怕天花这种病症）。这就是所谓“直陈万世之大计”的内容所在。顺治帝对汤若望的敬重以及言听计从、有谏必纳的情形，一直到1657年他亲近佛教和尚方始改变。[①] 佛教对他的影响还是比较大的，但主要是在顺治在世的最后几年。围绕他身边的禅僧们所宣扬的佛法理念，可能在一定程度上缓解了顺治帝治国理政的压力，满足了他的精神需求，而真正让他下决心放弃万乘之尊、皈依佛门的，还是董鄂妃的离世。顺治帝痛失贤良温婉之董鄂妃，惊觉人世无常，顿时万念俱灰，最后命令禅师行森为他净发剃度，决意“披缁山林，孤身修道”。

总之，顺治不仅是一位政治家，在治国安邦方面卓有成就，而且其出世善根在历代帝王中也是极为罕见的。顺治帝6岁登基，14岁总揽朝政，他表现出来的聪颖干练、英明仁慈的过人之处，与他接触的和尚在《奏对机缘》中有个评断：“今上十四总揽乾纲，肃清海甸不假霍光之辅，一皆出自宸断。尚以万机余暇，博综帝典王谟，旁及百氏家言，即承精一之传，复探西来大意。至若诗文小技、笔墨余长，犹善且美……”[②]顺治帝一生虽短，但与佛教的关系却非常密切，其对后世清代佛教尤其江南禅宗局势的影响，也是相当深远的。

---

① 汤若望（1592—1666），德国人。明万历末年到中国传教。他以通晓天文、历法、数学、机械等学，受到欢迎。入清后更受重视，多尔衮命其修历法，编“时宪历”，掌钦天监监印。顺治二年（1645）加太常寺少卿衔，成为正四品的清朝职官。福临亲政后，汤若望的地位迅速提高，当年即被封为通议大夫、太常寺卿，十年（1653）三月赐名“通玄教师”，十二年（1655）授为通政使，十五年（1658）诰封光禄大夫，秩为正一品。这完全是福临重视信任的结果。后来福临由于完全被和尚所包围，才与汤若望有所疏远，但对其始终怀尊敬信任之情。参见魏特：《汤若望传》，杨丙辰译，知识产权出版社，2015年，第276—277、283页。

② 道忞：《北游集》卷二《奏对机缘》。又参见张潮、杨复吉辑，沈楙惪重辑：《昭代丛书》卷十八，上海古籍出版社，1990年。

第二节
康熙帝与佛教

康熙帝名玄烨，生于顺治十一年(1654)三月十八日。他8岁登极，在位61年，享年69岁，是中国历史上在位时间最长的君主。“康熙”是其年号，其中，康，安宁；熙，兴盛——取万民康宁、天下熙盛的意思。清圣祖是其庙号，仁皇帝则是其谥号。

康熙一朝是清代汉化的重要时期，尤其在采取明代典章制度方面；而清朝真正的巩固与发展也是从康熙朝开始的。当时的大清，朝虽立而国未盛、民未安，守成和创业同等重要。上继父祖鸿业，下开后世太平，实现民众康宁、国家熙盛，是幼冲登基的康熙帝所面临的时代课题。事实证明，康熙承担起了这样艰巨的历史使命。康熙在位61年(1662—1722)，一生勤慎治国，重务实而戒虚名，为清王朝的巩固和强盛奠定了坚实的基础，并进而开创了“康乾盛世”的局面。康熙可称得上清朝历史上一位政绩和影响卓著的皇帝，也是中国历史上一位杰出的封建君主及政治家。

康熙帝以仁厚宽大的典型儒家君主形象闻名，也相当推崇和扶持佛教。史载其巡幸所至寺院各有题词，遇山林学道之士优礼有加。其亲制《重修天竺碑》文有云：“能仁至量，等于好生；佛道之成，关乎民隐。将使般若之门随方而启，仁寿之域举世咸登。”蒋维乔在《中国佛教史》中说，康熙帝在位61年，对于儒教及各种学术，均积极整理，成《康熙字典》及《数理精蕴》《历象考成》等巨著；而对于佛教，亦秉前代成规，特加保护。

康熙在位期间，曾六次巡幸江南，所至江南名刹多有题词。如康熙二十八年(1689)二次南巡，至南京参礼灵谷寺时，曾亲笔题书“灵谷禅林”匾额，还御书一副对联：“天香飘广殿，山气宿空廊。”至苏州邓尉山圣恩寺，亲拈香礼佛，赐额曰“松风水月”；至灵岩，赐书“翠岚”二字。又曾发帑重修普陀山普济寺，亲制碑文云：“海寇猖狂，寺宇梵刹，皆为灰烬。自康熙二十二年(1683)，荡平台湾，海波永息，朕时巡浙西，特遣专官，虔修净供，敬书题额，永镇山门。复发帑重建寺宇，上为慈闱延惜，下为苍生锡祉。”又，康熙帝自言：“弱龄读诵经史，未暇览金经贝叶之文，观其所作碑记，乃抱儒释一致之思想，固未若顺治之能亲领禅悦，而其尊崇佛教，则犹先代之遗风也。”①

就扶持佛教方面来说，康熙在位期间6次南巡中，经常前往名山古刹参礼佛寺、延见僧人，以及重修庙宇、赋诗题字、撰制碑文等等，尤其康熙为佛寺所亲撰之碑文，更是不胜枚举。相对而言，康熙对于藏传佛教的扶持更有成就，他5次巡游五台山，并在承德建外八庙，修避暑山庄，在兴黄教安抚蒙藏诸族上收到奇效，而其对汉传佛教的推崇，往往由于其思想深层受到儒学影响，使其光辉略显黯淡。

一 黜异端，崇正学

康熙自5岁起，便随众臣上朝值班，并进上书房读书，一直学到老而从不辍止。他学习兴趣广泛，更兼有文治武功，精通多门学问，是以往帝王中少见的。就连在西方的自然科学，康熙也有极为浓厚的兴趣，对于西洋历法与制铳炮等西方技术，以及其他的如数学、音律、地理等西学，康熙都以开放的心态和好学的精神来学习，代表了当时比较先进的思想。最重要的是：康熙很懂得利用汉文化来争取汉族的知识精英，利用儒学来牢笼儒士、网罗人才，并利用儒家所提倡的伦理道德来加强对广大汉民的统治，强调儒家的“三纲五常”和“忠孝节义”，把它们当作治国安邦的思想武器，以争取汉族上层集团的支持与合作。因此，康熙的尊道崇儒，犹如清太祖、太宗以尊崇藏传佛教来笼络蒙古部族，亦如清世祖推崇内地禅宗而亲身参禅问道，都是清统治者的政治怀柔手段之运用，实乃异曲同工。

清初，顺治、康熙、雍正皇帝先后颁布以儒家伦理思想为核心内容的《圣谕六条》《圣谕十六条》和《圣谕广训》，希望普天之下人人都“兴仁讲让，革薄从忠”，以达“共成亲逊之风，永享升平之治”之目的。讲“圣谕”活动绵延200多年，直至清王朝结束。从顺治九年(1652)至雍正二年(1724)的72年间，三朝皇帝先后四颁圣谕，并要求在全国城乡范围大力宣讲。如此长时期、大规模，而且是一以贯之的社会教化活动，在历史上是少有的。清朝政府之所以如此重视讲“圣谕”活动，

① 刘锦藻：《清朝续文献通考》卷八九，浙江古籍出版社，2000年，第8487页。参周叔迦：《清代佛教史料辑稿》，《周叔迦佛学论著全集》第7册，中华书局，2006年，第3139页。又参蒋维乔：《中国佛教史》卷四，上海书店出版社，1989年，第4页。

与其“崇尚德教、教民化俗”的政治理念和统治策略有直接关系。清初统治者作为异族入主中原，非常注意吸取中国历代王朝兴亡的教训，特别重视利用儒家思想作为柔化汉族、巩固政权的工具。

康熙帝的《圣谕十六条》在顺治帝的《圣谕六条》基础上扩充而成，仍以忠孝伦理为核心，但内容变得更为精致细密，正如雍正《圣谕广训》所述：“自纲常名教之际，以至于耕桑作息之间，本末精粗，公私巨细，凡民情之所习，皆睿虑之所周。”康熙九年(1670)严申正风俗重教化，谕礼部曰：“法令禁于一时，而教化维于可久。”十一月二十六日颁布《圣谕十六条》，通行晓谕八旗及各省府州县乡村人等，致力于巩固社会秩序，要求人们：敦孝悌，笃宗族，和乡党，重农桑，尚节俭，隆学校，黜异端，讲法律，明礼让，务本业，训子弟，息诬告，戒匿逃，完钱粮，联保甲，解仇忿。为确保教化政策得到切实贯彻，康熙将是否能着力兴行教化作为考核、举荐官员的重要条件。康熙十二年(1673)题准：“官员必能兴行教化，无未完钱粮盗案者，方准疏举卓异”；“官员虽无钱粮盗案，而未能力行教化者，督抚司道府等官，滥举，亦照例罚俸”。[①] 其《圣谕十六条》中提到“黜异端以崇正学”，便关涉康熙朝宗教观。[②]

在康熙心中，何为“异端”？康熙十二年(1673)十月初二日，帝谓熊赐履曰：“朕生来不好仙佛，所以向来尔讲辟异端、崇正学，朕一闻便信，更无摇惑。”熊曰：“不特仙佛邪说在所必黜，即一切百家众技，支曲偏杂之论，皆当摈斥勿录。”帝曰：“凡事必加以学问，方能经久，不然只是虚见，非实得也。”初九日又曰：“朕十岁时，一喇嘛来朝，提起西方佛法，朕即面辟其谬，彼竟语塞。盖朕生来便厌闻此种也。”[③]十二月初一日，康熙帝见八旗满洲人中贫而负债者多，赌博之风禁不止，习于嬉戏，嫁娶丧祭过于糜费；而八旗蒙古人则惑于喇嘛，倾家以奉。以为诸如此等，皆不良风习，“良由化导之未善”。

康熙二十八年闰三月初八日(1689年4月27日)经筵讲毕，帝问讲官徐元文其所撰讲章内，“所谓异端者何所指也?”徐答：“诗书礼皆圣人之实教，若佛老虚

---

① 康熙《大清会典》卷十《吏部》载，(康熙)十二年(1673)题准。

② 《圣谕十六条》全文为：“敦孝悌以重人伦，笃宗族以昭雍睦；和乡党以息争讼，重农桑以足衣食；尚节俭以惜财用，隆学校以端士习；黜异端以崇正学，讲法律以儆愚顽；明礼让以厚风俗，务本业以定民志；训子弟以禁非为，息诬告以全善民；戒匿逃以免株连，完粮钱以省催科；联保甲以弭盗贼，解仇忿以重身命。”

③ 《康熙起居注》第1册，参中国人民大学清史研究所编：《清史编年》第二卷《康熙朝上》，中国人民大学出版社，2000年，第125页。

无，乃异端也。”帝曰：“江南人崇信佛老者多矣！”[①]由此数例，可见康熙所认同的异端，原来就是理学家所辟的“佛老虚无”之说。而康熙帝作为一代明君，虽不否认理学家所辟，但也不见得完全赞同，他在熊赐履去世后曾说了这样一段耐人寻味的话：“理学之书，为立身根本……宋明季世，人好讲理学，有流入于刑名者，有流入于佛老者。昔熊赐履自谓得道统之传，其没未久，即有人从而议其后矣。今又有自谓得道统之传者，彼此纷争，与市井之人何异？凡人读书，宜身体力行，空言无益也。”[②]

康熙十一年二月二十八日（1672年3月26日），帝于赤城见路旁跪一道士。道士奏云：“臣庙在金阁山，离此三十里，名灵真观。虽向有此名，然遭逢圣主，若得旌表，另赐名号，则光宠益甚。”帝对近臣曰：“此道士妄干侥幸，求赐名号，意欲蛊惑愚民。”“此等求赐观庙名号者，概不准行。况自古人主好释老之教者，无益有损。”“妄求侥幸，本应处治，姑从宽宥。以后若敢妄行，决不饶恕！”明珠奏曰：“自古惟孔孟之道大有益于世，其失于释老之教者，盖亦多矣。皇上此旨，诚万世之明鉴也。”[③]这一则资料反映了康熙帝对“异端”的明确态度。

康熙的帝王之术宽严相济，经权互用，以图国家久远之计，非一般理学家所能窥见涯岸。他不只对汉地佛道教流弊洞若观火，就连满洲蒙古喇嘛之不良风习也了然于胸。如二十二年（1683），正一真人张耀宗疏请恩诏诰命及父母祭葬，吏部议给予诰命，但祭葬从无此例。帝谕：“一切僧道，原不可过于优荣。若一时优荣，日后渐加纵肆，或别致妄为。”[④]二十六年（1687），从刑部给事中刘楷奏请禁“淫词小说”。谕称：“淫词小说人所乐观，实能败坏风俗、蛊惑人心。朕见乐观小说者多不成材，是不唯无益且有害。至于僧道邪教，素悖礼法，其惑世诬民尤甚。愚民遇方术之士，闻其虚诞之言，辄以为有道，敬之如神，殊堪嗤笑。俱宜严行禁止。”[⑤]二十八年（1689），江南民人王来熊献《炼丹养生秘书》一册。帝曰：“朕于经史之余，所阅载籍多矣，凡炼丹修养长生及师巫自谓前知者，皆妄诞不足信，但可

① 中国人民大学清史研究所编：《清史编年》第二卷《康熙朝上》，中国人民大学出版社，2000年，第582页。
② 中国人民大学清史研究所编：《清史编年》第二卷《康熙朝下》，中国人民大学出版社，2000年，第434页。
③《康熙起居注》第1册，参中国人民大学清史研究所编：《清史编年》第二卷《康熙朝上》，中国人民大学出版社，2000年，第114页。
④ 中国人民大学清史研究所编：《清史编年》第二卷《康熙朝上》，中国人民大学出版社，2000年，第456页。
⑤ 中国人民大学清史研究所编：《清史编年》第二卷《康熙朝上》，中国人民大学出版社，2000年，第538—539页。

欺愚民而已，通经明理者断不为其所惑也。宋司马光所论甚当，朕有取矣。此等事朕素不信，其掷还之。”同年十一月二十七日（1690 年 1 月 7 日），康熙帝谕：“但闻喇嘛、胡土克图、胡必汗，不详其真伪，便极诚叩头，送牲畜等物，以为可获福长生，至破家荡产不以为意。而奸宄营利之徒，诈谓能知前生事，惑众欺人，骗取财帛牲畜，败坏佛教。诸蒙古笃信喇嘛，久已溺惑，家家供养，听其言而行者甚众。应将此等诈称胡土克图者严行禁止。”①三十九年（1700）三月初一日，左通政张格等差往蒙古，帝谕以“不可以内地之法治之，顺其性以渐导，方能有益”。又曰：“蒙古惟信喇嘛，一切不顾，此风亟宜变易，倘喇嘛等有犯法者，尔等即按律究治，令知惩戒。”②

康熙帝治理僧道喇嘛等的不良风习，虽着眼于伦理道德的黜邪崇正以化民成俗，但大都出于社会现实和政治方面的考虑，不仅严行查办僧道喇嘛蛊惑人心、败坏风俗，而且对建造寺庙侵占民田，或增民负担、关系民生者也申令禁止。如康熙四十二年（1703），札萨克达喇嘛疏请，将其所居洮州卫卓奈克依特之庙扩大修造。理藩院议准，得旨：“取边氓之地以广修庙宇，关系民生，嗣后凡有广庙宇，与民间田庐有关者，永行禁止。”康熙五十年（1711），左都御史赵申乔疏言：现有寺庙僧道，各查明来历，按季呈报甘结，不许容留外来可疑之人。谕称：“建造寺庙，则占据百姓田庐，既成之后，愚民又为僧道日用凑集银钱，购买贫人田地给与，以致民田渐少。且游民充为僧道，窝藏逃亡罪犯，行事不法者甚多，实扰乱地方，大无益于民生者也。”③

康熙朝严禁私建、新建寺庙，不仅出于对民生关怀的考虑，还出于对寺庙容易成为游民和窝藏逃犯之所的担忧。对于后一种情况，在关外时期的清太宗皇太极早就注意到了，而至康熙时代仍无多大改变。康熙十一年（1672），帝巡幸南苑，行经海会寺之时，发现庙内的僧人中有白莲教徒，于是发了一通议论说：“此等之人，往往为害不浅，朕已知之。”④康熙十分清醒地认识到，增加民生经济负担

---

① 中国人民大学清史研究所编：《清史编年》第二卷《康熙朝下》，中国人民大学出版社，2000 年，第 579、594 页。

② 中国人民大学清史研究所编：《清史编年》第二卷《康熙朝上》，中国人民大学出版社，2000 年，第 162 页。

③ 中国人民大学清史研究所编：《清史编年》第二卷《康熙朝上》，中国人民大学出版社，2000 年，第 220、364 页。

④《康熙起居注》第 1 册，康熙十一年十二月二十一日。

还只是一方面，由于僧道行事不法者甚多，扰乱了地方秩序，这才是“大无益于民生者”。

二 巡幸名山佛寺

关于康熙朝对佛教之信仰，《东华录》载云：康熙三十年（1691），封章嘉喇嘛为灌顶普慧广慈大国师。三十九年（1700），恭进佛三尊为皇太后祝寿，御制万寿如意、万寿无疆赋。自康熙二十二年（1683）至四十九年（1710），五次朝礼五台山。四十四年（1705），诏兜率本园禅师，入玉泉宫说法；诏霁仑超永为北京西山圣感寺住持；命常州府祥符寺纪荫撰《宗统编年》。[①] 其中康熙留给人们印象最深的是，六次南巡参访名山佛寺、五次巡幸五台山朝礼文殊菩萨道场。

（一）六次巡幸江南，参访名山

与顺治帝向慕江南禅宗而把一些著名禅僧召入内廷问道、结制参禅不一样，康熙帝采取了另一种向佛慕道的方式，他在位期间六下江南，每次都要参访名山大寺，常住琳宫宝刹，延见僧人，而且往往赋诗题字，书赐匾额，撰制碑文，以示尊崇佛教。也有研究说，康熙帝又将明末隐逸山林的高僧逐一引入京师，以便控制和吸引亡明人士。不过笔者未见到更充分的证据。而康熙巡游江南参礼名山佛寺的足迹，不仅史书上凿凿可考，而且他的诗字、匾额、碑文，迄今有不少都还保存于江南的名山宝刹。尽管大量史料表明，康熙之诗文墨宝、匾额碑文不限于江南的名山大刹，而是遍布天下寺院[②]，但康熙对江南丛林似乎情有独钟。这是否是因为顺治曾经为江南禅僧所围绕，还是因为其他？不管怎样，康熙六次南巡，访问民生苦疾之际，同时也遍访江南名山佛寺，这是一个有史可稽的事实。

《宗统编年》作为清康熙年间的一部禅宗编年史，“博采经史释乘。一仿朱子纲目体例”，记载了自明万历四十三年（1615）迄清康熙二十八年（1689）成书时共75年的禅门史事，备及朝政废兴之有关释氏者，淹贯翔核，融儒释为一贯。正其

---

① 《清代佛教之概略》，载张曼涛主编：《明清佛教史篇》，《中国佛教史论集》六，台北大乘文化出版社，1977年，第139页。按，康熙封章嘉为国师的时间应是康熙四十五年，文中说“三十年”有误。

② 据《清鉴纲目》卷二记载，康熙“写寺庙扁（匾）榜多至千余”。

谬，缺其疑，“谨严一遵史法”，受到后世学者高评，称其“固法苑之龙门，而缁林之实录也”[①]。该书对康熙二十八年南巡作了如下记载：春二月初五日，驾幸邓山圣恩寺，拈香礼佛，驻跸桂轩，赐书“松风水月”四字。初六日，幸灵岩，登琴台，时寒溪揆侍，特加顾问，赐灵岩御书“岚翠”二字。幸杭州灵隐、云栖等处，赐灵隐御书“云林”二字。驾渡钱塘，祀大禹陵。回銮至姑苏，欲游华山，因雨阻，御书“远清”二字。御制诗一首，曰：“欲向青山涧壑行，春云又变晓阴轻。句陈不遣惊禅定，恐碍林间碧草生。”遣中使驰，赐华山僧鉴青。青诣行在谢，特见优礼。康熙又幸江宁大报恩寺，复驾临金山、天宁等处。[②]

《宗统编年》之作者僧纪荫，在御书“远清”赐华山确庵和尚后作一跋文，记述康熙二次南巡对于佛教丛林的至德深意。跋曰：

> 帝王治天下，以字垂世，实自大禹始。……恭惟今上皇帝，御极致治，度越古今，道德浑全，无能称述。伏睹二次南巡，窃窥圣意大端，同乎舜禹。至于仁风道韵，光及林泉，则又自昔名山大泽之所未有。龙跸奎章，震耀岩壑，为山灵海若之所诃(呵)护者非一。而华山‘远清’二字，则尤仰叹用意据典，不同泛然。以此知睿智周知，而无一事一物之不得其当也。盖华山以山如莲花得名，宋儒周敦颐之《爱莲说》有曰：‘吾独爱莲之出淤泥而不染，濯清涟而不妖，香远益清，亭亭净直，可远观而不可亵玩焉。’确庵和尚住是山，寒溪揆和尚称其道韵。皇帝闻而欲游华山，雨阻未往，锡之诗云云。确庵名晓青，命意制词，蔼然可见。复大书‘远清’二字，敕寒溪驰赐，青谒见行在。帝令进诗染翰，撤御前宝炉以予之。可谓千载光华。

---

① 纪荫：《宗统编年》卷三十二陆鼎翰之后序，《卍新续藏》第86册。

② 纪荫：《宗统编年》卷三十二《诸方略纪下》，《卍新续藏》第86册。灵隐寺为杭州古刹，位于浙江省杭州市西湖西北灵隐山麓，面对飞来峰。康熙帝南巡时，赐名“云林禅寺”。据载，康熙二十八年，康熙帝南巡，到灵隐寺游览，住持谛晖，奏对称旨，康熙帝亲书“云林”二字给他，即改寺名为云林。华山为“姑苏三山”（天平、天池、华山）之一，林岚泉岩之美令人称叹。康熙南巡曾至此山，赐“翠岩”寺额。另，康熙二十五年(1686)南巡至金山寺，在顶上见大江东去、群山西来的风光，遂挥毫写下“江天一览”四字，后人即将康熙御笔勒石之亭，名“江天一览亭”，金山寺自此亦易名为江天寺。康熙三十八年(1699)第三次南巡，三月御驾杭州，普陀山法雨寺住持性统法师等苦于建寺短缺琉璃瓦，使赴杭州面奏康熙布施，康熙当即施金千两，又恩准将金陵明朝故宫旧殿的琉璃瓦和顶梁结构折运到普陀，盖建前、后两寺大殿，并赐额“普济群灵”，改名宝陀寺为“普济禅寺”，又赐题“天花法雨”和“法雨寺”额。康熙四十二年(1703)敕赐焦山寺寺额，名定“慧寺”。康熙四十六年(1707)南巡时，则曾临幸灵谷寺，并御赐“灵谷禅林”四字匾额。

纪荫躬逢其盛，受华山僧之嘱托，作跋彰颂皇帝之恩泽山林：

> 荫跧伏菰蒲，何足以测高深？唯是久涵至化，同沐恩光。谨以平昔钦仰，圣德之纯全，及今兹欣慕，圣意之渊雅者，而扬言之。真觉如天之仁，有同大舜；而无间之德，实类神禹。是以望秩山川，肆觐群后，而民之爱戴，咽路欢阗，不啻赤子之亲慈父、近乳母。此固从来銮舆巡幸之所无。而银钩宝勒，宠赉禅林，则又与岳渎千秋，昭其萸丽者异矣。额手式瞻者，知皇上尊贵浑忘，礼遇山林守道之士。而凡山林学道者，其益铭颂无强，勉効潜修，以无负我佛心天子，光扬道化之至意。其庶几乎！①

康乾巡幸江南是遵上古即有的巡狩之制，有清一代，帝王出巡异常频繁，有北巡、西巡、东巡、南巡等。西巡是指皇帝去五台山等地的活动，东巡是指皇帝去山东祭祀孔庙及登泰山等活动。此外，还有北巡到盛京拜谒祖先，承德避暑山庄建成后，皇帝大多数年份都在承德度过夏季。康熙在位 61 年，三次出巡东北，祭祀祖陵，五上五台山，六巡江南。其中，南巡主要是为了巡视河工。康熙曾亲笔谕亲信曰："近日闻得总河无才，两河坏之已极，朕欲看河，南边走走，未定日期。"②明末清初，黄河大堤年久失修，水患异常严重。据统计，顺治年间(1644—1661)决口 20 次，康熙元年至十五年(1662—1676)更达 45 次，灾难之重，尤倍于前代。康熙十五年(1676)，黄河水倒灌洪泽湖，高堰大堤因承受不了黄、淮二水的强大压力而决口 30 余处，运河大堤崩塌，淮扬地区几个县被水淹没，致使运道不通，漕运受阻。而漕运是清政府的生命线，每年都需要六七千条漕船从江南地区运载 400 万石漕粮到京师，作为官俸、兵饷以及居民生活的粮食来源。因此，康熙把三藩、河务、漕运三件大事，亲自书写挂在宫中的柱子上。平定三藩并收复台湾后，中原安定，使康熙得以有暇巡幸江南。

康熙二十三年(1684)十月，康熙帝东巡泰山后，临时决定南巡视察河工，这是其第一次南巡，遍历高家堰、武家敦、洪泽湖等地，访民疾苦。康熙二十八年(1689)，他第二次南巡进行考察。第三次南巡已是康熙三十八年(1699)，此十年

---

① 以上引文皆出自纪荫：《宗统编年》卷三十二《诸方略纪下》，《卍新续藏》第 86 册。

② 《清圣祖仁皇帝实录》卷一三九。参史景迁：《曹寅与康熙》，陈引弛等译，上海远东出版社，2005 年，第 148、152、204 页。

间，康熙忙于征噶尔丹，无暇南巡，而历任河督除靳辅受康熙肯定外都不太称职，造成河患日趋严重。此后，他又三次南巡，视察河工。因此当乾隆御极时也继承乃祖遗风，曾六下江南，在《南巡记》中说："南巡之事，莫大于河工。"

康熙南巡的主要目的固然是为关注民生，治理河工，但同时也意在山林，期望争取江南人士的民心，因此江南佛教成为康熙南巡关注的重要组成部分。正如纪荫所说，康熙的仁风道韵和渊雅圣意，也使山林"同沐恩光"，他参访名山佛寺，礼遇山林守道之士，显然不是简单的附庸风雅，而是另有深意。纪荫华丽的文辞中虽然充满了歌功颂德，但他对康熙帝深意的理解基本上是准确和贴切的。

在纪荫跋文的结尾，我们看到了他勉励山林学道者潜心修行，"以无负我佛心天子，光扬道化之至意"。这正是康熙帝所期望看到的，而康熙帝此时也像他的父皇顺治那样成了又一位"佛心天子"。对康熙这位佛心天子统治调御下的佛门盛况和法运遐敷，纪荫也有如下乐观记述：

> 祥符荫曰：自明万历四十三年乙卯，至今皇清康熙二十八年己巳，凡七十五年。其间天童、磬山，廓龙池、禹门之绪，而临济之道以兴。云门博山，振清凉、寿昌之业，而洞上之宗聿起。三峰力阐纲宗，善继述者，有灵岩、灵隐之广大精微。宏觉丕承帝眷，相唱和者，有福严、古南之卓立潇洒。云栖之净业，普摄三根。宝华之戒范，克宏三聚。皋亭天溪，曲水莲居之间。台教之轮，传持绚烂。秣陵金阊，普德中峰之际。相宗之席，讲贯缤纷。刹竿相望，名蓝星布于江山；炉鞴争开，俊衲云蒸乎龙象。天子佛心，统金轮而调御；皇风法运，绵玉历以遐敷。令行吴越，端借一人以指南。道亘古今，方庆千秋而未艾。①

由上可见，康熙帝统御天下时清代佛教仅江南一隅就极为兴盛，不光是禅宗临济、曹洞二家，就连律、教乃至相宗都绚烂缤纷，"刹竿相望，名蓝星布"。当此佛门龙象辈出、云蒸霞蔚之际，康熙帝之政令亦通行吴越，影响深远。

---

① 纪荫：《宗统编年》卷三十二《诸方略纪下》，《卍新续藏》第68册。此中"宏觉"，指顺治帝征召进京的木陈忞，受封为"弘觉禅师"。

（二）五次朝礼五台文殊道场

康熙南巡参礼名山佛寺以示尊崇佛教（禅宗），而他五次巡幸佛教圣地五台山，意义也非同寻常。康熙帝在位时五次巡幸五台山，传说是为了寻找在五台山出家的父皇顺治帝。其实，顺治帝没有上过五台山，那不过是民间野史的演义，而康熙帝上五台山则在官方史书中都有明文记载。

康熙二十二年（1683）二月十二日，康熙帝首次巡幸五台山，驻跸于菩萨顶。同年九月十一日，再次巡幸五台山，于二十七日返回京城。康熙三十七年（1698）三月二十八日，第三次巡幸五台山，仍住菩萨顶行宫，四月十一日返回京城畅春园。康熙四十一年（1702）二月一日，第四次巡幸五台山，于二月初八宿于射虎川台麓寺，九日移住菩萨顶。康熙四十九年（1710）二月初二日，第五次也是最后一次巡幸五台山。康熙帝五上五台山，赐梵文藏经2部，作诗15首，题匾55块，勒碑20余通，修葺寺庙20余座，赠送渗金菩萨像7尊，做各种法会8次，赐金银6 000余两，其他赏赐不计其数。此外留下的墨宝诗文很多，其中《菩萨顶》诗最为脍炙人口："四十余年礼释伽，本来面目是天家。清凉无物何所有，叶斗峰横问法华。"①

五台山据传是文殊菩萨道场。文殊菩萨又称曼殊师利，清朝开国者曾被东来传教的西藏喇嘛称为"曼殊师利大皇帝"，而曼殊即满洲之转音，所以这个文殊菩萨道场被认为与满人崛起有极深渊源。康熙巡幸五台山，一是对文殊菩萨和五台山怀有特殊感情，"瞻谒（文殊）金容，实为国朝万年丕基之庆"；二是为了"携蒙古藩王同来，从其所欲"，以"示中外一家之心，昭熙朝大同之治"，达到"以黄教绥柔蒙古"的目的。

五台山是自元朝以来就被蒙古人供奉为佛教（藏传佛教）的圣山，每年来朝山的蒙古人络绎不绝。康熙及其后乾隆屡屡巡幸该山，敕赐营修之资，同样是为了怀柔蒙、藏二族，优遇藏传佛教。因此康熙、乾隆在此御制的碑文都用

---

① 菩萨顶是五台山中规模最大的黄教寺院，位于五台山台怀镇显通寺北侧灵鹫峰上。据传为文殊菩萨道场，又名真容院、大文殊寺，为五台山五大禅处之一。此寺创建于北魏孝文帝年间，历代曾多次重修。明永乐以后，蒙藏藏传佛教徒进驻五台山，该寺遂成为五台山黄庙之首。清朝之康熙、乾隆帝曾数次朝拜五台山而住宿于菩萨顶，赐菩萨顶大喇嘛提督印，并命山西全省，包括山西巡抚、大同总兵、代州道台等，均须向大喇嘛进贡。全寺占地45亩，顺山就势而筑殿宇，布局严谨。寺前有石阶108级。山门内有天王殿、钟鼓楼、大雄宝殿等建筑。各殿均用三彩琉璃瓦覆盖。又，寺内有康熙御碑，方座螭首，矗立在前院；乾隆御碑立在东禅院碑亭内，以方形巨石雕成，高6米，每面宽1米，上刻汉、满、蒙、藏4种文字。

满、汉、蒙、藏文字写成。嘉庆帝即位后，于嘉庆十六年(1811)春三月十八日，也巡幸了五台山，并写下一篇《五台赞碑文》，此中他不仅视五台山为“神京之右臂”，更称其“诚中华卫藏”。正是由于自康熙开始的几代清帝的大力扶持，五台山被营造成为满、汉、蒙、藏等各民族共同尊奉的佛教圣地。由此可见，康熙睿智周虑，英明盖世，他五次巡幸五台也绝非单纯的游山玩水，而实际寓涵有深厚的政治意味。诚如嘉庆十四年(1809)五月谕中所言，“亦寓绥藩之意，非以侈游观也”①。

三 修庙远服要荒

优遇和推崇藏传佛教，是清王朝的一项传统政策。康熙即位后，尊奉藏传佛教之黄教为国教，采取了“因其教而不易其俗”和“俗习为治”的怀柔政策，以增强同边疆各民族之间的团结，巩固边防，再配合以武力军威，终于巩固了统一的多民族国家体制。康熙朝优抚蒙藏民族深信之藏传佛教，最重大的事件是康熙四十五年(1706)封章嘉呼图克图为“灌顶国师”，康熙五十二年(1713)册封五世班禅(1663—1737)为“班禅额尔德尼”，赐给他金册金印(“班禅额尔德尼”的封号由此开始)。但同样还体现在承德避暑山庄兴建融合各民族宗教文化的佛教寺庙上。清初诸帝对于喇嘛的封号甚为谨慎，国师名爵更为重要，非有功绩不得滥授。顺治朝册封五世达赖喇嘛为“西天大自在佛”，又加封汉地禅僧玉琳为“大觉普济能仁国师”，后者是清代汉传佛教中享有国师尊号的唯一僧人。而康熙年间只封二世章嘉为国师。

(一) 封章嘉二世为“灌顶国师”

章嘉呼图克图(活佛)，为章嘉地方的圣者之意，被视为文殊化身。② 二世章嘉

---

① 王先谦编《东华录・嘉庆二十七》：“嘉庆十四年五月谕军机大臣等：五台山为曼殊师利成道之地，从前圣祖仁皇帝、高宗纯皇帝屡经巡幸，朕前有旨，令该抚修治庙宇以俟临莅，原以瞻礼佛祖，为民祈福。且其地界处西北，蒙古诸部落赴山瞻拜者，每岁络绎不绝，銮辂经临，瓣香展敬，亦寓绥藩之意，非以侈游观也。”

② 据传第一世章嘉出生于张姓之家，原称张家，康熙因其名称不雅，改为章嘉。康熙五十二年(1713)，康熙帝巡幸多伦诺尔，二世章嘉活佛随行，康熙帝看到内蒙古各地的僧人都到汇宗寺学法，十分高兴，对二世章嘉活佛说：“黄教之事，由藏东向，均归尔一人掌管。”这就将章嘉活佛提升到与达赖喇嘛、班禅、哲布尊丹巴相似的掌管一方格鲁派教务的教主地位。

活佛名阿旺洛桑却丹，生于顺治元年（1644），幼年入佑宁寺为僧。阿旺洛桑却丹11岁时，五世达赖喇嘛进京朝觐路过青海，为他传授沙弥戒。康熙元年（1662），他去西藏继续学经，又从五世达赖喇嘛受比丘戒。阿旺洛桑却丹在西藏学佛20多年，不仅佛学造诣很深，而且与五世达赖喇嘛、五世班禅等藏传佛教的上层人士有广泛联系。康熙二十二年（1683），他返回青海，在佑宁寺讲经传法。康熙三十二年（1693），二世章嘉活佛奉召进京，驻锡[1]法渊寺，被任命为札萨克达喇嘛，连随从的15人也由清朝供给生活口粮，这是历代章嘉活佛担任清朝朝廷职务的开端。

康熙三十六年（1697），第巴桑结嘉措公布五世达赖喇嘛之丧，为六世达赖喇嘛仓央嘉措举行坐床典礼，二世章嘉活佛奉康熙帝之命，携赐给六世达赖喇嘛的金册金印入藏，参加达赖喇嘛坐床典礼。在途经青海时，他与额驸阿拉布坦劝谕青海和硕特部诸台吉正式归附清朝，进京朝见康熙帝，为康熙帝乘战胜准噶尔噶尔丹之威收服青海蒙古各部立下了汗马功劳。但是次年，二世章嘉活佛却因在拉萨时违旨叩见第巴桑结嘉措，被理藩院题奏，拟处绞刑，最后还是康熙帝下令从宽，革除其呼图克图名号，免予惩处。

大约是因为经历了这次政治上的风波，二世章嘉活佛认识到作为一名清皇室封赐品级的喇嘛，不能涉足清朝皇室与第巴桑结嘉措之间复杂微妙的关系，开罪康熙皇帝，于是专心在蒙古各部中传教弘法。他在回京途中于多伦诺尔及长城沿线创修寺院，组织内蒙古各处僧人学佛，在内外蒙古各部中树立起影响。当时正值哲布尊丹巴与喀尔喀部从内蒙古返回漠北，内蒙古广大地区缺乏一位有影响的藏传佛教领袖，所以康熙帝于康熙四十年（1701）任命他为多伦诺尔总管喇嘛事务的札萨克达喇嘛，每年冬春居住北京，夏天到多伦诺尔汇宗寺避暑传法。康熙四十五年（1706）又进一步封他为“灌顶普慈广慧大国师”，赐给金印。[2]自此，章嘉国师的传承一直延续到民国时期。

（二）多伦会盟建汇宗寺

康熙二十年（1681），康熙帝在塞外承德地区设置了木兰围场，并于每年秋季率领宗室亲王，满、汉、蒙古等民族王公大臣，行围射猎，借以训练军队，并密切同

---

① 驻锡，指僧侣长期驻留一地。“锡”指锡杖，上端有金属环，僧人行历时振荡发出声音，用以惊逐禽兽虫虺。或为行乞时，用以叩门晓人。故僧侣至一山一寺，称为驻锡，亦称挂搭、挂锡。

② 本节关于二世章嘉之事多参陈庆英：《章嘉·若必多吉与乾隆皇帝》，《中国藏学》1988年第1期。

蒙古、藏等民族的关系。康熙二十七年(1688),准噶尔首领噶尔丹在沙俄的支持下发动叛乱。喀尔喀蒙古三部在藏传佛教领袖哲布尊丹巴的率领下投归清政府。自康熙二十九年至康熙三十六年(1690—1697),康熙三次率军出塞,彻底平息了准噶尔部首领噶尔丹的叛乱。康熙三十年(1691),康熙帝同喀尔喀蒙古三部王公贵族在木兰围场西北50多千米的多伦诺尔以"赐宴"的形式举行会盟。多伦诺尔会盟期间,康熙应蒙古诸部王公贵族之请,在多伦诺尔建汇宗寺"以彰盛典"。寺名"汇宗"寓四十八旗朝宗之意。兹录康熙撰《汇宗寺碑文》如下:

我国家承天顺人,统一寰宇,薄海内外,悉宾悉臣。自太祖、太宗握枢秉轴,驾驭风云,蒙古诸部相继效顺。暨于朕躬,克受厥成,前所未格,罔不思服。惟喀尔喀分部最多而又强盛,朕绥德辑威,熏陶渐革二十余载。七家之众,既震且豫,咸来受吏,乃除其顽梗,扶其良弱,锡之封爵,畀以土疆。朕亲北巡,以镇抚之,于康熙庚午之秋,大宴赉于多伦诺罗。四十八家名王君长,世官贵族,靡不毕集,拜觞起舞,稽首踊跃。盖至是而要荒混合,中外一家矣。

酺赐既毕,合辞请曰:斯地川原平衍,水泉清溢,去天闲刍牧之场甚近,而诸部在瀚海龙堆之东、西、北者,道里至此亦适相中,而今日之筵赏敷锡,合万国以事一人,又从古所无也,愿建寺以彰盛典。朕为之立庙一区,令各部落居一僧以住持。朕或间岁一巡,诸部长于此会同述职焉。至于今,又二十余年矣。殿宇廊庑,钟台鼓阁,日就新整,而居民鳞比,屋庐望接,俨然一大都会也。先是,寺未有额,兹特允寺僧之请,赐名曰"汇宗",盖四十八家,家各一僧,佛法无二,统之一宗,而会其有极,归其有极。诸蒙古恪守侯度,奔走来同,犹江汉朝宗于海,其亦有宗之义也。夫是为之记,以垂永久云。[1]

(三)承德避暑山庄的外八庙

通过多伦诺尔会盟及平定噶尔丹叛乱,康熙深知塞外热河的地理位置之重要,遂于康熙四十二年(1703)在热河兴建行宫。康熙五十年(1711),行宫更名为

---

① 摘录自张羽新:《清政府与喇嘛教》,西藏人民出版社,1988年。

"避暑山庄"。康熙五十二年(1713),正值他六十寿辰,各部蒙古王公贵族 120 人前来山庄"奉行朝贺",并"不谋同辞,具疏陈恳",敬献白银 20 万两,一致上书恳请修建寺庙为康熙祝寿,并供 9 尊无量寿佛,祝康熙万寿无疆。康熙皇帝被蒙藏民族视为无量寿佛,皇帝即佛,他欣然接受,遂在山庄外武烈河东修建了溥仁寺、溥善寺两座寺庙。[1] 康熙在《御制溥仁寺碑》中说:

> 朕思治天下之道,非奉一己之福,合天下之福为福;非私一己之安,遍天下之安为安。柔远能迩,自古难之。我朝祖功宗德,远服要荒;深仁厚泽,沦及骨髓。蒙古部落,三皇不治,五帝不服,今已中外无别矣。论风俗人情,刚直好勇。自百年以来,敬奉释教,并无二法。谨守国典,罔敢陨越。不识不知,太和有象。朕每嘉焉。鉴其悃诚,重违所请。念热河之地,为中外之交。朕驻跸清暑,岁以为常,而诸藩来觐,瞻礼亦便。因指山庄之东,无关于耕种之荒地,特许营度为佛寺。陶甓于冶,取材于山。工用无输挽之劳,金钱无逾侈之费。经始讫功,告成不日。

在承德避暑山庄的东面和北面,有过 12 座寺庙。当年,这 12 座寺庙中的 8 座由清朝理藩院管理,并在京城设有 8 处办事机构,又因其地处塞外,后人将这 12 座庙宇统称为"口外八处",即闻名今世的承德"外八庙"。[2] 从建筑风格上看,承德外八庙中,各庙有汉式、汉藏合璧式以及藏式建筑风格之不同,但内容却都是藏传佛教格鲁派(黄教)的寺庙。仔细考察每一座庙宇兴建的历史背景,及每兴建一庙刻石立碑之铭文,无不记录了清朝政府在历史上为维护祖国统一的赫赫武功,以及兴黄教安抚蒙藏诸族的民族宗教政策。从溥仁寺、溥善寺到普宁

---

① 参张羽新:《清政府与喇嘛教》,西藏人民出版社,1988 年。据《御制溥仁寺碑》载,康熙五十二年(1713),帝六旬诞辰,众蒙古部落奉行朝贺,建寺祝厘。帝御笔题额曰"溥仁",并亲制碑文,勒石置于寺中。寺碑共有两通,东为汉文碑,西为满文碑。后殿内供无量寿佛九尊。溥仁寺是外八庙中建成最早的,也是外八庙中现存的唯一康熙时建造的寺庙。因溥仁寺位于溥善寺之南,俗称前寺,而称溥善寺为后寺。溥仁寺建成后,设达喇嘛、副达喇嘛、苏拉喇嘛、得木齐及格思贵等喇嘛 60 名。由清政府定期发给钱粮,一如官员之薪俸,此寺由八旗官兵守护。当年清朝皇帝每到避暑山庄时,都要率领王公大臣及各民族首领到寺内拈香瞻礼。每逢农历三月十八日康熙寿辰时,喇嘛还要举行盛大的诵经法会,为皇帝祝寿,为国家祈福。

② 外八庙系清廷为解决北部边疆及西藏的问题而特意建造的,主要为供少数民族的领袖或高僧朝觐皇帝时瞻礼、驻锡之用。因此其寺址、规模、布局等皆由皇帝裁定。寺内的题额、匾联、碑文等亦为皇帝亲笔,所用文体包括汉、满、蒙、藏四种。在建筑风格上,不仅仿照西藏、新疆等著名寺院的形式,亦融合汉族宫殿式的建筑,民族色彩甚浓,是多民族建筑风格的大融合。而雕刻、塑像、壁画亦全是清代艺术精品。

寺、普佑寺、安远庙、普乐寺、普陀宗乘之庙、广安寺、殊像寺、广缘寺、罗汉堂、须弥福寿之庙的建造，见证了当年各民族金戈铁马，共同维护国家统一的历史，见证了清朝因俗而治、怀柔远荒的民族宗教政策。由此观之，清朝注重国家民族的统一，不仅在军事上屡建奇功，也注意民族文化心理的和谐。

努尔哈赤和皇太极解决了漠南蒙古问题，康熙则进一步解决了漠西蒙古和漠北蒙古的问题。从秦汉匈奴到明朝蒙古的民族难题，到康熙时才算得解。康熙说："昔秦兴土石之工，修筑长城。我朝施恩于喀尔喀，使之防备朔方，较长城更为坚固。"说得简单一点，如果说从秦至明朝用修筑长城的办法来抵御关外强悍少数民族的入侵，而康熙则在关外修建几座庙宇，使蒙古族诚心归服成为清朝北部坚固的"长城"。对此，康熙在《御制溥仁寺碑》中已说得非常明白，蒙古部落刚直好勇，自古来"三皇不治，五帝不服"，可"今已中外无别矣"。这要归功于他的祖宗柔远能迩，"我朝祖功宗德，远服要荒；深仁厚泽，沦及骨髓"，原因无他，"自百年以来，敬奉释教，并无二法。谨守国典，罔敢陨越"。

第三节
雍正帝与佛教

雍正帝名胤禛，出生于康熙十七年十月三十日（1678年12月13日），驾崩于雍正十三年八月二十三日（1735年10月8日），享年58岁，庙号世宗，谥号宪皇帝。他是康熙皇帝的第四子、乾隆皇帝的生父，45岁登极，在位13年（1722—1735）。雍正帝上承康熙，下启乾隆，具有承上启下的历史地位。他盛年登极，年富力强，学识广博，阅历丰富，刚毅果决，颇有作为。所谓“康乾盛世”，完整的说法应当是“康雍乾盛世”。

清皇室与佛教颇有因缘，相比之下，在入主中原后的清初四帝中，雍正帝对佛教最有了解。尽管顺治帝亲近禅僧到了要出家的地步，但那毕竟是在他生命的最后几年，为时短暂。雍正帝则毕生崇信佛教，虽贵为天子，却自号“圆明居士”和“破尘居士”，足见其好佛之深。雍正的藩邸靠近柏林寺，居常与僧衲往来，讲论性宗之学，钻研既久，造诣日深。他在即位后，十年忙于朝政，不谈佛法，但私下仍与和尚过从甚密，并且在与臣下的往来密折中随兴所至也会讲说佛法。雍正十一年起至十三年（1733—1735），他亲自撰写佛学著作，编辑名僧语录，刊印释家典籍，有计划地发展佛教事业。最有名的是他编纂《御选语录》《经海一滴》《宗镜大纲》和撰写《拣魔辨异录》等作。后世对雍正这些佛学著作，尤其对他以超等“宗师”自居、不惜帝王之尊干预僧诤褒贬不一，但通过这些著述，我们不仅可以了解到雍正的佛学思想和佛教态度，更且可以察知清帝对待佛教的共同特点，那就是他们作为帝王，一般都在政治框架下考虑佛教问题，不以个人信仰影响国家政事，这几乎成为清开国以来历代皇帝的传统。

对于雍正帝之好佛不废政事，有学者如是评论：“历代帝王浸沉于黄（佛）老者自大不乏人，但发为宏论，开堂授徒，而又不佞于其教，一无影响于政事，舍雍正其谁？”①以下我们就围绕雍正如何“好佛”与治世并治佛教展开阐述。从时间

---

① 杨启樵：《雍正帝及其密折制度研究》，上海古籍出版社，2003年，第26页。还有学者说，雍正帝一生在佛学方面大量地著书立说，以影响佛教领域，最著名者如《御选语录》《拣魔辨异录》《经海一滴》《宗镜大纲》等佛学作品。这些佛学论著，表明了雍正帝不仅信佛崇佛，而且对佛家经文也很有研究。雍正帝政事不废，又写了这么多的佛学著作，恐怕也实在难以找到第二个这样的皇帝了。

上来考察，雍正之好佛主要集中在他即位之前的藩邸时期和在位期间的最后三年这两个时间段。清史学家比较关注藩邸时期雍正的学佛参禅、结交僧人，认为他是利用佛教行韬晦之机，以避嫌于康熙末年诸子激烈地争夺储君之位；而佛教学者着重讨论雍正十一年至十三年这三年里他的诸多佛学著作，特别对其不惜以万乘之尊和超等宗师自居干预僧诤大张挞伐。相对而言，各方对雍正帝在位期间前10年劬劳军国大政和整肃佛教流弊着墨不多。

一 藩邸清闲，用心参禅

根据官方史书记载和学者研究，雍正御极之前10年光阴浸润于佛法，沉浸在佛海琉璃光世界，曾撰《破尘居士语录》，稿凡数易，皆亲笔斧正，然终未行世，未知何故。他此间密交之僧人，前后共有三位：一为性音，字迦陵，号吹余，乃临济宗僧[①]。初于京西大千佛寺弘法，未久迁住柏林寺，再移住大觉寺任住持。雍正对他颇为赏识，认为他不仅人品极好，且对佛经“深悟圆通”；与他理论禅宗机锋，认为他出语惊人，皆为“彻底利生之作”。雍正元年(1723)，性音到庐山隐居修行，谢绝尘境。雍正四年(1726)九月，性音圆寂于庐山归宗寺，雍正帝赐予“圆通妙智禅师”谥号，令将其著述收入藏经。但数年后，雍正竟与死去的性音反目为仇，不仅削黜封号，又将其著述撤出藏经。性音是雍正即位前结交的高僧，其有无参与雍正争位的密谋，现在无从而知；但从性音与年羹尧、隆科多一样先荣后黜的迹象看，他应当谙知雍正争位内情。雍正没有放过知道他争位隐事的年羹尧和隆科多，当然也不会放过性音。

另一位僧人名超盛，雍正将他视为自己的佛门高足，曾亲自为超盛讲解佛

---

① 性音(？—1726)，俗姓李，少习儒学，后专治性宗。年24，投高阳毗卢真一出家，其后参谒理安寺之梦庵超格而得付法。历住京师大千佛寺及柏林、理安、归宗、大觉诸刹。今大觉寺有清高宗为迦陵禅师所建的瘗骨舍利塔。著有《宗鉴法林》《宗统一丝》《禅宗杂毒海》及语录、语要等百余卷，详参《宗鉴法林》卷七十二、《理安寺志》卷五至卷七、《正源略集》卷十二。《禅宗杂毒海》是性音于康熙五十三年(1714)六月改编的一本指示修禅的著作，八卷本，内容依次为佛赞(收诸尊宿之佛祖赞、自赞等)、杂赞(收礼祖像、礼祖塔、示徒、赠别等)、投机(收诸尊宿之投机偈、留赠之偈颂等)、钞化(收依托事物提撕宗乘的偈赞)、杂偈、道号、山居等，并附有普明之牧牛十颂、梁山之牧牛十颂。

旨，超盛受此殊荣，诚惶诚恐，洗耳恭听。雍正对这个高足十分满意，说他听其讲解后能“直蹈三关，洞明妙义”，“目今宗徒内无有出其右者”。京都卧佛寺重修以后，雍正命他去执掌法席。

还有一位僧人名文觉，直接在宫中侍奉雍正，并秘密参与政务。据说雍正即位后处理的重要军国大事，文觉都参与其中，发表意见，因而深得雍正之赏识，几成左右手。[①] 然文觉始终没有公开参政，他虽无官无爵、无品无级，却权势倾朝，炙手可热。雍正十二年(1733)，命文觉往江南朝山，所到之处，地方官对他礼敬有加，“仪卫尊严等王公”。性音、超盛、文觉究竟如何密参朝政，参与了哪些重大朝政，对雍正一朝的政治、经济有何影响？正史不予披载，野史语焉不详，后人便弄不清楚真相了。[②]

据雍正自述，性音在雍正早期结制参禅过程中曾做过指导，只不过境界不如章嘉国师。他在《御选语录》卷十八《御制后序》中说：“朕少年时，喜阅内典，惟慕有为佛事，于诸公案，总以解路推求，心轻禅宗，谓如来正教，不应如是。圣祖敕封灌顶普慧广慈章嘉呼土克图喇嘛，乃真再来人，实大善知识也。梵行精纯，圆通无碍，中外诸土之所皈依，僧俗万众之所钦仰。藩邸清闲，时接茶话者十余载；得其善权方便，因知究竟此事。”雍正此言表明，他初时结制参禅，唯知从佛教经典上研求，而未知心性中向上之事；及接近章嘉国师，受章嘉亲自指点迷津，方能省悟而得大自在。因此章嘉国师深得雍正信仰，雍正称道：“章嘉呼土克图国师剌麻(喇嘛)，实为朕证明恩师也。其他禅侣辈不过曾在朕藩邸往来，壬辰巳间坐

---

① 雍正熟读经史，他从明初成祖重用道衍和尚篡夺其侄建文帝皇位的事迹中深受启发，将文觉禅师视为自己的左右手，令其参与国家政务。据清史专家冯尔康先生说，对于雍正朝的几件大案，如宠臣年羹尧(1679—1726)、隆科多(？—1728)的案子，兄弟争权夺势的允禩(1681—1726)、允禟(1683—1726)等人的案子，文觉禅师都出过很多主意，在其中起过重要作用。他还受雍正之命，往江南朝山，行程中，其威仪尊严几与王公大臣相等。

② 对于雍正帝是否密用僧人，他本人的辩解让人感到扑朔迷离。先是，雍正闻僧人宏素处所赐《金刚经》有皇帝所作序文，拟刊刻流传，经取来阅看，该序文并非己作。雍正三年(1725)五月二十五日谕礼部：“朕在藩邸时，因府第与柏林寺相近，闲暇之时，间与僧人谈论内典，并非以僧人为可信用也。现临御天下，岂有密用僧人治天下之理？近日直隶宣化府、江南苏州府等处，竟有僧人假称朕旨，在彼招摇生事者，已经发觉惩治。此等小人所为，皆于朕之声名大有关系，尔部不可不严行禁饬，若再有此等，著该地方访拿参奏。”“年来各处呈缴御笔，今限期已满尚未有缴者，所缴之内亦有假笔混杂者，朕俱从宽，不行深究。今又有《金刚经》序文之事，尔部可严行各省，此文到之日，再限一年，务令全缴，倘再有隐漏，定行治罪。”见于王先谦编：《东华录·雍正六》；又参中国人民大学清史研究所编：《清史编年》第四卷《雍正朝》，中国人民大学出版社，2000年，第136—137页。

七时，曾与法会耳。”此中“壬辰巳间”，指康熙五十一至五十二年壬辰、癸巳（1712—1713）之间，壬辰年九月皇太子再次因罪被废，禁锢于咸安宫①，诸皇子争夺皇位正酣，而雍正随喜与禅侣参禅坐七为乐。在《御制后序》中，他又交代了此时藩邸往来参与法会之性音出场的经过：“迦陵性音之得见朕也，乃朕初欲随喜结七，因柏林方丈年老，问及都中堂头，佥云：只有千佛音禅师。乃命召至。既见，问难甚久，其伎俩未能令朕发一疑情，迫窘诘屈，但云：王爷解路过于大慧（宗）杲，贫衲实无计奈何矣。朕笑云：汝等只管打七，余且在旁随喜。”此后性音又劝雍正“研辨五家宗旨”。雍正问：“五家宗旨如何研辨？”性音云：“宗旨须待口传。”雍正不以为然：“是何言欤？口传耳受岂是拈花别传之旨？堂堂丈夫岂肯拾人涕唾？”从此，20 年弃语录而不肯读，雍正自陈，“此府中（雍亲王府）、宫中人人之所尽知者”。

雍正之喜谈禅并与禅侣为伍不完全是掩盖自己夺嫡的“烟幕弹”，的确是下过不少真参实学的苦功夫。他不仅是清代历史上唯一参禅能“破三关”的皇帝，而且像他这种情况当世宗门中也很少见。所以他津津乐道其平生参究因缘：

壬辰春正月，延僧坐七，二十、二十一随喜同坐两日，共五枝香，即洞达本来，方知惟此一事实之理。然自知未造究竟，而迦陵音乃踊跃赞叹，遂谓已彻玄微，优侗称许。叩问章嘉，乃曰：“若王所见，如针破纸窗，从隙窥天。虽云见天，然天体广大，针隙中之见，可谓遍见乎？佛法无边，当勉进步。”朕闻斯语，深洽朕意。二月中，复结制于集云堂，着力参求。十四日晚，经行次，出得一身透汗，桶底当下脱落，始知实有重关之理。乃复问证章嘉，章嘉国师云：“王今见处虽进一步，譬犹出在庭院中观天矣。然天体无尽，究未悉见，法体无量，当更加勇猛精进，云云。”朕将章嘉示语问之迦陵音，则茫然不解其意，但支吾云：“此不过剌麻（喇嘛）教回途工夫之论，更有何事？”而朕谛信章嘉之垂示，而不然性音之妄可，仍勤提撕。恰至明年癸巳之正月二十一日，复堂中静坐，无意中忽蹋末后一关，方达三

① 《清史稿》卷八《圣祖本纪三》载，康熙五十一年壬辰九月，皇太子胤礽“复以罪废，锢于咸安宫”。据清史学家研究，皇太子再次因罪被废遭圈禁后，诸皇子争夺皇位正酣，雍正却对皇父始终是“诚”与“孝”，对兄弟“不结党”“不结怨”。

身四智合一之理，物我一如本空之道，庆快平生。诣章嘉所礼谢，国师望见，即曰："王得大自在矣！"①

雍正帝对禅宗费心参究，得章嘉国师印可，透末后关，在《御选语录总序》中，他指出："如来正法眼藏，教外别传，实有透三关之理，是真语者，是实语者，不妄语者，不诳语者。有志于道之人，则须勤参力究，由一而三，步步皆有着落，非可颟顸函胡，自欺欺人。朕既深明此事，不惜话堕，逐一指明。"透三关的第一关是初步破参：学人初登解脱之门，乍释业系之苦，觉山河大地，十方虚空，并皆消殒。识得现在七尺之躯，不过地水火风，自然彻底清净，不挂一丝。第二关为透重关，初步破参后，前后际断，乃知山者山，河者河，大地者大地，十方虚空者十方虚空，地水火风者地水火风，乃至无明者无明，烦恼者烦恼，色声香味触法者色声香味触法，尽是本分，皆是菩提，无一物非我身，无一物是我己。境智融通，色空无碍，获大自在，常住不动，这就是透重关，也称为大死大活者。透重关后，家舍即在途中，途中不离家舍，明头也合，暗头也合，寂即是照，照即是寂。行斯住斯，体斯用斯，空斯有斯，古斯今斯，无生故长生，无灭故不灭。如斯惺惺行履，无明执着，自然消落，方能踏末后一关。雍正既亲历三关体验，复再强调："虽云透三关，而实无透者，不过如来如是，我亦如是。从此方修无修，证无证，妙觉普明，圆照法界。一为无量，无量为一，大中现小，小中现大。坐微尘里转大法轮，于一毫端现宝王刹。救拔众生，利用无尽，佛佛祖祖皆为此一大事因缘出现于世。达摩西来，历代授受，古德传灯，无尽光中，大圆镜里，日往月来，以至于今。"

雍正识得佛佛祖祖，觉悟生民，救拔众生，"皆为此一大事因缘出现于世"。由此，他反观当世宗门实况，认为"去圣遥远，魔外益繁，不达佛心，妄参祖席，金山泥封，慧日云蔽"。雍正根据其讹谬，也总结了三种情况：第一，其上者，认幻妄为真常，不是形同槁木、心等死灰，就是固执断见、变作狂华，谓因果之皆空，恣猖狂而不返；第二，其下者，扬眉瞬目，竖指擎拳，作识神之活计，张日下之孤灯，到得腊尽岁除时，方知依旧是个茫茫无据；第三，又其下者，从经教语录中，挂取葛藤，从诸方举扬处，拾人涕唾，发狂乱之知见，翳于自心，立幻化之色声，作为实

① 《御选语录》卷十八《御制后序》，载史原朋主编：《雍正御制佛教大典》，中国社会科学出版社，2004年，第1271页。

法,向真如境上鼓动心机,于无脱法中自生系缚。雍正对此批评说:“情尘积滞,识浪奔催,瞒己瞒人,欺心欺佛,全是为名为利,却来说妙说元(玄)。盲驴牵盲驴,沿磨盘而绕转;痴梦证痴梦,拈漆桶为瓣香。是则循觉路而扑火轮,能不由善因而招恶果?如是三者,实繁有徒,宗旨不明,沉沦浩劫矣。”雍正于此禅学心得颇为自负,为他日后干预禅门僧争而提倡融合佛教诸宗打下思想基础。

二 | 饬劳国政,整肃弊风

时来运转,藩邸10年“清闲”的生活,在康熙帝驾崩后发生了重大转折——雍正承继大统。雍正即位后,从整饬吏治入手,刷新清代各项政事。如雍正元年三月二十二日(1723年4月26日),擢内务府员外郎鄂尔泰为江苏布政使。是年八月,鄂尔泰抵任,首先推出《实政十条》①通行晓谕,其中禁妇女入庙烧香、禁游方僧道、禁赛会三条有关民间宗教事宜,这释放了雍正朝要整肃佛教的信号。与此同时,雍正也发出了保护佛教的密折,如六月十八日(7月19日),命浙江巡抚李馥护持寺院。在其奏折上朱批曰:朕向来三教并重,一体尊崇,于奉佛敬山之礼不稍轻忽,每见章句之士鄙薄二氏,动辄摈斥,而托名理学者尤甚,即考其操履与理学真诠又大相径庭,此不过井蛙篱鷃之徒耳,何足与较。浙江俗称僧海,乃衲子卓锡胜地,而近来丛林凋谢,可胜叹息。汝可于公务之暇,留心护持。“此谕汝自领会,毋令人知。何也?士子闻之,徒为好佛之讥;释子闻之,致增我慢之相,其中庸流,或因而纵肆,甚至紊乱清规,有干法纪,是朕怜之反而害之也。”②雍正给臣工密折的朱批透露了帝王好佛可能带来的影响,他对此保持了相当的清醒和理性。

为了确保大清江山稳固,雍正继位后对民间社会加强了统治。他继承顺康两朝“黜邪崇正”的方针政策,一方面以儒家伦理对民众实施社会教化政策,以化民成俗,于雍正二年(1724)刊刻《圣谕广训》,在全国城乡范围,每逢朔、望讲读;

① 中国人民大学清史研究所编:《清史编年》第四卷《雍正朝》,中国人民大学出版社,2000年,第14页。《实政十条》中的另外几条是:禁打降,禁唆讼,禁赌博,禁土豪,禁婚嫁逾制,禁丧葬违礼。

② 《朱批谕旨》,参中国人民大学清史研究所编:《清史编年》第四卷《雍正朝》,中国人民大学出版社,2000年,第26页。

另一方面，抑制对民众具有重大影响力的宗教，以防形成难以控制的对抗朝廷的民间势力。雍正御极伊始即颁布推广他在康熙《圣谕十六条》基础上延伸而成的《圣谕广训》，对民众进行思想教化，可以说是从正面防范异端邪教"煽惑人心"，以免"左道惑众""树党结盟"。他在《圣谕广训》的序言中说明颁发缘由："朕缵承大统，临御兆人，以圣祖之心为心，以圣祖之政为政，夙夜黾勉，率由旧章，唯恐小民遵信奉行，久而或怠，用申告诫，以示提撕。仅将上谕十六条，寻绎其义，推衍其文，共得万言，名曰圣谕广训。旁征远引，往复周详，意取显明，语多直朴，无非奉先至，以启后人，使群黎百姓，家喻户晓也。……共勉为谨身节用之庶人，近除夫浮薄嚣凌之陋习，则风俗醇厚，室家和平。"①雍正在此表明自己继承其父遗志，以使群黎百姓，家喻户晓，节用去奢，风俗醇厚。而他对圣谕第七条"黜异端以崇正学"作了如下推衍晓谕：

> 朕惟欲厚风俗，先正人心；欲正人心，先端学术……王道悉本正学，至于非圣之书、不经之典，惊世骇俗，纷纷藉藉，起而为民物之蠹者，皆为异端，所宜屏绝。凡尔兵民，愿谨淳朴者固多，间或迷于他岐，以无知而罹罪戾，朕甚悯之。自古三教流传，儒宗而外，厥有仙释。朱子曰：释氏之教，都不管天地四方，只是理会一个心；老氏之教，只是要存得一个神气。此朱子持平之言，可知释道之本指矣。自游食无籍之辈，阴窃其名，以坏其术，大率假灾祥祸福之事，以售其诞幻无稽之谈。始则诱取赀财，以图肥己。渐至男女混淆，聚处为烧香之会；农工废业，相逢多语怪之人。又其甚者，奸回邪慝，窜伏其中，树党结盟，夜聚晓散，干名犯义，惑世诬民。及一旦发觉，征捕株连，身陷囹圄，累及妻子。教主已为罪魁，福缘且为祸本。如白莲、闻香等教，皆前车之鉴也。又如西洋教宗天主，亦属不经，因其人通历数，故国家用之，尔等不可不知也。
>
> 夫左道惑众，律所不宥；师巫邪术，邦有常刑。朝廷立法之意，无非禁民为非、导民为善，黜邪崇正、去危就安。尔兵民以父母之身，生太平无事之日，衣食有赖，俯仰无忧，而顾昧恒性，而即匪彝，犯王章而干国宪，不亦愚之？甚哉！我圣祖仁皇帝，渐民以仁，摩民以义，艺极陈常，煌煌大训，所以

① 参见纪钧等总纂之《钦定四库全书》子部一"儒家类"中所收录《圣谕广训》序。

为世道人心计者,至深远矣。尔兵民等,宜仰体圣心,只遵圣教,摈斥异端,直如盗贼水火。且水火盗贼,害止及身;异端之害,害及人心。心之本体,有正无邪,苟有主持,自然不惑,将见品行端方,诸邪不能胜。家庭和顺,遇难可以成祥;事亲孝君,忠尽人事者,即足以集天体;不求非分,不作非为,敦本业者,即可以迓神庆。尔服、尔耕、尔讲、尔武,安布帛菽粟之,常遵荡平正直之化,则异端不待驱而自息矣。①

雍正帝晓谕的对象是广大兵民,针锋所指并非释老之教,而是那些"阴窃其名,以坏其术"的游食无藉之辈,以至白莲、闻香等教。雍正铺陈了此等"惑世诬民"之教的种种危害,无非是明末以降直至顺康朝以来一百多年不断取缔民间秘密宗教的回响和再现。令人瞠目的是,雍正除了重申传统律法所禁止的左道惑众、师巫邪术外,把西洋宗教亦列入荒诞不经之列,他提醒人民,只是"因其人通历数,故国家用之,尔等不可不知也"。如果联系康熙朝因礼仪之争而对天主教实行禁教政策,对此我们又会感到毫不奇怪。雍正元年十二月十七日(1723 年 1 月 12 日),朝廷准浙闽总督所请,将各省西洋人除送京效力外,余俱安插澳门;天主堂改为公所,误入其教者严行禁饬。这也是对康熙禁教政策的继承。雍正二年(1724)六月,雍正帝召见在京传教士,说明中国禁教理由,云:尔等欲我中国人尽为教徒,一旦如此,岂不成为尔等皇帝之百姓乎?教徒唯认识尔等,一旦边境有事,百姓唯尔等之命是从,虽现在不必顾虑及此,然苟千万战舰来我海岸,则祸患大矣!又言:中国北有俄罗斯,不可轻视。欧西各国,亦要担心。俄国使臣曾请求在各省通商,为朕所推辞,唯允彼等在北京及边境贸易而已。今朕许尔等居住北京及广州,不深入各省,尔等有何怨乎?"现朕既登皇位,朕唯一之本分,是为国家而治事。"②

同样是在雍正二年四月,雍正帝发布取缔邪教令,命严禁白莲、罗门等"邪教"。雍正帝以朱批谕湖广总督杨宗仁:"安良莫如除暴,扶正必先黜邪。"白莲、罗门等教"妄立名号,诳诱痴迷,假因果之说,饰诡异之迹,夜聚晓散,男女混杂,黠者同声相和,愚者罔识其非,争趋崇奉,党类潜滋,妨耕废织,莫此为甚",应"饬行所属,密访渠魁,严拿究惩"。又有朱批命署江苏巡抚何天培严禁江南"邪教",

① 《圣谕广训》见录于纪昀等总纂之《钦定四库全书》子部一"儒家类"中。
② 中国人民大学清史研究所编:《清史编年》第四卷《雍正朝》,中国人民大学出版社,2000 年,第 50—51 页。

云："此等若不伐绝根株，必致日久蔓延。"如"养奸遗患"，该管各官一并重处。五月，谕河南巡抚石文焯，严禁白莲教，"不惜重赏，弋获首恶"。六月间，又密谕江西巡抚严禁邪教，嘱以"毋得张大声势，以骇视听，唯当留心密访，设法缉获，只将为首者重惩，其余被诱者，概不深究"。[①] 六月十一日(7 月 30 日)，雍正对民间任意设坛求雨也加禁止，谕称：民间任意设坛，触犯鬼神，聚集不肖僧道，妄行求雨，殊属非分。嗣后，除奉旨外，只可在寺庙诵经求雨。如私自设坛，借求雨之名，妄作法术，即以妖言惑众治罪。时，又以妇女成群聚会，往寺庙进香，有坏风俗。经部议，将妇女往寺庙进香、起会之处，严行禁止，犯者照例治罪。其住持及门人不禁者同罪。[②] 九月十二日，山东巡抚陈世倌奏报：山东"邪教"，有大成、无为、罗祖、空子等名，以烧香诵经为事，以修真养命为说，有"真空家乡、无生父母"口诀，引诱愚民入教，每月纳钱供养。经密访，已于鱼台、金乡、单县拿获会首李万禄、张焕、王天保等多人。[③]

雍正八年(1730)正月，上谕内阁："从来左道妖言，如谶纬、图记、灾祥、祸福之属，皆足以惑世诬民，为人心风俗之大患。自古帝王皆深恶而严禁之，苟有犯者，必置重典，虽赦不宥，所以为世道民风计者至深远也。(中略)可知僧道、医卜、星相之类，往往为奸宄之所潜藏，不可不慎重也。昨总督范时绎又于江南人家，查出违禁图谶之书，是草野之间妖言惑众之风未尝止息。地方官员倘不能化导禁约，转从而崇信之，是竟以身为庶民之昌，又何怪闾阎无知之人，沉溺其中而不知觉悟耶？凡造为灾异祸福之说者，其言不验，则为害尚小；倘天时、气数偶与其言项合一二，则信者愈众而为害愈大，甚至心怀不轨之徒借此妖言，妄兴兵革，荼毒生灵，不可不防其渐也。"雍正对左道妖言之为害本质的认识足够清晰，主张防微杜渐，因而提倡忠孝之道，令兵民等安分循理，既以善恶必有报晓之以理，又以刑法重典使之畏惧。"满洲八旗大臣弁兵等，皆国家干城、腹心之寄，况我满洲忠义之气、技勇之才，实为人所莫及。果能安分循理，尽忠孝之道，无邪僻之行，自然上邀天地之恩，永受国家之泽。《书》曰：惠迪吉，从逆凶；又曰：作善降之百祥，作不善降之百殃。尔等但当于己身求之，为善必获善报，为恶必获恶报，所谓如影随形也。奈何舍可以获福之正理，而信从奸民无稽之言？被其牵累，轻则罹

① 中国人民大学清史研究所编：《清史编年》第四卷《雍正朝》，中国人民大学出版社，2000 年，第 76 页。
② 中国人民大学清史研究所编：《清史编年》第四卷《雍正朝》，中国人民大学出版社，2000 年，第 82 页。
③ 中国人民大学清史研究所编：《清史编年》第四卷《雍正朝》，中国人民大学出版社，2000 年，第 95 页。

于刑罚，重则丧及身家，不亦可怜之甚乎！大凡为欺人惑众之说者，皆市井凶顽无赖之辈。或胸怀不轨，冀以摇动人心；或贫困无依，欲以骗取财物。尔等试思之：天下焉有修道前知之人，不遁迹于清净寥廓之乡，而奔走红尘，与世俗相征逐者乎？”[①]值得注意的是，雍正谕令打击的左道妖言的“黑名单”里，僧道也赫然成为防范“奸宄之所潜藏”的重点对象。

由上可见，雍正年间“邪教”四起，已遍及湖广、江苏、河南、江西、山东等省。而事实表明，清廷取缔邪教的同时，佛教却也难逃池鱼之殃。对此我们只要翻看清统治者严禁邪教谕令，其中有关不法僧道或禁止妇女进寺庙烧香等等文字屡见不鲜[②]，就足以说明情况。雍正上述谕令中也提到“不肖僧道，妄作法术，妖言惑众；妇女成群聚会，往寺庙进香，有坏风俗”云云。在清政府看来，由于白莲、闻香等教经常夜聚晓散，男女混杂，以烧香祈福为名，而行伤风败俗、干犯法纪之实，所以为匡正社会风气，清帝谕旨一再重申禁止妇女私入寺院。当然，雍正对于臣下不当的“殃及池鱼”奏章，也往往予以驳回并加以处罚。如雍正三年（1725年）十二月初一日，御史钱以瑛条奏：请敕下各省督抚，勒令尼姑还俗；民间女子年至二十未嫁者速行择配。上谕：“朕于天下兆民惟恐一夫一妇不获其所，各省尼姑不下数万人，一时以官法勒令还俗，必致失所，朕不忍为。”责钱以瑛所奏“鄙琐不通”“庸迂胡涂”，命勒令休致。[③]

清廷不断严禁邪教，实际上也说明了清代“邪教”[④]的盛行。而民间社会中“邪教”之盛行，不仅迫使清政府进一步加强对佛教寺庙僧道的限制和管理，而且催生了清政府出台相应的法律进行制裁。清律以明律为蓝本，从顺治朝就开始修订，因为条例的形式灵活，便于及时将统治者的意志上升为法律，所以很受清

---

① 王先谦编：《东华录·雍正十六》。参周叔迦：《清代佛教史料辑稿》，《周叔迦佛学论著全集》第7册，中华书局，2006年，第3260—3261页。

② 查天聪五年(1631)上谕：“凡喇嘛班第居城外清净寺庙焚修，不许容留妇人，违者勒令还俗。其有施斋于喇嘛班第者，许令男人馈送本寺。若妇人私邀喇嘛班第到家者，以奸论罪。家人出首者，准其离主。钦此。”又，顺治十八年(1661)题准：“凡妇女不许私入寺庙烧香，违者治以奸罪。旁人能出首者，罚本犯银十两给之。”又，康熙六年(1667)议准：“喇嘛所住寺庙，若容留妇女行走者，将喇嘛班第鞭一百。其妇女之夫，系官，罚俸一年；系平人，夫妇各鞭一百。”参见马建石、杨育棠主编：《大清律例通考校注》，中国政法大学出版社，1992年，第542页。

③ 中国人民大学清史研究所编：《清史编年》第四卷《雍正朝》，中国人民大学出版社，2000年，第162页。

④ 此处的“邪教”即民间秘密宗教，是指佛、道等正信宗教演化而来的世俗化新兴教派，其同时依附于儒、释、道的思想信仰而流布于下层社会，遂被官府指为儒、释、道三教以外的异端邪教。为贯彻崇儒重道的文化政策，清代皇帝对打击异端，取缔邪教，可谓不遗余力。参庄吉发：《清朝宗教政策探讨》，《清史论集》(五)，文史哲出版社，2000年。

朝统治阶级的重视，其作用和效力往往在律之上。条例的数量增长很快，康熙时修律，附例290条，雍正时修律，例已达815条。[①]《大清律例》中关涉宗教的律例主要存在于刑律、户律和礼律中，如户律有私创庵院及私度僧道律例七条和僧道娶妻律；礼律有亵渎神明律和禁止师巫邪术律例七条，还有僧道拜父母律、术士妄言祸福律；此外，谋反大逆中的谋叛律和造妖书妖言律例四条也有牵涉宗教者。[②] 现将雍正朝附入大清律的治僧定例择其要者摘录几条。雍正元年(1723)八月，内侍郎李凤翥条奏定例：凡各省有迎神赛会者，照师巫邪术例，将为首之人从重治罪。其有男女嬉游花费者，照治家不严例，罪坐家长。[③] 雍正三年(1725)，刑部定例两条：其一，邪教惑众，除照律治罪外，如该地方官不行严禁，在京五城御史，在外督抚，徇庇不行纠参，一并交部议处。旁人出首者，于各犯名下并追银二十两充赏；如系应捕之人拿获，追银十两充赏。其二，僧道官、僧人、道士有犯狎妓、饮酒者，俱问违制，发原籍为民。[④] 雍正五年(1727)定例：僧人犯罪，凡拟斩绞免死，减等发遣，军流充徒枷号者，俱勒令永远还俗。至遣戍之所，令该管官严行稽查，其释回者，亦令地方官严行稽查，不许复为僧道。[⑤] 雍正七年(1729)覆准：游方僧道等，责令僧道官管辖，地方官遴选恪守清规者，咨部照例给札。[⑥]

透过《大清律例》和雍正朝定例，可以看出当时民间宗教的兴盛和不法僧道的种种流弊现象，同时也反映了僧尼在社会上的生活实态。雍正三年(1725)四月，雍正帝谕刑部：

> 朕每览所奏罪犯案内，多有僧人不法致干宪典者。为僧无清净心，行凶顽事，则其非僧也必矣。朕尝览释氏之教，虽不足为治世理民之用，而空诸色相、遗弃荣利，有戒定慧之学，有贪嗔痴之戒，为说虽多，总不出乎寡欲、摄心、戒恶、行善四端为大要也。为其徒者，虽有为禅、为律、为讲、为持诵之不同，然莫不以四端为本。至于混迹僧徒，实乖僧行者，饮酒食肉，肆为不法，

---

① 参见马建石、杨育棠主编：《大清律例通考校注》，中国政法大学出版社，1992年，第1页。

② 参见马建石、杨育棠主编：《大清律例通考校注》，中国政法大学出版社，1992年。

③ 迎神赛会即师巫迎请神像、开设祭会的活动，并常以此来迷惑众人并骗取钱财。大清律例中有禁师巫邪术例七条。参马建石、杨育棠主编：《大清律例通考校注》，中国政法大学出版社，1992年，第543页。

④ 参《大清会典事例》卷七六六、卷八二五。

⑤ 中国人民大学清史研究所编：《清史编年》第四卷《雍正朝》，中国人民大学出版社，2000年，第305页。

⑥ 《大清会典事例》卷五一〇《礼部·方伎》。

有应付、马流、鏖头、挂搭、闯棍、江湖、捏怪、炼魔、泼皮等名色。皆败坏僧教，甘为非法，何得称佛门弟子乎？若概以僧目之，则苗莠弗辨，泾渭莫分矣！朕非为僧人正其名色，盖核名实，辨是非，国家劝惩之法，不可忽也。尔部行文直省，嗣后凡遇缁流犯法，须按是何名色之僧人入案呈奏，审拟定罪。若既称戒僧，有干犯法纪之事，必严加治罪。[①]

在雍正年间，僧侣犯法除了诉诸刑律以外，还须勒令永远还俗，以免玷污佛教。雍正三年(1725)，刑部奏准，对不法僧道及僧道官之审处原例作修改如下：僧道官有犯，不论在京在外，依律径自提问，受财枉法亦计赃问罪。及僧道有犯奸诈盗伪、逞私争讼、怙终故犯，并一应赃私罪名，有玷清规妨碍行止者，究出俗家姓名，责令还俗，仍依律例科断。若犯公事失错、因人连累及过误致罪，于行止戒规无碍者，悉令纳赎，各还职为僧为道。[②] 雍正五年(1727)谕：僧人皈依释教，自当确守清规，置身方外，始为清净之徒。若干犯王章，身蹈罪戾，已为佛法所不容，何得复称释子，俾得借以为非？[③]

僧众干犯法纪，在雍正眼里不单是为世法所不容，更为佛法所难容，故须勒令其还俗不许再入佛门，以免破坏僧众原本应有的清净形象而使佛教遭到俗人的道德谴责。雍正朝对佛教僧众的法律约束、对僧众的严声苛责，也反映出当时僧团龙蛇混杂、僧尼良莠不齐的情形。故雍正对不肖僧道的上谕指责、对不法僧道的司法约束，看似严厉，实有助于整顿佛门。而其严厉镇压异端邪教，对佛教也有震慑作用——雍正对异端邪教采取的严厉禁令和打压，充分表明了他对异端、邪教的看法和态度，其中也夹杂着他对不法僧道、不肖僧道的鄙夷或痛恨，乃至恐惧和担忧等种种复杂的心理情感。在雍正看来，那些不肖僧道在民间妄作法术，妖言惑众，欺财骗色，败坏风俗，危害社会，他们所行实与异端邪教无异，而和正宗的释老之教有本质区别。

---

① 王先谦编：《东华录·雍正六》《大清会典事例》卷八〇九《刑律·斗殴》，参周叔迦：《清代佛教史料辑稿》，《周叔迦佛学论著全集》第7册，中华书局，2006年，第3231、3250页。

② 《大清会典事例》卷七二四《刑部·名例律》。原例为：僧道官有犯，系京官具奏提问，在外依律径自提问，受财枉法满数亦问充军。及僧道有犯奸诈盗伪、逞私争讼、怙终故犯，并一应赃私罪名，有玷清规妨碍行止者，俱发还俗。若犯公事失错、因人连累及过误致罪，于行止戒规无碍者，悉令运炭纳米等项，各还职为僧为道。参周叔迦：《清代佛教史料辑稿》，《周叔迦佛学论著全集》第7册，中华书局，2006年，第3235页。

③ 《大清会典事例》卷七五二，参周叔迦：《清代佛教史料辑稿》，《周叔迦佛学论著全集》第7册，中华书局，2006年，第3240页。

扶正必先黜邪，而黜邪也要示之以正。上述雍正在对“黜异端以崇正学”的晓谕中，援引朱子对释老之教的看法，释氏之教是要“理会一个心”，老氏之教是要“存得一个神气”，他称赞朱子是持平之论，“可知释道之本指”。雍正五年四月初八日，时逢佛诞，雍正帝谕内阁九卿等：“凡天下中外设教之意，未有不以忠君、孝亲、奖善惩恶、戒淫戒杀、明心性、端人品为本务者。其初创设之人，自然非寻常凡夫俗子，必有可取，方能令人久久奉行。”但“末学后人敷衍支离，而生种种悖谬之说，遂成异端”。[①] 雍正十一年（1733）三月十四日（4 月 27 日），其批评“假理学排诋释道之教”。谕中又引朱熹之言，训诫士子研究理学“必贵乎实心理会，实力施行”。雍正认为，理学有真伪，假理学排诋释道之教，自命理学，以为欺世盗名之计。而“佛仙之教，以修身见性、劝善去恶、舍贪除欲、忍辱和光为本，若果能融会贯通，实为理学之助。彼世之不知仙佛设教之意，而复不知理学之本原，但强以辟佛老为理学者，皆未见颜色之论也”。[②] 而对于佛教中的异端，雍正也有明确的界定：

> 释氏原以清净无为为本，以明心见性为功，所以自修自全之道，莫善于此。若云必昧君臣之义，忘父子之亲，弃置伦常，同归寂灭，更有妄谈祸福，煽惑凡庸，籍口空门，潜藏奸宄，此则佛教中之异端也。（中略）凡天下中外设教之意，未有不以忠君孝视，奖善惩恶，戒淫戒杀，明己性端人品为本者。其初创设之人，自然非寻常凡夫俗子，必有可取，方能令人久久奉行也，至末学后人敷衍支离而生种种无理悖谬之说，遂成异端矣。[③]

为了整顿禅门弊风，雍正帝特发一道上谕：

> 朕意禅宗莫盛于今日，亦莫衰于今日。（中略）虽宗徒愈盛，而宗旨愈泯矣，良可愍叹！特颁明谕，晓示丛林。目今直省诸刹堂头，若有自信无疑，已臻向上，如愿来见朕者，著来京，朕自以佛法接之。其深山穷谷之中，或有独

---

① 《雍正起居注》，参中国人民大学清史研究所编：《清史编年》第四卷《雍正朝》，中国人民大学出版社，2000 年，第 262 页。

② 《上谕内阁》，参中国人民大学清史研究所编：《清史编年》第四卷《雍正朝》，中国人民大学出版社，2000 年，第 564—565 页。

③ 《雍正起居注》，雍正五年四月初八日，谕旨。

老烟霞，不肯受盲师衣拂，自具正知正见之人，宜念宗风颓败，当出而仰报佛恩。果是实踏三关，知见超越，朕必褒赐禅师之号，令续从上诸祖法乳。设若以名利心，生侥幸想，一至朕前，水落石出。伊既希冀世荣，朕即投诸法网。其或本未自信，不过依样葫芦，既称禅徒，只得说法。正见、魔见两皆不具者，闻朕此旨，当竭力领众结制坐香，勤求本分。或摘钟撤板，或弃拂舍篦，重复加力参学，必期了证，毋再自欺误人。若大诳语成，则善因而遭恶果，何苦如此。其余缁侣，未受付嘱者，当念佛祖留此法门，原为众生生死，若不以了生死为念，披袈裟何事？要了生死，须明心地。勿守一知半解，得少为足；勿堕学识依通，未证谓证；勿但图妄嘱，出头误人。勿苟合世法，求名损己。所谓业识茫茫，无本可据。上则辜负佛祖眉毛拖地之深思，下则辜负自己本来具足之面目，长受沉沦，永依苦趣，诚为可悯，岂不惕然？（中略）若惟以邪知邪见，密传口授，欺己欺人，贪名逐利，世谛流布，毁犯戒律，则俗子之不如，岂法门所宜有！亟须自省，知往修来，毋负朕谆切护法训诲之至意。著该部传谕直省督抚，晓示天下宗门丛林。[①]

雍正虽然御极以来10年未谈佛法，但他对底层民众实施教化政策，复严禁异端邪教，打击不法僧道，尔后又反复告诫释子、士子何为正教、正学，批评假理学排诋释道之教是欺世盗名，直至针对禅门弊风专门宣谕。如此看来，他劬劳国政之际，又何尝离开过佛法？雍正朝有一位沈近思，浙江钱塘人，康熙三十九年（1700）进士，雍正五年（1727）由吏部左侍郎升为都察院左都御史。少孤贫，为僧灵隐寺。雍正帝通佛理，曾以问沈近思，对曰：“臣少年潦倒时，尝逃于此。幸得通籍，方留心经世事以报国家，亦知皇上圣明天纵，早悟大乘，然万机为重，臣愿皇上为尧舜，不愿皇上为释迦。即有所记，安取妄言，以分圣虑！”[②]以雍正的性格，他是既要做皇上，又要做释迦。所以，有学者说他是“身兼人王与法王”[③]，或者如本节开头所说，他“融法王兼人王之尊于一身”。

---

① 《御选语录下》卷十二《上谕附录》，载史原朋主编：《雍正御制佛教大典》，中国社会科学出版社，2004年，第616—618页。

② 中国人民大学清史研究所编：《清史编年》第四卷《雍正朝》，中国人民大学出版社，2000年，第244页。

③ 语出圣空：《雍正的佛教政策与事业》第一节《雍正身兼人王与法王》，《清世宗与佛教》第五章，台北中华佛学研究所，2000年。

三 介入僧争，提倡圆融

雍正做皇帝一共13年，前10年中基本上是在尽“人王”之责，我们可以回想他在雍正二年(1724)六月召见在京传教士说明中国禁教理由时所说的一句话：“现朕既登皇位，朕唯一之本分，是为国家而治事。”但雍正超越常人的地方是他的驾驭能力极强，在生命的最后3年，他为“法王”的角色也做了冲刺。这表现在他富有计划性地展开各项佛教事业：编语录、斋僧道、开法会等等。[①] 据雍正帝自述，编纂语录过程中阅读到圆悟和法藏之争，勃然而怒，于是写了《拣魔辨异录》加以声讨。然而，雍正不只在文字上大力批判“魔忍父子”，而且还动用皇权灭绝法藏一派，命令各省有司将其开除出“祖庭”，撤去其钟板，削去其宗支，销毁其著书。这就难怪后世说他不惜以帝王之尊干预僧争，臧否禅门大德。但联系其他因素综合来看，雍正这样做，除了抱有深隐之政治目的外，可能还在于他试图针对禅门现状而提倡佛学圆融思想，主张儒释道三教融合，佛教诸宗一致，禅宗五家一味，并主张整肃禅门弊风，鼓吹净土法门(师法云栖袾宏)。而其以帝王之权威提倡融合思想和念佛法门，不惟给当世禅门很大激励，而且对近世佛教迈向净土亦影响甚深，这也是不容置疑的事实。

雍正帝在这3年里对佛教的态度及其致力于佛教事业的功过得失，已有不少学人做了褒贬互见的评价。引人注目的是，圣空法师在《雍正的佛教政策与事业》中如是评论：“自清朝在关外时期开始接触佛教到入关后的顺康时期将近百年，此一时期，清廷的佛教政策从延续明律到逐渐修改与新增的过程中，反映佛教有不同明朝时期的发展与转变。而雍正对于顺康时期的佛教政策，几乎是全盘接收，举凡建寺护僧、亲撰碑文、赐封号等等。若是顺治、康熙曾巡幸的寺院，雍正更加以注重那些寺院的维护。尤其是顺治所景仰的玉琳琇国师门下法嗣所

---

① 雍正在即位时，已计划“十年后庶政渐理，然后谈及佛法”。因此，从雍正的佛教事业与对佛寺的建设、护持，也大多集中在十一年到十三年(1733—1735年)间，不难发现雍正是有计划地在发展他的佛教事业，只可惜雍正在位仅13年，无缘看到他振兴佛教。而在雍正执政的头10年，似乎也没有公开谈论佛法，仅能于朱批密折中得见一二。据雍正自述原因，一来是因政务冗繁，无暇骛外，二来则“恐天下臣民不知朕心者或起崇尚佛教轻视政事之疑”。待10年之后，朝廷政局大致已稳定，雍正开始颁发相关佛教方面的谕旨，以及编撰《御选语录》与《拣魔辨异录》，并于宫中举办法会，与天下释子、羽士以及王公大臣等，谈佛论道。雍正晚年对佛教藏经的刊刻极为拥护，发展佛教事业更是不遗余力，包括修缮佛寺、济助寺院以及传皇戒与斋僧等等。

驻锡的寺院，雍正还特颁上谕，督促官员注意寺院的修缮。此外，雍正在最后三年，则致力于佛教政策与事业方面，其公开度与盛大的情况，是清朝开国以来前所未有的，只可惜仅有短短的三年，但雍正对佛教事业的用心，值得称赞。”①据研究，雍正晚年的佛教事业主要有三项：一是编语录并刻藏；二是斋僧道、开法会与传皇戒；三是修缮护持寺庙。兹先对雍正晚年的佛学著作内容及其思想略加述评，然后再阐述其他两项佛教事业，以揭示雍正晚年的佛教态度和心境。②

（一）编纂语录，开刻藏经

雍正少年时即喜读内典，在读书时，将自己喜欢的文章编辑成《悦心集》，里面所选多是看透世事、任情放达的文章。如《醒世歌》曰：“南来北往走西东，看得浮生总是空。天也空，地也空，人生杳杳在其中。日也空，月也空，来来往往有何功？田也空，地也空，换了多少主人翁。金也空，银也空，死后何曾在手中？妻也空，子也空，黄泉路上不相逢。”据载，早年雍正也曾作《破尘居士录》，但终未刊刻行世。雍正晚年著述，刊刻者有四种最为著名：雍正十一年（1733）编成刊行《御选语录》19卷和《拣魔辨异录》8卷；继十二年（1734）刊行延寿和尚《宗镜录》大纲100卷后，他又于十三年（1735）精编而成《宗镜大纲》20卷刊行；同年又精选20种佛经，编成《经海一滴》6卷刊行。这几种著作基本反映了他的思想渊源和佛学造诣。

雍正十一年四月初一（1733年5月14日），编成《御选语录》，作《御制总序》。该文中，雍正帝自言其学佛经过及编纂用意，他称编此语录是为向众人指明“正法眼藏”“透三关之理”，使民物得安，不被邪魔蒙蔽。他开宗明义说：“朕膺元后父母之任，并非开堂秉拂之人，欲期民物之安，惟循周孔之辙。所以御极以来，十年未谈禅宗。但念人天慧命，佛祖别传，弃双眉拖地，以悟众生，留无上金丹，以起枯朽，岂得任彼邪魔瞎其正眼，鼓诸涂毒，灭尽妙心？朕实有不得不言，不忍不言者。”雍正自陈：“阅从上古锥语录中，择提持向上，直指真宗者，并撷其至言，手

---

① 圣空法师：《雍正的佛教政策与事业》，《清世宗与佛教》第五章，台北中华佛学研究所，2000年；又参陈肇璧：《雍正皇帝与清代佛教》，台湾师范大学历史研究所论文，1994年。雍正皇帝一生建设二十五寺，为奖励禅宗，修建十四寺；为扶助藏传佛教，启建九寺，尤以修建惠远庙供养达赖喇嘛用费四十万两最巨，后续补给修缮未计在内。修建各寺中以纪念康熙皇帝的计有十二寺，以尽人子孝道。对僧侣的控制甚严，禁止妄收徒众，剃度弟子，私自建庙。僧侣犯罪刑加一等。传皇戒之后在宫中启建禅七法会在教史上少见。斋僧十省亦为当代大事。

② 这里主要指雍正在世的最后三年，从雍正十一年至十三年。雍正于十三年八月二十三日（10月8日）子刻逝世，享年58岁。九月初三（10月18日），时年24岁的皇子弘历于太和殿即皇帝位，以次年为乾隆元年。

为删辑。(中略)其他披览未周,即采掇未及,非曰此外无可取也。”而他选录的这么多大善知识,“实皆穷微洞本,究旨通宗,深契摩诘不二之门、曹溪一味之旨。能使未见者得无见之妙见,未闻者入不闻之妙闻,未知者彻无知之正知,未解者成无解之大解。此是人天眼目,无上宗乘”。“至于净土法门,虽与禅宗似无交涉,但念佛何碍参禅?果其深达性海之禅人,净业正可以兼修,于焉随喜真如,圆证妙果。云栖莲池大师,梵行清净,乃曾参悟有得者,阅其《云栖法汇》一书,见论虽未及数善知识之洞彻,然非不具正知正见,如着相执有者之可比拟,亦采其要语,别为一卷,以附于后。兼此净土一门,使未了证者,建菩提道场,已了证者,为妙觉果海,途路之助。”①

《御选语录》共19卷,分正集、外集、前集、后集四类。其正集中采用了13位禅师的语录,依次为僧肇、永嘉觉、寒山、拾得、沩山佑、仰山寂、赵州谂、云门偃、永明寿、雪窦显、圆悟勤、玉林琇、茆溪森;而以道教祖师紫阳真人张平叔之《悟真篇》及自己与人问答言句编为《圆明居士语录》加入正集,收录于第12卷;外集则采云栖莲池大师语录;前集、后集则采达摩以下历代禅师之语录;最后把他即位之后在内廷与王大臣参究禅理举行法会而集成的语录,亦编为一卷名曰《御选当今法会》,附于《御选语录》卷十九。由此而知其编次之意:正集中以张平叔与诸禅师并列,以示紫阳之由道入释,调和释道二教;而于诸禅师前特冠以罗什门下之僧肇,最后又附入云栖莲池要语,其旨趣盖有调和宗、教、禅、净之深意。近人蒋维乔于此有评说:雍正既喜研禅理,又极提倡净土,“盖鉴于禅门空洞之弊,而欲矫正之,示学人以脚踏实地之修行也。其于净土祖师,特提莲池大师,以为模范”②。雍正本人在云栖语录序文中对他的编辑意趣也有说明:“达摩未到梁土以前,北则什公弟子,讲译经文;南则莲社诸贤,精修净土。迨后直指心传辉映震旦,宗门每以教典为寻文解义、净土为着相菩提,置而勿论,不知不觉,话成两橛。朕于肇法师语录,已详言宗、教之合一矣,至于净土之旨又岂有二?”“曹溪十一传而至永明寿禅师,始以净土提持后学;而长芦、北涧诸人,亦作净土章句。及明莲池大师,专以此为家法,倡导于浙之云栖,其所著《云栖法汇》一书,皆正知正见之

---

① 《御选语录上》御制总序,载史原朋主编:《雍正御制佛教大典》,中国社会科学出版社,2004年。

② 刘锦藻:《清朝续文献通考》卷八九,浙江古籍出版社,2000年,第8487页。参蒋维乔:《中国佛教史》卷四《雍正帝之参禅》,上海书店出版社,1989年,第5页。又参周叔迦:《清代佛教史料辑稿》,《周叔迦佛学论著全集》第7册,中华书局,2006年,第3139页。

说。朕欲表是净土一门，使学人宴坐水月道场，不致歧而视之，误谤般若，故择其言之融会贯通者，刊为外集，以示后世。”①

雍正十一年(1733)四月初八佛诞日，雍正帝为刊行《拣魔辨异录》8卷特颁上谕，载于卷首，并作序言。谕曰：“佛祖之道，指悟自心为本。是此说者，名为正知正见，用之以利人接物，令人直达心源，方得称佛祖儿孙。所言外道魔道者，亦具有知见。因其妄认识神生死本，以为极则，误认佛性，谤毁戒行，所以谓之外道魔道。”“朕览密云(圆)悟、天隐(圆)修语录，其言句机用，单提向上，直指人心，乃契西来的意，得曹溪正脉者。及见密云语录内，示其徒法藏辟妄语，其中所据法藏之言，骇其全迷本性。无知妄说，不但不知佛法宗旨，即其本师悟处，亦全未窥见。肆其臆诞，狂世惑人，此真外魔知见。所以其师一辟再辟，而天隐修亦有释疑、普说以斥其谬。然当日魔心不歇，其所著述，不行即毁。如魔嗣弘忍，中其毒者，复有《五宗救》一书，一并流传，冀魔说之不朽，造魔业于无穷。”雍正帝在此直接将法藏鞭挞为“外魔”，而其法嗣弘忍则为“魔忍”，虽有辟之者而“有德无位”，不起作用，故魔说肆行。“天下后世，具眼者少，不知其害，即有知而辟之者，有德无位。一人之言，无征不信，将使究竟禅宗者，怀疑而不知所归。而传染其说者，将谓禅宗在是，始而起邪信，继而具邪见。起邪信则正信断，具邪见则正见灭，必至处处有其魔种，人人承其魔说，自具之性宗不明，而言条之枝蔓肆出。今其魔子魔孙，至于不坐香，不结制，甚至于饮酒食肉，毁戒破律，唯以吟诗作文，媚悦士大夫，同于倡优伎俩，岂不污浊祖庭？若不剪除，则诸佛法眼，众生慧命，所关非细。”“朕为天下主，精一执中，以行修齐治平之事，身居局外，并非开堂说法之人。于悟、修何有？又于藏、忍何有？但既深悉禅宗之旨，洞知魔外之情，灼见现在魔业之大，预识将来魔患之深，实有不得不言，不忍不言者。”②

法藏与圆悟同是明末江南的著名禅僧。圆悟传法26年，言满天下，王公大臣皆自远趋风。他以“即事而真”为指导思想，以“棒喝交驰”教授学徒，突出“日应万缘而不挠其神，千难殊对而不干其虑”的禅风。圆悟示寂后，钱谦益为撰塔铭。法藏拜圆悟为师，但以直承北宋觉范(惠洪)的《临济宗旨》自居，以“危言深

① 《御选语录上》卷十三《云栖莲池宏大师语录》御制序，载史原朋主编：《雍正御制佛教大典》，中国社会科学出版社，2004年，第621页。

② 《御选语录上》卷十二《上谕附录》，载史原朋主编：《雍正御制佛教大典》，中国社会科学出版社，2004年，第609—610页。

论，不隐国是”，为士林所敬。从现存的言论看，他主张“但了凡心，别无圣解”，把着衣吃饭、嬉笑怒骂都看作禅的表现；以为人心即是“两端”，不参穷富善恶，不可得悟。这类观点与圆悟显然不同。当他作《五宗原》，阐发觉范对禅宗五家分宗的新说时，立即引起圆悟的驳难，由此开展了两家的争论，并延续到他们死后的清代初年。法藏的禅思想得到黄宗羲等明末遗民的赞赏。法藏著《五宗原》，于崇祯元年刊行。圆悟去信，言书中有离经叛道处。法藏弟子弘忍为捍卫乃师观点，著《五宗救》。圆悟曾著《辟妄救略说》5 卷，斥弘忍言论为异端邪说。[①] 至是，雍正编著《拣魔辨异录》，摘录《五宗原》和《五宗救》两书内容，指出其谬误，并下令禁毁之。上谕中称圆悟“其言语机用，单提向上，直指人心，乃契如来之意，得曹溪正脉者”。而法藏之言则“全迷本性，无知妄说”。雍正帝又以帝王之威对法藏一系实行排斥，谕各省督抚详查：“天下祖庭系法藏子孙开堂者，即撤钟板，不许说法；地方官即择天童下别支承接方丈。”同年四月初十日，又谕：“法藏、弘忍辈惟以结交士大夫，倚托势力，为保护法席计。士大夫中喜负作家居士之名者受其颟顸，互相标榜。”“况乃不结制，不坐香，惟务吟诗作文以媚悦士大夫，舍本逐末，如是居心，与倡优何异！若此，则将来佛法扫地矣。”[②]

雍正把死去近百年的法藏重新提出作思想鞭挞，敏锐的学者洞察清帝复杂的心态，认为这一事件颇具政治意义。[③] 他们由上谕中透露的消息，看出雍正介入宗门僧争并不是出于纯粹的佛学争论——雍正批判法藏弘忍辈为“邪魔外道”，表面是为维护所谓的“诸佛法眼”“众生慧命”，而其实争论的背后，有着深隐的政治原因：“这就是在法藏系下，多有明末遗民逃禅者，他们多怀故国之思，多

---

① 《清帝室和佛教》，参杜继文主编：《佛教史》，中国社会科学出版社，1991 年；又参陈肇壁：《雍正皇帝与清代佛教》，台湾师范大学历史研究所论文，1994 年。汉月法藏一系是清初流行在浙、苏、豫、湘各省的法派，门下最大支派灵岩退翁弘储结交反清义士，使雍正批判汉月被疑为真意在铲除祸根而非思想之争，史料证明思想仍是主要原因。

② 《御选语录上》卷十二《上谕附录》，载史原朋主编：《雍正御制佛教大典》，中国社会科学出版社，2004 年。圆悟和法藏之间本是宗旨之争，雍正为何不就事论事，而要把法藏弘忍辈与士大夫交接的问题抖露出来？尽管我们不能确切指出雍正关于这个问题的消息渠道及思想来源，但不妨做一些文献上的分析。也许他从康熙授命纪荫编写的《宗统编年》中读出了法藏在江南禅门和士大夫中的深刻影响，甚至“拣魔辨异”之语源在《宗统编年》中也多处可见。如“辨魔异于言前，验龙蛇于棒下”，“瑞光宏彻顶目和尚寂于穹窿草堂。彻说法凡十一会，居恒穆穆，不轻置可否。至辨异拣魔，驱耕夺食，单提陷虎一机，同时几与天童、三峰称鼎峙。所至人天拥戴，勇退急流，则真不愧天童之孙、三峰之子”。

③ 《清帝室和佛教》，参杜继文主编：《佛教史》，中国社会科学出版社，1991 年，第 520 页。

有忠义之士，这就不能不遭到清统治者的注目，必欲尽除之而后安也。”[①]雍正一再声称，他对佛教禅宗之旨有深刻了解，洞察“魔”外之情，因而自己的任务就是去邪扶正，息邪说以正人心。为此，他借干预圆悟和法藏两派的争论，镇住了法藏派，从而打击了明末清初遁入“空门”而怀有“故国之思”的明遗民，真可谓手到功成，一箭双雕。[②] 也有学者联系清刻《大藏》来进一步说明雍正编撰《拣魔辨异录》和《御选语录》的政治目的，认为这是雍正“在诗文经义题目上大兴文字狱，血腥镇压叛逆后，又继续企图在佛教领域内进行思想镇压了”；雍正的这两部书一破一立，实则要给佛教制定一个合乎其统治利益的政治标准。如雍正在《御选语录》中特别指责那破除偶像崇拜的“丹霞烧木佛”公案，“实为狂参妄作”。他辩论说：据丹霞之见，木佛之外别有佛耶？“若此，则子孙焚烧祖先牌，臣工毁弃帝王位，可乎？”又对于另一则公案“一古德殿前背佛坐，又一古德入殿向佛唾”，雍正也加以指责道：此等见解与丹霞同。“当日但问此二狂徒，你道除此殿中佛，尚别有何佛？此等无稽魔说，何堪提倡书录挂齿？”故此，雍正不管“其言虽皆数千百年以来人人之所提倡，其人虽皆数千百年以来人人之所推崇”，其“公案皆古今丛林中日日所举似者，朕悉不录”。他宣称这是“禀觉王令，黜陟古今”。[③]

对雍正编《御选语录》和《拣魔辨异录》，除了从上述政治角度来洞察外，也有人从单纯佛教角度来解读的，如蒋维乔在其名著《中国佛教史》中论及雍正之参禅时，委婉地说：“帝盖鉴于明末禅门党同伐异之弊，徒在知见上逞机锋，而忘却向上一着，故慨乎言之。观《御选语录》后序中性音劝帝研辨五家宗旨，帝谓五家

---

① 参石峻、楼宇烈等编：《中国佛教思想资料选编》第3卷第3册，中华书局，1989年。该书指出，雍正亲撰《拣魔辨异录》，表面上是评论明末清初临济宗内部天童圆悟与其弟子三峰汉月法藏（以及法藏弟子弘忍）两系之间的争论。雍正以帝皇之权威，公开站在圆悟一方，直斥法藏与弘忍的理论为魔说，并下令削去其所传的所有支派，永远革除于“祖庭”之外，将他们的著作尽行毁版。其实，在这场所谓维护“诸佛法眼”“众生慧命”争论的背后，有着隐深的政治原因。

② 吴振棫：《养吉斋丛录》卷十四，中华书局，2005年。参见史仲文、胡晓林主编：《中国全史》第17册，人民出版社，1994年，第541页。

③ 参张德钧：《关于清刻大藏与历代藏经》，《文史》第3辑（1963年3月）。张氏认为，雍正所编语录及他对待禅宗公案的批判，反映了“他是怎样不容许人稍微存有一点叛逆思想”。《拣魔辨异录》是作为破的榜样，《御选语录》则是作为立的榜样。破与立原是相因的，立是要在破处立，所以《拣魔辨异录》狂诋法藏、弘忍，《御选语录》标榜的东西也就完全跟法藏、弘忍派针锋相对。张氏进一步认为：“清朝之刻大藏，据我考察，并不是从一般宗教的‘广种福田’出发，而是抱有极深隐的政治目的，欲借此以消除潜伏在佛教内的反满分子的反满思想。明亡以后，有很多不忘故国的知识分子穿上僧服，表示既不作降臣，也不当顺民。他们的讲经说法，实际就是宣传不投降主义。凡有良心的人对他们都很尊敬，愿意出钱刊刻他们的著作，收入于可以永远保存的《又续藏》。这不能不引起清朝统治者的注意和视为隐患，所以雍正要重刻大藏，正就是针对着此种情况而来。其所增所减，收入什么，不收入什么，都以是否合乎他们的利益为准则。”

宗旨，同是曹溪一味，不过权移更换面目接人，可知帝乃不承认有五家之区别，而主张五家一致之说者。其驳弘忍之《五宗救》，特就门户之见最甚者斥之耳。”蒋维乔由此进一步用雍正上谕说明他主张三教一致说，谕云：“粤稽三教之名，始于晋魏，后世拘泥崇儒之虚名，遂有意诋黜二氏。朕思老子与孔子同时，问礼之意，犹龙之褒，载在史册，非与孔子有异教也；佛生西域，先孔子数十年，倘使释迦、孔子接迹同方，自必交相敬礼。（中略）后世或以日、月、星比三教，谓某为日，某为月，某为星，朕意不必如此作拘碍之见，但于日月星之本同一光处，喻三教之异用而同体可也。观紫阳真人之外集，自可无疑于仙佛一贯之旨；道既一贯，愈可以无疑于三教并行不悖之理。爰附及于此，使天下后世，真实究竟性理之人，屏去畛域，广大识见，朕实有厚望焉。”[①]于此，蒋维乔总结说：“由上言之，可知帝更主张三教一致之说者。以《史记》孔子问礼于老聃之故事，引证儒道二教之根本相同，并引隋李士谦以佛比日、以道比月、以儒比五星之说而修正之，此亦宋明以来三教合一论之影响，而帝之主张，更为鲜明也。”[②]

诚然，要弄清雍正编语录的真正旨趣，应把《御选语录》和《拣魔辨异录》两书联系起来读，而不能割裂开来。对这两部语录，雍正确实是一立一破，精心组织。《御选语录》着眼于立，故以选录历代禅宗名师语录为主，同时也特别表彰明代云栖大师袾宏的净土法门。雍正在每卷语录前都有亲撰序言一篇，计有20余篇，其中充分反映了他对佛教的一些基本看法。如在禅宗方面，他强调五家宗旨同是曹溪一脉；在禅教方面，则强调宗教合一，特别是禅净无二；进而在儒佛道三教关系上，他认为“三教之异用而同体”，倡导三教一致，并行不悖。[③] 在雍正看来，三教皆能“致君泽民”，“三教之觉民于海内也，理同出于一源，道并行而不悖”。而《拣魔辨异录》着力于破，破除其不合乎统治阶级政治标准的“魔外之见”“邪说异端”及“叛逆”思想等，以维护和巩固其统治秩序，这其实也是他继承顺治、康熙以来一以贯之的在佛教思想领域实行“崇正黜邪”的方针政策。总的来看，这两部著作贯穿了雍正的一个基本的思想，即以“崇儒重道”思想作为统治思想的同时，要充分发挥佛道二教“阴翊王道”的作用。为此，他以君主的威权，既倡导佛教内部各宗派的一致，又提倡儒释道三教同源论，这无疑给清代佛教的生存和发

① 《御选语录上》卷十二《上谕附录》，载史原朋主编：《雍正御制佛教大典》，中国社会科学出版社，2004年。
② 参蒋维乔：《中国佛教史》第十七章《雍正帝之参禅》，上海书店出版社，1989年。
③ 参石峻、楼宇烈等编：《中国佛教思想资料选编》第3卷第3册，中华书局，1989年。

展指明了方向。

清代官版藏经之刊行，始于雍正时代。雍正十一年(1733)，特开藏经馆，延请博通教义的僧人于北京贤良寺校阅编稿。正式开刊始于雍正十三年(1735)二月，至乾隆三年(1738)十二月完成，前后历时4年，史称《龙藏》。内容系据明刻《北藏》本而增入经论义疏及禅宗语录等，凡724函，1 670部，7 240卷。总理藏经事务者为和硕庄亲王允禄，参加监造、校阅人员共70余人。但雍正未来得及见其刻竣，开刻半年后就去世了。与此同时，雍正帝开展了搜缴民间邪教经卷的行动。江西巡抚奏报收缴邪教经卷情形：到任后，即令各属遍谕乡村，除释道二教经卷外，一应“邪经”，令其归官自首。现赣县、长宁县、乐平县等处民人自首出罗教《大乘经》共二百余卷，俱称系伊先人遗留。十一月二十日，又奏：自遍谕习邪教者抱经自首以来，各县已首缴大乘罗教九百七十部。仍饬再加稽查，务使缴收净尽。次年，江西按察使凌某传示：嗣后如有私习罗教者，为首者照左道异端惑人律拟绞；不行首报之邻佑、总甲人等，均照律杖一百；凡将罗教经典隐藏在家，不行首出销毁者，枷号两个月，杖一百。[①]

（二）斋僧道、开法会与传皇戒

雍正在批判“魔藏邪外知见”，动用行政力量解决僧争、肃清禅门党同伐异之流弊的同时，也谕令天下采取直接安抚僧众举措。雍正十一年三月二十七日(1733年5月10日)，命十省督抚斋僧道十万人。先是，冬春雨雪稀少，雍正帝“减膳斋居，修省政事”，且于各处立坛祈祷，总未见应。又命京城斋僧道万人，并默许，若蒙天赐甘露，当于各省会斋僧道十万人，“以广仙佛慈恩”。本月二十六日，大雨，四野均霑。本日，谕：著直隶、山东、河南、山西、陕西、江苏、安徽、江西、浙江、湖广十省督抚，各于省城寺观斋僧道一万人，“为朕酬还得雨之愿，以佑直省雨旸时若之举”。四月二十六日，李卫奏：于保定城外灵雨寺斋僧，城内城隍庙斋道，每人素菜一大碗、面馍馍一斤、大制钱一百文，拟于五月初一日开始。本年五月至七月，其余各省相继奏报，情形与直隶大同小异，每省共用银一千两至二千余两不等。[②]

雍正帝于即位前曾与僧道喇嘛多有来往，即位后曾告近臣曰：“朕欲治世法

① 中国人民大学清史研究所编：《清史编年》第四卷《雍正朝》，中国人民大学出版社，2000年，第619页。
② 中国人民大学清史研究所编：《清史编年》第四卷《雍正朝》，中国人民大学出版社，2000年，第565页。

十载，然后开明释法。”至十年后政事渐理，他果然重讲佛法，乃集王大臣、僧道共 14 人研究佛教禅宗，同时编辑《御选语录》19 卷。其第 12 卷为《和硕雍亲王圆明居士语录》[①]，第 19 卷为《当今法会》。据雍正十一年九月十五日（1733 年 10 月 22 日）为《当今法会》所撰写序文云：“朕自去腊阅宗乘之书，因选辑从上古德语录，听政余闲，尝与在内廷之王大臣等言之。自春入夏，未及半载，而王大臣之能彻底洞明者，遂得八人。”“选刻《语录》既竣，因取王大臣所著述曾进呈朕览者，择其合作，编为一集，锡名为《当今法会》。”雍正帝在宫中举行法会，召集天下有学行僧人参加。他亲自说法，俨然以“宗师”自居，收门徒 14 人：庄亲王允禄号爱月居士，果亲王允礼号自得居士，宝亲王弘历号长春居士，和亲王弘昼号旭日居士，平郡王福彭号如心居士，大学士鄂尔泰号坦然居士，大学士张廷玉号澄怀居士，左都御史张照号得意居士，文觉禅师元信雪鸿，悟修禅师明慧楚云，妙正真人娄近垣，僧超善若水，僧超鼎玉铉，僧超盛如川。计亲郡王五人、大臣三人、僧五人、道一人。

雍正本人对此法会自有一番感慨：“夫古今禅侣，或息影云林、栖迟泉石，或诸方行脚，到处参堂，乃谈空说妙者，似粟如麻，而了悟自心者，凤毛麟角。今王大臣于半载之间，略经朕之提示，遂得如许人一时大彻，岂非法会盛事！”对经他仅半载点拨而“彻底洞明者”，他也有一番自白性解释：“朕居帝王之位，行帝王之事，于通晓宗乘之虚名何有？况此数大臣皆学问渊博，公忠方正之君子，一言一行，从无欺妄，又岂肯假此迎合，为谄谀小人之事？朕又岂肯莫传口授，作涂污慧命之端？诚以人果于心性之地直透根源，则其为利益自他，至大而至普。朕之拳拳于此，故非无谓而然也。”[②]

雍正十一年（1733）四月十九日，雍正特谕和硕庄亲王等人，告知将于明春

① 蒋维乔《中国佛教史》（上海书店出版社，1989 年）中称《圆明居士语录》“颇多奇拔之语”，并录一二则于书中，如：“众生不了，犹如小儿放风筝相似，随风放去，风定却复收来；收来放去，实同儿戏，何日是了期？所以古德每拈云：‘脚跟下红丝断也未？’此语甚亲切，譬如风筝线断，纸鸢落在何处？参。”“学人初闻道，空境易，空心难；究竟则空心易，空境难；空境而不空心，到处为碍；空心而不空境，触途成滞；应知心外复有何物可空，物外复有何心可空？所以云：‘我自无心于万物，何妨万物常围绕’；少有分别心，则非第一义。若不如是，必不能守。”

② 《御选语录》卷十九《当今法会》，载史原朋主编：《雍正御制佛教大典》，中国社会科学出版社，2004 年。圣空法师于此评论说：虽然雍正在内廷举办法会，赐予门徒封号，有自比“宗师”之嫌，但于佛教并无破坏之举；且从另一方面来看，雍正举行宫中法会，并无影响朝廷政事。况且召集全国有学行的僧人参加，这不也是宣传帝王崇佛的一种方式？除了可以提倡宫中信佛的风气外，若能以此激发佛门僧众早于“了悟自心”，不也是对佛教的一种贡献？

"放皇戒"。待雍正十二年(1734)二月十三日,僧众抵达京城,十五日,庄亲王带领宝华山住持僧福聚[1]引见。雍正谕:"将悯忠寺改为法源寺。"并于二月二十日,命开皇坛传戒。二月十四日,谕庄亲王带领福聚于圆明园引见,赐紫衣四顶,并御制诸经典。雍正上谕:"将宝华山执事僧一百二十众及新受皇戒僧一千八百十九人,每班十人次第引见。"可见雍正对此次朝廷传戒非常重视;而原本欲收1 500名僧人,却激增为1 800多人,多出300余人,可见受戒僧之踊跃。待四月五日,长达约45天的戒期圆满时,雍正特谕庄亲王等,劝勉新受戒僧众"人人上达,各各了悟",勿成"佛门罪人"。谕曰:

> 尔等谕新受皇戒僧人等,夫持律讲经,因为佛制要务,若不明此本性,纵然持律,俱属空虚。必须明了本性,持律是为真持律,讲经是为真讲经,方为克尽持律讲经之道。如宗门更属紧要,彼又不持戒、又不讲经,若不了悟,实为佛门罪人,较之持律讲经之人,更属不可。尔等新受戒众,荷蒙朕恩,得受皇戒。朕期尔等人人上达、各各了悟,方为不负朕恩也。再著询问伊等,如有向上者,情愿入内闭关操持以洞澈为期,朕以本分钳锤,令其透彻;如纵有一知半解,示莫出宫门。如在内居住,而又不能了明此事者,实为深负朕恩之辈,必将原戒追回,仍从重惩治。尔等将情愿入内者,以识字不识字分为两起,在前带领引见,其余随后次第引见。其福聚并执事等十人从优赏赐之处,议奏,钦此。[2]

同年五月初二,担任此次传皇戒的执事僧福聚和尚,恳请庄亲王、和亲王转奏,将其祖庭宝华山三代祖师所著律宗五部编入清刻《龙藏》,福聚的奏言如下:"臣僧念:本山第一代臣僧寂光著有《梵网直解》四卷,二代臣僧读体著有《毗尼止持》十六卷、《毗尼作持》十五卷、《三坛正范》四卷,三代臣僧德基著有《毗尼关要》十六卷,诚乃戒律之楷模,可为苾刍(比丘)之纲领。今蒙圣恩重修《大藏》,敬将

---

① 福聚奉世宗之召,于北京法源寺传戒,令法嗣天月性实继承该寺,千华派遂开始分支于京师。师回宝华山时,世宗尝赐内帑修饰该寺。得戒学徒号称有10万。寂于乾隆三十年(1765),遗作有《瑜伽补注》《施食仪轨》《南山宗统》《宝华志余》等。

② 参圣空:《雍正的佛教政策与事业》注100,《宝华山志》卷之首《御制》,《中国佛寺史志汇刊》第1辑第41册,台北明文书局,1980年,第1页。

三代著述，上恳天慈，收录末学，编入《大藏》，续如来之慧命，作后学之津梁。臣僧福聚，躬阐殊恩，不胜感格之至。”①

（三）修缮护持寺庙

从雍正所亲撰的碑文当中，不难发现，雍正在晚年所修缮或护持、济助的佛教丛林古刹，大多是顺治所礼遇的玉琳琇一派驻锡之处，或康熙曾巡幸、修缮、赐匾的寺院。尤其雍正还有意护持玉琳琇一派曾驻锡的湖州之报恩寺、磬山之崇恩寺、海会寺等各寺。雍正一方面打压法藏一系宗支，将其永远开除出祖庭，另一方面又对玉琳国师一脉十分关心，不仅把玉琳国师语录收入《御选语录》，敕入大藏，还十分关心玉琳有无嫡系法裔，亲自安排接续玉琳法门的门徒②，并且爱屋及乌，对玉琳曾经住持过的道场也加以精心修缮护持。

雍正十二年（1734）三月二十日，谕知和硕庄亲王、内大臣海望：“实怡居住之报恩寺，实彻居住之磬山，此二处常住，现有无香火养赡？或足用否？著李英即传知隆升、海保，查明奏闻料理。实怡、实彻入院时，著隆升、海保会同地方官，送伊等入院等因，钦此。”同年四月初四日，奉上谕据留保奏称：“湖州之报恩寺，磬山之崇恩、海会等寺工程，将次告竣，三处香火田，具稍不足，工完之日，请用余银增置田亩，俾得接容僧众等与语。报恩寺应增之田，交隆升自称，查得崇恩寺内现有香火田地一百八十亩，丰岁收租，不过百金，遇歉便难足数，今在寺僧众四十余人，养赡已稍不敷，将来开堂接众，寺僧必自增盛。奴才酌量此处应再增二百亩。其海会寺内现有香火田地七十亩，寺僧三十人，养赡亦少，奴才酌量此处应再增田八十亩，中等田价，约共需银一千五六百两。”雍正朱批道：“好！还觉少些，汝可酌量办理，若可小敷用，则不必加增。”③

雍正所兴建修缮的佛寺，大多是他所表彰的磬山系玉琳琇一派驻锡之处。

---

① 参圣空：《雍正的佛教政策与事业》注101，《宝华山志》卷之首《御制》，《中国佛寺史志汇刊》第1辑第41册，台北明文书局，1980年，第1页。

② 参褚柏思：《中国禅宗史话》，台北新文丰出版社，1981年，第263—264页。雍正以佩服玉琳国师，因而求国师之嫡嗣。众举高旻寺天慧澈禅师以应，即见。雍正问：“你是国师嫡嗣，还识国师宗旨否？”澈答：“我有癞痢头在（澈是癞痢头）。”帝乃以剑拟之曰：“割你癞痢头时又如何？”澈惊不能答。帝曰：“君无戏言，宫中有禅堂，限你七天，如答不出此语，必割癞痢头。”澈乃进禅堂去参究，帝派人天天在禅堂门外报时，在这种警惕之下，澈不遑宁坐而急跑，到第七天，因跑急撞在柱上，遂豁然大悟！求见雍正。帝曰：“且喜你已识国师宗旨。”从这段公案，高旻寺禅堂内订立了半坐半跑制度。又参陈垣《清初僧诤记》载乾隆八年谕旨云：雍正十一年八月，以玉琳、茆溪法嗣不昌，命超善、超鼎、超盛三人嗣茆溪后，并参与雍正的“宫中法会”。十三年闰四月，又续以超海、超源、超广、超成四人嗣之。

③ 参《宫中档雍正朝奏折》，雍正十二年七月初三，海保奏折，第267页。

可见雍正对其皇祖顺治曾经恩宠的磬山系一派的景仰。其实，雍正对玉琳国师的景仰和推崇，也可从十一年（1733）八月朔日他为玉琳国师语录所作的御制序中得到印证，文曰：

> 我朝之初居东土也，风俗淳古，实忠实孝，直心直行，历代敬礼佛天，而于僧道，并无不问高下，一概尊敬之事，与蒙古习尚迥殊。我皇祖世祖章皇帝抚有方夏，万几余暇，与玉琳琇、茆溪森父子，究竟心性之学，一时遇合。盖与黄帝、成汤之事，无二无别，非我朝夙有崇僧之习而然也。朕览玉琳琇父子之书，阐扬宗乘之妙旨，实能利人济世。如杲日在空，迷云顿净；如清钟响夜，幻梦旋消。惠当来龙象于无穷，媲从上佛祖而不愧，用是采辑校刊，传示后世。因念帝王访道于高世之士，乃古圣之盛轨，而自昔世儒，每于二氏限量区别，朕不忍将来者之终懵，而不为之剖析也，故叙其说如左。至于万善殿西苑说法，并奏对机缘，虽载自骨岩《侍香纪略》，但皆佛法中事，非装点夸张妄谬之说，亦玉琳琇扬日月之光华，作人天之眼目处，尚足取者，故采编数则，敬昭皇祖当日之恩遇云。①

雍正于此特别拈出，堪值注意者至少有两点：其一，清朝历代敬礼佛天，对僧道并无不问高下，一概尊敬之事，这一点与蒙古习尚迥殊；其二，顺治与玉琳父子一时遇合，犹如古圣帝王访道于高世之士，而自昔世儒"每于二氏限量区别，朕不忍将来者之终懵，而不为之剖析"。雍正的意旨爱憎分明，天童系木陈当年也同样受顺治恩宠，但雍正嫌其著述《北游集》"狂悖乖谬之语甚多"而不喜之，如同《侍香纪略》多"装点夸张妄谬之说"，乾隆帝即位后以此等书籍"干涉时事，捏造言词，夸耀恩遇"，下令督抚密访销毁。② 当世禅门有新旧势力之诤，而靠近清朝的新派之中，玉琳和木陈也有微妙差别，陈垣《清初僧诤记》论之甚详，特别提到玉琳借新朝恩宠而纵容门徒霸占善权寺，以致被人报复，寺院遭焚，最后落到仓

① 《御选语录上》卷十一《御制序》，载史原朋主编：《雍正御制佛教大典》，中国社会科学出版社，2004年。此中"黄帝、成汤之事"，雍正用来比喻顺治与玉琳国师之遇合，就像历史上的圣王问道于高人。

② 《北游集》是木陈道忞北游大内之说法集录。卷一收录大内万善殿之语录，卷二收奏对机缘，卷三收奏对别记上，卷四收奏对别记下，卷五收偈、赞，卷六收杂著，卷末附录顺治十七年的《御札》一篇。雍正即位后，曾对《北游集》所载甚表不满，谓该书"狂悖乖谬之语甚多"，而下敕销毁。

皇出逃、客死他乡的悲惨结局。直到雍正十三年(1735)朝廷修复善权寺,此一陈年旧案才得以了结。具体查办此案的江苏巡抚高其倬受到雍正嘉勉,称"高其倬原任督抚,为此一案查奏可嘉"。但雍正又认为,高其倬对陈氏家族的惩处还应更严厉些。[①]

雍正于十三年八月二十三日(1735 年 10 月 8 日)子刻逝世。资料表明,距离其去世前两三个月,他还处理了如下几件有关修缮护持寺院的事项:十三年五月十八日(1735 年 7 月 8 日),时王士俊奉旨修整河南少林寺,将改建方案绘图奏闻,有旨命其照颁发之图样修建。同日,海保等又因奉旨修葺杭州净慈寺,查勘估工需银七万六千余两,奏闻。有旨命另议。朱批:"岂有动七、八万钱粮修整寺庙之理? 大关舆论,使不得。应减可以将就者。"七月初三海保奏:修理净慈寺工程估工料银二万九千八百余两。[②]

四 三教同源,牖民觉世

对于雍正朝的历史贡献,史家没有多大的争议,而对于雍正帝与佛教的关系则褒贬不一,迄今尚无定论,仍有许多问题值得深入探讨。

其一,雍正帝讲佛论法不同凡响,其核心理论是"三教同源"。

雍正御极后 10 年间不言佛事,据其自述,一则政务冗繁,无暇骛外;二来"恐天下臣民不知朕心者或起崇尚佛教、轻视政事之疑",这大体如实。至雍正十一年(1733),政局大定,一再颁发佛学谕旨,其中最注目者为三教同源论。"三教同源"思想,明代儒佛人士已多所阐发,雍正熟读经史,尤涉内典,深造而自得,形成自己一套理论。他说:"朕惟三教之觉民,理同出于一原(源),道并行而不悖。""朕以持三教之论,亦惟得其平而已矣。能得其平,则外略形迹之异,内证性理之

---

① 参圣空:《雍正的佛教政策与事业》注 94,《宝华山志》卷之首《御制》,《中国佛寺史志汇刊》第 1 辑第 41 册,台北明文书局,1980 年,第 1 页;张文良:《雍正与禅宗》,台北老古文化事业公司,1997 年,第 74—75 页。有关"善权常住诤"的纷争,其实并非只是单纯的寺产纠纷,实则更是掺杂宗派的新旧势力斗争,可参陈垣《清初僧诤记》。玉琳安详圆寂于清河(今淮安)慈云寺,该寺现存,号称"国师道场",留有玉林肉身,后毁于"文革"中。

② 中国人民大学清史研究所编:《清史编年》第四卷《雍正朝》,中国人民大学出版社,2000 年,第 650、657 页。

同，而知三教初无异旨，无非欲人同归于善。"于此，他不厌其烦举例证明：

> 夫佛氏之五戒十善，导人于善也；吾儒之五常百行，诱掖奖劝，有一不引人为善者哉？""古人有曰：周孔六经之训，忠孝履其端；李老二篇之言，道德创其首；瞿昙三藏之大，慈悲为其本。事迹虽异，理数不殊，皆可崇可慕者。""又有曰：以佛治心，以道治身，以儒治世。又有曰：佛之言性与诸书同，圣人同其性，则广为道德，人能同诚其心，同斋戒其身，同推德于人，则可以福吾亲，可以资吾君之安天下。又有曰：人谓释氏惟务上达，而无下学，不思释氏之六波罗蜜，由禅定而到彼岸，岂非下学上达之旨乎？又有曰：天下无二道，圣人无两心。盖道者先天地而生，亘古今而常存，圣人得道之真以治身，以其绪余土苴治天下国家，岂不大哉！故圣人或生于中国，或生于西方，或生于东夷、西夷，生虽殊方，而其得道之真，若合符契，未始殊也。①

雍正帝胪列以上种种，意在说明"三教虽各具治心、治身、治世之道，然各有所专，其各有所长、各有不及处，亦显而易见"。他表示自己"于三教同原(源)之理探溯渊源"，乃"公其心而平其论。令天下臣庶，佛仙弟子，有各挟私心、各执己见、意存偏向、理失平衡者，梦觉醉醒焉。故委曲宣示，以开愚昧"。由此他特谕：凡有地方责任之文武大臣官员，"当诚是朕旨，加意扶持出家修行人，以成大公同善之治"。又强调说："世言儒佛道三教各有所宗，究之三教之用虽殊，而其体则一。盖古近只此一理，其立教者大抵皆生知上哲、超越等伦之人，如吾儒之五帝、三王、先圣、先师，如释道之佛老，皆性地通明、全体莹彻，皆洞烛至理之精微元妙者。是以言性言心，曰中曰一，无不吻合，但各就所见，为之阐发流传，以牖民觉世。"雍正强调三教形迹虽殊，但道出于一，这个理论并不新鲜，然而他热心提倡，不无政治作用，或者说赋予了它新的内涵和意义。譬如他说圣人生地，虽中土、西方、东夷、西夷有别，但得道之真，则若合符契未始殊也。这与他在《大义觉迷录》卷一中主张华夷无殊类似："盖生民之道，惟有德者可为天下君。……我朝既仰承天命，为中外臣民之主，则所以蒙抚绥爱育者，何得以华夷而有殊视？……

① 《清世宗关于佛学谕旨》二，《文献丛编》上。参杨启樵：《雍正帝及其密折制度研究》，上海古籍出版社，2003年，第22页。

不知本朝之为满洲，犹中国之有籍贯，舜为东夷之人，文王为西夷之人，曾何损于圣德乎?"由此可见，雍正主张三教同源，有针对性地驳斥华夷之辨的排满思想因素，间接也在申辩满洲统治中原的合法化。①

其二，雍正帝好佛不废政事，而忌佛门中人"好干世法"。

雍正好佛体现在许多方面，最好的体现是他晚年刊刻了多种佛学著作，这在历代崇佛的帝王中是不多见的。除了《御选语录》和《拣异辨魔录》外，还有《经海一滴》《宗镜大纲》两种。《御选语录》，他不仅躬自编纂，而且亲手书序。内中有永明禅师最为伊倾倒，《宗镜大纲》即为雍正对永明著100卷《宗镜录》的精编。永明著有《宗镜录》和《万善同归集》，前者系集门下英哲之士，汇合中土印度佛经及圣贤著作编纂而成，以万法唯心统领一切宗教；后者融合儒佛禅净，唱万善同归、禅净合一，与万法唯心相呼应。此等思想正与三教同原论相合，因此雍正推崇不已。上文雍正令地方文武大臣官员要诚心领会他提倡的三教同原之旨，"加意扶持出家修行人"，那是因为出家人修行的佛道与圣道"异体而同用"，"可以资吾君安天下"，"牖民觉世"，但若出家人贪慕世荣，"好干世法"，雍正则毫不留情予以抑制。检阅雍正十一年(1733)数道御旨，表明均为僧道而发，实际上多牵涉政事。如玉琳与木陈在顺治朝并受礼遇，雍正一则扬之升天，一则抑之入地，因玉琳摒绝虚荣，与皇帝尽为谈禅谈玄，"语不及古今政治得失、人物臧否，惟以第一义谛启沃圣心"，绝不干世事。而木陈则稍参世法，所著《北游集》内，"乖谬之语，不堪观阅"；还山之后，夸耀恩遇，欺世盗名。又玉琳有徒骨岩行峰著《侍香纪略》，记其恩遇，亦被雍正认为语多冒昧，犹如"梦中呓语"，"荒唐诞妄之处不可枚举"，以致雍正命礼部行文各省，"将《北游集》《侍香纪略》及圣祖皇考巡幸时僧衲记载之书，其中除讲论佛法外，凡有书写时事，虚妄捏成，夸耀恩遇者，概行查毁"。"行峰有玷师玉琳秀之教，自行峰以下，其徒众著直省巡抚详细查明，尽令削去支派，向后永远不许复入祖庭。现在开堂说法者，即摘钟板，另选玉琳下别支承接。"

前文提到雍正帝参禅透三关时，曾褒奖章嘉国师而深抑迦陵性音，但此乃雍正十一年追记时语，当年却曾恩礼性音，予以封赠，并将其著作编入大藏。对此，

① 《清世宗关于佛学谕旨》二，《文献丛编》上。参杨启樵：《雍正帝及其密折制度研究》，上海古籍出版社，2003年，第23页。

雍正解释说："迦陵性音频想接见，当日听其言论，于正知正见不可言无，而情性好干世法，其行履未能贴实。是以朕御极时谕令归隐，盖恐其于法门无益也。越数年间性音圆寂，朕以时下宗徒类多谬参法席，不达佛旨，较之性音更为远逊，如是将伊敕部赐议追封禅师，又因昔伊开堂说法，为禅众所称，想其语录自能裨益佛教，因亦谕令入藏。朕即位后十年来办理政事，于释典一函一轴实未曾披阅，近日方经详悉观览性音之所著述，较之从言铨知解边荐取者，不无稍优，而含糊处不少，惟露一己之爪牙，甚失指接人之婆心，似此究未彻底利生之作，何可以为人天师范？朕从前失于检点，亦性音辜负朕恩处。"①性音最终还是被雍正削去所赐封号，语录则从大藏撤出。雍正好佛而不为缁衣眩惑，他对性音的批评着眼于其"好干世法"，正与贬斥木陈、行峰相同，这就是他高明之处。至于《拣魔辨异录》为雍正力作，他对法藏、弘忍辈的批判，思想宗旨上的鞭挞是主因，骨子里还是恶其"好干世法"。如他贬斥法藏弘忍辈："惟以结交士大夫，倚托势力，为保护法席"；"惟务吟诗作文，以媚悦士大夫，舍本逐末，如是居心，与娼优何异！""当日魔藏取悦士大夫，为之保护，使缁徒竞相逐块，遂引为种类。其徒至今散步人间不少，宗门衰坏，职此之由。朕今不加屏斥，魔法何时熄灭？！"

其三，雍正帝深明禅学，不惜帝王尊而挽救宗风颓落。

雍正不惜帝王之尊而以禅门宗师自居，汲汲于挽救宗风之衰颓。雍正自陈："朕居帝王之位，行帝王之事，于通晓宗乘之虚名何有？"雍正深明禅学，他自叙对禅学已"深明此事"而要"不惜话坠，逐一指明"，其用心实在可嘉。他对不肖僧道和狂参妄作之徒的严声呵责，并对当时禅门弊风所做的揭露和抨击，也在在中的，振聋发聩。如说："朕意禅宗莫盛于今日，亦莫衰于今日。直省刹寺棋布，开堂秉拂者不可胜计，固莫盛于今日也。然天下宗徒，不特透得向上一关者罕有其人，即能破本参，具正知见者，亦不多得。宗风如此，莫衰于今日也。今溥天之下，万刹万僧，万僧万拂，师以盲传，弟以盲受，人人提唱宗乘，个个不了自心，岂不使正法眼藏，涅槃妙心，垂绝如线？""若以此为振兴佛教，续佛慧命，与毁佛灭法何殊？甚至名利熏心，造大妄语，动称悟道，喝(呵)佛骂祖，不重戒律，彼此相欺，卖拂卖衣，同于市井。将佛祖之慧命，作世谛之人情，虽窃有佛祖儿孙之名，

① 《清世宗关于佛学谕旨》一，《文献丛编》上。参杨启樵：《雍正帝及其密折制度研究》，上海古籍出版社，2003年，第24页。

并无人天师范之实。”[①]鉴于禅门踏空的流弊，他要求佛教走向宗、教、禅、净融合的道路，进而在三教关系上主张异用同体，并行不悖，致君泽民。尽管他指出的方向不一定是他的创造发明，但由于他带有威权性的强调，对后世的佛教走向确实产生了深远的影响。

---

① 《御选语录上》卷十二《上谕附录》，载史原朋主编：《雍正御制佛教大典》，中国社会科学出版社，2004年。

第四节
乾隆帝与佛教

乾隆帝出生于康熙五十年(1711)八月十三日,名讳弘历。25岁登极,在位60年,又当太上皇3年零3天,嘉庆四年(1799)正月初三崩,享年89岁。庙号高宗,谥号纯皇帝。乾隆帝是中国历史上实际执政时间最长、年寿最高的皇帝。其在位期间,继续对佛教尊奉和支持,既有保护又有限制,不过表现方式与前几朝皇帝有所差别。历史表明,"康乾盛世"到乾隆朝已经登峰造极,但乾隆的基业是顺康雍三朝百多年励精图治连续累积的成果。就连乾隆的治道,也是在其先祖和皇考之间的权衡折冲。乾隆御极伊始发布了几道上谕谈论治道,可对此加以印证。

如雍正十三年十月初九日(1735年11月22日),乾隆帝谕总理事务王大臣:"治天下之道,贵得其中。故宽则纠之以猛,猛则纠之以宽。圣祖仁皇帝六十年休养生息,民物恬熙,循是以往,恐有过宽之弊。我皇考振饬纪纲,因时更化,所以导之于至中。朕主于宽,而诸王大臣严明振作,以辅朕之宽,然后政和事理,俾朕可以常用其宽,而收宽之效。倘不能如是,恐相习日久,必至人心玩愒,事务废弛,激朕有不得不严之势,此不唯臣工之不幸,抑天下之不幸,更即朕之不幸矣!"①乾隆元年二月初九日(1736年3月20日),其又谕治道贵乎得中,矫枉不可过正。"大抵皇祖圣祖仁皇帝时,久道化成,与民休息,而臣下奉行不善,多有宽纵之弊;皇考世宗宪皇帝整顿积习,仁育而兼义正,臣下奉行不善,又多有严峻之弊。""近见诸臣奉行,渐有错会朕意,而趋于怠弛之意,戒之,慎之!"②乾隆二年五月初七日(1737年6月4日),乾隆帝以"为君难,为臣不易"为题目,于乾清宫亲试满汉各翰林,嗣后又阐发为君何以难,称"崇尚宽大,则启废弛之渐;稍事振作,则长苛刻之风。言路不开,则耳目壅蔽;将欲达聪明目,而无稽之言,勿询之谋,驰骛并进,不惟不足以集思广益,且足以淆乱是非",从而道出了他即位1年

① 参中国人民大学清史研究所编:《清史编年》第四卷《雍正朝》,中国人民大学出版社,2000年,第673—674页。
② 参中国人民大学清史研究所编:《清史编年》第五卷《乾隆朝上》,中国人民大学出版社,2000年,第8页。

又 9 个月当政的苦衷。①

总体上看，乾隆帝是顺康雍三朝佛教事业和管理经验的集大成者，举其对佛教有深刻影响之事，可记述者主要有下列几项：一是废除度牒制度，这是千余年来中国佛教史上一件划时代的大事；二是完成顺治以来百多年在明律基础上增补修订的《大清律例》，其中有不少附例是体现清初统治者意志的管理和约束僧众的成文法典；三是完成雍正十三年（1735）开刻的《大藏经》事业，并把汉文和藏文大藏经翻译成满文大藏经；四是把雍和宫改造成为全国藏传佛教的管理中心；五是改革藏传佛教活佛转世制度的流弊，代之以金瓶掣签制。此五事基本上能反映乾隆与佛教的关系，从中可以察知他对汉藏佛教的尊崇态度和管理策略。

一 清厘僧道，培护法门

雍正十三年八月二十三日（1735 年 10 月 8 日），清世宗猝然崩逝，引起了人们的种种猜测和疑虑。京城之内一时谣言四起，人心浮动不安。雍正十三年九月初三（1735 年 10 月 18 日），皇太子弘历于太和殿即皇帝位，以次年为乾隆元年。新即位的乾隆，早已看出先帝雍正晚年热衷于讲论佛法，在一定程度上损害了他的声誉。于是，立即颁发数道谕旨，先清理与雍正生前有过密切接触的僧人，命令七旬高龄的文觉禅师徒步返回江南，由地方官严加稽查、管束；同时又严厉警告文觉禅师及其他僧徒，此后不准妄言世宗生前所言，如发现打着世宗招牌在外招摇不法，定按国法和佛法加倍治罪；并收缴僧人手中所藏的世宗御书及朱批等件。②

乾隆帝（九月）谕曰：

> 佛法以明心见性、兴善能仁、舍贪除欲、忍辱和光为本，而后世缁流竟借

---

① 参中国人民大学清史研究所编：《清史编年》第五卷《乾隆朝上》，中国人民大学出版社，2000 年，第 44 页。

② 参史仲文等主编《中国全史》（人民出版社，2002 年）中关于清代佛教部分。又参中国人民大学清史研究所编：《清史编年》第四卷，中国人民大学出版社，2000 年，第 676 页。雍正十三年十月十六日，乾隆帝认为木陈忞著《北游集》、其弟子著《帝王明道录》、玉琳秀弟子骨岩著《侍香纪略》等此类书籍“干涉时事，捏造言词，夸耀恩遇”，命各省督抚差员密访，无论刊本、抄本，悉行查出，密封送部，请旨销毁，不得私藏片纸。

佛祖儿孙之名，以为取利邀名之具，奸诈盗伪，无所不为，以致宗风颓败，象教衰微，此皆不肖僧徒贻之咎也。我皇考聪明睿知，天纵多能，而于性宗之理洞晰精微，深通奥妙。万几余暇每召见僧衲，指示提撕，冀其勉力参悟。俾佛教广有传人，以为劝善去恶之一助，此大慈悲父觉世之苦心也。乃数年以来，真能领会圣训者甚少，皇考尝为叹息。今陆续散出于外，其间品行不一，难保无借端生事之人。如昔年世祖章皇帝时，木陈忞大有名望，深被恩礼。而其所著《北游集》则狂悖怪谬之语甚多，至其夸张恩遇处尤为庸鄙。又玉琳国师弟子骨严（岩）行峰著《侍香纪略》一书，更为诞妄荒唐，供人喷饭，已蒙皇考特降严旨查出销毁。此中外所共知者。前事可鉴，朕不得不留心申饬，著该部传旨通行晓谕，凡在内廷曾经行走之僧人，理应感戴皇考指迷接引之深恩，放倒身心，努力参究，方不负圣慈期望之至意。倘因偶见天颜、曾闻圣训，遂欲借端夸耀，或造作言辞，或招摇不法，此等之人在国典则为匪类，在佛教则为罪人，其过犯不与平人等。朕一经察出，必按国法、佛法加倍治罪，不稍宽贷者。[①]

与雍正帝生前关系密切者莫过于文觉，此外就是参与雍正宫中法会的“沙门羽士”中三“超”僧人，乾隆八年（1743），乾隆帝也毫不留情地对他们进行了严惩。懋勤殿档有乾隆八年闰四月颁发谕旨一道，略云：“昔我皇考雍正十一年八月内，以玉琳、茚溪法嗣不昌，命超善、超鼎、超盛三人嗣茚溪后。十三年闰四月，又续以超海、超源、超广、超成四人嗣之。乃超善者，忽于今年潜至京师，船插黄旗，书写‘奉旨进京’字样。事发，查得超鼎等来往字迹，有谓‘法道凌夷’，有谓‘天语稀闻’，又谓‘道不同不相与谋，当此时只宜退不宜进’，种种怨望之言，难以枚举。甚至超海畏罪自经，羞辱法门已极。伊等有何性急？不过俗情尘状，以帝王外护为荣。如此污浊心行，可惜皇考当年一番眉毛拖地。夫必以帝王、宰官之隆重，为佛法之兴，是何佛法耶?！当日玉琳、茚溪在皇祖时，僧行峰纪录内廷语言，以为世荣，皇考深恶其人，斥出玉琳派下，此已行之成例也。今超善、超鼎、超海等而下之，诈称诏旨，大妄语成，怨恚绝望，贪嗔并发，甚至破佛戒

① 王先谦编：《东华录·乾隆一》。参周叔迦：《周叔迦佛学论著全集》第7册，中华书局，2006年，第3230页。

律,自戕其身。每将皇考时承恩之处,夸耀于人,漏泄禁中言语。学为诗文,以结纳士大夫,显悖皇考当日圣训。兹三人者在佛法为宗门之败种,在世法则为梗化之顽民,皇考若在今日,亦必重治其罪。为此特晓示天下宗徒,并令超善、超鼎、超海斥出茆溪派下,不得叙入'超'字辈内。在京在外诸紫衣僧,须以三人为戒。特谕。"①

(一)酌复度牒:稽梵行、重律仪

乾隆帝即位后,一方面清理与雍正生前有直接接触的僧人,注意维护雍正崇佛的声誉,免使他们在外面"夸耀恩遇",打着雍正的旗号招摇撞骗,这对当时安抚人心、稳定大局和巩固新君的统治地位具有积极作用;另一方面就是着手清厘僧道,整顿佛教。仅仅在世宗驾崩后一个月的雍正十三年九月二十三日(1735年11月7日),乾隆帝命僧众仍给度牒。情愿出家之人,必须给度牒方准披剃。随后,又命地方官清查寺庙斋田,编入册籍,禁止售卖。又禁擅造寺观神祠,欲兴建者,必呈明督抚,具本奉旨,方准营造。乾隆帝谕礼部曰:

历代僧人披剃,有给予度牒之制,所以稽梵行、重律仪也。我世祖章皇帝于顺治八年停其纳银,仍给度牒;迨圣祖仁皇帝康熙初年,并给发度牒亦经停止。盖其时僧徒尚未甚多,又当玉琳国师、茆溪禅师主持法席,相继振兴之余,犹知共循遗规,故不给度牒亦属可行。近日缁流太众,品类混淆,各省僧众出家修道者百无一二,而愚下无赖之人游手聚食,且有获罪逃匿者窜迹其中。是以佛门之人日众,而佛法日衰。不惟参求正觉、克绍宗风者寥寥希觏,即严持戒律、习学小乘之人亦不多见。蔑弃清规,徒增尘玷,此其流弊将不可胜言。

朕崇敬佛法,秉信夙深,参悟实功,仰蒙皇考嘉奖,许以当今法会中契超无上者朕为第一,则并无薄待释子之成见可知。特以护持正教之殷怀,不得不辨其薰莸,加之甄别。著该部仍行颁发度牒给在京及各省僧纲司等,嗣后情愿出家之人必须给度牒方准出家披剃。仍饬府州县等衙门严查僧官、胥

---

① 陈垣:《明季滇黔佛教考》下卷,河北教育出版社,2000年,第554—555页。陈先生于此后评说:"法嗣不昌,帝立为嗣。其结果如此,帝力果足续佛慧命乎?续佛慧命果赖于帝力乎?"

吏，毋许借端需索，扰累僧徒，违者从重治罪。尔部即遵谕行。[1]

清初沿袭明制，仍严格限制寺院兴建与僧尼出家的人数，对僧籍和寺庙管理十分认真。顺康雍百年间一直通过发放度牒来掌控天下僧尼数量，虽然在是否纳银给牒问题上有过摇摆，但基本上对度牒制沿用不替，且主要实行由官方无偿给牒制。[2] 从以上乾隆帝谕旨不难看出，导致佛教情况复杂而难以掌控的缘由，不只是僧尼数量的问题，更主要的是“品类混淆”的问题。如乾隆所说，真正出家修道的百无一二，相反，有不少游手聚食之徒乃至获罪逃匿者窜迹其中，非但不参求正觉，反而蔑弃清规，以致“佛门之人日众而佛法日衰”。乾隆有鉴于此种流弊，在酌复给度牒基础上又强调要区分僧众品类，使有志于修行者，永守清规。故于同年十一月初六日(12 月 19 日)特颁谕旨，命甄别僧道，并谕礼部曰：

四民之中，惟农夫作苦自食其力，最为无愧；庀化八材以利民用，非百工莫备；士则学大人之学，故禄其贤者能者；至于商贾，阜通货贿，亦未尝无益于人，而古昔圣王尚虑逐末者多，令不得衣丝、乘车、推择为吏，以重抑之。今僧中有号为应付者，各分房头，世守田宅，饮酒食肉，并无顾忌，甚者且畜妻子。道士之火居者亦然。夫一夫不耕或受之饥，一女不织或受之寒，多一僧道即少一农民。乃若辈不惟不耕而食，且食必精良；不惟不织而衣，且衣

---

① 王先谦编：《东华录·乾隆一》。参周叔迦：《周叔迦佛学论著全集》第 7 册，中华书局，2006 年，第 3217—3218 页。乾隆该谕旨发布年月，据《东华录》等史书记载为“雍正十三年乙卯九月”，当在雍正帝去世后未久、乾隆帝登基前后数日。而前注中《清史编年》则提供了明确具体的时间为“十月十六日”。

② 清王朝在入关前及入关之始都曾实行纳银给牒制。满洲政权建立之初，在天聪时期曾实行“官给度牒制”，崇德五年(1640)改为“纳银给牒制”。到顺治二年(1645 年)，再改为由官方发给度牒，停止纳银。顺治六年(1649)又再次把“官给度牒制”改为“纳银给牒制”，规定由礼部刊刻度牒发行，只要僧道纳银四两，便可领取度牒；过去旧明及清初时期所发度牒一律收回，僧道必须持有新牒，才准入寺院、道观修行。到顺治八年(1651)谕令再次实行无偿给牒，并且明文规定出家者的身份与条件，如：“若僧道不给度牒，私自簪剃者，杖八十；若由家长，家长当罪；寺观住持及受业师私度者，与同罪，并还俗，入籍当差”，以及“户内不及三丁、或在十六以上而出家者，俱枷号一个月”。私发度牒及私建寺院者一样按律治罪。清廷对度牒的管理制度时松时紧，康、雍年间仍继续实行官给度牒的做法。清代僧尼人数和寺院数目也随着人口的增加而递增。清代时期官方的统计数目，最常见到的就是康熙六年(1668 年)由礼部所统计的数目。各省官建大寺 6073 座、小寺 6049 座，私建大寺 8458 座、小寺 58682 座，由民间私建的寺院量数远在官方兴建上，两者合计则为 79622 处。换言之，康熙初年，佛教寺院不论官建或私建，也有将近 80000 座寺院；而僧众人数，据统计僧众有 110792 人，尼众有 8615 人，合计有 118907 人，将近 120000 人。这是中国史书上少有的明确数字，但其准确度却令人怀疑，因为寺数太多，而僧数太少，每寺居住的僧人不到 1.5 人，这样的数字表明大量私度僧尼现象的存在。

必细美，室庐、器用、玩好，百物争取华靡。计上农夫三人肉袒深耕，尚不足以给僧道一人，不亦悖乎！

朕于二氏之学，皆洞悉其源流，今降此旨，并非博不尚佛老之名也。盖见今之学佛人，岂独如佛祖者无有，即如近代高僧，实能外形骸清净，超悟者亦稀；今之道士，岂独如老庄者无有，即如前世山泽之癯，能凝神气怡养寿命者亦稀。然苟能遵守戒律，焚修于山林寂寞之区，布衣粗食，独善其身，于民无害也。今则不事作业，甘食美衣，十百为群，农工商贾终岁竭蹶以奉之，而荡检逾闲，于其师之说亦毫不能守。是不独在国家为游民，即绳之以佛老之教亦为败类，而可听其耗民财、溷民俗乎？[①]

乾隆帝一方面以应付僧、火居道士等窃佛、道二氏之名，而无修持之实，甚至作奸犯科，难于稽查约束；另一方面认为农夫终岁辛劳，自食其力，于四民之中最为无愧，僧道不耕而食，不织而衣，耗费民财，多一僧道，即少一农民。因此认为僧道不可不接受约束。故命各省督抚饬州县按籍稽查，除名山古刹、收接十方丛林，及虽在城市而愿受度牒、遵守戒律、闭户清修者不问外，其余房头应付僧、火居道士，皆集众面问，愿还俗者听之，愿守寺院者亦听之，但身领度牒，不得招受僧徒。所有资产，除量给还俗及留寺院者为衣食计，其余归公，留为地方养济穷民之用。命该部详议道士亦给度牒之法。[②]

（二）培护法门，肃清严整

雍正十三年（1735）十二月，礼部议复僧道给予度牒一事具奏，乾隆帝认为其“虚文多而实际少”，并没有真正领会他的意旨。于是又发上谕：“朕之谕令清查僧道者，并非博不尚佛老、屏斥异端之名也。盖僧道之中有应付、火居二种，借二氏之名而作奸犯科，肆无忌惮，恐将来日流日下，更无所底止。是以酌复度牒之法，辨其薰莸，判其真伪，使有志焚修者永守清规，而市井无赖之徒不得窜入其中，为佛老之玷。此乃培护二氏法门之深意，望其肃清严整。若朕有沙汰僧道之心，则何不降旨勒令伊等还俗，而乃酌复度牒之制，慎加甄别，有何为乎？且礼部

---

① 参刘锦藻：《清朝续文献通考》，浙江古籍出版社，2000年，第8487—8488页；又参周叔迦：《周叔迦佛学论著全集》第7册，中华书局，2006年，第3220—3221页。

② 参中国人民大学清史研究所编：《清史编年》第四卷《雍正朝》，中国人民大学出版社，2000年，第669、679—680页。

议称，度牒一张交银三钱，夫交官者虽仅三钱，而本人之所费恐十倍于此矣。此等之人亦吾赤子，朕忍歧视而使之不得其所乎！僧有宗门、教门、律门之分，皆遵守戒律清净焚修者，即应于此中选择僧录司，以为缁流之领袖，或亦可行。至于应付僧徒，皆令受戒给予度牒，若不愿受戒者勒令还俗。此事礼部所议多有未备。”[①]从此谕来看，乾隆对下情非常了解，态度也十分明朗，他强调僧道“亦吾赤子”，此举非有沙汰之心，“乃培护二氏法门之深意，望其肃清严整”。故此命王大臣会同九卿定议具奏，若有以此举为多事，无益僧道而徒滋烦扰者，亦准奏闻请旨。

上述乾隆谕本来专门针对应付僧、火居道士而言，至于名山古刹、闭户清修者并不过问，然而由于传述错误，“资产归公”之事引起了僧道们的普遍恐慌。于是，乾隆元年(1736)，其再谕：“乃闻外省传述错误，一切僧道皆有惶惑不安之意，恐将资产归公，遂尔弊端百出。有将已身田宅诡寄他人户下希图藏匿者，有谋嘱书吏分立花户诡名以多报少者，有减债速求售卖变银入橐者，且有局外匪类从中借口索诈者。夫此僧道既谋利敛财如是，揆之仙佛之法，乃糠秕稂莠也。即取其私橐归公，以养济穷民，亦何不可之有？天下后世自有公论。但朕之本意，原以天地好生之心为心，一物不得其所，如己推而纳之沟中。此庸愚无知之僧道，亦天下之一物耳，朕何忍视同漠外？况朕先所降旨甚明，原以护持僧道而非有意苛削僧道。今观伊等情形，是愚昧无知、被人恐吓，而不知原降之谕旨也。”乾隆命该部先行晓谕，去僧道之迷惑，而对应付僧、火居道士之资产重议具奏。“又闻外间有尼僧一种，其中年老无依情愿削发者尚无他故，其余年少出家之人心志未定，而强令寂守空门，往往荡闲逾检，为人心风俗之害。且闻江浙地方，竟有未削发而号称比丘者，尤可诧异，似亦应照僧道之例，不许招受生徒，免致牵引日众。有情愿为尼者，必待年岁四十以上，其余概行禁止。”命将此一并交与王公九卿会议妥议具奏。[②]

王公九卿会议遵旨议定：嗣后僧录等，令地方官于戒僧内，选择朴实谨慎之人报部充录；道录等，于道士内无家室、实在住庙者，详慎选择充补。其现在受戒僧人、全真道士素守清规、具有保结者，均应颁给度牒。若经僧道等官之手，易滋

① 王先谦编：《东华录·乾隆二》。参周叔迦：《周叔迦佛学论著全集》第7册，中华书局，2006年，第3218页。
② 参周叔迦：《周叔迦佛学论著全集》第7册，中华书局，2006年，第3221页。

需索扰累。应行令顺天府、奉天府、直省督抚转饬该地方官，将各僧道年貌籍贯并焚修所在，缮造清册，取具互结，加具印结，申送该督抚汇齐报部，照册给发度牒。仍饬各地方官当堂给各僧道收执，遇有事故将原领度牒追缴，如有改名更替，或借名影射，及私行出家者，皆照违制律治罪。至于应付僧人，令该地方官传集面询，果系实心出家情愿受戒者，给予度牒；不愿受戒者，即令还俗，编入里甲为民；若老迈残疾，既难受戒，又难还俗者，查实亦给予度牒，许其看守寺庙，以终天年。又如深山僻壤寺庙，僧人不能远出受戒，及俗家并无所归者，亦姑给予度牒，仍别注册，永不许招受生徒。至在京各省道士，果无家室实心住庙焚修者，给予部照，毋庸给牒；火居道士则勒还俗；如有年老别无营运者，亦暂给予部照，永不许招受生徒。其尼僧一项，亦照僧道之例，愿还俗者听其还俗，无归者亦暂给予度牒，不得招受少年女徒；嗣后妇女有年未四十出家者，该地方官严行禁止。至各寺庙所有资产免其稽查，以省纷扰。颁发牒照所需纸板工价等项，均于户工二部支取，岁终奏销。又覆准：年少沙弥、道童，察其果无父兄可依者，暂留寺观，造册备案，年至二十不愿受戒，及二十以内力能谋生愿还俗者听。至年少女尼，不准暂留庵庙，惟四体偏废、五官缺陷及实无所归者，照原题内僧道残疾之例，暂行给牒，以赡余生。①

（三）徐徐办理，非禁绝僧道

乾隆元年四月初六日(1736 年 5 月 16 日)，礼部议复：清厘僧道，莫善于给度牒。请令顺天府、奉天府、直省督抚转饬该地方官，于文到三月内将现有僧道，清查造册，取具印结，汇齐到部，发给度牒；嗣后情愿出家者，必请给度牒，方准簪剃受戒；火居道士俱令还俗；尼僧不能还俗者暂给度牒，嗣后妇女必年逾四十，方准出家。得旨依议。不久又规定，从乾隆二年(1737)开始，各省每年将发给度牒实数及事故开除者，详细造册报礼部。礼部于岁终汇题。至于番僧给牒，亦照此例行。② 到了乾隆二年，各直省长官仍有错会乾隆意旨者，乾隆帝不得不再行谕令直省督抚妥善办理给僧道度牒一事，谕曰：

---

① 参周叔迦：《周叔迦佛学论著全集》第 7 册，中华书局，2006 年，第 3222 页。

② 《大清会典事例》卷五一〇《礼部・方伎》。参周叔迦：《周叔迦佛学论著全集》第 7 册，中华书局，2006 年，第 3218 页。又参中国人民大学清史研究所编：《清史编年》第五卷《乾隆朝上》，中国人民大学出版社，2000 年，第 13 页。

朕前后两颁谕旨，明切晓示，冀督抚有司办理妥协。昨问及安徽巡抚赵国麟，据伊奏称，有此一番澄汰，嗣后便可不必再给度牒等语。朕不知赵国麟之意，将以度牒为多事滋扰而不必给耶？抑谓释道之教应行禁绝，而嗣后毋庸给发，遂永不许人为僧耶？恐直省督抚未必能如是精明强固，不动声色，遂使天下无一僧道也。

夫朕之酌复度牒，本以僧道徒众太繁，贤愚混杂，其中多童稚孤贫，父母亲戚主张出家而非其所愿者；亦有托迹缁黄利其财产，仍然荡检逾闲者；甚至匪类作奸犯科，不得已而薙发道妆以避逋诘。藏垢纳污，无所不至，是以给发度牒，令有所稽考。一如民间之有保甲，不至藏奸；贡监之有执照，不容假冒。果能奉行尽善，则教律整饬，而闾阎亦觉肃清，岂欲繁为法禁，苦累方外之民耶！

夫释道原为异端，然诵经书而罔顾行检者，其得罪圣贤，视异端尤甚焉。且如星相、杂流及回回、天主等教，国家功令原未尝概行禁绝。彼为僧为道，亦不过营生之一术耳。穷老孤独多赖以存活，其劝善戒恶，化导愚顽，亦不无小补。帝王法天立道，博爱无私，将使天下含生之类，无一不得其所。僧道果能闭户焚修，亦如隐逸之士遁迹山林，于世教非有大害，岂必尽驱还俗，使失业无依，或致颠连以终世哉！至于少年为尼，恐心志未定，别生事端，故待年已老成，始许披剃，亦非尽绝其教也。若云僧道多一人，则尽力南亩者少一人，恐目今为僧道者，未必皆肯尽力南亩者也。

朕令直省督抚年终汇题，即欲徐徐办理之意，亦并非为目下禁绝人之为僧道也。赵国麟此奏误会朕意，他省督抚恐尚有似此者，故再行申谕。务体朕抚育群生、物各得其所之意，详细妥议，徐徐办理。又前年以民间喜建寺庙，而旧时寺庙倾圮者多，特谕止许修葺旧寺庙。近闻旧址重修者绝少，间有新建寺庙者，地方官并不将朕谕旨宣布开导，此亦奉行不谨、怠忽从事之一端也。[①]

乾隆帝既再三晓示酌复度牒之本意，又进一步对各直省办理度牒事加以具体指导。如乾隆三年(1738)议准：直省僧尼道士颁发牒照，宜预筹清厘之法，俾有成数可稽。现在应付、火居人等，止给本身牒照，不准招受生徒，庶牒照止有缴销而无续增。按例应招生徒之道，亦必年逾四十始许招徒一人；所招之人在其师

---

① 参周叔迦：《周叔迦佛学论著全集》第7册，中华书局，2006年，第3222—3223页。

原领牒照上，由地方官注明年貌、籍贯及簪剃年月，用印钤盖，取五人具结存案；师故之后，牒照次第相传，不必别给。该州县岁终汇报该抚，该抚随五年审丁之期，别具清册报礼部。如所招之人身有过犯，应还俗问罪者，即于其师牒照内除名，不准其师补招。若该徒无过病故，准其报明地方官，再行续招，即于牒照内注明，以防影射。若其师犯罪，应追缴牒照撤销，所招生徒愿意还俗者听，不愿还俗而投别师者，也要牒照注明。现有牒照不得隐匿，不得私相授受，均责成僧道官实力稽查，地方官不时查核。如有隐匿、影射情弊，将僧尼道士勒令还俗，治以顶替假冒之罪；僧道官容隐者，斥革还俗，仍照违令律笞责；地方官不行察核者，照失察例罚俸三月。僧道等年未四十而招受生徒，或招受不止一人者，照违令律笞责；僧道官容隐，罪同失察，夺俸。

（四）沙汰本意：禁游惰、勤力作

乾隆四年（1739），定不准新发僧道牒照。对本地和外地情愿出家投师者做出规定：该师将所招之人报地方官，查明年貌、籍贯，并取具邻族地保且无过犯，甘结存案。对于远来投师之人，住持必须呈报地方官，咨取原籍地方印甘各结到日，方准簪剃。又覆准：应付僧、火居道士内有老迈残疾及深山僻壤、俗家无可归者，令地方官查明牒照，即大书“不许招受生徒”字样，钤盖印信。又议准：嗣后民间独子，概不许为僧为道，严饬地方有司明张晓示。倘有故犯，家长及受徒之僧道，均照违制律问拟；僧道勒令还俗，僧道官一并斥革。其现在僧道内如有独子出家、宗祧绝继者，除老迈残疾不能还俗之独子外，其例应还俗者听其自首还俗，将牒照缴销，违者照例治罪。

该年六月初三（7 月 8 日），乾隆帝对不准新发牒照加以说明，谕军机大臣，令其密信各督抚渐次裁减僧道。谕称：往昔帝王之治天下，每有沙汰僧道之令，诚以缁黄之流品类混杂，其间闭户潜修严持戒律者百无一二，而游手无籍之人借名出家以图衣食，且有作奸犯科之徒畏罪潜踪幸逃法网者，又不可以数计。“夫一夫不耕或受之饥，一女不织或受之寒，天下多一僧道即少一力作之农民。若辈不耕而食，不织而衣，且甘食美衣，公然以为分所应得，不知愧耻，是以上农夫三人肉袒深耕之所入，而不足以给僧道一人之用。既耗民财，复溷民俗，在国家则为游民，在佛老教中亦为败类，诚不可听其日引日多而无所底止也。惟是此教流传已久，人数繁众，一时难以禁革。是以朕令复行颁给度牒，使目前有所稽查，将来可以渐次减少，此朕经理之本意也。今礼部颁发各省度牒已三十余万张，领牒之僧按例只准招徒一人，合师徒计算则超过六十万人。但朕查外省官员情形，不过循照部文，敷衍了事，盖未深知朕渐次裁减之本意。尔等可密寄信与各督抚，令其徐徐留心，使之日渐减少，需以岁月，不在取毕于一时。若官吏奉行不善，致滋扰累，则又不可。"①

乾隆五年(1740)，《大清律例》告成，刊布全国。② 本年谕："僧道亦穷民之一，朕不忍概从沙汰，故复行颁给度牒，使有所核察。今礼部颁发牒照已三十余万张，而各省缴到者尚少，是或仍事因循，仅奉行故事，则甚非朕所以禁游惰、勤力作之本意矣。命各省督抚留意，善为经理，并于岁终将所减少实数具奏。"乾隆七年(1742)覆准：直省僧道由礼部在岁终将所减实数奏闻，令各省督抚缮写黄册进呈，另造清册送部察核。如此形成两册循环清厘制，逐年册籍井然可稽，所有随五年审丁之期造册报部之例，即行停止。乾隆八年(1743)覆准：直省有未曾领牒照之僧道，游手托名，经查明曾经过犯，即勒令还俗，编管为民；若素无过犯实心出家者，准令投师传牌，别款附册，年终奏报。至于外来投歇、验无牒照者，许令住持报地保邻甲，呈官驱逐回籍。若违例私自容留，犯案事发，将住持僧道分别治罪，地方官徇隐者议处。③

乾隆十年(1745)五月，乾隆帝命军机大臣寄信各督抚，从宽裁汰僧道。谕称：数年以来，各省所报册籍多寡不同，自因本地僧道多寡不同之故。但止有沙汰之数，而未有续收之数，是有裁而无收也，亦非朕当日办理此事之意。古圣人之严辟异端者，因其有害于政教，今之僧道不过乡里无依之贫民，窜入空门，以为糊口计，岂古昔异端之可比，而能为政教之害耶？若果去一僧道，即多一力田之农民，则善政也；但朕复思之，彼游手坐食之人，既为僧道，习于安闲，若迫令改业，受手胼足胝之劳苦，其势有所不能，不过市井中添无数游惰生事之辈耳。反不如收入寺观，尚可羁縻。"是以朕前原有渐次裁减之旨，不可听其引而日盛。若缁黄之属必应尽汰无遗，则朕从前又何难降旨，全行禁革，不事姑容乎？尔等可将朕意寄信与督抚，令其善为体会，转饬所属，从宽办理。若伊等错会朕意，以

---

① 王先谦编：《东华录·乾隆九》。参中国人民大学清史研究所编：《清史编年》第五卷《乾隆朝》，中国人民大学出版社，2000年，第82页。又参周叔迦：《周叔迦佛学论著全集》第7册，中华书局，2006年，第3224、3226页。

② 清入关后，于顺治五年(1648)制定出一部完整法典《大清律集解附例》，颁布天下。后经康熙、雍正两朝屡次增删，至乾隆初，又命群臣对原有律例逐条考证，重加编辑。至乾隆五年律成，定名《大清律例》，共有律436条、附例1049条。

③ 《大清会典事例》卷五一〇《礼部·方伎》。

为崇高佛老,则又非矣。”①

乾隆十八年(1753)覆准:聚众为匪之案多由奸邪僧道主谋,平时煽惑愚民,日渐酿成大案。令该地方文武各官查照元年、四年议准僧道牒照,确取保结,详咨授受顶给之定例,实力奉行。如遇公事之便,就近亲至庵庙寺观细加体访,务使奸宄之徒不能混迹僧道,以消患于未萌。如文武官仍视为具文,以致藏奸匿匪。煽惑愚民,酿成逆案,一经发觉,将该地方官及该管上司并武职各官,皆照不能察缉奸民例,分别议处。再僧纲、道纪等司乃专管僧道之人,僧道如有为匪不法等事,即应随时稽查举首,如坐视不问,瞻徇隐匿,别经发觉者,将该管僧纲、道纪照知情故纵逆犯本律,分别已行、未行定罪。若止失于稽查,并无徇纵情弊,亦当咎其平日不能约束,坐以不应重律,杖八十。②

二 法纪森严,永废度牒

乾隆十九年(1754)正月,乾隆帝谕曰:“前经降旨礼部颁发僧道牒照,复令各督抚岁终将所减少实数据实奏闻,此原欲驱游手为良农,略示沙汰之意耳。乃十余年来,各省奏报,不过具文从事。且若辈即尽令归农,安得余田而与之?转不免无籍为匪耳。据实严查或致滋扰,有名无实甚属无谓。此综理日久所悉,正不必袭复古辟邪之迹也。著停止。”③

乾隆帝决定废除度牒,并不意味着放松对佛教事务的管理,相反更加森严法纪。乾隆二十五(1760)年定例,僧、道、尼僧、女冠有犯和奸者,于本寺观庵院门首,枷号二月,杖一百。其僧道奸有夫之妇及刁奸者,照律加二等,分别杖徒治罪,仍于本寺观庵院门首,各枷号两月。④ 乾隆三十二年(1767)覆准,僧人招受僧徒必须披剃,若滥行招受,查出即行治罪,例有明条。今以无业之徒托名

① 王先谦编:《东华录·乾隆二一》。参周叔迦:《周叔迦佛学论著全集》第7册,中华书局,2006年,第3120页。又参中国人民大学清史研究所编:《清史编年》第五卷《乾隆朝》,中国人民大学出版社,2000年,第211页。

②《大清会典事例》卷五一〇《礼部·方伎》。参周叔迦:《周叔迦佛学论著全集》第7册,中华书局,2006年,第3257页。

③ 王先谦编:《东华录·乾隆三九》。参周叔迦:《周叔迦佛学论著全集》第7册,中华书局,2006年,第3219页。

④《大清会典事例》卷八二五《刑律·犯奸》。参周叔迦:《周叔迦佛学论著全集》第7册,中华书局,2006年,第3239、3243页。

带发出家，并不披剃，是以不僧不俗之身潜居庵观，最易藏奸。饬令地方官实力稽查，如有此等发僧，即勒令还俗，外来者驱逐回籍，俱责令编管为民。又，乾隆三十三年(1768)议准：在籍僧道，遵照保甲条例，每庙给予门牌，地方官同民户一体核查。①

乾隆三十九年二月初十日(1774年3月21日)，经礼部奏准，凡现在僧道实心焚修者，地方官将其年貌、籍贯及所住寺庙，册报汇咨，仍分别给照。同年六月，山西道御史戈源就此提出异议，奏称："近据礼部奏请，自乾隆四年以后僧道未给度牒者，交地方官通查补给，以备僧纲、道纪等官之选。查乾隆元年至四年僧道之无度牒者已有三十四万余人。自四年迄今，其私自簪剃者，恐不下数百万众。若纷纷查补，必多纷扰。"遂奏请嗣后永停通颁度牒。乾隆帝以戈源所奏为是，礼部通查补给僧道度牒之议遂寝。②

对此，乾隆帝颁谕：僧道度牒本属无关紧要，而查办适以滋扰，命永远停止。又谕：昨据御史奏请停查僧道度牒一折，已降旨允行矣。礼部请将四年以后未给度牒僧道交地方官通查补给一事，止以备僧纲、道纪等官之选。第度牒不过相沿旧例散给，仍属具文，而稽查实虞烦扰。若防僧道滋事，未必有牒照者悉能恪守清规，而犯法者皆系私自簪剃。方今法纪森严，有犯必惩，更毋庸为此葸葸过虑。至于僧纲、道纪需人，所在地方官原可查明僧道之中实在焚修、戒法严明者，具结呈报咨部，给照充补，何必因此一二人之补缺，而令各省寺院通查滋扰耶？所有充补僧道官必须给有牒照之例，亦著停止。另经奏准，番僧度牒亦停止。③如此，中国佛教史上实行千有余年的度牒之制，从此永远停止了。

---

① 《大清会典事例》卷五一〇《礼部·方伎》。参周叔迦：《周叔迦佛学论著全集》第7册，中华书局，2006年，第3261页。

② 中国人民大学清史研究所编：《清史编年》第五卷《乾隆朝上》，中国人民大学出版社，2000年，第194页。又参《中国全史》对于乾隆朝宣布废除度牒制度，作者评论说："这是千余年来中国佛教史上的一件划时代的大事。从此，天下的僧尼可以随意出家而不受任何限制，有利于扩大佛教队伍。但也正如佛教史专家郭朋先生所说，由此而来的，却是僧尼成分的更加复杂、僧尼情况的更加窳滥，从而为加速佛教的衰亡造就了更为严重的内部因素。"事实上，清廷管束僧道的方式除了度牒制度，还有《大清律例》中的法律条文，绝对不是如其所说"可以随意出家而不受任何限制"。

③ 《大清会典事例》卷五一〇《礼部·方伎》；王先谦编：《东华录·乾隆七九》。参周叔迦：《周叔迦佛学论著全集》第7册，中华书局，2006年，第3219页。

三 | 刻译大藏，立国之本

对于乾隆帝重佛阐教，清朝史书如是记载："高宗笃嗜藏经，尽力于剞劂与翻译，明万历中所刊大藏六千七百七十一卷，乾隆三年敕选后世大德著述，增为七千二百四十七卷，从事梨刻，是为《龙藏》。先是，圣祖曾刊刻《圆觉》《金刚》等二十二经，为国朝刊经之始。龙藏则经始于世宗，而高宗完成之者也。二十四年，敕和硕庄亲王允禄选择通习梵音之人，详译全藏经中诸咒，编为《满汉蒙古西番合璧大藏全咒》，计八十八卷，附《同文韵统》六卷、《字母读法》一卷、《读咒法》一卷，共九十六卷，颁发中外各大丛林。三十八年，又敕以国语（满文）翻译藏经，五十五年告成，计二千四百六十六卷。"由此可知，乾隆之尊崇佛教，主要表现在重视刻藏和译藏的事业上。蒋维乔在其《中国佛教史》中提到乾隆朝佛教之盛，特别赞扬其刻译大藏经事业，也将之作为入关后清初四帝尊崇佛教中乾隆帝的不同凡响之处。蒋公如是写道："顺治、雍正、康熙三朝之振兴佛教，比诸唐宋开国时亦无逊色。至乾隆帝则尽力于雕刻大藏经，及翻译国语藏经等，亦伟大之事业也。"[①]兹分述乾隆朝之刻经和译藏事业，并略加评说。

（一）编纂刊刻《龙藏》

雍正十一年（1733），清世宗命王公大臣、汉僧及喇嘛 130 余人，广集经本，校勘编稿。雍正十三年（1735），清廷特开藏经馆，在明神宗万历间所刻《大藏经》（即《北藏》）的基础上，增加前代未收的后世名僧著述，使该书成为 1672 部、7247 卷，这就是清代著名的《龙藏》（由于此一藏经的装帧，附有御制的龙牌一面，故得名）。自宋以来，随着前代大规模翻译佛教经典的活动结束，历朝政府都以纂修刊刻佛教大藏经为国家盛大之事业，并以此为国家支持和尊崇佛教之重要表征。清代刊刻的《龙藏》，可谓中国历史上最后一部官刻大藏。《龙藏》刊刻完成的时间是乾隆三年（1738）十二月十五日，仅仅费了 4 年工夫。版片现还完全存在，国内各寺院所藏印本也较多。《龙藏》藏首载雍正于十三年二月初一撰写的《重刊藏经序》，述刊刻缘起及编纂方针：

自唐宋以迄本朝，虽代有增益，而其宏规大略则无改于唐之旧也。明永

① 蒋维乔：《中国佛教史》卷四，上海书店出版社，1989 年，第 7 页。

乐间刊板京师，是为梵本《北藏》；又有民间私刊书本板在浙江嘉兴府，谓之《南藏》。朕敕几之暇，游泳梵林，浓熏般若，因阅华严，知卷帙字句之间，已失其旧。爰命义学详悉推究，讹舛益出，乃知《北藏》板本刻于明代者，未经精校，不足据依。夫以帝王之力，泐成官本，犹乃如是，则民间《南藏》益可知已。爰集宗、教兼通之沙门，在京师贤良寺给伊蒲，晓夜校阅，鸠工重刊。欲俾震旦所有三藏，不致简错字讹，疑人耳目。又历代名僧所著义疏，及机缘语录，各就其时所崇信者陆续入藏，未经明眼，辨别淄渑，今亦不无删汰，俾归严净。夫无边契经海，皆以一音演出，竖穷三际，横亘十方，方且立一是名不可得，而何况于非然？既涉音声文字，则如来固善能分别诸相也。虽一字一句，皆有正讹，不可以混。犹夫中乘小乘，皆以大乘为之钢骨。四十九年所说，无非大乘智果，简出小乘，别安名字，未为得也。而在小乘中，则一语一默、一进一止，皆有佛敕，又岂可以悖欤？然则斯刻也，别异归同，简讹从正，未必无小补云尔。

《龙藏》之成，借鉴了明官刻《北藏》和民间《嘉兴藏》，组织了当世强大的义学沙门百几十余人，由王公大臣总理并监造，诸多名僧分任总校阅、分校阅等事，不数年而工竣，清廷之重佛阐教由此可窥一斑。乾隆承其父业，悉心光大佛教真言，孜孜于弘传正法眼藏。乾隆谕："粤自白马驮经，梵文始传震旦。其间名流笔授，辗转相承，虽文字语言未必即与竺乾悉协，然于佛说宗旨要不失西来大义。逮撰集目录者以经律论区为三藏，于是大乘小乘裒集滋繁，且于佛经外兼取罗汉菩萨所著赞明经义者，以次类编入部。在西土诸佛弟子尚系亲承指授，或堪羽翼宗风；洎乎唐宋以降，缁徒支分派别，一二能通内典者，辄将论疏语录之类，觊得续入大藏，自诩为传灯不坠，甚至拉入塔铭志传，仅仅铺张本师宗系，乖隔支离，与大慈氏正法眼藏去之愈远。殊不思此等皆非佛说真言，列入《续藏》内已为过分，岂可漫无区别？""昔我皇考曾命朕于刊刻全藏时，将《续藏》中所载丛杂者量为删订。嗣朕即位后，又令大臣等复加校核，撤去《开元释教录》《略出辨伪录》《永乐序赞文》等。钱谦益所著《楞严蒙抄》一种，亦据奏请毁撤。所有经板书篇，均经一体沙汰，期于澂阐宗门。"可见清刻藏经并非"漫无标准"，而是有其一定的佛学见解。清廷这种独特的沙汰丛杂的刻藏思想后来又体现于清字经馆译藏之中。其主要宗旨是为了使大藏"梵文严净"，可以"讨真源而明正见"，而不致使

"禅和唾余剽窃,亦得因缘贝夹,淆乱经函,转乖敷扬内典之指"。故此,乾隆命传谕京城直隶各寺院,除现在刊定藏经毋庸再删削外,嗣后凡别种语录著述,止许自行存留,倘有无识僧徒妄思裒集汇录,诡称续藏名目,觊欲窜淆正典,日后一概永行禁止。[①]

《龙藏》全部分正藏和续藏两类。正藏共 485 函,续藏共 239 函,以千字文编号,内容编次和明刻《北藏》相同,按经、律、论三藏次序排列。经藏主要分大乘般若、宝积、大集、华严、涅槃五大部经和五大部外重单译经、小乘阿含部及重单译经,以及宋元入藏诸大小乘经;律藏则为大小乘律和宋元续入藏诸律;论藏为大小乘论和宋元续入藏诸论。另外按"西土圣贤撰集"和"此土著述"分类,"西土圣贤撰集"仍归入正藏,而"此土著述"为续藏,内容依照《北藏》加以增减。藏首有雍正《御制重刊藏经序》,目录后有《大清重刻龙藏汇记》。后世有学者将清刻《龙藏》和明刻《北藏》对勘,发现《龙藏》新增书只五十种(《大清重刻龙藏汇记》称"新续入五十四种",实际其中《华严玄谈会玄记》《法华玄义释签》《密云禅师语录》《教乘法数》四种,《北藏》已有,故只五十种),后来又撤出五种,实增四十五种。而抽掉《北藏》原有的书达三十六种,合《南藏》四种计,即四十种。是其所增益的跟所抽掉的,几乎可以两相抵消。像史传类的《释迦谱》等、目录类的《出三藏记集》等、音义类的《一切经音义》等、义疏类的《观音经疏阐文钞》等、著述类的《止观辅行传弘决》等、语录类的《宗门统要续集》等一共三十六种被删去。而增入并重新编次的五十四种主要有两部分,一是雍正十三年入藏的有关《华严》的著述如《会本悬谈》《会本疏钞》等四种,二是乾隆二年以清人著述为主而续入的《楞严正脉》《成唯识论音响补遗》《梵网经直解》《毗尼止持会集》《作持续辑》《毗尼关要》《紫柏全集》《憨山全集》各家语录以及雍正《御选语录》等书。

清刻《龙藏》就编次而言,可称秩序井然,内容也比较丰富,但后世对其取舍标准及增删内容,不无微议。积极的评价也有,如朱家濂在《柏林寺和龙藏经板》一文中说:"清藏,它是以北藏为基础而有所增益的。自宋以来,元、明、清三朝的高僧大师,以及对佛学有研究的人士所留下的有名的著述,也都包括进去。这部大藏的刊刻,可以说是给佛教经典传入我国以后,一千七百多年的译著阐述结了一笔总账,对中国学术界的贡献很大。它不但是研究佛学的宝库,而且也是研究

① 参见周叔迦:《清代佛教史料辑稿》,《周叔迦佛学论著全集》第 7 册,中华书局,2006 年,第 3141—3142 页。

文学、历史、哲学、翻译等等学术领域的宝库。"但相反的观点则认为，龙藏本抽去了太多有学术价值和历史价值的内容，致使此土著述部分有"经录割裂不全""音义成为空白""宗派典籍残缺"等不如人意的瑕疵。在校勘方面，它原来不满意《北藏》的疏漏，很想做到较胜一筹，但当时旧版藏经所存无几，版本的辨别已十分模糊（如误认《明刻径山方册本藏经》为《南藏》等），又极端轻视音义的价值，因而校勘的成绩，实际也很差。①

（二）刻译满文、蒙文大藏经

雍乾时期，清朝的立国之本——"国语、骑射"，在满族八旗中日渐生疏，为此乾隆竭力重新予以提倡。其措施之一，就是下令把藏文的大藏经、汉文的大藏经翻译成满文大藏经，正式刻印出版，使满族八旗在重新学习国语的基础上，均能"尊君亲上，去恶从善"，以巩固清朝统治基业。乾隆六年到十四年（1741—1749），把蒙文丹珠尔全部译刻成满文。乾隆二十四年（1759），帝命和硕庄亲王允禄，选择通习梵音之人，详译全藏经中诸咒，编为《满汉蒙古西番合璧大藏全咒》，计 88 卷。从乾隆三十八年（1773）起，清廷又开清字馆，组织大批人力将汉文大藏经译成满文，直至乾隆五十五年（1790），历经 18 年完成，总共为 699 部，2 466卷，与由藏文译成的蒙文大藏经同时雕印。清代的译经事业与过去不同，过去是由梵文译成中土文字，这时期却是满、汉、蒙、藏四种文字互译，有利于加强大清统一的多民族文化之间的沟通和交流。

上述《龙藏》中"音义成为空白"被视为缺憾之一，而不知清帝对大藏经中音声文字亦极为重视，这体现在乾隆年间完成的《满汉蒙古西番合璧大藏全咒》，蒋维乔说"此四译对照之全咒亦乾隆帝一大事业"。乾隆三十八年二月谕："大藏经中咒语乃诸佛秘密心印，非可以文义强求，是以概不翻译。惟是咒中字样，当时译经者仅依中华字母约略对音，与竺乾梵韵不止毫厘千里之谬，甚至同一汉字亦彼此参差。（中略）尝命庄亲王选择通习梵音之人，将全藏诸咒详加订译，就正于章嘉国师。凡一句一字悉以西番本音为准，参之蒙古字以谐其声，证之国书以正其韵，兼用汉字期各通晓，编为《四体合璧大藏全咒》，使呗唱流传唇齿喉舌之间

① 从所收各书的数量上看，这一版藏经总算是内容丰富的，但其续藏的"此土著述"部分，将《出三藏记集》、《历代三宝纪》、《一切经音义》、"台宗典要"如《国清百录》等全数删去，这样"漫无标准"的编纂，比起以前各版藏经来，未免减色得多了。参吕澂：《清刻藏经》，《吕澂佛学论著选集》卷三，齐鲁书社，1991 年，第 1490—1492 页。

无爽铢黍，而于咒语原文一无增省，按全藏诸经卷帙编次字样，并为标注，以备检查。（中略）俾缁流人众展卷研求，了然于印度正音本来如是，不致为五方声韵所淆，庶大慈氏微妙真言，阐扬弗失，不可谓非震旦沙门之幸。”[①]龚自珍曾校勘清刻《龙藏》，而对其中为中土译师所忽略的密咒和偈颂加以精心雠校，写有《正密部、正偈颂》一篇，称赞清“世宗、高宗译诸陀罗尼以进，爰肖其音，用大摄小，书之镂之，藏板雍和宫，印行以赐天下诸寺，伟矣，迈矣！”[②]

因大藏汉字经刊行已久，而蒙古字经亦俱翻译付镌，乾隆三十八年（1773）特开清字经馆，简派皇子大臣从满洲蒙古人员内，择其通晓翻译者，将藏经所有蒙古字、汉字两种悉心校核，翻译成清文（满文），并命章嘉国师董其事。每得一卷即令审正进呈，由皇帝裁定。乾隆根据章嘉国师奏称：“今拟将《大般若》《大宝积》《大集》《华严》《大般涅槃》《中阿含》等经及大乘律全部翻译，其五大部支派等经八种并小乘律皆西土圣贤撰集，但内多重复，似应删繁就简；若大乘论、小乘论共三千六百七十卷，乃后代祖师在此土撰述，本非佛旨，无庸翻译。”乾隆认为：“所奏甚合体要，自应照拟办理。”由此可知所译满文藏经之大概，凡是大乘论及小乘论皆未收录。[③]

令史家更感兴趣的不一定是乾隆主持翻译了什么，而是为什么要组织人力物力去进行这样的翻译工程。《卫藏通志》卷首载乾隆《御制清文翻译大藏经序》有云：“若夫订《四库全书》及以国语译汉全藏经二事，胥举于癸巳年六旬之后。既而悔之，恐难观其成，越十余载而全书成。兹未逮二十载，而所译汉全藏经又毕蒇。夫耳顺、古稀已为人生所艰致，而况八旬哉！兹以六旬后所创为之典，逮八旬而得观《国语大藏》之全成，非昊乾嘉庇，其孰能与于斯！而予之所以增惕钦承者，更不知其当何如矣。”乾隆帝为历代帝王中寿命独长之人，其订正《四库全书》及《国语汉译全藏》，经始于乾隆三十八年（1773）即乾隆帝62岁之时，《四库全书》历10余年告成，《国语汉译藏经》则费18年之岁月，至乾隆五十五年（1790）始竣工，帝年已79岁，其得意欣悦之情可想而知。

---

① 王先谦编：《东华录·乾隆七七》。

② 参见龚自珍：《龚自珍全集》第6辑，上海人民出版社，1975年，第361页。

③ 王先谦编：《东华录·乾隆七七》。我国承德原保存一部《满文大藏经》，但目前下落不明。日本东京大学亦收藏一部，不幸毁于1923年之关东大地震。目前仅西藏拉萨市保存一套，内中全藏共分五类，即大乘五大部经类——含般若、宝积、大集、华严、涅盘之五大部经；五大部外之诸重、单译经；密部经轨仪法陀罗尼等；小乘经及集传等；小乘律。诸凡大乘律、大乘论及小乘论皆未收录。与此处乾隆准章嘉所拟译列稍有出入。

乾隆又说："至于国语译大藏经，恐人以为惑于祸福之说，则不可不明示其义。夫以祸福趋避教人，非佛之第一义谛也。第一义谛，佛且本无，而况于祸福乎！但众生不可以第一义训之，故以因缘祸福引之，由渐入深而已……然予之意，仍并不在此。盖梵经一译而为番，再译而为汉，三译而为蒙古。我皇清至中国百余年，彼三方久属臣仆，而独缺国语之大藏，可乎？以汉译国语，俾中外胥习国语，即不解佛之第一义谛，而皆知尊君亲上，去恶从善，不亦可乎？是则国语译大藏之本意，在此不在彼也。"由此可知乾隆翻译国语大藏之用心。

蒋维乔对此有较为深刻的评说：盖自宋初仿唐制，设译经馆，历元及明，均以刊印《大藏经》为国家事业之一。清室继之，而有《龙藏》之编辑，意在超越前代，夸耀后世也。然元世祖命八思巴，始创蒙古新字；至武宗至大三年（1310），召集藏蒙汉及西域学者，从西藏之大藏经，重译成蒙古文，称蒙古藏经。若清代无满洲语藏经，则视元为逊色。故乾隆帝汲汲图之，而有三方皆为臣仆，不可独缺国语大藏之言也。至于借翻译藏经希冀以国语普及中外人民，亦为彼大一统之梦想也。[①]

（三）刻译大藏的文化价值与历史意义

自宋以来历代政府都以纂修刊刻佛教大藏经为国家盛大之事业，并以此作为国家支持和尊崇佛教之重要表征。但重佛阐教并非清代官刻《龙藏》包括翻译国语全藏之本意，乾隆之上谕已言之昭昭也。这对为政者来说，讲的是大实话，也是治国理政应该持有的态度。乾隆对本朝刊刻和翻译大藏事业非常重视，抱着超越前代文化事业之雄心，不仅承担起延续中华文化文脉的历史使命，在明修大藏的基础上增续本朝佛教著述，而且尤为可贵的是，将大藏经以满汉蒙藏四种文字互译，这是以前朝代不可比拟而又无法企及的，充分彰显了"中外一体"的多民族大一统国家的宏大梦想。所以，当此译刻大藏事业功成之后，乾隆喜悦之情溢于言表，特将其和《四库全书》一同作为清朝盛世时期文化事业上的两件大事。

乾隆发起了中国有史以来最大的文字图书工程——编纂《四库全书》。全书有 36000 多册，按经、史、子、集四部分类。光是为这部大型文库编印的《总目提要》就是一件了不起的学术工作，汇集了对 10230 本图书所做的简要评论。清史学者对乾隆帝致力发展文化事业做了高度评价，认为他继汉、隋之后，通过大规

---

① 参蒋维乔：《中国佛教史》卷四，上海书店出版社，1989 年。

模的访求遗书活动，而使当时的国家藏书量得到极大的增长，还通过组织全国精英学者编纂《四库全书》，而对古典文献进行了一次规模空前的整理。乾隆帝的这些活动，对于中国古典文献的保存和流传，繁荣当时的文化事业，都做出了重要的贡献。可以说，编修《四库全书》，是乾隆帝亲自主持的一次空前规模的文化整理活动，这一活动把清代的学术研究及文化事业推向了繁荣的顶峰。清朝成一代学风，创一代新学派，人才不断涌现，实始自乾隆。作为这一事业的主要主持人和开创者，乾隆帝做出的贡献是不可泯灭的。

然而，乾隆帝在主持纂修《四库全书》的过程中，对中国古代文化的保存和流传又犯下了不可饶恕的错误。他在位期间，不但先后制造了大量“文字狱”(据统计大约60起)，禁锢学术思想的自由发展，而且在《四库全书》的纂修中，还寓禁于征，通过征求民间遗书、查缴禁书等项活动，对全部现存文献进行了一次总审查，使许多极有价值的古典文献，尤其是有关明清之际的不少历史著作遭到查禁、销毁之厄运。在某种程度上，乾隆发起各种文字图书工程是受到政治动机的推动，这些工程提供了对所有书写成文的东西进行有效控制和清除针对满洲人的煽动性资料的途径。假如发现有疑问和异端的观点，便进行压制和清除，至于作者将被记录在案。据军机处的报告记载，在1774—1782年间，共发生了24次焚毁“禁书”的事件，所毁图书达538种共13862册。[①]

纂修《四库全书》的这种政治动机同样延伸到了修刻大藏经的领域，也许在清帝看来，这是一个没有硝烟的“文化战场”。有论者曾訾议清帝为《龙藏》刊刻所制定的政治标准带来的严重后果，认为清刻大藏并不是从一般宗教的“广种福田”出发，而是抱有极深隐的政治目的，欲借此以消除潜伏在佛教内的反满思想。明亡以后，有很多不忘故国的知识分子穿上僧服，表示既不做降臣，也不当顺民。这不能不引起清朝统治者的注意并被视为隐患，雍正要重刻大藏，就是针对着此种情况而来。其所增所减，收入什么，不收入什么，都以是否合乎他们的统治利益为准则。所以龙藏没有囊括前此私家编刻的《续藏》《又续藏》，原因就在于两

① 据估计，在《四库全书》纂修期间，因为各种罪名而遭销毁的图书约在3000种左右，几乎跟《四库全书》的收书量大致相等，损失是惨重的，这是自秦始皇焚书坑儒以来中国古代文化的又一次浩劫。一些图书即使侥幸未被销毁，也因为不符合乾隆帝规定的“为天地立心，为生民立道，为往圣继绝学，为万世开太平”的道德标准，而被判为“存目类”，即有目无书，不收入《四库全书》，甚至有的连“存目类”也不予登录。一些图书虽因影响较大而不得不收，但也因忌讳多端而对其中内容加以抽毁和篡改，使许多珍贵古籍或遭肢解，或者严重失真。

续藏全收入了有反抗精神的法藏、弘忍派的著作。后来,乾隆又抽出了钱谦益著《大佛顶首楞严经丛钞》,还是因为钱谦益“降附后,复肆诋毁”。自清帝御定的大藏刻出,私版《嘉兴藏》遂无敢再续。诸多有志节的高僧大德的遗著,都不能继续刊版(如方以智为僧后许多著作即十九未刻,幸其子孙保存下来稿本)。正如乾隆时《四库全书》之编修,虽然从《永乐大典》辑出一些佚书,但不能抵偿其借编修《四库全书》而搜罗烧毁了成千上万明人和明遗民的著作,以及肆意窜改删削了大量宋元人著作一样。[①]

平心而论,清刻《龙藏》的局限性,虽然和《四库全书》有相同的政治意义,但毕竟不能和《四库全书》编纂过程中禁毁书籍相提并论。《龙藏》里删除或抽出一些不符合清统治者政治价值标准的著作,在一定意义上说还是佛教领域的问题,在广度和深度上都没有《四库全书》那么大的影响。再者,清帝也没有大面积地禁毁僧人著作,对于别种语录著述,“止许自行存留”而不让其入藏“窜淆正典”,他们为了使大藏“梵文严净”而删汰那些只是“铺张本师宗系,乖隔支离”的著作,他们不允许“禅和唾余剽窃,亦得因缘贝夹,淆乱经函”,否则,就背离了“敷扬内典”的宗旨。当然,尽管有了这么多佛教方面的冠冕堂皇的理由,还是不能否认这些无一不是清廷文化政策的产物,即统治政策的具体表现。

---

① 参见张德钧:《关于清刻大藏与历代藏经》,《文史》第3辑(1963年3月)。对钱谦益的评价,参《清高宗实录》乾隆四十一年(1776)十二月谕。

第二章　清初禅宗与遗民逃禅

明清鼎革，伴随着王朝的更替、社会的巨变，清代佛教承嗣晚明佛教的精髓余绪，以禅宗之临济和曹洞二宗最为兴盛。其中临济幻有正传门下出天童（密云圆悟）、磬山（天隐圆修）二系，曹洞宗镜宗书下出寿昌（无明慧经）、云门（湛然圆澄）二系，双峰对峙，竞相流传。清初禅宗在乱世变革之际，并未沉寂消亡，随明王朝一同被埋葬，反而出现一度兴盛的景象。其中的重大缘由可能与大量遗民逃禅有关，其沉痛和血性激发老迈的机体产生新的活力。而从另一个角度看，山河破碎、风雨飘摇、国破家亡之时，遁入佛门听老衲说禅诵经，青灯古佛伴残生，又何尝不是莫大的安慰，或休养生机以待时的极好去处呢？

清初遗民是亡明遗臣，是明清易代之际衍生出来的一个不仕新朝的特殊士人群体。这个群体的最明显标志是“多怀故国之思”，不与新朝合作，不投降做顺民。明清易代，对于汉族士人尤其是遗民来说，不仅意味着民族政权的移易，而且意味着汉文化面临“以夷变夏”的严峻挑战，甚至有中断之虞。所以他们除了参加抗清斗争和反清复明的行动外，还在思想文化上进行深刻反思，一面浸淫着山河破碎、故国飘零的亡国之痛，一面孜孜矻矻于保存和赓续中华文化命脉。易代之初，遗民们大都投笔从戎，举义抗清；武装反抗失败后，又转入文化抗争的战场，以笔作枪，为中华文化之存亡继绝而著书立说。其中还有不少遗民纷纷埋身荒野，入山“逃禅”。披阅易代之际国破家亡后遗民逃禅的史料，隐然可见浩气长存，精魄不散，这无疑是解读清代佛教历史和思想的一个极好视点。

第一节
清代禅宗法系传承

清代禅宗法系直接上承明末，而远可追溯至南宋元明时代，其九鼎一丝，不绝如缕；千钧之机，代代相传。清纪荫述元明禅宗之兴不输于唐宋，“元廷隆礼，迈于寻常。明时尊崇，著之令典。硕德耆缁，盛行南北。英流俊衲，不减宋唐。郁郁以兴，绳绳相成”。《宗统编年》曰：“临济宗统止于禹门，曹洞宗统止于宗镜。”故其由禹门、宗镜而下不书“宗统”，因诸方尚在演化而仅作《诸方略纪》，叙述自明万历四十三年乙卯(1615)，至清康熙二十八年己巳(1689)，凡75年的禅门传法之盛况史事。其文曰：

> 其间天童、磬山，廓龙池禹门之绪，而临济之道以兴。云门、博山，振清凉、寿昌之业，而洞上之宗聿起。三峰力阐纲宗，善继述者，有灵岩、灵隐之广大精微。宏觉丕承帝眷，相唱和者，有福严、古南之卓立潇洒。云栖之净业，普摄三根；宝华之戒范，克宏三聚。皋亭天溪，曲水莲居之间，台教之轮，传持绚烂；秣陵金阊，普德中峰之际，相宗之席，讲贯缤纷。刹竿相望，名蓝星布于江山；炉鞴争开，俊衲云蒸乎龙象。①

明末清初诸宗、教之兴盛，由此段洗练文字或可略见其光华灿烂。不惟禅宗之临济、曹洞有中兴，净土与律宗广被，台教与相宗也都弘传不绝，各自焕发出缤纷光彩。道因人弘，禅道佛法并未因政权易代、社会动荡而中断，盖皆因法门人才之深膺慧命，悲愿广大，精进不怠，奋力开拓也。

---

① 纪荫：《宗统编年》卷三十二《诸方略纪下》，《卍新续藏》第68册。方念(1510—1594)，字慈舟，别号清凉。法嗣有湛然圆澄，法孙瑞白明雪、石雨明方等。云门湛然嗣法慈舟清凉，博山无异嗣法寿昌慧经。故曰“云门、博山，振清凉、寿昌之业”。

一 清代临济宗，传天童、磬山二系

龙池禹门传天童、磬山二系开清代临济一脉，而洞上之宗由云门、博山振起于“清凉寿昌之业”。龙池禹门即幻有正传禅师，初号一心，字幻有，俗姓吕氏，应天府溧阳人。出生于嘉靖二十六年(1547)，年十九从荆溪(今宜兴)善权寺乐庵和尚薙发，后至京都城西的观音庵，参谒笑岩(圆通)德宝和尚，得圆通德宝禅师心印。出世住荆溪龙池山禹门禅院。当时讲席盛行，衲子相见，不齿参究向上。传记说他“孤任单提，严冷之风，俨然汾州”，举“门前冷落车马稀，老大嫁作商人妇”语辨验学人，而传禅法30年，“衲子士大夫，罕契其机”。万历四十二年(1614)圆寂于龙池山。

幻有正传其实是与明末“万历三大师”生活在同一个时代的禅门宗匠。《宗统编年》把他列为明末临济宗第二十九世祖。灵岩弘储《南岳单传记》从禅宗西天初祖摩诃迦叶尊者算起，至荆溪禹门正传禅师为第六十六祖。明州天童圆悟为第六十七祖，其后传第六十八祖苏州邓尉山三峰法藏禅师，第六十九祖衡州南岳般若寺退翁弘储禅师。①

又，灵岩弘储《临济祖塔源流序》曰：“临济宗承曹溪以来四世，传至禹门为临济二十九世。唐宋佛法盛时，家喻户晓，源流不待问。迨其衰也，至有明嘉、隆，山水微茫，仅存一线。禹门禀圆通(德宝)法付四人，一曰天童圆悟，一曰报恩圆修，一曰云门圆信，一曰净明圆莲。天童于天启甲子付净慈法藏，丁卯付大沩如学，次第付梁山海明、径山通容、金粟通乘、宝华通忍、龙池通微、天童道忞、雪窦通云、鹤林通门、善权通贤、天童通奇。报恩付竹林本豫、报恩通琇、南涧通问、石霜通际。云门付海岸居士黄端伯……”②

禹门正传付法四人，其中圆悟、圆修、圆信、圆莲四人最为著名，各自弘化一方。

(一) 天童圆悟系

天童圆悟一系祖庭在宁波天童寺。圆悟号密云，嘉靖四十五年(1566)生于阳羡(今宜兴)，俗姓蒋氏。少家贫，从事各种劳动。万历二十三年(1595)正月，

---

① 弘储：《南岳单传记》卷一，《卍新续藏》第86册。

② 纪荫：《宗统编年》卷十五，《卍新续藏》第86册。

出家龙池山禹门禅院，师侍幻有正传禅师。正传师以“学道勇锐，志期彻悟”，命圆悟法名。圆悟出家后，发愿终身苦行供僧役。二十六年(1598)四月八日，圆悟始纳僧服。曾答其弟子汉月法藏云：“老僧渔也渔过，樵也樵过，耕也耕过，牧也牧过。只为不知本命元辰立地处，故入佛门来。”又示众云：“老僧三十一上侍先师，参禅学道，都在作务里办。汝辈要安坐修行耶？老僧不愿丛林遗此法式。”①

万历三十年(1602)，正传禅师移锡燕都，圆悟监龙池院。三十一年(1603)，圆悟过铜官山悟道。是年，紫柏真可寂于诏狱。三十九年(1611)，正传师祖自燕京还龙池，付圆悟衣法。是年，憨山德清赦还。四十二年(1614)，憨山清返初服。是年二月十二日临济第二十九世祖正传圆寂于龙池。付法天童圆悟、磬山圆修、雪峤圆信、抱朴圆莲四人。② 四十四年(1616)十二月，门人圆悟等奉正传祖骨入塔。万历四十五年(1617)四月望日，圆悟嗣席龙池开法。众请开堂，同门初若易之。一升座，众皆屈服，为之改观。

圆悟出道的年代稍后于万历三大师，而与蕅益智旭差不多同时，属于天启、崇祯年间活跃的禅门高僧。崇祯十四年(1641)，圆悟受崇祯帝赐紫，五月，国戚田宏遇赉紫衣入天童寺，请圆悟和尚“升座说法，祝延圣寿”。八月，田宏遇奏请奉旨，诏悟和尚开堂南都大报恩寺，圆悟以衰迈力辞。③ 传曰：圆悟从禹门正传和尚出家，即坚持荷担法道之志。曾渡钱塘，至于会稽，访名士周海门、陶石篑，与佛法相见，二公钦慑服，折节问道。临别，周海门握师手曰：“师五十已上，道满天下。”圆悟师曰：“有与么事？”后历住天台通玄寺、秀州金粟寺、福州黄檗、越州鄮山、明州太白。“赫然震耀海内外，川摇岳动，道起十世之衰。”④崇祯壬午十五年(1642)，天童圆悟密云和尚，寂于通玄寺，是为临济第三十世。

圆悟门下弟子众多，尤以三峰汉月法藏(1537—1635)、费隐通容(1593—1661)、木陈道忞(1596—1674)、破山海明(1597—1666)四支最为繁衍，在明清之际影响最大，是天童系的主要代表人物。而其中两大弟子三峰法藏和木陈道忞入清之后声闻天阙，震动朝野。

---

① 纪荫：《宗统编年》卷之三十，《卍新续藏》第86册。
② 纪荫：《宗统编年》卷之三十，《卍新续藏》第86册。
③ 纪荫：《宗统编年》卷之三十一，《卍新续藏》第86册。
④ 弘储：《南岳单传记》卷一，《卍新续藏》第86册。又参《宗统编年》卷三十一(《卍新续藏》第86册)：“癸亥三年，悟和尚住通玄，开堂演法。”

1. 木陈道忞

木陈道忞继密云圆悟主持天童寺，并应顺治召入京弘法，受到清世祖礼遇。道忞，粤之茶阳林氏子。幼有宿慧，因读大慧宗杲语录，忽忆前身云水参方，历历如见。即日走匡庐开先寺，投明法师薙染。明师以道忞志慕禅宗，为举"五台婆子"话，遂于言下荐得赵州意旨。自验生死关头未破，遍参憨山清、黄檗有诸尊宿，终不自肯。后参圆悟和尚于金粟寺，居侍司，掌记室，亲炙圆悟师者十四春秋，日臻玄奥。崇祯十六年(1643)，木陈忞和尚继席天童寺。清顺治三年(1646)秋，木陈忞退天童，入五磊，请费隐容和尚补住。丁亥四年(1647)，忞和尚自五磊移住台州广润。六年(1649)，忞和尚又自广润迁住越州大能仁寺。丁酉十四年(1657)，木陈忞和尚再住天童。十六年(1659)冬十月十五日，天童忞和尚奉旨开堂。

> 春闰三月，遣右阐教僧法玺，赍敕召忞入京。进见万善殿，传谕免礼，赐坐。慰劳叙谭毕，即谕万善、愍忠、广济三处结冬。上(顺治帝)时携学士王熙、冯溥、曹本荣，状元孙承恩、徐元文至方丈问法，时茆溪森、玄水杲、憨璞聪皆承上召对。有《三世奏对录》，臣僧纪荫曰：帝驭金轮，诞膺天命。智周万机，道融一贯。虚怀好问，念切死生。座右大书"莫道老来方学道，孤坟尽是少年人"之句，以自警惕。与宗门耆旧、法苑禅学相见，不令称臣致拜。从容谘访，握手温颜，情逾师友。因马蹶而知解顿忘，闻雨声而得大自在。真承愿而来，不忘灵山付嘱者也。[①]

顺治十七年(1660)，四月，敕封天童道忞"宏觉"禅师号，赐银印。五月望，宏觉忞和尚归山。留嗣法本月旅庵、本晳山晓两和尚在京，开法善果、隆安两刹。皇上躬送出北苑门，差臣刘之武送还本山天童寺，御书"敬佛"二大字，及御画山水、蒲桃各一幅赠行。并送七宝庄严关壮缪，作天童山门护法。道忞有《师荛堂说》及参禅要语等，载《北游集》。

2. 三峰法藏，传灵岩弘储、灵隐弘礼

汉月法藏则开法于常熟三峰，门徒最盛，后继者有杭州灵隐具德弘礼

① 纪荫：《宗统编年》卷之三十二《诸方略纪下》，《卍新续藏》第86册，己亥十六年。

(1600—1667)、苏州灵岩继起弘储(1605—1672)等,在清代士大夫中影响较大。法藏生锡山苏家,父道垂先生讳兰,母姓周。生而屹然,负有大志。5岁闻道,垂先生论孟子浩然之气,神思奋飞。11岁礼佛,头方投地心如洞开,矢志出家。万历十九年(1591),年19时,尚宝薛敷政素奇汉月法藏,为鬻礼部度牒,得度于邑之五牧德庆禅院。研究《首楞严》,修观音耳根圆通。一时倡道诸名贤,如东林首魁顾端文、高忠宪辈,都刮目器重。

万历三十七年(1609),律师古心如馨,开戒法于金陵灵谷寺,法藏从之圆戒。三十八年(1610),隐住常熟虞山三峰寺。次年五乳憨山清弟子包福明十余人,破家建寺,成三峰丛林法席,额曰清凉禅院。四十年(1612),法藏参"万法归一,一归何处",闻窗外二僧,夹篱拗拆大竹,声若迅雷,乃大悟。复深研玄要之旨,开发参学者。一时称三峰炉鞲,四方抱道宿望之士及贤士大夫,争集其门。座下得法乳,名重丛林者若干人。万历四十五年(1617),憨山德清大师自匡山五乳抵双径,吊祭紫柏可大师,襄举塔事。入云栖吊莲大师,留二旬。旋至吴,法藏和尚同钱受之(谦益)太史,延清大师至三峰寺。法藏后至金粟参谒圆悟,得嗣法印。

天启四年(1624),圆悟和尚开堂金粟山广慧寺,四月到寺,冬结制,众盈千指。破山明、石车乘、瑞白雪,皆在座下,汉月法藏为首座。法藏谒圆悟和尚于金粟,请示临济宗旨来源。悟和尚手书从上承嗣源流,并信拂付嘱法藏。天启六年(1626)春,三峰藏和尚开堂苏州北禅寺。冬,住杭州安隐寺,金粟圆悟和尚专使送法衣至。法藏出世历住杭州安隐、净慈,秀州真如,吴江圣寿寺,苏州北禅寺,邓尉山圣恩寺。行世《语录》三十卷,《广录》五十卷。[①] 惜乎雍正年间,法藏一脉因僧诤纷然,被撤钟板。

祥符荫曰:"邓山(指法藏)、灵岩、灵隐,海内称佛、法、僧三宝。灵隐门庭甲天下,学众满数万指,不减南宋佛海时。具大方便,有大慧、圆悟不及施之手眼……"[②]灵隐弘礼门下,出有晦山戒显、硕揆原志等人,各传禅道于吴楚。灵岩弘储历主江浙大刹,广受缁素皈依。他的门下金赋原直住南岳和德山(湖南常德),楚奕原豫住潭州云盖山,灵岩之道,遂大行于湖南。

---

① 纪荫:《宗统编年》卷三十一《诸方略纪上》,《卍新续藏》第86册。

② 纪荫:《宗统编年》卷之三十二《诸方略纪下》,《卍新续藏》第86册。顺治六年,春二月,具德礼和尚住灵隐。豁堂岩告山中僧众曰:"灵隐领袖五山,为自古宗师法窟。今丈室久虚,惟云门礼和尚,具大神力,实堪振起。"

南岳般若寺退翁弘储禅师，俗姓通州李氏，慷慨重大节。父孝敏先生，讳嘉兆。母梦梵僧授金环而生，乳名曰金。投三峰藏和尚，剃染圆具。逾年侍法藏，开堂。杭州安隐法藏乃书《临济正宗记》付之。弘储首住常州夫椒山祥符寺，法堂揭五宗要旨，一时东南衲子贤士大夫目为龙象之门。

康熙元年(1662)，檗庵志和尚住海虞三峰。志和尚出世后，行杜多行，初依灵隐礼，后参储和尚于灵岩。得法后，隐澄江(今江阴)兴济寺。诸方檀护及法门尊宿，以三峰祖席请，遂入院。古道莅众，远近趋风。

3. 费隐通容

费隐通容历主福严(浙江石门)、黄檗(福建福清)诸大刹，他的法系传入福建，门下出有隐元隆琦和亘信行弥。黄檗隐元(1592—1673)晚年应请东渡日本，成为日本黄檗宗的开祖。亘信(1603—1659)历主福建雪峰和南山，大扇宗风于闽南。其徒如幻超弘(1605—1678)住泉州小雪峰，被称为一方宗匠。

4. 破山海明

破山海明门下出有丈雪通醉，其法系盛行于四川、贵州等地，至今传承不绝。

(二) 磬山圆修系

磬山系祖庭在今宜兴磬山崇恩寺。磬山圆修，字天隐，荆溪闵氏子。生年不详，寂于崇祯八年(1635)。自幼失怙，鬻蔬奉母。弱冠听讲《楞严》，惕然知有生死大事，遂投龙池山幻有和尚出家，年二十四得度。幻祖北行，圆修乃掩关龙池，力究云门扇子话。阅两载，忽闻驴鸣大悟。破关，与同参圆悟，北觐幻祖。幻祖请其呈三年间所悟，圆修进曰："人言北地寒，我说南方暖。寒暖不知人，穷人知寒暖。"幻祖颔之。命掌记室，久之印可。前后亲炙一十八载，累命分座说法，皆逊辞。初入磬山谷，值雪深，五十余日，炊烟悬绝。于饥禽野兽中，安坐晏如。次迁法济寺，后住报恩寺。

1. 玉琳通琇

清初磬山系的代表人物是玉琳通琇(1614—1675)和箬庵通问(？—1655)等人。玉琳通琇自武康报恩寺应请入京传戒后，名重朝野。晚年在浙江西天目山开法传禅，所居号禅源寺，一时称为法窟。顺治十五年(1658)，报恩玉琳琇和尚，应诏至京说法。赐大觉师号。未久，乞还山。十七年(1660)冬十月，报恩玉琳琇和尚再应诏，奉旨开堂结制。禅期结制毕，即辞还山，赐"大觉普济禅师"金印。

2. 箬庵通问

箬庵通问开法杭州理安寺，后主镇江金山寺，清初以后达至鼎盛。弟子有铁舟行海、天竺行珍等人。

二 | 清代曹洞宗，传寿昌、云门二系

宗镜宗书下开清代曹洞宗寿昌、云门二系。宗书(1500—1567)，字小山，号大章，俗姓李氏，顺德府南和县人。少时聪慧出众，十岁入学，即通大义，十五岁至本郡开元寺，投钿和尚座下薙发出家，二年后往太行山中闭关。二十岁时慕文载禅师道风，前往少林寺投其门下。随侍八载，尽得洞上宗风，得印可。正德十一年(1516)，嗣宗统，为曹洞第二十九世。初住嵩山少林，嘉靖丙申十五年(1536)，自少室迁北京宗镜寺。嘉靖二十五年(1546)，宗镜祖示寂。曹洞宗统止于是年。继其法席者，为少室润。告香入室者，二百七十人。

嗣法弟子有少室润、廪山忠、隐庵进、大方迁风玄、天然佐五人。少室润，传清凉念、无言道、智空睿、鳌谷银、无疑信五人。廪山忠，传寿昌经一人。清凉念，传云门澄一人。寿昌经，传博山来、东苑镜、鼓山贤、黄龙谧四人。无言道，传少室喜、金山肇二人。云门澄，传茗溪彻、明因怀、佛日方、愚庵盂、东山湲、弁山雪六人。博山来后有雪关訚、檀度密、华首独、金陵严四人。东苑镜传天界盛一人。鼓山贤传鼓山沛一人。①

曹洞宗在明中叶主要在北方少林一带弘传，少林法系中高僧辈出。其中有宗镜小山禅师法嗣蕴空常忠、幻休常润等人，将法脉延衍于长江以南，师徒相续，连绵兴盛，成为明中叶后江南曹洞宗的两大法系。其一是洞宗从宗镜书往下传至二代，由廪山常忠传寿昌慧经，开出寿昌系；传至三代，由少室润传清凉念，清凉念再传云门澄，开出云门系。

常忠(1514—1588)，字蕴空，建昌府(今属江西抚州)常氏子。少时习儒，稍长致力研究姚江良知之学。转至少林寺参学，投小山禅师，久受钳锤。继随小山禅师改住北京宗镜寺，服勤三载，深得玄理，得印可。其后南下，返回建昌，起初

① 纪荫:《宗统编年》卷三十,《卍新续藏》第86册,嘉靖丙午二十五年。

在一僻处静修，后至新城（今江西黎川）廪山结茅习禅，长达二十余年。期间，与罗汝芳、邓元锡二人交谈性命之学。“间拈《金刚》《圆觉》，发挥宗门大意，及举向上事，剖决良知，扫除知解，皆超出情见。”常忠有感于“当嘉、隆间，宇内宗风，多以传习为究竟”，因而“疾时矫弊，志欲匡”。慧经投至门下，始说法传徒，倾心调教，尽囊而付，使无明慧经成为继其之后的一代宗师。

清代曹洞宗延续明代的法脉余绪，寿昌祖庭在江西新城，云门祖庭在浙江绍兴，在明季并称为曹洞宗的中兴道场。入清之后，以无明慧经代表的寿昌系与湛然圆澄代表的云门系下，名匠辈出。如博山来、东苑镜、鼓山贤、愚庵盂、天界盛等人，都是清初活跃的禅门大德。磬山和尚与灵岩和尚书曰：“寿昌、云门，真不忝为曹洞中兴之祖，有统系，无统系，而洞宗的旨，敢不尊崇？东苑隐德深潜，得栖霞（道盛）而大阐。”①

(一) 寿昌慧经系

江南曹洞中兴寿昌系因慧经弘法于新城寿昌寺而著名。寿昌慧经为明末曹洞宗一大元老，其下出博山元来、永觉元贤、晦台元镜三大宗匠，江南曹洞法脉遂得大兴。

慧经（1548—1618），字无明，崇仁（今属江西）裴氏子。少时聪颖，九岁入乡校，即问何为“浩然之气”。二十一岁偶读《金刚经》，如获故物，由是断荤酒决志出家。遂投廪山礼常忠禅师，执侍三载，知有教外别传之旨。于是，转往峨峰（在江西黎川）结庐潜修三年。一日，闻僧问：“如何是道？”答曰：“大好山。”因而疑情顿发。八月中的一天，因掘石忽裂而大悟，作偈曰：“欲参无上菩提道，急急疏通大好山。知道始知山不好，翻身跳出祖师关。”数日后返回廪山，呈偈常忠禅师，受具戒，许入室，得印可。出世入住宝方寺（系曹山本寂禅师卓锡别院），数年之中，苦心经营，重建禅堂。继入住新城寿昌寺，驻锡十多年，百废俱兴，雄姿再现。又建别庵下院二十余所，法筵盛开。数十年间，慧经潜心传禅，“足迹不履城隍，竿牍不近豪右。日惟随众作务，众未及田，师（慧经）已荷镢先至，虽栉风沐雨，亦无倦意”。万历四十六年（1618）正月十七日，圆寂于寿昌寺，塔葬寺侧山旁。寿昌慧经的法嗣有博山元来、晦台元镜、鼓山元贤等，各振一方，皆成为明末著名的曹洞宗师，继而形成寿昌一系。寿昌系法派二十八字如下：

① 纪荫：《宗统编年》卷三十二，《卍新续藏》第86册，顺治甲午十一年。

慧圆道大兴慈济　悟本传灯继祖光
性海洞朗彰法忽　广弘行愿证真常

其门徒代相传承，直至清代末年。祥符荫曰："寿昌门下，博山来、黄龙谧、鼓山贤等，皆敬严法道，风韵孤高。住山三二十年，座下常数百众，本色键椎，而不轻易许可。噫，古德风规，安可复见于今日也？"①

1. 博山元来

元来住江西博山，其道大行。门下出宗宝道独、栖壑道丘、星朗道雄等人，分传曹洞禅法于岭南和江北。道独门下出剩人函可（1611—1659）与天然函昰（1608—1685）等。函可以弘法罹难，充配沈阳，开法于千山。天然为广东一大宗匠，明朝亡后，遗民士子多从他披剃。道丘（1586—1658）开山鼎湖，其法系弘赞、成鹫等，皆一时名德。道雄（1598—1673）住安徽庐江冶父寺，鼓扬洞上宗风，著有《教外直指》。

元来（1575—1630），字大舣，号无异，舒城（今属安徽）沙氏子。少时习儒，十六岁于金陵瓦官寺听讲《法华经》而向佛。遂到五台山，投静安通和尚出家，习修天台止观。后参慧经禅师于寿昌寺，受慧经之嘱，苦参深究"看藏身没踪迹"之话头，见人上树而大悟，得印可，授以心法。万历三十年（1602），主博山能仁禅寺（今江西广丰）法席。天启七年（1627），入主福州鼓山涌泉寺。苦心经营至初见规模时，元来将其交徒住持，迁驻金陵天界寺。崇祯三年（1630）秋，博山元来和尚寂于本山能仁禅寺，其法脉兴盛，名声远播。有《无异元来禅师广录》35 卷、《博山无异大师语录集要》6 卷等流传。

博山元来门徒甚众，如长庆道独、雪硐道奉、古航道舟、瀛山智訚等人，皆成为明末至清代南方曹洞宗大师，弘法于赣、粤、浙、闽等处，后人称之为慧经禅师寿昌一支的博山法系。此系的法派 20 字曰"元道弘传一，忞光照普通，祖师隆法眼，永播寿昌宗"，可见其对寿昌祖师之尊从，博山法系遵此立法号，代相延承，传至清末。祥符荫曰："博山虽未分明付授，然雪关訚出世于瀛山，嵩乳密阐化于檀度，空隐独开法于罗浮，竹山严韬迹于独峰，皆拈香承嗣，而法脉未湮。盖博山秘重密严，而訚等久亲实证，各有所得，不敢辜负。非今之承虚接响者，能借口而望

① 纪荫：《宗统编年》卷三十二，《卍新续藏》第 86 册。

项背也。”①

曹洞法脉延伸到广东的一支缘自宗宝道独（1599—1660），字宗宝，号空隐，广东南海陆氏子。29岁，游访至博山，礼元来禅师，获印可。先后住长庆寺（在江西庐山）、罗浮山华首台，继迁福建雁湖寺。明亡之后，返粤中，驻锡海幢寺，寂于寺内。有《空隐集》《宗宝法语》等传世。法嗣有祖心函可、天然函昰、木人弘赞等人。

函可（1611—1659），字祖心，号剩人，广东博罗韩氏子。出身于官宦世家，父曰缵，官至礼部尚书。函可自幼习儒，却无意功名。父殁后，即投庐山长庆寺道独和尚出家，久得印可。明崇祯末，入金陵迎请《藏经》，挂单于栖霞寺。时值清兵攻占金陵，洪承畴奉旨征江南，函可被执，以诗相讽。遂谪迁辽阳千山朝阳寺。在千山，函可力弘禅法，聚被谪明臣结“冰天诗社”。出家众有五至七百紧随左右。世人誉之一生“七坐道场，全提直指，绝塞罕闻，称佛出世”。圆寂后，有《剩人禅师语录》传世。

函昰（1608—1685），字丽中，法号天然。祖籍广东南雄，后迁至番禺。俗姓曾，谱名起莘，号瞎堂。少习儒典，明崇祯六年（1633）中举，后赴京应试路过庐山，偶参道独和尚，初闻佛法，颇契入。崇祯十二年（1639）冬，弃仕至庐山归宗寺投道独和尚出家。次年随道独和尚迁住广东罗浮山华首台，潜心禅修，精进不止，久得印可，开曹洞宗华首系，其下法派兴盛。其法脉传承28字曰“道函今古传心法，默契相应达本宗，森罗敷演谈妙谛，祖印亲承永绍隆”。不久，其俗世全家父母妻儿弟弟媳妇等俱入空门。崇祯十五年（1642），改锡海云寺，法筵盛开，弟子不下百人。清顺治十年（1653），入主庐山栖贤寺，鼎新寺宇，重肃寺规。五年后，功成而退，回住广东罗浮山华首台。后移住广州海幢寺、丹霞山别传寺等处。康熙二十年（1681）应南康知府廖文英之请，再主庐山归宗寺法席，道居后，迁住金陵报恩寺。有《瞎堂诗集》《楞严直指》等作传世。

2. 永觉元贤

元贤（1578—1657）重兴福州鼓山，法嗣为霖道霈继之，讲学刻经，颇为曹洞生色。顺治丁酉十四年（1657）十月十七日，福州鼓山元贤永觉和尚寂。元贤住山三十年，道望孤高，未尝轻易许可一人。所著有《寱言》《补灯》《继灯》《禅余内

---

① 纪荫：《宗统编年》卷三十一，《卍新续藏》第86册。

外集》,共 80 余卷行世。戊戌十五年(1658),为霖霈和尚继住鼓山。道霈参永觉贤 20 余年,得其法。嗣住鼓山,20 余年,海内瞻依,以为东南一大法窟。有《餐香录》《圣箭堂共古》诸录行世。

3. 东苑元镜

元镜(1577—1630),字晦台,号镜如、湛灵,闽之建阳冯氏子。少时性喜游侠,成年后折节向佛。明万历三十二年(1604)剃发脱俗,潜心参究《楞严经》而有省。继至宝方寺(今属江西南城县)参访慧经禅师,精研《维摩经》,再读《圆觉经》,至"急水滩头快打球",疑窦释然,即呈偈曰"识破不值半文钱,可怜摸索几多年。宗流尽是欺心汉,说甚祖师别有禅",得印可,嗣寿昌经。万历四十七年(1619),弘禅于建阳东苑。泰昌元年(1620),择武夷山中石屏山肇建一枝庵,开坛说法,风韵孤峻,道筵极盛,后被尊为"武夷第一代禅祖"。崇祯三年(1630)示寂,仪部黄端伯铭其塔。门下出觉浪道盛,开法于金陵天界寺,为清初曹洞宗一代宗师。觉浪门下法嗣盛大,有竺庵大成、无可大智、啸风大然、石潮大宁、同岑大灯等。

(二) 云门湛然系

绍兴云门一系,创自湛然圆澄,其势力颇足与临济的天童一系相颉颃。后以镇江焦山为重要传法中心,传承至今。

圆澄(1561—1626),字湛然,号散水道人。会稽(今浙江绍兴)夏氏子。10 多岁即充邮卒。20 岁出家为僧,受戒后往参隐峰禅师,以"谁"字为话头,连续三昼夜,初有省。继而苦参三载,看乾峰和尚"举一不举二"话头,方得彻悟。万历十九年(1591)于风涂谒慈舟方念禅师,得印可。出世开法于会稽广孝寺、径山万寿禅寺、嘉兴福城东塔寺。

自万历四十二年(1614)以后的 30 余年,圆澄相继驻锡于会稽云门显圣寺和天华寺,登坛说法,力弘曹洞宗风。以其修持严谨,法门深邃,法筵盛开,听众常盈数千。得其髓者有近百人,绵延传承,自成云门一系。著述有《宗门或问》《慨古录》各一卷,《湛然圆澄禅师语录》八卷等传世。以其业绩卓著,被人们誉为与寿昌慧经禅师齐名的"明代江南曹洞宗中兴祖师"。

圆澄门下出石雨明方、三宜明盂、瑞白明雪等人,在清初均为云门系著名宗匠。明方门下的远门净柱、位中净符,明盂门下的俍亭净挺、西遁净超,明雪门下的百愚净斯等,亦都是名闻遐迩的禅宿。而位中净符撰《祖灯大统》多受非议。

三 | 清初东南法门僧诤记

有关清初东南法门之僧诤，较早见之于释纪荫奉康熙旨意而撰成的《宗统编年》一书。而民国史学大家陈垣对明季遗民逃禅及清初僧诤，分别作有专书研究，堪称明末清初佛教史学研究精湛的经典之作。其《清初僧诤记》探讨了清朝初年东南法门三大纷争，一是临济与曹洞之诤，二是临济下天童系内法派圆悟与法藏之诤，三是归顺清廷的新旧势力之诤。此三诤虽然所论为宗教派系之争，而实际上反映了各派势力政治上不同趋向的斗争，揭示了鼎革后法门中故国派和新朝派的矛盾。

纪荫于《宗统编年》"清甲午十一年"条下记曰："径山容和尚辑《祖灯严统》成，愚庵盂和尚闻之官。南涧问和尚、灵岩储和尚解之。"其事下并有"发明"曰："法门大段自应公论，至闻之官则过矣。故直书之，而是非曲直自见也。"①

顺治十一年(1654)，临济天童系圆悟门下径山通容和尚辑《祖灯严统》成，曹洞云门系圆澄门下愚庵明盂和尚"闻之官"。磬山圆修系下南涧通问和尚，与天童系圆悟下再传灵岩储和尚，鼎力为之和解。当时，灵岩储和尚复径山通容和尚书曰："某频见诸方聚讼盈庭，纷纭溢路，未尝不寝食彷徨，抚髀浩叹。盖法门而至今，譬之尫羸久病之夫，若更投以攻击之剂，则元气顿尽。其亡可立而待，焉能冀其浸昌浸隆乎？此二十年痛心疾首，欲使天下咸归无竞之风，尽坐柔和之室。吾祖之道，久而愈光。虽赴汤蹈刃，亦所不辞。承绅士殷勤致恳，谓两家所信谅者，惟某一人。故不自揣，越俎而治，得邀佛祖之灵，俾法门不致瓦裂，则彼此幸甚!"此《祖灯严统》事涉临济、曹洞两家法统之争，灵岩储在江南士绅的支持下义不容辞出面调停，欲祖道历久弥光，而不致法门"瓦裂"。磬山和尚以法门尊长一锤定音，痛斥两家不肖子孙"分河饮水""同室操戈"，尤其觉得"借力有司"解决法门纷争为不妥，"此实下策"。其有一通《与灵岩和尚书》曰：

---

① 纪荫：《宗统编年》卷三十二，《卍新续藏》第86册。顺治十一年，费隐通容撰《五灯严统》成，《宗统编年》曰《祖灯严统》即此。另，费隐容、灵岩储卒后，康熙十一年有位中符出《祖灯大统》。笔者于此注明，以免混淆。《五灯严统》25卷，收入《卍新续藏》第139册，见蓝吉富主编：《禅宗全书》第17、18册，北京图书馆出版社，2004年。

东震旦土自鼻祖西来，六传至大鉴，宗虽列五，派实两枝，总属大鉴的骨儿孙。药山得悟于马祖，而仍嗣石头。太阳寄托于浮山，而代付投子。两枝又何尝非一派也？宗教分河饮水，尚谓泥于文字语言，岂同为的骨儿孙，几欲操戈对垒于千古之下，宁不为识者痛哭嗤笑乎？……是是非非，法门关系，宁免纷争。独至借力有司，世谛流布，此实下策，不得不为洞上诸公扼腕！栖霞、显圣久系相知，径山复同法嫡血，自无坐视之理。昨至吴门，审知专遣座元往还两间，周旋微密。在今之世，宁复有秉为法无私之公，如吾老侄禅师者乎？敬为前佛后佛，额手称庆。灵岩《与姜伯璜书》两宗角立，老僧与南涧和尚，不惜性命，以成彼此之好。何心哉？彼时即对天界浪兄、愚庵三兄曰：云门法眼归青原，无减于南岳，归南岳何损于青原？吾辈争之，尽成戏论！①

由以上记载可知，当年江南济宗大老磬山和尚，与南涧通问和尚、灵岩和尚等为清初禅门之争做了不少居间调停，而洞宗大德天界觉浪与愚庵三盂也为之释然。兹据前辈陈垣之研究，将清初东南法门有关济洞之诤略加阐述如下，以存僧史：

费隐通容的《五灯严统》引起法门争议有两个关键，其一是南岳下出临济、沩仰二支，青原下出曹洞、云门、法眼三支。若将天皇道悟改隶马祖道一，则南岳下临济、沩仰、云门、法眼四支，青原下出曹洞一支，是为争点之一；其二小山宗书下仅列幻休常润一支，不立蕴空常忠，而列无明慧经、无异元来于卷十六"未详法嗣"，晦台元镜、阒然元谧、永觉元贤三支遂无从列统，亦争点之一。②

通容原本鉴于《五灯会元续略》偏重曹洞宗语录的辑录，为强调"只有曹洞宗属于青原系，其他宗派均属南岳系"的论点，乃编纂《严统》此书，以解明禅门五家

① 纪荫：《宗统编年》卷三十二，《卍新续藏》第86册。此中言栖霞、显圣，即指觉浪道盛、三宜明盂。陈垣主张，称僧应以名号为主，不宜称其所住院或住山，盖寺院所同也，名号所独也。

② 陈垣：《清初僧诤记》禅宗五家言派表、清初洞余世宗表，《陈垣全集》第18册，安徽大学出版社，2009年，第301、305页。

法灯相承的系谱。此书既以禅门法统标榜，而其所严别者，又未能为当时其他禅宗僧人所接受。故其书刊布后，引起宗门极大之反响。陈垣指出，宋徽宗序《续灯录》谓“云门、临济二宗，独盛于天下”，据此可见北宋云门之盛。盖南宋以后，云门渐衰，曹洞起而代之，绍定二年(1229)吕潇序《天童净语录》云：“五家宗派中，曹洞则机关不露，临济则棒喝分明，(中略)作用弗同，要之殊途一致。”又元大德四年(1300)陈晟序《云外岫语录》云：“禅有五派，今行于四方者，曰临济，曰曹洞，然学禅者多宗临济，而曹洞为孤宗。”据此可知宋末元初，与临济并称者为曹洞，而临济盛于曹洞。

> 至明两宗并微，晚而复振，撰灯录者纷起。《严统》之病，在过信《林间录》及伪谬不堪之《佛祖通载》。丘碑之伪，辨者已众；《通载》之谬，言者尚希。《严统》以《通载》为曾颁入藏之书，笃信而不加别择，遂有此失。然当时之诤，不尽在天皇之改属，而在列无明慧经于未详法嗣，及谓湛然圆澄来源无据，大伤洞上之心。洞上显学，莫觉浪盛、三宜盂若，盛为无明之孙，盂为湛然之子。因此二家遂为原告，费隐为被告，而掀起禅宗史上所谓甲乙两宗大哄矣。①

陈垣于此钩沉清初禅门僧诤史事，所谓甲乙者，即指顺治十一、二年间(1654—1655)发生的争议。于时奔走作调人者，有箬庵问、继起储；加入战团者，有远门柱、百愚斯；旁观者，居士则有黄梨洲，缁流则有蕅益旭。远门柱著《摘欺说》，百愚斯著《辟谬说》。其时，磬山修法孙云外泽撰《妄刻续灯诸录说》议曰：“慨自《禅灯世谱》行，而诸方所刻，将十余处，各各自誉为正传，果孰是而孰非乎？夫古人创丛林，立规矩，其志岂为欲己之名高挂传灯以为荣乎？为串习机锋语句求后昆之宗尚乎？谋寺院，闹门庭，祈子孙，如闾巷庸俗之所为乎？今乃昧其性，而区区窃法门之名，以济其私，不知何所图而为此也。或曰，私刻固未必行，近有结交权贵，上章乞圣敕刊定者，是可行乎否耶？曰：至道之在人心，自有公是公非，……世史是非，天子尚不能操其柄，况道脉乎！”②

---

① 陈垣：《清初僧诤记》卷一，《陈垣全集》第18册，安徽大学出版社，2009年，第311页。
② 陈垣：《清初僧诤记》卷一，《陈垣全集》第18册，安徽大学出版社，2009年，第313—314页。

黄宗羲《南雷文定》卷四有《答汪魏美问济洞两家争端书》,云:“昔之学佛者,自立门户者也。今之学佛者,依傍门户者也。自立门户者,如子孙不借先人之业,赤手可以起家。依傍门户者,如奴仆占风望气,必较量主者之炎凉。云门、法眼,其宗既绝,犹过去之高门巨族也,吹已冷之焰,为扫室布席之光,则郭崇韬哭子仪之墓,又何足怪乎?故两家是非,不必为之辩。”①

蕅益智旭撰有《儒释宗传窃议》云:“大道之在人心,古今唯此一理,非佛祖圣贤所得私也。统乎至异,汇乎至同,非儒释老所能局也。……禅宗自楚石琦大师后,未闻其人也,庶几紫柏老人乎!寿昌无明师,亦不愧古人风格。……或曰:佛祖之道必师资授受方有的据,否则法嗣未详终难取信。无名子应之曰:譬诸世主,桀非传自大禹,纣非传自成汤者乎?身苟无道,天子而不若匹夫矣。今之虽有师承,颠覆如来教戒者,何以异此?汉之高祖,明之太祖,并起草莽,谁授以帝位乎?苟得其道,匹夫而竟开大统矣。今之虽乏师承,能自契合佛祖心印者,亦奚不然?必如子论,是但许有见而知之,不许有闻而知之者矣,可乎哉?且子又不闻,有师资具足,皆不足齿及者乎?譬如俳优及相搏者,岂无师资授受?然不过戏剧及斗诤法耳。”②

黄宗羲之议戛戛独造,卓然挺立;蕅益之论亦引起陈垣关注并予以嘉叹:其持论若此,紫柏、寿昌“皆《严统》所指为未详法嗣者,而雄视当时之密云圆悟反不在蕅益议中,蕅益可谓豪杰之士矣”③。

或曰:清初僧诤为门户势力之诤,抑或为宗旨学说者乎?陈垣引祥符纪荫语云:“法门以无诤为宗,行道当先忘我见。虽曰为法,实未忘情,不能不为之扼腕也。”僧诤固不是简单的门户势力之诤,然国变之际,亦有不为门户势力诤者。有书云:熊鱼山国变为僧,尝过明孝陵不拜,有问先生故名臣也,何以见高皇帝不拜,岂非无礼于君乎?鱼山曰:佛之道,君父拜之,于君父不拜。又有杂记言,熊

① 黄宗羲:《答汪魏美问济洞两宗争端书》,《南雷文定》卷四,文渊阁四库全书本,第12页下—13页上。大鉴之后为南岳、青原。南岳传马祖,马祖传百丈,百丈传沩山,此沩仰宗所由起也。百丈又传黄檗,黄檗传临济,此临济宗所由起也。青原传石头,石头传药山,药山传云岩,云岩传洞山,此曹洞宗所由起也。石头又传天皇,天皇传龙潭,龙潭传德山,德山传雪峰,雪峰传云门,此云门宗所由起也。雪峰又传玄沙,玄沙传罗汉,罗汉传法眼,此法眼宗所由起也。故五家宗派出自南岳者二,出自青原者三。今沩仰、云门、法眼三宗俱绝,存者惟临济、曹洞耳。近济宗依《五灯会元》附注谓有两天皇道悟,石头所传者之天皇不再传而绝,其出为云门、法眼之天皇则马祖所传者,于是南岳得四宗,青原仅一宗,以此而分优劣,至两家聚讼不已。

② 蕅益智旭:《灵峰宗论》卷五之三,《大藏经补编》第23册。

③ 陈垣:《清初僧诤记》卷一,《陈垣全集》第18册,安徽大学出版社,2009年,第315页。

公开元，国变为僧，一日携侣游钟山，有楚僧石溪者独不往。及熊归，石溪问曰：若辈今日至孝陵，如何行礼？熊愕然，漫应曰：吾何须行礼？石溪大怒，叱骂不已。明日熊谒石溪谢过，石溪骂曰："汝不须向我礼拜，还向孝陵磕几个忏悔去。"此道义之净也。①

石溪名髡残，武陵刘氏子，万历中皈依金陵雪浪洪恩，曾作《报恩寺图》，自题曰："甲午、乙未间，余初过长干"，"后余住藏社，校刻大藏，今屈指不觉十年"。甲午、乙未即为万历二十二至二十三年(1594—1595)间。嘉定张氏藏石溪癸卯(万历三十一年，1603)冬作品真迹，上附甲辰(万历三十二年，1604)长题，尤称精绝。末署"甲辰初夏，识于长干修藏寓中"。是则万历三十二(1604)后仍司修藏之责。初，紫柏得陆光祖、冯梦祯、曾同亨、瞿汝稷、吴用先等赞助，于万历十七年间，刻方册本大藏经，历时颇久。同时又修旧有之刻梵本《南藏》，整理版件，将残缺不全者悉予补刻。石溪住藏社即掌此职。石溪早年游江南参学，至白门(金陵)遇见云栖弟子，遂礼莲池袾宏遗像而出家，后从雪浪受具足戒。雪浪所主之宝华山为江南传戒最大道场，石溪于此得戒后即参与报恩寺修藏工作。石溪自楚远奔南都，虽礼莲池像而未去杭州，可想见其对宗下之牛首、教下之贤首最是心向往之。此宗、教两家之笃学风气，足以吸引石溪住幽栖以终老之念，而潜心修藏十余年，摒弃一般法师拳拳于名闻利养之习尚。国变后，石溪独处小庙，寂然自守，无一物滞留胸次。此则与石涛之持艺事惑豪富，奔走营求于新朝权要之门者，真成云泥之判。②

顾炎武《亭林诗集》卷二《恭诣孝陵》后《同楚二沙门小坐栅洪桥下》诗云：

大江从西来，东抵长干冈。至今号栅洪，对城横石梁。落日照金陵，火旻生秋凉。都城久尘坌，出郊且相羊。客有五六人，鼓枻歌沧浪。盘中设瓜果，几案罗酒浆。上坐老沙门，旧日名省郎。曾折帝廷槛，几死丹陛旁。天

① 陈垣：《清初僧诤记》记余，《陈垣全集》第18册，安徽大学出版社，2009年，第384页。

② 参吴因明：《晚明江南佛学与文人画》，载张曼涛主编：《明清佛教史篇》，《中国佛教史论集》六，台北大乘文化出版社，1977年，第70—72页。徐承礼《小腆纪传》下册卷五十九《列传第二十五》(中华书局，1958年)云："石溪少时，一夕，大哭不已，引刀自薙其头，血流被面，同里教谕龙人俨，儒而禅者也，一见绝爱之，令游江南参季。至白门，遇一僧，言已得云栖大师为薙度，因请大师遗像拜为师。反楚，居桃源某庵，久之，忽有所悟，心地豁然，再往白门，谒浪丈人，一见皈依。"此中浪丈人疑为"觉浪"，而吴因明误作"雪浪"。石溪以画知名，兼刻藏事，顺治十五年，师从觉浪，法名大果，住金陵牛首山幽栖寺。

子自明圣，毕竟诛安昌。南走侍密勿，一身再奔亡。复有一少者，沈毅尤非常。不肯道姓名，世莫知行藏。其余数君子，须眉各轩昂。为我操南音，未言神已伤。

原注曰："上坐老沙门，旧日名省郎：熊君开元。复有一少者，沈毅尤非常：释名髡残。"[①]此诗是顺治十三年(1656)闰五月十日，顾炎武与王潢五谒明孝陵后所作。当时王潢具舟城西，邀顾炎武、熊开元、髡残等人小坐栅洪桥下。熊开元(1599—1676)，字鱼山，明天启乙丑进士，由吴江令升授吏科给事，明亡后被唐王随征东阁大学士，乞假归。后汀州破，他便流浪到湖南，在南岳祝融峰下削发为僧，拜弘储继起为师。

① 顾炎武《亭林诗集》卷二《恭谒高皇帝御容于灵谷寺》(载《清代诗文集汇编》第42册，上海古籍出版社，2010年)曰："肃步投禅寺，焚香展御容。人间垂法象，天宇出真龙。隆准符高帝，虬须轶太宗。扫除开八表，荡涤翦群凶。大化乘陶冶，元功赖发踪。本支书胙德，臣辟记勋庸。遗像荒山寺，尘函古刹供。神灵千载后，运会百年重。痛迫西周戚，愁深朔漠烽。万方多蹙蹙，薄晦日喁喁。臣籍东吴产，皇恩累叶封。天颜仍左顾，国难一趋从。飘泊心情苦，来瞻拜跪恭。异时司隶在，可许下臣逢？"另有《闰五月十日恭诣孝陵》《王徵君潢具舟城西，同楚二沙门小坐栅洪桥下》等多首拜谒孝陵的诗作。

第二节
清初遗民逃禅之风

“遗民逃禅”成为明末清初佛教史上一种影响巨大的社会文化现象。这一独特文化景观的形成，一方面以晚明以来禅宗的风靡、禅悦之风的兴盛为铺垫，以明清易代的社会大变革为契机；另一方面也是清初严峻形势所迫，特别是清统治者在征服汉民族过程中实施“留发不留头”的高压政策，使得剃发披缁“以明志节”成为遗民可加选择的生存方式。而根据《南疆逸史》等资料，笔者发现，迫使南明反清义士出家遁佛从而放弃抗清斗争，似乎亦是清统治者的一项既定策略。如顺治二年(1645)九月，徽州人金声、江天一等抗清失败后，被俘送南京。他们的同乡方熊记载：“时洪内院(洪承畴)操得生死柄，好语慰金公曰：‘曷以黄冠僧服隐？可以无死’，公默然。”[①]南明永历四年(即顺治七年，1650)，桂林陷落，瞿式耜和张同敞被清军孔有德俘获，经劝出家为僧，不屈而死。“(孔有德)使吴人按察史王三元、苍梧道彭旷劝之曰：‘国家兴亡，何代无之，两公何必仅守拘儒之节？不然者，且为僧。式耜曰：‘僧者，降臣之别名耳。’同敞则不答……”[②]瞿式耜为何以出家为僧即是投降？原因是他认为出家就要剃发，“剃发则降矣”。明遗民中像瞿式耜这样视剃发为僧就意味着投降者并不多见，当时的士大夫纷纷逃禅，说明这是他们可以接受的一种生存方式，张同敞的沉默或许也说明了这一点。

一 逃禅明志节

陈垣在《明季滇黔佛教考》中，对明清易代之际以“逃禅”为斗争手段而拒不出仕新朝的20多位遗民予以表彰，他们祝发为僧并非全然向佛，而是一种明以

① 江天一：《新安江文石先生文集》卷八《江止庵遗集》，洪源祭书草堂藏板，第3页。

② 温睿临：《南疆逸史》卷二十一《列传第十七》，中华书局，1959年，第146页。瞿式耜(1590—1651)，字起田，号稼轩，苏州常熟人，万历进士。崇祯时任谏官，弘光帝时任广西巡抚。隆武二年(1650)，官至吏部、兵部尚书及文渊阁大学士，留守桂林。张同敞(？—1651)，号别山，江陵人，张居正曾孙。崇祯时任中书舍人，追随隆武帝，袭锦衣卫，有文武才。在全州，以总督兵部侍郎监军。桂林陷落后，随瞿式耜不屈而死。瞿氏之不肯为僧，也可能因其已受洗加入天主教，而天主教信仰也不妨于其忠于故朝。

志节的抗清行为，多怀故国之思。这些遗民大致可概括为四类：

第一类，明亡即祝发为僧，此类多为文人。如唐泰"阅数年世变日亟，乃从无住受戒"，改名普荷，"以书画诗禅自掩，绝口不谈世事"。

第二类，抗清失败即逃禅，此类多武人。如邓凯膂力绝人，曾与沐天波护卫永历帝入缅甸，后"闻永历死，乃祝发为僧，号邓和尚"，结庵于阳光寺，"以诗自娱，时复狂啸，或痛哭，数年归去"。滇将胡一清于大榕江一役败，后为清将所困，"乃披剃为僧，与其徒种山而食"。皮熊原是武将，功封定番伯，明亡后逃禅，而志在复国，因招集部曲事泄，被吴三桂执至云南，"诸降将往省之，熊称引古今忠义，追叙国家败亡之故，词意慷慨，积十三日不食死"。

第三类，明亡抗清失败，先隐居而后逃禅。如钱邦芑、陈起相等，他们与佛门多有往来，明亡后心怀故国，拒不仕清，任凭百般威逼，宁死不屈。钱邦芑被逼降13次，甚至封刀行诛杀，义不为所动。遂剃发为僧，号大错和尚，陈垣称赞他"严辨忠奸，激扬节义"。

第四类，因师徒、主仆关系逃禅。如钱邦芑祝发，他的朋友、门生三天之内随他出家的有11人。胡一清剃度，其部属也多入佛门，种山而食。[①]

陈垣对此逃禅遗民不忘故国、不仕新朝、大义凛然的爱国行为予以热情歌颂，指出：遗民中有的人功过皆有，不能因其过而抢其功，只要是事关民族气节的原则问题，都应严正做出评价，毫不含糊。因此之故，陈垣后来在《清初僧诤记》中突出评说了木陈和澹归两个典型，鞭挞其"变节"行为。如是书卷二写道，木陈在未应顺治召以前，"深于故国之思，与忠义士大夫等，《荐严》有疏、《春葵》有风，不胜原庙之悲，极写煤山之痛。然曾几时，走马应新朝之聘矣"；应召之后，他踌躇满志，以新贵姿态骄矜欺压其他僧人，当时即被费隐斥为"大坏法门"。澹归系崇祯进士，官至给谏，清入关后，从亡西南，"为不甘臣异姓"，永历后为僧，"其大节多可观"。但日后"竟亡所自"，成为一个"领众募缘俗汉"，竟至沦为"甘为异姓之子"的失节者。黄宗羲有《阅澹归语录诗序》说，"阅其《遍行堂集》，尤为滥恶不堪"。[②] 木陈的《北游集》后为雍正贬斥，澹归之《遍行堂集》亦遭乾隆毁板。此二人既变节投降，遭士人、僧人唾骂，然又终不为清廷所认可。

---

① 陈垣：《明季滇黔佛教考》上册，河北教育出版社，2000年，第389—413页。

② 陈垣：《清初僧诤记》，《明季滇黔佛教考》下册，河北教育出版社，2000年，第542、559页。

然瞿式耜、张同敞被清军杀害后横尸道侧，无人敢收瘗，澹归今释忠肝义胆，挺身而出为两公殓，那一段光辉也终不可磨灭。其有《上定南王孔有德请殓两公书》云："山僧尝论之，衰国之忠臣与开国之功臣，皆受命于天，同分砥柱乾坤之任。天下无功臣则世道不平，天下无忠臣则人心不正，事虽殊轨，道实同原。而一死之重，岂轻于百战之勋者哉？王既已杀之，则忠臣之忠见，功臣之功亦见矣，此又王见德之时也。请具衣冠为两公殓。"①

二 僧中多遗民

甲申之厄，国变鼎迁，山河易色，煤山遗恨。其时豪杰志士忠义愤发，耻神州之陆沉，痛中原之莽榛。盖仁者不以盛衰改其节，义者不以存亡易其心。其时相率削发而逃禅空门者大有人在，以示其不屈之忠贞。逃于禅者大多草衣木食，隐迹山林，芒鞋竹杖，托身缁流，而高风峻节，真操实履，不啻为佛门增色，亦无愧于中华之精英。兹将明清鼎革之际逃禅遗民散落史册而有名讳事迹者汇表，略陈如下：

表 2.1 明清鼎革之际逃禅遗民表

序号	人物（生卒年、籍贯）	世职	逃禅事迹	出处
1	一念（？—1671），南京上元人（今江宁）	世袭指挥使	鼎革后为僧，祝发南岳，住新宁放生阁。邓鹿崖与之为方外交，垂三十年，尝称其豪侠旷达。康熙十年（1671）寂，鹿崖哭以诗。法徒有性润等。	参见道光《宝庆府志》卷 126 及《南岳志》
2	二严，俗姓李，名云龙，字烟客，号泡庵。广东番禺人	为袁崇焕将军幕客。袁被诬入狱，愤作《感秋诗》，痛斥魏党	以国脉凋残，郁郁有栖隐计。尝与邑绅韩日缵（官吏部尚书，函可之父）谋兴罗浮院。袁死归里，山河残碎，报国无门，寒夜霜晨，依长庆宗宝道独禅师削发为僧。为罗浮华首台藏主。后浪迹天涯，行踪靡定。其二子亦先后出家。	参见《粤东遗民录》《越秀集》《番禺县志》
3	净伊，号愿庵。俗姓丁，字元躬。浙江嘉兴人	明末曾任州县	甲申变后，虽垂老，出家为僧。住杭州六通院，虔修净土，康熙中示寂。博学多能，工诗书，善篆刻，尤精绘画。	参见《国朝耆献类征》卷 464、《清画家诗史》

① 朱哲编：《甲申国变遁迹空门僧史略》，香港正觉莲社，2004 年，第 34—35 页。

续表

序号	人物（生卒年、籍贯）	世职	逃禅事迹	出处
4	八大山人（1626—1705），俗名朱由桵，或名耷。法名传綮，字雪个，号个山，后更号人屋、驴屋、驴书年、哑驴、刃庵等，最后号八大山人	明宗室，宁王朱权后裔	甲申变后，遁伏草泽，尝入义军，清廷索之急，隐姓埋名十余年。后投奉新山中出家为僧。志节清高。称宗师二十年，从学者百余人。工书善画，精山水花鸟竹林，笔墨恣纵，清超绝俗，不泥成法，为世所宝。与弘仁、髡残、石涛（原济），合称“清初四画僧”。顺治十八年（1661），尝隐居南昌青云浦，卒于康熙四十四年（1705）。	参见《虞初新志》、《清史稿》卷504、《碑传集》卷126、《国朝先正事略》卷48
5	七处	明宗室	甲申变后，窜伏草莽，涧饮木食，备尝艰辛，削发为僧，居金陵佛寺。高卧岩穴，长啸烟霞，禅余作山水图，清逸富禅味。后游方不归，或云寂于常州。	参见《中国佛学人名辞典》
6	了缘，俗名陆琏。江苏吴县人	武科举人	甲申后削发，居莲子峰下，自号了缘道人。孔武有力，亦能文，有《枫江遗稿》，颇多故国之思。	参见《仰止轩笔记》、《江苏诗征》卷179
7	三尹，俗姓李，湖南平江人	军幕府职	壮值甲申国变，投身义军，转战数载，以寡不敌众，祝发为僧，参访南北十余年。还长沙，适三藩乱，军伍云集，遂入穆将军幕府，尊称护国禅师。晚结茅星岳山，檀越为创栖贤林，年逾七十，无疾而化。	参见《新续高僧传四集》卷45、《光绪湖南通志》卷242
8	大成（1610—1666），字竺庵，俗姓龙，湖南醴陵人	明诸生	鼎革后披剃于南岳，参雪关智于信州，侍觉浪盛于灵谷寺，得证法印。出住江州，居天目山。顺治丁酉（1657）回南岳，复兴祖庭，晚年住金陵栖霞。能诗善文，学通内外，四众崇信。径山雪峤、天童密云，皆喜其英俊。金陵士大夫如刘纯之、陈旻昭辈，皆从受法要。康熙丙午（1666）示寂，寿五十七。	有《竺庵成禅师语录》，见《寿昌寺志》、《新续高僧传四集》卷64、《五灯全书》卷117
9	大灯，字同岑，浙江嘉兴人		甲申变后投里之贤溪出家，从愚庵盂于资圣寺秉戒。参觉浪盛于皋亭崇光寺，言下悟入，遂嗣法。顺治戊戌（1658），随侍觉浪迁龙渊。康熙甲辰（1664）出住苏州西洞庭，寂于寺。能诗文。	著有《洞庭诗稿》及《语录》存世。见《光绪嘉兴府志》卷62、《五灯全书》卷118
10	大冶，俗名陆汞，四明崇明人 大冶（二），四川富顺人	明进士，崇祯间官内阁部曹	鼎革后遁居高邮界首，寄宿东岳庙。洪承畴极力荐于清廷，陆耻于阿附，宁甘藜藿，投关帝庙为僧。苦志精修，学蕴三藏。有《大冶语录》，铁脊道人为序；诗有《大冶方外集》，陈启相序，高邮善因寺僧铁桥作传。 受法垫江龙蟠寺敏树如相，为破山海明法孙。顺治间，初住遵义莲峰禅院，继住西山虎丘草堂。与丈雪通醉讲禅学，被视为宗门狮象。大冶与大错（钱邦芑）、大友（陈起相）齐名，称前明三遗老，皆逃禅为僧。	见《道光遵义府志》卷38、《滇诗纪略》卷32、《播雅》卷24、《锦江禅灯》卷11
11	大林，俗姓赵，山东聊城人	明末袭指挥官职，官至总兵	国变后朝礼五台，受法于铜罐和尚。冬夏一毡，破衣衲袄，称片毡和尚。顺治庚子（1660）住南岳祝融峰下，结茅佛乘庵。后岷、黎二王诣庵，赐额慈贤寺。	参见《中国佛学人名辞典》

续表

序号	人物（生卒年、籍贯）	世职	逃禅事迹	出处
12	大佷，俗姓王，山阴（绍兴）人	明孝廉	国变后出家，言信行直，忠义为怀，晦迹江湖，忘形鱼鸟。著有《匪石堂集》。	见《明末四百家遗民诗》卷15
13	大剑，字山茨，俗名唐允甲，安徽宣城人	明末官中书舍人	国破为僧，德行淳笃，行脚甚广，晚年隐居黄山，所书经偈，人皆珍爱。	参见《中国佛学人名辞典》
14	大悦（1631—1697），字天一，楚南吕氏子		明季荒乱，被虏入伍，清兵攻滇黔，军营溃散。乃至安南龙潭寺，礼无霞和尚披剃。继席松岿十余年。寂于康熙三十六年(1697)，寿六十七。	参见《黔南会灯录》卷8、《释氏疑年录》卷12
15	大瓠，名济瓠，俗姓沈，安徽宣城人	沈寿徽侍御之子，明孝廉	甲申鼎迁，父死国难，遂依灵岩退翁弘储剃发，参究得悟，获三峰正传。出居姚江佛寺，博学善画，有诗文集。	参《五灯全书》卷87、《光绪衡山县志》卷36
16	大然（1589—1659），字啸峰，俗姓倪，江苏丹徒人	天启二年(1622)进士	以党事下刑部七年，事白还家，起官不赴。乙酉(1645)闻南明弘光帝遇难，引义自守，削发出家，礼空隐为师，明年受具于颛愚衡，参觉浪盛于天界得法，继席栖霞寺。丁酉，吉州青原迎为住持。顺治十六年(1659)圆寂，年71。	参见《正源略集》卷8、《五灯全书》卷118
17	大琛，俗姓李，湖南湘潭人	明季诸生	痛心家国沦丧，愤而披剃，愿抱四弘，遍参诸方。出住金陵钟山寺。著有《半山诗集》。	参见《光绪湖南通志》卷242
18	大错（1602—1673），字开少，俗名钱邦芑，号知非居士，江苏丹徒人	万历进士。南明福、唐、桂三王称号时，由中翰历都宪，品节学问俱高。	桂王朱由榔称帝，建号永历，邦芑翔卫功高。永历奔缅甸，相从不及，孙可望又多方胁迫，乃于顺治十一(1654)年二月投小年庵削发为僧。出家后潜心参究，禅余讲说吟哦。晚至衡岳结茅，增补《鸡足山志》。著有《蕉书》《甲申纪变实录》《甲申忠佞纪事》。赵联元搜集编为《遗稿》四卷。	参《新续高僧传》四集卷62、《释氏疑年录》卷11、《光绪衡山县志》卷36
19	广师，号散才，云南腾越人	明诸生	南都之覆，悲不自胜，弃巾祝发于顺宁，受法于希有和尚。居郁密山，上弘佛道，下化有情，力行心解。	参《光绪云南通志稿》卷188
20	广禅，字十字，俗姓唐，福建莆田人	万历进士	才思俊逸，淹贯古今。痛伤国变，削发为僧，住闽之九座龙潭寺。著有《冰雪集》。	参《民国福建高僧传》卷6
21	广籍，俗名陈昌应，字则梁，号散木子，又号昆仑者山翁，浙江海盐人	明诸生	以气节自负，甲申国变，叹江南沦没，百感交集，乃入山薙染，号个亭。善诗，工书画，著有《苋园集》《仑者集》《个亭集》等行世。	参见《昭代名人尺牍小传》卷1
22	义堂和尚，湖北公安人	明季贡生	有膂力，知兵。甲申国变，削染为僧。然以国仇未报，念念不忘渡江击楫，收复中原。旋于英山、霍山间建立义寨，狙击清兵，舍生忘死，兵败被执不屈，壮烈牺牲。	见《南疆逸史》卷36
23	王一翥，字子云，湖北黄冈人	明举人	明鼎既迁，故国之思难忘，弘光乙酉(1645)，南都不守，遂决意出家。托迹缁流，寓居武昌寒山寺。山临大江，山崖有洞，人迹罕至，每明月江静独往洞中大哭。	见《南疆逸史》卷40

续表

序号	人物 （生卒年、籍贯）	世职	逃禅事迹	出处
24	王琳玉，号冰观，江苏昆山人	明季诸生	砥砺品学，饮誉乡里。甲申鼎迁，祝发出家。住持张浦新庵，戒行精严，参悟勤苦。	见《光绪昆新合志》卷35、《历代画史汇传》卷22
25	天问，俗姓郑，字天虞，贵州玉屏人	崇祯六年（1633）举人，十六年（1643）以副使参政，监滇黔楚蜀粤五省军事	两京既覆，永明称号，屡官至尚书左都御史，永明被执，痛伤故主，祝发于滇之宝台山。心始终存忠孝，卒年六十七。	参《黔诗纪略》卷23、《敏树如相语录》卷10、《灵隐文胜语录》卷2、《明季滇黔佛教考》卷5
26	无山老衲，俗姓黄，字应僖	官佥都御史	晚遭国变，呼天号泣，尽髡其发，自称无山老衲。卓锡莆田南山广化寺。战乱频仍，仓无粒米，老衲悬蒲席为门，卖画为生。	参《莆阳南山广化寺历代文献集》
27	无尽，俗名陈起相，字枚庵，四川富顺人	明贡生，永明称号，官至河南道御史，清廉有声	明亡弃家为僧，更名圣符，号大友，一名印见。康熙壬寅（1662）入遵义，隐平水里台山寺。自称掌山老人，足不越户者三十载。饥寒啸歌，一编一钵，萧然人外。年八十卒。善文章，行文如烈马从空，游龙戏水。著有《平水集》百余卷，散佚。	余《播雅》诗二十五首。见《黔诗纪略》卷25、《明季南略》、《明季滇黔佛教考》卷5
28	云白和尚，俗姓陈	明季太守	国变，痛时移鼎革，家国沦丧，弃官至仁怀鹿鸣山，结茅而居，晨钟暮鼓，年九十余说偈坐化。	参《道光遵义府志》卷38、《民国贵州通志》卷7
29	友白，号剩庵，俗姓陆，江苏昆山人	诸生	国变后，父兄死难，母姐投井，独身逃免，痛河山破碎，骨肉惨遭劫运，遂出家圣像教寺。操行苦卓，工诗画，擅行草。卒于寺。	参《光绪昆新两县续修合志》卷35
30	日焰，俗姓黄，新城（今浙江富阳）人	黄忠节端伯族子	南明弘光乙酉（1645），黄端伯殉难。瞻念家国，伤时感事，遂披剃出家，结茅庐山乾网岭下。掩关修净戒，二十余年足不履市，诸山归德。	参《庐山志》
31	日曜，朱崇政（周王）之郡主	明宗室	李闯兵起，神京岌岌，周王仓皇将郡主托付尚书黄炯庵，黄即携郡主间关至广东潮州故里。旋闻京畿陷落，思宗殉国，郡主泣不成声，含泪祝发为尼，黄为建庵居之，名望云庵。俗呼王姑庵，又称大士庵。	参《光绪海阳县志》卷46、《潮州开元寺志》
32	今一，俗名程可则，字周量，广东南海人	永历壬辰（1652），官桂林知府	宵衣旰食，匡扶残明。永历被难，痛极削发，礼天然函昰为师。甑尘釜鱼，刻苦自守，清修以终其生	参《道光广东通志》卷328
33	今日，字雪床，名成愚，广东李氏子		明亡出家南海雷峰寺，得法于函昰禅师，勤苦参学，戒行不玷。	参《光绪广州府志》卷141
34	今从，字净起，今茎俗家之兄，广东番禺人	明贡生	兄弟皆有文名。煤山遗恨，隐居故里，教授生徒，未久剃发入匡庐，师从函昰。命为教席，俾后学请益。	参《宣统番禺县志》卷27
35	今心，字卓今，号目青，广东新会汤氏子		甲申国变，痛不欲生。得悉永历帝被俘殉国，宗社为墟，衔恨抱耻，勘破尘俗。投雷峰海云寺出家，师从天然函昰。寂于康熙年间。	参《道光广东通志》卷328

续表

序号	人物（生卒年、籍贯）	世职	逃禅事迹	出处
36	今元，字具三，俗名麦侗	明番禺文学	南都之覆，五内如焚，遂隐迹方外，皈依天然函昰。早晚焚修，至老不怠。	参《道光广东通志》卷328
37	今龙，俗名陆圻，钱塘人	贡生，为西泠十子之冠	甲申变后，先隐于医，卖药海宁；后礼天然函昰出家。晚访澹公于丹霞，旋如武当，不知所终。著有《从同集》《威凤堂集》。	参《昭代名人尺牍小传》卷12、《道光广东通志》卷328
38	今叶，字开五，俗姓王，广东番禺人	明季诸生	南都倾覆，故国山河尽黍离，义不仕仇。托疾方外，入雷峰参天然函昰，勤修梵业。	参《道光广东通志》卷328
39	今白，俗名凌霄，广州谢氏子	明季诸生	两京相继失陷，乾坤倾覆，山崩溟海竭，五内焚如，感明朔已尽，顺治十年（1653）遂依天然函昰薙染登具，苦参得法。十三年兴建雷峰，托钵行化。	参《光绪广州府志》卷141
40	今印，俗姓梁，广东顺德人	家世华贵，少为诸生	明祚告终，饮恨吞声，泣血椎心，遂谢绝世缘，落发为僧，礼天然函昰为师，得受记莂。工诗善书。	参《光绪广州府志》卷141
41	今再，字来机，广东番禺人，函昰之胞妹		以孝闻名乡里，耻甲申鼎迁，父母兄弟一家七口先后出家，与嫂函脱（函昰发妻）同住广州无著庵，朝夜焚修。	参《道光广东通志》卷328、《道光南海县志》卷42
42	今存，俗姓李，字西白，广东南雄人	明伦堂教谕	性刚果，尚气节，甲申变后，哭于明伦堂，焚烧衣冠于泮池侧，走谒天然函昰，剃发为僧。门人邓之玺筑双麟庵居之。萧然四壁，坐一蒲团而已。	参《道光广东通志》卷328
43	今全，字目无，俗姓许，广东番禺人		名高行重，国变鼎迁，耻为异族臣民，礼雷峰天然函昰削染，终生隐山林。智光雪亮，为众仰止。	参《海云禅藻集》、《番禺县志》卷27
44	今回，俗姓王，广东东莞人	礼部侍郎王应华次子，为明季诸生	国变鼎迁，王侍郎皈依道独禅师。父寂既葬，顾影自怜，常怀故国之思，遂投庐山依天然函昰出家为僧。来往罗浮、雷峰间，后主丹霞。	参《海云禅藻集》、《道光广东通志》卷328
45	今报，俗姓杨，广东香山人	官兵部职方主事，文武双全	南明覆灭，明大义，哀民生涂炭，世情浇薄，遁迹雷峰山，参海云寺天然函昰出家。梵行谨严，翔声士林。	参《道光广东通志》卷328
46	今远，俗姓许，广东番禺人		易鼎后身心交瘁，悲愤出家，拜雷峰天然函昰为师，晨参暮叩，禅教双彻，得受印契。	参《海云寺碑记》、《番禺县志》卷27
47	今严，字足两，俗姓罗，广东顺德人	诸生	易鼎后，无意仕进，从天然函昰游，己丑（1649）脱白受具。其母知书达理，亦相继落发。著《西窗遗稿》一卷。	参《光绪广州府志》卷141、《顺德县志》卷30
48	今忭，字高斋，俗名袁彭年，湖广人	崇祯甲戌（1634）进士，仕都宪	明鼎革播迁，黯然脱俗遁迹南海擎雷山，依天然函昰为师。凭栏莫上高楼，海水天光尽是愁，晚课礼佛，遥瞻燕京，辄涕泪滂涟，不胜故国之思。	参《道光广东通志》卷328
49	今吼，字说作，俗姓王，番禺人	番禺副贡	崇尚节义，南都之覆，感慨良多，遂入擎雷山，依海云寺天然函昰薙染。	参《道光广东通志》卷328

续表

序号	人物（生卒年、籍贯）	世职	逃禅事迹	出处
50	今延，字宣云，俗姓黎，番禺人	贡生	南都之覆，常怀恻恻，遂游心禅悦，参雷峰天然函昰得法。	参《道光广东通志》卷328
51	今法，俗名许昭，番禺人		甲申之变，目击芸芸众生流离荡析，蔑有宁宇，五内如焚，乃与其父舍儒入佛，同依天然函昰出家。护持三业，戒检精严。	参《海云寺碑记》、《番禺县志》卷27
52	今济，字荡虚，俗姓崔，番禺人	隐士，一曰番禺文学	南都弃守，深悲人心不古，遂祝发为僧，师事天然函昰。学贯当时，清贞独绝，饮誉一方。	参《道光广东通志》卷328
53	今沼，字铁机，俗姓曾，番禺人	明季诸生	庚寅(1650)兵荒马乱，南明岌岌可危，风餐露宿，孑身飘零。读《楞严经》，洒然超脱，入雷峰结茅闭关，依天然和尚薙染受具。司记室，后居东莞芥庵。	参《道光广东通志》卷328
54	今覞，字石鉴，俗姓杨，广东新会人	郡诸生	国变鼎移，慷慨悲歌，涉险跻危，累参义军，及京师失陷，遂访求天然函昰，论儒释异同，不觉心折。顺治庚子(1664)，落发雷峰，天然授以大法，豁然开悟。康熙三年(1664)，举西堂，领众栖贤。十七年示寂。	著《直林堂》《石鉴集》。参《道光广东通志》卷328、《释氏疑年录》卷12
55	今茎，字草一，俗姓罗	番禺明经	以纯信见称乡里，南都覆，义不欲生，后至擎雷山，参天然函昰，征诘投机，遂嗣其法。草衣木食，律身甚严。	参《道光广东通志》卷328
56	今音，俗姓曾，名起霖，广东南雄人。函昰堂弟	诸生	甲申变后，先遣妻祝发，后入庐山求函昰脱白，在栖贤登具。遂函昰还雷峰，研究至道，几乎忘生。坐化于罗浮华首台。著有《古镜遗稿》。	参《番禺县志》卷27、《海云禅藻集》
57	今堇，字具五，俗姓李，番禺人	崇祯十二年(1639)举人	少从函昰讲学，甲申鼎移，隐迹山林，野服芒鞋，草衣木食，萧然自足。顺治十八年(1661)，薙染受具，风范凝正，超悟出群。	参《番禺县志》卷27、《光绪广州府志》卷141
58	今种，字一灵，俗姓屈，名大均，广东人		南明覆灭后，依雷峰海云寺天然和尚出家，戒检精严，寺众称道。	《光绪广州府志》卷141
59	今宣，俗姓何，福建人	崇祯癸未(1643)进士，官副宪	南都覆亡，叹曰：岂能含垢忍尤，臣事二姓乎？遂远诣粤中，参海云寺天然出家受具，梵修以终其身。	参《道光广东通志》卷328
60	今悟，俗姓谢，番禺人	官户部员外郎，有德政	甲申国变，哀毁不已，遂入雷峰宝刹，礼天然函昰出家。青磬红鱼伴其终身。	参《道光广东通志》卷328
61	今帾，字记汝，俗姓潘，广东新会人	番禺诸生	痛国鼎播迁，从天然函昰老人剃落受具，辛丑(1661)为雷峰典客，后随天然住丹霞，充记室。复侍老人往归宗寺，后结露庐香山凤凰峰。参究之暇间疏韵谱，成《岭南花逸韵谱》。乙丑(1685)复还雷峰，庚午(1690)还古冈，示寂。著有《借峰诗稿》。	参《道光广东通志》卷328
62	今离，号即觉，俗姓黄，广东黄埔人	年十九补博士弟子员	当甲申之变，读《法华经》有省，披剃出家，随天然和尚入匡庐。其堂弟真佛，亦弃诸生挈其子出家，法名今如。	《光绪广州府志》卷141

续表

序号	人物（生卒年、籍贯）	世职	逃禅事迹	出处
63	今堕，字止言，俗姓黎，广东人		南明覆亡，于雷峰挥泪出家，师事天然函昰。	《光绪广州府志》卷141
64	今象，字乘白，俗姓梁，番禺人	番禺文学	清兵破粤东，郁郁寡合，悲思莫释，遂入雷峰海云寺，依天然函昰削发出家。随侍巾瓶，赞翊常住。律己以俭，驭众以宽。	《道光广东通志》卷328
65	今岩，字山品，俗姓李，番禺人		文才并茂。甲申变起，痛不欲生，礼雷峰天然函昰出家，隐迹林泉，头陀是务。	《番禺县志》卷27、《海云禅藻集》
66	今傅，字当来，俗姓彭，番禺人	弘光乙酉(1645)举人	清兵过江，知南都偏安难保，继而两粤报警，喟然长叹：祚有修短，国有兴亡。眼见大势已去，含悲忍泪，入雷峰削发为僧，礼天然为师。	《道光广东通志》卷328
67	今彭，字远公，俗姓黎。	番禺明经	南都失陷，愤而出俗，入雷峰山削发，参天然函昰得悟。	《道光广东通志》卷328
68	今舒，字舍予，俗姓林	番禺文学	识悟超群，南都覆，悲不自禁，遂入擎雷山，依止天然。	《道光广东通志》卷328
69	今晴，字回无，俗姓李	番禺明经	南都覆，慨荣枯无常，人情淡薄，遂入雷峰师事天然，深于禅观，精研净土法门	《道光广东通志》卷328
70	今扬，字扬公，俗姓张	番禺文学	冰雪其心，圭璋其品。清兵压境，誓不两立，投雷峰海云寺薙染，师事天然函昰。乐禅修，重戒行，名播粤中。	《道光广东通志》卷328
71	今焰，字若云，俗姓庞	南海明经	甲申遽变，不胜亡国之痛，遁入空门，依止雷峰海云寺天然函昰。禅净双修，缁门推重。	《道光广东通志》卷328
72	今竖，字亚目，俗姓潘，番禺人	番禺儒学教授	博览六经，操履严正。南都之覆，寝食难安，遂投雷峰海云寺削发，师从函昰和尚，并嗣其法。	《道光广东通志》卷328
73	今惺，俗姓汤，字建孟，广东新会人		南都覆，此恨绵绵，瓢笠江南，遁入空门，师事天然函昰。深入禅观，戒行高峻。	《道光广东通志》卷328
74	今释（1614—1680），一名性因，号借山野衲、茅坪衲僧，俗名金堡，浙江杭州人	崇祯庚辰(1640)进士	都城陷落，金堡丁内艰南还。乙酉(1645)杭州失守，谐里人姚志卓起义山中，与浙东诸军遥为声援，抗击清军。南明隆武帝立，金堡入朝，授礼科给事。桂林破，遂出世韶州丹霞，号澹归。兴建丹霞禅院，苦行精勤。刹宇成，迎其师天然函昰居方丈。暮年请藏归吴，结茅平湖，康熙十九年卒，寿六十七。有《遍行堂集》，内多故国之思，清初曾刊行于世，旋遭禁毁，丹霞寺亦被其灾。	《南疆逸史》卷28、《释氏疑年录》卷12、《愐园文集》卷32、《道光广东通志》卷328
75	今摩（1629—1698），字诃衍，原名曾琮，天然禅师俗家哲嗣		随祖父母于雷峰海云寺同日剃落入道，隐迹匡庐三十年，影不出山，后归粤中，居雷峰。康熙三十年(1691)寂灭，寿七十。	《道光广东通志》卷328
76	今趣，字净德，俗姓何。	番禺副贡	南都败亡，悲悼至极，无时获释，遂于海云寺出家，师事天然函昰。	《道光广东通志》卷328

续表

序号	人物（生卒年、籍贯）	世职	逃禅事迹	出处
77	今鹭，字月藏，俗姓樊，番禺人	举人	博洽多闻，卓尔不群。南都沦亡，怒焉如捣，遂于雷峰寺出家，依天然函昰削染。机缘相契，后嗣其法，禅讲并弘，言行兼修。	《道光广东通志》卷328
78	元济（1630—1703），字石涛，号苦瓜和尚，亦号道济、颠僧。以尝住金陵一枝阁，亦号支下人	传为明靖王亨嘉之子	隆武中，因国灭家破，变姓易名，窜匿草莽，旋于全州削发为僧。康熙壬午（1702），迁金陵一枝阁。讲说相仍，启迪学人。通世学，工诗，精于草隶，善山水兰竹，大江以南推为第一。乙丑至扬州，住大涤堂。丁亥圆寂，墓于蜀冈之麓。著有《苦瓜和尚语录》，以画法阐佛理，融禅法于渲染。	参《清湘老人书画编年》、《清史稿》卷504、《画征实录》、《清续文献通考》卷275、《十二砚斋随录》
79	邓大临，字西起，江苏常熟人	为兵部尚书黄毓祺门人	清兵围江阴，黄毓祺起兵行塘，声援江阴，事败亡走淮南，谋复起。事泄被捕，己丑（1649）于江宁遇难，邓大临不避刀锯，冒死险，赎之归葬。事毕，易服出家。	见《小腆纪年附考》卷16
80	石田，会稽人	崇祯帝常召入禁中问道	甲申国变，北向号泣，报国心切，纠合义旅，抗击清兵。及唐王入闽，杖策从之，封护国禅师，赐紫衣金印。	《民国福建高僧传》卷6
81	石舸，新安人	宦家子	明末，父兄慷慨死节，感伤离乱，遂祝发金陵永寿寺。专精宗乘，兼工诗画。	《同治续纂江宁府志》卷51
82	古若，字若莲，俗姓王，番禺人	布衣	南都覆，芒鞋竹杖，遁隐山林，后谒天然和尚，机缘相契，嗣其法。	《道光广东通志》卷328
83	正岩（1597—1670），字豁堂，晚号南屏隐叟，仁和（杭州）人		明末于灵隐寺出家，康熙五年（1666）罹诬被捕，下狱江宁。在囹圄中随宜说法，次年事白还山。九年（1670）示寂，世寿74。	《宗统编年》卷32、《新续高僧传》四集卷22
84	叶挺秀，字谦斋，号润山，濮州人	天启乙丑（1625）进士	崇祯中，官南京户部主事，福王时，召为佥都御史。南都覆，唐王召拜左佥都御史，进兵部右侍郎。闽亡，削发为僧，遁隐山寺。人问姓氏，终不言。	《南疆逸史》卷40、《明史》卷255
85	木拂和尚，号粟庵，俗名叶绍，吴江人	天启进士，官工部主事	乙酉（1645）之变，南都倾覆，父子悉皆为僧。	
86	生庵，字合虚，丹阳贺氏子		性至孝，尚气节。乙酉（1645），父殉国难，衔悲抱痛，愤而出家，剃发为僧。	《丹阳县志》
87	磴庵，俗名包捷，字惊几，吴江人	崇祯壬午（1642）举人	与邑反清义士吴日生、孙兆奎友善。兆奎兵败殉国，包捷哭于南都之内桥。又闻日生于杭州就义，乃冒万险往收其尸。悲愤不堪，乃遁迹穹窿山，披剃为僧，别号磴庵。残灯野庵，终于西山。有《西山集》。	《南疆逸史》卷42
88	普明头陀，原名归庄（1613—1673），字玄恭，昆山人		顺治二年（1645）四月二十五日，扬州为清兵所陷，庄仲兄归尔德在西门浴血奋战，壮烈殉国。五月，清兵攻占南京，六月剃发令下，昆山县丞阎茂才令剃发，士民鼓噪，庄振臂一呼，率众杀之。十五日，清兵大举围攻昆山。七月六日城破，死四万余人。庄妻及嫂俱殉节，父也卒亡。庄削发为僧，结庵祖茔之侧，奉母而居。	《国朝耆献类征》卷464、《清画家诗史》、《归玄恭文抄》

续表

序号	人物（生卒年、籍贯）	世职	逃禅事迹	出处
89	弘仁（1610—1664）字无智，号渐江僧，又号梅花古衲，歙州江氏子	天启举人	甲申国变，激于忠义，投笔从戎，渡江击楫，誓清中原，惜战机不利，屡挫，顾同志多死节，乃投江自尽，为乡人所救。顺治四年（1647）剃发入道，隐居齐云山。后游南京，居金陵香水庵。以画名世，与石涛、石溪、八大山人并称清代画坛四大高僧。	参《清史稿》卷50、《安徽佛教志》
90	行滔，字大庾，俗姓赵，吴江人	崇祯癸未（1643）进士，瓯宁县令	鼎革后剃发为僧，受具于遁村贤。次谒灵岩山，依退翁弘储得法。出住天台国清寺，顺治八年（1651），弘储以弘法婴难，质疑永嘉，行滔趋觐，至平望，舟覆而逝。塔于邓山。	《五灯全书》卷84、《纪荫宙亭诗集》、《桐庵文稿》
91	行诚，原名汝应元，松江华亭人	总兵	乙酉南都不守，应元涉险跻危，辗转东南，隶张肯堂麾下，屡立战功，后寡不敌众，战败溃散，隐遁普陀山，削发为僧。张肯堂以弱孙托之，行诚足不越阃，一意扶孤。肯堂死节，冒险收葬。	《南疆逸史》卷31
92	咒林明大师，原名祁班孙，山阴人	父祁彪佳，苏松巡抚	顺治二年乙酉（1645）南都覆，祁彪佳殉节。慈溪布衣魏耕奔走四方，谋复明室，祁班孙参与，事泄被捕，遣戍辽左。丁已（1665）班孙遁归隐迹吴之尧峰，祝发为僧。未久主毗陵马鞍山，人称咒林明大师。誓不与世沉浮，每语及先朝，辄掩面痛哭。癸丑十一月卒，著有《东行风俗记》、《紫芝轩集》。	《清史稿》卷501、《吴县志》卷77、《东北文献零拾》卷3、《鲒埼亭集》卷13
93	函可，字祖心，别号千山剩人。广东博罗韩氏子	父韩日瓒，官礼部尚书	崇祯十二年，随宗宝道独于匡山落发受具。甲申变后，福王立，以请藏经至金陵，寓居顾梦游楼上。值清兵来攻，目睹清军暴虐，诸大夫死事惨烈，纪为私史。城陷事发，被执。洪承畴时督南京，以避嫌不为定狱，遂械送京师，后遣发沈阳，结庐于千山双峰寺。所著《千山语录》《千山诗集》二十卷。	《光绪广州府志》卷141、《江苏诗征》卷179、《千山诗文汇编》
94	寂光，字三昧，俗姓钱，广陵人		明末，煤山遗恨，师驻锡金陵龙潭宝华山，大建法幢。弘光元年（1645），奉敕追荐崇祯帝，赐紫衣白金，晋号国师。五月，清兵渡江，六月，南都城破，弘光帝被俘而死。师闻知泣不成声，叹曰：吾为大明律师，说法利生垂四十年，今愿已毕。乃付法见月，示明化期，不复进食，坐化。寿六十六。	《宝华山志》《宗统编年》卷31、《南山宗统》卷4、《新续高僧传四集》卷28
95	钱秉镫	供职永历朝	永历四年（1650）十一月，清军破桂林，秉镫偕僚属遁入山林，削发为僧。著有《所知录》，述及亡命出家经过。	《小腆纪年附考》卷17
96	逊庵，原名恽日初，字仲升，武进人	武进恽氏是江南大族	清兵下浙，避走福州，福州破。走广州，广州复破，为浮图，名明昙，复至建宁建阳。顺治四年（1647）七月初四，建宁士民奉郧西王朱常湖，在王祁等率领下反抗清军。	《明清史料》甲编、《明遗民录汇辑》
97	懒云，名永言，俗姓杨，云南昆明人	崇祯癸未进士，昆山知县	甲申后，应南都诏，荐举诸生顾炎武于朝。清兵陷南都，忠义所激，力扶危局，与顾炎武、归庄及参将陈宏勋等起兵抗清。城破，复加入吴志葵义军，亦败。遂祝发万寿庵。晚年卒于滇。	《小腆纪年》卷10、《南疆逸史》卷31、《亭林诗集》卷2

续表

序号	人物（生卒年、籍贯）	世职	逃禅事迹	出处
98	髡残，号石溪，又号残道者，俗姓刘，武陵人		残本遗民，鼎革后易服学佛，参觉浪道盛得法，卓锡金陵牛首山。神明英越，机鉴遐深，开堂弘戒，法化大振。工画山水，好写奇奥境，题识多寓兴亡之感。	《画征录》、《清代画史》、《清史稿》卷504

资料来源：朱哲编：《甲申国变遁迹空门僧史略》，香港正觉莲社，2004年。

此表仅录僧中遗民之一小部分，他们大都在明亡后出家；尤其南都之覆，更令南方一大批士人悲时伤世而纷纷披剃逃禅。其中不乏进士出身高官者，如番禺海云寺天然函昰及其门下，聚集士绅遗民数以千计。乙酉（1645）之变，南都倾覆后，吴地忠臣义士出家逃禅者亦不计其数，木拂和尚（叶绍袁）著有《湖隐外史》《甲行日记》，后者起自乙酉（顺治二年、隆武元年）八月二十四日，止戊子（顺治五年，永历元年，1648）九月二十五日，所记时事虽不甚详，而明末清初吴地忠贞之士不屈不挠之节烈，已可概见。今摘几条隐于僧寺者如下：

（乙酉八月）二十七日丙午，雨，晓起理装，家人辈至庵中拜别，余曰：此行也，若中兴有期，则归来相见亦有日，不然，从此永诀矣。两幼主室家之好未完（按，指未婚），岂不痛心？然留之事胡必不可，我亦无可奈何耳！三孙不及见其长大，幸为我善视之。……诸妇女可寄西方尼庵，汝辈但为其糊口者，俾无冻馁，以免感且不朽。家人皆伏地哭，余亦泣。登舟，……泪潸潸不止矣。既发，冒雨至栖真寺，即香上人简庵夜，可生上人为祝发也。即此后或有黄冠故乡之思，但恐彭泽田园，门非五柳，辽东归鹤，华表无依耳。

丙戌二月初二日，阴冷，沈古叔寄赠诗云：宰官乃现比丘身，岂便甘心遂隐沦？佛子未尝无所猛，英雄始信有其人。喜持木穗多成算，屡向蒲团是卧薪。寄迹空门知逆境，好留慧剑斩腥尘。

十二月初二日甲戌，晴。与儿孙辈往圣恩寺观说戒，受戒一百余人。……薛谐孟、杨维斗、吴茂甲皆在。……武进乡同年韩不挟嗣子公严亦僧服同谐孟。

三月十三日甲寅，晴。拜墓归，道中晤沈治佐，出所作曲相示，犹乙酉秋赠余父子祝发词也。“扑面胡尘秋风飕，愁发三千丈，难支几夜霜。梦整缨冠，拜手皇上，泪血染枫江，数丹心，一缕青丝放。（步步娇）离恨愁天老，忠臣落日长,宁怜绿鬓看无恙。酒不洒葛中陶元亮,冠不带故里文丞相,不是他儒心释像,撑个东土纲常,倒藉衲西方和尚(江儿水)莲华香世界,贝叶古文章,跳出个鬼啸神嚎弥天网,且自筑灵台水云乡。……"

二十五日丙寅,晴。儿辈往圣恩寺看华严道场,徐度宇招余同陆明湖(履常封翁)小饮。陆年七十矣,亦僧服,品雅格高,博综今古,谙练有识,谈言不倦,云曾见建文实录,载出亡事甚明。[①]

此可谓逃禅遗民对鼎革之初江南吴地士绅僧服隐身寺中的实录,有为中兴而与家人在庵中告别的场景,有士绅僧服参与说戒道场、华严道场的盛况,也有诗词曲生动描绘彼时国破家亡士人在寺中祝发的情景……曲词中透露的那些"儒心僧服"的遗民和尚都在为故国复兴而奔忙。史家印证了这些记述不虚,清军的暴行和占领南京后一些不得人心的措施,激起了江南各地士绅"破家纾难","客贾僧道,咸来助师"。[②] 深入江南腹地的山、湖与海,在明清鼎革之际被目为"化外之地",因为那里成了江南士民、遗民或遗民僧共同抵抗清军暴虐的战场。这时"山中的佛徒,继续着他们的宗教生活,却也有僧人正是在这关头,较之平世更深地卷入了世俗历史,接纳、庇护亡命,乃至直接介入反清秘密活动"[③]。

上表中列于第93号的遗民僧函可,"以请藏经至金陵"吸引人眼球,而揆诸史事,竟然是牵动人心的清代第一文字狱"函可案"。顺治四年(1647)秋冬间,清军于南京城门查获僧人函可携带犯忌文书。释函可,字祖心,别号剩人,广州博罗人,俗姓韩,万历三十五年(1607)进士、原明南京礼部尚书韩日缵长子,崇祯十三年(1640)父逝出家,拜庐山空隐老人道独为师,为曹洞宗第三十三传,住广东博罗华首寺。明亡,"悲恸形辞色,传江南复立新主,顷以请藏,附官舟入金陵。会清兵渡江,闻某遇难、某自裁,皆有挽,过情伤时,人多危之,师为之自若"[④]。顺

① 朱哲编:《甲申国变遁迹空门僧史略》,香港正觉莲社,2004年,第62—65页。原载《狮子吼》月刊1941年第1卷。

② 西亭凌雪:《南天痕》卷十七。参谢国桢:《南明史略》,上海人民出版社,1957年。

③ 参赵园《想象与叙述》:"即使板荡之际,也仍然有不同的山、湖与海,发生于其间的不同故事。即如那时的山,仍然印着文人的游踪,山志则收录了他们的吟咏。山中有隐士的肥遁,为了避乱,或只为了避世——无论所避为明为清。……随着小股抵抗的被剿灭,山、湖与海也就纳入了清政权的控驭范围——尽管仍然会有化外之民。"(人民文学出版社,2009年,第32—35页)

④ 函昰:《千山剩人可和尚塔铭》,载函可:《千山诗集》卷首,中国科学院图书馆藏康熙四十二年刻本,《续修四库全书》第1398册,上海古籍出版社,2003年。

治二年(1645)正月,函可抵南京,四年秋冬欲回广东,因与洪承畴"有世谊"之交,故请求其给出城印牌。但出南京城门盘验,查得"经笥中有福王答阮大铖书稿,字失避忌;又有《变纪》一书,干预时事",故被逮,"发营候鞠"(一说拘禁于承恩寺中)。[①]

函可遂作为重点怀疑对象被关入满营。"当事疑有徒党,拷掠之数百",清军追查徒党,怀疑谋反,但函可坚称"一人自为",夹木再折,无二语。项铁至三绕,两足重伤。受重刑拷问,函可绝不动摇。"万楚交下,绝而复苏者数,口齿嚼然,无一语不根于道。血淋没趾,屹立如山,观者皆惊顾咋指,叹为有道。"后清廷下令将函可拿解至京,"途次几欲脱去,感大士甘露灌口,乃安忍如常。至京,下刑部狱,越月,得旨发沈阳"。函可于顺治五年(1648)四月二十八日被发配到达沈阳,开清朝东北流人史先河。自祸起到发遣,函可一案迁延半年余。从被怀疑谋反至以文字罪审结,函可终能幸免于难,除其本人向佛意志坚定外,还当得益于满人信佛者的周旋。[②] 虔诚向佛的传统亦使满人减少些许生杀罪孽。再如上表中列于第 91 号在普陀山出家的行诚(华亭人汝应元),于南明大学士张肯堂阖门殉难后,得一"信佛"清帅允许,殓葬故主,并以"精晓禅理"博此帅"大喜",两人"相得甚欢",汝应元"乘间为言,茂滋忠臣裔,可矜,且孺子无足虑",几经努力,将羁押鄞县狱之张肯堂孙茂滋救归华亭。[③]

比起谋反来,文字罪自然稍轻。洪承畴说函可"干预时事","字失避忌"而"自取愆尤"。函可除了带有福王的私信外,还记述了南京城的"乙酉之变",著为"私史"。如其友云"值国变,亲见诸死事臣,纪为私史","于诸死事,络索不休,乃及于难";"友恸国恤,黯然形诸歌吟,不悟,遂以为祸"。但文字所关,也非细事,郝浴说得很到位,"然事干士大夫名教之重,江左旧史,闻人往往执简大书,藏在名山。是殆狮象中之期牙雷管,而袈裟下有屈巷夔龙也"。[④] 世变国难之际,僧人存史的果敢并不亚于儒之缝掖。从顺治二年(1645)到南京,四年(1647)被执,函可有两年时间逗留南京。二年间,陈寅恪曾推论函可于"丙戌(顺治三年)一年之

---

① 《清世祖实录》卷三五,顺治四年十一月辛亥。函可之父韩日缵为洪承畴会试房师,函可乃洪承畴师弟,即"给印牌"。又参谢国桢《南明史略》:"洪承畴动摇,私自放出带有'弘光私信'的和尚函可。"

② 参杨海英:《洪承畴与明清易代研究》,商务印书馆,2006 年,第 239—240 页。

③ 参杨海英:《洪承畴与明清易代研究》,商务印书馆,2006 年,第 242 页。

④ 郝浴:《奉天江阳千山剩人可禅师塔碑铭》,载函可:《千山诗集》卷首,中国科学院图书馆藏康熙四十二年刻本,《续修四库全书》第 1398 册,上海古籍出版社,2003 年。

中，去而复返，实暗中为当时粤桂反清运动奔走游说耶？”[①]符合情理，实不能排除函可和尚以请藏经为名，到江南从事复明运动的可能。正如岭南僧大汕为药地和尚（方以智）所作挽诗引曰：“舍忠孝别无佛性，舍佛性必不能忠孝，虚生浪死，趋利背义，为人不足，尚得为佛祖圣贤乎？”此“血性成佛性”实亦函可之写照。[②]

函可事发，因“寓居顾梦游楼上”，故顾梦游（字与治）亦被牵进案中。施闰章（愚山）作顾高士传记曰：“祸发连系，刃交于颈，梦游辞色不变，卒免于难”。[③] 钱谦益于辛丑（顺治十八年，1661）六月书曰：“金陵乱后，与治与剩和尚生死周旋，白刃交颈，人鬼呼吸，无变色，无悔词。予以此心重与治，片言定交，轻死重气，虽古侠烈士，无以过也。……风尘澒洞，士生其时，蒙头过身而已。渺然孤生，党军持而抗服匿。读与治诗，九原犹有生气；存与治诗，所以存与治也。知愚山存与治之义，士之自立，而悲于无徒与？夫慕义而惧于湮没者，可以慨然而兴起矣。”[④]金陵顾梦游被钱、施辈视作“义士”，其家正是江南遗民喜聚之地，“四方至者，容接不倦”，当与其时抗清复明地下活动有关。其《己亥六月喜友让侄还家》诗云：“江氛传不定，间倚望逾殷。华岳俄归鸟，长安岂蔽云。竹林新酿熟，桃叶旧歌闻。但恐才锋锐，乘时又策动。”[⑤]诗中描述的史事涉及顺治十六年（1659）夏郑成功的“南京之战”，顾侄回家，带来有望恢复的消息，顾梦游兴奋不已，又隐含担心。函可通过顾氏与江南遗民保持密切联系，与林古度、邢防、余怀、龚贤、杜浚等人交往，均被形之歌咏。

函可案发，奉命招抚江南的总督洪承畴受到清廷的最大猜疑。正因为函可来自广州，故有学者认为，清朝当局怀疑“洪承畴一直与广州复明分子有联系，也许江南文人与南方抵抗分子之间正在形成一个新的联盟”[⑥]，这个推测固然大胆，可能性却绝非全无。作为原籍福建的汉臣高官，洪承畴与东南士绅之间，既有剑

---

① 陈寅恪：《柳如是别传》下册，生活·读书·新知三联书店，2015年，第941页。

② 石濂大汕：《离六堂集》卷二，《挽药地和尚有引》，《四库禁毁书丛刊》集部第186册，北京出版社，1997年，第516页。

③ 施闰章：《顾高士梦游传》，《施愚山文集》卷十七，传记二，第338—339页。参见《清代碑传全集》卷一二三，上海古籍出版社，1987年，第617页。

④ 钱谦益：《有学集》卷四十九《顾与治遗稿题辞》，上海古籍出版社，1996年，第1590—1591页。钱说顾“晚年屡遭坎陷，困于蒺藜，卒无子，穷老以死。施愚山学宪经纪其丧，又属其友方尔止、沈子迁网罗放失旧稿，手自排纂为集，刻而传之”。

⑤《顾与治诗集》卷五，《金陵丛书》本，第10—11页。

⑥ 魏斐德：《洪业》，陈苏镇等译，江苏人民出版社，1992年，第711页。按，正如函可之类遗民僧，充当了复明者穿针引线的联络角色。

拔弩张之时，也不乏温情脉脉的场景，原有的社会关系未因改朝换代而断绝，此即“贰臣”复杂之处。洪承畴的南京幕府也不乏江南著名人士，清廷对他不放心自有理由。洪承畴受到猜疑的另一旁证是，顺治五年（1648）初，洪承畴离开江南，直到顺治八年（1651）福临亲政前，这段时间《实录》中很少记载洪承畴招抚东南的活动。研究认为可能他坐了三年“冷板凳”，这从顺治六年（1649）他被任命修撰《清太宗文皇帝实录》总裁官并出任己丑年会试主考官便可察知。[1] 清廷对归降的汉臣尽管有防范之意，可又不得不用。魏源说：“世祖之定鼎也，东南反侧未靖，故命大学士洪承畴经略五省，而定南王孔有德徇广西，尚可喜、耿仲明徇广东，吴三桂徇四川、徇云南，皆以明故臣领所部绿旗兵，外借其招徕，内以佐禁旅之不逮。”[2]

而从函可的活动和人脉关系来分析，函可本人委实不能摆脱与反清复明运动的联系。其一，函可一家为反清复明事业牺牲了许多人，他的一个叔叔和三个兄弟为反清复明而死。其二，函可与函昰既是儿时的密友，出家又同出一师门，关系自然很铁，而函昰门下岭南遗民依止最多，其中有不少抗清复明人士披剃为僧。[3] 其三，函可被流放沈阳后，和其他流放的故国派复明人士组成“冰天诗社”。后来他住持辽阳千山寺，讲经说道，吸引了来自整个东北的其他政治流放犯。到顺治十七年（1660）他示寂之时，千山寺已然发展成东北佛教弘化中心。《千山诗集》扉页存有一首天然老人题、陈棠溪书的剩和尚诗，曰：

> 一滴曹源向北湍，顺流容易逆流难；神龙破浪无寻处，留得威狞纸上寒。[4]

---

① 参杨海英：《洪承畴与明清易代研究》，商务印书馆，2006 年，第 246—247 页。

② 魏源：《圣武记》卷二《藩镇》，中华书局，1984 年，第 61 页。

③ 陈伯陶：《胜朝粤东遗民录》卷三，上海古籍出版社，2011 年，第 28 页；汪宗衍：《天然和尚年谱》，《大藏经补编》第 22 册；傅路德、房兆楹：《明代人名辞典》，第 491—494 页。《胜朝粤东遗民录》及屈大钧《皇明四朝成仁录》所收 266 个广东复明分子传记中，有 40 人在南方抗清战争期间出家为僧，其中 27 人成了函昰的弟子。这些人大多是士绅领袖，这可以从他们的社会地位较高这一点推知。40 名当了和尚的复明分子中，22 名是诸生，4 名是贡生，3 名是举人，2 名是进士。也就是说，在明清过渡时期，10%以上的广东重要复明分子成为函昰和尚的门徒。著名的散文家和诗人屈大钧也是函昰的弟子。

④ 函可：《千山诗集》，中国科学院图书馆康熙四十二年刻本，《续修四库全书》第 1398 册，上海古籍出版社，2003 年。

三 以忠义作佛事

“僧之中多遗民”，“逃禅又杂儒”，[①]在明清易代之际既引人注目，又颇招争议。黄宗羲屡次提到：“兵火奔播，丛林之黠者，网罗失职之士，以张其教。”[②]士人当此之际逃禅为保存节操，而有关批评的严厉处，亦正在指此“逃”为失节。故而王夫之拒绝逃禅，其《南窗漫记》有“方密之阁学逃禅洁己，受觉浪记莂，主青原，屡招余将有所授，……余终不能从”[③]云云。其实，遗民逃禅往往系于天人性命、患难余生的体悟。如施闰章说方以智：“去而学佛，始自粤西遭乱弃官，白刃交颈，有托而逃者也。后归事天界浪公，闭关高座数年，挎心濯骨，涣然冰释于性命之旨，叹曰：‘吾不罹九死，几负一生！’古之闻道者，或由恶疾，或以患难，类如此矣。”[④]

徐枋出儒入释，对遗民之“出、处”境遇做了比较，深刻体味儒佛应对世变之见，有非其时“粹儒”所能想见者：“夫儒者以全道为重，故重其在我，每以‘处’优于‘出’；而佛法以行道为亟，故利存徇物，每以‘出’优于‘处’。（中略）而瞿昙设教，誓入五浊（恶世）；神道应化，不耻乱朝。苟可续慧命，济群品，则举身以徇之，岂同儒者规规然，以洁己为高者？”[⑤]其时也确有由儒入释，一往而不返，以衣钵晦迹既久，即嗣法上堂，俨然佛门老宿者。如全祖望所说：“当其始也，容身无所，有所激而逃之。及其久而忘之，登堂说法，渐且失其故吾。”[⑥]更有为僧而不屑于稍掩其遗民形迹和心迹者，如祝发为僧仍“谋兴复”的皮熊[⑦]，如“但喜议论古今，不谈佛法，每及先朝则掩面哭”的咒林明大师[⑧]。遗民虽出家仍不忘复故国，此全祖望所谓：“易姓之交，遗民多隐于浮屠，其不肯以浮屠自待宜也。”由此不难想见其时法门百态。

深入考察遗民逃禅的心迹和思想依据，盖可溯自晚明以来儒佛两家共同“会

---

① 参见赵园：《明清之际士大夫研究》，北京大学出版社，1999 年，第 290、292 页。

② 参见黄宗羲：《刘伯绳先生墓志铭》，《黄宗羲全集》第 10 册，浙江古籍出版社，1999 年，第 307 页。

③ 参见王夫之：《船山全书》第 15 册，岳麓书社，1996 年，第 887 页。

④ 施闰章：《施愚山集》文集卷九《无可大师六十序》，黄山书社，1993 年，第 166 页。

⑤ 徐枋：《居易堂集》卷六《送去息和尚夫椒住祥符寺序》，上虞罗氏刊本，1919 年。

⑥ 全祖望：《鲒埼亭集》卷二七《周思南传》，四部丛刊本。

⑦ 陈垣：《明季滇黔佛教考》上册，河北教育出版社，2000 年，第 413 页。语曰：“熊于己亥年（顺治十六年，1659）祝发为僧，隐水西山中，谋兴复不克。康熙四年（1665）正月，吴三桂灭水西，熊被获不屈死。”

⑧ 全祖望：《鲒埼亭集》卷十三《祁六公子墓碣铭》，四部丛刊本。

通儒释”乃至融贯“三教”的学思趋向。吴伟业说“唐宋之讲学儒释分，而我明之讲学儒释合”，且以为“得乎儒释之合而探其原”，是值得追求的学术目标。由此，明清易代之际法门名宿也循袭儒释融会之风气。如黄宗羲记汉月法藏与士人，“说《论语》《周易》，凿空别出新意”[1]；徐枋称道弘储继起：“何其深有合于圣人之道也！”[2]方以智更是致力于会通三教，他家学渊源，深通《周易》之学，而披缁后的学术取向则以《易》理通乎佛氏，又通乎老庄，每语人曰：“教无所谓三也，一而三，三而一者也。譬之大宅然，虽有堂奥楼阁之区分，其实一宅也。门径相殊，而通相为用者也。”[3]

钱穆在给余英时《方以智晚节考》所作的序文中，论及方以智三教合一之说，指出“此乃晚明学风一大趋向，然亦可加分疏”，“至如密之（方以智），则逃儒归释乃其迹，非其心也”。[4] 由此而知，会通固然是在优容与严辨儒佛分际之夹缝中采取的态度和路向，但更显真知灼见的还是黄宗羲“学儒乃能知佛”，不失为真正的儒佛融通之学术命题。如其所谓唯儒者能究佛学底蕴，“昔人言学佛知儒，余以为不然。学儒乃能知佛耳”。他甚至认为，“自来佛法之盛，必有儒者开其沟浍”，“万历间，儒者讲席遍天下，释氏亦遂有紫柏、憨山，因缘而起。”其所撰钱启忠墓志铭说：“道非一家之私，圣贤之血路，散殊于百家，求之愈艰而得之愈真。虽其得之有至有不至，要不可谓无与于道者也。”

黄宗羲于此强调，明末士大夫之学道而“类入宗门”者，尽有“以忠义垂名天壤”，然而仍不能以此而模糊了儒佛分际。“夫宗门无善无不善，事理双遣，有无不著，故万事瓦裂。恶名埋没之夫，一入其中，逍遥而便无愧怍。诸公之忠义，总是血心，未能融化宗风，未许谓之知性。后人见学佛之徒，忠义出焉，遂以此为佛学中所有，儒者亦遂谓佛学无碍于忠孝，不知此血性不可埋没之处，诚之不可掩吾儒真种子，切勿因诸公而误认也。”[5]

明末清初遗民之皈依佛教、遁入空门，其“亦僧亦儒”的形象和儒佛融合的思想归趣，不仅给佛国世界注入了一剂强心针和一股新鲜血液，使儒学“血性”获得

---

① 参见黄宗羲：《苏州三峰汉月藏禅师塔铭》，《黄宗羲全集》第10册，浙江古籍出版社，2005年，第517页。

② 徐枋：《居易堂集》卷五《灵岩树泉集序》，上虞罗氏刊本，1919年。

③ 施闰章：《施愚山集》文集卷九《无可大师六十序》，黄山书社，1993年，第166页。

④ 余英时：《方以智晚节考》钱穆序，生活·读书·新知三联书店，2004年，第3页。

⑤ 黄宗羲：《黄宗羲全集》第10册，浙江古籍出版社，2005年，第341、442、443页。又参黄宗羲：《明儒学案》卷五七，第1369页。

了渗入佛学的最佳心理氛围与思想基因，从而使中国思想文化史上长达千余年的儒释道三教融合达到了一种全新的境界，并使佛教与文人士大夫的关系也出现了一种前所未有的新气象。尽管黄宗羲等儒者仍然斤斤于强调儒佛分际，但他昭示世人佛门诸公之忠义总是不可掩埋的吾儒血心、血性之体现。其中感人至深者，当数遗民僧的"以忠义作佛事"，虽未载入官方史册，但在僧史之中彪炳千秋，熠熠生辉。

易代之际僧人与士人的患难与共，僧人的"忠义感激"，并非激于一时意气，而是渊源有自。宋代大慧禅师的名言"予非学佛，而爱君忧国之心，与忠义士大夫等"，明亡之际士人对此耳熟能详。紫柏真可怒斥侍者不哭忠义，至欲推堕崖下，则是明代法门的著名故事。明亡以后，一部分明官宦子弟甚至宗室成员，削发为僧者大有人在。如八大山人、石涛、石溪、渐江，均以擅画著称，被称为清代"四大画僧"①。这些遗民僧人寄情诗画，别树一帜，内藏中锋，笔墨雄豪，自有世外风韵。然遗民僧中更有倡"以忠义作佛事"者，其事迹光辉穿越历史尘埃而豪迈今古。其中荦荦大者，如临济宗法藏系下弘储继起②，曹洞宗天然函昰一系③，分别吸引、凝聚了吴地和岭南的遗民群；而金陵觉浪道盛一支，门下有药地愚者（方以智）、笑（一作啸）峰大然等，亦都是儒佛兼通的饱学之士，且是能尽忠尽孝大义凛然的节操义士。饶宗颐先生曾言及："明季遗民遁入空门，一时才俊胜流，翕然趋向。其活动自江南迤至岭南，徒众之盛，实以金陵天界觉浪上人一系与番

---

① 八大山人（1626—1705），俗名朱耷，为明朝宗室，明亡出家，又号"人屋"。其言曰八大者，四方四隅皆为我大而无大于我者也。久居南昌，擅画山水、花鸟、木石，不泥成法，画笔以简劲胜。石涛，名道济，亦明宗室贵族，俗名朱若极，号大涤子、苦瓜和尚等，擅画山水、花果、兰竹，被称为清代"江南第一画家"，郑板桥极推重他的兰竹。石溪，名髡残，自号残道人，受觉浪道盛衣钵，住金陵牛首山，每以笔墨作佛事，所画山水有奇逸风格。渐江，名弘仁，善山水，好画黄山松石，晚学倪云林笔法，自成一家。

② 弘储继起（1605—1672），号退翁，嗣法三峰，为临济宗第三十二世。弘储在当时遗民社会影响颇大，事迹见全祖望《南岳和尚退翁第二碑》及其弟子南潜所作《灵岩退翁和尚编年备谱》，其著作行世的有《南岳继起和尚语录》，另外，苏州灵岩山寺还藏有《祥符录》《浮湘录》《虎丘语录》《辛亥录》《升座语录》等康熙刻本各一册，《灵岩退翁和尚近录》抄本四册。

③ 天然函昰（1608—1685），字丽中，广东番禺曾氏子。少习经史，1633年举乡荐，次年从宗宝道独出家，成为曹洞宗第三十四世传人，为博山无异元来法孙。天然著述甚丰，法席兴盛。其门风高峻，气节凌然，甚受明遗民的崇敬。其门下嗣法有十人，号称"十今"（今无、今摩、今释、今壁等）。其中以今无（1633—1681）和今释（1614—1680）最为突出，二者堪称天然门下两大龙象，对于推动天然法门在岭南的发展极为有力。今释即澹归和尚，俗名金堡者。明崇祯间进士，官至给事中，南明亡后出家，投天然为师。澹归与天然，都因为出儒入佛，而又融合儒佛。在行为上显现出是一个隐遁山林的僧人，在理性上一个是消弭心头矛盾的智者。天然一系念念不忘曹洞博山法脉。"博山三十年缜密家风"，为天然一系喜用之辞，这与曹洞宗历来以笃实绵密见长的士民风格是一致的。

禺海云天然和尚一系最为重镇。”①

天然一系为当时大量的岭南遗民所依止。天然弟子今辩所作的《天然行状》曰:“师生平古道自持,壁立千仞,提倡纲宗,眼空今古,婆心为物,至老不衰。……吾粤向来罕信宗乘,自师提持向上,缙绅缝掖,执弟子礼问道,不下数千人,得度弟子,多不盛纪。尤喜与英迈畅谈,穷其隐由,以发其正智,于生死去就,多受其法施之益。即一阐提,与自负奇才而不可一世者,见之无不心服。”②天然函昰一支,至清康熙年间(1662—1722)仍宗门常盛。其中建树卓著者当推在南粤与赣北弘法的“十五今”,即起芸今盌、乐说今解、仞今今壁、海云今湛、梵音今音、性因今释、石鉴今覞、来机今再、广慈今摄、记汝今帾、自昭今诏、诃衍今摩、虫木今无等人,由此可见天然法门之兴盛。其法门中遗民之盛委实不假,而其以忠孝节义垂门,亦可以说是一个不争的事实。《天然和尚年谱》曰:“顾天然虽身处方外,仍以忠孝廉节垂示及门。迨明社既屋,文人学士,缙绅遗老,多皈依受具,一时礼足凡数千人,创立海幢、海云、别传诸刹,呜呼! 何其盛哉也。”③

觉浪门下,遗民甚众,笑峰倪嘉庆、药地方以智,最为著名,笔者将于下文作专论。顺治五年(1648),觉浪曾以论道书中有“我太祖皇帝”等字,为忌者所告,系狱一年。后辩以其书作于崇祯间,牢狱始解。④ 觉浪嗣法曹洞宗,而五宗并举,三教并弘,与其高足方以智晚年会通三教之旨同。觉浪法名道盛(1578—1657),别号杖人,住金陵天界寺,与明盂、弘储并以忠孝名天下。觉浪道盛与愚庵明盂、继起弘储等禅师之“并以忠孝名天下”的重要标志,乃在于当时三人门下皆收容了众多决不仕于清的亡明遗民,忠贞不忘复兴故国,坚守志节以明大义。⑤ 正因为如此,觉浪和弘储等皆遭牵连而受牢狱之灾,方以智等也遭清廷密捕而最后死于惶恐滩。

弘储退翁师承明末著名的三峰宗祖师汉月法藏,因住苏州灵岩而常称为灵

---

① 参姜伯勤:《石濂大汕和澳门禅史——清初岭南禅学史研究初篇》饶宗颐序,学林出版社,1999 年。

② 参《庐山天然禅师语录》今辩序,载明版《嘉兴藏》第 38 册,台湾新文丰出版社,1987 年。

③ 汪宗衍:《天然和尚年谱》,《大藏经补编》第 22 册。

④ 陈垣:《清初僧诤记》卷二,《明季滇黔佛教考》下册,河北教育出版社,2000 年,第524 页。

⑤ 纪荫:《宗统编年》卷之三十二《诸方略纪下》,《卍新续藏》第 86 册,乙巳四年。明盂,钱塘丁氏子。参云门澄嗣法,历住显圣,梵受珠明,问法者日绕万指。晚筑愚庵西湖,闭门奉母。母顺世,哭之恸,目为失明。嗣法门人俍亭挺曰:“师天性峻爽,英迈不羁……应机接物,有古云门之风。动止谐谑,无非密义。法席遍江左,老并弃去。独以愚庵终其身,学者称愚庵。尝曰:吾耻近世禅者,高心空腹,不明一经。故劳劳讲说,实不得已,他人以语言目我,失之矣。”

岩退翁和尚，实际是一位寓忠孝于佛理、儒释融通的遗民僧。徐枋自称为弘储“白衣弟子”，他说：“惟吾师一以忠孝作佛事，使天下后世洞然明白，不特知佛道之无碍于忠孝，且以知忠孝实自佛性中来。或曰：吾师之以忠孝作佛事，可得闻乎？沧桑以来二十八年，心之精微，口不能言。每临是讳，必素服焚香，北面挥涕，二十八年直如一日。”[①]明亡国破后，每逢国难之日，退翁和尚二十八年如一日，“必素服焚香，北面挥涕”。其人对故国忠贞如斯，且以保护士人为道义责任，故其门下亦多有遗民聚集。张有渔、熊开元均系其弟子，丁日昌《明事杂咏》遂有“大丞相与大司农，左右灵岩侍退翁”之句。[②] 全祖望言曰：“丙戌以后，东南之士，濡首没顶于焦原，相寻无已，而吴中为最冲。退翁皆相结纳，从之者如市，辛卯竟被连染，……”辛卯即顺治八年(1651)，舟山之役，甬士殉难者无数，退翁和尚当时开法天台，与木陈和尚“同遭白简”，“赴鞫东瓯，庭决大杖归”。[③]

弘储为法忘身，一以忠孝作佛事，虽毁衣出世，仍刻刻与众生同休戚，世出世间，古罕其伦。国变以后，所交游者多为深明大义而具节操之遗民故老。南都覆，东南豪杰，累谋兴复。师偕檗庵竭节殚谋，广为结纳，卒受祸难，“台邑图形，杭都画影”，险遭不测。檗庵，法名正志，即熊开元，字鱼山，明天启五年(1625)进士，甲申变后，参与吴日生部军事，起义吴江，后入闽辅唐王，隆武元年(1646)起为随征东阁大学士。汀州破，隆武帝被执，愤而披剃，隐匡庐、南岳间，弘储招至灵岩，以忠节相砥砺。当此之时，世网高张，法门亦正多事之秋，弘储身入汤火，无所辞避，或戒之，则曰：“忧患得其宜，汤火亦乐国也。”每与诸方往还，言及续慧命，寄道统，则义形于色，谓“使真宗不坠，虽此身碎为微尘，犹为幸甚！”临事耻苟免，履危能饰躬。康熙甲辰(1664)，黄宗羲上灵岩，弘储和尚为召文秉、徐枋、周子洁、邹文江、王双白等吴中名士集于天山阁，犹痛论国事，以春秋大义相勉。[④]

檗庵正志忠昭日月，义薄云天，他的道德文章，励猷气节，为后世所推重。南都覆灭，山河残碎，他披缁逃禅，终老林泉，“身草野而心朝廷，居闾巷而志社稷”，用泪和血谱写下了可歌可泣的《击筑余音》等光辉篇章。其诗云：“谱得新词叹古

---

① 徐枋：《居易堂集》卷十九《退翁老人南岳和尚哀辞》，上虞罗氏刊本，1919 年。

② 参赵园：《明清之际士大夫研究》，北京大学出版社，1999 年，第 306 页。

③ 参全祖望：《鲒埼亭集·退翁和尚第二碑》；陈垣：《清初僧诤记》卷二，《明季滇黔佛教考》下册，河北教育出版社，2000 年，第 523—524 页。

④ 朱哲编：《甲申国变遁迹空门僧史略》，香港正觉莲社，2004 年，第 393—395 页。

今,悲歌击筑动知音;莫嫌变征声凄切,要识孤臣一片心。”檗庵的忠节风操并未因逃禅而在佛门中泯灭,自从上了灵岩,为维持法道,启迪人心,担荷如来慧命,他不惮辛劳,处处以身作则。其前半生居官数十年,过惯了优裕生活,可自入缁门,即克勤克俭,悃愊无华,一反往昔尊荣。一条布被盖二十多年,一件衲袍补了又补,衣服也是自己洗。晚年,他更加精勤佛道,梵修弥笃,于灵岩传临济正宗,法幢所至,如老将登坛,壁垒旌旗皆变,非精忠不灭,昼夜精勤,行解超然,曷可臻此?明隐士徐枋有诗赞曰:“昔在朝端现凤麟,后归法苑称龙象;过余土室何殷勤,自谓当仁诚不让。”①

明末清初僧家文献史料中对遗民僧之忠义志节多有讴歌。牧云《懒斋别集》卷六有《与木陈书》,评曰:“古人弘法罹难,何代无之?如石门、栖贤、觉范,皆英伟奇杰之人,自经世患,而光明愈赫赫难掩。苟不经世患,又谁见其英伟奇杰也!”陈垣于此说,“言虽如此,然大难当前,非养之有素者,鲜不张皇失措”。故全祖望所撰《退翁第二碑》曰,辛卯之难,寺中星散,南潜“独负书策杖入山,以是尤为时所重”。陈垣以为,“即此可见,世变之来,宗门不能独免,虽已毁衣出世,仍刻刻与众生同休戚也”。当宗门罹祸时,士人的皈佛亦诚勇壮之举,颇为时论所重。而佛门“失节于中途”者则为僧俗两界所鄙,也就不难想见了。木陈应诏入京,气焰煊赫,在时人眼中正如得新朝宠遇的失节遗民。僧家因“修行不密”见知于当道,亦如遗民的避世不远,终坠世网,均被目为节操问题。明清易代之际,乃中国历史上士人殉节现象最突出的时代。

钱穆在给余英时《方以智晚节考》一书所作的序文中说:“晚明诸遗老之在清初,立节制行之高洁,成学著书之精严,影响清代两百六十年,迄今弗衰。”②佛教在清初能维持一段兴盛,清中叶后走向衰落,其中一个重要原因就是明清易代之际大量遗民遁入佛门,披剃为僧,为佛教注入了“血心”“血性”,凸显了遗民僧在世变事难中的感召力,并有力提升了僧团的整体文化素质。而当清代统治逐渐

① 朱哲编:《甲申国变遁迹空门僧史略》,香港正觉莲社,2004年,第400页。檗庵著作有《鱼山疏稿、剩稿》《华山纪胜集》《檗庵别录》《圣恩寺志》等。

② 余英时推赞方以智的遗民志节有过于顾亭林之坚卓、王船山之苦隐,他翔征博引,索隐探微,论证说:“密之事迹在晚明诸遗老中最为隐晦”,而“密之一生,大节凛然……及乎国亡不复,则去而逃禅。虽顾亭林之坚卓,王船山之苦隐,又何以过之?是密之之遗民志节,亦早为天下后世所共仰,而无待乎更有所渲染也”。方以智(1611—1671),早岁主盟复社,与宜兴陈定生、广陵冒辟疆、商丘侯方域并称“海内四公子”。晚年罹祸死节,余英时考证甚详,据说与遗民复明运动有关。参余英时:《方以智晚节考》,生活·读书·新知三联书店,2004年,第1、200页。

巩固，并且采取了多种吸引士人的机制，一切又恢复到社会从前那样的状况，精英士子都走读书取仕的道路，法门冷清再度出现。乾隆中，明遗民凋零已尽，一般士人作为社会精英大都疏离佛门，亲近佛教者亦多为在家居士学佛，“非不愿出家为僧，实乃可依止之师僧无多”。而至晚清，佛教僧徒流品芜杂，寺庙又几成为游民托足之所，至此佛教更形衰颓。然经此佛教之兴衰演变，也可知佛教之真髓血脉矣。

第三节
金陵天界觉浪道盛:“烈火禅”与集大成

自云谷法会开传江南禅道后,南京习禅僧仍多寂寥无闻,至清初南京出现禅门高僧觉浪道盛,住持金陵天界寺,声望卓著,被江南士大夫推为首屈一指的“大善知识”。其一生著述达百余种,涉及儒佛道三教之学,受到很多士大夫的赞叹。其弟子将其语录与著述先后编成《天界觉浪盛禅师语录》《天界觉浪盛禅师嘉禾语录》《天界觉浪盛禅师全书》等书。觉浪道盛的言行透露着对故国怀恋的热情,不少官僚士大夫随他出家,他的门徒也带有明遗民的性格。[①] 有研究者说得更为明白,觉浪道盛充当了明清鼎革之际东南遗民的“精神领袖”,因而他的禅法也具有鲜明的时代风格和特征,荒木见悟则取用“忧国烈火禅”这样的表述来阐明禅僧觉浪道盛的战斗风格。[②] 实际上,觉浪于明末清初因缘际会,行动上不惜为法忘身,思想上则博采众家之长,融会贯通而集大成,更重于慧命托孤和传播火种。

一 江南大善知识之首

曾为明末憨山大师年谱作疏注的“曹溪侍者”福征(谭贞默)序曰:

> 天下之盛会,莫若江南;江南之大善知识,莫若觉浪和尚。年未古稀,而闽、楚、吴、越、江淮以底旧京建业,展坐具者阅历五十会,声名洋益,无间华夷。到处云行雨施,影从响附,钦为明神,恋如慈父,实目前所罕遘,往昔所希有也。[③]

觉浪和尚(1592—1659),名道盛,字觉浪,别号杖人,俗姓张,福建柘浦人(一

① 参赖永海主编:《中国佛教通史》,江苏人民出版社,2010年,第195页。
② 荒木见悟:《忧国烈火禅——禅僧觉浪道盛的战斗》,东京研文出版社,2000年。
③ 道盛、大成、大然:《天界觉浪盛禅师全录》谭贞默序,《嘉兴大藏经》第34册。

曰浦城人)。生于明万历二十年(1592),寂于清顺治十六年(1659),世寿68岁。少习举业,19岁依识和尚剃落出家,栖于邑之梦笔山。① 此"识和尚"应为觉浪剃度师识源法和尚,楚黄陂人,尝游金陵报恩雪浪洪恩诸师法席,后隐书林瑞岩。辛亥(万历三十九年,1611),觉浪从识源师祝发,因得同归梦笔。识源于庚申(泰昌元年,1620)秋示寂。②

(一)嗣承寿昌,元镜印可

道盛初参博山元来不契,旋谒晦台元镜于建阳东苑。元镜禅师赞叹曰:"吾寿昌这枝慧灯属子矣!"即付源流,承嗣曹洞宗第三十三世。《宗统编年》根据康熙二年(1663)栖霞嗣法门人南岳大成所立《觉浪大禅师塔铭》,记载了道盛出家后受具开悟得法的来龙去脉:"始出岭之董岩,从博山来和尚受具,问从上佛祖行履,不契。辞往寿昌,道经书林,见东苑镜和尚,言下投机。遂折节过冬,一病濒死,镜亲调药疗之。有间,镜究其生平参悟,及五家堂奥之旨,大惊曰:'不期子深入此秘密法门,吾宗慧命,嘱子流布去也。'因付源流法偈,盛拜受。遂随镜,礼寿昌经和尚,重加参证,经颔之。"③

上述觉浪嗣承曹洞正宗寿昌系,受具戒于博山元来,而得晦台元镜之印可。对此嗣承法系,觉浪之菩萨戒弟子大印(皖城刘余谟)铭曰:"卓哉洞、曹,声振寰宇。突出好山,壁立风雨。博山、东苑,兄龙弟虎。吾师嗣之,一麟独武。开正法眼,滴狮子乳。"④

(二)荷担大法,天界初会

觉浪得到寿昌祖师亲加印证,"自是荷担大法,当仁不让。一时金陵焦弱侯、周海门、曾金简诸公,皆师事焉"⑤。

觉浪初至金陵开法于天界禅林,士绅元老巨子焦竑问曰:"师承嗣寿昌么?"觉浪禅师曰:"山僧初参博山受具,次见东苑投机,再见寿昌为之印契,此来源则祖孙相承也。"焦竑曰:"今见师亦可见寿昌之风范矣。昨承惠《寿昌语录》稿,高

---

① 纪荫:《宗统编年》卷三十二《诸方略纪下》,《卍新续藏》第86册,丁亥四年。

② 道盛、大成、大然:《天界觉浪盛禅师全录》卷之十六附载《梦笔初集》,《嘉兴大藏经》第34册。

③ 纪荫:《宗统编年》卷之三十二《诸方略纪下》,《卍新续藏》第86册,丁亥四年。

④ 道盛、大成、大然:《天界觉浪盛禅师全录》卷之十七《塔集》之《传洞上正宗三十三世摄山栖霞觉浪大禅师塔铭》,菩萨戒弟子大印皖城刘余谟顿首拜撰,康熙二年(1663)仲夏月住持栖霞嗣法门人南岳大成立石并书,《嘉兴大藏经》第34册。

⑤ 纪荫:《宗统编年》卷三十二《诸方略纪下》,《卍新续藏》第86册,丁亥四年。

极，闻欲得一序发刻。当候数日，周海门先生到，约与师一谈，当有太机缘，得其手笔一序尤妙。周公是此宗明眼，如老朽于此未有所窥也。”师曰：“老先生太谦！候周公来，互为酬唱尤妙。前曾见《圣学宗传》，此真千古不可少之书。尚有一二品题语，当请正之。”焦曰：“如此则又使圣宗增一番奇特也。”①

觉浪至金陵传禅，有文字记载的最早时间，为万历丁巳四十五年（1617），时年26岁。从上对答悉知，其为《寿昌语录》稿请序而来金陵，并提及周海门所著《圣学宗传》。这时，德高望重的焦竑已年届耄耋。另有一处记载也说：“师于万历丁巳冬，从江西寿昌到金陵，寓天界西方丈。孙千枝居士传寿昌老和尚像，求授记，小参。”②万历戊午四十六年（1618），觉浪也有开示曰：“予戊午年寓金陵天界。”③

觉浪的金陵天界初会语，见存于《全录》卷十六附载，有《初至天界随处激扬开示语（万历丁巳）》。今拈几则随缘开示，以见其时金陵城中禅师初会风光：

其一，觉浪到鸡鸣寺，值无隐法师讲《法华经》，遇支提待兴、长干优昙无方，邀与法师相会，谈及从寿昌来历。优昙曰：“秖如我法主师适谈娑竭龙女呈珠，立地即得转身成大丈夫相，向南方无垢世界成佛。此与参禅顿悟旨趣何异？”觉浪禅师笑而弹指曰：“遮个转向何处去也？”众默然，觉浪曰：“须知此中发起机用却自不同，何则？凡大经教多以表法喻其密旨，此龙女表八识心王之业识，一念能回光，破其觉明幽室之见，则不堕三细六粗，统于心王心所，无明覆阴立地出缠离隐。舍此闺合中物，如转女成男，向离明而成大丈夫，证此圆明妙觉也。虽然，此犹是教乘义学，非是宗门觌面全提不涉比况也。”昙曰：“如此拈提，已非诸解所及矣。”师曰：“可不是？秖如鸟窠，因侍者辞，要诸方学佛法去，窠曰：‘欲学佛法，我遮里也有些。’乃于衲衣上拈取布毛吹一吹。侍者直下顿悟遮个是甚佛法，又何待设喻乎？”

此会末了，觉浪禅师又说：“不然，世尊谈经三百余会，末后又要拈花传甚不

① 道盛、大成、大然：《天界觉浪盛禅师全录》卷之十六附载《初至天界随处激扬开示语》（万历丁巳），《嘉兴大藏经》第34册。按，周汝登编《圣学宗传》十八卷，为儒宗心学道统录。汝登字继元，又字海门，嵊县人，万历丁丑（1577）进士，官至南京尚宝司卿，《明史·儒林传》附载《王畿传》。《四库提要》曰，其书末称王守仁传王艮，艮传徐樾，樾传颜钧，钧传罗汝芳，汝芳传杨起元及汝登。起元清修姱节，然其学不讳禅。汝登更欲合儒释而会通之，辑《圣学宗传》，尽采先儒语类禅者以入。盖万历以后，士大夫讲学者多类此，云云。首载《黄卷正系图》，其序自伏羲传至伊川程子，下分二支。一支朱子以下，不系一人。一支则陆九渊之下系以王守仁。并称卷是图信阳明笃，叙统系明，与《圣学宗传》足相发明云。

② 道盛、大成、大然：《天界觉浪盛禅师全录》卷之六《小参》，《嘉兴大藏经》第34册。

③ 道盛、大成、大然：《天界觉浪盛禅师全录》卷之七《室中示诸衲子及众居士》，《嘉兴大藏经》第34册。

立文字正法眼藏与迦叶？阿难多闻总持为灵山第一人，世尊说法如水传器，到了教外别传，如何茫然无措？乃因迦叶呼来倒却门前刹竿一语，始悟向上关捩子，以传此秘密法门，为西天第二祖也。此岂佛祖欺人哉？”无隐法师爽然自失，又复勃然自喜曰：“我辈皆当如焚去疏钞者，从觉(浪)师参此真悟道禅也。向来我亦曾见有从少林来提唱宗门事，与我谈经何异？不足以服我心。闻如此话不服者，真自暴自欺，真佛法边外人也。”乃曰：“待兴诸公我等皆当礼拜，非等闲与人拜也。”

其二，觉浪禅师因支提待兴与鸡鸣住持一心师请，于懒融塔上静室度岁。每与无隐法师盘错宗教中事，甚快。时戊午（万历四十六年，1618）元旦，鸡鸣住持请斋，与法师分席，于大禅堂会茶。觉浪禅师云：“当日宾头卢尊者应天竺国王斋，乃以手策起眉毛曰：‘我昔于龙光佛时亦曾预会，且道遮个拈提是何宗旨？还与世尊眉间白毫照见东方万八千世界底义是同是别？’惜乎彼时无当机者，未免为风吹别调去也。今日山僧与法主同此法席，不用弹指，不展眉毛，还有见多宝塔如大雷震开，见二如来分座说法者么？此不是自己夸张，吾宗门举唱，直教三世诸佛齐立下风，不为分外，况与之比较乎？”去年内下雪已十日，飘白半堂，积满丹墀，行人与学者拥塑弥勒，狮子象王踞于庭前。觉浪顾众云：仰山尝指雪狮子云，曾有过此色者么？云门后闻云，当时好与他推倒。雪窦云，云门只解推倒，不解扶起。且看此三老逼拶个甚么事？若不知他拈提底意，却于一色与过一色推倒与扶起上敲击，不免打入鬼家活计，何处能杀人活人出于情见之外？此处最能换却人心眼，设使弥勒、文殊、普贤到此，恐无出头分也。将谓以片片不落别处，拈起雪团便打是为得手。殊不知，正是老老大大被人语脉转却也。大家照顾看，莫教旁观者眉须堕落也。

其三，莆田蔡心玄唱龙江林公三教于南都，请觉浪禅师与福州陈达泉、茅山王知白，于朝天宫为母庆寿。觉浪顾左右云：“东拜东皇公，西拜西王母。秖如蟠桃三千年开花、三千年结实即不问，且道遮个桃核种子从何处来底？”知白曰：“此先天造化根也。”达泉曰：“此儒宗天命之谓性也。”心玄曰：“此禅宗本来面目也。”觉浪顾(僧)待兴、了玄曰：“二公说看。”待兴曰：“我道不得。”了玄曰：“推与别人不是？”觉浪曰：“玄公试道看”。玄曰：“此三教同源底物。”觉浪云：“只今源在那里？”玄曰：“就在遮里”。觉浪云：“掀倒此座子时如何？”玄曰：“遮又是禅家作用也。”觉浪云：“莫谤禅家好。”玄曰：“我正是赞禅也。”觉浪云：“你如何被人语脉转却？”知白曰：“大师将此核子庆寿看。”觉浪云：“诸公被蔡母一口咬得百杂碎，且已向十洲三岛上抚掌打呵呵也。还在遮里讨甚么碗?”达泉笑曰:“知白老此回借大师指引,可直到武夷三十六峰去也。”觉浪云:“大王峰顶有天鉴池,十三仙尝在彼照面孔,一回照则一回惭愧。”知白曰:“为甚惭愧?”觉浪曰:“他谓我神仙家,只奈打不破遮个光影子!”知白曰:“大师无乃打趣我辈做全真道人也。”觉浪曰:“公又作打趣会在。”达泉曰:“不作打趣会,则大师不发奇论也。”觉浪云:“公是个老贼,却做三教门下‘智过于师’底汉子也。”泉曰:“又来打趣愚老!”觉浪云:“敬老得老,敬才得宝。公老而且才,是天下宝也。今有此宝,不可以为蔡母寿乎?”大笑因拈一偈曰:“八十风光花鸟度,阿娘应未鬓毛斑;华筵高侣翩翩集,笑指昆仑作寿山。”蔡公乃礼谢。

其四,朝天宫王知白设供,请于钵堂随喜《道藏》。因问曰:“我见诸禅家多轻我全真,独见大师三教并称,使人无不心服。一等谓我道藏是窃佛藏而作,故语多类佛经,此岂能使人信乎?”觉浪曰:“然此必不信也。山僧敝乡有大老讲道学者,亦言我佛藏是彼汉儒作底,何曾真有佛来?予笑曰:如汉儒能作佛经,又能使汝儒家诸大名公皈依,参悟超于羲、黄、尧、孔,则是汝青出于蓝,皈依佛即皈依儒,又何必辟之?如汉儒伪造佛经以驾于儒教,使儒舍羲黄尧孔而皈佛,是汝儒自叛儒。如狮子身中生虫,自食狮子身上肉。汝今辟佛亦是辟儒,何处有佛到汝辟哉?若是果有佛,但不如汝儒教,则汝当实实辟佛藏经底邪伪处,乃显真儒能辟邪佛也。既不能辟又为佛所收拾,则亦是汝儒自叛其儒,只当辟叛儒者,何必辟佛?……今无论《道藏》果窃佛经否,如佛氏人假作道士窃佛,是佛氏欲以佛义充入道教,使道暗暗化为佛。以真狮子乳滴入驴乳,以真丹充入假药,不反奇乎?惟恐只窃得皮毛糠秕,不得骨髓精醇也。使道教果有超佛之妙,则道教之真金肯混汞银与假药,自乱之哉?此又是道自叛道,与不能守《道藏》之真,为佛氏篡入而化道为佛也。使道教果有真人,如佛教谁能破灭?又谁能混乱哉?”知白诸公大喜曰:“此千古至公至奇论,妙绝如此,则三教谁能混哉?请问佛教之宗旨,果与道教合否?”觉浪曰:“大悲菩萨瓮里坐。”曰:“莫是别有同异乎?”觉浪曰:“道士酩酊捧漏卮。”曰:“此我辈皆不晓。”觉浪曰:“参透此二语,不特三教,即大千法界,九流百家,皆透彻也。”道士大喜而谢。[1]

---

① 道盛、大成、大然:《天界觉浪盛禅师全录》卷之十六附载《初至天界随处激扬开示语》(万历丁巳),《嘉兴大藏经》第34册。

觉浪初至金陵传禅法，不仅受到了金陵缁素及宰官居士的热烈欢迎，而且在南都倡扬三教的人士也喜与其进行宗旨交流。茅山王知白道长两次在朝天宫请觉浪禅师随喜开示，对禅师的奇绝妙论都赞叹不已，满心欢喜。其时觉浪年纪不大，而敲击提唱宗旨卓然如古德尊宿。觉浪塔铭曰："初下金陵，与焦太史、周海门、曾金简诸公游，大有敲击，诸公重之。未几，寿昌示寂，东苑说法书林，师归省觐。曹能始诸公请师于兴化开堂，师时年方三十，而提唱卓然古德也。"①万历戊午四十六年（1618）正月十七日，寿昌师祖慧经无明和尚圆寂。万历四十七年（1619），焦竑八十岁，卒于家中。钱谦益于戊戌夏（清顺治十五年，明永历十三年，1658）应鹤溪之请，为觉浪和尚语录作《天界初录序》云："《天界初会语》，是四十年前与焦弱侯诸先生聚首提唱者。"且赞曰："本（明）朝禅门自琦楚石、泐季潭后，一灯迢然，而憨山大师盛称寿昌无明，以为法眼圆明，振起末俗。今浪老实寿昌的骨子孙，建大法幢，狮弦继响。读斯语者，有以洞见，其提挈纲要，照用纵夺之机，无以斯世颟顸侻侗冬瓜瓠子之禅同类，而举扬之，庶不为延津刻舟之人所窃笑也。"②且看以下几则觉浪禅师与焦弱侯诸公的激扬机语问答及其在南京不同场景中的活动：

1. 澹园问寿昌禅

焦弱侯太史请觉浪禅师到园中，因问："闻师亲见寿昌，有何言句？请举似大众。"师曰：过时茶饭，不堪奉人。公曰：不必吝教，以示未闻。师曰：电光不可追矣。公曰：师之所得，岂无据乎？师曰："觌面不曾藏，何劳标月指？"公良久，顾众曰："大似现成，句语一般。"师曰："可煞太新鲜，诸公不领略耳。"公拱手曰：原来是个作家。师曰：也不消得。公更论及参究工夫事，师曰："秖如我吃粥已腹饥了，公教我作甚么参究即好？"公大笑曰："快讨点心来。"师曰："诸公有甚禅参不透？有甚生死了不得？正好向遮里参，遮里了，回头转脑，论教求宗，敢保钟山倒卓，未梦见在。"公大喜曰："我前日见瑞龙璋公上堂语有个快处，今日得师亦可以

① 道盛、大成、大然：《天界觉浪盛禅师全录》卷之十七，《塔集》之《传洞上正宗三十三世摄山栖霞觉浪大禅师塔铭》，菩萨戒弟子大印皖城刘余谟顿首拜撰，康熙二年（1663）仲夏月住持栖霞嗣法门人南岳大成立石并书，《嘉兴大藏经》第 34 册。

② 道盛、大成、大然：《天界觉浪盛禅师全录》卷首序《天界初录序》，《嘉兴大藏经》第 34 册。岁在戊戌夏五望日，海印弟子虞山钱谦益和南书于杭城之报恩院。序曰："与觉浪和尚相闻十余年始得把臂，不交一语，顿觉心腑清凉，辄伸笔为文以赠。顷又见其天界初会语是四十年前与焦弱侯诸先生聚首提唱者，迄今藏弆箧笥未有人着语，而公之上首鹤溪猥以见属……"

作一印证也。”

2. 评鉴李贽人品

吴远庵问曰：“李卓老(李贽)与大师同乡，此公见地著作何如?”师曰：“此公与焦老先生最知己，何用问我?”焦公曰：“师试断其人品看。”师曰：“情人眼里有西施。”焦曰：“此又是一往论也。”师云：“如《焚书》《藏书》，真有足以敲枷打锁，以毒攻毒，令人心眼俱快！然其为人却虚怀，肯心下人；但彼头上无人，才力不胜过，彼不免英雄欺人，有强辞夺正理处，自行胸臆，以快其愤，所欲言不顾人之讳忌。此所以谓之文章中大豪侠也。至于入尧孔之道，则负气魄，多伤中和之致，使孟子见理不真，任道不力，则亦流为战国之习，如视大人则藐之，舍馆定然后见长者乎？如此皆气魄用事也。”焦公大快曰：“妙绝！形容得活卓老出。说到自行胸臆，又能虚心下人，此是人所不及处。”又问师所见寿昌何如人，师云：“此当求之古人，看其无师智、自然智，自能悟道，又能于旷绝无对待时创立古祖风规，其提唱宗风之浑雄高古，即六祖、南泉亦不多让。其为人本色操履孤峻，虽百丈、地藏不能过之，平生不肯轻许一人，独有博山、东苑二人是其炉锤下跃出之利器，方今海内无人能仿佛也。”①

3. 问禅解《易》

何皇房曰：“闻大师有大《易》宗旨，幸大略举之。”师曰：“昨偶与吴伯元、季尔康诸君解易字。”焦公曰：“易字解者甚多，不知师解如何?”师云：“易者时也。时时皆变，易六十四卦三百八十四爻，无非此时之易也。易而能中，中而能时，则可以建中立极，与天地万物正性命矣。又易有七义：一曰移易，如初爻移二爻，二爻移三爻是也。二曰交易，奇与偶交，水与火交，金与木交，二爻与三爻交之类。三曰反易，如上卦反为下卦，下卦反为上卦。四曰变易，如八卦抽爻，互换成象。五曰翻易，六爻尽翻，乾翻为坤，坎翻为离。六曰各易，六爻各各自相翻易，无穷者也。七曰不易，则千变万化不能易此一奇一偶，一奇一偶不能易此一画，正是不易而易之不易也。若是凡夫百姓为心境所易，于生死吉凶而不能于天命流行而不易，故无有安立性命身世之道。如今人为水者，才移到火里，水火便激变也。何能金木水火土与八卦交相变易，而处处能自保全有出身路，又能创出神通妙用

① 道盛、大成、大然：《天界觉浪盛禅师全录》卷之十六附载《初至天界随处激扬开示语》(万历丁巳)，《嘉兴大藏经》第34册。

而变易凡愚之迷执乎？至于贤人君子，则于生死吉凶变易之处，稍能求其不为所易之理，以增其所未能者，以维持其名教，然终未能如神圣于一念几微未朕之际，自能照察与照察天地人物，更无易无不易之几，而能立卦爻象象吉凶悔吝，以开发世人，不特能不为阴阳八卦之所变易，而且能裁成天地，处处表其节奏条理，故道德又草礼乐刑政皆以范围天地曲成万物，使同得易而不易以传此生生不易之心法也。……"焦公曰："此千古奇绝矣。请问更能进于禅为之解乎？"师曰："禅无卦爻名象，亦无实法与人。然亦可以意为公解之，禅者潜也，穿也，鞭也，煎也，犍也，迁也，旋也……"

4. 楞严会随喜

焦弱侯诸公每月一会，延碧空法师讲《楞严》一段，提唱公案二则。时请师随喜，碧师再四谦让曰："今有浪师在此，正好质疑快论，何必拘拘旧套乎？"焦公喜曰："妙绝。此非浪师是作家，碧师决不肯开心如此也。"陈乾室曰："昨碧师言，今海内独北方洞宗、南中济宗，未见有大振起者。以洞上立门庭宗旨绵密，固可久传也。大师以为何如？"师曰："二宗末流弊皆不免，因所传者皆名相皮毛耳。就中得其神髓，岂易识乎？今幸儒宗、教宗、禅宗皆有人在，此所谓明眼人前不得说梦。今秪与诸公举之，或有疑难，不妨一激扬之，当炉避火何贵于有精坚哉？"碧师曰："只遮开场便当喝采也，使能一出出演出奇微，不使大家绝倒乎？"焦公曰："也须二师节拍相应始妙。"师曰："予昔尝论五宗，独洞上标旨能兼妙世出世法，其名教义理犹深于儒，而宗旨机密更兼摄四家，此非自树洞上门庭也。如七佛以前只有此灵明妙密，何曾有名义可表，宗旨可分？试看世尊初生，指天指地是何名义宗旨？与观星悟道、拈草建刹、升座白椎、以手摩胸、拈花微笑、倒却刹竿等，是何名义宗旨？不知名义宗旨便从此处表分也，此处表分能无真知真悟、邪见邪解者互相掩夺乎？此中便有辨魔拣异之法，不惟使不敢借窃，亦使于此有转机活计也。不然一法立而百弊生，一正开而百邪入，何尝有心心相应、法法相传为之创立，为之推扬，为之救弊，为之变通，为之扩充，为之收拾，至于西天破九十六家及东土斥相指心，全提直指，曲唱旁敲，及二支五派……种种皆是以楔出楔，以毒攻毒，此中非神心妙手，能于生死淆讹中杀活人，安有出身之路乎？"

5. 古昙庵坐禅

觉浪禅师偶偕陈乾室、吴远庵、何星房、季尔康诸公，到莽蛇仓古昙庵，随喜坐禅。时古昙师相见茶次，陈公云："我南京讲席最多，绝无坐禅者。独此坐禅参话头做工夫，始有与生死作对敌者。昙师曾见达观、憨山诸大师，以故云台见源诸公在此久住，我辈每来愧不能有下手处，徒望洋而退也。”远庵曰：“昙师辈绝好一架铁脊禅，如壁立千仞，昏散甚少，可谓打成一片也。”觉浪师曰：“公说得也似此，禅不是昏散，少打成一片即得入也。”吴曰：“我等一生求一刻壁立不能，古人亦有四十年始得打成一片话。何大师以为未得入也？”师云：“天下人就是此处打不破无明关键，无有出身之路。不见道‘坐断十方犹点额，密移一步看飞龙’乎？玄沙云‘静夜钟声，寒潭月影’。随扣击以无私，逐波澜而不散，此犹是生死岸头事。洞宗人云：莫守寒岩异草青，坐断白云宗不妙。机不离位，堕在毒海，如何出得圣凡窠窟？”吴曰：“如此则大师何以进之？”师云：“我将个死话头问汝诸公，万法归一一归何处，如何？赵州道，我在青州做一领布衫重七斤。此处容你打成一片乎？此处容你把定躲根乎？此处容你坐脱立亡即梦见先师意乎？”吴曰：“如此则古人不必教人坐禅也。”师笑曰：“居士又错也。非是教不要坐也，只是教人不要坐在死语、死法、死路上。要人于坐中参着着有出身路，不要被佛祖言句所欺，不要为心行见解所欺，不要于工夫绵密所欺，要借佛祖言句打破无明业镜，透过金锁玄关。所谓不疑言句是为大病，如我寿昌和尚必透得大好山语过，然后乃云知道始知山不好，翻身直出。祖师关透过此，又要遍透古人结角罗纹处，始能以毒攻毒，与人出生死结交，得纵横于类不齐混不得之秘密法门也。”昙公乃惊起，与堂中诸公搭衣，执香礼拜曰：“此不敢欺，实未曾得闻此语。虽不直下领略，然已打断许多死语死法死路，便见此身心轻松，如大病之出一身白汗也。”陈公曰：“此处乃见浪大师妙密炉锤，亦见昙老师虚衷为法。此不是工夫到极处，不能如此得一转身也。”自是云台见源诸公次日皆相随，至三藏殿邀诸友结制。①

（三）四方启请，屡主名刹

崇祯庚午三年（1630），“东苑、博山两和上，一年相继入灭。师得讣大痛，有风穴深忧之感。乃一杖复出闽，殷殷为法求人，榔栗横担，席不暇暖”。明末国危，风雨飘摇，东苑、博山二师，于同一年相继入灭，大法幢折，激起了觉浪禅师为国说法、为法求人的深沉使命感。由此，四方启请，屡主名刹。“如楚之李太宰、梅中丞、陈司寇、周司马诸公，请住龙湖；蕲州荆王、豫章建安，皆延说法内庭；江

① 道盛、大成、大然：《天界觉浪盛禅师全录》卷之十六附载《初至天界随处激扬开示语》（万历丁巳），《嘉兴大藏经》第34册。

右黄元公司理、邓太史、涂司寇诸公，请主寿昌、福船及匡庐圆通。如金陵，魏上国及王乔司礼、倪朴庵、陈旻昭、蔡二白、李小有诸公，请主灵谷、天界、报恩、祖堂。如(杭州)虎林，姚愚谷、方子凡及徐太史诸公，请住凤林、双径。……千指法筵胜会得未曾有，十千高步万里香花，未足以喻其旺化也。”①

崇祯八至九年间(1635—1636)，觉浪禅师住湖北麻城龙湖，为众说法，“于兵戈中惠诸三昧，处危城里转大法轮”。楚黄学人李长庚记曰：“乙亥、丙子之交，流寇方炽，予与同参友特延龙湖觉浪大师，于宝筏禅林开堂说法，正欲借此以一番振作也。人初或疑之曰：为此迂事，斯何时者？及大师升座，顾鉴嚬呻激扬阐发，人天围绕无不钦悦。所谓王登宝殿，野老讴歌；正令全提，群邪皈命。岂非诸法性无常，佛种从缘起也哉？”又议曰：“夫出世宗旨，大师已弘宣其密。余世内人也，请以世谛重为质之。贼势孔棘时，士民之饔食如故乎？市肆如故乎？诵读如故乎？是皆不废，何独废说法耶？法即饮食之知味，出入之门户，定乱之兵符也。夫既如是而又孰能废哉？况今聚而闻法之士，即合而城守之士也，总斯人也，饥而食，寒而衣，寇至而登城，寇远而闻法，城守不碍于闻法，闻法亦何碍于守城乎？盖守城之害有三：一畏心，二悭心，三分别心。见贼轻逃，困乏不济，左右分袒者，此三心之祟也。大师说法，首破此三心，单刀直入，大震全威，出死入生，神变自在。人人如此，心心如此，何忧乎办贼已哉？……贼不入境者，一皆精贯天人而成此功用也。”②

崇祯九年(1636)，觉浪大师欲归寿昌，龙湖缁素大众依依不舍。“为了先寿昌大师扫塔之约欲暂还江西，同参大众悲泣挽留，如丧考妣。……僧允中请师升座，请末后一语。师说毕下座，复坐，门外大众齐集，时多儒者，师举云颜子喟叹一章，书仰钻瞻忽求之于道。……师良久曰：情到不堪回首处，一齐分付与东风”③。觉浪在寿昌开示法语，有寿昌法子黄端伯题记曰：“先寿昌(慧经)得无师智，特唱玄风，末后以一枝佛法嘱付东苑(元镜)。诸方咸讶之余，见东苑嫡子(觉)

---

① 道盛、大成、大然：《天界觉浪盛禅师全录》卷之十七，《塔集》之《传洞上正宗三十三世摄山栖霞觉浪大禅师塔铭》，《嘉兴大藏经》第34册。东苑和尚庚午秋迁化于武夷石屏岩，博山和尚于庚午冬示寂。

② 道盛、大成、大然：《天界觉浪盛禅师全录》卷首序《龙湖宝筏语录序》李长庚拜题，《嘉兴大藏经》第34册。其在《觉浪大师归寿昌序》曰：“龙湖为邑先辈周柳塘先生、开堂卓吾老子，及念公(即无念深有)久住，以三大师之区非大师不能复兴。”

③ 道盛、大成、大然：《天界觉浪盛禅师全录》卷首序《觉浪大师归寿昌序》李长庚稽首题，《嘉兴大藏经》第34册。

浪公机用剿截，雷轰电掣，有德山、临济门风。公尝亲见先寿昌默受心印，故手眼与诸方迥殊，耆宿见其言句，尊之曰新寿昌，盖谓吾师独传先祖真命脉也。诸方悟得干萝卜禅，口如扁担，安得纵横自在，如我师之辩才无碍哉？三种渗漏，独我师能脱格单行；洞水逆流，吾见其人闻其语矣。"①

觉浪禅师在湖北和江西传禅，赢得李长庚与黄端伯等宰官居士赤诚护法。诚如李长庚所言："师方出世年浅，且多涉贼乱中，故海内知师者尚少。而黄元公乃今之杨大年、张无垢也，本出先寿昌博山之门，所以于师独亲。庚亦繇是得与密交方外，共事大师。不啻马祖、石头当世，岂非夙生承禀、今复同时者乎？"当觉浪在匡庐《圆通语录》问世时，李长庚已经深刻认识到这位生在乱世的年轻资浅的禅师非同一般。他有如下记言："昔尝参诸尊宿，或指示或商榷，或机锋或棒喝，然未有如今觉浪大师之奇迅超绝、纵横妙协者也。盖师于世出世法已透内圣外王先佛后祖之微，故其神发秘旨，光阐玄猷，不特为学人衲子点眼刳心，直当与儒师宗匠返魂夺命。此非庚独佞于师，试请披读龙湖、寿昌、新城、福山与今圆通诸《语录》，及《植圣》《尊正》《别传》《法印》《宗盟》诸著作，始知古今衡鉴，非一人敢私也。"②

觉浪禅师为《憨山大师全集》题序，自署以"天界后学"，史实表明，作为寿昌嫡骨子孙，他是坐镇金陵天界道场起家，继憨山德清大师之后，于衰末之世深深激起荆楚、江右缙绅士大夫禅道热情的"法侣英材"。上列长长的"四方启请"护法名单中，金陵、杭州护法之外，不仅有鄂赣诸多宰官居士，还有蕲州荆王、豫章建安两位藩王请至王府"内庭"的说法。

(四) 为法求人，为国资治

觉浪一生坐道场50余处，而与明末清初的金陵法缘契合最深。如上所述金陵天界初会，有焦弱侯太史诸公护持；入清后，金陵诸护法则以陈旻昭太宰为代表。觉浪《塔铭》曰：师圆寂后，陈旻昭为塔上铭，"以旻昭数十年金汤，从师患难流离，知师之详，无出其右者"。觉浪在清初南京传禅的道场，不止于天界，还有栖霞、灵谷、祖堂诸山及高座、报恩诸寺。也不只是传禅，临终前他还牵挂着报恩

① 道盛、大成、大然：《天界觉浪盛禅师全录》卷首序《寿昌觉浪大师语录序》，《嘉兴大藏经》第34册。

② 道盛、大成、大然：《天界觉浪盛禅师全录》卷首序《觉浪大师归寿昌序》《植圣草》《尊正规》《法印记》，《嘉兴大藏经》第34册。

寺的刻藏："师因报恩大藏版朽，命松影麟公募修，嘱石溪杲公校刻。"①愚庵三宜老和尚为天界觉浪封龛宣称："弘慈济物，若紫金山砥柱中流；立论摧邪，似石头城坚不可破。"②

甲申之变前一年（崇祯十六年，1643），觉浪从匡庐圆通来金陵驻锡灵谷，有《灵谷新录》成，王锡衮题序曰："偶故人罗君邀过灵谷，访圆通浪大师。予初以宗门多拒绝人，及见师接尘笑谈，高闲雄快。因从容问曰：学人参道，可以开谕乎？师曰：'道也者，常也。其性则主乎天地古今为独灵，非身世生死所能变灭，故佛称曰：奇哉，正以人皆有之，而人多不能自有之，反以至常为至奇也。孔子能发愤好学，故曰朝闻道，夕死可矣。惟孔子能自得之，故生死不足为累。其谓孔子不悟无生大道，不与佛同，大权示现，前后唱酬，吾不信也。今儒释自画为二，道本大同而不相为谋者，则不善学之病也。'予不胜倾倒，因相与游于松风石涧之上，盘踞而坐，烹茗对酌。师忽指涧水曰：'公见么？'予曰：'逝者如斯夫。'师正色曰：'公又恁么去。'予时悚然，良久复问曰：幸师指示。师曰：'莫被人欺瞒好。'予于是脱然，始知大事未明，不可不见明眼人也。乃于所寓循公房题其额曰：'遇浪处'，识所感耳。"又曰："时予太座师姚太仆公子愚谷世兄，前于江右弃官从大师学道，深得钳锤之力。自丙子（崇祯九年，1636）夏仲都门别来几及十载，始复晤谈甚惬。世兄以大师《全集》及《灵谷新录》示予曰：此新序必借一言。予虽不文，然感师指示，不敢不勉。焚香披阅一二，见其白椎说法处，或掀天揭地，电卷雷轰；或化日春风，花香鸟语；或呵佛骂祖，颠倒英雄；或骤帝驰王，权衡治乱。至于热呵痛棒，拔楔抽钉，收放杀活之间，真不可得而思议也。然忠孝之故，剖肝胆而不辞；彻困之深，擒虎狼而独捷。要其指归，则尊正会规，集成佛祖之统宗；谈易论学，继述周孔之道法。其欲会同世出世法，以定天下万世宗旨也。人孰测师之深意哉？昔欧阳文忠公见明教嵩书曰：不意空门有此！即予谓师，实总南阳、明教与觉范、妙喜，不足多也。予暂得及门，未悉堂与中事，仅述所窥如此。大方明眼有深知师者，当别有向上一着在。"③

---

① 道盛、大成、大然：《天界觉浪盛禅师全录》卷之十七《塔集》之《传洞上正宗三十三世摄山栖霞觉浪大禅师塔铭》，《嘉兴大藏经》第34册。

② 道盛、大成、大然：《天界觉浪盛禅师全录》卷之十七《塔集》之《愚庵老和尚为天界老和尚封龛法语》，《嘉兴大藏经》第34册。西湖愚庵己亥（顺治十六年）秋来天界法语。

③ 道盛、大成、大然：《天界觉浪盛禅师全录》卷首序《灵谷语录序》，《嘉兴大藏经》第34册。

值此国变鼎革之际，觉浪来住灵谷自有其深明大义。觉浪的淮南弟子李盘撰《金陵语录序》，或许揭示了禅师的深心所在，即“为法求人，为国资治”八个字。

古今持世之功，存乎佛法、王道，故二帝有施济犹病之心，诸佛有度尽众生之愿。无其事有其理，有其理非无其事也。汉唐宋历代之君臣，或弃王道以奉佛法，或辟佛法以尊王道，尊王而不及纯王，奉佛而同于谤佛，皆争于其末之分，未窥于其本之合耳。独我太祖聪明睿知，临照万方，于龙兴之初，即建诸梵刹，显彰宗教，阴翼皇图。传一贯之心，杜纷争之口。非惟相万于前代之辟佛者，亦相万于前代之奉佛者。三百年来久安长治，此其征矣。迩来缁俗相沿，多迷本智；师承大坏，构忿执迷。假儒衣书，士非真士；傍佛门户，僧非真僧。貌儒佛津梁，入尘劳缰锁。莫觉莫悟，迷者愈迷，罕闻身心性命之真宗，遂酿水火刀兵之劫运。天人减损，魔外纵横，洵莫甚于此际！

圆通觉大师以正法眼，直指全提，行世难行，度人难度。李梦白冢宰之叙师云，不特能发扬先佛后祖之秘，即圣学王道之宗旨亦无不抉尽其微，可谓知师矣。历观佛祖出世，妙在救时，无法不收，无机不被。师于今日，若但如德山之见人便棒，临济之见人便喝，睦州之见人便闭门，俱胝之见人便竖指，此又何难？正使鉴顾动容，开悟正性，谈笑挥指，销落偷心，此乃师之全机大用，妙辨宏才，照用纵擒，正偏妙协，世间出世，皆有证入之门，上智下愚，悉受平等之法。师尝谓，扶阳太过则抗，扶阴太过则惨。使诸方参学知其门庭高峻，不专在棒喝拒绝之严正。当如春风时雨起其焦枯，不期荣而自荣，不期化而自化，何籍肃杀之气，行于惨害凋伤之世乎？师且目击弭乱之转乖，心伤阴翊之靡度，恐贻佛法无灵之谤，痛自责成于己之深。故能示不杀机，立无死地，开龙战勿疑之血脉，复硕果不食之贞元，为法求人，为国资治，通二帝施济犹病之心，行诸佛度尽众生之愿。必祈今日佛法指归，上报皇恩至化，如斯救世，谁谓无人？或谓留都宰官骈集龙象，谛观师结制灵谷时节因缘，正大化宣流之日。师盖以金陵为龙兴之地，图王奉佛精神可求发扬于此，振其末必循其本也。至于万法同时，亦如楞严会上，十方微尘国土一时开现佛之威神，令诸世界合成一界，宁止续达摩之灯，超宝志之座乎？[1]

① 道盛、大成、大然：《天界觉浪盛禅师全录》卷首序《金陵语录序》，《嘉兴大藏经》第34册。

且不问觉浪在这金陵龙兴之地，期望发扬“图王奉佛”精神能否为国资治，其为法究竟求得何人，能“为人天作眼目，为佛祖续命脉”？有曰：“杖人于刀兵水火中，求大伤心人，穷尽一切，超而随之，乃集大成，乃定宗旨，恰好托孤于竹关。”“能嗣杖人之传者，前则有青原笑峰，今则有药地愚者。此两人在吾儒中，皆天民先觉，担当斯道，以文诠木铎之秘，以心维几希之微，以身系纲常之重，百尺楼上，千仞岩前，死生荣辱，俱无足以动其心者。使非杖人煅炼锤凿，使生平豪气尽归淡漠，绝代聪明相忘浑沌，而欲俾其叶落归根，灼破两头，悟本超宗，回互妙协，头正尾正，永不退转，甘心出入门下，不其难哉！”①

或曰：“明启、祯间，觉浪盛禅师起于八闽，嗣法东苑（元镜），决几寿昌（慧经），手挈祖印，肩荷佛乘，年三十即开法于兴化，道风远振，海内倾仰。名公巨卿，莫不入室扣击，俯首皈心。而笑峰然、药地智二大士，则以宰官身现比丘相，称师之嫡骨真子也，岂不盛哉？夫师于佛法凋落之日，能使斯道复兴，天下士大夫气宇如王不可一世者，莫不折节师事之。以至儿童妇女，贩鬻屠沽之流，亦莫不知天下有觉浪和尚者。盖由其双选之法，足以佐斯道之穷也。”②

荒木见悟于此评论道：“此固然是对觉浪道盛表示尊敬崇仰之文，但从此文可以得知，觉浪道盛曾受万历年间曹洞宗第一人无明慧经及其弟子东苑元镜的锤炼，从士大夫乃至一般小民间大施教化，其中出笑峰大然（倪嘉庆）、药地愚者（方以智）两位英才，为当时衰微的丛林大放异彩。”③

（五）戊子狱难，生死从容

乙酉之变，南都倾覆。觉浪禅师于乙酉（顺治二年，1645）离金陵，丁亥（顺治四年，1647）复还天界，未几遭遇“戊子（1648）狱难”。《宗统编年》“顺治丁亥四年”条记载：“时东南风云未息”，“天界盛和尚应太平请，因事下狱。事白，主栖霞”；“盛自天界应太平请，会嫉盛者，以《原道论》下盛狱。盛不辩，居圜中一载，著《金刚经》以自见”。④《塔铭》亦曰：“应太平请，会有嫉师者，以《原道论》下师狱。师不辩，居圜一载，著《金刚》诸书见意。陈太宰遣人省师索偈，师书‘问予何

① 道盛、大成、大然：《天界觉浪盛禅师全录》卷首《天界觉浪盛禅师全录序》，《嘉兴大藏经》第34册。
② 道盛、大成、大然：《天界觉浪盛禅师全录》卷之三十三《天界浪杖人全录序》，《嘉兴大藏经》第34册。又参《杖门随集·双选社》：参悟宗旨之大端，选佛选儒。
③ 荒木见悟：《明末清初的思想与佛教》，廖肇亨译，上海古籍出版社，2010年，第162页。
④ 纪荫：《宗统编年》卷三十二《诸方略纪下》，《卍新续藏》第86册，丁亥四年。

事栖碧山'诗遗之。太宰嘉叹不已，谓其蒙难不惊，视生死如游戏，虽大慧、觉范诸公不是过也。事解，金陵诸护法请主摄山栖霞，师欣然有逸老计。未几受博山请，命笑峰然公代座，又嘱无可智公高座掩关。二公弃缙绅，而游师门久矣。"戊子即顺治五年(1648)，因著作《原道七论》中有"明太祖"字样，觉浪被捕下狱一年。

有法子大成对此狱难记述稍详："戊子冬，因江院王公屡慕师道化，求师语录。因阅师《原道七论》，谓不应称明太祖三字。遂坐师狱中，师不辩。后陈太宰闻，命一吏省师索偈。师援笔书云：'问予何事栖碧山，笑而不答心自闲；桃花流水杳然去，别有天地非人间。'太宰得偈嘉叹不已。旻昭居士尝问师安，师见惟谈向上事，不及寒暄。故居狱一年，未尝有一字干王公大人，日于狱中著《金刚》《心经》《周易衍义》，以明内圣外王之道。"觉浪在狱中安然著述，从容生死。

饶见禅者超然风格的是狱中禅录。大成自匡山圆通来狱中探视，礼师足，问云："不因渔父引，争得见波澜？某甲到这里，请问和上，这是甚么所在？"师曰："看脚下。"进云："镬汤无冷处，和尚凭何立命安身？"师曰："还要别求么？"进云："曹山三堕，和尚即今居那一堕？"师曰："此中无人到。"进云："风前吹玉笛，那个是知音？"师曰："要他知作么？"成礼退，师微笑。己丑(顺治六年，1649)秋，操江李公艽过太平，入狱询其事，道、府诸当事一时毕集。因索《原道七论》阅之，李公云："此论道书也。明太祖岂可不许人称耶？明亦称元世祖也，况其书刻在明崇祯时耶！"遂一笑而释之。师出，李公顾诸当事曰："禁之无愠，释之无喜。此真道人也。"①

此外，尚有《天界纪闻》不可不闻。《杖门随集》记录了清顺治年间觉浪禅师在南京天界寺的机缘法语和活动，共二编，上编为《天界纪闻》，下编为《双选社》。由此可观清初金陵城中法界逸闻，并知浪杖人于刀兵水火中弘法利生之慈航明灯，深锥痛劄之生动实况。兹选辑如下几则，为有志者深研抛砖：

1. 三大恩人

丁亥(顺治四年，1647)清和，积阴新霁。偶过丈室，适有少年求师开示。师笑曰：世间有三大恩人，一切众生当面蹉过，不免辜负他甘堕下流。少年问云：何是三大恩人？师曰：极贫多病大苦，添上个死字，是煅炼我身心的大炉鞴。千金

① 道盛、大成、大然：《天界觉浪盛禅师全录》卷之二十《论》，《嘉兴大藏经》第34册。

难买，万劫难逢，不向此中打破关头，巍巍堂堂做个知恩报恩顶天立地的好汉，反视如生冤家百计求脱，露尽丑拙，将贪瞋痴种种毒药满口吞下。纵饶得金高北斗，五欲目恣，也是生铁铸就臭髑髅，诸佛拱手无可奈何。穷究病根，纸绿昧却勤俭两字。或问：止如勤俭，中下根人亦尽识得。师云：世人作勤，尽是业识；世人作俭，一味悭毒。今为真勤俭下个注脚曰：公。勤而公，则为禹惜寸阴，周公待旦；俭而公，则为颜子之庶乎屡空，武侯之淡泊明志。死，则死尽一切偷心，根尘消陨，六用不行，庶几是动心忍性增益不能。世出世大任一肩挑起，不负三位大恩人煆炼我做人一番。汝亦知勤、俭、公三字是化难生恩之造物，佛祖圣贤总跳不出此三者。秖如圣学，博我以文，勤也；约我以礼，俭也；一日克复，天下归仁，非公而何？造化之有春夏，博我以文，勤也；造化之有秋冬，约我以礼，俭也；各正性命，德合无疆，又公到极处矣。一切聪明男子，遇此三大化难生恩之人，若肯拽转鼻头来，定知老僧不是赚汝。

2. 孔子棒

人只知宗门用棒，却不知孔子善用棒，而棒棒见血且无痕。如君子之道四，丘未能一焉。开头遮一棒，直将人才生下地来便打透也。又散开棒打出四个“未能”来，如父未能求子，君未能求臣，兄未能求弟，朋友未能求先施却。先棒棒打着为君为父为兄为朋者，而实棒棒打着为臣为子为弟为友者。然而夫妇一伦不打着，何不见此四者皆出于一夫妇乎？孔子所以棒棒皆打着，求己不求人，则人皆有己。所以明头来也打着，暗头来也打着，连架来也打着，直走入古庙里去。如闺合中夫妇，在黑鬼窟里也凭空打着。呵呵，痛快么？又谁知死版上孔夫子解打此活棒乎？

3. 一字法门

孔子惧，作《春秋》。即此“惧”字，能使万世乱臣贼子惧。孟子为此惧故，能距杨墨，辟邪说，使王道廓如，功不在禹下。一部《中庸》，全在戒慎恐惧中提出，此性道教底广大光明，震烁天地。小人无忌惮，又何知惧哉？“惧”正是小人良药，能用此一字，即寸铁杀人活人，开天辟地也。如孝亲“孝”字，恭己“恭”字，敬己“敬”字，皆千圣传心之学。又变为孔子之言诗可以怨，“怨”字。庄生怒而飞，“怒”字。与孟子文王一怒安天下，“怒”字。这些皆是自心中创出造化来，变易天地人物，即此一字为吹毛剑也可，为涂毒鼓也可，为狮子吼也可，为九转丹也可。若武库中利器，但能用得惯。如一指头禅，便一生用之不尽。千古人不能成大事者，只是不精一，杂用心。故寸铁杀人之语也，须是大猛烈汉子始得。

4. 拈先着

世出世间法，只争个先后着。《易》云："几者动之微，吉之先见者也。"天下事原有吉无凶，不认得吉之先见，便变出凶来。师少年有诗云："大圣有隐忧，乃知天下故；坐折英雄心，能先其后步"，妙旨可参。陈旻昭与一弈客，到师方丈，通云是国手也。师笑曰："我虽不善弈，却识得棋中旨趣。"遂举向诗，乃徐云："世称棋家国手，谓着着是先着。妙在先存结两个眼地步，若一个眼便是死局。太极之不死，妙在阴阳之交错而不相夺。其阴阳之不死，全在太极非虚非实也。盖彼未下子时，已识得末后得力着子，便缓缓地放在冷处。对局者不知其杀活在手，只管东冲西突，到得应手不迭，方悟其妙。已箭过新罗矣。故曰国手先着，妙在占得两个眼地步，其后步自不可破也。万法皆然，学《易》者谓之逆数。沛公与项王之成败，也只争遮些子。老氏有言，'图难于易，为大于细'，非识得后步，何以下手？第世人不易晓耳。唯十九行棋路上，几点黑白子，将下未下处，可以神而明之便是英雄，默而成之，了向上句与末后句矣。一等拍盲禅，但问黑白未分前，遮一着子落在何处？却以掀却棋盘者是。岂不为拨无因果之外道哉？他又安知未分前在何处乎？"旻昭勇跃，叹为闻所未闻。它日竹关又举，旻昭因曰：长生变势，以三个劫而两持，其几更妙。师笑曰：人妙在两个鼻孔，便可合口而坐。捏却鼻孔时，能不开口吐气耶？[①]

5. 参悟宗旨之大端

杖人已序结社之意，尚未拈出双选之宗旨当如何下手，始能全身拶入，不至于互相钝置也。夫选佛选儒之举，古人从来如此结社，间亦有深于不二之名教者。然此不传之密，久在二宗之故纸堆头、烂藤套里，又有几人能自梦发疑情，求其妙协而无遗憾哉？今杖人特地创起此机，何当仍以故烂埋没诸英奇耶？且二宗故烂，非二宗咎也，直是无真师友深锥痛扎，以了生死证性命之宗旨，使彼真参实究，自悟此向上不传之密耳。果有真师友，又何患乎不立见斩(崭)新之条令哉？先此已示《六十四种当如事》，更续示《六十四种妙于参》，并使同社者深心拶入，必期于同转变、同悟证，庶不负矢上加尖之神疾，亦不致杖人徒于大庾岭头以

① 天界学人大中陈丹衷、大斧毛灿编：《天界纪闻》，载道盛、大成、大然：《天界觉浪盛禅师全录》附后《杖门随集》，《嘉兴大藏经》第 34 册。

网张取此没勾当也。咦，还有性燥汉子来相叫唤，使此天下万世之真种草不昧灭乎？杖人望甚。丹衷曰：总以欲忿油面，刬洗浸激，乃中节耳。又为偏高执幡，故因生成之，易而化裁之，苦心哉！

6. 正决

欲为英雄豪杰贤圣佛祖，必先降伏自心，然后始能降伏天下。必要作佛圣英豪，则此心自能降伏。世界是个洪炉，人人都被世界磨坏，是个汉，始被世界磨成。造化必夺英雄之志，始能化英雄。英雄必夺造化之权，始能雄造化。若能为千古伤心之人，则能作万世快心之事。人如比干，心可剖，是何等心？心如比干，人可友，作么生友？人谁不有此心，谁是有此心人？常啼菩萨卖心肝求般若，卖底是甚么心肝？更求甚么般若？谁要买此个心？买此心来将何用耶？一星真火，能成天下之烈焰。一滴真水，能收天下之狂澜。一念真诚，能感天地之化机。一念真心，能全法界之种性。欺一星之火，必为天下烈焰所烧。欺一滴之水，必为天下狂澜所没。欺师友之一法，必为邪异无救之迷徒。欺言行之一儿，必为万世自心之劫贼。欲求超生死性命，何惮而不肯存真？尽天下人弄假，只成就了个作真之人。作真底人，既不怕作真底人，又岂怕弄假底人？故曰：天地鬼神刀兵水火，极怕至诚，犹信不及耶？事事物物皆有个天然绝妙，只是当机蹉过，便成迷倒。真工夫只是闲忙逆顺中，无可奈何处，自己参究。久之，自入自开。①

清统治者以"崇儒重道""崇正黜邪"为文治的基本国策，崇儒而不排佛，故清初南京士子有"双选社"之设，请觉浪和尚为师僧指导，以妙谐儒佛双选宗旨。晚年觉浪法务繁忙，过嘉禾，谭埽庵诸公延师天宁、龙湖各刹说法。因睹费隐容公《五灯严统》，复还天界，修《传灯正宗》以卫大法。及博山梦笔出，陈匏庵诸公请主皋亭崇先。闻竺庵成公重兴寿昌，推双峰存公住持，特为上堂举扬。未几，吉州李梅公、刘平田诸公，请主青原，师命笑峰然公住持。诞日上堂，历叙生平，浩然长叹，有"法界不容吾自委，敢推娄至与威音"之语。时师年已六十六白，睹法门衰落，能无中痛乎？天界谷语轮公监院，念师年老，复持金陵诸护法书请归天界，故晚称"天界和上"。

清顺治十二年(1655)，觉浪执掌博山能仁禅寺法席，顺治十三年(1656)偕徒

---

① 天界学人大帱何三省、刘邦胤较：《双选社》，载道盛、大成、大然：《天界觉浪盛禅师全录》附后《杖门随集》，《嘉兴大藏经》第34册。

嗣无可智等赴宜黄曹山，主持重建曹洞宗祖师本寂和尚墓塔。顺治十六年(1659)，回金陵天界寺于休夏期间圆寂，塔葬栖霞山。觉浪示寂于清己亥(1659)九月初七，世寿六十八，僧腊四十九。嗣法弟子二十九人，记莂居士四人，往来问道及皈依缙绅孝廉文学若干人，得戒剃度弟子不可数计。觉浪说法四十余年，坐道场五十余处，著作百余种皆载师《全录》。将奉师龛建塔，竺庵成公与众三卜，皆得栖霞。遂全身归葬千佛岭下之右。陈旻昭侍御、周凝图司空，请三宜和上掩龛。江南宰官居士及衲子善信无不悲号，如失慈乳。海内士大夫同诸方善知识，作诗制诔，千里赴唁，感叹法门梁木之摧也。[1]

觉浪道盛应请驻锡金陵天界寺传禅，遂开曹洞宗寿昌系金陵天界一支法脉。道盛在儒学易学老庄有很深的造诣，他的禅法在当时的禅宗中有着鲜明的特色。门下弟子众多，著名的有：竺庵大成(1609—1666)清初住持南京栖霞寺，后又修复建昌洞宗祖庭。笑峰大然(1589—1660)入住吉州青原山净居禅寺。无可大智(1611—1671)先后住持新城天峰禅寺、廪山寺、寿昌寺、南谷寺，金溪疏山寺，南城资圣寺、青原净居禅寺等。大汕(1620—1698)于顺治年间驻锡广州长寿寺。有曰："青原者，七祖道场也。自笑峰大师起之，无可大师承之，其山益峻。两大师固与竺(庵)和尚鼎足。"[2]大成，字竺庵，湖南长沙(一说江西瑞昌)龙氏子。少时聪颖，七岁即能作诗，及长，为明诸生。明亡后，至南岳剃发出家，受具后闭关十载，道业猛进。出关后，往博山能仁禅寺参雪关智禅师，转至金陵天界寺投道盛和尚，三载后获印可。清顺治四年(1647)，出主栖霞寺法席，金陵士大夫多重之。闻建昌祖庭毁于火，于清顺治十年(1653)率徒众草履跋涉回新城(今江西黎川)，得邓来沙居士襄助，修复告竣，并于此执掌法席，至圆寂。

《传洞上正宗三十三世摄山栖霞觉浪大禅师塔铭》文末列有觉浪道盛的嗣法弟子二十九人，如无可大智、笑峰大然、竺庵大成、石濂大汕、叶妙大权、其天大浩、桐岑大灯、范成大韶等等，法名均取以"大"字来定辈分，系按照寿昌祖无明慧经创制的二十八字传灯法偈来分派的：慧元道大兴慈济，悟本传灯续祖先；性海洞明彰法界，广宏行愿证真常。记莂居士四人：栖霞大启龚贤，天界大中陈丹衷

① 道盛、大成、大然：《天界觉浪盛禅师全录》卷之十七《塔集》之《传洞上正宗三十三世摄山栖霞觉浪大禅师塔铭》，《嘉兴大藏经》第34册。
② 道盛、大成、大然：《天界觉浪盛禅师全录》卷之三十三《杖人翁全录集要序》，《嘉兴大藏经》第34册。

(旻昭)、大㟹何三省、大斧毛灿。石溪髡残原为云栖系下弟子,于顺治十五年戊戌(1658)投到觉浪道盛门下,所取新法名为大杲。岭南天然弟子今种,于顺治十六年(1659)来金陵改投觉浪门下,亦得法名为大均。其门人弟子多为士大夫遗民逃禅而出家者,在清初禅门虽一时兴盛,但由于朝廷的政治干预打压,衰弱不堪的宗教未久即趋衰微。

二 忧国烈火禅:尊火为宗论

觉浪道盛的禅思想一直未受到后世学界重视,后有日本学者撰《觉浪道盛研究序说》于 1976 年 5 月发布在《东洋学集刊》(东北大学)第 35 号上,此可谓日本汉学研究觉浪道盛思想之嚆矢。至 1999 年 12 月廖肇亨将之译成中文,题为《觉浪道盛初探》,发表在台湾《"中央研究院"文哲所通讯》(第 9 卷第 4 期)上,中文读者方得稍多关注。而荒木数十年潜心于明清思想与佛教研究领域,精研不懈,于 2000 年 7 月出版《忧国烈火禅——禅僧觉浪道盛之研究》(东京研文出版社)引起了海内外学人对禅僧觉浪更深的兴趣。

荒木认为,觉浪道盛虽然身处明清鼎革变动剧烈的动乱时期,屡屡遭受各种不忍卒睹的惨事,但他坚信"火"的哲学,于他而言,世间虽呈现出惨烈的地狱相,但若加以火的锤炼,便即变成常住真如实相。觉浪的思想作为一种特异的存在,并不比明末四高僧逊色,可中国佛教史上却没有他应有的地位。荒木于 20 世纪 70 年代撰文时写道:

> 今日佛教界几无闻其名者。在几种禅门所编纂的僧传中,固然可以见到这个名字,但是往往仅止于简单的传略介绍与刊载若干简单的上堂说法而已,以至于无法一窥其禅思想的详细内容。近年来,觉浪道盛的弟子浮山愚者(方以智)因其为唯物论哲学先驱之一之故,备受学界注目,乘其余波,道盛之名亦屡被言及。但在笔者看来,关于两者师徒之间思想内容的传承,仍然处于暧昧不明的状态,并未被充分讨论清楚。尽管方以智之所以薙发为僧,一般认为是为了逃避清廷的搜捕,出于不得已的做法,其丰富的自然科学思想与禅的思想似乎没有必然的关系,若果真如此,则方以智与觉浪道

盛的邂逅，仅止于发现一条逃禅遁世的道路，于方以智思想的形成没有任何关涉。①

荒木揭示禅僧觉浪盛与药地智（方以智）师徒相承之“火”的哲学，在他新近出版的研究论著中便用“忧国烈火禅”来表述，这也许更加贴近觉浪禅思想的实质内涵。药地智认为，“学道如钻火”，其曰：“阳燧镜能于空中取火，然古人必于冬至铸之，此岂无谓耶？满空皆火，惟此燧镜，面前上下，左右光交处，一点即燃，岂无谓耶？杖人（觉浪）有五行尊火之论，金木水土四形，皆有形质，独火无体，而因物乃见。吾宗谓之传灯，岂无谓耶？雪峰曰：三世诸佛在火焰里转大法轮。”②侯外庐《中国思想通史》所给予高度评价的方以智“火的哲学”，其本人明确说道传承于恩师浪杖人的“五行尊火”之论。

觉浪关于尊火为宗的思想集中表现于《全录》卷十九《尊火为宗论》与卷二十五《丽化说》，这两篇论说文字都分别置于各卷之卷首，充分说明了觉浪这种思想的重要性。其不同凡响之处在于将易学与禅学融会贯通，来阐释禅者“传灯”的核心命题，颇有独创之意义。觉浪作《尊火为宗论》，开宗明义说：

天地之德，莫大于二五之精。二五之精，莫贵于阳明之火。盖火为五行之至神，非同木土金水之成形也。故《易》称阳为天，阴为地。以阳为火，而至神无形，故能生生不息。自古圣人莫不尊土为中德，而予独贵火德神化，为天地之真宗。世人只知火能生土，殊不知火能生金，生水，生木。盖金非火不能生成，水非火不能升降，木非火不能发荣。至于克土、克金、克水、克木，制土、制金、制水、制木，化土、化金、化水、化木，是惟火力之兼能也。故伏羲以龙马负图而画易，而《易》称乾为龙。至于八八六十四卦爻中，皆龙之神变起伏，盖为阳、为九、为火之精也。五行之精，惟龙通变，故有火龙、土龙、金龙、水龙、木龙，土中、石中、金中、海中、树中，敲之、击之、钻之、研之，无不有火出焉。则此火能藏神于万物，而又能出生其万物。古之帝王尝以火铸龙鼎，神仙以火炼金丹，号阳明，号纯阳，非取此义而为飞升还易者乎？

① 荒木见悟：《明末清初的思想与佛教》，廖肇亨译，上海古籍出版社，2010 年，第 160、180 页。

② 方以智：《冬灰录——外一种〈青原愚者智禅师语录〉》卷二《铸燧堂示众》，华夏出版社，2014 年，第 304 页。

五行之中火为尊，是因为火"至神无形"，能生生不息。觉浪超越古圣"尊土为中德"，而"独贵火德神化，为天地之真宗"，主要基于两点考虑：一者火力兼能生、克、制、化，二者火德如龙千变万化，能藏神于万物而又能生出万物。这样也带来两个问题，其一，以火为宗，会否乱了五行先后之序？其二，五行皆能生克制化，共致太极之中和，以成天地之位育。阴阳五行，一偏则五皆受病。今以天地全功纯归于阳明之火，是否有偏党之病？

觉浪认为，第一个问题涉及天地之密旨。"北辰居子"是为坎卦，坎中"一画真阳"为天地之心。他引邵尧夫诗云："冬至子之半，天心无转移。一阳初动处，万物未生时。"盖"子之半"正是坎中"一画真阳"，为天之根、火之宗。阳藏阴中，即龙宫之在海藏，神龙之潜九渊，所谓阳在下而勿用。由此他提出："是佛祖教人明心见性之旨，即大《易》寂然不动之宗也。"因为"寂宗非徒以寂静也，真性存焉。"复卦，"盖以表神守中，则气与形俱静定而无纷扰也。养火、伏火、藏火、尊火，如炉鼎之养真丹，则妙于火候之有在耳"。"即人投胎之始，非三缘之火不能结媾；生身之后，非丹田之火不能养成。是故四大百骸，五脏六腑，十二经络，独以心火为君、命火为相，始能传生化食，以资长其骨肉。此火不调则百病生，此火一散则百骸废矣。所谓法界圣凡同此心造，要当辩其邪火、真火为可传也。能知性火真空、性空真火，则知庄生之薪尽火传。吾佛以灯传为命续，有秘旨哉？土分之则崩，金分之则缺，水分之则绝，木分之则折，独火愈分而愈多，愈聚而愈胜，愈与而愈有，愈传而愈久。四行皆有体质，火无体而因物为体者也。神乎神乎，不传之密，分灯列焰，谁能知此而永传之乎？"

第二个问题则指涉神化之机。觉浪认为，一阳来复，主阳而阴在其中。无形之火周遍一切，真阳能贯阴阳，真知则贯知行。天地万物非真阳皆不能生，所谓"天地之大德曰生，生生不息之谓易"。伏羲之最初一画是乾卦之潜、复卦之初，由此一画得见天地之心。"而《楞严》二十五圣，于三科七大中得圆通本根者，即悟此一画也。初于闻中入流者，入此一画也。寂灭现前忽然超越者，正以般若之慧属火，能破痴暗无明，而复还其全乾也。即从上精一执中天人一贯之道，与吾宗念佛参禅诸三昧门，虽有大小偏圆浅深顿渐，而其取象于乾之潜、复之初，宁有异乎？"①

① 道盛、大成、大然：《天界觉浪盛禅师全录》卷之十九《尊火为宗论》，《嘉兴大藏经》第34册。

或谓得此一画，如何使之即能生克制化？曰：非使之所能也。如火之精神，谁不具足？正以妄散于外，不能凝聚而取足于己。若能不向外驰求而取足于己，则自能生克制化。于彼更不受彼生克制化，亦堪受彼生克制化，而纵横摩荡无不自足也。如自己精神未能取足，则求彼生我尚不暇给，何能生克制化于彼？又何能受彼生克制化以成其通变哉？至诚能尽己性，则能尽人尽物，与天地参，惟取足于己而已矣。《楞严》以最初乾慧地入真信位中，中流入圆妙开敷，以至五十五位金刚乾慧妙觉果海。正如《大易》乾初为复，以纯粹精之一阳，始终推于八八卦爻中，而天地之心何尝为生克制化之所变易乎？生克制化，其机用也。即吾人之根根尘尘，周遍法界，皆如来藏心妙真如性之机用也。

又如《华严》法界以善财童子最初发心获文殊根本智，乃至遍参五十三善知识得差别智，以行普贤愿海，末复从弥勒弹指归毗卢楼阁，盖始终不离此刹那际三昧也。童子者少阳，火之精也，即最初一念无分别之心也。文殊者太阳，火之纯也，即全体根本无分别之智也。普贤者，即取坎填离之果行育德而成其差别行，以范围天地而不过也。夫以无分别之初心，悟无分别之本智，而入一切差别行海，收摄群机而归本性。所谓终日差别而未尝分别者，是处处得还此一画之根源也。于此悟得则知复初即善财不远之初心，乾初即文殊勿用之初智，坤初即普贤履霜之初行。六十四卦之阳爻即用九之妙智，智智必生其坤行。六十四卦之阴爻，即用六之妙行，行行必成其乾智。以乾智生之，以坤行成之，而归觉性毗卢，即合阴阳而归太极本体也。善财末后从弥勒弹指之一画而入楼阁者，正是始终一画初心乾慧，不越一刹那际，以获末后纯乾之金刚慧，而一生圆成佛果矣。

觉浪在《丽化说》中陈述其作《尊火为宗论》，乃取法于《易》理“先天之火”以发明传灯之旨，并参合《华严》《法华》以“借象取义”而阐发。

余昔于匡庐作《五灯热序》，发明吾宗传灯命名之意。盖火藏光无体，因物续焰。而师资投机之际，各自得此热焰，始能传受此神。不则徒于光影门头妄自玩弄，于心性何有发挥哉？嗣于桐城与诸公谈《易》，尝以先天之火为神，妙在附丽于薪灯，始能脱化。此薪灯之神，亦惟此火神之能脱化，乃能附丽于万物，而转转脱化，此神自不断绝。如丽而不化，则成执妄之迷；化而不丽，则成堕空之失矣。火之分合能传，而成生生不息也。大矣哉，因作《尊火为宗论》，参合《华严》《法华》以借象取义而阐发之。[①]

或曰：从古谓土为五行之主，今以火为宗，无乃矫先圣乎？觉浪曰：以土为主者，会天地已成之数，定位而为中极也。天地未成之先，则当以火为宗，而阴阳五行，始皆得成就也。何则？先天之初无声无臭，独有此点觉明之火为造物主运；阴阳之所以变化，五行之所以相生，皆此火为神也。如水木土金，皆有形质自守，可以执作玩狎。独火为神，操存舍亡，出入无时，莫知其乡。此心之所以属火也。然五行之火，犹有相可见。至于藏为太极，使静极生阳，动极生阴，为万物之化神，是天人之不可测也。有先天之火性，为太极本；有后天之火神，为太阳元。有无相之火精，为五行体；有有相之火气，为生克用。以故天地人物之先，非火不能生；天地人物之后，非火不能养。水非火不能自润，木非火不能自长，土非火不能自和，金非火不能自坚。即人生非附丽于父母精血之火，不能脱化成胎。身非火不克化饮食而长养骨肉，形非火不能出力作劳，命非火一时不能久存即人垂危。心上暖气附丽，虽暝去尚能复生。心上暖气才无，四行虽在，终不能起人之死尸有阴魄附体者。与所葬之地有暖气温养，其年虽久，启圹俨然。出土见风，即时败坏。此天地人物之余火尚能如是，况有心之精神以为圣者，如日月灯明之相丽，宁不足以充塞乎天地，而默成其人物之位育哉？又须知此火以性空之火为主，有智慧火、缘生火，有无明火、业识火，有瞋欲火、痴迷火，有冥阳鬼神无根之火，各自丽化，而有真伪大小之不同也。

觉浪认为，古圣以土为五行之主，这是天地已成之数，必须定位为中极；而他“以火为宗”，这是在天地未成之前，因为阴阳五行运行，造物主必须运用此觉明之火，始能成就。但“五行之火犹有相可见”，故他在此主要阐发了两层意义，一是对“先天之火性”“后天之火神”，以及“无相之火精”“有相之火气”，分别从本、元和体、用作了分疏；二是认为此心属火，但此火以性空之火为主，智慧火、无明火等各种火，皆能丽化，唯有“心之精神”为圣火，能如日月灯明充塞乎天地。而宗门师资传灯，则以“先天之火”丽化于薪灯，薪尽火传，灯灯续焰，方得传承不绝。

---

① 道盛、大成、大然：《天界觉浪盛禅师全录》卷之二十五《丽化说》，《嘉兴大藏经》第 34 册。

予尝曰：造化之妙，必附丽于天地人物，始能脱化其精神，以成中和位育之元元不息。犹心神之附丽官骸，大道之附丽器用也。太极必附丽于八八卦爻以摩荡，使诸卦爻亦自附丽于屡迁周流者，正以能脱化于生死，易而不易也。夫至圣莫过孔子，犹自附丽于祖述宪章，上律下袭，为始终一贯之时中。孟子亦善于附丽私淑，以摄清任和而脱化焉。

夫附丽诸圣而集成者，是自能扩克会通神明统类，曾非假于外铄也。吾宗传灯亦此旨也。世间山海虚空草木金石，无不有火，以无人能取用，故自埋没。有人以燧镜钻斗而取出之，以附丽于烟纸草木，传诸镫灶，其用无穷。谓有传者，是师资相激，初投机之时也。谓无传者，是师资已印契之后也。使不传，终似废物而自埋；使有传，还似借光而未发。又况传受之有善恶邪正，为圣凡升降之各异，可漫漫哉？①

觉浪云："夫不善于阴翊王化之不逮，与折摄邪外之同归者，正以各坐于宗教一偏之枯也。故予独于《易》旨，三致意焉。""古人著作如医书，虽一家法有各善者，或着脉经，或着病机，或着药性，或着炮制，或着成方，或着医案，必须合异为同而用之则神。更有善于著作者，则取其亲切要妙以会通之。如炼成金丹，只待人解吞耳。只如寂然不动，感而遂通天下之故，此一故字即是造物无尽藏也。""独有大乘利智，能以大行大愿之刀锥，取一真法界之火神，附丽于机缘之烟纸，传受于宗旨之薪灯，以脱化其十界五蕴识精之变易生死为等妙大觉之三身四智，以妙协向上不传之火神也。是谁得此一锥便能透出眉光，迸出胸卍与我辉天照地，密古藏今于言象之外哉？"

"然则佛虽自悟，亦必附丽自己智慧德相用之，以示无性缘生而脱化其一切妄想执着，以证缘生无性。又能使六凡四圣皆得附丽我五时说教，以脱化其智慧德相，于拈花微笑作教外不传之宗。虽皆属一真法界，惟佛祖能彻悟心性圆满果，因附丽于十界圣凡，以大权方便脱化格外机神，传此宥密为法界主中主也。

① 道盛、大成、大然：《天界觉浪盛禅师全录》卷之二十五《丽化说》，《嘉兴大藏经》第34册。又参《天界觉浪盛禅师全录》卷三十三《杂记·洛书衍义》："孔子以大哉乾元之君称唐尧虞舜能则天，以至哉坤元之德称泰伯文王能忠孝，而天尊地卑八卦成，列于人伦之道，各有定位矣。吾以尊火为宗，盖火乃乾阳上载之九，无极之元，是天之明命，为先天资始之主；潜于太极为九五之黄中，以能通理而资生万物，故后天之阴阳五行皆从此为时出。"

是则皆以明此几感，神其丽化，因根之利钝以成自他受用。一真之法原无大小先后，其机宜在人自悟耳。庄生谓薪尽火传，人或失于附丽。予以火丽薪传，人当悟此神化。今人心之火，初失于藏而不能善取，次则失于取而不能附丽，后又失于附丽非法而不能传此真神。即真火藏之于太极，必因感而后应。如世火能生水木土金，实藏丽于水木土金中，亦必因感而后脱化。如龙为火之至精，必藏于渊海之至密，非附丽于雷霆风雨亦不能起蛰也。”①

觉浪禅师横身于刀兵水火，呼唤此大乘之火的烈焰，传授于能明此宗旨之“薪灯”。他称自己为“燥性杖人”，作《五灯热序》更加鲜明地表明了其烈火禅的真义，序说：“自予本来热性，一朝触发，直欲八面燎人。”“夫世间出世间之最猛烈者，莫过于火。火性一发，则大千法界，无论凡情圣解，殊相劣形，入此性火真空，如红炉飞雪，了无可得。故我释迦，于一切法，了无所得，始获燃灯授记。相继日月灯明，是知火之最亲切处，全在此热性猛烈耳。火乃热焰之名，热乃火光之实。……是则雄雄之尊，唯火与火，乃能亲相授受也。自迦叶以此热心相传，灯焰相续。传至达摩，火性急烈，走向东来，烧得神光了不可得。以至南岳、青原析为五家，分灯烈焰，热性相炎。所以古人师资激扬，参证心法，是皆热性相摩，触发本有灵焰，而传此千圣不传之密旨也。若是死水里浸，非鱼龙之热性搅动，则宝藏不兴。顽石里藏，非锥凿之热性攻击，则火星不迸。枯木里隐，非阳春之热性吹嘘，则花果不生。冷灰里埋，非薪木之热性烧燃，则火种断绝。”“今之学者多无热性，秖向古人光影门头，借此为见识知解，东戏西弄，孰能舍此性命入大火聚如善财童子，禀此根本烈性投身于胜热三昧火中，而顿发自心无差别智之光焰乎？更有白痴不知何者是火，窃相似语，或以萤光为火，或以橘皮为火，则其弄光影者愈讹而愈背矣。其弄光影者，或能一念知非，犹足投身火中，烧去从前妄计生死执着之根。所谓近火易焦，因风吹火尚不远也。盖传灯者，传此热焰也。惟此热焰乃能烧绝生死知见，透出真性灵明。若秖弄此光影，徒益颠倒迷狂耳。今人漫以为喻，殊不知独有此火，死中有活，活中有死，纵横异类，出入死生，其火所触之处更不容他一物，而又能成一切物也。虽则大千性相承此火力而成，大千性相承此火力而坏，而此热焰之性且亘古今而不变，超生灭而常存，又孰敢以成与坏而拟议于其间哉？虽然，孰不有此热性，设使不遇师友真火触发，又安能透

① 道盛、大成、大然：《天界觉浪盛禅师全录》卷之二十五《丽化说》，《嘉兴大藏经》第34册。

此灵焰，与佛祖争光而照彻天地哉？了知此义则此亲传热焰之恩，真不可得而昧灭也。”[①]

三 “宗门孔子”集大成

禅僧觉浪道盛的另一个重要思想特征是“集大成”。其生前在南京创设“双选社”，倡导双选儒佛。于外，治世之道与出世之法一以贯之；于内，立足洞宗而五宗兼摄。其门人、僧俗弟子对此思想风格都有明确指认。竺庵大成述觉浪师行状曰：“师虽嗣法洞宗，五宗并举；主盟佛教，三教并弘。”刘余谟认为竺庵成公这样来概括大师的思想，并非“阿私其所好，盖实录云”，这就基本反映了觉浪立足曹洞宗兼融内外的宏大的思想风格。而他自己则把觉浪放在儒佛思想发展的历史长河里来观察其独特性：“唐宋以来举扬宗风代不乏人，其间儒佛兼总者，惟明教嵩、觉范洪，然犹不无二岐。若师则易象诗书，乃至老庄，诸子百家，并世谛文字，偶一拈提，言言妙谛。谟尝服膺‘真儒必不辟佛，真佛必不非儒’二语以为名言，然前此诸儒崖异未免角立门庭，即宗主高自标诩多轻外典。自姚江倡学以后，龙溪、海门诸公始不讳言佛。若以儒说谈宗，上下千年独我师一人而已。盖东鲁、西竺两圣人，此心此理之同，不容终秘者也。至于师之升堂入室，大机大用，杀活纵夺，如金翅鸟直取龙吞，如大将搴旗探囊取级。”[②]刘余谟发现，唐宋以来，能像觉浪禅师这样“以儒说谈宗”者绝无仅有，他是一位真正融通儒佛的宗师、“必不非儒”的“真佛”。

其实，觉浪禅师对待儒佛两家思想系统，没有纠结于“辟佛”“非儒”这样于他而言“小枝小结”的问题，而真正展现了他“大机大用，杀活纵夺”的禅者风范。他直探儒圣孔子和禅宗初祖达摩的思想根源，集治世之道与出世之道而熔于一炉。他认为：“治世之道，以尧舜为正始，文武为正终。其删定作述，独孔子能始终一贯，集众圣大成，不则尧舜文武之道亦支离而失其浑全矣。至于出世之宗，以达摩为正始，五家为正终，若不有如孔子者出，则此宗犹未免于散灭也。即此足见

① 道盛、大成、大然：《天界觉浪盛禅师全录》卷之二十一《五灯热序》，《嘉兴大藏经》第34册。

② 道盛、大成、大然：《天界觉浪盛禅师全录》卷之十七《塔集·传洞上正宗三十三世摄山栖霞觉浪大禅师塔铭》，《嘉兴大藏经》第34册。

宗门孔子，当仁不让矣。”[①]由此探本溯源中，他发现孔子是治世之道的集大成者，而他也当仁不让要做出世之宗的集大成者，这样“宗门孔子”便是很适当的角色定位。尧舜文武之道，因为孔子“集众圣大成”而未支离散乱，而禅宗之道从达摩初传，至五家分灯，若宗门没有孔子这样的人出现，其宗旨就难免于“散灭”的命运。故他对弟子们经常如是开示：

> 杖人不能学达摩于少林面壁，却要学孔子集众圣大成。学得孔子集众圣大成，则能传达摩心法正印。能传达摩心法正印，则能集孔子众圣大成。或时学达摩则易，或时学孔子则难？至于达摩，已于西天雄辞深辩，收伏六宗，特泛重溟，来我东震，斥相指心，不顾讳忌。九年面壁，六遭服毒，乃得传此心印，然后只履西归。如此则又难于孔子，止辙环于我东土之天下也。虽然此土宗风至于二支五派之后，门庭堂奥各出异同，不有删定作述之手眼，安能存此千圣不传之真宗旨哉？知此则西天之达摩即东土之孔子，东土之孔子即西天之达摩也。此世法出世法之大关键，孰能窥之四顾曰了然否？此中别有同条意，留与古今能择人。[②]

上段开示是觉浪禅师对其得意门生笑峰大然等所言，而这种集大成的角色定位和思想也得到了另一高足无可大智（方以智）的认同、共鸣。其曰：“自非静正不御专人甚深，穷尽上下四维而止有一寔者，未易语其故也。事以时起，道以法行。教立尊幢，为众所射。百家蜂午，关责互起，乌能免乎？……其说各别似乎冰炭，非欲为异也。务发明前人之所未发者则专言之，其已发明者则略之。合观而体究焉，皆本具者，非人力所可诬饰也。后人不知集大成而后能应病予药，乃嚣嚣然倚一家而执之，岂不蔽哉？况以偷心便其苟简易以欢门，以婪心纵其恣睢诡以障世，又挟单方烧灵素乎？我杖人横身于刀兵水火，求天下大伤心人，与之担荷，传真宗旨。时至此时，喙鸣矫乱，必通其故，必集大成，方能知天下分科专门之利害而用之，各随其类，就材食力，固也待其人而后行。具大过人之资，发公愿力穷尽而统御之，乃其所望也，欲集大成，正知遍知，彻上彻下。”方以智对集大成还有

① 道盛、大成、大然：《天界觉浪盛禅师全录》卷首序《圆通语录序》，《嘉兴大藏经》第34册。

② 道盛、大成、大然：《天界觉浪盛禅师全录》卷之七《示笑峰诸子》，《嘉兴大藏经》第34册。

更进一步的解释，所谓“圣人见古今备万之大独，而知宙合混辟之贯儿，天无先后，中具条理，更何疑乎！”①

集众圣大成，对从初祖达摩到五家分灯的禅宗学说加以全面总结，不使其宗旨互相水火支离散灭，此可谓觉浪道盛在禅学思想上的最大贡献和特色。晚明以至清初，禅宗内部发生了临济与曹洞的派系之争，双方就传嗣问题争执不休，形同水火，这种内讧对双方都是一种伤害，也不利于禅宗的继续发展。大鄣道中序说：“杖人于刀兵水火中求大伤心人，穷尽一切，超而随之，乃集大成，乃定宗旨。”又曰：“集大成后，鸟道不妨横飞，况乎夙愿大人应此午会，彻顶彻底，条理其中，超一切随一切，而乘时统御之深心大力，藏密无间，风雨露雷，莫非恩也。夫岂世出世间测度所能及哉？”②

觉浪本人曰：“天地无古今，人心生治乱，其机神妙在能干旋其中。所谓最神之机者，即吾人身心性命也。世人不知此机而归治乱于天运气数，安知天运气数皆生于吾人之自心哉？此惟佛祖能握性命之机，使一切众生悟此安性命之法，不为生死圣凡之所升沉。圣贤能握身命之机，使天下百姓知此安身命之道，不为善恶是非之所迷乱。世界赖有佛圣出生以治易乱，能使人有安身立命之法，人与世虽有变坏而安身立命之法决不可一日不明于世也。……吾佛祖之道，至于五宗，亦当有集大成者，故吾作《会祖规》，以追孔子集大成之意。”③觉浪弟子李盘曰：“孔子之集大成，犹今日吾师之明《大易》也。吾师开佛祖之面目，儒者未见为奇，惟吾师开周孔之面目，儒者乃见为奇。”觉浪称此为“法住法位，一切见成，代明错行，覆载本具”④。

觉浪称：“吾作《会祖规》，以存东西密相付之根本法印，使后世子孙能悟此根本法印，则五家门庭堂奥之宗旨，不致流弊而无传也。或曰《会祖规》乃会五家宗旨也，今五家秖有临济、曹洞二宗，而三宗之后无传，又何以会乎？夫五家之宗旨，即少林之宗旨也。既五家能悟少林之宗旨，岂有少林之宗旨不可以会五家门庭施设堂奥深微之宗旨哉？此吾深有望于具顶门眼，悬肘后符者，当使一花五叶之宗旨重重开敷于天下后世耳。或曰：近世丛林凋弊之极，不见汉官威仪久矣，

---

① 道盛、大成、大然：《天界觉浪盛禅师全录》附卷末《杖人全集跋》，《嘉兴大藏经》第34册。
② 道盛、大成、大然：《天界觉浪盛禅师全录》卷首《序》（徐芳），《嘉兴大藏经》第34册。
③ 道盛、大成、大然：《天界觉浪盛禅师全录》卷十九《天地无古今，人心生治乱论》，《嘉兴大藏经》第34册。
④ 道盛、大成、大然：《天界觉浪盛禅师全录》卷三十三《杂纪·灵山公行》，《嘉兴大藏经》第34册。

况复得睹三代礼乐之犹在乎？今日吾师立此会祖图规，以揭出西天东土及五家门庭堂奥之宗旨，实为天然体用不易之常法，亦乃振古所未有之奇特也。予曰：此不过窃取祖述于迦叶、达摩，宪章于马、石，五宗以六种纲宗，而集始终一贯之大成耳。岂别有所谓奇特之建立哉？”①

觉浪道盛在这种集大成思想指导下对禅宗的法门作了全面的整理，称之为“六种纲宗”。他说：“予昔阅《五灯》，见从上佛祖始终之事，乃作《法印记》。有六种纲宗：一参悟，二印证，三师承，四法嗣，五家风，六付嘱。始终虽分为六，其实统于一参悟也。使无参悟，何有印证及师承哉？唯有参悟，则有印证。因印证则有师承，因师承则有法嗣。因法嗣则有家风，因家风则有付嘱也。”②道盛用参悟、印证、师承、法嗣、家风、付嘱等六事作为禅宗的六大纲目，并以参悟作为禅宗“六种纲宗”的核心，这在禅宗的历史上还是第一次；客观地说，这种归纳也是比较符合实际的，反映了清代禅宗的综合水平。

四 庄子“托孤”说

黎元宽云：“于百千光中日为光大，于百千水中海为水大，于百千善知识中浪杖人为善知识大。此非余之臆说也，余尝闻诸竺老和尚而知其不至阿所好也。浪杖人斯可以为过量大人已乎？然而人有过量，语无过量，惟及量耳。盖由乎度越寻常谓之过，由乎适如本分而要归切近谓之及，……则杖人亦尝从同，惟托孤一语，于斯道绝续之际，恫乎其言之，不独以资谈柄也。”③

（一）何谓托孤说？

觉浪作《正庄为尧孔真孤》，提出庄子为“儒宗别传”，实尧舜孔圣所托之“真孤”。这在明末清初思想界，卓标一帜，振聋发聩，孤明独照，发千余年未发之见。道者，时也。明末高僧憨山大师屡称程婴、公孙杵臼抚孤之忠，自述于百劫千难中“惟此心一念孤光，未尝少易”。而今浪杖人身处刀兵水火中念兹托孤为何？且看其文曰：

---

① 道盛、大成、大然：《天界觉浪盛禅师全录》卷二十一《会祖规序》，《嘉兴大藏经》第34册。
② 道盛、大成、大然：《天界觉浪盛禅师全录》卷之二十一《会祖规序》，《嘉兴大藏经》第34册。
③ 道盛、大成、大然：《天界觉浪盛禅师全录》卷之三十三《杖人翁全录集要序》，《嘉兴大藏经》第34册。

古人以死节易，立孤难。立孤者，必先亡身避仇，使彼无隙以肆其害，则必转徙，藏之深远莽渺，托其可倚之家，易其名，变其状，以扶植之成人，然后乃可复其宗，而昌大其后。予读《庄子》，乃深知为儒宗别传。夫既为儒宗矣，何又欲别传之乎？盖庄子有若深痛，此内圣外王之道，至战国儒者不知有尧孔之宗，惟名相功利是求，不至杀夺不餍。至于治方术者，窃仁义礼乐而杀夺，以丧乱其统宗，使尧舜危微精一、孔颜至诚天命之道并归于杀夺，即有一二真儒，亦未深究性命之极，冥才识智虑、仁义礼乐而复其初。遂使后世不复有穷神知化之事，而天下脊脊不能安性命之情，则所学皆滞迹耳。而此嫡血之正脉孤而不存，天下万世下有为内圣外王之道者，无所宗承，庄生于是有托孤之惧矣。故托寓言于内外杂篇之中，上自羲黄，下及诸子，以谬悠自恣之说，错综其天人精微之密，而存宗脉于内七篇。以《大宗师》归孔颜，以《应帝王》归尧舜，应帝王之学，即大宗师之道也。此庄生所立言之真孤，虽天地覆坠不能昧灭也。

夫立孤之人，视殉节为尤难，隐身易状，转徙于莽渺，以存其真，又谨护其所证，非直寄之，以避一时之危而已，固将图复昌大其后也。《庄子》至今且二千年，知者固少，赏音者不绝，未有谓其为孤，又孰能亲正其为真孤哉？予笑曰：庄生不先自云乎？万世之下一遇大圣知其解者，犹旦暮遇之，诚危其孤而快其遇耳。岂惟庄生危之？孔子思托寄于狂狷，盖不啻危之矣。即颜氏子不夭，犹危其孤，况并颜子死矣。"丧予"之恸，万世犹当共悲痛，而思其故，虽圣门不乏守道之贤，而殚其蕴、抉其微，精义入神，符乎大道，合乎大方，恐难其人，庄生几是矣。予虽不敢与于大圣之列，幸今已知其解，故快其遇而转危其孤。特表而明其系愿，与万世共认此嫡脉也。

夫论《大易》之精微，天人之妙密，性命之中和，位育之自然，孰更有过于庄生者乎？予之表系不得不亟推之，正惧儒者之心印太孤也。曰：自周已来，皆以老庄并称，庄子于诸大圣皆有讥刺，独于老聃无间言。至称之"吾师乎吾师乎"，非老聃之真嗣，则庄子又何所嗣乎？曰：惟此吾所以正其非老聃之嫡嗣，实尧孔之真孤。何则？孔子尝问礼于老聃，亦尝屡称曰：吾闻诸老聃。庄子目空万古者，舍老聃之不托，更欲托谁，以自全此寓言乎？夫既谓之寓，则所寓相似而非真也。能寓之人，岂可以相似而忘其真出处哉？使天下万世无人知庄子为尧孔真孤，而以相似之老聃为所嗣，亦何愧乎？然此一副真骨血、真气脉之为《大宗师》《应帝王》者,又何所归焉?

或曰:昔有一大圣亦尝言,老庄全不似道家玄学,乃儒者之逸流。此诚千古特见,然未遽正之为尧孔真孤也。今以庄归之于儒,亦何不并老而归之乎?曰:老子《道德》五千言虽亦可羽翼《五经》,但如齐太公之夹辅王室则可,若以比鲁之周公为文武之嫡嗣则不可也。老聃亦未曾有一言及于尧舜文武周公,及推孔子之贤,何足以嗣尧舜?亦何必为尧舜之嗣?老聃之语浑雄简朴,真足为天地无为自然之宗。然而阐扬内圣外王之旨,曲尽天人一贯之微,其纵横抑扬,奇倔痛快,能以神化移人心之天,而归于自然处,即老子之文亦有所未逮也。虽然,今历数已久有人能正其真孤,必欲还其宗于尧孔,仍从天下以老庄并称,如儒佛原不同宗,而道有以妙协,亦何不可以并称乎?此正吾平日所谓世人不知"道不同不相为谋"之语,是破人分门别户,实教人必须以道大同于天下,使天下之不同者皆相谋于大同之道,始不使异端之终为异端也。使异端之终为异端,此圣人不能以道大同于天下之过矣。使能同之,则天地日月四时鬼神无不与之合也。又何更有不同者乎?此吾不忍天下人负庄子立言标宗之意,以弃为无用而自失其天人自然之道也。时予倚杖灵山,偶与不二社诸子谈及庄生之秘,曹子请为快提以晓未悟。故提此托孤,以正其别传,即有谓予借庄子自为托孤,与自为正孤,谓非庄子之本旨,予又何辞?①

此托孤之说,乃为不二社诸士子所谈"庄生之秘",至于是否为浪杖人借庄子以"自为托孤"或曰"自为正孤",觉浪禅师不置一辩。其弟子大时凌世韶跋曰:"师云:世界未有不坏,圣人未有不死,独此圣贤之经法,与佛祖之宗旨,固不可一日昧灭。乃知吾师所谓正孤,非直以正庄生所托尧孔之孤,实吾师借此以正自正之孤,用正天下万世佛祖圣贤之真孤也。……吾师所正孤中,更有真孤藏之甚密,岂常情所能测耶?"凌世韶指出,其时思想界对于庄学有两种情况,其一轻视庄者,"以其怪,不入尧孔之道,摈斥而拒绝之";其二高视庄者,"以其奇,足入佛祖之宗,附会而拦入之"。他认为,"是二者皆亡羊也",另外有所谓教外别传者,"特以抑扬纵夺似之也,不见师于薪尽火传处、见独无古今处、惟造物是从处、委

① 道盛、大成、大然:《天界觉浪盛禅师全录》卷三十《杂纪·正庄为尧孔真孤》,《嘉兴大藏经》第34册。

蛇浑沌处皆有所指”。①

觉浪提正认为，庄子“能以古今之大道自任，又不甘于流俗，悯世道交丧之心独切，不可以自禁，乃敢大言而无惭之人也。予读其所著《南华》，实儒者之宗门，犹教外之别传也”。“噫，吾于是独惜庄子未见吾宗，而又独奇庄子之绝似吾宗。”“然则以宗门教外别传比何也？曰：此亦借之以比类，使人易于发明也。”其《提应帝王》云：“予昔读憨大师《庄生影响论》曰：不知春秋不知涉世，不读老庄不知忘世，不参禅不知出世。予以此论甚善，不知者必以老庄为忘世，为无事于经济，则深负庄生内七篇立题命名之至意，是掷民生事业与内圣外王之道于空虚无用，方之外也。内篇之意，其事则主乎人，其旨则皆主乎天，又谁知即以人而主天，以天而主人乎？知此则知庄子全是以神化而移人心之天，而归于无为自然；以神化之无为自然而应于人心之天，而同于大通，以不出于其宗也。”②

（二）托孤于谁人？

觉浪数十年为求一“大伤心人”，求一“燥性热人”，此皆出其口端，实与托孤之意同乎？沧桑以来，百苦交煎。杖人于刀兵水火中确乎有“为法求人”之心，其与护法宰官通信曰：“山僧三十年来为法求人，苦心片片。今得苦心承当者，得非亲受灵山付嘱，特示于此大转变中密为接续者乎？”又称：“千圣慧命，别路激扬，将谁为寄？将谁为传？此衲之所以急急如救头然，如持丝命……”③“衲于方外为法求人，已数十年矣。近于江宁有陈旻昭诸公，力为护法，使此悬丝不坠。今幸飞翰从空而下，始知血性丈夫，能于百苦交煎中悲愤而出，且得与大司成胡公，激扬此本分大事，何奇特如之！衲素神交者莫过陈百史，想必尝相倡酬此如幻解脱法门也，当此之际有如是机缘，得非佛祖不传之慧命大有以振兴乎？虽然，也须绝后重苏底汉子始担荷得，始不自欺欺人。”④

觉浪作《复方潜夫中丞》云：“梦笔托孤于竹关乎？竹关托孤于梦笔乎？代明错行，忽尔妙协。非感时义，乌知消息？请更为公广之。水火托孤于土乎？春秋托孤于冬乎？道理托孤于象数乎？百物托孤于一毫乎？五伦托孤于师友乎？正

① 道盛、大成、大然：《天界觉浪盛禅师全录》卷三十《庄子提正跋》，《嘉兴大藏经》第34册。
② 道盛、大成、大然：《天界觉浪盛禅师全录》卷之三十《庄子提正》，《嘉兴大藏经》第34册。
③ 道盛、大成、大然：《天界觉浪盛禅师全录》卷之二十七《答陈百史少宰书》，《嘉兴大藏经》第34册。
④ 道盛、大成、大然：《天界觉浪盛禅师全录》卷之二十七《复少司农岩荦戴公书（附来书）》，《嘉兴大藏经》第34册。

坐托孤于傍观乎？覆载托孤于虚空乎？混沌托孤于天地乎？三摩托孤于妙奢乎？毗卢托孤于弥勒乎？先啕后笑，怨怒中和，杏花药树，真空妙有。以貌例之，无不反判，果知其故，皆一贯也。”[①]又给某居士书转马督台曰：“奇男子，偶然觑地别行一路，自非人所能阻者。三军可夺帅，匹夫不可夺志，孔子信之矣。竹关自为竹关，岂杖人能按牛头耶？诸公若扯得出去，自是诸公手段。若扯他不动，自是道人脚跟。老僧只管看。”[②]

觉浪于癸巳（顺治十年，1653）孟冬书付竹关（无可智），作《破篮茎草颂》，并有序曰：“从上手眼自别，一挨一拶，直要控人于生死得个入处，又要控人于性命上得个出处。门里出得身，身里出得门。然后自能作主破格为人，一切圣凡只是不知出入之机，故于变异不得自在也。”又记曰：“予今年倚杖天界，无可智公从生死危难中来皈命于予，受大法戒。乃掩关高座，深求少林服毒得髓之宗，披吾参同灯热之旨。喜其能隐忍坚利，真足大吾好山之脉。予时归博山、武夷扫二先师之塔，特潜为别。予因嘱之曰：‘圣人无梦不能神，大海无波不生宝。使圣凡无怨艾之毒，则皆无出身之机也。子当以大法自命，痛此悬丝，宁不自愤乎？’智曰：‘不肖何人？且在鬼门关上卖破蓝耳。’予笑曰：‘此非吾家毒草能出入乎？正好打杀死蛇吞活龙，以大阐提行无间行，作常不轻，起吾三堕之密，不负此一蓦劄乎？’因更为《破蓝茎草颂》以识之。”[③]

觉浪别以逆流手眼阐发“怨艾之毒”对于圣凡“出身之机”的作用，其《论怨》曰：孔子言诗可“兴观群怨”，并发其秘密藏而纯归于一“怨”字。此“怨”，乃能以天地人物不平之气，保合天人性情之太和，则“怨”字又愈于元亨利贞“贞”字。元亨利贞、明天性自然流行之气，此“怨”字发人情后天之密。非到怨处，不足以兴，不足以观，不足以群。到群又不能不怨，不怨则不能归根复命于绝后重苏，亦不能使贞下起元为可兴可观也。又阐发“以德报怨”曰：“怨者，天地之义气。立己处人，有一毫不合于德义，则自怨自艾自不容己。艾，药也。人无耻而不自怨，则

---

① 道盛、大成、大然：《天界觉浪盛禅师全录》卷之二十七《复方潜夫中丞》，《嘉兴大藏经》第 34 册。梦笔即觉浪盛，竹关即无可智。方潜夫乃方以智之父方孔炤，字潜夫，官至湖广巡抚，世称桐城大中丞。明亡，崇祯自缢，所有大臣顾命南逃，唯有他抱帝痛哭。方以智九死一生，皈依觉浪在高座寺闭关，称为“竹关”，在大变大痛中找到了“托孤”的智慧薪火。

② 道盛、大成、大然：《天界觉浪盛禅师全录》卷之二十七《答黄玉耳居士致马擎宇督台》，《嘉兴大藏经》第 34 册。

③ 道盛、大成、大然：《天界觉浪盛禅师全录》卷之十二《破篮茎草颂（有序）》，《嘉兴大藏经》第 34 册。

是大圣拱手不可救药之人也。不知怨则不知兴,并不知德矣。"[①]他曾引中峰大师云"参禅无秘诀,只要生死切",须知这一"切"字便是断生死命根剖如来藏性的金刚剑,从上佛祖百千方便只是拈提这一"切"字,此外更无别法也。人能痛切为发明生死性命,则一切勇猛精进自不待人教诏。所谓如轮刀上阵,一人与万人敌,更不顾生死危亡,所以能杀敌而自全性命,稍一不"切"则生死性命皆落人手矣,可不"切"乎?今人不有真为生死心,徒云我疑情发不起,殊不知此心若切,即是话头,即是疑情,即是金刚剑,即是大阐提也。到这里更有何生死不破,何性命不透哉?孔夫子称诗可以兴观群怨,此"怨"之一字,即吾禅门疑情也。孟子善于形容大舜谓"如怨如慕,如泣如诉",此正是自怨自艾,自起疑情,如曰:我何以不得于父母兄弟哉?非有怨恨于顽父嚣母与傲弟也?今人参究而不悟者,皆是为生死心不切,与不能久远痛愤耳。如《本草纲目》中上药不可枚举,独难者是久服二字,若能久服则无药不灵矣。今人一日暴之十日寒之,正是无痛切久远之心,又安能得大彻大悟如古人哉?[②]

竹关(弘智)后来在编成《杖人全集》时回顾了此托孤之论,跋曰:"嗟乎时哉!凤山杖人忽发尧孔托孤之论,而鹿湖老父亦致竹关下宫之辞。时节因缘,无容回避,土木同纬,历天适然,安于所伤,习坎自尽。业已一门深入,豁其通儿,公因反因,藏于代错。各一本事,即是共一本分,直下原无歧见,复何喙喙本于无私?而遇缘即宗,同患至密,而决于中节。夫岂忧本来,于穆之缺少乎?杖人触处创发,而中切脉之针经;反因痛刺,而顺新硎之刀理,非许常人可以浊识浮情学之者也。如无其人,何敢漫责?一橛者一橛,别路者别路。约于不欺,而泯于薪火。识大识小,道自不愁断绝,藏天下于天下,已矣。"[③]

浪杖人托孤竹关已明矣。陈大中曰:"杖人癸巳(顺治十年)又全标《庄子》以付竹关。奄忽十年,无可大师乃成《药地炮庄》,解拘救荡,因风吹火,云:尔天下竟无知者乎哉?可惜许。"宋之鼎曰:"(觉浪)《提庄》托千古之孤,真奇书也。药地大师因作《炮庄》,将以一参两行,托'兼中妙协'之孤乎?将以曼衍游息,托'公

① 道盛、大成、大然:《天界觉浪盛禅师全录》卷末附《杖门随集·天界纪闻》,《嘉兴大藏经》第34册。
② 道盛、大成、大然:《天界觉浪盛禅师全录》卷之九《茶筵法语·胡洪胤盛高姚诸士云莲净修禅侣请茶话》,《嘉兴大藏经》第34册。
③ 道盛、大成、大然:《天界觉浪盛禅师全录》卷末《杖人全集跋》,《嘉兴大藏经》第34册。方孔炤,人称贞述先生,或称鹿湖老人。

因反因'之孤乎？发覆在此，苦心至此，孤哉孤哉，知恩者谁？"[1]徐芳曰："杖人于刀兵水火中求大伤心人，穷尽一切超而随之，乃集大成，乃定宗旨，恰好托孤于竹关，则吾友也。今出世且二十年，龙天推出于青原，七祖倒插之枯荆竟发蘖矣。龙象骈集，缁素景从，敲金戛玉，节拍萧森，法乳流通，奉者得宝，拙庵凡夫览而叹焉。"[2]

(三) 师资相契合

觉浪有示参学门人曰："我见古人师资之契，真如移花接木，其枝根元虽异种，及其相接处，妙在皮骨、精气两相孚合，其生生之意乃浑而为一也。非其花果种性得真根枝，又安可哉？若今之师资相承者，初心不过欲借源流法派为异日出世拈香取信于人，故强为苟合耳。至一等虽借名分而中心矛盾，转面悖戾更不足言矣。何曾真如古人心心无欺，灯灯不昧，如一血气精神之相贯于无穷者哉？亦何曾真如古人所谓某不敢自欺，此中实未稳当，实不敢妄自为人，而先师授记不敢违越，及与某自有师在，而某此瓣香不欲向两头炷者哉？吾所谓今之师资但存名器，尚有破绽，若其神器真种，久已混失断绝，难可寻讨矣。孰能挺然以自求其真授受之慧命者乎？正如三代之帝王禅位，实乃禅此内圣外王之道也。三代已后所谓春秋无义战，即有得天下者能有几人是真受天命？真禅天位而不为偏安自立者哉？呜呼，世道交相丧矣！虽然，人能弘道，亦何患于丧乎？噫，果有能以此道自任者，吾深有望于斯。"[3]

石溪髡残与屈大均为觉浪道盛圆寂前一年(顺治十五年，1658)所收的两位遗民僧弟子，都是从其他禅宗派系改投觉浪门下。这一方面说明了觉浪很看重佛圣慧命之传承，而并不固守于法派门户之见；另一方面也反映他的故国之思和对遗民僧的吸纳不拒。髡残原为云栖门下，投觉浪后更名大杲，住金陵牛首山，以善画知名。觉浪曾为石溪禅偈作题引曰："杖人读石溪道者禅偈，其题注皆出于佛祖言行之正，其偈语皆出于佛祖宗旨之奇。惟奇能使人疑而悟，惟正能使人思无邪。"[4]又作《为石溪书楚辞招魂》，招忠臣屈原魂兮归来；又有《寄石溪上座》诗曰："年老心孤博得闲，无人知处即深山，无端倚杖看风色，千里云生喜破颜。"

---

① 道盛、大成、大然：《天界觉浪盛禅师全录》卷之三十《庐陵学人宋之鼎跋》，《嘉兴大藏经》第34册。
② 道盛、大成、大然：《天界觉浪盛禅师全录》卷首《序》(徐芳)，《嘉兴大藏经》第34册。
③ 道盛、大成、大然：《天界觉浪盛禅师全录》卷之七《示成峻等参学门人》，《嘉兴大藏经》第34册。
④ 道盛、大成、大然：《天界觉浪盛禅师全录》卷之二十八《题跋·石溪道者禅偈引》，《嘉兴大藏经》第34册。

杖人示寂前还嘱托其校刻报恩寺大藏板，可见其禅学修养深厚。杖人生前又有一书信表明对石溪期望甚殷，剖心掏肝。信云：

> 山僧生来，实有卖心肝求人痛愿，以故不敢以大千世界有芥子许非我舍身命作佛事处。然而就中求本色真知己为此慧命者，又的有类不齐，混不得一着子在。亦尝有语云，人如比干心可剖，心如比干人可友。使能执此以绳世，则当作孤风绝侣。如船子倩人求法嗣，未必可能得也。……如山僧从前知己，宁有过于李梦白、黄元公者？与彼数十年亲相盘错，末后乃见得力。此后独我龙三翁与石溪公，曾不谋面，千里知心。每接读手书刀刀见血，令我蹴然惊起，愧彼先圣常游化诸国，犯难求人。今有若而人能以生平不屈人者，而甘心委命于我，而我何心何行，不心肯口肯，相与质成？况二公久于此道，正如画龙已成，文不加点者，又何风雷之能相送？窃恐眼高品洁，不耐时世，将为绝侣之行，欲托孤于万世旦暮之遇也。二公如果不屑屑于此，则亦不应急于见山僧之入泥水，一称之为忧天悯人，一称之为赤子圣人。……石上座谓，此真血脉，如铁函《心史》，终不可磨灭，则又能剖比干之心，于杖人所卖之心矣。如此何求不得，肯强自弥缝以自亏其浑全之本领乎？①

屈大均则是来自岭南"亦僧亦儒，壮志复明"的遗民，与清初南京亦颇有因缘。屈大均号翁山，世居广东番禺县沙亭，生于明崇祯三年（1630）。15岁就学于顺德名士陈邦彦名下。甲申之变，京城易帜。陈邦彦、陈子壮、张家玉等文人学士无法接受成为遗民的现实，顺治四年（1647），屈大均与他们一干人等举旗抗清。顺治七年（1650），清兵攻陷广州，为逃避迫害，屈大均在番禺员岗村雷峰海云寺削发为僧，拜曹洞宗天然和尚为师，法名今种。他将居所命名为"死庵"，表

---

① 道盛、大成、大然：《天界觉浪盛禅师全录》卷之二十七《书札·复龙三翁及石溪上座》，《嘉兴大藏经》第34册。铁函即郑思肖（1241—1318），宋末诗人、画家。连江（今属福建）人。元军南侵时，以一介布衣向朝廷献抵御之策，未被采纳。后客居吴下，寄食报国寺。宋亡后改名思肖，表示思念赵宋，取"肖"从"赵"之意。字忆翁，表示不忘故国；日常坐卧，也要向南背北。郑思肖擅长作墨兰，花叶萧疏而不画根土，意寓宋土地已被掠夺。《心史》是他以血和泪写成的作品。据传本《心史》书写好以后，被他用铁函密封几层，层间有石灰防腐，投在苏州一座寺院（按，承天寺）的井里，直到400年后的明朝末年浚井才被发现。铁函外包纸中间写"大宋铁函经""德祐九年佛生日封"。

示誓死不服清廷，并取永历铜钱一枚，以黄丝佩戴在身，以示百折不改其操守。[①]从顺治九年(1652)起，屈大均以化缘为名云游四海，奔走吴越、幽燕、齐鲁、荆楚、秦晋大地，结交了顾炎武、李因笃、毛奇龄等众多仁人志士。顺治十四年(1657)，文坛巨擘朱彝尊南游广东，与屈大均等人相聚谈艺。他返回江南后，将这批岭南诗人的作品介绍给江南诗界，屈大均之名更是远播海内。

顺治十五年(1658)，屈大均到达南京后，在凤山天界寺拜觉浪道盛和尚为师，次年他曾以道盛门人身份，请钱谦益为自己的诗集作序。查屈大均的著述，“大均”之自称最早出现在他顺治十五年戊戌(1658)撰写的《御琴记》。顺治十四年丁酉(1657)，屈大均以“出塞寻祖心禅师”的名义第二次北上(祖心禅师是他的法叔剩人和尚函可，前述顺治初因在金陵“私携逆书”而被清廷逮捕，后被流放到辽阳千山)。次年，至京师，旋走济南，求李氏家藏的翔凤御琴观之，《御琴记》即为此事而作。文中记道:“戊戌之春，草泽臣大均，北走京师，求威宗烈皇帝(崇祯)死社稷所在，故中官吴指万岁山寿皇亭之铁梗海棠树下。臣大均伏拜而哭失声。吴感动，留信宿其家。臣大均辄从吴询问宫中遗事，及内府所藏御器存亡……臣大均闻言，相与唏嘘泣下。久之，臣大均以事往济南，遂过李氏，求所谓翔凤御琴者而观之……臣大均捧之流涕，仿佛天威咫尺，伏拜不能兴……而杨太常者，岁逢先皇帝忌日，必从淮泗来，拂拭御琴，设玉座祭奠如礼。臣大均于是留济南逾月，会正经至，握手若平生好……正经时为僧，布衲芒屩，与臣大均遁荒之迹略同。”[②]

顺治十七年(1660)，屈大均远游会稽(今绍兴)，寓居祁氏山园读书，与抗清义士魏耕等人共商匡复大计，遣人联络在福建的抗清名将郑成功，邀其北上，以舟师沿海路进攻南京。是年六月，郑成功果然大举北伐，收复30余州、府、县，但最后由于轻敌而功败垂成。清廷大肆搜捕魏耕、屈大均等人，屈大均避难浙江桐庐，不久返回广东番禺隐居。康熙十二年(1673)，平西王吴三桂在昆明起事反清，率师抵湖南。屈大均认为这是匡扶社稷的又一次机会，次年春，他离家前往湖南从军，并上书吴三桂纵论兵事。吴三桂委其为广西按察司副司，监督桂林孙延龄部。

---

① 《清史列传》卷七十载，“屈绍隆，字翁山，广东番禺人。明诸生。遭乱弃去，为浮屠，名今释，后返初服，更名大均”。(中华书局，1987年，第5699页)。按，“今释”应为“今种”。

② 欧初、王贵忱编:《屈大均全集》第3卷，人民文学出版社，1996年，第300—301页。

康熙十六年(1677),他再次游历南京,建衣冠冢于雨花台,自书“南海屈大均衣冠之冢”,并作墓志铭云:“衣冠之身与天地而成尘,衣冠之心与日月而长新。”① 康熙二十二年(1682),郑成功之孙郑克塽投降清廷,屈大均复明的最后一丝希望破灭。他回至故乡建祖香园,闭门著述,过起半隐居的生活,从此不复出。屈氏祖香园建有“骚圣堂”,设屈原木主,挂三闾大夫像,他以这种方式来弥补自己未酬之壮志。屈大均开始致力于广东的文献、方物、掌故的搜罗编撰工作。他参与编撰过《岭南诗纪》《岭南倡和集》《东莞诗集》,并花数年时间编成《广东文选》40卷,还将明崇祯及南明弘光、隆武(绍武)、永历四朝抗清殉难人物死节事件记录成书,撰成《皇明四朝成仁录》。此书虽然没有刊印,却以各种手抄稿本广泛流传。屈大均的政治倾向终于招致清廷妒恨,他的所有著作后来都被列为禁毁之书。屈大均晚年“考方舆、披史乘,验之以身经,征之以目睹”,著成《广东新语》,迄今流传。康熙三十五年(1696)示寂,终年66岁,遗嘱书碣“明之遗民”。②

觉浪门下的岭南弟子名声远播海外者有大汕(1620—1698),字石濂、石湖、石头,号厂翁,吴江徐氏子(一说江西九江人)。少年出家,及长,至金陵天界寺投道盛禅师座下,久参获印可。清顺治年间入主广州长寿寺,鼎新殿堂,多有建树。清康熙年间之初,受越南国王阮福迎请,赴越南弘法年余,纳越南弟子法嗣多人,归国后,著《海外纪事》三卷。一生于参禅之余,喜弄丹青,尤以山水、花卉见长、佳誉远播。另有《大汕语录》《离六堂集》等传世。

觉浪门下遗民僧之最著名者为笑峰大然和无可大智。无可智,笔者将于下文专节阐述。此处单表笑峰大然禅师(1589—1660),字笑峰,一名函潜,别号朴庵,再号遁庵。江宁倪氏子(一曰祖籍丹徒,后迁金陵),谱名嘉庆,字笃之。万历十七年(1589)十月二十五出生,年十三,听母说《般若心经》,即趺坐,为说大意。读书灵谷寺,值讲《楞严经》,闻即沉思危坐,学遣五阴魔。天启元年(1621)举于乡;二年(1622)进士及第,曾任户、兵二部正郎。与江宁余大成(字集生,号石衲,万历三十五年进士,曾任山东巡抚,平生好佛)为同僚友,即知有宗门事。及党祸遇难,被下刑部牢狱七年,单拈赵州无字公案,日夕参提。后事白还家,掩护玩《易》,习天台止观。起官不赴,思出家,毕此大事。甲申变后,南都召秉铨衡,主

① 屈大均:《翁山文外》卷八《自作衣冠冢志铭》载:“予于南京城南雨花台之北、木末亭之南,作一冢,以藏衣冠,自书曰南海屈大均衣冠之冢。”(《屈大均全集》第3卷,人民文学出版社,1996年,第146页。)

② 参杨权:《屈大均之名本为法名》,《中山大学学报(社会科学版)》2011年第5期。

考选，所引皆天下宿望大臣。未久改户科给事，感世事幻然如浮沤。顺治二年(1645)遇见祖心函可来自罗浮，遂薙染，遥礼其师匡庐空隐道独和尚，次年春(1646)，依金陵紫竹林颛愚和尚受具足戒。①

顺治四年(1647)冬，天界觉浪和尚主报恩寺，笑峰入室参罢，随之入方丈礼拜。觉浪擒住曰："狗子有佛性也无？速道。"笑峰曰："道什么有无？"觉浪："汝犹作道理在，速道。"笑峰连声说："道不得。"觉浪曰："汝为什么又道得？"笑峰曰："领。"觉浪便打曰："领个什么？"笑峰拟对答，觉浪再打曰："要汝从这里绝后重苏，许汝亲见赵州。"笑峰便礼拜，觉浪又打曰："直须向这里跳出始得。"次日，觉浪见笑峰，复问道："我昨日疑汝这公案。"笑峰欲开口，觉浪呵呵大笑，笑峰豁然大悟，入方丈再拜。觉浪说："汝刚才会得我这一笑么？"笑峰曰："鲸吞海水尽，露出珊瑚枝。"这便是笑峰投入觉浪门下的机缘语句，笑峰由此得到觉浪之印可。

顺治七年(1650)春，觉浪住持栖霞，命笑峰大然监院事。明年，觉浪主太平府无相万寿寺，笑峰往省，觉浪设二十四问，笑峰一一颂之，觉浪付偈曰：

> 为人求法已有年，其谁能得我心焉。正嗟乱世无真种，却喜今朝得嫡传。解行相应名祖印，正偏兼带是天然。摄山特地亲拈出，一笑光生千古妍。②

顺治九年(1652)秋，觉浪上堂，付笑峰大然衣拂拄杖，命其首众栖霞。顺治十四年(1657)春，至青原山扫祖塔，吉州护法居士书迎请天界浪和尚住持，遂留笑峰休夏西峰。是年秋，预请笑峰入山代座，因浪杖人已应杭州皋亭之请，复书委笑峰主青原法席。笑峰待人以宽，接人以慈，一时龙象，从集如云。笑峰上堂曰："师弟之谊，有同臣子，只有代终，原无代始。忆昔本师浪杖人从栖霞转天界，遂命然阇黎(笑峰自称)代座栖霞。及从天界至博山，又命以代座天界。后从博山入梦笔，复命以代座博山。今吉州诸檀护延请本师入主青原，师尚未至，而请

① 方以智编：《青原志略》卷二《僧传》，华夏出版社，2012年，第46页。颛愚观衡禅师，霸州赵氏子，前住云居寺，寻往江南创紫竹林于金陵城北，示寂竹林，有《伞居录》行世。笑峰然大师甲申年得戒师也。此"甲申"年疑为"丙戌"。参张贞生：《青原笑峰禅师衣钵塔铭》(同书第108—111页)。

② 方以智编：《青原志略》卷二《僧传》，华夏出版社，2012年，第50页。

然先代座，则不惟代终，且代始矣。挈挈波波，所为何事？”①

顺治十六年(1659)冬，天界浪和尚讣告传至青原，笑峰命兴树首座秉拂领众，即曳杖东还。次年(1660)三月至金陵天界，四月十三示微疾，十六辰时沐浴更衣，趺坐而逝，世寿七十二，僧腊十六，塔于栖霞。康熙三年(1664)冬，无可大师率笑峰诸法子为建衣钵塔于青原“圣域”之左，题曰“断碣”。庐陵张贞生为撰衣钵塔铭曰：“若夫屈伸潜跃，与时谐行，不作一名进士相，不作一大宰官相，不作一能抛纱帽戴僧笠相，并不着一本地风光了彻相，不着一某付法相，不着一代席说法相，苦心力行，物我兼成，儒道弗明，当救以佛，是不得不推我青原笑峰禅师。……”②

施闰章撰《青原毗卢阁碑记》曰：“浮屠之言禅者本曹溪，言曹溪之宗者首推青原。盖七祖实绍曹溪，而青原其手辟地也。自唐以来，兴替世相嬗，最盛者推笑峰大然师。……笑公起进士，历官曹郎，被谗在狱七年。日端居学《易》，旁通《楞严》《南华》诸经，视生死患难如浮云。酉、戌间为僧，受具戒与云居颛公。又从天界浪公定宗旨，久之尽得其学。其来青原也，天界固嘱之，乃司教事，规制肃备。公谓是阁岿然为寺冠，即不成，如祖庭何？吾当了此归天界耳。……会闻天界浪公讣，遽东下，不久亦化去。阁始于戊午，成于戊戌，殆天定哉。公尝爱颜鲁公所书‘祖关’字，谓五贤祠馆既立，宜分树二坊曰‘圣域’‘祖关’。予子吉，则坊之，完公志。吾闻曹洞之学，以理事兼融、智行并懋为长。笑公冥搜力行，禅坐之余，手不辍笔，著《熄邪正宗》诸书。又习劳，与众同役，不私一箸。其教人不专执浮屠说，随其高下，立中道引之。故出处之士，皆乐闻其言，往来徒众尝千余人。用能阐浪公之传，以振七祖之绪，而青原为再盛。公既去，命其徒兴树守之。今药地弘智，又同公受学天界者也，总贯会通，爰集其成，而青原至是为极盛。”③

① 方以智编：《青原志略》卷二《僧传》，华夏出版社，2012年，第51页。
② 方以智编：《青原志略》卷四《碑铭·青原笑峰禅师衣钵塔铭》，华夏出版社，2012年，第111页。
③ 方以智编：《青原志略》卷四《碑铭·青原毗卢阁碑记》，华夏出版社，2012年，第112—113页。

第四节
觉浪门下:无可大智坐集千古智

无可大智,俗名方以智,43岁皈依于金陵天界觉浪和尚,其时方以智早已名满天下,而他不恋世荣,捐妻别子,患难余生而剃发,万里奔波归师门。觉浪禅师圆寂于清顺治十六年(1659),生前有一书信《寄示无可智公》:"老胡西来,踏翻震旦盘子,立倚天长剑,使绝代英雄皆从渠乞命。迨二支奔放,五派横流,更出淆讹,别施杀活。虽有神奸,莫能反款,及乎虫生狮肉,狐假虎皮,僭窃成褫,诡诈交易,而符剑失真。邪异得计,安知更无踏翻此盘,从彼乞命者乎?此杖人隐忍,的有不容自已者在也。你智子于此,又何敢自委乎?彼卧薪尝胆,破釜焚舟为何事?而吾宗正丁此时,如不能于无门创开不测之门,无毒拈出不传之毒,则又何足使此能作向上主盟,别展逆流手眼乎?闻子已出龙眠,隐于匡庐,当以破篮一茎,慎自变化之。"[①]觉浪禅学的独特非凡正在这"作向上主盟,展逆流手眼"。觉浪和尚寄予无可智"踏翻此盘"振兴宗门的重大使命,"末法人多习漏",只能活在浊智流转之中,惟大根器向上透者,方能"从正定而现万德庄严"。[②] 故桐城孙晋曰:"此杖人所以别路托孤,而本愿在集大成。"[③]

一 从才子、翰林到高僧

方以智(1611—1671),字密之,号曼公,又号宓山氏,中年隐晦山林,自号愚道人,是清初典型的坚贞守节之士人遗民及遗民僧。生于明万历三十九年(1611),卒于康熙十年(1671),在世间的生命正好走完一甲子。他出身于三世传

---

① 道盛、大成、大然:《天界觉浪盛禅师全录》卷之二十七《书札·寄示无可智公》,《嘉兴大藏经》第34册。方故乡桐城有龙眠山。前引觉浪作《破篮一茎颂》,此一茎草能杀活自如,微哉危哉。

② 道盛、大成、大然:《天界觉浪盛禅师全录》卷之二十七《书札·复黄海岸公》:"况此末法人多习漏为浊智流转,自非金刚大士挺力荷持,则此梵网心地戒台几为草莽所侵,安望有从正定而现万德庄严,以摄授群情哉?此盛当刻日趋归冒阇黎位,以证盟卢能大士,登坛受具而开天下之宗门也。"(《嘉兴大藏经》第34册。)

③ 方以智编:《青原志略》卷四《药树堂碑文》,华夏出版社,2012年,第114页。孙晋,桐城人,天启五年进士,明亡不仕。

《易》的官宦书香世家，方氏为桐城望族，自曾祖方学渐起，世代传易，“方以智”一名，即取自《易传》“蓍圆而神，卦方以智，藏密同患，变易不易”之语。其人博学多才艺，21岁时便以文章成名，亟欲以才救国，经纶天下。崇祯四年（1631），他离乡东游，在杭州结识文震孟、陈子龙等人并参加“复社”活动，与陈贞慧、冒襄（辟疆）、侯方域并称“明末四公子”。崇祯七年（1634），因桐城民变，方以智流寓南京，“接武东林，主盟复社”，愿交者益众。[①]

崇祯十二年（1639）三月，清兵陷济南，山东布政使张秉文战死，其妻乃方以智族姊，殉国自尽于湖。方孔炤受命镇压农民起义，言张献忠必反，而兵部尚书杨嗣昌不听。后张献忠果反，遂为杨嗣昌所忌。方孔炤八战八捷，而杨嗣昌不出援军，于是兵败，送北京候斩。崇祯十三年（1640），方以智进士及第，授翰林院检讨，闻父讯长跪于殿外替父求情，终于感动崇祯帝，免父不死。《清史稿·方以智传》称：“其闭关高坐时也，友人钱澄之亦客金陵，遇故中官为僧者一问以智，澄之曰：‘君岂曾识耶？’曰：‘非也。昔侍先皇，一日朝罢，上忽叹曰：求忠臣必于孝子。如是者一再。某跪请故，上曰：早御经筵，有讲官父巡抚河南，坐失机，问大辟。某熏衣饰，容止如常时。不孝若此，能为忠乎？闻新进士方以智，父亦系狱，日号泣持疏求救，此亦人子也。言讫复叹，俄释孔炤而辟河南巡抚。外廷亦知其故乎？’澄之述其语告以智，以智伏地哭失声。”[②]方以智的孝行挽救了他父亲的性命。

崇祯十七年（1644）甲申之变，李自成大顺军入北京，方以智哭崇祯帝灵，于东华门被捕，当夜乘隙逃出，返回南京。此时南京弘光朝政由马士英、阮大铖当权，党祸复炽，捕杀复社文人，便借口方以智在李闯入京后没有“殉节”，而把他列入“从逆六等”中的第五等“宜徒拟赎”。方以智深感“权奸吞噬”，剥床以切肤，其不成大器；他见朝中大敌当前而内斗不止，亦无复宦仕之心，因而更变姓名，流落岭表，以卖药为生。清顺治三年（1646），明桂王朱由榔于肇庆即位监国，方以智以博学充经筵讲官，旋迁侍讲学士。次年迁礼部侍郎、东阁大学士。因朝政混乱，方以智感世事难为，遂挂冠解绶而去，隐居于湘桂边界的苗峒中。其后永历帝连下十次诏征，终上十辞疏而不入朝，但忠贞之心仍驱使伏处草野的他书信往

① 任道斌：《方以智年谱》，安徽教育出版社，1983年，第9页。“流寓白门，收焦、顾两家之遗。”

② 《清史稿·遗逸传》，《二十五史》第12册，上海古籍出版社，1986年，第1584页。

来于永历文武之间，与瞿式耜相交。

永历朝败亡后，方以智披缁守节，誓不仕清。顺治七年（永历四年，1650）十一月桂林陷，在广西平乐为清兵所捕。清将马蛟麟素闻方以智大名，为迫使他投降，押至平乐法场，“环刃相逼，袍帽相诱”，命左置官服，右置刀剑，任其选择。方以智毅然不屈站在右边，马又命人架刀压在他脖子上，亦神色不变，等死而已。顺治八年（1651）二月，方以智被执往广西梧州，释于云盖寺（一说冰井寺）出家为僧。方以智初为僧人的生活，钱澄之有诗记云：“五更起坐自温经，还似书声静夜听。梵唱自矜能仿佛，老僧本色是优伶。”澄之自注曰：“愚道人既为僧，习梵唱，予笑其是剧场中老僧腔也。”[①]然而“国变纷纭”，飘浮不定，即使身在尘外，他仍思念白发老父；在南国的崇山峻岭中，他远望南都，怀念故国家园，亦仍然心绪难平，前后写了《看月》《闻雁》等诗表达自己此刻的心情。诗云：“一片钟山月，那从岭外看。昔日临北阙，今独照南冠。万里天难指，三更影易寒。梦中儿女路，莫忆旧长安。”诗中流露出对河山已破的故国深深眷念，“钟山月”“旧长安”都是对金陵的昵称。[②]

顺治九年（1652）夏，施闰章奉使粤西，过梧州访密之方以智。施闰章《学余文集》卷七《无可大师六十序》：“余昔奉使经苍梧，与师定交云盖寺，已而抢攘，烽火相随，间关北归。”[③]八月，方随施闰章至庐山，冬由匡庐归省白鹿。操抚李公与三省马公先后拟请其出仕，杖人翁（觉浪盛）托人转信给马公云，“拉得去是你手段，站得定是他脚跟”，借以得免。故其后孙晋曰：“无可大师，蹋翻南北，从剑刃

① 钱澄之：《藏山阁集》，黄山书社，2004年，第327—328页。

② 方以智《浮山文集后编》卷一《无生寱·辛卯梧州自祭文》云：“自甲申至庚寅，无可道人以猗玗洞之悬丝，流离岭表，十召坚隐，不肯一日班行，为白发也。……庚寅之间，栖一瓢于仙回山，不幸同隐有相识者，系累胥及，被执而胶致之平乐将军。将军奉默德那教，尤恶头陀，露刃环之，视此衲之不畏死而异之，逼而試之，终以死自守，乃供养于梧州之云盖寺。大病垂危，久而小愈，无可道人自燃香而祭之曰：生死一昼夜，昼夜一古今，此汝之所知也。汝以今日乃死耶？甲申死矣！……死不必一道，即以道守死者，亦未必死汝以名。嗟乎，世人其莫可奈何于此，又安得不以生死为大事哉？有以名敌生死者矣，有以气胜生死者矣，有以一死生之说遣生死者矣，果有真知其故者乎？能以死知其所以不死，知不死之无不可以死，则此死也，诚天地之大恩矣。……无可道人幸可以忘此。此年来感天地之大恩，痛自洗刮者也。独眷眷者，白发望之久矣，尚未得一伏膝下。……风飘飘兮雪莽莽，地之下兮天之上，香烟指故乡兮安所往，未能免俗兮于乎尚飨！”（《浮山文集》，华夏出版社，2017年，第333—334页。）

③ 施愚山《浮山吟》诗有云：“浮山一片云，飞落苍梧野。忽值南风吹，旋归庐岳下。”其下双行夹注曰：“药公家浮山，避地梧州华（云）盖寺。值余奉使西粤，始同归，抵匡庐。”考之《愚山先生年谱》卷一，“顺治九年壬辰（1652）春三月奉使广西，达桂林。秋七月桂林陷，从平乐经江西而归”。正与诗注合，则密之最初落发殆即在梧州之云盖寺。壬辰为二愚订交之始，亦密之晚年生命史上重要之一页也。参余英时：《方以智晚节考》（增订版），生活·读书·新知三联书店，2004年，第6页。

上悟性命之因，印心杖门。”[①]顺治十年（1653）春，方以智直奔南都金陵，皈依于天界觉浪和尚座下，圆具足戒，戒后闭关于高座寺看竹轩。顺治十二年（1655），因父丧破关回桐城，庐墓守孝三年。服阙后禅游江西，康熙三年（1664）应吉安人士和庐陵县令于藻之请，入主青原山净居寺，中兴七祖道场，重振曹洞宗风。易代之际，方以智曾经流寓岭外八年，清军攻克两广，方以智披缁出家，潜心禅道著述，由高座寺的看竹轩闭关，到青原山净居寺的弘讲，以无可大师著称于世，四方学人慕名来归。清人唐景崧的《看棋亭杂剧十六种》中有《高座寺》一出，写的即是方以智逃禅后的生活。[②] 至康熙十年（1671）秋，因粤事案被诬系狱，押解广东途中，卒于江西万安之惶恐滩。

方以智为僧整整20年，粤西剃发染衣时法名行远，字无可。皈依金陵觉浪后，法号大智，又名弘智。然其名号常有变更，如药地、五老、墨历、浮山愚者、极丸老人等，最多见者为无可智，最终则名为愚者。方以智归乡省亲自不同于一般俗子恋家，而其从生死患难中皈命金陵天界觉浪座下，正式接受大法戒，亦当有诸多因缘促成：

其一，方父孔炤旅居南京时，就已结识了禅师觉浪道盛。方孔炤的狱中难友倪朴庵在顺治四年（1647）就皈依觉浪和尚座下，名为笑峰大然。戊子（顺治五年，1648）春，觉浪曾主持桐城浮山华严寺，与吴应宾相善。《康熙浮山志》卷三《法谱》称觉浪禅师为浮山第十二代祖师，“戒秉博山，法弘东苑，曹洞一宗，实赖振起”。方孔炤的岳父吴应宾是晚明有名的护法居士，与万历三高僧交游甚密，亦曾得到过曹洞宗禅师博山无异的指点，博山恰好也是觉浪道盛的授戒师。方孔炤曾有诗《寄怀笑峰大师西江》叙述其法门因缘：

浩浩东流水，飒飒西岭树。落叶纷黄尘，示我冰霜路，忆昔剑头炊，把臂在西库。永夜铁锒铛，枕险不忧惧。奄忽苍天崩，天冲起狂飓。此土如沸汤，谁容章亥步。西方圣人恩，虹桥驾悬度。掉臂入云中，朴庵从此悟。潜

---

① 方以智编：《青原志略》卷四《药树堂碑文》，华夏出版社，2012年，第113页。“归省白鹿”，白鹿为方孔炤晚年居所。方以智与施闰章的苍梧结缘，为其日后中兴青原道场伏笔。

② 唐景崧：《看棋亭杂剧十六种》，广西戏剧研究室编印，1982年。十六种剧本名目依次，即《一缕发》《马嵬坡》《九华惊梦》《游园惊梦》《晴雯补裘》《芙蓉诔》《绛珠归天》《中乡魁》《独占花魁》《杜十娘》《救命香》《桃花庵》《燕子楼》《曹娥投江》《虬髯传》《高坐寺》。

夫十五年，白鹿老庐墓。晚径披《易》图，破镜可以铸。公因藏反因，引触知其故。生死无生死，关尹天地寓。有子苍梧归，杖门饮法乳。自闭高座关，足疗平生痼。宗一而圆三，外祖早回互。肥遁行鸟道，托孤五石瓠。君已吸西江，安隐飞白鹭。……①

其二，方以智年少时流寓南京，对金陵古都江山文脉饱含深情。其曾收集金陵焦、顾两家藏书，足见对金陵人文甚为酷爱。觉浪在金陵士大夫中颇具人望，深得推崇，纪映钟撰《觉浪盛禅师传》，称其“发扬孔孟，襟带庄老”，“光明正大，立身严冷，海内贤士大夫居门下者，多尊荣显赫，往来惟以性命为相勉，以法为亲，以道自重。悲愿宏深，慈心广大，济世利生，至死不倦。住院如逆旅，不作儿孙计。食随粗粝，衣惟布素。虽嗣法洞宗，而五宗并举；主盟佛教，而三教并宏。……凡有叩问，忘其废倦，必使闻者豁如自得而后已。百氏之说，剖决精微”。②

其三，清朝地方官吏素闻方以智大名，欲引其出仕。方迫不得已，因至南京，师事觉浪道盛，圆具天界寺。时吴伟业见访，方以智亦答诗誓不出仕，随即闭关雨花台高座寺看竹轩。钱澄之《田间文集》称：“吾乡方密之，自岭外剃发染还里，皖开府李中丞召公问：‘信已出家耶？’方曰：‘信矣。’曰：‘若信，吾指汝一师。’问为谁，曰：‘觉浪和尚也。吾尝到太平察狱，亲至狱中。和尚趺坐佛前不起，狱囚皆合掌诵佛，号声彻圜扉，满狱栴檀香，即地狱天堂矣。既减死，予复入狱验之。问曰，和尚，旨下矣，请出狱。皆疑出即正法也。和尚颜色不动，曰，好。曳杖便走，随予至狱门。予笑曰，和尚大喜，旨下放免汝矣。和尚曰，放也好。颜色如故。其初无惧容，其后无惧色，是真和尚也，固当师。’密之闻言，即至天界礼杖人为师。”③

---

① 方以智编：《青原志略》卷十《诗·寄怀笑峰大师西江》，华夏出版社，2012年，第247—248页。此诗中蕴史，恰好可用来以诗证史。“西库”指刑部狱，方孔炤在湖广巡抚任上失机被逮，与笑峰朴庵关在一起。崇祯煤山吊死后，朴庵遁佛悟道，而潜夫老而披《易》。方子苍梧归，受浪杖人点化，闭关于高座寺，治疗其平生痼疾。其外祖吴应宾主张“宗一圆三”，三教合一，并且早就有曹洞之缘，“回互”是曹洞绵密宗风的体现。而江西马祖禅“吸尽一口西江水”的公案，也表明笑峰禅学造诣深。

②《同治摄山志》卷三《律师》。

③ 钱澄之：《田间文集》卷二十三《住寿昌观涛奇禅师塔铭》，黄山书社，1998年。

方以智既不愿出仕，而亦非俗缘未断。方中通《陪诗》卷一《迎亲集·癸巳春省亲竹关》："操抚李公，迎老父入皖，赠以袍帽。老父斥之，直奔天界。时杖人翁主天界法席也。……老父于天界圆具后，闭关高座寺看竹轩。"诗云："吁嗟呼，天有无。何令我父剃发除须，只此一腔忠臣孝子血，倒做僧人不做儒。东西南北无块土，不辞世外还家苦。只因老祖白发在高堂，岂是俗缘未断牵门户？皖江抚军闻旧名，十辈敦请皖江行。我父策杖轻身徒步入，衣冠不改但愿捐此生。抚军大骇忙下拜，须臾拂袖趋天界。又遇中丞好举贤，海阔天空何狭隘。……可怜富贵豪华之才子，一旦变作枯槁寂寞之禅。掩关高座看竹轩，人子何心忍见此？……但得正学祠前拨云雾，何愁钟山陵下闻风雷？"①

方以智虽拥富贵豪华之财，然生逢乱世，坎坷跌宕，却好学不倦，勤于笔耕。他早年博涉多通，自天文舆地，礼乐律数、音韵文字、书画医药，乃至技勇之属，皆能考其源流，析其旨趣。中年以后，频经离乱，备尝艰险，为学转趋幽深。出家为僧后，思考重心多落在烹炮三教，宗一圆三，环中寓庸，会通《易》、《庄》、禅之途。著述等身，存世者不下四百万言。主要代表作有《通雅》《物理小识》《东西均》《易余》《药地炮庄》《冬灰录》《一贯问答》《周易时论》《禅乐府》《四韵定本》《医学全通》等等，另有《浮山文集》诗文集若干种。其中，《东西均》《药地炮庄》《冬灰录》均为其逃禅后所著述。《皇明遗民传》卷一《方以智传》曰其"负殊颖"，"喜深思，务博学"。朱彝尊《静志居诗话》云："先生纷纶五经，融会百氏，插三万轴于架上，罗四七宿于胸中。早推许郭之人伦，晚结宗雷之净社。乐府古诗，磊落崇岭。五律亦无浮想，卓然名家。"《流寓草》陈子龙序曰："然其情怨而不怒，其词整浑而达，其气激壮而沉实。"②

方以智身历兵刀流离之患难，操履淡泊，堪忍劳苦。晚年站定法门，粗粥敝衣，清苦自励，形容憔悴，而鬓发衰白，气象雍和。其"质测""通几""公因反因""炮庄"等思想极具魅力，而著作文字艰深玄奥，索解不易，遑论精研。近年虽重新整理出版了方以智著作集，但对其禅学之作《冬灰录》等，深入研究者还是寥寥无几。《冬灰录》《烹雪录》及《青原愚者智禅师语录》是无可智禅师门人弟子对其

---

① 参方以智《浮山后集》卷四《建初集·黄般庵见访再和》注："竹关与木末、正学祠对面。"即竹关在南京雨花台，系高座寺看竹轩别名。秋，在竹关再晤周岐，表心不怀二、超脱尘外之意。正学祠即明初方孝孺祠。（《浮山文集》，华夏出版社，2017年。）

② 参任道斌：《方以智年谱》，安徽教育出版社，1983年，第15—16页。

上堂法语、开示等宗门活动的记录，《烹雪录》已佚，而《浮山文集》前后二编，其中后编为披缁后随笔，对研究其佛教思想活动极具参考价值。

二 金陵竹关与禅游江西

明清鼎革之际出现了一大批贰臣和死节志士，也出现了许多不愿承认新朝统治秩序的士大夫遗民，如清初三大儒顾炎武、黄宗羲、王夫之，即以文化存身；而其中也有不少转化为遗民僧，如方以智就是一个重要的代表，他因不愿仕清而逃禅为僧，但因其学养深厚并得高僧点化而定宗旨，他在清初佛教界焕发出光辉，并获得僧俗两界认可之成就。①

方以智在明末佛教复兴以来的清初禅宗中兴史上占有一席之地，最重要的莫过于他使江西青原祖庭重光，“枯荆再发”②，世称之为“青原尊者”。黎元宽《读〈炮庄〉寄青原尊者》曰：“大率人生两戒存，敢于无佛处称尊。”③方以智披缁后的生涯，除苍梧时期(1651—1653)外，大体可划分为以下三个时期：其一，竹关、庐墓时期(1653—1658)；其二，禅游江西时期(1658—1664)；其三，入主青原时期(1664—1671)。

(一) 竹关、庐墓时期

竹关、庐墓时期在方以智20年为僧生涯中是一个由儒入释的重大转折时期，也是其禅学修养积累、学问宗旨和晚年人生定位的重要时期。

顺治十年(1653)春，方以智入金陵觉浪门下称无可大智，圆具足戒后闭关高

---

① 参汪青：《方以智晚年人生定位研究》，中南民族大学2012年硕士论文。在清王朝逐渐取代明成为正统社会权威之时，遗民们生存的空间也随之逐渐缩小。在这种情形下，很多不愿向权威低头的遗民很难找到安放生命的处所，只能在夹缝中求得喘息，容易陷入死寂和隐居山林。而方以智面对社会的剧烈变化，原本希望成为借由文化存身的遗民，却因外界的压力而“逃禅”为僧，但他很快就在佛教界中得以立足并取得了很大的成功，从而在晚年明确了人生定位。

② 方以智编：《青原志略》卷十《枯荆再发诗》，华夏出版社，2012年，其序曰：“七祖倒插荆，近已枯矣。丁酉，笑峰和上来此，枯枝忽生。甲辰，药地本师来，枯蘖忽生三枝。寂感之蕴，受命如响。遇缘即宗，不可思议。”此中“和上”，一般律家用“上”，而其余多用“尚”。

③ 方以智编：《青原志略》卷十《诗》。“两戒”指君臣之义、父子之命，语出《庄子》。又参同书卷十，祝仲立《上青原墨历尊者》、周懋极《呈青原药尊者》、愧庵《青原呈药尊者》、海源嵩云《青原上无可尊者》等。戊子(顺治五年，1648)，海源曾与无可智于百粤(广西)独秀峰下同看火树。(华夏出版社，2012年，第260、275、276、278、279页。)

座寺看竹轩，隔绝红尘，然与遗民旧友仍唱和不绝。冬，浪师以全提《庄子》"托孤"无可智，遂成其作《药地炮庄》之前因。

顺治十一年(1654)春，于高座寺看竹轩仍著述不辍。与张怡(自烈)比邻，禅修之暇，赋诗互答。又倡外祖吴应宾"宗一圆三"之说，托钵空门，洗心自洁。钱澄之、冒襄等旧友往高座寺造访，忆及当年事，涕泗横流。冬，父寄《周易时论》稿至竹关，无可智阅后甚得启发。"甲午之冬，寄示竹关。穷子展而读之，公因反因，真发千古所未发。万物各不相知，各互为用，大人成位乎中，而时出之，统天乘御，从类各正，而物类本齐矣。"①

高座寺闭关三年，研习禅道，潜心著述。《冬灰录》曰："高座闭关三年，博得一场终天绝地"。② 旧友曾传灿有诗句曰："苍梧冰井托瓢芦，古甃新投一滴无，高座对人惟有咒。"③父亲说他是"杖门饮法乳，自闭高座关，足疗平生痼"。无论如何，此可谓是他由儒入释而人生转型的一个关键时期。

顺治十二年(1655)秋破关，方以智以父亡而奔丧桐城，其《灵前告哀文》曰："大人命我远游，奄忽十年，两历沧丧，以袛支过法场；仅乃匡庐归省一月，又逼煴火，以闭关高座谢之，讵谓博此一场之终天绝地乎哉！"④葬老父于桐城郊外合山中，并于合山庐墓三年，他仍著述不辍，既整理老父遗著《周易时论》，又作成《医学会通》等书。期间，他接到金陵浪杖人书信，信中希望其"作向上主盟"，意谓能为大法薪火相传而重振曹洞宗风担当重任。

天界法兄笑峰大然亦作诗《柬无可合山墓庐二首》："岂因学佛始知儒，大段难将小节拘。水尽山穷须是转，天高地迥是人趋……"提醒其要考虑"将来钵袋著何处？传去袈裟是老胡。莫学此时厌朱紫，文场故写七篇夫"。⑤

(二) 禅游江西时期

禅游江西是方以智开始以僧人或宗师身份向世间弘扬禅道佛法的重要时

---

① 《药地炮庄》卷一《齐物论第二》："老父在鹿湖环中堂十年，《周易时论》凡三成矣。"

② 方以智：《冬灰录》卷首二《行者兴种谨记》，华夏出版社，2014年，第25页。

③ 方以智编：《青原志略》卷十《诗·访药地老人》，华夏出版社，2012年，第277页。"冰井"，指方以智最初出家处。

④ 方以智：《浮山文集后编》卷一，《浮山文集》，华夏出版社，2017年，第360页。"縶出平乐法场之后，冰舍二年，乃得放还匡庐。迫冬归省，仅仅一月，操江逼之出，三省又逼之出。惟矢涅槃，闭关雨花，遂远子舍，罪一也。大人寄信曰：'安之所以安我也。'忽忽三年，竟不得一送。破关奔丧，遑问法云有例乎？"(同书第362页)"袛支"，即僧衣。"操江""三省"为官名简称，分别指李、马公。

⑤ 方以智编：《青原志略》卷十《诗》，华夏出版社，2012年，第248—249页。

期，其出世20余年的佛教弘化区域主要在江西。任道斌《方以智年谱》卷六《禅游江西》的时间起讫范围是1659—1664年，从顺治十六年(1659)禅游宁都，会“易堂诸子”开始，迄至康熙三年(1664)冬方以智入主青原山。笔者稍有不同见解的是，应从方以智守制结束重游匡庐五老峰为起始。这个时期称禅游固可作为入主青原之前奏，主要指他匿迹山林，禅踪萍影，往来不定，不像入主青原后有较为稳定的道场和明确的中兴目标。但按《冬灰录》的记载，禅游仍然可分为廪山(寿昌)时期(1658—1662)和汋林时期(1663—1664)。前者主要从顺治十五年(1658)至康熙元年(1662)，先后活动于三个县的丛林寺院，即南城县景云寺、资圣寺，新城县寿昌寺、廪山寺、南谷寺及天峰禅院，金溪县疏山寺。

1. 药梦匡庐五老

顺治十五年(1658)，方以智守孝期满，禅游江西，入匡庐五老峰。其先于顺治九年(1652)以逃禅僧居庐山三个月。喜匡庐胜境，别号“五老”，又号“五老峰无知子”。余英时认为：“密之至匡庐，挂锡归宗寺。愚山有《初至归宗寺同药公作》七律一首。首句曰：‘帆落匡庐片石边’可证寺在匡庐。其五、六两句曰‘五岳高僧来挂锡，半生多难爱逃禅’，则又密之不为游览而来之证也。”[①]涂斯皇则觉得方以智隐居五老有超然尘外而“铎中和以平斗争之苦心”。药地愚者作《五老约引》云：

> 素逝之士，以山水为性命，何必其山水，何必其不在山水乎？各有不得已者，哀乐不能入也……九死劫灰，颠沛苗獞。壬辰(顺治九年)得离粤阱，息病匡阜。开三叠路，上五老峰。归省鹿湖，两逼煜火，竹关堕灶三年，栾庐溅血又三年，哀何能已？适在浮山，药地梦五老为五岳之老，题余杖以药游。
>
> 嗟乎，梦何能已？药何能已？游又何能已？梦中告曰：五老峰下，雪浪奔雷，何其怒也。五老峰上，浸天拔地，何其旷也。谁能一怒一旷，而一其仁智之二乐乎？乐何能已？种药之孤曰：惟有洒此上池，鉏此云峰，续白莲、青松之主宾，播不欺之种耳。天下有伤尽古今之心者，约归于此。约又何能已？或哀其乐，或乐其哀，何不可以哀乐之梦为药，而享其哀乐

① 余英时：《方以智晚节考》，生活·读书·新知三联书店，2004年，第7页。

不入之山水也耶?[1]

施闰章曾奉使粤西,方以智得以随其自苍梧越岭而归,初游栖于匡庐胜境,挂锡归宗寺。无可智禅游江西即缘起于此。施闰章有诗云:"浮山一片云,飞落苍梧野。忽值南风吹,旋归庐岳下。"[2]施号愚山,方又号"浮庐愚者",故有诗句称"二愚同入谷"[3]。施愚山《学余文集》卷九《无可大师六十序》曰:"余昔奉使苍梧,与师定交云盖寺。已而抢攘,烽火相随,间关北归,至匡庐,同游五老、三叠间,旬日始别。又十余年,而会于湖西。讲学青原,岁凡数见,见必语终日。"[4]《全明词》中有方密之于匡庐凌云社作的一首词——《千秋岁》:

匡君庐后,遂有名山姓。峰顶上,开三径。麻姑招五老,列槛窥明镜。君不见,庐山面目何曾定。

说法东林竟,飞瀑消钟磬。随一片,闲心听。香炉休篆字,雨洗苔痕净。云起处,浅深染却关同病。[5]

挂锡庐山养病的三个月里,方以智撰成《东西均》一书,这是他个人此行的一大收获,也是僧后治学生涯第一硕果。《东西均》篇末标明"五老峰颠(巅)"四字,

---

① 方以智:《浮山文集后编》卷二《药地愚者智随笔》,《浮山文集》,华夏出版社,2017 年,第 376 页。方以智收录两度游历庐山所作诗歌结集为《五老约》,凡五言及七言诗 22 首。有安徽博物馆藏清刻本,首列新城涂斯皇序云:"江以南有浮山大师其人,私心窃响往之。己亥(顺治十六年)夏游敝邑……手一编示皇曰:此予游匡阜《五老约》诗也。"涂斯皇称:"《五老约》诸什句,有棒提语,皆血碧,一字一浮山也,即一字一五老也……皇亲炙而知师实平易人也,铎中和以平斗争之苦心也。"

② 方以智编:《青原志略》卷十《浮山吟,送药公入青原山》,华夏出版社,2012 年,第 255 页。又参封强军:《方以智挂锡庐山期间活动述略》,《九江学院学报(社会科学版)》2014 年第 3 期。方、施二人结伴北归,由水路经大庾岭入赣江,于壬辰(1652)九月初抵庐山,栖息归宗寺。施氏在庐山居十余日,留下记游诗十多首,从中略窥二人结伴所游涉庐山三叠泉、五老峰、双剑峰、玉川门、玉帘泉、黄岩寺、开先寺等多处。施闰章辞去后,方密之移居于九云屏"借庐"。密之修书使家人略晓自己的行踪,而对逃禅一事却不肯多言,有一首诗吐露了他心中的纠结:"愿将五岳谢君恩,掷杖今投不二门。已报家人如我死,可怜独子有亲存。名山即是还乡路,诗卷能招出世魂。只剩梵天皆血溅,袈裟带血拭啼痕。"

③ 愧庵《青原呈药尊者》诗曰:"出处难庄语,乾坤让老顽。二愚同入谷,一笔早移山。地扫人间唾,天开世外颜。且留狂弟子,笑影落潺湲。"(方以智编:《青原志略》卷十,华夏出版社,2012 年,第 278 页。)

④ 方以智:《浮山文集》附录四,华夏出版社,2017 年,第 572—573 页。又参余英时:《方以智晚节考》(增订版),生活·读书·新知三联书店,2004 年,第 8 页。据《愚山年谱》卷二,愚山奉命分守湖西在顺治十八年辛丑(1661)。清初湖西道辖临川、袁、吉三州,吉州即青原所在地。

⑤ 饶宗颐:《全明词》,中华书局,2004 年,第 1797 页。

并有一段奇特识语，落款自署“嗃嗃子”。其文曰：“魂魄相望，夜半瞻天，旁死中生，不必其圆。似者何人，无师自然。于此自知，古白相传。岁阳玄默，执除支连。嗃嗃子识，五老峰颠(巅)。”①其刻意回避清朝年号和谜语化的署名，透露出的是方以智对遗民志节的恪守。

密之在匡庐遇到了鼎革后出家庐山的故交熊开元，法名檗庵正志。熊于崇祯末年任职行人右司副，曾因事遭廷杖下狱，方密之亲往狱中探视，问伤送药。国变后在南明隆武朝任东阁大学士，隆武败后逃禅暂寓庐山。二人重逢，惊喜、感慨之余，熊开元击节叹赏方密之迥异常人的风采，说出了这样一番话：

> 壬辰(顺治九年)避人臣之极位，以比丘身访予匡庐，肩大布衲游行，即以为卧具，别无鞋袋钵囊，亦复不求伴侣。日类十百里，无畏无疲，至使予觌面不相识，审视乃寤为故人，则又惊叹曰：大丈夫现大人相若此，岂将相所能为？犹之谓世有不受像之镜、不随色之珠也，而不知其一无有乃能容众有，百不缘乃能涉众缘，初非遗弃世务，徒取声闻人涅槃为乐也。是后山川间阻，彼此问遗，率浮沉不达。祇闻其于庄易之书深入无际，将以了杖人所未了，传家世所不传，至韦编绝不休也。则又拊几曰：衲僧手脚提一寸铁，直下断人命根；拈一茎草，立地起人痼疾。何取于锋攒刃簇，马载驴驮，得无其熟难忘乎？②

密之在庐山，还有一位少年同窗和故交周岐来访，并请他主讲白鹿洞书院。周岐在崇祯十二年一度效力于密之父方孔炤麾下，为其幕僚，并表现出相当的谋略之才。国变后周岐投奔时任江西巡抚蔡士英做幕僚，得知密之行踪便向蔡举荐密之，得到首肯，于是专程上庐山访密之于九云屏之借庐。密之婉言谢绝了故友聘任书院讲席的好意。汤来贺说：“闻密之久为缁素(衲)，改字无可。今戊戌

---

① 庞朴：《东西均注释》序言，中华书局，2001年，第3页。妙解密之落款谜底：“魂魄相望”。魄，月轮无光处，亦指月。月为魄，则日为魂。魂魄相望即日月相望，明也。“夜半瞻天”，夜半抬头看天，天的上边看不清楚，只剩下下半的人了。“旁死中生”，“旁”字的旁边死了，中间部分还活着。这活着的中部，非方为何？“不必其圆”，如果上句话的意思还不清晰，现在更加一句：不必其圆，方也。“似者何人”，“似”字的“人”旁何在？不见了，只剩“以”了。“无师自然”，即智。方以智称宇宙本原曰“所以”，谓“所以然”即无师的自然。此射“以”字。“于此自知”，从于从自从知，乃大篆“智”字。“古白相传”，《说文》：“白，此亦自字也。”“岁阳”以下，说的是壬辰年(1652)，方以智记于庐山。

②《青原愚者智禅师语录》序，寓黄山云谷法弟正志题。

之春，始卓锡匡庐。”觉浪杖人连忙追信至庐山，“闻子已出龙眠，隐于匡庐，当以破篮一茎，慎自变化之”。[①] 方以智“醒而如约”，不得不下山南行。中途又在南城逗留了三个多月，于年底赶到新城。浪杖人传承寿昌法系，被时人推尊为“单提祖印，一代津梁”[②]，故其属意于无可智首要中兴寿昌。

2. 廪山、寿昌弘化

同治《新城县志》载：方以智进入江西行脚，先去药梦游庐山五老峰，再到南城荷叶山探访同年好友徐芳。访旧友徐芳不遇，而匿入荷叶山中，凡三阅月。一天，徐芳之兄徐英看见方氏蒲扇上的书法，惊喜地说：“此桐城方密之笔也。”遂拉着和尚手臂诘问，无可智知道隐瞒不了，以实相告。于此，踪迹绽露，遂柱杖南城景云、资圣诸刹，终至新城寿昌寺。徐芳《悬榻编》卷五有《寄木立道兄（己亥）》：“长安一别，竟余二十载矣。就中生生死死，幻变不测，彼此略同。……得观涛僧之札，始知道兄果不死。又不但不死，且高座而释禅以几，几于菩萨与佛。若是道兄果不犹人生矣。……以道兄之才、之识、之骨、之品，儒而豪杰与释而菩萨，俱度内事，奚庸争荦夸举？……往数接手示，知道兄不我遐弃，眷念深笃，自信吾辈中有远公，何必诸方屈者。……去秋放浪一出，意十三五矣，十七尝在。道兄乃千里响风，不虞失之咫尺。……兼闻道履近离寿昌，未尝暂驻何地，敢因静庵师之便，先请所向，得晨礼焉。”[③]徐芳的书信写于顺治十六年（1659），信中表明无可智游禅未定，“道履近离寿昌”。

无可智于顺治十五年（1658）抵赣，时年 48 岁，陆续驻锡过天峰、廪山、寿昌、龙湖、南谷等寺，也曾隐居于大寒山。据余英时《方以智晚节考》载：“顺治十五年戊戌，方密之尚在新城寿昌寺和大寒山，曾作《寄青原笑峰和尚》七古。盖新城为密之入青原之前奏。”新城寿昌寺，曾是觉浪道盛拜师参禅、云游栖息之地。无可智一进新城即来到寿昌寺挂锡，在此度过了一个冬天。寿昌寺在新城（今黎川）县东北方向的东兴乡石硖（今洵口镇香炉山），距县城 40 里。是年冬十月二十五日，青原笑峰和上 70 寿辰，无可智自寿昌寺寄诗青原山为贺。并告以正在禀师

① 道盛、大成、大然：《天界觉浪盛禅师全录》卷之二十七《书札·寄示无可智公》，《嘉兴大藏经》第 34 册。

② 道盛、大成、大然：《天界觉浪盛禅师全录》卷首《鸠兹语录序》，《嘉兴大藏经》第 34 册。“若云单提祖印一代津梁，定属今日浪杖人矣。余韪斯言，敬录以引龙眠史。”

③ 徐芳（生卒未详），字仲光，号拙庵，江西南城人。崇祯十二年（1639）乡试第二，次年成进士，授泽州知州，因亲丧归。后任南明唐王翰林院编修。清顺治中，以遗逸荐起翰林院左春坊，不就。著有《悬榻编》。

旨“炮庄”，其作《自寿昌寄上青原笑和上》诗序云：“竹关别后，一恸终天。乃以师旨，重烹教乘。因外祖吴太史书，征三世易，寂历同时，别传遮二而又遮一，权奇炼将耳。《鼎薪》《易图》祝寿，知惟一笑。”[①]其以外祖“圆三宗一”和家传三世易学所成之《鼎薪》《易图》二著祝寿为贺，而《炮庄》禅道教乘之作还在“重烹”中。

顺治十六年(1659)春暖，他过江西宁都精金山翠微峰，住了两个月，交游“易堂九子”魏禧等人。道光《宁都直隶州志》载：“僧自庐山游金精，……与易堂诸子相结而去。”卷五《山川志·宁都州》：“伏虎岩在集贤岩后，曲径茂林，佛寺钟鼓隐隐自林间出。僧无可尝啸咏于此。”与魏禧、彭士望相谈甚欢，不禁感叹“易堂真气，天下罕二矣”。[②] 夏七月，返新城，驻锡于廪山寺(今点山)，开坛讲学授徒。[③]间游新城天峰禅院，交涂斯皇。涂斯皇《五老约序》称：“江以南有浮山大师其人，私心窃响往之。己亥夏，游敝邑，获晤于天峰禅院。既而扫塔祖庭，卓锡廪山，皇因时时过从。……皇亲炙而知师实平易人也，铎中和以平斗诤之苦心也。……黎阳后学涂斯皇拜，手题于潜确斋。”[④]礼祖塔，意在寻根，语云：“瞌睡虎，拦古路，积雪埋雷，云龙起舞。且问一锥插空，根在何处？”[⑤]讲经于天峰禅院、南谷寺等处，涂国鼎少子涂斯皇、广昌揭暄等士子从学。

建廪山塔院，南城徐芳、新城杨日升、涂斯皇、涂景祚等人倡捐斧资在廪山为精舍以栖身。寿昌寺双峰和上派来禅堂人为廪山塔院运木，药地智有《谢寿昌诸禅者》，信手拈来禅林公案，云：“寿昌和上发禅堂人为廪山运木，举青林虔令人搬三转才会，与今日是同时别？药地愚者时在龙湖，大雨初霁，谓诸禅者曰：‘木已运了，为我各锄一顿。’拱手云：‘脚下泥深，头上日出。’颂曰：且慢道有事百家忙，

---

① 方以智编：《青原志略》卷十《诗·自寿昌寄上青原笑和上》，华夏出版社，2012年，第249页。

② 道光《宁都直隶州志》卷二三《寓贤志·愚者》一。“易堂九子”是明末清初近半个世纪以魏禧为首的九名学人，一个坚守民族气节的文人群体。魏禧父魏兆凤，于明亡后削发隐居于宁都县城西翠微峰，名其居室曰“易堂”。翠微峰乃江右奇峰。魏禧与兄际瑞、弟礼以及彭士望、林时益、李腾蛟、邱维屏、彭任、曾灿讲学于此，均为清初善诗文者。其中魏禧与侯方域、汪琬并称为清初散文三大家。尚熔《书魏叔子文集后》称魏禧尤重气节，束身砥行，“以经济有用之文学，显天下百余年”。林时益，字确斋，明宗室，国变后，寄籍宁都。

③ 廪山寺，在新城县北十五里，青原第三十三世、曹洞宗第三十代禅师蕴空忠和尚，曾驻锡于此，归寂后肉身塔于此，传寿昌无明慧经为曹洞宗第三十一代。康熙《新城县志》载：“廪山塔院，皇清顺治十七年僧墨历建。”入江西后，因无可智著述《药地炮庄》，故学人多称其“药地大师”，而药地之号盖起自流落岭表以买药为生，自号“药地”“药游老人”。易堂诸子则称之为“墨历”，因其依故乡浮山墨历岩为号“墨历”，讹传写为“木历”。

④ 涂斯皇，字宜振，号淡庵，新城人。其父黎阳涂国鼎，尝为南京吏部尚书，亲近觉浪杖人。乾隆《建昌府志》卷五五《列传·隐逸》“涂斯皇传”，明诸生，弃举业，明亡后，往来程山、易堂间甚契，与魏禧合刻《史论》行于世。“黎阳”“黎川”均为新城别名。

⑤ 方以智：《冬灰录——外一种〈青原愚者智禅师语录〉》卷首三《礼塔》，华夏出版社，2014年，第56页。

各锄一顿莫商量；此回不是空奔走，脚下泥知头上光。”廪山上梁语曰：“木头不解语，指出天心柱子。……一枝梦笔偶尔挥空，茎草刹杆一时横竖。”以拄杖击梁，令众起云：“大家看取是甚东西作主？”[①]可见药地智禅师头角风光初崭。据年谱，药地智“在新城苦行修炼，从游者日众。建廪山塔院，著《药地炮庄》，病体愁容，如同枯槁”[②]。

《冬灰录》卷首《廪山缘起》称：“万历间蕴空和上栖止（天峰）峰头，寿昌从兹而崛起焉。此峰为黎川之北峙，屹然石立，白云出没，万山在下。罗近溪、邓潜谷诸公，往来游息。黄元公下帷最久，所题通玄峰顶者也。既饮寿昌之乳，爰修廪山之塔。其谷有泉，轨出甘冽。不肖饮此，仓况涂然。遂因旧址，欲施数椽。徐仲光、杨东曦（名日升）、涂宜振（名斯皇）、万年（涂景祚）诸居士，共发欢喜，许建精舍，乃题之曰：参天梦笔扫烟痕，杖指泉源在石根。扶起破盆齐出手，西江顶上一瓢吞。”[③]罗近溪、邓潜谷皆为明代江右泰州学派重要传人，黄元公即黄端伯，题写“通玄峰顶”，法眼宗祖师德韶（891—972）曾驻锡通玄峰顶，以偈示众曰：“通玄峰顶，不是人间；心外无法，满目青山。”无可题诗中“梦笔”与“杖指”皆蕴含其禀浪杖人师命来禅游江西，而此廪山于禅与儒底蕴积淀均深矣。

无可智禅游江西终于有了立足卓锡之地。是年九月初七日，觉浪禅师圆寂于金陵天界善世禅寺，无可智作《善世门哀词》以挽先师。[④] 又与诸法兄及记莂居士数十人，建塔于南京栖霞山以祭先师，塔铭后署“青原大然”“廪山大智”等。觉浪曾于明崇祯八年（1635）入主新城福船寺，数年后，移锡庐山圆通寺，主法三载转去南京。觉浪与江西本地乡贤黄端伯、邓澄、涂国鼎等人多所交往，其中尤与自称“寿昌法子”的黄端伯过从甚密。黄端伯尝称“东苑嫡子浪公”为“新寿昌”，“独传先祖（寿昌）真命脉也”。[⑤] 故无可智作为觉浪门下高足驻锡于此，亦深受当地士绅之器重，讲学参禅，往来密切。《药地炮庄》的《弘庸序》表示“愿以事杖人者事之”。其序有载，觉浪天界寺座下弟子弘庸在觉浪示寂后赶到新城报丧：“余

① 方以智：《冬灰录——外一种〈青原愚者智禅师语录〉》卷首三《谢寿昌诸禅者》，华夏出版社，2014 年，第 57 页。《同治新城县志》卷二《寺观记》载，龙湖寺在新城北郊龙潭上，元至正间建。

② 任道斌：《方以智年谱》，安徽教育出版社，1983 年，第 215 页。

③ 方以智：《冬灰录——外一种〈青原愚者智禅师语录〉》卷首三，华夏出版社，2014 年，第 55—56 页。

④ 方以智：《冬灰录——外一种〈青原愚者智禅师语录〉》卷首三《善世门哀词》，华夏出版社，2014 年，第 71 页。“天生天界，出格全提，涂鼓双椎，赞悼不及。……笔扫三九（三教）归一梦，壁上双选（儒佛）托孤心……中宵滴滴枕头泪，世出世间皆不知，乃与纸钱同烧云。”

⑤ 道盛、大成、大然：《天界觉浪盛禅师全录》卷首《寿昌觉浪大师语录序》，《嘉兴大藏经》第 34 册。

驰讣寿昌，会（药地）大师，于药地痛惬宿志，托孤在此矣，愿以事杖人者事之。”①

顺治十七年（1660）四月十六日，笑峰禅师示寂于南京。药地智闻讣告，举哀设灵。《冬灰录》卷首《啸峰大然讣至设灵炷香》：“半生倪夫子，七载白云库。劫火入杖门，栖霞只一步。朴庵遁斋改笑峰，不觉一笑天地通。熄邪之雷不可少，救东震西一茎草。……竹关三载感雪恩，溅血迸碎玄黄门。……”②对于笑峰师兄，无可智较其他同门似乎法谊较深，尤其提及竹关三载深荷“雪恩”。秋九月初七，为先师觉浪周年忌辰拈香祭祀，称“醍醐毒药涂虎皮，托孤异类哀支离”③。

是年春，药地智50岁，自新城出游南城麻姑山，请萧韵、刘大千、邓灵诸居士设供，与景云、资圣诸寺僧侣茶话。除夕，再游南城麻姑山，讲禅资圣寺。其时，少子方中履已入山随侍，次子方中通以九月至，长子方中德亦以除夕至。《冬灰录》卷首《资圣除夕请示》：“者个资圣寺，许多破缺，幸有轮公与吴芳仲居士，二十年来一片心血，平实修身，种田待客。药地病夫游麻姑山，撞到者里休歇，各各相忘，制无解结，……百年生死无常，一念生死更迫。”于此警示大众，“如何能主宰得生死成坏？如何得不为生死成坏所管摄？”④

顺治十八年（1661）四月初八浴佛日，游吉安泰和春浮园，悼萧士玮伯玉老居士并于西昌般若寺说法，师云：“此般若寺，三十年前不调禅师与伯玉长者合手创建，沤若耆宿同孟舫居士护守到今，种本分之田，培庭前之树，连经抢攘，狮座俨然。不用诸方浩说，独拈芥子当门。闲人步过春浮，正喜草深二丈。到此不觉春尽，柱杖又欲他游。苦留不获，因求曲示。……愚者谓，尽虚空是烈焰，原无避处。般若为大火聚，四面即是清凉……世缘为贫富之生死所累，便与般若背驰。法门为空有之生死所遮，反添般若狂慧。……此般若寺，如何得不孤负去？若是点着真火，生死心切，自然彻底放下。”⑤士玮家富，藏书丰富，著有《春浮园集》。春浮主人萧孟舫（伯升）为萧士玮从子，欲留药地智居泰和，不允。萧伯升为药地《炮庄总论》作校对并资助梓刻，两人订交。药地智旋返新城，又去南城县，与魏

① 方以智：《药地炮庄笺释》总论篇《序跋》，张永义注释，华夏出版社，2013年，第27页。

② 方以智：《冬灰录——外一种〈青原愚者智禅师语录〉》卷首三，华夏出版社，2014年，第75页。《青原志略》卷四《青原笑峰禅师衣钵塔铭》有讹，误以为笑峰与觉浪同逝于顺治己亥。

③ 方以智：《冬灰录——外一种〈青原愚者智禅师语录〉》卷首三，华夏出版社，2014年，第76页。

④ 方以智：《冬灰录——外一种〈青原愚者智禅师语录〉》卷首三，华夏出版社，2014年，第76页。

⑤ 方以智：《冬灰录——外一种〈青原愚者智禅师语录〉》卷首三《西昌般若寺茶筵请示》，华夏出版社，2014年，第79页。

禧约会资圣寺。这年十一月廿六日，药地智51岁生日时，魏禧、林时益等拟赴廪山贺寿，因阻于兵，未果。辛丑冬至日，药地智入青原山，为亡友法兄笑峰禅师定塔基，不久，返回新城廪山。

康熙元年（1662）春，友人何三省、徐芳等人募资准备梓刻药地智的《通雅》，揭暄赶到桐城取稿。药地智游南城，登从姑山，又讲学南丰程山。未久，又有抚州之行，中通、中履侍侧，吴云从学。禅踪江西，蒲团到处，讲学竞起。秋入樟树清江，阔别十年重逢故友施闰章，泼墨吟诗，颇为欢洽。施闰章作《浮山吟》送药地赴青原山为笑峰大然封塔。冬日腊八谈禅于泰和金莲山，后赴吉安庐陵，施闰章留寓于彭举“浮来精舍”。

是年，应涂万年（景祚）之请，再入新城主持南谷寺。康熙《新城县志》载：“康熙元年，请禅师墨历主法席，改称南谷寺。”南谷寺在新安县北，旧称安福院，涂万年居士请药地愚者主法席，改称南谷寺。南谷寺示众曰：

出家儿贵出生死利害之家，非谓出两片大门之家。似此五浊苦海、三毒亲家，如何能一刀两断，得大自在？此大自在，其实当人个个本具，不假外求。只是情生智隔，想变体殊，习气所缘，入油入面。才说放过，瀑水横流。所以，佛祖立出种种安心法门，原非得已。且问十二时中，全被外物所转，有一碗饭吃，便要作个体面，何况敝屣王侯？略骂一句，便自嗔忿如山，何况舍却头目髓脑？若云我是出家儿，便说已脱俗了，当受世间供养，此处自欺，知惭愧否？空腹高心，果如沩山警策所说否？

南谷道场转禅已久，碗灶具足，俱是多生所基。恰好病夫过此聚头，因茶开口，如何得不孤负此茶杯去？亦无别样新说，只在从顶至踵，一心办道，放下世俗体面，苟安心肠，始不犯口转心不转之笑话。诸仁者本分见成，办道至易，只如今夜茶杯，相较德山一棒多少？人人满口自问胸堂（膛），莫孤负茶杯好。[①]

3. 泰和汋林传禅

康熙二年癸卯（1663），药地智离开新城。春，与方中通游南昌，登陈弘绪

① 方以智：《冬灰录——外一种〈青原愚者智禅师语录〉》卷首三《南谷警众》，华夏出版社，2014年，第60—61页。

读书楼，见叹所藏丰富。时陈弘绪杜门隐居，矢志著述。王珙助资刊刻《通雅》。暮春，至清江，熊兆行、祝应熊、黄尚宾等人欲留药地驻锡，因先已允萧伯升（孟昉）之请，将赴泰和而罢。深秋，应庐陵县令于藻及萧孟昉之请，驻锡泰和法华庵禅修讲学。次年春，禅堂落成上梁，方丈新挂钟板，更名为汋林禅堂。

《冬灰录》卷首四有《汋林禅堂上梁语》："师云，方圆广厦，触目见成，辐辏群材，不谋而合。快逢冬暖时节，恰好露布汋林。夜半珠辉，洪钟云集。……此时法喜，且庆开场，但请大家肩臂同扶起，朝日来看一字关。"其《安职事示众》云："汋林一枝，幽栖养病。"《结制落堂语》示众曰："诸方结制，汋林过冬。休论其名，止贵其实。只在真切，岂是牢笼者里不要参机锋棒喝禅，不要参佛祖玄妙禅，只要参自己本分禅。"①

冬十月二十六日，首山亦庵中千和尚设茶为药地智贺寿，萧伯升亦入山拜寿。《首山茶筵示众》：

> 大雪后，冬至前，阴极阳生，好个时节。恰遇我青原（指笑和上）诸法侄新起个烹雪堂过冬，又有首山中千监院设茶，为病僧祝寿。不肖之子，剑刃一生，母难之辰，何堪寿祝？幸有达孝觉皇一句无生法乳，足以超脱世间烦恼。举来报答，正可破颜。昔年博山和上庐墓过桐，先外祖吴观我公，于一喝下忽脱桶底；先母亦皈依取名。今日说起多生业缘，啼笑同时，有何可避？每闻先外祖'雪里打春雷，中有大父母'，后从刀兵水火中息喘杖人之门，又闻'死是大恩人，乃祝无量寿'。由今看来，以雪埋雷，以死祝寿，不妨奇特。有触此语，彻底放下，得一场大庆快者么？果然绝后重甦，通身白汗，回视一切利害得失，人我生死，瓦解冰消。由我自在出入香水海中，浮杯执杖，俱是报恩。未出母胎，指天指地，何劳云门更费力耶？如或蹉过，问着自己的大父母落在何处，越发茫茫，不如且进堂去，一念万年。尽此一报，普作供养。珍重。②

---

① 方以智：《冬灰录——外一种〈青原愚者智禅师语录〉》卷首四，华夏出版社，2014年，第89页。

② 方以智：《冬灰录——外一种〈青原愚者智禅师语录〉》卷二，华夏出版社，2014年，第310页。《光绪泰和县志》卷三十，载"首山"位于泰和西一图，其地美林木，笑峰和上以此山为西昌诸山之首，因名首山。上有首山庵，也称亦庵。

腊八日，施闰章游青原山即兴赋诗十绝，自吉州将返临阳，李太守若始、张别驾振九出面做东，在青原为其饯行。因施闰章为青原之大功德主，捐助修葺了五贤讲堂，并置圣域、祖关二坊。其诗序曰："青原凡三游，老杜所谓斯游最也。"诗中说到"笑公飞锡陵空去，塔院风声是笑声"。[①] 施闰章与药地智为知己故友，对药地最后入主青原是否有外缘助力？

为了不辜负先师遗命，无可智穿梭于江西诸禅林讲学传禅。先后执掌新城天峰禅院、廪山寺、寿昌寺、南谷寺，金溪疏山寺，南城资圣寺等处法席，举扬江西曹洞宗中兴大旗。《新城县志》载，方以智"往来(新城、南城)数十年，一时名人无不从之游"。方以智在新城友人多，景从者不少，常与当地文人学士结社酬唱。比如他的《龙湖不二社茶话》《双选社传语》，便记载了与邓篆、杨日升、涂斯皇、涂景祚、揭暄(子宣)等人的开示法语。[②]

按方中通《哀述》诗中所言，药地智曾历住建武之资圣、安福，西昌之首山、汋林诸寺。[③] 总之，从顺治十五年(1658)至康熙三年(1664)，无可智禅游江西诸禅林六七年，禅踪萍影，隐无常名，却愈来愈为士民禅众所追随。于是众望所归，被推举继笑峰然之后中兴青原山七祖道场。

三　中兴青原祖庭，重振曹洞宗风

康熙三年甲辰(1664)十一月冬至日，药地智应庐陵知县于藻(故友于奕正之子)、倪震(笑峰大然俗家子)等宰官缙绅之敦请，正式入主青原山净居寺法席。是日，拜七祖塔。并将汋林禅院付与笑峰门人无倚。《冬灰录》卷一《上堂》云："山僧本欲幽栖岩窦，隐遁过时，只为先师有个未了公案，出来为他了却。"又有《甲辰冬，吉州当道绅衿，诸山禅侣，笑和上法子及倪止先居士，敦请主青原，进院法语》篇，亦见存于侍子兴謦同门人兴斧编《青原愚者智禅师语录》开首《甲辰冬，

① 方以智编：《青原志略》卷十，华夏出版社，2012 年，第 255—256 页。
② 陈金凤：《桐城方以智与青原禅宗》，《寻根》2013 年第 1 期。
③ 方以智：《浮山文集》附录四，华夏出版社，2017 年，第 576 页。方中通这里主要记述他来省亲随侍药地后，自南城至西昌所历住的寺院。建武为南城别称，安福为南谷寺旧称。

吉州诸护法请住青原七祖道场》，生动展现了当日药地智人主青原的法会场景。[①]

（一）树正法幢于青原祖庭

那日，愚者智由青原祖关入，一道道门，一座座殿，皆有妙说词，灼见真知，非同凡响。最后进大雄殿礼拜，至方丈，入据室，上堂升座说法。

师至祖关，云："圣域、祖关，旧时穿过。此番直到里头，为苦心者点破。"

三门："八字打开，何云把手拽不入？划出白云呈谷口，只因身在此山中。"

弥勒殿："尽道将来下生，且看今朝新到，你也好笑，我也好笑。"

韦陀殿："多少人疑着只护三洲，不知正用着北风律律，末法谩心狮子虫，烦金刚杵从内打出。"

伽蓝祠："一自祇园布金，四天下茎草，尽是功德林。今日水草现成，但待知音。始终亲嘱付，只要求人不负心。"

祖堂："四七二三，虚空钉橛。惹得婆娑鼻孔，左扭右捏。今日到这里，正则总正。"卓拄杖云："只许拄杖子喝，不许人喝。"

佛殿："昆仑迸出三点血，眉毛冷觑诸方说。土果然生金，天从地下掘。不免大展三拜盖覆着，省得旁观者罔测。"

方丈："彻一切藩篱，没处躲跟。总在黄土红炉中，八角磨碎。截三世佛祖，不容开口。只许青山白日下，两脚承当。"

据室："据此室，行此令，无回避处。莫道大尊贵生，一路泥水不少。若是过量出格相逢，自在北窗背后握手，不见道：别构一天，风斯在下。"

是日，合郡当道，同九邑绅士，请上堂。

师至法堂，云："微尘未剖，卍字森然。六种成时，白云有主。多生慧种，已露毫端。千古风流，当机微笑。且因旧例，别展家风。"

付维那宣启讫，师指法座云："挫针治缣太支离，按捺云头下翠微。今日舍身衣敝垢，长拖两袖拂须弥。"

遂升座拈香，云："佛在灵山，传正法眼藏，嘱付国王、大臣，居士、沙门等人，

---

① 方以智：《冬灰录——外一种〈青原愚者智禅师语录〉》卷一，华夏出版社，2014 年，第 98 页。余英时《方以智晚节考》认为，方以智出任净居寺住持表面上是出于应于藻之请，而实际是有士大夫萧伯升暗中帮助。不管于藻基于何种原因请方以智住持青原净居寺，其主要还是因方以智在遁入空门前后与不少名人士大夫结下了较为亲密的友谊，并在他们之中有较大的影响。而就方以智本身而言，他在青原禅宗中兴的关键时期，自觉地继承觉浪道盛、笑峰大然的遗志，达成他们复兴七祖祖庭及曹洞宗之愿。（陈金凤：《桐城方以智与青原禅宗》，《寻根》2013 年第 1 期。）

各各承此恩力，为内外护。只以一念无私三昧，顿入普光明殿，同时供养。今日特为拈出，一祝天寿平格，一酬本师法乳，一为檀护福德同圆。伏愿圣人御宇，万物咸熙。正喜大众赞摩诃，迸入香烟塞天地。”

遂敛衣就座，斯怀维那白椎，云：“法筵龙象众，当观第一义。”师曰：“此是第二义，如何是一，一又作么生观？即心即佛，黄叶啼丹嶂，椎碎了也。非心非佛，露柱笑灯笼，椎碎了也。不是心，不是佛，不是物，急水抛毬子，椎碎了也。更教说个甚么？若能于说个甚么处直下碎了，亦可耳聋舌吐，不负椎声。如或蹉过，不免将我杖人集大成底葛藤，上下四维打一周由也。只如中土第一个圣人，以马毛龟甲为桃花竹子，忽然迸出一个大方圆图，卦卦交参，爻爻互变，总是个对待法门，且问如何是一？末后来尼山夫子，临老下个注脚，与天地合其德，一连四句，仔细看来，四个与字，四个合字，大费分疏。钉钉得么？胶粘得么？佛以五乘十界，五教十二分，空有周遮，四十九年费尽伎俩，只到末后稍头，拈花塞白，反不如初生，略较些子。只为此中难于开眼，半吞半吐，口大舌干，逗得个嵩山石髓，带累骨堆。五叶分宗，空花乱坠。拄杖一画，扇子打动鲤鱼。点坏空中，唤作永字八法。洞山秖这是，立出五位君臣。临济无位真人，摆出玄要宾主。云门一字关，又添三句。法眼一滴水，又提六相。沩仰两口一舌，又画出九十六个圆圈。一队啰啰娑娑，你道说得出么？枉费镂尘吹影，究竟描邈不来。未过绝甦，徒劳侧耳。新青原则不暇及此，现前凝翠屏壁立参天，待月桥横身济物，石勋岩下瀑布成潭，象鼻岭头擎拳作舞。此中还有第一义第二义么？如或见道忘山，见山忘道，仁者智者，棒喝交驰，直饶不作境话会，岂堪嚼破庐陵米耶？又不如从他分域无封，入关出关，听道路上遒人木铎去也。青原七祖后，齐、信、如、立，历历晨星，继起者修复庄严，捋茶相接。直至我啸峰法兄，以杖人一条拄杖子，吊个无孔铁锤，推前拶后，复还七祖旧颜，竖起毗卢阁顶，守家有子，玉殿苔生。忽然诸檀护，把药地病夫再三逼到此席上差排，事不获已，将何应此时节？只得呼杖人所托的木行者出来，与大众相见。”

僧问：“钵盂吞七曜，锡杖振乾坤，如何是今日境？”师云：“雪里开花。”进云：“西江吐出，四海拱迎，那个所在是和尚亲切处？”师打云：“杖头有眼。”进云：“禹力不到处，河声流向西。”师云：“争奈逆风把舵。”僧一喝，师打云：“斩新王令森严。”进云：“果然赏罚分明。”师云：“空伤老力。”

僧礼拜归位，师复举法灯禅师云：“山僧本欲幽栖岩窦，隐遁过时。只为先师有个未了公案，出来为他了却。今日木行者踧挈一场，了个故事。且道先师未了底公案，将何为他了却耶？依旧是法灯前八字了也。毕竟如何道得个收拾句？鼓腹壤中三顿击，传心堂背一团青。”

维那结椎云：“谛观法王法，法王法如是。”下座。

愚者智受觉浪杖人付嘱，树正法幢于青原祖庭。上述入山升座法仪，完整展现了觉浪法嗣愚者智入主青原祖庭的景象，令人叹为观止。

觉浪杖人与青原祖庭之因缘，起自明末吉州李梅公诸居士请觉浪驻锡青原，而觉浪于江西法缘甚深厚，崇祯十三年庚辰就应请住洪都（今南昌）泰定寺，及建安王请主上篮寺，一时宗风丕振。次年，郭来复居士亲到庐山圆通寺，礼请觉浪主青原祖庭。彼时觉浪因圆通事不能脱手，后又因楚江乱，遂到吴越弘法，几二十年。觉浪在金陵天界，李元鼎梅公过访，再以护持青原祖庭为嘱。觉浪心目中认为：“青原七祖为曹溪长子，首出群英。后石头下二支，一药山、云岩，下出洞山一宗；一天皇、龙潭，下出云门、法眼两宗，皆其源高流长也。从来法道有兴有废，使无兴废相寻，则天地生杀之气机亦息，圣凡剥复之神化亦穷矣。惟在人能通变，则佛圣皆不倦耳。”欲使祖庭复兴，关键在于得人。“达摩不面壁、不服毒，则不能传法。二祖不立雪断臂，则不能安心得髓。即六祖亦有室中挥刃之事，传此法者命如悬丝，不其然乎？自古佛圣英雄，谁非以吉凶悔吝（忧患）而生大业？即二支五派之后独存临济、洞上二宗，子孙亦从近世始盛也。”觉浪数十年为大法不惜躯命，但因浙中皋亭法席而不能分身，故隆推笑峰大然来青原代为住持，“青原今得笑峰主持，使山僧为向上一位（宗门之极），不更尊贵乎？惟高明鉴原”。[①]

顺治十四年（1657），笑峰大然以觉浪道盛“第一法子”奉师命入主青原山。“奉示于重午（端午）之前，即次于立冬之既望（冬月十六日），梭巡久之，盖其慎也。”[②]大然在青原山颇有作为，青原山初步蔚成中兴的气象，可惜他仅住持三年就于顺治十七年（1660）四月圆寂。此前药地智曾先后两次每逢冬至来青原扫塔，《青原志略》卷十载有药地智《冬上青原扫祭七祖塔，次笑和上韵》一诗：“岭北南华开此山，曹溪逆浪洒人间。两株夹路常如此，一斧挥空无不删。且以青莲消白眼，漫劳黄叶破红颜。我来扫塔穿寒暑，到日偏当冬至关。”[③]施闰章序曰：“其

---

① 方以智编：《青原志略》卷八《书·复吉州李梅公诸居士请住青原书》，华夏出版社，2012 年，第 183—184 页。

② 方以智编：《青原志略》卷八《书·复张贞生内翰》，华夏出版社，2012 年，第 184 页。

③ 方以智编：《青原志略》卷八《书》，华夏出版社，2012 年，第 191 页。

(无可)初入青原,为笑公扫塔,旋去之廪山。而庐陵于明府(即于藻)以七祖道场固请驻锡,师乃留数载,著书说法,皈者日众。”[①]笑峰大然圆寂后,青原道场缺少高僧大德住持,初步复兴的青原禅宗遂呈中止之势,青原山所在的地方官吏遂有意礼请药地智入住。因缘具足,药地智禀先师觉浪遗愿、继法兄笑峰未竟之业,主盟青原山,以兴复青原祖庭而重振曹洞宗风为标帜。

青原笑和上在世之日,药地智就建议法兄在青原弘传觉浪老人的法语(《天界纪闻》及《庄子提正》),其书曰:“老人双选托孤(结双选社,儒佛会通),正是护大道之苦心,而捷于用其灵药。但时倡之,自有应者……吉州气骨不乏,俱可困炼,使其发挥旁播,徒推拒之,锢限之乎?青原传心堂与白鹿(书院)同,东廓(邹守益)、念庵(罗洪先)本从此入,青螺(郭子章)、南皋(邹元标)皆知回互。近日理(学)家惟贵挈瓶,先以《天界纪闻》投之,使知正大,然后可熏鼓也。才人则以《提正》投之,姜枣何能逃哉?”[②]

1. 荆杏双修

郭子章曰:“杏荆双修者何?杏,杏坛也。孔子设教,植于鲁国,故世之诵法孔子者,必曰杏坛。荆,荆树也。(行)思祖说法,植于青原,故世之传宗青原者,必曰荆亭。……而曰双修者何?孔子洙泗之教,至陆子静(陆九渊)而豫章始盛,至王阳明倡良知之传,而吾吉始盛。欧、邹二文庄、聂贞襄(豹)、罗文恭(洪先)诸公,率入青原而聚讲焉。达(摩始)祖西来之派,至六祖始南,至七祖思祖,而吾吉始盛,上承曹溪,下开石头,实卜青原而托迹焉。则青原者,在唐则思祖开基植黄荆,至今千年不槁;在明则阳明倡道继杏坛,至今百年如存。寺曰净居,堂曰五贤。虽其门户微异,趋操少殊,而无欲无念之旨,与人为善之心,杏与荆一也,七祖与五贤一也。第久岁倾颓,势必重修。吾郡每岁九月,缙绅士子例有一大会……”[③]

青原时期是药地智禅思想成熟的时期,一方面他早有成竹在胸,积极推动讲学和开展交游活动,竭力弘扬青原祖庭宗风;另一方面,他完成了晚年最重要的著作《药地炮庄》,这也是竹关时期浪杖人就“托孤”给他的重要任务,他集三世家传易学,集毕生学术之力,长达十数年方竟其功。其晚年在《为陈旻昭居士对灵小参》中亦提及:“痛念杖人借庄托孤,乃与竹关约期炮集。既化死水枯椿,尤悼恶空莽

---

① 施闰章:《无可大师六十序》,载方以智:《浮山文集》附录四,华夏出版社,2017年,第572页。
② 方以智编:《青原志略》卷八《书·致青原笑和上》,华夏出版社,2012年,第188页。挈瓶,吸水小瓶,比喻眼光浅。
③ 方以智编:《青原志略》卷七《疏引》,华夏出版社,2012年,第163页。

荡。长书论症，不觉嘘嘘；十载西江，为君了却。今日对灵举出，送慰孝子。鹏搏蝶梦，不堪狙公作计。知我罪我，听此赤鸟之飞。自归委化，因是公悬。”①

康熙三年甲辰(1664)秋，举办青原讲会，时施闰章讲学净居寺，莆田余飏应施闰章请至青原山任讲会主席，大会吴楚闽粤士儒。药地愚者智发释儒一家之论，座师余飏有诗《夜宿青原，与二愚对座，戏作儒释道行》称：“……我自堕落尔出世，讲堂高峙释宫墺。要参三教为一原，哑钟击磬山水喧。……三一异同方辩起，老夫拍掌大笑曰：是皆吾门之弟子。”②青原讲学之盛，始于王文成(阳明)立“圣域”于此，厥其后有邹东郭、罗念庵，施愚山分守临、吉，复召生徒于青原兴讲学。时评以为“百年旷典”，此后王夫之亦寄书愚者智，称誉青原讲学。余飏《芦中全集》卷六《游青原记》云：

予至安成之次日，愚山折简相招，俾予主席。予遵巡谢病，愚山强之使行，先一日移檄邀约无可(智)来会。其夕无可亦至，二十年师生，抱头欲哭，予不禁作世俗寒温慰藉语，无可虽心相怜念，然徐察其神理，已超然生死得丧之外，予知其道力深也。越日，大会讲堂，九邑之士，云移雾歙。吴楚闽粤游人，凡作客吉州，无不至者。予俨然首坐，愚山与诸人士迭相诘问，质疑送难。坐中有说书者，有歌诗者，耄期俊秀，各奏尔能，日移而散。夜宿招提方丈，愚山复与无可申论前说，诠解异同，穿穴洞贯。少焉呗寂钟响，灯灺茶冷，念此夕佳会，为官者、作客者、出家者，相聚一堂，雪泥鸿爪，真同幻梦。因戏作《儒道释行》。已而，吏散人阑，与无可对坐，谈交轮错代之理，《易》《庄》借象之趣，宣尼、迦老，是二是一。予叹服，其言犹河汉之无极，其旨则渊桓之莫测也。次早，凡在会绅士皆来拜，予以病甚，不耐应酬，急别无可入城。无可曰：“吾师此行，了愚山讲学一段胜事。若青原为七祖道场，上有中五堂，有毗卢阁，最上有某丘某亭，瞰长江，俯列岫，皆在襟带间，昔人之所邀

① 方以智：《冬灰录——外一种〈青原愚者智禅师语录〉》卷二，华夏出版社，2014年，第301页。陈旻昭，讳丹衷，号涉江，江宁人。崇祯癸未进士，长期追随觉浪，法名大中，为觉浪记莂四居士之一。愚者智赞陈旻昭居士一生金汤护法，以御史护持觉浪及其门下高足。“旻昭法兄千生示此一生，慧剑放光非偶然也。以世义言，南宫捷后，御史持符。诸生之田，不增一亩；北门之屋，不树旗竿；旁无妾媵，齐五十年。善护金汤，放舍身命。世岂轻易有此等耶？皈依博山而事杖人，受天界印而事栖霞(笑峰)，搅翻法身向上，识破鬼窟兽场。霹历琴歌，应病予药，只为遮个承虚接响，知恩者少，负恩者多……”

② 方以智编：《青原志略》卷十《诗》，华夏出版社，2012年，第265页。

游纵览者，吾师得无意乎?”予曰:“说在庄生矣。山水形骸耳，逍遥吾趣也。吾得山水于形骸之外，子又欲我于形骸之内乎!”遂一笑而别。[①]

康熙四年乙巳(1665)春，药地智著成《药地炮庄》，于喷雪轩以手稿焚祭先师觉浪杖人。《药地炮庄》写于金陵竹关，后于合山栾庐时继续撰写，至晚年入青原山时方得脱稿。起于癸巳(1653)孟冬书付竹关，历时12年。是书宗旨，阐发觉浪禅师“托孤之论”，为青原“烹三炮五吞一味”张本。《冬灰录》卷二《天界老和上影前上供拈香，焚炮庄稿》:“十年药地，支鼎重炮，吞吐古今，百杂粉碎。藐姑犹是别峰，龙珠聊以佐锻。今日喷雪轩中，举来供养，将谓撤翻篱笆，随场漫衍耶?”[②]

座师余飏来书云:“去岁浪游，得承三教微言，豁然大悟。出世因缘，人生泡影，予夺同时，代错对举，圣贤时中之义，达士逍遥之旨，两折三翻，交轮合一。……青原药地既合天地万古为一身，而为午会今时说法，今又寓战国漆园之身而为宣尼(孔)、(老)聃、(瞿)昙说法，此等身心大力，何可思议乎? ……安隐之山，高于须弥;荆条再生，比与孔坛。三教统宗，增其法位。”[③]是年冬，施闰章又过青原，《青原志略》卷十有施闰章《送药公入青原》云:“……往还离合讵无因? 十年旧事休重陈，三生石上魂未断，长瓢来濯清江滨。老禅不演三乘义，却注《南华》穷象系，推到辅嗣冢中骨，笑看蒙叟人间世。”[④]这都说明药地智所举扬的青原宗风秉承了觉浪杖人的三教并弘、五宗并举，以及儒佛双选、禅净不二的思想，所谓“荆杏交参”“钟铎妙叶”，而终归于易、庄、禅三学融于一味。用他自己的表述，就是其在寿昌寄信告知青原笑和上所言:“却喜青原、南岳一口气，烹三(儒释道三教)炮五(禅宗五家分灯)吞一味。”[⑤]

康熙三年至九年(1664—1670)，药地智任青原山净居寺住持期间，致力于重振青原宗风，主要实践之一就是“荆杏双修”，这也是先师浪杖人双选儒佛及曹洞宗风在青原山的重振。邹守益曾孙邹匡明作《荆杏双修》曰:“药树悟仁树，核种

① 任道斌:《方以智年谱》，安徽教育出版社，1983年，第227页。
② 方以智:《冬灰录——外一种〈青原愚者智禅师语录〉》卷二，华夏出版社，2014年，第151—152页。
③ 方以智编:《青原志略》卷八《书·寄药地尊者》，华夏出版社，2012年，第191—192页。青原旧名“安隐”，“荆条”意指七祖宗风。
④ 施闰章:《无可大师六十序》，载方以智:《浮山文集》附录四，华夏出版社，2017年，第572页。
⑤ 方以智编:《青原志略》卷十《诗·自寿昌寄上青原笑和上》，华夏出版社，2012年，第249页。

今何在？忍冬乘春发，毋忘霜雪恩。杏仁（儒）与荆沥（佛），咀片随时吞。见性破情识，慧剑挥无痕。体仁藏诸用，兼中两足尊。”①药地智给桐城左藏一写信说：“世教（儒）以身世（立身行世）而立经纪（法度），宗门（禅）为性命而以生死发药。一且立恒，一且尽变。彼专执者不达，故龃龉耳。”②其在《双选社传语》中对徒众更有如下开示：

> 人者，天地之心，不欺即不负矣。曰格致，曰慎恕，是尽心学问之善用也。通昼夜而知，在深造自得耳。……即器是道，就薪泯火，此万世之鼎烹知味也。自强厚载，先当责志。小子半生虚过，中年历诸患难，淬砺刀头，乃始悟三世之易、虚舟子（按，方以智业师王宣之号）之河洛、宗一公（吴应宾）之疑信。又以煴火凿坎之逼，得息喘于杖人。
>
> 杖人曰：处世必知出世法，始悟身心性命常乐我净之道，而不为情欲、名利、生死之业所迷。出世者必知处世法，乃知天下国家、伦物时宜之道，而不为虚无寂灭、隐怪偏僻之事所累。免此二者，不执死中，鉴明谷应，《易》之元用统御，习坎继明，时乘六龙，即法住法位至一乘也。故标之曰中和，易简、勤俭、中一而已矣。……剥烂复返，塞通之候也。先天后天，妙叶（协）兼互。错综三五，本自圆成。……浮山之孤（方以智）不妨打破，曰：即差等为平等，双选托孤，时哉时哉。③

青原愚者《结制贴单示众》曰：“杖人一生以妙协发挥兼中宗旨，求人担荷。举此嘱之，上下包决，智行一真，何等珍重！”④

2. 合一滴水

药地智有《远祖塔院饭田记》云：“宗一圆三，竟在此地指天树骨。莲池、博山，合一滴水，天界杖人尝举此为不二社。尽大地是一乡约所，种田博饭，亘古开花。止有各安生理一句，即是三际俱断，吼倒佛魔，雷电风雨，不容思议。且问牯牛水草之田，与见龙礼运之田，同乎异乎？田自万古不坏，所贵时时耕耨而已矣。

---

① 方以智编：《青原志略》卷九《诗》，华夏出版社，2012 年，第 230 页。
② 方以智编：《青原志略》卷八《书》，华夏出版社，2012 年，第 193 页。
③ 方以智：《冬灰录——外一种〈青原愚者智禅师语录〉》卷首三，华夏出版社，2014 年，第 70 页。
④ 方以智：《冬灰录——外一种〈青原愚者智禅师语录〉》卷二，华夏出版社，2014 年，第 306 页。

天地吞吐同时，泉鐏其闻钟铎，此通天之陌，本来一带双关，毕竟如何申传嘱护耶？塞却咽喉，普清饭碗。”①

明末莲池大师被后世推尊为净土宗祖师，博山则为寿昌系下禅门宗师，天界杖人以此禅、净二祖师为典范，创设不二社，是其倡导禅净不二宗风的具体实践。药地智外祖吴应宾，因其倡导“圆三宗一”的三教合一说，而号称“三一老人”。其生前也曾与莲池、博山二祖师多有亲近接触，曾于莲池大师处受菩萨戒，并于博山禅师处“得脱桶底”。药地智又云：“吾母太恭人，秉莲池戒，受博山乳，总是三一之渊源。”②由此可知，不论是家族佛教信仰渊源，还是觉浪师门法乳，都以此禅净不二为宗旨，药地智身体力行在禅法开示和禅修生活之中。

《冬灰录》卷首一有《药地苍天语》和《念佛孤颂》二篇，突出展现了觉浪门下青原愚者师徒禅净双修的“中五道场”宗风。药地苍天语虽源出古德“本性苍天”公案，但其具体内涵已大为丰富，表现风格亦独具特色，禅风活泼不拘一格。兹录几条如下：

千门万户三条椽，一片基为先，不见《遗教经》最后传？斋戒是把神武剑，截风挥日平山川。奈何失此恩力？苍天，苍天！

口必不嚼粪块，脚必不踏漏船。自性戒无所逃所，天地之间如临深渊，谁不孤负？苍天，苍天！

可怜生，生可怜！且莫说一口气不来，毕竟向何处去？试问一口气来时，何故干连？可惜口如扁担。苍天，苍天！

牵者牵，缠者缠，无本可据茫茫然。现前作不得主，无梦无想主人公，与你何缘？急水风车。苍天，苍天！

人怕去后黑漫漫地，不知现前黑漫漫地更可怜。多口说无常生死事大，不知现前刹那死死生生，如何免得黑漫漫？离四句、绝百非，灯笼、露柱，猫儿、狗子，有甚相干？苍天，苍天！

八臂哪吒，捺不入地；千手大悲，推不向前。到此始是半边，如何是全？苍天，苍天！

① 方以智：《浮山文集》附录二《辑佚》，华夏出版社，2017年，第533页。

② 方以智：《冬灰录——外一种〈青原愚者智禅师语录〉》卷首二《金谷葬吴观我太史公致香语》、卷首四《母吴太恭人忌日烧香》，华夏出版社，2014年。

推磨三不然，嚼碎所以然，始信镜照谷应当当然。三三后，三三前，爻爻自占，依位而立，滴髓随缘。谁能跳出此圈？苍天，苍天！

贪奇斗险，着着求先。遂失故步，不知履旋。游兵远出离营盘，将错就错相讹传，一齐捉败倒刹竿，孟八郎禅林逾垣。苍天，苍天！

利器不可示，正人可以权，权即是实。饮食毒药，奇正燎然。惟善分别勤耕耘，高山平地皆良田。若欲夷丘填壑，苍天，苍天！

表症与米煎，阴症与芩连。庸医杀人可怜，奇医杀人尤可怜。不明运气经络，不明药性脉原，死执单方不对症。苍天，苍天！

宗耶？教耶？同别、正偏。夏葛冬绵，自脱自穿。乌窠布毛烂，谁使街头钱？拍盲一拳，苍天，苍天！①

末后，金镂识语："皮下无血，叫天亦是枉然！若实未透过究竟者，苍天中更添冤苦矣。药出金瓶，岂得已哉？"

《念佛孤颂》十二首则以禅林偈颂形式表现禅净不二宗旨，且将三教宗旨烹于一炉。寿昌大存识语云："树林水鸟，山河大地，同放光明。说无间歇，已是曲为中下，三大老（三教圣人）陈编累牍，非得已矣。墨历大师十二首，曲尽三老苦心，岂自得已而出耶？有心人当向此中字字着眼始得。"大宁题曰："药地大师，善知一切药病中之病症，而以一真之火烧尽古今者乎！偶阅《念佛孤颂》而叹曰：此正今时对症方也。"②

此外零星开示，《冬灰录》卷三有一则对永和莲社的开示云："禅即净，净即禅，念本无念中间穿。"《冬灰录》卷首三有《龙湖不二社茶话》，更拈出"毋自欺"为不二法门。药地师以放生为题开示曰：

"说个不堕诸数，不落有无，尚且不亲切，何况说什么一不成二不是？止为代明错行，是帱载内之端几，回避不及者，故指点其为物不二耳。按下云头，脚踏实地，见在龙湖放生道场，愿与诸公放一个万古之大生何如？"曰："将如何放？"师曰：各各放下无始劫来骄妒鄙吝之我，则经络官肢，毫毫孝

① 方以智：《冬灰录——外一种〈青原愚者智禅师语录〉》卷首一，华夏出版社，2014年，第9—13页。
② 方以智：《冬灰录——外一种〈青原愚者智禅师语录〉》卷首一，华夏出版社，2014年，第13、16页。

顺;山川草木,处处讴歌;个个当下舞蹈浴风,日日碗中宣说圣谕,岂非放一个万古之大生耶?如此不二排场面,一真打滚,且将《中庸》之鸢鱼、《大学》之黄鸟、《逍遥游》之鲲鹏、七金山之金翅,作一个放生会,得么?果然亲证到此田地,自然不说二、不说一,不说有、不说无矣。不能放此大生,则我见自障,执成徒法之门;救弊千岐,又斗矫偏权巧。此三一老人三十年前,拈出如如当当,以明法住法位之善用;杖人提出中和、易简、勤俭、精一,而传大公、妙叶(谐)之正宗者。老汉何不自护其专门,而乃不避潦倒耶?识法者惧,伤心托孤,有谁知其苦耶?

又曰:何能识真孤乎?世出世法,不为生死情欲之我所累,即为空寂隐怪之事所累。起此二见,堕铁围山。又况诡随画少,护短贩荒,不拣题目附道理,即躲棒喝雄颟顸。谁是固达而知、夫焉有倚者乎?……不二法门,惟毋自欺。鬼神水火,皆怕至诚。格致研拯,乃是茶饭。仁智不能交圆,偏执一见,斗争坚固,反不如日用之百姓矣。以故念佛、参禅相詸,宗、教相詸,而两宗(曹洞、临济)亦相詸。理学、经济、文章相詸,朱陆之门亦相詸。因笑夷、惠(伯夷、柳下惠)之门人,能保不相詸耶?惟时乘统御者,能集大成。孟子两不由而又双取其风。二不二之代错,犹不悟公因弥反对,而善用贯有无之密藏乎哉?所以今日不挂高幢,但摇平心之铎。只是心如何平?各请自问,终日茶饭,知味者谁?①

青原愚者示众曰:“出家儿将世间割不断底恩爱都割断了,所为何事?若又于生死大事不明,既为生死所迷惑,又为谈生死者搅乱,不能自决,不能作主,反去揣摩影子,粉饰欺人,与流俗一般耽滞扰攘,岂不可悲可痛哉?趁此火炉,大家做一场冤家,贵在一切放下。……若如时流,夹杂名色体面参禅,此则煮砂终不成饭。老僧不敢与诸公互相赚误去也。古人云:只愁不成佛,不愁佛不解语。阎罗大王岂怕汝口头三昧耶?所以叮咛以毋自欺为本参,从正路入,此事决定不是做与人看的。故曰:不要你参佛祖禅、棒喝禅,只要参自己(本分)禅。”②愚者参禅

① 方以智:《冬灰录——外一种〈青原愚者智禅师语录〉》卷三《示永和莲社》、卷首三《龙湖不二社茶话》,华夏出版社,2014年。金翅,源自古印度神话,为佛教天龙八部之一的护法形象。七金山,传说在须弥山之外有七重金山。

② 方以智:《冬灰录——外一种〈青原愚者智禅师语录〉》卷二,华夏出版社,2014年,第307页。又同书第324页《示当人鉴副寺》云:“不自欺为种,以学问为茶饭,而神化则岂笔舌所可言乎?”

处处要人自己参破“疑情”、透过“生死”，认为这比参“机锋棒喝禅”“佛祖玄妙禅”等更有意义。

当时学人四处参禅而不切实，满足于口头上“滑炼”，青原愚者于此有痛切开示：“不远千里寻师问道，是为生死大事求一决择。若是学了诸方语录上古董，逢人便逞一上滑炼口头，以为了当。遇着明眼人一拶，都无用处。费尽心机，不知与自己生死何干？与自己初心何干？此处经冬，彼处过夏，究无一件真有所长，只是检点他人过失。或以慈心三昧覆之，则曰此冻脓不是峭辣手。若以金刚三昧制之，则曰太煞不通方，我与此处无缘。不知曾一返问自己发心处否？如斯之流，盖为衣食放佚起见，又要装老参腔，你道诸佛出世作么生救得他？……卍庵曰：丛林所至，邪说炽然甚矣。夫名色体面之不能入道也。果是其人，自有全体八面，随名色还名色，何曾动着一丝毫耶？其如黠践黠智，见小欲速何哉！所以杖人只望个大伤心人，与之本色盘桓。今日遮里聚首，非有此等，只是老夫触着痛肠，忽然冲齿。旁观宁无笑其恶口小家者乎？药因救病出金瓶，缘不得已。”①

又示众曰：“从上本欲人死尽偷心，弄到如今，反是长人偷心，且道过在何处？只为于建化门头，撇些光影，贴体无明，乘之作自便计，于学道分中去之愈远。向来谓开此火炉，曲为中下根，我道正要煅炼上根人，何以故？上根人聪明伶俐才能过人，一种骄心胜气最难降伏；即使会禅，乃是学语之流，又况绝无才能而空腹高心、恣大我慢者乎？所以古人立不语堂，要人言语道断，心行处灭；立枯木堂，要人违其现业，榨干情识。既到遮里，大家如生冤家相似，总不容情。是肯心人，从此煅炼，固是一庆幸事，非为依样葫芦，了此铺面云云也。”②

（二）建“中五道场”于青原祖庭

何者谓中五道场？青原愚者曰：“尽大地皆道场也，人人一坐具一道场也。以意生身而言，一毫端一道场也。然人立地而享天，苟非处于四阿开闭中，又乌能安其井灶、享其昼夜耶？世之攘攘生聚者，习而不察，流且迷矣。故圣人立学宫以训习之，使人息其俗累，不见异物而迁，尊师取友，敬业穷理，鼓舞在此。出世者因进一层而锻炼之，远尘离欲，丛席独尊，专门深入，清净为本，于是乎，道场之名，寺院若专取之。有身家者，亡虑城郭村市矣。千峰万壑，让处世人居之，势

① 方以智：《冬灰录——外一种〈青原愚者智禅师语录〉》卷二，华夏出版社，2014年，第308页。
② 方以智：《冬灰录——外一种〈青原愚者智禅师语录〉》卷二，华夏出版社，2014年，第308—309页。

也。尽性体道，固无所分，而造胜境者，仰止高风，其在兹乎！杖人尝以道场表法，衍七七五五之图，愚者约为中五四维，而八卦布焉。统御者谁，何内何外，何中何边，而历历然不乱也。青原之山，净居、书院，楼亭四望，由药树入中五堂，而归云覆之。旦暮遇者，一室亦具，卓杖亦具，不言亦具亦，山无隐乎尔。"①

吉州诸名山，首推青原山，青原山为得法于曹溪的行思禅师所开化的禅宗道场，至清初得觉浪门下付嘱的两位嗣法高足笑峰大然和无可大智相继接踵开发，而蔚然成中兴气象。青原有"七祖祖庭"之称，尤为盛行于此际。据施闰章《游青原山记》云，净居寺，相传七祖卓锡地，山有七祖塔，塔之侧，瘗笑峰禅师骨。其陈迹则颜鲁公大书"祖关"二字。"寺外荒祠别馆数十间，问之皆先儒讲堂也。盖自王文成（守仁）官吉州，数过青原讲学，邹东廓（守益）诸公翕然景从。吉州九邑各有馆，缙绅百余人，又总萃于一堂，岁会以春秋，留三日。从游者甚众，至假榻满僧舍，弦颂洋洋振林谷，而西江之学名天下。今三十年来，讲堂茂草，微寺僧则人迹既绝，其不为鹿场虎穴者几稀。呜呼，吾道之视释氏何如哉？抑上无作之者，将有待而后兴欤？"②

药地无可智作《青原山水约记》云，自螺川而望东南，其青青者皆青原也，特以七祖道场居其中而名。净居寺独居帐内，双象重抱。青又庵之三溪，出金粟谷口，为待月桥，南流历万善、磨下诸坂而入赣江。故山绕水复，皆为道场门户。圣域、祖关双峙，传心之堂，其上则七祖之塔，层楼覆之。"曹溪宗派"，王新建（守仁）题。旁启篌门，则倒荆树在其右。本围丈余而枯，旁生一干，枯木之皮发三蘖焉。因笑曰：杏坛（儒）以桧奇，药树以荆奇，奇果在此乎？不负其材，贵自植耳。信公（文天祥）书"青原山"，其字五尺，空庭蝃蝀之句，又五百年青原之为青原所由来也。惟新建之心学，起于江西，而罗念庵、邹东廓、聂双江、欧阳南野（德）诸公倡之于此，连篇酬和，照映山谷。邹忠介（元标）与郭青螺（子章）、萧伯玉、刘晋卿诸公，议改建传心堂于驼峰之阳，而以其谷还净居，属之寂公（真元本寂），鸠工十半，寂公寂矣。直至笑峰大师来，重开七祖之颜，遇缘扶起，万瓦鳞次，周楹复道，四望森然。主此三年，正欲举五贤祠而新之，复圣域、祖关之旧，而又翛然去矣。愚山施公来，屹然并坊，大兴传心之铎，冷灰重爆，时哉时哉！梦笔杖人主庐

① 方以智编：《青原志略》卷首《发凡》，华夏出版社，2012年，第9页。
② 方以智编：《青原志略》卷六《记》，华夏出版社，2012年，第142页。

山圆通时，以《易》衍道场，愿集大成，兼中妙协，寂历指掌，而要以悬崖过关，享与时之消息。三世一报，托孤在兹。今青原犹庐山也，愚者适寓喷雪之轩，因纪青原而嘘嘘焉。[1]

明亡后隐居不仕的黎元宽《青原志略序》云："法不孤起，此其义乎？药老人于是高座中五（法堂），据令当阳，而别创归云之阁，以安禅观；构药树之堂，以救生死。于公慧男更作晚对之轩于翠屏之下，以与老人畅谈谐而析疑义，则夫钓台、青又及尔出王待月、迎风，时勤履迹，盖不必侈言空诸所有也。而其大旨，尤归重于儒佛之通。杖人翁尝言，世尊、尧孔并有托孤，此意在人，亦在山水。青原于天下，遂为儒佛辐辏之区，然其初相依而兴者，其中亦不无相逼而敝。自邹忠介移会馆于寺门之外，而后乃相安至今。"[2]

青原道场自明中叶以来就有"祖关""圣域""五贤祠"等人文名胜古迹，体现了儒佛相融的宗旨。药地智接主青原之后，就把这个宗旨物化在道场建设上，黎元宽所说的以净居寺法堂为"据令当阳"的中五道场即为药地老人思想的创构，其中宗旨即蕴含着易禅相贯、禅净不二，也有儒佛双选等思想。《冬灰录》作为药地智禅法活动及其开示法语的实录，其编选也突显了"中五道场"宗风。卷首一先置《药地苍天语》一篇属参禅，次《念佛孤颂》一篇属念佛，再以《中五道场图》及《中五道场衍说》编次在后。

在《冬灰录》见存的中五道场图的设计中，法堂最上居中，西北为参禅的烹雪堂，东北为念佛的呼觉堂。"示道场图，大者七七，中者五五，合宗、教、律而统一切法。"以《易》表之，中建大雄殿，前建通堂，开三总持门。北建法堂，上楼为毗卢之藏，法堂之东为净土堂，法堂之西为参禅堂。通堂之东为教授堂，通堂之西为维摩堂。

世出世妙叶（协）矣，惟其妙叶，仍可分领各堂。佛在菩萨幢林中，覆本垂迹，别中之同也。岂以向上掠虚，疆乎贡高而不肯为人下乎？法王立一切法，泯一切法而统一切法。立泯于统，统泯于立。

中建皇极，三身之普光明殿，以无相相者也。天无冬夏而岁始冬至，此

---

① 方以智编：《青原志略》卷六《记》，华夏出版社，2012年，第143—144页。
② 方以智编：《青原志略》卷首《序文》，华夏出版社，2012年，第4页。

> 朔易也，乡饮之礼，表以至尊之位，习坎心亨，南面向明，故以统御之法堂负扆。西北之乾，金刚上师，乂用四克，乃享平康正直，颜曰烹雪堂，表西乾之参禅最上乘也。东北之艮，始终敦止，以发坎中之真阳，为帝出之雷，颜曰呼觉堂，表当人自心之佛即净土也。……法王居中负北，而无所不统矣。
>
> 所至道场，何能屑越？浮山之孤（愚者智）曰：有明此九宫旋八之五位，无中无边者乎？一室亦具，随室亦具；语亦具，默亦具也，争奈交轮不息何？口通规鉴，其心苦矣。主代错者，谁续此调御耶？神而明之，存乎其人。①

康熙五年（1666），青原山得建“药树堂”，孙晋作《药树堂碑文》曰：“曩闻苍梧句曰‘西方药树是奇兵’；已问竹关句曰‘死是大恩人’；已闻廪山句曰‘药病俱忘还说药，医王大病欲谁医？’呜呼，药、病之间未易知也。宓山无可大师踢翻南北，从剑刃上悟性命之因，印心杖门。于栾庐时，得药地图章，因随所在，名为药地愚者。呜呼，本无药、病，在药、病中舍身为药树，其愚不可及也。岁丙午，余从曹溪过青原访之。七祖所插之荆枯而复荣，师于其下筑祖堂归云阁基。归云之下，为药树堂。此堂先成，施愚山（闰章）署书一额‘八窗玲珑，青山屋里。禅众栖止，肃肃雍雍。千指围绕，钟板中节。三代礼乐，万仞风规。歆欤盛哉！’师（药地智）曰：偶尔成文耳。因法救法，无住而住。所切切者，绝后苏来，随分自尽而已。……”②

青原旧有归云阁，久废。药地愚者于药树堂后，累石得基而造归云楼。前种竹以凭台，后面山而垣之。山臂为梯，可以曲径取荫，下作磬折之室，就庑启门。药地题曰“闲居”，作《归云阁闲居说》，砺堂曰：“山泽之通，以此吐气。友风子雨，特见其端乎？”备古曰：“天在山中，以寓而显。人在室中，以安而闲。事因其则，而我不自知；人享其时，而力不言功。古之于今，未有不归于此者也。”（药地）愚者曰：“偶然耳。不归于偶然，虽欲闲也，得乎？”李之彦曰：“日月运行，天地且不得闲，而闲岂人所易得哉？”备古曰：“王龙溪谓‘无闲忙，则无生死’，何谓之无？”愚者曰：“行无事，必有事，谁知周流不居本闲乎？”起而叹曰：“引得水归灶上，依然柴在山中。”③

---

① 方以智：《冬灰录——外一种〈青原愚者智禅师语录〉》卷首一《中五道场衍说》，华夏出版社，2014 年，第 19—21、23 页。

② 方以智编：《青原志略》卷四《碑铭》，华夏出版社，2012 年，第 113—114 页。

③ 方以智：《浮山文集》附录二《辑佚》，华夏出版社，2017 年，第 523 页。

康熙六年(1667)春,元旦上堂开示,惟愿神明辈出,集诸教大成,传正法于世。十一日立春,作茶话戒僧徒。十五日逢解制,与法徒论修行不可知足。愚者智入主青原后,怨愤化为平和,交游不分僧俗、宦儒,魏禧以为其招摇于世,颇事结纳,寄书相诘。《魏叔子文集外编》卷五《与木大师书》云:

> 丁未月日,禧顿首:间别七年,每忆金精峰追随谈燕,便如隔世事。六七年积绪缠绵,如春蚕成茧,不可得竟。向和公同适师北行,过方丈,曾手附一函,闻师(药地)虽采录其言,亦未深罪。每惟相见以来,叠荷训诲,披宣肝膈,有比家人日夜报效知己,实无一事。禧闻君子爱人以德,敢知赵良所云,终日正言,而无诛可乎?师(药地)之抱恨于甲申也,识者律以文山不死;及独身窜西粤,辟马、阮之难,识者比之申都子龙;其后捐妻子、弃庐墓,托足缁衣,识者拟于逊国之雪庵。若是者,师亦可以谢天下传于后世矣!其他博学弘文、盖世之能、兼通之技,为流俗所羡慕者,固不足为师道也。迩者道誉日盛,内怀忧谗畏讥之心,外遭士大夫群袖之推奉,于是接纳不得不广,干谒不得不与,辞受不得不宽,形迹所居,志气渐移。夫观时以行权者,豪杰之事;全身任道,圣贤所不废。师之出此,识者犹将谅其所不得已,而今则既三年矣。禧粗览佛书,从来古德,于道行法明之日,往往挂鞋曳杖,灭影深山,后世莫不高其行,譬犹神龙云中,偶见爪甲。故曰:"安知凤凰德,贵其来见希。"若鳞露首尾,终日示见,则禹屋画壁、孔庙雕柱之物耳。又况以师之人,处师之时,不得已而出诸此者?且师亦岂不欲后世之知其心也!诗曰:"絺兮绤兮,凄其以风。我思古人,实获我心。"惟大师深观古人之迹,近察一身之故,昭灌既往,显示将来,以不虚二十年出妻屏子之素节。禧辈不才,他日后死,尚得执笔披简,叙次高行,纪诸野乘,传宣后世,以报知己百一。传曰:"惟善人能受尽言。"惟师哀其诚,恕其不择,终有以教之。[1]

夏游武夷,药地迁路新城,招魏禧晤于天峰寺,二人交谈甚欢,遂冰释前嫌。时药地武夷之行,魏禧自恨无暇追随,赋诗相送,聊表遗憾。秋,药地往莆田,访座师余飏,得以于莆田通天寺说法。《青原志略》卷五有余飏所作《送愚者归青原

---

① 方以智:《浮山文集》附录四,华夏出版社,2017年,第573—574页。

序》曰:“丁未八月,浮山愚者大师访余芦中,遂游九鲤,过通天寺,栖迟十有六日。既归,吾乡诸士送之,至三十里外,犹瞻恋不忍舍去。愚者口占一诗为别,有‘万里终须别,千秋各自尊’及‘分手休言梦,当知薪火恩’之句。”①

康熙七年(1668),自武夷返青原山。方中通兄弟等人于桐城浮山下动工修建报亲庵,欲迎青原愚者归养。桐城乡绅孙晋等人亦来青原请无可智归里驻锡浮山华严寺,然因江西人士坚留,其并未成行。《浮山志》卷五孙晋《桐城合邑请无可和尚住华严寺启》:“恭惟青原(无可)大和尚,人天共仰,钟铎全提。道蕴古今,会五宗于掌握。德全解行,逆千圣于胸襟。古佛再来,已应道旻之谶。神师重见,正符宝志之期。到处称尊,万初峰头,垂手随场作戏。……瞻师颜者豁然省,闻师名者跃尔归。甘露既澎于他方,法雨自施于故国。窃惟桐山浮渡,本属远公祖庭,……法席久虚,奇缘有待,……敢竭鄙诚,仰冀洪慈,允斯虔请。晋等临启,不胜瞻光待命之至。”又有《浮渡合山公启》、刘若宜《怀宁诸绅请药地和尚主华严启》、吴道新《延陵合族请药地和尚启》。②

(三)成祝国裕民之接众丛林

康熙八年己酉(1669)春,药地智承先师觉浪、法兄笑峰然之愿,主修青原祖庭方志,发“凡例”,辑佚逸,成《青原志略》十三卷,师友门人同来助其校对、梓刻。

天下山水以文重,文尤以人重也。“文字之关于山水者,大矣哉!”顺治年间曾任嘉兴知府的许焕撰《青原志序》云:“近啸峰然大师驻锡三载,灯焰弥辉。愚者大师继之,宗风丕振,山川生色,枯荆再长,夫岂偶然?时守宪施愚翁先生以理学大儒,契悟禅宗,敬礼愚大师,宣扬法雨,若坡公之于佛印。庐陵令于公慧男以政事之暇,究心禅学,力为檀护,禅堂有建,归云阁有建,晚对轩有建。惟《山志》一刻,犹为缺事,于公慨然捐俸糈成之。……要之,青原以思公而传,得诸名贤之题咏而益传,得愚大师以大手笔备载文迹而益盛传。所谓山水以文重,尤以人重,岂不信哉!”③

是年三月,于藻捐建青原山“晚对轩”落成,愚者智庆贺之余,缅怀旧友于奕正。夏,五月十五日,吉安士人有募修青又山“未了庵”之举,以助药地禅讲。施闰章《青又记》:“红尘之嚣,至此尽矣。”施又作《游青又记》云:“枕青原而夹出于

① 方以智编:《青原志略》卷五《序说》,华夏出版社,2012年,第123页。
② 陈焯:《浮山志》,黄山书社,2007年。
③ 方以智编:《青原志略》卷首《序文》,华夏出版社,2012年,第5页。

山谷者为青又，予闻之药公，以其山缅邈不尽，故名。土人相传，或谓之青幽，云境杳邃。”①

药地驻锡青原山，阐示教宗，释儒互济，中和为本，远近人士，闻旨如梦初醒。焦荣（荆崖）《青原未了缘引》曰：“青原道场，胜冠吉州。迩药地大师驻锡，阐示宗教，远近人士及缁俗等众，译斯旨趣，如大梦忽觉。旅客乍还，各证悟本来面目，兴起赞叹。日者，缺一净室方丈，敢募护持，发大愿力，以嗣振宗风。”②

《青原志略》王辰序曰：“盖（药地）老人随事应物，皆如是耳。禅儒互诋，世出世同病，药地大医，剂调惟均，使缁流安本来之衣钵，书生奉中和之俎豆。实欲使处世胶柱者，知有超出之一门，而昏贪可醒。出世但空者，不昧秩序之法位，而莽荡谁逞乎？”“余尝与同志私许近代人无出老人右者，一日以质老人，老人曰：‘（儒释道）三不收之废人，有何长耶？只是不见人短。’呜呼，不见人短，则莫非己长也。是尚有能出其右者哉？”③

康熙己酉（八年，1669）夏，于藻为《青原志略》作序称：“先君子尝言，米元章谓鲁公笔迹惟庐山、吉州题名为不失真。所谓吉州者，即青原山‘祖关’二字也。……适药地大师来视笑峰大师塔，因留主此山，盖与先君为故人，余因得数相朝夕。……笑峰大师曾创一稿，愚山先生携之去，捃摭未就，乃以属药地大师。师令门下士搜讨遗逸，而积录之。山水道场、文事风物、高深大小，统类森罗，凡十有三卷，……爰捐俸以付诸梓人。嗟乎！使先君而在，披读此志，摩挲卷帙，与故人握手，其快为何如耶！”④

冬，桐城乡绅吴善观等人又往青原山请药地，望其入主浮山华严寺。

康熙九年庚戌（1670），青原愚者60岁，先遣门人山足兴斧前往桐城浮山华严祖庭监寺。方氏四子出《桂林公约》：“老亲历年瓢笠，随缘自了，故乡片地，久已不置意中。德等不孝，勉结报亲数椽，谬图迎养。而青原留挽弥殷，十方迎请交下，以至一鸟鸟私情，频年未遂。客岁蒙延陵诸长者以华严祖庭为天界杖人及三一老人血脉源流，力请主持，故世出世法，均无容委，老亲始决东

① 方以智编：《青原志略》卷六《青又记》，华夏出版社，2012年，第146、150页。《光绪吉安府志》卷八《建置志》：“青又（未了）庵在青又山，踞静（净）居寺五里，一名青幽庵。基枕青原，峡出山谷间，绵邈不尽，故名。”

② 方以智编：《青原志略》卷七，华夏出版社，2012年，第178页。

③ 方以智编：《青原志略》卷首序，华夏出版社，2012年，第8页。

④ 方以智编：《青原志略》卷首序文，华夏出版社，2012年，第6—7页。

归。今春,先以山足兄来监院,以闰月廿四为接理之始,……老亲志在仰报佛恩,原非萦情桑梓。……嗣后,凡我桂林往来长者,当一体鉴原,共遵规约,庶不负延陵整厘至意,而老亲亦得戮力祖庭矣!方氏子中德、中通、中履、中发谨白。”①

是年秋八月,吉安、庐陵府县当道,应舆情之请,为永兴祖庭,免去青原山僧田税赋差役。青原一片山、曹洞一支脉,经药地愚者智弘扬振兴,已非世守之庙宇,乃成祝国裕民之道场,接众讲学之丛林。此可见于地方文书及碑记为证,如《青原寺田新立僧户碑记》:“夫青原从曹洞一脉,自思、齐、信、如、立诸禅师后,几于不振。及郭青螺、邹南皋二先生力,上移讲堂于外,而内殿重新,禅侣稍集,乃今至浮山愚者而大兴,盖莫盛于此矣!……兹为别立僧户,拨在八十七都尾寄庄编入新图,例得永免里长杂徭。……”②此碑为康熙九年庚戌(1670)七月谷旦,中宪大夫吉安知府郭景昌撰,庐陵县于藻同立石,闽莆林毓俊书丹。

据吉安府、庐陵县两学生员欧阳企等《呈词》,吉安府庐陵县为俯察舆情,“另立尾户,庶差役不临清净之门,而输纳永无逋负之累矣。据此,该卑职看得青原净居寺,乃接众之丛林。向凭本邑绅衿会请名僧,讲经课诵,祝国裕民,以延香火,非比受徒世守之寺僧也。主僧飞锡不定,法席频更。……今据前情,合无申请,准青原膳田,分立尾户办粮,开除一甲瞿祖贤户名,勒石免差,以垂久远。庶香火不泯,而国课永赖,佛天弘造,功施不朽矣。”

康熙九年(1670)八月初六日,据府县两学生员呈情,吉安府正堂郭批,正式确认“青原古刹乃祝国裕民之道场,非若受徒世守之寺僧也”,准将青原净居寺免除差徭杂役,并勒碑石为证。

冬十月二十六日,药地六十花甲之寿,贺贻孙、钱陆灿等四方友人多为文辞称贺,施闰章及易堂诸子亦有诗文祝寿。施闰章撰《无可大师六十序》:

> 无可大师,儒者也。尝官翰林,显名公卿间。去而学佛,始自粤西。遭乱弃官,白刃交颈,有托而逃者也。后归,事天界浪公,闭关高座数年,剖心

① 任道斌:《方以智年谱》,安徽教育出版社,1983年,第260页。《浮山志》卷十《桂林公约》。

② 《青原志略》卷十三《杂记》之《青原寺田新立僧户碑记》曰:“岁次庚戌七月谷旦,中宪大夫知吉安府事三韩郭景昌撰,庐陵县于藻同立石,闽莆林毓俊书丹。”(华夏出版社,2012年,第369页。)

> 濯骨，涣然冰释于性命之旨，叹曰："吾不罹九死，几负一生！古之闻道者，或由恶疾，或以患难，类如此矣！"盖其先父廷尉公，湛深《周易》之学。父中丞公继之，与吴观我太史上下羲文，讨究折衷。师少闻其好之，至是研求，遂废眠食，忘死生，以为《易》理通乎佛氏，又通乎老庄。每语人曰："教无所谓三也。一而三，三而一者也。譬之大宅然，虽有堂奥楼阁之分，其实一也。门径相殊而通，相为用者也。"故尝有《周易时论》《炮庄》等书，其说无所不备，学者以为汪洋若河汉，而参伍错综，条理毕贯。《易》曰："同归而殊途，一致而百虑"，殆谓此也。……其汲汲与人开说，囊括百家，掀揭三乘，若风发泉涌，午夜不辍。士大夫之行过吉州者，鲜不问道青原。至则闻其言，未尝不乐而忘返，茫乎丧其所恃也。①

康熙十年辛亥(1671)，春三月二十三日，药地愚者智因"粤难"案牵连而被捕。黎元宽、周亮工等人舍身相保，皆不果。秋，愚者智被押赴岭南质询，十月七日舟行至万安惶恐滩，病逝舟中。②

青原愚者智示寂后，康熙四十一年(1702)六月十五日，又立禁约告示："青原山静居禅寺，乃系七祖道场，……向为墨历药地愚者禅师，舍宰相身，登坛说法，十年修造，万象昭垂"云云。③

四 廿载袈裟只报恩

青原愚者智身后在有清一代寂寂无闻，而生前却声名藉甚，有曰："先生合忠臣、孝子、才人而一人矣。性命之学，三才物理之学，声音文字之学，与夫一技一艺，莫不穷其源，造其极，记古今第一奇男子，名甲天下。"江子长称愚者智为"四真子"，即真才人、真孝子、真忠臣、真佛祖。由于晚遭奇祸，清代文字狱又极为酷烈，方以智的著述，除三数种外流传并不广。其晚年生活，见诸公私记载者，亦多

① 方以智：《浮山文集》附录四《学余文集》卷九《无可大师六十序》，华夏出版社，2017年，第572—573页。
② 余英时《方以智晚节考》中对方密之死因提出了不同的看法，认为他出于遗民志节而"蹈水自沉"。
③ 方以智编：《青原志略》卷十三《杂记》，华夏出版社，2012年，第373页。

隐晦不彰。①

（一）示寂后无闻之谜

钱穆在《方以智晚节考》序文中探察了方密之身后寂然无闻的情况："《清史稿》密之本传，马其昶《桐城耆旧传》，皆仅记密之之卒，不详其遇祸事。康熙十二年重修《桐城县志》，上距密之卒仅两年，亦不著其罹难死节。此事在当时，殆举世所讳，后人遂少传述。……然计密之遁迹空门，灭影岩壑，亦逾二十年以上。纵是俗缘未尽斩绝，则从来高僧大德，又谁欤无此？要可谓不食人间烟火，不问当世理乱。而祸发之厉，钩连之广，其子乃有家人齑粉在俄顷之语。以密之之声光，其事必震动一世，而事后皆闭口不敢言，搁笔不敢记。密之《通雅》一书，清《四库》收入明人之列。《提要》极称之，谓其考据精核，迥出杨慎、陈耀文、焦竑诸人之上，在明代考证家中，可谓卓然独立，明明是胜国遗民下入昭代，四库馆臣岂不知？乃并此亦避不敢提，殆由爱生讳，其疏失即其谨慎，而密之乃居然得干净为一明代人。《提要》撰文在乾隆四十六年，上距康熙十年密之卒，亦已整整一百年。尚犹如此避忌，则百年前情景可想。"②

学者们也很困惑方以智著作等身，可学界对其思想尤其逃禅后之思想却所知甚少。余英时曰："密之一生，大节凛然。早年怀血疏为父鸣冤，孝名满布于中朝；中岁避党祸流窜南荒，姓字见重于乡曲；及乎国亡不复，则去而逃禅。凡此之类，固早已著之史册。虽顾亭林之坚卓，王船山之苦隐，又何以过之？是密之之遗民志节亦早为天下后世所共仰，而无待乎更有所渲染也。顾余读密之之书，犹有恨焉。晚明诸老如顾炎武、黄宗羲、王夫之，其亡国后之著述，在清代虽多触禁忌，然大体仍得保存并屡经刊布。至其遗民生涯，亦先后有人为之表彰，如张穆《亭林年谱》、黄炳垕《梨洲年谱》、王之者《船山年谱》、罗正钧《船山师友记》皆是也。独密之披缁后之作，除《药地炮庄》外，犹多为抄本，或偶有刊本亦流传极稀。其最有关系者如《浮山后集》《流离草》《冬灰录》《愚者智禅师语录》《一贯问答》等书，今皆极难获见。方昌翰于光绪十四年（1888）编刻《方氏七代遗书》，收有密之著作三种（《向言》《膝寓信笔》《稽古堂文集》），亦悉为中岁以前之作。故治密之之学者不仅无从详考其晚年思想之进展，并其

① 方以智编：《青原志略》校注前言，华夏出版社，2012 年，第 1 页。
② 余英时：《方以智晚节考》钱穆序，生活·读书·新知三联书店，2004 年，第 2 页。

逃禅后之行止，亦鲜有能确言之者。全谢山搜罗明季遗民轶闻，用力最勤。于黄梨洲、顾亭林、李二曲，以至陆桴亭、刘继庄辈，皆能娓娓道其生平；然于密之，则亦仅能附著数语于方忘溪神道碑中而已。”直至现代，学者庞朴还在其著作中写道：“多少知道一点中国学术史的人，没有不知道明清之际的顾、黄、王，即经学大师顾炎武（1613—1682），史学大师黄宗羲（1610—1695），哲学大师王夫之（1619—1692）的；但近乎不公的是，仿佛很少有人知道，与之同时，与这三大思想家都有交往的，另一位当时齐名的大思想家，安徽桐城的方以智（1611—1671）。”①

余英时《方以智晚节考》云：“余所考，密之最后十年左右定居江西庐陵之青原山，除偶尔出游外，未再迁动。抑尤有进者，此十年之中，密之禅机虽悟，俗累犹牵，暮年卒招大祸，几至灭门。其遭遇之酷，较之亭林、梨洲、船山诸公之犹得逍遥林下，著述以终者，实有天壤之隔也。”②余先生的考证很大程度反映了方以智卒后百余年被沉没噤声的原委。

（二）生于忧患，别路藏身

无可智寂灭后，其子方中通于康熙十年辛亥（1671）冬作《哀述》诗，序曰：

> 西泠姚有仆年伯序老父《瞻旻》诗，谓才人、忠臣、孝子合为一人者。呜呼，知之深矣。然未睹老父二十年来之著作，向见其豳、岿之行，甄、苏之节，称之为孝子，为忠臣。又见其经史会通，词章博雅，穷百家之书，工百家之艺，谓五地再世，称之为才人已耳。呜呼，万世而下，其所以景仰浮山先生哉，岂特此哉？
>
> 世固有性命之学，有象数之学，有考究之学，有经济之学，有三才物理之学，有五行医卜之学，有声音之学，有六书之学。老父穷尽一切，而一征之于河洛，破千年之天荒，传三圣之心法，准不乱而享神无方，必有事而归行无事，天然秩序，寂历同时，以无我为备我，以差等为平等，午会全彰，诚非虚语。倘姚公至今日，披读《时论》《炮庄》《易余》《物理》《鼎新》《声原》《医集》《冬灰》诸书，仅谓之才人乎哉？虽然，忠孝所以成其才，才所以济其学，浮山

---

① 庞朴：《东西均注释》序言，中华书局，2001年，第1页。

② 余英时：《方以智晚节考》，生活·读书·新知三联书店，2004年，第5页。

先生之直继缁帷，职是故哉？独是生于忧患，别路藏身，甘人所不能甘之苦，忍人所不能忍之行，瓢笠天涯，晚遭风影……[①]

《哀述》是方中通在守丧期间所作的一组怀念父亲的诗篇。这组诗，除上述小序外，一共十首。诗的内容基本上涵盖了方以智一生的学行和志业，因此大体上可以看作是一篇“盖棺论定”之作。其中引人关注的，是他向世人告白“再生须发都成雪，廿载袈裟只报恩”，揭示了乃父劫后余生20年在佛寺丛林度过的“缁帷”“瓢笠”之行履，虽为“生于忧患，别路藏身”，而确实有“甘人所不能甘之苦，忍人所不能忍之行”，只堪叹忽遭粤难风波而终止。甲申变后，方以智有诗集《瞻旻》表其对时艰国忧之心迹，而其佛门心语则表达于《冬灰录》《青原志》诸书。方中通诗曰：

掀翻沧澥倒昆仑，何幸天留不二门。杖许竹关埋白下，斧知药地借青原。再生须发都成雪，廿载袈裟只报恩。才信荣枯分未得，荆条活处露桀根。

方中通诗下自注：“两逼煨火，托迹空门。甫得归省白鹿，即圆具天界。破蓝茎草，遂受嘱于杖门，闭关建初寺之竹轩三年。先祖弃世，破关奔丧，结茅庐墓。终制后复游西江，扶起廪山、东苑。吉州诸公因请主青原法席，而药地之斧始酬米价焉。历住建武之资圣、安福，西昌之首山、汋林，何往而非药地乎？固知思祖之倒插枯荆，冬日再荣，诚受命如响，不可思议。呜呼痛哉！今日过药树、法荫、归云、晚对、别峰诸处，触目皆先人之创造、遗笔在焉。至为杖人翁刊《全录》，为

① 方以智：《浮山文集》附录《哀述》，华夏出版社，2017年，第574—575页。方中通(1634—1698)，字位伯，号陪翁。明翰林方以智次子。其著作有《数度衍》二十四卷附一卷、《陪翁集》十一卷(文三卷诗七卷词一卷)及《音韵切衍》《篆隶辨从》《心学宗续编》等传世。按，“午会”诗云：“千年逢午会，百道尽文明。”原注：依邵子元会运世推算，正逢午会，万法当明。张永义认为，《庄子·渔父》篇称：“孔子游乎缁帷之林。”因此后世常以“缁帷”代指孔子和儒家。在中通看来，道德是学问之本，忠孝又为道德之纲。其父作为忠臣和孝子，理当归宗于孔门。二十年的出家生活，只不过是“生于忧患”，被迫“别路藏身”而已。“别路”，用以指禅门，“向上一路”。参《青原志略》卷十出泥《怀青原》诗曰“老天善钳锤，别路果尊贵。三代簪缨中，感此一瓢味。”其实劫后余生的方以智虽从未忘却忠孝二字，但晚年他“坐集千古之智”基本是在佛门生涯中成就的，对于儒佛分际早就不再计较了，而更重视“圆三宗一”的儒佛融通之学。

笑老人建衣钵塔，成《志书》，免里役，凡百完备，而奉之同门，又其主青原之逸事也。”①

这是方中通《哀述》组诗中的第六首，描述的是方以智出家后的生涯。第二句中的“不二门”泛指佛门，特指觉浪之禅门，其以提倡禅净不二、儒佛双选著称，曾创设“不二社”“双选社”。第三句“杖许竹关埋白下”中“杖”即浪杖人，白下即金陵别称，指的是方以智皈命杖人，并于建初寺（笔者按，应为高座寺）看竹轩闭关三年。第四句“斧知药地借青原”指的是药地智继笑峰大然主青原山净居寺。末句“荆条活处露槃根”则借用青原行思倒插枯荆典，说明方以智对于兴复青原的大功。

需要稍作补充的是：第一，方以智梧州出家的第二年，就跟随施闰章，踏上了越岭返乡之路。由于其声名在外，到故乡桐城不久即两度遇到清朝官员对其出仕的催促，因而不得不皈命觉浪埋身“白下”，正式接受大法之戒，这就是方中通所说的“两逼煴火”。第二，觉浪杖人的《全录》是由方以智主持编纂刊刻的。《嘉兴藏》另有一部《觉浪盛禅师语录》，篇幅稍小，有些内容并未包含在《全录》之中。第三，方以智所纂修之“志书”，即《青原志略》系现存最古的青原山志，此书由笑峰大然发端，但完成于愚者智手中，“其发凡起例始于方氏，其余文字亦泰半关乎方氏”。而且还收有青原愚者智晚年诗文数十篇。方氏最后十数年之行迹与思想，举凡师友唱和、开示法语、方内方外、于公于私，皆可从中寻得些许蛛丝马迹。“免里役”是指免除净居寺僧户之杂徭差役，这是愚者智生前为青原所做成的最后一件实事。详见《青原志略》末卷所载。“凡百完备，奉之同门”，是指愚者智晚年主动退休，于诸事完备之后把青原山寺住持的位置让给了同门师弟叶妙大权。② 而故乡浮山祖庭，愚者智则命门人兴斧去监寺。

浮山为远公祖庭，数年来方家兄弟建报恩庵于浮山下，故乡诸公复迎青原愚者主华严法席，将归而难作矣，呜呼痛哉。《哀述》最后一首诗曰：

波涛忽变作莲花，五夜天归水一涯。不尽寒江流血泪，敢言觉路总云

① 方中通《哀述》诗及自注，均见方以智：《浮山文集》附录，华夏出版社，2017年，第576页。
② 参张永义：《方中通〈哀述〉诗释读》，《中山大学学报（社会科学版）》2018年第1期。

霞。丁宁只望人传语，断绝惟余骨到家。惭愧荷薪忧力薄，且凭灯火照衰麻。

最后一首哀诗以方以智辞世作结。方中通自注："辛亥十月七日，舟次万安。夜分，波涛忽作，老父即逝，而风浪息云。""世出世间，穷尽一切，而仍还一切，此老父之以知全仁知也。历诸患难，淬砺刀头，此老父以仁全仁知也。集大成而不厌不倦，其天之所以救世乎！惜辞世太迫，世鲜知者。小子复愧早昏，不克负荷，哀何能已？汇编《语录》之暇，敬述十章，不胜呜咽。"方以智是否蹈水自尽，中通虽没有明说，但可能性比较大。"波涛忽变作莲花"，有接引之意。"五夜天归水一涯"，突出的刚好是"归"入水中。时间是五更天，此时的看守者也比较容易疏忽。自注中强调的"以仁全仁知"，似乎也有舍身成仁的味道。

（三）集大成而不厌不倦

方中通诗注所言"集大成而不厌不倦"，这是对方以智余生 20 载为僧生涯思想与学问的真切表述和精到总结。下一句"其天之所以救世乎"，说明方以智肩负薪火托孤的使命，殚精竭虑治学，许是天之用以"救世"吧。

晚年方以智对"天地之孤"绵绵用思，并孜孜于教人懂得"天地之心"。康熙九年(1670)十一月十五日冬至节，药地智为众僧徒讲天地之心及交轮反复、不二不一之理。《冬灰录》卷二《冬至垂问》："今日冬至，恰好十一月中，……天地之心，何处不在？然而非复不见，非剥不复。现前念起念灭，迅不停几。……透过生即无生之理者，能转阴阳。"

其又作《孤史序》曰：

自有天地，未有作孤史者，其见天地之心乎！知天地所以托孤者，知生死矣。故其友序之曰：张子年五十有八，先自祭，与子诀，而今不死。无可道人年四十有四，庚寅以僧被絷于粤，求死不死，自祭之，遗书诫之，而至今不死。两人得毋近以死诒天地哉？观《易》至于贞悔之际，留硕果反，而长至(即冬至)得元，此其天地之托孤于小、大雪乎？振古终今，立天地间而不负天地者，即天地之孤也。雨润之而又霆击之，勾芒之而又蒸郁之，继且吴落之、凋伤之，必坠其实而槁烂之乃已，是何用心之辛螫耶？天地曰："吾以成我孤耳。"孤而能以天地之心为心者，始不负天地矣。以天地之心为心者，能死其心以学天地也。惧以终始，其要无咎。吾辈下地时，即时时以死自存。存矣，吾故知天地之知吾两人，不以死诒天地也，天地亦欲托此两人在雪中耳。两家之子，但知其父为天地之孤，则可以读此史矣。①

对青原药地愚者晚年思想宗旨最为了解的，应该有两位，一是侍子方中通，法名兴謦，二是受老人付嘱的法嗣兴斧山足，被命至浮山祖庭监寺。此二人最知老人托孤之心，有何为证？方中通在亥、子之交（康熙十年至十一年，1671—1672）万安患难中，为青原老人守灵，整理老人遗著，编成《青原愚者智禅师语录》四卷，而藏于浮山。后于康熙十五年（1676）得浮山兴斧支持，梓刻问世并入藏流通。他在所作《青原愚者智禅师语录跋》中，从"教以时起，道以时行"的"时论"角度，阐述了老人之"集大成"，曰：

孔子集尧舜禹汤文周之大成，药地老人集诸佛祖师之大成，时也，非人也。孔子时，无诸佛祖师之教，故集尧舜禹汤文周之大成，而诸佛祖师之教寓其中。老人本传尧舜禹汤文周之道，转而集诸佛祖师之之大成，而尧舜禹汤文周之道寓其中，时也，非人也。教以时起，道以时行，何莫非异类中行乎？何莫非因法救法乎？何莫非乘午会、协兼中乎？杖人翁于刀兵水火求天下大伤心人，为之托孤。老人南北两逼煴火，舍身不二，破篮茎草，遇缘即宗。是天地因时而生老人，复因老人之时而生杖人，可思议哉？

夫时之不得不病，病之不得不药，药之不得不就医王也。一橛者一橛，昆仑者昆仑，别路者别路，无记顽空者暗痴胶执，标幢斗胜者莽荡滑疑。惟以不立文字为了涅槃，不以不离文字用穷差别，卒归护短强胜，妄执愈增。差别未明，涅槃亦未晓，佛祖冤乎哉？老人之时乘也。以无我为过关，以不自欺为薪火。合尼山（孔）正示、鹫岭（佛）大过、漆园（庄）旁击而一之。明乎公因反因，正知遍知，证此五位天然秩序，寂历同时之大符。所谓透过向上、打杀向上，同患尽分，决于中节，然后知医王集大成，而后能应病予药也。如或专提向上，则赤子之恶亦善矣，矿土之善亦恶矣。赤子、矿土非恶也，不当乎理，不适乎用，善而不得谓之善也。

① 方以智：《浮山文集》孤史序，华夏出版社，2017年，第359—360页。

兴磬向侍青原，两闭冬关。父子恩深，刀斧莫入。亥子之交，守椋五云。苫山瓦灯，重蒐语录编之，归而藏诸浮山。时主席浮山为吾法兄山足（兴斧）大师，触着痛处，急愿流通。既成《浮（山）志》之余，共襄剞劂，相与拍掌而喜，谓老人为杖人托孤，即为诸佛祖师托孤，即为尧舜禹汤文周托孤，实为孔子托孤也。火焦露日，枯笋生光，时也，非人也。继而悲谓，以此报前之大伤心人，复以此望之天下后世之大伤心人。识法者惧，知音者稀，时也，非人也。[①]

康熙十五年（1676）重九，《青原愚者智禅师语录》四卷剞劂流通，吉州门人兴斧于浮山祖庭识语曰："余观从上圣人，未有不处困而亨者，尼山统仁知而不得其位，老子谈道德而未广其传，释迦证真常而人多不信。然而三圣之法，至今塞天地不衰，诚所谓处困而亨者也。至华严五地菩萨，具无量智，现无量身，说无量法，寓仁义道德、忠信节孝及医卜历数，皆归真常，又非恒等所及。吾师药地老人临难舍身，踏完天地而归不二，穷尽一切而乘中和，以大才而成大孝，移大孝而持大节，全大节而秉大愿。总持三教，烹炮古今，归于鼎薪，非现五地身而说三圣之法者欤？非处困而亨者欤？末后受嘱于杖人翁，担荷曹洞大法，计出世二十余年，说法多处，《语录》若干卷。位白（方中通字）兄于万安患难苦次中，编辑成帙，此又以处困而亨者为刀斧不开之一证也。斧奉老人命住浮渡华严，勉力既成兹山之《志》，复与位兄谋为《语录》流通。因缘时节或自有在，庶不负老人因法救法之苦心也。"[②]

五 | 集大成之作：《东西均》与《药地炮庄》

明清易代后，方以智因不愿意出仕，起初选择了逃禅以避世，可当方氏由儒入释后，他最后20年的人生便发生了重大改变。方以智不同于其他逃禅遗

① 方以智：《冬灰录——外一种〈青原愚者智禅师语录〉》跋，华夏出版社，2014年，第353—354页。
② 方以智：《冬灰录——外一种〈青原愚者智禅师语录〉》跋，华夏出版社，2014年，第354—355页。

民，他由于出身书香门第，家学渊源深，素来嗜好学问。虽才华盖世，以文名天下，但他从来不只是“文章之士”。从南京高座寺看竹轩闭关开始，他潜心研究佛学禅道兼治易学，可并非漫无目标和边际，自始他就由觉浪道盛这位清初金陵曹洞宗高僧为他指明了方向，确定了宗旨。觉浪于癸巳（顺治十年，1653）孟冬，将所作《庄子提正》书付竹关，杖人名之曰“托孤”，并作《破篮茎草颂》记曰：“予今年倚杖天界，无可智公从生死危难中来皈命于予，受大法戒。乃掩关高座，深求少林服毒得髓之宗，披吾参同灯热之旨。喜其能隐忍坚利，真足大吾好山之脉。”①

方以智的各类著作，据侯外庐主编《方以智全书》前言曰“约达四百万字以上”，遍及文字、音韵、天文、地理、博物、医药、经学、哲学诸方面，其盛传于世者以《通雅》五十二卷、《物理小识》十二卷为最有名，曾被清人编入《四库全书》子部杂家类，然而是被作为明代方以智著作，且仅为一考据家而已。《四库提要》谓其“考据精核”“可资博识”。又在《道家类存目》中列有《药地炮庄》九卷，称其“盖有托而言”云。其中《通雅》一书尤为学者所称道，称其为先于乾嘉学者而发声，“实为近代研究小学之第一部书”。而《通雅》卷首《音义杂论》下面这段著名的话，亦经常被学者引用：“生今之世，承诸圣之表章，经群英之辩难，我得以坐集千古之智，折中其间，岂不幸乎？”此外尚有被隐没的《东西均》和《易余》，实为两部姊妹篇哲学著作，如今《东西均》被发掘出来，其思想价值得到学界公认，《易余》则尚未问世。而《药地炮庄》九卷实为其披缁逃禅后晚年代表作，目前亦未得到学界充分重视和深入研究。

（一）东西均：华梵不二

据庞朴研究，《东西均》与《易余》二书完成于顺治九年壬辰（1652）前后，其未得问世之重要原因在于政治，正当朝廷竭力寻找一切借口整治江南缙绅的时候，其署名中却隐含着遗民的民族气节。庞朴曰：《东西均》一书在1962年以前，一直未曾刊刻出版过，但传抄本未必没有。至于《易余》则著录于朱彝尊的《经义考》，名声很大，特别是其《小引》曾收入《浮山文集后编》，流传较广。而从《东西均记》和《易余小引》成文，至方以智死去的二十年内，正是清文字狱

① 道盛、大成、大然：《天界觉浪盛禅师全录》卷之十二《破篮茎草颂（有序）》，《嘉兴大藏经》第34册。

焰炽烈时期。[1]

《东西均》全书除“开章”及“记”以外，有“扩信”“三征”“反因”“颠倒”“全编”“张弛”“象数”“所以”等 26 篇，约 10 万字。学界认为，《东西均》一书，与经典注释、语录汇编、心得集录、论学问答等传统哲学著作体例完全不同，而是一部系统、完整、严密的原创性哲学著作。其作为方以智历经患难而逃禅披缁后之第一作的价值，尚待进一步深入研究。

何谓“东西均”？“开章”篇曰：“均者，造瓦之具，旋转者也”，“乐有均钟木”，“均固合形、声两端之物也，古呼均为‘东西’，至今犹然”。其意指旋转的陶钧、调节编钟大小清浊的均钟，乃至一切事物都是对立两端的统一，故“均”有统一两端运转的意思。以此，方以智认为，东西、华梵之学，也应经“烹”“煮”而“合一”，故主张“以禅激理学，以理学激禅，以老救释，以释救老”，把儒、释、老（三教）融会贯通，“今而后，儒之，释之，老之，皆不任受也，皆不阂受也”。

《东西均》为会通华梵、古今之学，提出“公因反因”说、“二而一，一而二”等论点。强调公因寓于反因中，“代错不二”，“尽天地古今皆二”，把“相因者皆极”看作“天地间之至理”。同时又指出，“两间无不交，则无不二而一者”，事物都是“两端中贯”，“相反相因者，相捄相胜而相成”，表达了对立面互相斗争又相互依存的思想。他还提出“交、轮、几”的公式：“交也者，合二而一也；轮也者，首尾相衔也。凡有动静往来，无不交轮，则真常贯合于几，可征矣。”即在事物的矛盾运动中要把握发展的可能性“几”。但他讲“交、轮、几”是与“随”“泯”“统”相联系的，说“明天地而立一切法，贵使人随；暗天地而泯一切法，贵使人深；合明暗天地而统一切法，贵使人贯”，这种阐述与佛学“三谛圆融”之旨实有异曲同工之妙。

《东西均》创立所谓“圆三点∴（读‘伊’）”理论，方以智解释说：“上一点为无对待，不落四句之太极，下二点为相对待，交轮太极之两仪”，“上一点实贯二者而如环”。认为在“二”“天地”“阴阳”“有无”“善恶”等对立面之上有一个“无对待”，“无对待在对待中”，即“真天”“真阳”“太无”“至善”，亦即“公心”。他说：“心大于天地，一切因心生者，谓此所以然者也。谓之心者，公心也，人与天地万物俱在此

---

[1] 庞朴：《东西均注释》序言，中华书局，2001 年，第 2—3 页。“最著名的（文字狱），如康熙二年（1663）湖州庄氏史案，一时名士七十多人同时遭难。此外，如孙夏峰于康熙三年（1664）被告对簿，顾亭林于康熙七年（1668）在济南下狱，黄梨洲被悬购缉捕。前后四面，这类史料，若仔细搜集起来，还不知多少。”（梁启超《中国近三百年学术史》。）

公心中。”把心作为其哲(佛)学思想的最终归宿。① 其论不孤,其次子方中通在《周易时论》跋中便说:“老父会通之……一多相贯,随处天然,公因反因,真发千古所未发,而决宇宙之大疑者也。”弟子杨学哲在《禅乐府》跋中说:“吾师乎,吾师乎,公因反因,不二代错,激扬妙叶,真破天荒。”弟子左锐在《公因反因说》中说:“环中堂(方氏堂名)公因反因,诚破天荒,应午会!”

今人侯外庐在出版《东西均》的序言中说:“他的哲学和王船山的哲学是同时代的大旗,是中国十七世纪时代精神的重要的侧面。”庞朴写道:“《东西均》和《易余》,是两朵哲学姊妹花。谈论方以智、为方以智立传而不提他的哲学成就者,毫无疑问,一定未能读到这两部书;凡读过的人,也毫无疑问,一定会为它的深邃博辩所折服,惊信方以智是近代启蒙时期的伟大哲学家。”②

(二)烹三炮五:以庄为药引

《通雅》《物理小识》都是方以智中年或中年以前的作品,但此二作也刻成于其禅游江西时期。③ 而《东西均》成于逃禅以后,匡庐隐遁之时。唯有《药地炮庄》呕心沥血伴随他十数年,从金陵竹关开始,直至入主青原祖庭后方得成就。与其曰《药地炮庄》是方以智晚年代表作,毋宁说是其逃禅为僧的患难性命之作、杖人托孤之作,抑或曰儒圣佛祖集大成之作、易禅庄学鼎新之作。

《药地炮庄》之“炮”取自医家制药鼎新炮制之意,即常对药材加热烘炒,以便去除毒性,增强功效。把这同样的方法施诸《庄子》,就成了所谓的《炮庄》。换言之,《药地炮庄》实际上是一种以《庄子》为药引,对东西古今佛祖圣贤一切智加以烹炮,发其毒性而变济世良方的工作。④ 无可智在禅游江西时期,在寿昌寺给青原笑和上的书信中谈道:“竹关别后,一恸终天。乃以师(浪杖人)旨,重烹教乘。因外祖吴太史书(《三一斋稿》),征三世《易》,寂、历同时,别传遮二而又遮一,权奇炼将耳。”信中诗句“却喜青原、南岳一口气,烹三炮五吞一味”所表达的,正是要将儒释道三教及禅宗五家分灯之旨烹炮于一炉,炼制成一味“以法救法”乃至

① 侯外庐:《方以智〈东西均〉一书的哲学思想》,《人民日报》1962年8月6日。参封强军:《方以智挂锡庐山期间活动述略》,《九江学院学报(社会科学版)》2014年第3期,第30—31页。

② 庞朴:《东西均注释》序言,中华书局,2001年,第5页。

③ 如《通雅》即追随药地智学禅的江西新城弟子所刻,康熙五年(1666)五月,揭暄携《通雅》至福建建宁,姚文奕见而欣慕,为作《序》及《凡例》,经陈式等赞助,刻板刊行。《通雅·凡例》:“是书系先生门人广昌揭子宣,携至建溪。会吾乡西硕道人极叹其佳,因同吾师陈二如先生、吾友吴炎牧怂恿行世,遂竭力付梓。”姚文奕《序》:“康熙丙午夏日,龙眠姚文奕题于芝山之春草堂。”

④ 参方以智:《药地炮庄笺释》前言,张永义注释,华夏出版社,2013年,第1页。

救世济民的丹药。[1]

方以智取“药地”为号，不仅因其流落岭表“卖药为生”，精通医药，更且因其著作《药地炮庄》，深知医王集大成，而后能“应病予药”。药地智曾作《药室说》，引黄山谷《药说》曰：“老夫往在江南，贫甚，尝念贫士子不能相活，富子不足与语，惟作药室，不饥寒之术也。然市中人治药，以丁代丙，甚贵又不中用，积其欺诬，子孙冻馁者多矣。……今袁彬质夫言‘欲作药室，以济人为功，以娱老为业’，欣然会余宿心，故为道所以尽心于和药，而刻意于救人之说。不多取赢，则济人博；不欺其剂，则治疾良。他日阴功隐德，当筑高门。”

其又举耿天台《药僧愿》曰：“人之生老与死，此中着力不得，惟有病之一字，可以救药。而僧徒无主，病苦可悲，或小恙而大剧，或活症而濒死，救疗功德，诚最切也。”杖人曰：“知佛祖之特以生、死二字为人着力处乎？舍此亦无从施设法药矣。昔维摩示疾毗城，以病作医，欲去众生无始爱见、攀缘妄想之业。夫此四大变化诡异如梦影空华，孰能一一按其症候哉？我谓维摩神力，亦不过欲众生悟此生死妄因，而自得解脱耳。不然，即使尽大地人皆如长寿天，无病苦之恼，亦何补于众生慧命乎？……又如僧者，岂不有因病而感其真智，因法以悟其妄业，而同游此大药笼乎？夫如是能以法药二施，则疗一僧之身病，即可疗尽天下众生之心病也。续一日之危命，即可续万世不绝之慧命也。予寿昌祖每见病僧，必亲调药饵；见僧迁化，必躬负薪荼毗。……今欲建法药院，院毋论成不成，能举此心，倡此行，自足感悟十方。岂有如是真因，而无如是真果也哉？”

笑翁曰：“山谷卖药之室，天台药僧之愿，体恤隐情，归无欺诬，甚盛意也。然医学不精，能无欺诬乎？佛国五明，医其一也。大医王不能明症予药，而但曰一茎草杀人活人，能免欺诬乎？”愚者曰：“即差别是根本，于医亦可悟矣。火与元气不两立，而气即是火，百病皆火，而养人亦此火。一曰精神皆气也，一曰精足则气足而神足，一曰神统精气。心病治神，神在何处，疑决否耶？悟此者，一言而终。然运气经络，脉理方药，不能会通三才，尽物之性，知其常变，而总冒之曰阴阳一也，其不可应症明矣。”[2]

综上所述，若以世俗学者注《庄》之书来读《炮庄》，则不反南辕北辙，亦恐怕

① 方以智编：《青原志略》卷十《诗·自寿昌寄上青原笑和上》，华夏出版社，2012 年，第 249 页。
② 此三段引自方以智：《浮山文集》附录二《辑佚》之《药室说》，华夏出版社，2017 年，第 517—518 页。

有隔靴搔痒之嫌。方以智对家学和师说的把握推敲，精思论证，不是简单袭取和述不作，而是属于“烹炮折中”之后的“集大成”。作为方以智晚年心力的结晶，《药地炮庄》其实就是觉浪禅师“托孤”的结果。其一踏入师门就接到了“炮庄”任务，并为此付出十数年的心血。整部《药地炮庄》，贯穿着其师觉浪禅师所提出的“薪火托孤”思想。药地愚者《炮庄引》曰：“子嵩开卷一尺便放，何乃喑醷三十年而复沾沾此耶？忽遇破蓝茎草，托孤竹关，杞包栎菌，一枝横出，曝然放杖，烧其鼎而炮之。重翻《三一斋稿》，会通《易余》，其为药症也犁然矣。”又曰：“火与日，吾屯也；阴与夜，吾代也。此固剥烂弥缝、旁通正变之冷灶耶？浮山药地，因大集古今之削漆者，芩桂硫礶，同置药笼。”①

当然，从学术思想史来看，这也是宋元明以来儒释道三教会通所达到的思想高峰。不过从彼时现实考量，杖人“于刀兵水火中求一大伤心人”托孤，这正是方以智《药地炮庄》对庄子托孤的悲情定位，更能为鼎革之际遗民士子提供一种精神上的慰藉。面对国变鼎迁，遗民如方以智，虽披缁为僧却并未消极遁世，而秉承师命付嘱，不惟弘化一方利民济世，对症下药；且不厌不倦坐集千古智，以世出世妙协为本，应病予药。天界学人陈旻昭法名大中，为《药地炮庄》作序，其对浪杖人以提庄托孤于无可大智的意义非常清楚，将其与紫柏老人刻觉范之书相提并论，是为了表彰其行如程婴、杵臼忠义抚孤，“以明纲宗，留救后世”。他直陈当时法门乱象：“末世学者不发愿力，不究实用，则或以倍谲标新，或以椎拂装面，相率逃学嫉法，而以道为掠虚斗胜之技，炼很护短，无当中和，不可悯耶？”对这些“病症”，“庄生悲其渐毒颉滑、离跂好智，事归于利，早刺破矣。药地大师之《炮庄》也列诸病症，而使医工饮上池，视垣外焉”。何三省法名大畴亦题序云：“《炮庄》制药，列诸症变，使人参省而自适其当焉。”②

觉浪圆寂后，侍者弘庸去江西报讣，药地智时在寿昌著述《炮庄》。据《药地炮庄》的弘庸序所记，浪杖人常谓弘庸曰：“世出世本妙叶（协）也。法幢不少，犹属草创，传讹莽荡，且不返矣。此时弘道，在集大成，非精差别，岂能随物尽变？可公（即无可智）具一切智，而绝不骄妒，物宜至赜，如数一二间出之人也。今已洞彻底源，三教总持，渠自无避。椎拂铮铮，以本分草料，杀活不妨，冲破青宵。

① 方以智：《浮山文集后编》卷二，《浮山文集》，华夏出版社，2017 年，第 382—383 页。

② 方以智：《药地炮庄笺释》总论篇《序跋》，张永义注释，华夏出版社，2013 年，第 21、22 页。

若舍身集法，慰双选（儒佛）之孤者，其一麟乎！”杖人言之缕缕，弘庸之肌骨沁入深矣，“得一麟足矣”。甲午（顺治十一年，1654）之夏，自灵岩（弘储）来为临济、曹洞两宗修和，杖人令闻之大师（无可智）。走晤高座寺，竹关师曰：“省一事胜多一事。今既明矣，更何求焉？”弘庸“心服之。……中心悦而诚服，古人只是不欺耳。暇读《炮庄》，叹曰：超一切法，而游一切中，其自得也。申本来之法位，共享中和，其公愿也。……感天地之炉鞴，刀锋万里，历尽坎窞，狭路托孤，有谁知其同患藏密之苦心者乎？”[①]

药地在汐林时，故友张自烈“溯江千里，访宓山愚者于汐林，适阅《炮庄》，谓公刿曰：寓言十九，综百家，贯六经，《周易》外传也。试合潜夫先生《时论》求之，道在是矣”。刿即药地智门人兴裁，张自烈与药地门人说：“宓山厉甄、苏之节，不有其名；发濂、洛之蕴，不有其功；探竺乾之奥，不有其迹。三者皆不有，皆寓也。揆诸《时论》藏一旋四之环中，岂有二哉？向者宓山由瘴徼，羁长干竹关。会失怙，奔丧庐墓三年。比出游，好学不倦。或私余曰：出世，盍一切泡影置之？余曰：否。昔人从远公事佛，养其父瓦官寺。守亮精《易》理，文饶资益为多。尽其在我，途殊归同，世出世间一也。”闻者爽然。[②] 据张所言，药地智《炮庄》以其父《周易时论》为参考“探竺乾之奥”等，“藏一旋四”而“环中”。

庐山补堂居士文德翼序《炮庄》曰：“农皇（神农）一日而遇七十二毒，岂百草皆有毒哉？唯此一茎草能杀人、能活人，毒气之所钟也。夫能胜是气者，必生于是气之中。此以毒治毒之法，而非炮则药集不为功。三古以来，道德仁义、礼乐刑政之说，蕴毒于人心深矣，庄子以冷语冰之。千载而下，药地大师又以热心炮之。譬如服五石者，不从严冬之节，以寒泉百斛通体淋漓，则其热性不发。热性不发，则其毒根不死。石中有火，木中有火，大海之中有火。是其热处爆着，即其冷处浇着也。《庄》之药，师之炮，同一发毒作用耳。浪杖人《灯热》一书，十方始知是火，师即传以为炮岐黄，不在父子间乎？虽然，古人之病病道少，今人之病病道多也，须炮却始得。盖医能医病，药地能医医，是曰医王。”[③]补堂从神农尝百草说起，对草之毒性药性，及发病机理，炮制之功用，皆

① 方以智：《药地炮庄笺释》总论篇《序跋》，张永义注释，华夏出版社，2013年，第27—29页。
② 方以智：《药地炮庄笺释》总论篇《序跋》，张永义注释，华夏出版社，2013年，第23—24页。
③ 方以智：《药地炮庄笺释》总论篇《序跋》，张永义注释，华夏出版社，2013年，第29—30页。

说得十分透彻，药地大师传承浪杖人《灯热》之火，以《庄》为药，炮而烹之，可称“炮岐黄”即医王也。

康熙丙午（五年，1666），栖霞禅师竺庵大成法兄阅读了药地智五百里寄来的《炮庄》，不由得一时兴起，也题写了如下一段“饶舌语”：

> 药地主人不知何时窥见神农皇帝咬百草的消息，集诸杂毒，到处试人。窃见杖人以庄子为尼山托孤，人多不信，辄以其毒攻之，谓之《炮庄》，不嫌五百里寄栖霞一读。栖霞时客盱江景云，谓侍僧曰：庄子当时梦为蝴蝶，自云不知有周，又岂知有今日《炮庄》者乎？然庄子开头便说个逍遥游，想是他眼中不曾见有一个快活汉也。他似看得世间人，大者不能忘大，小者不能忘小，不独不相忘，且全身堕在没溺风浪中，而又彼此相笑，鹏與斥鷃，相去几希？或云：“《庄子》之言多出杜撰，杖人、药地大惊小怪，引许多宗门中语去发明他”，那人且不识庄子，又如何明得宗门中语？不亦隔靴搔痒耶？不见道不怕，疑杀天下人。苟无人疑，就是宗门中语，也成杜撰。……侍僧曰：“和尚平日说未常读书，不晓《庄子》，于今又安可妄论，得无使药地主人喷饭乎？”“你会么？不读书人，他把书送来你看，也要说几句淡话儿，博那读书人一笑才是。不然，一生口挂壁上去也。”呵呵，饶舌饶舌！①

《药地炮庄》一书始刻于康熙三年（1664），由泰和萧伯升捐资，庐陵高唐曾玉祥雕版。约康熙五年（1666）正式梓行，书口题有“此藏轩”三字，故世称“此藏轩本”。该书刻成于药地智入主青原中兴祖庭、重振曹洞宗风之际，师友门生中读过的人不少，在丛林中亦多有流传。

钱穆曰：“晚明诸遗老之在清初，立节制行之高洁，成学著书之精严，影响清代两百六十十年，迄今弗衰。惟方以智密之著书虽流传，而行事隐晦不彰，关心诸遗老史迹者，每以为憾。盖密之入清以来，即披薙为僧，不如夏峰、青主辈虽曰高尚其事，遁匿终身，要是在士林冠带之列。其为学亦不出性理经史，虽亦蹊径各

① 方以智：《药地炮庄笺释》总论篇《序跋》，张永义注释，华夏出版社，2013年，第34—35页。

别，而承先启后，固同在学术大传统之下。密之则藏身方外，学思言行，不能无殊，轨途既隔，传述遂寡。……顾密之虽纵放山林，而尘累未净，姓字落人间，声名被寰宇。”[①]可以预见，随着密之“方外”著述的陆续整理，“方学”研究的不断深入，无可大智的潜德幽光必将惠泽后世，重耀人间。

① 余英时：《方以智晚节考》钱穆序，生活·读书·新知三联书店，2004年，第1—2页。

第三章　清代佛教的衰落与晚清佛教的振兴

中国佛教的衰落不自清代始，实际上唐宋以后便日趋式微，其间虽然有过几次短暂的中兴，但那江河日下的趋势却是无法改变的。这是近代以来一般学者对中国佛教历史发展的一种宏观论断。《清朝续文献通考》在谈到清代佛教情况时则说："我朝顺治至乾隆最盛，嘉庆以后寖衰。咸丰时，洪杨扰攘，以耶稣教为号召，排斥异教，寺观为墟。然剥极则复，光绪年间又勃然兴起矣。"这段史料给我们提供了清代佛教衰落与振兴的明确信息。嘉庆以后佛教才显著地衰颓，而光绪年间佛教"剥极"而复兴，这种叙述是符合历史事实的。自嘉庆以降，国势日衰，内忧外患纷至沓来，似已无暇顾及佛教。但嘉庆十七年(1812)，上谕严禁寺院收留匪徒；道光二十四年(1844)，又下令严禁僧道"坐门募化"及"各项恶化"，否则"从严究办"。[①] 这些严厉的警告和禁令显示，当时社会的严重动荡已波及寺院，僧道教风低迷，寺院亦被当成社会不稳定的渊薮。

然而，更严重的破坏来自战争，经过太平天国战火"焚像毁庙"的打击，原本衰微的佛教遭受重创，江南诸多名刹化为断壁残垣，不少僧众流离失所。即使有寺院幸存，亦是名存实亡，因元气大伤，而钟板飘零，戒律废弛，流品芜杂，几成游民托足之所。所以，太平军战火往往被视为佛教在近代所遭遇的一大"劫难"。而伴随着曾国藩平定太平天国后短暂的"同治中兴"，至光绪年间佛教亦有振兴气象，但危机与机遇同在。这其中既有来自维新人士社会变革的要求，对佛学研究产生兴趣，从佛学中汲取精神资源；又有一些新学倡导者在现实的政策措施中主张"庙产兴学"。而在近代佛教振兴事业中，有不少佛教居士坚毅沉着，从搜罗佛教典籍、刊刻经典着手，弥补太平军兵燹以后佛教经典残缺的状况，致力于振兴佛教，弘扬佛学。其振兴佛教之功最大者，当推金陵刻经处创办者杨文会(字仁山)居士。

---

① 刘锦藻：《清朝续文献通考》卷八十九《选举六》，浙江古籍出版社，2000年。

第一节
清代佛教的衰落

有学者认为:“佛教之传入中国,历经两晋南北朝的孕育滋长,迄隋唐五代而臻鼎盛。但是从宋朝以后,译经的大师少了,阐释教义的高僧大德也渐渐地稀疏了,佛教逐渐走向衰落的境地。降至清朝,佛教遂成为真正虚有其表的空壳。”①就此而言,佛教的衰落主要是指其济世度人精神的衰落及思想义理的苍白。与此相关联的是,一般僧徒大都“不学无术,安于固陋”。其衰落有社会方面的原因,更有佛教自身的原因。

一 | 清代佛教衰落的原因

对于清代佛教衰落的具体情形,中外学者多有论述,日本学者冢本善隆认为,19世纪中叶,佛教似乎已经到了它传入中国后的最衰落时期。“民间社会中有佛教的容身之地,是因为僧人可以充当做佛事仪式的主角。知识阶层中有佛教的一块领地,是因为它可以写在诗文里,在俗务之余聊寄情怀,只是为了表示高雅脱俗。正经的四书八股文与文献考据之学依然是文人士大夫安身立命的本事和维持身份的学问,仕途经济、声名荣誉都得从这里来。”“严其禁约,毋使滋蔓”这句话,清代同明代一样把它写进典制里,一定程度上正好反映了清代佛教在社会上愈趋愈下的状况。② 道端良秀在其著作中也写道:“尽管在康熙时代佛教僧尼仍有十一万八千余名,但真正仍怀有大乘佛教精神的,真是微乎其微。环顾有清一代,僧众中能对佛教义学加以融通疏释而成一家之言者,可谓绝无其人。不消说道安、玄奘、罗什、智顗、法藏之流不复再见,即令要找一个学力能与

① 参蓝吉富:《杨仁山与现代中国佛教》,《华冈佛学学报》第2期(1972年)。
② 参见冢本善隆:《中国近世佛教の诸问题》第七章《明清政治の佛教去势》,《冢本善隆著作集》第五卷,东京大东出版社,1975年。

明末憨山(德清)、蕅益(智旭)等人相比肩的,也无处可寻。而居士界里,也不过只有乾隆时的彭绍升其人较够水平而已。当时的一般佛教寺院,成为社会上无依靠者谋生之处,也成为社会上犯罪者的避难所。佛教似乎已经失去了它的原始精神所在。"①

对于清代佛教的这种衰颓状况,近代一些致力于振兴佛教的高僧大德和居士都有切身体会,他们更多地检视佛教衰落的自身原因。光绪五年(1879),释寄禅就曾叹息:"迩来秋末,宗风寥落,有不忍言者。"13 年后,看来情况并没有什么好转,他又一次叹息:"嘉、道而还,禅河渐涸,法幢将摧;咸、同之际,鱼山辍梵,狮座蒙尘"。② 对于清末禅门衰微、法席清冷,僧徒之不学无术的状况,杨文会居士也颇为感慨:"自试经之例停,传戒之禁弛,以致释氏之徒无论贤愚,概得度牒。于经律论毫无所知,居然作方丈,开期传戒。与之谈论,庸俗不堪,士大夫从而鄙之。""概自江河日下,后后逊于前前。即有真实参悟者,已不能如古德之精纯,何况杜撰禅和? 于光影门头,稍得佳境,即以宗师自命,认贼为子,自误误人。"③释太虚对清代佛教的衰落也曾如此地慨乎言之:"追乎前清,其(佛教)衰也始真衰矣。追乎近今,其衰也,始衰而濒于亡矣。从全球运开,泰西文明过渡东亚,我国之政教学术莫不瞠焉其后,而佛教实后而尤后者。"④

近代以来,佛教遭受了西方文化所带来的猛烈冲击,这不可忽视,而这其中给佛教带来重创的则是以下两件历史性的"劫难"。从咸丰初年到光绪年间,佛教之衰落最甚,几乎至于灭亡之境,其最重要原因系受到太平天国战火的破坏。太平军横扫东南中国十余省,所过州县,一切寺庙、神佛像等概遭摧毁无遗。东南一带,原为清代佛教之精华地区,经过太平军一役,乃使佛教奄奄一息,几告溃灭。太平军被平定后未久,社会上又兴起"庙产兴学"的风潮,也使佛教面临着生死存亡的境地。

---

① 道端良秀:《中国佛教史》,转引自蓝吉富:《杨仁山与现代中国佛教》,《华冈佛学学报》第 2 期(1972 年)。
② 释敬安:《八指头陀诗文集》,梅季点辑,岳麓书社,1984 年,第 447、471 页。
③ 此两段引文分别见杨文会的《释氏学堂内班课程刍议》和《十宗略说·禅宗》,收于金陵刻经处本《杨仁山遗著》中。
④《太虚大师全书》第 4 册,台北善导寺佛经流通处发行,1998 年,第 913 页。

二 | 太平天国战争及“焚像毁庙”

咸丰、同治年间的太平天国战争，时间长达15年，战乱波及大半个中国。太平天国因信奉拜上帝教，视崇拜偶像为“异端”。故太平军所到之处，寺院悉遭焚毁，佛像经卷亦被破弃无遗。因此，素有“佛教花园”之美誉的江南的杭州、苏州、南京，以及广东、广西、湖南、湖北、福建、云南、贵州等各地寺院，皆遭重创。咸丰元年(1851)，洪秀全在广西金田村起义，永安突围后一路北上，先后攻克全州、道州、岳州等地，横跨广西、湖南、湖北三省，于年底攻克湖北首府武汉。太平军一路上屡败清军，声威大震，所过之处，村野震动。如果说太平军打击清朝官军的威势给人们以政治上的极大震撼，那么太平军在所到之处几乎怀着同样的热情进行焚毁寺庙、打毁神像的活动，则亦给老百姓以风俗习惯上的极大震撼。

太平天国领袖创立拜上帝教，其《天条书》中第一条是“崇拜皇上帝”，第二条则为“不好拜邪神”。他们主张毁灭一切以往人们所崇拜的神圣偶像，反对“拜邪魔、信邪说”。[①] 引人注意的是，他们把反对和破坏神佛偶像的所谓诛灭“死妖”的斗争，放到与反对清朝统治者，即所谓“活妖”的斗争几乎同等重要的地位。太平天国首领杨秀清后曾回顾说：“故自金田首倡大义，万众欢腾，诛灭群妖，焚毁妖庙，扫清邪秽，尽返真醇。此数千年以来未有若此巍巍之功德也。”[②]这里所说的“诛灭群妖”，是指消灭清统治者及清朝官军；而“焚毁妖庙”，则是指对佛道神庙的破坏扫荡。在这种思想指导下，太平军于所到之处，无论是城镇还是乡村，都雷厉风行地进行了破坏寺庙、毁坏神像的活动。

当时民间留下的记载有很多这方面的记述。如：湖南，“自孔圣不加毁灭外，其余诸神概目为邪。遇神则斩，遇庙则烧”。湖北武昌，“然不信诸神及浮屠氏，遇寺观则火之，目为妖庙”。太平军后来进军江浙、江西以后，所到之处仍然广泛推行这一活动。由于太平天国在江南一带活动的时间长，这里留下的记载就更多。如安徽，“贼勒焚神像，藏匿者有罪”。南京，“贼遇庙宇悉谓之妖，无不焚毁。……间遇神像，无不斫弃”。镇江，“贼于神像无不毁坏”。苏州，“及贼入城，庙宇寺院神像，莫不铲毁”。江苏青浦，“遇有神像则必毁坏之”。浙江绍兴，“贼

---

① 参中国史学会主编：《太平天国》(一)，上海人民出版社，1957年，第78页。
② 《太平救世歌》，《太平天国印书》上，江苏人民出版社，1979年，第141页。

最恶神佛，遇祠庙必毁，否则以刀砍塑像。或以粪污涂之，目为土妖”。浙江海宁，“毁拆观庙无算”。江西南昌，诸寺庙“类不可胜数，皆焚毁殆尽”。江西湖口，“乡下庙宇尽行拆毁”。甚至山东临清也有记载，“各庙神像皆毁，文庙大成殿焚，圣像及两庑木主无存者”。[①] 在清统治者及传统士绅的文书记载中，造反、搞破坏的太平军悉皆被称为“贼”。

当时清军方面的记载也说太平军“见庙即烧，神像即毁”；“所过名城繁镇，梵宫宝刹，必毁拆殆尽”。最著名的就是曾国藩的《讨粤匪檄》，咸丰三年(1853)年初，为对抗太平天国，曾国藩以在籍侍郎身份，在湖南办团练，未久扩编为湘军。次年发布《讨粤匪檄》，曰：“粤匪窃外夷之绪，崇天主之教，自其伪君伪相，下逮兵卒贱役，皆以兄弟称之。谓惟天可称父，此外凡民之父，皆兄弟也；凡民之母，皆姊妹也。农不能自耕以纳赋，而谓田皆天王之田；商不能自贾以取息，而谓货皆天王之货；士不能诵孔子之经，而别有所谓耶稣之说。《新约》之书，举中国数千年礼义人伦诗书典则，一旦扫地荡尽。此岂独我大清之变？乃开辟以来名教之奇变，我孔子、孟子之所痛哭于九原。凡读书识字者，又乌可袖手安坐，不思一为之所也?”又说：“嗣是所过郡县，先毁庙宇，即忠臣义士如关公、岳王之凛凛，亦皆污其宫室，贱其身首。以至佛寺道院，城隍社坛，无庙不焚，无像不灭。斯又鬼神所共愤怒，欲一雪此憾于冥冥之中者也。”[②]

曾国藩诉诸“为文化而战”的立场，以激起全体士绅攻击有外教色彩的太平天国。这篇著名的檄文后来经常为治近代中国佛教史的学者所广泛引用，来说明近代“洪杨之乱”对江南佛教文物的破坏和摧残，如台湾释东初的《中国佛教近代史》和于凌波的《杨仁山居士评传》都曾引用此文，文中说及太平军所到之处，“无庙不焚，无像不灭”。由于太平天国对神佛所持的极端排斥态度，又加上清军镇压太平军的主战场是在长江中下游及东南沿海一带，双方大军云集，多年拉锯攻守，战况惨烈。而这一地区也正是历来禅宗名寺丛集之处，故兵燹所至，诸多名山大寺化为灰烬。[③] 据不完全统计，当时江浙一带被毁的名山大刹，若按被毁时间排序，可得下表：

---

① 参李文海：《太平天国统治区社会风习素描》，载《太平天国学刊》第3辑，中华书局，1987年，第7—15页。

② 李翰章编纂，李鸿章校勘：《足本曾文正公全集》之文集卷三，宁波等校注，吉林人民出版社，1995年，第1579页。

③ 参王广西：《佛学与中国近代诗坛》，河南大学出版社，1995年，第37页。

表 3.1 太平天国战争期间江南被废名刹表

地名	寺名	被毁时间
镇江	金山江天寺	咸丰三年(1853)
金陵	灵谷寺	咸丰三年(1853)
金陵	瓦官寺	咸丰三年(1853)
庐山	东林寺	咸丰四年(1854)
金陵	栖霞寺	咸丰五年(1855)
金陵	大报恩寺	咸丰六年(1856)
常熟	清凉寺	咸丰十年(1860)
常熟	破山兴福寺	咸丰十年(1860)
常州	天宁寺	咸丰十年(1860)
苏州	灵岩寺	咸丰十年(1860)
杭州	云栖寺	咸丰十年(1860)
宁波	天童寺	咸丰十一年(1861)
宁波	七塔寺	咸丰十一年(1861)
宁波	天宁寺	咸丰十一年(1861)
杭州	定慧寺	咸丰十一年(1861)
杭州	海潮寺	咸丰十一年(1861)
西天目山	禅源寺	咸丰十一年(1861)
杭州	上天竺寺	咸丰十一年(1861)
杭州	龙兴寺	咸丰十一年(1861)
杭州	祥符寺	咸丰十一年(1861)
杭州	莲居庵	咸丰十一年(1861)
上海	龙华寺	咸丰末至同治元年(1862)
上海	静安寺	咸丰末至同治元年(1862)

在长达10余年的战乱中，大批寺庙被毁，经书散佚，僧人或死于战乱，或流离失所，根本无法从事正常的宗教活动。在有些情况下寺庙虽暂时未毁，但也被军队所占用，宗教活动实际上已被迫停止。如《金陵省难纪略》中记载，太平军在攻打金陵时，曾从城外的静海寺挖地道至城墙下放置炸药，炸塌城墙后攻入城内。又如《扬州御寇录》记载，咸丰三年(1853)，太平军攻占扬州后，曾在法海寺内筑垒坚守；咸丰八年(1858)秋，清军败于扬州，曾以千人屯香积寺固守。在这种情况下，寺庙实际上成了军事据点。①

① 中国史学会主编:《太平天国》(四)，上海人民出版社，1957年，第691页。

太平军毫无顾忌地毁坏一切神像的行动，无疑使人们感到触目惊心。正是由于这种活动给人们留下了如此深刻的印象，民间才留下了许多关于这方面的记载。事实证明，太平军的这种毁坏神庙运动虽然声势浩大，但并不可能在短时间内消灭已在民间延续千百年的宗教传统风习。在当时留下来的民间记载中，我们还可以看到许多记述民间隐蔽、半隐蔽甚至公开进行礼拜神佛活动的记载，且越到后期这种记载越多。这说明，随着太平天国运动的发展，在民间传统宗教习俗的顽固抵触下，亦即随着更多江浙新战士加入太平军，有些太平军的下级官兵在自己的辖区已经不再严格奉行毁灭“邪魔”的政策了，而是采取了更为宽容的态度。到太平天国后期，甚至有个别太平军官兵也参与一些礼神拜佛的活动。这反映了拜上帝教这一教义内容和形式主要来自外来基督教的宗教形式，不仅使老百姓感到陌生而难于理解，而且由于与民间传统习俗直接相悖，而受到人们的冷漠和疏远。[①]

曾国藩的湘军平定太平天国之乱以后，在南京建立毗卢寺，慰藉死于平乱之役中的英灵，又重兴镇江金山寺等江南名刹，拉开了复兴包括佛教在内的传统文化事业之序幕。然而，值得注意的是，在清史学家看来，太平天国反对“邪魔”的斗争，是被压迫的农民对封建精神牢笼的勇猛冲刺，是旧民主主义革命时期思想战线上的伟大创举。在这次革命运动中，佛教所受的打击最为沉重。不管这次运动采取了如何离奇怪诞的形式，不管它是如何不彻底，并且最后归于失败，但它的进步意义应予以充分肯定，它客观上有助于佛教摆脱封建迷信思想的缠绕，加速其近代化转型进程。

三 清末新政与庙产兴学风潮

庙产兴学风潮起源于清末新政的教育改革。兴办新式学堂，是为了开民智、育人才，但经费不足是个大问题。由此，社会有识之士不约而同提出“庙产兴学”的主张。光绪二十四年(1898)，康有为、张之洞分别提出“庙产兴学”的主张。康有为所针对的“庙产”对象是乡村淫祠，而张之洞所提则包括地方公产和佛道寺

① 参李长莉：《近代中国社会文化变迁录》第一卷，浙江人民出版社，1997年，第72—75页。

观。康有为的主张通过戊戌年五月二十二日的上谕而颁布天下，张之洞的《劝学篇》也因受到清政府的赞许广为刊布，实际成为各地“庙产兴学”过程中的思想资源。但不少人包括后来的研究者，有意无意间常将这两个大约同时提出的主张混为一谈，且往往把张之洞的账算在康有为的头上。另一方面，甲午中日战争之后，日本在中国的影响力大为增强。学界一般多注意其在政治、军事等方面的扩张，其实日本在文化宗教方面也加强了对中国的渗透，其中净土真宗的东本愿寺更在中国开展了相当积极的传教活动。东本愿寺初来中国时只有一种不显山水的平淡，但它 20 世纪初年在华势力的扩张却引起了朝野的关注。庙产兴学运动引起江浙 30 多所寺庙的僧人因疑惧而投向日本东本愿寺恳求保护，这一因素在很大程度上促成了清政府于 1905 年颁布保护寺庙之产的上谕。围绕这道上谕各方有着不同的解读，对当时和后来各地的庙产兴学运动影响甚大。①

光绪二十四年(1898)三月，洋务运动后期的主将张之洞撰成了传诵一时且影响深远的《劝学篇》。在这篇著作中，他明确推出了“庙产兴学”的主张：“今天下寺观何止数万，都会百余区，大县数十，小县十余，皆有田产，其物皆由布施而来，若改作学堂，则屋宇田产悉具，此亦权宜而简易之策也。方今西教日炽，(佛道)二氏日微，其势不能久存。佛教已际末法中半之运，道家亦有其鬼不神之忧。若得儒风振起，中华乂安，则二氏亦蒙其保护矣。大率每一县之寺观取什之七以改学堂，留什之三以处僧道；其改学堂之田产，学堂用其七，僧道仍食其三。计其田产所值，奏明朝廷旌奖僧道，不愿奖者，移奖其亲族以官职，如此则万学可一朝而起也。”②

该著作具有调和中西、折中新旧的色彩，深得清廷赏识。光绪帝披览后，认

---

① 参徐跃：《清末庙产兴学政策的缘起和演变》，《社会科学研究》2007 年第 4 期。

② 张之洞：《劝学篇》外篇《设学第三》，《张文襄公全集》卷二〇三，台北文海出版社，1971 年。这是戊戌时期对抗变法维新思潮的代表作。全书共 24 篇，计 4 万余言。分内篇九：同心、教忠、明纲、知类、宗经、正权、循序、守约、去毒；外篇十五：益智、游学、设学、学制、广译、阅报、变法、变科举、农工商学、兵学、矿学、铁路、会通、非弭兵、非攻教。“内篇务本，以正人心；外篇务通，以开风气。”“本”指封建的纲常名教，“通”指有关工商业和学校报馆诸事。前者不能支援，后者则可以变通举办。该书系统阐述和发挥了“旧学为体，新学为用”的思想，主张在维护封建专制制度的前提下接受西方的科学技术。它攻击维新派“开议院、兴民权”的政治主张，断言“民权之说无一益而有百害”，坚决反对变法维新运动。同时极力赞颂清王朝的“深仁厚泽”，宣扬“三纲五常”的伦理道德。《劝学篇》“挟朝廷之力以行之，不胫而遍于海内”。帝国主义者对此书也很欣赏，先后译成英、法文字出版。光绪二十六年(1900)，纽约出版乌特勃来基(Samuel I Woodbridge)译本，题称《中国唯一的希望》(*China's Only Hope: An Appeal by the Greatest Victroy Chang Chintung*)。

为“持论平正通达，于学术人心大有裨益”，并发布上谕，命各省“广为刊布，实力劝导，以重名教而杜卮言”。《劝学篇》由清廷诏示，经军机处颁发各省督抚、学政各一部，付诸实施，掀起了近代第一次庙产兴学风潮。[①]

其实，“庙产兴学”的主张不是张之洞所独有，当时维新变法人士也提出了类似的主张。这里特别提一下康有为和谭嗣同两位。康有为于光绪二十四年戊戌(1898)五月初一日曾上折请尊孔教，五月十五日上折请开学堂。前折名为《请尊孔教为国教，立教部教会，以孔子纪年而废淫祀折》(简称《尊孔折》)，后折名为《请饬各省改书院淫祠为学堂折》。前者《尊孔折》，查《自编年谱》，康有为于戊戌五月初一日曾上折请尊孔教，《戊戌奏稿》署“六月”为误。原折今见于《汇录》，即《请商定教案法律，厘正科举文体，听天下乡邑增设文庙，谨写〈孔子改制考〉进呈御览，以尊圣师而保大教、绝祸萌折》。可见《尊孔折》并非原折，而系日后重撰。原折有两大主要内容为《尊孔折》所无：一是开孔教会以定教律、办教案，二是变科举八股之制以发明孔子大道。《请开学校折》(简称《学校折》)原载《戊戌奏稿》，署“戊戌五月”。查《自编年谱》，康有为于戊戌五月曾上折请开学堂。五月二十二日上谕改各地书院为学堂即据此折发出。《知新报》第六十三册(光绪二十四年七月十一日出版)曾载康于“五月”上奏的《请饬各省改书院、淫祠为学堂折》，内容与《自编年谱》所记相合，可知为原折。但《知新报》所载尚非原折进呈稿；进呈稿今见于《汇录》，即《请改直省书院为中学堂，乡邑淫祠为小学堂，令小民六岁皆入学，以广教育，以成人才折》，两相对照，文字多有差异，前者实为原折草稿。《学校折》内容则与《自编年谱》和原折皆不合，可见并非原件，而系日后重撰。原折主要内容有二：一是概言泰西各国由于教育发达而人才兴盛、国家富强，以说明兴学开民智的重要性。二是着重提出两条“兴学至速之法”，其一将各书院等皆改为学校，以善后等款作经费；其二“改诸庙为学堂，以公产为公费”。《学校折》大部分内容细举欧美各国及日本学校教育情况，仅于折末提出“立学”

---

① 《劝学篇》成书于光绪二十四年(1898)三月，经送呈御览，光绪帝大为赞赏，于六月七日上谕：“备副本四十部，由军机处颁发各省督府学政各一部，俾得广为刊布。”本书流通甚广，据估计约有百万册，且有英、德、日等文字译本流通。对张氏本人而言，其建议改革学制，提倡新式教育，创说之始，力求稳健温和，然其破坏力量则为他始料未及，不但顿绝寄食书院老儒的生路，同时也为近代佛教带来长期的困扰，然深具讽刺意味的是，这些影响深远的后果，竟是出自张之洞本人无心的建议。参黄运喜：《清末民初庙产兴学运动对近代佛教的影响》，《国际佛学研究》创刊号(1991 年 12 月)，第 294 页。

的简单建议，而多与原折相异，且未涉及立学经费、改庙宇为学舍诸问题。①

由康有为所上二件原折或进呈折可知，康有为与张之洞的庙产兴学主张，各有侧重。张之洞以为若能把寺庙改作学堂，则全国教育水平必将普遍提高，则国势自能增强。国势增强，自能保护境内佛道教，使不致受到西教的侵凌。康有为前折是为了推行孔教而涉及"废淫祀"，康有为于此中指出今日淫祀遍于民间的情形，一是因为一般人民不能祀谒孔子，所以心无所归，心无所归自然就容易被巫觋所惑立庙祭拜；二是因为朝廷没有严厉禁止，一任人民自由立庙。接着他又指出民间淫祀的无益，既不能导正俗尚，又耗费巨资，为欧美所讪笑，对此他在《尊孔折》中有十分明确的说明。也就是说，废庙的重要理由之一是耻于欧美人士的蔑视。他认为，中国民间寺庙林立，百姓日以拜神为事，此等习俗让"欧美游者，视为野蛮，拍像传观，以为笑柄"。等中国于爪哇、印度、非洲之蛮俗，实是"国之大耻"！况且流风所及，侨居南洋的海外华人社会也是"妖庙繁立"，"重为欧美所怪笑，以为无教之国民，岂不耻哉？"②

因此，康有为建议罢废所有淫祠，改充孔庙或学校，以省妄费而正教俗。而后折则是为了兴办中西学校"作育人才"而"改书院淫祠"，他说："我各直省及府州县，咸有书院。……而中学小学，直省无之。莫如因省府州县乡邑公私现有之书院、义学、学塾，皆改为兼习中西之学校。……并鼓励绅民创学堂。……查中国民俗惑于鬼神，淫祠遍于天下。以臣广东论之，乡必有数庙，庙必有公产。若改诸庙为学堂，以公产为公费，上法三代，旁采泰西，责令民人子弟，年至六岁者，皆必入小学读书……则人人知学，学堂遍地，不独教化易成，亦且风气遍开。"在康有为看来，变法维新先当开展启蒙工作，他认为开学校、育人才，"不当仅及于士，而当下达于民；不当仅立于国，而当遍及于乡"。他从儒家立场出发，尤其反

---

① 参汤志钧编：《康有为政论集》，中华书局，1981年，第312页。又参康有为《自编年谱》及宋德华《〈戊戌奏稿〉考略》（《华南师范大学学报[社会科学版]》1988年第1期）。《戊戌奏稿》一书于宣统三年（1911）在日本出版，内收康有为戊戌年间所上奏折20篇，编书序文5篇，历来被作为研究康有为及维新派变法思想、纲领和主张的基本依据。1981年，中华书局出版汤志钧编《康有为政论集》，将《戊戌奏稿》全部作为真件收入。同年，陈凤鸣发表《康有为戊戌条陈汇录》一文（《故宫博物院院刊》1981年第1期），根据故宫博物院图书馆所藏光绪二十四年内府抄本《杰士上书汇录》（简称《汇录》），指出《戊戌奏稿》与康有为戊戌年进呈原稿有不同。宋德华在《〈戊戌奏稿〉考略》中进一步对康有为戊戌年所拟上奏原件（包括草稿和进呈稿）作考订。

② 康有为：《请尊孔圣为国教立教部教会以孔子纪年而废淫祀折》，《公车上书记：戊戌奏稿》，广西师范大学出版社，2016，第143—155页。

感那些使人民惑于鬼神、昧于事理的“淫祠”，故几次上书请求废淫祀，改淫祠为学堂，而使学堂遍地，人人知学。只有四亿之民皆出于学，乃“智开而才足”。他在后折中向光绪皇帝特别指出：“泰西变法三百年而强，日本变法三十年而强，我中国之地大民众，若能大变法，三年而立。”康有为废淫祠的主张与正统儒家士大夫在思想上有承继关系，但与他们不同的是，康有为主张废淫祠是为了推行孔教运动，把淫祠改为孔庙和学堂。康有为上奏于五月十五日，几天后的五月二十二日，光绪皇帝颁布了兴学的上谕，两者间有着密切的联系。

总而言之，根据康有为、张之洞等人的一再吁请，光绪帝于五月二十二日发布“上谕”，命改各地书院为兼习中西之学校，以省会之大书院为高等学堂，郡城之书院为中等学堂，州县之书院为小学。上谕要求“其地方自行捐办之义学社学等，亦一律中西兼习，以广造就”；并明确指出：“至于民间祠庙，其有不在祀典者，即由地方官晓谕居民，一律改为学堂，以节糜费而隆教育。”该上谕基本以康有为的奏折为蓝本，但将“淫祠”改为“不在祀典”的“民间祠庙”，前者还带有较强的儒家思想观念，后者的表述则更有分寸：其一，并未如张之洞《劝学篇》中庙产兴学主张指涉天下所有佛道寺观；其二，也不是要废除乡村所有的“民间祠庙”，而是加上了“不在祀典”的限制。实际要将乡村社会的共有资产“庙会公产”用于兴学。这也涉及国家与地方、中国传统乡间社会组织公私之间的财产关系的变动问题。[①] 在以“祭祀”为核心的礼仪活动中，朝廷强调的是礼制，而民间通行的是“约定俗成”的各种风俗，掺杂着佛、道及神、鬼信仰。乡村社会共有的风俗习惯，村落的神祠、会馆、宗族等社会组织涉及整个村落社会的构造。“不在祀典”之祠庙，实际上除了“淫祠”，还包含神祠、会馆、宗祠等民间共同体的财产。[②]

康有为后来明言方外丛林寺观不在其所谓“淫祠”的范围中。他在《自编年谱》中说，当时上奏请“废天下淫祠，以其室宇充学舍，以其租入供学费”，奉旨允行；但“吾以乡落各学舍，意以佛寺不在淫祠之列。不意地方无赖，借端扰挟，此

---

① 参徐跃：《清末庙产兴学政策的缘起和演变》，《社会科学研究》2007年第4期。

② 钱穆曾以“通财性”来概括中国社会的特性，即虽“不废私财”，却强调“不患寡而患不均”，民间如社仓、义庄、会馆等，“皆有通财之谊，而亦皆非政府法令之所规定，全由社会自动成立”；政府在“轻徭薄赋”的原则下止于赋税徭役的征用，而通财均富，“则社会自身之责，而由士教导之”。这虽然更多是一种理想型的描述，但在传统社会，国家除赋税徭役外基本不干预民间“公产”，是长期遵行的政策。征发乡村社会共同体的共有资产，不论目的为何，多少意味着对国家与地方、民间社会公与私之间关系的重新解释和定位。

则非当时意料所及矣”。[①] 虽然这是事后的解释，但是也有理由相信，康有为当初提议罢废淫祠并无意毁佛寺，这并不是事后见到庙产兴学引起大风波而做的推脱之辞，因为康氏与佛教素有渊源。不料此举却为戊戌维新运动树立了意想不到的对立面。梁启超在《戊戌政变记》中将此视为发生政变的一项原因，他说：“中国之淫祠，向来最盛；虚靡钱币，供养莠民，最为国家之蠹。皇上于五月间下诏书，将天下淫祠悉改为学堂。于是奸僧、恶巫，咸怀恣怨。北京及各省之大寺，其僧人最有大力，厚于贷贿，能通权贵，于是交通内监，行侵润之谮于西(太)后，谓之皇上已从西教，此亦激变之一大原因也。”[②]

事实上，这种“庙产兴学”主张在当时已经成为很多人的共识。谭嗣同在光绪二十年甲午(1894)秋七月《报贝元征》中条疏变法之策，一曰筹变法之费，二曰利变法之用，三曰严变法之术，四曰求变法之才。其在“筹变法之费”中说：“除卖地以供国家巨用外，余议院学堂乡塾之所需，莫如废天下寺观庙宇诸不在祀典之列者。即在祀典，亦宜严立限制，节其侈费，以供正用。则各府州县，皆能就地筹财，无俟他顾。今之寺观庙宇，多而且侈，使悉废之，不惟财无虚掷，人无游手，而其云构崇阁，亦可为议院学堂诸公所之用。至民间每年所省香烛纸爆等费，尤为不可胜计。黄佩豹两至西藏及诸番部，金银之富，无与伦比。佛寺大小以万计，寺产可千万金者，随在有之。佛像屋顶，悉以赤金铸成。余黄白之属，或熔为山，或窖于地。民俗愚而勤苦，岁有赢赀，辄以献诸佛寺，堆积至厚，而不知取用。设若强邻内侵，枭雄窃据，其为借寇兵赍盗粮，害有不堪设想者。谁秉国钧，顾思治容慢藏之训，亟有以收之，即中国自此富无与京矣。”[③]从时间上看，这是谭嗣同在金陵学佛以前的“旧学时期”所提出的主张。但谭嗣同的主张无疑更为激烈，他

① 康有为：《康南海自订年谱》，台北文海出版社，1972 年，第 54 页。康有为的弟子麦鼎华也在《不忍杂志》所刊登的《请尊孔圣为国教立教部教会以孔子纪年而废淫祀折》后面注说：“按，淫祀与宗教有异，然奏上谕后，有司奉行不善，寺观多毁，此胥吏讹索所致。”

② 参徐跃：《清末庙产兴学政策的缘起和演变》，《社会科学研究》2007 年第 4 期。僧团及世人都以为康有为是首言提拔寺产者，产生这种误解，主要有几方面的原因：其一，一些正统观念特别强的儒生确实把寺观视为“淫祠”，而明清两朝，僧、道早已渗透于民间祭祀之中，与神祠混杂，给人一种模糊不清的印象；其二，康有为作为戊戌维新时期的核心人物，处于漩涡中心，举手投足都受各方关注，而庙产兴学政策确实是康有为发其端，引发类似联想也较正常；其三，光绪皇帝在将《劝学篇》颁行全国的谕旨中称其“持平通达”。一般皆认为张之洞稳健甚而有些守旧，却未曾注意他在庙产兴学方面其实比康有为更激进。庚子(1900 年)后重新开始的“新政”改革，在很多方面其实继承了戊戌维新时的政策，“兴学育才”作为变革政治的先决条件，以建立近代学制为中心的教育改革迅即在全国展开。

③ 谭嗣同：《思纬壹壶台短书》，载蔡尚思、方行编：《谭嗣同全集》，中华书局，1981 年，第 228—229 页。

的目光除了汉地寺观庙宇外，还关注到西藏及诸番部的佛寺。谭嗣同的主张在某种程度上反映了他当时对寺观衰颓的看法，从中可以看出当时寺观在社会人士的心目中之观感：其存在价值几等于零，僧道也几与社会上的寄生虫无异。这与他后来深研佛学，弘扬佛教慈悲济世思想并不矛盾。

戊戌政变后，新政中辍。光绪二十七年（1901），清廷再令各省、府、州、县必须设立学堂，“作育人才”。于是各地纷纷组织教育会，掀起了一股庙产兴学的风潮。近代举办教育，国家财政无法支付地方兴学，清政府解决这一困境的办法是地方自筹经费，以各地之财供地方兴学之用。光绪二十九年（1903）颁布由张之洞主导制定的《奏定学堂章程》，把地方学堂经费分为官款、公款、私人捐助等项，经费内容则有开办经费、常支经费二种。在《奏定学堂章程》和《劝学所章程》中，涉及“庙产兴学”共有几处：

（1）初等小学堂现甫创办之始，可借公所寺观等处为之，但须增改修葺，少求合格，讲堂体操场尤宜注意。

（2）各省府厅、州县，如尚有义塾善举经费，皆可酌量改为初等小学堂经费。如有赛会、演戏等一切无益之费，积有公款者，皆可酌提充小学堂经费。

（3）计算年龄儿童之数，须立若干初等小学。查明某地不在祀典之庙宇乡社，可租赁为学堂之用。

（4）考查迎神会演戏之存款，绅富出资建学，为禀请地方官奖励。①

以上几条仅有“可借公所、寺观等处为之”这一条涉及动用寺产（指方外寺院庙产），而于民间庙会公产的表述也较为含糊，只提及“赛会、演戏等一切无益之费”“迎神会演戏之存款”，对实际的筹措方式、比例等细则并无明文规定。事实上，提取地方公产兴学对政府来说只是一个大的方向，既然以地方之产办地方之事，权责也都基本属于地方。

总的来说，在新政之初，清廷对是否提拔方外寺院庙产的态度模棱含糊，地方官绅多自行其是，并得到各省督抚的实际支持。因为对哪些民间祠庙属于“淫祠”或“不在祀典”，清廷并没有颁布后续的细则加以明确规定，故在实际运作中，地方官绅推行庙产兴学运动对象便不仅指向“民间祠庙”，还牵涉“天下寺观”。从清廷嘉许张之洞《劝学篇》来看，表明清政府对牵涉寺观的庙产兴学的主张是

---

① 转引自徐跃：《清末庙产兴学政策的缘起和演变》，《社会科学研究》2007 年第 4 期。

默许的。直到1905年,清廷颁发保护寺庙财产的上谕,才对庙产兴学做出明确表态;而日本东本愿寺僧人在中国布教,导致江南寺院大量投靠日本东本愿寺以寻求日本保护[①],是促成此政策表态的一个重要因素。但为了解决兴学资金不足的问题,清政府并未放弃庙产兴学政策,只是态度更加明确,1906年,又"责成各村学堂董事查明本地不在祀典庙宇乡社,可租赁为学堂之用"[②]。

清末庙产兴学运动中,各地方官绅积极推行庙产兴学的运动,引起各地寺僧的疑惧。一些日本僧人如伊藤贤道等人,遂利用"保护外国宗教"的条约,诱使中国僧寺受其保护。1905年,杭州等地有30余座寺庙投归东本愿寺属下,遇事则由日本领事馆出面保护。此事在朝野引起极大震动。地方士绅对日本人"借教伸权"非常忧心:"中国已成种种束手之交涉,又添一日本教徒,将来何堪设法?"关于东本愿寺在中国的布教的讨论占据当时中国报纸和杂志相当的版面,有人提出:"言佛教而不借他国之国权犹可说也,佛教而借他国之国权,则其为祸必烈。"

两江总督魏光焘在光绪三十一年(1905)初的奏折中说"日本僧侣向无准在中国传教之约,乃漳州、泉州一带内地,比来竟有日僧收徒布教,赁屋设堂",其所凭借,是《中日通商行船条约》第二十五款"一体均沾"之语。他列举历次中日条约,说明凡可一体均享的"优例豁除利益",均"专为通商行船转运、工艺及财产立说,与传教两不相涉"。北洋大臣袁世凯把日僧传教与日本在东亚势力扩张联系起来分析,他认为,日俄战争后,日本在东亚势力日增,然彼地狭民贫,垂涎中土,殆非一日。近来日人学汉语者颇多,欲借日僧设堂传教,在内地长住,以考察中国各行省民情风土,其用心殊为叵测。将来该国通人学士,或隐受政府之命,群托僧侣,而分布中国内地。日使请准日僧传教,竟以利益为言,实已微露其狡猾,

---

① 先是同治时期小栗栖香顶提出东方中、日、印三个佛教国家联手,对抗基督国家。此时中国士大夫们关心的是西洋的技术,故中国士人和僧人对此提议没有任何回应。光绪二年(1876年)七月,东本愿寺派出谷了然、小栗栖香顶、河岐显成、仓谷哲僧4名传教干部和日野顺证、崖边贤超两名年轻的留学僧共6名成员到上海创立了净土真宗的寺院,这是日本僧侣到中国布教之始。从他们寄往东本愿寺的报告书中,可以看到他们初期的生活主要是学习中国语言,为传教做准备。他们在江苏设置"江苏教校",但希望在北京设立学校的目标却未达成。而且,在1883年到1885年间曾一度中断在中国的传教。当时,除了像杨文会因特殊的"因缘"关注东本愿寺的净土真宗外,此事似乎并未引起中国士大夫的关注,他们更注意日本政治、军事方面的动向。1895年后,挟日本甲午战争军事胜利的余威,东本愿寺在中国的传教摆脱了最初的挫折,开始进入内地各省区布教。

② 参见牧田谛亮:《中国近世佛教研究》,京都平乐寺书店,1957年。

不可不预为防范。稍后，继任两江总督的周馥也收到外务部要求调查日僧在地方传教情形之函，他在复函中说，佛教从印度传入中国，两千年历久相安，教徒从外国来，从无仗外国保护之事。今若准日僧设堂传教，僧侣及皈依之人一体归其保护，“其愚昧者恃保护而轻犯法，其凶狡者借保护而思抗官”。周馥对日僧传教可能引起的宗教冲突和外交纷争，以及中国佛教徒借他国国权违法抗官的忧虑并非无的放矢。①

鉴于以上形势，光绪三十一年(1905)三月，朝廷颁布上谕，对十方寺院提留问题做了明确表态：“前因筹办捐款，迭经谕令，不准巧立名目，苛细病民。近闻各省办理学堂工厂诸端，仍多苛扰，甚至捐及方外，殊属不成事体。着各该督抚饬命地方官，有大小寺院，及一切僧众产业，一律由官保护，不准刁绅蠹役，借端滋扰。至地方要政，亦不得勒捐庙产，以端政体。”②上谕颁布后，各省提拔寺产之风稍息。但因为各地提拔庙产兴学已经进行了一段时间，形成了广泛的既成事实，不能不有所善后，并非清廷禁令可以迅即了结。③

综上所述，自戊戌维新以来，清政府推行庙产兴学政策，“改淫祠为学堂”，利用各地的僧道庙产兴办新式学校。1901 年清末新政兴起后，这一趋势进一步强化。虽然办新式学校是清廷自救之策，是现代化之需，对于普及教育、提高民智以及反对迷信大有益处，但由于在中国传统社会中，庙宇是民众的一个生活重心，不仅和民众的信仰紧密相连，而且庙宇各项活动的经济资助也很多是来自民众的布施捐助。因此，官绅联手借兴学的名义侵夺庙产，不仅在佛道教徒中反应甚巨，而且在民众中间也波澜四起。事实上，各地地方官员借口办学经费不足而提拔庙产的一系列举措，也引发了某些地方劣绅恶痞从中渔侵的恶果。

《太虚法师年谱》载：“清廷废科举，兴学堂，各地教育会每借口经费无着，提僧产充学费，假僧舍作学堂。僧界遑遑(惶惶)不可终日，日僧水野梅晓、伊藤贤道等乘机来中国，诱引中国僧寺受其保护。事发，清廷乃有保护佛教，僧众自动兴学、自护教产，另立僧教育会之明令。”④各地教育会多为地方士绅所把持，唾

① 转引自徐跃：《清末庙产兴学政策的缘起和演变》，《社会科学研究》2007 年第 4 期。

② 朱寿朋纂修：《光绪朝东华录》九，第 5303 页。

③ 参徐跃：《清末庙产兴学政策的缘起和演变》，《社会科学研究》2007 年第 4 期。按，是否为淫祠，一般看它供奉的神是否“有功德于人民”，而现实中正祀与淫祀常常难以分辨，民间的庙宇常常佛道神祇相混，多尊神像一起崇拜。所以清末民初，简单地以寺观为标准来推行的庙产兴学政策，在地方上引发许多的冲突。

④ 释印顺编著：《太虚法师年谱》，宗教文化出版社，1995 年，第 11 页。

骂、驱逐僧尼，毁坏佛像，强占庙宇，提取庙产，其中不乏借此中饱私囊者。短短十来年间，天下寺庙被毁无数，大批僧尼被迫还俗。尽管从社会历史发展的角度讲，以庙产兴办新学有助于社会进步，但对当时已趋衰微的佛教来说，确犹如雪上加霜，无疑是一场空前的浩劫。虽然不少有识之士出头为弘护佛教而大声疾呼，但根本无法制止这股如火如荼的狂潮。经过这场"空前大劫难"，全国僧尼总数从清末的 80 万人锐减到民国初年的 20 万人。[①] 一直到清朝灭亡后，各地掠夺庙产的风波仍然未能平息。

不过话说回来，庙产兴学政策在对清末佛教界造成很大伤害的同时，确实也促使佛教界开始兴办僧学堂，培养出许多弘法人才，可以说是佛教迈向近现代化的"逆增上缘"。释东初在《中国佛教近代史》中也曾对日僧"诱引中国僧寺受其保护"一事发表议论：

> 凡遇占用寺庙，抢夺寺产，就由日本领事出面保护；中国佛教寺庙财产，中国政府不能保护，要赖外国人来保护，可见满清政府软弱无能到如何程度！这与日后国人每遇政治上压迫，便逃入各国租界，要求外人保护，如同一辙。因此，引起中日两国外交上的风波，地方政府既无能解决此一涉及国际纠纷，径呈报中央政府，经中日双方交涉的结果，先由日本真宗取消对中国寺庙保护事情，满清政府始允下诏保护佛教，并令佛教僧徒自动兴学，自护寺产，各省遂相继组织僧教育会。全国各省县纷起成立僧教育会，而与各省县普通教育会成了对立的形势。这说明了满清政府已无力保护佛教，要僧徒自己来保护寺产。其实，国内有识之士，早已经有此感觉，欲求振兴佛法，唯有开设释氏学堂，始有转机。当时杨仁山居士即有此创议，只以时节因缘犹未成熟耳。[②]

于此，释东初又指出，变法维新，虽然带给佛教无限的困扰——庙产兴学——但也带给佛教僧徒一个自觉自救的机会。那就是依照清政府的指令，各省县成立僧教育会，以寺产来兴办佛教教育，培养佛教人才。这在清政府来说，

---

① 张曼涛主编：《民国佛教篇》，台北大乘文化出版社，1978 年，第 22 页。
② 释东初：《中国佛教近代史》上册，台北东初出版社，1974 年，第 77 页。

犹不失为一项开明政策。各省县佛教首脑人物亦知，非兴办学堂，不足以保护佛教寺产。当时日人水野梅晓于长沙设办僧学堂，扬州僧文希于扬州天宁寺设普通学堂，浙江寄禅、松风、华山，北京觉先等人亦设立僧学堂，南北呼应，成为当时各省僧教育会兴办僧学的领军人物。但其所办学堂，大抵为国民小学及僧徒小学。那时僧教育会组织健全、办理完善的固然也有，但仅拥有虚名者亦复不少。就如日后各省兴办佛学院一样，都以保护寺产为目的，并无意兴办教育。其中仅有江苏省僧教育会组织较为健全，其所办僧师范学堂，颇有成绩。他尤其嘉赞了杨仁山居士的卓越贡献："杨仁山居士于光绪三十三年就金陵刻经处设立祇洹精舍，招集缁素青年十数人，除佛学及国文外，并授以英文，以为进修梵文及巴利文之根基。杨仁老自讲《楞严经》，苏曼殊教英文，当时入学缁素，虽仅十数人，却为日后五十年来之中国佛教领导人物。其经费全由杨仁老自己负担，因经费支绌，不二年停办。其为时虽短，却为中国佛教种下革新的种子，无论于佛学发扬，或教育施设，以及世界佛化推进，无不导源于此。"①

① 释东初：《中国佛教近代史》上册，台北东初出版社，1974年，第78—80页。

第二节
杨文会振兴佛教的理念和事业

杨文会是清末光绪年间的名居士，其致力于振兴佛教事业缘起于太平天国战争后经典残缺，而其居士佛教思想可上追乾隆年间的彭际清。其对近代维新人士的佛学思想也有深刻影响，但与维新变法人士单纯鼓吹佛教救世思想以作为推动社会变革的精神利器有所不同，他更着眼于以佛教的振兴来弘法利生，拯济世艰，以使世法、出世法相得益彰。

一 杨文会生平与太平天国战火

杨文会的一生，如果以他与佛教的关系来分期的话，大致可以分成以下这么几个时期：第一期，从出生到 25 岁（1837—1861），这是学佛以前时期。第二期，边从事公职边学佛时期，从 26 岁到 52 岁（1862—1888），一方面承担了家庭及社会的责任，另一方面一心学佛，并创办了金陵刻经处。第三期，是辞去公职专心学佛时期，53 岁（1889）以后，他辞去一切公职，全心投入佛教事业；除了继续刻经之外，71 岁（1907）时他还创办了祇洹精舍，1910 年他又联合海内同志设立佛学研究会。①

杨文会，字仁山，清道光十七年（1837）十一月十六日，生于安徽池州石埭县一个书香门第，卒于宣统三年（1911）中秋节后八月十七日（10 月 8 日）。他的父亲杨朴庵（1800—1863，名摛藻，字锦园，号朴庵）是安徽名士。他出生的时候，父亲金榜题名，得中举人，而且他是母亲生了五个女儿之后的第一个男孩子，故全家非常欢喜，取名“杨文会”。道光十八年（1838），杨朴庵进士及第，与曾国藩、李文安（李鸿章之父）为同年进士，在京为官数载。道光二十五年（1845），杨朴庵携家眷南归，次年主讲石埭邻县旌德皃山书院，这时杨文会 10 岁，随父在书院读

---

① 参武延康、纯一编：《杨仁山居士年谱初稿》（未刊稿），第 21 页。另，佛学研究会的倡立者是梅光羲（见其《自订年谱》）。

书。他好读奇书，凡音韵、历算、天文、地理及黄、老、庄、列等书广为涉猎。14 岁就颖悟能文，雅不喜科举业，而与知交结社赋诗为乐；稍长，复练习驰射击刺之术，养成豪放任侠之性。他生平不做官、不科举，不走传统的科举仕途之路，而以自己独到的眼光、开放的胸怀，爱科学、学佛学，志愿振兴中国佛教，并弘扬佛法于世界，普济众生，由此启蒙了近代不少先进人士追随学佛，融通佛学与西学，开时代变革先河。诚如杨仁山居士的孙女杨步伟所说，祖父是一个"不迷信而研究佛学"的人，更重要的，是一个"非常提倡新学"的人。她在自传中生动刻画了杨仁山的生命形象，是一位在政治上支持维新、倾向革命，而佛学上也要革新的祖父。①

杨仁山生活在中国近代社会发生天翻地覆的大变革时代，他的生命时程几乎与中国近代历史上的一些重大事件相始终，他出生后两三年，爆发了使中国开始沦为半殖民地半封建社会的鸦片战争，他去世两天后，武昌响起了推翻两千多年封建帝制的辛亥革命的枪声。他亲身经历了太平天国战争，在战火中淬炼成才，先是"里居襄办团练，在徽、宁则佐张小浦中丞、周百禄军门理军事。跣足荷枪，身先士卒，日夜攻守不倦，手刃间谍，血溅衣袂，论功则固辞不受"②；后来，曾国藩湘军崛起，咸丰十年(1860)六月移军驻扎祁门，皖南军务交曾氏统辖，杨仁山随父加入曾国藩幕府。曾国藩十分器重同年进士杨朴庵父子的人品和能力，委任杨父主持曾幕军政机构忠义局。同治二年(1863)七月，朴庵先生病逝。当时，杨家"家境贫困，无石米储"，曾国藩委派杨仁山在谷米局任职。当时清军与太平天国的战事尚未结束，谷米局是一处重要的后勤供应机构，且不说战时饷粮筹集之不易，更是对主事者俭朴养廉的重要考验。这种委任既反映了曾国藩识才用人的高明，同时也从侧面显示出杨家父子深得曾国藩的信任。

具有深厚理学底蕴的曾国藩在与太平军激烈作战之时，同时也在进行着一场无硝烟的文化之战与人才争夺战。1854 年，曾国藩为攻击太平天国，发布《讨粤匪檄》，这篇著名的檄文宣称，太平军所到之处，"无庙不焚，无像不灭"，"举中

① 杨步伟：《一个女人的自传》，台北传记文学出版社，1969 年，第 83、90 页。杨步伟说："祖父思想非常新，从英、法归国后，虽一面研究佛学，也一面赞助革命，并劝办学校等事。……因祖父除刻经外，立一研究部，一教养人才部，不但对政治赞成改革，而对于佛学也要革新。所以，很多学者名流长川不息地住在刻经处研究谈论，有时听祖父讲经等等。"

②《杨仁山居士事略》，《佛学丛报》第 1 号(1912 年 10 月)。

国数千年礼义人伦诗书典则，一旦扫地荡尽。此岂独我大清之变，乃开辟以来名教之奇变！我孔子、孟子之所痛哭于九原，凡读书识字者，又乌可袖手安坐，不思一为之所也？”①

曾氏号召：凡读书识字者，焉能袖手安坐而不思作为？这使一大批士子从过去单一的仕途政治的思维模式中解脱出来，完成角色转换投入军事卫道、从幕助军的现实战斗中。他不但打出卫道的旗号抗击太平天国所崇奉的外教“异端”影响，且极为关心战后江南地区的学术文化复兴。曾幕设忠义局、编书局，则直接为卫道成功与文化传承做出了巨大贡献。同治三年六月十六日（1864 年 7 月 19 日），天京被曾国荃率领的湘军攻破，太平天国运动宣告失败。六月廿五日，坐镇皖省安庆的两江总督（管辖江西、安徽、江苏）曾国藩即移驻南京。杨仁山在曾国藩平定太平天国后随之来到南京，一方面负责战后南京城市的工程建设，另一方面机缘巧合之下义无反顾地走上了复兴佛教文化的道路。

二　走上佛教振兴之路，开创金陵刻经事业

杨仁山晚年回顾自己的学佛历程，在一封书信中说“我二十六岁学佛”（见《与廖迪心书》），在另一封书信中则谈道：“自弱冠至今，以释氏之学治心，以老氏之道处世。与人交接，退让为先。”（见《与陈南陔书》）这表明他接触佛学的时间早在 20 岁左右。而老母去世后，他对家人说：“我自二十八岁得闻佛法，已誓愿出家，而衰白在堂，鞠育之恩未报，未获如愿……”②杨仁山二十八岁那年，回乡为父亲办理葬事，事毕归安庆，感染了“时疫”。病后读《大乘起信论》，爱不释手，连读五遍，窥得奥义，恍然觉悟。于是一心向佛，把所有杂书统统束之高阁，而遍求佛教经书。《起信论》引他向佛之后，杨仁山又读了《楞严经》，这部书也使他着迷，以致忘身书肆。而真正开创他振兴佛教事业的起点和机缘，是在同治五年（1866）杨仁山全家定居南京，他与一些学佛同道在南京创立了“金陵刻经处”。他们经常聚会讨论，大家都感到兵燹之后经书难觅，而末法时代，全赖流通经典

① 李翰章编纂，李鸿章校勘：《足本曾文正公全集》之文集卷三，宁波等校注，吉林人民出版社，1995 年，第 1579 页。

② 杨文会：《杨仁山全集》，黄山书社，2000 年，第 584 页。

以普济众生。有一次在工程局同事王梅叔家中，他发现藏有以经世之学著名的魏源所辑《净土四经》，不禁喜出望外，如获至宝，遂决定募资重刊。同年十二月初八“佛成道日”，他撰写了《重刊净土四经跋》。《净土四经》系杨仁山首刻经书，该经的刊刻标志着金陵刻经处的成立。

同治七年(1868)，杨仁山手订《募刻全藏章程》和《金陵刻经处章程》，并请号称“刻经僧”的妙空法师(俗名郑学川)担任刻经处的“主僧”，金陵刻经处的工作正式启动。刻经处有了章程之后，所刻的第一部经为同治八年(1869)二月刻成的《大佛顶首楞严经》(简称《楞严经》)。到光绪七年(1881)，杨仁山曾致书日本友人南条文雄，告以募刻全藏之举，系与妙空及其他同志发起，至今已 13 年，已成 2000 余卷，妙空已于去岁示寂。预计刻完全藏要花 10 年或 20 年，尚难悬定。内中又说：“盖中华官宦中，信崇佛教者甚鲜。既不能得官给巨款，只有集腋成裘之法，随募随刊，以期渐次圆成耳！”[①]募刻全藏工程浩瀚，谈何容易，时属末法，信心者稀，人力、财力均甚不易，事业遇到种种困难可想而知，唯有采用集腋成裘之法，以蚂蚁啃骨头的精神，克服种种困难，渐进圆成之。

同治十二年(1873)，杨仁山 34 岁，首次屏绝世事，家居读书。时任直隶总督的李鸿章函聘其办理工程，辞而不就。但因家计艰窘，不得已再就职于“江宁筹防局”。光绪元年(1875)，他离开金陵前往汉口，经理盐局工程。次年，应湖南曹镜初之邀请，到长沙刻经处协助刊刻《大乘起信论疏》。

三 两度出使英法，拓展国际视野

据传，曾国藩临终交代其子纪泽云：“杨仁山是个大有作用的人，一定要好好关照他！不过你须随他所愿意做的事叫他做，不可勉强他。”[②]光绪四年(1878)七月二十七日，曾纪泽出任出使英法钦差大臣，礼聘杨仁山为参赞，他携长子杨自新以随员身份一同前往，派自新到法、德研究科学，学习测量等事。1879 年，杨仁山在伦敦与当时在牛津大学学梵文的日僧南条文雄会晤。初会

---

① 引自南条文雄《日本大藏经序》中的忆文。

② 杨步伟：《一个女人的自传》，台北传记文学出版社，1969 年，第 84 页。

面时，他赠南条《大乘起信论疏》和《净土三经新论》。通过南条文雄，他不仅了解到西方的佛教研究，还知道有梵文佛典以及散佚日本的汉语佛典，故委托南条将《阿弥陀经》注音，以使"梵、汉、罗马合璧"。从此鸿雁不断，订为莫逆交。杨仁山首度出国，不仅考察欧洲各国"政教生业"，精心研究天文、显微等学，同时研习梵文，发愿弘扬佛法于西方诸国。期满归国时，倾尽所有的薪水买回了大量科学仪器，如天文仪、地球仪、显微镜、测量仪、照相镜、钟表等，准备将来开办新式学校用。

光绪十二年(1886)春，杨仁山与李鸿章嗣子李经方一同应钦差大臣刘瑞芬(1827—1892，字芝田)召请，第二次出使英法，深入考察彼国政教生业及科技制造诸学，究明列强立国之原。另，此次携次子杨自超同往。1889年，法国巴黎成功举办博览会，杨仁山代表中国出席，他亲身体验到近代工业文明的神奇魅力；而李经方于是年回国，次年成为驻日公使(1890—1892)，杨仁山内弟苏少坡随行出使日本，同时也充当了杨仁山托日本友人求购中国失传经籍的中介助手，如杨托他请南条代为寻觅失传的古本佛典，曾开列急切想购买的经书18种，称为"别单"。杨仁山先后两次出国从事外交，阅历大增，特别对西国强盛背后的科学兴趣浓厚，以致他鼓励家人、士子将来不必考科举，"学科学不怕没有饭吃"。他期满归后都不受褒奖，一面专心从事刻经事业，一面研究佛学与科学。他尝告诫学人："斯世竞争，无非学问。欧洲各国政教工商，莫不有学。吾国仿效西法，不从切实处入手，乃徒袭其皮毛。方今上下相蒙，人各自私自利，欲兴国，其可得乎?"①可见杨文会对国事的了解，自有比当时一般士大夫高明之处。而近代中国佛教之能在僧制、教育上都有一番新气象，当与杨氏这种思想的新颖和开放有不可忽略的关系。

1889年从英回国后，杨仁山辞去公职，托人从日本购得一部小字藏经，闭户诵读。光绪十七年(1891)年起，他从搜求藏外中国古德逸书入手，与日本南条文雄、东海玄虎和町田久成诸君，互相寄赠经籍，互通有无。根据东海君赠送的《藏外目录》，先后开列甲、乙、丙三种求购书单，大规模求购古德逸书与失传经籍。凡是"古时支那人著述，为《明藏》所无者，无论敝单已开未开，均祈代为寻觅"②。

---

① 《杨仁山居士事略》，《佛学丛报》第1号(1912年10月)。

② 杨文会：《与日本南条文雄书九》，《杨仁山全集》，黄山书社，2000年，第487页。

杨仁山向南条表示，“求法之心，无有餍足”，准备将从日本收集到的失传佛典，择其精要，刊入《续藏》，“以为永远流传之计”。金陵刻经处事业得以成功，南条文雄等日本友人起了很大的推动作用。在20多年的交往中，杨仁山陆续搜得《大藏经》未收录的中国古德著述280余种，择要刻印。

晚年杨仁山的佛教振兴理念，从刻经流通利济众生，逐渐转向佛学研究与佛学教育，培养国际弘法人才。杨仁山大量搜集中国失传的海外佛典，做了前人所不能做的事情，与其具有丰富的国际交往经验密切相关。而到晚年，杨仁山致力于佛学研究与佛学教育，更与他的国际视野密不可分。这种国际视野，首先来自他中年时的外交生涯，他实地考察了欧洲诸国的政教科技，且结识了南条文雄等日本友人；其次还得益于与他交往的传教士或汉学家，如在杨文会的著作里提到的李提摩太（Timothy Richard，1845—1919）。依据传教士苏慧廉（William Soothill，1861—1935）的记录，1884年李提摩太到南京拜会曾国荃，期间遇到了杨仁山。听说杨仁山是因《大乘起信论》而从儒生变为佛教徒，他连夜读完了这部中国佛教史上的名著。最终他竟对自己同屋的传教士宣称，“这是一本基督教的书”。在他眼里，《起信论》虽然用的是佛教词语，却表达了基督教的思想。

光绪十九年（1893）8月，美国芝加哥举行世界博览会，期间，9月11日至27日召开“世界宗教大会”。与会者中有锡兰（今斯里兰卡）居士达摩波罗和英籍传教士李提摩太。因李提摩太的介绍，杨仁山与达摩波罗会晤于上海龙华寺，相约共同复兴世界佛教，加强中印佛教文化的交流与合作。次年初则与李提摩太合作翻译《大乘起信论》，以作为他日佛教西行传播之渐。杨文会事后觉得，李提摩太“借佛说耶”，穿凿私见，有失原意。不过，李提摩太却由此对中国佛教思想有了深入的了解，并与杨结下了深厚的友谊。而他推介达摩波罗与杨仁山居士接触，杨仁山获得了世界范围内佛教复兴的重大讯息，二人互通声气，对推动世界佛教复兴事业贡献良多，厥功至伟。杨仁山在《支那佛教振兴策》中透露了这个重大讯息，认为美洲阿尔格特等人传播西方世界的佛教还只是“粗迹”，而未触及佛法的精微奥妙，这更加坚定了他当年出使欧洲就志愿弘法泰西诸国的信心，如今他深切意识到“刻经”之外须从创办“僧学”培养弘法人才着手。他的这个振兴佛教的宏大构想虽酝酿已久，但因时事多艰，直到光绪三十一年（1905）颁诏正式废科举、兴学校，诸因缘成熟，才得以付诸实施。

四 融通佛学与新学,创办新式佛教学堂

光绪二十年(1894),中日甲午战争爆发,中国惨败,国人深受刺激,杨仁山居士弟子谭嗣同、桂伯华、欧阳渐等人,都由此而走上维新以至学佛之路。

光绪二十二年(1896),杨仁山60岁,给老友周玉山通信说:"比(近)年来时事多艰,知交中引退者有数人,阁下其一也。回忆摄山(栖霞)之游,何等豪健,一转瞬间,已成六十衰翁。阁下仕而后隐,弟不仕而隐;阁下以隐为隐,弟以不隐为隐,殊途同归。他日遭逢,定当相视而笑也。……娱老之方,莫妙于学佛……虽南面王,吾不与易也。阁下既辞轩冕,敢以此言奉劝。"[①]面对时事多艰,杨仁山一面以学佛娱老,一面与维新志士往来。此年二月,杨仁山作成《十宗略说》和《阴符经发隐》二书行世。六月二十九日,谭嗣同以江苏候补知府身份来南京,见官场黑暗而随杨仁老学佛。他给人写信说,金陵杨仁山居士"佛学、西学,海内有名"[②]。又作《金陵听说法诗》,以杨仁山居士为"学佛导师"。谭嗣同深受杨仁山思想影响,善华严,著作《仁学》,通篇用"通""平等"来解"仁",说"仁以通为第一义,通之象为平等";而"以太""电""心力"是所以通之具。[③] 其宗旨在融通佛学与西学,为现实的维新变法鸣锣开道,其中有两点引人注意,一是提倡平等的"冲决网罗之学",二是倡导革新传统的"儒释道",而把"孔释耶"确立为近代新"三教",以佛教统贯孔教与耶教。谭嗣同用佛学、西学、墨学等赋予"仁"丰富而开放的含义,打破了正统儒学的僵化信条。他认为西人崛起雄霸世界可归根于以救世为心之耶教,西人耶教之兴在"教于民",而孔教之衰在于孔庙成了"势利场"[④],将来佛教复兴必须代行其教化于民的责任。谭氏之言可谓振聋发聩。

次年五月,杨仁山与谭嗣同联络郑孝胥、蒯礼卿等人组织"金陵测量会",谭嗣同起草章程,会址设在金陵刻经处。此是中国近代第一个测量学会。未久,谭

---

① 杨文会:《与周玉山书一》,《杨仁山全集》,黄山书社,2000年,第431页。周玉山,名馥,安徽人。1904年,周玉山时任两江总督,文会劝他办"旅宁学堂",是为近代第一个女子学校。

② 谭嗣同:《上欧阳中鹄书十》(七月二十三日),载武延康、纯一编:《杨仁山居士年谱初稿》(未刊稿),第31页。

③ 蔡尚思、方行编:《谭嗣同全集》,中华书局,1981年,第291—293页。

④ 蔡尚思、方行编:《仁学》四十,《谭嗣同全集》,中华书局,1981年,第353—354页。

嗣同被光绪帝征召，参与维新变法。变法失败后，谭嗣同、刘光第等六君子被杀。谭嗣同拒绝逃亡国外的劝告，而慷慨陈词："各国变法，无不从流血而成，今中国未闻有因变法而流血者，此国之所以不昌也。有之，请自嗣同始。"①谭嗣同以热血生命奉献给了维新事业，而在中国近代佛教史上则被称为一颗光彩夺目的"佛学彗星"。杨仁山长子当时也在京参与其事，因受牵连，南京家中被搜查。杨仁山居士在晚清以倡导学佛新风而知名，其与维新志士的密切关系颇引人瞩目。梁启超说："晚清所谓新学家者，殆无一不与佛学有关系，而凡有真信仰者率皈依杨文会。"②

光绪二十四年(1898)三月，张之洞发表《劝学篇》，动议庙产兴学。杨仁山作《支那佛教振兴策一》，主张开设佛教"内班"与"外班"，最终使"佛教渐兴，新学日盛，世出世法，相辅而行。僧道无虚縻之产，国家得补助之益"③；他借鉴西方诸国兴盛的经验，又作《支那佛教振兴策二》，强调佛教弘传与国运昌盛息息相关。他说："泰西各国振兴之法，约有两端，一曰通商，二曰传教。通商以损益有无，传教以联合声气。我国推行商业者，渐有其人，而流传宗教者独付阙如。"④这里所说的"宗教"，虽不局限于佛教，但在他看来，佛教"通行无悖"，最有可能成为"全球第一等宗教"。正如印顺法师的评价："为佛教人才而兴学，且有世界眼光者，以杨氏为第一人！"⑤

光绪二十六年(1900)，杨仁山作《与夏曾佑书》两通，倡导复兴唯识学以接通新学，认为"支那佛教之衰实由禅宗，而日本则衰于净土真宗"⑥。这个看法来自前两年与日本真宗发生的法义辩论。光绪二十四年(1898)十二月，杨仁山作《阐教刍言》，随后又作《评选择本愿念佛集》和《评真宗教旨》，揭开与日本真宗法义辩论的序幕。他站在弘扬正法、振兴佛教的角度，批评真宗废圣道门、舍菩提心及诸行。杨仁山对法相唯识学复兴的重视，至迟在1900年左右，与日本真宗辩论之后。杨仁山在教理上深通"法相""华严"两宗，而实践上以"净土"为归。他

---

① 蔡尚思、方行编：《谭嗣同全集》，中华书局，1981年，第534页。

② 梁启超：《清代学术概论》三十，东方出版社，1996年，第90页。

③ 杨文会：《等不等观杂录》卷一，《杨仁山全集》，黄山书社，2000年，第331—332页。

④ 杨文会：《等不等观杂录》卷一，《杨仁山全集》，黄山书社，2000年，第333页。

⑤ 释印顺编著：《太虚法师年谱》，宗教文化出版社，1995年，第13页。此中，印顺说杨文会于"光绪三十四年(1908年)得锡兰摩诃菩提会达摩波罗书"，不太确切。事实是该书信多年前早就得之，只是那年祇洹精舍开学前夕，才拿出来请苏曼殊翻译，公之于世而已。

⑥ 杨文会：《与夏曾佑书》，《杨仁山全集》，黄山书社，2000年，第448页。

本人曾经概括过自己的佛教思想是“教宗贤首，行在弥陀”，其晚年又倡导对法相(唯识)学进行研究，认为只有弄通了“因明、唯识”思想，才能使人“不致颟顸笼侗，走入外道而不自觉”，并把它看作“实振兴佛法之要门”，且对“净土道理深为有益”。①

为了实施振兴佛法之蓝图，耄耋老母去世后，他就想把金陵刻经处房屋捐作十方公产，不仅可作刻经流通永远之所，也可辟作释氏学堂，培养弘法人才。光绪二十七年(1901)三月十九日，杨仁山召来三子即长子自新、次子自超、五子福严(三子、四子早夭)，订立“分家笔据”，将延龄巷房屋捐赠金陵刻经处作为十方公产，而把历年刻经所积欠的债务也分由诸子承担。1901年初，他函招桂伯华来金陵彻底通达研究唯识，续千年坠绪。桂伯华得杨仁山资助，举家移住在金陵刻经处内，边校点经文，边随师学佛。桂伯华是杨文会遴选来专攻因明、唯识二部，并作为将来的“佛学导师”来培养的第一人。随杨学佛的江西籍弟子比较多，这都跟桂伯华大有关系，多为桂伯华所引进，如李澹缘、黎端甫、梅撷芸、李证刚、欧阳渐等人。民国初年，桂伯华、李证刚和欧阳渐三人在佛学上各有成就，而桂伯华以年长及先入石埭门下之故，位居“江西三杰”之首。桂伯华引荐了许多江西籍的青年随居士学佛，李澹缘是其中最早向居士请教的人，他称杨文会是“当代昌明佛法第一导师”。

光绪二十九年(1903)三月，杨仁山作《道德经发隐》，这是继《阴符经发隐》之后，第二次对道家经典以佛理诠释，认为该经亦是“真俗圆融”之作，“实有裨于世道人心”。1904年夏间作《冲虚经发隐》，八月作《南华经发隐》。晚年杨仁山不仅思想圆融，而且思想很新，当时老友周玉山任两江总督，就劝他办“旅宁学堂”，是为近代第一个女子学校。他又给李国治写信说，正准备在宅院内添造房屋，能住20人，以培养佛学导师。杨又告诉李：“建立马鸣宗，以《大乘起信论》为本，依《大宗地玄文本论》中五位判教总括释迦如来大法，无欠无余，诚补偏救弊之要道也。”在佛教思想上，杨仁山开始倡导建立贯通整个佛法的马鸣宗，重视接通新学的唯识学研究；此外还以圆融无碍的佛理融通儒道，对儒道基本经典进行了“发隐”，试图使传统文化升华到近代境界。

光绪三十二年(1906)，杨仁山70岁，作《谢客启》曰：“本人性喜山林，不贪荣

① 杨文会：《与桂伯华书二》，《杨仁山全集》，黄山书社，2000年，第452页。

利。自二十七先君子弃世，家贫母老，无以为生，从事于宦途者三十年。内而吴楚，外而英法。公务之暇，游心释典。幸得一隙之明，遂以家事委诸儿辈。今年已七旬，精力衰颓，敬告新旧知交，权作谢客之计。及此桑榆晚景，借以校订深经，刊之印之，嘉惠后学。庶不负四十年来一片婆心耳！”而事实上，杨老居士老当益壮，为兴办新佛教学堂鼓与呼，作成《佛教初学课本注》和《大宗地玄文本论略注》，这是居士晚年的两篇代表作。年初，作《与陶森甲书》，劝其治下的镇江、常州两地兴办僧学。四月，刻成《佛教初学课本》后，寄赠日本藏经书院10部，告知“敝邦新开僧学堂，相继而起者已有四处，苦于启蒙无书，因作《初学课本》三字韵语，便于读诵，并作注解以申其义”。十一月，杨仁山刻成《大宗地玄文本论略注》后，寄赠南条文雄10部，同时请他帮助收集日本有关僧学堂章程，以资参考。“敝邦僧家学校，才见肇端，欲得贵国佛教各宗大小学校种种章程，以备参考。非仗大力，不能多得。”

光绪三十三年(1907)春，杨仁山与学佛同仁共议建立“祇洹精舍”。他在《与释式海书》中说：“今春同志诸君，闻知印度佛法有振兴之机，彼土人士欲得中华名德，为之提倡。但两地语言文字难以交通，明道者年既长大，学语维艰。年少者经义未通，徒往无益，遂议建立祇洹精舍，为造就人才之基。……”[①]杨仁山对当时国内“释氏之徒，不学无术，安于固陋”的状况很不满意，认为振兴佛教必须“自开学堂始”。为此他亲订《释氏学堂内班课程计划》，把释氏学堂分为三等，“仿照小学、中学、大学之例”，循序渐进地学习，各为3年，共9年学成。学成之后，“方能作方丈，开堂说法，升座讲经，登坛传戒，始得称大和尚”。学堂可分为“教内”“教外”二班，外班以普通学为主，兼读佛书；内班以学佛为本，兼习普通学。他设想释氏学堂内班课程，分专门学与普通学两大类，普通学3年，自第4年起，开始专门学，或两年，或三五年，不拘期限，学习各宗典籍，均随其自愿。总须一门通达，方可另学一门，不得急切改换，以致一事无成。他又指出，专门学者，不但要求文义精通，还须“观行相应，断惑证真，始免说食数宝之诮”！

光绪三十四年(1908)，祇洹精舍开学。九月，苏曼殊应邀前来，担任英文教师；杨仁山有10多年前达摩波罗的两封来信，请他翻成中文。十月，作《祇洹精舍开学记》说：“建立祇洹精舍于大江之南建业城中，兴遗教也。”祇洹精舍的开

---

① 参杨文会：《杨仁山全集》附录，黄山书社，2000年，第430页。

办，得到社会名流沈曾植、陈散原的支持和赞助，僧人月霞也为募资。谛闲任学监。学僧有太虚、仁山、惠敏、智光、观同，居士有邱晞明、谢无量等人。太虚因听闻南京有祇洹精舍为培养国际弘法人才开设，于1909年春前来求学。杨老居士上学期讲了《起信论》，下学期开讲《楞严经》，惜乎这两部经的讲义未有整理本传世。太虚后在闭关中尤留意于《楞严》《起信》，又作成《首楞严经摄论》，认为《楞严经》是中国佛学的"大通量"。祇洹精舍办了不到两年，惜以经费短绌而中辍。该精舍以培养具有国际眼光的弘法人才为宗旨，采用新式佛教教育制度，对后世佛教教育启发很大。太虚在此虽只学了短短半年，但他毅然承担起革新佛教、传布佛教于世界的重任，并以参与祇洹精舍的重要分子自居，以扩充杨仁山和达摩波罗居士相约共同复兴佛教于世界的事业。

五 创立佛学研究会，报告同人未了愿

宣统二年（1910），南京开设"南洋劝业会"，这是中国历史上首次以官方名义主办的国际性博览会，由时任两江总督兼南洋通商大臣端方举办，历时达半年，四月二十八日（6月5日）在丁家桥隆重开幕，同年十月二十八日（11月29日）圆满闭幕。杨仁山认为通商与传教并行不悖，作《南洋劝业会开设佛经流通所启》。十月下旬，杨仁山发表《南洋劝业会演说》，内中言及"地球各国，皆以宗教维持世道人心。使人人深信善恶果报，毫发不爽，则改恶迁善之心，自然从本性发现。人人感化，便成太平之世"[①]。不久，金陵刻经处同仁又成立"佛学研究会"，公推杨老居士为会长。该会每月开会一次，每七日讲经一次。杨老作《佛学研究会小引》，阐述本会宗旨在兴"本师释尊之遗教"，他说，"方今梵刹林立，钟磬相闻，岂非释迦遗教乎？曰：相则是矣，法则未也"[②]。他指出，此时设立研究会的目的，正是为了对治禅门扫除文字的流弊，而深入研究顿渐、权实、偏圆、显密，种种法门，"皆是应机与药，浅深获益"。佛学研究会的研究兼讲学方式比起正规化的祇洹精舍较为灵活，不需固定师资，学员不住校，经费较省。杨老居士年逾古稀，为佛

① 杨文会：《等不等观杂录》卷一，《杨仁山全集》，黄山书社，2000年，第337页。
② 杨文会：《等不等观杂录》卷一，《杨仁山全集》，黄山书社，2000年，第342页。

学研究会作《报告同人书》，讲述心愿中未了之事，其要有三：一亟望金陵刻经处刻成全藏，务使校对刷印均极精审，不致贻误学者。二编《大藏》《续藏》提要，仿《四库提要》之例，分类编定，以便初学。三编《大藏集要》，日本《续藏》搜求甚富，但须甄别为必刊、可刊、不刊三类。于是，作《大藏辑要叙例》示范。

宣统三年（1911）八月十七日，杨老居士在金陵刻经处深柳堂住室安详往生，享年75岁，门人弟子尊称他为“石埭大师”，又因其生前居深柳堂读书，或称为“深柳大师”。居士临终前预知，不久将有大事发生，遗言“经版所在，灵柩所在”，尽表其与刻经事业之生死与共。遗命将金陵刻经处事宜托付陈镜清、陈宜甫和欧阳渐三人共同担任，陈镜清负责刻经流通，陈宜甫负责外联交际，欧阳渐专门负责校经刻藏事，老居士生前还有半部未刻竣的《瑜伽》大论，特别叮咛欧阳渐续刻之。当天晚上，佛学研究会同仁在南京碑亭巷蒯宅集议，讨论成立护持金陵刻经处董事会，推梅光羲、吴康伯、狄楚青、蒯若木、濮伯欣等11人为董事。

民国元年（1912）10月1日，第一篇题为《杨仁山居士事略》的传文，发表在上海出版的《佛学丛报》创刊号上，未署名，据说作者为佛学研究会成员、金陵刻经处第一任董事濮伯欣。1917年，有徐文蔚居士归心杨仁老，感其志业，整理编成《杨仁山居士遗著》，民国八年（1919）冬刻成行世。1918年，杨仁山居士墓塔落成于他生前所居的“深柳堂”后，深通佛学的当代宿儒沈曾植为撰《杨仁山居士塔铭》，称道：“居士奋起于末法苍茫、宗风歇绝之会，以身任道，论师、法将、藏主、经坊，四事勇兼，毕生不倦，精诚磅礴。”

综上所述，杨文会居士几十年如一日，呕心沥血，孜孜追求佛教在近代的振兴，细察其佛教振兴理念，大致可以概括为以下四个方面：第一，以搜罗佛典、刻经流通为佛教振兴的首务和基础；第二，以兴办学堂、培养人才为佛教振兴之重点；第三，以研治佛学、弘扬佛法为佛教振兴之关键；第四，以加强中外佛教文化交流为佛教振兴之援辅。这里必须指出，杨文会居士这些佛教振兴的理念并非形成于一朝一夕，而是在其长期从事弘扬佛教事业的过程中，适应时代的潮流，因应时代的变革，不断总结经验和逐渐积累心得的结晶。从中可以察知杨老居士一生振兴佛教的宏伟蓝图。

第三节
杨文会开近代佛学思想先河

中国佛教发展到清代衰落了，意味着其学理方面已极为衰微，正如梁启超所指出的那样，高僧不多，而且与思想界关系很少。乾嘉时期，一部分理学家如彭绍升、罗有高、汪缙等人，对佛学有极浓厚的兴趣，大力予以提倡，其影响且沿及龚自珍、魏源等。至清末杨仁山居士，佛学出现了一个新的振兴局面，并在近代中国思想界、学术界发生了广泛的影响，成为近代中国一股不可忽视的思潮。佛学在中国近代得以重振，原因是多方面的，诸如当传统的理学思想受到冲击后，人们想以佛学来填补思想上的空白；随着西方学术思想的传入，也受到了当时西方学者研究佛学兴趣的影响等。但其中与杨文会居士为振兴佛学而献出毕生精力的辛勤工作也是分不开的。

杨文会为振兴佛学，一生从事刻经事业，兴办佛学研究会，创设佛教学堂等，在近代中国文化界、学术界、思想界产生了相当广泛深入的影响。[①] 此是就杨文会的佛教事业方面来谈论其佛学思想。可见杨文会的佛教事业是和他的佛学思想紧密联系在一起的。然而，遍览中外学者写的有关杨文会居士的中国佛教史书，对杨文会的佛学思想较少论述，而大多强调杨氏的佛教事业对中国近代佛教复兴的贡献。其实，在中国近代佛学思想史上，杨文会的佛学思想具有承前启后的先师地位，其思想特点以融会贯通见长而不忘开新。兹对其毕生著作简要介绍，并举其佛学思想特征鲜明者，略述几端。

一 杨文会著作与内容简述

杨文会居士毕生精力全在刻经，自从创办金陵刻经处后，一心从事刻经事业，搜罗、整理、刊布了许多散失海外的珍贵的佛教典籍，为其最显著之功德；晚年又兴办佛教学堂（祇洹精舍），成立佛学研究会等，培养了一大批弘扬佛法、研

---

① 楼宇烈：《中国近代佛学的振兴者——杨文会》，《世界宗教研究》1986 年第 2 期。

究佛学的人才，并加强中外佛教文化交流与合作，为中国佛教传播开辟了廓大境界，对中国近现代佛教复兴事业产生了巨大而深远的影响。其被称为"中国近代佛教复兴之父"，委实是当之无愧的。其著作中保留了他编刻整理佛典、研究佛学、兴教办学、国际交流等的思想和资料，对我们今日了解和研究中国近代佛教复兴历史弥足珍贵，从中也可察知当时日本、锡兰、欧美等世界佛教的动态。

杨文会居士一生弘法 45 年，校刻经版 2 万余片，印刷流通经典著述百余万卷，刻成经典 211 种、1 155 卷；刻成佛菩萨像 24 种（幅），印刷流通 10 余万张。著作有《大宗地玄文本论略注》四卷，《佛教初学课本及注》一卷，《十宗略说》一卷，《观无量寿佛经略论》一卷，《论语发隐》《孟子发隐》各一卷，《阴符经发隐》《道德经发隐》《冲虚经发隐》《南华经发隐》四卷，《等不等观杂录》八卷，《阐教编》一卷，另有《天地球图说》一卷单行。此外，尚有居士手辑《大藏辑要》四百六十种三千三百余卷、《贤首法集》一百数十卷、《华严著述集要》二十九种、《净土古佚书》十种、《净土经论》十四种、《大乘起信论疏解汇编》、《释氏四书》、《释氏十三经及注疏》和佛教中学古文课本甲乙丙丁四编及其他经论均别行。

杨文会著作清单首次出现于民国元年（1912）10 月 1 日出版的《佛学丛报》创刊号上发表的《杨文会居士事略》，文后列居士生前著作云，著有《大宗地玄文本论略注》四卷，《佛教初学课本》，《阴符》《道德》《庄》《列》发隐诸书，久已风行海内。又，《等不等观杂录》《论》《孟》发隐各若干卷待梓。

杨文会一生著述，在其示寂后 7 年，由门下私淑弟子徐文蔚 1917 年编辑成《杨文会居士遗著》，收居士著作 12 种。其中除居士生前已刻成流通的几种及《阐教编》一卷遵遗命缓刻外，皆于民国八年（1919）冬月由金陵刻经处刊刻成书，初木刻十册，廿二卷。《大宗地玄文本论略注》四卷、《佛教初学课本》一卷、《十宗略说》一卷、《阴符经发隐》、《道德经发隐》、《冲虚经发隐》、《南华经发隐》，皆居士手订付梓。《观无量寿佛经略论》一卷、《论语发隐》、《孟子发隐》、《阐教编》，为皆未竣之书，而由徐文蔚 1917 年就遗稿编次。《等不等观杂录》始刊十之一，继复搜集遗稿，增十之九，勒成八卷。其后北京刻经处在卧佛寺补刻《阐教编》一册，于 1923 年刻成。

《杨文会居士遗著》共 10 册。第 1 册刊遗像、塔图、金陵刻经处图、塔铭、事略、杨氏分家笔据；第 2、3 册为《大宗地玄文本论略注》四卷，附金刚五位图；第 4 册为《佛教初学课本》一卷及注一卷，《十宗略说》一卷；第 5 册，《观无量寿佛经略论》一卷,附《愿生偈略释》《坛经略释》,另有儒家经典《论语发隐》一卷,《孟子发隐》一卷;第6册为道家经典《阴符经发隐》一卷,《道德经发隐》一卷,《冲虚经发隐》一卷,《南华经发隐》一卷;第7—10册辑《等不等观杂录》八卷,第7册卷一以注疏为主,卷二为佛学书目表,第8册卷三、四以叙为主,第9册卷五、六以来往书信为主,第10册卷七、八专收与南条书信。

金陵刻经处近年新出《杨文会全集》内容,在木刻本基础上增加补遗部分,一是《天地球图说》,二是《募刻全藏章程》《金陵刻经处章程》,三是七篇金陵所刻佛典附言及跋,四是出使英法时给次子杨自超的三封家书,五是遗著未见收录的五封《与南条文雄书》,六是居士诗作19首。书首收赵朴初于辛酉年(1981)作的《金陵刻经处重印经书因缘略记》。

兹对新版所辑主要著作列表如次,并对其基本内容略作介绍如下:

表3.2 《杨文会全集》所辑主要著作表

	著述	卷数	作成时间	刻成时间	出版机构
1	《十宗略说》	一卷	光绪二十二年(1896)二月作成	同年四月刻成	金陵刻经处
2	《阴符经发隐》	一卷		光绪二十二年(1896)丙申春二月开雕	金陵刻经处
3	《道德经发隐》	一卷	光绪二十九年(1903)癸卯季春月叙		金陵刻经处
4	《冲虚经发隐》	一卷	光绪三十年(1904)甲辰秋七月叙		
5	《南华经发隐》	一卷	光绪三十年(1904)甲辰仲秋之月		
6	《佛教初学课本》及注	各一卷	光绪三十二年(1906)春二月叙	同年四月刻成	金陵刻经处印行
7	《大宗地玄文本论略注》	四卷	光绪三十二年(1906)冬十月叙	同年十一月刻成	金陵刻经处印行
8	《等不等观杂录》	八卷	民国六年(1917)丁巳夏编成	民国八年(1919)己未冬十一月刻竣	金陵刻经处印行
9	《阐教编》	一卷		民国十二年(1923)补刻	北京刻经处西城卧佛寺佛经流通处印行

《十宗略说》,是杨文会佛教著作中成书最早的一部。此书的最大思想特点是十宗平等,融会一体。此书参照了日本凝然上人《八宗纲要》,但力求简而易晓,反映了他基于华严十玄门圆融无碍之教而提倡十宗平等或实际上(大乘)八

宗兼弘的思想。其中也显示他新的判教思想,在传统“教下三家”“教外别传”之外,他突出净土为归,将净土宗从印度到中土的弘传判为“教内别传”。

光绪三十二年(1906),迈入古稀之年的杨文会先后编成《佛教初学课本》及注与《大宗地玄文本论略注》,这是他为创办新式佛教学堂,培养堪作“佛学导师”的弘法人才所编著的两部代表作。前者用作释氏学堂的入门教材,后者是他倡导建构马鸣宗的深研佛学著作。按照杨文会计划的释氏学堂内班课程,《佛教初学课本》与《十宗略说》都为普通学,《大宗地玄文本论略注》及拟作的《释摩诃衍论集注》则为专门学。《佛教初学课本》为三字韵语,便于初学诵读,原系明代天启年间蜀东中州聚云寺吹万老人(释广真)仿效儒家启蒙读物《三字经》的体例而作《释教三字经》,三字一句、四句一偈,将佛教历史、佛教常识及佛学教理介绍给初学,以便记忆和学习。敏修长老为之作注,后由近代印光法师修订,将原文改正了十分之三,注释改正了十分之七。其内容主要包括如来降生成道、说法度生,列祖续佛慧命、随机施教及与古德自利利他嘉言懿行。他希望世人通过诵习,可“知佛经之要义,明祖道之纲宗”。杨文会有了创办佛教学堂的打算后,就着手编订了此书,以作为佛教学校之教材。他将其改名为《佛教初学课本》,使法门更加齐备,义理更加周详,内容扩充为释迦立教、结集三藏、大法东来、十宗述要、忏法、法相、劝学等。为便于初学,他又详作注解一卷,以韵文的形式提挈佛法的纲领要义、辨析佛学的基本原理、介绍佛教的主要宗派等。该书刻成问世后,他还寄送给日本友人。他称此书“事略法备,言简意赅”。

《大宗地玄文本论略注》与《大乘起信论》一样,相传为马鸣大师的另一部重要论典。所谓大宗地,即一切法门之总纲;玄文,意指此论义理深微。《大宗地玄文本论》体系博大如百川归海,思想晦涩而深邃。共有四卷四十分,《高丽古藏》作二十卷,《宋、元藏》皆未收入;《明藏》作八卷,复并作四卷,今从之。本论第一、二分为序分,第三分至第三十六分为正宗分,第三十七分至第四十分为流通分。正宗分阐述金刚五位、三十四法,流通分以譬喻赞叹论之胜用,警醒愚迷,叮咛告诫,发愿流通此论,普劝受持。通过研读这部论典,他从中找到了可以用来统摄全体佛教的基本纲领,也由此萌生了建立马鸣宗的构想。对于马鸣宗,杨文会之后的佛学界较少谈及,只有他的故交沈曾植在其寂后撰写的《塔铭》中有所回应,这位深通佛学的当世宿儒既盛赞杨刻经之功德,又表彰其学“以马鸣为理宗,以法藏为行愿”云云。所谓“以马鸣为理宗”,指的便是杨心仪的马鸣大师的两部论典，一是早年给他智慧启示、引他进入佛门的《大乘起信论》，二是晚年他精心注解而已经失传千有余年的《大宗地玄文本论》。杨文会认为这两部大乘论典提供了融通性相、统摄全体佛教的思想纲领，如前者有“一心二门”，后者有“金刚五位”。这无论是对初学者还是对研学经年而不得门径者把握和融会贯通纷繁复杂的庞大佛教思想体系，都是大有助益的。他曾在与人通信中说到他建立马鸣宗，就是以《大乘起信论》为本，依《大宗地玄文本论》中“（金刚）五位判教”来总括释迦如来大法。他认为，这是一种无欠无余的圆满大法，诚救弊补偏之要道也。在《大宗地玄文本论序说》中，他明确指出要救治的，就是“谈宗谈教、说有说空，分河饮水、互相是非之弊”。

宣统二年庚戌（1910），杨文会 74 岁时作《报告同人书》说心中未了之事，提到《等不等观杂录》一书，约有百余页，原稿均散乱无序，略加编定，便可成书。此书乃居士之文集，共收录居士所著之专文及书信、序跋、演讲等 150 篇，其中专文及讲演共 25 篇，序跋 28 篇，评论及辩论文字共 12 篇，与国内同道往返书信 43 封，与日本南条文雄等往来书信 41 封，另外还收入居士所拟《佛学书目表》一份。此书所收录之文字融摄了居士的佛学思想、办学思想和兴教思想，是其最具代表性之著作。此书原先梅撷芸君曾刻其七篇，合《十宗略说》为八篇。徐文蔚 1917 年汇编《杨文会居士遗著》时，以《十宗略说》别为一种，而就刻经处所藏稿本重加编次，勒成八卷，收入《杨文会居士遗著》，于 1919 年由金陵刻经处印行。徐文蔚当年期望中日二国人士藏有先生手稿为兹编所未录者，他日刊为续编，以饷法门。今补遗中所收材料，或可视为续编。

《阐教编》共收录杨文会居士与日本真宗僧人论辩文字六篇。此论辩之缘起，乃因日本净土真宗曾于上海、杭州、南京等地设立本愿寺，宣扬纯他力净土法门，而居士认为真宗教义将圣道门与净土门对立起来，将净土门中自力与他力对立起来，乃有违经教。居士力主自力与他力之统一。论辩中，杨文会深入净土诸经，广征博引，笔锋犀利，态度鲜明，直指真宗教义之要害，严护净土真旨。居士于净土教义之发明可谓深矣，修习净土者不可不读。

晚年杨文会在他拟编的《大藏辑要》中开设“旁通”一门，专门吸纳他对儒道六部经典所做的“发隐”。他说：“归元无二，方便多门。儒道心传，岂有隔碍也?”早年他释道兼学，儒释道等诸家之说广泛涉猎，经过一番深入比较，方归于佛家，始知佛法之深妙，统摄诸教而无遗。他深通华严教理，推崇《华严经》为“经中之王”，对于其他经论与儒家道家言，悉以华严真俗圆融、理事无碍、事事无碍圆旨融通之。他在《阴符经发隐》中指出，“凡观内外典籍，须具择法眼，方不随人脚跟转耳”。

二 尊崇《大乘起信论》的思想

杨文会居士悉心学佛研佛，是从《起信论》开始的。杨文会曾述及自己的学行，说：“大乘之机启自马鸣；净土之缘，因于莲池。”①这就是指他因读《大乘起信论》而开启信佛之机。也正因此，他对《起信论》及其作者马鸣，推崇备至，自始至终，一生未变。可以说，在杨文会早期的佛教思想中，基本上是起信（或华严）思想和净土思想平分秋色。如果说前者使他逐渐深入了佛教思想的堂奥，那么后者无疑提供了他佛教实践的修持法门。在义解上，杨文会由初始的推崇《大乘起信论》，进展到以贤首为尊而教宗贤首，再发展至提出建立马鸣宗的构想，可谓三步一曲，步步深入，境界愈来愈圆融宽广。

（一）起信思想的形成

根据《杨仁山居士事略》的记载，杨文会最初读《大乘起信论》，一连读了五遍，窥得奥旨。从他所写的两篇关于《起信论》的跋文（即《起信论疏法数别录跋》和《起信论真妄生灭法相图跋》）中，我们可以约略推知其究竟。1876年，他的学佛朋友曹镜初（曾参与成立金陵刻经处的创议），邀请他来湖南协助处理长沙刻经处的有关事宜。当时，长沙刻经处正在刊刻《大乘起信论疏》，这部论疏“二卷，马鸣造论，真谛译文，宗密录注，袾宏重辑”，杨文会为之修定科文并录法数，作《起信论疏法数别录跋》；又为此书所附录之清续法辑《起信论法相图》，作《起信论真妄生灭法相图跋》。这两篇文献现都存于《等不等观杂录》卷三之中，大概是杨文会学佛以来第一次以文字形式对《起信论》发表看法。

在前一篇跋记中，他说：“《起信论》虽专诠性宗，然亦兼唯识法相。盖相非性不融，性非相不显。”由此可见，杨文会认为《起信论》是一部以性宗为主，而倡导性相融通的佛学著作。在后一篇跋记中，他又说：“马鸣大士撰《起信论》贯通宗教，为学佛初阶。不明斯义，则经中奥窔（音杳，深远义）无由通达。”由此又可见，

① 参杨文会：《等不等观杂录》卷七《与日本南条文雄书二》，《杨仁山全集》，黄山书社，2000年，第478页。

在杨文会看来,《大乘起信论》是学佛的入门书,是融通教宗、贯彻群经的大乘佛教的根本论典。并且从这后一篇跋文中,我们还得知"贤首国师特为造疏,判属大乘终教。盖下接小始,上通顿圆也"。原来长沙刻经处的这个本子,是唐法藏所注疏的,而又经过了几代佛教大师的修订和重辑。后来当杨文会从日本得到贤首古本起信论疏时,发现这个本子并不是善本。但在贤首法藏的判教系统中,《起信论》是属于上承小、始而下通顿、圆的"大乘终教",这一点是杨文会从此本论疏中得到的一个重要观点。

(二)《起信论》版本考订和思想精研

杨文会的佛学思想大都建立在他对文本考订精研的基础上。1879 年,杨文会 43 岁时,随曾纪泽出使英国,正月初四抵达伦敦。在伦敦期间,经日人末松谦澄介绍,得与当时在牛津大学师从马克斯·缪勒学梵文的南条文雄相识。[①] 据南条《怀旧录》回忆,他们初次会面是在末松谦澄的寓所,通过笔谈的方式,"仁山君将自己刊行的一册《大乘起信论序》(实际上就是 1876 年长沙刻经处刻成的《大乘起信论疏》——笔者注)赠与我,告诉我他是依据《大乘起信论》而皈依佛教的,并询问其梵本存否之事。我不曾听说此书梵本仍现存于世,故如实地作了回答。闻此,仁山君显出相当失望的样子"[②]。

南条说杨文会听到《起信论》梵本未曾见过,显得失望,这可能是实情。但他并未由此而生怀疑《起信论》的真伪,相反还兴起依照梁译《起信论》,把它翻成英文以向西方传播佛法的念头。在《与日本南条文雄书二》中,我们看到他说:"《大乘起信论》既不能得梵本,将来即据梁译翻成英文,或亦欧人入道之胜缘也。"后来,1894 年初,有英人李提摩太在上海约请杨文会同译《大乘起信论》,他便欣然

---

① 南条文雄是日本净土真宗僧、近代著名佛教学者,因他与杨文会关系密切,故此不惜笔墨,对其相关资料多加介绍,以彰贤者之德也。其主要著作有《大明三藏圣教目录》、《校订梵文法华经》、《校刊梵本楞伽经》(此本现存 1923 年版,吕澂曾据以勘定魏译、宋译和唐译诸本《楞伽》的中坚部分,从而论证《起信》与魏译楞伽的继承关系,考订起信伪论之由。详参黄夏年主编:《吕澂集》,中国社会科学出版社,1995 年,第 183 页)。先是杨氏在上海交日本学僧松本白华,得知南条文雄、笠原研寿等在伦敦,后于伦敦末松谦澄处进一步得知南条文雄等在牛津大学学梵文,于是修书致意。不久,杨氏在末松寓所与南条会晤,连夜畅叙,结下了深厚的友谊。按,中国佛教协会编《中国佛教(二)》(知识出版社,1980 年,第 313 页)说,杨氏于"光绪十二年(1886)又再去伦敦,认识了日本留学僧人南条文雄"。此说有误。南条氏于 1876 年赴英留学,在英共逗留 9 年,于 1885 年返国。杨氏第二次赴欧时,南条已不在伦敦。杨氏于二次赴欧前,曾给南条氏一信,说"后接松江君寄到尊函二件,……展阅之余,欣慰弥深,方知大驾回国,……弟现承刘星使之召,又当从事英伦"云云,可为证(《等不等观杂录》卷七《与日本南条文雄书五》)。

② 参陈继东:《有关日本举行的杨文会居士追悼会之资料》,载杨文会:《杨仁山全集》附录,黄山书社,2000 年,第 628 页。

应允。在《与日本南条文雄书十二》中，他也提及此事，并说“李君写出英文，刊布欧洲，应用华、梵、英合璧字典。李君有一本，系前时西人在香港印行者……”云云。根据《杨仁山居士遗著》的编辑者转述，杨文会对此次翻译似乎不太满意，因为李君“以私见穿凿”，颇有“援佛入耶”之嫌。1900年，日人铃木大拙将《大乘起信论》翻译成英文，这是他翻译成英文的第一部佛典。铃木大拙的英译佛典一时风靡西方，为把大乘佛教传播到西方世界做出了巨大贡献。但不知他首选《大乘起信论》作为英译原本，是否与杨文会在近代倡导此论有一定的关系？

杨文会在英伦与南条结下的交谊，为他的佛教刻经事业开创了新的局面，使他的典籍整理和佛学研究有了新的飞跃。最重要的是南条归国后，受杨文会之委托，帮他搜罗了很多中国散佚的唐古德注疏。其中有他心仪的唐法藏撰的《大乘起信论义记》和《别记》，这使他对起信思想的理解上了一个台阶。在这之前，1885年，杨文会刻成了明真界撰的《起信论纂注》（二卷）；1890年，又刻成了明德清撰的《大乘起信论直解》（二卷）。明智旭撰的《大乘起信论裂网疏》，至迟可以确定在1894年初之前刻成。这表明他在努力搜寻前人对起信思想的理解，然而他只能得到明代大德的注解。1893年，他的内弟从日本归来，给他带来了他向南条等日本友人请购的，包括《起信论义记》在内的大量唐古德注疏；有了这些珍贵的典籍，他欣喜的心情难以言表。

得到《起信论义记》和《别记》之后，通过贤首法藏的疏解，杨文会对《起信论》的思想义理有了较为完整、准确的把握，对各种起信典籍的甄别也逐渐精审而明朗。首先，他发现长沙刻经处最先刊刻的《大乘起信论疏》有重要缺陷。1898年，他将贤首法藏撰的《大乘起信论义记》和《别记》刻成，并作《会刊古本起信论义记缘起》，内中说：

> 大藏教典，卷帙浩繁，求其简要精深者，莫如《起信论》。而解释此论者，自隋唐以来，无虑数十家，虽各有所长，然比之贤首，则瞠乎其后矣。藏内贤首疏五卷，人皆病其割裂太碎，语意不贯，盖圭峰科会之本也，莲池重加修辑，刻于云栖。憨山治为疏略，刻于径山。文义虽觉稍联，总不能如原作之一气呵成也。
>
> 近年求得古逸内典于日本，自六朝以迄元明，凡数百种，内有《起信论义记》，以十门开释，始知圭峰删削颇多，致失原本规模。然经日本僧徒和会，

仍不免割裂之病。求之数年,复获别行古本,真藏公原文也。雠校再三,重加排定,务使论文、记文自成段落。庶几作者义味,溢于行间。后之览者,恍如亲承指教也。另有《别记》一卷,似作于《义记》之先。盖《别记》所详者,《义记》则略之,遂并刊以成完璧云。日本南条文雄与余友善,此记赖以得之,其嘉惠后学,岂浅鲜哉![1]

这篇叙述带给我们许多重要的信息,使我们觉察杨文会已经对《起信论》在整个大藏教典中的位置以及前人注疏,都有了全面的把握和通贯的理解。比较明显的表征是,不久他对各种《起信论》注疏做出了分判,尤其推崇贤首法藏疏。在他看来,《大乘起信论》总括群经要义,法藏作记,曲尽其妙。学者熟读深思,自能通达三藏教海。而他前此所刻的《起信论纂注》,从内容上看,主要是取唐贤首疏和宋长水(子璿)《笔削记》(全称《起信疏笔削记》),删繁就简,纂辑成文,以便于初学。而明德清的《起信论直解》,则称性直谈,雅合禅门之机。以上二种,可作《义记》之先导。[2] 这种分判见解,被他后来用以作为开示初学者的学佛门径,如他在《与吕勉夫佩璜书》中,回答读经、坐禅和念佛三种学佛方法,何者适于初学时,直接指出:"入门方法,以研究内典为本。须将《大乘起信论》读诵纯熟,再看《纂注》《直解》《义记》三种注解。由浅而深,次第研究。此论一通,则一切皆有门径矣。"在《与陈大镫、心来书》中说:"《大乘起信论》一卷,为学佛之纲宗,先将正文读诵纯熟,再将《义记》《别记》悉心研究,于出世之道,思过半矣。"

值得注意的是,在1898年刻成了唐实叉难陀译的《大乘起信论》,他在书后附言:"依宋、元、明、丽四藏雠校,择其善者从之。"唐译与梁译的不同,很容易使人去追究此论梵本来源的问题。在次年的正月,杨仁山又刻成了《起信论海东疏》(全称《大乘起信论疏记会本》,六卷,唐元晓撰),并作《书起信论海东疏记后》。杨文会对法藏及其起信疏的推崇,还表现在其后汇刊了《贤首法集》,其中也收有《大乘起信论义记》(古本三卷,今作七卷)和《别记》(一卷)。他说:"此论古疏传,至今时者,仅见三家:隋之净影、唐之贤首、海东之元晓,称'起信三古疏'。虽各有所长,而以贤首为巨擘。后世作者,何能企及?今于东瀛得贤首原

① 杨文会:《等不等观杂录》卷三,《杨仁山全集》附录,黄山书社,2000年,第370页。

② 参杨文会:《等不等观杂录》卷二《佛学书目表》,《杨仁山全集》,黄山书社,2000年,第356—357页。

本，会而刊之，实为学摩诃衍(大乘)之要门也。”①

晚年的杨文会对《起信论》所做的最重要工作，是汇刻他搜集的各种起信论注疏，如他汇刻了《大乘起信论疏解汇集》，其中包括：梁译《起信论》(真谛译)、唐译《起信论》(实叉难陀译)、《释摩诃衍论》(马鸣造，龙树释)、《起信论义记》和《别记》(唐法藏撰)、《大乘起信论疏记会本》(即海东疏，新罗元晓撰)、《大乘起信论纂记》(明真界撰)、《大乘起信论直解》(明德清撰)、《大乘起信论裂网疏》(明智旭撰)等八种。汇集的动机，自然是为学人提供研究起信思想的系统资料。而这之后他在起信思想上的精研，主要建基于实修，表现在以下两个方面：

其一，他通过校勘和整理各种起信注疏，形成了他的学佛次第思想。《大乘起信论》的初阶地位愈来愈明确，他也更加坚信此论有统摄佛教、贯通群经的功用和价值。这主要表现在，他此后不断地向他的一些亲朋好友以及来信请教的学佛者极力推介《大乘起信论》。例如，他在《答释德高质疑十八问》中说：“《起信论》者，马鸣菩萨之所作也。……此论宗教圆融，为学佛之要典。”在《与黎端甫书》中说：“欲明佛法深义，须研究《起信论》。”在《与李质卿书》中说：“通达此论，则一切经典，易于入门矣。”在《与吕勉夫(佩璜)书》中说：“《楞严》《维摩》二经，初学难得头绪。文约义丰者，无过于《大乘起信论》，熟读深思，必能贯通佛教原委。”在《与李澹缘书》中说：“通达此论，则《楞严》《楞伽》《华严》《法华》等经，自易明了。”在《与郑陶斋书》中说：“鄙人常以《大乘起信论》为师，仅仅万余言，遍能贯通三藏圣教。凡习此论者，皆马鸣之徒。”②另外，在文章注疏中，他也寻找机会推介《起信论》，如在《三身义》中说：“内典繁多，从何入手，用功省而收效速也？曰：有马鸣菩萨所作《起信论》，文仅一卷，字仅万言，精微奥妙，贯彻群经。”③在《佛教初学课本注》中说：“马鸣大士宗百部大乘经，造《起信论》，以一心二门总括佛教大纲。学者能以此论为宗，教律禅净莫不贯通，转小成大，破邪显正，允为如来真子矣。”④此类事例，不胜枚举。

---

① 参杨文会：《等不等观杂录》卷三《贤首法集叙》，《杨仁山全集》，黄山书社，2000年，第377页。对《起信》三古疏，近代争议起信的学人也多有涉及，但看法已有颇大差别，如吕澂在《起信与楞伽》一文中认为，《起信》之说应于慧远《大乘义章》等籍寻之，时近而有师承也。元晓、贤首皆好奇矜异。起信明明非佛家言，而不惜曲为援引，以与慈恩相抗，此岂但为佛学旁门，抑亦《起信》之罪人矣。(黄夏年主编：《吕澂集》，中国社会科学出版社，1995年，第199页。)

② 以上书信均收在《等不等观杂录》中，一查便知，见杨文会：《杨仁山全集》，黄山书社，2000年。

③ 杨文会：《等不等观杂录》卷一，《杨仁山全集》，黄山书社，2000年，第323页。

④ 在“造起信，大乘兴”条下小字注，参杨文会：《杨仁山全集》，黄山书社，2000年，第118页。

其二，杨文会进一步把这种起信思想与其他经论，和他早年就形成的净土思想融会贯通，构成了他指导学人的独特而有阶可循的学佛修行体系。在《学佛浅说》中，他指出，学佛者随人根器而各有不同。他把学佛者分成如下三类：首先是"利根上智之士"，能"直下断知解，彻见本源性地，体用全彰，不涉修证，生死涅槃，平等一如"。但是在他看来，这种利根上智之士，"近世罕见矣！"其次是"从解路入"的一类，即"先读《大乘起信论》，研究明了，再阅《楞严》《圆觉》《楞伽》《维摩》等经，渐及《金刚》《法华》《华严》《涅槃》诸部，以至《瑜伽》《智度》等论。然后以解起行，行起解绝，证入一真法界"。但他认为，这一类根器的人，最后"仍须回向净土，面觐弥陀，方能永断生死，成无上道"。又其次者，则须"用普度法门，专信阿弥陀佛接引神力，发愿往生"。并根据自己的能力，"或读净土经论，或阅浅近书籍，否则单持弥陀名号，一心专念，亦得往生净土。虽见佛证道有迟速不同，其超脱生死，永免轮回，一也"。[①] 这就是说，除"利根上智之士"外，对大多数一般人来说，净土法门则是学佛修行最根本的途径。可见，杨文会之起信思想不仅开出了他的"教宗华严"，而且也是其"行在弥陀"之源。

从以上所述中，或不难明白，杨文会佛学思想的形成，乃至他的整个佛学思想建构(包括华严、净土、唯识及马鸣宗等)，都是与《大乘起信论》有莫大的关系。联系他以后的思想进展来看，一方面他由尊《起信》而学法藏，从而教宗贤首；另一方面，又由推崇《起信》而成为"马鸣之徒"，倡导建立马鸣宗。他在《与李小芸书》中说："仆建立马鸣宗，以大乘起信论为本。"以起信思想来统合其他佛教思想，可谓是杨文会佛学思想最明显的特征之一。其实，杨文会之推崇《起信论》，是有中国佛教的深厚历史作基础的；他的思想中无疑具有革新的因素，但也立足于优秀的中国思想文化传统。

(三) 推崇《起信论》不遗余力

杨文会因《起信论》而悟入佛门，得力于起信思想甚多，故而他向世人推介《起信论》，不遗余力。蓝吉富说，遍观杨氏全部遗著，被他称赞最多的佛书就是《起信论》。他对每一位初学者推荐佛典时，几乎没一次漏掉该书。该书也是他从发心学佛，到他逝世为止，一直都极重视的论典。而且他曾与英国教士李提摩太将该书合译成英文。其重视该书的程度，由此可见一斑。杨文会对《起信论》

---

① 杨文会:《等不等观杂录》卷一,《杨仁山全集》,黄山书社,2000 年,第 326—327 页。

的赞语，在其文集《等不等观杂录》中记载最多，可谓俯拾皆是。[①] 根据杨文会的《遗著》，我们作不完全统计，在与杨文会通信的30多人当中，他至少向13人、在21封书信中推荐了《起信论》，或谈论有关起信的思想，并向不下于16人次寄赠了《起信论》或《起信论义记》等书本经籍。在国际上，他向日本的南条文雄和英国的李提摩太，以及可能还有其他一些国际友人，竭诚推荐《大乘起信论》，引起了他们深深的兴趣。他几乎向南条文雄赠送了所有的起信论典籍，从最初长沙刻经处本《大乘起信论疏》，到《起信论纂注》《起信论直解》和《起信论裂网疏》，再到贤首疏、海东疏。[②]

对于杨老居士推崇《起信论》，随侍他身边的门人和亲人也有一些记载。他的门弟子欧阳竟无，在近代以非议《起信》而钻研唯识著名。然而一般人可能想象不到，欧阳竟无同样是因《起信》而入佛门。欧阳学佛始由桂伯华导引，在这之前，他是坚定地尊崇阳明学的。可是有一次他的好友桂伯华，送给他《起信》《楞严》二书，让他“姑置床头作引睡书读”。欧阳后来在《桂伯华行述》一文中提及此事，坦言道“予不觉为之牵转也”。[③] 1904年，欧阳竟无初次来南京拜谒杨文会，询问学佛当以何为入门次第。杨文会告诉他说，先学《大乘起信论》，此论为学佛之纲宗；通达此论，则一切经典易于入门矣。[④] 杨步伟在其自传中也给我们提供了一条不大为人所注意的资料，说明杨文会在临死之前还在向别人推荐阅读《起信论》。步伟说，辛亥革命前夕，她的好友林贯虹（据说是林则徐的后裔）从日本归来，听说祖父病重就来探望，她告诉祖父“有时也和她九哥、十四哥三个人看看佛经的书，研究研究佛学。祖父问她要不要《起信论》和祖父自编的些书？她说要，祖父就叫五叔去经房拿了很多种给贯虹”[⑤]。

---

① 参蓝吉富：《杨仁山与现代中国佛教》，《华冈佛学学报》第2期（1922年）。

② 这些赠送都有可确定的时间。《大乘起信论疏》是在英国时赠送。《起信论纂注》《起信论直解》，是在1891年赠送（参武延康所编年谱，第25页）。《起信论裂网疏》是明智旭撰，可断定时间在1894年初之前刻成并赠送（参《与日本南条文雄书十三》）。贤首疏、海东疏是在1899年新刻成后即赠送（参《与日本南条文雄书二十三》）。

③ 参欧阳竟无：《竟无诗文》，金陵刻经处本。

④ 参徐清祥、王国炎：《欧阳竟无评传》，百花洲文艺出版社，1995年，第47—48页。

⑤ 参杨步伟：《一个女人的自传》，台北传记文学出版社，1969年，第97页。

三 建构马鸣宗的思想

王恩洋说欧阳竟无师“善成石埭大师未竟之志”；吕澂又说“故师弘法数十年，唯光大是务”，“师亦可谓善于继述者矣”。细细想之，这确有道理。若不是欧阳竟无秉承杨老居士遗志，专心彻底地研究唯识学，失传千年的唯识学不会在近代得到中兴，金陵刻经处不会成为近代唯识学研究的重镇，近代佛教思想也不会因之而获得一线生机，从而使整个近代佛教呈现出一派复兴的气象。杨文会之所以倡导唯识学的研究，是在通盘考虑全体佛教思想状况后有所抉择的结果，他发现唯识学“实振兴佛法之要门”，可以药治中国人思想的“颟顸笼统”；故他多方物色人才，希望对唯识学作彻底、通达的研究，以成为当今“学佛者之楷模”。桂伯华、欧阳竟无等人就是他看好的这样钻研唯识的人才，但桂伯华后来没有深究唯识，欧阳则抱着深沉的使命感全身心投入了续绝学、兴佛法的实际行动。世人都只看到了欧阳竟无抉择唯识、非议《起信》的一面，而不知以唯识研究为振兴佛法的重心和突破口，其实也是杨老居士的一个未了心愿。对此，欧阳及其弟子已经讲得很多了，如欧阳说，杨老居士临终时将一切法事托付于学唯识的欧阳渐，由此也可以体察到居士之心矣；王恩洋说“老居士慧日将西，以法事付嘱我亲教欧阳竟无师，《瑜伽》半部特在叮咛”。

（一）建构马鸣宗和倡研唯识学

事实上，在杨文会的整个佛教思想系统中，的确有两条线：倡导唯识研究，重续千古绝学，是其中的一条；而另一条就是沿着早年开启他信佛之机的《大乘起信论》的路线发展下来，直至晚年他提出以《起信论》为宗本，依《大宗地玄文本论》的“五位判教”来统摄全体佛教，建立“马鸣宗”的构想。资料表明，这两条线在杨文会那里是同时并存，而似乎又是并不矛盾的。1901 年，他向郑观应（即著《盛世危言》之郑观应）推荐《大乘起信论》，说“凡习此论者，皆马鸣大士之徒”；同年，他又函招桂伯华来南京，鼓励其彻底通达地研究“因明、唯识之学”。1906 年，他撰《大宗地玄文本论略注》之“序说”，也希望有利根上智之士对此论彻底通达，顿入甚深法界。[1] 总之，杨文会认为，马鸣宗和慈恩宗（又称法相唯识宗），都

---

① 杨文会在“序说”中慨叹本论千余年来无人提倡，他本着儒门“知之为知之，不知为不知，是知也”的精神，对此论略加注释，所未知者，断不强解。庶几后学得一隙明，或有利根上智，顿入甚深法界，彻底通达，是所望也。参杨文会：《杨仁山全集》，黄山书社，2000 年，第 8 页。

需要作彻底通达的研究。他在70岁时对《大宗地玄文本论》作了虽然简略但很精心的注解，算是对马鸣宗有了一个交代；而对唯识宗的深入研究，他则移交给了专攻唯识学的弟子如欧阳竟无等人。建构马鸣宗和倡研唯识学，被杨文会当作末法救弊的两味灵药。马鸣宗治“分河饮水、互相是非”之弊；唯识学则药“颟顸佛性、笼统真如”之病。①

（二）马鸣宗构想的提出

杨文会何时萌生了建立马鸣宗的构想，难以断定，但从现存的文献资料来看，他的这个构想似乎是与兴办新式的释氏学堂、振兴佛教的宏愿紧密联系在一起的。徐文蔚在《杨居士事略书后》一文中谈到了杨氏一生“所深造而自得”的佛学，他说：“自大乘教义盛于中土，若禅若净若密以及教下诸家，率祖马鸣、龙树，然而建立马鸣一宗以融摄诸宗，则自先生始。”②在他看来，杨文会以马鸣为宗最早可以追溯到他50岁前在英伦写给南条上人的书信，曰“大乘之机启自马鸣，净土之缘因于莲池，华严则遵循方山……”晚岁的杨文会对此作了更为清晰的表述：“鄙人初学佛法，私淑莲池、憨山；推而上之，宗贤首、清凉；再溯其源，则宗马鸣、龙树。”资料表明，杨文会最早明确提出建立马鸣宗的构想，大约是在1904年，即他68岁的时候。这一年，他写信给一位朋友李小芸（国治）③，在信中主要提到了三件事：一是近年来在敝寓学佛的人当中，以九江桂伯华最为猛利，已经相依两载了；二是现在打算添造房屋，能住20人，造就佛学导师，为开释氏学堂作准备；三是“仆建立马鸣宗，以《大乘起信论》为本，依《大宗地玄文本论》中五位判教，总括释迦如来大法，无欠无余，诚救弊补偏之要道也”。④ 前面两条我们暂不作详细讨论，只要知道桂伯华本是他意欲培养成彻底研究唯识的专门人才，同

---

① 杨文会在为《大宗地玄文本论》写的“序说”中，指出“金刚五位”为佛法总纲，摄尽一切破障法门，该括一切称性法门，纤毫无遗；若明此义，则谈宗说教，说有说空，皆不相妨，何有分河饮水、互相是非之弊哉？在《十宗略说》中又说，法相（唯识）宗以五位百法摄一切教门，立三支比量摧邪显正，远离依他及遍计执，证入圆成实性，诚末法救弊之良药也；参禅习教之士，苟研究此道而有得焉，自不至颟顸佛性、笼统真如，为法门之大幸矣。

② 参《香光庄严杂著》所收，民国二十（1931）年冬月，天津刻经处刊刻，第10页上、下。

③《等不等观杂录》卷五现收杨文会与李小芸（国治）两封书信，第一信盖写于“甲辰之岁”（1904年），彼时居士正酝酿开办祇洹精舍；第二信写于1908年，居士是年72岁。由此二信可知，李氏乃捐助文会刻经的功德主之一，李氏在北为官，年岁略小于文会。文会在第二封书信中告诉他：“南方有人发愿重新印度佛教，选才教授，敝处独肩其任。”并向他发出邀请：“台驾南来，共襄盛举，是所愿也。”参见杨文会：《杨仁山全集》，黄山书社，2000年，第440页。

④ 参杨文会：《等不等观杂录》卷五之《与李小芸书一》，《杨仁山全集》，黄山书社，2000年，第439页。

时也是为开办新式佛教学堂准备佛学导师，就足够了。因为由此可知，倡导唯识研究、创办佛教学堂，与马鸣宗构想一起，同时萌糵于杨文会所规划的振兴佛教的宏伟蓝图之中。

由第三条可见，杨文会提出建立马鸣宗的构想，是以题为马鸣造的两部论典为根本依据的。尽管此二论是否为马鸣所造，在后杨文会时代受到重大的怀疑，但对于杨文会来说，它们是不是马鸣所造的并不重要，重要的是，其提供了适合近代佛教发展所需要的思想纲领。他明确地指出，马鸣宗的宗旨是为了“总括如来大法”，实际的目的也是针对中国佛教的存在状况而提出的“救弊补偏之要道”。在杨文会看来，佛教在思想理论上的最大矛盾，莫过于性相二宗的不能融通，以致末流僧徒“分河饮水，互相是非”。马鸣的这两部论典有一个相同特点，就是提供了融通性相、统摄全体佛教的思想纲领，前者有“一心二门”，后者有“金刚五位”。在杨文会未发现《大宗地玄文本论》之前，他一直就把《大乘起信论》当作学佛初阶、贯彻群经的基本典籍来看待的。从高丽藏中得到《大宗地玄文本论》后，他于1906年对此论作了精心注解，认为此论穷微极妙，是专接利根上智的，兼为凡小权渐之机，作一乘胜因。[①] 而综观杨文会一生的佛学成就，从《大乘起信论》引导他走上佛教之路，到最后也是其最重要的一部佛学著作《大宗地玄文本论略注》完成，这一学佛历程昭示我们：马鸣宗构想，其实是其一生佛学思想积累而成。因此，尽管后杨文会时代很少再提马鸣宗，响应者亦寥寥，但对其构想我们今天仍有加以检讨的必要，因为其中含有许多宝贵的思想经验。并且通过杨文会的这个构想，我们也可以看到唐以后中国佛教思想发展的大势，看到近代佛教思想转型的一些特点。不难明白，杨文会的所谓马鸣宗并非传统佛教的所谓宗派，充其量不过就是思想宗趣而言。而这个思想宗趣又是有实际目的，和他倡研唯识学同样具有治病救弊的针对性。

（三）融会华严与净土思想建构马鸣宗

马鸣宗显然继承了中国佛教“解行并重”的传统，其中一个重大组成部分，就是杨文会自述学行时所说的“教宗贤首”，这是他对全体大藏，尤其各宗派典籍，作甄综会通后，教理上的宗趣所在。此外，在实践修持上，他“行在弥陀”，以净土为归宿。上文我们指出，马鸣宗在佛教思想理论上的一个目标，旨在融通性相二

① 参杨文会：《大宗地玄文本论目录叙》，《杨仁山全集》，黄山书社，2000年，第3页。

宗之间的矛盾。而在实践修持上，它也有一个实际的目的，就是要纠正末流禅徒空腹高心、不重经教而轻慢净土的弊病。这也就是为什么杨文会要以禅宗公认的印度祖师马鸣、龙树来“现身说法”，说马鸣、龙树宗净土诸经，劝人念佛往生。杨文会将马鸣和龙树联系在一起，可能不仅仅因为他们都归宗净土，还因为其与起信和华严的一层关系。相传《华严经》本秘于龙宫，是龙树“乘神通力诵出略本”而流传人间的。马鸣大士造《起信论》，龙树则为之作论疏释，这就是《释摩诃衍论》。日本人曾怀疑此论为伪书，杨文会于 1905 年 6 月在致南条文雄的书信中说：“若将原书寄至敝处一阅，是否伪作，当能辨之。”1906 年 12 月，他在给日本藏经书院的复信中表示，拟作《释摩诃衍论集注》一部。[①] 1907 年顷，他撰作《释氏学堂内班课程》，便将于此前不久刊刻的《释摩诃衍论》，连同《大宗地玄文本论》及其《略注》皆列于“专门学”之贤首宗下。[②] 可见《大宗地玄文本论》像《起信论》一样，也与华严思想有着紧密联系。

再说，《起信论》本就是一部义理与实践兼备的大乘论典，其最后以净土极乐为归，这启发了杨文会的佛教修行思想。不久他发现了莲池大师，以莲池为本师，他又上追到成立本宗的净土三师——唐之善导、道绰与元魏之昙鸾，发掘净土宗形成的经论根源。在杨文会净土思想的发展过程中，最令人瞩目的是他与日本净土真宗的法义辩论，这不惟使他清晰地认识到了日本净土真宗之思想底蕴，正如他所说，支那净土根本宗旨和修行方法也因此而愈辩愈明。[③] 他把握了净土思想发展的脉络和特点后，还常常以起信、华严来疏释净土思想[④]，乃至于认为唯识“于净土道理也深为有益”[⑤]。1906 年冬十月，他 70 岁时，撰成《大宗地玄文本论略注》，其中亦多依《起信论》和《华严经》思想。因此可以说，若不了解起

---

① 以上两信分别参《等不等观杂录》卷八《与日本南条文雄书十六》和《与日本藏经书院书二》，见于杨文会：《杨仁山全集》，黄山书社，2000 年，第 496、508 页。

② 杨文会：《等不等观杂录》卷一，《杨仁山全集》，黄山书社，2000 年，第 336 页。

③ 在《阐教编》之《杂评》中最后说：“弟于佛法，最为慎重，与人接纳，不轻谈论。虽有新学问道，亦不收作门徒。南条、北方诸君，往返二十年，未尝讲论佛法。兹因机缘触发，不惜一番话堕，引出无限是非，然愈辩愈明，彼此均有利益。幸承详细开示，得见贵宗之底蕴……”在《等不等观杂录》卷四《答廖迪心偈》中则说：“日本传佛教，共有十四宗。唯净土真宗，弘扬最为盛。纯提他力教，全废圣道门。与支那莲宗，判然分二途。”此两段文字，分别见于杨文会：《杨仁山全集》，黄山书社，2000 年，第 559、414 页。

④ 在《十宗略说》中，杨文会指出：“《华严经》末，普贤以十大愿王导归极乐，故净土宗应以普贤为初祖也。厥后马鸣大士造《起信论》，亦以极乐为归。”在《佛教初学课本注》中，所述净土法门的修行阶次，即来源于《起信论》开示的十信、十住、十行，以至等觉、妙觉的次第，而最终又以华严思想来圆摄之。

⑤ 参《等不等观杂录》卷六，原文出自《与桂伯华书二》，杨文会认为唯识之对净土有益，“盖庄严净土，总不离唯识变现也”。

信、华严以及净土思想，就无法读懂《大宗地玄文本论略注》的宗旨。贤首借《大乘起信论》发挥《华严经》思想，建立起具有中国特色的华严宗教理，杨文会正是继承和发扬了这一传统，并欲由贤首直溯马鸣。总而言之，杨文会的马鸣宗建构实即立基于华严和净土思想。

（四）以马鸣宗统摄全体佛教

蒋维乔在其名作《中国佛教史》中说，杨文会自道其生平得力处曰："教宗贤首，行在弥陀。"蒋氏认为这是杨文会对大小乘经论遍观博究而以此为归宿。[①] 既为归宿，则其晚年复倡建构马鸣宗，而以华严、净土为其理、行两足，即是题中应有之义。然观其马鸣宗的明确构想，以马鸣造的"两论"为宗依，亦是属实。1904年，他在给李小芸的书信中说："近年尝有就学于敝寓者，九江桂伯华最为猛利，已相依两载矣。现拟添造房舍，能住二十人，造就佛学导师，为开释氏学堂计也。"并告知他要"建立马鸣宗"，主张"以《大乘起信论》为本，以《大宗地玄文本论》中五位判教，总括释迦如来大法，无欠无余，诚救弊补偏之要道也"。[②] 究实而言，杨文会提出建立马鸣宗的构想，又是与其办学兴教的思想联系在一起的。从杨文会给祇洹精舍设置的内班课程，我们看到两论中，《大乘起信论》是学佛初阶，被列在"普通学"第一年所学的经论之中；而《大宗地玄文本论》则列于"专门学"之贤首宗下。由此可知，两论的思想性质虽然相同，但义理有深浅，学习上亦当分先后阶次。在1906年冬十月，杨文会作《大宗地玄文本论略注》既成，叹曰："佛法之妙，有如是耶！夫佛法何以妙？心法之妙也；心法何以妙？自性本具也。自性虽具，非修莫显。经中每云，佛神力故，法如是故。佛神力者，修德也；法如是者，性德也。诸佛正遍知海，入一切众生心想中，是故众生修因契果，皆佛加持之力也。"由此他认为："此论为佛法宗本，穷微极奥，故称玄文。……欲知玄妙法门，请观此论。"[③]此中值得注意的是，杨文会强调性非"修"莫显，可与上述《起信论》修行思想相贯通。而本论中所建立的"金刚五位"说，即可作为统摄全体佛教的思想纲领。

"金刚五位"说，出自《大宗地玄文本论》卷一第三分之《一种金刚道路大抉择》，杨文会对此分题名注曰："唯此一乘，无二无三，故称一种。究竟坚固，不可

---

① 蒋维乔：《中国佛教史》卷四，上海书店出版社，1989年，第19页。
② 杨文会：《等不等观杂录》卷五《与李小芸书一》，《杨仁山全集》，黄山书社，2000年，第439页。
③ 参杨文会：《杨仁山全集》，黄山书社，2000年，第97页。

破坏，喻如金刚。千圣所由，纵横无碍，名为道路。”仅以此题名可见所说金刚五位之殊胜，偈曰：“一种金刚地，总有五种位。谓渐次究竟，及圆满等非，并及等是位。如是五种位，诸修多罗中，具足无余说。”①此偈中“渐次”即本论所说无超次第渐转位，“究竟”即无余究竟总持位，“圆满”即周遍圆满广大位，“等非”即一切诸法俱非位，“等是”即一切诸法俱是位。杨文会在为本论略注所写的序言中说：“《大宗地玄文本论》建立金刚五位：以众生无量劫来业果相续，非三僧祇修证之功，不能尽除，故立无超次第渐转位；以众生一念相应即同诸佛，故立无余究竟总持位；以众生心含法界，普融无尽，故立周遍圆满广大位；以众生念念著有，违解脱门，故立一切诸法俱非位；以众生弃有著空，趣于断灭，故立一切诸法俱是位。”②在注文中，杨文会则用《起信论》中真如、生灭二门义来解释五位，指出第一、第五两位是就生灭门说，第二、第四两位是就真如门说，而第三位是就真如、生灭二门和合说。由此可见二论思想的贯通性。

杨文会之所以重重无尽地揭出此论中的“金刚五位”说，并加以表扬，主要是因他认为此“五位判教，总括释迦如来大法。无欠无余，诚救弊补偏之要道也”。至此，可以更加具体地说，此论所建立的金刚五位，“为佛法之总纲，摄尽一切破障法门，该括一切称性法门，纤毫无遗”。杨文会认为，如果明白了这个道理，则谈宗谈教，说有说空，皆不相妨，哪里还有“分河饮水，互相是非”之弊呢！③ 在《大宗地玄文本论目录叙》中，杨文会又一次加按语指出：“此论穷微极妙，专接利根上智，兼为凡小权渐之机作一乘胜因。伏愿见者闻者，熏习成种，久久纯熟，心光发宣，即能顿入金刚信位，圆修圆证，五位齐彰，与论主大愿，注者诚心，交光相罗，如宝丝网，辗转开导，无有既极。”④

杨文会注解《大宗地玄文本论》之题名曰：“大宗地者，一切法门之总纲，如地发生万物；义理深微，故称玄文；千枝万叶从此分布，故名为本；论者，抉择征释，翼赞佛经也。”由此题名注释，可以约略想见本论之内涵和宗旨。然本论之殊胜，非读竟全文不能尽知。本论最后四分属流通分，叙劝修功德和造论缘起。在第三十九分中有一段话，谓此论金刚五位及三十四法，是一切法门大海之宗本，世

① 参杨文会：《杨仁山全集》，黄山书社，2000年，第17页。
② 参杨文会：《杨仁山全集》，黄山书社，2000年，第7页。
③ 参杨文会：《大宗地玄文本论略注序说》，《杨仁山全集》，黄山书社，2000年，第7页。
④ 参杨文会：《大宗地玄文本论目录叙》，《杨仁山全集》，黄山书社，2000年，第3页。

尊名之为“圆满大海论”，此即本论之宗眼所在。①

佛教在印度，发展到大乘阶段，最后可归约成性、相二宗；传至中土，衍化成台、贤、禅、净、律、密和慈恩（即唯识）等宗。义路多歧，行解分离，令后学莫适所从。杨文会奋起于近代末法苍茫之世，在佛教理论和实践上，他一生“教宗贤首，行在弥陀”，但同时对唯识、天台和禅宗等各宗派也悉心研究，意在融通诸家，并以解起行，以免“说食数宝”之诮。早年他心仪《大乘起信论》，晚年则倾其一生心力和所学注《大宗地玄文本论》，并欲以此建立马鸣宗，皆因此二论和会性相，融通百家。此外，更有深隐之义，就是要秉承马鸣大士的大乘菩萨精神，济世利人，振兴佛教。如他在《与某君书》中所表示的，以马鸣、龙树作大导师，遵其规则，决不误人：“鄙人所期于后学者，将来可作人天师表，开阐如来正教。不入歧途，不落权小，则末法衰颓之象，或可振兴乎！”②

四 “教宗贤首”的华严思想

杨文会一生学佛都是靠自己摸索，他主要以经籍为师。他一面精选佛经刊刻流通，一面也从这些经籍中汲取思想营养。他开始由李通玄《华严经合论》等而崇信华严教义，以后读清凉澄观华严著疏，十分钦佩，最后看到贤首法藏的各种论疏，才知华严教旨奠基于法藏，于是专崇贤首。后世有人因看了清凉澄观的《华严疏钞》，而欲易“贤首宗”为“清凉宗”，他认为那是由于人们不曾看见清凉《华严疏钞》都本于贤首的《华严探玄记》所致。彭际清在《书贤首华严三要后》中记述：“云栖所刊《贤首华严三要》，为清凉《疏钞》所从出。文简义周，卓绝千古，业华严者，俱宜顶受。”末后又说：“从上诸师，善说此经大意者，诚莫如贤首矣。然清凉《玄谈》，尽有微言奥义，在学者善取之。”杨文会在校刊此段文字时作“谨案”曰：“明清间贤首《探玄记》久佚，先生（际清）未及见，故此篇所论不无出入，阅者分别观之可也。”③

---

① 参杨文会：《杨仁山全集》，黄山书社，2000 年，第 95—96 页。

② 参杨文会：《与某君书》，《杨仁山全集》，黄山书社，2000 年，第 468 页。

③ 参彭绍升：《一行居集》，金陵刻经处本，1921 年，第 110、115 页。

（一）从方山到贤首

阅读杨文会的遗著，我们发现他曾不止一次述及自己的学行。在《等不等观杂录》（以下简称《杂录》）卷七之《与日本南条文雄书二》中，他说："大乘之机，启自马鸣；净土之缘，因于莲池；学华严则遵循方山；参祖印则景仰高峰。他如明之憨山，亦素所钦佩者也。"又如，他在《杂录》卷六之《与某君书》中也说道："鄙人初学佛法，私淑莲池、憨山，推而上之，宗贤首、清凉，再溯其源，则宗马鸣、龙树。此二菩萨，释迦遗教中之大导师也。西天东土，教律禅净，莫不宗之。遵其轨则，教授学徒，决不误人。"综合这两种略微不同的叙述，我们看到杨文会的学佛之路，始自马鸣，也终于马鸣，而中间的过渡环节是学华严和修净土。前书是杨文会在英伦时所作，故所说"学华严遵循方山"，表明他的华严思想是从方山起步的，而后来专宗贤首（法藏）和清凉（澄观），则是在杨文会从日本得到贤首《起信论义记》等唐古德著述之后。

方山，即唐李通玄（约635—730），杨文会在《佛教初学课本注》中叙述古德垂范时，列举十人，其中有"神解者，李通玄；华严论，千古传"。注曰：李长者乃唐宗室子，学无常师，迹不可测；尝游五台逢异僧，授以华严大旨，后人称方山长者，云云。[①] 其主要著作是注解唐译《华严》而成的《新华严经论》四十卷，和《略释新译华严经修行次第决疑论》四卷。唐宣宗大中年间（847—859），福州开元寺沙门志宁将《新华严经论》的注疏部分会于经文之下，合成一百二十卷。北宋乾德五年（967），惠研予以整理，题名《华严经合论》，为后世所重，流通颇广。查1902年印于沪渎的《佛学书目表》"华严部"，列有杨文会金陵刻经处所刊刻的《华严合论》一百二十卷。从北宋开始，李通玄的著作与华严宗人的著作并行于世。至明代佛教复兴的浪潮中，李通玄的著作在受学僧逐步重视的同时，也引起了士大夫的关注。其中著名人士如李贽，有《华严经合论简要》四卷，其序曰："善说华严，无如长者。"李贽看重《华严》的"无尽藏之法界"说，同时注重《起信论》的"真心"说，在明末以来的居士中产生了广泛的影响。乾隆朝的彭际清撰《居士传》，把李长者专列一章，其在"发凡"中说："庞居士之于宗，李长者之于教，刘遗民之于净土，百世之师矣。三公者，各专传，尊师也。"由此可见，彭际清对李通玄华严教思想的重视。其在传后又记曰："予读《华严经》，悲悔故见狭劣，暗大方，不知局此

① 参杨文会：《杨仁山全集》，黄山书社，2000年，第145页。

几何世。然而，浑乎其无涯，郁郁乎，渊渊乎，无所施吾视听也，久之，得李长者论抽绎之，恍乎其有会焉。吾愿生生穷游华藏海中，其庶几乎！”[①]有理由说，杨文会学华严遵循方山，很可能是受了彭际清居士的影响，因为从杨文会所接触的佛教文献来看，近世没有谁比彭际清更推重李长者的华严思想了。杨文会不仅刊刻了彭作的《华严念佛论》，还刊刻了他的其他著作如《居士传》《善女人传》和《一行居集》等多种。

在得到从日本传来的许多散佚的华严典籍之前，除了李通玄外，还有其他华严宗人受到杨文会的关注，其一是宋代的道通，其二是清代的续法。道通有华严著作《华严经吞海集》三卷和《法界观披云集》一卷，杨文会分别于光绪十三年(1887)和十六年(1890)刻成，这可能是杨文会最早刊刻的华严著作。续法字柏亭，撰有《法界宗五祖略记》一卷和《贤首五教仪》六卷、《贤首五教仪科注》四十卷；康熙八年(1669)又作略本《贤首五教仪开蒙》。杨文会开始接触续法的撰述，是在1876年的长沙与曹镜初刻《大乘起信论疏》之时，曹请他为此书所附之《起信论法相图》作《起信论真妄生灭法相图跋》，此《起信论法相图》即续法辑。杨文会对华严思想感兴趣之后，便将续法的《法界宗五祖略记》和《贤首五教仪开蒙》锓诸梨枣。后来杨文会编《华严著述集要》，荟萃各家撰述，搜罗以唐法藏、澄观等华严宗人为主共29种著作，上述道通、续法等的著作也收在其内。

(二)《华严》是“经中之王”

梁启超在《大乘起信论考证》中，虽从文献和义理两方面，尽考证《起信论》为伪书之能事，但并不否认此论的思想价值，而称曰：“《起信》一册，实论中王。”杨文会尽管未明确称道《起信》为“论中之王”，可他在近代推崇《起信》不遗余力，也是众所周知的。他由《起信论》进而尊重《华严经》，认为华严是“经中之王”。杨文会遗著中有好几处提到这一点，如在《佛学书目表》“唐译《华严》”条下，有识语曰：“佛初成道时，七处九会，说圆融无尽法门，为诸经之王。”晚年杨文会在拟编大藏时，将华严部列在群经之首，他在《大藏辑要叙例》中说：“经分大小二乘，大乘以华严为首。”而在《十宗略说》中又说：“华严为经中之王，秘于龙宫，龙树菩萨乘神通力，诵出略本，流传人间。”在《佛教初学课本注》中，注曰：“华严为诸经之

---

① 彭绍升：《居士传》，赵嗣沧点校，成都古籍书店，2000年，第7、83页。

王，无尽教诲，皆从此经流出。”[1]杨文会对《华严经》如此推重，以至他将各种重要的华严注疏搜罗殆尽，编成《华严著述集要》，计有29种。

杨文会对起信诸多注疏最重视法藏记，而在华严各注疏中，他也同样给了法藏疏以至上的位置。他拟将法藏著述辑成专集，题名曰《贤首法集》，惜未全功。不过在其遗著中留有一篇《贤首法集叙》，从中可窥见其大概内容，内中说：

> 世之学华严者，莫不以贤首为宗。而贤首之书，传至今日者，仅藏内十余卷耳。后人阅清凉大疏，咸谓青出于蓝而青于蓝，因欲易贤首宗为清凉宗。盖未见藏公全书故也。近年四海交通，得与东瀛南条文雄游，求觅古德逸书数百种。所谓贤首十疏者，已得其六。方知清凉大疏皆本于《探玄记》也。贤首作新华严疏，未竟而卒。后二十七年，清凉乃生，及其作疏，一宗贤首，岂非乘愿再来，阐发大经乎？今将贤首著述，去伪存真，汇而刊之，名曰《贤首法集》。世之学华严者，其以是为圭臬也可。[2]

华严宗人历来尊崇《起信》，自法藏开始几乎成为定规，杨文会说：“信、解、行、证，四门次第出《起信论》，贤首宗之，释《华严经》，此古今不易之法也。”[3]

华严宗至明末，虽尚有学者，然式微已极。迨清初有续法出，世称“柏亭大师”，为此宗之巨擘。其华严著述亦为杨文会多所刊刻，已如上述。事实上，杨文会本人也因对华严学之穷深研几而颇有成就，如杨文会遗著的编者徐文蔚居士在一篇文章中表彰杨氏对华严典籍的搜集汇刻之功，说：“经纬于疏钞之海，华严奥旨已如日丽中天。故惟弘扬佚书，不更有所撰著。然于其他经论与夫儒家道家言，悉以华严真俗圆融、理事无碍、事事无碍之旨通之。说者谓有清一代贤(首)宗巨子，柏亭大师而外，断推先生焉。”[4]

（三）教宗贤首之宗趣

杨文会之“教宗贤首”，如同他整理各种华严典籍之后推宗法藏注疏一样，这

---

① 此处引文分别见于杨文会：《杨仁山全集》，黄山书社，2000年，第344、373、152、125页。其实，早在1896年作成的《阴符经发隐》，他就有推崇《华严经》之意，如说：“夫论道之书，莫精于佛经，佛经多种，莫妙于华严。悟华严宗旨者，始可与谈此道矣。”

② 杨文会：《等不等观杂录》卷三，《杨仁山全集》，黄山书社，2000年，第375—376页。

③ 参杨文会：《佛教初学课本注》，《杨仁山全集》，黄山书社，2000年，第143页。

④ 参《香光庄严杂著》所收《杨居士事略书后》，民国二十(1931)年冬月，天津刻经处刊刻，第14页下。

是在比较诸宗教义之后所得出的结论。然而，杨文会之教宗贤首，主要是就其平生得力处而言，并非像法藏的判教，置华严于诸教宗之上而有贬低他宗的倾向。本质上说，杨文会对待各种宗派是持平等不二态度的，这从他的《十宗略说》中可以看出，他是十宗平等或实际上（大乘）八宗兼弘的。杨文会在《十宗略说》前言中交代，本书之作在“求其简而易晓也。以前之九宗分摄群机，以后之一宗普摄群机。随修何法，皆作净土资粮，则九宗入一宗。生净土后，门门皆得圆证，则一宗入九宗。融通无碍，涉入交参”。显然，杨文会于此间所运用的，是华严十玄门的圆融无碍思想。十宗之间虽然排序先后有讲究，然是“融通无碍，涉入交参”的关系，故此他提醒学者，“慎勿入主出奴，互相颉颃也”。①

杨文会最所宗奉华严的，是其从无尽教海中流出的圆教思想。杨文会在1906年改作的《佛教初学课本》中说：“四法界，十玄门，暨六相，义最纯。因该果，果彻因，摄万法，归一真。”圆融是华严极境，用杨文会的话来说，臻至此境时，“一位即一切位，一切位即一位”。依普贤法界，性相圆融，主伴无尽，身刹尘毛，交遍互入，故名圆教。在杨文会看来，贤首立小始终顿圆五位判教，以顿教摄禅宗，以圆教该前四，较他宗立教更为完备，故当时从之者甚众。而贤首以华严配圆教，实有睥睨群经之心。华严开宗判教，至贤首而大备，故以贤首名宗。后来，杨文会提出建立马鸣宗的构想，依《大宗地玄文本论》中五位判教来统摄全体佛教，虽有贤首五位判教的影子，但以性相融通、普融无尽为宗趣，实则是其新创。究实而言，说是“新创”并不很准确，其实他不过是将华严理事圆融之思想贯摄于马鸣宗构想的“全体佛教”之中而已。

五 “行在弥陀”的净土思想

杨文会是因阅读云栖袾宏之著述而起信净土的人士之一。就杨文会来说，绝不只是因净土方便简易而生起信心，更因为他真正体察到了净土教理的圆融深妙及其行门的广被普摄。对于杨文会的净土思想历程，我们大致可以将其浓缩成“以莲池为本师，归宿净土”这一句话。莲池即云栖袾宏。这既表明杨文会

① 杨文会：《十宗略说》，《杨仁山全集》，黄山书社，2000年，第149页。

以净土为归的思想，是从莲池起步的；又可理解成他本人的佛教信仰和实践，因受莲池的启发，而实有以净土为归宿的意义。较之于其他宗派，除了在教理上尊崇华严之外，净土的信仰和实践在杨文会的整个佛教思想系统中占有相当突出的位置，他对净土的理论做了比较深入的研究，提出了许多前人未曾发表的见解。晚明以来，倡导净土最为有力者，即为莲池。所谓从莲池起步，是说杨文会一方面并没有停留于莲池的思想阶段，他还从莲池而上追到成立本宗的净土三师（昙鸾、道绰和善导），乃至更远的时代；另一方面，他又没有越出莲池的思想路径，其融会教宗禅净的思想风格，就明显继承了以莲池为代表的近世佛教融合的思想传统。而全面地来看，杨文会以净土为归的思想固然得自于莲池以至从上诸师，但他在近代对净土法门特加提倡，则有其不苟同于前人之处，他更为注重现实的针对性，如树立包括净土“三经一论”在内的一切经典的权威，同时倡导人们把学佛修净与实际生活结合起来，又设法提高净土修行的思想内涵。进而言之，杨文会对于净土法门的认识，并不同于一般单纯的净土信仰者，他在理论和实践两方面都有其独到的见地。海外华裔著名学者陈荣捷在《近现代中国的宗教趋势》一书中，认为中国近代佛教复兴运动，使净土宗由形式主义转向虔信修行的关键，是印光大师（1862—1940 年）在红螺山资福寺的净土道场激发的。[①]其实，这话只说对了一半，陈先生如果掌握资料更为全面的话，不能不把杨文会居士在近代对净土的竭力推赞和实行也算在内。

（一）潜心净域十余年：1866—1879

杨文会的净土信仰和修行，明显受到了云栖袾宏（世称“莲池大师”“莲宗八祖”）的启发。他曾表述过自己“私淑莲池”，1864—1866 年之间某时，他得到了云栖袾宏所著的《云栖法汇》或《阿弥陀经疏钞》，激发了他的净土信仰。确切地说，云栖袾宏之著述使他纠正了过去对净土“著相庄严”所持有的偏见。这在 1866 年他撰写的《重刊净土四经跋》中说得清楚，其大意说：“我初闻佛法，只崇尚宗乘（禅宗等），见到净土经论则不太介意，以为著相庄严非了义说。及见云栖诸书阐发净土奥旨，始知净土一门普被群机，最适合在末法世界广为流播。”依他看，净土教实是“苦海之舟航、入道之阶梯”。后来在与一位学佛者的通信中，他

---

① Wing-tsit Chan（陈荣捷）：*Religious Trends in Modern China*，New York：Columbia University Press，1953，reprinted 1969，pp. 65 - 66.

也提到自己初学佛法时“重性理而轻净土”,直至阅读《阿弥陀经疏钞》,方始改变了这种偏见而悉知净土之深妙。①

杨文会发心以流通经典来弘法利生后,首刊的佛经是《净土四经》,此乃清末以经世之学闻名的魏源所辑,其意义在杨文会看来非同寻常。杨文会说:“魏公经世之学,人所共知,而不知其本源心地,净业圆成,乃由体以起用也。世缘将尽,心切利人,遂取《无量寿经》,参会数译,删繁就简,订为善本。复以《十六观经》(即《观无量寿佛经》)及《阿弥陀经》、《普贤行愿品》,合为一集,名曰《净土四经》。使世之习净业者,无不具足。”②杨文会看出魏源的经世之学原来依托于净土信仰,可谓别具只眼。资料表明,杨文会最初在工程局同事王梅叔家发现魏源辑的《净土四经》之前,就已经接触到云栖诸书,并对《阿弥陀经疏钞》尤为印象深刻,因为这使他改变了过去重宗乘而轻净土的观念,引发了他的净土信仰和实践,以至终生不渝。实际上,这个观念的转变里包含着很丰富的思想内容。在《重刊净土四经跋》中,杨文会述说了自己在佛教信仰重心上的这种转变。一些传记都说他信仰净土后,昼则董理工程,夜则念佛诵经,静坐观想,往往漏尽更深才就寝。不久,于1873年,他首次屏绝世事,家居读书。这期间,他参考《造像量度经》及净土诸经,审定章法,延请画家绘成“极乐世界依正庄严图”“十一面大悲观音像”,并觅得古时名人所绘佛菩萨像,刊布流通,以资信众供奉。次年,他又自己捐资刻成《造像量度经》一卷。早年,他对净土的“著相庄严”是不以为然的,可现在他却亲自如法制造、刊刻佛菩萨像,让现在、未来一切众生都能瞻礼供养诸佛菩萨胜妙相,以发无上菩提心,速成正觉。

在杨文会看来,人们所以轻视净土,主要是由于对净土深妙理论了解不够,对佛教圆融之旨理解不透所造成的。如他在《西方极乐世界依正庄严圆图跋》中说:“若夫利根之士,高谈性理,轻视莲邦,是皆未达空有圆融之旨,弃大海而认涓滴者也”。③ 此中,杨文会认为,佛法如大海,深妙浩瀚,就在于其“空有圆融之旨”,舍此而他求,则无异于“弃大海而认涓滴”;而要正确体认净土深义,就必须对净土经论熟读深思,尤其要以“三经一论”为准绳。他认为,“从上诸师,开宗判

① 参杨文会:《杨仁山全集》,黄山书社,2000年,第388、443页。
② 参杨文会:《杨仁山全集》,黄山书社,2000年,第388页。
③ 参杨文会:《等不等观杂录》卷三,《杨仁山全集》,黄山书社,2000年,第390页。

教，必将所依之经，全体透彻，方能破立自由，纵横无碍”[①]。因此，他十分重视对净土经论的搜集、整理和研究。自从他重刻了魏源辑的《净土四经》之后，又先后汇刻《净土经论十四种》和《古逸净土十书》。

（二）汇刻净土经论和古逸净土书

对于净土所依经典，杨文会主张，“净土门以三经一论为依，切须体究经论意旨，方名如来真子也”[②]。所谓“三经一论”，是指《无量寿经》《观无量寿佛经》《阿弥陀经》和《往生论》。杨文会在《佛教初学课本注》中，述说了庐山慧远之后倡导专修净土的昙鸾等三师，接着对净土三部经的内容和特点作了简要注解。他认为三经专阐净土法门，但是各有特点：“大经该，小经切；观经语，最惊人。”[③]其注解曰：《无量寿经》二卷，人称为“大本”，说弥陀因地修行，果满成佛，国土庄严，摄受十方念佛众生往生彼国等事，该括无遗。所摄之机，通于圣凡，凡位具摄三辈，唯独除去五逆之中诽谤正法者，其余均为所摄，可谓广矣。《阿弥陀经》一千八百余言，人称为“小本”，略说西方净土依正庄严等事。令人执持名号，一心不乱，即得往生，最为切要。此经所摄，拣除小善根福德因缘，只摄一类纯笃之机。《观无量寿佛经》摄机最广，其惊世骇俗之处，在于许可十恶五逆之人，在临终苦逼之际，十声称念佛名，即得往生。《观无量寿佛经》，又称为“十六观经”，因其中宣讲西方极乐世界的日、水、地、树，以及三辈往生等十六种观想，故而名之。《往生论》是世亲菩萨所撰《无量寿经优婆提舍愿生偈》，又称《无量寿经论》或《净土经论》。对于《十六观经》和《往生论》，杨文会分别作有略论和略释。在《观无量寿佛经略论》中，他指出“净土宗旨，三经为本。大经推崇本愿，此（观）经专重观想，小经专主持名”[④]。在《无量寿经优婆提舍愿生偈略释》中，他说“此偈深妙难解，须读诵通利，然后取昙鸾法师《往生论注》阅之，自能了达。古之修净业者，依三经一论（原文作‘经’），《阿弥陀》等（原文无此‘等’字）经及此论也。”[⑤]

杨文会对净土经论的刊刻，从重刊魏源辑《净土四经》起，至汇刻《净土经论

① 杨文会：《评小栗栖〈阳驳阴资辩〉》，《杨仁山全集》，黄山书社，2000 年，第 537 页。

② 参杨文会：《阐教编》之《评真宗教旨》，《杨仁山全集》，黄山书社，2000 年，第 523 页。

③ 参杨文会：《杨仁山全集》，黄山书社，2000 年，第 131 页。

④ 参杨文会：《杨仁山全集》，黄山书社，2000 年，第 163 页。

⑤ 参杨文会：《杨仁山全集》，黄山书社，2000 年，第 185 页。如果说古人依净土三经中的一经《阿弥陀经》和《往生论》，似乎也可，但时间上必须有所限定，如说莲池专弘《弥陀》之后。但依照文会一贯的思想，都是认为学净土，必得依三经一论，故而校改。

十四种》和《古逸净土十书》，可谓将净土宗重要经论搜罗无遗。其在《汇刻古逸净土十书缘起》[①]中叙述，净土家言流传于世者，以天台智者的《观经疏》和《净土十疑论》为最古，嗣后作者寥寥，都以为是学道之士群趋于禅而净业中衰了。他对这种看法并不相信。果不其然，近代四海交通后，因与日本净土宗杰士南条文雄的交游，而得到了日本传来的中华古德逸书，多达300余种。他从其中专谈净土之书中，自元魏以迄南宋，择其尤雅者得10种，汇而刊之。兹将此十逸书列之于后：

表3.3 古逸净土十书表

时代	作者	书目
隋	沙门慧远撰	《无量寿经义疏》
唐	沙门善导撰	《观无量寿佛经疏》
宋	沙门元照疏	《阿弥陀经义疏》
唐	沙门靖迈撰	《称赞净土佛摄受经疏》
元魏	沙门昙鸾撰	《往生论注》
唐	沙门道绰撰	《安乐集》
唐	沙门窥基撰	《西方要诀》
唐	新罗沙门元晓撰	《游心安乐道》
唐	沙门迦才撰	《净土论》
唐	沙门怀感撰	《释净土群疑论》

经杨文会精选而刊出的《古逸净土十书》中，几乎包含了晋慧远之后各种主要流派的净土理论，那是他越过宋明净土思潮而溯至隋唐寻根的结果，也是他的净土思想深入堂奥并一贯融会诸家的一种标志。由此可见，杨文会整理典籍用力之勤，其刻本深具学术价值而为学界所重，除校勘精审外，此为主因。从最初重刊《净土四经》，到后来在南条等日本友人的协助下搜集和汇刻《古逸净土十书》，以及《净土经论十四种》，这显然反映了杨文会对净土宗的重视，及其思想重心所在。这些典籍经杨文会的去芜存菁，不惟对近代学佛者研习净土法门带来很大的便利，杨文会本人也通过此种经论整理而全面、深刻地把握了净土理论，并提出了许多前人未发明的见解。尤其在与日本净土真宗的法义辩论中，他立

① 参杨文会：《等不等观杂录》卷三，《杨仁山全集》，黄山书社，2000年，第369页。

足经典，遵循经义，依据圣言格量，合者遵之，否者置之[①]；以一人之力抵彼三数人的联合攻难，充分显示了他宏护正法的热忱和圆通无碍的智慧。诚如他在《评小栗栖阳驳阴资辩》中所说："从上诸师开宗判教，必将所依之经，全体透彻，方能破立自由，纵横无碍。"[②]与此类似，如果没有熟读经论而把握佛法深妙之义作为功底，要在辩论中立于不败之地，那是难以想象的。更难能可贵的是，这种通过疑义相析的辩论而在佛法教理方面与日本学者的密切交流，诚如杨文会所言，只会"愈辩而愈明，彼此均有利"。此正所谓"以杨文会友，以友辅仁"也。这个传统是值得我们继承发扬的。

（三）与日本净土真宗辩论法义

杨文会与日本净土真宗僧人的辩论，主要集中在 1898 至 1900 年这 3 年之间。从 1898 年末他写《阐教刍言》开始，到 1900 年作《与日本龙舟书》，于信中说："弟一介俗流，未全道力，惟有丹心一点，可对十方诸佛。际此大法衰微，发心护教，虽粉骨碎身，在所不惜，故于前岁(1898)有《阐教刍言》及《选择集》《真宗教旨》之辩，逮顶师(即小栗栖香顶)二书既到，又不能已于言。既而思之，讲论佛法者，期有益于人也，闻者既不见信，则所言便为无益。若再置辩不休，岂非同于流俗争论是非乎？……弟以释迦遗教为归，不敢丝毫逾越；贵宗另出手眼，虽欲强之，其可得乎？"[③]此番议论叙述了辩论的始末、他主动结束辩论的原委，可视作杨文会与日本真宗辩论的终结。辩论的材料后来主要编集在《阐教编》一卷之中。依据这些保存得相当完好的材料，我们大体上可以明了辩论的起因，把握双方辩论的立场、观点，并从中察知我们所关心的杨文会净土思想经由此番辩论后的深化发展。[④]

---

① 杨文会在《与日本后藤葆真书》中说："弟总以圣言格量，合者遵之，否者置之，虽晋宋以来诸大名家，间有出入，亦必指摘。如弥勒、马鸣、龙树、天亲等诸大菩萨，造论弘经，何等严谨，处处以佛语为宗，故能作万古法式也。鄙人禀遵其意，与人谈论，未敢稍呈己见，偶失片言，立即救正。见人肆口妄谈，坏佛正法，如三百鉾刺心、千刀万杖打拍其身，等无有异。"参杨文会：《杨仁山全集》，黄山书社，2000 年，第 512 页。

② 参杨文会：《杨仁山全集》，黄山书社，2000 年，第 537 页。

③ 参杨文会：《杨仁山全集》，黄山书社，2000 年，第 515 页。

④ 详参张华：《杨文会与中国近代佛教思想转型》第三章第三节，宗教文化出版社，2004 年，第 198—232 页。《阐教编》包括以下内容：《阐教刍言》《评〈真宗教旨〉》《评〈选择本愿念佛集〉》《评小栗栖〈阳驳阴资辨〉》《评小栗栖〈念佛圆通〉》，以及《杂评》等。其中《评〈真宗教旨〉》《评〈选择本愿念佛集〉》等都是根据书信和手稿辑出，其评论文字，连同对方辩答之文，一并收录。此外在其他书信和评论中也有一些材料，如《杂录》卷八中所收的《与日本后藤葆真书》和《与日本龙舟书》，再如同书卷四中所收的《评日本僧一柳读观经眼》和《评日本僧一柳纯他力论》。再者，从《与日本南条文雄书》中，我们也可得到一些相关材料。

当时日本净土真宗先后在上海、杭州、苏州、南京等地设立本愿寺，宣扬纯他力净土法门。杨氏认为，真宗教义把圣道门与净土门对立起来，把净土门中自力与他力对立起来，是有违经教的。他指出："极乐净土，由弥陀愿力所成。弥陀既发大愿，勤修圣道，方得圆满。"所以"生西方净土之人，亦由圣道而证妙果"，"净土亦是圣道无量门中之一门"。日本真宗立净土门而废圣道门，在净土门中又舍菩提心及诸行，认为发菩提心等诸行是"杂行杂修"。杨文会认为这在实践上，会导致修行的人不得往生，不修行者反而往生。真宗之纯依本愿他力、单唱念佛往生，都是因为其在判教时废除了圣道门，舍弃了菩提心。而杨文会恰恰从此出发批评《真宗教旨》和《选择集》，以之作为突破口，而提出了不同于日本净土宗和真宗的独到见解，这就是以菩提心为净土往生正因、勤修菩萨道的思想。日本的净土宗，尤其真宗推崇十八愿，而杨文会认为十八愿中的"乃至十念"，从古德疏为"下至十声"来看，实是"至浅之行"，而真宗却以此行驾九品之上。①

总而言之，在圣道和净土关系这一系列问题上的根本分歧，实是真宗未能采纳杨文会意见的主要原因。但杨文会为何强调修净土须发菩提心而圣道不可废，这的确是值得我们认真思考的。日本净土真宗在适应近现代社会转型，如开设学堂，振兴佛教，密切关心社会，世出世法并用等等方面，无疑是有很多可借鉴之处的，但对其过分世俗化的倾向，杨文会不以为然。如小栗栖在辩论中，带着似乎有些自矜的标榜口气说道："方今圣道之一门，不合时机。独我真宗，何肉周妻，为国家奔走。不啻说出离之法，并亦说忠君爱国之事，毫不剩坐深山。"②在杨文会看来，其公开声明"娶妻食肉""为国家奔走"，便是扫了出世行，而未扫的恰恰是世间行，这给我们以很大的启示。杨文会认为，于佛教门中专重净土，于净土中，专重他力信心，可谓简而又简，捷而又捷矣。但此法在家二众行之相宜，出家五众，自有清规。若一概效之，则住世僧宝断矣。末法万年仪表，不可废也！③再者，僧俗二众，佛有遗规。僧则守出家律仪，不干世务；俗则依在家道理，致君泽民，二者不相滥也。④

---

① 杨文会：《评〈选择本愿念佛集〉》，《杨仁山全集》，黄山书社，2000年，第531页。
② 杨文会：《评小栗栖〈阳驳阴资辨〉》，《杨仁山全集》，黄山书社，2000年，第536页。
③ 杨文会：《阐教刍言》，《杨仁山全集》，黄山书社，2000年，第524页。
④ 杨文会：《评小栗栖〈阳驳阴资辨〉》，《杨仁山全集》，黄山书社，2000年，第535页。

通过这番辩论，杨文会不仅彻底见识了日本净土宗和真宗的底蕴，而且对中国传统净土宗之理论得失也有了新的认识。在《杂评》中他自述："非但黑谷（指源空）之书，评其瑕疵，即道绰、善导之书，亦有检点处。"如《安乐集》下卷"纵令一生造恶"之语，经文中无此六字，中土大德见之，皆以为不足训。又如，善导《观经疏》，以"三福、九品"判作"散善"，宋元照已辨其错。至于南岳慧思在《大乘止观》中引《起信论》中"能生一切世出世间善因果故"，于"善"字下加一"恶"字，莲池亦屡指其错。杨文会曰："大凡违经之语，有识不能默然，从古如是也。"[①]

更深一层说，杨文会指出十八愿中所说的"十念往生"，在《大经》《观经》中都是属于下品；发菩提心，修诸功德，方生中上。今真宗废菩提心及诸行，是专摄下辈而不摄中上矣。[②] 我们从此类言论判断，杨文会之所以提倡发菩提心、修六度行，乃试图从根本上扭转从中国到日本净土法门简而又简，偏于接引下机的趋向，不仅使净土宗教变成真正三根普摄的法门，而且也注意提高净土宗的思想品位，设法充实其思想内涵和实践品质，努力将净土教变成真正既有菩提心，又有大悲心的"悲智双修"的大乘法门。尽管发菩提心并不属于杨文会首倡，经文中也处处可见劝发菩提心[③]，但他从日本真宗的单极化发展中领悟到了菩提心对于佛教、对于净土宗的深刻意义，对此有了不同于传统净土诸师的深切独到之认识。这对于努力从净土自身的教义的调整，来改变人们长期以来轻视净土的观念，也是有重大意义的。而对于扭转近世以来宗教过度世俗化倾向，发扬佛教真精神济世利人，也提供了十分清晰的思路。

杨文会在《杂评》中最后总结这场辩论，自称于佛法最为慎重，与人接纳，一般不轻易谈论；与南条、北方等人往返20年，都未尝讲论佛法。兹因机缘触发，与真宗展开辩论，结果是"愈辩而愈明，彼此均有利益"[④]。此外，他也得到一些宝贵的思维经验，诸如："圆融不妨差别，差别不妨圆融是也。小栗栖只许差别，不

---

① 杨文会：《杂评》，《杨仁山全集》，黄山书社，2000年，第558页。

② 原文是："佛灭度后二千九百余年，现当末法之初，实证者虽觉罕见，而信解观行者不乏其人。若除称佛名号外一概遮尽，是行末法万年后之道也。岂非将释迦遗教，促短七千余年哉？"参杨文会：《杨仁山全集》，黄山书社，2000年，第513页。

③ 如道绰在《安乐集》卷上"第二大门"中专门阐明发菩提心。其引《大经》云："凡欲往生净土，要须发菩提心为源。"近世彭际清居士也很重视发菩提心，专从诸大乘经中辑出《发菩提心章》。

④ 参杨文会：《杨仁山全集》，黄山书社，2000年，第559页。

许圆融，所以差别与圆融相妨矣。”[①]此诚为造极之谈，对于他归宿净土法门，融摄各宗思想，无疑有重大意义。梁启超曾为杨老居士《阐教篇》写一书跋曰：“……佛教，本纯倡自力，净土一门，像季后起，接引凡机，龙树所以有易行品之作也。我国净宗，已嫌他力气味太重，滋生流弊。日本真宗之拨无圣道，失之益远矣。居士兹作，可谓洞中症结。今国中托净门者日多，而自力日替，此编宁久闭耶？十年五月十五日。”[②]

（四）西方净土是极大学堂

杨文会的净土思想，上述评论日本净土真宗教旨的《阐教编》，无疑是最为系统的重要文献。此外，除了散见于《杂录》的许多书信、序跋中，尚有专著《观无量寿佛经略论》《无量寿经优婆提舍愿生偈略释》《坛经略释》（专释“身中净土”一节），以及《十宗略说》中的《净土宗略说》也值得关注。在写作的时间上看，《净土宗略说》略微早于《阐教编》，而《观无量寿佛经略论》《无量寿经优婆提舍愿生偈略释》可能是与《阐教编》同时或稍后。[③] 但是最能反映杨文会晚年净土思想有新颖独到之见的著作，应当是在《佛教初学课本注》中的净土思想，他提出“西方净土是极大学堂”的说法。

在《佛教初学课本注》中，杨文会对净土宗推崇备至，认为佛教诸宗中，求其至简至要者，无过于此宗；又认为净土法门深妙，最切合当今时机，佛法虽无一不妙，而净土法门尤众妙中之最妙。或曰：“佛法普遍平等，君为何独称赞净土？”他回答说：“今时有识之士莫不以学堂为重，我就以学堂来作譬喻，西方净土实是极大学堂。弥陀接引十方众生往此土就学，供给饮食衣服，不需学费，不定人数，不限年时。其地界广阔，清净无边，其建立长远无极。入其校者，无论何等根器，至证入无生忍（不退转位）时，为初次毕业。然后，或在此土继续修行，或往他方教

---

① 参杨文会：《杨仁山全集》，黄山书社，2000 年，第 559 页。另杨文会还有多处说小栗栖和真宗者，如：“经言众生处处著，引之令得出。贵君之病，只大处处执着也。”“贵宗不能合于经意，即此固执之病也。以凡夫情量来判如来圣教，远之远矣。”“将佛法妙用，作凡夫见解，十万亿佛刹，何时得到？”“不达佛法开合之妙，所以触途成滞也。”（第 555 页）

② 此中“十年五月十五日”，指此文写作时间在民国十年（1921）。参梁启超：《杨仁山阐教篇》，载《饮冰室文集》之四十四下《书跋》，《饮冰室合集》第 5 册，中华书局，1936 年，第 10 页。

③ 从杨文会与老友周玉山的通信中，我们得知他在 60 岁（1896 年）时寄呈自作《阴符经发隐》和《十宗略说》给周公，以此断定《十宗略说》或是 1896 年作，最迟不会晚于 1896 年，这是在 1898 年底写《阐教刍言》之前。而《观无量寿佛经略论》《无量寿经优婆提舍愿生偈略释》的写作时间，从其与真宗僧人的辩论中间有提及，可以断定大致成于辩论的过程中或之后不久。

化众生，均随其愿。自此以后，历十住、十行、十回向，三贤位满时，将入初地时，为第二次毕业。再从初地认真修行，直至等觉后心，证入妙觉果海，为第三次毕业。以上‘三次毕业’的说法，是从修行次第门来说；若论圆顿门，则一修一切修，一证一切证。圆顿与次第二门，互融互摄。极而言之，在净土法门中，十方三世种种教法，无一不备，因此，一切诸佛莫不赞叹。”①

在《净土宗略说》中，杨文会认为，以念佛明心地，是净土宗与其他宗派的共同点；而以念佛生净土，是净土宗区别于他宗的独特之点。其根源最早可追溯到《华严经》末，普贤以“十大愿王”导归极乐。由此他认为，净土宗当以普贤为初祖，其后马鸣、龙树，亦都指归净土，不一而足。② 东土则以庐山慧远为初祖，然后，昙鸾、道绰、善导三师，次第相承。至宋之永明，明之莲池，其乃近世弘扬净土尤著者。不难察知，他是把从印度到中国的净土思想发展的诸多流派，融会贯通在一起的。以开创本宗的“净土三师”昙鸾、道绰、善导为中心，上承慧远，远追马鸣、龙树，乃至普贤菩萨，而下则启永明、莲池。因慧远于庐山结莲社念佛对后世影响深远，故净土宗又可称为“莲宗”；又因慧远念佛本于最先传来中土的《般舟三昧经》（汉支娄迦谶译），故可将“般舟行者”亦摄于此宗。③ 由此，杨文会大致形成了一个从古到今，历历分明，有案可稽的净土史观。

以华严思想来疏释净土，在《观经略论》和《坛经略释》中表现得最为明显。如在《观经略论》中疏论第十二观“普观想”时，杨文会就以华严思想来融会净土观法。他说：“此位行人，入观时即娑婆现极乐，出观时即极乐现娑婆。娑婆、极乐相即相入，无碍无杂，以华严十玄门准之，岂非事事无碍法界耶！”④他认为，达到此行者，已超上品上生，而所以如此，是由于这种观想所达到的境界是“事事无碍法界”。又如，他在疏论第十三观“杂想观”时，特别提出华严与极乐在教理上的一致性。他说：“菩萨行门，不出二种：一者上求佛道，二者下化众生。……前

---

① 参杨文会：《杨仁山全集》，黄山书社，2000 年，第 132 页。

② 从印度以来，弥陀净土特别盛行，龙树之《十住毗婆沙论》、坚慧之《究竟一乘宝性论》和世亲之《无量寿经优婆提舍愿生偈》等，皆表明发愿往生西方净土之志向。迨至流传中国，导俗归向者不可胜数。参望月信亨：《中国净土宗教理史》，释印海译，台北华宇出版社，1987 年，第 1 页。

③ 杨文会：《十宗略说》，《杨仁山全集》，黄山书社，2000 年，第 155 页。经近代中日学者研究，汉灵帝光和二年（179 年），支谶译出《般舟三昧经》，为净土教传来之嚆矢。而最早倡导往生西方净土的著名人物慧远大师，其念佛所本即是《般舟三昧经》。参望月信亨：《中国净土宗教理史》之《总叙》，释印海译，台北华宇出版社，1987 年，第 1—2 页。

④ 杨文会：《佛说观无量寿佛经略论》，《杨仁山全集》，黄山书社，2000 年，第 173 页。

之观法，全以自心投入弥陀愿海；后之观法，全摄弥陀愿海归入自心。如是重重涉入，周遍含容，谁谓华严、极乐有二致耶?”这里所谓全以自心投入弥陀愿海，即是指修行前十二观，全身心去体验弥陀发愿之心境，是为“上求佛道”的极功。而以下九品往生观，全摄弥陀愿海归入自心，是将弥陀大愿内化为自心中的愿望，也即观中摄化众生之行。杨文会由此认为，第十三观实际上是十六观法中的“过脉”，因第十二观修成后，虽可超上品上生，但仍然须修以下诸观，这样才符合菩萨“上求下化”的行法。杨文会以华严融摄无碍之教理成功地解释了净土观法之奥妙，所以他觉得华严与净土的宗趣无有二致。

（五）劝人学修净土

从1900年与日本真宗法义辩论结束之后，杨文会开始有意识地物色和培养振兴佛教的人才，同时劝导一些青年才俊实修净土。尽管他曾表示对佛法一向取慎重态度，与人接纳，不轻易谈论，虽有新学问道，亦不收作门徒[①]，可是不少学佛者都深以忝列其门墙为幸。其中最可注意者，是大约1899年末至1900年初，开始从杨文会学佛的江西桂伯华，以及由其引荐的李澹缘、黎端甫和梅撷芸诸君。此四人中，除李澹缘外，其余三人后来都亲至金陵刻经处师从杨文会，并在佛学上取得了一定成就。披阅杨文会与此数人的通信材料，再参以其他相关资料，我们就基本上可以发现，他所开示的念佛法门，相当地切实可行。原因就在于他深刻体察了日本净土真宗之弊，而又在反思中国禅宗之失的基础上，融摄了禅宗顿悟见性的修证工夫，而使其落到了实处。具体言之，他将“发菩提心”和“当念一句”，恰到好处地和学人的实际事行，以及真实受用结合在一起。一方面，既以四弘誓愿为本，以发菩提心为因，来贯穿诸行，则一切世间应做的事，无非菩萨行门，以致“俗务”可不废，而念佛时时可行；另一方面，又念念归向于净土，而着重于当念，以当念一句为主，主张“日日念佛，日日往生”，而不必期待收效于数十年之后。

杨文会一贯主张不抛开“俗事”“世务”来修净土[②]，而应当“以四弘愿为本，时时研究佛法深义”，实即以发菩提心为因来贯穿诸行，然又主张从当下一念中去体认，念念回向净土，而以究竟成佛为归。杨文会在《与吕勉夫书》中说：“念佛法

---

① 参杨文会：《阐教编》之《杂评》，《杨仁山全集》，黄山书社，2000年，第559页。

② 虽然如此，他又主张，行菩萨道者，与世俗心路，迥然不同。参杨文会：《与陈栖莲书一》，《杨仁山全集》，黄山书社，2000年，第469页。

门时时可行，得力甚速，入门方法，以研究内典为本。……惟有念佛一门，无论作何事业，皆可兼修。且收效最速，一生净土，即登不退也。”①

除了俗缘世务之牵缠，家庭生计之艰难，使净业修行易退难进外，修行者多数还以为修净见效是将来之事。如李澹缘“将来转娑婆为净土”之说，黎端甫“光景易移，不早办前程……”之语，都没有把念佛修行当作是当下真实受用之事，而是为了将来作打算，甚或期望死后的往生净土。杨文会在《与李澹缘书》中，明确认为，这是“见道未深，故作此想。当知娑婆是众生妄业所感，犹如空华，本无实体。净法界中，极乐、娑婆皆不可得。而弥陀以大愿力，显现极乐国土，如镜花水月，摄受众生，入不退地。若以质碍心求之，去道远矣。娑婆世界，释迦佛大悲心所化之境，一切菩萨，修种种难行苦行，均于此土修之。菩萨入空三昧，则世界了不可得；入如幻三昧，则世界宛然。是谓空有无碍，一念全收，不待将来转移也”②。杨文会对极乐与娑婆的解释，诚是深中肯綮之谈，不能不令李澹缘信然，而承认自己是“尚未达平等一法界之理，而厌苦求乐之心过胜”③。而在《与黎端甫书》中，他依据昙鸾法师关于“无后心、无间心”之说，指出端甫信内“光景易移，不早办前程”等语，“是有后心也”。他指出：“人命在呼吸间，何能存此后心？无论千念万念，只用当念一句以为往生正因。前句已过，后句正出，亦在当念。如是，则心不缘过去，不缘未来，专注当念一句，是谓事一心，无论何时，可以往生。久久纯熟，当念亦脱，便入理一心，生品必高。其无间心，即是无后心之纯一境界也。”④杨文会重视念佛的真实受用，主张在当下一念上体认，这无疑也是一个切实可行的提示。

杨文会从未刻意提出什么新的净土理论，他曾给南条文雄写信说：“学无专师，但求不背经旨而已。”⑤然其既熟读经论而了其宗趣，所处时代又与古德大不相同，不经意间在对经文的注疏和与友人门生的通信中，亦增添了一些新的内容。综而观之，在杨文会的学佛思想系统中，《起信论》是学佛初阶，而归于净土

① 参杨文会：《杨仁山全集》，黄山书社，2000 年，第 464 页。
② 参杨文会：《杨仁山全集》，黄山书社，2000 年，第 453 页。
③ 参杨文会：《杨仁山全集》，黄山书社，2000 年，第 454 页。
④ 杨文会：《等不等观杂录》卷六之《与黎端甫书》，《杨仁山全集》，黄山书社，2000 年，第 462 页。
⑤ 参杨文会：《与日本南条文雄书二》，《杨仁山全集》，黄山书社，2000 年，第 478 页。

则如百川异流会归大海。[①] 故他往往将《起信论》与净土法门相提并论，而同时开示于学人，既劝读《起信论》，复又劝归向净土。如他认为，学者如果对《起信论》“能熟读深思，如法修行，从十信满心，得六根清净，证入初住，见少分法身。历十住、十行、十回向、十地、等觉、妙觉，彻证满分法身，现圆满报身。以大悲心起类随用，即现千百亿化身。与十方诸佛，无二无别也。……然须多劫修行，方成佛道。更有净土一门，不假勤修，不废俗谛，一念净信，顿超彼岸。可谓方便中之大方便，直捷中之最直捷矣，学者可不勉旃！”[②]他于多处明示学人：“先读《起信论》，研究明了……然后依解起行，行起解绝，证入一真法界。仍须回向净土，面觐弥陀，方能永断生死，成无上道。此乃由约而博、由博而约之法也。”[③]或说：“顿渐、权实、偏圆、显密，种种法门，应机与药，浅深获益。由信而解，由解而行，由行而证。欲一生成办，径登不退，要以净土为归，此系最捷之径也。”[④]“欲明佛法深义，须研究《起信论》，并将净土三经，及《往生论》，时时阅之，于出世法门，自能通达矣。”[⑤]

1906年杨文会70岁时，为开办释氏学堂而准备的《佛教初学课本》作注。内中他说到教禅净三者之间的关系，“禅与教，无两样”，皆以性相融通为归趣，认为两者“并说三界唯心，万法唯识，以融宗教”。而对于禅与净土，他认为：“佛学之高，莫如禅宗；佛学之广，莫如净土。禅宗拣根器，净土则普摄。”对于今时禅宗轻视净土的现象，他引用禅宗公认的祖师来批驳。他认为马鸣、龙树都“现身说法”，早已“双轮齐运”。[⑥] 他说，马鸣大士宗百部大乘经，造《起信论》，教律禅净莫不贯通；龙树菩萨既传佛心宗，又生安乐国，承事阿弥陀佛。禅宗后学可不以此为法乎？再以菩提达摩为例，从上来世世相承，莫不造论释经，宗说兼畅。达摩西来，得其传者为精通内典之慧可。倘慧可未通教义，岂能识达摩之高深哉？及至六祖始示现不识文字之相，以显无上妙道，要在离言亲证，非文字所能及。后人不达此意，辄以不识字比于六祖，何其谬哉？[⑦]

---

① 与日本真宗的辩论，标志着杨文会的净土思想趋向成熟，而与此同时，他也得到了贤首《起信义记疏》古本，从而对起信、华严思想的理解进入新的境界。

② 杨文会：《三身义》，《杨仁山全集》，黄山书社，2000年，第323—324页。

③ 杨文会：《学佛浅说》，《杨仁山全集》，黄山书社，2000年，第326页。

④ 杨文会：《佛学研究会小引》，《杨仁山全集》，黄山书社，2000年，第337页。

⑤ 参杨文会：《与黎端甫书》，《杨仁山全集》，黄山书社，2000年，第462页。

⑥ 参杨文会：《杨仁山全集》，黄山书社，2000年，第114、115、122页。

⑦ 参杨文会：《杨仁山全集》，黄山书社，2000年，第118、119页。

第四节
杨文会：中国近代佛教复兴的巨擘

杨文会居士所生活的晚清时代，大体上和史学界所划分的我国近代历史前七十年相重合，他出生后两三年不到就爆发了鸦片战争，他升西后两天，辛亥革命的枪声就在武昌响起来了①。从有关杨文会的生平传记材料中，可以看到他与近代史上一些重要人物如曾国藩、李鸿章等有密切的联系，他的朋友、同事和学生中知名人物的名单可以列出一长串，他的佛学思想在当时的学术界、文化界和思想界产生了广泛的社会影响。但他最重要而深远的影响无疑还是在佛教界，具体地说，就是他为中国近代佛教的复兴所做出的杰出贡献。对此海内外无论是学术界还是佛教界也已经有不少人做出了比较中肯的评价，这里我们主要评价他在中国近代佛教思想史上的地位和影响。

一 奋起于末法苍茫之世

杨文会临终时已经预感到了风雨欲来，将有大事发生，但他没有看到新民国的诞生即往生西天。不过民国建立后未久，就有人开始给他建塔立传。《杨仁山居士事略》(1912 年作)②，虽然简略但是较为全面地叙述了杨文会的生平事迹，然对其思想未多涉及。《杨仁山居士塔铭》(以下简称《塔铭》)，乃 1918 年近世大儒沈曾植所作，该篇文字不愧为大手笔，气势恢宏，语言精练。他从印度佛教有史以来法宝的三次结集，谈到我国宋、辽、元、明、清历朝的敕修大藏；又谈民间僧

---

① 杨文会去世时间为旧历八月十七日，传记说刚过完中秋不久，阳历为 1911 年 10 月 8 日(此年闰六月)。陈继东在有关资料中误以为文会生前的日本友人在两个月后为文会举办追悼会，不知此年闰月时间之差。

② 《事略》作者并未署名。据杨氏后人言，作者为濮伯欣，此说可信。濮伯欣(字一乘，南京溧水人)是文会的学佛弟子、佛学研究会成员，在文会去世后成立的金陵刻经处第一届董事会担任董事。民国元年(1912)狄楚青在上海主办《佛学丛报》，聘请濮氏为主编。该报为中国最早的佛教刊物。有关杨文会的传记中，以《事略》出现最早。从史料角度看，亦以濮氏所撰《事略》最为平实(其中也有个别错误)。周继旨校点《杨仁山全集》附录该传(第 585 页)说是欧阳渐所作，但从文风看不太像欧阳的手笔；于凌波《杨仁山居士评传》(第 13 页)则说是徐文蔚居士所撰，查徐之《杨居士事略书后》文首提及“《杨仁山居士事略》一卷，尝印入上海第一期《佛学丛报》者也”，并不表明这是他自己所著。

俗发愿刻经，从隋之静琬刻石经于云居，谈到晚明紫柏真可、密藏道开等刊方册大藏于径山。作者认为佛教三宝，“佛宝绝思量，僧宝有隆替。弘济万类，传佛种性者，其法宝乎！”[①]他感叹佛法的兴衰，“盖一度结集，即一度光明”，而上下数千年，做这样事的人，“甚难稀有，卓哉！”读来荡气回肠，可歌可泣。今时杨文会居士“奋起于末法苍茫、宗风歇绝之会”，刊《大藏辑要》兼刻全藏于金陵，其事比前人倍难，然其见效却倍疾于前人。这都要归功于居士以身任道，“论师、法将、藏主和经坊”四事勇兼之气概，精诚不倦之行愿；而其校刻大藏，寓抉择于甄综宏通之中，至精且当，又非前人能比。这种评价，应该说是比较贴切的，并非过誉之词。

二 甄综会通，规模弘扩

《塔铭》作者盛赞杨文会刻经之功德，同时也提供了评价杨文会的思想线索，文曰：“其学以马鸣为理宗，以法藏为行愿，以贤首、莲池为本师，性相圆融，禅净彻证。”[②]这是杨仁老生前自述学行之后，国内第一次正式地对他的佛教思想谱系进行肯定和认同，无疑有助于我们评价他的思想地位。所谓“以马鸣为理宗”，指的是杨文会心仪的马鸣大师的两部论典，一是早年给他智慧启示、引他进入佛门的《大乘起信论》，二是晚年他精心注解而已经失传千有余年的《大宗地玄文本论》。对这两部论典，杨文会都高度重视和竭力推赞，不仅因为他对它们有切身的体验和会心的研究，还可能由于这两部（在他看来）出自同一个作者之手的大乘论典提供了融通性相、统摄全体佛教的思想纲领，如前者有“一心二门”，后者有“金刚五位”。这对人们把握和融会纷繁复杂的庞大佛教思想体系，是大有助

① 本段有关引文都来自《塔铭》，下面不一一注明。参杨文会：《杨仁山全集》，黄山书社，2000 年，第 572—573 页。

② 参杨文会：《杨仁山全集》，黄山书社，2000 年，第 573 页。原文“以法藏为行愿”，参照上下文并居士学行实际，宜校改为“以普贤为行愿”。对照一下作者下文的铭辞就可明白，如上面说了“五教五宗，摄之二论”（对应于“马鸣理宗”），下面接着说“万行所则，普贤愿嘉”。《净土四经》中的《普贤行愿品》也可以说明问题，此品来源于《华严经》。另外，1912 年 9 月，在《续藏》即将刊成之际，南条文雄撰《大日本续藏经序》，回忆了与杨文会相识的经过和互相寄赠典籍之事，以及文会刊刻经籍的艰辛，文中也提到了他的学行，但没有沈曾植所述这样秩序井然，理行并举。

益的。从佛教思想史方面来看，马鸣的思想出现在印度大乘佛教思想的发轫时期[①]，对龙树、无著的性相二宗、空有之说都有深刻的影响。唐以后，中国佛教思想发生大转型，一些思想大德都提倡性相融通的思想方案，来统合歧见百出、门户分立的各宗派思想，一方面为顺应统一社会的潮流，另一方面也有利于佛教自身的协调发展。因此，杨文会生在近代社会发生巨变之时、末法苍茫时代，继承佛教融合思想的传统，提出建立"马鸣宗"的构想，是有思想理论基础和历史依据的。1904 年他曾与一位通信者说："仆建立马鸣宗，以《大乘起信论》为本，依《大宗地玄文本论》中五位判教总括释迦如来大法，无欠无余，诚救弊补偏之要道也。"[②]在《大宗地玄文本论序说》中，他明确指出要救治的佛教思想弊端，是"谈宗谈教、说有说空，分河饮水、互相是非之弊"。[③] 杨文会在 1906 年四月刻成的《佛教初学课本注》中说："马鸣大士宗百部大乘经，造《起信论》，以一心二门总括佛教大纲。学者能以此论为宗，教律禅净莫不贯通，转小成大，破邪显正，允为如来真子矣。"[④]

由上可见，杨文会的佛学思想至少有两个特点：一是甄综会通，二是救弊补偏。他的甄综会通既体现在佛典的汇刻和甄别中，也体现在教律禅净融会贯通的佛学思想中。《十宗略说》是杨文会佛教著作中成书较早的一部。此书的最大思想特点，是十宗平等，融会一体。其作虽参考日本凝然上人所著《八宗纲要》而成，但《八宗纲要》"引证详明"，而《十宗略说》则力求"简而易晓"。另外一个显著特点，就是将八宗扩成十宗，并在结构上贯彻华严十玄门的思想。再有就是在诸宗平等基础上，突出了净土宗的重要性，最明显的表征，是把净土宗列之最后，"以前之九宗分摄群机，以后之一宗（即净土宗）普摄群机。随修何法，皆作净土资粮，则九宗入一宗。生净土后，门门皆得圆证，则一宗入九宗。融通无碍，涉入交参"。由此，他主张诸宗平等，学者慎勿"入主出奴，互相颉颃"。所以，他在叙完各宗思想和特点后总结说："以上各宗，专修一门，皆能证道。但根有利钝，学有浅深，其未出生死者，亟须念佛生西，以防退堕。即已登不退者，正好面觐弥

---

① 梁启超说："佛徒所艳称之马鸣，大率谓生于龙树前百余年，为大乘佛教中兴之第一人物。"参梁启超：《大乘起信论考证》，商务印书馆，1924 年，第 13 页。

② 文出自杨文会：《等不等观杂录》卷五之《与李小芸书》，《杨仁山全集》，黄山书社，2000 年，第 439 页。

③ 参杨文会：《杨仁山全集》，黄山书社，2000 年，第 7 页。

④ 参杨文会：《杨仁山全集》，黄山书社，2000 年，第 118 页。

陀,亲承法印,故以净土为归矣。"①

我们由此看他对各宗先后次序的安排,在一定意义上显示出他的新的判教思想。他认为:"出世三学,以持戒为本,故首标律宗。佛转法轮,先度声闻,故次之以小乘二宗。东土学者,罗什之徒,首称兴盛,故次以三论宗。建立教观,天台方备;贤首阐华严,慈恩弘法相,传习至今,称为教下三家。拈花一脉,教外别传;灌顶一宗,金刚密授,故列于三家之后。"②此中"教下三家""教外别传",基本上是传统佛教的判教之说。净土宗原有圣道和净土二门的判教思想,但是他没有完全采用,不过他仍给予净土一个比较特别的地位。后来他将净土宗从印度到中土的弘传,判为"教内别传"。如在《与冯华甫书》中,他说:"释迦佛出现世间,应病与药,初无定法。佛灭度后,诸大弟子结集三藏,是为教内正传。后来东土天台、贤首、慈恩诸师所阐扬者是也。摩诃迦叶传佛心印,是为教外别传,东土六代祖师及五宗提唱者是也。马鸣、龙树宗净土诸经,劝人念佛往生,是为教内别传,东土远公、昙鸾而后诸师弘扬者是也。"③杨文会把数千年来从印度到中国流传的全体佛教,分判为"教内正传""教外别传"和"教内别传"三大系列,这在某种程度上,可视为杨文会在新时代所依的判教观。特别是判净土宗为教内别传,可谓发前人之所未发。这种判教观为他平等弘扬各宗,而又突出以净土为归的思想,奠定了理论基础。这也反映了清代净土宗超过禅宗而有独擅胜场之势。

其实,就杨文会的整个佛教思想系统来看,他不只是融会起信、华严于净土,他还竭力融通净土与禅和唯识,进而把教律禅净都融会贯通。这里着重阐述杨文会晚年在批判禅宗流弊的同时,而对禅净融会所做的努力。诚然,对于禅宗他的确多所批评,尝有"佛法在中国是衰于禅宗,在日本是衰于净土真宗"的言论,但是他也说过"佛法之高莫高于禅宗,佛法之广莫广于净土"之类的话④。他不满意的主要原因是末流禅徒的"空腹高心,西来大意,几成画饼"⑤;他对当时禅门宗风也颇为不满,曾说"禅门扫除文字,单提'念佛的是谁'一句话头,以为成佛作祖之基,试问三藏圣教有是法乎?"⑥他不敢苟同的是,"今时禅侣未开正眼,辄以宗

---

① 参杨文会:《杨仁山全集》,黄山书社,2000 年,第 149、156 页。
② 参杨文会:《杨仁山全集》,黄山书社,2000 年,第 156 页。
③ 参杨文会:《与冯华甫书》,《杨仁山全集》,黄山书社,2000 年,第 434 页。
④ 参杨文会:《杨仁山全集》,黄山书社,2000 年,第 123 页。
⑤ 参杨文会:《等不等观杂录》卷八《与日本南条文雄书二十二》,《杨仁山全集》,黄山书社,2000 年,第 503 页。
⑥ 杨文会:《等不等观杂录》卷一《佛学研究会小引》,《杨仁山全集》,黄山书社,2000 年,第 337 页。

师自命，扫除经教，轻蔑净土”，认为“其不损善根而招恶果者几希”。[①] 他大为感叹的是，“近世以来，僧徒安于固陋，不学无术”；“于经律论毫无所知，居然作方丈，开期传戒。与之谈论，庸俗不堪，士大夫从而鄙之。西来的旨，无处问津矣！”[②]他曾经总结出后世参禅者之弊有二：一者错认六尘缘影为自心相，以为现前知觉之心，即是教外别传之心；二者但阅宗门语录，于经论未曾措心，不分解行，不明浅深，处处扞格，无由通达。[③] 在他看来，禅宗一门，直指人心，见性成佛，虽云教外别传，实是般若法门，观五祖、六祖之语就可得知；而禅人之见性，大有浅深，晚唐以后，利根已渐渐稀少。虽云见性，如暗室中钻凿小孔，得一隙之明，若比之于太虚空旷，日月星辰旋转其中，风云雷雨变化其际，自是不可同日而语。明虽是同，而大小有异，犹如初生婴孩比之于成人。摩诃迦叶为禅宗第一祖，阿难为第二祖，法华会上授记其成佛，均是在久远劫后；十二祖马鸣是八地菩萨，十四祖龙树是初地菩萨，都是历位修行而得大果。可见，禅宗即使“证入深深性海，仍然须历劫而修，始臻妙觉极果，不宜笼统和会”[④]。总而言之，对杨文会来说，唐宋后佛教禅宗的衰微，在某种程度上，是其主张读诵经论，十宗平等或大乘八宗兼弘，而倡导以净土为归的要因之一。

然而，他之融会禅净，不仅是出于对禅宗衰微的判定，还立足于对禅净各自特点的认识。他认为，禅宗拣根器，净土则普摄。而现在一般崇尚禅宗的人大都轻视净土，不知马鸣、龙树现身说法，早就“双轮齐运”。他通过经论的熟读深思和生平所见所闻，深刻体悟到禅宗之最难处，是在“不受后有”一著，倘死生不能自由，则“隔阴之迷”绝不能免。但是，如何解决禅宗的这个难免“受后有”的问题呢？杨文会找到切实可行的一个办法，是“随根授法”[⑤]，认为利根上智方可学教外别传之法，至彻悟心源后，仍然须看教念佛，期生净土，以免退堕；而中下之机，

① 杨文会：《等不等观杂录》卷五《与陈仲培书》，《杨仁山全集》，黄山书社，2000 年，第 437 页。

② 分别参杨文会：《般若波罗蜜多会演说一》和《释氏学堂内班课程刍议》，《杨仁山全集》，黄山书社，2000 年，第 333、340 页。

③ 参杨文会：《答释德高质疑十八问》，《杨仁山全集》，黄山书社，2000 年，第 412 页。

④ 杨文会：《与释幻人书一》，《杨仁山全集》，黄山书社，2000 年，第 427 页。

⑤ 杨文会认为，释尊灭度 2000 年后的今天，“利根渐渐稀”，以今昔人物之根器相比，其“高下大悬殊”。当今之世，参禅者虽众，终因“根发不相宜，得道甚为难”（《等不等观杂录》卷四《答廖迪心偈》）。因此，他认为，“修习法门，以称机为贵”（《等不等观杂录》卷五《与陈仲培书》），“中下之机，唯应依教勤修，不可妄希顿悟。法不投机，徒劳无益”（《佛教初学课本注》）。唯有念佛往生净土法门，则普摄三根，为“末法修行”中“速成不退，直趣佛果”的“普度法门”（《等不等观杂录》卷一《般若波罗蜜多会演说三》）。由此，杨文会大力宣扬净土法门，一生归依净土法门。

唯依教勤修,不可妄希顿悟。他谆谆教示人们:法不投机,徒劳无益。欲习禅定,有天台止观可学,次第禅、圆顿禅,行之均能获益。究极而言,必以净土为归,所谓百川异流,同会于海。[1] 由之,有人也许以为杨文会意在摄禅归净,但须知目前这个"净",早已不是传统意义上以持名念佛为主要内容的净土宗。他依据华严经融摄无碍之旨,将原来用之于标榜宗派的念佛法门组织成了一个"圆摄无遗",融纳一切佛法的法门[2],并提供了一个普被三根,既有圆顿之机,又有阶次可循的修学系统。在他看来,"如来教化,皆有次第,由浅而深"[3];"修道之士,若未证无生法忍,轮回终不能脱",这时,唯有净土横超一门,是"出火宅之捷径",是"至极至妙之法",不然,"虽透末后牢关,稍有业识未净,亦不免于轮转耳"。[4]

杨文会倡导归宿净土,主张诸宗平等兼弘,在某种程度上说实际为救弊补偏。究实说来,杨文会对华严思想旨趣的把握和净土教理的研习,都是颇为深入的,其对唯识思想也有深刻的洞察力,以至于日本的南条文雄认为他是华严学者,望月信亨则把他列入清末归向净土的居士之列,我国的梁启超在其学术著作中也指出:杨文会深通法相、华严两宗,而以净土教学者,学者渐敬信之。诚然,杨文会生平著作多以"略注""略释"或"略论""略说"而命名,如《大宗地玄文本论略注》《十宗略说》《观无量寿佛经略注》《无量寿经优婆提舍愿生偈略释》《坛经略释》等。但对于学佛,他特别强调"入手切须纯正",或者"入手切须的当"。[5] 并且,其每立一言一论,几乎都是在广泛涉猎经论注疏,融会贯通之后,针对偏弊之见而发。如他在与一位学佛者的通信中曾自述:"间尝讨论今古,偏者斥之,弊者救之,弃粗浅而求精深,舍浮泛而取真实。期与如来教法毫不相违,允为净土资粮。"[6]此外,欲求简易弘通,以接引末法众生,也是一个重要原因。杨文会学问的规模弘扩,是早就得到公认的。惟其"等不等观",故而诸法毕竟平等;惟其气度恢宏,故门下多有英彦俊杰。

---

① 参杨文会:《佛教初学课本注》,《杨仁山全集》,黄山书社,2000年,第122—123页。

② 参杨文会:《等不等观杂录》卷五《与陈仲培书》,《杨仁山全集》,黄山书社,2000年,第437页。此中说,以一切佛法入念佛一门,即华严经融摄无碍之旨也;又说间尝讨论今古,偏者斥之,弊者救之,弃粗浅而求精深,舍浮泛而求真实,期与如来教法毫不相违,允为净土资粮。……念佛法门圆摄无遗,不假他求也。

③ 参杨文会:《与释幻人书一》,《杨仁山全集》,黄山书社,2000年,第426页。

④ 参杨文会:《与冯华甫书》,《杨仁山全集》,黄山书社,2000年,第435—437页。

⑤ 参杨文会:《等不等观杂录》卷五《与冯华甫书》和卷六《与黎端甫书》,《杨仁山全集》,黄山书社,2000年,第434、460页。

⑥ 参杨文会:《与冯华甫书》,《杨仁山全集》,黄山书社,2000年,第437页。

三 | 薪火相传，后继有人

宣统二年庚戌(1910)，杨老居士74岁，作《报告同人书》，讲述心愿中未了之事：一编辑大藏、续藏提要，仿《四库提要》之例；二编《大藏集要》，日本《续藏》搜求甚富，但须甄别为必刊、可刊、不刊三类。于是，作《大藏辑要叙例》示范。是年，欧阳渐三赴南京，依侍杨老居士，决心舍身为法。宣统三年辛亥八月十七(1911年10月8日)，杨老居士75岁往生。居士遗命欧阳渐负责校刻经典，叮嘱续刻尚未完成的半部《瑜伽》。11月8日，南条文雄、赤松连诚等会同章太炎，在日本东京举行杨文会的追悼会，参加者大多是日本学者名流及与杨文会生前交好者，如高楠顺次郎、水野梅晓、村上专精、妻木直良等人。赤松君有挽诗一首：

> 呜呼杨君，宗门之彦，身在金陵，德化远传。
> 尝游泰西，百研千炼，虽则研炼，素质无变。
> 深信真乘，弘通经卷，至老益坚，孜孜不倦。
> 神交多年，未曾识面，通信惠书，不见犹见。
> 嗟君逝矣，何耐悲恋，聊陈微词，以代菲奠。[①]

（一）石埭门下多材

杨文会逝世后，弟子尊称其为“石埭大师”，又因其生前居深柳堂读书，或称为“深柳大师”。欧阳竟无在给杨文会所作的传记中写道：“唯居士之规模弘广，故门下多材；谭嗣同善华严，桂伯华善密宗，黎端甫善三论，而唯识法相之学有章太炎、孙少侯、梅撷芸、李证刚、蒯若木、欧阳渐等，亦云伙矣。”[②]欧阳在此所列的杨文会弟子名单大都是其建立金陵刻经处以来就结下善缘的“居士道场”中的著名人物，而当时来祇洹精舍就学的缁素弟子未包括在内。事实上，这批弟子大都满怀抱负，志为佛教做一番革新的事业，不但振兴中国佛教，而且弘扬佛教于世

① 参张华：《杨文会与中国近代佛教思想转型》，宗教文化出版社，2004年，第432页。
② 参杨文会：《杨仁山全集》附录，黄山书社，2000年，第586页。

界。当时来祇洹精舍先后就学的缁素共有20余人①,其中居士2人(邱晞明,谢无量),余皆为僧徒,如释仁山、太虚、观同、智光等人,日后都成为鼓吹中国佛教改革的主将。

石埭门下杰出弟子和从学者甚多,著名的有谭嗣同、黎端甫、桂伯华、章太炎、欧阳竟无、李证刚、梅光羲、蒯若木等人。要皆能继承师志,光大所学。首应一提的是浏阳谭嗣同,其次是九江桂伯华,他们二人不仅是最早来依侍杨老居士学佛的入门弟子,亦可谓居士生前弟子中使金陵刻经处声誉远播的人。桂伯华与杨文会相依最久,为杨门引进了许多江西籍弟子是他最大的贡献,如欧阳竟无、李证刚、黎端甫、梅撷芸等,日后这批弟子都大放光芒,这在近代佛教史上是很引人注目的一个现象。

谭嗣同在金陵刻经处学佛的时间虽不很长(大约一年不到),但他的维新事业,他的慷慨赴难和英勇就义,因其与杨老居士一段学佛之缘,而激发了不少维新人士向往到金陵刻经处来学佛论道的热情,梁启超就是其中之一。有一条资料是从佛教角度来评价谭嗣同在金陵学佛之后的影响的,颇有价值,内中说道:"他从杨居士求学时,致力于华严、唯识的研究,以其杰出的智慧,很快地抓到了大乘佛法超迈世出世间的精神,更进而以儒家学说为方便,构成他有名的《仁学》的思想。这一路线,或者说他的学说在佛教内外,都掀起了历时久远的波澜。惜乎谭君年事方盛,便惨死在清廷手中,未能继续完成他那伟大的菩萨入世事业。"②

桂伯华是杨文会遴选来专攻因明、唯识二部,并作为将来的"佛学导师"来培养的第一人。桂伯华得杨文会资助,举家移住在金陵刻经处内,边校点经文,边随师学佛。事实上,在这之前,他在学术上已有所成就,被金溪知县聘为书院山长。其学宗顾亭林,解经主今文经家言,诗崇杜、苏。欧阳渐说他:"凡注疏诗集,无不全部录读。生平不草一字,造次执笔,皆工整。教人有法度,以点书入门,而一驭以开合法:篇开而章,章开而句,句开而字,必使开无可开而止,然后合字为

① 《杨仁山居士事略》说"就学者二十余人",而欧阳渐《杨仁山居士传》说"僧十一人,居士一人",见杨文会:《杨仁山全集》附录,黄山书社,2000年,第584、587页。

② 参书新:《开国时期的佛教与佛教徒》,载张曼涛主编:《民国佛教篇》,《现代佛教学术丛刊》,台北大乘文化出版社,1978年,第4页。

句，合句为章，合章为篇，而筋髓毕露。”[①]在他主持的书院，诸生未通文法者，数月斐然能文，其弟妹亦皆能文。因为甲午战败而受很大刺激，戊戌年间追从康梁变法，在沪萃报馆任主笔。梁任公在湖南长沙办时务学堂，离去时，举桂伯华以代之。变法失败，戊戌六君子死，朝廷缉拿康党急，伯华匿于乡间。岁暮病虐，中夜孤灯依床褥，得《金刚经》一册，晨夕读，恍然于人生虚幻。病愈之后，即趋金陵依杨文会学佛。

学佛之后，桂伯华不惟思想上产生了大变化，而且成为弘扬佛法的积极行动者。他以其猛利强毅而虔敬真诚的性格，影响了身边的亲人、周围的朋友。欧阳渐在《九江桂伯华行述》中说，以前伯华恐乡野僻陋，将会堕其志，故举家移南昌，借书院膏火存活。现在则为学佛，全眷住金陵。昔日以文学遍导弟妹，今则以佛学遍化家人，以至父母兄弟姊妹，无不素食、持名（即念佛）、大阅经论。伯华为人口吃，然雄健于谈，语语从肺腑出，娓娓动人；教人则孜孜不倦，知无不言，言无不尽，惟恐人不知，而设多方便。欧阳渐信入佛门，即受伯华之感染。欧阳谈到，当时他以王阳明哲学与桂伯华相争，而伯华不争辩，“但纳予《起信》《楞严》曰：‘姑置床头，作引睡书读，如何？’予不觉为之牵转也”[②]。欧阳又谈到生平所受两大刺激：其一是他少时“为人曝（晒）书，拂拭不经意，叔父忽嗔目大呼，‘尔奈何为人不出力？’持书紧拍声彻于庭。予陡然悚惕，魂为之夺。自此数十年，小事不敢忽……”另一大刺激，就是说的他和桂伯华的一次经历，他们二人同去拜谒云照律师，人未遇而遇其像，欧阳亦不太经意，伯华则忽然“委身扑地，如泰山崩”。至此，欧阳深惭自己“我慢”之性盘结于衷而不可解，“不觉受其摧动，随彼身而降。清凉冰释，帖然而拜。自此数十年待人接物，不敢庞然自大也”。[③]

跟随杨文会学佛的江西籍弟子比较多，这都跟桂伯华大有关系，多为桂伯华所引进，如李澹缘、黎端甫、梅撷芸、李证刚、欧阳渐等人。民国初年，桂伯华、李证刚和欧阳渐三人在佛学上各有成就，而桂伯华以年长及先入石埭门下之故，位居三杰之首。[④] 桂伯华生平著述，因临殁前寓所失火，以致无片纸只字留存世间，

---

① 参欧阳渐：《九江桂伯华居士行述》，《竟无诗文》，金陵刻经处本，1935 年，第 3 页。

② 参欧阳渐：《九江桂伯华居士行述》，《竟无诗文》，金陵刻经处本，1935 年，第 4 页。又参《竟无小品》卷下（金陵刻经处本，1943 年，第 10 页）云：“戊戌变政，事败，株治康党。伯华感人情冷暖，成败无常，遂学佛于金陵。于时学风简陋，斥佛异端，……予时治阳明学，伯华不能屈，然强聒不舍，导拜杨门，竟也为之转移。”

③ 参欧阳渐：《见闻琐录叙》，载欧阳渐：《竟无诗文》，金陵刻经处本，1935 年，第 7 页。

④ 参欧阳渐：《杨仁山居士传》；又参于凌波：《中国近现代佛教人物志》，宗教文化出版社，1995 年，第 324 页。

仅《杨仁山居士遗著》中保存了他致杨文会的一封书信。还有《海潮音文库》第四编中，收有他的遗诗数首，悟理透彻，悱恻动人。现仅录一首《次韵酬杨昀谷》，以见识其才情和造诣：

诗心淡后无奇句，世事谈多有泪痕。与子细寻无味味，共余相喻不言言。当来弥勒终生世，过去巫咸尚理冤。试把十方三世看，铁浑仑亦不须吞。①

在桂伯华致杨文会的书信中，我们看到桂伯华推荐了李澹缘、黎端甫，还有“九江城内一少年徐子鸿”，说此数人“宿根最深”。李澹缘受其影响，最先与杨文会通信，求教学佛，专修净土。资料表明，李澹缘资质甚佳，学佛勇猛，“同辈中实罕其匹”，惜乎后来不知所终。从桂伯华的介绍中可知，黎端甫也是一难得的人才，桂伯华说“同辈中闻佛法者，以彼为最早，气质亦以彼为最纯”。② 黎端甫后来在石埭门下，以治三论而著称。欧阳渐说：“江西三居士，伯华、端甫、晞明，皆刚健、笃实、孤僻。苟充其用，皆足以光大法事。伯华治华严，端甫治中观，晞明治小乘。然皆不尽其天年，而中道夭。悲夫！”③此中，晞明姓邱，先入祇洹精舍学习，精舍停办后未久，则依欧阳入支那内学院，学法相唯识，但他认为“佛法不遑大而先小，行戒律而义阿含”，故最终刻《杂阿含经》，得四十卷而卒。

而桂伯华一生之佛学，不光在“治华严”，最早他受杨老居士影响，以净土为归而修持名，入金陵后则学因明、唯识，同时学华严等，末了复学日本真言（密宗）以终焉。早年他曾在给杨文会的书函中，说自己“识飏神飞”，然考其一生，实亦多受“博取升斗”之累。如欧阳渐在 1935 年 1 月作《九江桂伯华行述》，上来先说：“无一廛之居、一瓶之粟，父母兄弟亲戚，所资以事蓄者，不下十余人，乃不以夺其志，废其学。”④后来他与其弟去日本留学，借官费以存活，与《民报》诸革命家友善，相感以佛化，最终客死东洋。欧阳渐在《桂伯华行述》中记载了他临死前的所学：“伯华分疏经论，淹通条贯，诚不餍寻常讲经法师所谈，将安心著述，尽贡所

① 参于凌波：《中国近现代佛教人物志》，宗教文化出版社，1995 年，第 327 页。
② 参杨文会：《杨仁山全集》附录，黄山书社，2000 年，第 449—450 页。
③ 参欧阳渐：《邱晞明居士墓志铭》，《竟无诗文》，金陵刻经处本，1935 年，第 16 页。
④ 参欧阳渐：《九江桂伯华居士行述》，《竟无诗文》，金陵刻经处本，1935 年，第 3 页。

学以饷世。元度(伯华弟)不能为兄所为,走归故国,冰炭填膺,郁悒侘傺,发狂死。伯华哀之,以为方便不足疗治疾于生前,神通不能了彻其趣于死后,日夜疏剔文字奚益?乃尽弃其所学,从事真言,日夜持咒观想。"[①]故此,欧阳在开列石埭门下弟子所学时,又说桂伯华"善密宗",而其实伯华生平著述都为大火焚为灰烬,密宗之外的思想,世人不复见其存耳。欧阳小伯华10多岁,然引其为知心友,深赞其节操,说九江名士蔡泽宾因悦伯华之才,而将爱女许以为妻,未婚而女死,伯华感知遇,终身不娶。[②] 欧阳亦叹其人生末途、贫病交加的悲惨境遇,说其母临终时,垂念桂氏后,伯华哀之,将谋所谓娶妻生子者,因为"俯蓄艰难"而未果。伯华留东洋10余年,住楼下三铺席,饮食、居处、读书、会客,全部在于此,久之,落得"湿偏枯溃烂"之病症,因此丧其命。然民国四年(1915)三月五日伯华临终时安然,先自挽句云:"无限惭惶,试回思曩日壮心,只余一恸;有何建白,惟收拾此番残局,准备重来。"[③]

杨文会生前对桂伯华期许甚高。1900年初,他函招桂伯华来金陵专攻唯识。1904年,在《与李小芸书》中,他说:"近年尝有就学于敝寓者,九江桂伯华最为猛利,已相依两载矣。"[④]1906年,在《与某君书》中,他又说:"近年自远方来就学于敝处者,颇不乏人。住时长短,各听其便。有九江桂伯华者,相依最久,用心恳切。将来造诣,未可量也。"[⑤]由此可知,桂伯华在石埭门下专习唯识,又圆通各宗,实甚为杨文会居士所期待;然桂伯华命途多舛,郁悒惭惶而终,亦实是杨文会所始料未及。谭嗣同、桂伯华皆倾心维新,有志佛学,然不幸早死。传石埭之学者,惟有居士欧阳竟无和僧人太虚,最为卓著。

(二)入民国后有接棒人

杨文会的事业和思想入民国后有接棒的人,最为杰出者,僧界有太虚法师,居士有欧阳竟无。太虚在近代佛教史上,不惟以倡导佛教"三大革命"(教理、教产、教制)而著称,而且被视为近代较早弘扬人间佛教的一代宗师和领袖;欧阳竟无则被称为"宜黄大师",是世所公认的近代研究唯识学的泰斗。太虚之学虽然

---

① 参欧阳渐:《竟无诗文》,金陵刻经处本,1935年,第4—5页。

② 参欧阳渐:《竟无诗文》,金陵刻经处本,1935年,第3页。

③ 参欧阳渐:《竟无诗文》,金陵刻经处本,1935年,第6页。又参《竟无小品》卷下(金陵刻经处本,1943年,第10页)云伯华死前谓东渡看望他的陈铭枢:当回国,先住宁半年,养病研教,然后垦殖东北,弘化蒙藏也。

④ 参杨文会:《杨仁山全集》附录,黄山书社,2000年,第439页。

⑤ 参杨文会:《杨仁山全集》附录,黄山书社,2000年,第468页。

来源广泛，然其长于融贯统摄，不拘泥于台贤禅净，卓然成家，这显然和杨文会是同一个思想路线；并且一再为《起信》《楞严》等“释难扶宗”，亦足以见其宗本之所在。欧阳竟无的佛教思想很大程度上受杨文会的思想影响。虽然欧阳对起信思想颇多非议，抉择起信与唯识之真伪，在近代佛学界掀起轩然大波。但是他在晚年所作的《杨仁山居士传》中说，“……然其临寂遗嘱，一切法事乃托付于唯识学之欧阳渐，是亦可以见居士心欤！”[①]此语意味深长。欧阳虽以专精于法相唯识学而著称于世，但他并不局限于唯识一家，而是冶龙树、无著学于一炉，其实也是走的“性相融通”的路子。（欧阳于晚年融通儒佛思想，可能还与杨文会有一定关联。）当然，同样是讲性相融通，不同的思想者，其宗本可能不一样，其思想结构可能也是有差异的。这个问题较为复杂，不过有一点可以肯定：他们都有一个共同的思想目标或共同特点，就是如何对整个佛教思想进行融会贯通的理解，对纷乱淆然的思想做出“契理契机”的阐发，以弘法利生为家务。

杨文会接触佛教最先读的两部经典，一是《起信论》，二是《楞严经》。此一经一论，连同也为他所欣赏和重视的《大宗地玄文本论》及《释摩诃衍论》，在后杨文会时代的佛学界一概被判为“伪经伪论”，但实际上它们对杨文会一生的佛教思想影响很大。令人深思的是，以上几部与杨文会佛教思想有密切关系的经论，虽然并非在入民国后才遭到怀疑并被判入伪书之列，但民国初年的批判却有某种特殊的意义，很大程度上反映了中国近代佛教思想的进一步转型。有理由说，《起信论》之所以在近代受到杨文会等人竭力推崇，一是因为该论简明扼要地提供了融摄各宗的思想纲领，二是出于信仰实践上的需要。杨文会经过对“支那佛教衰于禅宗”的反思，而试图重新树立经典的权威的确不假，但他也突出信仰和修行实践方面的内容，他“转禅归净”足以说明这点。故他能对《起信论》中倡导往生净土特别感到兴趣；同样，他从《大宗地玄文本论》中也能独具只眼地发现“东土谈教义者，以十住初心便成正觉，为圆顿极则；马鸣大士则言信位便该果海，实大法东来所未闻也”[②]。如果从中国佛教发展的历史脉络来看，那其实是对末流禅风狂诞空疏的反动。

然而，在后杨文会时代，情况发生了变化。大约从 1917 年新文化运动开始

---

① 参杨文会：《杨仁山全集》，黄山书社，2000 年，第 587 页。
② 参杨文会：《大宗地玄文本论略注》，《杨仁山全集》，黄山书社，2000 年，第 16 页。

后，科学和民主成了时代的最强音；随后不久，新青年知识分子开展了轰轰烈烈的反帝反封建的五四运动，接着又掀起了反宗教迷信运动，中国进入了一个思想飙进的时代。对新青年知识分子来说，“有信无智”是盲目的、空洞的，甚至是危险的。新生代的佛教知识人士（尤以支那内学院为主）不可避免地受到时代思潮的影响，他们对《起信论》之强调“信”生起理性的考量，最终他们转向了唯识学。其实，对于这种佛教思想的现代转型，我们从梁启超曾经发表的对新时代佛教信仰的“六点认识”即可略知其风向，其中第一点认识就说到“佛教之信仰乃智信而非迷信”；而且，梁氏把佛教之“起信”与其他宗教之“强信”做了比较，认为他教之信仰是“以为教主之智慧万非教徒之所能及，故以强信为究竟”，而佛教之信仰，则以为“教徒之智慧必可与教主相平等，故以起信为法门”。①

（三）唯识学应时而兴

近代以来，万国交通，新思潮迭起，以佛法救世济人之思想亦颇流行。但政学各界，稍有知识而对佛法怀疑者，也实不在少数。此种怀疑意见，大约不出两端：一说佛法是消极的，二疑佛法是迷信的。依照唯识学，佛法不消极，因其主张菩萨行广修“五明”，以摄受一切众生（五明中的“内明”指佛学，“因明”相当于今逻辑学，“声明”是音韵学等，“工巧明”是工艺、历算等技术，“医方明”指医药医学）；佛法也不迷信，因其强调“理”解，主张“智”信，认为理既未明，信不能深，信尚未坚，而欲使之不迷惑则难。在一些研究唯识学的人看来，对于今日的科学、哲学等理论，唯识学理论也有优胜之处，因其（从宗教角度）洞察了人类的深层心理世界，研究了科学和哲学未曾触及的第七、第八识。再者，其万法唯识的核心思想，对科学、哲学上所涉及的主观世界与客观世界、物质与意识等等基本问题，也不乏可资之处。

对于佛法与西学的差别而又有优胜之处，杨文会有所注意。我们在其遗著中看到一则资料说，杨文会对近时那些把佛法与哲学相提并论的做法，颇不以为然。在《佛法大旨》中，他谈到佛法大旨在引导世人出生死轮回，无论何人依教修行，皆得成佛。但入门有难易之分，证道有浅深之别，及其成功是一样的。如来设教，义有多门，譬如医师，应病与药。但佛法旨趣玄奥，非深心研究，不能畅达，因为“出世妙道，与世俗知见，大相悬殊。西洋哲学家，数千年来精思妙想，不能

---

① 参梁启超：《论佛学与群治之关系》，《饮冰室合集》文集之十，中华书局，1936年，第46页。

入其堂奥。盖因所用之思想是生灭妄心,与(佛法)不生不灭常住真心全不相应。是以三身四智、五眼六通,非哲学家所能企及也。近时讲求心理学者,每以佛法与哲学相提并论,故章末特为拈出,以示区别”①。

另外,对西方人研究佛学的方法,杨文会也发表了自己的一些独到看法。在《与夏曾佑书》中,杨仁山谈到佛教是否源出于婆罗门教的问题时,他认为:“西人在印度考求各教,但求形迹可据者载之,谓佛教后出,遂以婆罗门为其源,信有声闻法,而不信有菩萨法。以菩萨法系文殊、阿难在铁围山结集,诸大菩萨以神通力流传世间,凡夫始得见闻。西人不明其理,往往疑而不信也。”②在《与释遐山书》中则说:“西人在印度考究佛生时代,多种不同,莫衷一是。可见后人记往古之事,不能执为孰是孰非也。尝见今人述数十年内之事,亦不能得其真,但如烟云过眼而已。若于此等言句计较真妄,则唯识理不成。《金刚经》云:一切有为法,如梦幻泡影,如露亦如电,应作如是观。请深味乎其言也。”③

由以上杨文会对西方传来的哲学、心理学,以及西人研究佛教的看法中,我们不难察知他的思想中,一定程度上已经折射出了这个时代的思想意识,反映出佛学与西学的冲撞和交锋的思想痕迹。事实上,杨文会在当世就素以善通西学与佛学而著称,如以杨文会为学佛导师的谭嗣同就曾与人说他“佛学、西学,海内有名”,谭嗣同并受杨文会佛学思想的影响而著《仁学》,将孔学、佛学与西学熔于一炉。历史表明,在近代中国社会和文化受到西方文化强烈冲击的过程中,佛教扮演了一个比较特殊的角色。近代中国之所以发生前所未有的巨变,是因为遭遇了西方强大的物质和精神文明,由此中国的先进知识分子开始对传统文化失望而转向西方寻找救国救民的真理,而这时的佛教(尤其唯识学)在他们的思想里,不同程度地被用来作为他们沟通西学的桥梁。正是在这个意义上,我们看到了佛教在近代散发的特别光彩和所表现出来的某些积极作用。

从佛教本身来讲,佛教人士遭遇西方文化要稍早一些,这主要指明代中叶后,与来华基督教传教士的交锋。但这主要限于宗教领域,由于宗教固有的范围而对近代佛教的思想转型影响并不是很大,后来情势变化,则逸出了宗教范围而进入思想文化的领域。尤其在第一次世界大战之后,随着西方文明破产论调的

① 参见杨文会:《杨仁山全集》,黄山书社,2000年,第325—326页。
② 参见杨文会:《杨仁山全集》,黄山书社,2000年,第448页。
③ 参见杨文会:《杨仁山全集》,黄山书社,2000年,第429页。

上升，佛教遂变成我国一些有识之士抵抗西方文化冲击，并能弥补和救治西方文明之不足的一种精神工具。帝制崩解后，传统文化儒释道三足鼎立而以儒学为正统和主流的思想格局终于瓦解，佛教率先迎接了西方文化的挑战而开了改革的先河。在儒家思想遭到普遍怀疑和责难的同时，佛教思想却迸发出活力，发挥了千余年来少有的积极作用，以致梁启超视之为我们传统文化的"第二源泉"①。五四新文化运动后，有一些人如梁漱溟、熊十力等，站出来维护传统文化命脉，弘扬儒家思想的优秀传统。值得注意的是，梁漱溟、熊十力都与唯识学有不解之缘，他们浸润于儒佛思想，虽对传统佛教多所批评，但无疑受到唯识学思维方式影响很大。他们二人在北大都先后讲授过唯识学，且形成专著（梁著《唯识述义》，熊著《新唯识论》）。尽管他们所阐释的唯识思想不见得为唯识家所赞同，但这的确说明了唯识学对现代新儒学的成立具有某种不可忽视的意义。

从具体思想层面来分析，近代佛学不仅与西方的社会政治理论相接通，而且与西方的人文科学乃至自然科学都有正面交锋。前者主要指近代维新志士和资产阶级革命者如谭嗣同、梁启超和章太炎等，都倡导和鼓吹佛教的平等、无我和大雄无畏之类思想，以鼓铸国民道德，重振民族精神；后者则集中反映在"佛法是宗教还是哲学""佛教是科学还是迷信"等争论之中。如杨文会的弟子欧阳渐提出"佛法非宗教非哲学"的观点，超越了争论的偏执一隅，因为他认为："佛法之晦，一晦于望风下拜之佛徒，有精理而不研，妄自蹈于一般迷信之臼；二晦于迷信科哲之学者，有精理而不研，妄自屏之门墙之外。若能研法相学，则无所谓宗教之神秘；若能研唯识学，则无所谓宗教之迷信感情。其精深有据，足以破笼统支离；其超活如量，足以约方隅固执。用科、哲学之理智以为治，而所趣不同。是故，佛法于宗教科哲学外，别为一学也。"②因此，这种争论不仅仅有学术意义，还有其他方面的重大意义。而这几个层面都可在唯识学中找到思想资源和接通之处。以此观之，唯识学在近代得到诸多有识之士的倡导和研究，而成为一时之"显学"，实有时代方面的背景，是适应时代和社会的需要而起的。

---

① 参梁启超《治国学的两条大路》："我们国学的第二源泉就是佛教。佛（教）本传于印度，但是盛于中国，现在大乘各派，五印全绝，正法一派，全在中国。欧洲人研究佛学的甚多，梵文所有的经典差不多都翻出来，但向梵文里头求大乘，能得多少？"此是1923年1月9日梁在东大做的国学演讲。见《饮冰室合集》文集之三十九，中华书局，1936年，第118页。

② 参欧阳渐：《与章行严书》，载王雷泉编选：《欧阳渐文选：悲愤而后有学》，上海远东出版社，1996年，第315页。

在中国近代佛教思想史上，杨文会算得上是一位先师、一个启蒙者，而从唐以后佛教思想大转型来看，他则是承前启后的枢纽性人物。又综观杨文会一生，他虽然以身任道，以振兴佛教为己任，但从未以宗师自命。他只是默默地为百废待兴的佛教事业鞠躬尽瘁。他曾对人说："吾在世一分时，当于佛法尽一分时之力。"[①]临终又遗嘱家人和弟子："经版所在，即吾之遗体所在。"[②]杨文会毕生以弘护正法、振兴佛教为使命，他曾经说："摧邪显正，责在僧伽；救弊补偏，功归檀越。"[③]他给自己居士身份的定位是"救弊补偏"。浏览他半个多世纪的学佛成就，诚如他的遗著的整理者所说："自佛法入中国千八百余载，宗龙义虎，后先辈出，何可胜数！然而以居士身，具择法眼，旁搜远绍，续佛慧命，如先生者，前古未尝有也。"[④]必须承认，杨文会开创了佛教的一个新时代，虽然他的工作还没有完成，但从杨文会及其弟子们的薪火相传的共同努力中，可以发现有杨文会参与其中的中国近代佛教史，实际上就是一部兴遗教、继绝学、续慧命的光辉历史。

四 杨文会的贡献与影响

杨仁山居士为振兴中国近代佛教文化事业做出了筚路蓝缕的杰出贡献，他被公认为我国近代复兴佛学的一代巨擘。今精选几位代表人士之评论，以窥其贡献及影响之一斑。太虚法师著《中国佛学》认为，杨仁山居士乃"中国佛学重昌关系最巨之一人"。赵朴初居士作《金陵刻经处重印经书图像略记》则说："近世佛教昌明，义学振兴，居士之功居首。""《杨仁山居士遗著》开佛教一代风气，为居士著述之先河，有功于我国近世佛教发展者至巨。"美国哈佛大学中国问题专家韦尔慈(Holmes Welch)在 1968 年出版的《中国佛教复兴》一书中首次称杨仁山为"中国近代佛教复兴之父"。[⑤]

释东初所著洋洋百万言的《中国佛教近代史》(1974 年版)，虽给予杨文会不

① 语出杨文会：《事略》，《杨仁山全集》，黄山书社，2000 年，第 584 页。

② 参武延康、纯一编：《杨仁山居士年谱初稿》(未刊稿)，第 71 页。

③ 参见杨文会：《杨仁山全集》，黄山书社，2000 年，第 375 页

④ 参徐文蔚：《杨居士事略书后》，载《香光庄严杂著》，天津刻经处刊刻，1931 年，第 7 页上。

⑤ Holmes Welch, *The Buddhist Revival in China*, Cambridge, MA: Harvard University Press, 1968. 又参 Wing-tsit Chan(陈荣捷), *Religious Trends in Modern China*, New York: Octagon Books, 1978, pp. 59–60。

到四百字的篇幅，但对其创立的金陵刻经处和祇洹精舍却推崇备至，其文说："杨仁山居士，先于同治五年成立金陵刻经处，后于光绪三十三年设立祇洹精舍……当时入学缁素，则有梅光羲、欧阳竟无、邱晞明、仁山、太虚、智光、观同等人。虽仅十数人，却为日后五十年来之中国佛教领导人物。……其为时虽短，却为中国佛教种下革新的种子，无论于佛学发扬，或教育施设，以及世界佛化推进，无不导源于此。"还有两处整体评价：

其一，杨仁老在近代中国佛教史上，其所以荣居中兴佛教崇高的地位，一以悲智双运、慧解超人，弘道心殷；二以受日本南条文雄博士启发与协助，从日本搜得中国古德遗帙著疏一千余册，三百余部，上自梁隋、下至唐宋，以及日本著述。复与锡兰摩诃波罗居士相约复兴印度佛教，因而发愿成立金陵刻经处，专事刻经，及创办祇洹精舍，培育弘法人才，以完成其中兴佛教大业。

其二，将杨仁山与清中叶名居士彭际清（号二林）相提并论，认为彭际清和杨文会是清代居士中"研究佛学成绩最卓越者。他二人对于日后佛教启发很大。彭二林专弘净土，但其影响不及杨仁老，因杨氏不特悲智双运，且对佛法多有建树。一、创办祇洹精舍，培育僧才。二、创立金陵刻经处，专事刻经。三、从日本搜购唐宋古德遗帙著疏。四、与摩诃波罗共约复兴印度佛教。其志愿恢宏，影响之大，实非二林居士所可及。允为佛教中兴之伟人，亦未尝不可！"①

近人蒋维乔在其名著《中国佛教史》中对杨文会也有如下评论："佛教经太平天国摧残后，海内人士欲求一册经典，殆不可得。杨文会在同治、光绪年间，以一人之力，刊刻单行本藏经。于是，如扬州、常州、长沙、江西等各地同志相继而起。数十年间，杨文会所刻为最多。海外之古德逸书，亦由其力得以搜回刊布，遂使佛教典籍普及全国，唤起学人之研究。愿力之宏，关系之巨，乃得如此！其生平事迹，在佛教史上，诚宜特笔大书者也。"末了又说，杨文会自道其生平得力处曰"教尊贤首，行在弥陀"，盖于大小乘经论遍观博究而以是为归宿者也。"况今各省多有流通处所，所流通之经典，远及南洋和美洲，皆以杨文会校刊者为多；各地继起之刻经处亦多依杨文会所订《大藏辑要》，赓续其未完事业。杨文会于兵火摧残之后，继往开来，肩荷大业，推为清末特出之居士，诚无愧色矣！"②

---

① 释东初：《中国佛教近代史》上册，台北东初出版社，1974年，第46页。

② 蒋维乔：《中国佛教史》卷四，上海书店出版社，1989年，第16—19页。

蓝吉富在《杨仁山与现代中国佛教》一文中写道:“从近百年来的佛教发展史看,杨仁山是一位使佛教起死回生的枢纽人物。”“杨氏对当时国事的了解,自有比当时一般士大夫高明之处。而民初中国佛教之能在僧制、教育上都有一番新气象,这与杨氏思想的新颖,自有不可忽略的关系。以杨氏的出身(父为进士)、学养(擅工程)与受知于曾、李,又曾两度随朝廷官吏出使欧洲;这种背景,如果有意出仕,则要谋一中等官职应是绝无问题的。然而,他不但不热衷做官,而且对所擅的工程,也未曾多所施展。结果却在‘光大佛教’一事为世人所知。”①

① 蓝吉富:《杨仁山与现代中国佛教》,《华冈佛学学报》第2期(1972年)。

第四章　民国时期南京佛教与社会

本卷所言民国时期，起自1912年元月中华民国在南京建立，迄于1949年10月中华人民共和国成立。这个时期，世界上发生的一系列重大事件深深地影响着中国的社会和佛教。一方面，西方列强的殖民主义势力进一步侵入亚洲，而日本军国主义势力的崛起及其在亚洲的扩张也极大地影响了亚洲地区乃至国际秩序；另一方面，1917年俄国革命的成功促进亚洲各国民族解放运动的蓬勃兴起，特别是两次世界大战的发生，对中国现代社会的变革产生了巨大而深远的影响。在亚洲各国被压迫民族解放运动的大背景下展开的中国近代佛教的复兴，既受到西方文化的强烈冲击，其实又是对民族文化觉醒和反思的结果。换言之，亚洲各国在民族意识觉醒的同时，也激活了作为传统文化源泉的佛教的复兴。在日本，1868年开始的明治维新成了日本佛教复兴的前导。而19世纪70年代至民国初年几十年时间内居士佛教的崛起，特别是杨文会居士在金陵刻经处创立了“祇洹精舍”，则成为近现代中国佛教复兴的先声。

1911年，辛亥革命推翻了清王朝统治，结束了中国两千多年的封建帝制，建立了民主共和国，从此中国进入了一个新的历史时期。这个时期既是一个动荡不安、内忧外患的时期，又是一个革命运动不断高涨的时期，中国社会逐渐由半封建半殖民地社会向现代新社会过渡，政治、经济、文化等各方面都发生了很大变化，各种宗教也因摆脱了封建专制的桎梏而在民国社会中呈现出一些新气象，它们为了适应新形势均发生不同程度的变革，在民国年间的社会舞台上显得十分活跃。除此之外，还有以下两个事实是值得关注的：一方面，现代新社会的非宗教倾向或世俗化趋向无疑削弱了宗教在中国社会生活中许多重大方面的影响力，尤其是影响了一部分受教育的现代知识分子的宗教观。另一方面，我们也看到宗教在普通人民的生活中仍有着持久的影响力。陈荣捷在《近现代中国的宗教趋势》中对辛亥革命前以至民国时期的中国宗教形势做了如下阐述：“中国的宗教在许多方面都令人困惑不解。半个世纪以来，中国的政治、教育和文学都经历了一番彻底的革命，相形之下宗教方面就显得比较沉寂。整个说来，一般老百姓仍然和几个世纪以来一样，安静地过着他们日常的宗教生活。”接着他指出，“我们不该让这种表面的平静遮蔽了耳目，因而看不到中国正在发生巨大的变化”，那种为了消除迷信而毁弃神像、破坏寺庙的反宗教运动，既是“反面的”，在一定意义上说，“这个变化又是正面的、建设性的。因为中国的宗教有了一个新的生命。即使是中国宗教的批判者，都不得不承认中国宗教有了新的发展、新的觉醒和新的成长”。[1] 因此可以说，正是这些错综复杂甚至截然不同的方面，构成了民国时期色彩斑斓的宗教画卷，从中我们看到了民国时期形形色色的宗教运动和反宗教运动相互交织；而以南京为首都的民国时期里，佛教的革新和改良，适应新的时代和社会的现代化运动则成为其中重要组成部分。

① 陈荣捷：《现代中国宗教的趋势》，廖世德译，台北文殊出版社，1987年，第1—2页。

第一节 民国时期南京佛教的社会文化背景

中华民国缔造，国体更新，也促使佛教革新和僧团觉醒。孙中山先生在南京担任中华民国临时政府大总统时，由于“信教自由”明载约法，取消了相沿 1 000 多年的“僧官制度”，鼓励佛教徒自行组织教会，谋求革新。于是，民国元年(1912)即有佛教组织之申请设立，并受到孙中山之嘉许。但是孙中山南京临时政府为时短暂，革命果实被袁世凯窃取。袁世凯为了做皇帝，在思想文化领域大力提倡尊孔读经，康有为、陈焕章等人也在此时积极开展孔教国教化的运动。而迫于清末以来的庙产兴学风潮，以袁世凯为首的北洋政府出台寺庙管理条例，对寺庙财产实施严格的管理政策。袁世凯复辟帝制开历史倒车失败后，渐渐兴起了轰轰烈烈、影响深远的新文化运动，向一切保守的传统文化宣战；1919 年，受新思想启蒙的青年知识分子们高举民主、科学的大旗发动了五四爱国运动，对他们来说，中国人应当摆脱一切旧的宗教和文化传统。在这种新文化运动的推动下，民主、科学日益成为社会文化的主旋律，同时他们倡导“破除迷信”，这个运动在 1926 年北伐军的号角声中达到了高潮。而此风气逐渐在政治上形成一股暗潮，在北伐之际激起了汹涌的波涛，全国各地遂出现拆庙逐僧，征收“迷信捐”“经忏捐”的现象。1928 年，南京国民政府内政部又有提拨庙产兴学的建议，1930 年“庙产兴学促进会”的成立表明情况更为严重。反宗教迷信运动和庙产兴学运动，相辅相成，直至抗日战争爆发，救亡图存的民族矛盾上升为主要矛盾，僧侣积极投入抗战，这两种运动风潮才逐渐得以止息。

一　尊孔复古思潮和新文化运动

辛亥革命推翻了清王朝的封建统治，建立了民主共和性质的中华民国，揭开了民国历史的第一页。但由于革命的成果被袁世凯窃取，这个民主共和国出现后不久，就名存实亡了。随后出现了以袁世凯、张勋为代表的帝制复辟和革命派反对复辟的斗争。这种政治状况对思想文化的发展产生了重要的影响。与之相应的是，尊孔复古思潮的沉渣泛起，表面上看，尊孔复古思潮与佛教之生存和发展关系不大，但由此股思潮而激起的新文化运动，在拥抱“德先生”和“赛先生”的同时，也倡导破除宗教迷信运动，这不能不关涉佛教的命运。在一定程度上说，破除迷信为民国时期进行新一轮庙产兴学运动推波助澜。

民国元年(1912)二月十五日，袁世凯经临时参议院选举，成为中华民国临时大总统，并开始了他从独裁统治走向复辟帝制的一系列活动。伴随袁世凯在政治上的反动倒退，思想文化领域也相应地出现了一股尊孔复古的思想潮流。以康有为、陈焕章等人为代表发起成立了孔教会。孔教会成立的目的，陈焕章说得很明白：“焕章目击时事，忧从中来，惧大教之将亡，而中国之不保也”；“创立孔教会，以讲习学问为体，以救济社会为用。仿白鹿之学规，守蓝田之乡约，宗祀孔子以配上帝，诵读经传以学圣人”；“创始于内国，推广于外洋，冀以挽救人心，维持国教，大昌孔子之教，聿昭中国之光”。[1] 同年 12 月，孔教会的一些发起人张勋、麦孟华、陈焕章等上书袁世凯并教育部和内务部，请求准予立案施行。教育部很快就批示：“该会阐明孔教，力挽狂澜，以忧时之念，为卫道之谋，苦心孤诣，殊堪嘉许。”次年一月，内务部也批复“准予立案”。

民国二年(1913)六月二十二日，袁世凯登上民国大总统的宝座不久，就发布尊孔令，宣称孔子“为万世师表”，必须举行祀孔典礼，“以表尊崇”。他还派人参加孔教会举行的祀孔大会。这表明民间的守旧心理和政府的统治需要在尊孔方面达成了一致。民国三年(1914)四月，康有为与袁世凯有几通往来电函，更可说明两者在尊崇孔教上达成共识。四月十七日，康有为给袁世凯复电：“北京，大总统鉴：得阳电，深感明察，何以报公。昔承大告，大教凌夷，横流在目，问俗乱国，动魄惊心，许以大力赞仆，明教以培国本。仆方居庐，愧一未奉行，深负明公敬教盛意。顷闻内务部禁孔教会，并撤各学圣牌，果行，则败五千年政俗，失四万万人心。自公为之，未能媚外人，先以鼓内怒。夫禁教事大，专制所不敢，何况共和议院所无权，何况曹部？且与公前电矛盾至极。国民惶惑，从未罔措。窃度必非公意，乞饬内务部勿发此令，已发收回。庶为公不失民心。窃用为报，望公翼教。仆病杜门，日咏德化。”袁世凯接电后连发二电回复，称：“孔教会经部立案，断无

---

① 《孔教会序》，《孔教会杂志》第 1 卷第 1 号(1913 年)。

禁理，各学圣牌，尤无撤理。大教凌替，只存几希，愧为昌明，何忍摧陷？传闻失实，殆非其真。已饬部查究，先此行念。”紧接着，袁世凯又复电曰：“兹据内务部复称，尊崇孔道，为人民心理所同，本部于邪波横流之际，一以扶翼圣道为归。查孔道、孔教等会，凡经核准立案者，随时令行地方官保护，从无禁止之说。至撤销各学圣牌，更无其事，自系伪传，用电再闻。”①

民国三年(1914)九月二十八日，袁世凯亲自率领文武诸官到孔庙行三跪九叩大礼，举行大型的祀孔活动。由此，尊孔读经活动愈演愈烈。辛亥革命后的复古倒退，引起人们的反思。一些目光敏锐、思想进步的知识分子意识到：单纯的政治革命尚不足以救治中国，原因在于多数国人思想守旧，迷信盲从，无独立性，无自觉心，“立宪政治而不出于多数国人之自觉、多数国民之自动”②，与封建政治、奴隶政治没有两样。因此，若想保住共和制度，实现真正民主，应该首先培养国民的“自觉”“自动”精神。而要做到这一点，就必须大力宣传现代文明意识，批判传统文化中的腐朽观念。

民国四年(1915)九月十五日，陈独秀在上海创办《青年杂志》(第二卷起更名《新青年》)。以此为主要阵地，一批新型知识分子发起了一场旨在更新民族文化、塑造新的国民性格的新文化启蒙运动。民主与科学是新文化运动中的两个最为响亮的口号。新文化运动的发动者着眼于民主、科学对塑造新的国民性格、改造民族文化精神所具有的意义。它们与迷信、盲从相对立，因而是反对封建主义和专制迷信思想的有力武器。新文化运动的发动者把民主与科学作为现代中国人和中国社会必须具备的观念大力宣传，极大地促进了中国社会的思想解放，推动了中国社会文化的变革。

在现代中国社会，就像在西方世界一样，减弱宗教力量的主要因素是科学的冲击。近代以来，向西方寻找救国救民真理的先进知识分子，经过半个世纪的集体性努力，破解西方强大和优势之奥秘，终于在第一次世界大战结束时，总结出

① 中国第二历史档案馆编：《中华民国史档案资料汇编》第三辑《文化》，江苏古籍出版社，1994年，第58—59页。

② 陈独秀：《吾人最后之觉悟》，《青年杂志》第1卷第6号(1916年)。陈独秀(1879—1942)自22岁赴日留学开始，十几年间他用心最多的是两件事：参与组织革命团体，从事民主革命运动和编撰报刊；传播新知，牖启民智，宣传爱国革命。正是这样的执着追求民主，勇猛无畏，使他成为在民国后政治、思想最黑暗的年代里奋起反击专制复古逆流，向千百年来封建文化发起挑战的急先锋。而民主与科学则是他用以启迪民智、反击传统的主要武器。

科学和民主即为现代文明的两个关键。划时代的新文化运动给中国社会秩序提供了新的发展方向，它的整个主题就建立在科学和民主这两块基石上。① 民初新文化运动领袖试图解放人民，摆脱宗教枷锁，向一切保守的传统文化宣战。对他们来说，中国人应当摆脱一切旧的宗教和文化传统，从而使科学民主的呼吁和自由平等的呐喊成为五四运动的精神，并日益成为社会文化的主旋律，这导致了民国时期新青年知识分子发动声势浩大的反宗教运动。

二 | 反宗教运动及破除迷信

这种对科学和民主的巨大热情，与正在兴起的民族主义潮流一起，成了1922年反宗教运动的思想基础和社会基础。尽管反宗教运动的背景较为复杂，但把基督教作为它的首要标靶，是因为当时基督教被当成了帝国主义文化侵略的工具。我们从以下的一份宣传材料中，可以闻到把基督教和文化侵略联系起来的浓浓的火药味和战斗气息。

近百年来，外人之觊觎我国，野心勃勃，因而阴谋诡计，层出不穷，政治侵略不已，益以经济侵略，经济侵略之不已，又益以文化侵略，种种手段，直欲使我亡国灭种而后已。夫政治侵略，而我民心不死、民气未亡者则知反抗，经济侵略虽云无形中之剥夺，然所有损失，尚可约略统计，独文化侵略之害之烈有不堪设想者。盖文化侵略为灭人国家之莫大利器，其来也渐，其祸也深，种种诱导愚弄之伎俩，无非间绝我国民之爱国思想，使如俎上肉，以任彼野心家之宰割。北政府腐败不堪，畏外如虎，任人剥夺，不加顾问，彼以文化侵略之外人益横行无忌，为其走狗者遂假威作势，残同胞而媚异族，人必自侮然后人侮之。若辈甘为走狗而不辞，实属可杀。曩在北军阀淫威之下，是以爱国志士敢怒而不敢言，兹者孙总理先生精神不死，北伐胜利，凡我同胞，得立于青天白日旗帜之下，大可发挥爱国运动，故国中志士，组织反抗文

① C. K. Yang, *Religion in Chinese Society*, Berkeley and Los Angeles: University of California Press, 1967, pp. 363 - 364.

化侵略大同盟,风声所树,若辈寒心,凡属国民一分子,均有反抗之必要。盖文化侵略,初则足以消我民气,久则足以亡我国家,岂可漠然视之乎![1]

1919年爆发的五四运动是彻底的反帝反封建的运动,它唤起了许多新青年知识分子的民族觉醒意识。这一运动最初直接反对列强和卖国的北洋政府,反对不平等条约,要求收回主权;而在不平等条约中包含着关于西方传教的条款、教会及传教士在华的特权,等等。因此可以说,反宗教运动不仅是五四运动开始的反帝反封建斗争的组成部分,还是这一运动深入发展的必然结果。

1922年2月26日,世界基督教学生同盟在北京清华大学召开第十一届大会,触发了新青年学生于3月初成立"非基督教学生同盟",点燃反对基督教的思想火炬,激发教育界、思想界和文化界共同掀起非基督教运动,迅速蔓延全国,持续6年之久。他们指出,基督教是帝国主义的侵略工具,外国传教士是西方政治、经济、文化侵略的先锋队。他们提出,要与教会势力"决一死战"。3月11日,北京大学一批新青年学生宣布成立"非宗教大同盟"。3月21日,"非宗教大同盟"发表宣言,昭示反对宗教的理由:"我们自誓要为人类社会扫除宗教的毒害,我们深恶痛绝宗教之流毒于人类社会十倍于洪水猛兽……人类是自由平等的,宗教偏要束缚思想,摧残个性,崇拜偶像,主乎一尊。人类是酷好和平的,宗教偏要伐异党同,引起战争,尽以博爱为假面具骗人……好笑的宗教,与科学真理既不相容;可恶的宗教,与人道主义完全相背。"宣言强调说:"中国在世界上比较起来,是一片净土,算无宗教之国。无奈近数十年来,基督教等一天一天地向中国注射传染……回想我们人类所受过基督教的毒害,比其他诸教都重大些。他们传教方法,比较他教,尤算无孔不入。""我们组织非宗教大同盟,实属忍无可忍……凡不迷信宗教,或欲扫除宗教之毒害者,即为非宗教大同盟之同志。特此宣言,普告天下。"[2]

尽管该反宗教大同盟不到一年就消失了,但这个运动提出的宗教问题引起了国人的关注,他们准备着更进一步的反宗教运动。梁启超在《评非宗教同盟》

---

① 参中国第二历史档案馆编:《中华民国史档案资料汇编》第五辑第一编《文化》,江苏古籍出版社,1994年,第1101—1102页。安海二十四社团援助反抗文化侵略会同盟宣言(1927年9月),该宣言提出打倒帝国主义、打倒文化侵略、收回教育权、收回被占公地等口号。

② 参张钦士辑:《国内近十年来之宗教思潮》,燕京华文学校,1927年,第193—195页。

中说："一月以来，因基督教同盟在北京开会的反动，引起非宗教同盟的运动，我认为是一种好气象。"在该演说中他对非宗教同盟会中人提出一个积极要求，指出"现在弥漫国中的下等宗教"，什么同善社、悟善社、五教道院等，实在猖獗得狠，其势力不知比基督教大几十倍，其"毒害是经过各个家庭侵蚀到全国儿童的神圣情感。我们多数人在这种信仰状态底下，实在没有颜面和基督徒诤是非。我希望持非宗教主义的人，急其所急，先在这方面下一番讨伐的苦功，庶几不至贻基督徒以口实啊。"[①]梁启超呼吁把非基督教的反宗教运动指引到破除"下等宗教"的迷信的路径上。

反宗教运动很快融入20世纪20年代中期的北伐战争的革命洪流中。"打倒迷信"与"打倒帝国主义"和"打倒军阀"一道成了北伐军的战斗口号。随着非基督教运动的发展和北伐战争的胜利进军，这一运动更进一步发展为行动，而主要集中在收回教育权和被侵占土地的斗争上。由"五四"揭开序幕的20世纪20年代，民族主义运动成为中国政治的主旋律。非基督教运动伴随着反帝斗争迅速蔓延全国，教会大学由于完全隶属于外国差会，也就相应成为群众运动的主要攻击目标之一。既然教育权是基督教对华传教与帝国主义侵略的结果，故中国人应该收回教育权。所谓收回教育权是指收回外国传教士在华办学校的权力。非基运动、收回教育权运动构成了对基督教的严峻挑战。

在这些民间的呼声下，全国教育联合会于1924年年会上提出教育与宗教分离、取缔外国人所办学校的议案。北洋政府迫于压力，于1925年12月公布了《外人捐资设立学校请求认可办法》，要求教会学校向中国教育部门请求认可，学校不得以传布宗教为宗旨。当国民革命军1927年在南京建都时，他们的首项措施之一就是颁布宗教与教育分离的法令。尽管其目的是专门针对基督教教会学校，但这项措施遵循了1922年反宗教运动的基本主题，并加强了非宗教化的趋势。

各地风起云涌的反宗教运动，最后迫使南京国民政府不得不颁布"保护宗

① 梁启超：《饮冰室合集》文集之三十八，中华书局，1989年，第17、24页。他对双方都有评论："我觉得这回各处非宗教同盟发出来的电报，那态度有点不对，为的是客气太胜，把恳切严正的精神反倒淹没了。我以为许多'灭此朝食''铲除恶魔'一类话，无益于事实。徒暴露国民虚骄的弱点，失天下人的同情。至于对那些主张信教自由的人加以严酷的责备，越发可以不必了。我希望非宗教同盟诸君对于这两点，有一番切实的反省"；"我转个方面向基督徒说几句话。我希望他们因这次运动唤起一种反省。他们在中国办教育事业，我是很感激的，但要尊重各个人的信仰神圣，切不可不拿信不信基督教来做善恶的标准。他们若打算替人类社会教育一部分人，我认为他们为神圣的宗教运动；若打算替自己所属的教会造就些徒子徒孙，我说他先自污蔑了宗教这两个字。"

教”的训令。1928年2月23日训令原文如下：

据本府秘书处转陈中央执行委员会秘书处函开：案准贵处函，奉常务委员交下张委员之江，钮委员永建，为请求实行信仰自由，取消反对基督教及反对各教等口号提案一件。奉谕：送中央党部，转抄同提案，函达查照，等由。准此，查十六年(1927)五月十三日中央政治会议第九十三次会议，关于伍委员朝枢提出上海余日章等请求保护宗教一案，曾经决议咨国民政府训令，民众不可误解打倒帝国主义而为排外排教之性质，利用任何势力压迫或侵害中外人民信仰之自由等语在案，是本党对于信教自由，已有明白之主张。凡关于宗教事件，自可查照该决议案办理，似无再行核议之必要。准函前因，除函复政治会议外，相应函复贵处，即希查照，转陈为荷，等由。理合转陈鉴核等情。据此，除分行外，合行抄发原稿提案，令仰查照办理，并转饬所属，一体知照，此令。[①]

保护宗教的法令早在1927年5月13日经最高决策机构中央政治会议第93次会议议决，并咨南京国民政府训令，民众不可把“打倒帝国主义”误解为“排外、排教”，不得“利用任何势力压迫或侵害中外人民信仰之自由”。但事实上，反宗教运动和非宗教化趋势不仅影响了基督教在中国的传播发展，而且波及中国传统宗教信仰。例如，1928—1932年，南京国民政府开展了废除神祠邪祀迷信活动，拟订了《取缔经营迷信物品办法》《神祠存废标准》和《废除卜筮星相巫觋堪舆》等文件或法令。[②]

1928年8月8日，国民党中央秘书处抄转浙江省富阳县党部呈请查禁寺庙药笺迷信活动，经奉常务委员会批准，交南京国民政府照办。通令各省严予查禁，“以除迷信而维生命”，函说：“窃吾国风气锢塞，民智未开，每遇疾病，只知拜神祷佛，不解延医诊治。甚且求签问方，药部妄投，每年病人淫祠丧命者不知凡几。言之股栗，思之寒心。查此等因袭的神权时代之思想，当此青天白日科学昌

① 释东初：《中国佛教近代史》上册，台北东初出版社，1974年，第133页。又参中国第二历史档案馆编：《中华民国史档案资料汇编》第五辑第一编《文化》，江苏古籍出版社，1994年，第1097—1098页。

② 参中国第二历史档案馆编：《中华民国史档案资料汇编》第五辑第一编《文化》，江苏古籍出版社，1994年，目录第15页。

明之际，如仍任其留存，则所谓解除民众痛苦者岂非徒托空言?”

1928年10月9日，国民党中央执行委员会秘书处函据上海特别市党务指导委员会转呈：道院及悟善社两迷信机关，设乩开坛，谣言惑众，恳令内政部严禁。经奉常务委员会谕批，交内政部查办。函说：“查事涉宣传迷信，壅蔽民智，阻碍进化，自应查禁，以遏乱源。除分别函令各特别市、各省民政厅，将道院、同善社、悟善社一体查禁，并妥善处理其财产作为慈善公益之用。”①

由此而进一步扩大，用“三民主义”作为指导思想，推进更广泛的宗教改良政策。1930年2月28日，在行政院致南京国民政府《取缔经营迷信物品办法》呈函中，内政部复称：“查现值训政开始时期，凡属社会不良习惯及其他迷信营业，亟应取缔，以纳正规。惟此种像生纸扎店及冥具、冥币等营业，生活所寄，似非宽以时日，便得改营他业，以维生计，必致有失业之感。拟先通行各省市查有该项迷信营业者先行劝谕，限期于一年内一律改营他项事业，一年之后实行查禁。庶于破除迷信之中，仍寓体验下情之意。”然而，此项办法施行仅一个月，“业此者已大起恐慌，社会因呈不安现象”。浙江省致南京国民政府呈说：“窃以为取缔此项迷信物品，依现时社会状况，似宜先由政府尽力提倡各项工业，使得有相当容纳之地。一面多方劝导，明白宣传，促其觉悟。而欲再分别种类，并酌量地方情形，随时改善，逐渐进行，庶窒碍难免，推行自利，而于人民生计、社会安宁及文化进展，亦得兼筹并顾。”②

1930年4月30日，国民党中央执行委员会秘书处奉发《神祠存废标准》至各级党部，称：“我国先贤早知神权妨害人类之进化，固已先我而毁除淫祠，破除迷信，不遗余力矣。况值此科学昌明时代，而犹可一任好事之徒，假木偶泥塑，蛊惑人心，为患社会哉?”该标准参酌我国习俗，将神祠分为先哲类、宗教类、古神类和淫祠类。其在宗教类说：“宗教者，以神道设教，而设立诫约，宗旨纯正，使人崇拜信仰之神教也。专祀一神为一神教，并祀多神为多神教。现在国民政府以党治国，而国民党党纲规定人民有信仰上之绝对自由，故属于宗教性质之神祠，一律应予保存。惟流俗假宗教之名，附会伪托之神，与淫祠同在取缔之列。”

---

① 参中国第二历史档案馆编：《中华民国史档案资料汇编》第五辑第一编《文化》，江苏古籍出版社，1994年，第490—492页。

② 参中国第二历史档案馆编：《中华民国史档案资料汇编》第五辑第一编《文化》，江苏古籍出版社，1994年，第492—494页。

其对佛道教的看法也进一步反映了当时国民政府对宗教与迷信的认知，“佛法以色即是空，空即是色，苟存心济世，不染尘埃，则尽人皆佛。佛固注重精神，不注重色相，世俗崇拜偶像之佛，而不能通晓佛理，遵奉佛旨，则殊失佛氏本旨。又，世俗于人死之后，延僧唪经，名曰超度，尤属不经”；“道教为中国固有之宗教，唯以无人倡明，致为方士所混淆。其善者则从事于服饵修炼，其不善者则以符箓禁咒惑人，后世之白莲教……及最近之硬肚社、红枪会等，皆其流毒也，应即根本纠正。凡信仰道教者，应服膺老子《道德经》，其以服饵修炼或符箓禁咒蛊世惑人者，应一律禁止，以免趋入邪途。至世俗于人死之后，延请羽士唪经，一如延请僧人之唪经，尤为无稽”。

其在“淫祠类”说，我国自秦汉以来，淫祠渐多，而以政纲废弛，教育不振，民智顽陋之故，旋废旋兴，不可究诘。兹就各省最近所盛行之祠宇规定淫祠标准，计有四点：(1) 附会宗教，实无崇拜价值者；(2) 意图借神敛钱，或秘密供奉开堂惑众者；(3) 类似依附草木，牛鬼蛇神者；(4) 根据齐东野语、稗官小说、世俗传说，毫无事迹可考者。此外，尚有巫觋之流，假托木石鱼鳖等类，惑人敛钱，触处皆是，甚至开堂收徒，夤缘为奸，实属有害社会，应由各地方行政长官随时查考，如查有合于淫祠性质之神，一律从严取缔，以杜隐患。末了，其对于“祀神礼节应行改良之必要”一节，又作如下申说：

我国古代祀神……其礼节仪式，均甚简单，后此惑于邀福免祸之说，变本加厉，媚神之术，无所不至，以致迷信之风日炽，人心陷溺，几不可救。在神权或君权时代，袭人同兽争、人同天争之余毒，为野心家所利用，以迷惑民众，犹为贤者所不取；今则不仅神权已成过去之名词，即君权已为世人所诟病，我最优秀之神农华胄，若犹日日乞灵于泥塑木雕之前，以锢蔽其聪明，贻笑于世界，而欲与列强争最后之胜利，谋民族永久之生存，抑亦难矣！现查旧日祭天地山川之仪式，一律不能适用；即崇拜先哲，亦重在钦仰其人格，宣扬其学说功烈。凡从前之烧香拜跪冥镪牲醴等旧节，均应废除。至各地方男女进香朝山，各寺庙之抽签礼忏，设道场放焰口等，尤应特别禁止，以蕲改良风俗。[①]

---

① 国民党中央执行委员会秘书处档案《神祠存废标准》，参中国第二历史档案馆编：《中华民国史档案资料汇编》第五辑第一编《文化》，江苏古籍出版社，1994 年，第 495—506 页。

三 | 庙产兴学风波再起

清末以来，中国传统宗教包括佛教在内面临着严峻的生存危机。有人曾概括说："区区佛门，寥寥寺庙，计三十余年来，一迫于戊戌维新，再挫于辛亥革命，三排于外教，四斥于新潮。"[①]这说明佛教的危机进入民国后，有增而无减。这种危机集中表现在从19世纪末期开始的由庙产兴学的动议而引发的一系列问题上。民国时期有一位佛教徒叙述了当时佛教的处境，说民国建立之前佛教所遭遇的是空前未有的"惨烈法难"，"当时迫害佛教的不再是少数帝王官僚，而是整个社会，佛教大有被连根拔起的可能，诚可谓面临生死存亡的最后关头"。[②]

有学者研究说，清王朝灭亡后，中国的广大农村社会结构并未立刻改变，传统的中国文化仍然牢牢地占据着中国社会，大部分人的宗教观念和习俗也基本没有改变，民国政府除公开申明信教自由这一点为晚清政府所不能外，其对各种宗教的态度和政策基本上延续了晚清以来的现状。[③] 这种现状反映了民国建立后宗教虽得到国家根本大法宪法之保护，但在现实的生活中并没有任何落实信教自由的具体政策措施。因此，民国年间，各地掠夺庙产仍然风波四起，寺产问题遂成为民国前后近30年困扰佛教的最大难题。

庙产兴学是晚清以来就已施行的宗教政策，庙产兴学的思想并未随着民国的成立而停止，不管是北洋军阀把持的北京政府还是国民党执政的南京政府都持续利用庙产来兴学。但是因为民国体制的改变，政府在宗教问题和宗教政策上也产生了新的变化。这就是自北洋政府开始制定法规来管理佛道教的寺庙，而佛教界也懂得利用《约法》中人民有宗教信仰自由的规定来维护自己的权益。尽管民初的各种《寺庙管理条例》沿袭了清末庙产兴学的政策和思想，但在政治势力的转移起伏之间，庙产兴学的思想也在社会上呈现不同程度的影响。除了政治因素以外，庙产兴学的政策能在社会上普遍的推动，必定有与它相应的社会

---

① 原文出于道阶法师为"佛化新青年世界宣传队"所发的电文中语。参释东初：《民国肇兴与佛教新生》，载张曼涛主编：《民国佛教篇》，《现代佛教学术丛刊》，台北大乘文化出版社，1978年，第50页。

② 张曼涛主编：《民国佛教篇》，《现代佛教学术丛刊》，台北大乘文化出版社，1978年，第2页。

③ 于本源：《清王朝的宗教政策》，中国社会科学出版社，1999年，第334页。

思潮支持。显而易见，民国年间，当伴随西方物质文明而来的科学思潮普及社会时，以科学审视中国各种宗教行为的新批判标准汇合清末民初兴起的反迷信思潮，给庙产兴学提供了有力的合理性支持。

北伐成功之后，国民党执政的南京国民政府建立。南京国民政府的宗教态度和政策可以从强烈的反迷信态度和"三民主义"意识形态下的教育宗旨来观察。在清末以来的反迷信风潮里，代表南京政府的革命派一直是其中的健将。从南京临时政府开始就颁布了许多革除旧习的政令，以推动社会风俗的改良，当然革除迷信是其中重要的一项目标。由宋教仁、蔡元培等人同时发起的社会改良会可以清楚体现这样的思想，在宣言中他们主张要"以科学知识去神权之迷信"，章程中更规定会员要"戒除迎神、建醮、拜经及诸迷信鬼神之习，戒除供奉偶像牌位和戒除风水及阴阳禁忌之迷信"。①

1926 年国民革命军誓师北伐，所到之地，不断喊出打破迷信的口号。次年南京国民政府成立之后，更公布了多项有关破除迷信的法规。这种强烈的反迷信态度，在南京政府主政下的庙产兴学运动中，是非常重要的推动力量。南京政府在庙产兴学态度上的强势，除了强烈反迷信的态度之外，跟它当时所处的"训政"时期推行义务教育和民众教育还有关系。训政时期以党治国的强烈精神，可以说是支持邰爽秋等教育界人士推动庙产兴学运动的最大依靠。1928 年 3 月，庙产兴学的呼声在邰爽秋的提议下再起波澜。邰爽秋从美国考察教育归来后，提出"打倒僧阀、解放僧众、划拨庙产、创办教育"之主张②，其思想来源很重要的一点，就是立足于"三民主义"中的国计民生指导思想，要求僧侣释放大量的屋舍田产，遵循民生主义，以尽国民应有的义务。

南京国民政府成立后，庙产兴学再起波澜，既有历史渊源，也有现实基础。从 1927 年至 1937 年，由庙产兴学引起的风波有三次，每次风波既加重了佛教界的危机意识，又使政教关系趋向紧张。而平息庙产兴学风波的过程，则成为政教之间相互调适的过程。③

第一次庙产兴学风波始于 1928 年 4 月，是围绕第一次全国教育会议有关庙产兴学的议案而展开的。1928 年 5 月，中华民国大学院在南京组织召开了全国

---

① 参陈旭麓：《近代中国社会的新陈代谢》，上海人民出版社，1998 年，第 323—324 页。
② 邰爽秋：《庙产兴学运动——一个教育经费政策的建议》，《现代僧伽》1928 年第 5 期。
③ 参陈金龙：《从庙产兴学风波看民国时期的政教关系》，《广东社会科学》2006 年第 1 期。

教育会议。出席这次会议的有各省区、各特别市和大学院当然会员及专家共78人,历时2个星期,收到议案402件。在提交会议的议案中,有不少涉及庙产兴学问题。如上海特别市教育局提交的《确定社会教育经费案》中就提出:"凡无业主的,或公共的庵观庙宇,一律移作教育款产,而社会教育占有其半。"湖南省教育厅在《普及全国教育计划案》中,要求划提"寺院祠庙祠产"作为教育经费。[①] 其时内政部提出的《实行民众补助教育案》,也有利用寺庙兴办各种学校的设想。

这次全国教育会议上,南京特别市教育局提出的《全国庙产应由国家立法清理充作全国教育基金案》,格外引人注意。提案称:"查中国庙产为数甚多,据确实调查,只江苏丹徒一县,已有五千万之多。准此推计,全国庙产价值,何啻百万万。以偌大财产沦落于僧尼之手,宁不可惜?若以之变作兴学之资,则当今急务之义务教育、民众教育等问题,何虑无法解决?"[②]对于上述提案,全国教育会议决议,要求大学院会同内政部审核。涉及庙产兴学的议案,有些虽经大会审议通过,但也只是建议而已,并未写进大会的宣言之中,其用意在于促使各地佛教界自动兴学。6月12日,大学院院长蔡元培呈文南京国民政府时,对此说得十分清楚。他说:"信仰自由,为本党党纲所规定,此次全国教育会议,对于处分寺产各议案,决议分送内政部及本院参考,亦仅为建议性质。现在各地僧人,如能自动兴学,各地方教育行政机关,自当加以指导,予以维持,断不至有擅行处分寺产之举,致违反本党纲领人民信仰自由之规定。"[③]可见,全国教育会议对于庙产兴学的议案,仍持较为谨慎的态度。

1930年11月,邰爽秋在南京国立中央大学发起成立"庙产兴学运动促进委员会",并发表宣言,由此引发了南京国民政府成立后的第二次庙产兴学风波。《庙产兴学促进会宣言》列举了庙产兴学的五点理由:庙产兴学可以巩固党国基础;庙产兴学可以均平教育负担;庙产兴学可以实现民生主义;庙产兴学有久远的历史;庙产兴学出自全国教育界公意,并就庙产兴学是否妨碍人民自由信仰、佛理研究、人民所有权,庙产兴学是否剥夺僧尼生计、毁灭名山胜迹等问题,一一做出了回答。[④] 而佛教界人士也立刻提出《庙产兴学促进会宣言驳议》,逐一加以

---

① 中华民国大学院编:《全国教育会议报告》乙编,商务印书馆,1928年,第235、301页。
② 中华民国大学院编:《全国教育会议报告》丙编,商务印书馆,1928年,第4—5页。
③《蔡元培致国民政府呈》(1928年6月12日),中国第二历史档案馆馆藏档案,全宗号1(1),案卷号1765。
④《中华民国庙产兴学促进会宣言》,《正觉杂志》第7期(1931年)。

驳斥。兹将理论上的驳议,择其要点如次:

庙产兴学促进会宣言驳议要点

一、宣言:党国根本在教育,要扩充教育的经费,全国达数亿元。如以庙产充之,则义务、民众两种教育的振兴……

驳议:兴学所以为巩固党国之基础,但兴学之费用,应求诸于正当之财源,诸如由军费之节约,边荒之开拓,中饱(贿赂)之严禁等求之。如仅以佛教庙产为兴学之资,殊不可解。

二、宣言:现在教育经费,大半由田赋及苛细杂捐所负担,影响劳苦大众的生计。僧阀徒拥巨资而无贡献,甚不平等。

驳议:教育经费应由何种财源支出是财政上的问题。至于如何负担分配,政府自有其整理之方法,佛教寺院的财产,大部分是田地,缴纳田赋,已很长久。至如负担苛细杂捐,亦与一般人民负担,并无两样。

三、宣言:国民党的民生主义,并非使人民成为大资本家和大地主,其目的期望农工的圆满发展。僧尼屋千间田千顷,皆是大资本家大地主,实是实行民生主义的大障碍。

驳议:屋千间田千顷,果然个个均如此乎?假令有者,亦必有几千几百之僧尼居住。如有千人即是田一顷屋一间,果得称之为大资本家乎?全国僧尼数十万,其大多数都是茅屋数间,瘠地数亩,自种自食,而庙产并非僧尼所私有者。

四、宣言:庙产兴学原有久远之历史。宋绍兴间有毁寺院以充学费之诏。清张之洞努力庙产兴学。

驳议:自佛教入中国以来,历代帝王尚尊佛教。唐太宗,宋太祖、太宗,明太祖、成祖,清圣祖、世宗等英明君主无不信仰佛教,仅以宋绍兴之诏,不足以为法。孙总理在三民主义中盛称宗教,更以"研究佛理以补科学之偏",党纲确定信教自由,安用提倡庙产兴学?民国十八年十二月公布《监督寺庙条令》确认以庙产之所有。如邰爽秋之言,徒为以俄国共产党之行为为通例,此不过是平地生波而已。

五、宣言：庙产兴学为全国之公意。如湖北、广东、山东、浙江之各省教育代表，均已议决以庙产为教育经费。

驳议：吾人今日之一切言动，应以党纲为标准。又教育界中亦有极多人反对此种掠夺主义。如仅以少数号声为中心舆论，实为我国教育界之耻辱。

六、宣言：释疑第一，庙产兴学与人民之信仰自由并非相反，庙产为其他转用，亦必非灭绝佛事。

驳议：此真强词夺理，一手欲掩尽天下人耳目。如欲以僧尼愚昧而以不知佛学为借口，欲夺其寺院之产，僧尼无知，寺院无罪。若夫一般无知民众亦同应受此四训否？不思促进僧众教育，却掠夺其产，则兴学永无希望。

七、宣言：释疑第二，庙产兴学并非妨碍人民所有权。庙产多为帝王之赏赐，十方施主之布施，或由僧尼之募化而来，其性质均属公有。按《监督寺庙条例》，以寺庙之财产法物为寺庙之所有……

驳议：民法中，物权关系之项内，赠予他人财产，一度受赠确定，受领者即确实取得其所有权，赏赐募化之类，亦得认为与赠予同一。果得言僧人无所有权乎？又寺庙具有十方僧人同住之性质，为僧界之公产，住持仅有有关正当收支之权利，不得私图不当之利润，侵犯股东之权利一样。论者以为僧团之公有误会矣。乃天下人之公有。

八、宣言：释疑第三，一般僧尼在僧阀的压迫下，如感境遇恶劣，得主张为之解决，援助其还俗，教习其技艺，施行教育，使之生活安全。

驳议：何谓僧阀？压迫之情况如何？出家人境遇艰苦，不待言矣。真心学僧，能耐一切劳苦，始许薙发。于受戒之时，当问其有否犯罪？家族同意否？年龄达到否？所授戒律能受持否？其资格虽缺一亦不得受戒。站在如此的僧尼立场，还敢欲求解放被援助还俗乎？

以上所举，是邰爽秋的庙产兴学促进会的主张和佛教方面对他反驳的概要。邰爽秋的意见得到许多人，尤其是教育界人士的赞同。当时，湖北省教育行政会议、广东全省教育行政会议、江苏全省教育局长会议、山东全省教育局长会议、中央大学区县督学教育委员会联合会议，都有庙产兴学决议案，南京市教育局长也提议庙产兴学。1930年全国教育会议各省教育界代表，亦一致议决以庙产为教育经费。[①] 同年12月，中华学艺社年会也通过决议，呈请国民政府转令立法院规定庙产兴学办法，通令全国一体进行。

1931年6月22日，庙产兴学促进会借南京中央大学致知堂开成立大会，有南京市党部代表、社会局代表等200余人出席，其标语为“人其人而不火其书，利其产而不毁其宇”。其组织章程规定：中华民国庙产兴学促进会“以联合全国民众力谋划拨庙产、创办教育为宗旨”[②]。该会总部设南京，各地会员满10人以上，得组织分会。第二次庙产兴学风波的兴起，国民政府起了推波助澜的作用。庙产兴学促进会成立前后，国民政府并没有采取相应的措施予以制止。因此，对于第二次庙产兴学风波的兴起，南京国民政府负有不可推卸的责任。但是，庙产兴学促进会关于庙产兴学的提案，在内政部会议上未能获得通过；由此又可见，南京国民政府尚不敢公然支持知识教育界的庙产兴学行动。

1935年8月16日，《申报》又传出新的消息，江苏、山东、安徽、浙江、湖北、湖南、河南等七省教育厅，联名呈请“保障寺庙财产，办理各地方教育”，并“将寺产收入充作民众小学或地方教育经费”，由此引发了南京国民政府成立后的第三次庙产兴学风波。

江苏省教育厅长周佛海、山东省教育厅长何思源、安徽省教育厅长杨廉、浙江省教育厅长许绍棣、湖北省教育厅长程其保、湖南省教育厅长朱经农、河南省教育厅长李敬斋，联名呈请教育部对于已经定案拨归学产之庙产，应予切实保障。他们提出：“凡以前拨用庙产，学校已经成立有案者，即应照常维持，不许破坏。至以后庙产，仍须遵照法令，不得擅自处理，俾于保障庙产之中，仍寓维护教育之意，教育前途，实利赖之。”

七省教育厅长还向教育部提出另一项要求，即自1935年起，厉行《监督寺庙条例》第五、第八条的规定，实行登记及按期呈报，并遵照第十条的规定，另参酌佛教《寺庙兴办公益慈善事业规则》第五条所定出资标准，就各地寺庙情形及财产多寡，具体规定兴办公益事业之额数，此项公益事业，在实施义务教育期间，暂时悉数移办短期小学，或其他地方教育事业。[③] 七省教育厅长的意见，得到了教

① 《中华民国庙产兴学促进会宣言》，《正觉杂志》第7期(1931年)。
② 《中华民国庙产兴学促进会成立大会纪事》，《海潮音》第12卷第8期(1931年)。
③ 《江苏山东等七省教育厅长致教育部呈》，中国第二历史档案馆馆藏档案，全宗号1(1)，案卷号1768。

育部的赞同。教育部认为,“业经拨充教育之资产,本不应重行收回,致启纠纷而妨教育。至今后地方公益事业之兴办,应注重教育,自属正当”。因此,教育部请求行政院通令各省市政府:“在《监督寺庙条例》公布施行以前,所有业经拨充教育经费之庙产,均应照旧维持。在《监督寺庙条例》施行后,各寺庙自应照该条例第五条之规定,履行登记;其依同条例第十条之规定,充办公益事业之经费,并应着重于地方教育事业之扩充。”①

庙产兴学风波的兴起不是偶然的,从当时的环境和普及教育的角度来看,从对佛教界的警醒作用而言,庙产兴学确有一定的积极意义。一方面,庙产兴学是当时环境下普及义务教育的一条路径,有助于解决部分学校校舍不够、资金不足的问题。庙产兴学也确实取得了一定的效果,促进了义务教育的普及。如当时南京设有义务学校 30 余所,借用庙宇者有五六处。另一方面,庙产兴学促进了佛教界的觉醒与联合,使佛教徒认识到了联合与整顿的必要。经历第二次庙产兴学的风潮之后,佛教界一致主张,立即召开中华佛教会全体大会,实现佛教徒的进一步联合,并制定彻底整顿佛教的办法。因此,从佛教界的革新和整顿而言,庙产兴学有其积极效应。②

然而,庙产兴学的风波无疑使佛教面临生死存亡的危机。在庙产兴学影响之下,寺院所藏文物也难逃破坏之厄运。譬如,民国二十年(1931)四月初,曾传闻山东掖县教育局以办“师范讲习所”为名,借用海南寺房舍,于藏经阁发现明代刻《大藏经》,因不知其珍贵,而视为故纸搬出焚毁大半。此事经报刊披露后,山东省教育厅乃派省立图书馆馆长王献唐前往勘查,得知后报告:该明刻《大藏经》原为掖县福庆禅院所藏,民国十九年(1930)时军队占据该院,不知宝重,任意损毁。故前掖县县长饬人检点丛残,移运海南寺存放;尔后海南寺又为民团借住,直到掖县教育局借用海南寺房舍举办师范讲习所时,《大藏经》已零乱狼藉,不可名状。根据师范讲习所所长等面称,其不但未焚毁藏经,还将藏经整理,坯砌遮藏。姑且不论《大藏经》遭毁的真相究竟为何,在庙产兴学政策的实行下,寺院遭

① 《教育部致行政院呈》,中国第二历史档案馆馆藏档案,全宗号 1(1),案卷号 1768。

② 本处叙述庙产兴学三次风波,参陈金龙:《从庙产兴学风波看民国时期的政教关系——以 1927 至 1937 年为中心的考察》,《广东社会科学》2006 年第 1 期。另据释东初说,民国以来,社会教育界人士始终不放弃以庙产为兴办教育的目标,一方面由于教育界的贫困,一方面由于中国佛教教团缺乏坚强组织及优秀领导人才,本身既缺乏雄壮的气魄,形成衰弱,予人以可乘之机,即所谓“物必先腐然后虫生”(释东初:《中国佛教近代史》上册,台北东初出版社,1974 年,第 177 页)。

到外界势力的侵入，不但僧尼被迫流离失所，且连寺内典藏的文物往往被破坏殆尽，损失惨重，这也是不争的事实。这可从当时南京国民政府颁布的文物保护法令看得出来。

1932年，考试院院长戴季陶（传贤）奉命考察西北军政，戴先生因洛阳白马寺等名胜古刹均有军队驻扎，故有重修白马寺的倡导，以恢复中原文化。为保护名胜古迹免遭破坏，遂成立保护古物委员会，并经保管委员会呈请军政机关，出示保护。1935年，中央古物保管委员会接到西安办事处呈称：

> 窃以寺观庙宇，为名胜古迹之一，其中时有古碑碣遗留及镌塑之精工者，故整理维护不可不力。乃查此诸建筑物中，往往有军驻扎，以是古物保存之地，遂一变而为牧马操戈之场。故整理修葺之工作方竣，而破坏损毁之行为随之，前功尽弃，后继为难，兴念及此，深用皓叹！又查各寺观中，有时竟附设富有爆炸性或震动力极大之物品制造工场者，如炮弹制造厂、机器制造厂皆是。此等制造厂，在其工作之进程上，随时均有摧毁古代建筑物及其中所藏古物之虞，为此呈请钧会从速设法禁止。此后不得更在上述各寺观庙宇驻扎军队，并附设一切有爆炸性或震动力极大之物品制造场，以保古物而扬文化。

据此呈等情，古物保管委员会以此转请内政部，内政部又上呈行政院，行政院则以第六一四号训令，军事委员会又以第六六三号训令转饬军政部遵行。1935年12月，军政部训令各军事机关部队学校，禁止各寺观庙宇驻军并附设爆炸性或震动力大之工厂，已驻入者速行设法迁移为要。[1]

① 参释东初：《中国佛教近代史》上册，台北东初出版社，1974年，第190—191页。

第二节
民国时期南京政府佛教政策的演变

孙中山主持的南京临时政府把信教自由写入了《临时约法》,这对于包括佛教在内的所有宗教都是一个重大的福音,不求而得。而鉴于当时社会庙产兴学风潮给佛教带来巨大冲击的严峻形势,民国不同时期政府出台了一系列保护和管理寺庙的政策法规。在一定程度上说,用现代法规形式来依法管理宗教确有进步意义,但在民国年间的社会现实中,这些管理寺庙条例的颁布施行并没有起到真正的保护作用。

一 《临时约法》中的"信教自由"

民国草创,百废待兴,开国会、定宪法,乃民主共和国的头等大事。孙中山1912年在南京宣誓就任临时大总统之后,不久给一位英国友人写信说:"大清王朝诚然是一个'过去的遗物',但满清的逊位,并非即是中国的完全得救。在我们的前面,尚有大量的工作必须完成,俾使中国能以伟大强国的身份与列国并驾齐驱。……我高兴地告诉你,我们正在中国谋求宗教自由,而在此新制度下基督教必将昌隆繁盛。"①孙中山虽是基督徒,但他与中华民国的开国元勋们所谋求的宗教自由却是资产阶级共和国的政治追求的组成部分,他们接受西方启蒙思想家信教自由是人人皆能平等享有的"天赋人权"的观点,因而把信教自由作为"文明共和国之通例"写进了《临时约法》中。②

《临时约法》,从法理上肯定了公民信教的自由。③ 这是中国国家与宗教关系史上从未有过的事情。在中国历史上,历来是多种宗教共存,但明确地提出宗教信仰自由的政策,此为第一次。因此,在中国宗教政策的历史上,信教自由载入

---

① 中国社会科学院历史研究所等合编:《孙中山全集》第二卷,中华书局,1982年,第231页。
② 中国社会科学院历史研究所等合编:《孙中山全集》第二卷,中华书局,1982年,第244页。
③ 吴宗慈:《中华民国临时约法及其缘起》,台北正中书局,1978年,第29页。

约法具有划时代的意义，而信教自由当时是被中华民国开国元勋们当作“文明共和国之通例”来接受的。孙中山在《临时大总统宣言书》(1912年1月1日)中说：“临时政府成立以后，当尽文明国应尽之义务，以期享文明国应享之权利。满清时代辱国之举措与排外之心理，务一洗而去之；与我友邦益增睦谊，持和平主义，将使中国见重于国际社会，且使世界渐趋于大同。”[①]几天后，在《对外宣言书》(1912年1月5日)中表示：“吾人当更张法律，改订民、刑、商法及采矿规则；改良财政，蠲除工商各业种种限制；并许国人信教之自由。”[②]

作为民主共和体制，从法理的观点来看，中华民国临时政府的运作，公民所享有的法律规定的权利和义务，都要以宪法为归依。1912年2月，临时参议院召集《临时约法》起草会议。3月10日，孙中山先生作为临时大总统正式宣布参议院议决《中华民国临时约法》公布。3月11日正式颁行约法，其中关于国家、宗教和公民之间的明确关系，《临时约法》第二章第五条规定“中华民国人民，一律平等，无种族、阶级、宗教之区别”。第六条第七款规定：“人民有信教之自由。”[③]信教自由被明确载入了宪法，这是以孙中山为首的开国元勋们创立的中华民国政府给予宗教的最大赠礼，它意味着不论是传统的中国宗教，抑或是西方传来的基督宗教，在法律上都有了平等的待遇和自由发展的空间。然而，信教自由要在实践中落实并不容易，还要经过很多努力。

1916年12月5日，北京基督教公会由徐谦(司法次长)发起，正式成立信教自由会，联合全国公教(即天主教)、基督教、东正教，及回、佛、道各教徒，以次加入，会中公举徐(谦)季龙先生为会长，基督教部主任为诚敬一(怡)牧师。合力请愿，删除天坛宪法草案中第十九条第二项，保存第十一条之完全信仰自由。释东初在《中国佛教近代史》中对此评论说：“徐谦以基督教在中国宪法上未取得宗教信仰自由的权利，开创历史上空前未有的先例，乃联合所有的信教人士，组织一信教自由总会，推举徐谦任总会会长。参加入会的，则有佛教、回教、天主教、道教，由于这一浩大的声势，在宪法草案上卒被列入这一信仰自由的规定。”“当时

---

① 《临时政府公报》第三十五号，载中国社会科学院历史研究所等合编：《孙中山全集》第二卷，中华书局，1982年，第2页。

② 中国社会科学院历史研究所等合编：《孙中山全集》第二卷，中华书局，1982年，第10页。

③ 中国第二历史档案馆编：《中华民国档案资料汇编》第二辑，江苏古籍出版社，1991年，第106—107页。

反宗教运动中,虽以基督教为对象,尚未殃及佛教,因佛教未接受帝国主义支持。但基督教一旦被打倒,这对佛教,必然会发生重大不利的影响,所以佛教也参加了信仰自由的组织。此一组织,对佛教来说,也是非常重要的,日后政府每颁布有关佛教的法令,必要注意到这一点。信教自由这一口号,本出于西方社会,国人运用这一口号,却始自徐谦的倡导。"

释东初充分肯定了"信教自由"这一口号对于佛教至关重要,可以起到"护身符"的作用。他认为:"佛教在这一个多灾多难风雨飘摇的国土中,未被消灭,虽有众多必然存在的因素,但亦有赖于这一信仰自由的口号帮助。"自此,每遇寺庙合法权利受到侵犯,或佛教事业遭到损害,"势必运用这一来自西方社会的'信仰自由'的口号,作为护身符。因此,尽管宗教间存有不少的歧见,张纯一的佛化基督教运动,固然对基督教有了不少帮助,但徐谦的信仰自由,也帮助了佛教不少的忙,所以佛教在中国近代史上始终屹然不动,这也是其中原因之一"。①

二 北洋政府保护与管理寺庙的例令

北洋政府时期,政局动荡,军阀割据,各届政府首脑似乎无暇顾及宗教,故所言宗教极少。但自中华民国成立到 20 年代初,当时政府却出台了不少保护与管理寺庙的例令,这在整个民国期间还是一脉相承的。② 而用专门的法律规章来保护和管理宗教,这在民国史上是有一定开创意义的。此外,北洋政府还批准了佛教、伊斯兰教等不少宗教团体和宗教院校,这也在一定程度上表明尽管北洋政府是军阀掌政,但在共和名义下,作为民主共和体制的政府,毕竟比帝国专制政府不允许任何宗教组织的存在有了明显的进步。③ 不过,由于时局混乱,各地在有

---

① 释东初:《中国佛教近代史》上册,台北东初出版社,1974 年,第 117 页。

② 中国第二历史档案馆编:《中华民国史档案资料汇编》第三辑《文化》,江苏古籍出版社,1994 年,目录第 21 页。

③ 最著名的如中华佛教总会(1912 年 11 月),胡瑞霖等组织佛化新青年会(1923 年 1 月),王芝祥等组织世界宗教大同会(1923 年 1—3 月),廖容等组织龙华佛学会(1924 年 6 月 24 日),释太虚等组织世界佛教联合会(1924 年 8 月),田树海等组织蒙汉佛教联合总会(1925 年 4 月 15 日),全朗组织北京佛教联合会、白普仁组织中华佛教联合会(1925 年 6—7 月),徐鸿宝等组织三时学会(1927 年 1 月 27 日)。佛教院校有释显珠创办中华佛教华严大学(1915 年 8 月—1916 年 11 月),欧阳渐等创设支那内学院(1922 年 7—8 月),汤芗铭等创办佛学院(1922 年 6 月),释现明创设北京弘慈佛学院(1924 年 2 月 15 日)。

关宗教保护政策上却执行不力，屡起事端。[1] 早在民国初年，湖南、安徽等地就发生过"攘夺寺产、销毁佛像事件"。为解决此事，敬安法师曾应湘僧之请，约请各省僧长代表，赴北京请愿。至内务部陈情，主管官员态度蛮横，未获结果，敬安法师为此怀愤而逝。[2] 可见，这些例令名曰保护，只是纸上具文，实际上保护力极为有限。

现存北洋政府内务部档案中可查找到当时政府保护与管理佛教僧众和寺庙财产的文件一共有7件，以时间为序，它们是：《关于保护佛教僧众及寺庙财产的令文》(1912年11月—1914年1月)、《内务部公布寺院管理暂行规则令》(1913年6月)、《内务部请明令保护佛教庙产致大总统呈》(1915年8月7日)、《内务部请饬属保护寺院各省巡按使、都统咨》(1915年8月20日)、《大总统公布修正管理寺庙条例令》(1921年5月20日)、《内务部制定著名寺庙特别保护通则致国务院法制局公函》(1921年11月)等。其中《关于保护佛教僧众及寺庙财产的令文》含有两件，一是《熊希龄为保护佛教僧众及在军中布道致大总统禀》(1912年11月)，二是《国务院关于保护寺庙财产致内务部公函》(1914年1月7日)，并有附件《中华佛教总会致国务院呈》。另外还有一件是《内务部为调查寺院及其财产致省长、都统咨》(1913年10月)。

这些例令的共同内容和主旨都是保护佛教，包括僧众、寺庙及其财产。它们反映了清末庙产兴学的风潮，佛教所受到的来自各方的威胁和冲击，到了民国初年有增无减。而要求保护者所运用的法律依据，就是民国约法明载的"信教自由"。如熊希龄在致大总统禀中转述敬安的呼吁："求政府按照约法信教自由，力加保护，俾得改良佛教，敦进民德，以固共和基础。"透过这些例令，我们大致可以分析北洋政府对佛教的态度和政策，其实是清末佛教政策的延续。

辛亥革命后不久，国家政权为袁世凯所窃取，其复辟失败忧惧死亡以后，中国出现了军阀割据的局面，但表面上还有一个统一政府，史称北洋政府。这一时期不管是袁世凯还是其后的各大军阀政客，都代表着中国的封建势力或买办势力，他们中的不少人原来就是清王朝的将军和阁僚官宦。他们的共同点是反对

---

① 参《国务院关于保护寺庙财产致内务部公函》(1914年1月7日)："据中华佛教总会呈称：保护庙产一节，前蒙院部先后通咨各在案。近据各省支分部报称，攘夺庙产，蹂躏僧徒之事，仍复时有所闻，地方官并不实力保护。"

② 于凌波：《中国近现代佛教人物志》，宗教文化出版社，1995年，第13—15页。

孙中山领导的资产阶级革命，为此他们除了在军事上围剿革命力量之外，还要在文化上对革命思想展开进攻，他们的武器就是设立孔教和尊孔读经。其次就是利用佛道教，采取康有为和张之洞等权臣们曾经提供的庙产兴学的“权宜而简易之策”。

民国成立之后，前清学部改为教育部，兴学的工作并没有停顿下来，但是国家的财政依旧无力给予地方以完整的支助，兴学的经费仍然要靠地方去筹措。以袁世凯为首的北洋政府在共和名义下延续了清末庙产兴学这个政策，如在《寺院管理暂行规则》和《管理寺庙条例》中都明文规定，为办理地方公益事业时，地方官可拨用庙产。这可以说是民国时期庙产兴学持续未停的原因。这时期，庙产兴学的思想已经除去清末张之洞等复兴儒家的色彩，转而出现新的争论，是在宗教自由的概念下所引发出的庙产权属问题。庙产问题真正的焦点，其实是在对庙产的主导权争夺上。

1913 年 6 月 20 日，北洋政府公布《寺院管理暂行规则》，全文总共只有七条，内容主要是针对庙产的处理作规范。其中有关寺庙财产之管理，由该寺住持司之；本院住持及关系者不得有将财产变卖、抵押或赠予等行为，任何人亦不得强占寺院之财产。[①] 让佛教界对当时政府保护寺产的美意感到落空的原因，主要还是在寺庙财产处理的主导权上。

1915 年 10 月 29 日，北洋政府又公布更为详细的《管理寺庙条例》，总共三十一条。主要内容为：取消中华佛教总会；寺产由住持管理，不得抵押或处分，但遇有公益事业之必要及得地方官之许可不在此限；住持违反管理义务，不遵守僧道清规，可由地方官训诫和撤换。此条例不仅明令取消中华佛教总会这一全国性佛教组织，而且将寺庙财产处置大权交予地方长官，开启了地方官与土豪劣绅勾结侵吞寺产之大门。此条例中关于《寺院管理暂行规则》的部分不变，即政府处理寺产的态度依旧。不过另一方面增加了对僧道的管理，地方官得以申诫或撤退不守教规之僧道或住持。袁世凯去世之后到北伐成功这段时间，北京政府在军阀的控制之下，分别在民国十年（1921）和十三年（1924）对《管理寺庙条例》做了一些修正，但是主要的内容基本上没有改变，尤其在庙产的处理上未作大的更动。

---

① 释东初：《中国佛教近代史》上册，台北东初出版社，1974 年，第 105 页。

这里再次提出寺庙的范围问题,也就是庙产兴学的适用范围。先将《寺院管理暂行规则》和《管理寺庙条例》中关于寺庙的定义分述如下。《寺院管理暂行规则》第一条:本规则所称寺院以供奉神像见于各宗教之经典者为限,寺院神像设置多数时以正殿主位之神像为断。第六条:一家或一姓独立建立之寺院,其管理及财产处分权依其习惯行之。《管理寺庙条例》第一条:本条例所称之寺庙,以属于下列各款为限:(1) 十方选贤丛林寺院。(2) 传法丛林寺院。(3) 剃度丛林寺院。(4) 十方传贤寺院庵观。(5) 传法派寺院庵观。(6) 剃度派寺院庵观。(7) 其他习惯上限由僧道驻守之神庙。其私家独立建设,不愿以寺庙论者,不适用本条例。

从上面的规定可以知道,不管其对僧道的限制规范如何,北洋政府在庙产的处理上的态度是以寺庙为主,而这寺庙尽管有十方选贤制、传法派和剃度派上的差别,但其适用范围显然是包括所有的佛道寺观乃至一般的神庙。若与清末相比较,我们可以发现其适用范围又回到张之洞当初所提议的东西上。不同的是,北洋政府用寺庙与僧侣分开的态度去处理。还有一点要提及的是,前述两项法令都规定私家独立建置的寺庙不在此限,这有基于《中华民国临时约法》保护人民私有财产的意义在,是共和与专制时代的差别。

民国以来,军队占据寺院之情形,从民元(1912)释宗仰《致蔡孑民先生书》可窥一斑。"军事既起,各省兵队编集移徙,莫不以就地兰若(寺庙),张柳为营。其初乃义不容辞,其后或久假不归,或所至遗患,甚或通匪剽掠,蹂躏不堪,即今尚多有喧宾夺主者。如海上留云寺,素称热心公益,光复以来多尽义务,而浙军借驻至今,未闻迁让佛刹清净,亦未免妨碍治安,使我佛不得享平等共和之福。"[①]

从 1924 年起,各地废除庙宇活动已经十分活跃。参与废庙行动的主体不再是地方官绅,还有更多的军人、学生以及普通青少年。其中,军人毁庙的主要目的是为了从中渔利,这在军阀混战时代并不稀奇。据记载,冯玉祥于 1927 年向开封相国寺派捐 5000 元,被该寺方丈叙惠拒绝;冯玉祥当即派军警包围相国寺,没收寺产,捣毁佛像,将僧侣全部驱逐,后又下令将相国寺改为中山市场。[②] 而学生及普通青少年加入废庙行列,则明显是受了新文化运动中反宗教迷信思想的

---

① 参见《佛学丛报》1912 年第 1 期《文苑》。

② 《海潮音》第 12 卷第 9 期(1931 年)。

影响。太虚在《三十年来之中国佛教》一文中提到:“民国十五六年间,社会起大变动,河南省等有毁灭僧寺之案,全国僧寺岌岌危殆。至十七年,在庙产兴学呼声下,有内政部新订《管理寺庙条例》公布。”①

三 南京国民政府寺庙管理条例:从管理到监督的变化

南京国民政府对宗教寺庙的管理分为两个系统:一是对一般地区由僧道住持或居住的坛庙、寺院、庵观,归内政部及省县地方政权管理;二是对西藏、西康、蒙古、青海、新疆等地的喇嘛寺庙,归蒙藏委员会管理。从1929年到1949年的20年间,南京国民政府针对宗教人员及寺庙的监督管理,颁布了20多个法规,诸如:《寺庙登记条例》(1928年9月)、《废除卜筮星相巫觋堪舆办法》(1928年9月)、《神祠存废标准》(1928年10月)、《寺庙管理条例》(1929年1月)、《监督寺庙条例》(1929年12月取代《寺庙管理条例》)、《令禁止幼年剃度》(1930年)、《寺庙兴办公益慈善事业实施办法》(1932年9月)、《佛教寺庙兴办慈善公益事业规则》(1935年春取代《寺庙兴办公益慈善事业实施办法》)、《寺庙登记规则》及表格样式(1936年1月取代《寺庙登记条例》)等等。其中有的法规注明不适用于其他宗教或边疆民族地区之寺庙。如《寺庙登记规则》就规定“本规则于天主、耶、回及喇嘛之寺庙不适用之”。《监督寺庙条例》也注明,不适用于西藏、西康、蒙古、青海的寺庙(第十二条)。

南京国民政府成立之后,面临着最急切的宗教问题,仍是风起云涌的庙产兴学运动。当时,一些热心教育的人士,成立组织,发动舆论,要求以寺产兴办教育,不少国民党当权者也卷入了这一运动。河南、浙江、江苏、广东相继发生没收寺产、驱逐僧尼事件。为维护自己的生存,佛教界一再吁请南京政府颁令保护。②

1929年1月25日,国民政府内政部颁布《寺庙管理条例》二十一条。其中规

① 参见张曼涛主编:《民国佛教篇》,《现代佛教学术丛刊》,台北大乘文化出版社,1978年,第321页。
② 张宝海、徐峰:《南京国民政府(1927—1937)宗教法规评析》,《泰安师专学报》2001年第5期。

定寺庙成立“庙产保管委员会”管理庙产[①]，寺庙财产的处分或变更由庙产保管委员会公议定之；寺庙应按财产之多少，自行办理各级小学、补习学校、图书馆、公共体育场、救济院、贫民医院、贫民工厂、合作社等；寺庙废止或解散时，应将所有财产移归该管市县政府或地方公共团体保管，并得酌量地方情形呈准兴办各项公益事业。是年4月12日，太虚、圆瑛、谛闲、王一亭等人在上海成立“中国佛教会”，抗议内政部新颁布《寺庙管理条例》。因该条例窒碍难行，不久另行起草《监督寺庙条例》。

1929年11月30日，立法院第63次会议通过《监督寺庙条例》十三条。12月7日，南京政府重新公布《监督寺庙条例》，废止了《寺庙管理条例》。[②] 就如“监督”之名所显示的，在此条例中对庙产的处理已无强制的态度，首先它取消组织庙产管理委员会的规定；其次给予寺庙相当的自主权，如第七条规定“寺庙之不动产及法物，非经属教会之决议并呈请该管官署许可，不得处分或变更”。先前南京政府处理庙产主导权的坚持立场，在《监督寺庙条例》中做出了让步。只在第十一条规定，寺庙住持在有违反本条例之规定时，官方有权革职，逐出寺庙或送法院究办。[③]

这两个《条例》是南京国民政府宗教法规方面的重要成文文献，其名称从“管理”到“监督”的变化，反映了政策制定者的微妙心态，当中也能透露南京国民政府宗教政策的一些重要信息。两个条例都颁布于庙产兴学运动兴起的大背景下，“事关处理寺庙财产”，前者以管理的姿态介入，牵涉过多，管理起来反为不便，所以《监督寺庙条例》陈述自己的目的“系为监督寺庙的财产及法物等起见”[④]。在保护寺产问题上，该监督条例虽承认寺庙财产及法物为寺庙所有，但字里行间依然不相信寺庙有依法自我保护的能力，甚至怀疑寺庙监守自盗，故而授

---

① 条例规定寺庙财产保管方法有三：一、有僧道住持者应由该管市县政府与地方公共团体以及寺庙僧道各派若干人合组庙产保管委员会管理之。二、无僧道住持者应由该管市县政府集合地方公共团体组织庙产保管委员会管理之。三、由地方公共团体主持者，呈请该管市县政府备案，归该团体组织庙产保管委员会管理之。前三款之庙产保管委员会，其人数至多不得过十一人，至少不得下七人，第一款之保管委员会僧道不得过全体委员人数之半。

② 中国第二历史档案馆编：《中华民国史档案资料汇编》第五辑第一编《文化》，江苏古籍出版社，1994年，第1028页。

③《内政年鉴》第4册，商务印书馆，1936年，第112页。

④ 中国第二历史档案馆编：《中华民国史档案资料汇编》第五辑第一编《文化》，江苏古籍出版社，1994年，第1027页。

予政府全面监督寺庙财产的权力。寺庙内部的确有少数不肖之徒,盗卖寺产。但在庙产兴学运动期间,寺庙财产面临的最大威胁,还是来自一部分社会人士与政府当权者相结合,夺取寺产。有研究者认为,该监督条例将兴办慈善事业定为寺庙的应尽义务,不仅成为寺庙的沉重负担,而且便利了政府干预。[①] 从内政部的态度来看,虽然《监督寺庙条例》赋予它相当大的权力,但它主张从外部保持强大的监督压力,并不想全面介入寺庙内部事务。因为全面介入必然导致矛盾丛生,反而不利于政府的管理。[②]

由于《寺庙管理条例》《监督寺庙条例》专注寺庙,不涉其他宗教,佛教界大为不满。1929 年 3 月,四川省佛教会向国民政府提出:“基督教徒属于异国之人,遍布国中建宅置田,无处蔑(没)有,何以政府不加以取缔,以此种条例限制之乎?总理三民主义所以扶弱小之民族,今对于强邻异类则宽待之,对于本国僧侣弱小则摧残之。”[③]1929 年 5 月,太虚在上海佛教居士林演讲时也指出:“夫佛教与回教等同为宗教,彼教之教堂、礼拜寺等既无此等条例,独令佛教之僧寺与道教之道庙有此条例,殊为可怪。”[④]其实,在国民政府看来,蒙藏地区的藏传佛教和甘肃、新疆等省的伊斯兰教牵扯到民族问题,而天主教和基督教关系到列强的传教,涉及国民政府与列强的外交关系问题。两者自不能同日而语。

1929 年 6 月“中国佛教会”成立后,即向立法院提出取消《寺庙管理条例》名称,另颁宗教法,以示各教平等。“宗教种类,除佛、道二教外,尚有回教、耶教,国家颁布条例,何竟为局部之谋而不及于回、耶二教?又蒙、藏、青海为佛教之重心地,是项条例能否适用于蒙藏等处?若仅为内地各寺庙而设立此条例,尤见立法之偏。”[⑤]因此,佛教界对于国民政府的宗教歧视,深感不悦。《寺庙管理条例》颁布不久即遭废止的命运,当然有诸多复杂的原因,但与民国缔造以来《约法》信教自由和政教分离原则相抵触应是主因。

---

① 参徐峰:《南京国民政府宗教政策研究(1927—1937)》,山东师范大学 2001 年硕士学位论文。

② 《内政年鉴》第 4 册,商务印书馆,1936 年,第 113—122 页。

③ 《四川省佛教会为修改寺庙管理条例事致国民政府电》(1929 年 3 月 27 日),台北“国史馆”馆藏档案,档案号 0121-40000.01(1),微卷号 323-1799。

④ 《太虚法师归国后在上海佛教居士林演讲词》,《海潮音》第 10 卷第 4 期(1929 年)。

⑤ 《呈国民政府立法院请另订宗教法文》,《海潮音》第 10 卷第 8 期(1929 年)。

四 寺庙兴办慈善事业办法与规则

1928 年 6 月，国民政府公布《监督慈善团体法》共 14 条，规定慈善团体以济贫、救灾、养老、恤孤及其他救助事业为目的，除属于财团性质外，应具有名望素著等资格 5 人以上的发起人，其属于社团性质的每年应至少开会 2 次，由董事报告详细收支账目，并说明办务的经过情形。主管官署可随时检查慈善团体办理的情形及财产状况。

《监督寺庙条例》施行后，南京国民政府一方面要监督保护寺庙财产；另一方面又责成寺庙按其财产情形，兴办公益或慈善事业，对于不履行义务者，更予以严厉之制裁。① 因《条例》规定过于简单，难以施行，1931 年 8 月，内政部拟订《寺庙兴办公益慈善事业实施办法》，呈交行政院修正后，于 9 月 12 日以部令公布施行。后因佛教界群起反对，被迫暂缓施行。

1934 年 9 月，由中国佛教会拟订，经内政部修正后，呈交行政院核准，由内政部备案，并通行各省市。对于道教寺庙，内政部也批准用该规则办理。②

1935 年，南京国民政府颁布《佛教寺庙兴办慈善公益事业规则》，规定了寺庙兴办慈善事业的出资比率：100 元以下者 1%，100—300 元者 2%，300—500 元者 3%，500—1 000 元者 4%，1 000 元以上者 5%。寺庙兴办慈善事业应受主管官署监督，并受当地佛教会指导。每年岁终，寺庙应将办理状况及收支情况向内政部备案，并由中国佛教会评定成绩，分别奖惩，呈报内政部备案。寺庙住持如不遵守出资比率规定，由当地佛教会请示主管官署协助令其出资，如再违抗，则按《监督寺庙条例》的规定，革除其住持之职。③

---

① 参《监督寺庙条例》第十条、十一条，中国第二历史档案馆编：《中华民国史档案资料汇编》第五辑第一编《文化》，江苏古籍出版社，1994 年，第 1029 页。1929 年 6 月，国民政府公布《监督慈善团体法》，共 14 条。规定慈善团体以济贫、救灾、养老、恤孤及其他救助事业为目的，除属于财团性质外，应具有名望素著等资格 5 人以上的发起人，其属于社团性质的每年应至少开会二次，由董事报告详细收支账目，并说明办务的经过情形。主管官署可随时检查慈善团体办理的情形及财产状况。

② 秦孝仪编：《抗战前国家建设史料——内政方面》，台北国民党“中央”委员会党史委员会刊行，1977 年，第 291 页。

③《内政年鉴》第 4 册，商务印书馆，1936 年，第 126 页。

第五章　民国佛教的革新和改良运动

从1912年中华民国在南京成立，到1937年抗日战争全面爆发，是中国社会急剧动荡不安的岁月，正当各种宗教进入复苏成长阶段的时期，中国社会本身也进入一个新阶段。一方面，“二次革命”、护国运动和护法运动显示了辛亥革命的激流余波；另一方面，新文化运动和国民革命又直接启导了现代中国的社会变革。其间，五卅运动和抗战爆发将现代中国的民族解放运动推向了一个前所未有的巅峰，而国共两党的斗争又使得这一阶段显示出错综复杂的景象。

明清以来，中国传统宗教如佛教、道教等整体上日趋衰落，至民国时代由于帝制崩解而出现一些复兴的气象。外国宗教如天主教和基督教，在鸦片战争后由于不平等条约的签订，受条约中保教条款的支持而发展甚快。尽管1900年的义和团运动使基督教受到较大挫折，但《辛丑条约》的巨额赔款又让其迅速恢复元气，在民国年间获得跳跃性的发展。

总的说来，民国时期，中国社会逐渐由半封建半殖民地社会向现代新社会过渡，各种宗教也因摆脱了封建专制的桎梏而在民国社会中开拓出新的局面。尤其在辛亥革命后至20世纪二三十年代，各宗教为了适应新形势均发生不同程度的变革。其具体表现为：宗教团体和组织纷纷建立；宗教思想和活动比较活跃；宣教事业蓬勃发展；宗教和政府、社会之间的互动明显加强。

第一节
民国初期的南京佛教复兴

民国佛教复兴发源于清末名居士杨文会，其所创金陵刻经处并在该处所设祇洹精舍和佛学研究会等，均开近代学佛之新风，培养了一批佛学人才，如欧阳渐、释太虚等是其中最为杰出者，在民国年间佛教的复兴中发挥了中流砥柱的作用。杨文会在当时对维新变法运动十分同情和支持，认为“佛教济世之方”可与“世间法相辅而行”。著名维新人物如谭嗣同、梁启超、陈三立、汪康年等人均与杨仁老相过从，且受其佛学影响。在辛亥革命前夕，积极宣传革命思想的章太炎也深受杨文会佛学思想之影响而研究佛学，并在庙产兴学风潮中呼吁保护佛教。

一 革命思想浸入佛教

杨文会居士是中国近代佛教复兴的第一人，或可称是晚清最早把革新思想输入佛教的先师。而积极用佛教宣传革命思想并投身革命运动的，有两个人物值得铭记：一个是章太炎，另一个是支持孙中山革命的僧人宗仰法师。其他较为引人注目的革命僧还有华山、栖云、亚髡、铁岩、玉皇等法师，他们都在辛亥革命中立过不朽的功勋。因而，这些具有革命思想的僧人对民国佛教的开创新局面也有某种特别的贡献。故有人评价说：“这些人物都是开风气之先、创一代楷模的，他们掀开了近代佛教史，也直接地诱导出（中华民国）开国期间佛教徒轰轰烈烈的行为，于国于教，俱有其贡献。”①

（一）章太炎以佛教鼓铸革命道德

1903年，章太炎因“苏报案”入狱三年，期间研读佛学著作，“私谓释迦玄言，出过晚周诸子不可计数，程朱以下，尤不足论”②。1906年，他出狱东渡，在东京

① 参书新：《开国时期的佛教与佛教徒》，载张曼涛主编：《民国佛教篇》，《现代佛教学术丛刊》，台北大乘文化出版社，1978年，第5页。
② 转引自楼宇烈：《佛学与中国近代哲学》，《世界宗教研究》1986年第1期。

留学生欢迎会上提出,“用宗教发起信心,增进国民之道德”,以达到“众志成城”。以后他在《民报》等刊物上发表一系列文章,发挥佛教“自贵其心,不依他力”的教义,提出“依自不依他”的思想,主张发扬“头目脑髓,都可施舍于人”的自我牺牲精神和“勇猛无畏”“排除生死”的战斗气概。他提倡唯识学,主张“不执一己为我,因众生以为我”,“一切以利益众生为念”,建立“无神的宗教”。[①] 显而易见,章太炎此处所说的宗教多指佛教。他的《建立宗教论》等著名篇章,鼓吹以佛教的无我和大无畏精神陶铸革命道德,使佛教在近代社会发挥了很大的积极作用。

章太炎为民国佛教开创新局面的另一特殊贡献,是他在清末佛教遭遇庙产兴学运动的危难之际挺身而出,“第一个出头为佛教呼吁”。他当时在日本担任同盟会的宣传工作,看到国内如火如荼的庙产兴学风潮,大为不安,发表一篇《告佛弟子书》,明白地指出:“时代不同了,中国佛教徒要拿出大方便、大智慧来弘化度生。”他概略介绍了日本维新后佛教徒的努力与成就,希望国人加以借镜。接着,他又发表一篇《告白衣书》,指出宗教信仰为人生所不可缺少的,佛教在中国已千余年,广得国人的信重,举世诸国也因我们在大乘佛法上的成就而信重我们,目前佛法不只是佛弟子所应爱护,每一个中国人为着国家前途也应爱护它。以致有作者评论说,这两篇文章具有划时代的意义,是中国近代佛教史中极为重要的文献,它们燃起许多青年佛子的求新护教的热忱,而开创出今日的新局面。[②]

晚清政府既准佛教自立学校、自保寺产,各省既有兴学的风气,经常接受社会知识的僧青年,因而受到革命思想渲染,而革命思想,便无形中浸入佛教僧青年脑海。由于佛教青年身虽出家,但其血管里所流淌的血液,仍与中华儿女同一血源,在爱国不让人的热情鼓舞之下,追随先烈参加国民革命的僧青年,不知凡几,兹举一二最显要者,简叙如下。

(二)“革命僧”宗仰上人与孙中山交谊深厚

宗仰(1865—1921),字中央,法名印楞,别号乌目山僧,常熟人,俗姓黄。黄宗仰幼年就读于翁同龢氏,20岁旋依常熟三峰寺药龛出家,受戒于镇江金山寺。

---

① 章太炎研究佛学,乃以唯识名家。欧阳渐在杨文会传记中曾把他列为杨文会众多研究法相唯识的弟子之一。他本人也说过“始窥大乘,终以慈氏、无著为主,每有所说,听者或洒然”。汤志钧:《章太炎年谱长编》上册,中华书局,2013年,第225页;另参见史全生主编:《中华民国文化史》,吉林文史出版社,1990年,第74页。

② 参书新:《开国时期的佛教与佛教徒》,载张曼涛主编:《民国佛教篇》,《现代佛教学术丛刊》,台北大乘文化出版社,1978年,第3页。

他精研三藏,兼通英、日文,善书画诗词。光绪十八年(1892),应上海富商罗迦陵居士之请,至沪上弘法,得与当时名流接触。1901 年,宗仰目睹清廷腐败,及受孙中山先生革命思想的启发,即参加革命,遂与吴敬恒、章太炎、蔡元培、蒋智田、邹容等,组织中华教育会,后继蔡元培为第二任会长,兼任编《苏报》,鼓吹革命,启发青年思想。1903 年,清廷查封《苏报》,章太炎、邹容被捕下狱。宗仰法师名列通缉令内。吴敬恒、蔡元培等人已逃亡国外,宗仰得罗迦陵资助,亦相继逃亡日本。刚好孙中山先生自越南莅横滨,宗仰趋前晋谒,获识中山先生,因而建交,抵掌而谈,深荷器重,旋加入同盟会,革命大计,得参与密议。是年秋,孙中山欲赴檀香山,因绌于川资,宗仰倾囊资助,慷慨襄赞革命,深得孙中山赞扬。自此宗仰与孙中山书柬往来不绝,商策革命大业。

光绪三十四年(1908),宗仰自日本返沪,创办上海爱国女校,并主印《频伽大藏经》,得 8 416 卷。辛亥武昌起义,南京光复,孙中山自海外归来。国内革命同志云集沪上,迎接孙中山先生回国,就任临时大总统职务。宗仰亦寓行列,孙中山曾独与宗仰密谈,并约其同赴南京,参加政府辅助国事,宗仰竭诚婉谢。后隐居山林,于此期间,宗仰曾上书孙中山先生,邀游金山寺,其书云:"中山先生伟鉴:别来瞬经三稔,贼人肆虐,公游海外,仆隐山林。乃者,天相中华,神州再造,自由不死,幸福有归矣。前读沪报,敬悉公以国务余暇,漫游西湖南海,豪情逸兴,不减曩年,幸甚! 近躬何似? 金山亦系京口名蓝,仆谊属故人,曷勿杖策一游? 不惟可助逸兴,且得旧雨重欢,借倾积愫。想公游兴未阑,当能慨允,惠然莅临,扫径以待。即请赐复。"

1919 年,宗仰法师住持南京栖霞寺,孙中山先生在经费极为困难情况下首捐银币一万元,助其修建之用,其与宗仰法师私谊之笃,于此益见。1936 年,国民政府委员张继、于右任、戴传贤、吴敬恒、邵元冲、朱家骅、李烈钧、居正等人,以宗仰法师有功于国家,夙著勋劳,乃联名呈请政府明令褒扬,文曰:"自满州入主中夏,民族意志,久已销沉,我总理天亶聪明,沦胥是惧,大声疾呼,唤醒民众,一时革命思潮风起云涌不可遏抑,用集大勋,此在世之志士仁人凛兴亡有责之义,原不容驰。其负荷至方外,清修自可,无兴复大业,而竟有深明大义、竭智尽忠之同志出,其间如中央(宗仰)上人其人者,实为难能可贵。(按,上人少即祝发为僧,庚子以后,愤慨国事,屡从事于爱国运动。迨《苏报》案作,身遭名捕,东渡日本,适总理来自南洋,因而深见,倾心相事,输助资财。今总理在美洲檀岛所与手函二通，为言扫除皇党反动势力，及联络各地洪门情形，望其多通消息，多寄书报于各处机关。即知其在当时涵濡主义，参与密议，有非寻常所能仰企，函内并有许以归还用项，则其身非富有，急公好义，国尔忘私，亦可概见。）光复以后，在事同志，多致通显，上人独甘沉寂，不复与闻政治，遂与世隔。自民国八年，诸山推任江宁之栖霞寺，披荆斩棘，重整宗风。不幸于民国十年（1921）七月圆寂，葬于寺之附近。迹其生平，襟怀磊落，德性坚定，闻义必先，避名若浼，实佛门之龙象，亦吾党之瑰奇。中央崇德旌忠，宜有褒恤，拟请拨给款项，修其坟墓，以示表彰。嗣经中央政治会议决议，由政府拨国币伍仟元，交戴委员传贤、张委员继，主持修塔立碑事宜。”释东初在其著作中对宗仰法师十分推崇，其说“宗（仰）师不独获孙中山倚重，患难称交，匡襄革命，实为中华民国开国的元勋”；“民国以来，沙门尊宿，获国家褒典者，宗师为第一人也”。[①]

其实，宗仰对于民国佛教的贡献，不单在于他支持革命事业，更在于他把这种革命思想用来推进佛教的振兴。在民国肇建、共和初立之时，他发表论说，提出四项革新佛教的措施：（一）复古清规；（二）兴新教育；（三）裁制剃度；（四）革除赴应。他指出，佛教“欲与国民同谋幸福，挽狂澜而障之，疏浊流而清之，兹事体大，诚不易言，然提纲挈领，循分以求，亦自有其道，讵可操切从事乎？其道奚自？则复古清规与兴新教育，为不二之门。盖清规犹僧界之宪法，宗教所赖以成立也。教育者，尤为培植人材之元素，凡一教之兴衰隆替，胥视乎此！虽大雄复生，必且从事，斯语莫能易也。”[②]

宗仰上人在民国开创时之突出贡献，还表现在他主持刊刻了民国以来第一部大藏经，即在民国二年（1913）出版的《频伽藏》。此为宗仰上人在上海频伽精舍翻印日本弘教书院的缩刷藏经，全名为《频伽精舍校刊大藏经》，线装共414册，40函，为我国首次使用铅字排版的藏经。

（三）华山、栖云等革命僧与革新佛教

宗仰法师与孙中山关系密切，曾给同盟会的宣传革命和经济支助贡献良多。而华山、栖云二法师则为同盟会员，常直接向僧青年宣传革命，受其影响者很多。栖云曾依八指头陀寄禅参学五六年，后留学日本上速成师范，并在日参加孙中山

---

① 本节关于宗仰上人事迹，多参释东初：《中国佛教近代史》上册，台北东初出版社，1974年，第81—86页。

② 参见《与佛教进行商榷书》，《佛学丛报》1912年第1期。

先生同盟会。其后与徐锡麟、秋瑾女士等回国潜图革命，在绍兴秋瑾所设学校任教员，又在僧侣中鼓吹革命。时以僧装隐居僧寺，亦时短发，西装革履，遂招人猜疑。约在光绪三十二、三十三年(1906—1907)之间，他被捕于吴江县。参加黄花岗起义失败后再被捕，至广东光复时才得获释。太虚于19岁时读到谭嗣同的《仁学》和章太炎的《告佛弟子书》，遂思想大变，又受华山、栖云革命思想之砥砺，更加激发了他有志于佛教革命，为了振兴佛教，太虚并受此二师的鼓励来到金陵祇洹精舍求学。

革命僧既支持或参加革命，同时又主张革新佛教。浙江有铁岩法师，亦与革命党人多有往来，他认定缔造民国与振兴佛教是一而二、二而一的工作。1911年武昌首义，各地纷起响应，僧侣参加光复者甚众。铁岩变卖寺产，以所得召集各寺僧众及在家信徒组织成浙江僧军，推戴南京回来的僧师范学堂长谛闲法师任统领，谛闲不就职，铁公就暂代，拥有500余人，200余枪，这在当时的绍兴可谓首屈一指的革命武力。当准备进攻杭州时，因浙江光复，就暂驻绍兴，维持治安，不久解散。上海光复时，玉皇法师也组织一支上海僧军，有700余人，枪械齐全，纪律严明，受陈其美指挥，参加南京、上海光复之役，民国元年(1912)之后始行解散。西安光复时，亦有许多僧众与革命军并肩作战；湖南光复长沙之役则有僧侣组织救护队，支援前线。

这些青年革命僧，既具有高度宗教修养，“当仁时绝不退让，事成后长揖而退”。而民国一旦建立，僧军即辞退归山林。就连宗仰法师，也告别他十数年生死与共的革命伙伴，重新回到佛寺中，“元勋没有他的份，先烈也没有他的份，但他却心安理得”。[①]

二 佛教组织蓬勃兴起

民国初年，一些旧知识分子把儒学宗教化和立孔教为国教的努力，严格说来并不是真正意义上的宗教运动，它只涉及较小的学者团体，而未触及广大民众的

① 参书新：《开国时期的佛教与佛教徒》，载张曼涛主编：《民国佛教篇》，《现代佛教学术丛刊》，台北大乘文化出版社，1978年，第6—7页。

生活，但是民国时期革新佛教的运动是一场富有现代意义的宗教运动。民国佛教革新运动尽管同样缺乏更广大的群众基础，但是在佛教组织上却有了划时代的新发展，因为这在以前是受到封建王朝政府严格控制的。

（一）民元佛教组织之勃兴

为了适应共和国的新局面，佛教居士欧阳渐、李证刚等人以金陵刻经处的在家居士为主体，于民国元年（1912）在南京发起成立"中国佛教会"，晋见中华民国临时大总统，并呈章程给临时大总统孙中山，得到孙之嘉许并令在教育部备案。令文曰：

> 兹据佛教会李翊灼等函称：设立佛教会，以求世界永久之和平及众生完全之幸福为宗旨，并呈会章，要求保护前来。查近世各国政教之分甚严，在教徒苦心修持，绝不干与政治，而在国家尽力保护，不稍吝惜。此种美风，最可效法。民国约法第五条载明：中华民国人民一律平等，无种族、阶级、宗教之区别。第二条第七项载明：人民有信教之自由。条文虽简而含义甚宏。是该会要求者，尽为约法所容许，有行政之责者，自当力体斯旨，一律奉行。合将该会大纲发交该部，仰即查照批准立案可也。要求条件一纸并发。①

此为中华民国历史上第一个中国佛教组织。在得到孙中山批复和赞同后，他们便在南京设立佛教会办事处，又在上海创办一个佛教月刊（即《佛学丛报》），由濮一乘主持。于是他们提出一种改革主张，认为当时僧众大都在"争庙产、讲应赴"的传统中，"业已腐朽，不足应付共和国的新局面"；接着，李证刚又发表措辞激烈的批评僧尼的言论，认为今后佛教徒不论在家出家，"应以能者为上"，激起诸山长老的不满和反对，以致有评论认为，他们"所指责的，无不正中佛门积弊；所建议的，也皆有高深的见地。可惜，后来李证刚动了肝火，对人破口大骂，失却社会的尊重与同情，其会中的同志也多有退出他去者，不久'中国佛教会'也就卷旗偃鼓自告解散了"。②

---

① 参《临时政府公报》第四十七号载《令教育部准佛教会立案文》（1912 年 3 月 24 日）。

② 参书新：《开国时期的佛教与佛教徒》，载张曼涛主编：《民国佛教篇》，《现代佛教学术丛刊》，台北大乘文化出版社，1978 年，第 8 页。按，《佛学丛报》并未因"中国佛教会"解散而停刊，先是月刊，办完 12 期后改为双月刊。参《佛学丛报》第 12 号"佛学丛报社启"。

稍后，曾经在祇洹精舍求学的太虚、仁山等僧青年在南京毗卢寺筹组“中华佛教协进会”，接着在镇江金山寺召开成立大会，主张改金山寺为“佛教大学”，以寺产充经费，结果也因多数保守僧侣反对“佛教革命”，未几而解散。另外，还有谢无量在扬州成立“佛教大同会”，存在时间也不长。谢无量也曾在南京祇洹精舍求学，受到过杨仁老革新佛教思想之影响。

总之，不管民国时期佛教组织如何短命，有理由说，《中华民国临时约法》中关于“信教自由”的条款深入人心，有力地冲破了帝制时代政府对宗教严格管控的藩篱，使得大量的宗教社团如雨后春笋蓬勃兴起。诚如书新所说：“这时，局势虽然紊乱，却有一个显著的中心倾向，就是佛教要变，要新，要开创一个空前未有的新时代。”①

（二）中华佛教总会成立一波三折

上述三派佛教组织，虽然不乏分歧，但都导源于金陵刻经处，主张复兴和革新佛教。在这种求新求变的形势下，江浙诸山长老请出诗名满宇内的八指头陀寄禅法师，出面组织全国性统一的“中华佛教总会”，提出“保护寺产，振兴佛教”的口号，号召各地僧教育会联合起来。全国各寺闻讯之下，纷派代表前来参加，并出动有力人士劝说欧阳竟无、谢无量等人的佛教组织取消独立，以斯群策群力维护佛教。于是，民国元年（1912）四月，中华佛教总会在上海留云寺开成立大会，太虚的佛教协进会并入佛教总会，欧、谢等人也致函拥护，宣告原有的佛教组织解散。

中华佛教总会是民国时期第一个全国性的佛教组织，计到谛闲、静波、铁岩、圆瑛、应乾，及陆军部代表王虚亭（后出家名大严）百余人，公推八指头陀寄禅为会长，设总会本部于上海静安寺。该总会得到中华民国南京临时政府同意，乃依各省县原有僧教育会改组为分支部，拥有 20 多个省支部和 400 多个县分支部，可说为中国佛教前所未有的全国统一的团体。当时南京临时政府教育部关于中华佛教总会的批文如下：

据呈已悉。该僧敬安等联合全国僧团，组织中华佛教总会，意在昌明佛

① 参书新：《开国时期的佛教与佛教徒》，载张曼涛主编：《民国佛教篇》，《现代佛教学术丛刊》，台北大乘文化出版社，1978 年，第 10 页。

教，提倡教育公益等事业，深堪嘉赏，应即准予立案。佛说凌迟久矣，震旦积弱，此未必非一因。宗教改革刻不容缓，该僧等务须努力进行，将大乘精义广为传播，勿蹈旧日专事诵经礼忏，类似巫祝之陋习，本部有厚望焉。此批。①

这件批示表明中华民国南京临时政府对该总会寄予厚望，鼓励其进行宗教改革，改革过去“专事诵经礼忏”之陋习，而提倡多做教育公益等事业，甚至认为中国之积弱与佛教的衰微有一定关联。

中华佛教总会成立不久，孙中山让位给袁世凯，临时政府北迁。这时各地攘夺寺产、销毁佛像的情况依然十分严重，不仅是学校，就连军警社团也纷纷强占寺庙。民元八月，中华佛教总会湖南支部等，以军警及社团学校等仍纷纷占夺寺僧财产，派代表至总会请求制止，总会会长寄禅以会章尚未经北京政府批准，遂筹备赴京请愿。1912 年 10 月，中华佛教总会在北京设办事处，以释道阶及文希主持之。文希前以办僧学被诬，陷江西石城县监狱，光复后出狱至北京，至是均促寄禅北上。为争取北京政府支持，敬安（寄禅）于十一月北上至京，得熊希龄及道阶等人襄助，集文希等草改会章，并呈请北京政府立案。十一月初二日，具文呈请大总统批准中华佛教总会，保护佛教财产。呈文曰：

中华佛教总会为呈请事：窃本会于今春在沪组织成立，由各省僧界代表公议会章，举定职员，呈请南京临时政府前总统孙（中山）、副总统黎（元洪）暨内务、教育部立案，均荷奖许。追南北统一，改建政府于北京，复将本会开办缘由电呈大总统鉴核在案。现计各省支分部率皆开会，次第组织，刊发图记，照章办理。前奉国务院通咨各省都督，按照《约法》，保护佛教财产，僧界正深庆幸。兹据湖南宝庆、安徽桐城、奉天义州等处报告，民间毁像逐僧，占夺寺产，信教转失自由，深为危惧。查日人之崇尚佛教也，国日以强。观于联络蒙藏，谓俄非佛教之邦。中华虽奉佛教，不能自广其势力范围。惟彼日本，内护外护，不遗余力，近数十年得大转法轮于欧美。前清末叶，浙江三十五寺僧亦曾航海归依，嗣经自请办学，严与交涉，其事乃寝。今共和缔造，百

① 《教育部批僧界全体代表敬安等请创设佛教总会呈》，《临时政府公报》第三十七号。

政一新，无分种族、阶级、宗教，皆应有平等之观念。本会同人目击时艰，特恐民教相争，无识僧徒铤而走险，外人渔利，有失国权。爰于上月开通常会，召集全体共同讨论，修改会章，具文呈核，环恳准予通令全国人民，以政教并进，各自为谋，勿生相侵之弊害，永保完全之和平。俾中华民国佛教徒苦心修持，不预政治，以视文明。各国政教之分甚严，国家尽力保护，不稍吝惜，传为美风。我大总统诚不多让也。全体僧众，祷祀以求，不胜待命之至。①

敬安于十二月初曾前往内务部礼俗司会见该司司长杜关，要求政府下令禁止各地侵夺寺产，语多抵触，未果而身死②，时为1913年1月8日(农历壬子年十二月初二)。后经敬安诗友熊希龄(1870—1937)出面向袁世凯大总统说项，袁世凯乃命国务院转饬内务部核准中华佛教总会章程施行。熊希龄曾于1912年11月禀大总统，为敬安提出保护佛教僧众及在军中布道，禀曰：

窃维共和成立，各省秩序未尽恢复，争夺相乘，毫无人道。其故由于旧日社会腐败，道德堕落，教育未普，风俗日颓。今欲匡其不及，惟须由宗教着手，乃足以济教育之穷。前因军队布道一事，曾经面陈钧座。兹有湘人八指头陀天童寺僧敬安，道行高洁，热心救世，以国人风气浇漓，思欲振兴佛教。又因各省攘夺寺产，日本僧人乘隙而入，虑及为渊驱鱼，求政府按照《约法》信教自由，力加保护，俾得改良佛教，敦进民德，以固共和基础。将来依照日本办法，军中亦设布教僧徒，稍弭残杀抢掠之心，实于世道有裨。龄因该僧宗旨相合，用敢代恳钧座饬交内务部及各省都督加以保护，勿任摧残，不胜待命之至。③

1913年3月，道阶护送寄禅灵柩经沪至甬(宁波)，归葬天童寺之冷香塔院。

---

① 《敬安、清海等致大总统呈》(1912年11月2日)，中国第二历史档案馆编：《中华民国史档案资料汇编》第三辑《文化》，江苏古籍出版社，1994年，第705页。

② 参释东初：《中国佛教近代史》上册，台北东初出版社，1974年，第103页。当时杜某正下令调查僧产，分别官私诸目，提拔计划，并有布施为公、募化为私之说。因此，八指头陀据理力辩分别说明："在信徒为布施，在僧众即为募化，不论布施或募化，均属僧徒所有，非属政府或地方公产。"杜某因而理屈词穷，无以为对，词色转厉，意在恫吓，八指头陀愤然而出。哪知八指头陀回到法源寺，是夜息宿法源寺，即因此气愤而死。

③ 中国第二历史档案馆编：《中华民国史档案资料汇编》第三辑《文化》，江苏古籍出版社，1994年，第689页。

寄禅圆寂后，北平及沪、甬均盛会追悼。五月，中华佛教总会依会章在上海静安寺召开第一次全国代表大会，云南释虚云、江西释大椿、浙江释圆瑛等人出席，改举冶开及熊希龄为会长，清海副之，延文希为总务主任，太虚主编会刊《佛教月报》(以经费延误，出至第四期就停刊了)。至1914年1月，中华佛教总会以会长寄禅新逝，全国寺产渐趋稳定，会务废弛，文希等均离去。释东初的《中国佛教近代史》评论说，"中华佛教总会"能得合法产生，可谓是八指头陀以老命换来，佛教寺产亦赖此得以保存。八指头陀为保护寺产而牺牲，这给当时佛教界一个严重的警告，佛教非力求改革不能生存，几乎为全体僧徒所共认。

新选中华佛教总会会长一僧一俗，熊希龄被公举，系因护持佛教功高、社会声望卓著，但他公务繁忙，自然只能做挂名会长，而来自常州清凉寺的冶开法师年迈，不能到会任事，函请辞职，于是选举清海法师继任。但过了2个月，"五月，清海删去总会之'总'字，以中华佛教会之名义召开全国代表大会，无莅会者"[①]。"中华佛教会"成了有名无实的全国性佛教组织，而且也未经过全国性代表大会通过，在佛教界内部来说，成了"非法"组织。中华佛教总会是因寄禅大和尚殉教后，袁世凯政府被迫批准的，但清海法师擅自改名后，从政府方面来说，同样成了非法组织。所以次年即遭袁世凯政府解散。

1915年10月29日，袁世凯签发大总统令第66号，公布《管理寺庙条例》，明令取消中华佛教总会，规定寺庙财产"遇有公益事业之必要及得地方官之许可"可以占用；寺庙住持违反管理之义务，或有不遵守僧道清规，情节重大者，亦可"由地方官训诫，或予撤退"。如此将寺庙财产置于地方官吏管理之下，不惟开启地方官绅互相勾结兼并庙产之路，而全国僧尼更感惶惶不安。

于是，又有章嘉呼图克图、觉先及南方静波等联名上书北京政府，改"中华佛教总会"为"中华佛教会"[②]，以求变通，竟暂得延续，以期团结全国僧尼。民国三年(1914年)一月七日，章嘉呼图克图等曾在《中华佛教总会致国务院呈》中曰：

---

① 参尘空：《民国佛教年纪》，"民国三年(1914)"条，转引自张曼涛主编：《民国佛教篇》，《现代佛教学术丛刊》，台北大乘文化出版社，1978年，第170页。民国二年元月，寄禅以保护庙产事到北京内务部交涉，圆寂于法源寺。是年三月底，中华佛教总会开会，推举冶开为会长，释清海为副会长，事实上会务实权掌握在清海手中。

② 参方祖猷《谛闲法师二三事》，中华佛教总会原来在内务部注册登记，是合法的；被清海删去"总"字变成了中华佛教会，又未申请重新登记，结果由合法主动变为非法；此外，又为广大佛教徒所抵制。结果如太虚法师所说："仅留存得清凉寺(中华佛教总会办事处)门口一铜招牌了。"(《太虚自传》七。)

本会蒿目时艰，慨佛教之凌夷，感蒙藏之多事，特先邀聚全国僧众组成中华佛教总会，设立支分各部。曾蒙贵院咨行各省解释《约法》人民平等及佛教财产为佛教得有之原理，统由各该管官长切实保护在案。续又修订章程，呈请大总统鉴准发交贵院刷印，分行部、省查照保护各在案。唯是保护之先声，已风行海内，而内务部保护之咨文亦诰诫备至。并规定凡祠庙所在，不论产业之公私，不计祀典之存废，不问庑宇之新旧，均应一律妥为保存。盖当时臆造新学者，虽孔庙亦在觊觎之列，而于释、道两教为尤甚。

近据各省支分部报告，如奉天、吉林、黑龙江、直隶、山东、山西、四川、陕西、新疆等省，两湖、两广、河南、福建、云南、贵州、安徽、江苏、浙江等省，均纷纷攘夺庙寺，假以团体名义，毁像逐僧者有之，苛派捐项者有之，勒令还俗者有之，甚至各乡董率领团勇强行威逼，稍有违抗，即行禀所该管官厅严行拘捕，各僧道累讼经年，迄未得直。强半假托议会议决，并回护于抽提庙产者，盖肆行无忌，仍愿意继续勒捐，否则认为违法犯罪。凡有财产，均一律充公。去年湖南、奉天、安徽、吉林、河南、江苏、浙江各省僧徒，以此毙命者，均征诸事实。而各省僧徒流离失所相丐于道者，亦实属有徒。虚祸逆流，迭演成不可收拾之势，而暴烈分子犹腼然对怨。矧其两年，军兴之后，寻祸相仇，各庙一经军队驻扎，即可援例改为他项公所。一隅倡乱，全国骚然，讵影响所及，几邻于边省。喇嘛各庙亦有不能自保者。近如云南丽江、永宁、中甸、阿敦子、巴堂、西庄各分部报称，曾经土住汉人攘夺之庙产，虽迭由行政公署允与发还，而地方之抗罢依然如故，屡次呈请，仅发还数处，其未发还者均置若罔闻。黑暗潮流，纷然并起，虽周武紫皇时代，未有若是之甚也。

迭经分支部恳请转呈维持等情前来，查中国习惯，寺庙财产凡属于国家发帑建设，或个人与团体集资建造者，公缘信仰佛教起见，延僧管理，先已固定其财产不得作为他用。衡之民法，取与权本无稍差异。究其主从之分，仍以佛教为主，僧徒为从，其所有权已属于佛教之公团，故于处分权亦有连带之关系。前内务部咨江苏文内亦有施舍捐助，纯粹为宗教所有等到语。至理名言，实兹根据贵院前咨，互为解说。况蒙藏喇嘛各庙，多半由于国家与团体公同创建，前代利用宗教，已养成第二之天性，而专利跋扈之辈，率公因缘为奸,推翻旧制,毁庙毁像,勒捐夺产,并驱逐还俗,侵及喇嘛。种种违背人道之事,殆摘不胜屈。

章嘉呼图克图于本年五月呈请大总统,愿担任佛教总会会长,联合外蒙、西藏,箴厥迷惘。盖深知摧残佛教,蒙藏已援为口实,非于各蒙旗组立支分部,不足以维系人心,保全大局。今虽具有端倪,而争庙产风潮则有加无已,阻力横生,波旬靡既,甚非所以维持秩序,巩固国群者也。本会奉部令,有代表佛教所有权主体之资格,并有调查庙产之义务,行将实力进行,遵照法人财团兴办各项公益,以补行政之不逮,合并声明。为此,备文呈请鉴准咨行各省行政公署,罢除各项苛令,转饬所属一体查照保护。并发还喇嘛原产,以遏乱萌,而免侵夺,是为公便。此呈。①

1916年(民国五年),袁世凯做了83天皇帝迷梦,终因各方反对帝制,一气而死,但《管理寺庙条例》并未因袁氏之死而被取消。章嘉呼图克图等曾向众议院陈情,希望取消该管理寺庙条例,后经众议院议决通过请愿案,但到1917年(民国六年)国会解散,上项努力遂成泡影。1917年夏,内政部准章嘉、清海之请,修改前中华佛教总会章程,成立"中华佛教会"。而1918年(民国七年),北京政府以查旧案与《管理寺庙条例》相抵触为词,竟又命令取消"中华佛教会"。1919年(民国八年)又重行公布《管理寺庙条例》一次。1921年(民国十年),由程德全面请徐世昌总统一度稍加修改为24条,五月二十日遂公布《修正管理寺庙条例》。至此,全国佛教完全陷入无组织状态中。然而,此时佛教在社会各阶层弘法却有了一线生机。

(三)世界佛教联合会成立

弘扬世界佛教,增加国际交往,也是民国初期佛教的一大新动向。1923年7月,太虚在庐山讲经,有日、美、英等国人士参加。1924年太虚与学界名流、政商耆宿50余人,共同发起世界佛教联合会,邀请世界各国佛教学者与会,借以增进世界佛教徒的友谊,促进世界佛教文化的交流,此实民国佛教史上开新之盛举。该会受湖北督军萧耀南之助,得以在内务部立案和外交部备案,称其"事关弘扬

① 北洋政府内务部档案:《中华佛教总会致国务院呈》,载中国第二历史档案馆编:《中华民国史档案资料汇编》第三辑《文化》,江苏古籍出版社,1994年,第690—692页。

佛化，于世道人心，裨益甚巨”[①]。

1924年夏，太虚法师主持在庐山召开世界佛教联合会，是以沟通世界佛教学术及一切科哲学、宗教学为主题。中国佛教方面出席代表，则为湖北了尘、赵南山、湖南性修、江苏常惺、浙江武仲英、上海张纯一、安徽竺庵、江西李证刚、四川王肃方等10余人，日本则有法相宗长佐伯定胤、帝大教授木村泰贤博士、水野梅晓等人，其余参加者有英、德、法、芬兰等国的佛教学者。

世界佛教联合会简章说明，该会以联合世界各国研究佛学之人士，讲演佛教，传布全球为宗旨。兹将简章附录于下：

世界佛教联合会简章

第一条　本会以联合世界各国研究佛学之人士，讲演佛教，传布全球为宗旨。

第二条　本会会所设于汉口佛教会。

第三条　本会每年开暑期讲演会若干日，由本会预约各国研究佛学之人士莅会轮流讲演。

第四条　暑期讲演会设于庐山牯岭西谷之大林寺，缘比年华洋人士憩暑牯岭者甚多，借此易于联合世界各国研究佛学人士。

第五条　本会发起人及由发起人介绍加入而志愿赞助本会之进行者，皆为本会会员。

第六条　本会会员内有担任常年经费者得为会董，由会董互选会董长一人，任期二年，以提议决议本会一切应办事宜。另由本会函推名誉会董，无定额。

第七条　本会讲演事宜，由会董公请主讲一人总持之。讲演员由主讲商推，无定额。

第八条　本会设坐办一人，由会董会员中公推之。文书、会计、招待、庶

① 世界佛教联合会缮具简章呈请后，获湖北督军公署第2403号训令，令世界佛教联合会释太虚等：“案查前据该会呈请组织世界佛教联合会一案，当经复准备卷，并咨送内务、外交两部各在案。兹准内务部咨开，准咨称释太虚组织世界联合会。事关弘扬佛化，于世道人心，裨益甚巨。除复准备案外，抄具原呈简章及批复，希酌核允予立案等因，并附送原呈简章前来。正核办间，并准外交部函同前。因查该释太虚组织世界佛教联合会，拟集合各国研究佛学人士，广事宣扬，查核简章，尚无不合，自可准予备案。除函复外交部外，相应咨复查照等因，准此，合亟令行该会，即便查照。此令(民国十三年八月八日，督军萧耀南)。”

务各一人，由坐办商同会董长选任之，任期一年，连任无限。

第九条　本会会员皆有募集经常费及传布佛教之责任。

第十条　本会章如有未尽事宜，得于开会董事会时，提议修改之。

太虚法师发起成立世界佛教联合会，但在当时条件下国内佛教尚未能完全联合，何况世界联合？纵说佛教超越国界，太虚的目的，其实主要是欲以世界性而达到中国佛教联合会组织。故经过该会数次会议结果，议决事项如下：拟于1925年筹备成立中华佛教联合会，并推选代表参加明年（1925）在日本东京召开的东亚佛教联合会；世界佛教会之名称仍然保持，待东亚各国佛教愿加入时再为开会。

太虚在会上发言说："由佛教关系而起联合，既名世界佛教联合会，世界各国均可联合开会，故明年请由日本筹备开联合会，此为中日两国佛教徒及人民实行团结的开始。"是时，日本帝国提倡"中日亲善"，故而日本木村泰贤博士说："对明年在日本开会，当表接受。唯对世界名称，因没有西洋人加入，名实恐不相符。最好我们先由东亚各佛教国联合，故主张名东亚佛教联合会。倘西洋各佛教国愿加入，再名世界佛教联合会未晚。敝国人作事是一步一步的行去，若骤名世界而无世界各国加入，恐引起误会。"①于此又可知，世界佛教联合会，虽以世界为目的，实际上也是欲借佛教关系，以团结中日两国人民，安定亚洲，实现世界和平。

1925年11月，太虚法师等代表中国出席在东京举行的东亚佛教大会②，由此走上世界佛教弘化新运动的道路，后往南洋群岛继续弘扬佛法。民国时期与太虚齐名的圆瑛法师也致力于推进世界佛教新运动，曾前往日本、朝鲜、菲律宾、新加坡等国开堂说法。太虚曾邀圆瑛参加东亚佛教联合会。圆瑛于1925年10月致书太虚法师曰：

本拟偕行……诸事如麻，实难抽身，此亦无奈之何。唯是此次联合，应对东亚佛教谋一光明之目的。两国僧界，因乃同种同教之人，当如何亲善，

① 参释东初：《中国佛教近代史》上册，台北东初出版社，1974年，第283页。

② 出席东亚佛教大会的名单，中国代表19人，出家众7人：道阶、太虚、持松、弘伞、倓虚、曼殊、佛智。在家众12人：胡瑞霖、王一亭、韩德清（即清净居士）、韩哲武、徐森玉、张宗载、宁达蕴、刘凤鸣（刘仁航）、李荣祥（李子芴）、杨鹤庆、冯超如、张景南。这19人大体是出自上海、北京、武汉地区，也是当时中国佛教较兴盛之区。

如何创造一种特别之事业，不仅与佛教有关，而且与两国社会、国家，均有莫大之利益。我意要与（日本）各寺管长商议，可否将日议院所议‘亲善费’提拔一部分，在江浙闽诸省各地创办佛教大学、佛教医院、佛教日报。大学可以灌输，医院可以感化，日报可以发扬。此三者实是东亚佛教所应办之事业，望向会中提议。如表同情，再定办法。其手续当慎重，不可引起国际之交涉。我观世界科学之发达，得其利者固多，而受其害者亦不少。竞争愈烈，世界愈入漩涡，有识者早鉴及此。将来启救世道人心，自必重振佛教，而我佛教自应抖擞精神，以为一番预备。①

三 佛教文化教育事业复兴

民国初期，佛教的现代发展不仅表现在建立从全国性到世界性的佛教组织上，还反映在如火如荼的宣教和文化事业上。当国事日非、民生凋敝之时，当北伐前后庙产兴学风潮再起，佛教处于狂风暴雨之中，佛教借文化事业以维护生命于不坠。其与国家民族前途，以及中国文化宣扬、社会人心的维护，亦有重大关系。

（一）佛教院校的创办及推动

杨文会居士毕生致力于佛教事业，以其创办的金陵刻经处为中心不断发展，举凡流通佛教经论、培育佛教人才、提升佛学研究之风气等等，都一一成为民初佛教复兴之重要因素。其晚年在金陵刻经处先后兴办“祇洹精舍”与“佛学研究会”，尤对民初佛教院校之创办和佛教教育之发展有示范、推动作用。杨文会在民国建立前一年去世后，月霞法师在上海创华严大学，谛闲法师于宁波设观宗学社。杨文会门下欧阳竟无和释太虚二人，分别在民国十年（1921）后，各成立支那内学院与武昌佛学院，形成遥相呼应的声势，成为我国近代佛教教育史上的“双璧”，对当时佛教教育和佛学研究具有启发和引领作用。

① 圆瑛：《致太虚法师书》，载黄夏年主编：《圆瑛集》，中国社会科学出版社，1995年，第143页。

1. 南京支那内学院

欧阳竟无继承杨老居士之遗志，主持金陵刻经处刻经兼讲学事业。为了培养佛学研究人才，欧阳竟无于民国三年（1914）在该刻经处成立佛学研究部，聚众讲学。其后要求来学者渐多，于是在七年（1918）时，欧阳竟无与名流学者蔡元培、梁启超等人，共同发起筹建支那内学院。民国十年（1921）年底，内学院筹备处成立董事会，因得沈子培（曾植）、陈伯严（三立）、梁任公（启超）、熊希龄、蔡孑民（元培）、叶玉甫（恭绰）诸君相助，谋益扩充。在筹备期间，曾刊布支那内学院简章，其中第一条即标明："本内学院以阐扬佛法养成利世之才，非养成自利之士为宗旨。"前后经过 4 年的积极筹备，支那内学院于 1922 年（民国十一年）7 月 17 日，在南京大中桥半边街正式成立，欧阳竟无任院长，吕澂任教务主任，并具文呈报政府内务部、教育部备案。7 月 24 日，内院院长欧阳渐有致内务部呈，呈为编缮简章、细则、图表、粘具印章，呈请备案，恳予维持，并乞分咨各省知照事：

窃以教育为立国根基，而佛学又教育肝髓，其慈悲平等足以息竞化偷，其洁白贞操足以廉顽立懦，其高超思想足以产特殊人才，其穷极性理足以通物质困碍，其因果警惕足以范一般愚庸，其方便行持足以破遁世执障，利益无边，汉唐有证。然不创设学校，计业课程，则若存若亡，效力不显；更非中、大、预、特各科，次第并办，即不能成系统而资普及，乃千载绝响，全国无一，岂非可痛！

前清光绪间石埭杨仁山居士与沈曾植、陈三立等本此宗旨，已于金陵刻经处内办立佛教学校，名曰祇洹精舍，以无的款，悼惜解散。（欧阳）渐继其后，不忍遂尔寂然，现仍与办学旧侣沈（曾植）、陈（散原）等暨与新侣熊希龄、章炳麟、庄蕴宽、蔡元培等继起，而充扩之中学、大学、预科、特科，次第拟办，名曰支那内学院。凡是国内，不限籍贯。……已于八年（1919）一月设筹备处于南京双塘巷，就地函请教育厅备案，借资保护。以历年筹款艰窘，未便率尔开办。近因求学者众，皆不远数千里而来，而旧学程度与资望俱一时佼佼，又未便抑机久闭，现于学科先设研究部，事科先设编刻处。办理经年，学科、事科均有微效，复欲续拓特科生，以广造就。然对外种种，动需公牍，非刻立印章不足以资信守。所有敝院成立启用图章、继续拟办事项各缘由，相应分别缮具简章、细则、图表并粘印章式样，除另呈教育部备案维持外，理合呈请钧部备案维持，并恳转咨各直省一体知照，实为公便。再，大小院章各一颗，于本年(1922)七月十八日启用，合并声明。

| 表 5.1 支那内学院职员一览表 |

职务	姓名	年岁	籍贯	到院年月
院长	欧阳渐	52	江西宜黄	七年七月
院董	周扬烈	55	江西宜黄	八年六月
教务主任	吕澂	28	江苏丹阳	八年六月
编校主任	邱晞明	39	江西宜黄	八年六月
校勘	聂耦耕	28	云南东川	九年七月
校勘	许誉鸾	22	云南石屏	九年七月
书记	王书龄	32	云南云龙	九年七月
书记	刘赣甫	22	湖南长沙	十年十一月
会计庶务	许学荣	22	江西宜黄	十一年六月

民国十二年(1923)九月，支那内院正式开学，历时2年。初入学者16人，计有蒙(文通)尔达、韩孟钧、刘定权、谢质诚、李艺、邱仲、释存厚、释慕觉(蕙庭)、黄通、曹天任、陈经、黄金文、刘志远、释碧纯(福建籍)等。欧阳竟无、邱晞明、王恩洋、吕澂、聂耦庚、汤锡予(用彤)等人分任教授，初讲法相唯识经论。除住院缁素外，并有名流学者时来听讲，入室执弟子礼，其接引社会名流学者研究佛学，启发颇大。

民国十四年(1925)七月，扩设法相大学特科。其经费除由该院基金支出，并得熊希龄、梁任公、叶玉甫诸院董支持，呈请当时北京政府拨助，经财政部会商教育部，咨得江苏省长并训令江苏财政厅在国税项下拨1000元，作为经常费用。政府另拨助基金10万元，以江苏国税项下每月拨交1000元计算。内学院筹备过程中最为困难的经费一事，由此部分地获得解决。此为近代史上政府首次拨款补助研究佛学费用者。此外，并由僧俗共同发起劝募，若黄通如、冯超如、持松、仁山、竹庵、培安、观同、智光、范成、常惺、蕙庭、真常、宝筏、志西、存厚、又山、苇乘、彻空等。另外还得到台湾基隆灵泉寺善慧和尚及诸善信热心捐助，可谓群策群力支持此一学府。

内学院开办2年之后，政局发生变化，民国十六年(1927)起，即告中辍。根据吕澂的回忆，内学院的发展可分为四期，其中第一期从十一年到十六年止

(1922—1927),为内学院最辉煌的一期。除不断发表研究成果与编印《内学》年刊外,还曾于十四年(1925)一度成立法相大学,在韩(常)府街开辟第二院,可惜十六年(1927)夏天因军队进驻第二院而停办,第一院规模亦缩小。此后,支那内学院在艰困的环境中,仍从事讲学研究和《藏要》的编印工作,直到三十二年(1943)二月欧阳竟无去世时,在内学院研究的学者前后已达两百余人。

民国二十六年(1937)冬,因抗日战争全面爆发,欧阳居士率部分门人迁居四川江津,建成支那内学院的蜀院;民国三十六年(1947),欧阳弟子吕澂等返回南京,恢复南京支那内学院;1951 年 8 月,支那内学院改名中国内学院;1952 年国内各大学院系调整,中国内学院自行宣布解散。

支那内学院(1922—1952)前后一共存在整整 30 年,其中的前 20 余年,是由欧阳竟无居士领导和指导的。内学院在弘扬佛教学术文化方面,尤其是在研究整理佛教法相唯识学方面的重要成果,诸多建树,大都是在前 20 年间在南京取得的。后十年内院工作则由欧阳弟子吕澂主持。内学院初筹备时,吕澂就辞去上海美术专科学校教务长一职,来协助欧阳居士进行筹建工作。筹备处的另外一名得力弟子邱晞明,早年在宜黄家乡时就是欧阳渐的学生。原杨文会佛学研究会的成员之一周少猷居士,是浙江省的议员。他对欧阳居士的学问、人品十分敬重,当内学院发起筹备时,周氏辞去议员一职,亦进入筹备处襄助欧阳并任院董。

筹备处成立不久,发布了《支那内学院简章》及《支那内学院一览表》。《简章》分总纲、修业年限、学科课程等章目共 36 条。其中总纲 6 条:

支那内学院简章

第一条　本学院以阐扬佛教,养成弘法利世之才,非养成出家自利之士为宗旨。

第二条　本学院由同志之士组织之,呈报教育部备案。

第三条　本院院址设于南京城内(现正集款建筑,其筹备处暂设双堂巷十三号,移设大中桥半边街)。

第四条　本内学院分学、事二科。

第五条　学科设中学、大学、研究三部。大学部内设法相、法性、真言三大学。又,各设预科、共同补习科及特科。

第六条　事科先设行持、编刻、阅经、讲演四项，其译经、传教诸端，一俟机缘纯熟，即行添设。细则另见。

内学院分学、事二科，其中，学科设中学部、大学部及研究部三部，大学部内设法相大学、法性大学、真言大学三个专科大学，三个大学内部又相应设有预科、共同补习科及特科的架构。事科则设行持、编刻、阅经、讲演及译经、传教等等。从简章可以看出，这是一个希望将佛教研究、教学、行持以及佛教文化的传播集于一身的庞大的建校计划。虽然由于各种客观条件的限制，支那内学院日后的实际规模远远没有实现创始者的本意，但贯穿于简章中的佛教学院的现代因素，则确实给金陵城中这个具有深厚佛教文化底蕴的佛学院带来了新生命。

2. 武昌佛学院

太虚法师在佛教教育方面成就卓然，广为称誉者，则首推其所创立的武昌佛学院，此院与支那内学院同为当时全国知名的佛教学府。1922年春天，太虚在汉阳归元寺讲《圆觉经》，武汉居士参与踊跃，此时，太虚已有创办新式佛学教育以培养佛学研究人才的志愿，故于讲经之际，与陈元白、李隐尘、王森甫等人多次商议，决定设立佛学院，广培师范人才。遂成立董事会，举梁任公为院董长（陈元白代），李隐尘为院护，聘太虚法师为院长。四月初，在武昌通湘门内觅得黎少屏的住宅可作为院址，而黎君也欣然谦让，于是中旬即在院内成立筹备处。章程由创办人呈湖北军政长官及内务、教育两部备案。

经过五个月的筹备与招生后，九月一日，武昌佛学院即正式开学。入学青年，僧俗兼收。僧青年有漱芳、能守、默庵、会觉、观空、严定、法尊、法舫、量源、显教、象贤等。在家青年则有程圣功、陈善胜（后出家为净严）、宁达蕴、张宗载等，共收学生六七十名。这学期所聘教授，有空也、史一如、陈济博等。民国十三年（1924），暑期第一届毕业。是年秋又招新生，则有寄尘、机警（大醒）、亦幻、墨禅、虞佛心、苏秋涛等人。武院声望日隆，遂与内院并称，成为当时国内佛教两大学府。其对日后僧教育之发展，实富有启发与领导作用。武院还附设女众佛学院，未几即停办。

太虚法师在成立武昌佛学院时即指出，佛学院之名为其创始，课程参取日本佛教大学，而管理参取丛林规制。太虚创办佛学院的理念是为培养振兴整体佛教的人才，而不是要某宗某派的讲经法师。而事实也证明了武昌佛学院的创办，在当时佛教界独树一帜，令人耳目一新，不久即蜚声海内。据武昌佛学院第一期毕业的释法舫所记述说，该院从开学到北伐的5年间，真是具有相当规模，为名震全国、闻风向往的第一佛教学院。有人称之为“佛教的黄埔”，也并不为过誉。

在民国佛教史上佛学院之设立相当众多，这些佛学院虽办的时间有长有短，成就也有大有小，但多数都与武昌佛学院有直接或间接的关系，因为其创办人或聘请的教师，大都曾是武昌佛学院的教师或学生。而从武昌佛学院出来的一些名僧及其弟子辈，至今仍有部分在海内外主持名山大刹和各类佛学院。由此可见，武昌佛学院不仅对民国以来的僧伽教育有重大之贡献，而且对近代佛教文化事业的发展亦有相当深远的影响。

民国十五年(1926)秋季，北伐军攻至武汉，院中职员与学僧逃离星散，而武昌佛学院屋舍十之八九为军队所占据，仅由释大敬和释法舫等人住守余屋和设备，佛学院形同停顿，为其困顿时期的开始。直到民国二十一年(1932)夏天，武昌佛学院经院护与院董的积极交涉，院中驻军终于全部迁走，房屋全部收回。此时太虚法师即与法舫、李子宽、王森甫等人商议之后，决定将武昌佛学院改为“世界佛学苑”，特别是将原有图书馆加以整理扩充，改制为“世界佛学苑图书馆”。此后，武昌佛学院随即迈入另一个新的阶段。

世界佛学苑图书馆是武院的一大亮点，不仅储藏有大批经典图书，而且设有专门研究员，他们住馆从事研究，对于发扬佛教真精神及铸造将来世界新文化，以及对世界各国各民族之佛教作整理研究，其创制颇具特色，于今也可资借鉴光大。其研究工作，分为“考校”与“编辑”二部。考校，即就整个原有之经典，依照各种译语经典，作分门别类考校。编辑，即将各种文字佛典，互相翻译编制，依现代化科学方法，编辑各种丛书，使佛学适应现代学者阅读与研究。该馆研究人员对这两种工作，颇有成效。兹将世馆成员名称录于此：

表5.2 世界佛学苑图书馆职教馆员及学员履历表

任职	法名	年龄	籍贯	略历
馆长	太虚	46	浙江	
代理馆长兼考校室主任	法舫	30	河北	武院第一届及北平藏文学校毕业，曾任北平平教理院训育主任，兼教授及《海潮音》编辑。
前任编译主任	芝峰	33	浙江	武院第一届毕业，曾任闽南佛学院教务主任，《现代佛教》编辑，《海潮音》编辑。
编译系主任	大醒	35	江苏	武院肄业，曾任闽南佛学院训育主任及代理院长。

续表

任职	法名	年龄	籍贯	略历
图书馆管理员补习班教师	谈玄	36	湖南	日本密宗学院肄业，曾任闽南佛学院图书馆管理员。
图书管理员	尘空	25	湖北	本馆研究部毕业，北平教理院毕业。
事务员	慈舫	29	江苏	闽南佛学院毕业。
事务员	正安	28	江苏	闽南佛学院毕业。
文牍员	周观仁	25	湖北	文化学院毕业，曾任汉口《冷报》编辑，汉口正信会《正信》编辑。
附小学校长、流通处经理	李有秋	67	湖北	日本宏文师范毕业，曾任德安府农业中等预科校长。
流通处助理员	李子初	40	陕西	
研究员兼补习班教师	华舫	28	江苏	法界学院毕业，北平教理院毕业。
研究员	洪林	20	北平	北平教理院毕业，闽南佛学院肄业。
研究员	力定	26	江苏	法界学院毕业。
研究员	印顺	29	浙江	闽南佛学院毕业，曾任鼓山佛学院教师。
研究员	心月	29	湖北	河南省佛学院助理教师。
研究预习班学员	慧敏	21	湖北	闽南佛学院肄业。
研究预习班学员	道屏	21	湖南	南岳佛学讲习所毕业，闽南佛学院毕业。
研究预习班学员	雨堃	29	安徽	天宁一年，龙池四年。
研究预习班学员	常根	28	江苏	龙池二年。
研究预习班学员	心彝	25	江苏	天宁四年，宜兴二年。
研究预习班学员	智定	25	浙江	宁波观宗寺学社肄业。
研究预习班学员	肇启	24	江苏	超岸三年，龙池半年，高旻一年，天宁二年。
研究预习班学员	敏智	26	江苏	超岸三年，龙池二年，光孝半年，天宁一年半。
研究预习班学员	明性	30	湖南	湖南第三师范毕业。
研究预习班学员	养波	26	江苏	竹林佛学院肄业，闽南佛学院毕业。
研究预习班学员	永学	22	浙江	闽南佛学院毕业。
研究预习班学员	雨昙	22	江苏	镇江玉山佛学院毕业。
研究预习班学员	澄光	23	河北	
研究预习班学员	洗凡	22	河南	河南省佛学院毕业。
研究预习班学员	俨然	19	河南	河南省佛学院毕业。
前任书记员	绍荚	26	河南	法界学院毕业，曾任南洁佛学院教授。
前研究员	本光	25	四川	观宗弘法社及北平教理院毕业。
前研究员	寂安	26	江都	观宗弘法社毕业。
前研究员	清虚	28	河南	闽南佛学院毕业。
前研究员	心道	29	湖北	闽南佛学院毕业。
前研究员	守志	21	浙江	闽南佛学院毕业。
前研究员	寂颖	26	山东	闽南佛学院毕业。

由此观之，世界佛学苑图书馆研究员多半都来自各省佛学院，对于佛学均有相当的造就，可说集全国优秀之僧青年于一堂，从事佛学考校及编译研究。民国二十三年(1934)，《海潮音》第十五卷第七期曾出世界佛学苑图书馆馆刊，对世界佛学苑图书馆内容组织报道极为翔实。[①]

（二）僧教育的推展与各地佛学院

谈到僧教育，这是近代佛教史上一件大事。以往中国佛教，似乎只有丛林制度，并没有什么僧教育的名称。太虚法师曾在一篇文章中分析僧教育会之缘起，不仅关涉僧界"自动兴学"，而且演变为全国佛教组织的成立。[②] 所谓僧教育，实乃指佛学院教育而言。其起源于清光绪二十四年(1898)，亦即康、梁倡导变法维新的那一年。因为变法维新，首在创办实业，开办学堂，培育人才。因为筹办学堂，苦于经费无着，便有湖广总督张之洞写了《劝学篇》一文，上奏朝廷，力主庙产兴学。于是引起地方官绅勾结攘夺寺产、霸占寺庙的风潮，遭到全国佛教界一致抗议反对。而杭州境内竟有30多所寺院因为寺产失去保障，投靠日本净土真宗派求其保护，遂引起中日两国外交上纠纷。经双方交涉结果，清廷一方面要日本放弃保护中国寺庙，另一方面始允许佛教界自兴学校，自保寺产，并颁令保护佛教，这便是开创僧教育的缘起。[③]

民国诞生，因革命浪潮冲击，迫使佛教僧徒觉醒，非迎头赶上时代，兴办僧教育，造就僧材，利济社会，就不足以保护寺产。太虚与仁山两位僧青年，首先倡议改革金山寺丛林为佛教大学。因改革丛林制度时机未熟，故中途饱受挫折，但已使全国佛教界惊醒，非有足够的新知识，便无法使佛教在未来社会中发挥大作用。与此同时，民国初年的政界显要及社会名流学者，纷纷倾向佛学，从事佛学

---

① 参释东初：《中国佛教近代史》上册，台北东初出版社，1974年，第259—264页。

② 参太虚《三十年来之中国佛教(1907—1937)》："中国在三十年前，因感外侮有变政兴学之举，所办新学往往占用寺宇，拨取寺产，激起僧众反抗，由联日僧以保护引起外交，乃有使僧界自动兴学，自护寺产，另立僧教育会之明令。浙江之寄禅、松风、华山，江苏之月霞，北京之觉先等，南北呼应，为当时组设僧教育会而办学堂之僧界领袖。笔者亦适于距今三十年之秋，随寄禅长老参与宁波及江苏各僧教育之成立……入民国后，由寄禅长老领导全国僧教育会改组成中华佛教总会于上海。"转引自张曼涛主编：《民国佛教篇》，《现代佛教学术丛刊》，台北大乘文化出版社，1978年，第320—321页。

③ 开僧教育之先河者，先有"僧界巨子"亚髡(名文希)于光绪三十二年(1906)在扬州天宁寺创办普通僧学堂，入学僧青年有仁山、智光等20余人。此为中国佛教近代史上第一所僧学堂，后由于文希被诬告勾结在日本的革命党人，遭逮捕而停办。继之而起者为南京僧师范学堂，系江苏省僧教育会创设于宣统元年(1909)，相继聘请月霞、谛闲主任教务，入学僧青年有仁山、太虚、观同、智光等，辛亥革命成功时停办。参见《佛学丛报》1912年第1期。

的研究。若康有为、章太炎、梁漱溟、梁启超等等,都竭力提倡佛学。章太炎在《告佛子书》中说“佛法已由缁众流入居士”,相形见绌,显现僧教育落后,僧材缺乏。遂使佛教僧徒有一共同的感觉:果欲维护寺产,避免遭受摧残,唯有火速兴办教育事业。

从民国三年至民国三十三年(1914—1944),这30年之间,各省丛林寺院相继兴办僧教育,如同雨后春笋一般兴起,全国不下三四十所,遍及江、浙、闽、鄂、湘、皖、陕、冀、川等省,已使佛教教育由宗派式丛林教育,进入现代学校化之僧教育,这是我国佛教教育史上一大转折点。①

(三)佛教典籍的大量出版

近代杨文会居士一生投注于刻经事业,至死不渝,长达45个年头。按杨文会晚年手订《大藏辑要》的目录,其生前刻印完成的藏经,约在2 000卷之数,而刻经处流通出去的佛书有100余万卷,佛像10余万张。除了金陵刻经处外,传统寺院刻印流通佛经之处,还有江都之扬州刻经处、江北砖桥之法藏寺刻经处、常州天宁寺刻经处,以及杭州、宁波、四川等处,这些刻经处从清末到民国时期,逐年刊印的经书也颇为丰富。清末以来,随着西洋新式印刷技术的输入,以及民众对于各类书籍的需求大增,国内的出版业呈现出不同以往欣欣向荣之风气。民国以后,佛教能利用新的印刷技术,使得《大藏经》、一般佛书或是佛教期刊,都如雨后春笋般地出版发行,为民国佛教的复兴提供了催化的作用。例如,根据1935年(民国二十四年)上海出版的 *The Chinese Year Book*(《中国年鉴》)记载,当时全国已分别设立了68家佛教出版社和流通处,由此可略窥民国年间佛教出版之兴盛。

在《大藏经》出版方面,传统雕印与现代印刷的出版方式同时进展,使民国时期《大藏经》的数量,均是以往各朝代所无法相比的。从1913年释宗仰出版《频伽藏》起,迄1949年,国内陆续出版的《大藏经》,或全藏,或藏经选辑,共计有:铅印的《频伽藏》、金陵刻经处雕印的《大藏辑要》、影印日本续藏经的《卍续藏经》、支那内学院刊刻辑印的《藏要》、影印宋版的《碛砂大藏经》、重印清版的《龙藏》、影印金藏选辑的《宋藏遗珍》、铅印编译的《普慧大藏经》等。我国近代《大藏经》有如此丰硕的出版成绩,而且是在佛教濒临诸多危机、国内战火不断的时代中完

① 参释东初:《中国佛教近代史》上册,台北东初出版社,1974年,第205—216页。

成，实在令人十分赞叹。

民国成立后，《大藏经》的出版成绩确实令人刮目相看，而一般佛教书籍的出版成果亦很可观。韦尔慈即指出，除了传统的佛经之外，民国以来所出版的佛教书籍之类型，大致可分为五种：一是著名法师的经论讲记；二是经典的白话语译；三是佛教义理的解说与劝行；四是经典的节录与佛法的摘要；五是佛教历史的研究著作。而属于当代的僧侣传记和寺院山志，却是相当稀少。至于在出版佛教书籍的机构中，以上海有正书局、医学书局、苏州弘化社和上海佛学书局这几处，在规模与数量上成绩可观。

1. 狄楚青创设上海有正书局

有正书局为狄楚青创设，主要发行南京金陵刻经处等经坊的佛经图书。在民国初年濮一乘主编的《佛学丛报》上，每期都登载有正书局发行的佛经流通所书目和南京经房图书价目。有正书局位于上海望平街，并在上海海宁路开办有正印刷所。又在北京琉璃厂和天津东马路设有正书局（分局）。而《佛学丛报》的编辑所就设在上海望平街有正书局内。第十二期《佛学丛报》对有正书局佛经流通书目做了汇总，并说："自嘉兴楞严寺书本藏经毁于兵燹，研究佛学者苦乏善本，池州杨仁山居士于前清时，会同扬州等处经房刊刻藏经，垂四十载，校刻精好，久已风行海内。本处特总汇各处，有如金陵、常州、扬州、苏州、杭州、长沙各经坊善本，概行购至一处，以便四方购阅。"由此可知，有正书局在民国初期佛经流通方面，贡献良多。

2. 丁福保开办医学书局

光绪三十四年（1908），丁福保于上海开始行医，并开办医学书局，刊印医书，推广医学。不过丁氏在行医、印书之余，还广购佛学书籍，作深入的研究，而于民国九年（1920）起，开始印行其所编辑的各类佛书，合起来命名为《佛学丛书》。丁福保所辑的《佛学丛书》，计有佛学入门书 13 种、最易入门之经典 8 种、净土宗经典 6 种、法华三经 4 种、般若部及禅宗 6 种、辞典类 6 种、新出各经典 11 种，可谓洋洋大观。在丁氏众多的著作中，流传最广、最为人所称道的，就是《佛学大辞典》。这是国人最早自行编纂的一部佛学辞书，出版迄今，一直是佛学研究者案头必备的工具书。此书于民国初年开始着手搜集资料，并参考日本佛教学者所编撰的各种佛学辞典，经过 8 年的编纂校订，民国八年（1919）才告完成，十一年（1922）正式出版。这部辞书收有辞目 3 万余条，全书 360 余万言，3 000 余页。

佛学辞典的出版，让佛教的新旧学人有个参考和入手之处，对佛学教育的推广和佛学研究的发展，着实帮助不少。

3. 印光倡设弘化社

民国以来，对于佛书印赠事业的推动不遗余力且影响深远者，首推印光法师。印光早于民国三年(1914)时，即向上海有正书局的创办人狄楚青倡议流通清雍正皇帝所著《拣魔辨异录》，而狄楚青则将此书石印 1 000 部，开启了印光佛书印赠事业的序幕。自民国十一年(1922)起，印光就专为刻印善书和佛经多次亲赴上海、扬州、苏州、南京等地，而这段时期印行的净土经论与善书近百种，刊印之数达数 10 万册，均普遍赠送，近代佛教的净土宗风因而大盛。

民国十九年(1930)二月，印光当时在上海，欲到苏州报国寺闭关，临行之前，将纸版近百种和已印好的佛书数万册，交付太平寺之释明道，示意他能创办一个刊印流通佛书的机构。明道本着印光的意旨，与王一亭、关絅之等居士商议，筹设弘化社，先在上海觉园佛教净业社设置流通部，订立流通办法，分为全赠、半价、照本三种。后来业务不断扩大，遂将流通部更名为弘化社，正式宣告成立。二十年(1931)时，弘化社迁至苏州报国寺。直到二十九年(1940)十一月印光圆寂后，觉园法宝图书馆成立“印光大师永久纪念会”，复将弘化社自苏州迁回上海，设在法宝图书馆内。该社主要流通印光历年所印净土宗经书 30 余种，同时编印流通《印光法师文钞》《印光大师嘉言录》《印光大师文钞精华录》等。弘化社在印光的主持下，印赠佛书的数量不下数百万册，对于社会民众起信佛教(净土)的推广，具有重大的影响。

4. 上海佛学书局

上海佛学书局创办于民国十八年(1929)，是由上海热心佛教的居士王一亭、范古农、李经纬等人发起成立。起初局址设于上海闸北宝山路界路口，继又迁至胶州路愚园路上，为中国近代规模最大的一所专门编辑、刻印和流通佛教典籍的出版机构。上海佛学书局创办后，以铅字排版大量出版佛书，成为全国佛教书刊的供应中心，对佛教的出版事业产生了历史性的革新。《上海佛学书局概况》中称赞曰：

自清末杨文会先生创刻经处于金陵，维扬、毗陵相继奋起，雕刻渐众，……甚至国内各大书肆，亦常有佛学书籍之出版，是可见佛化运动已渐为国内学界所留意。……虽然，吾人尚以为其间有一缺点焉，即各地佛经流通处多因循旧习，甚少新猷。印刷流通，各行其是，无伟大之规模，无精密之计划，无组织、无联络。求其容纳众流，包罗一切，集全国各处佛经于一地，合编辑、印刷、流通为一事者，不能不推本局为创始。①

（四）佛教宣传刊物的发行

民国年间佛教文化事业普遍兴起，而其中出版业的新宠儿——佛教期刊的发行，更是蓬勃发展，对于近代佛教文化的传播沟通有很大影响。释法舫在20世纪30年代对当时佛教期刊出版的情形，指出："佛教在这个时代，想做广大的发展，必须要宣传；现在是科学时代，宣传工具和宣传物品，极为容易，不但印刷经典便利，就是各种的宣传也极便利。现在中国佛教的宣传刊物，杂志、日报虽不多见，却是日有进步。"在谈到1936年的中国佛教状况时，法舫又特别表彰致力佛教文化宣传的出版物，他说："今日的世界是动态的世界。这个动态世界的运转，有无量数的推动力；在一些推动力里，要算是文化的推动力最为强大。因为文化是人类文明的因素，因此之故，一个国家或一个民族的进步发展，都要依赖着它的文化的推进。那么，佛教事业的扩大推行，开拓其教化区域或吸引其归化信徒，其唯一的方法，便是佛教文化的宣传了。这一点，从佛陀说法以后的历史的表现，都可以看得很明白的。今日的时代需要，佛教是更应当作强速地宣传工作了。宣传物的久远性，就是所谓法宝流通；宣传物的普遍性，就是新刊物的印行。这两类的宣传物，在一九三六的中国佛教界里，较之过去，是有相当地进步的。"②

由于以办期刊方式来弘扬佛法，宣传佛教教理、评论佛教时事，均可不受时间、地点、人员等等条件的限制，因而受到广大佛教徒的热忱欢迎。这些佛学刊物出版后，对于宣传佛教义理，推广佛教信仰，甚至于开展国内外佛教文化交流等方面，都起了十分重要的作用。

① 参见释东初：《中国佛教近代史》上册，台北东初出版社，1974年，第251页。

② 法舫：《一九三〇年代中国佛教的现状》及附录《一九三六的中国佛教》，载张曼涛主编：《民国佛教篇》，《现代佛教学术丛刊》，台北大乘文化出版社，1978年，第147、156—157页。

民国以来,佛教界先后创办的佛教刊物遍及全国各地,不下百余种①,一方面纠正社会人士对佛法之误解,另一方面使佛教徒认识自身所负弘扬佛法的责任。其中有日报、旬刊、月刊和年鉴等等(据日人考据多达400余种),然而绝大多数维持的时间并不长久,以二三年者居多。创办最早者,为民国元年(1912)上海创刊的《佛学丛报》;继之而起者,则为民国二年(1913)的《佛教月报》;而创办时期最长的,是民国九年(1920)由太虚法师所创办的《海潮音》月刊;最具学术价值的,首推支那内学院1922年的《内学》年刊。

兹将影响较大的各刊物创刊及主办人,发行期数,列表如下。

表5.3 民国时期佛教报刊一览表

刊物名称	主办人	创刊年月	刊期	发刊地址	期数
佛学丛报	濮一乘 狄楚青	民国元年(1912)10月	季刊	上海爱而近路	仅出十二期
佛教月报	太虚	民国二年(1913)	季刊	上海赫德路十九号	仅出四期
觉社丛书	太虚	民国七年(1918)	季刊	上海	仅出五期
觉世日报	觉先	民国九年(1920)	日报	北京象坊桥观音寺	历十余年
海潮音	太虚	民国九年(1920)	月刊	杭州	五十五年
世界佛教居士林林刊	上海居士林	民国十一年(1922)	季刊	上海新生路国庆路口	不详
内学院院刊	欧阳竟无	民国十二年(1923)	年刊	南京支那内学院	仅出四辑
佛化新青年	张宗载 宁达蕴	民国十二年(1923)	月刊	北京	不详
佛化报	汉口佛教会	民国十三年(1924)	十日刊	汉口佛教会出版	不详
佛教新闻	不详	民国十六年(1927)		四川成都	历二十年
无畏周刊	悲观	民国十六年(1927)	周刊	汉口	仅出四期
法海波澜	仁山	民国十七年(1928)	季刊	镇江金山观音阁	不详
现代僧伽	大醒	民国十七年(1928)	半月刊	厦门南普陀寺内,后改为《现代佛教》	历经五年
中国佛教	宁达蕴	民国十七年(1928)	旬刊	南京	不详
佛化随刊	佛化社	民国十八年(1929)	月刊	陕西中山街九十号	不详

① 黄夏年指出,中国佛教界融入时代潮流,始终把传承文化、促进文化交流与发展视为己躬大事,做出显著成绩。据不完全统计,仅1912—1949年,我国两岸四地(大陆、台湾、香港、澳门)、日本、新加坡、缅甸等地的佛教团体创办的汉文佛教期刊近二百种。民国时期出版的佛教刊物很有特色,主要表现为数量多、参与面广、内容繁杂、有个性,反映了佛教界各种不同势力和不同组织的要求,因此很值得研究。就数量来说,百年来还没有一个确切的统计数字。参黄夏年主编:《民国时期佛教期刊集成》第1卷,全国图书馆文献缩微复制中心影印,2006年,前言第1页。

续表

刊物名称	主办人	创刊年月	刊期	发刊地址	期数
晨钟	不详	民国十八年(1929)	月刊	常熟兴福寺	不详
般若	不详	民国十八年(1929)	月刊	重庆滴水岩极乐精舍	不详
佛教月刊	山西省佛教会	民国十八年(1929)	月刊	山西省佛教会版	不详
弘法月刊	谛闲	民国十八年(1929)前	月刊	宁波观宗寺弘法社	
朝鲜佛教	不详	民国十八年(1929)前	月刊	朝鲜京城府寿松洞四四香地	不详
威音	顾净缘	民国十八年(1929)间	半月刊	上海麦根路麦根里850号	仅四五年
佛学杂志	不详	民国十八年(1929)前	月刊	英国伦敦佛学会	不详
正信周刊	不详	民国十八年(1929)前	周刊	汉口佛教正信会	不详
南瀛佛教	不详	民国十九年(1930)前	月刊	台湾总督府文教课	不详
佛事报	不详	民国十九年(1930)前	月刊	香港大墺十八屿山宝莲寺	不详
佛教旬刊	不详	民国十九年(1930)前	旬刊	四川文殊院佛教会	不详
大云	不详	民国十九年(1930)	月刊	浙江省绍兴泥墙弄十一号	不详
法雨	不详	民国十九年(1930)前	月刊	常熟支塘	不详
觉海	不详	民国十九年(1930)前	旬刊	贵州省佛教会	不详
佛化周刊	居士林	民国十九年(1930)前	周刊	泰县佛教居士林	不详
大佛学报	可端	民国十九年(1930)前	不定期	扬州长生寺	不详
灵泉通讯	不详	民国十九年(1930)前	不定期	四川省佛学社	不详
佛教评论	常惺	民国十九年(1930)	月刊	北平柏林教理院	不详
慈航画报	刘仁航	民国二十年(1931)	不详	上海法租界内	不详
人海灯	芝峰	民国二十二年(1933)	月刊	先在厦门南普陀，后移潮州、香港发行。	仅历二年而止
北平佛教月刊	不详	民国二十二年(1933)	不定期	华北佛教会出版	仅历一二年
佛学	佛学书局	民国二十三年(1934)	半月刊	上海佛学书局	不详
净土月刊	大醒	民国二十三年(1934)	月刊	武昌千家街佛学	不详
佛教公论	慧云	民国二十四年(1935)	月刊	厦门闽南佛学院发行	仅历一二年而止
佛教日报	范古农	民国二十四年(1935)	日报	上海佛学书局发行	历经一二年而止
微妙月刊	不详	民国二十六年(1937)前	月刊	上海菩提学会	不详
佛教月刊	不详	民国二十六年(1937)前	月刊	天津解行佛学社	不详

续表

刊物名称	主办人	创刊年月	刊期	发刊地址	期数
佛海灯	不详	民国二十六年(1937)前	月刊	沙市佛教居士林	不详
佛教与佛学	不详	民国二十六年(1937)前	不定期	星洲转道学院	不详
觉有情	佛学书局	民国二十六年(1937)后	月刊	上海佛学书局	不详
觉音	不详	民国二七、八年间(1938—1939)	月刊	香港佛教出版	不详
狮子吼	巨赞	民国二十八年(1939)	月刊	南岳衡山	不详
中流	东初	民国二十九年(1940)	月刊	镇江焦山佛学院	历六年止
妙法轮	震华	民国三十二年(1943)	月刊	上海玉佛寺	不详
世间解	续可	民国三十四年(1945)	月刊	天津解行佛学社出版	不详
觉群	太虚	民国三十五年(1946)	周刊	上海玉佛寺	不详
香海	不详	不详	不详	不详	不详
佛教文摘	不详	民国三十五年(1946)	月刊	无锡佛教文摘社	不详

清末以降，在“中国佛教复兴之父”杨文会的引领下，于佛典的整理与出版、佛教教育的兴办和佛学理论之研究等方面，都做出了有目共睹的丰硕成果与巨大贡献。特别是杨文会在金陵刻经处办校兴学，不仅培养了中国近代佛学界的俊才英杰，亦使佛学研究中心由缁众转向居士，由僧界走向社会，进而使得居士在近现代佛教史上居于重要的地位和作用。近现代佛教在居士的参与下，一改社会对于佛教的刻板印象，加速了佛教复兴的步伐，在佛学研究、佛书出版和佛教社团组织等三方面的发展上，表现极为杰出。在佛学研究方面，民国以来佛教界出现了一批知识阶层出身的佛教居士，他们学识渊博，信仰虔诚，与政界学界、工商界关系紧密，活动能力强。这些居士学者，除了组织各式各样的社团从事弘法活动外，最大的贡献是建立佛学教育之机构，开展多方面的佛学研究。例如欧阳竟无所领导的南京支那内学院，乃民初佛学研究的重镇，为僧俗各界所公认。

第二节
民国佛教的整理改良活动

庙产兴学风潮影响近现代中国佛教非常深远，持续至抗战前夕，从未止息。这既反映了近现代中国社会急剧转型的过程中，对中国宗教的要求发生了很大变化，也说明了旧式佛教寺院已不能适应近现代社会，因而从反面倒逼，促使僧尼从事生产自救及兴办社会教育、公益慈善等事业。庙产兴学可谓是民国佛教革新的最重要原因之一，而民国佛教的改良活动与革新是紧密联系在一起的。南京国民政府建立后，发生几次有历史意义的整理改良佛教的活动，标志着佛教在这个时期的变化和进步。

一 20世纪30年代前后的佛教形势

南京国民政府建立之初，宗教政策尚未定一，佛教仍然危机重重，面临诸多挑战，以致出现一些复杂的变化。如1927年3月，广东省政府饬广州市政厅将所属不规则之尼庵悉予没收。7月，浙江省政府通令禁止男女青年出家，20岁以内僧侣一律还俗；又省党部改组委员会通令各县党部解散僧道团体、取消佛化社等。其他各省县也常有寺产被占、僧侣被辱的情况发生。1927年夏秋间，浙江省府有逐僧之议。上海程雪楼、施省之、王一亭等人，组织"佛教维持会"，向当局呼吁制止。时弘一法师在杭州，亦致书有关当局，推荐由太虚与弘伞等出为"整理"佛教。最突出的事件有二：

其一是1927年国民党将领唐生智在湖南打着革命的旗号，推行所谓的"佛化运动"。是年一月，湖南"佛化会"及"民众佛化协会"游行达万人以上，大呼"拥护佛化即拥护革命"口号。6月，湖南佛化会四众，由唐生智指导讨论"整理僧制，统一佛化"，拟建僧园数千，僧众一律迁入，衣食等概由供给，所有各寺产业概归"佛化会"所有，勒令各佃户向佛化会投佃，并请僧众推选代表加入湖南省民众会议。"佛化会"召集全省僧伽大会，拟改服装为党制，另加特种标记以便识别，寺院改为工业合作社,方丈制改为委员制。8月,唐生智将各寺产收归湖南佛化会统收统支,各寺院住持顿受拘束,群起反对。唐复召集佛教四众演说,谓“本人对佛教以身心性命护持,但不是保护和尚吃饭,是要真能修念佛法,使秽邦变为净土,如有不遵,绝不宽容”。然唐生智奉传承日本世俗化佛教的顾子同(法名净缘)为师,在军中大肆渲染日本佛教,致拘僧映清等12人下狱,南岳僧素禅(又名漱芳)被枪毙。

其二是1927年“基督将军”冯玉祥统领的西北国民革命军,在河南以打倒封建迷信为号召,公开消灭佛教,没收白马寺、少林寺和相国寺等寺院的庙产,勒令30万僧尼还俗。1928年2月,冯玉祥下达命令,开封之相国寺、龙亭救苦庙等,被改为中山公园、中山市场及救济院。河南省政府通令处置寺庙财产,将各县所在地之寺观庙宇改建兵房,资产办理中学等。受河南事件影响,1928年10月26日,湖北省民政厅颁发取缔僧道通告,劝各地僧尼力自振作,利己利人,宜兴办学校、医院、义仓、工厂等。

面对如此乱象,太虚、仁山、圆瑛等知名僧人,或以个人名义,或以联名方式,向刚成立不久的南京国民政府陈说河南、陕西、甘肃等省查封佛教寺院,没收庙产,迫害僧尼的实情。在江浙佛教界的反对、请愿、呼吁浪潮中,国民政府认识到佛教为汉、满、蒙、藏等多数民族的信仰,“摧残佛教,无疑摧残民众对政府的信心,并动摇边疆民族向心力”。加上长达5年之久的“非基督教运动”刚刚平息,如果因庙产兴学问题,再引发全国范围的反本土宗教运动,结果吃亏的肯定是国民党。因反佛教而导致边疆民族与国民党对立,继续反基督教而可能引发西方列强干涉国民政府内政,甚至可能诱发外交冲突。这两个严重后果,国民党都不愿看到。因此,其不得不向民众表明保护宗教信仰自由的态度。①

面对当时波涛汹涌的对宗教不利的社会氛围,南京国民政府一些领导人积极通过合法途径,提案保护宗教。1927年5月,伍朝枢在国民党中央第九十三次政治会议上,提议保护宗教团体。国民政府专门为此发出训令,不得“利用任何势力压迫或侵害中外人民信仰之自由”。国民政府颁布第64号训令称:

> 据本府秘书处转陈中央执行委员会秘书处函开:案准贵处函,奉常务委员交下张委员之江,钮委员永建,为请求实行信仰自由,取消反对基督教及

① 李尚全:《当代中国汉传佛教信仰方式的变迁》,甘肃人民出版社,2006年,第117页。

反对各教等口号提案一件。奉谕送中央党部，转抄同提案，函达查照等由；准此，查十六年五月十三日中央政治会议第九十三次会议，关于伍委员朝枢提出上海余日章等请求保护宗教一案，曾经决议咨国民政府训令民众，不可误解打倒帝国主义，而以排外排教之性质，利用任何势力，压迫和侵害中外人民信仰之自由等语在案，是本党对于信教自由，已有明白之主张。凡关于宗教事件，自可查照该决议案办理，似无再行核之必要。准函前因，除函复政治会议外，相应函复贵处，即希查照，转陈为荷等由。理合转陈鉴核等情。据此，除分行外，合行抄发原稿提案，令仰查照办理，并转饬所属，一体知照，此令。[①]

1927年秋，蒋介石第一次下野时，电请太虚法师到奉化溪口雪窦寺为之讲《心经》。[②] 1928年3月，张之江、钮永建在国民党中央政治会议上，提出实行信仰自由、取消反宗教口号案，中央执行委员会秘书处并国民政府复函准之。1928年6月23日，蒋介石又打电报邀请在上海发起"全国佛教徒代表会议"的太虚法师来南京。翌日，他们共游汤山。太虚法师与蒋介石谈及："佛学为世界人类最高理想之表现，其救世之精神，非其他学术宗教所可及。必适应时代之思潮、国民之生活，方可推行无阻。际此训政伊始，百度维新之际，最好能组织一能统一僧俗两界之佛学团体，俾收民富国强，政修俗美之效。"[③]蒋介石赞同太虚的主张，并"作函介绍，往晤谭组安、蔡孑民、钮惕生、薛子良（笃弼）、王儒堂（正廷）、李协和（烈钧）、张子眠（静江）诸氏，洽商进行"。

在蔡元培、戴季陶等人赞助下，太虚法师和李子宽、黄忏华等人在南京成立"中国佛学会"。1928年七月二十八日，太虚法师于南京毗卢寺，成立"中国佛学会"筹备处，开预备会三日。初拟称中国佛教会，以蔡孑民、张静江等人，谓此时不便提倡宗教，而以设立佛学会为宜。至此，南京国民政府下，中国佛教始有正

① 中国第二历史档案馆编：《中华民国史档案资料汇编》第五辑第一编《文化》，江苏古籍出版社，1994年，第1070页。又参释东初：《中国佛教近代史》上册，台北东初出版社，1974年，第132—133页。

② 1927年8月12日，蒋中正首次辞职下野。九月，蒋中正电邀太虚游奉化雪窦寺，九月九日太虚抵雪窦，与蒋氏长谈竟日。因相偕（及吴礼卿，张文白）游千丈岩。翌日（十日）中秋，太虚寓溪口文昌阁，相与赏月，并为蒋氏夫妇（蒋经国之母）及张吴等略说《心经》大意。太虚即景赋诗，有"千古相知有明月，一生难忘是中秋"句。"国民政府下之佛教，得以从狂风暴雨中复归安定，确与此夜此人有关。"十一日，太虚返宁波，致函申谢，并告以赴欧美游化之意。蒋氏因嘱陈果夫，以三千元为助。（参释印顺：《太虚法师年谱》，宗教文化出版社，2000年，第239页。）

③ 释印顺：《太虚法师年谱》，宗教文化出版社，2000年，第257页。

式组织雏形。这说明，南京国民政府里西化了的官员仍然以反传统为时尚，并把佛教定性在封建迷信的范畴之内，但碍于蒋介石给太虚法师的“面子”，只能组织“中国佛学会”，不宜组织“中国佛教会”。具有讽刺意义的是，虽然佛学会与佛教会只有一字之差，但在南京国民政府西化了的官员眼里，“佛学”属于科学研究的范畴，而“佛教”则属于封建迷信的范畴。不过，“中国佛学会”的成立，为“中国佛教会”的成立铺平了道路。

在这一时期中，蒋介石、戴季陶、何应钦等人还亲自赞助修复洛阳白马寺、香山寺、开封铁塔寺、云冈佛窟、龙门石佛，以及送僧人出国留学。1936 年 2 月，蒋介石通令“各部队不许进驻寺庙”，“已驻入者速行迁移”。[①]

南京政府在扶持佛教的同时也加强对佛教寺庙的管理。1928 年 4 月，风传国民政府内政部部长薛笃弼又有提庙产兴学之举，邰爽秋且有具体方案，提交全国教育会议。这激起江浙佛教联合会积极运动反对。太虚法师对于邰爽秋庙产兴学运动“打倒僧阀，解放僧众，划拨寺产，振兴教育”之主张，修正为“革除弊制，改善僧行，整理寺产，振兴佛教”。杭州佛教会代表惠宗、弘伞、却非等人，致电蒋总司令，得复：内政部对于佛寺仅希望“整理改良”。薛笃弼内长在复函佛教会中称言：

> 查信教自由，载在党纲，本部在国民党指导下，自觉遵照党议，努力奉行，以期无稍违误。贵会乍见报纸所载无稽之谈，辱承驰电见教，此殆激于护教热诚，而未详加考询所致。本部成立未久，关于内政设施，方且征询国人意见，积极筹划，不敢稍涉孟浪。来电所称改僧寺为学校及薄于佛教云云，此等传闻殊属离奇。笃弼鉴于吾国国势之不振，以为信仰佛教固属国民自由。唯不应仅为僧侣博衣食之资，及为少数信徒精神所寄托，应将我佛博爱平等、坚苦卓绝之精神发挥光大，使社会人类均得受其指导，蒙其利益，即具有感化人心、转移风气，改良社会、改造国家之效用，方不愧为真正佛教之信徒。若徒以烧香膜拜、邀福免祸相号召，不唯无益于社会，仰且有失佛教慈航普度之本旨。

于此，薛笃弼显然不满意佛教“仅为僧侣博衣食之资，及为少数信徒精神所寄托”，而其中寓有劝导佛教进行积极整顿、改良之善意，故此他拿当时中国的耶

---

① 参张曼涛主编：《民国佛教篇》，《现代佛教学术丛刊》，台北大乘文化出版社，1978 年，第 194 页。

教来与佛教作比较：

> 耶稣亦宗教之一，固不敢谓其尽善，但耶教徒踪迹所至，不惮梯山航海，披荆斩棘，冒险猛晋，或设学校，或设医院。虽极荒秽之区，一经彼教整理，即可变为净土；极顽固之俗，一经彼教诱导，即可逐渐改良。所以我国信耶教者，妇女多知放足，儿童多能读书，是其明征。其组织之严密，愿力之宏毅，与年俱进，尤堪惊异，而其国势亦随其宗教而膨胀。然愚犹以为基督教徒应有进一步之觉悟，本耶稣舍身救世之精神，联合全世界之永久和平，则基督教徒方不致被人指为'帝国主义文化侵略之工具'，而使耶教日趋于式微。返观吾国之信仰佛教者，上焉者独善其身，其次者不过借寺庙为生活之资，下焉者甚且以庙宇为藏垢纳污之所，以较实行救世、确有精神之宗教，则更瞠目乎后矣。

以此，薛笃弼对国人信仰之佛教者提出两大希望："一是应负有整顿佛教，改良佛教之责。本旧有佛教之精神，察世界进化之潮流，努力改善，发挥光大，以拯救中国民族、挽回中国国权、免除远东战祸、促进世界和平为己任。二是不应仅为消极之信仰，并应进一步努力作积极之工作，即自动的按庙宇原有之房屋田产多寡，兴办各种学校或平民图书馆，或平民医院，或平民工场等。既不悖我佛教救济众生、诞登彼岸之旨，又可上益国计、下益民生，而亦可以钳制讥讪僧侣为不劳而食者之口。"薛笃弼以为，"必如是而佛教始可昌明，佛教始能得全国人民之真正信仰，始对于世界人类有无量之功德。否则，纵无人主张改寺庙为学校，恐佛教自身亦必日趋于灭亡之路也。"①

---

①《内政部长薛笃弼致佛教会复函稿》(4月18日)，此篇函稿不止反映了佛教当时的状况，且对基督教、和民间信仰有所涉及，实际上是南京国民政府时代对各种宗教信仰施政的重要文献材料。其对国人信仰多神教亦表示意见如下："愚意以为人民信仰因(应)以自由为原则，而对于涉及迷信、障碍人类进化之不正当信仰应加以干涉，其有功国家社会之古圣先贤，在历史上、文化上有崇拜之价值者，并应加以指导，如认为其人功业学问足资模范者，应摘其功业学问可作纪念之点，大书特书于其庙宇内，以表彰其事功，或绘为壁画，以集中民众之信仰。如立关羽庙，应使民众知系纪念关羽之义烈，崇拜其富贵不能淫、威武不能屈之精神；如立岳飞庙，应使民众知系纪念岳飞治军之严明，崇拜其精忠报国，不怕死，不爱钱之精神。若在历史上毫无根据，或功业学问一无足称，或本诸稗官小说，或本诸齐东野人，如世俗之所崇拜之土地财神，传瘟送痘送子诸神，以及狐仙蛇神、牛头马面之类，徒供愚妇愚夫之号召，自应列为淫祀，严加禁止，以正人心。笃弼厚爱佛教，自信不让于诸公，唯不愿使其常此式微，沦胥以亡耳。兹承垂询，特为详述，鄙见有无可采之处，尚希指正，无任感祷。"见中国第二历史档案馆编：《中华民国史档案资料汇编》第五辑第一编《文化》，江苏古籍出版社，1994年，第1071—1073页。

于是，在南京政府引导下，民国时期的佛教从事公益慈善事业较为兴旺。仅1928年10月在北平一带，就有“善果寺设立第一平民小学校，夕照寺设立第二平民小学校，招花寺设立工读学校，净业寺组织贫儿工艺院，嘉兴寺增设贫民纺织厂，永泰寺等办女子工读学校”[①]。1929年南京政府颁布《寺庙管理条例》规定：“寺庙得按其所有财产之丰绌，地址之广狭，自行办理……各项公益事业一种或数种。”1932年9月，内政部又公布《寺庙兴办公益慈善事业办法》10条，均做出具体规定和要求。而从佛教角度看，自薛笃弼代表内政部明确回复佛教会电函之后，佛教也的确走上了自动整理改良之路。

二 江浙佛教界组织“整理僧伽委员会”

1928年5月13日，江浙佛教联合会释谛闲、印光、寂山、德浩、青权、静修、常惺、如幻、德宽、慧明、德峻、知慧、惟宽、净心、王一亭、闻兰亭、关炯之、孙嘉荣、黄庆澜、谢健、聂其杰、施肇曾、黄文叔、江味农、狄葆贤、许止净、陈圆白、包承志等人组织“整理僧伽委员会”，联名致电南京国民政府曰：

南京国民政府钧鉴：报载全国教育会议将于五月十五日开会，各处提案中颇有主张提拔庙产兴办教育者，即上海特别市教育局亦有庙产全充教育费之议案，此种显违本党党纲及中央议决案之言论，竟公然提出于大学院召集之全国教育会议，实堪骇异。敝会前因报载内政部薛部长将有寺庙改办学校议案提出全国教育会议，即推举代表入京请愿，经薛部长郑重声明，系出讹传，且主张佛教自动整理改良、兴学济众。敝会已于五月八、九两日开大会公决，一面组织整理僧伽委员会，彻底整顿；一面积极兴办佛教利他之各种社会事业，对于教育部分更有全国诸山一律举办学校之计划，一切进行粗具规模，一俟各地委员到齐即当推举代表赴京请愿，不意全国教育会议竟有此提案，实出意外。如果言论成为事实，不特内政部两次函令谆谆期望之

① 参张曼涛主编：《民国佛教篇》，《现代佛教学术丛刊》，台北大乘文化出版社，1978年，第197页。

德意及敝会积极改革之计划均归无效,即党纲府令亦必因此种议案而失败,革命前途何堪设想?迫得先行电恳钧府,迅予电令大学院,将此种处分庙产之议案悉数剔出,无庸列议,以符党纲而符权限,实为公便。除赶推代表晋京请愿,并电呈内政部及大学院外,先此电呈。

1928年7月3日,大学院、内政部遵照国民政府秘书处奉国民党中央常务委员会谕令,对江浙佛教联合会整理僧伽委员会谛闲等,为发扬佛教精神,组织整理僧伽委员会,设僧办各慈善机关及学校,推举代表寂山等诣京,请求备案,并通令保护呈一件,附计划书一份,会同详加审核。大学院长蔡元培与内政部部长薛笃弼在《致国民政府呈复》中,对于谛闲等呈请组织"整理僧伽委员会"等事项提出如下意见:

其一,关于原呈内请求保护事项,蔡元培等认为:"信仰自由,自应根据党纲办理。惟仅可许其自行研究,自行崇信,似无特颁通令重申保护佛教之必要。"

其二,关于原呈内请求设立僧伽委员会事项,蔡元培等向国民政府提出应饬遵照的七条建议:

(1) 整理僧伽委员会应为带地方性的民众团体,委员中应有所在地党部、政府及教育行政机关之代表加入,并应将组织情形呈请所在党部审核备案,转交同地方行政机关立案。

(2) 该整理僧伽委员会原计划书内应规定僧众职业,使僧人于修持之外从事工作,衣食有所自给。盖僧众不能不有衣食住行,斯不能不有正当职业,彼回、耶教民各有职业,固丝毫无妨于信仰也。

(3) 各地方慈善或教育事业之财产,除组织该项事业财产委员会妥为保管外,并应受该地方政府及教育并公益行政机关之监督与保护。此项规定在各整理僧伽委员会、各寺庙所办之慈善教育等事业,当然适用之。

(4) 办理工厂、学校及其他社会教育等事业,应参照大学院民众教育方针办理,并受该地有关系之行政机关之严格指导。

(5) 大学院或内政部所颁关于公益及教育之各项法令,各僧伽委员会、各寺庙办理该事业时应遵守之。

(6) 各僧伽委员会、各寺庙不得提倡迷信及反革命思想。

(7) 原计划书内“整理方针”改为“整理方案”。①

蔡元培和薛笃弼的建议对不久后南京国民政府颁布的寺庙登记和管理条例均发生了重要影响。1928年8月,内政部颁布《寺庙登记条例》18条,对全国寺庙进行登记。1929年1月,国民政府颁布了《寺庙管理条例》21条,由于遭到佛教界强烈反对,至同年的12月,国民政府将《寺庙管理条例》废除,另行颁布《监督寺庙条例》。

在上述形势下,佛教界人士也自觉加强整顿和改良佛教的各方面工作。太虚根据三民主义提出“三佛主义”,即“佛僧主义”,建立“有主义、有组织、有纪律的革命僧侣”;佛化主义,发展佛教徒,除僧侣组织外,还要建立居士组织;佛国主义,以佛教影响国家,乃至全世界。太虚是民国佛教改革的领袖,国外有人誉之为“中国佛教的圣保罗”②。早年他提出有关“教理、教产、教制”的佛教三大革命,并未得到多少积极的响应。在南京国民政府内政部新颁布《寺庙管理条例》之后,他宣称新的佛教必须是“人文主义的、科学的、实证的和世界范围的”。

从民国成立至抗战以前这二十几年间,佛教虽历经各种风雨惊涛,但依然坚强不屈,屹立东方,为社会所不可忽视的宗教力量。1936年6月,内政部统计全国寺庙庵院共267 000余所,僧尼计738 000余人,在家信徒超出家者5倍以上,而四川、河南、湖南、江西、安徽五省信徒尚不在其内。

三 | 熊希龄倡议设立“整理宗教委员会”

1929年2月26日,熊希龄以赈款委员会委员名义致函蒋介石,倡议设立“整理宗教委员会”,以安定社会,辅助政治。熊希龄在致函中说,北伐成功,建设方始,元气未复,休养宜先,欲求党国主义之实施,必谋社会人心之安定。他向蒋介石及南京国民政府陈述了宗教上的几个重要问题。首先他谈了孙中山先生对宗

① 《江浙佛教联合会整理僧伽委员会致国民政府代电》(5月13日)和《蔡元培等致国民政府呈复》(7月3日),该两件档案参中国第二历史档案馆编:《中华民国史档案资料汇编》第五辑第一编《文化》,江苏古籍出版社,1994年,第1070—1071、1073—1074页。

② Wing-tsit Chan, *Religious Trends in Modern China*, New York: Columbia University Press, 1953, reprinted 1969, p. 56. 被称为“基督教第二奠基人”的圣保罗在将基督教由民族宗教变为普世宗教方面做出了关键性的贡献。

教信仰自由的重视，他指出："孙总理注重信教自由，三民主义又谆谆于维持固有文化道德，全国人民同深信仰，以其于社会人心大有关系也。吾国立国最古，文化最先，五千年来，养成良善风俗者莫不由于儒释道之学说所熏陶，虽其缺点流于贫弱，然就全国民质之良善与欧美各国相比较，究以吾国为优，此孙总理之所以主持保存光大也。近年以来，各省青年反对宗教，风起云涌，不可遏止，虽有政府命令，置若罔闻，各省学校有反耶教之同盟，天津报纸有诋回教之争论，南北各县有毁孔佛各庙之暴动，乡民无知，出而抵抗，酿成巨案，载见各报者络绎不绝，此诚社会之秩序不安，人心不靖，最可隐虑也。不独此也，万里藩服将受影响，领土问题亦有绝大之关系焉。"然后，熊希龄就宗教关系于国家民族、社会和人生几个方面，论述宗教之不可忽视。兹录其见解于下：

其一，宗教有利于巩固国家主权，维护边疆安定。我国东北、西北、西南之区域，多为蒙藏回番四族，纯皆信仰宗教之民，前清制驭各族，首以宗教为重，三百年来未有分裂者，全系于此。前些年班禅来（北）平，希龄询以何意，彼谓西藏原以佛教立国，若如达赖亲英，英人耶教势力侵入，西藏佛教必为所灭，故宁愿弃地归京，以谋全教也。由此观之，宗教实为保全领土之一要素。昔以日本欲以本愿寺布道侵入蒙古，诱惑蒙族，近苏俄又于 1928 年十二月成立研究佛学第一院于列宁格勒，此两国谋取蒙之深心可以想见。其他英美各国设佛学会研究佛学，设哲学会翻译孔孟老庄等书，皆注意于东方高尚之文化，视为重大问题，而我国反从而轻视之，以失其固有人心、固有文化，洵为吾人所不解者也。"蒙藏民族，脑筋简单，守旧多疑，彼见我内地各省摧毁庙宇之种种举动，道路所传，必生疑虑，以为国家将来宗教，难免有因而解体，致阻归化之诚，而为强邻所诱惑，此宗教之关系于国家者一也。"

其二，宗教有补于社会法律、道德之不及，相辅而相成。我国三代以前，本以黄老为宗，自孔子集大成，乃有儒学，儒学盛兴之极，乃有佛教，处此以后，儒释道互相传衍，数千年来，深入人心，成为风俗，其深者为哲理，其浅者则儒说之余庆余殃、佛说之因果报应也。虽全国教育未溥，识字者百人中不过一、二十人，然而社会教育则多源于儒佛两宗，无论穷乡僻壤，愚夫愚妇，莫不知教其子女以忠孝节义，安贫守分也。希龄上年在慈幼院出有课题，名曰幼年教育之回顾。千六百儿童所答复者，皆述幼年所受祖若父母之训提，无非不骂人、不打骂、不窃物等戒。甚至有以关（羽）、岳（飞）为模范，因果报应为故事者。这足见不识字之道德教育，固有潜留于社会，而数千年范围人心，亦未始不有力也。民国元年革命之后，维新学子，纷起毁庙，希龄时在壮年，意以为无用之庙禅，贩如来之僧，无足深惜。迨至二年(1913)，出膺国务，据芷江乡人报告，该县自毁庙后，愚民肆无忌惮，争夺残杀，甚于往昔。北乡有姚姓一家七十一口，为人仇杀，仅余一孙，得免于难。希龄以此悟及政治尚未均平，法律尚未严密，教育尚未普及之时，即将范围人心之宗教，抉其藩篱，实不免于助长暴乱。故于是年提出阁议，申令保护庙宇者，亦以救其所弊也。"夫治国之道，法律、道德、宗教三者相辅而成，不可偏废。道德者导人明理，而不能强人必行；法律者强人必行，而不能使人诚服；宗教者使人诚服而又可使人敬畏，出于良心之自然也。中国历代毁庙之举，莫甚于北魏，外国历代抑教之举，莫甚于法(国)义(意大利)，及近年之苏俄，然皆未几年而仍复故壮者，殆亦社会多数之心理，非国家强力之所能致也。前年(1927)武汉之祸，以非孝灭教，破坏中国数千年来社会基础，卒致演成杀人放火之残酷，至今未能收拾，前车可鉴，能无惆乎！此宗教之关系于社会者二也。"

其三，宗教弥乱止暴，感化人心，于人生有益。历来宗教发展，皆在战争之时，政治黑暗，兵匪纵横，无法无道，人人自危，于是智者厌世，愚者祈天，群趋于宗教之信仰，以为其身心之所恃，迨至大乱既定，以后失业者因生计之困而不平，得志者因权利之欲而无厌，人心不定，社会不安，是以开国元勋亦复因势利导，尊崇宗教，以为息事宁人之策。如唐太宗、明太祖、清世祖等帝皆此意也。"远观史册，立功军人，皈依佛教者实繁有徒；近观民国革命军人，投戈为僧者亦非少数，虽其悔悟所生，由于经过战争，残杀后之所不忍，而为国家社会消弭战乱之源，亦未始无益也。何况孤寡残废，断手缺足之军人，呼号在道，伤心惨目，即使政府能为一一收养，给予衣食，终不能宽其忧郁之心，平其怨愤之气，独有宗教可以感化，可以解慰，俾使乐其余年，生其希望，以补政治之所不及也。否则强者为匪，弱者自杀。近观上海报载每月自杀之案约有三百余起，又岂法律道德所能为力乎？此宗教之关系于人生者三也。"

熊希龄由此总结说，古今中外，各种宗教皆以"无私、无欲、无我"为旨，以"救己、救人、救世"为归，精而通之，合于"大同之真理，灵哲之科学"，其流于门户宗派之争，妖异迷信之弊者，"皆其以后教徒之过，非各教主之旨也"。况国家、社会、人生所关系者如此其巨，又有领土三分之一之信教民族，有户口三分之二之信教人民，焉有不顾利害而操之过急乎？

熊希龄基于上述宗教关系之甚巨，而提出整理宗教之方略，一方面固宜维持，一方面须加改善。他说：“徒知消极维持而不知积极改善，必致阻碍文明之进化，有失各教之真传。苟能从而积极改善，加以研究，则于我数千年之超然哲理发挥光大，足以传递欧美，促进世界大同，亦我国家民族之光荣也。”至于改善之法，熊希龄建议政府应即设立整理宗教委员会，委派佛教中之庄蕴宽，耶教中之张之江，回教中之马福祥，天主教中之马良，儒教中之严修，道教中之王人文等人为委员，“对于各教应兴应革事宜，皆由该会讨论解决，去其迷信，存其精义，并令兴学布道行慈，以裨益于人心世道，然后可以平派别之争。以科学之效，固蒙藏之心，慰人生之观，济政治之穷，本其高尚纯洁，真正良心上之自由平等博爱，则宗教之真旨，可以实现，又何致无益于政治，有碍于进化乎？”①

四 南京“中国佛学会”的成立及整理

1928 年 6 月，太虚因蒋介石之邀赴南京，由国府代主席李烈钧邀在毗卢寺讲《佛陀学纲》三日。太虚借此机会，发起筹备中国佛学会，并订于次年召集全国佛教代表会。该会原拟定名中国佛教会，蔡元培函太虚谓不如名为“中国佛学会”，可兼容一般有志研究佛学之人士，故该会创立之始，原包含学会、教会两种性质。7 月，中国佛学会筹备处在南京毗卢寺开筹备会，各地佛教代表到 23 人。

1929 年 4 月 12 日，谢健、黄忏华等人，乃以中国佛学会名义，会同江浙佛教诸山，召集 17 省代表，于上海觉园举行全国佛教代表会议，决议成立中国佛教会，拟定章程，呈请国民党中央党部及国民政府内政部备案，推太虚、王一亭、圆瑛等 36 人为执委委员，班禅、谛闲、印光等为监察委员，并请求政府设立“宗教委员会”，修正《寺庙管理条例》。7 月，中国佛教会第一次执监联席会选太虚、王一亭、圆瑛等为常务委员。太虚、王一亭联名呈请蒋介石谕行政院饬内政部批准中国佛教会会章立案。王一亭居士以卫教心切，特晋谒蒋介石，请求保护佛教。蒋介石给出三点指示：(一) 真正依佛教行持的僧徒，可以保存；(二) 借教育以造就

① 《熊希龄关于设立整理宗教委员会以安定社会辅助政治等问题致蒋介石函》(1929 年 2 月 26 日)，载中国第二历史档案馆编：《中华民国史档案资料汇编》第五辑第一编《文化》，江苏古籍出版社，1994 年，第 1019—1023 页。

知识的僧伽，可以保存；（三）寺院须讲清净庄严，不可使非僧非俗的人住持，且对社会要办有益的事业，可以保存。①

1930年3月18日，中国佛教会始获内政部批准。未几，中国佛教会又获得中央党部认可。于是中国佛教会，经党政两方面认定为合法的团体。民国二年（1913）后至此，始再有全国佛教徒之组织。然而，中国佛教会成立后，“因新旧观念不一致，对内既未能发生领导作用，对外又未能抵御侵略”。②

中国佛教组织，在前清末年变政兴学呼声高潮之中即已萌芽，当时僧人为适应环境、维护寺产之需要，创立各地僧教育会，自办僧教育，以维护寺产。嗣又改组成立中华佛教总会。至民国四年（1915），袁世凯政府颁布管理寺庙条例，此项组织遂被取消。中经运动恢复，间有断续，直至民国十七年（1928）庙产兴学呼声高起，内政部斯时亦公布管理寺庙条例，对于寺庙产权，加强政府之统制，各地僧众一时又复纷起，进行保护庙产运动，因于民国十八年（1929）组织成立中国佛教会，各省及地方亦分别设立分会，成立佛教全国系统之组织。中国佛教会组织成立以来，其中亟图借佛教会之组织，以谋改革佛教，整顿僧伽制度者颇不乏人，佛教中之保守者则着重于保障寺庙产业，反对改革；然人事关系，亦依附于此种主张相持状态之中，以致纠纷层出不穷。

1935年1月，中国佛教会乘中央民众运动指导委员会表示关心该会会务之机，修订会章，将省佛教会一级组织撤销，以集中权力，而修改会章所经过之程序，未尽合法，以致各地佛教人士啧有烦言。1936年5月，中央民训部修订佛教会章程草案70条，及要点说明八则，以期整理中国佛教会。法舫有文说，1936年中国佛教的一件大事是改进中国佛教，整理中国僧尼的事情。这事最初的发动是中央民训部准备整理中国佛教会，因为中国佛教组织不健全，近年迭起斗争，使全国佛教僧尼不能正常发展，国民党中央遂决定了70条的章程和8条意见，说明中央整理佛教的原则和主张。这个事件，在1936年中国佛教徒的思想上和趋向上是很可注意的，并且在现代的中国佛教史上，更是值得记载的。③

1936年6月，国民党中央民众训练部提出整理中国佛教会办法三项：其一，将中国佛教僧众与居士分开组织；其二，将该会组织系统恢复中央、省及地方三

① 释东初：《中国佛教近代史》下册，台北东初出版社，1974年，第971页。

② 释东初：《中国佛教近代史》上册，台北东初出版社，1974年，第175页。

③ 参张曼涛主编：《民国佛教篇》，《现代佛教学术丛刊》，台北大乘文化出版社，1978年，第160—161页。

级制；其三，废止原有代表选举法，以免为少数人所操纵。不料上几项办法将见实施，忽受阻挠。当时中央所持办法，虽已内定，然尚未正式公布，及至遭受阻扼，消息不胫而走，川、湘、豫、苏、皖、陕、滇、黔、赣、浙各省佛教徒纷纷起而对中国佛教会负责人加以责难，指责颇烈，其后经中央民训部会商内政部，博采众议，从修正其章程着手，以谋根本之整理。惟最后核准该会各项章则备案，时在1937年11月6日抗战之际。旋首都西迁。该会原设总办事处于上海，实际上为该会会务中心所在，南京所设会址，不过虚有其名。自南京失陷以后，该会与中央关系即完全中断。

据档案材料反映，中国佛教会的纠纷集中表现在分别以太虚和圆瑛为首的革新派和保守派的矛盾。前者以年轻的新僧伽为多，后者则为长老守成派所代表。中国佛教自晚清以降，与外来文化接触，结果，僧人于佛学及修持之外，发生一种改革僧制与寺产管理运动，从中倡导革新者为释太虚。彼所主张革新的内容，概括言之，有如下几个方面：(1) 要革除的方面：甲、迷信色彩，乙、寺产遗传制度。(2) 要改革的方面：甲、改变服务鬼神而为服务人群的职志；乙、改变遁世高隐的态度，一面精进修持，一面化导民众，利济民众。(3) 要建设的方面：甲、建立三民主义文化的人生佛教；乙、以大乘人生佛教精神，整理僧寺；丙、建设适应现时环境的佛教信众制，昌明大乘的人生佛教。

太虚早年与欧阳渐、梅光羲、释仁山、智光等一同于金陵刻经处(光绪三十四年)祇洹精舍研究佛学，从事佛教振兴和组织活动有30年历史。最早参与宁波僧教育会、江苏僧教育会。嗣于南京临时政府时组织“佛教协进会”，继又参加中华佛教总会，主编《佛教月报》，民国十四年(1925)发起世界佛教联合会，民国十七年(1928)发起组织中国佛学会，至民国十八年(1929)发起组织中国佛教会。自称其改进主张，为顽固分子所阻，从民国二十年(1931)起，即未参与中国佛教会会务。然太虚实际上并未中止其活动，其所创办武昌佛学院，开僧教育之先河，其后主持闽南佛学院，创办渝北碚汉藏教理院，各名山寺庙仿效创办各种僧学院多如雨后春笋。毕业于其主办佛学院之学僧，造诣尚深，成为佛教改革运动之中坚干部者，亦不乏人，并曾数度派遣学僧赴中国西藏，以及缅甸、锡兰留学。太虚本人亦两度出国弘法，为国内僧众中获有国际声誉者。

圆瑛法师被视为佛教会中代表长老保守派之领袖，其人与江浙一带名山寺庙关系颇深，以富有毅力、治事机灵圆熟著称，与国内及南洋侨胞中佛教居士闻人关系极为深洽。

民国之世，活动能力强的佛教居士为数众多，尤其以从前达官显贵，一旦脱身政务，恒借佛为遁世之所，因与名僧缔结深厚缘，事无足异，惟以护法之故，参与寺产僧庙人事关系，卷入纠纷，加重了主管机关处理之困难。此种情形，经见不鲜，甚至有人指责居士中之不肖者，借佛教会为牟利之具，故中央民训部有划分僧众与居士之组织的决定，针向所在，非出无因。

抗战军兴后，中国佛教会即滞留上海一隅，会务逐渐停顿，以致各地佛教会一切工作，亦无从推进。故国民党中央社会部于 1940 年 6 月 4 日拟就《整理中国佛教会意见》呈蒋介石。内中对"当前佛教问题"，从以下三个方面重新加以认识：

其一，佛教与文化。我国佛教虽亦由国外传入，但流行已历两千年，信众之多，对于国民精神生活影响之大，罕有其匹。尤以晚近各种西洋教会在国内传播极速，其教义之内容如何，姑不具论，然与列强政治、经济之侵略接踵而至，各该教会与其本国关系又复息息相通，顾此种种，自不能不有所怵惕。目前格于情势，对外来文化侵略，一时不能在政治上采取积极防止办法，因此不能不于领导国民文化精神方面，多用工夫，以便集中国民意志，建立"精神国防"。为达到此目的，佛教所居地位，因此转形重要。

其二，佛教与边疆。我国藏族全部信仰佛教，出家喇嘛与在家信徒，固无论矣，即满、蒙、西康、西宁各地佛教亦极盛行。此外缅甸、安南、暹罗、日本都盛行佛教。如须确切深入领导边区各地民众，吸引边民内向，固不能不借佛教以资联系，即为防止强邻借佛教关系以为侵略之工具，势亦唯有加强对于佛教组织之领导，发扬佛教积极救世之精神，以期对各佛教国家民族发生领导作用。

其三，佛教组织与战时动员。据中国佛教会以前调查，全国共有大小寺庙庵院二十六万七千余所，僧尼七十三万八千余人（四川、河南、江西、安徽、湖南五省尚未列入）。证以湖北省政府统计室公布之全省僧尼统计数目，计和尚三万零三百九十二人，尼姑一万二千一百二十八人，统共僧尼四万二千五百二十八人，可依此推测全国（汉地佛教）僧尼数目在八十万至百万人之间。僧尼一切生活不出寺庙范围者占绝对多数，彼等生活恒超然于一般国民政治社会生活范围之外，唯赖有佛教会之组织，以适合其特殊需要。由此，佛教会实关系国内八十万以上僧尼之组织问题。至基于战时动员之原则，如何使适龄僧人服兵役，如何动员僧尼担任战时救护救济，均赖借佛教会组织加以推进。

基于以上认识，该《意见》对此前中央政府指导佛教会整理经过情形加以检讨，并提出今后之指导原则。政府方面对佛教所持态度表现于寺庙之监督管理。民国十八年(1929)内政部公布《管理寺庙条例》，对寺庙加强管理，以至全国僧尼聚讼纷纭，终由内政部于同年 12 月废止管理寺庙条例，另颁《监督寺庙条例》，察其经过，不论为管理抑为监督，运用之范围均以“物”为限。操切则反响立至，迁就与放弃无殊。因此，《意见》认为，对于国民信教自由如不能加限制，则寺庙之管理监督须配合僧尼之组织加以运用，始能发生相当作用。中国佛教会之产生，既完全出于僧尼自发之需求，组织成立以后，党部照例核准该会以及各地支分会组织，于其发生纠纷时因势利导加以调处。今后指导之原则应注重如下几个方面：

甲、对于佛教组织以及佛教教务之指导，完全以国家民族利益为标准。如促进僧尼生产事业，举办教育以及慈善公益利他事业，督导参加战时动员工作，等等，均应加紧进行。尤应注意绝对避免落于佛教各种派别窠臼，以免顾此失彼，致纠纷层出不已。

乙、对于佛教领导人物，党应深切加以领导笼络。僧尼中于政治具有纯正之兴趣而认识又尚正确之分子，应设法吸引入党，借以增进党在佛教方面之领导力量。

丙、佛教对于政治权力之依赖，可谓具有历史性。以此党部与政府对于佛教之指导监督乃至一切设施，必须意见协调，步骤一致，方可推动工作。

丁、党对于佛教指导方针，不应为个人意见而轻易更改。而党内同志对于佛教之意见，属于个人之信仰爱好者，亦不应轻易影响或改变党之政策。必须党内意见集中齐一，一切办法方期得以推行尽利。

《意见》最后认为，只有采用整理办法，才能健全中国佛教会组织。为此提出整理该会办法要点，举例如次：(1) 整理该会之任务，即依照该会各种修正章则，改组并健全各地分会组织。依法召集代表大会，改选理监事，以确立该会中枢及分会机构。并确定整理委员会在整理期间代行理事会职权，积极推行各项会务。(2) 整理期间定为六个月，必要时得延长之。(3) 本部(社会部)

会同内政部各派指导员一人。(4)由社会部会同内政部拟订整理办法,呈请中央通过施行。

对于整理人选之遴选支配应本着下列原则办理:第一,要形成中心力量;第二,大德高僧应设法罗致;第三,整理委员以出家僧尼为限;第四,于整理办法中规定,设立设计委员会,由该会自行聘定在家居士任设计委员,以收配合之效;最后,整理人选由社会部征求各方意见拟定,呈请中央通过派定。[①]

① 参《国民党中央社会部关于整理中国佛教会意见致蒋介石函件及国民政府文官处复函》(1940年6月),载中国第二历史档案馆编:《中华民国史档案资料汇编》第五辑第二编《文化》,江苏古籍出版社,1994年,第775—782页。

第三节
抗战时期的佛教界

九一八事变后，中国广大佛教徒即同全国人民一道，为挽救民族危亡、抗击日本侵略者，贡献自己的力量。佛教界领袖和著名高僧、居士更发挥表率作用。日本侵占东北以后，中国佛教会会长圆瑛即通告全国佛教徒，举行护国道场，以宗教形式表达爱国之情。针对日本觊觎内蒙古地区的野心，圆瑛致电蒙藏委员会，反对日本的阴谋。抗战爆发后，他立即召开佛教会监、理事的紧急会议，讨论布署佛教界抗日救国工作。七七事变后，太虚由庐山发出“铣”电，呼吁国内外佛弟子同赴国难，电云：“兹值我国或东亚或全球大难临头，我等均电本佛慈悲：一、恳切修持佛法，以祈祷侵略国止息凶暴，克保人类和平。二、于政府统一指挥之下，准备奋勇救国。三、练习后防工作，如救护伤兵，收容难民，掩埋死亡，灌输民众防空、防毒等战时常识各项。各各随宜尽力为要！”[①]欧阳渐在“九一八”以后，忠义愤发，四出宣传抗日救亡，作《夏声说》曰：“国将亡，族将灭，种将绝，痛之不胜，不得不大声疾呼，奔走呼号。”素不与闻国事的弘一法师也广泛宣传“念佛不忘救国”。

一 奔走世界，呼吁和平

佛教界人士积极进行国际宣传，争取世界舆论对支持我国抗战。1937 年 1 月，上海发起佛教徒护国和平会。圆瑛以中国佛教会常务主席名义致书日本佛教界，警启者曰：“我佛释迦牟尼以慈悲平等救世为主义，而我佛教徒应共体佛怀，宣扬佛化。世界之佛教国，当推贵国与暹罗。贵国全国信奉佛教，则对国际间应施行慈悲平等之主义，造东亚之和平，进一步造世界之和平。”圆瑛在书中强烈谴责日本侵略者，“占据中国领土，残杀中国人民”，呼吁日本佛教徒“共奋无畏

---

① 乐观：《佛教在抗战期间的表现》，载张曼涛主编：《民国佛教篇》，《现代佛教学术丛刊》，台北大乘文化出版社，1978 年，第 234 页。

之精神，唤醒全国民众”，“制止在华军阀之暴行”，“免丧两国之邦交，免遭各国之公愤，免坏东亚与世界之和平”。[①] 太虚也多次致电日本佛教界，呼吁他们向日本政府抗议，促使其停止对华侵略战争。

1938 年，南京、上海沦陷，中佛会负责人圆瑛等未及时西迁。为粉碎日本利用沦陷区佛教会惑乱视听的阴谋，太虚与章嘉活佛在重庆成立“中国佛教会临时办事处”，宣布废止沦陷在京沪的中国佛教会机构，断绝与各沦陷区佛教会的关系，捍卫了战时佛教会的纯洁性。太虚把佛教理念和抗战纲领联系起来，先后作《降魔救世与抗战救国》《佛教徒如何雪耻》等多次公开讲演，说明遮止罪恶是佛法慈悲普济精神的积极体现，二者相辅相成，绝无违背。太虚演讲说：“中国为国家民族自卫，为世界正义和平，为遮止罪恶、抵抗战争而应战；与阿罗汉之求解脱安宁不得不杀贼，佛立誓为建立三宝不得不降魔，其精神正是一贯的。故显扬佛法，不惟非降低抗战精神，而是促进增高抗战精神的。”“日本的三千万佛教徒究竟何在？有如此庞大数目的佛教徒，如何竟不能制止日军的暴行？假使是真佛教徒，应当真切的知耻，体念佛教宗旨，实现佛法精神。此是佛教徒应知之耻，和佛教徒应如此雪耻。”[②]

战争总是伴随着谋略，谋求和平也需要高瞻远瞩。日本为粉饰其侵华暴行，发动舆论，大肆进行“保障及发扬亚洲文化”的宣传，妄图利用佛教建立“大东亚共荣圈”，对东南亚各佛教国，尤以中国摧残佛教作为其侵略的借口，蛊惑不浅。太虚敏锐地觉察到这一点，提出应注意西南国际线路的重要性，组办佛教访问团，攻破谰言，唤起邻邦的同情和正义援助。这一战略要策很快得到了朝野各界的重视和赞助。1939 年 9 月，国民政府函聘太虚为佛教访问团团长，以佛教自发组织名义出访东南亚各国；10 月中旬起程。此行主要访问了缅甸、印度、锡兰、马来西亚等国。广州沦陷后，中国唯有滇缅公路保持对外交通。日本第五纵队在缅甸造谣说，中国政府“是反佛教政府”，日本“为保中国佛教，故与中国作战”[③]，煽动以佛教为国教的缅甸反对开放滇缅公路。日本特务在印度、锡兰、泰

① 参《中国佛教会为日本侵略致彼国佛教界书》，《佛学半月刊》第 26 期（1931 年）。又参黄夏年主编：《圆瑛集》，中国社会科学出版社 1995 年 12 月版，第 144 页。

②《降魔救世与抗战救国》（1938 年 6 月在成都佛学社讲）、《佛教徒如何雪耻》（1938 年 6 月在成都无线电台广播），载太虚：《太虚大师全书》第十五编《时论》，台北善导寺佛经流通处发行，1998 年，第 167、175 页。

③ 张曼涛主编：《民国佛教篇》，《现代佛教学术丛刊》，台北大乘文化出版社，1978 年，第 258 页。

国等国也进行同样的蛊惑。日本利用佛教文化做文章的阴谋受到中国政府的密切关注，一方面，注意加强对边疆各地信仰佛教民族的宣传，增强我边疆民族之抗战精神；另一方面，组织中国佛教访问团赴南洋开展国民外交。以此观之，太虚东南亚之行实负有重要使命，而太虚之能成行正是呼应了时势对佛教之需要。

1939年，教育部与蒙藏委员会致行政院回呈说，国民参政会参政员喜饶嘉措等提议，请注意佛教文化以增进汉藏感情一案，其中第三项略称："日本近年以来，常派佛教僧侣赴印度、南洋等地专事恶意宣传，影响藏人心理者至大。吾人应针对此事，将日本专行违背教义之无耻暴行，宣传于边疆各地及各佛教国家"等语。兹值抗战已至严重阶段，暴日利用僧侣，借佛教关系，四出活动，冀图内以煽动我边疆民族之分化，外以削减邻邦对我国同情之援助，若不速筹对策，影响抗战前途，至重且大。"关于应付敌人在缅甸等各佛教国家活动，已由中央海外部召集关系各机关会议，另案办理，至如何应付敌人在我边疆活动，自同为刻不容缓之举。"经教育部与蒙藏委员会会商，熟加筹议，"以青海地方绾毂蒙藏，人民对佛教信仰甚深，为揭露敌人阴谋及残暴，并宣传本党主义，及此次抗战必胜、建国必成之精神，以坚定边民信念，实有派遣素为边民所信仰之佛教大德前往宣导之必要。兹拟会同函请喜饶嘉措格西负此使命，克朝前往青海，已征得本人同意"。①

国民党和政府中枢对此等呈报均予以重视，饬令有关部门着手组织赴边宣慰使，同时于1939年7月5日，国民党中央社会部等单位筹组佛教南亚访问团，社会部杨琪说："查缅、越与我为邻，亦为目前国际交通孔道。自抗战发生以来，对外宣传工作大致注重以欧美为对象，而于西南邻邦各族，不免忽略，致被敌人利用此种弱点，于缅甸、暹罗一带极力进行种种不利于我之活动，情形极为可虑。以前佛教人士倡组佛教访问团，或系限于人力财力，迄无成就。为仰体总裁关切之意，似应由中央极力促成此项组织，俾克发挥国民外交精神，获取缅、越各族对我抗战之同情，以破敌人狡计。"②

受政府资助，太虚于1939年冬率中国佛教访问团，出访缅甸、印度、锡兰、新

① 中国第二历史档案馆编：《中华民国史档案资料汇编》第五辑第二编《文化》，江苏古籍出版社，1994年，第786—787页。

② 中国第二历史档案馆编：《中华民国史档案资料汇编》第五辑第二编《文化》，江苏古籍出版社，1994年，第792页。

加坡、越南。佛教访问团导师为太虚，团员有慈航、苇舫、惟幻等人。通过与各国朝野僧俗人士的交往，访问团使他们了解到中国的佛教，有高僧，有信教自由，谣言不攻自破；同时通过介绍日军暴行，使各国人民同情和支持中国的抗日战争。该佛教访问团在访问归来后的观感和建议中谈及东南亚各国佛教情况及我国佛教振兴之对策：

就国际佛教言，此次访问团在缅甸曾设有中缅学研究会，在印度则与摩诃菩提会曾发起“国际佛教大学”及“兴复印度佛教国际委员会”，又在锡兰与该国佛教徒大会发起“世界佛教联合会”，此均待我国有以援助而促进之者。尤以锡兰为南传佛教中心，为缅(缅甸)、暹(泰国)僧之所崇仰，并为复兴印度佛教、宣传欧美佛教之基石，拟请教育部酌拨经费，派学僧三五人前往哥仑布(即今斯里兰卡首都科伦坡)最高巴利文学院留学，并宣扬中国大乘佛教及协助“世界佛教联合会”之筹备。

就振兴中国佛教言，内本国情，外觇教势，觉得“全国佛教之整理振兴”，未易骤致，诚得一“适当山场”，并有“相当经济基础”，创建“菩萨学处”，不惟研究宣传大乘教理，尤须从能否实行六度四摄为大小乘判别，以“专自修自了并提倡自修为小乘”，以“重利他兼利己并能利他兼利己者为大乘”，如何实行利他兼利己，则兴办文化、慈善、教育、生产等社会公益事业也。由菩萨学处先树模范，渐致全国风从。①

1940年10月13日，僧人乐观组织中国佛教国际宣传步行队，自任领队，呈函中央社会部，函中说：

乐观等自我领袖发动英勇之抗战后，即本佛教牺牲个人为大众服务之本旨，参加救亡工作，或在战地努力，或在后方服务，三载以来，矢志不渝。今欲更进一步走向国际救国护教之积极工作，乃联合组成‘中国佛教国际宣传步行队’，定于本月由陪都(重庆)出发，赴印度、缅甸、暹罗等地宣扬我政

① 中国第二历史档案馆编:《中华民国史档案资料汇编》第五辑第二编《文化》，江苏古籍出版社，1994年，第799页。

府历年宏护佛教之事迹，宣传佛教正义和平主张，展开佛教反侵略旗帜，暴露日寇三年来谋害我、逼迫我之恶迹，唤起彼邦人士同情与我携手，成立东亚佛教徒反侵略之广大阵线，共同扑灭此人间魔鬼，以期奠定世界永久和平之基。不久之前，曾有太虚法师等前往缅甸、印度、锡兰等地访问，此举虽壮，但性质是一种访问，且为时不久，对日寇在彼邦进行挑拨离间，阻我抗战之一切毒辣设施，虽能获得若干了解，但未能彻底摧毁日寇之险恶性循环阴谋。今乐观等此行，志在与敌人在国际上作长期之战斗，誓必粉碎敌人之阴谋，消灭敌人在彼邦培植之一切黑暗势力，一日不达到此目的，则乐观等工作一日不停止，准备以步行方式，完成此项任务。事关国际佛教事业，理合具文呈请鉴核，伏恳钧部准予备案，实为公便。[①]

二 抗日救国，共赴国难

1936 年 7 月，国防训练总监部有令各地僧尼编入壮丁队受军训消息，太虚乃电“(国民党五届)二中全会”并函该部，请改僧侣为救护队、看护队，以符佛教宗旨。该部复准办法四项：第一，僧道受训得单独组织；第二，训练服装得用原有之僧短服；第三，前两项如认为无须而愿照一般在俗参加者亦听；第四，僧道受训后之编组不列入战斗部队。10 月，军政、内政及国防训练总监部，会咨各省市府：以兵役全民平等，僧众与国民亦应平等受训。1938 年 6 月 6 日，有记者去重庆汉藏教理院采访后报道说：“在现今抗战期中，正准备加以救护的训练，体行我佛六度四摄广救众生的意旨，救护伤兵最大计划方针，必须完成以下三种任务：(一) 提高国家民族的意识，(二) 改善僧伽制度，(三) 复兴中国佛教。最后，记者询及这一群学生出家的原因，以何者为最多，据答复由特殊环境而来的占十分之六，因人生观而好佛的比较少，所有学生在此抗战期中，大家都一致表示共赴国难，并本着提高国家民族地位，致力改善僧伽制度，以复兴中国与世界和平为

① 中国第二历史档案馆编：《中华民国史档案资料汇编》第五辑第二编《文化》，江苏古籍出版社，1994 年，第 811 页。

最大目标。”[①]

重庆慈云寺乐观于1940年5月8日向国民党中央社会部建议组织战时僧众服务团，其拟办法有：第一，组织前后方僧众救护队，选择各寺僧众之青年优秀分子若干名，予以军事政治及救护常识之训练，分发前后方实地工作，以应战时环境之需要。第二，组织义务警察预备队，选择各寺中青年优秀分子若干名，予以军事政治及警察常识之训练，以备将来维持后方治安之用。第三，组织僧众工艺练习班，凡属成年之僧众均应入班，予以各种工艺之教练，培养各种工艺技能，以增加战时生产力量。第四，组织识字班，凡未受教育之僧众，均应入班，予以初步文字教育，然后量才分配各队训练。第五，组织消防队，选择各寺壮年僧众若干名，予以消防常识之训练，实际参与消防队工作，为补充消防队之用。其解释说，以上第一、第二两种办法乃是实施僧众服务兵役之初步计划，换言之，即是僧众服务兵役之预备工作。“盖僧众心理最畏兵役，今不言兵役而言救护，正为迎合其心理，俟其经过军事政治各项训练之后，其思想自然改变，然后入伍兵役，非仅不逃避，必且乐于为国效力也。”第三种是僧众生产计划之设施；第四种是僧众教育计划之设施；第五种亦可当作僧众服务兵役之过渡办法。[②]

广大佛教徒从多方面以实际行动支援和参加抗战。圆瑛在抗战爆发后组织佛教会全国救护团，自任团长，训练青年僧侣。上海抗战中，圆瑛戒弟子宏明组织僧侣救护队，“救护队成立之后，驻扎在上海法藏寺，由宏明亲自领导训练（宏明和尚是武行出身）。刚训练完毕，适八一三沪战爆发，他迎着战争烽火，率领全体队员，赶到吴淞前线，冒着敌人的枪炮，抢救为国流血的负伤英雄；同时，分途救护租界内被日机炸伤的那些无辜同胞。在战地工作的僧侣队员，有好几位竟在枪林弹雨中作了光荣的牺牲；还有几位被敌人炮弹炸伤，成了残废。他们不分昼夜地奔忙着，用他们的气力、汗水和血来写这光荣的一页”[③]。据统计，宏明率僧侣救护队出动100多次，共救护伤兵及难民8273人。他们还举办临时佛教医院，各地女尼充当看护，并为战士缝制军衣。

---

① 国防部史政局及战史编纂委员会档案，中国第二历史档案馆编：《中华民国史档案资料汇编》第五辑第二编《文化》，江苏古籍出版社，1994年，第786页。

② 中国第二历史档案馆编：《中华民国史档案资料汇编》第五辑第二编《文化》，江苏古籍出版社，1994年，第803—804页。

③ 乐观：《佛教在抗战期间的表现》，载张曼涛主编：《民国佛教篇》，《现代佛教学术丛刊》，台北大乘文化出版社，1978年，第236页。

1939年5月7日，在周恩来、叶剑英支持下，衡山成立了以佛教僧侣为主的“南岳佛道救难协会”。当时由八路军高参薛子正兼任该会战事训练班军事教练，训练班结业前，巨赞法师召集青年僧侣30多人组成“佛教青年服务团”。6月，巨赞率领该服务团奔赴湖南各地宣传抗日救亡，周恩来亲笔书写“上马杀贼，下马学佛”相赠，以示嘉赞。① 这种僧侣救护队在宁波、汉口和重庆等地都有存在及活动。1940年日本飞机轰炸重庆，僧侣救护队奋勇抢救，当时报纸号召“向和尚看齐”。蒋介石在6月17日纪念周讲演中称赞他们“能发挥忠勇牺牲精神，尽到本身职责和义务”。② 1943年12月，中国远征军第二次入缅甸作战，有佛教僧侣20余人参加战地运输队，随军出发。从事救护、运输工作的僧侣，有的受伤致残，有的光荣牺牲，表现出崇高的爱国之心。

1931年下半年以来，各地难民流动很大，佛教界人士发起募款、济难活动。“八一三”淞沪之战以后，上海著名居士王一亭等组织了“难民救济会”。中国佛教会主任秘书赵朴初居士设立难民收容所，收容难民3000余人，并提供饮食、药品，进行抗日教育和文化教育，以后又帮助其中1200多人参加了新四军。佛教界办的这种难民收容所在以后数年中达50多处，收容难民50多万人次。其他各地佛教团体在战争中也都参加了救济难民、扶助伤员及掩埋尸体等工作。许多僧侣冒着生命危险掩护中国士兵，躲避日军的搜捕和杀害。

抗战初期，圆瑛两次携弟子赴南洋讲经，向华侨发起“一元钱救国运动”，募捐寄回国内支持抗战。1939年秋，他第二次返国时，由于“曾在沪募集十万元，献诸中国政府，供抗敌费用”③，不幸被日本宪兵逮捕，虽遭严刑，始终不屈，并拒绝出任“中日佛教会长”。日本宪兵慑于圆瑛在中日佛教徒中的声望，不敢加害。而圆瑛历尽折磨，犹鼓励后进佛子，“国家兴亡，匹夫有责；佛教兴衰，教徒有责”，

---

① 参朱哲主编：《巨赞法师全集》第八卷，社会科学文献出版社，2008年，第3987页。巨赞（1908—1984），江阴人，“七七”事变后，法师先后辗转于福建、香港、广东，一度于南华寺任虚云老和尚书记。1937年冬至湖南，瞻望家国，山河破碎，寇焰嚣张，不胜感慨。1938年6月，经田汉引见，会晤了叶剑英，表示在湖南佛教界组织抗战协会，叶剑英建议说：“佛教徒以救苦救难为怀，改为救难协会不好吗？”同时建议把道教徒也组织起来。叶剑英时任南岳游击干训班副教务长，救难协会成立时，他还到会讲话。

② 张曼涛主编：《民国佛教篇》，《现代佛教学术丛刊》，台北大乘文化出版社，1978年，第235、278页。

③《圆瑛的生平和佛学思想》，载上海社科院宗教研究所编：《宗教问题探索（1983年文集）》，上海社会科学院出版社，1983年。

表现了中国佛教徒“威武不能屈”的民族气节。[①]

1940年7月，太虚作《精诚团结与佛教之调整》，为抗战建国提出佛教的建设性意见。他指出，抗战之最后胜利，建成真正三民主义国家，皆需我全体国民，不分宗教、男女、阶级，实现精诚团结之力量，方能贯彻，万不容再循向来在宗教间有所隔膜歧视之故辙，以致减低国内之集力与国际之同情。则一般国民对于佛教之观念及佛教徒对于国家社会事业之态度，均应有所调整。

太虚在该文中回顾了近代以来佛教的遭遇及抗战中佛教的作用，他写道：

清季民初以来，耶稣教之传布，西洋文化之输入，更将佛教徒之隐居静修斥为消极，神应灵感诃为迷信，一概抹煞为妨碍强国富民之害群分利分子。凡少壮人士都以佛教寺僧为无用废物，乃提倡化无用为有用，开办学校或举行地方警卫等新政，莫不纷纷以占寺毁像、提产逐僧为当然之事。入民国后，以寺宇驻扎军警，更属无处不然。由是国内外观瞻所系之大都市，亦鲜有一整肃庄严之佛寺存在。虽有佛教僧尼及信佛男女极力呼救，曾不足一动少壮军政学绅之顾盼，以轻视、鄙视佛教僧众信徒之观念，久已养成习惯心理，根深蒂固而不易摇动也。

近二十年以少数缁素佛徒宣扬教义，兴办僧学，遂令一部分知识阶级之散居党军学各界者，渐知佛教真理，生起信心。复以边疆问题之研究，深识尊重佛教有关蒙、藏、(西)康、青(海)之内向。又知日本以我国摧毁佛教为口实，在我邻近之缅、印、锡、暹等佛教友邦，作对我同情之破坏。故近年来对于蒙藏佛教领袖之章嘉、达赖、班禅等颇表尊崇，对于国内佛教僧寺亦屡布保护法令。去年并聘余组织佛教访问团，访问缅、印、锡、暹、越诸佛教盛行邦国，增进国际间对我之好感。然习成之观念既深，遽难骤改，中枢及各地之首长，虽示提倡赞助，而中下之豪强狃于故智，占寺毁佛、提产逐僧之事，仍随处随时发现。见于报章杂志等轻蔑佛教文字，亦仍每每流露于不知不觉间。例如有某君于西康开发问题，指出：“人文的障碍为佛教流行，新教育发展的障碍为喇嘛”，而针对之策则为铲除喇嘛之势力。他不曾思考就喇

① 明旸：《先师圆瑛法师事略》，载政协上海市委员会文史资料工作委员会编：《上海文史资料选辑》第45辑，上海人民出版社，1984年。

嘛佛教为推进教育之基础，必欲锄而去之为快，一若喇嘛与佛教均为不可与同中国之物，抑何与中枢以尊崇佛教为巩固边疆政策相刺谬之甚耶？又如本人率佛教访问团向缅、印、锡（兰）人宣扬佛教，兼阐明我国抗战建国之真相，颇能祛除各国佛徒对我之误会，增进国际之同情好感。逮至新加坡还作同样宣传，而华人所办之《星洲日报》，竟指宣传佛教为违反抗战国策，辟除流俗“混佛同神”为诋诃先贤，反之谈及抗建，则又以“政治和尚”为讥者，旧观念锢蔽之深可知。

太虚认为，由此欲达到边疆佛徒的真诚内向，内地佛徒的献身为公，一致精诚团结以成抗战建国之大业，并引起国际佛徒同情之助以为共进大同之基点，那就必须调整国人向来歧视佛教、轻蔑佛教之观念，使有以彻底改变。并于较大城市，至少能保全庄肃严净之一二完整僧寺，表现崇高伟大之佛教精神，以供当地佛教信徒崇仰，及边疆与国际佛徒互相往来之瞻敬。然此绝非中枢或省县一纸政令所能收效，还必须将小、中学一般国文读本中诋非佛教文字，易为概略说明佛教之文字，使唐、宋、明、清季以来的谬说，不复流毒于青年学子。又须一般报刊记者与文艺作家，共为导令佛教徒精诚团结之需要，不写刺伤佛教徒心意之文字，而一般书店亦不再印售讥毁佛教之旧书；并将民间演唱之电影、戏剧、歌曲，检改其丑诋佛徒之部分。如此，一般雅俗人士均能调善向来对于佛教歧视、轻视之观念，而复发施护持并整理佛教寺僧之政令，始可推行无阻；每一都市城邑必有一完洁之佛寺，亦自易实现矣。

太虚法师从精诚团结、抗战建国的角度深刻阐发了国民对于佛教之观念及佛教徒对于国家社会事业之态度，均应有所调整的必要性及其途径，给抗战胜利后佛教的发展指明了方向和道路。然调整国民对于佛教之观念，必须同时调整佛徒对于国家和社会之态度，才能收到实际效果，坚固安稳；否则佛徒本身之不臧，必难免引来他人之攻击。而国民态度之改善，首先应知佛教潜隐静修乃唐宋后中国佛徒被迫自全之一途，并非六朝、隋、唐时或藏、蒙、缅、锡、暹、日等地之佛徒皆是如此；在彼或为极少一部分佛徒深造修证之一阶段而已。因果报应固为佛教之基本大法，然法义精确，将以化导人心积极向上，趋向进善之修途，而绝非“眩求灵异、专勤死后”之谓，此乃专制时代君相以神道愚民所导成者。凡此皆非佛教建立三宝、利济群生之本旨，故今后应以“增进民德、发达人生”为正务，根据真确之教理,适应时代之需要。因此,太虚提出,此时此处实现佛陀慈悲之适宜方便,莫逾攘寇拒侵、建国保族为最急,故应与全国人民精诚团结而赴抗建之业;非然者则失去存立僧寺之意义,必将溃颓而使佛教亦因以灭亡。[①]

抗战胜利前夕,太虚法师为今后佛教文化的发展方向殚精竭虑、高瞻远瞩地提出了转移风气的四项原则:(一)以今融古成民族文化思潮;(二)以中融外成国际文化思潮;(三)以义融利成道德文化思潮;(四)以雅融俗成进步文化思潮。[②] 1945年,日本宣告无条件投降,中国抗战赢得最后胜利。太虚发表《告世界佛教徒》,略谓:"亚东南各民族,尤当以佛教加强其联合,以联合的力量来共同努力发扬佛教,以对世界永久和平作非常有力的贡献!中日佛教徒,尤应密切联合。一方面肃清魔鬼们遗留的毒素,一方面发扬最彻底自由平等博爱民主精神的大乘佛教文化,努力于人类真正和平的推进!"

三　抗战胜利后的南京佛教组织"整委会"

抗日战争中,南京佛教文化事业遭到很大损失。金陵刻经处和支那内学院,除欧阳渐率领院众将历年所刻经版迁往四川江津外,留在南京的院舍和所藏图书30万卷俱毁于兵火。各地寺院或遭兵燹,或佛像、文物被日军劫掠;或僧侣流散,佛教团体无法活动,其损失无法估计。

抗战胜利后,百废待兴。太虚法师征得南京国民政府内政部、社会部批准,于1945年12月在南京成立"中国佛教整理委员会",并任主任委员。章嘉呼图克图、李子宽为常委,虚云、圆瑛等为委员。

1946年元旦,太虚法师以宗教领袖身份被南京国民政府授以"胜利勋章"。他审时度势提出了佛教组党的新意见。但和其他变革措施一样,他的组党意图稍一流露,立刻就招来异议。除了跟随左右的十几位在家、出家少壮信徒外,大多数人并不理解他的旨趣,或持重缄默,更多的则以不合佛制而反对。于是,1946年7月,他在上海成立"觉群社",创办《觉群周报》,对僧人参政设定了"问政

① 太虚:《精诚团结与佛教之调整》,《太虚大师全书》第九编《制议》,台北善导寺佛经流通处发行,1998年,第631—640页。

② 参见释印顺编著:《太虚法师年谱》,宗教文化出版社,1995年,第281页。

不干治”的理论纲领，开了僧人议政的新方便门。不过，传统成见的坚壁绝非一个超前者的钳锤所能打破。1946 年冬，他本已经蒋介石同意，被“圈定为国民大会代表”，终以“陈立夫力持异议，致其事情中变”。[①]

太虚法师成立觉群社，本意为佛教之政治组织。惟以僧伽参政，多滋异议，乃创“问政不干治”之说。太虚这种参与议政而不干治的思想起自抗战前 1936 年他提出的“僧尼应参加国民大会代表选举”的主张。1936 年 5 月 31 日，太虚法师作《僧尼应参加国民大会代表选举》一文指出：

> 国民大会代表选举法公布后，闻有妇女团体起而争有妇女代表者。余因索取选举法而细阅之，见其积极规定者，即第三条“中华民国人民年满二十岁经公民宣誓者有选举国民大会代表之权”，而年满二十五岁即得为候选人；其消极限制者，即第四条：“（一）背叛国民政府经判决确定或尚在通缉中者，（二）曾服公务而有贪污行为，经判决确定或尚在通缉中者，（三）被夺公权者，（四）禁治产者，（五）有精神病者，（六）吸用鸦片或其代用品者。”除此之外，更无性别或宗教区别等之其他限制，由此故年满二十之妇女当然已在女公民之列，而妇女之为律师、医师或女工等，更可参加职业代表之选举也。若于此更有妇女团体代表之选举，则其反面岂不亦应另有男子代表选举乎？然由此乃确见僧尼等亦为区域选举内之人民，但年满二十及经公民宣誓，即得有选举权，若年满二十五岁者，即得为候选人，而更无其他之限制，是诚全国僧尼所应深切注意热烈参加者也。[②]

太虚法师在这里首先表达了他的整理中国佛教会的理念：如果把佛教会仅仅作为维持寺产的佛教组织，就应该取消。其次表达了他的整顿寺院组织的三个理念：政府公布保护寺产办法，培养“僧中办理教务人才”（一管理寺院人才），然后把寺院建设成“宣扬教化、兴办慈济”的寺院社区。从中可以看出太虚整理改良中国佛教会组织的二元结构，即“中国佛教会”和“寺院社区”。

既然太虚反对以圆瑛为代表的长老守成派把中国佛教会作为纯粹维持寺产

---

① 释印顺编著：《太虚法师年谱》，宗教文化出版社，1995 年，第 291 页。

② 太虚：《对于佛教会之观念》，《海潮音》第 17 卷第 9 号（1936 年）。

的佛教组织，那么他想对此作何改良呢？答曰：他想把中国佛教会变成佛教徒的参政议政机构，向政府表达佛教徒的政治理念。如果说太虚的整理改良佛教会理念引起了掌管寺院经济的长老派僧伽的神经紧张的话，那么他的佛教徒参政议政理念又引起了"食古不化"的居士学者及政府官僚的担心和恐慌。该文在《海潮音》第17卷第8号发表以后，立即遭到佛教学者欧阳竟无的反对，他写信告诉陈立夫："僧徒居必兰若，行必头陀"，"参预世事，违反佛制"。① 从此以后，国民党人陈立夫一直坚持反对僧尼参政议政的态度。但是，太虚法师也始终没有放弃这一整理中国佛教会的理念。

1946年6月15日，太虚在上海成立觉群社作为"佛教之政治组织"，担心再引起异议，因而提出了僧尼"议政而不干治"的主张：

问政而不干治——觉群社

> 在家出家少壮佛徒，聒余创导组织者，不下十余人。问询长老缁素，则绒默持重，大多不以为可。余亦迟迟不决。然超政，遇政府与社会摧教，易遭破灭；从政，亦易随政府而倒，二者利弊各关。况今中国，无论在政府、社会，尚无在家佛徒集团，足以拥护佛教，则僧伽处此，殊堪考虑！今以多人对此问题的研讨，余遂不得不加以深思熟虑，而于孙中山先生所说政权、治权，得一解决，曰："问政而不干治。"②

太虚认为，佛教徒生于当世，对于政治采取"超政"和"从政"二种办法，各有相关利弊，如果"超政"，遇政府与社会摧教，则易遭破灭；而"从政"，亦易随政府而倒。况且在当今中国，无论在政府还是在社会中，尚无坚固的在家佛徒集团足以拥护佛教，故此不得不对此问题加以深思熟虑，他根据孙中山先生所说政权、治权，而提出"问政而不干治"的主张。孙中山先生说，"政是众人之事，治是管理，政治是众人之事之管理。又政权是人民有权，议定政法；治权是政府有能，治理国民"，认为"僧伽不得不是众人之事中的众人，所以于众人中的本人或同人的事，不得不问。要想问问众人之事，讲讲其所感之祸害痛苦，所求之福利安乐，不得不参加社会的、地方

① 释印顺：《太虚法师年谱》，宗教文化出版社，1995年，第221页。
② 释印顺：《太虚法师年谱》，宗教文化出版社，1995年，第289页。

的、国家的合法集议众人之事的会所。所以，对于有关之民众社团，及乡区自治会议、县参议会、省参议会、国民代表大会，均应参加一分子，为本人、同人、全民众人，议论除苦得乐之办法。但所参与的，以此各种议事场所为止，亦即人民政权机关为止；而执行五权治权的中央和地方机关，概不干求参与。换言之，只参加选举，被选为议员，决不干求作官，运动作官将——文官、武将等”。①

1947 年 3 月，太虚在上海玉佛寺主持召开中国佛教整委会第七次常会，决议于 5 月开全国会员代表大会。5 月 12 日，突然中风旧疾复发，多方医治无效，于 17 日下午在玉佛寺直指轩安祥舍报。5 月 25 日，中国佛教整委会、中国佛学会等在南京毗卢寺举行纪念太虚的全国性追悼会，到会代表千余人，会场满悬挽联，达五千余件。同时各地也纷纷举办追悼活动，遍于全国。在国外，印度新德里召开的泛亚洲会议，临时举行追悼会，摩诃菩提会建“太虚图书室”以纪念。

1947 年 5 月 26 日至 29 日，在南京毗卢寺举行中国佛教会抗战胜利后第一届全国会员代表大会，成立了“中国佛教会”，选举章嘉呼图克图②为理事长。全委会通过了《中国佛教会章程》，章程未涉及参政议政。

表 5.4 中国佛教会章程

	第一章 总则
第一条	本会由中华民国全国佛教徒组织之，定名为中国佛教会。
第二条	本会以团结全国佛教徒，整理教规教产，宣扬教义，福利社会为宗旨。
第三条	本会设于首都(南京)。
第四条	本会于各省及直辖市及蒙藏地方设分会，各县及省辖市设支会。国内名山区及海外国人侨居地，经本会许可得设直属支会，其组织通则另定之。
第五条	本会受社会部、内政部之指导与监督，各省(市)分会及直属支会受本会及所在地主管机关指导与监督，凡县(市)支会受各该省分会及所在地主管机关之指导与监督。凡县(市)支会遇紧要事件，除行文各该省分会外，得直接向本会行之。

资料来源:《海潮音》第 28 卷第 7 期(1947 年 7 月)。

根据上表所列章程总则五条可知，该会是民国时期全国佛教徒的群众组织，以“整理教规教产”，宣扬佛教教义和福利社会为宗旨。从上到下，各省市县包括

① 释印顺编著:《太虚法师年谱》，宗教文化出版社，1995 年，第 289—290 页。印顺对当时中国僧伽“议政而不干治”，评曰:“此惟限以僧伽。以中国僧伽量之少，质之低，于政治素鲜注意，其难以有为，盖在意中。其后，《觉群》周报，仍等于一般通俗之佛学刊物。知议政亦不易!”

② 第一世章嘉出生于张姓之家，原称张家，康熙帝敕改章嘉。呼图克图为蒙语“圣者”，是内蒙古地区藏传佛教格鲁派的最大转世活佛。民国时期的章嘉为第七世，1947年在太虚圆寂之后当选为“中国佛教会”第一任理事长。

蒙藏边疆地区均设立分、支会，特别规定“国内名山区及海外国人侨居地”，经许可得设直属支会。设在首都南京的“中国佛教会”，受南京国民政府社会部和内政部的“指导与监督”，各地方所设分支会则受各该省分会及所在地主管机关之指导与监督。其实，与此前的全国性佛教组织具有“护教”[①]功能一样，该“中国佛教会”虽有“整理教规教产”之职责，但其根本宗旨是为了保护佛教的合法权益而成立的，其主要任务是作为政府与佛教寺院间的沟通桥梁，而达到保护佛教全体的利益，同时佛教也要以“福利社会”为宗旨，发扬佛教慈善公益造福社会功能。

是年6月，南京国民政府颁令褒扬太虚法师。太虚一生为革新佛教而努力，其高尚的道德、深广的智慧，对国家、对人民、对世界和平的贡献，特别是对佛法的普遍弘扬，救人觉世，铸成真实菩萨的庄严法相，深刻地刻印在国民信众和弟子们的脑海里。

1949年全国解放时，圆瑛拒绝了南洋各地教友、弟子的邀请，表示“我是中国人，生在中国，死在中国，决不他往”[②]。以后他参加了开创新中国佛教事业的组织工作。1953年10月18日，赵朴初在上海玉佛寺举行圆瑛法师追悼会上说：

> 讲到他护持法门的功德也是很大的。辛亥革命后，寄禅和尚向当时临时大总统孙中山先生备案设立的中华佛教总会，圆老法师是在一起参加组织的，这是他从事佛教组织工作的开始。他一生住持了不少大丛林大寺院，如宁波的接待寺、七塔寺、天童寺，福建的大雪峰寺、鼓山涌泉寺，槟榔屿的极乐寺，其中有许多都是他从破坏中重新修复的。我最近到天童寺，看到他所修复的建筑，真是庄严伟大，想见他当日的魄力和胸襟。至于古代有名建筑如泉州大开元寺的万柱殿，闻名世界的东西两石塔都是他募修的。作为保护古迹来说，他的功绩也是不可没的。然而圆老法师一生功行中最值得我们学习的却是他爱国的精神。大家都知道他自从在抗日战争中被敌人逮捕后，就一直不问外事，但解放以后，由于看到诸国的进步，领导的英明，他

---

① 清末民初，庙产兴学运动风波四起，为了保护庙产，宁波天童寺释敬安于1912年4月1日联合江浙佛教界成立“中华佛教总会”，标志着江浙佛教组织化的开始。但1915年10月，袁世凯颁布《管理寺庙条令》，宣布取消中华佛教总会。清海等人遂改名为“中华佛教会”，试图维持组织生存。1918年，段祺瑞把持的北洋政府内务部，又宣布“中华佛教会”为非法组织。

② 明旸：《先师圆瑛法师事略》，《上海文史资料选辑》第45辑，上海人民出版社，1984年。

重新燃起了利民护国的热情。

当年中国佛教协会成立，圆老法师被推荐为会长，全国佛教徒都对他寄以无限期望，不料他竟然离开我们而长逝了。现在我在这里宣读圆瑛法师的遗嘱，这遗嘱是他动身到天童寺临行前交给我，委托我在他圆寂后发表的。他的遗嘱主要精神讲：社会道德普遍提高，时节因缘不可思议。凡我佛子，宜各精进，力行十善，勤修六度，行菩萨道，报众生恩。各宗各派，同宣斯义，出家在家，各尽其分，互助无诤，团结第一。……愿我国佛教徒同心同德，积极参加爱国运动，致力和平事业。应思利民护国，饶益有情，乃成佛之基，众善之首。①

圆瑛一生以弘法利生为职志。为弘法，他不辞劳苦地奔走于海内外，宣讲于大江南北。他不仅为佛门四众弟子讲经说法，而且向一般社会大众，乃至军人，宣传佛教利生济世、挽救人心、提升道德的教理和宗旨。他尝以“大慈悲”“大无畏”“大无我”三种精神来概括佛教大乘救世之学说，而他对此三种精神深入浅出的讲解，极有助于世人充分了解佛教的积极精神，这对于中国近现代佛教的健康发展，是有着重要意义的。同时，他先后创办和主持了“宁波接待寺佛教讲习所”“宁波七塔报恩佛学院”“福州法海寺法界学院”“槟城佛学研究会”“上海圆明讲堂楞严专宗学院”“上海圆明讲堂圆明佛学院”等，对佛教教育事业的发展和弘法人才的培养都起了很大的作用。为利生，圆瑛则更是遵循慈悲精神，先后兴办了“宁波白衣寺佛教孤儿院”“泉州开元寺慈儿院”“上海佛教医院”等，组织并主持了“华北五省旱灾筹赈会”“十六省水灾赈济会”“上海灾区佛教救护团”，以及“上海难民收容所”等大量的佛教慈善事业。

圆瑛不仅在佛教内部无门户之见，融通教宗、禅净、显密，而且对世学也有积极、宽容的兼收并蓄精神。如他说：“凡对各种学说，都要悉心研究。各科学学说、儒学学说、哲学学说、佛学学说，研究时必须具一种眼光，把那学说之真理，看得明明白白，不可存门户之见。凡有益于人生身心德业学问智识者，都要采取体会。即有不合潮流者，亦必仔细审定，如此可谓知己知彼，始足应世。若但知己

---

① 明旸主编：《圆瑛大师年谱》，中华书局，2004 年，第 302—303 页。

而不知彼，不足以与世界学者之酬对。”[①]这段话充分地体现了圆瑛法师博大的胸怀、深远的眼光和适应时代发展而不断求进的精神。

对于民国时期中国佛教会的两位领袖做出的贡献，北京大学楼宇烈先生说：“圆瑛大师（1878—1953）与太虚大师（1890—1947）是中国近现代佛教史上为振兴佛教事业奉献出全部身心，而在佛学理论上又各有千秋的佛门双璧。”[②]

四 南京国民政府撤退迁台中的佛教动向

南京国民政府从1945年抗战胜利建国，到1949年全面撤退迁台，只有短短几年时间，形势变化得太快，中国佛教会组织刚于1947年5月宣布成立，就面临着重大的选择：是跟着国民党南京政府迁移到台湾去，还是留在大陆？无论是僧团组织还是僧人个体，都不得不考虑这个问题。

从抗战胜利后“中国佛教会”当选的理、监事内部变迁，可以分析其领导成员及相关派系的不同流向。

表5.5 抗战胜利后中国佛教会第一届当选理事履历表

序号	职别	姓名	性别	年龄	籍贯	简历	住址
1	理事长	章嘉	男	58	蒙古	国民政府委员	南京蒙藏委员会
2	常务理事	雪嵩	男	39	江苏	南京市分会理事长	本会
3		喜饶嘉错	男	64	西藏	国大代表参政员	甘肃循化县古宁寺
4		苇一	男	46	江苏	上海市分会理事	上海玉佛寺
5		亦幻	男	44	浙江	宁波延庆寺督监	鄞县延庆寺
6		雪烦	男	39	江苏	江苏省分会常务理事	常州清凉寺
7		李子宽	男	66	湖北	党政考核委员会政务组副主任，后当选国大代表	南京大光路36号
8		谢健	男	60	四川	前司法行政部次长	南京中央商场
9		蒋士杰	男	68	江苏	江苏省分会常务	镇江定福寺

① 圆瑛：《培风学校讲演》，《圆瑛法师讲演录》，圆明讲堂，1988年，第43页。
②《圆瑛大师的佛学思想》，载明旸主编：《圆瑛大师圆寂四十周年纪念文集》，古吴轩出版社，1993年。圆瑛大师19岁（1896）正式出家，投福州鼓山涌泉寺，礼兴化梅峰寺增西上人为师。次年，依妙莲和尚受具足戒。21岁（1898）时，赴常州天宁寺，依治开和尚（1851—1922）学禅，26岁（1903）时又至宁波天童寺，依寄禅（名敬安，1851—1912）和尚学禅。1906年，圆瑛大师29岁时，于宁波七塔报恩寺，拜谒慈运老和尚，亲承法印，传临济正宗为第40世，法名宏悟。

续表

序号	职别	姓名	性别	年龄	籍贯	简历	住址
10	理事	苇舫	男	41	江苏	湖北省分会理事长	武昌千家街佛学苑
11		超一	男	51	四川	甘青宁三省分会指导员	无锡溥仁慈善会
12		妙钦	男	34	福建	杭州武林佛学院教师	杭州武林佛学院
13		定九	男	48	四川	重庆市分会监事长	重庆民族路罗汉寺
14		雨昙	男	36	江苏	江苏省分会常务理事	镇江超岸寺
15		丛棠	男	47	江苏	北平市分会常务理事	北平市西郊八大处大灵光寺
16		弘伞	男	59	安徽	浙江省分会理事长	杭州西湖招贤寺
17		巨赞	男	38	江苏	浙江省分会秘书	杭州灵隐寺
18		东初	男	39	江苏	江苏省分会理事	镇江焦山定慧寺
19		太沧	男	53	江苏	江苏省分会常务理事	镇江金山江天寺
20		茗山	男	34	江苏	曾任湖北分会副理事长	镇江焦山中流月刊社
21		明达	男	48	兰州	甘肃省分会常务理事	兰州五泉龙泉精舍
22		证光	男	52	台湾	日本驹泽大学毕业，台南开元寺住持	台北市中正东路善导寺
23		持松	男	55	湖北	上海市分会理事长	上海静安寺
24		遍能	男	42	四川	四川省乐山支会理事长	四川乐山乌尤寺
25		虚云	男	100	湖南	广东南华寺住持	待考
26		峻岭	男	36	安徽	南京市分会常务理事	南京毗卢寺
27		圆行	男	48	河北	陕西省分会常务理事	西安市土门村极乐庵
28		饶聘卿	男	72	湖北	国民参政会参政员	北平市西单牌楼西斜街花枝胡同3号
29		杨树梅	女	42	四川	镇江地方法院推事	镇江地方法院
30		卢佛慈	男	45	江苏	镇江参议会副议长	镇江中山路362号
31		赵朴初	男	41	安徽	上海市分会常务理事	上海市常德路418号
32	候补理事	大本	男	34	江苏	南京市分会常务理事	南京香林寺
33		丐僧	男		待考	待考	待考
34		白圣	男	44	湖北	上海市分会常务理事	上海静安寺
35		法尊	男	48	北平	重庆汉藏教理院院长	重庆缙云山
36		大同	男	25	泰县	上海市分会秘书	待考
37		乐观	男	46	湖北	曾任救护队队长	上海德兴东路955号
38		一先	男		辽宁	铁岭支会理事长	待考
39		法光	男		待考		
40		印空	男	45	辽北	昌图支会常务理事	昌图八面城街天佑寺
41		妙空	男	28	青海	江西省分会常务理事	南昌圆通寺

续表

序号	职别	姓名	性别	年龄	籍贯	简历	住址
42	候补理事	力宏	男	78	山西	山西省分会理事长	山西太原崇善寺
43		齐性一	男		河南	前河南省政府秘书长	
44		熊道瑞	男	48	湖北	政党考核会秘书	待考
45		黄庆澜	男	73	上海	上海慈善团体联合会会长	上海天平路 120 弄 6 号
46		屈文六	男	68	浙江	原财务委员会副委员长	江西庐山

资料来源:《海潮音》第 28 卷第 7 期,1947 年 7 月。

该表显示,抗战胜利后中国佛教会第一届当选理事共 46 人,其中理事长 1 人,常务理事 8 人,理事 22 人,候补理事 15 人。首任理事长章嘉呼图克图为南京国民政府蒙藏委员会委员。常务理事中排名第一的,是年仅 39 岁的南京市分会理事长雪嵩;其次为国大代表参政员喜饶嘉错。排名第三至第五的常务理事苇一、亦幻、雪烦分别是来自上海玉佛寺、宁波天童寺和常州清凉寺,这种人事安排可能与中国佛教会前身的领导者影响力及会址设在上海有渊源关系。如中华佛教总会的首任会长寄禅即出身于宁波天童寺,中华佛教总会第二任会长是常州天宁寺冶开,常州清凉寺释清海为副会长,因冶开年事已高,事实上会务实权掌握在清海手中。

表 5.6 抗战胜利后中国佛教会第一届当选监事履历表

职别	姓名	性别	年龄	籍贯	简历	住址
常务监事	圆瑛	男	70	福建	上海圆明讲堂住持	上海大西路 443 号
	麻倾翁	男	58	西康	监察院监委、国民党西康执委	西康道孚灵雀寺
	尘空	男	40	湖北	海潮音社总编辑	南京莫愁路 63 号
	黄忏华	男	46	南京	立法院秘书	南京立法院宿舍
	姚雨平	男	64	广东	监察院监委	南京古林寺
监事	圣钦	男	76	四川	中国佛教会整理委员	成都大慈寺
	德毅	男	63	河南	河南省分会理事长	开封
	善因	男		湖南	曾任武昌佛学院教师	
	倓虚	男	72	河北	青岛湛山寺	退居青岛湛山寺
	邹海滨	男	62	广东	国民政府委员	南京宁夏路 3 号
	赵恒惕	男		湖南	湖南省参议会议长	长沙湖南参议会
	本僧	男		镇江	曾任江苏佛教会秘书	
	卢润洲	男	58	辽宁	安徽怀宁、桐城两县支会理事	安庆迎江寺
	赵见微	男	52	浙江	浙江省党部监察委员	浙江省党部
	靳翼青	男	72	山东	曾任国务总理	天津佛教居士林

资料来源:《海潮音》第 28 卷第 7 期,1947 年 7 月。

当选中国佛教会常务监事居于首座的，是德高望重的圆瑛老和尚，不过已年届古稀。排名第二的麻倾翁和第五的姚雨平都是立法院监察院监委；而居于第三的尘空法师为太虚弟子，时任太虚创办的《海潮音》杂志社总编；第四位常务监事是立法院秘书黄忏华，其后以著作《中国佛教史》而著名。

现在请让我们对照一下，笔者把 1952 年在台湾恢复的“中国佛教会”的理监事组成人员和 1953 年在北京成立中国佛教协会的发起人在 1947 年中国佛教会扮演的角色进行比较，考察与分析 1947 年南京成立的中国佛教会领导层的政治结构及其变迁的内部因素。

表 5.7　1948—1952 年中国佛教会赴台常务理事、监事表

届别	期间	理事长	常务理事	理事	常务监事	监事
第一届	1947—1952	章嘉	李子宽、谢健	太沧、东初、证光、蒋士杰、杨树梅、白圣(候补)	缺	赵恒惕、邹海滨

上表显示，国民党官员和亲国民党的喇嘛、法师是中国佛教会迁往台湾并在岛内重建和延续的主要头面人物。

第二次世界大战后，美国公然支持国民党政权在 1946 年 6 月发动全国性内战。结果国民党在内战中失败，退据台湾。国共两党军事冲突的结局，加剧了走中间道路的各民主党派以及中国佛教会等社团内部的两极分化。在中国佛教会内部，中共派积极参与新中国的政权建设，国民党派则迁徙台湾，谋求新的发展与生存空间。正是因为国共内战导致了江南的混乱局面，才使长期生活在国统区(尤其是环南京的扬、镇地区)的僧人，“不免于疑虑，甚至可以说是惶恐，因为据说共产党是不要宗教的”①。

这样一来，尽管他们对南京国民政府的限制宗教政策不满，但在他们的逻辑推理中，国民党的限制宗教政策总比共产党的“消灭”宗教政策要好。于是沪宁沿线及长三角地区就有不少僧人追随国民党到台湾谋求生存与发展。例如，白圣法师时居上海，《白圣年谱・四十五岁》云：至徐蚌会战(淮海战役)结束，大局逆转，沪杭人心不安，诸事难以推进。适林子青居士函称：台北善导寺达超尼师意欲招聘高僧住持，弘扬佛法。遂于 1948 年赴台。再者，一批中青年僧人，诸如

① 石文：《关于佛教现代化的一些问题》，《现代佛学》第 3 卷第 4 期(1952 年)。

星云、道安、成一等等，在时局纷乱之际也都不由自主选择赴台。还有一些僧人出于逃避人民政权清算的动机而迁居台湾。镇江焦山定慧寺的退居和尚智光和方丈东初、镇江金山寺的方丈太沧、常州天宁寺的退居和尚证莲等人，因曾是寺院地主，害怕受到清算，就想方设法侨居台湾。[①]

1949年初，国民党在大陆的失败已成定局。4月，南京国民政府不得不开始鼓励江南人民向台湾移民，从而为大陆僧人赴台提供了方便。大致有三种方式赴台。

一是移民。如南亭所云："（在上海）挨到阳历的四月底，是一个阴雨天的下午，玉佛寺的方丈苇舫法师忽然来到沉香阁。……说是政府看形势不对，所以加班飞机，让人民去台湾。可以到世界旅行社买票。我赶快拿了几两金子，请他相陪，去银楼换了大头，再到世界旅行社买票。很顺利地买到了机票，只花四十几块银元，为智（光）老人、東东凯、我自己，买了三张。"据陈慧剑考证，苇舫到沉香阁报信是1949年4月30日上午9时许，智光与南亭师徒等人于5月1日早晨起飞，下午到达台北，傍晚客居南昌街十普寺。[②] 通过这种移民方式在1949年前后赴台的大陆僧人有广钦、东初、白圣、道源、道安、星云、成一等人。

二是参军。当时主动参军赴台的僧人，以上海静安寺佛学院的学僧最为典型。静安寺佛学院的法师几乎全都以移民的方式到了台湾，诸如白圣、南亭、道源、仁俊、育枚、妙然等人。而学僧则是以主动参军的方式迁往台湾，据圣严《归程》记云：

> 一九四九年春，白圣法师还回到上海静安寺，向全体学院师生报告学院迁台的远景。奈何大陆的政局，变化得太快，使得白圣法师措手不及！突然间，白圣法师也悄悄地不见了。妙然法师在台湾，便襄助白圣法师任十普寺监院，再也没有回去大陆，他把光孝寺的两代老和尚智光及南亭，迎接到十普寺，并获得智光老的在家弟子孙立人夫人张清扬，全力护持该寺从大陆来台僧众们的修道生活及弘化事业。[③]

---

① 参李尚全：《当代中国汉传佛教信仰方式的变迁》，甘肃人民出版社，2006年，第135—136页。

② 成一长老审订、陈慧剑居士：《南亭和尚年谱》，台北华严莲社，2002年，第102页。又参《南亭和尚自传》，台北华严莲社，1994年，第148页。

③ 圣严：《悼念妙然法师》，《悼念·游化》，《法鼓全集》第三辑第7册《归程》，台北法鼓文化，1999年，第142—144页。

白圣在关键时刻不见了,但他作的"学院迁台的远景"报告却对许多人具有吸引力。经济富裕的学僧或乘船或坐火车或搭乘飞机追随白圣去台湾,有的半路上到香港或还俗或改信基督教,到达台湾的有乘如(自立)、惟慈(日照)、妙峰、鲁愚(幻生)等学僧,而手头拮据的学僧只能用僧装换军装的方式赴台了,他们是关振、田枫、王文伯、何正中,其中何正中在台湾复员后再次在十普寺出家,法名明月。在他们的影响下又有圣严、了中等几位年轻学僧参军,在5月19日上午离开上海,到23日抵达台湾新竹。另外在上海参军赴台的还有悟明、乐观等僧。①

三是被军队裹胁,此以浙江普陀山为典型。据真华在《参学琐谈》里记载,1949年夏天,普陀山的21位僧人被军队裹胁到台湾。其中性悟在军队里"无疾坐化",而真华"奉命退役"后,在1953年重新出家为僧。另外被军队抓来的大陆壮丁在解甲后,选择出家的也不少。②

综上所述,抗战胜利后南京建立的中国佛教会所当选的第一届理监事组成人员中,主要矛盾不再是长老僧伽和新僧伽的利益冲突与对立,而让位于拥护中国共产党还是拥护中国国民党的喇嘛、法师和居士之间的政治选择上的矛盾对立。因此可以说,对国共两党的不同选择和公开分裂是中国佛教会在大陆消亡及迁台谋求生路的主要原因。而国共两党的军事冲突带来的首都南京及其周边的动荡不安和前途未卜也是僧人选择迁台的重大外因。

表5.8 1953年中国佛教协会20位发起人里在1947年中国佛教会任职表

姓名	常务理事	理事	候补理事	常务监事	监事
虚云		√			
喜饶嘉措	√				
圆瑛				√	
法尊			√		
巨赞		√			
赵朴初		√			

资料来源:《现代佛学》1953年6月号。

上表显示,在抗战胜利后南京成立的中国佛教会里已经有一些拥护中国共产党的喇嘛、法师和居士,他们在解放后成为中国佛教协会的重要发起人。虚云

① 参圣严:《法鼓全集》第三辑第7册《归程》,台北法鼓文化,1999年,第148、158、164页。

② 真华:《参学琐谈》,成都文殊院,1997年,第222—257页。又参张殉、江灿腾合编:《当代台湾本土宗教研究导论》,台北南天书局有限公司,2001年,第37页。

老和尚以百岁之尊在1947年中国佛教会数十位理事名单中并不起眼,却成为新中国成立后中国佛教协会头号发起人。巨赞和赵朴初二位也跻身中国佛教会理事之列,后来都成了新中国的佛教领袖。其中巨赞法师是被邀请登上天安门城楼参加开国大典的唯一僧人。1953年6月3日,中华人民共和国正式成立中国佛教协会,圆瑛当选为首任会长。20世纪下半叶,中国佛教协会历任会长依次为圆瑛法师、喜饶嘉措大师、赵朴初居士。

第六章　太虚与中国近现代人间佛教

太虚法师与欧阳竟无居士分别是民国时代僧俗二界杨文会门下最杰出的两位弟子，他们二人都继承和发扬了杨文会振兴佛教的理念和事业。但与欧阳竟无侧重于学理的研究、弘扬佛学有所不同，太虚则倾向于以改革和复兴整体佛教为历史使命。由此他们各自在后世产生的影响也不尽相同：欧阳的影响基本不出学术的圈子，即使超出这个圈子，其影响也十分有限；而太虚则试图应对社会变革、时代思潮尤其西方文化的冲击，毕生努力从事中国佛教革新和现代化的转型实践，孜孜于使中国佛教振兴并走向世界弘法的途程，无疑给现代佛教的发展以深远影响与莫大激励。

太虚在近代佛教史上以倡导佛教"教理、教产、教制"三大革命而著称。入民国后创设武昌佛学院、世界佛学苑、汉藏教理院等多所佛学院，培养了不少弘法的人才，积极弘扬佛教于世界，追根溯源，都是与杨文会首倡办佛学院以振兴佛教的理念之影响分不开的。事实上，杨文会并不是近代在中国最早创立僧学堂的人，在他之前的1904年，已有日僧水野梅晓和伊藤贤道在湖南长沙创第一所僧学堂，1906年文希（一说亚髡）在扬州天宁寺亦设立普通僧学堂。[①] 但是，这两所僧学堂兴学的目的都是为了保护寺产，以免被提拔充公，这与杨文会从振兴佛教的角度来兴办僧学，培养到印度乃至西方的弘法人才显然不同。而后者，正是吸引太虚等僧青年来祇洹精舍学习的主要原因之一。

美国学者韦尔慈说："太虚是在杨文会创办的祇洹精舍就读的学生之一。正如杨文会的事业展现了中国近代佛教复兴的早期阶段，太虚的事业则展示了它的中、晚期阶段。"[②]韦尔慈把太虚视为杨文会佛教振兴事业的一个重要继承者，这是符合历史实际的。打个不太恰当的比方，原来萌蘖于杨文会的振兴佛教的思想理念，就好比山涧淌出的一泓清流，经过太虚等人的大声疾呼和不懈努力，渐渐变成了滔滔的巨浪，从而波及保守的佛教势力，把他们也泥沙俱下地带入了滚滚的洪流之中。

---

① 参太虚：《三十年来之中国佛教》，载张曼涛主编：《民国佛教篇》，《现代佛教学术丛刊》，台北大乘文化出版社，1978年，第323页。韦尔慈在《中国佛教复兴》（*The Buddhist Revival in China*）中说扬州天宁寺普通僧学堂的创办人是文希。又参印顺编著：《太虚法师年谱》，宗教文化出版社，1995年，第11页，内中说浙江之寄禅、松风、华山，江苏之月霞，北京之觉先等，先后相共致力于自动兴学之举。

② Holmes Welch, *The Buddhist Revival in China*, Cambridge, MA: Harvard University Press, 1968, p. 15.

第一节
太虚生平及佛教革新思想

一 太虚生平略述

太虚法师(1890—1947),俗姓吕,乳名淦森。其父吕骏发为农家子,原籍石门县(民国改崇德)。后独自至海宁州(民国后改海宁县)打工谋生。清光绪十五年十二月二十八日(1890年1月8日),太虚生于浙江海宁州长安镇,第二年父亲——时年28岁——就遗下才生8个月的孤儿不幸死去,母亲改嫁。外婆专好修道念佛,不久带着孤幼移住到离长安镇的家中约3里远的大隐庵里。13岁那一年的夏天,母亲便由多愁多病,也只28岁而夭逝。① 1904年5月16岁,在苏州木渎浒墅乡一小庙出家为僧,剃度师为士达和尚,取法名唯心。九十月间,在镇海县团桥镇玉皇殿依止师祖奘年和尚,立表字"太虚"。当年十一月,往浙江宁波天童寺受戒于寄禅和尚。18岁之后,开始读经习禅,兼学诗文。

1907年秋,往慈溪西方寺闭关,阅读《大藏经》,并读康有为《大同书》、严复译《天演论》、谭嗣同《仁学》及梁启超、章太炎等有关国事与振兴佛学的论文,触发了改革佛教的念头。1909年21岁到南京,就学于杨文会居士所创之祇洹精舍,从杨学《楞严经》,又从苏曼殊学英文。次年一月,与热心民族革命的栖云和尚入粤,助组僧教育会。1911年春住持广州白云山双溪寺,与革命党人交往密切,黄花岗起义失败后,因写《吊黄花岗诗》涉革命嫌疑,逃亡上海。

民国元年(1912)又与释仁山等在南京毗卢寺和镇江金山寺组建佛教协进

---

① 太虚:《自传》,《太虚大师全书》第十九编文丛(一),宗教文化出版社,2004年。太虚自述:"我从五岁有知识起,惟一依恋的就是外婆,而又不在平常的家庭,而是住在一个修道的庵堂里。我最早的意识和想像,是庵内观音龛前的琉璃灯;有一次看着外婆把灯放下来,添了油,燃了火,又扯上去,注视得非常明晰深刻。同时,并想像屋梁下悬有一个什么灵活的东西在牵动着,而各种知识记忆乃从此萌芽了。外婆真是一个值得我永远敬仰的人:她本姓周,道名周理修,出身是江苏吴江的富家。吴江女子大多是不曾缠脚的天足,从小读过书,不但看得懂平常的书册文件,且能写能算,记得的经典、宝卷、小说、诗偈、传奇、故事甚多,经验礼富,识见广博,处事又能刚断明决,往往为人讲解谈论,鲜不乐听敬服。"

会，着手佛教改革。1914 年，再次闭关修行，1914 年 10 月至 1917 年 2 月 4 日，在普陀山锡麟禅院掩关静修，“广泛阅读佛教诸宗著述，并旁及诸子和西洋哲学，日有常课”。太虚反思辛亥革命以来的“佛教革命失败史”，改变了以前因“行动太轻率散乱”而“招来巨大反击”的抗争方式。1915 年，太虚 27 岁那年，痛于当时佛教之颓萎与僧伽制度之混乱，作《整顿僧伽制度论》，第一次系统地阐述其改革僧伽制度的主张。1917 年 2 月组织觉社，“以著书讲学”的方式，阐释佛教理论，后来又把《觉社丛书》改版，创《海潮音》月刊，作《海潮音月刊出世于世宣言》，指出该刊宗旨是“发扬大乘佛法真义，应导现代人心正思”。

1922 年之后，开始把整理僧伽制度的思想付诸实践，9 月与梁启超、李隐尘在武汉创立武昌佛学院，培养青年弘法僧才。1923 年秋，太虚进而把眼光转向世界佛教运动，在庐山发起世界佛教联合会，尔后又赴英、法、德、荷、比、美等国宣讲佛学，成为中国僧侣去欧美传扬佛教的第一人。抗战期间，太虚大声疾呼海内外僧众为世界和平努力，率领中国佛教访问团出访南洋诸国，使各国人民同情和支持中国的抗日战争，因而在抗战胜利后受到南京国民政府颁令表彰。

二 求学金陵祇洹精舍

太虚于 1947 年在上海玉佛寺圆寂，金陵刻经处董事会董事濮一乘写一挽联，其中有“圣教衰已一千年，赖公大声疾呼，谁识渊源出深柳”之句。[①] 请让我们联系太虚生平的佛教振兴实践，对此联稍作解释：前两句表彰太虚在近代佛教复兴运动中大声疾呼，倡导佛教“三大革命”，创办佛学院等所发挥的巨大作用；后一句则明示世人，太虚将这种佛教革命思想落实到振兴佛教的具体实践中，倡导世界佛教弘化事业，与深柳大师杨文会有甚深渊源。

太虚生平倡导振兴世界佛教弘化事业，这种尝试和努力的起始点，以他进入杨文会创办的祇洹精舍学习为标志。太虚与杨文会的关系，也是在 1909 年春进入祇洹精舍学习而建立起来的，虽只半年短暂的时间，但是对于太虚此后一生事

① 参武延康、纯一编：《杨仁山居士年谱初稿》（未刊稿），第 65 页，转引自《金陵刻经处创立 130 周年学术研讨会论文集》，金陵刻经处，1995 年。

业却有着不可低估的影响。有研究者对这件事评论说："入学祇洹精舍是一个重要的转折，可以说是太虚脱离传统路线，进入另一个与时代思潮接通的新佛教领域。一方面，祇洹精舍的新式教育，影响其后来僧教育及佛学院的创办理念；同时，杨仁山与达摩波罗的世界佛教事业，亦直接促成其未来世界性的佛教发展运动。"①

太虚本人后来在《三十年来之中国佛教》一文中高度评价了祇洹精舍，认为"祇洹精舍虽居士所办，而就学者比丘为多，故为高等僧教育之嚆失"，并自述他与杨文会祇洹精舍的渊源关系：

> 距今三十年（光绪三十四年，1908），金陵刻经处杨仁山居士，得锡兰摩诃菩提会会长达摩波罗居士来书，约共同复兴印度之佛教，以为传布佛教于全球之基本。杨居士因就刻经处设立祇洹精舍，召集缁素青年十余人，研究佛学及汉文，兼习英文，以为进探梵文、巴利文之依据。后虽以经费支绌，不二年即停止。摩诃菩提会则仍继续进行，近年已有释迦牟尼佛初转法轮之鹿野苑设立国际佛教大学，并设分会于哥伦布（科伦坡）、加尔各答、伦敦、纽约诸地，由法理性海氏继达摩波罗后，迄今扩充未已。且参与祇洹精舍诸缁素，若欧阳渐、梅光羲、释仁山、智光等，多为现今佛教中重要分子，而笔者亦其中之一人也。②

太虚在祇洹精舍仅仅短短的半年，学业上很难说有多大的成就，但30年过去之后，他尚以参与祇洹精舍的重要分子自居，以扩充当年杨文会和达摩波罗居士相约共同复兴佛教于世界的事业而自许。由此可见，杨文会佛教振兴的理念对他的影响之深。

据太虚自述，他之进入祇洹精舍，主要是因听闻该学堂是为振兴世界佛教。1940年7月，太虚在汉藏教理院讲《我的佛教改进运动略史》，内中提到，光绪三十四年（1908），"南京杨仁山居士就金陵刻经处创办祇洹精舍，该舍与锡兰达摩波罗居士取得密切的联系，同抱有复兴印度佛教的意志，欲使佛教传到各国去。

① 参洪金莲：《太虚大师佛教现代化之研究》，台北东初出版社，1995年，第29页。
② 参太虚：《三十年来之中国佛教》，载张曼涛主编：《民国佛教篇》，《现代佛教学术丛刊》，台北大乘文化出版社，1978年，第319、323页。

我因参加江苏僧教育会的组织，于是次年也到南京去加入。该舍的主要科为国文、佛学、英文。祇洹精舍只有一年的历史，因经济不继而停办。初办的上半年我未参加，我是第二期才进去的。……"[1]

在祇洹精舍创办后下半学年(1909年春)，太虚受华山、栖云等具有革新思想的僧青年的策发和鼓励，来祇洹精舍求学。印顺法师在《太虚大师年谱》中对此也有所记载，说太虚"以华山之策发、栖云之怂恿，就学于祇洹精舍。凡半年，于古文及诗颇多进益。杨仁老授《楞严》，苏曼殊授英文，谛老任学监。同学有仁山、智光、开悟、惠敏等，与梅光羲、欧阳渐、邱晞明等，亦有同学之谊"。印顺在此段文下加案语曰："杨氏因于去秋(1907)成立祇洹精舍。为佛教人才而兴学，且有世界眼光者，以杨氏为第一人！"[2]此中，印顺所言甚是，杨文会是近代第一个倡导"为佛教人才而兴学"，且具有"世界眼光"的人，这正是杨文会及其创办的祇洹精舍与其他为保护寺产而兴办的僧学堂之不同所在，也正是杨文会对太虚发生深刻影响的地方。

真正把太虚推向近代佛教革新的滚滚洪流，挑起历史赋予他们这一代僧青年振兴佛教的使命，是在西方寺闭关阅藏时所遇的机缘，也即与华山和栖云的相识并结交。1908年初春，温州华山来西方寺。据悉，华山是西方寺住持净果的朋友，他大概是"开僧界风气之先者"，也即是一位具有新学根底，且具有革命思想的人物。他来寺后也住阅藏寮，见太虚是有慧根的法器，就为之力陈世界与中国之大势，说中国佛教非得改革流弊，振兴僧学，才能适应时代潮流，不被社会历史所淘汰。太虚当时"禅慧资心"，与之相辩十余日而莫决。于是华山请太虚观其所带来的新书籍，如康有为《大同书》、梁启超《新民说》、章太炎《告佛子书》和《告白衣书》、严复《天演论》、谭嗣同《仁学》等等，太虚不觉为之心折，遂与华山订为莫逆交。太虚以佛学救世之宏愿，由此勃发而莫能自遏，从先前的"超俗入真"而一下转为"回真向俗"之路。未久，他又在小九华结识革命僧栖云。栖云俗姓李，湖南人，弱冠出家，曾从寄禅参学数年，后去日本留学，加入同盟会，复与徐锡麟、秋瑾等回国，潜图革命。他时而西装革履，时而僧服隐寺。在栖云的影响下，太虚阅读章太炎主办的《民报》、梁启超的《新民丛报》和邹容的《革命军》等，大受

---

① 参黄夏年主编:《太虚集》,中国社会科学出版社,1995年,第409页。
② 释印顺编著:《太虚法师年谱》,宗教文化出版社,1995年,第13页。

革命思想之掀动，使他有了“中国的佛教亦须经过革命”的思想。后又随栖云至粤，颇与革命党人相过从，并阅及托尔斯泰、巴枯宁、蒲鲁东、克鲁泡特金和马克思等人的著作，在政治思想上，他由君主立宪，而国民革命，而社会革命，而无政府主义。[①]

太虚后来作《我的佛教改进运动史》，在第一期中以光绪三十四年（1908）受华山和栖云这样两位革新或革命僧的策发而入祇洹精舍学为分界线，述说其改进佛教思想的来源：

> 在光绪三十四年以前，我那时专门在佛学及古书上用功夫；或作禅宗的参究，或于天台教义及大藏经论的研讨。后来受了中西新思想的熏习，把从前得于禅宗般若的领悟和天台宗教义的理解，适应这个时代思潮，而建立了我改进佛教的思想。其实，从当时佛教环境趋势上说来，也不得不发生这种思想。因为在光绪的庚子年后，有所谓变法维新的新政，国家对于一切都实行改革，尤以办学校为急进；教育当局往往借经费无出为名，不特占庙宇作校址，且有提僧产充经费的举动。这种占僧寺、提僧产、逐僧人的趋势，曾为一般教育家热烈地进行着。故当时章太炎先生有《告佛子书》之作，一方面叫僧众们认清时代，快些起来自己办学；一方面劝告士大夫们，不应该有这种不当的妄举，应该对佛教加以发扬。[②]

太虚在此提出了他建立改进佛教的思想和走上佛教革命的道路，实有主客观两方面的因素。一是他受到了康有为、谭嗣同、梁启超、严复、章太炎等人所引介和阐述的中西新思想的熏染；二也是客观形势所迫，光绪庚子年（1900）后，朝野维新自强之呼声甚高，尤其1905年9月正式废除科举，兴办学堂，各地教育会每借口经费无着，而提僧产充学费，借僧舍做学堂，使佛教界普遍产生危机之感。社会上的有识之士如杨文会、章太炎等人都是在此时势之下，呼吁办僧学以振兴佛教的。杨文会为此写了《支那佛教振兴策》，章太炎则有《告佛子书》和《告白衣书》等。

杨文会在《支那佛教振兴策一》中说：

---

① 参释印顺编著：《太虚法师年谱》，宗教文化出版社，1995年，第17页。
② 参黄夏年主编：《太虚集》，中国社会科学出版社，1995年，第407页。

> 中国之有儒释道三教，犹西洋之有天主、耶稣、回回等教，东洋之有神道及儒、佛二教。东西各国，虽变法维新，而教务仍旧不改，且从而振兴之，务使人人皆知教道之宜遵，以期造乎至善之地，我中国何独不然？今日者，百事更新矣，议之者每欲取寺院之产业以充学堂之经费，于通国民情，恐亦有所未惬也。不如因彼教之资，以兴彼教之学，而兼习新法，如耶稣、天主教之设学课徒。日本佛寺，亦扩充布教之法，开设东文普通学堂，处处诱进生徒；近日创设东亚佛教会，联络中国、朝鲜，以兴隆佛法，犹之西人推广教务之意也。[①]

杨文会既赞成变法维新，又主张振兴佛法，所采取的办法是借鉴西洋和东洋的经验，“因彼教之资，以兴彼教之学，而兼习新法”。于是他又说：“为今之计，莫若请政务处立一新章，令通国僧道之有财产者，以其半开设学堂。分教内教外二班，外班以普通学为主，兼读佛书半时，讲论教义半时，如西人堂内兼习耶稣教之例；内班以学佛为本，兼习普通学，如印度古时学五明之例。如是则佛教渐兴，新学日盛，世出世法相辅而行，僧道无虚糜之产，国家得补助之益，于变法之中，寓不变之意。酌古准今，宜情宜理，想亦留心时务者所乐为也。”杨文会提出的这种办法切实可行，无论对僧还是对俗都是有说服力的，这也就是祇洹精舍为何能吸引像太虚、仁山这样具有革新思想的僧青年前来入学的一个重要原因。

综上所述，太虚的佛教革新思想虽不尽得自祇洹精舍，却因进入祇洹精舍学习而成为他佛教之路上的一个转折点，换言之，成为他力图“改进”佛教的起始点，使他进入了与时代思潮接通的“新佛教”领域。太虚在祇洹精舍就读虽仅半年，但从其后来佛教思想的演变、所进行的佛教振兴的活动，都可与杨文会振兴佛教的理念、与祇洹精舍找到丝丝缕缕的联系和渊源。

三 革新中国佛教与融贯世界佛学

太虚与欧阳竟无继承杨老居士遗志有所不同，欧阳从治《瑜珈师地论》入手，对法相唯识学进行深入钻研，以竟玄奘未竟之业为职志，最后达到贯通全体佛学

① 参杨文会：《杨仁山全集》，黄山书社，2000 年，第 331—332 页。

的目的。太虚的意趣诚如其本人所说，不在成为“研究佛书的学者”，也不在成为“专承一宗之徒裔”，他的目的表现于民国六至七年间（1917—1918）所作的一篇训辞中：“中国向来代表佛教的僧寺，应革除以前在帝制环境下所养成流传下来的染习，建设原本释迦佛遗教，且适合现时中国环境的新佛教。”[①]太虚自始即以革新的姿态登上中国佛教的历史舞台，而在理论上他走了一条以中国佛教为本位而将世界佛法融会贯通的路线，旨在“吸收采择各时代、各方域佛教的特长”。

（一）关于革新

太虚17岁出家，受具足戒于天童寄禅（敬安）和尚。青年时，他读康有为《大同书》、梁启超《新民说》、谭嗣同《仁学》、严复译《天演论》、章太炎《告佛子书》等著作，深受当时革命思想的影响。于是，他“陡然激发以佛学入世救人救世的弘愿热心”，“遂急转直下地改回真向俗的途径”。以后，他又接受孙中山的三民主义思想，读邹容的《革命军》等，认为“中国政治革命后，中国的佛学，亦须经过革命”。[②] 这些都为他以后积极从事佛教的革新运动，奠定了思想上的基础。民国肇建，佛教新生。当革新风气风靡全国之际，太虚与仁山不失时机，筹组佛教协进会，以改革佛教适应民国新局面，并晋谒孙中山大总统，报告佛教协进会的计划。这是太虚登上革新佛教历史舞台的第一步。

民国元年（1912），太虚在毗卢寺与释仁山等筹组佛教协进会，在金山寺召开成立会时，由太虚任主席，讲明开会宗旨，宣读会章。仁山则登台演讲，情词激昂，深以各寺僧把持寺产而不知教育僧材为憾，强烈提议金山寺兴办佛教大学，以金山寺产拨充经费。[③] 太虚、仁山二人先后同学，都曾就学于南京祇洹精舍及江苏僧师范学堂，富有豪杰的气魄，深知佛教徒众多未受过正式教育，大都不看经，尤以宗门视经典文字为障道之本。因之，太虚、仁山力主革新佛教，利用寺产

---

① 参黄夏年主编：《太虚集》，中国社会科学出版社，1995年，第406页。

② 参太虚：《自传》卷四，《太虚大师全书》第十九编文丛（一），宗教文化出版社，2004年。

③ 详参释东初：《中国佛教近代史》上册第六章第一节《改革金山与革新运动》，台北东初出版社，1974年。内中述记金山改革之缘起，曰：“辛亥起义，佛教在精神上受到严重的威胁，深恐革命党会摧毁佛教，于是佛教知识分子纷纷发起组成各种事业团体，以应付时代的巨变。仁山首先上书教育部，以改革金山寺为僧学堂。适于此时，太虚亦为改革佛教筹组佛教协进会，以期联合全国僧青年作改革佛教运动，而抵南京，谒见孙大总统，报告佛教协进会计划，孙大总统指定马君武先生与太虚接谈。仁山亦同时到达南京，于是二人抵掌而谈改革佛教的计划，太虚告以筹组佛教协进会，要办一所佛教大学，造就弘法人才，仁山极表赞成。并谓我（仁山）已建议教育部改金山寺为佛教大学，佛教协进会可设在南京，但成立大会要在金山寺召开。还有诸多同学在镇江可以协助会务。于是仁山、太虚同至镇江，借金山寺举行佛教协进会成立大会。”

兴办僧教育，培养新僧材，被认为佛教新僧派领袖。终因受阻碍而改革流产。金山之改革虽未成功，但此一运动对佛教诸山影响极大，是为太虚毕生革新佛教事业的开始。

1914年左右，当欧阳竟无发愤研治《瑜珈》的时候，太虚则闭关于普陀山之锡麟堂，一面反思他与仁山为组织佛教协进会而“大闹金山寺”[①]，倡导激进的佛教革命之失；另一面自西方寺阅藏之后第二次系统阅读全藏。据载，太虚此后30多年的佛教革新活动和思想建树，几乎都得益于这一次为期三年（1914—1917年）的“闭关”。在这里他潜心阅藏、思考并著述，特别值得一提的是，他在闭关中著成纲领性的改革佛教的著作——《整理僧伽制度论》。对于该论的意义，印顺法师有一评论值得我们参考，曰：“统观本论，依乾隆旧籍，而定论现今僧数之多；以江浙一隅，而例论全国教产之富，均不符实际。所论大乘八宗，上不征五天（指古印度），则其源塞；下不征各地，则其流隘。局于中国内地，拘于旧传八宗，不独有武断之嫌，且亦无以应国际文化交流之世。况大乘八宗，其时或形骸仅存，或形质久绝，乃必欲八宗等畅，宁复可能？尤以政教分离，决非中国政情所能许。富思考而未克多为事实之考察，自不免智者之一失！然所论僧制之改革，要为唯一有价值之参考书。”[②]印顺肯定了其改革僧制之所论。

太虚本人在民国十五、十六年间（1926—1927），觉得此作已经过时，而有《僧制新论》之作。在当时革命气氛浓厚的环境中，他作了一篇有针对性的革命僧的训辞，说“中国的佛教革命，决不能抛弃有2000年历史为背景的僧寺，若抛弃了僧寺以言广泛的学术化、社会化的佛教革命，则如抛弃了民族主义而言世界革命一样危险！”于是，他提出了一个佛教革命的根本办法：最根本者，为革命僧团之能有健全的组织，其宗旨主要有以下三点：其一，革除历代君相利用神道设教的迷信，革除家族化剃度法派的私传产制；其二，革改隐遁山林为精进修行，化导社会，革改度死奉事鬼神为资生服务人群；其三，建设由人而菩萨的人生佛教，以人

① 参释印顺编著：《太虚法师年谱》，宗教文化出版社，1995年，第22—26页。民元“大师与仁山等，开佛教协进会成立会于镇江金山寺，有‘大闹金山’事件，震动佛教界。大师自谓：‘我的佛教革命名声，从此被传开，受着人们的尊敬，或惊惧、或厌恶、或怜惜。’……寄老闻大闹金山事件，颇愤新进之卤莽。乃来沪，联合十七布政司旧辖地僧，筹创中华佛教总会，劝大师停止佛教协进会之进行”（太虚：《我的佛教革命失败史》）。

② 释印顺编著：《太虚法师年谱》，宗教文化出版社，1995年，第40页。

生佛教建设中国僧寺制度，以人生佛教造成十善风化的国俗及人世。[①] 不难察知，这三点便是早年他提出的佛教在教产、教制和教理上的三大革命，适于现代形势和人群的新的发展。这三大改革为现当代人间佛教思想和实践的发展指明了方向。

值得注意的是，此次闭关阅藏，除温习台、贤、禅、净诸撰集和重读、精读严(复)译著和章太炎各文外，尤留意于《楞严》《起信》。[②] 这明显是受诸杨文会的影响。虽然太虚在入祇洹精舍之前，就对《楞严》典籍"爱不忍释"，一听再听，但对这两部经典同时重视，恐怕与杨文会大有关系。因为杨文会信入佛门，最初所读的两部经典即《起信》和《楞严》，所以他对这两部经典很是重视，作为学佛者佛教入门的必读书。1909年春，太虚入祇洹精舍学，适逢杨老居士在上学年讲过《起信论》后，下学年开讲《楞严经》。由此判断，尽管太虚在杨文会处学佛时间虽不很长，但杨老居士重视的两部经典却在他头脑里留下了深刻的印象。他在关中所作成的《首楞严经摄论》便是"会合台、贤、禅宗关于《起信》《楞严》的著述，加以融通抉择"而成。太虚认为《楞严经》是中国佛学的"大通量"，其论中说："未尝有一宗取为主经，未尝有一宗贬为权教，应量发明，平等直入。"又称道："此一部中兼赅禅、净、律、密、教五，而又各各专重，各各圆极。"印顺于此记曰："本论为大师是期专论佛法之名作"；"大师本《楞严》以总持大乘，得中国佛学纲要，洵当时思想之结晶！"[③]于凌波亦由此断言："大师以《楞严经》为宗本，他的思想并不拘泥于大乘各宗中的任何一宗，而是融合各大宗派，主张诸宗平等，各有殊胜。"[④]其实，这与杨文会的思想宗趣是颇为一致的。

1937年8月，太虚在世界佛学苑讲《新与融贯》，首先阐发他的思想意趣，说了四点：第一，非研究佛书之学者；第二，不为专承一宗之徒裔；第三，无求即时成佛之贪心；第四，为学菩萨发心修行者。为何不愿做一宗一派的门徒？太虚认为，宗派之所以兴起者，差不多都是以古德在佛法中参研之心得为根据，适应时

---

① 参太虚：《我的佛教改进运动略史》，载黄夏年主编：《太虚集》，中国社会科学出版社，1995年，第420—421页。

② 释印顺编著：《太虚法师年谱》，宗教文化出版社，1995年，第35页。"大师在关中，坐禅、礼佛、阅读、写作，日有常课。初温习台贤禅净诸撰集，尤留意于《楞严》《起信》，于此得中国佛学纲要。世学则新旧诸籍，每日旁及，于严(复)译，尤于章太炎各文，殆莫不重读、精读。故关中文笔，颇受章、严影响。"

③ 释印顺编著：《太虚法师年谱》，宗教文化出版社，1995年，第42页。

④ 参于凌波：《中国近现代佛教人物志》，宗教文化出版社，1995年，第142页。

机之教化而建立的。从印度到中国再到日本的诸宗派，皆各有其系统的传承，非常严格。而由佛无上遍正觉所证之法界性相为度生应机而有种种施设，法流多门，体源一味。权巧无量之方便法，无不为度生而兴，古德开创宗派，其妙用亦在乎此。无上大觉海中流出来的教法，由迦叶、阿难等承持，则成初期小乘；由龙树、无著、世亲等弘传，则成中期大乘；由龙智、善无畏、莲花生等传承，则成后期密法；印度佛法，因之可分为三期。而锡兰、暹罗、缅甸等地所盛传之巴利文佛法（以锡兰为代表），就是印度的初期小乘佛法；从中国到高丽、日本等地所传之佛法（以中国的汉文为代表），就是印度的中期大乘佛法；而由西藏及再传于蒙古、尼泊尔等地所盛行之密法（以中国的西藏文为代表），即为印度的后期密法。此为印度三期佛法的两千余年来支流的大概。其于诸法性相一味平等中之各宗派法门，皆可随人根机所宜而修学，借以通达究竟觉海。所以，太虚说他观察佛法之五乘共法、三乘共法及大乘不共法，原为一贯；在教理解释上、教法弘扬上，随机施设而不专承一宗或一派以自碍。① 显而易见，太虚不专承某宗某派的作风，与杨文会平等对待各宗的路线一致，但他似乎提出了更为充足有力的理由。

太虚所说的第三、第四点意趣充分反映了他所身体力行的人间佛教的着力点。太虚说，本人为从凡夫而得闻佛法信受奉行者，认佛法中的五乘共法、三乘共法及大乘不共法，均一贯可达到究竟圆满之觉海。凡能贯通五乘、三乘及大乘教法而发菩萨行者，便是菩萨，所以本人在佛法中的意趣，是“愿以凡夫之身学菩萨发心修行”。这里有两件事：一是学菩萨发心，二是学菩萨修行。本人还不能如菩萨那样发心、修行，现在是学菩萨的发心，学菩萨修行。本来学菩萨是极难能的事，须经过十信而入初发心住，再经十住、十行、十回向，修集福慧资粮满足，始能进为圣位菩萨。今人不知此义，每每稍具信行，马上心高气傲自命成佛；不知少分之学发菩提心、学修菩萨行！太虚提示今人发心到佛法中修行，要切实认清这一点。照《大乘起信论》上讲，真正初发心菩萨，须于入发心住以前，经过十千大劫，修行六度万行，才为真正初发心菩萨；然后再经过三大无数劫，方能证得无上正等正觉。②

太虚依上面的意趣提炼出他所谓的“新”的思想和“融贯”的思想。他依据佛

① 参黄夏年主编：《太虚集》，中国社会科学出版社，1995 年，第 71—72 页。
② 参黄夏年主编：《太虚集》，中国社会科学出版社，1995 年，第 73 页。

法契理契机的“契机”原则[1]，认为以佛法适应此现代的思想潮流及将来的趋势，则有一种新的意义，便是契机的意思。根据佛法的常住真理，去适应时代性的思想文化，洗除不合时代性的色彩，随时代以发扬佛法之教化功用，也即，使佛法活跃在现代人类社会或众生世界里，人人都欢喜奉行。如是，即为弘扬佛法的新的意义。一般为佛法传持的人，若能依照契理契机去躬践实行，则不但目前及将来的中国的佛教可以发扬光大，即全世界佛教亦会因此而鼎新起来。由此，他提出两种“新”：

其一，是佛教中心的新。即是以佛教为中心而适应现代思想文化所成的新佛教，是建立在依佛法真理而契适时代机宜的原则上。所以太虚说，他三十年来弘扬佛法，旁及东西古今文化思想，是抱定以佛教为中心的观念，去观察现代的一切新的经济、政治、教育、文艺及科学、哲学诸文化，无一不可为佛法所批评的对象或发扬的工具，这就是应用佛法的新。然而，若不能以佛法适应时代、契众生机，则失掉这里所谓的新，在社会众生界是一种没有作用的东西：如此的佛教，会成为一种死的佛教！又若不能以佛教为中心，但树起契机的标帜而奔趋时代文化潮流或浪漫文艺的新，则他们的新已经失去了佛教的中心思想的信仰，而必然地会流到返俗叛教中去！这都不是我们提倡的新。

其二，是中国佛教本位的新。这是以中国两千年来传演流变的佛法为根据，在适应中国目前及将来的需要上，去吸收采择各时代各方域佛教的特长，以成为复兴中华民族的中国新佛教，以适应中国目前及将来趋势上的需求。由此，太虚说他所谓中国佛教本位的新，不同一般人倾倒于西化、麻醉于日本，推翻千百年中国佛教的所谓“新”！其亦不同有些人凭个己研究的一点心得，批评中国从来未有如法如律的佛教，而要据佛法的律制以重新设立的新！此皆不能根据中国佛教去采择各国佛教所长，以适应目前及将来中国趋势上的需要。为此他提出两点切实做法：一是扫去中国佛教不能适应中国目前及将来的需求的病态；二是揭破离开中国佛教本位而易以异地异代的新谬见。在这两个原则之下，在中国

---

[1] 资料表明，近代杨文会在批评日本真宗教旨时，最早提出“契理契机”这个概念，认为其在开设普通学堂、适应现代社会的契机方面虽做出了努力，有值得学习的地方，但其教旨违背经教，切宜注意。此可参杨氏的《阐教刍言》等文。后来太虚、印顺等佛界大德都以契理契机为原则建立适应现时代的人间佛教，印顺晚年专门作有《契理契机的人间佛教》一文。

目前及将来趋势的需求上，把中国佛教本位的新佛教建立起来。[①]

(二) 关于融贯

太虚所谓融贯的思想，一是指宗乘融贯，一是指文系融贯。这是将从印度到中国再到日本等国的一切宗派，以及一切语系(如巴利文系、华文系、藏文系和欧美文系)的融贯。这种融贯思想最明显地体现在他 1940 年在汉藏教理院所讲的《我怎样判摄一切佛法》之中，该文意旨在把所有的佛法融铸成一个完整而有序的系统。太虚对一切佛法的系统看法有一个发展过程，前后分三期：

第一期是在光绪三十四年至民国三年间(1908—1914)，这是他在入祇洹精舍和普陀山闭关这段时间内，认为佛法不外"宗下"与"教下"两种，和传统的判教法几乎没有什么差别。他将佛法分为禅、讲、律、净、教五门。禅，是教外别传，属于宗门；讲，包括天台、贤首、慈恩，是属于教门；律，是出家在家所持的戒法；净，是修学净土；教，乃指密教而言。这种对一切佛法流行的全貌之把握，反映了太虚初期佛学思想的内容。

第二期的系统思想是在 1914 年闭关之后产生的，把整个佛法归纳为大乘八宗，认为小乘的宗派在印度虽有 20 部，在中华虽有毗昙、俱舍、成实三宗系，但俱舍、毗昙可归纳于唯识，成实可附入三论。至于我国的大乘 11 宗，涅槃宗后归法华，地论宗归入华严，摄论宗归入唯识。天台、贤首、三论、唯识、禅、净、律、密这大乘八宗，其境上是平等的。其果都以成佛为究竟，也是平等的；不过在行上，诸宗各有差别的施设。这样来判摄一切佛法，与古德的判教完全不同，比方天台判教，则有藏、通、别、圆等差别，判自己所宗的为最圆教理。太虚则认为诸宗的根本原理及究竟的极果，都是平等无有高下的，只是行上所施设的不同罢了。八宗既是平等，亦各有殊胜点，不能偏废，更不能说此优彼劣，彼高此下。[②]

第三期看法，是在民国十二、十三年(1923—1924)后至二十九年(1940)间，太虚对佛法有了更系统的见解。其主要表现是以佛法为本，以佛为师，既不可以此别为大小，更不能以此区分任何宗派，而是以佛法为一味，以此观察佛陀教法流行演变，则以印度三期佛教发展，融会于世界三大语系。太虚第一期见解可以说是承袭古德的；第二期见解是摄小归大而八宗平等，即不同于第一期的因袭；

① 参黄夏年主编:《太虚集》，中国社会科学出版社，1995 年，第 74—75 页。
② 参黄夏年主编:《太虚集》，中国社会科学出版社，1995 年，第 35—37 页。

而第三期亦不同于第二期。太虚说，他的思想如是变更，见解如是进展者，乃不为旧来宗派所拘束，而将释尊佛陀流传到现代的佛法做圆满的判摄罢了。

其第三期见解又可分教、理、行三者来讲：

一是教之佛本及三期三系。第一期“小行大隐”时期，今日流行于以锡兰为中心的南亚及东南亚一带，称为巴利文系佛教；第二期是“大主小从”时期，以中国为中心，而流传于高丽、日本和安南等处，是为汉文系佛教；第三期是“大行小隐、密主显从”时期，以西藏为中心，而流传于西康、蒙古、甘肃及尼泊尔一带，是为藏文系佛教。总的来说，佛世时的教法，是一味融通，无所谓分宗、分乘，所以一切法，以佛为归为主，佛为法本，法皆一味。及至佛灭度后，佛法在印度分为三期，流传世界各地分为巴利文、汉文和藏文三系。

二是理之实际及三级三宗。以佛法究竟真实言，所谓“实际理地，不立一法”，但为欲悟他，故从教法上显示，可分为三级来说明：(1) 第一级五乘共法，这是讲的佛法最普遍的因缘所生法，也即因果法的道理；一切科学也依因果律，但不说业报因果，故与佛法所谈的因果迥异其趣。太虚认为，所谓学佛先从人做起，学成了一个完善的好人，然后才谈得上学佛，若人都不能做好，怎么还能去学超凡入圣的佛陀？所以，学佛法的人，敬佛、法、僧，信业、果、报，是最要紧的一着。不但流转的六凡、出世的三乘，皆建立在业果上；即使是至高无上的佛陀，也不出因果的范围，因为要修大乘六度的清净殊胜因，才能证得究竟圆满的佛果。始从人乘，终至大乘佛位，名之曰“五乘”。而这因缘生法的原理，也即所谓因果法的原理，是五乘所共修的法。一个人，尤其是做了佛教徒的人，如对因果业报不能深信，则不能领受真正的佛法，也就不能了解佛法的正义，同时亦不能算为佛教徒，故根本上不能入佛法之门。这五乘共法的第一级，重人乘修因果，其范围极广，把这级稳固了，然后再进向上级，那就容易了。(2) 第二级三乘共法，三乘是声闻、缘觉、菩萨，这三种出世的圣人，依着四念处、四正勤、八正道的基本道路，而去实践进修，不求人天果报，唯一目的是求证出世涅槃。(3) 第三级大乘特法，这是菩萨所特有的，不共于人天、二乘。此大乘特法，以四弘誓愿为职志，以大悲菩提心、法空般若智，遍学一切法门，普度一切众生，严净无量国土，求成无上佛果。大乘法中，应分摄三宗以除偏执：一法性空慧宗，二法相唯识宗，三法界圆觉宗。太虚指出：

> 宗诸大乘经论的古来各宗派，皆各有所偏据，故我特明三宗……至于上述的三级，初级的五乘共法，不论是人乘、天乘，乃至佛乘，谁也不能离了因果法而言；第二级的三乘共法，也是不能离了初级去凌空施设；即大乘不共法，也不能离了前二级而独立，所以说三级是互相依靠的。人天果、二乘果都是佛乘过程中的一个阶梯，非是究竟目的地。究竟目的地是至高无上的一乘佛果。①

三是行之当机及三依三趣。行是侧重当机者实践上说的，今判三依三趣，乃就三个时代机宜而言：一依声闻行果趣，发起大乘心的正法时期；二依天乘行果趣，获得大乘果的像法时期；三依人乘行果趣，进修大乘行的末法时期。太虚说，在第三时期中，到了末法开始时，依天乘行果修净密，虽勉强还有人做到，但已不适时代机宜。前一、二期的根机并非完全没有，不过毕竟是很少数的了。而且依声闻行果是要被诟为消极逃世的，依天乘行果是要被谤为迷信神权的，不惟不是方便而反成为障碍了。所以在今日的情形，所向往的，应在进趣大乘行，而所依靠的，既非初期的声闻行果，亦非二期的天乘行果，而确定是在人乘行果，以实行人生佛教的原理。依着人乘正法，先修成完善的人格，保持人乘的业报，方是时代的所需，尤为我国的情形所宜。由此向上增进，乃可进趣大乘行，即菩萨行，大弘佛教。在业果上，使世界人类的人性不失，且成为完善美满的人间，有了完善的人生为所依，进一步使人们去修佛法所重的大乘菩萨行果。

太虚法师由此更明确地指出，人生佛教，即由人乘进趣大乘的佛法，就普遍的机宜上，重在完成人生以发达人生，而走上菩萨行的大乘觉路；就保持人的业果言，在今日亦须以佛法建立起人生道德，使人间成为实行佛法的根据地。人人学佛，佛法才可风行世界，普遍全球。②

---

① 参黄夏年主编：《太虚集》，中国社会科学出版社，1995年，第44页。
② 参黄夏年主编：《太虚集》，中国社会科学出版社，1995年，第47页。

第二节
人间佛教的理论建构与实践探索

在理论上说,太虚革新旧佛教,振兴佛教于世界的思想理念和实践活动,后来都汇归于"人间佛教"的倡导上。就历史的实际言,人间佛教是近代以来太虚等高僧大德倡导佛教革新的产物。不过,太虚为了避免落入"狭隘的人本我见"的危险,不是用人间佛教这个名称,而更多是用"人生佛教"来进行理论建构,总括他的革新佛教的思想。

一 即人成佛:人生佛教的建构

太虚人生佛教理论建构的重心在于菩萨行或菩萨道,其根本宗旨在于以佛菩萨的"舍己利他""饶益有情"的精神去改进社会和人生,建立完善的人格和僧格。而要实现这个伟大理想,非中国佛教建立清净僧团不可,非佛教大众修菩萨行不可,故而早年(1924 年)他就明确表白过自己的志行在整理僧伽制度和大乘菩萨行,这也就是后来经常为人所引用的两句话:"志在整兴僧伽制度,行在瑜伽菩萨戒本。"[①]太虚在《我的佛教改进运动略史》中说,在家出家同为六度四摄,即是实行瑜伽(菩萨)戒法;六度四摄是一个纲领,六度四摄的精神就在个人的行为和为人类服务中表现出来,"出家的,可作文化、教育、慈善、布教等事业;在家的,成为有组织的……农工商学军政各部门,都是应该做的工作,领导社会作利益人群的事业"[②]。

20 世纪 20 年代后,太虚提出"即人成佛"的"真现实论",标志着他形成了较为成熟的人生佛教理论。他认为,"学佛先从做人起","人圆佛即成"。在他看来,末法期佛教之主潮,必在密切人间生活,而导善男信女向上增上,即人成佛之

---

① 参太虚:《我的佛教改进运动略史》,载黄夏年主编:《太虚集》,中国社会科学出版社,1995 年,第 419 页。
② 参印顺:《太虚大师菩萨心行的认识》,载黄夏年主编:《印顺集》,中国社会科学出版社,1995 年,第 202 页。又参黄夏年主编:《太虚集》,中国社会科学出版社,1995 年,第 435 页。

人生佛教。上文述 1940 年 8 月太虚在汉藏教理院讲《我怎样判摄一切佛法》,提出"三依三趣"说,认为我们现在正处于末法的开始时代,如果依声闻行果是要被诟为消极逃世的,依天乘行果是要被谤为迷信神权的,只有依人乘行果,实行人生佛教,也即依着人乘正法,先修成完善的人格,保持人乘的业报,由此向上增进,方可进趣大乘菩萨行,大弘佛教。[①] 1940 年 10 月,太虚的《真现实论》由中华书局出版,其中有一首自述偈,充分地说明了太虚人生佛教的思想。偈曰:"仰止唯佛陀,完成在人格。人圆佛即成,是名真现实。"[②]印顺在《太虚法师年谱》中说:"本论规模宏大,极其量,足以贯摄一切世学。大师独到之思想,多含摄其中。"[③]

太虚所谓即人成佛与传统禅宗的"直指人心,见性成佛"不一样,他说明其是"直依人生增进成佛","发达人生进化成佛"。他通过对"五乘"佛法的抉择,把天乘和声闻、缘觉二乘判为"歧出",认为其不符合时宜,同时扩大菩萨乘的范围含摄前两乘,以连接人乘和佛乘,建立起一条"由人而菩萨而佛"的进化道路;最后又在人乘正法的名义下,指明如何在人乘的初行中就体现佛乘的精神,由凡夫直接踏上菩萨行的正道。[④] 印顺法师补充说,人乘正法具足正信正见,虽修十善法,但以慈悲利他为先,与一般人乘法着重于偏狭的家庭、为自己的人天福报而修持,是根本不同的。他又说,以凡夫身来学菩萨行,向于佛道的,不会标榜神奇,也不会矜夸玄妙,而从平实、稳健处做起。一切佛菩萨都由此道修学而成,修学这样的人本大乘法,如久修利根,不离此人间正行,自会超证直入;如一般初学的,循此修学,保证能不失人身,不碍大乘,这是"唯一有利而没有险曲的大道"。[⑤]

二　今菩萨行:人生佛教的实践

"菩萨学处"是太虚法师晚年的定论。印顺在《太虚大师菩萨心行的认识》一文中指出,太虚大师在晚年认定,要想复兴中国的佛教,树立现代的中国佛教,就

① 参太虚:《我怎样判摄一切佛法》,载黄夏年主编:《太虚集》,中国社会科学出版社,1995 年,第 45—46 页。
② 太虚:《即人成佛的真现实论》,载黄夏年主编:《太虚集》,中国社会科学出版社,1995 年。
③ 参印顺编著:《太虚法师年谱》,宗教文化出版社,1995 年,第 131 页。
④ 参太虚:《真现实论》,载刘梦溪主编:《中国现代学术经典・太虚卷》,河北教育出版社,1996 年。
⑤ 参释印顺:《人间佛教要略》,载黄夏年主编:《印顺集》,中国社会科学出版社,1995 年,第 158 页。

得实现整兴佛教、服务人群的“今菩萨行”。而今菩萨行，也就是他所谓的人生佛教，就是要“建立适应今时今地的佛教”。所以太虚在《我怎样判摄一切佛法》中说：“在今日的情形，所向的应在进趣大乘行；而所依的，既非初期的声闻行果，亦非二期的天乘行果，而确是在人乘行果，以实行我所说的人生佛教。”印顺指出：“大师于此一志行的切实提示，最明白也没有了！”①

太虚的菩萨心行还体现在他曾两次说到的“本人在佛法之意趣”中。一次是1935年5月，在南京讲《优婆塞戒经》；另一次是1937年夏天，在武昌佛学院讲《新与融贯》。太虚在这两次讲演中都明确表示其意趣不在“求即时成佛之贪心”，而“愿以凡夫之身学菩萨发心修行”。印顺说：“唯有把握此一（菩萨心行的）意趣，才能亲切认识到大师的真面目，才能理解大师对国家、对佛教的真意趣。否则，会容易错会大师，不是把大师看作离弃佛寺，毁乱佛法之革新者；就认为是维持古老佛教、古旧丛林的人物。”②太虚所说学菩萨发心修行之真意，那是直探释迦佛陀的觉源——佛的人间成佛，施设教化，实际是以人类为本位的，要人直接从人乘正法以进向佛教。

事实上，太虚一生倡导佛教革新，有一个发展的过程。最初他着重于整理僧伽制度；晚年则代以菩萨学处，提倡以学菩萨心行或菩萨道为人生佛教的重心和落足点。人生佛教旨趣在贯通僧俗，把出家僧众和在家信众纳入一个共同的法门中，渐次深入，达到振兴佛教，改进社会和人生的共同目标。因此说，菩萨学处是太虚晚年思想的定论。这“菩萨学处”是太虚多年来建设人生佛教理想的最后说法。而在思想上追根溯源，人生佛教的理论其实是承继大乘佛教世间、出世间不二法门的精神提出来的。太虚在许多地方反复强调这一点，如说：“佛教佛学通出世世间真谛俗谛而言”“其实禅宗与一切佛法通为世出世间底善法的，……盖佛法本是透彻出世，而亦利益世间尽未来际的”等等。而他关于佛教五乘法之说，即人乘、天乘、声闻乘、缘觉乘、如来佛乘（其中前二为世间法，后三为出世法），则更是把佛法统摄世出世法的精神具体化了。

可见，菩萨学处凝含着世出世法不二的精神，更关乎佛教现实的发展和建设。太虚认为，佛教的发展和建设，“其中心虽着重在伽蓝清净僧伽，但整个的基

---

① 参释印顺：《妙云集》下编之十《华雨香云》，台北正闻出版社，1973年，第301页。
② 参释印顺：《人间佛教要略》，载黄夏年主编：《印顺集》，中国社会科学出版社，1995年，第203页。

础应建筑在多数大众的信仰心上”。他深刻地指出:“没有大众信仰的佛教,纵使伽蓝梵刹建筑得富丽,僧伽的生活如何富裕或清高,这是违反佛陀的真义的,是死寂的佛教而非是活的佛教。”所以说,今后佛教新的发展和建设,“应把佛教的精神普遍地打入大众的心中,唤起大众热情的信仰和认识”。为此,他提出了设立“两重三皈”的“菩萨学处”。这里的“两重三皈”是指“结缘皈依”和“正信皈依”,前者指的是佛教的广泛信徒,后者则着重于对佛法有正确的认识,并种下了根本的信心。而“菩萨学处”则是指包括比丘学处(比丘应学习和遵守的律仪)在内的,“统贯世出世间一切阶位渐进为菩萨的学习”法门。以此,则可把在家信众与出家僧众纳入一个共同的法门中去,渐次深入(由“结缘皈依”进入“正信皈依”),达到一个共同的成佛目标。①

综上所述,太虚提倡人生佛教的根本宗旨在于:以佛教“舍己利他”“饶益有情”的精神去改进社会和人类,建立完善的人格、僧格。为此,太虚提出了“即人成佛”“人圆佛即成”的主张。这也就是说,成佛就在人生的现实生活中,就在个人日常的道德行为之中。否则,人格尚亏,菩萨的地位便无处安置,更谈不上佛陀果成了。因此,太虚提出的人生佛教的鲜明特点就是落实到现实生活中具体人格乃至僧格的培养和完成上。如何才能达到这一目标呢?太虚指出,最根本的就是要发起菩提心。他说,发菩提心即是精神境界的一种向上追求,是一种以凡夫心成功佛果的心。他认为,若能发菩提心,并辅之以菩萨的“四弘誓愿”(佛道无上誓愿成、众生无边誓愿度、烦恼无尽誓愿断、法门无量誓愿学),守之以“不犯四他胜处法”(失利人心、失大悲心、失大慈心、失智慧心),行之以“六度”,则必定能完成圆满的人格,而臻于无上佛果之境地。

我们同样可以看到,太虚提倡人生佛教的立意,是要充分发挥佛教在社会伦理教化方面的作用。他把佛教的五戒、六度等与世间的道德规范和行为融通起来宣讲,以便把佛教人生观、伦理观普及到广大信众当中去。如在《佛教人乘正法论》一文中,他是这样来讲解五戒的:“云何五戒?今当先列其名:一、不残杀而仁爱;二、不偷盗而义利;三、不邪淫而礼节;四、不欺妄而诚信;五、不服乱性情品而善调身心。此之五戒,上截即是伦理原则,下截则同儒家五常。上截在止

① 原文见《昧庵读书录》《论胡适之中国哲学史大纲上卷》《佛教人乘正法论》《菩萨学处》等,本处阐述太虚人生佛教宗旨多参楼宇烈:《太虚与中国近代佛教》,《太虚诞生一百周年国际学术会议论文集》,香港法住出版社,1990年。

所不当为，下截在作所必当为。……止所不当为者曰戒，作所必当为者曰善。”又说：“此之五戒，即为人道正因。一戒不守，必堕三涂。人人一戒不守，则人道断绝矣。守一戒至三戒，虽得为人，未能完全人格。人人守一戒至三戒，人道可由之而保存。受持四戒，人格乃全。人人受持四戒，人道可由之而蕃昌。受持具足五戒，则为良士。人人受持具足五戒，人道可由之而进善。受持增上五戒，则生生于人类为大圣贤。人人受持增上五戒，则虽地球变成忉利天界可也。”①这里充分反映了太虚的道德理想主义。

又如，在《菩萨学处》一文中，太虚把六度与世间各种善行做了融通的讲述。他认为，佛法中说菩萨六度行，亦即是扩充世间古今圣贤的所有善行。如孟子之“人饥即己饥，人溺即己溺”；宋钘之“愿天下之安宁以活民命”；墨子之务求“与天下之利，除天下之害”等，皆本于以大众之离苦得乐，宁牺牲个己之利益，是所谓圣之仁者，与布施度相通。如伯夷、叔齐之“不念旧恶，怨是用希”；宋钘之“不累于俗，不饰于物”；孔子之“四毋”（毋意、毋必、毋固、毋我）；陈仲子之耻食其兄“不义之禄”，是所谓圣之清者，与持戒度相通。如宋钘之“见侮不辱，不羞囹圄”；柳下惠之“直道事人，三黜不去”，是所谓圣之和者，与忍辱度相通。如夏禹之“腓无胧，胫无毛，沐甚雨，栉疾风”，置万国；墨子之“摩顶放踵利天下而为之”，日夜不休，以自苦为极，与精进度相通。如庄子说“形如槁木，心如死灰”，外天地，遗万物；颜回之“心斋”“坐忘”；慎到之“不师知虑，不知前后”，巍然而已矣，与禅定度相通。如老子之“其动若水，其静若镜，其应若响”；孔子之“从心所欲不踰矩”，皆有通于一而万事毕，无人而不自得的境界，与智慧度相通。所以说，“能集中国圣贤之德行，即可成一六度行之菩萨”。②

这种广泛地融通内外学的诠解，不仅使佛教教理进一步融入中国文化内核，在现代社会教化中充分发挥“平易近人”之作用，而且打通了出家与在家的界限和区隔，但这并不意味着他放弃了对在家信众与出家僧众仍然各别要求。这也是太虚提倡人生佛教的重要特征之一。如他早年写过一篇文章，题为《论佛法普及当设平易近人情之方便》，其中强调即使是已入门的在家信众“亦勿须辜仿僧事，惟以敲鱼打磬、宣佛诵经、弃家废业、离群逃禅为学佛。但由信而渐求其解，

① 参见《太虚大师全书》第二编五乘共学，台北善导寺佛经流通处发行，1998年，第134、135、148页。

② 原文于1947年2月讲于宁波延庆寺，参见《太虚大师全书》第九编制议，台北善导寺佛经流通处发行，1998年，第322—323页。

由解而愈坚其信，信隆而三皈而五戒，而不离常俗婚娶、仕宦、农商工作之事业”。至于出家僧众，太虚认为，应当严格要求，然如有不能坚守戒律者，也不可强留，“其后更当宽，令可自由请求反俗，则僧内庶清净也”。①

关于这一问题，在他晚年的最后说法《菩萨学处》中，有着更清楚的论述。他说：“上来所说从结缘皈依到正信皈依，从正信皈依分在家与出家修习菩萨道的两条路向。但是初自发菩提心，终达修四摄行，其形而上之精神是一贯，其形而下之处境稍有不同耳。然非固定不变者，十年、二十年以上之在家菩萨，如欲变服形，自可得入于出家菩萨众中；出家菩萨比丘，遇利行同事尤切之缘时，亦可舍比丘戒入于在家菩萨众中。大乘菩萨之学，重在精神与实践之行，原不限制于固定形式之中。”这也就是太虚最终所希望建立的“本菩提心，修菩萨行，将佛教的精义真理，广泛地投入大众的识田中”的“实用的人生佛教”。这种人生佛教强调的是“重在精神与实践之行”，而不拘泥于虚有其表的“固定形式”。②

太虚关于革除佛教中神道设教的迷信，离群遁隐的消极主义，主张充分发挥佛教在社会伦理教化方面的作用，以建立实用的人生佛教的理想，符合于世界上一般宗教由中世纪的神学化特点向现代社会人文化特点转化的共同规律。他对于推进我国佛教的现代转化，以适应现代社会的科学发展、现代人的生活实际和心理状态，有着积极的意义。因此，太虚在我国整个近代佛教的发展中，以至在今天两岸三地的人间佛教建设中，产生了深远的影响。

三　整兴僧会：革新僧制的思考

太虚对于佛教改革的倡议和实践是多方面的，但集中地体现在两大方面，也就是他在《志行之自述》中所归纳的：“志在整兴佛教僧会，行在瑜伽菩萨戒本。”对此，太虚自述云：“斯志斯行，余盖决定于民四(1915)之冬，而迄今(民国十三年，1924)持之弗渝者也。”③

---

① 原文见《海潮音》第4卷第3期(1923年)，另参见《太虚大师全书》第十编学行，台北善导寺佛经流通处发行，1998年，第233—234页。

②《太虚大师全书》第九编制议，台北善导寺佛经流通处发行，1998年，第530页。

③ 太虚：《志行之自述》，《太虚大师全书》第九编制议，台北善导寺佛经流通处发行，1998年，第186页。

（一）关于志行

这里所谓的“瑜伽菩萨戒本”，是指从玄奘译百卷本《瑜伽师地论》中录出的《菩萨戒本》。关于“行在瑜伽菩萨戒本”，太虚有一个详细的说明。他认为，佛法统摄于教、理、行、果，而“其要唯在于行”。行有无数量，摄之为十度（六波罗蜜：施、戒、忍、精进、禅、般若，加方便、愿、力、智等四波罗蜜），又摄之为三学（戒、定、慧），若“严核之则唯在乎戒学而已矣”。戒有种种，“又必以菩萨戒为归”。因为此戒以“饶益有情，专以舍己利他为事”，这正是“菩萨之入俗，佛陀之应世”的根本宗旨。在大乘诸戒本中，《梵网》《璎珞》《弥勒》等都有某方面的不足，唯有从玄奘译百卷本《瑜伽师地论》中录出的《菩萨戒本》，“乃真为菩萨紧兴二利，广修万行之大标准，而一一事分别应作不应作”。因此，当以“瑜伽菩萨戒本”为皈依，而躬践力行之。太虚最后强调说：“必能践行此菩萨戒，乃足以整兴佛教之僧会；必整兴佛教之僧会，此菩萨戒之精神乃实现。”①

太虚所言“志在整兴”，联系他早年写的《整顿僧伽制度论》及后来主持的整理佛教活动来看，他志向于通过整顿僧伽制度来振兴佛教僧会。这里所讲的佛教僧会，分别指出家的住持僧（僧伽集团）和在家佛徒的正信会。太虚在《佛教正信会缘起》中说及，在家信众与出家僧众是相辅相行的，要振兴佛教，使佛教在社会上得到支持和普及，则必需“都摄乎正信佛教之在俗士女而后圆满”②。他提出，要以佛教的五戒十善作为在家信众学佛的根本，俾使佛教道德深入社会人心，而有益于社会风尚的改善。所以，他积极支持和协助各地信众组织佛教正信会，为广大信众讲经说法，并著《佛教人乘正法论》一文，专门为在家信众讲解如何依照佛教戒律来培养善美的人伦道德的问题。③ 然而，出家僧众乃是“住持三宝之本”，因此，与建设佛教正信会相比较而言，整兴僧伽制度对于佛教的革新则更为重要和根本。

（二）佛教“三大革命”

在民国佛教复兴与改革的道路上，虽然太虚所面对的是一再失败、窒碍难行的坎坷之途，但历史表明，若无太虚的努力，则无今日佛教的繁荣与兴盛。太虚佛教革命的名声起于民国元年（1912）他与仁山在金山寺召开佛教协进会成立大

---

① 太虚:《志行之自述》,《太虚大师全书》第九编制议,台北善导寺佛经流通处发行,1998 年,第 191 页。

②《太虚大师全书》第十九编文丛,台北善导寺佛经流通处发行,1998 年,第 1029 页。

③ 参见《太虚大师全书》第二编五乘共学,台北善导寺佛经流通处发行,1998 年,第 128 页。

会时的革新主张，但他提出佛教三大革命（教理革命、教制革命、教产革命）是民国二年（1913）在寄禅新逝之后的追悼大会上。太虚终其一生对佛教改革的推动，始终是朝着这三种革命的方向前进。太虚以此佛教三大革命来配合三民主义，同时，这三种革命乃以思想、制度、经济并重，实为把握整个佛教革新全体的枢纽，也是适应时代思想上的一种创见。①

1913 年 2 月，太虚在寄禅和尚追悼大会上，针对当时佛教丛林存在的积弊，首先提出了“教理革命”“教制革命”“教产革命”的佛教三大革命。② 所谓“教理革命”，太虚认为今后佛教应多注意现生的问题，不应专向死后的问题上探讨。其中心是在于革除旧佛教中那些愚弄世人的鬼神迷信，以及厌弃世事的消极主义等，而积极倡导以大乘佛教自利利他的精神，以五戒十善为人生的基本道德准则，去改善国家社会，增进人类的互助互爱，探究宇宙人生的真相，指导人类的向上发展而更加进步。所谓“教制革命”，也就是改革僧伽制度，即通过对僧众生活、组织制度的改革，建立起适应时代的需要、真正能住持佛法的僧团。所谓“教产革命”，其主张是反对把寺庙财产变为少数住持的私产，废除按剃派、法派继承遗产的制度，而要使佛教财产成为十方僧众所公有，以为供养有德长老，培养青年僧伽，兴办各种佛教事业之用。在这三大革命中，自然以“教制革命”最为根本：因为，只有培养出合格的僧伽，建立起严格的组织制度，“教理革命”和“教产革命”才有可靠的保证。

关于“教制革命”，太虚在 1915 年著《整理僧伽制度论》，作了专门的论述。在这篇“论”中，太虚以全国 80 万僧伽为准（此据清乾隆年间的统计数。以后他根据实际情况，在《僧制今论》中改为 20 万，而到《建设现代中国僧制大纲》中又改为 4 万），描绘了一幅僧制的蓝图。按照他的设想：全国设立一个“佛法僧园”，它是“中国本部佛法僧全体机关，包罗宏富，该摄僧俗”；各省设立一“持教院”，是

---

① 参释东初：《中国佛教近代史》上册，台北东初出版社，1974 年，第 107 页。

② 1913 年寄禅老入寂于北京法源寺。噩耗南来，太虚作《心丧八指头陀》以志哀悼：“相随学道白云层，棒喝当头领受曾。从此更无师我者，小窗垂泣涕如绳！万树梅花竟埋骨，一轮明月孰传心？遗诗自足流千古，翠冷香寒忆苦吟。”太虚于法门师匠，独折心于寄老，盖其魄力雄厚，志愿坚毅，非一般师家可比。寄老亦期望太虚甚殷：“尝召之至丈室，端容霁颜，缕告以生平所经历事。并述孟轲氏‘天将降大任于斯人也’一章，勉余习劳苦而耐枯冷。”（太虚《中兴佛教寄禅安和尚传》）2 月 2 日，太虚参加八指头陀追悼会于上海静安寺，演说“三种革命”以抒悲愤。（见诸《太虚自传六》《略史》《我的佛教革命失败史》。）印顺说：“大师之三种革命，乃思想、制度、经济并重，实能握佛教革新之全部论题，此是何等智慧！”参释印顺编著：《太虚法师年谱》，宗教文化出版社，1995 年，第 26—27 页。

为一省的佛教团体机关；省下设“道区”一级，按八宗（清凉宗、天台宗、嘉祥宗、慈恩宗、庐山宗、开元宗、少室宗、南山宗）建各宗宗寺，为八宗之专修学处；每县则设“行教院”（县佛教团体机关）一，“法苑”（专修经忏法事）一，“尼寺”（专住比丘尼）一，“莲社”（通摄一县善士信女共修念佛三昧）一，“宣教院”（宣讲于乡镇者）四。此外，还将建立各种教团组织，如“佛教正信会”“佛学研究社”“佛教救世慈济团”“佛教通俗宣讲团”，以及“医病院”“仁婴院”等等。[①] 应当说，这是一套相当完整，并很有启发性的理想僧制，但由于离当时僧伽集团的实际太远了，很难付诸实施。

太虚一系列革新佛教运动中，僧伽制度的改革为最根本，但其整理方案往往随时代变迁而变化。1915 年著成的《整理僧伽制度论》，虽极富启发性之理论但殊难实现。及至 1917 年俄国革命成功，社会主义思想日见流行，太虚乃发表《人工与佛学之新僧化》及《唐代禅宗与社会思想》，鼓励僧人极力发扬禅宗“一日不作，一日不食”的优良传统。北伐成功，革命思想风靡全国，乃作《僧制今论》（1927 年），论曰：“今佛化重心移信众，而时代变迁，又侧重生计，僧众亦不能不为生利分子，以谋自立于社会。”故太虚提出，现有各寺院庵堂及其产业，除充佛法僧园、持教院、行教院、宣教院、支提、梵刹、仁婴苑、慈儿苑、施医苑、预科大学、专宗大学、阿兰若（即养老堂）之外；其余悉就地宜，作农修场、工修场、商修场，半作半修，为服务众之服务场。支提附设工场、商场，梵刹亦设工场。工、商皆以佛化及不违佛化者为限。太虚指出：“此僧制之改设，要之令僧众于士、农、工、商各有一立身之地位，勿为世人诟病，且又能以佛法修己化人而已。”[②]释东初在《中国佛教近代史》中对此评论说，太虚“大师用意至显，乃欲借此改良愚迷陋习之经忏生活，以谋自食其力合理化的佛制生活，仍以服务劳动、自食其力为重心。经忏，不啻为佛教鸦片烟，不仅使僧青年意志消沉，生活腐化，并使整个佛教陷入瘫痪、昏迷状态。故经忏不革命，则佛教无革新之望，这是大师深恶痛恨者”[③]。

1928 年 4 月，太虚在《对于中国佛教革命僧的训词》中提出中国佛教革命的宗旨：第一，革除：甲、君相和用神道设教的迷信。乙、家庭化剃派法派的私传产制。第二，革改：甲、遁隐改精进修习，化导社会。乙、度死奉事鬼神，改资生服务

---

①《太虚大师全书》第九编制议，台北善导寺佛经流通处发行，1998 年，第 47—62 页。
② 太虚：《僧制今论》，《太虚大师全书》第九编制议，台北善导寺佛经流通处发行，1998 年，第 195 页。
③ 释东初：《中国佛教近代史》下册，台北东初出版社，1974 年，第 964—965 页。

人群。第三，建设：甲、依三民主义文化，建由人而菩萨的人生佛教。乙、以人生佛教，建中国僧制。丙、收新化旧，成中国大乘人生的信众制。丁、以人生佛教，成十善风化的国俗及人世。就其建设程序，可谓佛僧、佛化、佛国之“三佛主义”。此三主义，本为一“佛教救世主义”；而在进行的努力上，则为一“佛教革命主义”。但其重心，仍在革除佛教神化、伪化、陋习及迷信成分。可见，太虚革新僧制，重在建僧，极力抨击排除僧寺而言革新佛教。太虚谓：中国的佛教革命，决不能弃有二千年为背景的僧寺，若抛弃了僧寺，以言广泛的学术化、社会化的佛教革命，则如抛弃了民族主义而言世界革命一样危险。①

1930年春，太虚在闽南佛学院讲《建设现代中国僧制大纲》，简称《建僧大纲》。根据太虚的设想，以三宝之信，产生僧格；以六度之学，养成僧格。建僧四万，可分学僧、职僧、德僧三级，创设僧制。

其一，学僧制，则经“律仪院”二年，“普通教理院”四年，“高等教理院”二年，观行参学二年之学程。

其二，职僧制，亦名菩萨僧制，就是修菩萨行之僧。太虚估计全国大约二万五千人之数，可以五种机关摄之。(1) 布教所五千所，教职员每所一人至七人，约九千人。(2) 病院、慈幼院、养老院、残废院、赈济会等，教职员约七千人。(3) 律仪院、教理院及文化事业等，教职员五千人。(4) 教务机关，办事员三千人。(5) 专修杂修林，办事员一千人。

其三，德僧制，亦名长老僧制。这种制度，宜行于山林茅棚，可以合许多茅棚为一处，成一专修林或杂修林。②

1930年夏，太虚在闽南佛学院讲《救僧运动》。他认为，住持佛法必须有出家的真僧，而救僧运动则有积极救僧和消极救僧两种。积极，在于真修实证以成果，舍身利众以成行，勤学明理以传教。消极，在于以自营生计以离讥，严择出家以清源，宽许还俗以除伪。③

综观太虚革新僧制的重心有以下三点：其一，对僧团人数力求减少，重质不重量，除伪显真，培养僧格；其二，偏重接引信众，以建设一菩萨学处，以广摄社会

① 太虚：《对于中国佛教革命僧的训词》，《太虚大师全书》第九编制议，台北善导寺佛经流通处发行，1998年，第596—604页。

② 太虚：《建僧大纲》，《太虚大师全书》第九编制议，台北善导寺佛经流通处发行，1998年，第200—210页。

③ 太虚：《救僧运动》，《太虚大师全书》第九编制议，台北善导寺佛经流通处发行，1998年，第575页。

青年皈依三宝；其三，以人成即佛成之人生佛教为终极，这是其最后主张，也是其毕生革新僧制的最后遗教。可知太虚革新僧制的主张，因受国内外政治社会文化思想的影响，故先后主张不同。但他始终以建僧为其革新佛教的关键步骤，革新僧制发展到最高处，就是建立菩萨学处，就要落实于人生佛教。

此后，太虚虽仍以此人生佛教作为他改革僧伽制度的根本理想，但在实践中则从加强僧伽教育，培养新的僧伽人才着手。由太虚亲自倡导并主持、讲学过的佛学院有“武昌佛学院”“闽南佛学院”“柏林教理院”“汉藏教理院”等，而在太虚僧教育思想和实践影响下创办的佛学院则为数更多。这些佛学院为中国近代培养了数批、好几代优秀的佛教弘法和研究人才，流泽且惠及于今，其功德可谓伟矣！

第三节
建立现代中国佛教的学理和制度

一 关于佛教现代化的设计

太虚一生为佛教革命奔走呼号，可谓呕心沥血，但由于保守佛教势力阻碍太大，又值国难当头，因此他的佛教革命事业未获成功。1947 年圆寂于上海玉佛寺，寿龄 59 岁。然而，太虚为佛教的现代化奋斗终生，有一套完整的设计，从庙产兴学而引起的教产革命到教制革命再到教理革命，从创办佛学院、培养僧材，到成立佛教组织和利用大众媒介，再到宣扬世界佛教，这些都对后继者发生深刻启示和影响。以上佛教三大革命，一是思想的，一是制度的，一是经济的，都是与近代中国变革相呼应而起，且都从佛教根本流出，虽遭遇很多阻碍，未能一下子实现这些理想，但太虚的大悲心、菩提心、菩萨行，实为革新中国佛教开辟了一条长征的大道，为中国佛教开创了新纪元。

在近代中国佛教改革的潮流中，太虚法师称得上是一位杰出的高僧，佛门的龙象。他一生为振兴佛教、建设现代的佛教文化而献身，真可谓鞠躬尽瘁，死而后已。时至今日，在广大佛门四众中，太虚为振兴佛教、建设现代佛教文化而献身的精神，仍有着深刻的影响，起着楷模和鼓舞的作用。太虚是一位学识广博、思想深邃的佛学理论家。他融通内学外学、旧学新学、唯识中观、法性法相，在佛学理论上提出了不少精彩的见解。太虚更是一位佛教改革的实践家，他创办佛学院，组织佛教团体，出版佛教杂志，在培养新僧人才，团结各界信众，宣传佛教文化等方面，都做出了卓越的成绩。他对于佛教改革的某些主张和意见，在今天还有一定的参考价值。因此，在研究中国近代佛教史时，太虚的历史作用和地位是不容忽视的。①

在近代佛教人士中，太虚应该是对中国佛教现代化影响最大的人物之一。

---

① 参楼宇烈：《太虚与中国近代佛教》，《太虚诞生一百周年国际学术会议论文集》，香港法住出版社，1990 年。

他以仅受三年的启蒙教育而自学成材，并体察民国以来中国社会的发展趋势，为中国佛教的未来摸索出一条现代化之道路。太虚的理念中所设想现代中国佛教之改革，在今天看起来也许不能算是了不起的大事，但是今日佛教界的许多组织、许多办法、许多发展，仍是以太虚所摸出来的规范，作为现代佛教的起步点，才能作进一步的发展。太虚的这些创建和设施，在海峡两岸都得到继续的发展，甚至连许多当年反对他的保守派人士，也不得不采用他的办法，来面对时代的挑战。

二 改革旧弊习，养成新僧格

怎样才是一个新僧呢？太虚于1917年先后发表了《人工与佛学的新僧化》《唐代禅宗与现代思潮》等文，认为“务人工以安色身，则贵简朴；修佛学以严法身，则贵至真”，大力提倡发扬禅宗“一日不作，一日不食”的优良传统，以谋僧人自食其力，自立于社会。

太虚认为：“高者隐山静修，卑者赖佛求活，惟以安受坐享为应分，此我国僧尼数百年来之弊习，而致佛化不扬，为世诟病之大原因也。”他严厉批评说：“累人负己是无业流氓故，寄生偷活是邪命故，巧取坐收是盗行故。”因此，他强调说：“凡学佛之人，无论在家出家，皆不得以安受坐享为应分，务必随位随力，日作其资生利人事业，不得荒废偷惰。”总之，“出家者有出家者之家务事业，即所谓‘弘法为家务，利生是事业’”。[1] 这也就是他后来在《佛教革新方案》一文中，明确列为“改革”的项目，即所谓：“遁隐改精进修习，化导社会；度死奉事鬼神，改资生服务人群。”而在《救僧运动》的演讲中，他又进一步归纳了作为一名出家新佛徒的三条主要要求：一、真修实证以成圣果；二、献身利群以勤胜行；三、博学深究以昌教理。太虚提出的这些要求，对养成新型的僧团、改革旧佛教的弊习，使佛教适应时代和社会的发展而发展，是十分必要的，有着积极的意义。

太虚特别注重僧群品德的培养，把养成健全的僧格放在僧教育的首位。他认为，出家僧群是住持佛法的，因此必须有真实的修持、高深的道德和无间断地

---

① 太虚：《学佛者应知行之要事》，《太虚大师全书》第十编学行，台北善导寺佛经流通处发行，1998年，第55页。

阐扬佛法的精神。如何产生和养成僧格呢？太虚在上述《建僧大纲》中简要说：“以三宝之信，产生僧格；以六度之学，养成僧格。”其中，太虚特别重视六度中的持戒，强调以戒为师。

太虚在许多文章中都强调指出律仪持戒在养成僧格中的重要作用。如他在《僧教育建在律仪上》一文中认为，离开律仪便无所谓僧，只有严守律仪以自制，“乃能使吾人改造身心，变化气质，以构成僧伽之体格”。故“僧本身之构造，全在于律仪，而律仪之内心，则惠舍、坚忍、勤勇、定慧、敬德、救苦、慈恕、报恩诸德是也”。他把如上种种之善行，定为律仪内涵之精神要素。[①] 他在《僧教育之宗旨》中则指出，僧人“在求学之时，必遵依经律，如法修行，听取本分上的相应。生而应世，能弘法利生，改造社会，方可成为最完全之僧格”。太虚在该文中同时强调现代僧伽的社会责任，是要“承担各种济人利世的事业，改良人群的风格，促进人类的道德，救度人类的灾难，消弭人世的祸害”。[②]

而在《现代僧教育的危亡与佛教的前途》中，他明确提出“现代学僧所要学的，不是学个讲经仪式，必须要学能实行佛法，建立佛教，昌明教法，而养成能够勤苦劳动的体格，和清苦淡泊的生活”[③]。由此，太虚曾以“淡、宁、明、敏”四字为汉藏教理院的院训及学僧修学的准则。他认为，历代高僧伟人都从这四个字中陶冶成崇高的品格，而这四个字与六度是相通的。他解释说：“淡，谓淡泊，即淡于欲，在佛法上就是尸波罗蜜，即所谓持戒”；“宁，谓宁静，即宁于心，在佛法上就是禅那波罗蜜，即所谓修定”；“明，谓明于理，在佛法上即般若波罗蜜，即所谓得慧”；“敏，谓敏于事，即工作敏捷之谓，在佛法上，勤学五明，无量功德”。概括起来说，为僧者本分，真正的僧格，要做到淡于欲、宁于心、明于理、敏于事。

要言之，太虚所要求的僧格，主要有两个方面：一是持戒，守住僧家的淡泊本色；二是实行，弘扬佛法，济人利世。这也就是太虚一贯崇扬的大乘佛教“自利利他”的精神。

此外，太虚还十分注意僧众的学识方面的培养。他特别强调，作为一名现代

---

① 本文于1930年讲于闽南佛学院，参见《太虚大师全书》第十编学行，台北善导寺佛经流通处发行，1998年，第62、66页。

②《太虚大师全书》第十八编讲演，台北善导寺佛经流通处发行，1998年，第313页。

③《太虚大师全书》第十编学行，台北善导寺佛经流通处发行，1998年，第87页。

僧伽，应当根据佛法的真理去适应时代的转移，适应现代的思想潮流及将来的发展趋势。因此，作为一名现代僧伽，不仅要掌握基本的佛教知识，而且应当积极吸收新的思想和知识。1925年夏，太虚在一篇题为《敬告亚洲佛教徒》的文章中，比较了中国和日本两国近代佛教的短长，认为各有四长四短。中国佛教之四短，恰好为日本佛教之四长，而中国佛教之四长，又恰好是日本佛教之四短。因此，两国佛教正可以相互取长补短。其中关于中国近代佛教的第四点短处是："缺乏科学知识，于代表现代之西洋思想，鲜能了解，呆板陈腐，说法不能应当世之机。"而日本佛教的第四点长处则是："对于代表现代之西洋文化思想，已能充分容受，且能用之研究佛学以适应现代思想。"[①]

在汲取新知且能用来研究佛学以与现代思想接通方面，太虚认为中国佛教应当向日本学习。他强调说："夫处今之而言佛，但将佛海中世间出世间之善法尽量发挥之。用为融摄，则尽东西古今之一切宗教学术，靡不可融摄者；用为拣除，则尽东西古今之一切价值学术，靡不可拣除者。不应附依一家一派之说而障蔽之也。"[②]这也正是太虚本人为学的特点。他在《新与融贯》一文中自述道："本人三十年弘扬佛法，旁及东西古今文化思想，是抱定以佛教为中心的观念，去观察现代的一切新的经济、政治、教育、文艺及科学、哲学诸文化，无一不可为佛法所批判的对象或发扬的工具。"

这一精神也体现在太虚设计的"佛学研究社"的融通研究条目中。他在这份研究条目中开列的题目有："佛学与人伦道德之研究""佛学与世界将来之研究""佛学与国家政治之研究""佛学与国民礼俗之研究""佛学与中国古今各学派学术之研究""佛学与外国古今各学派学术之研究""佛学与近世各种科学之研究""佛学与古今各种宗教之研究"等等。应当说，太虚的眼光是远大的。佛学要适应现代的社会并取得发展，就必须旁通其他学术文化思想，就必须融贯现代的各种文化学术思想，就必须吸收现代的研究方法。这些构想，对于今天我国僧教育的建设和出家僧众的培养，还是有很大启发和参考价值的。

---

① 《太虚大师全书》第十编学行，台北善导寺佛经流通处发行，1998年，第282页。

② 太虚：《论四川至诚学社文件》，《太虚大师全书》第十九编文丛，台北善导寺佛经流通处发行，1998年，第1341页。

三 太虚的遗愿及其影响

1947年3月12日，太虚为圆寂的玉佛寺退居方丈震华封龛，书“封龛法语”，拈偈曰：“诸法刹那生，诸法刹那灭，刹那生灭中，无生亦无灭……”说法将竟，他突然中风，旧疾复发，多方医治无效，终于17日下午在玉佛寺示寂。临终时太虚对自己倡导的佛教革命，承认“失败”了，但是“我终自信，我的理论和启导，确有特长，如得实行和统率力充足的人，必可建立现代中国佛教的学理和制度”。此乃他最后的遗愿，对佛教改进运动提出三点：一是整理旧佛教会，二是创建世界佛教大学，三是创办菩萨学处。“菩萨不是无情的偶像，而是具有菩提心的人。”这是太虚最后的累嘱。[①]

4月8日，举行荼毗典礼。自玉佛寺趋海潮寺，参加恭送荼毗行列者，长达里余。10日晨，法尊等弟子于海潮寺拾取灵骨，得舍利300余颗，紫色、白色、水晶色均有。而心脏不坏，满缀舍利，足征太虚愿力之宏。治丧期间，弟子集议对于太虚大师志业之推进。议决：重庆世苑汉藏教理院，由法尊主持；武昌世苑图书馆，由苇舫主持；《海潮音》由尘空主编。太虚色身舍利塔，建于奉化雪窦山，各地得分请舍利建纪念馆；太虚法身舍利，由印顺负责编纂；太虚遗物，概移存武昌纪念。当时政要、名流、海内外佛教缁素，电唁哀挽，备极哀荣。

5月20日，印顺、续明、杨星森等，开始于雪窦寺圆觉轩编纂《太虚大师全书》。其缘起云：“佛法为东方文化重镇，影响我国文化特深，此固尽人皆知之；然能阐微抉秘，畅佛本怀，以适应现代人生需求者，惟于太虚大师见之！大师本弘教淑世之悲愿，以革新僧制，净化人生，鼓铸世界性之文化为鹄。故其论学也，佛法则大小乘性相显密，融贯抉择，导归于即人成佛之行。世学则举古今中外之说，或予或夺而指正以中道。其论事也，于教制则首重建僧；于世谛则主正义、道和平；忧时护国，论列尤多。

> 大师之文，或汪洋恣肆，或体系精严；乃至诗咏题序，无不隽逸超脱，妙语天然！然此悉由大师之深得佛法，称性而谈，未尝有意为文，有意讲说，盖

① 参太虚：《我的佛教革命失败史》《我的佛教改进运动略史》，《太虚大师全书》第十九编文丛，台北善导寺佛经流通处发行，1998年，第63、116—121页。

不欲以学者自居也。文字般若,未可以世论视之!平日所有撰说,或单行流通,或见诸报章杂志,时日不居,深恐散佚。为佛法计,为中国文化计,全书之编纂自不容缓。同人等拟编印全书,奉此以为大师寿。举凡部别宏纲,编纂凡例,悉遵大师指示以为则。且将编印矣,不图世相无常,大师竟忽遽示寂也!昔双林息化,赖王舍结集,乃得色相虽邈而法身常在。则是本书之编纂流通,弥足显大师永寿之征矣!全书都七百万言,勒为四藏二十编,次第印行。若此胜举,吾文化先进,佛教耆德,当必将乐予指导以赞助其成矣![1]

5月25日,中国佛教会整理委员会、中国佛学会暨南京市佛教会,在南京毗卢寺举行纪念太虚的全国性追悼会。到会的有国府委员章嘉、国府各部委代表,及全国各省市代表等千余人。会场满悬哀挽诗联,共有五千余件。时蒋介石书送"潮音永亮"挽语。国际上印度新德里召开泛亚洲会议,临时举行追悼会;摩诃菩提会建"太虚图书室"以为纪念,并见太虚德化之溥!6月6日,国民政府特颁褒扬太虚令,曰:

释太虚,精研哲理,志行清超。生平周历国内外,阐扬教义,愿力颇宏。抗战期间,组织僧众救护队,随军服务;护国之忱,尤堪嘉尚!兹闻逝世,良深轸惜!应予明令褒扬以彰忠哲。[2]

1948年1月,《海潮音》由大醒主编。5月30日,印顺等编竣《太虚大师全书》,共700多万字。1949年2月,大醒将《海潮音》移台湾编发。1950年4月1日,印顺复编《太虚法师年谱》脱稿。印顺在该年谱中序曰:"予编《太虚法师年谱》成,而深惧无以知大师","本编于大师学行,以年编次。以(太虚)大师为近代佛教唯一大师,早年献身革命,中年弘教利群,晚年复翊赞抗(战)建(国):体真用俗,关涉至多"。印顺自述着重注意太虚大师下列诸点:

其一,大师为中国佛学之大成者,长于融贯统摄,不拘于台贤禅净,卓然成家。其宗本在妙有之唯心论,一再为《楞严》《起信》等释难扶宗,足以见其宗本之

---

① 该缘起原文见录于《太虚大师全书》,又参见印顺编著:《太虚法师年谱》,宗教文化出版社,1995年,第296—297页。

② 参见印顺编著:《太虚法师年谱》,宗教文化出版社,1995年,第298页。

所在。

其二，大师自整理僧伽制度论，至晚年之菩萨学处，应机改建，虽有不同，而弘扬佛法，首重建僧。其理想之建僧工作，始终未能实现，徒招来无谓之毁誉，可见建僧之难！

其三，大师为僧伽本位者，故与时人有僧俗之诤，显密之诤。为中国佛学本位者，故与时人有起信与唯识之诤，融摄（以中国佛学融摄日本、暹、锡、蒙、藏之长）与移植（弃中国佛学而专弘其他）之诤，均有关近代佛教思想。

其四，大师主以佛法应导现代人心，而要自学佛者之摧乎僻化、神化、腐化着手。使佛法可行于斯世，舍"人生佛教"莫由！惟其平常，乃见伟大！

其五，大师主教理、教制、教产之革新，化私为公，去腐生新，宜其为传统之住持阶级所诽毁。其有关中国佛教会之参与及争衡，可见40年来中国佛教僧政之一斑。

其六，大师真不碍俗，深见政教之关系，为佛教徒示其轨范。或讥其为"政僧"，而大师惟以不克当此为念。

其七，大师之东游日本，弘法欧美，访问南洋，以及其弟子之留学日本、暹罗、锡兰、西藏，实为中国佛教之国际佛教运动主流。

其八，大师之新佛教运动，发端而未能完成。[①]

以上八点，大体上可较全面地反映太虚在中国近代佛教史上的地位和贡献。而其未竟之志，有后继者进一步把其倡导的人生佛教不断地推向前进，在现当代进一步发展为人间佛教，至今还在发挥着广泛而深远的影响。

---

① 参见印顺编著：《太虚法师年谱》前言，宗教文化出版社，1995年，第1—2页。

第七章　欧阳渐与民国时期南京佛教义学复兴

欧阳渐(1871—1943),原字镜湖,40 岁以后改为竟无,江西宜黄人。因其在近代唯识学研究上戛戛独造,震古烁今,世誉之为“唐玄奘后第一人”,后学则尊称“宜黄大师”而不名。在欧阳竟无 1904 年随杨文会居士学佛以来,尤其在 1910 年再次奔赴南京,决心舍身为法;而杨老居士又于 1911 年生西,把金陵刻经处一切法事托付给欧阳之后,欧阳的心中便一直横亘着两个伟大的心愿:一是“续石埭未竟之志”,二是“竟玄奘未竟之业”。究极言之,两个心愿其实是一回事,也即,续唯识学千年坠绪,振兴佛教于当世。世人见到欧阳非议《起信》,而惊疑不安,以为他违逆了杨老居士生前所深信。其实,从杨文会到欧阳渐,再到有“鹙子”之称的吕澂,一脉相承,把唯识学中兴视作中国佛教振兴的要门。正是金陵刻经处这“一门三代”,续佛慧命,薪火相传,民国时期的南京成为佛教义学复兴之重镇才有可能,以致唯识学一时成为“显学”,辉光再现。

第一节
民国时期南京佛教慧命的薪火相传

欧阳渐从继续佛教慧命着眼，专研唯识教理，以求精确得当、彻底通达，不仅是遵循了杨老居士以唯识药治中国佛教思想“笼统颟顸”的遗愿；而且他继承了唐玄奘的未竟之业，治龙树、无著学于一炉，晚年以“无余涅槃唯一宗趣”为定论，融中观、唯识、涅槃三学为一体。

一　续石埭未竟之志

欧阳渐以“接续师”为己任，续石埭未竟之志，刻藏继续之，办学继续之，思想亦继续之，而一一以光大为务。其于民国十二年(1923)7月，在支那内学院开第一次研究会上致辞说：“若学有师承，不悖佛说，且能提出精华，资益后学，使慧命相续者，则接续师也。学依接续师，即于古人立义不应轻易改动，改动立义即非师承。有如法相家立种子义，今言法相而谓种子不可立，则失师承也(他宗或不赞成种子，亦有道理须研，然是他宗，即非此宗师承)。但宗义创自先哲，推阐亦留待后人，或详其所略，或厘其所杂，或疏失之纠修，或他义之资发；破弃盲从，革除笼统，有果有因，整然不乱。此乃所谓真师承，与标宗定义之授受不同，亦与泛尔皈依之师弟有异也。”①值得注意的是，欧阳于此和盘托出其心中的接续师，所谓的真师承，是以传续佛教的慧命为重心，与过去“标宗定义”的宗派佛教之授受不同，也与一般信仰皈依的师徒有别。

杨仁老归西时将金陵刻经处托付陈稚庵、陈宜甫和欧阳渐三人共同担任，欧阳渐专门负责校经刻藏事，杨老居士对其生前还有半部未刻竣的《瑜伽师地》大论，特别叮咛欧阳续刻之。欧阳渐后来在1938年1月作的《支那内学院经版图书展览缘起》中，述其继承杨老居士的“刊刻流通”，实乃继往开来的不朽事业：

---

① 参欧阳渐：《支那内学院研究会开会辞》，《内学》第1期(1924年)；又参王雷泉编选：《欧阳渐文选：悲愤而后有学》附录，上海远东出版社，1996年，第101页。

释迦以至道救世，承其后事者乃在于流通。迦叶、阿难结集流通，龙树、无著阐发流通，罗什、玄奘翻译流通。自宋开宝雕版于益州，至予师杨仁山先生刻藏于金陵，为刊刻流通。

先生之徂西也，付嘱于予曰："我会上尔至，尔会上我来，刻藏之事，其继续之。"予小子顿首稽首，敬以将命，夙夜不敢康。师创金陵刻经处五十余年，予继支那内学院二十余年，合扬州砖桥一部分之版，殆将万卷……

若夫以继往开来之事共建邦家之基，住宁二十五年，不出户庭，蛩居不离有吕秋一。《藏要》成，教义明，图书聚，修绠得……①

吕秋一，又作秋逸，即现代佛学界众所周知的"一代佛学大师"吕澂先生，当年在欧阳门下属"掌门弟子"的身份，深得欧阳之器重，欧阳比之"智慧第一"之舍利弗，舍利弗有"鹙子"之称，故欧阳竟无亦常以此号称"秋一"。吕秋一在欧阳于1943年73岁逝世后未久，作《亲教师欧阳先生事略》，内中说：

师之佛学由杨老居士出。《楞严》《起信》伪说流毒千年，老居士料简未纯，至师始毅然屏绝。萧稗务去，真实乃存，诚所以竟杨老居士之志也。初，师受刻经累嘱，以如何守成问，老居士曰："毋然，尔法事千百倍于我，胡拘拘于是？"故师弘法数十年，唯光大是务。最后作老居士传，盛赞其始愿之宏、垂模之远焉。呜呼！师亦可谓善于继述者矣。②

欧阳渐为杨老居士作传，"盛赞其始愿之宏、垂模之远"；而欧阳在弟子们看来，孜孜弘法数十年，"唯光大是务"，"可谓善于继述者矣"。此段文字表明，从杨文会到欧阳竟无再到吕澂，金陵刻经处一门三代，之所以在近代佛教的复兴和思想转型中能做出杰出贡献，乃是因为他们在佛教的事业和思想上是一个"共同体"，用"一脉相承，薪火相传"这几个字来概括，再贴切不过了。引人瞩目的是，王雷泉在为其所编的《欧阳渐文选》写的序言中，使用了"一个特立独行的佛教知识分子集团"这组词语，来表彰他们对近代佛学乃至思想界的卓越贡献。他认

① 参王雷泉编选：《欧阳渐文选：悲愤而后有学》，上海远东出版社，1996年，第295—296页。
② 参王雷泉编选：《欧阳渐文选：悲愤而后有学》附录，上海远东出版社，1996年，第440页。

为，20世纪前半叶的中国思想界，处于万花筒般的动荡剧变中，要找出“能转时代潮流而不为时俗所转”的大思想家，委实不多。而在南京（抗战期间转移到四川江津），却存在着这样一个特立独行的佛教知识分子集团：

> 他们以殉道者的精神，过着近乎苦行僧的研修生活，探讨着终极的佛教真理，却公开宣称“佛法非宗教非哲学”，与一切迷信和独断无缘。在一个义利不辨、师道不行的时代，他们高扬师道的价值，终生献身于师门事业，前仆后继，薪尽火传；然而，为了求道的真实和学术的尊严，以“依法不依人”的磊落胸怀，敢于修正师尊的思想。他们终日与青灯黄卷相伴，对数千卷佛经进行了最严格的校勘，却敢于对师尊和自己借以入门的《楞严经》和《大乘起信论》等经典的真实性提出质疑。在回到唐代唯识学这一表面看来极端保守的口号下，他们对一千余年来以天台宗、华严宗、禅宗为代表的传统中国佛学，进行了犀利的思想批判……①

欧阳渐的名字在中国近代佛教思想史上，是紧紧地和支那内学院、和法相唯识学联系在一起的。然而他本人屡屡强调专研法相唯识学是秉承杨老居士遗愿，支那内学院也是承祇洹精舍而来。这一方面固然是历史的事实，但另一方面也反映了杨文会在振兴近代佛教事业和思想上的开创性贡献和不可磨灭的影响。但是无可否认，欧阳渐在进入民国时期后，对于唯识学的中兴用力甚宏，他从续刻半部《瑜伽》和研治《瑜伽》大论开始，拓展出独立的学术生命和佛教事业来。

1917年，欧阳在《瑜伽》大论历经二十寒暑刻成之际，作成《瑜伽师地论叙》。在《绪言第六》中，他述说了法相唯识学从元末法相典籍亡佚后，斯学沉响数百余年的历史。永明延寿师作《宗镜录》，对于法相一门，虽无树义倒还能诠释，因为

① 王雷泉于此接着说：“这个佛教知识分子集团，以杨文会、欧阳渐、吕澂三个杰出人物为代表，将中国佛学带出笼统颟顸的古代形态。在中国佛教历经劫波，即将迎接下个世纪的曙光之际，人们会再次涌动感恩的心潮，缅怀他们的世纪性贡献。杨文会作为一个传统的佛教知识分子，最先接受西方刚创立不久的近代宗教学研究方法，创办学校，校刻佛典，被誉为中国近代佛教复兴之父。吕澂，一个冷静求实的佛教学者，本世纪数一数二的佛学大师，与当今依然健在的台湾印顺法师同作为中国佛学双璧。而作为承上启下枢纽的欧阳渐，则是一个具有强烈宗教热忱和孤愤气质的佛教思想家和教育家……他是把学问与生命体验和医民救国结合在一起的。”见王雷泉编选：《欧阳渐文选：悲愤而后有学》编选者序，上海远东出版社，1996年，第1—2页。

古典俱在，依据不诬。可至明人治此宗者，舍《相宗八要》《唯识心要》以外，就再没有别的精研了。支离破碎之谈，户牖一孔之见，惟望此而却走，谁还来研治《瑜伽》？欧阳渐接着说：

> 唯我亲教深柳大师（杨文会），天纵之资，一时崛起。道、咸之际，举国沉迷，师以读奇书，获《起信》《维摩》于皖肆，浸假搜罗，遂通三藏。由是发愿，愿法与劫齐，愿人都法获。私家刻经，始于宋元之际本，次于明武陵方册本，三于明清之际密严（藏）嘉兴本。随成随废，荡然无存。师创金陵刻经处，继第四之私藏，利有情以菩提。顾其所学，由《起信》而净土，由净土而华严。华严尊《疏钞》，《疏钞》以唯识释义，由是，暮年深探法相。
>
> 初，于南条文雄氏得《因明大疏》《成唯识述记》，次第刊行。末遂治刻《瑜伽》，仅成其半而慧日西沦。他日，叶元鋆问：《瑜伽师地论》后半若何？师对曰：以嘱诸（欧阳）渐。数日寝疾，命三事，笔以告同人：一继刻《瑜伽》，二作《释摩诃衍论集注》，三编《等不等观杂录》。复速成《大藏辑要》，附作《提要》，而陆续以成全藏。
>
> 今者，《等不等观杂录》由徐文蔚编成，《瑜伽》亦以机缘，幸未辱命。然是论刻成，由终溯始，已阅二十寒暑。夫以无著请说之难，奘师传译之难，元明辗转刻而复毁之难，今者重刻又如是之难，敬恭作叙，以志其难。其难已往，由文字入实相，庶其无难。①

1918年，在《瑜伽》刻成并对此论有了深刻认识后，欧阳便开始筹设支那内学院。1922年，欧阳在得到熊希龄、蔡元培、叶恭绰、沈曾植、陈散原和梁启超、章太炎等诸多长者和名流的支持下，正式成立了支那内学院。1923年，欧阳在支那内学院又开设法相大学特科，他在开学讲演中讲述创此学之历史和宗旨，内中说道：

---

① 参欧阳渐：《瑜伽师地论叙》，载王雷泉编选：《欧阳渐文选：悲愤而后有学》，上海远东出版社，1996年，第218—219页。引文中“密严”当校为“密藏”。密藏道开生卒年不详，原为南昌儒生，出家于补陀（普陀）。以仰慕紫柏真可之学行，乃投为紫柏之弟子。万历年间，密藏道开与乃师紫柏等僧俗人士倡议创刻方册本《嘉兴藏》，密藏即为初期之实际主事者。又或校“密严”为“楞严”，即《嘉兴藏》刻于楞严寺。

> 我亲教师杨老居士首创祇洹精舍，余亦曾观发起。意在陶铸真士，重入五天（指印度），考求文献。一时学人有太虚、仁山上人、晞明居士等。旋因款绌，半载即停。谛闲、月霞二大法师，相继设学。今兹所存，惟武昌佛学院与本院，实承祇洹精舍而来也。①

此中所提及的谛闲、月霞两大法师，是杨文会生前交往关系比较密切的两位僧人。光绪三十四年（1908），杨文会在金陵刻经处创办祇洹精舍，谛闲法师被请来担任学监。因经费困难祇洹精舍停办后，这时江苏僧教育会创设"僧师范学堂"，谛闲以杨文会之推荐，继月霞法师后又出任该学堂监督。月霞法师对杨文会的刻经和办学等事业多有经济支持。② 民国初年，月霞在上海哈洞花园创办"华严大学"，谛闲在宁波观宗寺创立"观宗学社"，多受杨文会办学思想之影响。武昌佛学院是太虚法师创办，欧阳说武昌佛学院与支那内学院都由祇洹精舍而来，此诚无诬。欧阳创办支那内学院，除了办学理念、物质基础和思想传承等是明显承袭杨文会的祇洹精舍外，还有一个很重要的因素，就是得到了曾不同程度受杨文会佛学思想影响的当代名流和长者居士的指导与支持。其中值得一提的是沈曾植、陈散原、梁启超和章太炎等人。

沈曾植和陈散原分别为支那内学院的成立撰写了《缘起》，因这两篇文章都颇具史料价值，且见解精卓，故录之于后，以飨读者。沈文曰：

> 天发杀机，芸生劫劫。政治学，杀机也。经济学，杀机也。社会学、文学、哲学，皆杀机也。剖析此世代人心原质，一语言一动作，一思想一合会，无不挟贪、嗔、痴三业以俱来。贪嗔痴者，杀种子欤！救此贪嗔痴者，其不可贪嗔痴教之，其当以清净慈悲者教之欤。

---

① 参王雷泉编选：《欧阳渐文选：悲愤而后有学》，上海远东出版社，1996 年，第 104—105 页。

② 参书新：《开国时期的佛教与佛教徒》，载张曼涛主编：《民国佛教篇》，《现代佛教学术丛刊》，台北大乘文化出版社，1978 年，第 4 页。内中说：僧众里，与杨（文会）居士最接近的是金山月霞法师。月公是江苏人，与乌目山僧宗仰法师为法兄弟。性格刚毅勇猛，执义敢言，对内外学俱有精到研究。光绪中叶已有盛名，无意间与杨居士相遇，交谈之下，对居士的主张大为倾倒，从此便精诚合作，不避艰苦。他每次见到杨居士就五体投地地膜拜，有人责难他不该以比丘顶礼白衣。月公辞正严厉的答复道：他是大愿菩萨善权现示，我即为比丘怎敢不拜？杨居士在事业上，常为经济困乏所窘，只要月公知道了，必即刻为之四出劝募，归来后，连数目都不点，双手交给杨居士支用。后来祇洹精舍关闭了，月公在上海另创一所华严大学，以续其后，这是中国佛教第一所大学。

> 吾发此愿于庚戌(1910 年),与杨居士及诸君集佛学研究会于金陵。越岁而居士寂。继其事者欧阳竟无居士,既大阐瑜伽学、慈恩宗以开发知见,犹勤勤为未来计,设支那内学院,章程简而备。开知见,立规范,兼显密,摄一三。宗趣其彰,始终不二。海内善男子善女人,大菩萨大长者,发文殊智、行普贤愿者,其亦有乐此而助成之者乎!吾涕泣道之,祷祝以求之。嘉兴沈曾植书。[①]

沈曾植,字子培,号乙庵。1910 年,与杨文会、陈散原诸君,共同发起成立"佛学研究会",推杨老居士为会长。杨文会生西后墓塔成,沈氏为写《杨仁山居士塔铭》,盛赞其功德。欧阳在《竟无小品》中说:"沈乙庵先生,当代大儒,予常拟之东坡。予编刻经论,每成一叙,即赴沪呈评,无不激叹。曾示读藏之方,不惜以齿牙拔擢后辈。有毁予者,辄资捍御。予初作《瑜伽叙》,谦让未遑,促之再四。又谓事不胜势,学足自植,不必争金陵刻经处;当本其所学,别创规模,以是支那内学院成立。尝举东坡相警,谓东坡梦观音呵斥,尔奈何视天下无一好人?东坡忏悔,乃免沦堕,汝其鉴诸!又尝促予序其诗稿,和其寿诗,予都未应。谓尔学瑜伽,万能之学,乃若是耶!又商予倩学生好学深思者一人,汇其散乱零稿,写其胸次所宿,而作宗门相契之声以送予。予因谓忏华:尔可相应取彼万宝琳琅来。忏华不从,诚可惜矣!念之惘然。"欧阳还有一联称赞他:

> 宰官中尊,长者中尊,居士中尊,佛不般涅槃,舍一根身,入一器界;
> 四摄示我,五明示我,六度示我,谁与萨婆若,人海知己,学海大观。[②]

上联是说沈曾植在宰官长者居士中位受尊重,而其救世赤诚可比之于"佛不般涅槃"舍身入尘,可见欧阳对其推崇之至。下联欧阳把沈氏引为"人海知己",又可见其相交不浅。欧阳对沈氏的学问亦颇赞赏,曰其"学海大观"。上文沈氏把当时新兴的政治学、经济学等诸多社会科学和人文科学,皆判为"杀机",固然是自筑篱笆隔绝于时代,但其认为激发杀机之学救不得人心原质的贪嗔痴,而必须用

---

① 参于凌波:《中国近现代佛教人物志》,宗教文化出版社,1995 年,第 368 页。此中"杀机",一作"煞机"。
② 参欧阳渐:《竟无小品》卷下,金陵刻经处本,1943 年,第 8 页。

逆其杀机而动的清净慈悲的佛法来救之，此亦不失为思深见卓之谈。近人王国维曾问学于沈氏，对其学问亦赞赏不已，有语云，其学“趣博而旨约，识高而议平。其忧世之深，有过于龚（自珍）、魏（源），而择述之慎，不后于戴（震）、钱（谦益）”①。

陈散原，名三立，字伯严，学者称之为“散原先生”。其父陈宝箴，为清末名臣，官至湖南巡抚，率先推行新政。“时务学堂”即是其维新的产物，梁启超被聘任总教习，因而与其时在湖南助父推行新政的陈散原相识。戊戌变法失败后，陈散原受株连，隐居南京，因而得与金陵刻经处杨文会、欧阳渐一门两代多所交往，关系深厚。杨文会在金陵刻经处开办祇洹精舍，散原捐资鼎力襄助；欧阳渐成立支那内学院，散原又作《缘起》曰“续石埭未竟之志”，对其勉励有加。其文曰：

> 佛说入中国，于晋唐为显学，中微弗绝。迄今世，皖有杨仁山居士，居金陵，究寻遗绪，刊布经论，党徒附之，玄风稍振矣。余于教旨虽自外，然颇喜与居士游，听其讲授。光绪丁未春夏间，遂赞居士设祇洹精舍，遴远近学者课习梵乘，为广厥传。未久，格人事废罢，居士亦沦逝，识者憾矣。
>
> 越十有余岁，居士高弟子宜黄欧阳君，复图建支那内学院。踵前规恢而益备，以续居士未竟之志。余诵其科目简章，踊跃而唏嘘。区区之怀，盖以为世变而糜持之者，陷溺不出，无往而非阶乱造劫之具而已。谬冀进之悲智清净之要道。涵咏人心，窥本真，澹嗜欲。淑其才而维世业，挽穷无复之运会于百一，非侈导于生天作祖，为余所不测者也。余老矣，海内忧世宏济之君子，煦而董之，翼而成之。庶乎了此一大事，为因为果，俱不可思议。戊午(1918)冬月陈三立。②

散原老人寓居南京，对支那内学院备为支持，因为在他看来，支那内学院是祇洹精舍的继续，故曰其“踵前规恢而益备，以续居士未竟之志”。欧阳作《散原居士事略》，述其始识散原在光绪丙午(1906)，而与梁任公“谈道定交”，乃在民国壬戌(1922)。按，梁启超在那一年写了《大乘起信论考证》，曾向欧阳请教，不久又至东南大学任教，常去内学院听唯识。欧阳在撰《散原居士事略》时，谈到三人

---

① 参汪荣祖：《陈寅恪评传》，百花洲文艺出版社，1992 年，第 45 页。

② 按欧阳渐自云，散原为支那内学院所作之文名《缘起》，而于凌波书则作《支那内学院简章书后》，参于凌波：《中国近现代佛教人物志》，宗教文化出版社，1995 年，第 369 页。

交往，读之颇令人扼腕：

> 壬戌，梁任公研唯识学来，尝相聚于散原别墅。一日酒酣，嘘唏长叹，盖散原，任公湘事同志，不见二十年，见则触往事而凄怆伤怀也。任公语予：蔡松坡（即蔡锷）以整个人格相呈，今不复得矣。散原语予：蔡松坡考时务学堂，年十四，文不通。已斥，予稚幼取之。以任公教力，一日千里，半年大成。今不可复得矣！
>
> 酒阑，絮絮语，余谓任公：放下野心，法门龙象。散原曰：不能。任公默然。散原问：何佛书读免艰苦？任公以《梦游集》语之。散原乃自陈矢，今后但优游任运以待死。不能思索，诗亦不复作也。……自后一晤于支那内学院，而住北平，遂不复见，寄余书曰：住北平终日不出户庭，寂坐如枯僧。予以为优游任运以待死也，而岂知发愤不食，愤怒亡哉！吾知之矣……夫散原者，固古之性情肝胆中人，始终一纯洁之质者也。[①]

陈散原和梁启超是当年在湖南共事的维新派中的同志，戊戌变法失败后梁启超走日本，散原隐南京；“二次革命”中又都通声气，积极组织并参与革命活动。此事再败后，散原即决意不过问政治，自号“神州袖手人”，故有“优游任运以待死”之意。然而，诚如欧阳所云，散原实乃“古之性情肝胆中人”，1937 年日寇大举侵华，中华大好河山沦入敌爪，散原则发愤不食，愤怒而亡。欧阳得知后痛惜不已。有道是“人以类聚，物以群分”，欧阳得如此“始终纯洁”之友，自亦不难想见欧阳之为人。欧阳在九一八事变后，忠义愤发，奔走呼号，救国之情也撼天地、泣鬼神。如其作《夏声》以砥砺民族精神，刻大藏以拔苦痛而慰忠魂。1932 年，欧阳亲赴上海会晤弟子陈铭枢，鼓励其发动抗日。[②] 陈铭枢当时任京沪卫戍司令，所部十九路军驻守上海及京沪沿线。十九路军奋起抗日，迫使日军三易主帅，然而孤军无援，终寡不敌众。其事亦可歌可泣。欧阳曾为陈铭枢改挽联悼念十九路

---

① 陈散原是著名历史学家陈寅恪之父。欧阳与散原交谊甚深，对其人格亦颇多推崇，其文说散原“乃古之性情肝胆中人，发于政不得以政治称，寓于诗而亦不得以诗人概；其得志则改革致太平，不得志则抑郁发愤而一寄于诗，乃至于丧命，彻终彻始纯洁之质”。参欧阳渐：《竟无诗文》，金陵刻经处本，1943 年，第 1—2 页。引文中散原问：何佛书读免艰苦？梁任公所推荐的书系明德清著《憨山老人梦游集》。

② 参王恩洋：《追念亲教大师》，载《欧阳竟无大师纪念专刊》。

军抗日烈士，联曰：

黑风海吼，黄族陆沉，为一字精忠，亿兆黔黎倚我熊罴背嵬；
契若金兰，情逾玉树，伤十年甘苦，八千子弟半成猿鹤虫沙。

梁启超与欧阳的谈道论交已如上述，私谊学缘之外，主要是梁氏的《大乘起信论考证》适逢其时，为欧阳在支那内学院成立时抉择唯识谈《起信》之病，推波助澜。在《竟无小品》中，我们看到欧阳说："梁任公于予颇恭敬相信，于内院颇多赞辅。"其赞辅之意可能含有这一层外护作用。欧阳并有一联说梁任公：

政不忍棼，学不忍棼，海鹤神龙，风雪长空飞舞；
赏心亦梦，伤心亦梦，离骚孤愤，悲歌何处清凉。[①]

梁启超曾在南京听欧阳讲唯识学，前后有两旬，虽病中亦不辍。之后，梁氏给欧阳先生写信说："自怅缘浅，不克久侍。然两旬所受之熏，自信当一生受用不尽。"其后又语人说："听欧阳竟无讲唯识，始知有真佛学。"[②]梁启超此函现存金陵刻经处深柳堂内[③]，从此函来看，梁氏虽不乏恭敬自牧之意，然亦可见欧阳教人至深，影响之巨。而从上文欧阳劝任公"放下野心，法门龙象"以及所写联语来看，亦可谓知梁氏者矣。

除了沈曾植、陈散原和梁启超三人公开支持或赞辅支那内学院外，还有一位大腕级的人物，那便是先鼓吹革命后来则以国学大师而著称的章太炎先生。章太炎也受过杨文会佛学思想的影响。在杨文会的遗著中，我们看到有两篇《代余同伯答日本末底书》，此中"末底"便是章太炎在日本时的别号，通讯时间约在1909年春夏之间；余同伯则是同盟会会员，又是佛学研究会成员。末底写信时

① 参欧阳渐：《竟无小品》卷下，金陵刻经处本，1943年，第4页。

② 参于凌波：《中国近现代佛教人物志》，宗教文化出版社，1995年，第370页。

③ 梁启超致欧阳竟无先生原函曰："竟无先生吾师：侍讲席两旬，所以弘我者无量，方冀多聆慈诲，益植善根。不意比以积劳，病中心藏，医者督责辍课静养，而此间讲义难中止，只得以旬日间从事结束。非久便当北归，在此当有半月以上。自怅善缘短浅，有导师而不克久侍。然两旬所受之熏，自信毕生受用不尽也。归后疗养稍可，当辍百业，以一年之功专治唯识。或常以书请益，仍乞垂慈见诲。兹呈拙稿数篇，能批数语掷下，亦足鼓其精进也。敬上。"

余同伯正好寓居金陵刻经处，因涉及该处，故由杨老居士代答。末底来信谈到"近则佛教与婆罗门教渐已合为一家"等语，杨文会批评这种看法，以为"是混乱正法，而渐入于灭亡，吾不忍闻也"。[①] 言辞甚厉。然平实论之，章太炎在中国近代佛教史上曾有突出贡献，我们切不可以此一叶障目。有资料说，章太炎在近代中国佛教遭遇庙产风潮毁佛运动的危难之际挺身而出，第一个出头为佛教呼吁。他当时在日本担任同盟会的宣传工作，看到国内如火如荼的毁佛浪潮，大为不安，发表一篇《告佛弟子书》，明白地指出：时代不同了，中国佛教徒要拿出大方便、大智慧来弘化度生。他又概略介绍了日本维新后佛教徒的努力与成就，希望国人借镜。接着，他又发表一篇《告白衣书》，指出宗教信仰为人生所不可缺少的，佛教在中国已千余年，广得国人的信重，举世诸国也因我们在大乘佛法上的成就而信重我们，目前佛法不只是佛弟子所应爱护，每一个中国人为着国家前途也应爱护它。这两篇文章具有划时代的意义，是中国近代佛教史中极为重要的文献，它们燃起许多青年佛子的求新护教的热忱，而为近代佛教开拓出崭新的局面。[②] 太炎先生后来还写作《建立宗教论》等著名篇章，鼓吹以佛教的无我和大无畏精神陶铸革命道德，使佛教在近代社会发挥了很大的积极作用。

章太炎学佛最初是受其友人夏曾佑的影响，而夏曾佑则是杨文会的学佛弟子，在《杨仁山遗著》中我们见到夏曾佑给杨老居士写的信，他似乎很赞成老居士倡导唯识学的研究，并提出"移士夫治经学小学之心以治唯识"[③]。这种观点可能也引起章太炎的共鸣。章太炎因从事反清活动，而于 1903—1906 年身陷囹圄，得以专修慈氏、世亲之书，其中就有金陵刻经处刊行的《成唯识论》。以此，欧阳渐在为杨老居士作传记时，说到杨文会门下研治法相唯识的弟子中便有章太炎。章太炎亦作有一篇《支那内学院缘起》(1919 年 10 月)，其立义与沈曾植、陈散原着眼于从祇洹精舍的延续来看支那内学院有所不同，而与夏曾佑提倡以治经学小学之心来治唯识的意旨相近，把法相唯识之学看成适应近代学术讲究实证和精密之风而起。其文曰：

① 参杨文会：《等不等观杂录》卷八，《杨仁山全集》，黄山书社，2000 年，第 516 页。
② 参书新：《开国时期的佛教与佛教徒》，载张曼涛主编：《民国佛教篇》，《现代佛教学术丛刊》，台北大乘文化出版社，1978 年，第 3 页。
③ 参杨文会：《与夏曾佑书》，《杨仁山全集》，黄山书社，2000 年，第 447 页。

竟无以佛法垂绝，而己所见深博，出恒人上……因发愿设支那内学院，以启信解之士。由其道之，必将异于苾刍（即比丘）颛固之论，又不得与天魔奇说混淆可知也。世之变也，道术或时盛衰，而皆转趣翔实，诸谈游不根者为人所厌听久矣。自清世士大夫好言朴学，或失则琐，然诡谈私造者渐绝，转益确质，医方、工巧二明于是大著。佛法者，可以质言，亦可以滑易谈也。然非质言，无以应今之机，此则唯识、法相为易入。观世质文，固非苾刍所能知，亦非浮华之士所能与也。以竟无之辩才，而行之以其坚苦之志，其庶几足以济变哉！①

近代唯识学一时兴盛，杨文会无疑有倡导之功，然唯识学能够兴盛，则与当时的学术风气和文化背景也有一定关联。章太炎在此文中揭示了清世以来学风趋向朴实，或虽失之于琐碎，然"诡谈私造者"渐绝，"谈游无根者"已使人厌听久矣。就佛法言，既可以质言，亦容易滑谈，而应时机者，当以唯识法相为易入。类似的观点，章太炎在另一处也有明示，其《答铁铮》语曰："盖近代学术，渐趋实事求是之途，自汉学诸公分条析理，远非明儒所能企及。逮科学萌芽，而用心缜密矣。是故法相之学，于明代则不宜，于近代则甚适，由学术所趋然也。"②章太炎在此明确提出法相之学为何在明代不宜，而于近代则甚适，乃是因为学术变化趋势使然。他提出了两种影响学术变化的因素，一个是"汉学"，也即乾嘉以来的考据学；另一个就是西方传来的科学，两者在学风和方法上都强调实证和精密。章太炎相信以欧阳之辩才和坚苦卓绝之志，足以担当祛除佛学研究上的浮华之风，而完成法相唯识学的近代化，与近代学术之风相应。

南京支那内学院堪称近代佛教义学复兴的重镇，能在整理大藏、佛学研究和培养人才上，将杨老居士创下的基业发扬光大，多赖于这种近代学术化风气的影响，使内学院自始即走上了一条倡导存真求实、学术研究严谨而又思维活跃的道路。

---

① 参黄夏年主编：《章太炎集》，中国社会科学出版社，1995 年，第 133 页。

② 参章太炎：《章太炎全集》第 4 册，上海人民出版社，1982 年，第 370 页。

二 竟玄奘未竟之业

此处所谈欧阳"竟玄奘未竟之业",至少有两层含义:一是狭义,指玄奘未完成的翻译事业,如安慧、陈那等唯识大宗匠的著述,欧阳寄希望于精通梵文和藏文的弟子们来完成这个事业。二是广义,指在学理上承袭玄奘在那烂陀学习时就奠定的会通中观、唯识的治学宗旨。玄奘在那烂陀曾作《会宗论》3000 颂,融会中观、瑜伽两派学说,折服大小乘及其他一切外道,赢得"大乘天"的美誉。归国后致力于翻译事业,也以融通中观、瑜伽为归趣,如其虽主要翻译法相唯识典籍,但也翻译《大般若经》600 卷。故梁启超说,"会通般若、瑜伽,实奘师毕生大愿。观其归后所译经论,知其尽力般若,不在罗什下也。惜梵本《会宗论》未经自译耳!"①由此,说欧阳渐治佛学是以玄奘为楷模,竟其未竟之业,实不为过。其继承先师杨老居士遗志,采撷东西方学校制度,而创办支那内学院——"中国的那烂陀",也可作如是观。

在 1923—1924 年期间召开的支那内学院研究会上,欧阳渐提出了本院许多的规划和设想,对于本院研究要达到的规模和效果,以及研究的性质、范围、方法和宗旨等等都有所揭示。他说:"此寺规模,佛灭以来允为第一。虽我国昔日关中、慈恩之盛,不足方其百一也。如寺中每日讲座百余,性、相、密三鼎足传宏,小乘、外道无一不备,此其派别可谓繁极。今之规模期在于此,余十年以来规划内院者,亦在于此。"②在为《内学》杂志所写的发刊词《谈内学研究》中,他又说:

> 西方佛教,有小大、空有、显密等别,而其学悉荟萃于那烂陀寺。盖自佛灭以后,讲学范围之宽,无能逾此地者。西方佛学亦以此为终。东方佛学,如关中之空、慈恩之有、匡庐之净、曹溪之禅、南山之律等,皆本诸西土。此中禅宗虽杂有我国思想,然理与空宗相合之处,仍西方也。今兹研究范围,应全概括诸教。范围不宽则易衰歇,昔日空有诸家,其前车也。但佛教范围虽大,内容仍是一贯,仍有条理充实。今之研究,亦将由分而合,以期成一整

---

① 参梁启超:《支那内学院精校本玄奘传书后》,《饮冰室合集》第 15 册,中华书局,1936 年。

② 参欧阳渐:《支那内学院研究会开会辞》,《内学》第 1 期(1924 年);又见参王雷泉编选:《欧阳渐文选:悲愤而后有学》附录,上海远东出版社,1996 年,第 102 页。

体之佛教。言余素愿，乃在建立支那之那烂陀矣。[①]

约言之，以上告诉了我们他想建立成什么样的内学院，那是取模昔日天竺享有盛名的那烂陀；虽然研究以法相唯识为重心，但显然是致力于弘扬整体佛教的。他尤为指出，“今兹研究范围，应全概括诸教，以期成一整体之佛教”。那么，为何要在近代的中国建立那烂陀这样的佛学院呢，并用什么方法来实现这一目标呢？在《法相大学特科开学讲演》中，他从历史的角度讲述了开设此学的缘由：

明清以来，随手掇拾一经一论，顺文消释，就义敷陈，如是讲坛，无时不有。兴设学校，编制学科，三乘教义抉要示人，如是规模，则向来无。世法且忌躐等，学佛自当有序。印土学人通例先治小乘三年，降逮中国，鄙夷声闻，小固可轻，然复何易？彼惟无悲，斯与大异，九事所摄，法则共同。小非外大，大实含小，不知此小，焉足称大？吾华昧此，遗弃小乘，任彼高谈，终嫌笼统。因其基础，继长增高，固当大、小通谈，融求的当也。学校制度，通行东西，既著攸功，何妨采撷？[②]

在此，欧阳渐主要阐明了两层意思：一是明清以来虽有讲坛，但都是传统的依文训释的老办法，像现在这样建立学校，依系统的循序渐进的办法，把三乘教义都抉其精要传授给学人，这样的规模是以前所没有的。二其根据是东西方通行的学校制度。在印度学习佛法，按照通例，都要先研习小乘三年，但传到中国后，因为中土人士轻视小乘缺乏大悲精神，以至于遗弃了小乘，而不知大小乘之间的辨证关系。其实只有凭依小乘的基础，才有大乘的“继长增高”。所以中国的佛教教育必须摈弃前习，改革前制，而“大小通谈”，把佛教各派融成一个整体。然后欧阳渐揭示了开设此学的宗旨：

第一，哀正法灭，立西域学宗旨。正法能传，赖真师承；真师承者，渊源于印度也。佛后真师，龙树、无著，位皆初地，说法独正。何以故？缘藏识中

① 参王雷泉编选：《欧阳渐文选：悲愤而后有学》，上海远东出版社，1996年，第113页。
② 参王雷泉编选：《欧阳渐文选：悲愤而后有学》，上海远东出版社，1996年，第104页。

无漏、有漏二类种子，绝对不蒙。下士凡夫无漏种隐，有漏种现；初地菩萨有漏种隐，无漏种现。无漏种现，乃所谓正法也。初登地时，欢喜至极，说法遂详，详则易解，接近世俗。马鸣八地，语略难知。（若夫智者自谓五品，等是凡夫；其在贤首，多袭天台，所有说言，更无足恃。）是故非西域龙树、无著之学不可学。

第二，悲众生苦，立为人学宗旨。为人云何？无我之谓。所谓无我，非先有我，后使之无，如先有树，执柯伐之。为己为人，方向不同，东西异步；为人则生心动念，止知有人，即至无上菩提，亦非为己。众生不成佛我不成佛，盖以他为自，非推己及人耳。今来学者自问：是否发心，因法欲灭？是否发心，因众生苦？吾志在此，合者都来破釜沉舟，同向毗卢遮那顶上行去也。①

欧阳渐在此述说了开设支那内学院的两项宗旨：一是要师法佛之后的龙树、无著，融治中观、唯识学于一炉；二是确立“以他为自”，而非“推己及人”的为人无我之学，“众生不成佛，我不成佛”。

由上观之，采撷东西方学校制度，而建立佛学院，培养佛学研究人才，是最好的“继绝学、兴遗教”的办法之一。然而，支那内学院开办于我国新文化运动之后，可想而知，欧阳渐所从事的是一件“孤独寂寞”的事业。尽管如此，他还是以“破釜沉舟，同向毗卢遮那顶上行去”的悲壮精神，不但“续石埭未竟之志”，而且“竟玄奘未竟之业”。王雷泉描写了“他带领一小批同道者，在一个充满悖论的文化环境中左冲右突”的情景：他要在中国举办有如当年那烂陀寺一样规模宏大的佛教大学，却苦于没有多少像样的教材；他要继承恩师杨仁山的遗志，对汗牛充栋的上万卷佛经进行严格的学术整理，而合格的佛学人才却寥若晨星。故他别无选择，摆在面前的只能是一条荆棘丛生的道路：讲学以刻经。通过办学以培养整理佛经的人才，在整理佛经中造就佛学人才。②

支那内学院的确培养了不少佛学研究人才，但从资料中我们发现最引人注目的，是欧阳提到的吕秋一和黄树因。如欧阳在为黄树因所作的传文中说：“先师付嘱渐十余年，得超敏缜密之吕秋一，可以整理；得笃实宽裕之黄树因，可以推

① 参王雷泉编选：《欧阳渐文选：悲愤而后有学》，上海远东出版社，1996年，第104—105页。
② 参王雷泉编选：《欧阳渐文选：悲愤而后有学》编选者序，上海远东出版社，1996年，第2页。

扩，吾其庶几乎！”[1]

笔者上面所说的玄奘未竟之业，基本是在广义的层面上来谈的。而由文献看来，欧阳对玄奘未竟之学，其实有明确的所指，那就是指玄奘没有译出的如安慧、陈那、无性等“唯识中最大宗匠”的论著而言。他之看重黄树因，对黄树因的早逝极为痛惜，都是建立在黄树因能以其稀有的梵文、藏文功底翻译玄奘、义净未完成的典籍这个意义上的。欧阳写道：

> 唯识学展于安慧，空有二宗学纽于安慧，此土不正学影响极大而久，亦无不涉于安慧、陈那菩萨、无性菩萨者，唯识中最大宗匠也。诸德论著，玄奘、义净不及备译乎前。后人精唯识学，能梵文，苦不得兼具。实不易遇，遇不知贵，贵不能显。遂使千数百年，枯槁沉沉，润泽发明，一无足凭。黄树因者，得藏策《三十唯识颂》安慧释、《庄严经论》安慧释、《论轨》德慧注、陈那《集量论》本及释、《摄论》三种释、《庄严经论》无性释，幸甚哉！天日睹矣。树因，能忍第一。镇日研一字，穷年究一字，循习委蛇，无厌苦。以故善唯识，能梵文，辟幽径，抉伏藏，无难也。
>
> 树因年十八，毕业南洋中学，姚柏年引之听讲，佛学趣向定。十九从予游，其母惧儿厌世也，禁之，树因乃能旋转母意。年二十二，从德人雷兴学梵文于山东；年二十四，从俄人刚（一作钢）和泰学梵文、藏文于北京。今年（1923年）二十八，业成，将归金陵支那内学院，次第译要籍，且穷数年学，作游印、藏资粮，以竟玄奘未竟之业。今乃赍志饮恨，一切乌有。悲夫！树因不婚，不肉食，居古庙，饭粗粝，且不克时应，忍之数年，以竟厥事，难哉！予友桂伯华，不婚不肉食，学日本金胎两界，忍苦十余年，垂殁而恨，恨不致力西藏也。若使尚在，恸也何如！[2]

黄树因名建，广东顺德人，家金陵，著名的佛教史学家黄忏华即是其兄。他于民国十二年（1923）5月某日，示寂于北京卧佛寺。欧阳有挽联云：

---

① 参欧阳渐：《竟无诗文》之《黄建事略》，金陵刻经处本，1943年，第6—7页。
② 参欧阳渐：《竟无诗文》之《黄建事略》，金陵刻经处本，1943年，第6—7页。

我唯知此法门，冰天雪窖来，古庙香炉去；
汝已闻熏净种，虚妄分别有，生死涅槃无。[①]

欧阳在树因生前深爱之，奖掖之，常勉其努力学梵文。他把深柳大师杨文会所藏梵文书籍全部赠授树因，并在《大慈恩寺三藏法师传》封面上亲书数语，期望树因能西游梵土，竟玄奘未竟之业。1918年，树因听闻山东有德人雷兴擅长梵文，欧阳则请时任山东高等检察厅长的梅撷芸介绍树因入门读书。树因从雷先生读，梵学大进。后又闻北京大学教授俄人钢和泰于梵文尤精，兼善巴利文和藏文，树因复入北京大学学梵文数年。时值梁漱溟在北大主讲印度哲学和唯识学，树因则对梁氏说，宜黄大师师承深柳，远绍龙树无著之学，尤精《瑜伽》，乃玄奘后千古一人。[②] 梁漱溟后来专程赴南京，问学于欧阳先生。据说，王恩洋也是树因推荐来内院师从欧阳的。不久之后，梁漱溟又推荐了熊十力来支那内学院学习。如此因缘相推，支那内学院声名鹊起，四方莘莘学子来归，方有日后内院之兴盛。然树因志未酬，身先死，更不见内院之盛，惜哉！

1926年12月28日，欧阳在内学院设立"树因研究室"，以专门从事外文佛经的研究，也以此纪念黄树因有志于梵藏文的学习和研究，表彰其"竟玄奘未竟之业"的刻苦卓绝之精神。

三 唯一宗趣在无余涅槃

欧阳渐曾自述："甲午以还，奔走凄惶，无所托足。石埭杨文会居士讲究竟学于宁，乃与桂伯华诸人相率以事之，不仕不荤，绝男女之欲，悉力精研者二十年，而后豁然淹贯，讲学育才，将以移易乎天下万世，此支那内学院之由来也。别调孤弹，宗教则屏为世学，世学又屏为宗教，舂粮且不能宿，盖垂青者寡矣。"[③]1894年7月，甲午战争爆发。次年2月，北洋舰队全军覆没，4月，《马关条约》签订，全

---

① 参欧阳渐：《竟无小品》，金陵刻经处本，1943年，第9页。
② 参徐清祥、王国炎：《欧阳竟无评传》，百花洲文艺出版社，1995年，第54页。
③ 参欧阳渐：《与章行严书》，载王雷泉编选：《欧阳渐文选：悲愤而后有学》，上海远东出版社，1996年，第313页。

国为之哗然；康有为在北京发动“公车上书”，维新意见不为采纳，举国上下沉迷彷徨。欧阳渐在此时代背景下，“慨杂学无用，专治陆王，欲以补救时弊”。1904年，欧阳以优贡赴廷试，被委为广昌县教谕，从京回乡时路至南京，经好友桂伯华引荐，首次参谒杨文会居士。1906年，生母病死，欧阳“哀恸愈恒，即以母逝日，无肉食，绝色欲，杜仕进，归心佛法，以求究竟解脱矣”。[①] 自此以后，欧阳以究竟学为依归，悉力精研法相唯识近20年。1922年支那内学院的成立，标志着他唯识思想研究的成熟；《唯识抉择谈》的问世，可谓是慈恩千年绝学在近代复兴的代表作。但是在当时的文化背景中，欧阳所从事的注定是一项寂寞的事业，他深切感到了他是“别调孤弹”，处于一种世学与宗教两相排斥的尴尬境地。

然综观欧阳一生治佛学历程，虽艰苦备尝，悲愤填膺，但次第有成，终蔚为当世“显学”。他从瑜伽唯识学开始，而后般若中观学，最终归趣于无余涅槃学，愈来愈走向融会贯通的境界。1917年秋作成《瑜伽叙》，1928年作成《般若叙》，1931年作成《涅槃叙》，此可谓欧阳佛学研究的三个里程碑。

欧阳受恩师杨仁山遗命，续刻半部《瑜伽》，其学也从治《瑜伽》大论开始，开拓出新的义学复兴局面来。至1922年支那内学院宣告正式成立时，诸多文献表明，他是力图把大小空有乃至于显密诸宗教融治于一炉的，尤尊龙树、无著二家之学为“真佛学”，代表了印度大乘佛学的精粹，故他给内学院制订的研究方针是龙树、无著并重，认为二家缺一不可，“龙树、无著，如车两轮”[②]。然而，在1928年以后，欧阳转治《涅槃》《密严》等，思想有了重大发展，提出“佛法唯一宗趣在无余涅槃”，此为最究竟的圆满境界，并以此把中观、唯识、涅槃三学融于一体。至此，欧阳才真正称得上完成了玄奘的“未竟之业”。

1923年7月，欧阳在《法相大学特科开学讲演》中说，以龙树、无著二人为“佛后真师”；又说“非西域龙树、无著之学不可学”。同年9月，欧阳在内院第二次研究会上讲演《今日之佛法研究》，他讲说了自己20年来谈空谈有，谈小谈大，常常以不能贯通为苦。[③] 因此，他认为，今日研究佛法者必须注意以下二事：

---

① 参吕澂：《亲教师欧阳先生事略》，载王雷泉编选：《欧阳渐文选：悲愤而后有学》，上海远东出版社，1996年，第438页。

② 参欧阳渐：《释教训第三》，载王雷泉编选：《欧阳渐文选：悲愤而后有学》，上海远东出版社，1996年，第180页。

③ 参王雷泉编选：《欧阳渐文选：悲愤而后有学》，上海远东出版社，1996年，第106页。

其一，须明递嬗之理。也即在学理上，注重了解佛法思想的演变更替之轨迹。从中他明确了如后几点：（一）佛在世时说法随机。此在当时未即记载，但于大小空有，义理皆具。后来菩萨详细发挥，总不外其范围。若并此一层亦不置信，则魔外并起，无从分别。（二）佛灭度后，二十部小乘兴起争论。此皆切实可资研究。今人对于大乘立义，每有望尘莫及之叹，而小乘思想接近，不妨借此以引导。（三）龙树破小。此为大小转移之关键。所云一切皆空者，空其可空，乃最得我佛之意。（四）无著详大。此继龙树之说而圆满之，故二家缺一不可。（五）唐人荟萃。此于无著以来各家学说，皆得会通，然其后绝响及千余载。今继承唐人，须大家担当。此间，欧阳所说的唐人，主要指唐玄奘开创的唯识学，他倡议大家担当的亦显然是绝响千余载的、对无著以来各家学说进行会通的思想，而往上推之，无著又是会通了龙树思想而使大乘学说成为更为圆满的理论。

其二，须知正期之事。这是指的是他究竟如何着手整理研究经典文献的问题。他将之概括为整理“旧存”和发展“新资”这样两个方面，都是采取了近代学术的重考据实证的方法。前一方面主要有简别真伪和考订散乱二事，后一方面亦有二事：一是借助梵、藏文，二是广采时贤论。欧阳竟无认为，梵、藏文中要籍未翻译者极多，如能参阅其书，多所依据，立论才能比前人更加准确。时贤之议论虽未必尽当，但要学会善于读书，能由反面而知正面。对此，欧阳举了两个例子来加以说明，他说，法相要义散漫难寻，吾昔年读《掌珍论》中驳相应论师数行，而得相宗之大概；又如因“大乘非佛说”而得研究途径，证明大乘实有演绎佛说而成之义。①

以上两个方面的结合，不惟使欧阳的唯识学研究取得了突破性的进展，把佛教各主要流派以唯识学为宗本而融会贯通在一起，既有了历史和学理上的依据，又得到了新的文献资料和研究方法的佐证；还有力地推动了近代佛教义学的兴盛，扩大了佛学在政界和学界的影响，也为后学如吕澂、汤用彤乃至任继愈等人的佛教学术研究，奠定了坚实基础。②

吕澂在法相大学开学典礼中也作演讲，他说特科之称法相大学，其实标帜鲜明，反面观之，并不局限于法相一宗；正面观之，则直指纯真佛法之全体。他认

① 参王雷泉编选：《欧阳渐文选：悲愤而后有学》，上海远东出版社，1996 年，第 109 页。

② 参徐清祥、王国炎：《欧阳竟无评传》，百花洲文艺出版社，1995 年，第 46 页。

为，佛学本极圆满，应机设教，归趣总同。过去印度初有种种派别，渐失风气，至失佛法和合之精神。此实有因，如区域差别、学理差别等；传入中国，因传译上的差别，以及本土的儒道二学夹杂，亦生出种种宗派。我国旧称之法相宗，通指唐世玄奘一系而言，但究其根据实异学相排斥，有诬奘师本意。分宗分派都是过去种种原因所致，今再也不宜提倡这种做法。

在吕澂看来，法相乃佛法全体，绝不拘限一宗。我国佛法自玄奘法师法相唯识一系中绝以来，正统沉泛，经千余载。其间虽有台、贤、禅、密、净之继起而盛，然于佛法精神背弛日远，无容讳言。他在讲演的最后说："吾侪大师（指欧阳渐）苦心提倡，历十余年，卒在今日于佛法基础立法相幢，慧日曙光，重睹一线。诸君认识既真，应不迟疑，应知提倡佛法实惟法相一途，绝非推尊一宗，亦非欲以一宗概括一切。正此趋向，专志精勤，必使纯真佛法遍现世间，是皆君之责。"①以此观之，支那内学院虽痛斥中土佛教"于佛法精神背弛日远"，未能正确理解佛教中国化的历史必然性，以致有失偏颇；但其指出诸宗派兴起之时排斥法相唯识，"有诬奘师本意"，恐怕也是事实，而其强调实事求是的态度，反对拘泥于宗派之见的观点，无疑亦是学术研究的正确方向。

1937 年夏，欧阳召集门人讲晚年定论，提无余涅槃三德相应之义，融瑜伽、中观于一境，且以摄《大学》《中庸》格物诚明，佛学究竟洞然，而孔家真面目亦毕见矣。② 1939 年 7 月 30 日，欧阳在与弟子陈真如（铭枢）的论学书中，告以无余涅槃唯一宗趣之意，说"佛之唯一宗趣，即无余涅槃是也"；"宗趣唯一，法门无量，既曰无量，则各自有其境界"。③ 又说，"唯一宗趣无余涅槃，是则彻上彻下，彻始彻终，须臾不离无余涅槃也"。欧阳渐认为，宗趣唯一无余涅槃，法门则有"三智三渐次"。不但佛法这样，孔学亦何独不然！熟读《中庸》，就可知孔佛一致于无余涅槃、三智三渐次而已。④

---

① 参欧阳渐、吕逸秋、王化中：《法相大学特科开学讲演》，《内学》第 2 期（1925 年）；也参徐清祥、王国炎：《欧阳竟无评传》，百花洲文艺出版社，1995 年，第89 页。

② 参吕澂：《亲教师欧阳先生事略》，载王雷泉编选：《欧阳渐文选：悲愤而后有学》，上海远东出版社，1996 年，第 439 页。

③ 参欧阳渐：《答陈真如书》，载王雷泉编选：《欧阳渐文选：悲愤而后有学》，上海远东出版社，1996 年，第 328—329 页。

④ "三智"是地前加行智、地上根本智、地上后得智；相应地，"三渐次"是指三智所历的境界，引生无漏为初渐次（加行智境），无相无功用住为中渐次（根本智境），圆满菩提为最后渐次（后得智境）。参欧阳渐：《答陈真如书》，载王雷泉编选：《欧阳渐文选：悲愤而后有学》，上海远东出版社，1996 年，第 330—331 页。

欧阳渐结合自己一生研治佛学的经历，述说他发明此宗趣的原由。他主要阐述了两个方面：一是激于自身而出，二是激于唐宋诸儒而出。据他自述，40岁时(1910)，学《唯识》《瑜伽》而不能入，17岁的女儿兰随学于宁，不幸夭亡，他痛彻于心脾，中夜哀号而无可奈何，遂幡然求学，通宵达旦钻研《瑜伽》，于是《唯识》《瑜伽》都涣然冰释；四方之士毕至，陈真如、熊十力也都在此时“结道义之交”。50岁(1920)后，爱子、贤徒、胞姐接二连三死，使他痛不胜痛，悲不胜悲，乃发愤治《大智度论》，而《般若》娴习。虽得毕竟空义，犹未敢执无余涅槃以为宗趣。进治《涅槃》，年已六旬(1930)，作《涅槃叙》，苦不克就，乃避暑庐山，恰遇陈散原至，留连数月，终于作成《涅槃叙》，而后知无余涅槃至足重者也。“九一八”之后，在内学院大提特提无余涅槃唯一宗趣之意义，蒙文通、汤(用彤)锡予二君主持讲会；讲会终结于七七事变。欧阳述说：“我皆令入无余涅槃而灭度之”，初以为对小乘之说，继但存疑，数年后，才得知原来并非如此。“谁都能有渐之长年，谁非出家而毕生如渐唯此一事？谁于诸宗作穷研融会，征实以得南针？是故知无余涅槃唯一宗趣，不易易也！此所谓激于己而出者也。”①

欧阳认为，他以无余涅槃为佛法唯一宗趣，说来简单，得来实在不易。若不是由于个人亲身的悲苦遭际，决不能臻此绝顶境界。除此之外，还激发于以韩愈为始作俑者的唐宋诸儒的排佛立场。对韩愈和宋儒之排佛，他发表了如下犀利的批判性见解：

> 韩愈文人，乌足知道？更何论清净寂灭！村妪唯计饱食昏睡，谈何清明庙堂？宋人说理，始《太极图》，世俗根由且依稀仿佛，何论出世真诠？又何论涅槃寂灭？辟佛者极恶寂灭，仇而恨之，其非种者锄而弃之。人谓大乘度人穷极六道，谤者则曰：虽则普度有情，而所度仍是寂灭，故佛异端耳。略谈粗义，都讥禅学，试问禅何害于尔，而恶之拒之如是？皆盲昧之流，非恶寂灭，实恶断灭，以断灭为寂灭而恶之也。非恶禅，恶清谈废事，以清谈废事为禅而恶之也。说风是风，盲从不究，世皆败坏，殃及学林，驯至于今，仍是张冠李戴。夫“无余涅槃”为何如事？天下陷溺为何如危？此乌可已已耶！此

① 参欧阳渐：《再答陈真如书》，载王雷泉编选：《欧阳渐文选：悲愤而后有学》，上海远东出版社，1996年，第333—334页。

所谓激于唐宋诸儒而出者也。[①]

欧阳得此唯一宗趣后，以之为“晚年定论”，复遍告海内知己，可以想见其对此发现的重视。欧阳70岁时，在《与李证刚书》中说，“学问甚难，渐年七十，始幸沟通”，“正法须彻上彻下，融于一贯，不可遗弃何段。史实有穷源竟委之系属，遗弃或疏略，皆不得教之翔实，即法不如实也。不可拘牵何段，各部皆与全体相关。摩尼宝珠不于一显，水不能摄火，法各不相知。然段段义明，即全体毕露，一段而局，即本段亦非，拘牵或概简，亦皆不得教之方便苦衷，亦法不如实也。自小乘经《四(阿)含》，论《六足》，各部执(即部派佛教)，而归极于《俱舍》。如是中观大般若四论，瑜伽六经十一论，如是而一乘三法，所谓经《涅槃》《密严》，分为四段，段段精研以为教，不遗弃，不拘牵，彻上彻下，融于一贯，则渐意旨也。近答陈真如论学书，揭出二语‘宗趣唯一，无余涅槃；法门无边，三智三渐次’，可以知其概矣。悲夫！教之久晦于天壤也。既得其髓，宁皮相以贻人？今后著述编刻，敢轻率徇情？一息尚存，不容稍懈，敬为我知己告也”。[②]

欧阳把全体佛法分成四段，小乘经论归极于《俱舍》，与大乘经论《中观》《瑜伽》，成“一乘三法”，《涅槃》《密严》另成一段，一共四段；欧阳主张段段要精研，“不可拘牵何段”，“不可遗弃何段”，“段段义明，即全体毕露，一段而局，即本段亦非”，乃“法不如实”。可见其宗旨在全体佛教的昌明，决非拘囿在某宗某派的弘扬上，这与其恩师杨文会，亦与有“同门之谊”的释太虚，以及近代其他佛教大德，可谓同一归趣，并无二致。而其继承杨老居士遗愿，悉心专研瑜伽唯识学并取得突出成就，又是灿然可观之事实。

① 参欧阳渐：《再答陈真如书》，载王雷泉编选：《欧阳渐文选：悲愤而后有学》，上海远东出版社，1996年，第334页。

② 参王雷泉编选：《欧阳渐文选：悲愤而后有学》，上海远东出版社，1996年，第338页。

第二节
欧阳渐中兴唯识学的思想理念

欧阳渐是民国时期最为杰出的唯识学大家之一，是我国20世纪佛教思想史上一位声望卓具的佛学大师。其佛教思想与事业继承杨文会居士而来，并将近现代中国佛教义学复兴思潮进一步引向深入，发扬光大。

一 欧阳渐佛教思想的来源和分段

1903年，欧阳渐考中江西省的"优贡"。根据欧阳弟子吕澂先生的记载，欧阳在次年(1904)赴京朝考南归的途中，曾经"谒杨仁山老居士于宁，得开示，信念益坚"[①]。欧阳到达南京时，比他早一些皈依佛教的好友、九江名士桂伯华，正住在刻经处，从杨文会习法相唯识之学。欧阳先来拜访伯华，然后由伯华引见，拜谒杨文会。杨文会在这次会面中特别勉励欧阳说，要想把佛教的理论彻底研究明白，必须研究法相唯识一宗。在1904年的前后，《成唯识论述记》已经刻成，杨文会此阶段教导学人，开始提倡法相唯识之学[②]，这是近现代中国唯识复兴思潮走向深入的一个重要阶段。欧阳在此期间拜诣杨文会，接受杨文会的指点，这是欧阳后来转向佛教唯识经典研究的重要原因。

杨文会晚年的学生中，若论对于佛教振兴事业功劳至巨，佛教信仰笃实剀切，且与杨文会师生情谊最为密切的，应推桂伯华莫属。杨文会也颇有意引导伯

① 吕澂：《亲教师欧阳先生事略》，《中国学报(重庆)》第1卷第3期(1944年)。杨文会本人有感于唐宋之后中国佛教的凋敝，主张恢复"本师释尊之遗教"，倡导对"顿渐、权实、偏圆、显密种种法门"——中国传统佛教的全体——的研究和教学。自1890年之后，通过和日本学者南条文雄氏的接触，文会取回了《唯识述记》《因明大疏》等一系列唯识系统的研究典籍。通过对这些典籍的整理、刊刻，文会对唯识学说的理解日渐深彻，对唯识系统价值的认识也逐渐加深。故而，文会个人已经在学识上造成了提倡法相唯识学说的基础。

② 梅光羲致杨文会的信可以证实此点。梅氏在信中说："窃闻相宗各书，以《成唯识论》及《瑜伽师地论》为最要。《成唯识论》已有窥基大师之《述记》，而《瑜伽师地论》尚未见有注释。我师达一切法，具一切智，可否将此《瑜伽师地论》详加注视释，俾诸众生有所仰赖。此固我师之慈悲，亦即弟子之所清求者也。"梅氏此书作于1902年，收入杨文会《等不等观杂录》卷六(《杨仁山全集》，黄山书社，2000年)。

华专事唯识学的研究，以为“学者楷模”[1]。然而伯华自1904年东渡之后，一直留学日本，且个人兴趣转向了密宗的研究。杨文会晚年弟子中，梅光羲亦以唯识学见长，他也深得杨文会的重视，且较之欧阳早列门墙。但梅氏一直在法律部门供职，其佛学研究只是一件副产品。伯华和梅氏，或走或仕，故而欧阳成为杨老居士看中的研究唯识学的最合适人选。

从1904年欧阳在金陵得到杨文会开示起，到1911年杨文会去世为止，是欧阳泛滥于中土所传佛学诸宗的时期，也是欧阳全面了解、掌握杨文会佛学思想体系之一阶段。欧阳这一研究阶段，具有过渡性的特点：一方面，他受杨文会治学特点及佛学思想的影响，此阶段研究虽然泛及印度及中国的诸家宗学，但是仍以《起信》思想作为佛理纲领，对历史上成立的各种佛学思想体系，作整体的综合和理解；另一方面，欧阳本阶段的研究，也愈来愈偏重到唯识佛教上来，由此使得欧阳在杨文会门中，逐渐以擅长唯识学而名家。杨文会临终前，把刊校《瑜伽师地论》后五十卷的重任付托给欧阳，就是欧阳在1904—1911年间唯识学研究业已有所成就的明证。

欧阳的《瑜伽》学系研究阶段，是指他专治法相唯识一系思想，并在佛教思想史研究方面取得重大突破的时期。民国六年（1917），欧阳完成了《瑜伽师地论》后五十卷的校刻，并著成阐发《瑜伽》主题思想的《瑜伽师地论叙》。此论叙不仅阐明传统唯识学“一本十支”的理论、传统唯识思想的发展源流，而且以法相、唯识分宗的观念，发前人未尽之覆。因此，《瑜伽叙》既代表本阶段欧阳在佛学研究上的突出成就，也代表欧阳本阶段在佛学思想上的独特创造。到20世纪20年代初期几年，欧阳基本完成了法相唯识经论及唐人相关著述的整理、刊刻及研究工作，法相唯识一系的经论提要纷纷问世。

欧阳这一专研唯识学的阶段，从研究经论的重点来看，也可以划分成前后两个时期。前一时期大体上从民国元年（1912），延续到民国六年（1917），这是欧阳集中研究《瑜伽师地论》的时期。后一阶段，从民国七年（1918）到民国十一年（1922），欧阳把主要精力放在《成唯识论》的研究方面。1922年秋，欧阳在内学院公开讲演《成唯识论》，讲前，他先以“十抉择”概括唯识一宗的要义，门人记录成为《唯识抉择谈》。

---

① 杨文会：《等不等观杂录・致伯华书》，《杨仁山全集》，黄山书社，2000年。

《唯识抉择谈》和《瑜伽师地论叙》，是欧阳在《瑜伽》学系研究阶段，对法相唯识宗义的两次抉择。同《瑜伽叙》相比，《唯识抉择谈》除继续重申法相、唯识分宗的观点外，着重提出了两个新的思想：(一) 简别体用存有属性的佛法形上理念；(二) 根据这一简别体用存有属性的理念，对《起信论》的佛理模式采取质疑及批评的立场。这两个新的思想表明，欧阳在《瑜伽》思想系统研究的末期，已经由对法相唯识一宗宗义的抉择，上升为对普遍性“佛法真义”以及规范性佛理模式的抉择①。

民国十二年(1923)的八至九月间，欧阳的次子欧阳东，以及欧阳十分器重的两个学生，许一鸣和黄树因，先后英年辞世。他在悲恸之中大发愿弘《般若》，这是欧阳融通研究《瑜伽》学及《般若》学的开端。此年八月，在内学院召开的第三次研究会上，欧阳提出：“法相一宗，久经诸同学切磋，可谓已放光明；《般若》秘藏，亦愿同学继此研求，并成智炬。”向内院师生们倡导，在精研唯识学的基础上，探究“龙树学”之“真相”。② 民国十七年(1928)的春天，欧阳的般若学提要之作《〈大般若经〉叙》写成。以此叙的写成作为标志，大体上表示欧阳融通空、有二宗的研究阶段已经基本完成。

从 20 年代末或 30 年代初，欧阳学术思想的发展进入第二个段落：晚年论定学说的段落。欧阳这一晚年论定学说，以民国二十六年(1937)秋内学院迁往四川江津为界，大体上又可分成居宁阶段和居蜀阶段。前一阶段从三十年代初开始，到 1937 年“七七”事变前夕，欧阳在南京内学院召集门人讲晚年定论止；后一阶段从民国二十七年(1938)春建成江津支那内学院蜀院始，一直持续到欧阳逝世为止。

二 简别体、用的原则

简别体用，是欧阳一生佛学研究及佛理思考中的核心理念。“简别体用”一说，最初是欧阳在《瑜伽》学系研究阶段提出来的。民国六年(1917)春，欧阳在金

① 欧阳渐：《唯识抉择谈》第一部分，聂耦庚记录本。
② 欧阳渐：《大品经大意》，《内学》第 1 期(1924 年)。

陵刻经处整理和刊刻亲光论师的《佛地经论》。欧阳在《佛地经论叙》中，将亲光之学的殊异之处，概括为"十义"：(一) 如来说法不说法唯识义；(二) 佛会能化所化唯识义；(三) 心体自照有四分义；(四) 佛身佛智有相分义；(五) 无佛种姓不定种姓义；(六) 无漏种子本有新熏义；(七) 无明不通善性义；(八) 三身略义；(九) 见为相因义；(十) 体为用因义。欧阳认为这十项要义，并非亲光论师草率提出的理论，而是"无量论师辗转立破，最后决定微妙甚深，所谓金刚无能摇转"，这即是说，亲光论师个人的佛学思想，是佛教思想史上无数贤哲千锤百炼的结果。故以亲光论师的"十义"作为理据，能够对一切佛教经论中包含的思想，获得如实的理解和真确的"知见"。

欧阳在这篇叙论的末尾，又将亲光的"十义"凝练、概括为简别体用的理念："准亲光义，法界法身是体，四智报化是用；真如所缘是体，正智能缘是用；有姓是体，无姓是用；无为无分别是体，有为无分别、有为有分别是用。"这里欧阳分别从四个角度阐释简别体用之义。首先是佛地法相的角度，佛地以法身、报身及化身这佛的"三身"，作为佛地生命的存有样式，这"三身"之中，法身是体，报身及化身是用；其次是佛菩萨的认知角度，作为佛菩萨认知活动对象性方面的真如，是体，作为佛菩萨认知活动主观方面的正智，则是用；再次是有情佛性的角度，一切有情众生都以真如作为佛性，故而一切有情都能成佛，这是从真如理体的角度来诠解佛性，然而因为不同有情各自主观条件的差异，有的有情最终开发出实证真如理体的证智，有的有情则终究沉沦世俗，因此一分有情没有佛性，不得成佛，这是从能否开发证智的用的角度来诠解佛性；最后是有为法、无为法的角度，无为法一则是无生灭转变的，二则是无杂染执着的清净智慧之所实证，这是体，有为法包括有杂染执着的妄识，及无杂染执着的正智这两类存有，这是用。

欧阳把这种简别体用的理念，和"体用不二，能所一如"的谬解对立起来。他说："体不可说，用有以行，体用一淆，是非蜂起。若欲诠表，惟是世俗，能所分明，无无穷过。若欲体用不二，能所一如，第一义空何须文字！或属观行，非诠法相。相观倒用，两败俱伤，诤讼到今，曾何所益！乘是知见，厚集善根，种姓一成，成佛不谬。以是因缘当谈亲光学，当读《佛地经论》。"①

民国六年(1917)，除写出《佛地经论》的提要《佛地经论叙》外，欧阳还在这一

---

① 欧阳渐：《法相诸论叙合刊》佛地经论叙，金陵刻经处本，1916 年。

年的中秋，完成了概括百卷本《瑜伽师地论》主题思想的名著——《瑜伽师地论叙》。该叙是欧阳在《瑜伽》学系研究阶段（民国初年至20年代初）最重要的代表性著作。欧阳在这篇叙中以"十要"来抉择《瑜伽》一系的思想要义，这"十要"中，包括了欧阳本阶段在佛教思想史方面的重要研究成果——法相、唯识分宗之说，也包括了欧阳在本阶段佛学研究中提出而一直影响到他此后各阶段佛学研究的重要思想——简别体用的理念。欧阳在"十要"中第六要义（"用义"）这一部分中所阐释的，即是简别体用的理念。欧阳说："真如是体，体不生灭；无始种子依不生灭而起生灭，如实说相，一切是用。"①真如是体，体是法尔常住，不生不灭的；无始以来，依据这不生不灭的真如本体，从宇宙"万有"的种子，则衍生出一切有生有灭的现象及作用。欧阳这里以"不生灭"的真如作为体，以"生灭"性的种子及种子所衍生的现象作为用，所以欧阳此处所阐释的，正是简别体用这一佛家形上思想理念。

《瑜伽师地论叙》和《佛地经论叙》，都分别提出了简别体用的佛法形上思想，但《佛地经论叙》的简别体用之义，还只可以看成是欧阳在概括亲光论师的一家之义。至于《瑜伽师地论叙》的简别体用义，则是作为概括《瑜伽》学系基本思想的"十要"之一来正式提出的。所以，《瑜伽师地论叙》的完成，标志欧阳辨析本体与现象存有性的这一佛法形上思想已经正式产生。

民国十一年（1922）七月，欧阳发起的南京支那内学院正式成立。是年秋，欧阳在内学院开讲《成唯识论》"八段十义"，讲前，"先于本宗要义作十抉择而谈"。《唯识抉择谈》的十义抉择是：（一）抉择体用谈用义；（二）抉择四涅槃谈无住；（三）抉择二智谈后得；（四）抉择二谛谈俗义；（五）抉择三量谈圣言；（六）抉择三性谈依他；（七）抉择五法谈正智；（八）抉择二无我谈法无；（九）抉择八识谈第八；及（十）抉择法相谈唯识。②

十义抉择将简别体用之义放在了首位。而在《瑜伽师地论叙》中，简别体用一义还只是瑜伽学系"十要"的第六要义。从简别体用一义在欧阳著作中地位的这种晋升，可以看出欧阳对此一理念的提炼，及对此理念在佛理考量中重要性的体认，是经历了一个逐渐深化的过程。《唯识抉择谈》将体用抉择置于"十抉择"

---

① 欧阳渐：《瑜伽师地论叙》十要第三，载王雷泉编选：《欧阳渐文选：悲愤而后有学》，上海远东出版社，1996年。
② 欧阳渐：《唯识抉择谈》，聂耦庚记录本。

之首，这表示欧阳在《瑜伽》学系研究的晚期，已经将简别体用的理念置于佛理抉择或佛理考量的核心地位。所以，简别体用这一佛理模式的确立，应当是欧阳法相学研究及唯识学研究的重要成果。

20年代末及30年代初，欧阳的佛学研究转向《华严》《涅槃》等涅槃类的经典。欧阳的佛学思想因此发生了显著的变化。简别体用的理念在欧阳中年论学中具有无可替代的核心地位，随着欧阳的佛学研究和佛学思想进入晚年论学阶段，随着欧阳思想体系中发生的一些显著变化，欧阳是否已经放弃简别体用的理念，或者此一理念在他的晚年论定学说中，已经不再有核心的位置？透过检讨欧阳晚年的论定学说，我们可以发现以下两点：

其一，欧阳在晚年论学阶段，仍以简别体用的理念作为判断佛理真伪的标准。例如，欧阳在《密严经叙》中，以十项要义初次概括他的晚年论定学说。这十项要义的第十义是"辟谬"，即批评对于佛法理论的错误见解。欧阳在这一节中说："诸佛世尊，今释迦如来立五法为教，见诸《密严》《楞伽》及种种经论。如是而违反，此之谓大谬，不可以不辟。"欧阳这里所说的"五法为教"，即指相、名、分别、正智、真如五法，这是指五法及三性所代表的法相思想系统。《瑜伽》所立的五法，各有能诠之名，各有所诠之义，因而五法不可淆乱，而五法中的真如、正智二法，尤其不可淆乱。接下来，欧阳由这种法相辨析的轨范，导出真如是体性，正智是相用，而体性与相用不可淆乱的形上理念。并以之作为准据，破斥《起信论》以及一切"根据"于《起信论》的"大谬"。[①] 这说明欧阳在晚年论学中，仍以法相思想的轨范，以及建立在法相思想基础之上的简别体用之理念，作为判别真实佛教与伪似佛教的理据。在写于民国三十二年(1943)的临终之作《杨仁山居士传》中，欧阳最后一次重复了依据简别体用之理念斥批《起信论》的观点。[②]

其二，欧阳晚年论学的判教学说，仍以简别体用的理念作为思想基础。欧阳的判教学说，从中年论学阶段到晚年论定学说，前后发生了重大的转变。欧阳中年阶段的判教学说，是在法相学的思想格局中，从佛理模式方面谋求整体佛教的融会贯通。欧阳晚年阶段的判教学说，则是在转依思想的格局中，从实践旨趣方面将整体佛教组合成一个有机的体系。但是，欧阳晚年判教学说并未放弃对佛

---

① 欧阳渐：《大乘密严经叙》，《藏要》第3辑，上海书店出版社，2015年。
② 欧阳渐：《杨仁山居士传》，载王雷泉编选：《欧阳渐文选：悲愤而后有学》，上海远东出版社，1996年。

理模式的考量。如在民国三十年(1941)最终完成的判教体系《释教篇》中,在阐释"佛境菩萨行"的判教体系之前,欧阳先释解"不可思议三事",是要以这"三事"作为判教体系的理据。而"三事"之中,即有"真妄主客"及"智、如非一非异"二事①,明确涉及简别体用的佛理模式。欧阳这里所说的"真妄主客事",实则是在转依思想格局中,释解佛法本体与现象存有性的简别关系。而"智、如非一非异事"是在法相思想的格局中,释解真如体性与正智相用的存有性简别关系。欧阳说:"体、用不分,法相淆乱,不可为教。"②可见,简别体用的理念,是欧阳晚年判教学说的思想前提和理论基础。

三 从法相学到转依学格局

上文我们证明了欧阳佛教思想体系的核心理念,乃是简别体用之理念,或强调辨别本体与现象具有不同存有属性的理念。欧阳一生佛教思想的发展中,曾经历由中年未定之学到晚年论定学说的重大变化,不过这一简别本体与现象存有属性的理念则首尾一贯。这里要说明的是,尽管欧阳佛教思想的核心理念一直贯通在他中年及晚年的佛教学说中,但是这一核心理念所依托的整体佛教思想格局则发生了重大的转换。这一转换可以概括为是从法相学的思想格局转换到了转依学的思想格局。

民国二十五年(1936)欧阳著《大乘密严经叙》,首次正式阐述他的晚年论定学说。欧阳在叙中写道:"《大乘密严经》者,盖是总大法门之一,而二转依之要轨也。法门无量,区别于境、行、果三,果之为《大涅槃经》,行之为《大般若经》《佛华严经》,而境之为《大乘密严经》。故曰:《密严经》者,总大法门之一也。迷悟依于

① 欧阳渐:《释教》,第56—57页。第一是"真妄主客事":一者涅槃唯真无妄,不与生灭相应故。无余涅槃无损恼寂灭中无边功德如如不动,其一分现前者,皆由先时菩萨愿力发起而来。是故说真如缘起者乃邪说也。一真法界,诸佛自证,理同不异,谓之为一。而言别有一境,众共一心,亦邪说也。二者菩提真妄不离,与生灭相应故。生灭相应,八识递变根身器界心及心所,名之曰藏。依藏净种曰如来藏,依藏染种曰阿赖耶,同一八识,增立九识,亦瞽说也。第二是"智、如非一非异事",以法言非一,《楞伽》《密严》俱称五法,《密严》云:法性名如如,善观名正智;《楞伽》云:真实究竟自性可得,是如如相,不生分别入自证处,是名正智是也。以义言非二,《般若》云:变化与空,如是二法非合非散,此二俱以空空故空,不应分别是空是化。若以生灭言又非是一,智与生灭相应是化,如不与生灭相合非化。

② 欧阳渐:《释教》,第57页。

真如，而《密严》刹土即涅槃定窟，染净依于藏识，而赖耶生身即菩提慧命，故曰：《密严经》者，二转依之要轨也。”[①]欧阳把法门区分为境论、行论、果论三种，境论即是佛家的存有论，行论即是佛家的实践论，果论即是佛家的归果论。欧阳以《大涅槃经》摄属归果论，以《般若经》及《华严经》摄属实践论，而《大乘密严经》是传统唯识“六经”之一，自然摄属存有论思想体系。《密严经》既属佛家的境论或存有论，则对它的释解，按理应遵循法相学的轨范。欧阳此处把《密严经》看成是阐释转依思想的要籍，明显是在佛家实践论及归果论的意义上立论。

由此可见，欧阳的晚年论学，是由佛家的境论转向了佛家的行论及果论，是由法相学的轨范转向了转依学的轨范。欧阳自30年代之后逐渐发展的晚年论定学说，是在转依学的格局中重新整合他的佛学思想体系。法相学是侧重对一切法的存有属性作辨析、分类的学说，转依学则侧重于有情生命特质的染净转化问题[②]。因而，在佛家思想体系中，法相学属于理论理性的考量路向，转依学则属于实践理性的考量路向。由理论理性的考量路向，欧阳得出简别本体与现象的佛家形上思维模式。这一佛理模式是否与转依学的实践理性考量路向相违背，值得进一步探讨。

佛家转依学谈二种“依”或根据，及二重转依。其中，二种“依”分别是真如及藏识，判断有情认识活动或“迷”或“悟”的根据是真如，摄持有情生命一切染净经验的根据是藏识；二重转依分别是转迷为悟及转染为净，转迷为悟则得到菩提，转染为净则得到涅槃。这如欧阳所说：“一切法仗依，作佛转二依。迷悟依于真如，染净依于藏识，转迷为悟而得菩提，转染为净而得涅槃。”为什么佛家转依学在谈一切法的“依”或根据时，必须确立真如及藏识这二种“依”，而不是把一切法的根据最后都归结到真如，或都归结到藏识？为什么要谈认识及染净的二种转依，而不是只谈认识转依或染净转依？欧阳认为根本的理由即在于，佛法的本体与现象，在存有的性质方面，是截然异类的。他说：“何以转依必以二也？体用异类故也，菩提是用、涅槃是体故也。”[③]

从一切法的依据来说，藏识是生命一切活动的受熏持种者，它积累并摄持生命的一切染净经验，所以是染净之依据；真如是一切法的真实本性，它是有情认

---

① 欧阳渐：《大乘密严经叙》，《藏要》第3辑，上海书店出版社，2015年。

② “转依，谓即依他起性对治起时，转舍杂染分，转得清净分。”见《摄大乘论》卷三，金陵刻经处本，第16页。

③ 欧阳渐：《大乘密严经叙》，《藏要》第3辑，上海书店出版社，2015年。

识活动如理不如理的参照或规范的标准，所以是迷悟之依据。真如、藏识都是一切法的“依”，但它们各自作为“依”的性质是本质上不同的，这叫作“体用异类”。

从转依的结果来说，转依所得即是菩提、涅槃二果，但二果的性质也是截然不同的。这如欧阳在《维摩诘所说经叙》中所说：“诸佛得果曰二转依，从无漏种起一切有为而生四智，曰菩提所生得，清净法界一切功德所依，佛、众共有而寂灭无为，要须菩提然后乃显，曰涅槃所显得。”①菩提是藏识中无漏净种发生现行而得，故称“所生得”；通过菩提使遍在于诸佛及众生生命中的诸法本性（真如）澄现出来，这即是涅槃，所以涅槃是“所显得”。“所生得”的菩提是有为法，“所显得”的涅槃是无为法，因此从转依二果来说，也可以看到“体用”是“异类”的。

总之，佛法之所以要确立二重转依，这是简别本体与现象这一佛理模式的必然要求；反过来说，由于佛法的本体与现象之间，在存有属性方面有着本质的差别，所以必须要求二重转依的理论模式。可见，简别体用这一佛理模式，与转依学的思想格局并不矛盾，在转依学格局中考量佛家的体用关系，其结论仍然是简别体用的理念。

《大乘密严经叙》中，以十义抉择《密严》一经的要义。由于欧阳有意在这篇叙中发表他的晚年论定学说，因而，此叙的十义抉择，就不仅是要抉择《密严》一经的主题思想，而且是要阐释欧阳晚年最后成熟的佛学思想体系。这十义中，第一义叫作“总”，实际上是欧阳晚年佛学思想体系的一个“总纲”。欧阳说：

> 且初总者，一切法仗依，作佛转二依。迷悟依于真如，染净依于藏识。转迷为悟而得菩提，转染为净而得涅槃。教及如来藏、赖耶、法身，是染净边事，经与唯智学、定土、世间，是迷悟边事也。
>
> 何以迷悟依于真如，染净依于藏识耶？能依于所、所依于能故也。无明为迷，正智为悟，迷悟皆变动不居，是故为能，真如周遍常住，是故为所。藏识受熏持种，是故为能，净为法界，染是世间，染净皆真幻可相，是故为所。何以转依必以二也？体用异类故也，菩提是用、涅槃是体故也。②

---

① 欧阳渐：《维摩诘所说经叙》，《藏要》第2辑，上海书店出版社，2015年。
② 欧阳渐：《大乘密严经叙》，《藏要》第3辑，上海书店出版社，2015年。

从欧阳上面的两段论述,可以见出:(一)这里欧阳所阐释佛学思想体系的总纲,以转依学思想格局作为佛理的基本框架,这和欧阳在《瑜伽真实品叙》《唯识抉择谈》等著作中,以"五法三性"法相学思想格局作为理论框架的佛理阐释,有着明显的不同。"五法三性"法相学思想体系,在传统佛教境、行、果三分的理论组织体系中,相当于"境论",这即是佛家的存有论;至于转依学思想在佛家的理论组织体系中,则相当于佛家的"行论",即实践论①。欧阳在转依学的框架中来阐述他对佛法的定论学说,反映了他晚年佛学思想重视"行"的特点。(二)转依的"依",即是依据、标准之意。佛家转依学讲二重转变的依据。其中,判断有情认识是迷是悟是否如理,其依据是事物的真相实性——真如;有情生命的一切活动总是或染或净的,其根本的摄持依据则是深度心识——藏识。转染而净则得涅槃,转迷为悟则得菩提。涅槃和菩提二者是生命净化及认识转变的最后结果,因此,转依学的佛家"行论",必然联系着佛家生命归趣的"果论"。欧阳在转依学的框架中阐释其对佛法的定论学说,又反映了他晚年佛学思想重视"果"的特点。

总的说来,欧阳中年时期的佛学思想,由于主要的目的在于抉择真实佛教和"相似"佛教,所以在法相学的"境论"基础上来阐发他所理想的真实佛理、真实佛义,特重佛家简别法相存有属性的学说;欧阳晚年以后的佛学定论,虽然同样重视分辨佛理的真伪,但是主要的旨趣更在于融通一切佛教思想体系,把全部佛说组织为一个完整的思想体系,所以在"行论"和"果论"的基础上来构建其佛理体系,相应地也就特别重视佛家在"实践"及"归趣"方面的思想。

四 "存真求是"之精神

对欧阳佛教思想体系的评价,学术界见仁见智,褒贬不一。下面所列举的,是几种有代表性的评价:

一是著名史学家陈寅恪先生,1933 年在关于冯友兰著《中国哲学史》下册的

---

① 田光烈先生说:"'转依'之学,是玄奘在实践问题上发挥心理解放中对立斗争的过程以及由量变到质变的过程的中心环节。""'转依'就是心理解放。'转依'这一范畴非常重要,是以玄奘为首的瑜伽学者特别标举出来的一种实践目的,即由量变到质变的心理解放(心解脱)的范畴。"参见田光烈:《玄奘哲学研究》,学林出版社,1986 年,第 80、82 页。

《审查报告》中，针对欧阳等所代表的现代唯识复兴思潮，写了以下批评意见："释迦之教义，无父无君，与吾国传统之学说、存在之制度，无一不相冲突。输入之后，若久不变易，则决难保持。是以佛教学说，能于吾国思想史上，发生重大久远之影响者，皆经国人吸收改造之过程，其忠实输入不改本来面目者，若玄奘唯识之学，虽震动一时之人心，而卒归于消沉歇绝。近虽有人焉，欲燃其死灰，疑终不能复振，其故匪他，以性质与环境互相方圆凿枘，势不得不然也。"[①]陈寅恪先生这里的批评，是站在民族文化本位立场上，来考量佛教思想在中国社会环境中发展及变迁的规律。所以，他认为唐代玄奘的"唯识之学"及现时代复兴此学，因为"性质与环境互相方圆凿枘"，故其学说思想的命运，"虽震动一时之人心，而卒归于消沉歇绝"。

二是欧阳20年代著名学生之一的熊十力先生，他对欧阳的佛教思想曾写有如下的评价意见："竟师之学，所得是法相唯识。其后谈《般若》与《涅槃》，时亦张孔，只是一种趋向耳，骨子里恐未甚越过有宗见地，如基师之《心经幽赞》然，岂尽契空宗了义耶？竟师愿力甚大，惜其原本有宗，从闻熏入手。有宗本主多闻熏习也。从闻熏而入者，虽发大心，而不如反在自心恻隐一机扩充去，无资外铄也。竟师一生鄙宋明儒，实则宋明诸师所谓学要鞭辟近里切着己，正竟师所用得着也。竟师亦间谈禅家公案，而似未去发见自家宝藏。禅家机峰神俊，多玄词妙语，人所爱好。恐竟师谈禅，不必真得力于禅也。竟师气魄甚伟，若心地更加拓开，真亘古罕有之奇杰也，不至以经师终也。"[②]熊氏这一评价，写在欧阳刚刚逝世之后。熊氏认为，乃师欧阳是传承法相唯识学一宗之义的"经师"。欧阳的学问所得是法相唯识学，他后来虽谈《般若》《涅槃》，会通孔学，且喜谈禅宗等等，可是"骨子"里面或思想的实质层面，并没有超出过法相唯识学的见地。十力虽曾从欧阳学习过二年佛学，但他最终由佛归儒，以儒摄佛，乃至以儒排佛，这与其师欧阳的由儒归佛及以佛摄儒，可谓是走了一条完全相反的治学道路。所以，熊氏对欧阳的这一评价，基本上是站在传统儒学的立场及视角，对欧阳佛教思想及佛教事业的认断。[③]

---

① 陈寅恪：《陈寅恪史学论文选集》，上海古籍出版社，1992年，第511页。

② 熊十力：《与梁漱溟论宜黄大师》，载中国哲学编辑部编：《中国哲学》第十一辑《吕澂、熊十力辨佛学根本问题》，人民出版社，1984年，第179—180页。

③ 熊氏对欧阳的这种认断，尚掺杂有感情的因素。关于此点，江灿腾先生已有十分精彩的分析。参考江灿腾：《中国近现代佛教思想的诤辩与发展》，台北南天书局，1998年，第553—606页。

三是欧阳佛教思想及其佛教振兴事业的继承人吕澂先生对乃师的评价："民国二十六年夏，集门人讲晚年定论，提无余涅槃三德相应之义，融《瑜伽》《中观》于一境，且以摄《学》《庸》格物诚明。佛学究竟洞然，而孔家真面目亦毕见矣。以顿境渐行之论，五科次第，立院学大纲。自谓由文字、历史求节节近真，不史不实，不真不至，文字般若千余年所不通者，自是乃毕通之。师之佛学，由杨老居士出，《楞严》《起信》伪说流毒千年，老居士料简未纯，至师始毅然屏绝，蓑稗务去，真实乃存，诚所以竟老居士之志也。"[①]吕澂在《复熊十力书二》中说："弟依止吾师，卅载经营，自觉最可珍贵者，即在葆育一点存真求是之精神。"[②]吕澂先生依止欧阳垂三十年，学问、思想及人品诸方面，皆深得欧阳的陶冶和影响。他是欧阳门下资质最好的学生之一，也是欧阳兴办内学院佛教事业最得力的助手，故吕澂先生对欧阳的了解和评价，较为准确和全面地构划了欧阳佛学思想的规模及深度；他以"存真求是之精神"，来概括欧阳佛学思想的特质，准确地把握了欧阳追求佛法真义的佛理思考倾向。

以上诸人对欧阳的评价，尽管视角不同，深浅各异，毁誉悬殊，但是却有一个共同的特点，即各家在论断一种佛教思想体系的性质及评价一种佛教思想体系的作用之前，鲜有能对中国佛教思想创造的特殊性质及内在结构，先行作出理性的认知及客观的考量的。在我们看来，只有对中国佛教思想创造的这种特殊性质及内在结构有了前提性的确认之后，才能恰当地判定，在此种"内在结构"制约之下，一定时代及一定环境中一种具体佛学思想的性质和特征。

如前所论，欧阳佛教思想中的主要关怀，乃是存真去伪的问题，或葆存佛教的真实精神之问题，这样的思考方向可称为一种"佛教化"或佛教本位的思考方向。而欧阳由这种思考方向最后所得到的结论，乃是简别体用这一佛法形上思想之理念，这一理念的体验和呈现，同时即是对以《大乘起信论》为主脑的中国佛教及中国思想形上学思维传统的突破及超克，故其"佛教化"的思想趋向是毫无疑问的。

不过，欧阳的佛教思想创造活动同时亦隐含"中国化"的思想痕迹。这一方面最明显的标记，就是欧阳在晚年论学中对《涅槃经》及所谓"涅槃学"的高度重

① 吕澂：《亲教师欧阳先生事略》，《中国学报（重庆）》第1卷第3期（1944年）。

② 吕澂：《复熊十力书二》，载中国哲学编辑部编：《中国哲学》第十一辑《吕澂、熊十力辨佛学根本问题》，人民出版社，1984年，第72页。

视。熟悉中国佛教判教史的学者不难理解,这种对《涅槃经》及所谓"涅槃学"的重视,其实是渊源于中国佛教一个历史悠久的判教传统的。此外,欧阳一生的整体思想格局由法相学的格局最后转换为转依学的格局,这种对实践旨趣的关切,也可以看成是渊源于中国佛教及中国思想重行主义的传统。

第三节
欧阳渐的法相、唯识分宗之说

法相、唯识分宗之说，是欧阳竟无先生在《瑜伽》学系研究阶段提出的一个著名的学术观点，也是欧阳在法相唯识学的学术研究及佛教唯识学的学理思考中提出的一个独创性的学术思想。同时，欧阳这一学术思想观点，在20世纪中国唯识学复兴思潮当中有着广泛而深刻的影响，倍受当时及其后佛教界、思想界的关注与重视。

欧阳自民国五年（1916）至民国十年（1921）间撰写《法相诸论叙》及《瑜伽师地论叙》[1]时，反复阐明了他的这一观点。随着金陵刻经处所刻有关唯识论籍的流通，以及欧阳为这些论籍撰写的各种提要的传播，欧阳阐述的这一观点在佛教界及学术界引起了巨大的反响及反弹。一方面，由于法相、唯识分为二宗的观念，同中国佛教自唐代以后形成的关于唯识宗的观念——或称法相宗、法相唯识宗、相宗或慈恩宗等——十分不符和抵触，因此，欧阳此说引起“闻者骇怪”的激烈反应。太虚法师对此说一再展开驳议，就是此种反应的一个显著表现。另一方面，欧阳这一分宗学说，是他自民国元年（1912）之后，数年精研《瑜伽》一系经论的成果。由于此一成果证成的理据十分翔实，内容本身又十分具有突破性，所以得到了沈曾植、章太炎等学界泰斗的赞赏和支持。沈氏是最先鼓励欧阳发表此一成果的第一人。章太炎初闻欧阳此说时，甚感“惊怪”，但“审思”之后，即盛誉斯说，认为欧阳的见解，足以“独步千祀”了。[2]

就欧阳自身而言，首先，法相、唯识分宗的观念，最早创自民国五年（1916）前后，一直到欧阳晚年酝酿、撰结《释教篇》（1941年）时，分宗说仍是他组织佛学四科中“《瑜伽》文字科”或“无著无上学”的根本构架。因此可以说，法相、唯识分宗之说，并非欧阳学术思想进程中的一个阶段性的观点，分宗说在欧阳晚年思想体系中继续保留，说明了欧阳对此说的高度重视。其次，法相、唯识分宗的观念，虽

---

① 《法相诸论叙》中，《百法五蕴论叙》作于民国五年中秋，《世亲〈摄论〉释叙》作于民国五年秋九月，《佛地经论叙》作于民国六年中春，《成实论叙》作于民国六年中冬，《〈杂集论〉述记叙》作于民国八年（1919）中春，《瑜伽真实品叙》作于民国十年中秋。《瑜伽师地论叙》构思和写作多年，最终完成于民国六年（1917）中秋。

② 参吕澂《亲教师欧阳先生事略》和章太炎《〈支那内学院缘起〉书后》。

然是欧阳针对唯识思想发展的历史所提出，但是它却不仅仅是一个学术史的观点。欧阳此阶段的佛学研究，是他继研究《起信》《楞严》佛学系统，以及泛治中土所传佛学诸宗之后，来专题性地治学《瑜伽》系统，因此他本阶段的研究，必定带有试图理解佛学思想真实面目的动机。此外，欧阳治《瑜伽》学系时，纯依印度传承的“六经十一论”之典籍，以及玄奘一系解释法相唯识典籍的著述，而绝不依从《相宗八要》《〈成唯识论〉观心法要》等作为津梁[①]，欧阳的这种选择，证明他的研究《瑜伽》亦必含有突破明清时期佛学传统的障蔽，而直接认识《瑜伽》学系真实面目的动机。这种反对既有的佛学思想传统——唐以后逐渐形成的对“唯识宗”的认知传统，《起信》《楞严》主导的佛学思考传统——试图重新理解佛学思想的本来面目，及《瑜伽》学系本来面目的研究动机，决定了欧阳本阶段的佛学研究，必然同时也是其佛学思想的一个创造阶段。在此种背景下，欧阳提出的分宗之说，就不仅要从佛教学术研究的角度加以理解，而且要从佛学思想创造的角度加以考量。

一 法相、唯识分宗说的提出

如果以民国六年(1917)中秋《瑜伽师地论叙》的完成，作为法相、唯识分宗之说正式确立的标志，则《瑜伽叙》完成前的二三年，应是欧阳分宗说的酝酿和逐渐形成的阶段。民国五至六年之间，分宗说初步成熟，欧阳在《百法五蕴论叙》《世亲〈摄论释〉叙》，以及《佛地经论叙》三篇法相论籍的提要中，初步提出了法相、唯识应当区别为二宗的观点。

民国五年(1916)，欧阳在金陵刻经处研究、整理《百法明门论》及《大乘五蕴论》，他以窥基的《百法明门论解》二卷、大乘光的《百法明门论疏》二卷作为研究资料，整理《百法明门论》；复以安慧的《大乘五蕴论广论》作为资料，整理《大乘五蕴论》。最后将《百法论》《五蕴论》以及基《注》、光《疏》、安慧《广论》等，合成一册，由刻经处刊印，作为读者了解法相唯识一系思想最基本的入门读物。整理甫毕，欧阳作《百法五蕴论叙》，叙中首次提出，相宗(法相唯识宗)“一本十支”之论，

① 欧阳渐：《瑜伽师地论叙》绪言第六，载王雷泉编选：《欧阳渐文选：悲愤而后有学》，上海远东出版社，1996 年。

实际包含了法相、唯识二宗学说：

> 约缘起理建立唯识宗，以根本摄后得[1]，以唯有识为观行，以四寻思[2]为入道。约缘生理建立法相宗，以后得摄根本，以如幻有诠教相，以六善巧为入道。《瑜伽》十七地摄二门尽，建立以为一本。抉择于《摄论》，根据于《分别瑜伽》，张大于《二十唯识》《三十唯识》，而胚胎于《百法明门》，是为唯识宗，建立以为五支。抉择于《集论》，根据于《辨中边》，张大于《杂集》(《杂集》者，糅《集论》为一论，不别立《集论》支也)，而亦胚胎于五蕴，是为法相宗，建立以为三支。无著授天亲《摄论》、师子觉《集论》，皆以瑜伽法门诠对法大义，是为古学。无著括《瑜伽》五分而别出己意以《显扬圣教》，则《显扬》者，一略本《瑜伽》也；括《本事菩萨地》而别出己意以《庄严大乘》，则《庄严》者，又一《地持善戒》也，是为今学，建立以为二支。一本十支，摄相宗尽，而要以《百法》《五蕴》为端。[3]

《百法五蕴论叙》全文不足 400 字，但却清楚地阐明了法相、唯识分宗思想的要点：(一) 欧阳分别从教理、属智、胜用及入道方便四个方面，阐明了法相、唯识的宗义差别；(二) 欧阳根据二宗的宗义差别，对“一本十支”论的宗义归属，做出了抉择。

此后数年中，欧阳于阐述唯识思想的经论方面，颇为着重《摄大乘论》的研究。民国五年九月，欧阳整理《摄论》的世亲疏释，事成后作《世亲〈摄论〉释叙》，叙中集中探讨了《集论》与《摄大乘论》的宗趣差异：

> 无著括《瑜伽师地论》法门，诠《阿毗达摩经》宗要，开法相、唯识二大宗，曰《集论》《摄论》。《集论》括诠经论全体，《摄论》则抉择而括诠之，括《瑜伽

① 后得智，“后得即是能成立智，此不应说唯是世间，由于世间未积习故；亦不应说唯出世间，由随世间而现前故。由是因缘，不可定说”。见世亲：《摄大乘论释》卷六，金陵刻经处本，第 14 页。

② 四寻思，“云何名为四种寻思？一者名寻思，二者事寻思，三者自性假立寻思，四者差别假立寻思。名寻思者，谓诸菩萨，于名唯见名，是名名寻思；事寻思者，谓诸菩萨，于事唯见事，是名事寻思；自性假立寻思者，谓诸菩萨，于自性假立，唯见自性假立，是名自性假立寻思；差别假立寻思者，谓诸菩萨，于差别假立，唯见差别假立，是名差别假立寻思”。见欧阳渐：《瑜珈师地论》卷三十六，金陵刻经处本，第 22 页。

③ 欧阳渐：《法相诸论叙合刊·百法五蕴论叙》，金陵刻经处本，1916 年。

本地分》中《菩萨地》之诸功德故，此境、行、果三事，彼《深密经》七义故，诠《阿毗达摩经》中《摄大乘》一品故。

《集论》宗法相，则以蕴、处、界三科，等叙一切法故，识虽尊特，与色、受、想、行并开蕴故；《摄论》宗唯识，则以一切法唯有识以立言，所谓一切显现虚妄分别，唯识为性故，摄三性以归一识故。然《十地经》说"三界唯心"，是则"唯"言为"独"，于圣教海中有所抉择而示尊崇，则不在《集》而在《摄论》。

复次，《集论》宗法相，导小以归大，五姓齐被，三根普摄；《摄论》宗唯识，诠大而简小，姓唯被二，乘亦摄一。然《深密经》说："一切声闻、独觉，皆共此一妙清净道，皆同此一究竟清净，更无第二。"《法华经》说："惟有一乘法，无二亦无三。"《大论》《释论》说二乘及无性，亦依大教，各于自乘断种、伏缠、修善、离趣。是则种虽有五，教唯是一。于圣教海中教机相应，独加持大而说法要，则不在《集论》而在《摄论》。

复次，《集论》谈中道，依世出世后得智六善巧；《摄论》谈中道，依出世智说无所得，无所得者，正智缘如，离能所限，无彼戏论，非无相见，是名中道。然《十地经》说不动地无相无功用，《佛地经》说证入如来清净法海，无别所依，智无差别，智无限量，智无增减，是则依出世智而得转依，于圣教海中由加行以入十地而证佛地，则不在《集论》，而在《摄论》。①

欧阳比较了《集论》与《摄论》的四项差别：（一）从二论涉及的内容来看，《集论》"括诠经论全体"，以大小乘经论涉及的一切内容及主题，作为诠解的对象；《摄论》则"抉择而括诠之"，仅以经论中涉及的菩萨乘的境、行、果等事作为诠解的对象。（二）从二论对五蕴的建立来看，《集论》以色、受、想、行、识五蕴，平等罗列并概括一切存有样式，对于五蕴中的识蕴并无特别的偏重；《摄论》则以识蕴统摄一切法、一切性，于五蕴中特别尊崇识蕴。（三）从二论被摄的乘姓来看，《集论》导小归大，普适于"声闻""缘觉""菩萨""不定"以及"阐提"等五种种姓的有情及三乘佛教的修学者；《摄论》破小入大，只适宜于"菩萨""不定"这二种种姓的有情，及大乘佛教的修学者。（四）从二论所谈的中道来看，《集论》依据菩萨证空后的后得智，说六善巧即是中道；《摄论》依据菩萨证空时的根本智，说无所得才

① 欧阳渐：《法相诸论叙合刊·世亲〈摄论〉释叙》，金陵刻经处本，1916年。

是中道。《集论》《摄论》虽然同是无著所著的两部大论，但二论的宗趣的确有着显著的不同。无著以《集论》授于师子觉，以《摄论》授于世亲，故二论的传承亦复不同。欧阳以四义显示二论的差异，同时即等于根据二论宗趣的差异，证成了法相、唯识分宗的主张。

唐代窥基的唯识"十一论"之说，以及欧阳的唯识"十一论"之说，都没有把亲光解释《佛地经》的《佛地经论》归入其中。但欧阳于民国六年(1917)整理该论时，也是从法相、唯识分宗的角度出发，来抉择《佛地经》及《佛地经论》的宗旨："此经二宗，何所系耶？曰：清净法界无二障识之所显故，与智相庆假名为智，唯是识故；三十二相、八十随好、十力、四无所畏、十八不共佛法，种种差别法相所摄，此不详故。是为此经宗趣。"[①]与一般阐述唯识思想的论典不同，《佛地经》及《佛地经论》是专门研究佛地的功德法，或佛地法相的存有性。《佛地经论叙》一文，后来也被收入《法相诸论叙》一书中，说明欧阳是把这部传统的唯识思想论典也看作属于法相宗趣的论籍。

欧阳以法相、唯识分宗的理论，施于《佛地经论》这类阐述佛地法相的经论之整理工作，说明在他心目中，此种将传统唯识思想分解为法相及唯识二个思想系统的理论，对于解释或整理传统的唯识思想典籍，具有较高的有效性。

民国六年中秋，欧阳概括《瑜伽师地论》主题思想的提要之作《瑜伽师地论叙》圆满完成。欧阳在叙中以"十要"概括《瑜伽》深义，"十要"之中，第一是唯识义，第二是法相义，然而欧阳在解释传统唯识思想"十支"论的义理宗趣，以及探讨传统唯识思想"十系"学说的源流时，无不贯彻法相、唯识分宗的观念。因此，"十要"中的唯识、法相二义，实际上是欧阳概括《瑜伽》学系思想系统及学说源流的纲领。以下即根据《瑜伽师地论叙》的相关阐述，对法相、唯识分宗观念的理论要点略作整理。

(一) 法相、唯识二宗的定义

欧阳首先在《瑜伽叙》"十要"部分，提出了法相、唯识二宗的定义：

> 唯识义者：众生执我，蕴、处、界三方便解救，遂执法实心外有境；救以二空，又复恶取。是故唯言遣心外有境，识言遣破有执之空而存破空执之有，

---

① 欧阳渐：《佛地经论叙》。

具此二义，立唯识宗。以有为空若无，以空为有亦去，证真观位，非有非空。若执实有诸识可唯，亦是所执，长夜沦迷。然此宗义虽对治二，而心外有境趋重偏多，一切山河相分现影他心神变，并是疏缘；以心观心入无分别，乃是亲缘。诸修唯识观人，应知有漏诸相，皆依三性之所，悉转八识之能；又复应知多闻熏习无漏种生，寻思意言得如实智；历次五位无功用行；而后金刚道尽，异熟皆空，唯识之果于斯遂证。然此无分别义，后得并行，非唯根本，但任运缘说无分别。如是诸义，《五识》《意地》及诸《抉择》，应善披寻。是为略说唯识义。①

法相义者：世尊于第三时，说显了相无上无容，则②有遍计施设性、依他分别性、圆成真实性；复有五法：相、名、分别、正智、如如。论师据此，立非有非空中道义教，名法相宗。遍计空而非是有，依圆是有而非是空。依他摄四：相、名、分别及与正智，圆成摄一，所缘真如。是则诠表一切，皆属依他，许有杂乱识，遂有如是事。所谓六善巧事、三杂染事、三界事、五位事、十度事、十地事、三十七菩提分事、二十七贤圣事、十八不共佛法事，诸如是事无量无边。然复应知，诸如是事有而不真，惟是虚妄，犹如幻、梦、光影、谷响；又复应知，诸如是事虽是虚妄，然有相在而非是无。若能如是观诸实相，能所二取、增损二见，自然消殒，于彼不转。是故法尔尘刹法尔寂静，法尔功德法尔涅槃。是故诸修法相观人，莫不于法方便善巧。是故善巧义是般若义。如是诸义，《菩萨地》及诸抉择庆善披寻。是为略说法相宗义。③

欧阳上面对二宗的定义，分别侧重于二宗的立宗因缘及其相应的观行之法。就唯识宗而言，唯识宗的立宗，主要起于对治的意图。凡夫及小乘执著心外有实境的存在，初期大乘学人执着于一切皆空，为了对治以上二种错误，所以论师建立唯识一宗："唯"义简别心外独存之境，心外无境；"识"义简别遮破有境的空执，而许内识的存在。具备以上二种对治之义，所以建立唯识宗。就唯识宗的观行方法来说，由于无始以来人们分别执着能所二取，外境与内心对峙、对立，所以唯识观的要义，就是要转变识心对境的觉知方式，由分别执着的"疏缘"(心与境的分

① 欧阳渐：《瑜伽师地论叙》十要第二，载王雷泉编选：《欧阳渐文选：悲愤而后有学》，上海远东出版社，1996年。
②《抉择》，金陵刻经处本、上海佛学书局本，均作"择"；台北新文丰出版社所出之欧阳《遗集》，作"别"。
③ 欧阳渐：《瑜伽师地论叙》十要第二，载王雷泉编选：《欧阳渐文选：悲愤而后有学》，上海远东出版社，1996年。

离、对立)转变为无分别的"亲缘"(以心观心),从而体认境由心变之义。

就法相宗而言,诚然一切宗学的兴起,都不无对治的因缘,但法相宗根据第三时教法的内容而成立,故其立宗的意图更侧重立教之意。第三时教法说显了法相,其内容以五法三自性作为总纲,故法相宗虽然普遍施设一切法相,但在思想的系统性方面,则以五法三自性作为法相的纲领。就法相宗的修观来说,凡是名言所诠表的内容,都属于法相中的依他起相。此相非如遍计执相之无,虽虚妄而显现;也非如圆成实相之有,虽显现而不真实,此种依他起相的性质,即是法相的实相。观照到法相这种"非有非无""非空非非空"的实相,就叫作"中道",就叫作"善巧"。

总之,侧重于对治错误的思想见解,以观境唯心作为观行要义的,是唯识宗。侧重于施设法相建立教法,以善巧于法相的性质,作为修观要义的,则是法相宗。

(二) 法相、唯识二宗的宗义差别

在《瑜伽师地论叙》中,欧阳列举了法相、唯识二宗的十义差别:

(1) 对治外、小心外有境义,建立唯识义;对治初大恶取空义,建立法相义。

(2) 若欲造大乘法释,应由三相而造:一、由说缘起,二、由说从缘所生法相,三、由说语义。是故由缘起义,建立唯识义;由缘生义,建立法相义。

(3) 观行瑜伽归无所得,境事瑜伽广论性相。是故约观心门,建立唯识义;约教相门,建立法相义。

(4) 八识能变,三性所变,是故能变义是唯识义,所变义是法相义。

(5) 有为、无为一切诸法约归一识,所谓识自性故,识所缘故,识助伴故,识分位故,识清净故;又复以一识心开为万法,所谓五蕴、十二处、十八界、二十二根、四谛等。是故约义是唯识义,开义是法相义。

(6) 精察唯识,才一识生,而自性、所依、所缘、助伴、作业,五相因果交相系属,才一识生,四识互发;又复精察法相,虽万法生,而各称其位,法尔如幻,就被如幻,任运善巧宛若为一。是故开义是唯识义,约义是法相义。

(7) 了别义是唯识义,如如义是法相义;

(8) 理义是唯识义,事义是法相义;

(9) 流转真如、实相真如、唯识真如义是唯识义,安立真如、邪行真如、清净真如、正行真如①义是法相义；

(10) 古《阿毗达摩》言境，多标三法②；今论言境，独标《五识身地》《意地》。是故今义是唯识义，古义是法相义。③

民国十年(1921)中秋，欧阳完成《瑜伽真实品叙》，叙中又补充法相、唯识二宗的六义差别：

(11) 譬如被机，唯识被二：不定及大；法相齐被，二乘、无姓。

(12) 譬如正智，唯识虽净，唯是相应，而非即智；法相家言：依他有二，一妄分别，是心、心所；一即正智。

(13) 譬如论议，唯识有五不判，法相即无不谈。

(14) 譬如三世，唯识谈种，即一现在托过未种，变似三时而实一现；法相谈相，果相所对便谈过去，因相所对便说未来，三法展转而实现在。

(15) 譬如六根，唯识缕分，最后判言：若入果位，六根互用；法相家言：法相不可乱，非耳能视，非目能听，种与种相网，执破者无畛限，目挟耳种而现行而实耳闻，耳挟目种而发现而实目见。

(16) 譬如涅槃，唯识无住，但对《般若》自性涅槃，而俱简小；法相普被，有余、无余以为其果，《瑜伽》地中，即以标目。④

以上十六义差别，已经包含了欧阳在《百法五蕴论》及《世亲〈摄论〉释叙》中所列举的两宗思想的差别之点。故此十六义，应该说较为完整地概括了欧阳对二宗宗义差别的认识。

(三) 相宗"六经十一论"的宗义归属

相宗"六经十一论"的归属问题，意即按照法相、唯识分宗的观点来考量，"六经十一论"的相宗典籍，在宗义上的学理指向究竟为何？这个问题包括两个方

---

① "一、流转真如，谓一切行无世来流转实性；二、实相真如，谓一切法二空无我所显实性；三、唯识真如，谓一切法唯识实性；四、安立真如，谓有漏法苦谛实性；五、邪行真如，谓业烦恼集谛实性；六、清净真如，谓善无为灭谛实性；七、正行真如，谓诸有为无漏善法道谛实性。"见《佛地经论》卷七，金陵刻经处本，第2页。

② 三法，指蕴、处、界三聚法。

③ 欧阳渐：《瑜伽师地论叙》十要第二，载王雷泉编选：《欧阳渐文选：悲愤而后有学》，上海远东出版社，1996年。

④ 欧阳渐：《瑜伽真实品叙》。

面，即“六经”的归属问题，及“十一论”的归属问题。

先谈“十一论”的归属问题。“十一论”中的“本论”是《瑜伽师地论》。欧阳在《瑜伽叙》中，以《五识身相应地》《意地》以及二地相关的《抉择分》，摄属唯识义；以《菩萨地》及相关的《抉择分》，摄属法相义。在《〈成唯识论〉八段十义讲要》中，欧阳说：“本地分，本谓本有，谚所谓本地风光，性、相、位三，从自心建立有故；地谓十七地，以境、行、果三所摄故。境谓六善巧，行谓三乘别行、五乘通行，果谓有余、无余二涅槃故。抉择分，于十七地中决别简择故，于三科中抉择八识，于三乘中抉择菩萨，于四果中抉择无住，于诸经中抉择《深密》《宝积》，是唯被大。”[①]所以，欧阳认为，《瑜伽》的《本地分》多谈法相义，《抉择分》多谈唯识义。

“十支”论中，第一支《百法明门论》，择录《本地分》中名数，以“自性”（八识）、“相应”（心所）、“所缘”（色法）、“分位”（色、心不相应行）以及“清净”（无为法）这五类存有样式，作为百法的总纲。论中认为以上五类存有样式都不离心识而存在，所以属唯识边论。

第二支《大乘五蕴论》，略摄《本地分》中境事，以无我唯法为宗，五蕴以蕴摄识，识亦是蕴，详说五蕴法相，属法相边论。

第三支《摄大乘论》，此论概括《瑜伽》《深密》法门，诠解《阿毗达摩》中《摄大乘》一品的宗要，以简别小乘引入大乘作为宗旨。此论独标大乘“十殊胜殊胜语”，建立第八阿赖耶识，把三性摄入唯识之中，故属唯识边论。[②]

第四支《杂集论》，此论“括《瑜伽师地论》一切法门，集《阿毗达摩经》所有宗要，以蕴、处、界三科为宗”，此论统摄“古今之异轨，小大之通途，经论之杂糅，群圣之荟萃，义广而赅备，文约而整齐”，属法相边论。

第五支《分别瑜伽论》，此论未有汉译，但是，“无分别一心为止，有分别多心为观，《深密经》中《分别瑜伽品》说止观义，《摄论》第六教授二颂引论所说，皆止观事”，因此，欧阳根据《深密》的《分别瑜伽品》，及《摄论》所引有关止观内容的二颂，判定《分别瑜伽论》以止观义作为宗义，当属唯识边论。

---

① 欧阳渐：《〈成唯识论〉八段十义讲要》。

② 欧阳在十支之中，最为重视《摄论》，如他说：“十支之中，《摄论》最胜。《百法》《五蕴》，略不及详故；《杂集》法相，博不及要故；《分别瑜伽》但释止观，六度三学此独详故；《辩中边论》明中道义，对恶取空，此明十地正诠所修故；二种《唯识》立破推广，提挈纲领此最宜故；《庄严》诠大，意在庄严，此论诠大，意独在入故；《显扬》诠教，意重闻思，此诠入地，意重修慧故。是为最胜，应此钻研。”见欧阳渐：《瑜伽叙》十支第四。

第六支《辩中边论》，以七品诠表法相，简恶取空，显示"非有非空"的中道之义，以境、行、果这种教理组织概括法相思想的一切内容，故属法相边论。

第七支《二十唯识论》，以成立唯识无境的理论，作为宗旨，属唯识边论。

第八支《成唯识论》，包括世亲的《唯识三十颂》，及护法等十大论师解释《三十颂》的《成唯识论》，此支"广诠《瑜伽》境体，而以识外无别实有为宗"，先诠唯识相，次诠唯识性，再诠唯识位，三分成立唯识，故名《成唯识论》，属唯识边论。

第九支《大乘庄严经论》，"括《瑜伽》菩萨一地法门，而以庄严大乘为宗"，属唯识边论。

第十支《显扬圣教论》，"错综《瑜伽》地要，而以显教为宗"，属唯识边论。①

次谈"六经"的归属问题。欧阳的分宗之说，在经典上主要的根据出自《楞伽经》，所以《瑜伽叙》重点探讨了《楞伽》的宗趣问题。欧阳说：

> 诸佛等流，依于言说，此土创教，是释迦文，三藏十二部结集赅全。然《解深密》说：佛一时中惟为声闻，以四谛相转正法轮；于二时中惟为大乘，依一切法无有自性，以隐密相转正法轮；于三时中普为诸乘，依一切法无自性性，以显了相转正法轮。第三时教一雨普被，乘则有三，教唯是一。是故今所禀承、抉择最后、所遵经典不滥他时，三时经中，其唯识六经同《瑜伽》外，《庄严》诠德，《密严》诠识，唯独《楞伽》所说具备。八识二无我，已树唯识之帜；五法三自性，业开法相之门。②

在《〈成唯识论〉八段十义讲要》中，欧阳说："本讲以唯识、法相应分二宗，实本此经。"③所以，在欧阳看来，《楞伽经》中的"五法三自性，八识二无我"之说，分别成了日后论师们建立法相、唯识二宗的思想渊源。《〈成唯识论〉八段十义讲要》中，对相宗"六经"中其余五经的宗趣，也有明白的解说：

《华严经》，此经谈三界唯心、入地行果，属唯识义；

《阿毗达摩经》，此经谈蕴、处、界三科法，三科平等开立，属法相义；

《密严经》，谈阿赖耶识，境、行、果赅备，然教法摄属范围不及小乘和外道，所

---

① 欧阳渐：《〈成唯识论〉八段十义讲要》。

② 欧阳渐：《瑜伽师地论叙》十系第五，载王雷泉编选：《欧阳渐文选：悲愤而后有学》，上海远东出版社，1996年。

③ 欧阳渐：《〈成唯识论〉八段十义讲要》。

以也是唯识边义。

《解深密经》，既谈唯识义（《心意识相品》），也谈法相义（《三自性相品》），境行果赅备，然教法摄属范围，也不及小乘和外道，故属唯识义。

《菩萨藏藏》，此经是学习法相、唯识的入门典籍，抉择大义赅备，然也不摄小乘和外道，所以属唯识义。

二 法相大道有径有门说

从以上“六经十一论”的宗趣摄属可以看出，“十一论”之中，《瑜伽》这一“本论”包含法相、唯识两个思想系统，其余十部“支论”之中，则仅有《五蕴论》、《杂集论》（含《集论》）、《辩中边论》三支，属于法相思想的系统。至于“六经”之中，《楞伽经》平等开列法相、唯识两个系统；独属唯识系统的，有《华严经》《密严经》《解深密经》《菩萨藏经》等四经；只有《阿毗达摩》一经，属于法相思想的系统。而这部属于法相思想的唯一一部经藏，却竟然又无汉译，由此，可以看出中土传承的传统法相唯识思想，即有厚于唯识而薄于法相的倾向。

本来，按照欧阳个人法相、唯识分宗的说法，法相是古义，唯识是今义。唯识思想系统既然是在法相思想发展到一定阶段而勃兴的学说，它自然已经把古代法相系统的思想资源，涵摄在自己的体系之中了。这从欧阳判为“唯识边义”的一些经论之内容，即可以看出。例如，《解深密经》和《摄大乘论》这两部经典，照欧阳的判摄，都属于“唯识边论”，可是这两部经典中都既包括了唯识思想的内涵，也包括了法相思想的内涵。后起的学说容纳并代替先前的学说，这是学说思想发展的自然趋势；中国译传的《瑜伽》一系，厚于在后的唯识，而薄于在先的法相，也就是一种自然的现象。

但是，法相思想和唯识思想的关系，却不仅仅是先后因果的继承关系。从理论的核心旨趣看，法相并非像唯识那样，侧重于研究缘起因果的本身，法相思想的兴趣，是要对缘起所产生的现象——缘生现象——之性质，进行分类和概括，法相思想可以说是佛家关于存有样式的学说。此外，法相思想体系是各个层次、各个宗派的佛教学者都需要进行研究的。不同的学派，由于自己的理论倾向或实践动机的差别，对于法相的研究和概括，可能会有所不同，但是各家都要接受并研究法相，此点并无疑义。

总之，按照欧阳的理解，法相思想和唯识思想的关系，可谓是双重的：一方面，法相和唯识的关系，是时间先后的关系；另一方面，法相和唯识的关系，是“共通之学”和“一家之学”的关系，是“普遍”和“特殊”的关系。从时间先后的关系而论，如果搞清楚了法相思想的“源”，就能更好地理解唯识思想发展的“流”，从而彻底了解传统唯识思想发展的来龙去脉以及真实面目；就“普遍”与“特殊”的关系而论，法相思想和唯识思想之间，就不是继承和被继承的关系，而是一般和个别的关系。中国的唯识学思想传统，障蔽了法相思想的存在，从而也就障蔽了法相思想那种在全体佛学中起贯通及规范作用的功能。

唐宋之后，法相学与唯识学并为一家，一般人皆以研究缘起因果的唯识思想，来认断这一思想体系。因此，欧阳的法相、唯识分宗之说，表面上是说传统的《瑜伽》学系，包含了法相与唯识两种思想体系，实际上则是要凭借这种方式，挖掘或恢复出法相思想的体系。可以说，恢复被唐宋佛教学者所遗忘的法相思想体系，乃是欧阳分宗说的直接的意图。

《〈成唯识论〉八段十义讲要》在谈到中土未译的法相宗经《阿毗达摩经》时，欧阳说：“此经未译，义本《集论》《瑜伽》，窥基言：无著集《阿毗达摩经》所有宗要，括《瑜伽师地》一切法门，而造《集论》。则知《集论》所说蕴、处、界平等义，即本《阿毗达摩经》。唯欲探广文义，须学梵文，再事翻译。”[①]欧阳在这里表达了要恢复理解法相思想全貌的强烈愿望，“探广”《阿毗达摩经》的“文义”，即是要试图掌握《阿毗达摩经》的真面目。这种愿望及动机，是欧阳在《瑜伽》学系研究中，推动他学术进展的一个内在的动力。欧阳本阶段对《杂集论》的研究，就充分反映了欧阳的意图。

欧阳治《杂集论》始于民国三年（1914），他以窥基的《杂集论述记》作为参考资料，治学此论。欧阳曾自述治学此论的经过：“心力羸劣，治半未彻，起予得吕澂渭，赓续而成之。黄华亦纠治两条。间关入陇，得蒯君寿枢资而梓之。始治于民国三年，终事于民国八年也。”[②]欧阳在《杂集论》和《述记》上面，花费了五年多的时间和精力；其间，还得到学生吕澂和黄忏华的协助。由此可见，欧阳对《杂集

① 欧阳渐：《〈成唯识论〉八段十义讲要》。
② 欧阳渐：《杂集论述记叙》。

论》的重视。至于治学《杂集》的动机是怎样的？欧阳则叙述如下：

> 经藏之为《般若》《华严》，律藏之为《瞿沙》《鼻奈耶》，论藏之为《解深密》《阿毗达摩》。此《阿毗达摩经》与《瞿沙》《鼻奈耶》未俱来，而三藏之论藏缺经。境之为《阿毗达摩》，行之为《华严》，果之为《如来出现功德庄严》，此《阿毗达摩经》与《如来出现功德庄严》未俱来，而三相之境相缺经。三学资经，戒定资律，慧资论藏，论缺其经，如瞽无相，狂慧焉往！依境起行，由行得果，境且无经，威力踔空，非凡足事。①

《阿毗达摩经》有"经中之论"的称号，因而在经、律、论三藏中，它属于论藏之经。《阿毗达摩经》的主题是施设法相，在境、行、果佛家三学中，它属于境论。佛家的智慧资于论藏，而论藏智慧的根据是论藏之经。佛家的行、果之学，以它的境学作为基础，境学的根源同样是阐释境相的《阿毗达摩经》。由此足见《阿毗达摩经》的重要性。然而，《阿毗达摩》虽然如此重要，但无论是玄奘法师的新译，还是玄奘法师之前的旧译，却均未传承此经。因此，唯一的办法，便是通过《杂集论》（包括《集论》），推测或恢复《阿毗达摩》的真相。欧阳说：

> 然则奈何？经虽未来，约略相貌可推导耶？圆测《深密疏》言："世尊《阿毗达摩大乘经》中，说十种殊胜，初二是境，次六是行，后二是果。"由是无著《摄大乘论》约三无等说十殊胜；慈氏菩萨《瑜伽》十七地亦辨三种，初九是境，次六是行，后二是果；《深密》亦约三无等以说三分。是则准《深密》《瑜加》《摄论》法门相貌，知《阿毗达摩经》一切法门相貌。
>
> 窥基言："无著集《阿毗达摩经》所有宗要，括《瑜伽师地论》一切法门而造《集论》，是则准《集论》宗要相貌，知《阿毗达摩经》一切宗要相貌。"法门标名，名所同故；宗要出体，体所别故。今之所知不在总同，而在别异。
>
> 读《记》以解《论》，读《论》以思《经》，法相径途，方斯在欤？②

① 欧阳渐：《杂集论述记叙》。
② 欧阳渐：《杂集论述记叙》。

根据《瑜伽》《深密》《摄论》境、行、果三分的法门，可以推知《阿毗达摩经》的法门相貌；根据《集论》及《杂集论》的宗要相貌，可以推测《阿毗达摩经》的宗要相貌。故而，欧阳治学《杂集论》的动机是：通过对窥基《杂集论述记》的研究，可以通达《杂集论》的思想体系、义理形式；通过研究《杂集论》的思想体系、义理形式，可以了知《阿毗达摩经》"法门"和"宗要"的"相貌"。所以，经过由《集论》《杂集论》，到《阿毗达摩经》的这种逆推式的研究，可以恢复《瑜伽师地论》形成之前，佛家法相思想内容及学说形式的真相，做到"法相大道有径有门"①。

三 法相之体即三自性说

欧阳一面极力透过与唯识思想的比勘，以及对后起的法相论典，诸如《集论》《杂集论》等作逆推式的研究，推测、构画法相思想系统的原貌；一面努力从法相的具体内容及形式中超脱出来，极力去掌握法相思想的本质。欧阳对《瑜伽真实品》的研究，可以反映他的后一意图。《瑜伽真实品》是百卷《瑜伽》中的一品。欧阳重视、研究此品的原因，如他以下的自述：

> 唯识阶梯《百法》，法相则有《五蕴》；唯识根抵《摄论》，法相则有《中边》；唯识张大《成唯识》，法相则有《杂集》。资粮探讨，固具备欤？然《楞伽》八识二无我，《百法》诠之，赅简圆明，如观掌中庵摩勒果；《楞伽》五法三自性，《五蕴》缺如，必如《百法》方便善巧馈饷有情，唯有《瑜伽》本地《抉择真实品》文庶乎其近。②

欧阳以《楞伽经》"五法三自性，八识二无我"作为法相、唯识二宗思想的经典渊源。法相唯识传统的"一本十支论"中，《百法明门论》和《大乘五蕴论》两论，篇幅简短，内容赅括，分别是两宗思想体系的概论之作，是学习、掌握两宗思想体系的入门读物（"阶梯"）。唯识思想的"阶梯"之作《百法明门论》，以八识统摄百法，以

① 欧阳渐：《杂集论述记叙》。
② 欧阳渐：《瑜伽真实品叙》。

"人无我"及"法无我"这二种无我，显示八识的真实性质("识性")，完整地反映或表现了唯识思想体系"八识二无我"的学说宗旨。可是，法相思想的"阶梯"之作《大乘五蕴论》，则未将对法相性质的阐述，归结到"五法三自性"的法相思想宗旨上来。

在欧阳看来，《五蕴论》的此种缺欠是一个极大的遗憾。他从《瑜伽师地论》中单独提出《瑜伽真实品》，就是因为在他看来，《真实品》颇能表现"五法三自性"的法相宗旨。欧阳在关于《瑜伽真实品》思想内容的提要中，提出了"法相之体即三自性"的主张：

> 法相之体即三自性，摄一切尽。五法之法，但说依、圆；相、名之相，唯依他起，有即斯诠，无即不谈。法相之法、法相之相，都无不通，都无不详，斯实大异。
>
> 实瓶、衣，实军、林、实象、马，实光影、水月、阳焰、谷响，此之非法，有质非法；龟之毛，兔之角，石女儿，空中华，沙中油，此之非法，无质非法。剋实而谈，无质、有质，无义事质，有名字质，辗转传来托而起相，是故非法之法亦称为法，亦名为相。
>
> 有相状相，有体相相，真如、实际、法界，殊胜无上，是体相相。非法之法、体相之相，都无不通，都无不详，斯实法相。
>
> 问：相有称相，相无亦相耶？答：是无相相。问：实事是相，施设亦相耶？答：是施设相。问：有形色、有依住、有攀缘、有取舍，当是其相，无而亦相耶？答：是无色相，是无住相，是无攀相，是无取舍相。问：可显现，可了别，可思议，可施为，可戏论，当是其相，不可而亦相耶？答：是不可显现相，不可了别相，不可思议相，不可施为相，不可戏论相。
>
> 遍计是无，无即说无；依他幻有，圆成真有，有即说有。是为法相真实。①

欧阳在这段话中强调法相思想体系中的"法"，要能统摄一切的法，或存有的一切样式；法相思想体系中的"相"，要能统摄一切的相，或存有的一切显现。"五法"中的法，只谈存在的法，未谈非存在的法，所以摄法不圆；"三自性"中所谈的法，

---

① 欧阳渐：《瑜伽真实品叙》。

既包含了“无质非法”——根本不存在的法，也包含了事物的存在实相——体相相，所以，“三自性”这一法相体系中所表现的法相思想的内容，可谓“都无不通，都无不详”。欧阳所谓“法相之体即三自性”的论点，意思即是说：法相思想的根本即是三自性学说。这是欧阳所理解的法相思想系统的本质。欧阳通过分宗说抉择出来的法相学说，不是一般意义上的法相之说，而是以三性学说作为纲领的法相思想系统。

以三性学说作为法相思想的纲领，是起源于《阿毗达摩经》及《楞伽经》的理论传统，这在《集论》的理论结构中可以看出。《集论》的第一品《三法品》，以蕴、处、界三科作为理论分析的结构，详细分析一切缘生法的各种性质，在此品的结尾，则是下面一段话：“复次，蕴、界、处差别，略有三种，谓遍计所执相差别、所分别相差别、法性相差别。何等遍计所执相差别？谓于蕴、界、处中，遍计所执我、有情、命者、生者、养者、数取趣者、意生者、摩纳婆等。何等所分别相差别？谓即蕴、界、处法。何等法性相差别？谓即于蕴、界、处中，我等无性，无我有性。”①

《集论》在遍计所执相、所分别相及法性相的学理结构中，对蕴、界、处三科法相的进一步解说，表现了以蕴、界、处三科作为组织的法相思想系统，正在归向三自性法相学说的趋势。欧阳分宗说中的法相思想观念，尤其强化了法相思想的这种趋势，所以，他透过对《瑜伽真实品》的研究，以及写作该品的提要，特别强调了这样一个思想：法相思想的根本或本质，乃是遍摄一切法相的三自性思想。

四 法相和法性融通说

在20世纪20年代的《瑜伽》系统研究阶段，欧阳提出的法相、唯识分为二宗的观念，是和他的另外一个观念——“法性、法相是一种学”——相辅相成的。民国十四年（1925）八月，欧阳在致教育总长章士钊的信中，总结他个人及内学院“现得之学理”②，一共有20条。这20条学理中，第2条是法相、唯识分宗之说，第3条即是“法性、法相是一种学”：

① 《大乘阿毗达摩集论》卷三，金陵刻经处本，第6—7页。
② 欧阳渐：《内学杂著下·与章行严书》。

> 唯识、法相学是两种学，法相广于唯识，非一慈恩宗所可概。
>
> 法性、法相是一种学，教止是谈法相，龙树、无著实无性、相之分。[①]

比勘上面两条“现得”的学理，可以看出其间的密切关系。第二条学理指的即是法相、唯识分宗之说，作为“共通之学”的法相比之“一家之学”的唯识，理论的摄属范围，包括了三乘的佛教行者和五种佛学的根姓，所以说法相学比唯识学，内容要广泛得多。第三条学理是对龙树、无著二家之学——或传统称作性、相二宗——的融通，龙树、无著二家之学本质上是一种学说，基本的根据是，二家所依据的教理都是法相思想。显然，这第三条学理以第二条学理作为基础：第二条学理通过分宗说抉择出来的法相思想系统，是第三条学理——融通龙树学与无著学——得以成立的核心依据。

据此，我们可以得出以下一个推论：欧阳分宗说背后的一个真实意图，乃是为了融贯传统所谓的性、相二宗学说。欧阳 20 年代佛学思想的开展，可以证实上面这个推论。在民国十年(1921)写作的《瑜伽真实品》提要中，欧阳已经表现了融通性、相二宗的思想意图：

> 法性、法相所诠异门，质惟是一。体性之性，有里无表，相状之相，得貌遗真，皆非具实，水火徒劳；相用之性，是称相性，体相之相，是为性相，皆周法界，无欠无余。佛为一大事因缘出现于世，非是为二、为三，症结不同，遮表异用，善巧不殊，是在观智。说遍计空，一切皆空：非生、非灭，非染、非净，非时、非方，非系、非离，非缚、非脱，本来寂静，自性涅槃，惟一性真，了无所有。说依圆有，一切皆有：有蕴事、界事、处事、根事、缘起事、处非处事，有四谛事、三十七菩提分法事、二十八贤圣事、十八不共佛法事，有无量诸佛事、无边净土事，相摄相即不可穷诘事，有能缘虚假事。尽未来际无住涅槃，万相森然方便现有，理自无分，法自不到，相摄、相即，不妨奇异，是在观智，模棱两是，为不了事。[②]

---

① 欧阳渐：《内学杂著下·与章行严书》。

② 欧阳渐：《瑜伽真实品叙》。

欧阳在这里指出，法性宗和法相宗，所诠解的对象有一定的差别，但是二家学理的本质是一样的。法性宗全力以赴的诠解对象是遍计执相，遍计执相本来一切俱空，所以法性宗在展开学理时，自然采取否定的表达式（遮诠）。法相宗全力以赴的诠解对象是依他起相和圆成实相，依、圆二相本来是有，所以法相宗的展开学理，也就自然采取肯定的表达式（表诠）了。所以，欧阳的结论是："症结不同，遮表异用，善巧不殊，是在观智。"欧阳这里融通性、相的关键，显然在于法相思想中的三自性学说。

欧阳在20年代初年，基本结束对《瑜伽》学系的研究后，开始转入《般若》学。他研究般若学的指导思想，即在力求《般若》系统和《瑜伽》系统的贯通。民国十四（1925）年6月，欧阳在支那内学院第十一次研究会上，发表题为《龙树法相学》的演讲，演讲分成"法相"和"龙树法相"两个部分，这一演讲结构，充分地表现了欧阳由分宗说中的法相思想观念过渡到"龙树与无著之论大同"[①]这一结论的内在思想理路。在演讲的第一部分，欧阳说：

> 初法相，且依理教而说。所谓理者，龙树《智论》卷二云："如是我闻，是阿难等佛大弟子辈说，入佛法相故，名为佛法。"故"法相"范围至广，有同"佛法"，于此即无性、相之分。如《庄严经论》说三法印，一、入修多罗，二、显示毗尼，三、不违法空。此第三在《入大乘论》，即云"不违法相"。可知法性、法空皆法相也。是故法相是总，大乘、小乘空等异门，多就其一分而言，皆得不违法相，总趣涅槃。以理言法相盖如此。
>
> 所谓教者，经、律、论三皆涉法相。世亲《摄论》释三藏，经有四门：一、依，由此为此而有所说，此即为法相；二、相，此谓二谛，即法相；三、法，谓九事，亦法相，乃相貌之相也；四、义，谓意趣，如对有说空，对恶取空说唯识，皆是义，亦是法相，此乃实相之相也。其次言律，经为佛法相，律乃入佛法相者。又次言论，经为法相，论乃类治法相者。经解法相，故入经之律，与依经、律之论亦均解法相。以教言法相如是。[②]

① 欧阳渐：《龙树法相学》，《内学》第2期（1925年）。
② 欧阳渐：《龙树法相学》，《内学》第2期（1925年）。

欧阳这里由“理”和“教”两个方面，证明法相思想内容的广泛性。接下来，欧阳在讲演第二个部分“龙树法相学”中，证明龙树学和无著学一样，包含有共通的法相思想模式：

> 考龙树所著书皆言实相，不但谈空，此实相即法相也。《智论》十八云：“菩萨从初发心求一切种智，于其中间知诸法实相慧，是般若波罗蜜。”龙树之般若即依于法相又可知也。盖菩萨观一切法非常非无常，非有非无等，亦不作如是观，是名般若。从本以来，不生不灭，如涅槃相，如诸法实相，是般若所知。是故龙树所讲，唯此实相，非常人所计之法性或空等也。
>
> 或问龙树亦说依他耶？曰：有说。如《中论》卷三云：“大圣说空法，为离诸见故；或复见有空，诸佛所不化。”是故空者惟有见、无见，本不妨说一切法也。又《中论》讲因缘，即讲依他。如《论》卷一云：“众因缘生法，我说即是空，亦为是假名，亦名中道义。未尝有一法，不从因缘生，是故一切法，无有不空者。”是其所云空者，但因缘法无自性为空，非并因缘亦空之。此因缘即依他，他是因缘，故不妨说有。

又龙树亦讲赖耶义。如《智论》三十六云：“意有二种，一者念念灭，二者心相续。为是心相续故，诸心名为一意，是故依意而生识，九十六外道不说依意故生识，但以依神为本。”即是说第七识也。既有第七，即应有第八，因外未推论及第八识境，故未详说，而其意固见于《中论·业品》矣。如云：“不失法如券，业如负财物，此性则无记，分别有四种。见谛所不断，但思惟所断，以是不失法，诸业有果报。”此龙树所破“不失法”，盖说似阿赖耶而不精者，破彼是常。而龙树自有说，如《论》同卷云：“虽空亦不断(相续)，虽有亦不常(相似)；业果报不失，是名佛所说。”是说相似相续业果，赖耶法已存于其间矣。《智论》一亦云：“着常颠倒，不知诸法相似相续。”诸法相续者但相似耳，此佛法最要处，岂龙树反不知！昔人讲龙树学拘拘《中论》，乃不知此义，故不能按实。然不知无著说，固未易论此矣。①

欧阳在上面几段论述中指出：(一) 龙树学盛谈实相一义，实相是法相中的一种，相当于三自性相中的圆成实相；(二) 法相中重要的一类，是依他起相，龙

---

① 欧阳渐：《龙树法相学》，《内学》第 2 期(1925 年)。

树的空论其实破空而不破有,《中论》所说的因缘生法,实指依他起相;(三)法相在依他起相中,最重要的建立,是深度意识即第八阿赖耶识一项,龙树在《大智度论》《中论》等作中,所谈相似相续的业果,实际即指阿赖耶识相。

一般说来,面对龙树和无著这两大表面上如此差异的佛学体系,人们一般有两种理解的态度:一种态度是把龙树的空论和无著的存有之论对立起来,认为这两个佛学体系针锋相对,无法相互沟通;一种态度是对两大佛学体系持模棱两可之见,人们认为菩萨所创造的佛学体系,自然本质上是相通一致的,但是他们却不知道这空、有两轮的相通一致处,究竟何在?

照欧阳看来,龙树学、无著学的相通一致之处,就在二家共同认可的法相思维模式。"龙树破空执,无著破有执,皆讲法相,但时地易之耳。"①由于时节、地点等针对性的因缘条件的不同,龙树学和无著学之间,在理论的设立和方法的取向方面,不免有彼此相互差异,甚或互相冲突之处,但两家学说在理论的核心层次,共同依据法相思想,这一点应无疑义。

五 唯识学思想四期说

中国传统唯识思想的发展,大致可以分成四个阶段:南北朝时期,以北魏菩提留支及梁、陈之间真谛"旧译"作为中心的第一阶段;唐宋时期,以玄奘法师的"新译"以及慈恩法师的开宗作为中心的第二阶段;晚明时期佛家唯识学说及唯识思想的一度复兴,是中国唯识思想发展的第三阶段;晚清民初时期,由杨文会居士重新开创的唯识学研究思潮,是中国唯识思想发展的第四阶段。

欧阳在一开始研究法相唯识经论时,就面对着两种不同的思想资源及研究途径:其一是晚明唯识研究及思想创造的旧传统;其二是杨文会从日本取回大量唐人唯识章疏后,从唐人章疏中,直接承继唐代唯识思想的新传统。欧阳选择了杨文会开创的新传统,对晚明唯识研究的旧传统则持批评态度。欧阳的此种学术选择,反映了他的唯识学研究及佛理创造的特色,欧阳本阶段的唯识学说研究,以及在研究中形成的法相、唯识分宗观念,必须放在其唯识研究学术取向的

---

① 欧阳渐:《龙树法相学》,《内学》第2期(1925年)。

此种特色中，予以进一步的观察。

玄奘所译传的是第三时佛教的整体思想：五法三性所概括的法相思想，八识无我所概括的唯识思想。玄奘高足慈恩窥基承玄奘译传，所开创的佛学宗派，一向被佛教史家称作慈恩宗。欧阳在获得法相、唯识分为二宗的观念后，关于慈恩宗与法相、唯识两种学说思想系统的关系，有如下的判断："唯识、法相学是两种学，法相广于唯识，非一慈恩宗所可概。"[①]根据欧阳的分宗说，如果我们对慈恩宗的思想体系进行批判地考量，则可发现，慈恩宗的佛学思想体系，可以概括后起的作为"一家之学"的唯识思想，但却不能涵盖内容更加广阔的作为"共通之学"的法相思想。欧阳此说对慈恩宗采取了近乎批评的态度。

唐宋之后人们逐渐形成的有关慈恩宗的身份认断，一方面跟慈恩宗学术思想体系的内在特质有关，另一方面也跟唐宋之后中国佛教对唯识思想的理解有关，尤其跟中国唯识佛教第三期思想传统——晚明时期的唯识学研究及唯识思想——密不可分。欧阳的法相、唯识分宗之说，如果在此角度下加以考量，其意图就在于突破传统所谓慈恩宗的界限，廓清《深密》等经典中所谓第三时佛教——弥勒学或无著学——的思想全体。

（一）欧阳对唐宋之后中国佛教唯识学研究传统的批评。晚明时期复兴唯识学的一位大师藕益智旭在谈到明代唯识学研究的背景时，曾经说过："惜慈恩没，疏复失传，仅散现《大钞》《宗镜》诸书，及《开蒙》二卷稍存线索。国初以来，竟成绝学。"[②]所谓《大钞》，指唐代华严宗清凉澄观所著的《华严经疏钞》；《宗镜》指宋代永明延寿所著的《宗镜录》；《开蒙》指元代云峰所著《唯识开蒙问答》。以上三书都保留了一部分唯识思想的资料，是明代佛教学者研究唯识学说仅有的参考书籍。按照智旭的记载，到了明初，唯识学已经彻底地失掉了传承，成了一项"绝学"。所以，晚明重新兴起的唯识学研究，就是在这样一个既缺乏师承、又缺乏基本文献资料的情况下发展起来的。欧阳在《瑜伽师地论叙》中对明代的唯识学研究，采取了全盘否定的态度：

永明寿师作《宗镜录》，叙次法相，虽无树义，犹能诠释，古典具在，依据

① 欧阳渐：《内学杂著下》与章行严书。
② 藕益智旭：《〈成唯识论〉观心法要缘起》，《卍新续藏》第51册。

不诬。元末籍亡,斯学沈(沉)响,明人壁造,劳而唐功。遂使数百余年治此宗者,舍《相宗八要》《唯识心要》以外无别精研。支离破碎之谈,户牖一孔之见,有天地之大而不能知,有规矩之巧而弗获用,惟望此而却走,谁有事于《瑜伽》![1]

晚明佛教学者写了一大批诠解唯识思想的著作。其中,与憨山德清同时代的雪浪洪恩,曾将《因明入正理论》《百法明门论》《八识规矩颂》《唯识三十论》《观所缘缘论》《观所缘缘论释》《六离合释》《三藏法师真唯识量》等八部唯识思想的著作,辑成《相宗八要》。后来,高原明昱曾为《相宗八要》作注解,称《〈相宗八要〉解》。藕益智旭是晚明唯识学研究的集大成者,他著有《〈成唯识论〉观心法要》。这几部著作是此后人们研究或了解唯识思想的基本著作。明代学者对于唯识一系思想有一度的研究,但百卷本的《瑜伽师地论》则自唐宋之后一直无人问津;而且,即以明人对唯识一系的研究而论,由于缺乏唐人章疏作为义理的依据,所以等于向壁虚构,徒劳无功。欧阳对明代佛教学者唯识学研究传统的批评,也是对唐宋之后在慈恩宗外部逐步形成的慈恩宗论断传统的批评。

(二)佛教史上形成的对慈恩宗思想身份的认断传统,固然可以从外部的因素——唐宋以后的唯识学传统——加以检讨和批评,但也可以从慈恩宗思想学说的内部进行批判检讨和观察。欧阳认为慈恩宗学术思想的范围并不足于包括法相思想体系,此说明他对慈恩宗思想体系的内在缺陷,也有充分的察识。《瑜伽叙》在谈到传统法相、唯识思想的渊源流变时,认为从弥勒开始的传统唯识思想的"十系",都不出《楞伽经》中法相、唯识二宗思想的范畴。玄奘、窥基的思想体系,属于"十系"中的二系。[2] 但是,《瑜伽叙》却未对玄奘、窥基二系的思想特色作出具体的分析。关于二系思想的特色问题,在欧阳晚年的一些论说里,才有较为明晰的说明。

《释教》(1940)在"《瑜伽》文字科"中,认为玄奘法师"学法相于戒贤,学唯识于胜军",这是表明玄奘法师师承的是唯识、法相二宗的完整体系。"《瑜伽》文字科"以唯识、法相二门叙述《瑜伽》学系,其中,欧阳是把玄奘、窥基等数系慈恩宗

---

① 欧阳渐:《瑜伽师地论叙》绪言第六,载王雷泉编选:《欧阳渐文选:悲愤而后有学》,上海远东出版社,1996年。
② 欧阳渐:《瑜伽师地论叙》十系第五,载王雷泉编选:《欧阳渐文选:悲愤而后有学》,上海远东出版社,1996年。

的思想传承，放在“唯识门”中叙述的：

> 唯识门者，始研《摄大乘论》，终读《成唯识论》。中间开钥，有《二十唯识》《百法明门》。《摄论》创初，持义未审；《成唯识》义博大精微。此科大本渊深挹注在《成唯识》，故读斯论，应大研求。此科创立于无著，而光大于世亲，世亲而后继续有陈那，而集成于护法。奘师学法相于戒贤，学唯识于胜军，出其门者厥有二派：一为窥基，百本疏主，现存《述记》《枢要》《别抄》，辅以《法苑义林》而已。灵泰《疏钞》、智周《演秘》、道邕《义蕴》、如理《义演》，皆此派附庸。而慧沼《慧日论》《了义灯》，则此派干城，陈述敌义犹《毗婆沙》，足存诸家梗概也。一为圆测，籍虽不多，视所对辩，亦知其略。泰贤《学记》集叙多家，可当读本。自此而后，微乎渺矣。①

欧阳把出自奘门的唯识学两大系统即窥基一系及圆测一系，都放在“唯识门”中加以叙述，说明照欧阳看来唐代唯识学思想系统的特色，正在于弘扬法相、唯识两种系统中的唯识一系思想。在欧阳临终之年所作的《杨仁山居士传》中，他对慈恩宗佛学思想体系内在缺陷的反思，更加直率和清晰：“奘师西返，《瑜伽》《唯识》日丽中天，一切霾阴荡涤殆尽，诚胜缘哉！有规矩准绳，而方圆平直不可胜用，法界一乘建立自无殒越之殊。独惜后人以唯识不判五法，圆顿甘让华严，而一隅自守。职其法义精审有余，论其法门实广大不足耳。”②

欧阳这里认为，慈恩宗在“法义”方面“精审有余”，在“法门”方面则“广大不足”，意思即是说，慈恩宗偏颇于对“一家之学”的唯识思想系统之研究，而忽略对“共通之学”法相思想系统的研究。所以，慈恩宗较之《深密》第三时佛说的整体来说，思想的涵盖面要狭隘得多。从欧阳对慈恩宗外在的认断传统及内在思想缺陷的批评立场来看，欧阳的法相、唯识分宗之说，包涵了试图突破中国传统的唯识学思想体系（唐代以慈恩宗为中心的思想体系，元、明、清三代中国佛教的唯识学解释体系），准确、完整地理解及认识第三时佛教思想整体的意图。

至此，我们可对欧阳法相、唯识分宗之说在 20 世纪中国佛教思想学术史中

---

① 欧阳渐：《支那内学院院训・释教》文字五，载王雷泉编选：《欧阳渐文选：悲愤而后有学》，上海远东出版社，1996 年。

② 欧阳渐：《杨仁山居士传》，载王雷泉编选：《欧阳渐文选：悲愤而后有学》，上海远东出版社，1996 年。

的意义，尤其是在近现代中国佛教唯识学思潮中的意义，提出以下三点看法：

（一）欧阳的法相、唯识分宗观念，是他在《瑜伽》学系研究阶段取得的一个重大学术成果，同时也是此阶段欧阳佛学思想创造活动的显著表现。因此，对于欧阳此一著名观念的考量，既要采取佛教学术层面的视角，又要采取佛学思想创造的视角。如果单纯以学术史的视角来观察欧阳此一观念，那么对于欧阳《瑜伽》学系研究阶段佛理创造的内在逻辑，就会缺乏深刻的认知。

（二）就佛教学术层面的意义而言，欧阳分宗观念的取得，是他将理性治学精神引入佛教思想史研究的结果。分宗观念首次把理性治学的方法，引进了佛学思想的研究中，并从而对佛教思想的发展历史，采取了历史的演进的态度。欧阳的分宗观念，在佛教思想史的研究方面，是一场方法意识的重大突破，它为支那内学院此后一连串的研究成果，奠定了方法论的基础。

（三）就佛学思想的创造层面而言，欧阳的分宗观念，并不仅仅在于弄清传统唯识思想的法相源头。欧阳分宗观念的重要内涵是对法相思想的普遍化，他一方面通过把“法相”泛化为“佛法”，使得法相思想的内容大大扩展开来，得到相当程度的普遍化；一方面通过把法相学说归结为五法三自性，使得法相思想的概括原则普遍化。欧阳将法相思想普遍化的动机可以析成：(1) 突破传统认知中的慈恩宗学的限制，廓清弥勒所传佛学思想的整体；(2) 突破传统所谓“法相宗”与“法性宗”的对峙之局，融通《般若》与《瑜伽》两大学系；(3) 突破中国佛教的传统判教观念，“清整”佛陀教法的全体；等等。这几层内涵的存在，说明欧阳之分宗说与其佛学思想的创造活动，实有密不可分的关系。

第四节
民国时期佛教义学研究之重镇

民国时期佛教义学研究进入了一个蓬勃的发展时期，围绕欧阳竟无及其门下的唯识学研究，涌现了不少知名人士对法相唯识学的热烈探讨和思想争辩，由是蔚为显学大观。

一 | 太虚的驳议：法相必宗唯识

在20年代，欧阳领导的南京支那内学院和太虚领导的武汉佛学院之间，曾经展开一连串的法义诤辩。这些诤辩所以发生，最基本的原因，是太虚、欧阳二人佛学思想立场的根本差异。同时，武院与内院的法义诤辩，也是近世中国佛教思想创造中"佛教化"与"中国化"两种思想倾向相互争对的典型表现。围绕欧阳法相、唯识分宗之说所引起太虚法师的驳议，是内院、武院此后数年法义诤辩的开始。太虚的驳议，主要见诸下面一些文字：

民国十一年（1922）五月，针对欧阳的《瑜伽师地论叙》《瑜伽真实品叙》，太虚作《竟无居士学说质疑》，首次展开对分宗说的驳议。民国十四年（1925），针对欧阳的《百法五蕴论叙》《杂集论述记叙》等作，太虚作《论法相必宗唯识》，对欧阳分疏的唯识、法相二宗的宗义差别点，一一予以反驳。民国十七年（1928年），针对《内学年刊》第二辑所载欧阳《摄论大意》（民国十三年，1924）一文，以及该文的编者按语，太虚复作《再论法相必宗唯识》，重申己见。

民国二十一年（1932），太虚于厦门大学讲演《法相唯识学概论》时，在讲演的第一部分着重讨论"法相唯识学"的名义问题，坚持把"法相"和"唯识"连称，合称"法相唯识学"，此说针对的目标，也是欧阳分法相、唯识为二宗的思想。民国三十五年（1946），印顺法师在武昌佛学院研究会上就欧阳的分宗观点发表演讲，提出"唯识必是法相的，法相不必宗唯识"的研究结论，对太虚合"法相""唯识"为一宗的观点，作出相当程度的修正。太虚针对印顺的观点，再作《阅"辨法相与唯识"》一文，维护己见。以上是在法相、唯识是否分宗的问题上，太虚有关驳议的基本资料。太虚的驳议中有以下几个重点；

（一）太虚从审查"宗"字的名义出发，来批评分宗之说。《竟无居士学说质疑》中，有以下一段话：

> 质曰：法相之法，法相之相，都无不通，都无不详。——若然，则固无诣非法相者，法相宁得为宗？若所云贤首宗、慈恩宗之宗字，乃是一家一派之代名词，异此中所云法性宗、法相宗为标宗趣之宗也。
>
> 按，贤首家尝云：语之所尚曰宗。基师亦云：宗者，尊崇主要之义。夫一切法既无往非法相，必法相中之尊崇主要义，乃得云宗，泛尔法相，宗尚何在？故唯法性可得名宗，法相绝然不成宗义。凡属遮表言思所诠缘者，无非法相，一一法相莫非唯识，故法相所宗持者曰唯识，而唯识之说明者曰法相。此就唯识宗言也。若就法性宗言，亦可法相所宗持者曰法性，法性之说明者曰法相。故法相绝然不得以名宗。若名法相为宗，则岂唯《俱舍》《华严》可属法相宗，即大乘其余各家，与小乘各派、外道各派，乃至世间小家珍说，孰不可属诸法相宗哉？故须大乘所说一切法相所宗持者乃得名宗，而不得别指有一通三乘之法相宗，与唯识宗非一也。①

太虚在这段话中提出"宗"字有两义：其一，一宗一派谓之"宗"，在这一意义上所谓的"宗"，是"宗派"之"宗"，指一家一派的代名词，如传统所谓贤首宗、慈恩宗等称谓中的"宗"，即属此义；其二，尊崇、主要之意谓之"宗"，此意义上所谓的"宗"，是"宗趣"之"宗"，指的是一种思想或一种学说的学理归着点（"宗持"）；欧阳分宗说中法相、唯识二分的"宗"，以及欧阳此期判教学说中法性宗、法相宗的"宗"，属第二义。

按照太虚的说法，欧阳对"宗"字的上述用法是自相矛盾的。法相宗的"宗"字，应该指法相学说的"宗趣"或"宗持"，法相只是一切法的统称，一切法都可以称作法相，因而法相自身是谈不上"宗趣"或"宗持"的，只有全部法相最后被归着于其上的理论枢纽点，才是法相的"宗持"。因此，单纯法相本身无论如何不成其

① 太虚：《竟无居士学说质疑》，载石峻等编：《中国佛教思想资料选编》第 3 卷第 4 册，中华书局，1981 年。

为宗。法相可以以唯识为“宗”,亦可以以法性为“宗”,所以可以有唯识宗、法性宗,但却不可以有法相宗。

(二)针对欧阳在《百法五蕴论叙》中提出的唯识、法相二宗的宗义差别,太虚一一予以驳斥,证明法相、唯识不可分成二宗,法相必宗唯识。太虚写道:

> (1)缘起理对缘生理。《杂集论叙》云:缘起义是唯识义,故缘其因说种子相;缘生义是法相义,故究其果说成就相。然种现、因果不即不离,缘之所起即从缘所生之一切法,究明一切法能起之缘,即唯识之理显。据此二理,正见施设法相必宗唯识,不应离唯识而另立法相宗。缘起理是明法相之宗,缘生理是明识宗之法,何得别为二宗?
>
> (2)根本摄后得对后得摄根本。根本智属唯识,后得智属法相,由根本摄后得,则法相宗乎唯识;依后得显根本,即法相而彰唯识。据此亦但能见其宗一,不能别立为二。且后得智所施设之法相,皆由缘真如后事行模仿所起之能、所分别相,以是法相诸法皆唯有识。
>
> (3)四寻思入道对六善巧入道。证唯识性,以四寻思为入道,由四寻思引得四如实智。根本智前结加行智之成,后为后得智之源,乃一切智之枢纽也。而六善巧之蕴、处、界、食、谛、缘诸法,皆为后智所分别幻有之法相,以之入道,但是依教入理之道,不宗唯识之四寻思观,不能从行证果,入真见道。故法相必宗唯识。
>
> (4)唯有识观心对如幻有诠教。唯识为唯有识以观心,是观即行,行必证果;法相以如幻有诠教,教但显理,理必起行,方能证果。凡举一宗,皆俱教、理、行、果,唯识之教,理即法相,法相之行,果即唯识。且宗也者,正指统持教所明理之一集中点以言,故以法相教、理反博归约而起行趣果者,正在唯识。唯识以唯有识以观心,是故法相依唯识为宗,否则法相如童竖戏,不能趣行证果。①

如前所论,缘起理对缘生理,根本摄后得对后得摄根本,四寻思入道对六善巧入道,唯有识观心对如幻有诠教,正是欧阳主张法相、唯识分宗说的主要宗义

---

① 太虚:《论法相必宗唯识》,载刘梦溪主编:《中国现代学术经典·太虚卷》,河北教育出版社,1996年。

差别点，分别表示二宗在理据、属智、入道方便、胜用诸方面的差别。针对理据的差别，太虚提出，“缘起”和“缘生”二者之间的关系，是因和果的关系，缘起唯识是缘生法相之因，缘生法相是缘起唯识之果，因和果的关系不即不离，所以“缘起”不离“缘生”，“缘生”不离“缘起”，故而诠解“缘起”的唯识，和诠解“缘生”的法相，彼此之间自然亦不可以分为二宗。

针对属智的差别，太虚指出，后得智是依据根本智而起的，后得智的施设法相，是在亲缘亲证真如之后模仿亲证境界的一种施设。所以从后得智和根本智的关系而论，亦可见出法相不离唯识，法相必宗唯识的意思。

针对入道方便的差别，太虚提出，四寻思入道是入真见道，豁发根本智，六善巧入道则只是“依教入理之道”，不能引入真见道，引发根本智。所以从入道方便可以见出，法相的六善巧入道，必须归结到唯识的四寻思入道，理论必须归结到实践，才有其真正的意义。

最后，针对二宗各自胜用的差异点，太虚提出，任何一个佛家宗学，都应该同时具备教、理、行、果四方面的内容，其中教和理是理论的方面，行和果是实践的方面，欧阳分宗殊用的观念，限定法相的作用在教理方面，唯识的作用在行果方面，这是把理论和实践割裂开来了。实际上法相和唯识本自一宗，“唯识”的理论即是“法相”，“法相”的行、果即是“唯识”。佛教的教法必然兼具“理论”和“实践”二方面的意义，所以，法相与唯识不可分成二宗。

总之，太虚主张缘生与缘起的统一，根本智与后得智的统一，理入道与行入道的统一，教理施设与实践修持的统一。所以，按照太虚的立场，凡是欧阳见到法相、唯识二家宗义差别的地方，太虚则一一见到其内在本质上的一致。因此法相、唯识是一宗，而不是二宗。

（三）针对欧阳出于分宗说的考量立场，对“六经十一论”传统唯识经典的归属判别，太虚也提出如下的质疑：

> 唯识之“六经十一论”，要皆明诸法唯识，未闻有所谓法相、唯识之分。试举一二非之。《世亲〈摄论〉释叙》云：《摄论》宗唯识，则以一切法唯识以立言，所有一切显现虚妄分别，唯识为性故，摄三性以归一识故。是言也，谓为《摄论》明法相以唯识为宗者可，若判为《摄论》是唯识而非法相，则殊未敢苟同。盖如其所计，则《摄论》之初品之所知依应判为唯识，其第二品之所知相

不又应判归法相乎?

吾敢正告之曰:十支诸论,若《摄论》,若《显扬》,若《百法》,若《五蕴》,或先立宗后显法,或先显法后立宗,无不以唯识为宗者。若于立/显之先后微有不同,强判为唯识与法相二宗,则不仅十支可判为二宗,即一支一品亦应分为二宗。如是乃至“识”之与“唯”,亦应分为二宗,以能唯为识、所唯为法故。诚如所分,吾不知唯识如何安立。①

太虚在上段质疑中,举《摄大乘论》为例,批评欧阳对“一本十支论”的宗义判摄。《摄论》第一品《所知依》成立唯识缘起之理,第二品《所知相》施设三性法相,如果根据《摄论》的第一品,判定此论属唯识边论,那么根据第二品,岂不可以又判定此论属于法相边论了!《摄论》如此,“六经十一论”中的其他经论亦莫不如此。这些经论,或者先成立唯识的“宗趣”,然后一一显示法相,或者先一一显示法相,然后再摄归于唯识的“宗趣”。立“宗”与显“法”的先后容有差异,但“六经十一论”中所显的“法”,都以唯识思想作为所立的“宗”,这一点则是完全一致的。所以,按照太虚的意见,欧阳站在分宗论的立场上,对“六经十一论”宗趣所作的判摄,也都十分勉强。

在法相、唯识是否分宗的问题上,太虚自己的“论宗”是法相必以唯识为宗。太虚在阐述个人这一“论宗”时,对“法相”一词的含义,重新加以自己的诠定。在他看来,大乘“法相”一词中,应该拣去小乘有“法执”之法,大乘法性空慧之空慧,以及大乘之圆融法界。他说:

(1) 空前之法执非法相五法也,三相也,皆菩萨空后安立。然二乘之阿毗达摩,足证此空后之所施设乎?纵览《婆娑》《俱舍》,都无是理。是故二乘法执之法,是法相唯识之所破,非可滥同唯识之如幻有。

(2) 遮破法执之空慧非法相所谓遮执,即遣诸法相、名、分别,乃至能遣亦遣故,正智、如如亦不安立,入毕竟空,起法空慧,而直契一切法之平等体性。《般若》《中观》诸经论均明乎此。他如禅宗之离言契证,亦属此类。第以言遣言,故空慧立宗,而法相之相由后得分别施设,乃相用之相,非体相之

① 太虚:《论法相必宗唯识》,载刘梦溪主编:《中国现代学术经典·太虚卷》,河北教育出版社,1996年。

相。而体相离言，乃假空慧以遮执，是法性之宗空慧，空慧亦空，而相用之相，更非体性之相。故法性空慧宗与法相唯识宗，二应有别。

(3) 安立非安立之圆融法界非法相此圆融法界，即吾所判三宗中之法界真净宗。法是一切诸法，即安立世俗谛及非安立第一义谛，界是摄藏统持二谛总和义。真净即对有漏、虚幻、杂染言，真简有为虚幻，净简有漏杂染。为佛智性相圆融之究竟真净(华严、天台之无碍法界)，此亦可称为唯智论。但唯智乃宗依佛之一切种智者，安立非安立圆融为一法界，故不可束之于法相。①

太虚在这里强调：第一，大乘所谓的法相，是菩萨在实证空性后的施设，而小乘阿毗达摩中的法，是小乘圣人的证悟慧所施设，小乘圣人的证悟慧中存有法执，故而大、小乘所施设的法相应有区别，不得将小乘有法执的法相系统同大乘菩萨的法相系统混为一谈。第二，大乘三大宗学之一的法性空慧宗，以般若空慧遣去相、名、分别等一切法相施设，甚至将能遣的正智、真如也要遣去，法相后得智所施设的是不离言诠的相用之相，法性空慧所面对则是离开言说的体相之相，故而，法性之空慧不得摄入法相的统系。第三，大乘三大宗学之一的法界真净宗，以圆融的清净法界，作为学理的中心。此法界的"法"，含法相唯识的安立谛和法性空慧的非安立谛在内，"界"则是安立谛和非安立谛的摄持和统一。此宗以佛的一切智种为宗依，因而既不同于以后得智为依据的法相，也不同于以离言空慧为依据的法性，因而，圆融法界也不得摄入法相思想的系统。

在简别了小乘法执、大乘法性空慧，及大乘圆融法界之后，太虚分别得出法相及法相唯识宗的定义：

空前之法执非法相，但破不立之法性空慧非法相，圆融之法界非分别假设之法相，故唯依识变假设之法为法相。②

今以法相、唯识连称，则示一切法——五法、三相等——皆唯识所现。唯，不离义；识，即百法中之八识及五十一心所。其余四十一法亦皆不能离

① 太虚：《论法相必宗唯识》，载刘梦溪主编：《中国现代学术经典·太虚卷》，河北教育出版社，1996年。
② 太虚：《论法相必宗唯识》，载刘梦溪主编：《中国现代学术经典·太虚卷》，河北教育出版社，1996年。

> 识而存在，以一切法皆唯识所现故，一切法多分受识之影响而变化故。
>
> 现有二义，一、变现义，如色法等；二、显现义，如真如等。法相示唯识之所现，而唯识所现即一切法相；唯识立法相之所宗，故法相必宗唯识。所现一切法甚广，然所变所现一切法之所归则在唯识，故示宗旨所在，曰法相唯识。①

太虚的法相定义把法相和识变联系起来，法相是菩萨根据众生心识变现的情况来予以施设的，因而法相不离众生的心境。从法相的定义，很自然地引出法相唯识宗的定义，法相是唯识变现的结果，唯识则是法相转变的枢纽，所以法相必定以唯识作为宗依！

从以上太虚对欧阳分宗说的驳议可以看出，太虚在整个的讨论中，实际上使用了两个法相定义：当他证明欧阳的法相宗观念不能成立时，他对“法相”的界说是，法相遍摄一切存有样式，所以是“无所不通，无所不详”的。当他证明自己的论点——法相必宗唯识——时，他对“法相”的界说则是，法相只跟众生的识变有关，所以并不存在融通一切乘学的普遍性的法相。太虚对法相概念的上述两种用法，使他既可以自由地批驳敌论，也可以自由地证成己宗。但他在概念使用上这种自由随意的态度，也使得他的驳论仅仅成为自说自道，他的整个驳议并未触及欧阳分宗说的内在意图。

所以，在内学院方面，针对太虚对分宗说的驳议，即有如下的评语：“今人于二宗分说，犹有不详原委，辄兴异议者。”②所谓“不详原委，辄兴异议”，就是说太虚的驳议并未对欧阳分宗说的意图，做出“同情的理解”。然而，这只是内学院一方的理解。就太虚自己来说，他评破欧阳的分宗说，亦有自己不得已的苦衷。他说：“近人不明能宗之教相与所宗之宗趣，务于名相求精，承流不返，分而又分，浸假而唯识与法相裂为楚汉，浸假而唯识古学、今学判若霄壤，不可不有以正之，以免蹈性相争执之故辙。此余讲此之微意也。”③

欧阳的法相、唯识分宗之说，是欧阳援引乾嘉学者治经方式治学佛教的成果。欧阳师弟后来继续发挥此种治学经验，在佛学研究上有一系列新的突破。

---

① 太虚：《法相唯识学概论》，《太虚大师选集》下，台北正闻出版社，1982 年，第 14 页。

②《内学》第 2 期(1925 年)载欧阳渐《摄论大意》文后的编者按语。

③ 太虚：《论法相必宗唯识》，载刘梦溪主编：《中国现代学术经典·太虚卷》，河北教育出版社，1996 年。

继欧阳分宗说之后，唯识古、今学的判定，便是内学院取得的重要研究成果之一。太虚则认为此种治理佛学的方式，将会引起佛教史上各种成说的破坏，从而将会引起整个佛教思想传统的破坏，所以，太虚驳议的基本思想动机，乃是出于维护既有的佛教史"定论"或佛教思想的传统。

太虚在驳议中，不断提到他的大乘三宗的判教模式。民国十年(1921)，太虚有《佛法大系》之作，文中提出"真如的唯性论""意识的唯心论"及"妙觉的唯智论"这"三唯"之说，是其三宗判教的雏形。[①] 在《竟无居士学说质疑》中，太虚提出唯识宗、空慧宗、真如宗的三宗分判，他把印度中观一系学说以及中国的三论宗，判为空慧宗；把印度瑜伽一系学说以及中国的慈恩系统，判入唯识宗；至于纯粹在中国开宗的几个佛学宗派，如天台、华严、禅宗以及属于密教系统的真言宗等，太虚则将之判入真如宗。[②] 到《佛法总抉择谈》(民国十一年)中，太虚的三宗之说成为定论。而同一时期，欧阳则判定法性宗、法相宗及真言宗三宗。其中的法性宗，相当于太虚的空慧宗；其法相宗，则包括法相系统的学说、唯识系统的学说、《华严》系统的经论、《俱舍》系统的经论等等，内容十分广阔。至于太虚以中国佛教诸宗学作为重心的真如宗，在欧阳的判教中则无地位。

从欧阳分宗说的立论及太虚的驳议来看，两家对法相思想的理解，一家主于扩张其地位，一家则主于压制其地位。而此种对法相系统的扩张或压制，跟二家对天台、华严、禅等中国佛教宗学的地位安排有着密切的关系。由此而论，太虚维护传统的"法相唯识宗"之成说，核心的意图就出于维护中国佛教的思想传统。而欧阳将法相、唯识分成二宗，以扩大法相思想地盘的方式，消解中国佛教思想的佛学地位，其对中国佛教思想的批判立场，也丝毫不加隐瞒。因此，从太虚对分宗说的驳议，极其鲜明地显露了太虚、欧阳二家佛学思想创造的取向性差异。太虚的理念偏向于"中国化"的佛理伸展方向，欧阳的理念则偏向于"佛教化"的佛理伸展方向。

---

① 释印顺编著:《太虚法师年谱》，宗教文化出版社，1995年，"民国十年"条。
② 太虚:《竟无居士学说质疑》，载石峻等编:《中国佛教思想资料选编》第3卷第4册，中华书局，1981年。

二 | 熊十力、印顺的有关回应

欧阳之法相、唯识分宗说,以其学术眼光的深刻和思想的创造性,对其后的佛学研究产生了极大的影响。熊十力、印顺二人对分宗说的评议也反映了欧阳分宗观念对现代佛学研究的影响。

民国二十五年(1936),熊十力著《佛家名相通释》一书。熊氏在书中赞誉欧阳的分宗之说:“宜黄欧阳先生,首明唯识、法相非是一宗,诚哉发奘、基未泄之密。”[①]熊氏这部书分为上、下二卷,卷上依据《大乘五蕴论》,综述法相体系;卷下依据《百法明门论》等,综述唯识体系。熊氏在书中说:“以《百法》与《五蕴》对观,《五蕴》只分析一切法,识与诸法,平列而谈,法相家立说宗旨,即此可见;《百法》则识为主,以之总摄一切法,而成立唯识论之统系。”[②]他这里以《大乘五蕴论》平列心识与诸蕴的思想,概括法相宗;以《百法明门论》以心识统摄一切法的思想,概括唯识宗。这表示熊氏在关于传统唯识佛教思想源流的问题上,采纳了欧阳分宗说中的理路。

但是,熊氏在20世纪40年代所著《新唯识论》语体文本中,关于法相、唯识的分宗问题,其态度则与前书大异:

宗者,宗主义,凡学异宗者,必彼此主张有特别不同处,非只理论上疏密之异而已。无著之学,根抵在《大论》。《大论》取材甚博,自是汇集众说而成书。然无著贯穿诸义自有宗旨,故成其一家之学。世亲成立《唯识》,其中根本大义,如八识及种子,与缘生义、三性义,并据《瑜伽》,其以转依为宗趣,亦同禀《瑜伽》。

自昔以来,未尝拔唯识于法相之外而别号一宗者,要非无故。夫法相宗立言,其始详于分析,犹未有严密之体系,及世亲秉无著之旨盛张唯识,于是作《百法论》,首以识统一切法,又作《二十论》《三十颂》,而后体系宏整,完成唯识之论。故法相宗自世亲《唯识论》出,其理论始严密,而面目一变,要其根本大义悉据《瑜伽》。无著析薪、世亲克荷,精神始终一贯,似不必以一家

---

① 熊十力:《佛家名相通释》。
② 熊十力:《佛家名相通释》。

之学强判为二宗也。

然大师弘阐久绝之唯识，其功要不可没。①

熊氏在这段评判中，认为无著、世亲精神一贯，由无著的《瑜伽》到世亲的《百法论》《二十论》《三十颂》等，其理论只有疏密之差异，而无根本精神之不同，因此不必把“一家之学”强判为“二宗”。

《佛家名相通释》是熊氏从佛教学术史的角度，疏通传统唯识佛教思想源流之作。《新唯识论》(语体文本)则是熊氏个人站在儒家思想的立场上，以儒家思想会通佛教之作。熊氏在性质不同的两部著作中，针对欧阳法相、唯识分宗之说，采取了如此前后完全相左的矛盾立场，这表示一方面对分宗说所表现的重视佛理源流考实的学术理性，熊氏能够容忍和接受；但另一方面对分宗说重新检讨佛理真相的思想意蕴，熊氏则自然而然地要加以拒斥了。

印顺是太虚法师的著名学生，他对欧阳分宗说的评议，与熊氏主于儒家思想的立场虽然不同，但就对欧阳分宗说理解和接受的角度来看，双方的反应却有异曲同工之妙。民国三十五年(1946)，印顺在武汉佛学院一次研究会的讲演中，提出重新检讨有关法相、唯识是否分宗的争论。印顺说：“这问题，民国以前的学佛者，是没有讨论过的。民国以来，最先由欧阳渐居士提出了法相与唯识分宗的意见，即是把法相与唯识，作分别的研究。问题提出以后，即引起太虚大师的反对，主张法相、唯识不可分，法相必归宗于唯识。一主分，一主合，这是很有意义的讨论。民国以来，在佛教思想上有较大贡献的，要算欧阳氏的内学院和大师的佛学院，但在研究的主张上便有此不同。这到底是该分吗？合吗？”②

在法相、唯识是否分宗的问题上，欧阳“主分”，太虚“主合”，印顺则主张或分或合，皆有一定的道理。印顺从学派思想发展的角度，追溯了法相思想发展的历史。他认为，研究法的各种“相”，最足于代表上座部《阿毗昙论》的特色。所以《阿毗昙论》，特别是西北印学者的《阿毗昙论》，“主旨在抉择法相——自相、共相、因相、果相等，说到一切法，即用五蕴、十二处、十八界来类摄，这是佛陀本教的说明法，古人造论即以此说明一切法相”③。稍后，他又创造了色、心、心所、不

① 熊十力：《新唯识论》(语体文本)，第625页。
② 引自黄夏年主编：《太虚集》，中国社会科学出版社，1995年，第149页。
③ 引自黄夏年主编：《太虚集》，中国社会科学出版社，1995年，第150页。

相应行及无为等五类法的分析格式。此即所谓法相学，这是古代佛教的一般理论形式。无著、世亲的学说本从西北印的学系发展而来，同时也倾向于东南印的唯识师说。所以无著、世亲造论，最初仍沿用蕴、处、界的格式，同时也容纳唯识师说的思想内容。等到他们的唯识思想完全成熟，就颠倒五类法的次第，把心、心所安置在五类法的前面，从而建立起“以心为主的唯识大乘体系”[①]。此即所谓唯识学，这是无著、世亲等新创造的理论形式。

根据这种学派思想发展史的溯源可以见出，欧阳从无著、世亲等留下的论著中，发现了法相、唯识两种思想体系的存在，所以才主张对二宗作“分”的研究。由于古代上座部的法相学说，经过无著、世亲的改造后，走上了唯识学的思想道路，所以太虚法师主张对法相、唯识作“合”的研究，也就有相当的道理。

印顺把自己的评议立场，叫作“全体佛教的立场”。他个人研究法相问题的结论是：“唯识必是法相的，法相不必宗唯识。”[②]“唯识必是法相的”，这是说佛教虽然发展到大乘唯识学，必然还只是对法相思想的继续；“法相不必宗唯识”，这是说法相思想可以发展到唯识学的形式，也可以采取其他的理论形式。印顺此说，对太虚“法相必宗唯识”的论点，是一个重要的修正。

另一方面，印顺站在“全体佛教的立场”，继续作大乘三系的判摄。他说：“以大乘法来说，可条别为三大系，太虚大师称它为法性空慧，法相唯识，法界圆觉。我也曾称之为性空唯名，虚妄唯识，真常唯心。名称不同，内容大致一样。古代贤首宗，判大乘为法相宗、破相宗、法性宗，也还是这大乘三系。”[③]这说明，就对佛教全体教法的理解来看，印顺仍然承续着贤首以下的中国佛学传统。

欧阳通过将法相思想体系从传统的唯识思想中抉择出来，并将之予以普遍化，实具有依之考量及整理一切佛教教法的思想意蕴。印顺本于“全体佛教的立场”所作的大乘三系判摄，实际上大体维持了中国佛教判教的基本思想传统。所以印顺和熊十力一样，虽然对欧阳的分宗说表示了一定程度的肯定，但他同样不能接受欧阳透过法相、唯识分宗之说，以“清整”中国佛教传统的思想意蕴。

---

① 黄夏年主编：《太虚集》，中国社会科学出版社，1995 年，第 150 页。
② 黄夏年主编：《太虚集》，中国社会科学出版社，1995 年，第 153 页。
③ 引自黄夏年主编：《印顺集》，中国社会科学出版社，1995 年，第 19 页。

三 | 吕澂对分宗思想的继承和发挥

在欧阳身边受教的弟子中，吕澂是承受其佛教学术及佛学思想衣钵的著名学者，吕澂对欧阳分宗说的继承和发挥，是欧阳分宗理念的深化和发展。从佛教学术的角度来看，欧阳的分宗之说首先表示一种具体的学术成果：法相与唯识是两个有着“时代”差异及“理念”差异的不同学说系统，应该分别开来予以研究。分宗之说又是欧阳首次把理性治学的精神，引入对佛学思想的研究和整理，故此一观念中，同时又包含了理性治学的精神、原则及方法。欧阳的学生及内学院的同人，继续发挥分宗之说的学术成果及理性精神，取得了一系列的学术突破。太虚在驳议分宗说时所提及的唯识古、今学问题，就是其中的一个范例。

欧阳曾把辨别唯识学之今学、古学，作为内学院所得的二十学理之一[①]，这一学术成果的取得，主要是吕澂的贡献。民国十三年(1924)，吕澂著有《论〈庄严经论〉与唯识古学》一文，文中道：“瑜伽与唯识，学说有先后。瑜伽以三乘观行之境为序，齐被五姓，故其立说无所偏重。唯识后起，专宏大乘，一以识智贯之，意乃独有所寄。”[②]这里所谓的“瑜伽”，指的是瑜伽师说，即相当于欧阳所谓的法相思想系统。吕澂文中所说“瑜伽”与“唯识”的区别，即相当于欧阳法相、唯识分宗的观念。吕澂氏在文中提出，属于“瑜伽”思想系列的经典《辩中边论》，在三性中重视依他起性，以依他性虚妄分别作为三性的枢纽，说境则主张唯心，说生则在分别受用缘起之外，新创分别自性缘起，已开唯识思想之端。到了《大乘庄严经论》，则已能构造成系统的唯识思想。所以《大乘庄严经论》是探讨唯识古学的重要资料。[③]

吕澂在文中提出唯识有古、今学之别。他说：“无著、世亲唯识之学先后一贯，后人有祖述二家之学而推阐之者，是为古学；有演变二家学说而推阐之者，是为今学。”比如，在注解《唯识》的十大论师之中，亲胜、火辩、难陀三家，属于古学；护法的学说属于今学；安慧的思想则折中于二者之间。从东土唯识思想的译家来看，真谛所译是为古学，玄奘所译是为今学。[④] 吕澂在建立唯识有古、今学的观

---

① 欧阳渐：《内学杂著下》与章行严书。
② 吕澂：《论〈庄严经论〉与唯识古学》，《吕澂佛学论著选集》第1卷，齐鲁书社，1991年，第70页。
③ 吕澂：《论〈庄严经论〉与唯识古学》，《吕澂佛学论著选集》第1卷，齐鲁书社，1991年，第70页。
④ 吕澂：《论〈庄严经论〉与唯识古学》，《吕澂佛学论著选集》第1卷，齐鲁书社，1991年，第73页。

点时，不仅使用汉文的译籍进行对勘，还根据梵、藏文的唯识典籍加以征实，所以他最后断定，唯识古、今学的差异，不仅是思想发展先后精疏的差异，还有传习根本诸论传本方面的差异。① 所以，判定唯识思想系统有古、今学的差异，可谓确凿无疑。

吕澂不仅从欧阳继承了佛学思想发展流变的观念，以理性精神治理佛学的观念，更直接继承了欧阳分宗说在探明《瑜伽》学系思想源流方面的创造性成果。吕澂的唯识古、今学观念，同欧阳的法相、唯识分宗观念，可谓一脉相承。吕澂除继承和发展欧阳分宗说的学术意义之外，对分宗说包含的佛学思想的创造意蕴，也有进一步的阐释和发挥。这后面的一点，从吕澂在法相大学特科开学的讲演辞中（民国十四年，1925），有十分清晰的表现。

吕澂先从史实角度说明，在佛教发展的历史上，并不存在一个叫作“法相宗”的佛学宗派：(1) 所谓法相宗，乃至一切宗派，皆属过去之事，今日更毋庸提倡。(2) 夷考印度佛教历史，并不见有法相宗之明白根据。盖印土佛家从无以此区分宗派者。国人一向误会，以为大乘佛法有法性、法相两大宗之对峙，其意乃指龙树、提婆与无著、世亲之学以言。但吾人读各家著书，涉思稍深，仅见所说前后一贯而已。故言法相，则龙树以下各家皆法相说者也；法之自相即是法性，以此言法性，诸家又皆法性说者也。(3) 我国旧称之法相宗，寻其根据，亦极薄弱。法相宗云者，通指唐奘师一系数代而已。此依所居，或可称慈恩宗。谓为法相宗，则厚诬古人之意。盖奘师一系皆能见佛法本真、绍承正脉者。溯自龙树至于护法，学统相承，未尝中绝。奘师独传其绪，此学遂东。则以我国旧时佛法全系译家，而罗师所传杂于门下老、庄之谈，真谛所传又淆于论师《起信》之说，以至译籍黯淡，师承迷辙。奘师慨然于此，独披荆榛，指示坦道，所谓佛法真面目自是而始见此方。乃异学相排，谓是一宗独创，后人不察，更谥曰法相宗，以与三论家之性宗对举，实则奘师本意何尝如此！吾人涉猎慈恩之说，亦言法性，亦言法相，无所界画。故奘师学则真佛学也，无宗派佛学也。说为宗固诬，说为法相宗尤诬。②

吕澂在这几段话中提出，在印度佛教的历史上，实际并不存在一个叫作“法相宗”的宗派，也不存在所谓“法性宗”与“法相宗”的宗派对立。龙树、提婆的《般

① 吕澂：《安慧〈三十唯识〉释略抄引言》，《吕澂佛学论著选集》第1卷，齐鲁书社，1991年，第144页。
② 吕澂：《法相大学特科开学讲演》，《内学》第2期(1925年)。

若》思想系统，与无著、世亲的《瑜伽》思想系统，本质上是前后一贯的。中土三大译师中，罗什所传杂于老、庄之说，真谛所传杂于《起信》之谈，只有玄奘法师直接师承了印度纯正佛学的全体，他的翻译完全不夹杂中土思想的影响，是印度佛学真面目的完全显示。所以，玄奘的佛学是“真佛学”，是“无宗派佛学”。后人把玄奘所传的一系佛学看作一宗之学，固然不当；看成与“法性宗”对峙的“法相宗”，更是不当！

支那内学院所要复兴的法相学，既然不是一宗之学或宗派之学，那么法相的正面涵义又是什么呢？吕澂说：法相既不拘限一宗，其意又将安属？如前所言，则纯真佛法之全体而已。此亦可分两层明之：其一，所谓法则指宇宙人事之一切，此惟证智得之，始有建立。如说五蕴，此非泛称，必得积聚假相之证，而后有蕴言之立。故在证境皆法也，而入语言文字之教，有待形容，无往非相，即法自性见诸言文，亦属自相。故佛所说教，一切皆法相也，说法相即是贯彻佛所说法之全体。其二，又所谓法则指佛说而言，其佛弟子辗转解释研究，皆凭阿毗达摩法门之分别，得其义相。故有解释则为法相之解释，有研究则为法相之研究，此即《智论》于法相中举《毗昙》之义。今言法相，又即贯彻一切佛法之研究与解释矣。①

吕澂在这里解释“法相”有两层正面的含义：(一)“法相”的“法”，指佛菩萨的证悟之境，此证悟之境为了教化众生的目的，进入语言文字之中，从而有了语言文字的“相”，所以所谓的法相，就是指佛的一切言教；(二)“法相”的“法”，指佛的言说，这些言说的含义，须凭各种论藏的研究和解释，才能得其义相，所以对佛所说法的研究和解释，就是佛所说法的“相”，因此法相包括了对一切佛说的研究和解释。总结以上两层含义，吕澂的结论是，“法相”是指“纯真佛法之全体”——全体佛说及对全体佛说的正确研究和解释。

吕澂所谓法相是“纯真佛法之全体”的阐释，正是欧阳“法相同于佛法”之观念②的进一步伸张。吕澂的这种解释既呼应了欧阳将法相思想普遍化的思路，又将法相思想的普遍化同探求真实佛教整体的思想动机有机地结合在了一起。

最后，关于太虚等人针对欧阳法相、唯识分宗之说的批评与回应，我们可以

① 吕澂：《法相大学特科开学讲演》，《内学》第2期(1925年)。
②《龙树法相学》，《内学》第2期(1925年)。

提出以下几点理解：

其一，太虚对欧阳分宗说的驳议，并非出于学术研究的是非之争，而是出于维护佛教史上的各种成说，及维护中国佛教思想传统的动机。太虚意识到欧阳的分宗观念，将引起中国佛教各种“定论”的分崩离析，并最终将冲破中国佛教的思想传统，所以他甚至不惜门下弟子的异议，对欧阳的观点作反复的争辩。这些驳议使得太虚、欧阳各自的佛学思想立场，第一次如此鲜明地暴露出来。太虚的维护成说与欧阳的突破成说，说明二人佛学思想的创造方面，必然分别走上“中国化”及“佛教化”的理路。

其二，从分宗说对此后佛学研究及佛理创造的影响，也可以反显分宗说的思想意蕴。熊十力和印顺法师，一个曾是欧阳的学生，一个是太虚的得力弟子，二人在探讨佛学思想的源流之问题时，都采取了分宗说的学术成果和学术理念。但二人一旦涉及佛教思想层面的问题，则都不约而同地对分宗说的思想意蕴加以忽视或拒斥。熊氏在思想上采取传统儒学的立场，印顺对佛教思想的判断眼光十分宏大，但亦维护中国佛教的传统判教体系，二人对分宗说思想创造意蕴的忽视，正好反显出欧阳分宗之说，试图突破中国思想传统及中国佛学思想传统的“佛教化”的思想立场。

其三，在内学院这一方，吕澂则从学术层面和思想层面，对欧阳分宗说做了较为全面的继承和发挥。吕澂在佛学思想史研究方面一系列独到的研究成果，是分宗说学术理性精神的发展和深化。吕澂对“法相”思想内涵的进一步阐释，则极好地呼应了欧阳根据法相思想重新整理全部佛说的思想理路。

第八章　清代与民国时期的南京佛教寺院

明代南京佛教寺院的发展达到顶峰，为南京佛教的发展奠定了坚实的基础；迄至清代，南京佛教寺院则在承继前代的基础上得到了进一步的发展。明清易代之际，虽然南京城并未发生重大的战乱，但是依然有很多寺院年久失修而凋敝衰败，此后，随着清政权的稳定，南京佛寺的修复创建活动得以逐渐展开。康乾盛世时期，经过长期稳定的繁荣发展，南京逐渐成为江南地位的经济文化中心，民众的佛教信仰十分浓厚，加之康熙、乾隆曾多次到访南京大报恩寺、鸡鸣寺、栖霞寺等重要寺院，进一步推动了南京佛教寺院的修复与建造活动。清中期随着国力逐渐衰弱，南京的经济发展受到很大的影响，与此相应，佛寺的兴修也受到限制，这一时期主要表现为对佛寺的修缮而新建的寺院很少。清代后期，随着第一次鸦片战争的爆发，南京陷入内忧外患的境地，尤其是咸丰时期爆发的太平天国起义，使得在明代以来持续兴盛发展的南京佛寺遭遇了毁灭性的重大打击。一方面是战乱毁坏，另一方面也由于太平天国信奉“拜上帝教”，视非基督教之外的其他佛道教寺院及民间祠社等为邪信而刻意加以毁灭，期间绝大多数佛寺遭到彻底毁坏，或毁于战乱，或遭到拆毁为太平天国诸王兴造王府，或因宗教敌视故意毁灭，使得南京佛寺以及南京城市的历史文化遭到了前所未有的浩劫。太平天国战乱被平息之后，南京城逐渐恢复元气，获得一定的发展，重新开始佛寺的修复与重建，但限于经济条件，只修复、重建了其中一部分，而且规模也难以与之前相比。

清代南京城市的建设与行政规划是在明代的基础上展开，分为都城内部与外部两个区域，此外，还下辖上元、江宁、句容、溧水、溧阳、江浦、六合、高淳等 8 县。在以上区域划分的基础上，南京佛寺主要体现为多点式分布，各个区域皆存在佛寺的兴建活动，而又以秦淮河沿岸一带最为集中。

在佛教管理制度方面，在承袭明代制度的基础上，清代也采取了一些不同于前代的措施，如取消试经度僧制度以及废止度牒制度。寺院经济是维持寺院正常运行以及僧众日常生活的基础，在清代南京佛教寺院的经济收入主要有 6 种来源：寺庙免税、房租收入、庙产田园收入、香火收入、字纸收入、赏赐捐助。而在寺院经济支出上，则主要有赡养僧人、新建修缮庙宇、慈善赈济等三个主要部分。清代南京佛教在民间的主要影响主要表现在两个方面：一是社会救济与慈善；二是社会民俗。

第一节
清代南京佛寺的兴废

清代南京城有几个重要的发展期。第一,清初顺治年间,因南明诸政权占据南京,于时南京城处于明清政权更替之际,而未步入发展正轨。第二,康乾时代,南京城经历了十分稳定且长期的繁荣发展阶段,并成为江南地区重要的经济文化中心。第三,清代中期嘉道时,随着清朝国力的渐趋衰落,南京城亦盛极而衰。第四,自第一次鸦片战争以来,南京城逐渐卷入内忧外患之中。尤其是太平天国运动时期,南京城的发展出现了重大变局:一方面,南京又成为国都,政治地位上升;另一方面,南京城内出现了大规模的拆建活动,对南京城的发展及整体面貌造成了重大影响。第五,太平天国运动之后,南京城又开始逐渐从战乱中恢复元气,获得了一定的新的发展。而南京佛教,亦随南京城之兴衰,经历了一个由兴而衰的发展历史。康乾时代,南京之佛教仍保持着相当的规模,在社会上还产生着相当大的影响,甚至禅宗还有兴旺发展的势头。乾隆以后,清朝国力日降,南京城又屡遭变局,南京佛教之发展亦逐步走向衰落。

在清初直至太平天国战乱之前,南京城内诸佛寺大体上承继明代佛寺之兴盛,平稳发展。清初顺治时期,南京城仍保持前明之旧,在佛寺兴修上亦有所发展。如隆昌寺,本南朝梁代之宝公庵,顺治二年(1645),僧见月于寺中建白石戒坛,古道场为之一振。又如栖霞寺,始建于南朝齐,历代皆兴。顺治五年(1648),江宁绅士邀天界寺高僧觉浪道盛住持栖霞,并捐助银两修缮庙宇,“于是大斥廉囊,鸠庀工材,现宝王刹”,古刹为之一新。康乾时期,由于南京城的繁荣发展,加之康熙、乾隆二帝数下江南,多次巡幸并住宿南京诸寺,使得南京佛寺屡获殊荣,出现新的佛寺修建活动。清代中期嘉庆道光时期,南京城的佛寺亦平稳发展。

咸丰时期,南京城遭遇太平天国战乱的重大变故,南京佛寺几乎被太平军毁拆殆尽,遭受了南京佛寺发展史上最为沉重的打击。太平天国时期,先有太平军入城,拆庙毁庙之难;中有天京事变,内乱毁城之劫;后湘军攻破金陵,南京城为之一炬。此南京城之剧变,使得金陵佛寺经历了一场毁灭性的打击。其原因不仅在于战乱时期城内众多寺院直接遭遇战火而损毁,更主要的是,太平天国军事政权内部芜杂神幻的上帝天国信仰及乌托邦式的意识形态,导致其对中国固有的文化和宗教采取了敌视和灭绝政策。在此政策下，南京城及周边的佛寺遭到了大面积系统地有意拆毁，到太平天国灭亡之前，几乎被拆毁殆尽，百无存一。

一 | 顺治之世的南京佛寺

史家评论“十三年战乱，使东南文物，尽付劫灰”，太平天国战乱之后，虽有所恢复，但无论是数量还是规模，远不能及旧时之盛。

明清易代之际的南京城，事实上并未经历重大的战乱之祸，尤其是南京城守臣钱谦益等的降清，对于南京城的保存起到了积极的作用，而这对金陵诸佛寺的存续亦起到了相当重要的作用。然而，很多佛寺却因年久失修而凋敝衰败，即使如灵谷寺、鸡鸣寺等重要佛寺亦难免，足可见当时金陵佛寺正处在百废待兴之际。随着南京城逐渐纳入清廷统治，其社会渐趋稳定，佛寺之修复创建亦逐渐开展起来。今据相关史实，有关清初金陵佛寺修复及创建事，其大致可知。

（一）修复之佛寺

顺治年间金陵佛寺有修复或重建事者，今可考的计 12 处，兹分述之。

（1）隆昌寺　始为南朝梁宝志公庵，明代名隆昌寺，康熙年间又名慧居寺。顺治二年（1645），僧见月建白石戒坛，作《传戒正范》，定制每年春、冬传戒，结夏安居，寺又兴，后衍为清金陵重要佛寺。

（2）菩提院　始建于明代，顺治三年（1646）重建。

（3）栖霞寺　始建于南朝齐代，历代皆兴。顺治五年（1648），江宁绅士陈丹衷、邓旭、刘思敬等人邀请天界寺高僧觉浪道盛住持栖霞寺，并捐助银两修缮庙宇，“于是大斥廉囊，鸠庀工材，现宝王刹”，古刹为之一新。是年，又有溧阳进士陈旻昭等修建栖霞寺，时筑有紫峰阁。

（4）永寿寺　始建于明代，初名永昌寺。顺治五年（1648），僧永泰倡兴大刹。

（5）普济庵　始建于明代，顺治六年（1649），僧海潮重修。

（6）时思庵　始建于宋代，顺治八年（1651）重建。

（7）长峰寺　始建于唐代，顺治十年（1653）再修。

（8）万寿庵　始建于明代，顺治十年（1653），里人杨公积构造，族兄公翰为之记。

（9）罗山庵　顺治十二年（1655），僧乘祥募修。

(10) 平安山庵　一名净土庵,顺治十三年(1656),邑民马自骧同僧传善复造正殿。

(11) 大报恩寺　顺治十八年(1661)二月二十三日,塔为雷坏一角,其前三日,塔鸣如龙吟。有田氏兄弟,修复其旧。

(12) 崇明寺　始建于东晋,顺治(1644—1661)中,许合中大修之,邑人张明熙撰碑。①

(二) 清初新建之佛寺

除修复前代所创建的佛寺之外,顺治年间先后亦有不少佛寺得以创建。

(1) 匡即庵　在上元县,城北马鞍山最深处,清初建。②

(2) 广福庵　在溧阳县明东区得随,清初建。③

(3) 净土庵　在句容县治北凤坛乡南祉村南,清初,姜道三、陈道一创建。④

(4) 饴露庵　在溧水县治北五里杨林桥,顺治三年(1646),僧性乘募建。⑤

(5) 昌福庵　在溧阳县西四十五里滕村,顺治六年(1649)建。⑥

(6) 新庵　在溧水县安阜门外,顺治十二年(1655),邑民焉自骧舍基建。⑦

(7) 圣寿寺　在溧阳县燕山。明万历末(1573—1620),僧慈照始驻锡于此,而未成道场。顺治十七年(1660),僧道明创建大殿而寺始成。

(8) 大监庵　在上元县内耆阁寺西,顺治十七年(1660)建。⑧

(9) 千华寺　在溧阳县南三十里崔界,顺治(1644—1662)中,贯师智项建,邑人彭旭记。⑨

(10) 大云寺　在溧阳县西九龙山,顺治(1644—1662)间建,邑人吴颖记。⑩

(11) 西林院　在溧阳永东区,距县三十五里,顺治(1644—1662)间建。⑪

---

①《(光绪)续纂句容县志》卷二下。
②《(道光)上元县志》卷十二。
③《(嘉庆)溧阳县志》卷四。
④《(光绪)续纂句容县志》卷二下。
⑤《(光绪)溧水县志》卷二十。
⑥《(嘉庆)溧阳县志》卷四。
⑦《(光绪)溧水县志》卷二十。又按是《志》,新庵在光绪间已废。
⑧《(道光)上元县志》卷十二。
⑨《(嘉庆)溧阳县志》卷四。又按《(光绪)溧阳县续志》卷二载:"千华寺毁于碧匪,存十之三。"
⑩《(嘉庆)溧阳县志》卷四。
⑪《(嘉庆)溧阳县志》卷四。

二 | 康乾时代的南京佛寺

康乾时代是金陵佛寺极为兴盛的时代。其主要原因，除了江宁府的经济繁荣、社会稳定、人口众多诸客观因素推动之外，还离不开康乾二帝对金陵佛寺的重视与巡幸。康乾二帝曾各六下江南，其间多幸金陵佛寺，不仅使金陵佛教屡获殊荣，更是直接带动了金陵佛寺的大规模兴修及创建。

今先列康乾二帝所巡幸诸佛寺，以彰显其推动金陵佛教之功。

（1）大报恩寺　自明末以来，大报恩寺年久失修，早无旧日之盛。顺治年间，大报恩寺始获修而渐兴。至康乾时代前后近百年间，二帝数幸大报恩寺而又大兴。康熙二十三年（1684），帝南巡，曾上塔之最高顶，御书“不二法门”四字匾额，悬于大殿，又御制《幸报恩寺》诗一首。又每级御书一额曰：一乘慧业、二仪有象、三空胜地、四海无波、五律精严、六通真谛、七宝莲花、八表同风、九有弘观。又赐金佛一尊、《金刚经》一部供奉塔顶，御制按《登报恩寺浮图》诗一首。乾隆十六年（1751），帝南巡，驻跸大报恩寺行宫，御赐匾额对联。二十二年（1757）、二十七年（1762）、三十年（1765）、四十五年（1780），皆有御制大报恩寺诗。四十九年（1784），御制按《两中礼报恩寺》诗。是年，嘉庆皇帝随扈有御制报恩寺诗。①

（2）灵谷寺　康熙四十六年（1707），帝南巡临幸，赐御书“灵谷禅林”四字匾额，御书“天香飘广殿，山气宿空廊”对联，御书石刻《金刚经》一部，御书泥金《心经》一卷，御书白居易绝句：“烟满秋堂月满庭，香花漠漠磬铃铃。谁能来此寻真谛，白老新开一藏经。”御书木刻《药师经》一部，附新城王士祯《游记》。乾隆十六年（1751），帝南巡，御制灵谷寺六韵诗，御赐匾额。二十二年（1757）、二十七年（1762）、三十年（1765）、四十五年（1780）、四十九年（1784），皆有御制灵谷寺诗。四十九年（1784），嘉庆皇帝随扈御制灵谷寺诗。②

（3）栖霞寺　乾隆帝六次南巡，有五次驻跸栖霞寺，对栖霞山的风景极为喜爱，每次驻跸均有诗作，有诗为证“第一金陵名秀山，所欣初遇足空前”。栖霞山上有峰名纱帽峰，乾隆帝以名鄙俚，唐突胜境，因改名玉冠峰，又赐桥名曰彩虹，

---

①《（乾隆）江南通志·舆地志》卷四十三《寺观》，广陵书社，2010年，“大报恩寺”条。

②《（乾隆）江南通志·舆地志》卷四十三《寺观》，广陵书社，2010年，“灵谷寺”条。

赐湖名曰明镜。后两江总督尹继善奉迎圣意，在栖霞山大兴土木，广建行宫、景观，达二千余间。虽然这在很大程度上促进了栖霞寺的扩建，但也耗费了不少民脂民膏，以至于寓居江宁的诗人袁枚曾作诗讥讽尹"尚书抱负何曾展，展尽经纶在此山"。

(4) 隆昌寺　康熙四十二年(1703)，圣祖南巡赐"慧居寺"额，故又名慧居寺，并御书《心经》一卷、《金刚经》一卷。四十四年(1705)，康熙帝御赐诗《将游华山以欲雨未往》一首："欲向青山涧壑行，春云又变晓阴轻。勾陈不遣惊禅定，恐碍林间碧草生。"①四十六年(1707)，帝南巡驾幸山中，赐飞白大书"莲畂云香"四字额悬于铜殿，"精持梵戒"四字额悬于戒坛。② 乾隆十六年(1751)三月二十八日，翠华临幸山中。二十二年(1757)三月十六日，圣驾重幸山中。二十七年(1762)三月二十三日，翠华三幸临山，御书"南无阿弥陀佛"六字。三十年(1765)三月初三日，圣驾四幸宝华。四十五年(1780)三月二十四日，圣驾五幸宝华，赐额"慧居"改"千秋名永扬"。四十九年(1784)闰三月十三日，圣驾六幸宝华，均有御赐诗及赏赐。③ 又雍正年间，宝华山七代律师文海福聚精通律藏，受到雍正帝召见，宝华山因而成为全国佛教的传戒中心。

(5) 鸡鸣寺　康熙四十四年(1705)，御书"鸡鸣古迹"四字匾额。乾隆十六年(1751)，乾隆十六年(1751)，高宗驻跸鸡鸣寺凭虚阁，为寺题额"古鸡鸣寺"，又御赐匾额对联。又三十年(1765)、四十五年(1780)、四十九年(1784)皆有御制鸡鸣寺诗。④

(6) 古林寺　康熙四十二年(1703)，圣祖南巡，宗本受到圣祖接见。乾隆二十四年(1759)，帝赐寺额"古林律寺"。⑤

(7) 清凉寺　乾隆十六年(1751)，御赐匾额对联，御制《游清凉寺》诗。二十二年(1757)、二十七年(1762)、三十年(1765)、四十五年(1780)、四十九年(1784)皆有御制《游清凉寺》诗。⑥

---

①《宝华山志》卷前《圣祖仁皇帝御制》，《中国佛寺史志汇刊》第1辑第41册，台北明文书局，1980年，第3—4页。

②《(乾隆)江南通志·舆地志》卷四十三《寺观》，广陵书社，2010年，"慧居寺"条。

③《宝华山志》卷前《高宗纯皇帝御制》，《中国佛寺史志汇刊》第1辑第41册，台北明文书局，1980年，第11—22页。

④《(乾隆)江南通志·舆地志》卷四十三《寺观》，广陵书社，2010年，"鸡鸣寺"条。

⑤释辅仁：《律门祖庭汇志·律寺名称》，《南京稀见文献丛刊》，南京出版社，2011年，第51页。

⑥《(嘉庆)大清一统志》卷七十五，"清凉寺"条。

(8) 香林寺　原名兴善寺，康熙三十八年(1699)，圣祖仁皇帝南巡，改为香林寺，方丈内御书“觉路”二字匾额。①

(9) 宏觉寺　乾隆帝为寺佛殿御书匾额“万法皆如”。②

(10) 慈应寺　旧名排头庵。乾隆十六年(1751)，御书“慈云普应”匾额及对联。③

(11) 葵荫寺　乾隆十六年(1751)，帝南巡，赐御书联额。④

(12) 通善寺　本唐代龙泉寺，明重建改额通善寺。乾隆帝曾于此一游。⑤

(一) 修复的佛寺

(1) 灵谷寺　清初灵谷寺庙宇破败，一片荒凉景象。临济宗高僧汉月法藏的法孙于南宗运来山驻锡，重修庙宇，开堂说法，寺院情形开始好转。继任住持尘仙隆甡、晓苍际曙传承他的法脉，继而宗风大振。后康乾二帝数幸灵谷，使得灵谷禅林久盛不衰。

(2) 鸡鸣寺　清初鸡鸣寺年久失修，庙宇倾颓。康熙二年(1663)，普济塔又被雷电击毁，栖霞寺高僧竺庵大成应邀前来住持，重建殿塔，“一时富者施金帛，贫者施工力，未期年而落成，涂金间碧，高摩云汉，至今江南以为盛事”⑥。四十四年(1705)，康熙帝御书“鸡鸣古迹”四字匾额后，江宁织造曹寅又对鸡鸣寺进行了一次大修，“于是卜吉鸠工，一年始竣，江山云物顿改旧观”。⑦

(3) 大报恩寺　康熙三年(1664)，居士沈豹重建大报恩寺大殿，耗费白银超过两万两，平南王尚可喜、靖南王耿继茂、江南总督郎廷佐等王公大臣领衔捐助。大殿左为禅堂，有三藏殿，唐三藏法师石塔在焉。禅堂前有修藏社，藏南藏板。僧松影修藏，十年藏成。康熙五年(1669)，太守陈开虞为之碑记，塔后为无梁殿、万佛阁，僧休然建。阁后有放生池、濠上亭，皆与塔前后相映。塔高百余丈，五色琉璃合成，冠以黄金宝顶，照耀云日，夜篝灯百二十有八，数十里风铎相闻。钟山

---

①《(乾隆)江南通志·舆地志》卷四十三《寺观》，广陵书社，2010年，“香林寺”条。

② 杨新华、吴阆：《南京寺庙史话》，南京出版社，2010年，第30页。

③《(嘉庆)大清一统志》卷七五，“慈应寺”条。又按《(乾隆)江南通志》卷四三：“慈应庵在府东麒麟门外龙潭大道。国朝康熙六年建。”两者同年创建，寺名相似，方位一致，很可能为同一座寺院。

④《(道光)上元县志》卷十二。

⑤ 杨新华、吴阆：《南京寺庙史话》，南京出版社，2010年，第62—64页。

⑥ 陈毅：《摄山志》卷三《律师》，《金陵全书》甲编方志类专志第1册，南京出版社，2012年，第377页。

⑦ 曹寅：《楝亭文钞·重葺鸡鸣寺浮屠碑记》，《四库全书存目丛书》集部第257册，齐鲁书社，1997年，第261页。

大江，悉在凭眺中。万历间，塔顶偏，僧洪恩修正。[1] 康熙三十八年(1699)，大报恩寺塔毁，康熙帝特颁帑金修建，并御制《修报恩寺塔初毕登之》诗一首。乾隆十六年(1751)，乾隆帝南巡，驻跸大报恩寺行宫，御赐匾额对联，并恩赐银 200 两，除去举办祝延圣寿的法会花去的 100 多两，剩下银两即用于建造市房，作为维修殿塔的公产，"寺基内外创建市房十间，复于乾隆二十六年添造市房十数余间，即以市房租息偿清借贷，鸣知合寺将先后添造市房悉交常住，每年租息约一百六七十千文不等，永为岁修公产"。[2]

(4) 妙如寺　始建于北宋，明代有所修复，康熙四年(1665)又进行重修。[3]

(5) 隆昌寺　康熙十年(1671)，僧见月重建大雄宝殿、大悲楼，新建布萨堂、客房、屏教所、留云楼。这时的隆昌寺规模宏大，庙貌一新，"三门巨丽，甲于东南"[4]。雍正十二年(1734)，宝华山不慎失火，烧毁房间 60 余间。次年(1735)，两江总督赵弘恩奉旨重修，寺殿宇及下院不下千间。

(6) 古林寺　始建于南梁时期。康熙二十三年(1684)，古林寺遭大火焚毁，只剩下戒坛、丈室。时任住持合吉寂鼎，募化三年，重建庙宇，并定期传戒，再振律风。其弟子宗本照贤，以精通律藏著称于世。雍正年间，住持鲁玉普璠讲经说法见解独到，江南富商闵某仰慕其名，出巨资将青石戒坛改建为矾石戒坛。

(7) 香林寺　康熙三十八年(1699)，圣祖第三次南巡，游历兴善寺，见林木茂盛，又闻鸟语花香，遂"改为香林寺，方丈内御书'觉路'二字"[5]。江宁织造曹寅迎合上意，为香林寺购置秣陵关田 270 余亩、和州田 150 余亩，成为香林寺的大施主，而香林寺也几乎成为曹家的家庙。红学家多认为，香林寺是《红楼梦》里铁槛寺的原型。[6]

(8) 凤栖山庵　始建于明代，康熙四十二年(1703)，诸伯颜等复增石湖

① 张惠衣:《金陵大报恩寺塔志》卷一，陈开虞《康熙江宁府志·卷三十一》,《中国佛寺史志汇刊》第 2 辑第 13 册，台北明文书局，1980 年，第 27—28 页。

② 释悟明:《折疑梵刹志》卷六《国朝报恩寺条约》,《中国佛寺志丛刊》第 26 册，江苏广陵古籍刻印社，1996 年，第 481 页。

③《(嘉庆)溧阳县志》卷四。

④ 固佚名:《宝华先师见老人行纪》不分卷，南京图书馆藏刻本。

⑤《(乾隆)江南通志·舆地志》卷四三《寺观》，广陵书局，2010 年。

⑥ 参见周汝昌、严中:《江宁织造与曹家》，中华书局，2006 年，第 178 页；吴新雷:《〈香林寺庙产碑〉与曹寅的〈尊胜院碑记〉》,《红楼梦研究集刊》第 2 辑，上海古籍出版社，1983 年。

书屋。[①]

(9) 永寿寺　始建于明万历年间，初名永昌。康熙四十四年(1705)遭火灾，寺渐圮，后经寺僧寿山募建。乾隆元年(1736)塔坏，邑人肖克宏合众重修。[②]

(10) 圣寿寺　康熙间，屏山彻映增设斋阁堂等处，规制甚备。二十八年(1689)，大殿祖堂灾，得源修振。四十六年(1707)，戒台方丈禅堂等处，复毁，然永募建。[③]

(11) 招贤寺　始建于明代景泰年间，未知毁于何时。至雍正年间，僧明昌重建寺院。[④]

(12) 竹山庵　始建于明万历十二年(1584)。乾隆三十六年(1771)，史宗榜重建，并改名长庆庵。[⑤]

(13) 白云庵　始建于唐代，又称优昙寺。乾隆三十六年(1771)，僧恒参募建。[⑥]

(14) 白云禅院　始建于何时不详，僧曦崑建。乾隆四十年(1775)，大殿灾，前龙池方丈性崖重建。[⑦]

(15) 陆家庵　始建于何时不详。乾隆四十一年(1776)，邑庠陆献、陆延宦重修。[⑧]

(16) 光宅寺　又名石观音寺。始建于梁武帝时期，自明代重建以来久废。乾隆四十六年(1782)，一游方和尚于废墟中掘得一尊石观音像，即设法重建寺庙，并以石观音寺为名。[⑨]

(17) 古圆教寺　始建于唐贞观间，宋明两代皆有所复修。乾隆四十八年(1783)，知县张尚怀诣寺宣讲圣谕，捐廉重修，规模较前巨集敞。[⑩]

---

①《(光绪)溧水县志》卷二十。

② 杨新华、吴阗:《南京寺庙史话》，南京出版社，2010 年，第 131 页。

③《(嘉庆)溧阳县志》卷四。

④ 杨新华、吴阗:《南京寺庙史话》，南京出版社，2010 年，第 112—113 页。

⑤《(光绪)溧水县志》卷二十。

⑥《(嘉庆)溧阳县志》卷四;《(光绪)溧阳县续志》卷二。另白云庵有多处，按光绪《志》卷二载:"白云庵。一在凹山，古优昙寺。一在桂寿石岨，一在白马垫，俱重建。一在后周葛家村，一在庵界，一在西顶村，一在秧涧村，建废不详。"

⑦《(嘉庆)溧阳县志》卷四。

⑧《(光绪)溧水县志》卷二十。

⑨ 杨新华、吴阗:《南京寺庙史话》，南京出版社，2010 年，第 38 页。

⑩《(光绪)续纂句容县志》卷二下。

(18) 万善庵　始建于明万历间。乾隆四十八年(1783),僧了成于庵西募建帝君殿,自置田四十四亩零,永奉香火。①

(二) 新建的佛寺

(1) 长春寺　在溧阳县北门外,故又称北寺。康熙(1662—1723)初,户部郎费达施地,僧朗微募建。②

(2) 慈应寺(排头庵)　在上元县东三十二里,府东麒麟门外龙潭大道,为宝华山往来下院,旧名排头庵,康熙六年(1667)建。③

(3) 准提庵　在六合县治西公廨铺,康熙十年(1672)建。④

(4) 静室庵　在溧阳县杨笪村,康熙十六年(1677)建。⑤

(5) 崇隆寺　在溧阳县西十里仙人山,一名茅蓬寺。康熙二十六年(1687),碧露禅师创建。乾隆五年(1740),颁赐藏经重建,渐已复旧。⑥

(6) 龙泉寺　在溧阳县县西五十里,康熙五十七年(1718)建。⑦

(7) 龙华庵　在府城银鼎桥西,康熙五十九年(1720),按察司葛继孔置地,延僧宝光募建。⑧

(8) 护国寺　在溧阳县凤凰桥南,康熙年间,僧海念建。⑨

(9) 聚兴庵　在溧阳县泓口,雍正六年(1728)建。⑩

(10) 大慈庵　在溧阳县永定区,乾隆六年(1741)建。⑪

(11) 大觉寺　在溧阳县近乌山,乾隆十一年(1746)建。⑫

(12) 秋水庵　在溧阳县惠得区,乾隆四十五年(1780)建。⑬

(13) 慈航庵　在溧阳县北门外,乾隆四十六年(1781),女僧恒修募建。⑭

---

①《(嘉庆)溧阳县志》卷四。

②《(嘉庆)溧阳县志》卷四;《(光绪)溧阳县续志》卷二。

③《(嘉庆)大清一统志》卷七五;《(乾隆)江南通志》卷四三。

④《(光绪)六合县志》卷三。

⑤《(嘉庆)溧阳县志》卷四。

⑥《(嘉庆)大清一统志》卷七十五;《(嘉庆)溧阳县志》卷四;《(光绪)溧阳县续志》卷二。

⑦《(嘉庆)溧阳县志》卷四载:"在县西五十里。康熙五十七年建。"

⑧《(乾隆)江南通志·舆地志》卷四十三《寺观》,广陵书社,2010年,"龙华庵"条。

⑨《(嘉庆)溧阳县志》卷四;《(光绪)溧阳县续志》卷二。

⑩《(嘉庆)溧阳县志》卷四。

⑪《(嘉庆)溧阳县志》卷四。

⑫《(嘉庆)溧阳县志》卷四。

⑬《(嘉庆)溧阳县志》卷四。

⑭《(嘉庆)溧阳县志》卷四;《(光绪)溧阳县续志》卷二。

（14）积善庵　在句容县淤乡之北，乾隆五十一年（1786）建，后改为大王庙。①

（15）瓦屋山寺　在句容县南瓦屋山，康熙间（1662—1722），有云存和尚，湖广人，憩息于此，筑道场开山，虎皆驯伏。年六十九将辞世，谓其徒曰："三年后开龛，我肉身不烂，当有人装金。"后开视果颜色如生，居人争相装塑，乾隆间仍香火不绝。②

（16）接云寺　在溧阳县吴冶岭，乾隆间建。③

（17）广惠庵　在溧阳县报恩寺左，乾隆间，僧慧筠募建大殿，又自建后楼及禅房廊屋。④

（18）草庵　在溧水县小东门外，乾隆年间，陈永康舍基，僧自成改建。⑤

三　清代中期的南京佛寺

嘉庆、道光年间，清朝国力逐渐衰弱，江宁府的发展自然亦同国运，受到影响。与此同时，金陵佛寺的兴修事业也逐步放缓。总体言之，这一时期的金陵佛寺已无康乾时代大兴之景象。在佛寺的兴建上，主要表现为对一些年久失修的寺院进行修复，而很少有新寺的创建。并且，这一时期所修复之佛寺一般为影响较小的寺院，至于重大佛寺却久无修复活动。这在某种意义上反映了当时整个社会的面貌已经趋于衰败，以至于并无重大财力放在佛寺的修建之上了。

（一）新建佛寺

（1）丰乐庵　在溧阳县前陈塘冈，嘉庆八年（1803）建。⑥

（2）永镇庵　在溧阳县淦西桥北，嘉庆十六年（1811）建。⑦

---

①《（光绪）续纂句容县志》卷二下。

②《（乾隆）句容县志》卷四。

③《（嘉庆）溧阳县志》卷四。

④《（嘉庆）溧阳县志》卷四。另外，广慧庵有多处，按《（光绪）溧阳县续志》卷二载："广惠庵，俗并曰广惠行宫，一在下桥，今废。一在庆丰圩，一在歌岐，一在淦西，俱废。一在永利普庆图，改义学公所。一在强埠丁溪村。"

⑤《（光绪）溧水县志》卷二十。

⑥《（嘉庆）溧阳县志》卷四。

⑦《（嘉庆）溧阳县志》卷四。

(3) 恒泰庵　在溧水县骆山村东,嘉庆年间,孝子杨志管构造。①

(4) 诸乐庵　在句容县行香镇东,道光十八年(1838),朱定周建。②

(5) 水月庵　又名正觉寺。嘉庆十九年(1814),僧镜澄佐百文敏公禹逆匪方升荣功最,故文敏为奏建之。③

(6) 积德庵　在句容县治东谢培铺,道光二十七年(1847)建。④

(二) 修复的佛寺

(1) 聚仙庵　始建于明隆庆元年(1567),后废于火。嘉庆元年(1796),潘昭、潘源、潘芬等重建。⑤

(2) 甘露寺　始建于何时不详。嘉庆四年(1799),募建后殿。⑥

(3) 大报恩寺　嘉庆五年(1800),五月十五日寅时,报恩寺琉璃塔又遭雷击,两江总督费淳、江苏巡抚岳起奏请发帑银维修,仁宗也予以批准,"于嘉庆七年二月初六日开工,六月初二日告竣,而塔焕然重新矣"⑦。道光二十二年(1842)七月,中英鸦片之役,假寺张筵构和。是年八月二十五日,洋人游寺登塔。道光二十四年(1844),有一西人贸然登塔,顷闻有声如雷,竟自塔尖堕地死。数日后,又有夷妇二人,赤身裸体,猱上直登巅顶。居民遥而望之,似取一木匣去者。未几有一行脚僧过寺,仰视塔顶而叹。途人问之,则云宝物被窃,此塔不久毁矣。⑧

(4) 龙泉寺　始建于唐代,唐鹤林玄素禅师说法处。明代镜中圆禅师重建,请赐额通善寺。清嘉庆六年(1801)重修,复称龙泉寺。⑨

(5) 灵谷寺　嘉庆、道光年间,雪屈昌玉、悉朗昌钦等住持竭力经营,重修无

---

① 按《(光绪)溧水县志》卷二十载:"骆山村东,嘉庆间孝子杨志管构造,同治六年(1867)族人廷材、以正、罗书锦等复建。"

②《(光绪)续纂句容县志》卷二下。

③《(同治)续纂江宁府志》。

④《(光绪)续纂句容县志》卷二下。

⑤《(嘉庆)溧阳县志》卷四载:"在县东南黄墟村。先是地苦洼下。嘉靖十七年,潘温捐田为路。县委乡耆督成之寻未于水。隆庆元年温又倡率五区二十四村,并力增高。间植桃柳,名曰仙堤。西建迎仙桥,有碧阑云洞长堤映带之胜。其东建庵则聚仙也。庵中春仲结兰社,秋仲结桂社。延致四方文学之士并于其中。讲明圣论乡,约文公家礼。后废于火。国朝嘉庆元年,潘昭、潘源、潘芬等重建。知县张经邦记。"

⑥《(嘉庆)溧阳县志》卷四。

⑦《江南报恩寺琉璃宝塔全图附志》,载张惠衣:《金陵大报恩寺塔志》,杨献文点校,南京稀见文献丛刊,南京出版社,2007年,第121页。

⑧ 张惠衣:《金陵大报恩寺塔志》卷十《清》,《中国佛寺史志汇刊》第2辑第13册,台北明文书局,1980年,第144—第145页。

⑨ 杨新华、吴阑:《南京寺庙史话》,南京出版社,2010年,第62—64页。

梁殿、五方殿、志公塔，寺院面貌大为改观。这一时期，施主的捐献非常踊跃，绅士李天士、甘福、李卓三先后向该寺布施田地、房产。清代灵谷寺田产规模虽远不及明代，但仍能维持近千亩的规模，“前明钦赐田产，历年久远，除湮没无征外，其所赠存并本寺续置之产，约计田地、芦场、圩沟、塘坝、山基等八百余亩，坐落上元、江宁、句容三县地方。又有零散瘠疲田地山场二百余亩，坐落上元县等处地方。贺兵等七户布施乐山一百零五亩，又众姓捐施柴山四十四亩三分”①。

(6) 护国寺　始建于康熙年间，嘉庆十七年(1812)，僧募捐重建。②

(7) 放生庵　一名护生庵，在上元县龙蟠里。庵前为乌龙潭，传即唐乾元二年(759)鲁公奉建放生池，清总督马鸣、王新命、于成龙皆有《永远放生碑记》，巡抚陈大受有《重修鲁公放生池庵碑记》，望溪方苞有《五龙潭放生本记》，里人汪有《金陵乌龙潭放生池始末说》。嘉庆年间，浙总结方甸重立坊额。庵西有屋三楹祀鲁公，以下之有功德于放生者。③

(8) 鹫峰寺　始建于明天顺年间。其地齐为东府城，梁为江总宅，唐乾元中刺史颜鲁公置放生池，东接青溪。宋淳熙间，侍制史正志移于青溪之曲，建阁其上，岁久湮没。明天顺间即上水建寺，赐额鹫峰寺。④ 清乾隆末年，高僧达宗来此驻锡，中兴此寺。嘉庆年间，性海法师驻锡此寺，更趋鼎盛。道光年间，寺改为老民堂，正殿行将圮废。道光十五年(1835)，乡人甘静斋、冯君耀募资重建。⑤

(9) 龙城寺　始建于唐贞元年间，北宋大中祥符年间改额为保圣寺。⑥ 明洪武、天启、崇正间，该寺几度重修。清道光八年(1828)，知县许心源令学山书院董理倡修，三年乃成。⑦

(10) 惠济寺　始创于南唐，宋为惠济院，元祐年间又改院为寺。清道光十四年(1834)，邑人毛麟、苏北奎在此创立英华书院。⑧

(11) 崇明寺　始建于东晋。顺治间修，道光间，骆懋官王相廷、张朝彬等人

---

① 谢元福:《灵谷禅林志》卷五《寺产》,《中国佛寺志丛刊》第 29 册,江苏广陵古籍刻印社,1996 年,第 143 页。

②《(嘉庆)溧阳县志》卷四;《(光绪)溧阳县续志》卷二。

③《(道光)上元县志》卷十二。

④《肇域志》卷五。

⑤ 杨新华、吴阗:《南京寺庙史话》,南京出版社,2010 年,第 114—115 页。

⑥《(乾隆)江南通志·舆地志》卷四十三《寺观》,广陵书社,2010 年,“保圣寺”条。另按《重修保圣寺塔碑记》载,宋绍兴四年(1130)重建后遂以寺名为保圣寺。

⑦ 杨新华、吴阗:《南京寺庙史话》,南京出版社,2010 年,第 71 页。

⑧ 杨新华、吴阗:《南京寺庙史话》,南京出版社,2010 年,第 73 页。

复修。

（12）祈泽寺　始建于刘宋时期。道光间，僧明辉、勇青募修。[①]

（13）古林寺　道光年间，住持明空本修将大雄宝殿后的山崖开凿成石壁，遍植海棠花，为古刹添一新景。

（14）独峰寺　始建于明代。道光年间，僧人宏肇、德山居留此寺，寺有所兴。[②]

除上述获修复诸寺，又考得两座寺院，虽未有修复事迹，但在嘉庆、道光时期亦有所活动，必也于时香火延续。

（1）四松庵　始建于明代。嘉庆年间，里人胡钟汪度倡于诸绅士，鸠赀之归庵。[③]

（2）水境庵　始建于何时不详。道光二年（1822），监巡观察龄公住，易名水镜。[④]

另考得毁废于此时的寺庵两座：

（1）报恩禅寺　旧在溧阳县西北五十里。梁天监中置，唐会昌中废。宋元祐五年（1090），邑人高先等徙建东门外一里。宣和间为神霄宫，后复例改，丞相李纲书额。明代屡有修建，亦呼秦宫寺。清嘉庆十一年，大殿及千佛楼被毁未建。[⑤]

（2）南庵　在句容县□头村东。相传道光初，有龙□于此，殿宇尽坏，庵遂废。[⑥]

四　太平天国时期的南京佛寺

道光三十年（1850）11 月 4 日，洪秀全、杨秀清领导组织拜上帝教成员在金田起兵反清，此后，洪、杨带领农民军势力不断壮大，于咸丰元年（1851）11 月 11 日，宣布建立太平天国。而为攻占南京，太平军随即发动北伐，向经济之中心地

---

① 杨新华、吴阗：《南京寺庙史话》，南京出版社，2010 年，第 9 页。
② 杨新华、吴阗：《南京寺庙史话》，南京出版社，2010 年，第 117 页。
③《（道光）上元县志》卷十二。
④《（道光）上元县志》卷十二。
⑤《（嘉庆）溧阳县志》卷四。
⑥《（光绪）续纂句容县志》卷二下。

带推进，连续突破清军湖南、湖北、安徽等防线，于咸丰三年(1853)3月19日攻入南京城。同年，洪秀全定都南京，把“南京”改为“天京”。

这次农民运动与以往不同之处在于，它是以洪秀全建立的拜上帝教为根本思想。洪秀全借基督教之教义，结合中国传统的乌托邦式的政治理想，组织了拜上帝会。其思想完全有别于中国传统儒释道思想文化，并采取激烈甚至暴烈的方式对待儒释道三教。定都天京之后，太平天国制定了许多政策，在宗教信仰和思想文化方面，推行的是以暴力手段破坏一切。史景迁在《太平天国》中记述道：

> 至于如何处理非拜上帝教的教徒，太平天国领袖采取各不相同的方式。僧道遭到粗暴对待；南京城中许多道观、佛寺(其中许多是已有数百年的建筑精品)都被太平军焚烧殆尽；佛像石雕被捣毁，许多僧道出家之人被剥去衣裳，甚至被杀掉；必须认同太平天国拜上帝教的教义，才能幸免于难，而太平军也手持刀剑来宣教。但是南京的伊斯兰教徒却没有受到这么野蛮的攻击；南京城里的清真寺，也获准保存。[①]

从史景迁之记载中可以看出，太平天国对于非拜上帝教或教徒，采取的是排斥打压等暴力手段。相较于伊斯兰教甚至基督教，佛教和道教所受到的打击是最为严重的，包括焚毁寺院道场、捣毁佛像石雕、赶杀教徒等。太平天国的这种极端宗教与思想文化政策发展成具体的行动，主要有两个方面：其一，捣毁偶像；其二，排斥异教。

(一) 捣毁偶像

洪秀全的拜上帝教在起义之前在桂平紫荆山区活动时期，就一直进行着捣毁偶像的活动。太平天国所颁布之《太平天日》一书，记载了洪秀全捣毁象州甘王庙甘王像之事：

> 九月十六日，主率南王冯云山、曾沄正、蝦王卢六、阵利往象州破此妖庙。十七日始到，十八日主亲到其庙，以大竹搞此妖魔，骂曰：“朕是真命天子，尔识得朕么？天丁酉年朕昇高天，朕，天父上主皇上帝命朕同众天使战

① 史景迁：《太平天国》，朱庆葆等译，广西师范大学出版社，2011年，第229页。

逐你们一切妖魔，那个妖魔不被朕战到服处！尔今还认得朕么？若认得朕，尔今好速速落地狱矣！……”命其四人将妖眼挖出，须割去，帽踏烂，龙袍扯碎，身放倒，手放断。

起义之后，凡太平军占领的地方或经过的地方，到处都在捣毁偶像，所有佛寺、道观、城隍、社坛，以至凡百祠庙，无所不拆、无像不毁！西方传教士在游历了苏州、昆山、天京之后，向在上海的西方人报告了太平天国捣毁神庙、偶像的情况。以下分别援引传教士赫威尔、艾约瑟的报告。赫威尔报告称：

他们感觉到是奉上帝所命以打倒偶像和清朝的。当他们动手毁坏神庙之前，全体围庙而立，而其领袖则高呼“奉圣父上帝之名，及借圣子耶稣之权，我们毁坏此神庙”。[①]

艾约瑟的报告称：

太平军打倒偶像的倾向仍在猛进中，固然是无处令偶像留存不毁的。在平望一个守将的官邸附近，有一神庙中所有偶像已被肃清。当中设一桌子，以代从前的香案，其上置清茶三杯。在其他神庙，偶像只被支解或毁灭而不除去。常见有神鼻、神下颌或神手被斩断的。这些神庙的地上布满神像的肢体遗骸，有佛教的或道教的，有男性复有女性的。有些被弃于运河中，随水流去。[②]

偶像之被拆毁，大多是全部消灭或者斩断肢体之一部分；毁坏的偶像有男性亦有女性；偶像有深受民间佛教信仰而建的，亦有道教之中的偶像。他们想借此所谓的拜上帝之宗教来捣毁中国固有之偶像系统，进而希望能够打败甚至灭亡清朝。这一点或许即是他们不遗余力地进行偶像捣毁活动的主要原因之一。清朝的士

---

① 据简又文《太平天国典制通考》（香港简氏猛进书屋，1958年）第19篇《宗教考》中引赫威尔报告，原载于《北华捷报》1860年6月3日。

② 据简又文《太平天国典制通考》（香港简氏猛进书屋，1958年）第19篇《宗教考》中引赫威尔报告，原载于《北华捷报》1860年6月3日。

大夫们亦是看到了这一行动的潜在危险性。张德坚在《贼情汇纂》卷十二记载：

> 贼见庙宇即烧，神像即毁，其毁神像者，亦欲以威劫人也。……乡愚亦不知，以为神且砍头斫足，何况于人；神且不敢为祸，人何敢为。

传教士宴玛太在《太平军纪事》中记载：

> 他们之毁坏偶像神庙实惹起大多数民众至强烈的仇恨。然而，这却是他们能力之源，因为人民和清军看见他们随便毁坏神像，而却毫无损害，行若无事，不能不惊异，不知他们究竟是什么人物。他们所奉为至神至圣，无人敢冒犯亵渎者，而太平军竟尔摧毁之。所以各处地方官吏，清军和人民，一见太平军到，便先已丧了胆失了魂了。①

太平军拆毁偶像之目的并非只是为了拆毁偶像，而是借此行为欺骗和纠集无知大众，威吓清军士兵，起到精神上之威慑力，所以张德坚称其“神且不敢为祸，人何敢为”，宴玛太称其为“能力之源”。正是凭借这“能力之源”，太平军之力量曾经迅猛发展。

（二）排斥异教

太平军奉行拜上帝教，以上帝为一尊，用政治力量排斥异教。“当时中国社会盛行佛教和道教，故太平天国对佛、道二教最为严禁。凡是属于佛教和道教的东西一概毁灭，和尚、道士都深藏不敢露面，与赌博的、抽鸦片的及开娼馆的都四处逃窜。在太平天国境内，佛、道二教完全消灭。”②结合上述部分，亦不难想象佛教、道教在太平天国，尤其是天京地区，所遭受到的灭顶之灾。

洪秀全所领导的太平天国自金田起义、定都天京以来，一直不断地和清政府之军队进行抗争，分别进行了北伐、东征、西征等重大活动，虽偶有胜利且攻占了一些大城镇，但终因定都天京后，统治阶层内部权力斗争和分裂不断、统治者腐化堕落，以及各种政策之不得人心，最终只能是以失败而告终。1861 年 9 月，曾

① 据简又文：《太平天国杂记》第 1 辑，商务印书馆，1935 年。
② 罗尔纲：《太平天国史》第 2 册，中华书局，2000 年，第 40 页。

国藩攻陷安庆，标志着太平天国至关重要的西线作战的失败。1864 年 7 月 19 日，曾国荃破城而入，大肆屠戮南京居民，并纵火焚烧了这座古老的都城，约有 10 万人在这场浩劫中丧生。

太平天国时期南京佛寺、道观遭到太平军大规模的拆毁，但依现实之情况，主要以拆为主，以毁为次，[①]即主要将佛寺道观拆掉，所得材料用作府邸及军事要塞修建之用。至于非天京地区，由于当地居民固有之信仰，拆庙毁庙的情况相对来说较轻一些。天京事变之时，因内乱城内损毁巨大。后湘军攻破天京，天京城为之一炬，南京城遭受极大之破坏。又因佛寺道观多建制宏伟，又易成为叛乱者窝藏抵抗之处，佛寺道观后又多被清军搜索攻打，佛寺之损毁便可想而知。

经过太平天国攻克南京、定都南京以及所奉行的极端之宗教文化政策的破坏，再加上曾国荃攻陷南京、纵火屠城，兵燹灾祸对于南京之破坏程度是不可想象的。作为佛教重镇的南京城，散布着六朝、唐宋、明清历代寺院庙庵，在这种惨烈灾祸之阴云笼罩下，能完存者微乎其微。朱偰在《金陵古迹图考》中记载：

> 洪、杨之役，实为金陵大劫，十三年之战乱，使东南文物，尽付劫灰。如报恩寺之浮图、青溪先贤祠、明故宫、朝天宫、孝陵，以及近郊古代诸名刹，如幽栖、佛窟、高座、永宁、栖霞等六朝寺宇，以及天界、普德诸寺，无不毁于此时。及湘军入城，则又作巷战，太平军领袖，纵火焚天王府及诸王府，城内火光烛天，烟焰蔽空。及金陵克复，已疮痍满目，而历代书籍古物珍藏，又随湘军而转辗流至湖南，宋元明以来金陵精华，散亡殆尽。此历代都会，所谓六朝佳丽之地，人文荟萃之处，所以呈今日荒凉寥廓之景象也。太平军之破坏，除侯景之乱及隋文帝荡平六代宫阙以外，金陵史上莫与伦比矣。[②]

太平天国运动以及湘军入城平定太平军，不仅使南京城的佛寺毁拆殆尽，而且对南京的历史文化也是一次重创。朱氏实地考察金陵古迹之时为民国二十五年(1936)，距洪秀全占领南京已 83 年；距曾国荃克复南京已 72 年。洪、杨之乱后，南京寺院虽有修复，但终不如战乱之前之盛况。经过大半个世纪，至朱偰撰

---

① 夏春涛：《太平天国时期南京城的变迁》，《扬州大学学报(人文科学社会版)》2011 年第 6 期。
② 朱偰：《金陵古迹图考》，中华书局，2006 年。

写此书时，南京依然是“荒凉寥廓之景象”，历代遗存之文物古迹、书籍珍藏遗落散失殆尽。

今据史料，可考期间被摧毁佛寺达131座。其中，史料中明确记载被摧毁者有68座，这些寺院，或直接卷入战火而毁，如大报恩寺、祈泽寺、灵谷寺、古林寺、天界寺、栖霞寺等；或乱后被拆而毁，如隆昌寺等。另有未明确记载，然可推测为太平天国之乱时被摧毁者6座，如弘觉寺、铜山寺等。因考虑到这些寺院皆在乱后重建，故极有可能是累受太平天国战乱之患。

（三）被毁的佛寺

（1）大报恩寺　咸丰三年（1853）正月二十四日，发匪踞塔，俯瞰城中，施炮，炮弹有落中正街者。三年三月，向军克通济门外垒，复克七桥瓮，断钟山报恩寺往来路。咸丰六年（1856），太平天国北王韦昌辉担心翼王石达开利用残破的城南报恩寺作为攻城的炮垒，先行下令炸毁。[①] 韦氏先用火药轰之，复挖空塔座下基地，数日塔倒，寺遭焚毁。当时有童谣曰：宝塔折，自相杀。同治四年（1865）十二月，江宁机器制造总局就寺坡下菜地造委员住房一所十二间、机器汽炉房等八十余间，廊五十余间，为制造分局。[②]

（2）祈泽寺　咸丰三年（1853）正月至六年（1856）五月，太平天国军队与清军多次战争，毁于战乱。光绪十七年（1891）重建。[③]

（3）灵谷寺　咸丰三年（1853），太平军攻占江宁府，定为天京，钦差大臣向荣尾随其后，在孝陵卫建立江南大营，掘长壕加以围困。双方多次在钟山激战，灵谷寺饱受战火洗劫，庙宇毁废殆尽，“即灵谷寺屡兴屡废，亦无似此次之澌尽者”[④]。住持德铠祢修在战乱中仍坚守山林，掩埋尸骨，并将死者姓名登记造册，供后人稽考。

同治六年（1867），春夏两季，数月无雨，时任两江总督曾国藩与布政使、督粮道、盐巡道先后于灵谷寺求雨，“四祈而四效”，天降甘霖缓解了旱情。事后，曾国藩在无梁殿东、八功德水侧修建了一座龙神庙。[⑤] 该庙共造山门、正殿、客厅、僧

---

① 夏维中、张铁宝、王刚等编著：《南京通史·清代卷》，南京出版社，2014年，第420页。

② 张惠衣：《金陵大报恩寺塔志》卷十《清》，《中国佛寺史志汇刊》第2辑第13册，台北明文书局，1980年，第144—145页。

③ 杨新华、吴阗：《南京寺庙史话》，南京出版社，2010年，第9页。

④ 曾国藩：《灵谷龙神庙碑记》，《曾国藩全集》文集卷四，河北人民出版社，2016年。

⑤ 曾国藩：《灵谷龙神庙碑记》，《曾国藩全集》文集卷四，河北人民出版社，2016年。

房、斋堂、厨房等25间，并置办了钟鼓桌椅等，这就是今天的灵谷寺。遇到干旱之年，江宁的地方官都要来此祈雨。光绪十一年(1885)，住持利华光莲带领僧徒自力更生，开垦荒地，种植竹木，重建山门、金刚殿。① 光绪十三年(1887)，两江总督曾国荃派人来灵谷寺祈雨时，看到宝公塔仅存遗址，于是令清军南字营兵丁会同工匠重新修复。到清朝末年，灵谷寺内共有金刚殿、天王殿、无梁殿、宝公塔和新建的龙神庙等建筑。

(4) 古林寺　咸丰三年(1853)，太平军攻入江宁，古林寺住持觉真带领僧众到宿州避难。同治三年(1864)，住持觉真回寺，化缘重建，知寺当毁于太平天国运动之时。同治三年(1864)，住持觉真回寺，化缘重建，又恢复丛林规模，建成殿宇堂室80余间。光绪二十六年(1900)九月初八日，金陵火药局马鞍山大药库突然起火爆炸，致使邻近的古林寺庙宇化为瓦砾，僧众死伤惨重。② 政府赔白银500两修屋，受伤者另发抚恤金。住持辅仁仁友竭力经营，募集巨资，重建庙宇。光绪二十八年(1902)，大殿落成，各种寮房共计200余间，界址宽阔、气势恢宏。③

(5) 福兴寺　咸丰三年(1853)，毁于战乱。④

(6) 天界寺　咸丰兵乱，太平天国定都天京后，雨花台一带成了清军与太平军的主要战场。天界寺等城南诸寺均遭兵燹。太平天国运动被镇压后，这里已是瓦砾遍地，杂草丛生。⑤

(7) 天隆寺　原名极乐庵。太平天国战乱时期，雨花台一带是激烈的战场，其附近几乎所有佛寺都因战火而毁于一旦，天隆寺亦在劫难逃。同治、光绪年间，皆有所修葺，然旧观难复。⑥

(8) 能仁寺　太平天国战乱时期，雨花台一代是激烈的战场，其附近几乎所有佛寺都因战火而毁于一旦。⑦ 能仁寺亦在其附近，恐在劫难逃。

(9) 栖霞寺　咸丰五年(1855)，清军向荣部队与太平军激战于栖霞一带，全

---

① 夏维中、张铁宝、王刚等编著:《南京通史·清代卷》，南京出版社，2014年，第322—323页。

②《详述金陵火药局灾后情形》，《申报》1900年11月4日。

③ 杨荣良、朱淮宁:《南京民族宗教志》，南京出版社，2009年，第242页。

④ 按《南朝寺考》卷五《梁》:"福兴寺在秣陵西南百里塘浦东银湖北，陈云当今之铜井镇。……至清咸丰癸丑粤匪之乱寺始毁。唐张从申碑尚存。"

⑤ 杨新华、吴阑:《南京寺庙史话》，南京出版社，2010年，第86页。又可参见朱煊:《我所了解的天界寺》，《档案与建设》2012年09期。

⑥ 杨新华、吴阑:《南京寺庙史话》，南京出版社，2010年，第126—127页。

⑦ 杨新华、吴阑:《南京寺庙史话》，南京出版社，2010年，第126—127页。

寺悉遭毁坏，为建炎四年(1130)寺燹于金以来，历724年后，第二次之大坏相，山灵同劫，破敝荒湮者，垂五十年。光绪五年(1879)，寺毁于洪杨后，德宗法师结茅主持，侍奉香火。①

(10) 地藏禅林　咸丰八年(1859)，贼废。同治十一年(1873)，经僧昌澄募化复建。②

(11) 鸡鸣寺　咸丰年间，毁于兵火。同治六年(1867)，寺僧西池等募资修建观音阁。光绪六年(1880)，寺僧又重建凭虚阁、观音楼。楼中供奉观音像面朝北而坐，世所罕见，吸引了不少香客、游人前来观光。光绪二十年(1894)，两江总督张之洞与门生杨锐游鸡鸣寺，置酒畅谈时事。二十八年(1902)，张之洞再督两江，重游鸡鸣寺，忆及往事，不胜伤感，在寺内起建豁蒙楼，纪念杨锐。③

(12) 永庆寺　咸丰兵火后，塔毁，而寺尚存。光绪三十一年(1905)重建。④

(13) 彰教寺　创建于唐大中七年(853)，原名报恩寺，宋改彰教寺。顺治间曾遭兵毁，咸丰年间又遭兵焚毁。光绪二十三年(1897)重建。⑤

(14) 花山玉泉寺　相传为南北朝时建。⑥ 以地佳幽静、花多泉盛而扬名甚广。康熙、乾隆时，寺僧开垦种植，增田四百余亩。咸丰兵乱，寺院及牡丹花均毁于一旦。⑦

(15) 龙城寺　遭战乱而毁废。同治十年(1871)，知县杨福鼎令陈嘉德、陈喜谋等予以修缮。⑧

(16) 定林寺　咸丰太平天国运动时期，毁于战乱，光绪初年重建。⑨

(17) 桂杨寺　毁于战乱，周韦叶三姓重建。⑩

(18) 万寿庵　毁于战乱，惟明成化十八年(1482)所铸钟尚存。族人廷杖、

---

① 按《栖霞山志》卷一："咸丰五年，公元一八五五年，清军向荣部队与太平军激战于栖霞一带，全寺悉遭毁坏，为建炎四年寺燹于金以来，历七百二十四年后，第二次之大坏相，山灵同劫，破敝荒湮者，垂五十年。"(《中国佛寺史志汇刊》第2辑第14册，台北明文书局，1980年，第72页。)

② 按《(光绪)六合县志》卷三。另按《志》，六合县又有地藏庵两处，一在犁头嘴，一在石陡门，均未复建，有可能亦毁于太平天国之乱。

③ 陈浩望：《民国诗话》，广西民族出版社，1996年，第355页。

④《南朝寺考》卷五《梁》"永庆寺"条。

⑤ 杨新华、吴阆：《南京寺庙史话》，南京出版社，2010年，第68页。

⑥ 另有明代所建之玉泉寺。

⑦ 杨新华、吴阆：《南京寺庙史话》，南京出版社，2010年，第53—54页。

⑧ 杨新华、吴阆：《南京寺庙史话》，南京出版社，2010年，第71页。

⑨ 杨新华、吴阆：《南京寺庙史话》，南京出版社，2010年，第82页。

⑩《(民国)高淳县志》卷十四。

廷栗等人复建。①

（19）圣寿寺　毁于太平天国运动，后得到修复重建。②

（20）毗卢寺　咸丰间，毁于太平天国运动，后有僧量宏创建一佛殿。同治间，曾国荃与海峰法师相约"如我督两江，当为你造庵"。光绪十年（1884），曾国荃任两江总督，即招海峰造寺。经与量宏商量，在原毗卢庵旧址建寺，遂改庵为寺，为金陵第一大寺。海峰以下，历代方丈有寄禅、芳田等。光绪二十八年（1902）后，方丈有显文、舣波、古昙、广明等人。宣统元年（1909），请谛闲大师来寺主讲天台宗教义。③

（21）海潮禅林　毁于太平天国运动，后来议叙陈汉募捐修建大殿三间。④

（22）太平庵　在六合县龟山顶，毁于太平天国运动。⑤

（23）古圆教寺　太平天国运动后仅存下院一室。⑥

（24）马占寺　咸丰间，寺僧正清、甲莲、果然俱殉难，寺被毁。寺前有古树、上架石，惟桥仅存。同治六年（1867）僧拈懋、里人杨启泰、周锡之、张玉茂、曹士和、武正大等重修。⑦

（25）兴教寺　寺庙建筑大多毁于战火。清末，稍有恢复，已大不如前。⑧

（26）紫竹林禅寺　太平天国时期，破坏严重，仅存茅屋三间，没于蒿草之间。同治间，僧清潭于此清理维护。光绪二年（1876），僧人悟真重建大殿。⑨

（27）观音禅寺　又称观音庵，在溧水县东十里东庐山西麓，咸丰中毁于战火。光绪八年（1882）重建，后又毁。⑩

（28）明因寺　咸丰年间，寺毁于战火。同治年间重建。⑪

（29）惠济寺　咸丰年间，惠济寺与英华书院均毁。光绪年间，仅复建

---

①《（光绪）续纂句容县志》卷二下。
②《（光绪）溧阳县续志》卷二。
③ 杨新华、吴阗：《南京寺庙史话》，南京出版社，2010 年，第 118 页。
④《（光绪）六合县志》卷三。
⑤《（光绪）六合县志》卷三。另今考"太平庵"较多，但各处一地，非为一寺。
⑥《（光绪）续纂句容县志》卷二下。
⑦《（光绪）溧水县志》卷二十。
⑧ 杨新华、吴阗：《南京寺庙史话》，南京出版社，2010 年，第 76—77 页。
⑨ 杨新华、吴阗：《南京寺庙史话》，南京出版社，2010 年，第 7—8 页。
⑩ 杨新华、吴阗：《南京寺庙史话》，南京出版社，2010 年，第 84 页。
⑪ 杨新华、吴阗：《南京寺庙史话》，南京出版社，2010 年，第 156—157 页。

数楹。[①]

(30) 独峰寺　太平天国期间，遭到严重破坏，仅存摩崖石刻一方。[②]

(31) 真如禅寺　原名游子山真武庙，始建于明万历十八年(1590)。崇祯八年(1635)，僧德明为寺庙募置祀田。太平天国时期，庙宇被毁。光绪末年，主持僧觉朗募资重修大殿。[③]

(32) 弘德寺　原名百子庵，相传为明胡贞女所建。咸丰中期遭毁，同治年间，复建。[④]

(33) 香林寺　咸丰年间，江宁驻防城毁于战火，香林寺因在附近，亦被殃及。光绪十四年(1888)，香林寺重修，是当时江宁三大寺之一。[⑤]

(34) 隆昌寺　本寺殿宇及下院不下千间，毁于太平天国运动。光绪四年(1878)，住持僧圣性建戒坛五间。五年(1879)，知县袁照建拜经台、龙王殿各一间。八年(1882)，圣性建藏经楼三间。九年(1883)，建楞严堂三间。十四年(1888)，建西板堂三间。十五年(1889)，建库房五间。十六年(1890)，建韦陀堂五间。十七年(1891)，建大雄殿五间。二十年(1894)，住持浩净克继师志，建如意堂三间。二十一年(1895)，建拜经台正殿三间、上客房三间。二十四年(1898)，建上祖堂五间。二十六年(1900)，重建戒坛五间。[⑥]

(35) 崇明寺　咸丰中，毁于太平天国运动。同治初，后殿圆照寺经寺僧净明募重建，光绪间大雄宝殿、廊房、客室已渐次整齐。寺右大圣塔势甚崇峻，七级玲珑，为一邑巨观。光绪十七年(1891)，满慧竭□幕修，至二十二年(1896)始告竣，其用白金二万两有奇。[⑦]

(36) 白云寺　咸丰中，毁于太平天国运动。[⑧]

(37) 净明讲寺　又名水南禅寺。贼废，僧昌明募建山门三间、僧堂三间。[⑨]

---

① 杨新华、吴阆:《南京寺庙史话》,南京出版社,2010 年,第 73 页。
② 杨新华、吴阆:《南京寺庙史话》,南京出版社,2010 年,第 117 页。
③ 杨新华、吴阆:《南京寺庙史话》,南京出版社,2010 年,第 130—131 页。
④ 杨新华、吴阆:《南京寺庙史话》,南京出版社,2010 年,第 162 页。
⑤ 参考夏维中、张铁宝、王刚等编著:《南京通史·清代卷》,南京出版社,2014 年,第 333—334 页。
⑥《(光绪)续纂句容县志》卷二下。
⑦《(光绪)续纂句容县志》卷二下。
⑧《南朝寺考》卷四《齐》,“胜善寺”条。
⑨《(光绪)六合县志》卷三。

(38) 尊圣讲寺 毁于太平天国运动,后来经过尼众的努力得到复建。①

(39) 卧佛寺 毁于太平天国运动,僧永传募建,前进山门三间,石佛犹在,余迹无存。②

(40) 东廨禅寺 毁于太平天国运动,复建殿三间。③

(41) 香积禅寺 毁于太平天国运动。④

(42) 华藏寺 乱前寺极宏敞,外则修竹环抱,颇堪游览,近已荒废。⑤

(43) 西林兴福禅院 洪书计梵宇八九十间,宜溧两界田六七十亩,向推戒坛重地,毁于贼逆。光绪十年(1884),史愿昌等经理寺产,协同常住南山,建复正殿。光绪十六年(1890)又建门□庙厢前。⑥

(44) 千华寺 毁于太平天国运动。⑦

(45) 弘觉寺 毁于太平天国运动,此后,得到修缮。⑧

(46) 铜山寺 一名玉泉寺,乱后建。⑨

(47) 甘露庵 毁于太平天国运动,后来得到建复。⑩

(48) 观音堂 城内凡四处,毁于太平天国运动,后来均得到复建。⑪

(49) 慈航庵 乱后重建。⑫

(50) 归善庵 光绪二十五年(1899),邰盛旺等重建。⑬

(51) 华藏庵 在句容县戴村南。光绪二年(1876)建,治乱后建。⑭

(52) 太平庵 有两处。一在句容县吴家村西,治乱后建。⑮ 一在六合县龟

---

①《(光绪)六合县志》卷三。
②《(光绪)六合县志》卷三。
③《(光绪)六合县志》卷三。
④《(光绪)六合县志》卷三。
⑤《(光绪)续纂句容县志》卷二下。
⑥ 按《(光绪)溧阳县续志》卷二。
⑦《(光绪)溧阳县续志》卷二。
⑧《南朝寺考》卷五《梁》,“佛窟寺”条云:“咸丰兵火以后,已稍稍修葺云。”知佛窟寺(即弘觉寺)曾毁于咸丰兵火。
⑨《(光绪)续纂句容县志》卷二下。
⑩《(光绪)续纂句容县志》卷二下。
⑪《(光绪)续纂句容县志》卷二下。
⑫《(嘉庆)溧阳县志》卷四。
⑬《(光绪)续纂句容县志》卷二下。
⑭《(光绪)续纂句容县志》卷二下。
⑮ 按《(光绪)续纂句容县志》卷二下:“在吴家村西。华藏庵在姚家边西南。均在治乱后建。”

山顶，乱后，里民重建大殿五间。①

(53) 栖霞院　乱后重建。②

(54) 长春寺　《(光绪)溧阳县续志》卷二载："乱后未建复。"知其毁于太平天国运动。

(55) 茶庵　在溧阳县，有三处。一在东水桥侧，曰上茶庵，乱后建复。一在万泰村左，今废。一在经家冈，建废不详。③

(56) 大士庵　在六合县，有两处。一在瓜步山下，贼废，未建。一在南营虎贲右，僧闻一建，贼废，后复建。④

(57) 种善庵　毁于太平天国运动，后尼复建。⑤

(58) 青莲庵　在六合县，毁于太平天国运动，后复建。⑥

(59) 五所庙　毁于太平天国运动，后尼复建。⑦

(60) 果老祠　毁于太平天国运动，后僧昌悟重建。⑧

(61) 茶庵　在六合县，有三处。一在北门外，一在瓜步单家桥，一在四棵柳，毁于太平天国运动，后均建置。⑨

(62) 金家庵　毁于太平天国运动。⑩

(63) 五一庵　毁于太平天国运动。⑪

(64) 准提庵　毁于太平天国运动，后僧复建。⑫

(65) 松隐庵　毁于太平天国运动。⑬

(66) 延寿庵　毁于太平天国运动。⑭

---

①《(光绪)六合县志》卷三。
②《(光绪)溧阳县续志》卷二。
③《(光绪)溧阳县续志》卷二。
④《(光绪)六合县志》卷三。
⑤《(光绪)六合县志》卷三。
⑥《(光绪)六合县志》卷三。
⑦《(光绪)六合县志》卷三。
⑧《(光绪)六合县志》卷三。
⑨《(光绪)六合县志》卷三。
⑩《(光绪)六合县志》卷三。
⑪《(光绪)六合县志》卷三。
⑫《(光绪)六合县志》卷三。
⑬《(光绪)六合县志》卷三。
⑭《(光绪)六合县志》卷三。

(67) 凤栖山庵　咸丰间毁于太平天国运动。[1]

(68) 憩庵　咸丰间毁于太平天国运动。[2]

又据光绪年间所编诸地方志考得一些被毁佛寺，虽并未明确何时被毁，但因其皆见于同治、光绪间地方志，且在当时已毁。故推测，这些寺院亦很有可能毁于太平天国之乱。

(1) 正觉寺　本名水月庵，同治间已毁。[3]

(2) 泰安寺　光绪间已毁。[4]

(3) 乌山庵　光绪间重建。[5]

(4) 玦山庵　光绪间已毁。[6]

(5) 地藏庵　光绪间已毁。[7]

(6) 普济庵　光绪间已毁。[8]

五　清代晚期的南京佛寺

自咸丰兵乱以后，再经同治、光绪，国力日颓，大厦将倾。但洋务运动时期，清朝国力有一定程度的恢复和增强，史称“同治中兴”。此阶段间，金陵佛寺有一定程度的恢复，出现了较大规模的佛寺修复活动。这是金陵佛教在太平天国战乱后逐渐恢复元气的体现。今明确可考此一时期修复重建之佛寺达 115 座，其中又明确毁于天平天国乱时之佛寺达 56 座。如灵谷寺、崇明寺、隆昌寺、古林寺、毗卢寺等著名佛寺，皆毁而复建。至于其他复修诸佛寺是否亦皆毁于太平天国乱时，因无确切史料佐证，故无法定论。不过，若推测其中之大多数亦毁于当

---

①《(光绪)溧水县志》卷二十。

②《(光绪)溧水县志》卷二十。

③《(同治)续纂江宁府志》记载：“正觉寺者本水月庵。嘉庆十九年(1814)僧镜澄佐百文敏公禹逆匪方升荣功最。故文敏为奏建之。今毁。”

④《(光绪)溧水县志》卷二十。

⑤ 按《(光绪)溧水县志》卷二十载：“北二十五里。明万历四十年僧大宏创造。今毁重建。”

⑥ 按《(光绪)溧水县志》卷二十载：“南五里。”又按《(光绪)溧水县志》卷二十载：“以上俱毁(玦山庵，地藏庵，普济庵)。”

⑦《(光绪)溧水县志》卷二十。

⑧《(光绪)溧水县志》卷二十。

时也合乎情理。另外,相对于修复寺院数目之大,这一时期内新建寺院的数目则远较之为小,今可考者仅25座。这从某种意义上,恰恰证实了天平天国之乱对于金陵佛寺破坏之深、之广。

(一)修复之佛寺

此时期内,今可考明确毁于太平天国之乱而后获重建复修之佛寺、庵,凡54座。因前文太平天国之乱所毁诸佛寺一节中已列,今不赘述,暂列其名目,分别是:祈泽寺、灵谷寺、古林寺、天隆寺、栖霞寺、地藏禅林、鸡鸣寺、永庆寺、彰教寺、龙城寺、定林寺、桂杨寺、万寿庵、圣寿寺、毗卢寺、海潮禅林、马占寺、兴教寺、紫竹林禅寺、观音禅寺、明因寺、惠济寺、真如禅寺、弘德寺、香林寺、隆昌寺、崇明寺、净明讲寺、尊圣讲寺、卧佛寺、东廨禅寺、西林兴福禅院、弘觉寺、铜山寺、甘露庵、观音堂(四处)、慈航庵、归善庵、华藏庵、太平庵(两处)、栖霞院、茶庵(四处)、大士庵、种善庵、青莲庵、五所庙、准提庵。

其余可考所修复之诸寺庵,凡61座。这些寺院虽无明确记载为太平天国之乱时所毁,然亦可佐太平天国之乱对金陵佛寺毁坏之巨。兹列其目如下:

(1)普济堂庵 一名窖庵,同治三年(1864)重建。①

(2)灵应寺 始建于明万历三十年(1602)。同治四年(1865)复建。②

(3)范阳庵 原名新庵,同治四年(1865)重建。③

(4)长峰寺 始建于唐代。同治五年(1866),僧栖霞募建。④

(5)石柱庵 始建于明代。同治五年(1866),里人武恭等倡捐重修。⑤

(6)许埠庵 同治五年(1866)重建。⑥

(7)观山庵 同治五年(1866),里人复建。⑦

(8)永兴禅寺 同治五年(1866)重建。⑧

(9)宝成庵 同治五年(1866)重建。⑨

---

①《(光绪)溧阳县续志》卷二。
②《(光绪)溧水县志》卷二十。
③《(嘉庆)溧阳县志》卷四。
④《(光绪)溧水县志》卷二十。
⑤《(光绪)溧水县志》卷二十。
⑥《(光绪)溧水县志》卷二十。
⑦《(光绪)溧水县志》卷二十。
⑧《(光绪)溧阳县续志》卷二。
⑨《(光绪)溧阳县续志》卷二。

(10) 恒泰庵　始建于嘉庆年间，同治六年(1867)，族人廷材、以正、罗书锦等复建。[①]

(11) 西庵　同治六年(1867)，里人张大兴、李天顺等倡建大殿三间。[②]

(12) 莲花庵　同治六年(1867)，里人重建。[③]

(13) 宝心庵　同治六年(1867)重建。[④]

(14) 冶山寺　一名周彰庵，始建于唐代，同治八年(1869)重建。[⑤]

(15) 斋堂庵　同治八年(1869)，里人重建。[⑥]

(16) 下泽庵　同治八年(1869)重建。[⑦]

(17) 太平庵　同治十年(1871)重建，计太平楼正殿两廊禅房九间。[⑧]

(18) 普陀庵　同治十一年(1872)，朱蒋氏重建。[⑨]

(19) 湖塘庵　一名湖荡庵，同治十一年(1872)重建。[⑩]

(20) 龙溪庵　在溧阳县，有两处。一在壁桥，同治十一年(1872)重建，一在浪圩村，光绪元年(1875)重建。[⑪]

(21) 张巷庵　一名万统寺，同治十二年(1873)，里人汤永与、徐考智、徐家宝等人倡捐重建。[⑫]

(22) 瑞云庵　同治十二年(1873)重建。[⑬]

(23) 迴龙庵　同治中重建。[⑭]

(24) 泰山庵　同治中重建。[⑮]

(25) 黄冈寺　同治中重建。[⑯]

---

①《(光绪)溧水县志》卷二十。
②《(光绪)溧水县志》卷二十。
③《(光绪)溧水县志》卷二十。
④《(光绪)溧阳县续志》卷二。
⑤《(光绪)溧阳县续志》卷二
⑥《(光绪)溧水县志》卷二十。
⑦《(光绪)溧阳县续志》卷二。
⑧《(光绪)溧阳县续志》卷二。
⑨《(光绪)溧阳县续志》卷二。
⑩《(光绪)溧阳县续志》卷二。
⑪《(光绪)溧阳县续志》卷二。
⑫《(光绪)溧水县志》卷二十。
⑬《(光绪)溧阳县续志》卷二。
⑭《(光绪)溧水县志》卷二十。
⑮《(光绪)溧水县志》卷二十。
⑯《(光绪)续纂句容县志》卷二下。

（26）永福庵　有两处。一在社渚，一在永定，并于同治间重建。[①]

（27）普隆寺　同治年间重建。[②]

（28）同善院　同治间，渐次建复。[③]

（29）拨云庵　光绪初年重建。[④]

（30）观音庵　在溧水县殿山湾，光绪元年（1875），里人薛瀛、张玉茂、蒋大玉等人倡导复建。[⑤]

（31）广林院　光绪元年（1875）重建。[⑥]

（32）合庆庵　光绪元年（1875）重建。[⑦]

（33）万福庵　光绪元年（1875）重建。[⑧]

（34）灵应庵　光绪二年（1876）重建。[⑨]

（35）荆山庵　始建于明成化七年（1471），光绪二年（1876）重建。[⑩]

（36）朱庄庵　光绪二年（1876），里人吴永长等人重建。[⑪]

（37）永寿庵　光绪二年（1876），里人邵宏长、陈桂芳等人重建。[⑫]

（38）广济庵　光绪三年（1877），朱曹宗、陈代元、周家训等人重建。[⑬]

（39）陈笪庵　光绪三年（1877），里人蒋明皋、陈其盛、蒋克勤等人重建。[⑭]

（40）泗洲庵　在溧阳县来苏协公图，光绪三年（1877）重建。[⑮]

（41）广惠寺　光绪四年（1878）重修。[⑯]

（42）茶庵　一名祇园庵，在溧水县毛公铺，光绪六年（1880）重建。[⑰]

---

①《（光绪）溧阳县续志》卷二。
②《（光绪）溧阳县续志》卷二。
③《（光绪）溧阳县续志》卷二。
④《（光绪）续纂句容县志》卷二下。
⑤《（光绪）溧水县志》卷二十。
⑥《（光绪）溧阳县续志》卷二。
⑦《（光绪）溧阳县续志》卷二。
⑧《（光绪）溧阳县续志》卷二。
⑨《（光绪）溧阳县续志》卷二。
⑩《（光绪）溧水县志》卷二十。
⑪《（光绪）溧水县志》卷二十。
⑫《（光绪）溧水县志》卷二十。
⑬《（光绪）溧水县志》卷二十。
⑭《（光绪）溧水县志》卷二十。
⑮《（光绪）溧阳县续志》卷二。
⑯《（光绪）续纂句容县志》卷二。
⑰《（光绪）溧水县志》卷二十。

(43) 仁寿庵 光绪六年(1880)重建。①

(44) 观音庵 在溧水县大西门外,光绪七年(1881),重建屋三楹。②

(45) 昭圣寺 光绪八年(1882)重建。③

(46) 雪峒庵 光绪八年(1882)重建。④

(47) 古般若寺 光绪十四年(1888),僧法忍重建。⑤

(48) 广福院 始建于明代,光绪十五年(1889)重建。⑥

(49) 环峰庵 光绪十八年(1892)重建。⑦

(50) 古宏通庵⑧ 光绪十九年(1893),僧松月募建。⑨

(51) 西薪庵 光绪二十年(1894)重建。⑩

(52) 乐成庵 光绪二十二年(1896)重建。⑪

(53) 东林寺 光绪二十三年(1897)重建大殿。⑫

(54) 普善禅院 光绪二十六年(1900)重建。内有关帝殿,规模巨集壮,道人朱文福等人募建。⑬

(55) 招贤寺 光绪间,寺已残破不堪,寺僧了缘、吾泉化缘募修。⑭

(56) 定水庵 在龙潭镇西,为宝华山下院,光绪中建复。⑮

(57) 永宁寺 光绪年间重建。⑯

(58) 敬胜庵 光绪间重建。⑰

---

①《(光绪)续纂句容县志》卷二下。
②《(光绪)溧水县志》卷二十。
③《(光绪)续纂句容县志》卷二下。
④《(光绪)溧阳县续志》卷二。
⑤《(光绪)续纂句容县志》卷二下。
⑥《(光绪)溧阳县续志》卷二。
⑦《(光绪)溧阳县续志》卷二。
⑧ 据庵名,疑古代有宏通庵,光绪十九年(1893),僧松月重建。
⑨《(光绪)续纂句容县志》卷二下。
⑩《(光绪)溧阳县续志》卷二
⑪《(光绪)溧阳县续志》卷二。
⑫《(光绪)续纂句容县志》卷二下。
⑬《(光绪)续纂句容县志》卷二下。
⑭ 杨新华、吴阗:《南京寺庙史话》,南京出版社,2010年,第112—113页。
⑮《(光绪)续纂句容县志》卷二下。
⑯《(光绪)溧阳县续志》卷二。
⑰《(光绪)溧阳县续志》卷二。

（59）金龙庵 光绪间重建。[①]

（二）新建之佛寺

这一时期，在修复佛寺的同时，亦有新建之寺、庵凡25座。兹简录如下：

（1）跨鹤庵 在句容县后北墅，乱后建。[②]

（2）大通寺 在溧水县东北十五里。同治二年（1863）里人吴耀章、赵锦华等人倡建。[③]

（3）象王庵 在溧水县，同治四年（1865），僧大仁，里人尤干、城遇良等人募建大殿五间。[④]

（4）太平庵 位于溧水县小陈村前。同治四年（1865），里人陈善等倡建。光绪三年（1877）里人张在邦、尹正禄等人倡捐重建。[⑤]

（5）西庵 在溧水县。同治六年（1867），里人张大兴、李天顺等人倡建大殿三间。[⑥]

（6）古地藏庵 在句容县登瀛门外钤塘屯。同治六年（1867）陈宝仁等人募建。[⑦]

（7）神山庵 在溧水县南二十五里。同治七年（1868），僧光明募建。[⑧]

（8）古绛岳寺 一名天云寺，在句容县赤山之巅。同治七年（1868），僧松月募建。计四进二十余间，后进观音殿。光绪八年（1882），武毅督标两军以□湖余力助成之。[⑨]

（9）水月庵 在句容县芦塘村西。同治十二年（1873）建。[⑩]

（10）仙游庵 在溧水县南六十里。同治中，僧善根、松林募建。[⑪]

（11）致敬庵 在溧阳县北四十里。同治间建。[⑫]

---

①《（光绪）溧阳县续志》卷二。

②《（光绪）续纂句容县志》卷二下。

③《（光绪）溧水县志》卷二十。

④《（光绪）溧水县志》卷二十。

⑤《（光绪）溧水县志》卷二十。

⑥《（光绪）溧水县志》卷二十。

⑦《（光绪）续纂句容县志》卷二下。

⑧《（光绪）溧水县志》卷二十。

⑨《（光绪）续纂句容县志》卷二下。

⑩《（光绪）续纂句容县志》卷二下。

⑪《（光绪）溧水县志》卷二十。

⑫《（光绪）溧阳县续志》卷二。

（12）慈恩寺　在句容县政仁乡金山凹西南。光绪初，寺僧融通募建。[①]

（13）延寿庵　在句容县治东南隅。光绪初建。[②]

（14）圆觉庵　在句容县治东北。光绪初建。[③]

（15）松月庵　在句容县治东四十里江庄东南。光绪元年（1875），姚世祥、张登斌建。[④]

（16）华藏庵　在句容县戴村南，姚家边西南。光绪二年（1876）建。[⑤]

（17）崇宁寺　在溧阳县东北。光绪八年（1882），史茂荣、史茔生募建。旧志失载。[⑥]

（18）任坟庵　在句容县孔村西南。光绪十一年（1885）建。[⑦]

（19）大士禅林　一名大士庵，位于六合县珠江镇东南方滁河处。始建于光绪十四年（1888），相传为一许姓僧人所建。寺成后，里人赠匾额“大士禅林”，遂以此更名。[⑧]

（20）地藏庵　在句容县邑庙照壁后。光绪二十一年（1895）建。[⑨]

（21）古同泰寺　在句容县绛岳寺南。光绪二十三年（1897），寺僧云山募建。[⑩]

（22）广惠庵　在句容县治东丁家巷前。光绪二十四年（1898）建。[⑪]

（23）青莲庵　在句容县治东三十五里下隍村南。光绪二十六年（1900），周应达等人捐建。[⑫]

（24）天兴庵　在溧水县南七十里，僧海源募造。[⑬]

（25）地藏寺　一名地藏庵，原在秦淮河下关西侧。始建于清末，旧名地

---

①《（光绪）续纂句容县志》卷二下。
②《（光绪）续纂句容县志》卷二下。
③《（光绪）续纂句容县志》卷二下。
④《（光绪）续纂句容县志》卷二下。
⑤《（光绪）续纂句容县志》卷二下。
⑥《（光绪）溧阳县续志》卷二。
⑦《（光绪）续纂句容县志》卷二下。
⑧ 杨新华、吴阆：《南京寺庙史话》，南京出版社，2010 年，第 160 页。
⑨《（光绪）续纂句容县志》卷二下。
⑩《（光绪）续纂句容县志》卷二下。
⑪《（光绪）续纂句容县志》卷二下。
⑫《（光绪）续纂句容县志》卷二下。
⑬《（光绪）溧水县志》卷二十。

藏庵。①

(三) 废弃之佛寺

此时期完全废弃之寺、庵凡22座,兹概录于下:

(1) 大报恩寺　同治四年(1865)十二月,江宁机器制造总局就寺坡下菜地造委员住房一所十二间、机器汽炉房等八十余间,廊五十余间,为制造分局。②

(2) 禅证寺　光绪间寺废。③

(3) 太平寺　清末,其建筑毁于战火。④

(4) 古佛庵　光绪间废。⑤

(5) 盘城讲寺　始建于北宋,在六合县西三十五里,光绪间废。⑥

(6) 再兴寺　在高淳县东六十里朝岗山。明万历间张应园、张应亮建,后废。⑦

(7) 广济禅林　始建于明代,在句容县距登瀛门外十八里放马冈北。乾隆中(1736—1796),殿宇极盛,后圮。⑧

(8) 长庆庵　本竹山庵,始建于明代,在溧水县西南五里。乾隆三十六年(1771),史宗榜重建,改名长庆庵,后废。⑨

(9) 巢云庵　在溧水县南二十里杜城山。明崇祯间,僧传恩、邑人任超等人倡建。后废。⑩

(10) 花盛庵　在溧水县东南四十里。明崇祯间,曹世元建,后废。⑪

---

① 杨新华、吴阗:《南京寺庙史话》,南京出版社,2010年,第158页。

② 张惠衣:《金陵大报恩寺塔志》卷十《清》,《中国佛寺史志汇刊》第2辑第13册,台北明文书局,1980年,第144—145页。

③《(光绪)六合县志》卷三。

④ 杨新华、吴阗:《南京寺庙史话》,南京出版社,2010年,第168页。

⑤《(光绪)溧水县志》卷二十载:"东南四十五里黄山岭。唐贞观七年僧优昙创,明崇祯十三年乡民陈继亨重建。今废。"

⑥ 按《(光绪)六合县志》卷三载:"盘城讲寺在县西三十五里。宋仁宗天圣三年,僧端建。内贮汾阳王郭子仪像,今废。"

⑦ 按《(民国)高淳县志》卷十四载:"县东六十里朝岗山。明万历间张应园、张应亮建,今废。"

⑧ 按《(光绪)续纂句容县志》卷二下:"距登瀛门外十八里放马冈北。明洪武时建。国朝乾隆中殿宇极盛。今圮。"

⑨ 按《(光绪)溧水县志》卷二十载:"西南五里。明万历十二年邑民陈景福建。乾隆三十六年史宗榜重建改名长庆庵,今废。"

⑩ 按《(光绪)溧水县志》卷二十载:"巢云庵南二十里杜城山。明崇祯间僧传恩、邑人任超等倡建,今废。"

⑪ 按《(光绪)溧水县志》卷二十载:"东南四十里。明崇祯间曹世元建。今废。"

(11) 福星寺 在溧阳县陆笪村,明隆庆间建,后废。[①]

(12) 护国寺 光绪间已废。[②]

(13) 新庵 在溧水县安阜门外。顺治十二年(1655),邑民焉自骧舍基建,后废。[③]

(14) 陆家庵 光绪间已废。[④]

(15) 草庵 在溧水县小东门外。乾隆年间,陈永康舍基,僧自成改建,光绪年间已废。[⑤]

(16) 松隐庵 在溧水县西二十五里。邑人王守素、王可宗建,后废。[⑥]

(17) 杨舫庵 在溧水县西十五里梨园村。邑民萧秉谦舍基,僧超达募建。后废。[⑦]

(18) 观音庵 在溧水县西七里天生桥蒲村,武氏建,后废。[⑧]

(19) 正觉寺 本水月庵,建于嘉庆十九年,后毁。

(20) 万缘庵 在溧水县西八里,僧海霞重造,后废。[⑨]

(21) 乐善庵 在溧阳县奉安南冈上,俱废。[⑩]

(22) 积德庵 光绪间已废。[⑪]

---

① 按《(嘉庆)溧阳县志》卷四载:"在陆笪村。明隆庆间建。"又按《(光绪)溧阳县续志》卷二载:"福星寺,今废。"
②《(光绪)溧阳县续志》卷二。
③ 按《(光绪)溧水县志》卷二十载:"新庵在安阜门外。顺治十二年,邑民焉自骧舍基建,今废。"
④ 按《(光绪)溧水县志》卷二十载:"乾隆四十一年,邑庠陆猷、陆廷宜重修。今废。"
⑤ 按《(光绪)溧水县志》卷二十。
⑥ 按《(光绪)溧水县志》卷二十载:"松隐庵西二十五里。邑人王守素、王可宗建,今废。"
⑦ 按《(光绪)溧水县志》卷二十载:"杨舫庵西十五里梨园村。邑民萧秉谦舍基,僧超达募建。今废。"
⑧ 按《(光绪)溧水县志》卷二十载:"观音庵在西七里天生桥蒲村。武氏建,今废。"
⑨《(光绪)溧水县志》卷二十载:"万缘庵西八里。僧海霞重造,今废。"
⑩ 按《(光绪)溧阳县续志》卷二载:"乐善庵在奉安南冈上,俱废。"
⑪《(光绪)续纂句容县志》卷二下。

第二节
清代南京佛寺的分布

清代南京佛教寺院的分布与其行政区域及城市规划有着紧密的关联。清代南京城市规划是在明朝建制基础上而展开的，具体而言，可分为都城内与都城外两个层次，共有六大功能区。都城内部主要有三大综合区域，政治活动综合区分布在城东，包括皇城、官署两个主要分区，文教区及官府作坊区亦附于此综合区内；经济活动综合区主要分布在城中部的旧城区秦淮河沿岸地带，包括市、手工作坊、居住以及仓库等分区，这一带寺院分布较为密集；城防区分布在城之西北以及城外沿江的江防区，其中包括驻军卫所、校场、军事仓库等分区。都城外部也有三个功能区，分别是东部以孝陵为核心的陵墓区；南部以厩牧寺庙为主要功能；西部前临长江后接秦淮，自江东门至水西门为水陆码头，即商市密布、商贾云集的繁华市区的外延区。南京城下辖区域总体则变化不大，辖上元、江宁、句容、溧水、溧阳、江浦、六合、高淳八县。在上述城市规划的基础上，我们将对清代南京佛教寺院的分布情形做出详细的分析、说明。

一 清代南京的行政区域及城市规划

清初，江苏省仍沿用明制称南直隶。顺治二年(1645)，改称江南省。康熙六年(1667)，析置安徽、江苏两省。江苏布政司治苏州府。乾隆年间，增置江宁布政使驻江宁府，与苏州布政使并存，分治全省政区。[1]

江宁府治所即今南京城区，明称应天府。顺治二年(1645)，清灭南明弘光政权于南京城，是年闰六月二十八日改应天府为江宁府，领上元、江宁、句容、溧水、溧

---

① 自清以来，行省属领几经变化，至清末总辖江宁、淮安、扬州、徐州、苏州、松江、常州、镇江 8 府，通州、海州、太仓州 3 直隶州，海门直隶厅。地域略当今江苏和上海。参见《中国历代政区沿革》，河北教育出版社，1996 年，第 291 页。

阳、江浦、六合、高淳八县。雍正八年(1730),溧阳县改归镇江府管辖。[①] 咸丰三年(1853)二月,太平军攻入南京,改江宁为天京,作为都城,下辖江宁、镇江、扬州三郡。其中,江宁郡下辖江宁、上元、句容、溧水、六合、高淳六县。同治三年六月十六日(1864 年 7 月 19 日),湘军攻陷天京,太平天国灭亡。宣统三年辛亥八月十九日(1911 年 10 月 10 日),武昌起义开始,辛亥革命正式爆发。同年十月十二日(12 月 2 日),江浙联军攻克江宁。民国元年(1912)2 月 12 日,清帝溥仪正式退位。[②]

自清以来,南京城下辖区域总体变化不大,辖上元、江宁、句容、溧水、溧阳、江浦、六合、高淳八县。考虑本文纵贯清代,即以此八县范围考察南京佛教佛寺分布情况。[③] 其中:上元县,附郭,治所即今江苏南京市城区。江宁县,附郭,治所即今江苏南京市城区。句容县,治所即今江苏句容市驻地华阳镇。溧水县,治所即今江苏溧水县驻地永阳镇。高淳县,治所即今江苏高淳县驻地淳溪镇。溧阳县,治所即今江苏溧阳市驻地溧阳镇。江浦县[④],治所即今江苏南京市浦口区驻地。六合县,治所即今江苏六合县驻地六城镇。[⑤]

清代南京城市规划基本沿用明朝建制。[⑥] 且清政府定期拨款维修明城墙、明故宫、明孝陵等建筑,使得明朝城市景观比较完备地保留下来。然至太平天国定

---

① 《(乾隆)江南通志·舆地志》卷五《建置沿革表》(广陵书社,2010 年):“明初定都府治曰应天府。后改南京府如故。领县八。国朝为江南省城置江宁府江南布政使司。康熙六年江南江苏布政使司。雍正八年以府之溧阳县移属镇江府。领县七。”

② 《清国史》(嘉业堂钞本),中华书局,1993 年。

③ 此八县中,上元县有乡 18,即泉水乡、道德乡、尽节乡、兴贤乡、金陵乡、慈仁乡、钟山乡、北城乡、清风乡、长宁乡、惟信乡、开宁乡、宣义乡、凤城乡、清化乡、神泉乡、丹阳乡、崇礼乡。江宁县有乡 21,即凤东乡、凤西乡、安德乡、莱园务乡、新亭乡、建业乡、光宅乡、惠化乡、处真乡、归善乡、铜山乡、朱门乡、山南乡、山北乡、泰南乡、泰北乡、随车乡、万善乡、驯翚乡、永丰乡、葛仙乡。溧水县有乡 11,即上元乡、思鹤乡、赞贤乡、白鹿乡、丰庆乡、归政乡、崇贤乡、长寿乡、山阳乡、仙坛乡、仪凤乡。高淳县有 7 乡,即崇教乡、立信乡、游山乡、安兴乡、唐昌乡、永宁乡、永丰圩乡。句容县有 16 乡,即通德乡、福祚乡、临泉乡、上容乡、承仙乡、政仁乡、茅山乡、崇德乡、句容乡、来苏乡、望仙乡、移风乡、孝义乡、仁信乡、风坛乡、琅琊乡。江浦县有 7 乡,即孝义乡、白马乡、任丰乡、遵教乡、怀德乡、丰城乡、崇德乡。六合县有 5 都,即东三都、南四五都、北四五都、上三都、下三都。参见夏维中、张铁宝、王刚等编著:《南京通史·清代卷》,南京出版社,2014 年,第 182 页。

④ 考之浦口从属,清顺治二年(1645),改应天府为江宁府,区境分属江南省江宁府的江浦、六合 2 县。咸丰八年(1858)即天历戊午八年,太平天国以江浦县为省治,设天浦省。同治三年(1864),复属江宁府的江浦、六合 2 县。今文中大致将未明确说明浦口范围内的寺庙统归于江浦县。

⑤ 周振鹤主编:《中国行政区划通史(清代卷)》,复旦大学出版社,2013 年,第 265 页。

⑥ 南京城市建设分四个阶段:南朝阶段、南唐阶段、明朝和民国时期。参见姚亦锋:《南京城市地理变迁及现代景观》,南京大学出版社,2006 年,第 117 页。

都南京之后，太平军开始大规模拆除城内建筑，并于城周边各处修筑军事堡垒，使得南京城市建置发生了剧变。后又历清军破城，南京城内再次经历焚烧和屠杀的大劫难，明朝建筑大多被毁。

南京都城的功能分区①，其中经济活动综合区分布在城中部之旧城区秦淮河沿岸地带，其中包括市、手工作坊、居住以及仓库等分区。寺庙分布多在经济活动综合区范围内。

清代江宁城内主要道路的分布与走向基本沿袭了明代的格局。② 明初营建南京城时，设立城门13座。清康熙时，“闭清凉门，开定淮门”。于是，在清代前中期，江宁能够通行的城门实际上只有神策、仪凤、定淮、石城、三山、聚宝、通济、正阳、朝阳、太平10座。其中，正阳、朝阳二门位于满城内，不便于民人往来。满城为城墙环绕，仅有北安、西华、小门三门与江宁主城联通。按嘉庆《新修江宁府志》记载，清朝中叶城内主要通道有12条。③ 按民国《江宁乡土志略》载，江宁城外通道有7条。④

---

① 参见姚亦锋:《南京城市地理变迁及现代景观》，南京大学出版社，2006年，第89—97页。

② 夏维中、张铁宝、王刚等编著:《南京通史·清代卷》，南京出版社，2014年，第117—119页。

③ 据嘉庆《新修江宁府志》记载，在清代中叶，江宁城内东西向的主要道路有:洪武街，位于上元县衙以北，东南自浮桥，西抵莲花桥。西华门大街，连接石城门与满城西华门，是江宁城内一条东西向主干道。该大街位于总督衙署前，东入驻防城，西过行宫，为土街，又西至双石鼓，至罗汉寺转弯南折，又西达旱西门(石城门)。中正街，位于上元县署前方，东至大中桥，西达石城门。中正街与西华门大街都是连接满城与江宁西郊的大道。大中桥以东，为满城西侧的小门。水西门大街，西过油市，达水西门(三山门)，东出为奇望街，过淮清桥(亦名淮青桥)、察院前街，抵大中桥。贡院前街，沿秦淮河北岸，西南与南城大街相交，西为筏街，又西尽下浮桥之北。钞库街，东自东水关，沿秦淮河南岸，交南城大街，西尽于下浮桥之南。城内南北向的主要道路有:内桥大街，位于上元县署西南、江宁府署东侧，即南唐时的御道街，大致处在江宁城南北中轴线上。内桥大街往南为府东大街，又南交三山街，达于聚宝门。评事街，位于上元县署西南，自笪桥出，过果子行口，又西南折，过彩霞街，抵秦淮河岸。卢妃巷街，位于上元县署以西，北抵土街口，南抵内桥。北门桥街，位于上元县署以北，南抵新街口，北至唱经楼。高井大街，位于上元县署西北，南达下街口，北抵北门桥。花牌楼街，位于上元县署东北、行宫前方，南抵旧王府。参见嘉庆《新修江宁府志》卷一二《建置》，《续修四库全书》第695册，上海古籍出版社，2002年，第147页。

④ 江宁城外铺修有七条大道，连接城市与周边地区:(1) 出聚宝门西南行，经安德门、小米行、西善桥、板桥、江宁镇、牧龙庭至铜井镇，总共80里;(2) 由聚宝门正南行，经凤台门、陈墟桥、东善桥、陶吴镇横溪桥至小丹阳镇，到达安徽当涂一带;(3) 出聚宝门东南行，经岔路口殷巷、秣陵关，抵棣口镇，总共75里;(4) 出通济门东南行，经高桥门、上方镇，到达淳化镇，总共35里。再由淳化镇出发，偏南行25里，至湖孰镇。由淳化镇出发，偏东行15里，到达索墅，之后再行15里，可到达土桥。湖孰镇有通往溧水、句容两县的大道，土桥也有通往句容县的大道。(5) 出朝阳门东行，经孝陵卫为麒麟门、东流镇，到达汤水镇，总共55里;(6) 出太平门北行，经岔路口，过姚坊门、甘家港、石埠桥、摄山渡，最后到达龙潭，总共15里;(7) 出神策门北行，经迈皋桥到达观音门，共15里。参见民国《江宁乡土志略》，《中国人民大学图书馆藏稀见方志丛刊》第7册，国家图书馆出版社，2011年，第518页。

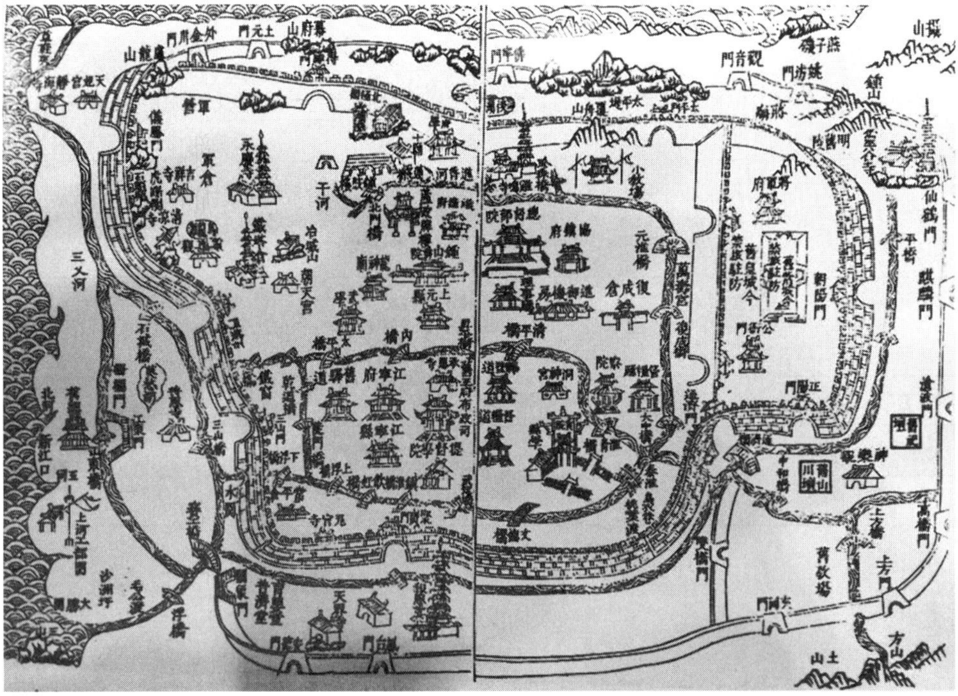

| 图 8.1 清代乾隆初年江宁府城图(清版画)① |

| 二 | 清代新建寺庵之分布 |

清代新建寺庙共 96 座。其中城府区 6 座,句容县 35 座,溧水县 24 座,溧阳县 22 座,上元县 5 座,江浦县 1 座,六合县 2 座,地点不详 1 座。

| 表 8.1 清代新建寺庵表 |

地点	数目	寺、庵
城府区	6	江心护国烈山寺、龙华庵、寂照寺、善庆庵、济生庵、地藏寺
句容县	35	净土庵、瓦屋山寺、积善庵、南庵、诸乐庵、积德庵、古地藏庵、古绛岳寺(天云寺)、水月庵、黄冈寺、松月庵、华藏庵、广惠寺、慈恩寺、仁寿庵、昭圣寺、拔云庵、圆觉庵、延寿庵、古般若寺、任坟庵、地藏庵、新庵、古宏通庵、古同泰寺、东林寺、广惠庵、归善庵、青莲庵、定水庵、普善禅院、太平庵、甘露庵、观音堂、跨鹤庵

① 夏维中、张铁宝、王刚等编著:《南京通史·清代卷》,南京出版社,2014 年。

续表

地点	数目	寺、庵
溧水县	24	新庵、陆家庵、草庵、大通寺、象王庵、太平庵、回龙庵、泰山庵、斋堂庵、观音庵(3)、朱庄庵、许埠庵、西庵、莲花庵、神山庵、松雨庵、茶庵(祇园庵)、松隐庵、杨舫庵、天兴庵、仙游庵、饴露庵
溧阳县	22	崇隆寺(茅蓬寺)、广福庵、千华寺、大云寺、西林院、菩提院、昌福庵、长春寺、护国寺、静室庵、龙泉寺、聚兴庵、接云寺、大觉寺、万善庵、大慈庵、秋水庵、慈航庵、丰乐庵、永镇庵、崇宁寺、广惠行宫
上元县	5	匡即庵、大监庵、慈愿庵、排头庵(慈应寺)、华严堂
江浦县	1	极乐庵
六合县	2	准提庵、大士禅林(大士庵)
地点不详	1	水月庵
总计	96 座	

三　历代所遗寺庵之分布

自金陵始建佛寺以来，至于清末，历代所创佛寺之总目已经难以计数。清代所遗之历代诸寺，亦不能尽数考之。今查诸史料，可考的清代所遗诸寺不过 100 余处，远远不及历代所创佛寺之总数。可见，绝大多数佛寺早已湮没在历史的长河之中。即便是清代留存的前代诸寺，其绝大部分亦经历过很多次的复修、重建乃至移建。今且将此类寺院的分布情况陈列如下。今可考历朝所遗诸寺凡 103 座，其中分布在城府区者 20 座，高淳县 5 座，江宁县 6 座，江浦县 6 座，句容县 9 座，溧水县 25 座，溧阳县 13 座，上元县 9 座，六合县 10 座。

表 8.2　清代所遗之历代寺庵表

地点	数目	寺、庵
城府区内	20	祈泽寺、延祚寺、能仁寺、永庆寺、古林寺、石观音、紫竹林寺、普德寺、龙泉寺、清凉寺、定林寺、大龙翔集庆寺、香林寺、西天寺、静海寺、苍云崖嘉善寺、承恩寺、鹫峰寺、封崇寺、毗卢寺
高淳县	5	花山玉泉寺、龙城寺、彰教寺、真如禅寺、再兴寺
江宁县	6	大报恩寺、幽栖寺、弘觉寺、福兴寺、上国安寺、天隆寺

续表

地点	数目	寺、庵
江浦县	6	惠济寺、明因寺、七佛寺、独峰寺、兜率寺、弘德寺
句容县	9	崇明寺、大泉寺、隆昌寺、古圆教寺、东霞寺、华藏寺、玉泉寺、广济禅林寺、万寿庵
溧水县	25	古佛寺、泰安寺、长峰寺、罗山庵、马占寺、时思庵、观音禅寺、永寿寺、惠贞庵、荆山庵、恒泰庵、石柱庵、凤栖山庵、普济庵、竹山庵、万寿庵、灵应寺、平安山庵、乌山庵、永寿庵、玦山庵、巢云庵、花盛庵、广济庵
溧阳县	13	报恩禅寺、白云庵、冶山寺、妙如寺、西林兴福禅院、万善庵、聚仙庵、福星寺、广福院、圣寿寺、柏枝庵、方山寺、水因庵
上元县	9	栖霞寺、白云庵、灵谷寺、鸡鸣寺、放生庵、清凉寺、弘济寺、四松庵、佛国寺
六合县	10	禅证寺、净明讲寺、太平寺、尊圣讲寺、卧佛寺、盘城讲寺、香积禅寺、招贤寺、地藏禅林、东解禅寺
总计	103 座	

四 其他寺庵之分布

今考得一些寺庵，于清代有明确活动记载，但无考其始建年代。故单列一节，以考察其分布。其总数为 61 座，包括溧阳县 37 座，六合县 10 座，江浦县 1 座，上元县 4 座，句容县 2 座，溧水县 7 座。

表 8.3 清代有明确活动记载无明确始建年代寺庵表

地点	数目	寺、庵
溧阳县	37	竹林庵、松山庵、永庆寺、白云禅院、范阳庵、永宁庵、甘露寺、湖塘庵、宝心庵、永福庵、永宁寺、永兴禅寺、普隆寺、同善院、栖霞院、广林院、致敬庵、敬胜庵、宝成庵、下泽庵、太平庵、普陀庵、龙溪庵、合庆庵、灵应庵、普济堂庵、雪峒庵、乐成庵、瑞云庵、万福庵、西薪庵、茶庵、环峰庵、金山庵、金龙庵、应心院、泗洲庵
六合县	10	海潮禅林、茶庵、松隐庵、延寿庵、大士庵、八佛庵、金家庵、青莲庵、五一庵、种善庵
江浦县	1	观音庵
上元县	4	葵荫寺、普济庵、大佛庵、水境庵
句容县	2	太平庵、庆贺寺
溧阳县	7	陈笪庵、万缘庵、广济庵、憩庵、张巷庵(万统寺)、地藏庵、观山庵
. 总计	61 座	

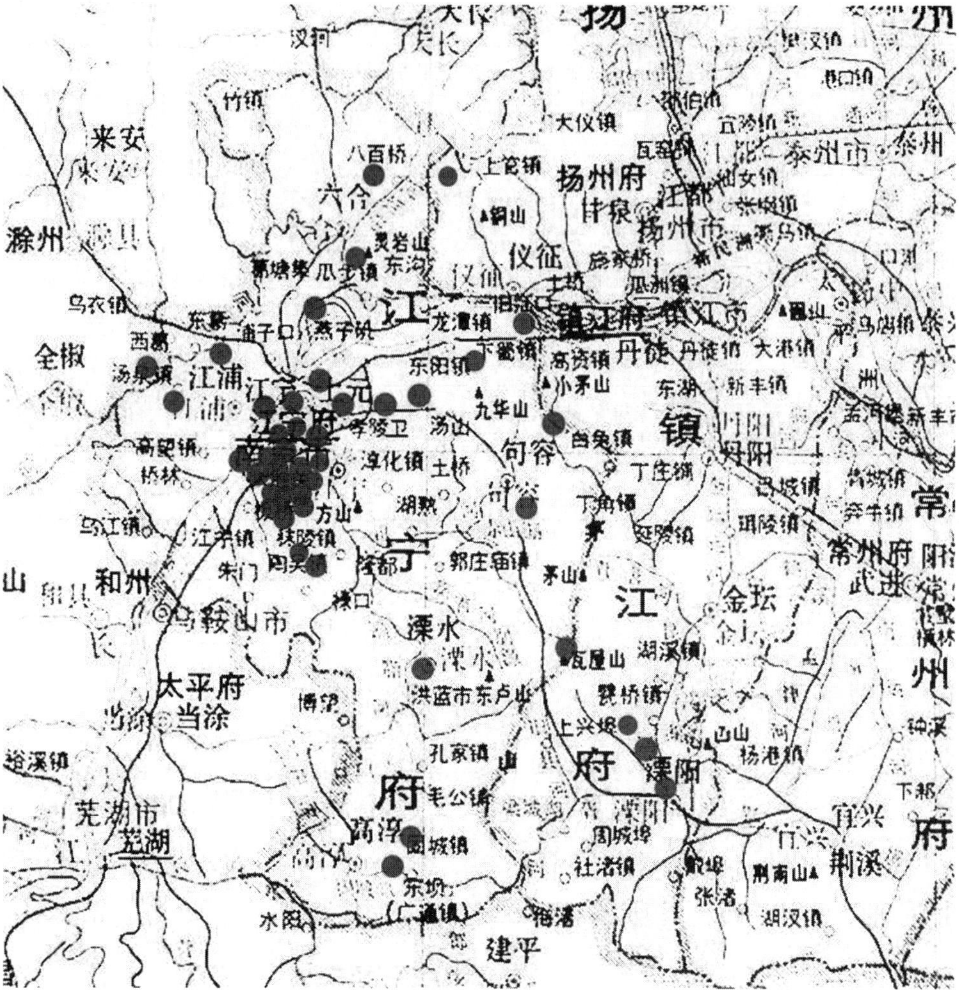

| 图 8.2　清代金陵重要佛寺分布示意图① |

---

① 底图为清代嘉定二十五年(1820)江宁府行政图部分,红点为上文中重大寺院和小寺院的分布。参考地图查询网(http://map.ps123.net)中国历史地图清代嘉定二十五年(1820)江宁府、苏州府行政图。

第三节
清代南京重要佛寺综述

清代南京佛寺的发展是在承继明代南京佛寺的基础上而展开的。在明代的一些重大寺院,进入清代以后依然产生重大的影响力,此外,又有一部分在以前影响力不大而在清代得到重修而获得重要地位的寺院,诸如大报恩寺、栖霞寺、弘觉寺、鸡鸣寺、灵谷寺等寺院,皆是在承继前代的基础上,而进一步发挥了其在清代南京佛教上的重要地位与作用。隆昌寺、毗卢寺、崇隆寺、鹫峰寺等一些寺院则是在清代经过重新修缮或者新建而成,也有着重要的影响力。以下,我们将选择在清代南京佛教发展史上有重要地位和作用的寺院进行详细分析与说明。

1. 大报恩寺

在府城南聚宝门外古长干里,在江宁县南一里。① 今南京中华门外长干桥往南之雨花塔。其前身可以追溯至东晋孝武帝宁康年间,高僧慧达为安放舍利而创建之长干寺。② 北宋天禧二年(1018),改名天禧寺。明洪武九年(1376),修葺天禧寺,后毁于火灾。明永乐十年(1412),明成祖敕令重建,赐额大报恩寺。明嘉靖四十五年(1566)年间,大报恩寺因雷击起火,损毁殆尽。至于明末亦未能恢复。

清顺治十八年(1661)二月二十三日,塔为雷坏一角,其前三日,塔鸣如龙吟。有田氏兄弟,修复其旧。

康熙间,歙人胡文柱手写藏经 1 020 卷,以 540 卷藏寺中。③ 康熙三年

①《(乾隆)江南通志·舆地志》卷四三《寺观》,广陵书社,2010 年。

② 按刘世珩《南朝寺考》卷二"长干寺"条载:"长干寺,在古秣陵县东。大长干寺先有塔,不知所始,相传为阿育王所造八万四千塔之一。吴代有尼居其地,构小精舍,孙綝毁除之,塔亦同尽。晋初,诸道人复于旧处立寺。元帝渡江,更修饰之。简文帝就造三层塔,每夕放光。宁康中,有僧竺慧达上越城望见,知其有异,掘出藏函,乃即旧塔西更树一刹。太元十六年,孝武帝加为三层焉。……梁武初基,大加兴建,号为阿育王寺。大同三年,改造浮屠,分为二刹。躬亲礼拜,屡设法会,奉施斋钱,敕邵陵王纶制大功德碑以表扬之。逮陈至德三年,后主亦临幸是寺。徐陵有长干众食碑文。隋唐无所营造。宋名天禧寺,号塔为圣感。元名慈恩旌忠寺。明永乐年,敕工部重建,至宣德六年始成,赐额大报恩寺,规模宏敞,增塔为九级。……咸丰中毁于兵火,今虽稍葺,门殿比于曩时不过百分之一。"

③ 张惠衣:《金陵大报恩寺塔志》卷十《清》,《中国佛寺史志汇刊》第 2 辑第 13 册,台北明文书局,1980 年,第 143—144 页。

(1664),居士沈豹重建大报恩寺大殿,耗银超过两万两,平南王尚可喜、靖南王耿继茂、江南总督郎廷佐等王公大臣领衔捐助。大殿左为禅堂,有三藏殿,唐三藏法师石塔在焉。禅堂前有修藏社,藏南藏板。僧松影修藏10年,藏成。清康熙五年(1669),太守陈开虞为之碑记,塔后为无梁殿、万佛阁,僧休然建。阁后有放生池、濠上亭。皆与塔前后相映,塔高百余丈,五色琉璃合成,冠以黄金宝顶,照耀云日,夜篝灯百二十有八,数十里风铎相闻。钟山大江,悉在凭眺中。万历间塔顶偏,僧洪恩修正。[①] 清康熙二十三年(1684),清圣祖康熙南巡,曾上塔之最高顶。御书"不二法门"四字匾额悬于大殿。又御制《幸报恩寺》诗一首恭纪首卷。又每级御书一额曰:一乘慧业、二仪有象、三空胜地、四海无波、五律精严、六通真谛、七宝莲花、八表同风、九有弘观。又赐金佛一尊、《金刚经》一部供奉塔顶。御制《登报恩寺浮图》诗一首恭纪首卷。清康熙三十八年(1699),大报恩寺塔毁,特颁帑金修建。御制《修报恩寺塔初毕登之》诗一首恭纪首卷。

乾隆十六年(1751),高宗纯皇帝南巡,驻跸大报恩寺行宫。御赐匾额对联。恩赐银200两,除去举办祝延圣寿的法会花去100多两,剩下银两即用于建造市房,作为维修殿塔的公产,"寺基内外创建市房十间,复于乾隆二十六年(1761)添造市房十数余间,即以市房租息偿清借贷,鸣知合寺将先后添造市房悉交常住,每年租息约一百六七十千文不等,永为岁修公产"[②]。乾隆二十二年(1757)、二十七年(1762)、三十年(1765)、四十五年(1780)皆有御制大报恩寺诗。四十九年(1784)御制《两中礼报恩寺》诗。是年,仁宗睿皇帝随扈有御制报恩寺诗。[③]

嘉庆五年(1800)五月十五日寅时,报恩寺琉璃塔又遭雷击,两江总督费淳、江苏巡抚岳起奏请发帑银维修,清仁宗也予以批准,"于嘉庆七年二月初六日开工,六月初二日告竣,而塔焕然重新矣"[④]。

道光二十二年(1842)七月,中英鸦片之役,假寺张筵构和。是年八月二十五日,洋人游寺登塔。道光二十四年(1844),有一西人贸然登塔,顷闻有声如雷,竟

---

① 张惠衣:《金陵大报恩寺塔志》卷一,陈开虞《康熙江宁府志·卷三十一》,《中国佛寺史志汇刊》第2辑第13册,台北明文书局,1980年,第27—28页。

② 释悟明:《折疑梵刹志》卷六《国朝报恩寺条约》,《中国佛寺志丛刊》第26册,江苏广陵古籍刻印社,1996年,第481页。

③《(嘉庆)大清一统志》卷七十五。

④ 嘉庆大报恩寺僧绘:《江南报恩寺琉璃宝塔全图附志》,载张惠衣:《金陵大报恩寺塔志》,南京出版社,2009年,第121页。

自塔尖堕地死。数日后，又有夷妇二人，赤身裸体，猱上直登巅顶。居民遥而望之，似取一木匣去者。未几有一行脚僧过寺，仰视塔顶而叹。途人问之，则云宝物被窃，此塔不久毁矣。[①]

咸丰三年(1853)正月二十四日，发匪踞塔，俯瞰城中，施炮，炮弹有落中正街者。三年三月，向军克通济门外垒，复克七桥瓮，断钟山报恩寺往来路。时大报恩寺岁遭战火，破坏严重，但塔体依然屹立。咸丰六年(1856)，太平天国北王韦昌辉担心翼王石达开利用残破的城南报恩寺作为攻城的炮垒，先行下令炸毁。[②]先用火药轰之，复挖空塔座下基地，数日塔倒，寺遭焚毁，大报恩寺塔体变为瓦砾，寺内建筑全部烧毁。时有童谣曰：宝塔折，自相杀。[③]

同治四年(1865)十二月，江宁机器制造总局就寺坡下菜地造委员住房一所12间、机器汽炉房等80余间，廊50余间，为制造分局。[④]

琉璃塔是大报恩寺最为著名的建筑，也是清代“金陵四十八景”之一。此塔雄峙于寺院北部，九级八面，高度为24丈6尺1寸，按明代营造丈尺一尺等于31.7厘米计算，合78米。这个高度相当惊人，是南京古城墙平均高度的六倍半。塔的内部是木质结构，但外表覆以白瓷砖和五色琉璃瓦，故有瓷塔之称。明清两代，这里香火兴旺，游人不绝。明末清初的散文家张岱见到琉璃塔，赞叹不已：“中国之大古董、永乐之大窑器，则报恩塔是也。报恩塔成于永乐初年，非成祖开国之精神、开国之物力、开国之功令，其胆智才略足以吞吐此塔者，不能成焉。”[⑤]康熙二十三年(1684)，清圣祖首次南巡，登临此塔，极为赞叹：“报恩寺，规制宏壮，宝塔九级，金碧琉璃，尽镂梵像，结构之巧殆竭人工，非前代内帑所修，不能至此。”[⑥]清高宗六次南巡，每次都会驾幸大报恩寺，他曾亲自为琉璃塔题写九级匾额，自底层起：“真人觉路、化成资备、舍卫庄严、天际丹梯、揽妙鬘云、游心万

① 张惠衣：《金陵大报恩寺塔志》卷十《清》，《中国佛寺史志汇刊》第2辑第13册，台北明文书局，1980年，页0144—页0145。

② 夏维中、张铁宝、王刚等编著：《南京通史·清代卷》，南京出版社，2014年，第420页。

③ 祁海宁、龚巨平：《南京大报恩寺史话》，南京出版社，2008年，第145—146。

④ 张惠衣：《金陵大报恩寺塔志》卷十《清》，《中国佛寺史志汇刊》第2辑，第13册，台北明文书局，1980年，第144—145页。

⑤ 张岱：《陶庵梦忆》卷一《报恩塔》，中华书局，2008年，第6页。

⑥ 唐仲冕：《岱览》首编一《天章》，泰山学院，2004年，第5页。

仞、空外风涛、手扪星斗、无上法轮。”①通过一些外国游客的介绍，琉璃塔在海外也声名远扬。万历四十五年(1617)来到南京的葡萄牙籍耶稣会士曾昭德，在其所著的《大中国志》中描述琉璃塔：“它(南京)还有一座结构精美的七层塔，布满偶像，好像用瓷制成，这座建筑物可以列入古罗马最著名的建筑。”②顺治十一年(1654)，荷兰东印度公司派遣使团到中国访问，随团一位叫约翰·尼霍夫的素描画家，在其游记中赞美琉璃塔：“在寺院的中央就伫立着那座高大的琉璃塔，它的美感和装饰之繁复超越了所有中国艺术建筑，告诉世人能工巧匠能为他们的祖国创造出何等的奇迹……我为这无与伦比的杰作与所有建筑的辉煌壮丽赋诗一首：虽然这骄傲的建筑堪比七大奇迹，它们都是远古时代对这新世界的挑战，你那金殿的辉煌却令我颜栗！”③道光二十一年(1841)，英国纳米希斯号军舰抵达江宁江面，等待与清廷签订《江宁条约》。军舰上的英国人上岸“游览”江宁的名胜古迹，其中有一名叫贝尔拉德的士兵，记下了当时他对大报恩寺琉璃塔的印象：“由于它的完整和漂亮，以及建筑材料的质地，它高高的杰出在中国所有其他同类建筑物之上。最特出的是它用来砌面的砖，全是各种不同颜色的瓷砖，敷上了光亮的釉质，以及装饰内部的大量金质偶像。”④明末清初，大报恩寺所藏经板朽坏，寺僧松影遵照住持觉浪道盛的嘱托，并得到江南名流钱谦益、陈丹衷的赞助，成立修藏社，经过10年的努力，修复了《南藏》经板，增补了1函13卷经文。康熙三年(1664)，居士沈豹重建报恩寺大殿，修藏社堂室也一并重修。时任江宁知府的陈开虞撰写了《重修修藏社藏经殿碑记》，专门记载此事。碑文中还提到，修藏社藏板在当时刻印广泛、流行一时，“而近惟南藏，尤较通流，北至幽燕，南穷闽粤，西峨眉而东日出，一切敬信皈依，仰龙函而踊跃者，咸于一线乎是赖”⑤。1983年，山西省宁武县发现的678函大藏经，有“织造工部侍郎周天成”等助刊题记，

① 《(嘉庆)新修江宁府志》卷二《天章》，《中国地方志集成·江苏府县志辑》第1辑，江苏古籍出版社，1991年，第30页。
② 曾昭德：《大中国志》，何高济译，上海古籍出版社，1998年，第17页。
③ 尼霍夫：《尼霍夫游记》，转引自夏维中、冯洪河、郑玉超：《南京大报恩寺及其琉璃塔在国外的影响》，《郑和研究》2008年第4期。
④ 贝尔拉德：《纳米希斯号航行作战记》，转引自叶灵凤：《能不忆江南》，江苏古籍出版社，2000年，第127页。
⑤ 《(康熙)江宁府志》(陈开虞本)卷三一《寺观上》，《金陵全书》甲编方志类府志第14册，南京出版社，2012年，第460页。

学界已经认定是清初《南藏》补刻本,[①]可作为修藏社板流通的见证。[②]

与大报恩寺相关的部分清代僧人如下:

(1) 髡残(1612—1692)[③],俗姓刘,武陵人。字白溪。出家后名髡残,法名智果、大果。一字介邱,号白秃。自称残道者、电住道人、石道人。清初四大画僧之一,与程正揆(号青溪)并称"二溪"。自幼笃信佛教,清顺治八年(1651)出家,削发后云游各地。顺治十一年(1654),43 岁时定居南京大报恩寺,校刻《大藏经》。顺治十五年(1658),谒见觉浪盛禅师。皈依门下,易名大果。奉师命迁居牛首山幽栖寺。康熙三十一年(1692)示寂,世寿八十一,僧腊六十一。有《诗集》及《画册》行世。

(2) 弘智(1611—1671)[④],字无可,号墨历,别号药地和尚,俗名方以智,字昌公,号鹿起,又号密之,安徽桐城人。"明季四公子"之一,崇祯十三年(1640)进士。早年怀血疏为父鸣冤,孝名满天。中年避党祸流窜南荒。明亡后,削发为僧。得法于觉浪禅师。初为报恩寺僧,历住金陵天界、新城寿昌,后开法于江西吉安市青原山净居寺。清康熙十年(1671)示寂,世寿六十一。出家前以《通雅》《物理小识》等著作最为著名,出家后则有《愚者智禅师语录》《浮山后集》等著作。法嗣有山足兴斧等禅师。

(3) 道济(1642—1707)[⑤],字石涛,为旅庵本月禅师法嗣。广西全州人,俗姓朱,为明室后裔。早于全州湘山寺出家。初居无定所,曾到过庐山、黄山、江浙一带,后至松江参报恩寺僧旅庵本月禅师,得付法。康熙十九年(1680)移居南京长干一枝阁,康熙二十三年(1684),清帝南巡时召见了石涛。康熙二十八年(1689),康熙南巡再次传见。康熙二十九年庚午(1690)至北京居三年,康熙三十二年(1693)回扬州定居。康熙四十六年(1707)示寂。他善诗、工画,有《苦瓜和尚画语录》《画谱》及《大涤子题画诗跋》等行世。

(4) 普见[⑥],号一微。俗姓李,黑井人氏。14 岁时,依云南鸡足山高僧彻庸和

---

① 李富华、何梅:《汉文佛教大藏经研究》,宗教文化出版社,2003 年,第 433 页。
② 此处大报恩寺部分参考夏维中、张铁宝、王刚等编著:《南京通史·清代卷》,南京出版社,2014 年,第 328—331、335 页。
③ 吴之洪:《金陵大报恩寺历代高僧》,吉林人民出版社,2009 年,第 261—265 页。
④ 吴之洪:《金陵大报恩寺历代高僧》,吉林人民出版社,2009 年,第 266—268 页。
⑤ 吴之洪:《金陵大报恩寺历代高僧》,吉林人民出版社,2009 年,第 269—272 页。
⑥ 吴之洪:《金陵大报恩寺历代高僧》,吉林人民出版社,2009 年,第 275—276 页。

尚祝发。精习律宗，殷勤十载。后随彻庸和尚入京请藏路过南京，挂单大报恩寺。时方丈拟选主持，三拈三得，均由普见所得。时普见 24 岁任方丈。3 年后，自觉学识不足请辞。后居妙峰山笃志精修，50 余年，从未间断。是年 81 岁，示微疾，右跏趺而逝。

(5) 见灯(1681—1729)，[①]名空焱。俗姓卢，湖州人。父名君表，侨居德清县。其母唐氏生焱时，有僧人募缘而来，书“福缘善庆”，遂名福缘。稍长，喜诵佛经。7 岁至杭州吉祥庵，依舜则法师剃发，取名际慧。后于大报恩寺受具足戒。15 岁于普陀寺别庵性统，得其法要，顿超妙悟。秉拂代座，改名空焱。清康熙五十六年(1717)，任杭州孤山圣因寺主持。清雍正元年(1723)，任法雨寺主持。雍正七年(1730)二月二十二日，示微疾，两日后示寂。其墓塔在岳庙西四十里莲花峰下。

(6) 居让[②]。少谨戒行，资质弘明。首倡岁修，井然条陈。官僧纲司报恩寺住持，兼理大藏经板。时加典对缺者，重修断者，增新其歷。寿九十，无疾而示。

2. 崇明寺[③]

在句容县东北隅。晋咸熙中建，名义和。梁昭明太子书额。宋太平兴国年改今额。清朝屡废屡兴。咸丰中尽毁于贼。后殿圆照寺同治初(1862—1875)经寺僧净明募建。国初顺治中，许合中大修之，邑人张明熙撰碑。至道光间骆懋官、王相廷、张朝彬等人复修之。粤匪之乱，塔几倾圮，光绪十七年(1891)满慧竭蹶募修，至二十二年(1896)始告竣，其用白金二万两有奇。

3. 栖霞寺[④]

在上元县东北摄山，在府东北摄山南。始建于萧齐永明元年(483)，原称栖霞精舍，后改为栖霞寺。唐高祖改为功德寺，高宗改为隐居栖霞寺。武宗会昌中

---

① 吴之洪：《金陵大报恩寺历代高僧》，吉林人民出版社，2009 年，第 277 页。

②《折疑梵刹志》卷一《皇清》。

③ 按《(乾隆)江南通志·舆地志》卷四十三《寺观》(广陵书社，2010 年)：“崇明寺在句容县东北隅。晋咸熙中建，名义和。梁昭明太子书额。宋太平兴国年改今额。寺有浮图甚峻，钟楼有赵孟頫手迹。”按清《金粟笺说》：“江宁府句容县崇明寺大藏投一十三纸。”似可推测清朝尚存。又按《(光绪)续纂句容县志》卷二下：“崇明寺在县治东北。……国朝屡废屡兴。其中院宇甚夥。咸丰中尽毁于贼。后殿圆照寺同治初经寺僧净明募建。现大雄殿廊房客室已渐次整齐矣。寺右大圣塔势甚崇峻，七级玲珑，为一邑钜观(原注：建始原委，详前志《大圣塔记》)。国初顺治中，许合中大修之，邑人张明熙撰碑。至道光间骆懋官、王相廷、张朝彬等复修之。粤匪之乱，塔几倾圮，光绪十七年满慧竭蹶募修，至二十二年始告竣，其用白金二万两有奇。”

④ 参见夏维中、张铁宝、王刚等编著：《南京通史·清代卷》，南京出版社，2014 年，第 324 页。

(841—846)废，宣宗大中五年(851)重建。南唐高越等建塔，徐铉书额曰妙因寺。唐代被誉为"四大丛林"之一。宋太平兴国五年(980)改为普云寺，景德五年又改为栖霞禅寺，元祐六年(1091)改严因崇报寺，元祐中又名虎穴寺。① 明洪武二十五年(1392)，明太祖下令重建。成化六年(1470)，因不堪寺田重赋，僧人逃亡一空，香火几近断绝。嘉靖十一年(1532)，兴善、兴会二僧恢复栖霞寺。后万历年间，主持明通重建，香火鼎盛。

清顺治五年(1648)，江宁绅士陈丹衷、邓旭、刘思敬等人邀请天界寺高僧觉浪道盛住持栖霞寺，并捐助银两修缮庙宇，"于是大斥廉囊，鸠庀工材，现宝王刹"②，古刹为之一新。清顺治五年(1648)，溧阳进士陈旻昭等人，修建栖霞寺时筑有紫峰阁。觉浪禅师在此说法，自云谷后，栖霞椎鼓，于焉复震。今紫峰无尽，阁已坏空。③ 觉浪禅师圆寂后，生前住持过的寺院纷纷迎请遗骨，最终立塔于栖霞山天开岩。觉浪禅师的法嗣竺庵大(1609—1666)，湖南醴陵人，俗姓龙，以文字禅出名，受到江宁士大夫的尊重，"劝请皆一时名公卿，龙象杂遝，冠盖相望。六年之间，宗风大振，食堂常五千余指"④。他的师弟南庵大依、法嗣楚云兴源相继入主栖霞寺，延续曹洞宗寿昌系的法脉。

乾隆年间，清高宗六次南巡，有五次驻跸栖霞寺⑤，对栖霞山的风景极为喜爱，每次驻跸均有诗作。⑥ 其中有诗为证："第一金陵名秀山，所欣初遇足空

① 按《(嘉庆)大清一统志》卷七十五："栖霞寺在上元县东北摄山。"按《(乾隆)江南通志》卷四十三舆地志："栖霞寺在府东北摄山南。齐明僧绍故宅。陈江总有碑尚存。隋文帝琢白石为塔寘舍利。唐改功德寺。高宗制明隐君碑亦尚完。南唐改妙因寺。徐铉书额。宋改普云寺。仁宗赐金宝方碑。明洪武初，仍赐额栖霞。有王世贞记：僧寮倚山架壁，各擅其胜；白云庵紫峰阁，尤称幽峻。明觉浪禅师开法于此。笑峰竺庵继起焉。"

② 按《栖霞山志》卷一："清顺治五年，公元一六四八年，觉浪禅师弘机广应，显名讲席。两江总督于成龙，崇祯进士陈旻昭，翰林检讨邓旭，粤西参政刘思敬等，连衔并辔，叩寺随顺，于是大斥廉囊，鸠庀工材，现宝王刹。时尊为云谷再来。"(《中国佛寺史志汇刊》第2辑第14册，台北明文书局，1980年，第71页。)

③ 按《栖霞山志》卷一："自明月台东望中峰，下有一峰，其色如紫，高耸出云，状若锥之脱颖，盆之案立，每当斜阳雨霁，时见云横半岭之妙。因名紫盆峰。登峰南眺，东峰佳景，尽收眼底，乃栖霞十景之一。清顺治五年，溧阳进士陈旻昭等，修建栖霞寺时筑有紫峰阁。觉浪禅师在此说法，自云谷后，栖霞椎鼓，于焉复震。备诠万法，化迹昭垂，十方檀越，连衔并辔而朝礼者，络绎于途。今紫峰无尽，阁已坏空，缅崇往哲，可胜慨哉。"(《中国佛寺史志汇刊》第2辑第14册，台北明文书局，1980年，第115页。)

④ 陈毅：《摄山志》卷三《律师》，《金陵全书》甲编方志类专志第1册，南京出版社，2012年，第377页。

⑤ 按《栖霞山志》卷一："清高宗五次南巡，均驻跸栖霞，苏省大吏，拨帑增建法幢，达二千余间，有春雨山房、太古堂、武夷一曲、精庐、话山亭、有凌云意、白下卷阿、夕佳楼，石梁精舍等胜迹，殿阁宏丽，冠绝东南。"(《中国佛寺史志汇刊》第2辑第14册，台北明文书局，1980年，第71—72页。)

⑥ 按《摄山志》卷首《天章》，《中国佛寺史志汇刊》第1辑第34册，台北明文书局，1980年，第73—127页。

前。”[①]清宗以纱帽峰名鄙俚，唐突胜境，因改名玉冠峰。[②] 又赐桥名曰彩虹，湖赐名曰明镜。桥于洪杨时被毁，之后为住持若舜重建。[③] 两江总督尹继善奉迎圣意，在栖霞山大兴土木，广建行宫、景观，达 2 000 余间，耗费了很多民脂民膏。寓居江宁的诗人袁枚作诗讥讽他：“尚书抱负何曾展，展尽经纶在此山。”[④]

咸丰五年（1855），清军向荣部队与太平军激战于栖霞一带，全寺悉遭毁坏，为建炎四年（1130）寺燹于金以来，历 724 年后，第二次之大坏相，山灵同劫，破敝荒湮者，垂 50 年。[⑤] 寺僧仅构数椽于山麓，以安瓶钵。

光绪五年（1879），寺毁于洪杨后，德宗法师结茅主持，侍奉香火。洪杨毁寺后，民国八年（1919），金山寺临济宗高僧宗仰朝礼九华山，途经栖霞寺，见其凋敝，遂不辞辛劳，挑起复建的重任，中兴栖霞伟业。继宗仰之后，住持若舜多方募资，再造庙宇，重塑佛身，终使千年古刹又获生机。

栖霞寺相关部分僧人如下：

清顺治年间，觉浪禅师修葺栖霞寺。后有素庵法师主持，在寺讲华严诸经，为清代禅门宗匠。清康熙时，依次有竺庵禅师、大依禅师主持。后有兴源禅师主持，并着《摄山志》八卷，建旃檀金汤二阁。清光绪五年（1879），寺毁于洪杨后，德宗法师结茅主持，侍奉香火。[⑥] 栖霞寺清代法统自宗仰上人，金山分灯，始宗属临济。[⑦]

---

① 陈毅：《摄山志》卷首《天章》，《金陵全书》甲编方志类专志第 1 册，南京出版社，2012 年，第 161 页。

② 按《栖霞山志》卷一：“清高宗南巡，以峰名鄙俚，唐突胜境，因改名玉冠峰。”（《中国佛寺史志汇刊》，第 2 辑第 14 册，台北明文书局，1980 年，第 106 页。）

③ 按《栖霞山志》卷一：“中峰北麓，西峰南麓两水之水，建瓴而下，匹练摇空，过叠浪严，桃花涧等处，已尽林壑之美。流至寺门右，地势骤平坦，不若山涧之束，潴蓄而成小湖，广约二十亩。湖水澄澈，光鉴照人。上有桥而曲，有似阿房宫赋所谓‘长桥卧波，不霁何虹？’之境界。清高宗赐桥名曰彩虹，湖赐名曰明镜。桥于洪杨时被毁，现桥为住持若舜重建。湖中有六角亭，供游人休憩，日霞风定，山影倒悬，湖光溪色，美不胜收。伫立桥上，俗虑尽涤。栖霞诸峰之水经此流出寺外，入便民河，转泄长江，寺无洪患。”（《中国佛寺史志汇刊》第 2 辑第 14 册，台北明文书局，1980 年，第 110—111 页。）

④ 袁枚：《随园诗话》卷六，人民文学出版社，1982 年，第 199 页。

⑤《栖霞山志》卷一，《中国佛寺史志汇刊》第 2 辑第 14 册，台北明文书局，1980 年，第 72 页。

⑥《栖霞山志》卷二《历代住持》，《中国佛寺史志汇刊》第 2 辑第 14 册，台北明文书局，1980 年，第 126 页。

⑦ 按《栖霞山志》卷二《近代法统》：“栖霞寺自清高宗五次南巡，均驻跸于此，大吏拨帑修建，极尽瑰丽，寺内楼台殿阁，达二千余楹，规模建制，冠绝东南。惜太平天国军兴，毁于兵燹。五十年后，始有续慧命大德，宗仰上人，乘愿而来，规复坠绪。而后贤辈出，克绍箕裘，益复光大。栖霞寺自宗仰上人，金山分灯，始宗属临济，兹鉴其前代住持，传承失覈，特考其源流，列表于左，免后之继者，数典忘祖焉。”（《中国佛寺史志汇刊》第 2 辑第 14 册，台北明文书局，1980 年，第 127 页。）

宗仰上人[①]，公讳宗仰，字中央，别号乌目山僧，江苏常熟人，俗姓黄，咸丰十一年(1861)十月十日生。幼时，学于翁同龢。时翁氏谓之曰："子习举子业，住着自缚，倘入缁门，慧海之舟楫也。"16岁，依常熟三峰寺药龛和尚出家，于弘扬妙法之余，复研习英、日、梵等文字，通晓有成，观照益广，旁及诗书画金石等，皆卓然成家、越五年受戒镇江金山江天寺，方丈大定等以公圆明自性、异日必与前明大师，一较短长，因授记金山，任职监院。光绪十八年(1892)上海富商哈同夫人罗迦陵居士，信乐佛乘，敬礼三宝，以真教难仰，莫一旨归，钦公智地旷达，请皈依为弟子。江南诸山，沪上名流，争聘讲经，启发灵明、觉路大振。光绪二十七年(1901)，公在沪望门投止，罗迦陵资助逃日。时国父孙中山，自越南莅横滨。公趋寓晋谒，抵掌而谈，深荷器重，为辟徐孺之榻，于是革命决策，参与密勿。秋，中山先生往檀香山，绌于资，公倾囊助之。敝屣阿堵，得"空"真谛。旋在东京复刊江苏杂志，启迪民心，促清瓦解。光绪三十四年(1908)，清帝与西后俱崩，党禁稍懈，公自日返沪，创办上海爱国女校。宣统元年冬(1908)，公得弟子罗迦陵之助，刊印大藏经8 416卷，每部分装40函，裨益后继，精穷奥业，其于佛教之遐敷，允称冠冕。公自任总裁，开馆校印，与事者海内名宿及缁素大德30余人，历时4年，始告蒇事。耗当时通用银币达15万元之巨。即今通行之频伽大藏也。近代国学大师章太炎，誉公："绍隆一乘，救兹末世。为晚明旭大师后三百年来发扬胜义之第一人。"公寿龄六十二，僧腊四十六。

4. 古林寺

在定淮门内马鞍山，在府吉祥寺之左。旧名古林庵[②]。始建于萧梁，初名观音庵。南宋淳熙年间(1174—1190)，改名古林庵。明万历十二年(1584)古心律师来到南京，住持于此，经三年化庵为寺，被誉为"天下第一戒坛"。建成后的古林寺，宏敞壮丽，成为南京当地的大寺。万历四十一年(1613)敕更寺额为"振古香林禅寺"[③]。康熙二十三年(1684)，古林寺遭大火焚毁，只剩下戒坛、丈室。时任住持合吉寂鼎募化三年，重建庙宇，并定期传戒，再振律风。其弟子宗本照贤

---

① 按《栖霞山志》卷二《宗仰上人传略》，《中国佛寺史志汇刊》第2辑第14册，台北明文书局，1980年，第134页。

② 释辅仁：《律门祖庭汇志》，《南京稀见文献丛刊》，南京出版社，2013年，第41—71页。

③ 释辅仁《律门祖庭汇志》(《南京稀见文献丛刊》，南京出版社，2013年)载："马鞍山古林庵，于明万历十二年，由古心律师化庵为寺，三年告成，赐额'振古香林'。"

以精通律藏著称于世。康熙四十二年(1703),清圣祖南巡,宗本受到圣祖接见。

雍正年间,住持鲁玉普璠讲经说法见解独到,江南富商闵某仰慕其名,出巨资将青石戒坛改建为矾石戒坛。乾隆二十四年(1759),清高宗赐寺额“古林律寺”。[①] 道光年间,住持明空本修将大雄宝殿后的山崖开凿成石壁,遍植海棠花,为古刹添一新景。咸丰三年(1853),太平军攻入江宁,古林寺住持觉真带领僧众到宿州避难。同治三年(1864),住持觉真回寺,化缘重建,又恢复丛林规模,建成殿宇堂室 80 余间。光绪二十六年(1900)九月初八日,金陵火药局马鞍山大药库突然起火爆炸,致使邻近的古林寺庙宇化为瓦砾,僧众死伤惨重。[②] 政府赔白银 500 两修屋,受伤者另发抚恤金。住持辅仁仁友竭力经营,募集巨资,重建庙宇。光绪二十八年(1902),大殿落成,各种寮房共计 200 余间,界址宽阔,气势恢宏。[③] 古林寺与香林寺,以及光绪十年(1885)湘军将领在汉府街建造的毗卢寺,并称为“清末江宁三大寺”。[④]

5. 弘觉寺

在府南牛首山。南朝梁天监二年(503),司空徐度造,名佛窟寺。后屡兴屡废,至清代,因避乾隆帝弘历之讳,改名“宏觉寺”。乾隆帝亦为弘觉寺佛殿御书匾额“万法皆如”。[⑤] 清咸丰(1851—1862)兵火以后已稍稍修葺。

6. 灵谷寺

在府钟山东南。其前身可追溯至萧梁天监十三年(514),梁武帝为纪念高僧宝志而建的志公塔与开善精舍。唐干符年间,改为宝公禅院。北宋太平兴国五年(980),赐额太平兴国寺。庆历二年(1042),府尹叶清臣奏改为十方禅院。建炎年间因战争而毁废。绍兴年间重建,并被列为天下禅宗五山十刹之第三刹。淳熙年间复毁。至元泰定二年(1325),泰定帝到南京适逢寺灾,故修复而成,并有优赐。元泰定四年(1327),又赐名大崇禧万寿寺。明初称为蒋山寺,后又赐额灵谷寺。

清初,灵谷寺庙宇破败,一片荒凉景象。临济宗高僧汉月法藏的法孙于南宗运来山驻锡,重修庙宇,开堂说法,寺院情形开始好转。继任住持尘仙隆甡、晓苍

---

① 释辅仁:《律门祖庭汇志·律寺名称》,《南京稀见文献丛刊》,南京出版社,2013 年,第 51 页。

②《详述金陵火药局灾后情形》,《申报》1900 年 11 月 4 日。

③ 杨荣良、朱淮宁:《南京民族宗教志》,南京出版社,2009 年,第 242 页。

④ 参见夏维中、张铁宝、王刚等编著:《南京通史·清代卷》,南京出版社,2014 年,第 325—326 页。

⑤ 杨新华、吴阗:《南京寺庙史话》,南京出版社,2010 年,第 30 页。

际曙都是传承他的法脉。

清朝康熙四十六年(1706),清圣祖仁皇帝南巡临幸,赐御书“灵谷禅林”四字匾额御书、“天香飘广殿,山气宿空廊”对联御书、石刻金刚经一部、御书泥金心经一卷、御书白居易绝句金扇一柄——“烟满秋堂月满庭,香花漠漠磬铃铃。谁能来此寻真谛,白老新开一藏经。”御书木刻药师经一部。[①] 晓苍之后,继述乏人,灵谷寺又呈衰败之势。雍正十二年(1734),淮安名僧侣石万清奉旨住持灵谷寺,“整顿风规,不遗余力”[②],原有的临济宗汉月系法脉从此被曹洞宗替换。清乾隆十六年(1751),高宗纯皇帝南巡,御制灵谷寺六韵诗、御赐匾额。二十二年(1757)、二十七年(1762)、三十年(1765)、四十五年(1780)、四十九年(1784)皆有御制灵谷寺诗,并有赏赐。四十九年(1784),仁宗睿皇帝随扈御制灵谷寺诗。[③]至清代,“灵谷深松”已为金陵四十八景之一。[④]

嘉庆(1796—1821)、道光(1821—1851)年间,雪昆昌玉、悉朗昌钦等住持竭力经营,重修无梁殿、五方殿、志公塔,寺院面貌大为改观。这一时期,施主的捐献非常踊跃,绅士李天士、甘福、李卓三先后向该寺布施田地、房产。清代灵谷寺田产规模虽远不及明代,但仍能维持近千亩的规模,“前明钦赐田产,历年久远,除湮没无征外,其所赠存并本寺续置之产,约计田地、芦场、圩沟、塘坝、山基等八百余亩,坐落上元、江宁、句容三县地方。又有零散瘠疲田地山场二百余亩,坐落上元县等处地方。贺兵等七户布施乐山一百零五亩,又众姓捐施柴山四十四亩三分”[⑤]。在众多的施主当中,甘氏家族与灵谷寺渊源最深。甘福与其子甘煦、甘熙曾多次到寺中游玩,与高僧悉朗谈经论道。甘家人在灵谷寺留下了许多诗文佳作,如甘煦的《灵谷僧寮夜坐偶成》《由钟山之阴至灵谷话悉上人》《灵谷寺晚步》;甘熙的《游灵谷晤悉朗上人》《登灵谷寺钟楼观元泰定钟四十韵》《八功德水歌》《三绝碑歌》《灵谷深松赋》;等等。甘熙还为该寺编纂了第一部完整的志书《灵谷禅林志》,理清了道光以前灵谷寺历史的基本脉络,保存了有关灵谷寺的重要史料。同乡学者、著名藏书家朱绪曾评价该书:“体例分明,辩证博洽。不冗不滥,刊俗语之丹青,

---

① 《(乾隆)江南通志·舆地志》卷四十三《寺观》,广陵书社,2010年。
② 谢元福:《灵谷禅林志》卷八《高僧二》,《中国佛寺志丛刊》第29册,江苏广陵古籍刻印社,1996年,第218页。
③ 《(嘉庆)大清一统志》卷七十五。
④ 徐寿卿:《金陵四十八景图册》,南京出版社,2012年。
⑤ 谢元福:《灵谷禅林志》卷五《寺产》,《中国佛寺志丛刊》第29册,江苏广陵古籍刻印社,1996年,第143页。

归于雅正，岂独为山灵生色乎！”①

晚清时期，灵谷寺日益衰落。咸丰三年(1853)，太平军攻占江宁府，改为天京，钦差大臣向荣尾随其后，在孝陵卫建立江南大营，掘长壕加以围困。双方多次在钟山激战，灵谷寺饱受战火洗劫，庙宇毁废殆尽，“即灵谷寺展兴展废，亦无似此次之澌尽者”②。住持德铠祢修在战乱中仍坚守山林，掩埋尸骨，并将死者姓名登记造册，供后人稽考。战后江宁久旱不雨，德铠请求官府，重建灵谷寺龙神庙以供祈祷。灵谷寺原有龙神祠，但在太平天国战乱中被毁坏殆尽。

同治六年(1867)，春夏两季，数月无雨，时任两江总督曾国藩与布政使、督粮道、盐巡道先后于灵谷寺求雨，“四祈而四效”，天降甘霖缓解了旱情。事后，曾国藩在无梁殿东、八功德水侧修建了一座龙神庙。③ 该庙共造山门、正殿、客厅、僧房、斋堂、厨房等25间，并置办了钟鼓桌椅等，这就是今天的灵谷寺。遇到干旱之年，江宁的地方官都要来此祈雨。光绪十一年(1885)，住持利华光莲带领僧徒自力更生，开垦荒地，种植竹木，重建山门、金刚殿。④ 光绪十三年(1887)，两江总督曾国荃派人来灵谷寺祈雨时，看到宝公塔仅存遗址，于是令清军南字营兵丁会同工匠重新修复。到清朝末年，灵谷寺内共有金刚殿、天王殿、无梁殿、宝公塔和新建的龙神庙等建筑。

清代与灵谷寺相关僧人如下：

(1) 于南运禅师⑤。宗运，字于南。事南屏豁堂公，昼夜密参。豁公印可付法。大兴灵谷，开堂说法。时经兵燹之余，山中夜阴鬼哭，师至遂不复闻。当其未主灵谷也，正值鼎革。各屋荒凉，众皆出亡。有僧忽梦伽蓝神语曰：将有大知识来兴此山，一旦，无梁殿上忽放异光，钟楼大钟不梃自鸣。是日师果来，其关系如此。

(2) 麈仙和尚⑥。隆甡，字麈仙，和州人。崇祯末，父母皆遭流寇难。贼欲以为养子。时方七岁，骂曰：恨不报父仇，肯为尔子乎。贼将杀之，刃折。乃释遂出

① 甘熙：《灵谷禅林志·朱绪曾序》，南京图书馆藏道光二十年(1840)刻本。

② 曾国藩：《灵谷龙神庙碑记》，《曾国藩全集》文集卷四，河北人民出版社，2016年。

③ 曾国藩：《灵谷龙神庙碑记》，《曾国藩全集》文集卷四，河北人民出版社，2016年，第293页。

④ 夏维中、张铁宝、王刚等编著：《南京通史·清代卷》，南京出版社，2014年，第322—323页。

⑤ 甘熙：《灵谷禅林志》卷八《于南运禅师》，《中国佛寺史志汇刊》第2辑第12册，台北明文书局，1980年，第219—220页。

⑥ 甘熙：《灵谷禅林志》卷八《尘仙和尚》，《中国佛寺史志汇刊》第2辑第12册，台北明文书局，1980年，第220页。

家。及于南，再振灵谷。请师相助，道风大振。遂继其席。辛亥、壬子两岁洊饥，或言暂止供众。师曰：岂有一身安贫忍视十方饥乎。临终说偈云："山僧今年四十九，浩然之气冲牛斗。虚空拨落有谁知，倒骑铁马趁狮吼。"微笑而逝。

(3) 际曙禅师[①]。际曙，字晓，苍山阳县人。自康熙辛未(1691)入院主持祖席。经营葺理，百废俱兴，重修寺志。丁亥(1707)春圣祖仁皇帝南巡幸寺，奏对称旨。御书联匾赏赉有差，此清朝开国来第一荣幸也。按灵谷自汉月以来系三峰宗派。晓苍而后宗风败落。钟板不鸣，寺之凌替极矣。逮雍正间侣石清禅师来住，整顿风规寺，乃中兴嗣后，遂为曹洞宗，至今相承，勿替诚灵谷一大转□也。

(4) 侣石清禅师[②]。万清，字侣石。雍正甲寅(1734)奉敕住寺，居三载。乾隆元年(1736)复奉敕移住安徽慈济寺，遂终老焉。衣钵留灵谷，瘞诸西山，有塔行状详后。

(5) 道揆守禅师[③]。绪守，初名法守，字道揆，号卑牧。乌程凌氏子。年十九出家本邑宝云寺受具。于杭州灵隐谛晖律师，参淮安诞登侣公。复还宝云，忘身为道。雍正甲寅(1734)侣公奉命开法灵谷，因忆师从前随侍机契，招之至。乾隆元年(1736)，侣公复奉敕住慈济，师乃继其席卅余年，不入城市，始终以本分领众为事。辛未春恭接銮辂，召对行座，赐御书福字、华藏图。上问三绝碑以实对，恭呈拓本，请重泐之。丁丑(1757)春上复幸寺，御书净土指南四字，泐诸碑额。三十一年丙戌(1766)秋，招檀越及寺内耆宿方丈，设斋交玉潜西堂，接续住持退休静室，明年(1767)八月十一日示微疾，留偈而化。寿六十有七。

(6) 玉潜璞禅师[④]。世璞，字玉潜，号芋庵。乌程沈氏子。四岁出家，二十受具于华山文海律师。遍参江浙，得法于灵谷道揆禅师。乾隆三十一年(1766)九月奉本师暨各檀越送继主席。乾隆丁酉(1767)六月十七日示微疾弃世。寿五十一。

① 甘熙：《灵谷禅林志》卷八《际曙禅师》，《中国佛寺史志汇刊》第2辑第12册，台北明文书局，1980年，第220—221页。
② 甘熙：《灵谷禅林志》卷八《侣石清禅师》，《中国佛寺史志汇刊》第2辑第12册，台北明文书局，1980年，第221页。
③ 甘熙：《灵谷禅林志》卷八《道揆守禅师》，《中国佛寺史志汇刊》第2辑第12册，台北明文书局，1980年，第230—231页。
④ 甘熙：《灵谷禅林志》卷八《玉潜璞禅师》，《中国佛寺史志汇刊》第2辑第12册，台北明文书局，1980年，第231页。

(7) 祇园绍禅师[1]。衍绍，字祇园。铜陵佘氏子。幼为名诸生，省世无常，誓愿祝发。礼九华之天台山真如庵洪度师得度，受戒于歙之黄山云谷寺介庵和尚。乾隆三十三年(1768)冬，参灵谷玉公得法。俾理院务十载，接主祖席。四十五年(1780)春，翠华幸寺，恩赏白金，以崇优奖。住灵谷十九载，率众勤修，清规整肃，年逾六旬退休别室，专修净土。闭关二十年，嘉庆癸酉(1831)二月初十日无疾而逝寿，八十有二。着有语录诗草。

(8) 弥垠禅师[2]。弥垠，字福溪。吴县人。博通经史，素以孝闻。卢雅雨都转见，曾深器重之，延入幕中。观内典有省。厌俗出家于牛首山祖堂寺。嗣法祇园禅师，继主灵谷三载。乾隆甲辰(1784)春驻跸寺中，赐《无量寿经》、石刻娑罗树如意。后示寂本寺。有语录诗集。

(9) 弥澍禅师[3]。弥澍，字沧洪。江西德化人。幼聪颖，生有佛缘。尝游古寺，恍如熟境。祝发故里，受具华山。参灵谷祇园和尚嗣其法。乃福溪同门弟也。初住九江龙池寺，宗风丕振。乾隆甲寅(1794)夏，应灵谷大众暨诸檀越书，继席钟山。笃志清修，不酧俗事。如此住灵谷五载，道俗咸钦。嘉庆己未(1799)春，偶因微疾，退归僻室，未几而逝。寿五十八。

(10) 昌玉禅师[4]。昌玉，字雪昆。庐州舒城人。自幼祝发，及长受具。遍谒名流，深究密谛。参沧公机契相许。命掌知事，蚤夜辛勤无一息，少懈遂受法焉。嘉庆己未(1799)春，沧公嘱咐继主灵谷。辛酉(1801)三月，偶因微疾，卸眉法弟本善，闭户潜修，日诵华藏，寒暑弗辍，逾年示寂。昌性，字本善。籍本颍州，侨居白下。龆龄出家，亦沧公法嗣也。接雪公席领众十余年，因修殿积劳成疾。壬申(1812)春，托付法弟悉朗，未几病转剧一夕。命侍者扶出，步月三匝，沐浴而逝。著有语录二卷。

---

① 甘熙:《灵谷禅林志》卷八《祇园绍禅师》,《中国佛寺史志汇刊》第 2 辑第 12 册,台北明文书局,1980 年,第 231—232 页。

② 甘熙:《灵谷禅林志》卷八《弥垠禅师》,《中国佛寺史志汇刊》第 2 辑第 12 册,台北明文书局,1980 年,第 232 页。

③ 甘熙:《灵谷禅林志》卷八《弥澍禅师》,《中国佛寺史志汇刊》第 2 辑第 12 册,台北明文书局,1980 年,第 232—233 页。

④ 甘熙:《灵谷禅林志》卷八《昌玉禅师》,《中国佛寺史志汇刊》第 2 辑第 12 册,台北明文书局,1980 年,第 233—234 页。

(11) 昌钦禅师[①]。昌钦,字悉朗。山东济宁州嘉祥县李氏子。于本邑莲花寺出家。乾隆壬寅(1782)受具于灵谷。遍游名山,行脚五载,复返蒋山。谒沧公得法。嘉庆丙子(1816)夏,修志公塔。师率众董其役,畚挶亲操,不避炎暑。复广劝诸檀越修无梁五方诸殿,焕然一新。戊寅(1818)冬工告竣。乃卸担于法弟明远。杜门谢客,拜诵华严。中夜不辍,将为终老计。道光壬午(1822)复为十方檀护及阖寺大众坚请复席。此十年间,栽培树木,开垦园圃,名山壮色,古刹增辉,皆师之力也。辛卯(1831)夏偶抱微恙,六月十九日跏趺而逝,顶热如焚,寿六十有八。

(12) 祖慧禅师[②]。祖慧,号圆照。镇江丹徒县人。出家华山求戒,朝四名山后授法于灵谷。领众焚修不辞劳苦,记年四十九岁终。

(13) 祖开禅师[③]。祖开,号月千。江宁县人。本城南门外西天寺出家,浙省天童寺求戒。游方朝山后授法灵谷。守持修习,内怀佛法,外苔世理。记年六十二岁终。

(14) 祢来禅师[④]。祢来,号聚成。上元县人。自出家求戒,朝四名山后授法于灵谷。焚修礼拜。记年四十六岁终。

(15) 祢修禅师[⑤]。祢修,号德铠。俗姓袁,江宁人。披剃天印山东霞寺,受戒华山,继衣钵于灵谷。勤种善根,扶持忠义。当洪逆负固金陵官兵,于朝阳门外掘长濠困之。日有战事,凡阵亡及军营病故者,皆书之于册。俾后人有所稽考。枯骸在野,拾而葬之,寺田荒芜,招佃垦之,请于曾文正公重建龙神庙。及光绪乙亥(1875)传法光莲,静修一室,人罕得见。庚辰(1880)九月二十一日念佛而逝,记年六十六岁,端坐龛中。及乙酉(1885)冬,遗嘱葬于玉带桥之南。

---

① 甘熙:《灵谷禅林志》卷八《昌钦禅师》,《中国佛寺史志汇刊》第 2 辑第 12 册,台北明文书局,1980 年,第 234 页。

② 甘熙:《灵谷禅林志》卷八《祖慧禅师》,《中国佛寺史志汇刊》第 2 辑第 12 册,台北明文书局,1980 年,第 234—235 页。

③ 甘熙:《灵谷禅林志》卷八《祖开禅师》,《中国佛寺史志汇刊》第 2 辑第 12 册,台北明文书局,1980 年,第 235 页。

④ 甘熙:《灵谷禅林志》卷八《祢来禅师》,《中国佛寺史志汇刊》第 2 辑第 12 册,台北明文书局,1980 年,第 235 页。

⑤ 甘熙:《灵谷禅林志》卷八《祢修禅师》,《中国佛寺史志汇刊》第 2 辑第 12 册,台北明文书局,1980 年,第 235 页。

(16) 光莲禅师[①]。光莲，号利华。泰州人俗姓□，母氏金。素奉佛，因其幼而多病，八岁即命出家。初师泰之岱岳寺僧，后于华山受戒，遍朝峨眉天台九华南海，为母资福。光绪纪元(1875)五月朔，德铠夜视香炉，有光状若莲心，异之。越五日，光莲至寺。铠因大喜，授以衣钵。垦荒田，种竹木。重建山门，及金刚殿未尝募化，也清修梵行。无疾言厉色，尤好劝人为善。传法于其徒大愿，恒闭户不出，而梵呗不倦，其将入忉利天者乎。于光绪戊戌年(1898)二月初九日，端座念佛而逝，年七十四。住持法孙源浩遵遗嘱，于甲戌年(注：疑误，光绪无甲戌年)荼毗，建塔葬于本山玉带桥之南。

(17) 大愿禅师[②]。大愿，字遂庆，盐城人。通经学素。出家于盐城泰山寺。苦行焚修，朝四名山后授法于灵谷。不辞劳苦，于光绪戊子年(1888)四月二十九日卯时，记年六十五岁终。

7. 鸡鸣寺

在上元县北鸡笼山。始建于萧梁普通八年(527)，初名同泰寺，为南朝四百八十寺之首。南唐时，改称净居寺、圆寂寺。明洪洪武二十年(1387)，迁灵谷寺宝志法函于此，赐额鸡鸣寺。清初，鸡鸣寺年久失修，庙宇倾颓。康熙二年(1663)，普济塔又被雷电击毁，栖霞寺高僧竺庵大成应邀前来住持，重建殿塔。清朝康熙四十四年(1705)，御书"鸡鸣古迹"四字匾额。

随后，江宁织造曹寅即对鸡鸣寺进行了一次大修，"于是卜吉鸠工，一年始竣，江山云物顿改旧观"[③]。清乾隆十六年(1751)，清高宗驻跸鸡鸣寺凭虚阁，为寺题额"古鸡鸣寺"。文人雅士慕名游览鸡鸣寺者也是络绎不绝，他们留下了大量的诗作。康熙朝诗坛领袖、刑部尚书王士祯的《登鸡鸣寺》最为著名："鸡笼山上鸡鸣寺，绀宇凌霞鸟路长。古埭尚传齐武帝，风流空忆竟陵王。白门柳色残秋雨，元武湖波淡夕阳。下界销沉陵谷异，枫林十庙晚苍苍。"[④]三十年(1765)、四十五年(1780)、四十九年(1784)皆有御制鸡鸣寺诗。

---

① 甘熙：《灵谷禅林志》卷八《光莲禅师》，《中国佛寺史志汇刊》第2辑第12册，台北明文书局，1980年，第235—236页。

② 甘熙：《灵谷禅林志》卷八《大愿禅师》，《中国佛寺史志汇刊》第2辑第12册，台北明文书局，1980年，第236页。

③ 曹寅：《楝亭文钞·重葺鸡鸣寺浮屠碑记》，《四库全书存目丛书》集部第257册，齐鲁书社，1997年，第261页。

④ 王士祯：《渔洋诗集》卷一五《登鸡鸣寺》，《四库全书存目丛书》集部第225册，齐鲁书社，1997年，第669页。

咸丰年间，鸡鸣寺毁于兵火，后虽重修，难复旧有规模。同治六年(1867)，寺僧西池等募资修建观音阁。光绪六年(1880)，寺僧又重建凭虚阁、观音楼。楼中供奉观音像面朝北而坐，世所罕见，吸引了不少游人、香客前来观光。

光绪二十年(1894)，两江总督张之洞与门生杨锐游鸡鸣寺，置酒畅谈时事。二十八年(1902)，张之洞再督两江，重游鸡鸣寺，忆及往事，不胜伤感，在寺内起建豁蒙楼纪念杨锐。此楼是南京城内登临观景的绝佳处，湖光、山色、城墙、宝塔，无不尽收眼底。鸡鸣寺作为南京最为知名的古刹之一，香火延续至今。①

8. 隆昌寺

在府治东六十里句容县界宝华山。萧梁天监年间，高僧宝志结庵于此，人称志公庵。明嘉靖年间僧人普照复建宝公庵。明神宗万历三十三年(1606)，由僧妙峰、南宗、天空募缘扩建，化庵为寺，十年告成，敕赐大藏经及“护国圣化隆昌寺”额，改称隆昌寺。② 明崇祯十一年(1638)，南山律宗中兴祖师古心律师与此传戒，隆昌寺遂为律宗道场。清顺治二年(1645)，三昧弟子见月读体继任住持，整肃道场，订立规约，“率先躬行，是制必遵，非法必革。寻复安居之法，门人日进”③。

清朝顺治二年(1645)，僧见月建白石戒坛，作《传戒正范》，定制每年春、冬传戒，结夏安居。

康熙十年(1671)，见月又重建大雄宝殿、大悲楼，新建布萨堂、客房、屏教所、留云楼。这时的隆昌寺规模宏大，庙貌一新，“三门巨丽，甲于东南”④。进士笪重光在留云楼前奉敕题书“律宗第一山”额，给予隆昌寺极高的评价。康熙十八年(1679)，定庵德基任住持，他律己甚严，著述颇丰，著有《定羯磨会释》《比丘尼戒本会义》，在完善律学方面做出了巨大贡献；他还辑有《宝华山志》十二卷，详细记载了宝华律宗法脉传承始末。康熙四十二年(1703)，圣祖南巡赐慧居寺额、御书《心经》一卷、《金刚经》一卷。四十四年(1705)，御赐诗《将游华山以欲雨未往》一首：“欲向青山涧壑行，春云又变晓阴轻。勾陈不遣惊禅定，恐碍林间碧草生。”⑤

---

① 此处鸡鸣寺多处参考夏维中、张铁宝、王刚等编著：《南京通史·清代卷》，南京出版社，2014年，第332—333页。

② 释辅仁：《律门祖庭汇志》，《南京稀见文献丛刊》，南京出版社，2013年，第52页。

③ 喻谦：《新续高僧传四集》卷二九《清江宁宝华山隆昌寺沙门释读体传》，《藏外佛经》第19册，第435页。

④《宝华先师见老人行纪》不分卷，南京图书馆藏刻本。

⑤《宝华山志》卷前《圣祖仁皇帝御制》，《中国佛寺史志汇刊》第1辑第41册，台北明文书局，1980年，第3—4页。

四十六年(1707)南巡驾幸山中,赐飞白大书“莲畛云香”四字额悬于铜殿,“精持梵戒”四字额悬于戒坛。[①]

雍正十二年(1734),宝华山不慎失火,烧毁房间60余间。次年(1735),两江总督赵弘恩奉旨重修。寺殿宇及下院不下千间。

乾隆十六年(1751)三月二十八日,翠华临幸山中。乾隆二十二年(1757)三月十六日,圣驾重幸山中。乾隆二十七年(1762)三月二十三日,翠华三幸临山,御书“南无阿弥陀佛”六字。乾隆三十年(1765)三月初三日圣驾四幸宝华。乾隆四十五年(1780)三月二十四日,圣驾五幸宝华,赐额“慧居”改“千秋名永扬”。乾隆四十九年(1784)闰三月十三日,圣驾六幸宝华,均有御赐诗及赏赐。[②] 雍正、乾隆年间,宝华山七代律师文海福聚精通律藏,受世宗召见,宝华山因而成为全国佛教的传戒中心。

隆昌寺于后粤匪之乱中毁拆殆尽。光绪四年(1878)经住持僧圣性建戒坛五间。五年(1879)知县袁照建拜经台、龙王殿各一间。八年(1882)圣性建藏经楼三间。九年(1883)建楞严堂三间。十四年(1888)建西板堂三间。十五年(1889)建库房五间。十六年(1890)建韦陀堂五间。十七年(1891)建大雄殿五间。二十年(1894)住持浩净克继师志,建如意堂三间。二十一年(1895)建拜经台正殿三间、上客房三间。二十四年(1898)建上祖堂五间。二十六年(1900)重建戒坛五间。[③] 1911后复改名“隆昌寺”。

相关清代部分僧人:

(1) 释寂光(1580—1645)[④],明代律宗千华派之祖。古心如馨律师(1541—1616)法嗣,广陵钱氏。二十一岁出家,从雪浪洪恩习贤首之教观,受具戒于古心。后闭关九子峰,隐司空山,重兴庐山白莲精舍,复迁龙潭宝华山,为宝华初祖。弘光元年(1645),帝特赐紫衣、白金,敬称国师。同年,于宝华坐化。著《梵网经直解》《观经忏仪》。法嗣为见月读体律师。

(2) 释读体(1601—1679)[⑤],明末律宗千华派第二祖。楚雄许氏,三昧寂光

---

① 《(乾隆)江南通志·舆地志》卷四十三《寺观》,广陵书社,2010年。

② 《宝华山志》卷前《高宗纯皇帝御制》,《中国佛寺史志汇刊》第1辑第41册,台北明文书局,1980年,第11—22页。

③ 《(光绪)续纂句容县志》卷二下。

④ 《宝华山志》卷五《释寂光》,《中国佛寺史志汇刊》第1辑第41册,台北明文书局,1980年,第174—177页。

⑤ 《宝华山志》卷五《释读体》,《中国佛寺史志汇刊》第1辑第41册,台北明文书局,1980年,第177—183页。

律师(1580—1645)法嗣。初为羽士，年三十一依宝洪山亮如出家，后投谒三昧座下。继席金陵宝华，重振律纲，两行般舟三昧，开坛说戒七十余次。著有《毗尼止持会集》《传戒正范》《大乘玄义》《沙弥尼律仪要略》诸集。法嗣有成拙德、定庵基、宜洁玉等六十八人。

(3) 释德基(1634—1700)[①]，俗姓林。先闽莆田人。清初律僧，为律宗千华派第三祖。自幼茹蔬、诵经，怀出世之念。于吴门宝林寺听竹怀法师讲《楞严经》，有省，遂求剃度。后登宝华山礼见月律师受戒。精勤戒律，朝夕修持。庚申(1680)春体师示寂前以所传戒本、紫衣授师，俾主其席。于康熙庚辰年(1700)示寂，世寿六十七，僧腊四十八。著作有《毘尼关要》十六卷、《羯磨会释》十四卷、《比丘戒本会义》十二卷、《宝华山志》十二卷。其中《毘尼关要》于乾隆二年(1737)入藏。法嗣有松隐义、玉文硕、眼闻明等三十八人。

(4) 释真义[②]，字松隐，嗣宝华第四代席也。为广陵曹氏子。幼以多疾，祝发为僧，稍长受大戒于宝华山。圣祖南巡召赴行在，敕赐御书、经典、寺额。丁亥(1707)驾幸山中，应对详明，喜动天颜。幼苦修精勤劳瘁，虽酷暑严寒亦不稍休。未五旬示微疾，手书遗训，溘然长逝，寿四十有九。

(5) 释常松[③]，字闵缘。嗣宝华第五代席也。江南金坛陈氏子。天性恬静喜幽僻。弱冠白父母出家，乃登九华山甘露庵剃度。寻陟宝华山乞受大戒。寻逢圣祖仁皇帝万寿圣诞广陵宦商，延入京师大开祝圣道场，顷之銮舆临坛。赐御馔，佛事告竣，复赐紫衣玉器，奉旨还山。逝岁五十有五。

(6) 释实璨[④]，字珍辉。嗣宝华第六代席。江南霍邱陈氏子也。生时异香满室，祥光烛于邻屋。性澹心慈。每闻僧诵经辄喜，辄能记诵，如宿习者。年二十五，慕宝华山戒坛仪范为宇内第一，遂飘然南下。旬有五日，度大江自龙潭而入，一迳俯仰环顾，如旧游熟境。得戒后，净住山中，研究诸大律部，悉得其旨趣。每岁季春，恭逢万寿圣诞，大开道场四十九昼夜，顶祝无疆圣寿。年四十有八。

(7) 释福聚(1686—1765)[⑤]，字文海。嗣宝华第七代祖席也。姓骆氏，为宾

---

①《宝华山志》卷五《释读体》，《中国佛寺史志汇刊》第1辑第41册，台北明文书局，1980年，第183—186页。
②《宝华山志》卷五《释真义》，《中国佛寺史志汇刊》第1辑第41册，台北明文书局，1980年，第186—188页。
③《宝华山志》卷五《释常松》，《中国佛寺史志汇刊》第1辑第41册，台北明文书局，1980年，第188—190页。
④《宝华山志》卷五《释实璨》，《中国佛寺史志汇刊》第1辑第41册，台北明文书局，1980年，第190—192页。
⑤《宝华山志》卷五《释福聚》，《中国佛寺史志汇刊》第1辑第41册，台北明文书局，1980年，第192—197页。

王裔，世居浙之义乌。后侨寓溧水。母戴感异而生，生而不凡。年十四，发心出家，就邑之上方寺剃度。苦志修持，潜心讽诵，十易寒燠。乃诣宝华山圆具。遂精究诸大律部已。虑闻见未广，乃遍参诸方，阅历八载，始归本山，寻任上职。董率来学时，主其席者为珍辉。

(8) 释性言①，号理筠。嗣席宝华第八代。浙江人，其先代姓氏未详。示寂后藏骨五十三参塔。

(9) 释圆先②，号浑仪。嗣席宝华第九代。山东沂州府郯城县范氏子。年十四投海州碧霞宫祝发。乾隆二十九年(1764)，圆具宝华受记主席。躬行实践，恪守成规。两逢圣驾临幸，宠施优渥。住持三十四年，藏骨五十三参塔。

(10) 释明如③，号恺机。嗣席宝华第十代。江苏扬州府东台县人。姓氏未详。藏骨五十三参塔。

(11) 释定静④，号卓如。嗣席宝华第十一代。江苏扬州府东台县丁氏子也。父泰安，母王氏。年十二，投本邑复兴庵出家。继席宝华，茹苦十年。飘然远隐，访终南之遗踪，止归元之古刹。法嗣朗鉴。奉迎衣钵，藏五十三参塔。

(12) 释慧皓⑤，号朗鉴。嗣席宝华第十二代。江苏扬州府东台县人。姓韩氏。少投本邑北极殿一粒和尚出家。于宝华山卓祖座下，乞受大戒。嗣法主席。道光二十六年(1846)九月初四日示寂如意寮。世寿五十有五。荼毗后藏骨五十三参塔。

(13) 释昌苍⑥，号体干。嗣席宝华第十三代。江苏海州人，姓陈氏。父相礼，母宋氏。年十二，白父母投本州法起寺，依师巨东祝发。具足后，依止千华。精勤三学。继席以来，整顿规模，重光布萨，四方乞戒学徒闻风奔赴。道光二十六年(1846)，宏开戒网，缁素云集，受戒者至一千二百余众。自文祖以下，南北戒期未有如斯之盛也。二十八年(1848)十二月二十四日，示寂年五十岁。主席二十年。藏骨五十三参塔。

---

①《宝华山志》卷五《释性言》,《中国佛寺史志汇刊》第1辑第41册,台北明文书局,1980年,第197页。
②《宝华山志》卷五《释圆先》,《中国佛寺史志汇刊》第1辑第41册,台北明文书局,1980年,第197页。
③《宝华山志》卷五《释明如》,《中国佛寺史志汇刊》第1辑第41册,台北明文书局,1980年,第197—198页。
④《宝华山志》卷五《释定静》,《中国佛寺史志汇刊》第1辑第41册,台北明文书局,1980年,第198页。
⑤《宝华山志》卷五《释慧皓》,《中国佛寺史志汇刊》第1辑第41册,台北明文书局,1980年,第198—199页。
⑥《宝华山志》卷五《释昌苍》,《中国佛寺史志汇刊》第1辑第41册,台北明文书局,1980年,第199—200页。

(14) 释海然[①],号敏通。嗣席宝华第十四代,江苏淮安府盐城县季氏子。九岁出家,于本邑伍祐场三元宫依继信和尚剃度。二十岁至宝华山,乞受大戒。后朝礼峨眉清凉诸山,参遍归来,住持本邑之广利院。时道光十八年(1838)也,本年冬开堂传戒。二十五年(1845)退院。二十八年(1848)继主宝华法席。三十年(1850)遂以宝华衣法传付印宗。咸丰十年(1861)退位。仍回广利常住。本年七月二十四日示寂。印宗奉迎衣钵,建窣堵波于贵人峰之麓以藏焉。

9. 龙翔集庆寺

在聚宝门外善世桥南。旧在城中大市桥北。元文宗(1328—1332)即位,于天历元年(1328)诏以金陵潜宫改建。明初,改额大天界寺。明洪武二十一年(1388),寺灾,敕徙城南阒寂处,与民居不相接,出内帑大建刹宇,更名天界。[②] 永乐二十一年(1423),又遭火灾,几乎焚毁殆尽。天顺二年(1458),有僧人觉义募修重建。

清咸丰兵乱,太平天国定都天京后,雨花台一带成了清军与太平军的主要战场。天界寺等城南诸寺均遭兵燹。太平天国运动被镇压后,这里已是瓦砾遍地,杂草丛生。[③] 按《(乾隆)江南通志》卷四十三《舆地志》:"天界寺在聚宝门外善世桥南。旧在城中大市桥北。元名龙翔集庆寺。明初改天界寺。洪武戊辰灾。徙建今所。寺中万松庵、半峰亭最胜。"

10. 清凉寺

在上元县西石头山。明初周王重建。清朝乾隆十六年(1751),御赐匾额对联。御制游清凉寺诗。二十二年(1757)、二十七年(1762)、三十年(1765)、四十五年(1780)、四十九年(1784)皆有御制游清凉寺诗。

11. 香林寺

位于城东太平门佛心桥。原名兴善寺。始建于梁天监年间(502—519)。明洪武元年(1368)迁入城内,建寺今址,取名兴善寺。成化十五年(1479)重修。康熙三十八年(1699),清圣祖第三次南巡,游历兴善寺,见林木茂盛,又闻鸟语花

---

① 《宝华山志》卷五《释海然》,《中国佛寺史志汇刊》第1辑第41册,台北明文书局,1980年,第200—201页。

② 关于天界寺历来有误,认为龙翔集庆寺改额天界寺与天界寺迁徙今址为同一时间,今人有考为两事。明初改额,被火毁后,迁徙今址。参见王志高:《龙翔集庆寺考略》,《江苏地方志》1997年第4期。

③ 杨新华、吴阒:《南京寺庙史话》,南京出版社,2010年,第86页。又可参见朱煊:《我所了解的天界寺》,《档案与建设》2012年第9期。

香，“改为香林寺，方丈内御书‘觉路’二字”①。

江宁织造曹寅迎合上意，为香林寺购置秣陵关田 270 余亩、和州田 150 余亩，成为香林寺的大施主，而香林寺也几乎成为曹家的家庙。红学家多认为，香林寺是《红楼梦》里铁槛寺的原型。② 咸丰年间，江宁驻防城毁于战火，香林寺因在附近，亦被殃及。光绪十四年(1888)，香林寺重修，是当时江宁三大寺之一。③

12. 弘济寺

在府北观音门外燕子矶，在上元县北燕子矶。明洪武初即山建观音阁，正统初因阁建寺赐名。清同治年间，殿塌寺毁。遗址存有乾隆十六年(1751)和乾隆二十二年(1757)乾隆游寺题诗碑。亦有雍正七年(1729)吴兼撰写碑文。④ 至清代，“永济江流”为金陵四十八景之一。⑤

13. 静海寺

在府西北仪凤门外，卢龙山之麓。明成祖命使海外平服，诸番风波无警，因建寺，赐额静海。正德间重修。至清代，静海寺附近的“三宿名岩”为金陵四十八景之一。⑥ 清道光二十一年(1842)，鸦片战争期间，清政府迫于英帝国主义坚船利炮的淫威，与英军在古静海寺内议定《南京条约》，后在泊于下关江面的英舰“康华丽”号上正式签订了中国近代史上第一个不平等条约《南京条约》。⑦

14. 鹫峰寺

在府城中钞库街南。明天顺间建，赐额鹫峰寺。清朝乾隆末年，高僧达宗来此驻锡，中兴此寺。清嘉庆间，性海法师驻锡此寺，更趋鼎盛。道光年间，寺改为老民堂，正殿行将圮废。道光十五年(1835)，乡人甘静斋、冯君耀募资重建。⑧

15. 毗卢寺

现位于南京市汉府街 4 号。始建于明嘉靖年间(1522—1566)，初名毗卢庵。清咸丰间毁于兵火。后有僧量宏创建一佛殿。清同治间(1862—1874)，曾国荃

---

①《(乾隆)江南通志·舆地志》卷四三《寺观》，广陵书社，2010 年。

② 参见周汝昌、严中：《江宁织造与曹家》，中华书局，2006 年，第 178 页；吴新雷：《〈香林寺庙产碑〉与曹寅的〈尊胜院碑记〉》，《红楼梦研究集刊》第 2 辑，上海古籍出版社，1983 年，第 55—59 页。

③ 部分参考夏维中、张铁宝、王刚等编著：《南京通史·清代卷》，南京出版社，2014 年，第 333—334 页。

④ 杨新华、吴阗：《南京寺庙史话》，南京出版社，2010 年，第 108—109 页。

⑤ 徐寿卿：《金陵四十八景图册》，南京出版社，2012 年。

⑥ 徐寿卿：《金陵四十八景图册》，南京出版社，2012 年。

⑦ 张喜：《抚夷日记》，《鸦片战争》第 5 册，《中国近代史资料丛刊》，上海人民出版社，1954 年，第 374 页。

⑧ 杨新华、吴阗：《南京寺庙史话》，南京出版社，2010 年，第 114—115 页。

与海峰法师相约“如我督两江，当为你造庵”。清光绪十年(1884)，曾国荃任两江总督，即招海峰造寺。经与量宏商量，在原毗卢庵旧址建寺，遂改庵为寺，为金陵第一大寺。海峰以下，历代方丈有寄禅、芳田等人。光绪二十八年(1902)后，方丈有显文、舣波、古昙、广明等人。宣统元年(1909)，请谛闲大师来寺主讲天台宗教义。①

清代毗卢寺部分相关僧人：

(1) 敬安，字寄禅，为笠云芳圃禅师(1837—1908)法嗣。湖南湘潭人，俗姓黄。清同治七年(1868)依湘阴法华寺东林禅师出家。同年参南岳祝圣寺贤楷律师受其足戒，又往岐山仁璐寺谒恒志禅师参学。一日坐盘石上入定，猝闻溪声，有省。后遍参诸方，无不契机。光绪三年(1877)在育王断二指燃灯供佛，因称“八指头陀”。光绪十年(1884)挂锡天童，任副寺职。既而曳丈还湘，谒岳麓山笠云禅师，得嗣其法。年三十四出世衡州罗汉寺。历主南岳上封、南岳大善、宁乡沩山密印、湘阴神鼎山资至、长沙上林等六大名刹。光绪二十八年(1902)住持天童。光绪三十四年(1908)首创宁波僧教育会，任首任会长。民国元年(1912)初赴南京谒临时大总统孙文，递呈申请中华佛教总会成立案文及《佛教会大纲》。十月初三日示寂，享寿七十二，僧腊四十五。葬于天童青龙岗冷香塔院。②

(2) 显文，字魁印。湖南人，俗姓杨。十一岁礼永阳高明寺觉实和尚披剃，弱冠得戒于西域山慈霞和尚。旋赴南京赤山依法忍禅师，参究向上一着，偶逢石子击足，忽惊呼有省，由是深窥堂奥，结习尽除。光绪二十八年(1902)结茅于庐山，专修禅定，胁不着席，几出生死。主南京毗卢寺。宣统元年(1909)十月示寂，世寿五十三。有《法语》一卷。③

16. 崇隆寺

在溧阳县西十里仙人山仙人口。一名茅蓬。清康熙二十六年(1687)，碧露禅师创建。乾隆五年(1740)颁赐藏经。④

---

① 杨新华、吴阗：《南京寺庙史话》，南京出版社，2010年，第118页。

② 释敬安：《八指头陀传略》，载敬安：《八指头陀禅意诗文》，董群编，商务印书馆，2018年；释莲萍纂：《天童寺续志》卷上，广陵书社，2006年。

③ 喻谦：《新续高僧传四集》卷三十五，载慧皎等：《高僧传合集》，上海古籍出版社，1991年。

④ 按《(嘉庆)大清一统志》卷七十五：“崇隆寺在溧阳县西十里。一名茅蓬。本朝康熙年间建。乾隆五年颁赐藏经。”又按《(嘉庆)溧阳县志》卷四载：“崇隆寺旧名茅蓬。在仙人山。康熙二十六年，碧露禅师创建。潘允恭有记。国朝乾隆初年奉颁藏经。”按《(光绪)溧阳县续志》卷二载：“崇隆寺在仙人口。重建渐已复旧，寺创始于碧露禅师故武开也。”

第四节
民国时期的南京寺院

20 世纪初，风雨飘摇的清政府在内忧外患的双重打击下走到了历史的尽头。1911 年 10 月 10 日，革命党人在武昌举行起义，成为辛亥革命的开端。1912 年 2 月 12 日，清代宣统皇帝颁布《退位诏书》，宣布退位，标志了清政府的覆亡。同年 3 月，革命党人成立中华民国，并于南京设置临时政府。中国近代历史进入民国时期。1912 年，中华民国临时政府于南京正式成立。随后，临时政府迁往北京，成为北洋军阀主导下的政权组织。为维护民主共和制度，反抗军阀极权，1925 年，国民党人于广州建立国民政府。随后，为打倒帝国主义、推翻军阀统治、统一全中国，广州国民政府发动北伐战争。随着北伐胜利，广州国民政府于 1927 年 2 月 21 日北迁至武汉。1927 年 3 月，国民革命军攻克南京，之后国民政府又改迁至南京。

与此同时，南京佛教的寺院亦从战火纷飞的旧时代，进入了依旧动荡波折的新时代。时代是变化的，但寺院之衰落不振却依然如故。在这样的历史背景之下，民国时期的南京佛教寺院展开了艰难曲折的近代发展历程。

一 民国时期南京寺院之衰废

进入新的历史时期，南京佛教寺院并未因所谓的新时代的到来而结束其动荡衰落的命运。南京佛教寺院所面临的是重重的外部挑战，以及内部的矛盾危机。就前者而言，清末民初以来，在全国范围内刮起了庙产兴学等风潮，本属于佛教寺院的动产与不动产，皆被地方政府或其他势力侵占，派以办学等用途。此外，尚有其他因素，如武装组织的破坏、破除迷信、兴办公益事业等，构成了对寺院庙产的不同程度的侵蚀吞占。诸多因素的促使下，佛教寺院陷入了严重的庙产危机。在佛教寺院的庙产危机中，占用庙产以兴学是其中的重要因素。民国建立以后，庙产兴学先后掀起了三次波澜，对于佛教文化、佛教庙产等都产生了不小的打击。佛教的内部，寺产管理制度等方面的漏洞过失，更是导致庙产危机的根本因素。民国政府创建，作为首都的南京面临着新时代首都的建设。当时的新都规划、公私营建，对寺庙古迹毁坏尤多。除此之外，政府对于佛教寺院古迹保护管理的缺位，摧毁破坏佛教古迹的事件层出不穷。国民政府虽有出台相应举措，但是依然无法挽回佛教寺院之衰落败坏。总之，在民国肇建初期，促使南京寺院兴废变迁的因素大致有两个方面：其一，庙产危机；其二，新都建设。

（一）庙产危机

所谓“庙产”，指属于该寺庙的山林、池泽、田地和建筑群等不动产，以及佛像、礼乐器、佛经、典籍、绘画、雕刻等动产。在南京佛教历史上，有很多名山大刹，如灵谷寺、栖霞寺、报恩寺等，都曾经拥有许多庙产，大多来自皇室、公卿、士绅、信众等的捐赠供养。近代以来，因佛教衰微，庙产亦逐渐减少。至国民政府建立之时，寺院庙产可谓危机四伏。

第一次国内革命战争时期，北伐初成，时局尚不稳定，国民革命在发展进行的过程中，革命军队和工会农会等武装组织的一部分因过激行为而对佛教庙产产生了一定的冲击、破坏。此外，训政时期的国民政府，把破除迷信作为重要的议程，并逐渐实施。在这个运动中，出现了将宗教视为迷信的现象，很多人将佛教与迷信混为一谈，进而引发了因破除封建迷信而产生的摧毁庙产之风。在这一过程中，佛教庙产亦受到了较大冲击。还有，在南京国民政府建立初期，地方政府以借兴办公益事业之名，占用庙产，甚至拍卖庙产。

占用庙产也是庙产危机中的重要因素。诸如庙产兴学风波，以兴学之名，占用庙产。庙产兴学首倡于康有为和张之洞，当时即有强占寺庙、改办学堂之事件发生。至民国政府建立之后，庙产兴学先后掀起过三次波澜。[①] 第一次风波始于1928年4月，“是围绕第一次全国教育会议有关庙产兴学的议案而展开的。在这次庙产兴学风波中，反应最敏感的是江浙一带”[②]。第二次风波始于1930年11月，中央大学教授邰爽秋“鉴于国库空虚、民生凋敝、教育经费竭蹶，特集合同

---

① 检索《民国佛教文献期刊集成》，自1928年至30年代中前期之佛教期刊中，刊登有关于庙产兴学之个人文章或政府文件至少有119篇之多，足以看出此一问题当时在佛教界所引起之反响之大，佛教作为反对者努力保存寺院产业。

② 陈金龙：《南京国民政府时期的政教关系——以佛教为中心的考察》，中国社会科学出版社，2011年，第81页。

道，发起成立庙产兴学运动促进委员会，发表宣言，由此引发了南京国民政府成立后的第二次庙产兴学风波”①。第三次风波始于1935年8月16日，当时的《申报》发出一条消息，称江苏、浙江、安徽、湖南、湖北、河南、山东等七省教育厅，联名呈请“保障寺庙财产，办理各地方教育，并厉行监督寺庙条例，将寺产收入充作民众小学或地方教育经费”②。这些风波对于佛教庙产、佛教文化的保护都产生了不小的打击。除此之外，亦有政府、党部、军队对于寺庙的占用，亦对庙产危机的出现起到了推波助澜的作用。比如幕府山幕府寺，因被国民政府设为军事要塞区而禁止游览。还有土豪劣绅对寺庙的强占，也加重了庙产危机。比如江苏省溧阳县妙如寺为此地古刹，土豪王永康强行占去其佛殿地基为葬地，有关当局出面调解此事，结果是立定租约，仍将佛殿地基租给土豪王永康。

佛教庙产危机的出现，除去上面所述的外部因素之外，更主要的依然是当时佛教内部存在有许多问题，内部管理的不善，才为外部力量侵夺庙产提供了可乘之机。佛教寺院教产，本是十方僧众公有。寺院住持，对于庙产只有管理之责，没有把持、抵押或变卖之权。由于中国传统家族主义的影响，十方丛林往往成了父子相传的子孙丛林，公有之教产成为其父子私有之产。另一方面，从寺产庙产管理制度上来说，最大的弊端是寺产及其常年的收支情况不对大众公开，没有监督之限制。甚至有的寺庙因债务问题而出现变卖寺产的现象。正是这内外因素交织的影响，才导致了民国寺院庙产危机的出现。

（二）新都建设

朱希祖在为其子朱偰《金陵古迹图考》所撰序文中说：“金陵古迹，日就摧残，近代以来，凡有四次：洪武缔造京城，六朝古碑，改砌街道；洪杨草创宫室，四郊古墓寺院，碑碣坊表，运载俄空；端方总督两江，金陵古代金石，半归私室；近岁国都南迁，公私营造，毁弃尤多。”朱序认为近代金陵古迹遭摧残者凡有四次，第三次洪杨之乱，已于第一部分有所论述；第四次则是国民政府肇基南京而进行的新都建设。如朱氏所言，南京新都当时的公私营建，对于寺庙古迹的“毁弃尤多”。朱偰在民国二十五年（1936年）所撰成的《金陵古迹图考》中写道：“自今而后，实已

① 陈金龙：《南京国民政府时期的政教关系——以佛教为中心的考察》，中国社会科学出版社，2011年，第87页。

② 陈金龙：《南京国民政府时期的政教关系——以佛教为中心的考察》，中国社会科学出版社，2011年，第96页。

入于一新的阶段，新式之建筑，近代之工业，已随所谓‘西化’而俱来；重以街道改筑，地名改命，房屋改建，今日之南京，实已尽失其本来之面目，而全然趋于欧化矣。试登清凉山，北望新住宅区，或登北极阁，南望城中，则见洋楼栉比，红屋相映，有不骇然而惊于变化之速者乎！新都之气象，固日新月异，然而古迹之沦亡，文物之消灭者，乃不知凡几矣！"[①]朱氏有感于寺院古迹之沦丧而无人保管，遂"竭三载之力，四出调查"，以期"保存古物于万一"。但新都之规划、公私之营建，对于南京寺庙的消极影响依然是明显的。

除了表达新都建设对包括佛教寺院古迹的破坏之外，朱氏父子也指出了政府对于寺院古迹保护管理的缺位。如他们所言："政府于此，亦未尝无相当之机关也。""然机关止于机关，保管保持，亦徒然成为具文而已。"[②]不仅如此，还在于当局能力有限，群众蒙昧甚多，不知古迹之历史文化价值，故摧毁之事屡屡发生，"今者保存古物，已设专员，然当局之耳目有限，群众之蒙昧孔多，摧毁之事，层出不穷，良由蚩蚩之氓，不知古物何用，不识古迹何在，无意之中，遭其毁灭，此为最大之因"[③]。当然，此处的"古物""古迹"亦包括佛教寺院庙宇在内。

其实，在南京国民政府成立之初，就较为关注佛教寺院等文物古迹的保管。大学院（1928年10月改组为教育部）在1927年10月制定了《古物保管委员会组织条例》，1928年建立"古物保管委员会"。1930年6月，南京国民政府颁布了《古物保存法》。之后，又公布了保护文物的详细规则，比如《古物保存法施行细则》《采掘古物规则》《古物出国护照规则》《外国学术团体或私人参加采掘古物规则》等。1934年11月，行政院成立了"中央古物保管委员会"。此外，国民政府高层领导人亦通过种种形式参与过寺院古迹的保护活动。比如，1931年4月，戴季陶、王一亭赴宝华山隆昌寺诵经念佛之后，决定对隆昌寺重加修造。同年，戴氏又发起重修南京钟山灵谷寺，并建九层宝塔一座。只是，这些有限的措施，依然没有挽回佛教寺院之衰落败坏。

---

① 朱偰：《金陵古迹图考》，中华书局，2006年，第269页。

② 朱偰：《金陵古迹图考》，中华书局，2006年，第269页。

③ 朱偰：《金陵古迹图考》，中华书局，2006年，第1页。

二 民国时期南京寺院之复兴

由前述可知,民国时期的南京佛教经历了庙产兴学、新都建设等庙产危机事件,使得本身就日暮西山的佛教寺院更趋衰落。在内外因素的促使下,佛教界的有识之士逐渐觉醒,不忍圣教衰,开始探索、实践复兴佛教的诸多举措。在此思潮背景下,南京佛教寺院亦在废墟之中逐渐地有所恢复。这其中,包括旧寺院的恢复重建、新寺院的修建、历代所遗留的寺院,以及历代废毁的寺院。通过寺院的新旧兴废,既可以表征南京寺院的复兴历程,又可以揭示近代南京佛教的发展足迹。在南京诸多寺院的兴废中,有一些寺院的历程可说代表了南京佛寺的兴衰经过。比如,毗卢寺的浮沉、鸡鸣寺的存废、栖霞寺的兴衰,这些南京寺院的个体案例,无不述说着近代南京佛寺的曲折历程。战乱频仍、僧团衰微,废墟中的希望、为教为法的精神,都是促使着南京佛寺变化的诸种因缘。总之,南京寺院的复兴概况,主要有以下四种情况:其一,修复或重建诸寺;其二,其他历代所遗诸寺;其三,历代废弃诸寺;其四,新建诸寺。以下将逐一条列此四种状况下之南京寺院情况,以见其兴废概况。

(一)修复或重建诸寺

此处所列之寺院,皆为历代所建而经清末复建且至民国犹存者。对于具体寺院在之前各代的具体情况,因有其他章节相应朝代之叙述,故不在此处作重点介绍,只作略述或略而不论。本节只关注民国时期相关寺院之大致状况。

1. 鸡鸣寺

该寺位于今南京市玄武区鸡笼山东麓、成贤街北,是南京历史上最著名的梵刹之一。1914 年,鸡鸣寺寺僧石寿、石霞于豁蒙楼旁(古凭虚阁遗址)增建一楼,取其古意,名为“景阳楼”;楼下有胭脂井,一名景阳井,为陈时宫井,立“古胭脂井”碑。1936 年 5 月,山之西北部为国民政府征用作防空司令部,设置电台,筑北极阁地下指挥所。(空军总部)空军中央情报所亦设在鸡鸣寺地下室。1937 年 12 月,南京保卫战中,被守卫部队征用作全城通信中心。日本侵略军攻陷南京时,鸡鸣寺、北极阁成了日军杀害中国军民的屠场,鸡鸣寺空无一人。1938 年 3 月,僧人回寺,开始恢复宗教活动,时任住持释二空。1940 年农历一月,汪伪政府主管宗教的褚民谊看到鸡鸣寺的楼宇败坏,行将倒塌,于是雇工修葺,粉刷油漆,镀金出新,恢复旧观。鸡鸣寺原住持释守慧法师为此立石碑记载,以告后人。

1944年，依山麓建半山永胜茶篷，7月立《鸡鸣寺半山永胜茶篷记》碑。1949年，全寺仅有寺僧1人。寺有韦陀殿、大殿、观音殿、景阳楼、豁蒙楼、僧寮、志公殿等房屋32间，另有胭脂井、甘露井等古迹。全寺占地100亩。

2. 紫竹林禅寺

该寺位于今南京城区北部紫竹林3号，始建于东晋时期，历称耆阇寺、祇洹寺等。太平天国时期，紫竹林禅寺遭到严重破坏，只剩茅屋三间。清穆宗同治年间，僧清潭在此清理维护；清德宗光绪二年（1876），僧悟真重建大殿。1922年，僧果成筑围墙二百丈余；1930年，主持园修、监院悟开二人，重建大殿、厅堂和僧寮三十六间，山门题额曰“大紫竹林寺”。抗日战争中，寺庙又遭受破坏。1946年，宽量和尚重修院宇。

3. 高座寺（永宁寺）

高座寺在中华门外雨花台南，东晋成帝咸康中造，本名尸黎密寺，亦名甘露寺。宋代改为永宁寺。明代分高座寺为二，西曰“高座”，东曰“永宁”。民国时期，高座寺和永宁寺二寺犹并存，但皆已荒败，破落不堪。寺内旧有铜钟碑，张僧繇画志公二印，僧云光亲手所植之松，民国时皆已无存。唐代李白族子李中孚，曾披缁止于此，造塔名“中孚塔”，民国时也早已废亡。甘熙《白下琐言》所载的“娑罗树”，其时也无有踪影了。

4. 能仁寺

该寺旧时在古台城西部，南朝宋文帝元嘉修建，名“报恩寺”。南唐时改为“兴慈院”，宋代改为“能仁寺”。明太祖洪武年间，能仁寺移至聚宝门外。民国时期的能仁寺在邓愈墓北、京芜公路之东。院宇狭窄，沦为厝室。寺旧时有梅花树一株，虬枝盘铁，疏影清流，古葩郁香，名曰“覆水”，本是六朝遗物，其时已亡。能仁寺南面一里左右为安德门，有浙东会馆及城隍庙。

5. 幽栖寺（花岩寺）

祖堂山在牛首山之南，峰峦罗列、削如芙蓉。南朝刘宋孝武帝大明三年（459年），建幽栖寺于南山，因以寺名幽栖山。幽栖寺位于祖堂山南麓，距中华门约二十五公里。唐太宗贞观初，法融禅师得道于此，始改幽栖山为祖堂山。唐僖宗光启四年（888年），寺废；杨吴睿帝太和二年（930年）重置，改名延寿院，民国时仍称为幽栖寺。幽栖寺在洪、杨之乱前，有僧宇四百余间；太平天国之役，全部付之一炬；民国时所存的院宇，均系清同治、光绪年间重修者。寺前为无量殿，过桥拾级而上，为天王殿，高二层，有回廊与大雄宝殿相连通。天王殿后再拾级而上，为大雄宝殿，殿正中供奉三世佛，后面供奉观音菩萨，两旁分列十八罗汉，殿宇轩敞，堪称巨刹。大雄殿后再拾级而上，有废殿遗址一处，转而向西，为地藏殿，雕刻颇精。由正殿向东，自成院落，为方丈，楼上供奉千手观音，大士塑像颇为古朴，登楼而远望，目极吉山。寺东下为祖师洞，有石窟如堂宇般大，《寰宇记》记载法融禅师入定于此，有猿鸟献花之异，故名“献花岩”。此外还有伏虎洞、神蛇洞、象鼻洞等，一在寺之西，二在山之后；更有飞来石，在寺东一里左右，后面有石，上印巨人足迹。寺后翠竹茂密，取径而上，到达古拜经台，中供奉三尊接引佛。

幽栖寺东下一里左右，有一石碑，记述郑和下西洋及乌斯藏取经故事，本是花岩寺石碑。按陈沂《献花岩志略》云：明成化间，僧古道居此，黔国宰何公为建寺，奉敕赐额曰花岩。旧时有芙蓉阁、小星槎、归云亭、翠微房、澄江台、大观堂、滴翠轩诸名胜，民国时皆已无存。抗日战争期间，幽栖寺又遭到日本侵略军的兵火焚掠，除宝塔孑然孤立之外，其余的寺庙建筑早已经荡然无存。

6. 栖霞寺

栖霞寺在南京东北之摄山。摄山因山上多药草，可以摄生，因之以为名；又因其形状似伞，亦名伞山。山在南京东北，离下关约五十里左右，民国京沪铁路设有栖霞山站，游客可乘火车前往，或乘汽车出太平门经岔路口及姚头上镇亦可到达。

民国时期，南朝齐、梁二代所凿之佛像，大部分尚存，即今所谓的“千佛岩”。明僧绍之子仲璋所镌造之大佛，今时供在三圣殿，此殿依岩而筑，三圣之衣褶风格，颇类似于大同云冈石窟；可惜的是，寺僧将佛像以水泥修补，全失去佛像本来之精神。三圣殿前左右有二尊立佛，高约丈余，佛像慈悲和蔼，神气充足，表现出了江南秀美典雅之作风，和北魏造像略有不同。按其年代，应该与洛阳龙门石佛同时。

寺存有舍利塔。隋文帝仁寿元年(601)，敕建舍利塔于栖霞寺。塔于南唐时期重修，有五级八面，分别镌刻四大天王像(西南面并镌刻普贤菩萨像)，塔基浮雕，内容为释迦八相图，图中人物须眉，蓬勃如生。八相图的次序，与后世塔上所镌刻之次序略有不同，如下：西北为托胎；北为诞生；东北为出游；东为逾城；西南是降魔；东南是成道；南是说法；西为入灭。四大天王之上，更镌刻有飞佛游空之像，亦极为生动。塔旁过去有导引佛二尊，各高丈许，民国时期，已移置大佛阁前。

唐高宗御制明征君碑（民国时在山门外左侧），改为“隐君栖霞寺”，御书寺额于碑阴。南唐时，栖霞寺又开始兴隆旺盛，高越等既修建石塔，徐铉、徐锴复题名于石壁，其笔势有古人螺篆之法，民国时期二徐题字犹存。徐铉又书寺额曰“妙因寺”，民国时已亡。栖霞寺西边有徐铉宅和南唐高越墓，民国时均已不可考矣。

民国时期，去栖霞寺应从栖霞街东行数百步，穿过旧时所谓“彩虹明镜”（在寺右之塘），再经过半月形的白莲池，才能抵达山门。门右碑亭，即是唐高宗明征君碑。山门内为天王殿，拾级而上，为毗卢殿，再上即为藏经楼，各殿宇依山势层累而上。毗卢殿之东，走曲廊而下，出别院，即是舍利塔及大佛阁，亦称三圣殿，再往上就是千佛岩。中道为徐锴、徐铉题名之处。再上为玉冠峰，本名纱帽，取其相似之义，清高宗乾隆时改为今名。石壁之上遍凿佛像，据当时朱偰先生的实地调查所得，石壁上有佛龛二百九十四个，共造像五百十五尊。上有默坐轩，民国时已废。

1919 年，在江苏省镇江金山寺出家为僧的宗仰法师（1861—1921）朝礼九华山，途经栖霞寺，见其凋敝不堪，于是应寺僧之请，主持栖霞寺，克力振兴，得到了孙中山先生的大力资助。宗仰法师圆寂之后，若舜（1880—1943）主持栖霞寺，多方募集善款，进一步修缮寺院，重塑佛身，栖霞显露生机。今天的栖霞寺，就是在民国年间基础上修复的。

7. 永庆寺

该寺在五台山（小仓山之东支，今南京市鼓楼区）东侧，南朝梁武帝天监中，永庆公主建造。因为旧时有砖塔五级，所以又名白塔寺。寺东数十步，有谢公墩，登此能远眺长江美景。晚清洪、杨之乱后，五级砖塔被毁，永庆寺尚存。寺中有铜佛，其作风古朴，不是近代之物。

8. 普觉寺

普觉寺初名佛窟寺，南朝梁武帝天监二年（503）司空徐度所建，寺内有石窟，因以为名，该石窟实是僧明庆之禅房。北宋太宗太平兴国二年（977）改为“崇教寺”。明太祖洪武初，仍名佛窟寺，后改“宏觉寺”。

清文宗咸丰兵燹以来，宏觉寺旧迹几乎荡然无存，民国时又更名为“普觉寺”，荒败破落已非昔比。民国二十四年（1935 年）以后，牛首山改为要塞区，禁人游览。

民国时普觉寺仅剩余大雄宝殿，已荒落不堪，寺内佛龛尘封，荆棘塞途。寺东有杏花树数十株，古寺无人，纷纷自开自落。其时临正殿而望，寺内殿基重重，山门远在半里之外，其当年之盛大规模可以想见。大雄宝殿后面为毗卢殿，殿后依岩而上，为辟支佛塔，塔呈方形，高凡五层，塔门左右嵌以壁碑，左面题“圣宋江宁府江宁县牛首山崇教寺辟支佛塔记”，为北宋仁宗皇佑二年(1050)长干圆照大师普庄所记；右边嵌二碑，一为南宋理宗淳祐年号，一系明世宗嘉靖时碑。塔之后为辟支洞。出普觉寺，由昔时之“白云梯”而下，过天王殿故址，其附近道侧有丰碑二，一书明宣宗宣德年号，尚称佛窟寺；一书明英宗正统，碑亭已圮。民国时人朱偰著有《游牛首山记》，可参阅。

抗日战争期间，普觉寺又遭日本侵略军的兵火焚掠，除宝塔孑然而立外，其余寺庙建筑早已荡然无存。

9. 梵天禅寺

该寺在今南京市六合区横梁镇方山林场东侧，原名兴云寺。建于南朝萧梁武帝天监元年(502)，为著名的南朝寺庙。清文宗咸丰八年(1858)毁于火，后经僧重建，有大雄宝殿和望江楼上下十八间。抗日战争期间被毁。1948年重建。

10. 灵谷寺

灵谷寺在钟山东麓独龙冈。民国时期，作为灵谷胜景的灵谷深松，已不如往昔了。太平天国战乱后，灵谷寺仅剩下无梁殿岿然独存而不倒。其余均是太平天国后所重建，寺内古迹甚多，主要的有这四个：净土指南碑(碑有吴道子画，李太白赞，颜真卿字，为唐代所建)；蟠龙石(石雕蟠龙石，形似大碑顶上所用者，为明代之雕刻物)；龙池(池为正方形，深约数尺，在丛林旁，系明代所建)；志公塔(在无梁殿正北，原塔有五层，年久失修，无复旧观)。

1928年，国民政府将灵谷寺的殿址改建为国民革命军阵亡将士公墓，将无梁殿改建为祭堂即墓前享殿，名曰“正气堂”。又造七层水泥钢骨塔于寺后，作为阵亡将士纪念塔。所以，在民国时期，灵谷寺一半折入将士墓，一半折入谭延闿墓，一代名刹，遂尽改旧时面貌。

1931年，戴季陶发起重修南京钟山下之灵谷寺，并建九层宝塔一座，预计造价36万元，蒋介石等人赞助进行，募款达数十万元。

1941年初，汪伪南京市政府在南京东郊灵谷寺旁，重修宝公塔与志公殿。

11. 天隆寺

天隆寺在中华门南七里、京建道上，该寺居四山之中，深林蔽日，白鹭群栖，是金陵一处胜景。天隆寺相传为南朝萧梁时的极乐禅寺，明代改为古心塔院，是古心律祖葬骨之地也。民国时期其坟尚在，规模颇为宏丽，墓前有石刻，大书“大明诏启皇坛传戒赐珠衣中兴律祖赐号慧云古心馨公大和尚之塔”，右书“传南山正宗第十三世”，左书“古林堂上开山第一代”。此寺有泉，天大旱而不竭。

12. 香林寺

该寺在明故宫北安门外，今南京城东佛心桥 37 号。旧时为金陵三大刹（古林、香林、毗卢）之一，清德宗光绪十四年（1888）重修，自建军官学校以来，大半驻扎军队；国民政府之军令部通讯总所亦设在此处。寺庙院宇荒凉，不复当年气象矣。甘熙《白下琐言》卷一云：“寺有四足铜方鼎，高二尺余，其色黝然如铁，呼为吃灰垆，百年来灰未出亦不满，殆神其说耳。又有木椅高三尺余，可坐数人，整刳而成，扪之有异香，相传为沉香木。大悲楼有雕漆九龙供案，乃明代内用故物。又有吴道子大士画像，金碧粲然，自非赝本。若佛牙高约五寸，阔如之，其色黄，覆以香楠小塔。”《钟南淮北区域志》云：“西北有香林寺，在厚载门后，明寺所建。梁庆云寺佛牙流传在此，又有大藤，结成自然椅，容坐数人。咸丰乱后，佛牙失而椅尚存，盖明宫中旧物也。”民国时期木椅犹存，而诸宝多已失，寺中殿宇大半驻军，殆零落尽矣。

13. 彰教寺

该寺在今南京市高淳区凤山韩村镇北，为江南古名刹之一。始建于唐宣宗大中七年（853），原名“报恩寺”，宋代改为“彰教寺”。抗日战争期间，该寺大佛殿被“农抗会”拆毁。

14. 清凉寺

该寺原在幕府山，南唐为建清凉道场，才将其徙置石头；其本是南唐皇室的避暑宫。明初改为今额，因为寺名清凉寺，所以也改石头名为清凉山（在汉西门内，为城内西部之高丘，今南京市鼓楼区广州路西端）。清凉寺在清凉山之南面，民国时期该寺大半已经荒落，有佛殿三间。寺后有井，相传为六朝古井，但年代已不可考。

15. 金陵寺

该寺在定淮门，具体位于马鞍山北部的大悲岭，亦在古林寺之北。其为五代诗僧贯休所建，民国时属律宗。旧时有钟，刻天策卫指挥吴瑀及弟吴璘铸，其地即明代天策卫之故址。殿上有金刚，骑白狻猊，亦名白泽，俗称为金刚骑水牛。山门没有弥勒菩萨，而是塑造的道教真武大帝，这与其他寺的山门常塑造供奉弥勒菩萨不同。民间术士认为，金陵寺正对钟山，开面特朝成火星体，塑真武取其克制之义，因真武居北而为水，水克火也。寺有院落数进，整肃而清净，有翠竹万竿，掩映成趣。

16. 封崇寺

该寺在水西门（今南京市建邺区）内牙檀巷，属于中国佛教的律宗（传律南山宗千华第八世皓清的分支在此），该寺为城南之大刹。赵宋时因旧有的报慈廨院，而改建此寺；以楼来供奉佛疲津梁像，所以一般也称其为"卧佛寺"。旧时该寺有佛经全藏，太平天国时期，主事僧炳炎焚庵殉身；清穆宗同治年间释德诚重修。寺有木制戒坛，雕刻极为精细，戒坛两旁，有两木塔，九级八面，极其玲珑剔透。墙上遍塑佛像，全是磁制。山门外的照墙上有砖刻大"佛"字，此砖是南宋遗物。寺门有对联："古寺犹存明季石，照墙尚有建康砖。"

17. 安隐寺

该寺在高座寺的东上，据《乾道临安志》记载："蒋山旧有安隐院，久废。宋绍兴间徙此，正统间重创，赐今额。"安隐寺在太平天国战乱后重修，寺院院宇颇为宏丽；民国初年，寺院遭兵所毁，其时寺内仅供有一百多柩厝而已。寺前为第二泉，民国时为茶肆。

18. 上定林寺

方山在南京东南四十五里，山上有上定林寺，寺院大半毁于战火，民国时该寺所剩只有天王殿、东庑、方丈，以及寺西边之七级砖浮图。此塔古色苍然，摇摇欲斜。寺背靠悬岩，前临平原，青龙、牛首诸山，环拱左右，是方山胜地。寺门之东，有明孝宗弘治定林寺碑；天王殿后墙的东西部，嵌有南宋宁宗嘉定庚辰（1220）《方山上定林寺之记》（免解进士建康府校正书籍朱舜庸记）及元顺帝至正五年（1345）《方山重修上定林寺记》（虞集撰）二碑。碑文上记载，该寺建于南宋孝宗乾道末年，秦高僧善鉴初来此山，结庐行道，他因钟山定林寺已经废毁，于是请以"上定林"之名来命名所居的方山上的这座寺院。民国时，寺内还存有七级浮图，时该寺寺僧云是宋时所造。

19. 古林寺

该寺在定淮门(今南京市鼓楼区定淮门)内马鞍山,旧名古林庵。明神宗万历十二年(1584),由古心律祖以庵作寺,三年而成,赐额"振古香林"。清高宗乾隆二十四年(1759),改赐"古林寺"。寺在洪杨之乱前,颇显宏丽。甘熙《白下琐言》卷一载:"古林庵距定淮门二里许,峰峦环抱,地极幽邃。薄暮鹭鸶自城外归宿山后,上下翱翔,一望如雪。相传山形如凤,此则百鸟朝凤也。殿后院凿山为壁,高数丈,遍植秋海棠,八月间浓艳繁开,嫣然满目,名曰海棠屏。"薄暮鹭鸶成群,望之如雪;深秋海棠满目,好似屏风。足证古林风光之美。

民国时期,古林寺之院宇,多是清德宗光绪(1875—1908 年在位)年间重修。门前甬道,长约半里,两旁古木成行,显得极为幽邃。寺院的山门已经倾圮,但墙基犹在。寺门东向,是原来的二门。由戟门而进,是大雄宝殿,殿后供奉白衣大士像,高约丈余,大士之像慈悲庄严,颇具风格。殿后两旁拾级而上,是藏经阁,共二层,耸临山上。登临此阁而远望,江光一线,烟树万家。藏经阁西面为僧舍,较多。民国于此驻扎军旅,古林寺已非昔日可观矣。

为准备抗日,1936 年 7 月,国民党中央训练总监部发出命令,规定全国寺院的僧尼应服国民兵役,各地的僧尼应该按其年龄,分别加入壮丁队和妇女队受训。僧尼对于服兵役和参加军事训练进而尽国民之义务与遵循佛教戒律之间产生了困难的选择。鉴于此,中国佛教会和太虚大师都曾分别呈请或函电国民政府、训练总监部,提出变通之意见。训练总监部后来提出了变通的四点办法,大致如下:僧道受训应单独编组;训练服装得用原有之短僧服;如果不单独编组或无需用短僧服的,而照一般的在俗参加者亦可听其自便;僧道受训后之编组不列入战斗部队。

南京寺院的僧尼,也分别进行了军事救护训练,僧部在古林寺门前受训,尼部在接引庵门前受训,由训练总监部派黄瑶作为总教官。受训僧尼众,皆穿黄色军服,领章绣红色"僧训"二字,衣袖上配红十字以示识别。

20. 毗卢寺

该寺在大悲巷,旧时为毗卢庵,位于江苏省南京市玄武区汉府街 4 号。清德宗光绪中,湖南僧人释海峰募集湘军诸将善款而重修之,遂成大刹。山门内为天王殿,再进为大雄殿,殿后为藏经楼,楼东为万佛楼,供万佛塔,塔高五层,绕以八角围屏,上列二十四诸天,雕镂极精,为南都所仅有。楼西北有三圣殿,供接引佛。寺东临杨吴城壕，据河东岸而望，崇楼杰阁，梵宇连天，诚然是城内第一大刹也。民国时期，南京国民政府曾在此驻军；国府警备旅司令部总队长室即设在此处。

毗卢寺时为南京第一大寺，宣统元年(1909)，主持印魁显文祖师礼请谛闲大师来寺主讲天台宗教义。

1912年，方丈瑞生，传天台宗。同年，太虚大师在毗卢寺筹办中国佛教协进会(在镇江金山寺开成立大会)，大师面谒孙中山，孙先生对成立佛教协进会之举颇为赞许。

1919年，方丈瑞生举行圆通大戒，受戒弟子中有比丘九十人，比丘尼三十人，优婆塞十八人，优婆夷二十九人。同年，瑞生圆寂，由释观同、释道相继任方丈。

1928年7月28日，太虚于南京毗卢寺，成立中国佛学会筹备处，并召开筹备会，作出(五条)决议。此前，蒋介石令警备司令陈诚迁移毗卢寺驻军，作为全国佛学会会址。

1929年1月，南京国民政府内政部正式颁布《寺庙管理条例》，内容十分苛刻。面对严峻的形势，在太虚缺席的情况下(时大师赴欧弘化)，中国佛学会筹备处常务会议议决，另组中国佛教会。此后，中国佛学会虽然独立存在，但失去了僧团的依托，基本上成为由追随太虚的佛教学者、居士构成的团体。

1929年4月，中国佛教会召开第一次代表大会，发生了会址之争。6月3日，中国佛教会在上海召开第一次执监委员会会议，决定中国佛教会设会所于南京毗卢寺，设办事处(总事务处)于上海市赫德路19号。

1931年4月8—10日，第三届全国佛教徒会议在上海召开。这次会议的一项重要工作是改选中国佛教会执行委员会和监察委员会。太虚一系革新派获得胜利。4月11日，中国佛教会召开第三届第一次执行委员会议，下午召开第一次常务会议，决定中国佛教会移至南京毗卢寺。

1939年，毗卢寺主持务道于寺内创办毗卢佛学院。

抗日战争期间，中国佛教会迁往重庆，汪伪傀儡政府警卫处通讯队驻扎于此。

1941年上半年，日本当局和日伪南京政府实施了所谓的名古屋与南京互赠“东西观音”的佛事活动。先是在1941年2月间，日本当局声称为“超度两国阵亡将士”“保护世界和平”“促进中日友谊”,特将安放于名古屋东山公园的一尊十一面观音像赠与南京毗卢寺。此十一面观音像是日本人伊藤和四郎所建,由门井耕云依据中国唐代密宗像谱,用台湾阿里山所产的一整根桧木雕刻而成。观音像高 3 丈 3 尺,约 1 米,为当时日本最大的观音雕像,被视为“昭和国宝”,一直供奉在东山公园。现日本当局将此佛像赠给南京,故称之为“东来观音”。2 月 28 日,日方在东山公园举行隆重的赠送仪式。“赠送状”特地由当年指挥日军侵略南京、进行大屠杀的松井石根领衔署名。其他署名的还有阿部信竹中将、在中国工作多年的老牌间谍坂西利八郎、内阁文部相桥田等。汪伪政府特派驻日大使褚民谊为代表前往接受赠送。3 月 9 日,日方组织佛教界僧侣举行了欢送仪式。会后将佛像装船,由日僧 10 人护送至南京。

为表示对这场“佛事”的关注与重视,汪精卫亲自批准从国库中拨给 3 000 元储备券为奉迎经费;又从经募专款中拿出 4 万元法币,修缮毗卢寺藏经楼,将之作为举行“东来观音”的安奉仪式场所;由伪南京市市长蔡培带头,特设立“奉迎东来观音筹备委员会”,在其下成立“兴建毗卢寺观音殿办事处”,作为永久安奉“东来观音”之所。汪伪政府各高级官员,从汪精卫到周佛海、褚民谊、梁鸿志、蔡培等人,以及日本驻南京大使本多,都撰写楹联匾额悬挂在毗卢寺。

1941 年 3 月 30 日,汪伪政府组织南京各界代表 500 多人到毗卢寺进行“东来观音安奉仪式”,褚民谊、蔡培及各院、部要员以及日军特务机关代表佐藤、川野等出席。首先由褚民谊代表汪伪政府向佛像上香、献花和行礼,再由伊藤和四五郎、日本各宗僧侣、中国僧侣等依次行礼,由蔡培宣读“奉迎词”,最后在日本各宗僧人 100 多人与中国僧人绕像念经中“东来观音安奉仪式”才告结束。佛像被安放在毗卢寺的万佛楼,因观音像太高,不得不将万佛楼二楼顶棚打穿。

接着,汪伪政府为答谢日本政府,又策划将毗卢寺藏经楼里一尊千手观音雕像送给日本,称之为“西来观音”。该千手观音雕像建造于唐代,已有 1000 多年的历史,在 1884 年由时任两江总督的曾国荃从湖南南岳寺中请至南京的,系毗卢寺镇寺之宝。像身高 1 丈多,约 4 米,48 只臂、3 只眼睛,以樟木雕刻,贴金而成,做工精美,造型生动,为南京各寺院中难觅之上乘精品。1941 年 4 月 14 日汪伪政府于毗卢寺举行“赠送典礼”。由伪南京市长蔡培亲自率领一个“中国佛教代表团”赴日本参与奉送活动。5 月 15 日在名古屋日逻寺举行了“西来观音”安座典礼。

从此，汪伪政府每年都要在南京举行“东来观音”来华的周年纪念活动。在1941年秋举行了一场“十一面观音万佛大戒”。伪南京市政府还在毗卢寺多次举行水陆法会，“纪念中日阵亡将士”。同时，汪伪还每年派遣大员赴日本名古屋参加“西来观音”落座于该市的周年大法会。①

1945年春，毗卢寺传授三坛大戒，释峻岭任方丈兼得戒师。

抗日战争胜利后，中国佛教会和中华佛学研究会，由重庆迁回南京毗卢寺，太虚大师住会办公。

1946年4月28日，太虚大师在毗卢寺召开中国佛教整理委员会常务委员会会议。同年9月，中国宗教徒联谊会由南京卧佛寺迁至毗卢寺，常务理事长太虚大师和总干事长卫立民住会办公。同年，由中国宗教徒联谊会理事、佛教居士、国民政府最高法院院长、中央国医馆馆长焦易堂，中国宗教徒联谊会总干事长卫立民，南京市著名中医张简斋、隋翰英、施今墨、时逸人等二十余人发起筹建中医院于南京毗卢寺，方丈峻岭和退居老和尚务道协商，捐地两亩。不久在毗卢寺成立董事会，公推于右任为董事长，焦易堂等为董事。

1947年5月26日，在南京毗卢寺召开全国佛教代表会议，推举章嘉活佛为中国佛教会理事长，江都雪嵩法师任秘书长。

1948年，首都中医院正式在南京毗卢寺召开成立大会，并开办了中医进修班。②

21. 大报恩寺

大报恩寺曾是金陵第一大刹。考证其遗址，大致在民国时期的中华门外南山门宝塔山一带地区，西至大街，东至马家山（民国时的兵工厂），北至扫帚巷，南至三藏殿（旧时属于三藏塔院）。民国时的报恩寺，只不过是原报恩寺临街之一小部分而已，“南京特别市市立米行街小学”设立于内（米行街小学在雨花路）。

报恩寺有琉璃塔，本是宋之圣感塔，共有九级八面，有人曾形容其塔“文石雕瓦，千奇万丽，金轮耸云，华灯耀月，为南都巨观”。晚清太平天国之役，琉璃塔毁于战火，一代之豪华，悉皆委于劫灰。报恩寺旧时有华严楼，其下有井，上题南宋度宗咸淳三年（1267）字；又有翠竹如浪、路径植松、竹堂等名胜，民国时期都已

---

① 此一时期之历史记载参考了经盛鸿：《抗战期间的南京毗卢寺》，《江苏地方志》2007年第5期。

② 关于毗卢寺在抗日战争和解放战争期间的事情，参考了杨新华主编：《金陵佛寺大观》，方志出版社，2013年。

不存。

民国时，报恩寺寺后有桥，由桥之东北行数十步有巨大的石碑，碑高出附近诸屋三丈多，碑面斑驳，龟趺已损其首，然而气象依然隆崇，浮现在狭窄的市巷之中，真如奇迹一般。碑文漶漫难以认读，碑额大书“□□大报恩寺志”，尾记宣德年月，石碑体制规格之高，仅有中山王墓碑可与相媲美。

寺的东下有宝塔山，靠近水池的地方还有报恩寺的琉璃塔顶，属于铁制，雕镂花文，顶分十二方位。除此之外，民国古物保存所及中央大学，均藏有少量琉璃塔砖。

甘熙《白下琐言》卷四：“报恩寺琉璃塔，高出天表，数十里外可望见；而寺之金刚殿后，有香水河一道，石桥跨焉；过桥有碑亭，立桥之正中片石望之，塔全不见，稍为却步，而顶现矣。布置之妙，何巧绝乃尔！”此桥在民国时犹在，碑亭已无，金刚殿在民国时的报恩寺处，以此推之，则琉璃塔当在桥之正西，当为宝塔山无疑。

22. 承恩寺

该寺在王府门阙之内，即明太祖朱元璋为吴王时的王府，在今南京市三山街。明景帝景泰二年(1451)内官王瑾奏请改为寺，赐额“承恩”。西方传教士利玛窦于1599年(万历二十七年)尝驻此寺。民国时期，承恩寺已荒落不堪，仅有朝东的房屋数楹；国民政府的消防总队第三分队驻扎于此。

23. 普德寺

该寺于明英宗正统年间建造。民国时期，普德寺在京芜公路之南、雨花台西北方向的普德村(今南京金陵橡胶厂内)。寺门前有两尊大龟趺，石碑其时已无存。入寺门为天王殿，再进为大雄宝殿，供奉金身如来，周围分列铁佛五百尊，在日军侵华期间，三尊被盗运往日本，后以泥塑取代。殿后是无量寿佛殿，供奉铁佛一尊，佛像高丈许。普德寺寺前冈峦起伏，登此山冈北望，钟山如龙蟠，石城似虎踞，尽在一览之中。

24. 天界寺

该寺本是元代大龙翔集庆寺，旧时在城西朝天宫东边；明太祖洪武时有灾，敕徙至城南寂静处，始改为今额“天界寺”。

民国时，天界寺在中华门外五贵桥，即在京芜公路南，普德寺之东北，邓府庵(中供明宁河王邓愈神位)之东，与碧峰寺隔道相望。也就是今天的中华门外雨花西路能仁里1号。

明初修《元史》于此；又有律局、礼局、诰局，亦明初所设；更有毗卢阁、半峰亭、万松庵，今皆无存。

寺内大殿为新修，民国时尚未竣工，殿左右有经火焚后的剩余柱础，柱础极大，可以想见当日寺院体制之宏丽。大殿右边廊庑供奉有铁佛头，大约数围，清仁宗嘉庆年间在菜圃中挖出。按《金陵梵刹志》载“天界寺之右有铁佛寺”，此铁佛头或许是铁佛寺之遗迹。①

25. 隆昌寺

宝华山在句容北六十里，距离栖霞山三十里，距南京城八十里。隆昌寺在宝华山，山门在寺的东北隅，为释三昧改建。明神宗万历间敕赐“护国圣化隆昌寺”额；清圣祖康熙十三年（1674年），释见月重建；四十二年（1703），赐“慧居寺”额；民国时仍名“隆昌寺”。

入山门而东，为寺之正院，有大雄宝殿五楹，居山之中，重檐复宇，气象崇宏，为清圣祖康熙十年（1671），释见月重建。

与大雄宝殿相对的为大悲楼，其下为布萨堂。大雄殿左边为净土坛，下方为方丈（后改设行宫）；右边为藏经阁，阁内设龙文朱椟，供奉清赐藏经。

大雄宝殿左厢翼楼有十八楹，明思宗崇祯间释三昧重建，其上为羯磨寮五楹、准提堂三楹、地藏堂三楹和净业堂五楹，其下为钟板堂、书记寮、观音堂和如意堂。大雄宝殿右厢翼楼亦有十八楹，清世宗雍正十三年（1735）重建，其上为文殊堂、伽蓝堂、知众巡照寮、教授寮、监院寮和庄主寮，其下为志公堂、客堂、知客寮和米库房；其副寺寮及茗果寮，则连通上下。正院周围各有重轩、长廊相属。

由山门而西进为戒坛，共五楹，其前设有照壁，两旁辅以走廊。

戒坛原来以木为之，释见月易木戒坛为石制戒坛，围以层栏，以莲花为底座，上下花纹的镂刻，都极其工丽，整个戒坛之设计皆是释见月所为。

由大雄殿右上为铜殿，为明神宗万历三十三年（1605）释妙峰奏请创建，当年大殿的梁栋栌桷窗瓦屏楹，都以铜包裹其外。

民国时期铜殿毁弃，仅剩观音像后壁上还镶嵌有铜一方。

---

① 陈金龙著《南京国民政府时期的政教关系——以佛教为中心的考察》（中国社会科学出版社，2011年）载有“铁佛寺”，在万竹乡。不知是否是同一个。

铜殿前为香亭，亭额为“普陀别峰”，东为文殊无梁殿，西为普贤无梁殿，均为明神宗万历三十三年（1605）释妙峰所建，风格古朴，和北京、上海无梁殿十分相似。

从铜殿前拾级而下，路道旁有两座石碑，一为明神宗万历乙卯（1615）《敕建宝华山护国圣化隆昌寺观音菩萨铜殿碑》，焦竑所撰；一为重修寺碑，清圣祖康熙（1662—1722）年间立。由碑文可知，铜殿左右之文殊、普贤无梁殿，实是宝华山最为古旧之遗迹。

再上而为玉佛楼，旧时有太后行宫，约民国二十二年冬，行宫毁于大火。离寺门而西，为古拜经台，前代旧迹荡然无存，仅有民国时人戴季陶所筑之哭弟亭，及戴母所书《孝经》碑。戴氏还作有《敬告隆昌寺诸僧众书》。

1931 年 4 月，戴季陶和王一亭赴宝华山宝华寺（即隆昌寺）诵经念佛后，见寺院破落，遂决定重加修造。

1933 年 8 月 25 日，法德意比等国佛教徒毗罗、阿波罗、西提菩陀、优婆罗、阿努空百嘉、巴提太、巴提拉法、乌法巴、沙西普、大鲁比等 10 人，乘意大利客轮“铁立登号”抵达上海。他们计划先研习汉文 2 年，再到南京宝华山宝华坛受戒，皈依三宝，其师为释照空。1934 年 3 月 25 日，欧籍佛教徒照空及其弟子返国。[①]

26. 一叶庵

该庵在宝华山山麓，清圣祖康熙四年（1665）释见月建，旧时有大雄宝殿、韦陀殿、斋堂和左右厢寮房，共计四十楹，民国时已垂圮。庵内奉祀律门南山宗千华派第四、五、六，及八至十四世各世高僧，塑像颇佳。

27. 宏济寺

岩山，一名直渎山，在观音门外，北接大江，西连幕府山，东望乌龙、临沂和衡阳诸山，其有天险燕子矶。燕子矶的东边有宏济寺，民国时亦称永济寺。明太祖洪武初年即山而建观音阁，明武宗正德初年又就阁而建寺。[②]《（同治）上江两县志》卷三载：“寺今废，惟观音像尚存，然兵火摧残，风雨剥落，今片片碎矣。”宏济寺在民国时期已经荒落废毁，唐吴道子的石刻观音像则被移置三台洞，其时尚较为完好，但其像无笔力，朱偰先生曾疑其为赝鼎。宏济寺之观音阁在民国时期尚存。

① 陈金龙：《南京国民政府时期的政教关系——以佛教为中心的考察》，中国社会科学出版社，2011 年，第 178 页。

②《上江两县志》卷三云正德初就阁建寺；《南畿志》载正统初因阁建寺。不知孰是。

28. 兜率寺

该寺位于浦口区狮子岭腹地丛山密林中，其前身为狮子岭道场，创建者是明代名士郑聘之子郑继藩，因不满朝政，遂削发为僧。他死后道场被改为拥有殿堂五间的兜率寺。

清末民初，真空法师任兜率寺方丈，他广汲博采，从严治寺，建立了严格的狮子岭教规，使狮子岭成为宇内僧众仰慕的清修胜地。当时寺内有大殿五间，内供奉木雕弥勒菩萨和十八罗汉，后有泥塑飘海观音大士像；大楼十二间，为斋堂、客房、库房所在地。斋堂内供奉文殊菩萨和韦陀菩萨像。禅堂五间，供奉木雕观音大士像；文殊殿五间，内供奉泥塑文殊菩萨像；三圣殿五间，殿内供奉无量寿佛和观音菩萨、大势至菩萨像。

29. 龙泉寺

岩山在牛首之东。因其山上岩险，故名"岩山"；明韩宪王葬于此，故又称之为"韩府山"。龙泉寺就位于铁心桥镇高家库村。一条小路通向将军山与韩府山合抱处的幽谷中，两侧高崖巨壑，古木参天。龙泉寺建于明代，有断臂崖。民国时期龙泉寺已垂圮矣。

龙泉寺西侧断臂崖下有观音洞，清恭宗宣统三年(1911)由寺僧如海募资所筑。观音洞为石窟，掏空山体而成。内有浮雕观音大士像，像下有国民党元老邹鲁《龙泉杂诗》碑，落款为"民国二十六年邹鲁题"。诗为五言律体，全诗文如下：

我住龙泉寺，坐对牛首山。山高四无障，云气时住还。寺僧为我言，阴晴煞有关。天晴云气净，阴雨云罩峦。万方正多难，来此且偷闲。欲占寺僧言，每日望山间。山寺不妨陋，石室即洞天。虽则无茂林，修竹自翩翩。曲涧有小流，泉水饮酒鲜。不闻车马声，但有鸟雀喧。野菊向人笑，红蓼及时妍。漫云非桃源，居之亦陶然。四山环成谷，谷内有田园。时艰须努力，动人秋种田。出资购种籽，看播行陌阡。五日种出芽，半月青连绵。麦熟可添膳，菜长可尝鲜。不图遭世交，在此乐茫天。山中过重九，登遍四山头。阴霾一扫尽，天朗豁双眸。长江自西来，蜿蜒若龙游。钟山在北峙，王气望正遒。莫惮风云恶，终当快雠仇。预作黄龙饮，恰好来良俦。山有望云亭，亭址不可求。山有断壁崖，名以宋僧悠。山小无志书，阁者碑仅留。古来争战地，遗垒存山头。莫谓山濯濯，小松生已周。横看成林后，苍翠接天浮。

30. 正觉寺

该寺在民国新开辟的武定门(今南京市白鹭洲公园附近)内,向东小心桥之东部,寺有房屋四进,为清时所建。初名为“水月庵”,清仁宗嘉庆中僧镜澄捕获妖人方荣升,奉敕改建;洪杨之乱后重建,规模依然宏丽。寺内有玉佛,来自缅甸,这是南京当时所仅有的。

31. 妙悟律院

本院在花盝冈(在城西外秦淮河一带,旧有凤凰台遗址)北,清代建造,有院落数进,殿宇颇为宏丽。内供奉有南海观音及文殊、普贤三大士塑像,像高有丈余,风格颇佳;其中尤以文殊菩萨之造像最有精神。

32. 小九华寺

该寺位于清凉山的山半正中,其有院落二进,正中为大雄宝殿,前为天王殿,右为杰阁二层。登楼远望,江光一线,风帆如画,江北诸山,拱若屏障。民国初期,此地设有茶肆,但驻兵以来,寺院已荒废不堪。

33. 石观音寺

该寺即鹿苑寺,在城东南隅蟒蛇仓。民国时期,寺院殿宇荒废没落,只不过房屋数楹。寺侧旧时有古柏庵、西莲庵、接引庵,民国时已无存。其时有佛教居士林,建屋数间,与石观音寺相邻。

34. 万福寺

该寺位于钟山小茅峰南、永慕庐西北侧。该寺原有三茅殿、观音殿、吴帝殿及山门,寺院旁边辟有名僧塔林。1929 年,孙中山奉安大典后,奉安委员会曾经将万福寺修葺一新,作为孙中山纪念馆,陈列奉安大典时的各种纪念品。抗日战争期间,万福寺被毁,名僧石塔也散落树林山间。

35. 百子庵

该庵在今南京市浦口区珠江镇求雨山东麓,现今的南京弘德寺即是在其基础上改建而成的。据民国《江浦续志稿》载:“百子庵,相传明时胡贞女建成,清咸丰年间毁。同治年间,尼僧修复建。五间两进,缭以土垣。民国八年,袁贞女自成尼重建。”原大殿建筑一直保留到 20 世纪 80 年代。

(二)其他历代所遗诸寺

1. 碧峰寺

该寺在天界寺北边,本是东晋之尼寺。南朝宋文帝元嘉(424—453)时,西域僧尼铁索罗等来建康就住在此寺，故又称铁索罗寺；南朝齐梁以来，寺名或为翠灵寺，或为妙果寺；宋代改名为瑞相院。明太祖洪武初年，重建碧峰寺，以居碧峰禅师，因名。寺额为黄谦书，内有宋濂所撰石碑，民国时碑亡。

2. 幕府寺

幕府山在神策门外，东晋丞相王导开幕府于此山，故取其名为“幕府山”。幕府寺在幕府山上，南朝萧梁时所建；民国时期设为军事要塞区，禁止游人登览。

3. 永泰寺

该寺在祖堂山之南，此处之山五峰联峙，侧看成峰，横看似屏，宋代征虏将军建成侯吉翰葬于此，因取其名为吉山。山上有永泰寺，南朝萧梁所建；南唐于此葬净果禅师，遂改名为“净果院”。后复旧名。民国时期，永泰寺还有梵宇数楹。

4. 本业寺

该寺在京汤路南、靠近阳山一带（凳子山与陶家山间）。民国时虽荒废，但遗迹在民国初犹可见，其下尚有和尚坟，碑记明宣宗宣德年号及重修本业寺之事，由此可证其地为本业寺之遗址。

5. 静明寺

该寺在岩山之西谷，过去多古木，景色绝佳，清净幽邃，明代宦官罗志远建（罗墓即在寺旁）。寺西有明南宁侯毛元之墓。

6. 广惠寺

该寺在土山至方山道上骆村，本是明代大刹，民国时期仅剩明英宗正统十三年（1448）所刻之广惠寺碑，欹倾欲倒。

7. 邓府庵

民国时期，邓府庵在京芜公路之左、天界寺之东，本邓氏家庵。其时，庵内犹供奉明代宁河王邓愈之神位（其西南即邓愈墓）。

8. 英台寺

民国时期，该寺在西善桥南。为明太监金英卒后所造。金英，字子华，明成祖永乐时人。

9. 慧月居

慧月居在大沙井（大沙井是街巷名，今已废；在中华门西，凤游寺南端西侧），旧时为华严僧庵，清德宗光绪初年，改为慧月居尼刹，此尼寺颇为清净。

10. 极乐寺

该寺在今南京市浦口区珠江镇白马村。据清《江浦县志》记载:"极乐庵,就在小东门内(今浦口区珠江镇怡园巷南端),顺治中建,溪桥围绕,松柏苍翠,悠然忘尘市之嚣。"20 世纪 60 年代末,将原寺址移至怡园巷西侧百米处,当时尚有大殿一间,僧房五间。

11. 嘉善寺(石佛阁)

幕府山南接铁石冈,此处有石佛阁和嘉善寺。有苍云崖,最为幽胜,明代焦竑题字摩壁之上,乱石撑空,摇摇欲坠,两崖之间,旧时有屋,石上镌刻观音(民国时其面部已毁)及善财童子(雕刻颇为生动),有石碑,上刻"万历丁未秋建,明年二月成"。

12. 观音庵

幕府山之西,俗称老虎山,半山临江,上有观音庵,只有房屋三楹,此处岩石纵横,林壑幽深,前眺大江,风光殊胜。

13. 净界寺

该寺在城北三铺两桥(今南京市鼓楼区三步两桥),属于律宗。该寺不见载于旧籍,可能为近代所建。

14. 祖灯庵

此庵在定淮门内街,小庵一楹。

15. 善庆寺

该寺在扫叶楼之后,清凉山南麓。

16. 吉祥寺

该寺在卢妃巷(今南京市秦淮区)北端路西,是一座尼寺。寺宇只有数楹而已。

17. 上乘庵

该寺在土街口(即南京市新街口)北。寺宇只有数楹而已。

18. 大悲禅林

该寺在大悲巷北口。不过只有寺宇数楹。

19. 极乐庵

此庵在石观音寺西,不见载于旧籍,恐是后来所建,民国时已破落不堪。

20. 千佛庵

此庵在长乐路南磊功巷（今南京市秦淮区），庵内亦祔祀石将军，但不知石将军是何许人。

21. 寿佛寺

该寺在仓门口（今南京市溧水区）。

22. 翔鸾寺

该寺在膺福街（中华门城堡东北）北翔鸾坊，旧时称翔鸾庙，南唐卢绛曾经居住于此，曾经庙里祭祀卢大王，据说此人有忠节。民国时改为佛寺。

23. 清佛寺

该寺在大沙井，有殿宇三楹，朝南面对城墙，据该寺寺僧讲，此寺是明代以前的古寺，其他没有可以多述。①

24. 弥勒庵

此庵一名“恒善堂”，在陈家牌坊（今南京市秦淮区中山南路西），背靠城墙。

25. 从容禅林

从容禅林在八角井。

26. 永祥禅林

永祥禅林在中华门西边的仓顶，即今南京市建邺区集庆路。

27. 永祥寺

该寺在仓坡，十分狭隘。②

28. 古萧公庙

该庙在仓坡，其地靠近柏家苑。殿外的两庑中塑有十殿阎王像，极其狰狞，令人可畏。关于萧公，有两种说法，或说为治水官；或说为梁武帝萧衍。

29. 海会禅林

海会禅林在猫鱼市，是静海寺的下院。

30. 金栗庵

此庵在营门口西边（在中华门），靠近猫鱼市。杜少陵咏叹顾长康所画瓦官寺维摩云：“虎头金栗影，神妙独难忘。”金栗庵靠近瓦官寺，所以取“金栗”以

① 朱偰：《金陵古迹图考》，中华书局，2006 年。

② 此永祥寺疑为永祥禅林。

为名。

31. 三藏殿

三藏殿在报恩寺南面，旧时本在寺内。殿后土阜之上有石塔。民国时期，石塔之遗址尚存。

32. 宝林禅寺

该寺在雨花台东道左，寺有院宇房屋数楹。

33. 会因寺

该寺在雨花台东南一里左右。

34. 东霞寺

方山东麓为东霞寺，背负鸡龙顶，石林青而翠，杳然幽深，实为方山之佳胜处。

35. 衡阳寺

该寺在栖霞山西南的清风乡衡阳山[①]，其本是六朝时之宝城寺，民国时期衡阳寺犹存。该寺有院宇二进，亦有石刻及石造像，不像近代之物。

36. 祈泽寺

该寺在高桥门（今南京市秦淮区）外，与陈武帝（503—559）万安陵相去不远。《金陵佛寺大观》载："祈泽寺在南京江宁区上坊镇东二里的祈泽山，距光华门约十公里。寺建在祈泽山西侧。"祈泽寺在民国时期仅剩房屋十数楹，并没有什么六朝遗物。因它是时常祈祷雨泽之所，故取此名。

37. 石佛庵

此庵在汤山（山在中山门外三十公里之汤泉镇）之北二十里，古时为拈花禅院；庵有石佛洞，就山雕凿成，内雕刻佛像数十尊，略似千佛岩。有石碑二，一为明成祖永乐年间所刻；一为明熹宗天启六年（1626 年）所作。

38. 地藏庵

此庵在钟山之东青马，尚师庵之侧。

39. 珠峰庵

此庵在湖熟（今南京市江宁区东南部）。

---

① 甘熙：《白下琐言》卷八《太平门外三十里清风乡》，《南京稀见文献丛刊》第 2 辑，南京出版社，2007 年。

40. 观音洞

该洞在岩山北麓，前面临平野，此处远景颇佳丽。

41. 三山寺

该寺在三山，下濒大江，怒涛击石，疏钟度云，境甚清幽。

(三) 历代废弃诸寺

此一部分所列之南京寺院，皆为历代所建之寺院，但至民国时期悉已荒废倾圮而无足轻重者。文献之中明确标识废弃者，或可由相关记载推测其为废弃者，列于此部分。

1. 瓦官寺

该寺在小长干，地名三井冈(即花盝冈)。建于晋哀帝兴宁二年(364)。清文宗咸丰兵燹之后，六朝名刹，几乎荡然无存。民国时期的瓦官寺，仅剩破屋数椽，庭院中有石炉及烛檠，炉基有石刻，刻有双狮戏球，或以为是东晋时物，不可尽信。门内有石碑，碑已倾坏，题额作"重建瓦官寺祝禧圣寿碑"，可以确定这里是瓦官寺旧址。寺内还有升元阁石刻图，没有刻年月，是南唐旧物，这是瓦官寺仅存的遗迹。

2. 罗寺

该寺在锏银巷罗寺转湾(罗寺转湾，又名螺丝转湾，位于今新街口西侧、汉中路南，北接汉中路、南通石鼓路)。今天主堂南。南朝刘宋泰始年间建，本名延祚寺。今废①。

3. 宝光寺

该寺旧名天王寺，南朝刘宋孝武帝大明年间建，明太祖洪武赐今额，民国时废。

4. 宝林寺(一)

该寺在幕府山之东，接宝林山(民国时汽车路穿山而过，可直达燕子矶)，本是南朝萧梁时期的同行寺，民国已废。只是其时在深山丛芜之中，仍能发现原本之殿基重重，台阶柱础尚在，犹可见其残址。

5. 宝林寺(二)

该寺在马鞍山，为唐代之旧刹，后倚山椒，土地肥沃；寺僧种牡丹芍药诸花

① "今废"，是指民国时期。下同。

卉,暮春担以入市,用于陈设装饰者多来购买。今废。

6. 半山寺

该寺在中山门内北部,即今南京市玄武区中山门内海军指挥学院东北角。北宋神宗元丰七年(1084),王安石请以所居宅舍为寺,赐额"报宁"。北宋时,其地在城东七里,距离钟山亦七里,此寺刚在半道之上,故名"半山寺"。洪杨乱后,于清穆宗同治九年(1870)重修,入民国又垂废。寺东有谢公墩,与冶城北永庆寺旁之谢公墩,遥遥相望,金陵胜迹之一也。

7. 宝积庵

方山西为宝积庵,建于宋代,该寺院宇已废,仅剩余一屋,正殿留有残基。寺后有和尚坟,风格古朴,应该是宋元高僧之塔。

8. 回光寺

余怀所著《板桥杂记》记长板桥一则:"在院墙外数十步,旷远芊绵,水烟凝碧,回光鹫峰两寺夹之。"民国时鹫峰寺还在,而回光寺则不存。甘熙所著《白下琐言》卷四:"回光寺,永乐中僧回光所建,本在白塔巷内;万历间以近旧院,净秽杂处,仍移置今所。嘉庆间为恤颐堂。今巷中白塔尚存,即回光旧塔,俗谓为瘗老尼处,非也。又下街口有白塔巷,乃元龙翔寺故基,是城内白塔巷有二矣。"从这段记载中,可知回光寺在明万历年间即已经迁回白塔巷。只是,到民国时期,原址已不可考。

9. 鹫峰寺

该寺在白鹭洲东北(今南京市秦淮区白鹭洲公园),接近城垣,明英宗天顺中宦官进祖定建造。甘熙《白下琐言》卷一记载:"鹫峰寺轮藏殿之右饭堂,老僧明彻主之,有花癖,庭砌遍莳牡丹,异种甚多。初夏时以竹筒盛贮水,插以芍药,安放绿丛中,高下鲜妍,恍如真本。"民国时期,寺庙院宇荒落不堪,沦落为贫民窟,芜杂秽乱。20世纪30年代,该寺经风雨侵蚀,又遭受了火灾,更加不堪;南京市内的火车道从寺的中心地带穿过,这使得寺的规模更加狭小。至1949年前夕,这座古刹只剩下破屋数椽了。

10. 听潮庵

由宝林寺拾级而上,果园蔬圃,方畦相错;佛殿居其巅,隔城江帆往来,如近在几席间,风光殊胜。今废。

11. 大佛寺

该寺在大方巷(今南京市湖南路西侧),有佛长丈六,故名大佛。今废。

12. 惠济寺

该寺在浦口区汤泉镇惠济寺公园内。

13. 定山寺

该寺位于今南京市浦口区大顶山狮子峰下一个箕形的山坳里,远望如同在群山中开了一扇大门。定山寺名扬大江南北。1949 年前,尚有印度与日本的僧人慕名前来朝礼本寺。后因年久失修,定山寺早已经倾圮废弃。

14. 下瓦官寺

瓦官寺寺南有集庆庵,明人焦竑《焦氏笔乘》记载:“嘉靖时诏毁私庵,集庆僧妄以瓦官名其处得幸免,然实非瓦官故址。”所以,明人葛寅亮《金陵梵刹志》谓:“瓦官有二,山上为上瓦官寺,平地为下瓦官寺云。”此集庆庵就是下瓦官寺。民国时期,下瓦官寺只剩下破屋半椽。

15. 护国寺

该寺在五福街(今南京市秦淮区)骁骑营,地势很高,是明代设仓之所。旧时寺有斗姆阁,登阁开窗远望,雨花、钟山诸景尽在目前。其时禅房花木深,曲径通幽。民国时已经荒乱破落不堪。

16. 灵岩寺

据《同治上江两县志》记载,方山上有灵岩寺,梁诸葛颖有《奉和方山灵岩寺应教诗》,其中有“傍有东霞寺”,则此灵岩寺或在山之东麓。民国时已无可考。

17. 崇化寺

幕府山南接铁石冈,此处有石佛阁,其旁有寺名“崇化寺”,古高峰院也。民国时期已废。

18. 芙蓉禅林

民国时期,芙蓉禅林在京芜公路之西边的高岗上,离南京城西南角不甚远,过去为金陵大刹,其时已荒废、败落不堪,寺内的琉璃瓦砾触目皆是。

19. 观音庵

此庵在北固山(一称白骨山)顶,由庵四望寥阔,远景颇佳。民国时期,观音庵已荒芜败落,仅有房屋数楹,但墙多古砖,本是由旧刹改建。

20. 尚师庵

此庵在钟山之东青马，民国时期已经荒废不堪。

21. 大山寺

该寺在牛头山西、大山东麓，民国时期仅余房屋一楹。

此外，另有古柏庵、西莲庵、阿弥陀佛庵（三条营）、韦陀殿、铁牌庵（在大沙井）、慈月阁（慧月居比邻）、神州尼庵（高岗里）、亳州、福胜二尼庵（五府园）、禹王庵（磨磐街南）、圆通庵（钓鱼台）、大悲庵（九层坡）、六度庵、兴善庵（皆在财神古道）、准提庵（猫鱼市）、一苇庵（柳叶街）等。以上皆是至民国时期无可考者，或不知地址，或变为民房，附录于后。

（四）新建诸寺

此一部分所列之寺院为民国时期新修建者，限于文献资料较少之缘故，此处所列之寺院不是很多。

1. 极乐禅林

极乐禅林在石鼓路（今南京市秦淮区）北铁管营，为新建者。

2. 无名寺

该寺在金川门（今南京市鼓楼区）内东边土坡之上，系民国二十三年（1934）建，尚无定名。

3. 驻马庵

庵是尼寺，亦属近建，在乌龙潭（今南京市鼓楼区清凉山东麓）侧，背负蛇山，有小院数楹。

4. 祥云庵

此庵在南京市浦口区石桥镇王村，始建于1946年。

5. 松筠庵

此庵建于1942年，在南京市浦口区石桥镇高庙村。

6. 大乘庵

此庵在边营（今南京市秦淮区中华门东边），南靠城垣，是南京尼寺中较大的一座。民国初年，江苏省议员王某的妹妹捐造，朱偰在民国二十三年（1934）左右参观此庵时，此人还在，且是本庵主持，她当时已有五十多岁了。

7. 海慧寺

方山之巅为海慧寺，旧时名为老石龙池，本是民国初年新建。

8. 长生禅林

民国时期，长生禅林在京芜公路左侧的方家巷，内有大钟，上刻“五显禅林”，而香垆则刻“净土禅林”。寺有一正殿和四偏殿，民国初年所修，此是一座释道混合的寺宇。

三 民国时期南京寺院之分布及数量

民国时期，南京佛教寺院的空间分布，主体上区分为城内与城外两类。城外寺院，又分三类：城南诸刹、名山诸刹、星散诸刹。城内寺院，以朱偰先生所分十字主干道为主轴，分别为四个区间，即西北、东北、西南、东南。城内寺院的空间分布特点，东南、西北寺院分布较多；西南次之；东北最少。城外寺院的空间分布特点，存在的状况比废毁的要多，或许是远离城区所致；城外寺院中的名山诸刹，以方山与幕府山所存寺院为多，其余名山的大寺院，如栖霞寺、隆昌寺等寺皆存；城外寺院中的星散诸刹，相对保存的也比较多。民国时期南京寺院的总数，根据不完全统计，大约为123所。所存寺院创建年代，远及晋代，近至民国。从可确知的具体年代的角度看，明代南京寺院在总数上是最多的；民国时期依然存在的寺院总数也最多。不能确知年代的寺院庵堂存废之比将近一半。

（一）寺院的空间分布①

空间分布之介绍采取城内、城外之分；城内再以贯穿南京城之十字主干道分成西北、西南、东北和东南四区。

城内寺院分布所设定之十字轴线之具体内容，按朱偰先生所言为：“中央路、中山路以西，内桥、运渎、铁窗棂以北，为西北区。中央路、中山路以东，内桥、青溪、秦淮、东水关以北，为东北区。中华门大街以西，内桥、运渎、铁窗棂以南，为西南区。中华门大街以东，内桥、青溪及秦淮、东水关以南，为东南区。”②可以看出，东西向之路线以内桥为中心，自西向东之路标分别是铁窗棂、运渎、内桥、青

---

① 由于民国寺院记载方面的史料较少，尤其是1937年以后的史料几乎是空白，故本节专重于民国前期的寺院梳理，资料来源主要为朱偰先生所著《金陵古迹图考》以及国民政府与当时的南京市政部门所编制的南京城的相关史料。本节寺院分布状况即是按照朱先生分区考察南京寺院之框架进行空间区分的。

② 朱偰：《金陵古迹图考》，中华书局，2006年，第215页。

溪、秦淮和东水关;南北向之路线以中山路为中心,自北向南之路标分别是中央路、中山路和中华门大街。从具体的地理位置分布上看,北从中央门,经中央路、中山路、内桥、中华路,南到中华门;西从铁窗棂经莫愁湖路、建邺路、内桥、四象桥、淮清桥、东水关,东到通济门。其交点即是内桥。当然,如此的划分都是大略的,并非如直线般联系得紧密。

这些标志性的街道基本上沿用至今,具体来讲:(一)中央路,是南京城一条南北走向的交通干道,北起中央门,南到鼓楼广场,全长 3 324 米。中央路是 1930 年代“首都计划”的一部分,在鼓楼以北的空旷地带开辟这条笔直的南北道路,它是沙石路面,宽约 8 米,最初名为子午线路。(二)中山路,1929 年兴建,位于南京市中心,南起新街口广场,北至鼓楼广场,是长 2 公里、宽 40 米的南北向交通干道。(三)内桥,是位于南京市秦淮区中华路北的一座桥梁,主体结构保留至今。(四)运渎,秦淮河全长 103 公里,到南京武定门外分两股,一股为干流,称外秦淮河,绕城经中华门、水西门、定淮门外由三汊河注入长江;又一股称内秦淮河,由通济门东水关入城,在淮清桥又分为南北两支,南支为“十里秦淮”,经夫子庙文德桥至水西门西水关出城,与干流汇集,北支即古运渎,主干今已无存,遗脉仅存于朝天宫国际文化特别社区,从内桥向西,经鸽子桥、笪桥、鼎新桥、仓巷桥、文津桥、张公桥,在铁窗棂入外秦淮河。(五)铁窗棂,亦名涵洞口,因运渎通向外秦淮河(时称大江)的涵洞而得名,古称栅寨门、铁窗子、栅塘。(六)青溪,三国吴在建业城东南所凿东渠,发源于今南京市钟山西南,流经南京市区入秦淮河,曲折达十余里,亦名九曲青溪。青溪可分为三段:上段为紫金山明孝陵以西之水,汇于前湖,自半山寺后水闸入城,变为明宫城之护城河,经后宰门向西北流,合天堡山南麓之水,至竺桥;中段现已淤塞,它西南流经西华门、五老桥、寿星桥、常府桥、太平桥、校尉桥、史桥、钱厂桥,迤逦九曲入秦淮。这一段虽早已淤塞,从水塘沟道以及有关桥名、地名上,仍可寻到它的踪迹;第三段为青溪下游,自内桥往东,经界平桥、四象桥(四象桥,位于南京太平南路南段,跨内秦淮河中段)、淮青桥(淮清桥位于南京市建康路东段,因古青溪与秦淮河在此汇流而得名)入内秦淮,这一段至今尚存。(七)东水关,坐落于南京城东南部,龙蟠中路通济门大桥西侧,是秦淮河流入南京城的入口,也是南京古城墙唯一的船闸入口。(八)中华门,明代称聚宝门,是明朝都城的正南门,也是南京明朝内城城墙 13 个城门中规模第二大的城堡式城门,当今世界上保存最完好、结构最复杂的古代瓮城城堡。

1. 城内寺院

（1）西北诸刹

表 8.4 民国时期南京城内西北诸刹表

寺院名称	年代	位置	存废
罗寺	刘宋	铜银巷罗寺转湾	废
永庆寺	南梁	五台山	存
宝林寺	唐	马鞍山	废
金陵寺	五代	定淮乡	存
清凉寺	南唐	清凉山	存
古林寺	明	定淮门	存
极乐寺	清	小东门	存
极乐禅林	民国	石鼓路北铁管营	存
无名寺	民国	金川门内东	存
驻马庵	民国	乌龙潭	存
祥云庵	民国	浦口区石桥镇王村	存
松筠庵	民国	浦口区石桥镇高庙	存
百子庵	民国	浦口区珠江镇求雨山	存
净界寺	缺	三铺两桥	存
祖灯庵	缺	定淮门内街	存
善庆寺	缺	清凉山南麓	存
听潮庵	缺	马鞍山	废
大佛寺	缺	大方巷	废
惠济寺	缺	浦口区汤泉镇	废
定山寺	缺	浦口区大顶山狮子峰	废
小九华寺	缺	清凉山	废

（2）东北诸刹

表 8.5 民国时期南京城内东北诸刹表

寺院名称	年代	位置	存废
鸡鸣寺	西晋	鸡笼山东麓	存
紫竹林禅寺	东晋	南京城北紫竹林 3 号	存
香林寺	唐	明故宫北安门外	存
半山寺	宋	中山门内北部	废

续表

寺院名称	年代	位置	存废
毗卢寺	明	大悲巷	存
吉祥寺	缺	卢妃巷北端路西	存
上乘庵	缺	土街口北	存
大悲禅林	缺	大悲巷北口	存

（3）东南诸刹

表 8.6 民国时期南京城内东南诸刹表

寺院名称	年代	位置	存废
承恩寺	明	三山街	存
回光寺	明	缺	废
鹫峰寺	明	白鹭洲东北	废
正觉寺	清	武定门内	存
大乘庵	民国	边营	存
石观音寺	缺	蟒蛇仓	存
极乐庵	缺	石观音寺西	存
千佛庵	缺	长乐路南磊功巷	存
寿佛寺	缺	仓门口	存
翔鸾寺	缺	膺福街北翔鸾坊	存
古柏庵	缺	石观音寺旁	废
西莲庵	缺	石观音寺旁	废
接引庵	缺	石观音寺旁	废
阿弥陀佛庵①	缺	三条营	废
韦陀殿	缺	缺	废

（4）西南诸刹

表 8.7 民国时期南京城内西南诸刹表

寺院名称	年代	位置	存废
瓦官寺	东晋	三井冈	废
封崇寺	宋	水西门内牙檀巷	存
妙悟律院	清	花盝冈北	存

① “阿弥陀佛庵”疑为“接引庵”。

续表

寺院名称	年代	位置	存废
慧月居	清	大沙井	存
清佛寺	缺	大沙井	存
弥勒庵	缺	陈家牌坊	存
从容禅林	缺	八角井	存
永祥禅林	缺	中华门西边仓顶	存
永祥寺①	缺	仓坡	存
古萧公庙	缺	仓坡，靠近柏家苑	存
海会禅林	缺	猫鱼市	存
金栗庵	缺	营门口西，近猫鱼市	存
下瓦官寺②	缺	缺	废
护国寺	缺	五福街骁骑营	废
铁牌庵	缺	大沙井	废
慈月阁	缺	大沙井	废
神州尼庵	缺	高岗里	废
亳州尼庵	缺	五府园	废
福胜尼庵	缺	五府园	废
禹王庵	缺	磨磐街南	废
圆通庵	缺	钓鱼台	废
大悲庵	缺	九层坡	废
六度庵	缺	财神古道	废
兴善庵	缺	财神古道	废
准提庵	缺	猫鱼市	废
一苇庵	缺	柳叶街	废

由于所据文献资料的有限性，如上所列举之南京城城内寺院并非是全部的。所以，从空间分布中所得出的结论亦是不精确的。但我们也只能从仅有的资料出发以便对城内寺院分布有一概略的了解。从以上各表中可以看出，民国时期南京城内：西北诸刹 21 所，存 14 所，废 7 所；东北诸刹 8 所，存 7 所，废 1 所；东南诸刹 15 所，存 8 所，废 7 所；西南诸刹 26 所，存 11 所，废 15 所。从城内实存之寺院分布来看，东南、西北寺院分布较多；西南次之；东北最少。

① “永祥寺”疑为“永祥禅林”。

② 即瓦官寺南之集庆庵。

2. 城外寺院

城外寺院主要分三大区域进行展示，一为城南即中华门以南、雨花台附近；二为城外史上名山所有之寺院；三为分散于各个较小之山地的寺院。此一部分之史料亦是较少的，不足以全面反映当时所存之寺院状况。具体列表如下：

（1）城南诸刹

表 8.8 民国时期南京城外城南诸刹表

寺院名称	年代	位置	存废
碧峰寺	东晋	天界寺北	存
高座寺	东晋	中华门外雨花台南	存
永宁寺	东晋	中华门外雨花台南	存
能仁寺	刘宋	聚宝门外	存
宝光寺	刘宋	缺	废
安隐寺	宋	高座寺东上	存
普德寺	明	雨花台西北	存
报恩寺	明	中华门外宝塔山一带	废
天界寺	明	中华门外五贵桥	存
邓府庵	明	天界寺东	存
宝林禅寺	缺	雨花台东道左	存
会因寺	缺	雨花台东南	存

（2）名山诸刹

表 8.9 民国时期南京城外历代名山诸刹表

寺院名称	年代	位置	存废
牛首山	普觉寺	南梁	存
祖堂山	幽栖寺	刘宋	存
	花岩寺	明	废
方山	梵天禅寺	南梁	存
	上定林寺	宋	存
	宝积庵	宋	废
	东霞寺	缺	存
	灵岩寺	缺	废
方山	海慧寺	民国	存

续表

寺院名称	年代	位置	存废
宝华山	隆昌寺	明	存
	一叶庵	清	存
摄山	栖霞寺	南齐	存
幕府山	幕府寺	南梁	存
	宝林寺	南梁	废
	嘉善寺	缺	存
	崇化寺	缺	废
	观音庵	缺	存
	石佛阁	缺	存

(3)星散诸刹

表 8.10 民国时期南京城外星散于小山地诸刹表

寺院名称	年代	位置	存废
灵谷寺	南梁	钟山东麓	存
天隆寺	南梁	中华门南七公里	存
永泰寺	南梁	吉山	存
衡阳寺	唐	衡阳山	存
彰教寺	唐	凤山	存
本业寺	明	凳子山与陶家山之间	废
兜率寺	明	狮子岭	存
龙泉寺	明	岩山(韩府山)	存
静明寺	明	岩山(韩府山)	存
广惠寺	明	方山与土山之间	废
长生禅林	民国	方家巷	存
祈泽寺	缺	祈泽山	存
芙蓉禅林	缺	京芜公路西边	废
石佛庵	缺	汤山北二十里石洞山	存
观音庵	缺	北固山	废
英台寺	明	西善桥	存
尚师庵	缺	钟山之东	废
地藏庵	缺	尚师庵之侧	存
珠峰庵	缺	湖熟	存
大山寺	缺	牛首山西,大山东麓	废

续表

寺院名称	年代	位置	存废
观音洞	缺	岩山(韩府山)北	存
三山寺	缺	三山,临大江	存
万福寺	缺	钟山	存

从表格中可知,在不完全的资料整理中,城外寺院中的城南诸刹,存在的状况比废毁的要多,或许是远离城区所致;城外寺院中的名山诸刹,以方山与幕府山所存寺院为多,其余名山的大寺院,如栖霞寺、隆昌寺等皆存;城外寺院中的星散诸刹,相对保存得也比较多。

(二) 历代寺院数量统计

民国时期,关于寺院的详细记载的史料较少。如上所说,主要依据之材料是朱偰《金陵古迹图考》以及民国南京市政资料,对于寺院数量之罗列叙述难免所有疏忽遗漏,本部分只能在有限资料基础上做一概略之总数统计。如下表:

表 8.11 民国时期南京所存历代寺院表

年代	存	废	总数
晋	4	1	5
刘宋	2	3	5
南齐	1	0	1
南梁	7	1	8
唐	2	1	3
五代	2	0	2
宋	3	2	5
明	16	2	18
清	4	0	4
民国	9	0	9
缺	35	28	63
总计	85	38	123

从上表可知,民国时期南京寺院总数大约为 123 所。年代远及晋代以至民国。从可确知具体年代的角度看,明代南京寺院在总数上是最多的;民国时期依然存在的寺院总数也最多。不能确知年代的寺院庵堂存废之比将近一半。

四 民国时期南京的重要寺院及僧众活动

民国时期,佛教界的有识之士不忍佛教日渐衰微之势,而奋起振兴佛教。当时的人们除了对于佛教之传统有所坚持之外,也结合当时之现实状况谋有相应的改革。南京作为民国的首都,佛教界之改革者也常驻于南京所辖之寺院,思考并制定相关的佛教改革措施。其中的卓越代表有印魁、月霞、谛闲、宗仰、太虚等人,他们都曾与南京的寺院结下甚深因缘。佛教之改革者结合当时的现实状况以及有鉴于佛教之种种弊端,采取了一些新的形式以便于促进佛教之弘扬发展,比如金陵刻经处、佛教现代教育机构以及佛教现代组织等。这些改革措施对于今日之佛教也是影响深远的。

(一) 重要寺院及高僧驻锡

1. 毗卢寺与印魁

毗卢寺原本是一座小庵,位于南京市汉府街,创建于明嘉靖年间。因寺中供奉毗卢遮那佛,故名。太平天国定都南京,因奉行极端宗教文化政策,对佛道大加排斥,南京城内稍有规模之寺院都遭毁殆尽。毗卢寺这个不起眼的小庙倒保留了下来。1864 年曾国荃攻克南京;1884 年,出任两江总督。毗卢寺之修复、扩建和曾国荃有密切关系。曾氏为何要建毗卢寺呢?据说,清穆宗同治年间,曾国荃到南岳衡山礼佛时,在齐公岩与江苏镇江籍的海峰和尚相遇,海峰和尚识破曾国荃朝山礼佛之心意,因语点悟了曾氏。曾国荃便说:“如我督任两江,为你造庵。”曾氏出任两江总督之后,便招海峰和尚至南京择地建寺,经过商量,决定于原毗卢庵址建寺。曾国荃率先捐款捐物以助成此事,湘军诸将也纷纷捐巨资。[1] 经扩建后的毗卢寺已然成为南京城中的名刹,“寺内

---

① 此说依据王兴国:《湘军与中国近代佛教复兴》,《世界宗教研究》2014 年第 3 期。关于曾氏和海峰和尚建寺原因,于凌波有不同说法。他认为,曾氏攻陷南京之后,曾国藩出任两江总督,南京制台衙门的官员和驻防官兵多数为湖南人。此是同属湖南籍的海峰和尚主持毗卢庵,以乡谊关系,得到了湖南籍官兵的援助,因此毗卢庵由小庙扩建为南京城中之名刹,参见于凌波:《中国近现代佛教人物志》,宗教文化出版社,1995 年,19—20 页。

的建筑分两条中轴线，一条大中轴、一条小中轴。大中轴以现在的大雄宝殿为中心，大中轴线正前方是照壁、哼哈金刚殿、天王殿、大雄宝殿、观音楼；小中轴线在大雄宝殿东，它的建筑从前到后是斋堂、毗卢殿、万佛楼、禅堂、塔院、菜地。整个寺院的规模东至清西河，西至大悲巷，北至太平桥，南至汉府街，当时堪称金陵第一大寺。寺内最著名的建筑有万佛楼和观音楼，万佛楼内供三千尊鎏金佛像，楼中间有一座木塔，塔顶和塔角是观音三十二应身和四大天王组成。观音楼内供奉一尊唐禅坐千手观音圣像。在建寺的过程中还特别制造了一批寺院所用物品，如现存的荷花缸，及万佛楼、观音楼、大雄宝殿等重要殿堂的屋檐滴水，都雕一龙九凤；寺内所用殿堂木料，均从湖南运到南京"①。从关于毗卢寺之新规模的记载中可以看出，它作为"金陵第一大寺"之庄严雄伟，而海峰和尚也成了毗卢寺的鼎兴者。海峰和尚之后，先后继任主持毗卢寺者分别为寄禅、芳田和印魁。②

释印魁，法名昌文③，一载显文④，俗姓杨，河北易县人⑤，生于咸丰七年(1857)三月十四日。印魁大师相貌古伟，少年嬉戏之时即表现出不同寻常的行为，哪怕小有生命的昆虫也不忍心去伤害它们，并且他还主动劝别人戒杀放生。

---

① 王兴国：《湘军与中国近代佛教复兴》，《世界宗教研究》2014年第3期。

② 关于毗卢寺非湖南籍僧人不得主持的说法，学者中有两种说法：一种以于凌波为代表，他在《中国近现代佛教人物志》之"光大毗卢寺的释印魁"中提到，毗卢寺系湖南人捐助兴建，主持一向由湖南人出任。另一种以詹天灵为代表，他在《印魁禅师与南京毗卢寺》一文中否定了这种说法，指出："毗卢寺自量宏开山、海峰鼎兴以后的历任主持中，属于湖南籍的有三位：芳田（长沙）、溥常（长沙）、般波（长沙）。而不属于湖南籍的则有八位：寄禅（宜兴）、印魁（易县）、瑞生（阜宁）、观同（泰州）、古昙（东台）、广明（江都）、务道（江都）、峻岭（亳州）。比例显而易见，在这十一位住持中，大部分都不是湖南籍的僧人，因此无论是从道理上还是从实际情况上，所谓毗卢寺非湖南籍僧人不得住持这个说法根本站不住脚。"这两种说法均是基于这一传闻：印魁圆寂之后，寺僧提议谛闲接任主持而为八指头陀释敬安所强烈反对，原因即是非湖南人不能主持毗卢寺，因此有了谛闲与敬安之间因主持毗卢寺之事而产生的不可调和的矛盾。对于此一传闻，詹天灵先生给予了有力否定，认为此说是反对谛闲接任毗卢寺的湖南籍官员士绅进行的造谣中伤。詹先生的这一观点，消除了两位民国高僧之间的虚假传闻，使他们的声誉不因恶闻而染污（具体可参见詹天灵：《印魁禅师与南京毗卢寺》，《江苏地方志》2012年第4期）。

③ 据光绪三十年(1904)，南京古林寺《同戒录》。

④ 据《清金陵毗卢寺沙门释显文传》，《新续高僧传四集》卷三十五；《金陵毗卢显文印公和尚像》，《金陵毗卢寺印魁文祖法语》。

⑤ 关于印魁之籍贯，詹天灵有不同说法，并给出了有力证据，他认为，印魁籍贯湖南是误传，之所以会如此，是因为"非湖南籍僧人不得主持毗卢寺"的传说。他否定此一籍贯主张，认为印魁籍贯系河北易县。他依据早期史料如《金陵毗卢文祖传》《新续高僧传四集》，都记载印魁籍贯为易州即河北易县。并提供了另一有力证据，光绪三十年南京古林寺传戒，礼请印魁担任"尊证"，此次传戒有《同戒录》保存下来，上面明确记载他的籍贯为"直隶保定府易州籍"。此是印魁在世时之史料，应是可信的。因此，主张印魁系湖南籍的说法是错误的（具体可参詹天灵：《印魁禅师与南京毗卢寺》，《江苏地方志》2012年第4期）。

十一岁时印魁在永阳县瓦宅社高明寺依觉实大师出家。年十九岁时，受戒于西域山慈霞和尚。印魁之智识深邃，为求道，乃遍参名山耆宿。先是在红螺山诵读《华严》《法华》等经典，昼夜精进，功深六载，遂洞悉奥旨。之后赴九华山翠峰，听讲《华严经》，于刹那之间顿悟华严性海之恢弘，于是发愿受持《华严经·如来出现品》。后又负笠前往句容赤山般若寺，参谒法忍禅师，于其所精究向上一着。朝夕搬柴运水、负石担土，乃至穿衣吃饭，无不向上是会。忽一日，印魁在山间劳作之时，被石子绊倒，豁然有悟，大呼曰："原来这物有何奇特，若释迦仍在，吾必凿其眼、斫其胫，以晓告天下人，勿为此黄面老所诱惑也。"由是，深窥堂奥，积习尽除。

光绪二十八年(1902)春，印魁离开赤山般若寺，结茅潜修于庐山。当时有江苏官员刘思训仰慕印魁之德行，遂恭请住持金陵毗卢寺。印魁未到金陵之前，寺中殿宇大多被土豪劣绅占为学舍，佛像悉被污秽糟蹋，惨雨凄风，凡有心者皆不忍视。印魁极力挽回，重整寺貌，并邀集江南官员联名上书，两江总督魏光焘命将学舍迁于他所。印魁感恩护法居士之厚德，乃继续修缮寺宇，大阐宗风。他悲衲子之智眼不明，春夏间则为他们演说《楞严》《法华》等经；他痛衲子之在名相文句间摸索，秋冬时则领他们参向上一乘；他又慨叹缁流之妙戒袭貌遗神，但乏人宏通，春夏之间又为他们一举戒法。可见印魁是以参悟为主，教、戒为辅。当时来寺聆听印魁之教者，常有数百人之多，但是毗卢寺属近代后兴之道场，薄田难济、存粮匮乏。当时，周馥、端方先后出任两江总督，钦佩印魁的德行道风，乃以国帑米盐相资助，又由善后局每年拨米四百石以为生资。

光绪三十四年(1908)，印魁礼请谛闲法师于毗卢寺讲《法华经》。宣统元年(1909年)冬，再请谛闲开讲《梵网经·心地品》，并请谛闲于禅堂内领众打禅七。是年腊月二十二日，印魁有疾，遂请谛闲于榻前曰："印魁年五十三，色身限数已尽，告假去矣。"谛闲曰："色身如水上浮沤，随起随灭。试道法身慧命何如?"印魁曰："当体无生。"谛闲曰："无生即公安置慧命处。"印魁默然应之，又曰："色身虽圆，阐扬华严，心犹未尽，今生极乐，有愿再来。"谛闲曰："公愿深如海，未来众生将无一不为公度也。但今后事如何安置?"印魁曰："心显身中主，意隐两家宾。一堆臭骨头，且休当为真。从业生身，娑婆恒存。今脱罪报，清净惟心。愿生极乐，莲花受身。弥陀加被，万行从因。今后臭骨，同众安营。"说偈曰："参透人间世事禅，半如云影半如烟。有时得遇东风便，直向山头驾铁船。”言毕，寂然而逝。

学徒之后又为印魁刊印语录流通于世。宣统年间刻成《金陵毗卢寺印魁文祖法语》，共收录印魁住持毗卢寺期间的124道法语，由侍者清池记录。语录内容大致分为：进院、升座、上堂、结夏、解制、讲经、圆经、传戒、起七、请职、贴单、普茶偈、小参、对灵、安位、封缸、起龛、举火、入塔等。语录正文前有印魁画像一幅，以及祖印题写的像赞和隐峰所作《金陵毗卢文祖传》。

2. 大报恩寺与月霞、谛闲

清末民初的维新变法以及由此而来的庙产兴学等政策，虽然给当时的佛教带来许多困扰，但也带给佛教徒一个自觉自救的机会。“那就是依照满清政府的指令，各省县成立僧教育会，以佛教寺产来兴办佛教教育，培养佛教人才，这在满清政府来说又不失为一开明政策。各省县佛教首脑人物，亦知非兴办学堂，不足以保护佛教寺产。”①当时在清政府的允许之下，各地成立了僧教育会，并以佛教寺产来兴办教育、培养人才。“那时僧教育会组织健全，办理完善的固然也有，仅拥有虚名，亦复不少。如日后各省兴办佛学院一样，都以保护寺产为目的，并无意兴办教育。就中仅有江苏省僧教育会组织较为健全，其所办僧师范学堂，颇有成绩。”②宣统元年（1909）③，江苏省僧教育会在两江总督端方之支持下，于南京大报恩寺三藏殿开办僧师范学堂，这是我国佛教中最早以新式教育方式培养僧材的学府。在端方、杨仁山、杨瑞清等人的推荐下，月霞出任江苏僧教育会副会

① 释东初：《中国佛教近代史》上册，台北东初出版社，1974，第78页。

② 释东初：《中国佛教近代史》上册，台北东初出版社，1974，第78页。

③ 关于学堂开办之时间，释东初在《中国佛教近代史》第五章第二节“自动兴学与自保寺产”中记载为“宣统元年”；于凌波《中国近现代佛教人物志》说“这时（编者按：宣统元年即1909）江苏省僧教育会创设僧师范学堂”，亦主宣统元年开办。但印顺长老在《太虚大师年谱》“宣统二年”条目下写道“是年，江苏成立僧师范，月霞、谛闲主持之（三十年来之中国佛教）”，认为开办时间为宣统二年（1910）。条目中之“三十年来之中国佛教”系太虚大师所著，原文为：“然江苏僧教育会独在南京开办一所僧师范学校，月霞、谛闲等相续主持，约经二年，至辛亥革命军达到南京而停办。”从太虚大师原文中看，学堂开办于辛亥革命前二年己酉年，即宣统元年。假如以印顺长老宣统二年之说，即不能有“约经二年”之说，因宣统二年为“庚戌年”，经二年即为“壬子年”，此时已是民国二年，辛亥革命已过去一年了。此应系印老所记有误。另，东初在第二十四章第四节“释月霞与释谛闲”之月霞部分，记载：“年五十一，因端午桥、杨仁山及清道人之推荐，担任江苏省僧教育副会长，主持江苏省僧师范学堂。”如他所说，“光绪三十二年（1908），年四十五岁”，则51岁应为1914年，此时学堂停办已五六年矣。他还说：“五十四岁，正在洪山将（讲）楞严、圆觉、楞伽诸经，适武昌起义。”按54岁应为1917年，距武昌起义已过6年左右。东初书中载月霞生于咸丰七年（1857），光绪三十二年（1906）应年51岁，54岁应为1911年，正是辛亥年，此时学堂已停办。东初在书中之所以出现前后时间记载不一致，是对月霞年岁计算有误所造成的。

长并任学堂监督，主持江苏省僧师范学堂。第二年，月霞到洪山讲经，谛闲因杨仁山之荐，继月霞之后出任僧师范学堂监督。学堂所需经费，乃由江苏全省寺院共同承担。入学之青年有仁山、太虚、智光、观同等，分戒定慧三班，约三百多人。两年后，辛亥革命成功，旋又停办。

释月霞(1857—1917)[①]，名显珠，湖北黄冈县人，俗姓胡。年十岁，应童子试，不就；遂发心出家，父母不许。十九岁，辞双亲于杨柳树下，正值大风，曰："春送客辞家去，杨柳点头其奈何?"至南京大钟寺求度出家，老和尚问："白面书生何因学佛?"答曰："在家即不能作忠臣孝子，当出家学诸佛救世度生，此求师度脱之本怀也!"二十岁，受具于九华山。后参学于金山寺、天宁寺、高旻寺凡五六年，话头处处照顾。因不愿离禅堂一支香而推脱寺院安排之职事，遂结伴前去终南山结茅而居。二十六岁秋冬之间，有苏军门仰慕师之道风，时常布施。师曰："大护法布施一人，不如普同供养。"又说："终南七十二茅棚，都是佛门龙象，请布施军田两百亩，交僧开垦种稻收米，永远供养，则军门万世不朽之福慧也。"军门遂供养军田二百亩，先后六年，果成熟田二百亩。师实行百丈垦田之遗意，一面手执锄，一面耕自心田。一举一动、触着磕着，悟处不少。三十三岁，走河南谒太白顶了尘和尚，于《维摩诘经》之入不二法门参究数昼夜，废寝忘餐末后言句，得了尘印可。三十四岁，走南京，谒赤山，留作茶头一年。昼抬石，夜烧茶。三十六岁，随赤山法老人讲《楞伽经》于湖北归元寺，代座弘扬，盛极一时。三十七岁，至安徽翠峰茅棚，邀高旻寺首座普照和尚、北京印魁法师结界打禅七三年，并任讲八十华严。四十一岁后，漫游全国、随地说法，广受称道。四十三岁，于安徽迎江寺办安徽省佛教会，并招生办学，三年圆满。四十六岁出洋考察各国佛教，由日本而南洋而印度而西欧，随访说法，凡三年。四十九岁，天宁寺冶开老和尚座下授记者四人：明镜、月霞、惟宽、应慈。五十一岁，因端方、杨仁山、李瑞清等人推荐，应江苏僧教育副会长之选，并任江苏僧师范学堂监督。五十四岁，至湖北洪山讲楞严、圆觉、楞伽诸经。武昌起义后，至上海创办华严大学于哈同花园。后因异教徒从中破坏，遂依康有为之意，迁学校于杭州海潮寺。期间，应孙毓筠之请，讲《楞严经》於北平。六十岁，奉冶开老和尚之命，分灯常熟兴福寺，七月初一日升

① 参考《武进天宁寺志》，《中国佛寺史志丛刊》第35册，台北明文书局，1980年，第255页。

座。师得满月法师之助，于兴福寺创办“法界学院[①]”，专宏华严。冬月三十日入寂于杭州西湖玉泉。

释谛闲(1858—1932)，名古虚，号卓三。浙江黄岩朱氏第三子。师九岁入私塾，聪慧异常。不久，父病逝。因家贫而辍学，随舅学医药。一日，有壮者就诊，师素知此人康健，忽以微疾不起，因知人命无常。问舅氏曰：“药能医命乎”？舅氏曰：“药只治病，安能医命！”师大悟，遂有出世之志。年十八，娶妻生子；后妻子相继病逝，慈母亦见背。时师年二十，乃遁入临海县之白云山，就成道和尚剃度出家。不久，其兄追至，逼令还家。又过了两年，其兄亦病逝，遂复入山。二十四岁，受具足戒于天台山国清寺。得戒之后，在寺内参究念佛是谁，精进不息。二十六岁，师至平湖福臻寺，于敏曦老法师座下听讲《法华经》。维那授虚法师请求敏公，让师复讲于小座。敏公不许，坚请再四，才获应允。师就小座，一启口，即滔滔不绝。年二十八，遂升大座讲经；于杭州六通寺，开讲《法华经》。讲毕，即回国清寺掩关。第二年，迹端融祖为上海龙华寺方丈，请师出关相助，任库房事。师在寺，一边供职，一边听瑞芳法师讲《禅林宝训》，大海法师讲《弥陀疏钞》。不久，由融祖授记付法，传持天台教观第四十三世。后辞去库房职事，于各处讲经、闭关参禅。民国元年，主持于宁波观宗寺。寺为宋延庆寺观堂旧址，宋神宗元丰年间，四明尊者五世孙介然法师按照《观无量寿佛经》而建十六观堂，以便修观行，故名“观宗”。自宋迄清，观宗寺兴废靡常。自师出任住持以来，谨遵四明之遗法，以三观为宗，说法为用，改称“观宗讲寺”；又募建大殿、天王殿、念佛堂、禅堂、藏经阁，规模焕然，蔚为东南名刹。民国四年，孙毓筠秉承民国政府之命，于北京设立讲经会，礼请师讲《楞严经》。至是年已五十八岁，始为士大夫宣讲诸经，其教化乃普被南北焉。先是师以振兴佛法，首在造就人才，故就南京僧师范学堂监督之选，招揽青年僧徒。分班讲授，解行并进。后辛亥革命军兴，相机中止。遂就观宗寺设研究社，以竟其志。民国八年(1919)，成立观宗学舍。自任主讲，罗致学僧，授以台宗大小诸部，由是人才蔚起。民国十七年(1928)，改并为弘法研究社，承传不断。民国二十一年(1932)壬辰夏五月，自知尘缘将近，电促弟子宝静回寺，付以法并命为观宗住持，兼弘法研究社主讲。七月初二日上午，唤

---

① 月霞圆寂后，法界学院由应慈继之。民国八年，又由持松继续。常惺、现月、蕙庭等先后任教于此。前后延续达20年之久，造就了许多僧材，实不逊于后起之武昌佛学院。

侍者准备香汤，沐浴更衣，索笔写偈云："我经念佛，净土现前，真实受用，愿各勉旃！"写毕，含笑而逝。师生于戊午年（1858）正月初六日丑时，圆寂于壬申年（1932）七月初二日未时①。世寿七十五，僧腊五十五。是年冬，建塔于慈溪五磊山之旁。

3. 栖霞寺与宗仰

释宗仰（1865—1921），俗姓黄，本名中央，江苏常熟人，清穆宗同治四年（1865）生。幼颖悟绝伦，就读于常熟翁同龢。因之博览群籍，尤长于诗古文辞。二十岁，依常州三峰寺药龛法师出家，法名印楞；受戒于金山江天寺显谛和尚，赐名宗仰；师自称"乌目山僧"。当时，上海犹太商人哈同于静安路修建爱丽园；其夫人罗迦陵笃信佛教，于园中建"频伽精舍"，延请高僧讲经，因慕师之名，特地礼请他主持讲座。后罗迦陵接受宗仰建议，筹资二十万元刊印出著名的《频伽藏》。他在上海之时，目睹时局维艰，慨然有济世之志，常与革命志士章太炎、蔡元培、吴敬恒等人交游。

清德宗光绪二十八年（1902），他联络章太炎、蔡元培、吴敬恒、蒋智田、蒋维乔、黄炎培等人，组织中华教育会，以促进文化教育之改革为目的。他曾接替蔡元培为第二任会长。光绪二十九年（1903），东渡日本，往谒孙中山，二人一见如故。光绪三十四年（1908），返沪，仍住爱丽园主持《频伽藏》之编印。辛亥革命南京光复，赴吴淞欢迎孙中山归国。孙中山曾约宗仰同赴南京，参加民国政府。宗仰婉拒，送走孙中山赴南京后，乃隐居山林，不问世事。1914 年，充任金山江天寺首座。1920 年，宗仰上人主持南京摄山栖霞寺，筚路蓝缕，重振宗风。中山先生首捐银元一万元，以助成其事。为修复殿宇，不辞劳苦，规模略定。1921 年 7 月 22 日，因积劳成疾，圆寂于寮房。世寿五十七，僧腊三十八。弟子惟德等在修缮完殿堂之后建塔纪念，章太炎撰写《栖霞寺印楞禅师塔铭》。1922 年，时任总

① 蒋维乔《天台第四十三代谛闲大师传》、释宝静《谛公老法师年谱》均记载谛闲去世于"壬申年七月初二"。而释东初《中国佛教近代史》、于凌波《中国近现代佛教人物志》分别记作"民国二十一年五月十九日""1932 年 5 月 19 日（国历七月三日）"。按壬申年即民国二十一年（1932），七月初二即西历 8 月 3 日。蒋维乔和释宝静都是谛闲晚年弟子，且宝静在谛闲圆寂之时一直侍在其身边，故其所记谛闲圆寂日期应是可靠的。如果按释东初、于凌波西历 5 月 19 日说，转换成农历应为"四月十四"，而非于氏所说之"国历七月三日"；相反，"国历七月三日"正是"公历 8 月 4 日"，已是谛闲圆寂后的第二天。查释宝静《谛公老法师别传》有"自知不久，函电催促宝静回寺。迨二十一年夏历五月十九日，即将本寺全权付托，命为住持，仍兼宏法研究社主讲"。宝静所记之夏历五月十九日，是谛闲自知身体日衰，将寺院及主讲等事托付宝静之时间。释东初、于凌波误解为当日即是圆寂之时，故而由此记载错误；而于氏所记"七月三日"更是错上加错。

统黎元洪撰联云:“奥旨遐迩,道根永固。辞机旷远,名翼长飞。”1936年,国民党中央委员张继、于右任、戴季陶、吴稚晖、邵元冲、朱家骅、李烈钧、居正等人联名提请国民政府向宗仰颁发褒扬书,其中有言:“如宗仰上人其人者,实为难能可贵。迹其生平,襟怀磊落,德性坚定,闻义必先,避名若浼,实佛门之龙象。”经国民党中央政治会议决议,由政府拨付专用款项,交戴季陶、张继主持修塔立碑之事。

4. 毗卢寺与太虚

释太虚,俗姓吕,乳名淦森,浙江石门人。光绪三十年(1904),太虚大师十六岁,于是年四月初,欲朝普陀而出家。后至苏州,依士达和尚意,剃度于苏州木渎灵岩寺一座小庵中。是年十一月,奘年老和尚陪他至宁波天童寺求戒,八指头陀任得戒师。受戒后的太虚开始不断地学习经教和坐禅,期间结识了圆瑛法师。师后至汶溪西方寺阅藏寮阅藏,于此认识了有新思想之华山,并让他阅读了当时有重要影响的新书,如康有为《大同书》、梁启超《新民说》、章炳麟《告佛弟子书》、谭嗣同《仁学》,以及严复所译《天演论》《五洲各国地图》等书。他读后,陡然激发起了以佛学入世救世的弘愿热心。这次经历使他由“超俗入真”转至“回真向俗”的大道上,也因此与华山深相契好。之后,又结识了革命僧人栖云,深受其革命思想影响,开始阅读《民报》《新民丛报》等革命书刊,使他逐渐有了“中国的佛教亦须经过革命”的思想。

宣统元年(1909)初,太虚至南京入杨仁山创办的“祇洹精舍”就读。但只读了半年,祇洹精舍因经费困难而停办。是年底又返回西方寺阅藏。宣统三年(1911),武昌首义,各省纷纷响应,中华民国成立。太虚由上海至南京,组织成立“佛教协进会”。因接受杨仁山建议,转至镇江金山寺开会。开会当天,由于新旧两派之思想对立,会场上发生了冲突,协进会因而陷入停滞。1912年4月,八指头陀为首,在上海组织“中华佛教总会”,召太虚入上海相助。随后,协进会并入中华佛教总会。1913年3月底,中华佛教总会在上海正式召开成立大会,会议通过太虚任《佛教月报》总编辑的决议,但只出了四期便因故停刊。

1914年8月,太虚入普陀山闭关。1915年10月,他于关中撰写了《整顿僧伽制度论》。1917年春出关,游历了上海、宁波、台湾、日本,于12月下旬返回上海。1918年,得陈元白、蒋作宾、黄葆苍诸人襄助,在上海成立了“觉社”,以出版专著、编辑丛刊、演讲佛学、实地修行为宗旨。其中《觉社丛刊》季刊于1920年2

月改为《海潮音》月刊，这是他推动佛教改革运动、倡导人生佛教之唯一刊物。1922年，武昌佛学院成立。1924年7月，出席在庐山举行之世界佛教联合会，并发起组织成立中华佛教联合会。1925年冬，率中华佛教代表团出席于日本举行的东亚佛教大会。1927年4月，出任南普陀寺住持，兼任闽南佛学院院长。

1928年7月28日，太虚组织中国佛学会，设立筹备处于南京毗卢寺，并召开预备会三日。“初拟称佛教会，以蔡孑民、张静江等，谓此时不便提倡宗教，以设立佛学会为宜。至此，国民政府下，中国佛教始有正式组织雏型。”[①]“会中决议：推观同、惠宗、王一亭为筹备主任；成立‘佛教工作僧众训练班’，远行及唐大圆负责；编《中国佛教》旬刊，由宁达蕴负责。”[②]会议期间，大师发表了《恭告全国僧界文》，向僧界建议先组织佛学会，敦促先行召开佛教徒代表会议。8月1日，太虚大师在南京毗卢寺开讲《佛陀学纲》，历时三天。李烈钧前来参与法会。黄忏华、宁达蕴作记录。“《学纲》虽简单，实集大师思想之综汇。大目为：一、原理——现实主义（法尔如是）；二、动机——平等主义（大慈悲）；三、办法——进化主义（由人生成佛）；四、效果——自由主义（无障碍）。”

太虚旋即和翻译郑太仆、赵寿人游化欧美。在法国时，列名世界佛学苑发起人。1929年4月，由日本返回上海。6月当选中国佛教会常务委员。11月，当选中国佛学会会长。1930年春，讲经于南普陀，应大众之请，连任南普陀住持。9月，成立北平“柏林教理院”，系属于世界佛学苑。1931年4月，以南京佛国寺为世界佛学苑苑址，然而由于长江水患、“九一八”事变等原因，致使世苑建设工作停顿，故决定先局部筹设。在世界佛学苑之名义下，在各地建立分支机构：拟以奉化雪窦寺为禅观林，北平之柏林教理院为中英文系，闽南佛学院为华日文系。但是，真正归属于世界佛学苑系统的只有两个：一为专门研究汉藏文佛学的汉藏教理院；二为由武昌佛学院改建的世界佛学苑图书馆。1937年抗战爆发，8月大师至四川。12月，迁中国佛学会于重庆长安寺。1938年10月，迁《海潮音》杂志至重庆出版。1945年8月，抗战胜利。12月，出任中国佛教整理委员会常务委员。1946年元旦，被授予胜利勋章。4月，返回南京，在镇江焦山设立僧才训练班，为整理佛教训练人才。1947年3月12日，于上海玉佛寺中风旧疾复发。至

---

① 释印顺编著：《太虚法师年谱》，宗教文化出版社，1995年。

② 释印顺编著：《太虚法师年谱》，宗教文化出版社，1995年。

17 日下午一时一刻安详舍报于玉佛寺直指轩。大师世寿五十九,僧腊四十四。

(二)金陵刻经处及其僧伽教育组织

1. 金陵刻经处与杨文会

杨文会(1837—1911),字仁山,安徽石埭人。自幼读书能文,不喜举子之业。其性任侠,熟习驰射击刺之术。生平好读奇书,凡音韵、历算、天文、舆地,以及黄、老等书,无不悉心领会。清穆宗同治五年(1866),文会举家迁至南京定居。他与佛教结下不解之缘,始于早年读《大乘起信论》,连续读了五遍,窥得奥旨。从此之后,遍求佛经。定居南京之后,江南佛教文物因太平天国战乱而遭毁殆尽,到处搜求而不可得。同治五年(1866),他遂发心刻书册藏经,以广流通。他亲创章程,得同道十余人分任劝募,创立金陵刻经处。杨文会筹划刻经之事,白天料理公事,夜间潜心佛学,校勘刻印。与此同时,杨文会之友人郑学川因发愿刊刻经典而出家,自号"刻经僧",在扬州设立江北刻经处,与杨文会之金陵刻经处分工合作,大力襄助杨文会之刻经事业。

光绪十九年(1893)末,因内弟苏少坡从日本回国,以前一直由苏少坡中转的从日本大规模传来经籍的任务基本完成。杨文会热衷于搜罗佛教典籍,但并非漫无目的,刊刻流通也是有所选择的。如他热心搜求佛教散佚经典,特别留心于那些有珍贵史料价值的失传经典书籍。他先是在国内寻访名山古刹,希图能够发现珍本古籍。清德宗光绪八年(1882),杨文会至苏州元墓山香雪海,觅得藏经版。光绪十二年(1886)他出使英国时结识日本人南条文雄,得南条氏襄助,特请其在海外广泛寻求中国失传之古本佛经,收集藏经之外的中国"古德逸书"。后来,他陆续从日本搜得我国隋唐古德逸书,多达三百余种,如《中观疏》《唯识述记》和《因明论疏》等,这对其后来开启近代佛学专门研究因明、唯识二学之风有重大的影响。

杨文会不仅于网罗经典有此种学术的倾向,其对藏经之刊刻,亦有不同凡俗的严格规定。早在金陵刻经处成立之初,他就曾公议刻经条例,规定有三种不刻,"凡有疑伪者不刻,文义浅俗者不刻,乩坛之书不刻"①。这些事情都表明,一方面杨文会对于搜求佛典、刻印佛经事业的严肃认真之态度;另一方面也说明他如此做的目的就是为学人们研究佛学奠定坚实的基础,提供精良的文献材料准

---

① 杨文会:《等不等观杂录》卷六《与郭月楼书》,《杨仁山全集》,黄山书社,2000 年,第 467 页。

备。“在现代佛学界，金陵刻经处的刻本具有较高的史料价值和学术价值，为人所共知，享有海内外声誉，不能不说是杨文会居士苦心经营的结果。”①

杨文会刊刻的单行本藏经，在其手订之《大藏辑要》目录内，共含有二十一种，四百六十部，三千二百二十卷。在他给南条文雄的信中说：“弟募刻全部藏经之举，系与一僧名妙空者同发是愿，至今十有三年，已成二千余卷。”“预计刊完全藏之期，或在十年二十年，尚难悬定。盖中华官宪中，信崇佛教者甚鲜，既不能得官给巨款，只有集腋成裘之法，随募随刊。”②从此信中，我们隐约可以窥见杨文会流通刊刻佛经的苦心。虽然后来杨文会未能全部依计划完成，但其遗志由其弟子欧阳竟无秉承而光大之，在进入民国后，佛教界更有一番辉煌之气象。

杨文会的创办金陵刻经处都是依靠志同道合者的募捐集资而成，正如他在给南条文雄的信中所说，刻经所需之经费是没有任何“官给巨款”的。随着金陵刻经处事业的扩大，因刻经之经费不充足，他决然卖掉从欧洲千辛万苦购回的各种科学仪器以补经费之不足。为进一步发展刻经事业，他在 1897 年将南京城延龄巷的私宅捐献给金陵刻经处，作为永久刊刻流通经典之处；并且为防止后代子孙收回房舍，他又在 1901 年专门为儿孙们立下了一“分家笔据”，其中特别注明：“金陵城中延龄巷屋宇一所，专作刻经处公业，永远作为流通经典之所，三房儿孙均不得认作己产。”

2. 祇洹精舍与杨文会

武延康在《杨仁山居士年谱初稿》中说道：“金陵刻经处作为杨仁山居士一切佛教事业的基础，自从迁入新址后，刻经和讲学便进入到一个崭新的阶段。”③唐宋之后，佛教历经衰变，待到晚清，稍富学识之僧才凋零殆尽。杨文会对此颇为痛心。在他看来，晚清佛教，山门清寂，讲经停废，戒律松弛，僧人平庸；再加宗风颓败，禅僧滥竽，再不复往昔禅林之盛况。他指出：“近世以来，僧徒安于固陋，不学无术，为佛法入支那后第一堕坏之时”④；“佛法传至今时，衰之甚矣，必有人焉

① 赖永海主编：《中国佛教通史》卷十四，江苏人民出版社，2010 年，第 157 页。

② 参见日本《卍续藏经》南条文雄序。

③ 参见武延康、纯一编：《杨仁山居士年谱初稿》（未刊稿），第 34 页。金陵刻经处前后共有三处地址，最先是在玄武湖畔鸡鸣寺旁的北极阁，之后搬至花牌楼，再之后就是在延龄巷，至今犹存。此处“新址”即是指延龄巷。

④ 杨文会：《等不等观杂录》卷一《般若波罗密多会演说一》，《杨仁山全集》，黄山书社，2000 年，第 340 页。

以振兴之。”[1]佛门如此衰败，徒具空壳，从而激起了杨文会从兴办新式学堂、培养僧才着手，作为他振兴佛教事业的重要举措。

清穆宗光绪三十二年(1906)前后，杨文会开始酝酿筹划创办僧学堂。第二年春，与学佛同仁共同商议建立“祇洹精舍”。是年，他作《释氏学堂内班课程》，分专门学与普通学两大类；其中，普通学三年，自第四年起，开始进入专门学，或者两年，或者三五年，不拘于期限，遂学员之意愿学习各宗派之典籍。总须一门通达，方可另学一门，不得急切改换，以致一事无成。他又指出，专门学者，不但要求文义精通，还须观行相应，断惑证真，始免“说食数宝”之讥。他又作《释氏学堂内班课程刍议》，表达了他对僧人不学无术之状况十分痛心，提出应乘此转动之机运，开设释氏学堂，振兴佛教，以杜绝“滥附禅宗，妄谈般若”之弊端。今开学堂仿照小学、中学、大学之例，能令天下僧尼，人人讲求如来教法，与经世之学，互相辉映，岂非国家之盛事乎！

光绪三十四年(1908)，祇洹精舍正式开学。九月，苏曼殊应邀前来担任英文教师。十月，作《祇洹精舍开学记》，文中说道：“建立祇洹精舍于大江之南建业城中，兴遗教也。”精舍之开办，得到了沈曾植、陈散原的支持与帮助，释月霞也为此而募捐，释谛闲出任学监。入学学员有仁山、惠敏、智光、观同等缁素青年十数人，太虚大师则于1909年春入学。后因经费不足，祇洹精舍不到两年即告停办。

宣统二年(1910)四月十八日，南京开设南洋劝业会，杨文会作《南洋劝业会开设佛经流通所启》。十月下旬，杨文会发表《南洋劝业会演说》。之后不久，在金陵刻经处成立了“佛学研究会”，公推杨文会为研究会会长，开启了居士群体研究佛学的新风气。

宣统三年(1911)八月十七日，杨文会于南京去世，享年七十五。他的著作全集由徐文蔚居士汇编，名为《杨仁山居士遗著》，于1919年由金陵刻经处刊印成书，初木刻十册；1923年北京卧佛寺补刻一册，共十一册，二十二卷。

3. 支那内学院与欧阳渐

杨文会去世之后，其弟子宜黄欧阳竟无接续金陵刻经处之事业，继续兴办僧教育以传承乃师之志，最重要之举措即是创办支那内学院。

欧阳渐(1871—1943)，字竟无，江西宜黄人。清穆宗同治十年(1871)十月八

---

[1] 杨文会：《等不等观杂录》卷一《佛学研究会小引》，《杨仁山全集》，黄山书社，2000年，第337页。

日生。自幼苦读，精于制艺。二十岁，考中秀才。旋又入经训书院，从宋卿公学，由曾、胡、程、朱诸家之言，上溯经史百家，兼学天文数学。后因同乡桂伯华之影响，而走上学佛之路。清德宗光绪三十年(1904)，欧阳至南京拜谒杨文会，得其开示，学佛信念益坚定。宣统元年(1909)，再至南京金陵刻经处依止于杨文会，充任校对经书之责，并从文会学习法相唯识之学。宣统三年(1911)八月十七日，杨文会逝世，以刻经处编校之责托付欧阳竟无。第三天，武昌起义爆发，革命军迅速占领了南京城，欧阳在危城之中独守四十天，刻经处之经版赖其得以保全。

1912年，他与李证刚、桂伯华、黎端甫等七人发起组织“佛教会”，欧阳撰写《警告佛子文》，引起了缁素相争。后来，欧阳解散了佛教会，专志于刻印经书、研究佛典，不问世事。1918年，欧阳为振兴佛教、弘传佛法、培养僧才，拟在金陵刻经处设立“支那内学院”，但因经费无着，迁延甚久。为筹措经费，他北至北京，南到云南，劝人募捐。至1921年，因得到熊希龄、蔡元培、梁启超、叶恭绰、沈曾植、陈三立、章太炎、蒯若木、李烈钧等人的赞助支持，支那内学院终于在1922年成立，并向内政部、教育部呈报备案。1923年9月支那内学院开学。首届入学之学生有16人，现可查出的有：韩孟钧、刘定权、谢质诚、蒙尔达、曹天任、黄金文、刘志远、邱仲、李艺、黄通、陈经，及僧人释存厚、释蕙庭、释碧纯等人。教师方面：除欧阳竟无外，有吕澂、王恩洋、邱晞明、聂耦耕等，汤用彤时在南京东南大学任教，也在内学院授过课。初讲法相唯识经论，除住内院之缁素外，当时之社会名流学者亦来听讲，入室执弟子礼，如梁启超、梁漱溟等。支那内学院的组织，院长之下，设立学务、事务、编校流通三处。以办学和编印佛学著述为主要目标。后又设立研究部试学班，学制两年，主要学习法相和唯识要典。1925年，又开办“法相大学特科”，以王恩洋担任主任与教授。1927年，北伐军攻至南京城，北洋军的直鲁联军守南京，守城部队以金陵刻经处作为驻兵之所，内院授课就此停止。内学院自1923年9月开学，至1927年3月停课，前后约三年多的时间，授课时间虽然很短，但与太虚大师创立之武昌佛学院，同在佛教近代史上占据重要地位。内学院学生虽然因故解散，但编校经典与讲学仍继续在进行。1937年，抗日战争全面爆发，南京受到威胁，欧阳率内学院工作人员以及重要经书向后方迁徙。于四川江津成立了“支那内学院蜀院”，继续刻经与讲学。在此期间，先后写出《中庸传》《方便般若读》《五分般若读》《内学院院训释》等书，以顿境渐行之论，分五科次第，立内学院大纲。1943年3月23日，欧阳竟无病逝于支那内学院蜀院，享年七十三。

除以上僧伽教育组织外，另有栖霞佛学院，民国二十五年(1937)开办，设立于南京栖霞寺内。由释大本、释觉民、释智开等人负责。其次，南京还有毗卢佛学院、古林佛学院、金陵佛学院等。因资料不足，无法详述。

五 民国时期南京佛寺的舍利

佛陀般涅槃之后，佛弟子为表达对佛陀之思念，于是将佛陀出生地、成道处、经行处以及住世时所用之器具作为朝礼之对象，而对于佛舍利之尊崇礼敬更是所有佛教徒的首选。在印度，最著名的当是阿育王的礼敬佛舍利；在我国的历史上，最有名的应是唐宪宗的尊崇佛舍利。除了对于佛舍利之礼敬，后来亦开展出对有德行之高僧大德之舍利的崇敬，高僧圆寂之后，往往会经后人建塔以供养其舍利，一般佛教信众对于此亦是争相恭敬。民国时期，南京佛教界如果说有什么重的事件，从一般之佛教信仰层面来说，恐怕即是玄奘顶骨舍利之发现。

1942 年 11 月，侵华日军高森部队在中华门外原大报恩寺遗址三藏殿后建稻荷神社时，发现三藏塔遗址，该塔基距三藏殿水平距离约 30 米。随后交由文物保管委员会研究部研究员谷田阅次发掘，在塔基下约 3.5 米深处，发现一个石椁，测得石椁内围为 59 厘米×78 厘米，深 57 厘米。在石椁内藏有一个石函，围为 51 厘米×51 厘米，高 30 厘米，石函外体左右两边有字，一边为北宋天圣五年(1027)葬志；一边为明洪武十五年(1382)葬志。从石函上镌刻的文字证实，石函中为玄奘法师顶骨无疑。打开石函，发现内里小银箱中有 17 颗玄奘顶骨舍利。玄奘大师之舍利因何会在南京出现？这是一般人会有之疑问。

从史料之记载中可知，玄奘舍利经过了五次迁移、三次安葬的曲折播迁。一、玄奘大师于唐高宗麟德元年(664)二月五日夜半，圆寂于陕西玉华寺，四月十四日葬于浐河东岸的白鹿原。二、唐高宗李治和玄奘大师有师徒情深，每次于大明宫举目即能看到高岗处玄奘之墓碑，睹物思人，不胜伤感。于总章二年(669)敕命迁葬樊川北原，并营建玄奘舍利塔院。在玄奘舍利塔两边，还有他的弟子窥基大师和圆测大师的灵塔相伴。唐肃宗李亨巡游樊川北原，拜谒玄奘法师墓塔之时，遂题塔额“兴教”，塔院遂改名为“兴教寺”。三、唐僖宗广明元年

(880)，黄巢起义军攻陷长安，兴教寺被毁，玄奘遗骨舍利被寺僧携至终南山紫阁寺重新安葬，上建五重舍利塔。四、宋太祖端拱元年(988)，金陵长干寺演化大师可政到终南山紫阁寺朝山礼拜，只见寺院颓圮、塔身斜倾，却意外地发现了玄奘大师之顶骨舍利，他不忍大师遗骸散落，遂背负顶骨舍利，迎请至金陵长干寺供奉。宋仁宗天圣五年(1027)二月五日，演化大师刻石函，记述玄奘大师顶骨转迁金陵之经过，复在寺之东冈建塔安葬大师顶骨。后寺名改为天禧寺。五、元文宗至顺三年(1332)重修舍利塔，天禧寺住持弘教广演大师将玄奘大师之顶骨发掘改葬，并附入金质僧人像一尊，以银质小箱置于套盒内。元末舍利塔又毁于兵火。六、明太祖洪武十九年(1386)，受菩萨戒弟子黄福灯等将玄奘大师顶骨从东冈迁葬至天禧寺之南冈三藏塔中。明成祖永乐十年(1412)，下旨在天禧寺原址建造大报恩寺和琉璃宝塔，并在原玄奘三藏塔墓前增建一座三藏殿。七、清文宗咸丰六年(1856)，大报恩寺南冈的覆钵式玄奘大师顶骨塔以及大报恩寺和琉璃塔均毁于太平天国内讧。清末，李鸿章在大报恩寺遗址建立江南金陵机器制造局，民国时改为为金陵兵工厂。近百年来，又因寺、塔俱毁而湮没无闻。至 1942 年，才偶为侵华日军掘得。

日军在挖掘到玄奘大师顶骨舍利之后，企图封锁消息以便将大师舍利全部偷运至日本国内。次年 2 月 3 日，汪伪《民国日报》首次公开披露玄奘大师顶骨舍利出土之秘闻；9 日《中报》、18 日《中华日报》、19 日《平报》、21 日“中央广播电台”等相继追踪报道，一时间舆论哗然。在舆论的压力下，日方被迫交由中方处理。2 月 23 日上午 10 时，中日双方在玄奘大师顶骨发掘地举行了迎奉舍利典礼，由日方介绍了发掘过程。正午 12 时，在鸡鸣寺山下之文管会(今南京古生物研究所)举行了移交仪式，由日本大使重光葵移交给汪伪外交部长兼文保会委员长褚民谊。所移交之文物共有 10 盒：1. 舍利顶骨一部；2. 金质坐式佛像一座；3. 纳骨小龛以及锟、锡制成的箱三件；4. 石龛一件；5. 黄铜佛器有三件(香炉一件、烛台一件、容器一件)；6. 瓷陶制佛器共五件(花立瓶二件、容器二件、线香立炉一件)；7. 锷形玉饰一件；8. 珠玉以及其他杂品 35 件；9. 古钱共有 322 枚及破片 38 个；10. 供养所用的麦粒一包。这 10 个大大小小的盒子，除盛放大师顶骨舍利的是一个新的锡制方盒外，其余几个都是临时制作的木盒子。[①]

---

① 关于移交之文物内容，具体参考了黄常伦:《历经沧桑的玄奘顶骨》,《江苏地方志》1999 年第 2 期。

其实，在日方将文物移交给汪伪政府时，已经偷偷将顶骨之大部分盗回国内，安置在日本东京的芝增上寺，后来移至岩槻的慈恩寺。20 世纪 50 年代，经台湾当局多番交涉，日本将玄奘舍利之一部分归还台湾，先供奉于新竹市之开善寺，后于日月潭青龙山麓建玄奘寺以供奉大师舍利。留在日本的一部分后来又一分为二，一份在慈恩寺；一份在奈良的药师寺[①]。在南京的部分玄奘舍利分为了五份，一份建塔于小九华山供奉，1944 年 10 月，汪伪政府大张旗鼓地进行了玄奘舍利"奉安典礼"。剩余的部分[②]，一份藏在南京博物院；一份在北京广济寺，"文革"中被毁；一份在天津大悲院；一份在四川净慈寺。南京博物院的一份在解放后移交给了毗卢寺，后在栖霞寺供奉；1973 年移入灵谷寺玄奘法师纪念堂。1998 年，又将灵谷寺供奉的一部分分出一份[③]，由台湾佛教界供奉于新竹玄奘大学。天津大悲院的一份在 1957 年由达赖代表中国政府赠送给印度尼赫鲁政府，供奉于玄奘大师当年求学的那烂陀寺玄奘纪念堂。四川净慈寺的一部分在 1958 年后移入四川文殊院供奉。

附录：2008 年北宋长干寺地宫佛顶骨舍利的发现出世

佛顶骨舍利自明成祖于天禧寺圣感塔旧址上重建大报恩塔之后，一直藏奉于大报恩塔基之下。咸丰年间，佛都金陵寺院被太平天国战乱毁坏殆尽。咸丰六年(1856)，太平天国发生内乱，北王韦昌辉发动"天京事变"。由于担心石达开部队占据制高点向城内发炮，大报恩寺被韦昌辉下令炸毁，仅存一青铜色塔刹(1930 年后失踪)和 8 米高的石碑。所幸的是，当年的感应舍利和佛顶骨舍利一直埋藏在地宫之中。

2004 年，南京市政府开始筹划复建大报恩寺相关事宜。2007 年，大报恩寺

---

① 有记载说，药师寺的舍利在 20 世纪 80 年代又分出一部分归还给西安兴教寺，见俞允尧《玄奘灵骨传奇——日军盗挖玄奘灵骨与汪伪重葬记》(《文史杂志》2001 年第 5 期)；但王能伟《南京大报恩寺玄奘顶骨分藏何处》记载："1986 年，药师寺总管安田映胤带玄奘顶骨到中国西安回故乡巡礼供奉，后又带回药师寺。"(《江苏地方志》2007 年第 4 期)王氏认为，药师寺并非回赠，而是带西安来巡礼，之后又带回日本药师寺。

② 有记载说，广东六榕寺也分得一份，"文革"中被毁。参见张群：《南京九华山玄奘顶骨舍利之谜》，《档案与建设》2006 年第 7 期；凌远：《玄奘顶骨舍利下落之谜》，《炎黄春秋》2001 年第 11 期；黄常伦：《历经沧桑的玄奘顶骨》，《江苏地方志》1999 年第 2 期。

③ 张群《南京九华山玄奘顶骨舍利之谜》："2003 年 11 月，西安大慈恩寺为纪念玄奘大师诞辰 1400 周年，又从南京灵谷寺迎请了玄奘大师的部分顶骨舍利，供奉于专门建造的玄奘三藏院大遍觉堂。"(《档案与建设》2006 年第 7 期)可见，灵谷寺供奉之舍利已经过两次分赠。

遗址公园正式启动前期工作，南京市政府对大报恩寺遗址进行考古发掘。2008年7月考古人员在遗址发现一处地宫并出土一只铁函。根据其上碑文记载，这座地宫为北宋长干寺地宫，距今已有997年，函内珍藏有阿育王塔、佛顶骨舍利等。2008年11月22日下午，铁函开启，鎏金七宝阿育王塔在瘗藏千年之后重现世间。2009年5月，阿育王塔开启塔身，塔内分上下双层安放有两组金棺银椁，佛顶骨舍利供奉其内。2010年6月12日，南京大报恩寺七宝阿育王塔金棺银椁被打开，佛顶真骨盛世重光。

第九章　清代以来江南佛教的寺院经济

关于清代以来江南佛教的发展，除了考察社会文化环境，还有必要进一步从寺院及寺院经济这个维度进行深入考量。任何一项文化事业的发展，都以经济为基础，佛教文化传承悠悠不绝，而寺院经济相对也有继承性。明清江南梵刹林立，即以寺院经济兴盛为基础。明代南京城，“国朝定都，招提重建……共得大寺三，次大寺五，中寺三十二，小寺一百二十，其最小不入志者百余”[①]。一部《金陵梵刹志》，即是明代南京佛教繁荣昌盛的标志。金陵历来是佛教发展的重镇，明清易代后，亦复如是。佛教方志的编撰反映了佛教寺院发展繁盛，而佛教寺院的发展又依赖于当地经济文化因素，因此在寺院经济、佛教文化和相互融合的知识层面等因素影响下，明清时期在南方，尤其在江浙、福建一带盛行佛教方志是自然合理的。

寺院经济是佛教赖以存在和发展的基础。一般而言，清代寺院大都有自己的田产，通过出租给佃农耕种收租来获得稳定的收入，维持自己的生存和发展。因此，寺院经济是封建经济的重要组成部分，寺院上层僧侣也成为封建统治集团的重要成员。清代前期，清政府对寺院的田产等实施了保护措施。但鸦片战争后，随着中国封建社会一步步变成半殖民地半封建社会，清王朝陷入危机四伏的境地，内忧外患不断。为了维持摇摇欲坠的统治，清末统治者采纳了“庙产兴学”的动议和相关政策，社会上遂出现大量侵吞占用寺产的现象，从而使佛教的命运遭遇重大危机和转折。

① 葛寅亮：《金陵梵刹志》凡例。据考证，明代仅南京一地最少就有600余座寺院，其他如杭州、上海、福建等地也是寺院林立，规模庞大。参见何孝荣：《明代南京寺院研究》，中国社会科学出版社，2000年，第145页。

第一节
清代前期佛教寺院经济

一 清代寺院基本情况:寺数及寺田

清朝统治者首次统计各省寺庙和僧众数量是在康熙六年(1667)。康熙朝《大清会典事例》记载:“礼部通计直省敕建大寺庙共六千七十有三,小寺庙共六千四百有九。私建大寺庙共八千四百五十有八,小寺庙共五万八千六百八十有二。僧十有一万二百九十二名,道二万一千二百八十六名,尼八千六百十有五名。共计寺庙七万九千六百二十有二,僧尼道士十有四万一百九十三名。”[①]直省各类寺庙加起来有近八万座,总数不小。需要说明的是,这个寺庙和僧道总数基本上为对汉地寺庙的统计,尚不包括广大蒙藏地区的寺庙。另外,大寺庙中有不少属于前代敕建,其中属于本朝兴建的大、小寺庙数据并未显示。数据表示,寺庙私建的比敕建的多,而小寺庙的总数远远多于大寺庙。

从这个统计中可看到,清政府对汉地寺庙的分类采用了两个基本标准:一是根据它属于敕建还是私建,二是看它的规模大小。有学者指出,这与明代将寺院严格分为禅、讲、教三类,并以此实施不同管理策略的做法有异。其实,根据是否纳入官方祭祀系统,清代寺院可分成官方寺院和非官方寺院,敕建与私建的分别大体上可指谓官方寺院和非官方寺院的划分。官方寺院有以下主要特点:第一,纳入了官方的祭祀系统。官方寺院每逢帝王诞辰以及佛诞、元旦等特定日期都要按照官方定例进行佛事活动。第二,在经济方面,官方寺院要么以一定时间从官方领到一定数量的钱粮财物,来维持寺院的日常开支,如进行佛事活动的需要、僧人的衣食所费等等,要么在寺院的修缮等方面得到官方的经济支助,同时

①《大清会典事例》卷五一〇《礼部·方伎》。也参伊桑阿等纂修:(康熙朝)《大清会典·礼部·祠祭司·僧道(喇嘛附)》卷七十一,《近代中国史料丛刊》三编,第72辑,第720册,台北文海出版社,1992年,第3624—3625页。

还容易得到帝王的赏赐。至于非官方寺院，它们数量更多，没有纳入官方的祭祀系统，主要依靠寺产及信众们的施舍等方式维持生存。

根据与帝王的关系程度，官方寺院可进一步分成皇家寺院和一般性官方寺院。皇家寺院包括北京的故宫，皇家园林中的佛寺、佛楼、经堂，以及兴京、盛京和承德避暑山庄里的佛寺等与清朝帝王关系最密切的寺院。根据佛教传承关系，可分成藏传佛教寺庙和汉传佛教寺院，上述这些皇家寺院大部分属于藏传佛教寺庙。一般性官方寺院往往是京城及地方上的著名古刹。地方官往往以官员身份在这里举行佛事活动，如为皇帝举办万寿道场，举行仪式悬挂清帝赏赐的御书、匾额，祈祷雨雪等。这些活动属于官方性质，公开而合法。一般性官方寺院在寺院的修缮、寺产的扩充等方面往往能得到官方的支持。①

清统治者试图用僧数来确定寺庙的等次。康熙四年(1665)题准，兴京、盛京及京师寺庙僧道均遵旨建设外，其前代敕建寺庙各设僧道十名，私建大寺庙各设僧道八名，次等寺庙各设僧道六名，小寺庙各设僧道四名，最小寺庙各设僧道二名。事实上，官方文献和公牍奏章中除了以敕建、私建来划分寺院外，更多地从规模大小上来识别寺院，往往用丛林寺院来指称那些规模较大的寺院，而规模小的则称为庵或庙等等。清代的寺院经济，与寺院之公私性质和规模有一定联系，往往因其性质、规模及所在不同地区，而形成结构上和来源上等等差异，但拥有田产则是上述寺院的共通点。

清代官书中保存了不少皇家寺院拥有田产、租户并征租赋的记录。例如，雍正三年(1725)定，每年于丰泽园后演耕耤礼，种旱地一亩三分，所种旱稻熟时，碾得细米，供献奉先殿、寿皇殿、恩佑寺、福佑寺、安佑宫五处各一斗，交送尚膳房二斗，余尽交奉先殿，备每月供献之用。淑清院旱地七分三厘，每年委会计司庄头一名种麦；大光明殿旱地四亩二分，每年委会计司庄头一名种瓜，于进鲜之前，交送甜瓜二个，供献慈宁宫佛前。② 乾隆八年(1743)奏准，瀛台、水安寺等处小修工程所需银两，于稻田场地亩银内，动用六百两，存留备用。奉旨：著照所请，动支

---

① 参杨健:《清王朝佛教事务管理》，社会科学文献出版社，2008年，第315—321页。将官方寺院进一步分类的原因在于：清王朝对这两类寺院的管理也有区别。例如，中正殿以及慈宁宫中供皇太后、太妃等人拜佛的经堂等处，僧人均由太监担任，所以称为太监喇嘛、太监和尚。清代帝王对官方寺院的赏赐方式概括而言主要有四种：第一，赐银。第二，赐经、赐字或赐匾。第三，赐佛像或牌位。第四，赐名。

②《大清会典事例》卷一一九四《内务府·园囿》，载周叔迦:《清代佛教史料辑稿》，《周叔迦佛学论著全集》第7册，中华书局，2006年，第3123页。

稻田场款项，不必拘数，岁终即行奏销。这显示皇家寺田除了实物供应皇家寺院所需外，还征收租银以支持寺院建设或其他事项。此外，乾隆三十二年(1967)奏准，圣化寺内外水田三顷四十二亩二分六厘，岁征租银一百九十两九钱四分。又，圣化寺东门外并巴沟村等处水田三顷六十六亩四分三厘，岁征租银二百十九两八钱五分八厘。①

清代皇家寺院又设园户耕种寺田，供寺院所需。康熙五十六年(1717)，永慕寺设苑户十名。乾隆十一年(1746)，阐福寺设园户十名；乾隆十六年(1751)奏准，永安寺设园户十四名；乾隆二十三年(1758)，阐福寺增设园户十六名；乾隆三十五年(1770)，又增设园户十名。在承德等边地寺院，还设置了千总和兵户。乾隆二十三年(1758)议准：普宁寺原设千总一人，委署千总一人，兵二十名外，再增设兵十名，照例给与地亩奉饷。乾隆年间从二十五年(1760)到四十五年(1780)，相继照例给普佑寺、安远庙、普乐寺、普陀宗乘之庙、殊像寺、须弥福寿之庙等，均设置千总兵户，并给与地亩奉饷。②

清代一般寺院，不论大小都普遍置办农业田产。山东府县志中记载了一个并不太著名的乡村寺院，晚明时虽被赐额“弥陀禅寺”，但远近仍以旧名“麻院”称之，屡经兴废而不改其名。麻院之创兴和绵延，即充分说明了寺院与以耕织为本的农业社会的紧密联系。牟庭撰《重修麻院寺记》深刻阐明了两者的关系，他认为，昔人论释氏“不耕而食，不织而衣”，以为病，诚如麻院之遗教，遵循“农而自养”，则“释氏亦何病于农，而何惭于养！”他指出，麻院几经废兴而百世长存，“此其农业浸兴、香火富盛之效也”。兹录其文于下，以供详研。

荆山之麓有古佛寺焉，高据奥区，下属沃野，旧为梵宫之胜，莫记创始之年。至前明正德中，僧圆聪请于朝，得赐额曰弥陀禅寺，而远近称之者，皆仍其旧名曰麻院，不曰弥陀禅寺。至今又四百多年，而旧名终不忘也。……盖麻者九谷之一，而其用独多，炊之可以为饭，绩之可以为布。辟纑古俗俭于桑，衣被今人韧于棉，此诚衣食之源、农业之要，故昔人创为是院而取名于

① 《大清会典事例》卷一一九四《内务府・园囿》，载周叔迦：《清代佛教史料辑稿》，《周叔迦佛学论著全集》第7册，中华书局，2006年，第3124页。
② 《大清会典事例》卷一一九四《内务府・园囿》，载周叔迦：《清代佛教史料辑稿》，《周叔迦佛学论著全集》第7册，中华书局，2006年，第3125页。

麻。所以诒谋其徒者甚远，而赞扬其教者甚长。虽有朝廷锡号之荣，不能夺其成俗曲期口口相传之故名，可谓其量千世者也。

余尝访问僧众，麻院命名之说，皆已不能言之矣。然而观其行事，皆谨厚为丰，俯仰自足。而不恃募化衣粮以为供养，惟以课农，余暇讲习经卷，厚养娱神。途之人望其威仪，皆识为麻院师徒也。故余因是知麻院之遗教，与四民固无异。昔人论释氏'不耕而食，不织而衣'以为病，农而自养也，诚如麻院之遗教，释氏亦何病于农，而何惭于养哉！自正德初至嘉靖末，才六十年，又一修；嘉靖初至国朝顺治中，七十年再修；顺治末至嘉庆，百二十余年三修；嘉庆初至今三十年四修。此其农业浸兴、香火富盛之效也。住持僧兴桂，谦谦不自有其能，而归诸四方檀越布施之功，欲泐名碑阴，无忘善缘，存金布之善意，亦可肖也。麻院旧有田四百五十亩，皆明正德中奉诏开垦者，今住持兴桂添买田九十七亩，此其清修之本，图维百世其保之。①

寺院置办田产，与传统中国农业文明有莫大关系，寺院的农业经济无疑是僧众衣食和佛教慧命延续的根本保障。这里笔者从僧家史传文献中摘录一些寺院田亩较大的实例，并述及其置办田亩之时节缘由和兴废，加以印证。在喻谦撰《新续高僧传》卷第二十六《清衡阳岐山仁瑞寺沙门释无来传附懒放》记曰："距紫云三十里有岐山，壁立万仞，俯瞰湘衡，上有仁瑞寺，为清初懒放禅师开辟。懒放原为明末进士，不肯屈降而出家为僧。与清定南王孔有德有旧，定南王高其节操，檄于此建招提终其隐。寺田千余亩，土豪觊觎之。咸丰间，粤寇起，托称军饷，遂占其业，寺以颓废。"②

卷第四十六《清淮安诞登寺沙门万清传》记曰，己亥岁（康熙五十八年，1719）大歉梢稔之际，因竭余财建大雄殿，及藏楼、禅堂、方丈、厨院，次第落成。更置西庄土田二千余亩。雍正庚戌（1730），传席门人，掩关幽室，精进净修。癸丑（1733）冬，世宗崇奖佛旨，诏赴阙下，与论洞宗，应语响捷。次日，雍正帝复询之曰："传灯录所说，汝宗至太阳警元几绝，得投子义青出而振之。今隆替若何？"万清以被废之故，据实奏之。雍正为之骇异，乃谕之曰："朕为汝重建投子，汝可中

---

① 牟庭：《光绪栖霞县续志》卷十《重修麻院寺记》，《中国地方志集成》山东府县志辑第51册，凤凰出版社，2009年，第64—66页。

② 喻谦：《新续高僧传四集》，载慧皎等：《高僧传合集》，上海古籍出版社，1991年，第862页下。

兴其道，为开山祖乎？”不久，赐紫衣盂杖，恩数优渥，字而不名。明年，万清奉命住持灵谷。乾隆元年，投子庙告成，题额曰慈济。作者于此评论说：“二百年久废祖庭，一日兴复，出于一言，使洞灯再朗，泉石增辉，非有夙因，曷由致此乎！”①

卷第四十七《清金陵鹫峰寺沙门释正真传》记曰，荐绅先生请其住持鹫峰古刹，“至则颓坦坏井，老屋数椽。人所不能堪，而正真处之晏然。未几，檀施日至，百废俱兴，次第建诸殿阁，金涂丹雘，一改昔观。复置良田数百顷。率众礼佛，日有恒课，凡有求请，无不切示。宰官臧获，一视平等。久之，皈依愈众，悉授以持名法门，遐迩缁白蔼然募化。姬传姚太史、淮树章观察，信愿方隆，宏护尤切”。一日，淮树邀正真对榻，唤出其二妾，令受以经。正真曰：“夫受经之法，必须正几中庭，爇香顶礼，而后敬谨授诵，恭严听领。盖法不可慢，心贵自虔。”章观察心悦诚服，“方离榻致礼，而梁坠榻碎，由是畏之。率二妾同禀法戒，后舍二妾为尼，持心净土，颇称精进”。②

卷第五十八《清燕京潭柘岫云寺沙门释圆琳传》记曰，琳“幼依京师龙姥宫受染，长具足于岫云洞。初潜心律学，不避寒暑。屡岁荒旱，食止黍粥，众多苦之，殊难下咽，琳独泊如，始发愿力，增置香租。……兼综内外，四十余年，三易丈席，屡承推举，乃退避不遑。惟用志苦修，殚思建置，殿堂寮舍，百废俱兴。岫云名胜遂甲于畿辅。岁在甲子(1744)，高宗幸临，览秀赏奇，叹为灵境，御赐额联，兼题诗句，宸章灿发，照映泉石，而佛楼道场，严整陈设，钦命琳为总理，其见重如此”。作者于文末评论说：“自有丛林以来，不居丈席，而荷天恩之渥，叠未之前闻。其任院事前后，增广租地二百余顷，虽资出檀施，非盛德感人，何以致此？直督方公、吉林德公，皆为文以纪之。而德公则记重修大悲坛，方公则专记延寿堂增置养赡地者。一时朝贵倾心，圣后眷德，犹以避席为高。视后之争主方丈，骛驰京省，缠讼经年者，可同日语耶？”③

卷第五十八《清维扬智珠寺沙门释性贤传》记曰：“雍正十二年(1734)，宪庙特召文海入都，立坛演戒，贤从襄事，恩赐绛衣，临坛作证。期毕，圆明园引见，奉命内廷参禅，赏赉优渥。高宗御极，拜敕还山。复至宝华。时维扬有吉祥院者，地临河滨，洼隘颙尘，为游氓逼处，日就荒废。郡有檀护汪交、戴南翁辈，请贤驻

---

① 喻谦：《新续高僧传四集》，载慧皎等：《高僧传合集》，上海古籍出版社，1991年，第907页中、下。
② 喻谦：《新续高僧传四集》，载慧皎等：《高僧传合集》，上海古籍出版社，1991年，第911页中。
③ 喻谦：《新续高僧传四集》，载慧皎等：《高僧传合集》，上海古籍出版社，1991年，第938页下—939页上。

锡，至再至三，敦劝无已，乃慨然自任。败壁颓垣，榛莽塞路，贤至为之扫除经纪。殿阁寮庑，依次修建，基址式廓，曾不数载，遂成巨刹。乾隆十六年辛未，圣驾南巡，率众迎候，蒙赐智珠寺额。天章璀璨，炳耀日星，复承恩眷，颁赐内帑。梵宇巍峨，益臻巨丽。于是创造戒坛，并构精蓝五处，增扩斋田四百余亩。资给禀戒禅众，食指数千，寂然无哗。性贤言貌伉朗，风骨森峻，而居心和易，接物以诚。引导后进，有教无类，人多爱而敬之，依依不忍舍去。其自律甚严，恬然澹退，而众心向慕，不言而信。今为智珠鼻祖云。”①

以上数例中寺院广置田亩，皆显示了各自的神通。或者与住持的化缘和感召力有关，或者与本地区的大檀护信施有关，乃至受帝王优渥、宰官庇荫，亦或者与寺院的风景名胜及历史底蕴有关。而且上述寺田也较有代表性，它们均分布于不同地区，仁瑞寺在湘衡，故有“寺田千余亩”，直至太平军兴起后托称军饷占领才废；潭柘岫云寺位处京畿，圆琳住持少年出家就发愿“增置香租”，几十年如一日精进苦修，方能“增广租地二百余顷”；其他三例分别来自江苏地区的淮安、金陵和维扬。诞登寺能在灾年稍稍复元后就兴建殿堂，“更置西庄土田二千余亩”；鹫峰寺“复置良田数百顷”，智珠寺“增扩斋田四百余亩”，皆有宰官士绅信施之背景。

据笔者掌握的材料，不愿置田产的寺院也有两例：其一，如高旻寺了贞，于乾隆三十六年(1771)创修浮图，总督高公夙与贞契，欲以洲田五千亩施寺，了贞辞谢曰：“幸有薄田可共饘粥，不愿益之以滋累。”人问其故，贞曰：“利者，争之府也。往时诸寺院以洲田致讼者，累数十年祸不得息，可无惩乎？且高乌能久居此耶？”其后受田者，果讦讼反复，人以是服其明。②

其二，广东鼎湖山庆云寺住持道丘制订著名的《本院不置田约》，禁止本寺拥有田地。道丘反对寺院置田产的论点是，寺院的存续有赖于居家信徒的持续支持，而不是靠一次性捐赠获得固定的收入。庆云寺的僧侣有责任为虔诚信仰维持高尚的声誉，以鼓励信徒对寺院的持续捐助，而不是受田产的诱惑去做像收租这类世俗的关怀。这样，施主亦能目击他们在具体项目上捐赠的直接结果，而不

① 喻谦：《新续高僧传四集》，载慧皎等：《高僧传合集》，上海古籍出版社，1991年，第938页中。

② 喻谦：《新续高僧传四集》卷第二十五《清扬州高旻寺沙门释际圣传附了贞》。传文另记，该寺南故有漕渠五百丈，后改渠北行，旧渠为渔捕所集，贞遇而悯之，请于官，截渠为放生池，植柳桧培堤，构梵宫其上，以僧守之。见慧皎等：《高僧传合集》，上海古籍出版社，1991年，第860页中。

是观看他们的捐赠消失在匿名的受托田产之中。道丘拒绝置办田地意味着摆脱内部对寺院财产发生争执，也避免和本地地主发生潜在的冲突，其中有些地主还是他们的施主。有研究者认为，明清之际差不多所有寺院都主要依靠田地收入以维持生存，道丘坚持了最严格的同世俗关怀保持距离的原则和理想，的确是非同寻常。[①]

庆云寺住持道丘立不置田产约，尽管一直到19世纪后仍然被遵守着，但这只是一个特例。像高旻寺毕竟还有一些"薄田"赖以维持，只是对某一项大宗田产的捐赠持谨慎态度，说到底是不愿卷入田产纠纷而已。广泛的材料表明清代寺院还是以置办田产为上策的。上述数例广置寺田都是显著的例子，证明当时的寺院除了建筑费用之外，另外一个巨大的开支就是购买田地以获得一项稳定的收入。尽管有道丘住持在庆云寺不置田产所树立的榜样，但产生收入的田地是大多数寺院的经济活力所必不可少的。万历年间的大学士沈一贯注意到，从来没有一所寺院能够吸引众多的僧侣而不先聚集大量土地的。一位福建地方志的作者以同样的口气说，"吾闻之有寺鲜无田以能悠久也"[②]。

田产是清代寺院经济的一项可靠的来源。从历史角度考察，清朝前期，清政府对寺产采取保护性措施，首先明确规定寺田免交租赋的权利。《清朝通典》记载了官田之制，其中寺观田地与文庙、学校、祠墓等田被列为公地，"均为公田，除其租赋""免其征科"。[③] 因此，了解清代寺院获得田地和经营田产的过程，分析施主捐赠斋田的动机及其相应的保护机制，将有助于洞察清代寺院经济的全貌和实质。

二 | 江南寺院田产与斋田捐赠

寺院接受田地布施，租给佃户耕种，获得维持之生资，自始即是中国历史环境中普遍流行的一种佛教寺院经济模式。寺田除了皇帝赐田，大多是接受善信

① 参卜正民：《为权力祈祷：佛教与晚明中国士绅社会的形成》，张华译，江苏人民出版社，2005年，第145页。

②《招宝山志》(1847)卷二；《太姥山志》(1889)卷二。

③ 参周叔迦：《清代佛教史料辑稿》，《周叔迦佛学论著全集》第7册，中华书局，2006年，第3170页。"凡耕田及在京坛，直省社稷、山川、厉坛、祠墓、寺观、文庙、学校等田，太仆寺牧厂及在官地，均为公田，除其租赋。"(《皇朝通典》卷三，第4页。)"凡在京坛壝等处、在官地亩不纳粮，其直省社稷、山川、厉坛、祠墓、寺观、祭田亦为公地，免其征科。祠墓、寺观、祭田亦有纳粮者，与民田同，兹不备载。"(《皇朝通考》卷十二。)

徒布施田地作为斋田。虽然寺院规模不同,维持生计的经济形式差异也比较大,但置办斋田成为清代寺院经济最为重要的方式。有研究者认为,明清之际捐赠田地给寺院的多为士绅,有时虽可见到地方官僚的名字出现在功德碑上,但是他们的角色多半是监督者或担保人,而不是捐赠人。[①] 寺院捐赠田地的功德碑上往往也出现僧人的名字,但他们通常是挂名,更多的情形可能是通过募集资金来买捐土地。杭州一部寺志说,"或施自缙绅,或集从缁侣"[②]。

无论如何,寺院功德碑及募田缘疏可以反映寺田捐赠的情况。功德碑记载了捐赠田地的施主姓名和捐赠田亩数,从中我们不仅可知道是谁对寺院作了捐赠,还可以分析寺院的社会关系网络。募田缘疏及其他类似文书,则着重说明捐赠田地的宗教性、社会性或文化性缘由。募田疏一般请当地有社会影响力的著名人士撰写,并有特定的预设对象;也有一些募田疏是以住持名义发布或为住持亲自操刀的。以下我们提供两份清代江南寺院募田缘疏的样例加以研究。

(一) 募田缘疏

汉月法藏创兴常熟三峰禅寺,徒侣日众。其徒雪崖,来与大居士文震孟商量,欲以所积檀资置办饭僧田。文震孟欣然作募田缘疏,劝诸长者布施,成就无量功德,疏言"此田无尽,愿力无尽,功德无尽"云云。《三峰寺志》卷十存有文震孟撰《募置三峰常住斋田缘疏》曰:

> 有僧汉月建构精进幢于三峰寺,与其徒侣餐风宿火,究竟大事,勇猛奋迅,于今无比。晨昏一切取给檀众,忽自念言:岁月靡穷,布施有尽。自来乞食于檀越门,或嫌频屑,或生厌倦,从前善因,顿起烦恼,受者施者,两无福益。今有久远无漏妙法,以诸所施买田一区,永供常住十方僧众。其徒雪崖与居士震孟商量,居士闻言合掌赞叹:善哉,大德成就希有,愿诸长者作欢喜想,成无量果。从日至月,从月至岁,从岁至劫,此田无尽,愿力无尽,功德无尽。于一时顷,假阿那含及阿罗汉化身菩萨,福量无边,更不可说,是不诳语,长者谛听。[③]

---

① 黄六鸿:《福惠全书》,广陵书社,2018年。

②《理安寺志》(1762)卷四。

③《常熟三峰清凉寺志》卷十《艺文·疏》。

灵岩山寺宏储继起，号退翁，其在顺治十六年（己亥，1659年）作募田疏曰：

我迦文始祖唱道竺国，日乞食以资慧命，比丘不得手自作食，自磨自舂。一使檀那成就波罗密门，一以西天风俗应如是故。二十八传，圆觉大师得来真丹，度大乘根器，络绎八传，尚寄居律寺。我三十四世祖百丈大智禅师，开创禅林，更新制度，禅徒相从，栽田博饭，自食其力，一以此方时节因缘应如是故。所以唐宋盛时，禅刹皆有钦赐田亩。此圣人仰体佛心，财成僧行也。隆（庆）、万（历）以来，禅宗式微，两宫钦崇特挚。然慕鲜华者，潜入败群。所至丛林，外充内瘠。先师三峰和尚忧之，尝作募田疏，命山僧走江淮，正告海内。翕然信从，遂成玄墓僧田，至今受其福利。山僧自丙子（明崇祯九年，1636）住祥符，及天台、能仁、国清、兴化、瑞岩、慧明诸刹，皆勤督僧徒力田。上遵有祖之遗风，下绝禅徒之弛骛。拮据灵岩，十年土木。架高养闲，先哲所耻；法食交易，失我本怀。嚼檗含荼，苦心谁喻？迩来信施艰难，山空日永，饘粥不继。一日钵盂两度湿，殆作奇特商量。

灵岩退翁和尚从历史和风俗的角度阐明了募田斋僧的必要，声言其历居诸名刹，皆勤督僧徒力田，自食其力。“上遵有祖之遗风，下绝禅徒之弛骛”，既不愿“架高养闲”，为先哲所耻；又不愿“法食交易，失我本怀”。

据《灵岩山志》卷四记载，清陶文式居士等积累檀资，置常住饭僧田。其后有《释书致灵岩饭僧田记》引用了退翁老和尚己亥所作募田疏，并曰：

越二十五年甲子（康熙二十三年，1684），余领众乞食阊门，会来誉陈君，出老和尚手墨于怀，告余曰：‘某怀此久矣，有志未酬，今将走燕都，涉晋鄙，没马红尘中，当以此为第一义。幸和尚书数行，证明此心。’又两寒暑矣，杳无音号，甚矣，最上缘之不易就也。客春佛诞，老和尚昔年皈戒弟子陶文式等诸君子，随喜戒场，同时发弘誓愿，殚财施而求法喜，借慧业而滋福田。日累二分之积，岁可得二百金。随得随置，置田取其上、中，不及隆洼，遗害后世。矢心以三百六十亩为满愿，乐施有人，多多益善。逮今期月之间，已办四分之一，陆续加勉，成就可期。一篑之功，进惟吾往，果因不昧，福德无穷。至于善守三宝物，莫无度用，是在后住此山之百执事，以此美利利天下。所期不孤，发此胜心诸君子云尔。①

（二）寺田功德碑及饭僧田碑记

常州天宁寺志中保存了两块功德碑，一是天宁寺念佛堂、安乐堂功德芳名碑，二是四众捐助饭僧田功德芳名碑。② 前碑是乾隆壬申（十七年，1752）间释实彻大晓立的；后碑则没有立碑人署名和时间，但大致可确定也是实彻住持天宁寺时所立。兹列表将此二碑录之于下：

表 9.1 天宁寺念佛堂、安乐堂功德芳名碑表

地区	捐助人	捐田亩数
	道源和尚捐	5亩
浙江绍兴府萧山县断云崖	就岸和尚领众姓捐	5亩
象王墩	念修大师捐	10亩
庐州府合肥县天福庵	觉岸和尚捐	2亩
	宗涛大师捐	2亩
	修成大师捐	10亩
	性善大师捐	8亩
	可心大师捐	1亩
	天霞师捐	1亩
	宗慧善人捐	2亩
	朗明师捐	6亩
	明贤师捐	4亩
	天一师捐	2亩
	沈正乾同室上官氏男茂生茂玉捐	3亩5分
	黄嘉祥捐	2亩
	松林师捐	1亩
	庄广德捐	2亩
	闵广仁捐	1亩
	普修捐	7亩
	普福捐	3亩
	普性捐	2亩

①《苏州灵岩山志》卷四《檀越·财施（二）》，苏州灵岩山寺，1994年，第109—110页。
② 濮一乘编著：《武进天宁寺志》卷十《文告》，中华大典编印会，1973年，第5—8页。

续表

地区	捐助人	捐田亩数
	张广福捐	4亩
	过普德捐	1亩
	潘广智捐	2亩
	潘广修捐	2亩
	广寿捐	2亩
	杨佛慧捐	1亩
	徐王氏捐	1亩
	徐杨氏捐	1亩
	蒋袁氏捐	1亩
	宋福海捐	2亩
	吴云涛捐	1亩
	广福捐	2亩
	吉善捐	2亩
	李薛氏捐	2亩
	孙冯氏捐	1亩
	普善捐	3亩
	广源捐	2亩
	刘瑞祥捐	2亩
	徐赵氏捐	1亩
	陈强氏捐	1亩
	清修师捐	2亩
	杨永太捐	1亩2分
	严马氏捐	3亩
	体如师捐	2亩
	自余师捐	5亩
	了禅师捐	3亩5分,又2亩8分
	东传师捐	5亩
	达因居士捐	24亩
	方辉师捐	5亩
	曹寅发捐	3亩
	何达道捐	5亩
		总计165亩

资料来源:濮一乘编著《武进天宁寺志》。

| 表 9.2 天宁寺四众捐助饭僧田功德芳名碑表 |

捐助人	字号田和永业田	捐田亩数
蒋府杨太夫人捐		3 亩
有成师捐		8 亩
吴丕显捐		2 亩
亨如师捐		21 亩
超尘师捐		3 亩
周士芳仝室邵氏捐		5 亩
盘松师捐	弗字号田	6 亩
真修大师捐		100 亩
正广学师捐		3 亩
九如师捐		2 亩
正宝如师捐		2 亩 5 分
薛文宗捐		10 亩
明贤师捐		4 亩
文旭师捐		17 亩 7 分
定明师捐		5 亩
松云师捐		3 亩,又 2 亩
道源和尚捐		7 亩 5 分
明见师捐		5 亩
道明师、广聚师共捐		8 亩 5 分
性如师捐		2 亩
性空师捐		3 亩
智真师捐		2 亩
常公良捐		2 亩
天然师捐		5 亩
见顺师捐		3 亩
定安师捐		10 亩 3 分
张达正捐		4 亩
却尘师捐		4 亩
频伽师捐		3 亩
	古遗永业田	630 亩
	增捐永业田	163 亩
	又增捐永业田	118 亩 5 分
李悟福捐		11 亩 1 分

续表

捐助人	字号田和永业田	捐田亩数
潘达庵捐		11 亩 8 分
玉峰和尚捐		10 亩
净安师捐		3 亩
慧广师捐		3 亩
太平山义云大师捐		6 亩
洪道师捐		10 亩
尼净修捐		2 亩
		总计 1 224.9 亩

资料来源：濮一乘编著《武进天宁寺志》。

天宁寺乃唐季创建，蔚为名刹，屡遭兵劫，几废几兴。崇祯四年辛未(1631)，郡守程九万念该寺系郡中首刹，特给帖，永免一应杂差泛役；邑绅暨僧众等，共置饭僧田五百二十亩，以供往来行脚资粮。布政司又允郡守所请，另立僧户，附入通江区册，邑人许之渐有记(已佚)。乾隆九年甲子(1744)，住持际圆接席，念天宁寺为古名刹，衰堕已甚，自顾力薄，商之各院。因于乾隆十五年庚午(1750)，公延金山江天寺方丈实彻来主法席，而自己退为都监，偕监院际明共襄实彻。历十余年，百废俱举。于是山门、天王殿、大雄宝殿、罗汉堂、大悲楼、九莲阁等，皆一律重新。又建御书楼十五楹及安乐堂、念佛堂，更增置饭僧田一千余亩。邑人钱人麟有记。乾隆十六年辛未(1751)，高宗南巡临幸，颁赐各件，又赐方丈"银牌荷包"。乾隆二十三年午寅(1758)，再幸，赐方丈实彻紫衣。乾隆二十七年壬午(1762)，三幸，值大雄宝殿工竣，颁赐"龙城象教"匾额及楹联。①

阳湖钱人麟在《重修天宁寺记》中揭示了本寺中兴之因缘。内中述说："乾隆甲子德弘禅师初转法轮，明年敦请磬山宗大晓和尚瓶钵莅止。大公(实彻大晓)主持法席，提唱宗风；德公(际圆德洪)专职院事，佐以扶助禅师。一时善信檀那，响臻影辏，辇金输粟，捐材助工。虽非无因至前，竟若不招而集。盖由诚心积行，恍有神者相之。"二公紧密合作，十余年间，百废俱举，所糜金钱以巨万计。念佛堂、安乐堂乃于乾隆壬申(十七年，1752)建造，念佛堂之建设是为了使"年高力疲者一意勤修"，安乐堂则可使"病苦癃残者得所安居"。实彻大晓住持规定在此二

① 濮一乘编著：《武进天宁寺志》卷一《建置》，中华大典编印会，1973 年，第 3—4 页。

堂勤修安居者都可得单银一两二钱，岁分四月十五、十月十五两期分发。钱氏于此评论说：

……又增置膳田一百六十亩，通旧存共八百二十七亩有奇。僧徒日盛，礼诵益虔，不缺于供，自非德公愿力显大神通，何以能视昔增华，自他有耀若此！我皇上（乾隆帝）省方观民，两幸兹寺，（实彻）大公亲承圣训，获赐紫衣。示寂以后，（际圆）德公遂领袖尊宿……吾郡宰官居士念德公，事若中兴，势同创业，缅功德之无量，冀护持之有永。爰铨端末，俾勒贞珉。庶几守而弗坠，无忘佛力之弘，抑将恢而弥炽，永沐圣朝之泽，是在后之嗣教者矣。大公名实彻，太仓州人，俗姓陈氏。德公名际圆，无锡安阳山人，俗姓杨氏。因闻诵法华契悟，年三十三薙染于本寺了尘禅师，受记莂于大公。今世寿七十有一，僧腊三十有八。①

武进刘纶作《天宁寺饭僧田碑记》曰："同父之子辈不过三五人，资不过千百金，传不过一再世，每每擢指而析，麾手而散，不可以假延。而竺法裔萃秦越，殊方春属，割腴捐瘠，建食众之利，开给孤之园，驯至月羡岁赢，长寿弗替，虽古博陵李氏、平阳张氏、安德陈氏，莫之于挈者，何哉？积之有本末，而持之有节之故也。"这里作者点出了寺院积财有道、绵延不替而远超世俗之缘因。作者接着写道：

天宁寺代远浸废，住持际圆矢大愿力，一葺而新之。会鼓城导师际注来主大席，督住子修戒律唯谨。寺故有田五百亩，今增倍之，通计凡一千亩。师及僧合十来告曰：寺之产殷，其折而散也。请首疏永业田若干，次疏典业田若干，遇操券理赎者，即依数别置，如额无者，主席、住持均执其咎。吾向者日戒诸僧，无私炊，无私财……众执事俾务刻苦，节缩锱铢，规益尺寸，历年于兹，其积之艰也如此。吾比者日诫诸僧一饭竟，会大雄殿呗诵佛号无算，坐起膜拜无算，绕楹翔步，潮音应节严鼓，浃二时讫，则入室上禅堂，从容参白业所以，为国祝厘，为民祈福，其早夜敬持之，无以逸，厥居也又如此。

① 濮一乘编著：《武进天宁寺志》卷六《艺文》，中华大典编印会，1973年，第10—12页。

> 抑吾闻之北郭有象墩僧者，以不率清规为世訾。前知府事当阳宋公楚望，录其产给龙城书院膏火。吾天宁旦旦引为蓍鉴，庶其永而鸠吾业乎！予曰：夫予之记不能更有进已，彼家之产，独不犹寺之产乎？遂书之，为寺僧劝，且重为有家者劝。[①]

刘纶碑记把寺产与家产并论，谆谆告诫佛子守清规、苦修行、知恩报恩等道理，语重心长。

三 江南寺院对斋僧田的经管

实彻方丈劝善信捐斋田，建安乐堂、念佛堂，并选有德者经管办理田亩，岁取租子供给，还一年两次发给安居勤修者单银。天宁寺志中收有实彻作的《建立安乐堂念佛堂关房记》可供详研，记曰：

> 盖闻福田有种，恤患为先；幻海无涯，结缘宜广。善由以造，事在人为。山僧昔年参学，每见诸方贫病老苦之人，或饥渴频仍，茶汤不继；或病患辗转，药饵全无；或污秽狼藉，莫此蠲除；或孤苦凄凉，孰为省视，伤心惨目，不可胜言。尝闻古德开创丛林，本因老病而设。近来人不古若，又或力与愿违。修行道德，置若罔闻；疾苦颠连，视同隔膜。虚受檀那供养，辜负佛祖婆心。但图一己便安，不顾三生因果。山僧因斯立愿，倘有开堂驻锡之日，必建安乐堂，俾病苦癃残者随时医治；并设念佛堂，俾年高力倦者一意勤修。更立关房，俾决志上乘者，专心参悟。前历住数刹，皆如其愿。至尔天宁，告诸执事，备述前因，都监德洪，监院天成、扶功等，无不欣从。同心经理，开建三堂。劝诸善信，捐助斋田。选有德者经营办理，岁收租子，供给三处茶汤药饵、炒米香灯并延医调理之费。又给念佛堂中诸师及耆者，逐年每位单银一两二钱，逢四月十五按期给付。立定规条，不得紊乱。只虑年深果昧，日久弊生，故勒石永垂，使共知遵守。倘后有不能似山僧并今执事之实心经

① 濮一乘编著：《武进天宁寺志》卷六《艺文》，中华大典编印会，1973年，第12—13页。

理，有负施主良因、背山僧素愿者，祈龙天鉴察，生则必遭法网，死则必堕泥犁。并祈别选有德者承当，务使福缘远庆、道果长馨，庄严海中，功德莫大矣。①

天宁寺志中还存有一篇《乔刘夫人施田说》，从施主的角度说明了置田养僧之功德。该文记曰，山西徐沟人乔鹤侪中丞，先为常镇观察，关心民生，民怀其惠。其配刘夫人勤修梵行，为缁素所敬仰。乔公后擢升安徽巡抚，又调任秦中，以病告归，侨寓海陵。同治己巳（1869）仲冬，乔公受妻临终遗嘱，捐舍其毕生节衣缩食之积蓄，给天宁寺买田斋僧。乔公寓书曰："余妻告终矣。临逝之际，神明不乱，谓余曰：'我节盐米之余，积有千金，将以备凶荒之赈贷。今请施于常州天宁寺，俾置田以养众，庶副我志。'今不拂其意，以其资送寺，请置田焉。"

天宁寺僧衲如中丞公所言，以此净财，尽买毗陵田，用助斋僧饭食。作者于文末曰："窃叹刘夫人不以生死介怀，而以利济为念。中丞公不负夫人所托，无靳惜之心，皆可谓难能矣。爰记之石，以告诸大檀越，必同生欢喜心也。"②该文提示了外地檀信捐献金给天宁寺以买本地田供养僧众的办法，同时也说明施主置斋田养僧众的做法直至同治年间仍在进行。

① 濮一乘编著：《武进天宁寺志》卷六《艺文》，中华大典编印会，1973年，第31—32页。
② 濮一乘编著：《武进天宁寺志》卷六《艺文》，中华大典编印会，1973年，第32—33页。

第二节
江南山林寺院斋田和山地捐赠实例

清代江南有些地处山林的寺院，不仅置办田亩供养僧众，还购买大量山地，或建殿舍以安僧住，或增收入再买斋田。光绪年间重修的常熟三峰寺志提供了从晚明到晚清该寺拥有田亩山场的长时段记录。该寺志专门列有“寺产”这一部分，并且将田亩和山地及捐施姓氏分列，记载颇详。[①] 旧志寺产自明天启元年辛酉(1621)至清道光十二年壬辰(1832)止，田亩只载坐落某处；重修寺志对道光壬辰之后直至光绪十三年(1887)为止的续增寺产做了补充，“均照常住开单补入，未注都图亦依据官册补注”。由此可见，三峰寺田产捐赠持续了二百六十多年之久。兹将三峰寺志田产和山地捐赠表列于后，以供研究。

| 表 9.3 三峰寺田产捐赠一览表(明天启元年—清光绪十三年) |

时间	本寺及施主	自买或捐赠	字号田和山场	亩数	坐落
明天启元年(1621)	本寺	自买	重号田	3亩5分	上庄,45都76图
	本寺	又自买	重号田	4亩	
二年(1622)	本寺	自买	重芥两号田	12亩	同上
崇祯十三年(1640)	本寺	自买	阴号田	16亩	昭文寨角清水三场,25都,18下图
	本寺	又自买	羽号田	12亩5分	上庄,77图
顺治五年(1648)	陆尊礼	捐舍	西及等号圩田	360亩	昭文景巷东三场,25都,25图
七年(1650)	本寺	自买	出号田	2亩5分	小山头南一场,1都4图
九年(1652)	本寺	自买	重芥姜三号田	19亩5分	上庄
九年(1652)	僧敏和	买捐	饱号田	11亩5分	常熟竹塘泾内锦字桥沈巷丰四场,22都,10图81图
十年(1653)	王子澈	捐舍	诚所等号田	32亩	濮湖桥丰二场,42都,1图2图
	本寺	又自买	重号田	5亩2分	上庄
十一年(1654)	本寺	自买	姜号田	6亩	上庄

①《常熟三峰清凉寺志》卷三《寺产》。

续表

时间	本寺及施主	自买或捐赠	字号田和山场	亩数	坐落
十二年(1655)	本寺	自买	芥李两号田	11 亩 5 分	上庄
	王华所	捐舍	仪号田	19 亩 2 分 5 厘	昭文薛沟，28 都 15 图
十三年(1656)	本寺	自买	光号田	30 亩	上庄河北
		又自买	西及号圩田	4 亩	景巷
		又自买	西及号屋基与田	屋基 1 分，田 1 亩 6 分	景巷
		又自买	光号田	5 亩 6 分	上庄
	赵景之代故尼广沂	捐舍	烂甲圩田	33 亩 5 分	任阳，42 都
十六年(1659)	本寺	自买	西及圩田	1 亩 2 分	即景巷梅庄庵基
	僧仰慈	买捐	致雨两号田	10 亩	中园
	僧净光	买捐	西农号田	3 亩 6 分	练塘，46 都 9 图
	又净光	买捐	西农号田	2 亩 8 分	同上
十八年(1661)	本寺	自买	光号田	3 亩 3 分	上庄
康熙四年(1665)	僧天则	买捐	致号田	3 亩 3 分	中园
十年(1671)	比丘尼圆明	捐舍	帐旁等号田	15 亩 2 分	昭文扈城村东四场，44 都 1 图
十四年(1675)	本寺	自买	禄号田	3 亩	茅塘桥，44 都 6 图
十五年(1676)	本寺	自买	咸号田	3 亩	上庄河北
	上庄	僧智光	买捐	光号田	5 亩 3 分
十六年(1677)	黄怡亲	捐舍	制号田	8 亩 7 分	大东门外北三里桥东四场，45 都 24 图
	本寺	自买	高克两号田	6 亩 1 分 3 厘	丰三场，45 都 8 图
十七年(1678)	僧履古	买捐	光号田	13 亩	上庄
	僧庐还	买捐	致号田	3 亩 6 分	中园
二十一年(1682)	僧六雪	买捐	既号田	10 亩	徐尚书坟前后，45 都 4 图。
	朱五聚	捐舍	面邙两号田	60 亩	昭文东徐市文泾，28 都 16 图
二十六年(1687)	僧自修	买捐	载号田	1 亩 5 分	练塘。46 都 9 图
		自买	西农号田	5 亩	同前
二十八年(1689)	僧悟西	买捐	果珍两号田	4 亩 2 分 5 厘	上庄
	本寺	自买	宙号田	15 亩	昭文鹿河蔡湾东一场，33 都 8 图
三十三年(1694)	僧自修	买捐	西岫号田	5 亩	练塘，9 图

续表

时间	本寺及施主	自买或捐赠	字号田和山场	亩数	坐落
三十五年(1696)	僧自能、迩善、六雪	同舍	宙号田	14亩	鹿河,8图
三十六年(1697)	比丘尼妙宗	捐舍	观号田	10亩	五渠西毛浜东三场,44都31图
三十七年(1698)	本寺	自买	户号地基	1亩	45都7图
		又自买	所号田	1亩6分7厘	濮湖桥,2图
四十六年(1707)	宗幼连	捐舍	身号田	27亩7分3厘	黄泾底南二场,44都31图
	僧云上	捐舍	西及等光号田	51亩	景巷及上庄等处
四十七年(1708)	僧涧石	捐舍	育号田	5亩1分	昭文沈六桥东三场,44都7图
五十五年(1716)	比丘尼道香	捐舍	学号田	6亩	昭泾岸丰二场,44都4图
	于张氏同女	捐舍	南罪号田	12亩	昭文乌盆圩东三场,25都7图
五十七年(1718)	蒋制府雨亭	捐舍	不等号田	360亩	此田肥瘠不等
	潘企岳	捐舍	引领两号田	21亩5分	龙车塘梢南二场,6都6图
	本寺	自买	领号基地	2亩4分	
五十八年(1719)	僧世灯	捐舍	水火两号田	6亩	顶山77图
	翁羽仙	捐舍	水号田	100亩(实田95亩9分)	昭文支塘南马庄圩南二场,43都1图
五十九年(1720)	本寺	自买	光号田	1亩7分	上庄
乾隆元年(1736)	赵尊五	捐舍	是君阴竞四号田	100亩(原缺6亩,实田94亩)	倪家桥、萧家桥等处,丰三场,43都14—16图
二年(1737)	本寺	自买	西及圩田	3亩5分	景巷
七年(1742)	潘子安	捐舍	不等号田	100亩	景巷五渠东湖南等处
九年(1744)	卫刘氏同男宾穆	捐舍	称宿贞缘地等号田	41亩2分6厘(原缺称宿号田3分9厘5毫,其余贞缘等号田常荒,岁收尚不足完赋)	七星桥洞港泾大湖田等处
十年(1745)	张谢氏同男静谷	捐舍	号巨珠三号田	20亩	藤溪4图
	张东岩	捐舍	染诗丝三号田	21亩3分3厘	李市东四场,42都35下图

续表

时间	本寺及施主	自买或捐赠	字号田和山场	亩数	坐落
十二年(1747)	本寺	自买	露致雨等号田	2亩5分	头山门
		又自买	山门路旁田	8分	
二十九年(1764)	吴宗茂	捐舍	牧赤蓢碣城用军等号田	50亩	昭文西周市东四场,29都3图,30都西2图
嘉庆十年(1805)	树德堂翁	捐舍	甲启制三号田	10亩7分7厘	是田低瘠无收,售卖,净钱入常住
十五年(1810)	刘春曦兄弟	同舍	岂寸两号田	7亩6分8厘5毫	湖头村丰三场,43都14图
道光三年(1823)	汤坤扬	捐舍	转号田	32亩6分	洞塘灞南三场,22都
九年(1829)	俞廷楣	捐舍	伊尹宅三号田	21亩1分	上斜桥丰二场,46都2图
十二年(1832)	包雪园	捐舍	陈表圩等田	53亩3分5厘	内33亩为包氏修葺坟茔祭扫之需,官为给示,勒碑在寺
十五年(1835)	住持憩林	买捐	西二号田	11亩2分	后五渠东四场,45都南1图
十六年(1836)	憩林	买捐	上宙号田	24亩9分5厘	鹿河8图
	憩林	又买捐	列号田	16亩4分	鹿河东一场,33都1图
十七年(1837)	憩林	买捐	封号田	2亩5分	那明庵丰三场,45都8图
	顾耀庭	捐舍	亲号田	8亩	高泾湾丰三场,24都1图
十八年(1838)	僧沛然	捐舍	封号田	5亩	那明庵8图
十九年(1839)	住持觉海	买捐	谷号田	3亩	那明庵6图
	那明庵6图	觉海	又买捐	辇号田	3亩
二十六年(1846)	觉海	买捐	英号田	4亩8分	上庄东首王子坟头丰三场,45都4下图
同治八年(1869)	张刘氏	捐舍	亡愿被体等号田	20亩2分	黄泥桥南四场,47都1图,49都2—3图
光绪二年(1876)	张净性	捐舍	人鸟许赞官等号田	20亩2分1厘3毫	金童庙桥丰三场,45都23图24图
十三年(1887)	三皈清净戒奉佛弟子同志	捐舍	颦淑等号田	20亩1分8厘	木排库南四场,48都3图18图
以上斋田核见实数,通共1876亩5厘3毫正					

资料来源:光绪重修《常熟三峰清凉寺志》。

| 表 9.4 三峰寺山地捐赠一览表(明万历四十一年—清同治十二年) |

时间	本寺及施主	自买或捐赠	山地	亩数
明万历四十一年(1613)	包涵虚同祝明贤、沈仰溪、夏升宇、顾自谦等	捐资买	赵良所三峰屋基及左右场(有议单舍入寺中)	
天启二年(1622)	善信王	捐资买舍	袁养濂庵前山地	
	本寺	自买	袁公瑕蒋家山地	
三年(1623)	本寺	自买	归漪澜山地	
	本寺	又自买	山地(照孙志补入)	
	顾仲恭	舍	山地补入	
四年(1624)	本寺	自买	山地补入	
五年(1625)	本寺	自买	袁公瑕山地	
六年(1626)	本寺	自买	山地补入	
七年(1627)	本寺	自买	山地补入	
崇祯元年(1628)	本寺	自买	袁仲玉顶山山地	
	本寺	又自买	山地补入	
	本寺	又自买	山地补入	
四年(1631)	本寺	自买	山地补入	
七年(1634)	本寺	自买	陆哉生山地	
十六年(1643)	本寺	自买(价内汪宁永助银 20 两)	查心液四墩子山地	
	本寺	又自买	萧亮甫山地	
	本寺	又自买	山地补入	
顺治元年(1644)	本寺	自买	吴恒可乌目涧山地	
四年(1647)	僧光聚	买捐	萧亮甫山地	
	本寺	自买	山地补入	
	本寺	又自买	山地补入	
五年(1648)	本寺	自买	萧亮工头山门山地	
十二年(1655)	本寺	自买	张来远山地	
	本寺	又自买	袁孟英山地	
十三年(1656)	僧三乘	买捐	秉方山地	
康熙三年(1664)	僧大闲	捐舍	中园山地	
六年(1667)	本寺	自买	计三卿山地	
十七年(1678)	本寺	自买	陈视侯山地	
	本寺	又自买	袁仁山地	
二十五年(1686)	本寺	自买	邢君安荒山地	
三十三年(1694)	僧千如	买捐	致号五升粮山地	7 亩

续表

时间	本寺及施主	自买或捐赠	山地	亩数
三十五年(1696)	比丘尼自修	买舍	山地	
三十六年(1697)	本寺	自买	朱国传、严天明山地	
	又金元甫、严天明	捐舍	涧池一方在陈家洼	
三十八年(1699)	僧汉来	捐舍	牛尾巴山地	
三十九年(1700)	比丘尼东升	买舍	山地	
四十一年(1702)	本寺	自买	五升粮山地	1亩4分
四十二年(1703)	本寺	自买	山地	
	本寺	又自买	陈雍声山地	
四十八年(1709)	本寺	自买	张怡泉山地	
	僧化基	捐舍	山地补入	
四十九年(1710)	本寺	自买	陈兆甫山地	
五十一年(1712)	太仓尼性光	捐舍	山地	
	本寺	自买	张振公山地	
五十二年(1713)	本寺	自买	陈子庆山地	
五十四年(1715)	本寺	自买	陈务之山地	
五十五年(1716)	瞿盛之	捐舍	山地	
五十六年(1717)	本寺	自买	张奉泉山地	
六十年(1721)	本寺	自买	袁宪章山地	
雍正四年(1726)	本寺	自买	章君望山地	
十三年(1735)	本寺	自买	中峰山地	
乾隆四年(1739)	本寺	自买	山地	
十一年(1746)	本寺	自买	朱子仙山地	
	本寺	又自买	袁天祥山地	
	本寺	又自买	陆永宁山地	
		又自买	潘子方山地	
		又自买	单拜昌大山尖山地	
		又自买	陈岳年山地	
		又自买	陆朱徐三姓、吴子江、陈岳年等山地	
		又自买	袁澜生等乌目涧底山地	
		又自买	汤天爵山地	
十二年(1747)	本寺	自买	陆蒋氏山地	
十六年(1751)	本寺	自买	王祖范山地	
		又自买	徐子明山地	
		又自买	陆永加、顾受宜山地	

续表

时间	本寺及施主	自买或捐赠	山地	亩数
十九年(1754)	本寺	自买	孙士华山地	
		又自买	严大文山地	
五十二年(1787)	本寺	自买	陆姓豆腐干山地	
同治十二年(1873)	住持药龛	买舍	孙培增杨家山地	

资料来源:光绪重修《常熟三峰清凉寺志》。

现在通过上列三峰寺斋田和山地捐赠表可以做一些粗略分析,察看三峰禅寺这座江南名刹置办以田产为主要内容的寺院经济。

一 清信施田程序

清代寺院接受施田有一套程序:接待施主时,住持命侍者请两序班首,及知会客堂、库房、书记、知产,齐列方丈,酬谢施主。即写舍书,以为凭照。施主、住持及在会者,俱签押。并给原契券、亲供、粮券、税票,俱收齐。住持上堂说法,以报施恩。事竟,在会众人,与施主同往看产。随带竹签十余枝,以插标记,使界限分明。不得浸混他界,以致争讼。每年春季,会两序众执,同看界线一次。当年监院将舍契报税,即过寺户,勒石,入万年簿。① 由此程序,读者当不难想象,三峰寺在跨度如此长的时段中接受这么多田地捐赠,要经历多少事情。有以下情况值得注意:

其一,自明末汉月法藏创兴三峰以来,从清顺治到光绪年间都有寺田置办或斋田捐赠,但大量捐赠集中在清初顺、康、乾三朝,山地捐赠主要集中在清初。斋田核见实数,通共有 1876 亩 5 厘 3 毫,其中顺治年间斋田 563.25 亩(含屋基 1

① 参仪润:《百丈清规证义记》卷五"施斋田"条,《卍新续藏》第 63 册。《证义》曰:施斋田,上施也。护持三宝宏法利生,俱赖是,乃真正福田。盖设斋饭僧,止于一时。若施斋田,延于數世,功德尤大。施地,施荡,施屋,类此可推。故当上供陈疏,以报旋恩也。昔疎山性禅师,为施主施田上堂云:人人一坐具,方圓俨今昔。行坐不曾移,岁寒消劫石。更不属阴阳,又不输粮役。四至既分明,契劵亲委悉。复证者田地,大自在休息,那个不具足?受用无穷极。如是布施汝,如何不感激?养十方佛种,常生大智食。转施诸凡圣,不思议功德。不是有心求,不是无心得。须悟春风意,莫认春山碧。无上大因缘,知恩念来历。因果既无差,宜应全道力。较彼来处功,羹饭铜铁汁。蓦然画断三轮,虚空争觅踪迹。灯笼露住秋收,依旧山堆岳积。柳絮随风,葵花向日。如此说法,可谓不负施主也。

分），康熙年间斋田 778.48 亩，雍正年间未见一项捐赠，乾隆年间斋田 346.59 亩；嘉庆年间只有两年有捐赠，合计 18 亩多一点，其中树德堂翁捐 10 亩 7 分 7 厘，寺志注明“是田低瘠无收，随时央中售卖，净钱入常住”云云。道光年间捐赠虽较为频繁，但大多是零星小捐赠，最大的一项捐赠是包雪园的 53 亩 3 分 5 厘，其中 33 亩还是包氏修葺坟茔祭扫之需；20 亩以上的捐赠还有 3 项，分别是道光三年（1823）汤坤扬捐舍 32 亩 6 分，九年（1829）俞廷楣捐舍 21 亩 1 分，十六年（1836）住持憩林分两次买捐斋田合计 41.35 亩，憩林另外又在十五年（1835）买捐 11.2 亩，十七年（1837）买捐 2.5 亩。一起加起来总数计有 135.9 亩，这与清初相比并不算大；同治年间只有一项 20.2 亩的捐赠，光绪年间两年有捐赠，多为居士捐赠，合计 40.39 亩。光绪十三年（1888）是三峰寺田捐赠的最后明确时间界标，而且捐赠人署称“三皈清净戒奉佛弟子同志”，当为清末居士佛教兴起之际所捐置。

其二，从斋田捐赠的施主看，多为佛教四众弟子，有僧有尼有居士，而可以确定捐赠最大的施主身份则是士绅。最引人注目的几项大捐赠，一是顺治五年（1648）陆尊礼捐舍位于昭文景巷东三场的 360 亩田；二是康熙五十七年（1718）蒋制府雨亭捐舍 360 亩；三是康熙五十八年（1719）翁羽仙捐 100 亩；四是乾隆年间的捐赠，乾隆元年（1736）赵尊五捐 100 亩，乾隆七年（1742）潘子恩捐 100 亩。此数人皆为士绅阶级。

其三，从性别和宗族看，女性施主（包括比丘尼）和家族同捐的几例，数量也颇为可观。如，顺治十三年（1656）赵景之代故尼广沂捐舍 33 亩 5 分；康熙十年（1671）比丘尼圆明捐 15 亩 2 分，康熙三十六年（1697）比丘尼妙宗捐 10 亩，康熙五十五年（1716）比丘尼道香捐 6 亩、于张氏同女捐 12 亩；乾隆九年（1744）卫刘氏同男宾穆捐 41.26 亩，乾隆十年（1745）张谢氏同男静谷捐 20 亩，是年同族张东岩又捐 21 亩 3 分 3 厘；同治八年（1869）张刘氏捐 20 亩 2 分；光绪二年（1876）张净性捐 20 亩 2 分 1 厘 3 毫。

三峰禅寺之声名遍于大江南北，始自汉月法藏禅席之兴盛，他不但感召了无数士子追随其学禅，还吸引不少清信檀护帮助兴建丛林殿阁，乃至置办饭僧之田，以垂永久。据碑记云，三峰盛时，“缁徒云集，不下三千余僧众”；“五十年法脉，远通十三省”。可雍正年间，雍正帝作《拣魔辨异录》鞭挞三峰法藏，毁其法脉，撤其钟板。今从寺田捐赠表看，三峰寺信施广博，绵延久远，其所受影响只是暂时而已。下面请让我们再仔细研读有关三峰寺之碑记，以探原委究竟。

二 | 斋田碑记功德与慧命

据赵士春《三峰禅院碑》记曰：

> 明万历庚戌，梁溪汉月藏和尚来寓常熟，一日游虞山北麓，望人烟一缕起深树中，曰："此其上必有隐者。"攀藤附葛登之，而古院沉寂，溪流绕门，汉月乐之。主僧见其器宇非常，遂请住此山。虚檐罅壁，草屋萝墙，饥鼪穷鼯之声，与钟鱼相应答。其明年清信某辈，破家为三峰竖刹杆。自时厥后，先中宪毕生倡导，邑之檀护净财云涌，余父子亦为之资助。香楼金道，架壑梯岩，佛殿禅堂，炫珠耀碧。以至饭僧之田，养老之室，普同之塔，无不以次庀治。五六十年，法王之愿力始大备。今汉月法嗣遍南浙，皆曰三峰真种子云。按，汉月之住三峰，年已四十矣，誓立死关，究竟大事。忽闻窗外二僧拗折大竹声若迅雷，于是思维顿绝，人法俱消；又推窗见黄梅堕地，千门万户，划然天开。（中略）兹院之后有三阜，隆然而起，汉月以是改为三峰。及其得力于洪觉范所著宗旨，更署为清凉院。余仍其旧名三峰禅院，诠次其缘起若此，俾后之记载名蓝者有考焉。①

赵永孝在三峰碑记中也说："三峰禅寺自先文毅公辟界培基，先叙州公延请汉月大师卓锡，开山规模始创。一时龙象踵兴，宗支蕃衍，甲于大江南北。再传而硕揆大师，具正法眼藏，十方敬礼，梵宇鼎新，声闻圣祖，追谥净慧，兼锡清凉寺匾额。"②卢宏记曰："三峰禅院在虞山东麓，距县治十里余，自汉月大师大阐宗风，遂称名胜，僧徒皈依云集，视南岳雪峰盛复不减。汉师寂后，一灯递续五六十年，迄无废坠，洵赖付托有人。至今参学佛子，往来问道，且不知有汉师，但知有三峰矣，则凡欲为汉师嗣续计，自不得不为三峰护持计。四方向慕而来者，未至三峰必先得一栖息地，且山中常住衲子与远方续至学人，多则千余，少亦不下数百，四

---

①《常熟三峰清凉寺志》卷九《艺文》。

②《常熟三峰清凉寺志》卷九《艺文·新建三峰正殿碑记》。

时供养不给……”①

魏浣初在给三峰寺千华殿供奉的佛像作记时，揭示了汉月藏法门风靡当世之缘因：“我汉老人实有取尔也。自登法云地，以二地离垢，救天下万众也。昔如来遗教，佛灭度后弟子依波罗提木叉住，盖言戒耳。戒者万行之本也，作圣之基也，佛道污隆所繇系也。李唐最重律师，于时贤圣竞出，自宋革律居为禅苑，佛道渐替，至于今律师寥寥矣。禅门纵饶英俊，植本不深，往往涉豁空之径，识者惧矣。我汉老人从折竹声中透悟最上一乘，既达罪福性空，不必蹩躠于持戒受具矣，断不敢波流狂慧，拨弃因果。终守云栖轨则，以尸罗（戒）严身，以羯磨（律）济世，十方七众奉为福城灵筏。创斯堂也，其有忧患乎！”②

三峰寺志中提到：“三峰功德主，首推者三人：赵少参之捨山，包居士之买地，陆待诏之捐田，足为法苑金汤，事皆卓卓可传。其余或以财施，或以力施，或以笔墨施，所施功德无异。”③此中陆待诏即陆居士季恭讳尊礼者，昔年庄饰千华殿，已功成殊胜，又复触目兴怀，捐旧市西及圩田三百六十亩，施留三峰供佛斋僧，永为香积之需。陆尊礼以此成为三峰禅寺三大施主之一，时人比之“是给孤独长者载见于今也”④。这条材料显示了陆尊礼等大檀护施舍斋僧田的实况背景。陆尊礼于顺治五年（1648）率先捐 360 亩田作为饭僧田，陆尊礼自记及张有誉记，俱有碑刻，陷于斋堂前壁。兹将这两篇碑记转录叙述于后。

陆尊礼作《捐助三峰禅院饭僧田记》曰：“吾虞顶山之南三峰禅院，齐梁间古刹也。开山人远，法席寥寥。自汉大师提唱宗风，厥嗣树公绍之，乌目袈裟地，遂为东南一大丛林。赤髭白足之流，携瓶锡至者，千百为群。余每造其地，见窗晷移楞，炊烟尚寂，寺内阇梨有操钵自外归者。度伊蒲之供，非循方乞化可办，势必取给于庄田明矣。”陆尊礼意识到僧众之斋供必须有赖于庄田，而非托钵乞讨。“余不揣黯陋，久发此心，而缘有待也。先是殿中舍那四像互为向背，适穹窿、邓尉、云门三开士见之，谓如此位置非丛席所宜，亟应奉像三尊离明外向，而庄严物力，山僧未能猝办。余因以白镪三百助之，俾特鼎新焉，随发宏愿，誓舍腴田为斋厨常供。津公方为四众攒眉，喜从座起，合掌赞叹其事。时有歆余以福田利益之

①《常熟三峰清凉寺志》卷九《艺文·三峰下院碑记》。

②《常熟三峰清凉寺志》卷九《艺文·千华殿佛像记》。

③《常熟三峰清凉寺志》凡例。

④《常熟三峰清凉寺志》卷九《艺文·重塑千华殿佛像记》。

说者，而余不欲闻也。”

陆尊礼于此指出，他发愿捐赠饭僧田并非为了什么“福田利益”，而是别有一番缘故，他把斋僧田与佛法慧命相关联。“余少而佞佛，粗识六度三皈大旨，知僧者乃佛法之慧命，田者身外之长物。借长物留慧命，昔人所以沈湘舍宅而不悔也，而何有于三顷余之负郭乎？余幼席门荫，长恋声歌，俗缘牵染，积累过多。今日仰睇悴容，种种尘情，全借此檀那一洗。纵尽此色身不能领要参元，拔幽根于苦岸，亦愿来生把茅盖头究竟大事，进竿头之一步耳。然则余之舍田，盖与情田、福田而俱舍，未敢谓三轮体空，亦不作住相布施也。曾记古禅和云，锄头边立地成佛，且向庵脚下买田供僧。余随不敏，愿从事斯语。若夫人天福报，不关于因源果海者，久有以谢之矣。”①他舍去“情田、福田”，而耕种“慧田”，这充分反映了江南佛教居士的信仰素质高超。

陆尊礼不像一般人那样为了功德而布施，他声言不作“住相布施”，他不希图“人天福报”。他认为，田为“身外之长物”，饭僧田之用正是“借长物留慧命”。因此他立据镌刻加以保证：“此田一为净业，产簿立消，即据施额以登寺版。无论豪右莫侵，婪僧莫竞，虽汶阳之故主，一去不得复问矣。窃余别有申说者，此中三世宗风，禅律并茂，将来儿孙满地，既省沿门之钵，宜操狂象之钩，六时易怠，粒米难消，棒喝之余，应为大众一提醒之。旧市西及等圩田三百六十亩，价二千一百两，契施本寺，岁收籽粒，供佛斋僧，伽蓝有灵，护持此产，水旱不侵，□□斋廊，饶益不乏，庶几功德无漏云。嗣后僧徒，如不守戒规、妄动坏泥者，凡吾子姓亟兴声罪之师；吾家后裔，有不肖婪心，觊觎此田者，本寺眷属亦共申鸣鼓之伐。再三告诫，世守无斁，皇天后土，实共临之。岁载戊子腊月，余不揣自书，发愿缘起如右，而勒步亩乡落之详于碑阴。”施主舍田立碑不仅阻止豪右侵占和婪僧竞卖，也防止家属后裔翻悔，以免将来诉讼纠纷。

张有誉也有作于顺治五年(1648)的《陆居士饭僧田记》，不仅叙述了汉月以来三峰法脉的兴盛，而且对陆尊礼捐置饭僧田作了切中肯挈的评论。其记曰：

虞山负郭面湖，为海隅绝胜地，其剑门北为乌目涧，则三峰禅院在焉，自

①《常熟三峰清凉寺志》卷九《艺文》。阇梨，梵语的音译，阿阇梨的略称，义为教育僧徒的轨范师，高僧，泛指僧。

齐梁所从来远矣。圣恩汉大师初住兹山，古院荒落，虚檐罅壁，草屋萝墙，息影闭关，穷参历究，忽于折竹声中顿明大事。遂历北禅、安隐、圣恩诸席，提唱济上宗风，声光落落震海内，然学者诵述圣恩必曰三峰、三峰云，诚以振响发光从兹托始，亦犹迦文之有雪山、高峰之有双髻也。递传为大树证公，益加宏阐规模式廓，佛事庄严，殿阁辉煌，衲子云集，俨然称东南一大丛席矣。然而古来正法难明，魔风易起，名山祖席数传之后，鲜不狮狐溷迹者。诚以人众则费繁，缘多则虑杂。庐陵米、金牛饭，主法者不能以空言果学人之腹，座下或三百或五百，既无百丈之田可开，又无沩山之禾可刈。日听其待命于经忏之酬应、一钵之沿门，利养熏心，衬施役志，欲望道法之不日替，其可得耶？千华裕公既承大树心印，鳃鳃焉以人众难调、法久易弊为虑，博稽众论，佥谓殿上舍那四像合坐，不无背面参商，非丛林和合所宜。季恭陆居士闻之，慨然捐资三百，付僧改像；又虑斋供易竭，发愿施旧市西及等圩田三百六十亩，计价二千一百两。契付本寺，岁收籽粒，供佛斋僧。且曰，吾愿情田、福田俱舍，不作住相布施；既舍之后，产簿立消，即据施额，以登寺版，无论豪右莫侵、婪僧莫竞，虽汶阳之故主，一去不得复问矣。

至此，张有誉一方面赞叹陆居士的檀施："嗟嗟为檀信者，施田不为祈福，营供不私子孙，宗门龙象，气宇如王。"另一方面又提醒寺僧要更加珍惜施主之净供，精进修行以报佛恩："若其坐享净供，犹复营心利养，勿论佛恩难报，亦何以谢施主耶？从此沿门之钵不须持，经忏之期不须应，饥来吃饭，困来打眠，本参之外无片事可得，何愁不悟？行见高流辈出，如唐之怀述常达，宋之彦称悟恩，必有接踵继起者。三峰之道，千劫常住，则兹刹亦千劫常住。是季恭居士之田，非财施，实法施；非为德门之法田施，实为法门之慧命施也。思深哉！"言之凿凿，铮铮犹在耳，作者期望后世今僧能鉴诸檀施之良苦用心，"历稽古来法幢建立，必有儒门名硕为之宏护，今季恭居士既新佛像，又施斋田，与须达优填何以异哉？千华裕公恐盛事易湮，属余一言以传永久。余受大树和尚钳锤最深，获交裕公最早，先光禄与季恭伯氏为同谱。而季恭翊赞祖庭，又与余为同志。故不辞拙呐，而为之记"。①

---

①《常熟三峰清凉寺志》卷九《艺文》。

三 饭僧田与报国孝亲

陆尊礼乃顺治年间三峰禅院的大施主，时至康熙五十六年(1717)有一位退职回乡的蒋姓宰官也捐舍斋田三百六十亩，登上三峰檀护之榜首而与陆居士齐名。康熙五十七年(1718)，蒋公后人蒋涟撰《先制府公施舍三峰斋田记》曰：

> 虞邑古刹载邑志者甚众，其丛林如破山兴福寺，披剃之徒不过百余众，独三峰清凉禅寺缁徒二倍于兴福。食指既繁，以故义助斋田者，往往而有。先大夫光禄公初任宰富平，值岁饥，尽鬻祖遗薄田，以资施饭，富平民赖以活者无算。盖矢志为国为民，不顾家之贫乏也。厥后积俸，复有田数顷，于康熙五十六年捐绝产三百六十亩，送入三峰为斋田。此岂欲邀一身一家之福哉？从来阴阳，和风雨时，民生不被兵疫，虽圣君懋敬贤相变理之所致，而西方圣人以大法力主持大千实有助焉。佛门焚修之徒，谨守戒律香灯，鱼梵早晚，顶礼诸天，祝圣寿之无疆，祈国祚之绵远，异乎游民之无补于盛世者。先大夫之助斋田，盖发于为国之诚耳。当施田时，主法者为川回和尚，参究有得，道法天行。余固钦仰在昔矣。今贯一和尚继之，而宗风益振，殿宇则加轮奂，像设则增庄严，勇大道之担当，实法门之领袖。余知之有素，徒以向矢报国，浮沉宦海，今年届悬车，恩旨赐归田里，万虑既遣，一意善果。窃恐今距施田之时已久，保无抗赖冒认等因，故谨将田契交纳贯公，而复追叙前事，以志于石，俾此田永佐香积之供，以完我先大夫之志，而余护法之愿、报国之忱，亦少寓万一于此云。[①]

蒋氏特别指出其先人捐助斋田“盖发于为国之诚耳”，而他自己也有“护法之愿、报国之忱”。因此这篇斋田记与陆尊礼记侧重宗教性的诉求稍有不同，增添了佛教僧徒当为国为民祈福的内涵，并把“佛门焚修之徒”与“无补于盛世”的“游民”加以区分开，可见其捐赠本质上都不是为了“邀一身一家之福”，而是立足于

①《常熟三峰清凉寺志》卷九《艺文》。

光明正大之基础。

蒋涟于乾隆七年(1742)还写了一篇《潘居士施舍斋田记》,此潘居士即上表中捐100亩田给三峰的潘子安之父亲。其记曰:

三峰清凉禅院,数百年古刹也。缁徒云集,不下三千余指。今主是刹者贯一和尚,戒行清苦,四众归仰,向有斋田数顷,恒病不给于食。邑中信士潘姓讳桂者,姿禀淳厚,方寸空明,竹杖棕鞋常游方外,翻经印法每寓三峰,享年八十有三。平生树善,尤以荷邀恩赉,仰报皇仁,矢助百亩之斋田。奈无二顷之负郭,沉疴伏枕,犹复谆嘱儿孙,撒手辞尘,尚歉未偿宿愿。其嗣子安镌遗言于肺腑,积铢寸于俭勤,于乾隆七年,以粮田一百亩零,助入三峰。交住持管业办粮之外,上奉佛祖香火,下给僧徒斋钵。第恐义助之后,保无豪强兼并、子孙违命;更虞催佃抗赖,僧家私弃。爰具呈于知常熟县事许侯,请立案勒石以保永久。县公奖其善举,准如所请,而贯公请余为文,以记其事。余惟潘君之此举,可谓孝矣。彼寻常义助犹为善果,而兹则克承父志,非徒乐施之比也。夫百善莫先于孝,吾知诸天固将鉴潘君之孝思,以为是乃善之大者,讵可与施财邀福之流同日而语哉!自是参学于三峰者,一捧钵而中有孝子之粟焉。其将益励焚修,以祝皇图于巩固可矣。贯公戒律精严,亦必以是勖其座下,而庶乎宗风益振已夫。余故乐为之记。①

此篇着眼于从孝道的角度来阐述斋田捐赠的道理。蒋涟强调"百善莫先于孝",潘子安的施田是奉父亲之遗命,此实乃"潘君之孝思"而为"善之大者",与一般"施财邀福之流"自不可同日而语。而对于那些来三峰参学者,见到"一捧钵而中有孝子之粟",就会更加精进焚修。

乾隆七年(1742),赵贵璞亦撰《潘氏舍田饭僧碑》,对捐赠饭僧田的缘由经过有详细交代,并称赞潘氏子孙承继祖父不泯之志。潘氏捐了饭僧田,还要到县里具状。其碑曰:

始潘君瑞芳,讳桂,以笃行享大年,膺赉典于仁皇帝之二十八载。今上

①《常熟三峰清凉寺志》卷九《艺文》。

壬戌，君之子瓒暨曾孙廷献，始以上腴之产一顷，舍为清凉寺饭僧田。赴县状曰："故父疾革时，所以命瓒者至再，家无余财，每饭不敢忘。瓒今年七十，有子早夭，遗二藐孤，并壮受室。瓒平生节衣缩食，累致田数顷，分诸孤外，余百亩零，舍之以承先志。"尹曰："然若考之命久矣，今千金之产，一朝而弃之，后得无有所悔。"谨对曰："不敢。"尹乃指其孤而言曰："于尔如何?"孤对曰："廷献等幼失怙，不有祖父，何有今日？且曾大父赍志弃世，祖父实勤劳创业。惟吾祖以为有父之命，小子敢不以为惟祖父命!"于是尹曰：善，斯可谓孝子顺孙者矣。宜勒石以志之。退而以文为请。余因而叹曰：甚哉，贤不肖之相去也。潘氏之先，非有闻于乡里者，而君始以善显。即君之身，弗以善小而不为，而有志未逮者，乃距其没数十年，而子若孙克成之。夫天下谁无子孙，祖父不泯之志即复何限？伏枕而诫之，骨肉未寒，猥为乱命者有矣。甚至昭布方策，留传道路而究之，虚往实归，始弃终取。何则徇私之念重，则违命之义轻也。彼潘君者，独何幸而得之于其子，又得之于其子之孙，是岂非幽人之贞，不言而信，芳有所自欤！吾闻西河之教曰：事父母能竭其力，虽曰未学，吾必谓之学。然则君亲师友间，其能不能特视其诚不诚耳。余于潘君信然哉。若夫饭僧则亦各行其志焉，三代以下可与，为探本之论有几。吾第著其大者，以为孝子顺孙倡。铭曰：我田我宅，用康厥身。其身之弗暇享，欲以遗所，不知何人。呜呼，子而复子，孙而复孙，曷为而先自忘其亲？后有继志述事之责者，视此潘氏之贞珉。①

乾隆二十九年(1764)化苇撰《吴氏斋田记》，对吴宗茂舍田之意也说得甚为明了。其记曰：

舍田吴居士者，余社友宗茂也，配王氏，世居昭文之西周市南。为人敦厚性成(诚)，举家长斋奉佛，力田外不与一事。每岁春秋来山，叩以见性之学，然好有为功德，启水陆法会，造殿装佛，种种施予，皆非强而可者。视三峰内虚外实，有心助田而未出口。癸未冬，居士病剧，特遣侄孙元士送田契租札交执，凡田五十亩，为饭僧产。并要(邀)余面谈，适河胶，未果往。甲申

①《常熟三峰清凉寺志》卷九《艺文》。

秋，居士入山告余曰："我前所舍田者，意有二焉，念生为太平之民，荷圣朝恩养，夫妻偕老，悠游田里，国恩当报一也；父母生我劬劳，我又无后，蒸尝莫及，罪孰大焉，亲恩当报二也。田岁入租赋外，余粒供僧朝夕饘粥。以此善利，上祝圣寿，下资吾亲，可乎？"余谓君意固善，但半千金产一旦舍诸，宁无悔乎？君即不悔，子姓烦言妥而后可。居士曰："人生天地间，恩莫大于君亲，此不过尽吾心耳，何悔之有？为人后者即为我子，既为我子即当体我意。且侄辈各有恒产，此田系我苦挣，他人安得阻乎？请纳之，愿勿虑。"余曰："念君亲而致功德，以命田为福田，世人所难。今见乐施如君，尤为吝啬者劝。"居士复曰："田入三峰，与吾无涉。恐世远人随湮没，乞言以永其传。庶几国恩报而亲德酬，慧命存而福田在。我志遂矣。"余大然之，又嘉其能以孝致忠，慎终念始，即次居士语，以告后者。是为记。①

从上所制三峰寺田产捐赠表中，笔者注意到不少施主本身即为僧人，如上文所述有学者研究认为僧人买捐斋田多为挂名，而陶贞一撰于康熙四十六年(1707)的《云上师舍田碑记》显示，僧人买捐斋田所用的钱虽亦来自十方布施，但毕竟是其毕生铢积寸累所致。该碑记曰：

三峰禅院创自汉公，历有名宿，至硕老人而僧徒益众。其位下有执事僧，法号云上，乃昔豁和尚住持三峰时所剃度者，恪守戒行，苦志焚修，追随硕老人有年。凡所得衬施，虽一粒一勺不敢自私，铢积寸累，聚沙成丘。买罗木泾内西范段暨西及光守等圩田，共五十一亩四分。后硕老人复归灵隐，而云上亦以年高养闲，于(康熙)四十六年间慨然以田悉施于常住曰："以十方积聚之布施，供十方往来之僧众，一生之志愿以毕。"则云上之视此田直等于梦幻泡影矣。今其徒体因等，以饭僧田为千年香火，而丛林中或有弃置他售者，岁久年远，恐此田消归乌有，而于师之功德亦湮没弗彰，来请勒石于旁。余悯其意之诚，为详其颠末，以志不朽。②

①《常熟三峰清凉寺志》卷九《艺文》。

②《常熟三峰清凉寺志》卷九《艺文》。衬施即施主所舍之钱物。

第三节
清代寺田租赋与斋田保护

阅读各种有关寺产斋田的公私文书，笔者获悉的综合信息是，寺产关乎佛教慧命的延续，斋田饭僧功德乃善之大者，有不少施主捐赠斋田还是出于孝道。但饭僧斋田作为千年香火，往往也因岁久年远而易受到各种势力侵蚀乃至吞没。概括地说，最令诸方忧虑者大致有以下几方面：一是地方豪右或衿棍人等诡寄侵夺，二是施主不肖子孙抗赖罢施，三是婪僧败德私卖。

一 寺田免征租赋

清朝典例明确规定寺田免征租赋。寺观田地与文庙、学校、祠墓等田被列为公地，“除其租赋”“免其征科”；祠墓、寺观、祭田亦有纳粮者，则与民田同。但由于寺院种类繁多，各地执行这项政策情形不一。这里提供东南福建省分类处理寺田免征租赋情况为例，加以解说。

顺治十六年（1659），福建海防同知蔡行馨奏疏：

> 寺僧之田惟闽独多，合一省而计之，不下数万亩。自兵荒之后，僧佃多死亡，间存一、二管理之人，是僧去而田存、田荒而粮存也。臣每见县官催科比征、绁缧敲扑，而粮仍逋欠如故。查明季有将田六分充饷、四分焚修之旨，曾下抚院通行载案，而中寝焉。今若仍效前议，许听寺僧自存四分为焚修之资，自报本户最荒者，约六分为率，另编造一册，招募有力者开垦，免其初年之籽粒以抵牛种，次年则输谷若干石为官租，以充兵饷，一如租种学田之例。其田给予帖照，永远得业以膳八口。或有投诚之兵愿开荒田者，亦如前法给予帖照，令其永远归农，仍编入就近寺田之家甲册中，责令该里长收租入官。仍着稽其出入，不许妄作非为。如是行之既久，则投诚之羽翼渐散，贫僧之积累渐豁，境内之荒田

渐熟，兵马之粮饷渐增，并两省协济之饷可渐减。此一举而数善备，似可急举而力行之可也。[①]

蔡行馨指出，福建省的寺田多达数万亩，但经过明末清初巨大的社会动荡之后，多数僧佃死亡，福建省出现了"僧去而田存、田荒而粮存"的情况。他看见县官一直催征田赋，但征收的粮食仍然达不到数额。明代有将寺田六分充饷、四分给僧人留作资产的做法。现在仍然可以仿效前明的做法，寺田四分归僧，另外六分额外造册，招募人员进行耕种，次年就可以交纳谷物作为官租，用来充作兵饷。如果投降的士兵愿意开荒，就让他们永远归农，编入就近寺田的家甲造册，令里长进行管理。这样一来，投降的士兵安心务农，僧人的资产逐渐增加，荒芜的田地得到耕种，兵马的粮饷有了补充，可谓一举四得。蔡行馨的建议得到了顺治帝的批准。

到了雍正朝，福建寺田出现了的新情况。雍正七年(1730)十一月十七日，福建巡抚刘世明在给雍正帝的奏折中说："……更有寺田归官，征收谷石。臣已檄行藩司，彻底清查。凡无寺无僧，为衿棍人等侵蚀中饱者，令其全数报出，毋致颗粒隐漏。此亦无碍于民，均应归公，以杜积弊，并遵照部行，于岁底造册题报。"刘世明呈奏说，他让地方官彻底清查，将属于无寺无僧被衿棍人等侵吞的寺田一律归公，征收粮食。他认为自己的做法对百姓没有妨碍，并打算将这样的寺田在年底造册上报户部。雍正帝对此朱批曰："寺田归公，甚觉不雅。若果无寺无僧为衿棍侵蚀者，或查其原委，或仍布施大丛林为是。此办理与朕意未洽。"[②]雍正帝认为将寺田归公不妥。如果寺田确实被侵吞，应该查明事情的原委，或者仍旧将寺田施舍给大丛林寺院。

乾隆初，政府改变了福建寺田的管理措施，将前明以来四分归僧、六分归官的租赋制改为"僧收僧纳"正供粮外另征租银制，并进一步对无寺无僧田和有寺有僧田做了分类处理。乾隆元年(1736)三月，"户部议覆福建巡抚卢焯疏称，闽省寺田，向系四分租给僧，六分租归官。僧人应收之租，官为代征。僧人应纳之

① 席裕福、沈师徐辑：《皇朝政典类纂·田赋十七·官田》卷十七，《近代中国史料丛刊》续编，第88辑，第873册，台北文海出版社，1982年，第446页。参杨健：《清王朝佛教事务管理》，社会科学文献出版社，2008年，第342页。

②《宫中档雍正朝奏折》第15辑，台湾故宫博物院，1979年，第59页。

粮,向佃追比。寺佃深受其累,请将租谷征粮全归僧收僧纳,每亩征粮二钱。应如所请,从之"①。卢焯指出,福建省的寺田一直是四分租给僧,六分租给官。僧人应收之租由官方代征,僧人应纳的粮食向寺佃追比,结果寺佃深受其累,请求将租谷、征粮全部由僧收僧纳。户部颇为认可卢焯的提议,乾隆帝最终也同意了。

乾隆元年又谕准,有寺有僧之田,特免充饷,全归僧管,每亩纳正粮外,另加租银名目。福建地方志对此有详细记载,作者说,宋以来田有官庄田、赡学田、垦田、沙洲田、海田等,赋之名目繁多,其纳法不外夏秋两税,夏税随地贡所产之物,后亦折钱名曰产钱,秋税则征米、麦等。后来,土田之目有二,曰官田、民田。若赋田、学田、废寺田、没官田,以及官租地,皆系于官而佃于民者。赋率以米起科,官田有科米三斗上下者,征银三钱五分为率,五斗则征三钱,七斗仅二钱五分,而上统称"官折",蠲其别差。

据霞浦县旧志载,乾隆年间当地五寺租银三百九两六钱五分三厘有奇。寺租银起于前明嘉靖四十二年(1563),以兵食不足,照租提充作饷,以什之六充饷,什之四给僧,每亩征银二钱,饷合一钱二分,更八分以作纳粮。此项系租银,并非寺田原有正粮。查福鼎志载有,由霞浦分割寺田二十余顷,粮与租银两项均注明白,而霞旧志未见明条揭出,寺田若干,或当日漏阙,或浑混在苗田内,年湮代远,无从确核更正。据寺租门载,乾隆年,有宝镜寺田一百九十七亩七分六厘,资寿寺田九亩二分,年收租谷除完粮外,以作长溪河浚工之用(小字注:"此项于光绪年起,按年租价,除缴长溪河额定□□外,更有盈余,提充作育婴堂之费")。又宝镜寺田十八亩六分为旧书院修补,更有宝岩寺田十八亩,系寺废僧逃,提充解司。该志作者指出,以上均指充公之田,如有寺有僧现管之田,并无只字及之。(作者认为这是旧志之疏略。)

兹查五寺额,征计条银三百六十一两五钱六分有奇,又米八十五石四斗七升合九勺。以上统计,正附杂银共一万三千九百二两六钱二厘三毫,又秋屯米四千三百九十二石四斗四升六合八勺。旧志仅载起运银九千八百九十二两七分五厘八毫,又存留支给银二千七百十九两七钱八分二厘三毫两项,统共银一万二千六百十一两八钱五分八厘一毫。而该年实征之数,秋屯米并报给兵米若干未详。

---

①《清实录九·高宗纯皇帝实录一》卷十五,中华书局,1985年,第412页。

（按，以上各项均依旧志记载，至乾隆二十五年，止核其田亩，应配银、米多不相符，年代久远无可据者难以更正，姑仍之。）自乾隆中叶递至咸丰初，百余年来，卷宗散漫，其中或增或减，茫然一无所闻。唯咸丰二年（1852）奏销册才有完整记录，具报额征正附杂并屯银一万二千六百六十三两三钱三分三厘三毫有奇，内附松山渔增粮三十七两八钱三分一厘，又屯丰丁加银三十六两六钱九分，又本色米二千八百六十九石二斗九合八勺、屯米一千六百三十八石三升五合。至咸丰三年（1853），因大水流压报灾一案，豁免银九百五十九两八钱一分合三勺八。[①]

二 清查保护斋田

清代浙江省号称“僧海”之地，丛林寺院都有大量斋田，地方上还出现了庵观、茶亭、社庙、净室等，它们有的是僧人清修之地，有的却是应酬经忏之所，比较混杂，后者也涉及斋田。对于丛林寺院的斋田，雍正帝有特谕曰：

> 直省向来各处丛林寺院有斋田者，皆系历代住持、优僧募化所置，或系地方善姓所施，永存常住，为香灯、僧斋之用。至历年久远，或为本寺之不肖僧徒、施主之不孝子孙私行变卖，以致败缺善缘，毁损常住。闻得本地之人亦多以此为憾。着地方官留意清查。其已经卖出者，若一概令还，则滋烦扰。至于典出者，应令设法募化，给价赎回，归于本寺。其各丛林寺院，即今现有之斋田，俱着查明，登记档册，永为常住之产业，不许售卖。将来有续置者，亦报明地方官，申明上司，载入册内。该督抚等留心访察保护，倘有仍蹈前辙，私相授受者，将卖田及买田之人，一同治罪。或不安分僧人，因朕此旨，借端假捏生事，亦一并严惩。

雍正帝指出，直省各寺院的斋田，要么是历代住持募化而来，要么是地方善信所施舍，永为常住作香灯、斋僧之用。对于不肖僧徒和不孝子孙已经卖出去的

---

① 刘以臧修，徐友梧等纂：《民国霞浦县志》卷之十《赋税志》，《中国地方志集成·福建府县志辑》第13册，上海书店出版社，2000年，第1—2页。

斋田,不便于一概追还;而典当出去的斋田,应设法赎回,归还本寺。各处丛林寺院现有的斋田都要查明登记入册,永远作为常住产业,不许售卖。将来斋田增加时,也要报明地方官,呈报上司,记入档册。雍正帝要求各省督抚留心访查保护斋田,如果发现仍然有僧人私自变卖斋田,要将买卖双方一同治罪,不安分的僧人借端生事也要惩处。

雍正十三年(1735)五月二十八日,浙江布政使张若震奏曰:"臣查丛林寺院原为高僧焚修之地,僧徒众多,全赖斋田以为香灯、斋供之用。兹奉上谕,着地方官清查保护,诚万世不朽之洪恩。浙省敬礼神佛,丛林寺院之外,尚有庵观、茶亭、社庙、净室等项。一邑之中,盈千累百。住持则为僧为道、为比丘尼,名目不同。奉行之后,臣密加体察,地方官经理未宜,不无纷纷差扰者。臣荷蒙圣恩,畀以藩司重任,惟期地方官办理妥适。恭绎上谕,系指丛林寺院,他如庵观、茶亭、社庙、净室等项,或延二三众以奉香火,或招一两人喜舍茶汤,或筑室数间以为一己清修,或应酬经忏,不奉宗门戒律。虽亦间称寺院,而实非高僧焚修之寺院可比。若一概清查,头绪繁多,弊端易起,必致丛林寺院之斋田翻不能专心体察。臣随详奉督抚,批令将丛林寺院之斋田,逐一清理造册,申报院、司、道、府,察核保护,并禁胥役、地保,不许借端索诈。其庵观、茶亭、社庙、净室,遍行出示晓谕,听该住持开明产业数目造册,自赴州县呈明立案,不必概行清查。如此分别之后,地方官各知境内丛林寺院乃佛门祖庭,且为数不多,俱得专心查办,毫无烦扰。而将来之访察保护,督抚司道等更可随时随事,留心料理。举凡丛林寺院之僧众,顶戴天恩于亿万斯年矣。惟是浙江初办此事,地方官经理未协,推之他省或有应行调剂之处,亦未可定。可否敕谕各省督抚,酌量分别办理。伏乞皇上睿鉴施行。臣谨奏。"朱批:"所奏甚是。另有谕旨颁发。"[①]

雍正帝发布特谕的目的是保护寺院斋田,防止不肖僧俗人等私自变卖牟利。张若震呈奏说,丛林寺院是高僧焚修之所,僧徒众多,经济上完全依赖斋田作为香灯、斋供之用。皇上下令清查保护斋田是对僧人的洪恩,浙江省已经遵谕认真贯彻。但浙江除了丛林寺院外还有庵观、茶亭、社庙、净室等,张若震认为它们不能和丛林寺院相提并论,主张分类处置。如果一律清查则头绪繁多,容易引起弊端,反而不能专心清查保护丛林寺院之斋田。因此批令将丛林寺院斋田逐一清

---

①《宫中档雍正朝奏折》第24辑,台北故宫博物院,1979年,第745—746页。

理造册，逐级申报，核查保护，并严禁胥役借端索诈，而对庵观、茶亭、净室等，“遍行出示晓谕，听该住持开明产业数目造册，自赴州县呈明立案，不必概行清查”。张若震还指出，浙江省初次办理此事，处理未必妥洽，其他各省恐怕也有类似情形，故请皇上考虑，是否可以敕谕各省督抚也酌量分别办理。雍正帝对张若震的建议十分认同，但没来得及另外颁发谕旨，他就去世了。

雍正十三年(1735)九月，乾隆登基之初即颁旨，谕总理事务王大臣：

各直省丛林古刹所有斋田，原为高僧焚修之地，僧徒众多，借此以资香灯、斋供之用。至历年久远，其本寺僧徒及施主之子孙或私行变卖，以致佛门祖庭常住无资。是以皇考曾降谕旨，令地方官留意清查。将现在之斋田，查明登记册档，不许售卖。将来续置者，亦报明地方官，载入册内。并令该督抚等留意稽察。此皇考护持法教、利益宗徒之盛心也。但直省地方，丛林古刹之外，多有庵观、茶亭、社庙、净室等项，或筑室数间，随缘施舍；或应酬经忏，不事戒行。若一概清查，头绪繁多。不肖之人，因而作奸，必滋纷扰。我皇考圣鉴及此，原欲降旨申明，未及颁发。今朕仰承先志，详绎圣训，明白晓示。着各地方官，将丛林古刹之斋田，应行清查者，秉公清查，编入册籍，禁止售卖。并严禁胥役、地保恐吓索诈等弊。其庵观、茶亭、社庙、净室等处，止令该住持，将现在产业开明数目，自赴州县呈明立案。官吏不必概行清查，以致生事之徒，借称功令，互相告讦，扰累地方。着该部通行各直省督抚，转饬所属，分晰办理，实力遵行。倘有借端生事者，必重治其罪。①

同年十一月，乾隆帝再次发布有关整理寺产的谕旨，主要内容是重申将丛林清修守戒者，同“荡检逾闲”的游僧及不守清规戒律之房头应付僧、火居道士分别处理。他指出：“今僧中有号为应付者，各分房头，世守田宅，饮酒食肉，并无顾忌，甚者且蓄妻子。道士之火居者亦然。夫一夫不耕或受之饥，一女不织或受之寒，多一僧道即少一农民。乃若辈不惟不耕而食，且食必精良；不惟不织而衣，且衣必细美，室庐、器用、玩好，百物争取华靡。计上农夫三人肉袒深耕，尚不足以

①《清实录九·高宗纯皇帝实录一》卷三，中华书局，1985年，第198—199页。

给僧道一人,不亦悖乎!”①

因此,乾隆帝命直省督抚饬各州县按籍稽查,除名山古刹或十方丛林遵守戒律、闭户清修者不问外,其余房头应付僧、火居道士,皆集众面问,愿还俗者听之,愿守寺院者亦听之,但身领度牒,不得招受僧徒。所有资产,除量给还俗及留寺院者为衣食计,其余归公,留为地方养济穷民之用。未料该旨传达后,引起僧道惶惑不安,“恐将资产归公,遂尔弊端百出,有将已身田宅诡寄他人户下希图藏匿者,有谋嘱书吏分立花户诡名以多报少者,有减债速求售卖变银入橐者,且有局外匪类从中借口索诈者”。乾隆帝对僧道如此“谋利敛财”颇感失望,导致该寺产清理之策最终流产。但雍正、乾隆年间形成的这种分别“应付僧”和“修行僧”的办法非但并未流失,而且一直贯穿在清代制定的各项佛教政策中,并对后世佛教寺院形成深刻影响。

三 斋田免钱粮杂役

在清代江南,作为高僧焚修之地的丛林寺院不惟得到四众善信拥护,政府对其也特别保护。寺田收入除了用来缴纳赋税和杂役外,便是用以护持千年香火和供养僧众饭食。故而有时寺院主动请求政府免除杂役和蠲免钱粮。

(一)三峰禅寺禀求免役

顺治九年(1652),常熟县生员袁默等100余人联名具呈,为三峰禅寺禀求免役。内中提到,苏州府邓尉山圣恩寺、尧峰山尧峰寺、长洲县接待寺、吴县瑞光寺,本县兴福、维摩二寺,皆有士民喜舍僧田,皆蒙抚按各院批准,免役给贴勒碑,守为定例。袁默等在呈文中指出:“盖以非寺不能存佛,非僧不能存寺,非施田不能存僧,非免役不能存田。惟奉宪檄明文,可杜差徭之扰;更允勒珉镌石,保无干没之虞。”又曰:“不经宪批则徭役之累渐至,是以捨田而困僧也;不严禁谕,则盗卖之弊或生,是以饭僧而养奸也。”兹将此呈文录之于下:

① 刘锦藻:《清朝续文献通考》,浙江古籍出版社,2000年,第8487—8488页;又参周叔迦:《周叔迦佛学论著全集》第7册,中华书局,2006年,第3220—3221页。

苏州府常熟县四十五都七十六图里排生员袁默等一百余人联名具呈，为禅修报国，恳恩照例免役，申宪给贴，永垂不朽功德事。窃维邑有梵刹，在衲子为成佛作祖之场；乡傍丛林，在地方为祝圣迎祥之所。所以历代仁君、君后，赐碑赐额，永为三宝金汤；历任督府柏台，蠲赋蠲役，用护千年香火。盖以非寺不能存佛，非僧不能存寺，非施田不能存僧，非免役不能存田。惟奉宪檄明文，可杜差徭之扰；更允勒珉镌石，保无干没之虞。谨查苏州府邓尉山圣恩寺、尧峰山尧峰寺、长洲县接待寺、吴县瑞光寺，本县兴福、维摩二寺，皆有士民喜捨僧田，皆蒙抚按各院批准，免役给贴勒碑，守为定例。本邑三峰禅院，坐落四十五都七六图，创自齐梁，久号精蓝。唐时有常建咏诗，历代有高僧流寓。自明万历间，汉月藏禅师从梁溪卓锡于此，焚修悟道，说戒参禅，祝颂圣寿，化导善信。繇是四众敬仰，十方皈依，大启殿宇，辟成丛席，为吴中第一选佛道场。四传为大树宏证禅师，五传为千华济裕和尚，俱克念厥绍，无替师传，宗风大畅。五十年法脉，远通十三省。宰官赵文毅之族，喜捨基地数十亩，以备大众薪蔬；居士陆尊礼之类，布施田产叁佰陆拾亩，以充禅堂斋供。省静参人持钵乞食之苦，结行脚者到门果腹之缘。檀波罗密发一片信心，禅波罗密千秋世守。但不经宪批则徭役之累渐至，是以捨田而困僧也；不严禁谕，则盗卖之弊或生，是以饭僧而养奸也。付乞师台查郡县各寺定例，如果某等所请不谬，备文上申，倘蒙抚按各院批行给帖，田归僧户，蠲免一切差徭。伐石勒文，永垂恩例，则寺产递相传流，而禅那安心参究，法门可久，功德无边矣。禅宗幸甚，地方幸甚。[①]

袁默等呈请官府宪批给示，其理由既利禅宗绵延香火，也利地方长治久安。

顺治十年（1653），官府颁发了免役公牒，勒石在西廊底。牒文曰：

江南苏州府常熟县为焚修报国等事，据生员袁默公呈前事。呈称三峰禅院创自齐梁，传诸志乘，自明季汉月禅师卓锡于此，大阐宗风，宏传法戒，祝延圣寿，启迪善心，由是四众皈依，十方向往。有宰官赵文毅华宗成就山场数十亩，以充大众蔬菜；居士陆尊礼等捨田三百余亩，给二时斋供，免定心

---

①《三峰清凉寺志》卷三《袁默等禀求免役公呈》。

人持钵劳形之苦，给行脚者到门果腹之缘。一片至诚，千秋永守，但不详宪请免则差役之累未蠲，是以捨田而困僧也。访知各名山寺皆蒙各宪批准免役，给示勒石，守为定例。伏望查照郡县各寺定例，乞详各宪，赐批给帖，蠲免差役，伐石勒文，永为千年常住等情到县。

随据里耆毛允旸等呈称，焚修以报国脉等事。所有三峰、茶庵、维摩、拂水等寺，各僧管业田亩，只虑差徭杂扰，里豪侵渔，则净地反以藏奸，所关于地方颇重。据查通例，相应一体详宪豁免等情，据此看得虞邑，负山襟海，其间禅林梵刹，棋布星罗，备载志乘。是以僧徒云集，宗律斋庄，祝圣护民，良有崇益。据查本县旧典，禅僧田亩，向在优免，不与当差。但不奉宪批颁禁，则日后渐成湮废，合请详明，勒石各寺，以垂永久。

备文申详，蒙兵粮道张批，僧田为数无多，既有免役之例，仰县即照例行；仍详抚院行，蒙抚部院周批，即将各寺现在田亩，确查禀报，以凭酌夺缴等因到府。奉本府转详间奉批，仰县将各寺田亩，照例免其杂泛差徭，如有假冒，查报入官。此缴等因到县。奉此拟合给帖，永守遵行。为此帖仰三峰济上德重，即将原奉院道府批词前事，照依原田亩数，遵守资修，一面注册蠲差外，仍不得假冒滥设，致奸豪隐蔽。此系宪批凿凿，佑理禅宗，大庇寺众，永为勒石遵行，须至帖者。计开本寺共田五顷二十二亩七分三厘。右帖仰三峰禅寺住持僧济上，准此。[1]

官府的牒文显示，三峰禅寺为焚修报国，其宗风可嘉；诸善信施舍斋田，“免定心人持钵劳形之苦，给行脚者到门果腹之缘，一片至诚，千秋永守”，故应当注册蠲免杂差泛役。但须防范的是，斋田中混入诡寄之田，告诫“仍不得假冒滥设，致奸豪隐蔽”。

乾隆十八年（1753）又给免役公帖，勒石在大雄殿前。公帖曰：

特调江南苏州府常熟县正堂冷，特授江南苏州府昭文县正堂王，为宪恩优免勒石千秋事。乾隆十八年五月初八日，奉特授江南巡苏松太兵备道按察司使副使申批，据常、昭两邑三峰、兴福、普仁、方塔、胜法、白雀、最胜等寺院监

---

①《三峰清凉寺志》卷三。

院僧德文、秀章、宗柱、智宏、道省、德章、果唯等呈词前事，内称僧等各寺系古虞接众丛林，所有十方喜捨斋田已经收入僧图，各宪垂恩，久邀优免差徭。顺治十年通详勒石，康熙十二年前藩宪慕饬遵优免在卷。是以雍正五年，乾隆六年，两开梅李塘，十六年又浚福山塘河，均系民田派捐，僧图俱邀优免。去冬，昭邑开梅里（李）塘河，县承勒令派捐，僧等衔循例号怜，事呈吁大宪奉批，据呈开吁福山塘河并未派及。是否实情，仰昭文县查案，详报抄粘碑摹，并发等因。昭邑关常移覆僧图田亩，开浚福山塘河，并未派捐，情由具详宪案。宪恩高厚奉批据详已悉，仰苏州府转饬知照缴等因，由府行昭，遵照在卷。

伏念各寺斋田，供佛饭僧，原系福国佑民善果，历邀宪恩优免差徭，遵行日久。县承滋派，今荷栽培批饬知照各寺，惟念勒石弱门护持，业经具准常邑勒碑永禁外，合敢吁号大宪恩赐金批，勒石千秋衔接等情。奉批仰常熟县会同昭文县，查明勒石具报等因。奉此查本年四月十九日，先据三峰、兴福、普仁、茶亭、拂水岩、东庵、方塔、白雀、胜法、最胜等监院僧德文、秀章、宗柱、永宁、德清、智宏、德章、道省、果唯将环扣宪仁事呈词前情到县，当经批准勒石在案。兹奉前因，合亟勒石，优免差徭。嗣后凡遇开浚河渠，及一应杂泛差徭，毋许奸胥复行滋扰，混派僧图，致干拿究。至于各刹僧图准免差徭，田地不论施舍、自置，永为饭僧供佛斋田。倘有光棍指冒捨主子孙，或有不肖僧徒指为祖先遗置，希图盗废及混派差徭者，许住持即时指禀，以凭拿究不贷。须至碑者。[①]

该免役公帖再次确认，常昭两邑各名刹寺院之斋田“原系福国佑民善果，历邀宪恩优免差徭，遵行日久”，而雍正、乾隆年间开浚梅李塘和福山塘河并未派捐僧图，经查确属实情。公帖告示各刹，僧图田地不论施舍还是自置，永为饭僧供佛斋田，不得盗废及混派差徭。

（二）宝华山寺恳恩蠲免杂差

宝华山隆昌寺在清代康熙年间先后于十七年（1678）和五十五年（1716），两次恳恩蠲免杂差，永禁勒赎杂差，皆获恩准立碑存照，给示晓谕军民人等。其蠲免杂差之缘由和详细经过，包括宝华山的寺产及其分布，以及应纳赋税情况，均见以下诸碑文。

---

①《三峰清凉寺志》卷三。

其一,《宝华山隆昌寺蠲免杂差碑》。

江宁府管粮监兑督造,省卫漕船同知,摄理句容县事姜,为恳恩勒石以垂永久事。本年二月二十六日,蒙本府正堂孙信牌开、蒙苏松布政司丁批,据本县华山隆昌寺僧上源等,词禀本寺豁免杂差缘由蒙批,仰江宁府速查报蒙批,除将原词抄粘外,合行饬查。为此仰县官吏遵照来文抄粘,牌内事理,即查上元等置有田地山场若干,每年应缴粮米若干,向来作何输纳,今可否止办正粮,豁免杂差勒石,作速查议妥确,具文详府,立等核明,转详本(布政)使司,覆夺施行等因。蒙此,遵于三月二十一日,具文将蠲免杂差缘由,申详本府蒙批,仰候转详批示,缴蒙批到县遵行。间随于四月十五日,蒙本府信牌开,蒙江苏布政司丁批,本府详据该县申详,华山隆昌寺香火田地,止办正粮,豁免杂差勒石缘由,蒙批如详,行缴批府。蒙此合行饬行。为此仰句容县管理遵照来文事理,立将该寺田地遵照宪批勒石,豁免杂差止办正粮,文到先具碑稿呈府,以凭转呈本使司阅政发镌。蒙此,除将碑稿申送外,合行勒石永遵,嗣后华山隆昌寺僧田地山场,除正赋钱粮照数输纳外,其一切杂项差徭,遵奉宪行,概行蠲免,均无违错,须至碑者。康熙十七年十月初九日立石。[①]

其二,《宝华山奉总督部院永禁扐赎杂差碑》。

江宁府上元县曹、句容县方,为恳恩勒石永垂香火事。康熙五十五年闰三月二十九日,奉本府正堂卫信票开,奉总督部院赫批,据华山监院僧人实永呈禀前事,词称僧具缘华山者,治属句容,开创自甫梁代志公祖师,至于怀宗戊寅,稔诸檀公,请三昧和尚主持,初兴律法,为华山字派第一代祖。化缘报满,将衣钵嘱授见月祖和尚,相续二代主持,时因几契,便以香资,洎大众食,备余囊零,置田地山场,永远供众。曾于康熙十七年,已蒙江苏布政司丁谕,上元、句容二邑,以华山田地山场,只办正粮,豁免杂差,僧众沾恩,迄今不朽。三代传定庵祖和尚,产业渐增。四代传松隐祖和尚,亦买田地山场。但僧等质无依怙,曷幸仰觐大恩慈宪,督两江弹迁秉政,定每岁三月,亲诣华

① 《宝华山志》卷八《公移》,《中国佛寺史志汇刊》第1辑第41册,台北明文书局,1980年,第4页。

山，拈香拜佛，启建吉祥道场，恭祝圣寿无疆，诚胜事也。第现居方丈闵缘和尚，膺祖遗训，公遵师命。同门中一代一位主持，兹称五世。恐后僧俗不肖，勾引棍徒取利，勒赎土产山场，依势侵凌，则丛林废弛，僧众无凭。由是伏乞，恩准勒石，永为定例，香火久远，万代阴功，吁切上呈等情，于二月初二日，具呈督宪奉批，江宁府查明勒石申禁，报旧碑摹，并发等因。到府。奉此，该卑府遵即示令，僧人实永赴府呈明去后。

今据僧人实永呈为遵示，呈明叩赏，详恳勒石以垂永久事。内称切照华山乃前朝敕建隆昌寺，今上敕赐改为慧居寺，系律门传戒、接众焚修之所。自祖上续置有饭僧田地山场，曾于康熙十七年间，奉前任江苏布政司丁给示，刊碑在寺，一切田地山场等业，止令输纳正供地丁，并办纳漕粮之外，其一切杂差永免。恩蒙勒石，迄今三十余年，遵奉沾恩在案。续后三代定祖、四代松祖、五代现居方丈和尚，亦俱置有零星田地山场等业，在于上元、句容二县所属，照遵前碑无异。但恐日后年深日久，或有不肖僧俗借端回赎、增扐勒诈、侵损常住等情，是以僧前具呈禀，叩督宪恩赏，再为立碑示禁，永垂不朽。不但佛光攸赖，即合寺僧众沾恩无既等情。奉督宪批送案下查明，勒石申禁，报旧碑摹，并发等因。今蒙示谕僧人，呈明缘由，以便夺详。奉此遵将前由，备具呈明，伏叩电鉴。恩赏核夺，详覆督宪，请示遵行，顶恩上禀等情。到府。据此卑府查得该僧呈内，因有置山场田地，随经又行上元、句容二邑查明数目，具报去后。

今催据上元申称，该卑县遵奉催据该图册，书投具册，开灵天栖华山寺实在人丁，三十六丁；平米四十二石一斗四升二合八勺，荒米五石六斗七升九合；上田四百五亩二分六厘四毫，下田二百四十亩三分六厘四毫；上地五十一亩一分八厘九毫，下地二十九亩一分三厘；塘二十六亩五分八厘一毫，滩二十二亩九分二厘，荡一十一亩五分六厘；原荒田二十五亩。该地丁银三十八两七钱七厘一毫，闰月加银一两四钱三分六厘二毫等情。前来据此，拟合具文申覆，伏候查核，转详等情。又据句容县申称，该卑县遵照来文，随即查将僧人实永，华山寺内田地山场数目，以及应纳正供钱粮米数，造具清册，申送听候核转等情，并送册内开华山隆昌寺，田，一千七百一十七亩二分，平米，一百一十六石七斗六升九合六勺；地，三百九十七亩八分三厘，平米，一十一石六斗六升五合一勺；山，三千六百九十八亩七分三厘五毫，平米，二十二石一斗九升二合四勺；荒地，四十四亩五分二厘二毫，应纳荒白银一两二钱八分。共平米一百五十石六斗二升七合一勺，应纳地丁银一百四十三两八钱一分，漕项银八两八钱六分四厘，制钱五千八百五十九文，纳本色米豆一百一石五斗八升二合九勺。各等情到府。据此，该本府正堂卫，查得华山僧实永，以寺内向置上（元）、句（容）二邑田地山场，曾于康熙十七年间，蒙江苏布政司丁饬县勒石，只办正粮，豁免杂差在案。但后又续置零星田地山场，恐日后或有不肖僧俗借端回赎、增扐勒诈等情，具呈宪案，请再勒石永禁等情。致奉宪台批饬查明，勒石申禁等因。遵即饬行上、句二邑，查明田地山场数目，申报去后。

今据该二县开报前来相应，详请宪台核明批示，以便转饬上、句二县，会同勒石申禁，另取碑摹呈送等因。蒙府具详，督宪奉批如详，转饬勒石永禁。仍取碑摹送核缴等因，行到府，转行到县，奉此合行勒石永禁。为此碑，仰该寺僧众，并粮户军民人等知悉，嗣后华山前项原置并后续置田地山场等，每年只纳正供钱粮，一切杂差豁免，永远遵奉。如有胥役勾窜僧俗地棍，借以混派，以及卖主增扐回赎等项，擅行滋扰，许合寺僧协同粮户，即时扭禀，以凭通饬，按律究治。此奉督宪，严饬杜害，勿得阳奉阴违，致干重谴。各宜凛遵勿忽。须至碑者。康熙五十五年四月十八正立石。[①]

其三，是《宝华山奉将军都统永禁扐赎杂差碑》。

镇守江宁等处将军世袭阿达哈哈番加三级鄂副都统吴申，为恳恩立石，示禁军民，以隆香火事。据华山慧居寺僧实永禀称，华山自梁代志公祖师开创至今，历代古刹，时因道合，积凑香仪与大众食，备余资零星置买田地山场洲塘等产，供佛斋僧。于康熙十七年，蒙前任布政司丁谕令上元、句容二邑，将华山各业，只输正项地丁，并办纳漕粮外，凡一应杂差，悉皆豁免，勒石永镇山门。僧众沾恩不朽，但僧切思出家弱门，设恐人心有异，僧俗勾通，或倚强扐价，或依势勒赎盗卖等情，前月已蒙总督恩准，刻石永禁在案。僧等仰蒙覆庇，莫不恬安，诚恐后出刁恶棍徒，或诈称满城，或勾引旗厮，扐价勒赎，盗卖侵凌，亦难测料。故预为请示，勒石永禁。伏乞恩准立石，并给示晓谕

① 《宝华山志》卷八《公移》，《中国佛寺史志汇刊》第1辑第41册，台北明文书局，1980年，第6—10页。

军民，不致废弛等情。据此合行示禁，为此示仰满汉军民人等知悉：嗣后倘有地棍勾串旗人，在于华山所买田产内，特强抑价勒赎生事等情，许该寺僧人并乡保，赴辕指名控告。以凭尽法，究治不贷。特示。须至碑者。康熙五十五年五月初三日立石。①

通读以上三碑，可以获知，宝华山寺经历代祖师苦心经营，续置有饭僧田地山场等产业若干，主要分布在上元、句容二县。为便于浏览分析，兹将经上、句二县查核的宝华之田地山场数目以及应纳正供钱粮米数，制表列示于下。

表 9.5 上元、句容田地山场亩数与应纳正供钱粮米数表

	田地山场亩数				应纳正供钱粮米数				
	田	地	山林	塘滩荡	平米	荒米	地丁银	漕银	本色米豆
上元	上田 405.264 亩，下田 240.364 亩，荒田 25 亩	上地 51.189 亩，下地 29.130 亩		塘 26.581 亩，滩 22.920 亩，荡 11.560 亩	42.142 8 石	5.679 石	38.707 1 两，闰月加银 1.436 2 两		
合计	670.628 亩	60.319 亩		61.061 亩					
句容	1 717 亩 2 分	397.83 亩，荒地 44.522 亩	3 698.735 亩		田纳 116.769 6 石，地纳 11.665 1 石，山纳 22.1924 石	纳荒地银 1.28 两	143.81 两	8.864 两	101.582 9 石
合计		442.352 亩			150.627 1 石				
总计	2 387.828 亩	502.671 亩	3 698.735 亩	61.061 亩	192.769 9 石				

由上表可见，宝华山在上元、句容两县拥有田地山塘滩荡等共计 6 650.295 亩，其中田地有 2 890.499 亩(含上元荒田 25 亩、句容荒地 44.522 亩)，山林 3 698.735亩，田地比山林少 808.236 亩。田地山场应纳平米共 192.769 9 石，纳地丁银和漕银两项合计 191.381 1 两(其中上元闰月加银 1.436 2 两未计)；上元荒田纳米 5.679 石，句容荒地纳银 1.28 两。另外，宝华山的句容田地还纳本色米豆 101.582 9 石和制钱 5 859 文。此皆为宝华山应纳之正供钱粮米数，除此之外，其他概被视作"杂役"应予蠲免。

① 《宝华山志》卷八《公移》，《中国佛寺史志汇刊》第 1 辑第 41 册，台北明文书局，1980 年，第 10—11 页。

宝华山凭其“出家弱门”，能在康熙十九年和五十五年(1716)前后两次立碑恳免杂差，经各级官府衙门层层核查批准，并晓谕军民人等，这主要是因为其“系律门传戒、接众焚修之所”，清圣祖数次南巡对该寺隆恩眷顾，宠恩有加。宝华山寺额慧居，即为康熙四十二年(1703)皇帝南巡时所敕赐。而继康熙朝之后，雍正、乾隆二朝对宝华山寺也格外垂青。最著名的是，雍正朝征诏宝华山僧福聚(文海)入京都，主持法源，传演戒律，此乃“为法门罕有之盛事”①。福聚进京后奏请将宝华山律宗五部入藏，他在上疏中称颂雍正皇帝宣畅律宗，“诚千载罕遇之奇缘”②。此外，还有贾泽润撰《宝华山漕米蠲免入仓杂项碑》及《题定华山功德盐禀请勒石词》等蠲免事项，记录了宝华山于雍正、乾隆年间朝廷蠲免漕米入仓和每年发给山僧功德盐的事项，都充分说明了清代朝廷和地方对宝华山这个律学正宗之地③的重视和保护。

贾泽润曾在此土为官，雍正二年(1724)岁次甲辰夏六月撰立此碑，碑中曰：“间尝览天下方舆志乘，自五岳以下，诸名山类多，创梵宇，构精舍，为佛子净修地。然而或兴或废，沧桑曾不旋踵，从未见有聚千百比丘，守清规，勤苦行，历数百年如一日，若我句邑之宝华山慧居寺者。”“盖自戒律精严，洵为海内所希觏，不徒形胜壮丽甲天下也。惟是缁流涌集，食指浩繁，计每年田亩出息，犹不足以供饘粥。幸各上台皈诚三宝，备极优恤，所勒丰碑，炳然在目。而凡宰是邦者，皆加意护持焉。即如该寺漕米，岁输九十石有奇，向俱免运入仓，听其径赴舟次交兑。余循例行之一年，旋以先慈忧解组。继任闽中含章施寅长护持，尤为竭力。恐历年既久，或有纷更，允其呈请，批示存案，复为钤盖县篆，用垂久远。夫以天庾正供，而施寅长之斟酌前规，以为佛子谋不朽者。顾如此则其余护持之所及，不又可知乎哉？文公和尚，感泐五中，而不能忘。爰走监院求记于余，以志勿谖。余恨席不暇暖，于诸佛子未遑稍有所沾溉，且愧奄鄙之辞，不堪与山争重。特以施寅长护持恳挚之意，实又不可以无传。因时方北旋束装，匆剧勉为参颖，深冀后

①《宝华山志》卷七《寿塔铭》，《中国佛寺史志汇刊》第1辑第41册，台北明文书局，1980年，第34页。

②《宝华山志》卷八《奏疏》，《中国佛寺史志汇刊》第1辑第41册，台北明文书局，1980年，第2页。

③ 和硕显亲王撰《宝华山文海和尚寿塔铭》曰：“宝华山以宝志公肇称开山，以后法绪久湮，至明妙峰尊者，宏法重兴。又至三昧大师精严戒律，白莲重开，符远公再来之谶，建立千华大社。于是海内佛子皆知宝华为律学正传矣。再传而得见月大师，中兴规矩，又至定庵德公始纂山志。自是绳绳振振，嗣法演戒，远近贵贱无不宗仰律门。……盖累传七叶而至文海大师焉。”(《宝华山志》卷七《寿塔铭》，《中国佛寺史志汇刊》第1辑第41册，台北明文书局，1980年，第33页。)

之具菩提心者，或鉴于两人拳拳于佛子之意，而护持倍有加焉。则后之视今，亦犹今之视昔。自足使百千比丘，同生欢喜心，常守精严戒。其于圣祖赐额之殊恩，各宪皈诚之盛念，庶乎其不相径庭也欤。是为记。”①

雍正、乾隆年间，先后两次题定宝华山功德食盐一百八十担，并装盐盘川银若干，宝华山僧禀请勒石，禀词曰：“具禀宝华山慧居寺监院僧行从禀，为恳恩勒石以垂久远事。切思本山食盐，荷蒙恩宪笃信三宝，拥护佛门，历年照额部颁，存留功德食盐一百八十担，逢园菜熟时，遣僧恳恩赏批护送。则僧众衔恩，口碑难尽，非凭勒石，曷使恒常。为此叩恳天台，施一笔之霜威，保千年之功德。从此佛地增辉，焚修有赖，庶几无坠劣。不泯千秋，激切上禀。雍正十一年九月二十四日，具奉盐漕察院高批，华山功德盐银，开载部颁存册之内，历年已久，盐运使查照，每年于菜熟之先，预期给发，俾得济用可也。”

乾隆九年(1744)二月，句容县覆词曰：“宝华山监院僧自道禀，为遵票覆明事切。山僧功德盐一百八十担，又装盐盘川银八两四钱。始自两淮信商，乐施多年。于雍正二年间，荷蒙世宗宪皇帝圣恩，颁载部册，泽流万世。仍命盐漕察院，按年照数给发，毋得苛减等因。僧于每年冬菜熟时，赴镶领银买盐，请批护运到山。以济戒众，深霑实惠。钦遵已久，今奉票查，为此据实禀明。伏讫仁宪电夺，沾恩不浅。上禀。”②

（三）普陀山申请宽免钱粮

在清代，僧人开垦荒地为农田进行耕种，作为寺庙经济来源者也有不少。对此，清政府同样考虑给予免除租赋的优惠。普陀山普济寺和法雨寺的僧人曾经开垦荒地成为农田。两寺僧人心明和性统向康熙帝申请蠲免已开垦田地的钱粮。康熙帝恩准呈请，并令杭州织造孙文成和浙江巡抚朱轼前去丈量田亩，予以办理。此事的来龙去脉在《圣恩宽免普陀钱粮碑记》中有详细记载：“康熙五十七年十一月二十五日，准内务府移咨内开康熙五十七年十月二十日侍卫魏珠将南海普陀洛迦山普济寺心明、法雨寺僧空怀、空明等所奏汉字黄折子发出，交与十二阿哥转传旨：将此着阿哥亲自会同包衣昂邦询明，将御书之处议奏。钦此钦遵。臣等会议得：明季藏经皆是明朝皇帝所送，所有御书亦随带去。今僧人等虽

①《宝华山志》卷八《公移》，《中国佛寺史志汇刊》第1辑第41册，台北明文书局，1980年，第12—13页。
②《宝华山志》卷八《公移》，《中国佛寺史志汇刊》第1辑第41册，台北明文书局，1980年，第13—14页。

请御书，然此藏经乃公主为父皇万寿送去之经，再写御书必须交与内阁衙门用宝。或可照去岁移咨孙文成会同地方巡抚等，将旧年宽免开垦田地钱粮数目、情由，并善为保诵藏经，不许僧人胡乱生事，立碑永垂，为此请旨。”①

普陀山僧人提出蠲免开垦田地钱粮的请求后，根据康熙五十六年(1717)十一月十五日内务府的清字咨文，康熙帝传旨将普济、法雨两寺僧人心明、性统的原折交给杭州织造孙文成和浙江巡抚朱轼查明情况，提出意见呈上奏折。孙文成和朱轼令定海县知县亲自前去丈量僧人开垦的田地。田地涂山共有三十三顷多。其中，已报起征的有二十八顷多，应征银六十一两多、米一十四石多。已报申科尚未起征的有四顷多，应征银七两多，米二石多。还有未开垦的田地十三顷多。这些田地经过知县丈量清楚，造好清册，汇报给孙文成和朱轼。经孙文成的奏请，康熙帝蠲免了已开垦和未开垦的四十六顷多田地应征的钱粮。之后普陀僧人还上奏康熙帝，请求御书立碑。康熙五十八年(1719)正月，浙江巡抚朱轼和杭州织造孙文成恭撰碑文，上面详细记载了饬僧免赋之情由，并要求僧人们虔诚诵经，祝皇上万寿无疆，告诫僧人不可游惰而丧失正业，不可滋生事端而做违规之事。碑文末曰：“伏惟我皇上圣神文武宽信敏公博施济，于五十八年之间薰风风物，垂道法于一十四省之外，化雨雨人，凡属航海梯山，靡不怀仁响义。若普陀洛迦山者，标金树刹，元从鹿苑分来；布宝成池，直是龙宫筑就。维兹佛国，叠受皇恩。宸翰高悬，笔墨与浮图并峻；慧居重建，海天共梵宇齐雄。乃犹蠲国赋于福田，永锡菩提圣种；抑且著王章为戒律，真成清静禅宗。仰成如天如地之弘慈，祇凛人心道心之大训。谕尔僧众虔诵藏经，祝帝寿以无疆，弘天休于洧至。毋游惰而失业，毋生事以作非。顶戴圣恩，宣扬佛教，普天率土，物阜民安。”②

四 清律规定与寺产规约

康熙朝《大清会典》对私自变卖寺观田地的犯罪行为已有明确的法律规定：“僧道将寺观各田地……朦胧投献王府及内外官豪势要之家，私捏文契典卖者，

①《宫中档康熙朝奏折》第7辑，台北故宫博物院，1976年，第422页。

② 参杨健：《清王朝佛教事务管理》，社会科学文献出版社，2008年，第349—350页。

投献之人,问发边卫,永远充军。"将私自典卖寺院田地的僧人发配边地永远充军,田地给还各寺观。诸方贤德亦设计对斋田的种种保护和防卫措施,请求官方给示免除租赋杂役,再邀地方名人著文,勒石刻碑以垂永久,这些都成为清代寺院通行的做法。

对于侵害斋田,不仅官方申令保护,就连寺院清规也有禁约。丛林寺院一般在清规戒约中设置相关条款,对损害斋田之行为加以禁约。故钱中枢为严氏三峰寺志作跋云:"梵刹之兴,必资檀施。或其后人,不皆善承先志,而法门继起,又不皆克绍祖风,往往侵损常住,巧取豪夺,遂令福田翻成孽海。此严氏不言之隐也。盖以佛法言,有无平等,何足语此?以世法言,利之所在,宜有防卫,悉著于篇,亦犹严氏之意云。"①

尽管规约不是直接针对斋田保护而设计,但斋田是重要的寺产,"寺产关慧命也"②,其中体现了对寺院重财还是重德、僧众逐利养还是求祖道之类问题的看法。前述三峰寺施主斋僧田记多篇,类皆系心于"僧者乃佛法之慧命,田者身外之长物。借长物留慧命"(陆尊礼自记);"非财施实法施,非为德门之法田施,实为法门之慧命施也"(张有誉记);"国恩报而亲德酬,慧命存而福田在"(化苇记)云云。可见将寺产与慧命紧密联系一起,实乃三峰法脉之僧俗共识,赖以维三峰不坠之宗风,而此当导源于汉月法藏之《初居三峰约》。

汉月法藏禅师手订《初居三峰约》,序曰:

> 夫比丘之法,居不置突,行不裹粮,绳床三尺为地,墓树一枝为屋。逆旅三界,乞食千家,虽有徒众皈依,止为传法利生、报佛恩德,非有家业可传、父子恩爱者也。经云:断欲去爱,是名沙门。故律制师僧入灭,所有衣钵,皆白椎集众,估唱其财,设斋饷众。虽嫡徒亲师,不过随众一食而已。所谓传衣钵者,盖印心之后,心非可表,假此以表信耳。末法变坏,重师财不重师德,爱徒子不爱传道,以师住处为己家,以徒皈依为爱子。出家入家,割爱生爱,心俗而貌僧,名脱而实缚,古之黄发外道亦所耻为,而今习为公行,不知惭愧,良可慨也!故吾祖百丈出世,设钟板,建清规,以住处为公共丛林,推道

① 《常熟三峰清凉寺志》卷三《寺产》。

② 《常熟三峰清凉寺志》凡例。

德者住持。其处唱其法道，革其弊恶，公财食，分职事。虽有师承之法恩而无私爱，有住持之尊位而无私家。一针一芥，无非估唱；一椽一瓦，莫非常住。夫僧者清静众也，常住者非私有也，又何有党占者哉？迩来祖道大坏，缁衣窜入恶道，甚至出家者不论道德。但见丛林热闹，财施殷繁，酸寒伛偻，丑态百入，钻结权奸为党，苞苴谀诈为恭，布置于外，篡夺其内，黜贤德擅住持，驱参众树己子，为千年计于狐穴，稍不遂即挟党以争夺。种种不肖，于戏，道法狼狈，一至此哉。近代云栖大师出世，回千载倒澜，设立条约。自住持一人之下，虽有徒众来皈，皆雁行一字，其年齿少者降一等。一字雁行，不许私自认师认徒，结情识，树恩党，以酿祸乱。其有学识老成、见地超卓、为众所皈者，即分化一方，别为导师，自有嗣法徒众。其或学识不充，而功行大者，至老入勤旧寮，临终议嗣其后，勿使中途争夺。夫云栖之制，可谓千古龟鉴也。法藏窃遵其制，于三峰五六年矣。[1]

遵云栖僧约十章，汉月法藏略为增减以适合本院，名为《初居三峰约》，兹列之于后：

第一敦尚戒德约。破根本大戒者，诵戒无故不随众者，不孝父母者，欺凌师长者，故违朝廷公府禁令者，习近女人者，受戒经年不知戒相者，亲近邪师者，俱出院。

第二安贫乐道约。饮食不甘淡薄者，著艳丽衣服者，泛揽经事者，争衬钱者，聚集男女做世法、斋会者，俱出院。

第三省缘务本约。无故数游人间、数还族舍者，习应赴、词章、歌管等杂艺者，习学天文地理、符水炉火等外事者，习学闭气坐功、五部六册等邪道者，好兴无益工作者，俱出院。

第四奉恭谨守约。非礼募化者，侵克信施者，擅用招提物、废坏器用不赔偿者，偏众食者，不白众、动无主僧物者，临财背众苟得、临难背众苟免者，俱出院。

第五柔和忍辱约。破口相骂、交拳相打者，威力欺压人者，侮慢耆宿者，

[1]《常熟三峰清凉寺志》卷二《清规》。

俱出院。

第六威仪整肃约。戏笑无度者，亵渎经像者，衣帽故不随众者，高声争论、三谏不止者，俱出院。

第七勤修行业约。无故屡不礼诵者，执事慢、不行其事者，恶人警策昏沉者，试经久不通利者，不信禅宗、净土法门者，俱出院。

第八直心虑众约。挑唆彼此斗争者，树立朋党者，机诈不实者，谤讪清规、污毁清众者，情识私结不正之友者，俱出院。

第九安分小心约。大胆生事者，谬说经论者，妄拈古德机缘者，无知著述误人者，招纳非人者，立徒众者，擅留童幼沙弥者，已事不明、好为人师者，哄诱他人弟子背其本师者，奔竞作呈身长老者，妄议时政得失、是非轻心、谤斥先圣先贤者，另为烟炊者，俱出院。

第十随顺规制约。令之不行、禁之不止者，有过罚而不服者，住院名不入僧次者，不受本院约束者，梗法不容知事人行事者，凡事不白师友、恣意妄为者，故与有过摈出人交往及容受引领三峰、万峰等已摈者，俱出院。

汉月法藏于万历四十四年丙辰(1616)立此“三峰初居约”，在该约后还有一段识语，末了几句说：“夫僧以浮幻之质，寄此空花之居，且无贤圣之道德，又何分缁素、辨泾渭于荆莽之区哉？但著佛氏衣，受檀信食，不无进贤退不肖，以存佛祖制律制规之微脉。俾因事设约，而吾曹知所向背也。惟庵众鉴此！”①

---

①《常熟三峰清凉寺志》卷二《清规》。

第四节
清末民国时期江南佛教寺院经济

清代佛教寺院经济发生转折，所遭遇的重大历史事件，首推太平军兴后的兵燹之难。有一些文献记载，“粤寇”乱时，长江以南大半个中国的佛寺因受战火焚毁，僧人离散，更遑论寺田之完存。这虽不免有点儿夸张，但也道出了部分实情。至少太平天国颁布《天朝田亩制度》，实施“凡天下田，天下人同耕”“无处不均匀，无人不饱暖”的社会理想，对寺院拥有大量田地是有冲击力的。以曾国藩为首的湘军平定太平天国后，在复兴传统文化的名义下，尽管不少寺院重建，但都不复往日之旧观，而且所中兴者，亦大都是前代“敕建敕赐”的寺院。例如，光绪年间宜兴地方志对此涉及云：

> 仙佛之说，肇于东西京，故寺观汉已有之。佛舍谓之寺，以其森严同于府廷，谓因舍经鸿胪寺而得名者，附会之词也。观则高望远眺，甲乙之观旧画，仙灵仙好，栖居供奉者，所为适其性已。自汉以后，二氏之风渐识，鹤馆雁堂，金碧望于道，宋设宫刹以奉祖，故缁衣黄冠之庐，所在皆以祝圣名，千百年来未之改也。粤贼之变，蹂躏半天下，所至毁寺观几尽。克平后，朝廷用言官言，僧道所居，非敕建敕赐者，不得更造。阳羡故号灵区，仙岩佛窟之名，今虽不改，而琳宫梵寓，寥如阒如。过碧云而问千僧之宅，访元寂而叩贰卿之钟，山色湖光，徒增凄怆。其偶有建复者，或以为名贤驻迹之所经，或以为里老议事之所聚，聊构小筑，未还旧观也。[①]

一 清代佛事的兴废利弊

斋田固然是清代佛教寺院的基本生资来源，不过并非佛教寺院经济的唯一内容和形式。特别是到清末民国时期，土地作为生产资料因战乱而动荡，“耕者

---

①《(光绪)宜兴荆溪县新志》卷之二《寺观》，《中国地方志集成·江苏府县志辑》第40册，凤凰出版社，2008年。

有其田”的观念革新也正在日益冲击和影响着寺院的传统经济模式。这时，清代政府一贯鼓励寺僧“丛林清修”而打压“应付僧”的佛教政策导向也开始松动，长期压抑的“应付僧”渐渐抬头，在城市乡村有了市场，经忏佛事收入遂成为近代佛教寺院经济的一项重要来源。

有学者研究认为：“经忏佛事活动其实一直是佛教寺院经济中最基础的经济活动和经济来源。佛事活动是展示其宗教性的一个主要方面，同时也是有可能败坏其宗教形象的一个直接方面。佛事活动之大者是为国祝厘，为帝祝寿；通常的即为百姓宗教需要服务的经忏之类。但是宗教性却往往在这类最频繁发生的佛事活动中被消解，问题即由于经忏佛事往往流于寺僧挣钱牟利的营生。历来朝廷若有宗教政策出台，必要有很重的篇幅来约束佛事活动，明太祖朱元璋甚至亲自过问佛事活动的价目表。经营经忏的寺僧，一直都是既为社会所需、又为社会所鄙的一部分。显然，问题不出在经忏，而是一般的从事这类佛事活动的寺僧忽视或没能力在宗教神圣性的问题上有较多考虑，而确实是拿经忏作为营生。”①

（一）佛事的缘起和形态

日本学者中村元在其著作中说，中国人接纳佛教后给诸佛菩萨设定诞辰，可说是一种中国风味十足的表现。自古以来中国人就形成佛诞节，纪念四月八日释迦牟尼佛圣诞。《魏书・释老志》记载，北魏朝廷的天子还亲自参加过这种活动。此风渐次扩大后，阿弥陀佛、弥勒佛、药师佛、观音菩萨乃至阴曹地府审判亡灵的十王都有了诞辰的设定。各寺庙按日举行纪念的庆典，在清代就完全定型化了。这里将诸佛菩萨农历诞辰列表于下，以供参考。

表 9.6 诸佛菩萨诞辰表历

月份	日期	佛菩萨诞辰	备注
正月	初一	弥勒佛圣诞	
	初六	定光佛圣诞	
	初八	五殿阎罗天子圣诞	

① 参周齐：《佛教的经济理念与中国历史上的佛教经济问题之审视》，载王志远主编：《宗风・春之卷》，宗教文化出版社，2009 年，第 314—315 页。

续表

月份	日期	佛菩萨诞辰	备注
二月	初八	释迦牟尼佛出家纪念日	此日诵经一卷,可比常日百千万卷之功德
	十五	释迦牟尼佛涅槃日	同上
	十八	四殿五官王圣诞	
	十九	观音菩萨圣诞	
	二十一	普贤菩萨圣诞	
三月	初一	二殿淡江王圣诞	
	初八	六殿卞城王圣诞	
	十六	准提菩萨圣诞	
	十七	七殿泰山王圣诞	
四月	初四	文殊菩萨圣诞	
	十七	十殿转轮王圣诞	
	二十八	药王菩萨圣诞	
五月	十一	都城隍圣诞	
	十三	伽蓝菩萨圣诞,关圣帝君降神	
六月	初三	护法韦陀天尊圣诞	
	初四	南赡部洲转大法轮	
	十九	观音菩萨成道	此日放生、念佛,有不可思议之功德
	二十四	关圣帝君圣诞	
	二十六	协天大帝圣诞	
七月	十三	大势至菩萨圣诞	
	二十四	龙树菩萨圣诞	
	三十	地藏菩萨圣诞	此日诵地藏经一部,胜过建造恒沙七宝塔之功德
八月	二十二	燃灯佛圣诞	
九月	三十	药师琉璃光如来圣诞	
十月	初五	达摩祖师圣诞	
十一月	十七	阿弥陀佛圣诞	
十二月	初八	释迦如来成道	此日诵经一卷,可比常日百千万亿之功德
	二十九	华严菩萨圣诞	
	三十	持斋念佛以求诸佛菩萨下界访察人间善恶	

资料来源:中村元主编《中国佛教发展史》,台北天华出版公司,1984年。

佛事收入是清末民国时期佛教寺院重要经济来源之一。早在明朝初期就有各种佛事、法会,连价目都有所规定。清代佛事的形态则已经完全定型,每逢佛菩萨诞辰,大小寺庙一般都有佛事或法会。今举其佛事种类如下:

| 表 9.7 佛事种类及价目简表 |

佛事名称	僧众数	供物	价格标准(元)
焰口(普度的一种)	8人	有	100
焰口(普度的一种)	8人	无	80
打水陆昼七夜(水陆法会)	6人	有	170
打水陆昼七夜(水陆法会)	6人	无	140
打水陆昼七夜(水陆法会)	8人	有	170
打水陆昼七夜(水陆法会)	8人	无	150
本堂焰口(在寺院正堂所举办的普度法会)	8人	有	110
本堂昼七夜(在寺院正堂所举办的水陆法会)	8人	有	200
本堂昼七夜(在寺院正堂所举办的水陆法会)	6人	有	180
系念焰口	8人	有	180
华严忏昼七夜	8人	有	360
华严忏昼七夜	8人	无	280
血湖	7人	有	80
法华经	1人	有	40
地藏经每日一部	1人	有	30
金刚经讽经	1人	有	20
梁皇忏	1人	有	20

| 资料来源:中村元主编《中国佛教发展史》,台北天华出版公司,1984年。 |

中村元陈述,此表价格根据第二次世界大战中派驻上海的藤本智董在南京调查所获资料(1940年5月,与亚院华中联络部,调查报告集第二十二辑),至于法会种类则实乃中国人长年社会习惯之下的佛教信仰累积而成。此言诚然不虚。而美国学者韦尔慈则将清末佛事与中国传统的孝道文化联系起来论说。他早年在中国实地考察清末以来的佛教实践,参访、接触了不少寺院和僧人。他观察到,由于中国人重孝道,所以愿意为死者做法事,超度亡灵。孝顺的子女在亡灵牌位前上供,并报告家中发生的大事。在父亲死后四十九天内请和尚做佛事,可以帮助亡魂转生到好的地方,同时亦减轻他的痛苦。

韦尔慈认为有三种可能的超度方法:其一,和尚做法事,将菩萨及自己所做的善业转到死者功德账户上,以消除其恶业;其二,向死者说法,祛除其愚昧无知,不令无明愚痴阻碍他们获得较好的转生;其三,若死者已成饿鬼,正饱受折磨,就无法专注聆听说法,因此和尚先施给饮食,减轻其痛苦。韦尔慈据此判断说,很多中国人似乎将经忏佛事视为一种化民成俗的孝行,没有人可因追思缅怀亡者而被指为迷信。①

而在中村元看来,请和尚做佛事、办法会不仅仅是民间百姓之行为,宫廷皇室也经常举行。宫中内道场的佛事,乃以皇帝及王室私人祈愿与求福为目的。此内道场制起源于隋唐,远传至于日本。唐朝的内道场,除儒、释、道三教谈论及讲经外,佛诞会与盂兰盆会亦于此举行。当然,先帝忌日及当今帝王的生辰日等的佛事活动,亦经常在此举行。不过此种法会也可在各地寺观中举行。②

据观察,时至清末,民俗中较为普遍的佛事形态是"放焰口"。焰口本是一种密教仪式,费时约3—5个小时,而且都是在饿鬼外出活动的晚间举行。主其事的和尚头戴金红相间的五顶冠,面前摆镜子、法杖、汤匙等。在旁协助的和尚一般有6—18位,备有金刚杵及金刚铃。仪式前半段,主持者祈求三宝加持。后半段,他们冲破地狱的大门,以法器及法印打开那些受苦者的嘴,食以甘露。甘露是用咒语加持过的圣水。他们驱除饿鬼的罪业,主持三皈依,让饿鬼获得菩萨的救助。最后,为他们说法。如果这些都如法进行,饿鬼可以即时转生为人,甚至往生西方极乐世界。施主做佛事所得功德,自然回向给亡故的亲人。但放焰口不仅是为某个特定的对象带来利益,它也是每年农历七月十五日盂兰盆节(也称饿鬼节)造福乡里的法事。

日本江户时代(1600—1867)长崎通事中川忠英著《清俗纪闻》卷十二中描述了清代民间佛教的焰口普度仪式。其设一佛座于宽阔处,立牌位,点灯,置花瓶一对、烛台一对,还有香炉,再摆上各种供物。其前另设十二尺见方、高约六尺的焰口普度坛,正面安奉观音像,置佛具,同样布置鲜花、灯烛及例行的供物,如米一盆、馒头七个、洒水器等物品。对面设毗卢坛,上坛张挂释迦、观音、阿弥陀、地藏、阿难、引魂及十方诸佛等七佛名号,下坛竖立面燃大士、护法龙天的牌位,同样供以鲜花、点灯、供物等。旁边设置餐台,立一个写有"水陆一切男女孤魂等位"的牌子,当然也免不了供花等设备和供物。例行供物是,在一个大容器里装满堆如山高的米饭,供洒水,前面放置两个高约六尺、周围九尺大小的山形竹笼,竹笼外面贴满金银箔纸、纸钱(冥币)和冥衣等,再立两杆旗,其一写有"金银山",另一写"钱衣山"。诵经之僧五、七人,走上焰口坛,金刚上师(主持僧)以下,各按

---

① Holmes Welch, *The Practice of Chinese Buddhism* (*1900 - 1950*), Cambridge, MA: Harvard University Press, 1967, p. 184. 下文关于佛事问题,多处参考此作。

② 中村元主编:《中国佛教发展史》,余万居译,台北天华出版事业股份有限公司,1984年,第216页。

所定位置坐下，适时鸣打大鼓、小磬、木鱼等法具，诵经中一面抛出所供的米饭，一面洒净水在馒头上写梵字，向着餐台丢过去，绕行到阴府途中该丢弃金银钱币衣服的地方时，焚烧它们，借以超度冥府的亡魂。民间百姓特别重视这项佛事，夜间举行，为时达三四个小时。

趣味较少但效益不减的是拜忏。拜忏乃是借助佛菩萨无尽无量的功德，消除死者所积集的业障。忏有很多种，如拜水忏就具有洗除罪业的殊胜功能。拜水忏并不是葬仪中所使用的唯一方法。一般认为，和尚只要念佛名，就可以造功德。因此死者家属往往请和尚念佛一星期(念佛七)，然后将功德回向死者。有时也诵经，如让亡魂听《金刚经》《地藏经》或《阿弥陀经》等。诵经不但可造功德，同时也是一种教育方式，后者尤能令死者往生西方极乐世界。

上述各种仪式总称经忏佛事，其行事依据地方习俗、死者亲属的财富及诚意而定。如果死者家属经济尚丰，可以请和尚从早到晚作全天候的佛事；要不然，就是在死者三七、五七或七七四十九天中作几个佛七的法事。举例来说，头七之时，和尚也许诵《楞严经》及《法华经》；到了三七，和尚们白天拜忏或念佛，晚上放焰口。北方人在五七放焰口，焚烧由观音菩萨领航的纸船；而在南方，放焰口可能提早两周举行。经济能力不好的人家，也勉力请和尚到家里做佛事。和尚们诵《阿弥陀经》之类的小经，围绕死者遗体一面念佛，一面敲木鱼，引磬击节。念一小时，休息一小时，如此再三反复，直到天明。这意味着家属不必亲自守灵。七七四十九天之后，死者灵牌安奉在佛龛上，每逢重要忌日，尤其百日及周年、三周年忌日，仍然要做法事。三年守祭是中国传统的哀悼亡人之期限。

参与法事的和尚越多，所能回向的功德也就越大。当然这必须假设和尚们都恪守戒律、精进修行才能成立。人数可能是五、七、十二、二十四、四十八不等。法事可在家里做，也可在寺院做。贫苦人家也许没有空间可设佛龛或安置和尚。富有人家为应付经忏需要，有时将房舍的一部分改装为小庙。这是依家境或地方习俗而定的。各种佛事仪式中最精心用力的要数水陆法会了。

水陆法会规模最大，费时颇长，而且费用高。从头至尾共需七天七夜，七座佛龛前各做不同的法事，一般是同时进行：念佛、诵经、拜忏以及放焰口。每种法事都依据仪轨上规定的人数进行，做佛事的所有和尚则迤逦而行并口念佛号(俗称普佛)。水陆法会的目的是在拯救水上、陆上所有亡灵，故以水陆为名。但所造的功德照例回向给施主的过世亲人。施主所付做法事的酬劳不薄。以金山为例，一场水陆的价码是1200元，动用和尚至少有60位，包括禅堂、念佛堂或退居的和尚。人数不够时，再从云水堂找人或到其他寺院借人。金山寺每年要办十场水陆法会，共耗时70日，一般在农历二月、三月、八月及九月举行，但从不在禅七期间举行。金山水陆在清代是出了名的，所开价码并不算过分。小庙也许可以再酌减一点，有的大寺院一开价就是五千，甚至无议价余地。虽然酬劳的半数为寺院所得，但寺院要支付的也不在少数：如必须付给参与法事的和尚衬钱；要供应给施主斋饭，还要准备法事用的精巧的纸质供品；等等。

为死者所做的佛事，有时称为"白事"，因为白色在中国代表哀悼。为活人所做的法事则称为"红事"。活人一样可以从拜忏中获益，因为拜忏可以洗除罪业而消灾。因此祈雨时，和尚念"三千佛忏"，即要借助过去、现在、未来三世诸佛的甚深功德，消除导致干旱的恶业。诵念、拜忏也可疗疾、驱鬼或止战。即使是佛菩萨生日或寺庙落成作红事志庆，念佛拜忏也很相宜，因为这可以化解潜在的或尚未降临的灾厄。一般做红事要拜延寿祛病止灾的东方药师佛，而白事往往念往生西方极乐的阿弥陀佛。自然，如果是为年高而逝的人做佛事，气氛不像为早夭者做法事那样哀伤，因为家属觉得应该感谢佛菩萨厚佑死者得享天年。

水陆法会被公认为中国佛教寺院举办的各种佛事收入中最丰的一项，在寺院经济来源中占据重要地位。其起源最早可追溯到梁武帝时代。此项法会诚然为佛寺与民间百姓架设了最好的桥梁，足资促进两者间的紧密联系。铃木大拙在1934年刊行的《中国佛教印象记》中，录有见闻于浙江天童寺的水陆法会。这是属于第二次世界大战之前的纪录。而李宝嘉（1876—1906）的《官场现形记》揭露清末同治、光绪年间官场的内幕情形，其中第三十八回提到佛事道场一节，对清代佛教寺庙水陆法会施行的缘由和经过记述颇为详尽。现将大致情形略述于下：

武昌城宾阳门内坐落着一座龙华寺，乃是个大丛林寺院，据说已有千几百年的香火了。寺里居中大雄宝殿，此外观音殿、罗汉堂、斋堂、客堂、禅堂、僧房等房舍林立，曲曲弯弯，甚至还有精舍，专备接待女客。因这龙华寺是武昌名胜所在，所以城中文武官员空闲时候都愿来随喜随喜，就是过往的游客亦都有慕名来的。寺里有方丈，专门只管清修，不问别事。执事的另有其人，其中最能大显身手的算是知客，专管应酬宾客以及同各衙门来往，大小事儿无一不精。因此，地方总督、巡抚以下，位居要津的文武官员，他就几乎全都认得。

话说宝小姐者，初为湍制台九姨太的婢女，后以制台干女儿的身份下嫁戴世昌。当她确立制台养女的地位后，就常周旋于有志仕途者之间，经收财物，代谋官职，颇具权势。这位宝小姐最喜欢到寺院烧香膜拜，举凡大小寺庙，她都不吝惜捐献善款。假定宝小姐乐捐某寺一万元，寺方必按惯例回赠给公馆里的管家以及侍候小姐的老妈子、丫鬟等各一个红包。因此每当小姐捐款给寺院，大概其中就有两三成会转到佣人的荷包里。利之所趋，管家和佣人们用尽心计，图使宝小姐多捐些钱给寺院。于是乎，彼此心照不宣之下，互惠之势遂成。宝小姐爱面子，愈捐愈勤而乐此不疲；寺方和佣人也再接再厉，怂恿她大笔大笔捐赠，志在各自的收益。那些利禄之徒，希望透过宝小姐的斡旋获得一官半职，又来贿赂。寺院的知客侧身其间，在滚滚而至的财源之中，巧妙腾挪应对，屡以捐建法会道场和素食为媒介，大举开辟寺院经济增长之财路。

单说龙华寺的新任知客，法号善哉，是镇江人氏。自少在金山寺出家，生的眉清目秀，仪表非凡，而且能言会道。二十三岁时，因往四川朝山回来，路过武昌，就在这龙华寺内挂单。龙华寺当家老和尚赏识其才干，便给金山寺写一封书信，留他在龙华寺里执事。过了几个月，当家老和尚见他着实来得，而委以寺务重任，升他为知客和尚。他的人缘极好，不上一年，凡是湖北省里的贵显官宦，豪贾富商，他没有一个不认得的，而且还没有一个不同他说得来。他更有一件本事是，这些大人老爷们的太太，尤其没有一个不喜欢到龙华寺里走动。不说别的布施，单是佛事一项，已经比前头要多出好几倍了。此时善哉和尚打听得宝小姐是制台干小姐，乃湖北首屈一指的实力人物，便以启建水陆功德为名，给宝小姐送去礼物和请帖。开忏那一天，宝小姐到场，只吃了一顿饭，便捐了五百两银子。还有许多跟宝小姐沾上关系的人亦都来随缘乐助。恰巧四十九天法会功德圆满，善哉知客又把当家老和尚弄出来，说是要传戒。预先刻了传单，外府州县，分头叫人去贴。这个风声一出，那些愿意受戒的善男信女，果然不远千里而来。凡来受戒者，按照规例交一些戒钱当然是少不得的。交钱之外还要吃些苦头烫戒疤，俗称“烧香洞”。凡烧香洞的和尚，到哪里都好挂单，有斋饭吃，大家都肯来布施；而没有香洞,大家都叫他"野和尚"。烧香洞之后还要进禅堂,禅堂规矩是,坐一炷香,跪一炷香,轮流到九天九夜之后,方算圆满。[①]

李宝嘉的《官场现形记》是清末"谴责小说"中最早、最有代表性的一部。"谴责小说"这个名字,是鲁迅先生在《中国小说史略》里面提出来的。鲁迅先生深刻分析了这类小说在清末盛行的原因:"光绪庚子后,谴责小说之出特盛。盖嘉庆以来……屡挫于外敌……有识者则已翻然思改革,凭敌忾之心,呼维新与爱国,而于富强尤致意焉。戊戌变政既不成,越二年而有义和团之变,群乃知政府不足与图治,顿有掊击之意矣。其在小说,则揭发伏藏,显其弊恶,而于时政严加纠弹,或更扩充,并及风俗。"故李宝嘉小说中连佛门之事也要揭露,识者借此以观世风之变。诚如中村元在其著作中所指出的,上述描写道出清末佛教大寺院有关水陆法会和传戒坐禅的内情甚详,"这是足资获悉清末寺院佛事法会另一面的、极为有趣的记述,同时也可以借此推察当时佛教僧团与社会人士之间结合的实情"。

（二）佛事的变迁和商业化

中国学者很少有学术著作专门讨论到佛事,普利普·摩勒(Prip-Moler)在他有关中国寺庙的著作中写道:"对精神层次较高的和尚来说,有些法会充满了迷信与咒术,令人憎厌,但它们为寺院带来丰厚的收入,令人无法拒绝。"斐齐(R. F. Fitch)也说:"聪明的和尚私下谈话时,对这些佛事都大事攻击。但还不曾听说哪个人有信心和勇气,敢打破这种做法。"

近代以来,有些丛林寺院已拒绝派遣和尚到信徒家里做经忏佛事,或是在寺内做小型佛事如拜忏,除非是为重要的施主而做。少数寺院根本不做任何佛事。高旻寺的规约明载,丛林寺院,"其工作是禅坐与研习教义,不应赴大小经忏佛事"。它基本上保持了清代政府要求的主流丛林寺院对经忏佛事的态度。自从民国时期来果禅师接任方丈后,这条规约一直被遵守着。高旻寺绝不办水陆法会、拜忏、放焰口等活动。少数其他寺院如南岳祝圣寺、衡阳仁瑞寺,据说也有相同的规约。所提出的理由大同小异,一般都是认为经忏佛事会干扰寺院的清修生活,有碍专心禅修。不过这些禁例可能是清末倡导佛教革新之风兴起后才树立的。

清末民国时期,一些和尚已经感到经忏佛事商业化对佛教僧团造成的不良

---

① 李宝嘉:《官场现形记》,人民文学出版社,1957年,第640—656页。

影响。最为著名的是倡导佛教“教理、教产、教制”三大革命的太虚法师，他提出不为死人做佛事，而呼吁提唱“人生佛教”的口号。当太虚这样的有革新精神的佛教徒渐渐在社会上扩大影响后，那些一般被人称为“应赴僧”的和尚就越来越受到轻视，以此区别于那些专心在寺院内清修、潜心研读佛经的“修行僧”，后者仍然是广受虔诚信仰者尊重的对象。然而，应赴僧构成僧团下层阶层的多数，他们对经典和教理的“无知”，并未损及他们在民间的形象和地位。一些人对这些出于生计需要而为社会提供佛事服务的职业化僧侣，也往往寄以理解和同情。虽然佛教圈内人士往往视之为“污点”，但这并不一定意指僧团内的精英分子怀疑经忏佛事的效验。

问题不在经忏佛事的效用，而在佛事已经商业化了。一些没有田产收入的城市大寺院，不得不以佛事为优先，对其中一些寺院来说，经忏佛事已然变成“大事业”。曾在上海法藏寺住过一年的一位和尚提供了他有关经忏佛事略带苦涩的描述。法藏寺位于法国租界内一栋建筑物内，外观与其他砖房没有两样。这位和尚于1938年迁入该寺，当时那里有上百位和尚。以下是他的描述：

> 这是个真正以做经忏佛事赚钱的地方。从早到晚，从年初到岁末，水陆法会终年不断。我是一个普通和尚，白天念忏，晚上放焰口，没有休息的时间。想休息就得请假，但很难获准。如果你以生病为由，他们会说既然不能念忏，那就到念佛堂念佛。有时你打瞌睡，仍然拿到一天25分的薪资。信徒愿意花这种钱，因为借助这种庄严仪式所造的功德可以回向给已故亲人。寺方向施主收取的佛事费用：一个和尚工作一天，白天收一元钱，其中25分给和尚本人，其他归寺里；晚上收两元钱，下桌的和尚每人分得40分，三位主事的上首和尚每人得80分。一天下来，每位和尚可得65分，这在当时是一个合理的价钱。到施主家中作佛事，酬劳略高一点……和尚们平时不可离开寺院，除非到施主家中作佛事。寺内有座禅堂，但用来做佛事。法藏寺的生活比金山寺更为艰苦，但赚得钱更多。[①]

① Holmes Welch, *The Practice of Chinese Buddhism (1900 – 1950)*, Cambridge, MA: Harvard University Press, 1967, pp. 199 – 201.

另一位和尚说，法藏寺是上海最严格的三座寺院之一。它的工作几乎全是做经忏佛事。但不这样，它怎能生存？法藏寺没有田地，情形与留云寺有所不同。留云寺从上海南部收回的谷租，每年可供寺里的僧众吃食四个月。因此它有能力经营禅堂，让禅僧不做佛事。这位和尚在法藏寺担任知宾期间，经常要与施主洽谈佛事订单，在佛事期间与顾客保持联络，事后还得负责收款。他叙述了与佛事施主的典型对谈，大致如下：

施主：十八日是家父六十大寿，我想做一场佛事。

知宾：您是要我们拜一天延寿忏，还是念一天延寿经？

施主：我想请您们念延寿经。

知宾：您想请几位师父？

施主：最少几位？

知宾：在我们这里，最少是7位。

施主：最多几位呢？

知宾：随您意愿，例如108位。

施主：目前我恐怕不能请这么多。

知宾：那么请24位，或12位？

施主：如果是24位，要付多少钱？

知宾：现在每位师父拿40分。

施主：每天拿40分吗？

知宾：那是做佛事的师父得的，寺院要收一元钱。

施主：好的，那请12位师父。我们还想吃斋。

知宾：您吃斋要特别一点，还是普通就好？

施主：我要特别的。

知宾：一桌算您12元。

施主：我们30个人，要开三桌。我算算看，一共是50元。

知宾：阿弥陀佛。

城市大寺院的和尚们在接洽佛事及斋饭时，不像乡间寺院的和尚在招待朝山进香者时那么羞于谈到收费。但对后者而言，做经忏佛事也是一项重要的经济来源。据说,做佛事曾经是苏州灵岩山这个净土道场最大的财源之一,虽然500亩田地的田租已经很可观。但自从近代印光法师住持灵岩后,就明确规定不许做佛事了。浙江的普陀山,佛事也是其主要收入来源,那里的寺庙群落每年可得佛事收入大约200万元,而他们有时还无法应付需求。

(三)与佛事相关的其他收入

寺院与佛事相关的收入,还有安置往生堂和延寿堂的祈福牌位及存放骨灰的普同塔等收入,此外还有寺院经营墓园来增辟财源。我们曾谈到中国传统认为,孝子有责任在已故父母亲牌位前上供,并报告家中大小事体。根据佛教的观点,身为人子不仅应该供奉食物,还要读经说法,回向功德,帮助父母转生到更好的地方。通常一般人在家里的佛堂践行第一项义务,而于第二项义务,由于时间和能力的不允许,人们都向寺院捐买在寺里安放祈福牌位的权利,由和尚代为履行,每到初一、十五,以及清明节、地藏节等,和尚们都会替施主上供,并念佛诵经,回向功德。寺院无疑为亡灵提供了祭品和听法的最好机会。有一位施主为他亡故的父母花100元在南华寺安放了牌位,同时又在高旻寺花200元安放另一组牌位。

往生堂牌位为绿色或深蓝色,最大、价钱最贵的牌位通常放在中间,周缘加有精雕细琢的框,并装上亡者的画像或照片。最便宜的一种供奉是在团体牌位中加上死者的姓名,价钱在50元左右。延寿堂的牌位属于另一类,全都漆成红色,而且是在人生前就安放好的。往生堂由西方阿弥陀佛接引,延寿堂则由疗疾延寿的药师佛统理,这里也祈福念祷回向功德,但不上供。有时延寿堂的这些牌位还可以移形换位,牌位漆成绿色,但以红纸加以包裹,纸上写着:“本寺施主某某先生及某某夫人长寿位,愿佛光普照。”等他们去世后,再将牌位移到往生堂供奉,撕去红纸,牌位上早就写着:“净土信徒亡父亡母某某与某某往生莲花座。”安放在延寿堂和往生堂的牌位,捐福款项一次付清,移动时就不再付钱了。在小庙里,牌位可能安置在大殿,死者牌位排列在西方,生者牌位排列在东方。小庙可能比大寺院更倚赖牌位供奉所得的收益。小庙显然没有足够的场地或人手举行获利较高的水陆法会。

往生堂的大小往往与寺院的大小没有一定的关联,大型往生堂安放许多牌位的景象,在大寺小庙里一样普遍。普同塔虽然不若往生堂普遍,但也是寺院一项很普遍的经济来源。普同塔里寄放盛装骨灰的盒子,捐福款项一次付清,有些则按年缴付。湖北一座小庙的普同塔里存放了两千个骨灰盒,一年收入也相当可观。死者冥诞,家属前来祭拜,往往也会额外付钱请和尚念经,自己则一边点香、跪拜。骨灰盒上一般都贴有名条,安置在普同塔的地藏龛上。

以上谈到经忏佛事是寺院经济的主要收入来源,末了要提醒读者注意:我们在分析佛事经济效益的同时暗藏着忽视其本质的危险,就像我们将医疗行为当作医生的收入来讨论时一样。从佛教徒的观点来看,即使佛事很敷衍潦草,即使是由有生意头脑的和尚主持佛事,对于正在受苦的亡灵来说仍然有所助益;就像我们看医生有时看重金钱超过疗疾,但他们毕竟还能祛除疾病。虽然佛事涉及金钱交易,但基本上它还是出自慈悲之心。这是过去一些正统的佛教徒的基本看法。

有研究者从社会经济角度审视,认为包括佛事在内的佛教经济的发展,有为满足自身生存发展之基本需求而从事的因由,更有与世俗的一般经济一样的目的,因而有与世俗社会政治经济等扭结在一起的同构的部分。虽然这类通过接受施田以及经营佛事活动等维持寺院经济和佛教发展的经济运行模式,仍然不外是在"布施—功德"的逻辑关系线索上延伸,但是佛教经济经营之既久,神圣的宗教外衣往往裹不住经济的世俗实质的膨胀,从而将宗教神圣性与世俗性之间的张力加大,矛盾加深,直至引出诸多困扰而陷入困境。①

二　清末民国时期江南佛教寺院经济演变

清王朝灭亡后,中国的广大农村社会结构并未立刻改变,传统的中国文化仍然牢牢地占据着中国社会,大部分人的宗教观念和习俗也基本没有改变,民国政府除公开申明信教自由这一点为晚清政府所不能外,其对各种宗教的态度和政策基本上延续了晚清以来的现状,几乎没有任何落实信教自由的具体政策措施。因此民国年间,各地掠夺庙产风波四起,寺产问题成为民国前后三十多年里困扰佛教界的最大难题。这从反面说明了寺院经济有极为深厚的基础,而星罗棋布

① 参周齐:《佛教的经济理念与中国历史上的佛教经济问题之审视》,载王志远主编:《宗风·春之卷》,宗教文化出版社,2009年,第315页。

的寺庙经过沧桑兴废仍然广布中国大地更是佛教坚实的物质见证。

美国著名的中国近代宗教研究专家韦尔慈在其著作中对民国时期佛教寺院经济做了专门考察，他认为，佛事是星散于乡间城镇的子孙庙（为数最多的一类寺院）最主要的经济来源。但是这些小庙另外还有稳固的香火钱作为收入，有的甚至还拥有田地。佛事、香火钱及田地，在经济上的重要性，视寺院类型、规模大小及所在地点而有所不同。坐落于朝山圣地的十方大丛林，可能就没有任何田地，而以香火钱为主要收益。有些主要依赖田地为生的十方丛林不欢迎香客，甚至明文规定不做佛事，但仍然接受香火钱。不论形式为何，接受香火钱则是各地寺庙共通的现象。

总体上看，寺院经济主要靠田租，然而遇到灾荒和战乱，收租困难，靠田租收入的寺院更多转向香火钱和经忏佛事收入来维持生存。韦尔慈从20世纪60年代起就较早出版他研究中国近代佛教的“三部曲”著作，因而蜚声国际学坛，已经开始引起国内佛学界的兴趣和关注，以下我们把他有关寺院经济的研究成果详悉介绍给国内读者。①

（一）化缘

化缘给人的观感与托钵乞讨不同。和尚们劝募兴建或修复寺庙的善款时，对方知道自己的钱将被用在有形而永久的地方，而且只要该建筑继续存在，施主的功德就不断增长。另外，寺院可以点缀乡里景观，自己的名字及捐献款额又会铭刻在功德纪念碑上。因此很少有人以为托钵乞讨与化缘是一回事。

民国以来，经常有名山大寺的僧人到远近各地去化缘，他们先向当地富有的佛教信徒作一番适当的介绍，然后为此行的目的募款。举例来说，20世纪20年代，宁波观宗寺的住持为筹集购置大藏经的费用，特地前往北京，结果募得了所需要的五千元，其中还包括了段祺瑞执政的一笔捐款。1931年，扬州高旻寺筹建新宝塔，一位和尚千里迢迢去远方募来捐款。但有时候，寺院不一定要主动向人募款。例如安徽有位富绅梦见观音劝他打消搭乘轮船的计划，梦醒后，他就改变主意，结果那艘船被炮艇撞毁，好几百人罹难。满怀感激之余，富绅自愿捐出数千元给迎江寺，作为修补寺塔之用。

---

① 韦尔慈的三部著作中第一部就是1961年开始写作、1967年哈佛大学出版社出版的《中国佛教的实践》(*The Practice of Chinese Buddhism*)，其他两部分别是《中国佛教的复兴》和《毛泽东时代的佛教》。本节主要参考《中国佛教的实践》第八章“寺院经济”，笔者对某些地方做了修改补充。

有些人捐钱并非为了支持某项工程或项目，而是为了资助寺院的日常开销。北平净莲寺在20世纪30年代，有三位在家居士轮流负担该寺所有的用度。高旻寺虽是模范的十方丛林寺院，但每年收的谷租只够和尚食用九个月，前面曾说高旻寺是不做佛事的，余下的支出要由南京、上海的有钱居士定期捐款布施。协助兴建青岛湛山寺的在家众经常到该寺院走动，询问寺院储仓的米粮是否充足。如果米仓不足，在家众就会主动送几袋米过来；如果还需要更多，就传话给其他虔诚的道友。湛山寺这种为生之道颇不稳定，因为它本身没有田地，除功德捐金外，就完全倚赖牌位及佛事。

位于城区或刚兴建的寺院，往往没有田产，争取在家众的支持就愈形重要。争取的方式林林总总，其中之一是办讲经会，吸引在家众参加。另一种更传统的方法是举办庙会或请戏团演戏。上海及北平很多寺院，每年总有一度或更常会在寺院外搭建起数以百计的戏棚。许多到这里买廉价货的人，往往顺道到庙里拜拜。北平一座尼庵经常演戏娱神。从外请来的戏子在台上演戏之时，比丘尼则在台下招呼观众。所得的收益可平衡庵寺支出。上海有座寺院特辟小房间，让施主供奉所请的佛像，定期前往礼拜。施主只要每月付几块功德钱及香钱，香灯每天为其上两次香，与此同时施主在家里也供奉佛像，这样就可以获得双份的功德。

（二）香火钱

香火钱一般指到庙里烧香捐给寺庙功德箱，或朝山进香的香客用来请香购物以及付给寺庙食宿费用等等的泛称。

即使寺院不在吸引香客上用心，布施的钱币还是会投入功德箱或侍从的手里。在大丛林或大寺庙里，侍从就是香灯。如果是小庙，侍从也许是该庙的拥有者或他指派的居士。侍从的工作是招呼前来朝拜的信徒。信徒之中，往往女多于男。中国妇女遇到家人生病，或其他烦恼问题时，第一个念头就是到最近或相关的庙里朝拜。她们也许会买点水果，供在佛龛前，但不论如何，请香是不可或缺的。点燃三炷香，插入香炉后，她们跪在佛像前祈求，或抽签占卜命运。这是进入任何一座寺庙都能看到的司空见惯的现象。在小庙里，请香钱或抽签费也许就够其开销了。而寺院越大，这种临时性的香火钱在全部收入中所占比重也就越小。比较正统的十方丛林寺院很少在主佛龛前摆置功德箱，以免造成不调和的商业气息。即使有功德箱，也是放置在次要佛龛前或是四大天王之类的附属殿堂里。

在朝山圣地，捐款以另一种方式献给寺院，对于各寺的重要性也轻重不一。其中大部分是朝山香客答谢寺院方供给食宿而捐献的。以普陀山为例，该山耕地稀少，这笔收入可能与佛事同等重要。朝山香客成千成百地登上普陀山，参拜观音菩萨。山上没有旅馆，朝山香客都住在寺庙客寮里。他们视自己的经济能力，捐钱酬谢寺院方的招待。清朝到过中国的一些西方人士记载，有些寺院索取定额的食宿费用，另外也有人述说香客们必须为住宿费讨价还价一番。近数十年来，大多数朝山圣地都是听凭香客游客随缘乐助。有钱人应该多付一点，穷人可以少出一点，但是有钱人可以享受上等的款待，一般人自然住在普通寮房里。寺院接受捐款时，将所得款项登录在缘簿上，通常由香客亲自填写。

提供食宿可为寺院带来一笔可观收益，但有些人不明就里，可能误以为这种做法太过商业化。从寺院的立场说，为香客提供方便乃是寺院的责任；就朝山香客的想法说，他除了付出食宿费外，还供养了僧侣。他希望自己在经过长途跋涉后，能获得一些功德。如果他所付的布施钱只够补偿寺院为他所做的，如何能产生功德？因此，很多香客事前就准备慷慨一番了。在同样的原则下，他们也喜欢在功德箱里掷币为善，或者买一些纪念品回家，譬如印有寺院图章的卷轴等。

在朝山圣地，有钱的施主若想做大功德，可以捐献白米或现金红包“谢常住”，或是“打斋”。打斋的意思是香客出钱，以上好斋食宴请寺内所有僧众，有时也请香客用斋。所造的功德一般回向给施主已故的亲人。斋饭也可分等第，以最上等的斋饭供养数百位僧侣可能要花好几百元，其中一部分由常住净得。这称作“千僧斋”，不过不一定有千位和尚出席。打斋的施主也另在每位和尚座上备一份小礼（通常是红包），有时也附赠衣物及其他必需品。所以要借打斋来做功德的一个特殊原因，是信徒相信吃斋饭的和尚也许是阿罗汉，而供养阿罗汉可获得甚深功德。

（三）僧众自耕

置办田地的寺院，其收入一部分是谷租，另一部分是僧众自己种植的作物。明清以来佛教徒一直引用百丈为丛林寺院制定的清规：“一日不作，一日不食。”不只是佛教徒，就连其他人也以此证明唐朝百丈禅师实施农禅制度以来，和尚们便开始自食其力，栽种自己的食粮，像周边的农夫一样下田耕种。如果这不是实情，与百丈同时代的人就不会以耕种杀害昆虫及田间动物为由指责他违反戒律。

根据普利浦·莫勒的观察，寺院附近的小部分田地由和尚自己耕种，远处的大片田亩照例是租给佃农，田租大多是实物，一年一付。杨庆堃曾引用一段描述，指出河北有 24 位和尚“平时在寺里的田地工作，偶尔也到丧家做佛事”。

另一方面，也有证据显示和尚下田耕种仅仅是特例。从清朝前期的敕令和谕旨中，我们可以获悉对僧道“不务耕种，不事经商，衣食全赖人给”的指责。雍正十三年(1735)十一月，乾隆帝的谕旨指出：“多一僧道即少一农民。乃若辈不惟不耕而食，且食必精良；不惟不织而衣，且衣必细美，室庐、器用、玩好，百物争取华靡。”更早的证据是和尚们吃饭时的“五观”，五观中的第一观是“量己功德多少，思食出自何方”，就是说，当观这些食物是其他人辛劳耕种的成果，他应将自己修行的功德回向他们。

寺院里也有和尚不赞同百丈要出家人自己耕种粮食的主张。在他们想法里，百丈的意思只是要他们居安思危。要调和这两种矛盾的证据，可举一例加以说明，乡下寺院几乎都在附近开垦菜园。如果寺里有数百住众，菜园的面积必须相当广大，菜园由雇工耕种，园头负责监工。较贫穷的寺院，雇工越少，园头负担的工作则越多。和尚到附近的田里帮农是有可能的，但当寺院大部分农田分布远在数十里外时，要和尚们长途跋涉去耕种行不通。有些寺院定期雇佣人工到附近田里做工，栖霞山、金山和福州附近的鼓山就是如此。事实上，涉及农事的和尚不多，而且他们的职责也只是监督雇工工作。拥有田地的寺院几乎都是将田地租给佃农，靠田租维生。

三 | 江南三大寺的田租收入

各省各县的租地方式、收租系统、赋税及度量衡因地而异。据笔者汇得的资料，大致可描绘出少数几座有田寺院的经济全貌，其中有三座寺院位于江苏。在江苏一地，各寺之间的不同点仍远多于共通之处，因此要概括该省的寺院经济乃是唐突之举，遑论其余各省。顶多只能据此论定，这三大寺院及少数其他富裕寺院都拥有占地百亩以上的大片农田，租给佃农耕作；冬天，佃农缴付定量的稻米，春天缴小麦或大麦。

概括寺院经济趋势较为容易，民国年间，人口、土地不平衡的现象加剧，因为战争时断时续，谷物、农具波及遭殃，佃农收入减少，赋税反而加重。佃农收入减少，即便是谷物的生产未受到战争影响，那么谷物运往市场销售也会因战事影响而波动。一些地区的土地价值因而锐减，但另外一些地区的地价却又被在乡间寻找出路的新资本家炒哄上涨。蔓延于农民之间的不满情绪被各类组织团体加以利用，作为推进政治改革的原动力。由于1922年发动的反宗教运动，寺院发觉征收田租的工作日益艰难。1937年日军占领中国城市中心后，寺亩田租收益每况愈下，离城镇越远的田地，地租越难征收，要将谷租运往市场或寺院仓房更是难上加难。寺田的收入不仅因时而异，也因地而变。兹以天宁寺、金山寺、栖霞寺为例说明这个时期的寺院经济概貌。

（一）金山的田租情况

金山成为大丛林寺院之典范，除了宗教上的优势外，主要在于有田租作为经济后盾。虽然它的田地亩数不及天宁寺，但也相当可观——约有4 800亩，其中只有2%位于金山所在的镇江境内。泰州的1 400亩地最为腴美，但离金山寺最远，以内陆水道交通计算，也有100多公里。每位佃农平均租地35亩，生活丰裕。金山寺与佃农保持良好关系。佃农付谷租很爽快，而且稻谷品种纯良，称重前，收租的和尚们可不必用簸谷器再去一次糠（其他地方的佃农往往掺入秕糠以增加缴租重量）。金山供应泰州佃农牛拉的大抽水机，并出钱维修。其他地方则没有这种待遇，农具需自备。泰州的庄房在农闲时上锁，交由住在附近忠实可靠的佃农看守。每年春秋两季收获粮食时，金山寺监院派执事僧前来收田租，收得的谷物储存在庄房，待三四月谷价上涨至尖峰再行出售。

距金山四十公里的扬中县，景象大为不同。金山在扬中的土地不亚于泰州，但每位佃农只租3—10亩地。佃农租地太少，无法获得优裕的生活（江苏地区每一佃户平均种17亩地），寺院也不能供应抽水机之类的农具。扬中的佃农生活贫困，经常拒纳事先议定的谷租。1913年将金山庄房烧成平地，1928年甚至集体抗缴谷租。由于事端较多，金山派一位和尚长期驻守，担任庄头，其职守便是看守寺院财产，催运谷租。

金山在扬州境内的佃农也好滋生事端，但由于在此只有300亩地，而且以汽船交通快速便捷，所以只派一位在家工头驻守。前往仪征的交通同样便利，金山在该地拥有1 400亩田地；佃农非常合作，抽水机由寺院供应。金山在各处拥有的庄田，除扬州的田地为清政府所赐外，其他土地全是用收支的盈余点点滴滴购进的。泰州的上好田地是19世纪末购入的，直到20世纪30年代，金山仍在该地区购买田地，地价之外还要付30%的过户税。金山从土地获得的收益每年有2万元，由此不难了解富有的金山如何变得更富有。

金山虽未执有抵押契据，但它的大部分田地由佃农“永租”，这意味着金山只有土地的所有权，而没有“种耕权”。换句话说，在法律上它可以强迫佃农纳租，但不能赶走佃农。佃农则可将种耕权让渡他人，不必征得金山同意，尽管金山名义上是所有人。租赁契约一律采取书面形式，上面标有立约日期，但未注明租赁期限。除非当事两造有一方想取消，否则契约的效力一直存在。契约上写着佃农租地多寡，愿意缴纳田租稻谷多少石，大麦或小麦多少石。泰州每亩田的生产量，丰年是小麦三石，寺院抽一石。寺院谷租大约是作物的三分之一。其实金山不曾在任何地方实施抽成制，因此佃农不能为了减低谷租而伪造收获量。如果佃农作弊，寺院还受到两层保护：一是没收押租，二是仰仗契约上的保证人出面。如果保证人也作弊，寺院可要求政府强制佃农纳租。

契约上通常包含这么一条项目：佃农遭逢干旱或水灾时，请寺院方派员前来调查。由于金山并未签订这项契约，寺院方没有义务这么做。另一方面，寺院的利益显然在于与佃农尽量保持良好的关系。如果大多数佃农都抱怨天灾危害，田租相形偏高，寺院也会加以调查，尽力做合理的调整。金山在丰年可收租四千石稻谷。一部分稻谷在当地储存出售，另一部分运回寺院供养金山寺三四百僧众食用。大麦可能有三分之一用来做馒头、面条、水饺，其他则出售。小麦及大麦出售后的所得，足以供金山缴纳田赋。田赋因地而异。仪征的田赋是泰州的两倍，尽管泰州的田生产量较高。若年成不佳，金山征得的稻谷可能降至两千石，在旱年（如1928年），金山在一些地区根本不征收谷租，但这并不意味着寺里的住众就得挨饿，因为金山寺的谷仓里常贮存了四千至五千石谷物，可供僧众吃食三年。即使在多事的20世纪40年代末，金山的谷仓仍然贮藏有三千石稻谷和一千石大麦。

金山从土地取得的收入不只谷租一项。越过一条小溪，它还有三千亩沼泽地，上面栽植芦苇，是很好的燃烧用柴禾。寺院将柴禾储藏起来，部分供厨房使用，部分在夏天卖价看涨时售出。

金山所得的香火钱微不足道。寺门外坐落着几间餐厅，香客看罢寺院的景色，往往到餐厅用斋。寺院不许香客留宿，大殿上也不设功德箱。至于做佛事的收入，1924年至1937年间，每年平均举办10场水陆法会，每场索价1200元。此费包括设置牌位在水陆堂（没有往生堂）及长期代为祈福。金山方丈说，最大一笔现金收入，是初春出售泰州谷物所得的款项，其中一部分立刻用来购买寺院补给品（尤其是维修用品），一部分用以缴纳田赋，其余的存放在镇江的钱庄里。金山不与政府控制的公立银行往来，它较喜欢遵照习惯行事。钱庄每月付1.5%的利息，而且相当可靠，虽然也有偶尔破产倒闭的例子。存放钱庄的钱可供土地投资，或是支付非经常性的支出。日常生活的大部分开销，可用售出大麦所得的款项支付。其他收入，如水陆法会所得的现金，也可备不时之需。

表9.8 1937年以前金山在丰年所获得的收益表

收入来源	单价	收入（元）
售出稻米1500石	单价四元	6000
售出小麦700石	单价四元	2800
售出大麦300石	单价七元	2100
售出多余的柴木		2000
水陆法会的收益		5000
杂项		300
共计		18200

这些数字说明了金山寺有三分之二的收入来自土地。实际上，土地收益所占的比例还要更高，因为寺院日常生活所消耗的1500石稻米与150石大麦的价值也应包括在内。如此来看，则有将近五分之四的收益来自土地。然而大部分的土地离寺院很远，这意味着一旦遇到战乱不安定或天灾人祸之时，谷租不易征收，运送更形困难。这种纷扰不安在抗日战争前就已经孕生。1928年，泰州发生旱灾，仪征有蝗灾，但扬中的收成还过得去，而当地的佃农却拒绝纳租。他们宣称土地是他们的，作物也归他们所有。两年内，他们共扣留了佃租三次，金山于是请求省政府帮助，政府成立了一个租佃仲裁委员会，由省农矿局局长担任主席。该委员会判定佃户应该纳租，并且派一连军队强制执行。佃农仍然拒绝，部队逮捕了100多位佃农，直到谷物缴给寺院才放人。这使得和尚们发窘，寺院方认为这是一种“野蛮”的处理方式。在寺院方看来，佃农们的确令人头痛，但那是因为他们贫穷，也因为他们受到别人“煽动”。

事实上，这种麻烦不只因为别人的煽动，还因为当时的新思想受到了政府的支持。费孝通于 1938 年写道："最近情势转变，农村地区经济萧条，地租变成佃农的重担，地主的土地收益也变动无常。佃农对新思想日益敏感——耕者有其田，是国父孙中山先生立下的原则，国民政府在理论上也接受了这种看法……"无力纳租的佃农现在觉得拒绝纳租是合理的；有能力负担的佃农抱持观望的态度，坐看是否有人强迫他们纳租。

1937 年到 1945 年，金山未曾做过一场水陆法会。香客减少了，因为他们没有余钱，又恐怕在前往寺院途中遭到日军或土匪袭击。1945 年抗日战争胜利后，金山收入局部恢复旧观，但四年后又兴起土地改革。

（二）栖霞山的田租及其他收入

栖霞山是支持孙中山革命事业的宗仰上人于 1919 年收复的。栖霞山饱受太平天国战乱摧残，农田与房舍全废，田地契据也化为灰烬。因此，栖霞山的田地都是在 1919 年中兴之后三十年间才逐步取得土地所有权，其中半数在前十年间取得，另一半在后二十年间取得，一部分来自捐献，大部分是以收支盈余购得。1939 年，栖霞山有意开办佛学院，需要更多租金支持，一位名叫修慧的尼师捐赠 262 亩土地。修慧原是一位富有的女居士。

除了所有权明确的 1 400 亩田地外，栖霞寺对在江宁附近的 420 亩田地还享有永久租赁权。这些田地在太平天国战乱前原来属于栖霞山所有。寺院毁坏后，和尚流散四处，没有人去收租。农民继续耕种，但土地变成"无主地"。这样过了几十年，江宁地区的教育局接受了地租与土地所有权，支持新学制。1919 年，栖霞山中兴，申请恢复江宁田地的所有权，结果当然遭到当局拒绝。寺院继续努力，最后在最高法院首长林翔的协助下，终于使得对方让步。江宁教育局同意以每年 300 到 400 元的租金，将土地永久租给栖霞山。另一方面，栖霞山也定期获得佃农缴纳的地租，总值是一年 1500—1600 元。因此栖霞寺在丰年可获 1200元的净利，如果遇上荒年，就得自掏腰包缴纳租金给教育局。这说明了即使时机不利，寺院若有人事背景当可从容应付。

栖霞山的 1400 亩地大多分割成小块，星散各地，造成收租的不便，设立庄房算来也不值得。幸好三分之二的土地位于寺院方圆三里内，佃农会亲自将谷物缴上山门。另外有 266 亩田位于南京南门外，离寺院十五里；271 亩在铜井，从南京城外的长江上溯 25 里之处。这些地方未设收租与贮藏谷物的庄房，收租体制迥异于金山。奉派前往收租的执事僧随地将谷物卖掉变成现金。据栖霞寺方丈说，要七八百亩地集中在一处，设立庄房才划算。土地所有权也异于金山。耕种权不能与所有权分开买卖，寺院可以驱逐不纳租的佃农。佃租是固定的，明订在契约上，比金山的略高，每亩 125 斤。荒年减租，寺方与佃农为减租的百分比相持不下时，便请村长出面排解。

与金山有所不同，栖霞山给予佃农抵押贷款。寺院贷出相当于土地市价的 50%，借方可用现金或谷物付利息。举例来说，抵押价值 500 元的 5 亩地，佃农可借 250 元，利息是一年 5 石稻米。利息的利率与地租相等。如果借方不能在议定的期限内（通常三年）还清贷款，可以重订契约或提议将土地卖给寺院。寺院必须补足市价及已付款项之间的差额。栖霞方丈指出，丰年收的佃租共计 1200 石稻米，其中 870 石稻米供养寺内 200 位僧众吃食，其他 330 石出售。夏收获得大麦小麦有 100 石出售。荒年，佃租较少，寺院只得缩小兴建计划规模，而且可能用其他来源的现金购买米。栖霞没有金山那么大的谷仓储备。

栖霞更大一笔 5000 元的收入来自山上种植的茅草与砖窑产品按成出售。茅草一部分供厨房与砖窑使用，其余转变成木炭卖出。砖窑生产砖块、瓦片与石灰，产品一部分出售，一部分供寺院修建之用。上百位木匠、瓦匠在栖霞山工作了近 20 年，寺院得以恢复太平天国战乱前的壮观，这些人功不可没。

栖霞山是南京人郊游踏青的胜地，尤其在气候宜人的春秋两季，许多游客经常至寺庙处用素斋，他们往往付出双倍价钱布施。游客所吃的饭菜大多出自寺院的田地和菜园，这笔收入属于净利，每年多达 3000 元左右。数目较高的布施捐款，如供斋、敬僧、感谢常住等，总数达 2000 元。春天传戒达到高峰，信徒住宿在寺内，期间，举行三到四场水陆法会，每场索价 2000 元，其中 800 元给主事僧作为单银，200 元买纸糊的器物、香烛等。因此在招财上，栖霞的传戒与朝山圣地菩萨生日扮演了类似的角色。水陆法会外的佛事，一年难得做几次，带来1000 元左右的收入。施主一次性付款供牌位在往生堂，也带来大致相同的收入。最后还有各种香客投在功德箱的铜币。功德箱一个月开启一次，通常有 80 到 120 元。

| 表 9.9 栖霞山 1937 年以前丰年的收入表 |

来自地产的收入		
出售 330 石稻谷	单价四元	1320 元
出售 100 石小麦与大麦	单价四元	400 元
出售茅草、木炭、砖、瓦、石灰		5000 元
抵押的利息		880 元
向教育局租赁土地产生的利润		1200 元
		合计 8800 元
来自信徒的收入		
餐厅顾客的捐款		3000 元
信徒的捐赠		2000 元
三场水陆法会的利润		3000 元
其他佛事的利润		1000 元
供设牌位的付款		1000 元
功德箱收入		1200 元
		合计 11200 元
		总计 20000 元

需要注意的是，上表中的任何一项数字都不可过分信任。来自信徒方面的收入占总收入的 50%以上，如果将寺院所消耗的价值 4000 元的谷物算在内，那这个比例便要下降到 40%以下。像金山一样，栖霞山对田地、菜园、工厂的倚重，也是超过对在家众的仰赖。在某种程度上，栖霞要比金山更加能自给自足，因为它不只生产自己的粮食，也生产维护及扩建寺院工程所需要的大部分建材。而且栖霞的田地大部分就在附近，没有任何一块地像金山的泰州田地一样，位处土匪出没的地区，来自土地的收益几乎分毫无减。

(三) 天宁寺的丰裕

天宁寺位于常州郊外，沪宁铁路经过常州。天宁寺大门前还有内陆水道的码头，谷物可轻易从寺院的船上卸载下来。在笔者所知道的寺院中，受内乱、外侵影响最巨的，即是拥有最多而失去也最多的常州天宁寺。有人称天宁寺有 10000 亩地，也有人说天宁寺拥有武进县的一半土地。事实上，天宁寺有 800 位和尚，8000 亩田，这是民国时期首屈一指的最大寺院。[1] 不论如何，它是经常被如此称誉的，而且笔者也不曾听说过还有比这规模更大者。天宁寺在太平天国战乱中未能幸免于难，在清末的最后几十年间陆续修建，才逐渐呈现出如今的规模。其中居功最伟的，首推天宁寺有名的方丈冶开禅师及其手下工头高朗。除了规模宏大之外，天宁寺似乎没有什么可吸引游客的。风景、艺术、建筑皆无可观之处，也许只有五百罗汉堂例外。

天宁寺的禅堂有 130 位和尚，念佛堂 50 位和尚，藏经楼 50 位和尚，佛学院 150 位和尚，安乐堂（为目盲及残障和尚设）45 位和尚，延寿堂（与疗养所及如意寮分开）20 位和尚（包括需要长期照顾的外人），东塔院或西塔院（为老人而设）60 位年逾 60 的和尚，云水堂 60 位和尚。再加上 100 名执事僧与 150 位退居的和尚，人数高达 800 位。此外还要供养 200 位工人食宿，总数能够有 1000 人之多。

谷租足可供他们吃食，而且还剩下 5000 石小麦可供出售，1000 石大麦缴纳田赋。天宁寺的 8000 亩田全在毗邻的县境内，但没有一块田接近寺院。佃租按照重量征收，不像其他地方按体积征收。佃租平均是每亩 130 斤（一石三斗）；早买的地，地租较低；后买的地，地租较高。天宁寺田佃租的征收较金山、栖霞的严格。库房对有关洪荒的抱怨不加理睬。如果佃农希望地租降低，可向县政府申请。值遇荒年，地租应否降低，完全由县当局决定。除非当局下令减低，否则天宁寺就会按契约上注明的数量征收。天宁寺不供应佃农工具，也不关心他们的房舍或水的供给等。如果佃农拒绝纳租，寺院便请县长、里长或村长出面。天宁寺不愿和他们对簿公堂，原因之一是寺院在人们心目中属于“慈善机构”；另一原因是法庭照顾穷人，很少做对穷人不利的判决（据方丈说）。寺院能做的只是赶走坏佃农，将田地租给好人。部分原因在于租赁关系不是永久的。

其他寺院是将未去壳的稻谷卖给商贩，天宁寺却把磨好的稻米直接卖给顾

---

① 喻谦《新续高僧传四集》卷三十五《清常州天宁寺沙门释清镕传》（慧皎等：《高僧传合集》，上海古籍出版社，1991 年，第 882 页中）曰：“常州天宁，昔号完富，尤为人所窥伺。”据《江苏省宗教志》（2001 年，江苏古籍出版社，第 82 页）记载，常州天宁寺于明崇祯四年（1631），郡守程九万和邑绅共置饭僧田 520 亩。光绪二十二年（1896）增至 8600 余亩，年租谷 12000 多担，约值大洋 26000 多元，年收入达五六万元。民国十三年（1924）又购田 1000 亩。这样加起来说天宁寺总共有田地 9600 亩，故有“吃不尽的常州天宁寺的米”之说。这是最新的也许更准确的资料，可惜未注明资料出处，无法查证核对。另外该志还说，宝华山隆昌寺有山林万亩，满山茶、竹作物，有“烧不尽宝华隆昌寺的柴”之说。其实前文述宝华寺志明载，宝华山场不过 3698.735 亩。

客。它的主顾是寺院在常州地方的护法。天宁寺的米既干燥又白净，他们都喜欢来买。他们常常订购一年所需的米量，通常是30石到50石。要用的时候再送一张米单据来，寺院的工人当场碾磨稻谷；这意味着需要更多的人力与设备，价钱也较高。

不只谷租，即连当作利息缴来的谷物，也以零售的方式卖出。天宁寺放贷所得收益，与来自土地的收益相等。借方所付的利息一年总计有5000石。其中的一半作“干租”，是1912年以前的贷款；另一半称为“活田”，是1912年以后的贷款。除了极少数例外，放贷的对象只限于佃农，抵押品是佃农自己的土地，向寺院租借的土地不能用来抵押。天宁寺唯恐被指责为放高利贷，对低利率已感心满意足。干租是一年15%—16%。许多贷款从19世纪以来一直没有缴清。拖欠的利息比拖欠的地租更难收，因为天宁寺不能采行栖霞寺对付佃农的办法，赶走抵押者，另寻租给他人。地契虽然握在寺院手中，抵押人却还有名分。在一些例子里，地方当局会拒绝施加压力。遇到这种情况，寺院方面尽可能讨回本金与利息，能要回多少就多少，其余的差额则一笔勾销。

除了作为地主及放贷人，天宁寺也经营米谷生意。寺院放贷且买卖稻谷、稻米。稻谷放贷是短期的，而且只限于佃农。如果有位佃农今年借了两石稻谷，来年就得缴还两石四斗（也即利息一年20%）；或者也可用等值的大豆、去壳的米等农作物偿还。如果佃农缺乏市场，寺院随时准备提供。寺院在收成后（大约十月二十三到十一月七日）以大约三元一石的时价买进佃农的稻谷，储藏到春天，价格涨到四五元一石的最高点时，然后加以碾磨，卖给主顾。放贷买卖稻米每年各带来约5000元的净益。天宁寺认为只要是为了弘法，而不是为了个人的私利，这类事业不会遭到戒律禁止。

做佛事一年可得净利一万元。佛事价码不定，视情形与檀主而定。通常是以油、米缴付。一场水陆法会，一般要付100—300石米，等于1000—3000元。这和其他寺院的价码相当。天宁寺接一些小佛事，如放焰口及经忏比其他寺院更爽快，若果真如此，那可能是因为寺院经常需要增辟财源。虽然拥有面积广大的稻田，但它没有林地或山场，而生火用的柴草每年要耗费3000元。因为没有附属作物，建材也得从外购入。要维持住有上千人的寺院，经费是相当庞大的。除了生活费用外，经常用的原料更有待购买。单是作豆制品，就需要30000斤大豆。另外还有雇工薪水要付。寺院开办了小学与佛学院，所有小学教师和佛学院教师都是在家人，必须付给薪水。

应付这些开销的唯一经济来源是土地与佛事。平时的香火钱微不足道，因为游客稀少。天宁寺坚持自食其力。1937 年以前，寺院一年的收入在六万到七万银元之间。列表如下：

表 9.10　1937 年前天宁寺年收入分类(单位:元)

地租	20000
放贷金钱所得的利息	20000
放贷稻谷所得利息	5000
买卖稻谷	5000
作佛事收入	10000
共计	60000

这些数据比金山、栖霞所提供的更为准确。其中一个原因是天宁寺的经济较常处于变动状态。时局太不稳定，令人不安的谣言四处流传。1898 年戊戌变法以来，不断有人建议政府庙产兴学，征收寺院的土地。天宁寺已经是大地主，何苦变成充公更大的目标？1927 年北伐以后，受“打倒宗教迷信”等等革命激进思想之影响，佃农开始反抗纳租。方丈说：“百姓的态度变坏了。”天宁寺开始减少土地的购买量以及新的抵押款。1931 年以后，天宁寺不再买地，也不放贷。寺院转移重心，试图讨回拖欠的借款。所有收回的借款，一部分用以维持生活，支付经常性的开销；一部分融资给稻米生意。钱不再存放在银行，稻米比较安全。

日军入侵对天宁寺的影响比金山更大。做佛事而来的收入大减；同时因为通货膨胀，土地带来的收益也递减。佃租必须用船经由狭窄的内陆水道运送，航程达三公里。天宁寺土地像金山的一样星散各处，但没有一处田是位于安全的地区内或是由安全的路线可以交通往来。土匪开始劫船。1941 年左右，收租的和尚受到攻击。一位副寺、一位过磅员和一位记账员遇难遭害。1945 年抗战胜利，常州农村的秩序还未完全恢复，佃农拒绝交纳地租，令寺院束手无策。就这样，天宁寺踉踉跄跄支撑到 1949 年新中国建立。

四 从山林清修到服务社会的转型

虽然世界上的宗教几乎无一例外地都把财富的占有视为万恶之源，提倡信徒不为物质欲望拖累，但是当它们面临着生存和发展的客观现实时，又不得不需要和依靠独立雄厚的经济基础。一方面，它有把安贫乐道视为美德的倾向，并且设法使信徒不受物质福利和物质欲望的羁绊；然而，另一方面，寺院僧团，特别是当它的组织开始变得有点复杂的时候，它就需要经费才便于活动。这样，寺院僧团就开始卷入经济事务，不管它自己是否愿意。①

富有的寺院僧团在经济上往往不需要仰仗在家众供养，不用靠做经忏佛事赚钱，但大多数寺院仍然这样做：部分因为这是习俗，也是慈悲之行；部分是想结交有影响力的在家居士。一座寺院不论何等富有，都得仰仗护法居士保护，免受潜在的敌意波及。事实上，寺院僧团越是富有，也就越需要富有影响力的护法加持。

与这些富有的少数寺院形成对比，中国大部分的十方丛林或多或少要倚赖信徒的捐赠支持。寺院虽然有些土地收益，但往往不足以长期供养寺里的僧众。不论情愿与否，他们必须做佛事、安奉牌位、吸引信徒捐献。扬州高旻寺收的谷租只够寺里和尚吃食 9 个月，其余的生活开销全有赖于远近信徒的布施。南普陀寺的佃租只够僧众吃食 3 个月，其余 40%来自佛事与安奉牌位，60%来自信徒捐献。另一个例子是杭州灵隐寺，几乎没有农田，但是佛事与捐赠献金带来大笔收入。名山名寺或朝山圣地，往往倚赖用膳、寄宿的香客所付的香火钱捐款。坐落于大城市的寺院，有些来自佛事与房地产的丰富财源，经济拮据的寺院可以出租空房间来维持生活。

小寺庙或子孙庙不论位于城市还是乡村社区，都要比大寺院更依赖经忏佛事。很多小庙还经营丧葬方面的生意。一般寺院不论大小或坐落地点，除佛事、香客捐献与土地外，便很少再有其他经济来源。天宁寺是个例外。笔者还不曾听说，近代有任何大小寺院像唐宋佛寺那样，经营典当生意，或是借拍卖、彩券、互助会赚钱。

① 参罗纳德·L.约翰斯通：《社会中的宗教——一种宗教社会学》，尹今黎、张蕾译，四川人民出版社，1991 年，第 197 页。

至此，根据如上事实得出两个重要的结论：其一，大多数寺院的经济状态如佛事、田地等大笔收入基本上于民国年间趋向解体；其二，从此之后，寺院比以往更倚重信徒的供养捐助，这也许从经济方面暗示了佛教必须走向人间服务社会的转型，而不能安坐山林清修了。

清廷对寺院的财产曾给予保护，但是到了清末民国时期，庙产兴学运动风波四起，政府只给予偶尔滞后的、地区性的保护。经常充耳的是寺僧抗议提拨寺产、征用寺庙的投诉，争讼多年而无果；寺院土地所有权与收租权更常遭土豪劣绅侵犯，和尚们对此束手无策。

土地改革的新政策对一般世俗地主与寺院地主不加区别，但很明显的是，前者的地租只供少数人豪奢度日，后者收到的地租却可供数百僧众过简朴的宗教生活。1930 年通过立法，保护佃农免于因不纳地租而遭驱逐（除非佃农拖欠田租两年，否则不可将他驱逐），并限定地租为收成的 37.5%。即使租约期满，地主也不可以驱逐佃农，除非他准备亲自经营（对土地远隔的寺院不切实际）。如果地主想卖田地，佃农享有先购权。这道法令从未全面实施，因此它给予寺院的影响还不及农村的骚动不安。不过这法令确实降低了寺院对土地投资的兴趣。1942 年，原先的法令经过修正，准备重新分配土地。民国政府打算以现金与债券收购土地，再以分期付款办法卖给佃农。法律的实行因内战而延搁。但最终寺院落到空有契据、没有土地的结局。

在寺院佛教逐渐丧失经济基础时，在家居士佛教则方兴未艾。而在寺院土地收益递减时，寺院比任何时候都更倚赖信徒捐助护持，这时城市地区的信徒捐助日益增多，积极支持佛教的文化事业和社会慈善活动，正好催生了近代居士佛教的兴起。这就是僧团走向人间和服务社会民众而获得新生的经济动因。

第十章　明清民国南京佛教文学与艺术

明清时期,一方面,佛教的衰颓是不争的事实,它在义理的角度上基本没有建树,名僧名寺的势力也远不如前代。但另一方面,佛教已经完全融入中国人的生活之中,所以在文学艺术方面,它还是颇有成绩的。民国时期的佛教复兴,也同样带动了佛教文学艺术的发展。

第一节
明清民国南京佛教文学

明清民国时期的佛教文学，依然以诗歌为主。这一时期的佛教诗歌，虽然艺术水准未必比得上前代，但在技法的圆融上毫不逊色。

一 明朝南京佛教文学

有明一朝，因为定都南京，又因明太祖朱元璋提倡（其少年曾出家），故金陵佛教又复昌盛。太祖着力整顿佛教，每季于礼部考试僧官，在金陵天界寺设立善世院，命慧昙住持，管理全国佛教。他又颁布一系列政令，仿宋制开僧衙门，设僧官，立制度。并重修了许多寺院，至天启七年（1621），南京有灵谷、报恩、天界三大寺；栖霞、鸡鸣、静海、弘觉、能仁五次大寺；普德、清凉、金陵、永庆、吉祥、弘济、高座、鹫峰、瓦官、碧峰等三十二中寺；华严、安隐、天隆寺、唱经楼等小寺一百二十处，不具名小寺百余处。在此大背景下，佛教诗歌创作也再度繁荣，大略可分为帝王诗、游寺诗与僧侣诗三大类。

（一）帝王诗

明朝金陵佛教诗歌的一大特点，即是六朝七百年后，帝王诗的重现。明太祖朱元璋（1328—1398），字国瑞。原名重八，后取名兴宗。安徽濠州人。明朝开国皇帝。定都南京。葬于今钟山明孝陵。明太祖生前，曾写过近八十篇关于佛教的诗文，但是他的佛教诗与六朝君主之宫体诗完全不一样。我们来看他的一首《思游寺》：

雨落黄梅麦已秋，日思精舍梦还游。晨昏几度经钟听，岩壑云生出野楼。[1]

---

① 葛寅亮：《金陵梵刹志》卷一。

每年6月中下旬至7月上半月之间，江南便有持续天阴有雨的气候现象，此时段正是江南梅子的成熟期，故称其为“梅雨”。某年梅雨，太祖处理政事之余，突然万分思念旧时清静之佛寺生涯，欲罢不能，乃至梦里亦回故寺。每到早晨或黄昏，昔日在寺里做功课的时间，他的耳畔仿佛又响起了钟鱼和诵经声，和着此清梵的，是那山壑野寺之上飘来飘去的岫云。此首诗与其他关于佛教的诗文不同，诗中不经意间流露出他厌倦帝王事务，内心深处渴望回归方外生涯的隐密，可算是为我们揭示了历史上以残酷著名的皇帝质朴、天然的另一面。我们可以说，佛教是太祖生命的底色，不论涂抹在他姓名上面的色彩如何绚烂，他在内心深处，还是那个皇觉寺梅雨中扫地听经的小比丘。

再看朱元璋的长诗《天竺僧》：

比丘乾竺来，情思脱祸胎。去乡十万里，飞锡不尘埋。宵书观孰大，无时不常怀。志立无上等，必欲精神谐。忽然观身影，影乃与身偕。若欲离尘垢，将影与身排。再观世万物，有形必影该。寻思欲解分，似乎与理乖。空寂如是说，咸将贝叶开。论影始太古，至今尚犹猜。日午难回避，临水见眉腮。月下偏分晓，愚云似怪哉。智人果解分，祸胎两忘灾。或说身裁影，亦日影身裁。颠倒论常世，倒颠日日徘。观倦身意马，劳心猿似豺。到了难分去，从伊子细差。闭门终不见，出户倚身牌。有时定玄机，俯仰何根荄。祖佛何如定，影子在尘埃。尔升从尔上，尔降从尔阶。踌躇从踯躅，穿履亦穿鞋。反复诚难避，簪花犹插钗。虚实谁参透，天厨一供斋。八万四千户，间阎迩谢台。鸡犬声无异，庄周化骨骸。漆园曾作吏，槐国已知槐。幻中生幻梦，幻影与身哀。影幻身亦幻，何时有壮衰？若欲常寂静，百骸与之齐。智虑混忘却，天然似婴孩。[1]

这首诗虽然名为《天竺僧》，但描写的实际上是朱元璋自己对佛教的认识。朱元璋抓住了“影”与“身”这两个概念，它们分别象征着佛教术语中的“幻”与“真”。朱元璋借天竺僧之思维，描绘对“影”与“身”的思考；从实际上来看，“影”是不离

---

① 葛寅亮：《金陵梵刹志》卷一。

于“身”的，世间万物莫不如是，就如同一切虚幻中间都有真实的存在；但如果想要解脱追寻“身”，也就是追寻真理，似乎又要将真与幻分开。这似乎与佛陀所言不二之理有所差异。天竺僧思及此，只能再次翻开佛典探寻结论。这样的思考不断进行，也结合到了生活日用之中，看到阳光日影，也会陷入思索，看到月下白云，也会思绪万千。虽然这样的日子看起来辛苦，但天竺僧知道，一旦参透了其中的奥秘，就可以得到解脱。最后，朱元璋引用了庄周的典故，庄子梦中为蝴蝶，梦中又有梦，世人如此其实是很悲哀的，不知何为真实，不可长存。真正的智者是看不到一切虚幻的，他们的眼中唯有真实，如同新出生的婴孩。天竺僧的修行过程，大概也正是明太祖朱元璋自己的修行心得。

另一首《赓僧韵》也体现了同样的修行意趣：

> 天台五百尊，方寸皆明月。月影弥千江，何曾有暂歇？为斯妙用通，今古长不灭。昔当悬挂时，诚非凡可越。住世及应真，几度阿僧劫。假锡作梯航，泛海涛如雪。一旦杳无踪，暂与沙门别。倏忽群禅中，孰能为机泄？禅心旷无迹，如海亦何竭。僧本具他心，宗门常合辙。①

诗人开篇先引天台五百罗汉之典，五百罗汉皆是得道之人，所以心田方寸，如同明月。这种光明可以说是不停歇的，因为人人心中有此，所以亘古长存，不会熄灭。五百罗汉修道有成，可以住世几劫，也都各有神通，能将锡杖当作梯子或渡船，渡海而去。所以罗汉时常杳无音讯，而处于世间。禅的真意也正在于此，禅心如海，不可枯竭。朱元璋在这首诗中，托罗汉之心而言己志。在他的眼里，大概自己身为君王也是修行的一种，不违禅意。

朱元璋与僧人之间，也多有交往。试读这首《善世禅师游方归朝》：

> 前年拜辞去，今春二月归。未闻湖海阔，但见禅眸辉。踏雪来朝觐，家风祖佛规。默坐各无语，方寸究徘徊。樱花才脸笑，柳眼正舒眉。独翁任清静，愚俗多险危。奸猾不善死，到处冢累累。尔心鉴此患，弃家永不回。年

---

① 葛寅亮：《金陵梵刹志》卷一。

年尝作客，如蓬被风吹。哀悯自天佑，仁深久必为。切记无住相，与佛莫相违。①

善世禅师即萨哈拶释哩，是一位印度法师，幼年出家于中天竺迦湿弥罗国之苏啰萨寺，后来，为瞻礼文殊菩萨道场五台山而东行中国。萨哈拶释哩声望卓著，元明二朝都受到礼待。洪武九年至十一年（1376—1378），萨哈拶释哩奉诏游历江南各地，参礼名山寺刹。这首诗就是其归来后明太祖所赠。朱元璋开篇便称赞善世禅师精神矍铄，不见旅途风霜，只见目光炯炯。朱元璋与善世禅师相对而坐，默然无语，但各自心中却都有所得。此时正是万物复苏的春季，但善世禅师依然清净不动心，令人非常赞叹。善世禅师远离故土，来到中国，年年为客，朱元璋也善祷善颂其能早日成道。最后，太祖又叮咛善世禅师修行要以无住为本，关心之意溢于言表。

另一位明初的名僧是清浚，他是天台名僧，曾绘制元朝地图。明太祖洪武十五年（1382）僧录司正式建立，清浚任左觉义，从八品僧官。明太祖制十二首律诗赠与他，可见其颇得太祖看重。这十二首律诗的思想情调相差不大，故此处选前两首：

一

廛中禅起诣山房，灵谷山高志可当。四壁远民尘俗杳，山川近水世机忘。崇朝榻外香烟袅，终夜堂前灯焰煌。从此尔僧公案悟，邯郸何必问黄粱！

二

市起高僧屋翠微，一灵派寂人重嵬。松森蓊郁阴浓道，涧曲潺湲声绕扉。有客上门罗织叩，无端举杖作成威。此时解得黄龙法，自在岩前碧眼机。②

第一首写诗人坐禅之后，参访灵谷寺，此地山高林密，与世俗隔绝，不由得也消除

① 葛寅亮：《金陵梵刹志》卷一。
② 葛寅亮：《金陵梵刹志》卷一。

了人的许多机心。灵谷寺香火鼎盛，连绵不断，在这里僧人自可悟道，不需要邯郸一梦了。第二首写僧人以大山树木为屋，人在山中似乎也归于寂静。高大的松树将阳光挡住，令道路显得阴沉，山涧弯曲，流水声音传入草屋。偶尔有访客上门请教，僧人修道有成自带威势。诗中体现的，都是对清浚的赞扬。

再看朱元璋的一首《宝光废塔》：

> 宝塔摩青苍，招提岁久荒。秋高栖俊隼，夜深月影长。寂寂星摇荡，飞霞入栋梁。守僧都去尽，萤火作灯光。鬼哭思禅度，遗经风日张。独有来巢燕，呢喃似宣扬。停骖伤古意，云合草头黄。闻说当年盛，钟鱼彻上方。①

这首诗描绘诗人来到废弃的古寺，看到宝塔依然高高耸立，但寺庙已经荒废无人了，许多禽鸟已经到寺院中做窝。庙的屋顶已经破损，可以看到星星、晚霞。庙中已经没有僧人，晚上只有孤单的萤火。似乎可以听到鬼哭的声音，仿佛在悲叹没有诵经声度化他们了。诗人在这里停马伫立，不由得悲伤涌入心头。听说这里当年香火鼎盛的时候，钟声与木鱼的响声响彻天际。元末之时，民不聊生，许多寺庙也在这一时期废弃，朱元璋当年还俗，也于此不无关系，故此诗之中，颇有感怀之意。

再看朱元璋的《赓僧锡杖歌》：

> 由来震旦始乾竺，扶老应须栖此杖。铃铃琅琅妙且奇，撼振一声空谷响。或时化作飞龙威，长空如水何相持。有时比翼论端的，方觉玄关显现时。志悟未通心委曲，鸿蒙浑沌同尘俗。蓦然一悟凌烟霞，觉此觉他方意足。神眸昭昭众生顾，隐隐微微如法故。每担日月猢狲藤，箪食由来饱祇树。②

锡杖即禅杖，为比丘随身携带十八物之一，因僧人行路时，杖上环会发出“锡锡”的声音，故称锡杖。诗人开篇写出锡杖是从天竺传来，为方便年迈比丘行走而

① 葛寅亮：《金陵梵刹志》卷一。
② 葛寅亮：《金陵梵刹志》卷一。

设。锡杖在行走时有铃铃琅琅的声音，如果用力震动也能响彻空谷。接下来，诗人用了锡杖化龙与比翼齐飞的典故，来凸显锡杖的神妙。当然，诗虽名为“锡杖歌”，但不会停留于锡杖，而是要阐述对禅理的领悟。未悟的时候，如同世俗之人一样，一旦领悟，便能扶摇直上，凌步烟霞，观众生亦平等无异。在这样的圣人手中，锡杖也便可以通天彻地了。

再看朱元璋的《僧目空山》：

孤寂凄凄一径微，处心应与世尘违。朝观松鹤摩天去，暮见岩猿挽树归。瓶水一炉香满座，锡环丈室气盈衣。空山僧对知何日，化作苍龙挟雨飞。①

诗名为《僧目空山》，正是以僧人远望空山的角度而落笔。僧人生活在山中，看到山路幽微远去，无人空寂，但僧人却并不以之为孤单，因其心态与世俗凡尘不同。僧人早上看到仙鹤腾空，晚上见到猿猴归巢，这些天真自然的万物令其无比满足。一炉焚香，一杆禅杖，都表现出僧人清苦度日，内心自足的状态。但在末尾，朱元璋还是将自己代入了僧人的身份之中，要“化作苍龙”，这样的傲气也不是平常诗人能写得出的。

再看朱元璋的《寺掩山深二首》：

绝迹高人隐翠岑，山连叠嶂白云深。欲经无觅通人处，时忽林风送磬音。

见说山中了道僧，不闻钟鼓不闻经。朝观树顶香烟袅，暮识禅机一镜明。②

因寺庙在深山之中，苦寻不得，所以两首诗中都不见寺，但寺却在一句句生动的描写中完整地呈现了出来。第一首诗描绘隐士在山林中居住，以白云深处为家。当访客为寻找隐者遍寻无果时，却能听到风声送来的钟磬之声。第二首诗写山

① 葛寅亮：《金陵梵刹志》卷一。
② 葛寅亮：《金陵梵刹志》卷一。

中僧人没有烦琐的仪式，不必敲钟打鼓，也不必诵经坐禅。但早上看到树顶的云雾，便如同香火袅袅，晚间忽悟禅机，亦是镜心通明。

再看朱元璋最为人所熟知的《不惹庵示僧》：

杀尽江南百万兵，腰间宝剑血犹腥。山僧不识英雄汉，只凭哓哓问姓名。①

传说之中，这首诗是写朱元璋在与陈友谅大战之后，微服私访至一间名为不惹庵的小寺庙，老僧前来询问客人姓名，朱元璋便在墙壁上题下此诗。这首诗虽然言语浅白，但显然是有感而作，故一气呵成，别有一番天然情趣在其中。

（二）游寺诗

明代士子游寺诗为数亦不少，其中颇有名家之手笔。如顾璘（1476—1545），明代官员、文学家。字华玉，号东桥居士，长洲（今江苏省吴县）人，寓居上元（今江苏省南京市）。弘治间进士，授广平知县，累官至南京刑部尚书。少有才名，以诗著称于时，与其同里陈沂、王韦号称“金陵三俊”。其《游永庆寺》一诗云：

城郭晴光荡客车，古岩高寺切青虚。莺花不断人天界，龙象长依水竹居。云里壶觞吞海色，山中风物似秦余。灵踪咫尺常难到，莫怪归迟月满衢。②

永庆寺在今南京五台山永庆村内，南朝梁天监年间，因永庆公主之香火而命名，曾有塔，又名白塔寺，因年代久远而颓圮，明时重建。此诗是顾氏自述游览永庆寺之经过。首联写晴日出游，寺在五台山之古岩下，寺影切入青天，高巍不凡。颔联所谓莺花、水竹乃喻人间，人天、龙象则拟佛国，此是说是寺大隐人间，不离红尘，大有烦恼即是菩提之意。颈联写此一寺虽小如壶觞，却如可吞映山海之色，寺中人物个个似桃花源中，不知有秦。尾联感喟，此情此境，常嗟难寻，其实只在咫尺之间而已，而今沉吟其中，归时已是月色满衢。通篇清新自然，用典轻

① 葛寅亮：《金陵梵刹志》卷一。
② 葛寅亮：《金陵梵刹志》卷一。

松，毫无拙重之感。

另有一首《游嘉善寺》作赏：

> 苍石斯苍云，谁遗空山里。藤萝覆细路，披烟得奇诡。峻岩负龙脊，蛤岈露鳌齿。修竹照人清，幽花傍泉紫。树古走危根，欲断不可止。金陵百名胜，无地可胜此。老禅堕贪痴，秘匿胡乃尔。天地终劫灰，况我二三子。取笏端下拜，托交自今始。[①]

诗人一开篇便设问这精美的怪石和云朵是谁留在山里的？当然不是人力，而是大自然的鬼斧神工。藤萝长满了小路，在雾气中显得愈加诡奇。陡峭的山崖仿佛龙的脊梁，深邃的山谷如同巨鳌的牙齿。修长的竹子使人感觉到清静，清幽的花朵在泉水边静静绽放紫色。古老的大树根系发达，看上去要断裂却又不停止。尽管金陵的名胜数百，但在诗人看来没有比这里更好的。禅师大概也会贪恋这里的美景，但天地也终将化为灰尘，又何况我们这些人呢？诗人最后的感叹为整首诗歌蒙上了一层悲凉的色彩。

又如王世贞（1526—1590），字元美，号凤洲，又号弇州山人，太仓（今江苏太仓）人，明代文学家、史学家，"后七子"领袖之一。官刑部主事，累官刑部尚书，独主文坛二十年。他有一首《将至祖堂过岭返望牛首》，诗云：

> 脉从牛首来，胜自兹岭始。足力虽小疲，目境殊未已。午照苍松巅，千崖被红紫。恍如帝释天，镕金饰睥睨。色相故以空，羡心何缘起？[②]

牛首山在南京东南，盛唐时法融禅师至此山开创禅宗之牛头宗派。祖堂山在牛首山南。此诗是王氏爬山途中小作。首联写至祖堂山后回头望牛首山，发现祖堂山的山脉实承牛首而来，但祖堂山的景色却要胜过牛首山。颔联自觉虽然现在足力已小疲，但满目所见之景却美不胜收、目不暇接。颈联中，帝释天与梵天同为佛教之护法主神，是佛教"二十诸天"中的第二位天王，乃十二天之一。梵名

---

① 葛寅亮：《金陵梵刹志》卷二七。

② 葛寅亮：《金陵梵刹志》卷三三。

Sakra-devanam-Indra，音译为释迦提桓因陀罗，其中释迦是姓"能"义，提桓是"天"之义，因陀罗是"帝"之义，合起来即能天帝、天帝，略称为释提桓因、释迦提婆，又作天帝释、天主。而"镕金"即落日；"睥睨"，即城墙上锯齿形的短墙，此喻山峰起伏。此联是说，太阳正是当空，照在长满苍松的山巅，诸多高崖一遍紫红，仿佛天帝在此群峰上染丹铺金。写到这里，诗人本来是十分陶醉的，尾联突然反问，色即是空，我又何以对眼前美景生此羡心。此诗随兴而发，本无甚要紧处，末二句一经提撕，禅味方出。

再看王世贞的《题摄山舍利塔》：

> 昔我问阿育，驱神作道场。如何震旦国，重见铁轮王。变幻从僧语，依微尽佛光。那堪事势尽，千古但苍凉。[1]

摄山舍利塔为隋文帝时期所建。传说中，阿育王将佛祖留下的舍利收集起来重新分成若干份，送往世界各地，建塔供奉。阿育王是印度王，势力并不能遍及全球，所以传说他是驱动鬼神来建设的舍利塔。震旦就是中国的别称，"重见铁轮王"是称赞建立舍利塔之功德。摄山舍利塔是根据僧人的要求设计的，在晨曦、暮色时，那微微笼罩的光晕似乎是佛光。但在诗末，诗人笔锋一转，写出了当今的舍利塔已经残破，"千古但苍凉"，令人平添萧瑟之感。再看王世贞的《报恩寺塔歌》：

> 壮哉搴堵波，直上三百尺。金轮撑高空，欲斗晓日赤。浮云遏不度，穿泉下无极。钟山颉颃一片紫，余岭参差万重碧。高帝定鼎东南垂，文孙潜启燕王师。燕师百万斩关入，庙社不改天枢移。六军大酺万姓悲，欲向罔极酬恩私。阿育王家佛舍利，散入支那有深意。中夜牟尼吐光怪，清昼琉璃映纤碎。帝令摄之置塔中，宝瓶严供蜀锦蒙。诸天悉凭龙象拥，千佛趺坐莲花同。匠师琢石细于缕，自云得法忉利宫。亦知秋毫尽民力，谬谓斤斧皆神工。波旬气雄佛缘尽，绀宇雕阑销一瞬。乌刍额烂走不得，韦猷心折甘同

① 葛寅亮：《金陵梵刹志》卷四。

烬。海东贾客莫浪传，此塔至今犹岿然。老僧尚夸护法力，永宁同泰能几年？①

窣堵波即佛塔之音译，三百尺形容佛塔之高。金轮是塔顶之转轮，直撑高空，与太阳相辉耀。天空中的云彩都无法跨越，地基打入地下的泉水。在报恩寺塔上眺望，钟山一片紫色，外围万重碧山。当年金陵是朱元璋定下的首都，建文帝削藩不成，燕王造反，叩关而入，宗庙虽然没有改变，但首都则迁移到了北京。明王朝的内战为百姓带来了深重的苦难，永乐皇帝为了自己的名声而建造报恩寺塔来显示自己的孝顺。阿育王当年将佛舍利遍送天下供养，传入中国有其深意。在夜半的时候宝珠放射出光明，白天的时候琉璃反射光芒。永乐命令将舍利放入塔中，装入珍贵的宝瓶，蒙上细密的蜀锦。塔上雕刻着诸天龙象，千佛莲花。工匠雕琢石料，精细到比丝线还细的地步，简直可以与忉利天宫相媲美。但要知道秋毫之小也都是民力，这些雕刻和神明的力量没有任何关系。波旬魔王气焰嚣张，释尊与世间缘分尽，所以答应了涅槃。这些绀宇雕阑也可能在一瞬之间消亡。乌刍金刚狼狈无法离开，韦猷甘心一同化为灰烬。但远处的旅人不要互相谣传，至今报恩塔还巍然耸立。老僧还夸赞护法得力，但当年那雄伟的永宁寺和同泰寺又保存了几年呢？从这首怀古诗中，可以看出诗人有深厚的佛学素养，也表达了其对政治现状的不满。

再如焦竑(1540—1620)，字弱侯，号漪园，又号澹园，又号龙洞山农，祖上即寓居南京。万历十七年(1589)会试北京，得中状元，授翰林院修撰，皇长子侍读等职。他博览群书、严谨治学，尤精于文史、哲学，为晚明杰出的思想家、藏书家、古音学家、文献考据学家。其有《达摩洞》一诗云：

禅龛沿绿屿，石洞俯沧波。风雨江声壮，鱼龙夜气多。停杯今日望，飞锡向时过。欲问西来意，疏钟度薜萝。②

达摩洞在今南京燕子矶下长江边。传说当年达摩渡海西来，自广东登陆，一路向

① 葛寅亮：《金陵梵刹志》卷三一。
② 葛寅亮：《金陵梵刹志》卷二九。

北至金陵，与梁武帝谈佛不契，遂居燕子矶下，斯洞便是达摩洞，后其一苇渡江，北去少林寺。此首五律，神气完足，是一篇咏古之佳作。首联总写达摩洞之景，沿江石壁上，有诸多天然洞穴，山脚与江波之中又横缀无数绿屿沙洲，这些洞穴都是当年达摩栖居过的地方。颔联写自达摩渡江后，此地久经风雨，涛声不绝，兴起过无数英雄豪杰，包括佛教众高僧大德，是为鱼龙之多。颈联表示今日我等登临，举杯四望，依稀可见当年达摩飞锡渡江之情形。飞锡乃佛教语，谓僧人等执锡杖飞空据，此指一苇渡江。尾联如同释子之偈语，“薜萝”即薜荔与女萝，山中植物。《楚辞·九歌·山鬼》云：“若有人兮山之阿，披薜萝兮带女萝。”后就将薜萝看成隐士的装束。此联是说，若问达摩西来之意，便在这盈耳疏钟，漫目薜萝之中吧。薜萝是无情之物，诗人在这里也表现了对无情有性的赞同。

高启，字季迪，号槎轩，平江路（明改苏州府）长洲县（今江苏省苏州市）人，元末明初著名诗人，与刘基、宋濂并称“明初诗文三大家”，又与杨基、张羽、徐贲一起被誉为“吴中四杰”。我们择取其《登天界寺》观之，诗云：

雨过帝城头，香凝佛界幽。果园春乳雀，花殿舞鸣鸠。万履随钟集，千秋入境流。禅居客旅迹，不觉久淹留。①

雨何以能过帝都城墙？必然是由于诗人身处高处。一个“过”字便写出了天界寺之高，但在高处却不显荒凉，因为有香火缭绕，更加幽静。在果园中有刚刚出生的小雀，在花坛中有鸣叫的鸠鸟。每当法会时，随着钟声敲响，万人从四面八方聚集过来，在夜晚的时候则见到千盏灯火随着人潮流动。这样的风景令诗人非常满足，所以不知不觉就在这里住了很久。

诗人以明快简洁的笔触描绘了雨后的天界寺幽静雅致的景象，雨过天晴，佛寺中一片宁静。果园中的鸟儿，花园里跳跃鸣叫的斑鸠，给人以欢快清闲之感。然话锋一转，诗人又感慨道，千千万万的人从这里踏过，漫长的时光也悄然溜过。无论何人禅居于此，全部都是过客，来来去去无人能够长存于世。高启由雨后明媚的寺景联想至人间事，让人不免叹息，人生来便是孤独。既然如此，也便来则来、去则去，这是一种释怀，更是一种禅意。整首诗对仗工整，对比鲜明，意蕴深

---

① 葛寅亮：《金陵梵刹志》卷十六。

远，有很强的画面感，让人身临其境与诗人一同感受个中苦乐。

朱之蕃，明代大臣、书画家。字元升，一作元介，号兰隅、定觉主人。原籍山东聊城茌平县，后附籍南直锦衣卫（今属江苏南京）。其人工书善画，能诗能文，我们选其《报恩塔灯》观之，诗云：

> 阿育威光遍八垓，浮图惟此独崔嵬。千灯接焰明京国，九级凌空傍斗台。耀日法轮宏圣代，含霞舍利锡如来。中宵映彻中天月，好共瞻依瑞相开。①

阿育，即阿育王，佛教护法名王，古代印度摩揭陀国孔雀王朝的第三代国王，早年好杀戮，晚年笃信佛教，又被称为“无忧王”。阿育王在全国各地兴建佛教建筑，据说总共兴建了84 000座奉祀佛骨的佛舍利塔，为印度佛教的发展做出了巨大的贡献。浮屠乃是梵语Buddha之音译，古人将佛教建筑统称为浮屠，后渐转为专指高塔。诗中所言，意谓称赞报恩塔之高大雄伟，塔灯明光四射，无比耀眼。舍利是梵语śarīra的音译，是尸体的总称。在佛教中，僧人死后所遗留的头发、骨骼、骨灰等，均称为舍利；在火化后，所产生的结晶体，则称为舍利子。诗人对佛法极尽崇拜，大加歌颂，天空上的圆月此时仿佛也象征着佛法的兴盛不衰，人间的生机勃勃。此诗对仗工整，大气磅礴，畅快淋漓，让人不免也想一睹报恩塔灯的风采。

汤显祖（1550—1616），明代戏曲家、文学家，字义仍，号海若、若士、清远道人，汉族，江西临川人。汤氏祖籍临川县云山乡，后迁居汤家山（今抚州市），出身书香门第，精通古文，诗词颇精，三十四岁中进士，在金陵先后任太常寺博士、詹事府主簿和礼部祠祭司主事。其有诗名为《上巳后二日游幽栖寺》，诗云：

> 百日斋初过，三春绿已齐。披衣眠佛窟，残屐到幽栖。②

上巳，即是上巳节，俗称三月三，是汉族人民的传统节日，该节日在汉代以前定为

① 张惠衣：《金陵大报恩寺塔志》，杨献文点校，《南京稀见文献丛刊》，南京出版社，2007年，第75页。
② 葛寅亮：《金陵梵刹志》卷四八。

三月上旬的巳日，后来固定在夏历三月初三。传统的上巳节在农历三月的第一个巳日，也是祓禊的日子，即春浴日。这首游寺诗描写了一个十分温暖的场面，上巳节刚刚过去，世上已是春回大地。披上衣服起身，穿着残破了的鞋子到幽栖寺走走。诗人于山中的漫步仿佛田园一般闲静清新，令人倾心不已。历史上，汤显祖的仕途并不顺遂，他一生蔑视封建权贵，因此常得罪名人。他晚年潜心佛学，置身于政治斗争之外，自称"偏州浪士，盛世遗民"，说"天下事耳之而已，顺之而已"，淡泊守贫，苦中作乐，从"佛窟""残屐"之谓便可观之。

蔡汝楠（1514—1565），字子木，号白石，浙江人。年十八中嘉靖十一年（1532）进士，授职行人，不久升刑部外郎，迁职到南京刑部，与尚书顾璘引为忘年交。后改任德州知府。丁忧归。起为衡州知府。在衡五年，始终以礼教民，民风渐趋循谨。又兴学课士，简拔贤才，李孟彰、王大韶、彭良臣、谭汝赓、徐应南等人皆出其门。以治行卓异，升四川按察副使。去任后，郡人立"衡湘书院"以祀之，亦称"白石讲院"。后官至兵部侍郎，改南京工部右侍郎。这首《灵谷寺》是一首典型的游寺诗：

> 禅关何窈窕，春物正氛氲。檐絮兼花度，山钟带雨闻。鸟喧僧出定，树暝客离群。独向清斋卧，空令梦白云。[①]

禅门本是清净、冷寂、出世的，诗人在这里却用"窈窕"二字来形容禅关，于是春意盎然跃然纸上。接下来诗人又用"氛氲"二字，于是春日的雾气朦胧细致地展现了出来。灵谷寺屋檐上挂满了柳絮，寺庙中的钟声与雨声一起传入诗人的耳朵里。早上鸟儿鸣叫，僧人出定迎客，晚上树林阴暗，香客一一离去。诗人在这样闲适的春日里，独自一人在斋房中静卧，达到了物我两忘的境界，不然又怎能"梦白云"呢？

徐元春（1547—1596），明松江府华亭县人，明内阁大学士徐阶长孙。公元1574年（万历二年），第二甲进士，授任刑部。徐元春与僧人也多有交往，这首《访月泉禅师》便是其代表作：

---

① 葛寅亮：《金陵梵刹志》卷三。

山郭寻僧出，行行黄叶边。兴破长昏夜，门开不住天。石泉秋听急，江月坐来圆。时闻钟磬发，独立万峰前。①

诗人在山中跋涉去探访月泉禅师，小路上铺满了落下的黄叶。“长昏夜”既是描绘诗人所见到的夜色，也是佛教中对世俗世界的描绘。如果没有觉悟，世间就有如漫漫长夜。相对地，“不住天”既是对天色的描绘，也可以说是月泉禅师所达到的境界。岩石上的泉水，因为有人倾听才显得急促；江边的月亮，需要坐着耐心等待才会变圆。所以诗人虽然没有第一时间见到月泉禅师，但也并不心焦，而是在山峰前伫立，听着传来的钟声。

顾大典，明代官员、诗人、戏曲家、书画家。字道行，号衡寓，南直隶苏州府吴江（今属江苏）人，顾昺之孙。隆庆二年（1568）进士，历仕会稽教谕、处州推官、福建提学副使。这首《牛首山》颇有唐时风韵：

刹拥牛山胜，云疑鸟道连。振衣当落日，江气远浮烟。塔影垂萝幌，钟声清梵筵。谈玄探小品，因叩辟支禅。②

古刹坐拥牛首山之胜境，天空中的云朵看起来如同飞鸟的路线相连。诗人在落日下振衣，看着远方的江水上浮动的烟云。佛塔与藤萝的影子交织在一起，传来的钟声将道场变得更加清静。诗人在这里谈玄说理，拜访辟支佛塔，几乎忘了归去。

叶向高（1559—1627），字进卿，号台山，晚年自号福庐山人，明朝大臣，福建福清人。明万历、天启年间，两度出任内阁首辅大臣。叶向高一生仕途起起落落，这首《登摄山绝顶》也反映了他消极避世的情感：

探奇直上最高峰，仄径悬崖信短笻。万壑松篁霾虎豹，半江风雨挟蛟龙。苍茫不辨前朝寺，缥渺时闻下界钟。共识浮生无住着，蒲团相对坐从容。③

---

① 葛寅亮：《金陵梵刹志》卷三。

② 葛寅亮：《金陵梵刹志》卷三三。

③ 葛寅亮：《金陵梵刹志》卷四。

诗人为追寻奇诡的景色，向摄山最高峰攀登，在悬崖峭壁间，诗人也并不慌张，而是拄着竹杖信步走去。在高处远望万壑松涛，其中似乎隐藏着虎豹；长江上的风雨，也如同是蛟龙在兴波作浪。在这样一片苍茫的天气里，看不清哪里是前朝的寺庙，但缥渺的钟声常常能传到耳边。在此，诗人领悟了浮生无住，不知下一秒自己会归向何处，所以不如在蒲团上静坐，从容面对世界的变化。

王韦，生卒年不详，字钦佩，号南原，明代上元（今江苏南京市）人，韦举弘治十八年（1505）进士，选庶吉士，授南京吏部主事，擢河南提学副使。有《游草堂寺》一首：

> 故结钟峰麓，今开江水渍。门犹妨俗驾，僧尚诵移文。猿鹤何年谪，烟霞别涧分。山灵招未得，休遣昔贤闻。①

草堂寺在钟山之顶，本是宋代信徒舍宅为寺，后来在洪武年间，因为开平忠武王墓在草堂寺那里，所以把寺庙移到了江边。诗人第一句"故结钟峰麓，今开江水渍"写的便是草堂寺的变迁。虽然寺庙移动到山下，但香火依旧不盛，这样的好处就是有"猿鹤"和"烟霞"，为寺庙平添了野趣。诗人感叹山中的精灵还不能召唤，不要让昔日的贤人听闻此事。可以看出，诗人对草堂寺的迁移是有些不以为意的。

王问（1497—1576），明代官员。字子裕，号仲山，江苏无锡人。嘉靖十一年（1532）进士，历官车驾郎中，擢广东按察佥事，因思念老父，未赴任，即弃官归家。这首《游牛首山归宿天界》是其在南京时的作品：

> 看山遥在万峰西，归路亭亭江日低。散吏自堪携伴侣，闲心犹得住招提。经坛露净天花落，塔院清风谷鸟啼。长习跏趺人禅寂，亦知虚幻此生迷。②

春游牛首是南京城的一大盛事，从天界寺到牛首山路程不近，虽然"遥在万峰

① 葛寅亮：《金陵梵刹志》卷十五。
② 葛寅亮：《金陵梵刹志》卷十六。

西”，但阻止不了踏春的游人。归来的路途也很遥远，不知不觉太阳已经低垂。诗人担任闲散的官职，所以可以与伴侣一同踏春，也有闲暇在寺庙当中小住。经坛被露水冲洗干净，似乎有天花飘落，塔院刮过徐徐清风，布谷鸟在鸣叫。诗人在这里学习禅定静坐，也了悟了人生虚幻的道理。

王世懋(1536—1588)，字敬美，别号麟州，时称少美，汉族，江苏太仓人。嘉靖进士，累官至太常少卿，是明代文学家、史学家王世贞之弟。这首《春日家兄至宿天界》便是为王世贞而写：

> 云路分飞各渺茫，人天此会意差强。百年星聚南朝寺，万里鸿归北地霜。倚玉自怜双树色，连床犹借一灯光。不知忍草经春发，看作池塘梦后长。①

这虽然是一首怀人诗，但其中饱含着作者对人生无常的感悟。诗人开头便写道，自己与兄长分别已久，万里渺茫，此日相会，却又未免差强人意，不够完美，因为实在是太久不见。“百年星聚”“万里鸿归”一写时间，一写空间，道尽了离别之苦。兄弟二人许久不见，自然要联床夜话，一灯之下，互道别来之事。诗人最后感叹，小草是忍受冬天的寒冷才在春天发芽的，但人们常常并不在意，只是一梦之后就看到春草盈盈。自己与兄长的相见也是如此，这种千辛万苦外人并不知晓。

再看王世懋的一首《送陈扬州暮登清凉山》：

> 石头城外醉离觞，把袂登临兴未央。秋为帝京辞惨淡，地缘天界倍清凉。江吞叠嶂连云白，烟锁千家带日黄。久坐不愁归路杳，尼珠犹可照迷方。②

石头城即南京，诗人在城外送别朋友，因为离愁别绪不知不觉喝得大醉。二人相扶登山，兴致依旧不减。秋日在首都南京与朋友辞别，确实感觉非常惨淡，但这

---

① 葛寅亮：《金陵梵刹志》卷十六。
② 葛寅亮：《金陵梵刹志》卷十九。

里与佛土相临，也是倍觉清凉。江水伴随群山远去，与远方的白云相连，水天一色。夕阳西下，家家炊烟升起，在夕照中呈现一片朦胧的黄色。在这里，诗人与朋友对坐许久，也并不担心归路漫长，因为摩尼宝珠会照亮归去的道路。摩尼宝珠是佛教传说中的宝物，可以变化出无数珍宝。在这里，诗人希望照亮的大概不仅有归途，还有朋友的前途。

陈沂，浙江鄞县（今浙江宁波）人，擅长书法及山水画，以医籍居南京。选其一首《宿鸡鸣寺》作赏：

> 春山临净域，夜槛出高城。万境烟云瞑，诸天象纬明。宝灯分塔影，金铎乱松惠。定处尘机破，喧中道念平。感灵僧锡化，虚寂佛香生。鸟息林初静，龙归水自清。萧皇遗世志，师竺住山名。不到深栖地，那时识此情？[①]

“净域”代指鸡鸣寺，一个“临”字写出了山势高耸，春色郁郁葱葱，甚至都有一种对寺庙中人的压迫感觉。诗人登高而望，夜色下的栏杆，似乎在高大的城池之外。向外望去，世间万物都笼罩在烟云之下，但在寺庙之中，却依然灯火通明，如同诸天降临。在灯火下，佛塔的影子分散，金铎的声音传过松林。入定之后，破除了心中的尘劳，在喧嚣之中，获得了内心的平静。在寂静之中，那种灵觉就自然而然生起了。鸟儿入巢，树林归于寂静，蛟龙还宫，水也变得清澈。昔年的梁武帝便是在此舍弃世俗的志向，菩提达摩从印度来时也是居于此。如果不像诗人一样亲自到此处一游，是感受不到这种历史的厚重感的。

黄省曾（1490—1540），明代学者。字勉之，号五岳山人，黄鲁曾之弟。吴县（今江苏苏州）人，长于农业与畜牧，诗作以华艳胜。选其一首《游清凉寺》：

> 古刹石城里，逶迤丹磴攀。殿悬秋霭树，江吐夕阳山。法食供游馔，林杯悦旅颜。无劳支遁马，碧草步人还。[②]

这是一首典型的游寺诗，清凉寺坐落在古老的石头城里，游人需要一阶一阶地攀

---

① 葛寅亮：《金陵梵刹志》卷十七。

② 葛寅亮：《金陵梵刹志》卷十九。

登到庙中。树木长在陡峭的山坡，好像悬挂在大殿之上。夕阳落山，似乎从江水中吐出。高僧讲经令游客法喜充满，风景秀丽令旅人喜笑颜开。在这里，不需要支道林的骏马代步，踏着绿草归去更令人愉快。

李东阳(1447—1516)，字宾之，号西涯。祖籍湖广长沙府茶陵，茶陵诗派代表人物，入内阁十八年。选其一首《登清凉寺后台》：

> 虎踞关高鹫岭尊，四山环绕万家村。城中一览无余地，象外空传不二门。人世百年同俯仰，江流今古此乾坤。南都胜概今如许，归向长安父老论。①

虎踞关位于南京市清凉山东侧，但清凉寺更高一些，所以说"虎踞关高鹫岭尊"。在高处望去，四周的山峰环绕着村庄。南京城内人烟繁茂，已经没有空余的白地，在物象之外空传不二法门。人生百年转瞬即过，但长江千古东流如此。南京的胜景今日来看是这样美丽，诗人迫不及待地想归去家乡与故人分享。

王守仁(1472—1529)，幼名云，字伯安，别号阳明。浙江绍兴府余姚县(今属宁波余姚)人，因曾筑室于会稽山阳明洞，自号阳明子，学者称之为阳明先生，亦称王阳明，是明代著名的思想家、文学家、哲学家和军事家。他晚年于南京任兵部尚书、都察院左都御史。《游清凉寺二首》即写于此时，此处选第一首：

> 春寻载酒本无期，乘兴还嫌马足迟。古寺共怜春草没，远山偏与夕阳宜。雨晴涧竹消苍粉，风暖岩花落紫蕤。昏黑更须凌绝顶，高怀想见少陵诗。②

诗人在一开始就描绘了一幕生动的游春寻乐图。诗人带着酒信马由缰，毫不在意归期，游兴大起，只觉得马儿跑得太慢。古寺之中，春草初生，分外可爱。远山沐浴在夕阳之下，更是赏心悦目。雨后初晴，小溪边的竹子青翠欲滴，春风送暖，山石上的花朵摇曳飘落。到了天黑之后，使人更想要攀爬到绝顶之上，领会杜甫

① 葛寅亮：《金陵梵刹志》卷十九。
② 葛寅亮：《金陵梵刹志》卷十九。

诗歌中的风物。整首诗歌虽然不涉及太多佛理,但其中天真自然的情趣是值得称道的。

杨士奇(1366—1444),名寓,字士奇,以字行,号东里,谥文贞,江西泰和(今江西省吉安市泰和县澄江镇)人。明代大臣、学者,官至礼部侍郎兼华盖殿大学士,兼兵部尚书,历5朝,在内阁为辅臣40余年,首辅21年。选其一首《和胡学士》:

> 寺外幽岩石径斜,岩中开士似丹霞。心涵水月空诸法,坐对寒崖落一花。清夜潮音翻贝叶,当时云气护袈裟。匆匆遥望知难觅,归骑联翩拥翠华。①

寺外岩石中开凿的石路陡峭,在山岩中修行的僧人如同丹霞一般高远。心中包涵水月之象,故能看空一切诸法。在山崖对面静坐,一朵花瓣缓缓落下。这外在的景色之"动"更深刻地反映出僧人的内心之"静"。"贝叶"代指佛经,因古印度在贝叶上写经。在清冷的夜里,听着江水的声音翻看经文,云气在袈裟上萦绕。但诗人清楚,这样的高僧不是能轻易寻觅到的,所以在远处看后,便又踏入了世俗之中,在众人簇拥中离开了这里。

余梦麟,明代南京诗人,曾经遍游南京名胜并作诗记述,选其一首《清明日登牛首山》:

> 对客空堂问四禅,隔林疏磬度诸天。灯传白马残经后,寺倚青春暮雨前。浮栋山岚迷梵影,入帘云气杂炉烟。同来忽忆当年事,花落花开一惨然。②

在一开始,诗人便向我们展开了一幅清冷寺庙的画卷。客堂空寂,不知向何问禅,树林之外,几声磬声似乎在度化诸天。传灯是禅宗谱系传承的说法,因为灯可破一切暗。自从白马首驮经书到洛阳,至今千年血脉不绝。眼前的寺庙在这

---

① 葛寅亮:《金陵梵刹志》卷三三。
② 葛寅亮:《金陵梵刹志》卷三三。

春色的暮雨之中伫立。山中的雾气似乎有梵天的影子，透入帘中的云气夹杂着香烟。诗人与同来的朋友忽然想起当年的事情，但很多朋友已经阴阳两隔了，思及此事，再看花落花开，不由得惨然相对。此诗用典恰当，对仗工整，实为佳作。

殷迈（1512—1581），字时训，号秋溟，又号白野，直隶南京人。嘉靖二十年（1541）进士，授户部主事，历江西参政、南京太常寺卿。万历初年，升南京礼部右侍郎。选其一首《牛首山阅楞严夜坐》作析：

> 一轴楞严阅未终，四山风静暮林空。忽逢华屋身能入，自得神珠道不穷。树影欲迷云度处，经声遥听月明中。共传鹿鸟春深后，犹向烟萝礼法融。①

《楞严经》是佛教的一部重要经典，被称为末法时期的“试金石”。诗人夜半读《楞严经》，还没读完，忽然觉得四周的风停了下来，夜晚的树林一片空寂。这时，诗人已经领悟到了楞严中的佛理，感到佛理如同广大华贵的屋子，自身已经能够进入其中。自己的本性便是神珠，从中自然生出无穷大道。云彩经过月下，树林的影子变得模糊，月色明亮，远处传来诵经的声音。人们传说这里的小鹿与禽鸟在春天还会向烟萝深处礼拜法融禅师。

沈越（1501—1570），字中甫，南京锦衣卫人。嘉靖十一年（1532）进士，明代著名诗人。选其一首《游静明寺》：

> 万柿垂枝秋色苍，远林骑马度重冈。客登山路穿松径，僧礼莲台闭竹房。夜静梵音岩壑满，月明清梦石床凉。此心顿有皈依处，回首诸天别思长。②

柿子挂满了枝头，秋色苍凉，诗人信马由缰地翻越过一个个山冈。香客穿过松林中的山路，僧人关上了窗门一心礼佛，这一动一静似乎也象征了诗人的心境。夜色静谧，传出的念经声填满了空谷，月光清明，身下的石床传来阵阵凉意。在这

---

① 葛寅亮：《金陵梵刹志》卷三三。
② 葛寅亮：《金陵梵刹志》卷三三。

样的夜里，诗人顿觉此心皈依，别时久久不忍离去。

（三）僧侣诗

明代虽承宋人倡“三教合一”说，然与宋代不同，此说表现出强烈的扬佛教而抑儒道的特点，从而扭转了宋代佛教表现出的对儒道二教的屈从局面，在一定程度上恢复了唐代佛教的理论优越感。[①] 明僧之诗，高处不下唐宋，而过之者则是归于本真，不重文字。

如来复（1319—1391），元明之际浙江杭州灵隐寺僧。字见心，号蒲庵，俗姓王，一说姓黄，豫章丰城（今江西省丰城市）人。少年出家，洪武二十四年（1391）坐胡惟庸谋逆案，凌迟死。其有一首《题阳关送别图》：

> 三月皇州送佩珂，柳花吹雪满官河。纵令渭水深千尺，不似阳关别泪多。[②]

此《阳关送别图》未详何人所作。阳关系古关名，在今甘肃省敦煌市西南，以居玉门关之南而得名，汉置，为古代通西域的要隘。唐王维《送元二使西安》诗“劝君更尽一杯酒，西出阳关无故人”即指此。皇州则指帝都。南朝宋鲍照《代结客少年场行》：“衣冠照云日，朝下散皇州。”佩珂即佩玉，官河则指京城的护城河。此诗是来复题画之作，然诗境似已超胜画作本身。前二句摹写离别实情，后二句乃化用太白“桃花潭水深千尺，不及汪伦送我情”，然太白汪伦之别，充满乐观与期待，来复所题之别，却满是惆怅与绝望，官河亦成了一道绝望的死水。究竟是何处惹来别泪之多胜于渭水，我们再回顾第一句“三月皇州送佩珂”，似当是男女互送佩玉之生离死别，若是如此，则离泪如此，亦为可解。此诗写得空灵秀丽，明洁清新，难怪明胡应麟在《诗薮》中说：“国朝诗僧，无出来复见心者。”

又如宗泐（1318—1391），元明之际江苏金陵天界寺僧。字季潭，俗姓周，临海（今浙江临海）人。八岁学佛，二十岁受戒。逝于江浦石佛寺，归葬金陵天界寺。其有一首《雨花台》诗云：

---

① 李霞：《论明代佛教的三教合一说》，《安徽大学学报》2000年第5期。

② 廖养正编著：《中国历代名僧诗选》，中国书籍出版社，2004年，第468页。

梁朝雨花台，近在城南陌。不见讲经人，空林淡秋色。登高俯大江，目送千里客。白鸟下沧波，孤帆远山碧。[①]

讲经人指云光法师。南朝时，金陵佛教盛行，传说高僧云光法师曾在此设坛讲经，因说法虔诚所至，感动上苍，落花如雨，始名雨花台。此诗虽多不合韵，但足见诗人无心故意为诗。故整篇冲淡平和，只写空林、大江、白鸟、孤帆、远山等景色，如此亦足矣。何须哓哓，徒增烦恼。诗人登到高处俯瞰大江东去，目送朋友一别千里。有白鸟在一片波涛上俯冲远去，朋友的船帆与远山的碧色融为一体。

溥洽，明初江苏南京报恩寺僧，字南洲，号雨轩，俗姓陆，宋诗人陆游后裔，会稽山阴(今浙江省绍兴市)人。溥洽于当时文名甚盛，与道衍并称僧林大家。圆寂后，作品由其徒心田刊刻为《雨轩集》八卷。我们选一首《题王冕梅花揭蓬图》，诗云：

王郎写梅如写神，天机到手惊绝伦。自言临池得家法，开缣散作江南春。酒酣豪叫呼霜兔，宝泓倒饮険麋熏。龙跳虎卧意捷出，纵横错漠迷芳尘。繁花不消千树雪，古苔蚀尽樛枝铁。缟衣绰约佩珰明，夜夜负心照寒月。嗟予落魄西湖滨，梦魂几度入梨云。东风吹香趁流水，断桥愁送波沄沄。一抔不到孤山土，忽见王郎已千古。还君此图歌莫哀，原草青青隔烟雨。[②]

《梅花揭篷图》乃是元末画家、诗人王冕所作之图画。王冕画以梅竹著称，诗写隐遁生活。溥洽见王冕之《梅花揭篷图》甚是惊喜，便题七言长诗赞之。诗歌描绘了画中交错复杂的线条和明朗的画风，树枝上还积着雪，枝头的梅花却已经开放，苍老的苔藓腐蚀着铁一般劲瘦的梅枝，这样的岸边停着一条小船，一位身穿洁白绸服的女子正伸手揭开船窗，梅花的枝杈就在船边招摇。这位美人淡淡地望着月亮，心里想着一个遥不可及的人。诗中对王冕画梅神技大加赞颂，而诗人自己的遭遇比之王冕，亦是感同身受。这首诗既赞美了王冕的画，又是对王冕本

① 葛寅亮：《金陵梵刹志》卷三四。
② 陈邦彦选编：《历代题画诗》，人民美术出版社，1994年，第302页。

人的挽歌。笔触格外苍劲古朴，雄浑悲壮，孤独哀怨之情难以言表。

大健，明末清初江南诗僧。号蒲庵，江宁（今江苏省南京市）人。生卒年与俗姓均已失考，大约公元 1640 年前后在世。与同代名士诗人时有唱和，其诗当时颇为享名。著有《花笑轩集》。我们选他的一首《杜茶村见过》，诗云：

> 芦荻晚苍苍，烟岚在下方。兰舟维此际，萍迹任他乡。风浪矶前大，僧衣世外长。艰辛今夕会，江海意难忘。①

诗中杜茶村未详何人。当为一位姓杜的隐居读书人，茶村为其字号。杜茶村是一位远客，专门乘船来看望大健的。老友相见，喜何如之。这首诗既写了朋友远道来访，情深谊长，也写到了好友的离别，相见固然美好，然而离别却让人心生悲凉。奈何天下没有不散的筵席，世事难料，天地不仁，吾人唯有各自珍重。烟岚、萍迹、风浪，用词看似简单明了，实则情意绵绵，意蕴深远。诗歌对仗工整，音律和谐，堪称五言精品。

姚广孝（1335—1418），幼名天僖，法名道衍，长洲（今江苏苏州）人，明朝政治家、佛学家、靖难之役的主要策划者。在他的辅助下，朱棣顺利夺取南京，登基称帝。这首《初夏访定岩禅寺》便是其在南京时所作：

> 萧寺锁烟萝，游人杂佩珂。半山红艳尽，一坞绿阴多。探胜时应到，乘闲暮亦过。禅翁深阻道，谁解问如何。②

寺庙之中藤萝丛生，看起来非常寂寥，但前来踏春的游人也很多，佩玉叮当。这两种截然相反的景色给人一种相对的美感。春花已经落尽，绿树成荫，正是探访胜地的好时节。最后，诗人感叹参禅的僧人坐在寂寥的山路中，但又有谁会前去问道呢？整首诗将寺院的清冷与游客的喧闹做了细致的对比，反映了诗人远离尘俗的心境。

清浚，元明名僧，明太祖洪武十五年（1382）僧录司正式建立，清浚任左觉义，

① 卓尔堪选辑：《明遗民诗》，中华书局，1961 年，第 675 页。
② 葛寅亮：《金陵梵刹志》卷三。

从八品僧官。选其一首《灵谷寺法会应制》:

> 老来一钵住岩幽,尘境无心得自由。空里每看花满眼,镜中渐觉雪盈头。吟余月照千峰夜,定起云生万壑秋。身世已知浑是梦,百年光景水东流。[①]

清浚法师的这首应制诗非常出色,首句写自己无欲无求,一钵一饭,有山岩栖身便足够,正因对凡俗无心,所以能够自由。"花满眼"与"雪盈头"一言领悟,一说年纪。年纪渐长,领悟渐深,语句虽有悲凉之感,但更显超脱之意。颈联可谓本诗之警句,吟诗之后,观夜月遍照千山,入定之时,如同云雾洒满山谷。最后,诗人感叹去国万里,人生飘然一梦,流露出大彻大悟的心态。

二 清朝南京佛教文学

清朝的金陵佛教诗歌十分繁荣,在数量与质量上都堪称比明代上了一个台阶。一则因为清代以少数民族入主中原,采取提倡汉文化的政策,尊儒奉佛,巩固政权。二则金陵因系南朝政权所在地,惨被兵燹,大批遗民不愿剃发易服,纷纷落发出家。正所谓国家不幸诗家幸,在这样的背景下,金陵佛教诗歌情理之中、意料之外地繁荣起来。此期诗歌,与以前相比,不论是怀念故国,还是感喟个人不幸,皆表现出强烈的入世色彩。我们分下面三个部分来了解。

(一) 遗民诗

入清之遗民数量庞大,又多数落发出家,故留下了数量众多的诗篇,而其诗又多抒写怀念亡国、痛恨异族入侵的情感。

林古度(1580—1660),明末清初著名诗人。字茂之,号那子,别号乳山道士,福建福清人,寓居于江宁(南京)。诗文名重一时,时人称为"东南硕魁"。其《嘉善寺》一诗云:

---

① 葛寅亮:《金陵梵刹志》卷三。

古寺壑中好，到来真是禅。松声流夜雨，草色积春烟。钟仆无鸣日，碑残不记年。却因荒寂意，与客更留连。[①]

燕子矶江边达摩洞附近，历史上寺院众多，较为著名的有嘉善寺、崇化寺、幕府寺、吉祥庵、妙秦庵等寺院，嘉善寺另有苍云崖石佛。此是一首工整的五律，完全符合起承转合之规范。首联奇峰飞来，天然苍劲，功力老到，驾驭语言非常纯熟。颔联承写周遭之景，由“草色积春烟”一句可以看出，诗人游时当是春天。颈联却突然转写嘉善寺萧败之意，钟仆碑残，与前二联形成鲜明对比。尾联突然扬起，说此荒寂之意，正合游客内心，故触景生情，徒生留连。吾人可以想象，暮春之夜，遗民独赴燕子矶大江畔，登临嘉善寺旧址，昔日繁华皆如逝水，唯留苍狗而已。故此诗虽名为写寺，实为表达对亡明之思。

弘智（1611—1671），俗姓方，名以智，字密之，桐城（今属安徽省）人。本为著名的哲学家、思想家，明亡，入金陵报恩寺为僧。其《独往》一诗云：

同伴都分手，麻鞋独入林。一年三变姓，十字九椎心。听惯干戈信，愁因风雨深。死生容易事，所痛为知音。[②]

弘智出家之前为江南名士，领袖文坛，其诗朋酒友，数不胜数。出家为僧后自然要减少与世俗朋辈的往来，当此之际，智公的心情是十分沉重而伤感的。在与知心朋友分别，独自出外参方游历时，智公写此诗，留给朋友们纪念。诗中概述了近年自己隐名埋姓，既要避开南明小王朝那些奸臣的注意，更要躲逃清廷的追捕等生活困境。当然，智公并不是太为自己的安危担心，他深觉痛心的是国亡家破，亲朋离散，是从此以后与朋友们分道扬镳。

屈大均（1629—1696），名绍隆，字介子，番禺（今属广东省广州市）人，明诸生。明亡后于岭南丹霞山别传寺出家，法号今种。中年还俗，更名大均，字翁山。其《摄山秋夕》云：

---

① 徐世昌：《晚晴簃诗汇》，中华书局，1990 年，第 424 页。

② 廖养正编著：《中国历代名僧诗选》，中国书籍出版社，2004 年，第 570 页。

> 秋林无静树，叶落鸟频惊。一夜疑风雨，不知山月生。松门开积翠，潭水入空明。渐觉天鸡晓，披衣念远征。①

此诗是写秋夜栖霞山景，整篇遣词甚劲。如“叶落鸟频惊”之“频”，明为描写深秋时分木叶摇落之景，实则完整地传达了在清朝铁蹄统治下，人们坐立不安，一夕数惊。后面又接着写松涛阵阵，疑是风雨，不知山月已高挂，遂开松门，满目所接皆是苍翠，屋外潭水印月之光，空明澄澈。末二句则写天明之后，诗人又得四处逃遁。全诗信息丰富，欲述者皆在诗外，使人读后气为之噎。

钱澄之(1612—1693)，初名秉镫，字饮光，一字幼光，晚号田间老人、西顽道人。安徽省桐城县(今枞阳县)人，明末爱国志士、文学家。我们选其组诗《金陵即事》中的一首，诗云：

> 秋山无树故崚嶒，几度支筇未忍登。荒路行愁逢牧马，旧交老渐变高僧。钟楼自吼南朝寺，佛塔还燃半夜灯。莫向雨花台北望，寒云黯淡是钟陵。②

钱澄之乃明末抗清名士，早年往游南京，应举不中，与陈子龙、钱木秉诸名士结交。崇祯即位之初，整顿朝纲，定逆案，逐阉党。几社、复社兴起，继武东林。钱澄之与同邑方文、方以智等人，同主桐城坛坫，与阉党余孽进行斗争。钱澄之两次投奔南明隆武朝，坚持抗清斗争，将青春血汗挥洒于这一事业。晚年隐居家里，躬耕读书。这首诗乃是怀古类代表作，诗人在秋天登山，不忍思量故国、故人，诗人望着走在荒凉路上的牧马，想着旧时的老友亦多看破红尘出家为僧。虽然南朝的寺庙仍然传出钟声，塔前也依然燃着佛灯，但一切都已经变了，明朝已经灭亡。复国无望之时，诗人最后发出感叹，不要望向雨花台的北方啊，那样会让人更加心痛。诗人一声长叹，仿佛天地间的景色都变得越发苍茫凄楚。此诗以平驭曲，淡语苦情，即使是抒发故国沦亡的万千感慨，也能够做到举重若轻。钱澄之深知世事之无常，人生之无奈，因此晚年归隐山林，过上了平静的生活。

---

① 廖养正编著:《中国历代名僧诗选》,中国书籍出版社,2004年,第623页。

② 潘忠荣主编:《桐城明清诗选》,安徽美术出版社,2011年,第54页。

宇宙的无限、人类社会的变迁、朝代的更替，甚至人的悲欢离合，都是不值一哂的小事。曾经的惊天大事，过去了，便成后人口中的一句话，但我们口中一句带过的每一个历史事件，都曾在古人心中留下或喜悦或悲痛种种样样难以磨灭的痕迹。古人用诗文艺术表达心绪，我们唯有用心感悟，将过去的人事、过去的思绪情愫，置于现在，从中吸取精髓，欣赏它们、铭记它们，才能让历史、诗文和艺术这些有限的事物，在这个无限的宇宙里变得更有价值。

（二）文人诗

清初政治高压之下，文人或命笔谈鬼，如《聊斋》；或清谈“神韵”，如王士祯（1634—1711）。王士祯原名士禛，字子真、贻上，号阮亭，又号渔洋山人，人称王渔洋，谥文简。新城（今山东桓台县）人，清初杰出诗人、学者、文学家。他提出“神韵说”，强调诗歌的最高境界是达到妙到不可言说而有“味外之味”，即具有“神韵”，而这正是禅的境界，故他称说“严沧浪以禅喻诗，余深契其说”。并比举王维“明月松间照，清泉石上流”等诗句，认为其“妙谛微言，与世尊拈花，迦叶微笑，等无差别”（《蚕尾续文》）。下面我们即来看他的《瓦官寺》一诗：

江色斜阳下，来过古瓦官。勇如骠骑少，痴似虎头难。梵响流空寂，松声复殿寒。逍遥能解否，试问道林看。①

此诗是其游金陵古瓦官寺之作。骠骑指温峤（288—329），字泰真，一作太真，曾参与平定了王敦、苏峻的叛乱，拜骠骑将军。虎头即东晋著名画家顾恺之（348—409），字长康，小字虎头。工诗赋、书法，尤善绘画，精于人像、佛像、禽兽、山水等，时人称之为“三绝”：画绝、文绝和痴绝。道林即支道林，本名支遁，字道林，以字行，东晋佛教学者、高僧，二十五岁出家，后至建康（今南京）讲经，与谢安、王羲之等交游，好谈玄理，曾注《庄子·逍遥游》。王士祯论诗以“神韵”为宗，鼓吹“妙悟”“兴趣”，以“不着一字，尽得风流”为诗的最高境界，强调含蓄的语言和淡远的意境。然此诗虽格律工整，用典小心，但是过渡不自然，还有些许生硬，事实上达不到他所称的“不着一字，尽得风流”的标准。

① 王士禛：《渔洋精华录集注》上册，惠栋、金荣注，宫晓卫、孙言诚、周晶、闫昭典点校整理，齐鲁书社，2009年，第275页。

再如袁枚(1716—1797),钱塘(今浙江杭州)人,清代著名学者、作家,字子才,号简斋,晚年自号仓山居士、随园主人、随园老人。他历任溧水、江宁等县知县,有政绩,四十岁即告归。在小仓山下筑随园(今南京师范大学宁海路校区),吟咏其中。其有一首长诗《过清凉山越岭前进,值豫庭、晓岩亦作探秋之游,遂同至古林寺访智滨上人》,诗云:

> 翠微亭上日早午,清凉山下霜叶舞。仙风吹我双袖飘,境转更从何处去?古路无人但有秋,芒鞋踏草惊枯髅。上山下视平地客,衣冠一队如浮鸥。衣冠见影不见面,云雾茫茫不可辨。一声长啸二客惊,举头相认来相见。须眉各异在家形,彼此烟霞色满襟。曲泉细引穿林路,冲破白云访古林。山光濛濛生积翠,境窄峰回路屡异。遥见秋云覆顶深,殿角出林知古寺。入门但闻仙鹤鸣,吹面多作松花气。方丈支公六十三,方瞳梨面健清谈。论空千劫心何淡,话到三朝事颇谙。松尘轻挥飒寒玉,导我山前看修竹。众鸟归林晚籁幽,一杵钟催夕阳落。夕阳归步惜匆匆,老僧送过虎溪东。拟向人间作图画,一笑却有三人同。下山行过六七里,满身衣被霜华洗。遥指前峰一片青,自家亭榭暮烟里。①

袁氏之诗,多有禅味,乃至时人蒋士铨称其为“诗佛”。本诗详细地描写了自己游览清凉山又向西北越岭去往今古林公园方向,正好遇到了二位故人前去探秋,三人遂一并前往古林寺中拜会智滨上人的这一过程。本诗作为一首述事诗,貌似并无太多佛理在其中,然此正是此诗胜人之处。全诗冲和平淡,从容自适,洗尽凡尘,满纸烟霞。生活本即是禅,若向生活之外去寻禅,比如吾人欲跃出自己皮肤一般。“遥指前峰一片青,自家亭榭暮烟里”,正所谓千寻万觅,归处正是自家亭榭。

陈文述(1771—1843),初名文杰,字谱香,又字隽甫、云伯、英白,后改名文述,别号元龙、退庵、云伯,又号碧城外史、颐道居士、莲可居士等,钱塘(今浙江杭州)人。诗学吴梅村、钱牧斋,博雅绮丽,在京师与杨芳灿齐名,时称“杨陈”,著有《碧城诗馆诗钞》《颐道堂集》等作。我们取其《静海寺》,诗云:

---

① 袁枚:《红豆村人诗稿》,《袁枚全集》第7册,江苏古籍出版社,1993年,第9—10页。

> 楼船万里剧苍茫，竟欲乘槎览八荒。龙去定知归海岛，燕飞终是怯斜阳。纵令绝域图王会，从此兵权属办珰。太息深宫枉心计，长陵蔓草不胜长。①

嘉庆年间陈文述居留南京月余，其间作诗甚多，《静海寺》便是其中之一。静海寺位于南京城西北部狮子山下，建于明永乐年间，是明成祖朱棣为褒奖郑和之功德，同时为供奉郑和从异域带回的罗汉画像、佛牙、玉玩等物品和奇花异木而建。赐额“静海寺”，取意四海平静，天下太平。静海寺规模宏大，亦属金陵名刹。诗中陈公心怀大志，语出惊人，即便大海万里苍茫，也愿乘舟一窥究竟。而日暮时分的静海寺也别有一番景致，陈公想象绮丽，又不失深沉诗意。后两句由景入情，表达了对人间事的感叹、对周旋于官场的无奈。追求自由与安宁是人类一直以来的愿望，怎奈何总是事与愿违，也只好咏之叹之，诗以明志。

余宾硕，字玄霸、石农，号鸿客。原籍福建莆田，客居金陵吴门，幼承家学，著有《金陵览古》。我们选《金陵览古》中之一首《栖霞寺》观之，诗云：

> 海日初生江气开，摄山天半拥楼台。徵君宅傍孤峰下，帝子碑沉乱石隈。衰草白云迷晓磬，秋风黄叶满苍苔。不辞临眺伤摇落，辞客哀时酒一杯。②

余宾硕曾于金陵游玩数月，遍访金陵名声，诗以记之。栖霞寺位于南京市栖霞区栖霞山，是中国四大名刹之一，江南佛教“三论宗”的发源地。始建于南齐永明七年(489)，梁僧朗于此大弘三论教义，被称为江南三论宗初祖。最初栖霞寺称栖霞精舍，明洪武五年(1372)复称栖霞寺。晚清时期，太平天国占领南京，因狭隘的宗教信仰之故，对佛寺等古迹大加破坏，栖霞寺便于彼时毁于战火。这首诗从江上日出之盛况，写到山中黄叶凋落，是一首伤离别之诗。虽然初升太阳，光耀无比，大气磅礴，想到离别了的友人也不免内心悲凉。此诗对仗工整，音韵和谐，用词考究。诗人于栖霞览古想到离别之苦，如今就连那时的栖霞寺也不复存留，

---

① 陈文述：《秣陵集》，管军波、欧阳摩一点校，南京出版社，2009，第 254 页。

② 曾极、余宾硕：《金陵百咏・金陵览古》，大众文艺出版社，2006 年，第 171 页。

世事确是无常。

查慎行(1650—1727),清代诗人,当初名嗣琏,字夏重,号查田;后改名慎行,字悔余,号他山,赐号烟波钓徒,晚年居于初白庵,所以又称查初白,浙江海宁袁花人,当代著名作家金庸之先祖。有长诗《登金陵报恩寺塔二十四韵》,我们择取其中几句观之:

> 不尽兴亡恨,浮屠试一登。孤高真得势,陡起绝无凭。法转金轮翅,光摇火树灯。地维标宝刹,天阙界金绳。碧落开千里,丹梯转百层。规格他日壮,感慨至今仍。①

大报恩寺位于南京中华门外雨花路东侧秦淮河畔长干里,传说是明朝永乐皇帝为纪念其惨死的生母碽妃而建。报恩寺是中国历史最为悠久的佛教寺庙之一,是明清时期中国的佛教中心,被西方人视为代表中国文化的标志性建筑之一,也是中国的象征,与灵谷寺、天界寺并称为金陵三大寺。报恩寺九层八面,高达七十八米,立于其上,甚至数十里外长江上也可望见。诗中"浮屠"一词,指的便是大报恩寺塔。诗人心中悲愤难平,于是登塔远眺,感慨于大报恩寺琉璃塔的孤高无比,无凭无借地立于天地之间,只要爬上百层扶梯就能在蓝天碧落中望到千里之外的景色。诗人以诗的想象与诗的语言描绘了大报恩寺琉璃塔的雄峻奇丽,诗文语言简洁有力,对仗工整,意境雄放,颇有唐人风采。

(三) 僧侣诗

清代的诗僧数量庞大,出身复杂,成就突出。

读彻(1588—1656),明末清初苏州中峰寺僧。俗姓赵,字见晓,又字苍雪,号南来,呈贡(今属云南省)人。幼年落发本邑妙湛寺,十九岁拜通润禅师门下,承法为嗣。先后参拜雪浪、雨润等高僧,后住持苏州楞伽山中峰寺,为华严宗宗匠。其有《金陵怀古》一诗云:

> 石头城下水淙淙,水绕江关合抱龙。六代萧条黄叶寺,五更风雨白门

① 张惠衣:《金陵大报恩寺塔志》,杨献文点校,《南京稀见文献丛刊》,南京出版社,2007年,第87页。

钟。凤凰已去台边树,燕子仍飞矶上峰。抔土当年谁敢盗?一朝伐尽孝陵松。①

王士祯《渔洋诗话》曾说"近日释子诗,以滇南读彻苍雪为第一"。本诗沉郁悲壮,确如其评。首联写金陵先天之景,气势不凡。石头城故址在今南京市西北清凉山后,人工砌石和天然山岩合成城垣,峭立长江江畔,形势险要,历代为兵家争夺据守之地。始筑于战国楚威王七年(公元前 333 年),名金陵邑。东汉建安十七年(212),东吴孙权即金陵邑址重建,因所傍山为石头山,故城亦名石头城。江关指江边诸城阙,乃江防之要地。合抱龙指沿江诸关合抱钟山,诸葛亮曾赞为"钟山龙蟠,石头虎踞"。颔联写金陵后天之史,令人感喟。白门指南京城西门。胡三省《通鉴注》:"白门,建康城西门也。西方色白,故以为称。"颈联双写凤燕,一去一来,有死有生,流逝者与期待者并俱。凤凰指凤凰台,故址在南京城西南保宁寺后。《六朝事迹》:"凤凰山,宋元嘉中凤凰集于是山,乃筑台于山椒,以旌嘉瑞。在府城西南二里,今保宁寺是也。"李白有《登金陵凤凰台》诗:"凤凰台上凤凰游,凤去台空江自流。"燕子矶,在南京市北郊观音门外,为岩山的分支,峭立江中,凌空犹如飞燕展翅,故称。尾联怀恋故国,以匡复之事激人奋发——君不记清军尽伐孝陵之松!抔土指坟墓。孝陵是明太祖朱元璋和马皇后的陵寝,因马皇后追谥"孝慈",故名孝陵。三百年后,再读此诗,彼时颜色,跃然纸上,所以有人评这首为第一,清吴伟业《梅村诗话》称:"其金陵怀古四首,最为时所传。"不为过誉,洵非虚语。

练塘,法号达瑛,字慧超,号练塘,以号行。生卒年及俗姓均不详,大约公元 1670 年在世。丹阳(今江苏镇江)人,驻锡栖霞寺。其《登海云楼怀萸湾清凉主人》诗云:

退院僧同岭上云,凌江水阁一炉熏。窥人鸥鹭当窗立,出寺钟鱼隔江闻。仍有青山常伴我,纵无明月也思君。临风欲跨扬州鹤,海气微茫望不分。②

---

① 廖养正编著:《中国历代名僧诗选》,中国书籍出版社,2004 年,第 528 页。
② 廖养正编著:《中国历代名僧诗选》,中国书籍出版社,2004 年,第 714 页。

海云楼，栖霞寺一阁名。萸湾清凉主人，指继练塘而主杨州萸湾精舍的古光长老。写此诗时，练塘已从栖霞寺住持之位退下，故曰退院。钟鱼指寺庙的钟声；鱼，即寺庙斋堂前的梆，是一种挺直的长形木鱼。此诗是练塘抒写自己退居养老后，思念萸湾老友之情。诗写得形象生动，委婉深情，有相当感人的艺术魅力。首联直述自己退居后，闲如岭上之白云，今登栖霞山凌江的海云楼，满阁传香。颔联写景，异常生动，一为视觉，曰鸥鹭者；一为听觉，曰钟鱼者。第三联是说现在自己依有青山常伴，但是却不能与君相聚。尾联表达自己想跨鹤东去，直赴扬州，然茱萸湾却在海气微茫间，杳不可及。全诗清雅劲健，格调高古，颇得唐人神韵。

借庵，生卒年不详，大约公元1771年前后在世。法号清恒，字巨超，号借庵，以号行。清代镇江定慧寺僧，俗姓陆，浙江桐乡人，清初著名的江南诗僧。其《重登摄山寻练塘墓》一诗云：

> 江左诗僧有墓田，最高峰后许庄前。名称殁世知何用，祭到无人亦可怜。六代云山遗旧迹，一生风月付寒泉。多情还是南徐客，岁岁春风泣杜鹃。①

江左诗僧指练塘，其墓地在栖霞山许庄。南徐客则是作者自称，南徐为南朝旧州名。晋室南渡后曾侨置徐州于京口，即今镇江。诗中既描绘了练塘墓畔的荒凉景色，更抒发了借庵对岁月无情，世事变幻的感慨，对一代诗僧身后寂寞的遭遇深表惋叹。诗写得很委婉，富有感情。其诗格调高古，笔力雄健，辞语精炼，意味深沉。

髡残（1612—1692），即僧残。清朝初年江苏江宁牛首寺僧，俗姓刘，湖广武陵（今湖南常德）人。字石溪，又字介邱，又号白秃，自称髡残、残道者。当时著名画僧、诗僧，好游名山大川，后寓南京牛首山幽栖寺。其有《重寓松涛庵》云：

> 荻花袅袅隔村烟，秋水柴门半暮天。何意我来重话旧，叶舟横渡雁

① 廖养正编著：《中国历代名僧诗选》，中国书籍出版社，2004年，第715页。

声前。[1]

松涛庵，当为南京附近一座小寺庵，今不详。此诗写得很精炼，颇有意境和韵味。布置繁复，苍浑茂密，意境幽深。末句尤佳，雁喻归意，声比急色，叶舟横渡，则充分描写重来之意，快于雁也。

介石，俗姓尤，名瑛，字钟玉，南京人，明末清初女僧。生卒年不详，大约公元1657年在世。本秦淮青楼女子，后入空门。她有一首《清明》云：

桃花雨过菜花香，隔岸垂杨绿粉墙。斜日小楼栖燕子，清明风景好思量。[2]

其中燕子指唐代著名才妓关盼盼，有遗作《燕子楼》，后人遂以燕子代称此类女子。如苏东坡《永遇乐》："燕子楼空，佳人何在？空锁楼中燕。古今如梦，何曾梦觉，但有旧欢新怨。"此处则是介石自喻。这首七绝先用白描手法，描绘了清明风景。清明可谓是春天里最美丽的时光，正如诗人所描绘的那样，天气清而且明，淅淅细雨，使山河大地一片清新，草木葱茂。然而面对此良辰美景，诗人却睹景自伤，自古多情空遗恨，自己颇负才情，却初入青楼，再入空门，浑如那关盼盼，在此美好的春天里，空锁小楼！全诗先扬后抑，读之犹怜。

妙慧，清朝初年江南金陵女僧。生卒年不详，约1660年在世。俗姓张，名如玉，字楚屿，南京江宁人。初隶乐籍，为秦淮名妓，后往栖霞寺出家。其《饮雨花台赋落叶》一诗云：

登眺台千尺，论心酒一尊。青霜侵树杪，丹叶舞江村。逐浪同浮梗，随风欲断魂。荣枯何足叹，此日幸归根。[3]

论心犹谈心。浮梗比喻自己前半生之流离。归根喻今日出家方为归家。妙慧曾经沧海，流离人间，所持乃分别心，即因怨恨此人生之不公与无奈而作一割裂，使

---

① 廖养正编著：《中国历代名僧诗选》，中国书籍出版社，2004年，第628页。
② 廖养正编著：《中国历代名僧诗选》，中国书籍出版社，2004年，第616页。
③ 廖养正编著：《中国历代名僧诗选》，中国书籍出版社，2004年，第641页。

心与世界处于战争之中。后入空门，终知前持之非，焉是焉非，焉有焉无，缘起缘灭，本来皆空。今空诸所有，再看此世界，真是清彻宁静。看那青霜，不是青霜，只是明晨之雨露；看那丹叶，不是丹叶，只是前夜之绿芽。逐浪本该归向大地，浮梗本该离去大树。此中之离与归，荣与枯，本是如此罢了。昨日看落叶，多自艾怜，今日数艾怜，尽如落叶。

八指头陀，即近代寄禅法师，名敬安，俗名黄读山，曾任中华佛教会第一任会长，是清末著名的诗僧，1877年于宁波阿育王寺佛舍利塔前燃二指，并剜臂肉燃灯供佛，自此号“八指头陀”。寄禅曾于光绪二十九年（1903）旅居南京毗卢寺，与当时文人墨客多有唱和，我们取一首《赠刘彝庭观察，时寓居毗卢寺》观之，诗云：

> 彝庭老观察，白首卧祇园。避俗聊自适，逢僧笑且言。笋蔬供小酌，风雨掩重门。宦味如秋冷，城居寂不喧。

诗中描绘了寄禅于毗卢寺的生活情形，表达了作者对刘彝庭来访的欣喜之情。二人于寺内畅谈，不顾屋外风大雨大，甚是畅快。尾联写官场犹如深秋寒冷，让人心凉，透露出作者对政治、官场的无奈和嫌恶。此诗语言平实质朴，冷逸清简，道味绵长。

再看一首《毗卢寺赠谛闲法师》，诗云：

> 猗欤法师僧中雄，教观恒演天台宗。渡涛海口翻遥空，远从雁荡来江东。义龙律虎纷相从，大击法鼓声逢逢。扶起佛日悬天中，振聋启聩开群蒙。祇园万木何青葱，灵山一会犹未终。我今衰老难鞠躬，聊作偈颂扬真风，永资觉道于无穷。①

印魁法师在圆寂前夕，曾请时在毗卢寺讲经的谛闲来到榻前，有意将毗卢寺主持事相托付。因此，在印魁圆寂后，毗卢寺常住公推谛闲为住持。谛闲刚上任不久，与印魁同是湘籍的江浙佛教领袖、宁波天童寺住持寄禅写诗相送，便是此诗。寄禅首联便赞谛闲为僧中领袖，通晓佛法大意。穿过海空远从雁荡来到江东，得

① 寄禅大师：《寄禅大师文汇》，华夏出版社，2012年，第376—377页。

到了许多能人志士的拥护，说法开示使世人了解佛法。尾联寄禅又以谦逊口吻诉说了自己对谛闲的尊敬之情，若非自己年老体衰之故，定当鞠躬致敬而非作诗相送。此诗音韵和谐，语言朴实易懂，满含情谊。

海岳，清初江苏南京清凉寺僧。生卒年及俗姓均不详，大约公元1680年前后在世。字菌人，号中州，一作中洲，祖籍丹徒（今属江苏省），世居京口（今江苏省镇江市）。任南京清凉寺、黄山慈光寺住持。著作极为丰富，诗文气势磅礴。我们选其《木莲花二首》观之，诗云：

> 潭影岚光高复低，乔枝开与玉楼齐。檐敧密蕊分三面，帘卷空香散一溪。择木黄莺争出谷，营巢紫燕不衔泥。凭栏满目皆香雪，来往无人擅品题。
>
> 重峰绝巘结根深，冬雪春冰肯自任。既傍高岩花得所，岂辞胜日客相寻。凌霄贞干同松柏，洁己声名重玉金。叹息开山人已矣，还将孤树表坚心。①

海岳晚年居于安徽黄山，主慈光寺时作诗尤多。他的《咏慈光寺木莲》七律百首在当时可谓脍炙人口，四方传诵。此处选其二。木莲花为木兰科常绿乔木，高可达数丈，叶革质，深绿色，如枇杷叶般厚大无脊，初夏开白花，微带红色，二旬即谢，形似莲花，又因木本，故名木莲。诗中描绘了慈光寺清新自然的美景，木莲映影于潭，阳光透过山雾，或高或低，参差不齐。高高的树枝与慈光寺的阁楼一样齐。木莲花开满了房屋的檐墙，香气四溢。此诗形象地描摹出了木莲花的清姿雅态和常青不凋，更借木莲以歌颂高人隐士淡泊名利的美好品格和高尚节操。开山人指唐代志满禅师，志满曾开发祥符寺、朱砂泉、桃花源。明代普门禅师继之创立慈光寺、一线天、文殊院等。诗歌声韵和谐，颇有气魄，拳拳真意，令人赞叹。

道盛，明末清初江苏金陵天界寺僧。号觉浪，书林东苑禅师法嗣。俗姓张，闽北柘浦（今福建省柘荣、霞浦两县间）人。盛公儒佛兼通，学识渊博，长于文才，

---

① 廖养正编著：《中国历代名僧诗选》下卷，中国书籍出版社，2015年，第686页。

善于辞辩。此处我们选其《讯候颛愚大师》观之：

云居特地禅床动，弥勒谁云不下生？明月湖边孤鹤远，清风江渡古帆轻。五台有会堪成卧，千里同堂可作盟。却惜谢公能折屐，何妨大伞此中撑？①

颛愚观衡禅师（1579—1646），明末清初临济宗高僧。号颛愚，五台空印大师法嗣。观衡禅师年十四时礼五台山惠仁老禅师门下，削发出家。五台乃是山名，为中国佛教四大名山之一，在今山西省五台县东北。其山主峰五座，如五台巍然，故得此名。卧指卧游隐居。谢公，指东晋名士谢安，曾畅游浙东名山，比喻观衡禅师足迹遍于各大名山。盛公虽然成名早于观衡，但他与观衡仍以友人之道相处，对其极为尊重。彼时衡公正任云居山真如禅寺住持，竭力复兴云居。盛公对此举大加赞赏，写诗颂之，以表支持。诗中道公高度赞扬了衡公的能力和道行，对衡公不假外缘，亲力亲为，兴复云居的积极乐观态度十分赞赏。诗歌对仗工整，笔触细腻，真实诚挚，很有力量。

野楫，字梅岑，清代江南僧，江宁（今江苏省南京市）人。生卒年、俗姓与其他事迹均不详，大约公元1678年前后在世。我们选其一首《江上送客》，诗云：

隐隐孤城暮，茫茫寒角闻。异乡重见面，落日又离群。是我还家路，如何复送君。斯须帆影没，只见隔江云。②

角为古乐器名，出于西北地区游牧民族，多用作军号。野楫诗亦如其生平事迹鲜为人道。此诗写他于江畔送客，看到暮色中的孤独城阙，听到号角呜咽奏起苍茫的寒音，于是感慨与友人相见时难别亦难，自己尚且没有回乡却要送走友人。诗人将这一切用细腻而委婉的笔触倾吐出来，感慨中混合着遗憾，孤寂掺杂着哀伤，像一股清亮却凛冽的山泉，点到为止，欲说还休，有些无语凝噎却回味深长。

---

① 廖养正编著：《中国历代名僧诗选》下卷，中国书籍出版社，2015年，第539页。
② 廖养正编著：《中国历代名僧诗选》下卷，中国书籍出版社，2015年，第678—679页。

三 | 民国时期南京佛教诗歌

陈三立(1853—1937),字伯严,号散原,江西义宁(今修水)人,近代同光体诗派重要代表人物。陈三立出身名门世家,为晚清维新派名臣陈宝箴长子,国学大师、历史学家陈寅恪、著名画家陈衡恪之父。此处选其一首《灵谷寺》,诗云:

> 晴山吐氤氲,幽径引村坞。初花烂漫谷,去郭快一睹。稍转荒冈烟,几洗苍林雨。低昂映岩岑,表里豁栋户。由来巡辇过,尚肃遗构古。一念劫虫沙,四据气龙虎。摧落垣衣痕,穿漏日色午。斜通禅榻深,坐久风来语。阴吹万竹寒,零叶秋能武。流转功德泉,祈祷烦公府。石燥泥亦干,龙去无处所。神物不自救,但解泽下土。志公陈死人,灵感偶然聚。冥冥影山川,了了余探怃。独寻衰草归,残阳倚钟鼓。①

此诗属游记诗,记述了诗人秋日登临灵谷寺的所见所感。灵谷寺位于南京市东郊紫金山东南坡下,中山陵以东约 1.5 千米处,灵谷寺初名开善寺,是南朝梁武帝为纪念著名僧人宝志禅师而兴建的“开善精舍”,明太祖朱元璋亲自赐名“灵谷禅寺”,并封其为“天下第一禅林”。《金陵梵刹志》中将其与大报恩寺和天界寺并列为大刹。诗人顺着晴山幽径一路上山,山中景色一片苍苍茫茫,四顾无人,景色颇为寂寥。诗人感慨于古往今来的多少游人禅客于此处灵犀相通,而如今景象一片萧条,诚然使人叹惜。联想于彼时时代,军阀割据、外敌入侵、政客乱政、民不聊生,文人禅客虽想安于文学艺术,但也不得不奋起反抗,以诗文艺术抒发爱国情怀与自己的雄心壮志,投身于改革变化的时代洪流。此诗虽是游记,却于描写景致间抒怀胸臆,看似不着痕迹,实则字字不离主题。语言淡雅平实,意蕴浓浓。

陈巢南,原名庆林,字百如、伯儒,又字佩忍,改字去病。1874 年 7 月 1 日生。江苏吴江人。精于史学,编有《故宫琐记》《迁史札记》等书。1909 年,与柳亚子发起成立南社文学团体。1916 年,恢复旧国会,出任参议院秘书长。后随孙中山参加护法运动,任大本营宣传主任。失败后,到南京在东南大学任教。晚年任

---

① 王鹏善编著:《钟山诗文集》,东南大学出版社,2013 年,第 309 页。

革命博物馆馆长。1933 年 10 月 4 日逝世。此处选其《半山晤萝(香)林寺僧大道,与晓公谈禅甚久》,诗云:

> 不争家园只争墩,晋宋风流可尚存。输与萝林老开士,萧萧暮雨掩山门。①

此诗可谓一首名副其实的禅诗。萝林指的是香林寺,原址位于江宁区湖熟镇上,始建于萧梁天监年间,当时名为杜桂院,宋代才改叫香林寺,明代迁至南京城东明故宫北。此诗叙述了诗人于半山的香林寺中与友人谈禅的经过,用词简洁明快,言简意赅,禅意浓浓。在历史的长河中,有一种规律如此:一旦社会处于政局动荡、权力松散、公共舆论相对自由的时期,思想文化也会随之空前活跃起来。清末民初,社会动荡,内忧外患,意识形态与舆论控制间处于混乱、失序状态,这一点与魏晋时期颇为相似。遥想魏晋人士,两袖清风人性率真,将人生都过成艺术。诗人与友人谈禅亦感慨:不为了家园争斗,只愿自己有一个垫子可以坐下参禅,把魏晋风骨传承下去。人世间的争斗未曾停歇,渴望内心的宁静亦非一件易事,想要对着时代说些什么却又无语凝噎,潇潇的暮雨就此掩住了山门。

金天羽(1874—1947),初名懋基,又名天翮,字松岑,改今名,号鹤望,别署有麒麟、爱自由者、金一等,吴江(今属江苏)人,中国近代诗人。金天羽主要成就在于诗文,他继承了诗界革命的精神,力图打破诗坛门户之见,广泛向古人汲取营养,同时自闯新路。他自称其诗"有律令,不趁韵,不咏物",因而内容广阔。我们选他的一首《灵谷寺礼宝志公塔》见之,诗云:

> 仙释有妙理,直妄在两遣。古德荟南朝,播经想遗典。自从靖节后,儒风日沦贬。远公宅庐山,缅想风度简。贞姿华阳陶,高咏云蹙践。三贤味道真,神明日内键。是时初祖来,楞伽宗风阐。一言连箭机,篙高翠微掩。志公独佯狂,语妙参隐显。颠倒杂谣截,修途导龟勉。尼父持臭括,曰古之狂捐。委形返真宅,山空无人管。市朝纷迁移,千年光景短。遗踪闷山翠,夕照霜枫染。我来访灵谷,芒鞋踏苍鲜。超然神理会,论古心忌蝙。拈诗和松

① 王鹏善编著:《钟山诗文集》,东南大学出版社,2013 年,第 316 页。

风，倘中千佛选。[1]

景中吟宝志塔始建于梁天监年间，是为南北朝名僧宝志公所建。原在钟山西南麓独龙阜（现明孝陵），现位于南京东郊灵谷寺无梁殿西侧。《金陵梵刹志》中记载："师讳宝志，金陵人，宋文帝元嘉十三年丙子示迹东阳市古木鹰巢中，民人朱氏妇巳汲水闻儿啼，归报其家，梯树得之，举以为子，就指为姓。七岁去依钟山大沙门法俭为童子，俭名之曰宝志。"因此，此诗乃是金天宇登灵谷寺顶礼宝志塔时所想所悟。诗中表达了他对佛法的尊崇之心，对民国时期思想混乱，儒风日丧状况的心痛和无奈。诗人感慨了世事无常，无一长久。时局非一人可改变，于是文人走向山寺，愿从禅意美诗作对，聊以自慰。全诗对仗工整，格调高古，语言精练，意味深沉。

林散之，名霖，又名以霖，字散之，号三痴、左耳、江上老人等。安徽省和县乌江镇人，自幼喜欢书画。1972年中日书法交流选拔时一举成名，赵朴初、启功等人称之诗、书、画"当代三绝"。林散之被誉为"草圣"，林散之草书被称为"林体"。我们取他一首《春日偕荪若游灵谷寺》观之，诗云：

灵谷千年寺，空王失上元。尘生打坐室，春入斗私门。退院斋厨冷，拈花佛貌存。几回苔径里，寂寞认遗痕。[2]

这首五言诗叙写了林公与荪若同游灵谷寺，见千年古寺空空荡荡，打坐室里积满了灰尘，倍感寂寥。春意穿过寺门进入寺内。斗私门即为灵谷寺一门名称。不仅禅房四顾无人，厨房也冷冷清清，拈花一笑仿佛佛陀在世，在长满青苔的小路上徘徊许久，也只能独自思考感怀从前。诗中拈花一语，实是一枚典故。大梵天王请佛祖于灵鹫山说法。说法当日率众人把一朵金婆罗花献给佛祖，隆重行礼之后大家退坐一旁。佛祖却一语不发，拈起一朵金婆罗花，神态安详。众人不明其意，面面相觑，唯有摩诃迦叶轻轻一笑。佛祖当即宣布："我有普照宇宙、包含万有的精深佛法，熄灭生死、超脱轮回的奥妙心法，能够摆脱一切虚假表相修成

① 王鹏善编著：《钟山诗文集》，东南大学出版社，2013年，第315页。
② 王鹏善编著：《钟山诗文集》，东南大学出版社，2013年，第345—346页。

正果，其中妙处难以言说。我不立文字，以心传心，于教外别传一宗，现在传给摩诃迦叶。”然后便把平素所用的金缕袈裟和钵盂授与迦叶。这则典故意在说明佛法的奥义超出语言、形态，无法言说、描述。涅槃的最高境界，只能感悟和领会。而迦叶的微微一笑，正是因为他领悟到了这种境界，于是世尊把衣钵传给了他。这首诗寥寥数语，把寂落无奈的心绪描摹于山中古寺之中，格调高逸，意蕴深远。

第二节
明清民国南京佛教艺术

宋代以降，士大夫热衷于谈禅，致力于参禅活动，与禅师结方外之交。这一时期的佛教书画在创作实践和理论上都更加深入地受到禅宗的影响。“以苏轼为代表的‘尚意’书法理论，追求‘无法之法’‘不工之工’，主张‘放笔一戏’‘信手自然’，仍然贯彻着禅宗‘直指人心’‘见性成佛’‘平常心是道’等观念。禅宗‘呵祖骂佛’、蔑视权威和不为法缚的胆魄，更激励了苏轼等人批评前代大家，尤其是唐代书法家的勇气。宋人的书论，往往带有禅家的‘机锋’以启发人‘顿悟’，有时又不免多涉随意，予人不得要领之感，显然打着禅宗语录和‘公案’一类的烙印。总之，宋代书法无论理论还是实践，都与唐代拉开了距离，与唐人‘尚法’的主流相比，宋人则更注重意趣的抒发和个人情感的宣泄，他们想写什么和怎么写，都表现出一种任情适性的自由，更接近艺术的本质。苏、黄、米、蔡‘宋四家’，除蔡襄外，其他三人都以行草擅长，这种书体也向‘尚意’书风提供了纵横驰骋的用武之地。”[①]绘画也是如此，明清时期出现了被誉为画坛“南宗北斗”的董其昌，其“南北宗论”影响深远，牢笼百代。

一　明代南京佛教艺术

明代画家繁多，画派林立，山水、人物、花鸟诸科绘画各有独特表现，呈现丰富而复杂的现象。其绘画的演变，一方面延续晋唐宋元艺术传统的自律性，另一方面和明朝政治、经济、思想、文化的变化密切相关。明王朝由盛至衰所呈现的三个历史阶段，基本上也对应地成为绘画发展的早（洪武至弘治年间，1368—1505）、中（约正德至嘉靖年间，1505—1566）、晚（约隆庆至崇祯年间，1567—1644）三个时期，形成阶段性明显不同的表现形态。

① 曹宝麟：《中国书法史·宋辽金卷》，江苏教育出版社，1999年，第6页。

（一）董其昌

明代书画艺术深受佛教精神的影响，尤其是深受禅宗思想的影响。如唐寅、陈洪绶、文徵明、董其昌、李流芳等人，他们的思想及其理论都明显带有佛教影响。明代的这批文人士大夫创作了大量优秀的佛教书画作品，形成了饱含禅学思想的书论、画论理论体系，非常值得探讨和研究。其中尤以董其昌为代表，其书法艺术、绘画艺术都达到了史上的一个巅峰状态。

董其昌（1555—1636），明代书画家。字玄宰，号思白、香光居士，华亭（今上海松江）人。万历十七年（1589）进士，授翰林院编修，官至南京礼部尚书，所以董其昌一生很多时间都是在南京进行他的创作活动。董其昌家学渊源，又师法董源、巨然、黄公望、倪瓒，取诸人下笔之意。他尤其擅画山水，笔风清朗、隽秀，颇有中正之美，静洁之意；用墨明快、温和，常带淡润之味，敦厚之风。董其昌好古，因此多取古人绘画之法，不愿出新。他提倡“师于古人，取于自然”的崇古创作理念，甚至在画卷之首，一一记载此画师法何人，其好古如此。但其在行笔落墨之中，确实有自己独特的味道。董其昌以书法的风格，融入绘画之中，一点一划，皆有笔力。他以书作画，认为“字须熟后生，画须熟外熟”。因此其所绘之画，柔中有刚，脱纸而出，山川平野，皆有真趣。其用墨亦可称之为独到，层层渲染，一一分明，秀美润丽，清雅平淡。

董其昌禅学素养也很深厚，故能援引至画艺之中，他一生都致力于书画及其画论的研究。他生活在明代晚期，心学与禅学在士大夫中间极其盛行，这对董其昌也造成了很大的影响。董其昌的绘画审美，广采儒道释三家之长，兼有自己独到的思想。董其昌认为，绘画的目的是为了娱乐，“寄乐于画”，是文人用来抒发自身高雅情趣的途径，因此一定要自由着笔，不能过分雕饰，否则便失去了天然的情趣。董其昌声望卓著，为“华亭画派”杰出代表，他对绘画史的一大贡献就是借禅学来论画，以禅宗的顿悟方式提出“南北宗”论：

> 禅家有南北二宗，唐时始分。画之南北二宗，亦唐时分也。但其人非南北耳。北宗则李思训父子着色山水，流传而为宋之赵干、赵伯驹、伯骕，以至马、夏辈。南宗则王摩诘始用渲淡，一变勾斫之法，其传为张躁、荆、关、董、巨、郭忠恕、米家父子，以至元之四大家，亦如六祖之后有马驹、云门、临济，儿孙之盛，而北宗微矣。要之，摩诘所谓云峰石迹，迥出天机，笔意纵横，参

乎造化者，东坡赞吴道子、王维画壁，亦云：吾于维也无间然。知言哉。[①]

董其昌把禅宗的南北宗之分引用到绘画领域，但绘画领域不是按照地域划分南北，而是按照风格。在董其昌看来，绘画的北宗是工匠之画，南宗则是文人之画。工匠的画作少了灵秀之气，文人画作才能称之为上品。这种说法虽然某种程度上略显偏颇，但确实令人有耳目一新之感。

董其昌的画及画论对明末清初画坛影响甚大。书法出入晋唐，自成一格，能诗能文，皆有风味。存世作品有《岩居图》《秋兴八景图》《昼锦堂图》等。著有《容台集》《容台别集》《画旨》《画眼》《画禅室随笔》等书，刻有《戏鸿堂帖》。他对书画理论见解相当丰富，竭力推崇和提倡“文人画”，将禅学引入绘画，提出用“心”来写意，成为创立画境说的第一人。董其昌在画论、题画中对宋、元的画家及其作品进行逐一著述并品评，所论精当，是后人研究这一段绘画史和绘画理论的必备资料。除画论、题画外，还兼有书论、书评、诗评、文评以及游记、杂记。

董其昌的书法实践、书法理论不仅在明代标领一时，对后世更是影响深远，这与他深受禅学影响是分不开的。有史料记载，他曾在明代高僧紫柏真可、憨山德清门下参禅，“董其昌也曾游于德清之门。万历年间，以董其昌为首，包括在京的江南著名文人唐文(徽)、袁宏道、瞿洞观、吴观我、吴本如、萧玄圃，与德清组织社团，聚于龙华寺谈禅”[②]。“董其昌尚为诸生时，即‘参紫柏老人，与密藏(道开)师激扬大事，遂博观大乘经，力究竹篦子话’。某日，舟过武塘，念香严击竹因缘，以手敲击张帆竹竿，乃‘瞥然有省，自后不疑从上公案’。后读李长者(通玄)《华严合论》，作偈云：‘帝网重珠遍刹尘，都来当念两言真。华严论主分明举，五十三参钝置人。’又云：‘儒衣僧帽道人鞋，百劫庄严不受些。笑倒灵山临末会，生平伎俩一枝花。’”[③]

董其昌的书法创作和书学观念体现了禅宗的思想，主要表现在以下几个方面：首先是在形式上，董其昌倡导了中国美术史上第一个绘画流派“南北宗论”。这显然是受禅宗南北宗划分的影响而产生的，为中国书画的发展提供了新的理论基础，在以后产生了深远的影响。它的形成，无住在其文章《禅宗对我国绘画

---

① 傅慧敏编著：《中国古代绘画理论解读》，上海人民美术出版社，2012年。
② 葛兆光：《禅宗与中国文化》，上海人民出版社，1986年，第68页。
③ 潘桂明：《中国居士佛教史》，中国社会科学出版社，2000年，第786页。

之影响》中总结道："由于他们向深处探讨，不知不觉中发现了禅宗对画坛的影响，他们毫不隐饰地将所见说出，首先是莫是龙，他说：'禅家有南北二宗，唐时始分也，画之南北二宗，亦唐时分也。'……这种说法似尚嫌侧重形式的比拟。……董其昌更进一步说：'行年五十，方知此一派（北宗）画殊不可学，譬之禅定，积劫方成菩萨，非如董、巨、米三家，可一超直入如来地也。'李日华与董其昌并世齐名，尝谓：'古人绘事，如佛说法，纵口极淡，总不越实际理地，所以人天悚听，无非议者。绘事不必求奇，不必循格，要在胸中实有吐出，便是矣。'又谓：'点墨落纸，大非细事，必须胸中廓然无物，然后烟云秀色，与天地生生之气自然凑泊。'"[①]董其昌的书法创作论和书学观与其绘画思想是一脉相承、一以贯之的。

其次，从董其昌的书法理论中可以看出其所受禅学之影响：一是他经常以禅家语言论证书法理论。他说："大慧禅师论参禅云'譬如有人具万万资产，吾皆籍没尽，更与索债。'……米元章云：'如撑急水滩船，用尽气力，不离故处。'盖书家妙在能合，神在能离，……哪吒拆骨还父，拆肉还母，若别无骨肉，说甚虚空粉碎，始露全身。……余此语悟之《楞严》八还义。明还日月，暗还虚空，不汝还者，非汝而谁。然余解此意，笔不与意随也。""药山看经，曰'图取遮眼，若汝曹看牛皮也须穿'，今人看帖，皆穿牛皮之喻也。"[②]二是他倡导的疏淡、平和意境实是脱胎于禅："然余不好书名，故书中稍有淡意，此亦自知之。""余于虞、褚、颜、欧，皆曾仿佛十一，自学柳诚悬，方悟用笔古淡处。"[③]三是他所倡导的书法创作态度和宗旨与佛教的禅定是一致的："余尝题永师《千文》后曰：'作书需提得笔起，自为起，自为结，不可信笔。后代人作书皆信笔尔。'信笔二字，最当玩味，吾所云需悬腕、须正锋者，皆为破信笔之病也。""笔画中须直，不得轻易偏软。"[④]

董其昌在对传统精确把握的基础上，融合自我性情，将宋、元以来文人书法的和谐优雅、轻松自然之审美理想表现到极致，成为继元代赵孟頫之后又一座书法高峰。董其昌书学理论的产生和提出，与他从晚明四大高僧之紫柏真可、憨山

---

① 无住：《禅宗对我国绘画之影响》，载张曼涛主编：《佛教与中国文化》，上海书店出版社，1987年，第221页。

② 董其昌：《画禅室随笔》，载华东师范大学古籍整理研究室选编校点：《历代书法论文选》，上海书画出版社，1979年，第547页。

③ 董其昌：《画禅室随笔》，载华东师范大学古籍整理研究室选编校点：《历代书法论文选》，上海书画出版社，1979年，第547页。

④ 董其昌：《画禅室随笔》，载华东师范大学古籍整理研究室选编校点：《历代书法论文选》，上海书画出版社，1979年，第541页。

德清门下参禅以及他自身的修悟关系至为密切。

(二)吴彬与雪浪洪恩

吴彬,晚明时画家,字文中,一作文仲,号枝庵发僧,枝隐庵主,生卒年不详,莆田(今属福建)人。少年居住家乡,青年时流寓金陵(今江苏南京)。万历年间神宗朱翊钧召见,授以中书舍人,为宫廷画师。传说神宗在世时十分欣赏其才华,所画之佛像"入为供奉"。官工部主事。后来因为得罪权宦魏忠贤,于明熹宗天启年间被捕入狱,丢官罢职。晚年专精人物画,佛像尤佳。叶向高为吴彬作《枝隐庵诗集序》所述:"诵经礼佛,吟诗作画,虽环堵萧然,而丰神朗畅,意趣安恬,大有逍遥之致。"①

吴彬擅长山水与人物画。他的山水画用笔繁多,层层铺墨,山川皆陡峭险峻,别具一格。因其早年为官,山水画大多藏入皇家,少有流传。吴彬的人物画以佛像、罗汉像著称,用笔亦险绝,异于前人,令人称叹。吴彬曾在栖霞寺绘五百罗汉像,《栖霞寺五百阿罗汉画记》云:

> 居士吴彬,字文仲者,少产蒲田,长游建业,真文下烛,悬少微之一星;俊气孤骞,发大云之五色。既娴词翰,兼综绘素,团扇持而为椁,屏风点而成蝇,高步一时,无惭三绝。万历辛丑,时维仲夏,与禅师释僧定忘言契道,寓目栖霞,睹仁祠大修,像设未备,乃发弘愿,手绘阿罗汉,施于精蓝,以五百躯近千万状,盖起一念于熏修之上,若拊四海于俛仰之间,可谓福地之巨观,名都之胜迹者矣。②

"以五百躯近千万状",可见吴彬绘画技艺之高超。吴彬的传世作品有万历十九年(1591)写《十六应真卷》;万历二十四年(1596)作《千岩万壑图》轴、《达摩像图》轴、《仙山高士图》(北京故宫博物院藏);万历二十九年(1601)作《层峦重嶂图》轴(南京博物院藏);万历三十六年(1608)作《山阴道上图》卷(上海博物馆藏)、《贷舆图》轴(浙江省博物馆藏);《仙山楼阁图》轴藏美国高居翰景元斋;《五百罗汉图》藏美国克利弗兰美术馆;台北故宫博物院也藏有《五百罗汉图》(与克利弗兰

① 叶向高:《苍霞草集》卷之八,《四库禁毁丛书》集部第124册。
② 葛寅亮:《金陵梵刹志》卷四。

美术馆所藏不同)。①

雪浪洪恩(1545—1608),明代贤首宗高僧,字三怀,金陵人,俗家姓黄。一生致力于弘扬华严经教。据说相貌威仪,身形高大,且好学深思,博学能诗。文献记载其"中起世俗念,学世间技艺,涉俗利。尝言:'不读万卷书,不知佛法。'博综外典,旁及唐诗、晋字。帷灯画被,日夜不置。丹黄纷披,几案尽黑"。他认为:"理观为入法之门,文字为障道之具,佛法奥义,不可在章句间求。"其书法体貌道媚,用书结体,醇雅之极,堪称佳品。其书风雅正古秀,神情澄朗,高谢风尘,有元末隐士书风,诚然是释家之妙笔。

(三)明代佛教版画艺术

明代是中国版画的鼎盛时期,万历时期更被称为古版画的黄金时代。明代印刷由内府刻书内司礼监主管,全国"两京十三省"无不刻书,坊间书肆得到了极大发展。南北两京外,虽然开封、成都、平阳的出版不如以前,但浙江杭州、福建建阳刻书业仍然长久不衰。此外,还产生了徽州、苏州、吴兴等一批新的出版中心。

宗教版画,尤其是佛教版画,在明初发展到了高潮。明初,由于统治者组织了大规模的佛经刻印活动,佛教版画在艺术上达到了很高的境界。嘉靖时期,其风格由浑厚豪放,渐趋工细绵密、精致生动。在晚明,艺术欣赏性的版画大量兴起,佛教版画也逐渐衰落。

洪武五年(1372)朱元璋命刻《大藏经》于南京,是为《洪武南藏》,中有《玄奘法师译经图》颇为珍贵。洪武二十四年(1391)刊《七佛所说神咒经》,扉画五面连式,亦颇精工。《观音普门品经》有洪武二十八年(1395)京都应天府沙福智刻经牌记,图41幅,刻工为金陵陈声,《中国版刻图录》收《现婆罗门身说法图》一幅,极为精美。而洪武版《天竺灵谶》,杭州众安桥杨家经坊刻本,图较为粗率,反映了明朝前期的雕印水准。

永乐年间,由于统治者崇信佛教,佛教版画得到了较大发展。所刻版画工细精致,不但没有拥挤板涩的感觉,而且显得生动活泼、气魄宏大,其艺术感染力不亚于大幅的宗教壁画。

永乐元年(1403)有《佛说摩利支菩萨经》,三年(1405)有《劝念佛诵经西方净土公据》,五年(1407)有《圣妙吉祥真实名经》,十五年(1417)有《诸佛如来菩萨名

① 俞剑华:《中国古代画论类编》,人民美术出版社,1998年,第494页。

称歌曲》,十七年(1419)有《金光明经》,十八年(1420)有《弥陀往生净土忏仪》和《太上说天妃救苦灵应经》,二十一年(1423)有《金刚经集注》《妙法莲华经观音普门品》,还有永乐刊印的《释氏源流》《佛说阿弥陀经》《礼三十五佛忏悔法门》《鬼子母揭钵图》等作品。《摩利支天经》,为航海家郑和施刻,扉画精美。《天妃经》是随郑和下西洋的僧人胜慧施刻的,刻经以求海神天妃的保佑。版画六面连式,有天妃像和航海的船队,气势磅礴。《诸佛菩萨尊者神僧名经》为明成祖撰,引首画极为富丽精工。《鬼子母揭钵图》为《金刚经》扉画,十面连式,大有移山填海、剑拔弩张之势,堪称佳作。中国佛教协会文物馆收集有内府司礼监永乐九年(1411)刻《圣妙吉祥真实名经》,十年(1412)刻《大悲观自在菩萨总持经咒》,十八年(1420)刻《妙法莲花经》、永乐刊本《仁王护国般若经陀罗尼》,其精美程度证明出于宫廷画师高手。

洪熙至天顺间,先后有《佛顶心大陀罗尼经》《金刚般若波罗蜜经》《出相佛顶心大陀罗尼经》《广大圆满无碍大悲心大陀罗尼神咒》《白衣观音五印心陀罗尼经》《观音救难诸咒》等作品。其中《妙法莲华经观音普门品》及宣德三年刻本《佛母大孔雀明王经》插图风格都上承永乐,成就颇高。由明成祖倡,正统五年(1428)刻成的大藏经《北藏》,插图也极其富丽。

佛教版画在成化年间达到了顶峰。成化间,有宪宗作序的《出相观音普门品经》首冠图十面连式。北京刻本《佛说金轮佛顶大威德炽盛光如来陀罗尼经》冠图四面连式。这时的佛教版画不仅限于经卷首尾插图,而且产生了整本的宗教版画画册,如成化六年(1470)所刻的《天神灵鬼像册》包罗甚广,似为水陆道场画稿本;成化二十二年(1486)内府经厂刻本《释氏源流应化事迹》图像之多、雕刻之精都令人赞叹。

(四)明代南京陵墓雕塑

关于明朝时期的南京雕塑,相关资料甚少,大多佛教石窟雕刻位于北京、山西、陕西等地,南京鲜有留存。明代佛教雕塑主要是继承唐宋以来的造像风格,但也有一部分作品融合了西藏藏传佛教的雕塑样式,还有一些则完全是喇嘛雕塑样式。在石窟雕像中,敦煌莫高窟、永靖炳灵寺、张掖马蹄寺、西安万佛峡等窟龛的造像或塑像,其艺术价值已是微乎其微,但位于南京的明代皇家陵墓则是不容忽视的。

明代皇城从南京移到北京,皇家陵墓也分成南北两处——南京明孝陵和北京十三陵，这两处可以说是代表了当时陵墓雕刻的最高水准。明代陵墓雕塑，石像繁多，规模宏大，但是论及威严的气势，则比不上唐宋。

南京明孝陵神道石雕建成于永乐十一年（1413），具有较高的艺术水准和较强的代表性。明孝陵神道的最大特点在于建筑与地形地势的完美融合。其不同于历代帝陵神道成直线形，而是完全依地形山势建造为蜿蜒曲折的布局。而且在每一段落的节点处安放石像生来控制空间，形成一派肃穆气氛。石像生下铺垫有完整的六朝砖，使其六百年来都没有下沉。孝陵石雕雕刻风格坚实凝重，并以规模宏大、体积浑厚而著称。其如近似椭圆形的石像，体积感甚强，形体塑造简练概括，细部耳朵、眼睛、牙齿也不失生动精巧，并把肌体的起伏变化生动地反映出来。象鼻垂地内卷，与四根如柱巨腿共同支撑浑厚的象身，有一种沉稳如山之感。

这些石兽体现了皇家陵寝的礼仪要求，各有寓意：狮为百兽之王，显示帝王的威严，它既是皇权的象征，又起到镇魔辟邪的作用；獬豸是一种神兽，独角、狮身、青毛，秉性忠直，明辨是非，它能用角抵触有罪的人；骆驼是沙漠与热带的象征，它表示大明疆域辽阔，皇帝威震四方；大象是兽中巨物，它四腿粗壮有力，坚如磐石，表示国家江山的稳固；麒麟是传说中的“四灵”即麟、龟、龙、凤之首，它是披鳞甲、不履生草、不食生物的仁兽，雄的叫麒，雌的叫麟，象征“仁义之君”和吉祥、光明；马，在古代是帝王南征北战、统一江山的重要坐骑。明孝陵神道的 6 种石兽中，以象为最大，重达 80 吨，当时为了将这些石兽运抵明孝陵，冬季时，在路面上洒水结成冰，再用粗大的竹、木作滚轴，一路上用人力推滚的办法来完成运输任务。这段神道现俗称为石像路，全长 615 米。石兽的尽头，神道折向正北，至棂星门，长 250 米。这段神道置石望柱和石人，2 根望柱呈六棱柱形，高 6.6 米，其上雕刻云龙纹。通常望柱均置于神道的最前面，而明孝陵的望柱则置于神道中间，这也是朱元璋的独特之处。

中国的明器雕塑到了明代，其发展已经接近尾声，从各地出土的明代墓葬来看，以明器殉葬的居少数，其数量和质量当然无法和明器雕塑发展的盛世相比拟。

二　清代南京佛教艺术

清代佛教艺术的主要特色在于藏传佛教艺术，这是由清朝统治者的喜好决定的，但是汉传佛教艺术也同样有条不紊地发展。清代南京最负盛名的艺术大师是石涛与髡残。

（一）石涛

石涛是我国清代画坛最重要的画家，生于1642年[①]，卒于1707年[②]，本姓朱，名若极，字石涛。广西全州人，晚年定居扬州。明朝宗室靖江王朱赞仪的第十一世孙。石涛三岁时，明朝崇祯皇帝在煤山自缢，明朝灭亡。福王朱由崧在南京称监国（代行皇帝之权），后称帝，建立南明政权，不久被清军所灭。石涛父亲朱亨嘉在桂林以明宗室名义，挟制广西巡抚督御史瞿式耜，自称"监国"，不到半年，为瞿所杀。那时石涛尚年幼，幸有家人托内官（太监）庇护，逃往武昌。为避免清廷迫害，不久削发为僧。他最初的法号叫起济，后来兼用原济，一作元济，字石涛。后在他的作品上常见的别号还有：阿长、苦瓜和尚、钝根、瞎尊者、济山僧、石道人、小乘客、大涤子、清湘陈人、零丁老人等。石涛半世云游，以卖画为业。石涛的一生深受到佛教，尤其是禅宗深刻的影响。他与弘仁、髡残、朱耷四人，并称"清初四僧"。他的画笔意纵恣、奇肆豪放、不同时流，面貌多变，迥异于同时代的主流"四王画派"，对后世产生了深远的影响。不但如此，石涛在艺术上可谓"集大成者"，他不仅在绘画上山水、花鸟、人物俱精，还擅长书法、诗文，其作品往往是诗、书、画相得益彰。另外，石涛在绘画理论上也独有建树，他撰写的《苦瓜和尚画语录》，堪称中国绘画美学的经典之作。

康熙元年（1662），石涛23岁时，来到松江，皈依禅宗临济大师本月门下。本月是天童寺道忞的高徒，师徒皆为当时著名的禅师。在禅学的思想上，他们无疑给予石涛许多教诲。石涛曾镌刻"善果月之子、天童忞之孙原济之章"，以示其禅学渊源。善果即本月禅师，因奉敕在善果院开堂讲法，人称善果月。在追随本月禅师的两年中，石涛在学识、书画技艺等方面都有很大进步。

康熙五年（1666）前后，经本月禅师介绍，石涛移居安徽宣城敬亭山广教寺。明末清初，皖南诗歌商业和文化高度发达，石涛在这里居留长达十五年。在此期间，石涛与当地名士梅清交往甚密，他的山水画受到梅清的直接影响。梅清（1623—1697），字润公，号瞿山，年长石涛二十余岁。他诗名颇盛，尤擅书画。梅

---

① 从徐邦达、汪世清说。

② 从傅抱石说。

清以画黄山著名，风格独特，是一位在中国绘画史上有着强烈表现意识的创新画家。从石涛早、中期作品中的用笔、取意和章法中，都可以找到梅清的影子。

康熙十九年（1680），石涛来到繁华的金陵，住在南门外的天禧寺长达六年之久。据《五灯全书》卷九四记载，中年时石涛寄寓南京七八年，曾在长干寺以禅师的名义开堂说法。在金陵期间，他拜师交友、广交同道，与“清初四高僧”之一的髡残、“金陵八家”中的龚贤交往密切。这些画家对石涛创作的影响是不言而喻的。

康熙二十三年（1684），康熙皇帝首次南巡，曾游天禧寺。居住在天禧寺的石涛见到康熙，感到十分荣幸。五年后，即康熙二十八年（1689），康熙再度南巡时，石涛又在扬州平山堂接驾，这时石涛已移居扬州。同年，石涛应辅国将军博尔都等人之邀，北上京城。在北京的三年，他饱览了宫中的秘藏，扩大了眼界，其艺术风格变得更为深厚。

从北京南归后，石涛一直住在扬州。离开佛门，当了道士。江淮一带的人对他仰慕备至，跟他学画的人很多，辗转传习，后发展成为扬州画派。据石涛自述，其常做怪梦，曾经梦见有女子引领他去看画，画作无奇不有。又曾梦见登雨花台，手捧六个太阳吞食。这些奇诡的艺术想象也反映在了他的画作中。

石涛在诗、文、书、画上都取得了令人瞩目的成就，特别是山水、花木艺术，在绘画史上具有重要地位。王原祁说：“海内丹青家不能尽识，而大江以南，当推石涛为第一，予以谷，皆有所未逮。”这一评价应该说是精当的。扬州画派郑板桥等人受石涛影响自不必说，现代绘画大师齐白石、张大千等人受石涛绘画艺术的影响也很深。齐白石题“大涤子画像”云：“下笔谁教鬼泣神，二千余载只斯僧，焚香愿下师生拜，昨晚挥毫梦见君。”可见石涛对中国绘画影响之大。

石涛艺术成就的取得与他坎坷的人生经历是分不开的。前朝王子的身世和对故国的怀念形成了他卓然不群的性格，也造就了他独特的“艺术基因”，这些集中反映在他的艺术风格上。石涛一生大多居无定所，不同时期的交游和艺术思想的演进，也体现在他一生不同时期艺术风格的演变之中。

石涛除在山水画上成就巨大外，也善画人物，且有各个时期的人物画传世。有自画，也有与山水结合的人物画等，但更多的是宗教绘画。现存世的还有《观音图轴》《钟馗图轴》《松柯罗汉图轴》等作。石涛的人物画创作如山水画创作一样，由于生活重心的迁移，现存最早应该是以宣城为活动中心的皖南阶段的绘画。石涛作为黄檗宗的禅师，专心修佛之余，结交当地硕儒，参加地方诗社。这时期的人物画创作以佛教题材为主，存世有《十六阿罗应真图卷》《观音像》等作品。

石涛宗教人物画立意别出心裁，不同凡响，格调高古，线条清俊圆润，人物与背景搭配和谐，融古今为一炉而成自家面貌。石涛人物画，除对李公麟、丁云鹏的学习外，从人物造型的高古奇逸看，也有对陈洪绶的取法。石涛对陈洪绶的人物画评价很高，在陈洪绶《章侯仕女图》上有石涛这样一段题跋："不读万卷书，如何作画；不行万里路，又何以言诗。所以常人具常理，说常话，行常事，非常人则有非常人之见解也。今章侯写人物多有奇形异貌者，古有云：'哭杀佳人笑杀鬼'，无波水正使其意外有味耳，得道子、龙眠衣钵者章侯也。"不但表达自己读书行路然后言诗作画的主张，更称赞陈洪绶为非常人，并得吴道子和李公麟真传。

南京阶段(1680—1689)是石涛的绘画成熟期，他逐渐摆脱新安派影响，才情并发，笔墨肆逸，不可端倪，绘画风格较为粗犷。石涛在南京时期的书画创作，仍以"我自用我法"的创新思想为指导。这一时期，石涛的画风呈多方向的探索之势。从现存石涛研究资料看，南京一枝阁阶段和北返前扬州阶段，石涛仍然居无定所，或挂单一枝阁，或往返于皖南江淮间。南京前朝帝都，名士云集，已有成熟的绘画面貌和诗名的石涛，参与其间，扩大视野，其人物画创作更趋成熟，这个阶段的人物画创作已经走出佛教题材，更趋于文人雅好，画有《钟馗图》《渊明嗅菊》等作。

现藏上海博物馆的《钟馗图》[①]，右上款："时乙丑清湘大涤子制。"乙丑康熙二十四年(1685)，石涛44岁，居南京。图中人物造型古雅，神态稚拙，为石涛中年人物画代表作品。

石涛是具有创新精神的画家，他直师造化，打破藩篱，无古无今，我用我法，给当时崇古、复古、泥古的画坛注入了新的活力。然而他在当时却并未名震天下，至其死后方为人知，原因何在，盖其名号太多之故。郑板桥亦曾分析说："石涛画法，千变万化，离奇苍古而又能细秀妥帖，比之八大山人，殆有过之无不及者。然八大名满天下，石涛名不出吾扬州，何哉？八大纯用减笔，而石涛微茸。

① 《钟馗图》轴，纸本水墨，纵69.5厘米，横33.5厘米，上海博物馆藏。此图可查《石涛书画全集》下卷(天津美术出版社，1996年)，第320图。

且八大无二名，人易记识。石涛名济，又曰清湘道人，又曰苦瓜和尚，又曰大涤子，又曰瞎尊者，别号太多，翻成搅乱。八大只是八大，板桥亦只是板桥，吾不能从石公矣。然和尚署款，尚有极，若极，阿长，无济，老侠，粤山，赞之十世孙阿长，零丁老人，殆有随所见而殊名之观，可谓奇癖矣。”①

再看石涛的书法，他既是一位极具创造性的书法艺术家，同时也是一位重要的书法理论家。

清初四僧中，石涛与八大同为明王朝宗室，与八大苦闷悲愤、孤傲不羁的精神世界不同，石涛内心充满着对成功的幻想和对名利的热望。石涛曾北上至京，出入于达官贵人府第，游走于富商巨贾门庭，为他们献诗作画，以谋求进身之阶，并希望得到皇家的赏识和重用。他曾自作诗曰："欲向皇家问赏心，好从宝绘问知音。"他的努力也曾获得了一定的认可，当时画坛的领袖人物，摹古派"四王"之一的王原祁曾高度评价石涛："海内丹青家不能尽识，而大江以南，当推石涛为第一。"遗憾的是，在当时"四王"摹古画风一统天下的时代，石涛那种乱头粗服、野逸旷达的画风，虽是才华横溢、自成面目，却不可能受到重视，以至于他在京津几无立锥之地，境遇凄惨。当然，观其一生，他的命运都是坎坷而悲凉的。首先，他大半生都过着颠沛流离的生活，早年的出家为僧实属出于无奈，成年后旅食四方、寄禅漂泊、居无定所；其次，虽然早期追名逐利，但作为明代皇室的后嗣，他对逝去的明王朝还是会时时流露出怀念之情，这种潜在的情愫伴随其一生，内心也是十分矛盾和痛苦的。晚年的石涛息心止念、绝意仕途、心如冷灰，加之形只影单、无亲无伴、贫病交加，成为名副其实的"伶仃老人"。有诗为证："诸方乞食苦瓜僧，戒行全无趋小乘。五十孤行成独往，一身禅病冷如冰。"最后，他带着满怀的才情和无尽的忧愤，悄然离世，着实令人悲叹。

石涛所著的《画语录》，是在清代汗牛充栋论的画论中最值得人们品读和研究的著作之一。精练辩证，富于哲思，他将客观世界的宇宙观、自然观和绘画理论、艺术实践及技法联系起来，建构了一个完整的绘画美学体系，此美学系统核心为"一画论"，这就是石涛《画语录》的独特贡献所在。

《画语录》以中国山水画为对象，全面而系统地论述了绘画艺术的本质、画理与技法以及创作主体画家的审美心态、生活实践和艺术修养等一系列重要的理

① 郑板桥《题画》。

论问题。它共有十八章，分别为：一画、了法、变化、尊受、笔墨、运腕、组缊、山川、皴法、境界、蹊径、林木、海涛、四时、远尘、脱俗、兼字、资任。全书又可分为几大部分，第一章至第四章是总论，是石涛美学思想体系的基本框架。第一章中的“一画论”是贯穿《画语录》全书美学思想的主线与核心，第一章则是全书和石涛所有绘画思想及理论的基础。第五章至第十四章分别论述绘画创作中的一些具体问题。前四章是“道”，后十章是“理”，最后四章是画外之话，但却为艺术的至深之理。从“一画”开始，便有了法。但此法我自立，而非是古人规定的“法”。以自己的法，也就是以“一画”绘出来的画，就是“根本”。“以有法贯众法”，即为“一画之法”的根本法则，它是绘画艺术构成的最基本因子，可体现于画家的笔墨、皴染中，它为最基本的绘画语言和最基本的绘画形象构成之因素。以此，画山水、林泉、人物皆可生动传神矣。

关于石涛的绘画艺术和他的画论思想，历来评论众多，研究颇丰，但对于石涛的书法艺术，却少有专门探讨。石涛的书法风格多变，字体广采历代诸家，从六朝写经、钟繇小楷到倪云林笔法、东坡行书、山谷笔意，在其书法作品中皆可寻出端倪。这一方面显示出石涛书法艺术博采众长、包容诸家的创作风格，另一方面也充分显示了其好变求新、不落窠臼的艺术创作性格。郑奇、赵启斌的《石涛与扬州画派书法初论》中对其书法的渊源和影响有过总结概括：“石涛书法早年取法颜真卿、董其昌，壮年以后受倪云林、苏东坡的影响，又上追分隶、魏晋碑刻、草书、钟繇书体等，形成了五种不同的书体，其中以多种字体杂糅的‘石涛体’最具代表性。”文中将石涛的书法分为“石涛体”“分隶”“碑体”“东坡体”“瘦金体”这五体，对具有代表性的“石涛体”加以界定，认为其“是展现石涛个性最为突出的书体，它从不成熟到成熟，几乎贯穿了石涛的一生。其特征是正、草、隶、行相参，大小参差错落，粗细干湿浓淡夹杂，竭尽变化而又极其统一，章草、分隶和钟繇书风对他的这一书体影响极大，同时也能见到唐人小楷以及褚遂良等大家的影响”。石涛后来寓居扬州，晚年一直在扬州进行创作活动，其个性独特的书法风格对扬州画派产生了极为深刻的影响。“石涛体”后来为郑板桥加以发挥成为“板桥体”，石涛受魏碑影响而形成的高古凝重的字体又影响了金农而成就其“漆书”，再如李方膺、李鲆、高凤翰、高翔等人都直接受石涛书风的影响。扬州画派中的黄慎等人，虽然书风与石涛差别较大，相去甚远，但是他们在上追汉魏晋唐古意的书法观念上，很难否认没有受到石涛书法观念的影响。

关于石涛的书法艺术研究，还有一点需要补充的是：在艺术史的研究上，往往将石涛单纯作为艺术家进行个案研究，很少有人从其个人人生境遇和僧人书家的特殊身份，乃至佛教修行或禅的思维对其艺术创作的影响等角度去研究。在此，只想略作铺叙，比如，石涛早年字形喜欢一律向左上方斜送，我们联系到石涛早年追求荣华富贵、一心想平步青云的心理状态，似乎可以体悟到什么。他那书法中墨色的浓淡变化、恣意而为、枯晕丰富、幻化模糊的意象，我们联系到他晚年凄惨、贫病交加的境遇，似乎又可以体味出"墨点无多泪点多"的苦涩况味。再有，石涛的书画理论中有言，"不可雕琢，不可板腐，不可沉泥，不可牵连，不可脱节，不可无理，在墨海中立定精神，笔锋下决出生活，尺幅上换去毛骨，混沌中放出光明。纵使笔不笔、墨不墨、画不画，自有我在"，结合他对书法风格的创造，结合他对自我个性的张扬，不难看出这些论点充分体现一位艺术家的创作理念，而背后却是禅宗"明心见性""自性自度"思想的表现，这些都应该与石涛早年出家修行的经历大有关联。

艺术家的艺术创作与其精神世界、宗教信仰以及人生经历等几者之间，必定存在着深厚密切的联系，它们之间是互为因果、互相影响的，此一方面的研究还大有空间可以探讨，大有规律可以摸索，尤其是像石涛这样丰富多彩和极具典型意义的个案，是值得深入研究和探讨的。

（二）髡残

髡残（1612—1673），本姓刘，字介邱，号石镁、石道人、残道者、电住道人等，湖南武陵（今常德）人。据《武陵县志》记载："石溪和尚，名髡残，一字介丘，少自剪发。"[①]髡残年轻时与顾炎武友好，参加过抗清斗争，抗清失败后，愤而为僧，表示不臣服于清。他多游名山，后住南京牛首祖堂山幽栖寺。他与石涛合称"二石"，又与朱耷、弘仁、石涛合称"清初四画僧"。

钱澄之《髡残石溪小传》中说，髡残母亲生他之前，梦见有和尚入室。髡残长大后，听母亲说及此事，认定自己的前生乃是和尚，所以从小就喜读佛书。成年后，父母为他议婚，他坚决反对。母亲去世后，他便出家当了和尚。

髡残早期的禅学思想主要来自他的同乡龙人俨，龙人俨是一个学养很深的佛教徒，家里有一座佛寺。髡残最初出家就在这里，即所谓的"龙山三家庵"。出家之后，受龙人俨之命，髡残到江南各地云游，向高僧们参究禅学。

---

① 引自《武陵县志》，见《常德府志》。

既返楚，卜居桃源余仙溪上。龙先生昼夜逼拶，久之，忽有所触，心地豁然，遂成无事道人。师生平未有师承，师出世间所以成就之者，龙先生一人而已。①

髡残先后两次到过南京，第一次云游江南时，在南京遇一老僧，两人十分投缘。因老僧受云栖大师剃度，髡残也拜云栖为师，成为云栖派僧人。明亡十年后，即1654年，髡残第二次来到南京，投拜并受衣钵于觉浪禅师。觉浪禅师是当时极有名望的高僧，坐堂说法四十年，晚年主持南京大报恩寺、天界寺和栖霞寺。大报恩寺是当年南京第一名刹，因受战火毁坏，佛教人士成立"修藏社"，修建该寺，髡残也参加了大报恩寺的修建组织工作。1658年，觉浪禅师将髡残法名改为"大杲"。不久，髡残来到南京城南祖堂山的幽栖寺，这里原是法融禅师修行的地方，法融和禅宗四祖道信都是"牛头禅"的初祖，所以此山名祖堂山。髡残在祖堂山幽栖寺，度过了他的后半生。

髡残在禅法上注重自证自悟、特立独行，栖身于青山白云之间。髡残于蒲团之上妙悟六法，以笔墨做佛事，以绘画为天游，外师造化，内融禅机，从而创作出缅邈幽深、苍茫浑厚的禅意山水画来。禅学之入诗、入画，使作品以逸气为内涵的"意"，占了一定优势，这使髡残的山水画有了更广阔的天地。

髡残自幼喜爱绘画，在山水画方面具有很高的造诣。张庚在《国朝画征录·髡残传》中说："石溪工山水，奥境奇辟，缅邈幽深，引人入胜。笔墨高古，设色精湛，诚元人之胜概也。此种笔法不多见于世久矣！"这段话指出了髡残山水画的风格特点，说明他的山水画，得力于元季四大家的精髓。"元季四大家"是指元代中后期，在山水画创作方面做出重要贡献的黄公望、王蒙、吴镇、倪瓒四家。他们在赵孟頫的影响下，广泛吸收五代、北宋水墨山水画的成就，充分发挥笔墨在绘画艺术中的效用，把笔墨韵味在绘画中的运用，提高到一个新的高度，开创了一代新风，形成了以"文人画"为主流的山水画派。髡残对王蒙的山水画情有独钟，常临摹王蒙作品，学习他的技法。他的朋友程正揆题他临王蒙画云：

山水黄鹤老山樵，三百年来竟寂寥，非是金针无暗渡，阿师脂粉忒轻描。

---

① 钱澄之：《田间文集》，彭君华校点，黄山书社，1998年，第423页。

黄鹤山樵是王蒙的号，这里说王蒙的画法，三百年来无人能够继承，因为学他的人往往流于轻薄，有脂粉气。唯有髡残苍老沉着，能得其精髓。程正揆在另一首诗中又写道：

黄鹤无樵此道微，溪边片石独传依，画师少惬山僧意，遗墨苍龙破壁飞。

诗的前两句说王蒙死后，画法衰微，唯有髡残独得其真传。后两句说髡残的眼界极高，生平只敬佩王蒙那种龙飞凤舞的笔法。由此可知，髡残深得元四家，特别是王蒙技法的精华，他在学习元四家的基础上，形成了自己的艺术风格。

髡残绘画艺术的特色同他的禅学修养密切相连。其显著特点是酷爱大自然。他为僧后云游四方，曾在黄山住了多年，对山水有深刻的观察和理解，他的作品多取材于自然景物，如草木湖山日月等。禅宗主张自我心灵要与自然万物融为一体，大自然万物就是我，我就是大自然万物的精神境界。髡残以自然景物作画，目的在于以此来体悟禅理、禅义。髡残画的构图，不故作危崖奇峰，而是以屋舍村墟为背景，描绘垂钓读书等景色，在平淡中给人以美的享受。

从风格上看，他的作品大体有两种：一种是工细描绘而成，一种是纵笔挥洒而就。前者代表作有《秋山钓艇图轴》《青峰凌霄图轴》《苍山结茅图轴》《绵树听鹂图轴》《报恩寺图轴》等，这一类作品，用他自己的话说是“千笔万笔方如此”创作出来的。后者代表作有《幽栖图》《兰亭图》《仿米氏山水图》以及《山水册页》等作品，这些作品都是用秃笔随意涂抹而成的写意性作品。

《秋山钓艇图轴》是髡残工细绘画的代表作。这幅画长285.2厘米，宽130.3厘米。画面上的景色十分丰富。右下角的山石上长着几棵苍劲的老树，有松树、红叶树等。树根有力地咬着石头。中间和右下角是淙淙流水，一渔翁头戴斗笠，坐在船上垂钓。水的对岸有一水榭，水榭中有两个人对坐闲聊。水榭一半在山上，一半在水中，水中的支柱密而坚实。水榭后面的山坡上，有一间小茅屋。溯流往上看，有一座木桥。河水右岸耸立一座大山，左岸是一块平整的山谷，上面有四五座茅屋。画的右方山顶处有一座寺庙，隐现在丛林和云雾之间。云雾从山腰一直弥漫到山顶，好像一股奔腾的水流。髡残在自题中说此画“白云起半山，迅逸如崩泉”。这幅《秋山钓艇图》体现了髡残构图繁密的特点，是他精心创作的一幅杰作。

《山水册页》是髡残写意画的代表作。这幅画的右下角画有两棵松树，一株柳树和一些小树，中间下部是几所小房屋，左面隔水有一山坡，上有树木、人家和宽阔的水面，水中有几只小船，船头有一老翁在打鱼收网。画面上，草木苍翠，渔帆高扬，加之墨笔粗重，给人以蓬勃向上的感觉。

除山水画外，髡残还画了许多佛画，如达摩、罗汉、无量寿佛等。其中大幅《无量佛》，须眉奇古，衣褶用粗笔焦墨色勒，着深朱色，头面用赭色染，静穆浑厚无比。

髡残在艺术上的成就是有目共睹的。他和程正揆，当时被称为“二谿”。后来，髡残和石涛，又被称作“二石”。清人秦祖永在《桐阴论画》中说：“清湘老人道济，笔意纵恣，脱尽画家窠穴，与石谿相伯仲。盖石谿沉着痛快，以谨严胜；石涛排奡纵横，以奔放胜。”程正揆说，髡残的笔墨，“有扛鼎移山之力，与子久（黄公望）、叔明（王蒙）驰驱艺苑，未知孰先”。程正揆还有一首诗赞髡残：“石公慧业力超群，三百年来无此灯，入室山樵老黄鹤，同龛独许巨然僧。”说他入了王蒙之室，而和巨然并列。

髡残不仅绘画艺术值得称道，他的品格也是值得称道的。作为出家禅僧，他不像有些人遁入空门后，不关心世情，一心只读经崇佛，向往西方极乐世界。髡残一向关心社会人生，注重自身修养，并鼓励人们无私上进。这些思想，也大多体现在他自己绘画的题识上。如《报恩寺图轴》题识：“佛不是闲汉，乃至菩萨、圣帝、明王、老庄、孔子，亦不是闲汉。世间只因闲汉太多，以至家不治，国不治，丛林不治。《易》曰：‘天行健，君子以自强不息。’盖因是个有用底东西，把来龌龊自送灭了。岂不自暴弃哉！”在《溪山无尽图卷》上自题云：“大凡天地生人，宜清勤自持，不可懒惰，若当得一个懒字，便是懒汉，终无用处。如出家人若懒，则佛相不得庄严，而千家不能一钵也。”髡残认为，人必须勤奋，自强不息才能做出一番事业，立于天地之间。由此可见，他的人生观是积极进取的。

髡残还认为，神仙就是世间人，不过是世间人中能够解脱者。所谓“解脱”，就是不为生老病死、富贵荣辱所累。如果为生老病死、富贵荣辱所累而又思为仙佛，那就是南其辕而北其辙了。他在《山水册页》的题识上写道：“把名利看大了便忘却生死，把生死看大了便忘却名利。”从这些思想看，髡残是位既关心世情，又能超脱的禅门艺术家。

髡残的山水画继承巨然、元四家、沈周等人的传统，更师法生活，将平生所见名山大川加以概括提炼，创造出独特的艺术形象。景色不以新奇取胜，作品以真实山水为底本。构图繁密，山重水复，多写高远、深远，奥境奇辟，缅貌幽深，峰峦浑厚。技法主要从王蒙脱变而出，山石多用披麻、解索皴，以书法入画，善用秃笔、渴笔，长于乾笔皴擦，粗而放；喜欢在山石轮廓上用焦墨钩提，山石树木常以赭石复钩，用浓墨作苔点。作品大都是浅绛山水，有时染山石用赭石很重，水墨的较少，多巨幅。髡残的存世作品有《云洞流泉图轴》（故宫博物院藏）、《苍翠凌天图轴》（南京博物院藏）、《苍山结茅图轴》（上海博物馆藏）、《溪桥策杖图轴》（苏州市博物馆藏）等。

三 近现代南京佛教艺术

在近现代佛教复兴的大潮中，南京是重镇之一，名僧居士层出不穷，也涌现了一大批优秀的佛教艺术家。

（一）吕凤子

吕凤子（1886—1959），中国现代著名画家、书法家和艺术教育家，职业教育的重要发轫者，“江苏画派”（“新金陵画派”）的先驱和最重要的缔造者之一。曾在南京、扬州、长沙、北京等地师范学校任教。在南京大学（前身中央大学）主持教务九年。也曾任正则艺术专科学校校长、国立艺术专科学校校长等职。1949年后，任苏南文化教育学院、江苏师范学院教授，江苏省国画院筹委会主任委员，江苏省美术家协会副主席等职。著有《美术史讲稿》《中国画法研究》《吕凤子仕女画册》《吕凤子华山速写集》等作。

文人画最主要的特点是“以书入画”。吕氏的书法承清道人李瑞清之法，极有特色，且与其画风也能较好和谐。吕氏对于书法与绘画之间关系的论识极有见地：“中国画一定要以渗透作者情意的力为基质，这是中国画的特点。所以中国画最好要用能够自由传达肩、臂、腕力的有弹性的兽毫笔来制作，用手指或其他毛刷等作画，只能构成一种缺少变化的线条，它不能用来代替兽毫笔。”而“成画一定要用熟练的勾线技巧，但成画以后一定要看不见勾线技巧，要只看见具有某种意义的整个形象。不然的话，画便成为炫耀勾线技巧的东西了”。

吕凤子一生创作了为数不少的绘画作品。所作松树题材的作品不下千幅，抗战期间于璧山县创作的罗汉题材的作品亦接近两千五百幅，如果再加上他最为擅长且延续时间最长的仕女画、诗意画作品，一生创作的作品恐怕不下数千幅。吕凤子的绘画创作，主要是为了办学和教学的需要而进行的，他的绝大多数绘画作品多用于馈赠和出售，以便向社会争取办学的费用，其中也有不少绘画作品是为学生创作以留作纪念的。

吕凤子是20世纪一位伟大的艺术家、教育家，他毕生从事绘画、教书、办学等工作，其成就为常人难以企及。他以大量有力度的艺术作品和精深的理论著述丰富了我国画史，并在20世纪中国画发展的关键阶段以自己的理论和实践，为中国画的振兴和发展做出了巨大的贡献。然而，就是这样一位在当时声名赫赫，今天也能给我们深刻启示的大家，却由于种种原因，几乎被人们所忽略，翻翻现在的美术史，对他多是略而不述，或所言寥寥，更难详论对其艺术价值和艺术精神的充分认识和积极弘扬。因此，在中外交流日益频繁、中国画的继承和发展日益发生巨变的今天，让更多的人认识吕凤子，认识他的艺术，认识他的艺术思想和创新发展中国画的方式，是十分迫切的。

（二）弘一法师

弘一法师（1880—1942），本名李叔同，幼名文涛，学名成蹊，又名广侯、广平，号漱筒，又作瘦桐。别署甚多，可靠的有70余个。出家后法名演音，号弘一。他对佛学律宗的贡献很大，为中国近代佛教律宗的代表人物，被佛门称为“重兴南山律宗第十一代祖师”。他更为世人所熟知的是他多才多艺，善西画音律，于书法上成就最高。自清初以来，高僧善书自成一体者恐无出其右。

弘一法师于1918年出家，为当时音乐、诗词、话剧等诸多领域的先锋人物，在“五四”新文化运动中卓有影响。1905年，李叔同赴日本，进入东京上野国立美术专门学校学习西洋画，老师黑田清辉是当时日本重要的外光派画家，因此，他的绘画受印象派艺术的影响，而又兼有古典主义写实派艺术之长。回国后，李叔同先在天津直隶模范工业学堂任图画教员，民国元年（1912）在上海主编《太平洋报》的副刊《太平洋画报》，并与柳亚子等人创办“文美会”，刊行《文美杂志》。此后相继任浙江两级师范学校、南京高等师范学校的美术、音乐教师。他不但是中国西画运动的开拓者，也对中国近代早期美术教育有着卓越的贡献，民国美术史上一代名流丰子恺、吴梦非、潘天寿等人都出自他的门下。弘一法师的绘画活动大多在出家前，尤其善于捕捉神态来刻画人物的心境，现存有大量油画和素描作品。

弘一法师在书法上的创造有一个变革的历程，是由原来的纯粹审美追求逐渐走向宗教精神统摄下的审美创作，最终形成平淡、恬静与冲逸的“弘一体”。法师自幼遍学大小篆、魏晋南北朝诸碑志造像，早年得益于魏碑，于《张猛龙碑》着力苦练，离俗修行后，诸艺皆废，唯独书法没有舍弃，而是用以结缘大众。此后他的书法改为潜心晋唐楷法，渐渐剔去北碑风貌，渐至安详平和、人书俱老的佳境，最终自成一体。

弘一法师在书法创作上从发强刚毅的魏碑书风一转而至恬静祥和的书风，这一大转变正是以他皈依佛门为分界的。入佛初，弘一曾延续以前的书风并用书札体写经，或写佛号和大德法语。写佛经与写儒家经典、文学词章，在书法风格上应是有所不同的，当时的大德、后来被誉为近代四大高僧的印光法师见后，写信给他：“……今人书经，任意潦草，非为书经，特借此以习字，兼欲留其笔迹于世后耳。如此书经，非全无益，亦不过为未来得度之因，而其亵慢之罪，亦非浅鲜……写经不同写字屏，取其神趣，不必工整。若写经，宜如进士写策，一笔不容苟简。其体必须依正式体，若座下书札体格，断不可用。古今人多有以行草写经者，光绝不赞同……”①或许正是这封信，使弘一法师的艺术开始由原来的纯粹审美自觉地走向了宗教精神统摄下的审美追求。

1926 年 7 月弘一法师在庐山写《华严经》时，转方笔为圆笔，论书法有“七分章法，三分书法”，就其单字而论，似乎也是结体重于笔势的。此后，他书法的个人风格愈趋成熟，字形上更形修长，笔画间的结构、字距和行间均愈趋疏朗，用笔浑朴庄凝，气韵恬淡虚和。执笔运肘时，顶礼恭谨、庄严肃穆、心气和平、谢绝尘世这种宁静的境界，令人有出尘之想。

弘一法师的书法艺术是将佛教精神与审美原则逐渐相融合的结果。由于他早年学习过西画，故而在书法创造上不自觉地引用了美学的原则，以此出发而达到理想的形式。叶圣陶说：“弘一法师对于书法是用过苦功的。在夏丏尊先生那里，见到他许多习字的成绩。各体的碑刻他都临摹，写什么像什么。这大概因为他弄过西洋画的缘故。西洋画的基本练习是木炭素描，一条线条，一笔烘托，都

① 金梅：《悲欣交集——弘一法师传》，上海文艺出版社，1997 年，第 633 页。

得和摆在面前的实物不差分毫。经过这样训练的手腕和眼力，运用起来自然能够十分准确，达到得心应手的境界。于是写什么像什么了。”[①]

弘一法师在《致马海髯信》中曾说：“朽人于写字时，皆依西洋画图案之原则，竭力配置调和全纸面之形状，于常人所注意之字画笔法、笔力、结构、神韵，乃至某碑、某贴、某派，皆一致屏除，决不用心揣摩。故朽人之字，应作一图案画观之，斯可矣……无论写字、刻印等亦然，皆足以表示作者之性格。”[②]可见，弘一法师的书法主要在于“结体”的修炼上。叶圣陶进一步总结弘一法师的书法艺术有两点特色：一是“籍蕴有味”，二是“全面调和”。就全幅看，许多字是互相亲和的，好比一堂谦恭温良的君子，不卑不亢，和颜悦色，在那儿从容论道。就一个字看，疏处不嫌其疏，密处不嫌其密，只觉得每一画都落在最适当的位置，移动一丝一毫不得。再就一笔一画看，无不叫人起充实之感、立体之感。有时候有点像小孩子写得那样天真，但一边是原始的，一边是纯熟的，这分别又显然可见，总括以上这些，就是所谓籍蕴。气韵、意境含蓄在笔墨之外，所以越看越有味。由这两段评价，我们可知弘一法师是通过对书法结构形式感的不断转化和提升，从而达到他理想的审美境界的。

另外，出家后的佛学修行对弘一书法产生了重要影响。“文字之相，本不可得。以分别心，云何测度！如是了知，斯为智者。”(弘一法师语)佛教说“诸法无相”，因此他认为“文字之相，本不可得”。佛教谓有“分别心”就会产生“妄念”，不能获得真理，所以他说：“以分别心，云何测度！”佛教谓修行至“空”的境界便无“能所”之区分，“能”即“所”，“所”即“能”；故弘一认为书法的极致境界乃是“若风画空，无有能所”。心无“能所”，毫无滞碍。这几句偈语充分说明了弘一法师书法艺术的追求。

弘一法师的书法，用笔运墨不求饱满圆通，结构也显得随意，然淡而丰腴，松而不散，瘦而不枯，圆转处不求势，横竖止笔不见力点，其冲淡萧然之气流溢于笔墨之外。马一浮曾评论说：“尝谓华亭(董其昌)于书颇得禅悦，如读王右丞诗。今观大师书，精严净妙，乃似宣律师文字，盖大师深究律学，于南山、灵艺撰述，皆

① 中国佛教协会编：《弘一法师》，文物出版社，1984年，第256页。
② 季伏昆编：《中国书论辑要》，江苏美术出版社，2000年，第25页。

有阐明。内重之力，自然流露，非具眼者，未是以知之也……”之所以能进得此种境界，都是弘一法师在艺术探求中不断以宗教精神、佛教境界进行统摄、追求的结果，他在福建的演讲《出家人与书法》中说到，倘若只能写得几个好字，而不专心学佛法，虽然人家赞美他写字写得怎样的好，那不过是“人以字传”而已！我觉得出家人字虽然写得不好，若是很有道德，那么他的字是很珍贵的，结果都是能“字以人传”。[①] 他认为人的生活有三种状态：一种是物质生活，一种是精神生活，还有一种是灵魂生活。精神生活是我们知识分子的生活，灵魂生活则是宗教的境界。[②] 基于这样的精神追求，我们不难体悟出弘一法师的书法艺术为何会有这样一个转变历程。但是，弘一法师也不纯粹是一个遁于佛门、不关心世事的自了汉。1937 年 7 月，卢沟桥事变发生，弘一法师激于民族义愤，到处书写“念佛不忘救国，救国不忘念佛”送人，勉励佛教信徒对宗教和国家二者应有同样深的爱护热忱。他说：“吾人所吃的是中华之粟，所饮的是温陵之水，身为佛子，与此之时不能纾国难于万一，自揣不如一支狗子。”可见其爱国热忱，也可见其书法还承载着号召民众的功用，成为救亡图存的方便法门。

（三）太虚大师

太虚大师，俗名吕沛林，出家后法名唯心。幼年失去双亲，1905 年于平望小九华出家，为我国近代著名高僧。太虚大师曾于 1933 年 10 月有《怎样建设人间佛教》的讲演。在讲演中，太虚大师指出：“人间佛教，是表明并非教人离开人类去做神做鬼，或皆出家到寺院山林里去做和尚的佛教，乃是以佛教的道理来改良社会，使人类进步、把世界改善的佛教。”[③]民国十七年（1928）太虚大师在南京设立中国佛学会，历游欧美讲演佛学。他是一位重视人间践行、社会人生、国家民族的近代高僧。

太虚大师重视艺术，包括雕刻、书法、绘画等。大师曾经撰写了《美术与佛教》《佛教美术与佛教》《我之美术观》等重要论文。其中对美术的定义、分类作了相关论述，并通过美术与佛教的比较进一步探讨美术的本质内涵。他认为佛学与美术产生的根源有相同之处，但二者在效用和本质上却有云泥之别。美术是

---

① 秦启明编：《弘一大师李叔同讲演集》，中国广播电视出版社，1993 年。

② 吴为山：《雕琢者说》，中国社会科学出版社，2002 年，第 52 页。

③ 太虚：《怎样建设人间佛教》，《太虚大师全书》第 47 册，台北善导寺佛经流通处发行，1998 年，第 431 页。

创造超现实世界以自我安慰，佛学则教人找到解决痛苦的根本方法，一为不究竟的世间法，一为究竟法，二者有假真之别。

太虚大师本人喜好书法，结体师宋人，行笔遒劲圆润，意欲追求超脱，其墨迹纵横跌宕，元气淋漓，雄奇古朴，遒劲洒脱，可以看出大师独特的革命践行精神。镇江焦山碑林存有大师手书的《焦山佛学院代办教务训练班记》的碑刻，颇能反映大师的书法风格。信手写来，不矜持、不修饰、不作意，率性自然，字里行间折射出高僧的修为、学识、才情和魄力。

自太虚大师提出人间佛教思想之后，后来的践行者都在书法方面有很深的造诣，而他们的书法对于人间佛教的推行、人间净土的建设所能起到的特殊功用却鲜有提及，对书法与修行的关系也没有专文阐述，这一点是值得继续探究和思考的。

（四）欧阳竟无与吕澂

民国时期不少学者多是书法家，例如欧阳竟无、马一浮、熊十力、刘师培、陈垣等人皆有很高的书法修养，他们在精研佛学的同时，推动着民国佛教书法艺术的发展。

欧阳渐（1871—1943），字竟无，近代著名佛学居士。欧阳渐生于一个普通官宦之家，6 岁丧父，家贫，自幼刻苦攻读，后到金陵刻经处拜访了杨仁山居士，得到了杨氏的教导，从而对佛学信念坚定。曾奉杨氏之命，东渡日本，寻访佛教遗籍。在东京，结识了章太炎、刘师培等人，他们常在一起讨论佛学。欧阳竟无一生从事佛法研究、佛典整理、佛学教育等事业，为中国近代佛学的振兴与发展做出了重要的贡献。他的书法也非常具有个性风格。1943 年由沈子善、潘伯鹰、沈尹默等人发起的中国书学研究会在重庆中央图书馆内成立，创办刊物《书学》，该刊物以“阐扬中国书学，推动书学教育”为出版宗旨，曾经聘请欧阳竟无先生撰稿，由此可见其于书学上的研究和成就。欧阳竟无曾写有《龚秋穰元明以来书法墨迹评传大观跋》，发表于《书学》第 1 期。1900 年敦煌莫高窟千佛洞大量写经被发现，欧阳竟无受到这批唐代写经书风的影响，其书法从中汲取了一定的营养。他晚年书法风格趋向于清和恬淡，超尘绝俗，在佛学界有较大影响。

吕澂（1896—1989），现代中国佛教学者。江苏丹阳人。原名吕渭，字秋逸、秋一、鹫子。早年涉猎的学术层面颇广，曾留学日本，专攻美术。1914 年，至南京金陵刻经处佛学研究部随欧阳渐研究佛学，后又协助欧阳渐在南京筹办支那内学院。1922 年该院成立后，先后出任教务长及院长。他曾于 1918 年《新青年》第 6 卷第 1 号针对“西画东输”“全从引起肉感设想”这一美术问题致信主编陈独秀，引出陈独秀提出“美术革命”的主张，影响颇大。吕澂之书法亦颇见功力，具有学者气息。

参考文献

一 佛教典籍

[宋]惟盖:《明觉禅师语录》,《大正藏》第47册。

[明]幻轮:《释鉴稽古略续集》,《大正藏》第49册。

[明]如惺:《大明高僧传》,《大正藏》第50册。

[清]仪润:《百丈清规证义记》,《卍新续藏》第63册。

[明]祖光等:《楚石梵琦禅师语录》,《卍新续藏》第71册。

[明]憨山德清:《憨山老人梦游集》,《卍新续藏》第73册。

[明]憨山德清:《紫柏尊者全集》,《卍新续藏》第73册。

[明]明河:《补续高僧传》,《卍新续藏》第77册。

[清]自融:《南宋元明禅林僧宝传》,《卍新续藏》第79册。

[明]文琇:《增集续传灯录》,《卍新续藏》第83册。

[明]云栖祩宏:《皇明名僧辑略》,《卍新续藏》第84册。

[清]弘储:《南岳单传记》,《卍新续藏》第86册。

[清]纪荫:《宗统编年》,《卍新续藏》第86册。

[明]宋濂:《宋文宪公护法录》,《嘉兴大藏经》第21册。

[清]木陈道忞:《北游集》,《嘉兴大藏经》第26册。

[清]道盛等:《天界觉浪盛禅师全录》,《嘉兴大藏经》第34册。

[清]木陈道忞:《弘觉忞禅师语录》,《乾隆大藏经》第155册。

[清]玉琳通琇:《大觉普济能仁玉琳琇国师语录》,《乾隆大藏经》第154册。

[清]憨璞性聪:《明觉聪禅师语录》,《乾隆大藏经》第158册。

[清]源谅:《律宗灯谱》,《大藏经补编》第22册。

二 中国传统典籍

[南朝]慧皎等:《高僧传合集》,上海古籍出版社,1991年。

[明]释来复:《蒲庵集》,日本静嘉堂文库藏抄本。

[明]云栖袾宏:《莲池大师全集》,福建莆田广化寺印行本。

[明]沈德符:《万历野获编》,元明史料笔记丛刊,中华书局,1959年。

[明]沈榜编著:《宛署杂记》,北京古籍出版社,1980年。

[明]顾起元:《客座赘语》,中华书局,1984年。

[明]王世贞:《弇山堂别集》,中华书局,1985年。

[明]宋濂:《元史》,上海古籍出版社,1986年。

[明]张遂著,贺天新点校:《千百年眼》,河北人民出版社,1987年。

[明]谈迁著,张宗祥点校:《国榷》,钦定四库全书本,中华书局,1988年。

[明]屠叔方:《建文朝野汇编》,《北京图书馆古籍珍本丛刊》11,书目文献出版社,1989年。

[明]程敏政:《篁墩文集》,影印文渊阁四库全书本,上海古籍出版社,1991年。

[明]林弼:《林登州集》,影印文渊阁四库全书本,上海古籍出版社,1991年。

[明]刘基:《诚意伯文集》,《四部丛刊》本,上海古籍出版社,1991年。

[明]朱元璋撰,胡士萼点校:《明太祖集》,黄山书社出版社,1991年。

[明]王守仁撰,吴光、钱明等编校:《王阳明全集》,上海古籍出版社,1992年。

[明]文徵明:《甫田集》,影印文渊阁四库全书本,上海古籍出版社,1993年。

[明]王元翰:《凝翠集》,《丛书集成续编》第118册,上海书店出版社,1994年。

[明]何良俊:《四友斋丛说》,中华书局,1997年。

[明]姚广孝:《逃虚子诗集补遗》,《四库全书存目丛书·集部》第28册,齐鲁书社,1997年。

[明]李温陵著,张业整理:《李贽文集》,燕山出版社,1998年。

[明]焦竑撰，李剑雄点校：《澹园集》，中华书局，1999年。

[明]姚广孝：《道余录》，《涵芬楼秘笈》第7册，国家图书馆出版社，2000年。

[明]谢肇淛：《五杂俎》，上海书店出版社，2001年。

[明]葛寅亮撰，何孝荣点校：《金陵梵刹志》，天津人民出版社，2007年。

[明]方以智著，邢益海校注：《冬灰录——外一种〈青原愚者智禅师语录〉》，华夏出版社，2014年。

[明]方以智著，张永义校注：《浮山文集》，华夏出版社，2017年。

《(乾隆)江南通志》，广陵书社，2010年。

[清]杨文会：《杨仁山遗著》，金陵刻经处本，年代不详。

[清]徐枋：《居易堂集》，上虞罗氏刊本，1919年。

[清]温睿临：《南疆逸史》，中华书局，1959年。

[清]卓尔堪选辑：《明遗民诗》，中华书局，1961年。

[清]张之洞：《张文襄公全集》，台北文海出版社，1971年。

[清]张廷玉：《明史》，中华书局，1974年。

[清]甘熙修，[清]谢元福增辑：《灵谷禅林志》，《中国佛寺史志汇刊》第2辑第12册，台北明文出版社，1980年；《中国佛寺志丛刊》第29册，江苏广陵古籍刻印社，1996年。

[清]刘名芳纂修：《宝华山志》，《中国佛寺史志汇刊》第1辑第41册，台北明文出版社，1980年。

[清]魏源：《圣武记》，中华书局，1984年。

[清]钱谦益著，[清]钱曾笺注，钱仲联标校：《牧斋有学集》，上海古籍出版社，1985年。

[清]张潮、[清]杨复吉辑，[清]沈楙惪重辑：《昭代丛书》，上海古籍出版社，1990年。

[清]施闰章撰，何广善、杨应芹校点：《施愚山集》，黄山书社，1993年。

[清]陈邦彦编著：《历代题画诗》，人民美术出版社，1994年。

[清]李翰章编纂，[清]李鸿章校勘，宁波等校注：《足本曾文正公全集》，吉林人民出版社，1995年。

[清]夏燮撰,王日根等点校:《明通鉴》,岳麓书社,1999年。

[清]杨文会撰,周继旨校点:《杨仁山全集》,黄山书社,2000年版。

[清]龚自珍著,王佩诤编校:《龚自珍全集》,上海古籍出版社,2000年。

[清]释函可:《千山诗集》,康熙四十二年刻本,《续修四库全书》第1398册,上海古籍出版社,2003年。

[清]雍正编著:《御选语录》,载史原朋主编:《雍正御制佛教大典》,中国社会科学出版社,2004年。

[清]钱澄之撰,汤华泉校点:《藏山阁集》,黄山书社,2004年。

[清]吴振棫撰,童正伦点校:《养吉斋丛录》,中华书局,2005年。

[清]释辅仁:《律门祖庭汇志》,《南京稀见文献丛刊》,南京出版社,2011年。

《朝鲜李朝实录》,东京学习院东洋文化研究所,1955年。

华东师范大学古籍整理研究室选编校点:《历代书法论文选》,上海书画出版社,1979年。

方行、蔡尚思编:《谭嗣同全集》,中华书局,1981年。

汤志钧编:《康有为政论集》,中华书局,1981年。

《明太祖实录》,上海书店出版社,1982年。

沈善洪主编:《黄宗羲全集》,浙江古籍出版社,1985年。

钱伯城等主编:《全明文》,上海古籍出版社,1994年。

罗月霞主编:《宋濂全集》,浙江古籍出版社,1999年。

刘锦藻:《清朝续文献通考》,浙江古籍出版社,2000年。

廖养正编著:《中国历代名僧诗选》,中国书籍出版社,2004年。

张建业主编:《李贽全集注》,社会科学文献出版社,2010年。

王鹏善编著:《钟山诗文集》,东南大学出版社,2013年。

三 近现代论著、档案史料

中华民国大学院编:《全国教育会议报告》乙编,商务印书馆,1928 年。

欧阳渐:《竟无诗文》,金陵刻经处本,1935 年。

欧阳渐:《欧阳竟无内外学》,金陵刻经处本,1943 年。

欧阳渐:《竟无小品》,金陵刻经处本,1943 年。

Wing-tist Chan, *Religious Trends in Modern China*, New York: Columbia University Press,1953, reprinted 1969;陈荣捷:《现代中国宗教的趋势》,廖世德译,台北文殊出版社,1987 年。

谢国桢:《南明史略》,上海人民出版社,1957 年。

〔日〕牧田谛亮:《中国近世佛教研究》,京都平乐寺书店,1957 年。

C. K. Yang, *Religion in Chinese Society*, Berkeley and Los Angeles: University of California Press, 1967.

Holmes Welch, *The Practice of Chinese Buddhism (1900 - 1950)*, Cambridge, MA: Harvard University Press, 1967.

Holmes Welch, *The Buddhist Revival in China*, Cambridge, MA: Harvard University Press, 1968.

杨步伟:《一个女人的自传》,台北传记文学出版社,1969 年。

释东初:《中国佛教近代史》,台北东初出版社,1974 年。

释圣严:《明末中国佛教之研究》,东京山喜房,1975 年。

〔日〕冢本善隆:《中国近世佛教の诸问题》,《冢本善隆著作集》第五卷,东京大东出版社,1975 年。

张曼涛主编:《民国佛教篇》,台北大乘文化出版社,1978 年。

张曼涛主编:《明清佛教史篇》,《中国佛教史论集》六,台北大乘文化出版社,1978 年。

〔日〕奥崎裕司:《中国乡绅地主研究》,东京汲古书院,1978 年。

石峻、楼宇烈等编:《中国佛教思想资料选编》,中华书局,1989 年。

濮一乘编著:《武进天宁寺志》,中华大典编印会,1973 年;《中国佛寺史志丛刊》第 35 册,台北明文书局,1980 年。

张惠衣:《金陵大报恩寺塔志》,《中国佛寺史志汇刊》第2辑第13册,台北明文书局,1980年;杨献文点校,《南京稀见文献丛刊》,南京出版社,2007年。

释明复主编:《禅门逸书初编》,台北明文书局,1981年。

中国社会科学院历史研究所等合编:《孙中山全集》,中华书局,1982年。

释敬安著,梅季点辑:《八指头陀诗文集》,岳麓书社,1984年。

中国佛教协会编:《弘一法师》,文物出版社,1984年。

〔日〕中村元等:《中国佛教发展史》,余万居译,台北天华出版事业股份有限公司,1984年。

王辅仁、陈庆英编著:《蒙藏关系史略》,中国社会科学出版社,1985年。

吴晗:《朱元璋传》,人民出版社,1985年。

葛兆光:《禅宗与中国文化》,上海人民出版社,1986年。

张羽新:《清政府与喇嘛教》,西藏人民出版社,1988年。

蒋维乔:《中国佛教史》,上海书店出版社,1989年影印版。

谢重光、白文固:《中国僧官制度史》,青海人民出版社,1990年。

杜继文主编:《佛教史》,中国社会科学出版社,1991年。

吕澂:《吕澂佛学论著选集》,齐鲁书社,1991年。

中国第二历史档案馆:《中华民国档案资料汇编》第二辑,江苏古籍出版社,1991年。

〔美〕罗纳德·L.约翰斯通:《社会中的宗教——一种宗教社会学》,尹今黎、张蕾译,四川人民出版社,1991年。

马建石、杨育棠主编:《大清律例通考校注》,中国政法大学出版社,1992年。

〔美〕牟复礼、〔英〕崔瑞德:《剑桥中国明代史》,张书生等译,中国社会科学出版社,1992年。

〔美〕魏斐德:《洪业:清朝开国史》,陈苏镇、薄小莹译,江苏人民出版杜,1992年。

中国第二历史档案馆:《中华民国史档案资料汇编》第三辑《文化》,江苏古籍出版社,1994年。

中国第二历史档案馆:《中华民国史档案资料汇编》第五辑第一编《文化》,江苏古籍出版社,1994年。

〔日〕忽滑谷快天:《中国禅学思想史》,朱谦之译,上海古籍出版社,1994年。

刘梦溪主编:《中国现代学术经典·太虚卷》,河北教育出版社,1995年。

印顺著,黄夏年主编:《印顺集》,中国社会科学出版社,1995年。

太虚著,黄夏年主编:《太虚集》,中国社会科学出版社,1995年。

释印顺编著:《太虚法师年谱》,宗教文化出版社,1995年。

王广西:《佛学与中国近代诗坛》,河南大学出版社,1995年。

徐清祥、王国炎:《欧阳竟无评传》,百花洲文艺出版社,1995年。

于凌波:《中国近现代佛教人物志》,宗教文化出版社,1995年。

王雷泉编选:《欧阳渐文选:悲愤而后有学》,上海远东出版社,1996年。

金梅:《悲欣交集——弘一法师传》,上海文艺出版社,1997年。

陈旭麓:《近代中国社会的新陈代谢》,上海人民出版社,1998年。

曹宝麟:《中国书法史·宋辽金卷》,江苏教育出版社,1999年。

于本源:《清王朝的宗教政策》,中国社会科学出版社,1999年。

赵园:《明清之际士大夫研究》,北京大学出版社,1999年。

陈垣:《明季滇黔佛教考》,中华书局,1962年;河北教育出版社,2000年。

陈垣:《清初僧诤记》,河北教育出版社,2000年。

何孝荣:《明代南京寺院研究》,中国社会科学出版社,2000年。

潘桂明:《中国居士佛教史》,中国社会科学出版社,2000年。

圣空:《清世宗与佛教》,台北中华佛学研究所,2000年。

中国人民大学清史研究所编:《清史编年》,中国人民大学出版社,2000年。

〔日〕荒木见悟:《忧国烈火禅:禅僧觉浪道盛的战斗》,东京研文出版社,2000年。

〔美〕施坚雅主编:《中华帝国晚期的城市》,叶光庭等译,中华书局,2000年。

李富华、何梅:《汉文佛教大藏经研究》,宗教文化出版社,2003年。

杨启樵:《雍正帝及其密折制度研究》,上海古籍出版社,2003年。

谢国桢:《明清之际党社运动考》,上海书店出版社,2004年。

余英时:《方以智晚节考》,生活·读书·新知三联书店,2004年。

张华:《杨文会与中国近代佛教思想转型》,宗教文化出版社,2004年。

朱哲编:《甲申国变遁迹空门僧史略》,香港正觉莲社,2004年。

太虚:《太虚大师全书》,台北善导寺佛经流通处发行,1998年;宗教文化出版社影印本,2005年。

严耀中:《中国东南佛教史》,上海人民出版社,2005年。

张英聘:《明代南直隶方志研究》,社会科学文献出版社,2005年。

〔加〕卜正民:《为权力祈祷:佛教与晚明中国士绅社会的形成》,张华译,江苏人民出版社,2005年。

〔美〕史景迁:《曹寅与康熙》,陈引驰等译,上海远东出版社,2005年。

纪华传:《江南古佛:中峰明本与元代禅宗》,中国社会科学出版社,2006年。

江灿腾:《晚明佛教改革史》,广西师范大学出版社,2006年。

李尚全:《当代中国汉传佛教信仰方式的变迁》,甘肃人民出版社,2006年。

孟森:《明清史论著集刊》,中华书局,2006年。

圣严法师:《明末佛教研究》,宗教文化出版社,2006年。

杨海英:《洪承畴与明清易代研究》,商务印书馆,2006年。

周叔迦:《周叔迦佛学论著全集》,中华书局,2006年。

朱偰:《金陵古迹图考》,中华书局,2006年。

杨健:《清王朝佛教事务管理》,社会科学文献出版社,2008年。

赵轶峰:《明代国家宗教管理制度与政策研究》,中国社会科学出版社,2008年。

陈垣著,陈智超主编:《陈垣全集》,安徽大学出版社,2009年。

吴之洪:《金陵大报恩寺历代高僧》,吉林人民出版社,2009年。

杨荣良、朱淮宁:《南京民族宗教志》,南京出版社,2009 年。

〔加〕卜正民:《明代的社会与国家》,陈时龙译,黄山书社,2009 年。

赖永海:《中国佛教通史》,江苏人民出版社,2010 年。

杨新华、吴阗:《南京寺庙史话》,南京出版社,2010 年。

〔日〕荒木见悟:《明末清初的思想与佛教》,廖肇亨译,上海古籍出版社,2010 年。

蔡石山:《明代的女人》,中华书局,2011 年。

曹刚华:《明代佛教方志研究》,中国人民大学出版社,2011 年。

陈金龙:《南京国民政府时期的政教关系——以佛教为中心的考察》,中国社会科学出版社,2011 年。

陈玉女:《明代的佛教与社会》,北京大学出版社,2011 年。

王春南、赵映林:《宋濂评传》,南京大学出版社,2011 年。

〔美〕史景迁:《太平天国》,朱庆葆等译,广西师范大学出版社,2011 年。

傅慧敏编著:《中国古代绘画理论解读》,上海人民美术出版社,2012 年。

徐寿卿:《金陵四十八景图册》,南京出版社,2012 年。

夏维中、张铁宝、王刚等编著:《南京通史·清代卷》,南京出版社,2014 年。

陈寅恪:《柳如是别传》,生活·读书·新知三联书店,2015 年。

〔德〕魏特:《汤若望传》,杨丙辰译,知识产权出版社,2015 年。

敬安著,董群编:《八指头陀禅意诗文》,商务印书馆,2018 年。

图书在版编目（CIP）数据

南京佛教通史 / 赖永海总主编 . —北京 : 商务印书馆 , 2022
ISBN 978-7-100-21135-2

Ⅰ . ①南⋯ Ⅱ . ①赖⋯ Ⅲ . ①佛教史—南京 Ⅳ . ① B949.2

中国版本图书馆 CIP 数据核字（2022）第 076370 号

权利保留，侵权必究。

南京佛教通史

赖永海　总主编

商 务 印 书 馆 出 版
（北京王府井大街 36 号　邮政编码 100710）
商 务 印 书 馆 发 行
南 京 新 洲 印 刷 有 限 公 司 印 刷
ISBN 978-7-100-21135-2

2022 年 11 月第 1 版　　开本 787 × 1092 1/16
2022 年 11 月第 1 次印刷　　印张 182

定价：998.00 元